MEMENTO PRÁCTICO TRANSMISIÓN DE EMPRESAS 2024-2025

Es una obra colectiva realizada por la redacción de **Francis Lefebvre**,
a iniciativa y bajo la coordinación de la Editorial,
en la que han colaborado en esta edición

Dirección:
José María Gómez
Coordinación:
Inmaculada Serra
Pedro Gil-Casares

AUTORES

Agustín del Río	Fernando Martínez Comas	María Benito
Alberto Montesinos	Francisco de Borja Rosel	María de las Casas
Alberto Valls	Gonzalo Mayo	María González
Alejandro Gil	Guillermo Donadeu	María Treviño
Alfonso Redondo	Ignacio Alonso	Marina Silva
Álvaro Alarcón	Ignacio Echenagusia	Marina López
Ana de Lluc Compte	Ignacio Sanjurjo	Mario Gimaré
Beatriz Domingo	Irene Reoyo	Miguel Salvide
Beatriz Prieto	Javier Marín	Miquel Castro
Borja Escrivá	Javier Martín	Pablo Esteban
Carlos Reverter	Javier Pérez-Olivares	Pablo Pajares
Carlos Tallón	Jesús Valero	Paula Pérez
Carmen Muelas	Jon Arrarte	Prudencio López
Carolina Cartelle	Jon Díaz de Durana	Rafael Piqueras
Carolina Ventura	Jorge Girola	Raúl Fidalgo
Cloe Barnils	José A. Jiménez Corpa	Reyes Población
Covadonga Muñoz	José Francisco Olmos	Rodrigo González
Cruz Amado	José Ignacio Navero	Roman Cantín
David Usano	José M. Gómez	Selene Corral
Daniel González Tejedor	Jose M. Goma	Sergio Ramírez
Diana Garrido	Jose Magan	Sharon Izaguirre
Diana Soto	Jose Manuel López	Silvia García López
Elisa Martín del Yerro	Juan Ramón Rodríguez Larraz	Susana López Claver
Esther Pérez la Orden	Lucía Rico	Tamara Gallarreta
Felipe Yannone	Manuel Sánchez	Víctor Cuesta
Fernando Aranda	Marcos Río	
Fernando Bazán	Marcos Rodríguez	

LEFEBVRE-EL DERECHO, S.A.
C. Monasterios de Suso y Yuso, 34. 28049 Madrid
cliente@lefebvre.e
www.efl.es
Precio: 115,44 € (IVA incluido)

ISBN: 978-84-10128-15-6
Depósito legal: M-18576-2024

Impreso en España

¿Cómo actualizar tu Memento?

El servicio Extras Mementos en papel y Actum Mercantil son la solución

1 SERVICIO EXTRA MEMENTOS EN PAPEL

El Memento Transmisión de Empresas 2024-2025 incluye el acceso gratuito en **extramementos.lefebvre.es** a un sistema con el que podrás verificar en cualquier momento si el **contenido de un párrafo** (nº marginal) del Memento **ha sido modificado** por una novedad normativa, doctrinal o jurisprudencial, **así como** acceder a otros textos que complementan los contenidos del Memento.

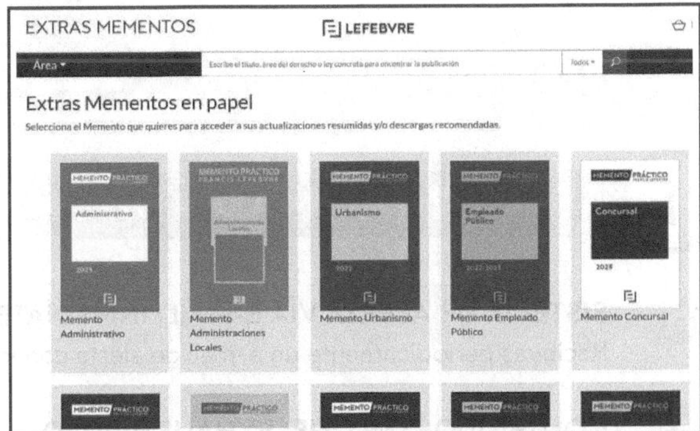

2 ACTUM MERCANTIL

Es el sistema de puesta al día en materia laboral más potente y eficaz del mercado. El único que te permite acceder de inmediato, no sólo a los textos íntegros de las **novedades normativas, doctrinales y jurisprudenciales** que acaban de producirse, sino también a un análisis riguroso de sus **consecuencias prácticas**, con el mismo rigor de los Mementos, a los que mantiene siempre actualizados.

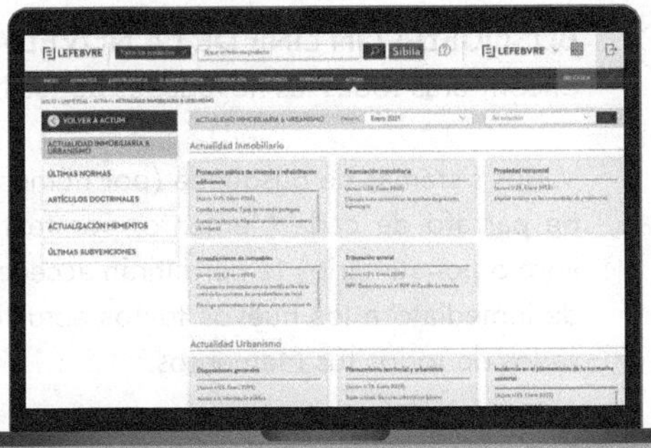

MÁS INFORMACIÓN EN LAS SIGUIENTES PÁGINAS Y EN EL 91 210 80 00

¿Qué es ACTUM?

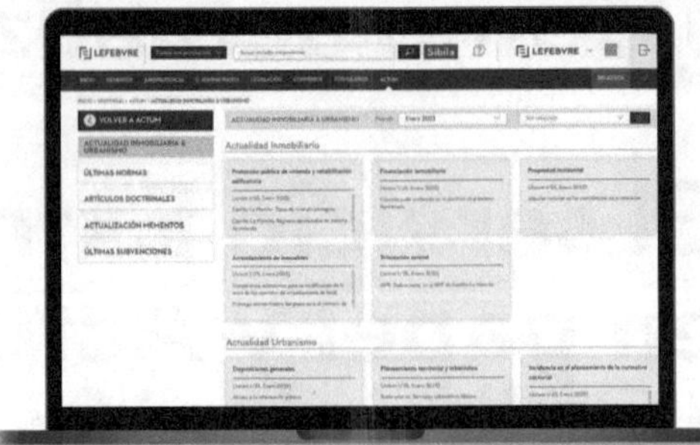

EL SISTEMA DE PUESTA AL DÍA EN MATERIA MERCANTIL MÁS POTENTE Y EFICAZ DEL MERCADO.

El único sistema que, al igual que los Mementos, permite conocer rápidamente la actualidad y **acceder de forma directa**, sin rodeos, a un análisis práctico y riguroso de aquellas **novedades normativas, doctrinales o jurisprudenciales** que nos interesan.

ACTUM sintetiza la información, la estructura según su importancia y elimina lo accesorio para que vayas **directamente a lo esencial** de la novedad.

¿Qué permite ACTUM?

1 ESTAR INFORMADO DE LA ACTUALIDAD

SISTEMA DE ALERTA VÍA E-MAIL: INMEDIATEZ.
Recibirás periódicamente un e-mail de alerta con los enunciados de las últimas novedades.

CONTENIDOS ON LINE: EXHAUSTIVIDAD.
Desde nuestra web, **lefebvre.es/tienda**, o desde los enunciados de las alertas puedes acceder al análisis detallado de las novedades y a los textos de la fuente que las origina.

2 ACTUALIZAR TUS MEMENTOS

BÚSQUEDA ON LINE DE LA NOVEDAD: FACILIDAD
Encontrarás todas las novedades de tus Mementos en la web de ACTUM.

Varios sistemas de búsqueda (por número de párrafo de cada Memento, por texto libre o por sumario) te permitirán acceder de inmediato a los nuevos textos actualizados de todos tus Mementos.

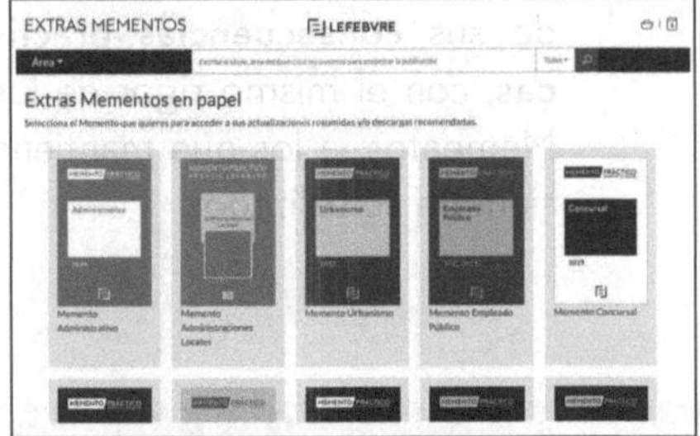

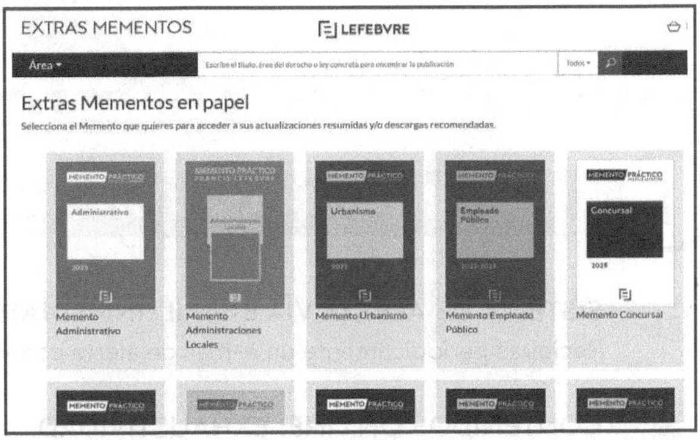

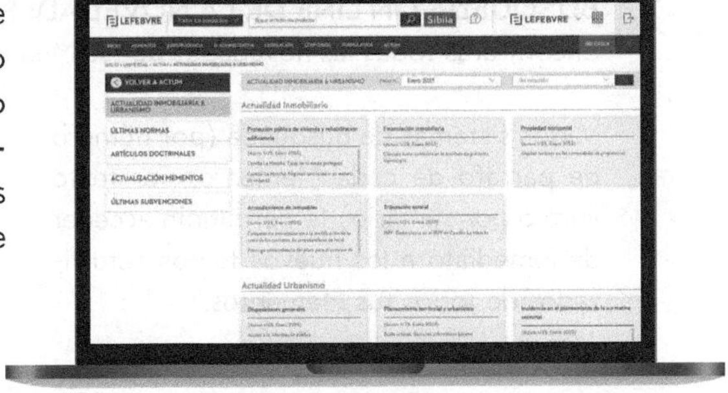

¿Qué es ACTUM?

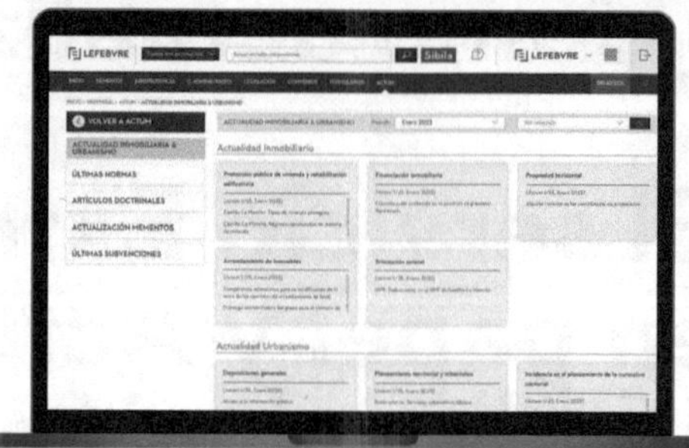

EL SISTEMA DE PUESTA AL DÍA EN MATERIA MERCANTIL MÁS POTENTE Y EFICAZ DEL MERCADO.

El único sistema que, al igual que los Mementos, permite conocer rápidamente la actualidad y **acceder de forma directa,** sin rodeos, a un análisis práctico y riguroso de aquellas **novedades normativas, doctrinales o jurisprudenciales** que nos interesan.

ACTUM sintetiza la información, la estructura según su importancia y elimina lo accesorio para que vayas **directamente a lo esencial** de la novedad.

¿Qué permite ACTUM?

1 ESTAR INFORMADO DE LA ACTUALIDAD

SISTEMA DE ALERTA VÍA E-MAIL: INMEDIATEZ.
Recibirás periódicamente un e-mail de alerta con los enunciados de las últimas novedades.

CONTENIDOS ON LINE: EXHAUSTIVIDAD.
Desde nuestra web, **lefebvre.es/tienda**, o desde los enunciados de las alertas puedes acceder al análisis detallado de las novedades y a los textos de la fuente que las origina.

2 ACTUALIZAR TUS MEMENTOS

BÚSQUEDA ON LINE DE LA NOVEDAD: FACILIDAD
Encontrarás todas las novedades de tus Mementos en la web de ACTUM.

Varios sistemas de búsqueda (por número de párrafo de cada Memento, por texto libre o por sumario) te permitirán acceder de inmediato a los nuevos textos actualizados de todos tus Mementos.

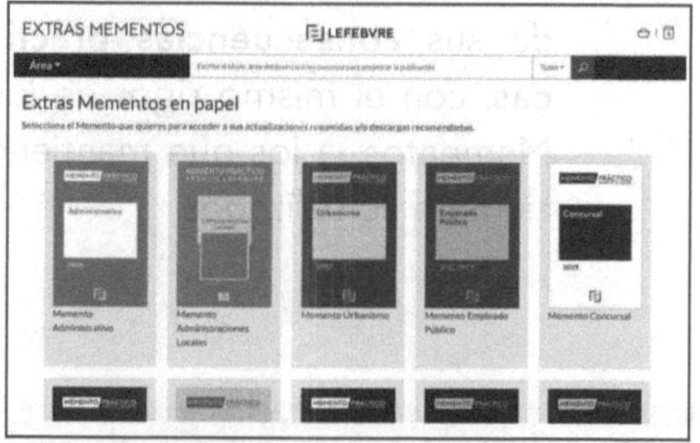

Realiza tu pedido

REMÍTENOS ESTE CUPÓN DE LA FORMA QUE MÁS TE INTERESE.

Fax	Teléfono	E-mail	
91 578 16 17	91 210 80 00	clientes@lefebvre.es	Calle Monasterios de Suso y Yuso, 34 28049 Madrid

TÍTULO	PRECIO*	UDS.	IVA	TOTAL
Actum Mercantil-Contable 2024 Internet + Email. Oferta válida hasta 31 de marzo de 2025.	124€			
			21% IVA	
			TOTAL	

*Este precio no incluye 21% IVA.

Si los datos de facturación son diferentes háznoslo saber en el teléfono, fax o e-mail indicados.

Nº cliente: ....

Nombre: .... Apellidos: ....

Empresa: ....

Dirección: ....

C.P.: .... Población.: ....

IMPRESCINDIBLE

N.I.F./C.I.F.: .... Tfno. /Fax.: ....

Profesión: .... Actividad de la empresa: ....

Dpto.: .... Cargo: ....

Firma y fecha:

☐ **TRANSFERENCIA**. Remítenos este cupón y realiza una transferencia a nuestra cuenta (IBAN): ES11-0081-5136-7100 0146 9755. **Importante**: haz referencia al nº de tu factura para identificar tu pago.

☐ **DOMICILIACIÓN BANCARIA**. Titular ....

E S _ _	_ _ _ _	_ _ _ _	_ _	_ _ _ _ _ _ _ _ _ _
IBAN	Nº Banco	Nº Sucursal	D.C.	Nº Cuenta

☐ **TALÓN NOMINATIVO**. Adjunta talón bancario a nombre de Lefebvre-El Derecho S.A. **Importante**: haz referencia al número de tu factura para identificar tu pago.

Servicio gratuito de actualización de marginales en Internet

El Memento Transmisión de Empresas 2024-2025 incluye un sistema de **verificación de novedades** que te permitirá tomar decisiones con seguridad de forma permanente.

Con este **sistema gratuito** reservado a los compradores del Memento, podrás acceder a nuestra web, y desde allí **verificar** si **el contenido** de un párrafo del Memento Transmisión de Empresas 2024-2025 ha sido modificado por una novedad normativa, doctrinal o jurisprudencial.

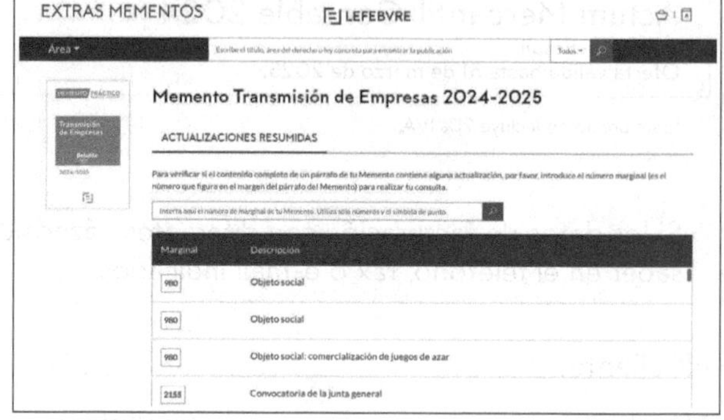

¿Cómo funciona esta puesta al día?

1. Una vez consultado el Memento Transmisión de Empresas 2024-2025, para verificar si el contenido de un párrafo concreto se ha visto afectado por una novedad normativa, doctrinal o jurisprudencial, entra en nuestra página web, www.lefebvre.es/tienda

2. Dentro de la página principal de nuestra web dirígete al apartado "Iniciar sesión", y después pincha en "Extras Mementos". Haz clic en el Memento Transmisión de Empresas 2024-2025.

3. Introduce el número marginal (número que figura en el margen del párrafo del Memento) y al instante comprobarás si el párrafo del Memento ha sido modificado. En caso afirmativo, visualizarás de forma inmediata un breve resumen de la información que la sustituye.

Para acceder a un análisis exhaustivo de la novedad de cada marginal, así como a los textos completos de la norma, doctrina o jurisprudencia origen de la novedad, **ponemos a tu disposición ACTUM**. Encontrarás información detallada en las páginas anteriores.

MÁS INFORMACIÓN EN EL 91 210 80 00 Y EN TU LIBRERÍA HABITUAL

Transmisión de Empresas

2024-2025

Fecha de edición: 19 de julio de 2024

Plan general

Número marginal	Capítulo	
	PARTE I.- INTRODUCCIÓN	
20	Capítulo 1.	Compraventa de empresas
	PARTE II.- TRATOS PRELIMINARES	
110	Capítulo 2.	Tratos preliminares
	PARTE III.- PROCESO DE COMPRA	
310	Capítulo 3.	Informe de «due dilegence»
1100	Capítulo 4.	Estructura de financiación
1700	Capítulo 5.	Contenido típico del contrato de compraventa
1900	Capítulo 6.	Modificaciones estructurales en el proceso de adquisición
2350	Capítulo 7.	Pactos parasociales
2550	Capítulo 8.	«Side Letters»
2600	Capítulo 9.	Contraprestación
2950	Capítulo 10.	Manifestaciones y garantías
3100	Capítulo 11.	Responsabilidad de las partes
3350	Capítulo 12.	Garantías del adquirente
	PARTE IV.- PROCESOS DE COMPRA ESPECIALES	
3500	Capítulo 13.	Adquisición de unidad productiva de empresa en concurso
3700	Capítulo 14.	Adquisición de sociedad cotizada
4100	Capítulo 15.	Adquisición de sociedades incorporadas al BME Growth
4200	Capítulo 16.	Adquisiciones realizadas por entidades de capital-riesgo
4400	Capítulo 17.	Joint Ventures
4600	Capítulo 18.	Otras operaciones singulares de adquisición
4680	Capítulo 19.	Transmisión de empresa pública
	PARTE V.- CONDICIONES PARA LA EJECUCIÓN DE LA OPERACIÓN. EL «SIGNING» Y EL «CLOSING»	
4710	Capítulo 20.	Condiciones a la ejecución
4850	Capítulo 21.	Notificación a las autoridades de competencia. Control de concentraciones
5300	Capítulo 22.	Período interino
5400	Capítulo 23.	Cierre
	PARTE VI.- RESOLUCIÓN DE CONFLICTOS	
5610	Capítulo 24.	Resolución de conflictos

Número marginal	Capítulo	

PARTE VII.– ASPECTOS FISCALES, LABORALES, ADMINISTRATIVOS Y CONTABLES

6000	Capítulo 25.	Fiscalidad del proceso de compra
6300	Capítulo 26.	Régimen fiscal de las operaciones de compraventa
7000	Capítulo 27.	Implicaciones fiscales relevantes para la estructura de la transacción
7600	Capítulo 28.	Régimen laboral
8000	Capítulo 29.	Derecho administrativo en las transacciones
8300	Capítulo 30.	Contabilidad de las operaciones de adquisición

ANEXOS

9000	Anexos

Abreviaturas

ADR	Alternative Dispute Resolution (sistema alternativo a la solución de conflictos)
AEAT	Agencia Estatal de Administración Tributaria
AEPD	Agencia Española de Protección de Datos
AP	Audiencia Provincial
art.	artículo/s
BE	Banco de España
BME	Bolsas y Mercados Españoles
BOE	Boletín Oficial del Estado
CC	Código Civil
CCAA	Comunidades autónomas
CCC	Código de cuenta de cotización
CCom	Código de Comercio
CGPJ	Consejo General del Poder Judicial
CIAM	Centro Internacional de Arbitraje de Madrid
Circ	Circular
CNAE	Clasificación Nacional de Actividades Económicas
CNMC	Comisión Nacional de los Mercados y de la Competencia
CNMV	Comisión Nacional del Mercado de Valores
Const	Constitución española
CP	Código Penal (LO 10/1995)
CPI	Comisión de Propiedad Intelectual
CV	Consulta vinculante
D	Decreto
DGRN	Dirección General de Registros y Notariado
DGSJFP	Dirección General de Seguridad Jurídica y Fe Pública
DGT	Dirección General de Tributos
Dir	Directiva
disp.adic.	disposición adicional
disp.derog.	disposición derogatoria
disp.final	disposición final
disp.trans.	disposición transitoria
DL	Decreto Ley
DLeg	Decreto Legislativo
ECR	Entidad de capital riesgo
EDJ	El Derecho Jurisprudencia
EEE	Espacio Económico Europeo
EICC	Entidad de inversión colectiva de tipo cerrado
EP	Establecimiento permanente
ERE	Expediente de Regulación de Empleo
ET	Texto refundido de la Ley del Estatuto de los Trabajadores (RDLeg 2/2015)
ETT	Empresa de trabajo temporal
FCPA	Foreing Corrupt Practices Act
FCR	Fondo de capital riesgo
FGE	Fiscalía General de Estado
FOGASA	Fondo de Garantía Salarial
JCCA	Junta Consultiva de Contratación Administrativa
IAE	Impuesto sobre Actividades Económicas
ICAC	Instituto de Contabilidad y Auditoría de Cuentas
INSS	Instituto Nacional de la Seguridad Social

IRNR	Impuesto sobre la Renta de No Residentes
IRPF	Impuesto sobre la Renta de las Personas Físicas
IT	Incapacidad temporal
ITP y AJD	Impuesto sobre Transmisiones Patrimoniales y Actos Jurídicos Documentados
IS	Impuesto sobre Sociedades
IVA	Impuesto sobre el Valor Añadido
JS	Juzgado de lo Social
L	Ley
LBRL	Ley de Bases del Régimen Local (L 7/1985)
LCon	Texto Refundido de la Ley Concursal (RDLeg 1/2020)
LCon/03	Ley Concursal (derogada L 22/2003)
LCS	Ley del Contrato de Seguro (L 50/1980)
LCSP	Ley de Contratos del Sector Público (L 9/2017)
LDC	Ley de Defensa de la Competencia (L 15/2007)
LEC	Ley de Enjuiciamiento Civil (L 1/2000)
LECr	Ley de Enjuiciamiento Criminal
LGP	Ley General Presupuestaria (L 47/2003)
LGSS	Texto refundido de la Ley General de la Seguridad Social (RDLeg 8/2015)
LGT	Ley General Tributaria (L 58/2003)
LH	Ley Hipotecaria (L 8-2-1946)
LIRPF	Ley del Impuesto sobre la Renta de las Personas Físicas (L 35/2006)
LIS	Ley del Impuesto sobre Sociedades (L 27/2014)
LISOS	Ley sobre Infracciones y Sanciones en el Orden Social (RDLeg 5/2000)
LIVA	Ley del Impuesto sobre Sociedades (L 37/1992)
LMV	Ley de los Mercados de Valores y de los Servicios de Inversión (L 6/2023)
LMV/15	Texto refundido de la Ley del Mercado de Valores (RDLeg 4/2015)
LOE	Ley de Ordenación de la Edificación (L 38/1999)
LOLS	Ley Orgánica de Libertad Sindical (LO 11/1985)
LOPD	Ley Orgánica de Protección de Datos Personales y Garantía de Derechos Digitales (LO 3/2018)
LPAP	Patrimonio de las Administraciones públicas (L 33/2003)
LPH	Ley de Propiedad Horizontal (L 49/1960)
LPI	Texto refundido de la Ley de Propiedad Intelectual (RDLeg 1/1996)
LPRL	Ley de Prevención de Riesgos Laborales (L 31/1995)
LRJS	Ley Reguladora de la Jurisdicción Social (L 36/2011)
LSC	Texto refundido de la Ley de Sociedades de Capital (RDLeg 1/2010)
MAB	Mercado Alternativo Bursátil
MASC	Medios alternativos de resolución de conflictos
modif	modificado/a
NIF	Número de Identificación Fiscal
OCDE	Organización para la Cooperación y el Desarrollo
OM	Orden Ministerial
OMPI	Organización Mundial de la Propiedad Intelectual
OPA	Oferta Pública de Adquisición
OPV	Oferta Pública de Venta de Valores
PGC	Plan General de Contabilidad (RD 1514/2007)
RD	Real Decreto
RDLeg	Real Decreto Legislativo
RDL	Real Decreto Ley
Rec	Recurso
redacc	redacción
Resol	Resolución
RGCAP	Reglamento general de la Ley de contratos de las administraciones públicas (RD 1098/2001)
RGPD	Reglamento general de protección de datos (Rgto (UE) 2016/679)

Rgto	Reglamento
RM	Registro Mercantil
RMC	Registro Mercantil Central
RNT	Relación nominal de trabajadores
RRM	Reglamento del Registro Mercantil (RD 1784/1996)
SA	Sociedad Anónima
SCR	Sociedad de capital riesgo
SGECP	Sociedad gestora de entidades de capital riesgo
SICAV	Sociedad de Inversión de Capital Variable
SMN	Sistema multilateral de negociación
SOCIMI	Sociedad Cotizada de Inversión en Mercados Inmobiliarios
SRL	Sociedad de Responsabilidad Limitada
TCo	Tribunal Constitucional
TEAC	Tribunal Económico-Administrativo Central
TGSS	Tesorería General de la Seguridad Social
TJCE	Tribunal de Justicia de la Comunidad Europea
TJUE	Tribunal de Justicia de la Unión Europea
TRADE	Trabajador Autónomo Económicamente Dependiente
TS	Tribunal Supremo
TSJ	Tribunal Superior de Justicia
UE	Unión Europea
UKBA	United Kingdom Bribery Act
UPA	Unidad productiva autónoma
UTE	Unión Temporal de Empresarios

PARTE I

Introducción

Capítulo 1. Compraventa de empresas 20 10

CAPÍTULO 1

Compraventa de empresas

A. **Consideraciones generales** 25 20
B. **Procesos de adquisición** 30
1. Sujetos intervinientes en la adquisición........ 32
2. Objeto de la adquisición........ 44
3. Objetivo de la adquisición 52
4. Proceso de negociación en la adquisición 56
C. **Generación de valor para el accionista** 65
1. Concepto de creación de valor 66
2. Formas de cuantificar la creación de valor para el accionista 70
3. Generación de valor para el accionista según reconocidos expertos en la materia 80

A. Consideraciones generales

La adquisición de empresas se puede llevar a cabo de diversas formas (mediante compraventa de acciones, de activos, modificaciones estructurales, etc.), que analizaremos a continuación. Sin embargo, todas tienen como denominador común que su objetivo final es la **toma de control** de la empresa, como conjunto de elementos -activos, pasivos, recursos humanos, fondo de comercio- organizados entre sí formando una unidad con el objetivo de producir bienes o prestar servicios («unidad de explotación económica» -en el CC- o «unidad productiva» -en la LCon-). 25

Es precisamente la especial configuración de su objeto -«la empresa»- y su carácter dinámico -negocio en funcionamiento-, lo que determina que los **procesos de adquisición** de empresas no respondan a un único modelo y que puedan revestir diversas formas, en función de múltiples factores, tales como los actores intervinientes, la finalidad perseguida o las circunstancias que concurran en cada caso (tales como aspectos regulatorios), lo que determina que cada operación de adquisición de empresa sea diferente.

El negocio por excelencia para la adquisición de la empresa es la **compraventa**, en virtud de la cual se transmite y entrega la empresa (cosa) a cambio de la contraprestación o precio (dinero o especie). En el marco de la compraventa, existen dos formas principales de adquirir una empresa:

a) La adquisición de las acciones o participaciones de la sociedad propietaria de la empresa (*share deal*), ya sea por la compra del 100% del capital social de la sociedad o bien mediante la compra de un paquete acciones o participaciones que otorgue el control al adquirente.

b) O la adquisición de los activos y/o pasivos de la empresa (*asset deal*).

Además de dichas fórmulas tradicionales, otras modalidades para adquirir la empresa son las **modificaciones estructurales** previstas en el RDL 5/2023: la fusión, la escisión y la cesión global de activo y pasivo, que junto con la aportación de acciones en el marco de una ampliación de capital constituyen las principales formas para adquirir una empresa.

Detrás de cada proceso de adquisición de empresa existe un **motivo o justificación**. Los motivos para adquirir una empresa pueden ser muy variados (p.e, el crecimiento, la expansión internacional, la mejora de la gestión de la empresa, la búsqueda de sinergias, ventajas fiscales, utilización de exceso de liquidez, etc.), sin embargo, a pesar de la variedad de los procesos de adquisición, en todos ellos puede identificarse como denominador común la **creación de valor** (ver nº 65). 26

En el planteamiento de la adquisición de empresas confluyen una vertiente económica y una vertiente jurídica. El planteamiento económico es previo al jurídico y el punto de partida del proceso de adquisición, porque determina la estructura de la misma, junto con los aspectos fiscales, aunque pueden existir otras variables (p.e., en función de los sujetos intervinientes, plazos de ejecución o necesidad de cumplir con requisitos de competencia).

La **estructura económica** de la adquisición depende del tipo de contraprestación y de los aspectos financieros (p.e., necesidad de financiación externa, operaciones con intervención de *venture capital* en las que la compra está diseñada para ser repagada con los flujos que genere la sociedad adquirida) y los aspectos fiscales.

Definida la estructura económica y fiscal de la operación de adquisición, entra en juego la **vertiente jurídica** del proceso, que tiene por objeto la formalización de la adquisición de tal forma que los documentos que se ejecuten (carta de intenciones, contrato, *side letters*, etc.) den

soporte a la estructura económica elegida para la transacción y reflejen la voluntad de las partes.
En el planteamiento jurídico del proceso de adquisición, en líneas generales, junto con la fijación y el pago del precio, el principal interés del **vendedor** es no tener responsabilidad sobre lo que vende y el principal interés del **comprador** es asegurarse de lo que compra y limitar su responsabilidad sobre lo adquirido.
En función del tipo de adquisición que se elija, el **contrato o documentos** por los que se formalice la adquisición tendrán un contenido u otro. Por tanto, el medio elegido para llevar a cabo la adquisición determina su estructura jurídica, sin perjuicio que toda adquisición suele tener unos elementos comunes, porque, tal como hemos indicado anteriormente, el fin siempre es la toma de control de la empresa y el proceso de adquisición es un medio para alcanzar el mismo.

27 **Régimen jurídico** No existe en la legislación española ninguna regulación especial de los procesos de adquisición de empresas. Por ello, en función del **proceso de adquisición** en el que nos encontremos, deberemos acudir al CC o al CCom, en los casos de adquisición de empresas por compraventa, o al RDL 5/2023 en los supuestos de adquisición mediante modificaciones estructurales.
Los contratos de adquisición de empresas son contratos atípicos, cuyo clausulado depende del tipo de transacción ante el que nos encontremos. Sin embargo, en la práctica se caracteriza por ser un proceso fuertemente influenciado por el **Derecho anglosajón** y de hecho es muy frecuente la utilización de terminología anglosajona, como se verá a lo largo de estas páginas.
Fruto de dicha influencia y al amparo del principio de **autonomía de la voluntad** de las partes (CC art.1255) y la libertad de forma que presiden nuestro derecho de obligaciones y contratos, el contenido de los contratos de adquisición de empresas se aleja, tanto en el fondo (p.e., manifestaciones y garantías) como en la forma (p.e., índice, definiciones, etc.), de los contratos de compraventa tradicionales.
Sin perjuicio de que cada proceso de adquisición es diferente, en función de sus circunstancias y que, por tanto, el contrato varía en cada caso, lo cierto es que inspirado en la influencia anglosajona se ha ido acuñando un proceso en la adquisición de empresas, que tiene una serie de **elementos comunes** (ver nº 1700 s.), a pesar de diferir en cada caso.

Precisiones Quizás una de las **influencias anglosajonas** más significativas es la inclusión en el contrato de compraventa (*SPA* o *Sale and Purchase Agreement*) de las **manifestaciones y garantías** (*representations and warranties*) del vendedor, que en líneas generales, pretenden que el vendedor comunique al comprador una serie de circunstancias relativas a la empresa y que le asegure que son ciertas, otorgando garantía sobre la veracidad de las mismas. Por tanto, no se trata de garantías propiamente conforme a Derecho español (garantía personal o real), sino una obligación que asume el vendedor sobre la certeza de las declaraciones y normalmente una obligación de indemnizar en caso de no resultar cierta durante el plazo y condiciones pactadas (ver nº 2950 s.). Asimismo, cada vez es más frecuente que el comprador solicite una **indemnidad específica** (*specific indemnity*), esto es, la obligación por parte del vendedor de indemnizar íntegramente al comprador por daños sufridos en relación con un hecho específico, normalmente identificado durante el proceso de *due diligence*, habitualmente sin límite cuantitativo ni temporal.

B. Procesos de adquisición

30 Los procesos de adquisición de empresas pueden revestir muy diversas **formas**, en función del objeto, la finalidad perseguida, las partes intervinientes y sobre todo las circunstancias de cada caso concreto, porque cada transacción es diferente.
A continuación se expone una **clasificación** de los distintos procesos de adquisición de empresas en función de los siguientes criterios principales:
- En virtud de los sujetos involucrados: diferentes perfiles de adquirente y transmitente (nº 32).
- En virtud del objeto: adquisición de acciones y adquisición de activos (nº 44).
- En virtud del objetivo: crecimiento vertical u horizontal (nº 52).
- En virtud del proceso: cerrado o abierto (nº 56).

1. Sujetos intervinientes en la adquisición

32 Por razón de los sujetos intervinientes en los procesos de adquisición, quizás la clasificación más interesante es la que se refiere a la parte adquirente.
En cuanto a los **sujetos adquirentes** la clasificación más tradicional es la que distingue entre el comprador o inversor industrial y el comprador o inversor financiero.

Comprador o inversor industrial Es aquel dedicado al mismo negocio que la sociedad adquirida y que, por tanto, es un **experto** del negocio que se adquiere. 33
El comprador industrial busca aprovechar las **sinergias** de la sociedad adquirida, con la que pretende ampliar su negocio y con su *know how*, recursos, experiencia y gestión pretende sacarle mayor rentabilidad, aprovechando las economías de escala.
Es frecuente que el comprador industrial prefiera la **compra de activos** a la compra de acciones, para limitar las contingencias o pasivos ocultos adquiridos.
En los procesos de adquisición en los que interviene un inversor industrial el **informe de «due diligence»** se centra especialmente en los aspectos que afectan al desarrollo del negocio y su gestión, tales como licencias y permisos, contratos con proveedores y clientes (y en particular, cláusulas de exclusividad o limitativas de la competencia, indemnizaciones o penalidades por finalización de contrato), litigios en curso, titularidad y cargas que afecten a los inmuebles operativos, etc. Si, además, el inversor es extranjero estará interesado en las diferencias técnicas y normativas que puedan afectar al negocio, respecto a las de su país de origen, por el hecho de que se someten a ordenamientos jurídicos diferentes.

Comprador o inversor financiero Es aquel comprador cuyo principal interés es la **rentabilidad** del negocio o sociedad objeto de la adquisición, puesto que, como regla general, compra para revender. 34
El comprador financiero no tiene especial interés en el negocio adquirido y, por tanto, no le preocupan los **aspectos técnicos** del negocio.
Normalmente el comprador financiero prefiere la **compra de acciones**, a la compra de activos, para independizar el negocio adquirido y facilitar su posterior venta.
Es importante para el comprador financiero que el contrato prevea la posibilidad de **ceder totalmente el contrato**, incluyendo la cesión de las representaciones y garantías. También es importante que la sociedad adquirida sea autónoma y no sea dependiente de un grupo del que dejará de formar parte con la transacción, porque el comprador no puede prestarle apoyo, ya que no se dedica al negocio de la sociedad adquirida y efectúa la compra en busca fundamentalmente de una rentabilidad.

Sociedades de capital riesgo El **inversor financiero** por excelencia son las entidades de capital riesgo (*venture capital*). 35
Las entidades de capital riesgo se rigen en España por la L 22/2014 que regula, además de las entidades de capital-riesgo, otras entidades de inversión colectiva de tipo cerrado y las sociedades gestoras de entidades de inversión colectiva de tipo cerrado, y se configuran como un vehículo de inversión destinado a la toma de participaciones temporales en empresas no financieras, de naturaleza no inmobiliaria y que no coticen en mercados de valores (ver nº 4230).
Las entidades de capital riesgo pueden adoptar dos **formas jurídicas** (nº 4240):
a) Las **sociedades de capital riesgo** (SRC), sociedades anónimas y, por tanto, con personalidad jurídica autónoma, capaces de actuar sin contar con los servicios de una sociedad gestora. En las SRC, los inversores suscriben una parte del capital social de la SRC, pudiendo realizar tanto aportaciones dinerarias como en especie.
b) Los **fondos de capital riesgo** (FCR), meros patrimonios sin personalidad jurídica, cuya gestión y representación corresponde necesariamente a una entidad gestora y a los que solo pueden realizarse aportaciones en efectivo.
Independientemente de su forma jurídica, las entidades de capital riesgo pueden ser entidades de capital-riesgo «ordinarias», entidades de capital-riesgo PYME, fondos de capital-riesgo europeos o fondos de emprendimiento social europeos (ver nº 4245).
El capital riesgo es una **fuente de financiación** empresarial, que consiste en la aportación de capitales permanentes, por parte de una sociedad inversora, especializada o no, a una pequeña o mediana empresa, llamada comúnmente en este proceso, sociedad receptora o participada. Mediante esta aportación, la entidad inversora de capital riesgo toma una posición minoritaria en la sociedad receptora, de medio a largo plazo, sin la intención de perdurar indefinidamente dentro de su grupo de accionistas.
Las **sociedades receptoras** suelen ser empresas con considerables niveles de riesgo, que tienen dificultades para conseguir capital mediante instrumentos de financiación tradicional. Debido a su participación accionarial, la sociedad inversora tiene un interés en el éxito de la empresa receptora, que se concreta en un deseo de aumento en el valor de la empresa, por lo cual, la sociedad inversora ofrece un valor añadido integrándose al consejo de administración de la empresa receptora, para asesorarla en las principales decisiones estratégicas, asistiéndola en la contratación de personal clave, proporcionando contactos en las esferas jurídicas, bancas de inversión y otros negocios al servicio del respectivo sector y, a su vez, controlar su inversión.

36 Algunas de las principales **características** del capital riesgo son:

• El capital riesgo es para la sociedad adquirida, principalmente, un **instrumento de financiación** por medio del cual una sociedad obtiene los recursos de capital necesarios para el desarrollo de sus proyectos de inicio o crecimiento.

• La sociedad inversora realiza su aportación **participando en el capital social** de la empresa, ya sea con la compra de acciones o la adquisición de otros instrumentos de patrimonio; es menos frecuente que ofrezca capital a préstamo y si lo hace será mediante préstamos participativos (*profit sharing loans*).

• El principal interés de la entidad de capital riesgo es la **creación de valor** de la sociedad adquirida, para ello también suele aportar conocimientos de gestión y financiación, así como contactos empresariales y suelen participar en el consejo de administración de la sociedad adquirida, para controlar su inversión. Sin embargo, la entidad de capital riesgo no suele conocer el negocio de la sociedad adquirida y necesita que esta tenga un equipo de gestión independiente y sólido.

• Este instrumento está dirigido normalmente a la **PYME**, pues inherentes a sus proyectos hay un alto riesgo y esto hace que se dificulte el acceso a instrumentos más comunes. Por tanto, se convierte en un canal para dirigir el exceso de ahorro de los inversionistas hacia la financiación de este tipo de empresa.

• Los inversores a través de entidad de capital riesgo reciben los **beneficios**, principalmente, a través de las **plusvalías** que obtienen en la diferencia entre el precio de compra y venta de las acciones de la sociedad adquirida.

• La inversión o adquisición de la entidad de capital riesgo es limitada y, por tanto, como **accionista temporal** siempre exige cláusulas de salida del accionariado de la sociedad adquirida (venta o salida a cotización en mercado secundario), así como la posibilidad de acelerar o retrasar la salida si ello mejora la inversión (ver nº 4335 s.).

• Los capitales de las sociedades inversoras, se destinan principalmente a emprendimientos en primeras fases o proyectos de crecimiento. Los principales **tipos de inversión** de las entidades de capital riesgo son: capital semilla (*seed capital*), capital para puesta en marcha (*start up capital*), capital para la expansión (*expansion capital*) y adquisición con apalancamiento (*leveraged/management buy-out* y *management buy-in*).

37 **Capital semilla («seed capital»)** Este tipo de inversión está relacionado con empresas que acaban de nacer, o que aún no han comenzado sus actividades empresariales, y sus productos o servicios están en fase de definición, pero que cuentan con un equipo de gestión con experiencia y/o con ventajas estructurales en **mercados emergentes** de alto crecimiento. Este capital suele ser utilizado para gastos preliminares como: estudios de mercado o desarrollo de productos o prueba de prototipos. Las necesidades de recursos de capital suelen ser inferiores a los de las demás fases.

38 **Capital para puesta en marcha («start up capital»)** Estas inversiones también van dirigidas a empresas que aún no han empezado con la producción y distribución del producto o servicio, en **empresas de creación reciente** y que, por tanto, aún no han generado beneficios. Estas inversiones suelen tener un periodo de maduración largo y requerir posteriores inyecciones de capital para financiar el crecimiento.

La gran mayoría de *start up* se refieren a proyectos relacionados con **Internet** o de base tecnológica.

El nombre de *start up* se aplica a varios estadios de desarrollo del proyecto desde el momento inicial, en el que solo existe una idea, un plan de negocio y un equipo de gestión, hasta cuando una vez constituida la sociedad apropiada para el desarrollo del objeto social y ha empezado a operar en el mercado recibe su **primera inyección de capital** importante, esto es, hasta lo que se viene a denominar «primera ronda de capitalización» (Beatriz Satrústegui Menchaga).

39 **Capital para la expansión («expansion capital»)** Este tipo de inversión se hace en sociedades que ya tienen algún recorrido o trayectoria y busca viabilizar el crecimiento de la participación de la empresa en un mercado ya alcanzado, o su introducción en un mercado al que aún no había accedido (p.e., expansión a través de Internet). El hecho de que la empresa participada cuente con un **recorrido previo** reduce la incertidumbre y, por tanto, el riesgo de sus operaciones. Aun así, el cambio de dimensión que se espera obtener sigue generando algún nivel de riesgo.

40 **Adquisición con apalancamiento** Bajo esta modalidad se realiza la adquisición de una empresa, con un negocio ya establecido y con beneficios en áreas de crecimiento, para lo que se emplea una cantidad significativa de **dinero prestado** (bonos o préstamos), que sufraga los gastos de adquisición. A menudo, los activos de la sociedad adquirida se utilizan como garantía para los préstamos, además de los activos de la sociedad absorbente, con el propósito de

permitir a las empresas hacer grandes adquisiciones sin tener que comprometer importantes cantidades de capital.
Se pueden encontrar diferentes **tipos** de esta misma operación:
1. Los «**Management Buy-Out**» (MBO): la adquisición de la empresa (*buy-out*) es realizada por sus administradores o equipo directivo (*management*) (ver nº 4640).
2. Los «**Management Buy-In**» (MBI): los compradores son un equipo gestor externo a la empresa absorbida (ver nº 4675).
3. Los «**Buy-In Management Buy-Out**» (BIMBO): combinan las dos modalidades anteriores y un equipo directivo externo se une al equipo interno para la adquisición y gestión de la empresa (ver nº 4675).
Respecto a las operaciones de adquisición con apalancamiento debe tenerse en cuenta lo previsto en el RDL 5/2023 art.42, en el caso de **fusiones posteriores** a una adquisición de sociedad con endeudamiento de la adquirente (ver nº 2092).

Inversor angelical o de proximidad más conocido como «business angel» 41

Son **inversores privados**, empresarios, directivos de empresas, ahorradores que aportan lo que se ha venido a denominar capital inteligente: capital o fondos, conocimientos técnicos, confianza y su red de contactos profesionales o personales.
Actualmente también se incluyen **personas jurídicas**, desde sociedades patrimoniales hasta sociedades promotoras de inversión dependientes de organismos públicos. Los *business angels* operan individualmente o agrupados en redes y existen en Internet sitios webs que sirven de foros de *business angels*.
Los *business angels* suelen realizan su inversión en **empresas «start up»** (nº 38), para la puesta en marcha de proyectos empresariales o a empresas que se encuentran en el inicio de su actividad y también en las primeras fases de desarrollo del proyecto, aportando el **capital semilla** (*seed capital*) (nº 37).
Los inversores angelicales seleccionan sus **proyectos de inversión** valorando el plan de negocio que le presentan de acuerdo con sus criterios personales de inversión. Las inversiones ángeles asumen un riesgo alto y, por tanto, requieren un muy alto retorno o rentabilidad sobre la inversión.
Puesto que un porcentaje de los negocios de *start up* fracasan se suele establecer una estrategia de **salida del capital** del *business angel*.

Las principales **diferencias** respecto a la inversión de una **entidad de capital riesgo** son: 42
• Se trata de una **inversión de menor importe** que las realizadas por las entidades de capital riesgo, que suelen invertir en una fase posterior del proyecto e importes superiores. Las inversiones angelicales suelen ser la segunda ronda de financiación para las *start up* de alto potencial de crecimiento.
• La inversión del *business angel* es una inversión **más personal** y que se basa no solo en criterios de eficiencia económica, sino también confianza en el emprendedor o equipo gestor de la sociedad target.
• Intervienen en las **fases iniciales del negocio** (*start up* o *seed capital*), pero no suelen intervenir en negocios ya maduros, a diferencia de las entidades de capital riesgo.
• Participan en el negocio activamente aportando su *know how* empresarial y del mercado, pero puede conllevar una **intervención** excesiva en el negocio, mientras que las entidades de capital riesgo no intervienen en la gestión del negocio salvo que existan problemas.
• La política de los *business angels* depende de cada inversor y, por tanto, no es uniforme, pero buscan un **mayor control** del proyecto y participar en la gestión del mismo, por ello, es frecuente la inclusión de cláusulas de refuerzo de mayorías en materias reservadas.
• Mientras que las entidades de capital riesgo son inversores puramente financieros, los *business angels* son un tipo de adquirente que combina aspectos del **inversor industrial** y del **financiero**.

2. Objeto de la adquisición

En el marco de la adquisición de empresas mediante compraventa, los dos sistemas o tipos de adquisición tradicionales en función del objeto de la compraventa son las adquisiciones de activos o las adquisiciones de acciones. 44

Adquisiciones de activos («asset deal») El objeto de la compraventa son solo los **activos** y, en su caso, **pasivos** que el comprador y el vendedor hayan acordado expresamente. Por tanto, se excluyen los pasivos ocultos que pueda haber en la sociedad transmitente, aunque se exceptúan los que puedan derivarse de las obligaciones laborales, fiscales y medioambientales que sean objeto de asunción *ex lege*. 45

La adquisición de activos suele ser más compleja, ya que hay que efectuar la **trasmisión individual** de todos los activos y pasivos objeto de transmisión, respetando, en cada caso, su régimen específico de transmisión.
Según el tipo de activos transmitidos es necesaria o no la intervención de **notario** (p.e., si se transmiten inmuebles es necesario el otorgamiento de escritura). No obstante, lo recomendable y más frecuente es que los contratos de compraventa de activos y pasivos se eleven a público.
También deben ser incluidas en el objeto de la compraventa la transmisión de las **relaciones contractuales** con terceros que vayan a ser objeto de transmisión (contratos con clientes, proveedores, etc.).
La cesión de contratos y pasivos exige el **consentimiento** de terceros.
También se requiere la realización de las **inscripciones y notificaciones** que correspondan en relación con los activos y pasivos transmitidos (p.e., Registro de la Propiedad, Oficina Española de Patentes y Marcas, alta del centro de trabajo, etc.).
La **sociedad transmitente** continúa en el tráfico mercantil y, por tanto, puede continuar su misma actividad, por lo que es frecuente la inclusión de cláusulas de prohibición de competencia, cese de actividad, limitaciones a su desarrollo, etc.
El **comprador** asume como propios los pasivos ocultos afectos a los activos adquiridos. Por tanto, la responsabilidad máxima que asume el comprador podría exceder del precio pactado. No obstante, se suele pactar con el vendedor un régimen de compensación de los pasivos ocultos (p.e., vía manifestaciones y garantías).
Cuando transmite una sociedad y el objeto sea un volumen elevado de activos, o activos significativos de la transmitente, o la transacción implique un cese en su actividad, el comprador debería exigir que la junta general de la sociedad vendedora adopte un **acuerdo autorizando la operación**.
Se requerirá en todo caso autorización de la junta general de la sociedad vendedora y/o sociedad compradora, respectivamente, cuando se trate de la adquisición (compradora) o enajenación (vendedora) de **activos esenciales** de las partes. Se presume el carácter esencial del activo cuando el importe de la operación supera el 25% del valor de los activos que figuren en el último balance aprobado (LSC art.160.f) (ver nº 5409).

46 La **tributación** en la compraventa de activos difiere de la que surge en la compra de acciones (ver nº 6300 s.).
En cuanto a los **aspectos laborales y de Seguridad social**, los contratos de la sociedad transmitente, centro de trabajo adquirido siguen en vigor, excepto los que sean objeto de transmisión y surgen responsabilidades solidarias del comprador y del vendedor en cuanto a obligaciones laborales y ante la Seguridad Social (ver nº 7600 s.).
La comunicación a los trabajadores o a sus representantes legales es obligatoria con carácter previo a la consumación de la compra (ET art.44); además pueden existir obligaciones de consulta con sus representantes (ver nº 7835).
Por lo que respecta al régimen de **inversiones extranjeras**, en el caso de que entre los activos y pasivos objeto de la transacción figure un inmueble, cuyo valor exceda de 500.000 euros (o con independencia de su importe, cuando la inversión proceda de un paraíso fiscal), y el adquirente sea residente en el extranjero, debe presentarse la correspondiente declaración ante la Dirección General de Comercio e Inversiones (RD 571/2023 art.4; OM ECM/57/2024 art.14).
En materia de **protección de datos**, si entre los activos o pasivos objeto de la transmisión hay ficheros que contienen datos de carácter personal (cartera de clientes personas físicas, empleados) se producirá una cesión de datos entre responsables del tratamiento, que conlleva la obligación de dar cumplimiento a lo previsto en la normativa de protección de datos, en función de las circunstancias de cada caso (LOPD art.21; ver nº 575).

47 **Adquisición de acciones («share deal»)** El objeto de la compraventa son las acciones de la sociedad titular de la empresa que se desea adquirir. Por tanto, se adquieren directamente todas las **responsabilidad y obligaciones** de la sociedad objeto (sociedad target) durante toda su vida social, incluso de aquellas que el comprador no conozca (pasivos ocultos) y de forma indirecta los activos y pasivos que conforman la empresa.
En principio, es una modalidad menos compleja, porque solo se adquiere un activo (las acciones). Sin embargo, en la práctica puede resultar más compleja en los casos en los que existan numerosos accionistas y en el seno de la negociación pueda surgir un conflicto de intereses entre ellos que complique la negociación.
La compraventa de **acciones** exige la intervención de **fedatario público** en los casos de acciones representadas por títulos al portador (CCom art.545; LMV art.11.5), no en los casos de títulos nominativos, cuando estos se han emitido físicamente (LSC art.120). También se exige la intervención de fedatario público en todos los casos en los que no se hayan impreso

los títulos físicos para que la transmisión surta efectos frente a terceros, al regirse esta por las normas de la cesión de créditos (LSC art.120.1). Respecto a las **participaciones sociales**, aunque la LSC art.106 establece que es obligatorio formalizarla en documento público, tanto la doctrina como la jurisprudencia han entendido que la referida exigencia formal no tiene carácter esencial para la perfección de la transmisión, afirmando que solo cumple la función de medio de prueba *-ad probationem-* y de oponibilidad de la transmisión a los terceros *-ad exercitium o utilitatem-* (ver nº 1713).
En todo caso, lo frecuente y **recomendable** es que tanto la compraventa de acciones como de participaciones sociales se formalice en documento público o bien se eleve a público el contrato de compraventa.

En la compraventa de **acciones** es necesario cumplir el **régimen de transmisibilidad** previsto **48**
en los estatutos sociales de la sociedad objeto y dar cumplimiento a los derechos que en los mismos puedan preverse, tales como derecho de adquisición preferente o derecho acompañamiento (*tag along*) u otros.
En el caso de acciones nominativas, se debe anotar la transmisión en el **libro registro** de acciones nominativas. Cuando se transmitan participaciones de una sociedad limitada, se debe de inscribir en el libro registro de socios (LSC art.104.1 y 116.1).
La compraventa de **participaciones** sociales está sujeta al régimen de transmisibilidad previsto, en su caso, en los estatutos y, en todo caso, en la ley (LSC art.107).
Si se transmite el 100% de las acciones o participaciones sociales de una sociedad, anónima o limitada, es necesario proceder a formalizar la declaración de **unipersonal** o el cambio de accionista único, según corresponda, e inscribirlo en el RM dentro del plazo de seis meses desde la formalización de la compraventa (LSC art.13 y 14).
Es necesaria la **revisión de los contratos** de la sociedad target para identificar los contratos con cláusulas que exijan la autorización de la contraparte o que prevean la resolución anticipada del contrato en caso de cambio de control de accionariado (p.e., muy frecuentes en los contratos de financiación).
Cuando el paquete de acciones objeto de la compraventa suponga la adquisición o enajenación de un **activo esencial** de la sociedad compradora y/o vendedora, se requerirá acuerdo de su junta general. Se presume el carácter esencial del activo cuando el importe de la operación supera el 25% del valor de los activos que figuren en el último balance aprobado (LSC art.160.f).

La **tributación** en la compraventa de acciones difiere de la que surge en la compra de activos **49**
(ver nº 6300 s.).
En cuanto a los **aspectos laborales**, puesto que se compra la sociedad, no hay cambios en la figura del empleador: Los contratos y derechos de la sociedad adquirida siguen en vigor.
No es obligatoria la comunicación a los trabajadores, aunque se aconseja su realización.
Por lo que respecta al **régimen de inversiones extranjeras**, en el supuesto de que el adquirente sea residente en el extranjero, debe presentarse la correspondiente declaración ante la Dirección General de Comercio e Inversiones, con carácter general, con posterioridad a la compraventa, aunque hay excepciones en los que debe presentarse con carácter previo cuando la inversión proceda de un paraíso fiscal de los enunciados en el RD 1080/1991 (RD 571/2023 art.45).
En materia de **protección de datos**, la sola transmisión de acciones de una sociedad no da lugar a ningún cambio en la personalidad jurídica del responsable del tratamiento, que sigue siendo la sociedad adquirida, por tanto, no se exige el cumplimiento de ningún requisito, al no existir cesión de datos. Si como consecuencia de la compraventa, la sociedad adquirida va a formar parte de un grupo de sociedad y va a existir posteriormente cesión de datos a otras empresas del grupo, sí debe darse cumplimiento a lo previsto en la normativa de protección de datos para estos casos y, en particular, el deber de información en materia de protección de datos, amparándose en lo dispuesto en la LOPD art.21. También en el caso en que la sociedad adquirida pase a formar parte de un grupo de sociedades multinacional, en cuyo caso debe analizarse si va a haber transferencia internacional de datos y cumplir los requisitos previstos para esos casos (LOPD art.21).

50 **Diferencias legales entre la compraventa de activos y la de acciones** En el siguiente cuadro, se resumen las principales diferencias en cuanto a los aspectos legales entre la compraventa de activos y la compraventa de acciones:

	Compraventa de activos	Compraventa de acciones
Objeto de la compra	⇒ Adquisición directa de activos y pasivos expresamente pactados. ⇒ Exclusión de pasivos ocultos, excepto los fiscales, laborales o de otra naturaleza (p.e., medioambiental) que transmiten por Ley, aunque se excluyan del objeto de la transacción.	⇒ Adquisición de acciones y, por tanto, adquisición indirecta de los activos y pasivos de la sociedad adquirida, incluyendo posibles pasivos ocultos de la sociedad adquirida.
Formalidades	⇒ No se exige documento público excepto para algunos activos (inmuebles).	⇒ En el caso de sociedad anónima, solo exige documento público para las acciones al portador o en el caso de acciones cuyos títulos no se hayan impreso para que tenga efectos frente a terceros. En las sociedades limitadas se exige igualmente documento público para que la transmisión sea oponible frente a terceros, incluida la sociedad.
Aspectos contractuales y notificaciones	⇒ La cesión de contratos y pasivos exige el consentimiento de terceros. ⇒ Se deben realizar las inscripciones y notificaciones que correspondan según los activos y pasivos transmitidos.	⇒ No se transmiten contratos ni pasivos, sino la propiedad. ⇒ No obstante, deben revisarse los contratos con cláusulas limitativas al cambio de control del accionariado de la parte contratante (p.e., frecuentes en los contratos financiación). ⇒ Se exige la inscripción de las acciones-participaciones en los libros registros.
Aspectos societarios	⇒ No se exige ninguna formalidad societaria. ⇒ No obstante, cuando la adquisición implique el cese en la actividad de la sociedad transmitente, o bien tenga por objeto un volumen significativo de activos, es aconsejable solicitar la autorización de la junta general. Si se trata de activos esenciales la autorización es preceptiva.	⇒ Debe cumplirse el régimen de transmisión de acciones o participaciones previsto en los estatutos sociales de la sociedad adquirida o target (y en la ley), en especial, derechos de adquisición preferente u otros de los accionistas/socios.
Aspectos laborales	⇒ Hay cambio de la persona del empleador en lo que se refiere a los trabajadores afectos a la unidad económica que se transmite. Por tanto, se exige comunicación a los representantes de los trabajadores (ET art.44).	⇒ No hay cambio de la persona del empleador y, por tanto, no se exige comunicación a los representantes de los trabajadores.
Protección de datos personales	⇒ Si entre los activos o pasivos objeto de la transmisión hay ficheros que contienen datos de carácter personal conforme a la LOPD se producirá un cambio en la personalidad jurídica del responsable del tratamiento.	⇒ No da lugar a ningún cambio en la personalidad jurídica del responsable del tratamiento de los datos personales, que seguirá siendo la sociedad adquirida.

3. Objetivo de la adquisición

52 Por razón del objetivo perseguido por la adquisición podemos distinguir entre adquisiciones horizontales y verticales:

53 **Procesos de adquisición horizontal** Son aquellos que tienen por objetivo la adquisición de una empresa en sector de mercado o actividad similar. Es decir, en las que un **competidor** adquiere o compra a otro competidor.

El **objetivo** principal de las adquisiciones horizontales consiste en la búsqueda de economías en escala que permitan reducir costes. Asimismo, este tipo de adquisiciones busca obtener mayor cuota de mercado, al reducir el número de competidores, o bien adquirir los medios necesarios para iniciar nuevas líneas de negocios o nuevos mercados (expansión internacional, etc.).

Procesos de adquisición vertical Son aquellos que tienen como objetivo la adquisición de una empresa de su **proveedor** (integración hacia atrás) o de alguno de sus **clientes** (integración hacia delante). 54

El **objetivo** principal de las adquisiciones verticales consiste en asegurare el acceso a proveedores o a canales de distribución esenciales adquiriendo o fusionándose con proveedores o miembros de los canales de distribución. La adquisición vertical debilita la competencia o crea barreras para entrar al mercado al excluir a los competidores del acceso a los proveedores esenciales.

4. Proceso de negociación en la adquisición

En función del proceso o la estrategia de negociación elegida por el transmitente o vendedor, podemos distinguir, principalmente, entre los procesos de venta abiertos o competitivos (subasta) o proceso de venta cerrado (negociación bilateral o *«one to one»*): 56

Procesos de venta abiertos o mediante subasta Son aquellos que se caracterizan por negociar con muchos candidatos a la vez y en los que normalmente es el vendedor quien mantiene el control del proceso. 57

Las subastas pueden, a su vez, ser abiertas o restringidas, en función del **número de candidatos** a los que el vendedor involucre en el proceso.

Las principales ventajas e inconvenientes de los procesos de subastas son las que se identifican a continuación:

Ventajas	Inconvenientes
• Maximización del precio por la existencia de una mayor competencia. • Facilita la identificación del perfil de inversor idóneo al existir más de un candidato. • Mayor capacidad de negociación y posición de control en el proceso por parte del vendedor. • Mayor transparencia y objetividad del proceso.	• Procesos más complejos y con mayores por el gran número de candidatos que intervienen en el proceso. • Dificultades para mantener la confidencialidad. • Necesidad de establecer diferentes estrategias de negociación en función del perfil de los distintos candidatos. • Riesgo de perder candidatos si el proceso se mantiene como una subasta hasta el final del mismo.

Alguno de los inconvenientes indicados se pueden reducir o minimizar en las **subastas restringidas** al limitar el número de candidatos el proceso, lo que permite un mayor control sobre el proceso y facilita su gestión.

Procesos de venta cerrados o bilaterales («one-to-one») Un proceso cerrado se caracteriza por llevar a cabo una negociación únicamente con un posible comprador, siendo sus principales ventajas e inconvenientes las siguientes: 58

Ventajas	Inconvenientes
• Confidencialidad. • Procesos más cortos porque se simplifica el proceso. • Mayor agilidad en la negociación y firma de los acuerdos.	• Dificultad para maximizar el precio por la limitación de la competencia. • Limitaciones para identificar el perfil de inversor idóneo entre un número de candidatos menor. • Pérdida de control sobre el proceso y menor capacidad de negociación al no disponer de otras alternativas.

C. Generación de valor para el accionista

65

1. Concepto de creación de valor 66
2. Formas de cuantificar la creación de valor para el accionista 70
3. Generación de valor para el accionista según reconocidos expertos en la materia 80

1. Concepto de creación de valor

El concepto de creación de valor para el accionista es verdaderamente simple: una compañía crea valor para sus accionistas cuando la **rentabilidad** obtenida sobre el capital invertido es superior al coste de dicho capital. 66

Crear valor ha constituido el pilar central de la gestión de las compañías en los últimos años, que tratan de orientar dicha gestión hacia la **maximización de la riqueza** de los accionistas como el objetivo fundamental y último de la compañía.

En los últimos años son muchos los expertos que opinan que precisamente esta búsqueda de valor para el accionista ha sido el causante de muchos de los males del entresijo corporativo internacional; ejemplos como la importancia notable que le dan las grandes corporaciones a la cuenta de resultados, la falta de inversión para garantizar crecimientos futuros e incluso trampas contables han desencadenado en un efecto contrario en las compañías: **destrucción del valor empresarial** (y por tanto para el accionista) en el medio plazo, tratando de «asegurar» el éxito en el muy corto plazo.

En línea con lo anterior, hay que tener en cuenta que los **modelos de creación de valor** más utilizados por la Comunidad Financiera Internacional presentan algunas deficiencias que pueden conducir a conclusiones erróneas. En determinadas ocasiones pueden resultar manipulables al ser un método que utiliza parámetros puramente contables; a veces son demasiado complejos para lo que aportan, o incluso pueden llegar a ser malinterpretados intencionadamente, con el objetivo de dirigir el resultado a favor de una determinada postura.

67 **Orígenes del concepto de creación de valor para el accionista** Tradicionalmente se ha hablado del beneficio de una compañía como el diferencial entre las ventas y los costes. Sin embargo, Marshall profundiza en la definición en sus conocidos principios, incorporando el concepto de «**beneficios de la dirección**»:

«Cuando un hombre está involucrado en un negocio, sus beneficios del año son la diferencia entre las ventas y los costes más, o menos, la diferencia entre los activos iniciales y finales. Lo que queda, después de deducir los intereses del capital al tipo de interés en uso, es generalmente llamado beneficios de la dirección o de gestión.»

La fórmula incorporada por **Marshall** se ha entendido desde entonces como la base de todos los modelos de creación de valor. Aquellos negocios que son capaces de generar un mayor volumen de fondos de los que corresponden a los trabajadores, proveedores y fuentes de financiación, son los que crean valor y podemos considerar que este excedente, superior a las exigencias de los accionistas, son los «beneficios de la dirección».

No obstante, Marshall no incorporaba en su ecuación el concepto de «**inversión**» como potenciador y ayuda al crecimiento futuro de un negocio, con el objetivo único de recuperarlo en un intervalo de tiempo determinado, o incluso crear un valor adicional al de la inversión.

68 **Concepto de creación de valor para el accionista** Para crear valor para el accionista en una empresa no es suficiente con que esta crezca, sino que es necesaria una **mejora de las expectativas** previstas con anterioridad por parte de los accionistas.

La verdadera creación de valor se explica con la superación de expectativas previas y con la **generación de utilidad** para sus participantes, que se mide en el momento último a través del valor creado para el accionista. Es importante recordar que el accionista es el último de todos los participantes de la empresa en recibir su remuneración (antes van los proveedores, entidades financieras, etc.). La principal diferencia reside en que el fin último de los **participantes no accionistas** reside en que se satisfagan sus propios intereses, mientras que el de los accionistas (por invertir en la empresa y asumir riesgo) es de carácter residual, es decir, solo se benefician una vez satisfechos los intereses del resto de participantes.

Por tanto, el valor creado para los **accionistas** tiene que considerar previamente la remuneración del resto de participantes y puede considerarse como una medida de la buena o mala gestión del negocio basada en la satisfacción de los intereses de todos los participantes en la empresa, y por consiguiente de la generación de valor.

La **fórmula** matemática que podría explicar la creación de valor para el accionista sería:

$$CVaac = Rp - Ex$$

- CVacc: creación de valor para el accionista
- Rp: remuneración transmitida a partícipes
- Ex: expectativas puestas en el negocio por parte del accionista

2. Formas de cuantificar la creación de valor para el accionista

70 En este apartado se trata el concepto de creación de valor para el accionista desde un punto de vista más financiero, dando una breve visión en relación a los conceptos más utilizados por la Comunidad Financiera Internacional.

Como se ha comentado anteriormente, la creación de valor es la razón de ser de toda empresa. A pesar de los intentos de multitud de autores de dar explicaciones alternativas a la

creación de valor para el accionista, el denominador común a la gran mayoría de estas teorías es que la creación de valor se ha de traducir necesariamente en un **mayor retorno para el accionista**.
En la década de los 90, la gran mayoría de los ejecutivos centraban sus esfuerzos en la creación de valor para el accionista, mediante incrementos en la cotización de su acción. Por tanto, se daba por hecho que la mayor preocupación de los inversores en acciones era la constante revalorización de la misma. Esta mentalidad fue uno de los principales factores que desencadenó la crisis de las llamadas «empresas puntocom». A finales de los años 90, hubo una corriente cuyo único criterio de inversión era la **maximización de la cotización** de su empresa. Esto provocó una burbuja en las empresas del sector de las tecnologías de la comunicación, debido a los grandes flujos de inversión que recaían en estas empresas, motivados por sus altas tasas de crecimiento.

Hoy en día, la situación ha cambiado. Una de las principales consecuencias que ha supuesto la globalización es la paulatina **desvinculación del inversor medio** con el objeto de inversión. Mientras que hace 30 años, los inversores en participaciones de empresa (esto es, en acciones) mantenían sus inversiones, de media, durante un periodo de 4 años, actualmente ese tiempo se ha reducido a menos de 30 segundos. Este ejemplo manifiesta de forma clara esta desvinculación del inversor medio con las empresas donde deposita su capital y es prueba de que el principal criterio de inversión de la gran mayoría de los inversores es la **rentabilidad**. Esto no implica la no existencia de inversores que se rijan por criterios estratégicos o de otro tipo, pero es un argumento a favor de la necesidad de medidas que cuantifiquen la creación de valor para el accionista en términos de rentabilidad. **71**
Tradicionalmente, la creación de valor se cuantificaba mediante las **métricas ROI**, pero en los últimos años se observa una tendencia hacia unas métricas más acordes con las nuevas realidades que se acaban de describir.

«Return on Investment» (ROI) y otras medidas tradicionales El *Return on Investment* (**ROI**) es un ratio financiero que establece una comparación entre el beneficio obtenido de una inversión en relación al total invertido por la empresa. **72**

ROI = (beneficio total obtenido - inversión) / inversión

Una de las métricas ROI más utilizadas en el ámbito del análisis financiero es el «**Return on Invested Capital**» (**ROIC**), que indica la eficiencia en que una compañía invierte su capital, es decir, se utiliza para medir el retorno que es capaz de generar la compañía para sus proveedores de fondos, sean accionistas o acreedores financieros. El ROIC se calcula de la siguiente forma:

ROIC = NOPAT / fondos propios + deuda financiera

- NOPAT: Resultado de explotación después de impuestos = EBIT * (1 - tasa impositiva)
- EBIT: Resultado antes de Intereses e Impuestos

Por su parte el «**Return on Assets**» (**ROA**), mide la rentabilidad de los activos de la empresa, poniendo en relación el beneficio y el tamaño total del balance de situación.
Por último, el «**Return on Equity**» (**ROE**) nos da una métrica de la rentabilidad financiera de los fondos propios de la empresa y se calcula como el beneficio sobre los fondos propios de la empresa.

No obstante, es necesario tener en cuenta la **falta de homogeneidad** de toda métrica que esté basada en cifras extraídas de los estados financieros de una empresa. No es posible establecer comparaciones entre las métricas ROI de empresas de diferentes países, ya que estas están sometidas a **normativas contables** distintas. En la misma línea, cabe destacar que la contabilidad no refleja el valor de mercado de una empresa. El sector de la alta tecnología es un ejemplo clásico de una industria donde los balances no capturan el valor real del negocio. Prueba de ello son las cuantiosas primas de control -que reflejan lo que los inversores están dispuestos a pagar por encima del valor de mercado de los recursos propios de la empresa en cuestión- que se pagan en las transacciones del sector de la alta tecnología. **73**
Por otro lado, las métricas que tratan de cuantificar la creación de valor de una empresa mediante el **descuento** de **flujos de caja futuros** también presentan dificultades. En el ámbito financiero se suele decir que una empresa no vale más que el valor actual de sus flujos de caja futuros. La principal ventaja de este método es que no depende de principios contables de ningún tipo, por lo que se puede utilizar para comparar empresas de distintos países. Sin embargo, este principio está sujeto a la subjetividad del analista financiero en cuestión, en el sentido

de que es este quien estima los flujos de caja. Por lo tanto, la medición de la creación de valor de una empresa mediante el descuento de sus flujos de caja futuros, si bien es una herramienta ampliamente utilizada en el sector financiero, presenta problemas derivados del criterio subjetivo de la persona encargada de la valoración.

74 **«Economic Value Added» (EVA)** El *Economic Value Added* (EVA) es una métrica que ha sido desarrollada para dar respuesta a estos problemas que se derivan de las formas tradicionales de cuantificar la creación de valor de una empresa.

El EVA es una metodología de valoración y de **medición de desempeño**. A diferencia de las métricas de la contabilidad tradicional que se han comentado, el EVA permite estimar cuándo una empresa crea valor económico. El EVA se basa en **3 elementos**:

1. La cuantía de capital invertido en el proyecto o empresa

2. El rendimiento de este capital (*Return on Invested Capital* o ROIC)

3. El coste de oportunidad de este capital (*Weighted Average Cost of Capital* o WACC)

De esta forma, la **fórmula** para calcular el EVA es:

EVA = Capital * (ROIC - WACC)

Para un inversor en productos de renta variable (acciones, principalmente), el factor fundamental que determina el éxito o fracaso de su inversión es el binomio **rentabilidad-coste de capital**. En otras palabras, el retorno que le reporte su inversión financiera debe estar por encima del coste de capital del mercado en el que realice su inversión. De no ser así, su inversión carece de sentido financiero. En esta línea, a la hora de invertir en el capital de una empresa siempre es necesario comparar los ingresos derivados de la inversión con el capital invertido. El principal problema es que la cifra de beneficios no siempre es un buen indicador de la creación de valor para el accionista. En el caso de ampliaciones de capital, un incremento en los beneficios no tiene por qué implicar una mayor creación de valor para el accionista.

75 Existen dos motivos principales por los que el EVA es una medida de creación de valor y una herramienta de control **preferible a las métricas ROI** (RONA, ROCE y ROIC, principalmente).

1. Un incremento en el ROI no implica de forma automática un mayor valor para el accionista: el incremento en el ROI solo es positivo para los accionistas en empresas donde el **capital social** no puede ser incrementado ni disminuido. En este sentido, apenas existen empresas donde nunca se hayan llevado a cabo ampliaciones o reducciones de capital. Es más, el contexto empresarial actual se caracteriza precisamente por la flexibilidad a la hora de acometer dichas operaciones.

2. El EVA es una medida de **más fácil comprensión** e interpretación que las métricas ROI: el EVA arroja valores absolutos y está basado en la cuenta de pérdidas y ganancias, lo que facilita su interpretación y «democratiza» su uso a personas que no estén relacionados con el sector financiero. Además, otra ventaja del EVA frente a las métricas ROI, es que el primero refleja de forma directa variaciones diarias en ingresos o gastos. A modo de **ejemplo**, quizá sea útil destacar que una reducción de costes de 100 u.m. reduce el EVA en la misma cuantía.

A continuación se desarrollan en detalle estos dos argumentos, que ejemplifican la **utilidad del EVA** como medida de creación de valor frente a las tradicionales métricas ROI.

---

76 Ejemplo El siguiente ejemplo ilustra porqué el **ROI no es el criterio idóneo** a la hora de tomar decisiones empresariales

Suponga que actualmente la empresa «A» arroja un retorno (ROI, ROIC o ROCE, indiferentemente) del 30% y que tiene la oportunidad de inversión que le reportará un retorno del 20%: ¿Qué pasará con el ROI de la empresa si la inversión es llevada a cabo?

• **Antes de la inversión**:
- Capital = 1000 u.m.
- Resultado antes de Impuestos e Intereses (EBIT) = 300 u.m.
- Coste de Capital (WACC): 10%
- ROI = 300 / 1000 = 30%
- EVA = 300 - (10% * 1000) = 200 u.m. / EVA = 1.000 * (30% - 10%) = 200 u.m.

• Las **necesidades de capital** de la inversión son de 200 u.m. y la rentabilidad es del 20%.
- El incremento anual en EBIT es de 20% * 200 = 40 u.m.

• **Después de la inversión**:
- Capital = 1200 u.m.
- Resultado antes de Impuestos e Intereses (EBIT) = 340 u.m.
- ROI = 340 / 1200 = 28,3%
- EVA = 340 - (10% * 1200)= 220 u.m. / EVA = 1.200 * (28,3% - 10%) = 220 u.m.

En este caso, a pesar del **decremento en el ROI**, la **inversión es positiva** para los accionistas. El EVA resultante de la operación es de 220 u.m., frente a los 200 u.m. de la situación anterior.

Por este motivo, queda patente que el ROI es una herramienta problemática para determinar la creación de valor en las empresas. Es bastante común que las grandes empresas tengan líneas de negocio que a priori parezcan ser rentables -debido al buen ROI que arrojan-, cuando en realidad destruyen valor para el accionista.

Carácter práctico del EVA frente a ROI Es habitual que los empleados de las empresas y los usuarios de la información financiera en general no suelan interpretar de forma correcta las **métricas de ROI** debido al carácter ambiguo de las mismas. Es más, la gran mayoría de los empleados no suelen utilizar las métricas ROI como instrumento para la toma de decisiones empresariales debido a la complejidad de las mismas. Este comportamiento queda patente, si se tiene en cuenta que las reducciones de costes, los incrementos de ingresos y las ampliaciones o reducciones de capital suelen ser operaciones demasiado complejas para el usuario medio como para que este las incluya en sus cálculos de ROI. 77

Las empresas que basan su toma de decisiones en el ROI, suelen centrarse en sus ingresos operativos (EBIT, EBT o NOPAT) como medida para determinar la buena marcha del negocio. En estos casos, es habitual que se ignore el grado de eficiencia del capital que está siendo empleando en el negocio. No obstante, el hecho de que el **EVA** arroje **valores absolutos** facilita la correcta interpretación de proyectos o políticas empresariales en términos de creación de valor, en el sentido de que todos los incrementos en ingresos y reducciones de costes (y viceversa) están en las mismas unidades que el EVA, es decir, en valor absoluto. Como se ha dicho anteriormente, un incremento de los ingresos de 100 u.m. significa un incremento del EVA en la misma cuantía, lo que ejemplifica de forma clara la creación de valor para el accionista. Lo mismo ocurre con las ampliaciones o reducciones de capital.

Por otro lado, el EVA es una medida que refleja de forma fiel la creación de valor para el accionista, en el sentido de que todo **incremento en el EVA** supone un **incremento en el valor** para el accionista. También es común que los empleados de las empresas que toman sus decisiones en función del ROI desconozcan el significado real de «rentabilidad», debido a los defectos del mismo como medida de creación de valor. 78

La **rentabilidad** suele ser un concepto abstracto para la gran mayoría de personas, propio de los profesionales de las finanzas, que no indica de forma clara si la empresa en cuestión genera o destruye valor para el accionista. En definitiva, la cuestión fundamental para el accionista es si la empresa es capaz o no de cubrir sus costes mediante sus ingresos y la cuantía de este exceso o déficit. Esta cifra es la que determinará los dividendos que percibirá.

A estos efectos, la principal virtud del EVA reside en que este resume la creación de valor para el accionista en una sola cifra. En este sentido, un incremento en la rentabilidad es igual a un incremento en EVA.

Si la empresa consigue implantar el EVA como la medida de referencia para medir la rentabilidad y la creación de valor para el accionista, resultará más fácil explicar a los diferentes grupos de interés el significado real de la rentabilidad y se podrá cuantificar de una forma más fácil y concisa el impacto de los proyectos de la empresa en el valor del accionista.

3. Generación de valor para el accionista según reconocidos expertos en la materia

Dentro de la Comunidad Financiera Internacional, hay **dos autores** que han tenido gran repercusión acerca de la creación de valor para el accionista: 80

a) Alfred Rappaport: profesor norteamericano en *Northwestern University* y consultor de negocios internacionales. Escritor de una gran variedad de artículos y libros de negocios, introdujo por primera vez el concepto de creación de valor para el accionista en la década de los años ochenta.

b) Aswath Damodaran: profesor hindú de la *Stern School of Business* en *New York University*, se le considera una eminencia mundial en la valoración de empresas y sus estudios e investigaciones son utilizados en el ámbito profesional como fuente de trabajo.

Alfred Rappaport Rappaport apunta en su libro *Creating shareholder value: a guide for managers and investors* que los «**drivers**» generadores de valor más relevantes en una empresa o negocio deberían estar en consonancia con la estrategia empresarial y con el entorno competitivo de la empresa o negocio en cuestión. Dichos *drivers* son los siguientes: 81

1. La **tasa de crecimiento** de las ventas. Porcentaje de crecimiento de las ventas de una empresa o negocio durante un periodo comparado con las ventas de un periodo anterior.
2. El **período de duración del crecimiento** de las ventas. Periodo durante el cual las ventas de una empresa o negocio crecerían a niveles superiores a los normales durante un periodo de madurez de una empresa o negocio.

3. El **margen de beneficio operativo**. Porcentaje del beneficio operativo antes de intereses e impuestos (EBIT) en un periodo sobre las ventas del mismo periodo.
4. El **tipo del Impuesto sobre Sociedades**. Tipo de interés que se aplica sobre el beneficio antes de impuestos (EBT) en un periodo concreto, generalmente de un año.
5. El **activo circulante neto**. El activo a corto plazo de un negocio menos las partidas del pasivo a corto plazo sin coste explícito, excluyendo la deuda financiera a corto plazo.
6. La **inversión en activos fijos** (CAPEX). Importe que anualmente dedica una empresa o negocio a mantener y mejorar, en sentido amplio, su inmovilizado en condiciones de producción y funcionamiento estable.
7. La **tasa de descuento** (WACC) de los flujos de caja futuros que genere la empresa o negocio. Tasa que mide el coste de capital, entendiéndose este como una media ponderada entre la proporción de recursos propios y la proporción de recursos ajenos.
Resumen de la relación entre estrategia y creación de valor según Rappaport:

82 Por otra parte, el propio Rappaport, en un artículo publicado en la *Harvard Business Review*, establece diez **principios** que podrían ayudar a crear valor para el accionista. Son los siguientes:
1. Relativizar la importancia del **resultado a corto plazo**. Según un estudio realizado en EEUU en 2005 a 401 ejecutivos de grandes corporaciones, un 80% de los encuestados disminuirían inversiones generadoras de valor futuro con el fin de cumplir con los ingresos esperados por el mercado, convirtiéndose en «esclavos» de sus números y dejando de implementar estrategias aplicar que puedan suponer un valor futuro para los accionistas.
2. Tomar **decisiones estratégicas** que maximicen el valor esperado, aunque disminuyan los beneficios a corto plazo. En relación con el primer punto, un análisis profundo sobre la estrategia a seguir se debe concretar en qué negocios merece la pena invertir, cuáles hay que abandonar o reestructurar y qué combinación de inversiones o negocios ofrece el mayor potencial de creación de valor.
3. Realizar **adquisiciones** que maximicen el valor esperado, aunque disminuyan los beneficios a corto plazo. Es vital a la hora de analizar potenciales adquisiciones seguir la misma línea que en los dos puntos anteriores, haciendo especial hincapié en la identificación de sinergias razonables y de cómo evaluarlas correctamente.
4. Mantener solo aquellos **activos** que maximicen el valor. La clave es que la empresa mantenga únicamente aquellos negocios que consigan una rentabilidad superior al WACC de la propia empresa.
5. Devolver a los accionistas la **caja no operativa** cuando no existan oportunidades de inversión que creen valor. Acumular más caja que la realmente operativa para el correcto y normal funcionamiento de un negocio podría considerarse una desacertada gestión de la tesorería del mismo. Según el autor, sorprendentemente, muchas compañías acumulan más tesorería que la necesaria.

83 **6.** Premiar a la **alta dirección** por conseguir rentabilidades superiores a largo plazo. Es vital mantener alineados los intereses de accionistas y directivos, siendo un mecanismo muy utilizado en sociedades cotizadas el pago mediante *stock options* de la sociedad. Sin embargo, en función del momento alcista o bajista del mercado, este mecanismo podría funcionar peor que mediante gratificaciones dinerarias.
7. Premiar a los **ejecutivos** de las unidades operativas por añadir y crear mayor valor. Siguiendo con el punto anterior, una mayor motivación de las unidades de trabajo puede conducir a una gran mejora en los resultados operativos de la empresa y por tanto impactar directamente en el valor de la misma.
8. Premiar a los **mandos intermedios** por conseguir un mejor comportamiento de los generadores de valor clave sobre los que tienen influencia. En línea con el punto anterior, si bien utilizando algunas medidas de medición de la generación de valor desde la óptica de objetivos más específicos acordes a su operativa diaria y no tanto desde un enfoque global de la compañía.
9. Exigir a la alta dirección que corra el mismo **riesgo** que soportan los accionistas. De esta forma los intereses de accionistas y directivos se alinean al máximo. Un mecanismo, en el caso de *stock options*, sería un *lock-up period* para la venta en el mercado de dichas acciones por parte de los ejecutivos.
10. Entregar a los **inversores** información relevante sobre el valor de la empresa. Permite limitar la obsesión por los resultados a corto y reducir la incertidumbre de los inversores con el consiguiente efecto sobre el coste del capital, estimando que una información completa y transparente podría también ayudar a crear valor.

Aswath Damodaran Por otro lado, Damodaran apunta que los «**drivers**» clave de generación de valor para el accionista serían los siguientes: 84
1. El **flujo de caja** de la empresa o negocio. El flujo de caja después de impuestos y de todas las inversiones necesarias para producir dichos flujos (inversiones que se consideran netas de amortizaciones) y antes del pago de los intereses y del principal de la deuda.
2. El **crecimiento esperado** del beneficio operativo. Viene expresado en función de la tasa de reinversión y esta a su vez de la proporción del beneficio destinado a nuevas inversiones y la rentabilidad de las mismas.
3. La **tasa de descuento** (WACC) de los flujos de caja futuros que genere la empresa o negocio. Mide el coste de capital entendiendo este como una media ponderada entre la proporción de recursos propios y la proporción de recursos ajeno.
4. El **valor residual** de la empresa o negocio. Es el valor atribuido al negocio a partir del último período específicamente proyectado, pudiéndose definir como una renta perpetua En la práctica se suele calcular mediante la actualización de los flujos esperados a partir del final del horizonte temporal utilizado en las previsiones, con lo que se estaría considerando una renta infinita.

Además, Damodaran cita una serie de **recomendaciones** adicionales para incrementar el valor de una empresa: 85
1. Tratar de incrementar los flujos de caja de los activos existentes, eliminando aquellas inversiones que no produzcan una rentabilidad superior al coste del capital y tratando de mejorar y optimizar márgenes operativos del negocio y optimización de la estructura fiscal del negocio.
2. Tratar de incrementar el crecimiento esperado, bien incrementando la tasa de reinversión del beneficio desde una perspectiva de crecimiento interno u orgánico, o mediante un mayor crecimiento vía adquisiciones, es decir crecimiento inorgánico (en este caso atendiendo a la identificación y gestión de la obtención de sinergias y el precio a pagar por ellas).
3. Tratar de alargar en el tiempo la duración del período de crecimiento, mediante la obtención de ventajas competitivas que permitan crecer más y durante más tiempo que los competidores.
4. Tratar de reducir el coste de financiación, con el objetivo final de reducir el WACC, lo que a igualdad de flujos de caja supone incrementar el valor de la empresa. Algunas medidas que permiten **disminuir el WACC** son:
a) Búsqueda de una reducción del apalancamiento operativo
b) Búsqueda de una optimización de la estructura de financiación mediante un uso prudente de la financiación ajena
c) Tratar de adaptar los vencimientos de la financiación ajena a la generación de flujos de caja operativos del negocio.

PARTE II

Tratos preliminares

Capítulo 2. Tratos preliminares 110 100

CAPÍTULO 2

Tratos preliminares

110

Sección 1. Infomemo 115
Sección 2. Carta de intenciones 185
Sección 3. Oferta de adquisición 220
Sección 4. Responsabilidad precontractual 235
Sección 5. Estrategias de negociación 245

SECCIÓN 1

Infomemo

115

I. **Consideraciones financieras** 116
A. Consideraciones generales 117
B. Contenidos generalmente aceptados en el mercado 125
1. Resumen ejecutivo 126
2. Descripción de mercado 129
3. Descripción de la compañía 133
4. Información financiera 151
II. **Consideraciones legales** 165
A. Concepto y finalidad 168
B. Confidencialidad de la información 172
C. Naturaleza jurídica y efectos 175

I. Consideraciones financieras

En la presente sección se trata el tema de las consideraciones financieras del infomemo y sus implicaciones en los diferentes procesos corporativos. 116
Tras una breve introducción sobre el concepto y estructura del infomemo, abordaremos su contenido generalmente aceptado en el mercado.

A. Consideraciones generales

A pesar de que la figura del infomemo no está regulada, entendemos que el contenido del mismo está determinado por la práctica habitual del mercado y que está condicionado por una variedad de factores tales como sector, tipología de operación, tamaño, etc. 117
En el contexto de las transacciones corporativas, el infomemo (término procedente de *Information Memorandum*) o cuaderno de venta hace referencia a un documento informativo elaborado por la compañía vendedora junto con sus asesores, que tiene como **objeto** fundamental proporcionar a los potenciales inversores toda la información necesaria para que éstos puedan decidir si la oportunidad de inversión presentada es de su interés y, si así lo fuera, para que puedan en su caso presentar una oferta indicativa para adquirir la compañía.
La elaboración del infomemo comienza una vez haya concluido la **fase de análisis** estratégico de las alternativas para los accionistas, habiendo quedado definido con claridad el tipo de operación que estos están dispuestos a considerar.
Una vez comprendidos los objetivos particulares de cada uno de los accionistas y los potenciales conflictos de interés entre ellos en un escenario de posible venta de la compañía, se deben definir los mecanismos y el perímetro de la operación que faciliten el mejor alineamiento posible entre las partes.
En este sentido resulta crítico establecer el **perímetro de la operación** para que en todo momento las distintas partes puedan realizar el análisis financiero adecuado, puedan comprender las divisiones, negocios y equipos implicados, así como entender posibles sinergias en la adquisición.

118 Con el objetivo de garantizar el éxito del proceso, es necesario que los accionistas y la dirección de la compañía establezcan un **equipo de trabajo** con una persona al frente que elaboren el documento (junto con los asesores de la compañía, en su caso), involucrando a las diferentes áreas que puedan proporcionar la información necesaria (p.e., departamentos financiero, RRHH, marketing, producción, desarrollo corporativo, etc.).

En cualquier caso, es necesario establecer **barreras de información** que impidan que la posible confidencialidad de la operación traspase del núcleo deseado.

Al finalizar el proceso de elaboración del documento, el **equipo directivo** de la compañía debe validar el contenido del mismo, así como su consistencia y exactitud.

Por norma general, el infomemo se **envía a los candidatos** una vez estos hayan firmado el acuerdo de confidencialidad que rige el proceso y tras haber mostrado un interés inicial una vez analizado el *teaser* o perfil ciego de la oportunidad de inversión (resumen anónimo de la operación sin datos o información que permitan identificar a la compañía, con una extensión aproximada de 2 ó 3 páginas).

119 **Presentación del infomemo** El infomemo puede ser considerado en el entorno de una operación corporativa como un documento comercial cuyo **objetivo** fundamental es transmitir las bondades de la compañía o de los activos en venta a los potenciales inversores. No obstante, es importante considerar que el infomemo debe incluir información veraz, completa y realista de la compañía, aunque ésta sea presentada de forma que pueda resultar atractiva para los potenciales compradores involucrados en el proceso.

En este sentido, el documento debe tener una estructura con marcado carácter divulgativo que sea comprensible y que tenga el **contenido** suficiente para que los inversores puedan presentar una carta de intenciones en la siguiente fase del proyecto.

Dicho aspecto resulta especialmente importante puesto que en el caso de que los potenciales inversores consideren que se han **omitido aspectos relevantes** en el paquete de información suministrado, tienen la oportunidad de revisar o renegociar su oferta (generalmente a la baja).

120 Para ello se debe buscar el equilibrio en la preparación del infomemo teniendo en cuenta que:

a) El infomemo es un **documento comercial**, en el sentido que debe motivar y atraer a los inversores que consideren invertir en la compañía.

b) Tiene que evitar las **exageraciones y omisiones** para proporcionar una divulgación completa de todos los hechos relevantes. La exageración sólo disminuye la credibilidad de la compañía y su equipo directivo a los ojos de los inversores.

c) La **información** debe ser descriptiva, pero evitar el contenido de carácter estratégico o crítico que pudiera ser considerado por el equipo directivo como información sensible en el desarrollo de su actividad (por ejemplo, características de los contratos clave, política de precios, información sensible del proceso productivo, proveedores, desglose de gastos de personal, etc.). La compañía puede reservar dicha información para etapas posteriores del proceso de *due diligence* en las cuales los destinatarios de la misma son menores y con los cuales el grado de avance de la negociación es mayor en dicha fase del proceso.

d) Una **presentación profesional** de la información establece un clima de confianza y transparencia con los inversores contactados:

• El infomemo debe tener una presentación adecuada, con una buena distribución por secciones, consistente en formatos y no excesivamente recargado. Es preciso respetar la misma **estructura** de títulos y subtítulos a lo largo de todo el documento.

• El infomemo debe tener un **estilo** de redacción que permita una lectura y comprensión eficaz. Debe ser conciso, fáctico y auto explicativo (sin asunciones previas).

• Es preciso que el documento cuente con **información gráfica** (imágenes, tablas, gráficos, etc.) que faciliten la comprensión del documento e ilustren la descripción realizada con tamaño, colores y formato adecuados.

Debemos considerar por último que, en un proceso de venta ordenado, el infomemo garantiza que todos los inversores reciban en esta fase inicial la misma información, garantizando la homogeneidad y competitividad del proceso.

121 **Información y estructura** El infomemo, al igual que el resto de documentos elaborados en cualquier transacción corporativa, varía en su contenido y formato en función de la situación y circunstancias específicas de cada proceso. En este sentido, debe adaptarse en cada caso a las **singularidades** de las distintas transacciones:

1. Actividad o sector: empresas industriales, de servicios, distribuidores, compañías financieras, de infraestructuras, etc.

2. Tipología de la operación: venta de la totalidad de la compañía, incorporación de un socio al accionariado, venta de activos específicos, unidades productivas, posibles acuerdos de *joint venture*, etc.

3. Tamaño y complejidad de la operación: vehículos, estructuras, compañías cotizadas, procesos con compañías públicas, etc.
4. Presencia geográfica, con hipotéticas sociedades en otros países con características específicas y regulación concreta.

No obstante, se pueden establecer una serie de **guías de contenido** aceptadas de manera general por el mercado y por los distintos *players* en este tipo de operaciones. 122
• **«Disclaimer»**: aviso legal cuyas consideraciones se tratan de manera independiente en el nº 170 s.
• **Resumen ejecutivo**: breve descripción de la oportunidad y el perímetro de la operación, la compañía y el sector, sus atractivos, objetivos corporativos y usos del capital en el caso de una incorporación de un socio, etc.
• **Descripción de mercado**: descripción del entorno competitivo, principales tendencias, competidores, tamaño de mercado, *drivers* de crecimiento, etc.
• **Descripción de la compañía**: cuerpo del documento con la explicación detallada de la compañía, sus líneas de negocio, activos, clientes y proveedores, ciclo comercial y productivo, etc.
• **Información financiera histórica**: análisis detallado de las cuentas anuales históricas de la compañía incluyendo evolución del balance de situación, cuenta de resultados y flujo de caja.
• **Plan de negocio - información financiera proyectada**: proyecciones financieras elaboradas por la dirección de la compañía en el horizonte temporal que se considere necesario para que los potenciales inversores puedan realizar un análisis completo de la oportunidad de inversión.

B. Contenidos generalmente aceptados en el mercado

125

1.	Resumen ejecutivo	126
2.	Descripción de mercado	129
3.	Descripción de la compañía	133
4.	Información financiera	151

1. Resumen ejecutivo

Los inversores reciben por norma general un elevado número de propuestas de inversión cada año. En este sentido resulta especialmente relevante la elaboración de una **primera sección** del infomemo que recoja, de forma lo más esquemática posible, pero a la vez de forma lo más completa posible, los aspectos críticos de la transacción que se está planteando, así como sus atractivos fundamentales. 126
En este sentido, todo resumen ejecutivo tiene una **doble función** que no se debe olvidar en el momento de su preparación:
1º Ofrecer un resumen de la información eficaz que permita discriminar de manera ágil si la oportunidad de inversión es de interés para el inversor.
2º Permitir a los diferentes comités dentro de la organización de los potenciales inversores una visión rápida con todos los aspectos relevantes sin necesidad de una lectura íntegra del infomemo.
El resumen ejecutivo suele utilizarse como **apartado inicial** del infomemo y tiene por tanto cierta importancia al ser la herramienta válida para convencer en primera instancia al lector de continuar con el análisis completo del documento.

El resumen ejecutivo generalmente cubre los siguientes **apartados**: 127
1. **Descripción de la oportunidad**: detalle de la operación, motivos de los accionistas para llevar a cabo la transacción, objetivos que la compañía espera alcanzar.
2. **Principales atractivos** de la oportunidad de inversión.
3. **Oportunidad de mercado**: descripción del mercado (y segmento) en el que opera la compañía indicando el tamaño y las perspectivas de crecimiento en los diferentes productos y servicios, cuotas de mercado, etc.
4. **Compañía**: principales hitos históricos, información sobre los fundadores y directivos. Breve descripción de la presencia geográfica, los productos y servicios y las características diferenciales de los mismos. En este apartado se suele incluir también información sobre tecnología, marcas, activos, habilidades especiales y nuevos programas de crecimiento.
5. **«Track-record» histórico**: información resumida de las principales magnitudes financieras tanto de balance como de cuenta de resultados de un periodo razonable (generalmente tres años). Evolución de facturación con desglose por las principales actividades, evolución de los

principales ratios de rentabilidad analizados por la dirección de la compañía (margen bruto, EBITDA, etc.). En este apartado se deben introducir las primeras explicaciones a los resultados obtenidos.

6. **Proyecciones financieras** - **plan de negocio**: información resumida de las proyecciones elaboradas por la dirección de la compañía en su plan de negocio de un periodo razonable (generalmente entre tres y cinco años). Se deben desarrollar y explicar brevemente la evolución de las principales magnitudes contables y analíticas utilizadas por la dirección de la compañía, analizando las principales tendencias y diferencias con respecto a la información financiera histórica.

7. **Estructura** del proceso y de la transacción propuesta. Descripción en detalle de las etapas del proceso propuesto de manera que los potenciales inversores puedan conocer con exactitud los diferentes hitos que se plantean, así como los requerimientos que deben cumplir para seguir avanzando en el proceso. Delimitación del perímetro de la transacción con las divisiones, activos y sociedades incluidos en la oportunidad. Resulta especialmente importante presentar una estructura de proceso atractiva que incentive que los potenciales inversores opten por dedicar los recursos necesarios, mostrando transparencia en todo momento.

2. Descripción de mercado

129 Resulta clave para la correcta comprensión de un infomemo y de la compañía que éste describe, una definición exhaustiva de la actividad que desarrolla y cómo queda esta enmarcada a nivel sectorial. De esta forma, la descripción de mercado tiene una **especial relevancia** dentro del documento, debido a que:

• Mediante una aproximación al tamaño de mercado y de sus tendencias, establece algunas de las bases para las proyecciones a realizar en el plan de negocio para cada uno de los productos / servicios y líneas de negocio de la compañía.

• Establece el entorno competitivo, los diferentes nichos y subsegmentos, las posibles barreras de entradas, etc.

• Marca los principales *drivers* esperados por los especialistas del sector para la evolución del mismo en los años sucesivos.

• Establece la estrategia que están siguiendo los principales *players* del sector y el posicionamiento de la compañía en ese entorno competitivo.

Este apartado del infomemo tiene connotaciones diferentes para los distintos inversores interesados. Los **inversores financieros** tienen en general un conocimiento más superficial del mercado y sus características. Prestan atención especial por tanto a la información descriptiva de mercado para un mejor entendimiento de la compañía. Adicionalmente, el carácter temporal de dichos inversores hace especialmente relevante que se presenten de manera ordenada las tendencias específicas del horizonte temporal a corto y medio plazo.

Los **competidores industriales** que participen en el proceso son conocedores de dicha información, centrándose en este caso más profundamente en el análisis de posicionamiento en productos y servicios, cuotas de mercado o potencialmente, regulación en mercados internacionales en los que no operan. Estos inversores, por su tradicional vocación de permanencia en el capital a largo plazo necesitan información a más largo plazo. En el caso de compañías que operan en mercados de nicho, la información disponible es generalmente más reducida, pero la dirección de la compañía y sus asesores deben dotar de una sección relevante a este apartado, indicando los datos de mercado, las tasas de crecimiento y las respectivas fuentes de las que se ha obtenido la información.

130 Generalmente se puede realizar una breve introducción del **mercado principal** en el que se engloba la actividad de la compañía, siendo necesario desarrollar en mayor profundidad los **segmentos** de mercado que se refieren específicamente a los productos o servicios que se ofrecen. Las perspectivas y tendencias del sector general de aplicación directa al negocio en cuestión pueden no ser representativas del mercado en su conjunto.

Así mismo resulta relevante diferenciar la actividad y el mercado en las distintas **geografías** en las que opere la compañía con las peculiaridades, entorno competitivo, tendencias específicas, etc. que afronte en cada una de ellas. Esta información es clave para potenciales inversores que busquen sinergias mediante la penetración en países en los que no operan.

La información de mercados en los que la **compañía** está en **fase de incorporación** es aún más crítica, puesto que se debe argumentar con detenimiento al inversor que las proyecciones de ventas son razonables.

En líneas generales y según lo indicado anteriormente, podemos concluir que la sección de mercado debe abordar necesariamente los siguientes aspectos: 131
1. **Tamaño del mercado y tendencias**. Indicar el tamaño total del mercado actual para el producto o servicio que se ofrece, mencionando en todo momento la fuente de las cifras. También se puede hacer un análisis del nivel de maduración del sector y en qué etapa se encuentra. En el caso de que se produzcan ventas parciales, un desglose regional es necesario. Adicionalmente se abordan los principales factores que afectan a la evolución del mercado (cambios demográficos, situación macroeconómica y política, posible estacionalidad del mercado, etc.).
2. **Entorno competitivo**. Nombrar los principales competidores y los líderes del sector y realizar una breve descripción de los mismos. Adicionalmente se puede detallar el posicionamiento específico de la compañía ante dicha competencia realizando una evaluación realista de las fortalezas y debilidades de los productos o servicios ofrecidos en cada segmento. En este sentido se puede realizar alusión a los productos o servicios de la competencia en base al precio, la calidad, el rendimiento, servicio, garantías y otras características relevantes.
3. **Cuota de mercado estimada** de los principales *players* del sector y de la compañía objeto de la transacción. En este caso se puede hacer un análisis por tipología de cliente u otros parámetros que se consideren necesarios. Por otro lado, en el caso de compañías de reciente creación se puede indicar sobre la base de la intención de clientes y las evaluaciones realizadas, la cuota de mercado que la compañía se propone alcanzar en los próximos años.
4. **Funcionamiento general del mercado** (esto es ciclo de aprovisionamiento, ciclo de producción, ciclo comercial, etc.).

3. Descripción de la compañía

El **propósito** de esta sección del infomemo es ofrecer al inversor potencial información descriptiva sobre la compañía y su desarrollo histórico, su estructura, los productos y servicios que ofrece, etc. 133

La **información** tiene que estar presentada de manera sintética, pero con un detalle suficiente para que el potencial inversor pueda tener un entendimiento suficiente como para poder tener una idea del negocio lo suficientemente completa como para poder presentar una oferta indicativa o carta de intenciones en la siguiente fase del proceso.

Para esta sección del infomemo es precisa una **coordinación** total entre los distintos departamentos o divisiones involucradas de la compañía para la elaboración del mismo. Por norma general existe una figura de coordinador en el proceso que permite realizar una solicitud ordenada de la información necesaria a los distintos equipos protegiendo la confidencialidad de dicho proceso. En este caso, la figura del asesor financiero es importante para mantener el control en todo momento.

En determinados procesos la potencial transacción debe mantenerse en conocimiento exclusivo de los accionistas o del equipo directivo de más alto nivel.

En la redacción de este apartado del infomemo se deben tener en cuenta los propósitos y los **objetivos** del mismo, resaltando las características fundamentales de la compañía que pudieran resultar interesantes desde un punto de vista estratégico para los potenciales compradores, maximizando la probabilidad de éxito de la transacción. Estos objetivos deben ser apropiados para el sector de actividad de la compañía y deben encajar con los objetivos de los potenciales inversores que se pueden interesar por ella.

A continuación se desarrollan algunos de los **contenidos fundamentales** que se deben incluir como norma general en esta sección central de cualquier infomemo. No obstante, conviene no perder de vista que dependiendo de la tipología de compañía y de transacción será necesario hacer una revisión exhaustiva del contenido para adaptarlo a sus particularidades, omitiendo los contenidos que no apliquen e incluyendo aquellos específicos de la industria en la que opera. Por otro lado, y especialmente en el caso de compañías de tamaño más reducido, se puede dar el caso de que no se disponga de información suficientemente completa y estructurada de determinados apartados. En este caso, tanto los asesores como los coordinadores internos pueden decidir reservar algunos contenidos para una fase posterior del proceso de *due diligence* o revisión. 134

Principales hitos históricos de la compañía Para comprender el comportamiento presente de la compañía, los potenciales inversores necesitan conocer también los principales acontecimientos históricos acaecidos, siendo una forma común de evaluar el potencial futuro de una empresa el análisis de su trayectoria histórica. 135

A la hora de presentar la información histórica, se suele comenzar indicando la fecha de **constitución** de la compañía y se proporciona un breve resumen de los principales

acontecimientos acaecidos desde entonces. En este sentido, se debe señalar los **éxitos** del pasado en términos de productos y servicios desarrollados y comercializados, acuerdos comerciales, reestructuraciones estratégicas, directivas o financieras, presencia internacional, etc.
Si se han producido **retrocesos o pérdidas** significativas en la evolución histórica de la compañía es necesario presentarlos de forma transparente, haciendo hincapié en las medidas correctivas adoptadas para prevenir la recurrencia de estas dificultades y mejorar la rentabilidad.
A pesar de que en esta sección no se realiza el análisis financiero exhaustivo, si hay buenas razones por las que el pasado no es un indicador fiable para un rendimiento proyectado, es necesario explicar brevemente los **acontecimientos recientes** que puedan sustentar el argumentario que se utilice en las proyecciones. Esto último, puede desarrollarse aún más en las siguientes secciones del infomemo.

136 A continuación se presenta un **ejemplo** de figura que puede acompañar las explicaciones históricas que se desarrollen en este apartado:

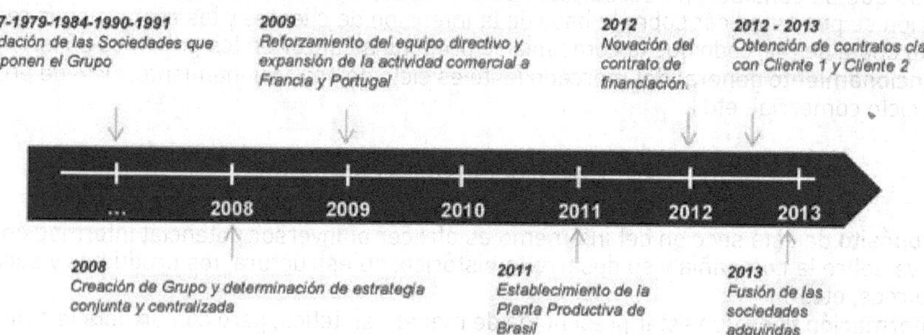

137 En definitiva, en esta sección del infomemo se suele incluir la siguiente **información**:
- Fecha de constitución de la compañía.
- Explicación de la evolución de la estructura accionarial.
- Evolución de la plantilla y equipo directivo.
- Desarrollo de productos y servicios significativos.
- Evolución de activos, tecnología, certificaciones, etc.
- Acuerdos estratégicos clave con clientes y proveedores.
- Evolución de la presencia geográfica de la compañía tanto a nivel de producción como de comercialización.

138 **Estructura societaria** El **organigrama** societario de la compañía objeto de la transacción permite delimitar de manera clara el perímetro de la misma. El infomemo es la carta de presentación válida para que los accionistas determinen qué sociedades, líneas de negocio, etc., están incluidas en la operación, así como el paquete accionarial (en el caso de que no sea una venta total del 100%) que se está ofreciendo. En ocasiones es necesario incluir una lista exhaustiva de los **accionistas** históricos y actuales como anexo.
A continuación se presenta un **ejemplo** de figura que puede acompañar las explicaciones que se desarrollen en este apartado:

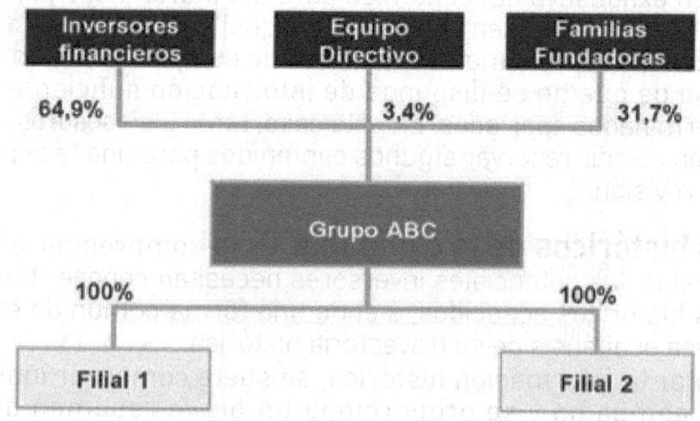

Actividad, líneas de negocio / productos y servicios Este apartado es la parte central de la sección descriptiva del infomemo. Para lograr una armonía entre las distintas secciones se debe realizar una correcta **disgregación de la actividad** con el objetivo de que coincida con el desglose de ventas que se utilice más tarde en la información financiera histórica y el plan de negocio presentados. Si el desglose que se presenta en esta sección no es el mismo que el que se utiliza en la sección analítica de los estados financieros se corre el riesgo de que los potenciales inversores: 139
- no logren comprender de manera eficaz las distintas divisiones de la compañía;
- no sean capaces de realizar un análisis financiero válido al no disponer de pesos específicos y rentabilidades por divisiones; y/o
- tengan mayores dificultades para proceder a la valoración de la compañía y por consiguiente para la presentación de una oferta indicativa.

En el caso de que el abanico de **productos y servicios** sea muy **amplio**, es importante que se logren sintetizar en un número razonable de líneas de negocio logrando encuadrarlos por afinidad o por las áreas de actividad utilizadas por el equipo directivo de la compañía.
El desglose y segmentación de la actividad debe estar orientada también, en la medida de lo posible, a explicar en qué eslabones de la **cadena de valor del sector** está posicionada la compañía.

Tras una breve introducción de los servicios prestados, se debe profundizar individualmente en el **análisis** de cada **línea de negocio** especificando, si es posible, los siguientes puntos: 140
- Listado completo de productos y servicios de dicha línea de negocio.
- Evolución de las ventas totales de la división en los últimos ejercicios, así como de cualquier magnitud analítica que sea relevante.
- Desglose de las ventas del último ejercicio por geografía, gama de producto o cualquier otro desglose posible.
- Estrategia y modelo de negocio.
- Descripción de las operaciones: fabricación, distribución, ventas y marketing, etc.
- Principales tendencias, proyectos realizados en la línea de negocio.
- Principales clientes en el caso de que sea representativo.

Ciclo productivo y comercial Descripción en las **actividades industriales** de todo el proceso productivo desde el aprovisionamiento de materias primas, proceso de fabricación, distribución, venta y servicios post-venta. En ocasiones conviene profundizar en la fase de producción desde un punto de vista técnico sin comprometer en ningún caso la información potencialmente sensible de la compañía. 141
En este tipo de procesos es muy importante destacar qué fases del proceso productivo están **externalizadas o subcontratadas** y cuáles se desarrollan internamente. En el caso de que los potenciales inversores sean *players* industriales este aspecto es crítico puesto que para su análisis estratégico necesitan tener una idea clara de posibles redundancias o sinergias productivas. En cualquier caso, este aspecto es necesario para la correcta comprensión de la estructura de costes que se detalle en la información financiera.

En cuanto a la descripción del ciclo comercial, se desarrolla de una u otra manera en función de la tipología de cliente (fundamentalmente si son empresas de sectores intermedios o clientes individuales finales). En cualquier caso, se puede realizar un análisis completo de cómo se realiza la **actividad comercial** desde la preparación de materiales de marketing, relación con clientes, venta y servicios post-venta: 142
1. **Estrategia global de marketing.** Filosofía general de comercialización y estrategia adoptada por la compañía. En esta sección del infomemo, se debe diferenciar la estrategia adoptada por tipología de cliente, respondiendo a cuestiones como: ¿cómo se identifican y se contactan a los nuevos clientes?, ¿cuándo y cómo se posiciona la compañía frente a la competencia?, ¿las ventas se generarán a nivel regional, nacional o internacional? o ¿cuáles son los plazos asociados a cada fase?
2. **Publicidad y promoción.** A estos efectos, se debe explicar el enfoque que se adopta para generar oportunidades de ventas mediante la creación de una propuesta de valor para los clientes. En la sección financiera se detallan los gastos asociados a estas partidas.
3. **Política de precios.** Este tema es en muchas ocasiones excesivamente sensible para esta fase de la transacción y se reserva para la revisión de *due diligence*. No obstante, es un aspecto crítico para comprender el posicionamiento en el mercado.
4. **Estrategia de ventas.** Descripción detallada del equipo de ventas de la compañía explicando si utiliza su propia fuerza de ventas, agentes comerciales, distribuidores, etc. Adicionalmente se puede explicar el sistema de incentivos utilizado tanto para los equipos de ventas internos como externos. Esta sección debe ser consistente con el organigrama que se presenta en otra

sección del infomemo y puede presentar la intención a largo plazo con respecto a una fuerza de ventas propia.
5. **Servicio post-venta**. Si la intención es la de ofrecer un producto que requerirá servicios y garantías, siempre se debe indicar la importancia de estos en la decisión de compra del cliente y cómo se cumplirán los compromisos. También se puede incluir un detalle de los cargos de servicio, para compararlos con los de los competidores.

143 **Clientes y proveedores** Como norma general, esta información es excesivamente sensible para esta fase, por lo que no se dan los nombres de los clientes y proveedores y se suele realizar un **listado ciego** de los mismo con el objeto de analizar la concentración de los mismos y la posible dependencia excesiva de alguno de ellos.
No obstante, existen casos en los que precisamente la calidad de la cartera de clientes o contratos estratégicos de aprovisionamiento son algunos de los principales atractivos de la operación. En este tipo de operaciones, se puede considerar ofrecer un **mayor detalle** de los clientes y proveedores.
En cualquiera de los casos, en esta sección se puede **incluir**:
• Listado de clientes y proveedores (enumerados exclusivamente o con nombres identificativos según proceda) con el importe de ventas / compras del último ejercicio.
• Peso relativo en relación a la totalidad de ventas / compras la compañía.
• Análisis de concentración tanto individual como por industrias.
• En el caso de que haya una elevada concentración, explicación detallada de qué productos o servicios se le prestan a dichos clientes y qué aprovisionamientos se contratan con dichos proveedores.
• Evolución del número total de clientes / contratos.
• Posible recurrencia de servicios prestados, contratos a largo plazo, *back-log* de la cartera, etc.
• En el caso de lanzamiento de nuevos productos / servicios a lo largo del plan de negocio, se puede detallar la clientela objetivo con una lista de los clientes potenciales que han expresado su interés en la compra del producto o servicio.

144 **Presencia internacional** El entorno de las transacciones corporativas tiene un creciente componente internacional, siendo cada vez más habituales las **operaciones «cross-border»** en las cuales los potenciales inversores buscan:
a) Adquirir compañías líderes en mercados locales - incrementar cuotas de mercado.
b) Introducirse en mercados internacionales a través de filiales del grupo en venta - obtención de una plataforma de crecimiento sin necesidad de establecer sociedades internacionales desde cero.
c) Adquirir negocios globales con redes de exportación muy desarrolladas.
En este sentido, el infomemo debe reflejar la **huella geográfica del negocio** que se está vendiendo desde un punto de vista comercial, productivo, organizativo, etc. Por norma general, se suele posicionar en un mapa la siguiente información:
• Filiales del grupo principal en los diferentes países.
• Instalaciones productivas internacionales.
• Red comercial internacional a través de delegaciones comerciales, distribuidores, exportaciones, etc. - se puede detallar de forma gráfica qué parte de la facturación proviene de mercados internacionales.
• Experiencia en proyectos internacionales (con posibles consorcios) con otras compañías locales.
• Estructura de personal propia en el exterior.

145 **Investigación y desarrollo (I+D+i)** En el caso de que los productos o servicios de la compañía requieran cualquier **diseño** o desarrollo antes de que puedan ser comercializados, el alcance de este trabajo necesita ser descrito en el infomemo. Del mismo modo, si las perspectivas futuras dependen del éxito del desarrollo e introducción de nuevos productos, es importante precisar la naturaleza y el alcance de este tipo de trabajo y el tiempo y demás recursos que se deberán invertir.
El desarrollo de **nuevos productos** y el impacto que estos van a tener en la estrategia a medio y largo plazo tienen especial relevancia para los inversores por su impacto en el plan de negocio elaborado por la compañía.
Los **apartados** que se deben incluir en esta sección del infomemo son:
• Evolución de la inversión económica realizada en los últimos ejercicios en I+D+i.
• Objetivos de la inversión en I+D+i.
• Posibles aplicaciones y patentes obtenidas a través del programa de desarrollo.

• Experiencia interna de la compañía en la actividad y si cualquier trabajo ha de ser objeto de subcontratación.
• Estado actual del programa de desarrollo y presupuesto en términos de costes y tiempo.
• Detalle de la política contable con respecto al I+D+i y el tratamiento del inmovilizado intangible.

Organigrama y equipo humano El capital humano es uno de los activos más relevantes a la hora de poner en valor una compañía en cualquier infomemo. Por ello esta sección debe contener al menos la siguiente información clave: 146
1. Estructura organizativa de la compañía: **organigrama**.
2. Breve presentación de cada **directivo**, revisando los hitos de su carrera profesional, las responsabilidades y los logros pasados que demuestran la capacidad para las tareas requeridas. Número de años de experiencia en el sector y en la compañía.
3. Análisis de la **plantilla** total de la compañía, con la evolución del número total de trabajadores por departamento, grado de cualificación, tipo de contrato, etc.
4. Análisis del **coste** medio de los empleados en función de los distintos departamentos o funciones (esta información puede reservarse si se considera oportuno para la fase de *due diligence*).
En función del tipo de transacción y estructura que se esté planteando esta sección debe ser más o menos completa. Para **inversores financieros** o compra de compañías en países donde el inversor no tiene presencia, el total alineamiento con el equipo directivo suele ser de vital importancia. En **otro tipo de operaciones** como aquellas destinadas exclusivamente a ampliar cartera de clientes, cuota de mercado, etc. puede que incluso la estructura directiva pudiera ser redundante, por lo que el infomemo debería recoger la postura del vendedor ante esta situación y en su caso, pedir que las ofertas indicativas muestren la posición del comprador al respecto.

Los inversores temen en general la **dependencia excesiva** de una sola persona a nivel directivo. En este sentido, el infomemo debe reflejar a través de su organigrama y los currículos vitae de los directivos, un equipo gestor consolidado y bien equilibrado capaz de llevar a cabo la estrategia planteada en el plan de negocio. En este sentido y ante los riesgos y cambios derivados de la transacción se ha de mostrar que: 147
1º El negocio puede sobrellevar la pérdida de una persona clave.
2º Un complemento de habilidades asegura que la gestión las distintas funciones (producción, ventas, innovación, control financiero y administración, etc.) serán atendidas satisfactoriamente.
Por otro lado, en determinados procesos el **equipo directivo** de la compañía está dispuesto a **coinvertir** personalmente junto con los socios entrantes. Este hecho muestra de forma explícita la confianza y compromiso en el proyecto y debe quedar bien descrito en cuanto a la estructura de la operación que se está planteando.

Instalaciones y medios técnicos Esta sección del infomemo es la apropiada para presentar un **listado** detallado de: 148
• Las instalaciones productivas y de almacenamiento de la compañía.
• Las oficinas centrales, delegaciones comerciales, sucursales, etc.
• La maquinaria y otros activos materiales.
• Software, licencias, patentes y otro inmovilizado intangible.
Junto con este listado, el infomemo debe contener **información descriptiva** de todos estos medios técnicos para la evaluación y posible valoración por parte de los potenciales inversores. En el caso de que sea relevante y se considere útil para el objeto del proceso se puede presentar la valoración en libros o según tasaciones de dichos activos.
Adicionalmente, se debe dejar claro en esta sección si las instalaciones y medios técnicos son **propios o alquilados** y, en su caso las posibles condiciones de arrendamiento. En este sentido es importante facilitar el análisis del inmovilizado en el balance de situación que se proporciona en la sección de estados financieros.

Certificaciones y misión y valores Las certificaciones, acreditaciones o premios obtenidos por la compañía suponen en muchos casos reconocimiento del **prestigio** de la misma y barreras de entrada que ofrecen protección ante posibles competidores. Así, esta sección del infomemo se orienta a recoger distintivos y certificaciones, en ocasiones muy valiosos para los potenciales inversores, en ámbitos tales como: 149
a) **Calidad**: certificaciones que determinen el proceso continuado de revisión y corrección durante la ejecución de los proyectos de desarrollo de producto o prestación de servicio.

b) **Seguridad y medioambiente**: certificaciones que verifican el cumplimiento de requisitos de seguridad en la producción, cuidado del medioambiente, prevención de riesgos para los trabajadores, etc.
c) **Licencias**: permisos otorgados por las autoridades competentes para ejercer una serie de actividades y prestar una serie de servicios de manera homologada y registrada.
d) **Certificaciones específicas** de los subsegmentos dentro del mercado en el que opera la compañía.
e) **Premios**: reconocimiento de mercado en cuanto a las bondades de los productos y servicios frente a otros competidores.
En algunos casos, el coordinador del infomemo por parte de la compañía promueve la inclusión de una sección orientada a describir la misión y valores de la misma y los principales puntos de su política de responsabilidad social corporativa.

4. Información financiera

151 **Información financiera histórica** El infomemo debe recoger la información financiera histórica **auditada** de la compañía con un desglose analítico que se considere suficientemente detallada para un análisis completo por parte de los potenciales inversores. Normalmente se suele presentar la información auditada de los últimos tres años y completar con la estimación de cierre del año en curso.
Generalmente el **formato** que se utiliza para presentar esta sección es una combinación de las tablas de los estados financieros con las notas explicativas que se consideren oportunas. En numerosas ocasiones es necesario presentar la información no solo de manera anualizada, sino también de forma mensual, especialmente en compañías con un elevado componente estacional donde se debe analizar el comportamiento y las necesidades financieras en los diferentes momentos del año.
Adicionalmente se pueden incluir como **anexos** tablas con mayor detalle, notas adicionales contenidas en la auditoría, etc.
Toda información facilitada en esta sección del infomemo debe ser consistente y quedar suficientemente soportada de manera externa puesto que es el objeto principal de la revisión a realizar en la **«due diligence» financiera** posterior por parte de los candidatos.
A pesar de que cada compañía tiene numerosas particularidades en su operativa que se reflejan en sus estados financieros, por nuestra experiencia podemos sintetizar la información a facilitar en los siguientes **apartados**:

152 **Cuenta de resultados** Este apartado contiene:
a) En primer lugar se presenta de manera resumida la cuenta de resultados con la **estructura general** en este tipo de procesos -cifra de negocios, margen bruto, EBITDA, EBIT, beneficio antes de impuestos y resultado neto-. En esta primera sección, al no presentar mayor desglose analítico se puede incorporar información gráfica de la evolución de las magnitudes financieras, así como explicación de las partidas de amortización, resultado financiero, etc. En caso de que el perímetro de la transacción no integre la totalidad de la actividad contemplada en la cuenta de resultados consolidada se debe hacer un ejercicio para aislar la parte correspondiente a los negocios, filiales o divisiones objeto de la venta (esto aplica también a los siguientes apartados de la información financiera).
b) Desglose analítico por **líneas de negocio**. En gran parte de los casos se dispone de dicho desglose únicamente para la cifra de ventas. No obstante, si se dispusiera de una cuenta de resultados analítica más completa por línea de negocio, esta sería de gran utilidad para los potenciales inversores.
c) Estructura de **costes operativos**. Detalle y explicación de las principales partidas de coste y su evolución. Especial atención a saldos como los costes de aprovisionamiento, costes de personal (directo e indirecto), otros gastos de explotación (directos e indirectos), etc.
d) En ocasiones, se puede realizar un ejercicio pro-forma en el que se analicen las **magnitudes principales** (fundamentalmente, EBITDA y EBIT) excluyendo los efectos de acontecimientos puntuales que distorsionan los márgenes que se pueden considerar recurrentes (por ejemplo, reestructuraciones de personal u otros gastos extraordinarios). Dicho análisis queda en todo caso sujeto a la revisión en la *due diligence* y a la negociación con los potenciales inversores.

Balance de situación Explicación detallada de las principales partidas de **activo, pasivo y patrimonio neto** de la compañía en los últimos ejercicios. En cada caso se deben desarrollar con mayor énfasis aquellos saldos que tengan un peso mayor, así como los que pudieran resultar claves a la hora de realizar la valoración de la compañía y que pudieran por tanto ser objeto de la futura negociación. Algunos de estos **apartados** son: 153

• Inmovilizado material, inmaterial y financiero, activos y pasivos por impuestos diferidos y fondo de comercio.
• Saldos intra-grupo y saldos abiertos con Administraciones públicas.
• Partidas contenidas en el capital circulante o *working capital* y otros activos mantenidos para la venta.
• Estructura de capital y subvenciones recibidas.
• Deudas financieras a largo y corto plazo.
• Provisiones y periodificaciones.

Flujo de caja En este apartado se suele realizar un análisis de la capacidad de generación caja de la compañía a través de una estructura ordenada. Este análisis es una de las piezas de información clave del documento pues es una de las herramientas básicas que utilizan los inversores para realizar su valoración a través del método utilizado de manera más común: descuento de flujos de caja. 154

La práctica más común a la hora de presentar un flujo de caja en un infomemo es partir del **EBITDA pro-forma** e ir descontando o añadiendo los diferentes *inflows & outflows* derivados de los impuestos, las variaciones de capital circulante y las inversiones en inmovilizado (CAPEX). Una vez descontados los ajustes de no recurrencia y la variación de las partidas no financieras de balance se puede presentar en el infomemo un flujo de caja para el servicio de la deuda. Posteriormente deben aparecer las entradas o salidas de caja derivadas de la variación de los diferentes instrumentos de deuda (obtención de financiación o repago de posiciones abiertas) y del resultado financiero. Finalmente se obtiene un **flujo de caja libre**, el cual, tras el hipotético reparto de dividendos, y unido a la caja inicial del ejercicio, ofrece la posición de tesorería final de la compañía en el período considerado.

Capex Análisis de la evolución de las **inversiones históricas en inmovilizado** realizadas por la compañía, tanto de mantenimiento del activo existente como de expansión para seguir creciendo. En este apartado se suele incluir información gráfica de evolución de ratios tales como Capex/Ventas. Adicionalmente, se debe presentar el desglose disponible de la tipología de inversiones realizadas. 155

«Working capital» El objetivo de este apartado es entender las necesidades de financiación del capital **circulante** o la financiación obtenida del mismo por la variación de las partidas de activo y pasivo circulante fruto fundamentalmente de: 156

- crecimiento o decrecimiento del volumen de negocio de la compañía;
- variación de las condiciones de cobro y pago de clientes y proveedores;
- evolución del volumen de existencias y la rotación de las mismas.

Deuda financiera neta Todo infomemo debe incluir un apartado dedicado íntegramente a la deuda financiera neta (deuda financiera menos caja de la compañía), en la que se incluye por norma general la siguiente **información**: 157

• Evolución histórica de la deuda financiera neta de la compañía.
• Desglose de la deuda financiera a largo y corto plazo por los diferentes instrumentos de los que se dispone.
• Vencimientos y condiciones de los distintos instrumentos.
• Pool bancario actualizado con el detalle de instrumentos y posiciones que se mantienen con cada entidad.
• Posición de caja.

La presentación de esta información se utiliza por los **potenciales inversores** para aclarar en sus ofertas indicativas el importe del valor asignado a la compañía (*Enterprise Value*) y el precio asignado al valor de las acciones (*Equity Value*).

Plan de negocio El equipo directivo de la compañía, junto con sus potenciales asesores, debe elaborar un modelo financiero que tenga como finalidad realizar las **proyecciones financieras** necesarias para presentar un plan de negocio completo en el infomemo. Con carácter general, se realiza una proyección a 3-5 años partiendo de la información financiera histórica y contemplando todos los aspectos relevantes a nivel de negocio, tendencias de mercado, situación macroeconómica, estructura de financiación, etc. 158

El **equipo responsable** de la elaboración del plan de negocio (el equipo directivo, el departamento financiero y los asesores) debe dedicar una notable cantidad de tiempo y recursos a esta sección del infomemo. Tras la normalización de la información financiera histórica (adquisiciones, eventos extraordinarios, etc.) se elaboran las proyecciones, así como el soporte con las asunciones correspondientes. Hay que tener en cuenta que dada la importancia de estas proyecciones, los potenciales inversores las someten a una minuciosa revisión y test de stress para contemplar diferentes escenarios.

159 Lo más habitual es que se elabore y presente un plan de negocio considerando que no se realiza ninguna transacción y la compañía permanece funcionando de manera independiente. En este sentido no se deben contemplar posibles **sinergias** tras la adquisición con los potenciales inversores. Dichos inversores realizarán sus correspondientes ajustes y análisis de sensibilidad con los escenarios que consideren oportunos.

No obstante, en algunos planes de negocio que tienen como objetivo promover una **ampliación de capital**, se puede incorporar en el plan la obtención de dichos fondos que capitalizarán la compañía para financiar el crecimiento de la misma. Adicionalmente, existen casos en los que el plan de negocio ofrece información acerca de posibles escenarios de adquisiciones adicionales en procesos de *build-up*, realizando escenarios de contribución a las ventas y EBITDA.

La **forma y estructura** de las proyecciones financieras del plan de negocio deben ser muy parecidas (si no idénticas) a la información financiera histórica (cuenta de resultados, balance de situación, flujo de caja, capex, *working capital* y deuda financiera neta). Para un mejor entendimiento se puede incluir una hoja de las hipótesis consideradas donde se explican las principales asunciones realizadas y los fundamentos y argumentos que se utilizan para justificarlas.

En cualquier caso, el infomemo debe explicar y argumentar cualquier **fluctuación** importante en márgenes, proporcionando si es necesario, información adicional en los anexos. En el caso de compañías con alta estacionalidad es conveniente realizar ejercicios mensuales que permitan al inversor ver la evolución real de lo que ocurre mensualmente a lo largo de los distintos años.

II. Consideraciones legales

165

A. Concepto y finalidad 168
B. Confidencialidad de la información 172
C. Naturaleza jurídica y efectos 175

166 Una de las formas más habituales de organizar un proceso de venta de un negocio o sociedad, desde la perspectiva del vendedor, es la del proceso organizado de **subasta**. Dicho proceso suele ser utilizado en transacciones corporativas de cierto volumen en las que el vendedor persigue maximizar el beneficio de la desinversión por cuanto espera o conoce el interés de varios potenciales adquirentes.

En este contexto, donde el vendedor asume una posición activa en el proceso, resulta necesario gestionar y documentar la forma y términos para facilitar a los potenciales interesados el acceso en un primer momento del proceso de subasta a determinada **información** sobre la propia operación, sobre la empresa objeto de la misma y, en su caso, sobre el propio proceso de subasta, de tal forma que los interesados puedan estar en disposición de manifestar por escrito su interés en la operación, si bien el nivel de detalle y grado de vinculación de dicha manifestación de interés depende, precisamente, de cómo haya estructurado el vendedor el proceso de subasta.

Se trata, por tanto, de uno de los principales hitos del proceso de subasta, por cuanto supone que el vendedor (a través de sus asesores), en este momento, ya ha seleccionado a los principales **candidatos** a los que les podría interesar la operación, quienes, a partir de este momento y sujetos a una serie de cautelas, están en disposición de acceder a información sobre la empresa objeto de la transacción corporativa de carácter confidencial.

A. Concepto y finalidad

168 Al igual que otros conceptos utilizados habitualmente en transacciones corporativas, el vocablo «infomemo» ha sido exportado de la práctica anglosajona, como fórmula simplificada del término *information memorandum*, traduciéndose comúnmente al español como **«cuaderno de venta»**.

El infomemo o cuaderno de venta puede definirse como un documento unilateral de carácter descriptivo preparado generalmente por los asesores del vendedor en procesos organizados de subasta, en el que se recoge determinada **información** no estratégica (principalmente de negocio, comercial y financiera) sobre la empresa objeto de la transacción corporativa y, en ocasiones, sobre la propia estructura del proceso organizado por el vendedor, que se facilita a determinados potenciales interesados en la operación en un estadio preliminar del proceso, a fin de que estos puedan estar en disposición de valorar la operación y, en su caso, manifestar al vendedor su interés inicial (y generalmente condicionado) en la consecución de la misma.
A la luz de lo anterior, cabe afirmar que, si bien la principal finalidad del infomemo es la consistente en generar un **documento informativo** sobre la empresa objeto de la correspondiente transacción corporativa para su difusión (controlada) a potenciales terceros interesados, la misma puede no ser la única. Esto ocurre cuando el contenido del infomemo no solo se limita a ofrecer determinada información sobre «target», sino que, adicionalmente, y en la medida en que no se generen por los asesores del vendedor las denominadas «cartas de proceso», el infomemo puede recoger, asimismo, determinada información sobre los principales **hitos del proceso de subasta** (p.e., oferta no vinculante, *due diligence*, oferta vinculante, comentarios al contrato propuesto por el vendedor) que los potenciales interesados deben observar en todo momento para, teóricamente, poder seguir dentro del proceso de subasta.

Contenido Por cuanto se trata de un documento que carece de regulación en nuestro ordenamiento jurídico, no existe un contenido mínimo tasado que deba comprender el infomemo. No obstante, la práctica en operaciones corporativas organizadas bajo un proceso de subasta ha venido a configurar *de facto* un contenido y formato que se suele observar con carácter general al preparar este tipo de documentos, especialmente en aquellas operaciones de un volumen considerable, si bien su **nivel de detalle** varía en cada caso dependiendo de circunstancias tales como la complejidad de la operación, las jurisdicciones involucradas, el sector en el que opera la empresa objeto de la transacción corporativa, etc. **169**

Dicho contenido y previsiones habitualmente previstas en infomemos son los siguientes: **170**
1. **Introducción** sobre el propio documento en la que:
- se identifica al «autor» del infomemo;
- se precisa el propósito del mismo;
- se establece el carácter confidencial del documento; y
- se incluyen una serie de consideraciones cuyo principal objetivo es enfatizar, a modo de *disclaimer*, el carácter meramente informativo y no vinculante del infomemo, recalcando expresamente que el mismo no es susceptible de configurarse como una «oferta» ni como una «invitación a contratar» y, rechazando, por tanto, cualquier tipo de responsabilidad del vendedor y/o el autor del documento frente al tercero que accede al infomemo por el contenido del mismo (ver nº 220 s.).
2. **Datos de contacto** del **asesor externo** que he preparado el infomemo, a fin de que las consultas o dudas que pueda tener el tercero que accede al infomemo se encaucen únicamente con aquel, señalando expresamente la prohibición de contactar al respecto con los directivos y personal de la propia empresa objeto de la transacción corporativa.
3. Parte introductoria en la que se suele explicar el denominado «**perímetro**» de la operación, identificando las concretas sociedades, negocios o activos que estarían incluidas dentro de la transacción corporativa propuesta. No obstante, hay que tener en cuenta que, en ocasiones y, en particular, en fases muy preliminares de procesos de venta de empresas, es posible que se incluya un «perfil ciego», sin identificar en ese momento las concretas sociedades, negocios o activos objeto de la transacción corporativa.
4. Breve referencia a los principales **hitos de la empresa** objeto de la transacción corporativa, desde su constitución hasta la fecha actual.
5. Explicación del **negocio** desarrollado por la empresa objeto de la transacción corporativa, incluyendo los servicios que presta o productos que desarrolla, mercados en los que tiene presencia, principales clientes, inversiones relevantes realizadas y comprometidas e instalaciones en las que se ubica.
6. Principales **magnitudes financieras** de la empresa objeto de la transacción corporativa, incluyendo en ocasiones determinadas proyecciones a futuro.
7. **Equipo directivo** y **plantilla**.

B. Confidencialidad de la información

172 La emisión del infomemo (o, mejor dicho, el acceso al mismo por un tercero) suele estar condicionada a que el potencial interesado (y, en su caso, los asesores externos que colaboren con él en el proceso) suscriba previamente un **compromiso de confidencialidad** con el vendedor (y/o con la propia empresa objeto de la transacción corporativa), a fin de regular el acceso y tratamiento de la información contenida en el propio infomemo. Esta circunstancia es lógica consecuencia del contenido del infomemo y de la propia forma en la que se suelen estructurar estos procesos, ya que es a partir de la recepción del infomemo cuando el potencial interesado puede acceder a información de carácter confidencial, considerando, además, que la sensibilidad de dicha información se va generalmente incrementando conforme van avanzando las distintas fases del proceso de subasta.

Hay que tener presente que la habitual exigencia de un compromiso de confidencialidad por parte de los terceros que puedan acceder al infomemo, no se deriva únicamente de la mera conveniencia de dicha medida en interés del vendedor y/o de la propia empresa objeto de la operación, sino que determinados **preceptos legales** vienen a exigir, directa o indirectamente, la adopción de determinadas medidas o cautelas para salvaguardar el acceso y tratamiento de información especialmente sensible en el contexto de operaciones de compraventa de empresas:

a) Con carácter general, el deber de secreto exigido a los **administradores** de las sociedades de capital (LSC art.228.b).

b) En la medida en que la operación se refiera a **valores negociables** comprendidos dentro del ámbito de aplicación de la L 6/2023 que regula los mercados de valores y los servicios de inversión (en adelante, LMV), hay que tener presente determinadas cautelas y obligaciones a observar respecto de aquella información que sea susceptible de ser calificada como privilegiada o relevante (LMV art.226 a 230).

c) Asimismo, en materia de **ofertas públicas de adquisición** de acciones de una sociedad cotizada, se condiciona expresamente la entrega de información por la sociedad objeto de la oferta a que, entre otros aspectos, el destinatario garantice la debida confidencialidad de la misma (RD 1066/2007 art.46.3).

173 Precisiones En este sentido, merece ponerse de manifiesto lo dispuesto en la **propuesta de Código Mercantil** (actualmente en tramitación), en su versión de marzo 2018 tras el dictamen del Consejo de Estado, que prevé:

1. La posibilidad de acordar el carácter confidencial de la información que se conozca o vaya a conocer durante las negociaciones o la vigencia del contrato.

2. La obligación de no utilizarla para un fin diferente de aquel para el que se le proporcionó.

3. La obligación de indemnizar los daños por el incumplimiento de esta obligación salvo en determinadas excepciones.

4. La fijación de un plazo de duración post-contractual de esta obligación de 2 años (salvo acuerdo en otro sentido).

C. Naturaleza jurídica y efectos

175 El infomemo, como tal, carece de regulación jurídica expresa en nuestro ordenamiento jurídico. No obstante, de su contenido habitual podrían ser predicables las siguientes **características** que pueden ser de utilidad para tratar de determinar la naturaleza jurídica del mismo:

a) En cuanto al **autor** del documento, se puede considerar que se trata de un documento unilateral, en el sentido de que ha sido preparado por el vendedor o por un tercero (p.e., asesor) por cuenta de aquel.

b) Desde la perspectiva del **destinatario** del mismo, el infomemo va dirigido a determinados potenciales interesados en la operación descrita en el mismo.

c) En lo que se refiere al **contenido** del infomemo, se trata de un documento descriptivo, de carácter informativo, sobre determinados aspectos de la empresa objeto de la transacción corporativa, cuyo nivel de detalle varía en función del concreto supuesto, si bien lo habitual es que la información más sensible no se facilite en dicho momento sino, en su caso, en fases posteriores del proceso (p.e., *due diligence*). Asimismo, en ocasiones, y como ya se ha anticipado, también puede contener determinada información concerniente a los términos y condiciones del propio proceso de subasta organizado por el vendedor.

d) Desde un **punto de vista temporal**, consiste en un documento que generalmente se prepara y remite en un estadio muy preliminar del proceso de subasta de la empresa objeto del mismo.

e) Atendiendo al objetivo o **finalidad** del mismo, el infomemo únicamente pretende facilitar determinada información sobre las concretas sociedades, negocios o activos que estarían incluidas dentro de la transacción corporativa propuesta, así como, en su caso, de determinados aspectos del proceso diseñado para la consecución, en su caso, de dicha transacción, a fin de que el potencial interesado valore su interés inicial en la concreta transacción corporativa; de ahí el carácter confidencial de este documento.

Considerando lo anterior, cabe plantearse si este documento (o, mejor dicho, la puesta a disposición del mismo a un tercero interesado) genera algún tipo de **obligación para la sociedad** o sociedades respecto de las cuales se prepara el infomemo o relación jurídica con el tercer interesado que accede a dicho documento. Esta cuestión depende en gran medida de cómo se haya estructurado el proceso de subasta y del contenido específico del infomemo. En este sentido, los dos enfoques posibles serían los siguientes: **176**

1. **Contenido meramente informativo** y descriptivo de las sociedades o elementos patrimoniales objeto de la misma, sin prever referencia alguna a los restantes hitos del proceso y obviando los principales términos y condiciones sobre la base de los cuales se llevaría a cabo la potencial transacción, cuestiones éstas de las que, en su caso, se informaría al potencial interesado en un momento temporal del proceso.

No parece posible entender que en este escenario surja **obligación** frente a la/s sociedad/es respecto de las cuales se prepara el infomemo, no ya de concluir la operación referida en el mismo, sino incluso de negociar los términos de la misma. Este tipo de documentos carece no solo de los elementos que configuran la oferta como tal -no existe una declaración de voluntad unilateral proponiendo la celebración de un contrato a un tercero- sino también de las circunstancias que lo podrían incardinar como una «invitación a ofertar» -no se solicita, directa o indirectamente, la presentación de ofertas-.

Dicha consideración suele preverse expresamente en el propio infomemo (generalmente, en su parte introductoria), incluyendo generalmente las oportunas **cautelas** o *disclaimers* que enfaticen el carácter meramente informativo y no exhaustivo del documento, la necesidad de que el potencial interesado lleve a cabo los análisis e investigaciones oportunas *-due diligence-* y el hecho de que el infomemo no sea susceptible de ser interpretado como una oferta de venta ni como una *invitatio ad offerendum*.

A la luz de lo anterior, no es susceptible que se derive obligación específica alguna frente al potencial interesado más allá del deber general de actuar de **buena fe**, exigible en todo momento en el marco precontractual.

2. **Contenido más amplio**, comprensivo de todos los elementos que permitan al potencial interesado formular una oferta. Este tipo de documento, incluye con bastante precisión los distintos hitos del proceso, la forma de implementar jurídicamente la operación propuesta e incluso la propuesta de contrato del vendedor para llevar a cabo la transacción, de tal forma que el potencial interesado, caso de que decida emitir la oferta en los términos indicados en el infomemo, quede vinculado a la misma a expensas únicamente de que el vendedor la acepte o no. **177**

Este enfoque es susceptible de ser incardinado dentro del concepto de *invitatio ad offerendum* que, dependiendo de las específicas circunstancias y terminología del infomemo, este podría ser interpretado como una **oferta de venta** (en el sentido estricto) o como una «invitación a ofertar» (sobre las implicaciones de ambas interpretaciones, ver nº 220 s.).

SECCIÓN 2

Carta de intenciones

185

A. Concepto y características 186
B. Finalidad 191
C. Naturaleza y eficacia 195
D. Estructura y contenido 205

A. Concepto y características

La «carta de intenciones» es el documento paradigmático de la fase que comprende los **tratos preliminares** en transacciones de compra y venta de empresas. Al hablar de tratos preliminares nos referimos al «período de gestación» del futuro contrato de adquisición de la sociedad, sociedades o activos, que generalmente comprende conversaciones y reuniones mantenidas y **186** declaraciones emitidas entre las partes de la concreta transacción corporativa que, en definitiva, constituyen actos preparatorios cuyo objetivo es el de procurar la obtención del consentimiento de los contratantes y, en ocasiones, identificar (o precisar) el objeto del contrato, como dos de los tres elementos necesarios para determinar la existencia del mismo (CC art.1261.1 y 2). Los tratos preliminares son **definidos** por el TS como «actos que los interesados llevan a cabo con el fin de discutir y concretar un futuro contrato» (TS 25-6-14, EDJ 176190).

En línea con lo que acontece con varios de los conceptos empleados por los operadores que intervienen en transacciones de compra y venta de empresas, se trata de una figura importada del *Common Law* (*letter of intent*), cuya naturaleza y características han venido siendo delimitados por la doctrina y la jurisprudencia (en escasas ocasiones). Aunque la carta de intenciones carece de **regulación** expresa en Derecho español, su admisibilidad no ofrece dudas al amparo del principio de autonomía de la voluntad (CC art.1255).

Desde un punto de vista estrictamente teórico, no es posible acotar *ex ante* un solo concepto de carta de intenciones, puesto que los distintos pronunciamientos doctrinales y jurisprudenciales que han abordado esta cuestión no han delimitado sus características y naturaleza de forma unívoca. Dicha circunstancia se agrava, en parte, por la propia **nomenclatura** utilizada para calificar este tipo de documentos, que incluyen acepciones tales como «acuerdo de intenciones» o incluso terminología anglosajona (*letter of intent*, *memorandum of understanding -MoU-*, *head of terms*) y porque, en ocasiones, la propia calificación de las partes al documento que suscriben no es consistente con la realidad y alcance de los pactos previstos en el propio documento.

Precisamente por lo anteriormente referido, la carta de intenciones es lo que las partes hayan previsto expresamente que sea en el propio documento, y ello con independencia de la denominación que se dé al mismo. Es preciso estar a su específico contenido para determinar el mayor o menor **nivel de vinculación** de las partes respecto de los pactos previstos en el documento y para concluir si estamos ante una carta de intenciones, un precontrato o una oferta de contrato. Como se explica en el nº 199, las implicaciones y consecuencias que se derivan de dichas interpretaciones son significativas.

187 **Concepto** No obstante lo anterior, entendemos que es posible formular una definición relativamente ajustada de la carta de intenciones, sobre la base, fundamentalmente, de la propia práctica de los asesores que intervienen en transacciones corporativas ha venido configurando un concepto.

En este sentido, cabe definir la carta de intenciones como un documento suscrito en la fase precontractual de una transacción corporativa en la que las partes interesadas en la conclusión de la misma formalizan por escrito una serie de **declaraciones de intención** y manifestaciones sobre determinados aspectos, hechos o actos relacionados con dicha transacción corporativa a fin de regular los términos y condiciones de las negociaciones que se mantengan entre las partes en el contexto de dicha transacción corporativa.

188 **Características** A la luz de la anterior definición, se pueden establecer las siguientes características generales de las cartas de intenciones:

a) Se suscriben en la **fase precontractual** de la transacción corporativa, precisamente porque es posible que algunos de los elementos esenciales de la misma no estén (ni puedan estar) definidos en ese momento.

b) Desde la perspectiva del **formato** del documento, pueden ser documentos de apariencia unilateral y formato epistolar (p.e., a modo de «carta» que dirige una parte a la otra) o bilateral (p.e., con una estructura más similar a la de un contrato en sentido estricto).

c) Las partes que suscriben el documento manifiestan su **interés** en iniciar o continuar las negociaciones para la potencial conclusión de una transacción corporativa, mediante la formalización y perfección del correspondiente contrato o contratos, cuyos términos y condiciones serán precisamente el aspecto clave de las negociaciones de las partes.

d) Su **finalidad** es determinar los principios y reglas del proceso de negociación de la transacción corporativa entre las partes y acotar los aspectos sobre los que las partes deben llegar a un acuerdo para concluir la transacción, sin asumir compromiso de carácter vinculante alguno para la consecución de la misma.

e) No obstante, es posible que la carta de intenciones recoja algún compromiso específico **vinculante** para las partes respecto de la concreta transacción corporativa. Así, aunque es mucho menos habitual, cabe que las partes fijen de antemano el precio de la transacción. Sí es más frecuente, no obstante, que se determinen de antemano en la carta de intenciones los parámetros para determinar el precio (p.e., ajustes en función de determinadas partidas de balance y/o de su situación financiera de la sociedad objeto de la transacción a verificar en el curso de la *due diligence*) o que se prevean aspectos de especial relevancia para una o ambas partes, que deben ser observados en todo caso en el supuesto de que las negociaciones

avancen en el tiempo (p.e., términos y condiciones de la responsabilidad del vendedor frente al comprador, indemnidades respecto de determinadas situaciones, autorizaciones de autoridades o consentimientos de terceros que puedan ser exigibles).
Lo anterior quiere decir que es perfectamente posible, siendo incluso lo habitual, que las cartas de intenciones comprendan declaraciones **no vinculantes** y compromisos específicos que expresamente las partes les confieran carácter vinculante.

Considerando lo anterior, cabe afirmar que la suscripción de este tipo de documentos no suele plantearse en transacciones corporativas que han sido estructuradas por el vendedor y/o la propia sociedad objeto de la misma mediante un proceso organizado de **subasta**. Hay que tener en cuenta que la carta de intenciones se circunscribe generalmente en el contexto de una **negociación bilateral** (exigiéndose en muchas ocasiones por el potencial comprador un compromiso de exclusividad a observar por el vendedor durante un plazo de tiempo), por lo que su utilización es menos habitual en un proceso de subasta, en el que el objetivo del vendedor es maximizar el precio mediante la participación del mayor número posible de potenciales compradores y aquel suele ya tener de antemano definidos todos los elementos de la transacción planteada. **189**

B. Finalidad

La suscripción de una carta de intenciones por las partes de una transacción corporativa no obedece, generalmente, a una única finalidad. Las finalidades más relevantes perseguidas mediante la firma de una carta de intenciones son las siguientes: **191**

1. Enfatizar el **carácter no vinculante** de la fase previa de negociaciones, recogiendo en un documento declarativo el resultado de los primeros contactos y negociaciones preliminares, en donde las partes dejan constancia de la transacción corporativa que pretenden llevar a cabo y determinan las pautas y reglas sobre la base de las cuales se deberán encauzar las negociaciones al efecto.
Se trata, en definitiva, de evitar los riesgos derivados de la aplicación de otras figuras previstas en el ordenamiento jurídico (precontrato, oferta para contratar, etc.).
2. Prever **compromisos en firme** sobre las pautas y reglas antedichas que presiden la fase de negociación (p.e., deber de negociar de buena fe -deber exigible, aunque no conste expresamente (CC art.7.1 y 1258)-, obligaciones de confidencialidad y exclusividad, reembolso del coste de los estudios previos, distribución de costes y gastos derivados de la negociación o incluso determinar la ley aplicable y el sistema de resolución de potenciales disputas durante esta fase preliminar).
Se persigue, pues, recoger una serie de compromisos específicos **vinculantes** entre las partes a fin de que las reglas y principios acordados sobre las actuaciones a llevar a cabo hasta la (posible) conclusión de la operación corporativa sean realmente eficaces, pero huyendo de todo compromiso de cualquiera de las partes respecto de la efectiva materialización de la misma a futuro.
Esto no quiere decir que, adicionalmente, las partes no puedan prefijar en ese momento algún compromiso vinculante respecto de cualesquiera **aspectos sustantivos** de la propia transacción corporativa, que deberá ser observado en todo caso en el supuesto de que las negociaciones llegaran a buen puerto y se formalizara la transacción corporativa (p.e., precio o elementos a considerar para la determinación del mismo; elementos patrimoniales que quedarían fuera del perímetro de la transacción o que, por el contrario, deberían ser incluidos en la misma; condiciones que deberían cumplirse para la plena eficacia de la operación).
Es, precisamente, en las cartas de intenciones donde se prevén de antemano compromisos en firme de aspectos de la propia transacción corporativa en las que es particularmente importante recalcar el **carácter no vinculante** para las partes de la propia operación corporativa globalmente considerada.

3. Clarificar la aplicación del régimen de **culpa «in contrahendo»**. Nuestro Derecho contempla una modalidad de responsabilidad civil (considerara por la mayor parte de la doctrina de naturaleza extracontractual) basada en la confianza suscitada en la contraparte de llegar a suscribir un contrato definitivo y los perjuicios causados con la ruptura de las negociaciones, en cuyo caso, y de cumplirse ciertos requisitos, daría lugar al nacimiento de un deber de resarcimiento de daños y perjuicios por la parte incumplidora (ver nº 235 s.). **192**
4. Generar un documento que permita demostrar frente a determinadas partes, vinculadas o no al comprador o vendedor, un cierto nivel de **seriedad en las negociaciones** mantenidas entre ellos que justifique la realización de actuaciones necesarias previas con relación a la transacción corporativa (p.e., aprobaciones por órganos de gobierno de sociedades

involucradas, obtención de consentimientos de terceros, acceso a información confidencial en el contexto del *due diligence*, obtención de financiación).
5. Servir de **base interpretativa** del futuro contrato, en caso de que la finalización de los tratos preliminares obtenga su fruto con el contrato. En todo caso, se debe tener presente que la Sala Primera del Tribunal Supremo (TS 8-5-12, EDJ 118064) se ha pronunciado a favor de la posibilidad de pactar en el contrato definitivo la exclusión, como criterio interpretativo, de lo acontecido o manifestado durante la fase de negociaciones preliminares.

C. Naturaleza y eficacia

195 La naturaleza jurídica y efectos de la carta de intenciones varían dependiendo del concreto contenido del documento en la que se regule la misma. Tal y como se ha señalado anteriormente, esta situación trae causa de la ausencia de un tratamiento normativo específico para este tipo de documentos con la consiguiente aplicación del principio de **autonomía de la voluntad** y libertad contractual, limitada por la ley, la moral y el orden público (CC art.1255).
En este sentido, es posible que las partes hayan calificado un documento como «carta de intenciones» pero que, sin embargo, del análisis del mismo en profundidad se desprenda que, en puridad, las partes suscribieron un documento que va «más allá» de un mero acuerdo precontractual rector de un proceso de negociación de carácter no vinculante. En este sentido, la jurisprudencia, al analizar determinados supuestos controvertidos sobre este tipo de documentos, suele llevar a cabo una interpretación sustantiva para completar y determinar la verdadera naturaleza jurídica y efectos de los documentos empleados en la fase precontractual o de formación de un contrato, acudiendo a los principios y **criterios de interpretación** de los contratos consagrados en los CC art.1281 a 1289.
Por lo tanto, el aspecto clave al analizar la naturaleza de las cartas de intenciones no vinculantes (como el documento prototípico de los denominados tratos preliminares) consiste, precisamente, en deslindarlo de **otras figuras jurídicas** que se contemplan en nuestro ordenamiento jurídico, cuyos efectos e implicaciones difieren de los correspondientes a las «cartas de intenciones» *stricto sensu* caracterizadas principalmente por el carácter no vinculante de las mismas.

196 **Naturaleza declarativa y no vinculante** Para que una carta de intenciones tenga exclusivamente naturaleza declarativa y no vinculante debe cumplir el **requisito** consistente en la ausencia de elementos que determinan la existencia de una obligación de naturaleza contractual o precontractual.

Precisiones La jurisprudencia de del TS ha sintetizado el concepto de **precontrato** como «un auténtico contrato que tiene por objeto celebrar otro en el futuro, conteniendo el proyecto o ley de bases del siguiente» (TS 25-6-93, EDJ 6272). De dicho enunciado «se evidencia que una ambigüedad esencial o un proyecto intrínsecamente inviable, aunque impropiamente sea llamado por alguna de las partes «precontrato», carece de efectos como tal precontrato en sentido técnico. No se puede, por ello, con unas declaraciones de hechos que probados dejan constancia de la inexistencia de contrato y que reconocen exclusivamente la celebración de conversaciones, tratos y actos preparatorios, utilizar el empleo inadecuado de la expresión «precontrato», para intentar sobre tan escasa base la casación de la sentencia [...]» (TS 19-7-94, EDJ 6087).

197 Adicionalmente, existen dos aspectos que también suelen ser valorados junto el requisito esencial anterior a la hora de determinar el carácter declarativo del documento:
• Primeramente, el momento temporal en el que se ha suscrito el documento en cuestión, que en el caso de las cartas de intenciones «declarativas» debe tener lugar en la **fase «prenegocial»** o de gestación del contrato, durante la cual las partes mantienen negociaciones a fin de posibilitar la formación del contrato en sí y su efectiva perfección mediante la concurrencia de oferta y aceptación.

Precisiones En tales términos, el Tribunal Supremo considera que «[...] Los contratos se perfeccionan, y conforman su obligatoriedad y contenido con existencia jurídica, tan pronto como se produce el **consentimiento** de los intervinientes (artículos 1261 y 1254 del Código Civil), es decir, que la oferta va seguida de su aceptación, como manifestaciones del necesario asenso sobre la cosa negociada y la causa del convenio. El prólogo negocial lo constituyen los efectivos y precisos tratos previos, salvaguardados por la buena fe [...]» (TS 26-2-94, EDJ 1736).

198 • Adicionalmente, por la propia inclusión en el documento de **menciones o manifestaciones** poniendo de manifiesto de forma expresa el carácter no vinculante del objeto de la transacción proyectada.
No obstante, hay que tener presente que dichas menciones o manifestaciones tienen **efecto interpretativo**, no normativo (A. Carrasco Perera), de tal forma que, aunque las partes

efectivamente hubieran cualificado expresamente el objeto de la carta de intenciones en tal sentido, una de las partes podría probar que la interpretación auténtica, conforme a los principios y criterios previstos en el CC art.1281 a 1289, es la del carácter vinculante de la transacción subyacente.

Diferencias frente a otras figuras jurídicas Tal y como se ha mencionado anteriormente, existen otras figuras jurídicas que, debido generalmente a la utilización de una **nomenclatura** jurídica que no se ajusta en puridad a la naturaleza de las obligaciones asumidas (de mayor alcance en cuanto al negocio jurídico futuro que las de una carta de intenciones *stricto sensu*), pueden ser de aplicación al concreto documento en lugar de subsumirse bajo el régimen de las cartas de intenciones (de naturaleza no vinculante), siendo sus consecuencias bien distintas a las correspondientes a dicho tipo de documentos. 199

Precontrato En este sentido, cabe citar la figura del precontrato (o *pactum de contrahendo*, contrato preliminar o preparatorio), que consiste en un contrato por el que las partes se comprometen ya a concluir otro contrato (denominado contrato principal) en un momento posterior al de la celebración del precontrato. 200

Se trata de una figura que carece de una **regulación** general en nuestro ordenamiento jurídico, si bien sí se prevé con carácter específico en la promesa de compra y/o venta (CC art.1451) y en la promesa de hipoteca (CC art.1862).

Con independencia de los matices de las distintas corrientes doctrinales existentes para determinar la existencia de un precontrato, cabe entender que las dos **notas características** del precontrato son:

a) La voluntad de las partes de quedar vinculadas en el futuro mediante la celebración de un contrato.

b) La determinación de los elementos esenciales del contrato proyectado.

La **diferencia** más relevante de esta figura y la carta de intenciones no vinculante es que en la primera existe un acuerdo total de las partes y su voluntad es la del nacimiento de un negocio jurídico futuro objeto del contrato principal, yendo más allá de mostrar una intención (por muy firme que esta sea) para discutir los términos y condiciones de una potencial transacción. 201

Lo anterior implica que, a diferencia de las cartas de intenciones no vinculantes, en el precontrato cada una de las partes ostenta un derecho actual a exigir la **conclusión del contrato futuro**. Por el contrario, en la carta de intenciones no vinculante no se genera entre las partes vínculo alguno que les obligue a perfeccionar posteriormente la transacción proyectada, pudiendo interrumpir los tratos, discusiones y negociaciones previas sin que de dicha circunstancia se pueda derivar otra consecuencia que una responsabilidad de naturaleza precontractual.

Precisiones El precontrato, contrato preliminar o preparatorio o *pactum de contrahendo* bilateral de compraventa tiene por objeto constituir un contrato y exige que se halle prefigurada una **relación jurídica** con sus elementos básicos y todos los requisitos que las partes deben desarrollar y desenvolver en un momento posterior (TS 23-12-95, EDJ 6786; 16-7-03, EDJ 50755, entre otras), cuya efectividad o puesta en vigor se deja a voluntad de ambas partes contratantes. Supone, por tanto, el final de los tratos preliminares y no una fase de ellos, como dice el TS 3-6-88, en los que las partes, a partir de acuerdos vinculantes, tratan de configurar esos **elementos esenciales del contrato**, que no existen jurídicamente hasta ese momento y que, sin ellos, no sería posible cumplimentar de forma obligatoria lo que todavía no existe, ni permitiría a los interesados desistir de estos tratos, sin más secuelas que las que pudieran resultar de la aplicación del CC art.1902 caso de abrupta e injustificada separación de la fase prenegocial (TS 26-2-94; 19-7-94, EDJ 6087 y 16-12-99, EDJ 37918). No obsta a esta calificación que no hayan quedado determinados los elementos instrumentales o complementarios del mismo, cuando es perfectamente posible hacerlo en un momento posterior (TS 8-2-10, EDJ 9914).

Mediante el precontrato, las partes, por el momento, no quieren o no pueden celebrar el contrato definitivo y se comprometen a hacer efectiva su conclusión en tiempo futuro. Fijan sus elementos, pero **aplazan su perfección** y adquieren la obligación de establecer el contrato definitivo en virtud de la relación jurídica obligacional nacida del precontrato, por lo que pueden reclamar su cumplimiento de la otra parte (TS 17-6-08, EDJ 124046).

El precontrato exige que el **objeto** esté perfectamente **determinado** y así, en el precontrato de compraventa conste la cosa vendida y el precio; si no estuvieren determinados e hiciera falta un nuevo acuerdo, se trataría de simples tratos previos, sin eficacia obligacional (TS 14-12-06, EDJ 325579, entre otras).

En este sentido, si constan los elementos esenciales del contrato, estaremos ante un precontrato y no tratos preliminares, un contrato se califica de **perfeccionado** aunque deba ser complementado con posterioridad en aspectos complementarios, que pueden salvarse por el uso, la práctica, los acuerdos o tratos previos o, en suma, por la buena fe contractual, que proclama el CC art.1258 y constituye un principio general del Derecho. y lo que faltan son aspectos que pueden ser

complementados «por el uso, la práctica, los acuerdos o tratos previos o, en suma, por la buena fe contractual, que proclama el CC art.1258 (TS 1-7-10, EDJ 133394).
Dichas consideraciones han sido ratificadas por el TS 23-12-21, EDJ 821506, que respaldó la calificación de la relación existente entre las partes del litigio como precontrato.

202 **Oferta contractual** Finalmente, cabe mencionar la posible aplicación del régimen de la oferta contractual. Se trataría, ciertamente, de un escalón más en cuanto a la evolución del *iter* negocial respecto del precontrato y al nivel de **vinculación** de las partes respecto de la operación proyectada por ambas.
La presente circunstancia de solapamiento aparecería cuando se pudiera interpretar que, por la estructura y manifestaciones previstas por una (o ambas) partes en el propio documento, se estaría ante una oferta contractual en firme que, caso de ser aceptada, supondría la existencia del contrato proyectado como tal.
Conforme a lo previsto en nuestro Derecho privado, la oferta es una declaración de voluntad unilateral y recepticia en virtud de la cual se propone la celebración de un contrato a otra persona, teniendo en cuenta que su **aceptación** genera la perfección del contrato (CC art.1262).
A estos efectos, merece ponerse de manifiesto que, en el marco de los tratos preliminares y las negociaciones precontractuales, no es infrecuente que una de las partes responda a una oferta emitida por la contraparte mediante una **«contra-oferta»** o con un condicionamiento de la oferta recibida. ¿Quiere decir eso que se ha aceptado por dicha parte la existencia de un contrato entre ellas? Entendemos que la respuesta debe ser negativa, por cuanto, la aceptación, es una declaración de voluntad, también recepticia, emitida por aquel a quien se dirigió la oferta y con un contenido mínimo, que es la conformidad con el contenido contractual. De manera que, cualquier alteración o condicionamiento -como sucedió en este caso- de la proposición u oferta, nos situaría fuera del campo de la aceptación propiamente dicha. Y concretamente en el campo de la contraoferta. De tal manera que no nos encontraríamos ante una aceptación, sino a una simple nueva proposición del otro contratante que deja al convenio en estado de proyecto en tanto no manifieste su conformidad con esa nueva oferta, la otra parte (AP Madrid 26-3-13, EDJ 87775).
La existencia de una **oferta contractual** (contenida en una carta en la que quedaron definidos los elementos básicos del contrato) y la posterior aceptación de las condiciones ofertadas por la otra parte (de forma tácita y evidenciada en sus propios actos) supone la existencia de un verdadero precontrato de administración y no unos «meros» tratos preliminares (TS 23-12-21, EDJ 821506).

203 Atendiendo al criterio doctrinal y jurisprudencial mayoritario, una carta de intenciones puede tener la naturaleza jurídica de oferta contractual siempre que se cumplan los siguientes **requisitos**:
a) Carácter completo, por comprender todos los extremos esenciales del contrato a celebrar, en el sentido de que sea suficiente que la otra parte acepte para que se entienda formado el contrato.
b) Intención de quedar vinculado, es decir, que refleje la intención de quedar obligado si la otra parte acepta.
c) Carácter definitivo, de tal forma que las partes, con la aceptación de la que recibe la oferta, queden obligadas contractualmente sin necesidad de ulteriores negociaciones o declaraciones.
En este sentido, es importante tener en consideración lo anterior de cara a la preparación de una **carta de intenciones**, ya que cuando una (pretendida) carta de intenciones constituya en puridad una oferta contractual y las partes acepten la misma, sin que queden elementos esenciales pendientes de negociar y sin que se prevea en la misma una declaración expresa manifestando el carácter no vinculante de su contenido, se estará ante un contrato en firme, plenamente exigible entre las partes del mismo conforme a sus términos.

D. Estructura y contenido

205 La falta de una regulación expresa en Derecho positivo de este tipo de documentos y las potenciales figuras jurídicas que, en ocasiones, pueden quedar englobadas bajo la terminología de «carta de intenciones», hacen que no exista una estructura ni un contenido tipo para las cartas de intenciones.

Formato En cuanto a la estructura, nos referimos en este punto al formato utilizado para la redacción del concreto documento. En este sentido, los dos principales formatos empleados al respecto son los siguientes: 206

1. **Documento epistolar**, a modo de comunicación escrita que dirige una de las partes (potencial comprador, generalmente) a la otra parte (parte vendedora) y que esta última, en su caso, firma a modo de aceptación y conformidad con los términos y condiciones previstos en dicho documento.
2. **Documento con formato «bilateral»**, estructurado conforme al formato habitual de un contrato. Este enfoque de documento suele articularse incluyendo los tres grupos de cláusula comunes en los contratos (es decir, comparecencias e intervenciones, parte expositiva y clausulado propiamente dicho).

La utilización de uno u otro formato no debería suponer diferencia alguna en cuanto a los **efectos y consecuencias** jurídicas del documento. En este punto, se debe tener en cuenta, no obstante, que la (escasa o nula) capacidad real de negociación de los términos y condiciones de una de las partes a la que la otra parte pretenda «imponer» su propuesta de carta de intenciones (configurándose como una suerte de «contrato de adhesión»), podría determinar, al menos desde un punto de vista teórico, la aplicación del régimen previsto en la L 7/1998, sobre **condiciones generales** de la contratación, si bien esta circunstancia *per se* no conllevaría consecuencias prácticas relevantes dado que difícilmente cabría considerar a dicha parte un consumidor (conforme se le define en el RDLeg 1/2007, por el que se aprueba el texto refundido de la Ley General para la Defensa de los Consumidores y Usuarios y otras leyes complementarias). De la misma forma, en este contexto, hay que considerar la potencial aplicación de lo establecido en la L 3/2004, por la que se establecen medidas de lucha contra la morosidad en las operaciones comerciales, en cuya virtud determinadas cláusulas o prácticas relacionadas con los términos de la contraprestación (económica) a satisfacer son nulas cuando resulten **manifiestamente abusivas** en perjuicio del acreedor, considerando todas las circunstancias del caso (L 3/2004 art.9).

Contenido En lo que concierne al contenido de las cartas de intenciones, de los (no muy abundantes) pronunciamientos doctrinales, de cierta jurisprudencia y, sobre todo, de la propia práctica en el tráfico jurídico mercantil, sí que es posible establecer un contenido relativamente estándar en este tipo de documentos. 207

A tales efectos, se pueden distinguir entre las declaraciones, manifestaciones o acuerdos que se suelen incluir con mayor frecuencia en las cartas de intenciones de naturaleza no vinculante de aquellas otras cuya previsión es menos habitual.

Precisiones Para facilitar la exposición de esta cuestión, nos referimos a la estructura de una carta de intenciones con **formato «epistolar»**.

Manifestaciones más frecuentes Dentro de las declaraciones, manifestaciones o acuerdos más frecuentes en las cartas de intenciones, cabe identificar las siguientes: 208

a) **Partes** de la transacción. Con carácter general, la carta de intenciones se dirige formalmente por el potencial comprador o inversor al propietario de la empresa o negocio objeto de la potencial operación corporativa. En este sentido, en función de la concreta tipología del negocio en cuestión, la carta de intenciones se dirige al accionista(s) titular de las acciones que representan el capital social de la sociedad que se pretende adquirir, a la sociedad propietaria de la empresa o negocio objeto de la transacción, etc.

Lo anterior no quiere decir que el comprador sea el único **autor** real del documento, ya que generalmente, el vendedor o bien participa directamente en la redacción del mismo o, cuando menos, ha revisado el contenido de la carta de intenciones previamente a su suscripción.

b) **Objeto** de la transacción corporativa. La carta de intenciones suele incluir al comienzo de la misma la concreta transacción corporativa pretendida. Aunque el nivel de detalle a estos efectos puede variar sustancialmente, dicha mención se limita, generalmente, a identificar los siguientes aspectos:

- Las partes involucradas (esto es, vendedor, comprador).
- El concreto objeto de la transacción corporativa (ya sea, empresa o negocio, sociedad o activos específicos).
- En su caso, el negocio jurídico a través de cual se materializaría la transacción corporativa (p.e., compraventa, permuta, fusión), si bien, es común que en ocasiones (especialmente cuando la carta se remite en un estadio muy preliminar de las negociaciones preliminares) no se precise este extremo, utilizando términos más amplios (como «integración», «adquisición»), concretándose dicha circunstancia en un momento posterior, en el que el potencial adquirente accede a un mayor nivel de información sobre el objeto de la transacción corporativa (*due diligence*).

c) **Carácter** no vinculante. Con carácter general, la carta de intenciones incluye determinadas menciones para:

• Por un lado, precisar y/o recalcar la naturaleza **no vinculante** de la transacción corporativa objeto de la misma, limitándose la carta de intenciones únicamente a fijar las bases y principios sobre las que deberá desarrollarse la negociación entre las partes.

• Por otro, a conferir naturaleza **vinculante** únicamente a determinados apartados, cláusulas o compromisos de la carta de intenciones, básicamente respecto de aquellos cuya obligatoriedad es necesaria o conveniente para posibilitar el proceso de negociación de la transacción corporativa (p.e., derechos y deberes de las partes durante el proceso de negociación) y la propia eficacia de la carta de intenciones como tal (p.e., ley y jurisdicción aplicable, consecuencias indemnizatorias específicas).

209 d) **Exclusividad**. Para el potencial comprador, es muy relevante que el vendedor se comprometa a no mantener conversaciones con otros posibles compradores durante un determinado plazo.

e) **Confidencialidad**. Se trata de un compromiso muy habitual en el contexto de procesos de compraventa de empresas. Consiste en una obligación que suelen asumir ambas partes para mantener el carácter reservado del contenido de la propia carta de intenciones. No obstante, el objeto de este compromiso depende de lo que las partes acuerden al efecto, pudiendo ampliar o limitar el **alcance** de la misma (p.e., excepcionar los supuestos en los que la revelación de la información confidencial sea exigida por autoridades o en cumplimiento de disposiciones imperativas, permitir el acceso a la información confidencial a asesores de las partes, etc.).

Es común que tanto las cláusulas de confidencialidad y de exclusividad se pacten con **carácter obligatorio** para las partes, de tal manera que su incumplimiento de lugar a responsabilidad, con independencia de que el contrato no llegue a perfeccionarse.

En cualquier caso, nos remitimos a lo previsto en el nº 172 con relación a determinados supuestos en los que la obligación de confidencialidad es exigible aunque las partes no la hubieran asumido expresamente en virtud de la carta de intenciones.

f) **Gastos**. Esta previsión se refiere a la distribución de los gastos en los que las partes puedan incurrir en el proceso de negociación de la operación corporativa. En particular, el potencial comprador estará interesado en que la sociedad o negocio objeto de la operación no asuma, total o parcialmente, los gastos en los que incurra el vendedor en dicho proceso de negociación (p.e., gastos de asesores).

g) **Ley** aplicable y solución de conflictos.

210 **Manifestaciones menos frecuente** En lo que se refiere a las declaraciones, manifestaciones o acuerdos cuya previsión en las cartas de intenciones es menos frecuente, cabe citar, *inter alia*, las siguientes:

a) **Cuantificación** de los **daños y perjuicios en caso de ruptura** injustificada de las negociaciones. Se trata de una previsión cuya inclusión se produce en el contexto de una situación de «ruptura injustificada de negociaciones» por una de las partes, como presupuesto del régimen de la culpa *in contrahendo*. Por la trascendencia de este pacto, las partes establecerán en el documento con toda seguridad el carácter vinculante del mismo.

Tal y como se ha mencionado anteriormente (nº 192), nuestro Derecho contempla una modalidad de **responsabilidad civil extracontractual** fundamentada en la confianza suscitada en la contraparte de llegar a suscribir un contrato definitivo y los perjuicios causados con la ruptura de las negociaciones, en cuyo caso, y de cumplirse ciertos requisitos, daría lugar al nacimiento de un deber de resarcimiento de daños y perjuicios por la parte incumplidora (ver nº 235 s.). Por lo tanto, la presente previsión pretende tratar de evitar una de las cuestiones más complejas a la hora de reclamar daños y perjuicios en este contexto, que no es otra que la de cuantificar *ex ante* el importe que los mismos causarían a la parte no incumplidora, procurando, por tanto, que las partes de la negociación en cuestión se cuiden de finalizar negociaciones de forma arbitraria, irresponsable o con mala fe.

El problema aquí, claro está, es determinar qué se debe entender por «**ruptura injustificada de las negociaciones**». En la mayoría de los supuestos, lo cierto es que las partes no van más allá de la mera previsión en el documento de dicha situación, sin entrar en más detalle, ya sea de forma deliberada (evitando regular «excesivamente» los tratos preliminares y no generar o reforzar una «apariencia» de precontrato) o simplemente por la dificultad que supone delimitar de antemano algo que tiene un relevante componente subjetivo. Sin embargo, en ocasiones las partes (en particular, aquellas especialmente preocupadas por los gastos y costes a incurrir durante la negociación) sí incluyen determinadas situaciones que, por su trascendencia y/o carácter objetivo, permiten a una o ambas partes, caso de que las mismas se produjeran, finalizar las negociaciones sin tener que resarcir o reembolsar daño o gasto alguna a la otra parte (p.e., previsión de una fecha «límite», acaecimiento de un hecho o circunstancia determinada).

b) **Precio** o parámetros aplicables para la determinación del mismo. En ocasiones, es posible que el vendedor ya haya fijado el importe del precio por la venta del negocio o empresa, fijándose así en la carta de intenciones. En otras ocasiones, lo que ocurre es que las partes determinan, bien un precio «base», susceptible de ajustes al alza o a la baja en función del importe de determinadas partidas, ratios o parámetros (p.e., EBITDA, capital circulante, deuda financiera neta), o bien que el precio como tal sea equivalente al importe de determinadas partidas contables o financieras (p.e., valor teórico contable, valor en libros), que generalmente se verifican y acuerdan durante el proceso de *due diligence* posterior y en el de negociación del contrato para implementar la operación. **211**

c) Determinados **términos y condiciones del contrato** en virtud del cual se implementa la operación descrita en la carta de intenciones. En algunos supuestos, es posible que alguna de las partes esté interesada en prefijar ya, en el momento de la formalización de la carta de intenciones, determinados aspectos del contrato (p.e., compraventa) que, en su caso, se va a suscribir entre las partes para la trasmisión del negocio o empresa. Dichos aspectos suelen referirse esencialmente al régimen de responsabilidad del vendedor frente al comprador (p.e., manifestaciones y garantías -«R&W»-, indemnidades, limitaciones a la responsabilidad del vendedor o previsión de garantías en favor de comprador -retención de parte del precio, aval, etc.-).

SECCIÓN 3

Oferta de adquisición

Invitación a ofertar del vendedor 222
Oferta del candidato 227

220

221 Las operaciones de compraventa de empresas no tienen por qué desarrollarse de forma bilateral desde el comienzo de las mismas, donde un vendedor negocia con un único potencial comprador.

De hecho, tal y como se ha anticipado en el nº 166, es relativamente habitual que en transacciones corporativas de cierta relevancia (en las que el vendedor persigue maximizar el beneficio de la desinversión por cuanto desea conocer el interés de varios potenciales adquirentes), la venta del negocio o sociedad se organice, desde la perspectiva del vendedor, mediante un proceso organizado de **subasta**.

En estos procesos, en los que el vendedor desarrolla un papel mucho más activo (con el apoyo, generalmente, de asesores que coordinan los hitos y actuaciones de la concreta operación), no suele ser habitual la suscripción de **cartas de intenciones**, ya que ello desvirtuaría las principales finalidades que se persiguen, bajo la órbita del vendedor, en un proceso organizado de subasta, consistentes en tratar de maximizar la contraprestación esperada por la concurrencia de postores y en liderar el propio proceso obteniendo una posición de negociación más ventajosa.

Frente a la carta de intenciones (como documento paradigmático en la fase precontractual de la operación de compraventa de empresa), lo habitual en este tipo de procesos es que, llegado un determinado momento del mismo previamente fijado por el vendedor (en la denominada «carta de proceso», infomemo, etc.) -que suele coincidir con un momento cercano a la fecha de finalización del ejercicio de *due diligence*-, se solicite a los potenciales interesados la emisión de «**ofertas vinculantes**», a las que generalmente deben acompañar un *mark-up* del contrato de compraventa previamente facilitado por el vendedor.

222 **Invitación a ofertar del vendedor** Con carácter general, el vendedor, cuando organiza (a través de sus asesores) la operación de compraventa mediante un proceso organizado de subasta, prevé en un documento a distribuir a determinados **candidatos** que han mostrado un interés inicial en la operación de compraventa de la empresa o negocio, previamente seleccionados por el vendedor, las pautas y el momento para la preparación por su parte de una oferta vinculante que, caso de ser aceptada por el vendedor, determina la perfección del acuerdo de voluntades.

En este sentido, lo habitual (por cuanto es el enfoque que más interesa al vendedor) es que el vendedor estructure dicho **documento** no como una oferta en firme de venta (lo que supondría que la aceptación de la misma por cualquier candidato vincularía irremediablemente al vendedor), sino como una mera invitación a ofertar (*invitatio ad offerendum*), de tal forma que sea el vendedor quien pueda decidir, libre y unilateralmente, si acepta (o no) alguna de las ofertas que reciba.
El referido concepto de *invitatio ad offerendum* carece de regulación expresa en nuestro ordenamiento jurídico. Han sido nuestros tribunales y determinada doctrina los que han venido a configurar los límites de dicha figura para **diferenciarla de la oferta** en firme de venta.

223 Precisiones **1)** En particular, merece ponerse de manifiesto la siguiente sentencia en la que analizaban los efectos de un **folleto publicitario** de viviendas sobre plano, concluyendo que el mismo implicaba una invitación a negociar (*invitatio ad offerendum*). Aquí, el Tribunal Supremo consideró que dichas invitaciones no constituyen una oferta en sentido estricto, pero sí una oferta publicitaria, fundamentalmente por el hecho de que el folleto no contenía todos los elementos esenciales para que se pudiera producir una aceptación (TS 12-7-11, EDJ 146912).
2) En términos similares se pronuncia la **doctrina** más autorizada. Así, Lasarte Álvarez, al entender que las invitaciones a contratar necesitan posteriores precisiones del destinatario, por lo que no pueden ser consideradas ofertas, al no disponer de todos los elementos necesarios para que pueda producirse la perfección del contrato. Albaladejo García, por su parte, considera que las invitaciones a ofrecer o contratar preceden a la oferta y consisten en un simple anuncio de deseo de contratar, solicitando que los **destinatarios** del mismo comuniquen las condiciones en que estos estarían dispuestos a contratar.
3) En este sentido, debe destacar, asimismo, lo previsto en la **propuesta de Código Mercantil** (versión 2018) que, en materia de obligaciones y contratos mercantiles, establece, entre otros, los siguientes preceptos, que parecen refrendar el criterio anteriormente expuesto:
• «Artículo 412-2. Envío de catálogos o folletos. El envío de catálogos, folletos o instrumentos similares será considerado como simple invitación a hacer ofertas, salvo que el envío se realice a consumidores, en cuyo caso serán aplicables las normas protectoras de estos.»
• «Artículo 421-2. Invitación a hacer ofertas y oferta de contrato. La propuesta de celebrar un contrato efectuada por medio de comunicación electrónica dirigida a una o varias personas indeterminadas o solo accesible por quienes utilicen un sistema de información se considerará una invitación a hacer oferta de contrato.»

224 Depende, por tanto, del concreto **contenido** del documento que prepare el vendedor la configuración del mismo como *invitatio ad offerendum* o como oferta en firme de venta. Así, para evitar esta segunda interpretación, es conveniente que el referido documento contenga las correspondientes previsiones y declaraciones expresas de las que claramente se desprenda que:
a) El documento comprende una mera y simple **invitación**, de carácter no vinculante, a presentar ofertas.
b) El vendedor no emite tal documento con la **intención** de obligarse en cualquier caso. Es decir, que sea perfectamente posible que el vendedor no acepte ninguna de las ofertas de los potenciales candidatos, sin ningún tipo de consecuencia por ello.
c) El documento carece, objetivamente, de cualesquiera de los **elementos** esenciales de un contrato.

225 Sin perjuicio de lo anterior, es posible (e incluso habitual) que el vendedor regule, con cierto nivel de detalle, en la carta que incluya la solicitud de ofertas determinadas **reglas y pautas** que rijan el **proceso** en general. Hay que valorar, del análisis del concreto contenido del documento, en qué medida el vendedor está obligado a observar en todo caso tales reglas y pautas, quedando vinculado respecto de los potenciales candidatos, y cuáles son las consecuencias en el supuesto de que se aparte de las mismas. Dicha circunstancia puede producirse si las declaraciones y manifestaciones del vendedor al respecto se configuraran como una **«declaración unilateral vinculante»**.
No obstante, la anterior interpretación no es fácil de acreditar, y ello por los siguientes motivos:
• En primer lugar, porque se trata de una **cuestión muy discutida**: no hay consenso en la doctrina respecto a la admisión o negación de la voluntad unilateral como fuente de las obligaciones. Desde un punto de vista jurisprudencial, tampoco hay un criterio consistente al efecto (TS 15-10-11, EDJ 237353, en la que se citan determinadas sentencias anteriores dictadas por el Alto Tribunal a favor y en contra de la voluntad unilateral como fuente de las obligaciones).
• Adicionalmente, porque la **redacción** que haya dado el vendedor al concreto documento tratará, expresa o implícitamente, de excluir dicha interpretación con el objeto de eliminar o, cuando menos, desvirtuar, una posible responsabilidad de un potencial candidato en el caso de que el vendedor actuara contraviniendo las reglas y pautas del proceso por él establecidas.

Básicamente, dicho enfoque conlleva la inclusión por el vendedor en el documento de previsiones afirmando su absoluta libertad para optar por la oferta de cualesquiera candidatos (o incluso desechar todas ellas), con independencia del criterio utilizado por el vendedor al respecto, y sin tener que justificar ni argumentar tal decisión, excluyendo cualquier responsabilidad al respecto. En cuanto a la eficacia de la referida **exclusión** de **responsabilidad del vendedor** en dicho ámbito, hay que tener presente lo previsto en el CC art.1102 (nulidad de los pactos para renunciar a la reclamación en supuestos dolosos) así como el hecho de que, aún en el supuesto de que se defienda la inexistencia de una responsabilidad contractual en este concreto ámbito, sí puede ser aplicable el régimen de responsabilidad precontractual si concurren los elementos exigidos al respecto. 226

Precisiones No obstante, algún autor sostiene la plena eficacia de dicho **«disclaimer»** de **responsabilidad del vendedor**, sobre la base de considerar que la obligación subyacente sería nula al constituir una condición potestativa del vendedor (CC art.1115) (A. Carrasco Perera).

Oferta del candidato Por el contrario, el vendedor sí exige que las ofertas a emitir por los candidatos sean lo más completas y precisas posibles, conteniendo todos los elementos esenciales del contrato a fin de que la oferta que, en su caso, sea aceptada por el vendedor, suponga de forma automática el surgimiento de una obligación vinculante como **precontrato** hasta el momento en el que se perfeccione el propio contrato subyacente. Para ello, es común en este tipo de procesos organizados de subasta que el vendedor requiera a los candidatos que, junto con la oferta como tal, presenten su propuesta de modificaciones al contrato de compraventa previamente facilitado por el vendedor (*mark up*). 227

En este punto, hay que tener presente que nuestro Código Civil (CC art.1262) apenas regula el **concepto** de oferta, sin delimitar ni siquiera los requisitos que debe cumplir una declaración de voluntad para ser considerada como tal, habiéndose cubierto dicha laguna por nuestros tribunales. Así, nuestros tribunales han venido a considerar que la oferta es «[...] una declaración de voluntad de naturaleza recepticia, [...] dirigida a otros sujetos y emitida con un definitivo propósito de obligarse si la aceptación se produce, surgiendo en consecuencia el consentimiento por la coincidencia de esas declaraciones de los contratantes [...]» (TS 10-10-80, EDJ 1061; 31-12-98, EDJ 31405; 2-11-10, EDJ 253933).

Por lo tanto, para que la oferta que remita el potencial comprador tenga los efectos deseados (es decir, su aceptación por el vendedor determine la vinculación entre las partes y el nacimiento del contrato), se requiere que la misma cumpla los siguientes **requisitos**: 228

a) Que sea completa. Es decir, que contenga todos los extremos esenciales del contrato a celebrar, de manera tal que sea suficiente que el vendedor acepte para que se considere formado el contrato.

Este requisito se refiere únicamente a los elementos esenciales, por lo que no se considerará incumplido por la mera indefinición de la oferta en cuanto a elementos secundarios o accesorios.

b) Que el potencial comprador refleje en la misma su intención de quedar obligado si la otra parte (vendedor) acepta.

c) Que se dirija a la persona (aceptante) que, en su caso, quede vinculada mediante la aceptación (CC art.1262).

Lo anterior no quiere decir que el potencial comprador, siempre que así lo admita el vendedor en el contexto de la concreta operación de compraventa, pueda **condicionar la eficacia de su oferta** al acaecimiento de determinados hechos o circunstancias. No obstante, en este caso no existiría concurso entre oferta y aceptación, como requisito necesario para la existencia de contrato entre las partes (CC art.1261 y 1262).

Precisiones En tal sentido, el Tribunal Supremo ha venido a considerar que «[...] La doctrina científica y la jurisprudencia vienen exigiendo sin fisuras, que el **concurso de la oferta y la aceptación**, como requisitos indispensables para la perfección del contrato, han de contener todos los elementos necesarios para la existencia del mismo, y coincidir exactamente en sus términos, debiendo constar la voluntad de quedar obligados los contratantes, tanto por la oferta propuesta, como por la aceptación correlativa a la misma; no pudiendo entenderse esta perfecta concordancia cuando tanto una como otra se hacen de un modo impreciso, reservado, condicionado e incompleto, o cuando lo que se formula es una contra-oferta [...]» (TS 30-5-96, EDJ 2699).

SECCIÓN 4

Responsabilidad precontractual

235 El término «responsabilidad precontractual» acuña diferentes **supuestos** de responsabilidad que traen causa de una acción o situación que se produce durante la fase precontractual o de generación del contrato y que se encuentra relacionada con el propio contrato objeto de dicha fase, si bien, en el marco de los tratos preliminares, el supuesto prototípico al respecto es el de la responsabilidad derivada de la ruptura injustificada de las negociaciones.

Nuestro ordenamiento jurídico no contempla expresamente la **ruptura de negociaciones** o el incumplimiento de tratos preliminares como un supuesto que lleve aparejada responsabilidad para el infractor. En este sentido, debe recalcarse que el hecho de iniciar negociaciones para la posible celebración de un contrato no supone que las partes queden ya obligadas por dicha circunstancia a la perfección de la relación contractual objeto de las negociaciones (L. Díez-Picazo y A. Gullón).

Precisiones **1)** La versión inicial de la **propuesta de Código Mercantil** sí que recogía un Capítulo (II) dentro del Título I del Libro Cuarto, en materia de obligaciones y contratos mercantiles, denominado «De los deberes en la fase preparatoria del contrato», y consagra expresamente en su art.412-2 la responsabilidad por daños durante la fase de gestación contractual, en los siguientes términos:

«1. La parte que hubiera negociado o interrumpido las negociaciones con mala fe será responsable por los daños causados a la otra parte. En todo caso se considera mala fe el hecho de entrar en negociaciones o de continuarlas sin intención de llegar a un acuerdo.

2. En el caso de que se hubieran entablado negociaciones para la celebración de un contrato mercantil, ninguna de las partes incurrirá en responsabilidad por el solo hecho de que no se consiga un acuerdo definitivo».

No obstante, dichas referencias fueron eliminadas en la versión de la propuesta de Código Mercantil de marzo de 2018, tras el dictamen del Consejo de Estado (actualmente en tramitación).

2) La doctrina autorizada entiende que quedarían englobados en la responsabilidad precontractual los siguientes **supuestos**:

- lesiones físicas o en la propiedad producidas con ocasión de las conversaciones contractuales;
- culpa en la nulidad o en la falta de validez del contrato;
- para tratar de subsanar determinadas carencias de nuestro Derecho positivo en materia de responsabilidad contractual (p.e., vicios ocultos); y
- en escenarios de interrupción o cesación de conversaciones contractuales (L. Díez-Picazo).

236 La doctrina de la responsabilidad precontractual o **«culpa in contrahendo»** se construye por Ihering a finales del siglo XIX, sobre la base del principio de que la parte que en la conclusión de un contrato no emplea la diligencia debida incurre en culpa, ostentando el perjudicado una acción de resarcimiento de naturaleza contractual.

Nuestros tribunales han optado por enfocar mayoritariamente la responsabilidad precontractual bajo el prisma de la **responsabilidad civil extracontractual** o aquiliana *ex* CC art.1902 (TS 16-5-88, EDJ 4132), fundamentada en la confianza que se genera en la contraparte de llegar a suscribir un contrato definitivo y los perjuicios causados con la ruptura de las negociaciones.

Precisiones No obstante, hay autores que en algún momento se han posicionado a favor de considerar que la responsabilidad precontractual es de **naturaleza contractual** (Alonso Pérez, M.; Puig Brutau, J.), sobre la base de que el contenido de la buena fe en ese período es prácticamente idéntico al que impera durante la relación contractual propiamente dicha.

237 **Requisitos** (TS 14-6-99, EDJ 11217; 16-12-99, EDJ 37918; 15-10-11, EDJ 237353) Conforme a dicho planteamiento, el Tribunal Supremo ha venido exigiendo los siguientes cuatro requisitos para admitir el nacimiento de un deber de resarcimiento de daños y perjuicios por la ruptura o incumplimiento de tratos preliminares:

1. La existencia de una razonable situación de **confianza** respecto a la plasmación del contrato. Este requisito se refiere fundamentalmente al grado de avance y desarrollo de las negociaciones, así como al comportamiento de las partes respecto de la creación de dicha situación de confianza.

La confianza ha de ser, además, legítima por objetiva, de tal forma que la misma haya aflorado por un comportamiento tal que sea susceptible de determinar la misma reacción a cualquier contratante en dicha situación.

2. El **carácter injustificado** de la **ruptura** de los tratos. Se trata de un elemento de difícil concreción, que debe ser valorada conforme al principio de actuación de buena fe en cada caso concreto.

Con carácter general, podría tratarse de una **ruptura justificada**: cuando por la situación objetiva del mercado o por cualquier otra circunstancia, existe una ocasión de hacer un negocio

mejor o existe una oferta mejor, cuando acontecen circunstancias sobrevenidas que impiden alcanzar el fin del contrato proyectado, siempre y cuando las mismas se comuniquen a la contraparte, o cuando hay una modificación unilateral de lo ya acordado (L. Díez-Picazo).
Tampoco es injustificada la ruptura de las negociaciones cuando resulte evidente que no se va a alcanzar un **acuerdo**. Para que el acuerdo llegue a buen puerto es necesario que las partes, además de tener interés en el mismo, muestren una actitud cooperativa y razonable predisposición. En el caso contrario, de encontrase en un proceso de negociador en el que las partes no renuncian a alguna de sus exigencias o flexibilizan su posición, cualquiera de ellas puede poner fin a las negociaciones (Manzanares Secades).
3. La efectividad de un **resultado dañoso** para una de las partes.
4. Un **nexo causal** entre el daño y la confianza suscitada. La relación de causalidad se establece entre la acción de generar falsas expectativas sobre la firma de un contrato (vulnerando el deber de buena fe negocial) y el daño producido en la contraparte por la ruptura de las negociaciones.

Alcance del resarcimiento En cuanto al alcance del resarcimiento en materia de culpa *in contrahendo* por ruptura injustificada de tratos preliminares, se trata de una cuestión que no es pacífica. Parte de la doctrina y la jurisprudencia (TS 16-12-99, EDJ 37918), circunscriben este resarcimiento a lo que jurisprudencialmente se denomina «interés negativo», es decir, los **gastos y desembolsos** relacionados causalmente con los tratos preliminares (daño emergente), excluyendo otras cantidades equivalentes a la prestación que hubiere sido prometida («interés positivo») o las oportunidades de negocio perdidas (lucro cesante). En el contexto de los tratos preliminares, como el acto lesivo es la vulneración del deber precontractual, se tiene que calcular la situación patrimonial que existiría si el deber no hubiera sido incumplido. **238**

Precisiones El **interés positivo** persigue rehacer la situación patrimonial en la que se hallaría el contratante si el contrato se hubiera realizado y cumplido. Con el **interés negativo**, la indemnización pretende dejar al contratante que sufre el incumplimiento en la misma posición en que se hallaría de no haberse celebrado el contrato.

No obstante, hay que tener en cuenta que si la ruptura injustificada de los tratos preliminares constituyera una **conducta dolosa** (en el sentido de que la intención principal era la de causar un daño a la contraparte), la indemnización por daños debe ser integral, sin limitarse al denominado interés negativo (CC art.1107). Téngase en cuenta que la responsabilidad de carácter doloso no es susceptible de ser modulada por las partes (CC art.1102 a *sensu contrario*). **239**
Dichos daños deben ser acreditados por la parte supuestamente perjudicada, con independencia de que esta responsabilidad se configure mayoritariamente como «extracontractual».
En cuanto al **plazo de prescripción**, el mismo es, sobre la base de la configuración de esta responsabilidad como de naturaleza aquiliana, de un año a contar a partir de la fecha en que el agraviado tuviera conocimiento de la quiebra de las negociaciones (CC art.1968.2).
Lo anterior, sin embargo, puede verse desvirtuado en el supuesto de que las partes negociadoras hayan suscrito algún acuerdo pactando los términos y pautas del proceso de negociación, tales como una **carta de intenciones**. Mediante dicho documento, las partes persiguen, entre otros objetivos, reforzar la aplicación del régimen de la culpa *in contrahendo*, no ya precisando la vigencia del principio de buena fe (que seguiría aplicando aunque no se hubiera formalizado el documento en cuestión) sino facilitando la prueba en un escenario contencioso por incumplimiento de lo acordado en el mismo y posibilitando la modulación y/o cuantificación ex ante de los potenciales daños derivados del referido incumplimiento.
A tal efecto, es posible que las partes pacten incluso (que debe ser de carácter vinculante entre las partes) una **penalidad específica** en el supuesto de ruptura o abandono injustificado de las negociaciones (cuyo *quantum* puede ser bastante superior al referido «interés negativo»), si bien hay que tener presente el criterio eminentemente restrictivo que mantiene el Tribunal Supremo a la hora de interpretar las cláusulas penales (TS 17-9-13, EDJ 192453).

SECCIÓN 5

Estrategias de negociación

245

A.	**Estrategias del proceso**	248
B.	**Negociación**	255
	1. Fases de la negociación	256
	2. Tipos de estrategias de negociación	267
	3. Criterios para la elección de la estrategia	270
	4. Estilos de negociación	280

246 Dentro del mundo de las transacciones cada operación es diferente: cada compañía, sector en el que opere, tamaño de la misma, situación financiera, posición en el mercado, competidores, productos, personas involucradas, proceso de compra o de venta, venta de mayoría o minoría accionarial, búsqueda de capital, búsqueda de socio estratégico... todo difiere de un proceso a otro. Es por esta razón por la que es clave estudiar cada **situación particular**. En este contexto, lo que este apartado pretende resumir son las claves para poder gestionar un proceso, las diferentes estrategias por las que se puede optar en el mismo, los pasos o fases para llevar a cabo la negociación y el cierre de la operación.

A. Estrategias del proceso

248 A pesar de que cada operación de venta puede perseguir objetivos diferentes, existe un objetivo que suele ser común a todas las operaciones y es la **maximización del precio de venta**. Teniendo en mente la consecución de dicho objetivo, se pueden distinguir principalmente dos estrategias en términos generales: proceso de venta abierto (subasta en sentido amplio o subasta restringida) o proceso de venta cerrado (negociación bilateral o *one-to-one*).
A continuación, se detallan las ventajas e inconvenientes de cada uno de ellos y las principales fases en que se desarrollan:

249 **Proceso abierto: subasta** Un proceso abierto se caracteriza por negociar con muchos candidatos a la vez. En principio, es el **vendedor** quien mantiene el control del proceso en todo momento ya que es él quien establece el calendario, así como las normas a seguir en cada fase.
Algunas **ventajas** de un proceso abierto son las siguientes:
• Maximización del precio que se puede alcanzar en el proceso de negociación por la existencia de una mayor competencia (siempre y cuando el proceso sea bien gestionado).
• Existencia de un abanico amplio de candidatos lo que facilita la identificación del perfil de inversor idóneo.
• Mayor capacidad de negociación y posición de control en el proceso.
• Mayor transparencia y objetividad del proceso.
Por otro lado, los **inconvenientes** de un proceso de estas características pueden ser:
• Son procesos complejos donde existe la necesidad de involucrar muchos recursos por el gran número de candidatos que intervienen en el proceso.
• Los candidatos prefieren otro tipo de proceso y hay riesgo de perder candidatos si el proceso se mantiene como una subasta hasta el final del mismo.
• Hay más exposición al mercado por lo que mantener la confidencialidad del proceso es más complicado.
• Hay que establecer diferentes estrategias de negociación en función del perfil de los distintos candidatos.
Alternativamente se puede organizar el proceso en forma de **subasta restringida**, lo que permite mitigar alguno de los inconvenientes ya que al limitar el número de candidatos el proceso es mucho más acotado y controlado lo que permite una mayor facilidad de gestión.
En ambos casos, tanto para una subasta en sentido amplio como para una subasta restringida, el vendedor prepara junto al asesor financiero una lista de **posibles candidatos** (listado limitado en el caso de una subasta restringida) y el asesor es el encargado de ponerse en contacto con cada uno de ellos para trasladarles la oportunidad y conocer el interés de los potenciales candidatos en participar en el proceso de subasta y trasladar a los potenciales compradores interesados las reglas del proceso.

Proceso bilateral o cerrado: «one-to-one» Un proceso cerrado se caracteriza por llevar a cabo una negociación únicamente con un posible comprador. 250

Las **ventajas** más importantes de este tipo de proceso son las siguientes:

• Al limitarse el número de participantes en el proceso y por tanto haber menos partes involucradas, se facilita la confidencialidad del proceso.

• Se minimizan los tiempos de ejecución ya que es más fácil gestionar un único proceso de *due diligence*.

• Es más ágil negociar las condiciones de la operación así como la posterior firma de los acuerdos alcanzados.

A pesar de ello, este tipo de procesos también tiene algunos **inconvenientes**, como los que se muestran a continuación:

• Dificultad para maximizar el precio de la transacción por la limitación de la competencia.

• Limitaciones para identificar el perfil de inversor idóneo entre un abanico de candidatos menor.

• Menor capacidad de negociación al no disponer de otras alternativas.

Principales fases Como se ha comentado anteriormente, una de las claves para que un proceso tenga éxito es la elección de la estrategia de venta que más se adecue al mismo. Se describen a continuación las fases en que suelen estructurarse los procesos si bien hay que considerar que el análisis se ha realizado asumiendo (i) que nos encontramos ante un proceso abierto, ya que en los procesos cerrados se adecua la situación al candidato que tengamos enfrente, lo natural en este caso es un proceso más rápido con menores limitaciones de formalidad y (ii) el proceso visto desde la perspectiva de una operación de venta: 251

1º Primer **contacto con los candidatos**. Envío de un *blind teaser* o perfil ciego a los potenciales compradores o inversores detectados. El **perfil ciego** es un documento que normalmente realiza el asesor financiero, con la supervisión de la compañía, en el que se describen a grandes líneas y de forma anónima la compañía, el sector en el que opera y una descripción poco detallada de la operación propuesta. El hecho de enviar información en la que no se desvele la identidad de la compañía es una forma de mantener la confidencialidad del proceso con el objetivo de evitar la existencia de algún candidato que hubiera recibido la información y que finalmente no estuviera interesado en la operación de inversión.

2º Envío del **acuerdo de confidencialidad** (*Non Disclosure Agreement* o NDA) a los candidatos que manifiestan su interés en recibir información más detallada y precisa acerca de la oportunidad. El acuerdo de confidencialidad debe haber sido previamente acordado con los abogados de la compañía objeto de la transacción. En algunas ocasiones, el acuerdo de confidencialidad puede variar para los diferentes candidatos ya que es un documento que también puede estar sujeto a un proceso de negociación entre las partes involucradas.

3º Una vez haya sido firmado el acuerdo de confidencialidad por ambas partes, se procede al envío del **cuaderno de venta** (infomemo o *Information Memorandum*). El cuaderno de venta es un documento explicativo realizado por el asesor financiero en el que se detalla información tanto del mercado en el que opera la compañía como información precisa y detallada sobre dicha compañía y la operación propuesta (ver nº 115 s.). Este documento es realizado por el asesor financiero en base a la información proporcionada por dicha compañía. Junto con el infomemo se suele enviar a los candidatos la **carta de proceso** en la que se detallan los pasos a seguir para su participación en el proceso. Entre otros, la carta de proceso suele incluir el calendario propuesto (fechas e hitos), así como el detalle de toda la información que se espera del candidato respecto a su oferta (precio, desglose del mismo, condiciones de pago, etc.). 252

4º Una vez la información ha sido enviada, se establece un periodo durante el cual los candidatos pueden realizar **preguntas**: se suele fijar un calendario para resolver y aclarar dudas.

5º El siguiente paso es la **recepción** de las **ofertas indicativas** (*indicative o non-binding offers*). A partir de la recepción de las ofertas indicativas, y en función del número de interesados seleccionados, se establecen los siguientes pasos del proceso.

6º Una vez recibidas todas las ofertas indicativas el asesor realiza un análisis de las ofertas recibidas que presenta a la compañía y conjuntamente elaboran un **listado de candidatos** que pasan a la segunda fase del proceso.

7º Preparación y coordinación del proceso de «**due-diligence**» (nº 310 s.) en el que los candidatos que hayan pasado a la segunda fase efectúan una verificación de la información que les haya sido facilitada por la compañía y sus asesores durante las fases previas, así como cualquier cuestión adicional (financiera, legal, fiscal, laboral, etc.) que sea relevante para la transacción. En algunas ocasiones, se facilita un «**Vendor Due Diligence**» (nº 321) realizado por una firma de servicios profesionales independiente.

8º Preparación del «**data room**» (nº 1000) junto con los **borradores de contrato**, que habitualmente son elaborados por el vendedor o su asesor legal. El borrador de contrato junto con información más detallada sobre todas las áreas de la compañía y, en su caso, el *Vendor Due Diligence* se facilita a los candidatos que hayan sido seleccionados tras la recepción de las ofertas indicativas. La información más detallada se comparte con los candidatos en un *data room* que suele ser virtual (a través de una plataforma virtual especializada en este tipo de procesos. Actualmente existen en el mercado numerosas plataformas dedicadas a este fin).

253 9º Gestión del **proceso de Q&A** (preguntas y respuestas). Durante esta etapa se trata de ordenar, gestionar y coordinar las preguntas que les surgen a los distintos candidatos y dar respuesta a las mismas con el fin de que se puedan preparar ofertas vinculantes.
10º **Recepción** de **ofertas vinculantes** (*binding offer*) y el borrador de contrato con los cambios propuestos marcados (*mark-up*). Los candidatos envían las ofertas vinculantes las cuales suponen un compromiso en firme por su parte desde el punto de vista legal.
11º **Análisis** de las **ofertas vinculantes**. Durante este periodo se estudian y analizan las ofertas recibidas junto con el equipo directivo y los accionistas de la compañía para poder definir las acciones a tomar en relación con la continuidad del proceso y con la situación en el mismo de cada uno de los candidatos.
12º **Selección** de la oferta que entra en un proceso de negociación directa con la compañía (que es la que reúne las condiciones que el equipo directivo considera mejores o más adecuadas).
13º La última etapa es la de **negociación** y **cierre del contrato** de compra-venta. No solo de aspectos económicos y financieros, sino de todos aquellos aspectos que, si bien a primera vista puede parecer que no tienen impacto económico, son igualmente importantes y deben ser revisados ya que finalmente pueden llegar a tener un impacto significativo. Alguno de los puntos que suelen formar parte de la negociación, además del precio, son por ejemplo el porcentaje de venta, continuidad o no del equipo directivo, salida posterior del mismo, ajuste del precio por *due diligence* posterior o responsabilidades y garantías otorgadas por el vendedor.
En esta última etapa se realiza la ejecución de la operación con la **firma de los contratos**. En el caso de la venta del 100% de la participación accionarial, se firma el contrato de compra-venta de acciones con sus correspondientes declaraciones y garantías. En el caso de no venderse la totalidad de las acciones, suele firmarse además un pacto de accionistas (**shareholders agreement**) donde se regulan los derechos y obligaciones de los distintos grupos de accionistas.

B. Negociación

255 Negociar es llegar a un acuerdo entre las partes involucradas que resulte satisfactorio para todas ellas.

1. Fases de la negociación

256 En el siguiente **gráfico** se resumen las distintas fases de la negociación que se explican en detalle a continuación.

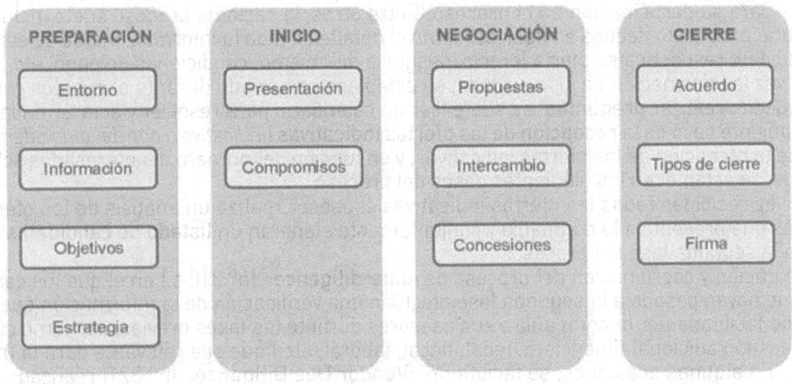

Preparación y planificación Una buena preparación es esencial para dirigir la negociación hasta alcanzar nuestro objetivo. Si no existe una preparación correcta, existe el riesgo de que se limiten las posibilidades de reacción ante los movimientos de la contraparte. 257
Además, una buena preparación permite a los negociadores:
• Ganar **confianza**, ya que tendrán clara la información disponible y podrán hacer uso de ella: tendrán muy claros los objetivos que quieren conseguir y la forma de alcanzarlos.
• Pensar con **precisión** escuchando a la contraparte.
• Hablar de forma **positiva** adaptándose a la forma y estilo negociador de la contraparte, intentando además comprender sus puntos de vista.
• Optimizar el **tiempo** de negociación: al haber preparado la estrategia es posible focalizarse en los aspectos que se han identificado como relevantes.

Para llevar a cabo la preparación de una negociación, hay que seguir los siguientes **pasos**: 258
1. Describir el **entorno**: pensar sobre el problema, entorno y objetivo que se desea alcanzar.
2. Estudiar la **información disponible**: en el marco de una operación, como se ha comentado con anterioridad, es esencial haber analizado previamente toda la información disponible.
En el caso de la **parte compradora**, habrá recibido un infomemo con toda la información clave de la compañía que se plantea adquirir y tendrá información acerca del precio/condiciones objetivas demandados por el vendedor.
Por otro lado, la **parte vendedora**, habrá enviado el infomemo a los candidatos, y tendrá que analizar las diferentes ofertas y opciones planteadas para entender bien la operación deseada por cada uno de los candidatos que estén en el proceso.
Recabar información sobre la situación actual de la otra parte, motivaciones que le llevan al proceso, situación financiera, etc. es de vital importancia.
3. Determinar los **objetivos** y los **límites** de la negociación. Cada una de las partes debe preparar sus objetivos y sus límites por debajo de los cuales no puede llegar a un acuerdo (líneas rojas). Negociar implica «moverse»: una parte se mueve de su posición más favorable para que la contraparte haga lo mismo y puedan encontrarse dentro de una «zona común» que es el espacio en el que puede negociar.
Preparar la negociación implica por tanto conocer y asignar un orden de prioridad a los objetivos propios. También es importante reflexionar acerca de los objetivos y motivaciones que puede tener la contraparte para intentar identificar sus prioridades, así como aquellos aspectos sobre los que pueda haber margen de maniobra.
4. Establecer la **estrategia general** que se va a seguir. Hay que tener claro el proceso que quiere desarrollar: en qué etapa de la negociación se compartirá cierta información y qué argumentos se utilizarán.
5. Elegir el **equipo** que va a formar parte de esta estrategia. En cualquier tipo de negociación es clave elegir el equipo de personas adecuado. En función del tipo de transacción que se plantee habrá que adecuar el equipo que se sitúe al frente de la negociación.

Presentación e inicio de la discusión Lo primero en cualquier negociación es establecer los **aspectos formales**: orden de uso de la palabra, agenda tentativa con los puntos importantes que se tratarán, etc. 259
En estos primeros momentos de la negociación el **objetivo** que se persigue es:
• Tratar de conocer las expectativas de cada parte involucrada en el proceso.
• Definir los compromisos o cuestiones clave que pueden ser determinantes en un futuro acuerdo.
• En la mayoría de los casos, no es conveniente dar o mostrar toda la información a la contraparte desde el primer momento. Un buen negociador debe elegir el momento adecuado para ir progresivamente dando información a la contraparte en los momentos estratégicamente más adecuados en función de la evolución del proceso.

Precisiones El objetivo es transmitir **confianza** y es precisamente al principio de las negociaciones cuando existe mayor desconfianza entre las partes. Es necesario tener en mente que el objetivo es lograr un acuerdo beneficioso para ambas partes.
Para ello es bueno que:
1) Se respeten los turnos de palabra.
2) Se eviten centrar los esfuerzos en alcanzar los objetivos que se persiguen.
3) Se mantenga la calma en cualquier circunstancia, aun cuando el planteamiento de la contraparte no nos parezca el más adecuado.
Podríamos resumir que para que un comportamiento sea constructivo lo más importante es **escuchar**.

260 **Propuestas e intercambio** A lo largo de la negociación es normal ir modificando las propuestas y las posturas iniciales. Es habitual que todas las partes inicien el proceso con el listón alto en cuanto a los objetivos que persiguen, pero en la gran mayoría de los casos es necesario ir modificando las propuestas iniciales.

Al recibir una propuesta, hay que tener en cuenta que:

- no debe interrumpir la **explicación** de la contraparte; es positivo escuchar hasta el final para entender en su globalidad todo lo expuesto y poder hacer las preguntas aclaratorias necesarias;
- es clave tener **tiempo** suficiente para analizar las propuestas que nos dan; es habitual pedir tiempo para poder analizar todas las implicaciones;
- Generalmente surgen dificultades en la exposición de los objetivos de cada uno. Por ello, es recomendable **resumir la posición** para comprobar si la contraparte ha recibido todos los aspectos clave del mensaje que se le quería trasladar.

Además hay que haber definido previamente en la fase de preparación de la negociación cuáles son los elementos esenciales (líneas rojas) y qué aspectos son secundarios y, por tanto, sujetos a negociación durante la transacción.

261 Una vez superada la etapa anterior, se irán realizando propuestas más elaboradas cuya finalidad es ir avanzando hacia un posible acuerdo.

Lo más habitual en las operaciones es que se negocie a partir de un **borrador de contrato** de compraventa en el que cada parte va proponiendo un *mark up* sobre el texto del contrato.

Antes de hacer una **concesión** es recomendable tener en cuenta:

- Qué valor tiene esa concesión para la contraparte.
- Cuál es el coste para el cedente.
- Qué va a pedir a cambio de la cesión.

En función de la situación del proceso, en unos casos lo más conveniente es conseguir acuerdos rápidamente y tratar los **puntos más complejos** al final del proceso. En ocasiones es más ágil dar forma conjunta al final de la negociación a aquellos puntos que hubiesen parado el proceso si se hubiesen abordado antes. En otros casos es más adecuado emplear la estrategia contraria: abordar los temas más complejos primero y dejar para más adelante los detalles.

Cada operación, compañía, equipo y situación es particular y una de las claves del éxito es ser capaz de adaptarse a las peculiaridades de cada situación.

262 **Cierre y acuerdo** Es el momento final de la negociación y requiere, por tanto, mucha precisión para conseguir el objetivo de llegar a un acuerdo.

El propósito del cierre es llegar a un acuerdo cuyos términos y condiciones sean favorables para ambas partes. En esta fase del proceso es importante ser prudente y analizar todas las posibles implicaciones de los términos acordados ya que cuando existe mucho interés en llegar a un acuerdo se corre el riesgo de no darle importancia a ciertos detalles, lo que puede implicar problemas posteriores: cada parte tendrá su propio entendimiento de lo acordado si los términos del acuerdo no son claros, precisos y concisos.

Una de las formas de evitar estos problemas en una negociación es finalizar cada sesión negociadora con un **resumen** de todos los **puntos acordados** (detallando cada punto negociado) para que ambas partes tengan muy claro lo que se ha acordado y así tratar de evitar posibles malentendidos.

En negociaciones de operaciones de compraventa de empresas, es habitual trabajar sobre unos contratos ya realizados por los abogados que asesoran a las partes y, conforme la negociación va teniendo lugar ir modificando los mismos haciendo *mark ups* (modificaciones a los borradores de contrato conforme se van negociando los diferentes puntos). Periódicamente se remiten versiones con cambios marcados a todas las partes hasta que finalmente se acuerda una versión definitiva que es la que se firma.

Independientemente de que se trabaje sobre los contratos o de forma más informal sin un contrato ya escrito, es importante en todas las negociaciones resumir lo acordado y conseguir que la contraparte acepte que ese resumen coincide con lo que se ha acordado.

264 **Tipos de cierre** Podemos distinguir:

a) **Cierre con concesión**: este tipo de cierre es el más frecuente en las negociaciones de las operaciones. Se trata de cerrar el acuerdo planteando la concesión de algún punto (preferiblemente algún aspecto que no tenga mucha relevancia para una parte pero que sea valorado por la contraparte). Es importante a la hora de plantearlo que quede claro que esto únicamente se concede si se cierra la negociación en ese mismo instante.

Para poder implementar esta estrategia, es importante que una parte no haya cedido en todos los aspectos de importancia menor. En ocasiones, con el objetivo de agilizar el proceso se

aceptan demasiados cambios de una forma «acelerada» corriendo el riesgo de que no queden cuestiones poco relevantes en que poder ceder en los momentos finales si fuera necesario. En estos casos, se pueden buscar puntos de cesión de mayor envergadura (siempre que no sean líneas rojas) o se puede tratar de diseñar una propuesta de solución imaginativa y creativa incorporando a la negociación elementos que no se hubieran planteado previamente.
b) **Cierre con resumen**: es el segundo cierre más utilizado después del cierre con concesión. Se trata de hacer un breve resumen a modo de finalizar la conversación, recapitular los principales puntos acordados y cerrar el acuerdo. Es importante destacar cuando se esté haciendo el resumen los puntos concedidos a la otra parte e insistir en las ventajas de cerrar el acuerdo de forma inmediata.
Si la otra parte está en disposición de cerrar responde con un «sí». En caso contrario propone un: ¿sí pero...». Si es este el caso tenemos dos opciones: i) pasar a un cierre con concesión y establecer un: «si cedemos en este punto cerramos ya el acuerdo?»; o ii) ser tajantes y mantenerse firme en la postura de negociación.
Es posible utilizar el cierre con concesión antes o después del cierre con resumen, pero lo que hay que tener presente es que el cierre con concesión está solo recomendado si se puede obtener un acuerdo inmediato.

c) **Cierre con descanso**: en ocasiones es necesario y las partes piden tiempo para pensar y estudiar las posibilidades que se tienen. En este descanso se estudian los puntos conseguidos y las alternativas de llegar o no a un acuerdo. Muchas veces además las concesiones son temas que hay que reflexionar (por ejemplo, si se trata de consecuencias económicas deberemos estudiar las distintas alternativas que nos expone la contraparte). **265**
d) **Cierre con ultimátum**: conviene pensar mucho antes de usar este cierre. Es el más arriesgado de todos ya que lo que queremos trasladar a la contraparte es que acepta todo tal y como está en ese momento o se acaban las negociaciones.
e) **Cierre disyuntivo**: lo que realizamos en este tipo de cierre es presentar a la contraparte dos opciones para cerrar el acuerdo (obviamente ya que las dos opciones las hemos trabajado, reflexionado y presentado nosotros, ambas estarán dentro de nuestros límites).

2. Tipos de estrategias de negociación

Se denomina estrategia de negociación a la «dirección» que pretende llevar a lo largo del proceso para llegar al mejor acuerdo posible. La estrategia de la negociación es por tanto el conjunto de procesos, métodos y acciones que se implementan a lo largo del proceso completo. Las tácticas son formas de conseguir la estrategia elegida. **267**
Elegir una u otra estrategia depende de multitud de factores destacando el poder de negociación frente a la contraparte, la urgencia que exista en llegar un acuerdo para cada uno de los implicados y la relevancia que tenga para las partes la posibilidad de alcanzar un acuerdo.
En toda negociación se distinguen cuatro tipos de estrategia fundamentales:
1. Estrategia **integrativa** (ganar-ganar).
2. Estrategia **competitiva** (ganar-perder).
3. Estrategia de **flexibilidad** (perder-ganar).
4. Estrategia de **pasividad** (perder-perder).

Lo ideal en cualquier tipo de negociación es llegar a un acuerdo, es decir, que ambas partes salgan beneficiadas; estamos hablando por tanto que lo habitual es elegir estrategias integrativas, también denominadas **colaborativas**, en las que ambas partes ganen.

La forma más común de negociar las diferentes estrategias es «**por posición**»: cada uno establece su posición y trata de convencer a la otra parte para que acepte su propuesta. Para lograr aceptar la propuesta y cerrar un acuerdo, cada parte discute los pros y contras de las posiciones, rebate al adversario e intenta convencerle dando o no concesiones. **268**
Existen, en función de cómo se realice este proceso y de las concesiones que se realicen, básicamente dos **formas de posicionarse** que dan lugar a dos tipos de negociaciones básicas: una dura e intransigente (estrategia competitiva) en la que cada negociador defiende su idea sin estudiar las posibilidades que le dé el contrario, y otra más flexible que lo que pretende es entablar una conversación para estudiar los puntos positivos y negativos de ambas partes y poder llegar a un acuerdo que sea beneficioso para ambos (estrategia colaborativa o integrativa).
Podemos realizar un resumen de los principios de ambos tipos de negociaciones. En la práctica depende de la relación que exista con la contraparte, del acuerdo al que quiera llegar y del interés que tengan las partes de que esa relación continúe en el futuro.

Aunque sería deseable evitar así que la negociación sea obstaculizada por problemas personales entre los interlocutores, no siempre es fácil conseguirlo. En la **negociación colaborativa** entender el problema del otro forma parte del proceso de negociación. Es importante recalcar que ser colaborativo no significa ser conformista. Un negociador colaborativo puede (y a veces, debe) ser tan duro con los objetivos como el competitivo. Para resolver los problemas que vayamos teniendo en la mesa a la hora de negociar es básico la generación de gran cantidad de **alternativas**: en todos los procesos de compra venta de empresas a la hora de negociar contratos, precios, alternativas, etc. es importante, para poder llegar a cerrar la operación, la generación de alternativas que satisfagan a la otra parte y así poder ceder en determinados momentos algunos objetivos. El objetivo es buscar soluciones equilibradas (sobre todo si se pretende generar confianza y establecer una relación duradera en el tiempo). Para encontrar **soluciones equilibradas** es importante contar con expertos independientes a la hora de establecer valores de mercado, normas profesionales, precedentes similares, recursos a árbitros, etc.

3. Criterios para la elección de la estrategia

270 En este momento cabe cuestionarse qué criterio se debe seguir para elegir un tipo de negociación u otro. A continuación se describen algunos criterios importantes a tener en cuenta a la hora de elegir el tipo de estrategia.

271 **Percepción de la viabilidad** El criterio más importante para elegir el tipo de negociación a llevar a cabo es la percepción que tenga acerca de su viabilidad. Las estrategias pasivas y de flexibilidad son siempre posibles, mientras que las estrategias de integración y rivalidad dependen de la otra parte.

272 **Confianza** Esencial en cualquier negociación es la confianza. Si ya se conoce a la contraparte y existe confianza, es más fácil partir de **estrategias integrativas** y de flexibilidad. Si las partes no se conocen es positivo llegar a establecer cierta confianza, mediante la claridad y transparencia de los mensajes trasladados y pidiendo en su caso, para determinados temas, la colaboración y asesoramiento de un tercero independiente.

273 **Nivel de aspiración** Cuando el nivel de aspiración es bajo, suele emplearse la estrategia de flexibilidad, dando concesiones de forma rápida y fácil. Si por el contrario el nivel de aspiración es alto en ambas partes, se tienden a emplear estrategias más competitivas.

274 **Negociación simple y a corto plazo, o negociación compleja y a largo** Se dice que una negociación es simple cuando los argumentos giran en torno a una única variable. En las negociaciones complejas en cambio, llegar a materializar el acuerdo depende de un gran número de variables como pueden ser el precio, el plazo o las garantías.

Además, es bueno que la negociación no termine en el momento de firma del acuerdo, sino que es más recomendable asegurarse de que las dos partes tienen capacidad y voluntad necesaria para **llevar a término lo firmado**. El que ambas partes firmen, el acuerdo, sin duda es un hito importante, pero es más importante tratar de asegurarse de que se llevará a la práctica lo que se establece en el contrato firmado.

Hay que conseguir el compromiso, capacidad y voluntad necesaria para llevar a término lo estipulado y firmado. Por ejemplo, en una **negociación competitiva** el acuerdo puede ser beneficioso para una parte y perjudicial para la otra. Si se ejecuta lo firmado de forma inmediata es más probable que la parte perjudicada llegue a materializar el acuerdo por no tener el tiempo de análisis y reacción suficiente, cerrando el ciclo negociador.

Por el contrario, en el caso de una **negociación a largo plazo**, las dos partes tienen el tiempo suficiente para analizar con detenimiento la información y, aunque se haya producido la firma del mismo, hay más posibilidades de que el acuerdo fracase.

275 **Necesidad de llegar a un acuerdo** Tener claro antes de empezar a negociar cual es la necesidad de llegar a un acuerdo es vital. En ocasiones, si una de las partes tiene la necesidad de llegar a un acuerdo y de hacerlo de forma rápida, está dispuesta a asumir ciertas concesiones incluso aceptando pérdidas con tal de llegar a dicho acuerdo.

276 **Distribución del poder** Si una de las partes negociadoras tiene una **posición dominante** frente a la otra, lo más probable es que se decante por un planteamiento competitivo.

Si por el contrario existe un **equilibrio**, lo más probable es que la estrategia que se tenga en cuenta por ambas partes sea una estrategia integrativa o de flexibilidad.

Compromiso con el acuerdo alcanzado El pilar sobre el que descansa cualquier negociación y cualquier relación es la confianza. Si se pretende establecer una relación duradera y un acuerdo a largo plazo en el que ambas partes sientan que ganan y puedan colaborar juntas, la negociación del acuerdo se tiene que llevar a cabo de forma transparente para no generar sentimientos de rivalidad ni resentimientos. 277
La **estrategia integrativa** favorece este tipo de acuerdos ya que incorpora una atmósfera más agradable en el que cada parte dialoga y establece sus prioridades y se generan multitud de opciones para ambos.

4. Estilos de negociación

Los estilos de negociación dependen de la estrategia que se quiera seguir a lo largo del proceso y de la personalidad de cada miembro del equipo negociador. En cualquier negociación están involucradas personas con una personalidad, carácter y habilidades específicas, que tienen unos objetivos particulares en el contexto de la negociación global por lo que cada negociación será específica y diferente a otras. Por esta razón es muy importante la preparación de la negociación para ver y estudiar quien es la persona ideal en esa situación en concreto. 280
Algunos de los estilos de negociación más frecuentes son:

Impositivo y agresivo La persona que utiliza el estilo impositivo pretende dominar la negociación y conseguir todos sus objetivos siendo **intransigente, firme y duro**, creando un clima de tensión: únicamente acepta colaborar si se acatan sus reglas. 281
Analiza cada punto que presenta la contraparte y pone continuamente objeciones, rebatiendo cualquier argumento intimidando con el lenguaje y los gestos.
El estilo agresivo todavía es más fuerte que el estilo impositivo ya que trata de que prevalezca su posición sí o sí, llegando incluso a imposibilitar acuerdos antes de pensar en una solución más viable para ambas partes.

Cooperador Al contrario que los anteriores, el objetivo más importante en este caso es conseguir que no haya confrontación entre las partes y ser capaz de encontrar unas medidas que puedan ser aceptadas por todas las partes. 282
Se trata de encontrar objetivos que consigan que ambas partes queden conformes con la negociación, el negociador trata de actuar con **flexibilidad** analizando todas las propuestas y su empeño es buscar soluciones.
El estilo cooperador confía en la otra parte, escucha antes de hablar y jamás impone su criterio: está preparado para dedicar el tiempo que sea necesario para argumentar, analizar propuestas y ver soluciones que, como ya se ha comentado, satisfagan a todas las partes.

Argumentativo La persona que utiliza un estilo argumentativo valora los **razonamientos**. 283
Puede haber dos estilos diferentes siendo ambos argumentativos: un estilo argumentativo recurriendo al engaño y otro en la que el negociador es sincero y se mueve por razones e ideales. Este tipo de negociadores son de poca eficacia para defender posturas que no comparten, pero son muy fuertes cuando están convencidos de que los intereses que defienden son fundados y justificados.
La **sinceridad** de este tipo de negociador hace imprescindible llevar a cabo una negociación basada en argumentos y razonamientos. Son precisamente ellos los que se muestran interesados y muy receptivos en saber y analizar los argumentos de la otra parte. Como van analizando y respondiendo cada argumento que da el contrario, acaban consiguiendo desarmar al contrario.
Así es como poco a poco este tipo de negociador se va haciendo con la negociación utilizando la fuerza en sus argumentos y la honestidad, consiguiendo el respeto del resto del grupo y convirtiéndose en el líder de la reunión.
Este tipo de negociador irá haciendo **propuestas** que le hagan conseguir sus puntos pendientes y que sean atractivas también para la contraparte, así todos quedarán satisfechos y conformes y sin pensamiento de derrota.
Es decir, es bueno que integre también elementos del estilo cooperativo.

Formalista La persona que usa un estilo formal lo que busca es ir avanzando de forma segura y conseguir un acuerdo bien terminado. El ritmo de las reuniones y conversaciones suele ser **lento** (lo que hace que esté preparado para negociaciones largas) ya que considera primordial ir documentando todo por escrito: es minucioso, perfeccionista, prudente y distante y no suele implicarse emocionalmente en las negociaciones. 284

285 **Diplomático** Las personas diplomáticas suelen ser equilibradas, educadas, prudentes, analíticas, pacientes... el negociador que utiliza un estilo diplomático lo que suele buscar es precisamente eso, el **equilibrio** entre las partes intentando que los beneficios sean atractivos para todos.
El negociador con este estilo tiene las características ya mencionadas, pero se muestra firme si es necesario. Le gusta el diálogo, tiene capacidad para conversar y discutir y prefiere negociar con cordialidad.
Normalmente son personas muy discretas con la información que poseen y se compromete solo con aquello que pueda cumplir.

286 **El estilo ideal** En la práctica, y dado que las negociaciones son relaciones entre personas, cada relación, cada negociación o cada estrategia requiere un estilo diferente. Es más, lo ideal sería no utilizar un estilo único sino mezclar varios en función de la situación. Por **regla general**, el estilo argumentativo incluyendo características del estilo cooperador es una mezcla que, en la mayoría de situaciones, suele ser adecuada.
Es positivo que el negociador evite la **agresividad** excesiva. Lo que realmente se busca es analizar los hechos de la forma más objetiva posible y solventar los problemas/complicaciones que puedan surgir.
Los buenos negociadores son capaces de mantener largas reuniones evitando el desgaste y aguantando las confrontaciones. Su gran motivación es alcanzar un resultado que sea duradero. Además, son personas que tienen mucha imaginación y son capaces de «inventar» **soluciones** cuando parece casi imposible.
En todo caso, y aunque cada persona tiene su estilo y sus capacidades para negociar, para llevar a cabo una buena negociación lo más importante y esencial es que cada uno conozca sus puntos fuertes y débiles para preparar la negociación lo máximo posible.
Conviene por lo tanto preparar un **plan** para desarrollar nuestra negociación y estrategia y poder abordar la situación satisfactoriamente.

Capítulo 3. Informe de «due diligence» 310 300
Capítulo 4. Estructura de financiación 1100
Capítulo 5. Contenido típico del contrato de compraventa 1700
Capítulo 6. Modificaciones estructurales en los procesos de adquisición 1900
Capítulo 7. Pactos parasociales 2350
Capítulo 8. «Side Letters» 2550
Capítulo 9. Contraprestación 2600
Capítulo 10. Manifestaciones y garantías 2950
Capítulo 11. Responsabilidad de las partes 3100
Capítulo 12. Garantías del adquirente 3350

CAPÍTULO 3

Informe de «due diligence»

Sección 1. Consideraciones generales del «due diligence» 315 310
Sección 2. Áreas de revisión 330
A. Due diligence financiera 335
B. Due diligence de protección de datos 520
C. Due diligence legal 560
D. Due diligence inmobiliaria 640
E. Due diligence laboral 680
F. Due diligence penal 860
G. Due diligence medioambiental 945
H. Due diligence reputacional 960
Sección 3. Ejecución del «due diligence» 970
A. Localización en el marco de la transacción 975
B. Carta de encargo 980
C. Delimitación del alcance 985
D. Suministro de información por el vendedor 995
E. Confirmación de la información en registros y otras entidades públicas 1010
F. Obtención de conclusiones preliminares y confirmación con la empresa target 1025
G. Informe 1030
Sección 4. Impacto de las conclusiones del «due diligence» 1045
A. Alternativas de tratamiento del resultado 1050
B. Impacto sobre el régimen de responsabilidad del vendedor 1060
C. Impacto sobre las garantías 1065

SECCIÓN 1

Consideraciones generales del «due diligence»

El *due diligence* es el término anglosajón utilizado en la práctica de los negocios para definir el proceso de **investigación**, revisión detallada o verificación de los distintos aspectos financieros, fiscales, legales, técnicos y operativos de una empresa o grupo de empresas, normalmente en el contexto de una transacción mercantil, y conforme a un alcance previamente determinado. La realización del proceso de *due diligence* asegura que toda la **información relevante** de la empresa o empresas objeto de la transacción es debidamente identificada y expuesta a las partes intervinientes en la misma de cara al posterior proceso de negociación y ejecución de la transacción. 315

Precisiones El **origen de esta figura** parece estar en la *US Securities Act* de 1933, la cual establecía, en las emisiones públicas de acciones, un criterio de exención de responsabilidad para los intermediarios financieros que participasen en la operación cuando hubiese sido realizada una investigación apropiada de todos los aspectos relativos a la emisión. Esta forma de actuar se fue extendiendo posteriormente a otras operaciones de venta de acciones hasta devenir finalmente en un uso del comercio en el ámbito de las fusiones y adquisiciones.

La traducción literal al castellano de la expresión podría ser «diligencia debida», si bien hasta la fecha parece no habérsele encontrado una adecuada traducción que refleje el sentido real de la misma, siendo utilizado en la práctica, de forma generalizada, el término anglosajón. En este sentido, aunque no es una figura que esté expresamente contemplada en nuestro Derecho positivo, ya se pueden encontrar varias **sentencias** de nuestros tribunales que contemplan el término, reconocen su finalidad y ponen de manifiesto su uso habitual en el tráfico de los negocios (TS 11-11-04, EDJ 159562; AP Lleida 10-6-10, EDJ 197892; AP Barcelona 19-6-15, Rec 3/2012; AP Madrid 6-2-15, Rec 579/2014, entre otras). 316

Precisiones En términos de nuestra jurisprudencia, «[...] hay que dejar constancia que en los supuestos de Fusiones y Adquisiciones de empresas, la parte compradora necesita conocer al detalle el estado de la situación de la empresa a adquirir. La **función básica** de la auditoría de compra o «Due Diligence», es valorar los activos y deudas de la compañía objetivo, investigando los aspectos significativos de su pasado, presente y futuro predecible. Efectivamente, el Due Diligence permite evaluar a la empresa en marcha, valorar sus activos y pasivos, conocer sus aspectos legales, como contratos y estatutos, cumplimiento de la legislación vigente, marcas registradas, activos intangibles, determinar los riesgos contingentes del negocio, juicios actuales y potenciales y determinar la existencia de pasivos ocultos, reales o potenciales. También evaluar activos intangibles como el capital humano, el conocimiento, la cultura de las empresas, capacidad de liderazgo, etc. Producto de la realización del trabajo se realiza un informe con comentarios y observaciones que servirá como **base para la negociación** del acuerdo final en temas como potenciales riesgos contingentes, cláusulas de garantías, etc. Es evidente que en ningún caso parece osado afirmar que cualquier tipo de adquisición de una empresa sin disponer de esa información resulta cuando menos arriesgada.» (AP Lleida 10-6-10, EDJ 197892).

317 Si bien los procesos de *due diligence* suelen ser más habituales en el marco de cualquier tipo de **operación mercantil** que tenga como resultado la adquisición o toma de participación relevante en una empresa por parte de uno o varios terceros (adquisición o suscripción de acciones o participaciones, adquisición de activos y pasivos, canjes de valores, fusión de sociedades sin vinculación previa, creación de sociedades conjuntas o *joint ventures*, etc.), en ocasiones este tipo de procesos son igualmente realizados en el contexto de operaciones de financiación relevantes o *Project Finance*.

A los efectos del presente capítulo, hablaremos de «**transacción**» para referirnos, en términos amplios, a la operación mercantil que genere la necesidad de llevar a cabo el proceso de *due diligence* tal y como se indica en el párrafo anterior. Asimismo, utilizaremos indistintamente las expresiones «**empresa target**» o «**empresa objetivo**» para referirnos a la empresa o conjunto de empresas que sean objeto de la transacción, y por ende del *due diligence*, con independencia de su forma jurídica, pudiendo revestir o no la forma de sociedad mercantil.

Precisiones Sin perjuicio de lo anterior, en ocasiones el proceso de *due diligence* también puede llegar a ser **utilizado internamente** por la propia sociedad, al margen de una transacción, simplemente porque los gestores de la misma decidan identificar posibles áreas de mejora de cara a su gestión futura. No obstante, dado el objeto de la presente obra, el contenido de este apartado se centrará en analizar dichos procesos en el marco de una transacción.

318 **Finalidad** En términos genéricos, la finalidad esencial de un *due diligence* es adquirir un mayor **conocimiento** de la **empresa target**, y dar a ese conocimiento e información adquirida el tratamiento adecuado en función de las circunstancias de cada caso.

En este sentido, los objetivos principales que se persiguen con un *due diligence* podrían resumirse de la siguiente forma:

a) **Validar la información recibida**. Que el potencial inversor pueda validar o confirmar que toda la información de todo tipo (de negocio, financiera, legal, etc.) sobre la empresa objetivo que le ha sido trasladada por el vendedor en las fases preliminares es correcta. En este sentido, puede darse la circunstancia de que el potencial inversor esté basando su inversión sobre un contrato comercial en particular que el vendedor le ha informado que la empresa objetivo mantiene con un cliente determinado, o en una concreta autorización o concesión administrativa cuya existencia y condiciones son esenciales para que este lleve a cabo la transacción. A través del *due diligence*, el potencial inversor puede verificar si dicha información es real y si los términos y condiciones de dichas relaciones jurídicas se ajustan a la información recibida. En aquellos casos en los que esto no sucede, se puede producir lo que en el argot se denomina un *deal breaker*, es decir, aquella circunstancia que rompería las negociaciones y daría al traste con la transacción (ver nº 1055).

b) **Ampliar la información sobre la empresa objetivo**. Con el *due diligence* el potencial inversor no solo valida la información recibida del vendedor, sino que también puede ampliar su conocimiento y profundizar en todos aquellos aspectos de la empresa objetivo y del negocio que esta desarrolla que estime necesarios antes de ejecutar la transacción. Por este motivo, es muy importante en los procesos de *due diligence* definir de forma adecuada el alcance de la revisión a efectuar. Ver nº 985 s.

319 c) **Determinar actuaciones previas o posteriores a la transacción**. Otro de los objetivos fundamentales de la *due diligence* es identificar todos aquellos aspectos que determinen la necesidad o conveniencia de efectuar determinadas actuaciones concretas en el marco de la transacción, bien sea con carácter previo, simultáneo o posterior al cierre de la misma, según el caso concreto. Dichos aspectos pueden afectar al propio negocio de la empresa objetivo o a las partes de la transacción:

• Por lo que respecta a los primeros, el trabajo de *due diligence* puede revelar, por ejemplo, que para que una determinada autorización o concesión administrativa titularidad de la empresa objetivo no pierda su validez con la ejecución de transacción, es necesario solicitar una autorización previa de las autoridades competentes. De igual forma, la *due diligence* puede poner igualmente de manifiesto, por ejemplo, la existencia de **cláusulas de cambio de control** en determinados contratos clave para la empresa target, lo cual supone la necesidad de solicitud de autorización de la contraparte en dichas relaciones jurídicas para que las mismas no se entiendan vencidas o incumplidas con la transacción. Ver nº 595.

• Asimismo, pueden aflorar determinados aspectos que, si bien no afectan de forma directa al negocio de la empresa objetivo, es aconsejable que las partes los consideren en el marco de la transacción. Por ejemplo, la existencia de posible **derechos de adquisición** sobre las **acciones** o participaciones de la empresa objetivo cuando esta revista la forma de sociedad mercantil, que han de respetar en todo caso, o la existencia de determinadas relaciones contractuales entre la empresa objetivo y sus socios actuales o personas vinculadas (garantías personales asumidas por los socios vendedores a favor de la empresa objetivo frente a terceros, créditos, etc.) a las que hay que darle el tratamiento adecuado en el marco de la transacción.

Precisiones Igualmente, el proceso de *due diligence* también puede ser de ayuda para verificar el cumplimiento de los condicionantes establecidos por la normativa de **competencia** para que la transacción sea notificada, en su caso, a las autoridades competentes enn materia de derecho de la competencia. Ver nº 4850 s.

d) **Identificación de riesgos**. Hay que tener en cuenta cualquier transacción que implique la adquisición de una empresa, una toma de participación relevante en la misma, o incluso la concesión a esta de una financiación relevante, supone la asunción por parte de inversor o financiador de diversos tipos de riesgos. Por ejemplo, que los estados financieros de la empresa en la que se está invirtiendo, y que se han tomado como base para la operación por el inversor financiador, no reflejen realmente la realidad del negocio, que recojan activos sobre-valorados (**activos ficticios**) o que existan pasivos no registrados (**pasivos ocultos**). De igual forma, con la inversión realizada, el inversor está igualmente asumiendo de manera indirecta los riesgos inherentes a la realización de cualquier irregularidad o al incumplimiento de cualquier **obligación** de carácter **fiscal o legal** (entendida en sentido amplio) en que la empresa target hubiese podido incurrir con carácter previo a la inversión (por ejemplo, por la aplicación de deducciones fiscales indebidas, incurrir en infra-cotizaciones con la Seguridad Social, o realizar cualquier tipo de actuación sin la pertinente autorización administrativa). Con el proceso de *due diligence* el potencial inversor puede identificar dichos riesgos y darles el tratamiento adecuado en el contexto de la transacción. Ver nº 1050 s. 320

Precisiones En este sentido, dentro del trabajo de *due diligence*, determinadas irregularidades detectadas (fundamentalmente aquellas que forman parte de las áreas fiscal, legal y laboral), pese a existir, el riesgo de que efectivamente supongan un daño o un perjuicio para la empresa target depende de que en una ulterior actuación por parte de un tercero (por ejemplo, una inspección fiscal) las hagan aflorar, siempre que no haya transcurrido el plazo de prescripción/caducidad correspondiente. Este tipo de irregularidades «contingentes» son comúnmente denominadas como **contingencias**.

Tipos de «due diligence» Las clasificaciones de los procesos de *due diligence* pueden ser muy variopintas en función de los criterios que en su caso se tomen como referencia (áreas de revisión, metodología utilizada, fase del proceso en que se efectúa, etc.). No obstante, en términos prácticos conviene prestar una especial atención al tipo de *due diligence* en función del **sujeto** que encarga su realización. 321

Si el *due diligence* es encargado por el propio vendedor, estaremos ante un *due diligence* de venta («**vendors due diligence**»), mientras que, si dicho trabajo es solicitado y contratado por el potencial adquirente o inversor, nos encontramos frente a un *due diligence* de compra («**buyers due diligence**»).

La utilización de un tipo u otro de *due diligence* depende de las circunstancias concretas de cada transacción: cómo ha surgido, de qué forma se quiere plantear el proceso por el vendedor (de forma abierta o cerrada), la existencia de varios potenciales interesados en la inversión, etc. En cualquier caso, las **diferencias** que, con carácter general, plantean uno y otro tipo de *due diligence* son las siguientes:

a) **Tipo de proceso en que se plantea**. El *vendors due diligence* suele utilizarse en aquellos casos en los que, en el momento en que el vendedor ha decidido llevar adelante la transacción, todavía no existe un potencial comprador o hay un abanico de potenciales interesados, sin que todavía se haya optado por uno de ellos para iniciar las negociaciones. En otras palabras, el *vendors due diligence* supone la existencia de un **proceso abierto**, en el que puede haber varios terceros que opten a realizar la transacción con el vendedor, de forma que el informe de *vendors due diligence* encargado por este puede ser utilizado por todos los potenciales adquirentes. Por el contrario, el *due diligence* de compra supone que el vendedor ya ha decido comenzar a negociar con un determinado potencial adquirente en concreto, y es por tanto el potencial comprador el que decide contratar el trabajo de *due diligence*. 322

Por los mismos motivos indicados, en los supuestos de *due diligence* de compra, el **destinatario** del informe es normalmente el potencial comprador que lo ha contratado, mientras en los casos de *vendors due diligence* normalmente es el vendedor, sin perjuicio de que los potenciales inversores puedan tener acceso al mismo bajo determinadas circunstancias acordadas entre el vendedor y la firma de asesores que hayan efectuado el trabajo.

b) **Ubicación temporal dentro del proceso**. Desde un punto de vista temporal, la *vendors due diligence* se plantea siempre en una fase de la transacción anterior al *due diligence* de compra. En el caso del *due diligence* de compra, se parte de la base de que el vendedor ya ha decidido iniciar una negociación con un concreto potencial comprador, con el que normalmente ya se han suscrito unos determinados acuerdos preliminares.

323 c) **Determinación del alcance**. En el caso del *vendors due diligence*, tanto el alcance del trabajo, como el experto que deba llevar a cabo el mismo, se deciden de forma unilateral por el vendedor. Esto le permite al vendedor dar al trabajo el enfoque que más le pueda interesar en el contexto de la transacción y tener un mayor control de la misma. En el caso del *due diligence* de compra, normalmente es el potencial comprador el que define el alcance de la revisión y el experto que debe efectuar el trabajo, sin perjuicio de que en ocasiones tiene que ser consensuado con el vendedor previamente.

Por otro lado, el trabajo de *vendors due diligence* puede ser útil para que el vendedor identifique posibles áreas de mejora o aspectos a corregir en la empresa target, y de esa forma poder «adecuarla» con carácter previo a la su presentación a los potenciales adquirentes y adquirir una posición más favorable en la negociación.

d) **Tipo de informe**. El informe resultante de una *vendors due diligence* suele tener un enfoque más descriptivo que el de una *due diligence* de compra, puesto que en el primero de los casos los destinatarios del informe suelen tener un menor conocimiento de la empresa target, al encontrarse en una fase del proceso mucho más preliminar y no haber participado directamente en el proceso de *due diligence*.

324 e) **Desarrollo del proceso**: La realización de un *vendors due diligence* puede llegar a suponer un mayor desgaste para el vendedor y la empresa objetivo puesto que, tras la realización de la misma y una vez iniciada la negociación con uno de los potenciales adquirentes, en ocasiones este requiere que sus propios asesores confirmen algunos de los extremos de la *vendors due diligence* o revisen otros aspectos que no hubiesen sido cubiertos por esta, a través de la denominada **«due diligence» confirmatoria**. Esta circunstancia puede incrementar igualmente los costes de la transacción.

Precisiones El **coste de asesores** por la realización del trabajo de *due diligence* suele ser elevado si bien podría variar en función del alcance y el enfoque finalmente acordado (*due diligence* completa o limitada, informe de red-flag o descriptivo). Con carácter general, según el caso, el coste de la realización de la *vendors due diligence* inicialmente suele ser asumido por el vendedor, y el coste de la *buyers due diligence* por el comprador. No obstante, en la práctica, si la transacción se lleva finalmente a cabo, las partes pueden acordar un reparto de costes diferente.

SECCIÓN 2

Áreas de revisión

A. Due diligence financiera 335 330
B. Due diligence de protección de datos 520
C. Due diligence legal 560
D. Due diligence inmobiliaria 640
E. Due diligence laboral 680
F. Due diligence penal 860
G. Due diligence medioambiental 945
H. Due diligence reputacional 960

A. Due diligence financiera

1. Consideraciones generales 338 335
2. Planificación del trabajo 343
3. Análisis de la cuenta de pérdidas y ganancias 350
4. Análisis del balance de situación 410
5. Análisis del estado de flujos de caja 490
6. Análisis de proyecciones financieras 505

El adecuado entendimiento de las bondades y de los riesgos financieros implícitos en una transacción, así como la cuantificación de los mismos, permite ajustar el precio, determinar la estructura de la transacción y las garantías entregadas en la operación y permite confirmar que lo que se transmite se asemeja a lo esperado por las partes. 336
Así, este apartado del capítulo pretende analizar en detalle los objetivos y el trabajo que se realiza en el entorno de una *due diligence* financiera cuyo fin último es identificar, describir y cuantificar las **bondades** y los **riesgos financieros** del negocio.
Cabe destacar que en el entorno de los trabajos de *due diligence* financiera no existe **regulación aplicable**, tal y como puede pasar con otras actividades, como la de auditoría de cuentas. Por tanto, este y los siguientes apartados ofrecen una **guía** para ayudar a entender ciertas técnicas generalmente aplicadas a los trabajos de *due diligence* financiera, pero será la naturaleza de cada transacción la que determine el alcance del trabajo.

1. Consideraciones generales

El proceso de inversión tiene distintas **fases**, las cuales dependen tanto del enfoque de la transacción como de quién inicie el proceso, que puede tratarse del comprador, del vendedor o de terceras partes como pueden ser las entidades financieras que van a financiar la operación. 338
Independientemente de quien inicie el proceso de inversión, resulta de gran utilidad el hecho de que las **partes implicadas** en la transacción cuenten con un asesor que les ayude a identificar y cuantificar los riesgos y virtudes de la misma. A modo ilustrativo, más del 50% de las transacciones son posteriormente consideradas un fracaso y la explicación más común a este fracaso es que la compañía no era lo que parecía ser.
Este **riesgo** puede ser significativamente reducido con un buen trabajo de *due diligence*. El trabajo de *due diligence* tiene como objetivo facilitar información relevante que ayude los diferentes actores del proceso a tomar decisiones en el marco de una transacción. La *due diligence* no hace simple lo complejo, lo hace entendible.
El cumplimiento de los **principios contables** no es la única clave, es importante revisar el resto de aspectos que puedan tener incidencia en la transacción.
El **asesor** puede ser tanto interno como externo, si bien la utilización de asesores externos garantiza o asegura la independencia en el proceso de cuantificación de los ajustes al precio y de la identificación de los riesgos del negocio y de todas aquellas cuestiones que deben ser consideradas a la hora de valorar la idoneidad de la misma.

Entre las distintas **áreas de análisis** en una *due diligence*, una de las más relevantes es la financiera. Así, el trabajo de *due diligence* financiera se centra en identificar y analizar información relevante que se resume en tres áreas: 339
1. **Decisión de inversión**: entendimiento del negocio e identificación de *deal breakers* y de posibles ahorros y sinergias. En esta decisión toman mucha relevancia aspectos como la viabilidad de la Compañía que se va a adquirir y la integridad de la información financiera, entre otros.

2. **Asesoramiento en valoración y precio**: determinación de potenciales impactos en el valor mediante la identificación de riesgos o de potenciales ahorros y sinergias.
3. **Coberturas de riesgos**: el comprador querrá estar cubierto ante riesgos identificados de manera que pueda ajustar el precio a pagar o recuperar parte del capital invertido.
Es importante destacar que el trabajo de *due diligence* financiera no supone una **auditoría de cuentas** en la que se comprueba el cumplimiento de los principios contables, sino que supone un trabajo de revisión de todos los aspectos financieros que puedan tener incidencia en la transacción. Así, se analizan entre otros aspectos, la viabilidad del negocio, la calidad del resultado, el comportamiento del capital circulante, la capacidad de generación de caja, etc.

340 El **alcance del trabajo** de *due diligence* financiera, así como las comprobaciones que se realizan para obtener toda la información financiera necesaria para la toma de decisiones, no vienen marcadas por ninguna normativa técnica sino, que son fruto tanto de la práctica y del buen hacer de los asesores como, sobre todo, de la forma en que se estructura la transacción y la percepción de riesgo de los actores intervinientes en la misma. Consecuentemente, cabe destacar que en el trabajo de *due diligence* financiera no se trabaja con el concepto de materialidad.
Así, un **buen informe de «due diligence» financiera** es aquel que:
- Tiene una estructura lógica.
- Cubre/satisface las prioridades y objetivos del usuario del informe.
- Ayuda en la determinación del valor.
- Ayuda en la toma de decisiones en el proceso de negociación y la posterior toma de control de la inversión.

341 La práctica generalmente aceptada reconoce **tres tipos de informes** de *due diligence* financiera:

Tipo	Prescriptor	Otros usuarios
Vendors Due Diligence	Empresa vendedora y/o sus principales accionistas	Potenciales compradores Potenciales financiadores
Due Diligence de compra	Potencial comprador	Potenciales financiadores
Vendors assistance	Empresa vendedora y/o sus principales accionistas	Potenciales compradores Potenciales financiadores

Aunque los prescriptores de cada tipología de informe de *due diligence* son diferentes, la **finalidad** perseguida por los tres es similar: ayudar en la toma de decisiones. Es por ello que las áreas de análisis que se cubren en ellos son las mismas, y el hecho de que se enfoque desde el lado del comprador o vendedor, o el nivel de profundidad del documento, solo debe obedecer a las diferentes casuísticas de los procesos en lo que se enmarquen. En las siguientes páginas se describen las distintas áreas sobre las que se centra el trabajo de *due diligence* financiera, así como el objetivo y tipología de análisis a realizar sobre cada una de ellas.

2. Planificación del trabajo

343 El trabajo de *due diligence* financiera debe ser adecuadamente planificado, antes de comenzar el análisis de la información con el objetivo de ayudar en la toma de decisiones de inversión de cada usuario en particular.
Una adecuada planificación del trabajo supone las siguientes fases:
- Fase I: entendimiento de la transacción.
- Fase II: planificación (nº 346).
- Fase III: análisis de la calidad de la información facilitada (nº 347).

344 **Fase I: entendimiento de la transacción** La finalidad de esta primera fase es:
a) Entender el **motivo** por el cual una entidad está dispuesta a adquirir otra. Entendimiento del valor del negocio, sus fortalezas, sus debilidades, etc. Este entendimiento es particular y diferente para cada prescriptor. Tanto es así, que pueden existir transacciones en las que haya varios posibles compradores/prescriptores con distintos motivos para adquirir la entidad y una percepción distinta del riesgo, que se traduce en una necesidad diferente de contenido de la *due diligence*.
b) Entender adecuadamente las **necesidades** del receptor del informe de *due diligence* financiera de forma que, dicho informe se adapte a sus expectativas. El asesor, debe entender los motivos que tiene el prescriptor para la realización de la transacción y proponer y ejecutar adecuadamente una serie de tareas que cubran sus necesidades.

c) Entender el **perímetro de la transacción**: perímetro de empresas / líneas de negocio a incluir en la transacción, estructura y mecanismo de fijación del precio, etc. No entender el perímetro de la transacción y/o de la estructura de la misma puede llevar a realizar ciertos trabajos cuyo resultado no sea útil para la toma de decisiones o puede llevar a la no realización de ciertos trabajos relevantes para la toma de decisiones correctas.
La fase de entendimiento de la transacción finaliza con la elaboración de un documento en el que se resuma el **alcance del trabajo** a realizar. Dicho documento se comparte con el usuario del informe de tal forma que este pueda confirmar su enfoque.

345

Ejemplo A continuación, se incluye un ejemplo de **alcance de trabajo** de *due diligence* financiera:
1) **Descripción general de la transacción.**
2) **Descripción del negocio y aspectos generales**:
- Estructura legal y funcional del negocio.
- Evolución histórica y cronograma de los principales hitos corporativos y operativos.
- Localización y principales características de sucursales / filiales / instalaciones / plantas productivas, etc.
- Análisis de operaciones y saldos entre sociedades vinculadas.
- Entendimiento de cambios en políticas contables, de alteraciones históricas en la actividad y/o de cambios en el perímetro de consolidación contable y sus posibles efectos a lo largo del periodo analizado.
3) **Análisis histórico de la cuenta de pérdidas y ganancias**:
- Presentación de la cuenta de resultados y la conciliación entre las cuentas anuales y las cuentas de gestión.
- Descripción de la calidad de la información e identificación de posibles riesgos asociados a deficiencias en la misma.
- Descripción de las principales políticas contables utilizadas (reconocimiento de ingresos, valoración de existencias, etc.).
- Análisis de la actividad, ingresos, márgenes y resultados por línea de negocio / división / producto / cliente / geografía / canal / mercado que conforman el negocio y de la tendencia de los principales indicadores de rendimiento (volumen, precio, clientes obtenidos y perdidos, etc.):
• Análisis comparable o análisis *like for like* (LFL).
• Análisis de la tendencia de ingresos.
• Análisis de la rentabilidad.
• Análisis de la estacionalidad del negocio.
• Análisis y evolución de la estructura de costes (directos vs. indirectos / costes fijos, variables y semi-variables).
• Análisis de los gastos de personal (evolución del número medio de empleados, coste medio por empleado, condiciones especiales, estructura salarial: componente fijo, variable, remuneración fija vs. variable, etc.).
• Análisis de los gastos de estructura y servicios centrales. Relaciones con vinculadas y potenciales impactos de una separación del grupo al que pertenece (servicios adicionales y costes que sean necesarios para el funcionamiento futuro e independiente del negocio).
• Identificación y revisión de ingresos y gastos no recurrentes y partidas normalizables e impacto que los mismos podrían tener en la recurrencia de la generación de caja del negocio.
- Análisis del resultado financiero, dividendos a pagar, así como las cargas fiscales exigibles.
4) **Análisis del «cash flow» histórico** (tanto calculado por el método directo como indirecto por variaciones de balance): evaluación de la capacidad de generación histórica de caja por parte del negocio.
5) **Análisis del balance de situación**:
- Activos fijos:
• Descripción y análisis del activo intangible y material.
• Detalle y análisis de las principales inversiones (CAPEX), diferenciando mantenimiento, renovación y expansión y análisis de los planes de inversión futuros. Análisis de políticas de capitalización y amortización.
• Análisis de activos explotados en régimen de arrendamiento y arrendamiento financiero y su posible impacto en CAPEX y EBITDA.
- Análisis y evolución del *working capital*:
• Composición y partidas de capital circulante.
• Análisis de la estacionalidad del *working capital*.
• Revisión y cálculo por el método de agotamiento *(count-back method)* de los periodos medios de cobro (PMC) y de pago (PMP) y revisión del periodo medio de rotación (PMR) por el método prospectivo en base a las ventas futuras *(count-forward method)*.
• Análisis de *ageing* de deudores y acreedores y de la provisión por insolvencias.
• Análisis de los saldos con la Administración pública y otras situaciones especiales.
• Análisis de concentración de proveedores y clientes, y principales contratos.
• Análisis de las necesidades de capital circulante normalizado. Efectos atípicos y no recurrentes en la evolución del circulante.
• Identificación de potenciales partidas asimilables a *working capital* / deuda.

- Análisis de la deuda neta:
• Composición y partidas de deuda.
• Revisión de los contratos de financiación (*covenants*, factoring registrado o no en contabilidad, derivados, avales, etc.) y ate de los saldos pendientes de pago a la CIRBE.
• Revisión e identificación de las principales condiciones: tipos de interés, vencimientos, cláusulas de cambio de control, etc.
• Evaluación de las políticas de control sobre la tesorería del negocio y/o verificación de la existencia y disponibilidad de la misma mediante extractos bancarios u otros documentos necesarios.
• Análisis de la deuda neta y de los potenciales ajustes considerados como partidas asimilables a deuda. Identificación de otras partidas que pudieran tener consideración de deuda a efectos de negociación de contrato.
- Análisis de otras partidas de balance:
• Provisiones relacionadas con el inmovilizado o provisiones de riesgos y gastos.
• Activos y pasivos diferidos.
• Patrimonio neto.
• Subvenciones.
• Saldos asociados a la construcción de activos.
• Saldos pendientes de pago a proveedores de inmovilizado por inversiones de mantenimiento y de expansión.
• Análisis de los saldos y transacciones entre empresas vinculadas.
• Análisis de compromisos. Identificación de aquellas partidas que pudieran suponer compromisos o contingencias no contabilizadas: compromisos con directivos / contratos blindados, *earn-outs* / pagos contingentes pendientes derivados de las adquisiciones de negocios, compromisos de compras de activos, litigios, compromisos contraídos con los empleados asociados a los planes de pensiones, etc.

346 **Fase II: planificación** Una vez determinado el alcance del trabajo (tareas a realizar y nivel de profundidad de las mismas) se debe planificar adecuadamente la realización de las mismas con el fin de interrumpir lo mínimo posible la actividad normal del negocio sujeto al proceso de *due diligence*. Para ello el asesor puede:
• Determinar y **listar la información** que precisa para realizar dicho trabajo. En el anexo nº 9150 se incluye a modo de ejemplo un listado de solicitud de información.
• Determinar el **calendario** de ejecución del trabajo y establecimiento de la fecha de entrega del informe.
• Establecer de forma clara las **responsabilidades** de cada uno de los equipos de trabajo involucrados en la transacción. De esta forma se evitarán duplicidades entre el trabajo realizado por cada equipo.
• Crear una **estructura del informe** que recoja de forma lógica y ordenada el análisis realizado y las conclusiones del trabajo de *due diligence*. El producto final de la misma ha de cubrir todas las tareas determinadas en el alcance del trabajo y, en caso de no haber podido hacer alguna, explicar el motivo, para que se pueda evaluar en qué medida tiene influencia en la decisión de inversión.

347 **Fase III: análisis de la calidad de la información facilitada** Antes de comenzar el análisis detallado de cada área conviene entender la calidad de la misma. Este entendimiento pasa por:
• Comprobar si la información está **auditada** por un tercero independiente y entendimiento del resultado de la misma y cómo éste puede impactar a la información financiera objeto del análisis de *due diligence*.
• Comprobar si existen **diferencias** o partidas conciliatorias significativas entre la información financiera contable y la información de gestión y si se encuentran debidamente justificadas.
• Entender de forma generalizada las **aplicaciones informáticas** que utiliza la empresa o negocio objeto para llevar la contabilidad y el grado de intervención manual que existe en la misma.
• Entender si se produjeron cambios en los **sistemas contables** utilizados durante los ejercicios objeto de la transacción.
• Comprender de forma general los **controles** que realiza la propia empresa o negocio objeto sobre su información financiera.
• Comprobar si han existido **cambios históricos** que puedan afectar a la información financiera y entender el posible impacto en los mismos (por ejemplo, si ha habido cambios en el perímetro de la transacción, si ha habido variaciones en las actividades desarrolladas por la empresa o negocio objeto o variaciones en la aplicación de determinados principios contables).
• *Analytics aplicado a la DD Financiera:* aplicar análisis de identificación de **anomalías** en los **asientos contables** mediante el ajuste de una distribución normal a los datos. Este método estadístico permite detectar *outliers* que estadísticamente se desvían de lo esperado. Para

este propósito, se utiliza un criterio de valor crítico, comúnmente basado en la regla de seis-sigma, que ayuda a identificar aquellos asientos que exceden los límites de variación normal esperada. Dicha técnica analítica es crucial para revelar posibles errores o irregularidades no evidentes a simple vista y garantizar que los asientos que se consideran anómalos sean objeto de una revisión más detallada para confirmar su validez o puedan culminar en un posible ajuste financiero.
Es fundamental comprender el nivel de calidad de la información con anterioridad a la ejecución del trabajo de *due diligence* con el fin de planificar correctamente el trabajo y anticipar posibles dificultades o incidencias en la ejecución del mismo. No obstante, en ocasiones no se puede evaluar en su totalidad la calidad de la información antes del comienzo del trabajo, sino que se detecta durante el proceso de análisis. En cualquier caso, se deben poner de manifiesto las distintas **limitaciones** consecuencia de dicha calidad o falta de ella.

3. Análisis de la cuenta de pérdidas y ganancias

350

a. Consideraciones generales 353
b. Área de ventas 366
c. Área de costes directos y margen bruto 384
d. Área de personal 390
e. Área de otros gastos de explotación 393
f. Partidas registradas por debajo de EBITDA 398
g. Relaciones con partes vinculadas 407

El presente apartado tiene por objeto describir el análisis a realizar sobre la cuenta de resul- 351
tados en el marco de la realización de un *due diligence* financiera.

a. Consideraciones generales

Con el fin de facilitar al potencial comprador o financiador la toma de decisiones, la *due dili-* 353
gence financiera debe aportar un adecuado entendimiento del negocio, y este se logra a través del análisis de los **indicadores de gestión** que reflejan su comportamiento histórico.
Es el **equipo gestor** de la empresa o negocio objeto el que proporciona los indicadores de gestión y las explicaciones de su evolución histórica en tanto en cuanto son utilizados internamente para facilitar a los órganos de gestión la toma de decisiones. En este sentido, en aquellos casos en los que esta información no se encuentre disponible podría implicar la existencia de una limitación muy significativa en el trabajo de *due diligence* al no disponer de herramientas que permitan evaluar y determinar la evolución histórica del negocio y, por tanto, no permitan obtener una conclusión clara de su capacidad para generar valor para el accionista.

Cuenta de resultados financiera vs. analítica Para lograr el entendimiento del 354
negocio se debe analizar diversa información financiera y de gestión que depende o varía en función del tipo de negocio sujeto a análisis. No obstante, una información básica a analizar es la cuenta de resultados analítica o las cuentas de gestión, elaboradas por la propia entidad, y que **difieren** de la cuenta de resultados contable en los siguientes aspectos:
• **Objetivo**. Los directivos de la entidad con el fin de facilitar la gestión de su negocio elaboran cuadros de mando con multitud de información de gestión que se resume en la cuenta de resultados analítica. Por ello, esta cuenta de resultados suele incluir mayor nivel de desglose y de información de apoyo que la contable.
• **Estructura**. Los indicadores de gestión dependen del tipo de negocio y son específicos en función de la actividad que desarrolle la empresa o negocio objeto de la *due diligence*. Normalmente se encuentran orientados al control de volúmenes de ventas, márgenes unitarios, absorción de costes fijos y generación de caja. Es por ello que la cuenta de resultados de gestión se construye con una estructura diferente a la contable, organizando las partidas de ingresos y gastos en función de los parámetros que requieren ser analizados.
Como consecuencia de lo anterior, la construcción de la cuenta de resultados objeto de análisis en la *due diligence* tendrá un componente relevante de **subjetividad** ya que, en base al entendimiento del negocio se decidirá qué partidas mostrar o qué partidas agrupar.

Precisiones Aunque el trabajo de *due diligence* financiera se basa en información de gestión, es importante analizar las diferencias que existan entre esta y las **cuentas anuales**, sobre todo en el caso de que estas últimas sean auditadas.
Todas aquellas **diferencias** relevantes deben ser analizadas como procedimiento adicional de control de calidad de la información que sirve de base al análisis del negocio.

355 **Cuenta de resultados financiera y cuenta de resultados analítica**

Cuenta de Resultados Financiera	Cuenta de Resultados de Negocio
Inporte Neto Cifra de Negocios	Ventas
Variación de existencias	Otros ingresos
Trabajos realizados por la empresa para su activo	Coste de ventas (*)
Aprovisionamientos	Costes operativos de personal
Otros ingresos de explotación	**Margen operativo**
Gastos de personal	Costes de distribución
Otros gastos de explotación	**Margen de contribución**
Amortización del inmovilizado	Costes de personal no operativos
Imputación de subvenciones al inmovilizado no financiero y otras	Otros gastos de explotación indirectos
Excesos de provisiones	Amortización del inmovilizado (comercial y estructural)
Deterioro y Resultado por enajenaciones del inmovilizado	**EBIT**
Otros resultados	Amortización del inmovilizado
Resultado de explotación	**EBITDA (**)**
Reultado financiero	Resultado financiero
Resultado antes de impuestos	Impuesto sobre beneficios
Impuesto sobre beneficios	**Resultado del Ejercicio (***)**
Resultado del Ejercicio	

(*) Incluye la amortización de los activos directamente empleados en el proceso productivo o en la prestación de servicios.
(**) Para el cálculo del EBITDA se ha de eliminar tanto el impacto de la amortización operativa como no operativa, considerados ambos para determinar el EBIT del negocio. Por tanto, el EBITDA = EBIT + Amortización total del inmovilizado.
(***) El resultado del ejercicio se determinará por la suma del EBIT más el resultado financiero más el impuesto sobre beneficios.

Precisiones El **EBITDA** (*Earnings Before Interest, Tax, Depreciation and Amortization*) es el concepto contable más sencillo de calcular que se aproxima a los flujos de caja generados por el negocio. Así mismo, el EBITDA ha sido adoptado por la comunidad de los negocios como referencia para la comparación de valoraciones y es comúnmente empleado como parte del **cálculo del precio** de una transacción, siendo multiplicado por un factor que podría definirse como el número de años de caja futura que el comprador está dispuesto a pagar por la empresa o negocio objeto.

356 **Objetivos del trabajo de «due diligence» financiera de la cuenta de resultados** El trabajo de *due diligence* financiera de la cuenta de resultados persigue principalmente ofrecer al receptor del informe el entendimiento de la **evolución** reciente del **negocio o entidad** sujeta al trabajo de *due diligence*. El objetivo, por tanto, de cualquier trabajo de *due diligence* puede ser una entidad legal, un grupo de entidades o una rama de negocio / actividad perteneciente a una entidad legal.

El **periodo histórico analizado** debe por tanto comprender varios ejercicios, y habitualmente se corresponde con los tres o cuatro últimos ejercicios económicos. Hay que considerar adicionalmente la parte del ejercicio económico en curso a la fecha de ejecución del trabajo de *due diligence*.

Se trata, por tanto, de poder ofrecer conclusiones sobre el comportamiento histórico que, siempre y cuando el negocio no cambie radicalmente (cambios regulatorios de calado, expansión a nuevos mercados, desarrollo de nuevos productos; etc.), permitan apoyar un posible **comportamiento futuro** de las distintas variables que conforman la cuenta de resultados (ventas, costes directos e indirectos, costes fijos y variables, etc). Para ello el análisis de la cuenta de resultados tiene los siguientes objetivos:

- Identificación y análisis de los indicadores clave del negocio (nº 358).
- Definición y análisis de la evolución del EBITDA del negocio (nº 360).
- Determinación del EBITDA normalizado del negocio, identificando impactos no recurrentes o extraordinarios en la cuenta de resultados que puedan distorsionar las conclusiones obtenidas en relación con la capacidad de generación de EBITDA de la entidad (nº 360).

En la medida en que lo permita la información de gestión disponible, se persiguen los objetivos anteriormente comentados **de forma separada** para los diferentes productos y/o servicios, las diferentes líneas de negocio existentes y los diferentes mercados en los que opera la entidad, canales, clientes, etc. La persecución de los objetivos de forma segmentada permite evitar distorsiones en el entendimiento del negocio por el comportamiento distinto de cada línea, producto, mercado, etc.

Por otra parte, deben ser descritos los **principios contables** aplicados por la empresa o negocio objeto de la *due diligence* con el fin de facilitar la comprensión de las cifras, así como comprobar su consistencia en el periodo analizado. Las conclusiones obtenidas por la *due diligence* en relación con la capacidad de generar caja del negocio no difieren ante escenarios de principios contables aplicados diferentes.

Identificación y análisis de los indicadores clave del negocio El primero de los objetivos perseguido en la *due diligence* financiera del área de cuenta de resultados es la identificación y análisis de los indicadores del negocio. Estos indicadores deben permitir entender y cuantificar el **comportamiento histórico** de una entidad a través de su comparación en un periodo de tiempo (series anuales, mensuales, diarias), y hacen medibles los resultados en términos de rentabilidad, productividad y eficiencia, entre otros. 358

Adicionalmente, cada negocio hace seguimiento de sus propios indicadores específicos.

Los **indicadores más generales** y comunes a todos los sectores son los de rentabilidad económica, que se concentran principalmente en los siguientes:

a) **Margen bruto u operativo sobre ventas** = indicador sobre el porcentaje de las ventas excedentarias después de cubrir los costes directos relacionados con la producción de dichas ventas.

b) **EBITDA sobre ventas** = indicador sobre el porcentaje de las ventas excedentarias después de cubrir los costes directos y de estructura.

c) **EBITDA/caja** = indicador sobre la capacidad del negocio de convertir su EBITDA en caja.

No existen indicadores estándares, cada entidad tendrán los suyos propios dependiendo de la actividad o actividades que desarrolle. Es habitual que las propias empresas tengan identificados y analicen el comportamiento de sus propios indicadores.

Precisiones Los indicadores específicos del **sector hotelero** son: 359

a. Número de habitaciones ofertadas
b. Ocupación media = nº de habitaciones ocupadas / nº de habitaciones ofertadas
c. Venta media por habitación ocupada
d. Gasto medio por cliente
e. Número medio de clientes por habitación
f. Etc.

Definición, análisis de la evolución y determinación del EBITDA normalizado del negocio 360
El segundo y tercer objetivo perseguido en la *due diligence* financiera del área de cuenta de resultados es la definición y análisis de la evolución del EBITDA, así como la determinación de aquellas partidas que puedan asimilarse al EBITDA de cara a poder calcular el EBITDA normal del negocio.

Recordemos que el EBITDA (*Earnings Before Interest, Tax, Depreciation and Amortization*) es la forma más sencilla de calcular o de estimar los **flujos de caja** generados por el negocio.

La definición del **EBITDA normalizado** no responde a una fórmula fija ni objetiva, sino que se deriva del análisis de la cuenta de resultados, de las particularidades de cada sector y de la negociación de las partes, lo que añade a este un alto grado de subjetividad. Para determinar el EBITDA normalizado de una entidad debemos partir del EBITDA del negocio (el que se obtiene directamente de la cuenta de resultados analítica), y tener en cuenta lo siguiente:

1. **Ajustes contables** que se identifiquen en el proceso de *due diligence*, que pueden resultar de errores de registro o incorrecta clasificación y valoración de ingresos y gastos.

2. **Ajustes a la normalización**. En ciertas ocasiones, como consecuencia de operaciones que no se encuentran incluidas en el EBITDA de forma homogénea se hace necesario realizar ajustes de normalización.

Ejemplo Supongamos que el objetivo de nuestro análisis es la cuenta de resultados consolidada de un grupo societario que en el momento de la transacción tenía tres líneas de negocio diferenciadas de las cuales, una comenzó su actividad a mitad del último ejercicio analizado.

Como consecuencia del momento en que comenzó una de las líneas de negocio, el EBITDA de los tres años no posee la totalidad del EBITDA que va a generar el negocio y, por tanto, sería necesario **normalizar el EBITDA**.

Este mismo ejercicio, pero a la inversa, habría que realizarlo en el caso de abandono de líneas de negocio.

---

3. **Ajustes a la recurrencia**. Se corresponden con operaciones derivadas de hechos no habituales del negocio y/o que se considere que no se van a volver a producir y los resultados de las actividades no operativas. 361

Ejemplo Es importante distinguir entre **hechos recurrentes** del negocio pero que puede que no se produzcan en todos los periodos de aquellos que aun produciéndose en todos los ejercicios han de ser considerados **no recurrentes**.

Por ejemplo, pensemos en una entidad en la que la fuerza de trabajo tiene una alta rotación histórica o que una determinada parte del personal se encuentra cubierto por trabajadores con contratos temporales. Los costes de renovación de la plantilla como pueden ser los costes repercutidos por empresas de colocación o los finiquitos soportados en el proceso de rescisión

de contratos serán considerados recurrentes, aun cuando en algún momento del periodo histórico no se hayan producido.
Sin embargo, es diferente la situación en la que el personal de dicha entidad presente una baja rotación histórica y que en un momento determinado del periodo histórico analizado se incurran en indemnizaciones por despido u otros costes asociados a rescisiones de contratos laborales con determinado personal de la entidad, y que la causa sea, por ejemplo, que la entidad se encuentra en una determinada situación económica que le obliga a prescindir de parte de la plantilla. En este caso los costes soportados deben ser considerados como extraordinarios o puntuales y por tanto como no recurrentes.

362

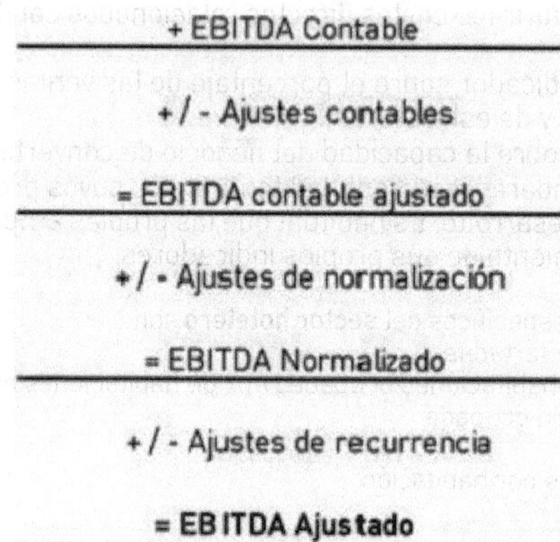

Precisiones Los **ajustes a la recurrencia y** a la **normalización** puedan ser de muy difícil cuantificación. Aun cuando no puedan ser cuantificados, estos deben ser explicados a las partes con el fin de que puedan tomar decisiones en base a la información disponible.

363 Ejemplo En el siguiente ejemplo se calcula el **EBITDA ajustado**:
La entidad X presenta la siguiente cuenta de resultados en los ejercicios N, N+1 y N+2:

	N	N+1	N+2
Ventas	1.000	1.200	1.300
Coste de Ventas	-400	-480	-520
Margen	**600**	**720**	**780**
Gastos de personal	-300	-310	-320
OPEX	-100	-110	-105
EBITDA	**200**	**300**	**355**
Amortización	-10	-10	-10
Resultado financiero	-20	-20	-20
Impuesto sobre Sociedades	-39	-62	-75
Resultado	**131**	**208**	**250**

En el periodo histórico se han producido los siguientes hechos:
- En el ejercicio N+2 se ha registrado una sanción por 10 u.m. como consecuencia de una inspección laboral. Dada su naturaleza no operativa, y que es un hecho no recurrente, se pueden considerar como ajuste a la recurrencia del EBITDA.
- La entidad ha registrado en el ejercicio N, N+1 y N+2 descuentos comerciales por importe de 5 u.m., 20 u.m. y 15 u.m., que se derivan de ventas producidas en los ejercicios N-1, N y N+1, respectivamente, pero que no fueron facturados hasta el año siguiente. El correcto registro de los descuentos comerciales en el año en que se devengan es, por tanto, de un ajuste contable del EBITDA.
- En el ejercicio N+1 se encuentra registrada la indemnización por despido de un empleado dentro de los gastos de personal cuyo coste ha ascendido a 30 u.m. En el periodo histórico no se han producido más indemnizaciones. Dado que es un hecho no recurrente, lo consideraremos como ajuste a la recurrencia del EBITDA.
- En el ejercicio N, N+1 y N+2 el capítulo de otros gastos de explotación recoge un gasto de 10 u.m. relativo al IBI de una vivienda propiedad del principal accionista. Al tratarse de un gasto no operativo, lo consideraremos como ajuste a la normalización del EBITDA.

- A mediados del ejercicio N+1 la entidad incorpora una nueva línea de negocio que le ha generado unos resultados operativos por valor de 6 u.m. y 12 u.m. en los ejercicios N+1 y N+2 respectivamente, y que dicha línea de negocio va a formar parte del negocio que se transmite. En este caso debemos normalizar el impacto de la misma en el ejercicio N (en este ejercicio aún no se había implantado la línea de negocio) y N+1 (periodo en el que la línea de negocio no estaba implantada para todo el ejercicio económico). Se trata por tanto de un ajuste de normalización. Supongamos para simplificar su cálculo que se ha podido llegar a la conclusión de que el impacto económico en dichos ejercicios, considerando que la línea de negocio estuviera totalmente implantada, sería igual al resultado obtenido en el ejercicio N+2, es decir, 12 u.m.
- En el ejercicio N+2 existe un defecto de provisión de facturas pendientes de recibir de 15 u.m., correspondiente a un pedido de materias primas recibidas el último día de dicho ejercicio. Se trata, por tanto, de un ajuste contable al EBITDA Reportado.

El cálculo del EBITDA ajustado es, por tanto, como sigue a continuación:

	N	N+1	N+2
EBITDA Reportado	**200**	**300**	**355**
Ajustes contables			
Descuentos mal imputados	5	20	-
Descuentos según devengo	-20	-15	
IBI	10	10	10
Defecto de Provisión FPR	-	-	-15
EBITDA Reportado ajustado	**195**	**315**	**350**
Ajustes de normalización			
Línea de negocio abandonada	12	6	0
EBITDA Normalizado	**207**	**321**	**350**
Ajustes a la recurrencia			
Sanción			10
Indemnización	-	30	-
EBITDA Ajustado	**207**	**351**	**360**

Áreas de análisis en el trabajo de «due diligence» financiera de la cuenta de resultados Para lograr el cumplimiento de los objetivos anteriormente señalados de la *due diligence* financiera de la cuenta de resultados, el trabajo de campo se centra fundamentalmente en las siguientes áreas: 364

- Ventas (nº 366).
- Costes directos y margen bruto (nº 384).
- Personal (nº 390).
- Otros gastos de explotación (nº 393).
- Otras partidas por debajo de EBITDA (nº 398).
- Relaciones con partes vinculadas (nº 407).

A la hora de determinar los procedimientos a emplear en la revisión de cada área de la cuenta de resultados, debemos tener en consideración la **calidad y cantidad** de la **información** contable y analítica disponible para realizar el análisis. De esto depende la capacidad de profundizar en el conocimiento del negocio y de llegar a conclusiones razonablemente fundamentadas.

Por otro lado, cabe señalar que, cada negocio tiene sus propias características y riesgos inherentes, y por tanto es fundamental identificarlos antes de comenzar el análisis para poder adaptar las **metodologías de trabajo** a cada caso particular.

En consecuencia de todo lo anterior, no existe un listado exhaustivo y universal de técnicas de análisis. No obstante, existe una serie de procedimientos que son habitualmente utilizados y que pueden ser en la mayoría de las ocasiones adaptados a los diferentes procesos de *due diligence*. En las siguientes secciones se describen algunas de estas técnicas empleadas para el trabajo de *due diligence* financiera de cada una de las áreas mencionadas.

b. Área de ventas

La calidad del **nivel de ventas** que obtiene una entidad supone el mejor indicador de la evolución del negocio y, por tanto, este es uno de los análisis más importantes dentro del trabajo de *due diligence* financiera. 366

El análisis de *due diligence* financiera del área de ventas persigue tres **objetivos** fundamentales:

- Identificar y entender los indicadores de las ventas y las circunstancias que explican su variación.

• Identificar partidas de ventas no recurrentes y analizar la sostenibilidad de los ingresos a futuro.
• Entender los potenciales segmentos de crecimiento.
Para lograr cumplir estos objetivos se pueden utilizar entre otras las siguientes **técnicas**:
1. Análisis descriptivo de las ventas por líneas de negocio / productos / mercados / canales, etc. separando los efectos del precio y el volumen (nº 367).
2. Análisis de la estacionalidad del negocio (nº 372).
3. Análisis *like for like* (nº 377).
4. Análisis de la concentración de clientes, recurrencia y rotación de los mismos (nº 380).
5. Análisis de la cartera de pedidos (nº 382).
A continuación, se describen más detalladamente algunas de estas técnicas de análisis de los ingresos. Cabe destacar que, para la identificación de las partidas de **ingresos no recurrentes** o extraordinarios, no se realiza una prueba específica, sino que la consecución de todos los anteriores análisis debe permitir dicha identificación. Así mismo, es fundamental que la dirección de la empresa o negocio objeto colabore con el asesor en la identificación de dichas partidas no recurrentes y extraordinarias.

367 **Análisis descriptivo de las ventas separando los efectos del precio y el volumen** Una vez realizada la descripción de las distintas líneas de negocio y productos de la empresa o negocio objeto e identificadas las tendencias generales de las ventas en los últimos años, el trabajo de *due diligence* financiera trata de analizar los **parámetros** que han dado lugar al crecimiento o decrecimiento de las ventas brutas.
Estos parámetros explicativos de la tendencia de las ventas pueden ser de diversa naturaleza:
a) **Tamaño y cuota de mercado**. Evolución del tamaño del mercado y de la parte de la cuota de mercado que posee la empresa o negocio objeto. La evolución del tamaño del mercado y de la cuota de mercado se traduce, en términos financieros, en un crecimiento / decrecimiento del volumen de ventas (número de clientes, número de pedidos, kilos vendidos, etc.).
b) **Política de precios y competidores**. Evolución de los precios de cada producto, crecimiento de los mismos, reacción de los clientes a dicho crecimiento, etc.
c) **Nuevos productos y/o mercados**. La introducción de nuevos productos o la entrada en nuevos mercados puede explicar parte de la evolución de las ventas. El efecto de este crecimiento o decrecimiento inorgánico debe ser identificado, cuantificado y analizado de forma separada al llamado crecimiento orgánico de las ventas (ver nº 377).

368 El trabajo de *due diligence* financiera trata de determinar y cuantificar el efecto que cada uno de los parámetros anteriores tiene en la evolución de las ventas de la entidad. Así, se utiliza la técnica de análisis precio-volumen, la cual consiste en calcular de forma aislada el **impacto** que tiene en las **ventas brutas** de una entidad la evolución del volumen de ventas y de los precios de los productos vendidos o servicios prestados.
Estos impactos se cuantifican aplicando las siguientes **fórmulas**:
• Efecto precio o impacto variación precio = (Precio ejercicio N+1 - Precio ejercicio N) × Cantidad ejercicio N
• Efecto volumen o impacto variación volumen = (Volumen N+1 - Volumen ejercicio N) × Precio ejercicio N+1

Precisiones A la hora de calcular el **impacto precio-volumen**, es muy importante que se calculen tantos impactos como unidades homogéneas de ventas existan y agregar los resultados obtenidos. De esta manera evitamos distorsiones por la existencia de unidades de venta con comportamientos dispares (lo que comúnmente se denomina como «efecto mix»).

369 Una vez cuantificados los parámetros que han dado lugar a la evolución de las ventas, se hace necesario interpretarlos. Así, un crecimiento en las ventas originado por **incrementos** en los **precios** tiene un impacto directo en la rentabilidad, mientras que crecimientos en las ventas por mayor volumen no siempre garantizan mejoras en el margen unitario ya que en empresas productoras, estos exigen mayores costes de ventas y posiblemente también de estructura.
En aquellas ocasiones en las que la rentabilidad del negocio está fundamentalmente ligada al crecimiento / decrecimiento del volumen, puede ser relevante cuantificar el **punto de equilibrio** del negocio. Este cálculo permite:
• Determinar el volumen mínimo por el cual no resulta rentable seguir vendiendo o prestando servicios, puesto que no se absorben los costes fijos.
• Determinar el volumen máximo de ventas que la estructura e instalaciones actuales es capaz de absorber.
El cálculo del punto de equilibrio sirve, por lo tanto, de ayuda en el análisis de las **proyecciones del negocio** puesto que permite identificar si los crecimientos / decrecimientos de ventas proyectados son posibles con la estructura de costes actual.

Ejemplo En los siguientes ejemplos se calcula el **efecto precio-volumen**: 370
1) La entidad X se dedica a la venta de **dos productos A y B**. Las ventas en unidades monetarias y en unidades físicas de dichos productos realizadas durante los ejercicios N y N+1 son las siguientes:

	Euros		Unidades		Precio unitario venta	
	Ejercicio N	Ejercicio N+1	Ejercicio N	Ejercicio N+1	Ejercicio N	Ejercicio N+1
Ventas						
Producto A	1.000	900	200	200	5,0	4,5
Producto B	900	1.200	180	250	5,0	4,8
Total Ventas	**1.900**	**2.100**	**380**	**450**	**5,0**	**4,7**

A partir de esta información procedemos a calcular cuál ha sido el impacto precio y el impacto volumen para cada uno de los productos.

	Efecto precio	Efecto Volumen	Total efecto precio-volumen
Producto A	(100) = (4,5 - 5,0) X 200	- = (200 - 200) X 4,5	(100) = (100)+ 0
Producto B	(36) = (4,8 - 5,0) X 180	336 = (250 - 180) X 4,8	300 = (36)+ 336
Total Ventas	**(127)** = (4,7 - 5,0) X 380	**327** = (450 - 380) X 4,7	**200** = (127)+ 327
Agregado Producto A + B	**(136)** = (100) + (36)	**336** = 0 + 336	**200** = (100)+ 300

Tal y como se puede observar, el resultado agregado de los efectos precio y volumen para cada uno de los productos difiere del cálculo realizado de forma global al no considerar este los diferentes comportamientos que han tenido cada uno de los productos de la entidad. 370.1
Si representamos los diferentes impactos a través de un gráfico tipo puente o *bridge* y analizamos los **resultados de los impactos** podremos obtener las siguientes conclusiones:

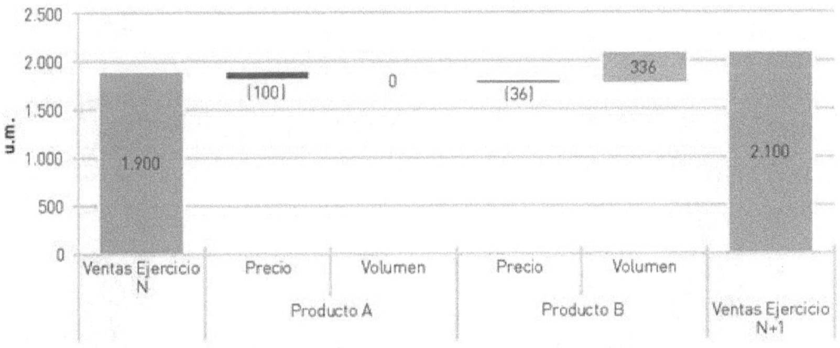

Las **conclusiones** que podemos obtener en un primer momento son que la decisión en precio tomada sobre el producto A no ha tenido como consecuencia una reacción positiva del mercado, no aumentando el volumen de venta en el ejercicio N+1 con respecto al ejercicio N. 370.2
En sentido contrario, la misma decisión en precios en el producto B ha supuesto un impacto positivo en sus ventas (300 u.m.), el cual se puede descomponer en un incremento de 336 u.m. por el aumento de las unidades vendidas, que ha contrarrestado la disminución de las ventas derivada de la reducción en el precio de venta (36 u.m.).

2) Consideremos ahora que dentro del **producto A** existen **dos subproductos** diferenciados y de los que podemos disponer de información separada en relación a los volúmenes y precios históricos. En dicho caso realizaremos el análisis individualizado de estos dos subproductos, lo que nos permitirá identificar diferencias en sus comportamientos para evitar distorsiones en nuestras conclusiones. La información relacionada con estos es la siguiente:

	u.m.		Unidades		Precio unitario venta	
	Ejercicio N	Ejercicio N+1	Ejercicio N	Ejercicio N+1	Ejercicio N	Ejercicio N+1
Ventas						
Producto A-1	500	425	100	110	5,0	3,9
Producto A-2	500	475	100	90	5,0	5,3
Producto A	1.000	900	200	200	5,0	4,5
Producto B	900	1.200	180	250	5,0	4,8
Total Ventas	**1.900**	**2.100**	**380**	**450**	**5,0**	**4,7**

371 Calculamos los efectos precio y volumen de forma individualizada:

	Efecto precio	Efecto Volúmen
Producto A-1	(114)	39
Producto A-2	28	(53)
Producto A (*)	(100)	-
Producto B	(36)	336
Total Ventas (*)	**(127)**	**327**

(*) calculado de forma global y no por el agregado de efectos individuales. Como en el caso anterior, la no consideración de los impactos individuales puede distorsionar las conclusiones alcanzadas.

Las **conclusiones** que alcanzaremos en relación al comportamiento histórico del producto A son ahora diferentes con respecto a las alcanzadas en el caso anterior:

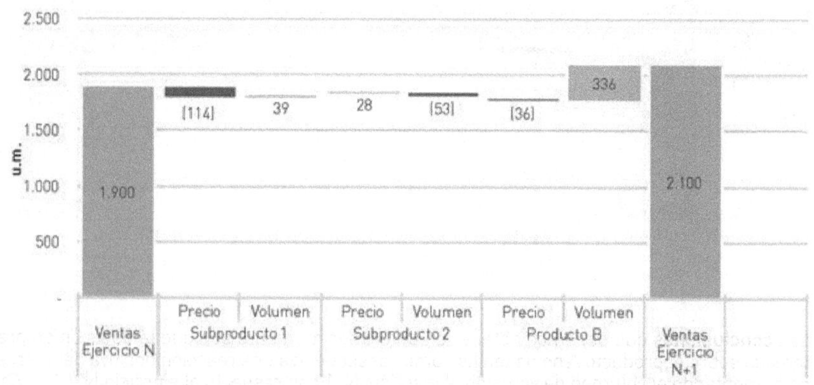

En este caso lo que podemos apreciar es que en realidad no hay una respuesta neutra en el mercado a la decisión de precio tomada en el ejercicio N+1 en relación al producto A, sino que lo que sucede es que en el producto A-1 en el que se ha aplicado una reducción de precios se vende una mayor cantidad, pero este incremento en el volumen se compensa por la pérdida de u.m. derivada de la aplicación de un precio de venta menor en el Producto A-2.

372 **Análisis de la estacionalidad del negocio** Existen negocios cuyos ingresos se reparten de forma lineal a lo largo del año. Sin embargo, existen otros que se encuentran influidos por estacionalidades de los mercados y del propio sector en el que se opera. Este podría ser el caso de las **empresas hoteleras** en la costa, las cuales muestran el punto alto de sus ventas en los meses de verano.

Este comportamiento debe ser identificado, ya que tiene impacto en los niveles de **ingresos y EBITDA** generados, así como en las necesidades de financiación del circulante a lo largo del ejercicio.

Así mismo, en determinadas ocasiones, la estacionalidad debe ser tenida en cuenta a efectos de la **fecha de cierre** de una **transacción**. Para tener en cuenta el efecto de la estacionalidad sobre los estados financieros a la fecha de cierre de la transacción, normalmente, se establecen ajustes al precio por las desviaciones con respecto a los niveles medios o normales de *working capital* y deuda.

Una de las técnicas utilizadas para **identificar la estacionalidad** de las ventas consiste en obtener la cifra de ventas brutas mensuales / semanales / diarias por línea de negocio o incluso por producto.

El análisis estacional también puede realizarse desde un punto de vista **gráfico** con el fin de detectar de una forma más sencilla los momentos en que las ventas presentan «picos» al alza o a la baja.

Los valores (cifra de ventas) que supongan una diferencia significativa con respecto a la media o a la tendencia deben ser sometidos a un análisis detallado para determinar si son, efectivamente, producto de un comportamiento estacional o simplemente un hecho puntual que debe ser aislado.

Se debe analizar la naturaleza de la **desviación** que se identifiquen entre la serie o la media y las cifras que se presenten a la fecha de la transacción, lo que podría tener impacto en las conclusiones alcanzadas y en el cálculo final del precio de la transacción.

En el siguiente ejemplo se analiza un **negocio estacional**: 373

La entidad X dedicada a la venta de juguetes presenta las siguientes cifras mensuales de ventas y EBITDA en los periodos N y N+1 y N+2:

Ejercicio N:

	1	2	3	4	5	6	7	8	9	10	11	12
Ventas	100	150	200	150	100	150	200	300	500	700	700	800
EBITDA	50	75	100	75	50	75	100	150	250	350	350	400

Ejercicio N+1:

	1	2	3	4	5	6	7	8	9	10	11	12
Ventas	110	165	220	165	110	165	220	330	550	770	770	880
EBITDA	55	83	110	83	55	83	110	165	275	385	385	440

Ejercicio N+2:

	1	2	3	4	5	6	7	8	9	10	11	12
Ventas	121	182	242	182	121	182	242	363	605	847	847	968
EBITDA	61	91	121	91	61	91	121	182	303	424	424	484

La representación gráfica de la evolución de las **ventas** y del **EBITDA** es la siguiente:

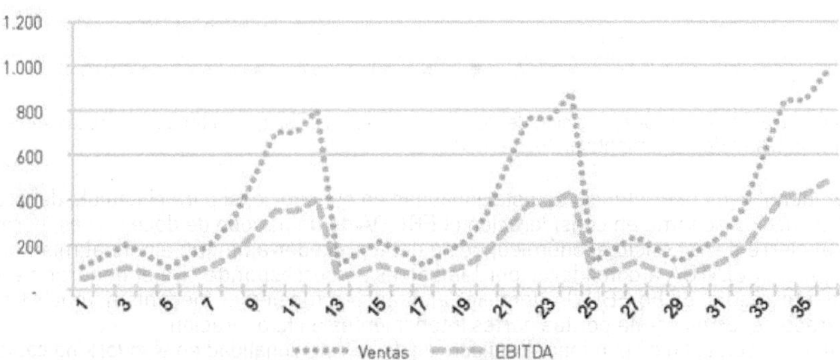

Como se puede apreciar en el gráfico, las ventas y el EBITDA de la entidad presentan un componente estacional, especialmente marcado por la campaña de Navidad, en los últimos cuatro meses de cada ejercicio.

Si el negocio presenta un comportamiento estacional, su impacto puede ser mejor entendido mediante la aplicación de la técnica de **análisis LTM** (*last twelve months*). 374

El LTM consiste en sumar para cada mes analizado los valores existentes en los 11 meses anteriores de esta forma para cada mes se obtiene el dato de ventas acumulado de los últimos 12 meses y, por tanto, en todos los meses se incorpora el efecto de la estacionalidad de la misma manera y evitando que distorsione el análisis.

375 Ejemplo Consideremos el ejemplo anterior, para el que se ha identificado una fuerte estacionalidad del negocio de la entidad X en los últimos cuatro meses del ejercicio. Sin embargo, es difícil determinar la tendencia estable, creciente o decreciente de las ventas y del EBITDA, por lo que efectuamos el **cálculo del LTM**.

Ejercicio N:

	1	2	3	4	5	6	7	8	9	10	11	12
Ventas	n.a.	n.a.	n.a.	n.a.	n.a.	n.a.	n.a.	n.a.	n.a.	n.a.	n.a.	4.050
EBITDA	n.a.	n.a.	n.a.	n.a.	n.a.	n.a.	n.a.	n.a.	n.a.	n.a.	n.a.	2.025

Ejercicio N+1:

	1	2	3	4	5	6	7	8	9	10	11	12
Ventas	4.160	4.225	4.295	4.260	4.220	4.285	4.355	4.485	4.735	5.005	5.075	5.255
EBITDA	2.080	2.113	2.148	2.130	2.110	2.143	2.178	2.243	2.368	2.503	2.538	2.628

Ejercicio N+2:

	1	2	3	4	5	6	7	8	9	10	11	12
Ventas	4.576	4.648	4.725	4.686	4.642	4.714	4.791	4.934	5.209	5.506	5.583	5.781
EBITDA	2.288	2.324	2.362	2.343	2.321	2.357	2.395	2.467	2.604	2.753	2.791	2.890

Dado que no disponemos de información sobre las ventas y EBITDA mensual del ejercicio N-1 no podemos determinar el LTM para ejercicio N, excepto para el mes 12 que recoge la suma de las ventas y EBITDA correspondiente al periodo 1 a 12.

La representación gráfica de la evolución de las **ventas** y del EBITDA en base al LTM es la siguiente:

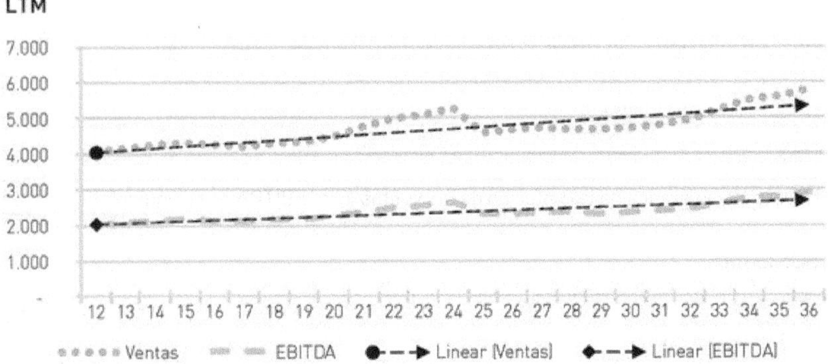

Vemos, a través de la representación de los datos en base a LTM, que la tendencia de las ventas y del EBITDA es de crecimiento en los periodos N+1 y N+2.

376 Una vez identificada la existencia de estacionalidad en el negocio, si para el cálculo del precio de la transacción se toma en consideración el **EBITDA** de un periodo de doce meses, normalmente al cierre del ejercicio económico, no se debe proceder a ningún ajuste al mismo. Sin embargo, si el EBITDA a considerar por las partes se corresponde con el generado en un periodo intermedio, dicho EBITDA debe ser ajustado en función el mecanismo que se haya considerado de forma previa por las partes intervinientes en la operación.

Por otra parte, con el fin de eliminar el impacto de dicha estacionalidad en el «**working capital**», sus componentes deben ser calculados por agotamiento. Este sistema y su cálculo se encuentra descrito en el nº 422 s.

377 **Análisis «like for like»** La introducción de nuevos productos, la entrada en nuevos mercados o la apertura de nuevas sucursales de ventas puede explicar parte de la evolución de los ingresos. El efecto de este crecimiento o decrecimiento inorgánico debe ser identificado, cuantificado y analizado de forma separada al llamado crecimiento orgánico de las ventas.

La **evolución de las ventas** no es la misma en todos los períodos de vida de un negocio. Esto es, normalmente en el periodo inicial, cuando se lanza un negocio, las ventas crecen de forma rápida (fase de *ramp-up*) hasta llegar a un punto de maduración a partir del cual el crecimiento es lento y suele deberse únicamente al efecto del precio y no a crecimientos del volumen. La diferente evolución de las ventas en función del **ciclo de maduración** debe tenerse en cuenta a efectos de la determinación de las proyecciones del negocio.

Adicionalmente, algunas entidades crean nuevas líneas de servicio, nuevos productos y/o establecimientos que se abren/cierran durante el periodo histórico. Si estas nuevas aperturas

suponen un incremento de la cartera de servicios/productos/mercados ofrecidos por la entidad, entonces se hace necesaria la separación entre el **crecimiento orgánico y el inorgánico**. Dicha separación se realiza y analiza mediante la técnica LFL (*like for like*).
El análisis *like for like* consiste en identificar y aislar el impacto de aquellas variables que hayan tenido una **contribución continua** a la cuenta de resultados de aquellas cuya contribución ha sido inconsistente o **discontinua** a lo largo del periodo analizado. Se trata, por tanto, de determinar qué partes de un negocio son las que han sustentado la actividad y aquellas que se corresponden con fases expansivas o de contracción de un negocio.
El análisis *like for like* se puede y se debe **personalizar** a cada **tipología de negocio**, de manera que los criterios para determinar si una unidad de negocio es *like for like* serán muy diferentes. A modo de ejemplo, una cadena de restaurantes podría considerar que un restaurante que haya permanecido cerrado más de un mes en un año por reformas no es like for like, mientras que el criterio para una compañía de clínicas dentales podría ser distinto y determinar que no serán like for like aquellas clínicas que hayan estado cerradas durante 3 meses o más en un año.
Este análisis es muy utilizado en sectores como el de **retail**, en el que las tiendas de venta al público de reciente apertura no alcanzan su capacidad máxima de ventas hasta pasado un determinado periodo de tiempo. Así mismo, y a modo de ejemplo, señalar que grandes cadenas crecen anualmente gracias a las nuevas aperturas y no a un incremento de clientes en las tiendas ya existentes.

Ejemplo A continuación se incluye un ejemplo de **análisis LFL** (*like for like*): **378**
Una entidad X tiene la siguiente **cuenta de resultados** para el periodo N a N+4:

Entidad X	N	N+1	N+2	N+3	N+4
Ventas	210	210	203	200	210
Coste de Ventas	-169	-169	-161	-156	-154
Margen	**41**	**41**	**42**	**44**	**56**
Gastos de personal	-12	-12	-15	-16	-17
OPEX	-11	-11	-13	-12	-13
EBITDA	**18**	**18**	**14**	**16**	**26**
Resultado financiero	-4	-4	-7	-6	-6
Impuesto sobre Sociedades	-5	-5	-3	-2	-5
Resultado	**9**	**9**	**4**	**8**	**15**
% MB s/ Ventas	19,4%	19,4%	20,8%	22,0%	26,7%
% EBITDA s/ Ventas	8,5%	8,5%	7,0%	8,0%	12,4%

Conforme a esta cuenta de resultados, podemos decir que, si bien las ventas se han mantenido estables en el periodo analizado, ha habido una mejora de los índices de rentabilidad y el EBITDA se ha incremento.
Sin embargo, consideremos que la entidad X presenta las siguientes **líneas de negocio**:

Línea de Negocio A	N	N+1	N+2	N+3	N+4
Ventas	200	200	180	160	140
Coste de Ventas	-160	-160	-144	-128	-112
Margen	**40**	**40**	**36**	**32**	**28**
Gastos de personal	-10	-10	-10	-10	-10
OPEX	-10	-10	-10	-10	-10
EBITDA	**20**	**20**	**16**	**12**	**8**
Resultado financiero	-3	-3	-3	-3	-3
Impuesto sobre Sociedades	-4	-4	-3	-2	-1
Resultado	**13**	**13**	**10**	**7**	**4**
% MB s/ Ventas	20,0%	20,0%	20,0%	20,0%	20,0%
% EBITDA s/ Ventas	10,0%	10,0%	8,9%	7,5%	5,7%

Línea de Negocio B	N	N+1	N+2	N+3	N+4
Ventas	10	10	3	-	-
Coste de Ventas	-9	-9	-3	-	-
Margen	**1**	**1**	**0**	-	-
Gastos de personal	-2	-2	-1	-	-
OPEX	-1	-1	-1	-	-
EBITDA	**-2**	**-2**	**-2**	-	-
Resultado financiero	-1	-1	-1	-	-
Impuesto sobre Sociedades	-1	-1	-1	-	-
Resultado	**-5**	**-5**	**-4**	-	-
% MB s/ Ventas	8,0%	8,0%	8,0%	n.a.	n.a.
% EBITDA s/ Ventas	(22,0%)	(22,0%)	(58,7%)	n.a.	n.a.

Línea de Negocio C	N	N+1	N+2	N+3	N+4
Ventas	-	-	20	40	70
Coste de Ventas	-	-	-14	-28	-42
Margen	-	-	**6**	**12**	**28**
Gastos de personal	-	-	-4	-6	-7
OPEX	-	-	-2	-2	-3
EBITDA	-	-	-	**4**	**18**
Resultado financiero	-	-	-3	-3	-3
Impuesto sobre Sociedades	-	-	1	-0	-3
Resultado	-	-	**-2**	**1**	**12**
% MB s/ Ventas	- %	- %	30,0%	30,0%	40,0%
% EBITDA s/ Ventas	- %	- %	- %	10,0%	25,7%

La Línea de Negocio A recoge la actividad fundamental de la entidad, y presenta un declive en las ventas y en el margen EBITDA. Esta tendencia debe ser evaluada de cara a realizar las proyecciones de la entidad.

La Línea de Negocio B ha sido abandonada en el ejercicio N+2 debido a las escasas ventas que genera y a las pérdidas en EBITDA que generaba.

La línea de Negocio C ha sido creada en el ejercicio N+2 con el fin de contrarrestar la pérdida de mercado de la Línea de Negocio A. Presenta un fuerte crecimiento en las ventas y en el margen EBITDA, que compensa la tendencia negativa de las otras líneas de negocio. A cierre del ejercicio N+4 esta línea de negocio ha dejado la fase de crecimiento y se encuentra en los niveles normales de ventas y actividad.

Adicionalmente, dado que la Línea de Negocio B ha sido abandonada y no va ser a retomada su actividad en el futuro, el EBITDA negativo que ha generado en los ejercicios N, N+1 y N+3 puede ser considerado como EBITDA no recurrente del negocio.

En base a los anteriores comentarios, el **EBITDA recurrente** de la entidad X sería el siguiente:

	N	N+1	N+2	N+3	N+4
EBITDA entidad X	18	18	14	16	26
Ajustes a la Recurrencia:					
EBITDA Línea de Negocio B	2	2	2	-	-
EBITDA Recurrente	**20**	**20**	**16**	**16**	**26**

380 **Análisis de la concentración de clientes, recurrencia y rotación de los mismos** El trabajo de *due diligence* de concentración de clientes consiste en segmentar a los clientes de una entidad en función de su **importancia relativa** en relación a su volumen de ventas. Una vez clasificados los clientes por el volumen de ventas que se mantiene con ellos, se analiza el porcentaje que las ventas de cada uno de ellos supone sobre el total de ventas. Así mismo, se analiza el porcentaje acumulado que suponen los clientes con mayor peso sobre el total. Con este análisis se persigue entender si la **cartera de clientes** está diversificada o, por el contrario, está concentrada. Cabe destacar que se recomienda hacer este análisis utilizando número de unidades vendidas (volumen) en lugar de las ventas totales, de cara a neutralizar el posible impacto precio para cada cliente.

Este análisis de la concentración de las ventas en el top 20 de clientes es, en realidad, una aplicación del **Principio de Pareto** o ley 20/80, según la cual el 20% de los esfuerzos generan el 80% de los resultados. Aplicado a nuestro análisis, el 20% de los clientes representarían el 80% de las ventas.

Este principio no se cumple en todas las ocasiones, y varía en función del tipo de empresa y mercado en el que opere, pero nos permite identificar el grado de **concentración o** de **dispersión** de las compras y ventas de los productos y/o servicios ofertados. Cabe destacar que existen empresas tales como las dedicadas al comercio minorista en las que no tiene sentido el análisis de la concentración de clientes (en este caso se podría realizar un análisis por tiendas, canales, productos, etc.).

Analytics aplicado a la due diligence financiera En estos **casos de baja concentración**, se pueden aplicar técnicas de analítica avanzada como el análisis de *clustering* mediante el método de K-medias (*K-means*), lo cual profundiza el entendimiento de las dinámicas de la cartera de clientes. Este enfoque permite agrupar a los clientes en varios segmentos basados en características comunes relacionadas con su comportamiento de compra, frecuencia, volumen de ventas y otros atributos relevantes. El uso de estas técnicas facilita la identificación de patrones y grupos de clientes con comportamientos similares que a menudo no son evidentes a simple vista. 380.1

Una **alta concentración**, en general, supone un riesgo para la entidad puesto que implica que 381
el cliente tiene un alto poder de negociación y además existe el riesgo de pérdida de dicho cliente. Sin embargo, las empresas cuyas ventas se concentran en 2-4 clientes suelen tener firmados acuerdos a largo plazo con dichos clientes para garantizarse las ventas durante dicho periodo, lo cual aporta estabilidad al negocio.

El trabajo de *due diligence* financiera de concentración de clientes también debe mostrar las **condiciones teóricas acordadas** con cada uno de los clientes más representativos. Con el fin de facilitar al futuro adquirente la toma de decisiones, especialmente cuando este tenga un carácter industrial, se deben detallar dichas condiciones comerciales de los contratos con los clientes, que les permite identificar las oportunidades, sinergias, redundancias o posibles mejoras en la capacidad de negociación, entre otras.

Por último, señalar que el trabajo de concentración de clientes, si se realiza en diversos ejercicios, también permite identificar el nivel de rotación de la cartera de clientes, así como su recurrencia y/o **fidelización**. De esta forma se suele analizar el peso del top 20 de clientes del año en curso en años anteriores para así entender si dicho top 20 es estable o los clientes que lo componen se renuevan año a año.

Análisis de la cartera de pedidos La cartera de pedidos es un informe económico que 382
recoge las ventas contratadas o pedidos de venta en firme a una fecha determinada. En un entorno de *due diligence*, parte del análisis de la calidad de las ventas consiste en conocer las ventas futuras que se encuentran ya contratadas por los clientes o que se encuentran soportadas por **pedidos en firme**. La cartera de ventas es especialmente importante a la hora de evaluar la capacidad de cumplimiento de las proyecciones económicas y del presupuesto.

Además de los pedidos en firme, la cartera puede recoger las ventas que se encuentren **en proceso de negociación** con buenas expectativas de éxito. En este caso se debe analizar el grado de éxito de la entidad en relación a las ofertas presentadas y a las ofertas ganadas en el periodo histórico. Es decir, la capacidad histórica de conversión de potenciales ventas en ingresos.

Adicionalmente a través de la comparación de la cartera de pedidos con la habida en **periodos anteriores** se puede identificar si se trata de un periodo de buena captación de ventas o si, por el contrario, es posible que no se supere o que no se alcance el nivel de ventas de periodos anteriores.

c. Área de costes directos y margen bruto

Al igual que sucede con las ventas, la evolución de los costes directos y el margen bruto refle- 384
jan la capacidad del negocio de generar beneficios. Por ello, es clave realizar una *due diligence* financiera de ambas magnitudes.

El análisis de *due diligence* financiera del área de costes directos y margen bruto persigue tres **objetivos** fundamentales:

• Identificar y entender las circunstancias propias de la entidad o del mercado que explican la evolución de los costes de ventas.

• Analizar la sostenibilidad de dicha estructura de costes a futuro e identificar partidas de costes directos no recurrentes.

• Entender los potenciales segmentos de ahorro o palancas de mejora del margen bruto.

Para lograr cumplir estos objetivos de análisis se pueden utilizar, entre otras, las siguientes **técnicas**:

1. Descripción de la estructura de costes de ventas y de su composición por naturaleza.

2. Identificación y descripción del impacto de la evolución de los precios de las materias primas y *commodities* (si aplica) y entendimiento de la capacidad que tiene la dirección de la

compañía de trasladar incrementos en los precios al precio de venta final al cliente (análisis de *pass through*).
3. Análisis de la concentración de proveedores y del poder de negociación de los mismos.

385 El resultado de estos análisis permite **evaluar** los siguientes aspectos, además de ayudar al receptor del informe al entendimiento del negocio, su margen bruto y la estructura de costes directos:

a) La existencia de una **tendencia** coherente de los costes y márgenes. Inconsistencias en su comportamiento pueden llevar asociadas determinadas prácticas encaminadas a la presentación de rentabilidades superiores a las realmente obtenidas que deben ser identificadas y cuantificadas en el proceso de *due diligence* financiera.

b) La contribución individual al **margen bruto** de cada uno de los costes, que permite al potencial comprador identificar posibles palancas de mejora o riesgos en la sostenibilidad futura de los márgenes.

c) La existencia de un **riesgo por dependencia** de un determinado proveedor o de una determinada *commodity*. En el caso de que se identifique la existencia de una dependencia del negocio a la evolución de una o varias *commodities*, se debe realizar una comparación de la evolución del precio de mercado de las materias primas con la evolución de los costes de ventas registrados por la entidad durante el periodo histórico. De esta manera se puede identificar si los gestores han realizado coberturas naturales contra la evolución del precio de las materias primas, y se cuantifica a su vez el margen comercial, y por tanto EBITDA, obtenido en dicho periodo que puede ser considerado como especulativo.

El resultado de estos análisis pueden conllevar la inclusión de **ajustes de normalización o recurrencia** al EBITDA normalizado de la compañía.

386 Precisiones A la hora de explicar el comportamiento del margen bruto es importante realizar de forma adicional el **análisis precio-volumen** (ver nº 367). La obtención de información pormenorizada sobre los precios, unidades vendidas y los márgenes por cada uno de los productos y/o subproductos y/o referencias de productos de las que se componen las ventas de la entidad, y el cálculo independiente de cuáles han sido los diferentes impactos en cada uno de ellos volverá a ser fundamental para ofrecer una profundo análisis de la evolución de los márgenes entre determinados periodos o ejercicios y evitar obtener, de esta manera, conclusiones distorsionadas derivadas de la existencia de unidades de venta con comportamientos dispares.

387 Ejemplo Para el análisis del **impacto precio-volumen en el margen** consideremos el ejemplo expuesto en el análisis precio-volumen de las ventas (nº 370). Los márgenes obtenidos en los ejercicios N y N+1, que son los indicados en la tabla siguiente:

u.m.	Ejercicio N	Ejercicio N+1
Ventas		
Subproducto 1	500	425
Subproducto 2	500	475
Producto A	**1.000**	**900**
Producto B	900	1.200
Total	**1.900**	**2.100**
Coste de ventas		
Subproducto 1	(250)	(150)
Subproducto 2	(250)	(200)
Producto A	**(500)**	**(350)**
Producto B	(500)	(600)
Margen		
Subproducto 1	250	275
Subproducto 2	250	275
Producto A	**500**	**550**
Producto B	400	600
% Margen ventas		
Subproducto 1	*50,0%*	*64,7%*
Subproducto 2	*50,0%*	*57,9%*
Producto A	***50,0%***	***61,1%***
Producto B	*44,4%*	*50,0%*
Margen bruto total	**900**	**1.150**

De igual forma que hemos visto en ventas, se pueden distinguir dos **formas de calcular** el impacto en el margen dependiendo de la información disponible: **387** (sigue)

1) Si no se dispone de información sobre las unidades vendidas para una o varias referencias de producto: en este caso, para calcular los impactos en el margen correspondientes se considerarán las ventas en u.m. y los porcentajes de márgenes sobre ventas:

	Efecto Volúmen		Efecto Margen		Total
Subproducto 1	(49)	= (425-500) x 64,7%	74	= 500 x (64,7% - 50%)	25
Subproducto 2	(14)	= (465-500) x 57,9%	39	= 500 x (57,9% - 50%)	25
Producto B	150	= (1200-900) x 50,0%	50	= 900 x (50% - 44,4%)	200
Total impacto en Margen	**87**	= (49) + (14) + 150	**163**	= 74 + 39 + 50	**250**

Su representación gráfica mediante un gráfico tipo *bridge* es el siguiente:

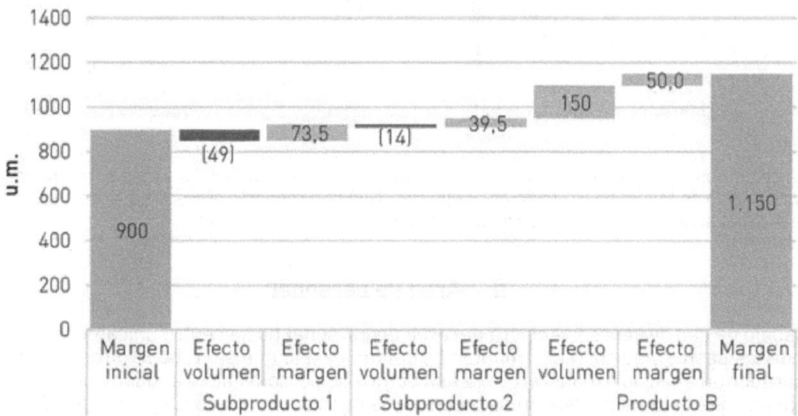

2) En el caso de disponer información sobre las unidades vendidas en ambos ejercicios:
Recordemos los volúmenes y precios de venta para los productos A y B, así como para las dos referencias de las que se compone el producto A:

	u.m.		Unidades		Precio unitario venta	
	Ejercicio N	Ejercicio N+1	Ejercicio N	Ejercicio N+1	Ejercicio N	Ejercicio N+1
Ventas						
Subproducto 1	500	425	100	110	5,0	3,9
Subproducto 2	500	475	100	90	5,0	5,3
Producto A	1.000	900	200	200	5,0	4,5
Producto B	900	1.200	180	250	5,0	4,8
Total Ventas	**1.900**	**2.100**	**380**	**450**	**5,0**	**4,7**

2.a) El efecto precio calculado en ventas se traslada directamente al margen puesto que este no depende de una mejora en la capacidad productiva.
Por tanto, el cálculo de este impacto en el caso del subproducto 1 se corresponde con el siguiente:
Efecto precio = (Precio N+1 - Precio N) x Unidades N= (3,9 - 5) x 100 = - 114 u.m.
2.b) El efecto volumen calculado en ventas (en el caso del subproducto 1 asciende a 39 u.m.) se traslada al margen obtenido en el ejercicio N+1 en tanto en cuanto el aumento de las unidades vendidas se produce con la capacidad productiva disponible por la entidad en dicho ejercicio.
El cálculo de este impacto en el caso del subproducto 1 es el siguiente:
Efecto Volumen = (Unidades N+1 - Ventas N) x Precio Unitario Venta N+1 x % Margen N+1 = (110 - 100) x 3,9 x 64,7% = 25 u.m.
2.c) El efecto rentabilidad, que se corresponde con la capacidad que ha tenido la entidad de mejorar sus márgenes comerciales, se puede calcular por diferencia entre la variación del margen en términos absolutos de un ejercicio a otro y los impactos anteriores.

De esta forma, el efecto rentabilidad en el caso del subproducto 1 es el siguiente:
Efecto Rentabilidad = Margen N+1 - Margen N - Efecto Precio - Efecto Volumen = 275 - 250 +114 - 25 = 114 u.m.
Su representación gráfica mediante un gráfico tipo *bridge* es el siguiente:

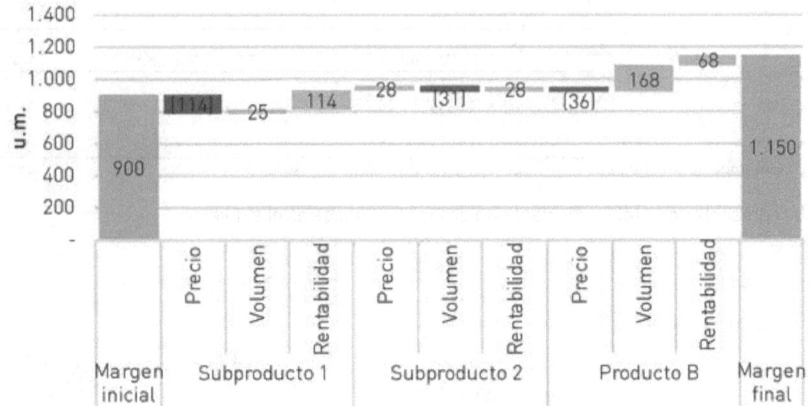

Entre ambos cálculos, si existe la posibilidad de poder ofrecer un análisis más pormenorizado y enriquecido de lo que ha ocurrido en el ejercicio N+1 con respecto al ejercicio N, se procederá a realizar el análisis siempre que dispongamos de la información necesaria.

d. Área de personal

390 El trabajo de *due diligence* financiera del área de personal no se centra únicamente en el análisis de los gastos y su correcta imputación contable, sino que se trata de ofrecer al potencial comprador un análisis exhaustivo de la **estructura** de personal de la entidad que va a adquirir, que le permita la toma de determinaciones decisiones sobre el negocio, como puede ser la de retención del personal clave o la existencia de posibles sinergias con su propio negocio.
El trabajo del área de personal es extremadamente delicado en cuanto a protección de **datos personales y confidencialidad** se refiere. Por ello, en la mayoría de las ocasiones, la información solicitada y facilitada es «ciega» (se borran nombres/DNIs o cualquier dato de carácter personal de los empleados).
Para ello se ofrecen los siguientes **análisis**:
a) El **organigrama** funcional por departamentos, centros productivos o por líneas de negocio, y número de empleados a la fecha de análisis.
b) Análisis de evolución de la **plantilla** media, normalmente realizado en base a FTE o jornadas equivalentes, consistente en la conversión de la plantilla a jornada completa. El análisis de la plantilla se realiza también en función del tipo de contratos (empleados permanentes y temporales), para entender el grado de flexibilidad de la estructura laboral, así como por países.
c) Descripción de la **política retributiva** general y resumen del convenio colectivo. Descripción de aquellas situaciones laborales especiales tales como personal con contrato de alta dirección, cláusulas de blindaje, etc.
d) Análisis de la **antigüedad** media de la plantilla, así como de su edad media.
e) Análisis de la evolución del **sueldo medio** y del gasto total de personal. Se busca entender si la evolución del gasto de personal se debe a un efecto de crecimiento / decrecimiento de la plantilla o a un efecto de variación salarial.
f) Análisis de la evolución del porcentaje de **gasto por Seguridad Social** sobre el gasto de sueldos y salarios.
g) Análisis de la **remuneración variable** reconocida a los empleados (*bonus*) y de los parámetros en base a los que esta se calcula. Se analizará la remuneración histórica variable devengada en cada periodo y la efectivamente pagada (con probabilidad en el periodo siguiente) de cara a identificar potenciales ajustes al EBITDA normalizado o la deuda neta ajustada.
h) Análisis de las **indemnizaciones por despido**: ha de ser analizada la recurrencia de los costes incurridos por despidos al personal o por rescisiones de contratos. Aunque pueden ser consideradas en la mayoría de las ocasiones como costes no recurrentes, en aquellas entidades con cierta rotación natural del personal podrían considerarse como gastos habituales del negocio.
i) Análisis de los **beneficios sociales** de los empleados y exigibilidad de los mismos.
j) Descripción de los compromisos por **pensiones** adquiridos por la empresa con sus empleados.

Adicionalmente a estos análisis y con el fin de identificar posibles **pasivos ocultos** o defectos de provisiones, se puede realizar una revisión de las actas de las juntas de accionistas y del consejo de administración, con el fin de identificar posibles decisiones que desemboquen en reducciones generales de plantilla (EREs o ERTEs), contratos y/o cambios en la política retributiva de determinado personal. 391

Por último, dentro del trabajo de *due diligence* financiera sobre el área de personal, se suele segmentar la plantilla y los costes entre costes directos, costes indirectos y costes de estructura:

- Los **costes del personal directo**, que es aquel que dedica el 100% de su tiempo a las tareas de producción o prestación de servicios y comerciales, se imputan como mayor coste de ventas a efectos de la contabilidad analítica o de gestión.
- Los **costes de personal indirecto, normalmente vinculados a la unidad productiva**, suelen ser fijos o semi-fijos independientemente del volumen de ingresos y, por ello, es necesario evaluar su razonabilidad y su consistencia en el periodo analizado.
- Los **costes de personal de estructura** se suelen presentar separados para mostrar al receptor del informe de *due diligence* el peso y la constitución del personal de estructura en la compañía objetivo. En ocasiones, el comprador de una compañía puede querer utilizar su propia estructura, por lo que los costes asociados a la estructura anterior podrían no ser necesarios a futuro.

No obstante, el trabajo realizado en relación al personal de la entidad debe ser realizado o gestionado conjuntamente con el equipo encargado de la *due diligence* laboral, con el fin de que la *due diligence* financiera contemple todos los asuntos relacionados con la plantilla que puedan impactar en el precio de la transacción, así como los riesgos y/o bondades que se hayan identificado y que deban ser considerados en la decisión de inversión.

e. Área de otros gastos de explotación

La **finalidad** principal de este análisis es entender su composición y evolución, identificar posibles partidas no recurrentes o normalizables y, finalmente, identificar posibles gastos no relacionados con el negocio. 393

El análisis de los otros gastos de explotación en el marco de una *due diligence* financiera está orientado principalmente a facilitar la siguiente **información**:

a) Descripción de las distintas **partidas de gastos** por naturaleza y análisis de la evolución de las mismas en el tiempo. El análisis de la evolución de cada grupo de gastos ha de realizarse tanto en términos absolutos como en términos relativos (evolución de los gastos como porcentaje de ventas o de cualquier otro parámetro que aplique). Toda evolución anormal o de importes significativos debe ser analizada de forma más detallada para entender si se debe a hechos no recurrentes del negocio.

b) Descripción y resumen de los **contratos clave** asociados a los servicios recibidos por la entidad tales como alquileres, contratos de publicidad, suministros, etc.

c) Análisis y descripción de los «**management fees**». En los grupos societarios es frecuente que la compañía matriz repercuta ciertos gastos a sus filiales. Estos gastos pueden deberse a departamentos centrales que prestan servicio a varias filiales y por tanto su coste se reparte entre las mismas, o pueden deberse a cargos realizados por la matriz como consecuencia del uso de la marca, imagen comercial, etc. Todos estos conceptos de gastos deben analizarse detalladamente, entendiendo si los mismos tienen motivo económico o se tratan de meros cargos de la matriz, el criterio de imputación seguido e intentando analizar si se encuentran en rangos de mercado.

d) Identificación y cuantificación de partidas de **gastos no operativos**. Estos suelen producirse por la existencia de gastos que no se encuentran relacionados con la actividad del negocio (gastos de carácter personal de la dirección o de los accionistas) o con activos no operativos (como por ejemplo, el Impuesto sobre Bienes Inmuebles, IBI, en caso de la existencia de un inmueble que se encuentre fuera del perímetro de la transacción). Deben ser identificados para determinar el EBITDA normalizado del negocio y no deberán ser considerados en las proyecciones financieras de la entidad. Así mismo debe considerarse el impacto fiscal que pudiera tener el hecho de registrar este tipo de gastos dentro de la contabilidad de la entidad.

Adicionalmente, deben ser identificados aquellos gastos registrados como otros gastos de explotación que por su naturaleza **no** deberían ser considerados como **parte del EBITDA** (por ejemplo, gastos financieros): 394

a) Identificación y cuantificación de deficiencias en el registro de gastos como consecuencia de la existencia de determinados costes soportados por la matriz y no repercutidos a la entidad, o aquellos que no se encuentran imputados a la cuenta de resultados debido a un incorrecto corte de operaciones.

b) Identificación de los costes fijos y variables incluidos en otros gastos de explotación y análisis de los mismos con el fin de fundamentar razonablemente las proyecciones financieras de los mismos.

Precisiones El análisis que realicemos en el EBITDA se alimenta, por tanto, de los realizados en ventas y márgenes, pero debe considerar, adicionalmente, el comportamiento de los diferentes costes registrados por debajo del margen bruto que dependan de los volúmenes vendidos dada su naturaleza variable. En cuanto al resto de **costes que componen el EBITDA** cuya variación no dependa directamente del volumen de ventas (salvo en situaciones de un alto crecimiento o contracción de la actividad), su impacto es determinado por la diferencia entre sus valores absolutos en los periodos que se estén comparando.

395 Ejemplo Continuando con los ejemplos de precio y volumen explicados en ventas y margen, los datos hasta nivel de EBITDA para la entidad X en los ejercicios N y N+1 son los siguientes:

u.m.	Ejercicio N	Ejercicio N+1
Ventas		
Subproducto 1	500	425
Subproducto 2	500	475
Producto A	**1.000**	**900**
Producto B	900	1.200
Total	**1.900**	**2.100**
Coste de ventas		
Subproducto 1	(250)	(150)
Subproducto 2	(250)	(200)
Producto A	**(500)**	**(350)**
Producto B	(500)	(600)
Margen		
Subproducto 1	250	275
Subproducto 2	250	275
Producto A	**500**	**550**
Producto B	400	600
% Margen ventas		
Subproducto 1	*50,0%*	*64,7%*
Subproducto 2	*50,0%*	*57,9%*
Producto A	***50,0%***	***61,1%***
Producto B	*44,4%*	*50,0%*
Margen bruto total	**900**	**1.150**
Costes de personal directo	(300)	(450)
Costes de personal estructura	(200)	(220)
Otros gastos de explotación	(200)	(250)
EBITDA	**200**	**230**
% Personal directo s/ ventas	*16%*	*21%*

396 La entidad X no dispone de herramientas que le permitan imputar correctamente los costes del personal directo a cada uno de los productos y subproductos vendidos. En dicho caso, dada la insuficiencia de la información disponible para determinar en profundidad qué ha ocurrido con estos costes, el cálculo del impacto será el siguiente:
Efecto rentabilidad = (% sobre Ventas N+1 - % sobre Ventas N) × (Ventas N+1) = - 32 u.m.
Efecto volumen = (Ventas N+1 - Ventas N) × (% sobre Ventas N) = - 118 u.m.
En consecuencia, puede considerarse que el incremento en el volumen de ventas ha provocado un mayor consumo de recursos de personal directo, que ha reducido el EBITDA en 88 u.m., y a su vez la entidad ha perdido rentabilidad como consecuencia de la pérdida de eficiencia en el consumo de dichos costes que a su vez reduce el EBITDA en 62 u.m. en el ejercicio N+1 en relación al ejercicio N.

El cálculo de los impactos en ventas y margen se encuentran explicados en los ejemplos expuestos en las respectivas áreas (ver nº 370 y nº 387).

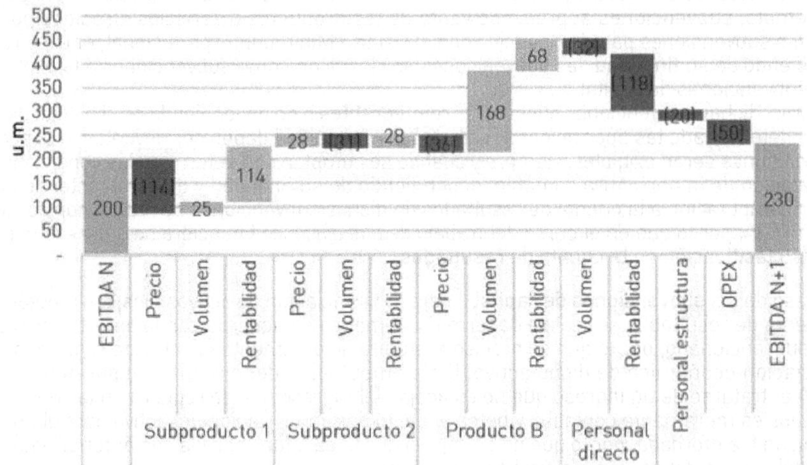

Adicionalmente a las **conclusiones** que ya hemos alcanzado con respecto a las ventas y el margen de la entidad en las secciones correspondientes, se puede concluir que la política de precios aplicada en el ejercicio N+1 ha supuesto una mejora en la rentabilidad bruta, pero que sin embargo ha sido en parte consumida por los aumentos de los costes de estructura y del personal directo. 397

Esto puede ser consecuencia de la gestión realizada, que ha provocado que la entidad haya incurrido en ineficiencias, o bien que debido a la naturaleza de la actividad y/o de las características propias del proceso productivo se puede prever que, ante aumentos en la producción, la rentabilidad disminuya como consecuencia de las economías de escala. Por ejemplo, podría ocurrir que la producción de algunas unidades más implique contratar un nuevo trabajador cuyo coste no es absorbido por el aumento de la producción y, por tanto, se pierde rentabilidad. En cualquier caso, el asesor financiero debe poner de manifiesto tanto las bondades como las incertidumbres identificadas, e identificar aquellos aspectos del negocio que afecten a las expectativas sobre la capacidad de crecimiento u expansión del negocio.

f. Partidas registradas por debajo del EBITDA

Aunque el resultado del análisis del EBITDA y de todos sus componentes tiene un **impacto directo en el precio** de la transacción y en la decisión de inversión por parte del comprador, no podemos olvidar el resto de las partidas integrantes de la cuenta de resultados. El análisis de estos gastos e ingresos es importante para acabar de comprender el negocio y los flujos de caja que genera. 398

Adicionalmente, el análisis de estas partidas tendrá como **objetivo** determinar si las mismas debieran haberse clasificado dentro del EBITDA por tratarse de gastos o ingresos operativos y recurrentes o, por el contrario, están correctamente excluídas del EBITDA al tratarse de gastos o ingresos de naturaleza no operativa (financiera, por ejemplo) y/o no recurrente.

Amortización Para determinar las posibles necesidades de inversión en **activos fijos** de una entidad hay que considerar y evaluar la consistencia en las políticas de amortización y una correcta aplicación de tasas de depreciación de los activos fijos. 399

Cambios no justificados en la **vida útil** de los activos o que no se reflejen su depreciación real deben ser cuantificados, y tienen adicionalmente impacto en el patrimonio neto de la entidad.

Así, mediante la **comparación** del gasto por **amortización** con la **inversión en activos fijos** de la compañía en varios periodos, podemos obtener una primera idea de las necesidades de inversión que tiene la compañía y de la velocidad con la que se está descapitalizando (si fuera el caso).

Precisiones En determinados negocios muy intensivos en capital, como puede ser el hotelero, es muy difícil comparar el EBITDA de una compañía con el de sus competidores, si estos tienen políticas distintas de inversión.

Así, unos pueden desarrollar el negocio mediante inmuebles alquilados y otros mediante inmuebles en propiedad.

En estos casos se puede utilizar como indicador comparable del negocio el **EBIT** o el **EBITDAR**.

400 **Subvenciones** Las subvenciones se corresponden con aportaciones realizadas por un organismo público para su utilización en la financiación de activos fijos, de activos no fijos, para cancelaciones de deuda o para subvencionar directamente las actividades de explotación (por ejemplo, subvenciones al precio de venta de los productos o servicios ofrecidos por la entidad) o subvenciones para la financiación del Salario Mínimo Interprofesional, entre otras). Dependiendo de su **finalidad**, las subvenciones se clasifican como subvenciones a la explotación o subvenciones de capital.
Así mismo, dichas subvenciones pueden ser **reintegrables** o no dependiendo de si al final de un periodo determinado las aportaciones recibidas por la entidad deben ser devueltas o si por el contrario nunca serán exigibles, siempre y cuando se cumplan con determinadas condiciones.
En aplicación de la normativa contable, dependiendo de su finalidad y de su carácter reintegrable, la imputación a la cuenta de resultados de dichas subvenciones se realiza con cargo o no al EBITDA, por lo que en el curso del trabajo de *due diligence* financiera se debe evaluar su correcta **clasificación en la cuenta de resultados**.

400.1 En el caso de las **subvenciones de capital** o para la financiación de activos fijos, su imputación a la cuenta de resultados se realiza de forma sistemática de acuerdo con la amortización del activo subvencionado, por lo que es preciso evaluar adicionalmente el correcto registro de la depreciación económica de dicho activo. Dicha imputación debe realizarse por debajo del EBITDA al tratarse de un ingreso que no es «caja» (el ingreso que se registra en la cuenta de resultados es meramente contable, y netea el gasto por amortización del activo para el que la subvención fue otorgada, por lo que no es caja ya que la caja fue cobrada con anterioridad). Es objeto del trabajo del asesor comprobar que así sea.
Adicionalmente, con el fin de identificar posibles riesgos con impacto en los flujos de caja de la entidad, se debe evaluar si las **condiciones** establecidas por el organismo otorgante de la subvención son íntegramente cumplidas, puesto que en caso contrario se exige su devolución y se puede considerar el importe estimado a devolver como partida asimilable a la deuda neta del negocio.
Por último, en el caso de que se traten de **subvenciones a la explotación**, ha de evaluarse si estas pueden mantenerse en un futuro de cara a determinar su recurrencia.

401 **Excesos de provisiones de riesgos y gastos** La provisión para riesgos y gastos es registrada inicialmente como un gasto en el ejercicio en el que se determina la existencia de dicho riesgo y dicho **gasto** se clasifica en la cuenta de resultados según su naturaleza, afectando por tanto al EBITDA de dicho ejercicio. Sin embargo, el **ingreso** derivado de un exceso en la dotación de la provisión es imputado en la mayoría de las ocasiones en un ejercicio económico posterior, y su registro contable no impacta en el EBITDA.
Con la perspectiva histórica que nos ofrece la *due diligence* financiera mediante el análisis de varios ejercicios económicos, se debe concluir sobre si el EBITDA del ejercicio en el que se dotó la provisión está infravalorado y, en su caso, debemos excluir el ingreso derivado de un exceso de dotación registrado en un periodo distinto al que se dotó el gasto original y llevarlo a tal periodo.

402 **Impuesto sobre sociedades** Se debe evaluar el correcto registro del Impuesto sobre Sociedades a efectos de determinar posibles **impactos** en el patrimonio reportado por la entidad. De dicha evaluación se pueden poner de manifiesto, adicionalmente, ajustes al *working capital* y la deuda neta.
Adicionalmente, la *due diligence* financiera ha de considerar y reflejar en sus conclusiones los posibles impactos identificados en el proceso de realización de la *due diligence* fiscal de la entidad.

403 **Resultado financiero** Sin olvidarnos de todos los componentes del resultado financiero, los más significativos son los que recogen los flujos derivados de **operaciones de financiación**. Debemos evaluar el correcto registro contable de los ingresos y gastos financieros, atender especialmente al correcto registro según su devengo, e identificar su procedencia, lo que permite identificar posibles deudas no registradas en el pasivo de la entidad.
Adicionalmente se debe evaluar la **naturaleza operativa** de los diferentes resultados financieros registrados. Los costes financieros consecuencia del mantenimiento de cuentas corrientes, asociados a la utilización del *factoring*, descuentos comerciales, gastos derivados de avales operativos, tarjetas de crédito y comisiones de centrales de compra, en la medida en que sean recurrentes, pueden ser considerados como gastos operativos y, por tanto, ser incluidos en el cálculo del EBITDA ajustado del negocio.

Diferencias de cambio Las diferencias negativas y positivas de cambio forman parte de los resultados financieros y se analizaran como parte de estos. Sin embargo, cabe destacar que existen negocios en los que el **impacto en el EBITDA** de las diferencias de cambio es muy significativo. En estos negocios, además de analizar las diferencias de cambio que se incluyen como resultados financieros, deberemos evaluar y cuantificar qué parte de la tendencia de los ingresos y gastos reflejados en la cuenta de resultados está impactada por la evolución del tipo de cambio. 404

Ejemplo Una entidad X tiene ubicada su actividad de explotación en España, soportando todos sus costes en moneda Euro y sus ventas las realiza en su totalidad en el mercado estadounidense, por lo que sus ventas se producen en dólares ($). La **cuenta de resultados** de esta entidad para el ejercicio N y N+1 es la siguiente: 405

	N	N+1	% Var
Ventas	240	252	*5%*
Coste de Ventas	-40	-40	*0%*
Margen	**200**	**212**	***6%***
Gastos de personal	-50	-50	*0%*
OPEX	-10	-10	*0%*
EBITDA	**140**	**152**	***9%***
Resultado financiero	-20	-20	*0%*
Impuesto sobre Sociedades	-28	-30	*10%*
Resultado	**92**	**102**	***10%***
% MB s/ Ventas	83,3%	84,1%	
% EBITDA s/ Ventas	58,3%	60,3%	

En base a su cuenta de resultados, la entidad ha incrementado sus ventas un 5% en el ejercicio N+1 con respecto al ejercicio anterior. De igual modo, ha aumentado su margen bruto, EBITDA y resultado con respecto al ejercicio N debido al mantenimiento de los costes de estructura y financieros en los mismos niveles del ejercicio anterior. 406
Los datos de **ventas** en unidades, en precio de venta, y tipo de cambio aplicado a la conversión de sus ventas es el siguiente:

	N	N+1	% Var
T/C $ / € (1)	1,2	1,4	*16,7%*
uds. Vendidas (2)	100	60	*(40,0%)*
PVP/ Ud ($) (3)	2	3	*50,0%*
Ventas en $ (4) = (2) x (3)	200	180	*(10,0%)*
Ventas en € = (1) x (4)	240	252	*5,0%*

406.1 Vemos, por tanto, que, a pesar del incremento en sus ventas totales, las unidades vendidas se han reducido significativamente (40%), mientras que el precio de venta ha aumentado un 50%. A su vez, el tipo de cambio del Euro frente al Dólar estadounidense se ha incrementado casi un 17%.

Para determinar el **impacto** de la **evolución del tipo de cambio**, calculamos la cuenta de resultados del ejercicio N+1 considerando invariable el tipo de cambio con respecto al ejercicio N. El resto de variables las mantenemos tal y como han sido en realidad:

	N	N+1	% Var
Ventas	240	216	-10%
Coste de Ventas	-40	-40	0%
Margen	200	176	**-12%**
Gastos de personal	-50	-50	0%
OPEX	-10	-10	0%
EBITDA	140	116	**-17%**
Resultado financiero	-20	-20	0%
Impuesto sobre Sociedades	-28	-22	-20%
Resultado	92	74	**-20%**
% MB s/ Ventas	83,3%	81,5%	
% EBITDA s/ Ventas	58,3%	53,7%	

	N	N+1
T/C $ / € (1)	1,2	1,2
uds. Vendidas (2)	100	60
PVP/ Ud ($) (3)	2	3
Ventas en $ (4) = (2) x (3)	200	180
Ventas en € = (1) x (4)	240	216

Por tanto, el impacto en el tipo cambio ha sido positivo en la obtención de resultados de la entidad y en la mejora de su rentabilidad, puesto que, a tipo de cambio constante, habría obtenido un 10% menos en ventas, un 17% menos en EBITDA y un 20% menos en resultados, como consecuencia de la caída en las ventas ocurrida en el ejercicio N+1 no compensada con el incremento en el precio de venta.

g. Relaciones con partes vinculadas

407 En el proceso de *due diligence* se deben identificar todas aquellas transacciones u operaciones que la empresa o negocio objeto del *due diligence* ha mantenido o mantiene con partes vinculas (sociedad matriz, filiales, accionistas y/o otras entidades asociadas).

El trabajo de análisis de las relaciones con partes vinculadas tiene por fin último identificar el **impacto** financiero que supone **separar a una entidad de su grupo** empresarial y hacer que la misma realice su negocio de forma independiente. Dicho impacto puede ser positivo (se ahorran ciertos gastos de estructura) o negativo (se pierden ahorros obtenidos por pertenecer a un grupo más grande).

La importancia de este análisis viene determinada por el marco en el que se desarrolle la operación, puesto que será menor cuando la operación suponga la adquisición de un porcentaje minoritario de acciones del negocio y mucho más significativo cuando tras la operación el negocio se va a quedar totalmente desvinculado del grupo al que pertenece en la actualidad.

4. Análisis del balance de situación

410
a. Consideraciones generales 413
b. «Working capital» 422
c. Deuda neta 460
d. Activos fijos 473
e. Patrimonio neto 487

411 El presente apartado tiene por objeto describir el análisis a realizar sobre el balance de situación de una entidad o grupo de entidades, en el marco de un trabajo de *due diligence* financiera. Igualmente, se determinan aquellos saldos registrados en el balance que pueden impactar en el cálculo del precio de la transacción.

a. Consideraciones generales

El trabajo de *due diligence* sobre el balance de situación se orienta a comprender el mecanismo de conversión en caja de las operaciones analizadas a través de la cuenta de pérdidas y ganancias, y las distintas aplicaciones y orígenes complementarios de los **flujos de caja** del negocio. 413

Balance de situación contable o financiero Desde un punto de vista estrictamente contable, los saldos del balance de situación se clasifican en cinco masas patrimoniales atendiendo a su disponibilidad en el caso de los activos y su exigibilidad en el caso de los pasivos. Dichas **masas patrimoniales contables** son las siguientes: 414

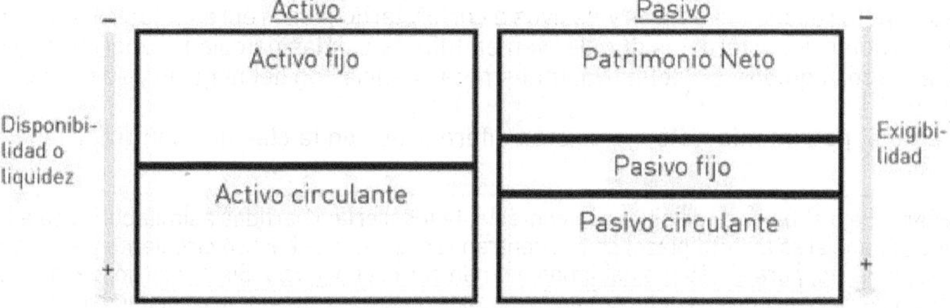

El **activo** recoge los bienes o derechos que posee la entidad, y se distingue entre activo corriente y activo no corriente según la capacidad de dichos activos de hacerse líquidos en el corto o largo plazo.

El **pasivo** recoge las obligaciones que ha generado una entidad en el desarrollo de su actividad. Del mismo modo que el activo, ha de distinguirse entre pasivos corrientes y pasivos no corrientes en función de la proximidad en el tiempo de la obligación que recogen.

El **patrimonio neto** recoge las aportaciones de capital realizadas por los socios, las reservas o resultado del ejercicio generadas o por la actividad y las subvenciones, donaciones y legados recibidos de carácter no reintegrable. Por tanto, se corresponde con la diferencia entre los activos y los pasivos de la entidad.

Precisiones La estructura del balance de situación y del capital circulante varía atendiendo a las diferentes **adaptaciones sectoriales** especificadas por el Plan General Contable y por el Banco de España.

Balance de situación de negocio El análisis del balance de situación en un proceso de *due diligence* financiera está orientado a la obtención de la siguiente **información**: 415

• Obtener un profundo conocimiento de cada una de las partidas que componen el balance de situación y de su evolución en un periodo histórico determinado.
• Identificar los hechos societarios y de negocio que han acaecido durante el periodo histórico y cómo estos han determinado la evolución de la caja generada.
• Poner de manifiesto las necesidades de inversión del activo fijo y posibles riesgos que puedan impactar en la capacidad de generación de recursos.
• Determinar el nivel de deuda que presenta el negocio.

Consecuentemente, con el objetivo de lograr un buen entendimiento del negocio, desde el punto de vista de análisis de *due diligence* financiera no se atiende a la **clasificación** de los elementos del balance desde una perspectiva contable, sino que los diferentes activos y pasivos se clasifican según su **naturaleza y finalidad** en las siguientes masas:

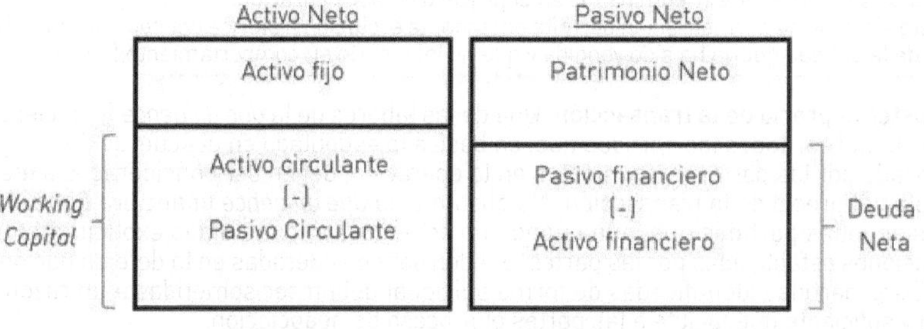

416 El **activo fijo** recoge las inversiones en activos fijos directamente relacionados con el proceso productivo. Su análisis permite entender las necesidades de inversión del negocio (**CAPEX**) y la identificación de activos ociosos y/o no operativos. Dependiendo del tipo de negocio que se esté evaluando (intensivo en mano de obra o intensivo en capital) este análisis puede ser poco relevante o puede suponer uno de los ejes fundamentales del análisis del balance de situación.

El «**working capital**» incluye aquellas partidas del activo y pasivo circulante directamente vinculadas con la operativa del negocio (cuentas por cobrar de clientes y deudores, saldos a pagar a proveedores y acreedores y existencias), con excepción de aquellas de naturaleza financiera. Un buen análisis del *working capital* permite entender cómo se convierten los resultados generados en caja y si existen conceptos asimilables a deuda entre las partidas que lo forman.

La **deuda neta** recoge los activos y pasivos a corto y largo plazo representativos de compromisos de carácter financiero, los que deriven en futuras salidas de caja no operativas y los activos financieros líquidos. En definitiva, muestra la financiación del negocio y su nivel de apalancamiento.

En cuanto al **patrimonio neto**, no existen diferencias con la clasificación tradicional de este epígrafe.

Ejemplo Bajo el balance de situación contable, la **tesorería** o partidas asimilables a caja (inversiones financieras a corto plazo) se encuentran recogidas en el activo circulante y son considerada, por tanto, para el cálculo del fondo de maniobra del negocio. Sin embargo, desde el punto de vista de *due diligence* no debe ser considerada como parte del *working capital* dada su naturaleza financiera, sino que ha de ser clasificada como deuda neta.

417 Al igual que ocurre en la clasificación contable, estas masas no son independientes entre sí. Normalmente, **ajustes o reclasificaciones** identificadas en una de ellas tienen contrapartida en alguna de las otras. Por tanto, estas masas patrimoniales han de ser finalmente ajustadas por aquellos aspectos que se identifiquen durante el proceso de análisis.

418 **Objetivos del análisis del balance de situación** El trabajo de *due diligence* financiera del balance de situación tiene como principales objetivos los siguientes:

1. **Normalización de las masas patrimoniales** del balance de situación. La evolución histórica de las diferentes masas patrimoniales se puede encontrar impactadas por determinados factores, externos o internos, que pueden alterar las conclusiones alcanzadas sobre su comportamiento, y que por tanto conducirían a previsiones incorrectas sobre su comportamiento futuro. Así, una vez determinadas las diferentes masas patrimoniales del balance de situación y, antes de entrar en el trabajo detallado de cada masa, es necesario entender la **evolución del negocio**, y si esto influye en la comparabilidad de dichas magnitudes a lo largo del periodo que se esté analizando.

Estos impactos han de ser identificados y cuantificados en el proceso de *due diligence* para permitir al potencial comprador conocer la tendencia natural y habitual del negocio que va a adquirir. Este proceso se conoce como normalización, y consiste en eliminar el impacto de aquellos **hechos no habituales o extraordinarios** que puedan ser considerados no recurrentes y de normalizar el impacto de aquellos que han tenido un efecto no uniforme en alguna de las masas del balance de situación de negocio.

Ejemplo Un **grupo** de entidades se encuentra en proceso de venta a 31-12-N. El trabajo de *due diligence* se centra en el análisis histórico de los ejercicios, N-2, N-1 y N. A mediados del ejercicio N-1 el grupo procede a la **venta de una de sus entidades**.

En este caso el balance de situación del ejercicio N-2 y parte del ejercicio N-1 recoge saldos generados por la entidad vendida, que ya no están contemplados en el ejercicio N. Por tanto, dichos saldos deben ser eliminados en el proceso de normalización.

Este ejercicio de normalización permite entender la evolución histórica del negocio sin el impacto de la entidad que ya ha sido vendida y que no influirá en su comportamiento futuro.

419 2. **Ajustes al precio de la transacción.** Una de las labores de la *due diligence* financiera consiste en cuantificar todas las partidas que, en base a lo estipulado en el acuerdo de compraventa alcanzado por las partes intervinientes en la operación, deben ser considerados a efectos del cálculo del precio de la transacción. No obstante, la *due diligence* financiera debe identificar todas aquellas partidas que, aun cuando no se encuentren incluidas explícitamente en las definiciones establecidas por las partes, pueden ser consideradas en la determinación de precio. Estas partidas identificadas de forma adicional deben ser sometidas a un razonamiento claro y suficiente que facilite a las partes el proceso de negociación.

b. «Working capital»

El *working capital* recoge los **activos y pasivos no financieros** directamente relacionados con la operativa del negocio. Representa aquellas partidas en las que se recogen las ventas y/o servicios prestados y los costes incurridos que aún no han dado lugar a un movimiento de tesorería. En definitiva, el *working capital* supone la expresión en términos de liquidez del ciclo del negocio y, por tanto, determina la capacidad de un negocio de generar financiación propia para llevar a cabo su actividad o, por el contrario, las necesidades de financiación del mismo. 422

Ciclo de negocio generador del «working capital»

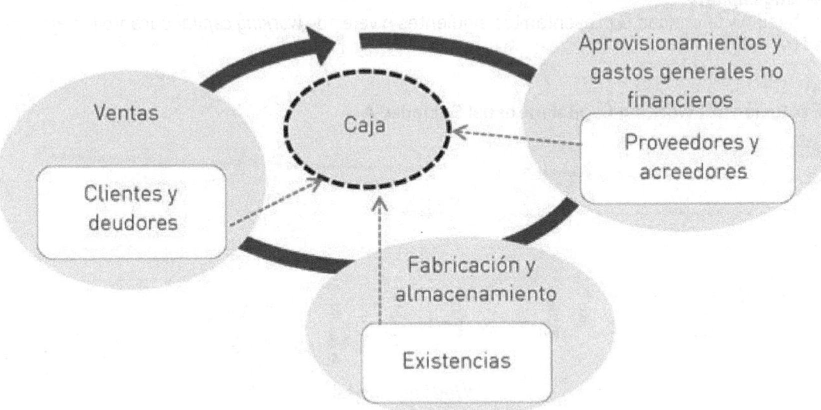

Las **partidas** del **balance de situación** que forman parte del *working capital* son las siguientes: 423
1. **Existencias**: se corresponden con los bienes relacionados con la actividad de explotación y que están destinados a su venta o que serán objeto de transformación o de incorporación al proceso productivo.
2. **Clientes**: recogen los derechos de cobro que se originan de la venta de bienes o de la prestación de servicios relacionados directamente con la actividad de explotación.
3. **Proveedores**: recogen las obligaciones de pago derivadas de la adquisición de bienes o de la recepción de servicios por parte de terceros que van a ser incorporados al proceso productivo o a la actividad generadora de ingresos.
4. **Otros deudores y acreedores**: recogen los saldos a cobrar y a pagar generados por la actividad que no tienen la consideración de clientes o proveedores.

Podemos agrupar adicionalmente los distintos componentes del *working capital*, en función de su naturaleza operativa o no operativa:
a) **«Working capital» operativo**: recoge aquellas partidas directamente relacionadas con el ciclo operativo del negocio: clientes, existencias y proveedores.
b) **«Working capital» no operativo**: incluye aquellas partidas del balance que se encuentran indirectamente relacionadas con el ciclo del negocio: suelen corresponderse con los saldos de otros deudores y acreedores como las remuneraciones pendientes de pago a empleados y los saldos mantenidos con la Administración pública derivados de impuestos operativos.

El análisis del *working capital* en el marco de una *due diligence* financiera se realiza con la **finalidad** de ofrecer información sobre la capacidad histórica de cobrar y de pagar del negocio, ya que está estrechamente relacionada con la capacidad de generación de flujos de caja presentes y futuros y por tanto con el valor del negocio. 424

El **valor del negocio** se encuentra íntimamente relacionado no solo con la posición del *working capital* a una fecha determinada, sino con cómo se compara con su evolución a lo largo de todo un periodo. Tengamos en cuenta que el negocio que estemos evaluando puede tener un comportamiento muy estable a lo largo de un ejercicio económico, y por tanto tener un comportamiento más predecible. Pero también, puede tratarse de un negocio con niveles de actividad diferente dependiendo del momento de dicho ciclo, y por tanto con unos *working capital* distintos y no comparables. La *due diligence* financiera pone de manifiesto este comportamiento con el fin de que sea considerado de cara a valorar correctamente el negocio transmitido, facilitando además al potencial comprador su gestión futura.

Adicionalmente es frecuente que en los contratos de compraventa se establezca un **nivel específico** en el que se debe encontrar el *working capital (al que comúnmente se llama target working capital* o *working capital normalizado)* y que supone el *working capital* normal y mínimo para operar el negocio. Si el Vendedor dejase un nivel de *working capital* inferior a este *target working capital*, el precio de la transacción se verá reducido en esa diferencia, mientras que, si dejase un nivel superior, el precio se verá incrementado por la diferencia. Esto ocurre, por ejemplo, en negocios estacionales en los que los niveles de *working capital* difieren en función del momento del ciclo económico, o para evitar el riesgo de adquirir un negocio sin los niveles de *working capital* mínimos y necesarios para el desarrollo habitual de la actividad.

425 Ejemplo En el siguiente ejemplo se pone de manifiesto la **importancia del comportamiento de «working capital»**:

La entidad A y la entidad B presentan los siguientes niveles de *working capital* durante los ejercicios N y N+1:

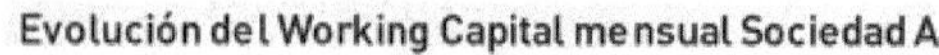

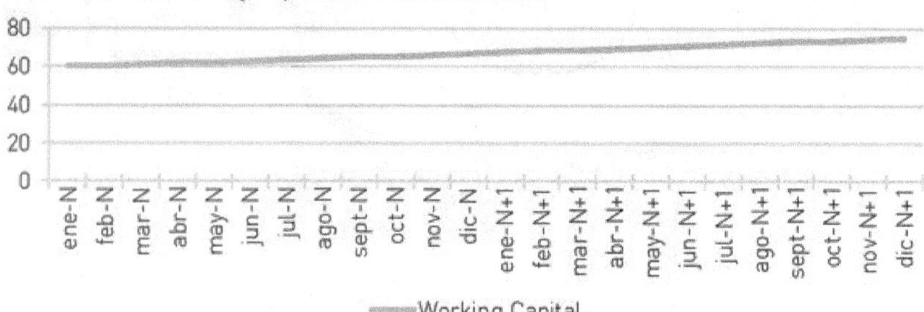

Evolución del Working Capital mensual Sociedad B

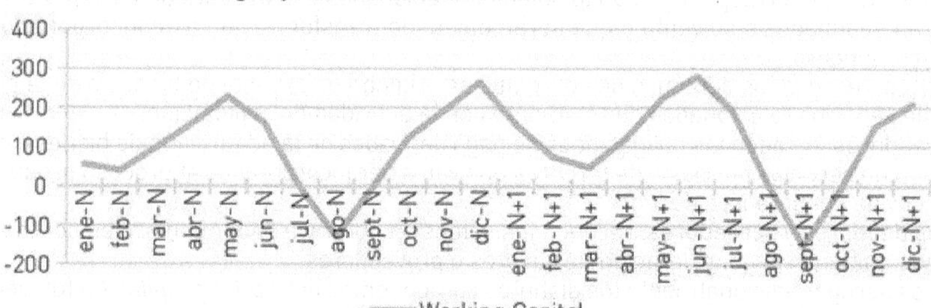

Las dos entidades presentan comportamientos del *working capital* muy diferentes. La entidad A presenta una tendencia creciente clara y muy estable, mientras que la entidad B presenta picos y valles en la evolución histórica del *working capital*.

El comportamiento del *working capital* de la entidad B conllevará una generación de caja totalmente diferente dependiendo del momento, y sus necesidades de financiación serán, por tanto, también diferentes. Adicionalmente presenta una tendencia a incrementar su *working capital* a partir del mes de marzo y de reducirlo a partir de mayo, llegando a ser negativo en agosto-septiembre. Dependiendo del cierre contable que se esté evaluando y el mecanismo de precio establecido, la valoración de la entidad B será totalmente diferente si no se identifican estas variaciones interanuales.

426 En el marco de un trabajo de *due diligence* financiera los **objetivos** que persigue el análisis del *working capital* son:

- Entender la capacidad de la entidad de convertir en liquidez sus ventas y sus gastos.
- Detectar y establecer las necesidades operativas de financiación del negocio, salvo las que se deriven de las nuevas inversiones en activos fijos.
- Detectar problemas de obsolescencia o inadecuada gestión del almacén.
- Identificar problemas de cobro y, por tanto, deterioros en la liquidez.
- Entender los instrumentos no financieros (*factoring* y *confirming*) utilizados por la entidad para gestionar sus cobros y pagos.

• Determinar partidas asimilables a deuda que se estén considerando como parte del *working capital*.

Para lograr estos objetivos deben **analizarse** los siguientes aspectos:

1. Descripción de los activos y pasivos integrantes del *working capital* y análisis de la correcta valoración de los mismos (nº 427).

2. Análisis los periodos medios de rotación, pago y cobro. Los periodos medios (PM) son los indicadores a partir de los cuales se puede realizar la proyección del *working capital* (nº 432).

3. Análisis de la estacionalidad en el ciclo de cobros y pagos del negocio objeto de la transacción (nº 441).

4. Identificación de partidas no asimilables al *working capital* y que deben formar parte de la deuda neta del negocio debido a la naturaleza o a la finalidad de dicha partida (nº 445).

5. Análisis de la cobrabilidad y el sistema de pago (en tiempo y forma) de las partidas del *working capital* (nº 448).

6. Análisis de la influencia del grupo al que pertenece la entidad en las condiciones de cobro y pago (saldos con sociedades vinculadas) (nº 454).

A continuación, se describen algunos de los procedimientos realizados en el marco del trabajo de *due diligence* para realizar los análisis descritos anteriormente.

Descripción y valoración de activos y pasivos integrantes del «working capital» El trabajo de *due diligence* financiera del área de *working capital* comienza con una adecuada descripción de los saldos incluidos en cada partida del *working capital*. Esta descripción supone obtener el mayor nivel de detalle de cada cuenta contable. 427

Con el proceso descriptivo se busca **identificar partidas** que, aunque desde un punto de vista contable se encuentran correctamente clasificadas, no están relacionadas con el negocio sino con su financiación, o se tratan de activos no operativos o no vinculados con la actividad de explotación.

Los **procedimientos** a llevar a cabo dependen del negocio a analizar y de un proceso de identificación y evaluación de las áreas con riesgo. A continuación, pasamos a detallar los aspectos que pretenden evaluar dichos procedimientos:

1. **Existencias**: 428

• Entendimiento de la consistencia histórica en la imputación de costes.

• Análisis de la valoración de la provisión por depreciación de existencias:

- Análisis del valor neto de realización.

- Análisis de la rotación del stock.

• Evaluación de los procedimientos internos llevados a cabo sobre las existencias que puedan poner en evidencia posibles riesgos de control o valoración.

• Existencia e integridad del stock.

2. **Clientes y deudores**:

• Análisis del *ageing* de clientes.

• Análisis del Periodo Medio de Cobro (PMC).

• Identificación de retrasos en cobro de clientes.

• Correcta valoración de la provisión por insolvencias.

3. **Proveedores y acreedores**:

• Análisis del *ageing* de proveedores.

• Análisis del periodo medio de pago (PMP).

• Integridad: prueba de corte de operaciones en aquellos casos que se detecten riesgos significativos de incorrecta imputación temporal de ingresos y/o gastos.

• Análisis de saldos no operativos en cuentas de proveedores (por ejemplo, proveedores de inmovilizado).

4. **Saldos con la Administración pública**:

• Análisis de las posiciones con la Administración pública e identificación de retrasos en el pago de impuestos operativos así como saldos no operativos.

• Análisis de la conversión en caja de los impuestos diferidos de activo y pasivo clasificados en el corto plazo.

5. **Provisión por riesgos y gastos**:

• Identificación y cuantificación de los riesgos del negocio, así como de su probabilidad de ocurrencia. Para esta identificación el asesor debe apoyarse en el trabajo del asesor legal, fiscal, etc.

• Identificación y análisis de la razonabilidad de movimientos en las cuentas de provisiones y su impacto en la cuenta de resultados.

• Determinación de la suficiencia de las provisiones contables para cubrir los riesgos anteriormente identificados.

• Identificación de aquellos riesgos con alta probabilidad de ocurrencia que no hayan sido provisionados.

429 **Análisis del impacto precio-volumen en existencias** Dado que las existencias tienen un componente físico (unidades) y un componente monetario (precio), el comportamiento de estos dos componentes determina su evolución. Identificar el **impacto individualizado** de estas dos variables es sumamente importante en aquellos casos en los que existen fluctuaciones significativas en los costes de adquisición de las materias primas o de los productos terminados.

El **efecto precio** cuantifica el impacto de la variación en el precio en un periodo, teniendo en cuenta un nivel idéntico del stock en unidades constantes en ambos periodos:

Efecto precio = (Coste unitario N+1-Coste unitario N)* (*Unidades N*)

El **efecto volumen** cuantifica el impacto de la variación en el número de unidades de un periodo a otro, considerando que el precio se mantiene constante e igual al existente en el periodo que estamos analizando:

Efecto volumen = (Unidades N+1- Unidades N)* (Coste unitario N+1)

430 Ejemplo Mediante el siguiente ejemplo se calcula el **impacto del precio-volumen en existencias**: La entidad X presenta los siguientes valores en existencias a cierre de los tres ejercicios económicos N, N+1 y N+2:

	N	N+1	N+2
Stock (u.m.)	100	110	130
Stock (ud.)	10	10	10
Coste unitario	10	11	13

Este es un ejemplo claro de que las existencias han aumentado como consecuencia del incremento en su coste.

Pero en entornos más complicados, con varios tipos de existencias y con variaciones diferentes de los precios de las mismas, es importante conocer cuál es el impacto de la variación en precios y el impacto de la variación en existencias:

	N	N+1
Stock (u.m.)	143	171
Stock (ud.)	13	19
Coste unitario	11	9

El stock total se ha incrementado en 28 u.m. = 171 u.m.-143 u.m.
Efecto precio = (9-11)*13= -26 u.m.
Efecto volumen = (19-13)*9= 54 u.m.
Efecto precio + Efecto volumen = -26 u.m.+ 54 u.m.= 28 u.m.
Por tanto, el incremento en las existencias en el periodo N+1 con respecto al periodo N es el resultado de un efecto combinado: el efecto precio de las existencias ha disminuido las existencias en 26 u.m. mientras que el efecto volumen lo ha contrarrestado con un impacto positivo de 54 u.m.

431 **Stock mínimo** El nivel mínimo de stock es la cantidad de materias primas o materiales que necesita la línea de producción o la línea de servicio para poder satisfacer su demanda. Por tanto, es el **límite inferior** de **existencias** por debajo del cual no se cubre la demanda. El stock de seguridad contempla adicionalmente las existencias que se precisan para satisfacer demandas inesperadas de clientes o retrasos en las entregas de los proveedores.

En procesos de compra es especialmente importante informar de estas magnitudes, dado su impacto en los niveles de *working capital* mínimos que son necesarios para el correcto funcionamiento del negocio. Adicionalmente, las posibles **roturas** de este stock mínimo a la fecha de la transacción pueden encontrase contempladas en el contrato de compraventa como ajustes al *working capital* y deuda neta, con su consecuente impacto en el precio de la transacción.

432 **Periodos medios de rotación, cobro y pago** El análisis de los periodos medios nos permite medir en días el tiempo que la empresa tarda en convertir sus compras o ventas en caja. Normalmente se calculan tres periodos medios relacionados con las tres partidas principales del *working capital*:

- **Existencias**: periodo medio de rotación.
- **Clientes y deudores**: periodo medio de cobro.
- **Proveedores y acreedores**: periodo medio de pago.

1. **Periodo medio de rotación del stock (PMR)**. Se corresponde con el periodo de tiempo desde que el stock entra en almacén hasta que se produce su venta. Puede ser calculado en base a las ventas (*count forward method*) o a los aprovisionamientos (*count back method*). 433
a) El **cálculo sobre ventas** indica cuántos días de ventas futuras puede la compañía cubrir con el inventario disponible a una fecha determinada. Este cálculo daría un PMR superior al real al tener estas incluido el margen comercial. Por tanto, el cálculo del PMR sobre ventas (consideradas estas en unidades monetarias) es un indicador válido para la gestión del stock, pero el dato obtenido no tiene significancia operativa de gestión.
b) Otra alternativa es determinar el PMR **sobre aprovisionamientos**, que nos indica cuantos días de compras de existencias hay acumulados en el inventario a una fecha determinada, lo que da idear sobre la política de almacenamiento de la entidad.
La mejor alternativa para calcular el PMR y evitar las distorsiones que las políticas y movimientos de precio puedan tener es, calcular estos ratios en base a unidades físicas y no monetarias (para evitar así impactos derivados de inflación, entre otros).
2. **Periodo medio de pago (PMP)**. Consiste en el periodo de tiempo que transcurre desde la adquisición a proveedores de servicios o productos hasta que se efectúa su pago. En otras palabras, indica cuántos días de compras de servicios o productos tiene la compañía en su balance pendientes de pago.
3. **Periodo medio de cobro (PMC)**. Indica el tiempo que transcurre desde que se produce la venta al cliente hasta que se cobra finalmente. En otras palabras, indica cuántos días de ventas a clientes de servicios o productos tiene la compañía en su balance pendientes de cobro.

La suma de los tres periodos medios nos permite obtener el **periodo de maduración del ciclo de explotación** o los días de *working capital* y refleja el tiempo que transcurre desde que se invierte en el ciclo de explotación hasta que dicha inversión es recuperada, excluyendo las inversiones en activos fijos. 434
El ciclo de generación de caja del *working capital* puede resumirse en el siguiente gráfico:

Periodo medio de maduración del ciclo de explotación

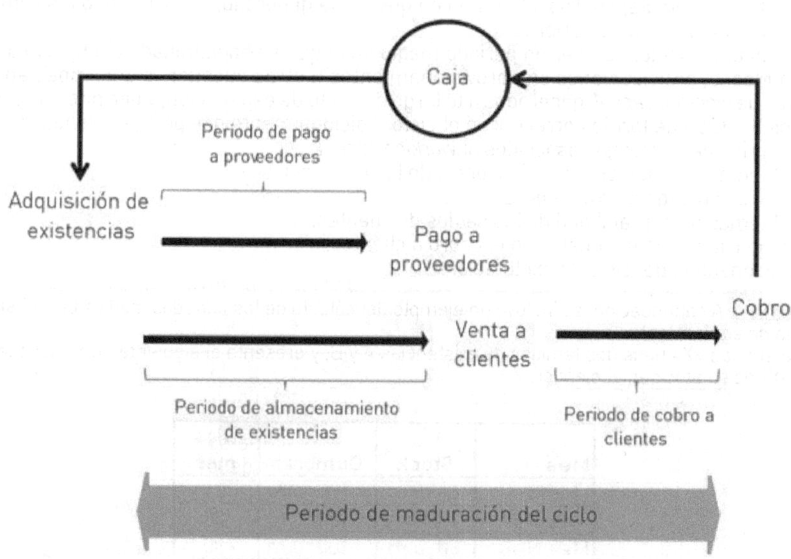

Sistemas de cálculo A continuación, se presentan los dos sistemas de cálculo de los periodos medios generalmente aceptados: 435
1. **Cálculo global**: se determinan los periodos medios en base a los saldos de las diferentes partidas del circulante y el importe de las ventas y aprovisionamientos al cierre de cada uno de los periodos.
Pueden ser determinados en **base** anual, mensual, trimestral, semanal, etc. En función del periodo interanual empleado, el cálculo debe ser adaptado considerando los días contenidos en cada uno de los periodos evaluados (por ejemplo, si el cálculo es mensual, usaremos 28 días, 30 días o 31 días, dependiendo de los días que tenga el mes analizado).

A continuación, indicamos el cálculo de los periodos medios en **base anual**:

Fórmulas de cálculo de los periodos medios

$$\text{PMR Existencias} = \frac{\text{Saldo de existencias}}{\text{Aprovisionamientos}} \times 365 \text{ dias}$$

$$\text{PMR Existencias} = \frac{\text{Saldo de existencias}}{\text{Ventas}} \times 365 \text{ dias}$$

$$\text{PMC Clientes} = \frac{\text{Saldo de clientes}}{\text{Ventas}} \times 365 \text{ dias}$$

$$\text{PMC Proveedores} = \frac{\text{Saldo de proveedores}}{\text{Aprovisionamientos}} \times 365 \text{ dias}$$

Precisiones El impacto del **IVA repercutido y soportado** en las ventas a clientes y en las compras a proveedores debe eliminarse a efectos del cálculo de los PMC y PMP, ya que su consideración supondría obtener unos periodos medios superiores a los reales.

436 2. **Cálculo por agotamiento**: se consideran los saldos del circulante a cierre de un periodo concreto y se calcula, en días, el tiempo en que se ha generado, considerando las compras o las ventas de periodos anteriores.

Este cálculo permite obtener un periodo medio en el que se ha eliminado el impacto de estacionalidades, anticipaciones en aprovisionamientos u otras cuestiones que impactan en los niveles de *working capital* generados a lo largo del ciclo de explotación, y permite evaluar si los saldos fluctúan de forma correcta con el ciclo. Adicionalmente nos permite identificar alguno de los principales **riesgos** asociados al *working capital*:

- Problemas de rotación u obsolescencia de las existencias.
- Retrasos en pago a proveedores.
- Problemas de cobrabilidad de los saldos de clientes.
- Anticipaciones no habituales en el cobro a clientes.
- Estacionalidad del ciclo de explotación.

437 Ejemplo A continuación, se incluye un ejemplo del cálculo de los periodos medios bajo el **sistema de agotamiento**:

La entidad «X» tiene dos familias de existencias A y B, y presenta el siguiente nivel mensual de PMR de su stock en el ejercicio X:

Mes	Stock	Compras	Días mes
Mes N-6	60 u.m.	100 u.m.	31
Mes N-5	70 u.m.	100 u.m.	28
Mes N-4	80 u.m.	100 u.m.	30
Mes N-3	90 u.m.	100 u.m.	31
Mes N-2	100 u.m.	100 u.m.	30
Mes N-1	190 u.m.	100 u.m.	30
Mes N	230 u.m.	100 u.m.	31

Mes N: Descomponemos hacia atrás las existencias del mes N de tal manera que asignemos el saldo a dicha fecha con las compras realizadas hasta agotarlas. De esta manera consideramos que las 230 u.m. que hay en almacén en el mes N se han adquirido de la siguiente manera: 100 u.m. en el mes N, otras 100 u.m. en el mes N-1 y el importe restante, 30 u.m., se han adquirido en el mes N-2, en las que se han adquirido un total de 100 u.m.

Una vez distribuidas las existencias calculamos el PMR para cada tramo mediante la siguiente fórmula:

PMR = (Stock /Compras) × Días mes

Tramo	Stock mes N	Compras	Periodo	Días mes	PMR (días)
1	100 u.m.	100 u.m.	Mes N	30	30,0
2	100 u.m.	100 u.m.	Mes N-1	28	28,0
3	30 u.m.	100 u.m.	Mes N-2	31	9,3
Total	**230 u.m.**	**300 u.m.**			**67,3**

La suma total de los PMR calculados para cada tramo dará como resultado el PMR para las existencias que hay en el stock en el periodo N (67,3 días).

Mes N-1: De igual manera que en el caso anterior, descomponemos el stock por tramos de compras. En este caso, las existencias se han adquirido dentro del periodo N-2 y N-1, y el PMR asciende a 57 días.

Tramo	Stock mes N-1	Compras	Periodo	Días mes	PMR (días)
1	100 u.m.	100 u.m.	Mes N-1	30	30,0
2	90 u.m.	100 u.m.	Mes N-2	30	27,0
3	- u.m.	100 u.m.	Mes N-3	31	-
Total	**190 u.m.**	**300 u.m.**			**57,0**

Precisiones Los cálculos anteriores no contemplan los días en los que el negocio no está operativo para gestionar los cobros y pagos (festivos, fines de semana o periodos vacacionales). Si se dispusiera de la suficiente información, los periodos medios calculados en base a los **días efectivos de trabajo** resultarían mucho más representativos de la realidad. **438**

En cualquier caso, es fundamental que los periodos medios se calculen para todos los periodos del mismo modo y con la misma base a fin de que sean comparables.

439 **Interpretación de los periodos medios** Una vez obtenidos los diferentes periodos medios según los métodos indicados, se debe observar si su comportamiento histórico ha sido **estable**, en cuyo caso únicamente indica los días que la empresa tarda en convertir sus compras o ventas en caja, o si por el contrario presenta **variaciones** que pueden indicar los siguientes riesgos y bondades del negocio:

Principales riesgos asociados a la evolución de los periodos medios

	PMR Existencias	PMC a clientes y deudores	PMP a proveedores y acreedores
Inconsistencias en el comportamiento histórico	Comportamientos no habituales que deberán ser considerados en el proceso de Normalización del circulante		
	Existencia de tensiones de tesorería puntuales y recurrentes a lo largo del ciclo de explotación		
	Cambios puntuales en el mix que deben ser considerados a efectos de Normalización del circulante		
Incremento	Pérdida de eficiencia en la gestión del stock : sobreinversión en existencias	Pérdida en el valor de los activos: problemas de cobrabilidad	Incremento en la capacidad negociadora de la sociedad. Mejora en las condiciones de pago a proveedores
	Pérdidas de valor de las existencias: - stock sin valor -stock con lenta rotación	Reducción en la capacidad de negociación con clientes	Posible incumplimiento de la legislación contra morosidad
			Retrasos en pago a proveedores no habituales
	Cambio en el mix que deberán ser considerados en el proceso de Normalización del circulante		
	Incrementos de la cargas financieras por aumento en el uso de instrumentos de financiación del circulante		Disminución de la cargas financieras por menor uso de instrumentos de financiación del circulante
Disminución	Mejora en la gestión de las existencias	Utilización de instrumentos de financiación del circulante no registrados en balance (factoring)	Pérdida de capacidad de negociación con proveedores
	Disminución de la cargas financieras por aumento en el uso de instrumentos de financiación del circulante		Disminución en la capacidad de financiación del resto del Working Capital
	Reducción de la cargas financieras por aumento en el uso de instrumentos de financiación del circulante		Incremento de la cargas financieras por menor uso de instrumentos de financiación del circulante
			Utilización de instrumentos de financiación del circulante no registrados en balance (confirming)
	Cambio en el mix que deberán ser considerados en el proceso de Normalización del circulante		

440 Ejemplo A continuación, se incluyen una serie de ejemplos de cálculo e interpretación del **periodo medio de rotación** del stock (PMR) a fin de ejercicio:

1) La entidad «X» tiene presenta el siguiente PMR de su stock durante el ejercicio N.:

	ene-N	feb-N	mar-N	abr-N	may-N	jun-N	jul-N	ago-N	sept-N	oct-N	nov-N	dic-N
PMR Existencias	39	38	37	39	38	40	39	39	40	39	39	40

Observando la evolución del PMR, podemos concluir que se mantiene estable en todo el periodo.

2) Consideremos ahora que esta entidad tiene tres referencias de producto, y que la evolución del PMR para cada una de ellas es el siguiente:

	ene-N	feb-N	mar-N	abr-N	may-N	jun-N	jul-N	ago-N	sept-N	oct-N	nov-N	dic-N
PMR existencias A	15	15	15	15	15	15	15	15	15	15	15	15
PMR existencias B	40	39	38	40	41	43	44	46	47	46	48	50
PMR existencias C	63	61	59	61	59	61	59	57	59	57	55	56

A través del cálculo del PMR para cada grupo de existencias que componen el stock observamos que mientras para las existencias A y C PMR se mantiene estable en el periodo, las existencias B presentan un incremento del PMR en el último semestre del ejercicio, pudiendo ser indicativo de la tenencia de existencias en stock obsoletas o con pérdida de valor en el mercado. En este caso se deberían identificar qué referencias de existencias dentro de esta familia B están teniendo problemas de salida del almacén y cuantificar el impacto de su obsolescencia.

Estacionalidad del «working capital» La estacionalidad se puede definir como aque- 441
llas fluctuaciones en el comportamiento de una variable que vienen causadas por una dependencia con la estación, época o momento del ejercicio económico o de explotación. Esta dependencia provoca **variaciones repetitivas** y predecibles y suelen encontrarse estrechamente relacionados con el comportamiento de la demanda y, por tanto, con las ventas de la entidad.

Otro de los objetivos del trabajo de *due diligence* del *working capital* es identificar si existe estacionalidad en el ciclo del *working capital*.

El análisis de la estacionalidad del *working capital* suele ser complementario del análisis de la estacionalidad del negocio, y nos permite:

• Identificar el pico **máximo y mínimo** del *working capital* y determinar, por tanto, las necesidades de financiación máximo y mínimo.

• Identificar el potencial **ajuste al precio** por diferencias con el *working capital* medio dependiendo del momento del año en que se efectúa la transacción.

Cálculo de la estacionalidad Con el fin de identificar la estacionalidad del *working capital* se 442
debe observar su comportamiento durante varios ejercicios económicos y **compararse** con el que ha tenido las ventas.

El análisis puede hacerse con **base** trimestral, mensual, semanal, etc., dependiendo de la calidad de los cierres contables que se vayan a utilizar y de la profundidad del análisis que requiera el negocio. No obstante, la base mensual es la generalmente utilizada.

Identificación de la estacionalidad Una vez obtenida la información contable a evaluar, una 443
representación gráfica de la evolución de los saldos recogidos en el *working capital*, nos muestra la existencia de comportamientos planos o bien de la existencia fluctuaciones o tendencias que se repiten de forma constante en momentos concretos del ciclo de explotación a lo largo de los diferentes ejercicios económicos, y que son indicativos de comportamientos estacionales.

Ejemplo La entidad X presenta los siguientes niveles de *working capital* y ventas para los ejerci- 444
cios N, N+1 y N+2:

Año N:

	ene	feb	mar	abr	may	jun	jul	ago	sept	oct	nov	dic
Working Capital	50	49	48	47	50	54	59	66	73	70	63	54
Ventas	11	12	12	12	16	21	28	39	53	42	36	29

Año N+1:

	ene	feb	mar	abr	may	jun	jul	ago	sept	oct	nov	dic
Working Capital	55	54	53	52	55	59	65	73	80	77	69	59
Ventas	12	13	13	13	17	23	31	43	58	47	40	32

Año N+2:

	ene	feb	mar	abr	may	jun	jul	ago	sept	oct	nov	dic
Working Capital	61	59	58	57	60	65	72	80	88	85	76	65
Ventas	13	14	14	15	19	25	34	48	64	51	44	35

En el siguiente gráfico vemos cómo evoluciona el *working capital* con respecto a las ventas:

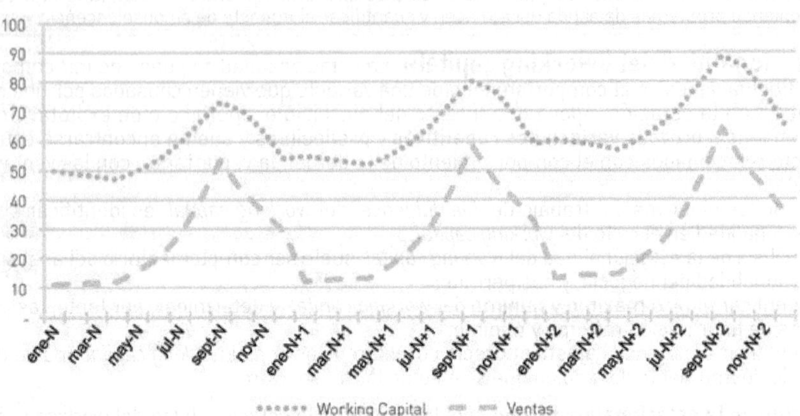

En este caso se observan picos en el comportamiento del *working capital*, siendo históricamente más altos en los meses de julio a septiembre y más bajos en el periodo enero-mayo.
Si la fecha de la transacción prevista coincide con uno de los picos de *working capital*, entonces este será mucho más alto o mucho más bajo que el medio, potencialmente utilizado en la valoración del negocio.

445 **Normalización del «working capital»** El análisis de *due diligence* del *working capital* tiene como fin último determinar el **nivel recurrente, normal y medio** del *working capital* del negocio. Este es la base de las proyecciones financieras a través de las cuales se infiere el precio del negocio objeto de la transacción. El *working capital* normalizado también permite calcular el ajuste a la fecha de cierre de la transacción entre el *working capital* puntual en dicho momento y el working capital normalizado (el mínimo y normal que el negocio necesita para operar).
Por tanto, una vez analizadas las distintas partidas que componen el *working capital*, los periodos medios, la estacionalidad, la cobrabilidad/exigibilidad y su correcta valoración, todos los aspectos identificados deben volcarse en la determinación del *working capital* normalizado o ajustado.
Habitualmente el *working capital* contable recoge operaciones o **hechos no recurrentes** del negocio, determinadas operaciones que pueden desvirtuar el nivel habitual del *working capital*, o partidas contables de naturaleza financiera (por ejemplo, retrasos en pagos a proveedores, existencia de proveedores de inmovilizado, cuentas por cobrar no cobrables, etc.). La identificación cuantificación y ajuste de estos efectos permite la obtención de un *working capital* del negocio, que da a conocer a las partes las necesidades de financiación habituales del ciclo de explotación.

446 Ejemplo Una entidad X presenta los siguientes niveles mensuales de *working capital* en el ejercicio N.

	1	2	3	4	5	6	7	8	9	10	11	12
Existencias	100	120	156	218	197	157	110	66	73	87	113	159
Clientes	20	24	31	44	39	31	22	13	15	17	23	32
Proveedores	(22)	(26)	(34)	(48)	(43)	(35)	(24)	(15)	(16)	(19)	(25)	(35)
Otros acreedores	(50)	(50)	(50)	(100)	(150)	(200)	(250)	(200)	(150)	(100)	(50)	(50)
WC	**48**	**68**	**103**	**114**	**43**	**(46)**	**(142)**	**(135)**	**(79)**	**(15)**	**61**	**105**

El Working Capital presentado en forma de gráfico: **446** (sigue)

Working Capital sin normalizar

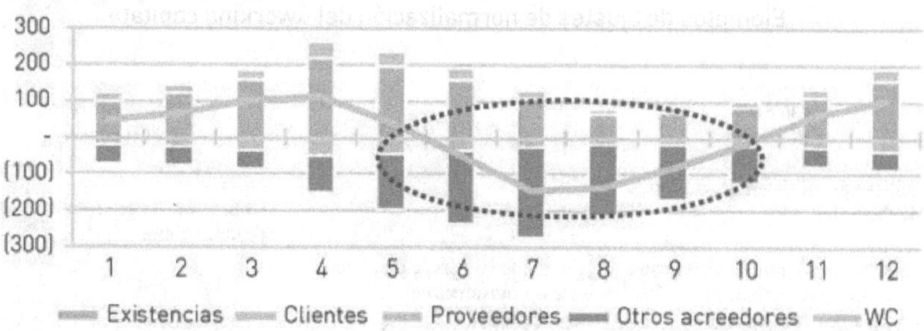

La partida otros acreedores recoge únicamente el saldo con Hacienda Pública derivada el pago del IVA, siendo el importe que se genera mensualmente de 50 u.m. En el mes n+4 no puede hacer frente al pago de dicho impuesto, hecho que se sucede hasta el mes n+8, a partir del cual se va resarciendo la deuda hasta volver al nivel normal de deuda de 50u.m.
Si normalizamos el impacto del retraso en el pago del IVA en otros acreedores y en el *working capital*:

	1	2	3	4	5	6	7	8	9	10	11	12
Existencias	100	120	156	218	197	157	110	66	73	87	113	159
Clientes	20	24	31	44	39	31	22	13	15	17	23	32
Proveedores	(22)	(26)	(34)	(48)	(43)	(35)	(24)	(15)	(16)	(19)	(25)	(35)
Otros acreedores	(50)	(50)	(50)	(100)	(150)	(200)	(250)	(200)	(150)	(100)	(50)	(50)
IVA restrasado	-	-	-	50	100	150	200	150	100	50	-	-
normalizado	(50)	(50)	(50)	(50)	(50)	(50)	(50)	(50)	(50)	(50)	(50)	(50)
WC normalizado	**48**	**68**	**103**	**164**	**143**	**104**	**58**	**15**	**21**	**35**	**61**	**105**

Working Capital normalizado

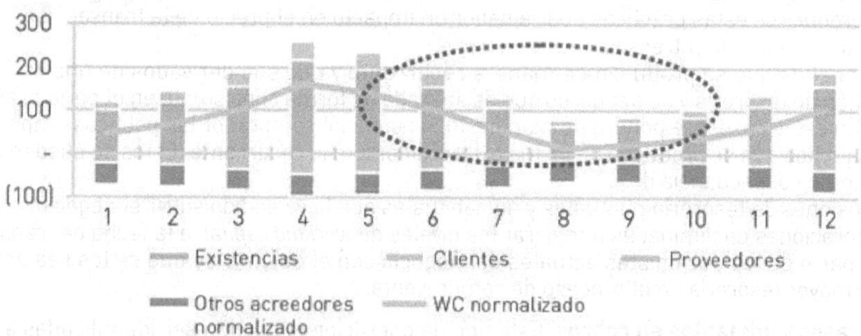

Mientras que el *working capital* sin normalizar presenta niveles negativos en los meses n+6 a n+10, el *working capital* normalizado mantiene niveles positivos a lo largo de todo el ejercicio, que significa diferentes necesidades de financiación del circulante para el mismo periodo.

447 Existen muchos ejemplos de ajustes a la normalización que pueden darse, que dependen principalmente de las propias características del negocio que se esté evaluando y del mercado en el que opera. A continuación, comentamos algunas de las más habituales:

Ejemplos de ajustes de normalización del «working capital»

<table>
<tr><th>Clientes y deudores</th><th>Existencias</th><th>Proveedores y acreedores</th></tr>
<tr><td>Utilización de determinados tipos de factoring</td><td rowspan="3">Ajustes de la valoración: defecto en las provisiones de depreciación de existencias</td><td rowspan="2">Utilización de determinados tipos de confirming</td></tr>
<tr><td>Análisis de cobrabilidad: retrasos en cobros y defecto de las provisiones de insolvencias</td></tr>
<tr><td>Adelantos en el cobro a clientes y deudores</td><td>Retrasos en pagos</td></tr>
<tr><td colspan="3">Ajustes derivados del corte de operaciones</td></tr>
<tr><td colspan="3">Partidas recogidas en el Working Capital asimilables a Deuda Neta</td></tr>
</table>

448 **Cobrabilidad de los activos y exigibilidad de los pasivos** Otro de los objetivos de la *due diligence* del *working capital* es analizar la cobrabilidad de las distintas partidas de clientes y la exigibilidad de las cuentas con proveedores y entender si se han producido cobros a clientes adelantados o retrasos en la recuperación de los saldos.

Se entiende por **adelantos en cobros** una reducción en el plazo de cobro estipulado, que supone un adelanto en la tesorería y, por tanto, una mejora de la financiación (de alguna manera, en lugar de recurrir a una nueva línea de crédito la compañía es capaz de cobrar ciertas facturas con anticipación).

Los **retrasos en cobros** se corresponden con el incremento en el plazo de cobro estipulado. Estos reducen o atrasan la capacidad de generar tesorería y, por tanto, empeoran la financiación del circulante.

De producirse estas prácticas podría haber un impacto en el precio de la transacción.

Hay que distinguir entre:

a) Aquellos que se producen de manera **recurrente** y que son derivados de una política de gestión de tesorería y de deudores que es aplicada de forma consistente en el periodo analizado. En estos casos, se pondrá de manifiesto al potencial comprador las políticas empleadas.

b) Aquellos que se producen de forma extraordinaria o **no recurrente**. Estos se pueden producir como consecuencia de:

- tensiones de tesorería puntuales y no habituales que haya podido sufrir el negocio;
- operaciones encaminadas a mejorar los niveles de *working capital* a la fecha de transacción por parte de los accionistas actuales del negocio con el objetivo de que se les sea asignada una mayor tesorería en el proceso de compraventa.

449 **Retrasos y adelantos en cobros** Este tipo de operaciones pueden ser identificadas a través del análisis de los **periodos medios de cobro**. Una reducción de esta ratio, ya sea puntual o prolongada en el tiempo, puede ser indicativa de la existencia de adelantos en cobros. Por el contrario, incrementos en la ratio pueden suponer retrasos en la conversión a tesorería de los derechos de cobro o una posible situación de impago.

Los retrasos en cobro son además identificados a través del ***ageing* de clientes**, que ofrece la antigüedad de los saldos a cobrar con respecto a la fecha de su vencimiento. En el caso de la existencia de saldos ya vendidos, ha de evaluarse la integridad de la provisión de insolvencias registrada por la entidad, ya que un defecto en dicha provisión supone no reflejar una reducción en el nivel de *working capital* y EBITDA reportado, y por tanto debe ser considerado y ajustado negativamente en el cálculo del precio de la transacción.

Aquellos adelantos y retrasos que sean identificados han de ser considerados a efectos de determinar el nivel de **«working capital» normalizado**.

450 **Retrasos en pagos a proveedores y acreedores** El análisis de la exigibilidad de las cuentas a pagar está orientado a identificar retrasos no habituales en los pagos a los proveedores y acreedores que impactan en los niveles normalizados del *working capital*.

Otro de los sistemas que puede ser empleado para financiar la actividad consiste en alargar el plazo efectivo de pago a proveedores o acreedores. Un cambio en las condiciones contractuales que supongan un **incremento** en el **plazo de pago** a proveedores viene de la mano de una gestión del circulante más eficiente, pero también puede enmascarar ciertos riesgos normalmente asociados a una pérdida en la rentabilidad de las operaciones. Por ello dentro del objetivo de analizar la cobrabilidad hay que entender si se han producido retrasos y si son fruto de una gestión activa o de un empeoramiento en la situación de la entidad.

Así, debemos tratar de identificar retrasos derivados de **incumplimiento** de las **condiciones contractuales**, ya que estos pueden derivar en un empeoramiento en las relaciones con proveedores, una reducción en la capacidad de negociación, e incluso en dificultades para mantener el nivel de aprovisionamientos necesario para el correcto funcionamiento de la actividad. Además, puede ser indicativo de la existencia de dificultades en la obtención de financiación externa que puede poner en peligro la continuidad de la actividad, y que podría implicar futuras aportaciones de capital no previstas por el potencial comprador.

Para poder identificar estos riesgos, junto con el análisis de la evolución del periodo medio de pago, se procede a la revisión del el **«ageing» de proveedores**, que recoge la antigüedad de los saldos a pagar desde su fecha de vencimiento.

A través del *ageing* se pueden identificar la totalidad de saldos retrasados, y se puede evaluar el grado de retraso existente para cada uno de ellos.

Financiación del circulante Como parte de la gestión del circulante, las empresas tienen a su disposición determinadas herramientas que permiten financiarlo y pueden clasificarse en: **451**

1) **Pólizas y líneas de crédito**.

2) **Descuento y anticipo de facturas**.

El riesgo y el tratamiento contable de estos dos grupos de instrumentos es diferente. Mientras las líneas de crédito son instrumentos de financiación que no influyen en los periodos medios de cobro, los instrumentos de descuento y anticipo sí influyen de forma directa en el *working capital*.

No obstante, no todas estas herramientas tienen el mismo **impacto** en los niveles de **«working capital» reportados**. El descuento de efectos comerciales supone únicamente el reconocimiento del pasivo con la entidad financiera en el balance de situación, pero la utilización de otras herramientas puede dar lugar a una variación en los créditos y pasivos comerciales registrados por la entidad. Estas proceden del uso de un tipo concreto de *factoring* y de *confirming*.

«Factoring» Las operaciones de *factoring* consisten en la **cesión** de **créditos comerciales** no vencidos por parte de una entidad a la empresa de *factoring* (habitualmente una entidad financiera) para que esta última gestione su cobro. La entidad recibe en ese momento el importe de los créditos comerciales, una vez descontado un porcentaje equivalente a la comisión de la empresa de *factoring*. **452**

Dependiendo de la transmisión del riesgo comercial se pueden distinguir entre dos **tipos** de factoring:

a) *Factoring* **con recurso (en balance)**: la entidad cedente de los derechos de crédito sigue asumiendo los riesgos de impago. En este caso la normativa contable exige que se mantenga en balance la contabilización de dichos derechos hasta su cobro final, aun cuando se haya producido su cesión a un tercero. Estos se dan de baja contablemente, solo en el momento en el que la empresa de *factoring* haya hecho efectivo el cobro. Contablemente, por tanto, en el *factoring* con recurso, se mantiene la cuenta por cobrar y el cobro anticipado de caja se contabiliza contra un pasivo (una deuda financiera). De esta manera, el working capital no se ve afectado ni tampoco la posición de deuda neta de la compañía.

b) *Factoring* **sin recurso (fuera de balance)**: en este caso la entidad cedente deja de asumir los riesgos asociados a la cobrabilidad de los créditos. En este caso, en el momento de cesión de los derechos, la entidad los da de baja contablemente de su balance y no es necesario el registro del pasivo con la entidad de *factoring*. En este caso, contablemente, la cuenta por cobrar se cancela en el momento en que se cede el derecho de cobro contra el cobro de caja. De esta manera, el *working capital* se ve afectado y también la posición de deuda neta (al incrementar la posición de caja).

A efectos de **normalización del «working capital», en el caso del factoring sin recurso,** debe analizarse hasta qué punto dicha práctica es recurrente y operativa para el negocio (siempre se ha utilizado, es común en el sector, etc.). Si se concluyera que no lo es, deben ser considerados los saldos no registrados en el balance de la entidad como consecuencia de la cesión a un tercero de su titularidad en tanto en cuanto son activos generados por el negocio (la cuenta por cobrar que fue cancelada), así como ajustar el exceso de caja cobrado con anticipación, ya que el proceder de la compañía obedece a la utilización de un método alternativo de financiación y no a la evolución natural del *working capital*.

453 **«Confirming»** Consiste en la **cesión** de **facturas de proveedores** a una entidad financiera para su gestión y para que esta bien adelante el pago a los proveedores o retrase el cargo por el pago de las facturas a la entidad cedente. La entidad cedente sigue ostentando la obligación de pago a proveedores, y por lo tanto contablemente mantiene registrado la obligación de pago.

Sin embargo, si como parte de la gestión de la tesorería se produce un **cambio en la titularidad** de la obligación de pago hacia la entidad financiera, la entidad cedente puede eliminar los saldos con proveedores de su contabilidad.

De igual forma que en el *factoring* sin recurso, siempre y cuando se concluya que su utilización responde a motivos de financiación y no operativos, los pasivos eliminados del balance de situación deben ser considerados como parte del **«working capital»** del negocio a efectos de su normalización.

Adicionalmente, existen otros **riesgos** asociados a estos instrumentos, que dependen del negocio que estemos evaluando, pero que de forma general podemos resumir en los siguientes:

• Incorrecta contabilización de los activos y pasivos generados por el uso de estos instrumentos.

• Riesgo de cobro a clientes sin que se produzca la correspondiente eliminación de los activos y pasivos en el balance de situación.

• Especialmente en aquellos casos en los que la entidad haya comenzado a emplear estas herramientas recientemente, existen determinados riesgos que deben considerarse:

- pueden ser un instrumento para ocultar tensiones de tesorería puntuales o que comienzan a ser habituales del negocio;
- pueden convertirse en un mecanismo para ocultar retrasos en cobros.

El **análisis** en el marco de una *due diligence* financiera se debe realizar de forma **mensual** con el fin de identificar las posibles tensiones de tesorería generadas por el negocio, y su recurrencia o pautas de comportamiento que deban ser consideradas por el potencial comprador de cara a la decisión de inversión y su futura gestión.

Precisiones Se considera como **ajuste** a la **normalización del «working capital»** lo siguiente:

1. Cualquier utilización de estos instrumentos que la entidad utilice sin que sea la práctica habitual del sector y sin que responda a una situación atípica, como podría ser el excesivo retraso en el cobro de las facturas emitidas a Administraciones públicas.

2. Cualquier utilización puntual o no habitual de estos instrumentos.

454 **Partidas de «working capital» asimilables a deuda neta** Existen ciertos activos y pasivos correctamente registrados como *working capital* desde un punto de vista contable, pero que debido a su **naturaleza u objetivo** deben ser considerados como deuda neta. No existe un listado exhaustivo de estos elementos, ni reglas predefinidas que nos permitan clasificarlos de forma inequívoca. Su consideración es el resultado de una profunda interpretación sobre su naturaleza que debe estar debidamente **justificada**.

Sin embargo, a continuación, mencionamos algunos de los elementos sobre los que existe un consenso generalizado que permite su inclusión como parte de la deuda neta, aunque siempre deben ser analizados y justificados exhaustivamente:

455 **Pagos pendientes a proveedores de inmovilizado** Los saldos que recogen pasivos por adquisiciones de inmovilizado deben ser considerados de forma habitual como deuda neta en base a las siguientes justificaciones:

• Los pagos pendientes por compra de activos fijos a la fecha de transacción se derivan de **decisiones de inversión** tomadas por los antiguos accionistas, y por tanto la salida de caja no debe ser soportada por el potencial comprador.

• Los contratos de compra-venta de activos fijos recogen **plazos de pago** que suelen ser muy superiores a los establecidos para proveedores comerciales, que pueden ser interpretados como una forma de financiación implícita.

No obstante, los saldos con proveedores de inmovilizado pueden recoger determinadas **operaciones** de inversión en activo fijo **recurrentes**, como, por ejemplo, el mantenimiento necesario para evitar su envejecimiento. En este caso, estos saldos deben ser considerados de naturaleza operativa y forman parte del *working capital*.

456 **Saldos asociados al registro del impuesto sobre sociedades** Los saldos incluidos en el balance de situación que se derivan del registro del impuesto sobre sociedades son, en realidad, parte del *working capital* de la entidad, dado que constituyen financiación operativa del negocio. Sin embargo, en muchas ocasiones son considerados como partida asimilable a deuda neta en tanto en cuanto supondrán **futuros flujos de caja** que han sido generados por el negocio con anterioridad a la entrada de los nuevos accionistas.

Saldos mantenidos con los accionistas Los derechos de cobro u obligaciones de pago con la actual dirección pueden ser considerados como deuda neta, en la medida en que se refieren a activos y pasivos no relacionados con la actividad de explotación y se originaron con anterioridad a la entrada de los nuevos accionistas. **457**

Saldos con partes vinculadas Los saldos de naturaleza financiera que sean mantenidos con sociedades vinculadas y que no van a formar parte de la transacción, deben ser consideradas de forma habitual como parte de la deuda neta. En el caso de los saldos con vinculadas que se deriven de **operaciones comerciales** pueden ser considerados como parte del *working capital*, especialmente si dichas relaciones van a ser mantenidas con posterioridad a la transacción. No obstante, para determinar su inclusión como parte del *working capital* o de la deuda neta se ha de atender de forma especial a las definiciones estipuladas en el contrato de compraventa. **458**

c. Deuda neta

Otra de las grandes áreas de trabajo de la *due diligence* financiera es el análisis de la posición de deuda neta, dado que la posición de endeudamiento de la entidad debe ser normalmente asumida por el vendedor por lo que su importe se deduce del precio de compra. **460**
En el marco de realización de un trabajo de «**due diligence**» financiera, los **objetivos** perseguidos por el análisis de la deuda neta son:
• Describir la estructura financiera actual del grupo y su nivel de endeudamiento.
• Analizar los plazos de vencimiento de la deuda actual y las posibles necesidades puntuales de liquidez.
• Analizar la correcta valoración de la tesorería y la disponibilidad de la misma.
• Determinar los compromisos que no se encuentran registrados en el balance de situación (avales y garantías).
• Determinar otras partidas potencialmente asimilables a la deuda neta.

Definición Antes de profundizar en el trabajo de *due diligence* que se realiza sobre le deuda neta se hace necesario entender su definición. **461**
Se entiende por deuda neta la suma de todos los compromisos de carácter financiero formalizados por la entidad. No existe un listado exhaustivo de las partidas que forman parte de su cálculo. Sin embargo, las partidas incluidas como deuda deben cumplir tres **características**:
a) Deben tener **naturaleza financiera**. Se debe atender, por tanto, a la naturaleza subyacente de las mismas.
b) Deben representar una **salida o entrada futura de caja**. Aquellos activos y pasivos no operativos que recojan compromisos de pago o de cobro adquiridos y que representen salidas o entradas de caja futuras deben ser considerados como deuda neta.
c) Mecanismos de **financiación del circulante**. Aquellos pasivos que sean utilizados para financiar las operaciones de explotación del negocio deben formar parte de la deuda neta.
Se trata de una de las áreas de mayor complejidad de la *due diligence* financiera del balance de situación, en tanto en cuanto tiene un alto componente interpretativo.

A modo de ejemplo, se presenta la fórmula más extendida de cálculo de la deuda neta: **462**

Fórmula de cálculo de la deuda neta

(+)	Valor actual de todos los compromisos de carácter financiero (deuda a largo y corto plazo con entidades de crédito)
(-)	Valor actual de los activos financieros líquidos (caja y otros activos asimilables)
=	**Deuda Financiera Neta**
(+)/(-)	Pasivos y activos asimilables a deuda (deudas no comerciales con Grupo, con accionistas, saldos derivados del registro del Impuesto de Sociedades, etc.)
=	**Deuda Neta**

Precisiones Hay que considerar que en muchas ocasiones las partes han **acordado** previamente una **definición de la deuda neta**. En este caso el trabajo de *due diligence* consiste en cotejar el saldo de dichas partidas a la fecha establecida en el contrato de compra-venta.
No obstante, se debe informar de otras partidas, registradas o no en el balance, que potencialmente podrían ser considerados por las partes en el proceso de negociación final del precio.

463 En la tabla siguiente se detallan aquellas **partidas del balance** que generalmente son aceptados como parte integrante de la deuda neta. Es importante destacar que este listado no debe ser considerado como un detalle exhaustivo ni rígido. La deuda neta debe ser el resultado de un profundo análisis de los activos y pasivos conforme a las definiciones anteriores.

Composición de la deuda neta

(-)	Deudas con entidades financieras a corto y largo plazo
(-)	Emisión de bonos, obligaciones, pagarés o cualquier instrumento de crédito a corto o largo plazo
(-)	Pasivos por descuento de efectos
(+) / (-)	Activos y Pasivos por factoring y confirming con o sin recurso
(-)	Pasivos por operaciones de leasing a corto y largo plazo
(-)	Proveedores de inmovilizado a corto y largo plazo con un interés financiero asociado
(+) / (-)	Saldos con accionistas o sociedades vinculadas
(+) / (-)	Saldos no operativos con sociedades vinculadas
(-)	Intereses devengados bajo cualquier modalidad de deuda financiera
(-)	Saldos acreedores por el impuesto de Sociedades
(+)	Saldos deudores derivados de pagos anticipados al impuesto de Sociedades
(-)	Provisiones para riesgos y gastos
(+)	Tesorería, a excepción de la caja operativa
(+)	Depósitos y otros activos financieros de alta liquidez
=	**Deuda Neta**

464 Adicionalmente, pueden existir **otras partidas** que, aun no siendo clasificadas inicialmente como deuda neta, pueden formar parte de la **deuda neta ajustada**:
• Ajustes derivados del proceso de normalización del *working capital* (retrasos de pago a proveedores, proveedores de inmovilizado, factoring/confirming fuera de balance, etc.).
• Tesorería con restricciones a su uso como consecuencia de garantías, pignoraciones, embargos u otros.
• Caja mínima operativa.
• Cualquier pasivo provisionado por gastos o incentivos a miembros del equipo directivo en relación con el proceso de venta de las acciones de la entidad.
• Dividendos aprobados pendientes de pago.
• Subvenciones ligadas a la operativa del negocio y que se encuentran pendientes de cobro a la fecha de la transacción.
• Pagos pendientes por garantías ofrecidas.
• Anticipos de clientes con interés implícito, o que no sean práctica habitual del negocio.
• Indemnizaciones pendientes de pago que tengan carácter no recurrente.
• Remuneraciones pendientes de pago que se deriven de un retraso en las condiciones habituales de pago a empleados.
• Pasivos registrados o no contablemente, que recojan posibles contingencias o reclamaciones legales, fiscales y/o medioambientales o de otra naturaleza a las que se puede enfrentar el negocio tras la fecha de transacción.
• Provisiones por desmantelamiento, siempre y cuando vayan a suponer una salida de caja y/o no estén factorizadas en modelo financiero de descuento de flujos empleado en la fijación del *Enterprise Value*.
• Pasivos no registrados por fluctuaciones en el valor de derivados.
• Saldos por impuestos diferidos y anticipados que por su naturaleza tengan impacto futuro en caja.
• Inversiones en activos pospuestas a un momento posterior a la transacción o que se encuentren comprometidos a dicha fecha. En este caso, cabe la discusión de si dichas inversiones supondrán una mejora del EBITDA y por tanto pueden ser consideradas como del negocio.

Precisiones 1) Se han de considerar adicionalmente las posibles **contingencias** identificadas que pueden tener un futuro impacto en la caja. 465
2) La **caja operativa** representa el nivel de caja o tesorería que es necesaria para que un negocio desarrolle su actividad en condiciones normales de explotación, es decir, que le permita hacer frente a sus pagos y cobros operativos. Está directamente relacionado con la actividad y es necesario para su correcto funcionamiento. Esta caja operativa no es considerada, por tanto, como parte de la deuda neta del negocio, sino que forma parte del *working capital*.
El impacto de la caja operativa puede ser muy significativa en el análisis del negocio cuando las **necesidades mínimas** de caja operativa son **altas**. Esto sucede, por ejemplo, en negocios de retail, en el que los establecimientos de venta precisan de una caja mínima para operar durante el día.

Descripción y análisis de la estructura financiera de la entidad Esta parte del trabajo de *due diligence* se centra en: 466
1. Detallar la **deuda financiera** mostrando la deuda por tipología de financiación contraída e indicando las condiciones específicas de cada uno de los contratos.
2. Análisis del **calendario de vencimiento** de la deuda: plazos y cuantías estipuladas en los contratos para la amortización de la deuda. Esta información facilita las necesidades futuras de renovaciones y/o de tesorería necesaria para la cancelación de la deuda.
3. Análisis de los **«covenants»** establecidos en los contratos de deuda. Adicionalmente se deben identificar *covenants* incumplidos y/o posibles riesgos de incumplimiento.
4. Las **garantías** ofrecidas en los contratos de deuda e identificación de los activos fijos y sociedades del grupo garantes de las operaciones de financiación.
5. Identificación de la existencia de restricciones al uso de efectivo. La **caja indisponible** es deducida de la tesorería a efectos del cálculo de la deuda neta ajustada.
6. Analizar e informar de la existencia de **cláusulas relativas** al **cambio de control** de la entidad en los contratos de financiación, que suelen estar orientadas a la amortización anticipada de la deuda contraída.
7. Análisis de la correcta valoración de los **derivados financieros** utilizados.
8. Análisis de la evolución histórica de la deuda en relación al **EBITDA** generado. Identificación de posibles riesgos en la capacidad de amortización de la deuda contraída o de la ventaja de una potencial obtención de financiación adicional como consecuencia de la evolución del EBITDA.
9. Análisis de los **costes de financiación**. Este análisis se encuentra estrechamente relacionado con el trabajo a realizar en la cuenta de resultados.
La descripción de la estructura de financiación, así como el análisis del vencimiento de la deuda se basa en un análisis de los contratos de financiación y se trata de dar conocimiento sobre la deuda histórica del negocio y la existente en el momento de la transacción, en tanto en cuanto es habitual que en ese momento dicha deuda se sustituya por otra.

Nivel de financiación de la entidad Se analiza la evolución histórica de la deuda y su comportamiento en relación al *working capital* y se debe tener en cuenta los ajustes de normalización identificados en el proceso de *due diligence* de dicha área. 467
Se determina a través de este análisis, los **niveles máximos de endeudamiento** históricos necesarios para la correcta operativa del negocio.
Se identifican adicionalmente, si los hubiera, los **mecanismos de financiación** contratados y no utilizados, tanto en los momentos de máxima necesidad como los existentes a la fecha de la transacción, con el fin de determinar la capacidad adicional de financiación del negocio.

Ejemplo A continuación, se incluye un ejemplo de **cuantificación** del **nivel de financiación** de una entidad: 468
Una entidad X dedicada a la venta de artículos de moda presenta los siguientes niveles mensuales de *working capital* y deuda neta en un periodo de 24 meses expresado en u.m.
Los mayores aprovisionamientos de existencias se producen en momentos anteriores al comienzo de las estaciones del año y coinciden los periodos 5, 12, 18 y 24.

	1	2	3	4	5	6	7	8	9	10	11	12
DN	94	94	97	99	100	93	88	89	92	95	97	98
WC	141	95	219	383	504	331	4	-260	-16	257	374	486

	13	14	15	16	17	18	19	20	21	22	23	24
DN	94	95	96	99	101	102	94	90	91	94	97	99
WC	303	143	97	223	391	514	338	4	-265	-16	262	381

Representamos gráficamente la evolución de estas dos magnitudes:

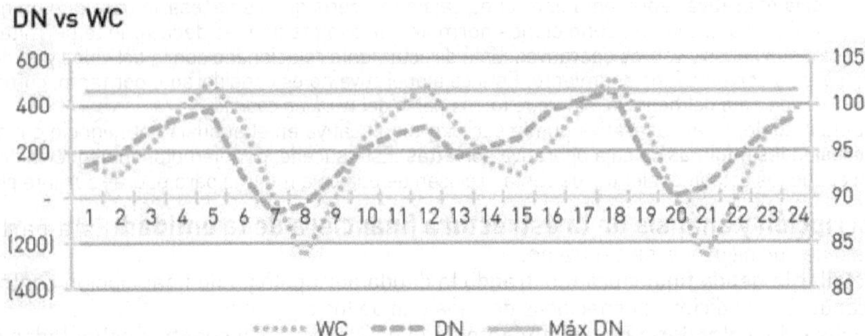

El comportamiento histórico de la deuda neta se encuentra en consonancia con la del *working capital*. Los momentos de mayor necesidad de financiación coinciden con las de mayores niveles del *working capital*, que se deben a la adquisición de un mayor nivel de existencias.

El nivel máximo de deuda neta en este periodo de 12 meses asciende a 102 u.m. Por tanto, la máxima necesidad de financiación se produce en el periodo 18.

Adicionalmente, la deuda neta de la entidad se compone de:

- Un préstamo de 10 u.m. Este préstamo es utilizado en su totalidad en el periodo analizado.
- Tesorería, que se mantiene constante en 5 u.m.
- Una póliza de crédito con un límite máximo de 100 u.m. La entidad la utiliza en mayor o menor grado dependiendo de las necesidades de financiación de cada momento.

Por tanto, la entidad dispone de la siguiente **financiación adicional**:

	1	2	3	4	5	6	7	8	9	10	11	12
límite	100	100	100	100	100	100	100	100	100	100	100	100
utilizado	89	89	92	94	95	88	83	84	87	90	92	93
no utilizado	11	11	8	6	5	12	17	16	13	10	8	7

	13	14	15	16	17	18	19	20	21	22	23	24
límite	100	100	100	100	100	100	100	100	100	100	100	100
utilizado	89	90	91	94	96	97	89	85	86	89	92	94
no utilizado	11	10	9	6	4	3	11	15	14	11	8	6

469 **Análisis de la tesorería y de la deuda financiera** En términos generales, el alcance de una *due diligence* financiera no contempla procedimientos de circularización a entidades financieras para la verificación de saldos. No obstante, pueden darse determinadas situaciones en las que por el perfil de riesgo de la entidad y/o porque la titularidad de los activos y pasivos es una de las cuestiones contempladas dentro del contrato que rige la operación, se debe proceder a la comprobación de los saldos registrados.

Dichos **procedimientos** pueden ser los siguientes:

• Análisis de las conciliaciones bancarias y arqueos de caja.

• Verificación de los saldos contables con los extractos bancarios.

• Evaluación de los procedimientos de control interno sobre la tesorería y la deuda. Esta evaluación permite obtener confort sobre la integridad de los activos y pasivos financieros registrados en el balance o indicar la existencia de riesgos en la valoración e integridad de dichos saldos.

• Solicitud de documento inicial justificativo de la deuda pendiente a determinada fecha a la Central de Información de Riesgos del Banco de España (CIRBE).

470 **Elementos fuera del balance de situación** Se tratan de operaciones o hechos que no han impactado en la caja y que, por tanto, no han sido registrados en el balance de situación, pero que pueden suponer o llevar implícitos determinados **riesgos**, como pueden ser los avales, las garantías, activos pignorados, *factoring/confirming* sin recurso, riesgos no provisionados y compromisos de pago no registrados, entre otros.

En tanto en cuanto tienen un potencial **impacto en la caja** del negocio, deben ser identificados y/o cuantificados en el proceso de *due diligence*. Dependiendo de la probabilidad del impacto en la tesorería y de la posibilidad de su cuantificación, forman parte del cálculo de la deuda neta del negocio o se ponen de manifiesto para que las partes establezcan cláusulas de garantía en el contrato de la transacción.

Deuda neta ajustada Una vez se haya calculado la deuda neta a través de los procedimientos comentados anteriormente, se debe calcular la deuda neta ajustada, que consiste en aumentar o minorar la deuda neta por el importe de: 471

- El valor de los activos y pasivos que se hayan identificado en el análisis del balance de situación como **partidas asimilables** a deuda neta.
- Los **elementos fuera del balance** de situación, que si bien no han tenido impacto en la caja actual deben ser considerados a la hora de determinar los flujos de caja futuros.

d. Activos fijos

El activo fijo puede definirse como el conjunto de bienes que posee una entidad y que le permiten la realización de su negocio. 473

El análisis de los activos fijos en un **proceso de «due diligence»** pretende determinar y describir:

- Los activos que son necesarios para el desarrollo normal del negocio.
- Cuáles han sido las necesidades históricas de inversión en estos activos.
- La recuperabilidad y correcta valoración de los activos fijos.

Este análisis ofrece **información** suficiente para dar conocimiento del negocio (intensivo o no en capital), determinar la existencia de posibles sinergias o complementariedades y las necesidades de inversión futuras del negocio. Un correcto análisis de estos activos es fundamental en entornos intensivos de capital.

El análisis de este tipo de activos tiene como **objetivos**:

1. Dar razonabilidad sobre la correcta valoración de los activos y su posible depreciación.
2. Ofrecer un amplio detalle de los activos, así como de las condiciones contractuales que rijan sobre ellos.
3. Determinar la necesidad de un incremento en la inversión por parte de la compañía que se está analizando.
4. Explicar los flujos de caja históricos y futuros de estos activos.

Tipos de activos fijos Los diferentes tipos de activos fijos que pueden encontrarse en el balance de situación son los siguientes: 474

a) **Activo fijo operativo**: se corresponde con los activos de naturaleza no financiera y que se encuentran vinculados o contribuyen a la generación de ingresos (por ejemplo, plantas productivas o fábricas).

b) **Activos fijos no operativos**: se tratan de los activos fijos que no contribuyen a la generación de ingresos en el ciclo de explotación de un negocio. Pueden tratarse de activos no utilizados o no vinculados con la actividad de la entidad (coches de los directivos, propiedades inmobiliarias del accionista mayoritario, etc.).

Estos activos deben ser identificados en un proceso de *due diligence* con el fin de ser considerados de forma individual en el proceso de negociación entre las partes implicadas en la transacción.

Por otra parte, se deben identificar los ingresos y/o gastos registrados en la cuenta de resultados y los flujos de caja generados por estos activos, si los hubiera y que los mismos deberán ser excluidos del EBITDA normalizado.

c) **Activo fijo financiero**: recoge los activos a largo plazo de naturaleza financiera y que podrían ser considerados, por tanto, como parte de la deuda neta (por ejemplo, las inversiones financieras a largo plazo). No obstante, como comprador, podría darse la situación de no querer ajustar positivamente estos activos fijos financieros como Deuda Neta y proponer al vendedor su liquidación previa al cierre de la transacción.

Activos necesarios para el negocio El punto inicial del análisis del activo fijo supone describir los activos que actualmente posee la entidad identificando aquellos que se encuentran vinculados a la explotación del negocio. 475

Así, el trabajo de *due diligence* trata de proporcionar la siguiente información:

1. **Tipología** de los activos.
2. **Localización** física de todos los centros productivos y de soporte, identificando la capacidad utilizada y la capacidad total de estos activos.
3. Detalle y **valor contable** de los activos clasificados por línea de negocio, planta, concesión, etc.
4. **Valor de mercado** de los activos, en caso de disponer de tasaciones fiables y recientes.
5. Análisis de las políticas de **amortización** y cambios en las mismas durante el periodo histórico.

6. Activos en **propiedad** vs. activos en régimen de **arrendamiento** financiero o arrendamiento operativo.
7. **Activos ociosos**, infrautilizados o que no se encuentren directamente relacionados con la actividad. Si bien estos activos no están impactando en la fórmula de precio de la operación, no se puede olvidar que este tipo de activos pueden convertirse en futuras entradas de caja en el caso de que se decida su venta o su explotación, o bien pueden tratarse de activos no atractivos para el adquirente y por tanto pueden ser representativos de una negociación adicional entre las partes.

476 **Valoración de los activos fijos** Una vez descritos todos los activos, el comprador puede estar interesado en el **valor actual** de dichos activos para:
• Venderlos con posterioridad a la ejecución de la transacción.
• Realizar operaciones de *sale and leaseback*, consistente en vender los activos y utilizarlos a través de contratos de arrendamiento.
• Utilizarlos con el fin de garantizar nueva financiación.
Así, puede resultar útil dar razonabilidad al valor actual de estos activos. Esto se suele dar en el caso de **negocios** muy **intensivos en capital**, como pueden ser el sector inmobiliario, hotelero, retail, energías renovables, etc., en los que el valor de sus activos es uno de los ejes fundamentales del negocio, y en los que es posible que sea necesaria la realización de tasaciones de mercado.
Adicionalmente, en aquellos negocios en los que los **gastos de I+D activados** sean relevantes, es preciso evaluar la correcta activación de costes y su consistencia en el tiempo. Este análisis tiene su consecuente efecto en el EBITDA del negocio, y por tanto puede tener impacto en el precio final de la transacción.
Por otra parte, es necesario dar a conocer las **políticas contables** de activación de costes y amortización de activos, con el fin de que la parte adquirente pueda evaluar las posibles consecuencias de incorporar un negocio con políticas contables diferentes.

477 **Inversiones necesarias: análisis del CAPEX** Una vez descritos los activos fijos de la entidad e identificadas las posibles plusvalías o minusvalías latentes, el trabajo de *due diligence* financiera se enfoca en determinar el nivel de inversión que ha habido en el periodo histórico y cuánto se prevé para el futuro.
Este análisis de las inversiones en inmovilizado se conoce como análisis del CAPEX (*Capital Expenditure*). El **nivel recurrente de inversión** o CAPEX impacta en las proyecciones de los flujos de caja del negocio y, por tanto, en el precio de la transacción.
Se puede distinguir entre dos **tipos** de CAPEX:
a) **CAPEX de reposición**: indica las inversiones recurrentes que se deben realizar en una entidad para mantener el nivel de actividad habitual. Existen ocasiones en las que la inversión se realiza de forma interna, de manera que la entidad soporta un gasto -incluido en EBITDA- el cual en aplicación de la normativa contable se activa como mayor valor del inmovilizado.
b) **CAPEX de expansión**: inversiones requeridas para ampliar la capacidad productiva del negocio y, por tanto, para generar ingresos adicionales en un futuro. Deben ser considerados como CAPEX de expansión tanto las adquisiciones de nuevos activos como los trabajos realizados sobre el inmovilizado que supongan un incremento en la capacidad productiva.
c) **CAPEX de mantenimiento**: adicionalmente a los dos anteriores existe el conocido como CAPEX de mantenimiento, cuyo gasto es directamente incluido en el EBITDA y no activado como mayor valor del inmovilizado.

478 Ejemplo A continuación, se incluye un ejemplo de **CAPEX de expansión** y de **CAPEX de reposición**:
Una entidad X, dedicada a la venta de artículos de moda, ha tenido en los últimos quince ejercicios (desde su constitución) tres tiendas dedicadas a la venta en calle de sus productos y un almacén para sus existencias, ambas en la ciudad Y.
La entidad renueva cada 5 años el mobiliario de las tiendas y realiza reformas de cara a mantener una correcta apariencia de las mismas. El coste de cada renovación asciende a 1.000 u.m.
Dado el incremento en las ventas que ha experimentado en los últimos años, en el presente ejercicio decide abrir otras dos tiendas en la ciudad Y, cuyo coste ha ascendido a 100.000 u.m. Adicionalmente, realiza trabajos de ampliación de su almacén cuyo coste ha ascendido a 20.000 u.m.
CAPEX de expansión = el coste de los activos materiales destinados de incrementar su capacidad de venta = 100.000 u.m. + 20.000 u.m. = 120.000 u.m.
Coste de reposición = 1.000 u.m. cada 5 años.
Por tanto, si hubiera un posible adquirente del negocio, se le ofrecerá la siguiente información, (obviando posibles fluctuaciones del mercado y diferencias entre localizaciones, para lo que se deberán considerar estudios y previsiones de mercados)
- El CAPEX de expansión o inversión para la apertura de una tienda es de 60.000 u.m. por tienda = (100.000 u.m. / 2 tiendas) +(20.000 / 2 tiendas)
- El CAPEX de reposición de cada tienda existente es de 200 u.m. = (1.000 u.m. / 5 años).

El análisis del CAPEX también tiene como **finalidad** determinar riesgos derivados de: 479
- Inversiones retrasadas.
- Inversiones comprometidas.

Inversiones retrasadas En análisis del CAPEX debe identificar posibles retrasos en las inversiones de activos, especialmente las que se destinan a su **mantenimiento o reposición**, puesto que se tratan de inversiones que deben ser asumidas con posterioridad por el adquirente del negocio. Por tanto, estos retrasos deben ser ajustados a la deuda neta o deben ponerse de manifiesto de cara a la negociación del precio final de la transacción. 480

Inversiones comprometidas Debe ponerse de manifiesto y cuantificar los compromisos de inversión en activos firmados que no se encuentren reflejados a la **fecha de transacción** en el balance de situación, puesto que será el adquirente el que deba cumplir con la obligación de pago en un momento posterior. Cualquier compromiso existente a la fecha de la transacción puede ser ajustado a la deuda neta, aunque en el caso de que la inversión se efectúe con el fin de generar ingresos futuros debería ser ajustado adicionalmente el EBITDA del negocio. 481

Precisiones Se pueden utilizar determinados **ratios** para entender la evolución y relevancia del activo fijo, así como para identificar posibles riesgos derivados de la gestión de estos activos. 482
Los ratios más utilizados son:
- **Vida residual media**: este ratio consiste en determinar el número de años de vida productiva que le queda a un activo en un momento determinado. El cálculo y la comparación de este ratio a lo largo de los años indica si el activo se está renovando o si no se están realizando las inversiones oportunas. Es decir, a mayor valor de este ratio, más joven es el activo de la entidad y, por tanto, tiene una vida útil mayor.

Vida Media residual de los activos = Activos a valor neto contable / Gasto por amortización

Se puede obtener la **vida media residual ponderada** de activo total si se dispone de información de la vida útil de cada activo y de su amortización anual:

Vida Media residual ponderada de los activos = Σ [(Activos a valor neto contable / Gasto por amortización) × (Coste del activo / Coste total de los activos)]

- **Reposición**: este ratio permite saber si se está invirtiendo en el activo por encima de su depreciación (>1) o si por el contrario las inversiones están envejeciendo (< 1).

Reposición = CAPEX de reposición / Gasto de amortización

- **Nivel de inversión**: este ratio permite saber si el negocio se encuentra en fase expansiva o de crecimiento (> 1), en fase de mantenimiento (cercano a 1), o si está dejando de invertir en sus activos (< 1).

Grado de crecimiento = CAPEX (inversiones + reposición) / Gasto de amortización

Con el fin de alcanzar conclusiones adecuadas, el análisis de los ratios debe realizarse a través de la comparación en su comportamiento a lo largo de un **periodo histórico** que contemple varios ejercicios económicos.

Por otra parte, se deben identificar cambios en la **política de amortización** a lo largo del periodo que podrían inducir a obtener conclusiones erróneas sobre la evolución del CAPEX y sobre las necesidades futuras de inversión en activos fijos.

Adicionalmente a estos ratios, y en función del negocio que se esté analizando, es especialmente útil **comparar el CAPEX** con otros indicadores del negocio (por ejemplo, con las ventas) o con otros parámetros de referencia que permitan entender el comportamiento histórico de las inversiones y su consistencia.

Ejemplo A continuación, se incluye un ejemplo de **análisis de ratios sobre activos fijos**: 483
Una entidad X comienza su actividad en el ejercicio N+1, para lo que adquiere a comienzos del ejercicio N+1 los activos necesarios para el desarrollo de su actividad, y que consiste en **maquinaria** (20 u.m.) e **instalaciones técnicas** (20 u.m.)
La maquinaria tiene una vida útil de 5 años, y las instalaciones técnicas de 20 años.
El primer día del ejercicio N+6 procede a la renovación de la maquinaria mediante la adquisición de 20 u.m. y la baja de la maquinaria antigua.
En el siguiente cuadro se muestra el movimiento contable del activo fijo desde el ejercicio N+1 al N+6, y los gastos anuales de mantenimiento, que se van incrementando a medida que los activos tienen mayor antigüedad.

	Saldo N+1	Altas	Saldo N+2	Altas	Saldo N+3	Altas	Saldo N+4	Altas	Saldo N+5	Altas	Bajas	Saldo N+6
Instalaciones Técnicas	20	-	20	-	20		20		20	-	-	20
Maquinaria	20	-	20	-	20	-	20	-	20	20	(20)	20
Coste Total	**40**	**-**	**40**	**-**	**40**	**-**	**40**	**-**	**40**	**20**	**(20)**	**40**
A.A Instalaciones Técnicas	(1)	(1)	(2)	(1)	(3)	(1)	(4)	(1)	(5)	(1)	-	(6)
A.A Maquinaria	(4)	(4)	(8)	(4)	(12)	(4)	(16)	(4)	(20)	(4)	20	(4)
Amort. Acumulada Total	**(5)**	**(5)**	**(10)**	**(5)**	**(15)**	**(5)**	**(20)**	**(5)**	**(25)**	**(5)**	**20**	**(30)**
VNC activo fijo	**35**		**30**		**25**		**20**		**15**			**10**
Gastos de mantenimiento	1,0		1,0		1,5		1,8		2,1			1,0

En la tabla siguiente se presentan los datos del CAPEX en los que se ha incurrido y los ratios de evolución del activo en base a la información anterior:

	N+1	N+2	N+3	N+4	N+5	N+6
Capex	-	-	-	-	-	**20**
Gastos mantenimiento	1	1	1,5	1,8	2,1	1
Capex + Gtos de mantenimiento	1	1	2	2	2	21
Gastos mantenimiento/Activos	2,5%	2,5%	3,8%	4,5%	5,3%	2,5%
Dotación a la amortización	5	5	5	5	5	5
Total Capex / Dot . a la Amortización	0,2	0,2	0,3	0,4	0,4	4,2
Vida residual Media Instalaciones Técnicas	19,0	18,0	17,0	16,0	15,0	14,0
Vida residual Media Maquinaria	4,0	3,0	2,0	1,0	-	4,0
Vida residual Media ponderada	12	11	10	9	8	9

La entidad ha procedido a renovar únicamente la maquinaria en el momento en el que se agota su vida útil (ejercicio N+6), por lo que la inversión en el activo fijo para los ejercicios N+1 a N+5 únicamente se corresponde con los gastos de mantenimiento en los que ha incurrido.

Análisis de los ratios:

Gastos de reposición / activos: el incremento de este ratio en el periodo N+1 a N+5 nos indica un envejecimiento del activo que provoca gastos de mantenimientos cada vez más altos. En el ejercicio N+6 este ratio vuelve al mismo nivel que al inicio de la actividad de la entidad (N+1) como consecuencia de la renovación de la maquinaria.

Total CAPEX / Dotación a la amortización: este ratio presenta valores inferiores a 1 en el periodo N+1 a N+5, indicando que la entidad no está renovando ni invirtiendo en su activo fijo.

Vida Residual Media: la vida residual media de las instalaciones técnicas es cada vez más reducida debido a que la entidad no está realizando inversiones, indicando un envejecimiento constante de este activo. Sin embargo, la vida residual media de la maquinaria vuelve a tener sus niveles máximos en el ejercicio N+6 como consecuencia de su renovación.

Si la transacción de compra-venta de la entidad X se realizara al cierre del ejercicio N+5, podríamos concluir que se precisarían nuevas inversiones en maquinaria de forma casi inmediata por un valor mínimo de 20 u.m. para mantener el nivel de actividad. Dado que el negocio debe ser transmitido en condiciones de correcto funcionamiento, se podría considerar la necesidad de inversión en el cálculo de la Deuda Neta Financiera.

484 En este otro ejemplo se incluyen **compromisos de compra de activos fijos a la fecha de la transacción**:

Siguiendo el ejemplo anterior, supongamos que la transacción se efectuara al cierre del ejercicio N+3, y que la entidad X tiene compromisos de compra de activos nuevos por valor de 10 u.m. con el fin de incrementar su capacidad productiva. A cierre del ejercicio N+3 no se ha producido ningún pago al proveedor del inmovilizado.

Dado que se prevé una salida de caja futura bastante inmediata en base a una decisión que no ha sido tomada por los nuevos accionistas, debe ser considerada para el cálculo de la deuda neta financiera.

Así mismo, el incremento esperado de la capacidad productiva debe ser considerado adicionalmente en las proyecciones del negocio y en el cálculo de los flujos operativos en el modelo de valoración.

485 **Activos fijos financieros** El activo fijo financiero se corresponde con los **epígrafes contables** «Inversiones Financieras a Largo Plazo» e «Inversiones en Empresas del Grupo a Largo Plazo». Debe evaluarse la **naturaleza financiera** de los activos que lo componen en tanto en cuanto pueden ser considerados como parte de la deuda financiera neta o como parte de otros activos y pasivos, a efectos de la clasificación a realizar en la *due diligence* financiera de los activos y pasivos del balance de situación.

De nuevo, no existe una regla generalmente aceptada para la consideración de estos activos. Sin embargo, una posible **clasificación** podría ser considerar los instrumentos representativos de participaciones en capital y fianzas y depósitos a largo plazo como deuda neta, en tanto en cuanto tengan un horizonte razonable de liquidez. Asimismo, pueden ser considerados como *working capital* las fianzas y depósitos a largo plazo que recojan activos directamente vinculados con el negocio.

Precisiones Los **créditos fiscales** activados o no contablemente y las deducciones que estén o no registradas contablemente, que serán de aplicación al impuesto sobre sociedades en el futuro, pueden ser uno de los elementos a considerar en la decisión de inversión, ya que pueden suponer ahorros fiscales significativos para el potencial comprador. Se deben indicar por tanto las bases imponibles y las deducciones generadas por año de antigüedad y la fecha límite para su aplicación. En este sentido, antes de considerar los créditos fiscales activados o no como Deuda Neta, debe valorarse si los mismos supondrán una **entrada o una menos salida de caja** el futuro o no. A modo de ejemplo, desde el punto de vista del comprador, intentaríamos no dar valor a bases imponibles negativas (activadas o no), cuya utilización dependa de la evolución del negocio a futuro.

e. Patrimonio neto

Los **trabajos a realizar** sobre el patrimonio neto suelen ser las siguientes: 487

1. Detalle de los **accionistas** actuales de la entidad, así como determinar los porcentajes de participación de cada uno de ellos.
2. Movimiento del **patrimonio** en los últimos ejercicios y del estado del patrimonio a fecha de la transacción.
3. Identificación de los **dividendos** pagados históricamente y de la política de reparto de dividendos de la entidad, así como de potenciales restricciones a su distribución.
4. Análisis del cumplimiento de los requerimientos legales en materia de **reservas**.
5. Identificación de **compromisos adquiridos no registrados** en el balance de situación. Para ello, se deben revisar las actas de las juntas de accionistas y del consejo de administración con el fin de identificar y poner de manifiesto:

• La existencia de acuerdos de pagos de dividendos no registrados en el balance de situación previos a la fecha de la transacción.
• La existencia de acuerdos o pactos que pudieran tener un impacto significativo en la transacción (por ejemplo, indemnizaciones al consejo de administración como consecuencia de cambios en su composición, etc.).
• Restricciones legales al reparto de dividendos.
• La existencia de decisiones sobre el negocio tomadas por la actual dirección y que deben ser consideradas a efectos de determinar la valoración del negocio o que pudieran tener un futuro impacto en la caja.
• Cambios accionariales.

Adicionalmente, dentro del patrimonio neto se incluyen ciertas partidas como las subvenciones de capital o los ajustes por cambios de valor. En el caso de las **subvenciones de capital**, estas se analizan de forma independiente determinando el origen de las mismas, su impacto en la cuenta de resultados y, sobre todo, determinando si son o no reembolsables. En caso de ser reembolsables debe tenerse en cuenta el impacto que esto podría suponer en la deuda neta. 488

Con respecto a los «**ajustes por cambios de valor**», señalar que esta partida recoge todas aquellas modificaciones en el valor de los activos y pasivos que aún no se han realizado y, por tanto, aún no han supuesto un impacto en la cuenta de resultados. Consecuentemente esta partida puede ofrecer una pista de las futuras pérdidas que pudieran derivarse de un determinado activo o pasivo, que ha de comprobarse si ha sido considerado en el análisis de la deuda neta ajustada.

5. Análisis del estado de flujos de caja

El presente apartado tiene por objeto describir el análisis a realizar sobre el estado de flujos de caja o «**cash flow**» en el marco de la realización de una *due diligence* financiera. 490

a. Consideraciones generales

El *cash flow* o estado de flujos de caja de un negocio puede ser definido como el **efectivo** generado o destruido a lo largo de un periodo determinado. 491

El estado de flujos de caja o *cash flow* muestra, por tanto, la **liquidez** que genera una empresa y supone la mejor aproximación para detectar posibles problemas de liquidez, analizar la viabilidad de un proyecto de inversión y medir la rentabilidad o crecimiento de un negocio.

En el marco de una transacción empresarial, el análisis de la caja generada por el negocio cobra especial interés puesto que:

• Permite una **valoración más adecuada**. Tal y como se explicaba en el apartado de la cuenta de resultados (nº 360), el EBITDA es una de las medidas que permiten aproximar la caja generada. Sin embargo, esta magnitud no recoge el impacto de la gestión del capital circulante, de la estructura financiera, de las inversiones en activos fijos ni el pago de impuestos.
• Permite estimar las **necesidades de financiación** del negocio las cuales deben ser tenidas en cuenta y, en su caso, cubiertas por el futuro comprador.
• Permite entender si se está gestionando adecuadamente la **tesorería** y, por tanto, si en el futuro podrá o no optimizarse dicha gestión.
• Permite detectar si la entidad objeto de la transacción se encuentra en una **situación comprometida de caja**. En este sentido cabe destacar que existen empresas en las que, aunque el EBITDA es positivo, mostrando una buena evolución del negocio, el *cash flow* muestra una destrucción constante de caja.

492 Ejemplo La actividad principal de la sociedad ABC consiste en la construcción de cocinas industriales bajo pedido. Hasta hace dos años los proyectos que poseía la sociedad tenían una duración media de 1-2 meses y por ello se solicitaba a los clientes un anticipo del 30% del importe total del proyecto, realizándose el resto del pago a la entrega de la instalación de cocina.
El pasado año, la sociedad ganó un nuevo proyecto que suponía construir las cocinas de un complejo hospitalario de gran tamaño. Dicho proyecto tendría una duración de cerca de dos años. Siguiendo con su política habitual, la sociedad solicitó al cliente un anticipo del 30% del importe del proyecto.
Pasados unos meses desde el inicio de las obras, la sociedad tuvo que declararse en concurso de acreedores puesto que, aunque su **EBITDA** era **positivo** ya que el proyecto en curso le estaba dejando buenos márgenes, al no cobrar el 70% de los gastos de la obra hasta el fin del encargo, se generó un **déficit de caja** que supuso retrasar pagos a proveedores y empleados quienes finalmente, cansados de trabajar sin cobrar, instaron a la sociedad a **concurso de acreedores**.

493 Como consecuencia de la importancia del *cash flow* en el marco de las transacciones, uno de los **objetivos** de un trabajo de «**due diligence**» consiste en cuantificar y analizar el *cash flow* del negocio que es objeto de evaluación.

494 **Componentes del «cash flow»** El *cash flow* se divide principalmente en tres componentes. Cada uno de ellos trata de recoger los flujos de caja de las tres **actividades principales** de un negocio con el fin de poder determinar cuáles contribuyen a la generación de caja o cuáles son las que la destruyen:
1. **Cash Flow Operativo** (CFO): recoge los flujos de caja generados por la actividad de explotación del negocio. No incluye, por tanto, las operaciones de inversión y financiación.
2. **Cash Flow de Inversión** (CFI): recoge los flujos de caja relacionados con las inversiones en activos fijos del negocio.
3. **Cash Flow de Financiación** (CFF): se compone de los flujos de caja relacionados con la financiación del negocio.
La suma de estos tres tipos de flujos da como resultado el **flujo de caja total** del periodo, y que debe coincidir, por tanto, con la variación de los saldos de tesorería.

Componentes del "cash flow"

+/- Cash Flow Operativo

+/- Cash Flow de Inversión

+/- Cash Flow de Financiación

= **Cash Flow de la sociedad**

495 **Componentes del «cash flow» y su vínculo con los estados financieros**

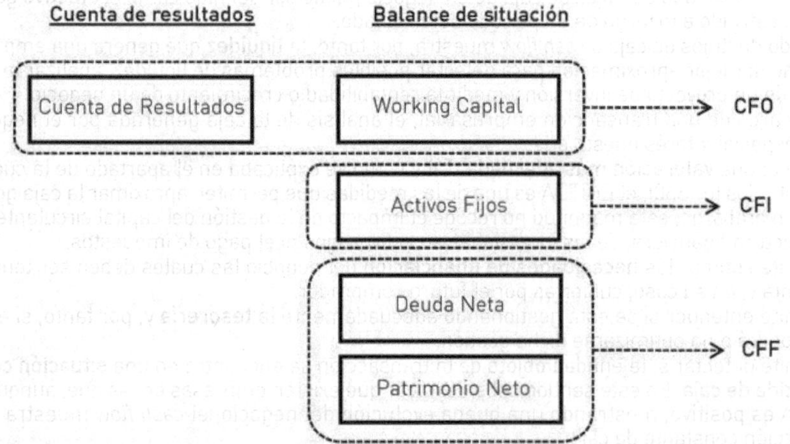

b. Cálculo y análisis del «cash flow»

El *cash flow* se calcula normalmente para los **periodos** completos analizados en el curso del trabajo de *due diligence*. No obstante, cabe destacar que si se dispone de la información suficiente sería de mayor utilidad el cálculo mensual. 497

Para cuantificar el *cash flow* de un negocio se pueden emplear dos **métodos** diferentes:

1. Método **directo**: consiste en analizar las entradas y salidas de caja reales en un periodo determinado. Este método requiere un análisis exhaustivo de las partidas que componen los estados financieros para determinar si su evolución supone o no generación de caja y qué naturaleza tiene.

2. Método **indirecto**: consiste en determinar los flujos de caja a partir de las variaciones del balance de situación y de los diferentes componentes de cuenta de resultados en un periodo determinado. Aunque esta no es la forma óptima de calcular y analizar la caja generada por un negocio, existen ocasiones en las que la falta de información no permite otro tipo de análisis.

Figura - Cálculo del Cash Flow (método indirecto)

+	Resultado del ejercicio
+	Amortizaciones
+/-	Resultado financiero
+/-	Impuestos
=	**EBITDA**
(+/-)	Variación en el Working Capital
=	**CFO**
+	Caja generada en la venta de activos fijos
-	Inversiones en activos fijos (CAPEX)
=	**CFI**
+	Financiación obtenida a través de instrumentos de deuda aportaciones de capital
-	Diviendos pagados
-	Financiación amortizada o cancelada
(+/-)	Intereses cobrados y pagados (netos)
-	Devoluciones de aportaciones a accionsitas
=	**CFF**
=	**Cash Flow antes de impuestos (= CFO+CFI+CFF)**

Ejemplo El **movimiento neto** del **inmovilizado material** bruto de una compañía entre el año 2013 y el 2014 es de 100 u.m. Suponiendo que la compañía no nos facilite más información sobre este epígrafe imputaríamos en el cálculo del *cash flow* una salida de caja de 100 u.m. 498

Sin embargo, si como fruto del trabajo de *due diligence*, el asesor ha calculado el movimiento de inmovilizado material del año y ha detectado que los 100€ de movimiento neto en realidad suponen unas altas de inmovilizado de 1.500€ y unos traspasos de -1.400€, entonces el *cash flow* reflejará una salida de caja de 1.500€ ya que los -1.400€ no tienen impacto en caja.

Este ejemplo ilustra la importancia que supone el cálculo del *cash flow* por el **método directo** y la diferencia en el análisis que puede llegar a suponer el **método indirecto**.

Para **cuantificar** el *cash flow* deberemos tener en cuenta dos cuestiones relevantes que nos permiten obtener una estimación de los flujos reales de la tesorería y llegar a conclusiones adecuadas acerca de la capacidad de generación de caja del negocio: 499

1. El **EBITDA**, **«working capital»**, **CAPEX** y la **deuda neta** utilizados en el cálculo del *cash flow* deben corresponder con los obtenidos en el análisis de la cuenta de resultados y en el balance de situación. Esto nos permite clasificar correctamente las variaciones del balance de situación en función de su naturaleza: operativa, de inversión y de financiación.

2. Se elimina de dichas variaciones el impacto de todas aquellas operaciones contables que **no** recogen **salidas de caja efectivas**. Existen muchos ejemplos de este tipo de operaciones, dependiendo del negocio que estemos evaluando. No obstante, a modo de ejemplo, podemos señalar las siguientes:

a) Dotaciones a la **amortización** de los activos fijos: recoge la depreciación estimada de los activos fijos, pero no suponen una salida de caja real.

b) Dotaciones y reversiones de **provisiones** y/o deterioros, ya sean sobre el capital circulante o sobre activos fijos o financieros. Solo en el caso que una provisión sea utilizada para cubrir el riesgo para el que fue designada, esta tiene efecto en el flujo de caja. El resto de movimientos de las provisiones suponen apuntes contables que, en función de su origen, deben ser eliminados del CFO, del CFI o del CFF.

c) Imputaciones de **subvenciones** a la cuenta de resultados en aplicación de la normativa contable. La normativa contable permite imputar el ingreso por una subvención en varios años. Por tanto, a efectos del cálculo del *cash flow* deben eliminarse dichas imputaciones a la cuenta de resultados para reflejar la caja real solo en el periodo en el que se ha producido de forma efectiva.

d) Los gastos e ingresos devengados por **intereses financieros** no deben ser considerados a efectos de determinar el CFF, únicamente se consideran las entradas y salidas de efectivo reales que se hayan producido en el periodo analizado.

500 **Análisis del «cash flow»** Una vez se haya obtenido el *cash flow* para un periodo determinado, se puede determinar la **capacidad generadora de caja** del negocio en el periodo histórico. Este análisis debe efectuarse de forma comparativa para varios periodos con el fin de ver su tendencia.

Han de ser analizados cada uno de los **componentes** del *cash flow*. Para poder entender la tendencia de cada uno de ellos y las razones que la justifican, se requiere un análisis exhaustivo de los componentes que los conforman, su recurrencia y su tendencia histórica, que ya se ha realizado a través del análisis realizado del balance de situación y de la cuenta de resultados.

Las **conclusiones** obtenidas del análisis del *cash flow* pueden variar significativamente dependiendo del tipo de negocio que se esté analizando. No obstante, en el siguiente cuadro se presentan una serie de conclusiones generales dependiendo del comportamiento de los diferentes componentes del *cash flow*:

	>0	<0
CFO	La actividad de explotación permite generar la suficiente caja para financiarse.	Se precisa de financiación externa o de los accionistas para mantener o incrementar la actividad de explotación.
CFI + CFO	La actividad de explotación permite generar la suficiente caja para financiarse y para invertir en el sistema productivo que le permita mantener los niveles actuales de actividad.	Se precisa de financiación externa o de los accionistas para financiar las inversiones en activos fijos.
CFO+ CFI+ CFF	El negocio genera la sufiente caja como para poder financiar su actividad, sus inversiones y el pago de la deuda contratada, así como para retribuir a sus accionistas.	El consumo de caja por la actividad de explotación y/o en las inversiones en activos fijos reduce la capacidad de pago de la deuda contratada y de la retribución a sus accionsitas. Posible riesgo futuro de impago a acreedores y de incapacidad de retribuir a sus accionistas.

501 **«Cash flow» en los informes de «due diligence» financiera** En los informes de *due diligence* financiera se suele presentar el **cálculo** del *cash flow* recogiendo, además, la siguiente **información**:

- Bases de presentación del cálculo del *cash flow*.
- Descripción de las partidas relevantes.
- Principales *drivers* del *cash flow*.
- Análisis de la evolución del flujo de caja.
- Resumen de las partidas relevantes y extraordinarias que afectan a la generación de caja.

6. Análisis de proyecciones financieras

505 El presente apartado tiene por objeto describir el análisis a realizar sobre las proyecciones financieras de un negocio en el marco de la realización de una *due diligence* financiera.

a. Consideraciones generales

El **análisis histórico** de la evolución de las operaciones llevado a cabo en la *due diligence* permite entender cuál es el nivel de negocio recurrente que se espera en el futuro. Por ello, el trabajo de *due diligence* histórico permite garantizar la correcta consideración del punto de partida de las proyecciones financieras del negocio. 506
Sin embargo, en muchas ocasiones, la *due diligence* no termina con el análisis histórico, sino que, con el fin de facilitar al potencial comprador la toma de decisiones y el cálculo del precio, trata de aportar también un correcto y profundo entendimiento de las proyecciones financieras esperadas para el negocio. Así, en el trabajo de *due diligence* se analizan, además de los puros cálculos aritméticos, la consistencia de las **hipótesis** empleadas en el **plan de negocio** con el comportamiento observado en el pasado.
La realización de las proyecciones financieras o plan de negocio no supone tradicionalmente el objeto del trabajo de *due diligence*, sino únicamente el análisis de las mismas.

De forma más concreta, el **trabajo de «due diligence»** financiera sobre el análisis de las proyecciones persigue los siguientes **objetivos**: 507
• Validación de los cálculos aritméticos incluidos en la realización de las proyecciones financieras.
• Identificación y análisis de las hipótesis clave utilizadas.
• Comparación de la consistencia de las hipótesis utilizadas para las proyecciones con la evolución pasada del negocio.
• Análisis de los nuevos negocios y/o productos incluidos en las proyecciones financieras.
Al igual que en el análisis histórico del negocio, en la medida en que lo permita la información analítica disponible, se deben perseguir los objetivos anteriormente comentados de **forma separada** para los diferentes productos y/o servicios, las diferentes líneas de negocio existentes y los diferentes mercados en los que opera. La persecución de los objetivos de forma segmentada permite evitar distorsiones en el entendimiento del negocio futuro por el comportamiento distinto de cada línea, producto o mercado.

El trabajo de *due diligence* de proyecciones se centra fundamentalmente en las siguientes **áreas**: 508
1. Análisis de la cuenta de resultados proyectada, principalmente hasta el nivel de EBITDA.
2. Análisis del *working capital* proyectado.
3. Análisis del CAPEX proyectado.
4. Análisis de la deuda proyectada.
5. Análisis del *cash flow* proyectado.
En función del nivel de detalle que posea el plan de negocio es o no posible llevar a cabo todos estos análisis.

Precisiones Cabe destacar que en muchas transacciones, la **financiación** pasada de la entidad se amortiza de forma total para así reemplazarla por nueva financiación. Este hecho supone que el análisis de las proyecciones se haga sin tener en cuenta la estructura de deuda.

b. Trabajo de «due diligence» financiera de las proyecciones

El análisis de las proyecciones puede resultar fundamental para la toma de decisiones de un potencial comprador, ofreciendo visibilidad sobre la evolución esperada del negocio y los potenciales cambios a futuro. 510
La arquitectura de dichas proyecciones puede resultar sencilla o compleja dependiendo del negocio proyectado y, especialmente, del **número de variables** que se consideren para su construcción. La sencillez de las mismas facilita el proceso de revisión en el marco de una *due diligence*. No obstante, unas proyecciones más complejas permiten obtener conclusiones mucho más fundamentadas al haber podido observar la razonabilidad de un mayor número de variables, y los riesgos derivados de las proyecciones financieras pueden ser mucho más delimitados.
Las conclusiones más importantes del análisis de unas proyecciones financieras se obtienen principalmente del **«cash flow»**, puesto que este nos indica la capacidad futura de generar caja del negocio. Las proyecciones del *cash flow* se alimentan directamente del balance de situación y de la cuenta de resultados proyectados.
El **balance de situación** es proyectado principalmente considerando los diferentes indicadores que se hayan observado durante el periodo histórico, siendo los más comunes:
• Los **periodos medios** (de rotación de existencias, de cobro a clientes y de pago a proveedores): en términos generales son los periodos medios históricos los empleados para evaluar las proyecciones de gran parte de capital circulante del negocio. Cualquier variación que se observe respecto a estos debe ser analizada y suficientemente fundamentada por los gestores del mismo.

• El **CAPEX histórico**: el nivel de inversiones pasado es un buen indicativo de, al menos, las necesidades mínimas del negocio para conservar el nivel actual de actividad. Por tanto, cualquier crecimiento proyectado es muy probable que deba ir acompañado de inversiones adicionales.

El **resto de partidas** cuya naturaleza no permita determinar su evolución futura en base de un indicador de gestión, deben ser analizados principalmente atendiendo a sus características, a comportamiento histórico y a hechos futuros que se prevé que se produzcan y que pueden impactar en sus proyecciones.

511 Por otra parte, una **cuenta de resultados** proyectada de forma correcta debe tener en consideración la evolución esperada de los diferentes componentes que la integran y el impacto futuro de las decisiones tomadas por los gestores del negocio, pero también debe recoger el impacto de factores externos o exógenos a la evolución del negocio, como pueden ser cambios demográficos o regulatorios del mercado en el que opera, posibles cambios en el comportamiento futuro de la demanda, etc.

La razonabilidad de las proyecciones financieras de la cuenta de resultados también se fundamenta en gran medida en el análisis de determinados **indicadores de gestión** cuyo comportamiento histórico y los aspectos que pueden impactar en ellos ya han sido analizados e identificados en el análisis del periodo histórico de la *due diligence*. Dichos indicadores, tal y como hemos comentado en el nº 353, son diferentes atendiendo al tipo de negocio evaluado.

De igual modo que en el balance de situación, existen **determinadas partidas** cuya naturaleza no permite que sean analizadas a través de indicadores de gestión (por ejemplo, aquellos costes o ingresos de naturaleza no variable). En estos casos el análisis debe fundamentarse principalmente en las características y comportamiento identificados en el análisis de los estados financieros históricos, y debe considerar aquellos variables o circunstancias futuras que puedan impactar en su evolución.

A continuación, se describen más detalladamente algunas de las **técnicas de análisis** de las proyecciones, utilizadas en los trabajos de *due diligence*.

512 **Análisis descriptivo de las hipótesis utilizadas** Existen distintos tipos de hipótesis para los distintos estados financieros incluidos en una proyección. El trabajo de *due diligence* supone obtener el detalle de todas las hipótesis utilizadas para cada una de las partidas que componen los estados financieros proyectados y contrastarlas con respecto a su comportamiento en el pasado reciente o con el comportamiento habitual del mercado.

513 **Comparación de las proyecciones con la información histórica y análisis de las desviaciones** Una vez realizada la descripción de las distintas hipótesis empleadas para la realización de las proyecciones, el trabajo de *due diligence* financiera trata de comparar la **razonabilidad** de las proyecciones, en primer lugar, con respecto a la información histórica.

Este trabajo de comparación busca facilitar información sobre la integridad de dichas proyecciones. De esta forma se puede obtener una mayor visibilidad y argumentos para opinar y probar su razonabilidad.

Ejemplo A continuación, se incluye un ejemplo de **comparación de histórico con proyecciones**: La cuenta de resultados de la sociedad X para el ejercicio N (último ejercicio disponible) y N+1 (primer año de proyección) es la siguiente:

	N	N+1	*% Var*
Ventas	200	270	*35%*
Coste de Ventas	-100	-90	*-10%*
Margen	**100**	**180**	***80%***
Gastos de personal	-50	-50	*0%*
OPEX	-10	-10	*0%*
EBITDA	**40**	**120**	***200%***
Resultado financiero	-20	-20	*0%*
Impuesto sobre Sociedades	-5	-23	*400%*
Resultado	**15**	**77**	***400%***
% MB s/ Ventas	50,0%	66,7%	
% EBITDA s/ Ventas	20,0%	44,4%	

Las ventas de la sociedad X pueden explicarse en función de los siguientes indicadores de negocio:

	N	N+1
Volumen vendido	1000	1311
Precio medio	0.200	0.206

Observando las ventas proyectadas podemos concluir que el incremento en el precio medio es de un 3% lo estaría en línea con el IPC. Por su parte, el volumen proyectado incrementa un 31,1%. Para garantizar la capacidad de la empresa de conseguir este incremento en volumen, el asesor en el trabajo de *due diligence* debe cotejar este porcentaje de crecimiento con el crecimiento histórico del volumen vendido. Así mismo, debe obtener explicaciones razonables de los gestores del negocio que fundamenten este crecimiento, y evaluar la razonabilidad de dicho comportamiento considerando documentos de terceros que recojan, entre otros, un profundo estudio sobre el mercado en el que opera y del negocio.
Si en el periodo histórico no ha presentado mejoras o crecimientos similares y no existen explicaciones y/o información soporte para argumentar las mejoras proyectadas, las proyecciones realizadas no son sólidas con respecto a la información histórica.

Tal y como se observa en el ejemplo, la comparación de la información proyectada con el periodo histórico puede alertar sobre la viabilidad y/o razonabilidad de las proyecciones. **514**

Análisis del cumplimiento de las proyecciones / presupuesto para el año en curso Continuando con la descripción de las técnicas utilizadas en los trabajos de *due diligence* financiera sobre las proyecciones, es necesario entender el cumplimiento de las proyecciones / presupuesto para el primer año. Si no se está cumpliendo las proyecciones para el año en curso, puede influir en el cumplimiento de las proyecciones de ejercicios posteriores. **515**
Uno de los análisis más empleados para valorar el cumplimiento en el año en curso de las proyecciones de la cuenta de resultados se conoce como **«Gap to Go»**. El análisis consiste en comparar la cuenta de resultados real hasta la fecha del análisis y la proyección total esperada para dicho ejercicio. De esta forma se puede comprobar el porcentaje de ventas, margen y otras partidas conseguido en los meses transcurridos, y compararlo con el previsto para el resto del ejercicio. Es importante tener en cuenta la estacionalidad de los negocios a la hora de realizar este análisis, ya que podría distorsionar las conclusiones.
En caso de que existan proyecciones mensualizadas, el análisis del cumplimiento de las proyecciones para el año en curso sería más sencillo.

Análisis de sensibilidades En el caso de que los análisis anteriormente comentados permitan inferir que las hipótesis utilizadas en las proyecciones pueden estar sujetas a un amplio rango de variación que no es posible predecir, es común presentar los **diferentes escenarios** que se podrían producir en el caso de una modificación de dichas hipótesis. Esto se denomina análisis de sensibilidad. **516**
El caso más común es la presentación de un escenario **positivo**, uno **negativo** y otro **neutro**, que se diferencian por la agresividad de sus hipótesis. Con la utilización de esta técnica se cuantifica el impacto que podría tener sobre el negocio el hecho de que determinadas hipótesis, sujetas a mayor nivel de incertidumbre finalmente no se comporte como se ha puesto en el caso base.

B. Due diligence de protección de datos

1. Riesgos en materia de protección de datos ... 525 **520**
2. Obligaciones objeto de revisión ... 530
3. Acceso a los datos personales de las entidades intervinientes en una operación de reestructuración societaria ... 545
4. Puesta en marcha del proceso de revisión ... 550

En los últimos años de la pasada década se intensificaron los impulsos de la UE tendentes a lograr una **regulación más uniforme** del derecho fundamental a la protección de datos en el marco de una sociedad cada vez más globalizada. El último hito en esta evolución tuvo lugar con la adopción del Rgto (UE) 2016/679, relativo a la protección de las personas físicas en lo que respecta al tratamiento de sus datos personales y a la libre circulación de estos datos (en adelante, «**RGPD**»), plenamente aplicable para los Estados miembros de la UE **a partir del 25-5-2018** (RGPD art.99). **521**

El RGPD pretende, con su **eficacia directa**, superar los obstáculos que impidieron la finalidad armonizadora de la Dir 95/46/CE que derogó. Asimismo, esta norma atiende a **nuevas circunstancias**, principalmente el aumento de los flujos transfronterizos de datos personales como consecuencia del funcionamiento del mercado interior, así como a los retos planteados por la rápida evolución tecnológica y la globalización, que han favorecido que los datos personales sean considerados un recurso fundamental de la sociedad de la información. Este carácter central de la información personal ha permitido el surgimiento de nuevos y mejores servicios, productos y hallazgos científicos, pero también presenta riesgos, especialmente en lo concerniente al control del destino, uso y tratamiento de esta información por un número cada vez mayor de actores para un conjunto diverso de finalidades.
El RGPD ha sido **adaptado en España** por la LO 3/2018, de Protección de Datos Personales y Garantía de Derechos Digitales (en adelante «**LOPD**»).
A continuación, analizaremos los aspectos que son necesarios revisar en una empresa con el fin de analizar y determinar si la misma cumple con sus **obligaciones** en materia de protección de datos de carácter personal, así como los **procedimientos** llevados a cabo para analizar la situación de las empresas en relación con dicho cumplimiento.

1. Riesgos en materia de protección de datos

525 Dependiendo del **sector de la actividad** de la empresa objeto de revisión, los riesgos en materia de protección de datos pueden sufrir variaciones, es decir, no son los mismos los riesgos que en la materia puede tener una empresa de telecomunicaciones que trata bases de datos de miles de usuarios, que los que afectan a una empresa encargada de la recolección de basura. Ello no quiere decir que una empresa tenga menos obligaciones que la otra en materia de protección de datos, sino que circunstancias tales como el volumen de datos tratados, la naturaleza de estos datos, la exposición pública, el número de empleados y de proveedores, el carácter eminentemente tecnológico de su actividad o los riesgos asociados a la ciberseguridad, entre otros, podrán dificultar el cumplimiento íntegro de todas las obligaciones que impone la citada normativa.
Por otro lado, no puede dejar de destacarse la cuantía de las **sanciones por incumplimiento** que recoge el RGPD, y que nuestra LOPD adapta, así como el daño que puede sufrir la imagen y posible pérdida de clientes de una empresa que, de forma reiterada, incumpla en mayor o menor medida las disposiciones recogidas en la normativa aplicable en materia de protección de datos personales.

526 **Sanciones económicas** (RGPD art.83; LOPD art.70 a 78) El régimen sancionador en materia de protección de datos se armoniza para el conjunto de los Estados miembros de la UE, pudiendo acarrear la imposición de **multas** cuyas cantidades económicas resultan muy significativas, especialmente tomando en consideración la dispersión normativa existente con respecto de esta materia con carácter previo a la plena aplicación del RGPD. En concreto, el régimen sancionador establecido en el RGPD es el siguiente:

	Cuantía
Infracción de RGPD art.8, 11, 25 a 39, 42 y 43	Multas de hasta 10.000.000 € o 2% del volumen de negocio global del último año
Infracción de RGPD art.5 a 7, 9, 12 a 22, 44 a 49 y 58	Multas de hasta 20.000.000 € o 4% del volumen de negocio global del último año

Este nivel de sanciones hace que, en términos económicos, una empresa incumplidora de la citada normativa genere unos riesgos que pueden hacer que, con independencia de su sector de actividad, pueda perder muchas posiciones en sus criterios de valoración, o incluso incurrir en pérdidas más que significativas y exponerse a un daño reputacional de difícil reparación.

526.1 Este régimen sancionador se ve complementado para el caso de **España**, en virtud de lo dispuesto en el Título IX de la LOPD (art.70 a 78), en el que se establecen los hechos constitutivos de infracciones y sanciones en mayor detalle, así como los plazos de prescripción de ambas, y los sujetos considerados responsables, excluyendo del régimen sancionador a la figura del delegado de protección de datos.
En particular, las infracciones se dividen, como sucedía en el régimen sancionador de la normativa anterior, en **infracciones muy graves** (LOPD art.72), **graves** (LOPD art.73), y **leves** (LOPD art.74), para las que se establecen distintos plazos de prescripción.

Del mismo modo, la norma establece plazos de **prescripción** de las sanciones en virtud de la cuantía de las mismas, a contar desde el día siguiente a aquel en que sea ejecutable la resolución por la que se impone la sanción, o haya transcurrido el plazo para recurrirla:

	Cuantía	Plazo de prescripción
Infracción leve (LOPD art.74)	Por un importe inferior o igual a 40.000 €	1 año
Infracción grave (LOPD art.73)	Por un importe comprendido entre 40.001 € y 300.000 €	2 años
Infracción muy grave (LOPD art.72)	Por un importe superior a 300.000 €	3 años

Los **plazos de prescripción** de las infracciones aquí recogidas se **interrumpen** con la iniciación, con conocimiento del interesado, del procedimiento de ejecución, reiniciándose dichos plazos si el expediente se paraliza por un plazo superior a seis meses por razones no imputables al presunto infractor. El plazo de prescripción comienza a **contarse** desde el día siguiente a aquel en que sea ejecutable la resolución por la que se impone la sanción o haya transcurrido el plazo para recurrirla.

Imagen de la empresa en el mercado Otro de los principales aspectos derivados del incumplimiento en materia de protección de datos, es el menoscabo de la imagen de la empresa así como de la confianza que genera y de su consideración en el mercado, y el posible impacto reputacional derivado de una **mala praxis** en materia de protección de datos. Por ejemplo, la mala práctica de una empresa a la hora de ejercitar acciones comerciales intrusivas frente a los consumidores, la no información transparente a los usuarios sobre el tratamiento que se realice de sus datos personales, la constante tramitación de quejas, bien ante las propias oficinas, como ante las oficinas municipales de consumidores o bien ante la propia Agencia Española de Protección de Datos, la publicación en medios de comunicación de dichas prácticas y de las sanciones impuestas por las autoridades de control, pueden generar una **mala reputación** de la empresa, y a la hora de valorarla en el mercado, y sin perjuicio de los riesgos que pueden llegar a ser cuantificables objetivamente por la posibilidad de sanción de las autoridades competentes, dicha imagen puede hacer perder mucha clientela, y por tanto, llegar a afectar gravemente a su facturación. 527

2. Obligaciones objeto de revisión

Las principales obligaciones derivadas tanto del RGPD como de la LOPD, que deben ser objeto de revisión por su importancia y trascendencia en el día a día de la empresa, y resultan de obligatoria consideración en el contexto de un proceso de revisión, son las siguientes: 530

- Elaboración de un registro de actividades de tratamiento (nº 531).
- Deber de información (nº 532).
- Bases jurídicas del tratamiento (nº 532.5).
- Consentimiento del interesado (nº 533).
- Principios relativos al tratamiento (nº 534).
- Categorías especiales de datos, y datos personales relativos a condenas e infracciones penales (nº 535).
- Acceso a datos por cuenta de terceros (nº 536).
- Derechos de los interesados: acceso, rectificación, supresión, oposición, portabilidad, limitación del tratamiento y derecho a no ser objeto de una decisión basada únicamente en el tratamiento automatizado de datos, incluida la elaboración de perfiles (nº 538).
- Delegado de protección de datos (nº 538.5).
- Transferencias internacionales de datos (nº 539).
- Evaluaciones de impacto en materia de protección de datos (*Data Protection Impact Assesment* o «DPIAs») (nº 540).
- Medidas de seguridad (nº 541).
- Privacidad desde el diseño y por defecto (nº 542).
- Violaciones de seguridad (nº 543).

Elaboración de un registro de actividades de tratamiento (RGPD art.30; LOPD art.31) 531
Toda **entidad** que actúe como **responsable o encargado del tratamiento** o, en su caso, sus representantes, está obligada a documentar internamente un registro de aquellas actividades de tratamiento efectuadas bajo su responsabilidad.

Con carácter excepcional, aquellas empresas y organizaciones que empleen a **menos de 250 personas** no se encontrarán obligadas a documentar o actualizar un registro de actividades de tratamiento, salvo que el tratamiento que realicen:
- pueda entrañar un riesgo para los derechos y libertades de los interesados;
- no sea ocasional; o
- incluya categorías especiales de datos personales, o datos personales relativos a condenas e infracciones penales.

No disponer de un registro de actividades de tratamiento, o no poner a disposición de la autoridad de protección de datos el registro, una vez solicitado por esta, puede suponer la comisión de una **infracción** sancionable con carácter **grave** (LOPD art.73.n y ñ).

531.1 Un registro de actividades de tratamiento elaborado por una entidad u organización que actúe como **responsable del tratamiento** deberá contener la siguiente **información**:
• El nombre y los datos de contacto del responsable y, en su caso, del corresponsable, del representante del responsable, y del delegado de protección de datos.
• Los fines del tratamiento.
• Una descripción de las categorías de interesados, y de las categorías de datos personales.
• Las categorías de destinatarios a quienes se comunicaron, o comunicarán los datos personales, incluidos los destinatarios en terceros países u organizaciones internacionales.
• En su caso, las transferencias de datos personales a un tercer país o una organización internacional, incluida la identificación de dicho tercer país u organización internacional y, en el caso de que la transferencia internacional se legitimase a partir de la adopción de garantías adecuadas y, en su caso, la documentación de garantías adecuadas.
• Cuando sea posible, los plazos previstos para la supresión de las diferentes categorías de datos.
• Cuando sea posible, una descripción general de las medidas técnicas y organizativas de seguridad adoptadas para cada una de las actividades de tratamiento.

531.2 Un registro de actividades de tratamiento elaborado por una entidad u organización que actúe como **encargado del tratamiento** deberá contener la siguiente **información**:
• El nombre y los datos de contacto del encargado o encargados, y de cada responsable por cuenta del cual actúe el encargado y, en su caso, del representante del responsable o del encargado, y del delegado de protección de datos.
• Las categorías de tratamientos efectuados por cuenta de cada responsable.
• En su caso, las transferencias de datos personales a un tercer país o una organización internacional, incluida la identificación de dicho tercer país u organización internacional y, en el caso de que la transferencia internacional se legitimase a partir de la adopción de garantías adecuadas y, en su caso, la documentación de dichas garantías adecuadas.
• Cuando sea posible, una descripción general de las medidas técnicas y organizativas de seguridad adoptadas para cada una de las actividades de tratamiento.

El **incumplimiento** de esta obligación, consistente en no disponer de un registro de actividades de tratamiento, actuando en tanto que responsable o encargado del tratamiento, que incorpore toda la información exigida por el RGPD art.30, puede suponer la comisión de una **infracción** sancionable con carácter **leve** (LOPD art.74.l).

532 **Deber de información** (RGPD art.12, 13 y 14; LOPD art.11) Los interesados a los que se soliciten datos personales deben ser informados en el momento en que se obtengan sus datos, de forma concisa, transparente, inteligible y de fácil acceso, con un lenguaje claro y sencillo, respecto de aquellos aspectos que se establecen en el RGPD art.13.

Atendiendo a lo previsto por la LOPD, la información mencionada puede presentarse en un **formato por capas** que facilite su comprensión, de acuerdo con el siguiente contenido:
• **Primer nivel** o «capa»: se presentará una **información básica** en materia de protección de datos, de forma resumida. En todo caso, esta información básica debe recoger las siguientes cuestiones:
1. La identidad del responsable del tratamiento y de su representante, en su caso.
2. Una descripción sencilla de los fines del tratamiento. Si los datos obtenidos del afectado fueran a ser tratados para la elaboración de perfiles, el interesado deberá ser informado respecto de esta circunstancia, así como de su derecho a oponerse a la adopción de decisiones individuales automatizadas que produzcan efectos jurídicos sobre él, o que le afecten significativamente de forma similar.
3. La posibilidad de ejercer los derechos establecidos en el RGPD art.15 a 22.

• **Segundo nivel** o «segunda capa»: se debería presentar **información adicional** en materia de protección de datos, en un medio más adecuado para su presentación, y comprensión. En todo caso, esta información adicional debe recoger las siguientes cuestiones:
1. La identidad y los datos de contacto del responsable del tratamiento y de su representante, en su caso.
2. Los datos de contacto del delegado de protección de datos, en caso de que hubiera sido designado.
3. Los fines del tratamiento a que se destinan los datos personales y la base jurídica del tratamiento.
4. La tipología de los datos personales tratados para cada tratamiento de forma específica.
5. Cuando existan tratamientos amparados en la existencia de un interés legítimo del responsable o de un tercero, una relación de los mismos.
6. Los destinatarios o categorías de destinatarios de los datos personales.
7. La intención del responsable de transferir datos personales a un tercer país u organización internacional, y la existencia o ausencia de una decisión de adecuación, o referencia a la existencia de garantías adecuadas y a los medios para obtener una copia de estas.
8. El plazo durante el cual se conservarán los datos personales o, cuando no sea posible, los criterios utilizados para determinar este plazo.
9. La existencia del derecho a solicitar al responsable del tratamiento el acceso a los datos personales relativos al interesado, y su rectificación o supresión, o la limitación del tratamiento, o a oponerse al tratamiento, así como el derecho a la portabilidad de datos.
10. Cuando el tratamiento esté basado en el consentimiento del interesado, se le informará de su derecho a retirar el consentimiento en cualquier momento, sin que ello afecte a la licitud del tratamiento con carácter previo a su retirada.
11. El derecho del interesado a presentar una reclamación ante una autoridad de control.
12. En el caso de que existiera una comunicación de datos personales, si esta comunicación es un requisito legal o contractual, o un requisito necesario para suscribir un contrato, y si el interesado está obligado a facilitar los datos personales, y está informado de las posibles consecuencias de que no se faciliten estos datos personales.
13. La existencia de decisiones automatizadas, incluida la elaboración de perfiles y, al menos en tales casos, información significativa sobre la lógica aplicada, así como la importancia y las consecuencias previstas de dicho tratamiento para el interesado, así como su derecho a oponerse a la adopción de decisiones individuales automatizadas que produzcan efectos jurídicos sobre él, o que le afecten significativamente de forma similar.

Precisiones Con carácter adicional a lo aquí expuesto, la **«Guía para el cumplimiento del deber de informar»**, publicada por la Agencia Española de Protección de Datos introduce criterios orientativos a la hora de suministra al interesado aquella información que le concierne en lo relativo al tratamiento de sus datos.

Cuando los **datos personales no hubieran sido obtenidos del interesado**, el responsable del tratamiento facilitará al interesado, en el momento de la primera comunicación que le dirija, o dentro de un plazo razonable una vez obtenidos los datos personales, y a más tardar en el plazo de un mes en el momento en que se obtengan sus datos, de forma concisa, transparente, inteligible y de fácil acceso, con un lenguaje claro y sencillo, información con respecto de aquellos aspectos que se establecen en el RGPD art.14. **532.1**

Atendiendo a lo previsto por la **LOPD**, la información mencionada puede presentarse en un **formato por capas** que facilite su comprensión.

• **Primer nivel** o «capa»: se presentará una **información básica** en materia de protección de datos, de forma resumida. En todo caso, esta información básica debe recoger las siguientes cuestiones:
1. La identidad del responsable del tratamiento y de su representante, en su caso.
2. Una descripción sencilla de los fines del tratamiento. Si los datos obtenidos del afectado fueran a ser tratados para la elaboración de perfiles, el interesado deberá ser informado respecto de esta circunstancia, así como de su derecho a oponerse a la adopción de decisiones individuales automatizadas que produzcan efectos jurídicos sobre él, o que le afecten significativamente de forma similar.
3. La posibilidad de ejercer los derechos establecidos en el RGPD art.15 a 22.
4. Las categorías de datos objeto de tratamiento.
5. Las fuentes de las que proceden los datos.

• **Segundo nivel** o «segunda capa»: se debería presentar **información adicional** en materia de protección de datos, en un medio más adecuado para su presentación y comprensión. En todo caso, esta información adicional debe recoger las siguientes cuestiones:
1. La identidad y los datos de contacto del responsable del tratamiento y de su representante, en su caso.

2. Los datos de contacto del delegado de protección de datos, en caso de que hubiera sido designado.
3. Los fines del tratamiento a que se destinan los datos personales y la base jurídica del tratamiento.
4. Las categorías de datos personales de que se trate.
5. Los destinatarios o categorías de destinatarios de los datos personales.
6. La intención del responsable de transferir datos personales a un tercer país u organización internacional, y la existencia o ausencia de una decisión de adecuación, o referencia a la existencia de garantías adecuadas y a los medios para obtener una copia de estas.
7. El plazo durante el cual se conservarán los datos personales o, cuando no sea posible, los criterios utilizados para determinar este plazo.
8. Cuando existan tratamientos amparados en la existencia de un interés legítimo del responsable o de un tercero, una relación de los mismos.
9. La existencia del derecho a solicitar al responsable del tratamiento el acceso a los datos personales relativos al interesado, y su rectificación o supresión, o la limitación del tratamiento, o a oponerse al tratamiento, así como el derecho a la portabilidad de datos.
10. Cuando el tratamiento esté basado en el consentimiento del interesado, se le informará de su derecho a retirar el consentimiento en cualquier momento, sin que ello afecte a la licitud del tratamiento con carácter previo a su retirada.
11. El derecho del interesado a presentar una reclamación ante una autoridad de control.
12. La fuente de la que proceden los datos.
13. La existencia de decisiones automatizadas, incluida la elaboración de perfiles y, al menos en tales casos, información significativa sobre la lógica aplicada, así como la importancia y las consecuencias previstas de dicho tratamiento para el interesado, así como su derecho a oponerse a la adopción de decisiones individuales automatizadas que produzcan efectos jurídicos sobre él, o que le afecten significativamente de forma similar.

532.2 El responsable del tratamiento **no estará obligado a facilitar al interesado información** en materia de protección de datos:
a) Si puede acreditar que el interesado ya disponía de dicha información, esto es, que se le facilitó con anterioridad.
b) En aquellos casos en los que la comunicación de esta información resulte imposible o suponga un esfuerzo desproporcionado, en particular para el tratamiento con fines de archivo en interés público, fines de investigación científica o histórica o fines estadísticos, o en la medida en que el cumplimiento del deber de informar pudiera impedir los fines del tratamiento, así como en aquellos casos en los que los datos personales deban seguir teniendo carácter confidencial sobre la base de una obligación de secreto profesional.
Es necesario, bien a través de la **revisión** de **formularios, contratos, políticas** u otro tipo de documentos, analizar si la entidad ha cumplido con el deber de información, tanto en aquellos casos en los que obtenga del interesado sus datos personales (nº 532), como en aquellos casos en los que los datos personales sean obtenidos por parte de un tercero (nº 532.1).
La **omisión del deber de informar** al interesado respecto del tratamiento de sus datos puede ser constitutivo de una infracción muy grave (LOPD art.72.1.h). Del mismo modo, el incumplimiento del principio de transparencia al no facilitar al interesado toda la información exigida por la norma, o la exigencia del pago de un canon para facilitar al interesado la información exigida, puede ser constitutivo de una infracción leve (LOPD art.74.a y b).

532.5 **Bases jurídicas del tratamiento** (RGPD art.6; LOPD art.8) De acuerdo con lo dispuesto en la normativa aplicable, para que un determinado tratamiento de datos personales -incluyendo la cesión de datos entre responsables del tratamiento- sea lícito, este debe ser llevado a cabo de conformidad con alguna de las bases legítimas establecidas al efecto. Por tanto, los datos del interesado/afectado podrán ser tratados por los responsables del tratamiento si cumple alguna de las siguientes bases jurídicas:
• Que el **interesado** haya dado su **consentimiento** para el tratamiento de sus datos personales, para uno o varios fines específicos. El consentimiento del interesado solo se entiende válido cuando se configure como una manifestación de voluntad libre, específica, informada e inequívoca por la que el interesado acepta, ya sea mediante una declaración o una clara acción afirmativa, el tratamiento de datos personales que le conciernen.
• Que el tratamiento de datos sea necesario para la **ejecución de un contrato** del que el interesado es parte, o para la ejecución de medidas precontractuales a petición del interesado.
• Que el tratamiento de datos personales deba efectuarse para el **cumplimiento de una obligación legal** que atañe al responsable del tratamiento.
• Que el tratamiento de datos personales sea necesario para proteger **intereses vitales** del interesado, o de otra persona física.

• Que el tratamiento de datos personales sea necesario para el cumplimiento de una misión realizada en **interés público**, o en el ejercicio de poderes públicos que hubieran sido conferidos al responsable del tratamiento.
• Que el tratamiento de datos personales sea necesario para la **satisfacción de intereses legítimos** perseguidos por el responsable del tratamiento o por un tercero, siempre que sobre dichos intereses no prevalezcan los intereses o los derechos y libertades fundamentales del interesado. En estos supuestos deberá verificarse la redacción de una prueba de sopesamiento para documentar la ponderación entre los derechos e intereses del responsable y los derechos y libertades de los interesados. Las pruebas de sopesamiento deben ponerse a disposición de aquellos interesados que así lo soliciten llegado el momento.
Es necesario, bien a través de la revisión de formularios, contratos, políticas u otro tipo de documentos, analizar si la entidad ha atribuido correctamente, en el contexto del cumplimiento del deber de información, los fines del tratamiento identificados a las bases legitimadoras del tratamiento que resulten apropiadas. El tratamiento de datos personales sin que concurra alguna de las condiciones de licitud del tratamiento establecidas en el RGPD art.6 y la LOPD art.8 puede ser constitutivo de una **infracción muy grave** (LOPD art.72.1.b).

Consentimiento del interesado (RGPD art.4.11, 7 y 8; LOPD art.6 y 7) De acuerdo con lo dispuesto en el RGPD, se entiende por consentimiento del interesado toda **manifestación de voluntad** libre, específica, informada e inequívoca por la que este acepta, ya sea mediante una declaración o una clara acción afirmativa, el tratamiento de datos personales que le conciernen. 533
En este sentido, cuando un tratamiento de datos se base en el consentimiento del interesado, el responsable del tratamiento debe ser capaz de demostrar que aquel consintió el tratamiento de sus datos personales, así como de conservar una **evidencia** de la obtención de dicho consentimiento.
En consecuencia, cuando un responsable del tratamiento recabe el consentimiento del interesado mediante una **declaración por escrito**, la solicitud de consentimiento se debe presentar de tal forma que pueda distinguirse claramente el consentimiento del resto de asuntos incorporados en la declaración por escrito. Del mismo modo, cuando un tratamiento de datos pretenda fundarse en el **consentimiento** del interesado **para varias finalidades**, es preciso que conste de forma específica e inequívoca que el consentimiento se otorga para cada una de estas finalidades por separado.

Precisiones A este respecto, consideramos relevante revisar el criterio seguido por el extinto Grupo de Trabajo del Artículo 29, sustituido en su labor por el **Comité Europeo de Protección de Datos**, en su documento «Directrices sobre el consentimiento en virtud del Reglamento 2016/679».

El responsable del tratamiento está obligado a asistir al interesado en el ejercicio de su **derecho a retirar el consentimiento** prestado en cualquier momento, sin que la retirada de dicho consentimiento afecte a la licitud del tratamiento con carácter previo a la retirada del consentimiento. Por ello, el responsable del tratamiento debe informar al interesado del derecho que le asiste a la hora de retirar su consentimiento de forma libre y sencilla, antes de llevar a cabo el tratamiento de sus datos. 533.1
Por último, para que el consentimiento del interesado se considere válido debe prestarse libremente. En consecuencia, **no puede supeditarse la ejecución de un contrato** a que el interesado consienta el tratamiento de sus datos personales para finalidades que no guarden relación con el mantenimiento, desarrollo o control de la relación contractual.
Al igual que el deber de información, en los casos que se necesite el consentimiento del interesado para tratar sus datos personales, la forma de poder verificar que dicho deber se ha cumplido es a través de la revisión de **contratos, políticas, formularios** de obtención de datos, etc.
El **incumplimiento** de las obligaciones relativas a la obtención del consentimiento del interesado dará lugar a la obtención de un consentimiento que no podrá ser considerado como válido, lo cual podrá constituir una **infracción muy grave** (LOPD art.72.1.c).

Con carácter general, cuando el tratamiento de datos personales que lleva a cabo el responsable del tratamiento se refiera a un **menor de edad**, debe tomarse en consideración que este solo puede dar su consentimiento cuando sea mayor de **14 años**. No obstante, este consentimiento no se considera válido, aun habiendo sido prestado por un mayor de 14 años, en aquellos supuestos en los que la ley exija la asistencia de los titulares de la patria potestad o tutela para la celebración de un determinado acto o negocio jurídico para el cual se precisa del consentimiento del menor. 533.2

Por otra parte, el consentimiento prestado por los menores de 14 años de edad solo se considera lícito en la medida en que pueda recabarse la **autorización** del titular de la **patria potestad o tutela** de menor, debiendo el responsable del tratamiento realizar esfuerzos razonables, teniendo en cuenta el estado de la tecnología, para verificar que dicho consentimiento ha sido prestado realmente por el titular de la patria potestad o tutela.

El **incumplimiento** de las obligaciones relativas a la obtención del consentimiento del menor de edad, cuando tenga capacidad para ello, o el del titular de la patria potestad o tutela del menor, podrá constituir una **infracción grave** (LOPD art.73.a). Del mismo modo, también podrá constituir una infracción grave para el responsable del tratamiento no encontrase en disposición de acreditar la realización de esfuerzos razonables para verificar la validez del consentimiento prestado por un menor de edad, o por el titular de su patria potestad o tutela (LOPD art.73.b).

534 **Principios relativos al tratamiento** (RGPD art.5; LOPD art.4 y 5) Aquellas entidades y organismos que actúen como responsables del tratamiento se encuentran obligados a tratar los datos de conformidad con los principios del tratamiento recogidos en la normativa aplicable en materia de protección de datos. Los principios relativos al tratamiento de datos son los siguientes:

• **Limitación de la finalidad**: los datos personales deben ser recogidos con fines determinados, explícitos y legítimos, y no puede ser tratados de manera incompatible con dichos fines. No se considera incompatible con los fines iniciales el tratamiento posterior de los datos con fines de archivo de interés público, fines de investigación científica e histórica o fines estadísticos.

• **Minimización de datos**: los datos personales deben ser adecuados, pertinentes y limitados a lo necesario en relación con los fines para los que son tratados.

• **Exactitud**: los datos personales han de ser exactos y si fuera necesario actualizados, adoptándose medidas razonables para que se supriman o rectifiquen sin dilación los datos personales que sean inexactos a los fines para los que se tratan. En este sentido, es destacable que no es imputable al responsable del tratamiento la **inexactitud** de los datos, toda vez que haya adoptado todas las medidas razonables para que se supriman o rectifiquen sin dilación, y siempre que los mismos hubiesen sido obtenidos directamente por el interesado, que hubieran sido obtenidos a través de un mediador o intermediario, que hubiesen sido comunicados por otro responsable o, finalmente, que hubieran sido obtenidos de un registro público.

• **Limitación del plazo de conservación**: los datos personales han de ser mantenidos de forma que se permita la identificación de los afectados no más tiempo del necesario para los fines del tratamiento. Pueden conservarse durante períodos más largos siempre que se traten exclusivamente con fines de archivo de interés público, fines de investigación científica e histórica o fines estadísticos, sin perjuicio de la aplicación de las correspondientes medidas técnicas y organizativas apropiadas.

Los datos de carácter personal objeto de tratamiento no pueden usarse para **finalidades** incompatibles con aquellas para las que los datos hubieran sido recogidos. No se considera incompatible el tratamiento posterior de estos con fines históricos, estadísticos o científicos.

• **Integridad**: los datos personales deben ser tratados de manera que se garantice su adecuada seguridad, incluyendo la protección contra el tratamiento no autorizado o ilícito y contra su pérdida, destrucción o daño accidental, aplicando las medidas técnicas y organizativas apropiadas.

• **Principio de responsabilidad proactiva** o *accountability*: se manifiesta como la necesidad de que el responsable del tratamiento aplique aquellas medidas legales, técnicas y organizativas que resulten apropiadas a los efectos de poder garantizar y demostrar que las actividades de tratamiento que realiza sean conformes con la normativa aplicable en materia de protección de datos (ver nº 542).

El **incumplimiento** de estos principios y de las obligaciones que dimanan de ellos puede ser constitutivo de una **infracción** de carácter **muy grave** (LOPD art.72.1.a).

535 **Categorías especiales de datos y otros datos relativos a infracciones y sanciones** (RGPD art.9, 10 y 86; LOPD art.9, 10 y 27) El RGPD y la LOPD recogen un **régimen singular** para el tratamiento de los datos relativos a la ideología, afiliación sindical, convicciones religiosas y creencias, origen étnico o racial, a la salud, la vida y orientación sexual del individuo, así como a los datos genéticos y a los datos biométricos dirigidos a identificar de manera unívoca a una persona física. Con carácter general, queda **prohibido** por la normativa aplicable el **tratamiento** de estos datos.

No obstante, estos podrán ser recabados, tratados y cedidos cuando concurra al menos una de las siguientes circunstancias:

• Cuando el interesado haya dado su **consentimiento** explícito para el tratamiento de dichos datos personales con uno o más de los fines especificados, salvo que una norma del derecho comunitario o de los Estados miembros establezca que el interesado no pueda consentir ese tratamiento.

• Cuando el tratamiento sea necesario para el **cumplimiento de obligaciones** y el ejercicio de derechos específicos del responsable del tratamiento o del interesado en el ámbito del derecho laboral y de la seguridad y protección social.

• Cuando el tratamiento sea necesario para **proteger intereses vitales** del interesado o de un tercero, y el interesado no pueda prestar su consentimiento.

• Cuando el tratamiento sea efectuado, en el ámbito de sus actividades legítimas y con las debidas garantías, por una fundación, una asociación o cualquier otro **organismo sin ánimo de lucro**, cuya finalidad sea política, filosófica, religiosa o sindical, siempre que el tratamiento se refiera exclusivamente a los miembros actuales o antiguos de tales organismos o a personas que mantengan contactos regulares con ellos en relación con sus fines. Todo ello siempre que los datos personales no se comuniquen fuera de ellos sin el consentimiento de los interesados.

• Cuando el tratamiento se refiera a datos personales que el interesado hubiera hecho **manifiestamente públicos**.

• Cuando el tratamiento de estos datos sea necesario para la formulación, ejercicio o defensa de reclamaciones, o cuando los tribunales actúen en ejercicio de su **función judicial**.

• Cuando el tratamiento sea necesario por razones de un **interés público esencial**, sobre la base del derecho comunitario o de los Estados miembros. Este interés público esencial debe ser proporcional al objetivo perseguido, respetar en lo esencial el derecho a la protección de datos y establecer medidas adecuadas y específicas para proteger los intereses y derechos fundamentales del interesado. Si este tratamiento está fundado en el derecho español debe estar amparado en una norma con rango de ley.

• Cuando el tratamiento sea necesario para fines de **medicina preventiva o laboral**, evaluación de la capacidad laboral del trabajador, diagnóstico médico, prestación de asistencia o tratamiento de tipo sanitario o social, o gestión de los sistemas y servicios de **asistencia sanitaria y social**, sobre la base del derecho comunitario o de los Estados miembros. Si este tratamiento está fundado en el derecho español debe estar amparado en una norma con rango de ley.

• Cuando el tratamiento sea necesario por razones de **interés público** en el ámbito de la **salud pública**, como la protección frente a amenazas transfronterizas graves para la salud, o para garantizar elevados niveles de calidad y de seguridad de la asistencia sanitaria y de los medicamentos o productos sanitarios, sobre la base del derecho comunitario, o de los Estados miembros. Si este tratamiento está fundado en el derecho español debe estar amparado en una norma con rango de ley.

• Cuando el tratamiento sea necesario con fines de archivo en interés público, fines de **investigación** científica o histórica o **fines estadísticos**.

El **incumplimiento** de esta obligación, consistente en el tratamiento, incluyendo la cesión, de categorías especiales de datos sin que concurra alguna de las circunstancias previstas en la normativa aplicable, podría suponer una **infracción** de carácter **muy grave** (LOPD art.72.1.e).

En lo concerniente a datos relativos a **condenas e infracciones penales**, así como a procedimientos y medidas cautelares y de seguridad conexas, solo se encuentran habilitados para su tratamiento aquellos órganos competentes para la instrucción del procedimiento sancionador, para la declaración de las infracciones o la imposición de sanciones, y siempre y cuando se proceda al tratamiento de los datos estrictamente necesarios para esta finalidad, al amparo de una norma de rango legal, así como abogados y procuradores, para el ejercicio de sus funciones. **535.1**

El registro completo de los datos referidos a condenas e infracciones penales, puede realizarse tan solo de conformidad con lo establecido en la regulación del **sistema de registros administrativos de apoyo a la Administración de Justicia**.

El **incumplimiento** de esta obligación, consistente en el tratamiento de datos personales relativos a condenas e infracciones penales, o medidas de seguridad conexas, fuera de los supuestos permitidos, podría suponer una **infracción muy grave** (LOPD art.72.1.f).

En lo concerniente a datos relativos a **infracciones y sanciones administrativas**, incluyendo el mantenimiento de registros relacionados con las mismas, solo se encuentran habilitados para su tratamiento aquellos órganos competentes para la instrucción del procedimiento sancionador, para la declaración de las infracciones o la imposición de sanciones, y siempre y cuando se proceda al tratamiento de los datos estrictamente necesarios para esta finalidad, al amparo de una norma de rango legal, así como abogados y procuradores, para el ejercicio de sus funciones. **535.2**

En el caso de que no se cumplieran estas condiciones, este tratamiento de datos debe contar con el **consentimiento del interesado, o estar autorizado** por una norma con rango de ley, en la que se adopten garantías adicionales para los derechos y libertades de los interesados.
El **incumplimiento** de esta obligación, consistente en el tratamiento de datos personales relativos a condenas e infracciones penales, o medidas de seguridad conexas, fuera de los supuestos permitidos, podría suponer una **infracción muy grave** (LOPD art.72.1.g).

536 **Acceso a datos por cuenta de terceros: encargado del tratamiento** (RGPD art.28 y 29; LOPD art.28 y 33) No se considera comunicación o cesión de datos el acceso por parte de un tercero a los datos personales que obran bajo la responsabilidad de un responsable del tratamiento, cuando dicho acceso sea necesario para la **prestación de un servicio** por cuenta de este. Así, la persona física o jurídica, autoridad pública, servicio u otro organismo que trate datos personales por cuenta del responsable del tratamiento para la prestación de un servicio determinado será considerado un encargado del tratamiento.
La normativa aplicable en materia de protección de datos establece la obligación para los responsables del tratamiento de **elegir** únicamente **un proveedor** que ofrezca garantías suficientes en lo que respecta a conocimientos especializados, fiabilidad y recursos, para la aplicación de medidas jurídicas, técnicas y organizativas apropiadas, de manera que permita garantizar la seguridad del tratamiento y la protección de los derechos del interesado. En este sentido, la adhesión por parte de un encargado del tratamiento a un **código de conducta** aprobado, o a un **mecanismo de certificación** aprobado, puede operar como una garantía para el cumplimiento de las obligaciones que emanan de la naturaleza de la relación que mantienen el responsable y el encargado del tratamiento.
Es necesario, a través de la **revisión** de las **políticas y procedimientos** implantados por la entidad, analizar si esta ha establecido un marco de criterios para la selección de proveedores que permitan garantizar la contratación de aquellos que cumplan las condiciones aquí enunciadas.
La contratación por el responsable del tratamiento de un encargado que no ofrezca las garantías suficientes para aplicar las medidas técnicas y organizativas apropiadas puede ser constitutivo de una **infracción grave** (LOPD art.73.j).

536.1 La normativa aplicable exige, respecto del tratamiento de datos de carácter personal realizado por parte de un encargado del tratamiento, el cumplimiento de los siguientes **requisitos**:
a) Que el tratamiento de los datos de carácter personal se rija por un **contrato** u otro acto jurídico que vincule por escrito al encargado del tratamiento con el responsable del tratamiento, que conste por escrito o en alguna otra forma que permita acreditar su celebración y contenido, y que establezca el objeto, la duración, la naturaleza y la finalidad del tratamiento, el tipo de datos personales y categorías de interesados, y las obligaciones y derechos del responsable del tratamiento.
En concreto, debe incluirse de forma expresa en el contrato de los siguientes aspectos:
• Que el encargado del tratamiento únicamente tratará los datos siguiendo las **instrucciones** documentadas del responsable del tratamiento.
• Que el encargado del tratamiento acatará un deber de **confidencialidad**, tanto por parte del encargado del tratamiento en sí mismo, como por parte de las personas autorizadas por dicho encargado que tendrán acceso a datos personales del responsable en el ejercicio de sus funciones.
• Que el encargado del tratamiento adoptará las **medias de seguridad** técnicas y organizativas que resulten apropiadas, de conformidad con lo dispuesto en el RGPD art.32.
• Las condiciones para la autorización o denegación para que el encargado pueda **subcontratar** a un tercero determinadas labores relacionadas con el tratamiento de datos personales.
• La forma en que el encargado deberá **asistir al responsable** del tratamiento a la hora de responder a las solicitudes que tengan por objeto el ejercicio de los derechos de los interesados.
• La determinación de los criterios de **colaboración** del encargado en el cumplimiento de las obligaciones relativas a la aplicación de medidas de seguridad, en la notificación de violaciones de seguridad sobre los datos y en la realización de evaluaciones de impacto relativas a la protección de datos.
• El **destino de los datos** al finalizar la prestación del servicio. Es decir, una vez se cumpla la prestación contractual, los datos de carácter personal se deben **destruir o se devolver** al responsable del tratamiento, del mismo modo que cualquier soporte o documento en el que conste algún dato de carácter personal objeto del tratamiento, con la salvaguarda del deber de bloqueo que pudiera corresponder al encargado del tratamiento. En el contrato se ha de recoger la opción escogida por el responsable, así como el plazo y la forma en que debe ser

realizado. Con carácter adicional, el responsable puede instar al encargado del tratamiento a comunicar los datos personales a los que tuvo acceso a un nuevo encargado del tratamiento, en lugar de proceder a su destrucción o devolución.

• Las condiciones que regirán la **colaboración** del encargado del tratamiento con el responsable, a efectos de acreditar pleno cumplimiento de las obligaciones recogidas en la normativa, así como para permitir y contribuir a la realización de auditorías, incluidas inspecciones, por parte del responsable o de otro auditor autorizado por dicho responsable. En este mismo sentido, el encargado del tratamiento ha de informar inmediatamente al responsable si, en su opinión, una instrucción suya infringe la normativa en materia de protección de datos.

El **incumplimiento** de la obligación consistente en encargar el tratamiento de datos a un tercero sin la previa formalización de un contrato puede ser considerado como una **infracción grave** (LOPD art.73.k). Del mismo modo, el incumplimiento por parte del responsable o del encargado del tratamiento de cualesquiera de las disposiciones recogidas en el contrato de acceso a datos, aun siendo este plenamente válido, puede ser constitutivo de una infracción **leve** (LOPD art.74.5).

Precisiones Más información sobre la elaboración de contratos entre responsables y encargados del tratamiento puede encontrarse en el documento «**Directrices para la elaboración de contratos entre responsables y encargados del tratamiento**», publicada por la Agencia Española de Protección de Datos.

b) Que el encargado **no** establezca **en su propio nombre** y sin que conste que actúa por cuenta de un responsable del tratamiento relaciones con los interesados, o use los datos para sus **propias finalidades**. Es necesario, a través de la revisión de los contratos de acceso a datos que el responsable del tratamiento suscriba con los diferentes encargados del tratamiento, analizar si estos recogen el conjunto de obligaciones que deben vincular a las partes. **536.2**

El **incumplimiento** en que incurrirá un encargado del tratamiento al no informar al responsable acerca de la posible infracción por una instrucción recibida de este puede ser constitutivo de una **infracción leve** (LOPD art.74.j). Del mismo modo, la actuación del encargado del tratamiento consistente en establecer los fines y medios del tratamiento sin conocimiento del responsable, también puede ser constitutivo de una **infracción grave** (LOPD art.73.m).

Finalmente, en relación con la **regularización** de los **contratos de acceso a datos**, se debe tomar en consideración lo dispuesto en la LOPD disp.trans.quinta. En particular se establece que, de cara a la actualización de aquellos contratos suscritos con anterioridad al 25-5-2018, estos mantendrán su vigencia hasta la fecha de vencimiento señalada en los mismos y, en caso de haberse pactado de forma indefinida, hasta el 25-5-2022. Es por ello que resulta recomendable evaluar la estrategia de actualización de estos contratos adoptada por la entidad, tomando en consideración la fecha de vencimiento de los mismos, de cara a evaluar el grado de cumplimiento de la misma con respecto de esta obligación.

Subencargado del tratamiento En ocasiones, para la completa prestación de un servicio al responsable del tratamiento, el encargado del tratamiento puede contratar, a su vez, de las prestaciones de un **tercer proveedor**. **537**

La **subcontratación** por parte del encargado del tratamiento de otro proveedor debe someterse a la **autorización previa** por escrito, específica o general, del responsable del tratamiento. Esta autorización se recoge, con carácter general, en el contrato de acceso a datos.

Adicionalmente, el encargado del tratamiento debe **informar al responsable** del tratamiento de cualquier **cambio** que se prevea en relación con la incorporación o sustitución de otros encargados. Dicha obligación tiene como propósito fundamental habilitar al responsable del tratamiento a oponerse a la elección unilateral de sucesivos encargados del tratamiento por parte del prestador con el que este ha contratado, así como a toda modificación o imprevisto que pudiera someter a incertidumbres la garantía de la protección de los datos de carácter personal de los interesados.

Asimismo, el RGPD art.28.4 establece que cuando un encargado del tratamiento recurra a otro encargado para llevar a cabo determinadas actividades de tratamiento, se impondrán a este otro encargado, mediante **contrato** u otro acto jurídico, las mismas obligaciones de protección de datos que las estipuladas en el contrato u otro acto jurídico entre el responsable del tratamiento y el encargado del tratamiento, en particular la prestación de garantías suficientes en relación a las medidas jurídicas, técnicas y organizativas apropiadas de manera que el tratamiento sea conforme con las disposiciones de la normativa aplicable en materia de protección de datos.

En este sentido, si un **subencargado incumple** sus obligaciones en materia de protección de datos, el encargado inicial seguirá siendo plenamente responsable frente a la entidad en lo que respecta al cumplimiento o incumplimiento de sus obligaciones por parte de este subencargado.

Es necesario, a través de la **revisión de los contratos de acceso** a datos que el responsable del tratamiento suscriba con los diferentes encargados del tratamiento, analizar si estos recogen las condiciones en materia de protección de datos para la subcontratación de un tercer proveedor.

El **incumplimiento** de esta obligación, consistente en la contratación por un encargado del tratamiento de otros encargados sin contar con la autorización previa del responsable, o sin haber informado sobre los cambios producidos en la subcontratación cuando fueran legalmente exigibles, podrá ser constitutivo de una **infracción grave** (LOPD art.73.l).

538 **Derechos de los interesados** (RGPD art.12 y 15 a 22; LOPD art.12 a 18) El responsable del tratamiento está obligado a satisfacer frente a los interesados los siguientes derechos:

- de **acceso**;
- de **rectificación**;
- de **supresión**;
- de **oposición**;
- de **portabilidad**;
- de **limitación del tratamiento**; y
- el derecho a no ser objeto de una decisión basada únicamente en el **tratamiento automatizado** de sus datos, incluyendo la elaboración de **perfiles**, en los términos recogidos en la normativa aplicable.

En consecuencia, el responsable del tratamiento debe encontrarse en disposición de facilitar toda la información que se le solicite, y dar respuesta al ejercicio de estos derechos de forma concisa, transparente, inteligible y de fácil acceso, y con un lenguaje claro y sencillo. En el supuesto de que el responsable del tratamiento no se encontrase en disposición de identificar al interesado que ha ejercido el derecho, o al representante legal o voluntario que actuase en su nombre, deberá poder poner en su conocimiento esta circunstancia, a los efectos de que este pueda subsanar su solicitud.

El **impedimento, obstaculización o no atención** reiterada de los derechos de acceso, rectificación, supresión, limitación del tratamiento o a la portabilidad de los datos para tratamientos que no requieren de la identificación del interesado, y una vez este hubiera facilitado información adicional que permitiera su identificación, puede ser constitutivo de una **infracción** de carácter **grave** (LOPD art.73.c), o **leve** (LOPD art.74.d), atendiendo a la gravedad de las circunstancias aludidas.

538.1 Toda la **información** relativa a las actuaciones del responsable sobre la base de una solicitud debe ser puesta **a disposición del interesado** en el **plazo** de un mes a partir de la recepción de la solicitud. Este plazo puede prorrogarse a otros dos meses más, hasta un total de tres meses, tomando en consideración la complejidad objetiva de la solicitud, o la recepción de un gran número de solicitudes. En el caso de que se produjesen dichas prórrogas, el responsable del tratamiento debe informar al interesado en el plazo de un mes desde el momento de recepción de la solicitud, indicando en su respuesta los motivos de la dilación en que se hubiese incurrido. Del mismo modo, en el supuesto de que el responsable **no pudiera dar curso a la solicitud** del interesado, debe informar de esta circunstancia al interesado en el plazo de un mes desde el momento de recepción de la solicitud respecto de las razones de su falta de actuación y la posibilidad de presentar una reclamación ante una autoridad de control, y de ejercitar acciones judiciales.

El **impedimento, obstaculización o no atención** reiterada de cualesquiera de los derechos enunciados por parte del responsable del tratamiento, puede ser constitutivo de una **infracción** de carácter **muy grave** (LOPD art.72.1.k) o **leve** (LOPD art.74.c), atendiendo a la gravedad de las circunstancias aludidas.

538.2 En el supuesto de que el interesado ejerciese sus derechos de **rectificación, supresión o limitación del tratamiento**, el responsable del tratamiento deber comunicar estas rectificaciones, supresiones y limitaciones del tratamiento a cada uno de los destinatarios a los que hubiera comunicado los datos personales, salvo que sea imposible o exija un esfuerzo desproporcionado. Del mismo modo, debe facilitar esta información al interesado, en el caso de que ese lo solicitase.

El **incumplimiento** de esta obligación, consistente en la notificación del ejercicio de los derechos a los destinatarios de los datos, o al interesado en el caso de que solicitase esta información, pude ser constitutivo de una **infracción leve** (LOPD art.74.e y f).

El responsable del tratamiento está obligado a **bloquear los datos** del interesado cuando proceda a su rectificación o supresión. Mediante este bloqueo, el responsable debe proceder a la identificación y reserva de los mismos, adoptando aquellas medidas técnicas y organizativas tendentes a impedir su tratamiento, salvo para la puesta a disposición de los datos a jueces y

tribunales, al Ministerio Fiscal o las Administraciones Públicas competentes, incluyendo las autoridades de protección de datos, para la exigencia de posibles responsabilidades derivadas del tratamiento, y solo durante el plazo de prescripción de dichas responsabilidades. Transcurrido dicho plazo, el responsable debe proceder a la **destrucción** de los datos.
El **incumplimiento** de esta obligación de bloqueo cuando resulte exigible puede ser constitutivo de una **infracción muy grave** (LOPD art.72.1.n).

La **respuesta a una solicitud** de ejercicio de derechos por parte del responsable del tratamiento se debe realizar a **título gratuito**, con carácter general. En aquellos casos en los que las solicitudes sean manifiestamente infundadas o excesivas, especialmente dado su carácter repetitivo, el responsable del tratamiento tiene la opción de cobrar un **canon** razonable en función de los costes administrativos en los que hubiera incurrido, o puede negarse a actuar respecto de la solicitud. Esta circunstancia debe ser informada al interesado en el plazo de un mes desde el momento de recepción de la solicitud, soportando el responsable la carga de demonstrar el carácter manifiestamente infundado o excesivo de la solicitud. A modo de ejemplo, en relación con el ejercicio del derecho de acceso, se tendrá por repetitivo el ejercicio del derecho en más de una ocasión durante el plazo de seis meses, salvo causa legítima, y se tendrá por excesivo la elección de un medio distinto que suponga un coste desproporcionado. **538.3**
La exigencia del pago de un canon por parte del responsable del tratamiento por atender una solicitud de derechos de un interesado sin que dicha solicitud tuviera un carácter manifiestamente infundado o excesivo puede constituir una **infracción muy grave** (LOPD art.72.1.j). Del mismo modo, la exigencia del pago de un canon cuya cuantía exceda el importe de los costes afrontados por el responsable del tratamiento para dar respuesta a la solicitud puede ser constitutivo de una infracción de carácter **leve** (LOPD art.74.b).
Resulta necesario, a través de la **revisión de las políticas y procedimientos** de la entidad, analizar si estos permiten acreditar en todos los casos que las solicitudes de ejercicio de los derechos reúnen aquellos requisitos formales que permitan determinar el contenido del derecho y acreditar fehacientemente la identidad del solicitante, y garantizar una respuesta adecuada en relación con el contenido de cada derecho, y las circunstancias que pudieran presentarse. Con carácter adicional, resulta preciso verificar que este procedimiento contempla la posibilidad de que las solicitudes de ejercicio de derechos se realicen mediante **representación de los interesados**, cuando proceda, y que contempla la posibilidad de atender las solicitudes incluso por medios distintos a los habilitados en origen por el.

Delegado de protección de datos (RGPD art.37 a 39; LOPD art.34 a 37) Los responsables y encargados del tratamiento deben designar un delegado de protección de datos siempre que concurra alguna de las siguientes **circunstancias**: **538.5**
a) Se trate de una autoridad u organismo público, excepto los tribunales que actúen en ejercicio de su función judicial.
b) Las actividades principales del responsable o del encargado del tratamiento consistan en operaciones de tratamiento que, por su naturaleza, alcance y/o fines requieran de una observación habitual y sistemática de interesados a gran escala.
c) Las actividades principales del responsable o del encargado del tratamiento consistan en el tratamiento a gran escala de categorías especiales de datos o datos relativos a condenas e infracciones penales.
A título enunciativo, la LOPD art.34.1 incorpora una relación de **organismos y entidades** que, en cualquier caso, se encuentran obligadas al nombramiento de un delegado de protección de datos.
Aquellas entidades que no se encuentren obligadas al nombramiento de un delegado de protección de datos también pueden proceder a su nombramiento.
El delegado de protección de datos puede formar parte de la **plantilla** del responsable o encargado del tratamiento, o puede desempeñar sus funciones en el marco de un **contrato de servicios**. Puede designarse como delegado de protección de datos a una persona física o jurídica, que puede actuar con dedicación completa o a tiempo parcial, de acuerdo con las consideraciones del responsable o encargado del tratamiento. En particular, puede designarse un único delegado de protección de datos para un mismo **grupo empresarial**, o para varias autoridades u organismos públicos, siempre que resulte accesible desde cada uno de estas entidades u organismos.
El **incumplimiento** de la obligación consistente en designar un delegado de protección de datos cuando su nombramiento sea exigible puede ser constitutivo de una infracción grave (LOPD art.73.v).

Precisiones A este respecto, consideramos relevante revisar los criterios seguidos por el extinto Grupo de Trabajo del Artículo 29, sustituido en su labor por el Comité Europeo de Protección de Datos, en su documento «**Directrices sobre los delegados de protección de datos** (DPD)», así como el documento de «Preguntas Frecuentes» que se incorpora como su Anexo.

538.6 Para su **designación, nombramiento o cese**, el responsable o encargado del tratamiento ha de **publicar los datos de contacto** del delegado de protección de datos y comunicarlos a la Agencia Española de Protección de Datos o a las autoridades autonómicas en materia de protección de datos, en el plazo de diez días desde que tuviera lugar dicho hecho. No publicar los datos de contacto del delegado de protección de datos, o no comunicarlos a la autoridad de protección de datos cuando su nombramiento sea exigible, puede ser constitutivo de una infracción de carácter leve (LOPD art.74.p).

El delegado de protección de datos ha de actuar como interlocutor del responsable o encargado del tratamiento frente a la Agencia Española de Protección de Datos y las autoridades autonómicas en materia de protección de datos, encontrándose estos obligados a garantizar que el delegado participe de forma adecuada en todas las cuestiones relativas a la protección de datos dentro de la organización, emitiendo sus recomendaciones. En este sentido, el delegado de protección de datos debe disponer de los recursos necesarios para el **desempeño de sus funciones** y debe reportar al más alto nivel jerárquico de la organización, no pudiendo ser **destituido o sancionado** por el responsable o el encargado del tratamiento, salvo en casos de dolo o negligencia grave en su ejercicio. Se ha de garantizar, además, su independencia dentro de la organización.

La entidad u organización para la que el delegado de protección de datos preste sus servicios debe garantizar la **interlocución** de este con los interesados, incluyendo su intervención a petición de las autoridades de protección de datos en el caso de reclamación interpuesta por el interesado (LOPD art.37).

El **incumplimiento** de la obligación consistente en garantizar la intervención del delegado de protección de datos en todas las cuestiones relativas a protección de datos en el contexto de la entidad u organización, o la interferencia en el ejercicio de sus funciones puede ser constitutivo de una infra cción de carácter **grave** (LOPD art.73.w).

538.7 Resulta necesario, a través de la **revisión de las políticas y procedimientos** de la entidad, así como de la documentación que acredite la correcta designación y nombramiento del delegado de protección de datos en aquellos casos en los que la entidad se encuentre obligada a este nombramiento, analizar la correcta atribución y ejercicio de sus funciones, así como el cumplimiento por parte de la entidad de los requisitos formales para su designación, nombramiento y cese. No obstante, es preciso tomar en consideración que el delegado de protección de datos se encuentra expresamente excluido del **régimen sancionador de la LOPD**, siendo por tanto atribuible por defecto la comisión de una infracción sancionable al ámbito del responsable o encargado del tratamiento en el que este desarrolla su actividad.

539 **Transferencias internacionales de datos** (RGPD art.44 a 50; LOPD art.40 a 43) Una transferencia internacional de datos es un tratamiento de datos que supone una transmisión o un acceso a los mismos por parte de una entidad localizada **fuera del territorio de la UE**. Este tratamiento puede constituir, bien una comunicación de datos, bien un tratamiento que tenga por objeto la prestación de un servicio. En este sentido, dos son las **figuras principales** que intervienen en relación con una transferencia internacional de datos:

• Un **exportador** de datos, que es aquella persona física o jurídica, pública o privada, u órgano administrativo que realiza una transferencia internacional de datos de carácter personal a un tercer país fuera del territorio de la UE.

• Un **importador** de datos, que es la persona física o jurídica, pública o privada, u organización internacional receptor de los datos, con ocasión de la realización de la transferencia internacional de datos.

Con carácter general, una entidad no puede realizar transferencias internacionales de datos a terceros países u organizaciones internacionales en aquellos casos en los que el importador de datos no pueda garantizar el cumplimiento de las obligaciones recogidas en la normativa aplicable.

Solo pueden realizarse transferencias internacionales de datos cuando:

1. Se encuentren basadas en una **decisión de adecuación** adoptada por la Comisión Europea (ver nº 539.1).

2. El responsable o encargado haya adoptado **garantías** adecuadas (ver nº 539.2), incluyendo la adopción de **normas corporativas vinculantes**.

3. En determinados supuestos que se configuran como **excepciones** a la adopción de garantías adecuadas (ver nº 539.5).

Resultará necesario, a través de la revisión de la naturaleza de la transferencia internacional de datos que lleve a cabo la entidad, así como de la documentación que acredite su desarrollo, analizar la correcta regularización de la misma, desde un punto de vista formal y material.
El **incumplimiento** derivado de no garantizar la concurrencia de las garantías, requisitos o excepciones establecidos en el RGPD art.44 a 49 para la regularización de una transferencia internacional de datos a un destinatario que se encuentre en un tercer país u organización internacional puede ser constitutivo de una **infracción muy grave** (LOPD art.72.1.l).

Decisión de adecuación de la Comisión Europea En aquellos casos en que la Comisión Europea haya decidido que un tercer país, un territorio o uno o varios sectores de dicho tercer país, así como una organización internacional, ofrecen garantías adecuadas, y permiten garantizar un nivel de protección adecuado para una transferencia internacional de datos, las entidades, actuando en tanto que exportadores de datos, podrán llevar a cabo una transferencia internacional de datos a estos territorios **sin** requerir para ello ninguna **autorización** específica o requisito adicional. **539.1**
El instrumento que emplea la Comisión Europea para adoptar esta decisión es el del **acto de ejecución**, con arreglo al procedimiento de examen, que puede ser directamente aplicable si se adopta por razones de urgencia. Dicho acto de ejecución debe establecer un mecanismo de revisión periódica, al menos cada cuatro años.
Por el momento, la Comisión Europea ha declarado que los siguientes **países** cuentan con un **nivel de protección adecuado**:
- **Suiza**. Decisión Comisión 2000/518/CE.
- **Canadá**. Decisión Comisión 2002/2/CE, respecto de las entidades sujetas al ámbito de aplicación de la ley canadiense de protección de datos.
- **Argentina**. Decisión Comisión 2003/490/CE.
- **Guernsey**. Decisión Comisión 2003/821/CE.
- **Isla de Man**. Decisión Comisión 2004/411/CE.
- **Jersey**. Decisión Comisión 2008/393/CE.
- **Islas Feroe**. Decisión Comisión 2010/146/UE.
- **Andorra**. Decisión Comisión 2010/625/UE.
- **Israel**. Decisión Comisión 2011/61/UE.
- **Uruguay**. Decisión Comisión 2012/484/UE.
- **Nueva Zelanda**. Decisión Comisión 2013/65/UE.
- **Japón**. Decisión Comisión (UE) 2019/419.
- **Reino Unido.** Decisión Comisión (UE) de 28 de Junio de 2021.
- República de **Corea**. Decisión Comisón (UE) de 17 de diciembre de 2021.
- **EE.UU**. Data Privacy Framework Decisión de 10 de julio de 2023.

Precisiones Cabe prever que, en el futuro, la Comisión Europea publicará en el **DOUE** y en su **página web** una lista de terceros países, territorios y sectores específicos en un tercer país, y organizaciones internacionales respecto de los cuales haya decidido que se garantiza, o ya no, un nivel de protección adecuado.

Adopción de garantías adecuadas: normas corporativas vinculantes En aquellos casos en que la Comisión Europea no haya tomado ninguna decisión sobre el nivel adecuado de la protección de datos en un tercer país, las entidades que lleven a cabo la transferencia internacional han de arbitrar soluciones que garanticen a los interesados el reconocimiento de aquellos derechos con respecto al tratamiento de sus datos que son exigibles en la UE y los países del EEE. Esta solución toma la forma de garantías adecuadas, que pueden ser aportadas para legitimar la transferencia internacional de datos, **sin** que resulte necesario recabar ninguna **autorización** por parte de la autoridad competente en materia de protección de datos. **539.2**
Se consideran **garantías adecuadas** las siguientes:
a) **Acuerdos legalmente vinculantes** entre las autoridades u organismos públicos.
b) **Normas corporativas vinculantes** o BCRs (nº 539.4).
c) **Cláusulas tipo** de protección de datos aprobadas por la Comisión Europea a través del procedimiento de examen.
d) **Cláusulas tipo** de protección de datos adoptadas por una Autoridad de Control y aprobadas por la Comisión Europea a través del procedimiento de examen.
e) Cumplimiento de un **código de conducta** aprobado por una Autoridad de control competente, en el que se recojan obligaciones del responsable del tratamiento y garantías de los derechos del interesado.
f) Adopción de un **mecanismo de certificación** que contenga compromisos vinculantes, en virtud de lo dispuesto en el RGPD.
En el supuesto de que la entidad llevase a cabo una transferencia internacional de datos empleando para ello los datos de carácter personal de un interesado establecido en territorio europeo, debe facilitarle a este último el **acceso a la información** concerniente a dicha

transferencia internacional, así como poner a su disposición de forma accesible las garantías adecuadas a adoptar en relación con la transmisión de datos personales a un tercer país u organización internacional.

539.3 Las **cláusulas contractuales tipo** podrán configurarse a través de módulos, en función del caso que aplique (Decisión de Ejecución (UE) 2021/914):

- Módulo 1: Transferencias internacionales de datos de un **responsable a otro responsable** de tratamiento.
- Módulo 2: Transferencias internacionales de datos de un **responsable a un encargado** de tratamiento.
- Módulo 3: Transferencias internacionales de datos de un **encargado a otro encargado** de tratamiento.
- Módulo 4: Transferencias internacionales de datos de un **encargado a un responsable** del tratamiento

Con carácter adicional, la **Agencia Española de Protección de Datos** y las autoridades autonómicas de protección de datos pueden adoptar **cláusulas contractuales tipo** para la realización de transferencias internacionales de datos, que se han de someter al dictamen del Comité Europeo de Protección de datos, así como aprobar a instancia de una entidad establecida en España, sometido el expediente a aprobación del Comité Europeo de Protección de Datos, en un procedimiento que tiene una duración máxima de nueve meses.

También se precisa autorización expresa de la Agencia Española de Protección de Datos, o de las autoridades autonómicas de protección de datos, cuando las garantías adecuadas se aporten mediante disposiciones que se incorporen en acuerdos administrativos entre las autoridades u organismos públicos que incluyan derechos efectivos y exigibles para los interesados.

539.4 Las **normas corporativas vinculantes** (*Binding Corporate Rules* o BCRs) se utilizan para la transferencia internacional de datos entre compañías del **mismo grupo** empresarial. El objetivo de estas normas es flexibilizar los movimientos internacionales de datos personales a nivel global entre las sociedades pertenecientes a un mismo grupo multinacional de empresas que cuente con filiales establecidas tanto en países que ofrezcan un nivel de protección de datos adecuado como en jurisdicciones que no garanticen el citado nivel. Todo grupo empresarial o unión de empresas dedicadas a una actividad económica conjunta debe tener la posibilidad de invocar normas corporativas vinculantes autorizadas para sus transferencias internacionales de datos, siempre que tales normas corporativas incorporen todos los principios esenciales y derechos aplicables con el fin de ofrecer garantías adecuadas para las transferencias internacionales de datos o categorías de transferencias Internacionales de Datos.

Entre la **información** que debe especificarse en las normas corporativas vinculantes en relación con una transferencia internacional de datos concreta se incluye la especificación de las transferencias internacionales de datos, o conjuntos de transferencias internacionales de datos, incluidas las categorías de datos personales, el tipo de tratamientos y sus fines, el tipo de interesados afectados y la relación de los terceros países en cuestión.

Unas normas corporativas vinculantes aprobadas por la autoridad de control competente deben ser jurídicamente vinculantes, y aplicadas por todos los miembros del grupo o unión de empresas, y deben poder salvaguardar los **derechos de los interesados** en relación con el tratamiento de datos de carácter personal, debiendo especificar, al menos, los aspectos enunciados en el RGPD art.47.2.

539.5 **Excepciones a la adopción de garantías adecuadas** Asimismo, con el fin de dotar de contenido al consentimiento prestado por el interesado, así como para actuar en defensa del interés público, el interés general y el interés vital del interesado en lo concerniente a la protección de sus derechos y libertades fundamentales, el RGPD habilita una serie de supuestos en los cuales, en ausencia de una decisión de adecuación o de la existencia de garantías adecuadas (incluidas las normas corporativas vinculantes) podrá realizarse una transferencia internacional de datos o un conjunto de transferencias internacionales de datos a un tercer país u organización internacional. Esas excepciones son las siguientes:

1. Que el interesado haya dado explícitamente su **consentimiento** a la transferencia internacional de datos propuesta, tras haber sido informado de los posibles riesgos para él que pudieran derivarse de la mencionada transferencia internacional de datos debido a la ausencia de una decisión de adecuación y/o de garantías adecuadas.

2. Que la transferencia internacional de datos sea necesaria para la **ejecución de un contrato** entre el interesado y el responsable del tratamiento o para la ejecución de medidas precontractuales adoptadas a solicitud del interesado.

3. Que la transferencia internacional de datos sea necesaria para la **celebración o ejecución de un contrato**, en interés del interesado, entre la compañía y otra persona física o jurídica.

4. Que la transferencia internacional de datos sea necesaria por razones de **interés público**; la determinación de las razones de interés público corresponde a las autoridades competentes a nivel estatal y comunitario, siendo capaces de limitar transferencias internacionales de datos que se refieren a datos especialmente protegidos.
5. Que la transferencia internacional de datos sea necesaria para la formulación, el ejercicio o la defensa de **reclamaciones**.
6. Que la transferencia internacional de datos sea necesaria para proteger los **intereses vitales** del interesado o de otras personas, cuando el Interesado esté física o jurídicamente incapacitado para dar su consentimiento.
7. Que la transferencia internacional de datos se realice desde un **registro público** que, con arreglo al derecho de la UE o de los Estados miembros, tenga por objeto facilitar información al público y esté abierto a la consulta del público en general o de cualquier persona que pueda acreditar un interés legítimo, teniendo en cuenta en este último caso que la transferencia internacional de datos no debe afectar a la totalidad de los datos personales o de las categorías de datos incluidos en el registro y, cuando el registro esté destinado a su consulta por personas que tengan un interés legítimo, la transferencia Internacional de datos solo debe efectuarse a petición de dichas personas o, si estas van a ser las destinatarias, teniendo plenamente en cuenta los intereses y los derechos fundamentales del interesado.
8. En aquellos casos en que no ofreciendo las garantías adecuadas para la realización de la transferencia internacional de datos, y no pudiendo ampararse en las excepciones para situaciones específicas recogidas en la norma, la transferencia internacional de datos proyectada no sea repetitiva, afecte a un número limitado de interesados, y sea preciso llevarla a cabo para garantizar el cumplimiento de un **interés legítimo** de la compañía, siempre que dicho interés legítimo prevalezca sobre los derechos y libertades de los interesados. En este caso será necesario que la entidad informe a la autoridad de control de la existencia de la transferencia internacional de datos en concreto, así como a los interesados cuyos datos son objeto de transferencia internacional de datos, indicando expresamente los intereses legítimos imperiosos perseguidos.

Precisiones A este respecto, consideramos relevante revisar el criterio seguido por el **Comité Europeo de Protección de Datos**, en su documento «Directrices 2/2018 del CEPD sobre las excepciones del artículo 49 del Reglamento 2016/679».

Evaluaciones de impacto en materia de protección de datos («Data Protection Impact Assesments» o DPIAs) (RGPD art.35 y 36) Cuando sea probable que un tratamiento de datos, en particular si utiliza **nuevas tecnologías**, por su naturaleza, alcance, contexto o fines, entrañe un alto riesgo para los derechos y libertades de las personas físicas, el responsable del tratamiento debe realizar, antes del tratamiento, una evaluación del impacto de las operaciones de tratamiento en la protección de datos personales. Una evaluación de impacto relativa a protección de datos es una herramienta que permite determinar de manera anticipada cuáles son los **potenciales riesgos** a los que están expuestos los datos personales en función de las actividades de tratamiento que se llevan a cabo con los mismos. El análisis de riesgos para un determinado tratamiento permite identificar los riesgos que se ciernen sobre los datos de los interesados, y establecer una respuesta adoptando las salvaguardas necesarias para reducirlos hasta un nivel de riesgo aceptable. 540

Para la realización de una evaluación de impacto en materia de protección de datos, el **responsable del tratamiento** debe recabar el **asesoramiento** de su delegado de protección de datos, en el supuesto de que hubiera procedido a su nombramiento. Además, se ha de tomar en consideración la adhesión del responsable del tratamiento a un **código de conducta** aprobado al evaluar las repercusiones derivadas de aquellos tratamientos sobre los que hubiera realizado una evaluación de impacto.

En particular, **debe realizarse** una evaluación de impacto relativa a la protección de datos cuando la entidad lleve a cabo tratamientos de datos que pudieran englobarse en las siguientes categorías:

a) La evaluación sistemática y exhaustiva de aspectos personales de personas físicas que se base en un tratamiento automatizado, como la elaboración de perfiles, y sobre cuya base se tomen decisiones que produzcan efectos jurídicos para las personas físicas o que les afecten significativamente de modo similar.
b) El tratamiento a gran escala de las categorías especiales de datos, o de los datos personales relativos a condenas e infracciones penales.
c) La observación sistemática a gran escala de una zona de acceso público.

Una única evaluación de impacto puede abordar una serie de operaciones de tratamiento similares que entrañen altos riesgos similares.

El **incumplimiento** consistente en no realizar una evaluación de impacto en aquellas ocasiones en que resulte exigible puede ser constitutivo de una infracción grave (LOPD art.73.t).

540.1 Una **evaluación de impacto** relativa a la protección de datos **debe incluir**, como mínimo, los siguientes aspectos:

- Una descripción sistemática de las operaciones de tratamiento previstas, y de los fines del tratamiento, inclusive, cuando proceda, el interés legítimo perseguido por el responsable del tratamiento.
- Una evaluación de la necesidad y la proporcionalidad de las operaciones de tratamiento respecto de su finalidad.
- Una evaluación de los riesgos para los derechos y libertades de los interesados.
- Las medidas previstas para afrontar los riesgos, incluidas garantías, medidas de seguridad y mecanismos que garanticen la protección de datos personales, teniendo en cuenta los derechos e intereses legítimos de los interesados y otras personas afectadas.

Con carácter general, la **documentación** de este contenido responde a una metodología que contempla distintas fases, y que culmina con la documentación de un **plan de acción y conclusiones** sobre la evaluación realizada.

Precisiones Más **información sobre la metodología** a seguir para la realización de una evaluación de impacto en materia de protección de datos puede encontrarse en la «Guía práctica para las evaluaciones de impacto en la protección de los datos sujetas al RGPD», publicada por la Agencia Española de Protección de Datos, así como el documento «Directrices sobre la evaluación de impacto relativa a la protección de datos (EIPD) y para determinar si el tratamiento «entraña probablemente un alto riesgo» a efectos del Reglamento (UE) 2016/679» preparado por el extinto Grupo de Trabajo del Artículo 29, sustituido en su labor por el Comité Europeo de Protección de Datos.

540.2 De conformidad con la evaluación realizada, y de acuerdo con el nivel de riesgo residual obtenido, se analiza si el **resultado** es o no favorable.

a) En el caso de que el resultado de la evaluación de impacto sea **favorable**, el responsable del tratamiento puede llevar a cabo el tratamiento mediante la adopción de aquellas medidas de control incorporadas en el plan de acción.

b) Por otra parte, en el caso de que la conclusión de la evaluación de impacto **no sea favorable**, se deben adoptar en primer término medidas de control adicionales para reducir el nivel de exposición al riesgo. Si esto no es posible, el tratamiento no puede llevarse a cabo, y es necesario activar el procedimiento de **consulta previa a la autoridad de control**.

El resultado de una evaluación de impacto relativa a protección de datos debe actualizarse siempre y cuando exista una variación relevante en el contexto de la actividad del tratamiento, que pueda suponer un incremento del riesgo asociado al mismo.

540.3 En el supuesto de que una evaluación de impacto relativa a protección de datos muestre que un determinado **tratamiento** puede entrañar un **alto riesgo** sobre los derechos y libertades de los interesados, el responsable del tratamiento debe dirigirse a la autoridad de control mediante el procedimiento de **consulta previa**.

La consulta dirigida a la autoridad de control debe contener la siguiente **información**:

- Las responsabilidades respectivas del responsable, corresponsables y los encargados implicados en el tratamiento, especialmente si se produce dentro de un grupo empresarial.
- Los fines y medios del tratamiento.
- Las medidas y garantías establecidas para proteger los derechos y libertades de los interesados.
- Los datos de contacto del delegado de protección de datos, si este hubiera sido nombrado.
- La evaluación de impacto realizada.
- Cualquier otra información que pudiera solicitar la autoridad de control.

La autoridad de control, que en el caso de España es la **Agencia Española de Protección de Datos**, debe **asesorar** por escrito al responsable o al encargado del tratamiento en un **plazo** de ocho semanas desde la solicitud de la consulta, pudiendo hacer uso de las facultades y poderes que le confiere la normativa aplicable en materia de protección de datos. Este plazo puede prorrogarse hasta seis semanas más, de acuerdo con la complejidad de la consulta, notificándose debidamente al consultante en el plazo de un mes desde la fecha de recepción de la consulta.

El **incumplimiento** de la obligación consistente en iniciar el procedimiento de consulta previa a la autoridad de control en el caso de que un determinado tratamiento pudiera entrañar un alto riesgo sobre los derechos y libertades de los interesados, una vez realizada una evaluación de impacto, puede ser constitutivo de una **infracción grave** (LOPD art.73.u). Del mismo modo, la puesta a disposición de la autoridad de control de información inexacta a la hora de realizar una consulta previa puede ser, asimismo, constitutivo de una infracción de carácter **leve** (LOPD art.74.o).

Medidas de seguridad (RGPD art.32) El responsable del tratamiento está obligado a adoptar las **medidas** de índole **técnica y organizativa** necesarias para garantizar la seguridad de los datos de carácter personal y evitar su alteración, pérdida, tratamiento o acceso no autorizado, habida cuenta del estado de la tecnología, los costes de aplicación, la naturaleza, alcance, contexto y fines del tratamiento, así como los riesgos de probabilidad y gravedad variables a que están expuestos los derechos y libertades de los interesados. **541**

De acuerdo con la necesidad de garantizar la confidencialidad, integridad y disponibilidad de la información personal, se deben tener en cuenta por el responsable y el encargado del tratamiento aquellos **riesgos** que presenten los tratamientos que lleven a cabo. A este respecto, se ha de tomar en cuenta la adhesión a un código de conducta o a un mecanismo de certificación por parte de la entidad, de cara a demostrar el cumplimiento de este requisito.

La falta de adopción de aquellas medidas técnicas y organizativas que resulten apropiadas para garantizar un nivel de seguridad adecuado, o el quebrantamiento de las mismas atribuible a la falta de diligencia debida por parte de la entidad puede ser constitutivo de una **infracción** de carácter **grave** (LOPD art.73.f y g).

Protección de datos desde el diseño y por defecto (RGPD art.25) A los efectos de concretar el contenido del **principio de responsabilidad proactiva** o *accountability* (nº 534), el RGPD introduce los principios de protección de datos desde el diseño y por defecto, configurándolos como principios rectores en la determinación de las medidas técnicas y organizativas a adoptar por todas y cada una de las entidades que desarrollen actividades de tratamiento sobre datos de carácter personal. **542**

El principio de **protección de datos desde el diseño** persigue que los principios del tratamiento se encuentren presentes desde las primeras fases de concepción de un proyecto o la definición de un tratamiento, mediante la adopción de medidas técnicas y organizativas que tomen en consideración los riesgos de diversa probabilidad y gravedad que entraña el tratamiento para los derechos y libertades de las personas físicas, adoptando un enfoque preventivo.

Por otro lado, el principio de **protección de datos por defecto** persigue que, precisamente por defecto, solo sean objeto de tratamiento aquellos datos personales que sean necesarios para cada uno de los fines específicos del tratamiento. Este principio se persigue por parte del responsable del tratamiento mediante la adopción de medidas técnicas y organizativas que tomen en consideración el volumen de datos personales recogidos, la extensión de su tratamiento, su plazo de conservación y su accesibilidad.

Para la acreditación del cumplimiento de estos principios, las autoridades de control tomarán en consideración la adhesión a un **mecanismo de certificación** debidamente aprobado.

Resultará necesario verificar, a través de la revisión de las **políticas y procedimientos** de la entidad, si estos permiten acreditar en todos los casos el cumplimiento de estos principios.

El **incumplimiento** de esta obligación, consistente en la falta de adopción de aquellas medidas técnicas y organizativas que resulten apropiadas para aplicar de forma efectiva los principios de protección de datos desde el diseño y por defecto puede constituir una **infracción grave** (LOPD art.73.d y e).

Violaciones de seguridad (RGPD art.33 y 34) El RGPD define las violaciones de seguridad sobre datos personales como toda violación de la seguridad que ocasione la **destrucción, pérdida o alteración** accidental o ilícita de **datos personales** transmitidos, conservados o tratados de otra forma, o la comunicación o acceso no autorizados a dichos datos. **543**

En caso de que se produzca una violación de la seguridad de los datos personales, el **responsable del tratamiento** se encuentra obligado a **notificar a la autoridad de control** competente dicha violación, sin dilación indebida y, de ser posible, a más tardar en el plazo de setenta y dos horas después de que haya tenido constancia de ella, salvo que pueda constatar que sea improbable que dicha violación de la seguridad constituya un riesgo para los derechos y las libertades de las personas físicas. En aquellos casos en los que una violación de seguridad pudiera afectar a datos de personas en más de un Estado miembro, el responsable debe determinar cuál es la autoridad principal a la que debe realizar la notificación. Los criterios para identificar el establecimiento principal del responsable del tratamiento parten de determinar la localización geográfica de la sede principal del responsable, y el lugar donde se toman decisiones con respecto de los fines y medios del tratamiento.

El **incumplimiento** del deber de notificación a la autoridad competente en materia de protección de datos de una violación de seguridad de los datos personales puede ser constitutivo de una **infracción grave** (LOPD art.73.q).

543.1 La **notificación** que debe realizar el responsable del tratamiento a la autoridad de control ha de incorporar el siguiente **contenido mínimo**:

• Descripción de la naturaleza de la violación de la seguridad de los datos personales, inclusive, cuando sea posible, las categorías y el número aproximado de interesados afectados, y las categorías y el número aproximado de registros de datos personales afectados.

• Comunicación del nombre o denominación y de los datos de contacto del delegado de protección de datos, en el caso de que hubiera sido designado, o de otro punto de contacto en el que pueda obtenerse más información.

• Descripción de las posibles consecuencias de la violación de la seguridad de los datos personales.

• Descripción de las medidas adoptadas o propuestas por el responsable del tratamiento para poner remedio a la violación de la seguridad de los datos personales, incluyendo, si procede, las medidas adoptadas para mitigar los posibles efectos negativos.

En el caso de que esta notificación a la autoridad de control no tenga lugar en el **plazo** indicado (nº 543), el responsable del tratamiento ha de acompañar la notificación con una indicación de los motivos que justifican esta dilación.

Además, si no fuera posible facilitar la información simultáneamente, y en la medida en que no lo sea, la información se ha de **facilitar de manera gradual** sin dilación indebida.

Por último, el responsable del tratamiento ha de documentar cualquier violación de la seguridad de los datos personales, incluidos los hechos relacionados con ella, sus efectos y las medidas correctivas adoptadas. Dicha documentación permitirá a la autoridad de control verificar el cumplimiento de la obligación de notificación en todo su contenido.

La **notificación incompleta, tardía o defectuosa** de una violación de seguridad por parte del responsable del tratamiento, así como el incumplimiento en la obligación de documentar una violación de seguridad, pueden constituir **infracciones leves** (LOPD art.74.m y n).

543.2 En el caso de que la violación de seguridad se produzca en el ámbito de control del **encargado del tratamiento**, y sobre los datos personales que trata por cuenta del responsable, el encargado del tratamiento debe **notificar al responsable** del tratamiento, sin dilación indebida, las violaciones de la seguridad de los datos personales de las que tenga conocimiento.

El **incumplimiento** del deber del encargado del tratamiento de notificar al responsable con respecto de la existencia de una violación de seguridad de la que tuviera noticia puede ser constitutivo de una **infracción grave** (LOPD art.73.q).

543.3 Con carácter independiente a la obligación de notificar a la autoridad de control, el **responsable del tratamiento** está obligado también a **comunicar al interesado** la existencia de una violación de seguridad en aquellos casos en los que esta pueda entrañar un alto riesgo para sus derechos y libertades.

Para determinar la necesidad de comunicar al interesado esta información, el responsable del tratamiento ha de evaluar la concurrencia uno o más de estos **requisitos**:

a) El responsable del tratamiento ha adoptado medidas de seguridad técnicas y organizativas apropiadas, y estas medidas se han aplicado a los datos personales afectados por la violación de seguridad, en particular aquellas medidas que pueden hacer ininteligibles los datos personales para cualquier persona que no esté autorizada a acceder a ellos, como el cifrado.

b) El responsable del tratamiento ha tomado medidas ulteriores que garanticen que ya no exista la probabilidad de que se concretice el alto riesgo para los derechos y libertades del interesado.

c) La comunicación individual suponga un esfuerzo desproporcionado. En este caso, se debe optar en su lugar por una comunicación pública o una medida semejante por la que se informe de manera igualmente efectiva a los interesados.

Como se ha indicado, la concurrencia de uno o más de estos requisitos podría favorecer que la comunicación al interesado **no sea necesaria**.

Con carácter adicional a lo aquí expuesto, el Anexo III de la «Guía para la gestión y notificación de brechas de seguridad», publicada por la Agencia Española de Protección de Datos introduce criterios orientativos a la hora de determinar el riesgo derivado de una violación de seguridad, y la necesidad de realizar o no esta comunicación al interesado.

El **incumplimiento** del deber de comunicación al interesado de una violación de la seguridad de los datos personales puede ser constitutivo de una **infracción grave** (LOPD art.73.s), o de una infracción de carácter **leve** (LOPD art.74.ñ), atendiendo a las circunstancias en que se produjese dicha omisión en el deber de comunicación al interesado.

3. Acceso a los datos personales de las entidades intervinientes en una operación de reestructuración societaria

(LOPD art.21)

La LOPD se refiere expresamente a los tratamientos de datos derivados de modificaciones estructurales societarias en su art.21, bajo el epígrafe «Tratamientos relacionados con la realización de determinadas operaciones mercantiles». 545

En particular, se establece que se **presumen lícitos**, salvo prueba en contrario, aquellos **tratamientos de datos**, incluida su comunicación con carácter previo, que puedan derivarse del desarrollo de cualquier operación de modificación estructural de sociedades, o la aportación o transmisión de negocio o de rama de actividad empresarial, siempre que los tratamientos sean necesarios para el buen fin de la operación y garanticen, cuando proceda, la continuidad en la prestación de los servicios. De esta forma, salvo prueba en contrario, se presume que la condición de licitud para estos tratamientos, que incluye la comunicación de datos con carácter previo a la formalización de la operación, es el interés legítimo perseguido por el responsable del tratamiento o por un tercero, sin perjuicio de que dicho interés legítimo deba presumirse tan solo en el caso de que concurran las circunstancias enunciadas en el artículo, esto es:

- que dichos tratamientos sean necesarios para el buen fin de la operación; y
- que garanticen cuando proceda la continuidad en la prestación de los servicios acordados.

En caso de **no concluirse la operación** mercantil, el cesionario debe proceder con carácter inmediato a la **supresión de los datos**, sin que resulte de aplicación la obligación de bloqueo prevista en la LOPD.

4. Puesta en marcha del proceso de revisión

El procedimiento para llevar a cabo una revisión interna de la entidad en materia de protección de datos personales no es un procedimiento que siga una estructura estándar y, en su caso, también depende del alcance del proyecto que se haya acordado. Ahora bien, generalmente tanto la cumplimentación de un cuestionario en la materia, o *check-list*, como la realización de un análisis más o menos profundo de la documentación utilizadas por la entidad objeto de revisión, suele ser un denominador común en este tipo de revisiones. 550

«Check-list» La utilización del cuestionario o *check-list* como **fuente de información** para revisar el nivel de cumplimiento de la entidad en materia de protección de datos personales, es práctica habitual de estos procesos de revisión. 551

Ello puede ir acompañado de actos de **verificación de la información** suministrada en dicho cuestionario, a través del estudio de los distintos documentos que la entidad pone a nuestra disposición y a través de los cuales entiende que cumple con sus obligaciones en materia de protección de datos.

Este tipo de cuestionarios o *check-lists* van dirigidos a obtener información de la entidad que esté siendo analizada, y contienen cuestiones que permiten dar cobertura, con carácter general, a las obligaciones que el RGPD y la LOPD recogen. Entre otros, las **cuestiones planteadas** en dichos formularios pueden referirse a los siguientes aspectos: 552

a) Categorías de datos personales que puede tratar la entidad. En particular, detalle de aquellos datos personales que se correspondan con «categorías especiales de datos», y que puedan ser objeto de tratamiento, así como el medio para legitimar su tratamiento.

b) Registro de actividades de tratamiento de la entidad, que ha podido documentar actuando en tanto que responsable o encargado del tratamiento.

c) Finalidades en el tratamiento de datos personales en función de las categorías de interesados y la naturaleza de los datos tratados y legitimación de los referidos tratamientos.

d) Procedencia de los distintos datos personales que trate la compañía.

e) Cumplimiento del deber de información, y en su caso, de la documentación utilizada para dicho deber.

f) Cumplimiento del deber de obtención de consentimiento, cuando así fuere necesario, y en su caso, de la documentación utilizada para dicho deber.

g) Procedimiento llevado a cabo para garantizar el cumplimiento de los principios del tratamiento de datos personales.

h) Procedimiento llevado a cabo para atender a las solicitudes de ejercicio de derechos de los interesados en materia de protección de datos.

i) Identificación del acceso a datos personales en el marco de una prestación de servicios, así como las políticas y procedimientos establecidos para la selección de proveedores.

j) Identificación del número de transferencias internacionales de datos, y en su caso, la revisión de toda la documentación asociada.
k) Detalle de las medidas de seguridad implantadas.
l) Metodología de las evaluaciones de impacto en materia de protección de datos, así como evidencia de la realización de las mismas.
m) Documentación asociada al nombramiento y designación de un delegado de protección de datos, en aquellos casos en que procediera.
n) Procedimientos internos para la plena aplicación de los principios de protección de datos desde el diseño y por defecto.
o) Revisión de la política para la gestión y notificación de violaciones de seguridad en materia de protección de datos, así como la documentación asociada a cada una de ellas.
p) Documentación asociada a la gestión de reclamaciones de los interesados ante una autoridad de control, o la existencia de un procedimiento administrativo sancionador en curso.

553 **Revisión de la documentación** Para consumar el proceso de suministro de información, es conveniente completarlo con el análisis de toda la documentación implantada internamente para poder cumplir con las obligaciones impuestas por la normativa en materia de protección de datos.
La **documentación a revisar** debe contener documentos que cubran todos los datos personales tratados por la empresa; es decir, documentos relativos al área clientes, personal/RRHH, proveedores, contactos, etc. En su caso, puede ser interesante revisar:
a) En relación al **área personal/RRHH**, contratos de trabajo o bien adendas al mismo que recojan las obligaciones de los trabajadores en protección de datos, políticas internas de protección de datos, confidencialidad y de deber de guardar secreto, *welcome packs*, etc.
b) En relación al **área clientes**, formularios de recogida de datos personales, contratos con clientes, locuciones telefónicas de obtención de datos personales, etc.
c) Del **área de proveedores** que no tengan acceso a datos personales, contratos con los mismos y facturas asociadas a los servicios. En relación a los proveedores que accedan a datos personales de la entidad para la prestación del servicio, contratos específicos en materia de protección de datos.
d) Todos los **procedimientos implantados** internamente en la empresa, como puede ser una política para la gestión de solicitudes de ejercicio de derechos, política para la realización de evaluaciones de impacto en materia de protección de datos, procedimientos para la gestión de violaciones de seguridad, para la actualización del registro de actividades de tratamiento, para la selección de proveedores, entre otras.
e) Y, por último, **documentación generada por la AEPD**: procedimientos tramitados ante la misma, bien procedimientos de tutela de derechos como procedimientos sancionadores, requerimientos de información, etc.

C. Due diligence legal

560

1.	Aspectos societarios	563
2.	Activos	586
3.	Contratos	593
4.	Administrativo y regulatorio	614
5.	Inversiones exteriores y control de cambios	627
6.	Litigios	632

561 Tal y como comentamos en el apartado de delimitación del alcance del *due diligence* (ver nº 985), las áreas que deben ser analizadas en el marco de una *due diligence* legal, al igual que dentro de cualquier otra área, siempre dependerá de diversos factores, como el tipo de transacción que lo motiva, las características de la empresa target o las áreas en las que el comprador pudiera tener mayor interés.
Sin perjuicio de ello, las grandes **áreas** que suelen ser analizadas dentro de una *due diligence* legal son:
a) Los aspectos societarios (en este caso, partimos siempre de la base de que la empresa target es una sociedad de capital).
b) Los activos de la empresa target (tanto los activos inmobiliarios como los mobiliarios, incluidos la propiedad industrial e intelectual).
c) Los contratos de todo tipo en los que es parte la empresa target (excluidos los de carácter laboral, que son objeto de revisión dentro del marco de la *due diligence* laboral).
d) Aspectos administrativos y regulatorios.

e) Inversiones exteriores y control de cambios.
f) Litigios.
A continuación, indicaremos, con carácter meramente enunciativo, los aspectos concretos que suelen ser revisados en cada una de las áreas indicadas.

1. Aspectos societarios

Los principales aspectos de carácter societario que suelen verificarse en el marco de una *due diligence* legal son los siguientes: 563

Existencia y situación jurídica Un aspecto básico es confirmar la existencia de la **empresa target** y su situación jurídica, con el objeto de descartar que se encuentre disuelta, en concurso de acreedores, tenga su hoja registral cerrada por alguna circunstancia o se encuentre en cualquier otra situación irregular. Este punto puede ser verificado, principalmente, a través del análisis de la escritura pública de constitución de la empresa target, las demás escrituras públicas otorgadas con posterioridad en la que se formalicen acuerdos sociales relativos a la empresa target, el **libro de actas** de las reuniones de los órganos colegiados y, fundamentalmente, mediante la obtención de información del Registro Mercantil a través de una certificación o **nota simple registral**. 564

Precisiones La empresa target tendrá su **hoja registral cerrada** en los siguientes casos:
1) Cuando haya transcurrido un año desde la fecha de cierre de su ejercicio social sin que se haya practicado en el Registro el **depósito de las cuentas anuales** debidamente aprobadas (RRM art.378). En tales supuestos, la empresa target no puede inscribir ningún documento presentado con posterioridad a la fecha del cierre registral, salvo determinadas excepciones expresamente citadas en LSC art.282 y RRM art.378 (ver nº 574).
2) Cuando haya causado **baja en el índice de entidades jurídicas** establecido en la Ley del Impuesto de Sociedades (LIS/14 art.119). En este sentido, la Agencia Estatal de Administración Tributaria dicta, previa audiencia de los interesados, acuerdo de baja provisional de la sociedad en los siguientes casos:
a) Cuando los débitos tributarios de la entidad para con la Hacienda pública del Estado sean declarados fallidos de conformidad con lo dispuesto en el Reglamento General de Recaudación.
b) Cuando la entidad no hubiere presentado la declaración por este impuesto correspondiente a tres períodos impositivos consecutivos.
El acuerdo de baja provisional se notifica al Registro Mercantil, que debe proceder a extender en la hoja abierta a la entidad afectada una nota marginal en la que se haga constar que, en lo sucesivo, no podrá realizarse ninguna inscripción sin la previa presentación de certificación de alta en el índice de entidades, salvo los asientos ordenados por autoridad judicial o los relativos al depósito de las cuentas anuales (RRM art.96).

Estatutos sociales Los estatutos sociales son el documento que recoge el conjunto de normas que regulan el funcionamiento corporativo de la sociedad, desde los aspectos básicos de su organización interna, pasando por los derechos de sus socios, hasta las relaciones de la sociedad con terceras personas. Si bien los **estatutos sociales originarios** se recogen en la escritura de constitución de la sociedad, estos se pueden ir modificando voluntariamente o adaptando a los cambios normativos durante la vida de esta mediante la adopción de los oportunos acuerdos sociales, por lo que el objetivo es poder informar al potencial inversor del contenido de los mismos que se encuentre en vigor en el momento de nuestro análisis. Todas estas **modificaciones y adaptaciones** estatutarias que sean acordadas por los órganos de la sociedad deben elevarse a público e inscribirse en el Registro Mercantil correspondiente, circunstancias que deben verificarse en el trabajo de *due diligence*, mediante la revisión de las actas / libros de actas y escrituras públicas de la sociedad y su cotejo con la información existente en la hoja registral de la empresa target en el Registro Mercantil correspondiente. 565

El **contenido** de los estatutos sociales que es conveniente identificar, sin perjuicio de cualesquiera otras especialidades que se pudieran detectar, es el siguiente: 566
1. **Denominación** social.
2. **Objeto** social: se identifica el contenido del objeto social y se verifica si el mismo está amparando debidamente las actividades que están siendo desarrolladas en la práctica por la empresa target. Desde un punto de vista estrictamente mercantil, la consecuencia de que la empresa target desarrolle una actividad que exceda de su objeto social es que sus administradores están extralimitándose en su ámbito de representación, pudiendo exigírseles responsabilidad por tal circunstancia cuando como consecuencia de ello se produzcan daños para la sociedad.
2. **Capital** social, identificando el tipo y número de acciones o participaciones que lo componen, su valor nominal, en el caso de acciones, si están o no totalmente desembolsadas y el

plazo estipulado para su desembolso, así como distintas clases o series de acciones o participaciones que pudieran existir y los derechos u obligaciones que, en su caso, pudiesen incorporar (dividendos preferentes, especialidades en el régimen de transmisión de acciones o participaciones, especialidades en el ejercicio de los derechos políticos, etc.). Asimismo, se debe poner de manifiesto la existencia de posibles acciones o participaciones sin voto, acciones privilegiadas, prestaciones accesorias o cualquier otra especialidad existente.
3. **Domicilio** social, verificando que efectivamente corresponde con la efectiva administración y dirección de la empresa target o su principal establecimiento o explotación (LSC art.9). En caso de discordancia entre el domicilio registral y el domicilio real en los términos indicados, los terceros pueden considerar como domicilio cualquiera de ellos (LSC art.10).
4. **Duración** de la sociedad. Salvo que los estatutos establezcan otra duración, se entiende que tiene duración indefinida (LSC art.25).
5. Convocatoria, estructura y funcionamiento de los **órganos sociales**.

567 6. **Fecha de cierre** del ejercicio social.
7. Especialidades que pudieran establecer relacionadas con el **resultado del ejercicio** de la empresa target, tales como la existencia de determinadas reservas estatutarias o políticas concretas de reparto de dividendos.
8. Posibles ventajas de contenido económico que los **fundadores** o promotores de la empresa objetivo, en el caso de tratarse de una sociedad anónima, pudieran haberse reservado (LSC art.27).
9. Cualquier especialidad con respecto al ejercicio del **derecho de asistencia y voto** que pudiese existir, como la existencia de un número máximo de votos que puede emitir un mismo accionista en el caso de una sociedad anónima (LSC art.188 y 189).
10. Existencia de especialidades en el **cuórum de constitución** o el régimen de adopción de acuerdos sociales por los órganos de gobierno (junta general y, en su caso, consejo de administración) y en el régimen de transmisibilidad de las acciones/participaciones. En ocasiones, los estatutos sociales pueden incorporar **mayorías** cualificadas superiores a las establecidas en la Ley para la adopción de determinados acuerdos por parte de la junta general y/o el consejo de administración. De igual forma, también es conveniente evaluar el régimen de **transmisibilidad de las acciones/participaciones**, tanto de cara al cierre de la propia transacción, en la que se deben cumplir en tiempo y forma todos los trámites exigidos al efecto por los estatutos, como con perspectiva de futuro, puesto que, salvo que fueran expresamente modificados en el momento del cierre, ese será el régimen que aplicará a los socios de la empresa target una vez efectuada la operación.

Precisiones Lógicamente, en transacciones en las que se está adquiriendo el 100% del capital social de la empresa target por un **único adquirente**, el análisis de estos dos aspectos pierde interés. Este tipo de análisis del régimen de adopción de acuerdos sociales y de la transmisibilidad de las acciones o participaciones puede tener una gran relevancia en los supuestos en los que, tras la inversión, exista una **pluralidad de socios** independientes en la empresa target o en casos de *joint venture*.

568 11. Otras causas que permitan la **exclusión o separación** de un socio de la sociedad, además de las establecidas por ley.

Precisiones En los casos en que no se vaya a adquirir el 100% del capital social de la sociedad target, podría ser de especial interés para el potencial inversor cualquier alteración estatutaria que existiera sobre el régimen legal de separación en caso de **falta de reparto de dividendos** ex LSC art.348 bis. Dicho régimen legal pasó a ser dispositivo por vía estatutaria con la entrada en vigor de la L 11/2018 art.2.6 (TS 25-1-22, EDJ 502511).

568.1 12. Cualquier otra **especialidad** que contemplaran con respecto al régimen legal establecido por la vigente LSC.
En cualquier caso, es conveniente comprobar que los estatutos sociales estén debidamente **actualizados** y adaptados a los cambios normativos. En ocasiones, el hecho de no estar actualizados supone que estos mantengan una regulación de determinados aspectos contraria a Ley. Si bien esta circunstancia supone que dicha regulación estatutaria sea considerada nula, conviene identificar y corregir dichas situaciones en los estatutos de la sociedad con el objeto de evitar confusiones que pudieran derivar en algún perjuicio para socios o terceros.

569 **Órgano de administración** Suele ser conveniente la **identificación** de los miembros y cargos actuales del órgano de administración de la empresa target, fundamentalmente de cara al cierre, puesto que normalmente se realizan modificaciones en este sentido por parte del adquirente. Normalmente se verifica si los **nombramientos** están debidamente efectuados e inscritos en el Registro Mercantil y si se encuentran vigentes (teniendo en cuenta las limitaciones temporales que pudieran existir en el cargo).

Retribución Asimismo, en el caso de que los administradores perciban algún tipo de retribución, es aconsejable verificar si dicha retribución cuenta con la oportuna **cobertura legal**. En este sentido, conviene realizar las siguientes verificaciones: 569.1

a) Determinar si las retribuciones efectivamente percibidas por las personas que ostentan el cargo de administrador lo son por el desempeño de su **condición** de administrador, o por cualquier otro concepto (p.e., por desempeño de otras funciones en la empresa target distintas a la de dirección o gestión o por la prestación de otros servicios de carácter empresarial).

b) En el caso de que dichas retribuciones (o una parte de ellas) sean percibidas por su condición de administrador, los **estatutos sociales** deben prever expresamente el carácter retribuido de dicho cargo (reserva estatutaria), debiendo incluir todos los conceptos retributivos que estos perciban en su condición de tales, p.e., una asignación fija, dietas de asistencia, participación en beneficios, retribución variable con indicadores o parámetros generales de referencia, remuneración en acciones o vinculada a su evolución, indemnizaciones por cese o sistemas de ahorro o previsión (LSC art.217.1 y 217.2). Los estatutos únicamente tienen que fijar la modalidad o sistema de retribución de los administradores, no es necesaria la fijación estatutaria de la cuantía o importe exacto de la remuneración (DGRN Resol 19-3-01).

c) También debe verificarse que el **importe máximo** de la remuneración anual del conjunto de los administradores en su condición de tales ha sido aprobado por la **junta general**. No es necesario que dicha aprobación se realice con carácter anual, sino que la cantidad aprobada por la Junta General permanecerá vigente hasta que no se apruebe su modificación. Salvo acuerdo distinto de la junta general, la distribución de la retribución entre varios administradores no tiene que ser igual para todos, pudiendo existir diferencias que, en el caso de consejo de administración, deben basarse en las funciones y responsabilidades atribuidas a cada consejero (LSC art.217.3).

d) Que la remuneración de los administradores guarda una **proporción** razonable con la importancia de la sociedad target, la situación económica que tuviera en cada momento y los estándares de mercado de empresas comparables, y que el sistema de remuneración establecido está orientado a promover la **rentabilidad y sostenibilidad** a largo plazo de la sociedad target e incorpora las cautelas necesarias para evitar la asunción excesiva de riesgos y la recompensa de resultados desfavorables (LSC art.217.4). La comprobación de estos requisitos puede resultar compleja, partiendo de la base de que se trata de criterios ciertamente subjetivos.

e) En el caso de que el órgano de administración de la empresa target consista en un **consejo de administración**, habrá que verificar la existencia de un contrato de esta con aquellos miembros del consejo que ostenten facultades ejecutivas (bien sea por su condición de consejeros delegados, bien por cualquier otro título), y que en dicho contrato se incluyen todos conceptos retributivos que perciban por dichas labores ejecutivas, incluyendo, en su caso, la eventual indemnización por cese anticipado en dichas funciones y las cantidades a abonar por la sociedad en concepto de primas de seguro o de contribución a sistemas de ahorro. Asimismo, los referidos contratos deberán haber sido aprobados, en su caso, con el voto favorable de dos terceras partes de sus miembros con la abstención de los interesados y haberse incorporado al acta de la sesión del consejo como anexo (LSC art.249.3 y 249.4). 569.2

La verificación del cumplimiento de los requisitos indicados es relevante teniendo en cuenta las distintas implicaciones que su **incumplimiento** puede conllevar para la empresa target, tanto desde un punto de vista fiscal (riesgo de no deducibilidad en el Impuesto sobre Sociedades), como legal, ya que el cobro de las cantidades percibidas como remuneración en contravención de lo dispuesto en los estatutos sociales, puede producir la obligación de restituir lo percibido a la sociedad (TS 11-9-15, EDJ 153884).

Precisiones **1)** La condición de administrador es compatible con el desempeño de funciones distintas a las de dirección o gestión propias a dicho cargo, bien en régimen laboral común, bien como actividades de carácter empresarial (prestación de servicios o de obra). No obstante lo anterior, dicha condición de administrador no es compatible con una **relación laboral especial** de **alta dirección**. En este sentido, la tendencia doctrinal y jurisprudencial mayoritaria señala, como principio general, que cuando una misma persona reúne las funciones de administrador/consejero y además lleva a cabo las funciones de dirección y gerencia de la sociedad, se entiende que las facultades de dirección y gestión que está desarrollando son las inherentes al cargo de consejero, y por tanto la relación laboral como alto directivo queda absorbida por la relación mercantil como administrador/consejero («**teoría del vínculo**»). Por esta razón, la **retribución** percibida por dichas funciones de dirección en estos casos debe cumplir con las exigencias legales para la retribución de administradores, en los términos establecidos por la normativa vigente y la doctrina establecida por la DGRN (actualmente DGSJFP) y el Tribunal Supremo (TS 18-6-13, EDJ 120786; 12-3-14, EDJ 42925; 11-11-15, EDJ 248858 y DGRN Resol 3-4-13). 569.3

2) Por otro lado, con motivo de la modificaciones introducidas por la L 31/2014 en el régimen de retribución de administradores previsto en la LSC, se abrió un debate doctrinal en el que se cuestionaba si, en sede de un consejo de administración, la **retribución** que perciben los **consejeros** por **funciones ejecutivas** debía entenderse recibida por su condición de administradores (esto es, «por su condición de tales» -LSC art.217-), y, por tanto, cumplir el principio de reserva estatutaria (Luis Fernandez del Pozo) o, por el contrario, si dichas retribuciones no tenían tal consideración y, por tanto, únicamente tenían que cumplir con el requisito de formalización contractual con aprobación por el consejo, ex LSC art.249 (en este sentido, un sector mayoritario de la doctrina -Jesús Alfaro, entre otros- y la propia DGRN -actualmente DGSJFP- en DGRN Resol 30-7-15; Resol 5-11-15).
Mediante TS 26-2-18, EDJ 9565, el Tribunal Supremo se pronuncia a favor de la primera de las posturas indicadas (necesidad de **reserva estatutaria**), si bien interpela a que dicho principio sea interpretado de forma «menos rígida», de manera que sea posible «adecuar las retribuciones de los consejeros ejecutivos a las cambiantes exigencias de las propias sociedades y del mercado, compaginando con el derecho de los socios a no verse sorprendidos por remuneraciones desproporcionadas». La DGSJFP ha asumido en la práctica el fallo de dicha sentencia, mostrando una mayor flexibilidad respecto a los requisitos que deben cumplir estas cláusulas estatutarias para su inscripción en el Registro Mercantil, entre otros aspectos, permitiendo la posibilidad de que estas prevean **distintos conceptos retributivos** con carácter alternativo para el caso de los consejeros ejecutivos (DGRN 31-10-18; 8-11-18; 4-6-20).

570 **Poderes** (RRM art.94.5) Se trata de identificar y poner en conocimiento del adquirente los poderes en vigor otorgados por la empresa target, con el objeto de valorar su mantenimiento o revocación/modificación en el caso de llevar a cabo la transacción. Los poderes **generales** deben necesariamente constar inscritos en el Registro Mercantil, no así los poderes procesales y los concedidos para la realización de **actos concretos**.

571 **Titularidad y situación jurídica de las acciones/participaciones** (LSC art.104, 116 y 120) Cuando la transacción consista en una transmisión de acciones o participaciones, uno de los aspectos más importantes a verificar dentro del área societaria es la distribución del capital social entre los accionistas o socios actuales de la empresa target y la realidad de los títulos que estos ostentan. Es aconsejable comprobar no solo los **títulos** actuales, sino también todas las **transmisiones** efectuadas desde que la empresa target fue constituida, con el objeto de descartar posibles problemas de evicción (CC art.1475). Para realizar esta verificación, es necesario analizar desde la escritura de constitución, pasando todas las escrituras de la empresa target por las que se haya modificado o alterado su capital social (ampliaciones, reducciones de capital, re-enumeración de las acciones o participaciones), así como los títulos por los que se hayan efectuado las diferentes transmisiones, bien se trate de escrituras públicas, documentos privados en determinadas ocasiones o incluso los endosos, supuesto posible en el caso de acciones nominativas en las que han sido emitidos títulos físicos representativos de las mismas.
En el caso de sociedades de responsabilidad limitada o de sociedades anónimas con acciones nominativas, debe igualmente corroborarse todo el tracto de las sucesivas emisiones y transmisiones de acciones o participaciones de la empresa target en el **libro registro de socios** o libro de acciones nominativas, según el caso.
Asimismo, también debe identificarse la existencia de posibles **cargas, gravámenes** o derechos de terceros sobre las acciones/participaciones de la empresa target, tales como derechos de usufructo, opciones de compra, pignoraciones en garantía de determinadas obligaciones o similares, y analizar sus términos y condiciones. La existencia de cualquier carga o derecho de este tipo sobre las acciones/participaciones debería, en principio, reflejarse en el correspondiente libro de acciones nominativas/socios para que tenga eficacia frente a terceros.

572 **Cuentas anuales** (LSC art.253 s.) El examen de todos los documentos que componen las cuentas anuales de la empresa target (y en particular la memoria anual, sobre todo cuando se trata de cuentas anuales ordinarias) suelen ser un buen punto de partida para formarse una idea general de los principales aspectos de la empresa target. Sin perjuicio de los datos meramente económicos, la **memoria anual** suele revelar información fundamental tales como la actividad que realiza, cuál es su órgano de administración, retribución de los administradores, cuáles son sus principales activos y cargas existentes sobre los mismos, relaciones jurídicas de mayor relevancia o principales procedimientos legales en curso, entre otros aspectos.

573 En cualquier caso, el análisis de las cuentas anuales nos permite:
1. Verificar aspectos como la posible existencia de causas que obliguen a la empresa target a adoptar determinados **acuerdos societarios**, como reducir su capital social o acordar su disolución (LSC art.317 y 363).

Precisiones En relación con este aspecto, téngase en cuenta igualmente la L 3/2020 art.13, aprobada en el marco de la crisis sanitaria del COVID-19, según el cual no se considerarán **pérdidas del ejercicio 2020 y 2021** de las sociedades mercantiles para determinar la posible existencia de causa legal de disolución a los efectos de la LSC art.363.1.e. Tras la modificación de la L 3/2020 art.13 operada por el RDL 20/2022, se aclara que, habiendo excluido las pérdidas de los años 2020 y 2021, si en el **resultado del ejercicio 2022, 2023 o 2024** se apreciaran pérdidas que dejen reducido el patrimonio neto a una cantidad inferior a la mitad del capital social, deberá convocarse por los administradores o podrá solicitarse por cualquier socio en el plazo de dos meses a contar desde el cierre del ejercicio conforme al art.365 LSC, la celebración de junta para proceder a la disolución de la sociedad, a no ser que se aumente o reduzca el capital en la medida suficiente.

2. Identificar situaciones de **autocartera o participaciones recíprocas** y de esta forma verificar el cumplimiento por parte de la empresa target de todos los requisitos legales y limitaciones establecidos por la LSC para su válida constitución y mantenimiento (LSC art.134 s.). Asimismo, también puede ser la forma de identificar posibles supuestos de **asistencia financiera** de la empresa target prohibidos por la LSC art.149 s. En este caso, si se aprecia que la empresa target ha prestado asistencia financiera para la adquisición de sus propias acciones/participaciones por un tercero o ha aceptado en garantía sus propias acciones o las participaciones o acciones emitidas por su sociedad dominante, es conveniente profundizar en el análisis para descartar que no se ha incumplido el régimen establecido por la LSC art.149 s. **573.1**

El **incumplimiento** del referido régimen de autocartera y asistencia financiera puede suponer la nulidad del negocio jurídico por el cual se otorga la financiación, según criterio mayoritario de la doctrina, así como derivar un expediente sancionador para los administradores de hecho o de derecho de la sociedad infractora (y en su caso, los de la sociedad dominante) que hayan inducido a cometer la infracción, con multa por importe de hasta el valor nominal de las participaciones asumidas o acciones suscritas, adquiridas o aceptadas en garantía por la sociedad o adquiridas por un tercero con asistencia financiera o, en su caso, las no enajenadas o amortizadas. Para la graduación de la multa se atiende a la entidad de la infracción, así como a los perjuicios ocasionados a la sociedad, a los socios de la misma, y a terceros (LSC art.157).

3. Determinar si la empresa target, en su caso, cumple con los requisitos para formular balance y estado de cambios del patrimonio neto **abreviados** (LSC art.257), cuenta de pérdidas y ganancias abreviada (LSC art.258), así como los requisitos para auditar sus cuentas anuales de forma obligatoria, de conformidad con lo previsto en LSC art.263. En tal caso, el nombramiento del **auditor** debe haberse realizado formalmente mediante acuerdo de la junta general de la empresa target y, tanto dicho nombramiento, como su aceptación por el auditor, debe haberse inscrito en el Registro Mercantil.

4. Comprobar que la junta general ha venido efectuando una correcta **aplicación del resultado**, dotando las oportunas reservas legales y estatutarias y respetando las limitaciones existentes en la Ley de Sociedades de Capital (LSC art.273 s.).

Precisiones **1)** Para la verificación de una correcta aplicación del resultado, además de la LSC art.273 s., debe tenerse en cuenta la Resol ICAC 5-3-19 art.28 que, interpretado junto con lo dispuesto en el apartado III de la exposición de motivos, trata de aclarar la forma en que las sociedades de capital deben aplicar el resultado positivo del ejercicio en caso de contar con **resultados negativos de ejercicios anteriores**.

2) Conviene igualmente tener en cuenta respecto a este punto las **limitaciones al reparto de dividendos** establecidas por el RDL 18/2020 art.5, aprobado en el marco de la **crisis sanitaria del COVID-19**, según el cual las sociedades mercantiles u otras personas jurídicas que a fecha de 29-2-2020 tuvieran más de 50 trabajadores y se hubiesen acogido a un ERTE de los regulados en el citado RDL 18/2020 art.1 y 2, no podrán proceder al reparto de dividendos correspondientes al ejercicio fiscal en que se apliquen dichos ERTE, excepto si abonan previamente el importe correspondiente a la exoneración aplicada a las cuotas de la Seguridad Social.

3) Asimismo debe tenerse en cuenta la limitación incorporada por el RDL 5/2021, de medidas extraordinarias de apoyo a la solvencia empresarial en respuesta a la pandemia de la **COVID-19** que regula el conjunto de medidas para movilizar una inversión pública de 11.000 millones de euros en torno a varias líneas de actuación entre las que se encuentra la creación de tres fondos adicionales para financiar:

- ayudas directas;
- restructuración de balances; y
- recapitalización de empresas.

El RDL 5/2021 (disp.adic.4ª) establece que: *«Los destinatarios de las medidas previstas en los Títulos I, II y III asumen asimismo los siguientes compromisos: (a) Deberán mantener la actividad correspondiente a las ayudas hasta el 30 de junio de 2022. (b) No podrán repartir dividendos durante 2021 y 2022. (c) No aprobar incrementos en las retribuciones de la alta dirección durante un periodo de dos años desde aplicación de alguna de las medidas.»*

574 Desde un punto de vista formal, se debe verificar que las cuentas anuales y, en su caso, el informe de gestión de los últimos ejercicios han sido debidamente formuladas por el órgano de administración, aprobadas por la junta general de socios y depositadas en plazo en el Registro Mercantil. Dicho **depósito** debe haberse realizado en el plazo de un mes desde su aprobación por la junta general de socios/accionistas. El **incumplimiento** de la obligación de depósito de las cuentas anuales y en su caso el informe de gestión en plazo puede suponer (LSC art.282 y 283):

a) El **cierre de la hoja registral** de la sociedad, mientras el cumplimiento persista. Se exceptúan los títulos relativos al cese o dimisión de administradores, gerentes, directores generales o liquidadores, y a la revocación o renuncia de poderes, así como a la disolución de la sociedad y nombramiento de liquidadores y a los asientos ordenados por la autoridad judicial o administrativa.

b) La imposición a la sociedad de una **multa** por importe de 1.200 a 60.000 euros por parte del Instituto de Contabilidad y Auditoría de Cuentas (ICAC), previa instrucción de expediente conforme al procedimiento establecido reglamentariamente, de acuerdo con lo dispuesto en la Ley de Régimen Jurídico de las Administraciones Públicas y del Procedimiento Administrativo Común. Cuando la sociedad o, en su caso, el grupo de sociedades tenga un volumen de facturación anual superior a 6.000.000 euros el límite de la multa para cada año de retraso se eleva a 300.000 euros.

En todo caso, la sanción se determina atendiendo a la dimensión de la empresa target, en función del importe total de las partidas del activo y de su cifra de ventas, referidos ambos datos al último ejercicio declarado a la Administración tributaria. En el supuesto de que las cuentas anuales hayan sido depositadas con anterioridad a la iniciación del procedimiento sancionador, la sanción se impone en su grado mínimo y **reducida** en un 50%.

El RD 2/2021 incorpora en sus disp.adic 10ª y 11ª tres **novedades** que dan impulso al régimen sancionador:

- se establece que el plazo total para la resolución del procedimiento será de seis meses (sin perjuicio de la suspensión del procedimiento y de la posible ampliación de dicho plazo total y de los parciales previstos para los distintos trámites del procedimiento);
- se concretan los criterios establecidos por el art.283 LSC para determinar el importe de la sanción, estableciendo unos límites cuantitativos ciertamente reducidos;
- por último, se establece que el ICAC podrá encomendar la gestión y la propuesta de decisión sobre los referidos expedientes sancionadores por incumplimiento del deber de depósito de cuentas a los registradores mercantiles competentes por razón del domicilio del obligado, que percibirán un arancel por dicha encomienda conforme al acuerdo que alcancen al respecto el ICAC y la DGSJFP.

575 Precisiones **1)** Cuando la empresa target constituya un **grupo de sociedades** en los términos previstos en la LSC art.18, la sociedad dominante de tal grupo de sociedades, con las excepciones establecidas en el CCom art.43, está obligada a formular las cuentas anuales y el informe de gestión consolidados, sin que esto exima a las sociedades integrantes del grupo de formular sus propias cuentas anuales y el informe de gestión correspondiente, conforme a su régimen específico. En este caso, el trabajo de verificación debe alcanzar, al igual que en las sociedades integrantes del grupo, a la correcta formulación, aprobación y depósito en plazo de las citadas **cuentas anuales consolidadas**.

Respecto al incumplimiento del depósito en el plazo legalmente establecido, entendemos también acarrea la aplicación del **régimen sancionador** establecido en la LSC art.283, dado que el propio artículo extiende dicha obligación a «los documentos a que se refiere este capítulo», en referencia a los documentos mencionados en la LSC art.279, entre los que se incluyen las cuentas consolidadas. Idéntica conclusión se puede alcanzar de la lectura del RRM art.374, que determina de aplicación a las cuentas anuales consolidadas el régimen de depósito aplicado a las cuentas anuales individuales, incluyéndose la potestad de la DGRN (actual DGSJFP) para informar al ICAC, dentro del segundo mes de cada año, sobre las sociedades que no han cumplido dicha obligación de depósito, al objeto de que sea incoado el correspondiente expediente sancionador.

2) Desde la entrada en vigor de la L 11/2018, las sociedades de capital que cumplan determinados parámetros establecidos en la LSC art.262.5 respecto a las cuentas individuales, y CCom art.49.5 respecto a las consolidadas, deben incluir en su informe de gestión (individual o consolidado, según el caso) un **estado de información no financiera**, o bien elaborar un informe separado a dichos efectos.

576 **Unipersonalidad** (LSC art.12 s.; RRM art.174 y 203) Cuando nos encontremos con una sociedad con un único socio o accionista, es conveniente constatar que se ha cumplido con todos los **requisitos formales** de la sociedad unipersonal. En concreto:

- la **inscripción** de su carácter de unipersonal en el Registro Mercantil;
- la legalización de un **libro de contratos** con el socio único y la mención de dichos contratos en la memoria anual de la sociedad; así como

- la indicación de su condición de unipersonal en toda su **documentación**, correspondencia, notas de pedido, facturas y anuncios.

El **incumplimiento** de dichas obligaciones supone las siguientes consecuencias:

• Si transcurren seis meses desde la adquisición por la sociedad del carácter unipersonal sin que esta circunstancia se haya inscrito en el Registro Mercantil, el socio único es **responsable** personal, ilimitada y solidariamente de las deudas sociales contraídas durante el período de unipersonalidad. Inscrita la unipersonalidad, el socio único no responderá de las deudas contraídas con posterioridad.

• En caso de **concurso** del socio único o de la sociedad, no son oponibles a la masa aquellos contratos celebrados entre el socio único y la sociedad que no hayan sido transcritos al libro-registro y no se hallen referenciados en la memoria anual o lo hayan sido en memoria no depositada con arreglo a la ley.

Página web Es igualmente interesante verificar si la empresa target dispone de una página web corporativa debidamente **inscrita** en el Registro Mercantil, lo cual le permite convocar las juntas generales de socios/accionistas por esta vía. No obstante, hay que tener en cuenta que únicamente tienen obligación legal de disponer de una página web corporativa las sociedades cotizadas (LSC art.539.2). 577

Libros societarios Se suele comprobar la existencia de los correspondientes libros societarios debidamente **legalizados** en el Registro Mercantil. Los libros societarios que deben ser legalizados y custodiados por los administradores de la empresa target son los siguientes: 578

a) **Libro de actas**. Las discusiones y los acuerdos adoptados en los órganos colegiados de la empresa target (junta general de socios/accionistas y consejo de administración, en su caso), deben ser consignados en un acta. Estas actas se pueden extender directamente en un libro de actas o redactarse en documento separado para, una vez aprobadas, ser transcritas a dicho libro. Sin perjuicio de la verificación de la obligación formal de existencia, legalización y correcta llevanza del referido libro de actas, el análisis del contenido de las propias actas puede ser muy útil para identificar las principales decisiones o acuerdos adoptados por la empresa target, principalmente aquellos que por sus características no son objeto de elevación a público ni por tanto inscritos en el Registro Mercantil (por ejemplo, la distribución de dividendos a cuenta o dividendos con cargo a reservas, entre otros), o aquellos que, aunque sí son susceptibles de inscripción registral, todavía se encuentren pendientes. De igual forma, el análisis de las actas de las distintas reuniones del consejo de administración o junta de socios/accionistas también permite identificar, a al menos intuir, posibles situaciones de conflicto entre administradores o socios.

b) **Libro registro de socios/acciones nominativas**. Como ya indicamos con anterioridad, en este libro se deja constancia de las distintas emisiones y transmisiones de acciones o participaciones, así como la existencia de posibles cargas, gravámenes o derechos de terceros sobre las mismas.

c) **Libro de contratos con el socio único**. Únicamente es de aplicación a las sociedades con un único socio o accionista, y en el mismo se deben transcribir todos los contratos que la empresa target suscriba con su socio único.

El **incumplimiento** de la correcta llevanza y legalización de los libros societarios obligatorios, si bien no lleva aparejada una sanción específica para la sociedad, supone el incumplimiento por parte de los administradores de su deber de diligencia debida, pudiendo acarrear responsabilidades legales para estos en el caso de que dicho incumplimiento suponga un daño para la sociedad o para cualquier tercero. 579

Precisiones A partir de la entrada en vigor de la L 14/2013, de apoyo a los emprendedores y su internacionalización, todos los libros que obligatoriamente deban llevar los empresarios con arreglo a las disposiciones legales aplicables, incluidos los libros de actas de juntas y demás órganos colegiados, o los libros registros de socios y de acciones nominativas, se **legalizan telemáticamente** en el Registro Mercantil después de su cumplimentación en soporte electrónico y antes de que trascurran cuatro meses siguientes a la fecha del cierre del ejercicio. No obstante, los empresarios pueden voluntariamente legalizar libros de detalle de actas o grupos de actas formados con una periodicidad inferior a la anual cuando interese acreditar de manera fehaciente el hecho y la fecha de su intervención por el registrador (L 14/2013 art.18).

Acuerdos suscritos por la sociedad target con sus administradores o socios 580

Los principales términos y condiciones de los acuerdos de cualquier tipo que la empresa target pudiera tener suscritos con sus actuales administradores o socios (contratos de **prestación de servicios** de apoyo a la gestión, contratos de **préstamo** o garantías, entre otros) también serán normalmente de interés del potencial adquirente, ya que habrá que darles el tratamiento adecuado, en su caso, en el cierre de la transacción.

Cuando nos encontremos en una Sociedad de Responsabilidad Limitada, deberemos comprobar que existe un **acuerdo de junta general** expreso que autorice las prestaciones de servicios o de obra entre la sociedad y uno o varios de sus administradores (LSC art.220), así como la anticipación de fondos, concesión de créditos o préstamos, prestación de garantías o cualquier tipo de asistencia financiera a socios o administradores (LSC art.162).

580.1 Precisiones En relación con la necesidad de acuerdo de la junta general para la **autorización** de prestaciones de servicios o de obra entre la sociedad y su administrador o administradores, se entiende por la doctrina (Calatayud Sierra) que:
- la autorización ha de realizarse de forma particular para cada administrador y para cada relación contractual;
- si como consecuencia de la extinción de la relación contractual resultan derechos a favor del administrador, la fijación de los mismos también exige acuerdo de la junta general;
- aunque la regla no es de aplicación al cónyuge o parientes del administrador, sí debe serlo en relación con las sociedades en las que el administrador tenga una posición preeminente;
- el acto o contrato otorgado, en nombre de la sociedad, por un administrador en contravención a la norma, ha de considerarse nulo, por cuanto aquella supone una limitación al ámbito de representación de los administradores.

581 **Acuerdos entre socios** (LSC art.29) Es conveniente analizar también los acuerdos entre socios o accionistas de la empresa target (o **pactos reservados**, tal y como los denomina la LSC) que pudieran existir. Si bien son acuerdos que solo obligan a los socios, no a la propia empresa target, siempre son de interés para un potencial adquirente, al menos cuando su inversión no complete la totalidad del capital social de la empresa target y por tanto tenga que compartir con dichos socios actuales esta condición (ver nº 2350 s.).

582 **Operaciones de modificación estructural** (RDL 5/2023) Asimismo, suelen revisarse las operaciones de modificación estructural más recientes en las que la empresa target se haya visto involucrada (transformación, fusión, escisión, etc.), con el objeto de verificar que se han realizado cumpliendo con todos los **requisitos y formalidades** establecidos legalmente y con total garantía de los derechos tanto de socios o accionistas como de los acreedores de la empresa target y demás sociedades participantes en la operación.

Precisiones Una vez inscrita una modificación estructural en el RM, no podrá ser objeto de impugnación, quedando a salvo (RDL 5/2023 art.16.2):
- las acciones resarcitorias que correspondan a socio y terceros;
- la aplicación de las disposiciones de derecho penal, de prevención y lucha contra la financiación del terrorismo y de derecho laboral y tributaria, para imponer medidas y sanciones después de la fecha en que haya surtido efectos la modificación estructural; y
- la aplicación de la legislación especial relativa al acceso, cesión o comunicación de información de naturaleza tributaria.

583 En todo caso, siempre es conveniente, al menos, trasladar al potencial adquirente la existencia de estas operaciones, cuando se hayan producido de forma reciente, por los **riesgos potenciales** que pueden suponer para la empresa target. Por ejemplo, si la empresa target hubiese derivado de una operación de escisión, como entidad beneficiaria, habría que tener en cuenta que esta es responsable solidaria, hasta el importe del activo neto que le hubiera sido atribuido en la escisión, por el incumplimiento de las obligaciones asumidas por el resto de sociedades beneficiarias de la escisión, en el caso de que las hubiera. De igual forma, si la propia empresa target hubiera sido la sociedad escindida, esta responde hasta el importe de los activos netos que permanezcan en ella (RDL 5/2023 art.70). En el caso de la cesión global de activos y pasivos nos encontramos con un régimen jurídico similar (RDL 5/2023 art.79).

584 **Participaciones en otras sociedades** En caso de que la empresa target participe en otras sociedades es aconsejable al menos verificar:
- la **titularidad** de dichas acciones/participaciones;
- la existencia de **cargas** o gravámenes o limitaciones a su transmisibilidad; así como
- los **acuerdos** de *joint venture* o acuerdos entre socios que la empresa target pueda haber suscrito en relación con dicha sociedad participada.

Asimismo, dependiendo de otros factores (p.e., importancia de la actividad de dichas sociedades en el conjunto del grupo, interés del comprador) hay que valorar la necesidad de extender la revisión a los demás aspectos de la misma.

Precisiones Pueden hacer especialmente complejo y costoso el trabajo de *due diligence* el hecho de que dichas filiales o sociedades participadas se encuentren situadas en un **país extranjero**, puesto que estarán sometidas a la legislación de dicho país y, por tanto, será necesario contar con un despacho local conocedor de dicha legislación. Para estos casos es conveniente valorar la realización del encargo a una firma multinacional con estructura en los distintos países afectados con el objeto de facilitar el proceso.

En cualquier caso, como vía alternativa, en la práctica, y sobre todo respecto a compañías cuya materialidad y/o volumen de ingresos es menor, suele efectuarse el análisis de dichas filiales extranjeras sobre la base de un **cuestionario** que se remite a la dirección de la **empresa target** para que sea cumplimentado y firmado por esta, en el que se solicita información detallada sobre los aspectos más relevantes de las áreas de revisión habituales en una *due diligence* legal. Aunque esta alternativa normalmente facilita y reduce el coste del proceso, lógicamente no supone el mismo nivel de profundidad y garantía que ofrece la realización de una *due diligence* al uso, al no revisarse normalmente documentación soporte ni involucrarse a especialistas locales para la revisión de la documentación legal.

2. Activos

Otro de los puntos que suele ser objeto de verificación en una *due diligence* legal es la situación jurídica de los principales activos que forman parte de la actividad de la empresa target, dejando fuera de este apartado a los activos inmobiliarios, que por su especial trascendencia son objeto de un área independiente de revisión (ver nº 640 s.). En este sentido, los activos que suelen ser objeto de revisión son los siguientes: **586**

Instalaciones permanentes, maquinaria industrial y elementos de transporte **587**
La revisión se centra normalmente en analizar los **títulos o contratos** que acrediten la titularidad o el derecho de uso de dichos activos por parte de la empresa target, así como la verificación de la posible existencia de cargas, gravámenes o limitaciones a la transmisibilidad sobre dichos elementos.

Por lo que respecta a los activos que la empresa target mantiene en **propiedad**, en muchas ocasiones no existe un título concreto que acredite la misma, ya que la compra ha sido documentada con una simple factura. En estos casos, este apartado de revisión se suele cubrir en la práctica con la solicitud a la empresa target de un listado detallado de los activos o inventarios contables, y la manifestación de sus representantes de que dicho listado es verdadero, exacto y completo. En todo caso, siempre es conveniente acudir a los registros públicos para descartar la existencia de posibles **cargas o gravámenes** que pudieran existir sobre los mismos (por ejemplo, hipotecas mobiliarias o prendas sin desplazamiento que pudieran constar inscritas en el Registro de Bienes Muebles). Para información sobre registros públicos en general en los procesos de *due diligence*, ver nº 1010 s.

Cuando la empresa objetivo mantiene algún tipo de **derecho para el uso** de los activos, pero no la propiedad, normalmente lo tiene documentado contractualmente, lo que permite proceder al análisis de sus principales términos y condiciones. En estos casos, es conveniente prestar especial atención a los contratos de **«leasing» o «renting»**, y en particular verificar si existen en los mismos cláusulas que determinen que el tipo de transacción que haya originado el proceso de *due diligence* (por ejemplo, cambio en el accionariado, fusión, etc.) pueda tener algún tipo de impacto en el contrato (por ejemplo, la posibilidad de resolución por parte del arrendador). Asimismo, también es bastante habitual en este tipo de contratos incluir la obligación para la empresa target de suscribir un **seguro de daños** sobre los bienes en régimen de *leasing* o *renting*, estableciendo como entidad beneficiaria a la entidad financiera con la que se ha suscrito el referido *leasing* o *renting*. En tal caso, el cumplimiento de dicha obligación debe ser igualmente comprobado.

Propiedad industrial e intelectual Entre los derechos de propiedad industrial se encuentran las creaciones técnicas (patentes, modelos de utilidad, diseños industriales, topografías de semiconductor) así como los signos distintivos (marcas y nombres comerciales), mientras que la propiedad intelectual se refiere a las creaciones originales literarias, artísticas o científicas expresadas por cualquier medio o soporte. **588**

Por lo que respecta a los **derechos de propiedad industrial**, los aspectos que en principio deben analizarse son los siguientes:

1. Si la empresa target ostenta la protección necesaria de los activos utilizados en el marco de su actividad. Es decir, si en la práctica la empresa target está utilizando en su actividad una determinada tecnología innovadora, o una marca concreta para identificar sus productos o servicios en el mercado, se debe comprobar que cuentan con la correspondiente **patente o marca** debidamente **registrada** en la Oficina Española de Patentes y Marcas (en el caso de las marcas, para las clases del nomenclátor internacional que efectivamente sean de aplicación en función de la actividad de la empresa target), o en el registro administrativo equivalente en los casos en que dicha protección de efectúe a nivel europeo o internacional. En este sentido, debe comprobarse que la empresa target cuenta con dicha protección no solo en España, sino en todos los países en los que opere utilizando dichos derechos de propiedad industrial.

Esta comprobación tiene como **finalidad**, de un lado, advertir del riesgo que puede suponer para la empresa target que algún tercero pueda plagiar sus potenciales derechos de propiedad industrial y anticiparse en la solicitud de su registro, y de otro, descartar que esta circunstancia no se hubiese producido ya y por tanto la empresa target estuviese infringiendo en el ejercicio de su actividad derechos de propiedad industrial de terceros.

589 2. La existencia de **licencias de uso** de derechos de propiedad industrial que le haya podido otorgar cualquier tercero a la empresa target, identificando sus principales términos y condiciones, o viceversa.

3. La **situación jurídica de los expedientes** de derechos de propiedad industrial que la empresa target tenga registrados o solicitados. En definitiva, se trata de confirmar que están efectivamente vigentes y hasta que fecha, que están al corriente de pago de las correspondientes tasas, que constan efectivamente registrados a nombre de la empresa target, que no existen derechos de oposición o impugnaciones por parte de terceros y que están libres de cargas, gravámenes y licencias a favor de terceros.

Precisiones **1)** En ocasiones estos derechos de propiedad industrial constan registrados a nombre de **personas físicas o sociedades vinculadas** a la empresa target, por lo que, si el potencial adquirente tiene interés en los mismos, antes o en el momento del cierre es necesario acordar algún tipo de procedimiento que le permita a la empresa target tener acceso a ellos formalmente (transmitiéndolos a la empresa target con carácter previo, otorgando un contrato de licencia de uso a largo plazo, etc.).

2) También es bastante habitual que, en aquellas empresas target en las que se han producido operaciones de fusión, escisión o similar, los derechos de propiedad industrial sigan apareciendo inscritos a nombre de una de las **sociedades del grupo** de la empresa target **extinguidas** en el proceso. Esta situación no afecta a la validez y efectividad del derecho, ni supone un riesgo para la empresa target, pero hay que tener en cuenta que en el momento en que esta quisiera disponer de alguna forma del correspondiente derecho, por ejemplo, procediendo a su venta o constituyendo cualquier tipo de gravamen sobre la misma, será necesario actualizar con carácter previo la correspondiente titularidad registral, con el coste que ello supone.

590 Para la realización del análisis indicado, en la práctica se suele partir del informe que sea emitido al efecto por parte del agente de propiedad industrial de la empresa target. No obstante, en este apartado es fundamental realizar las correspondientes comprobaciones en los **registros públicos**, tanto la Oficina Española de Patentes y Marcas, como la Oficina de Propiedad Intelectual de la Unión Europea (EUIPO), en su caso, a nivel comunitario, y demás registros internacionales. Normalmente, en el informe de *due diligence* se suele acompañar un cuadro descriptivo en el que se identifica el (i) el número de expediente, (ii) el tipo de derecho (y clases para las que esté registrado, en su caso), (iii) una breve descripción del mismo, (iv) ámbito geográfico de protección (v) la fecha de concesión, (vi) la fecha de caducidad y (vii) su situación jurídica.

591 Por lo que respecta a los **derechos de propiedad intelectual**, salvo para aquellas sociedades en las que por su actividad concreta cuenten con varios derechos de este tipo contando con un carácter esencial (por ejemplo, una productora de cine o una editorial), la investigación suele centrarse en el **software** utilizado por la empresa target en el desarrollo de su actividad, y el número de licencias para su uso que esta pueda tener. En términos generales, se comprueba si dicho software ha sido desarrollado por la empresa target o, en su caso, se verifica la existencia de la **licencia de uso** a favor de esta y se analizan los principales términos y condiciones de la misma.

3. Contratos

593 Los contratos, entendido en el sentido más amplio posible, son un capítulo fundamental de revisión dentro del área legal. Dentro de este apartado se suelen analizar todas las relaciones contractuales en las que sea parte la empresa target o puedan de alguna forma establecer algún tipo de implicación para la misma, excepto aquellas que por su especial objeto forman parte de otras áreas de revisión (contratos laborales, contratos de arrendamiento de inmuebles, contratos de licencia de marca, etc.), para cuyo estudio nos remitimos a cada uno de los apartados correspondientes de esta publicación.

En términos generales, el **objetivo de la revisión** de las relaciones contractuales de la empresa target es identificar sus principales términos y condiciones, destacando aquellos que pueden resultar de mayor interés para el potencial adquirente o puedan suponer algún tipo de implicación, obligación o responsabilidad relevante para la empresa target o para el potencial adquirente. Asimismo, dicho análisis no debe centrarse únicamente en poner de manifiesto dichos términos y condiciones, sino también comprobar, en la medida de lo posible, que los mismos están siendo cumplidos por la empresa target.

Aspectos a analizar en las relaciones contractuales Con carácter general, los aspectos que suelen ser considerados en las relaciones contractuales a analizar son, entre otros, los siguientes: 594

1. **Identificación** de las partes y fecha e identificación del propio contrato.
2. **Duración**. La duración, dependiendo de las circunstancias y el tipo de contrato, puede mostrase como un aspecto de especial interés para el potencial adquirente. Por ejemplo, un contrato con un proveedor que tenga unas condiciones especialmente gravosas con un plazo de larga duración y sin posibilidad de resolución unilateral por parte de la empresa target, puede ser un problema para el potencial adquirente. Por otro lado, un contrato comercial en el que el potencial adquirente tenga un especial interés, puede ser un inconveniente el que su duración sea mínima (anual, por ejemplo), o que permita la posibilidad de desistimiento unilateral por parte del cliente.
3. **Precio** y forma de pago, en su caso.
4. **Obligaciones de las partes**. Además de la prestación principal, las partes pueden pactar en el contrato el cumplimiento de determinadas obligaciones de hacer o no hacer accesorias como, por ejemplo, la necesidad de contratación de un seguro, la entrega de determinada documentación o información, o la prohibición de gravar determinados activos. En estos casos, debe comprobar el cumplimiento de dichas obligaciones por la empresa target.
5. Cláusulas que determinen **penalizaciones o indemnizaciones** para cualquiera de las partes, como por ejemplo penalizaciones por retrasos en el pago o en la realización de la prestación principal del contrato.

6. Existencia de posibles **cláusulas de cambio de control**. En ocasiones, el contrato puede incluir cláusulas que determinen que un cambio relevante en el accionariado de la empresa target suponga la posibilidad de resolución del contrato por la otra parte. Este tipo de cláusulas son bastante comunes en determinados contratos con entidades financieras, como por ejemplo en contratos de financiación sindicada o contratos de *leasing*, aunque es posible encontrarlas en cualquier tipo de contrato. En los supuestos en que la transacción consista en una compraventa de acciones o participaciones, si el potencial adquirente tiene interés en el mantenimiento del contrato, la aparición de una cláusula de este tipo supone que la empresa target y el potencial adquirente se vean obligados a pedir autorización a la otra parte del contrato para formalizar la transacción, con el objeto de evitar el riesgo de resolución del mismo. 595
7. Otras cláusulas que tengan que ver con la posibilidad de **resolución del contrato**, o la declaración del vencimiento anticipado y sus consecuencias, por ejemplo, la posibilidad de desistimiento unilateral por una de las partes.
8. **Condiciones suspensivas o resolutorias** que pudieran existir.
9. Posibilidad de **cesión del contrato**. Lógicamente, este tipo de cláusulas tienen una especial importancia en los casos en los que la transacción consista en una venta de negocio y por tanto el contrato deba ser específicamente cedido como parte del mismo.

Precisiones Por lo que respecta a la **cesión de los contratos**, hay que tener en cuenta que, en principio, si no existe una regulación específica en el propio contrato, y pese a no estar regulada expresamente esta figura en el Código Civil, la jurisprudencia del TS ha admitido esta figura al amparo del CC art.1255, pudiendo una de las partes hacerse sustituir por un tercero en las relaciones derivadas de un contrato con prestaciones sinalagmáticas, si estas no han sido todavía cumplidas y la otra parte prestó consentimiento anterior, coetáneo o posterior al negocio de cesión, siendo este **consentimiento** requisito determinante de la eficacia de la cesión contractual. Respecto al consentimiento prestado de forma tácita podría ser considerado válido, siempre que por la existencia de actos claros y concluyentes se deduzca que la otra parte tenía conocimiento de dicha cesión y no realizó ningún acto de oposición al mismo, es decir, si no manifestó su disconformidad, no siendo admitido por nuestro ordenamiento que el mero silencio o inactividad pueda ser considerado como consentimiento tácito (TS 21-6-13, EDJ 151694; 7-10-02, EDJ 37174; 19-9-02, EDJ 34256).

10. **Jurisdicción y legislación aplicable**. Esta cláusula tiene especial importancia en los contratos de carácter internacional suscritos con entidades o particulares residentes en el extranjero. En el caso de que las partes sometan el contrato a legislación extranjera, en principio este debería ser analizado desde el punto de vista de dicha legislación, para lo cual es necesario contar con un Despacho local experto en dicha jurisdicción. Si el contrato no tiene la suficiente relevancia, o no se quiere incurrir en el sobrecoste de contar con un Despacho de una jurisdicción diferente, cabe la posibilidad de analizar el contrato únicamente desde la literalidad 596

de sus estipulaciones, si bien se debe poner de manifiesto esta circunstancia expresamente en el informe de *due diligence*, para que el potencial adquirente pueda valorar la necesidad de realizar esa revisión en una fase posterior.

11. Posible **nulidad** de algunas cláusulas del contrato, o del propio contrato.

Precisiones Son bastante habituales, en contratos de distinta naturaleza, cláusulas en las que se establece la resolución del contrato en los casos en que la sociedad derive en **concurso de acreedores**. Esta estipulación se considera nula sobre la base de la reciente LCon art.156 («La declaración de concurso no es causa de resolución anticipada del contrato. Se tendrán por no puestas las cláusulas que establezcan la facultad de resolución o la extinción del contrato por la sola causa de la declaración de concurso de cualquiera de las partes»).

597 **Tipos de contrato objeto de revisión** A título meramente enunciativo, los tipos de contrato que con carácter general suelen ser objeto de revisión bajo este apartado son los que se indican a continuación:

598 **Contratos con clientes y proveedores** Los aspectos a analizar en este tipo de contratos son los ya indicados con carácter general (nº 594). No obstante, hay que tener en cuenta que, en ocasiones, dependiendo de la actividad y características de la empresa target, es posible que este tipo de relaciones comerciales no se encuentren documentadas contractualmente entre las partes, existiendo únicamente entre éstas determinada documentación de carácter comercial o administrativa que ha sido intercambiada (órdenes de pedido, ofertas, aceptaciones de oferta, facturas, albaranes de entrega, etc.). En estos casos, es necesario verificar la existencia de **condiciones generales de contratación**, reguladas por la L 7/1998, que hubiesen podido acompañar a dicha documentación para realizar, en su caso, nuestro análisis. En el caso de no existir en estos casos, al menos, unas condiciones generales de contratación, probablemente nos encontraremos, como poco, con una importante inseguridad jurídica en cuanto a determinados aspectos de la relación comercial (régimen de responsabilidad, duración, legislación aplicable -principalmente si se trata de una relación comercial de carácter internacional-) que en definitiva supone un riesgo para la empresa target que debe ser puesto de manifiesto en el trabajo de *due diligence*.

Precisiones En relación a las condiciones generales de contratación, merece especial atención el análisis de las **cláusulas nulas o abusivas** conforme a la L 7/1998, entendiendo por estas últimas las definidas en la Ley General para la Defensa de los Consumidores y Usuarios (RDLeg 1/2007 art.82). En caso de que judicialmente se acuerde la no incorporación a un contrato de las cláusulas de las condiciones generales o la declaración de nulidad de las mismas, esto no determina la ineficacia total del contrato, si este puede subsistir sin tales cláusulas. En este sentido, es de gran utilidad la información que proporciona el **Registro General de Condiciones de Contratación** (RGCC) pues, si bien no todas las condiciones generales que forman parte de contratos de adhesión están depositadas en el Registro (es un registro voluntario), es un instrumento de gran utilidad en cuanto proporciona una presunción *iuris tantum* de validez de las mismas, al haberse realizado previamente una calificación de la concurrencia de los requisitos establecidos legalmente para su efectiva inscripción en el RGCC. Por otra parte, en aquellos casos en los que se produce el depósito de las condiciones generales, es frecuente que quien las deposita, al celebrar futuros contratos donde incluya tales condiciones, se refiera a su depósito en el RGCC.

599 **Contratos de colaboración mercantil** Sin perjuicio de todos los aspectos generales a analizar en cualquier tipo de obligación contractual indicados en el nº 594, en el caso de algunos contratos de colaboración mercantil (agencia, comisión, mediación, distribución o similar) es conveniente prestar especial atención a dos aspectos:

1. Los **contratos de distribución**, en sus distintas modalidades, pueden incluir determinadas limitaciones a la libertad de actuación de las partes (pactos de exclusividad, no competencia, entre otros) que deben ser objeto de análisis en el marco de la normativa de **derecho de la competencia**, con el objeto de poder descartar que nos encontramos ante prácticas contrarias a dicha regulación (L 15/2007, de Defensa de la Competencia; Rgto UE/330/2010, entre otras).

Precisiones Los contratos de distribución son «acuerdos verticales» por celebrarse entre operadores económicos que no se encuentran situados en el mismo escalón del proceso productivo, siendo sus **notas características** las siguientes:
- son acuerdos celebrados entre empresas (se excluyen los realizados con consumidores finales);
- las sociedades operan en una fase económica diferente; y
- se refieren a condiciones sobre la compra, venta o reventa de determinados bienes o servicios.

A este respecto, con el fin de garantizar la libre competencia y el buen funcionamiento del mercado, la legislación en materia de defensa de la competencia, tanto nacional como comunitaria, ha venido a establecer ciertas **limitaciones** a la autonomía de la voluntad de las partes a la hora de dotar de contenido estos acuerdos, llegando a prohibir incluso la realización de determinadas conductas. Con motivo de lo anterior, la inclusión por las partes de ciertas cláusulas en los contratos de distribución, como pueden ser la fijación de precios mínimos de reventa o condiciones comerciales, acuerdos de reparto de mercado, así como las limitaciones sobre la producción, distribución, desarrollo técnico e inversiones, implican la nulidad del contrato, a la luz de la normativa de defensa de la competencia. Frente a la **nulidad** total, en ciertos supuestos como la inclusión de cláusulas de no competencia post-contractual de duración indefinida o por plazo superior a cinco años o cláusulas de prohibición de venta de marcas específicas de determinados proveedores competidores, la sanción que lleva normalmente aparejada es la nulidad de la cláusula, permaneciendo el resto de contrato en vigor. Más allá de la posible nulidad contractual, las infracciones en materia de competencia como consecuencia de la celebración de acuerdos verticales se consideran infracciones graves sancionadas con **multas** de hasta el 5% del volumen de negocios total de la empresa infractora en el ejercicio inmediatamente anterior.

2. De igual forma, es importante tener en cuenta el régimen de **indemnizaciones por terminación** o extinción del contrato aplicable a los contratos de agencia y distribución que sean analizados. **600**

Por lo que respecta al **contrato de agencia**, la vigente Ley de Contrato de Agencia establece específicamente una doble indemnización a favor del agente en caso de extinción del contrato, que es de aplicación imperativa para las partes:

a) **Indemnización por clientela**. Cuando se extinga el contrato de agencia, ya sea por tiempo determinado o indefinido, el agente que haya aportado nuevos clientes al empresario principal o incrementado sensiblemente las operaciones con la clientela preexistente, tiene derecho a una indemnización si su actividad anterior puede continuar produciendo ventajas sustanciales al empresario y resulta equitativamente procedente por la existencia de pactos limitativos de la competencia, por las comisiones que pierda o demás circunstancias que concurran. La indemnización no puede ser superior al importe medio de una remuneración anual del agente, calculada la media tomando los últimos cinco años o la vida del contrato, si este fuese inferior (L 12/1992 art.28).

b) **Indemnización de daños y perjuicios**. Adicionalmente, si el principal denuncia unilateralmente un contrato de agencia de duración indefinida, viene obligado a indemnizar los daños y perjuicios que, en su caso, la extinción anticipada haya causado al agente, siempre que la misma no permita la amortización de los gastos que el agente, instruido por el empresario, haya realizado para la ejecución del contrato (L 12/1992 art.29).

Asimismo, los **contratos de distribución**, a pesar de no contar actualmente con una regulación específica en nuestro derecho, pueden conllevar igualmente indemnizaciones a la finalización de los mismos, ya sea en concepto de indemnización por clientela, por daños y perjuicios o lucro cesante, siendo compatible la solicitud conjunta de todas ellas. **601**

Precisiones En la actualidad, jurisprudencialmente no hay duda de que existe una tendencia favorable a reconocer tal derecho a percibir una **indemnización por clientela** en los contratos de distribución, aun a falta de precepto específico que lo regule, justificándolo en principios generales del derecho o mediante la aplicación por analogía de la regulación del contrato de agencia (TS 22-6-07, EDJ 152396; 8-5-08, EDJ 82715). No obstante, la línea jurisprudencial seguida por el Tribunal Supremo en este aspecto matiza la aplicación genérica de esta indemnización por clientela y exige un **análisis caso a caso** impidiendo una aplicación automática de la L 12/1992, de manera que el distribuidor que pretenda dicha indemnización habrá de probar la efectiva aportación de clientela y su potencial aprovechamiento por el principal, así como otras circunstancias equitativas que justifican la indemnización, como la integración del distribuidor en una red comercial que aproxime significativamente su posición a la del agente (TS Pleno 15-1-08, EDJ 25591; 16-3-16, EDJ 23779).

Es conveniente, por tanto, que los referidos contratos de agencia y distribución en los que la empresa target sea parte sean analizados en el proceso de *due diligence* partiendo de la base de dicho régimen, identificando los pactos específicamente establecidos al respecto y determinando su legalidad. En todo caso, el régimen de indemnizaciones por extinción indicado para ambos tipos contractuales es de aplicación *ex lege*, aunque las partes no le hayan dado una regulación expresa en el contrato. Esto es así incluso en el caso de que la **relación comercial** no esté formalizada en un contrato y, por tanto, sea de **carácter verbal**. Por ello, dentro del proceso de *due diligence* es importante identificar la existencia de este tipo de relaciones contractuales, sobre todo aquellas en la que la empresa target sea parte principal y, en su caso, advertir del riesgo que su terminación podría conllevar para esta. **602**

Precisiones Por los motivos antes indicados, dentro del trabajo de *due diligence* es conveniente analizar desde un punto de vista jurídico aquellas relaciones comerciales que la empresa target mantenga de **manera verbal** con terceros, con el objeto de identificar si de facto se dan los elementos fundamentales para que estemos ante alguno de estos tipos contractuales, con las consecuencias que ello podría suponer para la empresa target.

603 **Contratos suscritos con entidades del sector público** (L 9/2017 art.98) También ha de verificarse la existencia y, en su caso, principales términos y condiciones de los contratos suscritos por la empresa target con cualquiera de las entidades que pertenecientes al sector público (bien sea la Administración pública estatal, autonómica o local, o las sociedades mercantiles, entidades de derecho público, entidades públicas empresariales, etc.). En este tipo de contratos hay que tener en cuenta y analizar, no solo el contrato en sí mismo, sino también los **pliegos de condiciones** y demás documentación de la oferta que dio origen al contrato y que se entienden parte del mismo.

Aparte de los aspectos antes indicados para los contratos en general, en este tipo de contratos se ha que prestar especial atención a los supuestos de **sucesión del contratista** cuando nos encontremos ante una operación de modificación estructural (fusión, escisión, etc.) en la que el contrato pase a otra entidad por sucesión universal. En estos casos, continúa el contrato vigente con la entidad absorbente o con la resultante de la fusión o beneficiaria de la escisión, que queda subrogada en todos los derechos y obligaciones dimanantes de la operación, siempre que dicha entidad tenga la solvencia exigida al acordarse la adjudicación, o que las diversas sociedades beneficiarias de las mencionadas operaciones y, en caso de subsistir, la sociedad escindida, se responsabilicen solidariamente con aquella de la ejecución del contrato. Si no pudiese producirse la subrogación por no reunir la entidad a la que se atribuya el contrato las condiciones de solvencia necesarias podría darse por resuelto el contrato, considerándose a todos los efectos como un supuesto de resolución por culpa del adjudicatario.

604 **Acuerdos de confidencialidad o no competencia** La existencia de cualquier compromiso de confidencialidad, o la asunción de cualquier obligación de no competencia con terceros por parte de la empresa target, son aspectos que pueden afectar al negocio de esta y por tanto siempre serán del interés del potencial adquirente.

605 **Contratos que documenten cualquier transacción** En este tipo de contratos en los que la empresa target se haya visto involucrada, con independencia de cómo se instrumenten (a través de una compraventa de activos o mediante la adquisición de las acciones o participaciones de la sociedad titular del negocio), las partes asumen una serie de compromisos y obligaciones que suelen extenderse durante un periodo de tiempo posterior a la propia transacción y que es recomendable verificar. El análisis de estos contratos, así como el **informe de «due diligence»** que en su caso se hubiese efectuado en el marco de la misma, siempre es conveniente cuando dicha transacción se haya efectuado en un plazo de tiempo no muy lejano, y ello con independencia de que la empresa target haya sido parte transmitente o adquirente:

a) Si la **empresa target** ha sido la **parte adquirente** en dicha transacción, el análisis del contrato y el correspondiente informe de *due diligence* permite identificar riesgos y aspectos relevantes del negocio o empresa adquirida que han sido asumidos por la empresa target, así como en qué términos esta puede reclamar a la parte transmitente cualquier daño efectivo en que dichos riesgos pudiesen derivar. Asimismo, será importante revisar aquellos compromisos u obligaciones que la sociedad hubiera podido adquirir en virtud de la operación de compraventa (pago de un precio aplazado, precio variable o earn out, etc.).

b) Si la empresa target ha sido la **parte transmitente**, se han de verificar los compromisos que esta haya podido asumir en el contrato frente a la parte adquirente, en los mismos términos indicados en el párrafo anterior, pero esta vez desde la perspectiva contraria.

606 **Contratos de préstamo, crédito o financiación** Este tipo de contratos, principalmente cuando han sido suscritos por la empresa target con entidades financieras, suelen incluir condiciones a veces especialmente gravosas para esta que deben ser conocidas por el potencial adquirente. En particular, por la especial trascendencia y materialidad que conllevan normalmente, es conveniente verificar la existencia y analizar con especial atención, en su caso, los contratos relativos a operaciones de financiación o refinanciación que la empresa target haya podido negociar y suscribir con un *pool* de entidades financieras. Estos procesos pueden suponer la suscripción de determinados contratos bilaterales con cada una de las entidades financieras, que a su vez suscriben un **acuerdo marco** para regular de forma conjunta sus relaciones con la empresa target, o la suscripción de un **contrato de financiación sindicada**, en el que todas las entidades financieras nombran a una de ellas como banco agente para que represente al resto frente a la prestataria (en este caso la empresa target) en el marco de la financiación (ver nº 1515 s.).

607 En cualquier caso, sin perjuicio de otros aspectos generales, que ya han sido puestos de manifiesto en el nº 594, en este tipo de contratos es conveniente poner especial atención a los siguientes pactos:

1. Identificación y términos y condiciones de las **garantías personales** (p.e., aval personal) o **reales** (p.e., hipotecas o prendas) que garanticen la financiación.

2. **Obligaciones de hacer y no hacer** para la empresa target que pueda incluir el contrato. El abanico de obligaciones que puede encontrarse en este apartado es bastante amplio, y lógicamente, por regla general, es más exigente cuanto mayor volumen suponga la financiación. Entre las obligaciones de hacer suele ser habitual la de entregar a las entidades financieras determinada información financiera de forma periódica, el cumplimiento de normativa o el mantenimiento de determinados seguros, entre otras. Por lo que respecta a las obligaciones de no hacer, pueden existir, entre otras, limitaciones para la venta o gravamen de determinados activos, para a la obtención de financiación adicional, para la realización de nuevas inversiones o para distribuir dividendos. También se limita en ocasiones la posibilidad de realizar operaciones de modificación estructural (fusiones, escisiones, etc.) o efectuar modificaciones en el accionariado de la empresa target (cambios de control) sin la previa autorización de la entidad o entidades financieras, así como para realizar determinadas modificaciones de estatutos.
3. Obligación de cumplimiento de determinados *covenants* o **ratios financieros** por parte de la empresa target durante toda la vida de la financiación.
4. **Amortización anticipada obligatoria**. En ocasiones, pueden incluirse estipulaciones por las que la empresa target se obliga a amortizar anticipadamente la financiación en el caso de producirse determinadas circunstancias (desinversión en determinados activos o el cobro de indemnizaciones de entidades aseguradoras por siniestros, por ejemplo).
5. **Supuestos de vencimiento anticipado** de la financiación. Aparte del incumplimiento de cualquiera de las obligaciones establecidas en el contrato (incluidas las obligaciones de hacer y no hacer antes indicadas), suelen incluirse otras circunstancias que, en su caso, habilitan a la entidad financiera a declarar el vencimiento anticipado de la financiación como, por ejemplo, la declaración de vencimiento anticipado de cualquier otra financiación de la empresa target o sus garantes (cláusula «**Cross Default**»), o que se produzca cualquier hecho o circunstancia que afecte o pueda previsiblemente llegar a afectar, de forma sustancialmente adversa, a la condición financiera, negocio, activos, bienes o derechos de la prestataria o a su capacidad para cumplir con las obligaciones contraídas frente a las entidad o entidades financieras (cláusula de **cambio material adverso -MAC-**).

Partiendo de todo lo anterior, en el trabajo de *due diligence* es conveniente poner de manifiesto, en su caso, la existencia de estas obligaciones para la empresa target, así como verificar si dichas condiciones están siendo cumplidas por esta en el momento de la revisión. **608**

Precisiones Por lo que respecta a la posibilidad de declaración de **vencimiento anticipado** de la financiación por parte de la entidad o entidades financieras, se debe estar al caso concreto en función del **incumplimiento** de que se trate y de cuál sea la redacción del contrato. No obstante, hay que tener en cuenta que el criterio tanto de la doctrina como de la jurisprudencia es que únicamente es posible declarar el vencimiento anticipado de la financiación cuando nos encontremos ante un incumplimiento esencial del contrato. En este sentido, se ha determinado que no pueden prosperar las pretensiones de declaración de vencimiento anticipado con base a incumplimientos irrelevantes, de obligaciones accesorias, por circunstancias cuya apreciación se deja al puro arbitrio de la entidad bancaria o cuando se perjudica con su ejercicio de manera desproporcionada y no equitativa al prestatario; sino que se ampara bajo la exigencia de que la obligación incumplida debe tener carácter esencial o ser de especial relevancia para el objeto del contrato (TS 4-6-08, EDJ 82736; 16-12-09, EDJ 327236; DGRN Resol 1-10-10).

Garantías concedidas o recibidas por la empresa target Es igualmente relevante dejar constancia en el trabajo de *due diligence* la existencia de cualesquiera avales o garantías personales que en su caso la empresa target haya prestado a favor de terceros o personas vinculadas, o que, en su caso, haya recibido de terceros o personas vinculadas en garantía de obligaciones asumidas por ella misma, y analizar el hecho de que puedan verse afectadas en el marco de la transacción prevista. Dentro de esta área de revisión se deben verificar, al menos, los siguientes aspectos: **609**
1. **Avales bancarios**, tanto los recibidos a favor de la empresa target, como los otorgados a terceros en beneficio de esta, determinando sus principales términos y condiciones y descartando cualquier tipo de limitación a la transacción prevista que pudiesen incluir.
2. **Garantías personales otorgadas por la empresa target** a favor de terceros o de personas o entidades vinculadas que está previsto queden fuera del perímetro de la transacción. Esta situación supone un riesgo, en su caso, para el potencial adquirente puesto que está garantizando el cumplimiento de obligaciones que quedan fuera de su esfera de control y, por tanto, debe ser puesto de manifiesto con el objeto de darle el tratamiento adecuado en el marco de la transacción.
3. **Garantías personales otorgadas a favor de la empresa target** por terceros o personas o entidades vinculadas no incluidas en el perímetro de la transacción. Esta situación deriva, en su caso, por los mismos motivos antes indicados en la asunción de determinados riesgos, esta vez por la parte transmitente de la transacción, por lo que igualmente es necesario darle el tratamiento adecuado.

610 **Contratos de seguro** Los distintos contratos de seguro suscritos por la empresa target también son normalmente objeto de revisión en un proceso de *due diligence* legal, con el objetivo fundamental de verificar que todos los riesgos importantes en los que la empresa target pueda incurrir se encuentran debidamente asegurados. En este sentido, mediante el análisis de las correspondientes pólizas de seguro y documentación accesoria de la empresa target, se ha de verificar, principalmente, los siguientes aspectos:

1. **Coberturas**: que tanto los riesgos de responsabilidad civil de la empresa target, como lo riesgos de daños de todas las instalaciones donde esta realice su actividad están debidamente cubiertos. Para ello, es importante poner de manifiesto en el informe de *due diligence*, de cada una de las pólizas, entre otros aspectos, las correspondientes coberturas, sumas aseguradas, límites o franquicias que pudieran existir, así como cualquier exclusión prevista en las mismas. Asimismo, se ha de verificar que tanto el beneficiario del seguro, como la localización del riesgo, es la adecuada.
2. **Vigencia**: se debe comprobar que las correspondientes pólizas siguen en vigor, mediante el pago de la prima correspondiente.
3. **Grupos de sociedades**: en los casos de grupos de sociedades, pueden existir pólizas en las que la tomadora sea una sociedad del grupo (por ejemplo, la empresa target), pero que estén cubriendo los riesgos de distintas sociedades del grupo. Hay que identificar estas situaciones para modificar, en su caso, la correspondiente póliza y evitar que tras la transacción la empresa target siga asumiendo el coste de un seguro que estuviera cubriendo riesgos de entidades o instalaciones que hubieran quedado fuera del perímetro de esta.
4. **Otros supuestos**: finalmente, se ha de descartar que no estamos ante situaciones de supuestos de infra-seguro o sobre-seguro (LCS art.30 y 31) o concurrencia de seguros, por el hecho de existir varios seguros garantizando el mismo riesgo durante idéntico periodo de tiempo (LCS art.32).

611 Precisiones Existe **infra-seguro** (LCS art.30) si en el momento de la producción del siniestro la suma asegurada es inferior al valor del interés. En el tal caso, y salvo que las partes acuerden lo contrario en la póliza, el asegurador solo indemniza el daño causado en la misma proporción en la que la suma asegurada cubra el interés asegurado.

En el caso contrario estamos ante un **sobre-seguro** (LCS art.31), en cuyo caso cualquiera de las partes del contrato puede exigir la reducción de la suma asegurada y de la prima, debiendo restituir el asegurador el exceso de las primas recibidas. Si se produjese siniestro en situación de sobre-seguro el asegurador solo indemniza el daño efectivamente causado.

Por lo que respecta a la **concurrencia de seguros** (LCS art.32), el tomador del seguro o el asegurado deben comunicar a cada asegurador los demás seguros que estipule. Si por dolo se omite esta comunicación y se produce siniestro, los aseguradores no están obligados a pagar la indemnización.

612 **Contratos de carácter verbal** En todo caso, siempre es conveniente analizar cualquier tipo de relación contractual en que la empresa target sea parte, incluso aquellas de carácter verbal, puesto que estas también pueden tener implicaciones y conllevar riesgos para la empresa target, como hemos podido comprobar en el análisis de algunos de los tipos contractuales antes citados, principalmente cuando se trata de una relación continuada en el tiempo. Sin perjuicio de otros aspectos que pudieran ser de aplicación en función del tipo contractual ante el que nos encontremos, con carácter general, el riesgo fundamental de este tipo de relaciones prolongadas en el tiempo, pero no formalizadas documentalmente, es que puedan ser consideradas de **duración indefinida**, de forma que para poder proceder a su terminación sea necesario respetar un preaviso concreto, que será mayor o menor en función de la duración efectiva de la relación.

Precisiones Efectivamente, los acuerdos verbales se pueden denunciar unilateralmente en cualquier momento sin que la contraparte pueda evitarlo o negarse a ello. El fundamento jurídico que avala la **finalización** de los **acuerdos verbales** radica en que estos son, desde la perspectiva legal, de carácter indefinido al no tener un término concreto en el que deban finalizar. La indefinición de su duración hace que el ordenamiento jurídico y los tribunales sancionen tal circunstancia con el efecto inevitable de que cualquiera de las partes le pueda poner fin sin necesidad de alegar justa causa y sin derecho a indemnización alguna. El fundamento básico de ello, pero suficiente, radica en el hecho de que nadie puede estar ligado a su contraparte de forma perpetua, de manera que puede desligarse de lo acordado en cualquier momento sin mayor obligación que un plazo de **preaviso razonable**. El problema radica en la determinación de ese plazo razonable y, en su caso, en la cuantificación de la indemnización de daños y perjuicios irrogados. En este sentido se ha pronunciado el Tribunal Supremo manifestando que «si bien el contrato verbal de arrendamiento de servicios pactado entre los litigantes, era, en principio, de duración indefinida, que no quiere decir «por toda la vida», lo cual está prohibido por ley, cabe que la entidad resuelva unilateralmente la relación de arrendamiento mediante el preaviso en tiempo y comunicación a los demandantes, sin que quepa el abuso en esa resolución» (TS 21-4-06, EDJ 42961).

4. Administrativo y regulatorio

En el ámbito de la *due diligence* legal, los aspectos de derecho administrativo general y especial (normativa de sectores regulados, urbanismo, medio ambiente, subvenciones, o registros administrativos) resultan fundamentales para determinar si la actividad que desarrolla la empresa target cuenta con todos los **títulos, licencias, permisos, autorizaciones y registros administrativos** preceptivos por parte de las distintas Administraciones públicas (estatal y/o autonómica y/o local) competentes. 614

Precisiones El presente apartado hace una referencia o enumeración de los títulos administrativos cuyo análisis es habitual en el marco de un proceso de *due diligence*. El **análisis concreto** de la normativa aplicable para el otorgamiento de dichos títulos se efectúa en el nº 8000 s.

Los requisitos que la empresa target debe cumplir en este sentido dependen en todo caso del sector en el que opere, de sus actividades concretas y características, así como su localización, ya que gran parte de la normativa aplicable es autonómica e incluso local. Por tanto, el primer ejercicio que se debe realizar antes de acometer esta sección del *due diligence* es identificar qué **normativa** administrativa general, tanto local, autonómica como estatal, como en su caso sectorial, resulta de aplicación a la empresa target. Una vez identificada y analizada dicha regulación es posible determinar, y en su caso solicitar al vendedor, aquella documentación que nos permita verificar el cumplimiento de dicha normativa por parte de la empresa target. 615

Sin perjuicio de lo anterior, los principales aspectos de carácter administrativo y regulatorio que generalmente suelen verificarse en el marco de una *due diligence* legal son los que se indican a continuación:

Edificaciones o instalaciones industriales En relación con cada edificio o instalación donde la empresa target desarrolle sus actividades, es preciso verificar los siguientes títulos administrativos: 616

a) **Licencias de obras**. En primer lugar, debe comprobarse que el edificio o instalación ha sido construido previo otorgamiento de una licencia de obras por el ayuntamiento correspondiente y que dicha obra cuenta con licencia de primera ocupación o, en su caso, declaración responsable, la cual viene a corroborar que dicha obra ha sido efectuada con arreglo a la referida licencia de obras. Es importante destacar que, por lo general, existe un plazo de prescripción de cuatro años para que la Administración pública pueda iniciar un proceso de restauración de la legalidad urbanística que podría acarrear sanciones económicas e incluso una orden de demolición del inmueble en el caso de obras no contempladas en el planeamiento urbanístico.

También se debe comprobar que las distintas ampliaciones o reformas ya efectuadas sobre las instalaciones, o las que se encuentren en curso, cuentan también con la oportuna licencia de obras.

b) **Licencia de actividad**.

Denominada tradicionalmente como «licencia de apertura, de actividades o de puesta en marcha», según el municipio otorgante de la misma. Adicionalmente, dicha licencia de actividad, dependiendo del potencial grado de afectación de la actividad al medioambiente, puede ser sustituida o, en su caso, ha de ser complementada con la obtención de otra serie de títulos ambientales dependiendo de:

- la normativa ambiental aplicable (autorización ambiental integrada, licencia ambiental o comunicación ambiental); y
- el tipo de actividad de que se trate.

Estos títulos autorizan el ejercicio de la actividad, si bien se debe contar igualmente con la autorización o licencia de puesta en marcha de dichas actividades, que es el título que verifica que las instalaciones y equipos efectivamente instalados son los previamente autorizados.

La **falta de la licencia** de actividad puede suponer no solo la imposición de sanciones económicas, sino también la suspensión total o parcial, temporal o definitiva de la actividad que se desarrolle en función de las diversas circunstancias concurrentes, por lo que su ausencia puede suponer en ocasiones un auténtico *deal breaker*.

Precisiones En el caso de las **autorizaciones ambientales integradas**, estas tienen un carácter integrador de otras licencias o autorizaciones, ya que en el procedimiento de su otorgamiento se analiza la compatibilidad urbanística, suelos contaminados, residuos, emisiones de todo tipo, informes sectoriales (organismo de cuenca, de domino público afectado, etc.) y se coordinan con el procedimiento de evaluación ambiental. En el resto de casos se deben analizar también de forma expresa aspectos como el suministro de agua, concesiones o autorizaciones en materia de aguas (especialmente las que deban otorgar las confederaciones hidrográficas), contratos con empresas suministradoras de agua, autorizaciones de vertido de aguas residuales, tratamientos o sistemas de depuración, emisiones atmosféricas, lumínicas o sonoras, etc. 617

618 **Contaminación de suelos** (L 7/2022 art.99; RD 9/2005) En este punto se debe analizar si el suelo sobre el que se desarrolla la actividad puede calificarse como un suelo contaminado:

• Es indispensable remitir ante el órgano competente de la comunidad autónoma correspondiente el **informe de situación preliminar** de suelos exigido por el RD 9/2005 en un **plazo** no superior a dos años. Los propietarios de las fincas en las que se haya realizado alguna de las actividades potencialmente contaminantes están obligados, con motivo de su transmisión, a declararlo en escritura pública. Este hecho es objeto de nota marginal en el Registro de la Propiedad.

• La **declaración** de un suelo como **contaminado**:

- obliga a realizar las actuaciones necesarias para proceder a su limpieza y recuperación, en la forma y plazos en que determinen las respectivas comunidades autónomas y es objeto de nota marginal en el Registro de la Propiedad, a iniciativa de la respectiva comunidad autónoma en los términos que reglamentariamente determine el Gobierno; y
- puede comportar la suspensión de la ejecutividad de los derechos de edificación y otros aprovechamientos del suelo en el caso de resultar incompatibles con las medidas de limpieza y recuperación del terreno que se establezcan, hasta que estas se lleven a cabo o se declare el suelo como no contaminado.

• Asimismo, los titulares de actividades potencialmente contaminantes deben remitir **periódicamente** al órgano competente **informes de situación**.

619 **Residuos** (L 7/2022) La mayoría de empresas industriales producen residuos y ello obliga a verificar determinados aspectos:

1. Que la empresa target realiza el **tratamiento de los residuos** por sí misma o, en su caso, encarga el tratamiento de sus residuos a un negociante o a una entidad o empresa acreditada o entrega los residuos a una entidad pública o privada de recogida de residuos para su tratamiento.

2. Que, en función de la tipología de residuos y toneladas de producción anual, la empresa target consta inscrita en el **Registro de productor de residuos**.

3. Si la empresa target produce **residuos peligrosos**, esta debe contar con una comunicación previa de inicio de actividad, llevar un registro de los residuos producidos o importados y el destino de los mismos y, especialmente, realizar un estudio de minimización de residuos (salvo que tenga la consideración de pequeño productor de residuos peligrosos). También en este caso puede habérsele exigido una garantía o aval que cubra las responsabilidades que puedan derivar de sus actividades.

620 **Registros administrativos** Dependiendo de la actividad desarrollada por la empresa target, puede ser necesario que esta se inscriba en determinados registros administrativos, circunstancia que igualmente se ha de verificar. Así, por lo general, cualquier empresa que tenga instalaciones o maquinaria debe estar inscrita en el **Registro Industrial**. Otros registros pueden ser los siguientes: Registro Sanitario (que aplicaría igualmente a las edificaciones o instalaciones de la empresa target), Registro de Industrias Alimentarias o Agroalimentarias (también aplicable a las edificaciones o instalaciones), Registro General Sanitario de Empresas Alimentarias, Registro de productor de residuos, etc.

621 **Sectores regulados** Cabe la posibilidad de que la empresa target desarrolle su actividad dentro un sector económico de los denominados «regulados», entendiendo como tal aquellos que se consideran **estratégicos**, o al menos de especial importancia para la sociedad, y que por ello requieren una regulación normativa específica y una supervisión o intervención administrativa prolongada, con el objeto de asegurar la garantía de unos niveles o estándares mínimos de accesibilidad, calidad y/o precio en beneficio de los ciudadanos.

Precisiones Dicha función de **supervisión o control** suele encomendarse por el Estado a órganos independientes, tanto respecto de la Administración como respecto de las empresas que operan en esos mercados, que se denominan comúnmente organismos reguladores, autoridades independientes o agencias, dotados de potestades y facultades extraordinarias, aunque también puede conferirse la función supervisora a órganos administrativos integrados en la estructura jerárquica de la propia Administración.

622 Este tipo de normativas suelen establecer para las compañías que quieran desarrollar su actividad en el sector de que se trate una serie de **requisitos legales**, obligaciones formales y permisos o autorizaciones específicas para realizar dicha actividad. Entre otros aspectos, la normativa aplicable a estas actividades reguladas, normalmente, incluye la necesidad de solicitar autorización, o al menos comunicar a la entidad administrativa supervisora correspondiente, cualquier cambio accionarial relevante, siendo este por tanto un tema clave en cualquier transacción.

En este sentido, cabe prestar especial atención, entre otros, a los siguientes **sectores**:
- Entidades de crédito.
- Servicios de inversión.
- Instituciones de Inversión Colectiva.
- Seguros.
- Sector eléctrico.
- Hidrocarburos.
- Transporte.
- Telecomunicaciones.
- Comunicación audiovisual.
- Sector sanitario.
- Servicios postales.
- Juego y apuestas.
- Seguridad privada.
- Servicios farmacéuticos.
- Servicios funerarios y de cementerio.
- Actividades portuarias.
- Turismo.
- Educación.
- Empresas de Trabajo Temporal.

Ocupación de dominio público y/o gestión de servicio público En aquellos casos en que la empresa target desarrolle actividades o posea inmuebles o instalaciones en suelo de dominio público (portuario, marítimo-terrestre, hidráulico, radioeléctrico, etc.), es necesario verificar si dispone de título jurídico suficiente para ocupar el mismo y/o construir y/o utilizar dichos bienes, que normalmente es una **concesión o autorización** administrativa otorgada por la Administración competente correspondiente. **623**

En estos casos, los principales aspectos del referido título a analizar son:

1. **Vigencia**: el plazo de duración, posibles prórrogas (y requisitos para su solicitud) y, en definitiva, si se encuentra vigente.

2. **Otras condiciones**: hay que verificar las condiciones concretas para su otorgamiento y mantenimiento en vigor por parte de la empresa target. Aquí, una vez más, es importante verificar si el título exige la necesidad de autorización previa de la Administración (muchas veces tanto la estatal como la autonómica) para que puedan producirse cambios en el accionariado de la empresa target o para ceder la concesión a un tercero (compraventa, arrendamiento, etc.), lo cual suele ser bastante habitual. La falta de obtención de dicha **autorización previa** supone por lo general la posibilidad de la extinción o caducidad del título administrativo y la imposición de sanciones a la transmitente y a la adquirente.

Subvenciones (L 38/2003; RD 887/2006) Cuando la empresa target haya recibido algún tipo de subvención, es igualmente conveniente analizar los **términos y condiciones** de la misma y comprobar su cumplimiento, principalmente con la finalidad de detectar aquellos casos que puedan derivar en la obligación de reintegro de las cantidades recibidas por parte la empresa target, así como posibles sanciones administrativas. **624**

Los aspectos que suelen verificarse con respecto a las subvenciones son, entre otros, los siguientes: **625**

1. Cumplimiento del **fin de la subvención**: si se ha cumplido el objetivo, actividad o inversión para el cual la subvención fue concedida (documentos de justificación de la subvención).

2. Cumplimiento de **requisitos temporales**: normalmente las subvenciones suelen incluir el mantenimiento por parte de la sociedad beneficiaria de la misma de una serie de requisitos durante un periodo de tiempo concreto, como, por ejemplo, mantener un determinado nivel de empleo, o mantener la inversión subvencionada durante dicho plazo. En el marco de una revisión de *due diligence* se debe confirmar el cumplimiento de tales requisitos y además advertir al potencial inversor de su existencia en el informe.

3. Cumplimiento de **condición de PYME**: en muchas ocasiones las bases reguladoras de la subvención exigen como una de las condiciones para su otorgamiento que el beneficiario sea una PYME, y que esta mantenga tal condición durante un periodo de tiempo concreto. En estos casos se debe prestar especial atención a la posibilidad de que la sociedad target, que inicialmente al solicitar la ayuda tenía la condición de PYME, como consecuencia de la transacción pierda tal condición (por ejemplo, por pasar a formar parte de un grupo de empresas que exceda los límites establecidos para mantener tal calificación) (Rgto CE/651/2014, DOUE 26-6-14; Recomendación Comisión 6-5-03, DOUE 20-5-03).

4. **Concurrencia de subvenciones**: comprobar que no estemos ante un supuesto de concurrencia de subvenciones, en aquellos casos en que se hayan solicitado y obtenido varias subvenciones para la misma actividad o proyecto, lo cual puede ser considerado como infracción muy grave a los efectos de la Ley General de Subvenciones (L 38/2003 art.58).
5. **Cambio del sujeto** de la subvención: aunque no figura como un supuesto expreso de reintegro, en la práctica las Administraciones públicas vienen considerando como incumplimiento de condiciones de la subvención el cambio de titular cuando no se comunica a la Administración, o los casos de escisión o segregación, porque consideran que han variado las condiciones del titular al que se le otorgó la subvención. En estos casos también es conveniente solicitar autorización previa a la Administración para que otorgue su visto bueno a la transacción, acreditando que se mantienen los compromisos, condiciones y obligaciones (invertir, crear puestos de trabajo, etc.).

5. Inversiones exteriores y control de cambios

627 En caso de que, en el desarrollo de sus actividades, la empresa target otorgue financiación o realice movimientos de capitales y/o transacciones con el exterior, operaciones fuera del territorio español o con no residentes de cuyo cumplimiento surjan cobros y pagos, es conveniente verificar el cumplimiento de determinadas obligaciones de información establecidas legalmente:

629 **Transacciones económicas y saldos de activos y pasivos financieros con el exterior** (BE Circ 4/2012) La empresa target residente en España -siempre que no fuera una entidad proveedora de servicios de pago inscrita en los registros oficiales del Banco de España, en cuyo caso no le sería de aplicación la BE Circ 4/2012-, que realicen transacciones con no residentes debe **informar al Banco de España** con carácter mensual, trimestral o anual, dependiendo de los importes a declarar, de las siguientes situaciones y movimientos:
a) Operaciones por cuenta propia con **no residentes**, sea cual sea su naturaleza e independientemente de cómo se liquiden, bien sea mediante transferencias exteriores, a través de abonos o adeudos en cuentas bancarias o interempresa, por compensación o mediante entrega de efectivo.
b) Saldos o variaciones de **activos o pasivos** frente al exterior, cualquiera que sea la forma en la que se materialicen (cuentas en entidades bancarias o financieras, instrumentos financieros derivados, etc.).
Estas obligaciones periódicas solo son necesarias cuando los importes de las transacciones durante el **año** inmediatamente **anterior**, o los saldos de los activos y pasivos el 31 de diciembre del año anterior, superen la cifra del millón de euros.
El cumplimiento de esta obligación se verifica mediante la cumplimentación del **formulario ETE** disponible en la web del Banco de España.

630 **Inversiones españolas en el exterior** (RD 571/2023); OM ECM/57/2024) Es conveniente verificar que, en caso de que la empresa target residente haya realizado inversiones en el exterior en los términos establecidos en el RD 571/2023, esta haya declarado las mismas, así como su liquidación en el caso que proceda. Asimismo, puede existir la obligación de presentar una **memoria anual** correspondiente al desarrollo de la inversión, según los casos. Dichas declaraciones se realizan a través de los **modelos** DP-3, DP-4 (cuando se trata de comunicaciones previas a la inversión), y D-5A, D-5B, D-7A, D-7B, D-8 (cuando se trata de comunicaciones posteriores a la inversión), todos ellos disponibles en la sede electrónica del Ministerio de Economía, Comercio y Empresa.

Precisiones Con independencia de la procedencia de los fondos empleados para la realización de la inversión y de la nacionalidad del inversor, el criterio del país de residencia del sujeto inversor es el determinante para calificar una inversión y por tanto el criterio para establecer las obligaciones de información. Al igual que existen obligaciones de información para las sociedades españolas en el exterior, similares obligaciones nacen para **no residentes** que participen de forma directa o indirecta en una sociedad española u otra forma de inversión, o en bienes inmuebles situados en España. Dichas declaraciones se realizan a través de los siguientes modelos: con carácter previo DP-1, DP-2, y con carácter posterior a la inversión D-1A, D-1B, D-2A, D-2B, D-4.

631 **Autorización para determinadas inversiones extranjeras en España** (L 19/2003 art.1 y 7 bis, RDL 11/2020 y RDL 34/2020) La L 19/2003 establece el régimen jurídico de los movimientos de capitales y de las transacciones económicas con el exterior, así como las medidas de prevención del blanqueo de capitales. Con carácter general, los actos, negocios, transacciones y operaciones entre residentes y no residentes son **libres** cuando supongan cobros y pagos

exteriores, así como las transferencias de o al exterior y las variaciones en cuentas o posiciones financieras deudoras o acreedoras frente al exterior, sin más limitaciones que lo dispuesto en la L 19/2003 y en la legislación sectorial que, en su caso, resulte de aplicación.
No obstante, queda **suspendido** el **régimen de liberalización** y, por tanto, están sujetas a la obtención de autorización previa las inversiones extranjeras directas en España que se realicen en los sectores citados a continuación (nº 631.1), entendiéndose por **inversión extranjera directas en España** toda aquella inversión como consecuencia de la cual el inversor pase a ostentar una participación igual o superior al 10% del capital social de la sociedad española, o cuando como consecuencia de la operación societaria, acto o negocio jurídico se adquiera el control de dicha sociedad de acuerdo con los criterios establecidos en el art.7.2 L 15/2007, de Defensa de la Competencia, siempre que concurra una de estas circunstancias:
a) Que se realicen por residentes de países **fuera de la UE** y de la Asociación Europea de Libre Comercio.
b) Que se realicen por residentes de países de la UE o de la Asociación Europea de Libre Comercio cuya **titularidad real** corresponda a residentes de países de fuera de la UE y de la Asociación Europea de Libre Comercio. Se entiende que existe esa titularidad real cuando estos últimos posean o controlen en último término, directa o indirectamente, un porcentaje superior al 25% del capital o de los derechos de voto del inversor, o cuando por otros medios ejerzan el control, directo o indirecto, del inversor.

Los **principales sectores estratégicos** en los que la inversión extranjera directa en España queda sujeta a autorización previa, en la medida en que afectan al orden público, la seguridad pública y a la salud pública, son: **631.1**
• Infraestructuras críticas, ya sean físicas o virtuales (incluidas las infraestructuras de energía, transporte, agua, sanidad, comunicaciones, medios de comunicación, tratamiento o almacenamiento de datos, aeroespacial, de defensa, electoral o financiera, y las instalaciones sensibles), así como terrenos y bienes inmuebles que sean claves para el uso de dichas infraestructuras.
• Tecnologías críticas y de doble uso, tecnologías clave para el liderazgo y la capacitación industrial, y tecnologías desarrolladas al amparo de programas y proyectos de particular interés para España, incluidas las telecomunicaciones, la inteligencia artificial, la robótica, los semiconductores, la ciberseguridad, las tecnologías aeroespaciales, de defensa, de almacenamiento de energía, cuántica y nuclear, las nanotecnologías, las biotecnologías, los materiales avanzados y los sistemas de fabricación avanzados.
• Suministro de insumos fundamentales, en particular energía, o los referidos a servicios estratégicos de conectividad o a materias primas, así como a la seguridad alimentaria.
• Sectores con acceso a información sensible, en particular a datos personales, o con capacidad de control de dicha información.
• Medios de comunicación, sin perjuicio de que los servicios de comunicación audiovisual se regirán por lo dispuesto en la L 13/2022, General de Comunicación Audiovisual.
Asimismo, queda suspendido el régimen de liberalización de las inversiones extranjeras directas en España cuando:
a) El **inversor extranjero** está **controlado** directa o indirectamente por el **gobierno**, incluidos los organismos públicos o las fuerzas armadas, de un tercer país.
b) El **inversor extranjero** ha realizado inversiones o participado en actividades en los **sectores** que afecten a la seguridad, al orden público y a la salud pública en otro Estado miembro.
c) Si existe un riesgo grave de que el inversor extranjero ejerza **actividades delictivas** o ilegales, que afecten a la seguridad pública, orden público o salud pública en España.

Régimen transitorio de suspensión de liberalización de determinadas inversiones extranjeras directas realizadas por residentes de otros países de la UE y de la Asociación Europea de Libre Comercio (RDL 34/2020 disp.trans.única redacc RDL 20/2022) Se ha extendido **hasta el 31-12-2024** el régimen de suspensión de liberalización de las inversiones extranjeras directas en España en los sectores indicados en el nº 631.1 anterior, también a las inversiones extranjeras directas sobre **empresas cotizadas** en España, o sobre empresas **no cotizadas** si el valor de la inversión supera los 500 millones de euros, realizadas por residentes de otros países de la UE y de la Asociación Europea de Libre Comercio. A estos efectos, se consideran sociedades cotizadas en España aquellas cuyas acciones estén, en todo o en parte, admitidas a negociación en un mercado secundario oficial español y tengan su domicilio social en España. **631.2**
A efectos de este régimen transitorio, se debe entender por **inversiones extranjeras directas** aquellas inversiones como consecuencia de las cuales el inversor pase a ostentar una participación igual o superior al 10% del capital social de la sociedad española, o cuando como consecuencia de la operación societaria, acto o negocio jurídico se adquiera el control de dicha sociedad de acuerdo con los criterios establecidos en la L 15/2007 art.7.2, tanto si se realizan

por residentes de países de la UE y de la Asociación Europea de Libre Comercio diferentes a España, como si se realizan por residentes en España cuya titularidad real corresponda a residentes de otros países de la UE y de la Asociación Europea de Libre Comercio.

6. Litigios

632 Finalmente, en cualquier proceso de *due diligence* legal siempre es conveniente identificar riesgos derivados de procedimientos administrativos, judiciales o arbitrales en los que la empresa target esté o pueda estar inmersa. Normalmente, el trabajo de análisis en este apartado suele comenzar con la solicitud a los **abogados de la empresa** target de una **carta**, que se emite al efecto, en la que se describan todos los procedimientos en vía administrativa, judicial o arbitral en los que se encuentra involucrada esta, con una estimación del resultado de los mismos.
A partir de dicha carta, se analiza la situación actual de dichos procedimientos y las **consecuencias** que podrían derivarse de los mismos para empresa target, profundizando en su caso en aquellos que pudieran tener mayor trascendencia o materialidad.
El impacto de la existencia de estos procedimientos en el marco de la transacción depende de si las potenciales consecuencias derivadas de los mismos han sido debidamente reflejadas en la **contabilidad** de la empresa target.

D. Due diligence inmobiliaria

640

1. **Operaciones con subyacente inmobiliario** ... 642
2. **Especialidades de la «due diligence» inmobiliaria** ... 644
   a. Identificación del titular y facultades de contratación de la contraparte ... 646
   b. Identificación del inmueble que se transmite ... 649
   c. Documentación a revisar ... 650

1. Operaciones con subyacente inmobiliario

642 Toda transacción que implique la transmisión de un activo o de las acciones o participaciones de la sociedad que integra ese activo en su patrimonio, hace recomendable la realización de una revisión legal de los activos que se transmiten. En aquellos casos en los que el activo que subyace a la operación es un activo inmobiliario, se deben tener en cuenta las especialidades que presentan los bienes inmuebles, con el fin de detectar posibles contingencias que puedan afectar al valor de la operación o al mismo fin perseguido por la misma.
Las operaciones con subyacente inmobiliario más características son:
a) **Transmisión directa de un bien inmueble**: esto es, cualquier operación de transmisión de inmueble bien se trate de una compraventa (transmisión de la propiedad a cambio de un precio cierto o determinable en dinero), permuta (cuando lo que se entrega es otro bien, como por ejemplo, la permuta de suelo por obra futura) o donación (por mera liberalidad, sin contraprestación).
b) **Transmisión indirecta**: mediante la transmisión de una sociedad que cuenta entre sus activos con patrimonio inmobiliario. La transmisión se instrumenta a través de la adquisición de las acciones o participaciones de la compañía. En este ámbito, especial consideración merecen las **SOCIMI** (Sociedades Anónimas Cotizadas de Inversión Inmobiliaria), que son sociedades anónimas cotizadas cuya actividad principal es la adquisición, promoción y rehabilitación de activos de naturaleza urbana para su arrendamiento, bien directamente o bien a través de participaciones en el capital de otras SOCIMI. Las SOCIMI se caracterizan, fundamentalmente, por un régimen fiscal que trata de ser ventajoso para sus partícipes (ver nº 7415 s.).

2. Especialidades de la «due diligence» inmobiliaria

644 La **finalidad** de realizar un proceso de *due diligence* antes de llevar a cabo una operación inmobiliaria es permitir al comprador tener un conocimiento veraz de la situación legal, fiscal y financiera tanto de la compañía como del inmueble o inmuebles que son objeto de la operación (titularidad, cargas, situación arrendaticia o de ocupación, urbanística, etc.).
El **resultado de la «due diligence»** permite al comprador tener argumentos para obtener una posición favorable en la futura negociación de la transacción, pudiendo requerir un ajuste en el precio así como precisar el alcance de las manifestaciones y garantías del contrato por el que se articula la transacción, en función de las responsabilidades y los riesgos que pudieran asumir las partes.

En el ámbito de las operaciones con subyacente inmobiliario, las particularidades que presentan los bienes inmuebles hacen necesario tener en cuenta determinadas especialidades derivadas de los mismos, que pasamos a comentar a continuación.

a. Identificación del titular y facultades de disposición

(CC art.1713; LSC art.233)

Antes de llevar a cabo cualquier transacción, es preciso analizar la **capacidad** de disposición (para enajenar o gravar) del transmitente, así como su capacidad para contratar, en su caso. **646**
Para **acreditar la titularidad**, y la **capacidad de disposición** de que se hablaba anteriormente, se hace preciso revisar:
- el título de adquisición del disponente; y
- certificación registral o nota simple (dependiendo del valor jurídico que se exija; LH art.222) para obtener la información que se contiene en el Registro de la Propiedad en relación al inmueble.

Precisiones Si bien la información contenida en el **Registro de la Propiedad** no tiene por qué coincidir con la realidad ni tiene carácter constitutivo, se encuentra amparada por el principio de fe pública registral (LH art.32 y 34).

En el ámbito de las personas jurídicas o de personas físicas que actúen en la transacción por medio de **representante**, al tratarse de actos de riguroso dominio se necesita mandato expreso, identificado con el mandato especial, distinto del mandato concebido en términos generales que solo comprende actos de administración, esto es, precisando su objeto y extensión (TS 16-5-08, EDJ 82699), si bien este requisito es compatible con las formas previstas en el CC art.1710, pudiendo darse el mandato expreso verbalmente (TS 1-3-90, EDJ 2287). **647**
Compareciendo un **administrador** de una sociedad, debe examinarse el ámbito de su poder de administración, dependiendo de si se trata de administrador único, administradores mancomunados, solidarios o miembro del consejo de administración, con poder suficiente. Requieren **poder especial**, en el caso de que la transacción planteada quede fuera del ámbito del objeto social de la sociedad.

b. Identificación del inmueble que se transmite

(CC art.1273)

Es necesario poder identificar y delimitar con precisión el inmueble o los inmuebles que se transmite en virtud de la operación practicada, con el fin de evitar cualquier confusión en relación al mismo y en cumplimiento de la exigencia legal de **objeto cierto y determinado**. El inmueble, no obstante, puede tener una existencia futura. **649**
Como **medio de prueba** de la titularidad del inmueble y la descripción del mismo, conviene acudir a la información facilitada por el **Registro de la Propiedad**, amparada por la fe pública registral (nº 646). Adicionalmente, la segunda gran fuente de información sobre los bienes inmuebles sitos en España sería el **Catastro**, que facilita información descriptiva gráfica del inmueble en cuestión.

Precisiones Sin perjuicio del principio de concordancia entre Registro de la Propiedad y Catastro, no es infrecuente encontrar alguna **discrepancia** entre ambas **fuentes de información** (*e.g.*, diferencias en cuanto a metros cuadrados de superficie), si bien, tales discrepancias, no suelen ser muy relevantes y en la práctica tienden a ser asumidas como algo habitual. Con el objetivo de dar mayor seguridad a los datos de ubicación, delimitación y superficie de las fincas registrales que son objeto del tráfico jurídico, la reforma de la Ley Hipotecaria y el texto refundido de la Ley de Catastro Inmobiliaria derivada de la L 13/2015, de 24 de junio, establece un sistema de coordinación entre el Catastro Inmobiliario y el Registro de la Propiedad, para que este incorpore la **descripción gráfica georreferenciada de las fincas registrales**, utilizando como base la cartografía catastral. A nivel práctico, los titulares de un inmueble podrán coordinar su descripción en el Registro de la Propiedad y el Catastro mediante la elevación a público de una representación gráfica georreferenciada de la parcela. El Registro de la Propiedad indicará en la información pública proporcionada sobre una determinada finca si esta está coordinada con el Catastro.

c. Documentación a revisar

650 Durante el proceso de *due diligence* inmobiliaria debe revisarse la siguiente documentación:

651 **Títulos e información registral y catastral** En primer lugar, se debe revisar la siguiente documentación:
1. El **título de adquisición** del inmueble por el titular actual (por ejemplo, compraventa, donación, liquidación de sociedad de gananciales o de herencia o comunidad de bienes, concesión administrativa, superficie, etc.) y cualquier otro **acto posterior**, que suponga una modificación en la configuración del inmueble y determine el objeto tal cual es en la actualidad, como puede ser, escritura de declaración de obra nueva, de división horizontal, segregación, división o agrupación, etc.
Mediante la revisión de estos títulos el comprador puede **conocer**:
- el precio de adquisición y forma de pago, así como en el caso de que existan pagos aplazados, si existen pagos pendientes de realizarse;
- garantías pendientes: condiciones resolutorias, avales;
- limitaciones impuestas en relación con los inmuebles, su disposición y/o disfrute (*e.g.*, limitaciones de actividad);
- cláusulas no inscritas que pudieran ser exigibles entre las partes;
- obligaciones pendientes de cumplimiento; etc.

652 2. Los **planos** de los inmuebles con fines identificativos de los inmuebles.
3. Información del **Registro de la Propiedad**: nota simple informativa o certificación registral (LH art.222).
Las **notas simples** solo tienen un valor informativo y no dan fe registral de su contenido, pero permiten tener una información actualizada y con un alto grado de veracidad de la información registral del inmueble. Deben reproducir el contenido de los asientos vigentes relativo a la finca objeto de manifestación, donde conste, al menos, la identificación de la misma, la identidad del titular o titulares de derechos inscritos sobre la misma y la extensión, naturaleza y limitaciones de estos. Asimismo, en la nota simple debe constar, en todo caso, las prohibiciones o restricciones que afecten a los titulares o a los derechos inscritos. No obstante, la libertad o las cargas y gravámenes del inmueble solo pueden acreditarse en perjuicio de tercero mediante la obtención de una certificación registral (LH art.225).
4. La **información catastral**, consistente en la referencia catastral y el plano catastral. Esta información también es útil a efectos identificativos del inmueble (identificación que facilita además la obtención de información urbanística, así como de la situación de pago del Impuesto de Bienes Inmuebles).
5. Lo **documentos preparatorios** de la transacción, con el fin de conocer, en su caso, compromisos previos contraídos por las partes (como una opción de compra o un contrato de arras) antes de implementar la transmisión efectiva de la propiedad.

Precisiones El **Catastro Inmobiliario** es un registro administrativo dependiente del Ministerio de Hacienda y Administraciones Públicas en el que se describen los bienes inmuebles rústicos, urbanos y de características especiales. Está regulado por el Texto Refundido de la Ley del Catastro Inmobiliario (RDLeg 1/2004), la inscripción en el mismo es obligatoria y gratuita, características que lo diferencian del Registro de la Propiedad. La descripción catastral de los bienes inmuebles incluye sus características físicas y económicas, entre las que se encuentran su localización, referencia catastral, superficie, uso, cultivo, representación gráfica, valor catastral y titular catastral.

653 Del cotejo del título de adquisición, de los eventuales actos jurídicos posteriores que afecten al inmueble (los cuales deben haber sido debidamente inscritos en el Registro de la Propiedad), y de la información registral y catastral se puede detectar la necesidad de realizar **operaciones de regularización previas** a la compraventa tales como:
a) Necesidad de reanudación del tracto registral, expedientes de dominio, excesos de cabida para adecuar la realidad física a la registral y catastral.
b) Cancelación formal de cargas (hipotecas, servidumbres, condiciones resolutorias, afecciones urbanísticas, etc.).
c) Operaciones inmobiliarias pendientes de otorgamiento e inscripción (agrupaciones, segregaciones, obras nuevas, divisiones horizontales, etc.).
d) Regular estas situaciones en el contrato de compraventa (obligaciones de hacer, asunción de gastos, declaraciones y garantías específicas).

654 **Cargas del inmueble** Una vez constatado quien es el titular del inmueble, y su capacidad de transmisión, conviene revisar cualquier documento mediante el cual se constituyan o documenten cargas o cualquier otro tipo de afección sobre el inmueble, si bien esta información sobre el estado actual de cargas y gravámenes debe constar en el Registro de la Propiedad. Las

cargas pueden ser de **índole económica**, lo que normalmente no tendrá impacto alguno en su uso y disfrute por el titular (salvo en determinados casos muy particulares), siendo los ejemplos más característicos la **hipoteca** (que grava el activo inmobiliario con el objeto de asegurar o garantizar una obligación principal de pago) y el **embargo** (consecuencia de una ejecución judicial ante el impago o incumplimiento de una obligación de su titular). En este grupo también podemos incluir las **afecciones fiscales** derivadas de actos jurídicos previos, las cuales normalmente no tendrán impacto alguno en el uso y disfrute ni en la transmisibilidad del inmueble.

Precisiones Sin perjuicio de lo anterior, en cuanto a las afecciones fiscales, es relevante revisar si la **vendedora liquidó** debidamente los **impuestos** afectos y, en todo caso, considerar dichas afecciones fiscales en el régimen de responsabilidad de la vendedora del contrato de compraventa a los efectos de incluir la correspondiente indemnidad y/o manifestación y garantía.

Asimismo, las cargas pueden afectar de manera más directa al **uso o disfrute** que su titular puede hacer del bien inmobiliario, y que normalmente supondrán una limitación al uso en favor de una persona o de otro predio o terreno: por ejemplo, las servidumbres que otorgan a personas o titulares de predios colindantes el derecho de paso, vistas, etc. **654.1**

A veces las cargas se denominan de procedencia de la finca matriz de la cual proceden, o bien son propias, habiendo sido constituidas por el actual o anteriores titulares del inmueble.

En el mismo sentido se ha de verificar si las cargas han sido canceladas y el correspondiente reflejo de la **cancelación** en el **Registro de la Propiedad**.

Lo más importante acerca de las cargas es determinar su **impacto** en la **libertad de disposición** del inmueble, ya que algunas no plantearán ningún problema en este sentido (si bien deberán ser respetadas por el adquirente, como por ejemplo las servidumbres), en tanto que otras pueden afectar directamente a su trasmisión (como el embargo).

En caso de que los inmuebles se refieran a **viviendas** sujetas a un régimen de **protección oficial**, debe verificarse que se otorgó la cédula de calificación definitiva de vivienda de protección pública y determinar el tipo y el grado de protección que le resulte de aplicación, de conformidad con la regulación concreta aplicable a cada caso (la calificación de Vivienda de Protección Oficial sería solo un tipo dentro de la categoría genérica de vivienda protegida). **655**

Precisiones **1)** La **regulación** de las **viviendas de protección pública** se diseña actualmente por una compleja combinación de normas estatales (RD 2066/2008, que regula el Plan Estatal de Vivienda y Rehabilitación 2009-2012) y autonómicas, si bien su desarrollo en la actualidad corresponde a las comunidades autónomas.

2) En todo caso, la calificación de vivienda de protección pública supone una serie de **limitaciones** a los derechos de los propietarios (en compensación por las ventajas vinculadas a la promoción, adquisición o alquiler de este tipo de viviendas). De ello se desprende una serie de limitaciones a su utilización y a su disposición que han de tenerse presentes. En caso de transmisión de una promoción de viviendas protegidas, la operación queda afectada por la especial protección de los inmuebles.

Derechos a favor de tercero En el ámbito de una *due diligence* inmobiliaria es preciso tener en cuenta la posible existencia de derechos a favor de tercero en relación al inmueble, que supongan un límite o restricción a la transmisión del mismo. En este sentido debe revisarse si existen opciones de compra u otros derechos de **adquisición preferente**, acuerdos de venta (contratos de arras), derechos de **tanteo y retracto** (tanto convencionales como legales). **656**

Especial importancia tienen los **contratos de arrendamiento** que puedan existir sobre los inmuebles, sobre todo en el ámbito de una operación consistente en la adquisición de un inmueble de oficinas, en un centro comercial o cualquier inversión en inmuebles en explotación con el fin de obtener una rentabilidad.

En caso de transmisión de un inmueble en el que se esté desarrollando una actividad económica o empresarial, pueden existir asimismo **contratos de servicios**, suministros y mantenimiento suscritos con terceros en los que el adquirente se puede tener que subrogar. Es por ello que deben revisarse, además, las posibles **implicaciones laborales** que la adquisición puede tener, en caso de entenderse que pudiera existir sucesión empresarial, siempre que se entienda que la transmisión afecta a una entidad económica que mantenga su identidad, entendida como un conjunto de medios organizados a fin de llevar a cabo una actividad económica, esencial o accesoria (ET art.44).

Contratos de arrendamiento Cuando en el ámbito de una *due diligence* existan contratos de arrendamiento sobre inmuebles es preciso: **657**

1. La revisión de los contratos de arrendamiento en vigor, con especial atención a la regulación relativa aquellas cuestiones de las que se derivan consecuencias económicas y, por lo tanto, de rentabilidad:
- la **renta** (fija y variable) y su actualización;

- la **duración** obligatoria de los contratos, considerando las cláusulas de resolución anticipada y las penalizaciones por incumplimiento, así como el régimen de potenciales prórrogas o extensiones al plazo inicial;
- la atribución de los **gastos** entre arrendador y arrendatario;
- las **restricciones** acordadas con determinados arrendatarios respecto de los usos del inmueble;
- la existencia de derechos de **adquisición preferente** que pudieran frustrar la operación (p.e., los derechos de tanteo y retracto reconocidos en las leyes especiales de arrendamientos rústicos y urbanos, salvo que tales derechos hubieran sido expresamente renunciados por el arrendatario);
- la existencia de cláusulas de **cambio de control** que pudieran ser causa de resolución del contrato; y
- cláusulas de cesión o **subarriendo**.

658 **2.** Es necesario verificar si se ha dado cumplimiento a la obligación de depósito de la **fianza** arrendaticia a disposición de la Administración autonómica o del ente público correspondiente en cada comunidad autónoma (LAU disp.adic.tercera).

3. Tratándose de transmisión de inmuebles sobre los que recae un contrato de arrendamiento de **vivienda**, la transmisión puede suponer la resolución del contrato a solicitud del adquirente. Tras la reforma efectuada en virtud del RDL 7/2019, de medidas urgentes en materia de vivienda y alquiler, el esquema actual sería el siguiente:

a) El **adquirente** de una vivienda arrendada quedará **subrogado** en los derechos y obligaciones del arrendador durante los cinco primeros años de vigencia del contrato, o siete años si el arrendador anterior fuese persona jurídica, aun cuando concurran en él los requisitos de la LH art.34 (principio de fe pública registral).

b) Si la **duración** pactada fuera **superior** a cinco años, o superior a siete años si el arrendador anterior fuese persona jurídica, el adquirente quedará subrogado por la totalidad de la duración pactada, salvo que concurran en él los requisitos de la LH art.34. En este caso, el adquirente solo deberá soportar el arrendamiento durante el tiempo que reste para el transcurso del plazo de cinco años, o siete años en caso de persona jurídica, debiendo el enajenante indemnizar al arrendatario con una cantidad equivalente a una mensualidad de la renta en vigor por cada año del contrato que, excediendo del plazo citado de cinco años, o siete años si el arrendador anterior fuese persona jurídica, reste por cumplir.

c) Cuando las partes hayan estipulado que la enajenación de la vivienda **extinguirá el arrendamiento**, el adquirente solo deberá soportar el arrendamiento durante el tiempo que reste para el transcurso del plazo de cinco años, o siete años si el arrendador anterior fuese persona jurídica.

4. La crisis del **COVID-19** avivó el debate existente sobre la aplicación e interpretación de la **cláusula** ***rebus sic stantibus*** aquella que permite la revisión de las obligaciones y contratos cuando, por circunstancias sobrevenidas, sea roto el equilibrio económico del contrato y a una de las partes le resulta imposible o muy gravoso su cumplimiento. La AP Barcelona estimó una demanda de revisión de renta y condena a la propiedad a una reducción del 50% de la renta y de otros gastos a cargo de la sociedad arrendataria (AP Barcelona secc 4ª 30-5-22, nº 256/2022). Asimismo, detalla que deben cumplirse los siguientes **requisitos** para aplicar la cláusula *rebus sic stantibus*:

a) Debe producirse una alteración extraordinaria de las circunstancias en las que se perfeccionó el contrato que, de haber conocido las partes las nuevas circunstancias, no hubieran realizado en los mismos términos;

b) Debe darse una circunstancia sobrevenida e imprevisible, esto es, cuando resulte que ninguna de las partes podía razonablemente tenerla en cuenta al formalizar el contrato;

c) Se produce un desequilibrio en una de las partes excesivamente oneroso;

d) No debe existir ningún otro medio para reequilibrar el cumplimiento de las obligaciones de las partes.

659 **Seguros y garantías de construcción** (LOE art.19) Por un lado, puede ser necesario revisar la documentación relativa a las posibles pólizas de seguro que voluntariamente se hayan podido suscribir para dar cobertura a los riesgos que puedan afectar tanto al **continente** como al **contenido** del inmueble (p.e., en el caso de un contrato de arrendamiento en el que el arrendatario asume el pago de la prima correspondiente, necesita saber cuál es ese importe).

660 Es distinta la cuestión derivada de la regulación contenida en Ley de Ordenación de la Edificación, que establece una serie de obligaciones para los distintos agentes que participan a lo largo del proceso de la edificación, de las que se derivan sus responsabilidades. Así la LOE establece el siguiente régimen de garantías exigibles al **promotor** para obras sujetas a dicha

ley, consistente en la obligación de suscribir unos seguros de **daños materiales** o **seguro de caución**, para garantizar:
a) Durante un año, el resarcimiento de los daños materiales por vicios o defectos de ejecución que afecten a elementos de terminación o acabado de las obras, que puede ser sustituido la retención por el promotor de un 5% del importe de la ejecución material de la obra.
b) Durante 3 años, el resarcimiento de los daños causados por vicios o defectos de los elementos constructivos o de las instalaciones que ocasionen el incumplimiento de los requisitos de habitabilidad exigidos por la LOE.
c) Durante 10 años, el resarcimiento de los daños materiales causados en el edificio por vicios o defectos que tengan su origen o afecten a la cimentación, los soportes, las vigas, los forjados, los muros de carga u otros elementos estructurales, y que comprometan directamente la resistencia mecánica y la estabilidad del edificio.
No obstante, la regulación previamente transcrita, la LOE prevé la exigibilidad de tan solo la garantía de daños materiales de 10 años por daños materiales ocasionados por vicios y defectos en la construcción contemplada en el apartado c) anterior, cuando se trate de la construcción de un edificio cuyo **destino principal** sea la **vivienda** (se exceptúa en el supuesto de un autopromotor individual de una única vivienda unifamiliar para uso propio) (LOE disp.adic.segunda.dos). Por ello, en caso de adquirir un inmueble de viviendas en construcción, es recomendable verificar que se ha constituido, al menos, la garantía decenal obligatoria, ya que será exigida a los efectos de la obtención de la declaración de obra nueva.

Precisiones La Ley contempla la posibilidad de establecer la obligatoriedad de constitución del **resto** de las **garantías** mediante Real Decreto (LOE disp.adic.segunda), pero en la actualidad el mismo no se ha llevado a cabo, por lo que dichas garantías no se consideran obligatorias actualmente.

Régimen de propiedad horizontal (LPH art.2) El inmueble objeto de la transacción puede formar parte de un régimen de propiedad horizontal en el caso de que se haya dividido horizontalmente, constando dicha división en la correspondiente **escritura de división horizontal**, de conformidad con la LPH. No obstante, existe la posibilidad de que se constituya la división horizontal únicamente cumpliendo los requisitos del CC art.396 (propiedad horizontal *de facto*), posibilidad expresamente reconocida en la LPH art.2.b. **661**
En el caso de que exista un régimen de propiedad horizontal hay que tener en cuenta en el proceso de *due diligence*, los **estatutos** y las **normas de régimen interior** del complejo inmobiliario al que pertenece el activo, ya que de la división horizontal pueden derivarse una serie de gastos para el adquirente, que es conveniente considerar a fin de calcular el valor del inmueble objeto de la transacción, así como para calcular, en su caso, la rentabilidad de la inversión en la que va a incurrirse.

Los cuatro aspectos principales en relación con el régimen de propiedad horizontal que se recomienda analizar en el proceso de *due diligence* son: **662**
1. Los **gastos ordinarios** a los que está sujeto el inmueble que forma parte de la división horizontal y que van a ser en gran medida periódicos y calculables con antelación (gastos de electricidad, primas de seguros, vigilancia, etc.).
2. Los **gastos extraordinarios** de la comunidad de propietarios a los que tendrá que hacer frente el adquirente del inmueble y que pueden suponer una desviación del valor previsto del activo, o de la rentabilidad de la inversión que se pretende con la operación. Por gastos extraordinarios se entienden todos aquellos, que no formen parte de los que habitualmente puedan preverse en la comunidad y en los que se incurra, por tanto, de manera excepcional (*e.g.* derramas).
3. Los **gastos de la comunidad de propietarios** en los que ya se ha incurrido y que están **pendientes de pago** por parte del anterior propietario. En este sentido, hay que tener en cuenta que el adquirente de una vivienda o local en régimen de propiedad horizontal, incluso con título inscrito en el Registro de la Propiedad, responde con el propio inmueble adquirido de las cantidades adeudadas a la comunidad de propietarios para el sostenimiento de los gastos generales por los anteriores titulares hasta el límite de los que resulten imputables a la parte vencida de la anualidad en la cual tenga lugar la adquisición y a los tres años naturales anteriores. Es decir, el propio piso o local está legalmente afecto al cumplimiento de esta obligación (LPH art.9.1.e).
4. Los **procedimientos judiciales** de la comunidad de propietarios, que se estén tramitando o estén pendientes de resolución, ya que estos también pueden suponer un coste futuro para el adquirente del inmueble que forme parte de la división horizontal, que se ha de prever en el momento de llevar a cabo la transacción.

663 Para comprobar el estado de las posibles **contingencias** en este sentido, en el proceso de *due diligence* se debe pedir documentación que facilite información al respecto, como:

a) El **certificado** emitido por el administrador del conjunto inmobiliario, que asegure, que el anterior propietario cumplió con todos los gastos de la comunidad de propietarios y el inmueble que va a adquirirse se encuentra al día de pagos, no existiendo importes pendientes.

b) Los **estatutos** de la comunidad de propietarios y las **normas de régimen interior**, que regulan el uso y destino del edificio y las limitaciones de los comuneros. Este aspecto cobra especial relevancia cuando se pretende desarrollar una actividad en el inmueble adquirido.

c) El **acta de la última junta** general de propietarios, que pueda indicar posibles derramas, propietarios morosos, o los gastos en los que se haya incurrido con anterioridad, junto con las cuentas y los presupuestos de la comunidad, de cara a prever gastos futuros.

664 **Presupuesto de gastos futuros** (LPH art.9 y 17.9) Los acuerdos válidamente adoptados por la comunidad de propietarios son de cumplimiento obligatorio para todos los propietarios.

Los **gastos** que le corresponden al propietario del inmueble que forme parte de la división horizontal, se encuentran regulados en la LPH art.9 de forma general, y en los estatutos que regulen el régimen de propiedad horizontal de forma particular.

Resulta de gran valor informativo en el proceso de *due diligence* en una transacción con un activo que forme parte de un régimen de propiedad horizontal, la aportación de los **estatutos de la comunidad de propietarios**, que informa de los gastos ordinarios a los que ha de hacer frente el adquirente y el porcentaje que le corresponde de dicho pago, en función a la cuota de participación en el título constitutivo de división horizontal, que suele estar relacionada con la superficie adquirida respecto de la superficie total del complejo inmobiliario, es decir, la cuota de copropiedad. Aunque la división horizontal, pueda estar constituida *de facto*, los estatutos de la comunidad de propietarios son obligatorios en cualquier régimen de propiedad horizontal.

También es oportuno, consultar la **situación financiera** de la propia comunidad y el estado del pago de los demás propietarios de fincas en el inmueble objeto de la división horizontal, ya que una derrama importante supondría un gasto extraordinario a tener en cuenta, al menos en el precio de adquisición del bien.

665 **Gastos ordinarios y extraordinarios pendientes de pago** (LPH art.9.1.e, 9.1.i y 17.11) La **morosidad** es uno de los principales problemas de las comunidades de propietarios, por lo que resulta de gran utilidad en el momento previo a la adquisición de propiedad inmobiliaria sujeta a un régimen de propiedad horizontal consultar la cuota de gastos que corresponde al activo inmobiliario en particular, así como el certificado emitido por el administrador de la finca, de que el anterior titular se encuentra en el momento de la transacción al corriente de pago, o en su caso, cuál es el importe de los gastos que gravan el bien objeto de la operación, que indudablemente afectarán al precio del inmueble.

Las **derramas** para el pago de mejoras realizadas o por realizar en el inmueble son a cargo de quien sea propietario en el momento de la exigibilidad de las cantidades afectas al pago de dichas mejoras, por lo que hay que tener en cuenta en el momento de la compraventa la posibilidad de que surjan este tipo de gastos, de los que la obligación de su cumplimiento puede recaer en el nuevo adquirente.

La **obligación de pago** recae sobre el que en cada momento ostente la propiedad del bien inmueble, sin perjuicio de que dichos gastos pueda asumirlos el ocupante no propietario.

666 En un momento previo a la perfección de la transmisión, se exige al transmitente la aportación de un **certificado de deudas** expedido por el secretario de la comunidad de propietarios, corroborando que el anterior titular del inmueble se halla al corriente de pago en los gastos de comunidad. El certificado no libera al deudor de la obligación del pago de las deudas que se declaren en el mismo. Dicho certificado es preceptivo para la posterior inscripción del nuevo titular en el correspondiente registro de la propiedad y sirve como justificación de que el inmueble que va a adquirirse se encuentra libre de deudas con la comunidad de propietarios a la que pertenezca. En caso de que el certificado señale gastos impagados es preciso tener en cuenta su cuantía y especificar quién es el responsable de dicho pago, si bien la comunidad de propietarios podrá actuar para reclamar su crédito tanto frente al transmitente (deudor originario), como frente al adquirente como consecuencia de la afección del inmueble adquirido derivada de LPH art.9.1.e (ver nº 662). En este último caso, el adquirente podrá después repetir frente al deudor originario, salvo que estos hubieran acordado lo contrario en la escritura pública de transmisión del inmueble.

La comunidad de propietarios debe emitir el certificado en el **plazo** máximo de siete días naturales desde su solicitud, por lo que es conveniente solicitar al notario, que él mismo requiera a la comunidad, advirtiendo de que, en caso de no presentarse el certificado en el plazo legalmente establecido, se emitirá la escritura exonerando al adquirente de la responsabilidad del pago de las deudas de la comunidad.
La obligatoriedad del certificado está relacionada con la necesidad de que el transmitente comunique al secretario de la comunidad de propietarios la existencia un **cambio de titularidad**.

Precisiones La **autorización notarial** de la compraventa no está supeditada a que se incorpore la certificación de la comunidad del estado de deudas, siempre que el negocio celebrado sea válido conforme al Código Civil (DGRN Resol 25-4-12).

Exoneración de la obligación de facilitar el certificado de deudas (LPH art.9.1.e; CC art.1269 y 1270) **667**
La LPH permite, a su vez, que el adquirente exonere al transmitente de la obligación de facilitar el certificado de deudas. Para ello es necesario que la exoneración se haga de manera **expresa**.
Si la exoneración se debiera a la **actitud dolosa del antiguo propietario**, que generó en el adquirente la confianza sobre la inexistencia de gastos, es preciso tener en cuenta que:
- Hay **dolo** cuando, con palabras o maquinaciones insidiosas de parte de uno de los contratantes, es inducido el otro a celebrar un contrato que, sin ellas, no hubiera hecho (CC art.1269).
- El dolo causante autoriza el ejercicio de la **acción de anulabilidad** siempre que sea grave y no sea utilizado por los dos contratantes (CC art.1270).

Crédito a favor de la comunidad de propietarios (LPH art.9.1.e y 21; CC art.1923) El crédito a favor **668**
de la comunidad de propietarios derivado de la obligación de contribuir a los gastos generales correspondientes a la parte vencida de la anualidad en curso y los tres años anteriores tiene carácter **preferente** con respecto a los siguientes créditos relacionados con el inmueble:
a) A los créditos hipotecarios y los refaccionarios, anotados e inscritos en el Registro de la Propiedad, sobre los bienes hipotecados o que hubiesen sido objeto de la refacción (CC art.1923.3º).
b) A los créditos preventivamente anotados en el Registro de la Propiedad, en virtud de mandamiento judicial, por embargos, secuestros o ejecución de sentencias, sobre los bienes anotados, y solo en cuanto a créditos posteriores (CC art.1923.4º).
c) A los créditos refaccionarios no anotados ni inscritos, sobre los inmuebles a que la refacción se refiera, y solo en cuanto a créditos posteriores (CC art.1923.5º). En este sentido, es suficiente la inscripción del régimen de propiedad horizontal como muestra de la existencia de tal afección preferente, que forma parte del contorno ordinario del ámbito de poder en que consiste el dominio de cada piso (DGRN Resol 9-2-87; 18-5-87; 1-6-89; 15-1-97; 26-12-99).

Procedimientos judiciales pendientes Otro aspecto a tener en cuenta en una transacción **669**
inmobiliaria, donde el objeto de la misma forme parte de un complejo con división horizontal constituida, son los procedimientos judiciales pendientes que, con gran probabilidad, también pueden suponer un coste para el adquirente, a considerar antes de seguir adelante con la operación.
La comunidad de propietarios de inmuebles en régimen de propiedad horizontal responde con los fondos dispuestos a su favor frente a las deudas de la misma. En este punto es preciso observar que los propietarios de las fincas son los **responsables subsidiarios** del pago de dicha deuda, y que el acreedor puede dirigirse contra los propietarios que han sido parte del proceso en proporción a la cuota que le corresponda.

Urbanismo (LOE art.5; RDLeg 2/2008 art.9.2; RD 1093/1997 art.56) **1.** Principalmente en la adquisición de **670**
inmuebles en construcción o de reciente construcción, así como de suelos es importante conocer la **ordenación territorial y urbanística** a la que se encuentran afectos, con el fin de determinar la clasificación, calificación y uso del suelo. Esta información se puede obtener a través de los respectivos registros de planeamiento, una cédula o informe urbanístico facilitado por el ayuntamiento correspondiente.
2. En todos los casos es recomendable la revisión de **permisos, autorizaciones** y licencias urbanísticas preceptivas, cuya regulación se desarrolla fundamentalmente en el ámbito municipal y que en cada municipio reciben la denominación que se le asigne. En relación a las **licencias urbanísticas** se pueden distinguir con carácter general:
a) De parcelación.
b) De obras ordinarias de urbanización.
c) De obras de edificación o demolición. Pudiendo distinguirse entre distintos tipos de obras (construcción, rehabilitación, conservación, etc.).
d) De instalación de actividades.
e) De primera ocupación.
f) De funcionamiento.

Pueden requerirse licencias o autorizaciones específicas atendiendo a la actividad concreta que se va a desarrollar en el inmueble, como por ejemplo, en el caso de las grandes superficies comerciales, actividades reguladas, etc. En estos casos debe estarse a la regulación estatal y autonómica correspondiente.

671 **3.** En el ámbito de una transacción inmobiliaria relativa a la adquisición de un **suelo** en desarrollo o una edificación nueva, es preciso tener en cuenta la posible existencia de afecciones que vinculan el inmueble al pago de las **cargas de urbanización** en las actuaciones de transformación urbanística, con carácter de afección real y, por lo tanto, inscritas en el Registro de la Propiedad. Debe tenerse en cuenta que, en función del grado de desarrollo del suelo puede darse el caso de que las cargas de urbanización todavía no estén cuantificadas por no haberse aprobado el proyecto de reparcelación y, por ende, no aparezcan en el Registro de la Propiedad; en este caso, deben recogerse las salvedades oportunas relativas a esta circunstancia para que la viabilidad de la transacción no se vea comprometida. Además, la afectación de la finca al pago de los costes de urbanización es una afectación real que va más allá de su anotación registral, por ello, es recomendable siempre contactar con las entidades urbanísticas o con Administración local para asegurar este aspecto.

4. Asimismo es prudente verificar, en el ámbito urbanístico, la inexistencia de **expedientes de disciplina urbanística**, lo que implicaría además la obligación de la reposición de los bienes afectados al estado que tuvieren con anterioridad a la infracción urbanística correspondiente. La existencia del expediente puede tener acceso al Registro de la Propiedad por medio de anotación preventiva. La regulación de la inspección urbanística se desarrolla a través de normativa autonómica con mayor o menor amplitud.

5. Tratándose de **edificaciones con cierta antigüedad**, hay que estar a la obligación contemplada en las diferentes regulaciones autonómicas del suelo relativa a los deberes de conservación y rehabilitación de los propietarios de terrenos, edificios y construcciones para mantenerlos en estado de seguridad, salubridad, accesibilidad, ornato público y decoro. En este sentido, se prevén unos procedimientos periódicos de inspección técnica del estado de los edificios, que pueden llevar aparejada la obligación de desarrollar ciertas obras de conservación o rehabilitación. La necesidad de estas obras, suponen un gasto para un nuevo adquirente del edificio, con una implicación económica importante en la transacción.

6. Existen **otras cuestiones** a tener en cuenta, como ciertas especialidades que puedan presentar los propios inmuebles objeto de transacción, tales como que se trate de bienes declarados de interés cultural, a los efectos de la L 16/1985, del Patrimonio Histórico Español, en cuyo caso serían objeto de una protección legal especial.

7. Debe tenerse en cuenta que, algunos entes locales, para la transmisión de inmuebles exigen acreditación del cumplimiento de la **Inspección Técnica de los Edificios** (ITE).

672 **Información medioambiental** (RD 9/2005 art.8.1; RD 235/2013; L 7/2022 art.98, 99 y 103) El transmitente de una finca en la que se haya realizado alguna de las actividades potencialmente **contaminantes** y recogidas en la L 7/2022 art.98, están obligados a declarar tal circunstancia en la escritura pública que documente la transmisión del bien. El incumplimiento de este requisito se considera **infracción grave** sancionándose con:

• Multa desde 901 euros hasta 45.000 euros, excepto si se trata de residuos peligrosos, en cuyo caso la multa va desde 9.001 euros hasta 300.000 euros.

• Inhabilitación para el ejercicio de cualquiera de las actividades previstas en la L 7/2022 por un período de tiempo inferior a un año.

Cuando se celebre contrato de compraventa de la totalidad o parte de un inmueble, debe ponerse a disposición del adquirente el **certificado de eficiencia energética** emitido de conformidad con el RD 235/2013, por el que se aprueba el procedimiento básico para la certificación de la eficiencia energética de los edificios.

Además, en todos los casos es recomendable la revisión de los **permisos, autorizaciones y licencias sectoriales** necesarias para el desarrollo de la actividad si la misma tiene incidencia medioambiental, tales como, en su caso, autorizaciones medioambientales integradas, permisos de vertidos de aguas residuales, autorizaciones para el almacenaje de productos químicos, etc., así como la superación de los **controles iniciales y periódicos** establecidos para el desarrollo de la actividad y el cumplimiento de las condiciones impuestas en las licencias relativas a los vectores medioambientales.

Asimismo, es prudente verificar que el transmitente aparece inscrito en los **Registros públicos oficiales** preceptivos para el desarrollo de la actividad, tales como, en su caso, el Registro Industrial, el Registro de pequeños productores de residuos, el Registro Sanitario, entre otros.

Litigios abiertos sobre el inmueble En una operación de *due diligence* inmobiliaria, se debe solicitar información relacionada con cualquier procedimiento judicial, administrativo, arbitraje o reclamación extrajudicial que pudiese existir en relación al inmueble y que, en consecuencia, pudieran afectar al éxito o rentabilidad de la transacción proyectada. De manera particular, se debe prestar especial atención a todos aquellos litigios que pudieran poner en entredicho la titularidad del inmueble o que impliquen un **impacto económico** significativo que pueda comprometer la transacción. 673

Tributos que gravan los inmuebles Para el estudio de esta materia nos remitimos al nº 7385 s. 674

E. Due diligence laboral

680

1. **Contratación laboral** ... 682
   a. Análisis de la plantilla ... 685
   b. Análisis de los contratos de trabajo ... 689
2. **Convenio colectivo aplicable y condiciones de trabajo** ... 710
   a. Consideraciones generales ... 712
   b. Condiciones de trabajo establecidas en el convenio ... 721
3. **Seguridad Social** ... 737
   a. Análisis de la cotización ... 740
   b. Análisis de casos especiales ... 763
   c. Sanciones ... 768
   d. Prescripción ... 777
4. **Retribución** ... 780
   a. Aspectos a analizar y consecuencias ... 784
   b. Posibles riesgos y contingencias detectadas ... 796
5. **Representación de los trabajadores** ... 800
   a. Representación unitaria ... 803
   b. Representación sindical ... 811
   c. Conflictividad laboral en la empresa ... 816
6. **Compromisos por pensiones** ... 820
7. **Litigios y procedimientos laborales** ... 825
8. **Prevención de riesgos laborales** ... 833
   a. Áreas de análisis ... 837
   b. Coordinación de las actividades empresariales ... 848
   c. Posibles responsabilidades ... 850

1. Contratación laboral

El presente capítulo tiene como objeto describir los aspectos más relevantes que deben tenerse en cuenta a la hora de analizar la situación de la **plantilla** de la empresa objeto de transacción. 682
En concreto, se señalan los aspectos materiales y formales a tener en consideración a la hora de analizar la existencia de posibles **riesgos laborales** a la hora de asumir un determinado grupo de personas trabajadoras.

Sucesión de empresa (ET art.44) Según se analiza en el nº 7605 s., en el supuesto que se produzca un **cambio de titularidad** de la empresa que suponga la existencia de una sucesión de empresa, no se produce la extinción de las relaciones laborales, sino que el nuevo empresario queda subrogado en todos los derechos y obligaciones laborales y de Seguridad Social que hubiera asumido el empresario anterior. 683
Dicha **subrogación** en los derechos y obligaciones en materia laboral y de Seguridad Social, incluye tanto la asunción por el nuevo empresario de todos los contratos laborales de las personas trabajadoras que estuvieran prestando servicios para la empresa en el momento de la transacción, así como todas aquellas obligaciones derivadas de la existencia de algún tipo de irregularidad en la contratación de trabajadores autónomos o de la prestación de servicios de trabajadores bajo la modalidad de la subcontratación de actividad.
Por tanto, el **análisis** de la situación contractual de los trabajadores que forman la empresa objeto de la transacción, debe incluir los siguientes **colectivos**:
• Personas trabajadoras de alta en la empresa.

• Personas trabajadoras cuyo contrato se extinguió o finalizó durante el año inmediatamente anterior a la fecha de la transacción.
• Personas trabajadoras que prestan servicios mediante una subcontrata de servicios profesionales.
• Personas trabajadoras autónomos y/o trabajadores autónomos económicamente dependientes.

a. Análisis de la plantilla

685 El análisis de la plantilla de la empresa en la *due diligence* laboral tiene una doble **finalidad**; por un lado, se analiza la estructura y composición de la plantilla que forma la mano de obra de la empresa y, por otro, se analizan los contratos individuales de cada uno de esos trabajadores.

686 **Estructura y composición** Por lo que respecta a la estructura y composición de la plantilla, se deben **analizar** los siguientes aspectos:
• Edad de las Personas trabajadoras y edad media de la plantilla.
• Antigüedad en la empresa.
• Categorías profesionales de las personas trabajadoras.
• Número de hombres y mujeres que conforman la plantilla.
• Nacionalidad de las personas trabajadoras.
• Tipo de contrato de trabajo de las personas trabajadoras.
• Retribución anual bruta de las personas trabajadoras.
Conocer los parámetros anteriores, ofrece a la empresa compradora un conocimiento acerca de la existencia de un determinado **nivel de rotación** en la empresa en caso de ser una empresa con una plantilla joven y poca antigüedad o, en su caso, la existencia de una plantilla que requiera un determinado grado de renovación en el supuesto de encontrar una plantilla con un elevado número de trabajadores en edades cercanas a la jubilación.
Asimismo, la determinación de las **categorías** y su **distribución por sexos** determina el cumplimiento de la empresa en sus obligaciones en materia de igualdad entre mujeres y hombres.

Precisiones **1)** Las empresas están obligadas a respetar la **igualdad de trato y de oportunidades** en el ámbito laboral y, con esta finalidad, deben adoptar medidas dirigidas a evitar cualquier tipo de discriminación laboral entre mujeres y hombres, medidas que deberán negociar, y en su caso acordar, con los representantes legales de los trabajadores en la forma que se determine en la legislación laboral. (LO 3/2007 art.45.1º).
Se entiende por **composición equilibrada** la presencia de mujeres y hombres en el conjunto de la plantilla de manera que las personas de cada sexo no superen el 60% ni sean menos del 40% (LO 3/2007 disp.adic.primera).
2) En el marco de esta normativa se aprobaron, en octubre de 2020, el RD 901/2020 y el RD 902/2020, que establecen determinadas obligaciones en materia de **igualdad**. Así, todas las empresas vienen obligadas a contar con un **registro retributivo** en el que, convenientemente desglosadas por sexo, figurará la media aritmética y la mediana de la retribución percibida en cada grupo profesional, categoría profesional, nivel, puesto o cualquier otro sistema de clasificación aplicable, desagregada en atención a la naturaleza de la retribución, incluyendo salario base, cada uno de los complementos y cada una de las percepciones extrasalariales, especificando de modo diferenciado cada percepción (ET art.28.2; RD 902/2020 art..5). Adicionalmente las empresas de 50 o más personas trabajadoras deberán contar con una **auditoría retributiva** que formará parte de su plan de igualdad. Esta auditoría retributiva tiene por objeto obtener la información necesaria para comprobar si el sistema retributivo de la empresa cumple con la aplicación efectiva del principio de igualdad entre mujeres y hombres en materia de retribución y tendrá la misma vigencia que el plan de igualdad.
Además, el RD 901/2020 tiene por objeto el desarrollo reglamentario de los **planes de igualdad**, así como su diagnóstico, incluidas las obligaciones de registro, depósito y acceso.
Además, todas las empresas deberán contar con un Protocolo para la prevención del acoso sexual y acoso por razón de sexo y, desde el 2-3-2024, las empresas de más de 50 personas deberán asimismo contar con un conjunto de medidas y recursos para alcanzar la igualdad real y efectiva de las **personas LGTBI**, que incluya un protocolo de actuación para la atención del acoso o la violencia contra las personas LGTBI (medidas que deberán ser pactadas a través de la negociación colectiva y que, a la fecha, están pendientes de desarrollo reglamentario).
Entre las materias objeto de análisis de la *due diligence* laboral deberá estar el cumplimiento de las obligaciones de contar con un registro retributivo y un protocolo para la prevención del acoso sexual y acoso por razón de sexo y, en las empresas con 50 o más trabajadores, el plan de igualdad que deberá contar con un diagnóstico de situación y auditoría retributiva negociados con la Comisión de Negociación del Plan de Igualdad.

El **incumplimiento** de la obligación de contar con el plan de igualdad y con el registro retributivo son cada una constitutivas de sendas infracciones graves (LISOS art.7.13 y 40.1.b redacc L 10/2021 disp.final 1ª) sancionables con multa de entre 751 y 7.500 euros. Ahora bien, en caso de no elaborar o no aplicar el plan de igualdad, o hacerlo incumpliendo manifiestamente los términos previstos cuando mediara previo requerimiento de Inspección de Trabajo y Seguridad Social es constitutivo de infracción muy grave (LISOS art.8.17 y 40.1.c redacc L 10/2021 disp.final 1ª) sancionables con multa de entre 7.501 y 225.018 euros.

Contratos individuales El segundo de los análisis a los que hemos hecho referencia anteriormente, se caracteriza por la revisión de la situación contractual de las personas trabajadoras que estén de alta en la empresa en el momento de realizar la *due diligence* laboral. 687
A este respecto, el citado análisis debe incluir todo el **expediente** contractual que la persona trabajadora analizada haya acumulado durante toda su relación laboral con la empresa.
En concreto, los **aspectos más importantes** a tener en cuenta se resumen en las siguientes cuestiones:
- Contrato de trabajo y, en su caso, conversión de contrato temporal a indefinido.
- Solicitud o disfrutes de excedencias o reducciones de jornada.
- Pactos o condiciones más beneficiosas otorgadas al trabajador.

b. Análisis de los contratos de trabajo

A diferencia de otro tipo contratos, el contrato de trabajo tiene limitado el alcance de la autonomía de la voluntad por cuanto su contenido viene predeterminado, principalmente, por la **ley** y el **convenio colectivo**. 689
El contrato de trabajo debe respetar la regulación de las condiciones laborales establecidas en la ley y en el convenio colectivo, sin que su **contenido** pueda contravenir lo dispuesto en ambas fuentes. Cualquier cláusula contractual contraria a la ley o al convenio colectivo aplicable o que suponga una renuncia de los derechos reconocidos en ambas fuentes se considera nula y sin efecto (ET art.3.5), quedando automáticamente sustituida por la disposición, legal o convencional, que haya sido vulnerada (TSJ Madrid 28-11-00, EDJ 59681; TSJ País Vasco 21-6-05). En todo caso, y a pesar de su carácter normado, es preciso garantizar que el contrato de trabajo tenga un ámbito propio de actuación en la regulación de las condiciones de trabajo. Este espacio de autonomía individual debe ser respetado por la ley y el convenio que, en consecuencia, no pueden agotar las posibilidades de regulación existentes en cada caso (TCo 208/1993; TSJ Madrid 10-3-08, 173/2008). Esto no significa, sin embargo, que el contenido del convenio pueda ser desnaturalizado en alguno de sus aspectos mediante pactos individuales «en masa» llevados a cabo con posterioridad a la firma del convenio (TCo 105/1992; TSJ Canarias 12-2-15), pues en definitiva se impone un reparto ponderado de las funciones reguladoras encomendadas a una y otra figura.
Por tanto, en base a lo anterior, se debe analizar el contenido de los contratos de trabajo para determinar si los mismos se ajustan a lo dispuesto en la ley y en el convenio colectivo de aplicación.

Cuando la relación laboral sea de duración superior a cuatro semanas, el empresario debe **informar por escrito al trabajador**, en los términos y plazos que se establezcan reglamentariamente, sobre los elementos esenciales del contrato y las principales condiciones de ejecución de la prestación laboral (ET art.8.5). 690
A este respecto, se considera que los «**elementos esenciales del contrato**» son los siguientes:
- La identificación de las partes con los datos identificativos de la empresa y de la persona trabajadora.
- La fecha de inicio del contrato de trabajo.
- La duración del contrato de trabajo.
- La modalidad de contrato de trabajo que se ha acordado.
- La categoría o grupo profesional que ocupará la persona trabajadora, así como las características del puesto de trabajo y las funciones a desarrollar.
- Las condiciones de trabajo incluyendo la jornada, el horario y el centro de trabajo.
- El período de prueba si lo hay, así como las condiciones laborales y económicas en que se llevará a cabo.
- El salario de la persona trabajadora.
- La duración de las vacaciones.
- El convenio colectivo aplicable.
- Plazos de preaviso, tanto para la persona trabajadora como para el empresario, en caso de finalización de la relación laboral o las modalidades de determinación de dichos plazos de preaviso.
- Firma de las dos partes, empresa y persona trabajadora.

Precisiones Las empresas están obligadas a comunicar a los **Servicios Públicos de Empleo**, en el plazo de los 10 días hábiles siguientes a su concertación, el contenido de los contratos de trabajo que celebren o las prórrogas de los mismos, deban o no formalizarse por escrito (ET art.8.3; RD 1424/2002 art.1).

691 A la hora de llevar a cabo el análisis de la contratación laboral en el seno de una *due diligence* laboral, se debe analizar el cumplimiento formal del contrato de la normativa laboral de aplicación al citado contrato.

El incumplimiento de la normativa en materia de contratación se sanciona como infracción grave. Así, constituyen **infracción grave** las siguientes:

a) No formalizar por escrito el contrato de trabajo cuando este requisito sea exigible o cuando lo haya solicitado el trabajador (LISOS art.7.1 redacc L 10/2021 disp.final 1ª).

b) La transgresión de la normativa sobre modalidades contractuales, contratos de duración determinada y temporales, mediante su utilización en fraude de ley o respecto a personas, finalidades, supuestos y límites temporales distintos de los previstos legal, reglamentariamente, o mediante convenio colectivo cuando dichos extremos puedan ser determinados por la negociación colectiva. A estos efectos se considerará una infracción por cada una de las personas trabajadoras afectadas (LISOS art.7.2).

c) Establecer condiciones de trabajo inferiores a las establecidas legalmente o por convenio colectivo (LISOS art.7.10).

d) La modificación de las condiciones sustanciales de trabajo impuesta unilateralmente por el empresario, sin acudir a los procedimientos establecidos en el ET art.41 o 82.3 (LISOS art.7.6).

Estas **infracciones** (a **excepción** de la regulada en la **LISOS art.7.2**) se sancionan con **multa**, en su grado mínimo, de 751 a 1.500 euros, en su grado medio de 1.501 a 3.750 euros; y en su grado máximo de 3.751 a 7.500 euros (LISOS art.40.1.b redacc L 10/2021 disp.final 1ª). Las infracciones cometidas antes del 1 de octubre de 2021 se sancionarán conforme a las cuantías sancionatorias previstas con anterioridad a dicha fecha (L 10/2021 disp.trans.2ª).

Respecto de la **infracción** regulada en la **LISOS art.7.2** se sancionará con una **multa** de entre 1.000 y 10.000 euros por cada una de las personas trabajadoras afectadas.

A partir de este punto, deviene necesario detenernos en algunos aspectos especialmente relevantes que requieren de una atención especial a la hora de analizar los contratos de trabajo:

692 **Duración del contrato de trabajo** (ET art.15 redacc RDL 32/2021) Entre los diferentes aspectos sobre los que deben realizarse una especial supervisión, encontramos el análisis de la **modalidad contractual** utilizada por la empresa para la contratación de los trabajadores.

A este respecto, el contrato de trabajo puede concertarse por tiempo **indefinido** o por una duración **determinada**. El contrato de trabajo se presume por tiempo indefinido y solo podrá concertarse por las causas de temporalidad legalmente previstas, solo en los supuestos que enumera la legislación, y siempre que se cumplan los requisitos exigidos en cada uno de ellos.

Por tanto, la **contratación temporal** está basada en el principio de causalidad, es decir, si el contrato temporal no trae causa de alguna de las modalidades contractuales legalmente previstas, la relación laboral deviene indefinida. Pero es que, además, para la validez de los contratos temporales no solamente es necesario que concurra la causa que los legitima, sino que será necesario que se especifiquen con precisión en el contrato la causa habilitante de la contratación temporal, las circunstancias concretas que la justifican y su conexión con la duración prevista, y, puesto que la temporalidad no se presume, de no acreditarse su concurrencia, opera la presunción a favor de la contratación indefinida (ET art.15.1 redacc RDL 32/2021; TS 7-6-11, EDJ 147463; 25-1-11, EDJ 16713; TSJ Andalucía 23-3-17, EDJ 122047).

Precisiones La transgresión de la normativa sobre modalidades contractuales, contratos de duración determinada y temporales, mediante su utilización en fraude de ley o respecto a personas, finalidades, supuestos y límites temporales distintos de los previstos legal, reglamentariamente, o mediante convenio colectivo cuando dichos extremos puedan ser determinados por la negociación colectiva constituye **infracción grave**, y se sanciona, a partir del 30-12-2021, con multa, en su grado mínimo, de 1.000 a 2.000 euros, en su grado medio de 2.001 a 5.000 euros; y en su grado máximo de 5.001 a 10.000 euros (LISOS art.7.2 y 40.1.c bis -redacc L 10/2021 disp.final 1ª-). A estos efectos se considerará una infracción por cada una de las personas trabajadoras afectadas.

Además, se produce la **conversión** automática del mismo **en indefinido** y en caso de proceder despido, el devengo de la indemnización por despido improcedente correspondiente.

693 **Jornada y horas extraordinarias** (ET art.34 y 35) La jornada, que debe aparecer en el contrato de trabajo, debe adecuarse a lo dispuesto en el **convenio colectivo** de aplicación al contrato.

A este respecto, y para analizar el cumplimiento de la jornada anual, se debe solicitar tanto el **calendario laboral** como el listado de registro **horario** en el que conste el horario realizado por los trabajadores.

La empresa ha de garantizar el **registro** diario de jornada, que debe incluir el horario concreto de inicio y finalización de la jornada de trabajo de cada persona trabajadora, sin perjuicio de la flexibilidad horaria que se pueda establecer. Ver nº 723.

Se consideran **horas extraordinarias** todas las horas que se realicen sobre la duración máxima de la jornada ordinaria de trabajo anual. El número de horas extraordinarias no puede ser superior a 80 horas al año por trabajador (a estos efectos, no se computarán las horas extraordinarias que hayan sido compensadas mediante descanso dentro de los cuatro meses siguientes a su realización). A este respecto, debe tenerse en cuenta que el límite máximo de horas extras se establece en cómputo anual y, por tanto, se podrán acumular la realización de dichas horas en un determinado periodo del año, siempre y cuando al finalizar el mismo no se hubiera superado el anterior límite.

En caso de **incumplimiento** empresarial de la obligación de registro de jornada, el criterio mayoritario de los tribunales del orden social determina que presupone la realización de horas extraordinarias si se aportan indicios por el trabajador.

Precisiones Se califica como **infracción grave** la transgresión de las normas y los límites legales o pactados en materia de jornada, trabajo nocturno, horas extraordinarias, horas complementarias, descansos, vacaciones, permisos y, en general, el tiempo de trabajo a que se refiere el ET art.12, 23 y 34 a 38 (LISOS art.7.5). Como infracción grave se sancionan con multa, en su grado mínimo, de 751 a 1.500 euros, en su grado medio de 1.501 a 3.750 euros; y en su grado máximo de 3.751 a 7.500 euros (LISOS art.40.1.b redacc L 10/2021 disp.final 1ª). Las infracciones cometidas antes del 1-10-2021 se sancionarán conforme a las cuantías sancionatorias previstas con anterioridad a dicha fecha (L 10/2021 disp.trans.2ª).

Cláusulas adicionales Adicionalmente al análisis del cumplimiento formal de los contratos, se deben analizar los pactos alcanzados entre las partes que **mejoren** las **condiciones mínimas** de trabajo establecidas legalmente. 694

A modo de **ejemplo**, los siguientes pactos:

• Reconocimiento de antigüedad.

• Blindajes o indemnizaciones extraordinarias.

• Periodos de preaviso superiores a los establecidos en la legislación y/o el convenio colectivo aplicable.

• Jornadas especiales.

Todos los acuerdos especiales que se hayan pactado en el contrato, y que mejoren las condiciones laborales establecidas en el Estatuto de los Trabajadores y/o el convenio colectivo de aplicación, son de **obligado cumplimiento** para el empresario que suceda al anterior propietario una vez producida la sucesión de empresa.

Por tanto, el conocimiento de todos aquellos pactos o cláusulas especiales que mejoren las condiciones laborales o que amplíen derechos o garantías a las personas trabajadoras, se constituyen como un aspecto esencial en el análisis de los contratos.

Contratos extinguidos Otro de los aspectos que debe analizarse a la hora de llevar a cabo la revisión de los contratos en una *due diligence* laboral, es el de las personas trabajadoras cuyo contrato ha finalizado o extinguido durante el último año. 695

El citado análisis tiene como **finalidad** determinar la existencia de riesgo de reclamación por despido o reclamación de cantidad de alguno de los trabajadores cuyo contrato se ha extinguido y que todavía están en situación de reclamar.

A este respecto, se debe poner de manifiesto:

- la existencia de **riesgo de reclamación por despido** de todas aquellas extinciones realizadas dentro de los últimos 20 días hábiles; y

- analizar el **riesgo de reclamación de cantidad** en los contratos cuya vigencia finalizó dentro del último año.

Precisiones **1)** El trabajador dispone de un **plazo para reclamar** contra el **despido** de 20 días hábiles siguientes a aquel en que se hubiera producido (ET art.59.3; LRJS art.103).

A este respecto, se debe tener en cuenta que el anterior plazo queda suspendido hasta el día siguiente a la celebración del acto de conciliación administrativo previo o hasta transcurridos 15 días desde la presentación del mismo sin que dicho acto se haya celebrado (LRJS art.65).

2) La **reclamación de cantidad** derivada del contrato de trabajo tiene un **plazo** de prescripción de 1 año desde el momento en el que el trabajador pudo ejercitar la acción (ET art.59.2).

Trabajadores extracomunitarios Otro de los colectivos que requiere de un análisis especial es el de los trabajadores nacionales de algún país extracomunitario. 696

En relación con el citado colectivo, se debe analizar la regularidad de la situación en materia de extranjería de los trabajadores que presenten servicios para la empresa.

Para ello, es imprescindible solicitar los **permisos de residencia y trabajo** para analizar la vigencia de los mismos.

697 El **incumplimiento** en materia de extranjería, puede comportar las siguientes **sanciones** en función de la calificación prevista en la LOE y en la LISOS:

Tipo	Calificación	Sanción
La modificación de las condiciones de la oferta de trabajo para desplazarse al exterior, si no causa perjuicio grave para el emigrante.	Leve	De 70 a 750 €
La contratación de trabajadores cuya autorización no les habilita para trabajar en esa ocupación o ámbito geográfico, incurriéndose en una infracción por cada uno de los trabajadores extranjeros ocupados.	Leve	De 70 a 750 €
La modificación de las condiciones de la oferta de trabajo para desplazarse al exterior, si causa perjuicio grave para el emigrante.	Grave	De 751 a 7.500 €
La ocultación, falsificación o rectificación de cláusulas sustanciales de un contrato de trabajo para desplazarse al exterior.	Grave	De 751 a 7.500 €
El desplazamiento del trabajador al país de acogida sin la documentación necesaria o la retención injustificada por la empresa de dicha documentación.	Grave	De 751 a 7.500 €
La contratación de marinos españoles por cuenta de empresas armadoras extranjeras realizada por personas o entidades no autorizadas por la autoridad laboral para realizar ese cometido.	Grave	De 751 a 7.500 €
No dar de alta, en el Régimen de la Seguridad Social que corresponda, al trabajador extranjero cuya autorización de residencia y trabajo por cuenta ajena hubiera solicitado, o no registrar el contrato de trabajo en las condiciones que sirvieron de base a la solicitud, cuando el empresario tenga constancia de que el trabajador se halla legalmente en España habilitado para el comienzo de la relación laboral.	Grave	De 751 a 7.500 €
El establecimiento de cualquier tipo de agencias de reclutamiento de emigrantes.	Muy Grave	De 7.501 a 225.018 €
La simulación o engaño en el reclutamiento o en la contratación de los emigrantes.	Muy Grave	De 7.501 a 225.018 €
El abandono de trabajadores emigrantes en país extranjero por parte del empresario contratante o de sus representantes autorizados.	Muy Grave	De 7.501 a 225.018 €
El cobro a los trabajadores de comisión o precio por su reclutamiento.	Muy Grave	De 7.501 a 225.018 €
La obtención fraudulenta de ayudas a la emigración y movimientos migratorios interiores, ya sean individuales o de reagrupación familiar, o la no aplicación o aplicación indebida de dichas ayudas.	Muy Grave	De 7.501 a 225.018 €
Los empresarios que utilicen trabajadores extranjeros sin haber obtenido con carácter previo el preceptivo permiso de trabajo, o su renovación, incurriendo en una infracción por cada uno de los trabajadores extranjeros que hayan ocupado.	Muy Grave	De 7.501 a 225.018 €
Las de las personas físicas o jurídicas que promuevan, medien o amparen el trabajo de los extranjeros en España sin el preceptivo permiso de trabajo.	Muy Grave	De 7.501 a 225.018 €

698 **Trabajadores con discapacidad** (RDLeg 1/2013 art.42; RD 364/2005 art.1 y 2) A la hora de analizar la plantilla de la empresa objeto de la *due diligence* laboral, debe tenerse en cuenta las obligaciones relativas al cumplimiento de la normativa en materia de contratación de personal con discapacidad.

A este respecto, las empresas con una **plantilla fija de 50 o más** personas trabajadoras, deben contar con un número de trabajadores con discapacidad no inferior al 2% de la plantilla, excepto en los supuestos en los que se puedan aplicar medidas alternativas.

Las empresas pueden, excepcionalmente, quedar **exentas** de la obligación de contratación de las personas trabajadoras discapacitadas cuando (RD 364/2005 art.1.1):

a) Bien a través de acuerdos recogidos en la **negociación colectiva sectorial** de ámbito estatal y, en su defecto, de ámbito inferior.

b) O bien, en ausencia de aquellos, por **opción voluntaria del empresario** cuando concurra alguna de las causas de excepcionalidad que analizaremos a continuación, siempre que en ambos supuestos se aplique alguna de las medidas sustitutorias, alternativa o simultáneamente, que se regulan en el RD 364/2005 art.2 (nº 699).

A este respecto, se entiende que concurre la **nota de excepcionalidad** en los siguientes supuestos:

• Imposibilidad de que los Servicios Públicos de Empleo puedan atender la oferta de empleo después de haber efectuado las gestiones de intermediación necesarias.

• Acreditación por parte de la empresa de cuestiones de carácter productivo, organizativo, técnico o económico que motiven especial dificultad para incorporar a trabajadores discapacitados.

Las **medidas alternativas** que las empresas pueden aplicar para cumplir la obligación de reserva de empleo en favor de las personas con discapacidad son las siguientes (RD 364/2005 art.2): **699**

1. La celebración de un **contrato mercantil o civil** con un centro especial de empleo, o con un trabajador autónomo con discapacidad, para el suministro de materias primas, maquinaria, bienes de equipo o cualquier otro tipo de bienes necesarios para el normal desarrollo de la actividad de la empresa que opta por esta medida.

2. La celebración de un **contrato mercantil o civil** con un centro especial de empleo, o con un trabajador autónomo con discapacidad, para la prestación de servicios ajenos y accesorios a la actividad normal de la empresa.

3. Realización de **donaciones** y de **acciones de patrocinio**, siempre de carácter monetario, para el desarrollo de actividades de inserción laboral y de creación de empleo de personas con discapacidad, cuando la entidad beneficiaria de dichas acciones de colaboración sea una fundación o una asociación de utilidad pública cuyo objeto social sea, entre otros, la formación profesional, la inserción laboral o la creación de empleo en favor de las personas con discapacidad que permita la creación de puestos de trabajo para aquellas y, finalmente, su integración en el mercado de trabajo.

4. La constitución de un **enclave laboral**, previa suscripción del correspondiente contrato con un centro especial de empleo (RD 290/2004).

Por tanto, a la hora de **analizar** el cumplimiento de las empresas en materia de reserva de puestos de trabajo para personas con discapacidad, se debe tener en cuenta:

- en primer lugar, el número de trabajadores que emplea la empresa; y
- en segundo lugar, el número de trabajadores que acrediten algún grado de discapacidad o, en su caso, la adopción de medidas alternativas en los términos antes referidos.

Se tipifican como **infracciones graves**: **700**

1. «El incumplimiento en materia de integración laboral de personas con discapacidad de la obligación legal de reserva de puestos de trabajo para personas con discapacidad, o de la aplicación de sus medidas alternativas de carácter excepcional.» (LISOS art.15.3).

2. «No formalizar por escrito el contrato de trabajo cuando este requisito sea exigible o cuando lo haya solicitado el trabajador» (LISOS art.7.1 redacc L 10/2021 disp.final 1ª). En el supuesto en concreto, las personas con discapacidad que trabajen en centros especiales de empleo (RD 1368/1985) forman parte del colectivo al que se aplica la exigencia de forma escrita en materia contractual.

La **sanción** prevista para estas infracciones es de multa, en su grado mínimo, de 751 a 1.500 euros, en su grado medio de 1.501 a 3.750 euros; y en su grado máximo de 3.751 a 7.500 euros (LISOS art.40.1.b redacc L 10/2021 disp.final 1ª). Adicionalmente, se sanciona con la prohibición de contratar con las entidades del sector público en caso de no cumplir el requisito de que al menos el 2% de sus empleados sean trabajadores con discapacidad (L 9/2017 art.71.d). Las infracciones cometidas antes del 1 de octubre de 2021 se sancionarán conforme a las cuantías sancionatorias previstas con anterioridad a dicha fecha (L 10/2021 disp.trans.2ª).

Trabajadores autónomos (L 20/2007 art.1.1 y 11; ET art.1.1) Se consideran como trabajadores autónomos «las personas físicas que realicen de forma habitual, personal, directa, por **cuenta propia** y fuera del ámbito de dirección y organización de otra persona, una actividad económica o profesional a título lucrativo, den o no ocupación a trabajadores por cuenta ajena». **701**

El anterior concepto de trabajador autónomo, ha sido complementado a través de la figura del **trabajador autónomo económicamente dependiente** (TRADE), que se define como «aquellos que realizan una actividad económica o profesional a título lucrativo y de forma habitual, personal, directa y predominante para una persona física o jurídica, denominada cliente, del que dependen económicamente por percibir de él, al menos, el 75 por ciento de sus ingresos por rendimientos de trabajo y de actividades económicas o profesionales».

Por tanto, podemos destacar que el trabajador autónomo es aquel profesional que realice una actividad profesional de forma **independiente**, sin estar bajo el ámbito de organización y dirección de ninguna otra persona física o jurídica.
Por todo ello, en el supuesto que la prestación de servicios no cumpla con los requisitos expuestos en la propia definición para ser considerado como trabajador autónomo, y en la medida en que se den las notas que caracterizan la relación laboral, el trabajador será considerado como **cuenta ajena**.

702 A este respecto, y para llevar a cabo el análisis de la **prestación de servicios** profesionales en la empresa por parte de los trabajadores autónomos que pudieran tener contratados, no debemos quedarnos en las manifestaciones realizadas en el contrato por las partes, sino que debemos acudir a la propia prestación de servicios para determinar las notas que caracterizan la prestación de servicios en la práctica y los riesgos inherentes al citado contrato.
En este sentido, se ha pronunciado reiteradamente nuestro Tribunal Supremo al considerar que «Es doctrina tópica que la **naturaleza de los contratos** no se determina por la denominación que le otorgan las partes sino por la realidad de las funciones que en su virtud tengan lugar, por ello si estas funciones entran dentro de lo previsto en el art.1.1 del Estatuto de los Trabajadores el contrato tendrá índole laboral cualquiera que sea el nombre que los contratos le dieran.» (TS 25-1-00, EDJ 1621; 16-11-17, EDJ 262773; 24-1-18, EDJ 10150).
Por tanto, la determinación de la naturaleza del vínculo, debe confirmarse mediante el análisis de la prestación de servicios, identificando los **elementos** que basan la misma, esto es (ET art.1): la voluntariedad, retribución, ajenidad y organización y dirección del empresario.

703 Por todo ello, en el proceso de *due diligence* se debe **solicitar** la **información** siguiente:
- el contrato de prestación de servicios suscrito por las partes;
- la relación de facturas emitidas por el profesional durante el último ejercicio; y
- una descripción de la actividad desarrollada por el trabajador y la forma en la que presta el servicio.

Una vez dispongamos de toda la documentación, se debe analizar si la prestación de servicios cumple con los requisitos establecidos en la definición del trabajador autónomo o si, por el contrario, la forma de prestar los servicios profesionales cumple con las notas de laboralidad que rige toda relación laboral.
Realizado el correspondiente análisis, si se consigue probar la existencia de una **relación laboral**, la consecuencia es la nulidad del negocio ficticio y la plena efectividad del contrato laboral disimulado. Por consiguiente, el empresario está obligado a darle de alta como indefinido con el salario que hubiese venido percibiendo (o en su caso el que le correspondería según el convenio colectivo aplicable, si éste fuera superior al que viniera percibiendo como trabajador autónomo), así como a reconocerle la antigüedad inicial y realizar las cotizaciones no prescritas, con los recargos y en su caso sanciones correspondientes.
En materia sancionadora, dicha conducta constituye **infracción grave** por «**no dar de alta** al trabajador», sancionada como grave con multa en su grado mínimo, de 3.750 a 7.500 euros; en su grado medio, de 7.501 a 9.600 euros y, en su grado máximo, de 9.601 a 12.000 euros (LISOS art.22.2 y 40.1.e -redacc L 10/2021 disp.final 1ª-). Las infracciones cometidas antes del 1-10-2021 se sancionarán conforme a las cuantías sancionatorias previstas con anterioridad a dicha fecha (L 10/2021 disp.trans.2ª).
Adicionalmente, se prevé como infracción grave comunicar la baja en un régimen de la Seguridad Social de trabajadores por cuenta ajena pese a que continúen la misma actividad laboral o mantengan idéntica prestación de servicios, sirviéndose de un **alta indebida** en un régimen de trabajadores por cuenta propia (LISOS art.22.16). A estos efectos se considera una infracción por cada uno de los trabajadores afectados. Dicha infracción se sanciona con multa en su grado mínimo, de 3.750 a 7.500 euros; en su grado medio, de 7.501 a 9.600 euros y, en su grado máximo, de 9.601 a 12.000 euros (LISOS art.40.1.e). -). A estos efectos se considera una infracción por cada uno de los trabajadores afectados. Las infracciones cometidas antes del 1-10-2021 se sancionarán conforme a las cuantías sancionatorias previstas con anterioridad a dicha fecha (L 10/2021 disp.trans.2º).

704 **Subcontratación de la actividad** (ET art.42 redacc RDL 32/2021) La fórmula más común utilizada para realizar una descentralización de actividad, es la utilización de **contratas o subcontratas**, figuras que, si bien son perfectamente legales en nuestro ordenamiento jurídico, el legislador les ha dotado de una serie de garantías en favor de los trabajadores implicados con el objeto de evitar que por esta vía puedan llevarse a cabo cesiones ilegales de trabajadores que puedan vulnerar los derechos de los trabajadores.

A este respecto, se considera que existe una subcontratación cuando se produce la contratación o subcontratación de obras o servicios correspondientes a la propia actividad del empresario principal, para que fueran desarrolladas por otras empresas.
La **normativa** que, en general, debemos tener en cuenta es, principalmente, el Estatuto de los Trabajadores (ET), la Ley de Prevención de Riesgos Laborales (LPRL), la Ley General de la Seguridad Social (LGSS) y la Ley de Infracciones y Sanciones en el Orden Social (LISOS), así como la normativa específica en cada concreto sector de actividad.
Dicha subcontratación de propia actividad genera, tanto para el empresario principal como para las empresas subcontratadas, una serie de obligaciones, así como una serie de responsabilidades en caso de no cumplir con las mismas.

Obligaciones del empresario principal (ET art.42.1 y 4) En primer lugar, el empresario principal que contrate o subcontrate servicios de su propia actividad, debe comprobar que dichos contratistas están al corriente en el pago de las cuotas de la Seguridad Social. Al efecto, deben recabar por escrito, con identificación de la empresa afectada, **certificación negativa por descubiertos** en la Tesorería General de la Seguridad Social, que debe librar inexcusablemente en el plazo de 30 días improrrogables. Transcurrido este plazo, queda exonerado de responsabilidad el empresario solicitante (ET art.42.1). 705
Por otra parte, sin perjuicio de la información que debe facilitar la empresa a los representantes de sus trabajadores sobre previsiones en materia de subcontratación (ET art.64), cuando la empresa concierte un contrato de prestación de obras o servicios con una empresa contratista o subcontratista, debe **informar** a los **representantes legales de los trabajadores** sobre los siguientes extremos:

- Nombre o razón social, domicilio y número de identificación fiscal de la empresa contratista o subcontratista.
- Objeto y duración de la contrata.
- Lugar de ejecución de la contrata.
- En su caso, número de trabajadores que serán ocupados por la contrata o subcontrata en el centro de trabajo de la empresa principal.
- Medidas previstas para la coordinación de actividades en materia de prevención de riesgos laborales.

Asimismo, cuando la empresa principal, la empresa contratista y/o subcontratista compartan de forma continuada un **mismo centro de trabajo**, la primera debe disponer de un libro registro, que esté a disposición de los representantes legales de los trabajadores, en el cual se refleje la información anterior respecto de todas las empresas citadas (ET art.42.4).

Obligaciones de información del empresario contratista o subcontratista (ET art.42.3 redacc RDL 32/2021) Por su parte, la empresa contratista o subcontratista debe informar a la Tesorería General de la Seguridad Social y a sus trabajadores, por escrito y antes del inicio de la respectiva prestación de servicios, de la **identidad** de la **empresa principal** para la cual estén prestando servicios en cada momento. Asimismo, deben informar a los representantes legales de sus trabajadores sobre los mismos extremos que hemos expuesto anteriormente en las obligaciones del empresario principal (nº 705). 706

Responsabilidad del empresario principal La empresa principal, salvo el transcurso del plazo de señalado respecto a la Seguridad Social (nº 705), y durante los tres años siguientes a la terminación de su encargo, responde **solidariamente** de las obligaciones referidas a la Seguridad Social contraídas por los contratistas y subcontratistas durante el periodo de vigencia de la contrata. 707
La empresa principal también responderá solidariamente con los contratistas y subcontratistas a que se refiere la LPRL art.24.3 del cumplimiento, durante el período de la contrata, de las obligaciones impuestas por dicha Ley de prevención de **riesgos laborales** en relación con los trabajadores que ocupen en los centros de trabajo de la empresa principal, siempre que la infracción se haya producido en el centro de trabajo de dicho empresario principal (LISOS art.42.3).
Se considera **infracción grave** no comprobar, por los empresarios que contraten o subcontraten con otros la realización de obras o servicios correspondientes a la propia actividad de aquellos o que se presten de forma continuada en sus centros de trabajo, con carácter previo al inicio de la prestación de la actividad contratada o subcontratada, la afiliación o alta en la Seguridad Social de cada uno de los trabajadores que estos ocupen en los mismos durante el periodo de ejecución de la contrata o subcontrata, considerándose una infracción por cada uno de los trabajadores afectados (LISOS art.22.11) sancionable con multa, en su grado mínimo, de 751 a 1.500 euros, en su grado medio de 1.501 a 3.750 euros; y en su grado máximo de

3.751 a 7.500 euros (LISOS art.40.1.b redacc L 10/2021 disp.final 1ª). Las infracciones cometidas antes del 1-10-2021 se sancionarán conforme a las cuantías sancionatorias previstas con anterioridad a dicha fecha (L 10/2021 disp.trans.2ª).

708 **Responsabilidad de la empresa contratista o subcontratista** Las responsabilidades de las empresas contratistas o subcontratistas son las que corresponden a todo empresario por el hecho de tener trabajadores empleados, con independencia de la existencia o no de una contrata o subcontrata.
Por tanto, sus responsabilidades vienen determinadas por el incumplimiento de sus propias obligaciones, no solo como contratista en particular sino también como empresario en general.
No disponer del **libro de subcontratación** constituye una infracción leve en materia de prevención de riesgos laborales sancionable con una multa, en su grado mínimo, con multa de 45 a 485 euros, en su grado medio, de 486 a 975 euros y, en su grado máximo, de 976 a 2.450 euros (LISOS art.11.6 y 40.2.a -redacc L 10/2021 dip.final 1ª-).
No disponer el contratista o subcontratista de la documentación o título que acredite la posesión de la **maquinaria** que utiliza, y de cuanta documentación sea exigida por las disposiciones legales vigentes constituye una infracción leve en prevención de riesgos laborales sancionable, en su grado mínimo, con multa de 45 a 485 euros, en su grado medio, de 486 a 975 euros y, en su grado máximo, de 976 a 2.450 euros (LISOS art.11.7 y 40.2.a -redacc L 10/2021 dip.final 1ª-).
El incumplimiento de la normativa sobre limitación de la **proporción** mínima de **trabajadores contratados con carácter indefinido** contenida en la Ley reguladora de la subcontratación en el sector de la construcción y en su reglamento de aplicación, constituye una infracción muy grave sancionable, en su grado mínimo, con multa de 7.501 a 30.000 euros, en su grado medio de 30.001 a 120.005 euros y, en su grado máximo, de 120.006 euros a 225.018 euros (LISOS art.8.16 y 40.1.c -redacc L 10/2021 dip.final 1ª-). Adicionalmente, también en el **sector de la construcción**, se prevén otras infracciones específicas calificadas como graves (LISOS art.12.27 s.) y como muy graves (LISOS art.13.15 s.).
Las infracciones cometidas antes del 1-10-2021 se sancionarán conforme a las cuantías sancionatorias previstas con anterioridad a dicha fecha (L 10/2021 disp.trans.2ª).

2. Convenio colectivo aplicable y condiciones de trabajo

710

a. Consideraciones generales 712
b. Condiciones de trabajo establecidas en el convenio 721

a. Consideraciones generales

712 La importancia de analizar el convenio o convenios aplicables en la empresa objeto de compra en el marco de una *due diligence* estriba en la necesidad de conocer qué condiciones de trabajo y retributivas rigen en la empresa antes de ejecutar la operación de compraventa.
La regla general en casos de sucesión de empresa es que el convenio aplicable a los trabajadores transferidos es el **convenio de la empresa cedente** que esté vigente (ET art.44), en aras a proporcionar una garantía de indemnidad transitoria respecto a las condiciones de trabajo que estos trabajadores venían disfrutando.
• **Finalidad**: se aplica el convenio de la empresa cedente en aras a impedir que la empresa cesionaria imponga condiciones menos favorables que las aplicadas antes de la transmisión.
• **Duración**: continúa la aplicación del convenio de la empresa que va a ser cedida hasta su expiración o hasta que entre en vigor un nuevo convenio colectivo aplicable a la unidad transferida.
• **Excepción**: en caso de que existiese pacto en contrario o de que el convenio colectivo de la empresa cesionaria fuera en su conjunto más favorable para los trabajadores transferidos se les aplica el convenio colectivo de la empresa cesionaria.
Atendiendo a lo anterior, el **objeto de la «due diligence»** en este aspecto es determinar, describir, analizar y detectar las posibles contingencias que puedan derivarse del convenio o convenios estatutarios o extraestatuarios aplicables en la empresa objeto de compra en aras a presentar a la empresa compradora las condiciones que deberá respetar a los trabajadores afectados por la compra y las posibles contingencias que deberá asumir.

Precisiones 1) Al **personal de nueva contratación** tras la cesión no se le aplica el convenio de la empresa cedente sino el de la empresa cesionaria puesto que el ET art.44 únicamente obliga al mantenimiento del convenio de procedencia para el personal afectado por la sucesión (AN 14-6-13, EDJ 101838; TS 3-12-15, EDJ 253742).
2) El convenio aplicable en la empresa cedente que se encuentre en fase de ultraactividad continúa obligando a la **empresa cesionaria**. Es de obligado cumplimiento hasta que se alcance un pacto al respecto o entre en vigor otro convenio que sea aplicable a la nueva empresa (TS 12-4-10, EDJ 84366; AN 10-6-10, EDJ 105878).

Determinación del convenio colectivo aplicable (ET art.83.1) En el marco de la realización de una *due diligence* laboral, es necesario confirmar que el convenio colectivo que se aplica en la empresa es el correcto. **713**
Son diversos los **ámbitos de aplicación** que el Estatuto de los Trabajadores prevé para determinar qué convenio corresponde y que debe tenerse en cuenta en su análisis:
a) Ámbito territorial.
b) Ámbito funcional.
c) Ámbito personal del convenio.

Ámbito territorial Debe describirse cuál es el ámbito territorial del convenio y verificarse si el convenio colectivo de aplicación es encuadrable en ese ámbito, diferenciándose entre: **714**
- Local.
- Provincial.
- Interprovincial.
- Autonómico.
- Estatal.

Ámbito funcional (ET art.84) Se entiende como ámbito funcional aquel que hace referencia al sector, rama de actividad productiva, grupo de empresas, empresa o ámbito inferior en que el convenio colectivo es aplicable. **715**
Se distingue en este ámbito también si el convenio colectivo es de **empresa** o de ámbito **inferior** o, por el contrario, es de ámbito **superior** a la empresa.
Por tanto, el primer aspecto a determinar es analizar si en la empresa se aplica un convenio de empresa, en cuyo caso tiene **prioridad aplicativa** en caso de concurrencia.

Precisiones El **convenio de empresa** tiene prioridad aplicativa, en caso de concurrencia, respecto a las siguientes **materias** (ET art.84.2):
- Abono o la compensación de las horas extraordinarias y retribución específica del trabajo a turnos.
- Horario y la distribución del tiempo de trabajo, el régimen de trabajo a turnos y la planificación anual de las vacaciones.
- Adaptación al ámbito de la empresa del sistema de clasificación profesional de los trabajadores.
- Adaptación de los aspectos de las modalidades de contratación que se atribuyen por la presente Ley a los convenios de empresa.
- Las medidas para favorecer la conciliación entre la vida laboral, familiar y personal.
- Otras que dispongan los acuerdos y convenios colectivos a que se refiere el ET art.83.2.

El criterio funcional determinante para determinar cuál es el convenio colectivo aplicable en la empresa es la **actividad real preponderante** (TS 6-4-17, EDJ 58464) en la empresa frente a la consideración de otros aspectos como criterios determinantes: **716**
Se rechaza la consideración del **objeto social** escriturado como criterio para determinar el convenio estatal o provincial aplicable (TS 15-6-00, EDJ 21349; TSJ Cataluña 25-4-12, EDJ 126309; 29-11-18, EDJ 720006).
Para determinar la actividad real preponderante de la empresa ha de valorarse, principalmente, la **actividad organizativa, productiva y económica** de la empresa (TS 10-7-00, EDJ 24426; 29-1-02, EDJ 2626).
Según determinó la Comisión Consultiva Nacional de Convenios Colectivos (CCNCC) en la (Consulta de 19-4-17) «el criterio mayoritariamente empleado por la doctrina judicial para determinar el convenio aplicable en las empresas es el de **actividad principal**, que se determina por un conjunto de **elementos indiciarios** (como número de trabajadores dedicados a esa actividad, facturación en las cuentas de la empresa por esa actividad, destinatario común o final del producto o servicio realizado, etc.) que examinados conjuntamente pueden determinar una única norma convencional aplicable».

Precisiones 1) La actividad organizativa, productiva y económica de la empresa, exteriorizada en el **número de empleados** en cada actividad, en la **facturación y** en la **rentabilidad** permitió determinar que la actividad preponderante en una empresa que desarrollaba actividades distintas en sus

centros de Barcelona era la de ingeniería, consistente en la redacción de proyectos y dirección de obra y concluir que el Convenio aplicable a la misma era el Convenio Colectivo Nacional de Empresas de Ingeniería y Oficinas de Estudios Técnico (TS 20-1-09, EDJ 15244).
2) Se aplica el Acuerdo Estatal del Metal y los convenios provinciales de la **industria metalúrgica** por ser la actividad prevalente de la empresa la ingeniería y los servicios técnicos de ingeniería que se despliegan en la industria y las plantas de generación eléctrica (AN 30-5-12, EDJ 104857).
3) La norma negocial aplicable en las **empresas multiservicios** es, en primer lugar, el convenio propio de empresa y, en su defecto, tantos convenios sectoriales como actividades diversas desarrolla, uno para cada objeto de la contrata en la que están prestado servicios sus trabajadores (TSJ Andalucía 21-6-12, EDJ 104857; TSJ Madrid 3-5-19, EDJ 748517).
No obstante, puede darse de aplicación en una misma empresa de **distintos convenios colectivos**. Si se cumplen estos requisitos es posible la convivencia de distintos convenios en una misma empresa, en función de las distintas actividades realizadas: (i) se trate de empresas con distintas actividades empresariales; (ii) que estas actividades sean autónomas entre sí; (iii) que cada actividad tenga una organización independiente, (iv) que no exista conexión entre las distintas actividades, (v) que los distintos ciclos económico/productivos sean autónomos y (vi) que existan plantillas diferenciadas para cada actividad.

717 **Ámbito personal del convenio** El convenio colectivo puede ser aplicable a todos los trabajadores o únicamente a determinados grupos o categorías de trabajadores siempre y cuando esto no sea discriminatorio.

718 **Vigencia del convenio colectivo aplicable** (ET art.44.4) Otro de los aspectos importantes a considerar es que el convenio colectivo que se esté aplicando se encuentre vigente, pues la empresa cesionaria debe respetar el convenio colectivo analizado hasta que este expire.

719 **Incorrecta determinación del convenio aplicable** En caso de que se detecte un error al aplicar el convenio colectivo en la empresa por no ser el convenio que debe aplicarse, es necesario pasar a aplicar el convenio colectivo que resulte procedente atendiendo a los criterios expuestos.
Esta obligatoria **sustitución del antiguo convenio** por el que resulta procedente debido al desajuste entre la actividad de la empresa y los convenios que se venían aplicando debe de ser íntegra, de tal forma que exista una plena disposición de los derechos contenidos en el anterior convenio por el nuevo.
La aplicación incorrecta de un convenio colectivo puede conllevar **contingencias** de diversos tipos como las siguientes:
- Posible imposición de sanción por infracción grave en materia de relaciones laborales por establecer condiciones de trabajo inferiores a las establecidas en convenio colectivo sancionable con multa de entre 751 y 7.500 euros (LISOS art.7.10).
- Posibilidad de que los trabajadores plantearan demanda de reclamación de cantidad por las diferencias salariales de los últimos 12 meses (ET art.59).
- Posible reclamación a la empresa para efectuar las cotizaciones dejadas de realizar por dichas diferencias salariales (plazo de prescripción 4 años), con recargo e intereses. Además, posible imposición a la empresa de sanción por infracción grave en materia de Seguridad Social por no efectuar el ingreso de las cuotas correspondientes a la Seguridad Social en la cuantía debida (LISOS art.22.3) por importe del 50 al 100%, según la graduación, del importe de las cuotas de Seguridad Social y demás conceptos de recaudación conjunta no ingresados, incluyendo recargos, intereses y costas.
- Prestaciones: en caso de que algún trabajador tenga derecho a una prestación de la Seguridad Social, podría reclamar el complemento de prestaciones ya que vendría percibiendo menos de lo que le hubiera correspondido.

b. Condiciones de trabajo establecidas por convenio colectivo

721 Una vez analizados los convenios de aplicación, se debe verificar la **adecuación y cumplimiento** de las condiciones establecidas en el o los convenios colectivos que resulten aplicables. Con ello, se pretende que la empresa que adquiere a la cedente esté debidamente informada de la adecuación de las prácticas empresariales a las disposiciones del convenio, así como de las posibles contingencias que de ello se puedan derivar.
La regulación de las relaciones individuales de trabajo en el convenio comprende las **condiciones de trabajo**, entendiéndose como tales las que forman parte del contrato de trabajo y, entre otras:
• Jornada y tiempo de trabajo; descansos y vacaciones (nº 722).
• Condiciones salariales (nº 780 s.).
• Clasificación y promoción profesional (nº 731).

• Movilidad (nº 732).
• Excedencia (nº 734).
• Régimen disciplinario (nº 735).
• Seguridad Social (nº 737).
• Contrato de trabajo (nº 710 s.).

Muy especialmente, se debe verificar el cumplimiento de las condiciones establecidas en el o los convenios colectivos que resulten aplicables en las siguientes materias: condiciones salariales, jornada y horas extraordinarias.

Jornada y tiempo de trabajo Dentro de este apartado estudiaremos: **722**
a) La jornada de trabajo.
b) Las horas extraordinarias.
c) Los periodos de descanso y vacaciones.

Jornada (ET art.34) Es necesario revisar que la empresa objeto de compra respeta la duración de la jornada. **723**

• **Concepto**: el tiempo (en semanas, meses o años) que el trabajador debe dedicar para la realización de las actividades para las que fue contratado se denomina jornada de trabajo.

La cantidad de tiempo de trabajo acordado por las partes dentro de los límites establecidos en convenio colectivo y, en su defecto, en la ley es la jornada ordinaria, es decir, la jornada habitual. El criterio básico para la determinación de la prestación salarial es, precisamente, la jornada ordinaria.

• **Duración**: la duración de la jornada de trabajo es la establecida en el convenio colectivo o en el contrato de trabajo. No obstante, de promedio, en cómputo anual, no puede superar las 40 horas semanales de trabajo efectivo.

Dado que el convenio colectivo es la primera fuente en lo que se refiere a duración de la jornada, en la revisión de esta cuestión se debe acudir, en primer lugar, al **convenio colectivo** de aplicación.

También es necesario verificar que la empresa objeto de compra cumple con la obligación de **registro de jornada** en los términos previstos el ET art.34.9 contando con un sistema de registro diario de la jornada que incluya el horario concreto de inicio y finalización de la jornada de trabajo de cada persona trabajadora. En este sentido, también debe comprobarse que dicho sistema se ha determinado mediante negociación colectiva o acuerdo de empresa o, en su defecto, decisión del empresario previa consulta con los representantes legales de los trabajadores en la empresa. La empresa tiene la obligación de conservar los registros de jornada durante cuatro años y los mismos deben permanecer a disposición de las personas trabajadoras, de sus representantes legales y de la Inspección de Trabajo y Seguridad Social.

Precisiones La conservación de la **condición más beneficiosa** en casos de sucesión se ha confirmado en distintos pronunciamientos: respecto a la jornada laboral y calendario laboral (TSJ Cataluña 11-3-03, EDJ 18989; TSJ País Vasco 29-10-13, 1839/13), jornada laboral inferior a la convencional (TSJ Madrid 24-6-08, EDJ 150236; TSJ Galicia 23-12-12, 98/12).

• **Riesgo**: posibilidad de que se superen los límites convencionales y legales determinados para el tiempo de las diferentes jornadas. **724**

• **Infracciones y sanciones**:

Incumplimiento	Infracción	Calificación	Sanción
Exceso en la duración de la jornada.	Transgresión de las normas y límites pactados en materia de descansos y vacaciones.	Infracción grave (LISOS art.7.5).	En función de su graduación (LISOS art.40.1.b redacc L 10/2021 dip.final 1ª): • En su grado mínimo, de 751 a 1.500 euros. • En su grado medio de 1.501 a 3.750 euros. • En su grado máximo de 3.751 a 7.500 euros. Las infracciones cometidas antes del 1-10-2021 se sancionarán conforme a las cuantías sancionatorias previstas con anterioridad a dicha fecha (L 10/2021 disp.trans.2ª).

725 **Horas extraordinarias** (ET art.35) La revisión de este apartado debe centrarse en el cumplimiento de los límites legales y convenciones de la realización de horas extras, la correcta compensación económica de las mismas, en caso de que exista, y la adecuada cotización a la Seguridad Social de las horas extraordinarias por parte de la empresa objeto de la compra.

• **Concepto**: las horas extraordinarias son aquellas horas de trabajo que se realicen sobre la duración máxima de la jornada ordinaria de trabajo (ET art.35.1). Mediante convenio colectivo o, en su defecto, contrato individual, se opta entre abonar las horas extraordinarias en la cuantía que se fije o compensarlas por tiempos equivalentes de descanso retribuido.

Por ello, debe analizarse qué sistema rige en la empresa derivado del convenio colectivo o bien de lo dispuesto en contratos individuales.

• **Retribución**: se debe verificar que, en ningún caso, el valor de la hora extraordinaria sea inferior al valor de la hora ordinaria (ET art.35.1).

Los convenios colectivos suelen regular fórmulas para determinar el valor de la hora extraordinaria, por lo que es preciso estar a lo dispuesto en el mismo para determinar que el abono de las horas extraordinarias a los trabajadores es conforme a convenio.

La retribución de las horas extraordinarias es un **concepto salarial independiente** para remunerar el tiempo trabajado que excede de la jornada ordinaria de trabajo. Por ello, no es posible compensar ni absorber esa retribución con ningún otro concepto salarial diferente -como por ejemplo querer retribuir esas horas con el pago del complemento personal y bono gerencial-. En este punto es importante revisar también si existen horas extraordinarias **pendientes de abono**, pues los trabajadores pueden reclamar su abono durante un periodo de un año (ET art.59), obligación que puede llegar a asumir la empresa vendedora en caso de subrogación empresarial.

Precisiones En las **empresas de seguridad**, cuando nos encontramos ante «complementos de puesto de trabajo», cuyo devengo se produce exclusivamente al trabajar en situaciones o circunstancias particulares, la inclusión de los mismos en el cálculo del valor de las horas extraordinarias solo corresponde si se dan las circunstancias particulares que justifican su atribución (TS 27-5-13, EDJ 103109; 16-6-14, EDJ 108886; 1594/12, 17-3-15).

Es importante tener en cuenta que la **compensación económica** de las horas extraordinarias debe ser incluida en la base de cotización especial de horas extraordinarias, que no tiene un tope máximo de cotización. De esta forma, si esta compensación no se está cotizando en la base correcta sino en la base de contingencias comunes, pueden derivarse diferentes contingencias: (i) se estarían incrementando indebidamente las bases a efectos de cálculos de prestaciones futuras y (ii) podría darse una situación de infracotización si la persona que realiza las horas extraordinarias está cotizando en la base máxima de cotización a la seguridad social.

726 • **Compensación por tiempos equivalentes de descanso retribuido**: se permite la compensación por tiempos equivalentes de descanso retribuido establecida en el convenio colectivo, pudiendo la empresa optar por retribuir las horas extraordinarias (convenio colectivo estatal de elaboradores de productos cocinados para su venta a domicilio, art.28, BOE 20-12-16).

El acuerdo colectivo que dispone la compensación por tiempos equivalentes de descanso retribuido es complementario y no contrario al convenio Colectivo que opta por la compensación dineraria de las horas extraordinarias (TS 7-12-11, EDJ 328423).

• **Carácter** de las horas extraordinarias: en la realización de horas extraordinarias rige el principio de voluntariedad, salvo que en el convenio colectivo se determine la obligatoriedad de las mismas.

• **Control** de la realización de horas extraordinarias: la realización de las horas extraordinarias debe ser controlada por la empresa quien ha de llevar un registro diario de las mismas y se totalizan en el período fijado para el abono de las retribuciones, entregando copia del resumen al trabajador en el recibo correspondiente (ET art.35.5).

En la revisión de las horas extraordinarias, se debe solicitar a la empresa el control de la realización de las mismas, siendo conveniente solicitar el listado de los trabajadores que las realizan y, con detalle mensual, el número de horas realizadas e importes percibidos.

• **Límites**: el número de horas extraordinarias por persona no puede ser superior a ochenta al año (ET art.35.2). En este cómputo no se tienen en cuenta las realizadas para prevenir o reparar siniestros y otros daños extraordinarios y urgentes. Tampoco se computarán las horas extraordinarias que hayan sido compensadas mediante descanso dentro de los cuatro meses siguientes a su realización.

En caso de que se detecte que se han superado los límites legales, además de la correspondiente infracción administrativa que puede ser impuesta al empresario, los trabajadores que hayan superado el límite legal no pierden el derecho a percibir el abono de las horas de exceso, pudiendo reclamarlo, dentro del plazo de prescripción de un año (ET art.59).

• **Prohibiciones**: ciertos colectivos tienen prohibida la realización de horas extraordinarias, siendo así, se debe analizar también que los trabajadores de la empresa que hayan realizado estas horas no se encuentran entre estos colectivos. **727**
En concreto, no pueden realizar horas extraordinarias:
a) Los **menores** de 18 años.
b) Los **trabajadores nocturnos**. Se consideran tales los trabajadores que realicen más de tres horas de su jornada diaria en período nocturno o se prevea que van a realizar en este horario un tercio de la jornada anual.
c) Los trabajadores a **tiempo parcial**, excepto en casos de prevención de riesgos o reparación de daños extraordinarios y urgentes.
d) Quienes disfruten del **permiso de maternidad** a tiempo parcial, salvo las necesarias para prevenir o reparar siniestros y otros daños extraordinarios y urgentes (RD 295/2009 disp.adic.1ª.4.c).
e) Empleados con **contratos formativos.**

• **Infracciones y sanciones**: en caso de que se detecte el incumplimiento por parte de la empresa de alguno de los aspectos anteriores, en la *due diligence* se debe indicar qué riesgo supone ese incumplimiento y cuantificar la posible sanción. **728**

Incumplimiento	Infracción	Calificación	Sanción
Realización de un número de horas extraordinarias superior al límite legal.	Transgresión de las normas y límites pactados en materia de horas extraordinarias.	Infracción grave (LISOS art.7.5).	En función de su graduación (LISOS art.40.1.b redacc L 10/2021 disp.final 1ª): • En su grado mínimo, de 751 a 1.500 euros. • En su grado medio de 1.501 a 3.750 euros. • En su grado máximo de 3.751 a 7.500 euros.
Abono de la hora extraordinaria por valor inferior a la hora ordinaria.	Transgresión de las normas y límites pactados en materia de horas extraordinarias.	Infracción grave (LISOS art.7.5).	En función de su graduación (LISOS art.40.1.b redacc L 10/2021 disp.final 1ª): • En su grado mínimo, de 751 a 1.500 euros. • En su grado medio de 1.501 a 3.750 euros. • En su grado máximo de 3.751 a 7.500 euros.
La transgresión de las normas y los límites legales o pactados en materia de jornada, trabajo nocturno, horas extraordinarias, horas complementarias, descansos, vacaciones, permisos, registro de jornada.	Transgresión de las normas y límites pactados en materia de jornada de trabajo.	Infracción grave (LISOS art.7.5).	En función de su graduación (LISOS art.40.1.b redacc L 10/2021 disp.final 1ª): • En su grado mínimo, de 751 a 1.500 euros. • En su grado medio de 1.501 a 3.750 euros. • En su grado máximo de 3.751 a 7.500 euros.

Incumplimiento	Infracción	Calificación	Sanción
No computar las horas extraordinarias en la base de cotización por accidente de trabajo y enfermedades profesionales o no realizar la cotización adicional.	- No ingresar, en la forma y plazos reglamentarios, las cuotas correspondientes que por todos los conceptos recauda la Tesorería General de la Seguridad Social o no efectuar el ingreso en la cuantía debida	Infracción grave (LISOS art.22.3).	En función de su graduación (LISOS art.40.1.d.1 redacc L 10/2021 disp.final 1ª): • En su grado mínimo, con multa del 50 al 65% del importe de las cuotas de Seguridad Social y demás conceptos de recaudación conjunta no ingresados, incluyendo recargos, intereses y costas. • En su grado medio, con multa del 65,01 al 80%. • En su grado máximo, con multa del 80,01 al 100%.
	- Incrementar indebidamente la base de cotización del trabajador de forma que provoque un aumento en las prestaciones que procedan.	Infracción muy grave (LISOS art.23.1.e).	En función de su graduación (LISOS art.40.1.c redacc L 10/2021 disp.final 1ª): • En su grado mínimo, de 7.501 a 30.000 euros. • En su grado medio de 30.001 a 120.005 euros. • En su grado máximo de 120.006 euros a 225.018 euros.

Precisiones Las infracciones cometidas **antes del 1-10-2021** se sancionarán conforme a las cuantías sancionatorias previstas con anterioridad a dicha fecha (L 10/2021 disp.trans.2ª).

729 **Descansos, festivos y vacaciones** (ET art.34.3 y 4, 37.1 y 38.1) En este apartado se verifica el respeto del tiempo de descanso y vacaciones al que los trabajadores de la empresa objeto de compra tienen derecho de acuerdo con lo dispuesto en las disposiciones legales y convencionales de aplicación.

Por convenio colectivo pueden mejorarse las condiciones mínimas establecidas en el Estatuto de los Trabajadores, por lo que debe analizarse también las disposiciones legales.

• **Períodos mínimos de descanso**:

a) Descanso **semanal**: los trabajadores tienen derecho como mínimo a un día y medio ininterrumpido de descanso (ET art.37.1).

b) Descanso **entre jornadas**: entre el final de una jornada y el comienzo de la siguiente deben mediar, como mínimo, doce horas (ET art.34.3).

c) Pausas **durante la jornada** de trabajo: el trabajador tiene derecho a un periodo de descanso de duración no inferior a quince minutos si la duración de su jornada diaria continuada excede de seis horas. El convenio colectivo puede considerar este tiempo como tiempo de trabajo efectivo (ET art.34.4).

Precisiones No se reconoce como condición más beneficiosa el periodo de **descanso del bocadillo** superior a quince minutos y hasta treinta por no haberse disfrutado por voluntad inequívoca de la empresa (TSJ Canarias 12-8-12, EDJ 249396; AN 17-6-13, 126/13). En caso de que este derecho se viniera disfrutando en términos más amplios por voluntad inequívoca de la empresa durante un periodo de tiempo continuado en el tiempo, de tal forma que se pueda entender condición más beneficiosa, este derecho se mantendrá en casos de sucesión empresarial. La simple tolerancia del empresario de dicho descanso no se considera condición más beneficiosa (TS 13-7-17, EDJ 151661; TSJ Galicia 22-10-21, 4015/21).

730 • **Vacaciones**: el periodo de vacaciones se establece en el convenio colectivo de aplicación, no pudiendo ser en ningún caso inferior a 30 días naturales (ET art.38.1).

• **Riesgos**: tras el análisis realizado, si se encuentran incumplimientos en el respeto de los periodos de descanso y vacaciones, la empresa puede incurrir en una infracción en materia de relaciones laborales y ha de indicarse la sanción que puede imponérsele.

En caso de que no se hayan disfrutado de la totalidad de las vacaciones que le corresponde, el trabajador puede reclamar las cuantías debidas en concepto de días de vacaciones.

• **Infracciones y sanciones**:

Incumplimiento	Infracción	Calificación	Sanción
Privar al trabajador del tiempo de descanso que le corresponde.	Transgresión de las normas y límites pactados en materia de descansos y vacaciones.	Infracción grave (LISOS art.7.5).	En función de su graduación (LISOS art.40.1.b redacc L 10/2021 dip.final 1ª): • En su grado mínimo, de 751 a 1.500 euros. • En su grado medio de 1.501 a 3.750 euros. • En su grado máximo de 3.751 a 7.500 euros. Las infracciones cometidas antes del 1-10-2021 se sancionarán conforme a las cuantías sancionatorias previstas con anterioridad a dicha fecha (L 10/2021 disp.trans.2ª).

Clasificación y promoción profesional En este apartado se determina el encuadramiento real de los trabajadores en la clasificación profesional de la empresa, revisando el estado y flujos de promoción. 731

• **Concepto**: emplazamiento de categorías donde se establecen principalmente las tareas y funciones para cada grupo profesional, asignación salarial, así como otros reconocimientos legales. Por lo general vienen establecidas por convenio colectivo.

El sistema de clasificación profesional de los trabajadores se establece por medio de grupos profesionales mediante negociación colectiva o, en su defecto, acuerdo entre la empresa y los representantes de los trabajadores (ET art.22).

El grupo profesional es aquel que agrupa unitariamente las aptitudes profesionales, titulaciones y contenido general de la prestación, y puede incluir distintas tareas, funciones, especialidades profesionales o responsabilidades asignadas al trabajador.

• **Límites**: se efectúa en función de las titulaciones académicas o profesionales. Las tareas y 731.1
responsabilidades establecidas para cada grupo profesional son los límites funcionales de la clasificación profesional:

- Principio de **igualdad de trato** y no discriminación: la definición de los grupos profesionales se tiene que ajustar a criterios y sistemas que tengan como objeto garantizar la ausencia de discriminación, tanto directa como indirecta, entre mujeres y hombres.
- **Titulación**: la negociación colectiva puede exigir una determinada titulación académica o profesional para acceder a un grupo profesional concreto.
- En los casos de **polivalencia funcional** (realización de funciones propias de más de un grupo), el grupo profesional del trabajador será aquel en el que se incluyan las funciones que se desempeñen durante mayor tiempo.

• **Prohibiciones**: el encuadramiento de los trabajadores en categorías menores a las descritas en la clasificación es constitutivo de infracción grave tipificada en la LISOS. Así como la asignación de funciones superiores a la categoría que se ostenta durante un período superior a seis meses en referencia a un año es constitutivo de establecimiento de dicha categoría, así como ocho meses en un período de dos años. Adicionalmente, ello comportaría un riesgo de reclamación judicial de las diferencias salariales correspondientes.

• **Riesgos**: Se deberá analizar los acuerdos suscritos en materia del sistema de clasificación 731.2
profesional y grupos profesionales en la empresa cedente:

- Sistema de clasificación profesional: negociación colectiva o, en su defecto, por acuerdo entre empresa y representantes de los trabajadores.
- Adaptación del sistema de clasificación profesional a la empresa: convenio de empresa (si hay).
- Adscripción del trabajador al grupo profesional y asignación de funciones: acuerdo contractual suscrito entre trabajador y empresario.
- Polivalencia funcional: acuerdo contractual suscrito entre trabajador y empresario.
- Promoción profesional (ascensos): negociación colectiva o, en su defecto, por acuerdo entre empresa y representantes de los trabajadores.
- Promoción económica: convenio colectivo o contrato individual.

Se deberá analizar también la posible existencia de procesos de reclamación de **clasificación profesional** (LRJS art.137) promovidos por trabajadores de la empresa cedente cuando consideran que existe una diferencia entre el grupo profesional que tiene reconocido y las funciones que alega realizar. Posibilidad de que a estos procesos se acumulen procesos de reclamaciones de cantidad por las diferencias salariales correspondientes por lo que habrá de cuantificar las cuantías a las que se enfrentaría la empresa cesionaria.

731.3 • **Infracciones y sanciones**:

Incumplimiento	Infracción	Calificación	Sanción
Incorrecta categorización de parte de la plantilla	Establecimiento de condiciones de trabajo inferiores a las establecidas legalmente o por convenio.	Infracción grave (LISOS art.7.10).	En función de su graduación (LISOS art.40.1.b redacc L 10/2021 dip.final 1ª): • En su grado mínimo, de 751 a 1.500 euros; • En su grado medio de 1.501 a 3.750 euros; • En su grado máximo de 3.751 a 7.500 euros.
Asignación de funciones superiores a una determinada categoría profesional por un tiempo superior a 6 meses en un período de referencia de un año.	Establecimiento de condiciones de trabajo inferiores a las establecidas legalmente o por convenio.	Infracción grave (LISOS art.7.10). Posibilidad de solicitud de cambio de categoría profesional.	En función de su graduación (LISOS art.40.1.b redacc L 10/2021 dip.final 1ª): • En su grado mínimo, de 751 a 1.500 euros; • En su grado medio de 1.501 a 3.750 euros; • En su grado máximo de 3.751 a 7.500 euros.

Precisiones Las infracciones cometidas **antes del 1-10-2021** se sancionarán conforme a las cuantías sancionatorias previstas con anterioridad a dicha fecha (L 10/2021 disp.trans.2ª).

732 **Movilidad** (ET art.39 y 40) La finalidad de este apartado es determinar si se han llevado a cabo supuestos de movilidad **geográfica y funcional**, y en ese caso analizar si se ha llevado a cabo procedimiento conforme a la normativa y en especial al convenio colectivo, al igual que si ha sido aplicado el procedimiento correspondiente en caso de modificaciones sustanciales de condiciones de trabajo, en el supuesto de traslados colectivos. Analizar en caso de movilidad geográfica, el tratamiento recibido a la misma, las percepciones salariales recibidas en este concepto, etc.

• **Concepto**:

1. Movilidad **funcional**: realización de funciones no correspondientes al grupo profesional de acuerdo a las titulaciones académicas o profesionales precisas para ejercer la prestación laboral y con respeto a la dignidad del trabajador.
2. Movilidad **geográfica**: cambio de lugar de trabajo, debiéndose distinguir entre:

a) A instancia del empresario:

- sustancial, que implica cambio de residencia y que exige la concurrencia de razones económicas, técnicas, organizativas o de producción que lo justifiquen. Se distingue entre traslado y desplazamiento;
- accidental, que no conlleva un cambio de residencia;
- en algunos convenios colectivos se prevé como sanción disciplinaria.

b) A instancia del trabajador.

Por lo general viene regulada en convenio colectivo, por lo que se debe estar a lo dispuesto en su regulación.

732.1 • **Límites**:

- La movilidad **funcional** para la realización de funciones, tanto superiores como inferiores, solo es posible si existen, además, razones técnicas u organizativas que la justifiquen y por el tiempo imprescindible para su atención. El trabajador tendrá derecho a la retribución correspondiente a las funciones que efectivamente realice, salvo en los casos de encomienda de funciones inferiores, en los que mantendrá la retribución de origen (ET art.39.3).
- En cuanto a la **geográfica**, en caso de trabajadores que no hayan sido contratados para prestar servicios en centros móviles, los trabajadores pueden optar entre el traslado, su impugnación o la extinción del contrato.

• **Riesgos**: posibilidad de que la empresa compradora se encuentre con procedimientos judiciales derivados de la movilidad funcional o geográfica que haya llevado a cabo la empresa cedente.
- Se tendrá que analizar la posible reclamación de ascensos de trabajadores que hayan realizado funciones superiores a las del grupo profesional por un periodo superior a seis meses durante un año u ocho durante dos años.
- En los casos de movilidad geográfica, posibilidad de existencia de impugnaciones judiciales frente a la decisión empresarial de la empresa cedente de traslado de los trabajadores que no hayan optado por la extinción del contrato (LRJS art.138). En caso de que se declare el traslado injustificado, el trabajador tendrá derecho a ser reincorporado al centro de trabajo de origen. Esta acción puede ser individual o colectiva.
• **Prohibiciones**: el establecimiento de condiciones menos favorables de las descritas en los límites anteriores es constitutivo de infracción grave tipificada en la LISOS.

• **Infracciones y sanciones**: 733

Incumplimiento	Infracción	Calificación	Sanción
Falta de preaviso de 30 días de antelación a la movilidad geográfica.	Establecimiento de condiciones de trabajo inferiores a las establecidas legalmente o por convenio.	Infracción grave (LISOS art.7.10).	En función de su graduación (LISOS art.40.1.b redacc L 10/2021 dip.final 1ª): • En su grado mínimo, de 751 a 1.500 euros; • En su grado medio de 1.501 a 3.750 euros; • En su grado máximo de 3.751 a 7.500 euros.
Asignación de funciones superiores a una determinada categoría profesional por un tiempo superior a 6 meses en un período de referencia de un año.	Establecimiento de condiciones de trabajo inferiores a las establecidas legalmente o por convenio.	Infracción grave (LISOS art.7.10).	En función de su graduación (LISOS art.40.1.b redacc L 10/2021 dip.final 1ª): • En su grado mínimo, de 751 a 1.500 euros; • En su grado medio de 1.501 a 3.750 euros; • En su grado máximo de 3.751 a 7.500 euros.
Traslado a otro centro de trabajo a los trabajadores superando los límites de: • 10 trabajadores en empresas de menos de cien trabajadores. • El 10% de los trabajadores en empresas de entre cien a trescientos trabajadores. • 30 trabajadores en empresas de más de 300 trabajadores Sin tener en cuenta el proceso determinado al efecto.	Transgresión de las normas y límites pactados movilidad geográfica colectiva.	Infracción grave (LISOS art.7.6).	En función de su graduación (LISOS art.40.1.b redacc L 10/2021 dip.final 1ª): • En su grado mínimo, de 751 a 1.500 euros; • En su grado medio de 1.501 a 3.750 euros; • En su grado máximo de 3.751 a 7.500 euros.

Precisiones
Las infracciones cometidas **antes del 1-10-2021** se sancionarán conforme a las cuantías sancionatorias previstas con anterioridad a dicha fecha (L 10/2021 disp.trans.2ª).

Excedencia En este apartado se determina si se han llevado excedencias tanto voluntarias como forzosas y en caso de haber excedencias en empresa objeto de la compra, determinar si el procedimiento llevado a cabo ha sido conforme a derecho y conforme a lo dispuesto en el convenio colectivo de aplicación. 734
Es importante que la **empresa adquirente conozca** la existencia de personas trabajadoras que, aun teniendo en la actualidad su contrato suspendido por estar en situación de excedencia (voluntaria o forzosa), pudieran pedir en los meses o años siguientes su reincorporación a la plantilla de la empresa.

• **Concepto**:
- **Voluntaria**: sin necesidad de alegar causas justificativas. El Tribunal Supremo ha reconocido expresamente a los convenios colectivos la posibilidad de regular condiciones de ejercicio del derecho a la excedencia voluntaria (TS 29-9-14, EDJ 188316; TSJ Cataluña 16-6-15, EDJ 131800; TSJ Aragón 25-4-18, EDJ 83685). No existe un derecho incondicional a la reserva del puesto de trabajo sino una expectativa de derecho a reingresar en caso de que exista vacante.
- **Forzosa**: por la designación o elección para un cargo público que imposibilite la asistencia al trabajo. Tendrá derecho a la conservación del puesto y al cómputo de la antigüedad de su vigencia.
- Por **cuidado de familiares** (ET art.46.3): de naturaleza voluntaria, pero despliega los efectos jurídicos propios de la excedencia forzosa. Es periodo computable a efectos de antigüedad, el trabajador tendrá derecho a la asistencia a cursos de formación profesional y reserva del puesto de trabajo durante el primer año; transcurrido el mismo, la reserva quedará referida a un puesto de trabajo del mismo grupo profesional o categoría equivalente.

734.1 • **Límites**:
- Voluntaria: Los trabajadores que opten por la excedencia han de tener un mínimo de antigüedad de un año en la empresa. Solo podrá ser ejercitado este derecho otra vez por el mismo trabajador si han transcurrido cuatro años desde el final de la excedencia anterior voluntaria.
- Por cuidado de familiar:
- por cuidado de hijos: duración no superior a 3 años a contar desde la fecha de nacimiento o, en casos de adopción o acogimiento, de la resolución judicial o administrativa;
- para atender el cuidado de familiar hasta el segundo grado: duración no superior a 2 años salvo que en el convenio se establezca una duración diferente.

• **Prohibiciones**: el establecimiento de condiciones menos favorables de las descritas en los límites anteriores es constitutivo de infracción grave tipificada en la LISOS.

734.2 • **Infracciones y sanciones**:

Incumplimiento	Infracción	Calificación	Sanción
No reservar el puesto de trabajo a un trabajador en situación de excedencia forzosa.	Establecimiento de condiciones de trabajo inferiores a las establecidas legalmente o por convenio.	Infracción grave (LISOS art.7.10).	En función de su graduación (LISOS art.40.1.b redacc L 10/2021 dip.final 1ª): • En su grado mínimo, de 751 a 1.500 euros. • En su grado medio de 1.501 a 3.750 euros. • En su grado máximo de 3.751 a 7.500 euros. Las infracciones cometidas antes del 1-10-2021 se sancionarán conforme a las cuantías sancionatorias previstas con anterioridad a dicha fecha (L 10/2021 disp.trans.2ª).

735 Régimen disciplinario

La finalidad de este apartado es determinar si se han llevado procedimientos sancionadores o despidos disciplinarios, y en tal caso ver si el procedimiento llevado a cabo ha sido correcto.

La finalidad de este apartado es determinar si a la hora de imponer una sanción se ha seguido el procedimiento sancionador establecido en el convenio colectivo de aplicación o, en su defecto, el establecido en el ET.

• **Concepto**: Potestad por parte del empresario de imponer sanciones a los trabajadores que hayan cometido hechos constitutivos de infracciones establecidas en el convenio de aplicación o constitutivas de incumplimientos muy graves y culpables del ET art.54.

• **Límites**: aplicación taxativa de los procedimientos para imposición de sanción y para despido disciplinario.

• **Riesgo**: analizar la posible existencia de impugnaciones judiciales de las sanciones impuestas o de impugnaciones de despidos disciplinarios. Si se determina que no se ha incurrido en tales hechos constitutivos de la infracción, la sanción será revocada. Improcedencia del despido disciplinario, con las consecuencias inherentes a tal declaración, si la empresa cedente no hubiera seguido el procedimiento formal establecido al efecto.

• **Prohibiciones**: la falta de cumplimiento del procedimiento establecido al efecto en la legislación o en el convenio colectivo de aplicación podría suponer la calificación de improcedencia del despido, en su caso.

Precisiones Las infracciones cometidas **antes del 1-10-2021** se sancionarán conforme a las cuantías sancionatorias previstas con anterioridad a dicha fecha (L 10/2021 disp.trans.2ª).

3. Seguridad Social

a.	Análisis de la cotización	740
b.	Análisis de casos especiales	763
c.	Sanciones	768
d.	Prescripción	777

737

Un elemento clave de toda auditoría laboral es el *due diligence* en profundidad de las posibles **contingencias** en materia de Seguridad Social. Las cuestiones a revisar son muchas y variadas, y las consecuencias sancionadoras de las eventuales infracciones en este campo resultan muy relevantes (y potencialmente graves). 738
El propósito último de la *due diligence* de Seguridad Social es verificar si la empresa revisada está cotizando correctamente a la Seguridad Social o, por el contrario, existen situaciones de **infra-cotización**. Se trata de detectar posibles contingencias y -en la medida de lo posible- hacer una estimación de riesgos, tanto cualitativa (riesgo remoto, posible, probable...) como cuantitativamente (valoración económica de las potenciales multas, etc.).

a. Análisis de cotización

Las cuestiones a analizar son: 740
• Inscripción de la empresa y códigos de cuenta de cotización (nº 741).
• Certificado de situación de cotización (nº 742).
• Documentos de cotización (nº 747).
• Bases de cotización (nº 750).
• Tipos de cotización (nº 751).
• Cuotas (nº 752).
• Bonificaciones (nº 753).
• Recargos (nº 754).
• Horas extraordinarias (nº 755).
• Incapacidad temporal y pago delegado (nº 756).
• Maternidad y paternidad (nº 757).
• Liquidaciones complementarias (nº 758).
• Cotización de retribuciones de devengo variable (nº 759).
• Cotización de retribuciones en especie (nº 760).
• Tarifas de primas (nº 761).

Inscripción de la empresa y códigos de cuenta de cotización Cuando una empresa se inscribe en el sistema de la Seguridad Social, la Tesorería General de la Seguridad Social (TGSS) le asigna, para su identificación y posterior seguimiento y control, un código de cuenta de cotización (**CCC**). Cada CCC consta de 11 dígitos: los 2 primeros corresponden al código de la provincia, mientras que los 9 restantes incluyen los dígitos de control que, si es preciso, se completan con ceros a la izquierda. 741
Se debe comprobar si la compañía revisada cuenta con uno o más CCC, puesto que toda empresa debe disponer de un CCC para cada una de las **provincias** donde tenga trabajadores prestando servicios, así como en determinados supuestos en que sea necesario identificar colectivos de trabajadores con peculiaridades de cotización (a modo de ejemplo, los becarios).

Precisiones Cuando la TGSS tiene conocimiento de la inscripción de **empresas carentes de actividad** y sin reunir los requisitos para estar inscritas en el correspondiente régimen de Seguridad Social procede de oficio a dejar sin efecto la inscripción efectuada, sin perjuicio de las actuaciones procedentes en orden al inicio de las actuaciones sancionadoras o penales si fueran procedentes (RD 84/1996 art.20.4).

Certificado de situación de cotización En toda *due diligence* laboral se debe obtener un certificado actualizado, emitido por la TGSS, que acredite que la empresa revisada está **al corriente en el pago** de las cuotas de Seguridad Social. 742

Lo que certifica la TGSS es que, según los antecedentes obrantes en la Tesorería General, la empresa «No tiene pendiente de ingreso ninguna reclamación por deudas ya vencidas con la Seguridad Social».
Si la empresa tiene **más de un CCC**, en el campo «Código Cuenta de Cotización Principal» se debe consignar, evidentemente, el CCC principal, mientras que en la casilla «Identificadores Asociados» se indican los CCC secundarios.
Se acompaña como Anexo en el nº 9050, a título ilustrativo, un **ejemplo** de certificado de situación de cotización.

743 **Fecha** El certificado debe estar **actualizado**, máxime cuando su obtención es relativamente sencilla y rápida. En la práctica, si el proceso de *due diligence* se alarga en el tiempo, se puede pedir este certificado varias veces (tantas como sea necesario). En aquellos casos en los que la *due diligence* se enmarca dentro de un proceso de negociación para la adquisición de una empresa (la revisada), o de una rama de actividad de la misma, los vendedores, como buena práctica, deben aportar un certificado de estar al corriente de pago frente a la TGSS en la misma fecha en que se formalice el contrato de compraventa, o al menos en una fecha lo más cercana posible.

744 **Valor** Aunque desde el punto de vista práctico el certificado de situación de cotización es un documento imprescindible en toda *due diligence* laboral, el valor real de dicho certificado es relativo. La obtención de un certificado de situación de cotización de la empresa revisada es un **requisito** absolutamente **necesario**, pero no suficiente, para llevar a cabo una buena *due diligence* laboral.
Lo cierto es que este certificado se limita a poner de manifiesto que la empresa no tiene deudas pendientes para con la TGSS a la fecha de su emisión. Se trata de una especie de fotografía instantánea que nos revela si, en un momento dado, la empresa está o no al corriente de pago frente a la Seguridad Social.

Precisiones Sin embargo, no olvidemos que, incluso si la compañía está al corriente en el pago de las cotizaciones, cabe la posibilidad de que las mismas no estén bien realizadas. Podría suceder que la empresa **no** hubiera **cotizado correctamente** por cualquier concepto dentro de los últimos 4 años (plazo de prescripción), pero la TGSS no lo haya detectado todavía. Además, si hubiera algún aplazamiento o fraccionamiento de pago y la empresa hubiera cumplido con los plazos de pago fijados, dicho certificado señalaría que la compañía está al corriente de pago de cotizaciones y ello a pesar de tener cantidades aún pendientes de pago.

745 **Procedimiento de obtención** Actualmente resulta muy sencillo solicitar a la TGSS un certificado que acredite que la empresa está al corriente de pago. Además de poder pedirlo **personalmente** en cualquier Administración de la TGSS, las empresas usuarias del **Sistema RED** (Remisión Electrónica de Documentos), que son la inmensa mayoría a día de hoy, pueden solicitar el certificado por esta vía. También pueden obtener y/o consultar el certificado en la Sede Electrónica de la Seguridad Social.
En la práctica, muchas veces la autorización para operar con el Sistema RED la poseen el **departamento de recursos humanos** (RRHH) de la compañía, o las gestorías/asesorías laborales encargadas de elaborar las nóminas y los documentos de cotización, de modo que la empresa auditada simplemente tiene que tramitar la petición desde su departamento de RRHH, o pedir a su gestoría/asesoría que obtenga de la TGSS el certificado en cuestión.

746 **Aplazamiento de deudas** Es posible que la empresa haya solicitado, y obtenido, el aplazamiento de deudas de Seguridad Social, cumpliendo los requisitos legalmente establecidos para ello. Pues bien, uno de los **efectos** de la concesión de este tipo de aplazamientos es la consideración de que la empresa está al corriente de pago.
En consecuencia, el certificado de situación de cotización puede resultar engañoso si lo damos por bueno sin efectuar indagaciones adicionales. Para llevar a cabo un análisis exhaustivo, deberíamos averiguar si existen deudas de Seguridad Social aplazadas (y, por lo tanto, pendientes).
Si ése es el caso, es aconsejable intentar recopilar cuanta **documentación** sea posible respecto al pago aplazado autorizado, y en particular:
a) **Solicitud de aplazamiento**: debe incluir los datos de identificación del deudor y de la deuda, y el ofrecimiento de garantías.
b) **Resolución administrativa**, dictada por el órgano competente de la TGSS, concediendo el aplazamiento solicitado.
c) **Garantías**: salvo que nos hallemos ante alguno de los supuestos legalmente previstos en los que no es necesario (por ejemplo, si la deuda total aplazable no supera los 30.000 euros), el cumplimiento del aplazamiento debe asegurarse mediante garantía suficiente para cubrir la deuda, recargos, intereses y costas. Por lo tanto, en el transcurso de la labor auditora es preciso analizar qué garantía ha ofrecido la empresa (aval, prenda, hipoteca...) y, a veces, plantearse cómo puede ser cancelada en la práctica dicha garantía. Esto último tiene interés para procesos de *due diligence* realizados en el marco de operaciones de compraventa de

empresas, puesto que el comprador quiere saber con detalle no solamente el importe total de la deuda aplazada, sino qué alternativas existen para extinguir -ya sea antes o después de la firma del contrato de compraventa- la deuda que arrastra el vendedor.
El aplazamiento **no puede comprender** las cuotas correspondientes a la aportación de los trabajadores y a las contingencias de accidente de trabajo y enfermedad profesional (LGSS art.23.2).

746.1 Precisiones El RDL 11/2020 por el que se adoptan medidas urgentes complementarias en el ámbito social y económico para hacer frente al **COVID-19**, prevé que las empresas y los trabajadores por cuenta propia incluidos en cualquier régimen de la Seguridad social que no tuvieran otro aplazamiento en vigor, podrán solicitar el aplazamiento en el pago de sus deudas con la Seguridad Social cuyo plazo reglamentario de ingreso tenga lugar entre los meses de **abril y junio de 2020**, en los términos y condiciones establecidos en la normativa de Seguridad Social, siendo de aplicación un interés del 0,5% en lugar del previsto en la LGSS art.23.5. Estas solicitudes de aplazamiento deben efectuarse antes del transcurso de los diez primeros naturales del plazo reglamentario de ingreso anteriormente señalado (RDL 11/2020 art.35).
Asimismo, también se habilita a la TGSS a otorgar **moratorias** de seis meses, sin interés, a las empresas y los trabajadores por cuenta propia incluidos en cualquier régimen de la Seguridad Social, que lo soliciten y cumplan determinados requisitos y condiciones. La moratoria en los casos que sea concedida afectará al pago de sus cotizaciones a la Seguridad Social y por conceptos de recaudación conjunta, cuyo período de devengo, en el caso de las empresas esté comprendido entre los meses de abril y junio y, en el caso de los trabajadores por cuenta propia entre mayo y julio, siempre que las actividades que realicen no se hayan suspendido con ocasión del estado de alarma declarado por el RD 463/2020 (RDL 11/2020 art.34).
Mediante la OM ISM/371/2020, por la que se desarrolla el RDL 11/2020 art.34, se determinan las **actividades económicas** que podrán acogerse a ella, de acuerdo con la vigente Clasificación Nacional de Actividades Económicas (CNAE-2009).

747 **Documentos de cotización** En cualquier *due diligence* laboral es necesario recabar la siguiente documentación:
1. **Recibo de liquidación de cotizaciones** (**RLC**): es el documento general de cotización de la empresa. El recibo de liquidación de cotizaciones no implica el pago de las cuotas si no va acompañado del correspondiente justificante de ingreso, sello o validación mecánica de la entidad financiera.
2. **Relación Nominal de Trabajadores** (**RNT**): documento oficial solicitado por las empresas para estar al corriente de las altas y bajas de sus trabajadores en la Seguridad Social. Incluye las bases de cotización de los trabajadores e informa de aquellos que tienen derecho a bonificación y/o deducción.
Adjuntamos como Anexo en el nº 9100, para ilustrar las explicaciones, un **modelo** de relación nominal de trabajadores (RNT) y un ejemplo de recibo de liquidación de cotizaciones (RLC).
Además, puede ser necesario revisar también esta otra documentación:
1. **Informe de trabajadores en alta** (**ITA**): emitido por la TGSS, indica los tipos de cotización por accidentes de trabajo y enfermedades profesionales.
2. Cuando en la empresa revisada haya **representantes de comercio**, se debe solicitar el correspondiente boletín de cotización (TC-1/3).

748 **Muestreo** Al realizar una *due diligence* laboral, no siempre es posible examinar de forma exhaustiva toda la documentación que sería necesaria para detectar eventuales contingencias. A menudo, hay que hacer un muestreo de los **documentos de cotización**. Dicho muestreo tiene que ser planificado cuidadosamente, a fin de que los resultados que se obtengan resulten lo más significativos posibles.
En función del tiempo y de los recursos con que se cuente, el muestreo puede ser más o menos amplio, pero recomendamos que por lo menos se analicen **varios meses** de cada uno de los **4 años anteriores**. A su vez, es conveniente que la elección de esos meses no se deje al azar, ni al criterio de la empresa revisada. Por ejemplo, puede ser interesante desde varios puntos de vista chequear las cotizaciones de alguno/s de los últimos meses de un año natural y de los primeros meses del año siguiente (esto es, diciembre-enero-febrero).
Como es lógico, si la empresa revisada es de muy reciente constitución, no dispone de documentación de los últimos 4 años. Lo que se debe hacer entonces es solicitar documentos desde el año en que la empresa haya iniciado su actividad. Cuando la empresa tenga más de 4 años de existencia, debería estar en situación de proporcionar documentación correspondiente a los últimos 4 años.
Finalmente, el muestreo de documentos de cotización ha de coincidir con el muestreo de otra documentación de la *due diligence*, principalmente con las **nóminas**, para poder cruzar datos de los mismos meses, y así alcanzar conclusiones más precisas o bien detectar posibles incoherencias.

749 **Datos a extraer de los documentos de cotización** Un análisis a fondo de los documentos de cotización disponibles puede proporcionar información de gran interés para la labor auditora. Además de los datos de la empresa auditada (denominación social, domicilio, CIF, CCC...), se puede averiguar:
- número de trabajadores;
- datos personales de los trabajadores (iniciales de sus dos apellidos y de su nombre de pila, números de DNI/NIE y de afiliación a la Seguridad Social...);
- tipos de contrato de trabajo;
- bases de cotización;
- cuotas;
- existencia de bonificaciones, y datos sobre ellas (fecha de la resolución, fecha de inicio y de finalización en su caso);
- existencia de recargos;
- cotización por horas extraordinarias;
- información acerca de situaciones de incapacidad temporal;
- información acerca de situaciones especiales (reducción de jornada, etc.);
- código identificativos de la Mutua de accidentes de trabajo y enfermedades profesionales de la Seguridad Social.
- epígrafe de cotización de accidentes de trabajo o enfermedad profesional en función del CNAE de la empresa y códigos de ocupación específicos de determinados empleados (trabajos exclusivos de oficina, personal de limpieza o mantenimiento, etc.).

750 **Base de cotización** De nuevo, hay que **cotejar los datos** de los documentos de cotización con la información extraída de otras fuentes (nóminas y también contratos de trabajo) para descartar eventuales contingencias.
En primer lugar, conviene comprobar que las bases de cotización para **contingencias comunes** que constan en los RNT cuadran con las indicadas en los recibos salariales de los trabajadores.
La base de cotización para todas las contingencias -sobre la que se aplica el tipo de cotización correspondiente- está integrada por la **remuneración total**, cualquiera que sea su forma y denominación, que, con carácter mensual, tenga derecho a percibir el trabajador por cuenta ajena, o la que efectivamente perciba si es superior, en el mes a que se refiera la cotización. A estos efectos se considera remuneración total: la totalidad de las percepciones económicas recibidas por los trabajadores, en dinero o en especie, ya retribuyan el trabajo efectivo o los períodos de descanso computables como de trabajo. Asimismo, las percepciones de vencimiento superior al mensual se prorratearán a lo largo de los doce meses del año (RD 2064/1995 art.23.1).
No obstante, la base de cotización de cada trabajador debe estar comprendida dentro de la base mínima y la base máxima establecida para su **grupo de cotización**. Recordemos que anualmente se fijan unas bases mínimas y máximas para cada uno de los actuales 11 grupos de cotización, en los que se clasifican las categorías profesionales existentes. Los grupos 1 a 7 son de cotización mensual, mientras que los grupos 8 a 11 son de cotización diaria. Todo ello, respetando siempre los topes **mínimo y máximo** de cotización (para el año 2024, 1.260 euros mensuales y 4.720,50 euros mensuales, respectivamente -OM PJC/51/2024 art.3-).

Precisiones Únicamente no se computarán en la base de cotización -y por tanto estarán exentos de cotizar- un listado cerrado de conceptos, entre los cuales se encuentran, entre otros, los gastos de **manutención y estancia** generados por desplazamientos a municipios distintos del lugar de residencia y trabajo habitual, en la cuantía y con el alcance previstos en la normativa reguladora del IRPF o las prestaciones de la Seguridad Social y las mejoras de las prestaciones por incapacidad temporal concedidas por las empresas (RD 2064/1995 art.23.2).

751 **Tipo de cotización** (OM PJC/51/2024) Se debe verificar que los tipos de cotización aplicados por la empresa son correctos. Los tipos de cotización se fijan **anualmente** por el Gobierno, estableciéndose los tipos correspondientes a la aportación de la empresa y trabajador para cada contingencia. Así, para el **2024**, y con carácter general:

Contingencia	% Empresa	% Trabajador	% Total
Contingencias comunes	23,6	4,7	28,3
Desempleo tipo general	5,50	1,55	7,05
Fondo de Garantía Salarial	0,2	-	0,2
Formación profesional	0,6	0,1	0,7
Mecanismo de Equidad Intergeneracional	0,58	0,12	0,7
TOTAL	30,48	6,47	36,95

El tipo de cotización por desempleo en contratos de duración determinada es de 6,70% para la empresa y 1,60% para el trabajador (total 8,30%).
Además, la empresa tendrá que cotizar por el epígrafe que corresponda por **Accidentes de Trabajo y Enfermedades Profesionales** (ATEP), cuyo porcentaje, a cargo exclusivo de la empresa, variará en función del riesgo inherente a su actividad (nº 761).

Cuota No está de más realizar algunas comprobaciones aleatorias, mediante los pertinen- 752
tes cálculos matemáticos, para asegurarse de que las cuotas han sido calculadas correctamente (aplicando el tipo a la base de cotización).

Bonificaciones Las bonificaciones en las cuotas de Seguridad Social han venido siendo 753
ampliamente utilizadas por el legislador en los últimos años como medida de fomento de empleo, con resultados desiguales e instrumentos cambiantes.
El objetivo último de la labor de *due diligence* es asegurarse de que la empresa no está obteniendo o disfrutando bonificaciones indebidas. Para ello, una vez más, es imprescindible **cruzar datos** con otra documentación al alcance, especialmente contratos de trabajo y nóminas.
En ocasiones, dicho sea de paso, puede darse el caso opuesto: detectar, en el transcurso de una *due diligence*, que la empresa no disfruta -por no haberlas solicitado- de bonificaciones a las que podría tener derecho de conformidad con la legislación vigente.

Precisiones **1)** Obtener o disfrutar indebidamente reducciones, bonificaciones o incentivos en relación con el importe de las cuotas sociales que corresponda constituye una **infracción grave** en materia de Seguridad Social, sancionable con una multa de 751 euros a 7.500 euros. Se entiende producida una infracción por cada trabajador, salvo que se trate de bonificaciones de formación profesional para el empleo y reducciones de las cotizaciones por contingencias profesionales a las empresas que hayan contribuido especialmente a la disminución y prevención de la siniestralidad laboral, en que se entiende producida una infracción por empresa y acción formativa (LISOS art.22.9 y 40.1.b -redacc L 10/2021 dip.final 1ª-).
2) Las infracciones cometidas **antes del 1-10-2021** se sancionarán conforme a las cuantías sancionatorias previstas con anterioridad a dicha fecha (L 10/2021 disp.trans.2ª).

Recargos (LGSS art.28 y 30) El examen de los documentos de cotización permite descubrir si la 754
empresa revisada está abonando recargos por falta de ingreso de las cuotas en plazo reglamentario. Dichos recargos se calculan aplicando un **porcentaje** sobre el principal adeudado. El tanto por ciento aplicado varía (20 o 35%) según el momento en que se abonen las cuotas debidas, y atendiendo a si se han presentado o no en plazo los documentos de cotización.

Horas extraordinarias Revisando los documentos de cotización podemos saber también 755
si la empresa está cotizando por la realización de horas extraordinarias (remuneradas, no compensadas con descanso).
La cotización de las horas extraordinarias se incluye en la base de **cotización por accidentes de trabajo y enfermedades profesionales** y sin perjuicio de la cotización adicional prevista por tal concepto (RD 2064/1995 art.23.2.E).
Debe destacarse que la cotización de horas extraordinarias **bajo otros conceptos** incrementa la base de cotización por contingencias comunes y, por ende, de futuras y potenciales prestaciones (p.e., incapacidades permanentes o jubilaciones, entre otras). Esta práctica podría implicar una infracción muy grave que puede oscilar entre 7.501 euros y 225.018 euros (LISOS art.23.1.e y 40.1.c -redacc L 10/2021 dip.final 1ª-). Las infracciones cometidas antes del 1-10-2021 se sancionarán conforme a las cuantías sancionatorias previstas con anterioridad a dicha fecha (L 10/2021 disp.trans.2ª).

Incapacidad temporal y pago delegado Habida cuenta de que durante la situación de 756
incapacidad temporal (IT) subsiste la obligación de cotizar, hay que comprobar los **documentos de cotización** recibidos en el transcurso de la *due diligence*, para asegurarse de que la empresa efectivamente ha seguido cotizando mientras el trabajador está en IT.
Lamentablemente, existen empresas en dificultades que no pagan el salario a sus empleados, y que a los trabajadores de IT no les abonan ni el salario ni, en su caso, el **complemento de la prestación** por IT (complemento previsto en el convenio colectivo de aplicación, por ejemplo). Recomendamos revisar los **RNT** para ver si la empresa está compensando importes que no ha llegado a abonar, pues no ha realizado el pago delegado.
El **incumplimiento** de las obligaciones económicas derivadas de la colaboración obligatoria en la gestión de la Seguridad Social constituye una infracción grave sancionable con multa, en su grado mínimo, de 751 a 1.500 euros, en su grado medio de 1.501 a 3.750 euros y, en su grado máximo, de 3.751 a 7.500 euros (LISOS art.22.4 y 40.1.b -redacc L 10/2021 dip.final 1ª-). Adicionalmente, ello podría comportar un acta de liquidación de cuotas de Seguridad Social por las diferencias de cotización derivadas de la falta de cotización de dichas cantidades, incrementadas con el recargo del 20%.

757 **Nacimiento y cuidado del menor (anteriormente maternidad y paternidad)** Dado que la obligación de cotizar también subsiste durante los períodos de descanso por maternidad y paternidad, es preciso chequear que la cotización haya sido efectuada correctamente. Como las prestaciones por maternidad y paternidad son gestionadas directamente por el Instituto Nacional de la Seguridad Social (**INSS**), la empresa únicamente debe ingresar las aportaciones a su cargo, que son las que conviene revisar. La aportación del trabajador es ingresada por el INSS tras descontarla del importe de la prestación económica que abona al trabajador.

758 **Liquidaciones complementarias** Mediante el análisis de los documentos de cotización proporcionados se está en condiciones de averiguar si, además de las liquidaciones ordinarias, la empresa ha presentado liquidaciones complementarias.

Un caso particular de tales liquidaciones complementarias es el de aquellas correspondientes a los días de **vacaciones pendientes** de disfrutar que se abonan a la extinción del contrato de trabajo, como parte de la liquidación final de haberes («finiquito»).

Estas liquidaciones complementarias pueden ser identificadas rápidamente porque el **tipo de liquidación**, que consta en una de las casillas de la RNT del L13, si la transmisión se efectúa a través del Sistema RED (o el 013, si la transmisión se hace en soporte papel a través del modelo normalizado). En cambio, en una liquidación ordinaria el tipo es el L00 (Sistema RED) o el 000, respectivamente.

759 **Cotización de retribuciones de devengo variable** Las cotizaciones correspondientes a cualquier concepto retributivo que tenga una periodicidad en su devengo superior a la mensual deberán **fraccionarse** en cada uno de los meses comprendidos dentro del período de devengo de dicho variable. No haciéndolo así, sino cotizando únicamente en el mes en que se abona al trabajador el variable, es muy posible que la base de cotización de ese mes pase de estar por debajo del tope máximo de cotización (ver nº 750) a superar dicho tope máximo, lo cual genera una situación de **infra -cotización**, al dejarse de cotizar por el importe que exceda del mencionado tope máximo. Es claro que si el trabajador percibe habitualmente una retribución que lo sitúa por encima del tope máximo de cotización anualmente establecido no existe contingencia alguna, por cuanto no se está dejando de cotizar nada, al haberse alcanzado ya ese tope máximo.

Asimismo, aquellos conceptos retributivos que no tengan carácter periódico y se satisfagan dentro del ejercicio económico del año 2024, deberán fraccionarse en cada uno de los meses correspondientes al año natural en que se abonan. Ello implica que, para aquellos meses del año anteriores al mes de abono del concepto retributivo no periódico, deberán realizarse liquidaciones complementarias para su cotización. En cambio, para aquellos meses del año natural posteriores al mes de abono del concepto retributivo no periódico, deberá incluirse en la base de cotización la parte fraccionada correspondiente a dicho concepto.

Precisiones Según nuestra experiencia, se trata de una contingencia recurrente en muchas *due diligence* laborales, y difícil de remediar en la práctica, por cuanto las empresas acostumbran a cuantificar el importe de los variables a finales de año (caso de los bonus anuales), o del trimestre (supuesto frecuente entre comerciales que perciben comisiones trimestralmente). La TGSS recomienda que se hagan **previsiones mensuales** del posible variable y se vaya cotizando mensualmente, con la posibilidad de solicitar más tarde una devolución de ingresos indebidos si es preciso, pero no parece que esta opción sea fácil de asimilar por parte de las empresas españolas, máxime si son pequeñas o medianas. En la práctica, una vez la empresa conoce el importe de los variables abonados de devengo superior al mensual, prorratea dicho importe en los meses de devengo y realiza liquidaciones complementarias por los meses ya transcurridos, incluyendo la parte proporcional de cotización correspondiente en los meses aún no transcurridos.

760 **Cotización de retribuciones en especie** En primer lugar, es preciso preguntar si se abonan retribuciones en especie en la empresa. De ser así, se han de analizar las nóminas para ver si se han reflejado tales retribuciones, y comprobar si se ha cotizado correctamente por ellas. En caso de detectarse alguna posible retribución en especie no reconocida como tal, se ha de advertir de las posibles contingencias.

761 **Tarifa de primas de accidentes de trabajo y enfermedades profesionales** (L 42/2006 disp.adic.4ª) La cotización por contingencias profesionales, que corre a cargo exclusivo de la empresa, se basa actualmente en la existencia de unas tarifas de primas para la cotización por accidentes de trabajo y enfermedades profesionales.

Para la aplicación de estas tarifas hay que tener en cuenta determinadas **reglas**, entre las que cabe destacar las dos siguientes:

1. El tipo de cotización a aplicar es el que corresponde a la **actividad principal** desarrollada por la empresa, conforme a la Clasificación Nacional de Actividades Económicas (CNAE). Hay que estar, por lo tanto, a los **códigos CNAE** en relación con cada actividad. A los efectos de la

due diligence laboral, esto supone que es necesario chequear los códigos CNAE aplicados, comprobando que realmente encajan con la actividad desarrollada por la empresa auditada.
2. No obstante lo indicado en la regla anterior, cuando la ocupación desempeñada por el trabajador o la situación en la que este se halle se correspondan con alguna de las **enumeradas específicamente** por el legislador, el tipo de cotización aplicable es el previsto expresamente para la ocupación/situación de que se trate.

La L 48/2015 disp.final 8ª ha aclarado que a los efectos de la determinación del **tipo de cotización aplicable** a las ocupaciones referidas en la letra «a» del Cuadro II, se considerará «personal en trabajos exclusivos de oficina» a los trabajadores por cuenta ajena que, sin estar sometidos a los riesgos de la actividad económica de la empresa, desarrollen su ocupación exclusivamente en la realización de trabajos propios de oficina aun cuando los mismos se correspondan con la actividad de la empresa, y siempre que tales trabajos se desarrollen únicamente en los lugares destinados a oficinas de la empresa. **762**
Ocurre, a veces, que la empresa está aplicando unos tipos de cotización incorrectos, lo cual redunda en situaciones de **infra-cotización** por aplicar tipos que no se corresponden con la actividad de la empresa, o con la ocupación/situación del trabajador en cuestión. Ello puede comportar una liquidación de las cantidades dejadas de ingresar incrementadas en un 20% de recargo en los últimos 4 años y posible imposición a la empresa de sanción por infracción grave en materia de Seguridad Social por no efectuar el ingreso de las cuotas correspondientes a la Seguridad Social en la cuantía debida (LISOS art.22.3) por importe del 50 al 100%, según la graduación, del importe de las cuotas de Seguridad Social y demás conceptos de recaudación conjunta no ingresados, incluyendo recargos, intereses y costas.
Es recomendable, por tanto, prestar especial atención a estos casos, ya que las eventuales **contingencias** pueden llegar a ser muy relevantes para la *due diligence* en su conjunto. Y, en concreto, es importante analizar por qué código CNAE ha optado la empresa al darse de alta, así como revisar, si es posible, la comunicación remitida por la TGSS a la empresa, partiendo del código CNAE que posee, adscribiendo a cada trabajador a una tarifa concreta.

Precisiones **1)** En relación al **tipo de cotización** de **«trabajos exclusivos de oficina»** se han pronunciado entre otras (TS 3-6-19, EDJ 603379; 8-7-21, Rec 1335/19).
2) Es **responsable** la **entidad aseguradora** si la inexactitud de los datos se debe a un descuido sin mala fe, como el hecho de cotizar por un epígrafe de la tarifa de primas distinto al que correspondía cuando no hay mala fe (TS 21-7-09, EDJ 245795; 13-10-09, EDJ 283349; TSJ Galicia 8-3-12 EDJ 42955); o cuando el trabajador conducía con frecuencia camiones de tara incluida en el epígrafe 108 y, solo en alguna ocasión, camiones de tara incluida en el epígrafe 109 (TSJ Cataluña 27-9-10, EDJ 234455). De esta forma, en caso de incorrecta aplicación del epígrafe, se valora por la jurisprudencia si se debió a un error excusable o a un error no excusable (TS 18-1-08, EDJ 56618; TSJ Baleares 25-5-15, EDJ 33542).

b. Análisis de casos especiales

Adicionalmente, es preciso analizar cuidadosamente la concurrencia de situaciones especiales como las tres que expondremos seguidamente. **763**

Asimilados a trabajadores por cuenta ajena (LGSS art.136.2) Están incluidos en el Régimen General de la Seguridad Social, como asimilados a trabajadores por cuenta ajena, con exclusión de la protección por desempleo y Fondo de Garantía Salarial (FOGASA), los **consejeros y administradores** de sociedades mercantiles capitalistas, siempre que no posean el control de estas (directo o indirecto, en los términos de la LGSS art.136.2.c) cuando el desempeño de su cargo conlleve la realización de funciones de dirección y gerencia de la sociedad, siendo retribuidos por ello o por su condición de trabajadores por cuenta de la misma. **764**
Ante las dificultades que se suscitan en la práctica en este campo, es muy recomendable dedicar especial atención a examinar si el encuadramiento en la Seguridad Social de administradores, consejeros (y altos directivos) de la empresa auditada es el adecuado.

Representantes de comercio Aunque la de los representantes de comercio se considera una relación laboral de carácter especial, en lo que a Seguridad Social se refiere, actualmente están integrados en el **Régimen General**, con ciertas **particularidades**. La más destacable es que al propio representante de comercio le corresponde instar su afiliación, alta, variación de datos y baja en la Seguridad Social, así como hacer efectivas las cotizaciones. En consecuencia, la empresa debe entregar al representante de comercio, en el momento de abonarle su retribución, el importe de la aportación empresarial a la Seguridad Social. **765**
Estas peculiaridades exigen un **seguimiento expreso** durante la *due diligence* para asegurarnos de obtener toda la documentación necesaria para la labor de análisis. Si es preciso, y viable, tal vez se deba solicitar documentos al propio representante de comercio.

Entre otras cosas, es necesario comprobar que la **base de cotización** del representante respeta los límites mínimo y máximo (nº 750) y analizar si las cotizaciones por contingencias profesionales se realizan en la ocupación/situación «b».

766 **Trabajadores desplazados a/de otros países** Puesto que resultan cada vez más comunes los desplazamientos internacionales de trabajadores para prestar servicios temporalmente en otro Estado, tanto dentro de la Unión Europea (UE) como fuera de ella, cada día es más necesario, a la hora de realizar una *due diligence*, averiguar si existen trabajadores desplazados internacionalmente a/de la empresa auditada. Si se da esta tesitura, conviene averiguar cuáles son las condiciones del desplazamiento, y asegurarse de que la situación está correctamente cubierta desde el punto de vista de Seguridad Social. Algunas recomendaciones al respecto son:

• Pedir, si existe, el acuerdo o **contrato de desplazamiento** suscrito entre trabajador y empresa.
• Si se trata de un desplazamiento **dentro de la UE**, revisar los reglamentos comunitarios en la materia.
• Si se trata de un desplazamiento **fuera de la UE**, comprobar si existe convenio bilateral entre los dos Estados involucrados (país de origen y país de destino).
• En su caso, chequear la documentación que acredite que el trabajador desplazado está de **alta y** sigue **cotizando** en el país de origen (formulario comunicando al organismo competente de la Seguridad Social y de la Autoridad Laboral el desplazamiento, certificado A1, etc.).

c. Sanciones

768 Para darse cuenta de la importancia de un escrupuloso cumplimiento con las normas de Seguridad Social, basta con repasar muy rápidamente las posibles consecuencias en caso de infracción en esta materia, que pueden abarcar distintos planos sancionadores:

769 **Sanciones previstas en la LISOS** (LISOS art.21, 22, 23 y 40 -redacc L 10/2021 disp.final 1ª-) El Texto Refundido de la Ley sobre Infracciones y Sanciones en el Orden Social (LISOS) tipifica una serie de infracciones en materia de Seguridad Social, clasificándolas en tres **categorías** en función de su gravedad:

• Infracciones **leves**: sancionables con multas de 70 a 750 euros.
• Infracciones **graves**: sancionables con multas de 751 a 7.500 euros.
• Infracciones **muy graves**: sancionables con multas de 7.501 a 225.018 euros.

Las infracciones cometidas antes del 1-10-2021 se sancionarán conforme a las cuantías sancionatorias previstas con anterioridad a dicha fecha (L 10/2021 disp.trans.2ª).

770 Concretamente, según su calificación las **infracciones** consisten en:

Grado	Infracción	Sanción
Leve	No conservar durante 4 años los registros o soportes informáticos en que se hayan transmitido afiliación, altas, bajas o variaciones de tales datos.	Multa de 70 € a 750 €
	No poner a disposición de los trabajadores, caso de que no se haya expuesto en lugar destacado del centro de trabajo, el ejemplar del documento de cotización o copia autorizada del mismo dentro del mes siguiente al que corresponda el ingreso de las cuotas, o no facilitarlo a los representantes de los trabajadores.	
	No comunicar en tiempo y forma la baja de los trabajadores, así como las demás variaciones, o su no transmisión por los obligados o acogidos a la utilización de sistemas de presentación por medios informáticos, electrónicos o telemáticos.	
	No facilitar o comunicar fuera de plazo a las entidades gestoras los datos certificaciones y declaraciones que estén obligados a proporcionar.	
	No comunicar el cambio del documento de asociación de la contingencia de accidentes de trabajo y enfermedades profesionales, o en su caso, para las contingencias comunes.	
	No remitir a la entidad correspondiente las copias de los partes médicos de baja, confirmación de la baja o alta de incapacidad temporal facilitadas por los trabajadores, o su no transmisión por los obligados o acogidos a la utilización del sistema de presentación de tales copias, por medios informáticos, electrónicos o telemáticos.	

771

Grado	Infracción	Sanción
Grave	Iniciar la actividad empresarial sin haber solicitado la inscripción en la Seguridad Social, no comunicar la apertura y cese de la actividad u otras obligaciones en materia de inscripción de empresas e identificación de centros de trabajo, o su no transmisión, por obligados o acogidos, mediante medios informáticos, electrónicos o telemáticos.	Multa de 751 € a 7.500 €
	No solicitar la afiliación inicial o el alta de los trabajadores o solicitar la misma como consecuencia de actuación inspectora, fuera del plazo establecido. A estos efectos se considera una infracción por cada uno de los trabajadores afectados. (*)	Multa de 3.750 € a 12.000 €
	No ingresar, en el plazo y formas reglamentarios, las cuotas correspondientes que por todos los conceptos recauda la TGSS, o no efectuar el ingreso en la cuantía debida, habiendo presentado los documentos de cotización, siempre que la falta de ingreso no obedezca a una declaración concursal de la empresa, ni a un supuesto de fuerza mayor, ni se haya solicitado aplazamiento para el pago de las cuotas con carácter previo.	Multa de unos porcentajes del importe de las cuotas y demás conceptos de recaudación conjunta no ingresados, incluyendo recargos, intereses y costas: - grado mínimo: del 50 al 65%; - grado medio: 65,01 al 80%; - grado máximo: 80,01 al 100%.
	Incumplir las obligaciones económicas derivadas de su colaboración obligatoria en la gestión de la Seguridad Social.	Multa de 751 € a 7.500 €
	Formalizar con entidad indebida la protección por accidentes de trabajo y enfermedades profesionales y, en su caso, de la incapacidad temporal.	
	No entregar al trabajador, en tiempo y forma cuantos documentos se necesiten para la solicitud y tramitación de cualquier prestación, incluido el certificado de empresa, o la no transmisión de dicho certificado.	
	No abonar a la entidad correspondiente las prestaciones satisfechas por esta a los trabajadores, cuando la empresa haya sido declarada responsable de la obligación.	

771 (sigue)

Grado	Infracción	Sanción
Grave	Obtener o disfrutar indebidamente reducciones, bonificaciones o incentivos en relación con el importe de cuotas sociales, entendiéndose producida una infracción por cada trabajador, salvo que se trate de bonificaciones de formación profesional para el empleo y reducciones de las cotizaciones por contingencias profesionales a las empresas que hayan contribuido especialmente a la disminución y prevención de la siniestralidad laboral, en que se entiende producida una infracción por empresa.	Multa de 751 € a 7.500 €
	Solicitar la afiliación o el alta de los trabajadores que ingresen a su servicio fuera del plazo establecido, cuando no medie actuación inspectora, o su no transmisión por los obligados o acogidos a la utilización de sistemas de presentación por medios informáticos, electrónicos o telemáticos.	
	No comprobar los empresarios que contraten o subcontraten con otros la afiliación o alta de los trabajadores que estos ocupen, considerándose una infracción por cada trabajador afectado.	
	No proceder dentro del plazo reglamentario al alta y cotización por los salarios de tramitación y por las vacaciones devengadas y no disfrutadas antes de la extinción de la relación laboral. A estos efectos se considera una infracción por cada uno de los trabajadores afectados.	
	El incumplimiento de la obligación de comunicar a la entidad gestora de la prestación por desempleo, con antelación a que se produzca, las variaciones que se originen sobre el calendario inicialmente dispuesto, en relación con la concreción e individualización por trabajador de los días de suspensión o reducción de jornada, así como en este último caso, el horario de trabajo afectado por la reducción.	
	Dar ocupación, habiendo comunicado el alta en la Seguridad Social, a trabajadores, solicitantes o beneficiarios de pensiones u otras prestaciones periódicas de Seguridad Social, cuyo disfrute sea incompatible con el trabajo por cuenta ajena.	
	Incumplir, las entidades de formación o aquellas que asuman la organización de las acciones formativas programadas por las empresas, los requisitos de cada acción formativa establecidos por la normativa específica sobre formación profesional para el empleo, cuando haya dado lugar al disfrute indebido de bonificaciones en el pago de cuotas, salvo cuando la infracción sea calificada como muy grave de acuerdo con el artículo siguiente.	
	Comunicar la baja en un régimen de la Seguridad Social de trabajadores por cuenta ajena pese a que continúen la misma actividad laboral o mantengan idéntica prestación de servicios, sirviéndose de un alta indebida en un régimen de trabajadores por cuenta propia. A estos efectos se considerará una infracción por cada uno de los trabajadores afectados.	

Precisiones Las infracciones cometidas **antes del 1-10-2021** se sancionarán conforme a las cuantías sancionatorias previstas con anterioridad a dicha fecha (L 10/2021 disp.trans.2ª).

772

Grado	Infracción	Sanción
Muy grave	Dar ocupación como trabajadores a beneficiarios o solicitantes de pensiones u otras prestaciones periódicas de la Seguridad Social, cuyo disfrute sea incompatible con el trabajo por cuenta ajena, cuando no se les haya dado de alta en la Seguridad Social con carácter previo al inicio de su actividad. (*)	Multa de 12.001 € a 225.018 €
	No ingresar, en el plazo y formas reglamentarios, las cuotas correspondientes que por todos los conceptos recauda la TGSS, no habiendo presentado los documentos de cotización ni utilizado los sistemas de presentación por medios informáticos, electrónicos o telemáticos.	Multa de unos porcentajes del importe de las cuotas y demás conceptos de recaudación conjunta no ingresados, incluyendo recargos, intereses y costas: - grado mínimo: del 100,01 al 115%; - grado medio: 115,01 al 130%; - grado máximo: 130,01 al 150%.
	Falsear documentos para que los trabajadores obtengan o disfruten fraudulentamente prestaciones; así como la connivencia con ellos o con los demás beneficiarios para la obtención de prestaciones indebidas o superiores, o para eludir el cumplimiento de las obligaciones.	Multa de 7.501 € a 225.018 €
	Pactar con los trabajadores la obligación de que ellos asuman la prima o parte de cuota empresarial.	
	Incrementar indebidamente la base de cotización del trabajador para el aumento de prestaciones; simular la contratación laboral para la obtención indebida de prestaciones; no dar de alta antes del inicio de la actividad a perceptores o solicitantes de prestaciones.	
	Efectuar declaraciones o consignar datos falsos en los documentos de cotización, o en cualquier otro documento, para beneficiarse de deducciones o compensaciones fraudulentas en las cuotas, o incentivos relacionados con las mismas.	
	No facilitar al organismo público correspondiente los datos de los titulares de prestaciones, así como el de los beneficiarios, cónyuges u otros miembros, importes, clases de prestaciones y fechas de su concesión.	
	Falsear documentos para la obtención de bonificaciones en materia de formación continua.	
	Incumplir la obligación de suscribir convenio especial en supuestos de despido colectivo.	
	Dar ocupación a los trabajadores afectados por la suspensión de contratos o reducción de jornada, en el período de aplicación de las medidas de suspensión de contratos o en el horario de reducción de jornada comunicado a la autoridad laboral o a la entidad gestora de las prestaciones por desempleo, en su caso.	
	Retener indebidamente, no ingresándola dentro de plazo, la parte de cuota de Seguridad Social descontada a sus trabajadores o efectuar descuentos superiores a los legalmente establecidos, no ingresándolos en el plazo reglamentario.	Multa del 100,01 al 150% del importe de las cuotas no ingresadas y descontadas o del exceso del descuento, incluyendo recargos, intereses y costas

(*) No obstante, cuando con ocasión de una misma actuación de inspección se detecten **varias** de estas **infracciones**, la sanción que se proponga para cada una de ellas se incrementa en:
- un 20% en cada infracción cuando se trate de 2 trabajadores, beneficiarios o solicitantes;
- un 30% en cada infracción cuando se trate de 3 trabajadores, beneficiarios o solicitantes;
- un 40% en cada infracción cuando se trate de 4 trabajadores, beneficiarios o solicitantes;
- un 50% en cada infracción cuando se trate de 5 o mas trabajadores, beneficiarios o solicitantes.

Si bien, en ningún caso, la cuantía correspondiente a la infracción prevista para la infracción grave puede exceder de 12.000 €, ni la prevista para la infracción muy grave puede exceder de 225.018 € para cada una de las infracciones. Además, se pueden imponer **sanciones accesorias** (LISOS art.46.1); estas sanciones son independientes de las demás responsabilidades que puedan exigirse a los sujetos responsables.

773 **Recargos e intereses** (LGSS art.28) La falta de ingreso en plazo de las deudas con la Seguridad Social genera -además de la obligación de abonar las cuotas debidas y no prescritas- la aplicación de recargos y de intereses de demora.

774 **Recargos de prestaciones** (LGSS art.164) Todas las prestaciones económicas que tengan su causa en **accidente de trabajo o enfermedad profesional** se aumentan, según la gravedad de la falta, de un 30 a un 50%, cuando la lesión se produzca por equipos de trabajo o en instalaciones, centros o lugares de trabajo que carezcan de los medios de protección reglamentarios, los tengan inutilizados o en malas condiciones, o cuando no se hayan observado las medidas generales o particulares de seguridad y salud en el trabajo, o las de adecuación personal a cada trabajo, habida cuenta de sus características y de la edad, sexo y demás condiciones del trabajador.

Aun cuando el recargo de prestaciones es fruto del incumplimiento de medidas de seguridad o de higiene en el trabajo, cabe mencionarlo aquí, por su incidencia como **sobrecoste** añadido a los de Seguridad Social.

775 **Responsabilidad penal** (CP art.307) La elusión por parte del empresario de sus obligaciones de Seguridad Social puede llegar a constituir, en casos extremos, una infracción penal. Así, el Código Penal vigente tipifica como **delito** la conducta siguiente:

«1. El que, por acción u omisión, **defraude a la Seguridad Social** eludiendo el pago de las cuotas de esta y conceptos de recaudación conjunta, obteniendo indebidamente devoluciones de las mismas o disfrutando de deducciones por cualquier concepto asimismo de forma indebida, siempre que la cuantía de las cuotas defraudadas o de las devoluciones o deducciones indebidas exceda de 50.000 Euros (...)

2. A los efectos de determinar la cuantía mencionada en el apartado anterior se estará al importe **total defraudado** durante 4 años naturales».

d. Prescripción

(LGSS art.24.1; LISOS art.4.2)

777 Mediante la prescripción se extingue la deuda con la Seguridad Social. Prescriben a los 4 años:

- El derecho de la Administración de la Seguridad Social para determinar las **deudas** con la misma, cuyo objeto esté constituido por cuotas.
- La **acción** para exigir el pago de las deudas por cuotas de la Seguridad Social.
- La acción para imponer **sanciones** por incumplimiento de las normas de Seguridad Social.

Asimismo, el plazo de prescripción de las **infracciones** en materia de Seguridad Social es de 4 años.

4. Retribución

780

a. Aspectos a analizar y consecuencias 784
b. Posibles riesgos y contingencias detectadas 796

781 En la realización de una *due diligence* laboral en casos de compraventa de empresas uno de los aspectos a analizar más relevantes por sus posibles consecuencias son las condiciones salariales vigentes en la empresa objeto de compra.

Se trata de detectar posibles **contingencias** relativas, principalmente, al respeto a la estructura salarial y a las condiciones salariales establecidas con carácter mínimo en la normativa de aplicación, el abono de los pluses o complementos específicos, la correcta causalización de los complementos salariales y extrasalariales, su cotización en la seguridad social, etc.

Una vez detectadas las posibles contingencias, es necesario realizar una **estimación de los riesgos**, cuantitativos y cualitativos, derivados de esas contingencias en aras de que ambas empresas estén debidamente informadas de ello antes de llevar a cabo la operación de compraventa.

El **salario** es el conjunto de percepciones económicas que recibe el trabajador de la empresa, en dinero o en especie, por la prestación profesional de los servicios laborales por cuenta ajena (ET art.26.1).

A estos efectos, la Ley ofrece dos criterios para la delimitación de la **naturaleza de las partidas** que recibe el trabajador:

a) Un criterio positivo, en virtud del cual los conceptos salariales son los que guardan una relación de causalidad con el trabajo realizado, estableciéndose una presunción de naturaleza

salarial de todas las percepciones, salvo que se acredite claramente su desvinculación de la prestación de servicios.
b) Un criterio negativo, al establecer un listado de partidas de naturaleza extrasalarial, por no guardar vinculación con el trabajo (ET art.26.2).

El análisis de las condiciones salariales de la empresa conlleva la necesidad de solicitar a la empresa la siguiente **documentación**: **782**
1. **Nóminas** correspondientes a las mensualidades y años objeto de revisión. Se han de solicitar las nóminas de los trabajadores correspondientes a distintas mensualidades, que además deben corresponderse con el mismo periodo de los recibos de liquidaciones a la Seguridad Social (antiguos TC-1, TC-2) solicitados.
2. **Contratos de trabajo** y documentación conexa (historial completo, incluyendo contratos iniciales, prórrogas, conversiones en indefinidos, tarjetas de demandante de empleo, etc.) de los trabajadores seleccionados.
3. Copia de todos los **demás contratos**, acuerdos o pactos (individuales o colectivos) firmados por la sociedad en los que se hubieran establecido reconocimientos de antigüedad, o cualquier otro tipo de pactos por los que se acuerden indemnizaciones, condiciones, beneficios especiales para trabajadores, o cualquier tipo de pacto especial.
Una vez analizada la documentación solicitada, se obtiene la siguiente **información**:
• Salario base de aplicación para cada grupo profesional.
• La retribución variable que se abona a cada trabajador.
• Complementos salariales y extrasalariales que perciben los trabajadores de la empresa.
• Gratificaciones extraordinarias y forma de su devengo (mensualmente o semestralmente).
• Percepciones salariales incluidas en la base de cotización a la Seguridad Social.
• Fórmulas de retribución en especie, flexible, o cualquier otra que pueda suponer una mayor retribución para la plantilla.

a. Aspectos a analizar y consecuencias

Una vez extraída la información anterior, el siguiente paso es su análisis y detectar las posibles contingencias en caso de que las condiciones salariales de la empresa no se adecuen a la normativa legal y convencional, siendo en este aspecto también muy relevantes los **pactos de empresa o individuales** suscritos entre empresa y representantes de los trabajadores o entre empresa y los propios trabajadores. **784**
En este apartado, la *due diligence* ha de centrarse en los siguientes aspectos:
- salario base;
- complementos salariales y extrasalariales; y
- gratificaciones extraordinarias.

Salario base El salario base debe corresponderse con las tablas salariales establecidas, normalmente, en el convenio de aplicación para cada categoría profesional. **785**
Puede suceder que el importe del salario base establecido en las nóminas sea **inferior al salario actualizado** en las tablas salariales del convenio colectivo vigente. Esta situación puede ser frecuente en las empresas en las que hayan concurrido causas económicas. Por ello, debe examinarse si existe algún pacto colectivo que haya permitido la inaplicación de la actualización de los salarios y, consecuentemente, el mantenimiento de los salarios conforme a las tablas salariales correspondientes al periodo anterior. En caso de que así sea, en tanto existe un pacto que así lo permite, no hay ninguna contingencia.
Otra de las situaciones que pueden darse es que el **convenio colectivo** de aplicación se haya **publicado con posterioridad** a las nóminas analizadas y retrotraiga sus efectos a un momento anterior. De esta forma, las nóminas no recogen el importe salarial actualizado puesto que no se conocía en ese momento. Por ello, es preciso examinar si en el nuevo convenio de aplicación se ha regulado alguna disposición que permita un periodo transitorio para que la empresa abone las cuantías debidas por el atraso del convenio (p.e., Convenio Colectivo general de la Industria Química, BOE-A-2021). Si ello es así, la *due diligence* laboral debe confirmar si la empresa ha procedido efectivamente a abonar los retrasos derivados de la tardía publicación del convenio en el periodo indicado.
En caso contrario, se detecta una **contingencia** en este sentido, relativa a la posible reclamación por parte de los trabajadores del abono de las cuantías dejadas de percibir, cuyo plazo de prescripción es de un año (ET art.59).

Complementos salariales (ET art.26.3) La principal **contingencia** a detectar en este aspecto es que los complementos -salariales y extrasalariales- que la empresa abone estén correctamente causalizados, es decir, que respondan a su verdadera causa y, consecuentemente, que no se haya desnaturalizado el abono de los mismos. En caso contrario, puede ser que los complementos se hayan visto consolidados. **786**

Los complementos salariales obedecen a una **causa** específica y determinada presente en la prestación del trabajo. Están fijados en la negociación colectiva o en el propio contrato de trabajo y pueden abonarse en función de las condiciones personales del trabajador (antigüedad o complemento por idiomas), del trabajo realizado (entre otros, penosidad, toxicidad, peligrosidad o trabajo nocturno) o de la situación y resultados de la empresa (primas de productividad empresarial, participación en beneficios, bonus, entre otros).
Por ello, es preciso estar a lo dispuesto en el **convenio colectivo** de aplicación o a los **contratos de trabajo** o a los acuerdos retributivos colectivos o individuales.

787 **Carácter consolidable** El **convenio colectivo** determina si los complementos salariales son consolidables o no, si bien **en su defecto** rige el principio de no consolidación de los complementos vinculados al puesto de trabajo y a la situación y resultados de la empresa.

Precisiones No existe acuerdo en el convenio aplicable por el que deba entenderse que el complemento de **especial dedicación** sea consolidable. Se trata de un complemento de carácter funcional que, al hacer depender su percepción de la realización efectiva de las tareas que entraña esa especial dedicación y no disponerse pacto en contrario, tiene carácter no consolidable (TS 6-10-09, EDJ 245812; 12-7-11, EDJ 198193; TSJ Cataluña 23-9-14, 6169/14).

788 **Absorción y compensación** Se trata de una **técnica neutralizadora** de los **incrementos** salariales cuando los trabajadores ya vienen percibiendo salarios superiores en su conjunto y cómputo anual a los mínimos fijados en convenio.
En este apartado, debe analizarse si los complementos salariales pueden ser absorbibles y compensables a futuro.
A este respecto, debe tenerse en cuenta el requisito general de **homogeneidad** entre conceptos retributivos para que dicha absorción y compensación pueda operar (TS 14-9-16, EDJ 178669). Regla general que, sin embargo, permite ciertas excepciones atendiendo a lo que pueda haberse pactado en el convenio colectivo aplicable o contrato de trabajo individual (TS 29-1-19, EDJ 508368).

789 **Causa de su abono** El siguiente paso consiste en determinar efectivamente la causa de su abono.
Si los complementos no se perciben atendiendo a su verdadera causa, es decir, no se corresponden a una contraprestación por las **condiciones personales** del trabajador, por las condiciones especiales del **trabajo** realizado o por la **situación de la empresa**, se habría desnaturalizado el abono del complemento y este podría verse consolidado.

790 **Remuneración variable** Se devenga en función del cumplimiento de unos determinados **objetivos**, fijados normalmente por acuerdo de empresa o en el propio contrato de trabajo. En consecuencia, tiene carácter no consolidable puesto que no es abonable de manera automática, sino que únicamente se abona en función de la cumplimentación de los objetivos (AN 4-4-11, EDJ 51711; TS 26-6-12, EDJ 196545; TSJ Madrid 7-3-19, EDJ 558734).
En caso de detectarse que la remuneración variable se ha devengado aún en los casos de incumplimiento de objetivos, puede llegar a considerarse que se ha creado una **condición más beneficiosa** para los trabajadores de la empresa que hayan percibido esta remuneración, condición que previsiblemente debe respetar la empresa que vaya a ejecutar la compraventa. No obstante, el riesgo de la consideración de la retribución variable como condición más beneficiosa es discutido en tanto ha sido muy discutida por la jurisprudencia existiendo pronunciamientos en ambos sentidos (reconocimiento como condición más beneficiosa: TS 26-7-10, EDJ 185138; TSJ Madrid 5-2-20, EDJ 526324 en sentido contrario: TS 25-3-14, EDJ 67264; TSJ Madrid 27-11-17; EDJ 285293).

791 **Efectos en la base de cotización a la Seguridad Social** (LISOS art.22.3 y 40.1.d -redacc L 10/2021 disp.final 1ª-) Por último, otro de los aspectos que debe de analizarse es si los complementos salariales se han computado en la base de cotización a la Seguridad Social.
Por ello, se debe revisar las nóminas junto con los recibos de liquidación. En caso de que se detecte que **no** se hayan **incluido en la base de cotización** y, por ende, no se haya cotizado por ellos, la empresa ha incurrido en una **infracción grave** por no ingresar, en la forma y plazos reglamentarios, las cuotas correspondientes que por todos los conceptos recauda la TGSS o no efectuar el ingreso en la cuantía debida.
La **contingencia** para la empresa que se derivaría de esta falta de cotización sería:
- por un lado, la **obligación de ingresar** las cuotas por todos aquellos conceptos no incluidos en la base de cotización (para aquellos supuestos en los que el empleado no se hallara topado en base máxima de cotización, o en el importe correspondiente hasta alcanzar la misma), junto con un recargo del 20% sobre el total no cotizado; y
- por el otro lado, una posible **sanción** correspondiente a la comisión de esta infracción asciende a un importe comprendido entre el 50% y el 100% del importe de las cuotas de Seguridad Social y demás conceptos de recaudación conjunta no ingresados junto con el precitado recargo del 20%.

Complementos extrasalariales (ET art.26.2) Se trata de aquellas percepciones que recibe el trabajador al margen de su contraprestación por los servicios realizados. 792
Legalmente, se encuentran en este apartado:
a) Las cantidades que compensan o indemnizan al trabajador por los **gastos** ocasionados con motivo de la actividad laboral.
b) Las **prestaciones** e indemnizaciones de la Seguridad Social.
c) Las **indemnizaciones** correspondientes a traslados, suspensiones o despidos.
En primer lugar, es necesario acudir al convenio colectivo de aplicación en aras de observar qué complementos tienen naturaleza extrasalarial.
En segundo lugar, hay que averiguar cuál es la **naturaleza** real de los complementos extrasalariales abonados a los trabajadores y ello depende, al margen de la denominación conferida por las partes, de si estos conceptos son cantidades que verdaderamente compensan o indemnizan al trabajador por los gastos ocasionados con motivo de la actividad laboral (TS 3-5-17, EDJ 88846; 12-12-17, EDJ 279554).
La **calificación** que las partes les otorguen no obsta para que los mismos pierdan su verdadera naturaleza.
Así, debe corroborarse que los conceptos extrasalariales no oculten una verdadera naturaleza salarial.

Precisiones **1)** Los complementos denominados ficticiamente como **dietas** y **plus de transporte** no pueden ser considerados solo por su expresión puramente nominal. Encubren, en realidad, un propósito ajeno a lo que debe ser un valor indemnizatorio y, por lo tanto, solo pueden ser calificados en este caso concretos como salariales. Consecuentemente, se incluye en el salario regulador a efectos del cálculo de la indemnización los complementos denominados ficticiamente dietas y plus de transporte que el trabajador percibía (TSJ Cataluña 17-12-02, EDJ 67503; TSJ Madrid 19-9-05, EDJ 219476).
2) Se reconoce el incremento salarial a abonar en la nómina del trabajador al condenar a la empresa al pago de complemento personal de garantía no absorbible ni compensable. Se desvirtúa la naturaleza extrasalarial de las percepciones de dietas y **kilometraje** y las cantidades entregadas «a cuenta de convenio» deben entenderse incluidas como complemento personal de garantía no absorbible ni compensable (TSJ C.Valenciana 24-1-12, EDJ 77451; TSJ Cataluña 16-10-15, EDJ 215541; TSJ Asturias 15-9-06, EDJ 425180). Al respecto, si no existe desplazamiento o traslado, el plus transporte será un complemento salarial (TS 23-10-23, EDJ 746560).
3) En la determinación del salario regulador no se incluyen las dietas ni los **gastos de desplazamiento** por su carácter extrasalarial (TSJ Madrid 28-1-13, EDJ 30920; TSJ Castilla y León 10-7-14, EDJ 119423).

Por ello, en caso de detectarse que no responden a su verdadera naturaleza extrasalarial, sino que se trata de conceptos salariales, se debe incluir una **contingencia** al respecto en la *due diligence* laboral, destacando los **efectos** que de ello se derivan: 793
- Computan en el salario regulador a efectos de calcular la indemnización por extinción de contrato, de determinar el salario por vacaciones y periodos de descanso y de calcular la cuantía de los salarios de trámite.
- Pasan a formar parte de la base de cotización a la Seguridad Social y repercuten en la cuantía de las prestaciones de la Seguridad Social.
- Se incluyen en el cálculo del valor de la hora extraordinaria (TS 27-2-13, EDJ 30620; 18-3-13, 1463/2012).
- Son susceptibles de absorción y compensación.

En consecuencia, se detectan los siguientes **riesgos** en la empresa objeto de compra:
a) Posible reclamación por parte de los trabajadores de las cantidades dejadas de percibir en concepto de salarios. Plazo de prescripción de un año.
b) Reclamación del trabajador por el abono de la hora extraordinaria por un valor menor a su valor ordinario al tenerse que incluir los conceptos indebidamente considerados como extrasalariales.
De ello, se derivan dos **implicaciones**:
1. Los **trabajadores** no pierden el derecho a reclamar las cuantías debidas por este concepto, siendo el plazo de prescripción de un año (ET art.59).
2. La **empresa** ha cometido una infracción grave por vulneración de la normativa de las horas extraordinarias (LISOS art.7.5) y es susceptible de imposición de una sanción por importe comprendido entre 751 y 7.500 euros (LISOS art.40.1.b redacc L 10/2021 disp.final 1ª).

Además, no se han incluido en la base de cotización estos conceptos extrasalariales cuando debería haber sido así por lo que la empresa no ha ingresado las cuotas correspondientes que por todos los conceptos recauda la Seguridad Social. Se comete una infracción grave (LISOS art.22.3) a la que le corresponde una sanción, en función de su graduación, de entre el 50% y el 100% de las cuotas dejadas de ingresar (LISOS art.40.1.d redacc L 10/2021 disp.final 1ª).

Las infracciones cometidas antes del 1-10-2021 se sancionarán conforme a las cuantías sancionatorias previstas con anterioridad a dicha fecha (L 10/2021 disp.trans.2ª).

794 **Gratificaciones extraordinarias** Se debe analizar si los trabajadores de la empresa perciben las pagas extraordinarias según la **cuantía** y el **prorrateo** establecida en el convenio de aplicación o en pactos de la empresa.
En caso de que no se abonen, los trabajadores tienen derecho a reclamar su percepción, siendo el plazo de **prescripción** de un año (ET art.59).
Se recomienda que se formalicen por escrito los **acuerdos** entre la empresa y los trabajadores relativos al abono de las pagas extraordinarias en un momento posterior al establecido en el convenio debido a la concurrencia de causas económicas en la empresa.

b. Posibles riesgos y contingencias detectadas

796 De manera detallada, se expone a continuación los riesgos detectados en relación con las retribuciones en la empresa objeto de la operación de compraventa y sus posibles consecuencias:
Los trabajadores pueden plantear **reclamaciones** por cantidades pendientes de recibir (plazo de prescripción de un año -ET art.59-), en los siguientes supuestos:
1. **Salarios** dejados de percibir.
2. Retrasos en la aplicación de las **actualizaciones** salariales del convenio colectivo de aplicación.
3. Abono de las **horas extraordinarias** por un menor valor al no incluir los complementos extrasalariales indebidamente causalizados.

797 Las **infracciones y sanciones** en materia retributiva que pueden derivarse en una *due diligence* son:

Incumplimiento	Infracción	Calificación	Sanción
No incluir en la base de cotización los complementos salariales o no ingresar la cuantía debida por incorrecta causalización de las percepciones extrasalariales.	No ingresar, en la forma y plazos reglamentarios, las cuotas correspondientes que por todos los conceptos recauda la Tesorería General de la Seguridad Social o no efectuar el ingreso en la cuantía debida.	Infracción grave (LISOS art.22.3.).	En función de su graduación (LISOS art.40.1.d.1 redacc L 10/2021 disp.final 1ª): • En su grado mínimo, con multa del 50 al 65% del importe de las cuotas de Seguridad Social y demás conceptos de recaudación conjunta no ingresados, incluyendo recargos, intereses y costas. • En su grado medio, con multa del 65,01 al 80%. • En su grado máximo, con multa del 80,01 al 100%.
Abono de la hora extraordinaria por valor inferior a la hora ordinaria.	Transgresión de las normas y límites pactados en materia de horas extraordinarias.	Infracción grave (LISOS art.7.5).	En función de su graduación (LISOS art.40.1.b redacc L 10/2021 disp.final 1ª): • En su grado mínimo, de 751 a 1.500 euros, • En su grado medio de 1.501 a 3.750 euros; • En su grado máximo de 3.751 a 7.500 euros

Precisiones Las infracciones cometidas **antes del 1-10-2021** se sancionarán conforme a las cuantías sancionatorias previstas con anterioridad a dicha fecha (L 10/2021 disp.trans.2ª).

5. Representación de los trabajadores

a. Representación unitaria 803
b. Representación sindical 811
c. Conflictividad laboral en la empresa 816 800

El objetivo principal de la *due diligence* laboral en el marco de la representación de los trabajadores consiste en verificar la existencia de dichos órganos en la empresa en el momento de la realización de la misma, así como la legalidad en cuanto a su **constitución y funcionamiento**, permitiendo a la compañía adquirente valorar el grado de conflictividad existente en la empresa o unidad de negocio objeto de trasmisión. 801

Nuestro ordenamiento jurídico admite distintas **formas de participación** en la empresa por parte de los trabajadores: la representación unitaria y la representación sindical. Ambos aspectos deben analizarse en el marco de la *due diligence* laboral.

a. Representación unitaria

El **número de trabajadores** de la empresa es el elemento clave que determina la posible existencia de delegados de personal o bien comité de empresa, y dentro de este, pueden existir comités intercentros o comité de empresa europeo. Por tanto, lo primero que debe analizarse en el marco de una revisión laboral es si existen representantes de los trabajadores en la empresa y, en caso afirmativo, si la representación unitaria se corresponde con el número de empleados de la misma. 803

En caso de existir representación unitaria, debe solicitarse a la empresa la documentación relativa a las últimas **elecciones sindicales** celebradas a fin de poder identificar y conocer diversos aspectos clave en esta materia:

- La vigencia y duración del mandato.
- Su composición (distintos trabajadores que lo conforman y sindicatos a los que pertenecen).

Derechos y obligaciones (ET art.64) Por otro lado, nuestro ordenamiento jurídico establece una serie de derechos y competencias en favor de la representación de los trabajadores que el empresario debe atender. Dicho precepto reconoce el derecho de los mismos a ser informados o consultados por la empresa sobre materias que tengan afectación sobre los trabajadores, el empleo o la situación de la propia empresa. Como contrapartida a dichos derechos, surgen una serie de obligaciones para la empresa cuyo cumplimiento debe asimismo verificarse en el marco de una *due diligence* laboral. 804

Derecho de información (ET art.64.2 a 5) En primer lugar, se debe examinar si la empresa dispone de documentación acreditativa de la entrega a los representantes de los trabajadores de la documentación e información que a continuación pasamos a referir: 805

- Con **carácter trimestral**:

a) La evolución general del **sector** económico a que pertenece la empresa.

b) La situación económica de la **empresa** y la evolución reciente y probable de sus actividades, incluidas las actuaciones medioambientales que tengan repercusión directa en el empleo, así como sobre la producción y ventas, incluido el programa de producción.

c) Las previsiones del empresario de celebración de **nuevos contratos**, con indicación del número de estos y de las modalidades y tipos que serán utilizados, incluidos los contratos a tiempo parcial, la realización de horas complementarias por los trabajadores contratados a tiempo parcial y de los supuestos de subcontratación.

d) Las **estadísticas** sobre el índice de absentismo y las causas, los accidentes de trabajo y enfermedades profesionales y sus consecuencias, los índices de siniestralidad, los estudios periódicos o especiales del medio ambiente laboral y los mecanismos de prevención que se utilicen.

- Con **carácter anual**: documentación que acredite si se ha informado a los representantes sobre la aplicación del derecho de **igualdad de trato** y de oportunidades entre mujeres y hombres, habiendo facilitado datos sobre la proporción de mujeres y hombres en los diferentes niveles profesionales, así como, en su caso, sobre las medidas que se hubieran adoptado para fomentar la igualdad entre mujeres y hombres en la empresa y, de haberse establecido un plan de igualdad, sobre la aplicación del mismo. 806

• Con la **periodicidad** que proceda **en cada caso**: se debe revisar si la empresa ha entregado documentación e información relativa a las siguientes materias:
a) El **balance**, la cuenta de resultados, la memoria y demás documentos que se den a conocer a los socios.
b) **Modelos de contrato de trabajo** escrito que se utilicen en la empresa, así como los documentos relativos a la terminación de la relación laboral.
c) **Sanciones** impuestas por faltas muy graves a los trabajadores.
d) De los **parámetros, reglas e instrucciones en los que se basan los algoritmos o sistemas de inteligencia artificial** que afectan a la toma de decisiones que pueden incidir en las condiciones de trabajo, el acceso y mantenimiento del empleo, incluida la elaboración de perfiles.
Adicionalmente, la representación legal de los trabajadores tendrá derecho a recibir la **copia básica** de los contratos así como la notificación de las prórrogas y de las denuncias correspondientes a los mismos en el plazo de diez días siguientes a que tuvieran lugar.
Asimismo, debe establecerse un **control** de si la empresa ha informado y además consultado a los representantes sobre la situación y estructura del empleo en la empresa o en el centro de trabajo, la evolución probable del mismo, así como de todas las decisiones de la empresa que pudieran provocar cambios relevantes en la organización del trabajo y a los contratos de los empleados.

Precisiones Debe tenerse en cuenta que la empresa está obligada no solo a acreditar que ha facilitado toda la documentación e información expuesta en los apartados anteriores sino también que los ha hecho en el **momento**, de manera y con un **contenido** apropiados que permitan a los representantes de los trabajadores proceder a su examen adecuado y a preparar, en su caso, la consulta y el informe.

807 **Solicitud de informe previo** (ET art.64.5) Por último, y en lo que a los derechos de los representantes se refiere, el ET establece el derecho del comité de empresa a emitir un informe previo a la ejecución por parte del empresario de cualquier decisión que pretenda adoptar sobre determinadas **materias con impacto laboral**.
A este respecto, debe examinarse si la empresa cumple con dicha normativa y si ha solicitado la emisión de informe previo de los representantes en los siguientes supuestos:
a) Reestructuraciones de plantilla y ceses totales o parciales, definitivos o temporales, de aquella.
b) Reducciones de jornada.
c) Traslado total o parcial de las instalaciones.
d) Procesos de fusión, absorción o modificación del estatus jurídico de la empresa que impliquen cualquier incidencia que pueda afectar al volumen de empleo.
e) Planes de formación profesional en la empresa.
f) Implantación y revisión de sistemas de organización y control del trabajo, estudios de tiempos, establecimiento de sistemas de primas e incentivos y valoración de puestos de trabajo.

808 **Otros derechos** (ET art.68.e y 81) Asimismo, los representantes de los trabajadores tienen derecho a que la empresa les facilite un **local** «adecuado» siempre que las características del centro lo permitan, un **tablón de anuncios** donde puedan publicar sus opiniones, así como un **crédito horario**, esto es, una serie de horas dentro de la jornada laboral para el ejercicio de sus funciones representativas. Por ello se debe solicitar a la empresa documentación acreditativa de todos estos extremos.

Precisiones **1)** La jurisprudencia del TS ha venido entendiendo que el citado precepto no obliga a facilitar un **local** para uso exclusivo, sino que lo que ordena es que sea adecuado; condición que ha de entenderse cumplida cuando en dicho local pueda desarrollarse eficazmente la actividad de una y otra representación, en un sitio visible. Incluso cabe la utilización compartida con la representación legal, pues el derecho que reconoce el ET a delegados de personal y comité de empresa, y el análogo que consagra en favor de las sindicales el LOLS art.8.2.c), no han de ser entendidos en términos que excluyan la **utilización compartida** por una y otra representación, sino en que sea adecuado para el respectivo ejercicio de su actividad representativa (TS 15-2-12, EDJ 45122; 29-12-94, EDJ 10065; TSJ Asturias 26-7-13, EDJ 159170).
2) Respecto al **tablón de anuncios**, hay que considerar la posibilidad -y efectuar la oportuna revisión- de que la empresa haya sustituido el tablón de anuncios físico por algún tipo de medio o **sistema telemático** que, en cualquier caso, permita el ejercicio de la actividad representativa en materia de información y comunicación con las personas trabajadoras (sobre el uso de sistemas telemáticos en este ámbito, ver TS 14-7-16, EDJ 145506).

809 **Posibles sanciones** (LISOS art.7.7 y 40.1.b -redacc L 10/2021 disp.final 1ª-) El incumplimiento de las obligaciones de información y consulta o de puesta a disposición de los medios necesarios a los representantes de los trabajadores debe ser incluido en el informe de *due diligence* laboral como una contingencia laboral ya que según la Ley de Infracciones y Sanciones en el Orden Social se considera como una **infracción grave** la trasgresión de los derechos de información

y consulta de los representantes de los trabajadores, susceptible de ser sancionada con una multa administrativa que puede oscilar entre los 751 y los 7.500 euros. Las infracciones cometidas antes del 1-10-2021 se sancionarán conforme a las cuantías sancionatorias previstas con anterioridad a dicha fecha (L 10/2021 disp.trans.2ª).

b. Representación sindical

Los trabajadores que estén afiliados a un sindicato tienen derecho a intervenir en el ámbito de una empresa o centro de trabajo a través de la actuación de secciones sindicales o de su condición de delegados sindicales. **811**

Secciones sindicales y delegados sindicales (LOLS art.8.1, 10.1) La sección sindical es el conjunto organizado de los trabajadores de una empresa o centro de trabajo **afiliados** a un mismo sindicato, de modo que en tales ámbitos pueden existir tantas secciones sindicales como grupos de trabajadores afiliados a uno u otro sindicato. **812**

Por su parte, los delegados sindicales son trabajadores que representan a las secciones sindicales en la empresa o centro de trabajo por lo que su constitución viene limitada en función de si se ha constituido previamente secciones sindicales.

En las **empresas o centros de trabajo** que ocupen a **más de 250 trabajadores**, las secciones sindicales que se hayan constituido por los trabajadores afiliados a los sindicatos con presencia en los comités de empresa pueden estar representadas por delegados sindicales elegidos por y entre sus afiliados en la empresa o en el centro de trabajo.

En este sentido, será igualmente importante confirmar si el convenio colectivo aplicable en la empresa sobre la que se está realizando la *due diligence* laboral contiene alguna regulación específica sobre la representación sindical, por ejemplo, si amplía la posibilidad de contar con un delegado sindical a aquellas empresas con una **plantilla inferior a los 250** empleados (como ocurre, a título ilustrativo, en el convenio colectivo General de la industria química).

La **finalidad** de la *due diligence* laboral en relación con la representación sindical consiste en verificar y analizar los siguientes aspectos:

• Determinar si existen órganos de representación sindical en la empresa: se debe solicitar documentación acreditativa de dicho extremo.
• Analizar la normativa existente en el convenio colectivo aplicable y, en su caso, los derechos otorgados a la representación sindical de los trabajadores.
• Determinar si la representación sindical existente se adecua a la legalidad vigente en cuanto a su constitución y representatividad (para ello se debe solicitar el acta de las últimas elecciones sindicales realizadas en la empresa).
• Respetar y cumplir con los derechos y garantías otorgados a la representación sindical según lo expuesto en el apartado siguiente.

Derechos y obligaciones (LOLS art.8.2 10.3) A estos efectos, las secciones sindicales legal y válidamente constituidas tienen atribuidos una serie de derechos y competencias que varía dependiendo de su representatividad y que, a su vez, conllevan una serie de obligaciones que la empresa debe cumplir. A estos efectos y sin perjuicio de los derechos concedidos de forma genérica a todas las secciones sindicales (esto es, celebrar reuniones, recaudar cuotas y distribuir información sindical, fuera de las horas de trabajo y sin perturbar la actividad normal en la empresa, así como recibir la información que le remita su sindicato), la ley establece unas competencias específicas de mayor envergadura para las **secciones sindicales** de los sindicatos **más representativos** y que tengan representación en el comité de empresa. En concreto, tienen: **813**

• Derecho a disponer de un tablón de anuncios que debe situarse en el centro de trabajo y en lugar donde se garantice un adecuado acceso al mismo de los trabajadores.
• Derecho a la negociación colectiva
• Derecho a la utilización de un local adecuado en el que puedan desarrollar sus actividades en aquellas empresas o centros de trabajo con más de 250 trabajadores.
• Por su parte, los **delegados sindicales** tienen las mismas garantías que las establecidas legalmente para los miembros de los comités de empresa, así como los siguientes derechos (sin perjuicio de lo que pueda fijarse en el convenio colectivo aplicable):
• Tener acceso a la misma información y documentación que la empresa ponga a disposición del comité de empresa, estando obligados los delegados sindicales a guardar sigilo profesional en aquellas materias en las que legalmente proceda.
• Asistir a las reuniones de los comités de empresa y de los órganos internos de la empresa en materia de seguridad e higiene con voz, pero sin voto.

• Ser oídos por la empresa previamente a la adopción de medidas de carácter colectivo que afecten a los trabajadores en general y a los afiliados a su sindicato en particular, y especialmente en los despidos y sanciones de estos últimos.
En definitiva, y al igual que en el caso de la representación unitaria, la *due diligence* laboral debe verificar cual es el **grado de cumplimiento** de la empresa de los derechos y competencias que tienen las secciones sindicales y los delegados sindicales y, para ello, debe solicitar a la empresa objeto de revisión toda la documentación acreditativa de la observancia de dichas obligaciones.

814 **Posibles sanciones** (LISOS art.7.7 a 9, 8.5 a 8 y 40.1.b y c) En caso de incumplimiento de estos derechos por parte del empresario, ello debe referenciarse en el informe de *due diligence* laboral como una contingencia económica al considerarse como **infracciones** laborales **graves** susceptible de ser sancionadas con una multa administrativa de entre 751 y 7.500 euros las siguientes:
• La transgresión de los derechos de información, audiencia y consulta de los representantes de los trabajadores y de los delegados sindicales.
• La transgresión de los derechos de los representantes de los trabajadores y de las secciones sindicales en materia de crédito de horas retribuidas y locales adecuados para el desarrollo de sus actividades, así como de tablones de anuncios.
• La vulneración de los derechos de las secciones sindicales en orden a la recaudación de cuotas, distribución y recepción de información sindical.
Asimismo, también se tipifican como **muy graves**, y por tanto susceptibles de multa administrativa para la empresa de entre 7.501 y 225.018 euros, los siguientes incumplimientos por parte del empresario:
• Transgredir el deber de colaborar en las elecciones sindicales.
• Impedir derecho de reunión.
• Impedir al acceso al centro de los cargos electivos de organizaciones sindicales más representativas.
• Trasgresión de cláusulas normativas sobre materias sindicales establecidas en el Convenios Colectivos.
Las infracciones cometidas **antes del 1-10-2021** se sancionarán conforme a las cuantías sancionatorias previstas con anterioridad a dicha fecha (L 10/2021 disp.trans.2ª).

c. Conflictividad laboral en la empresa

816 Uno de los aspectos más importantes que debe reflejarse en una *due diligence* laboral es el grado de conflictividad existente en la empresa objeto de revisión.
Para ello se debe requerir una serie de **documentación** que permita analizar los conflictos colectivos que han existido en los últimos años principalmente en lo referente a las siguientes materias:
a) Huelgas convocadas y celebradas.
b) Conflictos colectivos promovidos por los representantes legales.
c) Procedimientos de restructuración de la plantilla, internos o externos (despidos colectivos, suspensiones o reducciones de la jornada colectivas, modificaciones sustanciales de las condiciones de trabajo colectivas, descuelgues de convenio colectivo, etc.).
d) Cierres patronales.
e) Actas de las reuniones mantenidas con los representantes de los trabajadores.
Con dicha información, se debe realizar un diagnóstico final en el que se materialice el grado de conflictividad existente en la empresa.
El **grado de sindicalización** es un factor que suele ir íntimamente ligado al grado de conflictividad laboral de una compañía debido a que los grandes conflictos (conflicto colectivo, huelga, etc.) únicamente están legitimados a interponerlos los representantes de los trabajadores.

Precisiones Una compañía que en los últimos tres años se ha visto incursa en varias **huelgas o conflictos colectivos** por modificación de condiciones de trabajo es una empresa en el que el grado de conflictividad laboral es elevado y ello es importante reflejarlo en el informe de *due diligence* laboral.

6. Compromisos por pensiones

820 Normalmente lo primero que hay que hacer es preguntar si existe **plan de pensiones** en la empresa. Por si acaso, entre el listado de documentación solicitada para la *due diligence* (*check-list*) es conveniente incluir la petición de cualquier documento relativo a planes de pensiones: acuerdos con los trabajadores, reglamento del plan, pólizas de seguros, etc.

Es aconsejable revisar ante todo el **convenio colectivo** de aplicación a la empresa revisada, para verificar si existe algún compromiso de constituir un plan de pensiones, o tal vez de adherirse a un plan (de promoción conjunta) ya existente.
También es necesario averiguar si la empresa ha asumido **compromisos** para con sus trabajadores en esta materia, ya sea mediante acuerdos de empresa o pactos.

Reglamento del plan de pensiones Las especificaciones del plan de pensiones constituyen un documento esencial para la labor de los auditores en este campo. Entre otras cuestiones, el estudio de dichas especificaciones permite **comprobar** cuanto sigue: 821

a) Elementos personales del plan de pensiones: promotor, partícipes y beneficiarios.
b) Normas de constitución y funcionamiento de la comisión de control del plan.
c) Fondo de pensiones al que se adscribe el plan.
d) Contingencias cubiertas.
e) Prestaciones y aportaciones.
f) Regulación acerca de las altas y bajas de los partícipes y la movilidad de sus derechos consolidados.
g) Causas de terminación del plan y normas para su liquidación.

Obligación de externalización Dado que con carácter general existe la obligación de externalizar los compromisos por pensiones, que no pueden ser asumidos mediante fondos internos o instrumentos similares, es imprescindible asegurarse de que la empresa ha efectuado esa externalización, mediante un plan de pensiones, contrato de seguro o ambos. Hay que verificar, asimismo, cuál es la **entidad financiera** o **aseguradora** con la que se ha externalizado el compromiso. 822
El empresario incumplidor incurre en **infracción muy grave** en materia laboral, que puede ser objeto de sanción, en su grado máximo, con hasta 225.018 euros (LISOS art.8.15 y 40.1.c -redacc L 10/2021 disp.final 1ª-). La graduación de la misma se realiza atendiendo a la negligencia, intencionalidad, fraude, incumplimiento advertencias previas de la Inspección, número de trabajadores o beneficiarios, perjuicio causado y cifra de negocios de la empresa.

Precisiones Durante mucho tiempo el control de la obligación de externalización supuso uno de los temas estrella de toda *due diligence* laboral, especialmente como consecuencia de la concesión de un plazo máximo para cumplir con dicha obligación, plazo que -además- fue prorrogándose sucesivamente. A día de hoy se puede dar por cerrado el **régimen transitorio de exteriorización**, también para ciertos premios por jubilación para los que fueron concediéndose sucesivas moratorias hasta el 31-12-2006. Por consiguiente, es necesario hacer hincapié en este ámbito hasta cerciorarse de que en la empresa revisada no existe compromiso de pensiones pendiente de exteriorización.
Se trata de una cuestión que ha suscitado controversias durante mucho tiempo, por tratarse de una carga importante para las pequeñas y medianas empresas. En este sentido, no está de más recabar justificantes acreditativos de que la empresa está al corriente de sus pagos a la entidad aseguradora o financiera con la que tenga externalizado su plan de pensiones.

Movilización de los derechos consolidados Cuestión especialmente relevante es la de los derechos consolidados de los partícipes en el plan de pensiones, y más concretamente la movilización de dichos derechos a **otro plan**, o a un **instrumento alternativo** de previsión social igualmente válido a estos efectos. 823

Precisiones Nos hallamos de nuevo ante un tema que puede resultar crítico para la *due diligence*, sobre todo en el marco de operaciones de compraventa de empresas, donde el comprador necesita conocer con detalle las consecuencias económicas que pueden derivarse de los **compromisos por pensiones** que está asumiendo. Piénsese, por ejemplo, en casos de planes de prestación definida para un colectivo importante de trabajadores; el impacto financiero para un hipotético comprador puede ser enorme, hasta el punto de convertirse en uno de los elementos cruciales a la hora de adoptar la decisión final respecto a la operación de compraventa.
Recomendamos, por consiguiente, prevenir sorpresas en el futuro, aclarando cuáles son las aportaciones garantizadas y, en su caso, planteándose posibles **soluciones alternativas** al mantenimiento del plan de pensiones (soluciones que, obviamente, han de ajustarse a la legalidad vigente).

7. Litigios y procedimientos laborales

Uno de los aspectos más relevantes a analizar en una *due diligence* laboral es la existencia de posibles contenciosos pendientes, ya sean individuales o colectivos, puesto que ello puede representar contingencias futuras con un impacto económico. 825
A estos efectos, se considera como **litigios pendientes** aquellas situaciones en las que uno o varios trabajadores (o incluso Administraciones públicas) han interpuesto una demanda contra la empresa como consecuencia de una conducta que el trabajador o la administración considera que afecta a los derechos del trabajador establecidos legalmente.

La finalidad de la *due diligence* es detectar y analizar si existen procedimientos judiciales tanto **en curso** como **previsibles** o **finalizados** recientemente a fin de cuantificar el riesgo económico que se puede derivar de los mismos. Para ello, se debe solicitar a la empresa un listado de todos los procedimientos en curso o previsibles tanto judiciales como administrativos, así como el expediente completo de cada uno de ellos incluyendo tanto la demanda como demás documentación o escritos judiciales (autos, diligencias, actas de conciliación, reclamaciones previas).

Los litigios y procedimientos laborales ya sean en curso o potenciales existentes en una compañía pueden ser de diversos **tipos**:

a) Procedimientos individuales.
b) Procedimientos colectivos.
c) Procedimientos administrativos.

826 **Procedimientos individuales** Son aquellas demandas que se derivan de reclamaciones individuales realizadas por los trabajadores. Pueden afectar a diversos **motivos** tales como despidos, reclamaciones de cantidad, modificación sustancial, sanciones, derechos fundamentales, etc.

En estos casos, en la *due diligence* laboral se debe analizar el *petitum* de la demanda, calificar el riesgo existente y valorar la **contingencia económica** que se puede derivar del mismo en caso de estimación de la demanda presentada por la parte actora.

827 **Procedimientos colectivos** Son aquellos conflictos de carácter colectivo que representan una manifestación de la discrepancia de carácter laboral entre empresarios y trabajadores, y que afecta a los intereses generales de estos últimos. Existen varios **tipos** de procedimientos que son los que se encuentran más a menudo en la práctica empresarial:

a) **Conflicto colectivo** de interpretación y aplicación de norma legal o convencional, decisión o práctica del empresario.
b) **Conflicto de intereses**, en el que se pretende la modificación o sustitución de norma reguladora aplicable (p.e., supresión de un derecho adquirido).
c) Procedimiento de **extinción colectiva de contratos** de trabajo, modificaciones sustanciales de condiciones de trabajo colectivas, inaplicación del convenio colectivo, etc.

En todos estos casos, en la *due diligence* laboral es preciso analizar cuál es el **conflicto planteado**, cuáles son las posturas enfrentadas entre las partes, así como el estadio en el que se encuentre el **procedimiento**. En el caso de expedientes de regulación de empleo, es necesario analizar la medida planteada (ya sea extintiva o suspensiva), la existencia o no de acuerdo con los representantes de los trabajadores y, en su caso, si ha habido impugnación judicial del mismo ya sea individual o colectiva.

828 **Procedimientos administrativos** Las autoridades laborales derivadas del Ministerio de Trabajo disponen de órganos públicos, ya sean estatales o sectoriales, a los que corresponde establecer un control sobre el cumplimiento de las normas tanto del orden social como de Seguridad Social y exigir responsabilidades en caso de infracciones tipificadas en el Ley de Infracciones y Sanciones en el Orden Social.

De ello se encarga la **Inspección de Trabajo y de Seguridad Social**, órgano que fiscaliza el cumplimiento de las normas laborales desde contratación, jornada, salarios, prevención de riesgos, afiliación, alta cotizaciones, etc. y con el que las empresas pueden verse relacionadas en caso de que la tramitación de un expediente administrativo por parte de dicho órgano.

La actuación inspectora puede **iniciarse** por distintas vías:

- Iniciativa propia del inspector de trabajo.
- Por solicitud de otros órganos administrativos o jurisdiccionales.
- Por denuncia particular.

La Inspección de Trabajo tiene la **facultad** de realizar visitas a su arbitrio, de entrar libremente y sin previo aviso en todo centro de trabajo a fin de desarrollar su función de control ya sea examinando documentos, obteniendo pruebas o interrogando personas.

829 Como consecuencia de la actividad inspectora se puede derivar distintas situaciones:

a) Una simple **advertencia o requerimiento** a fin de regularizar una situación detectada por el inspector actuante que no se ajusta a la normativa laboral sin que sea necesario iniciar el procedimiento sancionador.
b) La imposición de un **acta de infracción y/o de liquidación de cuotas** dando lugar a la iniciación de un procedimiento sancionador.

A estos efectos, en la *due diligence* laboral debe verificarse la existencia de procedimientos administrativos o bien en curso o bien cerrados recientemente. Para ellos es preciso solicitar el **libro de visitas** donde se registra la actuación inspectora, así como las actas de infracción/liquidación de cuotas a la Seguridad Social que haya podido levantarse por la Inspección. Las **cantidades reclamadas** en las actas, así como las posibles multas que se puedan imponer a la compañía deben reflejarse en la *due diligence* laboral como una contingencia.

8. Prevención de riesgos laborales

a. Áreas de análisis.......... 837 **833**
b. Coordinación de las actividades empresariales.......... 848
c. Posibles responsabilidades para el empresario.......... 850

La Constitución Española establece que los poderes públicos deben velar por la **seguridad e higiene** en el trabajo (Const art.40). Por tanto, existe un derecho constitucional que garantiza la protección de la salud y la integridad en el trabajo lo cual se lleva a cabo en nuestro ordenamiento jurídico a través de la L 31/1995 de noviembre de Prevención de Riesgos Laborales (LPRL). **834**

La prevención de riesgos laborales tiene como **objetivo** proteger a los trabajadores frente a los riesgos derivados de las condiciones de trabajo, la protección de la salud y la seguridad de los trabajadores y obliga a los empresarios a cumplir con todo un conjunto establecido de deberes y obligaciones que van desde planificar y evaluar la prevención hasta formar e informar de los riesgos a los trabajadores proporcionándoles un mejor conocimiento real de los riesgos existentes en la empresa.

Por ello, en la *due diligence* laboral se debe analizar el **cumplimiento de las normas** de prevención de riesgos laborales verificando la adecuación de las acciones de prevención realizadas por la empresa según la legalidad vigente.

Precisiones En el informe de *due diligence* laboral es importante indicar que en materia prevención de riesgos laborales se efectúa una revisión de la documentación exigida por la correspondiente normativa, pero no se realiza un análisis del grado de **implementación** material, real y efectiva en los centros y puestos de trabajo, ni sobre la suficiencia técnica o no de las medidas preventivas que procedan, por lo que es importante indicar que no se va a valorar ni cuantificar ninguna contingencia respecto a estas materias.

La LPRL establece expresamente que la prevención de riesgos laborales debe integrarse en el sistema general de gestión de la empresa, tanto en el conjunto de sus actividades como en todos los niveles jerárquicos de esta, a través de la implantación y aplicación de un **plan de prevención de riesgos laborales** (LPRL art.16). **835**

Este plan debe incluir la estructura organizativa, las responsabilidades, las funciones, las prácticas, los procedimientos, los procesos y los recursos necesarios para realizar la acción de prevención de riesgos en la empresa, en los términos que reglamentariamente se establezcan.

a. Áreas de análisis

Los instrumentos esenciales para la gestión y aplicación del **plan de prevención** de riesgos, así como los aspectos a analizar para el cumplimiento de la normativa en materia de prevención de riesgos son los siguientes: **837**

1. Evaluación de riesgos laborales.
2. Planificación de la acción preventiva.
3. Equipos de trabajo y medios de protección individual.
4. Formación de los trabajadores.
5. Información, consulta y participación de los trabajadores en la actividad preventiva.
6. Vigilancia de la salud.
7. Medidas de emergencia.

A los efectos de **analizar** el **grado de cumplimiento** de los puntos anteriores, el primer aspecto de análisis será determinar la modalidad de organización, funcionamiento y control de los servicios de prevención, es decir, si tales servicios de prevención de riesgos laborales se ejecutan internamente por parte de la empresa (servicio de prevención propio) o por parte de una tercera entidad (servicio de prevención ajeno).

Evaluación de riesgos laborales El empresario debe realizar un análisis previo e inicial de los riesgos para la seguridad y salud de los trabajadores, teniendo en cuenta, con carácter general, la naturaleza de la actividad, las características de los puestos de trabajo existentes y **838**

de los trabajadores que deban desempeñarlos. La evaluación inicial de riesgos debe disponer de todas aquellas otras actuaciones que deban desarrollarse de conformidad con lo dispuesto en la normativa sobre protección de riesgos específicos y actividades de especial peligrosidad. La evaluación debe ser actualizada cuando cambien las condiciones de trabajo y, en todo caso, debe someterse a consideración y revisión, si fuera necesario, con ocasión de los daños para la salud que se hayan producido en la empresa.

Por tanto, deben realizarse distintos **tipos de evaluación**:

1. **Evaluación inicial** de riesgos laborales: es aquella que se lleva a cabo al inicio de la actividad de la empresa y apertura del centro de trabajo.
2. **Actualizaciones** posteriores de la evaluación: deben producirse cuando se modifican las condiciones de trabajo, los equipos o cambios de lugares de trabajo.
3. **Evaluación incidental**: es aquella que debe llevarse a cabo cuando existan accidentes o daños para la salud.

Además, cuando el resultado de la evaluación lo hiciera necesario, el empresario debe realizar **controles periódicos** de las condiciones de trabajo y de la actividad de los trabajadores en la prestación de sus servicios, para detectar situaciones potencialmente peligrosas.

Teniendo en cuenta lo anterior, en la *due diligence* laboral debe solicitarse a la empresa el documento de evaluación de riesgos laborales debidamente actualizado, así como sus actualizaciones y revisiones a fin de revisar si cumplen con la legalidad vigente.

En caso de no ser así, ello debe reflejarse en el informe de *due diligence* laboral como una **contingencia económica** al tratarse de una **infracción grave** tipificada por la LISOS y sancionada con una multa cuya cuantía puede oscilar entre los 2.451 y los 49.180 euros (LISOS art.12.1.b y 40.2.b).

Las infracciones cometidas **antes del 1-10-2021** se sancionarán conforme a las cuantías sancionatorias previstas con anterioridad a dicha fecha (L 10/2021 disp.trans.2ª).

840 **Planificación de la actividad preventiva** (LPRL art.16.2.b) Una vez llevada a cabo la evaluación de riesgos laborales y dependiendo de los resultados o riesgos que se hayan detectado en la misma, la empresa debe proceder a la planificación de la actividad preventiva cuyo **objetivo** es eliminar, controlar y reducir los posibles riesgos existentes.

En definitiva, «si los resultados de la evaluación pusieran de manifiesto situaciones de riesgo, el empresario está obligado a realizar todas las actividades preventivas necesarias para eliminar o reducir y controlar tales riesgos».

Estas actividades se deben incluir en el **documento de planificación** por el empresario, incluyendo para cada actividad preventiva el plazo para llevarla a cabo, la designación de responsables y los recursos humanos y materiales necesarios para su ejecución. Además, la empresa debe asegurarse de la efectiva **ejecución** de las actividades preventivas incluidas en la planificación, efectuando para ello un seguimiento continuo de la misma.

En definitiva, en la *due diligence* laboral debe verificarse si la compañía dispone de un documento o de planificación de la actividad preventiva que se adecue a la legislación vigente y que además esté debidamente cumplimentado y actualizado.

En caso de incumplir con la obligación de efectuar la planificación de la actividad preventiva, se produce una **contingencia económica** que viene tipificada en la LISOS como una **infracción grave** sancionable con una multa cuya cuantía puede oscilar entre los entre los 2.451 y los 49.180 euros (LISOS art.12.6 y 40.2.b -redacc L 10/2021 disp.final 1ª-).

Las infracciones cometidas **antes del 1-10-2021** se sancionarán conforme a las cuantías sancionatorias previstas con anterioridad a dicha fecha (L 10/2021 disp.trans.2ª).

841 **Equipos de trabajo y medios de protección individual** (LPRL art.17) La Ley obliga al empresario a adoptar las medidas necesarias para proporcionar a los trabajadores los equipos de trabajo **adecuados para el trabajo** que deban realizar y convenientemente adaptados a tal efecto de forma que garanticen la seguridad y la salud de los trabajadores al utilizarlos.

Por tanto, el empresario está obligado a proporcionar a sus trabajadores equipos de protección individual adecuados para el desempeño de sus funciones y velar por el **uso efectivo** de los mismos cuando, por la naturaleza de los trabajos realizados, sean necesarios.

Además, los equipos de protección individual deben utilizarse cuando los **riesgos** no se puedan evitar o no puedan limitarse suficientemente por medios técnicos de protección colectiva o mediante medidas, métodos o procedimientos de organización del trabajo.

La finalidad de la *due diligence* laboral en esta materia es la de verificar la existencia y la puesta a disposición a los trabajadores de los equipos de trabajo y medios de protección individual adecuados y, para ello, se debe solicitar a la empresa la **documentación acreditativa** de dicho extremo debidamente **firmada** por los trabajadores a efectos de su recepción.

En caso contrario, ello debe reflejarse en el informe de *due diligence* laboral como una **contingencia económica** al tratarse de una **infracción grave** tipificada por la LISOS y sancionada con una multa cuya cuantía puede oscilar entre los 2.451 y los 49.180 euros (LISOS art.12.16.f y 40.2.b -redacc L 10/2021 disp.final 1ª-).
Las infracciones cometidas **antes del 1-10-2021** se sancionarán conforme a las cuantías sancionatorias previstas con anterioridad a dicha fecha (L 10/2021 disp.trans.2ª).

Formación de los trabajadores (LPRL art.19) El empresario debe garantizar que cada trabajador reciba una formación teórica y práctica, suficiente y adecuada, en materia preventiva, tanto en el momento de su contratación, cualquiera que sea la modalidad o duración de esta, como cuando se produzcan cambios en las funciones que desempeñe o se introduzcan nuevas tecnologías o cambios en los equipos de trabajo. 842
A estos efectos, la formación debe estar centrada específicamente en el **puesto de trabajo** o función de cada trabajador, adaptarse a la evolución de los riesgos, a la aparición de otros nuevos y repetirse periódicamente, si fuera necesario.
En la *due diligence* laboral se debe solicitar al empresario **documentación acreditativa** de los cursos de formación impartidos a los trabajadores tanto en el momento de su contratación como cuando se operen cambios en el puesto o equipos de trabajo.
La **infracción** de esta norma debe incluirse en el informe de *due diligence* como una **contingencia laboral** al poder ser sancionada con una multa de entre los 2.451 y los 49.180 euros tipificada en la LISOS (art.12.8 y 40.2.b) -redacc L 10/2021 disp.final 1ª-.

Información, consulta y participación de los trabajadores (LPRL art.18) A fin de poder cumplir con el deber de protección general de la salud de los trabajadores, el empresario está obligado a proporcionar a cada trabajador información sobre los riesgos que se hayan detectado en la empresa, así como las medidas de prevención y protección que deban adoptar. 843
En concreto, el empresario está obligado a adoptar las medidas adecuadas para que los trabajadores reciban todas las informaciones necesarias en relación con:
• Los **riesgos** para la **seguridad y salud** de los trabajadores en el trabajo, tanto aquellos que afecten a la empresa en su conjunto como a cada tipo de puesto de trabajo o función.
• Las **medidas** y actividades de **protección y prevención** aplicables a los riesgos señalados en el apartado anterior.
• Las **medidas de emergencias** adoptadas de conformidad con lo dispuesto en la LPRL art.20.
En las empresas que cuenten con **representantes de los trabajadores**, toda esta información debe facilitarse por el empresario a los propios representantes sin perjuicio de que, además, debe informarse directamente a cada trabajador de los riesgos específicos que afecten a su puesto de trabajo o función y de las medidas de protección y prevención aplicables a dichos riesgos.
Por tanto, en la *due diligence* laboral se deben solicitar las **comunicaciones** realizadas **a los trabajadores** verificando si el empresario ha informado a los representantes de los trabajadores de todos los riesgos existentes en materia preventiva, así como a cada trabajador de los riesgos específicos de su puesto de trabajo.

Por otro lado, el empresario debe consultar a los trabajadores y permitir su participación en el marco de todas las cuestiones que afecten a la seguridad y a la salud en el trabajo. La empresa, además de los órganos de representación legal de los trabajadores, debe tener también una organización representativa especializada en materia de prevención compuesta por los **delegados de prevención** y el **comité de seguridad y salud**. 844
A estos efectos, tanto los propios trabajadores como estos órganos de participación y representación específicos en materia de prevención tienen derecho a efectuar **propuestas al empresario** dirigidas a la mejora de los niveles de protección de la seguridad y la salud en la empresa.
En la *due diligence* laboral se debe verificar el cumplimiento del empresario en materia de prevención, la existencia de delegados de prevención o de comités de seguridad y salud, así como la participación de los mismos según los requisitos establecidos legalmente.
El **incumplimiento** de las obligaciones de información, consulta y participación de los trabajadores viene tipificado en la LISOS como una **infracción grave** susceptible de ser sancionada con una multa de entre 2.451 y los 49.180 euros y ello debería reflejarse y cuantificarse en el informe de *due diligence* laboral (LISOS art.12.11 y 40.2.b -redacc L 10/2021 disp.final 1ª-).
Las infracciones cometidas **antes del 1-10-2021** se sancionarán conforme a las cuantías sancionatorias previstas con anterioridad a dicha fecha (L 10/2021 disp.trans.2ª).

845 **Vigilancia de la salud** (LPRL art.22) El empresario debe garantizar a los trabajadores a su servicio la vigilancia periódica de su estado de salud en función de los riesgos inherentes al trabajo.

Debe tenerse en cuenta que dicha vigilancia solo puede llevarse a cabo cuando el trabajador preste su **consentimiento**, salvo los supuestos en los que la realización de los reconocimientos sea imprescindible para evaluar los efectos de las condiciones de trabajo sobre la salud de los trabajadores o para verificar si el estado de salud del trabajador puede constituir un peligro para el mismo, para los demás trabajadores o para otras personas relacionadas con la empresa o cuando así esté establecido en una disposición legal en relación con la protección de riesgos específicos y actividades de especial peligrosidad, y siempre previo informe de los representantes de los trabajadores.

Estas medidas de vigilancia y control de la salud de los trabajadores deben llevarse a cabo por el empresario respetando siempre el **derecho a la intimidad** y a la **dignidad** de la persona del trabajador. La confidencialidad de toda la información relacionada con su estado de salud y los resultados de la vigilancia a que se refiere el párrafo anterior deben ser comunicados a los trabajadores afectados.

Asimismo, el empresario y las personas u órganos con responsabilidades en materia de prevención deben ser informados de las **conclusiones** que se deriven de los reconocimientos efectuados en relación con la aptitud del trabajador para el desempeño del puesto de trabajo o con la necesidad de introducir o mejorar las medidas de protección y prevención, a fin de que puedan desarrollar correctamente sus funciones en materia preventiva.

En la *due diligence* laboral se debe solicitar al empresario la documentación acreditativa de los **reconocimientos médicos** realizados y ofrecidos a sus trabajadores y verificarse el cumplimiento de la normativa en materia de vigilancia de la salud con los correspondientes certificados de aptitud o no aptitud.

En caso de incumplir con la obligación de realizar la vigilancia de la salud de los trabajadores ello podría ser tipificado en la LISOS como una **infracción grave** sancionable con una multa cuya cuantía puede ir entre los 2.451 y los 49.180 euros (LISOS art.12.2 y 40.2.b).

Las infracciones cometidas **antes del 1-10-2021** se sancionarán conforme a las cuantías sancionatorias previstas con anterioridad a dicha fecha (L 10/2021 disp.trans.2ª).

846 **Medidas de emergencia** (LPRL art.20) El empresario, teniendo en cuenta el tamaño y la actividad de la empresa, así como la posible presencia de personas ajenas a la misma, debe analizar las posibles situaciones de emergencia y adoptar las medidas necesarias en materia de **primeros auxilios**, lucha contra **incendios y evacuación** de los trabajadores, designando para ello al personal encargado de poner en práctica estas medidas y comprobando periódicamente, en su caso, su correcto funcionamiento.

A estos efectos, para la aplicación de las medidas adoptadas, el empresario está obligado a organizar las relaciones que sean necesarias con **servicios externos** a la empresa, en particular en materia de primeros auxilios, asistencia médica de urgencia, salvamento y lucha contra incendios, de forma que quede garantizada la rapidez y eficacia de las mismas.

En consecuencia, el objetivo de la *due diligence* laboral es verificar la existencia de un **plan de emergencia** en la empresa en el que se hayan establecido todas las medidas necesarias en materia de primeros auxilios, lucha contra incendios, evacuación de trabajadores designando los trabajadores encargados de poner en práctica tales medidas.

No disponer de un plan de emergencia viene tipificado en la LISOS como una **infracción grave** sancionable con una multa de entre los 2.451 y los 49.180 euros que debería reflejarse y cuantificarse en el informe de *due diligence* laboral (LISOS art.12.14 y 40.2.b -redacc L 10/2021 disp.final 1ª-).

Las infracciones cometidas **antes del 1-10-2021** se sancionarán conforme a las cuantías sancionatorias previstas con anterioridad a dicha fecha (L 10/2021 disp.trans.2ª).

b. Coordinación de las actividades empresariales

(LPRL art.24)

848 Cuando en un **mismo centro de trabajo** presten servicios trabajadores de dos o más empresas, estas deben cooperar en la aplicación de la normativa sobre prevención de riesgos laborales y deben establecer los medios de coordinación que sean necesarios en cuanto a la protección y prevención de riesgos laborales y la información sobre los mismos a sus respectivos trabajadores.

A estos efectos, el empresario **titular del centro de trabajo** debe adoptar las medidas necesarias para que aquellos otros empresarios que desarrollen actividades en su centro de trabajo reciban la información y las instrucciones adecuadas, en relación con los riesgos existentes

en el centro de trabajo y con las medidas de protección y prevención correspondientes, así como sobre las medidas de emergencia a aplicar, para su traslado a sus respectivos trabajadores.
También las empresas que **contratan o subcontratan** con otras la realización de obras o servicios correspondientes a la propia actividad de aquellas y que se desarrollen en sus propios centros de trabajo deben vigilar el cumplimiento por dichos contratistas y subcontratistas de la normativa de prevención de riesgos laborales.
Por tanto, en caso de que la compañía auditada concurra con varias empresas en un mismo centro de trabajo, el **auditor laboral** debe verifica y solicitar documentación que acredite la coordinación en materia preventiva, así como la información a sus trabajadores respectivos de los riesgos que se pueden derivar de dicha concurrencia, medidas de emergencia y formación recíproca sobre riesgos específicos de las actividades que desarrollen.
El incumplimiento de esta obligación debe reflejarse en la *due diligence* laboral como una **contingencia económica** cuantificable al tratarse de una **infracción** tipificada en la LISOS como grave susceptible de ser sancionada con una multa de entre 2.451 y los 49.180 euros (LISOS art.12.13 y 40.2.b).
Las infracciones cometidas **antes del 1-10-2021** se sancionarán conforme a las cuantías sancionatorias previstas con anterioridad a dicha fecha (L 10/2021 disp.trans.2ª).
Debe tenerse en cuenta que la eventual **infracción** puede considerarse como muy grave cuando se trate de actividades reglamentariamente consideradas peligrosas o con riesgos especiales.

c. Posibles responsabilidades para el empresario

(LPRL art.42)

El incumplimiento por los empresarios de sus obligaciones en materia de prevención de riesgos laborales puede dar lugar a responsabilidades administrativas, así como, en su caso, a responsabilidades penales y a las civiles por los daños y perjuicios que puedan derivarse de dicho incumplimiento. **850**
Por tanto, en caso de que en la *due diligence* laboral se detecten incumplimientos en materia de prevención de riesgos es importante reseñar en el informe los distintos **tipos de responsabilidad** que se pueden derivar:

Responsabilidad administrativa (LPRL art.42.3) En caso de infracción se pueden derivar: **851**
1. **Multas pecuniarias** según la cuantificación prevista en la LISOS art.40 redacc L 10/2021 disp.final 1ª, y ello en función de la graduación establecida (leve, grave o muy grave).
2. Asimismo, también puede derivarse un **recargo** de prestaciones de Seguridad Social por las prestaciones que se le hubiera podido abonar al trabajador.
3. Por otro lado, cuando concurren circunstancias de excepcional gravedad en las infracciones, cabe la interposición de **medidas no pecuniarias** tales como: la limitación de la facultad de contratar con la Administración pública (LPRL art.54), la suspensión o cierre de la actividad (LPRL art.53) y la paralización de trabajos (LPRL art.44 y 21).
Respecto a la **cuantificación de las sanciones** y teniendo en cuenta los distintos grados establecidos en la LISOS y sus importes, es recomendable incluir en el informe de *due diligence* el criterio utilizado, estableciendo, por ejemplo, la siguiente previsión: «a efectos únicamente de cuantificación de las sanciones (multas) se ha aplicado el importe mínimo del grado medio de cada sanción/infracción según el desglose de sanciones y grados detalladas el Anexo [ ]».
También en las sanciones en materia de infra-cotización a la Seguridad Social es importante indicar qué porcentaje medio se ha considerado (p.e., entre el 50% y el 100% indicar que se ha tomado en consideración para cuantificar un 75% de los importes dejados de cotizar).

Responsabilidad civil (CC art.1101) Cuando el empresario causa un **daño al trabajador** como consecuencia de incumplir sus obligaciones en materia de prevención de riesgos laborales, es responsable de conformidad con lo establecido en el Código Civil: «quedan sujetos a la indemnización de los daños y perjuicios causados los que en el cumplimiento de sus obligaciones incurrieren en dolo, negligencia o morosidad, y los que de cualquier modo contravinieren al tenor de aquellas». **852**

Precisiones Esta responsabilidad ya se consideró en su momento por la jurisprudencia de nuestros tribunales como una responsabilidad de **carácter contractual** (TS civil 14-6-84, EDJ 7241; civil 15-1-08, EDJ 25592).

Con carácter general, los **requisitos** que deben concurrir para la existencia de responsabilidad civil por daños pueden resumirse en los siguientes: **853**
a) Existencia de daños al trabajador.

b) Acción u omisión, consistente en un incumplimiento, normalmente grave, por parte del empresario de sus obligaciones en materia de seguridad y salud en el trabajo.
c) Culpa o negligencia empresarial.
d) Relación de causalidad entre la conducta empresarial y el daño producido.
Esta responsabilidad consiste, básicamente, en satisfacer una **indemnización de daños y perjuicios** al perjudicado que es fijada por el tribunal correspondiente con carácter discrecional (CC art.1103) en atención a las circunstancias concurrentes y a los daños realmente producidos.

Precisiones Tal y como señala el Tribunal Supremo, «el trabajador accidentado o sus causahabientes tienen, como regla, derecho a su reparación íntegra, así como que las consecuencias dañosas de los **accidentes de trabajo** no afectan solo al ámbito laboral y a la merma de capacidad de tal naturaleza que pueda sufrir el trabajador accidentado, sino que pueden repercutir perjudicialmente en múltiples aspectos o facetas de su vida personal, familiar o social de aquel y de las que personas que del mismo dependan» (TS 2-10-00, EDJ 44303).

854 **Responsabilidad penal** (CP art.316 y 318) El CP tipifica el **delito contra la seguridad y salud** en el trabajo al establecer que «los que con infracción de las normas de prevención de riesgos laborales y estando legalmente obligados, no faciliten los medios necesarios para que los trabajadores desempeñen su actividad con las medidas de seguridad e higiene adecuadas, de forma que pongan así en peligro grave su vida, salud o integridad física, serán castigados con las penas de prisión de seis meses a tres años y multa de seis a doce meses» (CP art.316). Por tanto, la ley prevé un delito de riesgo y no de resultado por lo que no se exige la producción de un resultado dañoso. En caso de que se produzca efectivamente un **resultado lesivo**, ello pasa a ser asimismo considerado un delito o falta de lesiones y de homicidio tipificados en el CP art.147, 138, 142 y 621.
Cuando los hechos constitutivos de este delito se atribuyeran a **personas jurídicas**, se impone la pena señalada a los administradores o encargados del servicio que hayan sido responsables de los mismos y a quienes, conociéndolos y pudiendo remediarlo, no hubieran adoptado medidas para ello.
En estos supuestos la autoridad judicial puede decretar, además, alguna o algunas de las medidas previstas en el CP art.129 tales como la **clausura de la empresa** o sus locales con carácter temporal o definitivo, la suspensión temporal de sus actividades o de poder realizarlas en el futuro, la intervención de la empresa por el tiempo necesario, su disolución, etc.

F. Due diligence penal

860

1. **Consideraciones generales** 862
 a. Delimitación y planteamiento conceptual 864
 b. Normas extraterritoriales de aplicación 866
 c. Elementos preliminares 869
 d. Áreas de revisión en los procesos de transformación empresarial 873
 e. Manifestaciones y garantías 888
 f. Implicaciones 890
2. **Especial referencia a la responsabilidad penal de las partes** 894
 a. Sistema de imputación de la responsabilidad penal de las personas jurídicas 899
 b. Responsabilidad penal de la persona jurídica en caso de transformación, sucesión y disolución 908
 c. Responsabilidad de los administradores sociales 924

1. Consideraciones generales

862 El presente apartado tiene por objeto definir los aspectos jurídico-penales que se han de tener en cuenta en los procesos de transformación (adquisiciones, fusiones, absorciones y escisiones) y colaboración profesional en aras de evaluar los riesgos y contingencias penales que podrían ser transmitidos en el marco de la operación, así como su incidencia en el resultado de la misma.

a. Delimitación y planteamiento conceptual

864 La *due diligence* penal encuentra su fundamento en la fórmula anti-elusión de la **responsabilidad penal corporativa** prevista en el aptdo.2 en el CP art.130, que establece que la responsabilidad penal de la compañía no queda extinguida por los procesos de transformación, fusión, absorción o escisión de la persona jurídica que se traslada a la entidad o entidades resultantes (ver nº 908).

Por consiguiente, se establece un **deber de diligencia** debida *ex ante* de cualquier operación de **transformación, fusión, absorción y escisión** con el fin de valorar los posibles riesgos penales que, entre otros, puedan ser transferidos a la persona jurídica resultante o, en su caso, adquirente.
La necesidad de realizar procedimientos de *due diligence* penal obedece, además, al **deber objetivo de cuidado** que el CP art.31 bis exige a las personas jurídicas.
El fundamento de la **culpabilidad** de la entidad se encuentra en la eventual infracción del deber de organizarse correctamente, habiendo permitido de esta manera la realización de actos delictivos en el ejercicio de su actividad empresarial.
Así, las empresas deben ser especialmente cuidadosas durante los procesos de adquisición y/o modificaciones estructurales, para evitar asumir la responsabilidad penal derivada de cualquier delito cometido por la sociedad objeto. Por tanto, los procesos de diligencia debida en materia penal se tornan como un elemento clave en los procesos de adquisición y/o modificación estructural.
Por consiguiente, la *due diligence* penal puede definirse como el proceso de búsqueda de **información** sobre el **nivel de control y organización** existente en la sociedad objeto para, de este modo, y en la medida que la información disponible lo permita, obtener una aproximación al nivel de riesgo penal asumido por esta.

b. Normas extraterritoriales de aplicación

La internacionalización de los procesos de transformación y colaboración empresarial implican la necesidad de que las empresas amplíen el marco normativo del que debe nutrirse la cultura de cumplimiento existente en la compañía. **866**
La Organización para la Cooperación y el Desarrollo (en adelante «**OCDE**»), en su Guía de Buenas Prácticas sobre Controles Internos, Éticos y Cumplimiento, adoptada el 18-6-2010, recomienda la realización, dependiendo del riesgo existente, de procedimientos de *due diligence* debidamente documentados.
En los **Estados Unidos de América** se publicó en 1977 la ley federal *Foreing Corrupt Practices Act* (en adelante «**FCPA**», y traducida como Ley federal de prácticas corruptas en el extranjero), que fue introducida en el Código de los Estados Unidos de América.
El 14-11-2012 la Secretaria de Justicia y la Comisión de Valores de Estados Unidos publicaron la **Guía de Recursos sobre la FCPA**, con la que han implantado la necesidad de que las empresas establezcan un programa de cumplimiento, así como que realicen periódicamente evaluaciones continuas de riesgos, supervisiones y auditorías de eficacia. Y, en este punto, como un elemento clave, destaca la realización de *due diligence* previa adquisición e integración posterior.
La FCPA expresamente dispone el **ámbito de aplicación** de la Ley a:
- compañías y personas estadounidenses (Sección 78dd-2);
- compañías y personas no estadounidenses que ofrecen acciones en bolsas de valores estadounidenses (Sección 78dd-1);
- compañías y personas no estadounidenses si cumplen con el requisito del nexo jurisdiccional de los Estados Unidos (Sección 78dd-3); y
- gerentes, empleados, directores, socios y agentes, incluyendo distribuidores y consultores de las compañías antes mencionadas.

Asimismo, las autoridades norteamericanas ampliaron el ámbito de aplicación de la Ley a:
- las fusiones y adquisiciones; y
- terceras compañías.

Precisiones El departamento de Justicia (DOJ) y la Comisión de Valores y Bolsa (SEC) de Estados Unidos en los supuestos de fusiones y adquisiciones, han rechazado ejercer la acusación contra compañías que habían realizado **procesos de «due diligence»** y que, ante insuficiencias en los controles anti-corrupción, procedieron a la integración posterior de la sociedad adquirida a sus propios procesos de control interno.

Por otro lado, el Parlamento de **Reino Unido** publicó el 8-4-2010 la *Bribery Act* 2010 (en adelante «**UKBA**»), y el 30-3-2011 el Ministerio Británico de Justicia dio a conocer la Guía para la aplicación e interpretación de la Ley. **867**
La Guía de interpretación de la UKBA establece el **proceso de** ***due diligence*** como uno de los seis principios básicos para un adecuado programa de cumplimiento.
La UKBA tiene un **alcance** global, aplicable a actos y/u omisiones que tengan lugar en cualquier parte del mundo, aunque se requiere un nexo causal con el Reino Unido (UKBA art.10).
Se aplica, por tanto, a:
- compañías, asociaciones e individuos con sede en Inglaterra, Escocia, Gales e Irlanda del Norte;

- compañías y personas no perteneciente al Reino Unido cuando cumplan el requisito del nexo jurisdiccional con Reino Unido, gerentes, empleados, directores, socios y agentes, incluyendo distribuidores y consultores de las compañías que cometan el acto de corrupción; y
- transacciones de fusión y adquisición de empresas.

A **nivel europeo** resulta también destacable la Loi Sapin II, de 9 de diciembre de 2016, relativa a la transparencia, la lucha contra la corrupción y la modernización de la vida económica.

La mencionada norma crea una agencia francesa para la prevención de la corrupción, dependiente del ministerio de justicia, y adicionalmente exige a las empresas o grupos de empresas con sede en **Francia** de más de 500 trabajadores, y con una cifra de negocios superior a 100 millones, adoptar medidas de prevención contra la corrupción que se establecen en la misma, y que van ligadas a las exigencias que contiene la FCPA o el UKBA.

De igual manera, en **Portugal** se publicó el pasado 9 de diciembre de 2021 el Decreto-Ley nº 109-E/2021, por el que se crea el Mecanismo Nacional Anticorrupción (MENAC) y se establece el Régimen General de Prevención de la Corrupción. Este régimen aplica a personas jurídicas en Portugal que empleen a más de 49 trabajadores, así como a sucursales en Portugal de personas jurídicas que empleen a más de 50 trabajadores, y obliga a contar con un plan para prevenir riesgos de corrupción y delitos relacionados, un código de conducta, un canal de reclamaciones y un programa de formación.

c. Elementos preliminares

869 El proceso de *due diligence* penal permite **minimizar** los **riesgos** penales derivados de las operaciones de adquisición, fusión, absorción y escisión, así como de la actuación de socios, agentes, intermediarios o, en definitiva, terceros externos que tengan que realizar funciones para/por la compañía.

Es importante analizar la **cultura de cumplimiento** existente en la compañía objeto de la operación corporativa, de forma que se pueda obtener la mayor o menor probabilidad de que pueda producirse *a posteriori* el posible afloramiento de una eventual responsabilidad penal para la entidad.

Con carácter previo al proceso de revisión, se debe determinar el **alcance del proceso** de *due diligence* penal que puede circunscribirse a:

a) Operaciones de transformación empresarial.

b) Operaciones de colaboración profesional.

870 **Procesos de adquisición, fusión, absorción y escisión** Es importante determinar el **sector** o sectores de la/s compañía/s objeto, ya que cada sector presenta sus propias particularidades y su propia normativa aplicable, por lo que el nivel de control exigido puede variar tanto por las exigencias normativas, como en función del riesgo penal inherente a la actividad de la entidad objeto.

Por consiguiente, el proceso de revisión y análisis ha de comenzar mediante la realización de las entrevistas necesarias para poder identificar los riesgos, así como con la documentación a solicitar durante la fase correspondiente al proceso de *due diligence* penal.

Así, la aproximación a un **mapa de riesgos** es determinante para evaluar el sistema de control ejercido por la entidad objeto. Se debe realizar por tanto una evaluación de los riesgos penales a los que esté afecta la entidad objeto e, igualmente, se debe considerar la identificación de los riesgos penales de la entidad adquirente. De hecho, unos de los primeros elementos que integra el CP en el modelo de organización y gestión penal es la identificación de «las actividades en cuyo ámbito puedan ser cometidos los delitos que deban ser prevenidos».

Este punto de partida permite apreciar con nitidez el **perímetro de control** objeto de estudio, acotando el alcance de la *due diligence* no solo al sistema o modelo de control de la sociedad, sino también a aquellos delitos que eventualmente puedan producirse en el seno de la misma.

871 **Relaciones de negocio** Tanto las normas extraterritoriales, como la propia redacción del CP art.31 bis exigen a las empresas que intensifiquen su **diligencia** en los negocios que realizan. De ahí, la necesidad de que se hayan empezado a realizar procesos de *due diligence* penal con carácter previo a la formalización de negocios o contratos con posibles socios, proveedores, etc.

Se trata, en definitiva, de analizar tanto el **nivel de control** ejercido por la sociedad, como el alcance de un **riesgo** determinado, para evaluar de este modo la idoneidad de la relación de negocios que se pretenda.

Este tipo de **revisiones** suelen realizarse mediante la cumplimentación de cuestionarios, entrevistas personales y/o requerimiento de documentación que permitan a la entidad valorar la potencial relación, de conformidad con las leyes aplicables y los principios éticos que tengan establecidos.

Precisiones 1) El Código Penal establece que la persona jurídica será también penalmente responsable por los delitos cometidos en nombre o por cuenta de las mismas, y en su beneficio directo o indirecto, por su representantes legales o por aquellos que actuando individualmente o como integrante, en el ejercicio de actividades sociales y por cuenta y en beneficio directo o indirecto de las mismas, por quienes estando sometidos a su autoridad (...) han podido realizar los hechos por haberse incumplido gravemente por aquellos los deberes de supervisión, vigilancia y control (...) (CP art.31 bis). Por tanto, cualquier relación de negocio en la que se pueda **actuar por cuenta de la entidad** y de la que se infiera cierto grado de dependencia, podría llegar a generar este tipo de responsabilidad.
2) Uno de los riesgos que más se analizan en este tipo de revisiones son los vinculados a la **corrupción empresarial** (ver nº 882).
3) La forma en la que se realiza esta revisión va a depender en gran medida del **tipo de relación** que se pretenda establecer.

d. Áreas de revisión en los procesos de transformación empresarial

873 En los procesos de *due diligence* penal se deben tener en cuenta:
- los riesgos penales que pudieran aflorar, generando la responsabilidad penal de la persona jurídica; y
- aquellos litigios penales en los que sea parte la sociedad objeto (nº 886).

874 **Riesgos penales** Una vez analizada la identificación preliminar de los riesgos penales que puedan afectar a las entidades intervinientes en el proceso de transformación se debe evaluar, con carácter prioritario, y de forma exhaustiva, el **nivel de control** que la sociedad objeto de la operación corporativa ha implantado en la compañía.
Posteriormente, y dependiendo de las necesidades detectadas en la revisión anterior, se puede llevar a cabo una **revisión específica** de los **riesgos** penales (ver nº 877).
Es importante precisar que se ha de prestar especial atención a aquellas entidades sobre las que se mantengan **fundadas sospechas**, aun no concluyentes, de la posible existencia de algún riesgo penal, incidiéndose por tanto en su análisis y revisión.

875 **Fase 1: revisión del sistema de compliance** La **documentación** inicial solicitada se considera información básica, ya que durante el proceso de revisión van a ser necesarias aclaraciones, así como cualquier otra documentación adicional que se requiera en función de las deficiencias o circunstancias detectadas.
Es determinante durante el análisis y revisión de esta fase de la *due diligence* penal el que la sociedad objeto cuente con un **modelo propio de prevención** de riesgos penales o modelo de cumplimiento -o también denominado de compliance-.
Tras la entrada en vigor de la LO 1/2015 las empresas se han visto obligadas a desarrollar programas de cumplimiento implantando, al menos, los elementos definidos en el CP art.31 bis (ver nº 903).
Durante esta fase se **identifican los controles** con los que cuenta la sociedad objeto, y que puedan mitigar total o parcialmente los riesgos identificados. Asimismo, se analiza el **entorno de control** de la entidad, identificando aquellos controles corporativos que son comunes a todas las áreas y negocios de la sociedad (código ético, comisiones, políticas de obligado cumplimiento, etc.). Por ejemplo, se habrá de revisar la existencia e idoneidad del órgano de control encargado de la supervisión y seguimiento del modelo de prevención, analizando la estructura de *compliance* adoptada por la sociedad objeto (composición y estructura del órgano, número de personas que se dedican a esta función, etc.).

875.1 Asimismo, es determinante revisar el estado de los **restantes presupuestos** exigidos por la norma y complementada por la Circ FGE 1/2016 (ver nº 905), tales como:
- la identificación de los riesgos -sobre el que pilota el modelo;
- la evaluación de los riesgos -no exigida por la norma, pero referida en la Circ FGE 1/2016-;
- la existencia de las políticas y procedimientos que definan la cultura de cumplimiento de la sociedad objeto;
- modelos de gestión de los recursos financieros;
- la existencia de mecanismos para informar sobre incumplimientos o irregularidades;
- la existencia de un sistema disciplinario;
- la existencia de formación específica en la materia -no exigida por la norma, pero referida en la Circ FGE 1/2016-; y

- la adecuada verificación realizada sobre el modelo. Esta última puede ser gran utilidad para el proceso de *due diligence* penal en la medida que puede reflejar el estado de cumplimiento de la entidad objeto y su capacidad de respuesta.

Precisiones La **documentación a solicitar** es de carácter general, aunque se debe adaptar su contenido en función de las características de la operación societaria en cuestión.

876 Tras el detallado estudio de las cuestiones analizadas, debe determinarse la existencia de una **provisión organizativa** suficiente y adecuada para la prevención de riesgos penales, de forma que sea posible ponderar el alcance de las contingencias.

Las **contingencias de alto nivel** o generales son aquellas que ponen de manifiesto las deficiencias detectadas en el sistema de control de la sociedad objeto, y por tanto la materialización de un riesgo penal es elevada.

La **calificación** de estas contingencias de alto nivel o generales puede realizarse atendiendo al grado de deficiencia detectada. Ahora bien, su valoración se ponderará en su conjunto, teniendo en cuenta la posibilidad de condena en el caso de que la persona jurídica sea imputada en un procedimiento de naturaleza penal.

El **resultado** de esta revisión, aunque atendiendo a la información facilitada, es determinante para valorar el grado de cumplimiento de la entidad objeto. Además, de este modo, la sociedad adquirente puede adquirir un amplio conocimiento de las políticas de cumplimiento y la cultura ética de la sociedad objeto, valorando *per se*, y en función al riesgo inherente a su actividad, el nivel de riesgo penal asumido.

En numerosas ocasiones, esta es la revisión penal que se acota por las partes de la operación pues normalmente los procesos de *due diligence* tienen un límite temporal que imposibilita ampliar el radio de búsqueda de información y, en otras, la visión de la compañía que se obtiene es suficiente para la valoración de la operación.

En determinadas ocasiones las personas jurídicas pueden **ampliar la revisión** propia de la *due diligence* a aquellos riesgos de la sociedad objeto que más hacen saltar la señal de alarma, bien por la propia actividad de la sociedad objeto, bien por las relaciones con terceros o, incluso, por otras circunstancias externas que aconsejan un análisis en mayor profundidad.

877 **Fase 2: revisión de los riesgos penales específicos** Una vez revisada la cultura de cumplimiento de la sociedad objeto, y *por ende* su sistema de prevención de riesgos penales, determinadas operaciones exigen que se amplíe el radio de búsqueda a otros riesgos más específicos.

Esta fase, dependiendo del riesgo que se trate de localizar, puede dividirse en otras dos:
- desde un punto de vista **legal** o normativo específico; y
- desde un punto de vista **técnico**.

Precisiones Por ejemplo, una entidad objeto cuya actividad social esté relacionada con la **manipulación de productos tóxicos** tiene un riesgo inherente de incurrir en (i) un delito contra el medio ambiente y otro (ii) de manipulación, transporte y/o tenencia de productos tóxicos, por lo que la *due diligence* penal puede dirigirse no solo a la revisión del sistema de control interno de la compañía, sino a la detección, por un lado, del grado cumplimiento normativo específico de una determinada instalación y, de otro, al análisis técnico de un experto externo.

878 El Derecho penal se caracteriza en ocasiones por la remisión normativa a otros cuerpos legales; son las denominadas leyes penales en blanco. En consecuencia, muchas de estas revisiones se realizan de forma coordinada con **otros equipos intervinientes** en la revisión del proceso de *due diligence* (fiscal, financiera, laboral, medioambiental, protección de datos, etc.).

Precisiones Las **normas penales en blanco** implican que el tipo penal no contiene todos los elementos necesarios para conocer la conducta prohibida y, por tanto, tiene que ser complementado con el contenido de otra norma a la que se remite.

879 La responsabilidad penal de las personas jurídicas entró en vigor el **23-12-2010**, por lo que el análisis para la detección de riesgos penales específicos debe limitarse a dicha fecha y, por tanto, la documentación a solicitar.

Precisiones Téngase en cuenta que con **anterioridad al 23-12-2010** no existía, en los términos expuestos en el CP, una obligación legal de «ejercer el control debido» o, en su caso, los «deberes de supervisión, vigilancia y control» en los términos expuestos por la norma penal, y tampoco la subsiguiente responsabilidad penal para las personas jurídicas.

Por otro lado, ha de tenerse en cuenta que el proceso de revisión penal está categorizado por ilícitos penales y, por tanto, los muestreos y la documentación a solicitar se han de limitar a los **plazos de prescripción del delito** cuyo riesgo (o contingencia) se trate de localizar (CP art.130, 131 y 132): **880**

Plazo de prescripción	Pena máxima señalada por Ley
20 años	Prisión de 15 o más años
15 años	Inhabilitación por más de 10 años Prisión por más de 10 años y menos de 15 años
10 años	Prisión o inhabilitación por más de 5 años y que no exceda de 10 años
5 años	Los demás delitos, salvo injurias y calumnias
1 año	Los delitos de injurias y calumnias

Veamos algunos ejemplos orientativos: **880.1**

Delito	Plazo de prescripción
Delito de ilegal tráfico de órganos humanos	15 años
Contra la integridad moral	5 años
Ocultación de cadáver	5 años
Trata de seres humanos	10 años
Delito de prostitución, explotación sexual y corrupción de menores	5 años
Descubrimiento y revelación de secretos y allanamiento informático	5 años
Delito de estafa	10 años
Delito de Frustración de la ejecución	5 años
Delito de insolvencias punibles	5 años
Delito de daños informáticos	5 años
Delito contra la propiedad intelectual/industrial	5 años
Delito de detracción de materias primas	5 años
Delito de maquinación de precios	10 años
Delito de corrupción en los negocios	5 años
Delito de cohecho	15 años
Delito de tráfico de influencias	10 años
Delito de financiación ilegal de partidos políticos	5 años
Delito de corrupción en transacciones internacionales	10 años
Delito contra la intimidad personal y/o familiar	5 años
Delito de publicidad engañosa	5 años
Delito de piratería de servicios de radiodifusión	5 años
Delito de falsificación de tarjetas de crédito, débito y cheques de viaje	15 años
Delito de revelación y secreto de empresa	5 años
Delito contra la Hacienda Pública	5 años/10 años
Delito contra la Seguridad Social	5 años
Delito de incumplimiento y falsedad de obligaciones contables	5 años
Delito de fraude de subvenciones	5 años
Delito de fraude a los presupuestos de la UE	5 años
Delito contra los ciudadanos extranjeros	5 años
Delitos de odio y enaltecimiento	5 años

Delito	Plazo de prescripción
Delitos de acceso ilegítimo en sistemas de radiodifusión, etc.	5 años
Delitos bursátiles	10 años
Delitos de blanqueo de capitales y financiación del terrorismo	10 años
Delito contra el medio ambiente y los recursos naturales	5 años
Delito contra los animales	5 años
Delitos relativos a la energía nuclear y radiaciones ionizantes	10 años
Delitos de riesgo provocado por explosivos y otros agentes	5 años
Delitos contra la salud pública	5 años
Delito de falsificación de moneda	15 años
Delitos de falsificación de tarjetas de crédito y débito y cheques de viaje	10 años
Delito contra la ordenación del territorio	5 años
Delito de contrabando	5 años
Delito de organizaciones y grupos terroristas	15 años
Delito de terrorismo	20 años
Delito de malversación	10 años

880.2 Adicionalmente, la Circ FGE 1/2016 recomienda ampliar el modelo de **prevención** a los delitos previstos en el CP art.129 (medidas accesorias):

Delitos relativos a la manipulación genética	15 años
Alteración de precios en concursos y subastas públicas	5 años
Negativa de actuaciones inspectoras	5 años
Delitos contra los derechos de los trabajadores	5 años
Asociación ilícita	15 años
Organización y grupos criminales y organizaciones y grupos terroristas	15 años

Precisiones Para el **cómputo** de la prescripción se tendrá en cuenta la norma vigente en el momento de los hechos.

881 Por otro lado, se ha de advertir que pese a comprobar toda la documentación facilitada, si no se detecta la existencia de ilícito penal alguno, no significa que este no se haya cometido, sino que el mismo no se ha manifestado al no haberse constatado en el soporte documental entregado.

882 **Especial referencia a los «actos de corrupción»** La frágil situación económica global y el crecimiento de las economías emergentes implican un aumento del riesgo para las compañías nacionales e internacionales. Ello unido a las preocupaciones y exigencias compartidas por la mayoría de los países en relación con los actos de corrupción y soborno, implican la necesidad de **reforzar la diligencia debida** en estas materias.

Precisiones **1)** La FCPA prohíbe a las compañías de los **Estados Unidos** de América o a cualquiera de sus subsidiarias, independientemente donde desarrollen sus operaciones y dónde estén ubicados sus empleados (a) el propiciar directa o indirectamente el soborno a funcionarios públicos en el extranjero con el fin de obtener un beneficio con esta acción, y (b) el «maquillaje» de libros o registros contables.
2) La UKBA prohíbe propiciar, directa o indirectamente, el soborno a funcionarios públicos y/o a entidades privadas, por parte de cualquier sociedad de **Reino Unido**, o por cualquiera de sus subsidiarias, independientemente donde estén ubicadas. Se prohíbe por tanto la corrupción pública y privada.
3) También pueden resultar de interés:
- El convenido contra la corrupción de las **Naciones Unidas**.
- Guía de Buenas Prácticas sobre Controles Internos, Ética y Cumplimiento del Consejo de la Organización para la Cooperación y el Desarrollo Económico (**OCDE**).
- Convenio Penal sobre la corrupción del **Consejo de Europa** de enero de 1999.

De ahí, que este sea uno de los riesgos que más se estén analizando desde una perspectiva puramente penal. Por tanto, la revisión de la normativa interna y **mecanismos anticorrupción** de los que dispone la sociedad objeto son elementos indispensables para la valoración del nivel de riesgo asumido. **883**

Precisiones 1) El **cohecho**: puede consistir en el ofrecimiento o entrega, directa o indirectamente, de dádiva o retribución de cualquier clase (dinero o cualquier cosa de valor) a un funcionario público o persona que participe en el ejercicio de la función pública para que realice un acto contrario a los deberes inherentes a su cargo, o un acto propio de su cargo, para que realice o retrase el que debiera practicar, o en consideración a su función (CP art.424).
2) El **tráfico de influencias**: puede consistir en influir en un funcionario público o autoridad prevaliéndose de cualquier situación derivada de su relación personal para conseguir una resolución que le pueda generar, directa o indirectamente, un beneficio económico para sí o para tercero (CP art.429).
3) En el **ámbito privado**, el Código Penal sanciona igualmente ofrecimiento o promesa a directivos, administradores, empleados o colaboradores de una empresa, fundación, asociación, u organización de un beneficio o ventaja de cualquier clase para que le favorezca a él o un tercero frente a otros, incumpliendo sus obligaciones en la adquisición o venta de mercancías o en la contratación de servicios profesionales (CP art.286 bis).
4) La Sección 78dd-3 de la FCPA enumera las prácticas corruptas prohibidas de comercio exterior para las empresas extranjeras (no residentes en **Estados Unidos** pero con vínculo con dicho territorio) en relación con el sector público, reprochando actos ilícitos como «influir», «ofertar», «pagar», «prometer», «inducir», etc.
5) La UKBA del **Reino Unido** también castiga el ofrecimiento de soborno entendido como ofrecer, prometer o entregar una cantidad o presente a persona pública o privada con la intención de inducir a la misma a comportarse de forma incorrecta, y sacar beneficio de ello. Incluso la simple sospecha de aceptación por parte del destinatario es una conducta inadecuada que se castiga como violación de la norma, así como el fracaso para prevenir el soborno (UKBA art.1, 2, 6 y 7).

La forma en la que se aborde la *due diligence* penal en materia anti-corrupción depende en gran medida de la operación que se pretenda. **884**
No obstante, los **puntos clave a analizar** son:
• Políticas, normas, procedimientos y herramientas internas relacionadas con la corrupción.
• Libros registros y contables.
Se torna indispensable la revisión de las **relaciones** con proveedores, socios, etc. para poder evaluar de este modo los riesgos de fraude/soborno en los distintos procesos.
Así, las **áreas de compras** se sitúan entre los departamentos más estudiados desde el punto de vista de la corrupción. No obstante, estas no son las únicas, y depende en gran medida del (i) tipo de negocio, (ii) relaciones existentes, (iii) volumen de contratación, (iv) nivel de corrupción del país con el que la entidad hace negocios o esté situada y, entre otros, (v) formas de pago asumidas por la entidad objeto.

Precisiones Transparencia Internacional («TI») publica con carácter anual un **Índice de Percepción de la Corrupción** donde se establece una puntuación específica a cada país en función a su nivel de corrupción, lo que nos va a permitir establecer, como un factor indicativo más, el umbral de riesgo del país. Asimismo, nos indica el nivel de corrupción de las distintas regiones de España (comunidades autónomas, ayuntamientos, diputaciones, etc.).
Dichos índices resultan útiles para, en el transcurso de la *due diligence,* analizar el **grado de exposición** de la organización en cada uno de los países en los cuente con algún tipo de presencia teniendo en cuenta aspectos adicionales como el volumen de inversiones en dicho lugar o la cifra de negocio.
Además del riesgo país, Guias de interpretación de normas anticorrupción ya mencionadas, como la Guía de Interpretación de la Ley Bribery Act 2010, establecen 4 grupos adicionales de riesgos a tener en cuenta que nos permiten contar con indicadores de alerta, como son:
• Riesgos sectoriales.
• Riesgos en las transacciones.
• Riesgos en las oportunidades de negocio.
• Riesgos en los colaboradores o *partners*

A partir de lo anterior, cada vez es más común que dichos análisis no se limiten a la revisión de meras políticas y procedimientos, y que entren también en la auditoría a través de muestreos de operaciones y transacciones concretas, aquellos **aspectos** que puedan resultar **más críticos** en función del perfil de cada compañía. Por ejemplo: **884.1**
- contrataciones de terceros (especialmente en casos especialmente como pueden ser los agentes comerciales o figuras similares);
- relaciones con socios de negocio;
- pagos y gastos;
- donaciones y patrocinios;

- potenciales situaciones de conflictos de interés; (v) verificaciones de los antecedentes judiciales o reputacionales de los administradores y principales directivos de la organización (*background checks*);
- proveedores críticos; riesgos críticos, etc.

Precisiones En este sentido, y a modo de ejemplo, en opinión de la *Resource Guide to the U.S. Foreign Corrupt Practices Act* emitida por la *Criminal Division of the U.S. Department of Justice and the Enforcement Division of the U.S. Securities and Exchange Commission* podrían ser buenos **ejemplos** de estas prácticas:
- hacer que los departamentos legal, contable y de cumplimiento revisen las ventas y datos financieros, contratos de clientes y acuerdos con terceros y distribuidores;
- realizar un análisis basado en el riesgo de la base de clientes de la empresa;
- realizar una auditoría de transacciones seleccionadas en consideración al riesgo; y
- mantener conversaciones con el abogado general de la empresa adquirida, el vicepresidente de ventas y jefe de auditoría interna con respecto a todos los riesgos de corrupción, los esfuerzos de cumplimiento y cualquier otro problema relacionado con la corrupción que haya surgido en durante los últimos diez años.

885 Normalmente, la *due diligence* penal en materia anticorrupción va a situar el riesgo asumido por la sociedad objeto en varios **niveles**, dependiendo de los resultados obtenidos por las distintas pruebas realizadas.

El **resultado** puede ser muy alentador para la inversora que puede valorar tanto el riesgo asumido por la operación, como el coste de las medidas a adoptar si la operación llega a materializarse.

886 **Litigios penales** Se debe revisar la situación de la sociedad objeto, diferenciando su posición procesal, estado del procedimiento, consecuencias materiales, consecuencias procesales, consecuencias económicas, y posibilidades de éxito -siempre y cuando sea posible su valoración-.

El radio de búsqueda de estas contingencias no está sometido a la **limitación temporal** de la entrada en vigor de la LO 5/2010, de reforma del Código Penal, ya que la persona jurídica ha podido verse inmersa en procedimientos de naturaleza penal con anterioridad a dicha fecha, aunque en calidad de responsable civil.

Por consiguiente, y aunque las consecuencias de la reforma implican la necesidad de revisar con mayor exhaustividad los procedimientos penales que puedan suponer una condena, en términos penales, para la persona jurídica, también deben ser revisados los procedimientos en los que se solicite su condena como **responsable civil**. Si bien en estos casos, la valoración resulta más sencilla al tratarse de un valor puramente económico.

Ahora bien, la posibilidad de condena, en términos de **responsabilidad penal** corporativa, y sus implicaciones para la adquirente o inversora, es uno de los datos más relevantes a valorar en la operación, que puede, incluso, poner fin a esta.

e. Manifestaciones y garantías

888 Al igual que sucede con la revisión clásica de las *due diligence*, las cláusulas de manifestaciones y garantías *(Representations & Warranties)* otorgadas por las partes en materia penal no pueden sustituir a la *due diligence* penal.

Actualmente, en los procesos de transformación empresarial las empresas tienden a incorporar este tipo de **cláusulas** con el objetivo de **limitar la responsabilidad penal**, poniendo de manifiesto que:

a) La sociedad ha cumplido con su obligación de control.

b) No existen hechos, circunstancias o condiciones conocidas ya sean relacionadas con el pasado, como con el presente que se entienda puedan suponer el inicio de actuaciones penales.

c) No existen investigaciones de tipo criminal o procedimientos penales que puedan dar lugar a la responsabilidad penal de la persona jurídica.

d) La sociedad gestiona su negocio cumpliendo con la normativa aplicable.

e) Incluso introduciendo cláusulas resolutivas para en el supuesto de que se incoen diligencias penales por las que se impute a la sociedad objeto.

No obstante lo anterior, dado que el Derecho penal no es transaccional, estas cláusulas no tienen por qué tener **validez** ante un juzgado del orden jurisdiccional penal. Todo ello, sin perjuicio del valor probatorio que dicha cláusula pueda asumir en el procedimiento.

f. Implicaciones

La naturaleza de la información que se trata de localizar mediante los procesos de *due diligence* penal es harto complicada. Téngase en cuenta que los delitos se pueden idear de tantas formas como personas existen. Por tanto, es obligada la **cautela** de advertir que si pese a revisar minuciosamente toda la documentación facilitada, con la consiguiente evaluación y análisis tanto a nivel general como específico, no se detectara la existencia de ningún ilícito penal, ello no implica que no se haya podido cometer, pues puede no haber quedado reflejado en soporte documental alguno. 890

Las implicaciones de este tipo de revisión son importantes pues, en determinadas ocasiones, puede conllevar al **cierre de la operación**, habida cuenta de las consecuencias de asumir la responsabilidad penal que se transfiere (ver nº 899).

Precisiones Por ejemplo, en un proceso de adquisición, durante la revisión de la *due diligence* se detecta la existencia de un delito de **cohecho**, cuyas responsabilidades serán trasladadas a la sociedad adquirente, que decide no culminar la operación.

Lo más destacado para la operación que se trate de realizar, es la visión que se obtiene de la compañía que permite a la sociedad inversora valorar el alcance y riesgo de la operación. 891

Finalmente, las **implicaciones** de la *due diligence* penal no difieren de las que se puedan derivar de cualquier otra revisión, tales como exigir soluciones, definir los acuerdos alcanzados en cuanto a términos o condiciones del contrato, obtener *indemnities* específicas para el problema en cuestión, ajuste del precio, obtención de garantías, retención o aplazamiento del precio, incluir cláusulas resolutorias, etc.

2. Especial referencia a la responsabilidad penal de las partes

a.	Sistema de imputación de la responsabilidad penal de las personas jurídicas	899
b.	Responsabilidad penal de la persona jurídica en caso de transformación, sucesión y disolución	908
c.	Responsabilidad de los administradores sociales	924

894

La entrada en vigor de la **reforma del Código Penal**, operada por la LO 5/2010, supuso la quiebra el principio *societas delinquere non potest*, caracterizado por la imputación individual de la culpabilidad, que implicaba que las penas presuponían una culpabilidad y un comportamiento imputable por lo general a una persona individual. Desde entonces, las personas jurídicas pueden ser declaradas responsables penales, bien por los delitos cometidos por sus representantes legales o administradores de hecho o de derecho, bien por los delitos cometidos por quienes, estando sometidos a la autoridad de los anteriores, hayan realizado esos mismos hechos por no haberse ejercido sobre ellos el debido control. 895

Precisiones Según la Exposición de Motivos de la LO 5/2010, dicha responsabilidad venía propiciada como consecuencia de los numerosos instrumentos internacionales -Convenios, Decisiones Marco, etc.- que demandaban dicha respuesta, y que suponía la incorporación de la responsabilidad penal de las personas jurídicas (CP art.31 bis), que se venía difundiendo en la **Europa** continental desde finales del siglo pasado, con relativa rapidez, en países como Francia, Portugal, Suecia, Bélgica, Finlandia o Dinamarca.

A partir de la misma, responden penalmente, junto con las personas físicas, todas las **personas jurídicas** privadas de derecho civil y mercantil, tanto por las actuaciones delictivas de los representantes o administradores de las personas jurídicas por cuenta y en provecho de estas, como por los empleados sometidos a la autoridad de los anteriores que cometan esos mismos ilícitos, también, por cuenta y en provecho de la sociedad. Es de destacar, además, que dicha responsabilidad de la persona jurídica no se excluye aun cuando no se hubiera podido individualizar o no se hubiera podido dirigir la acción penal contra la persona física autora del delito en cuestión. 896

Quedan **fuera de dicho régimen** de responsabilidad criminal: el Estado, las Administraciones públicas territoriales e institucionales, organismos reguladores, agencias y entidades públicas empresariales, organizaciones internacionales de Derecho público y aquellas otras que ejerzan potestades públicas de soberanía administrativas (CP art.31 quinquies).

Sin embargo, entre las personas jurídicas privadas sí hay que incluir aquellas **empresas públicas** estatales que se rigen por la L 6/1997 (LOFAGE art.53 s.), por estar sometidas al derecho privado. Asimismo, la responsabilidad penal de las personas jurídicas sí alcanza, en cambio, a **partidos políticos y sindicatos** pese a la función pública que desarrollan.

Precisiones 1) Aun cuando inicialmente los **partidos políticos y sindicatos** fueron excluidos de este régimen de responsabilidad penal del CP art.31 bis, una de las principales novedades de la LO 7/2012, en el marco del reforzamiento de la trasparencia de la administración, fue precisamente la admisión de la posibilidad de que estos también pudieran ser declarados penalmente responsables por las actuaciones ilícitas desarrolladas por su cuenta y en su beneficio, por sus representantes legales y administradores, o por los sometidos a su autoridad cuando no hubiera existido un control adecuado sobre los mismos.
2) Por su parte, la reforma operada por la LO 1/2015 amplió el régimen de responsabilidad penal a las sociedades mercantiles estatales que ejecuten políticas públicas o presten servicios de interés general, si bien con restricción de las penas.

a. Sistema de imputación de la responsabilidad penal de las personas jurídicas

(CP art.31 bis)

899 Los **riesgos** ante los cuales debe responder la sociedad a partir del 23-12-2010 (fecha de entrada en vigor de la LO 5/2010), son los siguientes:
a) De los delitos cometidos en nombre o por cuenta de las mismas, y en su beneficio directo o indirecto, por sus **representantes legales** o por aquellos que actuando individualmente o como integrantes de un órgano de la persona jurídica, están autorizados para tomar decisiones en nombre de la persona jurídica u ostentan facultades de organización y control dentro de la misma (CP art.31 bis.1.a).
b) De los delitos cometidos, en el ejercicio de actividades sociales y por cuenta y en beneficio directo o indirecto de las mismas, por quienes, estando sometidos a la autoridad de las personas físicas mencionadas en el párrafo anterior, han podido realizar los hechos por haberse incumplido gravemente por aquellos los deberes de **supervisión, vigilancia** y control de su actividad atendidas las concretas circunstancias del caso (CP art.31 bis.1.b).
Estos son, por tanto, los supuestos de hecho en los cuales la vigente redacción del CP prevé la posibilidad de la responsabilidad penal para la persona jurídica. Y para dicho régimen de responsabilidad penal de la persona jurídica, el Código Penal ha añadido todo un catálogo de sanciones, atenuantes, medidas cautelares, etc. a imponer.

900 **Catálogo de delitos** Es de destacar que la reiterada responsabilidad penal de las personas jurídicas únicamente está prevista, en todo caso, respecto de los siguientes delitos:

	Delito	Regulación
1.	Tráfico ilegal de órganos humanos	CP art.156 bis
2.	Contra la integridad moral	CP art.173
3.	Ocultación de cadáver	CP art.173.1.2º
4.	Acoso sexual	CP art.184
5.	Trata de seres humanos	CP art.177 bis.7
6.	Prostitución, explotación sexual y corrupción de menores	CP art.187 a 190
7.	Descubrimiento y revelación de secretos y allanamiento informático	CP art.195
8.	Estafas	CP art.248 a 251 bis
9.	Frustración de la ejecución	CP art.258 ter
10.	Insolvencias punibles	CP art.261 bis
11.	Daños informáticos	CP art.264 quater
12.	Contra la propiedad intelectual e industrial	CP art.270 a 277 en relación con CP art.288
13.	Descubrimiento y revelación de secretos empresariales	CP art.278 a 280 en relación con CP art.288
14.	Detracción de materias primas o productos de primera necesidad	CP art.281 en relación con CP art.288
15.	Publicidad engañosa	CP art.282 en relación con CP art.288
16.	Fraude a inversores	CP art.282 bis en relación con CP art.288

	Delito	Regulación
17.	Facturación fraudulenta	CP art.283 en relación con CP art.288
18.	Maquinación para alterar precios y manipulación de mercado de valores	CP art.284 en relación con CP art.288
19.	Uso de información privilegiada	CP art.285 en relación con CP art.288
20.	Posesión y revelación de información privilegiada	CP art.285 bis en relación con CP art.288
21.	Piratería de servicios de radiodifusión o interactivos	CP art.286 en relación con CP art.288
22.	Corrupción en los negocios y en las transacciones comerciales internacionales	CP art.286 bis en relación con CP art.288
23.	Blanqueo de capitales	CP art.302.2
24.	Financiación ilegal de partidos políticos	CP art.304 bis.5
25.	Contra la Hacienda Pública y contra la Seguridad Social	CP art.310 bis
26.	Contra los derechos de los ciudadanos extranjeros	CP art.318 bis.5
27.	Contra la ordenación del territorio y urbanismo	CP art.319.4
28.	Contra los recursos naturales y el medio ambiente	CP art.328.
29.	Contra los animales	CP art.340 quater
30.	Relativos a radiaciones ionizantes	CP art.343.3
31.	Riesgos provocados por explosivos y otros agentes	CP art.348.3
32.	Contra la salud pública	CP art.366
33.	Tráfico de drogas	CP art.369 bis
34.	Falsificación de moneda y efectos timbrados	CP art.386.5
35.	Falsificación de tarjetas de crédito, débito y cheques de viaje	CP art.399 bis
36.	Cohecho	CP art.427 bis
37.	Tráfico de influencias	CP art.430
38.	Malversación	CP art.435.5º
39.	Odio y enaltecimiento	CP art.510 bis
41.	Organizaciones y grupos terroristas	CP art.580 bis
42.	Contrabando	LO 6/2011

Adicionalmente, dicho régimen prevé la posibilidad de sancionar a las personas jurídicas, imponiendo **consecuencias accesorias** respecto de los siguientes delitos (CP art.129): **900.1**

	Delito	Regulación
1.	Relativos a la manipulación genética	CP art.162
2.	Alteración de precios en concursos y subastas públicas	CP art.262.3
3.	Obstrucción a la actividad inspectora	CP art.294
4.	Contra los derechos de los trabajadores	CP art.318
5.	Falsificación de moneda	CP art.386
6.	Asociación ilícita	CP art.520
7.	Organización, grupos criminales y terrorismo	CP art.570 quater.1

901 **Penas** (CP art.33.7) Para estos supuestos, se incorpora una amplia gama de penas de gran trascendencia, como son:

a) Multa: con un máximo de 5.000 de cuota diaria y 5 años de duración.
b) Disolución.
c) Suspensión de actividades.
d) Clausura de locales o establecimientos.
e) Prohibición, definitiva o temporal, de realizar actividades en el futuro.
f) Inhabilitación para obtener subvenciones y ayudas públicas, para contratar con el sector público, o para gozar de beneficios o incentivos fiscales o de la Seguridad Social.
g) Intervención judicial.

Adicionalmente, las penas c) a la g) pueden acordarse, incluso, como **medidas cautelares**.
A todas las anteriores hay que añadir las **consecuencias reputacionales** y derivadas de la inevitable repercusión mediática, tanto por la imposición de alguna de las condenas citadas en el seno de un procedimiento penal -que presumiblemente será la imposición de una multa económica-, como por la adopción de cualquier tipo de medida cautelar o, incluso, la mera imputación en el seno de una investigación penal, que en muchos casos podría conllevar más perjuicios que la mera imposición de una sanción económica. En efecto, el riesgo de que cualquier tipo de sociedad (en especial aquellas cotizadas o de mayor tamaño), pueda ver perjudicada su imagen y prestigio ante clientes, inversores, o incluso ante los propios organismos reguladores, obliga a las empresas a tener muy presentes las consecuencias de dicha reforma, así como a adoptar aquellas medidas que puedan mitigar o reducir el riesgo de una condena penal por los delitos cometidos por sus administradores, representantes o empleados.

902 **Atenuantes** (CP art.31 quater) Se prevén las siguientes atenuantes específicas:

a) Haber procedido, antes de conocer que el procedimiento judicial se dirige contra ella, a **confesar** la infracción a las autoridades.
b) Haber **colaborado en la investigación** del hecho aportando pruebas, en cualquier momento del proceso, que fueran nuevas y decisivas para declarar su responsabilidad.
c) Haber procedido, en cualquier momento del procedimiento y con anterioridad al juicio oral, a reparar o **disminuir el daño** causado por el delito.
d) Haber establecido, antes del comienzo del juicio oral, medidas eficaces para **prevenir y descubrir los delitos** que en el futuro pudieran cometerse con los medios o bajo la cobertura de la persona jurídica.

903 **Exención de responsabilidad** (CP art.31 bis) La reforma operada por la LO 1/2015 introdujo importantes cambios en cuanto al régimen de responsabilidad penal de la persona jurídica.
Uno de los más importantes fue el establecimiento de la eximente de responsabilidad de la empresa en los siguientes supuestos:

a) En los casos de delitos cometidos por representantes y **administradores** cuando estos hubieran:
- adoptado modelos de organización y gestión que incluyan medidas de vigilancia y control idóneas para prevenir delitos;
- confiado su supervisión a un órgano con poderes autónomos de iniciativa y control;
- los autores materiales hayan cometido el delito eludiendo fraudulentamente los modelos de organización y de prevención; y
- siempre que no se haya producido una omisión o ejercicio insuficiente de las funciones de supervisión, vigilancia y control del órgano encargado.

b) Para los supuestos de delitos cometidos por los **empleados** o personas dependientes cuando, antes de la comisión del delito, cuenten con modelos de organización y gestión que resulten adecuados para prevenir el delito cometido, resultando igualmente aplicables los requisitos antes vistos.

905 **c)** Por su parte, los **modelos de organización y gestión** tendrán que cumplir con los siguientes **requisitos**:
- una adecuada identificación de riesgos penales;
- establecer protocolos o procedimientos ajustados que concreten el proceso de formación de voluntad de la persona jurídica;
- disponer de modelos de gestión de los recursos financieros para impedir los delitos que puedan ser cometidos,
- imponer la obligación de informar de posibles riesgos e incumplimientos;
- establecer un sistema disciplinario adecuado; y
- verificaciones periódicas de los mismos.

A partir de lo anterior, la gran mayoría de las empresas, con independencia de su tamaño, no dudan ya en desarrollar **programas de cumplimiento** -también denominados *compliance penal* o *corporate defense*-, siguiendo las antedichas premisas, para protegerse de los posibles riesgos derivados de los delitos cometidos por sus administradores y empleados.

Precisiones En su Circ FGE 1/2016, sobre responsabilidad penal de las personas jurídicas, la **Fiscalía General del Estado** ha señalado que los **modelos de cumplimiento** deben ser claros, precisos, eficaces, adecuados, idóneos, constar por escrito y estar perfectamente adaptados a la organización y a los concretos riesgos penales que le afectan. No en vano menciona en reiteradas ocasiones que deberá atenderse a la estructura societaria y a posibles normas sectoriales, en su caso. **905.1**
Por ello, estos modelos deberán ser específicamente desarrollados conforme a las particularidades y características de cada entidad, lo que demostrará el verdadero compromiso de la empresa en la prevención de conductas delictivas.
Las **características** y **requisitos** de los modelos de organización y gestión, en opinión de la Fiscalía General del Estado, deberán contener, siguiendo lo establecido en el Código Penal:
- Identificación de actividades en cuyo ámbito se pueden cometer los delitos: la organización debe contar con procedimientos que permitan identificar, evaluar, gestionar, controlar y comunicar los riesgos penales, tanto reales como potenciales, a los que está expuesta por razón de su actividad.
- Protocolos y procedimientos de formación de la voluntad de la persona jurídica de adopción y ejecución de decisiones: deben garantizar la observancia -dentro de la organización- de altos estándares éticos; en especial en la contratación y promoción de directivos y en el nombramiento de sus consejeros.
- Modelos de gestión de recursos financieros adecuados para impedir la comisión de delitos.
- Obligación de informar de posibles riesgos al organismo encargado de vigilar el funcionamiento y observancia del modelo de prevención de posibles riesgos e incumplimientos: la existencia de un canal de denuncias dentro de la organización es uno de los elementos claves de estos modelos en orden a detectar cualquier tipo de incumplimiento.
- Sistema disciplinario que sancione el incumplimiento del modelo de prevención: debe contemplar tanto las conductas más graves (comisión de delitos), como aquellas otras que contribuyan a impedir o dificultar su descubrimiento, así como la infracción del deber de utilizar el canal de denuncias en caso de tener conocimiento de una posible irregularidad.
- Verificación periódica de la eficacia del modelo de prevención: el modelo de prevención deberá contemplar necesariamente el plazo y el procedimiento que se seguirá para llevar a cabo su revisión; ello, sin perjuicio de que deba ser igualmente revisado de forma inmediata si concurren determinadas circunstancias que el propio modelo debe también prever (tales como cambios legislativos).

A partir de lo anterior, la imputación de las personas jurídicas es ya una práctica habitual en los **procedimientos penales**, siendo, además, frecuente que en el seno de los mismos se pida la aportación de los modelos de cumplimiento a aquellas en orden a verificar el debido control ejercido respecto de directivos o empleados que hayan podido participar en la comisión del delito. **906**
De igual modo, están empezando a dictarse también las primeras sentencias de la Sala Segunda del Tribunal Supremo sobre los elementos estructurales de la responsabilidad penal de las personas jurídicas, así como sobre los **problemas interpretativos** que se están generando entre la doctrina (TS penal 13-3-16, EDJ 18524; 13-3-16, EDJ 18524).

b. Responsabilidad penal de la persona jurídica en caso de transformación, sucesión y disolución

Frente al régimen de responsabilidad penal de la persona jurídica, una de las **formas de elusión** que podrían empezar a plantearse las empresas, es su disolución encubierta, o diversas operaciones mercantiles con el propósito de no hacer frente a eventuales responsabilidades que puedan derivarse de su actuación u omisión (falta de control, actuación en beneficio o provecho propio). **908**
Con el fin de evitar esta posibilidad, la LO 5/2010 previó expresamente que la **responsabilidad penal no se extingue** cuando existe una disolución encubierta o aparente de la persona jurídica, ni cuando la misma se transforme, quede fusionada o absorbida, o proceda a su escisión. Se trata, en líneas generales, de evitar la elusión de responsabilidad penal a través de la transformación o aparente disolución de la empresa (CP art.130.2).
Esta situación, que pretendía ser una clara acotación frente a la posible elusión de responsabilidad de las empresas que intentasen enmascarar o encubrir su verdadera realidad a través de múltiples posibilidades mercantiles, no deja de plantear **problemas** muy graves; por ejemplo, para la entidad absorbente, en los casos en que en el seno de la sociedad absorbida, antes de la operación mercantil, se hubiese cometido un ilícito penal por el que deba responder la

persona jurídica, y, una vez cometido el mismo, se produzca la operación mercantil sin el «conocimiento» ni la «connivencia» de la sociedad absorbente en la comisión de tal ilícito.
Varios **interrogantes** se plantean en estos supuestos:
• ¿Quién ha de ser **imputada**, juzgada y condenada en estos casos, cuando en el momento del procedimiento ya se ha producido la absorción? ¿La entidad absorbida -que ya no existe- o la entidad absorbente -en cuyo seno no se cometió ningún ilícito-?
• ¿Cabe en nuestro ordenamiento jurídico la **«traslación de responsabilidad»** ? Sobre las personas físicas, rige el principio de personalidad de los delitos y de las penas, que únicamente se pueden exigir a las personas físicas que sean responsables de los mismos. La responsabilidad no es transmisible *inter vivos* ni *mortis causa*. ¿Debería haberse articulado de igual forma respecto a la responsabilidad penal de las personas jurídicas?
• ¿Qué ocurre en los casos de **sucesión material** y **escisión** de empresas en el caso de imputación de responsabilidad a la persona jurídica?

909 Los supuestos de **extinción de responsabilidad** penal de la persona jurídica no están previstos en la ley, a diferencia de los relativos a la persona física. Únicamente podemos establecer un paralelismo, en cuanto a la prescripción del delito y la disolución real («muerte») de la persona jurídica.
Sin embargo, el CP art.130.2 sí establece varias **excepciones** a los supuestos de extinción de responsabilidad penal:
«2. La transformación, fusión, absorción o escisión de una persona jurídica no extingue su responsabilidad penal, que se trasladará a la entidad o entidades en que se transforme, quede fusionada o absorbida y se extenderá a la entidad o entidades que resulten de la escisión. El Juez o Tribunal podrá moderar el traslado de la pena a la persona jurídica en función de la proporción que la persona jurídica originariamente responsable del delito guarde con ella.
No extingue la responsabilidad penal la **disolución** encubierta o meramente aparente de la persona jurídica (nº 914).

910 Mientras las empresas pueden entender que acotando con límites formales la realidad de la sociedad, esta puede eximirse de responsabilidad penal, el ordenamiento nos recuerda que, independientemente de la **realidad formal** de una sociedad, la misma, sea cual sea su «estructura», responde igualmente por el «contenido» de dicha estructura. Es decir, lo relevante al efecto, no es que una sociedad se haya transformado, o haya originado la apariencia de disolución creando otra con las mismas características, lo relevante efectivamente es que dichas **características** siguen siendo las mismas, y que por ellas es por lo que debe responder penalmente la sociedad, ya que ínsito en dichas características se encuentra el defecto de organización determinante del delito. Siendo irrelevante qué forma haya adoptado dicha sociedad.

911 **Transformación, fusión, absorción o escisión** (CP art.130.2 párrafo 1º) La transformación, fusión, absorción o escisión de una persona jurídica no extingue su responsabilidad, que se traslada a la entidad o **entidades en que se transforme**, quede fusionada o absorbida y se extiende a la entidad o entidades que resulten de la escisión. La segregación de sociedades como forma de reestructuración empresarial también entra dentro del tipo, puesto que la segregación es una forma de escisión (RDL 5/2023 art.58).
En los supuestos específicos de **escisión**, la sociedad que responde frente a una eventual responsabilidad penal, es aquella en la que resida o se pueda determinar el defecto de organización que originó el delito.
La operación de transformación, fusión, escisión, puede ser anterior o simultánea al comienzo del **procedimiento penal**. La imputación de la nueva entidad es autónoma y propia.

Precisiones La Fiscalía General de Estado, también se ha pronunciado al respecto en los siguientes términos: «De la simple lectura del precepto se desprende que en lo que respecta a la responsabilidad penal de las personas jurídicas, se da mayor importancia al **sustrato organizativo** de la propia entidad que a consideraciones meramente formales, lo que resulta lógico, teniendo en cuenta el dinamismo consustancial a las figuras corporativas. El precepto trata de evitar la elusión de la responsabilidad penal por medio de operaciones de transformación, fusión, absorción o escisión.» (FGE Circ 1/2011).

912 **Otros supuestos** (LSC art.18; FGE Circ 1/2011) En los casos de **grupos de sociedades**, cada sociedad es responsable por separado y en consecuencia sufre la pena correspondiente en la medida en que el grupo como tal carece de personalidad jurídica.
En caso de una **matriz**, con capacidad de control, esta puede responder por los delitos cometidos en las filiales, pero no es el grupo el sujeto de imputación, sino cada una de las entidades con personalidad jurídica, ya que a efectos del CP art.31 bis se debe individualizar la responsabilidad de cada persona jurídica.

Por otra parte, la Fiscalía General del Estado hace una referencia específica a las **uniones temporales de empresas** (UTEs), y sostiene que «en la medida en que carecen de personalidad jurídica propia distinta de la de sus miembros, ya que se configura como un sistema de colaboración entre empresarios de duración temporal y para la ejecución de una obra o la prestación de un servicio o suministro», «no le es de aplicación el artículo 31 bis del Código Penal y sí el artículo 129 del mismo texto legal, sin perjuicio de que las sociedades que las integran, individualmente consideradas, sí pueden ser penalmente responsables.» De la misma forma puede decirse respecto de **«joint ventures»** o acuerdos estratégicos entre personas jurídicas a los que no se dota de personalidad jurídica.

Ámbito de la norma: nacional e internacional La legislación de **Estados Unidos** y del **Reino Unido** (*Foreign Corrupt Practice Act*, 1977 -Ley de Estados Unidos- y *Bribery Act* 2010 -legislación del Reino Unido-), que es de aplicación a empresas españolas en determinadas circunstancias (ver nº 866), también alcanza a las operaciones de fusión y adquisición, ya que establece que el incumplimiento que la empresa adquirida haya cometido y sus consecuencias pueden ser trasladados a la empresa adquirente si no se realiza una revisión adecuada. **913**

Disolución encubierta o meramente aparente de la persona jurídica (CP art.130.2 párrafo 2º) La disolución encubierta o meramente aparente (situación que concurre cuando se continúa con la actividad económica de la persona jurídica y se mantenga la identidad sustancial de clientes, proveedores y empleados, o de la parte más relevante de todos ellos) no tiene aparejados **efectos extintivos de la responsabilidad** penal. **914**

Se entiende que existe esta cuando se continúe la actividad económica y se conserve la identidad sustancial de clientes, proveedores y empleados, o de la parte más significativa de aquellos. Estas expresiones que hacen alusión a términos graduales tales como «identidad sustancial» o «la parte más significativa» pueden conllevar en la práctica problemas de interpretación.

En los casos en que la persona jurídica quiera camuflar su verdadera identidad, se puede actuar contra la nueva entidad procediendo a una especie de **«levantamiento del velo»** de la nueva sociedad, dirigido a acreditar que no ha habido verdadera disolución.

Caso particular: sucesión de empresas La inactividad de una sociedad mercantil puede dar lugar a una sucesión de empresa, cuando la **actividad se traspasa a otra**, de forma más o menos encubierta, sin formalizarse la disolución como tal de la primera empresa societaria. **915**

> Precisiones Al respecto, la Fiscalía General del Estado, expone que se tiene en consideración la disolución encubierta o meramente aparente de la persona jurídica, de modo que se evita la impunidad en los casos de sucesión de empresas. Así, cuando la persona jurídica trate de eludir la responsabilidad penal por medio de mecanismos tan lesivos para los intereses de trabajadores y acreedores como su **disolución preordenada a tal fin o ficticia**, los Sres. Fiscales pueden solicitar la medida de intervención judicial de la corporación.

Los casos en los que se produce un **cambio en la forma social** de la empresa, cuando se produce la sucesión (por ejemplo, una cooperativa que traspasa la actividad económica a una sociedad anónima para evitar las normas de disolución y liquidación de la primera), no están contemplados en la norma (que habla de transformación, absorción, etc., pero no de sucesión). Si no queremos eludir responsabilidades penales, tenemos que aplicar a estos supuestos de traspaso de actividad de una persona jurídica a otra los mismos criterios que la norma prevé de disolución fraudulenta. **916**

Por ejemplo, la LGT art.42.1.c) es una norma que sirve para evitar una aplicación fraudulenta de una disolución material encubierta en los casos de sucesión de empresas, ya que establece la **responsabilidad tributaria solidaria** de las dos empresas para proteger los créditos tributarios.

Disolución real A pesar de que, entre las causas que se especifican en el CP art.130.1, no se hace mención expresamente a la disolución, su **carácter extintivo** se deduce, *sensu contrario*, del CP art.130.2, que al prever en su párrafo segundo que la disolución aparente no extingue la responsabilidad da a entender que la disolución real sí lo hace; y del carácter personal de las penas (si no existe ya el sujeto que ha cometido el delito es imposible pedirle responsabilidad alguna). **917**

Así, la responsabilidad penal se extingue cuando la empresa se disuelve por las causas legales contempladas en la LSC.

Requisitos Se considera en todo caso que existe disolución encubierta o meramente aparente de la persona jurídica cuando: **918**

- se continúe su **actividad** económica; y

- se mantenga la identidad sustancial de **clientes, proveedores y empleados**, o de la parte más relevante de todos ellos.

No son requisitos alternativos, sino **acumulativos**: castigar faltando alguno de ellos debe considerarse una infracción del principio de legalidad, con independencia de que carezca de sentido político criminal. Por ejemplo, si continuándose la actividad económica se mantiene la identidad sustancial o la parte más relevante de clientes y empleados, pero no de proveedores, no se podría imponer una pena vía CP art.130.2.

Asimismo, cualquier duda acerca del carácter «aparente» o «encubierto» de la disolución debe ser interpretada a favor de la entidad afectada. Por ello, únicamente puede extenderse la responsabilidad a la entidad cuando exista identidad en los tres elementos señalados en el precepto.

919 **Medidas cautelares** La forma de **evitar** el **proceso de disolución** justo en el momento en que se haya iniciado el proceso penal, o incluso existiendo una imputación formal, es a través de la adopción de una medida cautelar que lo impida (probablemente, la intervención judicial; la exigencia de que un comisario designado por el juez tenga que acordar o al menos aprobar las decisiones que se adopten en el seno de la entidad).

Precisiones En estos supuestos, la Fiscalía General del Estado da concretas instrucciones a sus fiscales: «cuando la persona jurídica trate de eludir su responsabilidad penal por medio de mecanismos tan particularmente lesivos para los intereses de trabajadores y acreedores como su disolución preordenada a tal fin y/o ficticia, los Sres. Fiscales, valorando las concretas circunstancias del caso, podrán solicitar del juez la adopción de la medida cautelar de **intervención judicial** de la corporación, conforme a lo previsto en el último párrafo del art.33.7 del Código Penal» (FGE Circ 1/2011).

920 **Penalidad** Si, como dice el mencionado CP art.130.2, la responsabilidad se «traslada» a la sociedad absorbida, se podría llegar a imputar un delito y a condenar a una persona (jurídica) inocente de la infracción que se le impute. Por ello, hemos de plantear el interrogante sobre si la norma es o no conforme al **principio de personalidad de las penas** (que se deduce de la Const art.25.1), que significa que las penas no pueden trascender a personas que no sean culpables del delito, puesto que se pretende sancionar a una entidad sustancialmente distinta a la que ha cometido la infracción que se castiga y asumir una responsabilidad por hechos ajenos. Tal como está redactado el precepto, se produce una traslación de la responsabilidad penal de un sujeto a otro, inédito hasta ahora.

Para evitar la vulneración del principio de proporcionalidad, el Código Penal prevé la posibilidad de que el juez o tribunal pueda **moderar el traslado de la pena** a la persona jurídica en función de la proporción que la persona jurídica originariamente responsable del delito guarde con ella. Para ello, el juez ha de tener en cuenta el grado de identidad entre la sociedad originaria y la sociedad a la que se traslada la pena. Nada se dice, por contra, en cuanto a la moderación del traslado de responsabilidad en sí.

En cuanto a la extensión de la responsabilidad y de la pena en los casos de **escisión**, si la escisión y diferenciación entre empresas se hace en función de las actividades que cada una desempeñe, lo más proporcional y lógico es entender que la responsabilidad se extiende a aquella empresa que haya continuado con las actividades consideradas delictivas, o se ha de localizar aquella en la cual tuvieron lugar las conductas delictivas.

No hay parámetros que permitan conocer cómo se mide la **proporción** en la relación entre una entidad u otra (podría ser la composición del accionariado, presencia de directivos, número de empleados compartidos, parte de actividad asumida, etc.), lo cual podría suponer una vulneración del principio de legalidad, desde el punto de vista de garantía material, que resulta exigible a toda norma penal.

Por otra parte, el sistema no permite en fase de ejecución la **variación o modificación** de las penas impuestas.

921 **Prueba** A expensas de la interpretación que puedan dar los tribunales al CP art.130.2, la realidad empresarial debe empezar a adaptarse a la nueva regulación intentando minimizar los riesgos que, como hemos visto, la misma implica.

El citado precepto no ofrece ninguna solución al respecto (podrían haberse arbitrado, por ejemplo, mecanismos que permitiesen la retroacción y anulación de la absorción o fusión para procesar y sancionar a la sociedad en la que se hubiere cometido el acto ilícito). La primera parte de su contenido, además, parte de una premisa totalmente objetiva: la responsabilidad penal se traslada a la **entidad en que se transforme** (el margen de maniobra se presenta como claramente inexistente). La parte final del precepto, que ofrece la posibilidad a los tribunales de moderar el traslado de la pena en función de la proporción que la persona jurídica originariamente responsable del delito guarde con ella, puede suponer en su aplicación práctica un relevante problema de prueba en un eventual procedimiento penal.

¿Cómo podemos probar que la sociedad que hemos absorbido o con la que nos hemos fusionado es la que guarda una completa **relación con el delito cometido**, que nuestra sociedad no guarda relación con un ilícito que incluso desconocíamos y que, por tanto, se ha de moderar el traslado de la pena a nuestra empresa?
En el precepto no se aclara si la nueva entidad resultante podría evitar su condena si acredita **falta de culpabilidad** (porque haya utilizado todos los protocolos necesarios para comprobar la corrección y verificar la legalidad de la sociedad que absorbe o con la que se fusiona). Esta posibilidad únicamente es posible *ex ante* a la realización de la operación mercantil. Si, aun habiendo tomado todas las cautelas necesarias, *ex post* la sociedad se encuentra inmiscuida en un procedimiento judicial a causa del traslado mencionado de responsabilidad penal, no parece que pueda haber una exclusión de responsabilidad, sino únicamente una moderación de la pena.

Precisiones La OCDE en su Guía de Buenas Prácticas sobre Controles Internos, Ética y Cumplimiento, adoptada el 18-2-2010, recomienda, la realización, dependiendo del riesgo existente, de **procedimientos de «due diligence»** debidamente documentados sobre la contratación de socios de negocios, así como la supervisión apropiada y regular de los mismos. Ver nº 866. 922
Pero, en definitiva, cualquier cautela que se pueda tomar al respecto podría minimizar el riesgo, en ningún caso eliminarlo.

c. Responsabilidad de los administradores sociales

La responsabilidad penal de los administradores puede producirse por: 924
1. **Actos propios**. Los actos que ellos mismos cometan, por el propio concepto de autor del CP art.28, «son autores los que realizan el hecho por sí solos (...)», en relación con el CP art.27, «son responsables criminalmente de los delitos y faltas los autores (...)».
2. **Actos de terceros**. Actos cometidos por otros sobre los que exista un deber de vigilancia y control. En virtud del CP art.31: «1.- El que actúe como administrador de hecho o de derecho de una persona jurídica, o en nombre o representación legal o voluntaria de otro, responderá personalmente, aunque no concurran en él las condiciones, cualidades o relaciones que la correspondiente figura de delito requiera para poder ser sujeto activo del mismo, si tales circunstancias se dan en la entidad o persona en cuyo nombre o representación obre.» Por tanto, la actuación delictiva ha de realizarse por la vinculación a una entidad mercantil.
Esta responsabilidad penal -por las acciones delictivas cometidas por otros- encuentra su fundamento en el **deber de garante** que incumbe a quienes tienen una determinada autoridad y posición de vigilancia sobre otras personas (deber jurídico de actuar / obligación de vigilancia y control).
3. **Responsabilidad penal de la persona jurídica**. Asimismo, hay que tener en cuenta que la actuación de un administrador puede también dar lugar a la responsabilidad penal de la persona jurídica por los delitos -solo por aquellos delitos expresamente previstos en el CP (nº 900)- cometidos en nombre o por cuenta de esta, y en su provecho (CP art.31 bis). En este supuesto, se genera la responsabilidad personal penal del administrador y de la persona jurídica (doble pena).

Sujetos aplicables La extensión del régimen de responsabilidad se ha de realizar sobre todas aquellas personas que, aun sin ostentar la posición formal de administrador, desempeñan en la sociedad un papel de índole similar. La extensión debe alcanzar, al menos, a los siguientes grupos: 925
a) **Administradores de derecho**: personas físicas designadas como administradores que representan a las personas jurídicas.
b) **Altos directivos** de la sociedad: primera línea ejecutiva que depende directamente del consejo de administración y dispone de una elevada autonomía de decisión.
c) **Administradores de hecho**: personas que en la realidad del tráfico desempeñan sin título o con un título nulo o extinguido las funciones propias del administrador. Todos aquellos que, de facto, ejerzan funciones de propias del cargo o realicen los actos materiales inherentes al desempeño del mismo, habiendo sido designados como tales por la sociedad, pero sin tener debidamente perfeccionado o formalizado su nombramiento. Lo importante es que se trate de los verdaderos «dominadores del hecho» (TS 14-4-09, EDJ 62990) (ver nº 2720 Memento Sociedades Mercantiles 2024).
d) **Administradores ocultos**, o aquellas personas bajo cuyas instrucciones están acostumbrados a actuar los administradores de la sociedad.

926 **Principio de culpabilidad** No basta con ser administrador o representante de una persona jurídica para, de forma automática, ser criminalmente responsable de las actividades de la misma típicamente previstas en la norma penal.

La responsabilidad penal no debería alcanzar al mero **administrador formal** que no ha tenido ninguna intervención en la realización de la conducta típica. Para la imputación de responsabilidad, se ha de acreditar que el administrador realiza funciones de gestión en el ámbito concreto donde se haya producido el hecho (posición de dominio) o es directamente impulsador de la conducta delictiva.

Existe **responsabilidad penal** atribuible a los administradores:

- cuando se acredite que dichas personas impulsaron tal comportamiento; o bien
- cuando hayan tenido responsabilidades concretas en el ámbito en que fue llevado a cabo.

Ello por cuanto el derecho penal está presidido por el principio de culpabilidad, por lo que debe acreditarse la real y efectiva **participación en los hechos**. Tal actuación puede apreciarse, incluso, en delitos cometidos por terceros cuando los administradores de hecho o de derecho pudieron o debieron impedir el delito.

927 Asimismo, es posible sancionar **conductas** puramente **omisivas** cuando las mismas faciliten o posibiliten la comisión del delito (CP art.11). La responsabilidad por omisión surge por lo general en aquellos supuestos en que pueda estimarse que los miembros del consejo de administración podían o debían impedir el delito, no tanto por un simple deber de actuar, sino por concurrir en ellos una verdadera obligación de evitar el resultado producido. Ahora bien, si el órgano de administración no se encontraba en una posición de garante respecto del resultado jurídicamente reprochable no se le debe exigir la responsabilidad.

Los miembros del consejo de administración no tienen la **obligación de vigilar** la actividad de los demás en la ejecución de actividades normales de la sociedad hasta el extremo de comprobar que no aprovechan su cargo para la comisión de delitos (TS penal 11-3-10, EDJ 21708). Sin embargo, a pesar de que no tienen esta obligación permanente sobre todas las actividades de los subordinados que pertenezcan a la actividad normal de la entidad, sí tienen obligación de controlar las **operaciones** que sean **peligrosas** (aquellas que no pertenecen a la actividad normal de la sociedad).

Es diferente la conducta del administrador que, sin conocer ni tener porqué conocer que un subordinado está cometiendo un acto delictivo, no actúa, de aquel que conoce la ejecución de un acto antijurídico por parte del subordinado, o debiera conocerla, y a pesar de ello permanece inactivo, sin requerir más información y sin ejercer sus facultades de supervisión y control.

Precisiones En este último supuesto, el Tribunal Supremo estima que no existe ninguna razón para excluir su responsabilidad: «el directivo que dispone de datos suficientes para saber que la conducta de sus subordinados, ejecutada en el ámbito de sus funciones y en el marco de su poder de dirección, crea un riesgo jurídicamente desaprobado, es **responsable por omisión** si no ejerce las facultades de control que le corresponden sobre el subordinado y su actividad, o no actúa para impedirla» (TS penal 24-2-11, EDJ 9610).

928 A pesar de ello, en la *praxis* jurídica nos encontramos numerosas condenas a administradores por el mero hecho de ser administrador, sin delimitar con suficiente claridad cuál ha sido su participación en el hecho delictivo, estableciéndose de este modo una **responsabilidad cuasi-objetiva** o automática (TS penal 11-3-10, EDJ 21708, voto particular de D. Enrique Bacigalupo Zapater, según el cual «quienes tienen el deber de vigilancia no pueden invocar respecto de los vigilados el principio de confianza, que autoriza a suponer que otros se comportarán de acuerdo a derecho»).

La **participación omisiva** parte de unos **presupuestos** (TS penal 12-12-06, EDJ 353255):

- Ha de existir un delito o falta de los que consisten en la producción de un resultado.
- Que, por la forma concreta de producción del delito o falta, ese resultado no se habría producido de haber existido la acción esperada, la acción que se omitió.
- El presupuesto objetivo que debe ser causal del resultado típico (cooperador) o al menos favorecedor de la ejecución (cómplice).
- Un presupuesto subjetivo consistente en la voluntad de cooperar causalmente con la omisión del resultado o bien de facilitar la ejecución.
- Un presupuesto normativo, consistente en la infracción del deber jurídico de impedir la comisión del delito o posición de garante.

929 **Exclusión de la regla de solidaridad** En los supuestos de órganos colegiados -p.e., consejos de administración -la responsabilidad penal es de **naturaleza personal**, de forma que no puede decirse que exista una responsabilidad conjunta y solidaria de todos los integrantes del órgano únicamente por su pertenencia al mismo.

En líneas generales, según el órgano de administración y gestión elegido, puede imputarse la responsabilidad penal en la siguiente forma:
a) Si la sociedad cuenta tan solo con un **administrador único** y general, y siempre que este sea el que haya realizado la actuación u omisión ilícita, tan solo a él puede imputársele responsabilidad personal.
b) Si el órgano de administración está formado por **varios administradores**, con facultades indistintas y solidarias, tan solo al administrador que haya participado de algún modo el ilícito penal le es aplicable responsabilidad -aun cuando sea por omisión-.
c) Si la sociedad cuenta con un órgano de administración formado por dos administradores, con **facultades mancomunadas**, surge mayor dificultad a la hora de imputar responsabilidad, ya que en principio no hay ningún acto que haya podido realizar un administrador sin la aquiescencia del otro.

Precisiones Hay que acudir a las reglas de responsabilidad que, en el orden civil, se contienen en la LSC art.236 y 237. Estas determinan que: 930
• Si nos encontramos ante una **actuación ilícita**, quedan exonerados de responsabilidad todos aquellos consejeros que, o bien no concurrieron a la sesión, o bien votaron en contra del acuerdo. Es más dudosa la ausencia de responsabilidad en el caso de que tan solo se abstuvieran en la votación, podría entenderse la abstención como una negligencia suficiente para generar responsabilidad.
• Si, en cambio, se ha tratado de la **omisión de una conducta** que venía obligada y la misma constituye un ilícito penal, entendemos que con carácter general concurren en esta responsabilidad derivada todos aquellos miembros del consejo que, habiendo asistido a la sesión, no hayan votado a favor del acuerdo de actuar, por las mismas razones respecto a los que se abstuvieron, que hemos señalado con anterioridad.

Delegación de funciones y principio de confianza Entre los deberes inherentes a un administrador se encuentran la existencia de una delegación de poderes real y efectiva y un control y vigilancia en relación con la persona hacia la cual se delegan las concretas funciones. Cuando un administrador delega funciones en otra persona responsable de un ámbito determinado, el **objeto de control** de la persona delegante ya no es la fuente de peligro en cuestión, sino la persona a la que se ha conferido el dominio de la fuente de peligro (la persona delegada). 931

Deber de garante y de vigilancia La especial posición de garante que ocupa la figura del administrador hace recaer sobre el mismo la responsabilidad por no ejercer de manera adecuada dicha posición. Los consejeros y en general los altos directivos de una sociedad mercantil son garantes, y una pretendida desvinculación por su parte de forma unilateral y sin respetar los presupuestos de la imputación objetiva (riesgo permitido y principio de confianza) conduce a la responsabilidad. Si bien, las posibilidades de **desvinculación** de la **posición de garante** pueden derivar de la delegación lícita en terceros de los deberes que genera la posición de garante. 932
Esta desvinculación por delegación en terceros se puede llevar a cabo en escenarios de no-riesgo u operaciones mercantiles cotidianas y no particularmente peligrosas. A pesar de ello, si el administrador garante conoce tras su desvinculación que puede producirse un **evento o resultado dañoso**, debe actuar, por lo que la posición de garante volvería a él. Aun cuando se trate de actividades o actuaciones que ordinariamente no generan peligro para terceros, si en el caso concreto el directivo conoce la existencia del riesgo generado y la alta probabilidad de que supere el límite del jurídicamente permitido, no puede escudarse en la pasividad para salvar su responsabilidad.
Sin duda, el establecimiento de un régimen adecuado que diversifique el régimen de responsabilidad siempre va a ser beneficioso, ya que allí donde esta diversificación o alineamiento es mayor, habrá menos probabilidad de incumplimiento.

Adecuada gestión empresarial La gestión de la empresa con la diligencia debida que es exigible a cualquier empresario, implica los siguientes aspectos: 933
• La **toma de decisiones** que afectan a la compañía, a los socios o a terceros.
• La **vigilancia** de las actividades llevadas a cabo por los empleados que se encuentran bajo su esfera de vigilancia.
• Llevanza ordenada de las **cuentas sociales**, pudiéndoles derivar responsabilidad por las deudas generadas por la sociedad, al no tomar las medidas oportunas en caso de situaciones de dificultades económicas.

Precisiones La Ley de Sociedades de Capital exige a los administradores sociales tomar una serie de medidas cuando el **patrimonio neto** social se reduzca por debajo de la mitad de la cifra de su **capital social** y, en concreto, han de promover la convocatoria de la junta general, para adoptar los acuerdos necesarios para la desaparición de la causa: el acuerdo de disolución o la declaración de concurso o en su caso, solicitar la disolución judicial para aquellos casos en los que la junta general no se celebre o no se adopten los acuerdos previstos (LSC art.365 s.).

934 **Delegación de funciones** La delegación se construye en torno a tres premisas que permiten perfectamente la concurrencia de varias personas en la producción del hecho típico (TS 14-7-99):

a) **Deber de elección**, exigiendo que la delegación se realice en persona con capacidad suficiente para controlar la fuente de peligro.

b) **Deber de instrumentalización**, facilitando al delegado los medios adecuados para controlar la fuente de peligro.

c) **Deber de control**, incrementando las medidas de cautela específicas para verificar que la delegación se desenvuelve dentro de las premisas de la delegación.

En definitiva, para que la función de vigilancia, delegación y control sean cumplidas adecuadamente, se ha de llevar a cabo una adecuada delegación de poderes, un sistema de comunicación *-reporting-* efectivo, nombramiento de personas sin conocimientos específicos para el puesto en concreto, asunción de funciones y responsabilidades. Siendo el aspecto principal la forma en que se «delegan» funciones.

935 **Funciones indelegables** Aquellas operaciones que entrañen un **mayor riesgo** o que tengan un carácter extraordinario o de **especial trascendencia**, deben ser asumidas directamente por los propios administradores.

La legislación no establece qué operaciones pueden o no considerarse peligrosas para enfrentarse a este problema, más allá de definir en la Ley de Sociedades de Capital cuales serían las facultades que resultan indelegables para estos cargos (LSC art.249).

Precisiones Podemos acudir al Código Unificado de Buen Gobierno Corporativo de las **sociedades cotizadas**, siendo especialmente ilustrativa, en concreto, la recomendación 8ª. Con la finalidad de evitar delegaciones inadecuadas o excesivas, establece un núcleo básico de la función general de supervisión de dicho órgano conforme al cual determinadas funciones deberían permanecer siempre dentro de las responsabilidades de los propios administradores, tales como la aprobación y cese de altos directivos, la organización el grupo de sociedades, o el conocimiento de aquellas cuestiones que puedan generar conflictos de interés.

936 **Delitos especialmente referidos al sujeto del administrador** La actuación u omisión llevada a cabo tiene que encontrarse tipificada expresamente en el Código Penal.

En el estricto cumplimiento de lo establecido en el Código Penal, solamente pueden ser responsables las personas físicas que sean **autores, cómplices o encubridores** de la los ilícitos expresamente penados por la Ley (CP art.1 y 27).

Los administradores, como cualquier otra persona física, están sujetos a responsabilidad penal por cualquier delito; sin embargo, podemos establecer varias categorías de delitos que, o bien requieren la especial condición de administrador, o por su especialidad pueden ser cometidos por administradores societarios:

937 a) Delitos cuyo **sujeto pasivo** requiere la condición de administrador:

• **Delitos societarios** (falsedades de cuentas, vulneración de derechos de socios, adopción o imposición de acuerdos abusivos, administraciones desleales, etc.) (CP art.290 a 297). Entre otras conductas, se encuentra la de impedir a alguno de los socios el ejercicio de sus derechos como por ejemplo el derecho de información, participación en el control y gestión de la actividad social o el derecho de suscripción preferente. Además, también se consideran delito, actuaciones tales como falsear las cuentas o balances de la empresa u otros documentos que deban reflejar la imagen fiel de la sociedad.

• **Delito bursátil** (CP art.282 bis). Falsear la información económico-financiera contenida en folletos de emisión o cualquier otro instrumento o información que la compañía deba publicar o difundir conforme a la legislación del Mercado de Valores, con el propósito de captar inversores o depositantes, colocar cualquier tipo de activo financiero, u obtener financiación por cualquier medio.

• **Delitos de corrupción entre particulares** (CP art.286 bis). Figura delictiva enfocada a castigar aquellas actitudes que afectan a la competencia y a las reglas del mercado. En este delito se castigan conductas de corrupción realizadas en la adquisición o venta de mercancías o en la contratación de servicios profesionales en relación con empresas o entidades privadas.

Precisiones Tanto el delito bursátil tipificado en el CP art.282 bis, como el delito de corrupción entre particulares (CP art.286 bis) fueron introducidos con la **reforma del Código Penal** llevada a cabo por la LO 5/2010.

938 b) Asimismo, debido a que las **actividades** que comportan están especialmente relacionadas con las gestiones que pueden llevar a cabo los administradores de una sociedad, los delitos que se enumeran a continuación también pueden generar de forma más específica frente al resto de delitos comunes, responsabilidad penal:

• Delitos de estafa (CP art.248 s.).

• Delitos de apropiación indebida y administración desleal (CP art.252 s.).
• Delitos de alzamiento de bienes y frustración en la ejecución (CP art.257 s.).
• Delitos contra la Hacienda Pública (CP art.305 s.).
• Delitos contra la Seguridad Social (CP art.307 s.).
• Delitos contra los Derechos de los Trabajadores (CP art.311 s.).
• Delitos de falsedad documental (CP art.390 a 399).
• Delitos relativos al mercado y los consumidores (CP art.278 s.).
• Delito de malversación (CP art.435).

G. Due diligence medioambiental

Un *due diligence* medioambiental consiste en analizar los aspectos medioambientales de una **empresa o inmueble**, e identificar sus riesgos asociados, con la finalidad de conocer cómo afectan a su valor o viabilidad en función del uso que se le pretende dar. **945**
El trabajo a realizar está orientado a proporcionar una **base de conocimiento complementaria** a la ya obtenida en un análisis preliminar de los riesgos medioambientales inherentes asociados a los inmuebles y/o instalaciones industriales de una empresa según información pública, que pueda ser relevante a efectos de la decisión de inversión y el proceso de negociación.

Objetivo El objetivo **básico** de un *due diligence* medioambiental es evaluar los aspectos medioambientales corporativos y la gestión medioambiental asociados a los inmuebles y/o instalaciones industriales de la empresa a analizar, para detectar aquellas incidencias que puedan tener un impacto en la toma de decisión o valoración durante la operación de *due diligence*. **946**
Los objetivos **específicos** de la revisión son:
• Identificación de los **riesgos** medioambientales que puedan reducir los niveles de actividad o significar una amenaza grave para la operatividad del inmueble y/o las instalaciones industriales de la empresa.
• Detección de posibles **amenazas** o **necesidad de futuras inversiones** con el fin de cumplir con la normativa medioambiental, actual o prevista, según el uso que se le pretende dar a los activos de la empresa.
• Comprobación, en su caso, de la correcta **provisión contable** de las contingencias detectadas y la existencia de planes de control y/o adecuación al efecto.

Identificación de actividades clave (RDLeg 1/2016 anexo I) Las empresas o inmuebles donde se hace recomendable la realización de un *due diligence* medioambiental dependen en gran medida del impacto medioambiental de las actividades desarrolladas en la **actualidad y** en el **pasado**, así como del uso que se le pretende dar en el futuro a los activos objeto de revisión. **947**
En términos generales, es recomendable realizar este tipo de revisión para todas las empresas o inmuebles que desarrollen o hayan desarrollado alguna de las siguientes actividades incluidas en el anexo I del RDLeg 1/2016:

1. **Instalaciones de combustión.** **948**
1.1 Instalaciones de combustión con una potencia térmica de combustión de 50MW.
1.2 Refinerías de petróleo y gas.
1.3 Coquerías.
1.4 Instalaciones de gasificación y licuefacción del carbón.
2. **Producción y transformación de metales.**
2.1 Instalaciones de calcinación o sinterización de minerales metálicos incluido el mineral sulfuroso.
2.2 Instalaciones para la producción de fundición o de aceros brutos (fusión primaria o secundaria.
2.3 Instalaciones para la transformación de metales ferrosos.
2.4 Fundiciones de metales ferrosos con una capacidad de producción de más de 20 toneladas por día.
2.5 Instalaciones para la producción o fusión de metales no ferrosos.
2.6 Instalaciones para el tratamiento de superficie de metales y materiales plásticos por procedimiento electrolítico o químico.
3. **Industrias minerales.**
3.1 Producción de cemento, cal y óxido de magnesio.
3.2 [Sin contenido].
3.3 Instalaciones para la fabricación de vidrio.

3.4 Instalaciones para la fundición de materiales minerales.
3.5 Instalaciones para la fabricación de productos cerámicos mediante horneado.
4. **Industriales químicas**.
4.1 Instalaciones químicas para la fabricación de productos químicos orgánicos.
4.2 Instalaciones químicas para la fabricación de productos químicos inorgánicos.
4.3 Instalaciones químicas para la fabricación de fertilizantes a base de fósforo, de nitrógeno o de potasio (fertilizantes simples o compuestos).
4.4 Instalaciones químicas para la fabricación de productos de base fitosanitarios o de biocidas.
4.5 Instalaciones químicas que utilicen un procedimiento químico o biológico para la fabricación de medicamentos base.
4.6 Instalaciones químicas para la fabricación de explosivos.

949 5. **Gestión de residuos**.
5.1 Instalaciones para la valorización o eliminación de residuos peligrosos.
5.2 Instalaciones para la valorización o eliminación de residuos en plantas de incineración o coincineración de residuos.
5.3 Instalaciones para la eliminación de los residuos no peligrosos con una capacidad de más de 50 toneladas por día.
5.4 Valorización, o una mezcla de valorización y eliminación, de residuos no peligrosos con una capacidad superior a 75 toneladas por día.
5.5 Vertederos de todo tipo de residuos que reciban más de 10 toneladas por día o que tengan una capacidad total de más de 25.000 toneladas con exclusión de los vertederos de residuos inertes.
5.6 Almacenamiento temporal de los residuos peligrosos no incluidos en el apartado
5.7 Almacenamiento subterráneo de residuos peligrosos.
6. **Industria derivada de la madera**.
6.1 Instalaciones industriales destinadas a la fabricación de pasta de papel a partir de madera o de otras materias fibrosas; instalaciones industriales destinadas a la fabricación de papel y cartón.
6.2 Instalaciones de producción de celulosa con una capacidad de producción superior a 20 toneladas diarias.
7. **Industria textil**.
7.1 Instalaciones para el tratamiento previo o para el tinte de fibras o productos textiles.
8. **Industria del cuero**.
8.1 Instalaciones para el curtido de cueros.
9. **Industrias agroalimentarias y explotaciones ganaderas**.
9.1 Instalaciones para mataderos o para tratamiento y transformación destinados a la fabricación de productos alimenticios.
9.2 Instalaciones para la eliminación o el aprovechamiento de carcasas o deshechos animales.
9.3 Instalaciones destinadas a la cría intensiva de aves de corral o cerdos.
10. **Consumo de disolventes orgánicos**.
10.1 Instalaciones para el tratamiento de superficies de materiales, de objetos o productos con utilización de disolventes orgánicos.
11. **Industria del carbono**.
11.1 Instalaciones para la fabricación de carbono sinterizado o electrografito por combustión o grafitación.
12. **Industria de conservación de la madera**.
12.1 Conservación de la madera y de los productos derivados de la madera utilizando productos químicos.
13. **Tratamiento de aguas**.
13.1 Tratamiento independiente de aguas residuales.
14. **Captura de CO_2**.

950 No obstante, es posible que **otro tipo de circunstancias** (por ejemplo, proximidad a espacios naturales de especial protección, constancia de multas, sanciones o expedientes relacionados con causas medioambientales, proximidad a otras industrias con riesgo medioambiental alto o muy alto o circunstancias ligadas al uso futuro que se le quieren dar a los activos, entre otras) hagan aconsejable la realización de algún tipo de análisis medioambiental sobre actividades que no están incluidas en esta lista, a valorar en la fase de planificación del *due diligence*.

Ámbito y alcance de la revisión El ámbito de la revisión viene marcado por las **instalaciones industriales** de la empresa y/o los **inmuebles** objeto de revisión en los que existe o ha existido un impacto medioambiental relevante, según las actividades desarrolladas. 951

En cuanto al alcance de la revisión, existen diferentes posibilidades en función del riesgo inherente de las actividades desarrolladas y de la disponibilidad de información.

De menor a mayor riesgo, podemos clasificar los diferentes **tipos de alcance** en:

- **Fase 1: recomendable para actividades con un impacto medioambiental bajo**; consiste en una revisión a través de cuestionarios específicos y entrevistas con los responsables, sin ninguna o muy poca revisión de documentación en función de la información pública disponible. 952
- **Fase 2: recomendable para actividades con riesgo medioambiental medio o alto**; consiste en una revisión a través de cuestionarios específicos y entrevistas con los responsables, incluyendo la revisión de documentación asociada a riesgos medioambientales relevantes identificados.

Este alcance de revisión se basa en documentación/información disponible en la empresa y otra suministrada por terceros, e incluso una visita a las instalaciones para la inspección visual de las mismas.

Si durante el trabajo se pusieran de manifiesto riesgos o incertidumbres que hicieran recomendable la realización de pruebas de campo específicas, estás se pondrían de manifiesto en el informe preliminar de cara a que la parte compradora o la parte vendedora llevaran a cabo las acciones oportunas en función de sus necesidades, a través de una empresa especializada y/o acreditada, según el tipo de trabajo a realizar y los riesgos que se quieren cubrir. Es lo que denominamos Fase 3.

- **Fase 3**; es aquel alcance en el que tras una revisión tipo Fase 2 se han puesto de manifiesto riesgos o incertidumbres que hicieran recomendable la realización de pruebas de campo específicas, tales como catas o estudios de la calidad del de suelo, mediciones de cualquier tipo o inventarios de sustancias peligrosas, entre otras.

Precisiones Todas las actividades incluidas en el RDLeg 1/2016 anexo I (nº 948 y nº 949) están consideradas como de **riesgo medio o alto**.

Riesgos a cubrir Las áreas clave de riesgo a cubrir en un *due diligence* medioambiental son las siguientes: 953

a) **Licencias y permisos**: análisis de las situaciones y los mecanismos asumidos para dar cumplimiento a la legislación medioambiental en vigor y la adaptación a otros requisitos medioambientales que puedan hacerse efectivos a corto y medio plazo.

b) **Organización y gestión**: incluyendo políticas existentes, recursos, prácticas y estándares de gestión medioambiental, coberturas medioambientales en seguros y requisitos legales.

c) **Control operacional e información de proceso**: incluyendo aspectos medioambientales asociados a las operaciones claves de la empresa, como pueden ser: emisiones atmosféricas, ruidos y tratamiento de vertidos.

d) **Cumplimiento de requisitos legales** en relación con: captación de agua, aprovechamiento de recursos (explotaciones mineras), almacenamiento de sustancias peligrosas, vertidos de aguas residuales, vertederos, emisiones a la atmósfera, ruidos e instalaciones con riesgo para la legionelosis.

e) **Gestión de residuos**: incluyendo las principales fuentes de generación de residuos, así como la gestión interna y externa de los mismos, con especial énfasis en los residuos tipificados como peligrosos.

f) **Contaminación del suelo** y la propiedad: incluyendo tanto la potencial contaminación actual de los emplazamientos incluidos en la revisión, como la que pudiera haberse realizado con anterioridad en los terrenos.

g) **Existencia de sustancias o materiales peligrosos o prohibidos** que pudieran suponer un riesgo o un coste significativo de gestión, tales como, amianto, policlorofifenilos (PCBs) o Hidroclorofluorocarbonos (HCFCs), entre otros.

Normativa básica de aplicación En función de la actividad a revisar, su ubicación geográfica y los riesgos inherentes del inmueble o activo, se realiza una evaluación de la normativa medioambiental de aplicación y los aspectos más relevantes que pudieran tener un impacto en la operación de *due diligence*. 954

En cualquier caso, a continuación, detallamos la normativa medioambiental básica, de ámbito nacional, más relevante:

955

Materia	Normativa aplicable	Observaciones
Régimen de evaluación ambiental	- L 21/2013.	Esta normativa establece la necesidad de iniciar un procedimiento administrativo (EA) como requisito previo para la obtención de las licencias de planes, programas y proyectos de determinadas actividades industriales u obras. Esto supone que el promotor debe presentar un estudio detallado con los impactos ambientales que supondría la actividad a desarrollar, así como diferentes alternativas para su ejecución. La evaluación ambiental incluye tanto la «evaluación ambiental estratégica» como la «evaluación de impacto ambiental».
Autorización Ambiental Integrada	- RDLeg 1/2016; - RD 508/2007.	La normativa establece la obligatoriedad de obtener una Autorización Ambiental Integrada (AAI) para las actividades recogidas en su Anexo I, que recoja todas las autorizaciones y los aspectos legales de naturaleza ambiental aplicables a una instalación en un permiso único por el que se permite, a efectos de la protección del medio ambiente y la salud de las personas, el ejercicio de la actividad. La L 5/2013, que traspone la Dir 2010/75/UE de emisiones industriales, establece que los valores límites de emisión vendrán determinados por las mejores técnicas disponibles aplicables a determinados sectores de actividad que pueden implicar una adaptación de la AAI a las mejores técnicas disponibles en el plazo de cuatro años. La modificación de una instalación/actividad sometida a AAI deberá ser comunicado al órgano competente y, en el caso de una modificación sustancial, esta no podrá llevarse a cabo hasta que la autorización ambiental integrada no sea modificada a tal efecto. El RD 508/2007 regula el suministro de información sobre emisiones del Reglamento E-PRTR y de las AAI.
Ley de Responsabilidad Ambiental	- L 26/2007; - RD 183/2015; - OM APM/1040/2017 y OM TEC/1023/2019	La L 26/2007 regula la responsabilidad de los operadores de prevenir, evitar y reparar los daños medioambientales causados a especies silvestres, hábitats, daños a las aguas, a las riberas del mar y las rías, así como los daños al suelo. Los operadores de las actividades contempladas deberán disponer de una garantía financiera obligatoria (considerando dicha normativa ciertas exenciones) que les permita hacer frente, en caso de suceso, los gastos de la reparación de daño al medio ambiente inherentes de la actividad. Para el resto de las instalaciones, en caso de que se produzcan daños medioambientales o haya amenaza inminente de que esto se produzca, también se aplica la norma cuando haya dolo, culpa o negligencia y serán exigibles medidas de prevención, evitación y reparación; y cuando no medie dolo, culpa o negligencia serán exigibles las medidas de prevención y evitación. El RD 183/2015 actualiza las actividades a las que les resulta de aplicación el régimen de responsabilidad ambiental y exige la realización de un análisis de riesgos medioambientales a partir del cual fijar la cuantía de la garantía financiera que permita cubrir dichos riesgos. Las OM APM/1040/2017 y OM TEC/1023/2019 establecen la fecha a partir de la cual será exigible la constitución de la garantía financiera obligatoria para cada una de las actividades.
Calidad del aire	- L 34/2007; - RD 102/2011.	Recoge el catálogo de actividades potencialmente contaminadoras de la atmósfera por el que se clasifican en grupos A, B o C de acuerdo a su potencia térmica nominal, su capacidad de producción, su capacidad de consumo de disolventes y su capacidad de manejo de materiales o materias primas, y se establecen las disposiciones básicas para su aplicación. El RD 102/2011 fue modificado por el RD 678/2014 para modificar los objetivos de calidad del sulfuro de carbono establecidos en la disposición transitoria única, y por el RD 39/2017, para transponer la Dir (UE) 2015/1480, que establece normas relativas a los métodos de referencia, validación de datos y ubicación de los puntos de medición para la evaluación de la calidad del aire ambiente, e incorporar los nuevos requisitos de intercambio de información establecidos..

955 (sigue)

Materia	Normativa aplicable	Observaciones
Sustancias que agotan la capa de ozono	- RD 115/2017; - Rgto CE/2037/2000; - Rgto CE/1005/2009; - Rgto UE/517/2014.	Regula la comercialización y manipulación de gases fluorados y equipos basados en los mismos, así como la certificación de los profesionales que los utilizan y por el que se establecen los requisitos técnicos para las instalaciones que desarrollen actividades que emitan gases fluorados. Se establecen fechas límite para la fabricación y utilización de instalaciones o equipos que utilicen gases refrigerantes del tipo CFC y HCFC. En el caso de retirar un equipo que contenga alguna tipología de gases CFC o HCFC, deben ser gestionados por un gestor autorizado a tratar ese tipo de residuos.
Grandes instalaciones de combustión	- RD 430/2004; - OM PRE/77/2008: Plan Nacional Español de Reducción de Emisiones de las Grandes Instalaciones de Combustión (PNRE-GIC).	Se establecen una serie de compromisos sobre reducción de emisiones de SO2, de NOx y de partículas procedentes de grandes instalaciones de combustión (potencia térmica igual o superior a 50 Mw). Para dar cumplimiento a esta Directiva, en noviembre de 2005 se elabora el PNRE-GIC que determina las instalaciones incluidas dentro de los compromisos globales de reducción de emisiones («burbuja nacional») y las excluidas de estos compromisos por acogerse a las excepciones contempladas en la Directiva.
Aprovechamiento de aguas	- RDLeg 1/2001 (Ley de Aguas); - L 11/2005 (Ley del Plan Hidrológico Nacional); - RD 849/1986 modif RD 670/2013 (Reglamento de Dominio Público Hidráulico); - L 22/1988 (Ley de Costas).	Se establecen las condiciones básicas para el aprovechamiento de aguas superficiales y subterráneas, los permisos necesarios y los procedimientos para su obtención según los casos.
Vertidos de aguas	- RD 60/2011; - RDLeg 1/2001; - RD 258/1989; - RD 670/2013.	Establece la obligatoriedad de obtener una Autorización de Vertido emitida por la Administración Hidráulica competente salvo en los casos de vertidos efectuados en cualquier punto de la red de alcantarillado o de colectores gestionados por las Administraciones autonómicas o locales o por entidades dependientes de las mismas, en los que la autorización corresponderá al órgano autonómico o local competente. Asimismo, se establece la obligatoriedad de efectuar analíticas con la periodicidad indicada en la autorización de vertido, cumplir con los parámetros especificados y pagar el canon correspondiente.
Residuos peligrosos	- L 11/2012; - RD 110/2015. - L 7/2022	Se establecen los permisos, condicionantes y obligaciones tanto para las empresas que producen residuos peligrosos como para aquellas cuya actividad incluye la gestión o el transporte de residuos peligrosos. Entre otras, exige obligaciones de comunicación periódica a la Administración, condiciones de almacenado y etiquetado de los residuos, al igual que su correcta gestión por gestor autorizado. Por otro lado, regula la posibilidad de exigir una garantía financiera al productor/gestor para cubrir la responsabilidad derivada de dicha actividad. Asimismo, cuentan con un desarrollo reglamentario adicional ciertos residuos específicos (como son los residuos de aparatos eléctricos y electrónicos). La L 7/2022, de residuos y suelos contaminados para una economía circular, tiene por objeto sentar los principios de la economía circular a través de la legislación básica en materia de residuos, así como contribuir a la lucha contra el cambio climático y proteger el medio marino. Se contribuye así al cumplimiento de los Objetivos de Desarrollo Sostenible, incluidos en la Agenda 2030 y en particular a los objetivos 12 -producción y consumo sostenibles-, 13 -acción por el clima- y 14 -vida submarina-. Asimismo, en el ámbito de su contribución a la lucha contra el cambio climático, esta ley es coherente con la planificación en materia de energía y clima.
Aceites policlorobifenilos	- RD 228/2006.	Regula las condiciones de uso, mantenimiento y retirada de aparatos contaminados por Policlorobifenilos (PCBs), o que se sospecha que puedan contener PCBs en su composición.

Materia	Normativa aplicable	Observaciones
Suelos contaminados	- RD 9/2005; - L 7/2022.	Esta normativa establece la obligación de remitir un Informe preliminar de la situación del Suelo (IPS) al órgano ambiental competente. En función de dicho informe, la Administración competente evaluará la conveniencia o no de realizar un estudio más detallado. Llegado el momento, y en el caso de que el suelo se declarare contaminado, la Sociedad estaría obligada, previo requerimiento de la Administración Autonómica, a realizar la limpieza y recuperación de este, así como dejar constancia con nota marginal en el Registro de la Propiedad.
Gases de efecto invernadero	- L 1/2005; - RD 1722/2012; - L 9/2020.	Las instalaciones afectadas por la normativa sobre comercio de emisiones de Gases de Efecto Invernadero (GEI) deberán obtener una autorización de emisión y estar incluidas en el Plan Nacional de Asignación (PNA) según el cual le serán otorgados unos derechos gratuitos, mediante los cuales podrá emitir una cantidad determinada de GEI (ton). Aquellas instalaciones que puedan encontrarse en una situación de déficit respecto a los derechos de emisión asignados pueden incurrir en necesidades de compra a asumir por la Sociedad. Las instalaciones deberán someterse a auditorías anuales con el objetivo de certificar las toneladas de GEI emitidas durante el ejercicio.
Almacenamiento de productos químicos	- RD 656/2017.	Regula la clasificación, etiquetado y envasado de sustancias químicas y mezclas y el Reglamento REACH. Las instalaciones de productos químicos son sometidas a revisiones reglamentarias por parte de organismos de control autorizado, de acuerdo con las instrucciones técnicas complementarias según la cual fueron realizados. La finalidad de este reglamento es el incremento de la seguridad de las instalaciones de almacenamiento de productos químicos peligrosos, con el objetivo prioritario de evitar daños a personas, bienes y medio ambiente, sin menoscabar en ningún caso el impacto económico que pudiera conllevar la implementación de los requisitos de seguridad necesarios.
Eficiencia energética	- RD 56/2016; - RD 390/2021.	Establece un marco normativo que desarrolla e impulsa actuaciones dirigidas a la mejora de la eficiencia energética de una organización, a la promoción del ahorro energético y a la reducción de las emisiones de gases de efecto invernadero. Establece el régimen y obligación de someterse a auditoría energética a aquellas las instalaciones para las que resulta de aplicación, y acredita a los proveedores de servicios y auditores energéticos.
Amianto	- RD 396/2006.	Regula disposiciones mínimas de seguridad y salud para la protección de los trabajadores contra los riesgos derivados de la exposición al amianto durante el trabajo, así como la prevención de tales riesgos. Si bien a día de hoy no existe obligación legal de retirar este tipo de estructuras, llegado el momento se debe disponer de un plan de desmantelamiento cuya retirada debe ser gestionados por un gestor autorizado a tratar ese tipo de residuos
Control de legionela	- RD 865/2003; - RD 487/2022.	Establece los criterios higiénico-sanitarios para la prevención y control de la legionelosis en aquellas instalaciones que resulta de aplicación. Establece el régimen de responsabilidad, notificación de dichas instalaciones a la administración, así como un programa de actuación y mantenimiento adecuado de las instalaciones.

956 **Estructura del informe de «due diligence»** En términos generales, un informe de *due diligence* medioambiental debe contar con los siguientes apartados básicos:
- Responsabilidad.
- Conclusiones de la revisión.
- Objetivo.
- Ámbito y alcance.
- Limitaciones al alcance.
- Aspectos analizados y sus resultados, según los aspectos medioambientales clave y las áreas de riesgo identificadas.
- Documentación analizada.

Tipología de conclusiones Las conclusiones un *due diligence* medioambiental deben poner de manifiesto la existencia o no de aspectos o riesgos de carácter medioambiental que pudieran suponer un impacto relevante para el proceso de *due diligence*, y la valoración de estas en términos económicos o de riesgo. Concretamente: **957**

1. **Incumplimientos medioambientales significativos**: indicando sus implicaciones económicas u operativas según la normativa de aplicación, el riesgo o probabilidad de sanción y, por último, el procedimiento, coste o inversiones necesarias para su regularización.
2. **Pasivos de carácter medioambiental**, ligados a la existencia de contaminación en el suelo y/o en las aguas subterráneas o a la presencia de sustancias peligrosas o prohibidas: indicando el riesgo asociado a los mismos, la necesidad de llevar a cabo actuaciones de limpieza o mantenimiento y el coste económico de las mismas.
3. La existencia de **normativa en curso** o prevista que pudiera suponer un impacto relevante en términos económicos (de inversión y/o coste) o de operación según el uso que se le pretende dar a activo objeto de revisión.
4. **Incertidumbres** u otros aspectos de riesgo imposibles de cuantificar: indicando las tareas necesarias a realizar de cara a acotar y valorar dichos riesgos, y el impacto estos según los distintos escenarios posibles. Todo ello a fin de valorar la necesidad de llevar a cabo una Fase 3, en la que se revisarían actuaciones adicionales a fin de confirmar (y en ese caso valorar administrativamente y/o económicamente) o descartar riesgos medioambientales asociados a las incertidumbres inicialmente detectadas (nº 952).

H. Due diligence reputacional

Un *due diligence* reputacional consiste en analizar los aspectos reputacionales de una organización (así como de aquellas personas físicas y jurídicas relacionadas con la misma tales y como accionistas, sociedades participadas, equipo directivo, socios externos, etc.) y en la identificación de sus riesgos asociados, con la finalidad de conocer cómo afectan en el valor o viabilidad de la misma. **960**

Los **aspectos reputacionales** son aquellos que inciden en la percepción que tienen uno o varios grupos de interés sobre el desempeño de una empresa y que inciden directamente en sus decisiones de compra, asociación o colaboración con la misma, y que a su vez tienen una influencia relevante en que se denomina «valor de la marca» asociada a dicha empresa. Estos aspectos pueden ser **directos**, cuando se derivan del desempeño económico, social, medioambiental y de gobierno de la empresa, o **indirectos**, cuando vienen marcados por el desempeño, comportamiento o las prácticas realizadas por los proveedores o colaboradores de la empresa.

Asimismo, los riesgos reputacionales se pueden dividir en dos grandes categorías:

a) Riesgos reputacionales **puros**: son aquellos que tienen esencia propia y no se producen como consecuencia de otra tipología de riesgos. Algunos ejemplos pueden ser la comunicación de hechos relevantes, opiniones de «prescriptores» o los riesgos de transparencia informativa.

b) Riesgos reputacionales **mixtos**: los que se producen como consecuencia de otra categoría de riesgos, normalmente riesgos operacionales. Algunos ejemplos pueden ser los derivados de la comercialización de productos y servicios, del servicio post-venta, de regulación, de seguridad o de fraude.

El trabajo a realizar en un *due diligence* reputacional está orientado a proporcionar una base de conocimiento complementaria a la ya obtenida en análisis preliminares de la empresa, que pueda ser relevante a efectos de la decisión de inversión y el proceso de negociación.

Asimismo, la **ampliación a otras personas** físicas y/o jurídicas relacionadas con la organización (como proveedores, intermediarios o principales clientes), vendrá determinada por el tipo de transacción a realizar: adquisición o venta de la organización, toma de participación minoritaria, mantenimiento del equipo directivo, etc.

Objetivo El objetivo básico de un *due diligence* reputacional es analizar los riesgos reputacionales de la organización, así como, en su caso, de personas físicas y/o jurídicas relacionadas, los controles implantados, las posibles contingencias que pueden derivarse de una gestión o control inadecuados de los mismos, o el incumplimiento de alguna política o regulación aplicable a la entidad adquirente, y que pueden suponer un impacto relevante en la decisión o valoración durante la operación de *due diligence*. **961**

962 **Identificación de actividades clave** Por la propia naturaleza de los riesgos reputacionales, que pueden venir marcados por factores económicos, sociales, medioambientales y de gobierno de la propia empresa, no existe un **listado predefinido** de actividades sobre las que se hace necesaria una revisión de este tipo.

Hoy en día es necesario realizar este tipo de análisis en prácticamente cualquier proceso de *due diligence* debido a los requerimientos establecidos en las políticas internas de **«Compliance»** de las organizaciones.

No obstante, es prioritaria en aquellas transacciones en las que el **«valor de la marca»** de la empresa, producto o inmueble objetivo de revisión se ha considerado un aspecto relevante, y para el que una mala gestión de sus riesgos reputacionales puede suponer una palanca de decisión en el proceso de *due diligence*.

Asimismo, aquellas empresas o actividades ubicadas o desarrolladas en **países** considerados **de riesgo** para el cumplimiento de los derechos humanos, derechos laborales o que no dispongan de una normativa medioambiental básica, deben ser también objetivo de este tipo de revisiones.

De igual manera, deben ser objetivo de este tipo de revisiones aquellas operaciones en las que la entidad adquirente o adquirida resulte sujeta a alguna de las diversas **normativas** en materia de **soborno y corrupción** en el extranjero, como es el caso de la *Foreign Corrupt Practices Act* promulgada por los Estados Unidos de América.

963 **Ámbito y alcance de la revisión** El ámbito de la revisión viene marcado por las empresas o actividades objeto de revisión, así como el país en el que se realizaría la transacción, en los que existe o ha existido un impacto reputacional relevante, según el alcance general del *due diligence*.

En cuanto al alcance de la revisión, este debe contemplar las siguientes áreas clave:

1. **Análisis reputacional de la organización**: análisis en medios y otras fuentes de información abiertas para identificar escenarios reputacionales acontecidos.
2. **Análisis de fuentes de riesgo reputacional**: identificación de posibles riesgos asociados con la insatisfacción de los principales grupos de interés de la organización, fallos relevantes en las operaciones, fallos en la comunicación y casos de fraude, corrupción, sentencia o noticias negativas publicadas en el pasado, entre otros.
3. **Cumplimiento de los derechos humanos**: análisis del cumplimiento en materia de derechos humanos de la organización, principalmente en aquellas localizaciones donde pueda ser un aspecto de mayor riesgo (por falta de normativa al respecto o porque se hayan puesto de manifiesto incumplimientos relevantes en el pasado, por ejemplo).
4. **Cumplimiento de la normativa** nacional e internacional en materia de sanciones, blanqueo de capitales y financiación del terrorismo y, en general, otros crímenes de carácter financiero.
5. **Control de la cadena de suministro**: análisis del origen de las compras de productos de la organización y controles implantados por la organización para el seguimiento del desempeño de sus proveedores y el cumplimiento de las garantías contractuales en materia de derechos humanos, derechos laborales y protección del medio ambiente y corrupción.
6. **Planes de comunicación ante emergencias**: análisis de los procedimientos establecidos para la comunicación a la opinión pública y a los principales grupos de interés en caso de detectarse alguna emergencia o contingencia relevante.
7. **Análisis de madurez en sostenibilidad**: a partir de un análisis de la situación en materia de **medio ambiente, aspectos sociales y responsabilidad corporativa**, destacando tanto aquellos aspectos de mejora como aquellos otros significativamente positivos que puedan suponer un incremento de valor para la organización. Para cada uno de estos tres aspectos habría que analizar lo siguiente:
   - Estrategia en materia de sostenibilidad.
   - Identificación de las principales políticas y certificaciones en materia de sostenibilidad.
   - Identificación de controversias en materia de sostenibilidad.
   - Identificación de las diferentes iniciativas, proyectos y/o reconocimientos en materia de sostenibilidad.
8. **Identificación de conflictos de interés** no declarados: análisis de fuentes de información mercantil en combinación con la información de proveedores y clientes de la organización.

964 **Conclusiones** Las conclusiones de una *due diligence* reputacional deben poner de manifiesto la existencia o no de incumplimientos, riesgos o aspectos reputacionales que puedan suponer un impacto relevante a valorar en el proceso de *due diligence*. En la medida de lo posible, dichos aspectos reputacionales deben ser **valorados** en términos de impacto económico o de exposición al riesgo y sus consecuencias, ya que la remediación de estos incumplimientos o riesgos pueden llegar a modificar significativamente el valor económico de la transacción.

SECCIÓN 3

Ejecución del «due diligence»

970

A. Localización en el marco de la transacción 975
B. Carta de encargo 980
C. Delimitación del alcance 985
D. Suministro de información por el vendedor 995
E. Confirmación de la información en registros y otras entidades públicas 1010
F. Obtención de conclusiones preliminares y confirmación con la empresa target 1025
G. Informe 1030

A. Localización en el marco de la transacción

Con carácter general, lo más aconsejable desde el punto de vista del comprador/inversor, y lo más habitual en la práctica, es que el proceso de *due diligence* se realice con **anterioridad** a que las partes alcancen un **acuerdo** que les vincule de forma definitiva en el marco de la transacción. De otra forma, el comprador está asumiendo importantes riesgos y, aunque en los propios documentos de la transacción se prevean determinados mecanismos de ajuste del precio o desistimiento por su parte, la realidad es que la ejecución de cualquiera de dichas medidas siempre puede plantear complicaciones en la práctica. 975

Cuando nos encontramos en el marco de un **«due diligence» de compra** (los supuestos de *vendors due diligence* suponen un planteamiento diferente, ver nº 322), lo más usual es que el proceso de *due diligence* no se inicie hasta que las partes hayan alcanzado al menos un principio de acuerdo sobre las bases de la operación, a través de un **acuerdo de intenciones** o similar. Normalmente, dicho documento ya regula determinados aspectos de la *due diligence* a realizar, como el alcance de la misma, el plazo para su realización y/o las consecuencias de su resultado.

Precisiones La terminología para denominar a este tipo de acuerdos es muy amplia en la práctica (carta de intenciones, *Memorandum of Understanding*, acuerdo de bases, etc.). En todo caso, nos referimos a cualquier tipo de **preacuerdo** entre las partes que no suponga la obligación de formalizar la transacción. Ver nº 185 s.

No obstante, aunque de forma menos usual, en la práctica se dan situaciones en las que el trabajo de *due diligence* se ubica temporalmente en momentos distintos del proceso, o incluso se va realizando en varias fases dentro del mismo. En concreto: 976

- En algunos casos, el comprador, **antes** de formalizar cualquier tipo de **preacuerdo**, aún con el carácter de no vinculante, requiere conocer determinados aspectos clave de la empresa target con mayor profundidad (como por ejemplo determinados contratos con clientes, los términos de una determinada concesión administrativa, etc.). De esta forma, es posible que, con la firma de un mero acuerdo de confidencialidad, el comprador efectúe una primera fase de *due diligence* preliminar (**«preliminary due diligence»**).
- Asimismo, hay casos en que alguna de las partes necesita realizar la operación en un breve plazo por razones de urgencia y no puede esperar a realizar el *due diligence*. En estos supuestos, cabe la posibilidad de incardinar el proceso de *due diligence*, o una parte del mismo, tras un **«signing»**, es decir, tras la formalización de determinados acuerdos ya vinculantes entre las partes, pero en los que la transmisión de la propiedad no será efectiva hasta que se cumplan determinados condicionantes, como puede ser el resultado satisfactorio de la *due diligence* por parte del comprador en un determinado plazo. En el caso de cumplirse dichos condicionantes, se ha de celebrar necesariamente el *closing* entre las partes y la transmisión de la titularidad es efectiva a partir de dicho momento (**«due diligence» de cierre** o *closing due diligence*).

Precisiones En este caso, el vendedor puede quedar en una posición mucho más vulnerable ya que, en términos prácticos, este queda totalmente vinculado a realizar la transacción y el comprador, pese a estar obligado a actuar de buena fe, puede tener determinadas formas de eludir el compromiso, en función que como hubiese sido redactado el contrato. Por ello es recomendable tratar de objetivizar en el contrato, en la medida de lo posible, en qué casos se entiende que han quedado cumplidos los **condicionantes** para que la transacción sea efectiva (por ejemplo, que no se haya excedido un determinado importe de contingencias detectadas o que no se hayan identificado determinados aspectos concretos que se considerasen como *deal breakers*).

977 • Por último, aunque aún es mucho menos habitual en la práctica por los riesgos que ello conlleva, por las mismas razones de urgencia antes comentadas, puede darse el caso de que el *due diligence*, o una parte del mismo, se realice **tras el «closing»**, es decir, una vez se haya formalizado la transacción entre las partes y sea además efectiva la transmisión de la titularidad (**«due diligence» post-cierre** o *post-closing due diligence*). Lo que se suele establecer por las partes en estos casos en los documentos del cierre es que el **precio** de la transacción sea ajustado en base al resultado del *due diligence* que será realizado con posterioridad, sobre la base de determinados criterios previamente acordados.

B. Carta de encargo

980 Teniendo en cuenta la dimensión de un trabajo de *due diligence* y las necesidades de recursos que ello conlleva, normalmente la realización de este tipo de procesos se encarga a una o varias **firmas de especialistas externos** (auditores, expertos contables, abogados, etc.). No obstante, en los *due diligence* de compra, en ocasiones el propio comprador puede incluso destinar un **equipo interno** de empleados con el objeto de que cubra alguna de las áreas de revisión, normalmente la parte más técnica u operativa, cuando la compradora se dedica al mismo negocio que la empresa target.

Precisiones A pesar de que cada una de las áreas objeto de revisión de la empresa target puede ser encargada a distintas firmas, teniendo en cuenta que todas estas áreas están interrelacionadas, en la práctica suele ser más eficiente realizar el encargo del *due diligence* a una única **firma multidisciplinar** con expertos en todas las materias que puedan cubrir todas las áreas objeto de análisis.

981 En este punto, la parte que realiza el encargo de *due diligence* (bien sea la parte compradora, la vendedora o ambas -ver nº 321-) y la firma o firmas a quién se les encomienda el trabajo suelen suscribir una carta de encargo (*Engagement Letter*) en la cual se determinan las líneas básicas del trabajo a realizar. Las cartas de encargo suponen un verdadero **contrato**, por lo que su adecuada formalización por escrito y firma por todas las partes que vayan a resultar destinatarias del trabajo resulta especialmente relevante.

982 **Contenido** Los aspectos que normalmente se suelen incluir en las cartas de encargo son los siguientes:

a) La naturaleza de la transacción que ha dado lugar al trabajo, los **objetivos** que se quieren cubrir con el encargo, a quien se va a dirigir el informe (**destinatario** del trabajo) y qué uso se le va a dar al mismo.

b) El **alcance** de la revisión a realizar, esto es, qué áreas y aspectos concretos van a ser objeto de revisión y qué metodología se va a seguir.

c) **Tipo de informe**.

d) Composición del **equipo** que va a efectuar la revisión.

e) **Calendario** aproximado de ejecución.

f) **Honorarios** por la realización del trabajo.

g) **Limitaciones a la responsabilidad** que dicha firma está asumiendo con la realización del trabajo. Esto último es habitual teniendo en cuenta, entre otros aspectos, que el resultado del trabajo del *due diligence* siempre está condicionado por el alcance que previamente se haya determinado por la parte que encarga el trabajo (y que finalmente puede resultar no ser lo suficientemente amplio como para detectar determinadas irregularidades o contingencias en la empresa target), y que la información facilitada por el vendedor a través del equipo directivo de la empresa target podría no ser totalmente veraz y completa. En este sentido, son bastante habituales cláusulas limitativas de responsabilidad, tales como:

- la manifestación de que una parte del trabajo se basa en las **manifestaciones** e información efectuada por la dirección de la empresa target que no ha sido verificada. Es habitual además que la firma de asesores solicite al vendedor y los representantes de la empresa target la emisión de una carta de manifestaciones en la que confirmen, entre otros aspectos, esta circunstancia (ver nº 2950 s.);
- que la **determinación del alcance** del trabajo es de exclusiva responsabilidad del vendedor o comprador, según el caso;
- que la **decisión de consumar** o no la transacción reside únicamente en el comprador, no constituyendo el trabajo de *due diligence* y los resultados obtenidos en el mismo una recomendación en este sentido.

h) El compromiso de **confidencialidad** asumido por parte de la firma asesora.

i) **Restricciones de uso** del informe.

j) **Aceptación** por parte del cliente.

k) **Condiciones generales** de contratación.

Precisiones Por lo que respecta al punto de «Restricciones al uso del informe», en los supuestos de **«due diligence» de compra**, suele establecerse en la carta de encargo que dicho informe sea de uso interno del cliente (potencial inversor, comprador o financiador), y que no puede ser entregado ni permitido el acceso al mismo a ningún tercero distinto de su destinatario o destinatarios sin el previo consentimiento por escrito del emisor del informe. Cuando nos encontremos en un **«vendors due diligence»**, sin perjuicio de que el vendedor sea el destinatario formal del informe, normalmente se pretende que una pluralidad de terceros tenga acceso al mismo (potenciales inversores, compradores o financiadores de la transacción). En estos casos es conveniente regular en la carta de encargo los términos y condiciones en los que dichos terceros pueden tener acceso al informe de *due diligence*. Normalmente ello supone que la firma de asesores encargada de la realización del trabajo entregue a los terceros que pretendan tener acceso al informe, para su aceptación y firma, una **carta de declinación de responsabilidad** (*no-duty*) en la que se pongan de manifiesto dichos términos y condiciones y la firma de asesores limite su responsabilidad por determinados aspectos. 983

C. Delimitación del alcance

Uno de los aspectos clave dentro de un proceso de *due diligence* es establecer un adecuado alcance del trabajo de revisión a efectuar, el cual debe realizarse de forma previa o simultánea a la firma de la **carta de encargo**. El asesor elegido para realizar el trabajo de *due diligence* normalmente ayuda a la parte que haya efectuado el encargo a definir el referido alcance, debiendo ser a medida para cada caso en función de diversos factores, que deben ser analizados conjuntamente. 985

Los **criterios** a tener en cuenta para determinar el alcance de la revisión pueden variar y depende del caso concreto. En particular, siempre son distintos en función del tipo de *due diligence* en el que nos encontremos, o si es el comprador o el vendedor quien determina el alcance.

Sin perjuicio de lo anterior, con carácter general, los factores que normalmente se tienen en cuenta para la definición del alcance del *due diligence* son los siguientes:

Naturaleza y estructura de la transacción El alcance de la revisión a efectuar depende de cómo se haya estructurado la transacción y a través de qué procedimiento legal se vaya a llevar a cabo. Entre otros aspectos, los temas que pueden tener un potencial interés para el comprador o inversor pueden variar si estamos ante la adquisición de la totalidad del capital social de una sociedad, la adquisición de un porcentaje inferior del mismo, una venta de activos, un *Project Finance* o cualquier otro tipo de operación. A modo de ejemplo: 986

1. Si la transacción consiste en la **adquisición** de la **totalidad del capital social** de una sociedad, tiene sentido optar por un alcance amplio que cubra todas o la mayoría de las grandes áreas de revisión posibles (financiera, protección de datos, fiscal, laboral, legal, etc.), puesto que con la adquisición de las acciones/participaciones de la empresa target el comprador está asumiendo la totalidad de los pasivos y activos financieros, fiscales, laborales de la empresa target, así como el cumplimiento de cualesquiera obligaciones legales.

Sin embargo, puede haber determinados aspectos dentro de cada gran área de análisis que pierdan interés para el potencial comprador/inversor en una transacción de estas características. Por ejemplo, dentro del área legal, el contenido de los **estatutos sociales** de la empresa target perdería interés puesto que los mismos no afectan a la transacción y además pueden ser modificados por el comprador con posterioridad a la transacción sin tener que contar con ninguna otra voluntad.

2. Por el contrario, el contenido de los estatutos sociales, y en su caso la existencia de cualquier pacto de socios, sí es fundamental, por ejemplo, si el inversor/comprador únicamente invierte en **una parte del capital social** de la empresa target y por tanto se incorpora como socio junto con otro u otros socios actuales, puesto que los mismos podrían regular aspectos fundamentales para este, como el régimen de mayoría para la adopción de acuerdos sociales, el régimen de transmisión de las acciones o participaciones, o el régimen de funcionamiento de los órganos de gobierno, entre otros.

3. Si nos encontramos ante una operación de **compraventa de activos** o de una determinada **rama de actividad** de una sociedad, el alcance normalmente es más limitado, puesto que lo que tendrá sentido es analizar aquellos activos, pasivos y relaciones jurídicas que van a formar parte de la transacción, y dejar fuera otros aspectos de la empresa target que en ningún caso se ven afectados por esta, como, por ejemplo, dentro del área de análisis legal, los aspectos societarios (titularidad y situación jurídica de las acciones/participaciones de la sociedad, legalización de libros societarios o cumplimiento de la obligación de depósito de las cuentas 987 anuales en el Registro Mercantil). Desde un punto de vista legal las **cláusulas de cesión** incluidas en los contratos cobran especial importancia frente a las cláusulas de cambio de control que se activarían en el escenario anterior de adquisición de acciones o participaciones.

También puede perder interés en este tipo de operación determinados aspectos de la **revisión financiera**, y en particular aquellas partidas que hubiesen quedado expresamente excluidas de la transacción (por ejemplo, los saldos de circulante), e incluso la **fiscal**, que en todo caso tendrá sentido únicamente para aquellos impuestos indirectos afectos a los activos y pasivos que forman parte de la transacción. De esta forma, en este tipo de operaciones son la *due diligence* laboral (si se produce una sucesión de empresa en términos laborales, lo cual es bastante habitual cuando estamos ante una venta de rama de actividad) y la legal, principalmente por lo que respecta a las áreas de revisión de activos y contractual (y en su caso, la inmobiliaria y medioambiental) las que en principio ganan un mayor protagonismo en el proceso de revisión.

4. Por otro lado, en los casos de **«Project Finance»** normalmente se hace un mayor hincapié en verificar la situación jurídica de los activos que van a ser objeto de financiación y posterior garantía a favor de las entidades financiadoras y en aquellos aspectos financieros que permitan verificar si la empresa target tendrá capacidad para atender la deuda.

Lógicamente en este punto también hay que tener en cuenta el **tamaño e importancia de la transacción** ante la que nos encontremos. En ocasiones, el volumen de la inversión a efectuar a través de la transacción puede no justificar un trabajo de *due diligence* demasiado exhaustivo con el coste que ello conlleva. De esta forma, el alcance e intensidad del *due diligence* hay que adaptarlo igualmente a la materialidad de la inversión.

988 **Características de la empresa target** Asimismo, las características y circunstancias de la empresa target son un elemento fundamental para definir el alcance de la revisión.

• De un lado, la **actividad y sector** en el que opera la empresa target deben ser especialmente considerados. Por ejemplo, en una empresa eminentemente fabril, no tiene sentido plantearse una *due diligence* comercial, pero sí es fundamental incidir en la parte medioambiental, inmobiliaria y relativa a permisos y licencias. De igual forma, si la empresa target forma parte de un sector regulado (por ejemplo, el sector de la seguridad privada), es importante poner énfasis en el área de revisión de Derecho Público, donde ha de ser objeto de revisión el cumplimiento de las obligaciones legales derivadas de su actividad regulada.

• Por otro lado, el **tamaño, antigüedad y antecedentes** de la empresa target también pueden condicionar el alcance del trabajo. Si la empresa target llevara desarrollando su actividad durante un periodo de tiempo muy limitado y aún no contara con un tamaño demasiado relevante, quizá tenga sentido limitar el alcance a aspectos legales y financieros muy concretos y, en su caso, cubrir los riesgos adecuadamente a través del régimen de manifestaciones y garantías de los documentos por los que se formalice la transacción.

También nos podemos encontrar con el caso opuesto, es decir, aquellos casos en que el tamaño de la empresa target es tan relevante que es necesario acotar de alguna forma el alcance del trabajo para que no lo haga inmanejable, para lo cual tendremos que recurrir a un **índice de materialidad** (ver nº 990).

989 **Principales áreas de interés para el comprador** Otro de los factores a tener en cuenta a la hora de delimitar el alcance del trabajo (que lógicamente solo aplica en la *due diligence* de compra) son los aspectos de la empresa target en los que el comprador/inversor tenga especial interés o sobre los que base su inversión. Por **ejemplo**, es posible que, con la transacción, a pesar de estar adquiriendo la totalidad de las acciones o participaciones de una sociedad, el comprador lo que esté buscando es la titularidad de una determinada planta de producción para integrarla en su proceso productivo, pero, sin embargo, no tenga ningún interés en determinados derechos de propiedad industrial que mantiene la empresa target.

990 Precisiones La delimitación del alcance debe extenderse no solo a los aspectos materiales a analizar, sino también al ámbito temporal de la revisión, e incluso a la metodología a seguir para efectuar la misma, cuando el tamaño de la sociedad target así lo requiera:

1) Por lo que respecta al **ámbito temporal** de la revisión, se debe definir sobre qué periodo de tiempo de la sociedad target irá referida la misma. Esta delimitación es especialmente importante en aquellas áreas de revisión en las que existen cierres temporales expresamente determinados por la normativa aplicable. Por ejemplo, en las áreas de revisión fiscal y laboral normalmente se toman como referencia los últimos ejercicios abiertos a inspección por la Administración de que se trate, y se suele acotar a ejercicios ya cerrados. Por lo que respecta a la *due diligence* financiera, siempre es necesario efectuar un corte o cierre contable sobre el que realizar la revisión, que normalmente coincide con un cierre mensual próximo pero previo al inicio de los trabajos. Para otras áreas, como por ejemplo la legal o medioambiental, por su propia naturaleza no resulta necesario realizar un corte temporal específico, (salvo algunas excepciones como por ejemplo la revisión de operaciones de reestructuración o adquisiciones previas realizadas en los 3 últimos años, revisión de actas correspondientes a los 3 últimos ejercicios, etc.) pero sí es conveniente delimitar posteriormente en el informe el periodo de tiempo durante el cual se ha efectuado el trabajo de revisión (fecha de corte o «cut-off date»), principalmente teniendo en cuenta que desde que se concluye la labor de revisión hasta que se emite el informe definitivo de *due diligence* puede haber transcurrido un periodo de tiempo relevante durante el cual puede haber acaecido cualquier nueva circunstancia que pudiera alterar las conclusiones alcanzadas. Si bien en el área legal no suele.

2) En función del tamaño de la sociedad target, en determinadas áreas concretas puede ser necesario definir desde el inicio qué **metodología** concreta se va a seguir para determinados aspectos. Por ejemplo, dentro del área de revisión laboral (ver nº 680) suele ser habitual llevar a cabo parte del trabajo a través de **muestreos**, que se aplican sobre un porcentaje de trabajadores, para cuya determinación siempre se considera el tamaño de la sociedad target y el número de trabajadores. Asimismo, cuando el tamaño de la sociedad target es relevante, también es habitual utilizar para algunas materias (saldos contables, activos, contratos, etc.) un **índice de materialidad**, es decir, un importe por debajo del cual dichos elementos no son objeto de revisión por entenderse que no son materiales en el contexto de la sociedad target y la propia transacción. Respecto al área legal y particularmente en relación con la revisión contractual es muy frecuente delimitar muestreos de contratos, en función de su relevancia económica o estratégica en el contexto de la potencial operación, siendo dicha selección objeto de determinación en función de un índice de materialidad a definir por el cliente.

D. Suministro de información por el vendedor

Para que cualquier potencial interesado en la transacción pueda desarrollar el trabajo de *due diligence*, el vendedor tiene que poner a su disposición toda la información y documentación necesaria para ello. 995

Responsabilidad del vendedor por la información y documentación facilitada 996
En todo trabajo de *due diligence*, el volumen de información y documentación de la empresa target que el vendedor debe poner a disposición de los profesionales encargados del proceso es importante, siendo en su gran mayoría información sensible sobre la propia organización y el negocio que desarrolla. Salvo por lo que respecta a determinada información a la que cualquier tercero puede acceder por ser de carácter público, los profesionales tienen que realizar el trabajo necesariamente sobre la base de aquella que les transmita el vendedor, por lo que el comprador está inevitablemente expuesto al riesgo de que el vendedor no le haya facilitado toda la información necesaria o que la misma conduzca a conclusiones incorrectas. Aunque esto es así en términos prácticos, la realidad es que el vendedor siempre estará obligado a actuar en este sentido conforme a las exigencias de la **buena fe** (CC art.7.1º y 1258), no pudiendo ocultar o tergiversar dolosamente la información suministrada sin ningún tipo de consecuencia. En el caso de que el vendedor actuase de forma **dolosa** en este sentido, ello siempre puede ser utilizado por el comprador para tratar de ejercitar algún tipo de acción legal contra él, para lo cual siempre debe tener en cuenta el régimen de responsabilidad que hubiesen pactado ambas partes, en su caso, en el contrato de compraventa (ver nº 3100 s.).
El problema que normalmente plantea esta situación es de **prueba**. En principio hay una presunción de buena fe del vendedor y es el comprador quien debe probar la existencia de dolo o mala fe del primero, para lo cual es recomendable tratar de efectuar todas las solicitudes de información y documentación al vendedor por escrito, y exigirle, en la medida de lo posible, que su contestación sea realizada igualmente por escrito.
En todo caso, para tratar de evitar este riesgo, siempre es aconsejable que en la cláusula de **manifestaciones y garantías** del contrato de compraventa el vendedor incluya una representación de que la información y/o documentación facilitada por el vendedor es «verdadera, exacta y completa».

Confidencialidad de la información y documentación La confidencialidad de la información suministrada en un proceso de *due diligence* es un aspecto de especial trascendencia para el vendedor, fundamentalmente cuando el potencial comprador realiza una actividad que compite con la del vendedor. Parte de dicha información puede ser información comercial o técnica muy valiosa que, en el caso de que la transacción finalmente no se lleve a cabo, podría ser utilizada por el comprador en contra de los intereses del vendedor, por lo que siempre es fundamental proteger dicha información a través de la firma de los correspondientes compromisos de confidencialidad, tanto por el potencial **comprador**, como por sus **asesores**. Dicho compromiso de confidencialidad puede ser suscrito de forma independiente, o dentro de cualquier otro documento dentro del proceso, como el acuerdo de intenciones o incluso en la propia carta de encargo de los asesores, cuando dicha obligación quiera extenderse a estos. 997

El problema práctico que se plantea en estas situaciones es que siempre es difícil probar el **incumplimiento** del compromiso de confidencialidad, y si finalmente dicho incumplimiento es probado, probablemente la indemnización por daños y perjuicios que sea obtenida por el vendedor nunca compense el daño realmente causado. En este sentido, cabe plantearse la posibilidad de incluir en los acuerdos de confidencialidad una **cláusula penal** que ayude a «persuadir» al potencial comprador a no incumplir su compromiso.
Por otro lado, es igualmente importante que el vendedor se asegure que la información que ponga a disposición del potencial comprador y/o sus asesores no esté protegida por ningún tipo de **compromiso de confidencialidad** que previamente hubiese sido asumido por el vendedor, y que con su entrega al potencial comprador en el marco del proceso de *due diligence* pudiese estar infringiendo. Es bastante habitual, de hecho, que determinados contratos incluyan cláusulas que prohíben de forma expresa al vendedor facilitar copa de las mismas a terceros sin contar con el consentimiento de la contraparte, por lo que antes de iniciar cualquier trabajo de *due diligence* siempre es aconsejable tener identificados estos contratos.

998 Precisiones El problema que plantean estas situaciones es que en ocasiones el vendedor no dispone de tiempo material para obtener el **consentimiento** de la otra parte para poder **revelar los contratos** al potencial comprador, y en otras, aunque el vendedor disponga de tiempo, no le interesa hacerlo por no tener que informar a la contraparte del motivo de la revelación. En estos casos, se puede valorar la posibilidad de facilitar los contratos eliminando previamente aquellos datos que puedan considerarse confidenciales, pero siempre es necesario analizar caso por caso en función de cómo esté regulada la confidencialidad en el contrato concreto.

999 **Formas de suministro de información y documentación** Con carácter general, existen dos formas de determinar y suministrar la información y documentación necesaria para llevar a cabo el trabajo de *due diligence*, que condicionan la forma de ejecución del resto del proceso: el *Data Room* que dispone el vendedor, o los *check-list* que el propio comprador y sus asesores preparan y entregan al vendedor.

1000 **«Data Room»** Este término anglosajón se utiliza para denominar al sistema de ejecución del *due diligence* en el que el propio **vendedor** decide previamente qué información y documentación va a poner a disposición de los potenciales compradores y sus asesores, la recopila y la coloca de forma sistematizada y ordenada en unas dependencias físicas o en un espacio virtual específicamente habilitado para ello.

Precisiones Este sistema de *due diligence* se suele utilizar en los procesos abiertos, en el que existen varios potenciales interesados en la empresa target, por lo que, en la práctica, el *Data Room* puede plantearse como una alternativa al **«vendors due diligence»** (ver nº 322), o incluso como un complemento al mismo.

1001 Tradicionalmente, los *Data Room* se solían organizar en **dependencias físicas** bajo determinadas normas de funcionamiento y desarrollo del trabajo que se incorporaban a un documento formal que se ponía a disposición de todos los participantes en el proceso. Dicho documento normalmente regulaba, entre otros, aspectos tales como:
a) **Horario** durante el cual se podía realizar el trabajo y el número máximo de personas que podían acceder a las dependencias.
b) **Listados** de documentación disponible en el *Data Room*.
c) Normas de **uso** de la documentación a revisar y limitaciones para utilizar determinados elementos, tales como teléfonos móviles, ordenadores, etc.
d) Normas de **seguridad y confidencialidad**, normalmente prohibiendo la posibilidad de hacer copias o sacar cualquier tipo de documentación fuera del recinto donde se llevaba a cabo el *Data Room*.
e) Procedimiento para poder solicitar **aclaraciones** al vendedor. Normalmente se ponía a disposición de las personas que están efectuando la revisión un cuestionario estándar a través del cual deben solicitarse las pertinentes aclaraciones y, en caso de que las propias normas del *Data Room* lo permitan (lo cual no solía ser habitual), documentación adicional. Este cuestionario se suele denominar en el argot *«Queries & Answers» o «Q & A»*.

1001.1 No obstante, como consecuencia de los avances tecnológicos, en la práctica la gran mayoría de los procesos de *Data Room* se realizan ya desde hace años de manera virtual **«Virtual Data Room»** o VDR). Con este sistema, el vendedor pone a disposición de los potenciales compradores toda la documentación a revisar en una plataforma en la nube a la cual se puede acceder a través de unas determinadas claves informáticas que este les facilita. Esta variante conlleva como principal **ventaja** el ahorro de costes de todo tipo para el vendedor, incluso de tiempo, puesto que permite que la revisión sea efectuada por todos los potenciales compradores de forma simultánea. Por el contrario, el control que el vendedor puede ejercer sobre la documentación que pone a disposición de los potenciales compradores es mucho menor que el que pudiera tener mediante un *Data Room* tradicional.

Precisiones Desde hace ya varios años existen en el mercado **empresas especializadas** en prestar **soporte tecnológico** para este tipo de procesos de VDR, por lo que su funcionamiento y operativa está totalmente desarrollado y estandarizado en la práctica. Entre otras funcionalidades, estas plataformas cuentan con un sistema de avisos de nueva documentación volcada y permiten, asimismo, canalizar cualquier solicitud de documentación adicional o aclaraciones del comprador al vendedor vía Q&A, así como las respuestas del vendedor. Por otro lado, cualquier actuación sobre la plataforma, volcado de documentación o acceso queda debidamente registrado, lo que permite a la entidad especializada certificar cualquiera de estos aspectos con posterioridad. En concreto, es bastante habitual que, una vez concluido el proceso de *due diligence*, las partes soliciten a la correspondiente entidad que certifique la documentación concreta que ha estado volcada en la plataforma y durante qué periodo de tiempo, al objeto de que las partes puedan utilizar dicha información a la hora establecer el régimen de responsabilidad del vendedor en el contrato de compraventa (ver nº 1060).

Aunque la preparación de un *Data Room* puede suponer de inicio un esfuerzo importante, lo cierto es que, cuando nos encontramos en procesos abiertos con varios potenciales inversores, su uso ofrece indudables **ventajas** tanto para el vendedor como para el comprador: **1002**

• Por lo que respecta al **vendedor**, este siempre consigue controlar y acreditar mejor la información que está suministrando, y además evitar, o al menos atenuar, las interrupciones e injerencias en su operativa diaria.

• En cuanto al potencial **comprador** o compradores, con este procedimiento se garantizan que van a recibir un trato igualitario en cuanto a la información de la que van a disponer y las condiciones en las que van a poder realizar la revisión. Además, se evita el coste y el desgaste que supone la solicitud y recopilación de la documentación e información necesaria que normalmente supone un proceso de *due diligence* ordinario que puede llegar a ser bastante alto.

«Check-list» Frente al *Data Room*, la otra operativa existente en la práctica en cuanto a la determinación y puesta a disposición de la información y documentación necesaria para hacer el *due diligence*, es que sea el propio **comprador** y sus asesores quienes preparen y entreguen al vendedor un listado con toda la documentación que pretenden analizar, denominado *check-list*. El *check-list* debe prepararse en función del alcance del trabajo de revisión a realizar que haya sido determinado previamente (ver nº 985 s.) pero, en cualquier caso, debe ser lo más **amplio y exhaustivo** posible, de forma que posteriormente no pueda ser planteado por el vendedor que determinada documentación o información (que realmente fuera relevante para el trabajo) no había sido entregada porque no le había sido solicitada. Aunque en estos supuestos probablemente nos encontraríamos ante un caso de mala fe por parte del vendedor, siempre es más fácil demostrarlo si la documentación o información le ha sido pedida expresamente. **1003**

De esta forma, el *check-list* normalmente va estructurado por **áreas de revisión**, desarrollándose dentro de cada área la documentación o información concreta que se requiera en cada caso con el máximo detalle posible, aunque siempre es conveniente utilizar **cláusulas de cierre** que permita no dejar fuera de la solicitud cualquier tipo de documentación relevante. A modo de ejemplo, dentro del área de revisión de contratos, siempre es conveniente incluir menciones del tipo «Cualquier otro contrato que suponga la asunción de compromisos relevantes por parte de la Sociedad Target», o dentro del apartado de aspectos administrativos «Cualquier otro permiso o autorización administrativa que fuera necesaria para el desarrollo de su actividad».

Se incorpora en el nº 9200 un **ejemplo** de *check-list*, si bien debe considerarse de forma orientativa, puesto que, como indicábamos, debe adaptarse al caso concreto en función de la actividad y características de la empresa target, así como del alcance de *due diligence* que haya sido acordado con carácter previo.

Precisiones Por los mismos motivos de prueba y acreditación, en su caso, de mala fe por parte del vendedor antes indicados, en los *due diligence* gestionados a través de este sistema es conveniente que toda la interlocución entre vendedor y el comprador o sus asesores, por lo que respecta a la **solicitud de información**, se lleve a cabo **por escrito**. De esta forma, cualquier manifestación que el vendedor efectúe sobre la inexistencia de una determinada documentación solicitada puede ser luego probada, así como las sucesivas nuevas solicitudes o aclaraciones realizadas por el comprador.

Una vez preparado y entregado el correspondiente *check-list* al vendedor, este debe nombrar un **interlocutor** válido dentro de la empresa target, normalmente una persona de su máxima confianza y con un alto grado de conocimiento de esta, para que atienda a los distintos equipos que realicen el trabajo de *due diligence*. Dada la complejidad de este tipo de procesos, principalmente **1004** por el número de equipos y variedad de información que se maneja, normalmente este interlocutor designa a otras personas para prestarle apoyo en relación con cada una de las áreas de revisión, de conformidad con las funciones desempeñadas dentro de la empresa target. A partir de aquí, lo aconsejable es que cada equipo, o todos ellos en conjunto, mantengan una **primera reunión** con el interlocutor o interlocutores de la empresa target con el objetivo de comentar el contenido de cada *check-list* y obtener una visión general de la empresa target que facilite el trabajo de revisión posterior, es lo que en el argot anglosajón se conoce como ***kick off*** o reunión de lanzamiento del proceso.

Precisiones **1)** Hay que tener en cuenta que este sistema de *due diligence*, aunque plantea notables **ventajas** para el **comprador** frente al *Data Room* (principalmente el hecho de poder solicitar y acceder a copia de cualquier tipo de información), para el **vendedor** es menos interesante puesto que supone una mayor alteración e interrupción del día a día de su personal. Para intentar reducir al máximo estos **inconvenientes** para el personal de la empresa target es muy importante que exista una buena coordinación entre los distintos equipos que vayan a efectuar del trabajo de *due diligence*, de forma que, en la medida de lo posible, no se duplique la solicitud de información a la empresa target. Por ello, es fundamental que durante todo el desarrollo del trabajo de *due diligence* haya una interlocución permanente y fluida entre los distintos equipos, empezando por la elaboración del *check-list*, en donde se debe tratar de no duplicar información solicitada.

2) A modo de aclaración debe señalarse que el uso de un check -list por el comprador no es incompatible con la operativa de un proceso de *due diligence* a través de un *Data Room* y que en la práctica ambas formas de solicitud y suministro de información y documentación coexisten. Además se utilizan los llamados **Q&As** que son documentos en los que la parte compradora traslada preguntas y aclaraciones en relación con el target (no estrictamente peticiones de información que se articulan normalmente vía check-list) y el vendedor responde a las mismas sobre el propio documento de manera escrita y/o a través de una reunión entre ambas partes y/o sus asesores.

E. Confirmación de la información con registros y otras entidades públicas

1010 Tras realizar un primer análisis de la información y documentación facilitada por el vendedor, es conveniente tratar de **confirmar la veracidad** de dicha información a través de los distintos registros o entidades públicas existentes. Lógicamente, no toda la información que maneja la empresa target es pública, de manera que esta comprobación está acotada a determinados aspectos concretos. Con carácter general, los registros y organismos públicos que se suelen consultar son los siguientes:

1011 **Registro Mercantil** El Registro Mercantil ofrece publicidad a terceros sobre los principales aspectos mercantiles de los empresarios y sociedades que constan inscritas en dicho Registro, conforme a las disposiciones del RRM. A través del Registro Mercantil se puede tener acceso directo a **información** como los estatutos sociales de las sociedades, administradores vigentes, apoderados, cuentas anuales, así como cualesquiera otros actos inscritos en la hoja registral de la sociedad de que se trate. Se puede acceder a dicha información mediante la expedición por parte del Registro Mercantil de notas simples informativas o certificaciones. Si bien la nota simple informativa no proporciona la misma garantía de veracidad y exactitud que las certificaciones, su obtención es sustancialmente más rápida y puede ser un buen punto de partida, sin perjuicio de que, en función de las circunstancias del caso, pueda ser necesario solicitar adicionalmente una certificación.

• Así, la **nota simple informativa** de una sociedad incluye con carácter general datos identificativos de la sociedad (denominación, fecha inicio operaciones, domicilio, duración, CIF, objeto, código CNAE, estructura del órgano de administración, capital y datos registrales), asientos vigentes de presentación (por ejemplo; legalización de libros, nombramiento de auditores), los ejercicios en los que se han depositado las cuentas y se han legalizados los libros sociales, datos relativos a la representación social (nombre del administrador, cargo, fecha del nombramiento, duración, fecha inscripción del nombramiento) y, en su caso, situaciones especiales.

• Por lo que respecta a la **certificación literal**, este es el único medio de acreditar fehacientemente el contenido de los asientos del Registro. La facultad de certificar dichos asientos, así como la de los documentos archivados o depositados en el Registro corresponde exclusivamente a los registradores mercantiles.

1012 **Registro de la Propiedad** En este Registro se puede obtener información sobre la situación jurídica de los **inmuebles** titularidad de la empresa target, tanto en relación a su titularidad como a la existencia de derechos reales, cargas o gravámenes que afecten a los mismos. Si bien la inscripción de tales derechos en el mismo, en determinados casos excepcionales es necesaria, la norma general en la legislación española es la **inscripción voluntaria**. Cuestión

distinta es el carácter constitutivo o declarativo de la inscripción, es decir, si la inscripción en el Registro es requisito esencial o no para la efectiva transmisión del dominio o transmisión o constitución del derecho real que se trate.
En este sentido, es de especial trascendencia en el proceso de verificación de tales activos comprobar que se ha producido la correcta y efectiva inscripción cuando la Ley exija la misma con **carácter constitutivo** en casos como, entre otros, la hipoteca o el derecho de superficie.
Por lo que respecta a los **medios para obtener información** respecto a la titularidad y demás derechos reales sobre inmuebles, esta se puede solicitar en los correspondientes Registros de la Propiedad donde se encuentre radicada la finca correspondiente mediante la solicitud de notas simples informativas o certificaciones con los efectos jurídicos anteriormente mencionados en el nº 1011.

Precisiones Cuando no se tenga constancia de la totalidad de inmuebles titularidad de la empresa target y su localización, es posible obtener dicha información a través del **servicio de información de titularidades registrales inmobiliarias** del Registro Mercantil Central. Dicho servicio proporciona un índice de titularidades que determina en qué Registro de la Propiedad de España una persona física o jurídica tiene bienes inmuebles o derechos reales inscritos a su nombre o, en su caso, la ausencia de derecho alguno.

Registro de Bienes Muebles En dicho Registro, se puede confirmar la **propiedad y cargas o gravámenes** sobre determinados bienes muebles, así como la existencia de contratos sobre los mismos, incluidos en el alcance del *due diligence*. En particular, pueden ser objeto de inscripción en este Registro activos tales como, entre otros, automóviles y otros vehículos a motor, maquinaria industrial, establecimientos mercantiles o bienes de equipo, y permite comprobar no solo la titularidad de los mismos sino la existencia de algún derecho, carga o gravamen sobre los mismos que limite su uso o disfrute (contratos de venta a plazos, arrendamientos financieros, hipotecas, prendas, anotaciones de embargo y demanda sobre estos bienes). **1013**
En caso de que alguno de los contratos objeto de revisión contengan **condiciones generales de la contratación**, es posible verificar su inscripción y, por tanto, su validez en la sección del Registro de Bienes Muebles correspondiente al Registro de Condiciones Generales de Contratación.
En todo caso, hay que tener en cuenta que, respecto al funcionamiento, publicidad, procedimiento y **efectos de la inscripción** en el Registro de la Propiedad de Bienes Muebles, resultan aplicables las mismas normas de los Registros de la Propiedad siendo por tanto la inscripción, con carácter general, voluntaria y por ello probable que en muchas ocasiones no podamos obtener información al respecto cuando la empresa target no haya realizado inscripción alguna sobre el bien concreto.

Precisiones Sin perjuicio de las posibilidades teóricas que plantea, en la práctica este Registro suele ser utilizado fundamentalmente en supuestos en que se constituye algún tipo de derecho o **garantía sobre un bien** concreto a favor de un tercero, normalmente a requerimiento del beneficiario de dicho derecho o garantía, con el objeto de proteger ese derecho frente a terceros.

Oficina Española de Patentes y Marcas (OEPM) Tal y como se cita en el nº 588, es posible verificar la existencia y titularidad de los derechos de **propiedad industrial** (patentes, modelos de utilidad, diseños industriales, topografía de semiconductor) y **signos distintivos** (marcas y nombres comerciales), que la empresa target tenga registrados a su favor en la OEPM. Si la empresa target es titular de marcas internacionales o comunitarias con efecto en España también puede verificarse su vigencia y situación jurídica en dicha oficina, sin perjuicio de la existencia de los registros administrativos en el ámbito internacional y comunitario (WIPO, EUIPO). También son inscribibles en este Registro los **contratos de licencia** u otros derechos de propiedad industrial que puedan haberse otorgado por o para la empresa target. **1014**
Lo anterior se entiende sin perjuicio de la posibilidad de inscripción en el Registro de Bienes Muebles de determinados derechos constituidos sobre derechos de propiedad industrial (como una hipoteca mobiliaria).

Agencia tributaria La empresa target puede acreditar la inexistencia de deudas vencidas con la Agencia tributaria mediante la obtención de un **certificado** acreditativo de estar al corriente en el cumplimiento de las obligaciones tributarias. Dicho certificado se obtiene accediendo al portal de la Agencia tributaria a través de su sede electrónica. **1015**

Tesorería General de la Seguridad Social (TGSS) Es posible solicitar ante la Tesorería General de la Seguridad Social un **informe** acreditativo de estar al corriente en las obligaciones de Seguridad Social por parte de la empresa target. Dicho informe se puede obtener a través de la sede electrónica del portal de la Seguridad Social (ver nº 742). **1016**

1017 **Información administrativa y urbanística** Se puede solicitar ante ayuntamientos, consejerías y organismos correspondientes en el ámbito de las comunidades autónomas información acerca de la existencia de **licencias** o **permisos** administrativos. Dicha información se puede solicitar con carácter general por escrito y a través de registro de entrada en cada una de dichas entidades u organismos.

1019 **Central de Información de Riesgos del Banco de España (CIRBE)** Es posible obtener información global relativa a los **préstamos, créditos, avales**, y riesgos en general que la empresa target pueda tener con entidades financieras a través de este banco de datos denominado CIRBE. Esta comprobación en el CIRBE puede ser muy útil para confirmar que la deuda y garantías manifestadas por la empresa target durante el proceso de *due diligence* coinciden con la realidad.

La **solicitud** de estos datos para el trabajo de *due diligence* debe de realizarse a través del representante legal de la empresa target dado el carácter confidencial de los datos a que se refiere. La información proporcionada por la CIRBE comprende los datos relativos a los riesgos vivos de la empresa target, así como las entidades con quién mantenga tales riesgos.

1020 **Otros registros públicos** Atendiendo a la naturaleza de las actividades de la empresa target y en particular al objeto social desarrollado por esta debemos considerar la necesidad de acudir a otro tipo de registros públicos de carácter administrativo, estatal u autonómico, para obtener o verificar la información recibida en el trabajo de *due diligence*. Sirva de **ejemplo** en este punto el Registro de la Propiedad Intelectual, Registro de productos fitosanitarios o Registro de Empresas y Actividades de Transporte, por citar algunos.

F. Obtención de conclusiones preliminares y confirmación con la empresa target

1025 Durante la fase de análisis de la documentación, para que el trabajo de *due diligence* sea lo más efectivo posible, es importante que los equipos de cada una de las áreas vayan comentando y discutiendo los puntos relevantes que se vayan identificando, pues es a través de este **cruce de información** y partiendo de una perspectiva global como normalmente van aflorando los temas clave de una *due diligence*. En este sentido, siempre es recomendable que, una vez concluido el trabajo de campo de análisis y posterior verificación en los correspondientes registros, los distintos equipos se reúnan y pongan en común los aspectos analizados antes de sacar unas primeras conclusiones preliminares.

Una vez se disponga de dichas conclusiones preliminares, y antes de ser trasladadas al comprador, normalmente los equipos se reúnen con la empresa target para contrastar con sus representantes dichas conclusiones, de forma que tengan la posibilidad de **aclarar cualquier punto** que no compartan o cuya conclusión pudiera no ser totalmente correcta al no haber podido acceder a determinada documentación que la alterase de alguna forma.

Precisiones Teniendo en cuenta su enfoque y finalidad, este tipo de verificación previa es especialmente aconsejable en los **«vendors due diligence»**, de forma que el vendedor pueda tener la oportunidad, en los casos en que sea posible, de enmendar los aspectos que fueran subsanables antes de la emisión del informe definitivo.

G. Informe

1030 El desarrollo y conclusiones del análisis efectuado deben trasladarse en un informe de *due diligence*.

1031 **Planificación** Como hemos visto con anterioridad, en el desarrollo del trabajo de *due diligence* participan varios equipos especialistas en cada una de las áreas, pero, a pesar de ello, es bastante habitual la preparación de un **único informe** que comprenda todas o varias de las áreas analizadas. En este sentido, a la hora de redactar el informe, igual que hemos comentado para otras partes del proceso, es fundamental que desde el inicio haya una perfecta **coordinación de todas las áreas**, estableciéndose desde el principio una sistemática y metodología a seguir por cada uno de los equipos, de forma que a la hora de refundir en un único informe cada uno de los apartados la labor de homogenización sea lo más sencilla y eficiente posible. Esto supone, por ejemplo, establecer la misma terminología, definir la estructura del informe e incluso partir del mismo formato. La labor de refundación y homogenización es conveniente realizarla no solo en cuanto a aspectos de forma, sino también de fondo, al objeto de evitar comentarios contradictorios o reiterativos entre cada una de las áreas.

Precisiones Sin perjuicio de lo anterior, en la práctica suelen elaborarse al menos dos **informes separados**, uno con la revisión **financiera** y otro con el **resto** de las áreas (fiscal, legal, inmobiliaria, laboral, etc.), si bien es también bastante habitual encontrarse informes independientes para cada una de estas grandes áreas (al menos fiscal, legal, laboral), de forma que sea más fácil su acceso y lectura, cuando la dimensión del trabajo así lo requiere.

Estructura El informe de *due diligence* generalmente incluye los siguientes cuatro grandes apartados: 1032

1. Introducción y alcance. Todo informe de *due diligence* debe incluir un primer gran apartado introductorio en el que, al menos, se reflejen los siguientes aspectos:

a) Una breve descripción de los **antecedentes y** la **finalidad** del informe. Como hemos advertido en otros apartados anteriores, el tipo de transacción que haya motivado el trabajo es un elemento importante, puesto que condiciona tanto el alcance como el enfoque del trabajo. Es importante, por tanto, dejar constancia de la misma en el informe.

b) Una definición precisa del ámbito o **alcance material** del trabajo, es decir qué áreas y aspectos han sido analizados y, en su caso, determinar expresamente qué áreas o materias han sido excluidas del mismo, en aquellos casos en que hayan quedado fuera algunas de ellas que habitualmente son objeto de revisión. Asimismo, también es fundamental delimitar el **ámbito temporal** del trabajo, es decir, a qué periodo de tiempo de la empresa target va referida la labor de revisión, así como cualquier aspecto que tenga que ver con la metodología utilizada para la realización del trabajo (ver nº 985 s.).

Dentro de este apartado también se deja constancia, en su caso, de aquellas **limitaciones al alcance** que hubiesen podido plantearse durante la ejecución del trabajo. En definitiva, se trata de manifestar en el informe los condicionantes que el equipo de asesores se hubiese encontrado para la realización del trabajo y pudiesen afectar a las conclusiones alcanzadas (por ejemplo, dejar constancia que determinada documentación no ha sido facilitada). Con ello se pretende informar al comprador de las circunstancias en las que se ha realizado el trabajo, aunque también es la forma de que los emisores del informe limitan su responsabilidad para el caso de que las conclusiones alcanzadas hubiesen sido distintas en caso de no haberse dado cualquiera de las referidas circunstancias.

c) Las **fuentes** utilizadas para el desarrollo del trabajo, determinando la información y documentación que ha sido facilitada por los representantes de la empresa target, así como cualquier otra fuente que haya podido ser utilizada para contrastar las conclusiones alcanzadas (registros públicos, informes de terceros, etc.). Suele ser habitual adjuntar al final del informe de *due diligence*, como anexo, un **listado** con toda la documentación e información que ha sido analizada para la emisión del mismo, junto con una manifestación del emisor de que las conclusiones del informe se basan exclusivamente en la documentación adjunta y las manifestaciones verbales trasladadas por la dirección de la empresa target, y que puede haber cualquier otra información o documentación no facilitada que pudiese alterar el contenido de dichas conclusiones. También suelen incluirse la asunción de que la documentación analizada ha consistido en **copias** que no han sido contrastadas con los documentos originales. 1033

Lógicamente, las conclusiones del informe pueden variar si los representantes de la empresa target **omiten** la entrega cualquier tipo de documento, o alguno de los entregados fuera **falso** o estuviese manipulado. Obviamente, la responsabilidad del equipo de asesores que lleve a cabo el trabajo de *due diligence* normalmente no alcanza a identificar dichas situaciones, por lo que normalmente se deja constancia de estos temas con el objeto de evitar que le pueda ser exigida cualquier tipo de responsabilidad *a posteriori*.

Precisiones Con el objeto de limitar los referidos riesgos, es bastante habitual que la firma o firmas encargadas del trabajo soliciten al vendedor y/o a los representantes de la empresa objetivo una **carta de manifestaciones** en la que confirmen que la información contenida en el informe de *due diligence* es exacta y completa, de forma que contemos con mayor garantía de que han sido incluidos todos los aspectos relevantes de la empresa objetivo y con el grado de énfasis adecuado.

2. Resumen ejecutivo (*Executive Summary*). Todo informe de *due diligence* suele incorporar una segunda sección en la que se incluye un resumen de **conclusiones** y recomendaciones de todos los aspectos analizados sobre cada una de las áreas revisadas, que posteriormente son objeto de desarrollo en el cuerpo del informe. A esta sección del informe se le denomina en el argot resumen ejecutivo o *Executive Summary*. El motivo fundamental de incluir el resumen ejecutivo es el hecho de que normalmente los informes suelen ser bastante voluminosos al ser múltiples los aspectos que son objeto de análisis. Esto hace recomendable incorporar esta sección de forma que se pueda tener acceso a los aspectos importantes del trabajo de forma ágil. El resumen ejecutivo es además bastante útil como referencia para posteriormente poder exponer verbalmente, en su caso, las conclusiones del mismo al receptor del trabajo. 1034

En todo caso, hay que tener en cuenta que el resumen ejecutivo es solo una parte del informe, que **no incluye toda la información** extractada del análisis, y que por tanto no lo sustituye. Es importante dejar constancia y advertir de esta circunstancia en todo momento al comprador para evitar la «tentación» de este de leer y analizar únicamente esta parte del informe y dejar de tomar conciencia de otros aspectos incluidos en el cuerpo del informe que, si bien no serán fundamentales, siempre le resultará interesante conocer.

1035 3. **Informe**. En el cuerpo del informe se describe con más detalle todos los aspectos analizados y conclusiones alcanzadas en cada una de las secciones o capítulos. Normalmente, en el informe se sigue el **orden** que hemos seguido en la Sección 2 «Áreas de revisión» del presente capítulo (nº 330) para cada área de revisión, planteando cada área analizada y describiendo en cada caso el trabajo realizado y las conclusiones alcanzadas debidamente razonadas.

Con el objeto de hacer más fácil y atractiva su lectura, suele ser habitual el uso de **tablas** en el informe, e incluso sacar a **anexos** aquella información que se pueda considerar más descriptiva como, por ejemplo, la relación de patentes y marcas propiedad de la empresa target, la relación de inmuebles, el detalle de los contratos, etc.

1036 4. **Cuadro de contingencias**. Es también bastante habitual que, como parte de las conclusiones del trabajo de *due diligence*, se elabore el llamado cuadro de contingencias. El cuadro de contingencias **identifica y cuantifica** de forma muy gráfica todas aquellas contingencias evaluables económicamente detectadas en el trabajo de revisión, determinando su correspondiente valoración económica (que incluye asimismo tanto el rango de la posible sanción, como los correspondientes intereses de demora, cuando sea de aplicación), el plazo de prescripción y el nivel de riesgo de cada una de ellas. Por lo que respecta a los **niveles de riesgo**, los tres niveles utilizados habitualmente son: «probable», «posible» y «remoto». En este sentido, cada uno de estos niveles pueden ser definidos de la siguiente forma:

a) **Probable**: en términos generales, se definen como probables aquellas contingencias que sean consideradas fácilmente detectables y/o defendibles en contra de los intereses de la empresa target por un tercero afectado (en especial por una contraparte de un contrato o por una Administración pública), por el hecho de tratarse de aspectos normalmente comprobados por estas, o bien se trate de riesgos que la empresa target tenga pocas posibilidades de defender, en un procedimiento judicial o administrativo, con garantías de éxito.

b) **Posible**: aquellas contingencias que sean poco evidentes para un tercero afectado (en especial, por una contraparte de un contrato o Administración pública), por su dificultad de detección, por tratarse de aspectos menos comprobados por estas o de cuestiones en las que la empresa target podría defender su adecuación a la legalidad vigente o, en su caso, a los documentos contractuales suscritos.

c) **Remoto:** aquellas contingencias legales relacionadas con temas difícilmente detectables o perseguibles por un tercero afectado (en especial por una contraparte de un contrato o Administración pública), o en relación con los cuales la sociedad tendría argumentos razonables para defender su actuación.

1037 Respecto a los plazos en los que estarían vigentes las contingencias detectadas, estos se determinan coincidiendo en la mayoría de los casos con el **plazo de prescripción** legalmente aplicable. No obstante, en aquellos supuestos en los que no se puede determinar con exactitud el inicio del cómputo del plazo de vigencia de la contingencia, por coincidir el mismo con un acontecimiento o circunstancia que aún no se ha dado - obtención de una autorización o licencia administrativa, finalización de una obra, etc.-, se procede, a efectos de plazo, a calificar la contingencia como «continuada».

Precisiones Puesto que los informes de *due diligence* tienden a ser bastante voluminosos, cada vez se está imponiendo más en la práctica, fundamentalmente en los *due diligence* de comprador, la emisión de **informes** denominados **«Red-Flag»**. Se trata de informes de carácter muy ejecutivo, en los que se trata de poner el foco en los principales riesgos y contingencias identificadas, evitando incluir apartados excesivamente descriptivos. Además de facilitar su lectura y análisis al comprador, con este enfoque se consigue una mayor eficiencia en el trabajo y, por tanto, unos costes más ajustados en la realización del trabajo.

1038 **Presentación** El momento de presentación del informe es un aspecto importante, puesto que la anticipación de las conclusiones alcanzadas y recogidas en el mismo permite tenerlas en cuenta por las partes de la transacción en el desarrollo de las negociaciones y de alguna forma tratar de dar solución a los distintos problemas o contingencias que apareciesen. En este sentido, es habitual que el comprador solicite, por motivos de urgencia, que en un plazo relativamente breve se emita un **informe preliminar**, con el objeto de ir identificando los principales aspectos que hubieran podido surgir, para posteriormente desarrollar dichos aspectos en

un **informe definitivo**. En ocasiones se van anticipando borradores sucesivos conforme se va avanzando en el proceso, para acabar con la emisión del informe definitivo.
De igual forma, también es habitual en la práctica y siempre recomendable, una vez concluido el trabajo de *due diligence*, realizar una **presentación formal** de las conclusiones al comprador, de forma que se le facilite el posterior análisis del informe y poder atender o resolver todas aquellas dudas que se le pudieran plantear sobre el trabajo.

SECCIÓN 4

Impacto de las conclusiones del «due diligence»

1045

A. Alternativas de tratamiento del resultado ... 1050
B. Impacto sobre el régimen de responsabilidad del vendedor ... 1060
C. Impacto sobre las garantías ... 1065

A. Alternativas de tratamiento del resultado

Una vez identificados y puestos sobre la mesa los resultados del *due diligence*, las partes deben darle el tratamiento adecuado en el marco de la transacción. En este sentido, las diferentes alternativas o estrategias a seguir dependen del caso concreto, principalmente de la naturaleza del aspecto, **riesgo o contingencia identificada**, pero también de su relevancia y de la negociación que en su caso lleven a cabo las partes al respecto. En cualquier caso, distintas alternativas a valorar pueden ser, entre otras, las siguientes: 1050

a) Resolver el aspecto identificado con carácter previo al cierre.
b) Reducción del precio inicialmente previsto para la transacción.
c) Cubrir el riesgo o contingencia identificada en los documentos de la transacción.
d) Modificar la estructura de la transacción.
e) Romper negociaciones.

Resolver el aspecto identificado con carácter previo al cierre En los casos en que el aspecto detectado en la *due diligence* pueda ser solucionado sin que ello suponga un perjuicio o un riesgo para la empresa target, las partes siempre pueden acordar darle solución antes del cierre. Esta vía tiene sentido, por ejemplo, cuando el aspecto identificado consista en el incumplimiento de alguna obligación legal concreta que se encontrase pendiente, la necesidad de obtención de cualquier tipo de autorización de terceros o la ausencia de implantación de algún tipo de medida interna de control en la empresa target. En estos casos, si las circunstancias de la transacción así lo requieren, se puede utilizar el cumplimiento o solución del referido aspecto como una **condición suspensiva** (CC art.1114 s.), de forma que, aunque la formalización de la transacción se haya llevado a cabo, esta no será efectiva hasta que dicha circunstancia haya sido cumplida. 1051
Hay que tener en cuenta no obstante que, en ocasiones, hay determinados riesgos o contingencias que no pueden eliminarse con carácter previo, por lo que hay que buscar otras soluciones, como las que se indican en los apartados siguientes.
En este sentido, el conocimiento adquirido por el equipo encargado de realizar el *due diligence* sobre la empresa target genera una mayor eficiencia respecto a su asesoramiento en la **subsanación** de las **contingencias** detectadas que fuera necesario llevar a cabo con anterioridad a la firma, durante el período interino y cuando no fuera posible incluso post cierre.

Reducción del precio inicialmente previsto para la transacción Este mecanismo es utilizado en la práctica principalmente cuando el aspecto identificado en la *due diligence* supone un **daño** real **evaluable económicamente** para la empresa target. Por ejemplo, si el comprador hubiese estimado inicialmente un precio para la transacción en función de un balance de situación concreto de la empresa target previamente facilitado por el vendedor, y durante el trabajo de *due diligence* se detectase que dicho balance incluye un activo sobrevalorado o que no es real (**activo ficticio**) o no consta registrado un determinado pasivo que debería incluir (**pasivo oculto**), el comprador siempre tratará de ajustar el precio a la baja por el importe de dicho activo ficticio o pasivo oculto. Aunque es menos habitual, también puede utilizarse este mecanismo de reducción del precio cuando los riesgos identificados sean **contingencias**, y ello aunque en ese momento no se tenga certeza si dicha contingencia finalmente 1052 resultará o no en un daño real para la empresa target. En estos casos, las partes en la negociación pueden acordar reducir el precio de la transacción en un importe determinado (normalmente inferior al importe máximo en que puede resultar el daño para la empresa target en caso de aflorar la contingencia), y que el riesgo futuro de que la contingencia derive en un daño efectivo para la empresa target sea asumido por el comprador.

1053 **Cubrir el riesgo o contingencia identificada en los documentos de la transacción** En este caso, la forma de cubrir el riesgo o contingencia dependerá del caso concreto, pero fundamentalmente hay que tener en cuenta la importancia del riesgo de que se trate para utilizar el mecanismo jurídico que más sentido tenga. Las distintas posibilidades que pueden ser utilizadas son, entre otras, las siguientes:

a) Cubrir dicho riesgo o contingencia a través del régimen general de **responsabilidad del vendedor** pactado por las partes en el contrato de compraventa, de forma que si el riesgo o contingencia concreta deriva en el futuro en un daño para la empresa target, el vendedor se compromete a indemnizar al comprador por el daño efectivamente causado (ver nº 3105 s.).

b) Si el punto es de especial relevancia, cabe incluir una cláusula **indemnizatoria específica** o *specific indemnity* (ver nº 3235 s.), o incluso una penalización concreta. Por ejemplo, establecer una cantidad concreta como cláusula penal en el caso de terminación anticipada de un contrato comercial que se considerase de especial importancia por parte del comprador.

c) Si el aspecto cuyo riesgo se quiere cubrir es esencial para que el comprador haya ido adelante con la transacción, cabría igualmente establecer una **condición resolutoria** (CC art.1114 s.), de forma que si se cumple dicha condición la transacción se entenderá resuelta y las partes deberán restituirse sus prestaciones. En todo caso, esta posibilidad es muy poco habitual en la práctica, por la complejidad y problemas prácticos de ejecución que plantea una vez que la transmisión ya se ha efectuado y el comprador ha tomado el control de la sociedad target.

1054 **Modificar la estructura de la transacción** Dependiendo de las circunstancias, si tal y como estaba siendo planteada la transacción el volumen de contingencias y riesgos a asumir por el comprador fuera excesivamente elevado, las partes pueden plantearse modificar la estructura prevista inicialmente para tratar de evitar dichos riesgos. Por **ejemplo**, pasar de una compraventa de acciones o participaciones a una compraventa de activos, o incluso escindir o segregar societariamente con carácter previo distintas ramas de actividad de la empresa target (**«carve-out»**), de forma que el comprador pueda adquirir únicamente las acciones o participaciones de la sociedad que ostente la rama de actividad que sea de su interés sin arrastrar los riesgos derivados de otras actividades que pudieran resultarle menos interesantes.

1055 **Romper negociaciones** Lógicamente, puede darse el caso de que los aspectos detectados en el proceso de *due diligence*, o alguno de ellos en concreto, sea de tal magnitud que provoque la ruptura de las negociaciones y por tanto dan al traste con la transacción. En este caso, estaremos ante un **«deal breaker»**.

B. Impacto sobre el régimen de responsabilidad del vendedor

1060 Normalmente, el régimen de responsabilidad que el vendedor asume frente al comprador al que aludíamos anteriormente se articula mediante el otorgamiento por parte del vendedor de una serie de **manifestaciones y garantías** (*Representations and Warranties*) sobre los principales aspectos de la empresa target, comprometiéndose a responder frente al comprador, entre otros extremos, de posibles falsedades, omisiones o inexactitudes de las mismas (ver nº 2950 s.). Asimismo, se parte de la premisa de que el vendedor no responderá de aquellos **riesgos** que hubieran sido **conocidos previamente** por el comprador a través de la due diligence o por cualquier otro medio, salvo que las partes pactasen expresamente lo contrario para cada riesgo concreto (ver nº 3318 s.).

Partiendo de lo anterior, los riesgos identificados en el *due diligence* y el tratamiento que las partes decidan darle a los mismos debe ser especialmente considerado a la hora de determinar el régimen de responsabilidad del vendedor del contrato de compraventa. En este sentido:

1061 a) Si las partes acuerdan que los **riesgos y contingencias** detectados sean **asumidos por el comprador** (normalmente porque hayan sido considerados por las partes previamente en la determinación del precio de la transacción, en su caso), el vendedor los incluirá como una salvedad o excepción a las manifestaciones y garantías, de forma que, al ser conocidos por el

comprador, y asumiendo que las partes no establecen lo contrario expresamente, el vendedor no responderá de eventuales daños derivados de los mismos.
El mecanismo tradicionalmente utilizado para efectuar dichas salvedades es incluir los riesgos y contingencias identificados en una carta o documento aparte suscrito por ambas partes, en lugar de en el propio contrato de compraventa (que normalmente se formaliza en documento público), con la finalidad de darle a tales circunstancias un carácter más reservado (**«Disclosure Letter»**). En la *Disclosure Letter*, el vendedor «revela» y pone de manifiesto al comprador todas las contingencias en cuestión haciendo referencia a que se trata de salvedades a las manifestaciones y garantías establecidas en el contrato de compraventa, por lo que el comprador no podrá utilizarlas para exigir responsabilidad al vendedor en el futuro.
En los últimos años, el mecanismo que se está imponiendo en la práctica para exonerar al vendedor de responsabilidad por aquellos hechos conocidos por el comprador, como complemento o incluso alternativa al *Disclosure Letter*, es dejar constancia de forma fehaciente en los acuerdos en los que se formalice la transacción de todos aquellos **documentos e información** que el vendedor ha **puesto a disposición del comprador** durante el proceso de *due diligence*, de forma que el vendedor no responderá de los daños que deriven de circunstancias que se entienda que eran identificables a través del análisis de la misma. Este mecanismo es bastante habitual en aquellas operaciones en las que se efectúa un *Virtual Data Room* (nº 1001.1), en la medida en que la entidad que ha gestionado dicho proceso puede certificar cuál ha sido la documentación que ha sido puesta a disposición del comprador durante el mismo y por qué periodo de tiempo. La forma habitual de formalizarlo es mediante el otorgamiento por ambas partes de un **acta de depósito** ante notario, en donde estas le hacen entrega al fedatario de tres dispositivos de almacenamiento idénticos, certificados por la entidad que ha gestionado el proceso, que incluyen copia de toda la información/documentación analizada. El notario guarda uno de los dispositivos en depósito y hace entrega de los otros dos a cada una de las partes.

b) Cabe igualmente que las partes pacten que, a pesar de que los riesgos y contingencias hayan sido conocidos por el comprador con anterioridad al cierre, y así lo haya puesto de manifiesto el vendedor (como salvedad de las manifestaciones y garantías en el contrato, o en una *Disclosure Letter*, o dejando fehaciencia de la documentación que ha sido objeto de análisis por el comprador en los términos arriba indicados), cualquier daño que derive de los mismos en el futuro debe ser **asumido por el vendedor** (normalmente porque no haya sido considerado el impacto de dichas contingencias en el precio). **1062**
En este supuesto, lo habitual es incluir un **compromiso indemnizatorio** específico del vendedor (*specific indemnity*) en relación con cada contingencia o riesgo en concreto, bien en el propio contrato de compraventa, en la *Disclosure Letter*, o en un documento aparte o *side letter*, con el objeto de salvaguardar la **confidencialidad** y no incrementar el riesgo de que dicha contingencia se materialice por el hecho de que pudiera llegar a ser conocida por terceras partes ajenas al contrato, todo ello de conformidad con lo establecido en el nº 3235 s.

C. Impacto sobre las garantías

Normalmente, el régimen de responsabilidad del vendedor pactado en el contrato de compraventa viene acompañado por algún tipo de garantía otorgada por el vendedor que asegure al comprador el cobro de la correspondiente indemnización que en el futuro pudiera generarse a su favor en caso de que la contingencia se convierta en un daño real, como por ejemplo un **aval** bancario, un **depósito «escrow»** o incluso la **retención** de una parte del precio (ver nº 3350 s.). En este sentido, el resultado de la *due diligence*, y en concreto la cuantificación de las contingencias detectadas, es muy útil para determinar el **importe** de las referidas garantías o retención del precio, lo cual constituye una de las principales ventajas del trabajo de *due diligence*. **1065**

CAPÍTULO 4

Estructura de financiación

1100

Sección 1. Aspectos financieros 1105
I. Generalidades 1107
A. Balance de situación 1109
B. Factores clave a tener en cuenta en el análisis del balance 1115
1. Fondo de maniobra 1120
2. Estructura de financiación 1125
II. Métodos de financiación de una transacción 1135
A. Capital 1137
1. Motivos para financiarse con capital 1140
2. Tipos de recursos de capital 1145
B. Deuda 1210
1. Apalancamiento de una transacción 1212
2. Tipos de deuda 1220
3. Aspectos financieros clave en el diseño de la estructura 1255
C. Bonos de alta rentabilidad 1295
1. Características 1302
2. Bonos en operaciones corporativas: proceso de emisión 1335
3. *Covenants* 1365
Sección 2. Aspectos jurídicos 1400
I. Concepto de financiación 1405
II. Formalización contractual 1410
A. Actuaciones previas 1415
B. Contrato de financiación 1425
1. Elementos 1430
2. Especialidades de las financiaciones sindicadas 1515
C. Documentos accesorios o adicionales 1570
1. Contrato de acreedores 1575
2. Instrumentos de cobertura de los tipos de interés 1577
3. Opinión legal 1580
4. Garantías de la financiación 1585

SECCIÓN 1

Aspectos financieros

En esta sección se estudia la estructura general de la financiación de la adquisición de una empresa, así como sus distintas modalidades, interna y externa. **1105**

I. Generalidades

Uno de los estados financieros más útiles para analizar la estructura financiera de una sociedad en un determinado momento es su balance de situación. **1107**
A continuación se aborda el estudio del mismo, así como el de los elementos clave a tener en cuenta en su análisis.

A. Balance de situación

La estructura de **financiación** de la empresa es la composición del capital o recursos financieros que la empresa ha captado u originado. **1109**
Estos recursos son los que en el balance de situación aparecen bajo la denominación genérica de **pasivo**, el cual recoge:
- las **deudas** y obligaciones de la empresa, clasificándolas según su procedencia y plazo; y
- los **recursos propios** aportados por los socios o generados por la propia compañía.

1110 En el contexto de una transacción, es relevante analizar la composición de la estructura de financiación en la empresa ya que, para intentar maximizar el valor de la compañía, se ha de disponer de la **proporción** adecuada de **recursos** financieros propios y ajenos.
Las principales decisiones sobre la estructura financiera se plantean acerca de dos aspectos fundamentales:
a) Relación entre fondos propios y recursos ajenos.
b) Cuantía de los recursos financieros ajenos a corto y largo plazo.

1111 **Pasivo** Se presentan a continuación las masas patrimoniales que integran el pasivo del balance de situación, en las que quedan reflejadas las diferentes **fuentes de financiación** aplicables a la empresa en general y a la eventual transacción en particular.
Según el criterio establecido por el PGC, las masas patrimoniales se agrupan de menor a mayor grado de **exigibilidad** del siguiente modo:

1112 **Patrimonio neto** El patrimonio neto, también denominado recursos propios o capital propio. se compone de todos los elementos que no tienen la consideración de obligaciones con terceros. Se trata, por tanto, de recursos aportados por los **socios o** generados por la propia **compañía**.
Los principales **elementos** de los que se compone el patrimonio neto son:
• Fondos Propios:
- Resultado del Ejercicio.
- Reservas.
- Capital Social.
• Ajustes por cambio de Valor.
• Subvenciones, Donaciones y Legados recibidos.

1113 **Pasivo no corriente** Está integrado por todas las **partidas exigibles** por terceros con un plazo de vencimiento superior a los doce meses, así como por provisiones y periodificaciones **a largo plazo**.
Los principales **elementos** de los que se compone el pasivo no corriente son:
• Provisiones a largo plazo.
- Obligaciones por prestaciones a largo plazo al personal.
- Actuaciones medioambientales.
- Provisiones por restructuración.
- Otras provisiones.

1114 • Deudas a largo plazo.
- Obligaciones y otros valores negociables.
- Deudas con entidades de crédito.
- Acreedores por arrendamiento financiero.
- Derivados.
- Otros pasivos financieros.
• Deudas con empresas del Grupo y asociadas a largo plazo.
• Pasivos por impuestos diferidos.
• Periodificaciones a largo plazo.

1115 **Pasivo corriente** En el pasivo corriente se incluyen las deudas exigibles por terceros cuyo plazo de vencimiento no supera los **doce meses**.
A efectos de análisis puede ser de interés dividir las deudas a corto plazo entre las que tienen un **coste financiero** explícito (p.e., deudas con entidades de crédito) y las que no tienen coste financiero explícito (p.e., deudas con proveedores).
Los principales **elementos** de los que se compone el pasivo corriente son:
• Pasivos vinculados con activos no corrientes mantenidos para la venta.
• Provisiones a corto plazo.

1116 • Deudas a corto plazo.
- Obligaciones y otros valores negociables.
- Deudas con entidades de crédito.
- Acreedores por arrendamiento financiero.
- Derivados.
- Otros pasivos financieros.
• Deudas con empresas del grupo y asociadas a corto plazo.
• Acreedores comerciales y otras cuentas a pagar.
- Proveedores.
- Proveedores, entidades del grupo y asociadas.

- Acreedores varios.
- Personal (remuneraciones pendientes de pago).
- Pasivo por impuesto corriente.
- Otras deudas con las Administraciones Públicas.
- Anticipos recibidos por pedidos.
• Periodificaciones a corto plazo.

B. Factores clave a tener en cuenta en el análisis del balance

A la hora de analizar la situación financiera de una compañía en un momento en concreto, uno de los estados financieros más útil es el **balance**, que refleja la situación de una empresa en un momento determinado, tanto los **activos** que la empresa posee (ordenados de menor a mayor liquidez), como los **pasivos** (ordenados de menor a mayor exigibilidad). **1118**
El análisis que se puede realizar gracias a cómo se ordena activo y pasivo puede ayudar tanto a terceros como a los directivos de la propia compañía.

1. Fondo de maniobra

El fondo de maniobra es uno de los análisis básicos utilizados para analizar si las **partidas más líquidas** del activo son capaces de cubrir las partidas más exigibles del pasivo. **1120**
El fondo de maniobra es especialmente útil para los acreedores / proveedores de una empresa ya que permite conocer si con las partidas más líquidas del balance la compañía se pueden cubrir los pagos a proveedores y deuda a corto plazo sin sufrir tensiones financieras.
Una empresa puede ser perfectamente rentable y sin embargo no poder cubrir sus obligaciones a corto plazo debido a un desequilibrio.

Precisiones En el caso del pasivo, a menor exigibilidad, mayor **riesgo de cobro** hay para la entidad o accionista que financia y por ello se exige una mayor rentabilidad.

Cálculo El Fondo de Maniobra (**FM**) tiene dos enfoques o fórmulas de **cálculo** diferentes, aunque con el mismo resultado: enfoque circulante y enfoque fijo. **1121**

Enfoque circulante El enfoque circulante es el método de cálculo tradicional y donde el resultado es una consecuencia de la **operativa diaria** de la compañía. **1122**

FM = Activo Corriente - Pasivo Corriente.

Enfoque fijo El enfoque fijo es un método de cálculo financiero que determina con qué recursos cuenta la compañía para operar, es decir para financiar su caja, cuentas por cobrar, inventario y otros **activos corrientes**. En este sentido, un Fondo de Maniobra alto equivale a un excedente de recursos permanentes disponibles. **1123**

FM = (Deuda a largo plazo + Recursos propios) - Activo Fijo.

2. Estructura de financiación

Las proporciones relativas de **deuda, capital y otros títulos de deuda** que tiene una empresa constituyen su estructura financiera. **1125**
Cuando las compañías recaudan fondos de **inversores ajenos**, tienen que decidir qué tipo de financiación utilizan.
Sin perjuicio de un tratamiento de estas cuestiones con mayor profundidad a lo largo de esta sección, se presenta a continuación una breve introducción a los **principales conceptos** a tener en cuenta:

Financiación propia La financiación exclusivamente a través de **capital** difiere de la deuda en el sentido en que esta representa una participación de propiedad de carácter permanente en la compañía. **1126**
Cuando una empresa se financia con capital propio aportado por un **tercero**, en esencia, está cediendo una proporción de su participación a cambio de activos, que pueden ser bienes, derechos y/o efectivo.
Esta financiación propia, se puede utilizar con fines diversos, pero generalmente se utiliza para la financiación a largo plazo y no está sujeta a plazos determinados.

1127 Para medir el **coste de la financiación** con capital la fórmula más utilizada es la del CAPM (*Capital Asset Pricing Model*), original de Modigliani Miller.
Esta fórmula mide cual sería el **retorno** adecuado en relación al riesgo al que está sometido un activo:

$$Re = Rf + Ba (Rm - Rf)$$

* Re (Coste de capital propio)
* Rf (Rentabilidad fija)
* Ba (Beta)
* Rm (Rentabilidad de Mercado)

1128 **Financiación a través de deuda y capital** Esta opción, a diferencia de financiarse exclusivamente con capital, incorpora deuda a la estructura.
Debido a que la deuda tiene una mayor exigibilidad, y además su gasto es deducible, es un tipo de financiación es **más barata** para la compañía.
La desventaja, sin embargo, es que financiarse con deuda conlleva unos **pagos** programados de intereses y capital independientemente del flujo de caja que genera la compañía. Aunque los plazos de un préstamo pueden negociarse para añadir flexibilidad, a fin de cuentas, el dinero debe reembolsarse.
Para financiarse con deuda, es importante también contar con:
- un buen **historial crediticio**, personal y empresarial;
- suficiente **flujo de caja** para cubrir el préstamo; y
- **garantías** suficientes de cualquier tipo para respaldar ese préstamo.

1129 Si se asume una gran cantidad de deuda, la empresa puede poner en **riesgo** su capacidad para hacer frente a los pagos, siendo vulnerable a su vez, a las variables externas que influyen como son los tipos de interés.
Por otra parte, si los **accionistas** de una compañía deciden financiarse a través de capital propio aportado por terceros, diluyen su participación perdiendo parte del control de la compañía.
Las empresas, como hemos mencionado anteriormente, suelen optar por financiarse encontrando una **combinación** adecuada de deuda y capital que es a lo que se refieren como estructura de financiación.
Para determinar la **proporción** entre cada tipo de financiación que se adecua más a una empresa, primero se tiene en cuenta el efecto que tiene la combinación de deuda y capital en la hipótesis de un mercado perfecto y, a continuación se determinan las imperfecciones de este mercado y cómo afectan a estructuras de capital particulares (mercado real).

1130 **Mercado perfecto** En un mercado perfecto tenemos en cuenta, como premisa principal, las siguientes **hipótesis**:
• No hay impuestos.
• No hay costes de transacción.
• No existen costes de quiebra.
• Existe equivalencia entre los costes de endeudamiento de empresas e inversores.
• Hay simetría de información de mercado.
• No afecta la deuda en los ingresos de una compañía antes de intereses e impuestos.
En un mercado perfecto, el **valor** total de una **empresa** es igual al valor de mercado de todos los cash flows generados por sus activos y no está afectada por su estructura de capital.

1131 **Mercado real** Con el objetivo de explicar la **relación rentabilidad-riesgo** de una estructura de capital y encontrar la estructura óptima para mi empresa, recurrimos a la WACC (Weighted Average Cost of Capital):

$$WACC = \frac{E}{V} * Re + \frac{D}{V} * Rd * (1 - Tc)$$

* Re (coste del capital propio)
* Rd (coste de la deuda)
* E (capital)
* D (deuda)
* V (E + D)
* E / V (% de financiación que representa el capital)
* D / V (% de financiación que representa la deuda)
* Tc (Tasa de impuesto de sociedades)

La anterior fórmula nos indica el **coste** en el que incurre la compañía para poder financiarse ponderando entre el coste de deuda y el coste de capital. 1132
En el caso del mercado real, la financiación con deuda conlleva intereses que se consideran gasto deducible, por lo que rebajan el pago de impuestos generando un escudo fiscal, mientras que los dividendos de las acciones no.
En definitiva, para la **estructura de financiación** los dos puntos más importantes a destacar son:
a) Encontrar una estructura óptima que conlleva un coste medio ponderado inferior.
b) Encontrar una financiación con un nivel de exigibilidad similar a la generación de caja para evitar tensiones financieras.

Ejemplo A continuación, se presenta un breve ejemplo en el que se puede observar cómo existe una **estructura óptima del capital** obtenida a través de la fórmula del WACC. 1133
Para el ejemplo que se formula se asumen las siguientes **premisas**:
- Se conoce el coste de la deuda y el coste del capital para cada estructura financiera (deuda vs. capital).
- El coste del capital se incrementa a medida que incrementa el endeudamiento de la empresa.
- El coste de la deuda se incrementa a medida que incrementa el endeudamiento de la empresa.
- Tasa impositiva del 35%.

Tanto en la **tabla** como en el **gráfico** que se incluyen a continuación, se muestran once estructuras de capital distintas, según el peso de la deuda sobre el pasivo total de la empresa.

Escenario	Deuda / Pasivo Total	Re	Rd	WACC
1	0%	15,0%	7,0%	15,00%
2	10%	15,5%	7,0%	14,41%
3	20%	16,0%	7,0%	13,71%
4	30%	16,5%	7,0%	12,92%
5	40%	17,0%	8,0%	12,28%
6	**50%**	**18,0%**	**10,0%**	**12,25%**
7	60%	20,0%	12,0%	12,68%
8	70%	22,0%	15,0%	13,43%
9	80%	25,0%	19,0%	14,88%
10	90%	28,0%	24,0%	16,84%
11	100%	31,0%	30,0%	19,50%

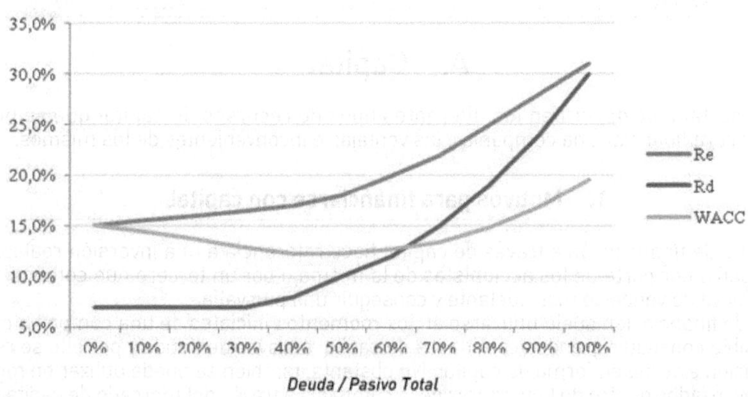

Se puede observar que, tanto el **coste** de la deuda como el coste del capital, aumentan con el incremento del endeudamiento de la empresa. 1134
No obstante, el coste en que incurre la empresa para poder financiarse (WACC), se ve beneficiado por el efecto del **escudo fiscal**, que no es más que el hecho de que los intereses de la deuda son deducibles fiscalmente.
En el ejemplo comentado, el **escenario 6**, con un 50% de deuda y un 50% de capital, es la estructura que optimizaría el WACC.

II. Métodos de financiación de una transacción

1135

A. **Capital** 1137
1. Motivos para financiarse con capital.... 1140
2. Tipos de recursos de capital 1145
a. Recursos propios.... 1147
b. *Friends, Family and Fools* 1152
c. *Crowdfunding* 1158
d. *Business Angels* 1165
e. *Venture Capital* 1175
f. *Private Equity* 1185
g. Mercado de capitales.... 1195
B. **Deuda** 1210
1. Apalancamiento de una transacción.... 1212
2. Tipos de deuda 1220
a. Tipo de financiador 1221
b. Grado de prelación.... 1222
c. Número de financiadores.... 1230
d. Tipo de garantía 1235
e. Nivel de recurso.... 1240
f. Tipo de interés 1245
g. Pago de intereses 1250
3. Aspectos financieros clave en el diseño de la estructura 1255
a. Calendario de repago.... 1257
b. Tipo de interés 1270
c. Comisiones 1275
d. Garantías 1280
e. *Covenants* 1285
f. Otras cláusulas habituales 1290
C. **Bonos de alta rentabilidad** 1295
1. Características 1302
2. Bonos en operaciones corporativas: proceso de emisión.... 1335
a. *Due diligence* 1340
b. Estructura de prelación.... 1345
c. Preparación del *offering memorandum* y documentación necesaria 1350
d. Colocación.... 1360
3. *Covenants* 1365

A. Capital

1137 En este apartado se describen los diferentes tipos de recursos de capital que se pueden encontrar para financiar una compañía y las ventajas e inconvenientes de los mismos.

1. Motivos para financiarse con capital

1140 El concepto de financiación a través de capital hace referencia a una inversión realizada en una compañía por parte de los **accionistas** de la misma o por un tercero que compra capital con el objetivo de venderlo más adelante y conseguir una plusvalía.

Este tipo de financiación suele utilizarse en los **momentos iniciales** de una compañía cuando no es posible conseguir grandes cantidades de capital a través de deuda y por ello se recurre a financiación externa en forma de capital. No obstante, también se puede utilizar en momentos más avanzados dentro de la madurez de la compañía a través del mercado de capitales, tal y como se explica posteriormente (nº 1195). En concreto, la financiación a través de capital es muy recomendable para aquellas compañías que se encuentran en un momento de **alto crecimiento** y por lo tanto también suponen un alto riesgo para sus inversores.

1141 Las inversiones de capital implican una **transacción**, tanto si se trata de una ampliación de capital, como de una compraventa de acciones existentes.

El **tipo de inversión**, cambia principalmente según el grado de madurez de la compañía en la que se invierte.

En los momentos incipientes en los que la compañía tiene flujos de caja negativos y debe financiar tanto su desarrollo como sus inversiones para crecer, la inversión se suele hacer a través de una **ampliación de capital** 100%.
A medida que la compañía va madurando y se realizan rondas de inversión posteriores, por lo general hablamos de **financiación mixta** donde se amplía capital y algún accionista hace «cash out» para rentabilizar su inversión.

Las principales **características** y los puntos a destacar en relación con la inversión en capital son los siguientes: 1142
• En el caso de que el capital no sea invertido por el emprendedor, este pierde parte de su propiedad.
• La valoración de la compañía es el punto más importante a la hora de negociar la entrada y salida de capital.
• Es un recurso más caro que la deuda debido al mayor riesgo que supone.
• El inversor normalmente aporta conocimientos aparte de financiación.
• El capital suele quedarse en la compañía en el largo plazo (normalmente más de 3 años).

Según el **momento** en el que se encuentre la compañía **y** el **volumen** que se quiera financiar, es más adecuado que se utilice uno u otro método de financiación con capital. 1143
En la siguiente gráfica se intenta ilustrar el **tipo de inversor** que se recomienda según la madurez de la compañía y el importe a financiar.

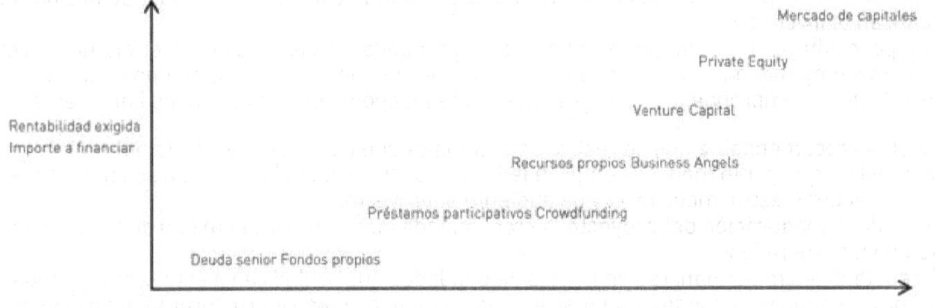

2. Tipos de recursos de capital

1145

a.	Recursos propios	1147
b.	*Friends, Family and Fools*	1152
c.	*Crowdfunding*	1153
d.	*Business Angels*	1165
e.	*Venture Capital*	1175
f.	*Private Equity*	1185
g.	Mercado de capitales	1195

a. Recursos propios

Por financiación con recursos propios se entiende aquella financiación realizada en una primera fase de un proyecto por parte de su impulsor. 1147
En este tipo de financiación el **importe** a invertir no suele ser muy elevado y el objetivo es poner en marcha una idea.
El **momento** en el que se recomienda hacer este tipo de inversión es en el momento más inicial de una compañía cuando el riesgo es mayor y es muy difícil conseguir que un tercero invierta en la misma.
La **utilidad** principal es el poder lanzar una idea al mercado con un soporte tanto económico como conceptual que ayuda al emprendedor a poder solicitar financiación a futuros inversores.

Entre los potenciales **inversores** encontramos el entorno más cercano al emprendedor o profesionales, como *Business Angels* (nº 1165) o un *Venture Capital* (nº 1175). 1148
El principal target de este tipo de financiación suelen ser **personas físicas** que tienen una idea que creen que puede ser rentable y por ello invierte en la misma.

1149 **Ventajas** Las principales ventajas de este tipo de financiación son:
a) Al financiar uno mismo el proyecto **no** se tiene **dependencia** de terceros.
b) No se tiene que explicar el proyecto a potenciales inversores y por lo tanto se reduce el riesgo de **plagio**.
c) En el caso de que el proyecto se lleve a delante, la **rentabilidad** puede ser elevada.

1150 **Inconvenientes** Los principales inconvenientes de este tipo de financiación son:
a) Los **fondos** suelen ser limitados.
b) El **riesgo** es elevado.
c) Se requiere un alto conocimiento del **sector** en el que se lance el proyecto para incrementar la ratio de éxito.
d) No se obtiene el asesoramiento de un nuevo **inversor especializado** en la creación de compañías.

b. «Friends, Family and Fools»

1152 Por financiación a través de **amigos, familia e «inocentes»** -traducción literal al español de la expresión *Friends, Family and Fools* (las tres Fs)- se entiende la primera fase de financiación a través de terceros, en la cual se implica en el proyecto al **entorno más cercano** del emprendedor.
Se trata de un tipo de inversión poco formal y que facilita una financiación **rápida** y que normalmente no exige la realización de un Business Plan u otros requisitos que, de ordinario, ralentizan la inversión.
Es un paso natural a realizar por parte de los emprendedores a la hora de poner en marcha el proyecto y empezar a darle formalidad. Es muy común que se realice este tipo de inversión antes de que el emprendedor se dirija a inversores independientes o entidades financieras.

1153 Es incluso **recomendable** que se realice esta etapa ya que puede ser bien vista por un tercero al demostrar que por lo menos el emprendedor ha sabido vender el proyecto a sus más cercanos lo cual demuestra implicación y da sustento al proyecto.
Dentro de la **maduración del proyecto**, se recomienda que se realice este tipo de financiación solo en su primera fase.
Más adelante es mejor ponerse en manos de entidades que se dedican a este sector y tengan una mayor cantidad de fondos y un mayor conocimiento de cómo estructurar la financiación y estrategia de crecimiento de la compañía.

1154 El **importe** promedio a invertir en esta fase del proyecto varía mucho según el proyecto y las condiciones económicas del entorno más cercano al fundador.
La utilidad principal es obtener una primera ronda de financiación externa que permita al emprendedor asentar las bases del proyecto y posteriormente en el caso de que lo necesite poder solicitar capital a terceros independientes.
El principal *target* de este tipo de financiación suelen ser **emprendedores** que consideran que, con el capital de sus más cercanos, puede llevar a cabo su proyecto y con ello darle una mayor escalabilidad en el futuro.

1155 **Ventajas** Las principales ventajas de este tipo de financiación son:
a) En un principio es más **fácil** conseguir que invierta en el proyecto una persona del entorno que confía en el emprendedor que un tercero independiente.
b) El margen de **confianza** depositado por parte de los inversores suele ser mayor debido a los lazos que les une.

1156 **Inconvenientes** Los principales inconvenientes de este tipo de financiación son:
a) El capital a financiar suele ser **limitado**.
b) Las **implicaciones personales**, que pueden conllevar que la rentabilidad conseguida por el inversor no sea la esperada.

c. «Crowdfunding»

1158 *Crowdfunding* o financiación colectiva es un tipo de financiación que ha crecido mucho desde que hay acceso a **internet**.
Consiste en **pequeñas inversiones** realizadas por un elevado número de personas que creen en un proyecto o iniciativa.
El **tipo de proyecto** que se financia puede ser tanto empresarial como creativo o solidario.

Este tipo de financiación es una alternativa que se encuentra entre financiarse a través de las «3 Fs» (nº 1152), o a través de una entidad especializada como puede ser un *Business Angel* (nº 1165) o un *Venture Capital* (nº 1175).
Gracias a su facilidad y a los pocos **requisitos** exigidos, muchos emprendedores prefieren utilizar este método de financiación.

El principal target de este tipo de financiación suele ser un **emprendedor** que considera que puede conseguir una mayor financiación a través del *Crowdfunding* que a través de las «3Fs» y que, por otro lado, no le sale a cuenta financiarse con entidades especializadas ya que en muchas ocasiones estas le financian con el requisito principal de entrar como accionistas mayoritarios y se queden con el poder de decisión de la compañía. **1159**
La **utilidad** principal es el hecho de poder crecer de forma notoria sin dejar de ser el accionista que tiene una mayor participación y con ello seguir teniendo el poder de decidir.

Funcionamiento La **mecánica** del *Crowdfunding* es, en líneas generales, la siguiente: **1160**
1º **Toma de contacto**. El emprendedor se pone en contacto con una compañía de *Crowdfunding* indicando en que consiste su empresa, el capital necesario a financiar, el tiempo de recaudación, la recompensa que le darán a los accionistas, etc.
2º **Publicación**. Se publica el proyecto, principalmente en la **página web** de la compañía de Crowdfunding, durante un periodo que suele oscilar entre treinta y ciento veinte días.
3º **Promoción** del proyecto.
4º **Término del plazo**. Se acaba el plazo tanto si se ha llegado a financiar el capital necesario, como si no se ha conseguido.

Precisiones En el pasado, uno de los proyectos que obtuvo fondos a través de *Crowdfunding* fue *Davalor Salud*, compañía especializada en el **diagnóstico y terapia** de los problemas funcionales de la **visión**. Dicha compañía fue publicitada en la web de la compañía *Bestaker*, una empresa especializada en proyectos de *Crowdfunding*. **1161**
El **importe** mínimo de la inversión era de 300 euros, la **rentabilidad** actual de revalorización se preveía que fuera de 2,5 veces, la rentabilidad por dividendos de 12,5 veces y el primer reparto de dividendos se estimaba que sería en 2017. El **plazo** de inversión se cerró el 20-12-2013. A través de 5 rondas de inversión (excluyendo el capital invertido en la ronda de constitución) la compañía **recaudó** 2,7 millones de euros.

Ventajas Las principales ventajas e inconvenientes de este tipo de proceso son: **1162**
a) La participación de los nuevos accionistas suele ser minoritaria y por lo tanto el emprendedor no deja de ser el **accionista mayoritario**.
b) A diferencia de financiarse con el entorno más cercano, **no** tiene implicaciones personales.
c) En el caso de que el proyecto llegue a oídas de muchos potenciales inversores y se considere interesante, el **nivel de inversión** conseguido puede ser elevado.

Inconvenientes Los principales inconvenientes de este tipo de financiación son: **1163**
a) El hecho de promocionar el proyecto de forma masiva en un momento tan incipiente puede llevar al **plagio** de la idea por un tercero.
b) Los plazos en los que las webs de *Crowdfunding* **publicitan** la oportunidad de inversión es limitado y por lo tanto nunca se sabe cuánto capital se puede llegar a conseguir.
c) Se le facilita la información a una compañía de *Crowdfunding* y se le abona un importe para la promoción pero **no** se **asegura** que se vaya a recaudar el capital necesario.
d) La compañía de *Crowdfunding* no suele involucrarse en la **gestión** de la compañía ni en el asesoramiento.

d. «Business Angels»

Cuando nos referimos a *Business Angels* (traducido al español, «inversor ángel»), aludimos a una persona física o jurídica que provee capital para una *start-up* normalmente como contraprestación de **acciones** de la misma. **1165**

Características Este tipo de inversor, a diferencia de compañías tipo *Venture Capital* (nº 1175) o *Private Equity* (nº 1185), invierte sus **propios fondos**. Debido a que los inversores inyectan su propio capital, normalmente se organizan en redes para conseguir reunir un mayor importe de capital e invertir en proyectos de mayor envergadura. **1166**
Este tipo de financiación ha sido históricamente utilizada como una **segunda ronda** de inversión posterior a la inversión de los tres Fs. Esto es así ya que, si el proyecto sigue adelante después de la inversión del círculo más cercano, la segunda ronda de inversión suele requerir una inversión mayor y es necesario profesionalizar el proceso.

La **utilidad** principal para el emprendedor es poder crecer en capital y conocimiento sin tener que invertir su propio dinero. Es el primer paso para poder empezar a crecer y ganar notoriedad en el mercado.

Precisiones **Empresas españolas** en el sector: BCN Business Angels, CV Ban, ASBAN, BAN madri+d Universidades como IESE, ESADE, Instituto de Empresa entre otras entidades y universidades involucradas con el Business Angels español.

1167 El inversor *Business Angel* no solo aporta capital sino que aporta **valor añadido** a través de su conocimiento del sector, red de contactos, experiencia en *start ups*, entre otro tipo de conocimientos que ayudarán a hacer crecer la compañía.

El **importe** promedio a invertir por parte de una empresa / inversor tipo Business Angel está entre 50 y 200 miles de euros. Debido a que la inversión en una compañía de alto potencial de crecimiento suele conllevar una mayor inversión, los *Business Angel* se agrupan en **sociedades** que les permite realizar inversiones de hasta 750 miles de euros si tenemos en cuenta que en ocasiones invierten en más de una ronda.

A pesar de que el importe invertido por proyecto es significativamente inferior al resto de entidades de **capital riesgo**, en mercados como el americano, el importe total invertido por los *Business Angel* es superior al resto de entidades de capital riesgo sumadas.

1168 El principal target de este tipo de financiación suele ser una compañía con un alto **potencial de crecimiento** que ya ha conseguido formalizar el proyecto a través del capital invertido por el propio fundador de la start up y por su entorno más cercano.

Por otro lado, son empresas con una trayectoria corta y alto riesgo de inversión y que por lo tanto no tienen capacidad de solicitar un **préstamo** a un banco o solicitar la entrada de un *Venture Capital* o *Private Equity* en el accionariado. Esto es así ya que todas estas opciones normalmente exigen un menor riesgo en sus inversiones y a su vez también implican un menor coste para el emprendedor.

1169 **Rentabilidad y riesgo** A medida que la compañía va madurando el riesgo es **inferior** y por lo tanto podemos decir que ya no es tan elevado como en las fases anteriores cuando fue el propio fundador el que invirtió capital y posteriormente las tres Fs.

No obstante, seguimos encontrándonos en un momento muy incipiente de la *start up* y por lo tanto el riesgo es muy elevado y además la participación del *Business Angel* se suele ir diluyendo en rondas de inversiones futuras. Debido a esto, el **retorno** exigido es elevado.

En este tipo de inversiones, es muy usual que el proyecto no se acabe desarrollando con éxito y por lo tanto el inversor pierda la totalidad de su inversión. Considerando como premisa una **ratio de fracaso** de entre el 60% y 80%, los inversores van a seleccionar aquellas inversiones que consideren que pueden tener un potencial de crecimiento de multiplicarse por diez veces en un periodo de tiempo de cuatro a cinco años.

Debido a que hay inversiones con las cuales se consigue una alta rentabilidad y otras que pueden ser fallidas, el objetivo de una empresa de *Business Angels* tradicional en España es tener una **cartera de** varias **inversiones** que le permita obtener una rentabilidad de éxito del 20% - 30% y un periodo promedio de inversión por *start up* invertida no superior a cinco a siete años.

Con el objetivo de diversificar el riesgo, se recomienda que el *Business Angel* tenga una cartera de inversión de ocho a diez inversiones.

1170 **Duración** El tiempo en el que suele estar involucrado un *Business Angel* es aproximadamente de **tres a siete años** dependiendo principalmente del proyecto, la tasa de éxito del mismo y la liquidez que haya en el mercado.

La **salida** del inversor ha de realizarse a través de un plan estratégico en el cual se consiga una mayor rentabilidad a través de tres palancas:

- una estructura financiera que permita una mayor rentabilidad para el *Business Angel*;
- un múltiplo de venta superior al del momento de compra; y
- que las ventas y rentabilidad del negocio (normalmente utilizando múltiplos como ventas / EBITDA) hayan crecido de forma notoria durante la estancia del inversor.

1171 **Funcionamiento** La mecánica de la inversión de un *Business Angel* suele ser, en líneas generales, la siguiente:

1º Se presenta la **idea** a un *Business Angel*.

2º El *Business Angel* se reúne con su red de Business Angels para decidir si invierten en alguno de los proyectos que se les ha presentado.

3º Una vez se ha decidido cuales son los proyectos potenciales, los emprendedores presentan un **plan de negocio** y las condiciones de entrada de los *Business Angel* interesados.

4º Aquellos inversores que siguen interesados se reúnen con el objetivo de reunir **fondos** (en el caso de que sea necesario) para ver si juntos pueden llegar a financiar el proyecto en cuestión.
5º En el caso de que finalmente el proyecto sea viable y siga interesando los inversores potenciales, se establece el **retorno** de inversión objetivo y se negocia su entrada en la sociedad.
6º Firma el **pacto de socios**.

Ventajas Las principales ventajas de este tipo de financiación son: **1172**
a) Se consigue **potenciar** el proyecto sin tener que invertir el capital del propio fundador.
b) La red de *Business Angel* que invierta en la compañía pone a disposición de su fundador y empleados sus **contactos y conocimientos** para incrementar la tasa de éxito de la iniciativa.
c) Se formaliza la compañía a través de la entrada de un **inversor independiente** que cree en la idea, buen hacer del fundador y equipo directivo de la compañía.
d) Si el fundador ha conseguido un *Business Angel* especializado en su sector, puede ayudarle a desarrollar e implementar la **estrategia** de la compañía.
e) El *Business Angel* abre la puerta a que posteriormente haya nuevas rondas de financiación con compañías de *Venture Capital* (nº 1175) y *Private Equity* (nº 1185) que ayuden a la compañía a seguir creciendo.

Inconvenientes Los principales inconvenientes de este tipo de financiación son: **1173**
a) Debido a que el *Business Angel* querrá rentabilizar la inversión en un **plazo** determinado, puede que la estrategia de expansión no se alinee con la del fundador de la compañía.
b) Es un recurso **caro** debido al riesgo que supone.
c) Se ha de disponer de tiempo y recursos para cumplir los **requisitos** que exija el *Business Angel* (elaboración de un plan de negocio, etc.)
d) En ocasiones la participación que exige el *Business Angel* es mayoritaria y por lo tanto el fundador pierda el **control** de la gestión.

e. «Venture Capital»

Cuando nos referimos a *Venture Capital* hacemos referencia a **sociedades de capital riesgo** que invierten en negocios emprendedores que ya están maduros y tienen un modelo de negocio validado y necesitan capital para seguir dando escalabilidad a su modelo. **1175**
Este tipo de financiación se suele utilizar una vez la compañía ya lleva unos años **creciendo** y ya ha empezado a generar algo de caja, pero necesita una segunda o tercera ronda de inversión para seguir creciendo antes de llegar a un estado de madurez.

Características La empresa de *Venture Capital* no se suele involucrar en el día a día de la compañía, pero sí que suele exigir un puesto en el **consejo de administración** con el objetivo de poder influir en la estrategia de la compañía y consecuentemente maximizar el valor de su inversión. **1176**
El **importe** promedio a invertir por parte de las compañías de *Venture Capital* a pesar no estar fijado de forma clara, ronda entre 500.000 euros y 5 millones de euros. El importe a financiar no se suele invertir todo en una sola ronda, sino que normalmente se invierte en diferentes rondas para garantizar que la compañía en la que se invierte no se quede sin fondos en su proceso de crecimiento y así también se reduce el riesgo.

El principal target de este tipo de financiación suele ser una compañía que ya ha recibido financiación de algún *Business Angel* (nº 1165) y que ya tiene un **modelo de negocio** probado. Pese a ello, la compañía sigue creciendo a ritmos de dos dígitos y necesita más capital para poder seguir creciendo. **1177**
La **utilidad** principal para el emprendedor es la de crecer hasta llegar a un punto de madurez en el cual el *Venture Capital* seguramente esté interesado en vender.
Gracias a este tipo de inversiones, la compañía puede llegar a un mayor número de clientes e incluso **internacionalizar** el proyecto con el objetivo de conseguir unas mayores ventas y rentabilidad.

Rentabilidad y riesgo En referencia a rentabilidad y riesgo: **1178**
Las compañías que requieren este tipo de inversión, siguen siendo empresas que comportan un alto riesgo para el inversor ya que siguen creciendo de forma acentuada.
Debido a que son compañías que ya tienen un *track record* (aunque corto) la rentabilidad exigida es inferior a la que se suele solicitar por parte de un *Business Angel* (nº 1165).

Por otro lado, la rentabilidad exigida por un *Venture Capital* no deja de ser superior a un **préstamo bancario** debido a:
- la menor exigibilidad;
- la menor liquidez; y
- el mayor riego al invertir en una empresa incipiente.

1179 **Ventajas** Las principales ventajas de este tipo de financiación son:
a) A diferencia de la deuda financiera **no** se va a exigir el **aval** de la inversión por el emprendedor.
b) Al ser una inversión que se suele ir haciendo según las necesidades de capital de la compañía, el emprendedor no cede más **participación** que la necesaria para seguir creciendo.
c) El *Venture Capital* ofrece sus conocimientos a la compañía para poder realizar una **estrategia** que optimice su valor.
d) El *Venture Capital* asume un **riesgo** que las entidades bancarias no están dispuestas a asumir.

1180 **Inconvenientes** Los principales inconvenientes de este tipo de financiación son:
a) Al ser una inversión temporal el *Venture Capital* querrá maximizar el valor de la empresa en la fecha de su **salida** lo cual no tiene por qué significar maximizar el valor de la compañía a largo plazo.
b) El hecho de tener en el **consejo de administración** al inversor puede limitar la estrategia del emprendedor.

1181 **Duración** El tiempo en el que suele estar involucrado un *Venture Capital* oscila entre los **3 y 7 años** según el proyecto.

1182 **Funcionamiento** La mecánica de la inversión de un *Venture Capital* consiste, en líneas generales, en:
1º El emprendedor, se pone en contacto con la compañía de *Venture Capital* con el objetivo de explicarle la compañía en cuestión y hacerle entrega de un **plan de negocio** que demuestre la viabilidad del negocio.
2º En el caso de que a la compañía inversora le parezca interesante la oportunidad de inversión, realiza un **análisis** en profundidad del plan de negocio y resuelve las dudas necesarias con el emprendedor.
3º Si el proceso sigue adelante, el **consejo de administración** del *Venture Capital* se reúne para determinar si finalmente se realiza la inversión. Este punto es muy importante porque es diferencial frente a un *Business Angel* (nº 1165), ya que normalmente no es necesario reunir a varios *Venture Capital* para realizar la inversión y eso facilita de forma notoria el proceso.
4º Se negocia y en su caso se firma el **acuerdo de socios**.

f. «Private Equity»

1185 El término *Private Equity* hace referencia a compañías de **capital riesgo** que se utilizan como instrumento de financiación principalmente para empresas pequeñas o medianas (**PYME**).
La financiación que realiza este tipo de compañías se suele realizar a través de una inyección de capital a contraprestación de una proporción de la compañía, normalmente **acciones**, que tras un periodo de tiempo determinado vende para obtener una plusvalía.
Este tipo de financiación ha sido históricamente utilizada como un **puente** para dejar de ser una empresa tipo PYME y poder llegar a ser una compañía de gran tamaño.

Precisiones Un **ejemplo** de operación con éxito llevada a cabo por parte de alguna compañía de *Private Equity* en España es la salida de Blackstone 90% y N+1 10% de la compañía Mivisa. La compañía Española Mivisa ha sido vendida en octubre de 2013 al líder mundial de envases de consumo, Crown Holdings por un importe de 1.200 millones de euros. Los *Private Equity* compraron la compañía en 2010 por un importe total aproximado de 900 millones de euros por lo que han conseguido una rentabilidad del 35% en menos de 3 años.

1186 Las empresas de tipo PYME, al no estar presentes en el **mercado de valores**, no tienen la oportunidad de incrementar su capital emitiendo acciones y posteriormente invertir dicho capital para conseguir un crecimiento sostenido.
Las posibilidades de capitalización se limitan a conseguir la entrada de una compañía de capital riesgo o en el caso de que eso no sea posible o no interese, autofinanciarse con los beneficios de la compañía.

El precio que debe pagar la compañía receptora por la financiación normalmente se limita a los **costes** que son ocasionados por el hecho de que una sociedad entre en el capital de la compañía.
El **importe** promedio a invertir por parte del *Private Equity* oscila mucho según la oportunidad, normalmente se encuentra entre 5 y 120 millones de euros.

El principal target de este tipo de financiación suele ser uno de los siguientes **tipos de compañía**: 1187
• **PYME** con posibilidades de crecimiento y desarrollo.
• Compañías que ya llevan años creciendo y que están en una fase previa a la maduración y quieren realizar inversiones de un tamaño considerable para seguir creciendo. Entre estas inversiones se suelen encontrar compras de **plantas productivas**, entrada en nuevos países o compra de algún competidor pequeño entre otras muchas opciones.
El **sector** en el que está la compañía es determinante ya que los *Private Equity* se suelen especializar en algún sector; de hecho, muchos de ellos se especializan en sectores relacionados con la innovación ya que consideran que pueden sacar una mayor plusvalía en su salida.

Rentabilidad y riesgo El riesgo que se asume es **significativo** pero inferior al que asume una empresa de Venture Capital ya que las empresas objetivo son más maduras. 1188
La compañía de *Private Equity* intenta obtener la mayor rentabilidad posible a través de obtener una **plusvalía** en el momento de la venta en el proceso de desinversión y gracias al efecto apalancamiento (endeudamiento).
Con el objetivo de obtener la mayor rentabilidad posible es importante que el *Private Equity* negocie un **múltiplo de salida** (p.e., Enterprise Value / EBITDA) superior al múltiplo de entrada y que consiga mejorar las cifras de negocio de la compañía.
El riesgo en el que incurre la entidad de capital riesgo es el mismo que asume el empresario por lo que a los dos les interesa colaborar de tal forma que consigan una mayor rentabilidad asumiendo el menor riesgo posible.

Duración El tiempo en el que suele estar involucrado un *Private Equity* suele ser entre **tres y siete años**, dependiendo de la estrategia del *Private Equity* y de las oportunidades de inversión y desinversión que haya en el mercado. 1189

Funcionamiento La mecánica de una ronda de inversión de un *Private Equity* en líneas generales es muy similar al proceso llevado a cabo por un *Venture Capital*. Ver nº 1175. 1190

Ventajas Las principales ventajas e inconvenientes de este tipo de proceso son: 1191
a) El riesgo que está dispuesto a asumir el *Private Equity* es superior al que está dispuesto a asumir un **banco**.
b) A diferencia de un **préstamo**, no supone coste para la sociedad. Solo se abonan los trámites para que la sociedad inversora pase a formar parte del accionariado.
c) No se exigen **garantías** ni avales a la sociedad en la que se invierte.
d) La compañía inversora no solo debe aportar capital, sino que también debe aportar conocimientos, experiencia y contactos.

Inconvenientes Los principales inconvenientes de este tipo de proceso son: 1192
a) La estrategia del empresario es largoplacista, mientras que la estrategia del inversor es hasta que planifique su desinversión; por dicho motivo se deben alinear las estrategias y objetivos para que no se produzcan **conflictos de interés**.
b) El *Private Equity* al igual que en las inversiones realizadas por un *Venture Capital* (nº 1175) está presente en el **consejo de administración** y por lo tanto puede influenciar en la estrategia de la compañía de tal forma que no esté alineada con la estrategia del inversor.
c) La posible suscripción de con **derecho de arrastre** (*drag alone*), en virtud del cual si el socio mayoritario quiere vender su participación, tiene derecho de obligar al socio minoritario a que también venda.

g. Mercado de capitales

La financiación de una compañía a través del mercado de capitales se lleva a cabo, básicamente, a través de Ofertas Pública de Venta (OPV) y Ofertas Públicas de Suscripción (OPS). 1195

Oferta Pública de Venta Una OPV hace referencia a la venta de cualquier activo financiero emitido por una empresa dirigiéndose al público en general como, por ejemplo, ofertas de **acciones existentes** de una empresa, pagarés, obligaciones u otros activos que una empresa puede emitir y que está sujeto a una cotización en un mercado de valores. 1196

La OPV es un método de financiación donde se pone en venta las acciones de una compañía para conseguir la entrada de **nuevos accionistas** en la empresa dando como contraprestación dinero. Una OPV da entrada a una compañía en el mercado bursátil en el caso de que no cotizara hasta el momento.

Precisiones Si la salida a bolsa se realiza a través de una **OPV** vendiendo el 100% de las acciones, el mercado no lo vería con tan buenos ojos ya que no sería una forma de financiar a la compañía, sino que sería un método por el cual los socios actuales venden sus acciones al precio más alto posible y se desentienden de la compañía.

1197 **Requisitos** Los pasos previos a realizar una OPV son principalmente:
• Realizar una **valoración** de la empresa para fijar el precio de salida por acción y el límite a asignar por inversor.
• En el caso de que el mercado no se presente favorable para la compra de las acciones emitidas, la empresa puede **revalorizar** a la baja el valor de la acción **o** incluso llegar a **suspender** la OPV en el caso de que no cubra el porcentaje mínimo de capital que pretendía vender en el mercado.

1198 **Ofertas Públicas de Suscripción** En el caso de OPS, las acciones que se ponen a la venta son acciones que se emiten expresamente en una **ampliación de capital** con el objetivo de ser vendidas en la misma.
En una salida a bolsa es frecuente que se produzca una **combinación** OPV y OPS, poniendo a la venta acciones existentes y acciones que proceden de una ampliación de capital.

Precisiones En líneas generales, está bien visto a la hora de lanzar una compañía al mercado bursátil que la salida se realice a través de una **OPS**. El motivo principal es que indica que el socio actual confía en la compañía y hace el lanzamiento no para rentabilizar su participación sino para obtener capital y poder llevar a cabo una estrategia de crecimiento.

1199 **Requisitos** Los requisitos previos para realizar una OPS en España exigen proporcionar información sobre los siguientes aspectos:
• Valores que se van a poner a la venta, incluyendo el precio de la emisión, la rentabilidad esperada, la naturaleza y sus características.
• **Sociedad emisora**: fecha de constitución, domicilio social, órgano de administración, etc., así como sobre la situación actual de la sociedad emisora, su actividad, su patrimonio, **resultados** económicos **y perspectivas** de futuro.
• **Colocación de las acciones**: entidades colaboradoras, plazos, sistema de adjudicación, entre otra.
• **Régimen fiscal** aplicable a los valores emitidos en la oferta pública.

1200 **Tipos de mercados de capitales** En España contamos principalmente con dos mercados de capitales que se adaptan a diferentes targets: mercado de valores español y BME Growth (antiguo Mercado Alternativo Bursátil -MAB-).

1201 **Mercado de Valores Español** La bolsa en general es un mercado en el que se negocian activos financieros entre empresas e inversores.
Por un lado, las empresas consiguen financiación para llevar a cabo sus estrategias mediante la emisión de activos financieros como acciones, bonos u obligaciones y los inversores buscan una rentabilidad en su inversión.
Debido a que los **requisitos** exigidos para cotizar en el Mercado de Valores **y** los **gastos** de gestión son elevados, es un método interesante para aquellas empresas que ya tienen unos volúmenes de facturación elevados.

1202 **BME Growth (antiguo MAB)** Tiene como objetivo el lanzamiento a bolsa de **empresas de reducida capitalización** que buscan expandirse.
La regulación, requisitos y costes para este tipo de compañías se adaptan al tamaño de las mismas y no es tan exigente como en el caso de las compañías que cotizan en el Mercado de Valores Español tradicional.

1203 **Rentabilidad y riesgo** En el caso de que un inversor invierta en el mercado de valores, debe evaluar el estado de la compañía en la que invierta, el momento macroeconómico en el que lo haga y la liquidez de la acción que compra, ya que dependiendo de estos y otros parámetros el riesgo puede variar de forma significativa.

Ventajas Las principales ventajas de este tipo de inversión son: 1204
a) El hecho de cotizar en bolsa facilita a que la compañía sea identificada como **transparente, prestigiosa y solvente**.
b) Hace incrementar la imagen y el prestigio de la **marca** lo cual ayuda a incrementar la notoriedad a nivel internacional.
c) Ayuda a obtener **financiación bancaria** debido al requisito principal de transparencia que se exige para cotizar en bolsa y además abarata su coste.
d) Ayuda a obtener financiación a través de capital, ya que una vez la empresa es pública es más barato emitir acciones que el hecho de que entre un inversor privado en la compañía.
e) La financiación que se consiga a través de la emisión de acciones está en manos de varios accionistas lo que reduce la posibilidad de que uno de ellos alcance el **control** de la empresa.
f) Dota a las acciones que cotizan una mayor **liquidez**.

Inconvenientes Los principales inconvenientes de este tipo de inversión son: 1205
a) El hecho de entrar en el mercado de valores obliga a la compañía a cumplir unos requisitos de trasparencia periódicos. Entre otros requisitos, se deben realizar **auditorías externas** y cumplir una serie de requisitos internacionales.
b) El lanzamiento a bolsa supone unos altos **costes** de asesoramiento.
c) Si muchos **accionistas minoritarios** se ponen de acuerdo, pueden llegar a tomar el control de la compañía.
d) El control de las **autoridades** sobre este tipo de compañías es mayor que sobre el resto debido a la transparencia exigida.

B. Deuda

1210

1. **Apalancamiento de una transacción** 1212
2. **Tipos de deuda** 1220
   a. Tipo de financiador 1221
   b. Grado de prelación 1222
   c. Número de financiadores 1230
   d. Tipo de garantía 1235
   e. Nivel de recurso 1240
   f. Tipo de interés 1245
   g. Pago de intereses 1250
3. **Aspectos financieros clave en el diseño de la estructura** 1255
   a. Calendario de repago 1257
   b. Tipo de interés 1270
   c. Comisiones 1275
   d. Garantías 1280
   e. *Covenants* 1285
   f. Otras cláusulas habituales 1290

1. Apalancamiento de una transacción

En el marco de una transacción corporativa, es habitual en el mercado recurrir a proveedores 1212
de capital que proporcionen recursos financieros ajenos (deuda) al adquirente, de tal forma que, en lugar de realizar toda la inversión con recursos propios, el inversor realiza una determinada aportación y financia el resto de la operación con deuda.
La principal razón para utilizar esta fórmula de financiación es la posibilidad de obtener una mayor **rentabilidad** en la inversión.
Sin embargo, frente a la expectativa de obtener un mayor retorno, a medida que se incrementa el nivel de apalancamiento de una transacción también aumenta el **riesgo** que se asume.

Ventajas y riesgos del apalancamiento Para facilitar la comprensión de las principa- 1213
les ventajas e inconvenientes de apalancar una transacción se plantea a continuación un sencillo **ejemplo práctico**.
Supongamos que un inversor está evaluando si financiar la compra de acciones de una compañía con recursos propios o con una combinación de recursos propios y deuda.
Las principales magnitudes de la transacción que se plantea el inversor son:
- El **precio** de las acciones hoy (cantidad total a invertir) es de 100.000 €.
- El precio estimado de las acciones dentro de **1 año** (momento en el que el inversor piensa liquidar su inversión) es de 120.000 €.

1214 • El **coste de la financiación** ajena (deuda) es del 10% anual. Para simplificar el ejemplo, se asume que este coste se mantiene constante con independencia del nivel de apalancamiento de la empresa. En este sentido, nos remitimos al ejemplo práctico incluido en el nº 1133, donde se analizan los impactos del incremento del coste de financiación asociado al mayor riesgo derivado del incremento del apalancamiento de la empresa.

• Al objeto de facilitar la comprensión del caso práctico se considera que **no existen impuestos** asociados a la estructura (no se considera, por tanto, en este ejemplo el impacto que tendría en la rentabilidad del inversor el escudo fiscal generado por el gasto financiero).

1215 **Rentabilidad** Tomando como base las premisas citadas anteriormente, se muestra a continuación una **tabla resumen** con los principales impactos en rentabilidad ante distintos escenarios de apalancamiento:

- **Escenario 1**: el inversor financia el 100% de la operación con recursos propios.
- **Escenario 2**: el inversor financia el 70% de la operación con recursos propios y el 30% con deuda.
- **Escenario 3**: el inversor financia el 30% de la operación con recursos propios y el 70% con deuda.

	Inversión	Precio de salida	% deuda	Deuda	Intereses	Recursos propios	Rentabilidad
Escenario 1	100.000 €	120.000 €	0%	0 €	0 €	100.000 €	**20%**
Escenario 2	100.000 €	120.000 €	30%	30.000 €	3.000 €	70.000 €	**24%**
Escenario 3	100.000 €	120.000 €	70%	70.000 €	7.000 €	30.000 €	**43%**

1216 Como se puede observar en la tabla precedente la rentabilidad del inversor mejora a medida que se incrementa el **nivel de apalancamiento** financiero.

En concreto, en el caso de financiar la transacción íntegramente con recursos propios el inversor obtendría un beneficio de 20.000 € equivalente a un 20% de su inversión inicial de 100.000 €.

Alternativamente, en el supuesto de que el inversor financiase la operación con un 70% de deuda y un 30% de recursos propios, el beneficio del inversor ascendería a 13.000 € (resultado de deducir al precio de salida, 7.000 € por pago de intereses, 70.000 € para el repago de principal de deuda y 30.000 € la inversión con recursos propios).

Por tanto, con una aportación inicial de 30.000 € el inversor obtiene 13.000 € de beneficio lo que equivale a una rentabilidad de 43%.

1217 **Riesgo** Por otro lado, para poder apreciar los riesgos inherentes al apalancamiento, se muestran a continuación los resultados del ejemplo práctico planteado tomando como base las mismas hipótesis que en el ejemplo anterior, pero asumiendo como único aspecto diferencial que el **precio** estimado de las **acciones** dentro de **1 año** (momento en el que el inversor piensa liquidar su inversión) es de 80.000 €.

	Inversión	Precio de salida	% deuda	Deuda	Intereses	Recursos propios	Rentabilidad
Escenario 1	100.000 €	80.000 €	0%	0 €	0 €	100.000 €	**-20%**
Escenario 2	100.000 €	80.000 €	30%	30.000 €	3.000 €	70.000 €	**-33%**
Escenario 3	100.000 €	80.000 €	70%	70.000 €	7.000 €	30.000 €	**-90%**

1218 Como se puede apreciar en la tabla anterior, en el caso de utilizar únicamente recursos propios para financiar la transacción, la pérdida se limita a la diferencia entre el precio de salida y la cantidad inicialmente invertida, es decir, 20.000 € equivalentes a un 20% de pérdida.

Alternativamente, en caso de haber utilizado una estructura financiera con un 70% de apalancamiento, habría que considerar el coste financiero de la operación, es decir, 7.000 € en concepto de intereses y 70.000 € para repago del principal.

Por tanto, de los 80.000 € obtenidos con la venta de las acciones sería necesario destinar 77.000 € al servicio de la deuda de modo que el inversor únicamente recuperaría 3.000 € de los 30.000 € invertidos inicialmente, lo que equivale a un 90% de pérdida.

2. Tipos de deuda

Para poder analizar una estructura de financiación que incluye deuda es necesario conocer los distintos tipos de deuda existentes en el mercado. 1220

En este sentido, se pueden utilizar distintos criterios de clasificación en función de las siguientes características:
- tipo de financiador;
- grado de prelación (nº 1222);
- número de partes financiadoras intervinientes (nº 1230);
- el tipo de garantía (nº 1235);
- el nivel de recurso (nº 1240);
- el criterio utilizado para definir el tipo de interés (nº 1245); y
- el criterio utilizado para el pago de los intereses (nº 1250).

a. Tipo de financiador

En primer lugar, es importante diferenciar las tipologías de agentes financiadores en el campo de la deuda: 1221

a) **Entidades financieras** (en particular, los bancos). Son los principales agentes financiadores del mercado de deuda tanto a nivel de endeudamiento de familias como de empresas. La deuda facilitada por este tipo de agentes se caracteriza por tener un menor coste, pero una exigencia superior en materia de garantías y acreditación de solvencia por parte del deudor.

b) **Fondos de deuda alternativa**. Son un agente cada vez más activo en el mercado de financiación. Habitualmente ofrecen, respecto a los bancos, un mayor nivel de flexibilidad en cuanto a estructura, plazo, tipo de operaciones y tipo de garantías. La deuda alternativa suele tener un mayor coste, aunque puede ser la solución de financiación más eficaz en determinadas circunstancias donde se requiere una estructuración diferente a la habitual, un plazo especialmente corto o una situación muy particular.

c) **Crowdlending**. Consiste, al igual que el *crowdfunding*, en una plataforma de financiación cooperativa en la que un grupo extenso de inversores están dispuestos a actuar como prestamistas de individuos o empresas a cambio de un retorno sobre su inversión. Esta forma de financiación presenta ventajas para ambas partes involucradas. Por un lado, el receptor del capital puede obtener liquidez de manera más flexible, ágil y sencilla que con otros tipos de financiación, mientras que los inversores observan retornos atractivos a la vez que pueden acceder a un mercado históricamente dominado por las grandes instituciones financieras.

b. Grado de prelación

Este criterio de clasificación toma como aspecto diferencial el grado de preferencia con que una deuda debe ser repagada en caso de **insolvencia** del prestatario. 1222

Existe una clara relación entre el grado de prelación de la deuda y su riesgo y rentabilidad asociadas, de manera que, a menor prelación, mayor riesgo asumido por parte de la entidad (en caso de insolvencia el repago de su deuda queda subordinado al repago integro de la deuda con mejor prelación) y, por tanto, mayor exigencia de rentabilidad (tipo de interés) por parte del prestamista.

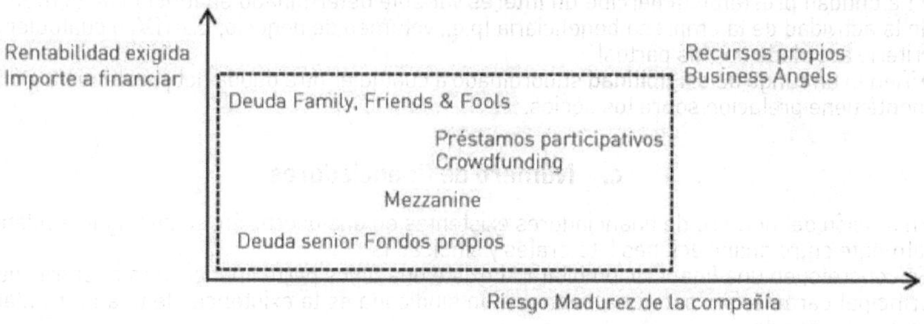

1223 A continuación se presentan los distintos **tipos de deuda** ordenados de mayor a menor prelación, es decir, de menor a mayor subordinación en caso de insolvencia del deudor.
El **repago** de la deuda con menor grado de prelación únicamente se produce una vez se ha repagado la deuda con grado de prelación superior (y así sucesivamente) por lo que su riesgo y rentabilidad exigida asociadas han de ser superiores.

1224 **Deuda senior** Este tipo de endeudamiento bancario es el que tiene un mayor grado de prelación, es decir, su prepago se realiza de manera **preferente** respecto a otros posibles instrumentos de financiación existentes en el balance del deudor.
Es el tipo de deuda más **habitual** y frecuente habiéndose convertido en la herramienta básica en relación con el apalancamiento de una transacción.

1225 Sus principales **características** son:
• Suele representar un **porcentaje** muy elevado de la financiación empleada en la transacción llegando, en muchas ocasiones, a ser el único instrumento de financiación empleado.
• Se suele establecer un calendario de **amortización** a lo largo de la vida del préstamo.
• Habitualmente va acompañada de **garantías** reales de primer rango o de la promesa de constituirlas.
• Es habitual la exigencia de que la empresa acreditada cumpla una serie de ***covenants*** financieros (nº 1285).

1226 **Deuda mezzanine** Se trata de un instrumento de financiación híbrido entre la deuda senior y los recursos propios que combina parcialmente elementos de ambas fuentes de financiación.
La deuda mezzanine se utiliza principalmente por fondos de deuda alternativa y entidades de **capital riesgo** en operaciones de *leveraged buyout* ya que, en términos generales permite complementar la estructura de apalancamiento cubriendo un espacio que los bancos no alcanzan a satisfacer y permitiendo que se minimicen las necesidades de inversión de capital por parte de los accionistas de la empresa.

1227 Algunas de sus **características** son:
• Repago subordinado a la devolución de la deuda senior, pero con prelación sobre los préstamos participativos y el capital.
• Financiación a **largo plazo** (plazo superior a la deuda senior) en la mayoría de los casos.
• Calendario de **amortización** del principal a vencimiento (*bullet*).
• Suele presentar **costes y condiciones** de financiación más laxas que los fondos propios, pero más exigentes que la deuda senior.
• Tramo de pago de **intereses** periódicos combinado con tramos de intereses capitalizables a pagar a la finalización del préstamo (*payment in kind - PIK*).
• Posibilidad de incorporar mecanismos de **remuneración variable** asociado al capital de la compañía (warrants o participaciones directas).

1228 **Préstamo participativo** Los préstamos participativos son deuda subordinada en cuanto a la prelación respecto al resto de deudas del grupo teniendo, en todo caso, prevalencia sobre los accionistas.
Este tipo de deuda **se caracteriza** por:
• Se computa como **patrimonio neto** a los efectos de causa de disolución previstos en la legislación mercantil.
• La entidad prestamista percibe un **interés** variable determinado en función de la evolución de la actividad de la empresa beneficiaria (p.e., volumen de negocio, EBITDA o cualquier otro criterio acordado por las partes).
• Tienen un rango de **exigibilidad** subordinado a cualquier otra deuda del prestamista y únicamente tiene prelación sobre los socios.

c. Número de financiadores

1230 En función del número de financiadores existentes en una operación, se distingue fundamentalmente entre financiaciones bilaterales y sindicadas.
En concreto, en una financiación bilateral existe una única parte financiadora mientras que la principal característica de una financiación sindicada es la existencia de una pluralidad de partes financiadoras.
En el contexto de una transacción, la decisión de emplear uno u otro tipo de financiación depende fundamentalmente del **importe** a financiar.

En términos generales, se acude a la financiación sindicada cuando las necesidades de financiación de la transacción alcancen un importe lo suficientemente significativo como para no poder ser cubiertas mediante financiaciones bilaterales porque ello supondría un riesgo no asumible para una única entidad financiadora. 1231
La estructuración de la financiación mediante un sindicado permite **distribuir el riesgo** inherente a la operación entre cada una de las participantes del sindicato bancario.

Deuda sindicada Consiste en la participación simultánea de **varias entidades** en la financiación con el objetivo de distribuir el riesgo de la operación. Entre las entidades participantes se establece un marco contractual de tal forma que las condiciones de la deuda (coste, plazo, garantías, *covenants*, etc.), la toma de decisiones o el reparto de los pagos se negocian de manera conjunta y afectan a todas las entidades por igual, sin preferencias ni privilegios, rigiendo el criterio de la **mancomunidad**. 1232

Las principales **características** de la deuda sindicada son las siguientes: 1233
• Financiación a **largo plazo**.
• Sin **límite** en importe máximo, aunque sí existe un importe mínimo. Este importe no está definido de manera estricta, si bien por la propia naturaleza del sindicado suele ser un importe lo suficientemente elevado como para justificar la participación de varias entidades financieras.
• Participación de varias entidades financieras, pero en las mismas **condiciones** de precio y garantías y firmando una única documentación.
• Debido a la mayor complejidad de la estructura, así como a la presencia de varias entidades financiadoras, el proceso de **negociación** y formalización de una financiación sindicada es más largo y complejo. Esta mayor complejidad se extiende también al funcionamiento de la financiación a lo largo de la vida de esta lo que deriva en la obligación de las entidades de definir una serie de mecanismos de control con respecto a las actuaciones del deudor.
• Gestión administrativa e interlocución única gestionada a través del **agente**.

Deuda bilateral En estas operaciones únicamente participa una entidad financiadora o, en el caso de que participen varias entidades, la operación no se formaliza en un único documento y las entidades no tienen por qué participar en la transacción en idénticas condiciones de precio, plazo, garantías, etc. 1234
Las principales **características** de la deuda bilateral son:
• Financiación a **medio o largo plazo**.
• **Importe** significativamente inferior al de la financiación sindicada por las limitaciones derivadas de la existencia de una única entidad financiadora.
• Estructuración más sencilla que deriva en un menor periodo de **negociación**, ejecución y formalización que la deuda sindicada.

d. Tipo de garantía

Las garantías son un instrumento cuyo objetivo es proteger el riesgo de **impago** de la deuda que asume el prestamista. 1235
En función del nivel de garantía, existen dos grandes tipos de deudas -deuda con garantía personal y deuda con garantía real-, cuyas principales características se exponen a continuación.

Garantía personal El deudor garantiza el repago de la deuda con **todos** sus **bienes y derechos** presentes y futuros (responsabilidad universal del deudor). 1236
Se trata, por tanto, de una garantía genérica en que ningún bien o derecho concreto del deudor queda afecto expresamente al pago de la deuda.
Se trata de operaciones de cuantía relativamente menor y con mayor tipo de interés para compensar el mayor riesgo de impago que asume la entidad financiadora.

Garantía real En estos casos, de manera adicional a la garantía personal genérica del deudor (responsabilidad universal del deudor), se produce la afección de uno o varios **bienes** o derechos **concretos** que pueden ser propiedad del deudor o, incluso, de un tercero. 1237
De esta manera, un bien concreto garantiza directamente el potencial impago de la deuda lo que dota a la operación de un menor riesgo para el prestamista y refuerza su derecho de cobro.
En el supuesto de que finalmente la deuda no sea pagada por el prestatario, el financiador procede a cobrar el importe pendiente mediante la **ejecución** de la garantía real.
El establecimiento de una garantía real no limita la **responsabilidad personal** del deudor (salvo que se indique expresamente lo contrario), de manera que, en el caso en que el valor de la

garantía sea inferior al importe del préstamo en el momento del impago, la entidad prestamista puede reclamar al deudor otros bienes o derechos de su propiedad hasta total repago de la deuda.
El estudio de los distintos **tipos** de garantías reales existentes se aborda en el nº 1400 s.

e. Nivel de recurso

1240 El nivel de recurso de la deuda es un concepto que hace referencia a los activos, **bienes y derechos concretos** con los que el deudor tiene que hacer frente al pago de una deuda.
Este concepto puede aplicarse desde una doble perspectiva, cuyas diferencias deben tenerse en cuenta:
- desde la perspectiva de una única empresa; y
- desde la perspectiva de un grupo de empresas.

1241 **Única empresa** • **Deuda con recurso**. En este caso, en el supuesto de que se produzca un impago **todos** los **bienes** y derechos del deudor responden del pago de la deuda.
Este tipo de deuda es la más **habitual** en el mercado ya que, salvo que expresamente se indique lo contrario, el deudor garantiza el repago de la deuda con todos sus bienes y derechos presentes y futuros (responsabilidad universal del deudor).
• **Deuda sin recurso**. En este caso, únicamente quedan afectos al pago de la deuda los bienes y derechos otorgados en garantía de la financiación, de manera que, el resto de activos del deudor no pueden ser exigidos por el prestatario en caso de impago de la deuda.
Se produce, por tanto, una **limitación** de la responsabilidad universal del deudor cuyo ámbito queda reducido a los activos concretos otorgados en garantía de la financiación.

1242 **Grupo de empresas** • **Deuda con recurso**. En el caso de que la empresa endeudada no pueda hacer frente a sus compromisos de pago, el financiador puede reclamar el pago a aquellas empresas del grupo contra las que la deuda tenga recurso.
• **Deuda sin recurso**. En este caso únicamente los bienes y derechos de la sociedad prestataria quedan afectos al pago de la deuda de manera que, en caso de impago, el financiador no puede reclamar el pago al resto de sociedades del grupo.
Uno de los tipos de deuda sin recurso más utilizados en el mercado es el ***Project Finance*** que es el instrumento financiero utilizado en la financiación de inversiones de gran envergadura (p.e., energía, infraestructuras, telecomunicaciones, etc.) en que la capacidad de generación de caja del proyecto es predecible y recurrente. La principal característica de este tipo de financiación es que el repago de la deuda se basa en la capacidad de generación de flujo del proyecto financiado de manera que no existe recurso al resto del grupo.

f. Tipo de interés

1245 El tipo de interés es el **precio** que cobran las entidades de crédito por conceder un préstamo. Este interés se calcula aplicando un determinado porcentaje o tipo sobre el capital pendiente de devolución en cada momento.
En función del mecanismo utilizado para definir el tipo de interés de referencia en una operación podemos distinguir entre tipos de interés:
- fijo;
- variable; y
- mixto.

1246 **Interés fijo** Se trata de un tipo de interés único que se mantiene **constante** a lo largo de la vida de todo el préstamo, pudiendo ser este un porcentaje calculado sobre el principal del préstamo o una cuantía fija de intereses.
De esta manera, una deuda con tipo fijo genera unos intereses estables y conocidos desde el principio por el deudor.
Como contrapartida a la eliminación de la incertidumbre los tipos fijos suelen ser generalmente **más elevados** que los variables y se suelen devengar en periodos más cortos.

1247 **Interés variable** En este caso el tipo de interés se va **revisando** periódicamente, según el periodo de referencia que se haya acordado entre prestamista y prestatario.
El tipo de interés variable suele estar compuesto por dos **elementos**:
a) Un **índice de referencia**, cuyo valor varía a lo largo del tiempo. Las principales características que se exigen al índice de referencia es que sea objetivo, seguro, público y simple.
El índice de referencia que se utiliza con mayor frecuencia en el contexto de una transacción es el **Euribor**.

b) Un **margen diferencial** (*spread*), que habitualmente se mantiene constante y que se añade al índice de referencia.

Dado que este tipo de operaciones suponen mayor incertidumbre para el deudor que las de tipo de interés fijo (el deudor asume el riesgo de la evolución futura del índice oficial de referencia), es frecuente que el tipo de interés en este caso al inicio de la operación sea **inferior** al tipo fijo.

Existen una serie de mecanismos a través de los cuales se puede **limitar** el **riesgo** de evolu- 1248
ción del tipo de interés:

- **Cláusulas techo** (*cap*). Se establece un tipo máximo de interés a satisfacer con independencia de cuál sea la evolución del índice de referencia del préstamo de manera que se protege al deudor del riesgo de tipo de interés.
- **Cláusulas suelo** (*floor*). Se establece un tipo mínimo de interés a satisfacer con independencia de cuál sea la evolución del índice de referencia del préstamo de manera que se protege al prestamista del riesgo de tipo de interés.
- **Combinación de** *cap* **y** *floor*. Se establece conjuntamente un tipo máximo y un tipo mínimo de interés a satisfacer con independencia de cuál sea la evolución del índice de referencia.

Interés mixto En este caso el tipo de interés de referencia es una combinación entre tipo 1249
de interés fijo y tipo de interés variable.

Esta combinación puede realizarse de distintas **formas**:

a) Durante un **periodo** determinado se generan intereses a un tipo fijo y durante otro a un tipo variable.

b) Un determinado **porcentaje del capital** prestado devenga interés a tipo de interés fijo y el resto a tipo de interés variable.

g. Pago de intereses

En el contexto de una transacción, puede negociarse con la entidad prestataria que los intere- 1250
ses devengados se satisfagan directamente mediante pago en efectivo o, por el contrario, que en el momento del devengo no se produzca su pago con caja sino mediante la emisión de nueva deuda.

Intereses pagaderos con caja Es aquella deuda cuyos intereses se liquidan según se va 1251
produciendo su **devengo**.

Su devengo puede producirse con diversa periodicidad (p.e., mensual, trimestral, anual, etc.) siendo la característica básica de este tipo de financiación que el pago efectivo de los intereses coincide con el momento de su devengo.

Intereses capitalizables («payment in kind - PIK») En este tipo de financiación no 1252
se produce el pago efectivo en caja de los intereses en el momento de su devengo, sino que los intereses son satisfechos mediante la emisión de **nueva deuda** a favor de los prestatarios cuyos términos y condiciones coinciden con los de la deuda generadora de dicho interés.

En consecuencia, los intereses devengados durante el periodo de tiempo que el préstamo está activo no suponen una salida de caja para el deudor, aunque incrementan el **principal** de la deuda (generando a su vez nuevos intereses) y deben ser repagados cuando el préstamo alcanza su vencimiento.

Este tipo de financiación se genera principalmente en operaciones apalancadas con **deuda mezzanine** en que participan empresas de capital riesgo o *hedge funds*.

3. Aspectos financieros clave en el diseño de la estructura

A la hora de diseñar una estructura de financiación en una transacción se debe tener en cuen- 1255
ta el **contexto macroeconómico** general **y** del **mercado de crédito** en particular.

En este contexto, se describen a continuación los principales aspectos clave que se deben tomar en consideración para el diseño de una estructura de financiación que incluya deuda.

a. Calendario de repago

El calendario de repago de la deuda supone el compromiso por parte del prestatario de **reem-** 1257
bolsar el principal del préstamo según los plazos y cantidades acordadas.

En este sentido, es fundamental la elaboración de un **plan de negocio** consistente en el que se incluya la estimación del flujo de caja previsto al servicio de la deuda.

En base al **flujo de caja** previsto y teniendo en cuenta la situación del mercado y las potenciales expectativas de las entidades financieras prestatarias, se diseña un calendario de repago de la deuda que permita acompasar la amortización de principal de deuda y el pago de gastos financieros con la capacidad de generación de flujo de caja.
Sin perjuicio de que prestamista y prestatario pueden alcanzar un acuerdo sobre el calendario de la amortización de principal sin que exista ninguna restricción, los métodos que con mayor frecuencia se suelen emplear en el mercado a tal efecto son los que se exponen a continuación.

1258 **Cuota de amortización constante (método alemán)** Este sistema se caracteriza porque a lo largo de la vida del préstamo se van realizando amortizaciones de principal **parciales y periódicas** cuya cuantía se mantiene constante.
Como consecuencia de ello, la cuota a pagar al prestamista (principal más intereses) es **decreciente**, ya que los pagos por intereses disminuyen lo largo del tiempo como consecuencia de la disminución del saldo vivo del préstamo.
Este es uno de los principales inconvenientes que presenta este método de amortización ya que la cuota total a pagar es más elevada al inicio del préstamo, cuando existe, en general, menor flujo disponible al servicio de la deuda.

1259 **Cuota de amortización francés** Este sistema se caracteriza por el pago de una cuota (principal más intereses) constante a lo largo del plazo del préstamo.
Por tanto, este sistema implica una carga de intereses mayor en las **primeras cuotas** de modo que la devolución del principal es más lenta al principio que al final del préstamo.

1260 **Amortización «balloon»** Este sistema consiste en la amortización de un porcentaje determinado de la deuda en la **última cuota**.
Para el **resto** de la **deuda** que no se ha incluido en el porcentaje de amortización final, se establece un calendario que puede estar diseñado conforme a cualquiera de los métodos de amortización descritos anteriormente o cualquier otro acordado por las partes.

1261 **Amortización «bullet»** En este sistema se devuelve la totalidad de capital prestado al final del plazo total del crédito; es decir, se produce la total amortización del principal en un **único pago final** de manera que a lo largo de la vida del préstamo únicamente se atienden intereses.

1262 **Ejemplo** Para facilitar la comprensión de los distintos métodos y sus implicaciones financieras, se presenta a continuación un ejemplo práctico en que se cuantifica el calendario de repago de la deuda aplicando los distintos métodos de amortización descritos anteriormente.
Las principales **hipótesis** que se consideran en el ejemplo planteado son:
- Capital inicial: 100.000 €.
- Tipo de interés: 10% anual.
- Plazo del préstamo: 5 años.
- Al objeto de simplificar el caso práctico se considera que no existen otras comisiones y se asumen pagos pospagables con periodicidad anual.

1263 **Cuota de amortización constante** Cuotas de amortización de principal constantes de 20.000 €/año (resultado de dividir los 100.000 € prestados entre los 5 años de duración del préstamo) y pago de intereses decreciente. La suma total pagada por el prestatario al prestamista en concepto de capital e intereses a lo largo de la duración total del préstamo asciende a 130.000 €.

	Año 1	Año 2	Año 3	Año 4	Año 5	Total
Principal	20.000 €	20.000 €	20.000 €	20.000 €	20.000 €	100.000 €
Intereses	10.000 €	8.000 €	6.000 €	4.000 €	2.000 €	30.000 €
Cuota total	**30.000 €**	**28.000 €**	**26.000 €**	**24.000 €**	**22.000 €**	**130.000 €**

1264 **Cuota de amortización francés** Cuotas de amortización de principal crecientes y pago de intereses decreciente. Se mantiene constante la cuota total a pagar.
La suma total pagada por el prestatario al prestamista en concepto de capital e intereses a lo largo de la duración total del préstamo asciende a 131.899 €.

	Año 1	Año 2	Año 3	Año 4	Año 5	Total
Principal	16.380 €	18.018 €	19.819 €	21.801 €	23.982 €	100.000 €
Intereses	10.000 €	8.362 €	6.560 €	4.578 €	2.398 €	31.899 €
Cuota total	**26.380 €**	**26.380 €**	**26.380 €**	**26.380 €**	**26.380 €**	**131.899 €**

Amortización «balloon» Se asume la amortización de un 40% de la deuda en el último año. Para el restante 60% se asumen un sistema de amortización francés con las mismas condiciones que en el ejemplo anterior (5 años de plazo y tipo de interés del 10%). 1265

La suma total pagada por el prestatario al prestamista en concepto de capital e intereses a lo largo de la duración total del préstamo asciende a 139.139 €.

	Año 1	Año 2	Año 3	Año 4	Año 5	Total
Principal	9.828 €	10.811 €	11.892 €	13.081 €	54.389 €	100.000 €
Intereses	10.000 €	9.017 €	7.936 €	6.747 €	5.439 €	39.139 €
Cuota total	**19.828 €**	**19.828 €**	**19.828 €**	**19.828 €**	**59.828 €**	**139.139 €**

Amortización «bullet» La devolución del capital prestado se produce íntegramente en el último año de manera que, durante el resto del periodo, el prestatario únicamente paga intereses. 1266

La suma total pagada por el prestatario al prestamista en concepto de capital e intereses a lo largo de la duración total del préstamo asciende a 150.000 €.

	Año 1	Año 2	Año 3	Año 4	Año 5	Total
Principal	0 €	0 €	0 €	0 €	100.000 €	100.000 €
Intereses	10.000 €	10.000 €	10.000 €	10.000 €	10.000 €	50.000 €
Cuota total	**10.000 €**	**10.000 €**	**10.000 €**	**10.000 €**	**110.000 €**	**150.000 €**

Conclusiones Como puede apreciarse en los ejemplos planteados, cada sistema de amortización tiene una incidencia distinta en el flujo de caja destinado a satisfacer el servicio de la deuda (principal más intereses). 1267

En concreto, a medida que se reduce el repago de **principal** al inicio del préstamo (periodos en que la capacidad de generación de flujo de caja suele ser inferior), aumenta la cantidad total a pagar al prestamista en concepto de **capital más intereses**.

Adicionalmente, desde el punto de vista del prestamista, es importante destacar que, en términos de riesgo de crédito, los sistemas que incluyen un mayor volumen de amortizaciones periódicas facilitan al prestamista el control y monitorización de la capacidad del prestatario de hacer frente al servicio de la deuda por lo que suelen implicar un menor riesgo y tener asociado un tipo de interés menor.

Otra posible opción a tener en cuenta en el diseño del calendario de repago es establecer un **periodo** inicial de **carencia** de principal, durante el cual no se devuelve capital y solo se pagan intereses. 1268

En algunos préstamos se pacta un periodo inicial de carencia, con el que se pretende conceder al prestatario un plazo para que la inversión que ha financiado con dicho préstamo comience a generar ingresos con los que poder hacer frente a la amortización del mismo.

Durante el periodo de carencia, el prestatario paga cuotas constantes equivalentes a la liquidación de los **intereses** periódicos y una vez finalizado este periodo, el préstamo se desarrolla conforme a alguno de los procedimientos descritos con anterioridad (cuota constante, sistema de amortización francés, etc.).

b. Tipo de interés

Las condiciones de tipo de interés son libres y pueden negociarse de forma autónoma entre prestamista y prestatario, si bien es fundamental la elaboración de un plan de negocio consistente en que se incluya la estimación del **flujo de caja** previsto al servicio de la deuda, de modo que se pueda evaluar si los pagos por intereses pactados pueden ser asumibles. 1270

En este sentido, y como se indica en el nº 1245, las operaciones de financiación se pueden diseñar considerando un tipo de interés fijo, o un tipo de interés variable.
Adicionalmente, existen operaciones mixtas, bien porque se pacta un tipo fijo para un periodo inicial, y un tipo variable para el resto del plazo, bien porque un porcentaje de la operación es a tipo fijo y el resto del importe está referenciado a un tipo de interés variable.

1271 El tipo de interés concreto al que un financiador está dispuesto a financiar una transacción depende de múltiples **factores**.
En términos generales, puede afirmarse que cuanto mayor es el **riesgo de impago** que comporta la operación para la entidad, mayor es el tipo de interés de la financiación.
En este contexto, pueden destacarse algunos de los siguientes aspectos concretos que suelen utilizarse para medir el referido riesgo de impago de la financiación.

1272 **Solvencia prestatario** Entre los factores asociados a la solvencia del prestatario destacan los siguientes:
• **Plan de negocio** creíble y sostenible en el tiempo, en particular en relación con:
- la cuota de mercado.
- los márgenes de beneficios;
- los flujos de caja futuros; y
- las necesidades de inversión previstas (capex).
• Calidad de los activos ofrecidos en **garantía** y nivel de recurso.
• Nivel de **apalancamiento preexistente** por parte del prestatario.
• **Tamaño** de la empresa **y sector** donde opera.

1273 **Condiciones concretas de la operación** En relación con la operación de financiación planteada, destacan como factores determinantes los siguientes:
• **Plazo**. A mayor plazo mayor es el riesgo asumido por el prestamista y, en consecuencia, mayor el tipo de interés exigido.
• **Cuantía**. A mayor cuantía mayor riesgo asumido por el prestamista. No obstante, hay que tener en cuenta que el factor que incrementa el riesgo no es la cuantía absoluta de la operación planteada, sino la magnitud relativa de la misma, teniendo en cuenta su representatividad respecto al tamaño del prestatario, así como el impacto en su estructura de financiación y nivel de apalancamiento.
• **Nivel de ejecutabilidad**. Cuanto mayor es la facilidad para la ejecución de la garantía en caso de impago, menor es el riesgo asumido por el prestamista.

1274 **Coyuntura macroeconómica general y del sector** En relación con estos aspectos, se pueden destacar los siguientes factores:
• Coyuntura macroeconómica general. Situación de crecimiento de la economía (**PIB**), tasa de **paro**, tipo de interés interbancario, variación del volumen de préstamos concedidos, etc.
• Situación del sector de actividad concreto en que se plantea la transacción. Crecimiento esperado, nivel de **madurez**, **tasa de morosidad** del sector, provisiones específicas requeridas, etc.

c. Comisiones

1275 En la estructuración de la financiación de una transacción es frecuente que las entidades de crédito establezcan una serie de comisiones que se deben satisfacer por la prestación de determinados **servicios bancarios**.
Desde el punto de vista financiero es importante estimar las salidas de caja previstas en concepto de comisiones para poder evaluar si las mismas son o no asumibles en base al plan de negocio elaborado.
En el contexto de una transacción, las comisiones **más frecuentes** son:
- comisión de apertura;
- comisión por amortización parcial anticipada; y
- comisión por cancelación o amortización total anticipada.

1276 **Apertura** Remunera a la entidad por los **trámites** que debe realizar correspondientes a la formalización y puesta a disposición de los fondos prestados. Generalmente, se suele estructurar como un **porcentaje** sobre la **cantidad prestada** y se suele pagar en su totalidad cuando se firma la operación.

Amortización parcial anticipada Esta comisión se devenga en el caso en el que el prestatario decida realizar la amortización de una parte del principal con carácter previo a su vencimiento. 1277

La finalidad es compensar al financiador por el **lucro cesante** producido al dejar de percibir los intereses por el capital que se amortiza anticipadamente.

Generalmente, esta comisión se estructura como un **porcentaje** de la **cantidad amortizada** y se paga en el momento en que se realiza la operación de amortización parcial.

Cancelación o amortización total anticipada Al igual que la comisión por amortización parcial anticipada, su finalidad es compensar al financiador por el **lucro cesante** producido al dejar de percibir los intereses por el capital pendiente del préstamo. Generalmente, esta comisión se estructura como un **porcentaje** del **saldo vivo** pendiente que se cancela anticipadamente y se paga en el momento en que se realiza la operación de cancelación. 1278

d. Garantías

El nivel de garantías que se otorga al préstamo es uno de los factores clave para determinar el tipo de interés, el plazo y la cantidad prestada. 1280

Cuanto **mayor** es el **nivel** de garantías, menor es el riesgo asumido por el prestatario y, en consecuencia, menor es el tipo de interés exigido, mayor el plazo que está dispuesto a otorgar para la devolución del préstamo y mayor también es el nivel de apalancamiento que se puede aplicar en la operación.

Aunque los principales tipos de garantías han sido descritos en el nº 1220, se hace aquí una breve mención a continuación, al objeto de relacionar los diferentes tipos de garantías existentes con las principales condiciones de la estructura de financiación.

Garantía personal El prestatario responde de la devolución del préstamo con el conjunto de su patrimonio (bienes y derechos presentes y futuros) de manera general, sin que ningún bien concreto quede afecto al pago del préstamo de forma específica. 1281

Como consecuencia de este mayor riesgo para el prestamista, los **préstamos personales** suelen tener un tipo de interés más alto, un plazo de amortización más corto y un menor nivel de apalancamiento.

Garantía real En este caso el prestatario ofrece, además de la garantía personal sobre todos sus bienes presentes y futuros, una garantía **específica** sobre uno o varios bienes o derechos concretos que quedan singularmente afectos a la devolución del principal. 1282

La garantía real dota de mayor **seguridad** a la operación y reduce el riesgo para el financiador. Por ello, los plazos concedidos para la devolución de la deuda son más largos y los tipos de interés, inferiores a los de los préstamos personales.

e. «Covenants»

Los *covenants* financieros son **cláusulas** en virtud de las cuales el prestatario asume la obligación de cumplir con determinados compromisos, generalmente medidos a través de una serie de ratios financieros, mientras dure el contrato de financiación. 1285

Los prestamistas introducen los *covenants* en los contratos de financiación como mecanismo de seguimiento y control al objeto de poder realizar periódicamente una **medición del riesgo** de crédito actualizada.

Sin perjuicio de ser acordados libremente entre el prestamista y el prestatario, algunos de los indicadores **más habituales** cuyo cumplimiento se exige en el mercado son:

• Ratio Deuda Financiera Neta / EBITDA inferior a un determinado nivel.
• Ratio Deuda Financiera Neta / Fondos Propios inferior a un determinado nivel.
• Ratio EBITDA / Gastos Financieros superior a un determinado nivel.
• Ratio de Cobertura al Servicio de la Deuda superior a un determinado nivel. Esta ratio es el resultado de dividir el flujo de caja disponible para hacer frente al servicio de la deuda entre el servicio de la deuda (principal más intereses).

• Ratio de Cobertura de Intereses superior a un determinado nivel. Esta ratio es el resultado de dividir el flujo de caja disponible para hacer frente al servicio de la deuda entre los pagos por intereses. 1286
• Limitación al Nivel de Inversiones anuales («CAPEX»).

Dado que los *covenants* financieros son una medida efectiva del riesgo de la financiación y del potencial incumplimiento en base la evolución financiera de la compañía acreditada, es habitual que tengan asociado un mecanismo para el control de su cumplimiento y que se regule en profundidad las consecuencias de su eventual **incumplimiento**, cuestión que se aborda con mayor profundidad en el nº 1400 s.

f. Otras cláusulas habituales

1290 En los contratos de financiación es habitual en el mercado la inclusión de determinadas cláusulas cuyo objetivo es establecer **mecanismos de control** al prestatario a lo largo de la vida del préstamo de manera que se proteja la capacidad de repago de la deuda contratada fundamentalmente mediante:
- la protección de los flujos de caja al servicio de la deuda; y
- la conservación del valor de las garantías o colaterales.

Además de la obligación de cumplir con determinadas ratios financieras (nº 1285), se suelen establecer determinadas obligaciones de hacer o no hacer.

Sin perjuicio de su tratamiento con mayor profundidad en el nº 1400 s., se realiza a continuación una breve descripción de las cláusulas **más habituales** en el mercado con impacto directo desde el punto de vista financiero; es decir, cuyo contenido afecta directamente a la capacidad de generación de flujo para el accionista.

1291 **«Cash sweep»** El *cash sweep* o **barrido de caja** es una cláusula habitual en los contratos de financiación que pretende utilizar todo o parte de la caja generada por el prestatario para amortizar anticipadamente parte de la financiación.

La obligación se establece para el caso en que se genere un **excedente** de caja libre, una vez atendido el servicio de la deuda de manera que se exige que todo o parte de la caja sobrante se destine a amortizar anticipadamente la deuda.

Con la inclusión de esta obligación en el contrato, el prestamista trata de conseguir un doble **efecto**:

a) Evitar, mientras esté viva la deuda o parte de ella, la aplicación de los potenciales flujos de caja excedentarios a cualquier otro concepto distinto del repago de la deuda que pueda reducir la **capacidad de repago** o pueda incluso llegar a poner en peligro la viabilidad del prestatario.

b) Disminuir la **vida media del préstamo** y, por lo tanto, el riesgo asumido en la operación de financiación.

1292 **Limitaciones al reparto de dividendos** Es habitual que se establezcan limitaciones a la capacidad de reparto de dividendos por parte del prestatario para evitar que mientras esté viva la deuda o parte de ella, se apliquen potenciales flujos de caja excedentarios a remunerar al **accionista**.

En particular, se suele establecer:

a) La **prohibición** total de reparto de dividendos hasta la total amortización del préstamo.

b) **Limitaciones parciales** a la remuneración de los accionistas. El reparto de dividendos queda condicionado al cumplimiento de determinados **requisitos** que se pueden aplicar de manera individual o acumulada. Entre los requisitos más habituales en el mercado se encuentran:
- la amortización de un determinado porcentaje del importe de la financiación;
- el cumplimiento por parte del prestatario de determinadas ratios financieras; y
- la autorización por parte del prestamista o, en caso de que se trate de un contrato sindicado, autorización de un determinado porcentaje de entidades financiadoras.

C. Bonos de alta rentabilidad

1295 En el presente apartado se describe la financiación de operaciones corporativas mediante **renta fija**.

Para ello se realiza en primer lugar una explicación detallada del instrumento financiero implicado, los bonos de alta rentabilidad (*high yield*), seguida de una descripción del proceso de emisión de dicho instrumento por parte de las empresas que buscan financiar sus operaciones de crecimiento inorgánico.

1296 **Concepto** Los bonos de alta rentabilidad (o bonos *high yield*) son valores de deuda emitidos por empresas con **calificaciones crediticias** (*rating*) inferiores a las de nivel de inversión (*lower-than-investment grade ratings*).

Dichas calificaciones crediticias son otorgadas por las **agencias de *rating*** e indican la calidad del crédito.

El tener una calificación inferior a la de nivel de inversión implica una mayor **probabilidad de impago** por parte del emisor, bien de los intereses que corresponden al cupón cuando estos sean pagaderos, bien del principal en el momento del vencimiento.

Como consecuencia de ello, el emisor se ve obligado a ofrecer un **tipo de interés** mayor (y, en ocasiones estructuras favorables al inversor) para compensar al tenedor del bono por el nivel de riesgo que asume, y atraer a potenciales inversores. **1297**
Otro factor que determina que este tipo de bonos exijan una mayor rentabilidad es su posición en el orden de **prelación de deudas**, por detrás de la financiación bancaria.

Precisiones El *rating* que determina si un determinado bono es *high yield* lo fijan **agencias de calificación** como Standard & Poor's (inferior a BBB-), Moody's (inferior a Baa3), y Fitch (inferior a BBB).

A pesar de que este tipo de bonos recibe denominaciones tales como «*speculative grade*» (grado especulativo) o «*junk bonds*» (bonos basura), otorgándoles una connotación *a priori* negativa, en la actualidad representan una parte importante del mercado de renta fija. **1298**
El principal motivo por el que una empresa emite bonos *high yield* es la **falta de acceso al crédito bancario**, o bien la necesidad de financiación por encima de lo que las entidades financieras están dispuestas a prestar.
Se trata de un producto con una **flexibilidad** que lo hace muy atractivo para el emisor, que amplía además la base de inversores en deuda de la compañía (una emisión puede tener entre 150 y 200 suscriptores). Por tanto, aunque se trata de un mercado con tipos de interés superiores en comparación con el de préstamos sindicados, permite una vía alternativa de acceso al mercado de capitales.

Precisiones Entre las **razones** para llevar a cabo una emisión de bonos se puede destacar las siguientes:
- Financiación de LBOs.
- Falta de acceso a otras formas de deuda.
- Adquisición de activos estratégicos.
- Necesidad de altos niveles de inversión continuada.
- Refinanciación de deuda.

Antecedentes y evolución El mercado de bonos *high yield* no se empezó a desarrollar hasta los **años 70** del siglo pasado en EEUU. **1299**
En sus inicios, este mercado estaba formado por empresas cuyos *ratings* habían descendido por debajo del nivel de inversión («*investment grade*»), conocidas como «*fallen angels*», pero que continuaban emitiendo valores de deuda.
Es en los años 80 cuando se produce la explosión de este mercado, momento en que los *Leveraged Buyouts* (LBO o **compras apalancadas**) y otras operaciones corporativas empezaron a utilizar este instrumento de deuda como mecanismo de financiación.

Precisiones El **ejemplo más famoso** de LBO es el que protagonizaron RJR Nabisco y el fondo de capital riesgo Kohlberg Kravis & Roberts en 1989 por 31.000 millones de dólares. La estructura de financiación de dicha operación incluyó cinco emisiones de bonos *high yield* que captaron 4.000 millones de dólares.

A partir de la década de los 90 cada vez más compañías fueron consiguiendo financiación *high yield* por parte de un mayor número de inversores que participaban en un mercado cada vez más desarrollado. **1300**
Hoy en día estos instrumentos de deuda se siguen utilizando para financiar operaciones de *M & A*, y a menudo respaldan operaciones intensivas en capital como proyectos de **exploración energética o** de **telecomunicaciones**.
Su uso se extiende también a la refinanciación de otras emisiones, ya sea de bonos (incluyendo *high yield*), préstamos bancarios u otro tipo de deuda.

Precisiones **1)** El mercado de bonos de alta rentabilidad ha ido madurando a medida que aumentaba el número de emisiones, alcanzando picos de 140.000 millones de dólares emitidos en 1998 y 2004, y gracias también a la incorporación de importantes «**fallen angels**», especialmente Ford Motor Company y General Motors, en el año 2005. Dicha incorporación supuso la entrada de 80.000 millones de dólares en el mercado, alcanzando este así la cifra de 1 billón de dólares en el año 2006.
2) No obstante, el **crecimiento** continuado de este mercado se ha visto **interrumpido** únicamente en tres ocasiones, con la crisis de ahorros y préstamos («savings and loan crisis») de los años 80, el pinchazo de la burbuja de las «punto com» («dot com bubble»), así como con la crisis financiera tras la caída de Lehman Brothers.

1. Características

1302

a.	Emisor	1305
b.	Tipos de inversor	1310
c.	Elementos	1312
d.	Tipos de bonos	1317
e.	Bloqueo de pago	1327
f.	El rating	1330

a. Emisor

1305 Las empresas con deuda *high yield* están presentes en **todo tipo de industrias** y las hay d todas las categorías: fabricantes industriales, empresas de medios de comunicación, empre sas energéticas e incluso empresas de servicios financieros, por poner algunos ejemplos.
El denominador común de todas ellas es que tienen una carga de **deuda elevada** en relació con sus ingresos y flujos de caja, lo que hace que su calificación crediticia sea de no inversió («non investment grade»).

1306 Los emisores de deuda *high yield* se pueden agrupar en las siguientes **categorías**:
a) ***Fallen angels***, o empresas que tenían *ratings* superiores antes de ser **degradadas** por moti vos diversos. Estas compañías buscan **liquidez** en el mercado *high yield*, así como mejorar su balances, con el objetivo de conseguir una mejora eventual de su *rating*. Algunos ángeles caí dos a menudo rondan la frontera *high yield*, y con frecuencia tienen unas calificaciones de gra do de inversión por una agencia y sin grado de inversión por parte de otra.
b) **Empresas de nueva creación *(start-ups)* que necesitan «capital semilla».** No tienen un his torial o un balance lo suficientemente sólido como para lograr calificaciones de grado d inversión. Los inversores ponderan en gran medida el plan de negocio y las perspectiva financieras pro forma para evaluar las perspectivas del negocio.

1307 c) **Negocios intensivos en capital**, como los dedicados a la exploración de petróleo, o **negocio cíclicos**, que buscan sortear periodos de carencias, como las empresas aeronáuticas.
d) ***Leveraged Buyouts (LBO)***, operaciones apalancadas en las que se usan los bonos *high yiel* como mecanismo de financiación. Esta parte del mercado experimentó un crecimiento explo sivo en los años 2005 y 2006, en un contexto de aumento de las adquisiciones corporativas si precedentes desde la década de los 80.
Los *high yield bonds* también se han utilizado en alguna operación de **salida de *default***, com fue el caso del productor energético Mirant.

b. Tipos de inversor

1310 Los inversores en bonos de alto rendimiento son principalmente **instituciones** que tratan d obtener tasas de retorno superiores a las de los bonos corporativos con *rating* superiores, lo bonos gubernamentales y los activos más líquidos (*cash market*). Otros inversores incluye ***hedge funds*** y, en menor medida, inversores individuales.
Los inversores en deuda *high yield* se pueden agrupar en las siguientes **categorías**:
- Fondos de inversión.
- Fondos de pensiones.
- Compañías aseguradoras.
- Obligaciones de deuda garantizadas, o CDO (*Collaterized Debt Obligations*).
- *Hedge Funds* y otros inversores especializados.
- Inversores individuales.

c. Elementos

1312 Existen múltiples formas de estructurar bonos *high yield*, pero todos ellos tienen dos elemen tos **principales**:
- el cupón; y
- el vencimiento.

Estos dos elementos determinan el **valor** de cada bono, y se usan para dar nombre a los valo res emitidos.

Cupón Es el **tipo de interés** de un bono, establecido en el momento de la emisión junto con las fechas en las que se produce su pago (normalmente bianualmente). 1313

Los cupones son normalmente de **tipo fijo**, establecido en el momento de la emisión aplicando un *spread* sobre un *benchmark* (p.e., el tipo medio *mid-swap*), y se pagan semestralmente por regla general.

En algunos casos los bonos son **cupón 0**, lo que significa que no pagan cupón (intereses) periódicamente, y a cambio se venden con un fuerte descuento sobre el nominal. Este tipo de bonos suele ser emitido por compañías que no disponen del *cash flow* suficiente para hacer frente a pagos periódicos durante varios años.

Algunas operaciones son más atractivas con un tipo de **interés variable**, si bien son minoritarias respecto a aquellas con tipo de interés fijo. 1314

A este tipo de operaciones se les denomina «***floaters***» o «*FRNs*» (*Floating Rate Notes*), y en general pagan intereses cuatrimestralmente, a un tipo que incluye un spread sobre el LIBOR.

Este tipo de cupón es popular en contextos de tipos de interés al alza, como ocurrió en los años 2004 y 2005.

Otra opción es el pago de cupones **en especie**, o «*Paid in Kind*» (*PIK*), es decir, el pago con bonos adicionales en vez de con cash.

Los bonos *PIK*, al igual que los cupón 0, permiten al emisor captar dinero sin necesidad de preocuparse por las salidas periódicas de caja.

Vencimiento Es el periodo de **tiempo** durante el cual un instrumento financiero está vivo («*outstanding*»). 1315

El vencimiento se refiere a un intervalo de tiempo finito al final del cual el instrumento financiero deja de existir y el principal es devuelto junto con los intereses correspondientes.

Los bonos *high yield* por lo general tienen vencimientos de entre **7 y 10 años**, aunque hay excepciones.

Compañías más especulativas pueden establecer un cupón alto pero vencimientos relativamente cortos. De la misma manera, compañías que emiten bonos *high yield* de mayor calidad pueden establecer cupones bajos pero vencimientos mayores, de 12 años por ejemplo, si las condiciones de mercado lo permiten.

d. Tipos de bonos

Los bonos presentan algunas tipologías y estructuras que determinan las características de la inversión. 1317

En todo caso, los términos de cada emisión se negocian durante el **proceso de colocación**, y varían de un caso a otro, bien en favor del emisor, bien en favor del inversor, en función de las condiciones del mercado, la disponibilidad de crédito y las preferencias de los inversores.

Una emisión que atraiga una fuerte demanda puede establecer una estructura y unas condiciones más ventajosas para el emisor, mientras que otra con menor interés del mercado puede suponer mayores concesiones por parte del mismo.

«Call protection» Limita la capacidad de **recompra** de los bonos por el emisor. 1318

Normalmente dicha limitación se establece para la mitad del periodo de vencimiento del bono; por ejemplo, para un bono a 10 años, el emisor se compromete a no recomprarlo durante los 5 primeros años que siguen a la emisión.

Dicha estructura no es obligatoria y se negocia durante el proceso de colocación.

Los bonos con tipo de **interés variable** se pueden recomprar normalmente al segundo o tercer año tras la emisión.

«Call premiums» Una vez transcurrido el plazo de protección, el emisor puede recomprar los bonos a una **prima** establecida. 1319

«Make-whole call premiums» Constituyen el estándar de los bonos con categoría de inversión y son frecuentes en el universo *high yield*. 1320

Esta característica permite al inversor evitar una estructura con recompra al establecerse una **prima** lo suficientemente **alta** como para disuadir al emisor de llevarla a cabo.

«Bullet structure» Es la denominación coloquial para aquellos bonos con un «*call protection*» aplicable durante todo el plazo de vencimiento y que, por lo tanto, **no** pueden ser **recomprados** por el emisor. 1321

También denominados «*non call-life*», eliminan el riesgo de recompra por parte del emisor, pero precisamente por ello las rentabilidades de los mismos son relativamente más bajas.

1322 **«Put provisions»** Son lo contrario de las «*calls*». Permiten a los tenedores de bonos **adelantar** el **cobro** de la deuda a un determinado precio y en determinadas circunstancias.
El ejemplo más común es el «*change of control put*», que se produce ante cambios importantes en la estructura accionarial de una determinada compañía.
Ante este tipo de eventos se puede establecer la obligación por parte del emisor de recomprar los bonos con antelación.

1323 **«Equity clawbacks»** Permiten al emisor **refinanciar** parte de la emisión antes de su vencimiento con los flujos procedentes de una ampliación de capital.
Normalmente se establece la posibilidad de recompra de hasta un 35% del importe emitido.

1324 **«Equity warrants»** Suelen estar ligados a emisiones de bonos altamente especulativas, y consisten en establecer para cada bono un número de **derechos de compra** de *equity* en la compañía en una fecha posterior.
Normalmente se establecen *warrants* que permiten alcanzar entre un 2% y un 5% de participación en la empresa, pero en algunos casos de *start-ups* dicho porcentaje puede subir hasta un 20%.

1325 **«Escrow accounts»** Son **cuentas** creadas por el emisor en las que deposita fondos suficientes para cubrir un número determinado cupones.
Normalmente se crean para cubrir un periodo entre 18 y 36 meses, lo que equivaldría a 3 y 6 pagos, respectivamente (en el supuesto de que se trate de pagos bianuales).

e. Bloqueo de pago

1327 Se trata de un mecanismo que suele incluirse en una emisión de bonos *high yield* subordinada (nº 1346), y que permite a los acreedores senior notificar al emisor en caso de que haya un **incumplimiento** en relación con la deuda senior (incumplimiento de *covenants*, de pagos, etc.).
En ese caso, el emisor tiene prohibido hacer cualquier pago correspondiente a los bonos *high yield* durante un periodo de tiempo determinado, que puede ser indefinido en caso de que el incumplimiento sea de pago.
La **notificación** de bloqueo de pago puede comunicarse una única vez en un año, y no puede hacerse una nueva notificación en relación al mismo evento de impago.

f. El «rating»

1330 Consiste en una calificación que se asigna a los bonos y que indica la **calidad del crédito**.
Dicha calificación es otorgada por empresas independientes como Standard & Poor's, Moody's y Fitch, las cuales evalúan la **fortaleza financiera** del emisor de bonos, o su capacidad de pagar el principal y los intereses en los plazos acordados.
Los ratings se expresan mediante letras, aunque las distintas agencias utilizan **nomenclaturas** propias para asignar dichos *ratings*. Así:

- **Standard & Poor's** va desde AAA (capacidad de cumplimiento de los compromisos financieros extremadamente fuerte), a D (incumplimiento de pago de los compromisos financieros).
- **Moody's**, desde Aaa (máxima calidad, mínimo riesgo de crédito) a C (pocas perspectivas de recobro del principal o de los intereses).
- **Fitch**, desde AAA (capacidad excepcionalmente fuerte de pago de los compromisos financieros) a C (niveles excepcionalmente altos de riesgo de crédito).

Los **bonos *high yield*** son aquellos que están por debajo del nivel de inversión (lower-than-investment grade rating), según las agencias de rating como Standard & Poor's, Moody's y Fitch.

Con carácter general, las agencias de rating evalúan los siguientes **aspectos** a la hora de determinar la calificación crediticia de una empresa: 1331

2. Bonos en operaciones corporativas: proceso de emisión

a. *Due diligence* 1340 1335
b. Estructura de prelación 1345
c. Preparación del *offering memorandum* y documentación necesaria 1350
d. Colocación 1360

Los principales ***players*** en una operación de emisión de bonos *high yield* para financiar operaciones corporativas son: 1336
- el **emisor**;
- los **bancos de inversión**, que se encargan de preparar la estructura de la operación y hacen de intermediarios entre emisor e inversores;
- los **abogados**, que documentan la operación y asesoran desde el punto de vista legal;
- los **contables**, que se encargan de elaborar la información financiera que permite a los inversores tomar una decisión; y
- los **inversores**.

Una emisión de bonos *high yield* suele seguir el siguiente **esquema**: 1337
1. Preparación del prospecto o memorando de oferta y otros documentos.
2. Negociación de los términos con los inversores.
3. Sindicación y asignación.

Antes de otorgar un **mandato**, el emisor solicita ofertas de los bancos de inversión.
Los **bancos de inversión** explican con detalle sus credenciales, su estrategia de sindicación y su opinión acerca del precio de los productos.
El emisor elige entonces a uno o dos ***Lead Managers*** que lideran la emisión, coordinando al resto de bancos del sindicato, es decir, al conjunto de bancos contratados por la empresa para llevar a cabo la colocación de los títulos.

Durante el proceso se ofrece a los inversores un documento que contiene **información** relativa a todos los factores de riesgo, así como una descripción de la compañía y de la industria. 1338
Además, se ofrece la información financiera histórica y se analizan **tendencias** que permitan al inversor extrapolar la información y tener una idea de posible evolución de empresa.
Una vez preparado el documento de oferta, los bancos de inversión contactan con los potenciales inversores y se llevan a cabo los ***roadshows***, que consisten en viajes que realiza la dirección de la compañía para presentar la oportunidad de inversión (la emisión) a aquellos inversores identificados como potencialmente interesados. Dichos viajes buscan generar interés en la emisión a través de presentaciones y sesiones de *Q & A* (preguntas y respuestas).
El proceso desde que el emisor decide llevar a cabo una emisión hasta que el inversor decide participar en la misma puede ser largo y complejo.

a. «Due diligence»

1340 Una *Due Diligence* es un documento elaborado por un **experto independiente** que permite confirmar los hechos materiales en relación a determinados ámbitos de la empresa (fiscal, laboral, financiero, etc.).
Para una emisión de bonos *high yield* existen dos **tipos** principales de *Due Diligence*:
- el *Management Due Diligence*; y
- la *Documentary Due Diligence*.

1341 **«Management Due Diligence»** Se hace en los primeros momentos de la operación con el fin de comprender la historia de la compañía, establecer el alcance de los *covenants* y decidir qué información debe ir en el **Documento de Oferta**.
Esto conlleva conversaciones con la dirección de la compañía, y se lleva a cabo durante uno o dos días mediante un **proceso de** ***Q & A*** (preguntas y respuestas).
Es una forma efectiva de conocer la compañía y de empezar a montar la historia de la misma desde un punto de vista de marketing, historia que los bancos de inversión usan para vender la operación y los abogados para elaborar el Documento de Oferta.

1342 **«Documentary Due Diligence»** Se hace a continuación del *Management Due Diligence*, en colaboración con los **contables**.
Su finalidad es entender la suficiencia de **controles** establecidos.
Ofrece cifras que se utilizan en la elaboración de los **covenants** que posteriormente se negocian en el mercado.
El objetivo último de este proceso combinado de *Due Diligence* es integrar toda la información relativa a la empresa en el Documento de Oferta.

b. Estructura de prelación

1345 Uno de los aspectos más relevantes a la hora de estructurar una emisión es la relación de los bonos *high yield* con respecto a los **préstamos bancarios** que tenga el emisor.
En función de su apalancamiento y los inversores potenciales, el **emisor** escoge entre:
- bonos subordinados;
- bonos *senior secured*.

1346 **Bonos subordinados** Estos bonos están clasificados como *junior* con respecto a la deuda bancaria, según lo previsto por la estructura de la emisión (subordinación estructural) o según lo establecido en los términos y condiciones de la emisión (subordinación contractual).
El objetivo de la subordinación es asegurar que, en el caso de insolvencia por parte del emisor, los bonos *high yield* no cuentan con **preferencia** respecto a la **deuda bancaria**.

1347 **Subordinación estructural** Normalmente en esta estructura una compañía **holding** (*TopCo*) emite los bonos *high yield*, y una compañía del holding (*HoldCo*) capta la deuda que necesite mediante préstamos bancarios.
La deuda incurrida está asegurada mediante garantías y valores concedidos por las **filiales** operativas de la *HoldCo*.
En caso de **insolvencia** por parte de la *HoldCo*, la *TopCo*, cuyo único activo es su participación en la *HoldCo*, irá por detrás de los bancos en el orden de prelación, al tratarse de un accionista más de la *HoldCo*.

1348 **Subordinación contractual** En este caso los bancos y los inversores en bonos *high yield* le prestan a la misma compañía, pero los tenedores de bonos están subordinados con respecto a los prestamistas senior mediante **acuerdos entre acreedores** (*inter-creditor agreement*). La subordinación contractual puede tomar la forma de:
a) ***Trust subordination***. Los tenedores de bonos aceptan que todo pago recibido por razón de su préstamo durante un proceso de insolvencia del emisor será tenido en un *trust* a favor de los prestamistas senior en tanto en cuanto las deudas de estos últimos estén impagadas.
b) **Subordinación de deuda contingente** (*Contingent debt subordination*). Los tenedores de bonos aceptan que su crédito sea devuelto en tanto en cuanto el emisor/prestatario tenga suficientes activos para pagar la deuda senior en su totalidad.

Bonos «senior secured» Este tipo de bonos se sitúa al mismo nivel que la **deuda bancaria** en el orden de prelación. 1349

No obstante, alguno de los términos de este tipo de estructuras puede incluir una cláusula por la que, si la garantía es ejecutada, los pagos realizados con cargo a dicha garantía se han de realizar en «cascada» de forma que los tenedores de bonos van por detrás de las entidades financieras prestamistas.

c. Preparación del «offering memorandum» y documentación necesaria

Entre los **documentos** típicos de una operación de emisión de bonos *high yield* están los siguientes: 1350

- el prospecto;
- el *indentiture* (nº 1352);
- el acuerdo de compraventa (nº 1353);
- el acuerdo de depósito (nº 1354);
- el acuerdo entre acreedores (nº 1355); y
- los acuerdos de seguridad o *security agreements* (nº 1356).

Prospecto El prospecto o memorando de oferta, es diseñado por el **banco de inversión** y suele incluir un resumen ejecutivo, detalles de la inversión, una descripción sectorial y un modelo financiero. 1351

Aunque en el momento de su entrega las condiciones de los bonos aún no han sido determinadas, se suelen incluir las **tasas proforma** de los cupones para facilitar el diseño del modelo financiero.

Debido a que la gran mayoría de emisiones de bonos *high yield* se limitan a inversores institucionales y cualificados, se suele adjuntar un acuerdo de **confidencialidad**.

El **contenido** del prospecto incluye:

• *Term Sheet*, el cual incluye una descripción del precio y de la estructura de la operación, colaterales, covenants y otros elementos. Asimismo, contempla las cuantías que cada participe del sindicato se compromete a colocar, y las comisiones que percibirán.
• Resumen ejecutivo que incluye una descripción del emisor,
• Resumen de la operación y *rationale* de la misma.
• Origen y aplicación de los fondos.
• Principales detalles financieros.
• Factores de riesgo.
• Consideraciones en relación a impuestos.
• Descripción sectorial, que analiza la industria y la posición competitiva de la empresa en relación a sus competidores.
• Modelo financiero que incluye cifras detalladas históricas, proforma y estimadas del emisor.
• Información para hacer el marketing de la emisión, que suele ser difundida internamente mediante una presentación de los términos, condiciones y *rationale* de la emisión por parte de los banqueros al equipo de ventas.

Tras la elaboración del prospecto se inician los ***roadshows***, donde el equipo directivo visita a los inversores potenciales y les presenta su opinión acerca de la operación, así como la evolución reciente del negocio.

«Indentiture» Incluye la originación de los bonos *high yield*, el nombramiento del agente de pago, los *covenants* y la descripción de las garantías. 1352

Acuerdo de compraventa En él se explicita el consentimiento del emisor y del inversor de vender y comprar, respectivamente, los bonos *high yield*. 1353

En general, este documento suele incluir la información estándar de toda emisión, así como provisiones específicas en relación a la venta de valores de deuda.

Acuerdo de depósito («escrow agreement») Garantiza que los fondos procedentes de la emisión sean custodiados hasta que se cumplan las condiciones establecidas en dicho acuerdo. 1354

Acuerdo entre acreedores («inter-creditor agreement») En él se regulan los respectivos derechos de cada acreedor, así como el orden de prelación de los mismos. Asimismo, incluye la información referente al mecanismo de bloqueo de pago, si lo hubiera. 1355

1356 **«Security Agreements»** En él se regulan aspectos legales relativos a las garantías de la emisión.

d. Colocación

1360 Existen principalmente cuatro **tipos de emisiones** desde el punto de vista de la colocación de los títulos:
- emisiones suscritas;
- emisiones *bought deal* (nº 1362);
- emisiones *back-stop* (nº 1363); y
- emisiones de nicho (nº 1364).

1361 **Emisiones suscritas o «underwritten»** La transacción es vendida siguiendo la *best-efforts basis*; es decir, sin que constituya una obligación de **resultado** para la entidad financiera mandatada.
Es el proceso de colocación **más común**, especialmente en el caso de empresas que emiten por primera vez y que no tienen un historial sólido de flujos de caja.

1362 **Emisiones «bought deal»** La emisión es totalmente suscrita por el *underwriter*, a un precio no revelado, y por tanto está sujeta al **riesgo del mercado**.
Los emisores que utilizan esta modalidad suelen perseguir posibles beneficios resultantes de la mayor competencia entre las entidades suscriptoras.
La principal característica de estas emisiones es la **rapidez** de las mismas y que se elimina el riesgo de ejecución para el emisor, que suele ser una empresa sólida y conocida.

1363 **Emisiones «back-stop»** El suscriptor acuerda un **precio máximo** que está dispuesto a pagar siempre que se cumpla el plazo preestablecido.
Aunque se parecen a las emisiones *back-stop*, el intervalo de tiempo es mayor.
El tipo de emisor que emplea esta forma de sindicación es diverso.

1364 **Emisiones de nicho** Son negociadas con unos **pocos inversores** seleccionados de antemano.

3. «Covenants»

1365 Los *covenants* son las normas vinculantes que los prestatarios y los prestamistas acuerdan en el momento de una nueva emisión de bonos para **asegurar** que los prestatarios operen de tal manera que les sea posible el **repago** de su deuda.
Por lo general se distingue entre *covenants* positivos -acciones que la empresa debe realizar- y *covenants* negativos -acciones que la compañía debe abstenerse de realizar-.
El ***trustee*** de la emisión es responsable de monitorizar el correcto cumplimiento de los *covenants* y de actuar en contra del emisor en caso de incumplimiento.

1366 En el marco de emisiones *high yield*, las principales **funciones** de los *covenants* son:
- Proteger al bonista ante posibles actuaciones de los accionistas que le perjudiquen.
- Preservar la posición del bonista en la prelación de créditos.
- Acelerar los procesos de reestructuración.

Por otro lado, los *covenants* de las emisiones *high yield*:
- no justifican *per* se una inversión en una determinada industria o compañía;
- ni otorgan al bonista control sobre la gestión de la compañía;
- ni compensan reducciones en el *enterprise value*.

1367 Los *covenants* no son ni el primer ni el último paso en el análisis de una emisión *high yield*, pero constituyen una parte fundamental del **perfil de riesgo** de un bono. Las características financieras y de crédito de una compañía junto con su valoración son los principales factores a la hora de considerar una inversión en *high yield*, pero los *covenants* pueden alterar el perfil de riesgo de un bono de manera significativa, haciéndolo particularmente interesante o particularmente arriesgado.
En cuanto a la **negociación** de los *covenants*, cada emisión es diferente y es el mercado quien dictamine las características de los mismos.

1368 **Aspectos generales** Los aspectos relacionados con las emisiones *high yield* que impactan de forma directa en el binomio **riesgo-rentabilidad** relacionado con la inversión son:
- su *seniority*;
- los *maintenance tests* y los i*ncurrance tests*; y
- las carve-outs.

«Seniority» El factor más importante a la hora de analizar la estructura de uno bono es su *seniority*, es decir, la posición que el inversor en cuestión tiene en la **prelación de créditos**. Con carácter general, los bonos *high yield* se sitúan por detrás de la deuda bancaria. 1369

«Maintenance Tests» vs «Incurrance Tests» Son dos tipos de *covenants* que obligan al emisor a cumplir ciertos **ratios financieros**. 1370
Los *Maintenance Tests*, que suelen aparecer en el caso de operaciones apalancadas, exigen a la compañía cumplir dichos ratios para evitar un ***default*** de la deuda emitida.
Sin embargo, los *Incurrance Tests* son de aplicación en caso de que el emisor incurra en **deuda adicional** o realice pagos no autorizados en detrimento de los bonistas.

«Carve-outs» Son **excepciones** a parte de las condiciones que imponen los *covenants*. 1371

Tipos de «covenants»

En el marco de emisiones *high yield* se distingue entre los siguientes tipos de *covenants*: 1372
- de endeudamiento;
- de pagos restringidos;
- *liens*;
- venta de activos;
- cambio de control;
- estados financieros;
- fusiones; y
- *events of default*.

Endeudamiento El *covenant* del endeudamiento estipula el **nivel máximo** de endeudamiento, que se materializa en un ratio, que el emisor no puede superar. 1373
Es uno de los más frecuentes en las emisiones *high yield*.
No existe un ratio determinado, aunque se suele utilizar el ratio de deuda sobre EBITDA y el de cobertura de intereses (EBITDA sobre gastos por intereses).

Pagos restringidos El *covenant* de los pagos restringidos afecta los **flujos de caja, dividendos**, adquisiciones e inversiones de la compañía emisora. 1374
Este *covenant* garantiza la cobertura de activos y limita el poder de los accionistas frente al bonista.

«Liens» Trata de evitar que la compañía emisora incurra en **deuda garantizada** por sus activos; de esta manera, queda preservada la posición del bonista en la prelación de créditos y facilita que este recupere su inversión en caso de *default*. 1375

Venta de activos Previene la venta de activos si los fondos procedentes de la misma no se reinvierten o se utilizan para amortizar la deuda de la empresa. 1376

Cambio de control Otorgan al tenedor del bono la posibilidad de recuperar su inversión en caso de que haya cambios en el control de la empresa. 1377

Estados financieros Este tipo de *covenants* otorgan al inversor el derecho a **consultar** los estados financieros, y demás información financiera relevante. 1378
Este *covenant* es especialmente útil en caso de emisiones alternativas no sujetas a la regulación habitual y se utiliza muy frecuentemente en las emisiones *high yield*.

Fusiones Impiden fusiones en caso de que: 1379
- la compañía emisora desaparezca como consecuencia de la operación; o
- el comprador no asuma la deuda de la empresa que realizó la emisión manteniendo las condiciones iniciales.

«Events of Default» Relación de situaciones bajo las cuales la empresa viola los términos pactados, entre las que destacan **concurso de acreedores, impagos** del principal o de intereses, el no cumplimiento de la normativa contable e incumplimientos de la ley que impliquen sanciones económicas. 1380

Otros «covenants»

Además de los principales *covenants* (nº 1365 s.), existen otros cuyo uso es **menos frecuente** y cuya relevancia a la hora de considerar una inversión varía de un caso a otro. 1381

Suspensión de «covenant / Fall Away» Aquellas compañías que aspiran a conseguir rating de nivel de inversión pueden incluir este *covenant*, que suspende o elimina la mayoría de los *covenants* financieros cuando se alcanza dicho objetivo. 1382

1383 **Enmienda / Solicitud de consenso** Consiste en incluir un quorum del 50% de los bonistas -medido sobre el valor de la deuda de la que se es acreedor, y no sobre el número de bonistas-, que en caso de alcanzarse permita modificar alguna condición o «perdonar» (*waive*) un *Event of Default*.

1384 **«Inter-creditor Agreement»** En caso de haber más de un tipo de deuda *secured*, el acuerdo entre acreedores determina la prioridad de pago en caso de quiebra.
En cualquier caso, en general los bonos *secured* suelen estar por detrás de los préstamos bancarios en cuanto a control de garantías y prioridad de pago.

1385 **«Anti-layering»** Consiste en limitar la capacidad de la compañía de colocar más deuda entre los bonos y los préstamos bancarios *first lien*, es decir, evitar que la compañía emita más deuda que tenga prelación sobre los bonos *high yield*.

1386 **Limitación de dividendos de filiales restringidas** Impide que las filiales restringidas graven sus activos y / o flujos de caja fuera de los casos previstos en las condiciones de la emisión.

1387 **Garantías de filiales futuras** Busca asegurar que las filiales que actúan como garantes sean gestionadas de conformidad con las condiciones establecidas en la emisión, y que las nuevas filiales se adhieran a dichas condiciones.

1388 **Transacciones con compañías afiliadas** Impide que la compañía transfiera valor a una afiliada por encima de determinados límites.

SECCIÓN 2

Aspectos jurídicos

1400

I. **Concepto de financiación** 1405
II. **Formalización contractual** 1410
A. Actuaciones previas 1415
B. Contrato de financiación 1425
1. Elementos 1430
a. Las partes 1432
b. Asistencia financiera 1435
c. Finalidad de la financiación 1440
d. Importe 1442
e. Entrega del importe de la financiación 1445
f. Duración y fecha de vencimiento 1450
g. Amortización 1452
h. Periodo de carencia 1465
i. Intereses 1467
j. Comisiones 1470
k. Costes y gastos 1475
l. Manifestaciones y garantías 1480
m. Obligaciones 1482
n. Supuestos de incumplimiento y causas de vencimiento anticipado 1485
ñ. Garantías 1495
o. Cesiones y transmisiones 1497
p. Pagos 1500
q. Compensación e imputación 1505
r. Jurisdicción y fuero 1510
s. Anexos 1512
2. Especialidades de las financiaciones sindicadas 1515
a. Agente 1518
b. Otras figuras similares 1525
c. Régimen del sindicato de financiadores 1530
d. Principio de proporcionalidad 1540
e. Cláusula *pari passu* 1542
f. Cláusula *negative pledge* 1545
g. *Sharing clauses* 1547
h. Cláusula de ilegalidad 1560
i. Cláusula de elevación a bruto o *gross up* 1562
j. Cuentas de la financiación 1565
C. Documentos accesorios o adicionales 1570
1. Contrato de acreedores 1575
2. Instrumentos de cobertura de los tipos de interés 1577
3. Opinión legal 1580
4. Garantías de la financiación 1585
a. Garantías personales 1595
b. Garantías reales 1605
c. Hipoteca 1610
d. Prenda 1640
e. Promesas de prenda e hipoteca 1670
f. Otras garantías 1675

I. Concepto de financiación

1405 Financiar es el acto de dotar de dinero y de crédito a una empresa, organización o individuo, es decir, conseguir los recursos y medios de pago para destinarlos a la adquisición de bienes y servicios necesarios para el desarrollo de las actividades económicas propias del solicitante de la financiación.

Enfocando este concepto básico a la compraventa de empresas, la financiación debe ser entendida como el proceso por el cual el comprador consigue los **fondos** o recursos necesarios **para** el **pago** del precio en la transacción o adquisición de la empresa.

1406 La utilización de **recursos financieros propios** para la financiación de la compra de la empresa puede ser suficiente, o, por el contrario, el comprador puede necesitar de vías de financiación adicionales, recurriendo entonces a las fuentes de **financiación externa**, entre cuyas modalidades podemos encontrar la deuda bancaria.
Asimismo, íntimamente relacionado con la procedencia de los recursos, está la cuestión de la **asistencia financiera** y su prohibición, aunque su análisis se realizará en el nº 1435 s.

1407 La **estructura general** de una financiación, así como sus distintas modalidades, se tratan en nº 1105 s., en particular en nº 1135 s., a los cuales nos remitimos para las cuestiones relativas a:
- los tipos de financiación;
- las distintas modalidades de financiación externa; y
- en particular a las modalidades de deuda bancaria.

Sin perjuicio de ello, en esta sección se desarrollan, desde el punto de vista contractual, las cuestiones allí tratadas.

II. Formalización contractual

1410 Obtenida la financiación por cualquiera de las fuentes que se analizan en el nº 1210 s., y previas las negociaciones oportunas con el financiador de que se trate, procede plasmar la concesión de la financiación y sus condiciones en uno o varios documentos que cumplen distintos fines.
El contrato básico y esencial en virtud del cual se instrumentaliza toda financiación es el **contrato de financiación**, en la modalidad de préstamo, crédito, etc., según lo solicitado por el financiado y tal y como se haya acordado con el financiador correspondiente.

1411 Junto con el contrato de financiación como documento de referencia o de partida, existe una serie de **documentos** financieros y no financieros **accesorios** o adicionales al mismo, que cumplen distintas funciones, y que son más o menos numerosos atendiendo a las vicisitudes propias de cada financiación. Estos documentos adicionales, junto con el contrato de financiación, constituyen los **documentos de la financiación**.
En el presente apartado, dado el enfoque de esta obra, nos centraremos en las modalidades específicas de préstamos y créditos, tomando como referencia las clasificaciones que a tal respecto se realizan en el nº 1210 s.

A. Actuaciones previas

1415 Toda financiación, incluso aquellas que tienen lugar entre entidades pertenecientes a un mismo grupo de empresas (intragrupo), o en condiciones relativamente sencillas atendiendo al bajo importe de la misma, o incluso en condiciones ya conocidas por las partes por haber suscrito financiaciones previas similares, va precedida de una **fase de negociación**.

1416 **Factores condicionantes** La fase de negociación puede ser más o menos ardua y más o menos extensa en el tiempo, dependiendo de una multiplicidad de factores, entre los cuales, y a efectos meramente ilustrativos, se pueden incluir los siguientes:
• **Importe de la financiación**. Con carácter general, cuanto mayor es el importe, más compleja es la negociación y fijación de las condiciones de la financiación, ya que el riesgo del financiador es mayor, y mayores por tanto son las cautelas que toma.
• **Número de financiadores**. Puede tratarse de una financiación bilateral (nº 1234) o sindicada (nº 1232).

1417 • Condiciones y **circunstancias** específicas del **solicitante** de la financiación, tales como la posible situación de tensión de tesorería o insolvencia (p.e., situación de preconcurso de acreedores).
• Predeterminación y acuerdo sobre las **garantías** a otorgar, suficientes para cubrir el riesgo asumido por el financiador.
• Fijación de **ratios financieros** y otro tipo de obligaciones a cumplir por el financiado durante la vida de la financiación.

1418 **Documentación** Con carácter general, las condiciones en que se otorga la financiación, y que son objeto de esta negociación previa, se plasman en un documento que recibe el nombre de **Hoja de Términos y Condiciones** -en inglés, *Term Sheet*, y también denominado en la práctica anglosajona *Head of Terms, Memorandum of Understanding (MOU)* o *Letter of Intent (LOI)*-.

La Hoja de Términos y Condiciones permite obtener una visión general de la financiación proyectada, al incluir los **aspectos fundamentales** de la misma, tales como:
- las partes;
- alcance y finalidad de la operación;
- el importe por principal;
- los intereses, ordinarios o remuneratorios y de demora o moratorios;
- el plazo y régimen de devolución o amortización;
- las garantías a otorgar;
- las causas de vencimiento anticipado;
- régimen aplicable a potenciales cesiones;
- ley y jurisdicción aplicable; y
- aquellas otras cuestiones que, por las circunstancias específicas en que se va a otorgar la financiación, cobran especial relevancia (p.e., obligaciones de hacer o no hacer por parte del financiado, condiciones suspensivas o resolutorias, manifestaciones y garantías especiales o específicas que deben ser otorgadas por el financiado, etc.).

No existe en derecho español una regulación específica de la Hoja de Términos y Condiciones o *Term Sheet*, por lo que se plantean ciertas dudas prácticas sobre su naturaleza y características. **1419**

Una cuestión relevante en relación a la Hoja de Términos y Condiciones es su carácter **vinculante**. Esta cuestión depende de la voluntad de las partes, de manera que estos pueden negociar un *Term Sheet* que carece de carácter vinculante (*Non-binding Term Sheet*), o por el contrario pactar expresamente que tenga carácter vinculante en todos sus términos (*Binding Term Sheet*).

Aunque en la mayor parte de los casos se pacta que el *Term Sheet* no tenga carácter vinculante, en la práctica es habitual encontrar ciertas **cláusulas** que sí tienen dicha naturaleza, y por tanto obligan a las partes que lo suscriben en cuanto a su contenido. **1420**

Entre ellas podemos destacar algunas tales como las cláusulas de:

a) **Confidencialidad**: no divulgación del contenido a terceros ajenos a la operación de financiación del contenido del *Term Sheet* y de la operación en general.

b) **Exclusividad**: prohibición de negociaciones paralelas con terceros ajenos a la operación de financiación.

c) **Costes**: es posible negociar con el financiado que soporte todos los costes que pudieran derivarse del proceso de negociación del *Term Sheet*, aunque la operación que en él se proyecta no llegue a consumarse finalmente.

Condiciones previas Asimismo, en conexión directa con esta fase previa de negociación, se encuentran las **Condiciones Previas a la Firma** (también conocidas en la práctica de mercado como CPs de Firma), que recogen aquellas cuestiones que deben ser **acreditadas o cumplidas** por el solicitante de la financiación como paso previo o simultaneo al otorgamiento y suscripción de la misma por parte del financiador. **1421**

La relación y detalle de estas Condiciones Previas a la Firma, en caso de existir, quedan reflejados en el *Term Sheet*.

Precisiones En algunos casos, la generalidad de los términos de estas Condiciones Previas a la Firma (por ejemplo, acreditar el grado de solvencia del financiado) hacen que la acreditación o cumplimiento de las mismas quede sujeto a una **valoración subjetiva** del financiador que se expresa mediante la locución «*deberán cumplirse en términos satisfactorios para el financiador*».

B. Contrato de financiación

El contrato de financiación se configura como el documento que debe recoger las **condiciones esenciales** de toda financiación, una vez hayan sido acordadas y fijadas en la fase previa de negociación, sin perjuicio de aquellas **condiciones de importancia secundaria** pero igualmente necesarias, que complementan las condiciones esenciales o plasman pactos propios o particulares de la financiación en cuestión. **1425**

Con independencia del tipo de contrato (préstamo o crédito) y de si la financiación es bilateral o sindicada, existen una serie de cuestiones que debe incluir todo contrato de financiación, en tanto que otras derivan de la modalidad específica de financiación por la que se opta, o de las vicisitudes propias de la financiación. Por ello, se analizan primero las cláusulas esenciales de todo contrato de financiación (nº 1430 s.) y, posteriormente, las peculiaridades propias del contrato de financiación sindicada (nº 1515 s.).

1426 **Clasificación** En una clasificación básica se distingue entre préstamos y créditos.
Por **préstamo** debe entenderse aquella financiación en que el prestatario recibe de la entidad prestamista un importe fijo en una sola vez y con carácter previo o simultáneo a la firma de la financiación, con la obligación de devolverlo en un determinado plazo de tiempo.
En el **crédito** el acreditado solicita de la entidad acreditante un importe máximo de financiación que sirve como límite, de manera que el acreditado puede realizar disposiciones en una o varias veces con cargo al crédito según las necesidades de cada momento, pero no puede superar el referido límite.

1427 **Modelos** En la práctica existen dos modelos de contrato de financiación:
a) El **modelo continental**, que es el que se usa con mayor frecuencia en operaciones en que solo intervienen entidades nacionales.
b) El modelo **LMA**, elaborado por la *Loan Market Association*, diseñado con el objeto de homogeneizar un modelo contractual en materia de financiación, por lo que resulta especialmente útil en operaciones de índole **internacional**.
No obstante lo anterior, en los últimos años la Loan Market Association se ha venido adaptando en alguno de sus modelos a la legislación de diversas jurisdicciones (como la española), de manera que pueda servir igualmente de modelo para operaciones de carácter nacional.

Precisiones En palabras de la propia *Loan Market Association*, el modelo LMA «*servirá de gran ayuda al desarrollo y eficiencia del mercado de las financiaciones sindicadas*».

1428 **Definiciones** Independientemente del modelo por el que se opte, es habitual encontrar en el contrato de financiación una primera sección denominada Definiciones, en la que, generalmente por orden alfabético, se incluye la relación de todos los **términos** que son **relevantes** en el cuerpo del contrato de financiación, y que quedan definidos desde el inicio para facilitar su uso a lo largo del mismo.
Así, en esta sección de definiciones se explica qué debe entenderse por conceptos tales como Garantes, Fecha de Vencimiento, Tipo de Interés de Referencia, Cambio de Control, Cambio Material Adverso, o Mayoría de las Entidades Financiadoras, entre muchos otros, y que aparecerán a lo largo del cuerpo del contrato.
Estas Definiciones también pueden incorporarse al contrato mediante un **anexo**.

1. Elementos

1430

a. Las partes 1432
b. Asistencia financiera 1435
c. Finalidad de la financiación 1440
d. Importe 1442
e. Entrega del importe de la financiación 1445
f. Duración y fecha de vencimiento 1450
g. Amortización 1452
h. Periodo de carencia 1465
i. Intereses 1467
j. Comisiones 1470
k. Costes y gastos 1475
l. Manifestaciones y garantías 1480
m. Obligaciones 1482
n. Supuestos de incumplimiento y causas de vencimiento anticipado 1485
ñ. Garantías 1495
o. Cesiones y transmisiones 1495
p. Pagos 1500
q. Compensación e imputación 1505
r. Jurisdicción y fuero 1510
s. Anexos 1512

a. Las partes

1432 En toda financiación existen dos partes, una **acreedora** o financiadora, **y** otra **deudora** o financiada. En el **préstamo**, el primero es calificado como prestamista y el segundo prestatario, en tanto que en el **crédito** serán denominados acreditante y acreditado respectivamente; todo ello sin perjuicio en ambos casos de que puedan ser calificados de manera distinta pero que, en cualquier caso, refleje su condición dentro de la financiación (p.e., entidad financiadora, financiador, financiado, etc.).

Cada una de esas partes puede estar constituida por **un sujeto** o una **pluralidad** de ellos. Así, en una financiación sindicada son varios los sujetos financiadores, en tanto que en una financiación bilateral solo hay un financiador.

Precisiones Una submodalidad de financiación sindicada sería el «**club deal**», que es aquella estructura de financiación en que existe un sindicato inicial, pero cuyo objetivo es aumentar el número de participantes o financiadores en el mismo, diversificando y/o diluyendo aún más el riesgo inicialmente asumido por los concedentes originales de la financiación de referencia.

Cabe la posibilidad de que una **financiación** inicialmente **bilateral** prevea su futura sindica- 1433
ción, de modo que el sujeto financiador asume en un primer momento el importe total de la financiación, y el riesgo implícito en ello, pero con el objetivo de transferir una o varias participaciones de dicha posición acreedora a uno a varios terceros de manera que el riesgo se diversifique, deviniendo la financiación sindicada, y sometiéndose a las reglas propias de esta modalidad, cuyo detalle se recoge más adelante.

Asimismo, en una **financiación sindicada** es habitual que alguna o algunas de las entidades financiadoras asuman ciertos roles -p.e., el de **Agente** (nº 1518 s.)-.

De manera análoga, la parte deudora o financiada puede estar constituida por uno o varios sujetos, que asumen las obligaciones de manera conjunta según los porcentajes de deuda de cada uno de ellos en la financiación, aunque también es posible que todos ellos respondan solidariamente de la totalidad de la deuda.

b. Asistencia financiera

(LSC art.143 y 150)

En conexión con las partes de la financiación, así como con la procedencia de los fondos nece- 1435
sarios para la adquisición de empresas, debe hacerse en este apartado una mención a la **prohibición** de asistencia financiera contenida en la regulación mercantil española, en consonancia con la normativa comunitaria en esta materia.

Pese a que el concepto de asistencia financiera no se recoge con carácter expreso en ninguna norma, esta debe ser entendida como el resultado de una atribución patrimonial (vía aportación de fondos, concesión de préstamos o garantías, etc.) de una sociedad a un tercero para posibilitar la adquisición por este tercero de acciones de la sociedad que realiza la atribución patrimonial.

Surge, así, una relación triangular derivada de dos **negocios jurídicos** básicos: 1436

- por un lado, la asistencia financiera entre la sociedad (que facilita los recursos) y el tercero adquirente de acciones/particiones; y
- por otro, la adquisición de acciones entre el tercero financiado y la sociedad o alguno(s) de sus accionistas o socios.

Sin ánimo de entrar en un análisis exhaustivo de la prohibición de la asistencia financiera, se indican a continuación sus principales rasgos, así como las diferencias de esta figura según la sociedad target sea una SA o una SRL.

Precisiones Las **razones** que fundamentan la prohibición de asistencia financiera son múltiples, pero entre ellas, y a efectos meramente indicativos, se citan algunas tales como la salvaguarda de los intereses de los accionistas o socios y del propio fin social, ya que la asistencia al tercero implicará una disminución de recursos propios o tesorería en detrimento de aquellos; así como la salvaguarda de los intereses de terceros acreedores, ya que esa disminución de tesorería merma así mismo la solvencia de la sociedad para hacer frente a sus pagos frente a terceros.

Sociedad anónima (LSC art.150) Una SA no puede anticipar fondos, conceder préstamos o 1437
garantías o cualquier otro tipo de asistencia financiera para la adquisición por un tercero de sus **propias acciones** o de las acciones o participaciones de su sociedad dominante.

Por **excepción**, no aplica la prohibición en los supuestos de:

a) Asistencia financiera a **empleados o personal** de la sociedad para que estos puedan adquirir acciones de la misma, o acciones o participaciones de cualquier otra sociedad del grupo.

b) Operaciones efectuadas por bancos y demás **entidades de crédito** en el ámbito de las operaciones ordinarias propias de su objeto social que se sufragan con cargo a bienes libres de la sociedad. A efectos de garantizar este último extremo se establece que la sociedad financiadora debe constituir el patrimonio neto del balance una reserva equivalente al importe por el que figuren en el activo los créditos concedidos para la adquisición de sus acciones o las de su sociedad dominante.

1438 **Sociedad de responsabilidad limitada** (LSC art.143) La SRL no puede anticipar fondos, conceder créditos o préstamos, prestar garantía, ni facilitar ningún tipo de asistencia financiera para la adquisición por un tercero de sus **propias participaciones** o las participaciones creadas o acciones emitidas por sociedad del grupo a que pertenezca.
Adicionalmente, no puede aceptar en **prenda** o en otra forma de garantía sus propias participaciones ni las participaciones creadas o las acciones emitidas por sociedad del grupo a que pertenezca.
En el ámbito de la SRL no se dan las excepciones mencionadas para las SA.

c. Finalidad de la financiación

1440 Toda financiación se concede con una finalidad, que puede ser **general** (p.e., cubrir necesidades corporativas del financiado, tales como necesidades de circulante) o **específica**, como la adquisición de una empresa, de un activo mobiliario o inmobiliario, o el desarrollo de un proyecto de infraestructuras (en cuyo caso recibe el nombre de *Project Finance*).
En cualquiera de estos casos, el financiado debe destinar el importe de la financiación a la finalidad para la cual ha sido otorgada.

Precisiones Aunque en la práctica los financiadores no están obligados a **controlar o verificar** la correcta aplicación de los importes a la finalidad para la cual fue concedida la financiación, no es inusual incluir entre las obligaciones de información por parte del financiado la de reportar acerca de la correcta aplicación de los fondos en caso de ser requerido al efecto por la parte financiadora.

d. Importe

1442 El importe de la financiación constituye la cantidad **principal** por la que se otorga la misma (p.e., 3.000.000 euros), cuya entrega o puesta a disposición del financiado genera otros importes **adicionales** (p.e., intereses devengados, comisiones, posibles penalizaciones, etc.) que, junto con el importe de principal, deben ser devueltos por el financiado de acuerdo con el régimen de devolución o amortización establecido en el contrato de financiación.
El importe de la financiación puede estar dividido en **tramos**, de manera que cada uno de estos tramos tiene un importe diferente o idéntico, según lo pactado, y cuya suma representa el importe total por el cual se concede la financiación.

1443 Sin perjuicio de la casuística que puede justificar la existencia de estos tramos, el motivo más común es la existencia de **diversas finalidades** a las que el financiado destina el importe global de la financiación, de manera que cada uno de los tramos cubra una finalidad. Así, en estos casos existe un primer tramo (generalmente denominado Tramo A) destinado a una finalidad concreta, en tanto que el importe del o de los restantes tramos (Tramo B, C, y así sucesivamente) se destina a otras finalidades distintas a la primera.
Esta diversidad de finalidades hace que el tratamiento o regulación de estos tramos sea distinta, de manera que cada uno tenga sus propias **condiciones**.

1444 Ejemplo El financiado solicita el 1-1-2024 una financiación por un importe total de 15.000.000 euros, con el objeto de destinar 13.000.000 euros (Tramo A) a cubrir necesidades generales corporativas, y 2.000.000 euros (Tramo B) al repago de ciertas cantidades debidas y exigibles por el financiado bajo ciertos contratos con proveedores.
El **plazo** para la devolución del Tramo A se fija en 15 años (fecha de vencimiento del Tramo A), en tanto que la devolución del Tramo B debe realizarse al cumplirse 3 años desde la firma de la financiación (fecha de vencimiento del Tramo B).
Asimismo, para el Tramo A se establece un **tipo de interés** variable de Euribor a 1 año más un margen de 200 puntos básicos, en tanto que para el Tramo B se pacta un tipo fijo anual de 350 puntos básicos.
La finalización del tramo cuya fecha de vencimiento es anterior no afecta en modo alguno la subsistencia y normal desarrollo del o de los tramo(s) cuyo vencimiento o repago tiene lugar con carácter posterior.

e. Entrega del importe de la financiación

1445 La entrega del importe de la financiación se realiza de distinta forma según se trate de un **préstamo**, en el que la entrega tiene lugar de una sola vez, o de un **crédito**, en el que el acreditado tiene un límite máximo pudiendo disponer del mismo en una o varias veces, normalmente atendiendo a sus necesidades o a ciertos hitos predeterminados en el propio contrato de financiación.

La entrega del **principal del crédito** (esto es, el importe por el que se otorga la financiación antes de devengar intereses, comisiones o costes propios del desarrollo natural de toda financiación), puede resultar, por tanto, bastante más compleja que la entrega del principal en un préstamo.

En cualquier caso, todo depende de las particularidades o vicisitudes propias en que se otorgue el crédito, pero es práctica habitual la entrega de un importe inicial con carácter simultáneo a la firma de la financiación, que es lo que se conoce como **primera disposición**, y entregas parciales que tendrán lugar con carácter posterior a la firma y antes de la finalización del periodo de disposición (que en ningún caso podrá ser superior a la fecha de vencimiento de la financiación), y que se conocen como la segunda y sucesivas o **ulteriores disposiciones**. **1446**
Por ejemplo, en el crédito otorgado al **promotor** para la **construcción** de viviendas, suele realizarse una primera disposición por parte del acreditado con carácter simultáneo a la firma de la financiación, de manera que la entrega de la segunda y sucesivas disposiciones se sujeta a la previa presentación por parte del acreditado de certificaciones parciales de obra que acrediten el avance de la construcción.

La realización de disposiciones por parte del acreditado puede tener lugar de distintos **modos** (según lo que se haya pactado), entre los cuales, y a efectos meramente ilustrativos, destacamos los siguientes: **1447**
a) A medida que el acreditado tiene la **necesidad** de disponer de cierta cantidad con cargo al crédito, sin responder a ningún calendario u orden prestablecido.
b) En atención a un **calendario** fijo de disposiciones, conforme al cual el acreditado, en cada una de las fechas predeterminadas en el calendario, podrá disponer de ciertos importes fijos o máximos (p.e., hasta 200.000 euros).
c) De conformidad con ciertos **hitos preestablecidos**, que actuarían como una suerte de condición suspensiva para la realización de dichas disposiciones.

Asimismo, la entrega de cantidades bajo un crédito por el/los financiador(es) suele supeditarse a una **solicitud** de disposición por parte del acreditado, que debe cumplir ciertos requisitos de fondo y forma, tales como: **1448**
- que se realice con una **antelación o preaviso** mínimo de ciertos días a la fecha en que deberá hacerse efectiva la entrega de fondos por parte del acreditante o los acreditantes;
- que se acredite la **ausencia** de supuesto de **incumplimiento** por el acreditado bajo el contrato de financiación;
- que se identifique el **importe exacto** de la disposición; y
- que vaya acompañada de aquellos **documentos** y/o datos que acrediten el cumplimiento de los hitos o condiciones establecidas para la realización de una disposición, en su caso.

Precisiones En la práctica es habitual encontrar incorporado como anexo al contrato de financiación un **modelo de solicitud** de disposición, que el acreditado deberá cumplimentar con carácter obligatorio cuando pretenda realizar una disposición.

Una de las cuestiones más relevantes en relación con las disposiciones bajo un crédito, es el posible sometimiento previo de las mismas a ciertas **Condiciones Previas de Disposición** (también conocidas como CPs de Disposición), de manera semejante a lo indicado en relación a las condiciones previas a la firma (nº 1421). **1449**
El establecimiento de estas Condiciones Previas de Disposición puede referirse exclusivamente a la primera disposición, en cuyo caso su cumplimiento debe acreditarse con carácter previo o simultáneo a la firma del Contrato de Financiación, y/o a la segunda y sucesivas disposiciones, de manera que su cumplimiento deberá acreditarse con carácter previo o simultáneo a la solicitud de la correspondiente disposición.

f. Duración y fecha de vencimiento

La duración es el plazo por el que se otorga una financiación desde el momento de su concesión hasta el momento en que debe ser totalmente devuelto o amortizado el importe de la misma, que si es inferior a un año implica una financiación **a corto plazo**, y, si es superior al año, estaríamos ante una financiación a **largo plazo**. **1450**
La finalización del plazo de duración es lo que se conoce como **vencimiento de la financiación**, y el día en que se produce, la **fecha de vencimiento** de la financiación.

g. Amortización

1452 Directamente relacionada con la duración de la financiación está la amortización de la misma, esto es, la **devolución** o repago por parte del financiado del importe de la financiación o principal junto aquellas otras cantidades adicionales que correspondan.
Amortizar significa repagar el préstamo o el crédito, lo que puede tener lugar fundamentalmente a través de dos **modalidades**:
a) De **una sola vez** mediante una sola cuota en la fecha de vencimiento fijada en el contrato de financiación, de manera que durante su vigencia solo deben ser abonados los intereses correspondientes (siendo esto lo que se conoce como modalidad «*bullet*»).

1453 b) De conformidad con un **calendario** de repago o amortización, en virtud del cual se determinan las cuotas parciales en las que el financiado debe devolver el préstamo o crédito.
A medida que el financiado abona las cuotas se va reduciendo el importe total pendiente de amortización bajo la financiación, hasta que se produce la amortización total del mismo.
La **periodicidad** de pago de las cuotas puede ser mensual (cuotas mensuales), trimestral (cuotas trimestrales), semestral (cuotas semestrales) o anual (cuotas anuales), o fijarse cualquier otro criterio libremente acordado por las partes.
En el caso de fijarse un calendario de amortización, las cuotas que deben abonarse de conformidad con el mismo pueden ser **cuotas mixtas**, esto es, cuotas en las que el financiado debe abonar cierta cantidad de principal, así como un importe proporcional de intereses devengados.

1454 **Sistemas de amortización** Se pueden distinguir las siguientes modalidades:
• **Sistema de amortización constante (método alemán)**. Este sistema se caracteriza porque a lo largo de la vida de la financiación se van realizando amortizaciones de principal (parciales y periódicas) cuya cuantía se mantiene constante.
Como consecuencia de ello, la cuota a pagar al financiador (principal más intereses) es decreciente ya que los pagos por intereses disminuirán a lo largo del tiempo como consecuencia de la disminución del saldo vivo o importe por principal pendiente bajo la financiación.

1455 • **Sistema de amortización francés**. Este sistema se caracteriza por el pago de una cuota (principal más intereses) constante a lo largo del plazo de la financiación. Por tanto, este sistema implica una carga de intereses mayor en las primeras cuotas de modo que la devolución del principal es más lenta al principio que al final de la financiación.
• **Sistema de amortización *balloon*** Este sistema consiste en la amortización de un porcentaje determinado de la deuda en la última cuota (habitualmente superior al 20% de la deuda total). Para el resto de la deuda que no se ha incluido en el porcentaje de amortización final, se establece un calendario que puede estar diseñado conforme a cualquiera de los métodos de amortización descritos anteriormente con cuotas de importe muy inferior al de la cuota correspondiente a la amortización final.

1456 **Amortización anticipada** El cumplimiento estricto, por parte del deudor, del calendario de amortización es lo que conoce como amortización **ordinaria**.
No obstante, puede ser que el pago, parcial o total, del importe pendiente de amortización tenga lugar antes del momento inicialmente previsto para ello, siendo esto lo que se conoce como amortización anticipada.
La amortización anticipada tienes dos **modalidades**:
- la voluntaria; y
- la obligatoria.

1457 **Voluntaria** La amortización anticipada voluntaria puede tener lugar en cualquier momento de la vida de la financiación, y en virtud de la cual el financiado amortiza con carácter anticipado y **sin ser requerido** para ello por el financiador, parte o la totalidad del importe pendiente de amortización.
Es práctica habitual que, para que el financiado pueda llevar a cabo una amortización anticipada voluntaria, se deban cumplir determinados **requisitos** previos, fundamentalmente referidos a las siguientes cuestiones:
- que se haya comunicado previamente al agente o financiador único, según el caso, la intención de realizar una amortización anticipada voluntaria, y el importe de la misma;
- que la amortización anticipada tenga lugar por un importe mínimo o múltiplo de dicho importe mínimo, o, en caso de que el importe pendiente de amortización sea inferior a dicho importe mínimo, la amortización tenga lugar por el importe restante; y
- que la amortización anticipada voluntaria coincida con una fecha de liquidación y pago de intereses.

En los supuestos de amortización anticipada voluntaria, el financiador puede exigir una **penalización** compensatoria de los costes de ruptura en el mercado interbancario que esa amortización anticipada voluntaria puede representar para el financiador. 1458

Normalmente esta penalización adopta la forma de **comisión** por amortización anticipada parcial o total, cuya finalidad es compensar a la entidad financiera por el lucro cesante producido al dejar de percibir los intereses por el capital que se amortiza anticipadamente.

Generalmente esta comisión se estructura como un **porcentaje** sobre la cantidad amortizada y se paga en el momento en que se realiza la amortización anticipada. Otra alternativa es regular que, junto con los importes de principal, intereses y otros costes que se hayan devengado, deba pagarse un importe adicional equivalente a los intereses que hubiese percibido el financiador de no haberse amortizado la deuda anticipadamente (este acuerdo se denomina comúnmente *make-whole*).

Obligatoria Tiene lugar en caso de acaecer alguno de los eventos expresamente previstos en el contrato de financiación como supuestos de amortización anticipada obligatoria. Con carácter general, la amortización anticipada obligatoria **total** tiene lugar cuando el financiado incurre en determinados supuestos de especial gravedad regulados bajo el contrato de financiación y que no son susceptibles de subsanación (p.e., cambio de control, ilegalidad, etc.), e implica que la financiación se declara vencida de forma automática y, por tanto, el financiado debe repagar el importe de la financiación con carácter inmediato. 1459

En este sentido, el vencimiento anticipado de la financiación equivale a amortización anticipada obligatoria. Sin embargo, los supuestos de amortización anticipada obligatoria **parcial** tienen lugar cuando el financiado recibe determinadas cantidades específicas que, por su naturaleza de ingresos extraordinarios para el financiado, o por cualquier otra causa que estimen oportuna, deben destinarse a reducir el importe pendiente de devolución por parte del financiado.

Con carácter meramente enunciativo, se indican ciertos **supuestos** de amortización anticipada obligatoria parcial: 1460

• **Indemnizaciones de seguros**. Si el financiado percibe indemnizaciones de seguros en concepto de daños por cualquier importe, a menos que se hubiese destinado el importe recibido de la compañía aseguradora a reparar o reemplazar el activo siniestrado.

• **Enajenación o disposición de activos**. Si el financiado enajena o dispone a favor de terceros de activos propios (p.e., acciones, participaciones, activos inmobiliarios, bienes de equipo, etc.), debe destinar las cantidades netas obtenidas de la enajenación a reducir proporcionalmente el importe pendiente de amortización bajo la financiación.

En estos casos, a veces se establece algún tipo de **límite mínimo**; por ejemplo, enajenación o disposición de cualquier tipo de activo por parte de cualquiera de las entidades prestatarias o de cualquier entidad de su grupo por importe superior a 7.500.000 euros en base individual, y superior a 15.000.000 euros en base agregada hasta la fecha en que se haya amortizado íntegramente la financiación.

• **Percepción de dividendos**. Si el financiado percibe cualquier importe de cualquiera de sus sociedades participadas, directa o indirectamente, en forma de dividendos o de otro tipo de retribución del capital, incluidos los importes que perciba como consecuencia de la disolución de cualquiera de las sociedades participadas por el financiado. 1461

• ***Cash sweep***. Se aplica en los casos en que se produce un excedente de caja una vez atendido los pagos que, con carácter ordinario, corresponden realizar bajo la financiación. Ver nº 1291.

h. Periodo de carencia

En la práctica, y en particular para las financiaciones a **largo plazo**, es habitual el establecimiento de un plazo de carencia inicial, en el cual caben dos posibilidades: 1465

a) Que el financiado no deba abonar importe alguno, ni en concepto de principal ni en concepto de intereses devengados (**carencia total**).

b) Que el financiado solo deba abonar los intereses que se devengan durante dicho periodo de carencia, no debiendo abonar cuota o importe alguno en concepto de principal (**carencia de principal**), cuya amortización se realiza cuando ha finalizado el periodo de carencia de una sola vez o comienza de conformidad con el calendario de amortización preestablecido.

i. Intereses

1467 El análisis de los intereses en la financiación, así como los criterios para la fijación y para el pago de los mismos, se realiza en el nº 1245 s.

j. Comisiones

1470 Desde un punto de vista general, una comisión es la cantidad que se cobra por realizar una transacción, y que generalmente se corresponde con una **cantidad fija** (sin referencia alguna a un importe base) **o** con un **porcentaje** sobre el importe de la transacción u operación.
En un contrato de crédito o préstamo, las comisiones se cobran por la parte financiadora, y aunque pueden responder a diversos conceptos, las más frecuentes en la práctica financiera son las siguientes:
- comisión de agencia;
- comisión de apertura o estructuración; y
- comisión de disponibilidad.

1471 **Comisión de agencia** Es aquella que recibe la entidad que corresponda por desempeñar las funciones propias de agente en las **financiaciones sindicadas**.
Su importe y términos pueden fijarse en el propio contrato o en carta aparte emitida por el propio agente.

1472 **Comisión de apertura o estructuración** Es la cantidad de dinero que la entidad financiera cobra al formalizar la financiación en contraprestación a los **gastos** administrativos, informáticos y de gestión que conlleva su apertura.
La comisión de apertura se abona en el mismo instante de la formalización de la financiación y se paga por una sola vez.
Con carácter general, suele ser un **porcentaje** sobre el importe de principal de la financiación.

1473 **Comisión de disponibilidad** Es la comisión que se aplica en los **contratos bancarios de crédito** sobre el saldo medio no dispuesto dentro del límite máximo por el que se ha concedido el crédito.
Se justifica porque si un crédito no se utiliza no genera intereses y en consecuencia el banco tiene retenidos fondos a favor del financiado sin ninguna rentabilidad; de ahí que proceda al cobro de esta comisión.
Con carácter general, su liquidación y pago tiene lugar con una periodicidad **trimestral**.

k. Costes y gastos

1475 Con carácter general, todos los costes o gastos que genera el otorgamiento y formalización del contrato de financiación son directa y exclusivamente soportados por el **financiado**.
Sin perjuicio de las comisiones citadas (nº 1470 s.), los costes que, en la mayoría de los casos, genera una financiación son los relativos a:
• **Asesores legales** de la(s) entidad(es) financiadora(s), en su caso.
• **Honorarios de fedatario público** (notario). Los notarios fijan sus honorarios de conformidad con los baremos establecidos en el RD 1426/1989, referido a los documentos de cuantía, que establece dichos honorarios de acuerdo con una escala preestablecida. No obstante, en aquellos documentos en que la cuantía o importe es superior a 6.010.121,04 euros, el notario percibe la cantidad que libremente acuerde con las partes otorgantes.

1476 • **Inscripciones en los registros oportunos**. A título de ejemplo, se ha de destacar la inscripción de una hipoteca sobre bienes inmuebles constituida para garantizar el repago de la financiación frente al financiador (nº 1610 s.). La inscripción de la hipoteca en el Registro de la Propiedad genera unos costes que dependen de distintos factores (p.e., número de fincas hipotecas en las que se practica la inscripción).
• **Gastos y tributos** asociados a la constitución o ratificación de garantías, en su caso, y su cancelación, etc.

l. Manifestaciones y garantías

1480 A este respecto nos remitimos al nº 2950 s., donde se hace un análisis global de las Manifestaciones y Garantías. En particular, nos remitimos a lo allí dispuesto en relación con las Manifestaciones y Garantías de naturaleza financiera (nº 3025).

m. Obligaciones

Todo financiado asume una serie de obligaciones distintas y **adicionales** a la devolución del importe de la financiación, cuyo cumplimiento debe acreditarse, atendiendo a la naturaleza de dicha obligación, en un momento puntual o durante toda la vida de la financiación. 1482

Precisiones En la práctica anglosajona, estas obligaciones reciben el nombre de *Covenants*, término que se usa con relativa frecuencia en la práctica española.

Estas obligaciones son susceptibles de diversas clasificaciones, según sean obligaciones de hacer o de no hacer, de información, de naturaleza financiera, etc. 1483
Con carácter meramente ilustrativo, se recoge en el siguiente cuadro una **clasificación** de dichas obligaciones:

Obligación	Contenido
Información	- Informar puntualmente o con cierta periodicidad de los **estados financieros**. Por ejemplo, «*Entregar al Agente, tan pronto como estén disponibles y, en cualquier caso, antes del 30 de junio de cada año, sus Estados Financieros Anuales*». - Aportar información de **carácter mercantil o corporativo** sobre la compañía. Por ejemplo: «*Entregar al Agente, dentro de los diez (10) días naturales siguientes a la recepción de una solicitud escrita al efecto, cuantos documentos, Balances, Inventarios, Cuentas de Resultados o información en relación con la actividad comercial y financiera de la Prestataria*». - Informar sobre cualquier hecho o circunstancia que razonablemente pueda implicar que alguna(s) de las **Manifestaciones y Garantías** otorgadas deje de ser cierta, o que pueda implicar la concurrencia de una causa de vencimiento anticipado. - Aportar **cualquier otra información** que pudiera ser relevante para la financiación.
Generales (positivas/negativas)	**a) De hacer**: - Aplicar los fondos únicamente a la finalidad establecida. - Cumplir con carácter general las obligaciones esenciales de la legislación aplicable o las asumidas por el financiado, con independencia de su naturaleza (civil, tributaria, laboral, etc.). - Llevar una contabilidad acorde a los principios contables aplicables al financiado. - Mantener asegurados todos sus bienes, equipos e instalaciones en la forma que es habitual en las empresas de su mismo sector. - Mantener siempre una firma de auditoría de reconocido prestigio como auditores del financiado. - Solicitar el consentimiento de todas las entidades financiadoras para la venta de activos significativos del financiado, que no podrá ser denegado injustificadamente si el precio es de mercado conforme a tasación de tercero independiente, etc. **b) De no hacer**: - Otorgar préstamos o garantías, tanto reales como personales, a terceros distintos a aquellas entidades que sean parte del grupo del financiado, en su caso. - Repartir dividendos sin el consentimiento previo del financiador. - Modificar el accionariado de la compañía en más de un 50% (por ejemplo) del capital social. - Iniciar cualquier procedimiento que pueda suponer para el financiado su escisión, segregación, fusión, consolidación, reestructuración societaria o cualesquiera operaciones con finalidad similar. - Modificar sustancialmente la actividad del financiado. - Realizar operaciones en condiciones no de mercado, debiendo justificar el precio de venta de activos significativos con tasación de tercero independiente. - Modificar prácticas contables, salvo por imperativo legal, recomendación contable de los auditores o cuando de cualquier otra forma esté justificada conforme a la normativa contable que resulte de aplicación, etc.

n. Incumplimiento y causas de vencimiento anticipado

Todo contrato de financiación debe recoger la relación de hechos que implican un supuesto de incumplimiento por parte del financiado. 1485
Con carácter general, todos y cada uno de esos supuestos de incumplimiento tienen como **consecuencia** el vencimiento anticipado de la financiación, salvo que puedan ser objeto de subsanación por parte del financiado en un plazo determinado que se regulará para cada supuesto en el contrato.

1486 Los supuestos o causas de vencimiento anticipado reciben este nombre precisamente porque obligan al financiado a abonar el **importe íntegro** de la financiación pendiente de devolución; esto es, el principal junto con todos los intereses u otros costes que se hayan devengado, antes de la fecha fijada para que tenga lugar dicha devolución, independientemente de si dicha fecha se fijó bajo la modalidad «*bullet*» o bajo un calendario de amortización (ver nº 1452 s.).
Adicionalmente, la concurrencia de un supuesto de incumplimiento y vencimiento anticipado normalmente implica **la ejecución** por parte del financiador de las **garantías** otorgadas a su favor por el financiado.

1487 Los supuestos de incumplimiento y causas de vencimiento anticipado dependen y se ajustan a las vicisitudes propias de cada financiación, de manera que, lo que puede ser una causa de incumplimiento y vencimiento anticipado de gran relevancia bajo una determinada financiación no tiene por qué serlo bajo otra financiación distinta.
Con carácter meramente enunciativo, destacamos los supuestos de incumplimiento y/o causas de vencimiento anticipado **más frecuentes** en todo contrato de financiación:
a) La **falta de pago** a sus respectivos vencimientos y en la forma estipulada de cualquier cantidad debida por el financiado en virtud de los documentos de la financiación; esto es, el contrato de financiación y demás documentos accesorios o complementarios, en su caso.

1488 b) El incumplimiento de **otras obligaciones** distintas del pago del importe de la financiación, salvo que tal incumplimiento hubiera sido subsanado por el financiado en el plazo concedido al efecto, en su caso.
c) La **falsedad** de cualquiera de las garantías y manifestaciones otorgadas por el financiado.
d) Si el financiado presenta solicitud de ser declarado en **concurso de acreedores**, o si tal solicitud fuese instada por un tercero, es admitida a trámite y estimada por resolución judicial, así como el inicio de cualquier procedimiento administrativo o judicial que lleve aparejado **embargo, apremio, expropiación**, secuestro o ejecución sobre cualquiera de los activos del financiado.

1489 e) Si cualquiera de las **garantías** personales o reales otorgadas en garantía de la financiación no fuese o dejase de ser una garantía efectiva de acuerdo con sus propios términos.
f) Si fuese o deviniese **ilegal** para el financiado cumplir sus obligaciones bajo cualquiera de los documentos de la financiación.
g) El acaecimiento de un **cambio material adverso** (nº 1490).
h) El **cambio de control** en el financiado (nº 1492).
i) El **incumplimiento cruzado** con otros contratos (nº 1494).

1490 **Cambio material adverso** El cambio material adverso o efecto sustancial adverso es un concepto jurídico indeterminado que debe configurarse como una **causa general** de vencimiento anticipado de un contrato de financiación; es decir, como toda situación que implica un impacto adverso en la capacidad del financiado para cumplir con sus obligaciones derivadas del contrato de financiación.
Este tipo de cláusulas otorgan el derecho a las partes a no consumar una operación determinada o a resolverla antes de lo previsto ante la ocurrencia de un evento **imprevisto**.
Un ejemplo es configurar como cambio material adverso la **pérdida** de las **licencias** que permiten a la empresa objeto de la compraventa el desarrollo de la actividad para la que fue constituida y posteriormente adquirida.

1491 Por lo general, como es lógico, la parte **financiada** suele estar interesada en negociar una cláusula de cambio material adverso con un contenido muy restrictivo y que permita al financiador desistir de la financiación únicamente en supuestos tasados y extraordinarios.
Por contra, la parte **financiadora** tiende, en la mayoría de casos, a pretender introducir en el contrato de financiación una cláusula de cambio material adverso de contenido más genérico a fin de poder desistir o resolver la financiación.
En términos generales, es recomendable elaborar un **listado** «en sentido positivo» que detalle aquellos supuestos que deben ser reputados como cambio material adverso, así como «en sentido negativo», esto es, indicando con precisión qué otros supuestos no deben tener tal consideración, evitando así situaciones inciertas o confusas en el futuro.

1492 **Cambio de control** El cambio de control puede definirse, en términos generales, como una modificación en la **estructura accionarial** de la parte financiada a resultas de la cual:
- la participación (directa o indirecta) de los accionistas/socios en el capital social del financiado al tiempo de otorgamiento de la financiación queda igual o inferior a cierto **porcentaje** (p.e., un 50,01%); o
- tales accionistas/socios de cualquier otra forma dejan de tener el **control** de la sociedad financiada.

La cláusula de cambio de control como causa de vencimiento anticipado es **estándar** en el marco de una financiación. La razón de su inclusión es que toda financiación se otorga en atención a la propia **identidad del financiado**, considerando la estructura de su capital social o accionariado, lo que normalmente constituirá una garantía de su solvencia. El mantenimiento de ese accionariado es una cuestión de relevancia para el financiador, de manera que si se produce un cambio o modificación importante en el mismo en los términos que se han fijado en el contrato de financiación, el financiador debe tener la posibilidad de resolver anticipadamente el contrato. 1493

Incumplimiento cruzado El incumplimiento cruzado o *cross default* tiene lugar cuando el financiado incurre en incumplimiento del contrato de financiación como consecuencia del incumplimiento de cualquier otra obligación bajo un **contrato distinto**, que no necesariamente debe estar conectado con el contrato de financiación, al entender que eso indica ya una posible situación de riesgo. 1494

Por ejemplo, se establece que «Será reputada causa de *cross default* la falta de pago a sus respectivos vencimientos (o a la finalización del período de carencia que, en su caso, fuese de aplicación) de cualquier cantidad debida por el financiado bajo cualquier otro contrato de financiación que le hubiera sido concedido por terceros.»

Con carácter general, el incumplimiento cruzado está referido al incumplimiento por parte del financiado de alguna de sus obligaciones bajo alguno de los **documentos de la financiación** (nº 1570 s.).

ñ. Garantías

El papel de las garantías, como medio que permite al financiador asegurar en mayor o menor medida la devolución de la financiación concedida, es de gran relevancia; por ello, el estudio de las mismas se realiza de manera pormenorizada en el nº 1585 s. 1495

o. Cesiones y transmisiones

En toda financiación se debe regular la posibilidad de las partes, tanto de la financiadora como de la financiada, de ceder o transmitir su posición acreedora/deudora en el contrato de financiación. 1497

En particular, cobran especial importancia en esta materia las **limitaciones** que a tal efecto se pueden establecer, las cuales, y con carácter general, se aplican para la parte deudora o financiada. En este sentido, suele ser común que el financiado no pueda ceder su posición en la financiación sin el **consentimiento** previo expreso del financiador.

Por su parte, el **financiador** suele ser libre para ceder gratuita u onerosamente, y en las condiciones que estime oportunas, su posición acreedora a un tercero (p.e., de una entidad financiadora a otra), de manera que el cesionario se subroga en la posición financiadora o acreedora frente al financiado bajo el contrato de financiación en las condiciones en que este ha sido suscrito, salvo que otra cosa se haya pactado con carácter expreso. 1498

Es habitual pactar que la cesión por parte del financiador no deberá implicar **costes adicionales** ni condiciones más onerosas para el financiado de las inicialmente pactadas. Por su parte, en caso de cesión por parte del financiado (previamente consentida por el financiador), este deberá asumir todos los costes que esta cesión pudiera implicar.

Precisiones Sin perjuicio de que la transmisión sea libre para el financiador, existen en la práctica ciertas limitaciones sobre las condiciones mínimas que debe reunir el potencial **cesionario** del financiador, tales como ser una entidad de crédito con domicilio en España, en la Unión Europea o en un Estado que sea parte de un Tratado de doble imposición.

p. Pago

Todo pago que el financiado realiza para la devolución, repago o amortización de la financiación debe tener lugar en las **condiciones** que a tal efecto han sido acordadas, relativas fundamentalmente a la moneda, fecha u horquilla de fechas en que debe tener lugar, procedimiento, etc. 1500

Solo los pagos realizados en las condiciones preestablecidas tendrán **efecto liberatorio** para el financiado.

q. Compensación e imputación

1505 Directamente relacionados con el pago por parte del deudor están los conceptos de compensación e imputación.
En relación con la compensación, es frecuente, sobre todo en las financiaciones sindicadas pero también en las de naturaleza bilateral, que el financiado autorice expresamente al financiador (en particular cuando este es una entidad financiera o de crédito) a aplicar al pago de cualesquiera cantidades vencidas, exigibles y no pagadas por el financiado por razón del contrato de financiación, los **saldos** que a su favor puedan existir en posibles **cuentas abiertas** por el financiado en el financiador, ya sea en cuentas corrientes, de ahorro, de crédito, imposiciones a plazo o cualquier otro depósito presente o futuro.

1506 Por su parte, la imputación sirve para determinar el **orden** de los conceptos a los que se deben destinar los importes pagados por el financiado bajo el contrato de financiación. Con carácter meramente ilustrativo, el orden de imputación de pagos puede ser el siguiente, sin perjuicio de las variaciones que este pueda sufrir en atención a las vicisitudes propias de cada financiación:
1º Intereses de demora.
2º Intereses ordinarios devengados y vencidos.
3º Importe del principal.
4º Honorarios y comisiones.
5º Gastos e impuestos debidos.
6º Indemnizaciones e incrementos de costes.

Precisiones En la práctica lo habitual es que los **intereses**, ya sean ordinarios o de demora, deban ser abonados con carácter previo al principal, de manera que mientras este principal no es totalmente abonado sigue devengando nuevos intereses a favor del financiador.

r. Jurisdicción y fuero

1510 Como en todo contrato, las partes deben elegir el Derecho aplicable al contrato, así como la jurisdicción a la cual someten la resolución de cualesquiera controversias que puedan surgir en relación con el mismo o, en su caso, si quieren someterse a arbitraje y las condiciones del mismo.
Esta cuestión puede resultar importante en el caso de que financiador y financiado no compartan **nacionalidad**, o cuando en las financiaciones sindicadas uno de los financiadores es de nacionalidad distinta a los demás.

s. Anexos

1512 Por anexo se entiende cualquier **documento**, sea de la naturaleza que sea, siempre que guarde algún tipo de conexión con el propio contrato de financiación, que se adjunta o queda incorporado al mismo.
Los anexos forman **parte integrante** del contrato de financiación, de manera que cualquier referencia al mismo se entiende al conjunto de sus cláusulas o estipulaciones y a los anexos, salvo que con carácter expreso otra cosa se haya acordado.
A efectos meramente ilustrativos, pueden incorporarse como anexos el **calendario de amortización** acordado, los datos a efectos de notificaciones de las partes, los documentos acreditativos del cumplimiento de condiciones previas a la firma, libros registro de socios, estructura social de la sociedad financiada y listado de sociedades garantes, etc.

2. Especialidades de las financiaciones sindicadas

1515 El hecho de que en los contratos de financiación sindicada exista más de un financiador hace que, además de los aspectos fundamentales expuestos en el nº 1430 s., se regulen una serie de cuestiones que no resultan necesarias en una financiación de naturaleza bilateral.
Entre tales cuestiones, destacan las siguientes:
- el agente;
- otras figuras similares (nº 1525);
- el régimen del sindicato de financiadores (nº 1530);
- principio de proporcionalidad (nº 1540);
- la cláusula *pari passu* (nº 1542);
- la cláusula *negative pledge* (nº 1545);

- las *sharing clauses* (nº 1547);
- la cláusula de ilegalidad (nº 1560);
- la cláusula de elevación a bruto o *gross up* (nº 1562); y
- las cuentas de la financiación (nº 1565).

a. Agente

La figura del agente surge en las financiaciones sindicadas como consecuencia de la necesidad de establecer un único **interlocutor** o **intermediario** que actúe de nexo entre todos los financiadores y el financiado, de manera que las actuaciones llevadas a cabo por dicho agente con el financiado tienen el mismo efecto que si hubieran sido efectuadas por todos los financiadores. 1518

En consecuencia, y salvo que se establezca lo contrario:

a) Cualquier **notificación** de carácter general entre las entidades **financiadoras y el financiado** se canalizará a través del agente.

b) Cualquier **notificación** hecha o recibida por el **agente** produce los mismos efectos que si hubiera sido hecha o recibida por las entidades financiadoras.

c) Los **pagos** de cualquier naturaleza derivados del contrato de financiación deben ser realizados por el financiado al agente, surtiendo plenos efectos liberatorios para el financiado-deudor como si hubieran sido recibidos en la proporción correspondiente por las demás entidades financiadoras.

La **designación** del agente tiene lugar previo acuerdo de todas las entidades financiadoras. 1519

Para que la designación surta efectos, el agente debe **aceptar** el cargo de forma expresa. La aceptación del cargo en nada afecta a su condición de financiador junto con los demás, de manera que los derechos y obligaciones que le correspondan como co-financiador no se ven afectados en modo alguno.

Los servicios que como tal presta el agente son retribuidos mediante la **comisión de agencia** (ver nº 1471), cuya fijación puede realizarse en el propio contrato de financiación, aunque por lo que general se fija en carta aparte.

En el contrato de financiación debe regularse el **régimen** del agente; esto es, todas las cuestiones propias de su cargo, entre las cuales, con carácter meramente enunciativo y no limitativo, destacan las relativas a:

- su renuncia y revocación y el sistema de nombramiento de nuevo agente;
- sus facultades y obligaciones; y
- su responsabilidad e indemnidad.

Renuncia y revocación Salvo que otra cosa se haya estipulado, el agente puede renunciar a su cargo en cualquier **momento**, siempre que lo comunique en la manera prevista al efecto al resto de financiadores. 1520

El resto de financiadores pueden revocarle de su cargo, siempre que se cumplan para ello las condiciones previamente establecidas al efecto, y que normalmente se referirán a una **mayoría** que debe ser obtenida con carácter previo para que la revocación sea efectiva.

Además, se ha de establecer el sistema de **nombramiento del nuevo** agente, en caso de renuncia o revocación del anterior.

Facultades y obligaciones Es habitual regular qué facultades tiene el agente, así como las obligaciones que le corresponden frente al resto de financiadores y frente al financiado. 1521

Asimismo, se regulan las obligaciones que el resto de financiadores, así como el financiado, tienen frente al agente.

Responsabilidad e indemnidad Con carácter general, cada uno de los financiadores debe indemnizar íntegramente al agente, a su requerimiento, en proporción a la participación de cada financiador en la financiación, por todas las reclamaciones, procedimientos, **gastos, pérdidas, daños o perjuicios** y responsabilidades de toda clase, previamente **justificados** por el agente -salvo en los que el agente ha incurrido en dolo o culpa grave- y que, de alguna forma, se relacionan con, o se derivan de, lo dispuesto en el contrato de financiación. 1522

b. Otras figuras similares

Además del agente, existen otras figuras similares en el marco de las financiaciones sindicadas o inicialmente bilaterales que aspiran a la sindicación, surgidas de la práctica anglosajona e incorporadas a la práctica española. 1525

Estas figuras son propias de la **fase de negociación** previa a la suscripción de la financiación. Su existencia no obstante **no** es **obligatoria**.

Entre ellas podemos destacar las siguientes:
- entidad coordinadora o *Mandated Lead Arranger* (MLA);
- *underwriter*; y
- *bookrunner*.

1526 **Entidad Coordinadora o «Mandated Lead Arranger» (MLA)** En términos generales el *Mandated Lead Arranger* es el banco o entidad financiadora responsable de la estructuración, organización y ejecución de una financiación.
Entre sus **funciones**, podemos destacar fundamentalmente las siguientes:
• **Coordinar** la operación, incluyendo la función de búsqueda de entidades interesadas en participar en la financiación.
• Asistir al financiado en el proceso de **negociación** y en la redacción de la documentación necesaria a fin de presentársela a potenciales entidades interesadas.
• Negociar y preparar el *Term Sheet*.

1527 Cabe también la posibilidad de que existan varios *arrangers*, que en definitiva son las entidades que asumen un mayor grado de implicación o protagonismo en la financiación, de manera que una de ellas asume el rol de MLA. Su función como entidades coordinadoras deriva de la **Carta Mandato**, que es el documento enviado por el financiado a la(s) entidad(es) coordinadora(s), por el cual les otorga el mandato de organizar y llevar a cabo todas las actuaciones necesarias para cerrar la financiación.
El **contenido** de estas Cartas Mandato es muy estándar, y por lo general, no incluyen obligaciones de resultado para las entidades coordinadoras, sino de mejores esfuerzos o *best efforts* para conseguir participantes en la financiación.

1528 **«Underwritter»** Se trata de la entidad financiadora que participa en la financiación proyectada, asumiendo el encargo de buscar **financiadores adicionales**, pero comprometiéndose («*underwrites*») en firme a asumir un importe o participación concreta en la misma.

1529 **«Bookrunner»** Se trata de la entidad financiadora **responsable** de la financiación una vez suscrita, que se encarga de todo lo relativo a documentación, llevanza de las cuentas propias de la financiación, fijación de precios o comisiones, asignación de participaciones, etc.
Es una figura poco frecuente que solo aparece en financiaciones de **gran envergadura**.
La entidad que asume la condición de MLA suele asumir asimismo la condición de *Bookrunner*, ya que son dos figuras difíciles de deslindar en la práctica, y en caso de que la financiación cuente con más de un *arranger* o MLA, uno de ellos asume esta condición de *Bookrunner*.
En la práctica, es frecuente que el MLA -o uno de ellos en caso de ser varios- asuma la condición de **agente** una vez haya sido otorgada la financiación sindicada.

c. Régimen del sindicato de financiadores

1530 El sindicato de financiadores está compuesto por una pluralidad de sujetos, más o menos numerosos, que asumen una **participación** determinada en la financiación frente al financiado. Esta participación no necesariamente tiene que ser por partes iguales, sino que cada uno de los financiadores aporta las cantidades que estime oportunas, lo que determina su participación en la financiación global, de manera que la suma de todas las participaciones implica el 100% de la financiación.
La **determinación** de estas participaciones es esencial a la hora de adoptar decisiones, ya que incide directamente en el sistema o régimen de mayorías (nº 1533 s.).

1531 A modo de ejemplo se incluye un **cuadro de participaciones** de los financiadores en una hipotética financiación sindicada por importe total de 100.000.000 Euros, en la que participan seis financiadores:

Financiador	Importe	% aprox. de participación
A	25.000.000	25%
B	25.000.000	25%
C	10.000.000	10%
D	12.000.000	12%
E	15.000.000	15%
F	13.000.000	13%
	100.000.000	100%

Mancomunidad En la totalidad de las financiaciones de naturaleza sindicada, los derechos y obligaciones de cada uno de los financiadores miembros del sindicato derivados del contrato de financiación, tienen carácter mancomunado y, por tanto, son enteramente **independientes** entre sí. 1532

En consecuencia, el **incumplimiento** por uno de los financiadores de sus obligaciones asumidas en virtud del contrato de financiación o documentos accesorios, en su caso, no afecta, ni en ningún caso incrementa, a las obligaciones asumidas por los restantes financiadores.

Asimismo, ningún financiador es responsable del incumplimiento de las obligaciones asumidas por cualquier otro financiador.

En conexión con lo anterior, y salvo que se establezca otra cosa en el contrato de financiación, los **derechos** de cada uno de los financiadores pueden ser ejercidos por cada uno de ellos con plena autonomía e independencia respecto del resto, no afectando y no siendo afectados por el ejercicio de derechos por parte de otros financiadores.

Adopción de decisiones La mancomunidad y la independencia de los miembros del sindicato no cambia el hecho de que, como sindicato, los financiadores deben adoptar decisiones de manera conjunta, siendo necesario establecer un sistema para la adopción de dichas decisiones y/o actuaciones. 1533

Es práctica habitual establecer, en primer lugar, un criterio de **mayoría** de financiadores con carácter general, que queda expresamente definido, de manera que cada vez que a lo largo del contrato de financiación se requiere la aprobación de la mayoría de los financiadores, las partes saben que se requiere para ello un **quorum mínimo** (un determinado porcentaje) de los financiadores.

En relación a dichos porcentajes y su cómputo, existen diversos **criterios**, siendo los más frecuentes los siguientes: 1534

a) La mayoría se determina por la suma de participaciones que representan, en el momento del cálculo, más de cierto **porcentaje** en la **suma** de todas las **participaciones**. Por ejemplo, cincuenta y uno por ciento (51%) de todas las participaciones en el importe total de la financiación. En el ejemplo incluido en el nº 1531, sería suficiente el voto favorable de los financiadores A, B y C para alcanzar dicha mayoría.

b) La mayoría se determinará por la suma del conjunto de financiadores que representan al menos cierto **porcentaje** (p.e., 51%) de los **importes pendientes de pago** bajo la financiación en cada momento. Por ejemplo, transcurridos 6 años desde el otorgamiento de la financiación, el financiado ha amortizado 50.000.000 euros en la financiación del ejemplo incluido en el nº 1531, de manera que aquí la mayoría se computa sobre la participación que cada uno de los financiadores ostenta en los 50.000.000 euros pendientes de amortización.

Una vez fijada la mayoría de financiadores, por alguno de los criterios aquí expuestos o por cualquier otro que las partes estimen conveniente, se indican aquellas **materias** en relación a las cuales se requiere mayoría de los financiadores para la toma de decisiones (p.e., cualquier modificación de cualquier término del contrato de financiación), así como las posibles **excepciones**, entre las cuales podemos distinguir fundamentalmente dos supuestos: 1535

• Supuestos de **mayoría cualificada o reforzada** (p.e., del 66% o del 75% de las participaciones cuando la mayoría simple es, por ejemplo, del 50,01%), que se exige para la adopción de decisiones que afectan a determinadas materias (p.e., para aprobar la designación de un nuevo agente en caso de renuncia o revocación del designado inicialmente).

• Supuestos de **unanimidad** (voto favorable del 100% de los financiadores, computadas sus respectivas participaciones). En la práctica es habitual someter la adopción de ciertas decisiones, por su especial relevancia, al voto favorable de la totalidad de los financiadores. Las posibilidades en este sentido son infinitas, al igual que en los supuestos de mayoría cualificada o reforzada, e incluso es posible establecer como regla general la unanimidad, de manera que cualquier decisión de cualquier naturaleza que deba adoptar el sindicato requiere el voto favorable del 100% de los financiadores, siendo en estos casos la mayoría simple y/o la mayoría cualificada o reforzada la excepción. 1536

«Waivers» El régimen de mayorías cobra especial relevancia en relación con la concesión u otorgamiento de **dispensas o autorizaciones** especiales por parte de los financiadores al financiado, en particular, para evitar o para no proceder a una amortización anticipada obligatoria de la financiación en caso de concurrir un supuesto de incumplimiento que implique, de conformidad con lo dispuesto en el propio contrato de financiación, un supuesto de vencimiento anticipado. 1537

Esto es lo que se conoce en la práctica como la concesión u otorgamiento de *Waivers*.

El *waiver* debe ser considerado como la aceptación de una solicitud que realiza el financiado a los financiadores de dispensa temporal en el cumplimiento de las obligaciones de especial relevancia establecidas en el contrato de financiación.

1538 La solicitud de un *waiver* puede comportar solo el permiso o dispensa **temporal** de incumplir determinadas obligaciones (p.e., el incumplimiento de ciertos ratios financieros), o puede implicar también comenzar una **reestructuración** completa de la financiación, en caso de que esto sea necesario.

En cualquier caso, las *cartas* en virtud de las cuales se otorga un *waiver* por los financiadores tienen una **duración** limitada; es decir, permiten que las cláusulas correspondientes no sean consideradas como incumplidas, y en consecuencia que no pueda declararse el vencimiento anticipado del crédito, únicamente durante un período determinado de tiempo.

1539 Ejemplo El financiado ha **incumplido** de manera reiterada su obligación de abonar puntualmente las cuotas que le corresponden bajo el **calendario de amortización** preestablecido, lo que faculta de manera automática a los financiadores para declarar el vencimiento anticipado de la financiación. En tal caso, el financiado solicita a los financiadores un *waiver* con una vigencia de dos años a contar desde la fecha de su otorgamiento, con el objetivo de que los financiadores renuncien a su derecho a resolver el contrato de financiación por la causa antedicha (impago de cuotas) durante el referido plazo.

d. Principio de proporcionalidad

1540 En una financiación sindicada es práctica habitual que los financiadores se rijan por el principio de proporcionalidad, en virtud del cual todos los pagos que por principal y/o intereses reciben los financiadores, tanto por conducto del agente como por cualquier otro, han de ser proporcionales a su respectiva **participación en la financiación**.

En consecuencia, ningún financiador debe percibir pagos de cualquier naturaleza por un importe superior al que le corresponde de conformidad con su participación en la financiación.

Si cualquier financiador recibe pagos que no respetan el principio de proporcionalidad, ha de poner el total del pago recibido a disposición del agente o del resto de financiadores, según sea el caso, a los efectos de la oportuna **redistribución** entre los financiadores.

Con carácter general, cualquier modificación, alteración o dispensa del principio de proporcionalidad requiere la aprobación por mayoría cualificada o reforzada o por unanimidad de los financiadores, según lo acordado en el contrato de financiación.

e. «Pari passu»

1542 La cláusula *pari passu* (literalmente, «igual paso») es una de las cláusulas estándar en todo contrato de financiación sindicada que, junto con otras como la «*negative pledge*» (nº 1545), están destinadas a proporcionar mayor **protección** o garantía a los financiadores.

En términos generales, se puede definir como la cláusula que asegura una **igualdad de condiciones** o al mismo nivel entre los financiadores, de forma que el financiado no puede ofrecer a terceros una financiación con mejor rango crediticio que la financiación sindicada. Mediante esta cláusula, el financiado declara que en el momento de la celebración del contrato los créditos que de él se derivan son de igual rango al que ostentan todas sus demás deudas, y a la vez se compromete a que dichos créditos continuarán siendo de igual rango con respecto a las deudas que en el futuro pueda contraer.

Precisiones La cláusula *pari passu* se puede incluir igualmente en una **financiación bilateral** a favor del financiador único.

f. «Negative Pledge»

1545 La cláusula de *negative pledge* impide al financiado prestar **garantías** a un tercero sin ofrecérselas también a los miembros del sindicato, en particular, garantías de cierta relevancia como hipotecas o prendas si antes no ha otorgado una garantía de igual o superior valor a favor del sindicato.

De este modo, se evita que se devalúe el paquete de garantías de los financiadores bajo la financiación.

Precisiones Aunque la cláusula de *negative pledge* es propia de las financiaciones sindicadas, nada obsta, dada su finalidad, para que se otorgue en el marco de una **financiación bilateral** a favor del financiador único.

g. «Sharing Clauses»

O cláusulas de **reparto**, en virtud de las cuales los financiadores acuerdan que, en caso de ejecución conjunta de las **garantías** otorgadas por el financiado, previo vencimiento de la financiación, lo obtenido es repartido entre ellos, generalmente en proporción a sus respectivas participaciones en la financiación. **1547**
Este tipo de cláusulas están íntimamente relacionadas con el principio de proporcionalidad (nº 1540).

h. Cláusula de ilegalidad

Cuando para uno de los financiadores del sindicato es ilegal continuar participando en el mismo a partir de una **orden judicial o legal** o cualquier tipo de disposición, tiene derecho a salir del mismo y a que su participación en la financiación sea amortizada por el deudor o financiado. **1560**
En este sentido, es estándar incluir el compromiso de los financiadores que incurren en un supuesto de ilegalidad, de realizar sus mejores esfuerzos (siempre que resulten comercialmente aceptables y ello no suponga vulneración de la legislación aplicable) para buscar una solución alternativa que permita soslayar dicho supuesto.

Precisiones Aunque la cláusula de ilegalidad es propia de las financiaciones sindicadas, puede encontrarse igualmente en una **financiación bilateral** a favor del financiador único.

i. Cláusula de elevación a bruto o «gross up»

La cláusula de elevación al bruto, elevación al integro o *gross up* es la provisión que indica que todos los pagos que realice el financiado bajo la financiación a favor de los financiadores deben estar libres de **deducciones o retención**, sin posibilidad de ejercicio de ningún derecho de compensación por parte del financiado. **1562**
En conexión con lo anterior, esta cláusula se prevé para aquellos casos en que debe realizarse con carácter imperativo una retención o deducción, en los que el financiado debe pagar de inmediato al agente, o al conjunto de los financiadores, según sea el caso, el importe adicional que sea necesario para asegurar que la cantidad neta recibida por cada financiador, después de la realización de la deducción o retención, es igual al importe total que habría recibido de no haberse producido la reducción o retención.

Precisiones La cláusula de elevación al bruto, elevación al integro o *gross up* puede encontrarse igualmente en una **financiación bilateral** a favor del financiador único.

j. Cuentas de la financiación

Es práctica habitual en las financiaciones sindicadas, en las que uno de los financiadores asume, además, la condición de agente, que existan diversas **cuentas bancarias** directamente relacionadas con la financiación y que fundamentalmente responden al siguiente esquema: **1565**
- cuenta del agente; y
- cuenta de cada financiador.

Cuenta del agente También conocida como la cuenta de la financiación, ya que en ella el agente adeuda el importe del principal, intereses ordinarios, comisiones, honorarios, costes, intereses indemnizatorios, costes adicionales y demás sumas debidas por el financiado en virtud de la financiación; y en la que abona todas las sumas recibidas por el agente en pago de las cantidades adeudadas por el financiado, de tal forma que el **saldo** de la citada cuenta refleja en cada momento la cantidad adeudada por el financiado en virtud del contrato de financiación y de los restantes documentos de la financiación, en su caso. **1566**

Cuenta de cada financiador Además de la cuenta del agente, cada uno de los financiadores abre y lleva en sus libros una cuenta especial abierta a nombre del financiado, en la que el financiador de que se trate adeuda las cantidades entregadas al financiado, a través del agente o directamente, según el caso, y los intereses ordinarios, comisiones, honorarios, costes, intereses indemnizatorios, costes adicionales y cualesquiera otras cantidades que el financiado adeudare a dicho financiador en virtud de la financiación, y en la que abona las sumas percibidas del financiado (o por cuenta de este a través del agente), a fin de que el **saldo** de la citada cuenta refleje en cada momento las sumas debidas por el financiado al financiador de que se trate en virtud de contrato de financiación y de los restantes documentos de la financiación, en su caso. **1567**

C. Documentos accesorios o adicionales

1570

1. **Contrato de acreedores** 1575
2. **Instrumentos de cobertura de los tipos de interés** 1577
3. **Opinión legal** 1580
4. **Garantías de la financiación** 1585
   a. Garantías personales 1595
   b. Garantías reales 1605
   c. Hipoteca 1610
   d. Prenda 1640
   e. Promesas de prenda e hipoteca 1670
   f. Otras garantías 1675

1571 Aunque el contrato de financiación es el documento esencial de toda financiación, existen una serie de documentos **accesorios, adicionales** o **complementarios** que, si bien no tienen que existir *per se*, en algunas ocasiones son necesarios para completar la estructura de la financiación.
Estos documentos accesorios, adicionales o complementarios constituyen, junto con el contrato de financiación, los **documentos de la financiación.**
Entre ellos, los más destacados son, por la propia finalidad que cumplen, los documentos de **garantías** (nº 1585 s.).
En este apartado, se analizan de manera sucinta aquellos contratos y documentos que pueden complementar el contrato de financiación en una compraventa de empresa.

1. Contrato de acreedores

1575 Este documento, también denominado en la práctica *Intercreditor*, se hace preciso cuando las fuentes de la financiación son distintas (p.e., el contrato de financiación y el contrato de cobertura de los tipos de interés, o el contrato de financiación otorgada por el sindicato o financiador, según el caso, y el contrato de deuda subordinada otorgada por el/los socio/s del financiado), de manera que se hace necesario regular las relaciones de los **distintos** acreedores bajo las distintas fuentes o medios de financiación frente al financiado, especialmente en relación a la ejecución de garantías que comparten con mismo rango y prelación.
En él se regulan sobre todo los procesos de **ejecución** de dichas garantías, así como el reparto de las cantidades obtenidas en dichas ejecuciones.
Al no ostentar la condición de acreedor, el **financiado** no tiene que comparecer en este contrato, y en caso de hacerlo, es a los meros efectos de darse por notificado de lo allí estipulado.

2. Instrumentos de cobertura de los tipos de interés

1577 Estos instrumentos surgen con el propósito de proteger al financiado frente a las **fluctuaciones** que pueden experimentar los tipos de interés durante la vida de la financiación (es práctica de mercado pactar un tipo variable, generalmente Euribor más un margen), de modo que las posibles subidas de dichos tipos de interés no afecten al financiado.
Existen diversas **modalidades** de contratos de cobertura de los tipos de interés, fundamentalmente:
• **Contrato SWAP** o de permuta de tipos de interés (cambiar uno variable por otro fijo).
• **Contrato CAP** o de techo de tipo de interés. Este contrato consiste en fijar un límite máximo de tipo de interés a cambio de una prima. Si los tipos de interés rebasan ese límite, la entidad financiera abona el diferencial establecido en el contrato. La prima que se paga se fija mediante la diferencia entre el tipo de interés en el momento de la firma y el rango de cobertura que se va a tener hasta el techo.
• **Contrato FLOOR** o de suelo de tipo de interés.

1578 El modelo más extendido en operaciones financieras de cobertura es el elaborado por la **Asociación Internacional de Swaps y Derivados norteamericana** - *International Swaps and Derivatives Association* (ISDA).
En la esfera nacional, la proliferación y auge de estas operaciones financieras, cada vez más complejas y sofisticadas, originó la necesidad de actualizar su regulación mediante un nuevo **Contrato Marco de Operaciones Financieras** (CMOF) elaborado por la Asociación Española de Banca (AEB) y la Confederación Española de Cajas de Ahorro (CECA), que sigue las directrices

marcadas por el ISDA, y que se aplica a operaciones sujetas a Derecho español. La suscripción de un CMOF (o de varios, según el caso), es muy habitual en las operaciones de financiación de proyecto o *Project Finance*.

3. Opinión legal

La opinión legal -en inglés, *legal opinion*-, es el documento emitido por los asesores legales del financiado y/o financiador, pertenecientes a la misma jurisdicción del solicitante, a modo de **juicio jurídico** sobre una serie de cuestiones relevantes para la operación, y que por tanto proporcionará confort a su receptor (normalmente el agente y/o las entidades financieras que participen en la operación) sobre dichas cuestiones. **1580**

En el marco de una financiación para una determinada finalidad (p.e., la compra de una empresa), es bastante frecuente que se emitan las siguientes opiniones legales:

- una opinión legal normalmente emitida por el asesor legal del **financiado** con el objeto de garantizar que este tiene la capacidad necesaria para obligarse en virtud de los documentos de la financiación; y
- otra opinión legal normalmente emitida por el asesor legal del **financiador** (en la medida en que normalmente es quien redacta los documentos de la financiación) para confirmar la validez y ejecutabilidad de los documentos de la financiación y las garantías que se han otorgado.

Si los **garantes** pertenecen a **jurisdicciones distintas**, las *legal opinions* relativas a la capacidad de los garantes y la validez de dichas garantías son emitidas por los asesores legales pertenecientes a dichas jurisdicciones.

Contenido El contenido o afirmaciones contenidas en una *legal opinion* están basadas en la **documentación revisada** al efecto, sin perjuicio de ciertas asunciones, esto es, afirmaciones que se realizan sobre la base de determinados hechos que se dan por ciertos y no han sido objeto de comprobación o demostración (por ejemplo, que la documentación que se les ha facilitado es válida, completa y auténtica, o que los documentos proporcionados que sean copias reflejan fielmente el contenido de los originales, etc.). **1581**

La **opinión** propiamente dicha es el resultado del análisis de dicha documentación, de dichas asunciones y de la interpretación de la normativa aplicable, y su contenido está bastante estandarizado, siendo siempre conciso y sencillo.

La *legal opinion* puede incluir asimismo **salvedades o reservas**; es decir, matizaciones a lo afirmado en el apartado de opinión propiamente dicha. **1582**

Existen salvedades que son **estándar** de mercado (p.e., que lo indicado en la opinión queda a salvo de posibles interpretaciones jurisprudenciales que lo desvirtúen).

La existencia de estas salvedades estándar no afecta en esencia al contenido de la opinión; en cambio, la inclusión de otras salvedades **específicas** de la operación, incluidas *ad hoc*, sí pueden tener un impacto negativo para el destinatario ya que por lo general implicarán una advertencia por parte del emisor de la *legal opinion*.

Responsabilidad Los **asesores legales** emisores de una *legal opinion* son responsables de su contenido frente al receptor de la misma. **1583**

No obstante, siempre se incluye una **limitación** de la responsabilidad del asesor legal que la emite, en relación a errores involuntarios, posibles omisiones u errores ajenos a su pericia como asesor legal, siendo esto lo que se conoce como **«disclaimer»**.

Finalmente, la *legal opinion* tiene un(os) destinatario(s) concreto(s), lo que implica que el documento no puede ser facilitado a alguien distinto del destinatario(s) inicial(es) (cláusula de **«disclosure»**); e incluso puede acotarse el núcleo de personas y/o entidades frente a quienes el emisor de la *legal opinion* asume responsabilidades por las opiniones vertidas en ella (cláusula de **«reliance»**).

4. Garantías de la financiación

Entre los documentos accesorios o complementarios de toda financiación, cobran especial importancia los documentos a través de los cuales se instrumentalizan las garantías a otorgar por el financiado a favor del financiador o financiadores. **1585**

Estas garantías suelen otorgarse, salvo pacto expreso en contrario, sin perjuicio de la **responsabilidad patrimonial ilimitada** que corresponde al financiado (CC art.1911), de manera que su responsabilidad no queda limitada al objeto de la garantía, sino que se extiende a todos los bienes presentes o futuros que le correspondan y que son necesarios para cubrir las obligaciones garantizadas. Esto es lo que se conoce como deuda con recurso (ver nº 1240).

1586 El requisito esencial de las garantías prestadas es que han de ser **suficientes**, esto es, deben cubrir suficientemente las obligaciones que con ellas se pretenden asegurar, lo que se traduce básicamente en que el valor del objeto de la garantía no puede ser inferior al de la obligación garantizada.
Lo anterior se entiende sin perjuicio de que el financiador acepte expresamente el otorgamiento por parte del financiado de garantías insuficientes, o directamente que no se otorgue garantía alguna para asegurar el repago por parte del financiado.

1587 **Otorgamiento** Las garantías pueden otorgarse directamente por el **financiado**, que en tal caso será al mismo tiempo financiado y garante, **o** por un **tercero** ajeno a la financiación, que puede estar relacionado o no con el financiado (p.e., su socio único), en cuyo caso este tercero asume la condición de garante en la financiación.
Asimismo, las garantías pueden otorgarse de dos **formas**:
a) En el mismo **contrato de financiación**, en virtud de una de sus cláusulas o estipulaciones. Por ejemplo, en un préstamo hipotecario bilateral, el documento correspondiente recoge las cláusulas financieras propiamente dichas, referidas a la concesión del préstamo y sus condiciones, y otras cláusulas no financieras, entre las cuales se encuentra la propia constitución de la hipoteca como garantía real y las condiciones y términos en que la misma se constituye.

1588 **b)** A través de un contrato o **documento separado**. Por ejemplo, en una financiación sindicada por un importe de 100.000.000 euros, el contrato de financiación recoge exclusivamente las cláusulas referidas a la concesión del préstamo/crédito, así como la previsión del otorgamiento de una hipoteca y de ciertas prendas en documento aparte como condición simultánea al otorgamiento de la financiación, de modo que su no otorgamiento con carácter simultáneo con la concesión de la financiación deja sin efecto alguno esta última. En tal caso, se otorga con carácter simultáneo a la suscripción del contrato de financiación, una escritura pública de constitución de hipoteca, así como los documentos que instrumentalizan la constitución de las prendas.

1589 **Clasificaciones** A pesar de que las garantías admiten distintas clasificaciones, la más representativa es la que distingue entre garantías personales y reales.

1590 **Personales** Son garantías personales aquellas en las que un **tercero**, que puede reputarse como un nuevo deudor o deudor de refuerzo, afecta asimismo su patrimonio, de forma parcial o total, con carácter adicional al propio patrimonio del deudor original o principal, al cumplimiento de la deuda contraída por el deudor principal (p.e., fianza, aval, etc.).

1591 **Reales** Son garantías reales aquellas en virtud de las cuales se afecta un determinado **bien** o una pluralidad de ellos al cumplimiento de las obligaciones que con ellas quedan aseguradas, de manera que el acreedor garantizado tiene derecho a cobrarse a través del valor de dicho bien, mueble o inmueble, en caso de incumplimiento por parte del financiado de las obligaciones derivadas del contrato de financiación (p.e., prenda e hipoteca).
La **ventaja** de las **garantías reales** frente a las personales es que el acreedor conoce de antemano el valor de la garantía otorgada, en tanto que, en el caso de garantía personal, no es posible determinar *a priori* la solvencia del garante (avalista, fiador, etc.), sino que es preciso esperar hasta el momento de ejecución de las mismas.
Bien es cierto que, aunque el valor de la cosa dada en garantía puede ser finalmente inferior al previsto o esperado en el momento de otorgarse la garantía, al menos permite saber qué cobertura aproximada va a dar al cumplimiento de la obligación principal, eliminando el riesgo de la total insolvencia de la persona física o jurídica garante.

a. Garantías personales

1595 La nota esencial de toda garantía personal es que siempre es un **tercero**, distinto del deudor principal o financiado, quien asume la condición de garante.
Ello se explica por la propia estructura de la garantía personal, que implica que un **segundo patrimonio**, distinto del patrimonio del deudor principal -el cual se haya afecto *per se* al cumplimiento de la obligación garantizada en virtud del CC art.1911- queda asimismo afecto al cumplimiento de la obligación contraída por el deudor principal.
En consecuencia, en este tipo de garantías el financiado no puede asumir la condición de garante independiente.

La garantía personal que se utiliza con mayor frecuencia en las operaciones de financiación es el **aval o afianzamiento** a primer requerimiento o demanda. 1596
En cualquier caso, en una situación en que la garantía personal es otorgada por un tercero, lo normal es que este guarde algún tipo de **vínculo** con el deudor garantizado. Así, por ejemplo, puede acaecer que asumiendo el financiado una deuda por importe de 2.000.000 euros en virtud de un préstamo, respondiendo con todo su patrimonio al pago o devolución de dicha cantidad, adicionalmente, uno de sus **socios** (persona física o jurídica) otorgue un aval por dicho importe, de manera que su propio patrimonio responda junto con el del financiado de dicha obligación de devolución.

Aval o afianzamiento El aval o afianzamiento -en la práctica se denominan indistintamente de una u otra manera- se configura dentro de las denominadas garantías a **primer requerimiento** o demanda. 1597
Se trata de garantías de tipo bancario, mediante las cuales el garante (**avalista**), que es un tercero respecto del financiado y deudor principal (**avalado**), se obliga a pagar a primer requerimiento del financiador (**beneficiario**) la cantidad pactada en garantía, sin necesidad de acreditación por parte del beneficiario de ningún hecho o condición para poder reclamar al pago al avalista, salvo que otra cosa se hubiera pactado con carácter expreso.

Precisiones Si bien no existe una regulación legal expresa de la figura del aval en nuestro ordenamiento jurídico, debido a las similitudes que presentan ambas instituciones, es práctica habitual la aplicación de manera supletoria de la **regulación del contrato de fianza** comprendida en el Código Civil (Título XIV del Libro IV).

Características Como principales características del aval, se pueden señalar las siguientes: 1598
a) El aval es un acto **unilateral** (otorgado por el avalista sin necesidad de aceptación expresa por el financiador beneficiario) e **independiente** o no accesorio del contrato de financiación. Estas dos características lo diferencian de la fianza en sentido estricto, que es un contrato que necesita de la aceptación expresa o tácita del beneficiario, y es accesorio de la financiación o deuda principal.
b) Derivado de la independencia propia del aval, el avalista **no** puede alegar **excepciones al pago**. El avalista no puede alegar que no se han dado los presupuestos necesarios bajo el contrato de financiación, del que no forma parte, para que el financiador pueda requerirle al pago, de manera que una vez sea requerido al pago, debe pagar de manera inmediata al financiador beneficiario del aval, salvo que pueda alegar la excepción de **abuso o fraude**, lo que requiere la correspondiente prueba de su existencia por parte del avalista.

c) En cuanto a la **forma** del aval, no existen requisitos especiales. El aval puede otorgarse en virtud de documento privado, que puede ser o no intervenido por notario, o directamente en documento público. 1599
d) En relación a la **cuantía**, lo estándar es que el avalista se obligue en la medida necesaria para cubrir aquellas obligaciones no satisfechas por el financiado, por lo que suele establecerse que el avalista responde por el importe máximo a que está obligado el financiado como deudor principal. No obstante, nada obsta para que la responsabilidad del avalista esté **limitada** a cierto importe inferior al importe total que constituye la obligación del financiado, solo que en este caso el financiador beneficiario exigirá garantías adicionales en una cuantía suficiente para asegurar el importe restante no cubierto por la garantía del aval.

e) La **vigencia** del aval suele estar **limitada** en el tiempo. Normalmente, se exige por el financiador beneficiario que el aval permanezca en vigor hasta el momento en que se hayan satisfecho todas y cada una de las obligaciones contraídas por el financiado, siempre y cuando estén garantizadas por el aval. En consecuencia, solo cuando se han amortizado íntegramente todas y cada una de las cantidades debidas bajo la financiación por el financiado (directamente o través de otras posibles garantías), el avalista queda liberado y el aval sin efecto. No obstante, cabe la posibilidad de fijar una validez temporal al aval (p.e., de cinco años a contar desde la fecha de su otorgamiento), de manera que transcurrido dicho plazo el aval no será eficaz, sin perjuicio de la posibilidad de prórroga. 1600
f) A pesar de que la esencia de toda garantía a primer requerimiento es que el beneficiario de la misma puede requerir al pago al garante sin necesidad de acreditar el incumplimiento previo por parte del obligado principal, cabe la posibilidad de configurar el aval con **carácter subsidiario**, de manera que se exige que el deudor principal o financiado haya incumplido o, al menos, que el financiador declare que el financiado ha incumplido acreditándolo documentalmente.

1601 g) Muy frecuente en el otorgamiento de este tipo de garantías es su **carácter solidario**, de manera que en el caso de vencimiento de la obligación principal garantizada sin que esta haya sido cumplida (es decir, no se haya amortizado la financiación), el financiador, en su condición de acreedor garantizado y beneficiario de la garantía, puede dirigirse indistintamente contra el financiado o contra el garante o avalista.

h) Salvo pacto en contrario, el aval puede ser objeto de **cesión** o transmisión por parte del financiador beneficiario junto con la obligación principal garantizada (CC art.1528). Lo anterior se traduce en que, si el financiador transmite su posición acreedora en la financiación, cede con ella las garantías que se otorgaron para asegurar dicha posición.

1602 **Cláusula** Un **ejemplo** de cláusula de aval o afianzamiento con carácter solidario es la siguiente: «El garante avala irrevocablemente y sin reservas, con carácter solidario, de forma tan amplia como en derecho se requiera, con expresa renuncia a los beneficios legales que pudieran corresponderle, y en especial, a los de orden, excusión y división, al prestatario, hasta la cantidad máxima de 780.000 euros, para responder del fiel cumplimiento de las obligaciones derivadas del contrato préstamo que pudieran existir en la actualidad como en el futuro, tanto en concepto de principal como de intereses, comisiones, costes, gastos o cualquier otra suma de dinero. Este aval se configura como una garantía a primer requerimiento, por lo que el garante se compromete a pagar y a hacer efectivas aquellas cantidades que el Banco le requiera hasta el importe máximo de 780.000 euros, sin necesidad de acreditar el incumplimiento de las obligaciones garantizadas, ni de aportar justificación documental alguna.»

b. Garantías reales

1605 Una garantía real es aquella que recae sobre un objeto determinado, **mueble o inmueble**, de manera que dicho objeto responde por su valor del cumplimiento de las obligaciones garantizadas mediante dicha garantía real; es decir, queda especialmente afecto a la satisfacción de la obligación que garantiza.

Por tanto, una vez vencida la obligación principal (la financiación), pueden ser **enajenadas** las cosas dadas en garantía real para, con el valor obtenido en la enajenación, proceder al pago a favor del acreedor o financiador garantizado.

Las garantías reales otorgan, así, un **derecho especial** al financiador sobre la cosa objeto de la garantía frente a cualquier otra persona o acreedor del mismo deudor.

1606 **Pacto comisorio** La naturaleza de derechos de reales de garantía y realización de valor conecta directamente con la **prohibición** de pacto comisorio.

Esta prohibición consiste en la imposibilidad para el acreedor garantizado mediante prenda o hipoteca de **apropiarse** de las cosas dadas en garantía, o de disponer de ellas, en caso de incumplimiento por parte del deudor.

La finalidad de esta prohibición es fundamentalmente asegurar que el valor de la cosa dada en garantía sea dado de manera objetiva, conforme a los baremos o criterios de mercado, y no de manera subjetiva por las partes.

En la **hipoteca** la prohibición del pacto comisorio suele respetarse sin que ello plantee mayor problemática: los inmuebles o bienes gravados en virtud de la hipoteca mobiliaria son objeto de ejecución o realización de valor y con el montante obtenido se abona la deuda existente.

1607 En cambio, en la **prenda** de ciertos activos se incluyen estipulaciones que *a priori* pueden implicar un incumplimiento de la prohibición del pacto comisorio, pero que se aceptan en la práctica comercial española. Así ocurre, por ejemplo, con la **prenda de derechos de crédito** que consisten en cantidades líquidas de efectivo, en la que, por la propia naturaleza del objeto pignorado, en caso de incumplimiento por parte del deudor y consiguiente ejecución de la garantía por el acreedor garantizado, este puede apropiarse de dichas cantidades en la cuantía suficiente para cubrir la obligación preexistente garantizada.

Esto mismo puede pactarse asimismo en relación con la **prenda de acciones**, en la que el acreedor garantizado puede apropiarse de las acciones pignoradas una vez determinado el valor de dichas acciones por un tercero independiente a las partes.

Esto es lo que se conoce como **ejecución de garantías por compensación**.

1608 **Tipos** Sin ánimo de entrar en un análisis profundo de los derechos reales de garantía que existen en el ordenamiento jurídico español, nos centramos en las dos **categorías** más relevantes a efectos de garantías reales en el marco de una financiación, como son:

- la **prenda** con y sin desplazamiento (nº 1640 s.); y
- la **hipoteca** mobiliaria o inmobiliaria (nº 1610 s.).

Aunque se trata tan solo de dos tipos de garantías, que guardan diversas semejanzas entre ellas, existe una multiplicidad de **derechos materiales** o tangibles (p.e., un edificio) **o inmateriales** (p.e., un derecho de crédito) que pueden ser objeto de las mismas.

Características Uno de los rasgos definitorios de la prenda e hipoteca es su **indivisibilidad**. 1609
Ello implica que un **pago parcial** de la obligación garantizada con la prenda o hipoteca no da derecho al deudor a pedir que se extinga proporcionalmente la prenda o hipoteca, sino que la extinción solo se produce cuando se ha satisfecho totalmente la obligación subyacente garantizada.

Otro de los rasgos comunes, y sin duda más relevantes de la prenda e hipoteca, es la condición de **crédito privilegiado** que ostentan los créditos garantizados con prenda e hipoteca de conformidad con la normativa concursal.

Esto implica que, en caso de concurso de acreedores (voluntario o necesario) del deudor financiado, el financiador garantizado tiene derecho a cobrar su crédito garantizado con la prenda o hipoteca con el valor de las cosas dadas en prenda e hipoteca con preferencia a otros acreedores.

c. Hipoteca

La hipoteca es el derecho real de garantía en virtud del cual una persona grava un bien de su 1610
propiedad en garantía de una obligación principal propia o ajena, contraída previa o simultáneamente a la constitución de la hipoteca, de manera que producido el vencimiento de la obligación principal sin que esta haya sido debidamente cumplida, el acreedor puede instar la **venta forzosa** del bien objeto de la hipoteca para, con el montante obtenido, proceder a la satisfacción de la obligación garantizada.

La hipoteca puede ser **inmobiliaria**, cuando su objeto son bienes inmuebles de cualquier naturaleza, o **mobiliaria**, cuyo objeto son determinados bienes muebles de características concretas.

Precisiones Un **ejemplo** práctico es el siguiente. En el préstamo hipotecario concedido a una sociedad para la adquisición de una empresa, el prestatario recibirá en virtud de dicha financiación un importe de 4.500.000 euros, y en garantía de dicho importe que ha recibido de una sola vez constituye hipoteca inmobiliaria sobre 4 inmuebles de su propiedad que se encuentran libres de cargas y gravámenes. El valor conjunto de dichos inmuebles según tasación de fecha coincidente con la concesión de la financiación es de 5.800.000 euros, por lo que el financiador-acreedor hipotecario cuenta con la garantía consistente en que, si el financiado no cumpliese con su obligación de devolución del importe de la financiación, puede solicitar la ejecución hipotecaria y por ende la enajenación de dichos inmuebles, cuyo valor *a priori* cubre el importe garantizado.

Normativa reguladora La hipoteca **inmobiliaria** se rige por las disposiciones contenidas 1611
al efecto en el CC art.1857 s., y las contenidas en la LH y el RH, sin perjuicio de las contenidas en otras normas de distinta naturaleza (p.e., fiscal o tributaria) que de manera tangencial afecten al derecho real de hipoteca.

La hipoteca **mobiliaria** se regirá por la Ley de Hipoteca Mobiliaria y Prenda sin Desplazamiento (LHMPSD) sin perjuicio de las disposiciones contenidas en otras normas de distinta naturaleza (p.e., fiscal o tributaria) que de manera tangencial afecten al derecho real de hipoteca mobiliaria.

Partes La persona que constituye la hipoteca a favor del acreedor se denomina **hipotecante**, 1612
y necesariamente ha de cumplir los siguientes requisitos:

- ser el propietario de la cosa que se hipoteca; y
- tener la libre disposición de la cosa; esto es, no estar afectado por alguna limitación o prohibición de disponer.

El hipotecante puede ser el mismo **deudor**, que hipoteca o grava una cosa de su propiedad para garantizar una deuda propia (hipotecante deudor), o un tercero ajeno a la obligación principal, pero que normalmente guarda algún tipo de relación con el deudor, que grava una cosa de su propiedad en garantía de una deuda ajena (hipotecante no deudor).

La persona a cuyo favor se constituye la hipoteca y que queda garantizado por la misma es el **acreedor hipotecario**.

Obligación garantizada Puede quedar garantizada en virtud de hipoteca **todo tipo de** 1613
obligación, sea presente o futura, pura o sujeta a condición suspensiva o resolutoria.

1614 **Objeto de la garantía** (CC art.1874 s.; LH art.106 s.; LHMPSD art.12) La hipoteca **inmobiliaria** u ordinaria tiene por objeto bienes inmuebles o derechos reales que recaen sobre bienes inmuebles (p.e., un derecho de superficie sobre un terreno), incluso cabe la posibilidad de hipotecar un bien que ya se encuentra hipotecado.
La hipoteca inmobiliaria **se extiende** a los objetos que se especifica en la escritura de hipoteca (p.e., indemnizaciones de seguros por siniestros ocurridos en la vivienda hipotecada), aunque por lo general se hace una remisión a la LH art.110 y 111 sobre qué comprende y qué no comprende el derecho de hipoteca.

1615 La hipoteca **mobiliaria** solo puede tener por objeto los siguientes bienes:
• **establecimiento mercantil**, entendido como la explotación o negocio desarrollado en él y no el inmueble en sí, ya que en tal caso sería una hipoteca inmobiliaria;
• **automóviles** y otros vehículos de motor, así como los tranvías y vagones de ferrocarril, de propiedad particular;
• **aeronaves**;
• **maquinaria industrial**; y
• la **propiedad intelectual** y la **industrial** (p.e., marca comercial).

1616 **Responsabilidad hipotecaria** La responsabilidad hipotecaria es la cuantía de la deuda asegurada, el **importe máximo** por el que responde el objeto gravado por la hipoteca.
La financiación es una obligación de cuantía indeterminada en el momento de su otorgamiento, ya que al importe de principal por el que se otorga, hay que sumar el de los intereses y demás costes que se devengan a lo largo de la vida de la financiación hasta su vencimiento final.
Por ello, es necesario establecer un importe de afección máxima del objeto de la hipoteca.
Partiendo de este concepto, la responsabilidad hipotecaria máxima se determina por la **suma** de los siguientes conceptos:
- **principal**: importe por el que se solicita y concede la financiación (p.e., 5.000.000 euros);
- **intereses ordinarios** o remuneratorios;
- **intereses moratorios** o de demora. A estos efectos, en ningún caso puede pactarse que la hipoteca asegure intereses por plazo superior a cinco años (LH art.114); y
- **costas y gastos** derivados de la ejecución.

1617 Normalmente, la responsabilidad hipotecaria máxima se calcula añadiendo al importe del préstamo hipotecario un **porcentaje** que cada entidad establece libremente, si bien, por regla general, suele oscilar entre el 30%-50% del principal del préstamo, de manera que la responsabilidad hipotecaria máxima es un 130-150% del importe del principal.
El concepto de responsabilidad hipotecaria máxima se aplica tanto para la hipoteca mobiliaria como la inmobiliaria, de manera que la **inscripción** de hipoteca debe reflejar una cifra máxima de responsabilidad asegurada.

1618 **Distribución de la responsabilidad hipotecaria máxima** En garantía de una financiación, pueden hipotecarse diversos elementos. El ejemplo paradigmático en este sentido es el denominado **préstamo o crédito promotor**, por el que se otorga al promotor y/o constructor una financiación para la construcción de diversos elementos inmobiliarios sobre los que se constituirá la hipoteca para garantizar la devolución de la financiación.
En estos casos, procede una distribución de la responsabilidad hipotecaria total, de manera que cada uno de los elementos hipotecados responde de manera proporcional por cierto importe de principal, intereses ordinarios y de demora y costas.

1619 **Formalización** (LH art.3; LHMPSD art.3) La hipoteca **inmobiliaria** requiere para su válida constitución y eficacia frente a terceros:
- otorgamiento en **escritura pública** ante notario; e
- inscripción en el **Registro de la Propiedad** que corresponde al lugar donde radica la finca o derecho real objeto de la hipoteca.
No es posible la constitución de hipoteca mediante documento privado o póliza intervenida ante notario público.
La hipoteca **mobiliaria** requiere:
- otorgamiento de **escritura pública** ante notario; e
- inscripción en el **Registro de Bienes Muebles**.
No es posible la constitución de hipoteca mobiliaria mediante documento privado o póliza intervenida ante notario.

Rango de la hipoteca El rango de la hipoteca significa su preferencia como garantía frente a otras de igual naturaleza y en especial en cuanto a la posibilidad de su ejecución. 1620

Esto cobra especial sentido si partimos de la base de que un bien hipotecado puede volver a ser hipotecado en garantía de la misma deuda y del mismo acreedor, o en garantía de una deuda y acreedor distinto.

Por ello, el rango registral lo determina la **prioridad en el tiempo**, esto es, la hipoteca cuya fecha de inscripción es anterior en el tiempo, es hipoteca de **primer rango**, y la siguiente hipoteca que en su caso se constituya sobre el mismo inmueble es una hipoteca de **segundo rango**, y así sucesivamente.

En caso de **ejecución** hipotecaria, el acreedor hipotecario bajo la hipoteca de primer rango es quien tiene preferencia para cobrar su crédito con el remate o importe obtenido en la venta del objeto hipotecado.

Costes derivados de su otorgamiento La constitución de una hipoteca lleva aparejados una serie de gastos notariales, tributarios, así como, en su caso, registrales y de gestoría. 1621

Precisiones La **distribución** del pago de los **gastos** derivados de la constitución de hipotecas con **consumidores** se vio modificada por la L 5/2019 reguladora de los contratos de crédito inmobiliario, vigente desde el 16-6-2019. Según la regulación contenida en su artículo 14, los gastos derivados de la constitución de la hipoteca que corresponden a la parte prestataria o hipotecante son los de tasación del inmueble y el de copia de la escritura de hipoteca -si es él el que la solicita-, imputándose a la parte prestamista todos los demás (p.e., aranceles notariales y gastos de registro).

Gastos notariales (RD 1426/1989) Para los supuestos de otorgamiento de garantías los aranceles notariales se calculan aplicando cierto importe sobre el total de la **responsabilidad** total garantizada; en este caso, la hipotecaria. 1622

Si la responsabilidad total hipotecaria supera la suma de **6.010.121,04 euros**, los honorarios del notario serán los libremente pactados entre las partes y el notario.

Gastos de inscripción en registros públicos Aproximadamente son del **0,02%** de la responsabilidad hipotecaria total. 1623

No obstante, en el caso de inscripción de hipoteca inmobiliaria en el **Registro de la Propiedad**, estos costes varían significativamente dependiendo del número de inmuebles o derechos reales inmobiliarios objeto de hipoteca.

Impuesto de Actos Jurídicos Documentados La escritura de hipoteca está sujeta a la modalidad de AJD del ITPAJD, y tributa al **tipo** de gravamen establecido por las Comunidades Autónomas o, en su defecto, al 0,5% calculado sobre la base imponible constituida por el importe total de la suma asegurada, esto es, la responsabilidad hipotecaria máxima. 1624

El impuesto se devenga en el momento en que se otorga la escritura pública de hipoteca, incluso en el caso de que se trate de una hipoteca sujeta a **condición suspensiva** (DGT Resol 6-6-06).

Precisiones Hay que tener presente las **modificaciones** en el régimen del **sujeto pasivo** del Impuesto de Transmisiones Patrimoniales y Actos Jurídicos Documentados establecidas por el RDL 17/2018, que pasa a ser la parte prestamista en vez de la parte prestataria. Dichas modificaciones son aplicables para todas aquellas operaciones escrituradas desde el 10-11-2018, sin que esta norma establezca efecto retroactivo alguno al respecto.

Gastos de gestoría Son los gastos derivados de encomendar a la gestoría los trámites de liquidación de impuestos y la inscripción en los registros públicos correspondientes. 1625

Nada obsta para que estos trámites sean realizados directamente por el financiado, o por la misma notaría cuando presta servicios de gestión.

Ejecución hipotecaria (LEC; LH art.129 s.; RH art.222 s.; LHMPSD art.81 s.) Al ser la hipoteca un derecho real de garantía y de realización de valor, la ejecución de la hipoteca es el **procedimiento ejecutivo** a través del cual se ordena la **venta** del bien gravado con la hipoteca por incumplimiento del deudor/financiado de las obligaciones garantizadas con la hipoteca. 1626

La realización o venta del bien tiene lugar mediante **pública subasta**.

El procedimiento para la ejecución de la **hipoteca inmobiliaria** tiene, básicamente, dos modalidades:

- judicial; y
- extrajudicial.

En cuanto a la **hipoteca mobiliaria**, el esquema es prácticamente el mismo, de manera que el acreedor hipotecario ejecutante puede optar entre:

• **Procedimiento de ejecución forzosa** regulado en la LEC art.571 s.

• **Procedimiento especial** para la ejecución de bienes hipotecados o pignorados, regulado en la LEC art.681 s.
• **Procedimiento de ejecución extrajudicial** regulado en la LHMPSD art.81 s., si así se ha pactado.

1627 **Procedimiento judicial** Dentro de esta primera modalidad, podemos distinguir asimismo las siguientes **opciones**:
• Procedimiento **declarativo ordinario** que corresponda según la cuantía que se reclame. Está vía es la menos frecuente en la práctica.
• Procedimiento **ejecutivo ordinario**, regulado en la LEC art.571 s.
• Procedimiento **hipotecario directo**, regulado en la LEC art.681 s. Entre las especialidades que implica este procedimiento, está la necesidad de que en la escritura de hipoteca se hagan constar los siguientes extremos (LEC art.682 redacc RDL 6/2023):
- el precio en que los interesados tasan la finca o bien hipotecado, para que sirva de tipo en la subasta, que no puede ser inferior, en ningún caso, al 75% del valor señalado en la tasación realizada conforme a lo previsto en el RDL 24/2021 art.18; y
- un domicilio, que fija el deudor, para la práctica de los requerimientos y de las notificaciones.

1628 **Procedimiento extrajudicial ante notario** (LH art.129; RH art.234 s.) Posibilidad que implica que es ante un notario y no ante una autoridad judicial ante quien se celebran la(s) subasta(s) correspondiente(s).

1629 **Causas de vencimiento anticipado de la hipoteca** Son aquellos supuestos de **incumplimiento** por parte del financiado bajo el contrato de financiación que implican la posibilidad de ejecución de la hipoteca por parte del acreedor hipotecario.
No todo incumplimiento del financiado faculta al financiador/acreedor hipotecario para proceder a la ejecución (judicial o extrajudicial) de la hipoteca.
Las cláusulas de vencimiento anticipado deben ser inscritas, junto con las condiciones esenciales de la financiación, en el **Registro de la Propiedad**, pero no todas estas cláusulas son inscribibles.

1630 De conformidad con los criterios establecidos por la Dirección General de Registros y del Notario, son **inscribibles**, entre otras, las siguientes cláusulas de vencimiento anticipado:
• **Impago** de cualquier importe debido o adeudado bajo la financiación (principal, intereses, etc.), siempre que esté garantizado con la hipoteca y no expresamente excluido de su cobertura (p.e., el impago de las cuotas de amortización del préstamo o crédito).
• **Incumplimiento** de ciertas **obligaciones** contraídas por el financiado o deudor en relación directa con el objeto de la hipoteca (p.e., la no realización de obras necesarias o acordadas, o el impago de impuestos o cuotas de comunidad de propietarios que gravan directamente el inmueble, ya que las garantías legales de estas obligaciones son preferentes a la hipoteca).

1631 • **Incumplimiento** de la obligación de **notificar al acreedor hipotecario** los hechos que perjudican la finca, los actos de enajenación y el supuesto de expropiación del inmueble.
• **Disminución** del valor del objeto de la hipoteca en un porcentaje notable (p.e., una disminución del 20 o 30%), si el deudor no amplía la hipoteca a otros bienes suficientes.
• Existencia en el Registro, en el momento de la inscripción de la hipoteca, de **gravámenes** no mencionados en la escritura y preferentes a la hipoteca (p.e., existencia de una hipoteca de mejor rango o la existencia de un embargo).

1632 **Cancelación de la hipoteca** Procede la cancelación de la hipoteca cuando se han **satisfecho íntegramente** todos los importes debidos bajo la financiación y cuyo pago estuviera cubierto o garantizado con la hipoteca.

Precisiones Existen no obstante algunas matizaciones al respecto. Piénsese en el caso de pago al acreedor hipotecario por parte del **hipotecante no deudor**. En este caso, este último puede liberar su finca de la carga hipotecaria, pero el deudor sigue teniendo la deuda frente al hipotecante no deudor que ha pagado por él.
Asimismo, cabe también la posibilidad de **renuncia** expresa por parte del acreedor hipotecario a la hipoteca a su favor constituida a pesar de que no se haya satisfecho la obligación que servía de causa para dicha hipoteca.

1633 Se distingue entre dos tipos de cancelación:
- económica; y
- registral, distinguiéndose en este caso, entre la de la hipoteca inmobiliaria inscrita en el Registro de la Propiedad (nº 1635 s.) y la de la hipoteca mobiliaria inscrita en el Registro de Bienes Muebles (nº 1638).

Cancelación económica Se produce *de facto* cuando todas las cantidades debidas por el deudor bajo la financiación han sido debidamente abonadas, **no** quedando importe alguno **pendiente de pago**. 1634
La cancelación económica no produce la cancelación automática de la hipoteca en el **Registro de la Propiedad**, de manera que es posible que una hipoteca cancelada económicamente por el deudor permanezca inscrita en el Registro de la Propiedad por no haberse realizado los trámites necesarios para su cancelación registral.

Cancelación registral de hipoteca inmobiliaria inscrita Únicamente cuando tiene lugar la cancelación económica de una hipoteca puede solicitarse la cancelación registral de la misma, liberando así el objeto de la hipoteca de dicha carga o gravamen. 1635
La cancelación registral de la hipoteca no se produce de oficio por el Registrador de la Propiedad, sino que es un acto jurídico formal que requiere la previa cumplimentación de los siguientes **requisitos**:
a) Emisión de certificado por parte del financiador y acreedor hipotecario que acredita que la deuda ha sido debidamente pagada. Esto es lo que se conoce en la práctica como **certificado deuda cero**. En él el financiador debe declarar que la deuda ha sido debidamente amortizada, no teniendo nada más que reclamar al deudor por la misma.

b) Consentimiento del acreedor hipotecario otorgado en virtud de **escritura pública** de cancelación o documento fehaciente equivalente. Si son varios los acreedores hipotecarios en virtud de una misma hipoteca, todos ellos deben prestar su consentimiento a la cancelación. 1636
Esta cancelación está sujeta a la modalidad de AJD, pero **exenta** de pago.
También cabe la posibilidad de cancelación vía **resolución judicial**, lo que normalmente tiene lugar en el marco de un procedimiento judicial en el que la existencia o subsistencia de una hipoteca es un hecho controvertido que ha sido sometido al arbitrio de los tribunales.
c) Inscripción de la escritura de cancelación en el **Registro de la Propiedad**, lo que supone la cancelación del asiento de hipoteca correspondiente.

En cualquier caso, la cancelación de la hipoteca puede ser: 1637
- **total**, lo que ocurre cuando la obligación subyacente garantizada ha sido totalmente satisfecha; o
- **parcial**, cuando tras ciertos pagos la obligación garantizada ha sido satisfecha en parte.

Con carácter general, la cancelación parcial se practica cuando la deuda ha sido parcialmente pagada y el hipotecante, sea el propio deudor o un tercero no deudor, quiere liberar parcialmente el objeto de la hipoteca de dicho gravamen, lo que ocurre en el caso de que quiera hacer más atractivo el activo frente a posibles transacciones o simplemente cuando quiera constituir nuevas cargas sobre dicho bien.

Cancelación registral de la hipoteca mobiliaria inscrita Las inscripciones de hipoteca mobiliaria en el Registro de Bienes Muebles caducan y se cancelan de oficio o a instancia de parte una vez transcurridos **seis años** contados a partir de la fecha del vencimiento de la obligación garantizada. 1638

d. Prenda

La prenda es el derecho real de garantía en virtud del cual una persona grava un bien de su propiedad en garantía de una obligación principal propia o ajena, contraída previa o simultáneamente a la constitución de la prenda, de manera que producido el vencimiento de la obligación principal sin que esta haya sido debidamente cumplida, el acreedor pignoraticio puede instar la **venta forzosa** del bien objeto de la prenda o pignorado, o un procedimiento equivalente en atención al objeto de la prenda para, con el montante obtenido, proceder a la satisfacción de la obligación garantizada. 1640
La prenda, a diferencia de la hipoteca, solo puede recaer sobre cosas **muebles**, aunque la variedad de elementos que pueden ser objeto de prenda es muy amplia.

Clases Existen dos tipos de prenda: 1641
- ordinaria o con desplazamiento posesorio; y
- sin desplazamiento de la posesión.

Prenda con desplazamiento posesorio (CC art.1857 s.) En sentido estricto, esta prenda implica que el pignorante, dueño de la cosa pignorada, entrega la posesión de la misma al acreedor en garantía del pago de la deuda, pero conservando su **propiedad**. 1642

En caso de cumplimiento total y satisfactorio de la obligación principal garantizada, el acreedor pignoraticio devuelve la posesión de la cosa dada en prenda al pignorante; y en caso de incumplimiento, se procede a la enajenación forzosa de la cosa pignorada para, con el valor obtenido en la misma, proceder al pago de la deuda.
El desplazamiento posesorio es **necesario** para la válida constitución y eficacia de la prenda ordinaria -y exigido por el CC art.1863-.

1643 Se analizan, a continuación, algunas prendas ordinarias concretas, muy **frecuentes** en el mercado español, que confirman lo anterior.
Prenda de acciones. En este caso el pignorante, con el objeto de cumplir con la obligación de desplazamiento posesorio, hace entrega al acreedor pignoraticio del **título** representativo de las acciones, que queda en poder del acreedor pignoraticio hasta el total cumplimiento de las obligaciones garantizadas.
La constitución de la prenda queda anotada por el **notario** ante quien se otorga la garantía en el título de propiedad de las acciones.

1644 Si las acciones son **nominativas**, el acreedor pignoraticio tiene derecho a obtener un certificado emitido por el secretario de la sociedad cuyas acciones se pignoran de la inscripción de su derecho en el **libro registro de acciones nominativas**.
Si las acciones están representadas mediante **anotaciones en cuenta**, la constitución de esta prenda tiene lugar mediante la inscripción en el registro contable que corresponda. Esta inscripción desempeña las funciones de certeza de la fecha de la prenda mediante instrumento público o certeza documental (CC art.1865), así como las funciones propias del desplazamiento posesorio (CC art.1863; LMV art.12).

1645 **Prenda de participaciones sociales**. Dado que las participaciones no pueden representarse por títulos valores ni anotaciones en cuenta, en estos casos el requisito del desplazamiento posesorio se cumple mediante la anotación de la prenda por el **notario** ante quien se otorga la garantía en el título de propiedad de las participaciones.
La prenda queda además anotada en el **libro registro de socios**.
El acreedor pignoraticio tiene asimismo derecho a obtener un **certificado** del secretario o persona que cumple funciones equivalentes en la sociedad cuyas participaciones se pignoran, que acredita que dicha sociedad tiene constancia de la creación de la prenda de participaciones y que la misma ha sido debidamente inscrita en el libro registro de socios.

1646 **Prenda de derechos de crédito**. En este caso, lo que se pignora es el derecho de crédito que el pignorante tiene frente a un tercero o incluso frente al propio acreedor garantizado, en virtud de una relación o vínculo jurídico-económico distinto de la financiación que ahora se garantiza.
El desplazamiento posesorio puede llevarse a cabo mediante la **comunicación** al deudor bajo dichos derechos de créditos pignorados de la constitución de la prenda.
Si el deudor comparece en el propio contrato de prenda (p.e., porque es una sociedad filial del financiado-pignorante) se da por notificado de la constitución de la garantía mediante la **firma** del mismo contrato de prenda.
Cuando el deudor bajo los derechos de crédito pignorados es ajeno a la financiación y por ende al contrato de prenda, se requiere al **notario** ante quien se otorga la correspondiente prenda para que notifique la misma al deudor por cualquier medio fehaciente.

1647 Un caso muy frecuente en la práctica es la prenda de los derechos de crédito que ostenta el pignorante sobre el saldo de **cuenta bancaria** domiciliada en una entidad bancaria que en este caso resulta ser el acreedor pignoraticio:

Ejemplo El «Banco A» otorga una financiación de 100.000 euros a la «Sociedad A», y esta, en garantía de la devolución de dicho importe, pignora los derechos de crédito que ostenta sobre el saldo de la cuenta bancaria abierta y domiciliada en el propio Banco A (financiador y acreedor garantizado al mismo tiempo). En tal caso, el **desplazamiento posesorio** se produce en unidad de acto con el otorgamiento de la prenda ya que el Banco, como depositario de los derechos de crédito que se pignoran, se da por notificado de la existencia de la prenda mediante la firma del propio contrato.

1648 **Prenda sin desplazamiento de la posesión** Partiendo del concepto básico de prenda, en la prenda sin desplazamiento de la posesión se producen los efectos típicos de la prenda como garantía real, pero sin necesidad del desplazamiento posesorio, físico, material o simbólico, de la cosa pignorada a favor del acreedor pignoraticio.

Normativa reguladora La prenda **ordinaria** se rige por las disposiciones contenidas al efecto en el CC art.1857 s., sin perjuicio de las contenidas en otras normas de distinta naturaleza (p.e., fiscal o tributaria) que de manera tangencial afectan al derecho real de prenda. 1649
La prenda **sin desplazamiento** se rige por la Ley de Hipoteca Mobiliaria y Prenda sin Desplazamiento (LHMPSD) sin perjuicio de las disposiciones contenidas en otras normas de distinta naturaleza (p.e., fiscal o tributaria) que de manera tangencial afectan al derecho real de prenda.

Partes **Pignorante** es la persona que constituye la prenda a favor del acreedor, y necesariamente ha de: 1650
- ser el propietario de la cosa que se pignora; y
- tener la libre disposición de la cosa, esto es, no estar afectado por alguna limitación o prohibición de disponer.

El pignorante puede ser el mismo deudor, que pignora o grava una cosa de su propiedad para garantizar una deuda propia (pignorante deudor), **o** un **tercero** ajeno a la obligación principal, pero que normalmente guarda algún tipo de relación con el deudor, que grava una cosa de su propiedad en garantía de una deuda ajena (pignorante no deudor).
La persona a cuyo favor se constituye la prenda y que queda garantizado por la misma es el **acreedor pignoraticio**.

Obligación garantizada Puede quedar garantizada en virtud de prenda **todo tipo** de obligación, sea presente o futura, pura o sujeta a condición suspensiva o resolutoria. 1651
En el **documento de constitución** de la prenda debe quedar perfectamente identificada la obligación garantizada mediante la misma.
No obstante, al igual que ocurre con la hipoteca, la obligación garantizada no tiene por qué estar perfectamente determinada o delimitada, sino que puede quedar delimitada en un momento posterior.
A diferencia de lo que ocurre con la hipoteca inmobiliaria, la prenda no requiere la fijación de una **responsabilidad** pignoraticia **máxima**.

Objeto de la garantía (CC art.1864; LHMPSD art.52 s.) Pueden ser objeto de la **prenda ordinaria** las cosas muebles que están en el comercio, con tal de que sean susceptibles de posesión. 1652
Todas las cosas que no pueden ser objeto de prenda sin desplazamiento, pero son pignorables, deben ser objeto de prenda ordinaria.
La **prenda sin desplazamiento posesorio** solo puede tener por objeto los bienes o derechos a tal efecto indicados legalmente (LHMPSD art.52 s.), entre los que destacan los siguientes:
• Frutos.
• Maquinaria claramente identificable por características propias tales como marca y modelo.
• Materias primas almacenadas.
• Objetos de valor artístico, individualmente considerados o cuando formen parte de una colección.
• Créditos y demás derechos derivados de contratos, licencias, concesiones administrativas o subvenciones públicas.
• Derechos de crédito, presentes o futuros, siempre que no estén representados por valores y no constituyan instrumentos financieros.

Caso particular de prenda de acciones/participaciones sociales En la prenda de acciones/participaciones sociales, y en relación a su extensión, es habitual encontrar ciertas **cláusulas** en la práctica de mercado: 1653
Extensión en caso de aumentos de capital o equivalente. Es habitual estipular que la prenda se extiende a cualesquiera derechos, títulos, garantías, activos (materiales o inmateriales) o fondos que reemplacen o sustituyan en cualquier momento a las acciones/participaciones pignoradas en caso de **fusión, disolución**, ampliación o reducción de capital, conversión o canje, **transformación, escisión** o cualesquiera otras causas similares que afecten a las acciones/participaciones pignoradas.
En particular, para el supuesto de aumento de capital, es habitual pactar la extensión automática de la prenda a las nuevas acciones/participaciones **suscritas**. En tales casos, el pignorante se compromete a otorgar cuantos documentos públicos o privados sean precisos o convenientes para formalizar o perfeccionar la extensión de la prenda.

Carácter anticrético de la prenda. La anticresis es el derecho real de garantía en virtud del cual el acreedor garantizado tiene derecho a recibir los frutos de un inmueble de su deudor. 1654
Otorgar dicho carácter a la prenda de acciones/participaciones implica pactar la extensión de la prenda al derecho de crédito a los **dividendos**, distribuciones y cualquier otro rendimiento de carácter económico derivado de las acciones/participaciones pignoradas.

Indisponibilidad de las acciones/participaciones pignoradas. Es habitual pactar que el pignorante no puede, sin **consentimiento** previo por escrito del acreedor pignoraticio, enajenar vender, transmitir, constituir cargas o gravámenes, pignorar (mediante prendas de igual o ulterior rango), constituir usufructos, ni ningún derecho de opción o restricción a su libre transmisibilidad, canjear ni disponer de las acciones/participaciones pignoradas, de cualquier otro modo, directa o indirectamente, ni reducir el capital social.

1655 **Estructura de la garantía pignoraticia** Sin perjuicio del objeto concreto sobre el que recaiga la prenda, esta se puede estructurar de diferentes maneras, cuestión que cobra especial relevancia en los supuestos de pluralidad de acreedores pignoraticios, esto es, en los casos de financiación sindicada.

1656 **Prenda única** Se constituye una única prenda sobre la cosa pignorada en favor de todos los acreedores pignoraticios sin distinción alguna.

1657 **Prenda por porcentajes** En este caso, un porcentaje de la cosa objeto de la prenda se pignora a favor de un acreedor pignoraticio, otro porcentaje se pignora a favor de otro acreedor pignoraticio, y así sucesivamente hasta que todos los acreedores pignoraticios quedan garantizados **en proporción** a su crédito.
La validez y aceptación doctrinal y práctica de esta modalidad no plantea ninguna problemática.

1658 **Prendas concurrentes** Supone la constitución a favor de los acreedores pignoraticios de tantas prendas **individuales** como acreedores pignoraticios hay.
La admisibilidad de esta modalidad tampoco plantea problemas en relación a su validez y ejecutabilidad.
En la práctica comercial, también se dan supuestos de constitución de **prendas de primer y segundo rango** sobre un mismo objeto a favor de un mismo acreedor en garantía de distintos créditos, así como a favor de acreedores pignoraticios distintos, por analogía con el rango en el derecho real de hipoteca.

1659 **Formalización** (CC art.1865) La prenda **ordinaria** no necesita otorgarse en escritura pública para su válida constitución. No obstante, se supedita su eficacia frente a terceros a que la certeza de la fecha conste en instrumento público. Por ello, pueden otorgarse en **acta notarial escritura pública** y **póliza mercantil**. La póliza mercantil tiene ciertas ventajas fiscales frente a la escritura pública (no hay gravamen por AJD), y no requiere la unidad de acto en su otorgamiento que si requiere la escritura pública. Sin perjuicio de lo anterior, la certeza documental también es imprescindible para que el acreedor pignoraticio pueda hacer valer su derecho a efectos de ejecución de la prenda, así como en caso de concurso de acreedores del pignorante. La prenda ordinaria **no** requiere de **inscripción** en registro público.
La **prenda sin desplazamiento** posesorio debe otorgarse en escritura pública o en póliza intervenida por notario. Tal documento debe ser inscrito en el Registro de Bienes Muebles que dependen de los registradores de la propiedad, mercantiles y de bienes muebles.

1660 **Costes derivados de su otorgamiento** La constitución de una prenda lleva aparejados una serie de gastos notariales, tributarios, así como, en su caso, registrales y de gestoría.

1661 **Gastos notariales** Para los supuestos de otorgamiento de garantías los aranceles notariales se calculan aplicando cierto importe sobre el total de la **responsabilidad** total garantizada; en este caso, la pignoraticia.
Si la responsabilidad total pignoraticia supera la suma de **6.010.121,04 euros**, los honorarios del notario serán los libremente pactados entre las partes y el notario.
Asimismo, se han de tener en cuenta, en su caso, los gastos de **inscripción** en registros públicos.

1662 **Impuesto de Actos Jurídicos Documentados (AJD)** La **escritura** de prenda está sujeta a la modalidad de AJD del ITP y AJD, y sirve de base el valor declarado, sin perjuicio de la comprobación administrativa.
La base imponible en los derechos reales de garantía está constituida por el importe de la obligación o capital garantizado, y tributa al **tipo** de gravamen establecido en las Comunidades Autónomas, o, en su defecto, al 0,5%.
El impuesto se devenga en el momento en que se otorga la escritura pública de prenda.
Las **pólizas** de prenda intervenidas por notario no están sujetas a la modalidad de AJD.

Gastos de gestoría Son los gastos derivados de encomendar a la gestoría los trámites de liquidación de impuestos y la inscripción en los registros públicos correspondientes. 1663
Nada obsta para que estos trámites sean realizados directamente por el financiado, o por la misma notaría cuando presta servicios de gestión.
Normalmente, se pacta en el contrato de prenda que es el **financiado** quien asume los gastos y costes derivados del otorgamiento de la misma, de cualquier naturaleza, incluidos los derivados de una posible ejecución pignoraticia.

Ejecución pignoraticia (LEC; CC art.1872; CCom art.322; LPHPSD art.94 s.) Dado que la prenda es un derecho real de garantía y de realización de valor, la ejecución de la prenda es el **procedimiento ejecutivo** a través del cual se ordena la venta del bien que está gravado con la prenda por incumplimiento del deudor /financiado de las obligaciones garantizadas. 1664
La realización o venta del bien tiene lugar mediante **pública subasta**.
Esquemáticamente, el **procedimiento** para la ejecución de la prenda tiene fundamentalmente dos modalidades:
a) Procedimiento **judicial**. Dentro de esta primera modalidad, podemos distinguir asimismo las siguientes opciones:
- el procedimiento **ejecutivo ordinario**; y
- el procedimiento **hipotecario directo**.
b) Procedimiento **extrajudicial ante notario**: posibilidad expresamente reconocida para la prenda sin desplazamiento.

Causas de vencimiento anticipado Los **incumplimientos** por parte del financiado determinan la posibilidad de ejecución de la prenda por parte del acreedor pignoraticio. 1665
Sin embargo, no todo incumplimiento del financiado bajo el contrato de financiación facultará al financiador/acreedor pignoraticio para proceder a la ejecución (judicial o extrajudicial) de la prenda. Normalmente la ejecución se despacha por el incumplimiento de obligaciones de **pago** o de relevancia equivalente bajo el contrato de financiación.

Cancelación de la prenda Cuando se ha **satisfecho** íntegra e irrevocablemente la obligación garantizada con una prenda, procede la cancelación de la misma. 1666
En cuanto a la cancelación de la **prenda sin desplazamiento** inscrita en el Registro de Bienes Muebles, al igual que ocurre con la hipoteca mobiliaria, el asiento practicado está sujeto a un plazo de **caducidad**. En concreto, el asiento de prenda sin desplazamiento caduca a los tres años contados desde la fecha de vencimiento de la obligación garantizada.

e. Promesas de prenda e hipoteca

(CC art.1862)

La promesa de constituir prenda e hipoteca no es sino el **compromiso** adquirido por el **deudor**, promitente de la prenda o hipoteca, de constituir la prenda o hipoteca en un futuro a favor del acreedor/financiador, con el objeto de asegurar las obligaciones derivadas del contrato de financiación y/o documentos de la financiación en su caso. 1670
Este compromiso puede adquirirse en virtud del propio contrato de financiación, o a través de otro documento de garantías independiente en el que:
- solo se recojan promesas de garantía, de manera que al tiempo de otorgamiento de la financiación no se haya otorgado de manera efectiva **ninguna garantía**; o
- junto con el otorgamiento efectivo de ciertas garantías, el deudor y/o garante(s) otorguen la promesa de constituir ciertas **garantías adicionales**.

Precisiones Las **razones** que pueden dar lugar al otorgamiento de una promesa de prenda o hipoteca son diversas. Así, puede ser que, al tiempo de concesión de la financiación, el financiado no dispone de la cosa objeto de la promesa de prenda o hipoteca, pero prevé que dispondrá de la misma en el futuro, por lo que promete que constituirá la garantía una vez esto ocurra. 1671
Asimismo, puede ser una manera de cubrir **riesgos futuros** para el financiador, para el caso de que las cosas dadas en garantía se deprecien en tal forma que ya no sean suficientes para cubrir su crédito: en tal caso, exigirán la promesa de otorgar nuevas garantías en la cuantía suficiente para que, junto con las garantías inicialmente otorgadas, cubran el riesgo del financiador garantizado.
Finalmente, uno de los motivos más frecuentes para el otorgamiento de una promesa de hipoteca, es diferir a un momento posterior el pago del **impuesto** que por **Actos Jurídicos Documentados** corresponde derivado de la responsabilidad hipotecaria total. En algunos casos, esta cuota puede ser alta de manera que el financiado (obligado con carácter general a su pago de conformidad al contrato de financiación) solicita un plazo con el objeto generar la tesorería suficiente para abonar, en su caso, la cuota devengada por el otorgamiento de la hipoteca.

1672 La promesa de prenda e hipoteca solo produce **acción personal** entre los contratantes (promitente y beneficiario de la promesa), sin perjuicio de la responsabilidad criminal en que incurre el que defrauda a otro ofreciendo en prenda o hipoteca como libres las cosas que sabe que están gravadas, o fingiéndose dueño de las que no le pertenecen.
Con carácter general, las promesas de prenda e hipoteca se sujetan a:
- condición suspensiva;
- plazo; o
- simple requerimiento del acreedor asegurado.

1673 **Condición suspensiva** En este caso, el otorgamiento efectivo de la prenda e hipoteca queda subordinado al acaecimiento de un **suceso futuro e incierto**, de manera que, producido este, el deudor viene obligado a su otorgamiento en las condiciones previstas en la promesa de prenda o hipoteca.
Por ejemplo, en caso de ampliación de la **participación** del financiado en el **capital** social de alguna sociedad filial (de la que hasta la fecha solo ostenta el 60% de su capital social), el financiado promete constituir prenda sobre las nuevas acciones o participaciones adquiridas en virtud de la ampliación.

1674 **Plazo** En este caso, se difiere a un **momento posterior** a la concesión de la financiación el otorgamiento de la garantía, pero se sabe con certeza que dicha garantía pignoraticia o hipotecaria será otorgada finalmente.
Por ejemplo, el financiado se obliga a constituir hipoteca inmobiliaria de primer rango sobre un inmueble de su propiedad a favor del financiador, y en garantía de la devolución de la financiación, al cumplirse **un año** desde la concesión de la misma.

f. Otras garantías

1675 **Garantías financieras** (RDL 5/2005 art.5 s.) A través de esta modalidad de garantías se pretende constituir un esquema de garantías más sencillas para este tipo de operaciones financieras, **menos costosas** que otras analizadas con anterioridad, y con un régimen de ejecución sensiblemente más sencillo.
Los **requisitos** para que puedan constituirse estas garantías son:
a) Que las **obligaciones subyacentes** constituyan obligaciones financieras, entendido en un sentido esencialmente económico.
b) Que al menos uno de los **sujetos** de la operación sea una **entidad financiera**.
c) Que el **objeto** de la garantía sea:
- efectivo (en cualquier divisa);
- valores negociables y otros instrumentos financieros; o
- derechos de crédito, entendiéndose por tales los derechos pecuniarios derivados de un acuerdo en virtud del cual una entidad de crédito otorga un crédito en forma de contrato de préstamo o de crédito.

1676 **Modalidades** Las dos modalidades de garantía financiera que ofrece su normativa reguladora son:
a) **Pignoración de un bien**. Esta garantía se rige por las reglas propias de la prenda manual o con desplazamiento posesorio (CC art.1857 s.), con las particularidades que se recogen en el propio RDL 5/2005.

1677 b) **Transmisión de la propiedad de un bien dado en garantía**. Por ejemplo, la **venta en garantía**, que es la venta que hace el deudor al acreedor, transmitiéndole la propiedad de la cosa, con la obligación de retransmitírsela cuando el deudor cumpla íntegramente la obligación garantizada.
Aunque el acreedor recibe la propiedad de la cosa, lo hace en concepto de garantía, luego **no tiene plena disponibilidad sobre la cosa**.
El precio de la cosa en este caso no existe en puridad, sino que se corresponde con el capital que el acreedor presta al deudor.

1678 **Pacto de reserva de dominio** (L 28/1998 art.7.10) El pacto de reserva de dominio es una garantía que solo puede recaer sobre **bienes muebles** y consiste en que el transmitente de la cosa se reserva su propiedad hasta el total abono del pago del precio por parte del adquirente, cuando dicho pago ha quedado aplazado.
Hasta tal momento, lo único que transmite el vendedor es la **posesión** de la cosa.

Se trata simplemente de una **condición suspensiva**, que no afecta a la vigencia del contrato del que nace la obligación garantizada, sino tan solo al traslado del dominio de la cosa objeto de la compraventa.

Prohibición de disponer (L 28/1998 art.7.11) La prohibición de disponer consiste en la limitación impuesta al adquirente de **bienes muebles**, en que el precio al igual que el caso anterior ha quedado aplazado, por la que no puede enajenar o realizar cualquier otro acto de disposición en tanto no se haya pagado la totalidad del precio o reembolsado el préstamo, sin la **autorización** por escrito del vendedor o, en su caso, del financiador. 1679

Al igual que el pacto de reserva de dominio, se trata de una garantía propia de las ventas a plazos de bienes muebles, recogidas en la L 28/1998, que, para surtir efectos frente a terceros, deben ser inscritas en el **Registro de Venta a Plazos de Bienes Muebles**, dependiente de los Registros de la Propiedad y Mercantiles.

CAPÍTULO 5

Contenido típico del contrato de compraventa

A. **Consideraciones generales** 1705 **1700**
B. **Aspectos formales** 1710
C. **Contenido y estructura** 1715
D. **Partes y representación** 1760
E. **Objeto: acciones o activos** 1775
1. Compraventa de acciones/participaciones sociales 1777
2. Compraventa de activos 1783
F. **Responsabilidad de las partes** 1805
G. **Miscelánea** 1810
H. **Ley aplicable y jurisdicción** 1820
I. **Otros acuerdos** 1835

A. Consideraciones generales

El contrato de compraventa es aquel en virtud del cual una persona (ya sea física o jurídica) se obliga a entregar una cosa determinada a otra, comprometiéndose ésta última a pagar un precio cierto, en dinero o signo que lo represente (CC art.1445). Tanto una empresa (considerada como conjunto de elementos patrimoniales organizados para producir bienes o servicios), como las acciones o participaciones sociales, podrían quedar integradas en el concepto de **cosa determinada** que recoge el referido artículo. **1705**

Caracteres El contrato de compraventa es un contrato **consensual**, es decir, se perfecciona con el consentimiento de las partes. Es por ello que la consumación de los contratos de compraventa se rige por la normativa general de los contratos consensuales. **1706**
Las partes han de manifestar su **consentimiento** sobre dos aspectos fundamentales para que se produzca la perfección del contrato de compraventa (CC art.1450):
- la cosa objeto de compraventa; y
- el precio que se paga por ella.

Obligaciones de las partes Las obligaciones fundamentales de las partes son las siguientes: **1707**
a) Obligaciones del **vendedor**:
- Entregar la cosa vendida: ésta es una obligación esencial del contrato, pues sin ella, el contrato carece de su finalidad.
- Garantía por evicción y vicios o defectos de la cosa: es una consecuencia natural que, sin embargo, puede suprimirse por acuerdo entre las partes.
b) Obligaciones del **comprador**:
- Pagar el precio.
- Recibir la cosa comprada.

Compraventas mercantiles Dentro de nuestro ordenamiento jurídico contamos con una normativa especial para aquellas compraventas que se reputen como mercantiles (CCom art.325 y 326). **1708**
Estos artículos nos proporcionan una forma de distinción de los contratos mercantiles que, en la práctica, crea problemas de interpretación (TS 3-7-18, EDJ 511741). A mayor abundamiento, la doctrina española no es unánime en lo que a la delimitación de estos contratos se refiere.
Con carácter general, pueden reputarse como compraventa mercantil:
• La compraventa de cosas muebles realizadas con el **fin de lucrarse** en su reventa (CCom art.325).
• Las compraventas realizadas por **empresarios** a compradores que lo sean también siempre que éstos adquieran la cosa en el marco de su actividad económica.

Precisiones El **carácter mercantil o civil de la compraventa de empresa** ha sido un aspecto tradicionalmente controvertido, tanto doctrinal como jurisprudencialmente. En la TS 20-2-20, EDJ 511683, se analiza el carácter civil o mercantil de una compraventa de **acciones**. En dicha sentencia, después de recoger las principales corrientes jurisprudenciales a este respecto, el TS confirma que se trata de una compraventa civil, añadiendo que tal carácter deriva de las características del propio objeto del contrato, que supone la **venta parcial** de la titularidad de una sociedad (no se transmitía el 100% de las acciones), excluido por la misma naturaleza de tal objeto su consideración como mercantil. Añade además que no consta el propósito de reventa (tampoco consta la integración de las acciones sociales en el proceso productivo de la empresa, de la que no consta un objeto social destinado a la inversión).

1709 **Compraventas especiales** La regulación de la compraventa en dos textos normativos, esto es, por el Código Civil y por el Código de Comercio, ha provocado cierta confusión del sistema.

Asimismo, ha de tenerse en cuenta que existe legislación especial sobre determinadas materias entre las cuales podemos destacar, a modo de ejemplo:

• Normativa de **consumidores** contenidas en la L 7/1996, de ordenación del comercio minorista, modificada por la L 1/2010 y que se ha visto, a su vez, modificada por el RDL 6/2022, de 29 de marzo, por el que se adoptan medidas urgentes en el marco del Plan Nacional de respuesta a las consecuencias económicas y sociales de la guerra en Ucrania.

• Otras normas relativas a la protección de los consumidores, cuando son **compradores de mercancías**, introducidas por la Ley del consumidor (RDLeg 1/2007, por el que se aprueba el texto refundido de la Ley General para la Defensa de los Consumidores y Usuarios y otras leyes complementarias, modificada por la L 4/2022 de protección de los consumidores y usuarios frente a situaciones de vulnerabilidad social y económica).

B. Aspectos formales

1710 **Forma del contrato** (CC art.1261, 1278) En nuestro ordenamiento jurídico rige, con carácter general, el principio de **libertad** de forma. Así, «los contratos serán obligatorios, cualquiera que sea la forma en que se hayan celebrado, siempre que en ellos concurran las condiciones esenciales para su validez».

Estas **condiciones** son:

• Consentimiento de los contratantes.

• Objeto cierto que sea materia del contrato.

• Causa de la obligación que se establezca.

Por tanto, los contratos son válidos, cualquiera que sea su forma, siempre que concurran los tres requisitos anteriores. No obstante, nuestro sistema jurídico tiende a imponer la forma escrita por aportar mayor seguridad jurídica.

Este sistema se caracteriza por las siguientes notas:

a) Por regla general, el **consentimiento** de las partes es suficiente para formar el contrato.

b) Como **excepción**, ciertos contratos exigen además otro requisito:

- que exista una prestación como es el caso de los contratos reales;
- que se ejecuten en una forma determinada como es el caso de los contratos solemnes.

1712 Si bien es cierto que nuestro sistema jurídico establece el principio general de libertad de forma, también lo es que exige una **forma determinada** en algunos casos a efectos probatorios (CC art.1280) o a efectos constitutivos. Destacamos como ejemplos:

• La **donación** de **bienes inmuebles** solo será válida si se hace en escritura pública, expresándose en ella individualmente los bienes donados y el valor de las cargas que deba satisfacer el donatario (CC art.633).

• El **censo enfitéutico** sólo puede establecerse sobre bienes inmuebles y en escritura pública (CC art.1628).

1713 Dejando estos contratos aparte, en cuanto a los contratos de compraventa de acciones/participaciones sociales y los contratos de compraventa de activos que ahora nos ocupan, es cierto que en ellos impera la forma escrita. Además, respecto a sus **formalidades** podemos destacar lo siguiente:

a) Contratos de **compraventa de acciones/participaciones sociales**: la intervención del notario no es obligatoria en todos los casos, pero sí es muy habitual. Algunos ejemplos en los que la intervención del contrato de compraventa por un notario es preceptiva son:

- la compraventa de participaciones sociales (LSC art.106.1);
- la transmisión de acciones al portador, salvo que hubiese intervenido en la transmisión una agencia o sociedad de valores o una entidad de crédito (LMV art.11.5).

Además, en el caso de que se transmita el 100% de las acciones o participaciones de una sociedad a un único comprador, es necesario formalizar el cambio de socio único o la declaración de **unipersonalidad sobrevenida**, según proceda (LSC art.13). Cualquiera de estos dos aspectos ha de hacerse constar en escritura pública e inscribirse en el Registro Mercantil correspondiente. En particular, la unipersonalidad sobrevenida debe inscribirse en el Registro Mercantil correspondiente durante los seis meses siguientes a la adquisición por la sociedad del carácter de unipersonal (LSC art.14).

Precisiones A pesar de que el LSC art.106.1 establece que la **transmisión** de **participaciones** deberá constar en **documento público**, tanto la doctrina como la jurisprudencia (TS 14-4-11, EDJ 78874; 5-1-12, EDJ 5042) han entendido que la referida exigencia formal **no** tiene **carácter esencial** para la perfección de la transmisión, afirmando que sólo cumple la función de medio de prueba -ad probationem- y de oponibilidad de la transmisión a los terceros -ad exercitium o utilitatem-.

b) Contratos de **compraventa de activos/negocio**: en estos supuestos la forma del contrato depende, en gran medida, de los activos objeto de la compraventa. Por ejemplo, en caso de transmitirse activos inmobiliarios, la transmisión debe constar en escritura pública. En muchos casos, es necesario inscribir el cambio de titularidad de determinados activos en los registros públicos correspondientes (a modo de ejemplo: los derechos de propiedad intelectual, los activos inmobiliarios, etc.). **1714**

C. Contenido y estructura

El contrato de compraventa se configura como un **contrato atípico**. Por tanto, su clausulado varía dependiendo del caso concreto toda vez que no existe una situación igual a otra. **1715**
En este sentido, han de tenerse en cuenta, entre otros, los aspectos siguientes:
- el perfil de los **contratantes**: a modo de ejemplo, el contrato de compraventa no tiene el mismo contenido si el comprador es industrial o, si por el contrario, es una entidad de capital riesgo;
- el **sector** al que pertenece y las particularidades de la compañía objeto de adquisición/venta;
- el **objeto** de la compraventa: activos o acciones/participaciones;
- el **precio**;
- la modalidad de **pago**: aplazado o anticipado;
- el régimen de limitación de la **responsabilidad**;
- la existencia de **garantías** a favor del comprador

No obstante lo anterior, en la práctica, la estructura básica del contrato de compraventa de empresa y su clausulado suele ser bastante estándar, hecho provocado por la influencia del derecho anglosajón en este tipo de operaciones.

Contenido del contrato en función del perfil de las partes contratantes Como hemos mencionado, éste es uno de los aspectos que provoca variaciones en el contenido del contrato. Así, en caso de que el comprador sea una **sociedad de capital riesgo**, el contrato es diseñado para que la adquisición sea amortizada con los propios flujos generados por la sociedad objeto de adquisición. **1716**
Existen aspectos que suelen ser comunes en este tipo de contratos y que normalmente quedan regulados en los mismos:
- en la mayoría de los casos, los **vendedores** continúan teniendo una participación (normalmente minoritaria) en la compañía;
- el **equipo directivo** permanece en la compañía y, por ello, se establecen mecanismos para fomentar su involucración y permanencia;
- la necesidad de **financiación** adicional;
- se han de regular, además, los denominados «**mecanismos de salida**» del comprador en un período acordado de tiempo. Estos mecanismos suelen consistir básicamente o bien en la venta de la sociedad o su salida a bolsa.

Para más información sobre este tipo de contratos, ver nº 4200 s.

Contenido del contrato en función de la contraprestación La forma en la que se lleva a cabo la inversión puede influir en el contenido del contrato de compraventa. La contraprestación de la compraventa puede ser en **dinero**, pero puede ser, asimismo, en **especie** (a modo de ejemplo, en ocasiones se produce la entrega de acciones en procedimientos de inversión, vía ampliación de capital). **1717**

Estructura del contrato de compraventa Los contratos de compraventa de empresa suelen seguir un esquema similar al que indicamos a continuación: **1734**

Portada Estos contratos suelen ir precedidos por una portada en la que se identifican las partes del contrato, su condición (comprador o vendedor) así como el objeto de la compraventa. Se identifica, por último, el lugar y la fecha en la que se suscribe el acuerdo de compraventa. **1735**

1736 **Índice** Es muy común que, tras la portada, se incluya un índice. La extensión de estos contratos hace que, en la medida de lo posible, se tienda a facilitar su lectura. El índice sirve de guía a las partes en la lectura del contrato.

1738 **Partes** En esta sección se identifican a las partes del contrato de compraventa. Lo más habitual es que lo suscriban **comprador y vendedor**. En numerosas ocasiones son parte del contrato de compraventa:
a) La propia **sociedad** cuyas participaciones o acciones son objeto de adquisición.
b) Los **garantes**, ya que en ocasiones el comprador no es más que una sociedad vehículo que no tiene más actividad que la tenencia de participaciones en sociedades (sociedad *holding*) y el vendedor exige la comparecencia de los garantes (p.e., la sociedad matriz u otras empresas del grupo).
c) Ciertos **administradores o personal clave** de la sociedad a los efectos de asumir determinadas obligaciones, como, por ejemplo, en el ámbito de la no competencia.
En el nº 1760 s. se desarrolla en profundidad la representación de las partes.

1739 **Expositivos** En ellos se procura plasmar la **causa del contrato** y las **intenciones** de las partes. Son una pieza esencial del contrato de compraventa de cara a su futura interpretación Además, recogen una primera descripción (más genérica que en la cláusula relativa al objeto del contrato) de lo que se está comprando (se procura describir las acciones/participaciones de la sociedad o los activos que se adquieren).
En el supuesto de que estemos ante un proceso de **subasta**, es muy habitual dar una descripción del mismo. Si, además, se ha realizado un proceso de «**due diligence**» también se hace mención al mismo (normalmente el comprador intenta hacer mención al hecho de que la realización de la revisión no limita en ningún caso la responsabilidad del vendedor y, por el contrario, el vendedor intenta mencionar que las potenciales contingencias detectadas en la revisión queden excluidas del régimen de responsabilidad si bien es un aspecto a negociar).

1740 **Objeto** Se identifica lo que se está comprando: acciones/participaciones sociales o activos y/o pasivos.
Si estamos frente a una compraventa de **acciones o participaciones sociales**, ha de incluirse al menos, la siguiente información:
- número total de acciones (o participaciones sociales) que son objeto de adquisición;
- su valor nominal;
- su numeración;
- el hecho de que existan desembolsos pendientes en el caso de una SA;
- el porcentaje de capital social de la sociedad que representan;
- el título en virtud del cual el vendedor adquirió las acciones (o participaciones sociales) objeto de venta;
- que están libres de cargas y gravámenes, si fuera el caso;
- si los estatutos o pactos parasociales contienen cláusulas limitativas al derecho de transmisión de acciones (o participaciones sociales), se hace mención al hecho de que se han obtenido todos los consentimientos y autorizaciones necesarias para que se produzca la transmisión;
- en su caso, la existencia y descripción de las sociedades filiales de la sociedad objeto de compraventa.

1741 Si, por el contrario, estamos ante una compraventa de **activos** (y, en su caso, pasivos), es clave su identificación. Para ello, ha de incluirse el mayor detalle posible de los activos que se adquieren (en su caso, datos registrales, volumen, peso, etc.). En ocasiones es muy común hacer referencia a determinadas partidas de un **balance de situación** de la compañía que se adjunta al contrato de compraventa como anexo. En cualquier caso, debe hacerse mención a
- el título en virtud del cual el vendedor adquirió los activos objeto de venta, y
- si algún activo está sujeto a derechos de adquisición preferente o de opción, se deja constancia de que se han obtenido los consentimientos oportunos para formalizar la transmisión de activo objeto de compraventa.

1741.1 Esta cláusula relativa al objeto de la compraventa, ya sea de activos o acciones (o participaciones sociales), hace referencia a que el contrato se perfecciona con su firma (lo que en el argot se llama «Firma» o «*Signing*») y se regula la forma y el momento de hacer la **entrega** de las acciones (o participaciones sociales) o activos objeto de adquisición (en el argot «Cierre» o «*Closing*»).
No obstante lo anterior, en el nº 1775 s. se trata con mayor profundidad el objeto de la compraventa.

Condiciones para el cierre En ocasiones, el cierre queda sujeto al cumplimiento de determinadas **condiciones suspensivas**, tales como la aprobación de la compraventa por los órganos societarios del comprador o del vendedor o la obtención de la autorización de organismos externos (tales como la Comisión Nacional de los Mercados y la Competencia). Ver nº 4760 s. 1742
Estas condiciones suspensivas conllevan la existencia de un **período interino** (período que transcurre desde la fecha de firma del contrato de compraventa hasta la fecha de cierre, normalmente ante notario). El período interino es objeto de análisis en el nº 1744 y de forma más extensa en el nº 5300 s.

Precio y sus ajustes La contraprestación es una parte esencial en el contrato de compraventa. Se regulan en esta cláusula: 1743

- El **importe** del precio o la contraprestación.
- Los medios y condiciones de **pago**.
- El pago **aplazado** del precio si lo hubiere (y, en su caso, las garantías).

La cláusula relativa a los ajustes al precio, en caso de haberlos, es de las más complejas del contrato de compraventa. Por ello, se trata este tema de forma más extensa en el nº 2600 s.

Período interino Como hemos comentado anteriormente, la existencia de condiciones suspensivas y otras causas hacen que medie un período de tiempo entre la fecha de firma del contrato de compraventa (**Firma**) y la fecha en que se cierra y ejecuta la transacción (**Cierre**). 1744
Es de suma importancia regular la relación entre las partes en este período con el fin de preservar el valor de la sociedad objeto de compraventa o de los activos que se adquieren. Es por ello que las partes suelen acordar **obligaciones a cargo del vendedor** entre las que destacan las siguientes:

- la obligación de dirigir la compañía conforme al curso ordinario de los negocios y a la práctica anterior a la firma del contrato de compraventa;
- la prohibición de llevar a cabo actuaciones de carácter extraordinario;
- la prohibición de realizar operaciones societarias o de reestructuración (ampliaciones o reducciones de capital, modificaciones estructurales, etc.);
- la prohibición de modificar el sistema de retribución de los empleados y, en algunos casos, la prohibición de despedir o contratar empleados; y
- en caso de compraventa de activos, prohibición de hipotecar, pignorar o de otro modo crear cualquier carga sobre los bienes objeto de transmisión, así como la prohibición de arrendar los mismos.

Adicionalmente, se suelen establecer las llamadas «cláusulas de **cambio material adverso**» (*MAC Clause*; nº 1490), en virtud de las cuales, si se ha producido un hecho adverso en la sociedad cuyas acciones o participaciones (o, en su caso, activos y pasivos) se adquieren, de tal magnitud que afecta de manera relevante al negocio, el comprador tiene una vía de escape contractual para no cerrar la compraventa o renegociar las condiciones.
Por otro lado, puede constituirse un **comité de seguimiento** compuesto por representantes de ambas partes que supervise el desarrollo de las actuaciones llevadas a cabo por el vendedor en el periodo interino.

Precisiones Estas cláusulas son especialmente relevantes teniendo en cuenta la actual **coyuntura socioeconómica** y suelen ser de las más difíciles de definir y acordar en el marco de las negociaciones.

Cierre de la operación Una vez se hayan cumplido las condiciones suspensivas a las que quedaba sujeto el contrato de compraventa (o haya renunciado el comprador a las mismas, en el supuesto de que éste se hubiera reservado tal potestad) tiene lugar el cierre de la compraventa. 1745
Es habitual incluir una cláusula de cierre de la operación en la que se incluya todas las **obligaciones de las partes** y se detallen las actuaciones que han de llevarse a cabo en ese momento, tales como:
a) En caso de tratarse de **compraventa de acciones** (o participaciones sociales) de una sociedad:

- inscripción de la venta en el libro registro de socios o acciones nominativas, en su caso;
- entrega de los libros societarios por parte del vendedor;
- modificación en la composición de los órganos de administración (p.e., dimisión de los miembros del órgano de administración y nombramiento de nuevos miembros);
- revocación de los poderes otorgados por la sociedad objeto;
- en su caso, cambio de domicilio social, ejercicio social, etc.

b) En caso de tratarse de una **compraventa de activos**:

- cancelación de los derechos reales constituidos sobre los activos objeto de compraventa;
- en caso de transmisión de inmuebles, otorgamiento de la correspondiente escritura pública de compraventa;

• notificaciones a los diferentes registros comunicando el cambio de titular, etc.

El día del cierre tiene lugar la **entrega** de las acciones (o participaciones sociales) o activos, así como el **pago** del precio (o al menos una parte del mismo, si se hubiera acordado algún tipo de aplazamiento del resto).

1746 **Manifestaciones y garantías** Es una cláusula de suma importancia en el contrato, toda vez que identifica las cuestiones que el comprador ha tomado en consideración a la hora de decidir comprar la compañía (o los activos de la misma, en su caso).

Las manifestaciones y garantías en el ámbito contractual, y particularmente referidas a la compraventa de empresas, se han importado de la **práctica contractual anglosajona** (*Representations and Warranties*) y han evolucionado en nuestro derecho contractual por la especial complejidad de estos procesos, que principalmente reside en el objeto transmitido.

Las manifestaciones y garantías consisten en **afirmaciones contrastables** que las partes realizan (generalmente el vendedor) en sede contractual sobre situaciones de hecho o de derecho, presentes, pasadas, y en determinadas circunstancias también futuras, respecto de la empresa que es objeto de transmisión y la propia operación de compraventa, cuya **incorrección y/o falsedad** tendrá las consecuencias que al efecto se determinen en el contrato de compraventa, y en particular en el apartado relativo al régimen de responsabilidad de las partes.

En este contexto, las manifestaciones y garantías conforman de hecho la base para la atribución objetiva de la **responsabilidad contractual** como mecanismo de indemnización, de ajuste al precio o, en su caso, de resolución del contrato, complementando y concretando o sustituyendo el régimen de responsabilidad del vendedor respecto al saneamiento por vicios ocultos.

En la práctica, las manifestaciones y garantías otorgadas por el vendedor, que pueden llegar a ser bastante voluminosas, así como las otorgadas por el comprador, suelen incluirse como **anexos** al propio contrato de compraventa.

En el nº 2950 s. se realiza un análisis detallado de la figura de las manifestaciones y garantías, con ejemplos ilustrativos de los tipos más usuales que podemos encontrar en las operaciones de transmisión.

1749 **Régimen de responsabilidad** En esta cláusula se regulan los supuestos en los que el vendedor responde frente al comprador por **incumplimiento** de las **manifestaciones y garantías**. Asimismo, se puede regular la responsabilidad del vendedor en el supuesto de que el comprador o la propia sociedad objeto de la compraventa reciba una reclamación de un tercero.

1750 En esta cláusula se recogen asimismo las **limitaciones a la responsabilidad** del vendedor que suelen ser temporales y cuantitativas:

1. Con carácter general, la limitación **temporal** afecta tanto a las manifestaciones y garantías que tienen plazo específico de prescripción (la responsabilidad del vendedor suele cubrir todo este plazo) como a aquellas que no lo tienen (se incluye un plazo específico durante el cual está en vigor la obligación de indemnizar).

2. En cuanto a las limitaciones **cuantitativas**, éstas pueden configurarse de forma diferente:

a) **Importe mínimo individual** de la reclamación (*de mínimis*): las partes pactan un importe mínimo a partir del cual se activa la obligación de indemnizar por parte del vendedor. Una vez se haya excedido el importe pactado, las partes pueden optar por:

- el vendedor indemniza desde el primer céntimo de euro (esta opción es la que resulta más atractiva para el comprador); o
- el vendedor indemniza sólo por el exceso del límite fijado.

b) **Importe mínimo global**: en estos casos, las partes acuerdan un importe mínimo global de las reclamaciones a partir del cual el vendedor responde. Todas las reclamaciones van acumulándose (*basket*) hasta alcanzar el importe pactado por las partes. Si el límite es excedido, las partes pueden optar por:

- pactar que el vendedor indemnice desde el primer céntimo de euro; o
- por el contrario, que el vendedor indemnice por aquellas reclamaciones que acontezcan tras haber rebasado el límite pactado.

c) **Importe máximo**: es importante establecer un importe máximo de responsabilidad, que normalmente nunca excede el precio de la compraventa (es el denominado *cap*).

1751 Con carácter general, el contrato de compraventa recoge el procedimiento para llevar a cabo las **reclamaciones entre las partes**, así como la dirección de los procedimientos, pudiendo pactarse que sea el vendedor quien asuma la gestión de los mismos.

Por último, las partes pueden pactar una **indemnidad específica** a favor del comprador para determinadas irregularidades o riesgos que pudieran haber sido identificados por el comprador en el caso concreto, de tal forma que el vendedor responda de cualesquiera daños al comprador o a la sociedad objeto de compraventa derivados de dichos riesgos o irregularidades

(*indemnities*). Son comunes las indemnidades específicas dentro de los ámbitos fiscal y laboral. Dichas indemnidades específicas suelen pactarse fuera de los límites temporales y cuantitativos antes referidos.
En el nº 3100 s. se realiza un análisis en profundidad de los distintos regímenes de responsabilidad.

Garantías Esta cláusula recoge, en su caso, el esquema de garantías que establecen las partes para asegurarse el cobro de los daños que el comprador pueda sufrir como consecuencia de incumplimientos del vendedor. Son muy comunes: 1752
a) El **aval** a primer requerimiento.
b) Un **depósito** bancario (*escrow*).
c) El **seguro** de manifestaciones y garantías.
d) La **retención** de **parte del precio** hasta que transcurra el periodo durante el cual el vendedor responde ante el comprador.
e) El **afianzamiento** por un tercero.
En el nº 3350 s. se recoge un análisis detallado de los mecanismos de garantía del adquirente.

Otros acuerdos Además, los contratos de compraventa suelen contener determinadas cláusulas estándar o menciones específicas que se incluyen en la inmensa mayoría de contratos. 1753
Entre las cláusulas estándar podemos destacar:
1. **Confidencialidad**: las partes acuerdan no revelar la existencia del contrato y regulan las excepciones. También se puede regular, por ejemplo, qué parte redactará el anuncio de la transacción a publicar en medios y, en su caso, si requerirá el consentimiento de la otra parte.
2. **Cesión**: con carácter general las obligaciones y derechos derivados de este tipo de contratos no son susceptibles de cesión salvo que medie consentimiento previo expreso de las partes.
3. **Gastos e impuestos**: las partes pactan el reparto de gastos e impuestos. De conformidad con el CC (art.1455), los gastos de otorgamiento de la escritura de compraventa serán de cuenta del vendedor, y los de la primera copia y los demás posteriores a la venta son de cuenta del comprador; no obstante, suele ser objeto de negociación entre las partes quién asume dicho coste. Téngase en cuenta que existen excepciones al régimen general; por ejemplo, en Cataluña, de acuerdo con el CCC art.531-6, relativo a los derechos reales, los gastos del otorgamiento de la escritura y de la expedición de primera copia y los demás gastos posteriores a la transmisión corren a cargo del comprador, salvo pacto establezcan lo contrario.
4. **Notificaciones**: las partes acuerdan el procedimiento para realizar las notificaciones entre ellas, así como los destinatarios.
5. **Legislación aplicable**: esta cláusula cobra suma importancia cuando las partes y/o la sociedad que se adquiere están en jurisdicciones distintas. En estos casos de compraventas internacionales, las partes deben establecer la legislación a la que se someten (si bien lo más común es someter el contrato a la legislación del lugar donde se encuentre el domicilio social de la sociedad objeto o del lugar donde radiquen los activos que se adquieren, siempre y cuando no exista ningún fuero legal obligatorio). Ver nº 1821 s.
6. **Jurisdicción/arbitraje**: las partes pactan el sistema de resolución de conflictos. Ver nº 1828 s.

En cuanto a las **menciones específicas** que suelen incluirse, cabe destacar las siguientes: 1754
• El contenido de los anexos y apéndices al contrato de compraventa forman parte integrante del mismo a todos los efectos.
• Los términos en mayúscula tendrán el significado que se les da a los mismos en las definiciones.
• El contenido de las cláusulas prevalece sobre el enunciado de las mismas, cuando exista contradicción entre ambas.
• Los días se entienden como días hábiles/naturales, etc. y se especifica qué se entiende por día hábil (p.e., excluyendo los días festivos en el lugar donde está sito el domicilio social de la sociedad objeto).
• El cómputo de los plazos.
• Los pactos anteriores en el tiempo entre las partes en relación con el objeto del contrato son sustituidos por el contrato.

Anexos Como hemos dicho anteriormente, es muy frecuente que los contratos de compraventa de acciones/participaciones sociales o de activos contengan un elevado número de anexos. Éstos, lejos de configurarse como algo accesorio del contrato son, en la mayoría de los casos, una parte esencial del mismo ya que contienen estipulaciones vinculantes para las partes. 1755

D. Partes y representación

1760 **Partes** El contrato de compraventa es suscrito por el **comprador** (o los compradores) y el **vendedor** (o los vendedores).
Sin embargo, en ocasiones, existen otras partes que suscriben el contrato de compraventa como pueden ser:
- la propia **sociedad** cuyas participaciones o acciones se adquieren; o
- los **terceros** que actúan como garantes del comprador y/o vendedor: a modo de ejemplo, si la sociedad compradora es una sociedad de reciente constitución y parte del precio ha quedado aplazado, es muy común que intervenga un tercero que garantice las obligaciones asumidas por el comprador.

1761 Los datos que deben constar respecto de las partes en el **encabezamiento** del contrato son, al menos, las siguientes:
a) Personas físicas: nombre y apellidos, mayoría de edad, estado civil, domicilio (puede incluirse el domicilio profesional), número de documento nacional de identidad o pasaporte y su vigencia.

Ejemplo **Don/Doña [nombre y apellidos]**, mayor de edad, [estado civil], con domicilio a efectos de este contrato en [domicilio completo], titular de DNI número [número y letra], en vigor (en adelante, el «VENDEDOR/COMPRADOR»).

1761.1 En cuanto al **estado civil**, debemos llamar la atención sobre aquellos vendedores casados en el régimen matrimonial de bienes gananciales, toda vez que el cónyuge debe, asimismo, consentir la venta (CC art.1377).

Precisiones No obstante lo anterior, téngase en cuenta que el CC art.1384 exime del consentimiento de cónyuge a la transmisión de títulos valores, a pesar de estar en régimen de gananciales. En este sentido, la TS 16-4-12, EDJ 89302, declara que la venta:
- de **acciones gananciales** (en cuanto títulos valores) por parte del socio a quien formalmente están atribuidas es válida, aunque la esposa no dé el consentimiento;
- en cambio, la venta de **participaciones gananciales** sí exige el consentimiento del cónyuge, porque no son títulos valores.

1762 **b) Personas jurídicas**: denominación social, domicilio social, número de identificación fiscal y datos de inscripción en el Registro Mercantil correspondiente a su domicilio social (en muchas ocasiones se describen, asimismo, los datos de constitución de la sociedad de que se trate).
Asimismo, se deben hacer constar los datos personales de la(s) persona(s) que actúa(n) en nombre y **representación** de la persona jurídica (haciendo mención de su nombre y apellidos, mayoría de edad, etc. todos aquéllos datos necesarios para identificar a las personas físicas) así como la calidad en la que actúa (p.e., apoderado, consejero delegado, administrador único, administrador solidario, etc.) y los detalles de la escritura en virtud de la cual se elevó a público el nombramiento o se otorgó el poder y los datos de inscripción de los mismos en el Registro Mercantil.
En caso de que la persona jurídica se haga representar por un apoderado cuyos **poderes** hayan sido **otorgados en el extranjero**, éstos deben cumplir con los requisitos de legalización (es suficiente con la apostilla si el país en el que se ha otorgado el poder forma parte del Convenio de la Haya fecha 5 de octubre de 1961). Ver nº 1767.

1763 Ejemplo **[RAZÓN SOCIAL], [SRL/SA]**, con domicilio social en [domicilio completo], titular de N.I.F. número [número], constituida por tiempo [indefinido] en virtud de escritura otorgada el [fecha], ante el Notario de [lugar], D./Dña. [nombre y apellidos], con el número [número] de protocolo, que consta inscrita en el Registro Mercantil de [lugar donde radique el domicilio social de la sociedad] al tomo [número], folio [número], hoja [número] (en adelante, el «VENDEDOR/COMPRADOR»), debidamente representada por Don/Doña [nombre y apellidos], mayor de edad, [estado civil], con domicilio a efectos de este contrato en [domicilio completo], titular de D.N.I. número [número y letra], en vigor.
Actúa en su condición de [administrador único / administrador solidario / consejero delegado / apoderado] según consta en la escritura pública otorgada ante el Notario de [lugar], D./Dña. [nombre y apellidos], con el número [número] de protocolo, que consta inscrita en el Registro Mercantil de [lugar donde radique el domicilio social de la sociedad] al tomo [número], folio [número], hoja [número].

1764 **Posibles problemas de la representación** En la práctica son muchas las situaciones ante las que nos enfrentamos.

Contratos de compraventa suscritos por persona distinta a comprador y vendedor «stricto sensu» En ciertas ocasiones, las partes comparecientes en el contrato no son estrictamente comprador y vendedor por diversas circunstancias: 1765

1. Puede ocurrir que debido a los tiempos y, más aún, en aquellos contratos de compraventa que tengan algún componente internacional (p.e., que el comprador, vendedor o ambos o los grupos de sociedades a los que pertenezcan sean extranjeros), las **sociedades vehículo no** estén **constituidas** y sea una empresa del grupo la que compre.
2. Existen supuestos en los que la sociedad que comparece es la **sociedad matriz** de la vendedora y, por tanto, al no ser la vendedora *stricto sensu* se efectúan las matizaciones oportunas a lo largo del contrato (p.e., la sociedad hará o procurará que se haga).

Ejemplo [RAZÓN SOCIAL], [SRL/SA], sociedad titular del 100% de las participaciones sociales de la Vendedora, procurará la venta de [las Acciones].

Teniendo en cuenta lo anterior y, sobre todo desde un punto de vista práctico, si los intervinientes son personas jurídicas, los **datos de las comparecencias** suelen ser la última parte del contrato que se completa ya que los datos de los apoderados dependen de la disponibilidad de éstos en la fecha en que se firme el contrato. 1766

Todo ello obliga a que el día de la firma del contrato (y, en cualquier caso, en la fecha de cierre del mismo ante notario, en su caso) los comparecientes deben aportar el **original de la escritura** en virtud de la cual comparecen y todas las partes deben hacer la comprobación de que los poderes son suficientes y adecuados para poder firmar el contrato de compraventa.

Poderes otorgados en el extranjero Tal y como hemos anticipado, en los supuestos en que los poderes en virtud de los cuales comparecen cualquiera de las partes hayan sido otorgados en el extranjero, éstos han de cumplir unos requisitos mínimos en cuanto a su **legalización** (y su contenido). 1767

1. La **apostilla de La Haya**.

Fue introducida como método alternativo a la legalización de documentos por el Convenio de La Haya (también conocido como la Convención de La Haya o la Conferencia de La Haya de Derecho Internacional Privado) celebrado en fecha 5-10-1961 por el que se suprime la exigencia de legalización de los documentos públicos extranjeros que deban surtir efectos en otro país firmante del mismo.

Numerosos países se han adherido a este tratado que **simplifica los trámites** para el emisor y el receptor. Este texto prescribe que entre Estados miembros no es necesaria la legalización para el reconocimiento mutuo de documentos, aunque sí un sello o apostilla. Se trata, por tanto, de un método simplificado de legalización de documentos con el fin de verificar su autenticidad en el ámbito internacional.

La **autoridad competente** (en España, con carácter general el Ministerio de Justicia y con carácter específico en cuanto a los documentos notariales, el Colegio Notarial) estampa un sello en una hoja que se agrega.

En algunos casos, se requiere reconocimiento previo de **firma**.

2. **Legalización de documentos de países no firmantes de la Convención de La Haya**. 1768

En los supuestos en los que el país donde se otorga el poder en cuestión no sea parte del Convenio de La Haya, el poder debe ser legalizado.

La legalización es un acto administrativo por el que se otorga validez a un **documento público extranjero**, comprobando la autenticidad de la firma puesta en un documento y la calidad en que la autoridad firmante del documento ha actuado.

El **procedimiento** para que un poder otorgado en un Estado no Miembro del Convenio de la Haya tenga validez en España es:

a) Si se trata de un documento expedido por una **autoridad no consular** en el país de origen del documento, interviene únicamente el Ministerio de Asuntos Exteriores del Estado de origen y la representación diplomática o consular española en dicho Estado.

b) Si se trata de un documento expedido por una **autoridad consular** debidamente acreditada en España, interviene en la legalización únicamente la sección de legalizaciones del Ministerio de Asuntos Exteriores y Cooperación de España.

Además, si el documento está en otro **idioma**, ha de procederse a realizar una traducción jurada. No obstante lo anterior, es muy recomendable otorgar el poder en, al menos, dos idiomas (siendo uno de ellos, el castellano), si bien esta alternativa es compleja de llevar a la práctica, dado que requiere que el fedatario público extranjero autorice un documento en una lengua que puede desconocer.

1769 **Contenido de los poderes** A la hora de redactar las facultades contenidas en los poderes, es esencial detallar la representación del otorgante y los datos del apoderado.

Por otro lado, es importante atender a las **facultades** concretas que se otorgan toda vez que, desde un punto de vista práctico, en la fecha de cierre suelen ser numerosos los documentos que se firman. Las partes no firman únicamente el contrato de compraventa de acciones o activos, sino que, con carácter general, se suscriben otros documentos:

a) **Garantías**. Como ejemplo, en determinadas ocasiones se suscriben contratos de depósito (*escrow*).

b) **Acuerdos sociales**. Las compraventas de acciones/participaciones sociales normalmente van seguidas de las correspondientes modificaciones sociales en la compañía objeto de adquisición (cambio de administradores, revocación de poderes, etc.) para adecuar la estructura societaria al nuevo grupo al que pertenece, así como las correspondientes autorizaciones de la junta general en caso de que suponga un activo esencial.

c) **Contratos de prestación de servicios**. En ocasiones, el comprador está interesado en que (alguno o todos) los vendedores continúen implicados en el negocio y, por ello, negocia con ellos su continuación en la empresa. Como consecuencia de estas negociaciones con los vendedores, se suscriben los correspondientes contratos de prestación de servicios. En otras ocasiones, el inmueble en el que se desarrolla la actividad por parte de la compañía objeto de adquisición es titularidad del vendedor y se negocian los términos y condiciones de un contrato de arrendamiento.

1770 d) **Otros documentos**. Existen otros muchos documentos que pueden firmarse en la fecha de cierre:

- «**Side letters**»: son objeto específico de análisis en otro capítulo, y se configuran como aquellos documentos que contienen obligaciones para las partes pero que, por diversos motivos, las partes prefieren mantener en documento privado (ver nº 2550 s.).
- **Contratos de prenda**: en ocasiones las participaciones sociales/acciones que se adquieren son pignoradas a favor de entidades financieras si éstas han otorgado la financiación para la adquisición de las mismas.

e) **Otras actuaciones**. Además, los apoderados no deben solo firmar documentos sino además llevar a cabo otras actuaciones como pueden ser:

- Obtención de **número de identificación fiscal** para compañías extranjeras: en muchas ocasiones las compañías extranjeras que intervienen como comprador o vendedor no están provistas de estos números y su obtención es preceptiva para poder intervenir en documentos otorgados en España.
- Acta de **titularidad real**: conforme a la normativa de prevención del blanqueo de capitales, es obligatoria la identificación de los titulares reales que intervienen ante notario para formalizar cualquier negocio mercantil en España, para lo cual es necesario que la sociedad interviniente haya otorgado dicha acta.
- Completar y presentar **formularios**. Los intervinientes necesitan, asimismo, poderes para poder completar y presentar los formularios pertinentes ante las autoridades competentes. A modo de ejemplo, las compañías extranjeras que realizan una inversión en España (p.e., la parte compradora del contrato de compraventa de acciones/participaciones sociales) deben completar el Modelo D-1A «Declaración de inversión extranjera en sociedades no cotizadas, sucursales y otras formas de inversión» y presentarlo en el Registro de Inversiones dependiente del Ministerio de Asuntos Económicos y Transformación Digital, en el plazo de un mes desde que se lleva a cabo la inversión. Por su parte, el vendedor, en caso de ser extranjero, debe completar el Modelo D-1B relativo a la liquidación de la inversión extranjera en España (DGCIII Resol 31-1-24).

1771 Todo lo anterior debe de tenerse en cuenta a la hora de redactar los poderes para la actuación de las partes. Por tanto, en determinados supuestos, los poderes deben ser amplios y contemplar todos los documentos a firmar y/o actuaciones a realizar. Para ello, es de gran ayuda la preparación de una **agenda de cierre** que incluya todos los documentos que se vayan a firmar y todas las actuaciones que se vayan a llevar a cabo el día del cierre (la agenda de cierre es analizada en el nº 5460).

1772 **Autocontratación, conflicto de interés y múltiple representación** La autocontratación es una figura jurídica que carece de regulación expresa en nuestro derecho positivo, si bien existen algunos artículos del Código Civil y del Código de Comercio que se refieren a la misma (CC art.163, 299, 1459, entre otros; CCom art.267).

La definición de **autocontrato** viene dada por el Tribunal Supremo como aquella situación que se da cuando existe una sola voluntad que hace dos manifestaciones jurídicas conjugadas y económicamente contrapuestas (TS 12-6-01, EDJ 12640). Los tribunales y la DGSJFP (antigua

DGRN) concluyen que la autocontratación es válida y eficaz siempre que, con la misma, no se produzca **conflicto de intereses**, bien:
- porque el conflicto de intereses no tiene lugar en el caso concreto;
- porque el poderdante lo permite, ya sea con licencia previa o ratificando el negocio en que tuvo lugar; o
- porque la ley prevé vías de solución cuando este conflicto tiene lugar.

Por tanto, existe autocontratación cuando hay conflicto de intereses ya que, si dicho conflicto no se produce, el autocontrato está permitido.

Autocontrato, en sentido amplio, existe cuando una sola voluntad hace dos o más manifestaciones jurídicas y pone en relación dos o más patrimonios porque tiene la titularidad o representación de los mismos y hay colisión de intereses en esa relación. Por consiguiente, la **doble o múltiple representación** es una especie del autocontrato en sentido amplio.

Ratificación de poderes No obstante todo lo anterior, también puede ocurrir que quien 1773
represente al comprador y/o al vendedor (o a cualquiera de las partes intervinientes en el contrato) **no** tengan **poderes suficientes** para comparecer ante notario o, incluso, para firmar el contrato de compraventa. En estos casos, las partes pueden optar por abortar el cierre o proceder al mismo, si bien con ciertos matices. En este último caso, el contrato de compraventa (y, en su caso, la correspondiente escritura) debe modificarse y hacerse las siguientes menciones:

• La representación de las partes se hará a través de **mandatarios verbales**.

• La necesidad de **ratificación** posterior por parte de quien tenga poderes suficientes para representar a las partes.

La ratificación tiene su contrapartida toda vez que la parte que se ha obligado tiene la posibilidad de **revocar su consentimiento**. Por tanto, lo más común es establecer un plazo durante el cual la parte que se ha obligado puede revocar su consentimiento y suele coincidir con el plazo que se da a la parte contratante para ratificar lo hecho por su mandatario verbal.

En la práctica, la ratificación de lo actuado por el mandatario verbal se hace constar mediante **diligencia notarial** en las escrituras correspondientes. En el supuesto de actuar a través de apoderamiento, las facultades deben comprender la ratificación de la compraventa.

E. Objeto: acciones o activos

La **compraventa de una empresa** puede llevarse a cabo mediante: 1775
a) La adquisición del 100% de las acciones o participaciones sociales de una sociedad o de un porcentaje suficiente para que el adquirente obtenga el control de la compañía. Este tipo de acuerdos suelen denominarse *share deals*, debido a la influencia anglosajona.

b) La adquisición de los activos y, en su caso, pasivos que conforman la empresa (*asset deal*).

La forma de configurar el contrato de compraventa varía en función de si el comprador adquiere acciones (o participaciones sociales) o activos (y, en su caso, pasivos). En cuanto a las razones que llevan a las partes a **optar por una forma u otra** de adquisición depende de diversos factores y pueden variar de una operación a otra.

Algunos de los factores que las partes tienen en cuenta a la hora de optar por una forma u otra de adquisición son los siguientes:
- en algunos casos el comprador no quiere asumir determinados riesgos;
- la complejidad de la transmisión: la compraventa de activos se presenta como una forma más compleja de transmisión.

1. Compraventa de acciones/participaciones sociales

El contrato de compraventa de acciones (o participaciones sociales) suele ser la forma más 1777
utilizada por los compradores para adquirir empresas. Estos contratos suelen ser complejos y contener especialidades, sin embargo, no existe una **regulación** específica y, como ocurre con cualquier contrato atípico, se está a lo pactado entre las partes en el contrato de compraventa y demás documentación.

En virtud de estos contratos, el adquirente compra un porcentaje (normalmente una participación mayoritaria que le otorgue el control) de las acciones/participaciones sociales. Supone, por tanto, la **transmisión en bloque** de forma indirecta de todos los elementos que conforman la empresa. En estos casos, la organización de la empresa se mantiene sin necesidad de interrumpir su funcionamiento.

1778 **Procedimiento de transmisión** (LSC art.106.1 y 120) Desde un punto de vista procedimental, la compraventa de acciones o participaciones es más simple ya que los activos de la compañía se mantienen en la misma y no se produce cambio de titularidad de los mismos.

El contrato de compraventa debe ir seguido por la **transmisión** propiamente dicha del objeto de la compraventa. De esta forma, dependiendo de si estamos ante una compraventa de acciones o ante una compraventa de participaciones sociales, el procedimiento de transmisión varía sustancialmente:

a) La compraventa de **participaciones sociales** requiere de escritura pública para que sea oponible frente a terceros, incluida la propia sociedad (ver nº 1713). En cualquier caso, la nueva titularidad de las participaciones sociales debe inscribirse en el libro registro de socios por el encargado de la llevanza de los libros societarios.

b) La compraventa de **acciones** varía en función del tipo de representación de las mismas (nominativas o al portador) y de si han sido o no emitido los correspondientes títulos:

• Si los **títulos** de las acciones **no** han sido **impresos** y entregados (con independencia de que se trate de acciones nominativas o al portador), su transmisión debe efectuarse conforme a las normas sobre la **cesión de créditos** y demás derechos incorporales (LSC art.120.1.1). Esto supone que para que surta efecto frente a terceros deberá realizarse mediante escritura pública (CC art.1526), y deberá comunicarse al deudor cedido (en este caso, la sociedad) (CC art.1527). Si dichas acciones son nominativas, los administradores, una vez que resulte acreditada la transmisión, la inscribirán en el libro-registro de acciones nominativas.

• Si los **títulos** de las acciones ya estuvieran **emitidos**, dependerá de si las acciones son nominativas o al portador:

- si son **nominativas**, la transmisión se efectúa con el endoso de los títulos y su entrega al comprador;

- si son **al portador**, la transmisión requiere la entrega del título, si bien se exige para la validez, además, la intervención de fedatario público o la participación o mediación de una sociedad o agencia de valores, o de una entidad de crédito (LMV art.11.5).

1779 **Limitaciones a la libre transmisibilidad de las acciones/participaciones sociales** En cuanto a la transmisión de las acciones o participaciones sociales que conforman el capital social de la empresa objeto de adquisición han de tenerse en cuenta los aspectos siguientes:

1. **Limitaciones a la transmisión**: son derechos de terceros sobre las acciones o participaciones sociales que se transmiten, y pueden tener naturaleza:

- judicial: retenciones judiciales de cualquier tipo;
- contractual: acuerdos de socios;
- estatutaria: derechos de adquisición preferente en estatutos sociales.

Además, pueden existir **cargas o gravámenes** sobre las mismas, derechos de opción, embargos o disposiciones contractuales que también limiten o prohíban la disposición de las participaciones sociales o acciones (o de los derechos económicos y/o políticos inherentes a las mismas).

A modo de ejemplo, es muy común que, en acuerdos de financiación, las participaciones sociales o acciones queden pignoradas en favor de las entidades financieras como garantía de devolución de un préstamo.

2. Pueden existir **otras limitaciones de tipo legal**, como por ejemplo en procesos de privatización de sociedades públicas en los que el procedimiento está regulado (en la mayoría de los supuestos, se regula mediante la promulgación de una ley con desarrollo reglamentario).

1780 **Acuerdo de socios** En caso de comprar un porcentaje inferior al 100% de las acciones o participaciones sociales de la sociedad objeto de adquisición, es habitual que el comprador (y nuevo socio) suscriba un pacto de socios con los **antiguos accionistas/socios** que no han transmitido su participación en la sociedad.

Los pactos de socios se configuran como un instrumento esencial para regular las relaciones internas entre los socios de la sociedad.

Las **cláusulas** más comunes son:

a) El régimen de transmisión de las participaciones sociales representativas del capital social de la sociedad.

b) La estructura organizativa de la sociedad.

c) El gobierno y funcionamiento de la sociedad.

d) Establecer, en muchos casos, las líneas generales del plan de negocio a desarrollar por la sociedad.

e) La resolución de las situaciones de bloqueo que pudieran producirse en los órganos sociales de la sociedad.

Con carácter general, las partes suelen convenir que el contenido del acuerdo de socios prevalezca en caso de **contradicción** sobre lo previsto en los **estatutos** de la sociedad. En consecuencia, tanto respecto de aquellas materias que, aun figurando en los estatutos sociales, no quedasen inscritas en el Registro Mercantil, como en relación con las demás no incluidas en los estatutos sociales, las normas de funcionamiento internas son las que partes pacten en el contrato de socios. 1781

Para más información sobre los pactos de socios, ver nº 2350 s.

2. Compraventa de activos

La adquisición de los activos (y, en su caso, pasivos) que conforman una empresa se configura como una operación más compleja. 1783

Los elementos que conforman la empresa son:

- bienes **materiales** tales como instalaciones y bienes muebles;
- bienes **inmateriales** como derechos de propiedad industrial e intelectual; y
- **derechos y obligaciones**, esto es, cuentas a pagar, cuentas a cobrar, contratos, etc.

Aspectos formales En estos contratos los elementos que se transmiten deben quedar perfectamente delimitados: 1784

a) En los casos de transmisión de **activos susceptibles de registro** -como son inmuebles, derechos de propiedad industrial y/o derechos de propiedad intelectual (marcas, patentes, etc.)- es recomendable detallar, en la medida de lo posible, todos los datos de inscripción y, en caso de existir, los títulos de propiedad.

b) En el supuesto de transmitir **cuentas a cobrar o cuentas a pagar**, se debe especificar el detalle contable de las mismas (en ocasiones, se adjunta un balance que facilite la identificación de las cuentas que se transmiten).

c) Si se transmite **maquinaria**, se ha de identificar ésta con el número de bastidor.

d) Los **contratos**, son de fácil descripción, y se detalla la fecha, partes, objeto, etc. y, en su caso, éstos pueden adjuntarse al contrato de compraventa para su mejor identificación formando parte integrante del mismo. Debe tenerse en cuenta que, como principio general, para la cesión de un contrato es necesario obtener el consentimiento de la contraparte, bien sea expreso o tácito, salvo que dicha cesión estuviese ya expresamente autorizada en el propio contrato.

Desde un punto de vista formal, con mucha frecuencia, se detallan los activos (y, en su caso, pasivos) en un **anexo** al contrato de compraventa.

Procedimiento de transmisión El contrato de compraventa de activos, como cualquier otro contrato de compraventa, se perfecciona mediante la entrega (*traditio*) de los bienes objeto de adquisición. En el caso de compraventa de los activos (y, en su caso, pasivos) la entrega se produce mediante la **entrega de los bienes** que la conforman y, por ello, se ha de atender a la naturaleza jurídica de cada uno de los bienes. A modo de ejemplo debe hacer entrega al comprador: 1785

Activo	Documentación
Bienes inmuebles	Títulos de propiedad
Maquinaria	Documentación relativa a la maquinaria: manuales de uso, mantenimiento, etc.
Bienes muebles	Títulos de propiedad

El contrato de compraventa de activos (y, en su caso, pasivos) debe regular la entrega física de los mismos, esto es, el lugar de entrega, el momento y los gastos derivados de la entrega. 1786

- **Lugar**: el Código Civil no hace mención específica al lugar en el que se han de entregar los bienes toda vez que se limita a establecer que se entiende entregada la cosa vendida, cuando se ponga en poder y posesión del comprador (CC art.1462). Por tanto, salvo que las partes acuerden otra cosa, la entrega de los bienes se hace en el lugar donde éstos se hallen.
- **Momento**: el Código Civil tampoco hace mención al momento en el que se han de entregar los bienes. Las partes deben regularlo en el contrato de compraventa toda vez que, de lo contrario, se entiende aplicable lo dispuesto en el Código Civil para las obligaciones sinalagmáticas.
- **Gastos**: los gastos para la entrega de la cosa vendida son de cuenta del vendedor, y los de su transporte o traslación de cargo del comprador, salvo el caso de estipulación especial (CC art.1465). Por tanto, es aconsejable que los gastos queden regulados en el contrato de compraventa.

F. Responsabilidad de las partes

1805 El régimen de responsabilidad de las partes en el contrato de compraventa de empresas se encuentra marcado por la naturaleza atípica de este contrato y su **falta de regulación** específica en nuestro ordenamiento jurídico.

Ello provoca que, en la práctica, se recurra a extensos clausulados en los contratos en los que se prevé cual es el régimen aplicable entre las partes en los casos en los que se produce un **incumplimiento**.

Tan sólo en el caso de que no se haya recurrido a un régimen especial de responsabilidad en el marco del contrato, resultarán de aplicación los preceptos del Derecho común (Código Civil).

1806 No hay que olvidar que la responsabilidad (y por ende su régimen) deriva precisamente del incumplimiento de sus obligaciones por las partes. En este sentido, el contrato de compraventa, como contrato bilateral perfecto o sinalagmático, genera **obligaciones** para ambos contratantes.

De esta forma, para el **vendedor** se generan principalmente las obligaciones de:

a) Conservar la cosa vendida con la debida diligencia antes de su entrega al comprador.

b) La obligación de la propia entrega en el tiempo y forma pactados, poniéndola en poder y posesión del comprador.

Por su parte, la principal obligación que asume el **comprador** es la de pagar el precio y la de recibir la cosa.

Este régimen es el general de obligaciones establecido por el Código Civil y del mismo se origina el régimen de responsabilidad de las partes en el contrato de compraventa. Es decir, en el marco del incumplimiento de las obligaciones de las partes, es donde se origina la responsabilidad de cada una de ellas.

En este sentido, el Código Civil regula el régimen general de la responsabilidad del vendedor en los preceptos que dedica al **saneamiento por evicción y vicios ocultos**, así como a las consecuencias que se pueden producir respecto a las indemnizaciones y nulidad del contrato por dolo.

1807 Otra cuestión a tener en cuenta es el marco de la **operación** en la que se ha producido la transacción, ya que si se trata de una modificación estructural (por ejemplo, la integración de una empresa o un negocio a través de una fusión) para determinar el régimen de responsabilidad de las partes hay que atender asimismo al régimen especial de este tipo de operaciones recogido en el RDL 5/2023, que, entre otras cuestiones, establece el nuevo régimen en materia de modificaciones estructurales de las sociedades mercantiles, derogando el anterior.

No obstante, lo habitual en la práctica es que las partes negocien y pacten cuál va a ser el régimen de responsabilidad aplicable en cada transacción concreta, como mecanismo de asignación de riesgos entre las partes, y que este régimen se plasme en el clausulado del **contrato**.

Dicho régimen se encuentra fuertemente marcado por los trabajos previos de suministro e intercambio de **información** entre las partes, como trabajo preparatorio para la negociación de los términos de la transacción y su traslado al contrato. Y es precisamente sobre el contenido y las conclusiones que se obtienen de dicha información acerca del objeto del contrato, en este caso, la empresa o negocio objeto de transacción, sobre la que se suele sustentar el régimen de responsabilidad tanto del comprador como del vendedor. A este respecto nos remitimos a lo expuesto en el nº 310 s. acerca de los trabajos de *due diligence* previos que se realizan en el marco de una operación de compraventa de empresa.

1808 En este sentido, es de vital importancia determinar cuál es la situación de la compañía objeto de transmisión con **anterioridad** al acto de formalización de la **compraventa**, con la finalidad de determinar el régimen de responsabilidad que aplica al vendedor y los futuros riesgos que asume el comprador y que por ende han intervenido en la determinación del precio de la compraventa e incluso la propia delimitación del perímetro objeto de adquisición.

Es por ello que el régimen de responsabilidad de las partes en un contrato, pese a estar enmarcado por unas bases generales establecidas en el régimen de obligaciones y contratos de nuestro Código Civil, y con base en la propia autonomía contractual prevista en el mismo, suele ser un régimen muy **particularizado** para cada transacción.

G. Miscelánea

El contrato de compraventa incluye, además, otras cláusulas que suelen incorporarse en la parte final del mismo. Nos referimos a determinadas estipulaciones que son comunes a la mayoría de contratos de compraventa y que, si bien no regulan aspectos esenciales (p.e., derechos y obligaciones de las partes), son útiles a la hora de regular la relación de las partes tras la firma del mismo. 1810

Pervivencia del contrato Esta cláusula establece que, en caso de que alguna o algunas **previsiones** del contrato devengan **nulas, ilegales o ineficaces**, ello no perjudica a las restantes disposiciones del contrato que siguen siendo válidas y vinculantes entre las partes. 1811
El término anglosajón utilizado para definir esta cláusula es *severability clause* y, en ocasiones, establecen que determinadas previsiones del contrato de compraventa son **esenciales** para su objeto de tal forma que, si devienen ineficaces, el contrato en su totalidad es declarado nulo.
A modo de síntesis, se trata de reforzar el principio de supervivencia del contrato ya que, como regla general, la nulidad de alguna de las cláusulas del contrato no afecta a la validez del mismo, salvo que estemos ante cláusulas esenciales para su objeto.

Cesión Los contratos de compraventa, como cualquier otro contrato, pueden prever el derecho que asiste a las partes a ceder total o parcialmente las obligaciones y derechos del contrato. En caso de poder cederse el contrato, es conveniente regular si se requiere **consentimiento previo** de la contraparte o no, si bien es conveniente establecer el derecho de información posterior. 1812
Como ya hemos mencionado anteriormente, en los supuestos de compraventa de activos (y, en su caso, pasivos), así como de acciones, puede ocurrir que el acuerdo privado se formalice por la sociedad matriz de la compradora por no haber constituido la sociedad vehículo en ese momento. De esta forma, la **sociedad vehículo** se constituye en el periodo interino (esto es, período que va desde la formalización del acuerdo privado hasta el cierre de la compraventa) y la **sociedad matriz** cede el acuerdo privado de compraventa a favor de la sociedad vehículo.

Gastos Esta cláusula regula qué parte soporta los gastos procedentes de la compraventa y, en muchos supuestos, los impuestos que de ella se deriven. 1813
Las formas más habituales de regular los gastos son:
1. Las partes acuerdan que los gastos sean soportados según lo **establecido por la ley**. Conforme al régimen común, los gastos de otorgamiento de escrituras son de cuenta del vendedor, y los de la primera copia y los demás posteriores a la venta son de cuenta del comprador, salvo pacto en contrario (CC art.1455). No obstante lo anterior, debe tenerse en cuenta que existen normativas autonómicas que establecen distintos criterios sobre qué parte deberá soportar dichos gastos.
2. Las partes acuerdan que los gastos sean soportados según un **porcentaje** que, normalmente es del 50%.
3. Las partes acuerdan que los gastos sean sufragados por **comprador o vendedor** (si este fuera el caso, normalmente se pacta que el comprador sea quien se haga cargo de los gastos).
En cuanto a los **impuestos** lo más común es que sea la parte obligada al pago quien haga frente a los mismos, si bien las partes pueden llegar a otro tipo de acuerdo.

Notificaciones Esta cláusula recoge la forma en que se han de realizar las notificaciones para que éstas sean consideradas válidas. Esta cláusula adquiere suma importancia en lo que al procedimiento de **reclamaciones** se refiere toda vez que ha de estarse a la forma indicada para considerarse que se ha realizado correctamente. 1814
Con carácter general, se exige la **forma escrita** además de otros requisitos como son el medio en que se realizan (p.e., fax, burofax con o sin acuse de recibo, carta certificada, etc.) y si es necesario enviar copia de la notificación por otro medio (p.e., por correo electrónico). Además, dada la importancia de esta cláusula, se pueden establecer ciertos mecanismos para dar por realizada una notificación. Es importante determinar un método que permita confirmar, de algún modo, que esa comunicación ha sido enviada y recibida por la parte correspondiente.
Teniendo en cuenta todo lo anterior, es prudente que los destinatarios de las notificaciones, esto es, comprador y vendedor incluyan una **persona destinataria**, un domicilio, un teléfono, un fax y una dirección de correo. Si estamos ante varios compradores y/o varios vendedores se establece un representante de los mismos de cara a centralizar cualquier notificación que deban realizarse las partes.

1815 **Idioma** El contrato de compraventa puede suscribirse en varios idiomas, no siendo estrictamente necesario que el castellano sea uno de ellos. Sin embargo, esta cláusula debe establecer el idioma que prevalece en caso de **discrepancia** entre dos o más versiones del contrato de compraventa.

H. Ley aplicable y jurisdicción

1820 En ocasiones las transacciones integran algún **componente internacional** que puede derivar de la nacionalidad o residencia de los contratantes (elemento subjetivo) o de la localización o nacionalidad del elemento transmitido (elemento objetivo).
En tales supuestos es frecuente que las partes especifiquen qué **ordenamiento jurídico** resulta de aplicación al contrato por el que se articula la transacción y a las obligaciones dimanantes del mismo.
Análogamente, también se suele pactar el país cuyos **tribunales** conocerán de las posibles controversias que puedan generarse en relación con el cumplimiento, ejecución e interpretación del contrato.
De esta manera se evita que, en caso de conflicto, haya que acudir a terceras regulaciones para determinar la ley y el tribunal llamados a resolver el referido conflicto.
En el espacio de la **Unión Europea**, en el que se integra España, rige una decidida libertad de pacto a este respecto, existiendo muy pocos fueros imperativos y excepciones a dicha regla.

1821 **Ley aplicable** (Rgto CE/593/2008) El Rgto CE/593/2008 (también conocido como **Reglamento Roma I**) se aplica:
- a todos los contratos celebrados con posterioridad al 17-12-2009 (Rgto CE/593/2008 art.28); y
- en todos los Estados miembros de la UE, con la excepción de Dinamarca.

La Ley determinada por el Reglamento Roma I se aplica, aunque no se trate de la **Ley** de un **Estado miembro** (Rgto CE/593/2008 art.2).
Cuando el contrato entre dentro del ámbito de aplicación del citado Reglamento, las normas de **Derecho Internacional Privado** de producción interna no resultan nunca aplicables (Rgto CE/593/2008 art.20).

1822 **Trascendencia de la elección de la ley aplicable** La elección de la Ley que gobernará el contrato y, por ende, la transacción es un factor capital ya que dicha ley:
a) Crea el **contrato**: el contrato solo existe en cuanto existe una ley nacional que lo reconoce y lo dota de eficacia y fuerza vinculante.
b) Delimita la **autonomía de la voluntad** de las partes: la Ley aplicable determina qué pactos son válidos conforme a la misma, especificando qué elementos del contrato quedan, o no, a la libre disposición de las partes.
c) Integra las **lagunas normativas** del contrato: la Ley aplicable es el marco regulatorio que suple la voluntad de las partes en lo no acordado por éstas.

1823 **Principio general de libertad de pacto** (Rgto CE/593/2008 art.3.1 y 3.3) El Reglamento Roma I consagra el principio de libertad de pacto, declarando que el contrato se rige por la ley elegida por las **partes**.
Esta libertad, o los efectos derivados de la misma, no es absoluta. Así, cuando todos los **elementos del contrato** están localizados, al momento de la elección, en un país distinto de aquel cuya ley se elige, la elección de las partes no impide la aplicación de las disposiciones de ese otro país que no puedan excluirse mediante acuerdo.

1824 **Ley aplicable a falta de elección** (Rgto CE/593/2008 art.4) El Reglamento Roma I establece los criterios para determinar qué ley resulta aplicable en aquellos supuestos en que las partes de la transacción no lo han acordado. Pueden darse varias situaciones:
a) Que se trate de uno de los siguientes **ocho tipos contractuales** (Rgto CE/593/2008 art.4.1):

Tipo contractual	Ley aplicable
1. Compraventa de mercaderías	Ley de la residencia habitual del vendedor
2. Prestación de servicios	Ley de la residencia habitual del prestador del servicio
3. Contrato sobre derecho real inmobiliario o arrendamiento sobre inmueble	Ley del país donde esté sito el inmueble

Tipo contractual	Ley aplicable
4. Contrato de arrendamiento de un bien inmueble para uso personal, por un máximo de 6 meses, y siendo el arrendatario una persona física	Ley de residencia habitual común de arrendador y arrendatario
5. Contrato de franquicia	Ley de la residencia habitual del franquiciado
6. Contrato de distribución	Ley de la residencia habitual del distribuidor
7. Venta de bienes mediante subasta	Ley del país donde se celebre la subasta
8. Contrato celebrado en un sistema multilateral que reúna o permita reunir, según normas no discrecionales y regidas por una única ley, los diversos intereses de compra y de venta sobre instrumentos financieros de múltiples terceros (Dir 2004/39/CE art.4.1.17)	Ley del país que permita tal posibilidad

b) Que no se trate de ninguno de los ocho tipos contractuales antes enumerados, o que los elementos del contrato correspondan a más de uno de dichos ocho supuestos. En las **compraventas de empresas o** de **acciones** nos hallaremos normalmente en este supuesto. **1825**
En estos supuestos la **ley aplicable** es la del país donde tenga su residencia habitual la parte que deba realizar la prestación característica del contrato (Rgto CE/593/2008 art.4.2).
Existe consenso doctrinal que en el contrato de compraventa la **prestación característica** es la no dineraria, es decir, la del vendedor.

c) Puede ocurrir que el contrato presente **vínculos más estrechos con otro país** distinto de aquél cuya ley resultaría de aplicación conforme a los dos criterios anteriores. En tal caso la ley aplicable es la de aquel país (Rgto CE/593/2008 art.4.3). **1826**

Posibilidad para las partes de parcelar el contrato según su ley aplicable (Rgto CE/593/2008 art.3.1 in fine) Las partes de la transacción pueden acordar que una determinada ley rija todo el contrato o únicamente una determinada parte del mismo. **1827**
Esta opción (*dépeçage du contrat* o *splitting of the contract*) es posible siempre y cuando no creen **contradicciones** legales o **desigualdades** entre las partes.

Tribunal competente

(Rgto CE/44/2001; Rgto UE/1215/2012) En la práctica es frecuente que las partes especifiquen el **país** cuyos tribunales conocerán de las posibles controversias que puedan generarse en relación con el cumplimiento, ejecución e interpretación de la transacción con elementos internacionales objetivos y/o subjetivos. **1828**
En el espacio de la **Unión Europea**, en el que se integra España, rige una decidida libertad de pacto a este respecto, existiendo muy pocos fueros imperativos y excepciones a dicha regla.
La **normativa aplicable** en la UE para la determinación de la competencia judicial, es:
• Los contratos suscritos hasta el **9-1-2015** se rigen por el Rgto CE/44/2001.
• Los contratos suscritos a partir del **10-1-2015** se regirán por el Rgto UE/1215/2012.

Libertad de elección y foros imperativos (Rgto UE/1215/2012 art.24) Como **norma general**, en esta materia rige la libertad de pacto, esto es, las partes pueden decidir libremente el país cuyos tribunales resolverán cualquier controversia que derive dé la interpretación, ejecución o cumplimiento del contrato. **1829**
Existen **excepciones** a este principio, pero que resultan de aplicación muy limitada en el ámbito de las transacciones, en cuanto compraventas de empresas o de acciones.
En este sentido, el Rgto UE/1215/2012 establece qué tribunales habrán de conocer las acciones que surjan en relación con los contratos de seguro, los de trabajo y los celebrados con consumidores.

Por su parte, existen otros **tribunales con competencias exclusivas** que podrían resultar de aplicación en el ámbito de las transacciones, como cuando, por ejemplo, en las mismas se incluye la transmisión de derechos sobre inmuebles. **1830**

Estos tribunales con competencia exclusiva son:

Materia	Tribunal competente
Derechos reales inmobiliarios y contratos de arrendamientos de inmuebles	Tribunales del Estado miembro donde se halle el inmueble
Contratos de arrendamiento de inmuebles para uso personal, por plazo menor de 6 meses, cuando arrendador y arrendatario sean personas físicas con domicilio en el mismo Estado miembro	Tribunales del Estado miembro del domicilio común de los contratantes
Validez, nulidad o disolución de sociedades, así como la validez de las decisiones de sus órganos	Tribunales del Estado miembro donde la sociedad tenga su domicilio
Validez de inscripciones en los registros públicos	Tribunales del Estado miembro donde se encuentre el registro
Inscripción o validez de patentes, marcas, diseños o dibujos y modelos y demás derechos análogos susceptibles de depósito o registro	Tribunales del Estado miembro donde se encuentre el registro, o donde se haya solicitado el mismo
Ejecución de resoluciones judiciales	Tribunales del Estado miembro que hay dictado la resolución a ejecutar

1831 **Trascendencia de la elección del tribunal competente** La elección del país cuyos tribunales hayan de conocer cualquier controversia relacionada con la transacción resulta trascendente, entre otros, por los siguientes motivos:

a) **Costes de litigación**: en este concepto hay que incluir tantos los honorarios de abogados, u otros profesionales de preceptiva o potestativa intervención en el procedimiento, como las tasas judiciales exigidas por las respectivas haciendas públicas de cada país.

b) **Conexión con ley aplicable**: aunque nada obsta que un tribunal pueda resolver un litigio aplicando derecho extranjero, siempre resulta aconsejable que la ley aplicable al contrato sea la del país del tribunal que resolverá la controversia.

c) **Idioma** del procedimiento: cuando se elige un país cuyos tribunales conocerán de las controversias que puedan surgir, hay que tener en cuenta el idioma hablado en dicho país.

d) **Tiempo** para la obtención de una resolución: aunque toda controversia, al judicializarse, supone costes de tiempo, éstos pueden ser mayores según lo ágiles que sean los procedimientos y los tribunales del país elegido.

e) **Seguridad jurídica**: como cualquier otra autoridad pública, la calidad del servicio prestado por los tribunales de un país, y la independencia de los mismos respecto de los otros poderes públicos, puede variar considerablemente según lo asentada que se encuentre la democracia en el país del que se trate.

1832 **Contratante no perteneciente a la Unión Europea** (Rgto UE/1215/2012 art.6.1) En el caso de que la contraparte en la transacción no pertenezca a la UE, y a **falta de elección** del tribunal competente, el mismo se determinará de acuerdo con la ley nacional española.

En materia contractual, como sería la derivada de cualquier transacción, serían competentes los **tribunales españoles** cuando las obligaciones contractuales hayan nacido o deban ser cumplidas en España (LOPJ art.22 y 22 bis).

I. Otros acuerdos

1835 En esta sección abarcaremos otros acuerdos que, debido a la casuística y la práctica, se incluyen en los contratos de compraventa.

1836 **Compromiso de permanencia** Existen ocasiones en las que el adquirente «necesita» que el vendedor continúe desempeñando funciones de dirección en la sociedad o el negocio que se haya adquirido. Esto es más común cuando el adquirente del negocio o de las acciones no es un comprador industrial, esto es, cuando estamos ante, entre otras, **entidades de capital riesgo** que invierten en compañías para aumentar su valor y una vez madurada la inversión, estos socios capitalistas se retiran obteniendo el beneficio.

En estos supuestos, es muy común que se regulen compromisos de permanencia del vendedor. Para ello, se debe celebrar un **contrato de prestación de servicios** que regula la continuación en la empresa.

No competencia En muchos supuestos, se establece una cláusula de no competencia del vendedor durante un plazo limitado de tiempo que asegure la cesión al comprador del valor íntegro del negocio transferido que, por lo general, debe comprender no solo los activos materiales sino, además, los inmateriales como el fondo de comercio y los conocimientos técnicos. 1837
Se entiende que el vendedor ve **remunerada** su cláusula de no competencia con la recepción del precio de compra, por lo que no es necesaria una remuneración adicional en este sentido.
No obstante lo anterior, estas cláusulas sólo están justificadas cuando hayan quedado perfectamente **delimitadas** en cuanto a su:
- duración;
- ámbito geográfico;
- contenido; y
- personas sujetas a esta obligación.

Estamos ante una cláusula que, en la práctica, suele ser objeto de discusión y controversia entre las partes ya que todos estos aspectos deben quedar perfectamente acotados.
A este respecto se pronuncia la **Comisión Europea** en su comunicación de fecha 5-3-2005 estableciendo la necesidad de protección del comprador frente a la competencia del vendedor que le permita fidelizar la clientela y asimilar y explotar los conocimientos técnicos. Los aspectos más relevantes de esta Comunicación de la Comisión Europea son los siguientes:

Duración (Comunicación CE 2005/C 56/03 art.20 y 21) Estas cláusulas están justificadas por un período de 2 años si la cesión de la empresa incluye el **fondo de comercio**. No obstante, dicho período se puede extender a 3 años si, además, se produce la transmisión de conocimientos técnicos. 1838
Por el contrario, estas cláusulas restrictivas de la libre competencia no pueden justificarse si lo que estamos transmitiendo son los **activos materiales** (terrenos, instalaciones, etc.) de una compañía o a sus **derechos** de propiedad industrial e intelectual.

Precisiones Existen casos excepcionales en los que puede estar justificado un **plazo de no competencia más largo**. Así lo ha considerado la Comunidad Europea en su Decisión de 1-9-00 en la que, debido al alto grado de fidelidad de la clientela en el mercado de los camiones y a los ciclos de vida de los camiones pesados, se consideraron razonables los siguientes plazos:
• Cinco años de plazo de obligación de no competencia.
• Dieciocho meses de plazo para las cláusulas de no captación (ver nº 1841), esto es, la obligación de no contratar a empleados de la sociedad objeto de adquisición (*non solicit agreements*). Con carácter general, esta obligación de abstención de contratar a personal de la sociedad objeto se circunscribe a ciertos trabajadores que se consideran clave para el negocio (Decisión Comisión 2000/C 301/07, asunto COMP/M.1980 - Volvo / Renault V.I.).
Existen otras Decisiones de la Comisión que justifican plazos más amplios que los que hemos visto de dos y tres años (Decisión Comisión 95/C 207/07, asunto IV/M.612 - RWE-DEA/Enichem Augusta; 1999/C 17/03, caso IV/M.1298 - Kodak/Imation).

Ámbito geográfico (Comunicación CE 2005/C 56/03 art.22) Parece lógica la decisión de la Comisión de establecer que el ámbito geográfico en el que sea de aplicación la cláusula de no competencia coincida con la zona geográfica **donde** el vendedor **ofrecía los productos** y/o servicios con anterioridad a la compraventa toda vez que estaríamos de cierta forma sobreprotegiendo al comprador limitando la competencia del vendedor en territorios en los que éste no estaba presente. No obstante lo anterior, el ámbito geográfico puede extenderse a aquéllos territorios en los que el vendedor estuviese **planeando introducirse** en el momento de efectuar la transacción siempre que ya hubiese realizado inversiones con tal fin. 1839

Objeto (Comunicación CE 2005/C 56/03 art.23 y 25) Como no podía ser de otra forma, la cláusula de no competencia debe quedar circunscrita a los productos y/o servicios que constituyan la **actividad económica** de la sociedad traspasada. Se pueden incluir aquí: 1840
• Versiones mejoradas y actualizaciones de los productos y modelos sucesivos.
• Productos y servicios que se hallen en una fase avanzada de desarrollo en el momento de la transacción pero que aún no hayan sido comercializados.
Por el contrario, **no se consideran incluidos** aquellos mercados o productos en los que la empresa traspasada no operase antes del traspaso.
Por último, cabe destacar que puede limitarse, asimismo, el derecho del vendedor a adquirir o tener **acciones en una empresa que compita** con la empresa que ha sido objeto de transmisión toda vez que pueden aplicarse de igual forma las cláusulas de limitación de la competencia salvo que impidan que el vendedor adquiera o tenga acciones para fines exclusivos de inversión financiara que no le confieran directa o indirectamente funciones de dirección o una influencia sustancial en la empresa competidora.

No captación En virtud de esta cláusula el vendedor se obliga a no captar a **empleados clave** de la sociedad objeto de adquisición (*non solicit agreements*). En todo caso, son aplicables los mismos principios que para las cláusulas inhibitorias de la competencia que hemos analizado en el nº 1837. 1841

CAPÍTULO 6

Modificaciones estructurales en el proceso de adquisición

1900

I. **Sucesión universal** 1905
II. **Fusión** 1915
A. Generalidades 1920
B. Clases 1930
C. Aspectos económicos 1935
1. Valoración de las sociedades 1937
2. Tipo de canje 1940
3. Aumento del capital de la sociedad absorbente 1947
4. Balance de fusión 1952
D. Procedimiento de fusión 1960
1. Fase previa 1963
2. Fase decisoria 2010
3. Fase de ejecución 2040
E. Impugnación 2055
F. Fusiones especiales 2060
1. Absorción de sociedad íntegramente participada 2062
2. Supuestos asimilados a la absorción de sociedades íntegramente participadas 2067
3. Absorción de sociedad participada al 90% 2080
4. Operación asimilada a la fusión 2090
5. Fusión posterior a una compra apalancada 2092
G. Fusión transfronteriza 2100
1. Fusión intracomunitaria 2101
2. Fusión extracomunitaria 2105
III. **Escisión** 2110
A. Generalidades 2115
B. Clases 2125
1. Escisión total 2130
2. Escisión parcial 2140
3. Segregación 2150
4. Constitución de sociedad íntegramente participada mediante transmisión en bloque del patrimonio 2155
5. Supuestos especiales de escisión 2160
C. Procedimiento de escisión 2180
1. Proyecto de escisión 2185
2. Informe de administradores 2193
3. Informe de expertos independientes sobre el proyecto común de escisión 2196
4. Acuerdo de escisión 2200
5. Protección de acreedores 2205
6. Declaración sobre situación financiera 2206
7. Escritura de escisión 2207
8. Inscripción y publicación 2210
D. Responsabilidad de las sociedades participantes 2215
IV. **Aportación no dineraria de acciones o participaciones** 2220
A. Generalidades 2225
B. Valoración de las acciones o participaciones 2230
C. Ampliación de capital 2245
D. Canje de valores 2250
V. **Cesión global de activo y pasivo** 2255

A. Generalidades 2260
1. Ámbito subjetivo 2265
2. Contraprestación 2270
B. Procedimiento 2275
1. Fase preparatoria 2277
2. Acuerdo de cesión global 2285
3. Protección de acreedores 2296
4. Declaración sobre situación financiera 2297
5. Fase de ejecución 2300
C. Efectos 2310

1902 Se denomina **modificaciones estructurales** a aquellas alteraciones de la sociedad que van más allá de las simples modificaciones estatutarias, para afectar a la estructura patrimonial o personal de la sociedad.
Este tipo de operaciones pueden utilizarse como **mecanismo de adquisición de empresas**, que puede llegar a ser más eficiente.
Las principales **razones** de esta **mayor eficiencia** se concretan, entre otras, en las siguientes:
a) En el marco de las citadas modificaciones estructurales tiene lugar la **sucesión universal** de derechos y obligaciones (nº 1905). Esto implica que se elimina la necesidad de negociación bilateral con cualquiera de las contrapartes en los distintos negocios jurídicos vigentes con la sociedad de origen (absorbida, escindida o cedente, según la operación), tal y como sucedería en el marco de una transmisión particular de activos y pasivos contractuales, incluidas las relaciones laborales. No obstante, los **acreedores** gozan de un **sistema de protección** a efectos de poder exigir garantías adecuadas a su deuda, si procediera.

Precisiones Existen, no obstante, algunos efectos negativos adicionales como, por ejemplo, la posibilidad de aumento de renta en los **arrendamientos** en los que la sociedad fusionada es arrendataria; pero no la de extinción del contrato, que sí podría suceder en otro tipo de transacciones.

1903 b) El **tratamiento fiscal** es más ventajoso, en la medida en que si se reúnen determinados requisitos (tendentes a evitar operaciones con una finalidad exclusivamente fiscal) la operación puede acogerse al régimen de neutralidad fiscal (ver nº 6670 s.).
c) Se abre la posibilidad de adquirir empresas o crear empresas más sólidas económicamente **sin** necesidad de un **desembolso económico** por parte del adquirente.

1904 **Normativa reguladora** Las modificaciones estructurales se encuentran reguladas desde un **punto de vista societario** en el Libro Primero del RDL 5/2023, aprobado para trasponer al ordenamiento jurídico española la Dir (UE) 2019/2021. Con la entrada en vigor de esta norma (el 30-6-2023) quedó derogada la L 3/2009.
La **estructura** del RDL 5/2023 es la siguiente:
• Título I del Libro Primero (De las modificaciones estructurales): regula una serie de disposiciones comunes aplicables a todas las modificaciones estructurales, tanto internas como transfronterizas.
• Título II del Libro Primero (De las modificaciones estructurales): regula las modificaciones estructurales internas.
• Título III del Libro Primero (Las modificaciones estructurales transfronterizas intra europeas): regula aquellas modificaciones estructurales donde las sociedades intervinientes pertenecen al Espacio Económico Europeo, siendo uno de ellos España.
• Título IV del Libro Primero (Las modificaciones estructurales transfronterizas extraeuropeas): regula aquellas modificaciones estructurales en las que participen sociedades españolas y sociedades de territorios no pertenecientes al Espacio Económico Europeo.

I. Sucesión universal

1905 Las sociedades que se extinguen o cambian su estructura en el marco de una modificación estructural (fusión, escisión o cesión global), transmiten sus patrimonios a la entidad absorbente, resultante de la fusión, beneficiaria de la escisión o cesionaria, según cada caso, la cual adquiere, por sucesión universal, los distintos derechos y obligaciones que integran sus respectivos patrimonios.
La transmisión universal determina la adquisición **en bloque y unidad de acto** del total de los elementos del activo y del pasivo integrantes del patrimonio de las entidades transmitentes -bienes, derechos y obligaciones y, en general, todas y cada una de las relaciones jurídicas-,

sin que sea preciso el cumplimiento de las formalidades que se exigirían por su propia ley de circulación, para la transmisión de cada uno de ellos, si la misma no se produjera por vía de la fusión, escisión o cesión global, sino por otro título jurídico.

La transmisión tiene, además de un carácter puramente obligacional, efectos reales, por afectar tanto a las sociedades que participan en el proceso de fusión, escisión o cesión global, como a los **terceros** involucrados y afectados por cada una de las relaciones jurídicas, bienes y derechos objeto de transmisión. **1906**

Precisiones En el ámbito de la **contratación administrativa**, cuando en una fusión, escisión, aportación o transmisión de empresas o ramas de actividad participa una sociedad contratista, el contrato continúa vigente con la entidad a la que se le atribuya, que queda subrogada en los derechos y obligaciones dimanantes del mismo, siempre que reúna las condiciones de capacidad, ausencia de prohibición de contratar, y la solvencia exigida al acordarse la adjudicación o que las diversas sociedades beneficiarias de las mencionadas operaciones y, en caso de subsistir, la sociedad de la que provengan el patrimonio, empresas o ramas segregadas, se responsabilicen solidariamente con aquella de la ejecución del contrato. Si no pudiese producirse la subrogación por no reunir la entidad a la que se atribuya el contrato las condiciones de solvencia necesarias, se resolverá el contrato, considerándose a todos los efectos como un supuesto de resolución por culpa del adjudicatario (L 9/2017 art.98).

No obstante lo anterior y a pesar de que el principio que rige este tipo de operaciones es el de sucesión universal, es aconsejable proceder a la **revisión** de los **contratos** que soporten las relaciones jurídicas de mayor envergadura de las sociedades participantes en las mismas, por cuanto, al amparo del principio de libre autonomía de la voluntad de las partes (CC art.1255), suele ser frecuentes cláusulas en las que se obliga a la solicitud de una autorización expresa de la contraparte, con carácter previo a la operación de reestructuración o, incluso, se contempla la posibilidad de resolución anticipada de contratos por la mera ejecución las mismas. Este tipo de cláusulas suelen ser muy frecuentes en el marco de los contratos de **financiación** suscritos con entidades bancarias. **1907**

Asimismo, en el marco de las operaciones de reestructuración empresarial, han de tenerse en consideración las prescripciones impuestas por la normativa de **protección de datos** de carácter personal (LOPDGDD art.21). **1908**
En consecuencia, se presumirán **lícitos**, salvo prueba en contrario, aquellos **tratamientos de datos**, incluida la comunicación de datos con carácter previo, que pudieran derivarse del desarrollo de cualquier operación de modificación estructural de sociedades, o la aportación o transmisión de negocio o de rama de actividad empresarial, siempre que los tratamientos fueran necesarios para el buen fin de la operación y garanticen, cuando proceda, la continuidad en la prestación de los servicios.
La norma prevé, asimismo, las consecuencias derivadas de la **no conclusión de la operación mercantil**. En ese caso, el cesionario deberá proceder con carácter inmediato a la supresión de los datos, sin que resulte de aplicación la obligación de bloqueo de datos prevista en la LOPDGDD.

Caso particular: arrendamiento de uso distinto del de vivienda (LAU art.32.3) Si como consecuencia de la fusión se produce un cambio en la persona del arrendatario en un contrato de arrendamiento para uso distinto del de vivienda, se entiende que **no** existe **cesión del contrato**, por lo que, efectuada la fusión, la sociedad arrendataria conserva todos los derechos y obligaciones del contrato originario. Ahora bien, en estos casos, el arrendador tiene derecho a la **elevación** de la **renta** en un porcentaje del 20% como si tal cesión se hubiera producido (y sin perjuicio de que las partes puedan haber previsto en el contrato otro porcentaje superior, inferior, o la imposibilidad de incrementar la renta). **1909**

En el ámbito de los arrendamientos urbanos para uso distinto de vivienda prevalece en esta materia lo acordado por las partes en el contrato de arrendamiento (LAU art.4.3), por lo que estos derechos del arrendador son **renunciables** o susceptibles de modificación según la voluntad de las partes. Por tanto, se ha de estar en primer lugar a lo pactado en el contrato y si no se prevé nada al respecto a lo dispuesto en la LAU art.32.3. **1910**
Aunque la LAU no se refiere a ella expresamente, es lógico entender que la operación de reestructuración de que se trate debe ser objeto de **notificación** al arrendador, por cuanto este tiene derecho a elevar la renta.
Conforme a lo establecido para la cesión o el subarriendo, dicha notificación debe hacerse de forma **fehaciente** (p.e., notarial, burofax, telegrama con acuse de recibo, etc.), **y** en el plazo máximo de **un mes** desde la inscripción en el RM.

Precisiones 1) No están del todo claras las consecuencias de la **falta de notificación** o la notificación fuera de plazo. Aunque conforme a la propia ley puede interpretarse que dicho incumplimiento faculta al arrendador a resolver el contrato de arrendamiento (LAU art.35). Existe jurisprudencia en relación a supuestos anteriores a la vigente LAU en los que se afirma que, en los casos de transformación, fusión o escisión de sociedades, el arrendador no puede instar la resolución de la relación arrendaticia urbana de local de negocio por traspaso inconsentido, pero sí tiene derecho a aumentar la renta. Aunque el supuesto aplica la regulación anterior contenida en la LAU/1964, hay que tener en cuenta que, la LAU/1964 art.31.4 se corresponde con el art.32.3 de la actual LAU (AP Madrid 14-4-98, Rec 712/95; TS 20-9-97, EDJ 8001).

2) No puede entenderse que cuando la LAU se refiere al cambio producido en la persona del arrendatario por consecuencia de la fusión, escisión o cesión global de la sociedad arrendataria, lo hace exclusivamente a aquellos casos en que el arrendatario pasa a ser otra **persona jurídica distinta**, sino a los cambios que se producen en el arrendatario por el hecho de que realice cualquiera de los supuestos que contempla la norma (AP Barcelona 21-2-01, EDJ 102919).

II. Fusión

1915

A. **Generalidades** 1920
B. **Clases** 1930
C. **Aspectos económicos** 1935
1. Valoración de las sociedades........ 1937
2. Tipo de canje 1940
3. Aumento del capital de la sociedad absorbente........ 1947
4. Balance de fusión........ 1952
D. **Procedimiento de fusión** 1960
1. Fase previa........ 1963
a. Proyecto común de fusión 1965
b. Informe de administradores 1992
c. Informe de expertos independientes 2000
2. Fase decisoria........ 2010
a. Información sobre la fusión........ 2012
b. Acuerdo de fusión 2017
3. Fase de ejecución........ 2040
a. Escritura de fusión 2042
b. Inscripción de la fusión........ 2050
E. **Impugnación** 2055
F. **Fusiones especiales** 2060
1. Absorción de sociedad íntegramente participada 2062
2. Supuestos asimilados a la absorción de sociedades íntegramente participadas 2067
a. Fusión inversa........ 2070
b. Fusión de sociedades gemelas o participadas por los mismos socios y en la misma proporción........ 2075
3. Absorción de sociedad participada al 90% 2080
4. Operación asimilada a la fusión 2090
5. Fusión posterior a una compra apalancada........ 2092
G. **Fusión transfronteriza** 2100
1. Fusión intracomunitaria 2101
2. Fusión extracomunitaria........ 2105

1917 Entre las modalidades de adquisición de empresas se incluye la figura de la fusión, que constituye un instrumento de **reestructuración** de empresas, sin necesidad de acudir a contratos que tengan por objeto acciones, participaciones, cuotas o activos.

La fusión es, en esencia, un **acuerdo corporativo** que puede afectar los intereses de los socios y acreedores de las sociedades intervinientes y, por tanto, la Ley ha establecido un procedimiento detallado en cuanto a la ejecución de la misma, que es objeto de análisis en el presente capítulo.

Para un desarrollo más exhaustivo del procedimiento de fusión ver nº 7710 s. Memento Sociedades Mercantiles 2024.

Precisiones 1) Frente a la adquisición del patrimonio por la vía negocial, la operación de fusión ofrece la indudable **ventaja** de poder calificar al adquirente como sucesor universal del anterior titular, dejando al margen las posibles ventajas de índole fiscal, que son tratadas en otros capítulos de esta obra (Juste Mencía, Javier).
2) Con motivo de la fusión tiene lugar una **integración** de los socios titulares del capital social, por lo que los patrimonios son trasladados para llevar a cabo una explotación conjunta y societaria de empresas anteriormente autónomas, o integradas bajo la titularidad de un sujeto societario distinto (Juste Mencía, Javier).

A. Generalidades

La fusión es aquella operación societaria de modificación estructural en cuya virtud dos o más sociedades mercantiles inscritas que se extinguen, se integran en una única sociedad -que puede ser de nueva creación o una de las sociedades que se fusionan-, mediante la transmisión en bloque de sus patrimonios, a título de **sucesión universal**, y la atribución a los socios de las sociedades que se extinguen de acciones, participaciones o cuotas de la sociedad resultante (RDL 5/2023 art.33). **1920**

Normativa reguladora Desde la entrada en vigor del RDL 5/2023, la regulación mercantil aplicable a las fusiones en las que participen sociedades mercantiles españolas es la siguiente: **1921**

Sociedades intervinientes en la fusión	Normativa aplicable
Todas son sociedades españolas	- Título I, Capítulo I del Libro Primero del RDL 5/2023 (disposiciones preliminares) - Título I, Capítulo II del Libro Primero del RDL 5/2023 (disposiciones comunes) - Título II, Capítulo II del Libro Primero del RDL 5/2023 (fusión) - RRM art.226 a 234
Sociedad mercantil española y sociedad del Espacio Económico Europeo (EEE)	- Título I, Capítulo I del Libro Primero del RDL 5/2023 (disposiciones preliminares) - Título I, Capítulo II del Libro Primero del RDL 5/2023 (disposiciones comunes) - Título II, Capítulo II del Libro Primero del RDL 5/2023 (fusión) - Título III, Capítulo I del Libro Primero del RDL 5/2023 (ámbito de aplicación) - Título III, Capítulo II del Libro Primero del RDL 5/2023 (disposiciones generales) - Título III, Capítulo III del Libro Primero del RDL 5/2023 (disposiciones especiales, art.101 s.) - RRM art.226 a 234 - Ley personal de la sociedad europea
Sociedad mercantil española sociedad no perteneciente al EEE	- Título I, Capítulo I del Libro Primero del RDL 5/2023 (disposiciones preliminares) - Título I, Capítulo II del Libro Primero del RDL 5/2023 (disposiciones comunes) - Título II, Capítulo II del Libro Primero del RDL 5/2023 (fusión) - Título IV, Capítulo I del Libro Primero del RDL 5/2023 (disposiciones generales) - Título IV, Capítulo II del Libro Primero del RDL 5/2023 (disposiciones especiales, art.125 s.) - RRM art.226 a 234 - Ley personal de la sociedad europea participante

El carácter general del RDL 5/2023 no permite prescindir de la regulación propia de cada **tipo societario**, debiendo observarse las exigencias del régimen aplicable a cada una de las sociedades intervinientes en la fusión, además de los requisitos exigidos, en su caso, por la legislación sectorial. **1922**

Precisiones Aunque el régimen jurídico del RDL 5/2023 es una norma mercantil general aplicable a cualquier sociedad mercantil, debe tenerse cuenta que no resulta aplicable a las **Sociedades Cooperativas** ni a la Sociedad Cooperativa Europea que se rigen por su regulación específica.

Características Con carácter general, los elementos configuradores y delimitadores de la figura de la fusión hacen referencia a los aspectos que se exponen a continuación. **1923**

1924 **Sociedad mercantil** Una sociedad tiene la consideración de mercantil, bien por la naturaleza de su objeto, bien por la forma de su constitución.

Precisiones **1)** Las sociedades **en liquidación** pueden fusionarse con otras siempre que no haya comenzado la distribución de su patrimonio entre los socios (RDL 5/2023 art.3.1).
2) Las sociedades que se encuentren en **concurso de acreedores o** sometidas a un **plan de reestructuración** o, en su caso, a un plan de continuación, pueden proceder a una transformación, fusión, escisión o cesión global. La formación de la voluntad social, los derechos de los socios y la protección de los acreedores se debe ajustar a lo previsto en el RDLeg 1/2020, por el que se aprueba el texto refundido de la Ley Concursal (RDL 5/2023 art.3.2).
3) No pueden proceder a una **transformación transfronteriza** sociedades que se encuentren en **liquidación concursal** (RDL 5/2023 art.3.3).

1925 **Inscripción** (RDL 5/2023 disp.adic.2ª) Las sociedades mercantiles intervinientes deben estar inscritas en el **RM**. La participación en un proceso de fusión de sociedades no inscritas o irregulares requiere su previa inscripción registral.

1926 **Integración en un única sociedad y extinción sin liquidación** La fusión determina la integración de, al menos, dos sociedades en una única sociedad -que puede ser una de las sociedades intervinientes o una sociedad de nueva creación-, y la extinción sin liquidación de las sociedades que son absorbidas (en el supuesto de fusión por absorción) o que transmiten su patrimonio a una entidad de nueva creación (en la fusión por creación).
La **disolución sin liquidación** de las sociedades absorbidas, con extinción de su personalidad jurídica implica que:
• Las **relaciones jurídicas** continúan a través de la sociedad absorbente o de nueva creación, que queda subrogada en todos los derechos y obligaciones inherentes a las relaciones jurídicas de las sociedades extinguidas.
• Una vez inscrita la fusión se cancelan de oficio por el registrador mercantil los **asientos registrales** correspondientes a la sociedad o sociedades extinguidas como consecuencia de la fusión.

1927 **Transmisión universal del patrimonio** Las sociedades que se extinguen transmiten en bloque y unidad de acto la totalidad de los elementos del activo y del pasivo integrantes de su patrimonio, sin que sea preciso el cumplimiento de las **formalidades** que se exigen para la transmisión de cada uno de dichos elementos.
En consecuencia, la sucesión universal se presenta en la fusión como una excepción al régimen general del Derecho común en lo relativo al consentimiento del **acreedor** cuando se produce la sustitución de un deudor por otro (CC art.1205).

Precisiones **1)** Sin perjuicio de la continuación en las relaciones jurídicas de la sociedad extinguida por la sociedad absorbente o de nueva creación, resulta aconsejable realizar -con carácter previo al inicio del proceso de fusión-, un análisis de los contratos suscritos por las sociedades participantes, en especial de los **contratos de financiación**, dado que estos pueden contener cláusulas que prevean que la fusión tenga determinadas consecuencias sobre las relaciones preexistentes.
Es habitual que los contratos de financiación contengan cláusulas que obliguen a notificar y/o recabar de la entidad financiera su **autorización** previa al procedimiento de fusión, estableciendo como causa de vencimiento anticipado y/o resolución del contrato el incumplimiento de dichas obligaciones.
2) En cuanto a las consecuencias de la fusión sobre los contratos de **arrendamiento** para uso distinto del de vivienda, en caso de producirse un cambio en la persona del arrendatario, ver nº 7701 Memento Sociedades Mercantiles 2024.

1928 **Continuidad en la condición de socio** Los socios de las sociedades extinguidas se incorporan al accionariado de la sociedad absorbente o de nueva creación recibiendo acciones, participaciones o cuotas en cuantía proporcional a sus participaciones en el patrimonio de las sociedades que se extinguen como consecuencia de la fusión.
No obstante, esta continuidad no es absoluta y se contemplan dos **excepciones**:
- la compensación en metálico (nº 1943); y
- la prohibición de canje de participaciones propias (nº 1944).

1929 **Socio industrial** (RDL 5/2023 art.35.2) En el supuesto de que una de las sociedades intervinientes en la fusión sea una sociedad con uno o más socios industriales y en la sociedad resultante no pueden existir estos socios (p.e., SA o SRL), la **participación** de estos en el capital de la **sociedad resultante** de la fusión se determina:
- atribuyendo a cada uno los socios industriales la participación en el capital de la sociedad extinguida correspondiente a la cuota de participación que le hubiera sido asignada en la escritura de constitución; o
- en su defecto, la que se acuerde entre todos los socios de dicha sociedad.
En ambos casos, se reduce proporcionalmente la participación de los demás socios.

En su caso, la subsistencia de la obligación personal del socio industrial en la sociedad que resulte de la fusión, exige siempre el **consentimiento** del socio y debe instrumentarse como prestación accesoria cuando no pueden existir socios industriales.

B. Clases

La integración patrimonial operada por medio de la fusión puede revestir diversas modalidades: **1930**
- absorción de una o más sociedades por otra ya existente (fusión por absorción); o
- la extinción de cada una de las sociedades que se fusionan y transmisión en bloque de los respectivos patrimonios sociales a la nueva entidad (fusión por creación).

Precisiones Existen **otros criterios** para la clasificación de las fusiones. Así:
• Por el tipo de **entidades** participantes, se pueden distinguir los siguientes tipos:
- fusión de sociedades capitalistas (p.e., SA o SRL) o personalistas (p.e., sociedad colectiva o sociedad comanditaria simple).
- fusión mixta, cuando intervienen en la fusión sociedades personalistas y capitalistas, dando lugar a otra de un carácter u otro.
• Por el **porcentaje de participación**: se distinguen los siguientes tipos de fusiones:
- fusión impropia (nº 2062);
- fusión inversa (nº 2070);
- fusión de sociedades gemelas (nº 2075); y
- absorción de sociedad participada al 90% (nº 2080).

Fusión por creación (RDL 5/2023 art.34.1) Se realiza mediante la integración de cualesquiera sociedades en una sociedad de **nueva** creación, con la extinción de las sociedades que se fusionan y la transmisión en bloque de sus respectivos patrimonios sociales a la sociedad de nueva constitución, que adquiere los elementos del activo y del pasivo por sucesión universal.  **1931**

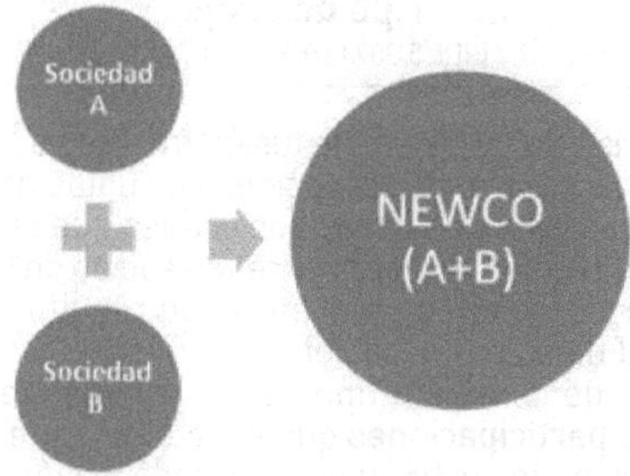

Fusión por absorción (RDL 5/2023 art.34.2) Se realiza mediante la integración de una o más sociedades en otra preexistente, que adquiere por sucesión universal los patrimonios de las sociedades absorbidas, que se extinguen, aumentando, en su caso, la cifra del capital social de la sociedad absorbente en la cuantía que proceda. **1932**

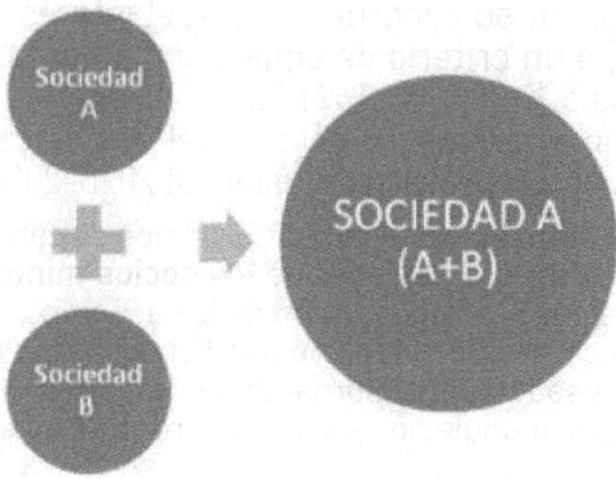

C. Aspectos económicos

1935 Los aspectos económicos fundamentales de la fusión comprenden:
- la valoración de las sociedades que participan en la operación;
- el tipo de canje de las acciones o participaciones sociales;
- el eventual aumento del capital de la sociedad absorbente; y
- el balance de fusión.

1. Valoración de las sociedades

1937 Legalmente no se establecen las reglas que han de regir los criterios o métodos de valoración de los patrimonios de las sociedades participantes en la fusión.
Por ello, debe acudirse a los **criterios habituales** de valoración de empresas, entre otros:
- valor teórico contable;
- valor de capitalización de resultados;
- valor en liquidación o venta; o
- en su caso, valor de cotización en bolsa.

En todo caso, con independencia de los métodos utilizados, el principio rector de la valoración ha de ser el de **equidad,** para evitar perjuicios a los socios de las sociedades que, como consecuencia de la fusión, se extinguen.

Precisiones La experiencia demuestra la conveniencia de **combinar** diversos **criterios** de valoración para obtener el *quid pro quo* lo más exacto posible, de ahí que, en ocasiones, resulta conveniente acudir a criterios particulares o subjetivos, distintos de los técnico-contables, ajustados a las características reales de los elementos que son objeto de valoración (p.e., fondo de comercio de cada tipo de empresa; capital humano; capital estructural y relacional, sinergias previstas con la fusión, etc.) (Garrido de Palma, Víctor Manuel).

2. Tipo de canje

(RDL 5/2023 art.36 y 37)

1940 Entre las menciones obligatorias del proyecto de fusión (nº 1965 s.) se encuentra la relativa al tipo o relación de canje de las acciones, participaciones o cuotas de la sociedad absorbente o de nueva creación, a entregar a los socios de las sociedades que se extinguen.
El tipo de canje es el elemento técnico que permite a los socios de las entidades que se extinguen con la fusión, continuar como tales en la sociedad resultante de la misma, así como mantener el **valor patrimonial** de su participación.
En consecuencia, la relación de cambio o tipo de canje consiste en la determinación del número de **acciones, cuotas o participaciones** que en la entidad resultante de la fusión van a ostentar los socios de las sociedades extinguidas por cada acción, participación o cuota que poseían previamente en estas.

1941 **Cálculo** Legalmente no se determina cuál es el procedimiento que debe seguirse para la determinación del tipo de canje, pero sí se establecen determinados **requisitos** que deben observarse para el cálculo del mismo.
En cualquier caso, la fijación del tipo de canje tiene **carácter negocial** y, excluida la arbitrariedad, su justificación viene dada por su congruencia con el interés social, debiendo ajustarse, con relación a cada sociedad, a un criterio de equivalencia fundado en el interés común de todos sus socios (AP Barcelona 5-5-08, EDJ 169172).
Para un estudio detallado y con ejemplos del cálculo del tipo de canje en las fusiones, ver nº 7900 s. Memento Reorganización Empresarial (Fusiones) 2023-2024.

Precisiones **1)** A pesar del carácter negocial y voluntario del tipo de canje, este debe ajustarse a unos criterios que impidan la lesión de los intereses de los **socios minoritarios**. La tutela de dichos socios se arbitra a través de la posible impugnación de los acuerdos de fusión (Largo Gil, Rita).
2) En este sentido, debe destacarse que el **juez** no puede revisar el tipo de canje acordado y aprobado por mayoría; o bien lo respalda, desestimando la demanda, o bien, en caso de estimar la impugnación, lo que procede es la anulación de los acuerdos sociales y, por lo tanto, de la fusión (TS 29-11-02, EDJ 51855).

1942 **Valor razonable** El tipo de canje debe establecerse sobre la base del valor razonable del **patrimonio** de las sociedades que intervienen en la fusión. Dicho valor razonable se determina a partir de la previa valoración de las sociedades (nº 1937).
La Ley no exige que el tipo de canje se corresponda con el valor razonable del patrimonio social, sino tan solo que se determine sobre la base de este. En consecuencia, el tipo de canje

no tiene que establecerse únicamente en atención al valor de cada sociedad considerando su funcionamiento aislado, sino que a tales efectos se deben tener también en cuenta otros **parámetros adicionales**, tales como el efecto de sinergia o beneficios expectantes de la fusión y las ventajas que pudieran derivarse para cada sociedad de la existencia de otras operaciones alternativas a la fusión (AP Barcelona 2-6-04, EDJ 79393).

Compensación en metálico En el cálculo del tipo de canje los resultados pueden arrojar **decimales** que dificultan la entrega de números enteros de acciones, participaciones o cuotas a los socios de las sociedades que se extinguen. **1943**
A fin de facilitar la determinación de la ecuación de canje, se admite realizar una compensación en metálico que no puede exceder del límite del **10%** del valor nominal de las acciones, de las participaciones o del valor contable de las cuotas atribuidas.

Prohibición de canje de participaciones propias Las acciones, participaciones o cuotas de las sociedades que se fusionan, que están en poder de cualquiera de ellas (o en poder de terceros que actúan en su propio nombre, pero por cuenta de esas sociedades), no pueden ser canjeadas por participaciones de la sociedad resultante de la fusión, sino que, en su caso, deben ser **amortizadas** o extinguidas. **1944**
La finalidad de dicha prohibición es evitar la emisión de títulos que no lleven aparejada una aportación patrimonial real.
Los **supuestos de hecho** que pueden considerarse dentro de la prohibición de canje de participaciones propias son:
- participaciones de la absorbida titularidad de la absorbente;
- participaciones propias ostentadas por la sociedad que se extingue y participaciones cruzadas en entidades que se extinguen. Ver nº 7795 s. Memento Sociedades Mercantiles 2024.

Disconformidad (RDL 5/2023 art.49) Los socios de las sociedades que se fusionen que consideren que la relación de canje establecida en el proyecto no es adecuada, pueden **impugnarla** y reclamar un pago en efectivo ante el Juzgado de lo Mercantil del domicilio social, cuya competencia será exclusiva, o el tribunal arbitral estatutariamente previsto, siempre que no hayan votado a favor de la aprobación del acuerdo de fusión o no tengan derecho de voto, dentro del **plazo** de dos meses desde la fecha de publicación del acuerdo de la junta general. La decisión del juzgado o tribunal arbitral será vinculante para la sociedad resultante de la fusión. **1945**
La sociedad resultante podrá compensar a los socios con acciones o participaciones propias en lugar del pago en efectivo.
La impugnación de la relación de canje **no paraliza la fusión** ni impide su inscripción en el Registro Mercantil.

3. Aumento del capital de la sociedad absorbente

(RDL 5/2023 art.34.2)

En el ámbito de la **fusión por absorción**, la incorporación de los socios de las sociedades absorbidas al accionariado de la sociedad absorbente determina, salvo excepciones, el aumento de capital de esta última. **1947**
La **cuantía** de la ampliación ha de respetar el tipo de canje y los requisitos establecidos para el tipo de socio de que se trate, pero no tiene que coincidir necesariamente la suma de los capitales de las sociedades intervinientes.
En todo caso, la cifra del aumento de capital **no** puede ser **superior** al valor del patrimonio recibido. En su caso, cuando la sociedad resultante (es decir, la sociedad absorbente o la sociedad de nueva creación) de la fusión sea anónima o comanditaria por acciones, los expertos deben manifestar en su informe sobre el proyecto de fusión, si el patrimonio aportado por las sociedades que se extinguen es igual, por lo menos, al aumento de capital de la sociedad absorbente (RDL 5/2023 art.6.2 y 41.3).

Acuerdo El acuerdo de aumento de capital se enmarca dentro de la operación de fusión por absorción, no tratándose de un acuerdo separado de la misma. **1948**
Las **particularidades** de este acuerdo se resumen continuación:
• No se puede producir la **suscripción incompleta** o parcial de las acciones emitidas.
• El informe de **experto independiente** exigido, con carácter general, en las aportaciones no dinerarias en SA (LSC art.67), queda subsumido en el informe que el experto independiente debe emitir, en su caso, sobre el proyecto de fusión (LSC art.69.d) (nº 2000).

• Los socios de las sociedades absorbidas son los destinatarios del aumento de capital de la sociedad absorbente, por lo que los socios preexistentes de esta última carecen de **derecho de suscripción o asunción preferente**. No obstante, si el aumento de capital va unido a otro anterior, simultáneo o posterior, distinto del aumento *ad hoc* consecuencia del tipo de canje, el derecho de asunción o suscripción preferente opera como es habitual.

1949 Puede suceder que el patrimonio de la sociedad absorbente sea superior al de su capital social y que, por tanto, el valor patrimonial de sus acciones, participaciones o cuotas sea superior a su valor nominal.
En este supuesto, a fin de evitar que los socios de las sociedades absorbidas se enriquezcan injustamente en perjuicio de los socios de la entidad absorbente, la emisión de las nuevas acciones, participaciones o cuotas debe realizarse con la denominada **prima de fusión**.
De lo contrario, la aportación de los socios de las entidades absorbidas podría dar lugar a una atribución de participaciones que representaran un mayor patrimonio del aportado.

1950 **Excepciones** Con carácter general, no procede aumento de capital en la sociedad absorbente en los siguientes tipos de fusión:
a) La **fusión impropia** (nº 2062) salvo, en su caso, cuando la sociedad absorbente es titular de forma indirecta de todas las acciones o participaciones sociales en que se divide el capital de la sociedad absorbida (RDL 5/2023 art.53.2).
b) La fusión **inversa** (nº 2070) salvo, en su caso, cuando la sociedad absorbida es titular de forma indirecta de todas las acciones o participaciones sociales en que se divide el capital de la sociedad absorbente (RDL 5/2023 art.56.2).
c) La fusión de **sociedades gemelas** (nº 2075), salvo, en su caso, cuando las sociedades absorbida y absorbente están participadas indirectamente por el mismo socio. En este caso, la sociedad absorbente puede optar bien por llevar a cabo la ampliación, o bien por no realizarla, en cuyo caso debe llevar todo el patrimonio de la sociedad absorbida a prima de fusión (RDL 5/2023 art.56.2). Un supuesto equivalente a la fusión de sociedades gemelas, y que tendría el mismo tratamiento, es la fusión de sociedades participadas por los mismos socios y en la misma proporción.

4. Balance de fusión

(RDL 5/2023 art.43)

1952 El balance de fusión es un documento informativo elaborado por los administradores de cada una de las sociedades intervinientes en la fusión, necesario para la valoración de los patrimonios de las entidades intervinientes a efectos de la determinación de tipo de canje y, en su caso, de la adecuación de los patrimonios aportados al aumento de capital de la sociedad absorbente.
Cada sociedad participante en el proceso de fusión debe contar con su propio balance de fusión.

1953 **Clases** Atendiendo a la **fecha de cierre**, pueden distinguirse los tipos de balance que pueden ser empleados como balances de fusión:
a) El **último** balance del ejercicio **aprobado**, incorporado a las cuentas anuales, siempre que hubiese sido cerrado dentro de los seis meses anteriores a la fecha del proyecto común de fusión.
Este balance debe estar aprobado por la junta de socios con carácter previo o simultáneo al acuerdo de fusión.
b) Si el **balance anual ordinario** no cumpliera con los requisitos indicados, puede utilizarse un balance específico cerrado con posterioridad al primer día del tercer mes precedente a la fecha del proyecto de fusión, esto es, la fecha de su cierre no puede distar en más de tres meses a la fecha del proyecto de fusión.

1954 Si en la fusión participan una o varias **SA cotizadas** cuyos valores están ya admitidos a negociación en un mercado secundario oficial o en un mercado regulado domiciliado en la Unión Europea, el balance de fusión puede ser sustituido por el informe financiero semestral de cada una de ellas exigido por la legislación sobre mercado de valores (RD 1362/2007 art.11), siempre que dicho informe haya sido cerrado y hecho público dentro de los seis meses anteriores a la fecha del proyecto de fusión.
El **informe** se ha de poner a disposición de los accionistas en la misma forma que la establecida para el balance de fusión.

Correcciones de valor (RDL 5/2023 art.43.2) Cualquiera que sea el balance empleado como balance de fusión, pueden introducirse modificaciones respecto a las valoraciones contenidas en el mismo, en atención a las modificaciones importantes del valor razonable de bienes, derechos u obligaciones no reflejadas en los asientos contables. 1955

De acuerdo con la autorización legal, es posible:

a) **Dar de alta o de baja** elementos patrimoniales incorporados o desaparecidos, respectivamente, desde el cierre del balance ordinario.

b) **Corregir** el valor de alguno de ellos, por **discordancia** entre su valor razonable y su valor contable.

En este sentido, destaca la posible valoración del **fondo de comercio** de las sociedades participantes, en base a considerar el proceso de fusión como un supuesto de transmisión de una actividad empresarial a título oneroso.

Precisiones Sin perjuicio de lo anterior, las referidas modificaciones deben interpretarse de acuerdo con lo previsto en la **normativa contable** ya que, en ocasiones, no resultará posible registrar en el balance de fusión las diferencias entre el valor contable y el valor razonable de los elementos del activo. Dichos impedimentos, a pesar de no ser objeto de estudio en la presente sección, vendrán determinados en la medida en que la operación de fusión proyectada sea entre **sociedades del mismo grupo** o sea entre sociedades que no pertenezcan a un grupo único como tal.

Requisitos (RDL 5/2023 art.44) Además del requisito temporal (nº 1953), el balance de fusión debe cumplir los siguientes: 1956

• El balance -tanto si es el balance ordinario como uno específico- y, en su caso, las correcciones de valor contenidas en el mismo, deben ser verificados por el **auditor de cuentas** de la sociedad, cuando las sociedades intervinientes en la fusión están obligadas a auditar sus cuentas anuales. Esta regla no es de aplicación cuando confirme a las disposiciones del RDL 5/2023 no se requiera aprobación del acuerdo de fusión por la junta general.

• Si se utiliza como balance de fusión un balance específico, este tiene que formularse de forma homogénea, siguiendo los mismos **métodos y criterios** de presentación que el último balance anual.

• El balance ha de reflejar los **valores razonables** de las diferentes partidas contables, para lo cual puede recoger correcciones de valor.

• El balance ha de ser sometido a la aprobación de la **junta** de socios que resuelve sobre la fusión, a cuyos efectos debe mencionarse expresamente en el orden del día de la junta.

Precisiones De la redacción literal del apartado segundo del art.44 RDL 5/2023, cabe entender que no se requiere la aprobación del balance de fusión por la junta general, ni su auditoría, en aquellos supuestos en los que conforme a las disposiciones del RDL 5/2023 **no se requiera la aprobación** del acuerdo de fusión por la **junta general** (p.e., respecto de la sociedad absorbida, en los casos en los supuestos de absorción de sociedades íntegramente participadas del RDL 5/2023 art.53). No obstante, conforme al criterio registral imperante, el balance debe adjuntarse en todo caso en la **escritura de fusión**.

Impugnación (RDL 5/2023 art.45) La impugnación del balance de fusión o la ecuación de canje establecida **no puede suspender**, por sí sola, la ejecución de la operación. 1957

D. Procedimiento de fusión

El proceso societario de fusión comienza con la **redacción y suscripció**n del proyecto de común de fusión por todos los administradores de todas las sociedades intervinientes, siendo las fases por las que el procedimiento transcurre las siguientes: 1960

- el proyecto común de fusión (nº 1965);
- el acuerdo de fusión (nº 2017); y
- la formalización e inscripción de la fusión (nº 2040).

En cualquiera de sus clases (fusión por absorción o por creación), la fusión se desarrolla a través un **proceso común**, sin perjuicio de la distinta finalización del proceso en función del tipo de fusión de que se trate y que se traduce en la absorción o, en caso de fusión por constitución, en la inscripción de una nueva sociedad. Siendo así, a continuación se desarrollan las distintas fases del procedimiento de fusión destacándose, cuando resulta preciso, las peculiaridades propias de cada clase.

Proceso simplificado de fusión (RDL 5/2023 art.9; LSC art.178.1) Legalmente se prevé la posibilidad de realizar un proceso de fusión simplificado cuando concurren las siguientes circunstancias: 1961

1º Que el acuerdo de fusión se adopte en cada una de las sociedades que participan en la fusión, en **junta universal**.

2º Que el acuerdo de fusión se adopte por **unanimidad** de todos los socios con derecho de voto y, en su caso, de quienes de acuerdo con la ley o los estatutos pueden ejercer legítimamente ese derecho.
La aprobación de la fusión con los requisitos citados, permite realizar la operación flexibilizando las exigencias previstas en la Ley. Así, la fusión puede llevarse a cabo **sin necesidad de**:
- publicar o depositar previamente los documentos exigidos por el RDL 5/2023 art.7;
- anuncio sobre la posibilidad de formular observaciones; e
- informe de los administradores sobre el proyecto de fusión (nº 1996).

1962 En ningún caso, la aplicación de estas facilidades puede restringir los **derechos de información** de los representantes de los trabajadores sobre la fusión, incluido el informe de los administradores sobre los efectos que pudiera tener sobre el empleo.

1. Fase previa

1963 Con anterioridad a la suscripción del proyecto común de fusión entre sociedades independientes no pertenecientes al mismo grupo, es frecuente que las partes involucradas en el proceso de fusión sienten las bases de un principio de acuerdo que puede plasmarse en el denominado **protocolo de fusión** o *Memorandum of Understanding* que, salvo en lo que atañe al posible compromiso de confidencialidad y al de exclusividad, no tiene carácter vinculante para las mismas.

Precisiones **1)** Al no estar ante un contrato previo, preliminar, ni un precontrato, el protocolo de fusión no genera en ningún caso **responsabilidad contractual** (Garrido de Palma, Víctor Manuel).
2) Los tratos preliminares pueden generar **responsabilidad precontractual** si en el curso de las negociaciones una de las partes hace surgir en la otra una razonable confianza de que la fusión se va a realizar y luego interrumpe las negociaciones sin justa causa; o si, por ejemplo, difunde o utiliza en su propio beneficio información recibida por la otra parte, está obligada a resarcir los daños que la otra parte sufra como consecuencia del incumplimiento de las obligaciones de buena fe y lealtad a la que están sujetas las negociaciones.
3) En caso de existir compromisos de fusión celebrados por los administradores, con autorización de sus juntas, los daños y perjuicios, especialmente los derivados de **gastos y expectativas** originadas a las demás sociedades participantes como consecuencia de los tratos preliminares, han de contemplarse conforme a la teoría general de la *culpa in contrahendo* del Derecho civil (Ávila Navarro).

1964 También es frecuente en estos casos la realización de un proceso de **due diligence** de las sociedades intervinientes, para asegurar su correcta valoración o la detección de posibles contingencias.
Asimismo, también es frecuente realizar **calendarios** de fusión en los que realiza una estimación de la duración de cada fase del proceso. La fusión es un procedimiento legal con un calendario de duración previsible; no obstante, la cronología de operación depende del tipo de fusión que pretende llevarse a cabo y del tipo de sociedades intervinientes en la fusión.

a. Proyecto común de fusión

(RDL 5/2023 art.39)

1965 El proyecto de fusión, que ha de redactarse y suscribirse por los **administradores** de cada una de las sociedades que intervienen en la fusión, es el documento que sienta las bases y los elementos sobre los que, posteriormente, han de decidir las juntas de socios de las entidades participantes en la fusión.
El proyecto ha se estar **firmado** por todos los administradores de las sociedades participantes; si falta la firma de alguno de ellos, se ha de indicar al final del proyecto la causa de la omisión.
Desde su firma, el proyecto tiene una **validez** de seis meses, transcurridos los cuales, si no es aprobado por las juntas de socios o el socio único, según corresponda, de todas las sociedades intervinientes en la fusión, queda sin efecto.

1966 Una vez suscrito el proyecto común de fusión, los administradores de las sociedades que se fusionen deben abstenerse de realizar cualquier clase de acto o de concluir cualquier contrato que pueda comprometer la aprobación del proyecto o modificar sustancialmente la relación de canje de las acciones, participaciones sociales o cuotas. En consecuencia, el proyecto es **vinculante** para los administradores que lo suscriben, pero no así para los socios de las sociedades intervinientes, que pueden decidir sobre su aprobación o no.

Precisiones 1) La **restricción** impuesta a los **administradores** en virtud del art.39.2 RDL 5/2023 no puede interpretarse extensivamente, pues la prohibición que contiene se ciñe exclusivamente a aquellos actos o contratos que pueden comprometer la aprobación del proyecto o modificar sustancialmente la relación de canje de las acciones, no pudiendo ampliar esas concretas restricciones a cualquier acto de gestión o administración, favorable para la empresa, pues ello comportaría la completa desaparición de su capacidad de obrar (TS 4-6-07 EDJ 68108).
2) Mientras no se publique la convocatoria de la junta de socios y se ponga a disposición de los socios la información sobre la fusión, el **proyecto** puede ser **modificado** en la forma que los administradores entiendan pertinente (ajuste del tipo de canje, fecha de efectos contables, etc.), acudiendo, eso sí, al RM. Es posible incluso que existan modificaciones significativas en el activo y en el pasivo que, sin embargo, no se trasladen al documento, pero de las que sí se informe a las juntas (AP Barcelona 5-5-08, EDJ 169172).

1967 **Contenido** (RDL 5/2023 art.4 y 40) Sin perjuicio de las peculiaridades que sobre el mismo contempla el RDL 5/2023 para las fusiones especiales (ver nº 2060 s.), las menciones mínimas que debe contener el proyecto de fusión se **regulan** en el art.4 RDL 5/2023 (disposiciones comunes a todas las modificaciones estructurales) y se ven complementadas con el contenido recogido en el art.40 RDL 5/2023 (aplicable, en este caso, exclusivamente a las operaciones de fusión). Dichas **menciones mínimas** son las siguientes:

1968 **Forma jurídica, razón y domicilio social de las sociedades** (RDL 5/2023 art.4.1.1º) En el proyecto de fusión debe constar la denominación, el tipo social y el domicilio de las sociedades que se fusionan y, en su caso, de la sociedad resultante de la fusión.
En el supuesto de **fusión por absorción**, con carácter general y salvo acuerdo en contrario por parte de la junta general de socios o el socio único de las sociedades intervinientes en la fusión, la sociedad absorbente continuará con la denominación y el domicilio social previo a la operación de fusión proyectada.
En el supuesto de **fusión por creación**, hasta la elevación a público del acuerdo de fusión no se produce la constitución de la entidad resultante, por lo que la única forma de identificar a la sociedad beneficiaria es a través de su denominación y su domicilio social. En consecuencia, para este caso es preciso realizar la solicitud de denominación social al RMC (RRM art.409 s.).
Es posible que la **sociedad resultante** de la fusión -sea esta de nueva creación o la sociedad absorbente-, adopte como denominación la de cualquiera de las sociedades que se extinguen como consecuencia de la fusión (RRM art.418).

Precisiones La **sucesión** en la **denominación** se caracteriza por no ser necesaria la certificación negativa de denominación social, siendo suficiente que dicha sucesión se haga constar en el proyecto de fusión, se apruebe por las juntas de las sociedades intervinientes en la fusión y se incluya en la escritura de fusión.

1969 **Datos identificativos de la inscripción** (RDL 5/2023 art.40.1º y 2º) El proyecto de fusión debe contener los datos identificadores de la inscripción de las sociedades participantes en el Registro Mercantil.
En el caso de un supuesto de **fusión por creación** de una nueva sociedad, al no poder incluir estos datos por no estar inscrita la misma en el Registro Mercantil, debe incorporarse al proyecto de fusión la **escritura de constitución y los estatutos** de la nueva sociedad.

1970 **Identificación de la modificación estructural y calendario tentativo propuesto** (RDL 5/2023 art.4.1.2º) Como novedad del RDL 5/2023, se exige incorporar al proyecto de fusión tanto la identificación de la modificación estructural propuesta (en este caso, especificar el tipo de fusión), así como incluir un calendario tentativo de la operación proyectada.

Precisiones Esta última **novedad** tiene su origen en la Directiva de Movilidad, sobre la que el legislador ha decidido trasladar a las modificaciones estructurales internas.

1974 **Tipo de canje** (RDL 5/2023 art.40.3º) En el proyecto de fusión se ha de indicar el tipo de canje de las acciones, participaciones o cuotas, y, en su caso, la compensación complementaria en dinero prevista. Ver nº 1940 s.
Asimismo, se ha de indicar el **procedimiento de canje**, el cual varía en función del tipo de las sociedades mercantiles que intervienen en la fusión. Ver nº 7890 Memento Sociedades Mercantiles 2024.

1975 **Aportación de industria, prestaciones accesorias y compensaciones a los socios** (RDL 5/2023 art.40.4º) El proyecto de fusión debe hacer referencia a la **incidencia** que la fusión va a tener sobre las aportaciones de industria o en las prestaciones accesorias en las sociedades que se extinguen y las compensaciones que van a otorgarse, en su caso, a los socios afectados en la sociedad resultante.

Esta mención procede en las **fusiones heterogéneas**, esto es, fusiones en las que se agrupan sociedades personalistas con capitalistas, dando lugar a una sociedad de uno u otro carácter. En su caso, también resultaría aplicable para aquellos supuestos en los que, siendo todas las sociedades capitalistas, existan determinadas acciones o participaciones sociales que lleven aparejadas **prestaciones accesorias**.
A estos efectos, debe tenerse en cuenta que la subsistencia de la obligación personal del socio industrial en la sociedad resultante de la fusión, exige siempre el **consentimiento** de este y debe instrumentarse como prestación accesoria cuando no puedan existir socios industriales (ver nº 1929).

1976 **Derechos especiales** (RDL 5/2023 art.4.1.3º) En el proyecto de fusión se debe indicar los derechos que, en su caso, van a otorgarse en la sociedad resultante a quienes tienen derechos especiales o a los tenedores de títulos distintos de los representativos de capital o las opciones que se les van a ofrecer.
Esta mención únicamente procede si existen titulares de derechos de disfrute u otros que ostentan derechos frente a la sociedad, como **fundadores o promotores** en SA (LSC art.27), y titulares de **obligaciones convertibles**.

1978 **Fecha de participación en ganancias** (RDL 5/2023 art.40.4º) Se ha de indicar en el proyecto de fusión la fecha a partir de la cual los titulares de las nuevas acciones, participaciones o cuotas van a tener derecho a participar en las ganancias sociales y cualesquiera peculiaridades relativas a este derecho.
Se trata de una fecha **acordada libremente** por las partes, a partir de la cual los socios de todas las sociedades intervinientes en la fusión pueden participar en la distribución de resultados. La determinación de esta fecha está relacionada con la de la valoración que se ha realizado de las sociedades participantes.
Lo habitual es que la **fecha de valoración** coincida con la de distribución de resultados, de manera que se conserve el equilibrio económico y financiero de la operación. No obstante, dado que la Ley no prohíbe la no coincidencia de fechas, también puede ocurrir que la fecha de valoración y la fecha de participación en ganancias sean **distintas** y los resultados generados entre ambas fechas solo afecten a los socios de la sociedad de que se trate. En este supuesto debe tenerse en cuenta los dividendos que se van a distribuir entre ambas fechas, que deben tenerse en cuenta en la determinación del canje (p.e., mediante estimaciones), o bien debe realizarse un ajuste en la fecha de aprobación de la fusión de modo que se respete el equilibrio inicial del patrimonio entre los socios de cada una de las sociedades fusionadas.
Para estudio más detallado del tema, ver nº 7898 Memento Sociedades Mercantiles 2024.

1979 **Fecha de efectos contables** (RDL 5/2023 art.40.6º) El proyecto de fusión ha de recoger la fecha a partir de la cual la fusión tiene efectos contables, de acuerdo con lo dispuesto en el Plan General de Contabilidad.
Esta mención se refiere a la fecha a partir de la cual se imputan a la sociedad resultante de la fusión (la sociedad absorbente o una sociedad de nueva creación), las consecuencias económicas que realicen en el intervalo de la fusión las sociedades que se extinguen como consecuencia de la misma.
Desde un punto de vista jurídico, la eficacia de la fusión está supeditada a la **inscripción** en el RM (RDL 5/2023 art.16 y 51). Sin embargo, de conformidad con lo establecido en el Plan General de Contabilidad (RD 1514/2007), en su Norma de Desarrollo y Valoración 19ª, una fusión entre sociedades independientes se registra contablemente en la fecha de adquisición, esto es, en la fecha que la empresa **adquirente toma el control** del negocio adquirido y, por tanto, existe unidad económica.
Para un desarrollo más exhaustivo de la materia ver nº 7628 s. Memento Reorganización Empresarial (Fusiones) 2023-2024.

Precisiones La fecha de efectos contables no afecta al derecho a participar en las **ganancias** ni a la valoración de las sociedades intervinientes; no obstante, desde una perspectiva económico-racional deberían coincidir.

1980 **Información sobre el valor del activo y el pasivo** (RDL 5/2023 art.40.7º) Se ha de informar en el proyecto de fusión sobre la valoración del activo y pasivo del patrimonio de cada sociedad que se transmita a la sociedad resultante.
No se impone legalmente ningún criterio o método de valoración, tan solo exige que la valoración de los patrimonios se haga a valor **razonable** (RDL 5/2023 art.36.1).

1981 **Cuentas sociales** (RDL 5/2023 art.40.8º) El proyecto de fusión debe indicar las **fechas** de las cuentas de las sociedades que se fusionan utilizadas para establecer las condiciones en que se realiza la fusión.

Implicaciones para los acreedores (RDL 5/2023 art.4.1.4º) Se debe incorporar al proyecto de fusión una explicación de las implicaciones de la operación para los acreedores y de las **garantías** reales o personales que, en su caso, se les ofrezcan. 1982

Precisiones Se trata de una de las grandes **novedades** derivadas de la publicación del RDL 5/2023. Anteriormente, bajo la L 3/2009, se trataba de una de las menciones que debía incorporar el informe de administradores, pero no el proyecto de fusión.

Ventajas especiales otorgadas a los administradores (RDL 5/2023 art.4.1.5º) En el proyecto de fusión se ha de incluir las ventajas de cualquier clase que van a atribuirse en la sociedad resultante a los miembros de los órganos de administración, dirección, supervisión o control de la sociedad o sociedades que realicen o participen en la modificación estructural. 1983

En la práctica, esta mención se incluye a modo de **cláusula de estilo** en los proyectos de fusión, con el fin de dejar constancia de la ausencia de atribución de ventaja alguna. La exigencia de su constancia persigue terminar con una *praxis* proclive a producir efectos indeseados y carentes de seguridad jurídica (Garrido de Palma, Víctor Manuel).

Precisiones El RDL 5/2023 ha eliminado la mención recogida en la L 3/2009 relativa a eventuales ventajas de cualquier clase que fueran a atribuirse en la sociedad resultante a los **expertos independientes** que fueran a intervenir en la operación de fusión proyectada.

Oferta de compensación en efectivo (RDL 5/2023 art.4.1.6º) Esta mención, incorporada en el RDL 5/2023, implica incluir el detalle de la oferta de compensación en efectivo a los socios que dispongan del derecho a enajenar sus acciones, participaciones sociales o, en su caso, cuotas. 1984

Empleo, administradores y responsabilidad social (RDL 5/2023 art.4.1.7º) En el proyecto de fusión se han de recoger las posibles **consecuencias** de la fusión sobre el empleo. 1985

Precisiones Cabe destacar que el RDL 5/2023 no incluye las menciones al eventual **impacto de género en los órganos de administración** y su incidencia, en su caso, en la responsabilidad social de la empresa. Dichos aspectos, regulados en los elementos del proyecto de fusión bajo la L 3/2009, se ven trasladados al informe de los administradores sobre la modificación estructural (RDL 5/2023 art.5.3.4º).

Certificado de estar al corriente en las obligaciones tributarias y en materia de Seguridad Social (RDL 5/2023 art.40.9º) En el proyecto de fusión se ha de acreditar encontrarse al corriente en el cumplimiento de las obligaciones tributarias y frente a la Seguridad Social, mediante la aportación de los correspondientes certificados, válidos y emitidos por el órgano competente. 1986

En el caso de las obligaciones tributarias, la norma hace una mención genérica, por lo que cabe la duda de ante **qué administración tributaria** habría que solicitarlo (haciendas estatales, autonómicas, locales, etc.), no obstante, parece que el criterio general que se está imponiendo en la práctica es asumir que sólo es necesario un certificado de deudas con la administración tributaria estatal de la AEAT, puesto que lo contrario podría considerarse desproporcionado.

La norma no concreta el **tipo de certificado** que se debe acompañar al proyecto de fusión. En relación con las obligaciones tributarias, cabría entender que se refiere a los certificados que regula el RD 1065/2007 art.70 s. y respecto de las obligaciones frente a la seguridad social a los que regula la DGTSS Resol 14-2-23, emitida en ejecución del RD 1415/2004 art.2.

No basta aportar los certificados, sino que tienen que ser **positivos** pues se exige acreditación de «estar al corriente».

Precisiones El RDL 5/2023 plantea la contradicción de no excepcionar este requisito en los casos en los que la sociedad interviniente de la fusión esté en **concurso de acreedores** o sometida a un **plan de reestructuración** en los términos del RDLeg 1/2020, y ello a pesar de la alta probabilidad de que en estos casos la sociedad mantenga deudas con la administración. Según el criterio doctrinal generalizado, cabría entender que en estos casos no será necesario cumplir con este requisito.

Otras menciones (RDL 5/2023 art.42.1ª y 54.2) Además de las menciones mínimas obligatorias indicadas, en la práctica suelen incluirse menciones adicionales tales como: 1987

- la forma y el importe en el que, en su caso, se verán incrementados los **fondos propios** de la sociedad resultante como consecuencia de la fusión (capital social y/o reservas);
- las **modificaciones estatutarias** a efectuar en la sociedad absorbente como consecuencia de la fusión;
- el acogimiento al régimen especial de **neutralidad fiscal** (LIS art.89.1);
- la inclusión de **condiciones suspensivas**, en su caso.

En caso de fusión entre dos o más sociedades, si alguna de ellas ha contraído deudas en los tres años inmediatamente anteriores para adquirir el control de otra que participe en la operación o para adquirir determinados activos -**fusión posterior a compra apalancada**- (nº 2092)

el proyecto común de fusión debe contener, además de las menciones mínimas obligatorias, una indicación de los recursos y plazos previstos para la satisfacción por la sociedad resultante de las deudas contraídas.
En el caso de absorción de sociedad **participada al 90%** (ver nº 2080), en el proyecto de fusión se debe hacer constar, además, el valor establecido para la adquisición de las acciones o participaciones sociales.

1988 **Publicidad preparatoria** (RDL 5/2023 art.7 y 9; RRM art.226) Ha de ser objeto de difusión en la **página web corporativa** de la sociedad, o en caso de no disponer de ella, mediante su **depósito** en el Registro Mercantil del domicilio social, los siguientes documentos:
a) El **proyecto** de fusión.
b) Un **anuncio** por el que se informe a los socios, acreedores y representantes de los trabajadores de la sociedad, o, cuando no existan tales representantes, a los propios trabajadores de que pueden presentar a la sociedad, a más tardar cinco días laborables antes de la fecha de la junta general, observaciones relativas al proyecto de fusión.
c) El **informe de experto independiente**, cuando proceda, excluyendo -en su caso- la información confidencial que contuviera.
Por **excepción**, no es necesaria la publicidad de los documentos indicados en las letras a) y c) anteriores -ni la inserción del proyecto en la web, ni su depósito en el RM- cuando el acuerdo de fusión se adopta, en cada una de las sociedades que participan en la fusión, en junta universal y por unanimidad de todos los socios con derecho de voto y, en su caso, de quienes de acuerdo con la ley o los estatutos pueden ejercer legítimamente ese derecho.
A partir de la publicación en el BORME de la inserción en la página web o del depósito de la documentación referida (y no antes) puede realizarse la **convocatoria de la junta** o juntas que han de resolver sobre la fusión (o la sustitutiva comunicación individual a los socios) que, en todo caso, debe realizarse con un mes de **antelación**, como mínimo, a la fecha prevista para la celebración de las juntas.

1989 Precisiones **1)** El sistema de publicidad del proyecto de fusión deja obsoleto el RRM art.226 en lo que se refiere al **depósito del proyecto** de fusión como obligatorio en todo caso.
2) Cuando el proyecto **no se deposita** en el RM, sino que se inserta en la página web corporativa, se debe suponer que el registrador también debe calificar si el documento insertado es el exigido por la Ley y la suscripción del mismo, para evitar que siga adelante una fusión sobre la que no se hubiera hecho un verdadero proyecto (Ávila Navarro).
3) Cuando en una fusión participa una **SA cotizada**, el proyecto debe comunicarse por los administradores a la propia sociedad y a la CNMV, a fin de que esta tenga conocimiento suficiente de su contenido y pueda determinar la trascendencia del proceso como hecho relevante a los efectos oportunos.
4) Si como consecuencia de la fusión proyectada, concurren los presupuestos de aplicación del procedimiento de **control de concentraciones económicas**, el proyecto de fusión debe ser notificado a la Comisión Nacional de los Mercados y la Competencia -o a la Comisión Europea según el tipo de concentración-, con carácter previo a su realización. La notificación puede realizarse desde el momento en que se firme el proyecto de fusión, no pudiendo ejecutarse la operación hasta que recaiga la autorización de la Comisión.

1990 **Página web** Si la sociedad tiene página web -creada según lo establecido legalmente y obligatoria para el caso de las sociedades cotizadas (LSC art.11 bis)-, el proyecto de fusión, junto con el anuncio para observaciones al proyecto y el informe de expertos, en su caso (ver nº 1988), se debe insertar en la misma con **anterioridad** a la publicación del **anuncio de la convocatoria** de las juntas que han de aprobar la fusión, y mantenerse dicha inserción hasta que finalice el plazo para el ejercicio por los acreedores de los derechos que les correspondan.
El hecho de la inserción de estos documentos en la página web de la sociedad debe publicarse a continuación y de forma gratuita en el **BORME**, con expresión de la página web en que figura y la fecha de la inserción. Para ello es suficiente con remitir una certificación de su contenido al RM, procediéndose a su publicación dentro de los cinco días siguientes a la recepción de la última certificación.
Adicionalmente, los administradores pueden **depositar** dicha información voluntariamente en el **Registro Mercantil** correspondiente a cada una de ellas. Este depósito es estrictamente voluntario y no dispensa de la publicación en la web corporativa, si esta está inscrita y publicada conforme a lo previsto en la LSC art.11 bis.

Precisiones El mantenimiento del proyecto de fusión en la página web de la sociedad durante el plazo legalmente establecido es **responsabilidad** de los **administradores**, quienes deben indicarlo en la certificación que hagan sobre el proceso de fusión, siendo esta afirmación, en principio, suficiente prueba (LSC art.11 ter.3).

Depósito (RDL 5/2023 art.7.4; RRM art.226.2) Si la sociedad **carece de página web** corporativa registrada, un ejemplar del proyecto de fusión, junto con el resto de documentos referidos en el nº 1988, ha de ser presentado por los administradores en el RM correspondiente al domicilio social para su depósito. **1991**
Dentro de los cinco días hábiles siguientes a la presentación del proyecto, el **registrador mercantil califica** si el documento presentado contiene las menciones mínimas exigidas legalmente (nº 1967 s.) y está debidamente suscrito. Cumplidos estos requisitos, se entiende efectuado el depósito y el registrador procede a practicar las correspondientes **notas marginales** en el diario y en las hojas de cada sociedad. Si el proyecto tiene algún defecto, se deniega su depósito procediéndose conforme a lo previsto para los títulos defectuosos (RRM art.226.2).
Efectuado el depósito, el registrador comunica al RMC, para su inmediata publicación gratuita en el **BORME**, el hecho del depósito y la fecha en que hubiere tenido lugar.
Para facilitar la publicación de los referidos documentos, estos podrán **presentarse telemáticamente** en el RM competente con la firma cualificada de los administradores que lo suscriban (RDL 5/2023 art.7.6).

b. Informe de administradores

(RDL 5/2023 art.5)

Los administradores de cada una de las sociedades que participan en la fusión han de elaborar un informe para los socios y trabajadores **explicando y justificando** los aspectos jurídicos y económicos de la fusión, sus consecuencias para los trabajadores, así como, en particular, para la actividad empresarial futura de la sociedad y para sus acreedores (RDL 5/2023 art.5.1). **1992**
Según se ha anticipado, el informe debe incluir una **sección** destinada a los **socios** y una sección destinada a los **trabajadores**. En este sentido, los administradores libremente decidirán si elaboran un informe en el que contengan las dos secciones o si, alternativamente, preparan un informe para cada una de ellas (RDL 5/2023 art.5.2).

Sección destinada a los socios (RDL 5/2023 art.5.3) Esta sección del informe de administradores dirigida a los socios debe contener, en particular, las siguientes cuestiones: **1993**
- La **compensación en efectivo** propuesta en el proyecto en caso de ejercicio por los socios que dispongan del derecho a enajenar sus acciones, participaciones o cuotas, y el método empleado para determinar tal compensación.
- El **tipo de canje** de las acciones, participaciones o cuotas, el importe de cualquier compensación en efectivo que proceda y el método o métodos empleados para determinar dicho tipo, así como el procedimiento de canje.
- Las **consecuencias** de la fusión para los socios.
- El eventual **impacto de género** de la modificación propuesta en los órganos de administración, así como su incidencia en la responsabilidad social de la empresa.
- Los **derechos** y las vías de recurso a disposición de los socios.

En los supuestos de fusión posterior a una adquisición de **sociedad con endeudamiento** (ver nº 2092), el informe de administradores debe contener, además, las razones que justificaron la adquisición del control o de los activos con financiación ajena y que justifican la proyectada operación de fusión, así como un plan económico y financiero a efectos de cubrir las deudas pendientes, con expresión de los recursos y descripción de los objetivos que se pretende conseguir (RDL 5/2023 art.42.1.2º). **1994**
El informe tiene como objetivo principal el de servir como documento informativo de los socios de cada una de las entidades intervinientes en la fusión, debiendo estar **firmado** por todos y cada uno de los miembros del órgano de administración de cada una de las sociedades que se fusionan, salvo causa justificada que lo impida. Por ello, y a pesar de que el RDL 5/2023 no lo especifique, esta mención parece que debe ir contenida en la sección del informe de los administradores destinada a los socios.

Sección destinada a los trabajadores (RDL 5/2023 art.5.5) La sección destinada a los trabajadores ha de contener, en particular, las siguientes cuestiones: **1995**
- Las consecuencias de la operación de fusión para las **relaciones laborales**, así como, en su caso, cualquier medida destinada a preservar dichas relaciones.
- Cualquier cambio sustancial en las **condiciones de empleo** aplicables o en la **ubicación** de los centros de actividad de la sociedad.
- El modo en que los factores contemplados en los apartados anteriores afectan a las **filiales** de la sociedad.

1996 **Excepciones** (RDL 5/2023 art.5.4, 5.8, 9.1, 53.1.2º, 54 y 56) No es necesaria la elaboración de la **sección** del informe de administradores **destinada a los socios** sobre el proyecto común de fusión (nº 1993) en los siguientes supuestos:

a) Cuando el acuerdo de fusión se adopta, en cada una de las sociedades que participan en la fusión, en **junta universal y** por **unanimidad** de todos los socios con derecho de voto y, en su caso, de quienes de acuerdo con la ley o los estatutos pudieran ejercer legítimamente ese derecho (RDL 5/2023 art.5.4 y 9.1) (nº 1961).

b) En caso de absorción de sociedades **íntegramente participadas** y supuestos asimilados (RDL 5/2023 art.53.1.2º y 56) (nº 2062).

c) En caso de absorción de sociedades **participadas al 90%** o más (pero menos del 100%), cuando en el proyecto común de fusión, la sociedad absorbente ofrezca adquirir las acciones o participaciones sociales a los socios minoritarios en las sociedades absorbidas, por su valor razonable y en el plazo de dos meses a contar desde la fecha de la inscripción de la absorción en el RM (RDL 5/2023 art.54) (nº 2080).

Precisiones El RDL 5/2023 no es claro respecto a si las referidas excepciones aplicarían sólo a la sección destinada a socios o **también a la sección destinada a trabajadores**. Aunque hay diferentes posturas doctrinales al respecto, considerando lo dispuesto en el art.9.2 RDL 5/2023, que establece que los derechos de información de los trabajadores sobre la fusión, «incluido el informe de los administradores sobre los efectos que pudiera tener sobre el empleo», no podrán ser restringidos por el hecho de que la fusión sea aprobada en junta universal, y partiendo del espíritu especialmente proteccionista para los trabajadores de la norma, cabría entender que la sección dirigida a los trabajadores sería necesaria en todo caso (siempre que cuente con trabajadores, ver abajo).

1997 No es necesaria la elaboración de la **sección** del informe de administradores **destinado a trabajadores** sobre el proyecto común de fusión (nº 1995) cuando, dentro de las sociedades intervinientes en la operación de fusión, no existan más trabajadores en dichas sociedades y sus filiales que aquellos que formen parte del órgano de administración y dirección (RDL 5/2023 art.5.8).

1998 **Puesta a disposición del informe de los administradores a los socios y trabajadores** (RDL 5/2023 art.5.6) Al menos un **mes antes** de la fecha de celebración de la junta general que aprueba la operación, los administradores de la sociedad o sociedades participantes en la fusión deben poner el informe o informes elaborados por los administradores a disposición de los socios y de los representantes de los trabajadores de la sociedad (o en su defecto de los propios trabajadores), junto con el proyecto de fusión, de estar disponible.

Dicha puesta a disposición se llevará a cabo mediante su inserción en la **página web** de la sociedad y en su defecto, mediante remisión por vía electrónica.

En el supuesto de que el órgano de administración reciba, en tiempo oportuno, una **opinión sobre el informe de administradores** de los representantes de los trabajadores, o en su defecto de los propios trabajadores, debe informar a los socios de dicha opinión, que se adjuntará al informe.

Precisiones Por «**tiempo oportuno**» se puede tomar como referencia el plazo de cinco días laborables antes de la celebración de la junta general de socios referidos en el anuncio (RDL 5/2023 art.7.1.2º). Ver nº 1988.

c. Informe de expertos independientes

(RDL 5/2023 art.41 y 46)

2000 Cuando alguna de las sociedades participantes en la fusión sea una **SA o SComA**, los administradores de cada una de las sociedades que se fusionan deben solicitar del registrador mercantil correspondiente al domicilio social el nombramiento de uno o varios expertos independientes y distintos, para que, por separado, emitan informe sobre el proyecto común de fusión.

Precisiones No existe inconveniente para que, aun no siendo obligatorio el informe de experto independiente, se someta la fusión a verificación de experto independiente de forma **voluntaria**.

2001 **Contenido** (RDL 5/2023 art.6.1, 6.4 y 41.3) El informe del experto o de los expertos sobre la fusión puede estar dividido en **tres partes**: la primera relativa al tipo de canje, la segunda al valor del patrimonio aportado y una tercera en la que se pronuncie sobre la adecuación de las garantías ofrecidas, en su caso, a los acreedores.

2002 **Tipo de canje** En relación con el tipo de canje el experto ha de exponer en su informe:

• Los **métodos** seguidos por los administradores para establecer el tipo de canje de las acciones, participaciones sociales o cuotas de los socios de las sociedades que se extinguen, explicando si esos métodos son adecuados, con expresión de los valores a los que conducen y, si existieran, las dificultades especiales de valoración.

• La **opinión** de si el tipo de canje está o no **justificado**.
• La **opinión** si es adecuada la **compensación en efectivo** ofrecida a los socios que, en virtud de la operación de fusión proyectada, dispongan del derecho a enajenar sus participaciones sociales o acciones. Para la determinación de la compensación en efectivo, «el experto tendrá en cuenta todo precio de mercado de las acciones, participaciones o cuotas en la sociedad antes del anuncio del proyecto o el valor de la sociedad sin considerar el efecto de la operación propuesta, determinado de conformidad con los métodos de valoración generalmente aceptados».

Precisiones El RDL 5/2023 exige que el experto haga constar en su informe «la **importancia relativa atribuida**» a los distintos **métodos** utilizados.

Legalmente no se prevé las **consecuencias** de la emisión de un informe en el que el experto entienda que el tipo de canje no está justificado. Por ello, existen dudas respecto a si tal disconformidad determina o no la suspensión del proceso de fusión o si condiciona la postura a adoptar por las juntas. **2003**

A este respecto, la ley únicamente establece que la **junta general** que debe aprobar la fusión ha de ajustarse estrictamente al proyecto, debiendo realizarse un nuevo proceso de elaboración y depósito del proyecto si se pretende introducir modificaciones en el mismo como, por ejemplo, alterar el tipo de canje.

El **socio** que se ve **perjudicado por la relación de canje** establecida puede impugnarla y reclamar un pago en efectivo ante el Juzgado de lo Mercantil del domicilio social o el tribunal arbitral estatutariamente previsto, pero no paralizará la fusión ni impedirá su inscripción en el Registro Mercantil (nº 1945).

Patrimonio aportado En la segunda parte del informe, el experto debe manifestar la opinión de si el patrimonio aportado por las sociedades que se extinguen es igual, al menos, al importe del aumento del **capital** de la sociedad absorbente o, en caso de fusión por creación, al capital de la nueva sociedad cuando la nueva sociedad o la sociedad absorbente sea una SA o SComA. **2004**

Precisiones **1)** Este aspecto es consecuencia del **principio de realidad del capital** social, según el cual es nula la emisión de acciones que no respondan a una efectiva aportación patrimonial a la sociedad y no cabe emitir acciones por una cifra inferior a la de su valor nominal (LSC art.59).
2) Desde este punto de vista, el informe del experto independiente sobre la equivalencia entre el patrimonio aportado y el aumento del capital de la sociedad absorbente es exigido en interés no solo de los accionistas sino también de los **acreedores** sociales, por lo que no puede dejarse al arbitrio de aquellos exclusivamente (DGRN Resol 2-2-11).

Adecuación de las garantías ofrecidas En la tercera parte del informe, y siempre que así sea **solicitado** por parte de los administradores de las sociedades participantes en la fusión, el experto puede pronunciarse sobre la adecuación de las garantías ofrecidas a los acreedores. También puede ser solicitado por los acreedores al amparo de lo previsto en el art.13 RDL 5/2023. **2005**

Informe simplificado (RDL 5/2023 art.41.4) El contenido de este informe puede estar integrado únicamente por la parte relativa al **patrimonio aportado**, cuando en todas las sociedades que participen en la fusión, haya acuerdo unánime de todos los socios con derecho de voto y, en su caso, de quienes de conformidad con la ley o los estatutos pueden ejercer legítimamente el derecho de voto. **2006**

Excepciones La ley permite prescindir del informe de expertos independientes sobre el proyecto de fusión en los siguientes supuestos: **2007**

I. Supuestos en los que no es exigible el informe en su totalidad:

a) Cuando todas las sociedades participantes en la fusión sean **SRL** (RDL 5/2023 art.41.1).

b) Cuando la sociedad absorbente **no amplíe capital** como consecuencia de la fusión, a pesar de que alguna de las sociedades intervinientes en la fusión sea una SA o una SComA (p.e., cuando la sociedad absorbente ostente la titularidad directa del 100% del capital social de la sociedad o sociedades absorbidas -fusión impropia- (nº 2062) (RDL 5/2023 art.53.1.2º), así como supuestos asimilados en este sentido).

c) En caso de absorción de sociedades **participadas al 90%** o más, pero menos del 100%, cuando en el proyecto común de fusión la sociedad absorbente se ofrece a adquirir las acciones o participaciones de los socios minoritarios en las sociedades absorbidas, por su valor razonable y dentro del plazo máximo de dos meses tras la inscripción de la fusión en el RM (nº 2080) (RDL 5/2023 art.54.1), y siempre y cuando ninguna de las sociedades intervinientes en la fusión sean una SA o una SComA (y no resulte de aplicación el apartado b) anterior).

II. Supuestos en los que no es exigible la primera parte del informe (verificación de la ecuación de canje):
a) Cuando, a pesar de existir canje de acciones y de que alguna de las sociedades participantes en la operación de fusión sea una SA o una SComA, así lo hayan acordado los socios de dichas sociedades con derecho a voto o aquellas personas que, en su caso, fueran titulares de ese derecho de acuerdo con lo regulado en la ley o en los estatutos sociales.
III. Supuestos en los que no es exigible la segunda parte del informe (patrimonio aportado):
a) Cuando la sociedad resultante de la fusión (bien sea la sociedad absorbente o bien sea una sociedad de nueva creación) no sea una SA o una SComA (RDL 5/2023 art.6.2 y 41.3).
Sin perjuicio de todo lo anterior, el informe de experto previsto en los supuestos de **fusión posterior a una adquisición de sociedad con endeudamiento** de la adquirente (RDL 5/2023 art.42), será necesario en todo caso, incluso en supuestos de acuerdo unánime (ver nº 2094).

2008 **Designación del experto** (RDL 5/2023 art.41.1; RRM art.338 a 349) En los supuestos en que es necesario someter el proyecto común de fusión a informe de expertos independientes, los administradores de cada una de las sociedades que se fusionan deben solicitar del **registrador mercantil** de su domicilio social, la designación de uno o varios expertos independientes y distintos para que, por separado, emitan informe sobre el proyecto común de fusión.
No obstante, se admite que los administradores pidan al RM la designación de uno o varios expertos para la elaboración de un **único informe**, correspondiendo, en este caso, la competencia para el nombramiento al RM del domicilio social de la sociedad absorbente o del que figura en el proyecto común de fusión como domicilio de la nueva sociedad.
Normalmente, suele solicitarse el nombramiento de un único experto para que emita un solo informe.
Para un estudio en detalle del procedimiento de solicitud y nombramiento de experto, ver nº 11025 s Memento Sociedades Mercantiles 2024.

2009 **Plazo de emisión** (RDL 5/2023 art.41.2; RRM art.338 a 349) Una vez que acepta el nombramiento, el experto debe elaborar un informe en el plazo, prorrogable, de **un mes** desde la aceptación.
Para su elaboración, el experto puede obtener de las distintas sociedades que intervienen en la fusión cuanta información y documentación considere útil, sin limitación alguna, y efectuar las verificaciones contables o patrimoniales que estime necesarias.
Una vez emitido el informe, el experto debe entregar el **original** a los solicitantes del mismo y una **copia** al registrador que le nombró, sin proceder a mayor divulgación.

2. Fase decisoria

2010 El análisis de la fase decisoria de la fusión exige hacer referencia a dos aspectos:
- la información sobre la fusión; y
- el acuerdo de fusión;

a. Información sobre la fusión

(RDL 5/2023 art.46)

2012 Sin perjuicio del cumplimiento de los requisitos de publicidad preparatoria (nº 1988) y puesta a disposición de socios y trabajadores del informe de administradores (nº 1998), antes de publicar o comunicar individualmente a los socios la convocatoria de la junta general que ha de adoptar el acuerdo de fusión, los administradores deben asimismo insertar en la **página web** de la sociedad o, en su caso, poner a disposición de los socios, obligacionistas, titulares de derechos especiales y de los representantes de los trabajadores en el domicilio social, los siguientes documentos:

2013 • Las **cuentas anuales y el informe de gestión** de los tres últimos ejercicios de las entidades a fusionar, así como los correspondientes informes de auditores de cuentas de las sociedades en las que fueran legalmente exigibles.
• El **balance de fusión** de cada una de las sociedades, cuando sea distinto del último balance anual aprobado por la junta, acompañado, si fuera exigible, del informe de auditoría, o, en el caso de fusión de sociedades cotizadas, el informe financiero semestral por el que el balance se hubiera sustituido.
• Los **estatutos** sociales vigentes incorporados a escritura pública y, en su caso, los pactos relevantes que vayan a constar en documento público, de las sociedades que participan en la fusión.

• El proyecto de escritura de constitución de la nueva sociedad o, si se trata de una absorción, el texto íntegro de los **estatutos de la sociedad absorbente** o, a falta de estos, de la escritura por la que se rige, incluyendo destacadamente las modificaciones que hayan de introducirse.

• Los siguientes datos de los **administradores** de las sociedades que intervienen: 2014
- identidad: relación de nombres y apellidos, si son personas físicas; o la denominación o razón social, si son jurídicas; su nacionalidad y domicilio;
- fecha desde la que desempeñan sus cargos; y
- si procede, las mismas indicaciones anteriores relativas a quienes vayan a ser propuestos como administradores de la nueva sociedad o de la entidad absorbente.

Información en la junta general (RDL 5/2023 art.46.3) Sin perjuicio de la información a suministrar con carácter previo a la convocatoria de la junta, los administradores están obligados a informar sobre cualquier **modificación** importante en el activo o pasivo de las sociedades intervinientes ocurrida entre la fecha de redacción del proyecto de fusión y la de reunión de la junta general. 2015

Los **destinatarios** de la información son los socios de la propia entidad y los administradores de las demás involucradas en el proceso para que estos, a su vez, informen a su junta general respectiva.

Esta información puede **no** ser **exigible** si en todas y cada una de las sociedades que participan en la fusión así lo acuerdan todos los socios con derecho de voto y quienes de acuerdo a la ley o los estatutos puedan ejercer ese derecho.

Incumplimiento El incumplimiento de la obligación de información puede ocasionar: 2016

a) La exigencia de las **responsabilidades** que pudieran derivarse, en sede contractual, por los restantes administradores de las distintas sociedades a fusionar o, en materia societaria, por la propia sociedad. Ver nº 7973 Memento Sociedades Mercantiles 2024.

b) El ejercicio de acciones de **impugnación** de los acuerdos sociales, pudiendo resultar incluso motivo de nulidad de la junta, por no cumplirse uno de los requisitos previos para su válida constitución. Ver nº 8050 Memento Sociedades Mercantiles 2024.

b. Acuerdo de fusión

(RDL 5/2023 art.8)

El acuerdo de fusión ha de ser **adoptado** en junta general, la cual ha de cumplir los requisitos formales y materiales exigidos en cada tipo social. Para la aprobación del proyecto de fusión, la junta general toma nota de los informes de administradores y, en su caso, de las opiniones presentadas por los trabajadores o sus representantes en relación con dichos informes. Asimismo, toma nota, en su caso, de los informes de los expertos independientes, así como de las observaciones presentadas, en su caso, por socios, acreedores o trabajadores. 2017

Una vez adoptado, el acuerdo de fusión ha de ser **publicado** en el BORME y en la página web de la sociedad o, a falta de ella, en uno de los diarios de mayor difusión en las provincias donde radique el domicilio social de cada una de las sociedades participantes en la fusión.

Convocatoria de la junta (RDL 5/2023 art.47 y 48) La **publicación** de la convocatoria de la junta de socios que ha de decidir sobre la fusión o, en su caso, la comunicación individual del proyecto común de fusión a los socios, debe efectuarse: 2018

• Después de la **publicación** en el BORME de la inserción en la página web o del depósito en el Registro Mercantil de la documentación correspondiente a la publicidad preparatoria (nº 1988), y haber puesto a disposición de socios, obligacionistas, titulares de derechos especiales y de los representantes de los trabajadores de la información sobre la fusión (nº 2012 s.).

• Con una **antelación** mínima de un mes a la fecha prevista para la celebración de la junta de socios que haya de aprobar la fusión, independientemente de la forma jurídica de las sociedades intervinientes.

Precisiones Cuando la fusión se acuerda en **junta universal**, no es necesaria la previa convocatoria (LSC art.178.1).

La publicación de la convocatoria de la junta general se ha de hacer conforme a lo establecido en los **estatutos sociales**.

Para un desarrollo más exhaustivo en cuanto antelación, cómputo de los plazos y medios de publicación, ver nº 3910 s. Memento Sociedades Mercantiles 2024.

Contenido de la convocatoria (RDL 5/2023 art.8 y 47.2; LSC art.174) El texto de la convocatoria debe incluir, como **mínimo**, los siguientes extremos: 2019

- el nombre de la sociedad;
- la fecha y la hora de la reunión;

- el cargo de la persona o personas que realicen la convocatoria;
- el orden del día, en el que se debe incluir, entre otros, la aprobación del balance de fusión, del proyecto y de la propia operación de fusión;
- las menciones mínimas del proyecto común de fusión legalmente exigidas (nº 1967 s.);
- la fecha de inserción de los documentos requeridos en la página web de la sociedad o, si la sociedad carece de página web, el derecho que corresponde a todos los socios, obligacionistas, titulares de derechos especiales y representantes de los trabajadores a examinar en el domicilio social copia de dichos documentos, así como a obtener su entrega o envío gratuitos.

2020 **Adopción del acuerdo** Como norma general, resulta imprescindible, la adopción del acuerdo de fusión por las juntas de socios de **cada sociedad** participante en la fusión, tanto por las absorbidas que se extinguen, como por la absorbente.

No obstante lo anterior, existen **supuestos especiales** de fusión -fusión impropia, fusión inversa, fusión de sociedades gemelas (RDL 5/2023 art.53 y 56) y, en su caso, absorción de sociedad participada al 90% o más (RDL 5/2023 art.55)-, que contemplan la posibilidad de concluir la fusión sin necesidad de su aprobación por las juntas de socios de algunas de las sociedades participantes (nº 2060 s.).

Cuando la fusión se realiza **por creación**, son las sociedades que se extinguen las que deben aprobar la operación de fusión, así como la constitución de la nueva sociedad resultante de la fusión.

2021 Cualquier acuerdo de una sociedad que implique una **modificación unilateral** del **proyecto de fusión** equivale al rechazo de la propuesta, debiéndose iniciar, en su caso, un nuevo proceso de fusión.

No obstante, siempre que medie un **acuerdo** por las **mismas mayorías** que las requeridas para su aprobación por todas las sociedades participantes en la fusión, el proyecto de fusión puede ser modificado. Además, los estatutos sociales pueden elevar los *quorum* y mayorías previstas, siempre que no superen el 90% de los derechos de voto que corresponden al capital social presente o representado en la junta general.

El acuerdo de fusión debe adoptarse por las juntas de socios dentro de los **seis meses** siguientes a la fecha del proyecto común de fusión, de tal forma que, alcanzado dicho plazo sin que se haya celebrado la junta general correspondiente, el proyecto queda sin efecto y se ha de iniciar un nuevo proceso de fusión.

Para la adopción del acuerdo de fusión, la Ley se remite a los **requisitos y formalidades** establecidos en el régimen legal de las sociedades que se fusionan. En cuanto al *quorum* de constitución y mayorías, ver nº 7979 Memento Sociedades Mercantiles 2024.

2022 **Casos particulares** (RDL 5/2023 art.48; LSC art.292 y 293) Sin perjuicio del *quorum* y régimen de mayorías que rige con carácter general, existen algunos supuestos en los que es necesario el **consentimiento individual** de determinados socios y/o titulares de derechos especiales distintos de las acciones o participaciones para la válida adopción del acuerdo de fusión:

• El acuerdo de fusión exige el consentimiento de todos los socios que, por virtud de la fusión, pasan a **responder ilimitadamente** de las deudas sociales en la sociedad resultante (p.e., cuando la sociedad absorbente es colectiva o comanditaria simple), así como el de los socios de las sociedades que se extinguen que han de asumir **obligaciones personales** en la sociedad resultante de la fusión.

2023 Si en la sociedad resultante de la fusión no pueden existir **socios industriales** (p.e., por tratarse de una SA o SRL), la subsistencia de la obligación personal del socio industrial requiere el consentimiento de dicho socio, y la obligación persona se debe instrumentar como prestación accesoria.

• Es necesario el consentimiento individual de los **titulares de derechos especiales** distintos de las acciones o participaciones (p.e., ventajas de fundadores o promotores, bonos de fundador, etc.) cuando no van a disfrutar, en la sociedad resultante de la fusión, de derechos equivalentes a los que les corresponden en la sociedad extinguida, a no ser que la modificación de tales derechos sea aprobada, en su caso, por la asamblea de esos titulares.

2024 • Si el acuerdo de fusión afecta de manera especial a algún grupo de socios, por implicarles nuevas obligaciones, es necesario el consentimiento individual de cada uno de ellos. En términos generales, toda creación, modificación o extinción anticipada de **prestaciones accesorias** requiere el consentimiento individual de los obligados.

• Cuando en una **SA** el acuerdo de fusión afecta o perjudica, directa o indirectamente, a los derechos de una clase de acciones, el acuerdo debe adoptarse, además de por la junta general con los requisitos legalmente establecidos, por la mayoría de las acciones pertenecientes a la clase afectada. Cuando en una **SRL** el acuerdo de fusión afecta a los derechos individuales de cualquier socio, el acuerdo debe adoptarse con el consentimiento de los afectados.

Contenido del acuerdo (RRM art.228) El acuerdo tiene que ajustarse estrictamente al contenido del proyecto de fusión (nº 1965). Cualquier acuerdo de una sociedad que implique la **modificación unilateral del proyecto** de fusión equivale al rechazo de la propuesta. 2025
Las **circunstancias** que se deben expresar necesariamente en el acuerdo son las que se indican a continuación:

- La identidad de las sociedades participantes, así como los de la sociedad resultante de la fusión o, en su caso, el proyecto de escritura y estatutos de la sociedad de nueva creación. 2026
- El tipo de canje, compensación complementaria en dinero y procedimiento de canje.
- Las incidencias de la fusión sobre las aportaciones de industria o las prestaciones accesorias en las sociedades que se extinguen y las compensaciones que se otorguen a los socios afectados en la sociedad resultante.
- Los derechos que se otorguen en la sociedad resultante de la fusión a los titulares de derechos especiales o tenedores de títulos distintos de los representativos de capital.
- Las ventajas de cualquier clase que hayan de atribuirse en la sociedad absorbente o en la nueva sociedad a los expertos independientes y a los administradores de las sociedades que se fusionan.
- El procedimiento por el que serán canjeadas las acciones o participaciones de las sociedades que se extinguen, así como la fecha a partir de la cual las nuevas acciones o participaciones darán derecho a participar en las ganancias sociales y cualesquiera peculiaridades relativas a este derecho.
- La fecha a partir de la cual la fusión tiene efectos contables.

En caso de **fusión por absorción**, además, deben expresarse las modificaciones estatutarias que, en su caso, procedan (p.e. alteración de la cifra de capital, modificación de denominación social, cambio de domicilio u objeto social). 2027
En el caso de la fusión **por creación**, el texto del acuerdo debe incluir, además de las circunstancias señaladas anteriormente, las menciones legalmente exigidas para la constitución de la nueva sociedad resultante de la fusión, cumpliendo al efecto las formalidades exigidas por Ley según la naturaleza o tipo societario de que se trate.

Precisiones Con la entrada en vigor de la nueva LIS, cuando se realizan las operaciones de reestructuración acogibles al **régimen especial**, se aplican de **forma automática** las reglas del régimen de diferimiento sin necesidad de que se opte por el mismo y sin que se tenga que dejar constancia de la opción en los correspondientes documentos mercantiles (LIS art.89.1). *A sensu contrario*, en caso de no desear acogerse al referido régimen especial se deberá hacer mención expresa al no acogimiento en la documentación relativa a los acuerdos sociales de la fusión.

Publicación del acuerdo (RDL 5/2023 art.10) Una vez adoptado el acuerdo de fusión, se ha de publicar una vez en el **BORME** y en la **página web** de la sociedad o, a falta de ella, en uno de los **diarios** de gran circulación en las provincias en las que cada una de las sociedades participantes en el proceso tienen sus domicilios. 2028
El **contenido** de la publicación ha de ser la expresión clara, siquiera somera, del acuerdo de fusión, indicando:
- las entidades afectadas; y
- el derecho que asiste a socios y acreedores de obtener el texto íntegro del acuerdo y del balance de fusión.

Excepción No es necesaria la publicación del acuerdo de fusión cuando este se comunica **individualmente** por **escrito** a todos los socios y acreedores, por un procedimiento que asegure la recepción de aquel en el domicilio que figure en la documentación de la sociedad. 2029

Precisiones Los **administradores**, que entendemos es a quien corresponde la opción por la comunicación escrita -sin perjuicio de que su decisión pueda estar condicionada por la junta-, deben valorar si el ahorro de costes que supone este tipo de publicidad compensa la inseguridad que conlleva la misma. La comunicación individualizada solo puede sustituir las publicaciones en BORME y prensa, cuando las entidades intervinientes están en disposición de identificar razonablemente a todos sus socios y acreedores.

Efectos La publicación del acuerdo de fusión produce los siguientes efectos: 2030
a) **Informativo**, para las distintas personas interesadas en la operación.
b) Legitimador para los socios, por cuanto que a partir de la fecha de su publicación en el BORME pueden ejercitar las oportunas acciones de **impugnación** del acuerdo social (nº 2055).
La **falta** de la publicación, con los requisitos mencionados, determina la imposibilidad de otorgar la escritura de fusión y, por ende, de acceso al RM de los acuerdos.

Precisiones Aunque el RDL 5/2023 no lo contempla expresamente, cabe interpretar que la fecha de dicha publicación determina igualmente el inicio del plazo previsto en el RDL 5/2023 art.13 para que los **acreedores** puedan ejercer su **derecho de protección** (nº 2031 s.), en aquellos casos en que el proyecto no haya tenido publicidad.

2031 **Protección de acreedores** (RDL 5/2023 art.13) Los administradores de las sociedades intervinientes en la fusión pueden ofrecer en el proyecto de fusión a los acreedores de las referidas sociedades las **garantías** personales o reales que consideren oportunas para asegurarles el cobro de sus créditos (RDL 5/2023 art.4). Asimismo, los administradores pueden solicitar al experto independiente que, en su caso, verifique la operación de fusión, que se pronuncie en su informe sobre la **adecuación** de las garantías ofrecidas, o incluso solicitar dicho informe de experto únicamente para este propósito (RDL 5/2023 art.6.3).

Precisiones **1)** De la literalidad del art.4 RDL 5/2023 cabe entender que el **ofrecimiento de garantías** por parte de los administradores en el proyecto es voluntario.
2) De igual forma, la solicitud por parte de los administradores al experto independiente para que **valore la adecuación** de las garantías ofrecidas a acreedores se entiende que es voluntario.

2032 Los acreedores cuyos créditos hayan nacido con anterioridad a la publicación del correspondiente proyecto que **no estén conformes con las garantías** ofrecidas por los administradores, o con la falta de ellas, en el proyecto de fusión, pueden, dentro del plazo de un mes desde la referida fecha de publicación para las operaciones internas, o de tres meses para las transfronterizas solicitar judicial o registralmente, según las circunstancias, el otorgamiento de garantías por parte de la sociedad para el cobro de sus créditos, siempre que demuestren que la satisfacción de los mismos está en riesgo debido a la operación de fusión y no cuenten ya con garantías adecuadas.
En los casos en los que no sea necesaria la publicación del proyecto de fusión, la **fecha de nacimiento del crédito** a los efectos de la protección de los acreedores debe ser anterior a la fecha de publicación del acuerdo de fusión adoptado por la junta general, o en los casos que así proceda, por el consejo de administración o a la fecha de la comunicación individual de ese acuerdo al acreedor.

2033 **Legitimación activa** Están legitimados para el ejercicio del derecho a solicitar garantías:
A. Los **acreedores** de cada una de las sociedades que se fusionan, cuyos créditos estén en riesgo como consecuencia de la operación de fusión, y cumplan los siguientes requisitos:
a) Han **nacido** antes de la fecha de inserción del proyecto de fusión en la página web de la sociedad o, en caso de carecer esta de web corporativa, del depósito de ese proyecto en el RM. Si el proyecto de fusión no se ha insertado en la página web de la sociedad ni depositado en el RM competente (p.e., por acordarse en junta universal y por unanimidad), la fecha de nacimiento del crédito debe ser anterior a la fecha de publicación del acuerdo de fusión o, en su caso, de la comunicación individual de ese acuerdo al acreedor.
b) **No** han **vencido** en esa fecha.
c) **No** están adecuadamente **garantizados** mediante garantía personal o real, o, de estarlo, la garantía es insuficiente en relación con el montante de los créditos, y hayan notificado su disconformidad.

2034 **B.** Los **obligacionistas**, en idénticos términos que los restantes acreedores, siempre que la fusión no haya sido aprobada por la asamblea de obligacionistas.

2035 **Legitimación pasiva** Los sujetos destinatarios del derecho a solicitar garantías por los acreedores son cada una de las **sociedades** intervinientes en el proceso de fusión.

2036 **Ejercicio del derecho a solicitar garantías** El régimen de protección de acreedores del RDL 5/2023 supone que aquellos acreedores que no estén conformes con las garantías ofrecidas, o con la falta de ellas en el proyecto, pueda actuar como se indica a continuación:
A. Si se hubiera emitido informe de experto independiente sobre las garantías **considerándolas inadecuadas**, puede acudir al Registrador Mercantil del domicilio social. En este caso, el Registrador Mercantil da traslado en el plazo de 5 días a la sociedad para que ésta en el plazo 15 días pueda, en su caso, ampliar las garantías u ofrecer otras nuevas. Si tras ello el acreedor sigue insatisfecho, puede en el plazo de 10 días solicitar al Juzgado de lo Mercantil competente las garantías que, en su caso, deba prestar la sociedad.
B. Si se hubiera emitido informe de experto independiente sobre las garantías **considerándolas adecuadas**, puede acudir al Juzgado de lo Mercantil. En este caso, el Juzgado de lo Mercantil tramita el procedimiento y realiza la comunicación al Registrador Mercantil.
C. Si **no se ha emitido informe de experto independiente** sobre las garantías los acreedores, pueden solicitar del Registrador Mercantil que nombre un experto independiente en el plazo de 5 días, dentro del plazo de 3 meses desde la publicación del proyecto. El experto se ha de

pronunciar en el plazo de 20 días en un único informe sobre la adecuación de las garantías de todos los acreedores que lo hayan solicitado. Si el informe de este experto considera que las garantías son inadecuadas, se está a lo previsto en la letra A, y si considera que son adecuadas, a lo previsto en la letra B. El **coste de dicho informe** es a cargo de la sociedad, salvo que esta hubiera hecho la declaración sobre la situación financiera (nº 2039), el informe del experto considere las garantías adecuadas o el juez, en su caso, desestime la reclamación judicial del acreedor.

Precisiones El RDL 5/2023 no regula el procedimiento que tendrían que seguir los acreedores en el supuesto de que los **administradores no hayan ofrecido garantías** en el proyecto. Respecto a la posibilidad de acudir al Registro Mercantil para solicitar informe de experto independiente (si se entendiera posible en estos casos), en la medida en que las sociedades no han ofrecido garantías, parece que el informe únicamente podría tener como objeto determinar la necesidad o no de las mismas. En todo caso, parece que el acreedor tendría siempre la opción de acudir al Juzgado de lo Mercantil, si se dan los requisitos para ello. 2037

Los acreedores, para que se les concedan o completen las garantías de sus créditos, deben **demostrar** que la satisfacción de sus derechos está en riesgo debido a la fusión y que no han obtenido **garantías adecuadas** de la sociedad. Se presume, salvo prueba en contrario, que las garantías son adecuadas o necesarias cuando el informe de experto independiente haya constatado esa adecuación o cuando la sociedad haya emitido declaración sobre la situación financiera conforme al RDL 5/2023 art.15 (nº 2039). 2038

En todo caso, la **eficacia** de estas garantías queda supeditada a que la fusión surta efecto (RDL 5/2023 art.14).

Precisiones **1)** El **coste del informe de experto** será de cuenta de la sociedad salvo en tres casos:

• si fuera positivo (que las garantías se consideran adecuadas);

• si existiera una declaración de los administradores sobre la situación financiera de la sociedad; o

• si el juez apreciara falta de necesidad de garantías manifiesta.

2) El art.11 RDL 5/2023 establece que el ejercicio de los derechos relativos a la protección de acreedores **no paraliza la operación de fusión**, de lo que se deduce que el plazo no interrumpe el proceso y que por tanto se puede otorgar la escritura y solicitar la inscripción, aunque no haya transcurrido el plazo, se hayan solicitado o no garantías.

Declaración sobre situación financiera (RDL 5/2023 art.15) El órgano de administración de las sociedades intervinientes en la fusión puede con **carácter facultativo** adjuntar para su publicación junto con el proyecto una declaración que refleje con exactitud la situación financiera actual en una fecha no anterior a un mes antes de la publicación de dicha declaración. 2039

En ella se debe **hacer constar** que, sobre la base de la información a su disposición y después de haber efectuado las averiguaciones que sean razonables, no conocen ningún motivo por el que la sociedad, después de que la modificación estructural surta efecto, no puede responder de sus obligaciones al vencimiento de éstas.

3. Fase de ejecución

Para su eficacia, la fusión debe ser formalizada en escritura pública y ser inscrita en el RM. 2040

a. Escritura de fusión

(RDL 5/2023 art.50; RRM 227 y 230)

La fusión, cualquiera que sea su clase y el procedimiento seguido para su realización debe ser elevada a escritura pública. 2042

La escritura de fusión ha de otorgarse por **todas las sociedades** participantes en la fusión, debidamente representadas.

Con la escritura de fusión se asumen por la sociedad absorbente o la sociedad de nueva creación todas las relaciones jurídicas, bienes, derechos y obligaciones de las sociedades que se extinguen por la fusión. A tal efecto:

• No es preciso hacer una transmisión pormenorizada de cada **inmueble** propiedad de las sociedades que se extinguen, bastando la escritura de fusión y su inscripción en el RM para que en cada Registro de la Propiedad puedan, si se estima necesario, hacer el cambio de titularidad.

• Respecto del **resto de bienes** inscribibles puede seguirse el mismo procedimiento que para los inmuebles.

• La doctrina no es unánime respecto a si los **poderes existentes** en las sociedades extinguidas se considerarían vigentes en la sociedad resultante o absorbente, por lo que para mayor seguridad convendría otorgarlos nuevamente en ésta última.

2043 **Contenido** (RRM art.227 s.) En la escritura de fusión se debe recoger **separadamente**, respecto de cada una de las sociedades que se fusionan, además de las circunstancias generales de la operación, las siguientes:
• Declaración de los otorgantes, bajo su responsabilidad, de que se han cumplido las obligaciones de **información** reseñadas en el nº 2012 y de que ha sido puesto a disposición de socios y acreedores el texto íntegro del acuerdo adoptado y del balance de fusión.
• Declaración de los mismos sobre la inexistencia de **oposición** por parte de los acreedores y obligacionistas o, en su caso, nombre, domicilio e importe del crédito de los que se han opuesto y las garantías prestadas por la sociedad (nº 2031) (disposición contradictoria con el RDL 5/2023; ver Precisión 2).

Precisiones **1)** El **RRM** hace referencia al derogado art.238 de la **Ley de Sociedades Anónimas**. Entendemos que los documentos a los que se refiere dicho precepto se corresponden a aquellos contenidos en el art.46 RDL 5/2023 (nº 2012).
2) Dada la eliminación del "**derecho de oposición de acreedores**" tras la entrada en vigor del RDL 5/2023, entendemos que dicha mención debe ser sustituida por la declaración de los otorgantes respecto a la inexistencia de observaciones al proyecto por parte de los acreedores o, en su caso, identificación de las mismas y de las garantías prestadas -en su caso- por la sociedad.

2044 • La fecha de **publicación** en el BORME de la inserción o depósito del **proyecto** de fusión (nº 1991).
• Cuando la convocatoria de la junta se ha efectuado mediante su publicación en la **página web** de la sociedad, la manifestación de los administradores sobre la certeza del hecho de la inserción del contenido en la web y de la fecha en que se hizo.
• La fecha de **publicación** del **acuerdo** de fusión (nº 2028).
• El **balance de fusión** de las sociedades que se fusionan o, en caso de fusión de sociedades cotizadas, el informe financiero semestral por el que el balance se hubiera sustituido, y, en su caso, el informe de los auditores (nº 1952).
• El contenido íntegro del **acuerdo** de fusión (nº 2025).

2045 **Menciones especiales** Además de las menciones de carácter general, en determinados supuestos la escritura debe contener otras adicionales. Así:
a) **Si** la fusión se realiza mediante **absorción**, la escritura debe expresar también:
- La **modificación** estatutaria correspondiente a la cifra de **capital** social, salvo en supuestos especiales de fusión (nº 2060 s.) en los que no sea necesario el aumento de capital o, cuando se retribuya a los socios de la entidad absorbida con participaciones o acciones en autocartera de la absorbente. Debe indicarse el número, clase y serie de las acciones o las participaciones o cuotas que han de ser atribuidas, en cada caso, a cada uno de los nuevos socios.
- Las **demás modificaciones** estatutarias que, en su caso, se han acordado en la sociedad absorbente (p.e., modificación del domicilio social o de la denominación, etc.).

2046 b) En la **fusión por creación**, la escritura debe contener, asimismo, la siguiente información:
- Todas las menciones legalmente exigidas para la constitución de la sociedad de que se trate y que dependen del tipo social escogido.
- Una expresión detallada de los **elementos patrimoniales** aportados por las sociedades que se extinguen.
c) Adicionalmente, debe dejarse constancia en la escritura de fusión del **consentimiento individual** de determinados sujetos especialmente afectados, como:
- los socios industriales, cuando subsisten sus obligaciones personales;
- lo socios que pasan a responder ilimitadamente de deudas sociales;
- los socios especialmente afectados, por implicarles nuevas obligaciones, o que se les creen, modifiquen o extingan sus prestaciones accesorias;
- los socios que van a asumir obligaciones personales en la nueva sociedad; y
- los titulares de derechos especiales cuando no disfruten en la nueva sociedad de derechos equivalentes y la asamblea de esos titulares no lo haya aprobado expresamente.

2047 **Documentos complementarios** (RRM art.230) Para su inscripción, deben acompañarse a la escritura de fusión los siguientes documentos:
• El **proyecto de fusión**, a menos que se haya depositado en el mismo RM ante el cual se presente la escritura.
• Los ejemplares de los **anuncios**, en los diarios o periódicos de prensa, en que se ha publicado el acuerdo de fusión y, en su caso, la convocatoria de la junta.

• Cuando sea necesario, el **informe de los administradores** de cada una de las sociedades que participan en la fusión, explicando y justificando el proyecto,
• En su caso, el informe o **informes del experto** o expertos independientes sobre el proyecto de fusión.
En caso de fusión por creación, deben acompañarse, asimismo, los documentos legalmente exigidos para la **constitución** de la sociedad de que se trate, y que dependen del tipo social escogido.

b. Inscripción de la fusión

(RDL 5/2023 art.16 y 51; RRM art.231 a 234)

La eficacia de la fusión se produce con la inscripción de la nueva sociedad o, en su caso, con la inscripción de la absorción en el **RM** competente. En consecuencia, la inscripción de la fusión tiene carácter constitutivo. **2050**
Una vez inscrita la fusión se cancelan de oficio por el registrador mercantil los asientos registrales de las sociedades extinguidas.
Para un desarrollo más exhaustivo de esta cuestión ver nº 8040 s. Memento Sociedades Mercantiles 2024.

Efectos (RDL 5/2023 art.51 y 52; ET art.44) Si bien la inscripción registral es requisito necesario para la eficacia de la fusión, los efectos derivados de la misma hay que extraerlos de los preceptos reguladores de la operación de fusión. **2051**
Así, la fusión despliega los siguientes efectos:
• La **extinción sin liquidación** de las sociedades absorbidas o, en caso de fusión por creación, de las sociedades participantes.
• La transmisión en bloque y por **sucesión universal** de sus patrimonios a favor de la sociedad absorbente o de la sociedad de nueva creación.
• En caso de fusión por creación, la **constitución** de la nueva sociedad.
• La **integración** de los socios de las sociedades extinguidas en la sociedad resultante, salvo en los casos de fusión impropia y operaciones asimiladas a esta, dadas sus propias particularidades.
• En caso de fusión por absorción, la **modificación**, en su caso, de los **estatutos** de la sociedad absorbente.

• Los efectos propios de la **sucesión de empresa**. El cambio de titularidad de la empresa, de un centro de trabajo o de una unidad productiva autónoma que tenga lugar como consecuencia de la fusión, no extingue por sí mismo la relación laboral. En su lugar se produce la subrogación de la sociedad absorbente o de nueva creación en los derechos y obligaciones laborales y de Seguridad Social de las sociedades que se extinguen por la fusión, incluyendo los compromisos por pensiones y, en general, las obligaciones que hubieran adquirido en materia de protección social complementaria. **2052**
• **Responsabilidad por deudas sociales** anteriores a la fusión. Como consecuencia de la sucesión universal que se produce con la fusión, la responsabilidad de la sociedad absorbente por las deudas de las sociedades que se extinguen es total, asumiéndolas sin más límites ni condiciones que los propios del tipo societario de que se trate.

Adicionalmente, se reconoce una responsabilidad extraordinaria a los **socios responsables personalmente** de las deudas de las sociedades que se extinguen y que fueron contraídas con anterioridad a la fusión, distinguiendo dos supuestos según la fusión cuente o no con la aquiescencia de los **acreedores**: **2053**
- Si los acreedores prestan su **consentimiento expreso** a la fusión, es el patrimonio de la sociedad resultante el que responde de las deudas sociales, desapareciendo la responsabilidad personal de los socios que la tuvieran antes de la fusión.
- Si los acreedores **no consienten** la fusión, mantienen a su favor la responsabilidad de los socios colectivos por las deudas sociales contraídas con anterioridad a la fusión.
Esta responsabilidad prescribe a los **cinco años** contados desde la publicación de la fusión en el BORME. Este plazo se computa de fecha a fecha (CC art.5) y, por tratarse de un plazo de prescripción, cabe su interrupción.

E. Impugnación

(RDL 5/2023 art.11 y 16)

2055 El art.11 RDL 5/2023 regula un sistema de impugnación de los acuerdos/decisiones adoptadas por la junta general/socio único de las sociedades intervinientes en una modificación estructural. Específicamente, señala que **no constituyen** por sí solos -individual o conjuntamente- **motivos de impugnación** del acuerdo de modificación estructural los siguientes:

a) La **compensación en efectivo** ofrecida en el proyecto por la enajenación de las acciones, participaciones o cuotas de los socios, si esta fue fijada inadecuadamente.

b) La **relación de canje** de las acciones, participaciones o cuotas, si esta fue fijada inadecuadamente.

c) La **información facilitada** sobre la compensación en efectivo o la relación de canje, si esta no cumplía los requisitos legales.

Precisiones **1)** El **plazo y legitimación** para el ejercicio de la acción es el establecido en para el régimen general en la LSC art.204 s. (nº 5930 Memento Sociedades Mercantiles 2024).

2) En caso de **fusión por creación**, se debe estar a lo dispuesto en el régimen de nulidad del tipo societario de que se trate (LSC art.56 y 57).

2056 **Una vez inscrita** una modificación estructural en el RM, no puede ser objeto de impugnación quedando **a salvo** (RDL 5/2023 art.16.2):

- las acciones resarcitorias que correspondan a socios y terceros;
- la aplicación de las disposiciones de derecho penal, de prevención y lucha contra la financiación del terrorismo y de derecho laboral y tributaria, para imponer medidas y sanciones después de la fecha en que se haya surtido efectos la modificación estructural; y
- la aplicación de la legislación especial relativa al acceso, cesión o comunicación de información de naturaleza tributaria.

Para un desarrollo más exhaustivo de la cuestión, ver nº 8050 s. Memento Sociedades Mercantiles 2024.

F. Fusiones especiales

2060 Bajo la rúbrica de fusiones especiales, se regulan las fusiones de sociedades que pertenecen a un **grupo** fuertemente jerarquizado -según apunta Javier Juste Mencía-, con la finalidad de simplificar, en mayor o menor medida, el proceso de fusión, al considerar que no es necesario el cumplimiento de determinados requisitos debido a la inexistencia o escaso porcentaje de participación de socios externos.

Dentro de este apartado se examinan brevemente las particularidades de estos tipos de fusión respecto al procedimiento general examinado con anterioridad.

1. Absorción de sociedad íntegramente participada

(RDL 5/2023 art.51)

2062 La **fusión impropia** es aquella fusión en la que la sociedad absorbente es titular, de forma directa o indirecta, de la totalidad de las acciones o participaciones sociales en que se divide el capital de la sociedad o sociedades absorbidas

Precisiones El RDL 5/2023 art.51.1 omite la referencia a cuotas, con lo que parece que este tipo de fusión se concreta a la absorción de **SA o SRL**.

2063 **Procedimiento simplificado** Las notas diferenciadoras de esta modalidad de fusión respecto del procedimiento general son la que se indican a continuación. Los restantes requisitos del proceso, han de ser cumplidos en su totalidad.

• No es necesario que el **proyecto de fusión** incluya las siguientes menciones:

- el tipo de canje de las acciones/participaciones sociales.
- las modalidades de entrega de las acciones o participaciones sociales de la sociedad resultante a los socios de la sociedad o sociedades absorbidas;
- la fecha de participación en las ganancias sociales de la sociedad resultante o a cualesquiera peculiaridades relativas a este derecho;
- la información sobre la valoración del activo y pasivo del patrimonio de las sociedades que se extinguen; y
- las fechas de las cuentas de las sociedades que se fusionan utilizadas para establecer las condiciones en que se realiza la fusión.

• No es necesario el **informe de expertos** independientes sobre el proyecto de fusión y el informe de los **administradores**. **2064**

Precisiones **1)** A pesar de la literalidad del RDL 5/2023 art.53.1.2º, cabe entender que -salvo las excepciones indicadas anteriormente y en línea con el contenido del RDL 5/2023 art.9.2- la **sección del informe de administradores destinada a trabajadores** debe ser elaborado en todo caso (ver nº 1996).
2) Asimismo, el **informe de experto** solo puede ser **omitido** (bien en su primera sección, en su segunda sección o en su totalidad) en los supuestos indicados en el nº 2007.

• La sociedad absorbente no precisa **ampliar capital** para integrar el patrimonio de la sociedad absorbida, dado que, en realidad, este patrimonio ya estaba integrado a través de los títulos poseídos. **2065**
• No se requiere **aprobación** de la fusión por las juntas de las sociedades **absorbidas**.
• No es necesaria la aprobación de la fusión por la junta general de la **sociedad absorbente**, siempre y cuando:
- con un mes de antelación como mínimo a la fecha prevista para la formalización de la absorción, se cumplan los requisitos de publicidad recogidos en el nº 2085; y
- no solicitan su celebración los socios que representen, al menos, el 1% del capital social de la sociedad absorbente.

Titularidad indirecta de participaciones (RDL 5/2023 art.53.2) Cuando la sociedad absorbente es titular de forma indirecta del 100% de las acciones o participaciones de la sociedad absorbida, puede ser exigible, en su caso, un **aumento de capital** en la sociedad absorbente y siempre es necesario el **informe de expertos** sobre el proyecto de fusión, salvo lo referenciado en el nº 2007. **2066**
Si la fusión provoca una disminución del patrimonio neto de la sociedad no interviniente en la fusión, por la participación que tiene en la sociedad absorbida, la sociedad absorbente está obligada a **compensar** a esta última por el valor razonable de esa participación.

2. Supuestos asimilados a la absorción de sociedades íntegramente participadas

(RDL 5/2023 art.56.1)

Se consideran supuestos asimilados a la absorción de sociedades íntegramente participadas: **2067**
- la fusión inversa;
- la de sociedades gemelas o de sociedades participadas por los mismos socios y en la misma proporción.

a. Fusión inversa

(RDL 5/2023 art.56)

La fusión inversa o invertida es una fusión por absorción en donde la sociedad **absorbida** es titular, de forma directa o indirecta, del **100%** de las acciones o participaciones sociales en que se divide el capital social de la sociedad **absorbente**. **2070**
Un claro ejemplo de esta modalidad de fusión es la absorción de una matriz por su filial.

Precisiones Al igual que sucede en el caso de fusión impropia, el RDL 5/2023 art.56 omite la referencia a cuotas, con lo que parece que este tipo de fusión se concreta a la absorción de **SA o SRL**.

Procedimiento simplificado El procedimiento abreviado descrito para la fusión impropia (nº 2062) es de aplicación, en la medida en que proceda, para este tipo de operaciones. **2071**

Titularidad indirecta Cuando la sociedad absorbida es titular, de forma indirecta, de todas las acciones o participaciones sociales de la sociedad absorbente, el procedimiento abreviado de fusión se debe completar siempre con el **informe de expertos** sobre el proyecto de fusión **y**, en su caso, con un **aumento de capital** en la sociedad absorbente. **2072**
Si como consecuencia de la fusión se produce una disminución del patrimonio neto de las sociedades no intervinientes en la fusión, por la participación que tienen en la sociedad absorbente), la sociedad absorbente debe **compensar** a dichas sociedades por el valor razonable de esa participación.

b. Fusión de sociedades gemelas o participadas por los mismos socios y en la misma proporción

(RDL 5/2023 art.56)

2075 La fusión de sociedades gemelas, también conocida como fusión de hermanas u horizontal, consiste en la fusión, en cualquiera de sus clases, de sociedades íntegramente participadas de forma directa o indirecta por el **mismo socio**.
El caso típico es el de dos sociedades B y C, que entre si no están participadas, pero que están totalmente dominadas por una misma sociedad, la sociedad A.
Lo previsto en el presente apartado también sería de aplicación a fusiones entre sociedades **participadas por los mismos socios** y en la misma proporción.

2076 **Procedimiento simplificado** El procedimiento abreviado descrito para la fusión impropia (nº 2063) es de aplicación, en la medida en que proceda, a la fusión de sociedades gemelas o participadas por los mismos socios y en la misma proporción.

2077 **Titularidad indirecta** Cuando las sociedades intervinientes están participadas indirectamente por el mismo socio, el procedimiento abreviado de fusión se debe completar siempre con el **informe de expertos** sobre el proyecto de fusión **y**, en su caso, con un **aumento de capital** en la sociedad absorbente.
Si como consecuencia de la fusión se produce una disminución del patrimonio neto de la sociedad no interviniente en la fusión, por la participación que tiene en las sociedades que se fusionan, la sociedad resultante debe **compensar** a dicha sociedad por el valor razonable de esa participación.

3. Absorción de sociedad participada al 90%

(RDL 5/2023 art.54)

2080 Esta modalidad de fusión es aplicable únicamente cuando las sociedades participantes sean **SA o SRL** y tiene lugar cuando la sociedad absorbente es titular directa del 90% o más, pero menos del 100%, del capital social de la sociedad o sociedades absorbidas.

2081 **Requisitos** Esta modalidad de fusión puede realizarse mediante un proceso simplificado siempre que, en el proyecto común de fusión, la sociedad absorbente presente una **oferta para adquirir las acciones** o participaciones sociales de los socios minoritarios en la sociedad absorbida, de acuerdo con las siguientes **condiciones**:
1. Que las acciones o participaciones se adquieran por su **valor razonable**, debiendo constar en el proyecto de fusión el valor establecido para su adquisición.
2. Que la adquisición se lleve a cabo dentro de un **plazo** determinado, que no puede ser superior a dos meses a contar desde la fecha de la inscripción de la absorción en el RM.

2082 Sobre la base de lo anterior, se pueden producir las siguientes **situaciones**:
a) Los socios minoritarios **no transmiten** sus acciones o participaciones sociales en la sociedad absorbida, en cuyo caso, estas han de ser canjeadas por:
- las acciones o participaciones propias que la sociedad absorbente tiene en autocartera;
- acciones o participaciones emitidas en un aumento de capital, en cuyo caso, siempre que no tenga que celebrarse la junta de la sociedad absorbente a solicitud de la minoría, los administradores de la sociedad absorbente están autorizados, si así lo prevé el proyecto de fusión, para elevar el capital en la medida estrictamente necesaria para el canje.

2083 b) Los socios minoritarios **transmiten** sus acciones o participaciones en la sociedad absorbida, en cuyo caso esta pasa a estar íntegramente participada por la sociedad absorbente.
c) Los socios minoritarios manifiestan -en el plazo de 20 días desde la fecha de la junta general que ha aprobado la fusión- su voluntad de transmitir las acciones o participaciones a la sociedad absorbente, pero **no** están de **acuerdo** con el **valor** establecido en el proyecto de fusión para su adquisición. En estos casos, los socios pueden reclamar una compensación en efectivo complementaria en los términos previstos en las disposiciones comunes para la protección de socios.

2084 **Procedimiento simplificado** Siempre que se cumplan los requisitos expresados en el nº 2081, esta modalidad de fusión puede realizarse mediante un procedimiento simplificado, en el que no es necesario que concurran los siguientes requisitos:
- La sección del **informe** de los **administradores destinada a socios** (nº 1993).

• Los **informes** de expertos **independientes** sobre el proyecto de fusión (nº 2000), siempre y cuando no se diera alguna de las particularidades incluidas el nº 2007.
Asimismo, es posible realizar la fusión sin necesidad de su **aprobación** por la junta de la sociedad absorbente, siempre que se cumplan los requisitos que se indican a continuación.

Junta de la sociedad absorbente (RDL 5/2023 art.55) Cuando la sociedad absorbente es titular directa del 90% o más de las acciones o participaciones sociales de la sociedad absorbida (SA o SRL), no es necesaria la aprobación de la fusión por la junta general de la sociedad absorbente, siempre y cuando, se cumplan los siguientes **requisitos**: **2085**
1. Publicidad del proyecto. Con un mes de antelación, como mínimo, a la fecha prevista para la celebración de la junta de las sociedades absorbidas (o, en el caso de sociedad íntegramente participada, a la fecha prevista para la formalización de la absorción), se ha de publicar el proyecto de fusión por cada una de las sociedades participantes en la operación, con un anuncio publicado en la **página web** de la sociedad o, caso de no existir, en el **BORME o** en un **diario** de los de mayor circulación en la provincia en la que cada sociedad tiene su domicilio social.

2. Contenido del anuncio. Que en el contenido del anuncio se haga constar expresamente: **2086**
a) El **derecho de información** que corresponde a los socios de la absorbente y a los acreedores de las sociedades que participan en la fusión, a examinar en el domicilio social:
- el proyecto común de fusión;
- las cuentas anuales y los informes de gestión de los tres últimos ejercicios, así como, cuando sea procedente, los informes de auditoría;
- en su caso, los informes de administradores y los expertos independientes sobre el proyecto de fusión; y
- el balance de fusión de cada una de las sociedades, cuando es distinto del último balance anual aprobado o, en el caso de fusión de sociedades cotizadas, el informe financiero semestral por el que el balance se ha sustituido.

b) El derecho a obtener, cuando no se haya publicado en la página web, la **entrega o envío** gratuito del texto íntegro de la citada información. **2087**
c) El derecho de los socios que representen, al menos, el **1% del capital** social de la sociedad absorbente, a la exigencia de celebración de la junta general para la aprobación de la absorción, en el plazo de 15 días desde la publicación del anuncio.
Los **socios** de la sociedad absorbente que representen, al menos, el 1% del capital social, tienen derecho a exigir a los administradores, mediante requerimiento notarial y en plazo de quince días desde la publicación del último de los anuncios del proyecto común de fusión, la celebración de la junta general de la sociedad absorbente que apruebe la fusión.
En tal caso, los administradores están obligados a convocar la junta de socios de la sociedad absorbente para su celebración dentro del plazo de dos meses siguientes a la fecha en que se hizo el requerimiento notarial para convocarla.

4. Operación asimilada a la fusión

(RDL 5/2023 art.57)

Como una operación asimilada a la fusión también se contempla el supuesto en el que una sociedad se extingue, transmitiendo en bloque su patrimonio a su **socio único** que, como tal, posee la totalidad de sus acciones, participaciones o cuotas. **2090**
El RDL 5/2023 asimila esta operación a la fusión por absorción de una sociedad íntegramente participada (nº 2062), pero aplicable a cualquier tipo societario.

5. Fusión posterior a una compra apalancada

(RDL 5/2023 art.42)

El art.42 RDL 5/2023 regula las denominadas fusiones apalancadas (*merger Leveraged Buy-Out o LBO*), esto es, las operaciones de fusión realizadas con posterioridad a la adquisición de acciones o participaciones que otorgan el **control** de una sociedad o de activos de la misma que son esenciales para su explotación o significativos por su valor patrimonial, contando para dichas adquisiciones con financiación aportada por un tercero dentro de los **tres años** anteriores a la fusión. **2092**

Precisiones Cabe destacar que una fusión apalancada siempre será lícita si se cumplen los requisitos contenidos en el RDL 5/2023 art.42, de modo que los socios y acreedores de las sociedades intervinientes en la fusión sean plenamente conocedores -a efectos del ejercicio de los derechos que les reconoce la ley- de la estructura y antecedentes de la operación de fusión proyectada. Por tanto, debe desligarse -a pesar de referirse a la asistencia financiera- de la **prohibición de asistencia financiera** para la adquisición de acciones o participaciones sociales propias o de la sociedad dominante prevista en la LSC.

2093 **Especialidades del procedimiento** Con la finalidad de otorgar mayor claridad y transparencia a este tipo de operaciones, se establece un procedimiento de fusión reforzado en el que, además de los requisitos generales, le son aplicables las siguientes normas:
• El **proyecto común de fusión** debe indicar los recursos y plazos previstos para la satisfacción por la sociedad resultante de las deudas contraídas para la adquisición del control o de los activos.
• El **informe de administradores** debe contener:
- las razones que justificaron la adquisición del control o de los activos y la operación de fusión; y
- un plan económico y financiero, con expresión de los recursos y la descripción de los objetivos que se pretendan conseguir.

2094 • El **informe de experto** o expertos independientes debe contener un juicio sobre la razonabilidad de las especiales indicaciones en el proyecto de fusión e informe de administradores a que se refieren los dos puntos anteriores. La novedad introducida por el RDL 5/2023 reside en que el experto no debe pronunciarse sobre la posible **existencia de asistencia financiera** de la antigua norma.
En estos supuestos, el informe de experto independiente sobre el proyecto común de fusión siempre es necesario, incluso aunque la fusión se haya acordado en junta universal y por unanimidad.

2095 Precisiones **1)** Salvo las excepciones previstas en la LSC art.150.1 y 2, la Ley mantiene la **prohibición** general de **asistencia financiera**, prohibiendo a las sociedades el anticipo de fondos, la concesión de préstamos, la prestación de garantías y la concesión de cualquier tipo de asistencia financiera, dirigida a permitir la adquisición por un tercero de sus propias acciones o las de su sociedad dominante.
Pese a que el RDL 5/2023 no modifica la prohibición general de asistencia financiera, parece que el legislador sí ha querido excluir de dicha prohibición a la fusión posterior a una adquisición de sociedad con endeudamiento de la adquirente, estableciéndolas una regulación específica y eliminando de la anterior L 3/2009 la necesidad de que el experto independiente se pronuncie sobre la posible existencia de asistencia financiera. Por tanto, la **nueva redacción** parece dar a entender que la finalidad de la actuación por parte del experto independiente reside en informar de las características del endeudamiento realizado (p.e., si este resulta razonable o, si por el contrario, es susceptible de generar un riesgo para la viabilidad económico-financiera de las sociedades intervinientes en la fusión).
2) El último inciso del RDL 5/2023 art.42 parece referirse a la excepción contemplada en el RDL 5/2023 art.41.4. Ahora bien, según determinada doctrina, dicho **informe de experto independiente** no será exigible si ninguna de las sociedades intervinientes en la fusión es una SA, ni tampoco cuando se trate de fusión por absorción de entidad íntegramente participada o, sin concurren las circunstancias establecidas, de fusión por absorción de entidad participada al 90% (Antonio Roncero Sánchez).

G. Fusión transfronteriza

2100 La fusión transfronteriza se presenta como uno de los instrumentos jurídicos de concentración empresarial disponibles para que las sociedades de capital ubicadas en **distintos Estados** concentren sus patrimonios.
Esta clase de fusiones fue regulada por primera vez en la normativa española tras la incorporación al derecho español, a través de la L 3/2009, de la Dir 2005/56/CE relativa a fusiones transfronterizas de sociedades de capital. En la actualidad, estas fusiones se encuentran **reguladas** en el RDL 5/2023, a raíz de la transposición de la Dir (UE) 2019/2121.
Sin perjuicio de que a continuación se hace una breve exposición de este tipo de fusiones, para un estudio en detalle de la fusión transfronteriza ver nº 8505 s. Memento Sociedades Mercantiles 2024.

1. Fusión intracomunitaria

(RDL 5/2023 art.80 s.)

2101 Aunque la práctica española conocía ya de fusiones transfronterizas y el TJCE 13-12-05, asunto C-411/03, se había pronunciado sobre su legalidad -reconociéndola como una modalidad particular del ejercicio de la libertad de establecimiento-, fue la L 3/2009 la **primera regulación española** que entró a valorar y a definir el procedimiento a seguir en este tipo de operaciones trasnacionales.

El nuevo RDL 5/2023 recoge por primera vez un **régimen específico** para este tipo de fusiones, dentro del Título III dedicado a las modificaciones estructurales transfronterizas intraeuropeas (Capítulo III, Sección 2ª).

Tienen la consideración de fusión transfronteriza intraeuropea la fusión de sociedades de capital constituidas de conformidad con la legislación de un Estado parte del **Espacio Económico Europeo** y cuyo domicilio social, administración central o centro de actividad principal se encuentre dentro de dicho espacio, cuando interviniendo, al menos, dos de ellas sometidas a la legislación de Estados miembros diferentes, una de las sociedades que se fusionen está sujeta a la legislación española.

Ámbito de aplicación Las sociedades de capital sujetas a la legislación española que pueden participar en fusiones transfronterizas intracomunitarias son: **SA, SRL y SComA**. 2102

Quedan **excluidas** del régimen de fusiones transfronterizas del RDL 5/2023, aquellas fusiones intracomunitarias en las que participan:

a) Sociedades cooperativas.

b) Sociedades cuyo objeto es la **inversión colectiva** de capitales obtenidos del público y su funcionamiento está sometido al principio de reparto de los riesgos, y cuyas partes sociales, a petición del tenedor de las mismas, se readquieren o se rescatan, directa o indirectamente, con cargo a los activos de dichas sociedades.

Normativa reguladora Las fusiones transfronterizas intracomunitarias se rigen: 2103

• Por las **disposiciones específicas** contenidas en la sección 2ª del Capítulo III del Título III del RDL 5/2023 (art.101 a 106).

• Por las **disposiciones generales** contenidas en los Capítulos I y II del Título III del RDL 5/2023 (art.84 a 95).

• Con carácter **supletorio**, por las disposiciones que rigen las modificaciones estructurales y fusión en general (RDL 5/2023 art.1 a 16 y del art.33 a 57).

Además, en las fusiones transfronterizas en las que al menos una de las sociedades que se fusionan esté sujeta a la Ley española, les son de aplicación las **normas sectoriales**, las normas sobre control de concentraciones y, en general, cualquier norma que permita al Gobierno español imponer condiciones por razones de interés público a una fusión nacional. En este tipo de fusiones se tendrán en cuenta las leyes personales de las sociedades participantes, todo ello sin perjuicio del régimen aplicable a las sociedades anónimas europeas.

El **plazo** para llevar a cabo la **publicidad** preparatoria (nº 1988) es el mismo que en las fusiones internas (un mes -RDL 5/2023 art.7.1-), no obstante, el plazo para dar publicidad al informe de los administradores (nº 1998) es de seis semanas (RDL 5/2023 art.5.6). 2104

En relación con el **certificado previo** que debe emitir el Registro Mercantil del domicilio de la sociedad española que vaya a participar en una operación de fusión en la que España sea el Estado de origen, se ha introducido como novedad en el art.90 RDL 5/2023 un plazo de tres meses para la emisión del certificado previo (anteriormente la L 3/2009 indicaba que debía "entregarse sin demora"). Adicionalmente se prevé la posibilidad de que el Registrador Mercantil se retrase si la modificación estructural tuviese especial complejidad, notificando a la sociedad los motivos del retraso antes del vencimiento del plazo.

En todo caso, el Registrador Mercantil del domicilio social de la sociedad española de origen, además de verificar que se cumplen todas las formalidades exigidas por la legislación española para ejecutar la operación, antes de emitir el referido certificado previo debe efectuar un **control de la legalidad** de la operación, descartando que la misma se haga con fines abusivos o fraudulentos, o que tenga por objeto o produzca el efecto de eludir el Derecho de la Unión o el Derecho español, o sirva a fines delictivos. En este sentido, el art.91 RDL 5/2023 prevé ampliar excepcionalmente el indicado plazo de tres meses para la emisión del certificado previo a tres meses adicionales si, a resultas de la documentación e información presentada, el Registrador Mercantil tuviera sospechas en tal sentido. En tal caso, el Registrador Mercantil podrá solicitar a la sociedad cualquier información adicional que considere necesaria, así como a organismos entidades públicas, así como a un experto independiente que le ayude en su análisis.

Es importante igualmente remarcar que los socios de las sociedades españolas participantes en una modificación estructural que, como consecuencia de esa modificación, vaya a quedar sometidos a una ley extranjera, tienen **derecho a enajenar** sus acciones o participaciones a la sociedad a la que pertenezcan o a los socios o terceros que esta proponga, a cambio de una compensación en efectivo adecuada, siempre que hayan votado en contra de la aprobación del correspondiente proyecto. Este derecho también lo tienen los titulares de acciones o participaciones sin voto (RDL 5/2023 art.86).

Para un desarrollo exhaustivo sobre este tipo de fusiones y su procedimiento de ejecución, ver nº 8505 s. Memento Sociedades Mercantiles 2024.

2. Fusión extracomunitaria

(RDL 5/2023 art.121 s.)

2105 El RDL 5/2023 incluye en su Título IV la **regulación** de las modificaciones estructurales transfronterizas extraeuropeas. Sin perjuicio de lo dispuesto en los Tratados y Convenios Internacionales vigentes en España, resulta de aplicación el mencionado Título para las fusiones en que intervengan sociedades de capital constituidas de conformidad con el Derecho de un Estado que **no forme parte del Espacio Económico Europeo** y una o varias sociedades sujetas a la legislación española.

A las **sociedades españolas** que participen en modificaciones estructurales con sociedades constituidas de conformidad con el Derecho de un Estado que no forme parte del Espacio Económico Europeo les serán de aplicación las disposiciones del RDL 5/2023 relativas a las modificaciones estructurales intraeuropeas (nº 2101), sustituyendo la expresión Estado miembro por Estado con determinadas especialidades en relación con el certificado previo a la fusión y el control de legalidad cuando España sea país de destino.

2106 En relación con el contenido del **certificado previo a la fusión**, este se podrá adaptar para dar cumplimiento a los requisitos específicos que pudieran ser exigibles conforme al Derecho del Estado de destino. Asimismo, la transmisión entre autoridades o registros del certificado previo se regirá por la legislación general, ajustándose a las prácticas de cooperación registral internacional entre los Estados.

Por otra parte, en relación con el **control de legalidad**, cuando la sociedad resultante sea o vaya a ser española, el certificado previo se sustituirá por una certificación del Registrador o autoridad competente extranjera que, por sí sola o en conjunción con otros documentos, acredite la legalidad de la operación. Las notificaciones entre registros se regirán por la legislación general, y se ajustarán a las prácticas de cooperación registral internacional entre Estados.

III. Escisión

2110

A. **Generalidades** 2115
B. **Clases** 2125
1. Escisión total 2130
2. Escisión parcial 2140
3. Segregación 2150
4. Constitución de sociedad íntegramente participada mediante transmisión en bloque del patrimonio 2155
5. Supuestos especiales de escisión 2160
a. Escisión impropia 2162
b. Escisión inversa 2167
c. Escisión gemelar 2170
d. Otras modalidades de escisión 2175
C. **Procedimiento de escisión** 2180
1. Proyecto de escisión 2185
2. Informe de administradores 2193
3. Informe de expertos independientes sobre el proyecto común de escisión 2196
4. Acuerdo de escisión 2200
5. Protección de acreedores 2205
6. Declaración sobre situación financiera 2206
7. Escritura de escisión 2207
8. Inscripción y publicación 2210
D. **Responsabilidad de las sociedades participantes** 2215

2111 Otro de los instrumentos de reestructuración empresarial que puede ser utilizado como medio para la adquisición de empresas, ya sea por sí sola o conjuntamente con otras operaciones como la fusión, es la escisión, en todas sus modalidades.

Como apunta Garrido De Palma, si con la fusión se desea lograr, en términos generales, que «la unión aumente la fuerza», mediante la concentración de empresas o, por ejemplo, para consolidarlas y potenciarlas, con la escisión se produce un movimiento centrífugo de fuerzas o empresas mediante el desgajamiento y transmisión individual de las distintas actividades o unidades económicas que desarrolla una sociedad y que pude tener distintas **finalidades**:
• La **reestructuración** de empresas de un **grupo** de sociedades.
• **Descentralización** o separación de actividades, dotándolas de estructura empresarial autónoma, con personalidad jurídica independiente.

• Constitución de una forma de **colaboración empresarial** (p.e., *joint venture*), por la que distintas entidades segregan parte de sus patrimonios integrándoles en otra entidad para el desarrollo de negocios comunes. **2112**
• Evitar el **crecimiento excesivo** de una entidad, adaptándola así a particularidades sectoriales.
• **Regionalización** empresarial; esto es, sociedades que desempeñan su actividad en diversas zonas territoriales de un mismo Estado o unidad supranacional, en las que rigen diferentes regímenes fiscales o de otro tipo, pueden crear mediante el procedimiento de escisión, sociedades nuevas domiciliadas en tales territorios como alternativa a la apertura de sucursales o como método para obtener beneficios estatales o de carácter público (fiscales, ayudas públicas, régimen laboral, etc.) a favor de las empresas establecidas en tales territorios (Alonso Espinosa, Francisco J.).

La escisión puede cumplir **otras funciones** distintas de las indicadas, que se pueden denominar atípicas, tales como: **2113**
- evitar que determinadas unidades económicas que son deficitarias en una sociedad perjudiquen a las que son rentables; o
- ser un método indirecto de solución de **conflictos** intrasocietarios, mediante la división del patrimonio social y de los socios entre dos o más sociedades.

Precisiones Si bien en la práctica la escisión es una operación frecuentemente utilizada en la reestructuración interna de grupos de sociedades, también resulta muy útil como medio para las **adquisiciones empresariales**. Así, por ejemplo, cuando a la sociedad adquiriente solo le interesa una parte del negocio que desarrolla la sociedad objetivo («target»), con carácter previo a la adquisición, la entidad target puede realizar una escisión parcial, transmitiendo a una sociedad de nueva creación la actividad que no será objeto de adquisición, siempre que la misma constituya una unidad económica.

A. Generalidades

La escisión puede ser considerada como la operación contraria o inversa a la fusión. Así, la escisión es la operación mediante la cual se **divide**, total o parcialmente, el **patrimonio** de una sociedad sin proceder a su liquidación (sociedad escindida), para transmitir la parte o las partes en que se divide o se segrega (patrimonio escindido) a otra u otras sociedades ya existentes o que se crean con este objeto (sociedad o sociedades beneficiarias) (Aurelio Menéndez). **2115**
La transmisión del patrimonio o patrimonios escindidos o segregados se produce en bloque, por **sucesión universal**, de forma que cada una de las sociedades beneficiarias sucede a la sociedad que se escinde, de forma conjunta y simultánea, en todos los derechos y obligaciones que correspondan a cada una de las partes fraccionadas.

De este principio de sucesión universal se deriva un régimen de **responsabilidad** (nº 2215 s.) en virtud del cual de las deudas nacidas antes de la publicación del proyecto de escisión y aun no vencidas en ese momento, responderán solidariamente todas las sociedades beneficiarias hasta el importe de los activos netos atribuidos a cada una de ellas en la escisión, y subsidiariamente la propia sociedad escindida, si subsistiera. En esos mismos términos responderán solidariamente las sociedades beneficiarias de las deudas de la sociedad escindida nacidas antes de la publicación del proyecto de escisión y no vencidas en ese momento. **2116**
Así, si bien es cierto que cada una de las **sociedades beneficiarias** no sucede a la sociedad escindida en toda su dimensión y extensión patrimonial, el conjunto de todas ellas sí que lo hacen a través de la suma de las distintas partes atribuidas a cada una.
Lo que se produce es un conjunto de sucesiones universales, si bien de carácter parcial o limitado al contenido de cada porción, en atención precisamente al reparto establecido al respecto en el proyecto de escisión (Rodríguez Artigas).

2117 **Normativa reguladora** (RDL 5/2023 art.63) En el marco del RDL 5/2023, la escisión se rige:

Sociedades intervinientes en la escisión	Normativa aplicable
Todas son sociedades españolas	- RDL 5/2023, Título I, Capítulo I (disposiciones preliminares). - RDL 5/2023, Título I, Capítulo II (disposiciones comunes) - RDL 5/2023, Título II, Capítulo III (escisión) - RDL 5/2023, Título II, Capítulo II (relativas a la fusión, que aplicarán de forma supletoria, entendiendo que las referencias a la sociedad resultante de la fusión equivalen a referencias a las sociedades beneficiarias de la escisión). - RRM art.216 a 237
Sociedad mercantil española y sociedad del Espacio Económico Europeo (EEE) o sociedad no perteneciente al EEE	- RDL 5/2023, Título I, Capítulo I (disposiciones preliminares) - RDL 5/2023, Título I, Capítulo II (disposiciones comunes) - RDL 5/2023, Título III, Capítulo I (ámbito de aplicación) - RDL 5/2023, Título III, Capítulo II (disposiciones generales) - RDL 5/2023, Título III, Capítulo III (disposiciones especiales: Sección 3ª - escisiones con creación de nuevas sociedades- y Sección 4ª -escisiones con sociedades existentes-) - RRM art.216 a 237 - Ley personal de la sociedad europea
Sociedades Anónimas Europeas	- Régimen que en cada caso les sea aplicable.

2118 **Características** Con carácter general, los elementos configuradores y delimitadores de la figura de la escisión hacen referencia a los aspectos que se exponen a continuación.

2119 **Sociedad mercantil** (RDL 5/2023 art.2, 58 y disp.adic.2ª; LCon art.317.3; RRM art.235 y 227.3) Una sociedad tiene la consideración de mercantil, bien por la naturaleza de su objeto, bien por la forma de su constitución.

Precisiones 1) Las **sociedades beneficiarias** pueden ser de un tipo mercantil diferente al de la sociedad escindida.
2) Se excluye expresamente a las Sociedades Cooperativas, que se rigen por su específico régimen legal.
3) Por aplicación analógica de las normas relativas a la fusión, las sociedades **en liquidación** pueden participar en un proceso de escisión siempre y cuando no haya comenzado la distribución de su patrimonio entre los socios.
4) Es posible la escisión de una **sociedad concursada** o sometida a un **plan de reestructuración** o, en su caso, de continuación, si bien se requiere la previa autorización judicial (RDL 5/2023 art.3.2; LCon art.317.3; RRM art.227.3).

2120 **Inscripción** (RDL 5/2023 disp.adic.2ª) Las sociedades mercantiles intervinientes deben estar inscritas en el **RM**; por tanto, las sociedades no inscritas y las irregulares requieren para participación en un procedimiento de escisión su previa inscripción registral.

Precisiones Quedan excluidas del ámbito de aplicación del régimen jurídico de la escisión las **sociedades civiles** -incluso las que tienen forma mercantil- ya que las mismas no son objeto de inscripción en el RM.

2121 **Desembolso del capital** Las acciones o aportaciones de los socios de la sociedad que se escinde se han de encontrar **íntegramente** desembolsadas. El desembolso íntegro de las acciones o aportaciones de los socios debe efectuarse antes de la celebración de las juntas generales que adoptan los acuerdos de escisión, lo que determina que al inicio del proceso pueden existir dividendos pasivos pendientes de pago. Ahora bien, al tiempo de celebrarse las juntas generales, dichos dividendos pasivos deben haber sido liquidados, por desembolso o por condonación vía reducción de capital. El proyecto de escisión en estos casos debe contemplar la existencia de los dividendos pasivos y el procedimiento para su pago o condonación.

Otros principios rectores En relación con otros principios configuradores previstos para las fusiones, esto es, la integración en un única sociedad y extinción de las sociedades participantes (nº 1926) y la continuidad en la condición de socio (nº 1928), no siempre tienen reflejo en las operaciones de escisión. Así: **2122**

• La **disolución sin liquidación** de la entidad que transmite su patrimonio solo se produce en las escisiones totales, ya que en los demás supuestos la sociedad objeto de escisión continúa subsistiendo tras la operación.

• La **continuidad** en la **condición de socio** supone que quien era socio de la entidad extinguida o escindida pasa a serlo de la sociedad beneficiaria de la escisión. Este principio no tiene aplicación en los supuestos de segregación (nº 2150) ni en la constitución de sociedad íntegramente participada mediante transmisión en bloque de su patrimonio (nº 2155), pues en estos casos, las acciones, participaciones o cuotas de la sociedad beneficiaria se entregan a la propia sociedad escindida y no a sus socios.

Por el contrario, en la escisión total y parcial, los socios de la sociedad que se escinde se incorporan al conjunto de socios de la entidad beneficiaria. Esta incorporación ha de realizarse respetando el valor patrimonial de sus participaciones previas en la entidad escindida, conforme al tipo de canje que se establezca atendiendo a criterios de proporcionalidad y, en su caso, a la compensación en metálico que sea necesaria para ajustar la ecuación de canje.

B. Clases

Se distinguen los siguientes tipos básicos de escisión: **2125**

- escisión total (nº 2130);
- escisión parcial (nº 2140); y
- segregación (nº 2150).

Asimismo, la operación de constitución de sociedad **íntegramente participada** mediante transmisión en bloque del patrimonio, se asimila a las escisiones, aplicándoles sus normas en lo que proceda (nº 2155).

También se hace referencia a otros **supuestos especiales** de escisión (escisión impropia, escisión inversa y escisión gemelar (nº 2160 s.), caracterizados por la especial estructura de la titularidad de las acciones, participaciones o cuotas, que, si bien no aparecen expresamente definidos legalmente, por aplicación supletoria del régimen general de la fusión, pueden darse en sede de escisión.

Desde el punto de vista de la **sociedad beneficiaria** de la escisión, también es posible distinguir los siguientes tipos: **2126**

a) Escisión **por constitución** de una o varias sociedades de nueva creación. En estos casos, las aportaciones realizadas a la sociedad de nueva constitución (*NewCo* o *New Company*) están constituidas por el patrimonio escindido.

b) Escisión **por absorción** de los patrimonios transmitidos por parte de sociedades ya existentes. Estas sociedades amplían su capital para absorber el patrimonio transmitido.

c) Escisión **mixta**; esto es, una parte del patrimonio escindido se transmite a una o más sociedades de nueva creación y otra parte a una o más sociedades ya existentes.

En cualquier caso, todas las operaciones que se examinan a continuación tienen como único **elemento común** la transmisión universal y en unidad de acto de todo o parte de su patrimonio social, no siendo necesaria la transmisión singular de todas y cada una de las posiciones subjetivas del transmitente, ni realizar para ello más formalidades que las derivadas del procedimiento de escisión. **2127**

Precisiones **1)** En cuanto a las consecuencias de la escisión sobre los contratos de **arrendamiento** para uso distinto del de vivienda, en caso de producirse un cambio en la persona del arrendatario, ver nº 7772 Memento Sociedades Mercantiles 2024.

2) En caso de escisión, aportación o transmisión de empresas o ramas de actividad de una **sociedad contratista**, el contrato con la Administración pública continúa vigente con la entidad a la que se le atribuya, la cual queda subrogada en los derechos y obligaciones dimanantes del mismo, siempre que tenga la solvencia exigida al acordarse la adjudicación o que las diversas sociedades beneficiarias de las mencionadas operaciones y, en caso de subsistir, la sociedad de la que provienen el patrimonio, empresas o ramas segregadas, se responsabiliza solidariamente con aquella de la ejecución del contrato. Si no puede producirse la subrogación por no reunir la entidad a la que se atribuye el contrato las condiciones de solvencia necesarias se resuelve el contrato, considerándose a todos los efectos como un supuesto de resolución por culpa del adjudicatario (L 9/2017 art.98).

1. Escisión total

(RDL 5/2023 art.59)

2130 Se entiende por escisión total la extinción de una sociedad (sociedad escindida) con **división** de **todo** su **patrimonio** en dos o más partes, cada una de las cuales se transmite en bloque por sucesión universal a una a una o varias sociedades de nueva creación y/o a una o varias sociedades ya existentes (sociedades beneficiarias), recibiendo los socios un número de acciones, participaciones o cuotas de las sociedades beneficiarias proporcional a su respectiva participación en la sociedad que se escinde.

2131 La escisión total se puede representar **gráficamente** de la siguiente forma:

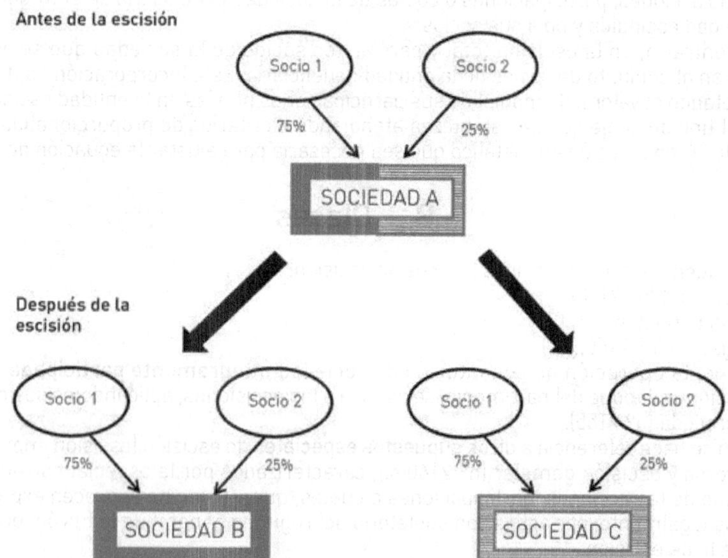

Notas: La sociedad A (sociedad escindida) se extingue, transmitiendo su patrimonio a las sociedades B y C (sociedades beneficiarias), ya sean estas preexistentes o de nueva creación, y pasando los socios de A a ser socios de B y C al percibir un número de acciones o participaciones en estas proporcional al que tenían en la sociedad A.

2132 **Características** Los caracteres esenciales de la escisión total son:

- Extinción de la sociedad escindida mediante su **disolución sin liquidación**.
- División de **todo** el **patrimonio** de la sociedad escindida en dos o más partes.
- Transmisión por **sucesión universal** de los patrimonios escindidos a favor de dos o más sociedades beneficiarias de nueva creación o ya existentes. Para que se trate de una escisión total es necesario que existan al menos dos sociedades beneficiarias, ya que de lo contrario estaríamos ante una fusión.
- Los **socios** de la entidad escindida asumen la condición de socios de las entidades beneficiarias de la escisión en la medida en que reciben participaciones en capital de estas últimas de forma proporcional a la participación que ostentaban en la entidad escindida.

2133 Precisiones **1)** A diferencia de lo que ocurre con la escisión parcial y otros tipos de escisión, el RDL 5/2023 guarda silencio respecto de si los patrimonios escindidos, en caso de escisión total, deben constituir **unidades económicas**. Ver nº 2144.

La ausencia de esta exigencia normativa parece abogar por un principio de absoluta libertad o discrecionalidad en la configuración patrimonial de las distintas partes escindidas. No hay ningún límite normativo en este sentido, no solo en relación con las características de los elementos integrantes sino incluso respecto a la eventual distribución y proporción en cada una de ellas entre activos y pasivos con tal de que el resultado de lo transmitido sea siempre positivo (Rojo Fernández-Río). Por consiguiente, pueden escindirse elementos dispersos y heterogéneos (Rodríguez Artigas).

No parece que esta falta de exigencia se deba a un olvido del legislador, más bien al deseo de que la escisión total responda y dé solución a supuestos fácticos atendibles como, por ejemplo, cuando la escisión se quiere utilizar para dividir el patrimonio social entre dos grupos de socios, de los que alguno puede preferir cambiar de negocio -recibiendo, por ejemplo, dinero (Ávila Navarro).
No obstante lo anterior, determinados autores abogan por la aplicación analógica del requisito de unidad económica por coherencia del sistema (Largo Gil) o para evitar un trato discriminatorio entre ambos tipos de escisión (Iglesias Prada / García de Enterría).
2) En caso de escisión total, cuando un elemento del **activo o del pasivo** de la sociedad escindida no se atribuye a ninguna sociedad beneficiaria en el proyecto de escisión y la interpretación de este no permite decidir sobre el reparto, se distribuye ese elemento o su contravalor entre todas las sociedades beneficiarias de manera proporcional al activo atribuido a cada una de ellas en el proyecto de escisión. Esta misma regla aplicará en caso de escisión parcial o escisión por segregación, distribuyendo el elemento del activo o del pasivo entre todas las sociedades beneficiarias y la sociedad escindida (RDL 5/2023 art.65).

Escisión no proporcional (RDL 5/2023 art.66) En caso de escisión (ya sea total o parcial), la regla general es que los socios de la sociedad escindida reciben una participación en la sociedad o sociedades beneficiarias proporcional a la que tenían en la sociedad escindida. **2134**
Sin embargo, la integración de los socios de la sociedad escindida no tiene por qué producirse en todas y cada una de las sociedades beneficiarias, pudiendo procederse a un **reparto asimétrico** o no proporcional de los valores de las sociedades beneficiarias entre los socios de la sociedad escindida, con la consiguiente integración diferenciada o selectiva de estos únicamente en alguna o algunas de las sociedades beneficiarias.
Así, los socios de la escindida pueden participar en una o varias de las sociedades beneficiarias, aunque no necesariamente en todas ellas (Rodríguez Artigas).

Para que se produzca esta asignación no proporcional, es necesario que concurran los siguientes **requisitos**: **2135**
1. Que existan **dos o más** sociedades **beneficiarias** de la escisión.
2. Que cada uno de los socios afectados por la no proporcionalidad preste su **consentimiento** individual y expreso.
3. Que, en términos económicos, cada socio reciba, en cuanto a **valor**, lo mismo que tenía en la sociedad escindida.

Precisiones **1)** La continuidad de los socios de la sociedad escindida en la sociedad o sociedades beneficiarias es una de las principales diferencias entre la escisión (ya sea total o parcial) y la **segregación** (nº 2150 s.), ya que, en esta última, es la sociedad segregada (y no sus socios) la que percibe las acciones o participaciones de la o las sociedades beneficiarias.
2) Conforme al RDL 5/2023 art.59, es posible que la contraprestación a los socios de la sociedad escindida no consista exclusivamente en derechos de socio en las sociedades beneficiarias, sino también en una **compensación** complementaria **en metálico** que en ningún caso puede exceder del 10% del valor nominal de las acciones, de las participaciones o del valor contable de las cuotas atribuidas.
3) Cuando un elemento del **activo o del pasivo** de la sociedad escindida no se atribuye a ninguna sociedad beneficiaria en el proyecto de escisión y la interpretación de este no permite decidir sobre el reparto, se distribuye ese elemento o su contravalor entre todas las sociedades beneficiarias y la sociedad escindida de manera proporcional al activo atribuido a cada una de ellas en el proyecto de escisión (RDL 5/2023 art.65).

2. Escisión parcial

(RDL 5/2023 art.60)

Se entiende por escisión parcial el traspaso en bloque por sucesión universal de una o varias partes del patrimonio de una sociedad (sociedad escindida), cada una de las cuales forme una **unidad económica**, a una o varias sociedades de nueva creación o ya existentes (sociedades beneficiarias), recibiendo los socios de la sociedad que se escinde un número de acciones, participaciones o cuotas sociales de las sociedades beneficiarias de la escisión proporcional a su respectiva participación en la sociedad que se escinde y reduciendo esta el capital social en la cuantía necesaria. **2140**

2141 La escisión parcial se puede representar **gráficamente** de la siguiente forma:

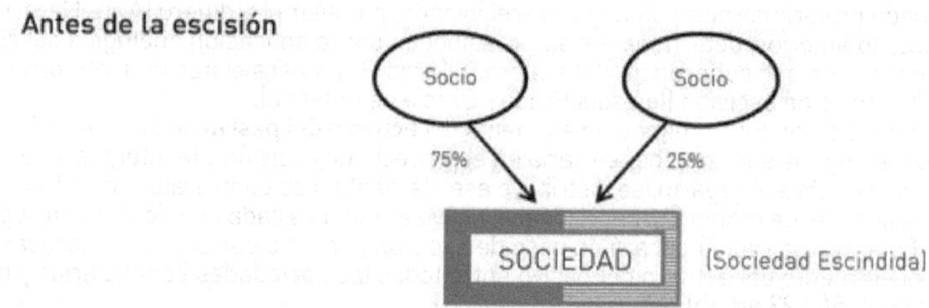

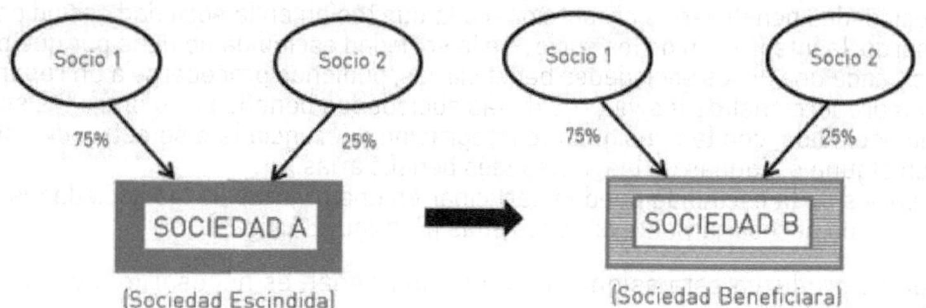

Nota: La sociedad A (sociedad escindida) transmite parte de su patrimonio (el cual forma una unidad económica) a la sociedad B (sociedad beneficiaria), ya sea esta preexistente o de nueva creación, y pasando los socios de A a ser socios de B al percibir un número de acciones o participaciones en esta proporcional al que tenían en la sociedad A. Como consecuencia de la operación, la sociedad A reduce su capital en cuantía proporcional al patrimonio escindido.

2142 **Características** Los elementos esenciales de la escisión parcial son:

a) La sociedad escindida no se extingue, sino que, como norma general, **reduce** su **capital** en la cuantía necesaria para la escisión de la parte del patrimonio que se transmite.

Precisiones **1) No** es **obligatoria** la **reducción** de capital en la sociedad escindida cuando, tras la operación de escisión, se cumplen perfectamente los parámetros legales relativos al equilibrio entre capital y patrimonio (Rodríguez Artigas y Ávila Navarro). Así, es posible realizar una escisión parcial sin reducción de capital cuando el patrimonio que permanece en la entidad escindida tiene un valor suficiente como para considerar cumplido el requisito de la integridad del capital social y la entrega de las acciones o participaciones de la sociedad beneficiaria a los socios de la escindida se realiza minorando las reservas disponibles de esta última.

2) La exigencia de reducción de capital (u operación equivalente) en la sociedad escindida, es una de las diferencias clave entre la escisión parcial y la **segregación**. En esta última, la sociedad segregada no disminuye su capital sino que sufre una alteración en la composición de su patrimonio: recibe acciones, participaciones o cuotas de la sociedad o sociedades beneficiarias por valor equivalente al patrimonio transmitido. Ver nº 2150 s.

3) Cuando un elemento del **activo o del pasivo** de la sociedad escindida no se atribuye a ninguna sociedad beneficiaria en el proyecto de escisión y la interpretación de este no permite decidir sobre el reparto, se distribuye ese elemento o su contravalor entre todas las sociedades beneficiarias y la sociedad escindida de manera proporcional al activo atribuido a cada una de ellas en el proyecto de escisión (RDL 5/2023 art.65).

2143 b) Transmisión en bloque y por **sucesión universal** de una o varias partes del patrimonio de la sociedad escindida a favor de una o varias sociedades beneficiarias de nueva creación o ya existentes.

c) Las partes del patrimonio que se transmiten a las sociedades beneficiarias deben formar **unidades económicas** (nº 2144).

d) Los **socios** de la entidad escindida asumen la condición de socios de las entidades beneficiaras de la escisión en la medida en que reciben participaciones en capital de estas últimas de forma proporcional a la participación que ostentaban en la entidad escindida. No obstante, cabe que la escisión no sea proporcional (nº 2134).

Precisiones **1)** La norma mercantil no exige que el patrimonio que quede en la sociedad escindida tenga la consideración de unidad económica. En este sentido, la anterior normativa fiscal (LIS/04 Cap. VIII redacc L 25/2006) establecía que, en caso de querer acoger la escisión parcial al **régimen fiscal especial** de las fusiones y escisiones, era necesario que tanto el patrimonio escindido como el patrimonio que quedara en la sociedad escindida constituyeran una o más ramas de actividad (LIS/04 art.83.2.1º.b; DGT CV 23-7-02 y CV 18-1-10). No obstante ello, la derogación de la referida normativa y la entrada en vigor de la nueva LIS (aprobada por L 27/2014) ha conllevado que ya no sea preciso para el acogimiento al mencionado régimen fiscal especial que en el patrimonio de la sociedad escindida existan una o más ramas de actividad. Así, ahora la sociedad escindida o bien deberá mantener en su patrimonio al menos una rama de actividad, o bien participaciones en el capital de otras entidades que le confieran la mayoría del capital social de estas (LIS art.76.2.1º.b).

2) La continuidad de los socios de la sociedad escindida en la sociedad o sociedades beneficiarias es otra de las principales diferencias entre la escisión (ya sea total o parcial) y la **segregación** (nº 2150 s.), ya que, en esta última, es la sociedad segregada (y no sus socios) la que percibe las acciones o participaciones de la o las sociedades beneficiarias.

3) Conforme al RDL 5/2023 art.60, es posible que la contraprestación a los socios de la sociedad escindida no consista exclusivamente en derechos de socio en las sociedades beneficiarias, sino también en una **compensación** complementaria en **metálico** que en ningún caso puede exceder del 10% del valor nominal de las acciones, de las participaciones o del valor contable de las cuotas atribuidas.

Unidad económica Para que la operación pueda calificarse, desde un punto de vista jurídico mercantil, como escisión parcial, cada uno de los patrimonios escindidos a favor de la sociedad o las sociedades beneficiarias debe formar una unidad económica, ya que de lo contrario estaríamos ante un supuesto de aportación no dineraria. **2144**

Ni las normas mercantiles ni las fiscales definen qué se entiende por unidad económica. Sin embargo, la doctrina y jurisprudencia han perfilado este concepto definiéndolo como el **conjunto organizado** de elementos patrimoniales, aptos para funcionar autónomamente, y capaces de producir bienes o servicios con utilidad o aprovechamiento económico (AP Burgos 3-3-04, EDJ 306993; DGRN Resol 10-6-94 y 4-10-94).

Como **ejemplos**, han sido calificadas como unidades económicas las siguientes: **2145**

a) La segregación de elementos patrimoniales que constituyen un **parque eólico** (aerogeneradores, líneas subterráneas de interconexión y subestación transformadora) con capacidad para producir, por sí mismos, energía eléctrica, pues tales elementos constituyen un conjunto organizado con esa finalidad (AP Burgos 3-3-04, EDJ 306993).

b) La parte del patrimonio que se corresponde con la **actividad internacional** de una compañía, que se desarrollaba de forma autónoma (TS 3-1-13, EDJ 10422).

Precisiones **1)** El concepto de unidad económica no es sinónimo de los conceptos mercantiles de «industria», «empresa» o «establecimiento»: la unidad económica abarca un contenido plural, amplio, capaz de venir integrado por otros elementos, al margen de que puedan o no constituir una industria, un establecimiento o una empresa. Así, si bien toda **empresa-establecimiento** da lugar a una unidad económica, no toda unidad económica constituye una empresa-establecimiento (Rodríguez Artigas).

2) Si la parte del patrimonio que se transmite en bloque está constituida por una o varias empresas o establecimientos comerciales, industriales o de servicios, pueden ser atribuidas a la sociedad beneficiaria las **deudas** contraídas para la organización o el funcionamiento de la empresa que se traspasa (RDL 5/2023 art.60.2).

3) No debe confundirse el concepto mercantil de unidad económica con el **concepto fiscal** de **rama de actividad** (LIS art.76.2). El concepto fiscal de rama de actividad es más restrictivo que el de unidad económica, ya que, si tales unidades económicas no determinan la existencia de una explotación económica, aun cuando la transmisión de las mismas puede amparar una escisión parcial en el ámbito mercantil, tal operación no tendría la consideración de escisión parcial a efectos fiscales, no pudiendo por tanto acogerse al régimen fiscal especial de fusiones y escisiones previsto en la LIS Cap. VII. En conclusión, toda escisión parcial a efectos fiscales lo es también a efectos mercantiles, pero no toda escisión parcial mercantil lo es igualmente a efectos fiscales.

Escisión parcial financiera (LIS art.76.2.1ºc) Esta clase de escisión no está prevista en el RDL 5/2023, sino que se regula en la Ley del Impuesto sobre Sociedades. **2146**

Es el supuesto de que una entidad segrega una parte de su patrimonio social -constituido por participaciones en el capital de otras entidades que confieran la mayoría del capital social en las mismas (participación significativa)- y la transmite a otra entidad, de nueva creación o ya existente, recibiendo a cambio **valores** representativos del **capital** de la entidad **adquirente**, que debe atribuir a sus socios en proporción a sus respectivas participaciones, reduciendo el capital social y las reservas en la cuantía necesaria y, en su caso, una compensación en dinero. Para que esta operación tenga el carácter de escisión financiera, la sociedad escindida debe mantener en su patrimonio, al menos, participaciones de similares características a las transmitidas en el capital de otra u otras entidades o bien una rama de actividad.

3. Segregación

(RDL 5/2023 art.61)

2150 Se entiende por segregación el traspaso en bloque por sucesión universal de una o varias partes del patrimonio de una sociedad (sociedad segregada), cada una de las cuales forme una **unidad económica**, a una o varias sociedades (sociedades beneficiarias), recibiendo a cambio la sociedad segregada acciones, participaciones o cuotas de las sociedades beneficiarias.

2151 La segregación se puede representar **gráficamente** de la siguiente forma:

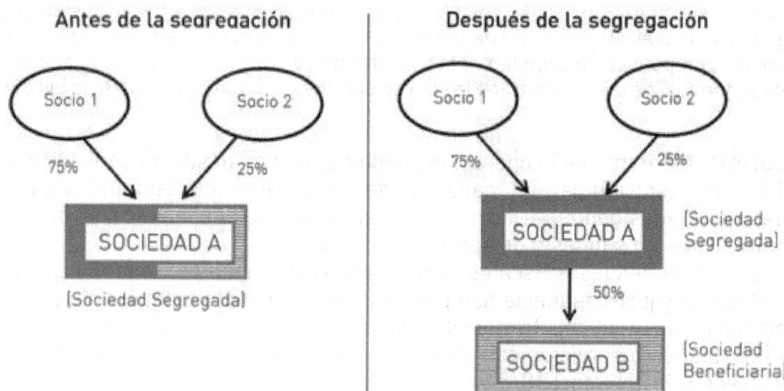

Nota: Se asume, a modo de ejemplo, que el patrimonio segregado tiene un valor equivalente al 50% de las acciones, participaciones o cuotas de la sociedad beneficiaria.

2152 **Características** Las notas esenciales de la segregación son las que se enumeran a continuación:

a) **No** se produce la **extinción** de la sociedad segregada ni se reduce el capital de esta. Lo que se produce, es una alteración en el patrimonio de la sociedad segregada, que transmite el patrimonio segregado y recibe a cambio acciones, participaciones o cuotas de la sociedad o las sociedades beneficiarias por valor equivalente al patrimonio transmitido.

b) Se traspasa en bloque por sucesión universal una o varias partes del patrimonio de la sociedad que se segrega.

c) Cada una de las partes que se segregan deben formar una **unidad económica**.

d) Es la **sociedad segregada** (y no sus socios, como sucede en la escisión total y parcial) la que recibe las acciones, participaciones o cuotas de la o las sociedades beneficiarias.

Precisiones **1)** Según ha señalado la jurisprudencia bajo la legislación anterior y en relación con la **aportación de rama de actividad** (que equiparaba a la segregación), en este tipo de operaciones lo que realmente sucede es una modificación cualitativa (no cuantitativa) del patrimonio de la sociedad segregada, al cambiar todo o parte del mismo por acciones, participaciones o cuotas de las sociedades beneficiarias (TS 7-3-06, EDJ 24765).

2) Aunque no se dice expresamente, es posible la segregación de la totalidad del patrimonio de una sociedad segregada en una o varias partes, que constituyen unidades económicas, sin que con ello se produzca la **extinción** de la sociedad segregada. Sin embargo, si la sociedad segregada transmite todo su patrimonio a una sociedad de nueva creación a cambio de todas las acciones, participaciones o cuotas de esta, estamos ante un supuesto de constitución de sociedad íntegramente participada mediante transmisión en bloque del patrimonio (RDL 5/2023 art.62), y no ante un supuesto de segregación propiamente dicho aplicando, cuando procedan, las normas de la escisión en este tipo de operación. Por el contrario, si la sociedad beneficiaria es una sociedad ya existente estamos ante un supuesto de segregación (Rodríguez Artigas).

3) La **aportación de rama de actividad**, como modalidad de aportación no dineraria, conserva sustantividad propia por las **diferencias** estructurales existentes **con la segregación**. Cabe, por tanto, que una sociedad aporte una rama de actividad como contravalor del aumento del capital de otra sociedad, cumpliendo al efecto los requisitos establecidos para la ampliación de capital, sin perjuicio de que en este caso no se produce una sucesión universal, como ocurre en el caso de la segregación (DGRN Resol 22-7-16).

2153 **Diferencias con otras figuras** (TS 7-3-06, EDJ 24765; 12-1-06, EDJ 3945) Conceptualmente, la segregación se diferencia de otras figuras afines:

• En relación con la **compraventa**, en que la contraprestación que recibe la sociedad transmitente consiste en acciones o participaciones de la sociedad adquirente, en lugar de dinero.

• En relación con la **fusión**, en que tiene por fin no una concentración, sino una disgregación de fuerzas económicas, útil para la creación de sociedades filiales.
• Respecto a la **fusión y** la **escisión total**, en que la sociedad aportante no se extingue.
• En relación con la **fusión**, la **escisión total y** la **parcial**, en que no son sus socios, sino ella misma, la que recibe en contraprestación las acciones o participaciones de la beneficiaria, con lo que produce en su patrimonio una subrogación real.

4. Constitución de sociedad íntegramente participada mediante transmisión en bloque del patrimonio

(RDL 5/2023 art.62)

Es la operación mediante la cual una sociedad (sociedad transmitente) transmite en bloque todo su patrimonio a otra sociedad de nueva creación (sociedad beneficiaria), sin que ello conlleve la extinción de la sociedad transmitente y recibiendo a cambio todas las acciones, participaciones o cuotas de la sociedad beneficiaria. **2155**
Como consecuencia de esta operación, la sociedad transmitente se convierte en una sociedad de cartera o **holding**, ya que la totalidad de su patrimonio pasa a estar integrado por las acciones, participaciones o cuotas de la sociedad beneficiaria, que pasa a ser su filial.
Se considera una operación asimilada a la escisión, a la que le son de aplicación las normas de esta en cuanto procedan.

Esta operación se puede representar **gráficamente** de la siguiente forma: **2156**

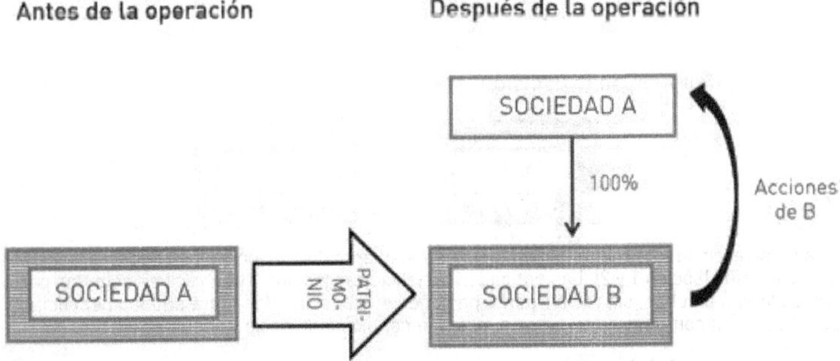

Características Los elementos esenciales de esta operación son los que se indican a continuación: **2157**
a) La sociedad transmitente trasmite en bloque y por **sucesión universal** todo su patrimonio, sin extinguirse tras la operación.
b) **No** se produce la **extinción** ni se reduce el capital de la sociedad transmitente sino que, de la misma forma que en la segregación, lo que se produce es una alteración en el patrimonio de esta: se transmite la totalidad de su patrimonio y se reciben a cambio la totalidad de las acciones, participaciones o cuotas de la sociedad beneficiaria por valor equivalente.
c) La sociedad **beneficiaria** es, necesariamente, una sociedad de nueva creación.

Precisiones **1)** En realidad, esta transmisión global del patrimonio no deja de ser una **variante** de la **segregación** caracterizada, precisamente, porque en lugar de transmitirse distintas unidades económicas a una o varias sociedades ya existentes o de nueva creación, se traspasa todo el patrimonio en bloque a una sola sociedad. La diferencia radica en que la segregación debe hacerse transmitiendo distintas unidades económicas y, en la operación que examinamos, la transmisión se hace en un único bloque y a una sociedad que, además, siempre tiene que ser de nueva creación (Rodríguez Artigas).
2) Se **diferencia de la cesión global de activos y pasivos**, en la que la contraprestación no puede consistir en acciones, participaciones o cuotas de socio del cesionario.

5. Supuestos especiales de escisión

Aunque la Ley no los define expresamente, por aplicación supletoria del régimen general de la fusión, pueden darse los siguientes supuestos especiales de escisión, caracterizados por la especial estructura de la titularidad de las acciones, participaciones o cuotas de las sociedades afectadas. **2160**

a. Escisión impropia

2162 En caso de **escisión total**, la escisión se califica como impropia cuando la sociedad escindida está íntegramente participada por las sociedades beneficiarias de la escisión.
En el proceso, lo que en realidad se produce es la disolución de una sociedad y la integración de su patrimonio en el de sus socios.

Precisiones Deben existir, al menos, **dos** sociedades **beneficiarias**, ya que si la sociedad que se extingue transmite en bloque todo su patrimonio a una única sociedad que posee la totalidad de sus acciones, participaciones o cuotas, estaríamos ante un supuesto de operación asimilada a la fusión (nº 2090), y no ante una escisión total impropia.

2163 **Gráficamente**, la escisión total impropia tiene la siguiente estructura:

Antes de la escisión

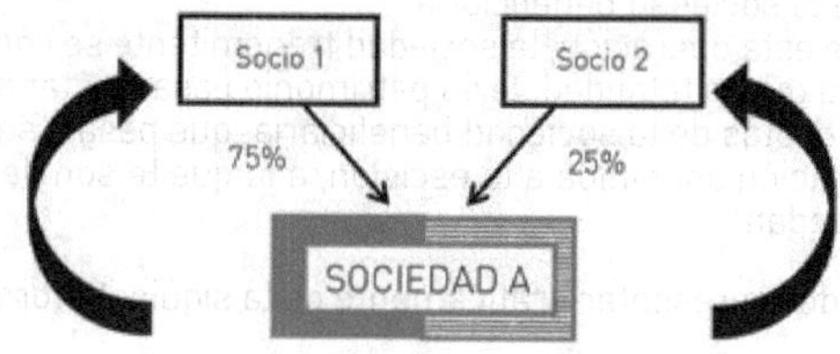

Después de la escisión

Nota: La sociedad A se escinde totalmente, extinguiéndose mediante disolución sin liquidación y transmitiendo todo su patrimonio a sus socios (socios 1 y 2). Las entidades beneficiarias (socios 1 y 2), reciben solo una parte del patrimonio escindido cada una de ellas, sin recibir participaciones en el capital de la otra entidad beneficiaria. Tampoco amplían su capital social al confundirse en un solo sujeto la condición de socio y adquiriente.

2164 En caso de **escisión parcial**, la escisión se califica como impropia cuando la sociedad beneficiaria ostenta la totalidad del capital social de la entidad escindida, la cual transmite únicamente una parte de su patrimonio, que debe constituir una unidad económica.
El socio único sería la entidad beneficiaria que adquiere el patrimonio escindido de su filial, sin necesidad de ampliar capital.

2165 **Procedimiento simplificado** Por analogía con lo establecido para la fusión impropia (nº 2063), la escisión impropia se caracteriza por:

1. No es preciso incluir en el **proyecto de escisión**:
- las menciones relativas al tipo de canje de las acciones o participaciones, las modalidades de entrega de las acciones o participaciones de la sociedad resultante a los socios de la sociedad escindida;
- la fecha a partir de la cual los titulares de las nuevas acciones, participaciones o cuotas tienen derecho a participar en las ganancias sociales, o a cualesquiera peculiaridades relativas a este derecho;
- la información sobre la valoración del activo y el pasivo del patrimonio de la sociedad escindida que se transmite a la sociedad beneficiaria;
- las fechas de las cuentas de las sociedades que participan en la escisión.

2. No es preciso elaborar ni **informe de administradores** (dicha excepción no incluye el informe de administradores destinada a los trabajadores regulado en el RDL 5/2023 art.5.5) **ni** informe de **expertos** independientes sobre el proyecto de escisión.

3. No es necesario efectuar ampliación de capital en las sociedades beneficiarias.

4. No se requiere la **aprobación** de la escisión por parte de la junta general de la sociedad escindida.

b. Escisión inversa

Consiste en la operación de escisión total o parcial en la que la sociedad **escindida** ostenta el **100%** del capital de la sociedad o sociedades **beneficiarias**. En estos casos, la sociedad que se escinde atribuye, como parte integrante del patrimonio escindido, los títulos de las entidades beneficiarias (sus propias acciones, participaciones o cuotas), entregándose finalmente los mismos a los socios de la sociedad escindida en proporción a su participación (DGRN Resol 19-9-19). 2167

Procedimiento simplificado El proceso que rige la escisión inversa se caracteriza por las peculiaridades descritas para la escisión impropia (nº 2165). 2168

c. Escisión gemelar

Son operaciones en las que la sociedad o sociedades beneficiarias y la sociedad escindida están participadas en su totalidad por un **mismo socio**. 2170

En este caso:
- La sociedad **escindida**, en caso de escisión parcial reduce su capital (salvo que se realice con cargo a reservas), y se extingue si se trata de una escisión total.
- La sociedad o sociedades **beneficiarias**, en caso de escisión total, no tienen que ampliar capital.
- El **socio** de la entidad escindida, socio común a todas las sociedades participantes, no recibe participaciones de la sociedad o sociedades beneficiarias.

Precisiones Un supuesto asimilado al de la escisión gemelar, al que por tanto se aplicaría el mismo régimen, sería aquel en el que la sociedad escindida y la beneficiaria estuvieran **participadas por los mismos socios** y en la misma proporción.

Procedimiento simplificado El proceso que rige la escisión gemelar se caracteriza por las peculiaridades descritas para la escisión impropia (nº 2165). 2171

d. Otras modalidades de escisión

Además de los supuestos analizados, pueden darse otras circunstancias en la estructura de **titularidad** de las **acciones, participaciones** o cuotas que dotan a la escisión de peculiaridades propias. 2175

Acciones propias titularidad de la sociedad escindida En caso de escisión total, si la sociedad que se escinde tiene en su capital acciones, participaciones o cuotas propias, la **beneficiaria** de la escisión no tiene que emitir acciones, participaciones o cuotas para retribuir la aportación patrimonial representada por aquellos títulos propios, ya que tal aportación es ficticia. 2176

Dichos títulos propios desaparecen como consecuencia de la operación.

Participación parcial de las sociedades beneficiarias en la sociedad que se escinde Puede suceder que, vía escisión, se efectúe una aportación patrimonial a una entidad de nueva creación, mientras que otra parte del patrimonio sea atribuida a una entidad que, previamente, fuese titular de parte de los títulos de la escindida. 2177

En la aportación en beneficio de la nueva sociedad podría precisarse la intervención de **experto independiente**, a los efectos legalmente previstos, lo cual no será preciso en ningún caso para el resto de la atribución patrimonial a percibir por la entidad propietaria de parte de los títulos de la escindida, ya que no ha de ampliar su capital.

Cuando la sociedad beneficiara sea titular directa del **90%** del capital social de la entidad escindida, pero menos del 100%, se le aplica por analogía lo establecido para la fusión participada al 90%. Ver nº 2080 s.

C. Procedimiento de escisión

Debido a que, con carácter general, son de aplicación supletoria a la escisión las normas de la fusión (así como las disposiciones comunes aplican también a ésta), las diferentes fases del proceso de escisión coinciden en la práctica con las de la **fusión**. 2180

Por tanto, nos remitimos de modo genérico a los apartados correspondientes del capítulo dedicado a las fusiones, si bien las referencias que en la regulación de la fusión se efectúan a la sociedad absorbente o resultante de la fusión, han de entenderse hechas a las sociedades beneficiarias de la escisión (RDL 5/2023 art.63).

2181 Las **fases, documentos y obligaciones** formales a tener en cuenta en la escisión son:

Fases	Documentos y obligaciones	nº
Fase previa	Proyecto común de escisión	nº 2185
	Informe de administradores	nº 2193
	Informe de expertos independientes sobre el proyecto común de escisión	nº 2196
	Puesta a disposición del informe de los administradores	nº 2195
	Publicidad preparatoria	nº 2201
Fase decisoria	Junta de socios: convocatoria y contenido del acuerdo	nº 2202
	Publicación del acuerdo de escisión	nº 2204
	Protección de acreedores	nº 2205
	Declaración sobre situación financiera	nº 2206
	Escritura de escisión	nº 2207
Fase de formalización y ejecución	Inscripción de la escisión	nº 2210
	Efectos	nº 2215

Precisiones Con carácter previo al inicio del proceso de escisión, resulta conveniente llevar a cabo un análisis de los contratos suscritos por las sociedades participantes, en especial de los **contratos de financiación**, dado que estos pueden contener cláusulas que prevean que la escisión tenga determinadas consecuencias sobre las relaciones preexistentes.
Es habitual que los contratos de financiación contengan cláusulas que obliguen a notificar y/o recabar de la entidad financiera su autorización previa al procedimiento de escisión, estableciendo como causa de vencimiento anticipado y/o resolución del contrato el incumplimiento de dichas obligaciones.

2182 **Escisión simplificada** (RDL 5/2023 art.71) En el caso de escisión por constitución de nuevas sociedades, si las acciones, participaciones o cuotas de cada una de las nuevas sociedades se atribuyen a los socios de la sociedad que se escinde proporcionalmente a los derechos que tenían en el capital de esta, no son necesarios el informe de los administradores sobre el proyecto de escisión ni el **informe de expertos** independientes (salvo la parte de suficiencia del capital social si la nueva sociedad es anónima o comanditaria por acciones y amplia capital como consecuencia de la escisión), así como tampoco el **balance de escisión**.
No obstante lo anterior, cabe entender que la excepción sobre el informe de los administradores no alcanza al **destinado a los trabajadores** (RDL 5/2023 art.5.5) (ver nº 1996).

1. Proyecto de escisión

2185 El proyecto de escisión es el documento donde se recogen los pactos previos de los **administradores** de las entidades participantes en la escisión, y donde se sientan las bases sobre las que posteriormente han de decidir las juntas de socios de las sociedades involucradas.
La elaboración y suscripción del proyecto, sus características, contenido, depósito y publicación coinciden con lo indicado para las **fusiones** en el nº 1965 s., salvo las **diferencias** respecto a su contenido que se indican a continuación.

2186 **Contenido** (RDL 5/2023 art.15 y 64) En el proyecto de escisión, además de las menciones enumeradas en el nº 1967 para el proyecto de fusión interna, se han de incluir las especialidades que se exponen a continuación.

2187 **Patrimonio activo y pasivo objeto de reparto** (RDL 5/2023 art.64.2º, 65 y 69) El proyecto de escisión ha de recoger la **descripción precisa** del patrimonio activo y pasivo de la sociedad escindida y una declaración sobre el modo en que tal patrimonio se repartirá entre las sociedades beneficiarias o seguirá en poder de la sociedad escindida en caso de escisión parcial o de escisión

por segregación, incluidas las disposiciones relativas al tratamiento del patrimonio activo o pasivo no atribuidos expresamente en el proyecto, tales como activos o pasivos desconocidos a fecha de elaboración del proyecto.
De esta forma se logra obtener un conocimiento exacto de **cada uno de los bienes, derechos y obligaciones** que se transmiten, así como de aquellos que permanecen en la sociedad escindida.
Esta información se dirige tanto a las sociedades que intervienen en la escisión como a **terceros**, especialmente a acreedores o deudores, que de este modo conocen la persona jurídica a la que deben exigir o efectuar el cobro o pago de sus créditos o deudas, respectivamente.

Si se produce la incorporación de **nuevos** activos o pasivos al patrimonio de la sociedad a escindir o segregar con posterioridad a la elaboración del proyecto de escisión, o respecto de aquellos elementos que, por cualquier motivo, no se han atribuido a ninguna sociedad beneficiaria en el mismo, y la interpretación del proyecto no permita decidir sobre el reparto, se procede de la siguiente manera: **2188**
a) En caso de **escisión total**, se distribuye el elemento de activo, su contravalor o el elemento pasivo entre todas las sociedades beneficiarias de manera proporcional al activo atribuido a cada una de ellas en el proyecto de escisión.
b) En caso de **escisión parcial**, aplica la misma regla que la referida para la escisión total, distribuyéndose el elemento del activo o del pasivo entre todas las sociedades beneficiarias y la sociedad escindida.

En caso de **modificaciones patrimoniales** posteriores al proyecto de escisión, los administradores de la sociedad escindida están obligados a informar a su junta general de socios sobre cualquier modificación importante del patrimonio acaecida entre la fecha de elaboración del proyecto de escisión y la fecha de reunión de la Junta que ha de decidir sobre la misma. **2189**
La misma información deben proporcionar, en los casos de escisión por absorción, los administradores de las sociedades beneficiarias y estos a los administradores de la sociedad escindida, para que, a su vez, informen a su junta de socios.

Precisiones El hecho de que una supuesta **deuda** (generada por la actividad internacional de la sociedad) no se incluyera en el proyecto de escisión, en concreto, en la designación y reparto de los elementos del activo y del pasivo que iban a transmitirse a la sociedad beneficiaria, no significa necesariamente que quedara fuera del efecto de la sucesión universal. Por ello, debe entenderse que la deuda estaba afectada a la unidad económica escindida, y, por tanto, se transmitió a la sociedad beneficiaria junto al negocio internacional de la sociedad escindida. En virtud de esa sucesión universal, la sociedad beneficiaria es la responsable del cumplimiento de la citada deuda (TS 3-1-13, EDJ 10422).

Reparto de acciones, participaciones o cuotas (RDL 5/2023 art.64.1º) En el proyecto de escisión ha de constar la atribución entre los **socios** de la sociedad escindida de las acciones, participaciones o cuotas que les correspondan en el capital de las sociedades beneficiarias, así como el criterio en que se funda esa atribución. **2190**
El **criterio** de reparto debe basarse en:
- el **valor razonable** de los patrimonios de las entidades participantes, y
- un criterio de **proporcionalidad**.

La proporcionalidad supone que los socios de la sociedad escindida reciben, a cambio del patrimonio transmitido, un número de acciones, participaciones o cuotas de la sociedad o sociedades beneficiarias proporcional a sus respectivas participaciones en la sociedad escindida y, en su caso, una **compensación en metálico** que ajuste la relación de cambio.
No obstante, se permite la atribución **no proporcional** de las acciones, participaciones o cuotas de todas las entidades beneficiarias a los socios de la entidad escindida, en los casos de escisión total o escisión parcial, y cuando se cuenta con el consentimiento individual de los afectados y siempre que cada socio reciba, en cuanto a valor, lo mismo que tenía en la sociedad escindida. Ver nº 2134.

Precisiones Esta mención no procede en los casos de **segregación** y de constitución de **sociedad íntegramente participada** ya que, en estos supuestos, quien recibe las acciones, participaciones o cuotas de la sociedad o sociedades beneficiarias es la sociedad segregada o transmitente, y no sus socios.

Certificación de estar al corriente en las obligaciones tributarias y de Seguridad Social (RDL 5/2023 art.64.3º) En el proyecto de escisión ha de constar la acreditación de encontrarse al corriente en el cumplimiento de las obligaciones tributarias y frente a la Seguridad Social de las sociedades implicadas en la escisión, mediante la aportación de los correspondientes certificados, válidos y emitidos por el órgano competente. **2191**

La norma establece que los certificados deben **acompañar al proyecto de escisión**; en relación con las obligaciones tributarias, parece hacer referencia a los certificados que regula el RD 1065/2007 art.70 s., y respecto de las obligaciones frente a la seguridad social a los que regula la DGTSS Resol 14-2-23, emitida en ejecución del RD 1415/2004 art.2.
No basta aportar el certificado, sino que tendrá que ser **positivo** pues se exige acreditación de «estar al corriente».
En el caso de las obligaciones tributarias, la norma hace una mención genérica, por lo que cabe la duda de ante **qué administración tributaria** habría que solicitarlo (haciendas estatales, autonómicas, locales, etc.), no obstante, parece que el criterio general que se está imponiendo en la práctica es asumir que sólo es necesario un certificado de deudas con la administración tributaria estatal de la AEAT, puesto que lo contrario podría considerarse desproporcionado.

2192 **Observaciones al proyecto de escisión** (RDL 5/2023 art.7.1.2º) Los socios, acreedores y representantes de los trabajadores, o en su defecto de los propios trabajadores, pueden formular a la sociedad observaciones relativas al proyecto de escisión, a más tardar cinco días laborables **antes de la junta general** de socios.

2. Informe de administradores

(RDL 5/2023 art.67)

2193 Se trata de un documento de carácter informativo elaborado por los órganos de administración de todas las sociedades participantes en la operación, que **explica y justifica** detalladamente el proyecto de escisión.
El documento se destina a los **socios y** a los **trabajadores**, pudiendo la sociedad decidir si elabora un informe que contenga esas dos secciones, o si elabora informes por separado destinándose, respectivamente, a los socios y los trabajadores (RDL 5/2023 art.5).
La elaboración del informe y sus características coinciden con lo indicado para fusiones en el nº 1992, salvo las diferencias respecto a su **contenido** indicadas a continuación:
Cuando las sociedades beneficiarias de la escisión sean **SA o SComA**, el informe debe incluir las siguientes menciones:
• Que se han emitido los **informes sobre las aportaciones no dinerarias** de conformidad con lo previsto en el RDL 5/2023. Ver nº 2196.
• El **RM** en el que dichos informes están depositados o se van a depositar.

2194 **Excepciones** Este informe no es necesario en los siguientes supuestos:
a) Cuando se trata de **supuestos especiales** de escisión en los que así se establece. Ver nº 2160 s.
b) Cuando la escisión se acuerda en **junta universal y** por **unanimidad** de todos los socios con derecho de voto y, en su caso, de quienes de acuerdo con la ley y los estatutos pueden ejercer legítimamente el derecho de voto, de cada una de las sociedades que participan en la escisión (RDL 5/2023 art.9).
c) Cuando la escisión se lleve a cabo por **constitución** de **nuevas sociedades**, y las acciones, participaciones o cuotas de cada una de las nuevas sociedades beneficiarias se atribuyen a los socios de la sociedad escindida en proporción a los derechos que tenían en el capital de esta. En estos casos, además de no ser necesaria la elaboración de los informes de los administradores ni de expertos independientes, tampoco hace falta el balance de escisión (RDL 5/2023 art.71.1).
d) En caso de **segregación** con creación de nuevas sociedades o en favor de sociedades íntegramente participadas (RDL 5/2023 art.71.2).

Precisiones Esta excepción no procede respecto del **informe de administradores destinado a los trabajadores**, que es exigible salvo que la sociedad y sus filiales, de haberlas, no tengan más trabajadores que los que formen parte del órgano de administración (RDL 5/2023 art.5.8 y 9) (ver nº 1996).

2195 **Puesta a disposición del informe de los administradores a los socios y trabajadores** (RDL 5/2023 art.5.6) Al menos **un mes antes** de la fecha de celebración de la junta general que aprueba la operación, los administradores de la sociedad o sociedades participantes en la escisión deben poner el informe o informes elaborados por los administradores a disposición de los socios y de los representantes de los trabajadores de la sociedad (o en su defecto de los propios trabajadores), junto con el proyecto de escisión, de estar disponible.
Dicha puesta a disposición se ha de llevar a cabo mediante su inserción en la **página web** de la sociedad y en su defecto mediante **remisión** por vía electrónica.

En el supuesto de que el órgano de administración reciba, en tiempo oportuno, una **opinión sobre el informe de administradores** de los representantes de los trabajadores, o en su defecto de los propios trabajadores, debe informar a los socios de dicha opinión, que se adjuntará al informe.

Precisiones Por «**tiempo oportuno**» se puede tomar como referencia el plazo de cinco días laborables antes de la celebración de la junta general de socios referidos en el anuncio (RDL 5/2023 art.7.1.2º). Ver nº 1988.

3. Informe de expertos independientes sobre el proyecto común de escisión

(RDL 5/2023 art.68; RRM art.349)

2196 Cuando las sociedades que participan en la escisión son **SA o SComA** es necesario someter el proyecto de escisión a verificación por uno o varios expertos independientes designados por el registrador mercantil del domicilio de cada una de esas sociedades.

No obstante, los administradores de todas las sociedades que participan en la escisión pueden solicitar al registrador mercantil del domicilio de cualquiera de ellas el nombramiento de uno o varios expertos para la elaboración de un **único informe**.

Sobre el procedimiento de nombramiento del experto, solicitud y elaboración del informe ver nº 2000 s.

En lo que respecta al **contenido** del informe, además de incluirse las menciones mínimas indicadas en el nº 2001, se debe hacer expresa mención a la **valoración del patrimonio no dinerario** que se transmita a cada sociedad.

2197 El informe de expertos independientes debe estar **vigente** en el momento de la celebración de cada una de las juntas generales que aprueben la escisión, esto es, **caduca** a los tres meses de su fecha, salvo que con anterioridad hubiera sido ratificado por el propio experto independiente, en cuyo caso se prorroga la validez a tres meses más, a contar desde la ratificación (RRM art.347).

2198 **Excepciones** Este informe no es necesario en los siguientes supuestos:

a) Cuando todas las sociedades intervinientes en la escisión son **SRL**.

b) Cuando se trata de **supuestos especiales** de escisión en los que así se establece. Ver nº 2160 s.

c) Cuando así lo acuerdan la **totalidad de los socios** con derecho de voto y, en su caso, de quienes de acuerdo con la ley y los estatutos pueden ejercer legítimamente el derecho de voto de cada una de las sociedades que participan en la escisión (RDL 5/2023 art.68.3). A pesar de la literalidad de la ley, la doctrina entiende que dicha excepción se refiere únicamente a la primera parte del informe (la relativa a los métodos seguidos por los administradores para establecer el tipo de canje), pero no aplicaría sobre la parte relativa al patrimonio aportado, que seguirá siendo necesaria en los casos en que la ley lo determine. Ver nº 2000 s.

d) Cuando la escisión se lleva a cabo por **constitución** de **nuevas sociedades**, y las acciones, participaciones o cuotas de cada una de las nuevas sociedades beneficiarias se atribuyen a los socios de la sociedad escindida en proporción a los derechos que tenían en el capital de esta. En estos casos, además de no ser necesaria la elaboración de los informes de los administradores ni de expertos independientes, tampoco hace falta el balance de escisión (RDL 5/2023 art.71.1).

Precisiones De la interpretación de la norma debe entenderse que no cabe prescindir del informe de administradores en lo relativo a la **sección de los trabajadores** por primacía del art.5.5 RDL 5/2023 sobre la norma específica del art.71 RDL 5/2023 debiendo prevalecer el derecho de información de los trabajadores, salvo la excepción del art.5.8 RDL 5/2023 (nº 1997).

2199 **e)** En caso de **segregación** con creación de **nuevas sociedades** o en favor de sociedades íntegramente participadas, salvo en lo referente a si el patrimonio aportado por las sociedades que se extinguen es igual, al menos, al capital de la nueva sociedad o al importe del aumento de capital de la sociedad beneficiaria, cuando esta sea una SA o SComA (RDL 5/2023 art.71.2).

4. Acuerdo de escisión

2200 El acuerdo de escisión debe adoptarse por las juntas generales de socios de cada una de las sociedades participantes en la escisión en un **plazo** de seis meses desde la fecha del proyecto de escisión ya que en su defecto éste queda sin efecto (RDL 5/2023 art.39.3).

2201 **Publicidad preparatoria del acuerdo** (RDL 5/2023 art.7) Al menos un mes antes de la fecha de la junta general que vaya a acordar la escisión, los administradores de la sociedad o sociedades participantes están obligados a insertar en la página web de dicha sociedad o sociedades los documentos que se indican en el nº 1988 para la fusión, entendiendo que las referencias a la sociedad absorbente o resultante de la fusión equivalen a referencias a las sociedades beneficiarias de la escisión (RDL 5/2023 art.63).

2202 **Convocatoria, celebración de la junta e información a los socios** Las cuestiones relativas a la convocatoria, la celebración de la junta, el derecho de información de los socios y la publicación del acuerdo de escisión, coinciden con lo indicado para las **fusiones** en el nº 2010 s., teniendo en cuenta que las **referencias** a la sociedad absorbente o resultante de la fusión, han de entenderse hechas a la sociedad o sociedades beneficiarias de la escisión (RDL 5/2023 art.63).

Adicionalmente, los administradores de la sociedad escindida están obligados a **informar** a su junta de socios sobre cualquier **modificación importante del patrimonio** acaecida entre la fecha de elaboración del proyecto de escisión y la fecha de reunión de la junta. La misma información deben proporcionar, en los casos de escisión por absorción, los administradores de las sociedades beneficiarias y estos a los administradores de la sociedad escindida, para que, a su vez, informen a su junta de socios (RDL 5/2023 art.69).

2203 **Contenido del acuerdo** El acuerdo de las juntas de cada una de las sociedades que participan en una escisión ha de recoger las menciones mínimas previstas para el **proyecto de escisión** (nº 2186), máxime en aquellos supuestos en que no se deposita ni publica dicho proyecto (acuerdo unánime adoptado en junta universal de conformidad con el RDL 5/2023 art.9.1), así como el detalle de los **elementos transmitidos**, con la debida separación de los elementos que integran el activo y el pasivo, y con indicación del nombre de las cuentas, en concreto, del activo y pasivo, a las que pertenece cada una de las relaciones de elementos patrimoniales traspasados, confeccionado con arreglo a los criterios contables ordinarios establecidos en el Plan General Contable, no siendo suficiente una mera relación de cuentas con distinción entre «debe» y «haber», con unos valores relativos a conceptos patrimoniales genéricos.

Cuando un elemento del **activo o del pasivo** de la sociedad escindida no se atribuye a ninguna sociedad beneficiaria en el proyecto de escisión y la interpretación de este no permite decidir sobre el reparto, se debe distribuir ese elemento o su contravalor entre todas las sociedades beneficiarias y la sociedad escindida de manera proporcional al activo atribuido a cada una de ellas en el proyecto de escisión (RDL 5/2023 art.65).

En los casos de escisión total o de escisión parcial, siempre que no se atribuyan a los socios de la sociedad que se escinde acciones, participaciones o cuotas de todas las sociedades beneficiarias, será necesario el **consentimiento individual** de los afectados (RDL 5/2023 art.66).

2204 **Publicación del acuerdo** (RDL 5/2023 art.10) En relación a la publicidad de los acuerdos de escisión, nos remitimos a lo expuesto en el nº 2028, de modo que el acuerdo de escisión, una vez adoptado, se debe de publicar en el **BORME** y en la **página web** de la sociedad o, a falta de ella, en uno de los **diarios** de mayor difusión en las provincias en las que cada una de las sociedades tenga su domicilio. En el anuncio se ha de hacer constar el derecho que asiste a los socios y acreedores de obtener el texto íntegro del acuerdo adoptado y del balance presentado (en caso de ser necesario).

No es necesaria la publicación cuando el acuerdo se comunique individualmente por escrito o vía electrónica a todos los socios y acreedores por un procedimiento que asegure la recepción de aquél en la dirección que figure en la documentación de la sociedad.

5. Protección de acreedores

(RDL 5/2023 art.13 y 70)

2205 La protección de acreedores en las operaciones de escisión coincide con lo indicado en el nº 2031 para los acreedores cuyos **créditos** hayan nacido con anterioridad a la publicación del proyecto de escisión, que aun no hayan vencido en el momento de dicha publicación y que **no estén conformes con las garantías** ofrecidas o con la falta de ellas en el proyecto y hayan notificado a la sociedad su disconformidad. En los casos en los que no sea necesaria la publicación del proyecto, la fecha de nacimiento del crédito a efectos de protección de acreedores debe ser anterior a la fecha de publicación del acuerdo o a la fecha de comunicación individual de ese acuerdo al acreedor.

El ejercicio de los derechos previstos en el RDL 5/2023 art.13 **no paraliza la escisión** ni impide su inscripción en el Registro Mercantil.
Sobre el régimen de responsabilidad de las sociedades participantes en la escisión, ver nº 2215.

6. Declaración sobre situación financiera

(RDL 5/2023 art.15)

La declaración sobre situación financiera coincide con lo indicado para fusiones en el nº 2039, de forma que el órgano de administración de las sociedades intervinientes en la escisión puede con **carácter facultativo** adjuntar para su publicación junto con el proyecto una declaración que refleje con exactitud la situación financiera actual en una fecha no anterior a un mes antes de la publicación de dicha declaración. **2206**
En ella **se hace constar** que, sobre la base de la información a su disposición y después de haber efectuado las averiguaciones que sean razonables, no conocen ningún motivo por el que la sociedad, después de que la modificación estructural surta efecto, no puede responder de sus obligaciones al vencimiento de éstas.
Adicionalmente en los casos de escisión, la declaración se ha de referir además a la **capacidad** de la o las **sociedades beneficiarias** de responder de las obligaciones que se le hayan atribuido en virtud del proyecto de escisión al vencimiento de éstas.

7. Escritura de escisión

(RDL 5/2023 art.50; RRM art.235)

La plena eficacia de la escisión está supeditada a su inscripción en el RM. Para inscribir la escritura pública de escisión, esta ha de expresar: **2207**
• El mismo contenido que se señala en el nº 2043 para la escritura de fusión (RRM art.227 s.);
• La **clase** de escisión realizada, señalando si se produce o no la extinción de la sociedad escindida, así como si las sociedades beneficiarias son de nueva creación o ya existentes (RRM art.235).
Los **documentos complementarios** que deben acompañar a esta escritura son los mismos que para la fusión (ver nº 2047) (RRM art.230).

Precisiones En aquellos casos en los que los acuerdos de escisión se adoptan en cada una de las sociedades en **junta universal y por unanimidad**, el hecho de que no se publiquen ni depositen previamente el proyecto de fusión y demás documentación prevista legalmente no puede conllevar una restricción de los derechos de información de los representantes de los trabajadores sobre la escisión, incluyendo la información relativa a los efectos que pudiera tener sobre el empleo. Por tanto, en dichos supuestos, es preciso que en la escritura conste la manifestación de los otorgantes, bajo su responsabilidad, de que dicha información ha sido puesta en disposición de los **representantes de los trabajadores** o, en su defecto, de los propios trabajadores.

8. Inscripción y publicación

(RDL 5/2023 art.16.1 y 51; RRM art.236 y 237)

La inscripción se rige, en lo que resulte pertinente, por las mismas normas que la **fusión** (nº 2050). **2210**
En el caso de **escisión total**, cuando se produce la extinción de la sociedad que se escinde, el registrador mercantil ha de cancelar los asientos referentes a esta sociedad, una vez inscritas las nuevas sociedades resultantes de la escisión en nuevas hojas o la absorción por sociedades ya existentes en las hojas correspondientes a las sociedades beneficiarias.
En caso de **escisión parcial y** de **segregación**, una vez inscrita la escisión o segregación en la hoja abierta a la sociedad escindida o segregada, el registrador mercantil competente debe inscribir las nuevas sociedades resultantes de la escisión en una nueva hoja o la absorción por sociedades ya existentes en las hojas correspondientes a las sociedades beneficiarias.
Si las sociedades participantes están inscritas en **RM distintos**, el registrador mercantil debe comunicar de oficio haber inscrito la escisión, indicando el número de hoja, tomo y folio en el que conste.
Para la publicación de la escisión, cada uno de los RM correspondientes a cada una de a las sociedades participantes (incluidas, en su caso, las nuevas sociedades resultantes de la escisión), tienen que remitir al RMC, por separado, los datos necesarios para su publicación en el **BORME**.

D. Responsabilidad de las sociedades participantes

(RDL 5/2023 art.70)

2215 La transmisión del patrimonio o patrimonios escindidos o segregados se produce en bloque, por **sucesión universal**.

Por medio de este título, cada una de las sociedades beneficiarias sucede a la sociedad que se escinde, de forma conjunta y simultánea, en todos los derechos y obligaciones que correspondan a cada una de las partes fraccionadas.

De este principio de sucesión universal se deriva el siguiente régimen de responsabilidad, que delimita las obligaciones de cada una de las sociedades participantes en la operación:

• Cada **sociedad beneficiaria** asume las obligaciones inherentes al patrimonio que recibe de la entidad escindida.

• De las deudas nacidas antes de la publicación del proyecto de escisión y aun no vencidas en ese momento asumidas frente a los acreedores de la sociedad escindida o segregada por la sociedad beneficiaria que resulten incumplidas, responden **solidariamente** todas las sociedades beneficiarias hasta el importe de los activos netos atribuidos a cada una de ellas en la escisión y, si subsistiera, la propia sociedad escindida, hasta el importe de los activos netos que permanezcan en ella.

• En esos mismos términos responden solidariamente las sociedades beneficiarias de las deudas de la sociedad escindida nacidas antes de la publicación del proyecto de escisión y no vencidas en ese momento.

En todos los casos anteriores la responsabilidad solidaria **prescribe** a los 5 años.

IV. Aportación no dineraria de acciones o participaciones

2220

A.	**Generalidades**	2225
	Derechos de adquisición preferente y suscripción o asunción preferente	2227
B.	**Valoración de las acciones o participaciones**	2230
	Informe de experto independiente	2231
	Excepciones al informe de experto	2236
	Responsabilidad del aportante	2240
C.	**Ampliación de capital**	2245
	Informe del órgano de administración	2246
	Informe de experto independiente	2247
	Escritura pública	2248
	Inscripción	2249
D.	**Canje de valores**	2250
	Características	2251
	Supuestos	2252

2221 Una de las operaciones que puede ser utilizada como medio para la restructuración de grupos empresariales y/o adquisición de sociedades es la aportación no dineraria de acciones o participaciones al capital de una sociedad, bien en el marco de la **constitución** de una nueva sociedad **o** de la **ampliación del capital** de una sociedad ya constituida.

Esta operación constituye una alternativa más a la transmisión de acciones o participaciones entre sociedades, con la especialidad de que en la aportación no dineraria de acciones/participaciones al capital de una nueva sociedad o de una sociedad ya constituida, mediante ampliación de capital, la **contraprestación** al aportante, consiste en acciones o participaciones de la sociedad que las adquiere, incorporándolas a su capital social, convirtiéndose el aportante en socio de la misma.

La aportación no dineraria de acciones o participaciones no cuenta en la normativa mercantil con una regulación específica distinta de la propia de las aportaciones no dinerarias, sin embargo, la normativa fiscal sí contempla, bajo determinados supuestos de hecho, la posibilidad de que la aportación no dineraria de acciones o participaciones, pueda acogerse al régimen de **neutralidad fiscal** para operaciones de restructuración, operación que en la normativa fiscal se denomina como **canje de valores**.

A. Generalidades

La aportación no dineraria de acciones o participaciones no cuenta con una regulación diferenciada en la normativa mercantil, hay que acudirse a lo previsto en la LSC respecto a las aportaciones no dinerarias al capital con carácter general. 2225

En la normativa reguladora de las sociedades mercantiles de capital (LSC art.63 a 71, 295.2 y 300; RRM art.132, 133, 134, 168.2), se contempla la posibilidad de que la sociedad puede estar interesada en la incorporación a su patrimonio de determinados bienes distintos al dinero, como pueden ser las acciones, las cuales pueden pertenecer a **terceros** ajenos a la sociedad o a algún o algunos **accionistas o socios**.

A tal efecto, la sociedad que recibe la aportación de acciones o participaciones puede adquirir las mismas sin tener que recurrir a otro tipo de negocios jurídicos (p.e., compraventa, permuta, etc.), lo cual puede resultar más beneficioso para la misma, si la sociedad carece de la **liquidez** suficiente o, por cualquier otra razón, no considera conveniente acudir a dichos procedimientos.

Mediante la aportación no dineraria de acciones o participaciones la sociedad puede, por tanto, incorporar las acciones o participaciones a su patrimonio, mediante su aportación como contravalor del correspondiente aumento de su capital, de forma que el titular de las acciones/participaciones aportadas a la sociedad, se convierte en **socio** de la misma si antes no lo era, **o** adquiere un **número mayor** de acciones/participaciones, si ya pertenecía como socio a la sociedad. 2226

En concreto, el aumento de capital con aportaciones no dinerarias puede llevarse a cabo tanto mediante el **procedimiento** de emisión de nuevas acciones o participaciones -que es obligado cuando el aportante no es accionista o socio-, como a través del incremento del valor nominal de las acciones o participaciones antiguas, cuando en el aportante concurre previamente la condición de accionista o socio, en cuyo caso es preciso el consentimiento de todos los accionistas.

Derechos de adquisición preferente y suscripción o asunción preferente Los derechos de adquisición preferente y de suscripción o asunción preferente se han de abordar en relación a las dos sociedades implicadas en la operación: aquella cuyas acciones o participaciones son objeto de aportación, y aquella otra que, en el contexto de un aumento del capital social, recibe la aportación. 2227

Sociedad cuyas acciones o participaciones son objeto de aportación y sociedad aportante 2228
Con respecto a la sociedad cuyas acciones o participaciones son objeto de aportación, tanto si esta se efectúa en la constitución de una nueva sociedad como con ocasión de una ampliación de capital, se ha de estar al régimen de transmisión de acciones o participaciones previstos en los estatutos sociales, quedando el transmitente a cumplir los requisitos estatutarios previos al respecto (p.e., obtención de la autorización de la sociedad).

Se requiere autorización de la junta general de la sociedad aportante cuando las acciones o participaciones objeto de la aportación supongan para ella un **activo esencial**. Se presume el carácter esencial del activo cuando el importe de la operación supere el 25% del valor de los activos de la sociedad aportante según su último balance aprobado (LSC art.160 f).

Precisiones En caso de que la aportación a ejecutar no se considere un activo esencial en los términos de la LSC art.160 f, la doctrina mayoritaria considera que, si bien no será necesario el acuerdo previo de la junta general para la ejecución de la aportación, es conveniente el acuerdo previo por parte del **órgano de administración** de la sociedad aportante o su manifestación en la propia escritura de elevación a público sobre el carácter «no esencial» de tal activo, al objeto de mejorar la posición del órgano de administración en cuanto a su deber de diligencia y valoración de la culpa grave (DGRN Resol 13-8-15).

Sociedad que recibe la aportación (LSC art.304.1) El derecho de suscripción o asunción preferente únicamente surge en las ampliaciones de capital cuya contraprestación consiste en aportaciones dinerarias, por lo que queda legalmente **excluido** el derecho de suscripción o asunción preferente cuando el contravalor del aumento consiste en aportaciones no dinerarias, como es el caso de las acciones o participaciones, pues en esos supuestos la sociedad pretende adquirir determinados bienes y solo puede hacerlo de quienes son sus propietarios. 2229

No obstante, parte de la doctrina entiende que cabe la admisibilidad de **cláusulas estatutarias** que reconozcan expresamente a los socios el derecho de preferencia en aumentos de capital con aportaciones no dinerarias.

Asimismo, a juicio de la mayoría de la doctrina, la exclusión del derecho de preferencia en las ampliaciones de capital con aportaciones no dinerarias (al igual que por compensación de créditos) **no** se produce de forma **automática** sino que deben cumplirse los requisitos legalmente previstos para su exclusión (LSC art.308.1). En el mismo sentido la doctrina administrativa (DGRN Resol 19-9-95).

B. Valoración de las acciones o participaciones

(LSC art.67, 68, 69, 70 y 71)

2230 Con carácter general, las aportaciones no dinerarias al capital de una **SA**, tanto en su constitución como en los aumentos de capital, han de ser objeto de un informe elaborado por uno o varios expertos independientes, que han de realizar una descripción y valoración de aquellas, con los requisitos y en los términos que se exponen a continuación.

En el caso de aportación no dineraria de acciones o participaciones al capital de una **SRL**, no es necesaria la realización de informe de experto independiente. Por lo que respecta a la responsabilidad, son los fundadores, las personas que ostentaran la condición de socio en el momento de acordarse el aumento de capital y quienes adquieran alguna participación desembolsada mediante aportaciones no dinerarias, quienes responden solidariamente frente a la sociedad y frente a los acreedores sociales de la realidad de dichas aportaciones y del valor que se les haya atribuido en la escritura, quedando exentos de esta responsabilidad los socios que hagan constar en acta su oposición al acuerdo o a la valoración atribuida a la aportación.

Asimismo, se establece una **responsabilidad** solidaria del órgano de administración, respondiendo por la diferencia entre la valoración que hubieran establecido en el informe emitido y el valor real de la aportación (LSC art.73).

2231 **Informe de experto independiente** El procedimiento de **nombramiento** de expertos, plazo de emisión del informe y demás aspectos relacionados con los mismos son los previstos en el RRM art.338 a 349.

2232 **Contenido** El informe del experto ha de contener, respecto a la aportación no dineraria objeto del mismo, en este caso, de las acciones:

- su **descripción**; y
- su **valoración**, detallando los criterios de valoración utilizados y si se corresponde con el valor nominal y, en su caso, con la prima de emisión de las acciones que se emiten como contrapartida.

2233 **Publicidad** La publicidad del informe del experto -o, en su caso, del informe de los administradores sustitutivo de aquel (ver nº 2239)-, se articula a través de:

- el **depósito** en el **RM** de copia autenticada, en el plazo máximo de un mes a contar desde la fecha efectiva de la aportación;
- su incorporación como anexo a la **escritura** de constitución o a la de ejecución del aumento del capital.

En la **inscripción** ha de constar el nombre del perito, las circunstancias de su designación, la fecha de emisión del informe y si existen diferencias entre las valoraciones del experto y las consignadas en la escritura.

2234 **Efectos** El **valor** dado a la aportación en la escritura social no puede ser superior al fijado por el experto en su informe.

A pesar de no haberse derogado expresamente el RRM art.133.2, parece razonable entender que, el registrador mercantil ha de denegar la **inscripción** de la correspondiente escritura si el valor atribuido en esta a la aportación no dineraria supera -sea cual sea el porcentaje o cuantía en que lo haga- el valor atribuido a la misma por el experto.

Esta consecuencia, atribuida legalmente a la **sobrevaloración** de las aportaciones no dinerarias, se circunscribe al aspecto formal de la falta de inscripción de la escritura, aunque es obvia su importancia jurídica, por lo que, desde el punto de vista de las relaciones materiales entre socio-aportante y sociedad, hay que aplicar las reglas generales de desembolso. Así, y como señala Chuliá, si el valor de las aportaciones no dinerarias no cubre el valor de las acciones suscritas, la sociedad puede exigir al aportante que cubra la diferencia en efectivo, en cumplimiento de su obligación de desembolso.

2235 **Responsabilidad del experto** El experto responde frente a la sociedad, los accionistas y acreedores de los **daños** causados por la valoración, salvo que demuestre que ha aplicado la diligencia y los estándares propios de la actuación que le ha sido encomendada.

La **acción** para exigir su responsabilidad prescribe a los cuatro años de la fecha del informe.

Excepciones a la exigencia del informe de experto No es necesaria la emisión del informe de experto independiente en los siguientes **supuestos**: 2236

a) Aportación no dineraria consistente en **valores mobiliarios que cotizan** en un mercado secundario oficial o en otro mercado regulado o en instrumentos del mercado monetario, los cuales se valoran al precio medio ponderado al que han sido negociados en uno o varios mercados regulados en el último trimestre anterior a la fecha de la realización efectiva de la aportación, de acuerdo con la certificación emitida por la sociedad rectora del mercado secundario oficial o del mercado regulado de que se trate.

No obstante, si ese precio se ha visto afectado por circunstancias excepcionales que han podido modificar significativamente el valor de los bienes en la fecha efectiva de la aportación, los administradores de la sociedad deben solicitar el nombramiento de experto independiente para que emita informe.

b) Aportación consistente en **otros bienes** cuyo valor razonable se ha determinado, dentro de los seis meses anteriores a la fecha de la realización efectiva de la aportación, por experto independiente con competencia profesional no designado por las partes, de conformidad con los principios y las normas de valoración generalmente reconocidos para esos bienes. 2237

No obstante, si concurren **nuevas circunstancias** que pueden modificar significativamente el valor razonable de los bienes a la fecha de la aportación, los administradores de la sociedad deben solicitar el nombramiento de experto independiente para que emita informe.

Si, debiendo hacerlo, los administradores no solicitan el nombramiento de experto debiendo hacerlo, el **accionista** o los accionistas que representen, al menos, el 5% del capital social, el día en que se adopte el acuerdo de aumento del capital, pueden solicitar del RM del domicilio social que, con cargo a la sociedad, nombre un experto para que se efectúe la valoración de los activos.

La **solicitud** pueden hacerla hasta el día de la realización efectiva de la aportación, siempre que en el momento de presentarla continúen representando al menos el 5% del capital social. 2238

Precisiones Aunque no son excepciones aplicables en el contexto presente, también se constituyen como **otras excepciones** a la exigencia de informe experto las siguientes:
- cuando en la constitución de una nueva sociedad por fusión o escisión se ha elaborado un informe por experto independiente sobre el proyecto de fusión o escisión;
- cuando el aumento del capital se realiza con la finalidad de entregar las nuevas acciones o participaciones a los socios de la sociedad absorbida o escindida y se ha elaborado un informe de experto independiente sobre el proyecto de fusión o escisión;
- cuando el aumento del capital se realiza con la finalidad de entregar las nuevas acciones a los accionistas de la sociedad que es objeto de una oferta pública de adquisición de acciones.

Informe de administradores Cuando las aportaciones no dinerarias se efectúan sin informe de expertos independientes, los administradores deben elaborar un informe sustitutivo, con el siguiente **contenido**: 2239
- La **descripción** de la aportación.
- El **valor** de la aportación, el origen de esa valoración y, cuando proceda, el método seguido para determinarla: si la aportación consiste en valores mobiliarios cotizados en mercado secundario oficial o del mercado regulado del que se trate o en instrumentos del mercado monetario, se ha de unir al informe la certificación emitida por su sociedad rectora.
- Declaración en la que se precise si el valor obtenido corresponde, como mínimo, al número y al **valor nominal y**, en su caso, a la **prima de emisión** de las acciones emitidas como contrapartida.
- Declaración en la que se indique que no han aparecido **circunstancias nuevas** que pueden afectar a la valoración inicial.

Precisiones **1)** El problema de la valoración de las aportaciones se escapa a la **impugnación de terceros**, que no son acreedores de la entidad (TS 21-1-92, EDJ 432).
2) El Instituto de Contabilidad y Auditoría de Cuentas (**ICAC**) ha dictado varias Resoluciones con **normas de valoración** para las aportaciones no dinerarias (ICAC Resol 27-7-92).
3) El **órgano de administración** responde solidariamente por la diferencia entre la valoración realizada y el valor real de la aportación (LSC art.73.3).

Responsabilidad del aportante (LSC art.64, 65 y 66; CC art.1461 s.) Cuando existen aportaciones no dinerarias, se establecen una serie de precisiones que regulan la responsabilidad del aportante con respecto a las mismas. 2240

En el caso concreto de la aportación no dineraria de acciones, como bienes muebles, el aportante está obligado a su **entrega y saneamiento** en los términos establecidos para el vendedor en el contrato de compraventa civil.

Conforme a dichos términos, la responsabilidad del vendedor -y por tanto del aportante- comprende tanto el saneamiento por evicción como el saneamiento por vicios ocultos.
Respecto al momento en que se produce la **transmisión** de **riesgos** se debe estar a lo establecido en el CCom (art.331 s.), a tenor del cual pesa sobre el aportante el riesgo de la cosa aportada hasta el momento de su entrega o puesta a disposición a favor de la sociedad.

C. Ampliación de capital

2245 Las aportaciones no dinerarias efectuadas en fase de ampliación de capital quedan sometidas al mismo régimen previsto para las realizadas en el acto constitutivo de la sociedad, referentes al objeto y título de **aportación, responsabilidad, informe pericial y verificación** del desembolso
También quedan sometidas a la regulación sobre **activos esenciales**, para el caso de que las acciones aportadas tengan tal consideración para la sociedad aportante (nº 2228).
Con carácter adicional al sometimiento a tales requisitos generales, es preciso el cumplimiento de las exigencias que se exponen a continuación.

2246 **Informe del órgano de administración** Los administradores de la sociedad que amplía su capital están obligados a emitir un informe, cuyo **contenido** ha de incluir las siguientes menciones:
- la descripción detallada de las aportaciones proyectadas y su valoración;
- las personas que han de efectuarlas;
- el número y valor nominal de las acciones que se han de entregar;
- la cuantía del aumento del capital social; y
- en su caso, las garantías adoptadas.

Dicho informe ha de estar a disposición de los accionistas al tiempo de la **convocatoria** de la junta que ha de deliberar y decidir sobre el aumento, por lo que la fecha del mismo ha de ser forzosamente anterior a ese momento.
En el **anuncio** de la convocatoria debe constar de forma expresa el derecho de todos los accionistas a examinar, en el domicilio social, el informe emitido por los administradores, así como a solicitar su entrega o envío gratuito.
El informe de los administradores no excluye la necesidad del informe del **experto independiente**, referido a la valoración de los bienes.
Este informe es **independiente** del informe de los administradores sustitutivo del experto, cuando legalmente es posible tal sustitución (LSC art.69 y 70).

2247 **Informe de experto independiente** Al margen del informe del órgano de administración, y solo para el caso de **SA**, se establece la obligación de emisión de informe de experto Independiente, relativo a la valoración de los bienes aportados, en este caso, de las acciones objeto de aportación (ver nº 2231).
Aunque no existe previsión legal específica que obligue a la puesta a disposición de los accionistas, en el momento de la **convocatoria** de la junta del informe del experto, parece lógico pensar que, en todo caso, dicho informe debe estar a disposición de los accionistas, al menos en el momento de la adopción del acuerdo de aumento de capital, todo ello al objeto de que estos puedan formar correctamente su opinión a efectos de emitir el voto en la junta.

Precisiones **1)** A juicio de la doctrina, el informe de los administradores y el de los expertos independientes son preceptivos aun en el caso de **junta universal** (Vicent Chuliá, Machado Plazas). Incluso en el caso de que el acuerdo se adopte por unanimidad resulta discutible que tales documentos puedan obviarse (De La Cámara).
2) No es necesario que las **garantías** sean reales, pudiendo defenderse que, dadas las circunstancias, dicha exigencia puede omitirse (De La Cámara, Girón Tena).

2248 **Escritura pública** La escritura pública en que se formaliza el aumento y, en su caso, su ejecución, consistiendo el contravalor, total o parcialmente, en aportaciones no dinerarias -en este caso, en acciones-, además de contener los requisitos de carácter general, debe incluir las menciones exigidas y acompañarse de los documentos previstos en el RRM art.133.
Adicionalmente, se debe de anexar a la escritura **certificación** del **órgano social** sobre el acuerdo de la junta general a los efectos de la LSC art.160 f (nº 2228).

2249 **Inscripción** La escritura o escrituras públicas relativas a la operación de ampliación de capital y su ejecución, deben inscribirse en el **RM** en el que se encuentre inscrita la sociedad que amplía su capital.
Respecto a la **contabilización** de la ampliación de capital en el balance de la sociedad se debe acudir al ICAC Resol 5-3-19, por la que se desarrollan los criterios de presentación de los instrumentos financieros y otros aspectos contables relacionados con la regulación mercantil de las sociedades de capital.

D. Canje de valores

(LIS art.76.5)

La normativa fiscal contempla, bajo determinados supuestos de hecho, la posibilidad de que la aportación no dineraria de acciones pueda acogerse al régimen de **neutralidad fiscal** para operaciones de restructuración del Capítulo VII, Título VII, de la LIS. **2250**

Desde el punto de vista fiscal, el canje de valores se define como la operación por la cual una entidad (dominante) adquiere una **participación en el capital social** de otra (dominada), que le permite obtener la mayoría de los derechos de voto en esta, mediante la atribución a los socios de esta última, a cambio de sus valores, de otros representativos del capital social de la primera entidad y, en su caso, de una compensación en dinero que no exceda del 10% del valor nominal o, a falta de valor nominal, de un valor equivalente al nominal de dichos valores deducido de su contabilidad.

También se consideran como canje de valores aquellas operaciones por las que, teniendo previamente la mayoría de los derechos de voto de la sociedad dominada, se adquieren nuevas participaciones de esta última sociedad que refuercen dicha mayoría.

Características Las notas que caracterizan a esta operación son las siguientes: **2251**

a) Una entidad consigue obtener la **mayoría** de los **derechos de voto** en otra sociedad o, si ya dispone de dicha mayoría, adquiere una mayor participación.

b) Los socios de la entidad dominada pasan a serlo de la entidad dominante.

Este tipo de operaciones puede realizarse a través de cualquier **negocio jurídico** por medio del cual se consiga que la entidad dominante alcance la mayoría de los derechos de voto en la entidad dominada o adquiera una mayor participación, mediante la entrega de participaciones representativas de su capital a los socios de la dominada, a cambio de las participaciones entregadas por estos últimos a la primera entidad.

El negocio típico es la operación societaria de **ampliación de capital** mediante aportación no dineraria de acciones con emisión de nuevas acciones que son suscritas por los socios de la entidad dominada entregando, como contraprestación a las acciones recibidas en forma de aportación no dineraria, las acciones poseídas en el capital de la entidad dominada, pudiendo ser la entidad dominante de nueva constitución o existente al tiempo de realizarse el canje de valores.

Precisiones Aunque no es objeto de estudio en el marco del presente apartado, el canje de valores también puede derivar de un simple contrato de **permuta**, por el cual la entidad dominante entrega acciones propias que tiene en autocartera (LSC art.144 s.) a los socios de la entidad dominada, a cambio de los valores que estos últimos tienen en dicha entidad, en la medida en que la normativa del IS no establece restricción alguna respecto de la operación mercantil de la que proviene el canje de valores.

Supuestos La normativa tributaria no contiene condición alguna con respecto a los vínculos jurídicos existentes entre la entidad dominante, dominada y los socios de esta última, por lo que, a efectos de la aplicación del régimen especial de **neutralidad fiscal**, se pueden plantear las siguientes alternativas: **2252**

- La entidad dominante no tiene participación en el capital social de la dominada y los socios de esta última tampoco tienen participación en el capital social de la primera.
- La entidad dominante no tiene participación en el capital social de la dominada y los socios de esta última tienen participación en el capital social de la primera.
- La entidad dominante tiene participación en el capital social de la dominada y los socios de esta última no tiene participación en el capital social de la primera.

- La entidad dominante tiene participación en el capital social de la dominada y los socios de esta última también tienen participación en el capital social de la primera. **2253**

En cualquiera de estas cuatro situaciones es aplicable el régimen fiscal especial cuando se realiza una operación de canje de valores, siempre que por la misma la entidad dominante alcance la requerida **mayoría** en los **derechos de voto** en la entidad dominada o, teniendo esa mayoría, adquiera una mayor participación, cualquiera que sea la participación en el capital de la entidad dominada que se alcance con posterioridad a la realización del canje.

Precisiones **1)** En una operación de canje de valores no puede aportarse el **usufructo sobre acciones**, pues el canje requiere que la aportación sean participaciones en el capital de otra entidad que otorguen la mayoría de los derechos de voto, lo cual supone que en estos casos solo sea el **nudo propietario** quien tenga la posibilidad de acudir al canje de valores a efectos de aplicar el régimen fiscal de diferimiento.

2) Esta operación tiene cierta similitud con la **escisión financiera**, cuando en ambas operaciones la sociedad adquirente de las participaciones alcanza la mayoría del capital en las sociedades participadas. No habría tal similitud en las operaciones de canje de valores en donde con anterioridad ya se tuviese la mayoría de los derechos de voto de la entidad participada. La **diferencia** estriba en que en la escisión financiera los valores procedentes de la ampliación del capital de la sociedad adquirente se atribuyen a los socios de la sociedad transmitente, mientras que en el canje de valores los percibe la sociedad transmitente.

V. Cesión global de activo y pasivo

2255

A. **Generalidades** ... 2260
1. Ámbito subjetivo ... 2265
Cedente ... 2266
Cesionario ... 2267
2. Contraprestación ... 2270
B. **Procedimiento** ... 2275
1. Fase preparatoria ... 2277
Proyecto de cesión global ... 2278
Informe de administradores ... 2284
2. Acuerdo de cesión global ... 2285
Contenido del acuerdo ... 2286
Junta general ... 2287
Publicidad ... 2295
3. Protección de acreedores ... 2296
4. Declaración sobre situación financiera ... 2297
5. Fase de ejecución ... 2300
Escritura pública ... 2301
Inscripción ... 2302
C. **Efectos** ... 2310

2256 La cesión global de activo y pasivo se configura como una modalidad de **modificación estructural** de forma expresa (RDL 5/2023 art.1).
La cesión global de activo y pasivo se regula como una forma de **transmisión en bloque** por sucesión universal de todo el patrimonio social, que no requiere necesariamente la extinción de la sociedad cedente.
Por tanto, la cesión global de activo y pasivo se posiciona legalmente como una fórmula más para la transmisión de empresas, aunque continúa siendo **compatible** su utilización en el ámbito de la **liquidación y extinción** de la sociedad cedente, bien como un mecanismo de extinción sin liquidación o como una operación dentro de un proceso de liquidación. Ver nº 8494 Memento Sociedades Mercantiles 2024.

2257 Concretamente, en el marco de la transmisión de empresas, la cesión global supone, al confrontarla con otro tipo de fórmulas transaccionales, una serie de **ventajas** como la de transmitir en bloque, todo o parte de su patrimonio cedido, mediante sucesión universal, como las de tipo fiscal que son objeto de análisis en esta obra (ver nº 6670 s.).
El **régimen jurídico** de la cesión global de activo y pasivo previsto en el RDL 5/2023 permite la transmisión de las empresas con la finalidad de extinción de la sociedad o como forma de reorganizar la misma, al no exigirse la extinción de la sociedad cedente como consecuencia de la operación. Cualquiera que sea la finalidad perseguida por la transmisión, el procedimiento que se prevé legalmente es el mismo.

A. Generalidades

2260 La cesión global se define como la transmisión en bloque de todo o parte del patrimonio de una sociedad inscrita, por sucesión universal, a uno o varios socios o terceros, a cambio de una contraprestación que no puede consistir en acciones, participaciones o cuotas de socio del cesionario.

La cesión global se configura legalmente como una operación societaria con diversas aplicaciones, siendo compatible su empleo como un instrumento más para la **transmisión de empresas**, con su utilización en el ámbito de la **liquidación** y extinción de la sociedad cedente. Ver nº 8494 Memento Sociedades Mercantiles 2024.
La sociedad cedente solo queda extinguida si la contraprestación es recibida total y directamente por los socios de la sociedad cedente. En todo caso, la contraprestación que reciba cada socio debe respetar las normas aplicables a la cuota de liquidación.

El concepto legal de cesión global permite destacar los siguientes extremos: 2261
a) La cesión supone la transmisión en **unidad de acto** de todo o parte del patrimonio de la sociedad.
b) A diferencia de lo que ocurre en otras modificaciones estructurales como la fusión o escisión, la transmisión del patrimonio en la cesión global del activo y del pasivo **no** está vinculada con la **integración** de los **socios** de la sociedad cedente en la sociedad cesionaria (o cesionarias), por lo que la composición del capital social de las mismas no se ve alterado.
La no integración de los socios de la sociedad cedente en la sociedad cesionaria (o cesionarias) se produce como consecuencia de la prohibición expresa contenida al respecto en el art.72.1 RDL 5/2023, que impide la percepción de **contraprestación** que consista en acciones, participaciones o cuotas de socio del cesionario.

Normativa reguladora (RDL 5/2023 art.72 a 79) La regulación mercantil aplicable a la cesión global en las que participan sociedades mercantiles españolas es la siguiente: 2262

Sociedades intervinientes en la cesión	Normativa aplicable
Todas son sociedades españolas	- RDL 5/2023, Título I, Capítulo I (disposiciones preliminares) - RDL 5/2023, Título I, Capítulo II (disposiciones comunes) - RDL 5/2023, Título II, Capítulo IV (cesión global de activo y pasivo) - RDL 5/2023, Título II, Capítulo II (relativas a la fusión, que aplicarán de forma supletoria) - RRM art.246 en lo que es compatible con el RDL 5/2023
Sociedad mercantil española y sociedad del Espacio Económico Europeo (EEE) o sociedad no perteneciente al EEE	- RDL 5/2023, Título I, Capítulo I (disposiciones preliminares) - RDL 5/2023, Título I, Capítulo II (disposiciones comunes) - RDL 5/2023, Título III, Capítulo I (ámbito de aplicación) - RDL 5/2023, Título III, Capítulo II (disposiciones generales) - RDL 5/2023, Título III, Capítulo III (disposiciones especiales: Sección 5ª - cesiones globales de activo y pasivo) - RDL 5/2023, Título IV, Capítulo I (disposiciones generales de las modificaciones estructurales transfronterizas extraeuropeas) - RDL 5/2023, Título IV, Capítulo II (disposiciones especiales de la cesión global de activo y pasivo) - RRM art.246 en lo que es compatible con el RDL 5/2023 - Ley personal de las sociedades participantes

El carácter general del RDL 5/2023 no permite prescindir de la regulación propia de cada **tipo societario**, debiendo observarse las exigencias del régimen aplicable a cada una de las sociedades intervinientes en la operación, además de los requisitos exigidos, en su caso, por la legislación sectorial que fuera aplicable.

1. Ámbito subjetivo

La operación de cesión global de activo y pasivo requiere, al menos, la concurrencia de dos sujetos, el cedente, que es la sociedad cuyo patrimonio se transmite por sucesión universal y el de cesionario o cesionarios, estos son, los beneficiarios del patrimonio objeto de la cesión. 2265

2266 **Cedente** (RDL 5/2023 art.1, 2, 3, 72.1, 73 y disp.adic.2ª) El cedente es la sociedad cuyo patrimonio se transmite por sucesión universal. La condición de cedente ha de recaer necesariamente en una **sociedad mercantil**, con exclusión, por tanto, de las personas físicas o de aquellas personas jurídicas que no figuran inscritas en el RM.

Se ha de tratar, por tanto, de una sociedad **inscrita** en el RM, estableciéndose que para que una sociedad colectiva no inscrita o, en general, cualquier sociedad irregular pueda realizar esta operación, se requiere su previa inscripción registral.

Es posible la cesión por parte de una sociedad en **liquidación**, siempre que no haya comenzado el reparto del patrimonio entre los socios (RDL 5/2023 art.3.1).

El requisito de inscripción registral excluye a la **sociedad civil** y a otras personas jurídicas que no figuran inscritas en el RM (p.e., fundaciones, asociaciones) del ámbito subjetivo de aplicación del régimen sobre la cesión global de activo y pasivo.

Precisiones **1)** Es necesario verificar que la sociedad cedente no tiene su **hoja registral cerrada**, por cualquiera de las causas legales establecidas al efecto; en caso contrario, la situación debe regularizarse antes de proceder a la inscripción de cualquier documento relacionado con la cesión global de activo y pasivo.

2) Es posible la cesión global de activo y pasivo de una **sociedad concursada** o sometida a un **plan de reestructuración** o, en su caso, de continuación, aunque se requiere la previa autorización judicial (RDL 5/2023 art.3.2; LCon art.317.3; RRM art.227.3).

3) En los casos de **sociedades sujetas a legislación sectorial**, serán de aplicación los requisitos que, en su caso, se exija por la legislación sectorial aplicable, conforme a lo dispuesto en el RDL 5/2023 art.38 para las fusiones. Tales requisitos son, en su mayoría, de autorización y registro (p.e., la cesión de activos y pasivos en las que intervenga un banco requerirán autorización previa del Ministro de Economía y Competitividad (actual Ministro de Economía, Comercio y Empresa), conforme a la L 10/2014 disp.adic.decimosegunda).

2267 **Cesionario** (RDL 5/2023 art.72.1 y 73) El cesionario es el **destinatario** de la cesión global de activo y pasivo.

Legalmente no se exige requisito alguno respecto a la condición de cesionario. En consecuencia, la cesión global de activo y pasivo se puede efectuar a favor de uno o más **socios** de la sociedad cedente **o** de **terceros**, pudiendo tratarse en uno y otro caso de **personas físicas o jurídicas** y, en este último caso, de cualquier tipo de persona jurídica, susceptible de inscripción o no en el RM.

Precisiones La **flexibilidad** del RDL 5/2023 respecto a la figura del cesionario se encuentra en concordancia con el hecho de que el cesionario no debe cumplir ningún requisito de carácter formal y/o procedimental en el marco de la operación de cesión global, sino que su participación es necesaria solamente en el momento del otorgamiento de la escritura de cesión (RDL 5/2023 art.78).

2268 **Cesión global plural** (RDL 5/2023 art.73) Se permite la cesión global de activo y pasivo a una pluralidad de cesionarios y, por tanto, que el patrimonio social se transmita a más de un cesionario, siempre que cada uno de los bloques patrimoniales transmitidos a título universal constituya una **unidad económica**.

El concepto de unidad económica no ha sido definido por el legislador, no obstante, según doctrina y jurisprudencia mayoritaria, se viene entendiendo como el conjunto de elementos patrimoniales, activos y pasivos, que constituyen, desde el punto de vista organizativo y de estructura, una **explotación autónoma** capaz de operar en el tráfico jurídico con sus propios recursos.

Precisiones En la exigencia de que cada parte del patrimonio que se cede haya de constituir una unidad económica subyace la configuración de la cesión global de activo y pasivo como una técnica o modalidad estructural presidida por el **principio de conservación de la empresa** o empresas (Alonso Ureba). En caso de ser un solo cesionario no es obligado cumplir la exigencia del RDL 5/2023 art.73 relativo a que cada parte del patrimonio constituya una unidad económica, no solo por la ratio y la dicción literal del precepto, sino fundamentalmente por la adquisición en bloque de todo el patrimonio, por sucesión universal (Garrido de Palma).

2269 Por tanto, el bloque patrimonial objeto de la cesión debe servir de base para realizar una actividad económica de forma autónoma.

Lo anterior supone que no cabe una cesión **parcial** del patrimonio social.

Por ello, la cesión global debe realizarse a **único cesionario**, si dentro del patrimonio existen bienes que:

- por sí solos no constituyen una unidad económica autónoma; o
- no son atribuibles a alguna de las unidades económicas objeto de cesión.

No se exigen legalmente ulteriores requisitos sobre la composición de la unidad económica, ni exigencias de correlación entre activo y pasivo, ni exigencias adicionales en cuanto a los elementos que lo integran.

2. Contraprestación

(RDL 5/2023 art.72)

2270 La única **limitación** establecida legalmente en relación con la contraprestación en la cesión global es que la misma en ningún caso puede estar constituida por acciones o participaciones o cuotas de socio del cesionario o los cesionarios.
Salvada esta limitación, la contraprestación puede consistir en **dinero o** cualquier otro tipo de **bien o derecho**, sin más limitación que la anteriormente expuesta.
Asimismo, la contraprestación puede ser de naturaleza **mixta**, esto es, en parte dineraria y en parte no dineraria.

Precisiones **1)** A juicio de abundante doctrina, con la prohibición de que la contraprestación pueda consistir en **acciones, participaciones** o cuotas de socios del **cesionario** lo que se pretende es fundamentalmente diferenciar la cesión global de otros supuestos de modificaciones estructurales, como la fusión y escisión, para los que se prevén unos procedimientos más complejos.
2) El hecho de que la contraprestación pueda consistir en **acciones o participaciones** de **terceros** distintos del cesionario es objeto de debate, ya que el RDL 5/2023 art.72.1 no excluye este supuesto. No obstante, esta solución puede dar lugar a supuestos de hecho similares a los de la fusión cuando la operación contribuye a la formación de un grupo y corresponden las cuotas de socio transmitidas a una sociedad filial o matriz de la cesionaria (Fernández Torres, Isabel).
3) La prohibición de que la contraprestación consista en acciones, participaciones o cuotas de socio del cesionario solo se refiere al supuesto en que aquella es percibida por la sociedad cedente, siendo discutible que dicha prohibición sea de aplicación cuando la contraprestación es recibida por los **socios** de la sociedad cedente, si bien este supuesto coincidiría, de hecho, con el concepto de escisión.
4) En relación con la percepción de la contraprestación por los socios de la sociedad cedente de forma total y directa, se plantea la posibilidad de que la sociedad cedente proceda a una **ampliación del capital** y consiguiente aportación patrimonial que permita a la sociedad cedente continuar la actividad social sin necesidad, por tanto, de su extinción (Alonso Ureba).

2271 Los **destinatarios** de la contraprestación de la cesión global pueden ser:
- la **sociedad cedente**, en cuyo caso, lo normal es que continúe con su actividad económica;
- los **socios** de la sociedad **cedente**; y
Si los destinatarios de la contraprestación son los **socios** de la sociedad cedente implica la **extinción** de la sociedad cedente, en cuyo caso se requiere respetar, en referencia a la contraprestación de cada socio, las normas aplicables a la cuota de liquidación de cada tipo social.

Precisiones Aunque legalmente no se prevé de forma expresa, se considera admisible que los cesionarios de cesión global puedan ser en parte la **sociedad** cedente **y** en parte sus **socios** (Fernández Torres, Isabel).

B. Procedimiento

2275 Cualquiera que sea la finalidad perseguida por la cesión global de activo y pasivo en el marco de una transmisión de empresas, bien sea la extinción de la sociedad cedente o su reorganización empresarial, el procedimiento que se prevé legalmente es el mismo.
Como cualquier modificación estructural, el procedimiento comienza con una fase de **negociación** entre las distintas partes intervinientes, en el marco del cual se establecen las pautas y sientan las bases de la futura operación.
Los contactos preliminares determinan el contenido del proyecto de cesión global.
En ocasiones, el resultado de las negociaciones queda plasmado en un **preacuerdo** tipo *Memorandum of Understanding*, carta o acuerdo de intenciones, que salvo en lo que atañe al posible compromiso de confidencialidad y al de exclusividad, por lo general, no tiene carácter vinculante para las partes.
Al no estar ante un contrato previo, preliminar, ni un precontrato no genera en ningún caso responsabilidad contractual (Garrido de Palma, Víctor Manuel).
Es posible también alcanzar acuerdos para la realización de **due diligence** del patrimonio objeto de transmisión en la cesión global, para asegurar su correcta valoración o la detección de posibles contingencias.

1. Fase preparatoria

2277 Sin perjuicio de la existencia de las negociaciones previas que, en la práctica, suelen producirse entre las partes interesadas en la operación y de los documentos contractuales que puedan formalizarse como consecuencia de las mismas, el procedimiento legal de cesión global

requiere la emisión, con carácter previo al acuerdo de junta, por los **administradores** de la sociedad cedente de dos documentos:
- el proyecto de cesión global de activo y pasivo; y
- el informe explicativo de dicho proyecto.

Ambos documentos deben ponerse a disposición de los **socios** de la sociedad cedente **y** de los **representantes de los trabajadores**.

Precisiones **1)** A diferencia del régimen establecido para la fusión, en la cesión global no se exige la existencia de informes de **expertos independientes** para ningún tipo social, teniendo éste un carácter facultativo (RDL 5/2023 art.76).

2) Tampoco se prevé la elaboración de un **balance** que sirva de base a la operación. No obstante, a pesar de esa omisión, hay autores que opinan que este balance es necesario por la remisión contenida en el RDL 5/2023 art.77.1, que, al tratar sobre el acuerdo de los socios de la sociedad cedente requiere los requisitos establecidos para la adopción del acuerdo de fusión.

2278 **Proyecto de cesión global** (RDL 5/2023 art.74) El proyecto de cesión, con cuya preparación se inicia el procedimiento legal de la cesión global, se configura como documento base de la operación, que debe ser redactado y firmado por los **administradores** de la sociedad **cedente**. No es necesaria la firma del proyecto por los representantes del cesionario. La norma no exige expresamente que, caso de faltar la **firma** de alguno de los administradores en el proyecto, deba indicarse en este la causa de dicha falta; no obstante, hay autores que entienden que debe incluirse por aplicación analógica al supuesto de fusión.

2279 **Contenido** (RDL 5/2023 art.74.1) En el proyecto de cesión global se han de incluir, además de menciones previstas en las disposiciones comunes (RDL 5/2023 art.4.1), como mínimo, las siguientes menciones:

a) Datos de **identificación** de cedente (denominación, tipo social, domicilio) y cesionario o cesionarios.

b) Fecha a partir de la cual la cesión tiene **efectos contables** de acuerdo con lo dispuesto en el PGC; esto es, a partir de la cual las operaciones se consideran hechas por el o los cesionarios y la fecha en la que se contabilizará la contraprestación en el patrimonio de la cedente.

c) Información sobre la **valoración** del **activo y pasivo** del patrimonio, la designación y, en su caso, reparto preciso de los elementos de activo y pasivo que han de transmitirse a cada cesionario.

d) **Contraprestación** que ha de recibir la sociedad cedente o sus socios, especificando, en este último caso, el criterio de reparto.

e) Posibles consecuencias de la cesión global sobre el **empleo**.

f) La acreditación de encontrarse al corriente en el cumplimiento de las **obligaciones tributarias y** frente a la **Seguridad Social**, mediante la aportación de los correspondientes certificados, válidos y emitidos por el órgano competente.

Precisiones Las **menciones** requeridas en las **disposiciones comunes** para todo proyecto de modificación estructural son, además de las referidas anteriormente, las siguientes: (i) la modificación y el calendario indicativo propuestos de realización de la operación; (ii) los derechos que vayan a conferirse por la sociedad resultante a los socios que gocen de derechos especiales o a los tenedores de valores o títulos que no sean acciones, participaciones o, en su caso, cuotas, o las medidas propuestas que les afecten; (iii) las implicaciones de la operación para los acreedores y, en su caso, toda garantía personal o real que se les ofrezca; (iv) toda ventaja especial otorgada a los miembros de los órganos de administración, dirección, supervisión o control de la sociedad o sociedades que realicen o participen en la modificación estructural (RDL 5/2023 art.4.1).

2280 Asimismo, aunque no existe una previsión expresa, se entiende que en la identificación en el proyecto de cesión global de la sociedad cedente deben hacerse constar sus datos de **inscripción registral**, dado que legalmente se exige la sociedad esté inscrita en el RM (RDL 5/2023 art.72.1).

Además del contenido mínimo legal, en el proyecto de cesión global se puede añadir **información adicional** si se estima necesario, la cual también puede incluirse, de forma alternativa, en el informe que han de redactar los administradores de la sociedad cedente.

Por ejemplo, y entre otros, pueden incluirse los pactos alcanzados en las negociaciones preliminares.

Cuando el **cesionario** (o cesionarios) es una persona jurídica, en el proyecto de cesión global se ha de incluir, asimismo sus datos de inscripción registral.

Una vez suscrito el proyecto de cesión, los administradores deben abstenerse de realizar cualquier tipo de acto u operación que pueda comprometer la aprobación del proyecto, o modificar sustancialmente la contraprestación.

Depósito (RDL 5/2023 art.74.2) Una vez suscrito, un ejemplar del proyecto de cesión global ha de ser presentado en el **RM** del domicilio social de la sociedad **cedente** para su depósito. 2281

Pese a la omisión legal, la publicación de la **convocatoria** de la **junta general** no puede realizarse antes de que se haya efectuado la publicación de la inserción en la página web corporativa o del depósito de la documentación en el BORME (RDL 5/2023 art.7.5), salvo en el caso de aprobación unánime de la cesión global en junta universal.

Aunque la **responsabilidad** del depósito del proyecto de cesión global se atribuye a los administradores de la sociedad cedente, su ejecución material puede, lógicamente, ser realizada por otras personas a requerimiento o por encargo de aquellos.

Precisiones Es posible que este **depósito obligatorio en el RM** del proyecto de cesión global sea un residuo legal procedente del régimen precedente de la L 3/2009 art.85.2 que así lo exigía, pues, con el régimen general del RDL 5/2023 art.7 de publicidad preparatoria de la modificación estructural, el depósito en el RM solo es obligatorio cuando la sociedad carece de página web corporativa.

Publicidad preparatoria (RDL 5/2023 art.7) La publicidad preparatoria del acuerdo se remite a lo indicado para fusiones en el nº 1988. 2282

Observaciones al proyecto (RDL 5/2023 art.7.1.2º) Los socios, acreedores y representantes de los trabajadores, o en su defecto de los propios trabajadores, pueden formular a la sociedad observaciones relativas al proyecto de cesión global de activo y pasivo, a más tardar cinco días laborables antes de la junta general de socios. 2283

Informe de administradores (RDL 5/2023 art.5 y 75) Los administradores de la sociedad cedente deben redactar un informe que **explique y justifique** de forma detallada el proyecto de cesión global. 2284

Aunque no existe referencia legal expresa respecto a su contenido, se ha de entender que el informe debe recoger la explicación y justificación de los **aspectos jurídicos y económicos** del proyecto, dedicando especial atención a la valoración del activo y pasivo integrantes del patrimonio de la sociedad cedente.

Al menos un **mes antes** de la fecha de celebración de la **junta general** que aprueba la operación, los administradores de la sociedad cedente deben poner el informe a disposición de los socios y de los representantes de los trabajadores de la sociedad cedente (o en su defecto de los propios trabajadores), junto con el proyecto de cesión global de activo y pasivo, de estar disponible.

Dicha **puesta a disposición** se lleva a cabo mediante su inserción en la página web de la sociedad y en su defecto mediante remisión por vía electrónica.

En el supuesto de que el órgano de administración reciba, en tiempo oportuno, una **opinión sobre el informe** de administradores de los representantes de los trabajadores, o en su defecto de los propios trabajadores, debe informar a los socios de dicha opinión, que se adjuntará al informe.

Precisiones Por «**tiempo oportuno**» se puede tomar como referencia el plazo de cinco días laborables antes de la celebración de la junta general de socios referidos en el anuncio (RDL 5/2023 art.7.1.2º). Ver nº 1988.

2. Acuerdo de cesión global

El acuerdo se ha de adoptar por la **junta general** de la sociedad **cedente**, ajustándose al proyecto de cesión y con los requisitos y formalidades establecidos para la adopción del acuerdo de fusión (ver nº 2010 s.). 2285

La exigencia legal de que la cesión global sea acordada necesariamente por la junta de socios excluye -sea cual sea el tipo de sociedad-, la posibilidad de que dicha decisión pueda ser tomada por el **órgano de administración** de la sociedad cedente.

Por lo que respecta a la sociedad o sociedades **cesionarias**, no es necesario el acuerdo de la junta general, bastando el acuerdo del consejo de administración (el literal del RDL 5/2023 art.77 hace referencia al consejo de administración, si bien se entiende implícito cualquier tipo de órgano de administración), salvo que la cesión tenga por objeto la adquisición de activos esenciales (se presume el carácter esencial del activo cuando el importe de la operación supere el 25% de los activos que figuren en el último balance aprobado -LSC art.160.1-).

2286 **Contenido del acuerdo** (RDL 5/2023 art.47.1 y 77) El acuerdo ha de ajustarse estrictamente al contenido del **proyecto de cesión** global (nº 2278).
Cualquier **modificación** introducida por parte de la junta, que suponga una alteración del proyecto de cesión global, puede ser entendida -de forma similar a lo que sucede en relación con el acuerdo de fusión (nº 2279)-, como un rechazo de la propuesta.

Precisiones 1) Cabe interpretar que en la cesión global de activos y pasivos es de aplicación lo dispuesto en el art.46.1 RDL 5/2023 para la fusión, por remisión del art.77.1 RDL 5/2023, y con ello debe **ponerse a disposición de los socios, obligacionistas** y titulares de derechos especiales, así como de los representantes de los **trabajadores** para su examen en la sede social de la cedente los siguientes documentos: las cuentas anuales y los informes de gestión de los últimos tres ejercicios; el balance cuando sea distinto al último balance anual aprobado, acompañado en su caso por el informe del auditor de cuentas de la sociedad; el proyecto de escritura de cesión global; así como los datos de los administradores de la cedente y de los administradores o representantes legales del cesionario o de los cesionarios.
2) En cuanto al **balance de la cesión global de activo y pasivo**, aunque la remisión de la ley a los requisitos del acuerdo de fusión no incluye directamente el balance de fusión gran parte de la doctrina entiende que forma parte de la documentación contable y mercantil necesaria para la cesión global al encontrarse incluido en la L 3/2009 art.39.1.5 -actual RDL 5/2023 art.46.1.2º- (Alonso Ureba).

2287 **Junta general** (RDL 5/2023 art.46, 47 y 77.1) La junta de socios ha de adoptar el acuerdo de cesión global con observancia de los **requisitos y formalidades** establecidos en el régimen legal del tipo de la sociedad cedente.

2288 **Convocatoria** En relación con la **convocatoria**, y por aplicación de lo previsto al respecto en relación con la fusión (ver nº 2018), se establecen ciertas **reglas comunes** a cualquier tipo de sociedad, las cuales se refieren a:
• Los **medios** de convocatoria, admitiéndose, de forma alternativa:
- la publicación, la cual debe, eso sí, ajustarse a los requisitos previstos en el régimen del tipo social de que se trate; o
- la comunicación individual por cualquier medio que garantice su recepción.
• Su **antelación**, de forma que, cualquiera que sea el medio empleado, la convocatoria ha de realizarse con un mes de antelación, como mínimo, a la fecha prevista para la celebración de la junta.

2289 • El **contenido** de la convocatoria, en la que se ha de incluir, además de las indicaciones generales (p.e., fecha, lugar y hora de la reunión, etc.):
- las menciones mínimas del proyecto de cesión global (nº 2278);
- la fecha de inserción del proyecto de cesión global y el informe de los administradores en la página web de la sociedad o, si esta no tiene página web, el derecho de todos los socios, obligacionistas, titulares de derechos especiales y representantes de los trabajadores a examinar en el domicilio social copia de esos documentos, así como a obtener su entrega o envío gratuitos.
Aunque no se exige de forma expresa que la **comunicación individual** de la convocatoria deba realizarse por escrito, todo indica que así ha de ser, ya que por exigencia legal el medio empleado debe asegurar su recepción.

2290 **Régimen de mayorías** (LSC art.194 y 199.b) En lo que respecta al régimen de mayorías para la adopción del acuerdo de cesión global, se ha de tener en cuenta que la LSC prevé un **quorum reforzado**, que varía en función del tipo social del que se trate:
a) En el ámbito de la SA, la cesión global de activo y pasivo se incorpora a los supuestos que exigen un *quorum* reforzado (50% del capital suscrito con derecho a voto) para la válida constitución, en primera convocatoria, de la junta general cuya aprobación se somete dicho acuerdo. Sin embargo, se requerirá el voto favorable de los 2/3 del capital presente o representado en la junta cuando en segunda convocatoria concurran accionistas que representante el 25% o más del capital suscrito con derecho a voto sin alcanzar el 50% (LSC art.194 y 201.2).
b) En el caso de **SRL**, la cesión global de activo y pasivo se incorpora a los supuestos que exigen un *quorum* reforzado de votación de al menos 2/3 de los votos correspondientes a las participaciones en que se divida el capital social (LSC art.199.b).
Todo lo anterior sin perjuicio de que los **estatutos sociales** establezcan *quorums* o mayorías reforzadas superiores a las previstas legalmente.

Junta universal Sobre la posibilidad de que el acuerdo de cesión global se pueda adoptar **sin** necesidad de **convocatoria** formal de la junta, por asistir a la reunión, presentes o representados, todos los socios y decidir la celebración de la misma -salvo mejor criterio-, se formulan las siguientes consideraciones: 2291

a) Es admisible, si **no existen** en la sociedad cedente **obligacionistas o titulares de derechos especiales**. En este caso, la falta de información de los socios se ve suplida por su asistencia a la junta.

b) Resulta más discutible si en la sociedad **cedente** hay obligacionistas o titulares de derechos especiales, toda vez que por aplicación de lo previsto en relación con la fusión (RDL 5/2023 art.47.2), en la convocatoria (publicada o comunicada individualmente), se ha de hacer mención expresa a la fecha de inserción del proyecto de cesión global y el informe explicativo emitido por los administradores de la sociedad cedente en la página web de la sociedad o, si esta no carece de web, el derecho de todos los socios, obligacionistas, titulares de derechos especiales y representantes de los trabajadores a examinar en el domicilio social copia de esos documentos y obtener su entrega o envío gratuitos, por lo que la ausencia de convocatoria formal, que es lo que caracteriza a la junta universal, entra, en principio, en conflicto directo con el derecho de información de los destinatarios mencionados.

Ello no obstante y como argumentos a favor de la posibilidad de adoptar el acuerdo de cesión global en junta universal, puede alegarse que los obligacionistas, titulares de derechos especiales y representantes de los trabajadores no tienen reconocido el derecho de oponerse a la cesión global, por lo que pudiera entenderse que su derecho de información se ve suficientemente cubierto con la comunicación efectiva a los mismos de los documentos indicados. 2292

c) En cualquier caso, se ha de cumplir con la puesta a disposición de los **representantes de los trabajadores** (o cuando no existan tales representantes, de los propios trabajadores) del proyecto de cesión global y del informe de los administradores sobre el mismo (RDL 5/2023 art.5.6 y 7).

Acuerdo unánime en junta universal De conformidad con las disposiciones comunes aplicables a las modificaciones estructurales (RDL 5/2023 art.77.1), se ha de considerar también aplicable a la cesión global la posibilidad de que el acuerdo de cesión global adoptado se adopte por unanimidad en junta universal (RDL 5/2023 art.9), conforme al **régimen simplificado** legalmente previsto al respecto. 2293

En consecuencia, siguiendo este criterio, en caso de que el acuerdo de cesión global sea adoptado de forma unánime en junta universal, este puede adoptarse:

- sin necesidad de publicar o depositar los documentos exigidos por la ley, aunque deberán incorporarse a la escritura pública;
- sin informe de administradores;
- sin anuncio sobre la posibilidad de formular observaciones al proyecto;

En cualquier caso, deben quedar a salvo los derechos de información de los **representantes de los trabajadores**, incluida la información sobre los efectos que puede tener sobre el empleo, los cuales no pueden ser restringidos por el hecho de que la cesión global sea aprobada en junta universal. En particular, la excepción aplicable al informe de administradores no procede respecto del informe de administradores destinado a los trabajadores, que será exigible salvo que la sociedad y sus filiales, de haberlas, no tengan más trabajadores que los que formen parte del órgano de administración (RDL 5/2023 art.5.8 y 9.2).

Sociedad cesionaria Legalmente no se prevé que la cesión global deba ser aprobada por la junta general de la sociedad cesionaria (o cesionarias). Tampoco se prevé la redacción o suscripción del proyecto de cesión por sus administradores, ni la emisión de informe. 2294

Sin embargo, aun cuando no se exija legalmente, puede formalizarse opcionalmente acuerdo de junta general de la sociedad cesionaria (o cesionarias) y, al menos, debe formalizarse por escrito el **consentimiento** del cesionario o los administradores de la sociedad cesionaria, puesto que mediante la cesión global se transmite un patrimonio constitutivo de una unidad económica, a cambio de contraprestación

No obstante, se requerirá autorización de la junta general de la sociedad cesionaria cuando la cesión global de activo y pasivo suponga para ella la adquisición de un **activo esencial**, presumiéndose el carácter esencial del activo cuando el importe de la operación supere el 25 % del valor de los activos de la sociedad cesionaria según su último balance aprobado (LSC art.160.f).

Precisiones En caso de no se considere un «activo esencial», la doctrina mayoritaria considera que, si bien no será necesario el acuerdo previo de la junta general de la sociedad cesionaria, es conveniente el acuerdo previo por parte del **órgano de administración** o su manifestación expresa sobre el carácter «no esencial» de tal activo en la propia escritura que formalice la operación de cesión global, al objeto de mejorar la posición del órgano de administración en cuanto a su deber de diligencia y valoración de la culpa grave (DGRN Resol 13-8-15).

2295 **Publicidad** (RDL 5/2023 art.10) La publicidad de los acuerdos de cesión global coincide con lo indicado en el nº 2028, de modo que el acuerdo de cesión global, una vez adoptado, se ha de publicar en el **BORME** y en la **página web** de la sociedad o, a falta de ella, en uno de los **diarios** de mayor difusión en las provincias en las que cada una de las sociedades tenga su domicilio.
En el **anuncio** se ha de hacer constar el derecho que asiste a los socios y acreedores de obtener el texto íntegro del acuerdo adoptado y del balance presentado (en caso de ser necesario).
No es necesaria la publicación cuando el acuerdo se comunique individualmente por escrito o vía electrónica a todos los socios y acreedores por un procedimiento que asegure la recepción de aquél en la dirección que figure en la documentación de la sociedad.

Precisiones **1)** La opción por la comunicación individual escrita corresponde a los **administradores**, sin perjuicio de que su decisión pueda estar condicionada por la junta que apruebe la cesión global.
2) No se especifica si la comunicación individual se ha de realizar solo a los **acreedores** de la sociedad cedente o, también, a los acreedores del cesionario o cesionarios.
3) La comunicación escrita se ha de hacer a cada socio y cada acreedor, aunque varios tengan el **mismo domicilio**.
4) Con exclusión de la forma oral, es admisible y válido el empleo de cualquier medio escrito o vía electrónica, si bien la necesidad de que se asegure la recepción de la comunicación por todos los socios y acreedores hace aconsejable el uso de medios que, a efectos de **prueba**, permiten dejar constancia cierta de la fecha en que se recibe la comunicación y de su contenido (p.e., entrega personal de documento retirando copia del mismo en el que conste el acuse de recibo del original; conducto notarial, burofax, etc.).

3. Protección de acreedores

2296 La protección de acreedores en las operaciones de cesión global coincide con lo indicado en el nº 2031, para los acreedores cuyos **créditos** hayan nacido con anterioridad a la publicación del proyecto de cesión, aun no hayan vencido en el momento de dicha publicación y que **no estén conformes con las garantías** ofrecidas o con la falta de ellas en el proyecto y hayan notificado a la sociedad su disconformidad. En todo caso, los acreedores sólo pueden exigir garantías si demuestran que la satisfacción de sus créditos está en riesgo debido a la operación de cesión global y no cuentan ya con garantías adecuadas.
En los casos en los que no sea necesaria la publicación del proyecto, la **fecha de nacimiento del crédito** a efectos de protección de acreedores deberá ser anterior a la fecha de publicación del acuerdo o a la fecha de comunicación individual de ese acuerdo al acreedor.
El ejercicio de los derechos previstos en el RDL 5/2023 art.13 **no paraliza la cesión global** ni impide su inscripción en el Registro Mercantil.

4. Declaración sobre situación financiera

(RDL 5/2023 art.15)

2297 La declaración sobre situación financiera coincide con lo indicado en el nº 2039 de forma que el órgano de administración de las sociedades intervinientes en la cesión global puede con **carácter facultativo** adjuntar para su publicación junto con el proyecto una declaración que refleje con exactitud la situación financiera actual en una fecha no anterior a un mes antes de la publicación de dicha declaración.
En ella **se hace constar** que, sobre la base de la información a su disposición y después de haber efectuado las averiguaciones que sean razonables, no conocen ningún motivo por el que la sociedad, después de que la modificación estructural surta efecto, no puede responder de sus obligaciones al vencimiento de éstas.

5. Fase de ejecución

2300 La eficacia de la cesión global de activo y pasivo queda condicionada a su formalización en escritura pública e inscripción en el RM.

2301 **Escritura pública** (RDL 5/2023 art.78; RRM art.246) El acuerdo de cesión global de activo y pasivo se ha de elevar a escritura pública, la cual debe ser **otorgada** por la sociedad cedente y por el cesionario o los cesionarios.
El **contenido** de la escritura debe recoger, además del acuerdo de cesión global adoptado por la sociedad cedente, todos los datos y documentos necesarios para su inscripción.
Junto con las menciones necesarias, es recomendable incluir la siguiente **documentación**:
- un ejemplar del proyecto de cesión aprobado por la junta general de la sociedad cedente;

- un ejemplar del informe de administradores;
- un ejemplar del balance de cesión; y
- los ejemplares de los diarios y del BORME en los que se ha publicado el acuerdo de cesión global y, en su caso, la convocatoria de la junta.

Inscripción La inscripción de la escritura pública de cesión global en el RM tiene **efectos constitutivos**, por lo que la eficacia de la operación está condicionada a su documentación en escritura pública y a su inscripción en el RM de la sociedad cedente. 2302
Si la sociedad cedente se extingue como consecuencia de la cesión, se han de cancelar sus asientos registrales.

C. Efectos

La cesión global de activo y pasivo desprende los siguientes efectos: 2310
- la transmisión en bloque del patrimonio social;
- la extinción de la sociedad cedente, en su caso; y
- la responsabilidad por obligaciones incumplidas.

Transmisión en bloque (RDL 5/2023 art.72.1) La cesión global de activo y pasivo constituye una transmisión del patrimonio social **a título universal** y de un solo golpe (*uno actu*), traspasándose al cesionario o cesionarios mediante un único modo -la inscripción de la escritura en el RM- las relaciones reales y obligatorias, los créditos y responsabilidades de la sociedad cedente, sin necesidad del consentimiento de los acreedores, siempre que se les respete su posición jurídica y derecho por las garantías de sus créditos. 2311

Extinción de la sociedad cedente (RDL 5/2023 art.72.2) La cesión global de activo y pasivo no lleva aparejada necesariamente la extinción de la sociedad cedente, pudiendo esta, con el dinero u otro tipo de bienes y derechos en que se materializa la contraprestación que recibe, decidir la **continuidad** en el desarrollo de su actividad con o sin modificación de su objeto social. 2312
Sin embargo, la cesión global de activo y pasivo si va ligada a la **extinción** de la sociedad cedente cuando:
- la contraprestación es percibida total y directamente por los socios de la sociedad cedente; o
- la contraprestación se recibe por la sociedad cedente, pero los socios deciden abrir el proceso de extinción de la sociedad.

Precisiones **1)** Aun en los casos en que la transmisión de la empresa lleve aparejada la extinción de la sociedad cedente, la cesión global supone una **ventaja** evidente con respecto a la liquidación tradicional de elementos patrimoniales por separado, tanto por la transmisión de la totalidad de la empresa en una única operación, como por el precio a obtener por la transmisión, que en principio debe ser superior a la venta separada de los elementos, al tratarse de una empresa en funcionamiento (Alonso Ureba).
2) El nuevo régimen de la cesión global no impide -en particular en el ámbito de la SRL- que, producida esta operación en el marco de la liquidación de la sociedad cedente, quepa la **reactivación** de la misma evitándose la extinción (Alonso Ureba).

Responsabilidad por obligaciones incumplidas (RDL 5/2023 art.79) Sin perjuicio de lo establecido en las disposiciones comunes sobre protección de acreedores (nº 2296), de las deudas incumplidas que hayan nacido antes de la publicación del proyecto de cesión no vencidas en ese momento y que hayan sido asumidas frente al acreedor de la sociedad cedente por un cesionario, se hacer responder de forma **solidaria** a: 2313
• Los demás **cesionarios**, hasta el límite del activo neto atribuido a cada uno de ellos en la cesión.
• Los **socios** de la sociedad cedente, en su caso, hasta el límite de lo percibido como contraprestación por la cesión.
• La **sociedad cedente**, si no se ha extinguido, hasta el importe de los activos netos que permanezcan en ella.
El plazo de **prescripción** de la responsabilidad solidaria de los cesionarios y de los socios se establece en cinco años.

CAPÍTULO 7

Pactos parasociales

2350

A. **Consideraciones generales** 2355
B. **Caracteres** 2360
C. **Elementos configuradores** 2365
  1. Elementos personales 2367
  2. Elementos reales 2376
  3. Formalidades 2378
  4. Publicidad 2381
D. **Tipos de pactos parasociales** 2385
E. **Contenido de los pactos parasociales** 2400
  1. Acuerdos relativos al derecho de voto 2405
  2. Acuerdos relativos a los derechos económicos del socio 2420
  3. Acuerdos sobre la transmisibilidad de las acciones o participaciones 2425
  4. Opción de compra y venta 2440
  5. Financiación de la sociedad. Contabilidad e información al socio 2445
  6. Duración del acuerdo 2450
  7. No competencia 2455
  8. Ley aplicable, jurisdicción y arbitraje 2460
F. **Supuestos específicos** 2465
  1. Sociedad cotizada 2466
  2. Empresa familiar 2475
  3. Joint Ventures 2480
  4. Inversiones de capital-riesgo 2488
  5. Empresa emergente 2495
G. **Eficacia y validez** 2500

A. Consideraciones generales

No existe una **definición** legal de los pactos parasociales válida para referirse a todos los que son objeto de este estudio. Se trata de acuerdos que alcanzan todos o algunos socios para completar, concretar o modificar, en sus relaciones internas, las reglas legales y estatutarias de la sociedad en cuestión. 2355

Una de las notas definitorias de estos pactos es que no se integran en el ordenamiento de la persona jurídica a la que se refieren. El pacto parasocial se define en parte de forma negativa, por lo que no es: no es el **contrato de sociedad** en sí. Sin embargo, la delimitación entre lo social y lo parasocial es una tarea muy compleja.

En palabras de Paz-Ares, los pactos parasociales son aquellos convenios celebrados entre algunos o todos los **socios** de una sociedad anónima o limitada con el fin de completar, concretar o modificar, en sus relaciones internas, las reglas legales y estatutarias que la rigen. Asimismo, y según Fernández de Córdova, los pactos parasociales pueden ser definidos como «contratos celebrados entre todos o algunos de los socios, o entre estos y terceros, sobre materias relativas a la organización y funcionamiento de la sociedad o de otro modo relacionadas con esta, que carecen, sin embargo, de eficacia definitoria de la sociedad a que se refieren».

No hay que concluir de forma precipitada, con base en un criterio meramente formalista, que los pactos parasociales son los convenios alcanzados por los socios que no se incluyen en la escritura pública objeto de inscripción registral. Se tiende erróneamente a identificarlos con los pactos que se mantienen **reservados entre los socios** y que, según la LSC art.29, no son oponibles a la sociedad.

Precisiones Ello no obstante, el **Anteproyecto de Ley del Código Mercantil** elaborado por la Comisión General de Codificación señala, en su art.213-21, que «Los pactos celebrados entre todos o algunos socios, o entre uno o varios socios y uno o varios administradores al margen de la escritura social o de los estatutos, estén o no depositados en el Registro Mercantil, no serán oponibles a la sociedad. Los acuerdos sociales adoptados en contra de lo previsto en los pactos serán válidos.». Asimismo, dicho artículo añade que serán nulos aquellos pactos parasociales por los que uno o varios administradores de la sociedad se obliguen a seguir las instrucciones de socios o de terceros en el ejercicio de su cargo. En consecuencia, el futuro Código Mercantil podría recoger, sin 2356 dejar margen a demasiadas dudas interpretativas, la **inoponibilidad** frente a la sociedad de los pactos parasociales o extraestatutarios, sin perjuicio de su validez entre los propios firmantes del pacto y el régimen de responsabilidad en caso de incumplimiento de lo pactado (Anteproyecto de Ley del Código Mercantil art.213-21.3).

2357 La singularidad de tales fórmulas asociativas radica en su **carácter extraestatutario**; es decir, que, no obstante referirse al funcionamiento o estructura de la sociedad, no se incorporan ni a los estatutos ni a la propia escritura de constitución social.
En algunos casos, el acudir a este tipo de acuerdos de carácter extraestatutario encuentra justificación en que, aun siendo posible su **incorporación a los estatutos** sociales (p.e., prohibición temporal de transmitir las acciones, derechos de adquisición preferente, en la medida en que se respeten los requisitos y límites legales establecidos), dicha inclusión no resulta factible, dada la limitación de su alcance a determinadas acciones o accionistas, o, cuando menos aconsejable, por no corresponderse con el deseo de confidencialidad de los interesados. En otros supuestos, su carácter reservado u oculto deriva de la imposibilidad, atendido el contenido del acuerdo, de su válida incorporación como cláusulas estatutarias (p.e., los sindicatos de voto que establecen, de una u otra forma, la vinculación del mismo a una disciplina unitaria). Estos últimos pactos son los que presentan una mayor problemática jurídica y han sido objeto de una mayor controversia doctrinal (ver nº 2506).

2358 Los **objetivos** perseguidos por dichos pactos son muy variados, si bien en la mayoría de los casos, suelen ir dirigidos, entre otros aspectos, a:
- la atribución a determinados grupos minoritarios de un mayor peso político en la vida social mediante el establecimiento, entre otros, de derecho de veto sobre determinados acuerdos sociales;
- el mantenimiento de un grupo de control;
- la regulación de las entradas y salidas de los socios en la sociedad y la valoración de sus acciones o participaciones en caso de enajenación;
- el establecimiento de políticas de financiación de la sociedad ya sea mediante recursos propios o ajenos;
- la determinación de políticas de reparto o conservación del beneficio distribuible de la sociedad;
- la regulación de obligaciones o prestaciones de determinados socios con la sociedad más allá de las derivadas de su condición de tales (p.e., acuerdos de prestación de servicios o comerciales); etc.

Aquellos pactos que afectan a una **sociedad cotizada** están sujetos a requisitos específicos de publicidad (ver nº 2469).
Los acuerdos de sindicación son frecuentemente utilizados en el ámbito de las **empresas familiares**, como mecanismo para mantener la unidad del grupo familiar en la titularidad y dirección de la empresa, especialmente cuando, por razones de sucesión generacional, el núcleo familiar se amplía en cuanto al número de partícipes, a favor de personas no directamente involucradas en la gestión empresarial.

B. Caracteres

2360 Los pactos parasociales tienen **naturaleza contractual**. En virtud de los mismos, sus firmantes se obligan a determinadas prestaciones, no solo de dar alguna cosa o prestar un servicio, sino sobre todo a observar una conducta, a cumplir un haz de obligaciones de hacer y de no hacer. El pacto parasocial es un negocio generador de obligaciones exigibles. En palabras de Paz-Ares, si un pacto parasocial es válido se convierte en «ley entre las partes» (CC art.1091) y, en este caso, no hay razón para privar a quien esté interesado en su cumplimiento de ninguno de los remedios previstos por el sistema jurídico para la defensa de sus intereses contractuales.
Los pactos de socios no son, en sentido estricto, **contratos sinalagmáticos**. Al igual que ocurre en el propio contrato social, en la base del pacto parasocial se encuentra una composición de intereses, más que una verdadera contraposición de los mismos. Ahora bien, mientras que en el contrato de sociedad la nota de puesta en común y concurrencia de intereses más o menos coincidentes es esencial, el pacto parasocial puede caracterizarse precisamente por regular, al margen de la escritura, aquella parte de las relaciones entre los socios en que la divergencia puede resultar más probable.
Mientras en la sociedad dotada de personalidad jurídica independiente, el **incumplimiento** de uno de los socios no da lugar a la facultad de resolución del contrato -y sí solo, en los casos más graves, a la exclusión del socio-, en los pactos parasociales sí se puede anudar la resolución del contrato al incumplimiento de la contraparte.

Precisiones Sin perjuicio de la teoría general enunciada en el párrafo anterior, recientemente el TS ha matizado su interpretación a través de la sentencia (TS 5-5-2023, EDJ 569651), en la que el Alto Tribunal determina que, si bien las obligaciones dimanantes de un pacto de socios no tienen la consideración de sinalagmáticas y, en consecuencia, su incumplimiento no conlleva la facultad de resolución del contrato, si las partes han mantenido una **conducta indubitada de incumplimiento** e inaplicación del pacto de socios que implique de facto prescindir de su carácter vinculante, generando la creencia de que carecía de efectos reales para regir la vida social, puede limitar su eficacia en el futuro.
Esta interpretación supone vincular la **doctrina de los actos propios** y, en consecuencia, las exigencias de la buena fe, a la exigibilidad de los pactos parasociales, lo que resulta en la imposibilidad de hacer valer los derechos contraídos por mor de un pacto parasocial por parte del socio incumplidor, ya que, entre otros motivos, no debe admitirse la invocación de reglas jurídicas por el mismo sujeto que las ignora ni cabe imputar a otro una conducta en la que la propia parte ha incurrido.

Se suele decir que la **escritura social y el pacto parasocial** son contratos conexos o coaligados. La conexión o ligamen entre los mismos puede variar. Así, determinados socios de una sociedad preexistente pueden suscribir el pacto en atención a la adquisición por alguno de ellos de una participación en su capital. Y a la inversa, a veces el convenio parasocial es antecedente de la constitución de la sociedad y regula de forma completa la organización del ente jurídico a través del cual los fundadores quieren desarrollar un negocio en común. **2361**
Dependiendo del caso, los **vicios** de los que pudiera adolecer uno de los contratos afectan de una u otra forma al contrato conexo o consecuente. Por ejemplo, el error en el consentimiento de uno de los contratantes respecto del negocio a acometer conjuntamente previsto en el pacto parasocial, puede llegar a determinar su ineficacia y consiguiente nulidad del contrato de sociedad otorgado.
También es habitual en los pactos parasociales suscritos en atención a una *joint venture* que estén **vinculados a otros contratos** como el de obra a realizar conjuntamente, de suministro a la sociedad por parte de uno de los socios, de licencia de uso de derechos de propiedad industrial a favor de la sociedad conjunta, o incluso de prestación de servicios a la misma por uno de los socios persona física.

Son **contratos normativos** o de carácter reglamentario por cuanto regulan relaciones entre las partes continuadas y más o menos heterogéneas -votación en junta sobre los aspectos más diversos, prestaciones a favor de la sociedad, etc.-, que además pueden llegar a plasmarse en verdaderos nuevos contratos con un contenido en parte predefinido por el pacto parasocial; así, por ejemplo, en el caso de la transmisión de acciones o participaciones en ejercicio de un derecho de tanteo establecido en el pacto. **2362**
En su contenido propiamente parasocial son **contratos asociativos**. Es cierto que la puesta en común de las aportaciones (CC art.1665) está más propiamente regulada en la escritura de constitución que en el pacto parasocial; sin embargo, el establecimiento de prestaciones adicionales a favor de la sociedad es un contenido típico de esta clase de contratos.
Por otra parte, suelen regular la **organización y gestión del negocio** común, aunque sea de manera complementaria a los estatutos, lo que es propio de los acuerdos asociativos.
En cuanto al **ánimo de lucro**, carácter esencial del contrato de sociedad, la doctrina moderna (Paz-Ares) se ha ocupado de matizar que este requisito debe conceptuarse, en sentido amplio, como la obtención de cualquier ventaja o la satisfacción de cualquier interés que pueda alcanzarse mediante la puesta en común de las aportaciones y la organización social. Por ejemplo, tener acceso a determinados procesos industriales de manera exclusiva para así mejorar la posición competitiva del partícipe frente a otras empresas del sector.

C. Elementos configuradores

Los elementos configuradores del contrato que hemos denominado pacto parasocial no difieren demasiado de los del contrato social mismo, pero presentan algunas especialidades y, sobre todo en el plano del elemento subjetivo, invitan a numerosas reflexiones prácticas. **2365**

1. Elementos personales

Deben o pueden ser **parte** de un pacto parasocial, en los términos que a continuación se exponen: **2367**
- los socios;
- la sociedad;
- los administradores y directivos; y
- los terceros.

2368 **Socios** Como regla general, los pactos parasociales se suscriben por los socios actuales o futuros de una sociedad.
Pueden ser socios **directos**, es decir que ostentan la titularidad formal de las acciones o participaciones de la sociedad a la que el pacto se refiere; pero también pueden ser **indirectos**, cuando aquellas acciones o participaciones son de titularidad de otra sociedad que es, a su vez, controlada por el suscriptor del pacto.
Puede que sean partes del pacto **todos** los socios de la sociedad o solo **algunos** de ellos; y en el segundo caso, que se trate de los socios que poseen, acumuladamente, la mayoría del capital o de socios minoritarios.
Cuando el pacto de socios se refiere a un **grupo de sociedades** y en el perímetro del mismo se cuentan filiales no íntegramente participadas, el convenio afecta a sociedades en que hay terceros; evidentemente estos no quedan vinculados directamente por el contrato, conforme a su eficacia relativa, pero sin duda, se ven indirectamente afectados.

2369 En ocasiones, siendo las partes del pacto originariamente todos los socios fundadores de la sociedad en cuestión, esta situación puede verse alterada en caso de darse **entrada a nuevos socios** en el capital de aquella. A diferencia del régimen estatutario, el parasocial no alcanza a los nuevos socios por el mero hecho de adquirir tal condición. Por consiguiente, si el pacto tiene la vocación de mantener la identidad entre partes del mismo y socios de la sociedad, deben establecer mecanismos para que quienes accedan al capital social se adhieran al convenio.
A la inversa, es frecuente que el pacto prevea su **terminación** en caso de que los socios suscriptores (originarios o posteriormente adheridos) dejen de ostentar el control, la mayoría del capital social o una participación cualificada, como consecuencia de la entrada de terceros; y, casi siempre, en caso de que se solicite la admisión a cotización de las acciones de la sociedad.
Por el contrario, es posible prever que, a medida que se desarrolla la empresa y se requieren financiación o aportaciones adicionales, se incorporen **nuevos inversores** al capital sin que, necesariamente, tengan que devenir parte del pacto parasocial pero manteniendo su vigencia entre los suscriptores originarios. Así ocurre en la práctica en algunos pactos referidos, sobre todo, a empresas tecnológicas de nueva creación con participación de socios «técnicos» e «inversores financieros» (*start-ups*).

Precisiones El hecho de que las partes del contrato parasocial sean **todos o solo parte de los socios** de la sociedad tiene gran trascendencia. A la hora de configurar las estipulaciones del convenio, en caso de que haya socios terceros ajenos al pacto es necesario prever la influencia que su voto puede tener a la hora de adoptar acuerdos si uno de los suscriptores del pacto decide incumplirlo y aliarse con el tercero. Pero además, las posibilidades de exigir el cumplimiento del pacto varían según este sea suscrito por todos o solo por algunos de los socios.

2370 **Sociedad** La conveniencia de que el pacto lo firme la propia sociedad es un aspecto muy debatido.
En teoría la sociedad es **objeto del contrato** y **no sujeto** del mismo. Es más, algunos autores consideran ilícito que la sociedad, como tal, sea parte en un pacto celebrado con uno o algunos de sus socios, especialmente si procura a estos algún tipo de ventaja a título individual o, en general, establece excepciones al régimen organizativo y de funcionamiento dispuesto en estatutos. Para los partidarios de esta tesis, aun cuando la sociedad firmase el convenio representada por persona con facultades suficientes, no quedaría vinculada.
Por consiguiente, si la sociedad no firma el pacto parasocial, se considera que este permanece «reservado» entre los socios y es inoponible a la propia sociedad; la sociedad es un tercero a quien no puede afectar directamente lo convenido en el pacto (LSC art.29).
Otros consideran preferible que la sociedad sí sea **parte contratante**. Es más, postulan la posibilidad de que suscriba válidamente el pacto parasocial y la conveniencia de que lo haga aun cuando se regulen determinados aspectos de forma distinta o complementaria respecto a lo previsto en la escritura social.

2371 Cabe la posibilidad de que el pacto parasocial establezca determinadas **prestaciones a favor de la sociedad**, teniendo en cuenta que, si esta es parte del convenio, estará en condiciones de exigir su realización. Ahora bien, las prestaciones accesorias se encuentran admitidas por la LSC como contenido estatutario y, además, semejante acuerdo puede incluirse en el pacto como estipulación a favor de tercero -la sociedad- sin que esta lo firme; solo se requeriría la notificación a la sociedad y la aceptación por parte de esta (CC art.1257.2).
Cuestión distinta es si la única vía coercitiva que permite **asegurar el cumplimiento** de algunas o incluso numerosas obligaciones de las partes es la imposición de determinadas obligaciones de conducta a la propia sociedad. Parece recomendable hacerlo así, a fin de que la sociedad misma se comprometa a abstenerse de ejecutar acuerdos alcanzados en contravención de lo pactado y de reconocer la cualidad de socio a quien adquiera acciones o participaciones en contra de lo dispuesto en el convenio.

La anterior reflexión reconduce inmediatamente al problema fundamental de aceptar que la sociedad, como persona jurídica independiente de sus socios con trascendencia *erga omnes*, pueda asumir la obligación de observar reglas dimanantes de un régimen distinto del estatutario.
Por otra parte, muchas de las prestaciones que podemos vernos tentados de atribuir a la sociedad son acciones u omisiones que, aun admitiendo que sean debidas por la sociedad, solo pueden realizarse -o dejar de realizarse- por sus **administradores**, quienes tienen atribuida legalmente la representación de aquella. Lo que, a su vez, lleva a la cuestión de si es posible que los pactos parasociales vinculen a los administradores.

Administradores y directivos La mayoría de los pactos parasociales prevén en sus estipulaciones la forma de organizar la administración y gestión de la sociedad o del grupo; la forma de designar y nombrar a los administradores; e indirectamente, suelen hacer referencia a la conducta cuya observancia las partes esperan de dichos administradores y de los directivos con poderes generales; sin embargo, estos sujetos no pueden ser, en cuanto que tales, **parte** del convenio parasocial. **2372**
Un supuesto en que los administradores y gestores de la sociedad pueden suscribir el pacto parasocial es cuando, además, reúnen la **condición de socios**. Esta situación se ha generalizado en los últimos años, sobre todo como consecuencia de la actividad de *private equity* en que la atribución a los gestores (el *management*) de una participación, inicial o futura, en el capital se concibe como una técnica para incentivar la eficiencia en la gestión de la empresa.

Terceros En principio no es lógico que un tercero ajeno a la sociedad sea parte del convenio parasocial. Ahora bien, nada impide que el pacto de socios tenga como finalidad fundamental proporcionar determinadas seguridades a un tercero. **2373**
Piénsese en los pactos concluidos en relación con sociedades de propósito especial creadas para desarrollar un proyecto concreto (p.e., una concesión administrativa), que requieren una importante **financiación bancaria**. En el capital de la sociedad en cuestión normalmente participan empresas especializadas, cuya solvencia técnica o económica resulta trascendental para las entidades de crédito que aportan la financiación ajena. En consecuencia, se exige «garantizar» la estabilidad accionarial o de la gestión a fin de optimizar las posibilidades de éxito del proyecto, en beneficio de terceros: de los bancos.
A pesar de todo, aunque el pacto de socios no es en estos casos, en absoluto, indiferente para los financiadores, no es suficiente. Estos querrán ver plasmados los mecanismos parasociales en los mismos estatutos y complementados con medidas de **garantías reales**, que pueden adoptar la forma de prenda sobre acciones o participaciones, normalmente acompañada de la atribución en estatutos de los derechos políticos a favor del acreedor bajo determinadas condiciones; normalmente en caso de incumplimiento de alguna obligación del contrato de financiación, aunque no de una esencial, pues entonces lo previsto será la ejecución de la garantía.

De nuevo, es posible establecer algunas o incluso todas las obligaciones de las partes bajo el pacto de socios como **estipulaciones a favor de tercero**, deviniendo exigibles por este desde que las acepta siempre que no se haya producido antes la revocación (CC art.1257). **2374**
Un caso muy particular de pacto parasocial establecido en beneficio de tercero es aquel por el que varios accionistas de una sociedad cotizada convienen actuar en la forma más adecuada para facilitar el **éxito de una OPA** por parte de un tercero sobre las acciones de la sociedad. Además de formular la aceptación anticipada, aunque a menudo condicional, de la oferta -con el consiguiente desglose contable de valores-, los socios suscriptores pueden verse obligados a ejercitar sus derechos políticos en un sentido que no impida el éxito de la oferta (p.e., a efectos de votar en la junta general prevista por el RD 1066/2007 art.28).

2. Elementos reales

En general, los pactos parasociales tienen por **objeto** las relaciones de los socios entre sí y para con la sociedad. **2376**
El objeto de los pactos parasociales puede ser de lo más variado como demuestra la práctica. Es más, puede ser prácticamente el **mismo que el del contrato social**: aportaciones dinerarias y no dinerarias, prestaciones accesorias, transmisión de acciones o participaciones, situaciones de co-titularidad y gravámenes sobre las mismas, cesión de la condición de socio, configuración del órgano de administración y normas de su funcionamiento, principios contables, disolución y liquidación, etc.
No pueden regular un aspecto contemplado en estatutos de forma distinta y contraria al orden público societario.

Un caso especialmente complejo es el de los pactos cuyo objeto se refiere a la organización y gobierno de un **grupo de sociedades**. La existencia de grupo de sociedades viene siendo reconocida por el ordenamiento positivo español desde hace años a efectos de consolidación contable (CCom art.42 s.), mercados de valores (LMV art.4) y, con mayor amplitud, en cuanto a las SRL por el RRM art.175.2, que admite la cláusula estatutaria que obliga a vender conjuntamente por los socios las partes sociales de las sociedades que se encuentren vinculadas entre sí por poseer unidad de decisión y estar obligadas a consolidación contable. De manera mucho más reciente, se reconoce también la existencia de grupo en nuestro derecho de sociedades de capital (LSC art.348 bis.4), al reconocerse un derecho de separación en caso de falta de distribución de dividendos al socio de la sociedad dominante cuando la sociedad estuviere obligada a formular cuentas consolidadas, siempre y cuando se cumplan ciertos requisitos establecidos en el indicado artículo.

3. Formalidades

2378 En lo relativo a la forma que debe revestir el pacto parasocial, rige el principio de **libertad** (CC art.1278); el contrato es eficaz siempre que reúna los requisitos legales de validez y sus obligaciones son por tanto exigibles con independencia de la forma de celebración.

Si los pactos parasociales se instrumentan en **documento privado**, aun cuando alteren lo establecido en la escritura pública de constitución y aprobación de estatutos sociales, no pueden afectar a terceros (CC art.1230); pero, aunque se recojan en otra escritura pública distinta, en tanto no den lugar a una modificación estatutaria y sean objeto de inscripción en el RM, tampoco pueden hacerse valer frente a terceros (CC art.1219).

Cuando estemos en presencia de un **protocolo familiar**, la normativa tampoco impone la necesidad de documento público para la constancia registral de los protocolos. El RD 171/2007, que regula la publicidad de los protocolos familiares, establece que se podrá hacer constar en la hoja registral abierta de la sociedad la existencia de protocolo familiar con su reseña identificativa. Adicionalmente, se establece que, si el protocolo familiar se hubiere formalizado en documento público, se indicará en la inscripción el notario autorizante, lugar, fecha y su número de protocolo, sin que el registrador pueda exigir su presentación ni calificación.

Además, no se debe olvidar que, si el pacto en cuestión recoge **obligaciones pecuniarias líquidas** o matemáticamente liquidables a favor de alguna de las partes, la forma pública facilita la ejecutividad del crédito en cuestión (LEC art.517).

2379 Sentado, por tanto, que el requisito de forma no es inherente al pacto parasocial y que solo en determinados casos es necesario, en el plano práctico hay argumentos a favor de su formalización en **escritura pública**.

Simultanear el ejercicio de redacción y preparación de la escritura de constitución con el del pacto parasocial, contando para ambas tareas con el **asesoramiento** correspondiente, tiene la virtud de deslindar mejor el contenido estrictamente social de la escritura respecto a los convenios extra-estatutarios, en función de su adecuación o no a los principios configuradores del tipo social.

Esta labor resulta mucho más fácil si, siendo el propósito de los firmantes que la mayor parte de su contenido acceda al Registro Mercantil (reservando el pacto parasocial para aquellos acuerdos que no se adecúen al tipo social), se puede contar, además, con la **precalificación** o, cuando menos, opinión del **registrador mercantil**. Así se incrementan las probabilidades de que encuentre el mayor reflejo estatutario posible lo deseado por los otorgantes y que se haga constar lo que no accede al contenido de los mismos como consecuencia de su pre-calificación registral, con las importantes consecuencias que de ello pueden seguirse.

Admitida la conveniencia eventual de otorgar el pacto parasocial como escritura pública, algunos autores (Madridejos Fernández) se inclinan por incorporarlo a la misma **escritura de constitución** en el supuesto de firma en el momento fundacional; sin embargo, hacer constar en una misma escritura lo acordado entre las partes otorgantes *uti socii* (con eficacia configuradora de la sociedad e incorporación a los estatutos) y, al mismo tiempo, lo convenido *uti singuli* (con efectos únicamente entre los propios socios otorgantes) y establecer un deslinde entre ambos contenidos, resulta de una extrema dificultad. Es más, puede hacer difícil interpretar el alcance verdaderamente querido por los otorgantes a la hora de ejecutar o reclamar el cumplimiento de una estipulación concreta.

Por ello, si se opta por formalizar el contrato parasocial en escritura pública, parece más recomendable hacerlo en **otra distinta** de la escritura de constitución.

4. Publicidad

2381 Estrechamente ligado al problema de la forma del pacto parasocial y también al de su eficacia se encuentra el de su publicidad.
Parece absurdo siquiera plantearlo cuando se ha dicho que una de las notas características de lo parasocial es su carácter reservado, su eficacia relativa y su inoponibilidad.
Sin embargo, la absoluta inoponibilidad de los pactos parasociales hoy en día se encuentra en entredicho; y, por otra parte, el ordenamiento positivo ya prevé el **acceso al RM** de tres tipos de pactos parasociales:
- los que afecten a sociedades cotizadas (ver nº 2469);
- los protocolos familiares (ver nº 2478); y
- los pactos de socios en las empresas emergentes que revistan la forma de SRL (nº 2495).

D. Tipos de pactos parasociales

2385 Los pactos parasociales pueden ser muy diversos y poseer diferente naturaleza en función de su contenido. No es de extrañar que existan numerosas propuestas de clasificación de pactos parasociales de acuerdo con criterios de diverso tipo. De este modo, encontramos **clasificaciones** basadas en:
• El número de firmantes del pacto (por todos los socios -frecuentes en el entorno de las sociedades mercantiles cerradas- o por un grupo de socios -frecuentes de las sociedades mercantiles abiertas-).
• En su relación con el contrato de sociedad (distinguiendo entre pactos colaterales y pactos complementarios al contrato de la sociedad).
• En su contenido específico (ejercicio del derecho de voto, cuestiones relacionadas con la gestión, reparto de beneficios y asunción de pérdidas, aprobación de materias).
• En el carácter «económico» o «político» de sus disposiciones.
• En la finalidad principal (controlar los cambios en el accionariado de la sociedad, controlar las decisiones sociales o ciertos sucesos que puedan afectar a la sociedad -salida a Bolsa- o controlar las relaciones en el seno de un grupo de sociedades).
• En el momento de celebración del pacto (en la constitución o con posterioridad).
• En su capacidad para incidir en la organización societaria («Los pactos parasociales en las sociedades de capital no cotizadas», Jorge Feliu Rey).
No obstante, a los efectos de fijar una clasificación de referencia, parece razonable recurrir a la clasificación formulada por Oppo en su monografía *Contratti parasociali*, la más extendida y acogida entre la doctrina. Con arreglo a esta clasificación, los pactos parasociales pueden agruparse en **tres grandes categorías** a las que a continuación se hace referencia. Sin embargo, se ha de tener en cuenta que, en la práctica, las distintas clases de pactos aparecen entremezcladas en un solo contrato.

2386 **Pactos de relación** Son aquellos que regulan las relaciones de los socios de manera directa, sin intermediación de la sociedad.
Su objeto no es directamente el funcionamiento de la sociedad o de sus órganos sino, sobre todo, su substrato personal o los **derechos de los socios** en relación con la sociedad; pero no derechos ejercitables frente a esta ni, en reciprocidad, obligaciones para la misma.
Su principal **característica** es que limitan su eficacia y acción a los propios estipulantes, aunque eventualmente puedan tener una repercusión refleja en la sociedad. Los contratantes no buscan directamente una influencia en la sociedad a la que se refieren, ni positiva ni negativa.
El caso más claro y numeroso en la práctica es el de los pactos que regulan la **participación en el capital** social de los firmantes y sus posibles variaciones. Es decir, los que tienen por objeto las facultades propias de la titularidad de las acciones o participaciones en que se divide el capital social, alcanzando normalmente también al derecho preferente de suscripción o asunción inherente a aquellas, al ser este susceptible de enajenación separada.

2387 Las motivaciones de las partes para concluir un convenio de estas características pueden ser muy variadas y dan lugar, a su vez, a **subtipos** de pactos de relación. Por citar los más usuales y conocidos, se habla de:
1. **Pactos de bloqueo**, para referirse a aquellos en que las partes tratan de garantizarse recíprocamente la estabilidad o la continuidad en la titularidad de las acciones o participaciones.
2. **Pactos de defensa** que, como su propio nombre indican, aluden a los convenios suscritos entre socios que pretenden coaligarse para, sumando sus respectivas acciones o participaciones, contrarrestar el poder de otro/s socio/s, tanto actual/es como que pueda/n llegar a serlo en el futuro.

Precisiones También se hace referencia a los pactos de bloqueo y/o de defensa como **pactos de control**. Sin embargo, para que cumplan dicha función han de ir acompañados de convenios relativos al ejercicio del voto.

2388 3. **Pactos de no agresión**, en virtud de los cuales, determinados socios que tienen un peso político similar en el capital social, acuerdan limitar las eventuales adquisiciones futuras de acciones o participaciones para e evitar una alteración del *status quo*, es decir, del equilibrio existente en el momento de concluir el contrato.

4. **Acuerdos de coinversión y de salida**. Son habituales en las transacciones de capital-riesgo y tratan de asegurar a las partes que, de producirse una posterior desinversión, todas ellas podrán participar del esperado incremento de valor de la empresa por igual o en las proporciones que correspondan, mediante la aplicación, en su caso, de los mecanismos de ecualización que quieran incluirse.

Los pactos que rigen los actos de disposición sobre las acciones o participaciones pueden adoptar muy distintas formas jurídicas.

Precisiones **1)** Aunque menos frecuentes, existen «pactos de relación» que no se refieren a la transmisión o adquisición de acciones y participaciones. Por ejemplo, también pertenecen a esta categoría los convenios entre algunos socios relativos a las pérdidas o las ganancias que modifican el régimen estatutario de distribución de beneficios. Es el caso, de los llamados convenios de **ecualización de beneficios**, por medio de los cuales unos socios procuran a otro u otros, una ventaja patrimonial superior a la que correspondería a su estricta participación en el capital. Este tipo de pactos debe analizarse con detenimiento, desde una perspectiva fiscal, pues pueden tener implicaciones, entre otras, en materia de precios de transferencia entre sociedades vinculadas.

2) Otros convenios similares rozan la **ilicitud**. Por ejemplo, es nulo el pacto que excluye a un socio de toda participación en las ganancias (CC art.1691). Sin embargo, la jurisprudencia desde antiguo ha admitido, por ejemplo, el pacto destinado a poner a un socio a salvo por completo de posibles **pérdidas** (TS Sala 1ª 16-2-1901, EDJ 944). Naturalmente, este compromiso solo puede exigirse a los demás suscriptores del convenio y nunca a socios terceros ni a la propia sociedad ya que en tal caso quedaría distorsionada la verdadera naturaleza del contrato convirtiéndose en un contrato relativamente simulado, siendo el verdaderamente querido otro tipo contractual, como el préstamo.

2389 **Pactos de atribución** Se denomina pactos de atribución a los convenios entre socios dirigidos a procurar determinadas ventajas a la sociedad en la que participan. Se trata de garantizar una prestación a favor de la sociedad, garantía de la que se hacen responsables todos los suscriptores del pacto parasocial o solo una parte.

Lo **característico** de este tipo de pactos es que, en términos generales, no atribuyen a la sociedad nada más que derechos o, más ampliamente, ventajas. Por eso no suelen encontrar limitaciones o problemas en cuanto a su eficacia y exigibilidad.

Ahora bien, respecto de la legitimación activa para su **exigencia** se debe tener en cuenta que la sociedad, como entidad dotada de personalidad jurídica separada de sus socios, no suele ser parte del contrato. En ese caso, y como allí se expresa, para que la sociedad pueda reclamar la prestación establecida a su favor, es necesario que tome razón de la misma y la acepte antes de que se pueda producir su eventual revocación (CC art.1257.II).

2390 Probablemente la clase de prestación que es más habitual ver comprometida por parte de los socios consiste en facilitar **financiación a la sociedad**, más allá de las aportaciones dinerarias iniciales o, en caso de sociedades anónimas, de los desembolsos pendientes de las acciones en el momento de suscribir el contrato. Se prevén en función de las necesidades de caja del plan de negocio o bien para el caso de pérdidas que reduzcan el patrimonio neto por debajo de determinados niveles.

Otras prestaciones usuales en la práctica hacen referencia a la conducta que deben observar las partes para procurar la mejor consecución del fin social. Una de ellas, bastante habitual, es la obligación de **no competir** con la propia sociedad (aunque, probablemente, tendría mejor encaje como prestación accesoria, tal y como se indica más adelante).

Supuestos más problemáticos, al menos desde el punto de vista del estudio de lo parasocial, son los casos en que la prestación a favor de la sociedad lleva aparejada una **contraprestación a favor del socio**. La contraprestación puede venir regulada, o el método para su determinación, en el marco de un contrato bilateral entre sociedad y socio, que se considera accesorio al pacto parasocial. En tal caso, el pacto no puede considerarse meramente atributivo de ventajas a la sociedad, sino verdaderamente sinalagmático, con todas las implicaciones que conlleva en cuanto que relación negocial entre partes vinculadas.

Algo parecido cabe decir de los contratos entre socios en que uno de ellos es, al mismo tiempo, **administrador o gestor** y se refiera a la continuidad de su labor en pro de la empresa, circunstancia que puede ser muy relevante para los demás firmantes del pacto. Normalmente en estos casos se establece una **obligación de permanencia** por tiempo determinado. Este pacto es típico y esencial en operaciones de *start-up* y de *management buy-out*.

En todos los casos mencionados, como es evidente, **asegurar la eficacia** de lo pactado frente a la sociedad es fundamental para el sujeto obligado a realizar la prestación. Esto puede conseguirse por **dos vías** esencialmente: 2391
- mediante su regulación estatutaria como prestación accesoria; o
- mediante la suscripción de un contrato entre el socio en cuestión y la sociedad.

Normalmente, la cuestión que determina en la práctica la opción preferible es el posible interés de las partes en **evitar la publicidad** de los detalles de la prestación o de la contraprestación. Piénsese, por ejemplo, en el caso de una *joint venture* para la distribución de productos de las partes; lo lógico es que estas no tengan el menor interés en que se «publiciten» los precios del catálogo.

En evitación de esa indeseada revelación, podría plantearse establecer en **estatutos** las características generales de la prestación, reservando sus detalles y su retribución a un **contrato aparte** al que simplemente se refieran los estatutos, sin formar parte de estos; sin embargo, en la práctica, esta posibilidad topa a menudo con el obstáculo de la calificación registral.

Pactos de organización Pretenden reglamentar la organización y funcionamiento de la sociedad al margen de, con más detalle o de forma distinta que el contrato social. Son los pactos parasociales que pueden tener una mayor o más directa incidencia sobre la sociedad y, por eso mismo, suelen ser los más relevantes en la práctica empresarial y también los más conflictivos a la hora de su ejecución y de asegurar su cumplimiento. 2392

Pueden matizar o condicionar los **preceptos estatutarios**, pero no deben estar directamente destinados a dejar aquellos o alguna parte de los mismos sin efecto. Si lo hacen, es dudoso si son o no nulos; pero desde luego son inoponibles a la sociedad, viendo su eficacia restringida a las relaciones *inter partes*. Además, si el pacto que se aparta del contenido estatutario hubiera podido tener reflejo en la escritura social, pueden surgir verdaderos problemas de ejecución a la hora de interpretar lo verdaderamente querido por las partes. Para paliar este problema, el pacto parasocial puede establecer que, en caso de **discrepancia** con los estatutos, debe prevalecer lo establecido en el pacto parasocial.

Se dice que constituyen una **regulación «subalterna»** respecto a los estatutos; no obstante, en los casos en que los firmantes son todos los socios o los mayoritarios, pueden llegar a imponerse respecto al régimen estatutario, constituyendo verdaderas «derogaciones singulares» de aquel. Lo que en ningún caso pueden es oponerse a los principios configuradores del tipo social considerados imperativos o de orden público societario.

Tienen por **objeto** propiamente el comportamiento del socio como tal; regulan su forma de ejercitar los derechos derivados de su posición de socio y condicionan su comportamiento en el seno de los órganos sociales. Más particularmente, el fin primordial de estos pactos es disciplinar el voto de los socios o accionistas. Puede decirse que su causa -entendida como función típica y finalidad de las partes- es procurar el control de la sociedad, acrecentarlo, distribuirlo o transferirlo.

Dentro de esta clase, se pueden distinguir también dos grandes **grupos**: 2393

a) Aquellos en los que las partes se obligan a **votar** en un **determinado sentido** como vía para la mejor consecución de los objetivos marcados en el pacto de socios o en documentos a los que este se refiera (p.e., votar como resulte más procedente para realizar el plan de negocios, para lograr la composición pactada del órgano de administración y, en general, para implementar las políticas acordadas en el pacto).

b) Los de **sindicación de voto**, en que el objeto directo es precisamente el establecimiento de una actuación concertada para lograr el control de la sociedad, aunque no sea con un programa predeterminado. Más habitual en los casos en que son contratantes solo parte de los socios.

La cuestión fundamental sobre los convenios relativos al ejercicio del voto por los socios es la escasa viabilidad de que prospere la **impugnación** de aquellos acuerdos válidamente adoptados conforme a los estatutos, pero en contravención de lo estipulado en el pacto parasocial. En este sentido, se ha pronunciado el TS, afirmando que, para estimar la impugnación de un acuerdo social, es preciso justificar que este infringe, además del pacto parasocial, la ley, los estatutos o que lesiona, en beneficio de uno o varios socios o de terceros, los intereses de la sociedad, es decir, los motivos que constituyen requisitos para la impugnación de acuerdos sociales con carácter general.

2394 Este tipo de pactos, suelen establecer también la forma de organizar la administración y la dirección de la sociedad con mayor detalle que los estatutos.

En cuanto a la **composición** del **órgano de administración**, lo normal es que las partes se distribuyan el derecho a designar a sus componentes. En la medida que la elección y remoción de administradores es una competencia de la junta -excepto en supuestos de cooptación en la SA (LSC art.244)-, lo que este tipo de cláusula impone en realidad es, de nuevo, la obligación de votar en un determinado sentido; el apropiado para lograr los nombramientos de administradores conforme al pacto.

Ahora bien, los pactos de organización, como hemos visto suelen descender a más detalle que los estatutos, a la hora de organizar la gestión del negocio de la sociedad conforme a las **políticas pactadas** en el propio convenio -p.e., actividad comercial, reparto de dividendos, captación de financiación ajena, contratos con terceros, con familiares y personas especialmente relacionadas, etc.-. Ello exige la colaboración de las partes para implementar una serie de decisiones sobre materias cuya competencia viene atribuida por el modelo legal al órgano de administración.

2395 Lo que resulta relevante no es el voto del socio en junta, sino del consejero en la correspondiente sesión o la actuación conjunta de los administradores solidarios o mancomunados. La única forma de «asegurar» contractualmente la prestación es que el **administrador** sea **parte del contrato** y se comprometa a seguir en cada momento las instrucciones que le indique el socio que le haya designado o propuesto; si bien, esto presenta serias dificultades (ver nº 2413).

En este sentido, a raíz de la L 31/2014, se introdujo la posibilidad en las sociedades mercantiles, salvo disposición contraria de los estatutos, de que la junta general imparta **instrucciones** al órgano de administración o someter a su **autorización** la adopción por dicho órgano de decisiones o acuerdos sobre determinados asuntos de gestión (LSC art.161).

Existen otras previsiones posibles relativas a los administradores, aun cuando estos no sean parte del contrato, sino terceros a cuyo favor se estipulan; es el caso de los compromisos de los socios firmantes de **mantener indemnes a los administradores** nombrados a propuesta de cada uno de aquellos frente a cualquier responsabilidad derivada del ejercicio del cargo; sin embargo, la eficacia de dicha indemnidad se ve limitada en caso de dolo.

E. Contenido de los pactos parasociales

2400 Uno de los rasgos característicos de los pactos parasociales es su polivalencia. Los pactos de socios se utilizan en situaciones muy distintas, para regular el funcionamiento de sociedades de muchas clases, dedicadas a empresas diferentes y para la composición de los intereses de inversores y socios de la más diversa índole.

Por ello no es fácil tratar de establecer un esquema o **contenido típico** de los pactos parasociales. Sin embargo, para el operador jurídico es práctico hacer un repaso de los aspectos, de naturaleza propiamente parasocial, que pueden considerarse comunes a la mayor parte de este tipo de convenios.

Respecto a cada uno de ellos se examina su eventual interrelación con los preceptos estatutarios equivalentes, cuando estos puedan gobernar esos mismos aspectos aun de forma no enteramente coincidente.

2401 Frecuentemente los pactos parasociales contienen una cláusula sobre **prelación de las fuentes** de las obligaciones para las partes, proclamando la prevalencia del pacto parasocial respecto a los estatutos.

Las partes se comprometen a **incorporar a los estatutos** de la sociedad -en el acto de la constitución cuando se trata de sociedades de nueva formación, o mediante la correspondiente modificación estatutaria en caso de sociedades pre-existentes- las estipulaciones del pacto de socios. No obstante, reconociendo la dificultad de conseguir un reflejo exacto, como consecuencia de la calificación registral de los estatutos, la redacción habitualmente empleada habla de incorporar las previsiones del pacto «en la medida de lo posible».

Cabe plantearse, de todos modos, si en cada caso concreto tiene sentido llevar a cabo una **adaptación** solamente parcial de los estatutos sociales al contenido del pacto parasocial, o bien, en ese caso, conviene más mantener los pactos parasociales en un ámbito exclusivamente extra-estatutario.

Además, la cláusula a la que nos estamos refiriendo añade que si, como consecuencia de las limitaciones a la adaptación de los estatutos, hubiera alguna **discrepancia** o conflicto entre los preceptos estatutarios y lo estipulado en el pacto parasocial, se reconoce primacía a este sobre aquellos.

Dicha prevalencia es relativa, pues solo es predicable respecto a los contratantes. Pero la mención no es superflua como **criterio interpretativo** ya que, en caso de guardarse silencio, si la aprobación de los estatutos en el acto fundacional (o su modificación) es posterior, podría interpretarse que la escritura social deroga lo convenido en el pacto parasocial; especialmente cuando haya identidad entre las partes de este y los socios de la sociedad.

1. Acuerdos relativos al derecho de voto

Dentro de ellos, tenemos: 2405
- sindicatos de voto; y
- acuerdos de reforzamiento de cuórums y mayorías.

a. Sindicatos de voto

Se trata de aquellos pactos que suponen la vinculación del derecho de voto de los socios que 2406
lo integran a una disciplina unitaria.
Su **objetivo** es reforzar la posición política del sindicato de socios, bien manteniendo el control (el llamado sindicato de mando), bien protegiendo los intereses de un grupo de socios minoritario. Este tipo de acuerdos entre socios es el que presenta una mayor problemática jurídica, habiendo suscitado en torno suyo una gran polémica doctrinal.
La **validez** de la sindicación de acciones o participaciones ha sido implícitamente admitida por la jurisprudencia y por las propias normas mercantiles (CCom art.42; LMV art.4) que, al definir cuándo una sociedad está dominada o controlada por otra, prevén que la mayoría de los derechos de voto puede alcanzarse no solo por su titularidad directa, sino también en virtud de acuerdos celebrados con otros socios. Al igual que cualquier otro acuerdo extraestatutario, su **eficacia** es meramente interna, sin que pueda oponerse frente a terceros o frente a la propia sociedad. Sin embargo, dicha licitud debe ser examinada en cada caso concreto, debiendo tenerse por **ilícitos** aquellos convenios que vulneren normas o principios imperativos de carácter general o normas o principios imperativos de carácter específico. Se trata, por tanto, de un problema de límites.

Precisiones La doctrina señala, en este sentido, algunos **ejemplos de pactos ilícitos**:
- los que se proyecten sobre los administradores, tratando de vincular su voto como miembros del consejo de administración;
- los que impidan sistemáticamente el reparto de beneficios;
- los que constituyan «pactos leoninos» o abusivos;
- los que supongan venta o tráfico del voto;
- los que impliquen aceptar todas las propuestas de los administradores;
- los que instrumenten intereses contradictorios con los de la sociedad (Pedrol, Menéndez, Chuliá y Sánchez González).

El funcionamiento y estructura de tales sindicatos admite muchas variantes. Así, su **funcionamiento** depende del tipo de compromiso asumido por el socio sindicado, que puede estribar, bien en el ejercicio personal del derecho de voto en el sentido acordado, bien en el otorgamiento de poderes para su ejercicio por parte del representante o síndico, bien en la cesión o gravamen de las acciones o participaciones sindicadas a efectos de instrumentar el sindicato de socios. 2407
La **estructura** varía asimismo, según los acuerdos del sindicato se adopten por mayoría, por unanimidad o mediante la concesión de facultades discrecionales al síndico o representante del sindicato.
La vinculación del derecho de voto acordado en estos acuerdos puede tener un **carácter general**, vinculando el ejercicio del derecho de voto sea cual sea la decisión social a adoptar, **o particular**, vinculándolo solo en relación con determinadas decisiones, como, por ejemplo, compromiso de reparto de los puestos del consejo de administración, decisiones de particular importancia para la vida social, etc.

b. Acuerdos de reforzamiento de cuórums y mayorías

Uno de los aspectos más detalladamente regulados en los pactos parasociales es la forma de 2408
organizar el gobierno, la administración y la gestión de la sociedad. Estas previsiones afectan al funcionamiento de la **junta general** y del **órgano de administración**.
La cuestión más problemática es la relativa a la adopción de acuerdos. En el pacto se suelen establecer una serie de asuntos que, por su importancia para las partes, requieren cuórums

de constitución y mayorías de votos reforzados en el órgano competente, a fin de garantizar el control conjunto de los socios firmantes del pacto sobre las decisiones de mayor relevancia.
Por influencia de los modelos anglosajones, a dichos asuntos se les suele llamar «**materias reservadas**», de las cuales, las siguientes se pueden considerar las más habituales:
- Nombramiento o destitución de administradores.
- Delegación de facultades del consejo.
- Contratación del Director General.
- Modificaciones estructurales de la sociedad.
- Constitución de filiales y tomas de participación en otras sociedades.
- Aprobación del plan de negocio o modificaciones al acordado al tiempo de firmar el pacto parasocial.
- Aprobación del presupuesto anual.
- Celebración de contratos o, en general, cualquier acto que implique asunción de responsabilidades por encima de una cifra determinada.
- Venta de ramas de negocio y disposición de activos de un importe elevado.
- Conclusión de operaciones extraordinarias de financiación.
- Alteración de las políticas contables individuales y de consolidación del grupo.
- Modificación de las políticas de contratación de seguros.

2409 La determinación de los cuórums y mayorías adecuados, cuando el pacto lo celebran varios **socios** con **distintos porcentajes de participación** en el capital con derecho a voto, requiere un análisis detenido, a fin de establecer el deseable equilibrio entre la necesidad de alcanzar un consenso suficiente sobre las «materias reservadas» y una probabilidad excesiva de parálisis de la vida social.
Lo normal es que a los socios firmantes del pacto, especialmente si ostentan la totalidad del capital social, les sea indiferente en cuál de los **órganos societarios** -junta o consejo- deba adoptarse el acuerdo en cuestión. Se suele pactar la obligación de actuar «en el órgano correspondiente en la forma más adecuada para la ejecución de lo pactado».
Para el análisis contractual de las prestaciones, sin embargo, dicha regulación no es indiferente; mientras el voto en junta corresponde al propio socio contratante, el voto en el consejo o la decisión propia del órgano de administración de que se trate, es un «hacer» o un «no hacer» que corresponde a un tercero: el administrador nombrado.

2410 **Junta general** Por lo que se refiere a la junta de socios, los pactos parasociales suelen regular la forma de convocatoria, asistencia, representación, constitución de la mesa y forma de votación con bastante detalle. La reglamentación de estas cuestiones puede encontrar acomodo en los estatutos sociales o en el correspondiente **reglamento de junta** sin necesidad de relegarla al pacto parasocial.
El aspecto más relevante es el relativo al régimen de adopción de acuerdos. La ley (LSC art.198 a 201) no establece más **límite al reforzamiento** en estatutos del cuórum (para las sociedades anónimas) y de las mayorías que la prohibición de la regla de unanimidad (LSC art.200.1).
Tampoco se ha de olvidar la **prohibición** de exigir una **mayoría superior** a la ordinaria a efectos de acordar:
- que se disuelva la sociedad por alguna de las causas de disolución obligatoria (LSC art.364); y
- de iniciar la acción social de responsabilidad contra los administradores (LSC art.238.1).
Asimismo, cabe tener presente la prohibición de exigir una **mayoría superior** a la de **dos tercios** para votar la separación de los administradores en la SRL (LSC art.223.2).

2411 **Órgano de administración** Respecto a la forma de organizar la administración social, lo más corriente en sociedades que requieren un pacto de socios es que se adopte la forma de **consejo de administración**, por ser, a su vez, el que permite una adecuación más versátil del número de administradores y el régimen mayorías a la realidad subjetiva que subyace al capital social.
Excepcionalmente, por ejemplo, en caso de *joint ventures* al 50%, se puede optar por confiar la administración a dos **administradores mancomunados**.
En relación con el consejo de administración el pacto parasocial ha de regular el número de consejeros que puede **nombrar cada socio**. La atribución de dicha facultad no tiene que guardar necesariamente proporción con la participación que en el capital social ostenten los contrayentes del convenio, aunque esto sea lo más normal.
La ley no impone que la composición del consejo refleje la del capital; el único sistema que lo establece, en defensa de los socios minoritarios, es el de **representación proporcional** y solo en las **SA** (LSC art.243).

Respecto a las **SRL**, la LSC guarda silencio; pero el RRM art.191 lo rechaza expresamente. Recientemente la doctrina administrativa ha cambiado su antiguo posicionamiento restrictivo respecto a este punto, permitiéndose pactar el establecimiento de un sistema de representación proporcional en sede de SRL (DGSJFP Resol 28-3-22), postura que la jurisprudencia no rechazaba decididamente (TS 6-3-09, EDJ 22854, «caso Konrad-Hidalgo»).
La cláusula sobre nombramiento de administradores es una obligación que afecta a la forma de ejercitar el voto por parte de los socios en junta. La única posibilidad de nombramiento por el consejo es mediante **cooptación** y solo en SA (LSC art.244).
También se suele pactar entre los socios que, o bien no haya delegación de facultades por parte del consejo o bien que el nombramiento de **consejero delegado** deba aprobarse con el voto favorable de determinados firmantes (realmente quiere decirse por los consejeros que aquellos hayan designado) o por mayoría cualificada, siendo esta una de las «materias reservadas» más habituales.

Directivos Cabe la posibilidad de que el pacto prevea la contratación de altos cargos de dirección y hasta la extensión de sus facultades. Si no se regula o no se hace con tanto detalle en el propio contrato, las decisiones sobre esta cuestión se reservan al voto conjunto o cualificado de las partes o, mejor dicho, de los consejeros nombrados a propuesta de las mismas. 2412

Administradores Es evidente que la actuación de los administradores, que no suelen ser parte del pacto parasocial, es de la mayor trascendencia para la consecución de los fines pretendidos por los socios. Sin embargo, es muy dudosa la licitud del convenio que les afecte directamente, regulando su **forma de tomar acuerdos** o su actuación; sobre todo si lo hace de forma distinta a las reglas establecidas en la ley y en los estatutos. 2413
La doctrina se pronuncia en sentido negativo prácticamente de forma unánime (Menéndez, Sánchez Calero, Polo, Vicent Chuliá). Un convenio que pretenda obligar al administrador a votar, actuar o abstenerse de hacerlo en la forma que, en cada momento, le indique el socio a cuya propuesta fue nombrado es considerado **nulo** de pleno derecho.
En nuestro país los autores fundamentan la prohibición, ante todo, en el deber de **lealtad al interés social** entendido como interés de la sociedad (LSC art.227) y al régimen de responsabilidad personal propio del cargo que ocupan los administradores y que presupone su libertad de actuación en beneficio del fin social. Como consecuencia, la sujeción de su actuación a las instrucciones de las partes solo es exigible en el ámbito interno de la relación entre el socio y el administrador nombrado a propuesta de aquel; y aun en este caso, solo puede exigirse la observancia del convenio en la medida en que el interés del socio no resultase contrario al interés social.
Existe un régimen de **imperatividad y dispensa** (LSC art.230) a través del cual la sociedad podrá dispensar determinadas prohibiciones legales (LSC art.229), autorizando la realización por parte de un administrador o una persona vinculada de una determinada transacción con la sociedad, el uso de ciertos activos esenciales, el aprovechamiento de una concreta oportunidad de negocio, la obtención de una ventaja o remuneración de un tercero. La autorización deberá ser necesariamente acordada por la junta general cuando tenga por objeto la dispensa de la prohibición de obtener una ventaja o remuneración de terceros, o afecte a una transacción cuyo valor sea superior al diez por ciento de los activos sociales.

Precisiones El **Anteproyecto de Ley del Código Mercantil** establece expresamente, respecto de sociedades cotizadas, la prohibición de pactos de sindicación que tengan por objeto, directa o indirectamente, el ejercicio del derecho de voto en el consejo de administración de la sociedad (art.284-6).

La indisponibilidad del deber de buscar el mejor interés social por el administrador se manifiesta en el régimen legal sobre conflictos de interés (LSC art.228 y 229) y sobre responsabilidad de los administradores (LSC art.236). 2414
Los administradores pueden ser objeto de **separación del cargo** en cualquier momento por acuerdo de la junta general, aun cuando la separación no conste en el orden del día. En SRL se puede exigir una mayoría reforzada, pero nunca superior a los dos tercios de los votos correspondientes a las participaciones en que se divida el capital social (LSC art.223).

Precisiones Las normas que afectan a las materias citadas son consideradas unánimemente por la doctrina y la jurisprudencia, de orden público y, por tanto, de **naturaleza indisponible**.

También se ha querido ver la razón de prohibir los convenios que vinculen a los miembros del consejo de administración, en el principio inderogable de la **colegialidad** en el sistema de toma de acuerdos; único, se dice, que garantiza el adecuado análisis por el consejo, orgánicamente considerado, de la decisión planteada y del interés social concurrente. 2415
Cabe aún preguntarse si, no obstante lo anterior, los socios contratantes pueden obligarse frente a los demás firmantes del pacto a procurar, como obligación de medios y no de

resultado, que los administradores nombrados a propuesta suya actúen de forma coherente con lo pactado. Se trataría de una cláusula similar a la **promesa** del **hecho de un tercero**, no contemplada explícitamente en nuestro ordenamiento, a diferencia de otros países (p.e., Chile), pero admisible para la doctrina civilista (Díez-Picazo).
De nuevo, la respuesta ha de ser negativa. Si los administradores, terceros ajenos al contrato, no pueden obligarse a actuar según los dictados del socio que les designó porque su primer deber es para con el interés social, los socios tampoco pueden obligarse a desplegar su influencia sobre aquellos administradores. Además, un compromiso de tal naturaleza, si dicha influencia se pretendiera para conseguir un fin opuesto al ordenamiento jurídico, sería nulo por responder a una causa ilícita. En consecuencia, en caso de incumplimiento resulta inexigible.
Además, si el administrador en cuestión se limita a hacer o no hacer lo que le diga el socio que le designó, se convierte en un «administrador títere», convirtiéndose el **socio** en el verdadero **administrador de hecho** de la sociedad, al que alcanza el mismo régimen de responsabilidad que al administrador de derecho (LSC art.236.3). Por tanto, tampoco puede obligarse a actuar -ni siquiera mediante persona interpuesta- en otro sentido que no sea la búsqueda del interés social, so pena de incurrir en responsabilidad.

2416 Un supuesto especialmente complejo es el de los pactos de socios que se refieren a un **grupo de sociedades** (CCom art.42; LSC art.18) o, lo que es lo mismo, a la sociedad en que participan directamente los firmantes y las filiales de aquella. En estos casos, las partes del convenio procuran asegurarse no solo de que en la sociedad dominante se cumplan sus designios o sus deseos, sino también en las participadas; al menos en las que la participación ostentada les atribuya, bien que indirectamente, el control de la gestión y la posibilidad de nombrar a la mayoría de los miembros del órgano de administración.
El matiz diferencial en sede de grupos de sociedades es que el interés social de las dominadas puede encontrarse sometido a (o condicionado por) el **interés de grupo**. Como consecuencia, los administradores de dichas sociedades pueden actuar legítimamente, como subordinados a la voluntad emanada de la matriz.
Algunos autores (Sánchez-Calero) consideran lícito el pacto parasocial por el que las partes se obligan a que los **administradores de las filiales** actúen conforme a las instrucciones del socio de control. La admisibilidad resulta dudosa en el estado actual de la normativa española sobre grupos de sociedades. En todo caso, cabe apoyar su eficacia en relación con filiales íntegramente participadas, en las que no hay minoritarios afectados y puede hablarse de coincidencia del interés social con el interés del socio; pero nunca respecto a sociedades parcialmente controladas.
Pese a todo lo anterior, en la práctica los pactos parasociales siempre contienen el compromiso de los firmantes de hacer cuanto sea posible y lícito, para que los administradores por ellos designados se conduzcan en la forma más coherente con lo pactado.

2417 Precisiones No deja de resultar sorprendente, a la vista de lo indicado, que nuestra vigente **normativa de OPAs** (RD 1066/2007) al establecer el sistema para computar los votos atribuibles a una misma persona, tenga en cuenta la posible existencia de pactos que, a fin de influir en la gestión de la sociedad, regulen «el derecho de voto en el consejo de administración o en la comisión ejecutiva o delegada de la sociedad» (RD 1066/2007 art.5.1.b).

2. Acuerdos relativos a los derechos económicos del socio

2420 Normalmente tales acuerdos persiguen el aseguramiento de un determinado **dividendo** a los socios minoritarios. En este sentido, la nueva redacción de la LSC art.348 bis establece que, transcurrido el quinto ejercicio desde la inscripción en el RM de la sociedad (no cotizada), el socio que hubiera hecho constar en el acta su protesta por la insuficiencia de los dividendos reconocidos tendrá derecho de separación en el caso de que, la junta general no acordara la distribución como dividendo de, al menos, 25% de los beneficios obtenidos durante el del ejercicio anterior que sean legalmente distribuibles, siempre que se hayan obtenido beneficios durante los tres ejercicios anteriores. Sin embargo, aun cuando se produzca la anterior circunstancia, el derecho de separación no surgirá si el total de los dividendos distribuidos durante los últimos cinco años equivale, por lo menos, al 25% de los beneficios legalmente distribuibles registrados en dicho periodo. Con esta última reforma, el legislador otorga un carácter dispositivo a este derecho de separación, pudiendo ser suprimido o modificado a través de estatutos sociales, por lo que puede carecer de sentido su regulación en un pacto parasocial (p.ej., estableciendo su renuncia o su modulación).

Precisamente por el **carácter dispositivo de la actual regulación**, actualmente se puede regular en los estatutos sociales una política de dividendos de los beneficios obtenidos, siempre y cuando sean distribuibles. No obstante, optar por incluir la regulación de la distribución de dividendos en un pacto parasocial puede venir motivada por razones de confidencialidad.
No obstante lo anterior, y dada la suspensión de dicho artículo, a los efectos de evitar situaciones de ahogo financiero a los **socios minoritarios**, y asegurarse el reparto, aún parcial, de los beneficios, se establece, a través de acuerdos, el compromiso de repartir determinado porcentaje de los beneficios obtenidos, siempre y cuando estos sean distribuibles (tras la dotación de reservas, en su caso).
En realidad, la naturaleza de tales acuerdos es la de un compromiso de ejercitar el derecho de voto en la junta de socios correspondiente, de forma que se adopte el acuerdo de reparto, por lo que estaríamos en un supuesto cercano a la figura de los **sindicatos de voto**.

3. Acuerdos sobre la transmisibilidad de las acciones o participaciones

2425 Este tipo de acuerdos introduce restricciones a la libre transmisibilidad de las acciones o participaciones a través de fórmulas variadas: derecho de preferente adquisición; necesidad de autorización; prohibición temporal, etc.
La existencia de dichos acuerdos da lugar a lo que se ha venido a denominar **sindicatos de bloqueo**.
Es muy frecuente que los acuerdos vayan unidos a los de **vinculación de voto** (sindicatos de voto), ya que los integrantes de tal sindicato tratarían de evitar que la eficacia de sus compromisos de vinculación de voto quedase dañada por la transmisión de parte de las acciones o participaciones sindicadas a terceros no vinculados a la disciplina de voto.

2426 En cualquier caso, conviene destacar que estas restricciones a la transmisibilidad de las acciones o participaciones pueden constituir **materia estatutaria**, dentro de las limitaciones establecidas legalmente a tal efecto. Obviamente, estas restricciones estatutarias no solo son eficaces frente a la propia sociedad, sino que, además, afectan a todas las transmisiones de acciones o participaciones integrantes del capital de la sociedad, y no solo a las de las que fueran propiedad de los socios integrantes del sindicato de bloqueo.
En coherencia con la diferente concepción del legislador respecto a uno y otro tipo social, en **SRL**, el principio fundamental es el de evitar la transmisión libre, admitiéndose en consecuencia mucha más flexibilidad a la hora de modular estatutariamente los requisitos para la validez de la transmisión de las participaciones. Por el contrario, en **SA** el principio general es el de libertad para transmitir, lo que impone mayores cautelas a la hora de admitir restricciones estatutarias a la circulación de las acciones.
Las motivaciones a las que puede responder la introducción de restricciones a la transmisibilidad de la posición de socio o las funciones que dichas estipulaciones pueden cumplir son de lo más variadas. Así también los **mecanismos** ideados en la práctica ofrecen una enorme variedad.

2427 **Sindicato de bloqueo** (LSC art.108 y 123) El pacto más básico es el que **prohíbe la transmisión** para mantener, en sociedades abiertas -y cotizadas- el *statu quo* político o, en sociedades cerradas, la base personal de la sociedad. Son los llamados sindicatos de bloqueo.
• **Sociedad anónima**. En las SA la prohibición estatutaria de venta y las cláusulas que hagan prácticamente intransmisible la acción son **nulas** (LSC art.123.2), a excepción de lo dispuesto en el artículo RRM art.123.4 que permite la inscripción en el Registro Mercantil de cláusulas estatutarias que prohíban la transmisión voluntaria de acciones durante un período de tiempo no superior a dos años a contar desde la fecha de constitución de la sociedad. Por tanto, los mecanismos de bloqueo, también llamados de *lock-up*, son objeto de regulación típica de los pactos parasociales.
Entre los diversos sistemas puestos en práctica para garantizar el cumplimiento de un pacto de estas características, destaca por su eficacia la incorporación del sindicato de accionistas como una sociedad distinta, preferiblemente una SRL, a la que se transmiten todas las acciones sindicadas. De este modo, el problema de establecer el cierre o bloqueo se traslada a la sede de la **sociedad-sindicato** como pacto de organización relativo a la gestión de esta otra sociedad, pudiendo beneficiarse del mayor grado de flexibilidad del régimen de la SRL en cuestión de restricciones a la transmisibilidad indirecta -la de las participaciones en que se divide su capital, entregadas a los socios a cambio de la aportación de las acciones sindicadas-.

Otra alternativa consiste en constituir derechos reales de **prenda sobre las acciones** objeto del pacto, en garantía del cumplimiento de las obligaciones establecidas en el mismo. El cierre se complementa con el desplazamiento posesorio de las acciones pignoradas a favor del representante del sindicato.
Generalmente, estos mecanismos de auto-tutela contractual, incluso siendo eficaces, se complementan con la imposición de fuertes cláusulas penales para el caso de incumplimiento.
• **Sociedad de responsabilidad limitada**. En las SRL, cabe la posibilidad de imponer prohibiciones absolutas de transmisión por tiempo determinado -máximo de 5 años desde la constitución de la sociedad o el aumento de capital social- o indefinidas, admitiendo en este segundo caso el derecho incondicional de separación del socio (LSC art.108).

2428 **Derecho de adquisición preferente** (LSC art.107) En las sociedades de base personalista, más que la imposibilidad absoluta de transmitir la posición de socio, lo que las partes tratan de evitar es la **entrada de terceros** sobre cuya conveniencia no exista consenso.
Para la consecución de ese fin, la ley prevé restricciones suficientemente eficaces en las SRL, consistentes tanto en el sometimiento de la transmisión a la autorización de junta o consejo como en el reconocimiento de derechos de adquisición preferente a favor de la sociedad misma o de los restantes socios.
Las limitaciones afectan incluso a la transmisión forzosa o mortis causa.
En relación con el derecho de adquisición preferente en supuestos de transmisiones a título gratuito o por sucesión mortis causa, el aspecto más problemático del régimen legal es la admisibilidad de estipulaciones sobre fijación del **precio** a pagar por el titular del derecho en caso de ejercicio que se aparten del legalmente previsto.
La LSC art.107.2.d y 124 -este último por remisión al régimen de separación de socios- establecen que en tal caso el precio de adquisición debe coincidir con el **valor razonable**; que por tal valor se entiende el que fije el auditor que designen los administradores y que este no puede ser el auditor de cuentas de la sociedad nombrado por la junta.
El RRM art.123.6, en relación con las SA, niega expresamente la posibilidad de inscribir cláusulas «que impidan al accionista obtener el valor real (razonable) de las acciones» siendo este principio igualmente predicable respecto de las SRL.

> Precisiones No obstante lo anterior, **en el caso de las SRL**, la DGRN (actual DGSJFP) ha venido admitiendo recientemente cláusulas estatutarias en las que se considera como valor razonable para el ejercicio del derecho de adquisición preferente el valor contable de las participaciones resultante del último balance aprobado por la junta general (DGRN Resol 11-11-16; 9-5-19; 23-5-19 y muy recientemente DGSJFP Resol 27-2-20).

2429 Para evitar la rigidez legal, el pacto parasocial puede establecer otros **mecanismos alternativos** para impedir la entrada indeseada de terceros, como por ejemplo auténticos derechos de tanteo y retracto convencional u opciones de compra y venta. En caso de ejercicio de esos derechos, la fijación del precio ya no debería estar limitada por el principio de obtención del valor razonable, según afirma la doctrina (Madridejos Fernández).

2430 **Permanencia** Las estipulaciones relativas a la transmisión de acciones y participaciones pueden tener como finalidad garantizar una cierta previsibilidad respecto al tiempo de permanencia de los socios inicialmente suscriptores del pacto parasocial.
Se trata de asegurarse de que los socios que se han considerado recíprocamente adecuados para la empresa o proyecto, permanezcan en el capital hasta que acaben los **plazos** de desarrollo del negocio que se hayan estimado necesarios.
Es el caso de las empresas sin una vocación de continuidad en el tiempo, sino asociadas a un **proyecto concreto** o en que la participación de uno de los socios -el inversor «profesional» o financiero- es por naturaleza temporal ya que lo que busca es incrementar el valor de la empresa para obtener una plusvalía tras su salida en un plazo determinado -inversiones de *private equity*-.
Las partes hacen sus cálculos para decidir qué inversiones realizar, cuánto tiempo o trabajo comprometer y todo ello en previsión de lograr la amortización de las inversiones, la madurez del negocio y la obtención de beneficios por un plazo determinado o a la finalización del mismo.

2431 En atención a todo ello, los pactos parasociales pensados para este tipo de sociedades suelen regular la entrada en el capital, la etapa de explotación conjunta o de desarrollo del negocio y la terminación o eventual salida. Se trata con ello de evitar las consecuencias injustas que podrían derivarse de diversas **posturas** sobrevenidas, **contrarias a la filosofía inicial** de la inversión:
a) La **decisión de uno de los socios de vender** su participación mayoritaria a un tercero recibiendo a cambio un precio que capitaliza, asimismo, una parte del esfuerzo realizado y del valor de la empresa correspondientes a los socios minoritarios.

b) La **reticencia de un socio a vender** a un tercero oferente (que, en general, quiere hacerse con el 100% del capital social) cuando, llegada la etapa de madurez de proyecto, el precio resulte acorde con las previsiones iniciales, pero aquel socio pretenda usar su negativa a vender a cambio de obtener un mayor porcentaje de dicho precio que el que le correspondería por su participación en detrimento del resto de socios.

Para regular esta cuestión en la práctica anglosajona surgieron las llamadas cláusulas *tag-along* y *drag-along*.

Cláusula «tag-along» Esta cláusula se suele traducir como derecho de acompañamiento o también como derecho de adhesión. 2432

Consiste en reconocer a todos los socios el **derecho a participar en la venta** proyectada por uno de ellos. Prevé que, si un tercero hace a uno de los socios la oferta de comprar su participación en la compañía, este debe comunicarlo a los demás para que decidan si quieren vender también sus participaciones; y, si el tercero oferente no extiende la oferta a las acciones o participaciones de todos los que hayan ejercitado el derecho de acompañamiento, la operación no pueda llevarse a cabo.

El mecanismo presenta una esencial **dificultad**: el tercero puede estar interesado en adquirir un determinado porcentaje de participación en el capital (habitualmente le basta con comprar la proporción que le garantice el control). Si se le obliga estatutariamente a extender la oferta al 100% del capital, puede perder el interés.

Para evitar ese inconveniente, algunos autores (Perdices Huetos) proponen estipular que el oferente no venga obligado a comprar todas las participaciones o acciones de los demás socios que manifiesten su voluntad de vender, sino el porcentaje inicialmente pretendido, pero **prorrateando las acciones** o participaciones adquiridas entre todos los aceptantes, en proporción a su respectiva participación en el capital.

Existe un obstáculo legal y reglamentario para establecer semejante previsión en **estatutos** 2433
en las SRL (LSC art.108.2), y en las SA (RRM art.123.5). Dichos preceptos rechazan que se pueda imponer al socio que ofrece todas o parte de sus acciones o participaciones la obligación de vender un número distinto de las ofrecidas.

Para salvar dicho obstáculo, se puede incluir en la cláusula correspondiente la previsión de que, en el caso de que los demás socios distintos del oferente originario ejerciten su derecho de acompañamiento, este -que fue quien inició el proceso- tenga la última palabra y, a la vista de la respuesta del adquirente -o sea, dependiendo de que asuma la compra de un porcentaje superior al mismo precio o de que insista en el prorrateo-, el **socio oferente pueda decidir** si sigue adelante con la operación o desiste de la misma; en el segundo caso, lógicamente, los demás socios no pueden vender sin iniciar de nuevo todo el proceso.

Precisiones **1)** La construcción de la estipulación en la forma sugerida no resulta, sin embargo, totalmente satisfactoria, si al **socio beneficiario** lo que le interesa es poder salir totalmente al mismo tiempo que el oferente o bloquear la operación; no vender solo una parte de sus acciones o participaciones.

2) Lo que de verdad asegura al minoritario la participación en la prima de control es la obligatoriedad para el oferente de **extender la compra al 100%** del capital, a modo de «derecho de separación» a favor de aquel. Por tanto, es recomendable regular en estatutos un régimen similar al vigente para las sociedades cotizadas en la LMV art.108. Según Fernández del Pozo no debe plantear problema alguno desde el punto de vista registral.

Otros autores, en cambio, consideran que no tiene sentido empeñarse en reflejar estatutaria- 2434
mente la cláusula *tag-along* (M.I. Lacave y Nuria Bermejo) por introducir un elemento de rigidez indeseable respecto al pacto parasocial. Consideran preferible que la posibilidad de exigir la extensión de la oferta o de paralizar la operación sea una **facultad contractual** reconocida al firmante del pacto parasocial; y no un derecho de todos los socios bajo el contrato social.

Si la cláusula *tag-along* no se ha llevado a estatutos, se recomienda complementar este pacto con la constitución de un derecho de **opción de venta** (en la terminología anglosajona *put option*) a favor del socio que quiera protegerse frente a una venta indeseada «expropiatoria». Así, si otro socio pretende vender «expropiando» al resto de socios de parte de su valor, se expone a verse obligado a comprar las acciones o participaciones de los demás firmantes del pacto. Para reforzar aún más el mecanismo, se puede prever una prima (a modo de penalización) a incluir en el precio en caso de ejercicio de la opción de venta.

La conveniencia o no de **incluir en estatutos** esta estipulación requiere un análisis caso por caso, teniendo en cuenta el perfil de los socios, las características de la inversión y el porcentaje de capital ostentado por cada parte.

2435 **Cláusula «drag along»** Esta cláusula es la otra cara de la moneda en el fenómeno de disciplinar las salidas del capital conforme al programa del pacto de socios. Se traduce como **derecho de arrastre** pues consiste en atribuir al socio que recibe una oferta por su participación el derecho a exigir a los demás socios que vendan también un número proporcionalmente equivalente de acciones o participaciones en las mismas condiciones que las a él ofrecidas. O sea, si la oferta recibida por un socio afecta a todas sus acciones o participaciones, se puede obligar a los demás socios a vender el 100% del capital social.
Con carácter general es una previsión que se concede en **beneficio del mayoritario** a fin de protegerle frente a aquellos minoritarios que, ante una operación de cambio de control, deciden no vender salvo que se les pague un precio proporcionalmente mayor al que les correspondería por su porcentaje, en detrimento del resto de socios, a través de una especie de chantaje sabiendo que el comprador no querrá quedarse con socios minoritarios en la sociedad. Equivale, en el ámbito de las sociedades cotizadas, al mecanismo de *squeeze out* o venta forzosa de la LMV art.116.
Actualmente pocos dudan de su admisibilidad en SRL como **estipulación estatutaria** inscribible. El fundamento se encuentra, sobre todo, en el RRM art.188.3, según el cual se pueden establecer cláusulas que impongan al socio la obligación de vender sus participaciones a terceras personas «cuando concurran circunstancias expresadas de forma clara y precisa en los estatutos».

Precisiones **1)** La dificultad estriba en la **determinación** de tales **circunstancias** con los mencionados requisitos de claridad y precisión, ya que las ofertas de compra de terceros, con ser el criterio más objetivo, no solo se evalúan en función del precio ofrecido por cada acción o participación que, por su parte, además, puede desglosarse en un precio fijo y otro variable y contingente, también influyen las demás condiciones impuestas a la oferta (p.e., régimen de responsabilidad de vendedor).
2) La doctrina administrativa (DGRN Resol 4-12-17) ha reconocido expresamente la posiblidad de incorporar una clausula drag-along en los estatutos sociales de una **SRL**. No obstante, entiende que ello no supone una mera modificación de los estatutos sociales, sino que la misma afecta a los derechos individuales de los socios y, por tanto, requiere el **consentimiento individual** de todos ellos para su incorporación. Por otro lado, pese a que dicha resolución va referida a una SRL, parece bastante generalizado, tanto en la doctrina como en la práctica registral, la posibilidad de incorporar este tipo de cláusulas también en los estatutos de una **SA**.

2436 En defensa de su admisibilidad se puede utilizar la normativa reglamentaria (RRM art.114.2.d y 175.2.d) que contempla expresamente la posibilidad de inscribir cláusulas por las que se obliga al socio vendedor a transmitir conjuntamente todas las acciones o participaciones que posea en **otras sociedades del mismo grupo** -lo anterior es demostrativo de que el ordenamiento es sensible a realidades extra-societarias que pueden exigir modular la autonomía de la voluntad del socio, aunque en principio este solo esté interesado en deshacerse de su parte en una sociedad determinada-.
Al igual que en el caso de la cláusula *tag-along*, si la cláusula *drag-along* no se lleva a estatutos sociales, también es recomendable completar la regulación con un derecho de **opción de compra** (en la terminología anglosajona *call option*) a favor del socio al que se trata de proteger; o sea, del que tiene mayor poder de venta.
La opción es ejercitable en caso de que un socio se niegue a vender al tercero aun dándose las circunstancias previstas en el pacto parasocial; y su eficacia también se ve muy mejorada si el precio de compraventa en este caso se pacta con **descuento**, a modo de penalidad para el socio que incumple el deber de vender.

4. Opción de compra y venta

2440 Uno de los negocios más habitualmente utilizados en los pactos de socios son las opciones de compra y de venta.
El derecho de opción se constituye con **carácter condicional**, haciéndose depender la facultad de vender o comprar normalmente de la consecución o no de los objetivos que las partes se hayan marcado en el momento de suscribir el pacto (p.e., cumplimiento del plan de negocio, nivel de incremento del valor de las acciones o participaciones, salida a Bolsa, etc.). Aún más, se pueden constituir a favor del mismo socio ambas opciones, de compra o de venta, con carácter alternativo, en función de que se den unas u otras circunstancias.
Las opciones de compra y venta son un mecanismo utilizado frecuentemente para regular la transmisión de acciones o participaciones sociales titularidad del **socio con funciones de gestión**, común en las operaciones de *management buy-out*, en las que generalmente el equipo directivo tiene una participación en la sociedad (minoritaria), estando dicho

participación vinculada a su continuidad en el equipo gestor. En estos casos, la finalización de la relación mercantil o laboral de los socios gestores suele llevar aparejada la necesidad de deshacerse de sus acciones o participaciones sociales.

Asimismo, si la **salida** se produce por **causas ajenas al socio gestor** (supuestos de *good leaver* en terminología anglosajona, tales como incapacidad, despido improcedente, etc.), dicho socio gestor podría tener derecho a ejercitar su derecho de opción de venta frente al socio financiero, el cual, a su vez, podría tener derecho a ejercitar su derecho de compra frente al socio gestor; en dicho supuesto, sin penalización para el socio gestor. **2441**
Por otro lado, si la **salida** se produce por **causas imputables al socio gestor** (supuestos de *bad leaver* en terminología anglosajona, tales como despido procedente, renuncia voluntaria al cargo, etc.), el socio financiero podría ejercitar su derecho de opción de compra frente al socio gestor, generalmente con una penalización para el socio gestor (p.e., minoración del precio de sus acciones o participaciones sociales).
Adicionalmente, las opciones de compra y venta pueden cumplir la función de remedio frente a **situaciones de bloqueo**.

5. Financiación de la sociedad

La financiación a aportar por las partes a la sociedad es otro de los aspectos comúnmente recogidos por los pactos parasociales. **2445**
La modulación de este convenio depende en buena medida de la disponibilidad de -y acuerdo entre las partes sobre- un **plan de negocio** que permita prever las inversiones y gastos necesarios para el desarrollo del negocio o negocios que constituyen el objeto de la sociedad.
La financiación puede revestir muy distintas **formas**:
a) **Nuevas aportaciones** a fondos propios, en cuyo caso los contratantes se deben obligar a aprobar las operaciones correspondientes -p.e., aumento de capital, con o sin prima-, con el consiguiente compromiso de ejercitar el voto en sentido positivo para la adopción de tal acuerdo.
b) **Préstamos** participativos, que no son técnicamente neto patrimonial pero computa como tal a efectos de desequilibrio patrimonial, u ordinarios de socios remunerados a un interés determinado o determinable.
c) **Afianzamiento de deudas** de la sociedad frente a terceros; en este caso, técnicamente la prestación se pacta a favor de terceros, no de la sociedad, aunque en su beneficio, normalmente las entidades financieras prestamistas.

Precisiones En relación con estas operaciones, deben tenerse en cuenta normas fiscales sobre **operaciones vinculadas** y que, aun cuando no se pacten con carácter de subordinados, el crédito a favor de los socios queda siempre postergado a todo los demás *ope legis* en caso de **concurso de acreedores**, si sus titulares ostentan más de un 5%/10% en el capital social (LCon art.281 a 284).

Las aportaciones adicionales de financiación pueden establecerse como **prestaciones accesorias** suplementarias en **estatutos** (LSC art.86), atribuyendo así a la propia sociedad la legitimación para exigir su realización; sin embargo, además de las consideraciones generales sobre confidencialidad o publicidad de este tipo de convenios, se topa aquí, una vez más, con el criterio restrictivo de la DGSJFP -anteriormente DGRN- (DGRN Resol 24-6-98; 7-3-00), que exige un grado tal de detalle respecto a las cuantías y marco temporal de las aportaciones adicionales, que convierten en inútil todo intento de prever estatutariamente el programa de aportaciones. **2446**
Por otra parte, la mayor flexibilidad que supone la realización de préstamos de socios respecto a aportaciones a los fondos propios y la extensión con que se utilizan instrumentos de financiación híbridos entre capital y deuda, exige una regulación cada vez más detallada de los compromisos de los socios y de su régimen en caso de cambios de control. El **pacto de socios** es el lugar adecuado para condicionar la transmisión de las acciones o participaciones a la subrogación por el adquirente en las posiciones contractuales derivadas de los préstamos y otras formas de financiación facilitadas por el transmitente.

Contabilidad e información al socio Desde la perspectiva del socio que tiende y exige la necesidad de celebrar un pacto parasocial, estrechamente unida a las cuestiones relativas a la financiación de la sociedad se encuentra la obligación de esta, a través de sus administradores, de llevar ordenadamente su contabilidad (CCom art.25) y de suministrar información financiera suficiente y correcta al respecto a los propios socios. **2447**
Mediante el pacto de socios no se pueden alterar los principios y normas contables aplicables para llevar la contabilidad oficial de la sociedad. Esta debe observar las normas establecidas en el Código de Comercio, conformarse al marco conceptual del **PGC** (RD 1514/2007) y seguir

sus principios, criterios, normas de registro y valoración, y las demás reglas que emanen del ICAC en desarrollo de dicha normativa. Ahora bien, dentro del respeto de dicho marco, la empresa goza de cierta discrecionalidad a la hora de aplicar los criterios contables generalmente aceptados. Las partes, en el pacto parasocial pueden acordar y detallar algunas **políticas contables**.

2448 Las sociedades de capital están obligadas a formular y aprobar cuentas anuales conforme a lo dispuesto en la LSC Título VII. La información que deben contener las **cuentas anuales** y en especial la memoria y el informe de gestión tiene carácter de mínimo. Por tanto, nada impide que los socios acuerden añadir extremos no expresamente recogidos por la ley.

Con la antelación marcada por la LSC art.272, los administradores deben poner a disposición de todos los socios los **documentos contables** sometidos a su consideración en la junta general ordinaria de cada ejercicio, y, en las SRL, si lo piden socios que posean, al menos, el 5% del capital social (salvo disposición contraria de los estatutos), tienen derecho a examinar los soportes y antecedentes en que se basen las cuentas anuales.

Estos requisitos también tienen el carácter de garantía mínima a favor de los socios; en consecuencia, estos son libres de establecer **obligaciones de información más estrictas**. Es habitual que los pactos parasociales se extiendan en regular el contenido de la información económica y contable que el Director General o el Director Financiero deben facilitar a los consejeros o a los socios y con qué periodicidad.

Cuando uno de los socios suscriptores es un **inversor extranjero** que, conforme a su propia normativa, está obligado a integrar los activos, pasivos y resultados de la sociedad en sus estados financieros consolidados, y tiene la obligación de someter estos a la verificación de un auditor externo, debe obtener de los demás socios el compromiso de que la sociedad adelante la fecha de formulación de cuentas y permita su examen al auditor del grupo del inversor extranjero, a efectos de conciliación contable.

Si la **sociedad cotiza** en Bolsa, las obligaciones de información financiera periódica son ya suficientes y además el conocimiento anticipado por los accionistas de determinadas materias puede ser considerado información privilegiada.

6. Duración del acuerdo

2450 Los acuerdos entre socios suelen establecer un plazo **determinado** de duración. En caso contrario su duración es indefinida, por lo que su resolución o terminación se regula por las reglas generales de los contratos. Sin embargo, la duración **indefinida** de tales acuerdos se considera ilícita por algunos autores -especialmente en supuestos como los de sindicatos de voto- en aplicación del principio de no perpetuidad de las relaciones obligatorias, que se infiere de varios preceptos y es común en Derecho comparado. Según esta corriente doctrinal, los pactos parasociales deben contener sus propios mecanismos de modificación, adaptación, disolución y, en su caso, prórroga. En este sentido se ha pronunciado el **TS** en su sentencia (TS 20-2-20, EDJ 511849) al indicar que no puede admitirse la validez de los pactos de sindicación permanente, no solo por vulnerar de forma directa preceptos explícitos del régimen legal societario sobre límites legales a la transmisibilidad de las acciones (LSC art.123 s.) o participaciones (LSC art.107 s.) sino más ampliamente por vulnerar principios básicos de naturaleza jurídica de la relación social y del ordenamiento civil, singularmente, el principio de libertad de la contratación y de disposición personal y patrimonial.

Precisiones Recientemente, se ha admitido a trámite un **recurso de casación** en el TS (TS auto 14-2-24, EDJ 506571) sobre el carácter perpetuo o indefinido de los pactos parasociales.

2451 El **Anteproyecto de Ley del Código Mercantil** establece, en relación con sociedades cotizadas, que el pacto parasocial puede estipularse por tiempo determinado o indeterminado (art.284-3):

a) Pactos parasociales de sociedades cotizadas por **tiempo determinado**. Si se estipula por tiempo determinado, el pacto parasocial entre accionistas de sociedades cotizadas no puede tener una duración superior a 5 años a contar desde la fecha de estipulación del pacto. Si se estipula con una duración superior, se considera a todos los efectos reducido al máximo legal permitido. Asimismo, si el pacto parasocial estipulado por tiempo determinado contiene alguna previsión sobre prórroga automática de su vigencia, se tiene por no puesta.

b) Pactos parasociales de sociedades cotizadas por **tiempo indeterminado**. Si se estipula por tiempo indeterminado, cualquier accionista sindicado puede denunciar el pacto en cualquier momento con un preaviso de 6 meses. En caso de oferta pública de adquisición de acciones, la denuncia del pacto por tiempo indeterminado por cualquiera de los accionistas que lo hubieran estipulado no requiere preaviso alguno. La denuncia solo produce efecto respecto de las acciones que sean efectivamente adquiridas en ejecución de esa oferta pública.

7. No competencia

Los pactos parasociales suelen incluir, adicionalmente, pactos de no competencia en la medida en que los socios firmantes del pacto parasocial pueden tener actividades directamente o inversiones, así como ocupar también puestos en órganos de administración, de dirección o puestos claves en otras sociedades potencialmente competidoras. **2455**
Así en virtud de las cláusulas de no competencia, los firmantes se comprometen a no competir ni a realizar ninguna conducta desleal o competitiva durante la vigencia de su relación y a la finalización de la misma. En este sentido, es importante delimitar con claridad el **ámbito de aplicación y** la **vigencia** del pacto, tanto a la vista de la normativa en materia laboral como de defensa de la competencia.

8. Ley aplicable, jurisdicción y arbitraje

Al hilo de la participación extranjera en sociedades españolas y viceversa, de empresas españolas en entidades extranjeras, resulta apropiado examinar la posibilidad de someter los pactos parasociales al **Derecho de un Estado distinto** de aquel en que la sociedad tenga su domicilio. **2460**
Conforme al Rgto CE/593/2008 del Parlamento Europeo y del Consejo, sobre la ley aplicable a las obligaciones contractuales (que sustituyó al Convenio de Roma de 19-6-1980), el principio general es el de **libertad de las partes** para convenir que el contrato se rija por la **ley** que consideren oportuna.
Se discute si los pactos parasociales se ven afectados por la **excepción** que el Rgto CE/593/2008 art.1.f establece respecto a su ámbito de aplicación, en cuanto a las cuestiones de Derecho de sociedades que afecten a la constitución de las mismas, su capacidad jurídica, su funcionamiento interno y la disolución, así como la responsabilidad personal de socios y administradores.
Otra limitación a tener en cuenta consiste en que, si todos los **elementos de la situación** están localizados en un país distinto de aquel cuya ley eligen las partes, la cláusula de sometimiento no impide la aplicación de las disposiciones imperativas del primer país.
La conveniencia de someter el pacto parasocial al **Derecho de un país distinto** de aquel que rige el contrato social -normalmente aquel en que la sociedad tiene su domicilio- es tanto menos aconsejable cuanta mayor incidencia tenga lo pactado en el funcionamiento y organización de la sociedad, pues más difícil será optimizar los mecanismos previstos para exigir su cumplimiento específico.
Otro tanto puede afirmarse en cuanto a la cláusula de **sumisión a un foro distinto** del correspondiente al domicilio social.
En relación con la **competencia judicial** para conocer de las acciones judiciales relativas a los pactos parasociales, y sin perjuicio de lo previsto en la L 6/1985, no existe un criterio jurisprudencial consolidado de si corresponde a los juzgados mercantiles o a los juzgados de primera instancia. La cuestión no es pacífica y existen diferentes resoluciones judiciales que atribuyen la competencia a los **juzgados mercantiles** y otras tantas que lo hacen a los **juzgados de primera instancia**. En el Congreso de Magistrados/as destinados/as en los Juzgados de lo Mercantil, celebrado en Madrid los días 20, 21 y 22 de septiembre de 2021, y con el propósito de crear un criterio unitario, se trató dicha cuestión, sin alcanzarse un acuerdo al respecto.

En cambio, conviene reparar un momento en la posibilidad y conveniencia de someter las discrepancias entre las partes a **arbitraje**. Esta forma de resolución de disputas es empleada en ocasiones en los pactos de socios. No obstante, es interesante reflexionar sobre la posible dicotomía entre esta alternativa y la prevista en estatutos. **2461**
La admisibilidad de establecer en **estatutos** la cláusula de compromiso arbitral solo empezó a imponerse en nuestro país a partir de DGRN Resol 19-2-98 y TS 18-4-98, EDJ 2301. Con el RD 171/2007, sobre publicidad del protocolo familiar, se modificó el RRM para incorporar sendas previsiones específicas sobre sumisión a arbitraje de las controversias entre los socios o entre estos y la sociedad o sus órganos (RRM art.114 y 175).

Actualmente, se reconoce expresamente el sometimiento al **arbitraje estatutario** de los conflictos que se planteen en las sociedades de capital, estableciendo que:
• Para introducir en los estatutos sociales una cláusula de sumisión a arbitraje se exige una **mayoría** reforzada de, al menos, dos tercios de los votos correspondientes a las acciones en que se divide el capital social.
• El sometimiento estatutario a arbitraje de la impugnación de acuerdos societarios, requiere la administración y designación de los **árbitros** por una institución arbitral.
• En relación con el **laudo arbitral** que declara la nulidad de un acuerdo inscribible, se prevé:
- que ha de inscribirse en el RM, publicándose un extracto en el BORME; y
- que, en el caso de que el acuerdo impugnado esté inscrito en el RM, debe determinar la cancelación de su inscripción, así como la de los asientos posteriores que resulten contradictorios con ella (L 60/2003 art.11 bis y 11 ter).

F. Supuestos específicos

2465

1.	Sociedad cotizada	2466
2.	Empresa familiar	2475
3.	Joint Ventures	2480
4.	Inversiones de capital-riesgo	2488
5.	Empresa emergente	2495

1. Sociedad cotizada

2466 Uno de los campos en que los pactos parasociales gozan de mayor tradición en España es el de las sociedades cotizadas. La «sindicación de acciones», como tradicionalmente se les denominó, atrajo la atención de los tratadistas en nuestro país ya en los años 50 y 60 (Garrigues, Pedrol Rius).
En las sociedades cotizadas, por su naturaleza, el poder político se diluye entre un gran **número de accionistas** y es susceptible de acapararse con un porcentaje de participación en el capital relativamente bajo. La suficiente difusión de los valores es uno de los requisitos para la continuidad de su negociación en mercados oficiales (LMV art.64). Consecuentemente, si unos cuantos accionistas consiguen hacerse con un **porcentaje significativo** de acciones, aunque no ostenten la mayoría, pueden llegar a alcanzar el control o al menos una influencia relevante en caso de que se pongan de acuerdo para actuar y ejercer sus derechos de forma conjunta o concertada.
La legislación del mercado de valores (LMV) siempre ha prestado especial atención a este fenómeno, tanto en lo que se refiere a la disciplina de los **cambios de control** (OPAs) como en relación con las obligaciones de **transparencia e información** al mercado sobre situaciones que pueden afectar a las decisiones de inversión y desinversión del público; sin embargo, no ha regulado expresamente los pactos de accionistas hasta fechas relativamente recientes.

2467 El pacto de sindicación resulta de evidente utilidad si varios accionistas (que no podrían hacer lo mismo por separado) pueden llegar a controlar la compañía o, al menos, a nombrar a parte de los miembros del consejo de administración e influir en el gobierno de la sociedad juntando sus derechos de voto. A estos pactos se les denomina **sindicatos de control**.
Otra situación habitual es la de un grupo de accionistas interesado en crear un núcleo estable en el accionariado -aun cuando ello no les atribuya el control- si la dispersión accionarial de la compañía la hace especialmente vulnerable a una toma de control mediante compra de acciones en el mercado, incluso sin necesidad de llegar a formular una OPA. Es lo que se conoce como **pacto defensivo**.
Cuando los socios de una sociedad deciden solicitar la admisión de sus acciones a negociación en un mercado oficial casi siempre pactan un **período de «lock-up»** o bloqueo. Se trata de enviar a los potenciales inversores un mensaje de confianza en la sociedad por parte del núcleo accionarial y suministrar una garantía de cierta estabilidad en la organización de la gestión social. Y, sobre todo, se trata de asegurar a los potenciales inversores y a las entidades que realizan el papel de colocadoras/aseguradoras, que no se producirán ventas masivas por parte de los accionistas originarios que puedan afectar negativamente a la cotización respecto del precio de salida de la emisión u oferta pública de venta.

2468 **Pactos parasociales y OPAs** (LMV art.128) En el ámbito del derecho de OPAs (tras la modificación operada por la L 6/2007), se establece la obligación de formular oferta, sobre la totalidad de las acciones u otros valores, a quien consiga el control de una sociedad cotizada, entre otros medios, a través de la celebración de pactos parasociales con otros titulares de valores.

Se presume adquirido el **control** desde que una persona física o jurídica alcance un porcentaje de derechos de voto igual o superior al 30%, ya sea individualmente o de forma conjunta con las personas que actúen en concierto con ella (LMV art.111.1).

Para computar los **derechos de voto** que posee una persona, se han de atribuir a la misma también los de las personas que actúen de forma concertada con ella, entendiéndose que existe tal concierto cuando colaboren en virtud de un acuerdo con el fin de obtener el control (RD 1066/2007 art.5). La existencia de ese acuerdo se presume cuando las personas en cuestión hayan alcanzado un pacto parasocial que establezca una política común respecto a la gestión de la sociedad o que regule el derecho de voto en el seno del consejo o de la comisión ejecutiva de la sociedad, con el objeto de influir en dicha gestión «de manera relevante».

Precisiones La mayoría de los pactos parasociales que se han dado a conocer al mercado en relación con sociedades cotizadas en España pueden encuadrarse en el tipo de acuerdo que permite presumir una **actuación concertada** a efectos de aplicación de la normativa de OPAs.

Transparencia del mercado y pactos parasociales (LSC art.531 a 534) La L 26/2003, **2469**
conocida como «ley de transparencia», supuso una importante modificación del régimen de las SA cotizadas e introdujo el Título X, enteramente nuevo, en la LMV/88, cuyo Capítulo II se dedicó a «los pactos parasociales sujetos a publicidad».

Con posterioridad, tras la entrada en vigor de la LSC, dicho capítulo de la LMV/88 quedó derogado e incorporado (con el mismo nombre) a la LSC, dentro de su Título XIV, dedicado a las SA cotizadas.

Como el encabezamiento del capítulo indica, lo que se regula es la obligatoriedad de hacer **públicos** los pactos parasociales que afecten a sociedades cotizadas, entendiendo por tales los que incluyan la regulación del ejercicio del derecho de voto en las juntas generales o que restrinjan o condicionen la libre transmisibilidad de las acciones.

La forma de conseguir la pretendida publicidad de los pactos consiste en:
- comunicar a la **CNMV y** a la propia **sociedad** su celebración, prórroga o modificación;
- a continuación, se debe depositar en el **RM** del domicilio social el pacto parasocial; y
- comunicarlo al mercado como **hecho relevante**.

Precisiones De acuerdo con lo establecido en el **Anteproyecto de Ley del Código Mercantil** art.284-4, el depósito del pacto parasocial deberá efectuarse en el RM en que esté inscrita la sociedad no cotizada que ejercite el poder de dirección y en el RM de la sociedad cotizada dominada.

Aparte de las sanciones que pudieran imponerse a la sociedad por **incumplimiento** de sus **2470**
deberes de información y transparencia, se establece la consecuencia de que la falta de publicidad del pacto priva de efecto alguno a sus cláusulas relativas a la regulación del voto y a la transmisibilidad de las acciones. Es decir, en tanto no se publique, el pacto es ineficaz incluso entre las partes firmantes del mismo.

Precisiones **1)** Adicionalmente a las consecuencias indicadas anteriormente, el **Anteproyecto de Ley del Código Mercantil** establece, en su art.284-2, que el incumplimiento de las obligaciones en materia de comunicaciones y depósito del pacto parasocial dará derecho a cualquiera de sus firmantes a desligarse del pacto sin que le produzca perjuicio, mediante comunicación por escrito al resto de partes del pacto. Asimismo, las acciones o participaciones sociales pertenecientes a los socios sindicados de la sociedad que ejercite el poder de dirección sobre otra sociedad cotizada y que hayan incumplido los deberes de comunicación y de depósito tendrán en suspenso el derecho de voto en las juntas de accionistas de la sociedad dominada (art.284-4.2).

2) La citada L 26/2003, por su novedad y problemático encaje en el sistema registral tradicional dio lugar a numerosas discusiones e incluso a célebres **litigios** -quizás el caso más famoso sea el del pacto de sindicación entre Santander y Total en relación con CEPSA-.

A fin de facilitar a las partes el cumplimiento del requisito de publicidad, se reconoce **legiti-** **2471**
mación a cualquiera de los firmantes del pacto para efectuar las actuaciones necesarias tendentes a darle publicidad en la forma legalmente prevenida.

La **falta de depósito** en el Registro Mercantil determina la anulabilidad del pacto parasocial; no su nulidad radical por lo que no puede descartarse que pueda producir algún efecto reflejo distinto del directamente previsto en el pacto.

Sensu contrario no se debe pensar que, desde el depósito y publicación como hecho relevante, el contenido del pacto resulta **oponible a terceros** que no sean parte del mismo; o, dicho de otro modo, que las partes lo puedan hacer valer para impedir a los terceros ajenos al pacto la consolidación de una posición jurídica ganada en contra de lo dispuesto en aquel.

El **ejemplo** más claro es que, si uno de los firmantes del pacto incumple la sindicación del voto, no puede impugnarse un acuerdo que pudiera aprobarse con el voto favorable del accionista incumplidor. Del mismo modo, no puede negarse legitimación al adquirente de acciones transmitidas por uno de los miembros del sindicato de bloqueo incumpliendo lo previsto en el pacto parasocial.

En esto, los pactos parasociales que afectan a sociedades cotizadas no difieren del resto de los convenios extra-estatutarios; solo **vinculan a los firmantes** y no a terceros, incluida la sociedad. Y ello con independencia de que los pactos relativos a sociedades cotizadas deban hacerse públicos para desplegar su eficacia inter partes.
De lo contrario, se estaría reconociendo al **depósito** en el Registro Mercantil una protección (la de la publicidad material) que es propia de la **inscripción registral**; mientras que el depósito solo despliega una eficacia de segundo orden, al consistir en un sistema de publicidad-noticia.

2472 Téngase en cuenta que, conforme al LSC art.534 la obligación de publicitar el pacto parasocial resulta asimismo exigible cuando se refiera a una sociedad que ejerza el control sobre una sociedad cotizada. Es decir, a los **pactos de control indirectos**. Actualmente, puesto que el concepto de «control» relevante a estos efectos es el que se desprende del CCom art.42 -al que se remite la LMV art.4-, debe entenderse que la obligación de depositar el pacto parasocial afecta a aquellas sociedades que, por sí solas o mediante acuerdos con terceros, posean la mayoría de los derechos de voto en la cotizada, y las que puedan nombrar o destituir, o de hecho hayan designado, a la mayoría de los miembros del consejo de administración de la cotizada. La existencia de estas **sociedades instrumentales**, creadas con el objeto de gestionar los intereses de los accionistas indirectos de la sociedad cotizada, no es, ni mucho menos, desconocida en España.

2. Empresa familiar

2475 Junto con las sociedades cotizadas -y a veces coincidiendo con ellas- las empresas familiares son otro ámbito importantísimo de aplicación del fenómeno parasocial. Una de las funciones más relevantes reconocidas a los pactos parasociales en este tipo de empresas es la de garantizar la **sucesión** al frente del negocio y, por tanto, su continuidad; pero no es la única. Es fácilmente comprensible que la empresa familiar en forma societaria puede verse afectada, además de por todas las circunstancias propias del tráfico mercantil, por los avatares de la familia que la controla (p.e., fallecimientos, matrimonios, divorcios, segundas nupcias, adopción, etc.) y por todas las instituciones jurídico privadas que se refieren a los mismos (testamento, régimen económico familiar, usufructo, etc.).
Disciplinar todos los posibles efectos e influencia que el **devenir familiar** pueda tener sobre la marcha de la sociedad es una tarea impracticable; sin embargo, los pactos parasociales pueden resultar eficaces para regular las situaciones más habituales.
En reconocimiento de dicha relevancia, el RD 171/2007 vino a regular la publicidad de los llamados **protocolos familiares** a los que el preámbulo reconoce como pactos parasociales.
Para un estudio en detalle de la sociedad familiar, ver nº 15210 s. Memento Sociedades Mercantiles 2024.

2476 **Protocolo familiar** (RD 171/2007) Por protocolo familiar podemos entender el documento escrito, fuera de los estatutos de una sociedad mercantil, en el que se plasman los compromisos asumidos por los miembros de una familia en relación con la empresa o negocio explotados por la misma (Fernández del Pozo).
Conforme al concepto legal, se entiende por protocolo familiar aquel conjunto de pactos suscritos por los socios entre sí o con terceros con los que guardan vínculos familiares que afectan a una sociedad no cotizada, en la que tengan un interés común en orden a lograr un modelo de comunicación y consenso en la toma de decisiones para regular las **relaciones entre familia, propiedad y empresa** que afectan a la entidad (RD 171/2007 art.2.1).
Es un contrato que responde en gran medida al tipo de sociedad «interna», celebrado con vistas a mejorar o preservar el gobierno de la empresa familiar.
Debe destacarse que se trata de un **instrumento voluntario**, y que su **publicidad** se regula en el citado RD con ese mismo carácter; no existe obligación ninguna de darle publicidad.

2477 Precisiones **1)** Uno de los aspectos más criticables de la norma es que no se entiende por qué en una sociedad plurifamiliar no cabe la **publicidad de más de un pacto** parasocial (RD 171/2007 art.2.2) del mismo modo que no se entiende por qué en una misma sociedad no pueden convivir un protocolo familiar «de defensa» con un pacto parasocial de control firmado por accionistas ajenos a la familia.
2) También plantea dudas la **exclusión** de las **sociedades cotizadas** del régimen de aplicación de RD 171/2007. El tipo de publicidad exigido por la LSC art.531, no es igual que el posibilitado por el RD 171/2007. Mientras para las sociedades cotizadas la publicidad es una cuestión de transparencia de la información relevante para el mercado y por eso, una condición para la eficacia misma del pacto, en el caso de las sociedades familiares es solo facultativa y representa, en todo caso, una «buena práctica de gobierno» de este tipo de empresas (RD 171/2007 art.6).

Se prevén varios sistemas o **técnicas de publicidad**: 2478

a) Publicación del protocolo familiar en el **sitio web** de la sociedad cuyo dominio o dirección de Internet conste en el RM (RD 171/2007 art.4).

b) La mera **constancia de su existencia** en el **RM**, reseñando a efectos puramente identificativos si el protocolo está disponible en la página web de la sociedad que conste en la hoja registral y, de haberse formalizado en documento notarial, los datos de la escritura. Se prevé que el órgano de administración presente una mera instancia al RM del domicilio. La norma recibió desde un inicio numerosas críticas por la falta de rigor jurídico-registral, ya que no aclara la forma de constancia (en la práctica se hace vía nota marginal junto a la inscripción 1ª de la hoja abierta a la sociedad) ni los requisitos para comprobar la accesibilidad en el sitio web de la sociedad -p.e., continuidad de la inserción, forma de acreditarla, etc.- (RD 171/2007 art.5).

c) El **depósito del documento público** en que conste el protocolo familiar. Solo se prevé que se solicite el depósito al tiempo que el de las cuentas anuales del ejercicio correspondiente, lo que no parece justificado. Presupone el otorgamiento ante notario. A diferencia de la simple constancia, en que el registrador se limita a comprobar la legitimación del presentante de la instancia y de la inserción en la página web (hay que suponer que solo en el momento de practicar la nota marginal), en este caso se exige la calificación del documento, por su contenido jurídico. Dicha calificación, en esencia, solo requiere la constatación de que el contenido del protocolo no infringe normas de carácter imperativo.

d) La **inscripción de acuerdos sociales** adoptados en ejecución del protocolo familiar publicado, lo que se debe hacer constar en dicha inscripción. Se refiere al supuesto de que parte de las previsiones del protocolo se incorporen a los estatutos sociales, bien en el momento de la constitución, bien mediante un acuerdo de junta posterior. Hay que advertir que no es un caso de publicidad facultativa, como los anteriores, sino necesaria, en el que se aplican las normas generales sobre calificación e inscripción registral (RD 171/2007 art.7).

Evidentemente, la **eficacia** de cada uno de los sistemas articulados es distinta. Únicamente el último se beneficia de los principios de legitimación, oponibilidad y tracto sucesivo, propios de la publicidad material que proporciona la inscripción registral. La nota marginal y el depósito del proyecto tan solo proporcionan lo que se denomina publicidad-noticia, similar a la que se consigue respecto de las cuentas anuales de las sociedades.

Lo más llamativo del régimen legal del protocolo familiar consiste en que, junto a la posibilidad -voluntaria, insistimos- de darle publicidad formal por los medios indicados -sin más trascendencia que la derivada de la «noticia legal» que ello proporciona-, el propio Real Decreto introdujo ciertas novedades en el RRM favorables al progresivo reconocimiento de la *erga-omnicidad* u **oponibilidad frente a terceros** de esta particular especie de pactos parasociales. 2479

Las modificaciones más relevantes, relativas al RRM art.114, 175 y 186, hacen referencia a la posibilidad de **inscripción** de:

- Las **cláusulas penales** en garantía de las obligaciones pactadas e inscritas, especialmente si están contenidas en protocolo familiar publicado. En realidad, la posibilidad de estipular penalidades por incumplimiento de las prestaciones accesorias ya estaba admitida con anterioridad (RRM art.127), pero el hecho de incluirlas como disposición extra-estatutaria refuerza la amplitud de su admisibilidad y su eficacia.
- Los sistemas de determinación previa del **valor razonable** de las acciones o participaciones para el caso de transmisiones inter vivos o mortis causa, y en sede de SRL, para las transmisiones forzosas que puedan venir impuestas estatutariamente conforme al RRM art.188.3.
- El pacto de sometimiento a **arbitraje** de las disputas entre socios o entre estos y la sociedad y sus órganos.
- El pacto de **vender conjuntamente** las partes sociales en el capital de sociedades pertenecientes al mismo grupo.

3. «Joint Ventures»

Con el nombre de *joint ventures* se conocen los acuerdos de **colaboración mercantil** concluidos entre dos o más empresas, que mantienen en lo demás su independencia, y que suelen conllevar la realización de inversiones con vistas al desarrollo en común de un negocio que forma parte de -pero no agota- sus respectivos objetos sociales. 2480

No requiere la constitución de una **sociedad** dotada de personalidad jurídica (*unincoporated joint ventures*), aunque lógicamente solo a esta especie nos referiremos en el presente apartado. A veces se traducen por «empresa conjunta» en español.

El **objetivo** de una *joint venture* puede ser de lo más variado:
- la puesta en común de distintas capacidades productivas para la manufactura de nuevos productos;
- el desarrollo de un proyecto de investigación, desarrollo e innovación;
- la búsqueda de un aliado para la implantación en nuevos mercados; y
- el apoyo mutuo en diferentes eslabones de la cadena de producción o comercialización.

La normativa española de sociedades no contempla expresamente el fenómeno de la *joint venture*; la figura que más se asimila es la **unión temporal de empresas** (UTE) regulada, a efectos fiscales, por la L 18/1982. Pero se trata de entidades sin personalidad jurídica (L 18/1982 art.7.2).

Para un estudio en detalle de las *joint ventures*, ver nº 4400 s.

2481 En las *joint ventures* entre grupos con determinado volumen de facturación o con una cuota significativa en el mercado de producto o servicio al que la empresa conjunta se refiera, se deben tener siempre muy en cuenta las implicaciones del Derecho de la Competencia en materia de **concentraciones**.

La L 15/2007 art.7.1.c, de defensa de la competencia prevé la posibilidad de que la concentración se produzca como consecuencia de un cambio estable de control, mediante la creación de una **empresa en participación**, cuando la empresa «desempeñe de forma permanente las funciones de una entidad económica autónoma» (lo que en la práctica comunitaria de competencia se conoce como *full function joint venture*). Evidentemente, la estabilidad del control y la caracterización de la sociedad como entidad económica autónoma dependen de la voluntad de las partes en función del tipo de proyecto, y encuentran su reflejo en el pacto entre socios que preceda o complemente a la constitución de la sociedad.

Así pues, a la hora de configurar los convenios relativos al control conjunto sobre las decisiones fundamentales de la sociedad y las prestaciones de los socios a favor de la entidad no deben perderse de vista las posibles implicaciones del derecho de la competencia.

2482 **Aportaciones de las partes** La forma más básica pero también más frecuente de *joint venture* que podemos encontrar en el tráfico mercantil es la **sociedad formada por dos empresas** o por dos grupos. Dependiendo del peso relativo de la aportación de cada parte al proyecto, el capital se reparte en distintos porcentajes entre los socios. Pero no solo se tienen en cuenta las aportaciones materiales (de dinero o de activos) sino también contribuciones intangibles al proyecto, tales como el acceso a los clientes en el mercado relevante, el prestigio o reconocimiento de una de las empresas o incluso su nacionalidad u origen geográfico y su percepción por parte de las administraciones públicas.

Es posible que una o ambas partes aporten a la *joint venture* **activos productivos** propios de su negocio (p.e., inventarios, maquinaria, derechos de propiedad industrial e incluso contratos comerciales en curso de ejecución). Más allá del régimen estrictamente legal de responsabilidad de los socios por la realidad y valoración de las aportaciones (LSC art.63 a 77), el pacto parasocial debe regular con detalle las de cada una de las partes y los remedios al alcance de cada una de ellas en caso de que la aportación de la contraparte se demuestre afectada por cualquier vicio que reduzca el valor inicialmente atribuido.

A estos efectos, especialmente cuando se aporte una unidad productiva, rama de actividad o establecimiento, el contrato ha de contener una lista exhaustiva de **declaraciones y garantías** y un completo **régimen de responsabilidad** por las mismas, similar al de los contratos de adquisición de empresas, con la especialidad de que la legitimación para exigir dicha responsabilidad se atribuye tanto a la propia sociedad conjunta como a la contraparte.

2483 Salvo que las aportaciones de las partes permitan a la *joint venture* actuar con absoluta autonomía, es necesario regular en el propio pacto parasocial las **relaciones de prestación de servicios, suministro** de productos o cesión de uso de activos, entre los socios y la sociedad en la que participan. Nos encontramos entonces, ante un contrato complejo en el que se superponen varios negocios jurídicos conexos.

Es el caso típico de las *joint ventures* creadas para comercializar y distribuir productos de uno o de ambos socios o el de los consorcios concesionarios de las administraciones públicas, creados para la financiación, construcción y explotación de grandes infraestructuras; los consorcios sub-contratan con sus socios partes importantes del contrato de concesión.

Cuando, como en el segundo caso recién aludido, la naturaleza de la prestación y las condiciones de la contraprestación revistan cierta complejidad, lo que se suele hacer es **anexar** al pacto de socios los **contratos comerciales** correspondientes, estableciendo una clara vinculación entre ellos; al punto de que el incumplimiento de uno puede determinar la posibilidad de resolver el otro y viceversa.

Adicionalmente, es posible establecer dichas relaciones entre sociedad y socio en forma de prestaciones accesorias.

Gestión de la empresa y situaciones de bloqueo En las empresas conjuntas formadas por solo dos socios, lo normal es que se confíen las decisiones de gestión sobre asuntos del día a día del negocio a un **director general** o a un comité de dirección. Al **órgano de administración**, en que las partes están representadas de forma proporcional a su participación en el capital, se atribuyen las cuestiones de mayor relevancia denominadas normalmente materias reservadas. Y para la **junta general** se reserva únicamente la adopción de acuerdos sobre las materias legalmente previstas. 2484

De acuerdo con la composición del capital, en la práctica se establece la necesidad de **unanimidad** para la válida adopción de acuerdos en el seno de ambos órganos, lo que se traduce en un mayor riesgo de situaciones de bloqueo o *deadlocks*. Una de las formas habitualmente empleadas para resolver estas situaciones en el establecimiento de mecanismos de compra o venta de la participación en el capital por parte de un socio a otro (*buy-out*).

Al respecto, es necesario puntualizar que, para evitar, la utilización ilegítima del propio pacto parasocial a fin de forzar ventas consideradas ventajosas, es aconsejable que la estipulación penalice al **causante del bloqueo**, facultando a la otra parte a optar entre vender su parte o comprar la de la otra. No obstante, en ocasiones es difícil atribuir la causa del bloqueo a una parte concreta, sobre todo si son cuestiones estratégicas las debatidas y cada parte adopta una postura razonada al respecto.

Resolución del contrato A menudo, junto a la regulación de las fórmulas para salir de una situación de bloqueo, se estipulan los métodos de resolución del contrato, tanto para casos de **incumplimiento** como de **imposibilidad** de desarrollar la empresa conjunta por causas no imputables a las partes: cambios de control de alguna de las partes -especialmente si toma el control un competidor de la otra-, pérdidas sustanciales, cambios legislativos o revocación de autorizaciones y licencias o incluso por fuerza mayor. 2485

Los mecanismos más habitualmente empleados son las **cláusulas de «buy-out»** que adoptan la forma de opciones de compra y venta; y, para el caso de que ninguna de las partes esté interesada en comprar o vender al precio determinado conforme al contrato (cuya determinación se confía a un tercero), se establece un procedimiento de disolución ordenada, en el que cabe regular con detalle la forma de liquidar y repartir los activos.

Para el caso en el que **dos partes** puedan estar **interesadas** en comprar, se suelen establecer cláusulas en las que las partes interesadas se ven obligadas a pronunciarse simultáneamente sobre su decisión de compra y el precio ofertado, estableciéndose en dicha cláusula que adquiere las acciones el que ofrece mayor precio (*shoot out clauses* en terminología anglosajona) -p.e., sobre cerrado intercambiado entre las partes ante notario-, de forma que se maximice el precio y se eviten conductas oportunistas.

Desde luego, las condiciones de la compraventa varían según el ejercicio de la opción de compra o de venta responda a un incumplimiento de la otra parte o no. En el primer caso la facultad de ejercicio solo se reconoce al no-incumplidor, mientras que, si obedece a una causa exógena, se reconoce a ambos socios.

El proceso de disolución y liquidación se pacta, naturalmente, sin perjuicio de la facultad para reclamar **indemnización** por los daños que el incumplimiento de cualquiera de las partes haya generado a la otra (CC art.1124).

4. Inversiones de capital-riesgo

En las operaciones de capital-riesgo o de *private equity* lo normal es la convivencia en el capital de la sociedad objeto de la inversión de diversos socios o protagonistas, con intereses parcialmente convergentes. 2488

En la mayor parte de los casos, hay un elemento ajeno al capital, pero de gran importancia, como son los **suministradores de deuda** (bancos y fondos especializados).

El otro factor fundamental es el del **plazo** estimado de **inversión**, ligado a la esperanza de una salida futura del capital en la que se realizarán los beneficios de la inversión.

Los principales protagonistas son los fondos o entidades de capital-riesgo y los socios gestores. No obstante, las situaciones de participación en el capital son susceptibles de complicarse más cuando concurren **varias entidades de capital riesgo**; por ejemplo, en operaciones de capital-desarrollo en que se dan sucesivas rondas de financiación con entrada de diversos fondos; o en inversiones de compras apalancadas o *leverage buy-out* -LBOs- cuando, por el tamaño de la sociedad adquirida, varios fondos de *private equity* juntan sus fuerzas.

La composición de los intereses en juego alcanza un grado de **complejidad** que quizá no tenga comparación en otro tipo de sociedades. Los pactos parasociales reflejan dicha complejidad, pudiendo conjugarse en un solo documento o, lo que es más frecuente, formalizarse en

varios. Con independencia de la forma, vamos a referirnos separadamente a los distintos convenios más frecuentes en esta clase de operaciones.
Para un estudio en detalle de las entidades de capital-riesgo, ver nº 14050 s. Memento Sociedades Mercantiles 2024.

2489 **Pactos sobre co-inversión y financiación** Cuando en una operación concurren varios inversores de capital-riesgo o cuando los socios gestores retienen una parte relevante de su participación en el capital social, se suele establecer con carácter previo el marco general de la operación.
Se describe la **estructura societaria** que, a menudo, implica la creación de uno o incluso de varios vehículos o sociedades instrumentales, dependiendo de la sofisticación de la financiación ajena. En tal caso, es preciso proveer al gobierno de las distintas sociedades y definir la participación de cada parte en sus órganos de administración.
Cuando la operación afecta a **varias jurisdicciones**, la estructura se ve adicionalmente complicada por la posibilidad de que haya sociedades en distintos países; en estos casos, la elección de la ley aplicable y la jurisdicción a la que se someten los posibles litigios, cobran especial relevancia.
Se describen asimismo las **aportaciones** de las partes; normalmente dineraria en el caso de los inversores profesionales, aunque a veces consiste en la aportación no dineraria de las acciones o participaciones de la sociedad operativa por parte del socio fundador si permanece vinculado, mediante la reinversión.

2490 En su caso, se prevén **nuevas incorporaciones al capital**; bien de inversores financieros, en rondas sucesivas de financiación, bien de terceros sin determinar, como por ejemplo en caso de operaciones de consolidación sectorial (llamadas en el argot operaciones de *build-up*). Para estos casos, se incluyen cláusulas anti-dilución que complementan el derecho de suscripción o de asunción preferente legalmente previsto. Así, se pueden pactar los criterios para establecer las condiciones (prima) de cualquier aumento de capital posterior con entrada de terceros o, como es frecuente en los casos capital-semilla y capital-desarrollo prever la creación de nuevas clases de acciones o de participaciones con distintos derechos.
Se regulan con detalle también las **fuentes de financiación ajena** que puedan utilizarse y la forma de lograr la consolidación fiscal del coste financiero con los ingresos operativos. La vía preferida es la de la posterior fusión del vehículo empleado para tomar los préstamos bancarios y para comprar las acciones o participaciones, con la sociedad operativa objeto de la compra. Esta operación, conocida como *forward merger LBO*, está expresamente prevista por el RDL 5/2023 art.42, sobre modificaciones estructurales de las sociedades mercantiles, cuya redacción mantiene subsistentes las dificultades respecto a su incardinación en el régimen de asistencia financiera hoy regulado por la LSC Capítulo VI del Título IV (ver nº 2092 s.).

2491 Uno de los condicionantes fundamentales de las operaciones con apalancamiento financiero lo constituyen las **garantías reales** otorgadas a los financiadores. Estas pueden servir de eficaz restricción a la transmisión de las acciones o participaciones gravadas con prenda.
Hay fondos especializados en suministrar recursos ajenos que pueden estar interesados en adquirir una **participación futura en el capital** bajo determinadas condiciones; es lo que se conoce como cláusulas de *kick-in* o remuneración del préstamo en especie mediante entrega de acciones o participaciones de nueva creación.
Todas estas cuestiones son pactadas de antemano por los socios, comprometiéndose a ejercitar en todo momento sus derechos políticos de conformidad con las previsiones de la financiación.

2492 **Pactos de salida o desinversión** Las partes pueden establecer calendarios estimativos o, como es más frecuente, estipular fórmulas que permitan la desinversión en las mejores condiciones posibles, en línea con el carácter oportunista de la inversión de *private equity*.
De las posibles cláusulas, cabe destacar la obligación de votar a favor de la solicitud de admisión a cotización de las acciones para propiciar una **salida a bolsa** como método de liquidación de la inversión. Se prevé, para tal supuesto, que el pacto parasocial quede resuelto o limitado en su eficacia a aquellos acuerdos entre los socios para el tiempo que se obliguen a permanecer en el accionariado y que no sean incompatibles con la condición de cotizada de la sociedad.
Para facilitar las **ventas privadas**, se introducen cláusulas de arrastre y de acompañamiento (ver nº 2432 y nº 2435).

Pactos con los gestores Cuando los gestores (el *management*) participan en el capital, bien porque ya eran socios con anterioridad o bien porque se les da entrada en el momento de la inversión (operación conocida como *management buy-out* o por sus siglas MBO), el fondo inversor suscribe con ellos un convenio especial, con carácter asimismo de pacto parasocial. Como es lógico, en este convenio lo principal es detallar la obligación de los gestores de **permanecer al frente de la gestión** y todas las cuestiones de naturaleza parasocial relacionadas con los incentivos reconocidos con vistas a fomentar una gestión eficiente, orientada a la generación de valor para el socio financiero en un plazo prudencial. 2493

Naturalmente, los gestores se adhieren a los compromisos relativos a la **desinversión** (cláusulas de transmisión de acciones y participaciones), asumiendo además la obligación de facilitar la operación en cuestión, cuando un tercero potencialmente interesado requiera tener acceso a los gestores para decidir si presenta o no una oferta vinculante. 2494

A cambio, se puede incentivar también a los gestores con mecanismos de **ecualización de los beneficios** obtenibles con motivo de la desinversión si se superan determinados objetivos de rentabilidad. Un ejemplo son las cláusulas que reconocen a los ejecutivos de la sociedad la posibilidad de adquirir acciones o participaciones y un derecho superior a la cuota del precio de venta que les correspondería en el momento de la salida o desinversión, estrictamente en función de su porcentaje de participación. Estas estipulaciones (*ratchets* en inglés) pueden configurarse como opciones de compra a precio preferente, otorgadas por el fondo de capital riesgo a los gestores, y que estos pueden ejercitar con motivo de la desinversión. Su simultánea re-venta al precio ofertado por el tercero les asegura la ganancia deseada.

Teóricamente pueden crearse como un **derecho privilegiado** de las acciones entregadas a los gestores, constitutivas así de una clase especial. Sin embargo, la práctica demuestra que las fórmulas empleadas para calcular el privilegio son de tal complejidad que difícilmente encuentran acomodo en la escritura social (o simplemente se prefiere mantenerlas en secreto para evitar su conocimiento por otros operadores).

5. Empresa emergente

El **concepto** de empresa emergente se ha introducido por la L 28/2022 de fomento del ecosistema de las empresas emergentes. Conforme a su art.3, se podrá acreditar como empresa emergente toda persona jurídica, incluidas las empresas de base tecnológica creadas al amparo de la L 14/2011 de la Ciencia, la Tecnología y la Innovación, que reúna simultáneamente las siguientes **condiciones**: 2495

a) Ser de nueva creación o, no siendo de nueva creación, cuando no hayan transcurrido más de cinco años desde la fecha de inscripción en el Registro Mercantil, o Registro de Cooperativas competente, de la escritura pública de constitución, con carácter general, o de siete en el caso de empresas de biotecnología, energía, industriales y otros sectores estratégicos o que hayan desarrollado tecnología propia, diseñada íntegramente en España, que se determinarán a través de la orden a la que hace referencia el art.4.1 L 28/2022.

b) No haber surgido de una operación de fusión, escisión o transformación de empresas que no tengan consideración de empresas emergentes.

c) No distribuir ni haber distribuido dividendos, o retornos en el caso de cooperativas.

d) No cotizar en un mercado regulado.

e) Tener su sede social, domicilio social o establecimiento permanente en España.

f) Tener al 60% de la plantilla con un contrato laboral en España.

g) Desarrollar un proyecto de emprendimiento innovador que cuente con un modelo de negocio escalable.

Los pactos de socios en las empresas emergentes en **forma de SRL** serán **inscribibles** y gozarán de publicidad registral si no contienen cláusulas contrarias a la ley. Igualmente, serán inscribibles las cláusulas estatutarias que incluyan una **prestación accesoria de suscribir** las disposiciones de los pactos de socios en las empresas emergentes, siempre que el contenido del pacto esté identificado de forma que lo puedan conocer no solo los socios que lo hayan suscrito sino también los futuros socios (L 28/2022 art.11.2). 2496

G. Eficacia y validez de los pactos parasociales

En España la **primera manifestación** de los acuerdos extraestatutarios o pactos parasociales se produjo en el campo de las sociedades cotizadas en Bolsa a través de los llamados sindicatos de accionistas, que dieron lugar a los primeros estudios doctrinales al respecto. 2500

Los pactos parasociales aparecen por primera vez recogidos con este nombre en la Ley de Transparencia (L 26/2003), que modificó la LMV, estableciendo la necesidad de hacer públicos los pactos de esta naturaleza que afectasen a las sociedades cotizadas. Por su parte, el RD 171/2007 reconoce su existencia (y posibilidad de darles publicidad registral) en su manifestación de «protocolos familiares».

Con la actual normativa, se admite, en términos generales, la validez y licitud de tales pactos, si bien se les reconoce **eficacia meramente interna** sin que su validez esté exenta de ciertos límites.

La admisibilidad de los pactos parasociales se fundamenta en la existencia de una **esfera individual del socio** diferenciada de la propiamente corporativa, de manera que, en el ámbito de la primera, puede llegar a establecer vínculos obligacionales con otros socios sobre cuestiones atenientes a la compañía, sin modificar el régimen estrictamente societario y al margen de él. La posibilidad de los mismos se encuentra reconocida de forma expresa en la LSC art.29, si bien dicho artículo establece expresamente que los pactos que se mantengan reservados entre los socios, sin que se incorporen por tanto a los estatutos ni a la escritura fundacional, no son oponibles frente a la sociedad. Ello supone delimitar al ámbito exclusivamente interno la eficacia que tienen tales pactos.

2501 Una de las características propias de los pactos parasociales es la **limitación de su eficacia**, por contraposición a los documentos constitutivos o modificativos de la sociedad. Es más, precisamente en esa limitación de la eficacia ven algunos la propia razón de ser de los pactos parasociales, al decir que se emplean para regular con eficacia particular lo que, por no caber en el cauce de los principios básicos que configuran uno u otro tipo societario, no puede establecerse como programa organizativo de la sociedad con eficacia universal frente a terceros.

Por medio de la **escritura social** (LSC art.22.1.b) y la posterior inscripción en el RM, la autonomía de la voluntad, expresada con los requisitos legales, da lugar a la creación de una sociedad (LSC art.33); y en ese momento y no antes «la sociedad adquirirá la personalidad jurídica que corresponda al tipo social elegido».

La eficacia que la ley reconoce a la voluntad privada en cuanto a la **constitución de sociedades** es absoluta, real, *erga omnes*. Quien se relaciona con una sociedad de capital regularmente constituida no puede ignorar, por ejemplo, que las consecuencias de los actos con ella concluidos alcanzan a la sociedad y no a sus socios.

Por el contrario, la eficacia del **pacto parasocial** queda restringida, como regla general, a los socios que son parte del mismo (CC art.1257). No vincula, en principio, a terceros; su eficacia no alcanza a los demás socios que no lo han firmado ni a la propia sociedad ni a los sucesivos adquirentes de acciones o participaciones (salvo a título sucesorio) ni a los administradores. Según la máxima clásica sobre eficacia subjetiva de los contratos *res inter alios acta, aliis nec nocet nec prodest*.

2502 Ahora bien, la doctrina civilista admite que el contrato, aunque no tenga una eficacia directa sobre la esfera de los **terceros ajenos** a dicho contrato, pueda desplegar una suerte de eficacia indirecta sobre los mismos. Por ejemplo, con base en el principio de oponibilidad de los contratos, el ordenamiento admite a los contratantes hacer valer la existencia del acuerdo para deducir del mismo una pretensión frente a un tercero, siempre que el contrato entre aquellos haya dado cumplimiento a los requisitos de forma y publicidad exigidos por la ley (todo ello, sin embargo, teniendo en cuenta el fundamento legal de la inoponibilidad).

Algunos autores ven dicho fundamento en la LSC art.29; según el citado precepto «los pactos que se mantengan reservados entre los socios no serán **oponibles a la sociedad**». Conviene recordar la diferencia entre dichos preceptos y su antecedente legislativo (LSA/1951 art.6), según el cual los pactos sociales que se mantuvieran reservados eran nulos. Evidentemente, hoy en día nadie discute la validez de los pactos parasociales y su eficacia inter partes.

Examinemos a continuación el detalle de dicha eficacia en los distintos planos considerados.

2503 **Eficacia entre las partes** (CC art.1091) Se admite la eficacia **plena** en el ámbito interno de tales pactos, es decir, su eficacia entre los que los suscribieron. Son por tanto lícitos, exigibles y obligatorios entre las partes, por lo que, en caso de incumplimiento, las consecuencias son las propias del incumplimiento de los contratos (CC art.1124). Si un pacto parasocial reúne las características para ser válido, las obligaciones que nacen del pacto parasocial «tienen fuerza de Ley entre las partes y deben cumplirse al tenor de los mismos».

Precisiones **1)** De acuerdo con la jurisprudencia del Tribunal Supremo «los pactos parasociales, mediante los cuales los socios pretenden regular, con la fuerza del vínculo obligatorio entre ellos, aspectos de la relación jurídica societaria sin utilizar los cauces específicamente previstos en la ley y los estatutos, son válidos siempre que no superen los **límites** impuestos a la autonomía de la voluntad» (TS 6-3-09, EDJ 22853; 6-3-09, EDJ 22854).

2) La jurisprudencia los ha tomado en consideración como **negocios jurídicos válidos** (entre otras, en las TS 24-9-87, EDJ 6642; 26-2-91, EDJ 2049; 10-2-92, EDJ 137; 18-3-02, EDJ 4286; 19-12-07, EDJ 243065; 10-12-08, EDJ 234491; 3-11-14, EDJ 196425, así como la doctrina administrativa, entre otras, DGRN Resol 24-3-10; 5-6-15; 26-6-18).

De acuerdo con la jurisprudencia del Tribunal Supremo, la defensa de la eficacia del pacto parasocial debe articularse «a través de una reclamación entre los contratantes basada en la vinculación negocial existente entre los firmantes del pacto» (entre otras, TS 20-2-20, EDJ 511849; 7-4-22, EDJ 536528). **2504**

Establecido lo anterior, el derecho común pone a disposición los siguientes remedios para obtener el *enforcement inter partes* de los pactos parasociales (según doctrina de Paz-Ares):

1. **Acción de indemnización de daños y perjuicios**: la parte que haya incumplido el pacto queda obligada a reparar los daños y perjuicio ocasionados a la contraparte, siempre que el incumplimiento le sea subjetivamente imputable (CC art.1101). Desde el punto de vista práctico, la efectividad de este mecanismo tropieza con la dificultad de probar y cuantificar el daño ocasionado por la infracción del pacto. En este sentido, es recomendable exigir de antemano en el pacto parasocial la inclusión de una cláusula penal (en su caso, adicional a la que pueda exigirse por daños) para el caso de incumplimiento de lo pactado (CC art.1152).
2. **Acción de cumplimiento**: en caso de incumplimiento puede solicitarse, sin perjuicio de la exigibilidad de la cláusula penal (CC art.1153), la ejecución específica de la prestación debida a través de diversas vías (CC art.1096, 1098, 1099, 1124, entre otros).
3. **Acción de remoción**: el recurso a este remedio abre la puerta a la posibilidad de exigir la eliminación del estado de las cosas causado por el incumplimiento del pacto (CC art.1098.II), esto es, remover o deshacer lo realizado en contravención del pacto.
4. **Acción resolutoria**: los pactos parasociales pueden ser objeto de remedios resolutorios para deshacer los compromisos en caso de incumplimiento de la contraparte, en los supuestos de imposibilidad, no exigibilidad del acuerdo, alteración sobrevenida de las circunstancias, etc. (CC art.1705.I, 1707, entre otros).
5. **Mecanismos de autotutela**: las partes pueden reforzar sus compromisos mediante determinados instrumentos, entre otros, la atribución de un *put* o de un *call* frente a la parte incumplidora, en cuya virtud esta quede obligada a adquirir las participaciones de quien lo ejercita o a transferir las suyas a favor de quien lo ejercita -a precios disuasorios, en el primer caso por encima del valor real/razonable y en el segundo caso, por debajo-. Ello sin perjuicio de lo que se expone a continuación en relación con su posible oponibilidad frente a la sociedad (Paz-Ares).

Eficacia frente a la sociedad La norma establece que dichos pactos **no son oponibles** frente a la sociedad, por lo que ni su existencia, ni su eventual incumplimiento surten efecto alguno frente a aquella. El incumplimiento de tales pactos por alguno de sus firmantes no afecta a la vida social. Lo característico de los pactos parasociales es que no se integran en el sistema de gobierno de la sociedad ni en el ordenamiento de su personalidad jurídica, sino que se circunscriben a las relaciones obligacionales de sus firmantes (esto es, separación entre el contrato social y los pactos parasociales, de modo que obligan a dejar a la sociedad al margen de dichos pactos). Todo lo anterior supone, entre otras cosas: **2505**

- que no vinculan a los miembros y **órganos** de la persona jurídica;
- que no puedan ser hechos valer frente a **terceros**; y
- que no puedan utilizar los instrumentos de *enforcement* de la persona jurídica y del ordenamiento jurídico de sociedades para **sancionar el incumplimiento** del pacto parasocial.

Precisiones Recientemente, el TS ha ratificado la **inoponibilidad** de los pactos parasociales, suscritos al margen del contrato de sociedad, extrapolándose sus efectos únicamente en la esfera de las relaciones obligatorias de quienes lo hubieran suscrito, conforme los principios de relatividad y autonomía, CC art.1257 y 1091, respectivamente (TS 7-4-22, EDJ 536528).

Eficacia frente a terceros Aunque la ley no dice nada expresamente sobre este punto, parece evidente y así se estima de forma prácticamente unánime por la doctrina, la **ineficacia** frente a terceros de tales pactos reservados. **2506**

Las anteriores conclusiones pueden verse matizadas por el régimen de **publicidad** establecido en relación con los pactos parasociales que afectan a una sociedad anónima cotizada (nº 2469), en relación con las empresas familiares y la publicación de sus protocolos (nº 2478) o para empresas emergentes en forma de SRL, reguladas por la L 28/2022 (nº 2495).

2507 Precisiones 1) Así pues, hay autores para quienes lo que determina los límites a la eficacia del pacto extraestatutario es su falta de publicidad. En cambio, otros encuentran la **causa de la inoponibilidad** del pacto parasocial, no tanto en su carácter reservado, cuanto en el carácter imperativo del régimen de las sociedades de capital. Para los segundos, una estipulación parasocial que exceda los límites impuestos por los principios configuradores del tipo social no estaría sancionada con la nulidad, sino privada de toda eficacia frente a terceros, restringiendo sus efectos a los firmantes.
2) Hay una parte de la doctrina (Paz-Ares) que, si bien admiten el principio general de inoponibilidad frente a terceros, identifican supuestos de **ruptura del principio de inoponibilidad**:
- Cuando la sociedad sea parte en el contrato (no siendo, por tanto, un tercero), siempre y cuando se dé la coincidencia entre los miembros firmantes del pacto parasocial y aquellos que son parte del contrato de sociedad.
- Cuando la sociedad se vea beneficiada del pacto (p.e., los pactos de atribución, pues se trata de contratos a favor de terceros -CC art.1257-; ver nº 2389).
- Cuando una cesión anticipada del derecho de crédito (CC art.1526 s.) se incorpora en el pacto parasocial.
3) De igual forma, el TS también ha admitido en determinadas ocasiones la ruptura del principio de inoponibilidad de los pactos parasociales cuando las **partes** de este y del contrato de sociedad **coinciden** (identidad subjetiva), invocando a tal efecto los principios generales sobre actos propios, abuso de derecho y buena fe, doctrina del levantamiento del velo y ficción de la existencia de una junta general en la celebración del pacto parasocial (entre otras, TS 24-9-87, EDJ 6642; 26-2-91, EDJ 2049; 18-3-02, EDJ 4286; 25-2-16, EDJ 12915; 25-2-16, EDJ 12915).
Así, por ejemplo, se ha declarado la **anulación de un acuerdo social** de ampliación de capital social, adoptado en abierta y franca contravención con lo que los cuatro accionistas de la sociedad habían pactado en documento privado, por entender que había sido adoptado con abuso de derecho y mala fe, lesionando los intereses de la sociedad en beneficio de uno o varios accionistas (TS 10-2-92, EDJ 137).
No obstante, una serie de sentencias del TS (TS 10-12-08, EDJ 234491; 5-3-09, EDJ 38155; 6-3-09, EDJ 22854; 6-3-09, EDJ 22853; y particularmente la reciente TS 7-4-22, EDJ 536528, antes citada) consideran que la mera infracción del convenio o pacto parasocial de que se trate no basta, por sí sola, para la anulación del acuerdo social impugnado.
El TS también ha resuelto que no cabe hablar de pacto reservado para la sociedad de un pacto de socios suscrito por la socia y administradora única y el futuro socio que regulaba una operación de **permuta**, considerando nulos los acuerdos de aprobación de las cuentas anuales por no reflejar la imagen fiel del patrimonio social, su situación financiera y sus resultados, al no poner de manifiesto en la documentación contable ni en la memoria de la sociedad la referida operación.
4) Considera Fernández del Pozo que sería admisible obligar societariamente al cumplimiento de una **prestación accesoria** de acatamiento de un acuerdo extraestatutario, de la misma forma que puede obligarse al adquirente de un inmueble a acatar las normas de la comunidad de propietarios, que, lógicamente, no gozan de publicidad registral. Así, la **doctrina administrativa** (DGRN Resol 26-6-18) reconoce la posibilidad de que los estatutos de una sociedad anónima incluyan como prestación accesoria la obligación de cumplir las disposiciones de un pacto parasocial (en el caso, un protocolo familiar). En esta resolución se concluye que la cláusula debatida es inscribible, por no rebasar los límites generales de la autonomía de la voluntad, por cuanto no se opone a las leyes ni contradice los principios configuradores de la sociedad anónima (CC art.1255 y 1258; LSC art.28 y RRM art.114.2).

CAPÍTULO 8

«Side Letters»

2550

A. Concepto ... 2555
B. Régimen jurídico aplicable ... 2560
C. Forma ... 2565
D. Carácter vinculante ... 2570
E. Principales funciones ... 2580
F. Contenido habitual y ejemplos de uso... 2585

El presente Capítulo tiene por objeto el estudio de las *Side Letters*. En concreto, a lo largo de las próximas páginas se analiza lo que debe entenderse por esta figura de **origen anglosajón**, así como las funciones principales que desempeña. 2551
Debido a la falta de regulación de la figura en Derecho español, se ha hecho preciso para la elaboración de este Capítulo la remisión al **Derecho comparado**, en tanto que ordenamiento configurador de la figura.

A. Concepto

Esta figura, como su propia nomenclatura indica, proviene del **derecho anglosajón**, donde su uso para complementar o clarificar contratos está muy extendido. Numerosos juristas y tribunales que aplican el *Common Law* han tratado este concepto, sus características y consecuencias. 2555
En cambio, en el sistema continental europeo y, en particular, en el **ordenamiento jurídico español**, no encontramos una regulación específica aplicable a la *Side Letter*, ni puede decirse que jurisprudencial o doctrinalmente se hayan delimitado sus características definitorias o sus efectos. Su uso es menos frecuente y las referencias que la jurisprudencia realiza a esta figura son escasas.

Precisiones Las *Side Letters* han recibido distintas **nomenclaturas** en la jurisprudencia española y comunitaria, entre otras:
- Cartas aparte (Álvarez Arjona, José María; Carrasco Perera, Ángel; «Fusiones y Adquisiciones de Empresas», Colección Monografías Aranzadi, Madrid).
- Cartas de manifestaciones (JPI Zaragoza núm 9, 5-5-11, EDJ 383397, fundamento cuarto).
- Letters (TS 18-5-12, EDJ 110098).
- Cartas Complementarias (http://europa.eu/rapid/press-release_IP-93-340_es.htm?locale=en).
- Cartas de acompañamiento (http://eur-lex.europa.eu/LexUriServ/LexUriServ.do?uri=COM:2004:0247:FIN:ES:PDF).
- Cartas de extensión (TSJ Madrid social 15-11-11, EDJ 338607).

Finalidades La *Side Letter* podría concebirse como un documento contractual atípico en el que confluyen dos o más voluntades con la finalidad de **clarificar, complementar o modificar otro acuerdo** que sirve como base de aquella. 2556
Por lo tanto, para su existencia es requisito que previamente o de manera simultánea se haya elaborado un contrato al que la *Side Letter* afecta o aclara de las formas descritas en el párrafo precedente.

Precisiones La Audiencia Provincial de Murcia, en una sentencia en la que, entre otros puntos, se dirimía sobre la causa resolutoria de un contrato de compraventa regulada en una *Side Letter*, se pronunció sobre este documento en los siguientes términos: «La tan nombrada en el pleito *Side Letter* (...), es un documento concebido y definido como un **acuerdo complementario** a la propia escritura de compraventa, en el que se estipula que la compradora y su avalista solo se obligan a satisfacer el precio en la misma fijado si el «calendario de pagos» adjuntado (...) se cumple conforme al mismo documento» (AP Murcia 22-10-08, EDJ 319163).
El contenido de esta sentencia no hace sino confirmar la relevancia jurídica que tienen y pueden llegar a tener este tipo de acuerdos si se cumplen los requisitos de consentimiento, causa y objeto exigidos para que los acuerdos complementarios puedan generar efectos.
Por lo tanto, en este asunto la finalidad de la *Side Letter* era la de **complementar el contrato de compraventa** al que hacía referencia, indicando una nueva causa de resolución que no había sido contemplada en el documento contractual base y, en este supuesto, se incluyó con posterioridad.

2557 En ocasiones, las partes quieren mantener determinados aspectos reservados ante terceros, de tal modo que dichos aspectos no trasciendan a aquellos que puedan tener acceso al contrato principal. Un modo de posibilitar esta **confidencialidad** es la utilización de *Side Letters*, lo que ha sido confirmado como principal motivación de este tipo de documentos por numerosos autores. Así, se afirma respecto de contratos de adquisición, que «hay determinados pactos que las partes (bien todas, bien solo alguna de ellas) quieren mantener de una forma especialmente reservada y que no trascienda a todos aquellos que puedan tener acceso al contrato de adquisición» (Álvarez Arjona, José María; «Fusiones y Adquisiciones de Empresas», Colección Monografías Aranzadi, Madrid). Ello responde en muchas ocasiones a motivos de peso, por ejemplo, si se trata de aspectos que incluyan información sensible o que afecten a empleados, proveedores o algún tercero que en determinado momento pudiera tener acceso al contrato principal.

2558 **Diferencias con los anexos y adendas** Es evidente la similitud de la figura de la *Side Letter* con los anexos y las adendas o novaciones, si bien podemos encontrar algunos elementos diferenciadores:

a) **Diferencias con anexos**:

- Las *Side Letters* no forman **parte integrante del contrato base**, aunque sí hacen referencia a este. Es decir, mientras que los anexos se encuentran adjuntos a un documento contractual, haciéndose referencia en este a ellos, la *Side Letter* puede reservarse al margen del contrato al que hace mención, pudiéndose recurrir a ella si las partes lo consideran oportuno o incluso permitiendo eliminarla sin modificar la redacción del contrato principal, al no haberse dejado constancia en este, en principio, de la existencia de la *Side Letter*.
- Mientras que los anexos vinculan a todos los firmantes del contrato principal, la *Side Letter* puede suscribirse únicamente por algunas de las **partes intervinientes** en aquel, no afectando a las obligaciones y derechos del resto. Así pues, conviene recalcar que normalmente los terceros que no firman la *Side Letter* desconocen su contenido y el mismo, salvo excepciones, no les es oponible.
- Por último, el **contenido** de uno y otro documento suele diferir: mientras que la finalidad de la *Side Letter* suele ser aclarar, modificar o completar algún aspecto del contrato principal, los anexos sirven para ampliar información que resulta vinculante para los contratantes (a título de ejemplo, pueden incluirse como anexo tablas de precios, calendarios de pago, planos o descripciones de inmuebles).

2559 b) **Diferencias con la adenda**:

- Si bien es cierto que la novación puede ser uno de los efectos que genera una *Side Letter*, al poderse sustituir con ella una obligación otorgada anteriormente por otra, las **modalidades y objetivos** de este tipo de documento son mayores (a veces sirve para aclarar algún concepto, sin que ello suponga novar el contrato principal). En cambio, la función de las adendas es modificar o extinguir obligaciones o derechos incluidos en un contrato previo. Además, la *Side Letter* se caracteriza sobre todo por su carácter excepcional y por responder a un objetivo de confidencialidad al que en general no atiende la firma de una adenda.
- Por otra parte, mientras que en el caso de las adendas o novaciones deben figurar las firmas de todas las **partes intervinientes** en el contrato principal, en las *Side Letters*, como ya se ha señalado, pueden intervenir menos sujetos que los que aparecen en el documento contractual al que hacen referencia.

B. Régimen jurídico aplicable

2560 No se dispone en el Derecho español de un cuerpo normativo en el que poder hallar una regulación expresa de las *Side Letters*, por lo cual, al tratarse de un **contrato atípico**, la legislación aplicable a estas es la contenida en el Código Civil (art.1254 s.) y todas las leyes complementarias para la generalidad de los contratos.

C. Forma

2565 Pese a no existir un modelo de *Side Letter* preestablecido al no regularse en ningún texto legislativo sus requisitos formales, habitualmente suele tener **forma escrita** para obtener así una mayor seguridad jurídica al ser más sencillo acreditar la existencia del documento contractual que si se hubiera confeccionado de manera oral.

Habitualmente la *Side Letter* adopta la forma de una **carta de adhesión**, en la que una parte expone una serie de consideraciones a las que la contraparte otorga su beneplácito, y ello sin perjuicio de que su redacción se haya realizado de manera conjunta, negociándose las precisiones, modificaciones o complementos que ambas partes convengan incluir.
Pese a que la *Side Letter* revista forma de carta y cree la apariencia de contrato al que la contraparte tiene que adherirse, lo usual es que haya existido una **negociación previa** y que su contenido refleje lo pactado con anterioridad.
En cuanto a los requisitos de **publicidad**, la normativa actual no exige que la *Side Letter* requiera escritura pública. Es más, por regla general no se recurre a la elevación a público ya que la *Side Letter* se suele elaborar con la finalidad de tener un carácter confidencial entre las partes que lo suscriben, al margen del contrato principal.

Sujetos intervinientes Participan en la firma dos o más personas, los cuales no necesariamente deben ser la totalidad de los individuos que firmaron el contrato base al que se hace referencia en la *Side Letter*. 2566

Estructura La estructura de este tipo de figuras puede ser diversa, ahora bien, como regla general y como indica su denominación de origen anglosajón, la *Side Letter* suele revestir forma de carta, siendo el esquema habitual el siguiente: 2567
- **Encabezamiento**: en el que figuran los datos del destinatario de la carta.
- **Primer párrafo**: dirigido a señalar el contrato o acuerdo principal a que se refiere la *Side Letter*.
- **Cuerpo**: es la parte en la que se incluyen las aclaraciones, modificaciones y/o complementaciones del documento contractual principal.
- **Firma**: en este apartado se incluyen los nombres de los sujetos contratantes, siendo indispensable para la vinculación de estos la firma (ver nº 2572).

A modo de ejemplo, sirva la **plantilla** que se adjunta a continuación: 2568

En [lugar], a [fecha]

Nombre de la parte a que se dirige la Side Letter

Dirección completa

Primer párrafo: en el mismo se ha de mencionar el contrato o documento principal a que se refiere la Side Letter, de forma que quede claro el documento que se quiere modificar, complementar o clarificar.

Siguientes párrafos: desarrollo de la solicitud

Firma de las partes proponentes

Último párrafo: debe indicarse la necesidad de su aprobación mediante la firma de la carta para que esta vincule a las partes.

Firma de las partes receptoras de la Side Letter en señal de conformidad

Consejos en la redacción de la «Side Letter» A la hora de redactar una *Side Letter*, pueden ser útiles los siguientes parámetros o pautas de actuación: 2569
a) El **título** del documento no es concluyente a efectos de su carácter vinculante o no.
b) Si se tiene intención de que la *Side Letter* sea **vinculante**, resulta conveniente introducir explícitamente expresiones a tal efecto. La inclusión de términos legales y las remisiones a términos del contrato pueden ser útiles.

D. Carácter vinculante

2570 Si bien es cierto que en determinados supuestos se formalizan como *Side Letters* declaraciones de intenciones o pactos de caballeros sin contenido obligacional y por tanto que carecen de trascendencia jurídica, en la mayoría de los casos estos documentos incluyen **obligaciones y derechos** a los que las partes quieren otorgar tal trascendencia.
En la actualidad no existe en España legislación o jurisprudencia que desmenuce expresamente cuándo y con qué requisitos una *Side Letter* produce efectos vinculantes entre las partes contratantes. Son los **tribunales** quienes en cada supuesto fallan si este tipo de documento genera relaciones jurídicas entre las partes, sin pasar a establecer unos parámetros generales aplicables a la totalidad de estos documentos contractuales.

2571 **Requisitos esenciales para la validez del contrato** (CC art.1261) No debe olvidarse el régimen que en materia de obligaciones y contratos rige en nuestro Derecho nacional. En concreto, para determinar si una *Side letter* tiene efectos vinculantes para las partes, deberemos contemplar si esta reúne los elementos exigidos a todo contrato, las cuales son:
- consentimiento;
- objeto; y
- causa.

2572 **Consentimiento** (CC art.1262) «El consentimiento se manifiesta por el concurso de la oferta y de la aceptación sobre la cosa y la causa que ha de constituir el contrato».
Este concepto es divisible en las siguientes **tres fases**:
• Una primera consistente en las voluntades por separado de las partes contratantes.
• En un segundo momento, se produce una manifestación de la voluntad referida de un contratante a otro.
• Finalmente, como etapa final en la que se produce el nacimiento del documento contractual todas las voluntades intervinientes confluyen en una sola.
Conviene apuntar que el consentimiento puede prestarse también de manera **tácita**.
Existen toda una serie de **causas** que acarrean la **nulidad** del contrato suscrito (CC art.1265 a 1270):
a) **Error**: es esencial que recaiga sobre la esencia del contrato. Tiene que ser indispensable que sea suficiente para afectar a la voluntad del contratante.
b) **Violencia**: esta ha de ser física, ya que esa es la principal diferencia con la siguiente causa de nulidad del consentimiento.
c) **Intimidación**: existe cuando se inspira a uno de los contratantes el temor racional y fundado de sufrir un mal inminente y grave al contratante o sus bienes o alguno de sus descendientes, ascendientes o cónyuge. Si se llega a producir esta coacción, el contrato será nulo.
d) **Dolo**: cuando la intención de una de las partes consiste en conseguir el consentimiento de la otra mediante el engaño.
En definitiva, en la *Side Letter* debe constar que las partes firmantes consienten o acuerdan el contenido del citado documento contractual. Por ello, es indispensable para producir efectos que la *Side Letter* contenga las **firmas** que acrediten el aspecto volitivo requerido, a no ser que se consiga probar que las partes prestaron consentimiento por vía oral.

2573 **Objeto** (CC art.1255, 1271 a 1273) Son muchos los acuerdos que se pueden plasmar en estos documentos. Ahora bien, los contratantes de ningún modo pueden establecer pactos, cláusulas o condiciones que sean contrarios a las **leyes**, a la **moral** o al **orden público**.
El **contenido** de la *Side Letter*, como se explicará con profundidad en el nº 2585 s., puede llegar a ser amplísimo en función de la materia que pretendan regular. A modo ejemplificativo se pueden citar: causas resolutorias del contrato, aclaraciones de cláusulas oscuras cuya delimitación no haya sido suficiente, etc.
Ahora bien, en todo caso, lo que se pretenda regular debe cumplir los siguientes **requisitos** legales:
• Que el objeto sea una **cosa determinada**.
• A su vez, debe ser **lícito**.
• No pueden ser objeto de contrato las cosas o servicios imposibles, por lo que estos deben poder ser **realizables**.

2574 **Causa** (CC art.1274) Esta debe ser entendida como la razón que motiva el contrato. Algunos autores la conciben como el hecho que explica y justifica la creación de una obligación por acuerdo de las partes.
En el supuesto de las *Side Letter*, la razón de su utilización es la de **aclarar, complementar o modificar** un **contrato principal**.

Fuerza vinculante Siendo todos los elementos citados indispensables, la jurisprudencia existente se centra sobre todo en dirimir la existencia del **consentimiento**, ya que se trata del punto que más controversias puede generar a la hora de llevar a cabo la carga probatoria, siendo esencial la intención de crear relaciones legales. 2575

En el Derecho español nos podemos encontrar con sentencias de carácter relevante que apoyan la fuerza vinculante entre las partes en una *Side Letter*, (AP Madrid 13-7-21, Rec 184/2021). La misma recalca en sus fundamentos cuarto y quinto que un documento suscrito por ambas partes, como es el caso de la *Side Letter*, son los que realmente vinculan a las partes, al regular los derechos y obligaciones de las mismas de manera concreta.

En **Derecho comparado** encontramos algunos ejemplos sobre cuándo cabe entender que una *Side Letter* es vinculante o no.

Una muestra reciente de ello es el caso conocido como *Barbudev vs Eurocom Cable Management Bulgaria EOOD ([2011] EWHC 1560)*, asunto enjuiciado en Londres en el que se dirime la fuerza vinculatoria de una *Side Letter*.

Precisiones En tal asunto una serie de sujetos elaboraron una *Side Letter* mediante la cual, según alega el demandante, se constituía la **obligación** de **llevar a cabo una inversión** en la sociedad ECMB por un importe total equivalente al 10% de su capital social. La demanda se interpuso en solicitud del resarcimiento de los daños y perjuicios generados por la venta de ECMB a un tercero sin haber atendido al contenido de la *Side Letter*. En la contestación a la demanda argumentaron los vendedores que la *Side Letter* se trataba únicamente de un acuerdo para negociar, siendo no suficientemente completa y cierta para acarrear efectos contractuales. 2576

El juez que dirimió la controversia en primera instancia consideró que la *Side Letter* **no era vinculante** porque se trataba únicamente de una negociación, sin haberse cerrado pacto alguno, y que la intención no era crear obligaciones legales.

Esta decisión del tribunal fue recurrida, alegando que el juez había cometido un error a la hora de llevar a cabo su tarea interpretativa al haber tenido en cuenta únicamente lo establecido en la *Side Letter*, sin contar con el **contexto comercial** en el que se fraguó y con el acuerdo oral que ya existía durante la negociación. El recurrente reiteró que la *Side Letter* era un documento contractual separado de otro principal (*Share Purchase Agreement* - Acuerdo de Adquisición de Acciones), cuya finalidad era la de proteger el derecho de invertir del Sr. Barbudev contenido en la cláusula 6.5 del contrato al que la *Side Letter* hacía referencia.

El tribunal de apelación confirmó la apreciación del juez de primera instancia en cuanto a que fruto de la prueba practicada se podía concluir que no se generó ninguna obligación de manera oral entre las partes. No obstante, a diferencia de la opinión del juzgador de primera instancia, el tribunal de apelación considera que sí existe en la *Side Letter* una **intención de vincular** a las partes, y lo hace atendiendo directamente al contenido de la *Side Letter*, que incluía expresiones como «Considerando que se acuerde...», y que estaría regida por el Derecho Inglés, lo que demostraba la intención de crear relaciones legales entre las partes.

Ahora bien, el tribunal entiende que el hecho de que la *Side Letter* genere relaciones legales no implica necesariamente que el demandante tenga el derecho de adquirir el 10% de las acciones de ECMB. Así, analiza la naturaleza del citado documento y para resolver si era un acuerdo para negociar o se trataba de un contrato ejecutable, el órgano jurisdiccional tiene en cuenta no solo el contenido del contrato, sino también el contexto comercial al que el apelante hace referencia, y considera que el párrafo encabezado con el título «Acuerdo de Inversión» afirma con rotundidad que mediante la *Side Letter* se otorga la oportunidad al Sr. Barbudev de invertir en los términos que serán acordados entre los intervinientes que se plasmarán en el Acuerdo de Inversión y acuerdan negociar el Acuerdo de Inversión de buena fe con el referido sujeto. Por lo tanto, según palabras textuales del juzgador, «la *Side Letter* es, sin duda alguna, un **acuerdo para negociar**» y **no** un **acuerdo ejecutable**, por lo que el recurso de apelación fue desestimado.

La anterior sentencia ha significado la respuesta a muchos interrogantes que en relación al carácter vinculante o no de las *Side Letters* venían planteándose doctrina y jurisprudencia. Así, algunos autores, con ocasión del pronunciamiento del tribunal inglés, han utilizado el pronunciamiento de este para perfilar los caracteres principales de las *Side Letters*, así como los **requisitos** que estas deben reunir para que se beneficien de la fuerza legal y puedan vincular a las partes suscriptoras de las mismas. 2577

En concreto, se han señalado como pautas a seguir en la redacción de las *Side Letters* en aras a conseguir que tengan fuerza vinculante las siguientes: 2578

a) Es preferible utilizar **términos** que impliquen certeza o seguridad frente al uso de expresiones genéricas. A modo de ejemplo, cabría utilizar términos tales como «deber» u «obligarse», en lugar de verbos como «poder» o «caber».

b) Utilizar un **lenguaje** que desvele la existencia de un consenso entre las partes en torno a las condiciones que se quieren contemplar en la *Side Letter*. Por el contrario, debe evitarse utilizar un lenguaje que haga necesario una negociación posterior.

c) Debe procurarse regular todos los **términos y condiciones** que sean de interés de las partes, sin que queden vacíos.
d) Debe evitarse dejar abierta la posibilidad de introducir **cambios** por alguna de las partes de la *Side Letter*.
e) Asegurarse que todas las partes en la *Side Letter* tienen la **intención** de que esta sea vinculante.
f) La *Side Letter* debe **firmarse** por todas las partes.
g) En el caso de que se incorporen **términos y condiciones por referencia**, asegurarse de que quede bien claro cuáles en concreto se tiene intención de incorporar.

2579 En conclusión, para que una *Side Letter* sea efectivamente vinculante y, por tanto, ejecutable por cualquiera de las partes, debe funcionar como un **contrato autónomo** o independiente y cumplir con los principios que en cada Derecho nacional se establezcan para que un acuerdo vincule a las partes; en el caso español, los requisitos establecidos en el CC art.1261, esto es, objeto, consentimiento y causa (ver nº 2571). En tal caso, si la *Side Letter* ha sido firmada con posterioridad al contrato principal, el contenido de aquella puede prevalecer sobre el texto de este, pues se entiende que lo nova.
En lo que respecta a sus **efectos frente a terceros**, si en la *Side Letter* media consentimiento y consta de objeto y causa, este documento genera efectos entre los sujetos intervinientes pero, en principio, no pueden extenderse a sujetos no intervinientes que no tengan constancia del mismo.
En todo caso, téngase en cuenta que la *Side Letter* es un documento privado, cuyos acuerdos pueden **elevarse a público** a instancia de cualquiera de las partes en la misma.

E. Principales funciones

2580 La *Side Letter*, en tanto que **documento** secundario o **subordinado a otro principal**, viene llamada a cumplir diversas funciones en relación al mismo.
Las principales funciones que se asignan a las *Side Letters* son la de clarificar, complementar y variar o modificar el documento al que se remiten. Para una mejor comprensión de la utilidad de estas cartas aparte, conviene analizar a continuación cada uno de sus posibles roles o papeles por separado.

2581 **Clarificar** También es habitual el uso de las *Side Letters* con la finalidad de clarificar ciertos puntos contenidos en el documento principal que precisen ser matizados o detallados para un mejor entendimiento entre las partes de cara al cumplimiento del contrato existente entre ambas.
A título de **ejemplo**, la *Side Letter* puede ser útil para aclarar aquellas obligaciones de las partes que se establecen de modo genérico en el documento principal y cuya concreción resulta necesaria para evitar la incertidumbre o el conflicto en la interpretación del contrato y su correcto cumplimiento.

2582 **Complementar** Con esta función lo que se pretende es incluir en el documento de la *Side Letter* **nuevos acuerdos** entre algunas de las partes del documento principal al que se subordina, pudiéndose extender o no al resto de las partes intervinientes en este último, o bien incluir **nuevos hechos** o circunstancias que son desconocidos al tiempo de suscripción del contrato y que, no habiéndose incorporado en el documento principal, se hace preciso mencionarlos en un documento aparte. Las *Side Letters* normalmente son utilizadas en la formación de fondos de inversión, creando varias obligaciones adicionales o concediendo ventajas o privilegios entre el fondo y un concreto inversor.
Encontramos un **ejemplo** de *Side Letters* como complemento al documento principal que acompañan en la sentencia AP Murcia 22-10-08, EDJ 319163, en la que se contempla la figura de la *Side Letter* como un acuerdo complementario a una escritura de compraventa de acciones, en cuyo contenido se establecen las condiciones de cuya observancia se hace depender el cumplimiento por la parte compradora del contrato de compraventa.

Precisiones Entre **otras sentencias** en las que se contempla la figura de las *Side Letters* como complemento al documento principal cabe citar: JPI Madrid núm 36, 15-3-10, EDJ 365074; AP Madrid 14-11-12, EDJ 296258; TSJ Madrid social 15-12-11, EDJ 338607.

2583 **Modificar** Esta es sin duda la principal función que desempeñan las *Side Letters*, como documento rápido y ágil de cara a la introducción de aquellas modificaciones al documento principal que surgen en el último momento de una negociación o bien que van surgiendo a lo largo de la vida contractual. Las *Side Letters* se configuran así como un medio útil para documentar los **cambios de último momento** de los contratos, lo cuales quedan reflejados de

forma práctica por medio de una carta aparte suscrita por las partes, en lugar de introducir dichas modificaciones en el documento principal mediante manuscritos al margen del documento y la firma de las partes. Además, téngase en cuenta que las *Side Letters* pueden servir para variar las condiciones respecto de algunas de las partes en el contrato, sin que las demás conozcan su existencia.
Es preciso reiterar la finalidad transversal que suele acompañar a este documento: la **confidencialidad** (nº 2557). Así, como ya se ha expuesto, con frecuencia las partes contratantes acuden a la *Side Letter* con la finalidad de que los sujetos que puedan tener acceso al contrato principal, no tengan constancia de unos aspectos concretos, decidiéndose regular estos en un documento aparte (bien porque se quiera plasmar una información sensible, bien para mantener ciertos datos reservados para algún tercero, como directivos o empleados de las sociedades implicadas).

F. Contenido habitual y ejemplos de uso de las «Side Letters»

Vistas las principales funciones de las *Side Letters*, encontramos distintos escenarios contrac- **2585**
tuales en los que poco a poco está siendo más común la utilización de esta figura para atender a distintas finalidades.

Contrato de compraventa (de empresa, participaciones...) En los contratos de **2586**
compraventa de empresas puede resultar de interés a las partes el mantener determinados **aspectos reservados frente a terceros**, de tal modo que dichos aspectos no trasciendan a aquellos que puedan tener acceso al contrato de compraventa en sí.
Mediante la figura de las *Side Letters* se posibilita la **confidencialidad** y discreción ante terceros que puedan acceder al contrato de compraventa de empresa, de tal modo que las condiciones particulares solo sean conocidas por las partes suscriptoras de la *Side Letter* y sin que estas vengan obligadas a dar a conocer el documento en el que han quedado reflejados los aspectos sobre los que quieren dejar al margen a terceras personas.

Precisiones A título de ejemplo, la siguiente sentencia tiene por objeto principal de la controversia un **2587**
contrato de compraventa de participaciones suscrito entre sociedades mercantiles, que se había complementado con una *Side Letter*.
La parte compradora reclama una cantidad por **falta de contabilización de una deuda**, siendo el fundamento de su pretensión la garantía prestada por la parte vendedora para responder de la exactitud y veracidad de sus declaraciones y garantías contenidas en un anexo al contrato, puesto que, de haber conocido la deuda, habría pagado un precio inferior por las participaciones adquiridas.
El Juzgado de Instancia desestima la demanda porque así lo impone el detallado y preciso régimen de responsabilidad, y excepciones a la misma, al que las partes se quisieron someter en el proceso de compra de las participaciones sociales. En efecto, en una cláusula del contrato se establecía que no tendrían la consideración de daño patrimonial efectivo aquellos **hechos puestos de manifiesto** expresamente con carácter de excepción al alcance o contenido de las **declaraciones y garantía**. Conforme a dicha cláusula, en la misma fecha de suscripción del contrato de compraventa de participaciones sociales, las partes firmaron un documento complementario, carta de manifestaciones o *Side Letter* en la que, como anexo al contrato de compraventa de participaciones sociales y con expresa cita y apoyo en dicha cláusula, se indica que las declaraciones y garantías del contrato quedan limitadas por los hechos que los vendedores ponen de manifiesto al comprador. Entre los hechos expresados en dicha carta se describe el contrato de comercialización en vigor entre la parte vendedora y la entidad mercantil, refiere que está en situación de incumplimiento y alude a un acuerdo pendiente de formalizar para cuya firma la entidad mercantil exige «que se actualice el pago de las comisiones devengadas».
Todo lo anterior lleva a que el Juez de Instancia entienda que las menciones contenidas en la carta son lo suficientemente claras y conocidas por la parte compradora mediante la firma de la *Side Letter*, y desestima por ello la demanda planteada (JPI Zaragoza núm 9, 5-5-11, EDJ 383397).

Contrato de arrendamiento En los contratos de arrendamiento también es normal el **2588**
uso de esta figura con el mismo fin de pactar de forma confidencial **condiciones particulares** entre las partes de un contrato.
Así, es habitual que los propietarios accedan a alterar las previsiones en los contratos de arrendamiento ante las diversas circunstancias de cada arrendatario. Por **ejemplo**, puede acordarse una reducción de la renta a pagar por el arrendatario en determinado plazo; o bien, el arrendatario puede acceder a contratar el arrendamiento por más tiempo a cambio de obtener condiciones más beneficiosas en el contrato.

Estas condiciones particulares establecidas en la *Side Letter* solo vinculan a las partes suscriptoras de la misma, en este caso, al arrendador y el arrendatario, resultando en principio sus **efectos limitados** a estas partes sin extensión a terceros.

2589 Merece destacar que en este punto ha habido discusión tal y como se desprende de la jurisprudencia anglosajona, la cual se ha pronunciado en diversas ocasiones acerca de la posibilidad de **extender a futuros adquirentes** o a acreedores hipotecarios del inmueble objeto de arrendamiento las condiciones particulares acordadas por las partes y recogidas en una *Side Letter*.

A raíz de una sentencia del tribunal inglés de apelación en el caso conocido como *System Floors Limited vs Rural pride Limited*, de fecha 18-10-1994, se viene entendiendo que, así como las condiciones particulares son específicas para cada **arrendatario** y, por lo tanto, no cabe extenderlas a futuros inquilinos, sucede de manera distinta de la mano de la **parte arrendadora** en el sentido de que todo aquel que adquiera el inmueble estando en vigor el contrato de arrendamiento ha de atenerse a las condiciones específicas establecidas en su caso en una *Side Letter*, aun cuando se ignore la existencia de dicho documento.

Otro supuesto que ha sido objeto de controversia en esta materia ha sido en aquellos casos en que existe una hipoteca sobre el inmueble objeto de arrendamiento. En el supuesto de que se utilice la *Side Letter* para variar o modificar lo estipulado en el contrato de arrendamiento al que se refiere, los términos y condiciones pactados serán vinculantes entre las partes firmantes de aquella, de nuevo, arrendador y arrendatario, no así respecto del **acreedor hipotecario**, cuyo consentimiento a tales modificaciones habrá de ser expreso mediante la firma de la carta.

2590 **Constitución de fondos de inversión** En esta materia, la función principal de las *Side Letters* radica en facilitar la introducción de condiciones especiales y **acuerdos privados entre determinados socios** en las sociedades de capital riesgo y fondos de capital privado. La utilización de las *Side Letters* se ha extendido en el ámbito de este tipo de sociedades debido a que son un instrumento para la regulación de las ventajas de ciertos socios con respecto al resto.

En concreto, las *Side Letters* establecen términos y condiciones que vienen a suplementar o, en ciertos casos, a modificar los términos y condiciones de los acuerdos suscritos entre todas las partes, los cuales son incorporados en la carta y conocidos por un número limitado de partes.

En este escenario, las *Side Letters* se utilizan a fin de conceder especiales derechos y **privilegios a importantes inversores**. Asimismo, las *Side Letters* son herramientas útiles para los directores de fondos para acoger o contemplar aquellas reclamaciones de último momento provenientes de potenciales socios y, por lo tanto, para incorporar sus especiales necesidades.

Mientras que las *Side Letters* pueden variar de un fondo a otro, y de inversor a inversor, normalmente tienen una cosa en común: la acomodación de términos y condiciones que serán ventajosas para determinados socios.

CAPÍTULO 9

Contraprestación

2600

I. **Generalidades** 2605
A. Tipos de contraprestación 2610
1. Dineraria 2612
2. No dineraria 2640
3. Mixta 2645
II. **Aspectos financieros** 2650
A. Mercados financieros 2655
B. Relación entre valor y precio 2670
C. Tipos de valor 2680
1. Valor contable o en libros 2682
2. Valor intrínseco 2685
3. Valor de mercado 2687
4. Valor razonable 2690
5. Valor en uso 2697
6. Valor de inversión 2700
7. Valor especial 2702
D. Tipos de precio 2705
1. Precio fijo 2707
2. Precio en función del cumplimiento de objetivos 2715
3. Primas y descuentos 2737
III. **Mecanismos de determinación del precio** 2740
A. Procedimientos 2745
B. Objetivo de la valoración 2755
C. Enfoques y métodos de valoración 2760
1. Valor del dinero en el tiempo 2762
2. Enfoques de valoración 2780
3. Métodos de valoración de empresas 2790
D. Valoración por sectores 2840
1. Energía 2842
2. Servicios financieros 2850
3. Distribución 2855
4. Telecomunicaciones 2860
5. Automoción 2865
E. Informe de valoración 2870
IV. **Pago del precio** 2885
V. **Consideraciones financieras en relación con los ajustes al precio** 2900
A. Mecanismos de ajuste al precio 2905
B. *Completion accounts* 2915
C. Tipología de ajustes al precio 2920
1. Deuda financiera neta 2922
2. *Working capital* 2925
3. *Capex* 2930
4. Combinación de mecanismos 2935

En el presente capítulo se describe el marco regulador que ha de tenerse en cuenta en relación con la contraprestación en un proceso de compraventa de empresa. 2602

Igualmente, se señalarán los aspectos materiales y formales a tener en consideración a la hora de definir la contraprestación en el contrato de compraventa de acciones o participaciones sociales o, en terminología anglosajona *Share Sale and Purchase Agreement* (SPA).

I. Generalidades

2605 Desde un punto de vista jurídico, la contraprestación en la adquisición de una empresa se configura como el **precio** de la adquisición de las acciones o participaciones sociales representativas del capital social de dicha empresa (o de la adquisición de sus activos y, en su caso, pasivo, según el tipo de operación), que el vendedor recibe del comprador.

Toda vez que la adquisición de empresa es un negocio jurídico oneroso -y, en consecuencia, la voluntad de las partes de celebrar el contrato responde, entre otras cuestiones, a su interés en la prestación que reciben-, el precio es un factor determinante del proceso.

Cuando la adquisición se lleva a cabo por medio de un contrato de compraventa, rige principalmente el principio de autonomía de la voluntad de las partes, y el precio constituye, además, uno de sus elementos jurídicamente esenciales, sujeto a los **requisitos** previstos en la normativa civil común (CC art.1445 s.), esto es:

- que el precio sea **cierto**, en dinero o signo que lo represente; y
- que no quede su **determinación** al arbitrio de una de las partes.

Si bien estamos analizando la compraventa bajo la normativa establecida en el Código Civil, es habitual en los contratos de compraventa de empresa que las partes excluyan, en la parte disponible, la aplicación del mismo y se rijan por lo dispuesto entre ellas en el **contrato**, que tendrá **fuerza de ley**.

2606 Asimismo, las partes pueden acordar que el precio a pagar sea parcial o totalmente en **especie**. De hecho, en atención a la naturaleza del bien que el comprador entrega al vendedor por la adquisición de la empresa, la contraprestación puede ser **dineraria, no dineraria o mixta** (parte en dinero y parte en otro bien).

El tipo de contraprestación es determinante para la calificación del negocio jurídico a través del cual se implementa la adquisición de empresa.

A. Tipos de contraprestación

2610

1. **Dineraria** 2612
   a. Requisitos 2615
   b. Determinación 2625
2. **No dineraria** 2640
3. **Mixta** 2645

1. Dineraria

2612 Cuando la contraprestación es dineraria, en su totalidad o en su mayoría, y cumple con los requisitos previstos con respecto al precio de la compraventa (CC art.1445 s.), el negocio a través del que se implemente la adquisición de la compañía es la **compraventa**.

En principio y salvo excepciones, la norma deja libertad a las partes para fijar el precio de la compraventa, que, por tanto, es el que pactan las partes al amparo del principio de autonomía de la voluntad.

De hecho, en nuestro ordenamiento no se exige que el precio sea **justo** (TS 23-2-07, EDJ 10521; 16-9-10, EDJ 213601), **ni** está **tasado** -con excepción de los límites previstos en la legislación aplicable a determinados bienes (p.e., las viviendas de protección oficial en el ámbito inmobiliario y el precio en las ofertas públicas de adquisición de acciones)-.

a. Requisitos

2615 Pese a la libertad de que disponen las partes para su fijación, la **validez del precio** de la compraventa queda sujeta, en todo caso, al cumplimiento de los siguientes requisitos:

- realidad;
- certeza (nº 2619); y
- pecuniariedad (nº 2623).

Desde una **perspectiva legal**, la determinación de la contraprestación de la compraventa de empresa en términos compatibles con los requisitos legales presenta dificultades específicas, fundamentalmente en lo que respecta a la realidad y a la certeza del precio.

Estas dificultades derivan de la complejidad de la **valoración de la empresa**, que como unidad orgánica integra, junto con activos materiales una serie de activos intangibles y relaciones de hecho, como la clientela, el volumen de usuarios y demás métricas vinculadas a los mismos, la marca o el know-how, etc., que constituyen elementos esenciales de la misma.

En las operaciones de adquisición al conjunto de estos elementos intangibles se le denomina **fondo de comercio**. 2616
La contraprestación de la adquisición debe ajustarse al valor de esta unidad en su conjunto. Así, el valor de una empresa no se reduce a sus elementos patrimoniales, sino que depende en gran medida, tanto del fondo de comercio, cuyo mantenimiento determina potenciales beneficios a futuro, como de la **deuda** que pudiera tener.
De otra parte, el valor de una empresa será distinto según el perfil o tipo de comprador, ya que, según sea el caso, puede depender igualmente de los intangibles que pueda generar su integración en otra estructura empresarial distinta. En este sentido, habitualmente las potenciales **sinergias** de la operación son igualmente consideradas en la determinación de la valoración de la sociedad por el comprador y, en ocasiones, en función de la fuerza negociadora y del tipo de proceso, de la contraprestación a pagar.

Precisiones La valoración de una sociedad exige, no solo el valorar los activos patrimoniales de la empresa objeto de adquisición, sino también la determinación separada del valor del conjunto de **intangibles** que constituyen el fondo de comercio (DGRN Resol 31-10-86).

Realidad El precio debe ser verdadero y responder a la realidad de las partes, en el sentido de que implique para el vendedor una **utilidad** que sustituya la utilidad que le proporcionaba la empresa. 2617
En caso contrario, el precio podría considerarse **irrisorio o simulado** y derivar en la nulidad del negocio contractual por falta de causa. Un ejemplo sería cuando el deudor intenta sustraer bienes de su patrimonio al acreedor mediante una compraventa simulada (por ejemplo, a un hijo).

No obstante, si la compraventa simulada encubre un negocio legal, que es el que en realidad responde a la voluntad de las partes, dicho negocio es válido entre las partes del contrato, siempre que cumpla con los requisitos legalmente exigidos para su validez y eficacia. 2618
Así, si un contrato de compraventa establece el pago de un precio determinado y en la práctica el vendedor entrega el objeto sin recibir contraprestación, la compraventa simulada es nula por falta de precio, pero la **donación** que subyace al negocio simulado es válida siempre y cuando cumpla con los requisitos legalmente establecidos.

Certeza El precio tiene que estar determinado o ser determinable en el **momento** de la perfección del contrato sin necesidad de nuevo acuerdo por las partes (TS 22-12-00, EDJ 49749). 2619
Aunque el CC no fija supuestos tasados de precio variable, regula limitaciones a la **arbitrariedad** en la determinación del precio, cuando esta sea contraria a la propia naturaleza del negocio contractual. En particular, se prohíbe expresamente que la determinación del precio quede al arbitrio de uno de los contratantes.
Por otro lado, legalmente se prevén supuestos específicos en los que el precio no está determinado al tiempo de la celebración del contrato, si bien es **determinable** y, por lo tanto, se considera cierto. Es el caso, por ejemplo, de:
- el precio por referencia a criterios dinámicos o variables;
- el precio de la cosa vendida a una determinada fecha en un determinado mercado o bolsa; o
- la determinación del precio por un tercero.

Precio con referencia a otra cosa cierta En este contexto, el término «cosa» debe interpretarse en sentido amplio, como elemento objetivo que permita la fijación del precio al margen de la voluntad de los contratantes, de tal manera que los **criterios** que sirven de referencia para el cálculo del precio conducen a su exacta determinación. 2620

Precisiones Existe determinación del precio cuando únicamente se requiere la realización posterior de las **operaciones contables** necesarias siguiendo los criterios marcados por la Ley a la que se remitieron las partes, sin que las discrepancias que puedan surgir den lugar a una indeterminación del objeto (TS 26-2-91, EDJ 500009).

Precio a una fecha concreta y en un concreto mercado o bolsa Este sistema es una especificación del anterior, aplicable a las **acciones** admitidas a negociación en mercados secundarios, cuyo precio queda determinado de manera pública. 2621
Pueden plantearse dos **circunstancias** que dificultan la determinación exacta del precio:
a) Si en el día se señalan precios **máximo y mínimo**, la referencia para la determinación del precio puede ser la media de ambos.
b) Si en la fecha concreta de determinación del precio **no** hay **cotización**, si las partes lo han previsto, hay que estar a lo pactado por las partes y, en defecto de pacto entre las partes, puede llegar a producirse la ineficacia del contrato por falta de precio, salvo que la voluntad manifiesta de las partes sea contraria a dicha ineficacia.

2622 **Determinación por tercero** El tercero es una figura designada por las partes para actuar como **arbitrador**, determinando el precio de conformidad con las pautas que las partes han acordado: según su libre voluntad o según el principio de equidad (TS 25-11-11, EDJ 286977).
En la práctica, es habitual que en el propio contrato se establezcan las bases para el cálculo del precio por un tercero, eliminando o limitando significativamente la **arbitrariedad** de su decisión y vinculando la misma a elementos objetivos.
La decisión del arbitrador puede ser objeto de **impugnación** por cualquiera de las partes, cuando no ha seguido el criterio de equidad (TS 10-3-86, EDJ 1814), así como por los siguientes motivos:
- violación de los deberes derivados de la buena fe;
- vicios de voluntad;
- extralimitación;
- incongruencia; o
- por inobservancia de las instrucciones indicadas por las partes.

2623 **Pecuniariedad** El precio tiene que consistir en **dinero** o signo que lo represente.
Si el precio de la operación no consiste en dinero, podríamos estar, en puridad, ante otro tipo de negocio jurídico (por ejemplo, permuta).
No obstante, puede ocurrir que las partes pacten el pago de parte del precio y parte mediante la entrega de **otro objeto**. Ver nº 2645.

b. Determinación

2625 Para fijar un precio determinado o determinable en los términos legalmente exigidos pueden seguirse diversos mecanismos de valoración.
Los aspectos financieros de los mecanismos para la determinación del precio se desarrollan con detenimiento en el nº 2900 s.
La conveniencia de aplicar uno u otro depende fundamentalmente de las circunstancias concretas de cada operación y de los intereses de las partes en la misma.
Con carácter general, la determinación del precio puede responder a **criterios**:
- patrimoniales o estáticos;
- dinámicos o de precio variable; o
- mixtos.

2626 **Criterios patrimoniales o estáticos** El precio viene determinado por el valor de la **totalidad** de los **activos** del patrimonio de la empresa objeto de adquisición.
En la práctica, con frecuencia las partes fijan el precio con arreglo a un **balance** de la empresa a una fecha cierta. Si esa fecha coincide con la fecha de cierre de la compraventa, es habitual que se prevea en el contrato un plazo para que el comprador pueda verificar dicho balance y, en caso de desacuerdo, poder ajustar el precio de compraventa.
En otras ocasiones la contraprestación consiste en una **cantidad fija** establecida en el contrato, que se determina sobre la base de un balance de la empresa a una fecha anterior a la fecha de cierre y que el comprador ha podido revisar previamente, habitualmente incluido como anexo al propio contrato de compraventa (mecanismo que en la práctica jurídica se conoce con el término anglosajón ***locked box***), y que, en la práctica, supone que, desde dicha fecha, el riesgo del negocio lo está asumiendo el comprador.
Mediante el mecanismo de *locked box*, el comprador asume el riesgo de que se produzca cualquier **deterioro o merma** del **valor** de la compañía desde la fecha del balance que se adjunta al contrato (*locked box date*), y el único medio por el que puede tener resarcimiento por este deterioro son las acciones previstas en el propio contrato, habitualmente mediante cláusulas de compensación, de manifestaciones y garantías o indemnidades específicas en las que se prevé una indemnización por parte del vendedor, sujeto normalmente a unos límites cuantitativos y/o temporales.

2628 De otra parte, en los casos en que la determinación del precio se haga contra un balance de cierre, para regular potenciales **desviaciones** del valor de la empresa, es frecuente que las partes prevean en el contrato alguna fórmula que permita:
- la revisión del precio con arreglo al balance a una fecha cierta (revisión posterior a la fecha de cierre); y
- el ajuste del precio como consecuencia de hechos o actos anteriores a la fecha de contrato de compraventa que no se ajusten a lo manifestado por el vendedor, o porque el balance tomado como referencia no se ajusta a la realidad de la empresa.

En la práctica, los pactos de revisión o de ajustes al precio suelen responder a dos modalidades que se adaptan al caso concreto, incluyendo ambas o una sola de las **modalidades**:
- pacto de revisión del precio por diferencias en los estados financieros;
- pacto de ajustes al precio por inexactitudes u omisiones en las manifestaciones del vendedor en el contrato.

Revisión por diferencias en estados financieros Las diferencias pueden afectar a los estados financieros en su totalidad o en determinadas partidas del mismo. **2629**
El contrato sujeta la realización de ajustes en el precio al resultado de una revisión o *due diligence* posterior a la venta pero que, en todo caso, recoge la revisión del **balance** de la empresa (p.e., en función de variaciones en el patrimonio neto producidas entre el balance utilizado para la determinación del precio y el balance utilizado para su revisión). A dichos efectos, se deben incluir las correctas y completas definiciones de las **partidas contables** a revisar y, de resultar distintas a las manifestadas, a ajustar con carácter posterior al cierre de la operación.

Ajustes por inexactitudes u omisiones del vendedor En este caso, el contrato incluye una serie de **manifestaciones** del vendedor en relación con diversos aspectos de la empresa a una fecha concreta (fecha de cierre de la operación), con respecto a las cuales el vendedor presta **garantía** o se compromete a que el precio sea objeto de ajuste, durante un periodo de tiempo determinado. **2630**
Para evitar o resolver las discrepancias de las partes con respecto a la procedencia o improcedencia de un determinado ajuste y su cuantificación, es conveniente y habitual que las partes acudan a un **tercero** independiente en caso de discrepancia.

Habitualmente, en el contrato de compraventa se designa al tercero para actuar como arbitrador, o se incluye una lista de entre los cuales las partes han de elegir a dicho tercero si llega el caso, o designar a una institución que nombre al tercero de entre sus miembros. **2631**
Adicionalmente, para proveer al tercero de **criterios** objetivos para la adopción de una decisión, es habitual que el contrato regule:
- los supuestos en los que procede el ajuste al precio;
- el plazo durante el que se puede generar dicho ajuste y el plazo durante el cual puede solicitarse dicho ajuste por el comprador;
- los criterios y las consideraciones que debe seguir el tercero para determinar su procedencia;
- los parámetros para su cálculo; y
- en ocasiones, un procedimiento que permita a las partes, en supuestos tasados, la revisión de la decisión del tercero por un segundo árbitro.

Criterios dinámicos o de precio variable

Se condiciona el precio final a pagar por el comprador al cumplimiento por la empresa de unos **objetivos futuros** determinados en el contrato de compraventa. **2632**
Este mecanismo ha sido denominado por la práctica anglosajona como *earn out*.
En estas ocasiones, la cláusula de precio normalmente establece una parte del precio como fija y otra como variable, vinculando la determinación del precio variable a la **evolución** de la **empresa** objeto de adquisición y, en particular, a algún parámetro de la cuenta de resultados en un periodo de tiempo determinado, sean beneficios, rentabilidad, volumen de ventas futuros de una empresa, etc.
Ahora bien, a estos efectos, es aconsejable que la cláusula de precio regule expresamente:
- el **procedimiento** para la determinación de la parte variable del mismo conforme al parámetro que se haya acordado como referencia para su determinación; y
- los **criterios contables** aplicables y la base o sistema para el cálculo, definiendo todos los elementos y partidas que lo integran, así como los ejercicios económicos a los que se va a referir.

En este contexto, es frecuente que las partes pacten **restricciones** a determinadas actuaciones que pudieran afectar al resultado de la sociedad (habitualmente referidas al endeudamiento, los fondos propios, la política de gastos, etc.). A los efectos de monitorizar el **resultado** y el **devengo** del futuro *earn out*, se suelen incluir mecanismos que permitan el intercambio de información y del seguimiento de la actividad de la compañía por el vendedor. **2634**
Asimismo, es habitual que cuando las partes acuden al *earn out* para la determinación del precio variable, pacten asimismo bien la **permanencia** del vendedor en el accionariado o en la gestión de la empresa, o bien mecanismos de permanencia del personal clave para el negocio.

En la negociación ambas partes procuran incluir mecanismos para la protección de sus intereses. Así:

• Por un lado, el **vendedor** suele buscar una garantía del pago del precio variable que, en su caso, corresponda a los resultados obtenidos en el plazo previsto, mediante un depósito o una garantía en forma de fianza solidaria o aval a primer requerimiento.

2635 • Por su parte, el **comprador** suele buscar mecanismos que le permitan:
- la permanencia del equipo directivo que ha venido gestionando el negocio; y
- la utilización del precio aplazado como garantía del cumplimiento por el vendedor de las obligaciones establecidas en el contrato de compraventa (en particular, de los potenciales ajustes al precio y/o de las manifestaciones y garantías), funcionando así el precio aplazado como un precio retenido en garantía del cumplimiento por el vendedor de las obligaciones derivadas del contrato de compraventa, de manera que el comprador pudiera retener y, de confirmarse, detraer el importe correspondiente a dicho incumplimiento del precio que ha quedado aplazado.

2636 En la práctica, los *earn out* constituyen una fórmula que permite **combinar** los **intereses** de las partes: el comprador se beneficia del diferimiento del pago del precio; y para el vendedor constituye una fórmula que le permite maximizar el precio y que este se adapte al resultado de la empresa que transmite.

Habitualmente estas cláusulas son utilizadas por **inversores profesionales** que buscan una optimización de los fondos invertidos, pero que no tienen experiencia en el sector en el que la empresa desarrolla su actividad o que pretenden optimizar el precio con base al cumplimiento de unos hitos futuros esperados.

2637 **Criterios mixtos** Combinan criterios patrimoniales o estáticos y criterios dinámicos, en función de resultados esperados de la empresa.

En la práctica, es habitual la búsqueda por las partes de fórmulas flexibles que reduzcan las diferencias en sus pretensiones puestas de manifiesto durante la negociación, y que permitan establecer un precio real adaptado al valor o beneficio que la empresa reportará al comprador y sean compatibles con el requisito de certeza o determinación del precio.

Con carácter general dichas fórmulas prevén que parte del precio sea fija y parte sea variable, aplazando el **pago** del precio variable.

En los casos en los que el precio de la adquisición no es fijo, sino que es total o parcialmente variable, es habitual que las partes introduzcan en el contrato cautelas para evitar incurrir en un supuesto de indeterminación del precio o dejar este al arbitrio de una de las partes. Así, en caso de discrepancia es frecuente acudir al nombramiento de un **tercero** que actúe como arbitrador, mediante el cálculo del grado de cumplimiento de los objetivos a los que se sujeta el pago del precio determinado mediante *earn out*, fije el importe del precio.

2638 A los efectos de evitar posibles **conflictos** derivados de que alguna de las partes considere arbitraria la actuación de tercero, es conveniente que el contrato de compraventa determine las pautas que debe seguir el tercero para la determinación del precio de modo que la actuación del tercero quede limitada por criterios objetivos.

De hecho, es habitual que el **contrato** regule:
- la fórmula para la determinación del resultado o parámetro al que se refiere el cumplimiento de objetivos; y
- y una fórmula de cálculo del precio con arreglo a lo previsto del contrato.

De acuerdo con lo expuesto, la **cláusula del precio** del SPA suele regular:
- el precio de la adquisición, especificando en su caso la existencia del precio fijo y del precio variable;
- la base sobre la cual se ha determinado el precio, incluyendo la fórmula para la determinación del precio variable, en su caso;
- el detalle de condiciones y la forma de pago;
- la previsión o no de pagos aplazados;
- la moneda de pago;
- las circunstancias que, de producirse, determinan ajustes en el precio;
- el derecho del comprador a retener y, de confirmarse, detraer o compensar cualesquiera importes se le adeudaran conforme a lo previsto en el contrato por el vendedor al comprador.

2. No dineraria

2640 Cuando la contraprestación pactada consiste en un objeto (por ejemplo, acciones de otra empresa), el negocio contractual es de naturaleza distinta a la compraventa. En concreto, estaremos ante una **permuta o canje**.

La principal cuestión que se plantea con respecto a la contraprestación no dineraria es la **valoración** del objeto que se transmite (la empresa) y del objeto entregado en contraprestación (no dinerario), ya que esta no responde necesariamente al valor objetivo de los mismos, sino a la utilidad que tiene para las partes (por ejemplo, cuando la contraprestación consiste en acciones de otra empresa no cotizada, no es lo mismo la entrega de un paquete de acciones minoritario que la entrega de un paquete de control).

3. Contraprestación mixta

En los contratos en los que la contraprestación es mixta, para la determinación de la naturaleza del negocio contractual (compraventa o permuta) se ha de estar a lo que disponga la voluntad de las partes, no tanto en lo que se refiere a la declaración o manifestación que las partes hacen del contrato, sino a la **intención negocial** de las partes que, en caso de indefinición, en último término ha de ser determinada por un tribunal sobre la base de la negociación previa, los actos coetáneos y los actos posteriores al cierre. **2645**
A este respecto, se prevé que, en defecto de voluntad manifiesta de las partes, si el valor de la **cosa** dada como parte del precio **excede al dinero** entregado por tal concepto, el negocio es una permuta y, en caso contrario, una compraventa.

II. Aspectos financieros

A continuación, se recogen las consideraciones financieras sobre la tipología de las contraprestaciones, así como sobre la valoración y los mecanismos de determinación del precio. **2650**

A. Mercados financieros

El precio de los **activos** se determina en los mercados en función de la oferta y la demanda (L. Rodríguez, A. Calvo, J. A. Parejo y A. Cuervo *Manual del Sistema Financiero Español*, Madrid: Ed. Ariel, 2008). **2655**
Los mercados se pueden clasificar por la naturaleza del bien y por el número de ofertantes, que puede ir de muchos (competencia perfecta) a uno solo (monopolio) pasando por el oligopolio, cuando los ofertantes son pocos.
Un mercado financiero es cualquier mercado organizado en el que se negocian instrumentos financieros de todo tipo, tanto deuda como acciones.
Todo mercado financiero tiene unas **funciones** fundamentales y de cuyo cumplimiento depende su grado de eficiencia. Dichas funciones son:

- Favorecer el contacto entre los diferentes agentes que intervienen en los propios mercados.
- Constituir un mecanismo de fijación de precio de los activos.
- Proporcionar liquidez a los activos.
- Reducir los plazos y los costes de intermediación.

En las economías no intervenidas, la eficiencia de un mercado está en relación con el **mercado de competencia perfecta**, caracterizado por ser: **2656**
- amplio: volumen de activos que se intercambian en él;
- transparente: información que pueden obtener los agentes;
- libre: limitaciones o barreras para el acceso al mismo;
- profundo: órdenes de compraventa que existen para cada tipología de activo; y
- flexible: facilidad de adaptación ante cambios en las condiciones del mercado o en los precios.
Atendiendo a su grado de formalización, los mercados pueden ser regulados o no regulados.

Un mercado **regulado** es un sistema multilateral, operado o gestionado por un gestor del mercado, que reúne o brinda la posibilidad de reunir, dentro del sistema y según sus normas no discrecionales, los diversos intereses de compra y de venta sobre instrumentos financieros de múltiples terceros para dar lugar a contratos con respecto a los instrumentos financieros admitidos a negociación conforme a sus normas o sistemas, y que está autorizado y funciona de forma regular de conformidad con lo dispuesto en la Dir 2014/65/UE título III. **2657**
Los principales mercados regulados en España son:
- las Bolsas de Valores;
- otros sistemas multilaterales de contratación (BME Growth);

- los Mercados oficiales de Productos Financieros Derivados;
- la AIAF Mercado de Renta Fija; y
- los Mercados de Deuda Pública en Anotaciones.

2658 **Bolsas de Valores** Las Bolsas de Valores son mercados en los que se negocia públicamente la compra y la venta de **títulos de renta fija y variable** (acciones, obligaciones, etc.), bienes, materias primas, etc.
Solo pueden ser negociadas en la Bolsa española aquellas categorías de valores que determine la Comisión Nacional del Mercado de Valores (CNMV).
Como mercado, su principal función es canalizar el **ahorro** hacia la inversión, poniendo en contacto a las empresas y entidades del Estado necesitadas de recursos de inversión con los ahorradores.
En la actualidad existen cuatro Bolsas en **España**: Bolsa de Madrid, Bolsa de Barcelona, Bolsa de Bilbao, y Bolsa de Valencia.

2659 El sistema actual de contratación de las Bolsas españolas es el **Sistema de Interconexión Bursátil** (SIBE), una plataforma informática que está conectada a todas las Bolsas españolas para la negociación de valores de renta variable admitidos a cotización en dichas bolsas, así como en otros mercados integrados dentro de Bolsas y Mercados Españoles (BME), como Latibex, AIAF y BME Growth (anteriormente denominado Mercado Alternativo Bursátil -MAB-).
Las **Sociedades Rectoras** son las SA que se encargan de la dirección de la contratación y de la supervisión de las actividades llevadas a cabo en las Bolsas. Cada una de las Bolsas tiene su propia Sociedad Rectora. El conjunto de todas las Sociedades Rectoras constituye la **Sociedad de Bolsas**, que se encarga de la dirección y administración del SIBE.

2660 El **IBEX 35** es el principal índice de referencia de la Bolsa española desde 1992. Formado por 35 empresas, es un índice ponderado por capitalización bursátil, por lo que no todas las empresas que lo forman tienen el mismo peso. El criterio utilizado para incluir un valor en el IBEX 35 es el de **liquidez**, entendida en términos de volumen de contratación, tanto en euros como en órdenes.
Bolsas y Mercados Españoles (BME) es el operador de todos los mercados de valores y sistemas financieros en España. Desde el 11-6-2020 BME pertenece a SIX Group AG (SIX).

2661 Tiene la consideración de **valor negociable** cualquier derecho de contenido patrimonial, cualquiera que sea su denominación, que, por su configuración jurídica propia y régimen de transmisión, es susceptible de tráfico generalizado e impersonal en un mercado financiero. Así, son valores negociables:
- las acciones de sociedades y los valores negociables equivalentes a las acciones;
- los bonos, obligaciones y otros valores análogos representativos de partes de empréstitos;
- los instrumentos de mercado monetario (letras del tesoro, certificados de depósitos y pagarés, salvo que sean librados singularmente);
- cédulas, bonos y participaciones hipotecarias;
- bonos de titulización; participaciones preferentes;
- acciones y participaciones emitidas por instituciones de inversión colectiva;
- *warrants* y demás valores negociables derivados que confieren el derecho a adquirir o vender cualquier otro valor negociable.

2662 **Mercados oficiales de Productos Financieros Derivados** La principal función de este mercado es brindar instrumentos financieros de inversión y cobertura que posibiliten una adecuada **gestión de riesgos**.
Los derivados son instrumentos financieros cuyo valor depende de otros títulos o **valores subyacentes** y cuyo objetivo es el de transferir el riesgo de los últimos.
Cuando se habla de derivados, se hace siempre referencia a las opciones y futuros.
Los valores subyacentes pueden ser una acción, un índice bursátil, una materia prima, o cualquier otro tipo de activo financiero (divisas, bonos y tipos de interés).

2663 Existen dos **Mercados Españoles Oficiales de Opciones y Futuros Financieros** (MEFF):
• **MEFF Renta Fija**. Es un mercado de carácter fundamentalmente **mayorista** en el que se negocian productos derivados cuyo subyacente es la renta fija o los tipos de interés, y sobre divisas.
Son valores de renta fija aquellos valores mobiliarios cuya rentabilidad es constante e independiente de los resultados obtenidos por la unidad económica que los emite. El ejemplo más característico son las **obligaciones**.

• **MEFF Renta Variable**. Es un mercado más orientado hacia los **particulares** que el anterior en el que se negocian opciones y futuros sobre el índice IBEX 35 y opciones sobre acciones. 2664
Los valores de renta variable son el conjunto de valores mobiliarios cuya rentabilidad en forma de dividendos no es fija, sino que depende de determinados hechos relacionados con la empresa que los emite, como los beneficios obtenidos, política de reparto de dividendos, etc. Son valores de renta variables las **acciones**, las **obligaciones convertibles y** las **participaciones en fondos de inversiones**, entre otros.
Cada una de las sociedades gestoras de estos mercados opera a través de su propio **sistema electrónico** por el que se publican en tiempo real las mejores ofertas de compra y venta existentes en el mercado, e integra además la compensación y liquidación de las operaciones.

AIAF Mercado de Renta Fija Es un mercado regulado en el que se negocian valores de renta fija privada emitidos por **entidades privadas, Comunidades Autónomas y otros entes públicos** (pagarés de empresa, bonos de titulización hipotecaria, etc.) que se encuentran representados bien mediante anotaciones en cuenta, bien mediante títulos. 2665
La Sociedad Rectora de AIAF Mercado de Renta Fija se encargó hasta 2002 de las funciones de registro contable y de compensación y liquidación de las operaciones negociadas sobre los valores representados mediante anotaciones en cuenta. Tras esa fecha, todos los valores admitidos a negociación en este mercado quedaron incorporados a la Plataforma Técnica de la Deuda Pública -Plataforma CADE-.

Mercados de Deuda Pública en Anotaciones La Deuda Pública se negocia en el Mercado de Deuda Pública en Anotaciones. 2666
El Mercado de Deuda Pública en Anotaciones tiene por objeto exclusivo la negociación de valores de renta fija representados mediante anotaciones en cuenta emitidos por el **Estado**, por el **Instituto de Crédito Oficial** y, a solicitud de ellos, por el **Banco Central Europeo**, por los Bancos Centrales Nacionales de la Unión Europea o por las **Comunidades Autónomas**, así como, siempre que lo autorice el Ministro de Economía y Hacienda, a solicitud del emisor, por bancos multilaterales de desarrollo de los que España sea miembro, por el **Banco Europeo de Inversiones** o por otras entidades públicas, en los supuestos que reglamentariamente se señalan.
Este mercado permite satisfacer parte de las necesidades de **financiación pública**, a la vez que permite realizar operaciones de política monetaria a través del mercado secundario, mediante la inyección o el drenaje de liquidez.
El **Sistema Electrónico de Negociación de Activos Financieros** (Senaf) es la plataforma electrónica de negociación de deuda pública española. Está sujeta a la supervisión del Banco de España y de la CNMV.
El Senaf desarrolla el sistema ciego de negociación de bonos, en los que los negociadores no conocen la contrapartida de sus operaciones.

Precisiones El **mercado secundario** es el mercado en el que se negocian activos financieros previamente emitidos y cambio en su titularidad, en cuya negociación el dinero que se recibe en contraprestación del título no va a parar a la sociedad emisora. Para poder participar en este mercado, los títulos han de cumplir el requisito de ser negociables legalmente.

B. Relación entre valor y precio

El factor que provoca la diferencia entre valor y precio es la **negociación** entre las partes. 2670
El precio solo se conoce el día de la firma de la escritura de compraventa, y hasta esa fecha, todo es negociación.

Precio A efectos financieros, se entiende por precio la valoración de un bien o servicio en unidades monetarias o en otro instrumento de cambio. Dependiendo del **tipo de mercado**, la fijación del precio puede producirse en función de la oferta y la demanda existentes o, por el contrario, ser fijado por las autoridades, en cuyo caso se trataría de un precio controlado. 2671
Refiriéndonos, por ejemplo y a efectos meramente ilustrativos nos podemos referir, por ejemplo, a Telefónica, S.A., una de las empresas de mayor capitalización bursátil en España, el precio a una fecha concreta vendría indicado por su **cotización**.

Si tomamos por ejemplo como fecha el día 16-10-2013, el informe de Bloomberg nos muestra variaciones en el precio de cotización de la acción, siendo el precio de apertura de 12,70 euros/acción y el cierre de la cotización de 12,81 euros/acción.

Telefónica-Cotización intradía (€/acción) a 16-10-2013

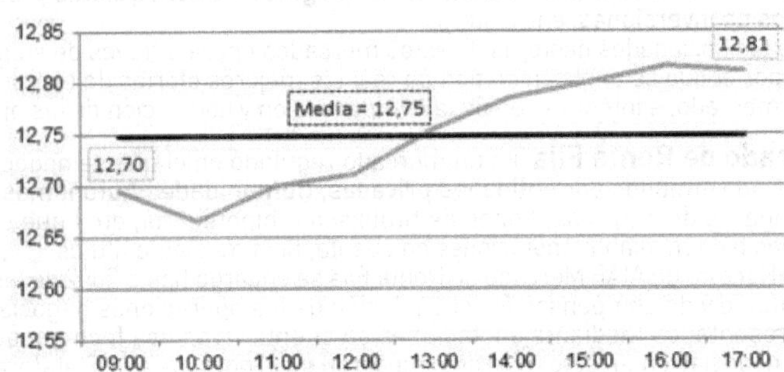

Fuente: Bloomberg.

2672 El gráfico muestra que el precio de la acción no es fijo en el tiempo, **fluctuando** en función de factores como la fecha de referencia, la negociación entre los participantes de mercado y el anuncio de pago de dividendos, entre otros.

También hay factores como el **control y** la **liquidez** que influyen en el valor de una acción.

En el siguiente gráfico se muestra la correlación positiva entre factores como la liquidez y el control con el valor de una acción.

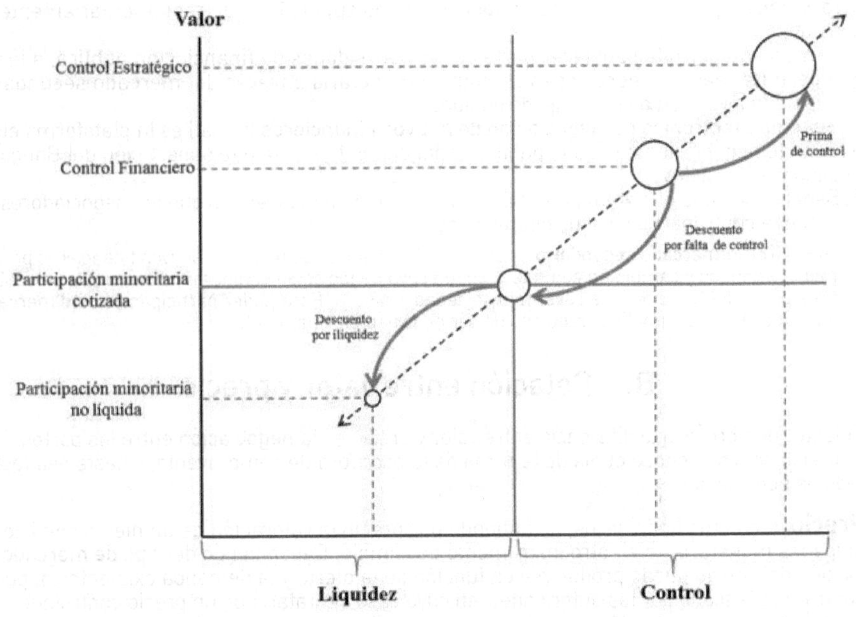

Fuente: Elaboración propia.

2673 **Valor** El término valor puede definirse desde una doble perspectiva:

a) Como valor **de uso**; esto es, en función del grado de utilidad proporcionada por un bien o servicio para la satisfacción de las necesidades.

b) Como valor **de cambio**; esto es, en función de la cantidad de otro bien (p.e., el dinero) que hay que entregar para poder disfrutar de dicho bien o servicio.

El valor lo determinan los diferentes agentes económicos de manera personal en función de su perfil e intereses; es decir, es la mediación monetaria del grado de utilidad que esa empresa o activo le reporta.
En una negociación de compraventa existen diferentes valores en función de los intereses de los potenciales compradores. El factor que provoca la diferencia entre valor y precio es la negociación entre las partes.

Ejemplo De acuerdo con noticias de prensa, el 26 de agosto de 2013, Telefónica, S.A. anunció la adquisición del 100% de E-Plus, filial alemana de la compañía holandesa de telecomunicaciones KPN, por un importe de 4.140 millones de euros más un 20,5% de Telefónica Deutschland. La transacción ofreció un enorme potencial en términos de sinergias, especialmente en los ámbitos de distribución, atención al cliente y servicios de red. El valor total de dichas sinergias se estimó entre 5.000 y 5.500 millones de euros, descontados los costes de integración. La operación contó con el beneplácito de Carlos Slim, accionista de referencia de la compañía holandesa KPN a través de América Móvil. **2674**

C. Tipos de valor

En los mercados organizados el precio de cotización es en principio la mejor referencia del valor de la acción. **2680**
En aquellos casos en los que hay mercados no organizados, es necesario realizar un ejercicio de valoración como mejor aproximación al precio.
En función de los objetivos de la valoración, podemos diferenciar, en principio, los siguientes tipos de valor:
- valor contable o en libros;
- valor intrínseco;
- valor de mercado;
- valor razonable;
- valor en uso;
- valor de inversión; y
- valor especial.

1. Valor contable o en libros

De acuerdo con la normativa contable recogida en el «Marco conceptual» del PGC, el valor contable o en libros es el importe neto por el que un activo o un pasivo se encuentra registrado en **balance** una vez deducida, en el caso de los activos, su amortización acumulada y cualquier corrección valorativa por deterioro acumulada que se haya registrado. **2682**

Ejemplo Siguiendo con el ejemplo ilustrativo de Telefónica, S.A., de acuerdo con sus Cuentas Anuales consolidadas a 31-12-2012, el valor contable o en libros de su Patrimonio Neto asciende a 27.661 millones de euros.

2. Valor intrínseco

Según la Asociación Española de Contabilidad y Administración de Empresas (AECA) (Documento AECA (2005). Valoración de Pymes (1ª edición). Madrid: Asociación Española de Contabilidad y Administración de Empresas. Pp. 13), el valor intrínseco es el valor de un bien sobre la base de las características inherentes a dicho bien, según son percibidas, en este caso, por los **gestores** de la propia empresa, o bien por agentes externos como **inversores o analistas**. **2685**
En este sentido, según lo define la International Valuation Standards Council (IVSC) (traducción del inglés), el valor intrínseco es el valor que se considera, sobre la base de una evaluación de los hechos disponibles, como el **valor verdadero o real** de un activo. Se trata de un concepto de valor a largo plazo, no de mercado, que suaviza las fluctuaciones de precios a corto plazo.

Ejemplo A continuación, se muestran los precios objetivos de Telefónica a 14-10-2013 según distintos analistas financieros. Es importante señalar que la fecha escogida ha sido aleatoria y solo a efectos ilustrativos, pudiendo haber variaciones en el precio objetivo dado por otros analistas en distintas fechas:

Valor intrínseco de Telefónica (14/10/2013)

Banco de Inversión	Precio objetivo (€/acción)
Barclays Capital	11,5
BBVA Research	13,3
Credit Suisse	12,0
HSBC	11,8
La Caixa	13,8
N+1 Equities	13,0
Nomura	8,6
Santander	13,2
UBS	10,0

Fuente: Página web de Telefónica

3. Valor de mercado

2687 Según la AECA (Documento AECA (2005). Valoración de Pymes (1ª edición). Madrid: Asociación Española de Contabilidad y Administración de Empresas. Pp. 13), el valor razonable de mercado o valor de mercado, es el precio **más probable** de un bien en un **mercado abierto y competitivo** en donde comprador y vendedor se comportan económicamente de forma racional y están bien informados.
En este mismo sentido lo define la International Valuation Standards Council (IVSC) (IVSC (2011) International Valuation Standards. Londres: International Valuation Standards Council Pp. 12 (Traducción del inglés), entendiendo como valor de mercado la cantidad estimada por la cual un activo o un pasivo podría ser intercambiado en la fecha de valoración entre un comprador y un vendedor en una transacción, después de una comercialización correcta, en la que las partes actúan con conocimiento de causa, prudencia y sin presiones.

Ejemplo El valor de mercado de Telefónica, S.A. sería el valor de la capitalización bursátil de la misma a la fecha de referencia. Por ejemplo, a 31-12-2012, el valor de mercado de las acciones de Telefónica fue de 45.650,5 millones de euros (*market cap* según Capital IQ).
El valor de mercado de las acciones depende de las expectativas del mercado, mientras que el valor contable está sujeto a criterios contables. A continuación, mostramos la evolución histórica de la ratio *Price to Book Value* (medido como el cociente cotización/valor contable) donde se puede observar como entre los años 2011 y 2012 el valor de mercado de las acciones, en media, fue superior al del valor contable de las acciones.

Telefónica-Evolución de la ratio *Price to Boolk Value*

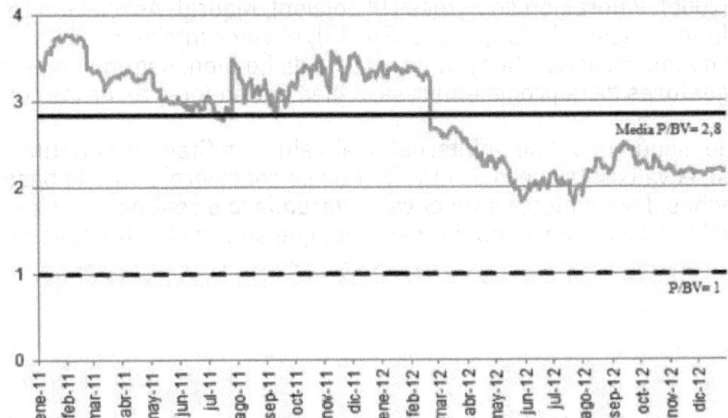

Fuente: Capital IQ.

4. Valor razonable

La normativa contable recogida en la Norma Internacional de Información Financiera (Rgto (UE) 1255/2012 NIIF 13 «Medición del valor razonable»), define el valor razonable como el precio que sería recibido por vender un activo o pagado por transferir un pasivo en una **transacción ordenada** entre participantes de mercado en la fecha de la medición. El PGC, en el «Marco conceptual», ahonda en la misma definición de valor razonable. **2690**
Se trata, por tanto, de un valor de mercado determinado por la ausencia de presiones en las partes de la transacción que influyan en la venta. No tiene en ningún caso el carácter de valor razonable el que sea resultado de una **transacción forzosa**, urgente o como consecuencia de una situación de liquidación involuntaria.
En este sentido también lo define la **IVSC** (IVSC (2011) International Valuation Standards. Londres: International Valuation Standards Council. Pp. 11 (Traducción del inglés), al considerar el valor razonable como el precio estimado por la transferencia de un activo o pasivo, entre partes con conocimiento de causa y con voluntad de llevar a cabo la transacción, que refleja el interés de dichas partes.

De acuerdo con el párrafo B2 de la Rgto UE/1225/2012 NIIF 13, una **medición** del valor razonable requiere que una entidad determine todos los elementos siguientes: **2691**
• El **activo o pasivo** concreto que es objeto de la medición, de forma congruente con su unidad de cuenta.
• Para un **activo no financiero**, la premisa de valoración que es adecuada para la medición, de forma congruente con su máximo y mejor uso.
• El **mercado principal** o más ventajoso para el activo o pasivo.
• Las **técnicas de valoración** adecuadas para la medición considerando la disponibilidad de datos con los cuales desarrollar datos de entrada que representen los supuestos que los participantes del mercado utilizarían al fijar el precio del activo o pasivo y el nivel de la jerarquía del valor razonable en la que se clasifican los datos de entrada.

Con carácter general, el valor razonable se calcula por referencia a un **valor fiable** de mercado. En este sentido, el precio cotizado en un mercado activo es la mejor referencia del valor razonable, entendiéndose por mercado activo aquel en el que se den las siguientes **condiciones**: **2692**
- los bienes o servicios intercambiados en el mercado son homogéneos;
- pueden encontrarse prácticamente en cualquier momento compradores o vendedores para un determinado bien o servicio; y
- los precios son conocidos y fácilmente accesibles para el público.
Cuando un precio para un **activo o pasivo idéntico** es no observable, una entidad medirá el valor razonable utilizando otra técnica de valoración que maximice el uso de datos de entrada observables relevantes y minimice el uso de datos de entrada no observables. Puesto que el valor razonable es una medición basada en el mercado, se mide utilizando los supuestos que los participantes del mercado utilizarían al fijar el precio del activo o pasivo, incluyendo los supuestos sobre riesgo (Rgto UE/1255/2012 NIIF 13, párrafo 3).

En aquellos casos en los que **no** existe un **mercado activo**, el valor razonable podría obtenerse a partir de distintos enfoques y metodologías de valoración. **2693**
Dentro de ellos se incluye el empleo de referencias a transacciones recientes en condiciones de independencia mutua entre partes interesadas y debidamente informadas, así como métodos de descuento de flujos de efectivo futuros estimados y modelos generalmente utilizados para valorar opciones.
Las metodologías de valoración empleadas deben ser consistentes con las metodologías aceptadas y utilizadas por el mercado para la fijación de precios.

Las técnicas de valoración empleadas deben maximizar el uso de **datos observables** de mercado y otros factores que los participantes en el mercado considerarían al fijar el precio, limitando en todo lo posible el empleo de consideraciones subjetivas y de datos no observables o contrastables. **2694**
La empresa debe evaluar la efectividad de las técnicas de valoración que utiliza de manera periódica, empleando como referencia los precios observables de transacciones recientes en el mismo activo que se valora o utilizando los precios basados en datos o índices observables de mercado que están disponibles y resulten aplicables.

El valor razonable de un activo para el que no existen **transacciones comparables** en el mercado, puede valorarse con fiabilidad si la variabilidad en el rango de las estimaciones del valor razonable del activo no es significativa o las probabilidades de las diferentes estimaciones, **2695** dentro de ese rango, pueden ser evaluadas razonablemente y utilizadas en la estimación del valor razonable.

Ejemplo Telefónica tiene registrada en sus Cuentas Anuales Consolidadas de 31-12-2012 el resultado de estimar el valor razonable de los activos y pasivos de las sociedades adquiridas. Por ejemplo, dentro del epígrafe «Otros intangibles» destaca el valor asignado a las marcas adquiridas en combinaciones de negocio por importes de 2.478 millones de euros al 31-12-2012.

5. Valor en uso

2697 Las **normas contables** (Plan General Contable; NIC núm 36 «Deterioro del valor de los activos») definen valor en uso como el valor presente de los flujos futuros de efectivo estimados que se espera obtener de un activo de un activo o de una unidad generadora de efectivo.
La Rgto CE/1226/2008 NIC 36 entiende por **unidad generadora** de efectivo es el grupo identificable de activos más pequeño, que genera entradas de efectivo a favor de la entidad que son, en buena medida, independientes de los flujos de efectivo derivados de otros activos o grupos de activos.

2698 De acuerdo con los párrafos 30 y 31 de la Rgto CE/1126/2008 NIC 36, en el cálculo del valor en uso de un activo deben reflejarse los siguientes elementos:
- una estimación de los flujos de efectivo futuros que la entidad espera obtener del activo;
- las expectativas sobre posibles variaciones en el importe o en la distribución temporal de dichos flujos de efectivo futuros;
- el valor temporal del dinero, representado por la tasa de interés de mercado sin riesgo;
- el precio por la presencia de incertidumbre inherente en el activo; y
- otros factores, tales como la iliquidez, que los participantes en el mercado reflejarían al poner precio a los flujos de efectivo futuros que la entidad espera que se deriven del activo.

La **estimación** del valor en uso de un activo conlleva los siguientes pasos:
- estimar las entradas y salidas futuras de efectivo derivadas tanto de la utilización continuada del activo como de su disposición final; y
- aplicar la tasa de descuento adecuada a estos flujos de efectivo futuros.

6. Valor de inversión

2700 Según la AECA (Documento AECA (2005). Valoración de Pymes (1ª edición). Madrid: Asociación Española de Contabilidad y Administración de Empresas. Pp. 13), el valor de inversión es el valor estratégico de un bien que incorpora los **efectos sinérgicos** esperados por el inversor en el caso de una concentración empresarial.
La IVSC (IVSC, 2011) International Valuation Standards. Londres: International Valuation Standards Council. Pp. 24 (Traducción del inglés), habla de valor sinérgico en lugar de valor de la inversión, entendiendo como valor sinérgico aquel donde el valor combinado es mayor que el de la suma de los valores por separado.

7. Valor especial

2702 Según la IVSC (IVSC (2011) International Valuation Standards. Londres: International Valuation Standards Council. Pp. 24 (Traducción del inglés), el valor especial es la cantidad que refleja atributos particulares de un activo, que solo tienen valor para un **comprador especial**.
Un comprador especial es un comprador en particular para el cual el activo en cuestión tiene un valor especial por las ventajas que surgen de la propiedad del mismo y que no están al alcance de otros compradores.
El valor especial puede surgir cuando un activo tiene atributos que lo hacen más atractivo a un comprador en particular que a otros compradores en el mercado.
Estos atributos pueden relacionarse con características **físicas, geográficas, económicas o legales** del activo. Por el contrario, el valor de mercado requiere que se ignore cualquier elemento relacionado con el valor especial porque en una fecha concreta, se asume que existe un comprador cualquiera y no un comprador especial.
Cuando el valor especial es identificado, debe ser comunicado y distinguido claramente del valor de mercado.

D. Tipos de precio

Se puede distinguir entre: 2705
a) **Precio fijo**. Es el precio de carácter definitivo establecido por el vendedor y sobre el que el comprador no puede influir para que sea modificado.
b) Precio **contingente**. Cuando el precio se ajusta en función del resultado de sucesos futuros.

1. Precio fijo

A la hora de formalizar contratos, históricamente se venía utilizando una estructura de precio fijo, siendo algo simple y en principio sencillo que intentaba proteger a las partes firmantes del contrato. 2707
Sin embargo, actualmente los procesos de compra-venta son más complejos, por lo que se ha extendido el uso de mecanismos que aseguren que el valor objetivo de una empresa o activo no va a diferir entre las fechas de **firma y** de **cierre** de la transacción.

Características Mediante este mecanismo de precio fijo, el precio final de compra toma como punto de partida unos **estados financieros** a una fecha concreta, denominada fecha de referencia o *locked box date.* Normalmente se toma como fecha de referencia los estados financieros **auditados** más recientes, generalmente a 31 de diciembre del ejercicio anterior. 2708
La sociedad compradora asume los **beneficios** generados por la sociedad adquirida, así como los **riesgos** desde la fecha de referencia. No está permitido realizar **ajustes** a los estados financieros tomados en la fecha de referencia. El mecanismo *locked box* permite la fijación de un precio fijo, no existiendo **revisión** retrospectiva del mismo, salvo en el hipotético caso de incumplimiento contractual o exigencia de responsabilidad.

Consecuencias La mecánica del *locked box* se basa en especificar en el SPA un precio fijo de la sociedad a adquirir, detallando que no habrá un **mecanismo post-finalización** para ajustar dicho precio y, por tanto, que no será necesario elaborar unas *completion accounts*. 2709
El **vendedor** garantiza que, entre la fecha referencia y el cierre de la operación, no habrá ningún *leakage*, esto es, ninguna transferencia de valor desde la sociedad adquirida en beneficio del grupo vendedor, salvo que existiera el llamado *leakage* acordado (*permitted leakage*), por el que se establecen en el SPA las operaciones entre el grupo objetivo y el vendedor entre la fecha de referencia y la fecha efectiva de cierre de transacción.

Entre las **ventajas** para el **vendedor** se incluyen: 2710
- la certeza en relación con las cifras acordadas;
- la transparencia en el precio; y
- la ejecución rápida y simplificación de la operación.

Sin embargo, existen una serie de **aspectos clave** que comprador y vendedor deben contemplar antes de ejecutar una transacción.
a) En relación con el **vendedor**, son cuestiones claves:
- la fiabilidad del balance a la fecha de referencia;
- el tipo de interés a emplear si desea retener los beneficios después de la fecha de referencia; y
- el tipo de garantías deben establecerse en relación con el contrato de *locked box*.

b) Constituyen cuestiones claves relacionadas con el **comprador**: 2711
- el balance en base al que el comprador toma decisiones sobre el precio debe ser lo suficientemente fiable;
- que el balance haya podido ser revisado por el comprador y sus asesores, habiendo podido acceder a información suficiente y apropiada para la realización de una *due diligence*;
- que se conceda al tiempo suficiente y acceso a la dirección de la sociedad adquirida para identificar posibles implicaciones relacionadas con el precio; y
- que se establezcan bien los límites y la potencial pérdida de valor a favor del vendedor entre la fecha de referencia y de cierre.

2. Precio en función del cumplimiento de objetivos

El *earn-out* es un término anglosajón bastante utilizado actualmente en los contratos de compraventa de empresas, especialmente en las que tienen un elevado potencial de crecimiento, mediante el cual se establece el mecanismo de determinación del precio acordado (precio variable) en función del cumplimiento de una serie de parámetros de negocio en los próximos ejercicios. 2715

La Revista Española de Capital Riesgo (RECARI), define el *earn-out* como la fórmula en virtud de la cual una parte del precio de adquisición se condiciona a los **resultados futuros** de la empresa objeto de adquisición, dentro de un periodo preestablecido.

2716 **Aplicación práctica** En la práctica, es el **comprador** el que suele estar interesado en introducir este tipo de cláusulas contractuales, por medio de las cuales el vendedor le garantice un determinado resultado económico de la explotación de la empresa adquirida.

El comprador busca que el vendedor consiga los objetivos pactados para que este reciba la parte variable del precio de compra basándose en el desempeño de este tras la adquisición, en tanto que parte del precio se paga tras el cierre en función de indicadores preestablecidos de desempeño operativo, económico y financiero.

Permite, por tanto, que el comprador reduzca su exposición al **riesgo** asociado a la transacción vinculando parte del precio al resultado de la empresa adquirida, a la vez que incrementa el compromiso del vendedor con el plan de negocio propuesto.

Precisiones Durante los últimos años de expansión económica (hasta 2019 inclusive) el mercado de las transacciones era un mercado dominado por los vendedores, lo que provocaba un efecto huida de este colectivo respecto de los *earn-outs*. En el entorno económico actual el número de transacciones que cuentan con este tipo de estructuras es notablemente superior.

2717 **Proporción** Podemos señalar que las **partes** involucradas en la compraventa **deben establecer** qué proporción del precio de la sociedad adquirida es fija y qué parte está sujeta a la cláusula de *earn-out* (F. Bruner (Robert F. Bruner (2004). *Applied Mergers & Acquisitions*. Estados Unidos: John Wiley & Sons, Inc. p. 617).

Lógicamente, ambas partes intentarán reducir al máximo su **riesgo**: al comprador le interesará incrementar la ratio de precio variable vía *earn-out*, y el vendedor tratará de incrementar el porcentaje de precio fijo.

En la mayoría de los casos, la **ratio** de *earn-out* supone entre el 20% y 70% del precio de compraventa total.

2718 **Duración** En relación con el periodo de tiempo establecido para la consecución de los objetivos marcados en el contrato de compraventa, este suele tener una **duración** de entre uno y cinco años (media de tres años). En general, cuanto mayor es el ratio de *earn-out*, mayor es la duración del periodo de tiempo definido.

El **vendedor** normalmente preferirá periodos de tiempo más cortos para incrementar el valor actual del pago esperado. Por el contrario, el **comprador** defenderá el establecimiento de periodos más extensos para reducir el valor actual de dicho pago. Implícitamente, un largo periodo de *earn-out* implicará un incremento del tiempo en que el equipo directivo de la sociedad adquirida (anterior a la venta) se mantendrá en la compañía y continuará motivado para la consecución de unos objetivos definidos.

2719 **Parámetros de negocio** La redacción del contrato puede recoger un precio en parte cierto y en parte variable, a determinar en función de los beneficios de la empresa objeto de la adquisición, o por referencia a otro elemento cierto como la cifra del **capital circulante** (o *working capital*), el **patrimonio neto o** el número de **clientes**.

En estos casos se perfecciona la compraventa y se consuma de manera normal, estando una parte del precio ligada a la evolución del negocio dentro de un plazo determinado.

Los **vendedores** estarán interesados en controlar la gestión y pactar los conceptos o partidas que deben ser computados para calcular la cifra del beneficio o concepto de referencia establecido para la fijación del precio, pues la gestión del comprador o las diferencias de criterios contables podrían dar lugar a disputas sobre el beneficio que debe utilizarse para el cálculo del precio.

2720 Los *earn-outs* se emplean a menudo cuando el comprador y el vendedor no están de acuerdo sobre el crecimiento esperado y el rendimiento futuro de la sociedad a adquirir.

Es práctica habitual que las partes pacten el procedimiento para la **determinación y definición** de los parámetros de negocio en base a los que se ha de calcular el precio variable.

También es habitual que se pacte que el comprador no puede alterar los **principios contables** y debe aplicar los mismos durante los ejercicios económicos cuyos beneficios se toman para calcular el precio, o bien el nivel máximo de endeudamiento en relación con los recursos propios, así como la eliminación de ciertos gastos como *royalties*, contribución a gastos generales, pagos a matriz, etc. que disminuyan los beneficios.

Las partes involucradas en el contrato deben acordar cómo se va a gestionar el negocio tras la operación de compraventa, estableciendo un proceso de aprobación de los **planes operativos** anuales de la sociedad adquirida durante el periodo de *earn-out*.

Adicionalmente, cuando se negocia una cláusula de *earn-out*, debe existir certeza de que el comprador puede proporcionar el **capital** necesario para que la sociedad adquirida logre alcanzar los objetivos definidos en relación con los parámetros marcados. **2721**
Los *earn-outs* son muy populares entre los inversores de **capital riesgo**, que en muchos casos no poseen la experiencia necesaria para manejar el negocio después de la adquisición, como una manera de mantener a los anteriores propietarios involucrados tras la adquisición.
Los términos y condiciones de un *earn-out* dependen en gran medida de la parte que en realidad asume la **gestión** del negocio después de la venta.

Si es el comprador quien asume el **control del negocio**, el vendedor centrará su preocupación en una mala gestión por parte del comprador que haga que la empresa pierda objetivos. **2722**
Si es el vendedor quien asume el control, el comprador vigilará que el vendedor no sobreestime los ingresos o subestime los gastos con el fin de manipular el cálculo del *earn-out*.
Con el fin de evitar este tipo de complicaciones, resulta fundamental una adecuada definición de los medidores de desempeño, así como el establecimiento de sus **valores objetivos**, ya que en los casos en los que el negocio de la empresa adquirida no permanece claramente independiente del control del comprador tras la transacción, puede resultar casi imposible medir de forma objetiva si se han conseguido los valores objetivos establecidos.

Este hecho es sumamente frecuente cuando existen fuertes **sinergias** derivadas de la integración de los negocios tras la transacción. **2723**
Para evitar esto, normalmente la parte compradora realiza en muchos casos *earn-outs* sobre determinadas **líneas de negocio**, normalmente las que no conoce y no sabe bien cómo valorar y que, por tanto, producen menos sinergias, comprometiéndose a que dichas líneas de negocio no serán integradas mientras dure el periodo del *earn-out*.
La selección de **indicadores** es también un factor influyente en los términos y condiciones de los *earn-outs*.
Los **objetivos financieros** utilizados en el cálculo de los *earn-outs* suelen incluir los ingresos, el beneficio neto, el EBITDA y el EBIT.

Generalmente, la parte vendedora tiende a preferir los ingresos como medida de desempeño, mientras que la parte compradora tiende a preferir los ingresos netos. **2724**
Los principales **riesgos** vienen de la posible manipulación de las medidas de desempeño elegidas: en el caso de los ingresos, estos pueden ser sobreestimados a través de actividades comerciales que perjudican otras líneas de la sociedad, mientras que, en el caso de los ingresos netos, estos pueden ser manipulados a la baja a través de amplias inversiones en *capex* y otros gastos operativos.
Asimismo, existe la alternativa de establecer *earn-outs* basados en **objetivos no financieros**, tales como el desarrollo de un producto o la ejecución de un contrato.

Tipos de cláusula Siguiendo en este punto a la *International Law Office* (*Online Media Partner to the European Company Lawyers Association*): «http://www.internationallawoffice.com». (Traducción del inglés), se puede señalar que, en función de la operación específica y del acuerdo entre las partes, la cláusula de *earn-out* que se establece en el contrato de compraventa puede ser: **2725**
a) *Economic earn-out*, que se basa en la medición de determinados parámetros contables de rentabilidad (p.e., ingresos netos, beneficio bruto, *cash flow, EBITDA, etc.*).
b) *Performance earn-out* . El pago de la parte variable del precio solo se produce en caso de la consecución efectiva de los objetivos marcados. Estos objetivos no están directamente vinculados a un índice de referencia contable, sino que se refieren al éxito de una o más actividades específicas (p.e., desarrollo de productos, aprobaciones de patentes, o contratos con organismos públicos u otros clientes específicos).
Este tipo de criterio para la definición de un *earn-out* es muy utilizada en el **sector tecnológico**, donde el desarrollo de nuevos productos puede incrementar notablemente el valor de la sociedad adquirida.

c) *Reverse earn-out*. Cuando no se logra alcanzar un determinado nivel de un indicador o circunstancia establecida en el contrato de compraventa (ya sea en términos financieros o no financieros), se puede llevar a cabo una **reducción** del **precio** pactado inicialmente. **2726**
Este tipo de cláusula difiere de una cláusula de indemnización común, ya que el derecho a reducir el precio de compra fijado inicialmente no se debe a un incumplimiento de las manifestaciones y garantías contractuales, sino que refleja un acuerdo específico entre las partes sobre la debida consideración de la adquisición en relación con ciertos puntos de referencia predefinidos.

2727 **Ventajas** Entre las ventajas que presenta para el **comprador** una fórmula de *earn-out*, se pueden destacar como más importantes las siguientes:
• Garantiza la permanencia temporal del **equipo directivo** anterior a la venta durante la etapa de transición accionarial, motivados económicamente con unos objetivos definidos capaces de recoger el valor oculto o potencial de la sociedad.
• Reduce la **diferencia** entre el **valor intrínseco** de la sociedad adquirida otorgado por el comprador y el **valor otorgado** por el vendedor.
• Protege al comprador de **sorpresas inesperadas** en relación con el precio a pagar por la sociedad adquirida, ya que todo queda estipulado previamente en el contrato y el precio final depende del cumplimiento de una serie de condiciones pactadas.
• Actúa como mecanismo adicional de garantía ante potenciales **contingencias, ajustes y/o otros incumplimientos** contractuales del vendedor que pudieran derivar en un importe a pagar al comprador.
• Al ser una fórmula que difiere parte de los pagos asociados a la transacción, le permite al comprador una **financiación** más cómoda de la adquisición de la sociedad, de forma que parte del pago a realizar puede ser materializado a través de los propios flujos de caja generados por la sociedad adquirida. Por ello, es una técnica bastante utilizada por aquellos inversores que pretenden optimizar sus fondos en diferentes operaciones o simplemente no tienen una disponibilidad inmediata de fondos.

2728 **Limitaciones** Entre las limitaciones fundamentales de los *earn-outs* destacan:
• Funcionan mejor generalmente cuando el negocio opera según lo previsto en el momento de la transacción, y no en base a cambios en respuesta a problemas futuros.
• La complejidad en la definición de las fórmulas de *earn-out* puede resultar un obstáculo a la hora de su utilización, especialmente en la definición de los **objetivos numéricos**. Es importante que las partes acuerden objetivos simples fáciles de medir.
• Los **factores externos** también pueden afectar a la capacidad de la empresa para alcanzar los objetivos establecidos.

2729 **Sectores** Analizando la utilización del *earn-out* en función del sector de actividad, resulta concluyente que los sectores donde más se ha utilizado este mecanismo son los sectores de energía, servicios y bienes de equipo.
Las transacciones en el sector de energía están sujetas a fuertes condiciones regulatorias (por ejemplo, subvención a energías renovables, marcos tarifarios, etc.) que pueden hacer variar notablemente el valor de la sociedad.
Asimismo, las sociedades compradas en el sector **servicios** tienen una gran dependencia del capital humano, lo que justifica el intentar condicionar una parte del pago a la consecución de objetivos.
Por el contrario, encontramos un menor uso de los *earn-outs* en sectores maduros con marcas fuertemente arraigadas en el mercado como son las transacciones en el **sector financiero o** en el de la **alimentación**. Además, en estos negocios el *know-how* no reside en las personas, sino que reside en los procesos productivos y de comercialización, lo que reduce la exposición de su valor a fenómenos de desempeño en el mercado.

2730 **Cálculo** La parte variable del precio referenciada al *earn-out* se determina por aplicación de una fórmula matemática cuyas incógnitas se van despejando con el transcurso de los ejercicios económicos acordados.
En la práctica, las partes dan instrucciones a un **tercero** independiente sobre cómo calcular la cifra de referencia para el precio variable. Dado el conflicto práctico en que tal situación puede desembocar, no es de extrañar que algunos de estos casos acaben en los tribunales por desacuerdo entre las partes.

2731 **Contabilización** En relación con la contabilización de la compra, el *earn-out* debe incluirse como parte del precio total a pagar por la sociedad adquirida, siendo una parte contingente del mismo y que depende del logro de unos objetivos concretos por parte de la compañía.
Por tanto, al ser parte del precio total de compra, el *earn-out* se ha de incluir al determinar la cuantía del **fondo de comercio** generado en la transacción.

3. Primas y descuentos

2735 En la comunidad financiera resulta frecuente observar el pago de primas considerables en la compra-venta de empresas.
De hecho, un 85% de las **operaciones de compra-venta** de **compañías cotizadas** se llevaron a cabo con una prima en el precio de compra, con respecto al precio de cotización de sus acciones en el

mercado (Shannon Pratt, *Valuing a Business* (Pratt, S.P. (2007). *Valuing A Business The Analysis And Appraisal Of Closely Held Companies* (5ª edición). Mc Graw Hill -traducción del inglés- Pp. 386).
El **propósito** de la prima o descuento es aplicar un ajuste sobre un valor base (Shannon Pratt, *Business Valuations Discounts and Premiums* (Pratt, S.P. (2009). *Business Valuation Discounts and Premiums* (2ª edición). Wiley -traducción del inglés- Pp. 2).
Dicho **ajuste debe reflejar** las características del activo sujeto a valoración. Después de que todos los descuentos y primas hayan sido aplicados, a menudo suele ser recomendable, a modo de contraste, calcular el tipo esperado de **rentabilidad** sobre el valor final, para aseverar si dicho valor parece razonable.

Tipos Los descuentos y las primas suelen clasificarse en dos categorías, según afecten a: 2737
a) Todos los accionistas, es decir, aquellos que afectan el **valor** de la **compañía** en su conjunto; por ejemplo, cuestiones medio ambientales o dependencia sobre un directivo clave.
b) Uno o un **grupo** determinado de **accionistas**, como intereses minoritarios o carencia de derechos de voto. Cabría una actualización «negativa» de los paquetes minoritarios cuando el adquirente se coloca en una posición alejada de la gestión y control de la sociedad, o «positiva» si permite hacerse con ella (TS 2-1-12). Esta tipología de primas/descuentos se aplica con posterioridad a los del nivel de entidad.
A menudo los descuentos/primas son aplicados individualmente al final del ejercicio de valoración. Normalmente se especifican como un **porcentaje** del valor estimado sin primas/descuentos, pero también se encuentran como una cantidad fija en unidades monetarias.
Cabe destacar que, si bien los ajustes derivados de las primas/descuentos se pueden aplicar directamente sobre el valor producto del ejercicio de valoración, adicionalmente existe la posibilidad de llevar a cabo sensibilidades sobre la tasa de descuento o los múltiplos de compañía cotizadas utilizados en el ejercicio de valoración.

III. Mecanismos de determinación del precio

2740

A. **Procedimientos** 2745
B. **Objetivo de la valoración** 2755
C. **Enfoques y métodos de valoración** 2760
  1. Valor del dinero en el tiempo 2762
  2. Enfoques de valoración 2780
  3. Métodos de valoración de empresas 2790
D. **Valoración por sectores** 2840
  1. Energía 2842
  2. Servicios financieros 2850
  3. Distribución 2855
  4. Telecomunicaciones 2860
  5. Automoción 2865
E. **Informe de valoración** 2870

A. Procedimientos

Los mercados organizados ofrecen una referencia del precio a través de la **cotización** de la acción. 2745
En mercados no organizados es donde cobra especial importancia los procesos de **negociación y subasta**, al no haber precios de cotización que sirvan de referencia para la compra-venta de acciones o participaciones.

Negociación La negociación *one-to-one* (uno a uno) se realiza con el candidato que se considera más probable para la transacción. 2746
La ventaja de esta forma de negociación es que se hace con un **único comprador**, por lo que se consigue una elevada confidencialidad y agilidad en el proceso.
Sin embargo, se descartan otros posibles candidatos que podrían pagar más por la compañía.

2747 **Subasta** Otro tipo de proceso de venta es el de subasta, pudiendo diferenciar dos **modalidades** en función del número de potenciales compradores a los que va dirigida.

2748 **Restringida** Cuando la aproximación se realiza a un número reducido de potenciales **compradores**. La ventaja de este proceso es que permite dar rapidez a la operación, pero existe el riesgo de que no exista ninguna oferta al ser un número tan reducido de candidatos.

2749 **Amplia** Cuando la aproximación es a un número amplio de candidatos. La ventaja de este proceso es que se crea un entorno muy **competitivo** entre los candidatos, siendo su mayor inconveniente que los plazos se pueden alargar y que hay más riesgos de falta de confidencialidad.

2750 **Otros tipos** El tipo de subasta también se puede diferenciar en función del **precio**. Teniendo en cuenta el trabajo de Vickrey (1961) se han considerado principalmente cuatro tipos de subastas:
a) **Ascendente** o inglesa. Se trata del tipo de subasta más comúnmente utilizada. El precio va aumentando gracias a las ofertas de distintos compradores potenciales, hasta que queda en un único comprador, que es el que se adjudica el bien al último precio ofertado.
b) Holandesa o subasta **descendente**. Se trata de un tipo de subasta cuyo funcionamiento es el inverso al tipo de subasta inglesa, es decir el precio va disminuyendo, a partir de un precio elevado, hasta que un comprador acepta una oferta.
c) **Con sobre cerrado al primer precio**. Los potenciales compradores proponen una única oferta en un sobre cerrado, por lo que desconocen las ofertas de los demás. El activo o sociedad, se adjudica al mejor postor y el precio coincide con la mejor oferta.
d) Con sobre cerrado **al segundo precio**. Esta subasta es igual a la anterior, pero con la diferencia que el precio a pagar no es la del ganador, sino que es la segunda oferta más alta presentada.

B. Objetivo de la valoración

2755 El objetivo de una valoración es determinar el intervalo de valores razonables en el que se puede encontrar un negocio.
Dado que la valoración puede verse afectada por pequeñas variaciones en variables clave que han sido estimadas, es conveniente dar un rango de valores y no una valoración puntual.
La valoración es una **opinión**, y hay varios elementos que influyen en la misma y pueden condicionarla. Entre dichos factores se pueden destacar los siguientes:
Objeto. La valoración puede ser de una empresa, de un negocio o de un conjunto de activos Puede adquirirse la totalidad de los mismos o un porcentaje inferior.

2756 **Fin**. Las valoraciones pueden tener distintos usos, pudiendo ir desde el ámbito transaccional (operaciones corporativas, análisis de inversiones), hasta la búsqueda de financiación, motivos fiscales, de auditoría, litigiosos, de gestión interna o regulatorios (por ejemplo, RM, CNMV Banco de España, etc.).
Métodos. Existen distintos enfoques y métodos de valoración de acciones y participaciones.
Valorador. Todas las valoraciones son subjetivas, tienen un componente de juicio.
Momento. En función del momento económico y las perspectivas el mercado, las variables claves estimadas pueden variar.
Información. La información disponible y su calidad condiciona el ejercicio de valoración.
La valoración debe anticipar una posible operación, y es fundamental en toda negociación, en tanto que sirve por un lado para entender el rango de valor intrínseco de la empresa objeto de valoración y, por otro, para negociar mejor.

C. Enfoques y métodos de valoración

2760

1. **Valor del dinero en el tiempo** 2762
2. **Enfoques de valoración** 2780
   a. Enfoque de mercado 2782
   b. Enfoque de ingresos 2785
   c. Enfoque de costes 2787
3. **Métodos de valoración de empresas** 2790
   a. Métodos de balance 2792
   b. Métodos de múltiplos 2800
   c. Métodos de descuento de flujos de caja 2810
   d. Métodos de creación de valor 2817
   e. Método de opciones 2825
   f. Valoración por suma de partes 2830
   g. Tabla resumen de métodos de valoración 2832
   h. Ejemplo de valoración de empresa 2835

1. Valor del dinero en el tiempo

Las personas tienen una tendencia innata a reconocer un **mayor valor** al dinero presente que al futuro (Ogier, Rugman y Spicer (Ogier, T., Rugman, J., Spicer, L. (2004). *The Real Cost of Capital*. Prentice Hall - Financial Times. Pp. 9-10 -traducción del inglés-). 2762

Hay tres factores que ayudan a comprender este fenómeno:
- la renuncia al consumo presente;
- las expectativas de inflación y de tipos de interés; y
- el riesgo.

Renuncia al consumo presente Los economistas se refieren a este fenómeno como **tasa de preferencia temporal**, entendida esta como la tasa a la cual el inversor está dispuesto a sustituir el consumo en un periodo determinado por el consumo en un periodo posterior, o lo que es lo mismo, la cantidad adicional que el inversor requerirá en un periodo posterior como compensación por invertir el dinero y no gastarlo. 2763

Expectativas de inflación y tipos de interés También influyen en la teoría del valor del dinero en el tiempo las expectativas que las personas tienen de la inflación y de los tipos de interés, controlados por el mercado y por los Bancos Centrales. 2764

Por ejemplo, si los tipos de interés se incrementan, los depósitos ofrecen una remuneración mayor y, por tanto, se incentiva el ahorro frente al consumo presente.

Riesgo Se describe otro factor decisivo en la teoría del **valor del dinero** en el tiempo: el riesgo (Ogier, Rugman y Spicer (Ogier, T., Rugman, J., Spicer, L. (2004). *The Real Cost of Capital*. Prentice Hall - Financial Times. Pp. 10-11 -traducción del inglés-). 2765

En general las personas desean evitar el riesgo; tienen **aversión** al riesgo.

Si se les ofrece una cantidad particular de ingresos con **certidumbre** y la misma cantidad, pero sometida a incertidumbre, la mayoría preferiría la primera opción.

Las implicaciones de la aversión al riesgo en lo que respecta al **coste del capital** o coste medio ponderado del capital son claras.

El capital, entendido como los recursos financieros o fondos que un negocio, un individuo o un gobierno necesita para su operativa habitual o llevar a cabo un proyecto, se compromete en un periodo con la expectativa de recibir un **retorno** en un periodo o periodos posteriores.

La inversión se realiza con certidumbre; la inversión (el capital) se compromete. Sin embargo, en la mayor parte de los casos, el retorno futuro esperado es incierto. Una persona con aversión al riesgo requiere un retorno más alto en el futuro como compensación por la aceptación del riesgo.

Coste medio ponderado del capital El coste medio ponderado del capital -*Weighted Average Cost of Capital*, o (**WACC**)- es el **método** generalmente aceptado por los expertos en valoración para determinar el coste de capital, al tener en cuenta la rentabilidad exigida por todos los aportantes de fondos: accionistas, entidades financieras, obligacionistas, tenedores de pagarés de empresa, etc. 2766

Este método tiene en cuenta de forma ponderada la **rentabilidad** exigida por todos los aportantes de recursos, se calcula después de impuestos y refleja el riesgo de negocio y la estructura del capital de la compañía.

2767 Los **factores** considerados en la WACC son los siguientes:

WACC = % Equity × Coste de los Recursos Propios + % Deuda × Coste Deuda neta de impuestos

Donde:
- **% *Equity***: Porcentaje de recursos propios remunerados sobre recursos totales remunerados = E / (D+E).
- **% Deuda**: Porcentaje de recursos ajenos sobre recursos totales remunerados = D / (D+E).

2768 La **fórmula** de la **WACC** es la siguiente:

$$WACC = Ke \times \frac{E}{D + E} + Kd \times (1 - t) \times \frac{D}{D + E}$$

Donde:
E: Valor de mercado de las acciones (*Equity*).
D: Valor de mercado de la Deuda.
t: Tipo impositivo.
Ke: Coste de los Recursos Propios (*Cost of equity*).
Kd: Coste de la deuda antes de impuestos (*Cost of debt*).

2769 **Coste de los Recursos Propios (Ke)** Se define el Ke como la **rentabilidad** exigida por los accionistas de la compañía a los recursos invertidos en ella. De manera intuitiva, el coste de los recursos propios debe ser superior a una tasa de interés correspondiente a la inversión sin riesgo y debe tener en cuenta el riesgo específico de la empresa.

El método más utilizado de estimar el Ke se basa fundamentalmente en la fórmula del **CAPM** (*Capital Asset Pricing Model*):

$$Ke = Rf + \beta \times (MRP) + \alpha$$

Donde:
Rf: Tasa de interés sin riesgo (*Risk-free rate*).
MRP: Prima de riesgo de mercado (*Market Risk Premium*).
ß: Coeficiente beta.
α: Coeficiente alfa.

Precisiones Existe otra metodología para estimar el coste de los recursos propios, denominado CAPM ajustado. Dicha metodología fue desarrollada por los profesores Eugene Fama (Premio Nobel 2013) y Kenneth French en 1992.

Como resultado de su estudio, Fama y French identificaron que la rentabilidad de los instrumentos financieros está relacionada inversamente con el tamaño de una sociedad, medido mediante su capitalización bursátil y con la *ratio Price to Book Value*. Ambas relaciones explican la rentabilidad financiera de los instrumentos financieros mejor que la propia beta.

Los tres factores del modelo de Fama y French están representados por la siguiente fórmula:

$$E(R_i) - R_i = \beta_m RP_m + \beta_s RP_s + \beta_v RP_v$$

Donde:
$E(R_i)$: Rentabilidad esperada de un activo financiero
R_i: Rentabilidad de un activo libre de riesgo
β_m: Coeficiente de Mercado en la regresión de Fama y French
RP_m: Prima de Mercado esperada
β_s: Coeficiente *SMB* (*Smal - Minus - Big*) en la regresión de Fama y French. *SMB* representa la rentabilidad media mensual de las tres carteras de empresas de pequeña capitalización bursátil menos la rentabilidad media de las tres carteras de empresas de gran capitalización bursátil
RP_s: Prima de *SMB* esperada, estimada como la diferencia entre la rentabilidad histórica media anual en carteras de empresas de pequeña capitalización bursátil y las de empresas de gran capitalización bursátil.
β_v: Coeficiente *HML* (*High - Minus - Low*) en la regresión de Fama y French. *HML* representa la media de las rentabilidades en las dos carteras de empresas con una mayor ratio *Price to Book Value* y la media de las rentabilidades en las dos carteras de empresas con la menor ratio *Price to Book Value*
RP_v: Prima de *HML* esperada, estimada como la diferencia entre la rentabilidad histórica media anual en carteras de empresas con la mayor ratio *Price to Book Value* y las de empresas de menor ratio

A continuación, describimos cada uno de los parámetros de la fórmula del CAPM descrita anteriormente: **2770**

Tasa de interés libre de riesgo (Rf). Un activo libre de riesgo es aquel en el que no se produce diferencia alguna entre el rendimiento esperado y el realmente obtenido. Entre las condiciones que debe cumplir un activo para ser considerado como libre de riesgo, destacan la ausencia de riesgo de **insolvencia** del emisor de dicho activo y la ausencia de incertidumbre en relación con los **flujos esperados** del activo. Los activos más comúnmente utilizados como activos libres de riesgo son títulos de **deuda pública**, en concreto la opción más habitual es utilizar la rentabilidad de los bonos soberanos de un país en cuestión con un vencimiento a 10 años.

Prima de Riesgo de Mercado (MRP). Los inversores requieren una prima adicional (prima de riesgo del mercado) sobre la rentabilidad de los títulos de deuda pública como contraprestación por el riesgo adicional en el que incurren. La Prima de Riesgo de Mercado se determina como la diferencia entre la **tasa de retorno** esperado entre una cartera diversificada **y** la **tasa libre de riesgo**.

Coeficiente beta (ß). El parámetro ß indica la sensibilidad de la rentabilidad de una acción respecto a **movimientos del mercado**. Representa el riesgo que no puede eliminarse con la diversificación, al ser derivado de circunstancias propias del conjunto de la economía y que en general, afecta a todos los negocios. **2771**

Su **cálculo** suele efectuarse mediante la covarianza entre la rentabilidad de la acción y la rentabilidad de mercado:

$$ß_i = \frac{[\text{cov}\,(R_i, R_m)]}{\delta^2 m}$$

Donde:

$ß_i$: Es la sensibilidad del activo al riesgo no diversificable (conocido también como riesgo de mercado o riesgo sistémico).

R_i: Es la tasa de rentabilidad de la empresa.

R_m: Es la tasa de rentabilidad del mercado.

cov (R_i, R_m): Mide la relación existente entre ambas rentabilidades.

$\delta^2 m$: Mide la dispersión de la rentabilidad del mercado con respecto a su valor medio.

ß	Variación	Riesgo
ß > 1	La variación experimentada por el rendimiento del título ha sido superior a la experimentada por el mercado.	El riesgo de la compañía es superior al riesgo medio del mercado.
ß = 1	La variación experimentada por el rendimiento del título ha sido similar a la experimentada por el mercado.	El riesgo de la compañía es similar al riesgo medio del mercado.
ß < 1	La variación experimentada por el rendimiento del título ha sido inferior a la experimentada por el mercado.	El riesgo de la compañía es inferior al riesgo medio del mercado.
ß = -1	La variación experimentada por el rendimiento del título ha tenido un movimiento inverso al experimentado por el mercado.	El riesgo de la compañía presenta un sentido inverso al del mercado.

En el siguiente cuadro resumimos de forma ilustrativa el **comportamiento** de las betas de **tres compañías** respecto al movimiento del mercado: **2772**

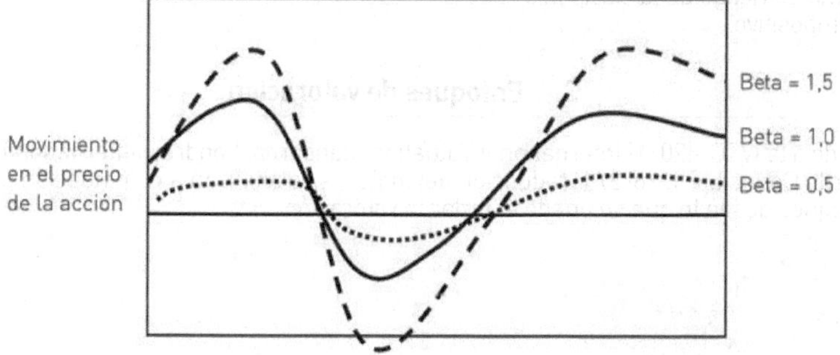

Fuente: Elaboración propia.

2773 En el caso de las **compañías no cotizadas**, la estimación de la ß se realizará mediante el análisis de la ß desapalancada [(ß)*d*] de compañías cotizadas similares:

$$\beta d = \frac{\beta a}{1 + \left[\frac{D}{E} \times (1 - t)\right]}$$

Siendo:
ß*a*: Beta apalancada
ß*d*: Beta desapalancada
D: Valor de mercado de la Deuda
E: Valor de mercado de las Acciones
t: Tipo impositivo

2774 Una vez obtenida dicha ß*d* se calcula la ß*a* de la compañía a valorar de acuerdo con su nivel de endeudamiento de la forma siguiente:

$$\beta a = \beta d \times \left[1 + \left(\frac{D}{E}\right) \times (1 - t) \right]$$

Siendo:
D: Endeudamiento de la compañía a valores de mercado.
E: Valor de mercado de las Acciones (*Equity*).
t: Tipo impositivo.

2775 **Coeficiente alfa (α)**. En general, gran número de expertos en valoración reconocen la existencia de un factor de riesgo adicional en el caso de las compañías pequeñas (efecto tamaño) y/o no cotizadas.
Este riesgo adicional suele añadirse al coste de capital agregando un porcentaje adicional (riesgo específico).

Ejemplo La ß estimada para la sociedad XYZ, S.A. a 31-12-2023 fue 1,10. A esa misma fecha, el rendimiento de los bonos a largo plazo emitidos por el gobierno español se situaba en el 5,24%. La prima de riesgo de mercado era del 5,50% y el factor α es del 2,00%, para reflejar una prima por pequeño tamaño (un mayor riesgo).
Con esta información estimamos el coste de los recursos propios (Ke):
$Ke = Rf + \beta \times (MRP) + \alpha$
$Ke = 0{,}0524 + 1{,}10 \times 0{,}055 + 0{,}02 = 0{,}1329$
Por lo tanto, Ke = 13,29%

2776 **Coste de los Recursos Ajenos (Kd)** Se define K*d* como la rentabilidad exigida por los **proveedores** de recursos ajenos de la sociedad.
Su cálculo se establece como el **tipo de interés** de la deuda después de impuestos.
Entre las principales variables que influyen en su determinación destacan: los tipos de interés de los mercados interbancarios, la prima de insolvencia de la compañía (*spread*) y el tipo impositivo de la sociedad.
El K*d* se determina mediante la siguiente fórmula:

$$Kd = (Ki + Dif.) \times (1 - t)$$

Siendo:
K*i*: Tipo de interés de referencia del mercado.
Dif: Prima de riesgo de la compañía.
t: Tipo impositivo.

2. Enfoques de valoración

2780 Siguiendo a la IVSC -(2011) International Valuation Standards. Londres: International Valuation Standards Council. Pp. 26-27 (Traducción del inglés)-, se analizan a continuación los diferentes enfoques desde lo que se puede abordar la valoración.

a. Enfoque de mercado

El enfoque de mercado proporciona una indicación de valor mediante la comparación de la sociedad sujeta a valoración con empresas de características similares. 2782

En este enfoque, el primer paso es considerar los precios pagados en transacciones de **empresas comparables** que hayan ocurrido recientemente en el mercado.

Si se han dado pocas transacciones en el mercado recientemente, se pueden considerar empresas comparables cuyas acciones cotizan en un mercado abierto, teniendo en cuenta que la información esté disponible y sea críticamente analizada.

Puede ser necesario ajustar la información sobre el precio con respecto a otras transacciones, para reflejar cualquier diferencia en los términos de la transacción sujeta a valoración y cualquier hipótesis adoptada en la valoración. Puede haber diferencias en las características legales, económicas, físicas de las empresas objeto de transacciones.

b. Enfoque de ingresos

El enfoque de ingresos proporciona una indicación de valor mediante la conversión de futuros **flujos de caja** en un único valor presente. 2785

Este enfoque considera los ingresos que una empresa genera a lo largo de su vida útil e indica el valor a través del proceso de **capitalización**.

La capitalización consiste en la conversión de ingresos en una suma de capital presente, mediante la aplicación de una tasa de descuento adecuada.

El flujo de ingresos puede estar determinado por uno o más contratos, o ser no contractual, como por ejemplo en el caso de beneficios que se esperan generar por la empresa en el futuro.

c. Enfoque de costes

El enfoque de costes proporciona una indicación de valor exclusivamente para **activos** utilizando el principio económico de que un comprador no paga más por un activo de lo que cuesta obtener dicho activo o un activo similar, tanto mediante compra como mediante construcción. 2787

A menudo, el activo sujeto a valoración, es menos atractivo que el que puede comprarse o construido debido a factores tales como la obsolescencia y la antigüedad. Cuando este sea el caso, se pueden necesitar **ajustes** en el coste del activo.

3. Métodos de valoración de empresas

A continuación, se hace una descripción de los principales métodos de valoración comprendidos en las siguientes categorías: 2790
- métodos de balance;
- de múltiplos;
- de descuentos de flujos de caja;
- de creación de valor; y
- de opciones.

En nº 2832 se incluye una tabla resumen de los métodos de valoración de empresas.

a. Métodos de balance

Se exponen a continuación los diferentes métodos de balance. 2792

Valor contable También llamado valor en libros, es el resultado de considerar los **fondos propios** del balance de la empresa (capital y reservas), siendo también la diferencia entre el activo y el pasivo, o la diferencia entre los derechos y las obligaciones de la empresa. 2793

El valor contable presenta el problema de que es un método estático en el tiempo.

Además, los criterios contables se encuentran sujetos a **subjetividad** y a distintos criterios de mercado, de modo que el valor contable casi nunca coincide con el valor de mercado.

Valor contable ajustado Es similar al método del valor contable, si bien ajusta los activos y pasivos a su **valor de mercado** para obtener el patrimonio neto ajustado. 2794

Valor de liquidación Es el resultado de restar al patrimonio neto ajustado de la empresa, los gastos derivados de la liquidación, como por ejemplo **indemnizaciones o gastos fiscales**. Se trata del valor **mínimo** de una compañía. 2795

2796 **Valor sustancial** Es el resultado de hacer frente al coste de **reemplazar** todos los **activos** de la empresa para constituir una nueva de idénticas condiciones.
Normalmente, se evitan aquellos activos no ligados a la explotación.
Encontramos las siguientes **clases** de valor sustancial:
- el valor sustancial bruto, que recoge el valor del activo a precio de mercado;
- el neto o activo neto corregido, que es el valor sustancial bruto menos el pasivo exigible, obteniéndose el patrimonio neto ajustado; y
- el bruto reducido; es el valor sustancial bruto menos la deuda sin coste.

b. Métodos de múltiplos

2800 Se exponen a continuación los diferentes métodos de múltiplos.

2801 **Valor de los beneficios** El valor de las acciones se obtiene multiplicando el beneficio neto anual por el **PER** (*price to earnings ratio*).
El PER se define como el cociente entre el precio de cotización de la empresa en bolsa y el beneficio neto de esta.
En ocasiones se utiliza el PER relativo, que es el PER de la empresa dividido entre el PER del país.

Valor de las acciones (*Equity Value*) = PER × Beneficio

2802 **Valor de los dividendos** Parte de la idea de que el valor de una acción es el valor de los dividendos que se espera obtener de ella.
Se obtiene descontando los flujos derivados de los dividendos producidos por la empresa a su valor actual.
- En el caso de esperar **dividendos constantes** a perpetuidad:

Equity Value = DPA / Ke

- En caso de **crecimiento indefinido** del dividendo a un ritmo anual constante:

Equity Value = DPA *1* / (Ke - g)

Siendo:
DPA: Dividendos por acción.
DPA *1*: Dividendos por acción del año próximo
Ke: Rentabilidad exigida a las acciones.
g: Tasa de crecimiento a perpetuidad.

2803 **Múltiplo de las ventas** El múltiplo de ventas se obtiene dividiendo el valor del negocio entre las ventas de la empresa.

Valor de negocio (*Enterprise Value*) = Ventas de la empresa × Múltiplo de ventas

2804 **Múltiplo EBITDA** Es el resultado de dividir el valor del negocio entre el beneficio antes de impuestos, intereses y amortizaciones.

Valor del negocio (*Enterprise Value*) = EBITDA × Múltiplo EBITDA

2805 **Otros múltiplos** Se pueden aplicar tantos métodos de múltiplos como múltiplos tengamos que relacionen el *enterprise value*, como por ejemplo:
- el múltiplo EBIT (*Enterprise value* / EBIT);
- el múltiplo MW instalado en el caso de las empresas eléctricas (*Enterprise Value* / MW instalado en generación); o
- el múltiplo EBITDAR (Beneficio antes de interés, impuestos, depreciaciones, amortizaciones y costes de arrendamientos), para la valoración de líneas aéreas (*Enterprise value* / EBITDAR).

c. Métodos de descuento de flujos de caja

2810 Estos métodos se basan en determinar el valor de la empresa mediante la estimación de los **flujos de dinero** que va a generar en el futuro, con el fin de descontarlos a una tasa apropiada al riesgo de estos.
Se trata del método más extendido en la comunidad de negocios, pues considera a la empresa como un ente capaz de generar efectivo.

Si bien la metodología de descuento es la misma, tanto el tipo de flujo de caja como la tasa de descuento que se utilice dependen del objeto que se valore. En la mayoría de los casos, el flujo de caja empleado es el **flujo de caja libre** o *free cash flow* (FCF) **y** la tasa de descuento más utilizada es la **WACC**.

Flujo de caja	Tasa de descuento apropiada
CFF. Flujo de caja libre (free cash flow)	**WACC.**Coste medio ponderado del capital (propio y ajeno)
Cfac. Flujo de caja disponible para los accionistas	**Ke.**Rentabilidad exigida a las acciones
CFd. Flujo de caja disponible para la deuda	**Kd.**Rentabilidad exigia a la deuda
CCF. Capital cash flow	**WACC antes de impuestos**

«Free cash flow» (FCF) El flujo de caja libre es el flujo de **fondos operativos**, es decir, el flujo generado por la actividad propia del negocio de la empresa en cuestión, después de impuestos y sin tener en cuenta el endeudamiento financiero. **2811**

FCF =
Beneficio antes de intereses e impuestos (EBIT)
Impuestos sobre el EBIT
+ Amortización
Incremento en Capex (activos fijos)
Incremento de Necesidades Operativas de Financiación (NOF)

El **descuento** de los flujos de caja libre, descontados a la WACC, se realiza de la siguiente forma:

$$\text{Valor del negocio} = \frac{CF}{1 + K} + \frac{CF2}{(1 + [K])^2} + \frac{CF3}{(1 + [K])^3} + \frac{CFn + VRn}{(1 + [K])^n}$$

Siendo:
CF*n*: Flujo de fondos generado por la empresa en el periodo n
VR*n*: Valor residual de la empresa en el año n
K: Tasa de descuento apropiada para el riesgo de los flujos de fondos
El factor K, es la tasa de descuento WACC, sobre la que hemos hablado en capítulos anteriores.

«Cash flow» disponible para las acciones (CFac) Es el resultado de restar al flujo de fondos libre los pagos de principal e intereses (después de impuestos) que se llevan a cabo en cada ejercicio a los proveedores de **deuda financiera**, y sumar las aportaciones de nueva deuda. **2812**

CFac =
Flujo de caja libre (FCF)
Intereses pagados × (1 - t)
Pagos del principal
+ Nueva deuda

«Capital cash flow» (CCF) Es el resultado de sumar el flujo de fondos para los **acreedores** de deuda (CFd) más el flujo de fondos disponible para las acciones. **2813**

CCF = CFac + CFd =
CFac
+ Intereses
+ Devolución del principal

«Adjusted present value» (APV) Es el resultado de considerar la existencia de un **ahorro fiscal** para la firma proveniente de los intereses que la deuda genera en la empresa. **2814**

Supone considerar que el valor de la empresa apalancada es igual al valor de la empresa sin deuda más el valor actual del ahorro de impuestos debido al pago de intereses menos el valor actual de los **costes** de **apalancamiento**.

$$\textit{Enterprise value} = E + D = Vu + VTS = FCF / Ku + VTS$$

Siendo:
V*u*: Valor de los recursos propios de la empresa sin apalancar
VTS: Valor actual neto del ahorro de impuestos por pago de intereses (también llamado *tax shield*).

2815 La **tasa de descuento** *Ku* se calcula de la siguiente manera:

$$Ku = Rf + \beta u\, Pm$$

Siendo:
Ku: Coste del *equity* de la empresa sin apalancar
ßu: Beta de los recursos propios de la empresa sin apalancar
El apalancamiento en el marco de valoración equivale al endeudamiento, por lo que el valor de la empresa desapalancada supone el valor que tendría la empresa si no tuviese deuda.

d. Métodos de creación de valor

2817 Se exponen a continuación los diferentes métodos de creación de valor.

2818 **«Economic Value Added» (EVA)** Según la definición de *Stern & Stewart & Co.*, es el beneficio antes de intereses e impuestos menos el valor contable de la empresa multiplicado por el coste promedio de los recursos.

2819 **Beneficio económico** Según la definición de *Marakon Associates*, es el beneficio contable menos el valor contable de las acciones, multiplicado por la rentabilidad exigida a las acciones.

2820 **«Cash Value Added» (CVA)** Según *The Boston Consulting Group*, es el beneficio antes de intereses más la amortización menos la amortización económica menos el coste de los recursos utilizados.

2821 **«Cash Flow Return On Investment» (CFROI)** Según *The Boston Consulting Group*, es la rentabilidad interna de la inversión sin tener en cuenta la inflación.

e. Método de opciones

2825 El método de valoración de opciones reales -recomendable para la valoración de empresas del **sector farmaceutico**- es aquel que aplica la metodología de las opciones financieras a la gestión de activos reales, esto es, a la valoración de inversiones productivas o empresariales.
Se basa en la posibilidad de formar una cartera con la misma rentabilidad que una **opción financiera**, por lo que si no se pueden replicar las opciones reales, no resulta aconsejable utilizar las fórmulas de opciones reales.
El término opción **real** hace alusión a empresas o proyectos que van a proporcionar algún tipo de flujo de caja en el futuro (p.e., opciones de explotar concesiones mineras/petrolíferas en función de los precios de la materia prima, opciones de aplazar la inversión, opciones de ampliar o abandonar negocios, el diseño de un nuevo producto, etc.).

Precisiones Aunque el método de descuento de flujos de fondos, por sí solo, es el más comúnmente aceptado, el método de opciones reales en conjunción con el anterior es útil en el contexto de inversiones con un alto grado de **incertidumbre y** un margen significativo de **flexibilidad**.

2826 Una opción real, por tanto, se encuentra presente en un proyecto de inversión cuando existe la posibilidad futura de actuación ante la resolución de una incertidumbre actual.
Se denominan opciones arcoíris (*rainbow options*) a aquellas opciones con más de un elemento de incertidumbre, como en el caso de la **explotación petrolífera**, que está sometida a las incertidumbres del precio, número de barriles y los costes de extracción.

Opciones contractuales	Opciones de crecimiento o aprendizaje	Opciones de flexibilidad
Concesiones petrolíferas	Ampliar	Aplazar la inversión
Concesiones mineras	I+D	Reducir el proyecto
Franquicias	Adquisiciones	Usos alternativos
	Nuevos negocios	Renegociación de contratos
	Nuevos clientes	*Outsourcing*
	Iniciativa en Internet	Abandonar
	Mayor eficiencia para aumentar barreras de entrada	Modificación de proyectos

Fórmula de Black-Scholes El derecho a comprar una acción recibe el nombre de opción de compra y es valorada a través de la fórmula desarrollada por Black y Scholes para las opciones de tipo europeo; esto es, las que solo se pueden ejercer en la **fecha de vencimiento**. 2827

La fórmula es la siguiente:

$$Call = VAN\ [MAX\ (S_t - K, 0)] = VAN\ [S_t/S_t > K]\ P\ [S_t > K] - VAN\ [K / S_t > K]\ P\ [S_t > K]$$

Siendo:
Call: Opción de compra sobre una acción
VAN: Valor Actual Neto
MAX: Máximo entre un valor y otro
K: Precio de ejercicio de la opción
t: Momento en el que se puede ejercer la opción
S_t: Precio de la acción en t.

f. Valoración por suma de partes

La valoración por suma de partes es un método útil en caso de grandes conglomerados de **diferentes negocios**. 2830

En sectores donde es común la existencia de conglomerados con intereses en distintos negocios, los analistas utilizan como principal metodología la suma de partes, ya que permite la **valoración de cada negocio** de manera independiente, aplicando el criterio más adecuado.

g. Tabla resumen de métodos de valoración

2832

Balance	Múltiplos	Descuentos de flujos	Creación de valor	Opciones
Valor contable	Beneficios PER	*Free cash flow*	EVA	Black y Scholes
Valor contable ajustado	Múltiplo Ventas	*Cash flow* acciones	Beneficio económico	Opción de invertir
Valor de liquidación	Múltiplo EBITDA	Dividendos	*Cash Value Added*	Ampliar el proyecto
Valor sustancial	Otros múltiplos	*Capital cash flow*	CFROI	Aplazar la inversión
		APV		Usos alternativos

h. Ejemplo de valoración de empresa

2835 La dirección de la sociedad XYZ, S.A., cuya actividad se enmarca en el sector de las **telecomunicaciones**, ha tomado la decisión de vender el negocio a un tercero.
La sociedad no cotiza en bolsa y la dirección ha solicitado a un valorador que proponga un rango de valor del negocio (*Enterprise Value, EV*) y de las acciones (*Equity Value, EqV*) a 31-12-2023.
Para ello ha elaborado la siguiente **cuenta de resultados proyectada**:

	Presupuesto	Proyectado	Proyectado	Proyectado	Proyectado
Datos en miles de €	**2024 e**	**2025 e**	**2026 e**	**2027 e**	**2028 e**
Ingresos operativos	803.947	825.151	850.240	870.961	891.866
Coste de Ventas	257.263	264.048	272.077	278.708	285.397
Margen Bruto	546.684	561.103	578.163	592.254	606.469
% margen sobre ingresos	*68,0%*	*68,0%*	*68,0%*	*68,0%*	*68,0%*
% crecimiento	*10,3%*	*2,6%*	*3,0%*	*2,4%*	*2,4%*
Otros costes operativos	294.062	302.592	311.704	320.576	329.671
EBITDA	252.622	258.510	266.459	271.677	276.798
% margen sobre ingresos	*31,4%*	*31,3%*	*31,3%*	*31,2%*	*31,0%*
% crecimiento	*17,3%*	*2,3%*	*3,1%*	*2,0%*	*1,9%*
Amortizaciones	34.277	44.179	54.382	56.124	57.907
EBIT	218.345	214.331	212.078	215.554	218.891
% margen sobre ingresos	*27,2%*	*26,0%*	*24,9%*	*24,7%*	*24,5%*
% crecimiento	*14,5%*	*(1,8%)*	*(1,1%)*	*1,6%*	*1,5%*
Resultado Financiero	(2.612)	(2.545)	(2.612)	(2.612)	(2.612)
Resultado antes de impuestos	215.733	211.786	209.466	212.942	216.279
% margen sobre ingresos	*26,8%*	*25,7%*	*24,6%*	*24,4%*	*24,3%*
Impuesto	64.720	63.536	62.840	63.883	64.884
Resultado después de impuestos	**151.013**	**148.251**	**146.626**	**149.059**	**151.395**
% margen sobre ingresos	*18,8%*	*18,0%*	*17,2%*	*17,1%*	*17,0%*
% crecimiento	*34,6%*	*(1,8%)*	*(1,1%)*	*1,7%*	*1,6%*

2836 Adicionalmente, la dirección ha presentado el siguiente **balance de situación** a 31-12-2023:

Datos en miles de €	**2023**
Inmovilizado Bruto	258.298
Amortización acumulada	(53.811)
Inmovilizado Neto	204.486
Clientes	60.750
Inversiones Financieras Temporales	221.018
Activo Circulante	281.768
Total Activo	**486.254**
Capital	120.089
Reservas	184.777
Pérdidas y Ganancias	112.186
Fondos Propios	417.052
Deudas a LP	13.000
Acreedores	42.802
Deuda financiera a CP	13.400
Pasivo Circulante	56.202
Total Pasivo	**486.254**

2837 El valorador decide adoptar como método de valoración en primer lugar el de **valor contable**. Dicho método tiene la desventaja de que puede llegar a infravalorar la empresa por ignorar su potencial de crecimiento. Sin embargo, es un buen método para situar a la sociedad en su rango bajo. En este sentido el EqV sería el siguiente:

Equity Value = Fondos Propios = **417.052 miles de €**
Enterprise Value = EqV + DFN = 417.052 + 194.618 = **611.220 miles de €**

En segundo lugar, el valorador decide utilizar también el método de valoración por **múltiplos de compañías comparables**, que es un método muy utilizado y especialmente útil para valorar compañías no cotizadas en bolsa como en este caso.
Sin embargo, este método tiene una serie de problemas asociados, como por ejemplo, que existen múltiplos específicos de sectores o que la información no esté disponible o no sea reciente. En cualquier caso, es un buen método de contraste si se complementa con el descuento de flujo de caja (DCF).

Por lo tanto, se encuentran las siguientes compañías comparables cotizadas y se calcula la media y la mediana del rango de valor en función de sus múltiplos: **2838**

Datos a 31 de diciembre de 2012, en miles de €

Compañía	Ventas	EBITDA	EBIT	DNF	EV	EV / Ventas	EV / EBITDA	EV / EBIT
Comp 1	736.370	132.547	110.456	810.002	1.919.319			
Comp 2	10.456.330	2.509.519	2.091.266	11.501.953	24.494.637	2,34	9,76	11,71
Comp 3	7.352.620	2.205.786	1.838.155	8.087.847	18.073.589	2,46	8,19	9,83
Comp 4	2.236.260	751.383	626.153	2.459.786	5.925.038	2,65	7,89	9,46
Comp 5	1.252.520	180.363	150.302	1.377.749	3.015.395			
Comp 6	52.420	3.145	2.621	57.592	132.829			
Media	3.681.087	963.791	803.159	4.049.155	8.926.801	2,48	8,61	10,34
Mediana	1.744.390	465.873	388.228	1.918.768	4.470.217	2,46	8,19	9,83
Compañía Caso	729.000	215.376	190.746	194.618	1.718.106	1.810.401	1.855.099	1.971.547
Máximo rango de valor (EV)						**1.931.507**	**2.102.218**	**2.234.178**
Mínimo rango de valor (EV)						**1.707.730**	**1.698.349**	**1.804.957**

Por lo que, según el método EV/EBITDA generalmente utilizado, el EV de la sociedad quedaría entre el rango: **2839**

Máximo EV: **2.102.218 miles de €**
Mínimo EV: **1.698.349 miles de €**

Los valores recogidos en este rango son significativamente altos comparados con el obtenido aplicando el método de balance. Este hecho se debe, a que se han considerado comparables cotizadas que tienen un tamaño mayor al de XYZ, S.A.
Por ello, el valorador recurre finalmente al método de **descuento de flujos de caja** (DCF), cuyas principales ventajas son que al estar basado en los flujos de caja generados por los activos no está expuesto a las percepciones del mercado además de que generalmente no se compran acciones, se compran negocios (como en este caso) y el DCF es el camino correcto para analizar su valor. El mayor inconveniente es que puesto que es necesario comprender el valor intrínseco de los activos, requiere más *inputs* que otros modelos. Los *inputs* son difíciles de calcular y pueden ser manipulados. Adicionalmente, se deberá usar cuando los flujos sean positivos, puedan ser estimados y sea posible calcular la tasa de descuento. En este caso la tasa de descuento o WACC es del 9,5% y la g o tasa de crecimiento a perpetuidad es del 0%.
Por lo tanto, en el caso de XYZ, S.A. los valores EV y EqV que arroja el método de DCF son los siguientes:

	Datos en miles de €
Valor actual de Flujos de Caja	489.641
Valor actual del Valor Residual	1.216.465
Valor de activos no operativos	12.000
Valor de Empresa (*Enterprise Value*, EV)	**1.718.106**
Deuda Financiera Neta	194.618
Valor de las acciones (*Equity Value*)	**1.912.724**

D. Valoración por sectores

2840 El ejercicio de valoración de una empresa se debe adaptar al sector en el que opere la misma. A continuación, se describen los principales sectores de la economía española, así como los aspectos más importantes a la hora de valorar en cada contexto.

1. Energía

2842 El sector de la energía se caracteriza por ser un sector fuertemente **regulado**, un mercado maduro con unos flujos de caja estables en el que las cuentas de resultados de las compañías que participan en dicho mercado se ven influenciadas por la disposición legal que regula la tarifa del ejercicio económico.
Ante la **madurez** del negocio doméstico, determinadas empresas del sector han experimentado una diversificación ordenada y gradual de sus negocios como nueva fuente de crecimiento, como por ejemplo, inversión en negocios complementarios a su negocio tradicional (renovables, nucleares, integración del negocio del gas, etc.).
Es un sector en **expansión internacional** y con grandes movimientos corporativos con el objetivo de consolidar los diferentes suministros energéticos.

2843 **Actividades** En el negocio de energía se diferencian las siguientes cuatro actividades:
• **Generación**. Corresponde a la producción de la electricidad. Normalmente, el mix de generación es diferente en cada compañía eléctrica, sin embargo, lo que suele ser común en el sector es que la mayoría combinan un número elevado de ellas (nuclear, gas, renovables, ciclo combinado o hidráulica). Los costes de producción de la electricidad son no homogéneos, dependiendo del origen de la misma.
• **Transporte**. Conexión de los centros de generación con los distribuidores (alta tensión). Realizado por Red Eléctrica que es la encargada de gestionar el mantenimiento de la red, aseguramiento del suministro y garantizar el acceso a terceros.
• **Distribución**. La distribución de la electricidad desde los centros de transformación a los hogares (baja tensión). Dicha actividad está fuertemente ligada a la comercialización.
• Comercialización. En 2003, tuvo lugar la liberalización del Mercado Liberalizado por el que todos los clientes pueden elegir libremente el operador.

2844 La **cadena de valor** del negocio energético se detalla a continuación:

Extracción y Perforación.

Negocios locales regulados	Negocios locales no regulados
• Estabilidad de ingresos y márgenes	• Mayor volatilidad de ingresos y márgenes
• Predictibilidad	• Mayor margen de error en las estimaciones
• Mayor apalancamiento (Deuda / EBITDA 3x – 4x)	• Menos apalancamiento (Deuda / EBITDA < 2x)
• Principal riesgo: regulatorio	• Principales riesgos: commodities, volumen, precio
• Inversiones planificadas a nivel central	• Las inversiones son una decisión empresarial
• En valoración absoluta: menor Beta, menor WACC	• En valoración absoluta: mayor Beta, mayor WACC
• En valoración relativa: mayores múltiplos (EV/EBITDA 8x – 9x)	• En valoración relativa: menores múltiplos (EV/EBITDA 6x – 7x)

«Drivers» del negocio Una correcta valoración de una compañía energética parte de una adecuada comprensión de los *drivers* del sector de energía. 2845

Las cuentas de resultados de dichas compañías son una mezcla de la fortaleza de la **demanda** (vinculada al nivel de actividad económica), las tarifas (dependiendo de la regulación) y por supuesto, de la estructura de costes de cada compañía (que dependerá del mix de generación).

Los *drivers* **más relevantes** desde el punto de vista de valoración son los siguientes:

A. Ingresos:

• Volúmenes: crecimiento del PIB: Existen *a priori* una correlación positiva entre ambas magnitudes, a mayor nivel de actividad, mayor consumo de energía.

• Precios: 2846

- Regulación de tarifas. Es una de las variables más determinantes, aunque al estar ligada a decisiones políticas poco se puede hacer para tratar de anticipar su comportamiento, salvo asumir las tarifas y el entorno regulatorio establecido.
- Inflación. Es una de las referencias clave para la fijación de las tarifas.
- Tipo de cambio. Afecta a las compañías que hayan empezado un proceso de internacionalización.

B. Costes:

• Precio de las *commodities* energéticas. Gran dependencia del petróleo, carbón y gas (precio pool variable).

• Tipo de cambio. Afecta al precio de las materias primas importadas.

Ejemplo A continuación, incluimos un ejemplo de valoración por **suma de partes** de Iberdrola. El analista y la fecha escogida han sido aleatorios y solo a efectos ilustrativos, pudiendo haber variaciones en los resultados dados por otros analistas en distintas fechas: 2847

€M	IBE
Electricidad España	27.319
Generación	12.089
Distribución	15.230
Electricidad Reino Unido	9.838
Generación	4.122
Redes	5.716
Internacional	6.574
EAS	4.069
Servicios de ingeniería	1.279
Valor del negocio	**67.153**
Deuda financiera neta	-31.316
Deficit de tarifa	5.249
Provisiones y otros	-3.643
Minoritarios	-2.311
Valor de las acciones	**37.251**
Número de acciones (miles)	5.484
Valor por acción (€)	**6,79**

Fuente: Santander Global Banking & Markets, 9 de marzo de 2011.

2. Servicios financieros

2850 El sector bancario se caracteriza por ser un sector muy **cíclico y** altamente **regulado**. Adicionalmente, presenta unas peculiaridades que lo diferencian claramente de otros sectores y lo hacen difícilmente comparable con otras industrias (p.e., la cuenta de resultados con singularidades ya que no realizan ni «compras» ni «ventas»).

2851 **Actividades** Dependiendo del negocio que desarrollan las entidades financieras dedicadas a la actividad crediticia, estas se pueden clasificar en dos grandes grupos:
• **Banca tradicional o minorista**. Es el negocio mayoritario en España y cuya fuente central de ingresos procede de maximizar la rentabilidad entre el tipo al que se presta dinero a los clientes (crédito), y el coste que se paga por los recursos que ceden los clientes (depósitos).
• **Banca de inversión y gestión de activos**. Engloba toda la actividad relacionada con operaciones de mercado, y es un negocio mucho más generador de comisiones, aunque con un componente de ciclicidad igualmente mayor.

2852 **«Drivers» del negocio**: A continuación, vamos a describir los *drivers* más relevantes para realizar una correcta valoración:
A. Ingresos:
a) Crecimiento del PIB. Existe una fuerte correlación con la actividad bancaria.
b) Margen financiero. Corresponde a dos tercios del total de ingresos, que se dividen en:
• Spread. Se entiende como la diferencia entre la rentabilidad de los depósitos e interés cobrado en los préstamos.
• Necesidad de acudir al mercado mayorista para poder seguir financiando.
• Comisiones. En España, son tres las principales partidas de este tipo de ingreso:
- Gestión de activos: Comisión sobre el volumen gestionado.
- Concesión de créditos: mix del tipo de interés que se ofrece por un crédito y las comisiones asociadas.
- Medios de pago: transferencias, cheques, cajeros, tarjetas, datáfonos.
B. Provisiones. Calculada en función de unos coeficientes.
C. Tipo de interés. Es una de las variables que más afectan al sector bancario, y de este modo, se puede observar cómo cuando el mercado empieza a descontar subidas de tipos de interés, el comportamiento de las entidades financieras en bolsa es muy positivo, dado que dicha subida de tipos supone una mejora de la rentabilidad del negocio bancario.

2853 Ejemplo A continuación, incluimos un ejemplo de valoración por **suma de partes** de Santander. El analista y la fecha escogida han sido aleatorios y solo a efectos ilustrativos, pudiendo haber variaciones en los resultados dados por otros analistas en distintas fechas:

€M	Beneficios	% Beneficios	P/E (x)	Valor	% valoración	Valor / acción(€)
Europa	1.897	30,1%	8,2x	15.555	21,8%	1,5
Santander	-145	-2,3%	6,0x	-870	-1,2%	-0,1
Banesto	381	6,1%	6,0x	2.286	3,2%	0,2
Santander Consumer Finance	826	13,1%	9,0x	7.434	10,4%	0,7
Portugal	148	2,4%	6,0x	888	1,2%	0,1
Zachodni	325	5,2%	9,0x	2.925	4,1%	0,3
Otros	363	5,8%	8,0x	2.904	4,1%	0,3
Reino Unido	997	15,8%	8,0x	7.976	11,2%	0,8
LatAm	4.610	73,3%	12,0x	55.320	77,7%	5,4
Brasil	2.575	40,9%	12,0x	30.900	43,4%	3,0
México	950	15,1%	12,0x	11.400	16,0%	1,1
Chile	446	7,1%	12,0x	5.352	7,5%	0,5
Otros	639	10,2%	12,0x	7.668	10,8%	0,7
Estados Unidos	864	13,7%	8,0x	6.912	9,7%	0,7
Actividades corporativas	-2.076		7,0x	-14.532	-20,4%	-1,4
Total Valor Razonable	**6.292**		**11,3x**	**71.231**		**7,0**
Total Valor Razonable descontado				**63.596**		**6,3**

Fuente: Deutsche Bank AG/London, 21 de enero de 2013.

3. Distribución

La distribución es un sector importante en la economía y está bien representado en bolsa. 2855
La actividad de distribución es la que pone al alcance del consumidor final cualquier tipo de bienes y servicios, haciendo de **intermediario** entre el fabricante de cualquier tipo de producto y su cliente.
Es un sector muy volátil y ligado al **consumo cíclico**, y suelen requerir niveles altos de inversión en establecimientos de cara al público.

Actividades Por la gran diversidad dentro del sector distribución analizamos dos de los principales subsectores: textil y alimentación. 2856
A. Textil. Sector muy desarrollado en España con empresas como Inditex, Mango, Cortefiel, Adolfo Domínguez.
• Es muy volátil y competitivo.
• Las principales fases de la cadena de valor son:
- Diseño del producto. Cambia cada temporada por lo que tiene mucho riesgo.
- Fabricación. Se tiende a subcontratar en países de bajo coste (China, India, Bangladesh...).
- Logística: coste vs rapidez.
- Venta en tienda. Posicionamiento, monoproducto vs multiproducto, monoformato vs multiformato.
B. Alimentación. Normalmente el negocio consiste en ser intermediario entre el fabricante de un producto y su cliente final, aunque está creciendo el peso de las marcas de distribuidor.
• Es un sector menos volátil, liderado por pocos grandes distribuidores cuya clave competitiva reside en el tamaño.
• A mayor tamaño, mayor poder de negociación con los proveedores y mayor capacidad de reducción de precio.

«Drivers» del negocio El sector distribución es muy sensible al **consumo** privado **y** a la evolución de la **población**. 2857
A. Ingresos:
• Volúmenes:
- Sensible al consumo privado. Existe *a priori* una correlación positiva entre ambas magnitudes, a mayor nivel de actividad, mayor consumo de energía.
- Población. Se trata de una variable relevante de la demanda, al entenderse que el consumo per cápita está ligado a la economía dentro de un rango.
- Riqueza. Cualquier factor que influya en la riqueza tiene implicación en el consumo (sueldos, estabilidad laboral, evolución de las bolsas, precios inmobiliarios, etc.).
• Precios:
- Volúmenes. Precios muy sensibles a la demanda del mercado. Una caída de las ventas suele traducirse en una bajada de precios vía rebajas y ofertas especiales.
- Tipo de cambio. Afecta a las compañías que hayan empezado un proceso de internacionalización.

B. Costes: 2858
• Tamaño. A mayor tamaño, mayor margen bruto al reducirse el coste de aprovisionamiento.
• Tipo de cambio. Afecta al precio de los productos importados (sobre todo en textil).
• Aranceles. La evolución de los mismos afecta considerablemente al coste de los productos importados (sobre todo en textil).
• Fuerte inversión en publicidad y localización debido a la orientación al cliente.
C. Otros:
• Período de maduración de las tiendas.
• Capex de apertura y mantenimiento.
• Gestión de stocks. Determinado por el modelo de negocio y de compras.
• Franquicias *versus* tiendas propias.

2859 Ejemplo A continuación, incluimos un ejemplo de valoración por **suma de partes** de la Sociedad Inditex por Descuento de Flujos de Caja en el sector *Retail*.
El analista y la fecha escogida han sido aleatorios y solo a efectos ilustrativos, pudiendo haber variaciones en los resultados dados por otros analistas en distintas fechas:

€M	2012	2013e	2014e	2015e	2016e	2017e	2018e	2019e	2020e	2021e	2022e
Ventas	13.793	15.955	17.547	19.291	21.094	23.059	25.180	27.446	29.642	31.420	32.677
Margen bruto	8.180	9.566	10.520	11.566	12.647	13.825	15.097	16.455	17.772	18.838	19.592
Gastos operativos	-5.658	-6.419	-7.039	-7.701	-8.419	-9.200	-10.037	-10.930	-11.794	-12.489	-12.989
EBIT	2.522	3.147	3.481	3.864	4.228	4.625	5.060	5.525	5.978	6.349	6.603
Impuestos	-604	-796	-870	-966	-1.057	-1.156	-1.265	-1.381	-1.495	-1.587	-1.651
Amortizaciones	736	812	877	947	1.022	1.103	1.179	1.258	1.329	1.377	1.400
Variación Fondo de Maniobra	9,8%	7,3%	6,1%	6,0%	6,0%	5,9%	5,7%	4,6%	4,5%	4,4%	4,3%
Capex	-1.349	-1.167	-1.062	-1.156	-1.257	-1.367	-1.438	-1.258	-1.329	-1.377	-1.400
Flujos de Caja Libre (FCL)	-204	86	92	99	106	114	50	67	73	77	78
Valor presente de FCL	1.101	2.081	2.518	2.788	3.043	3.319	3.587	4.211	4.556	4.839	5.030
Valor presente de FCL											21.607
Valor Terminal											37.139
Valor Presente del FCL											58.746
Valor del negocio											95.885
Deuda Financiera Neta											2.342
Valor de las acciones											61.088
Valor por acción (€)											98

Fuente: Credit Suisse, 3 de diciembre de 2012.

4. Telecomunicaciones

2860 El sector de telecomunicaciones representa aproximadamente un 15% del PIB en España.
El imparable desarrollo tecnológico ha producido una metamorfosis en el sector de las telecomunicaciones, caracterizado por una **creciente rentabilidad** derivada de la explotación de servicios de telecomunicaciones, por continua aparición de nuevos canales de comunicaciones y de nuevos formatos, así como por una imparable sustitución de tecnologías anteriores.
Es un sector donde las compañías se encuentran fuertemente endeudadas, las cuales se convierten en enormes infraestructuras de servicios con unas necesidades de capital elevadas que favorecen la creación de economías de escala para rentabilizar las fuertes inversiones. Las nuevas tecnologías reducen las necesidades de inversión por nuevas operaciones.

2861 **Actividades** El sector de las telecomunicaciones engloba cinco principales áreas:
A. Telefonía fija:
• Negocio más maduro. Relegado por las nuevas tecnologías.
• Alto apalancamiento, lo que provoca que la pérdida de clientes afecte directamente al beneficio. Dicho efecto se deriva en una guerra de precios.
B. Telefonía móvil:
• Negocio de crecimiento en ventas y márgenes elevado en los últimos años.
• Actualmente presenta síntomas de madurez, como por ejemplo penetración estancada, dilución de nuevos competidores, parón en nuevas inversiones si bien las nuevas tecnologías exigen altas inversiones.

2862 **C. Internet**:
• Altos gastos operativos lo que genera en muchos casos EBITDA negativo.
• Bajos costes en capital (facilidad de entrada), sin embargo, permite Flujos de Caja Libres positivos.
• Negocio poco maduro y alto dinamismo por lo que ha de aplicarse una prima alta.
D. Transmisión de datos:
• Alta intensidad de capital por el cambio tecnológico.
• Exceso de capacidad instalada genera precios a la baja y márgenes decrecientes.
E. Media:
• El negocio de media dentro de un operador de telecomunicaciones suele considerarse como integrado verticalmente con el resto de divisiones, en especial con transmisión de datos. En caso de contenidos propios, la rentabilidad es mucho más alta, aunque el riesgo también.

«Drivers» del negocio Los principales *drivers* e indicadores del negocio de telecomunicaciones desde el punto de vista de valoración son: 2863
• **Porcentaje de penetración**. Suele medir como el porcentaje de usuarios de un determinado servicio dividido por el total de la población. Mide el crecimiento potencial.
• **ARPU** (*Average Revenue Per User*). Una vez que el número de usuarios se ha saturado, esta ratio mide la capacidad de una compañía de generar más ingresos por usuario.
• **MOU** (*Minutes Of Use*). Indicador de uso de los clientes.
• **SAC** (*Subscriber Acquisition Cost*). Mide el esfuerzo comercial para atraer un cliente de la competencia.
• **Ratio de abandono** (*Churn Rate*). En un mercado tan competitivo, la dificultad de fidelización de un cliente es alta.

Ejemplo A continuación, incluimos un ejemplo de valoración por **suma de partes** de la Sociedad France Telecom. 2864
El analista y la fecha escogida han sido aleatorios y solo a efectos ilustrativos, pudiendo haber variaciones en los resultados dados por otros analistas en distintas fechas:

€M	100% valor	Valor FT	Valor Acción (€)	EV/EBITDA 2013e	Criterio
Francia	26.805	26.805	10,1	3,4	DFC
España	6.382	6.382	2,4	6,9	DFC
Polonia	6.073	3.025	1,1	5,4	DFC
Bélgica	2.077	1.101	0,4	4,5	Precio objetivo
Resto del mundo	9.479	7.323	2,8	5,1	DFC
Reino Unido	9.500	4.750	1,8	5,8	DFC
Egipto	2.621	2.490	0,9	5,0	Múltiplo EBITDA
Mauritania	250	100	0,0		Estimado
One Austria	200	70	0,0		Estimado
Sonaecom	700	140	0,1		Estimado
Meditel	1.750	700	0,3		Precio compra
Korek	875	175	0,1		Precio compra
Tax assets	500	500	0,2		DFC
Tax risk	-1.973	-987	-0,4		50% probabilidad
Media tax refund	600	300			50% probabilidad
Spectrum Liabilities	.1500	-1.500	-0,6		Estimado
Valor del negocio		**51.374**	**19,4**		
Pasivos contingentes	-1.688	-1.688	-0,6		Balance
Deuda financiera neta	-28.988	-27.568	-10,4		Balance
Valor de las acciones		**22.118**	**8,4**		

Fuente: J.P. Morgan, 29 de octubre de 2012.

5. Automoción

Se trata de un sector importante en la economía de muchos países europeos. 2865
Se caracteriza por ser un sector **maduro, cíclico**, con una **rentabilidad ajustada** y con un crecimiento potencial inferior a la media de otros sectores. Es un negocio global muy concentrado en pocos *players*.
Nos encontramos ante un sector con una gran **sobrecapacidad** crónica y una comoditización del producto, lo cual implica una gran competencia de precios y márgenes bajos, a lo que contribuye enormemente el aumento de la presencia de fabricantes procedentes de China.
Al tener unos **costes fijos** tan altos, una caída en volúmenes supone una caída mucho mayor en márgenes.

El sector de la automoción está sumamente automatizado con unos costes fijos muy importantes. 2866
La mejora de **márgenes** en dicho sector viene mediante:
• **Alianzas** para compartir costes de producción.
• **Absorciones**, para crear sinergias y reducir costes de *back-office*. Se han producido en gran número. Si bien mantienen las marcas originales para evitar canibalizaciones y para tratar de estar presente en todos los segmentos del mercado.
• **Externalización** de gran parte de la producción, centrándose el fabricante en las partes de mayor valor añadido.

• Minimización del nivel de **inventario** mediante una mayor eficiencia en la gestión de *stocks* a la vez que se reduce el tiempo de fabricación de un coche.
• **Diferenciación** del producto mediante innovaciones capaces de detectar y marcar nuevas tendencias o a base de construir una imagen fuerte de marca.

2867 **«Drivers» del negocio** Los *drivers* más importantes que mueve el comportamiento del sector son los siguientes:
A. Ingresos:
• Crecimiento del PIB y empleo. Sector cíclico, estando la demanda muy ligada al crecimiento económico y a sus diferentes componentes.
• Tipo de cambio. Sector netamente exportador muy sensible a las variaciones del tipo de cambio.
• Crecimiento de la población. La población es el *driver* último de demanda y el motivo de que el sector sea maduro.
• Precio del petróleo. Afecta principalmente a la composición de la demanda (diésel-gasolina, todoterrenos, cilindrada,...).
• Lanzamientos. Nuevos lanzamientos generan ligeros aumentos de la demanda y pérdida de cuota de mercado por parte de la competencia. Por lo que es necesario conocer el mapa de lanzamientos de la competencia.

2868 **B. Costes**:
• Costes medioambientales. Los gobiernos buscan la reducción de elementos contaminantes mediante legislaciones que imputan costes a los fabricantes y ayudan a las nuevas tecnologías.
• Los costes principales son: I+D e inventarios. Los avances tecnológicos son unos de los principales atractivos para atraer demanda, pero también se busca nuevos métodos de fabricación, logística y distribución.
• Márgenes bajos. Fruto de los costes fijos (derivados de la sobrecapacidad estructural) y de apalancamiento altos. Por lo que las compañías buscan diferenciación en producto, eficiencia en costes y expansión a nuevos mercados.
• Consolidaciones. Industria con concentración alta por lo que una nueva compra o fusión implica mayores dificultades y repercusiones en el resto del sector.

2869 Ejemplo A continuación, incluimos un ejemplo de valoración por **suma de partes** de la Sociedad Fiat.
El analista y la fecha escogida han sido aleatorios y solo a efectos ilustrativos, pudiendo haber variaciones en los resultados dados por otros analistas en distintas fechas:

€M	Ventas	EV/Ventas	EV	EBIT	Valor / Acción (€)	Criterio
Mass Market brand	83.005	0,28	23.241	4.221	19	Múltiplo Marca VW
Lujo	3.139	0,85	2.668	406	2	Múltiplo Marca BMW
Componentes	7.728	0,20	1.546	185	1	Múltiplo Marca Faurecia
	93.872		**27.455**	**4.899**	**22**	
Servicios financieros			1.258		1	
Pensiones y minoritarios			-14.286		-11	
Deuda financiera neta			-7.033		-6	
Otros activos			2.499		2	
Valor de las acciones			**8.261**		**6,6**	Incluye 16% de descuento

Fuente: J.P. Morgan, 31 de julio de 2013

E. Informe de valoración

2870 Un informe de valoración es el documento en el que se plasman las conclusiones alcanzadas en el trabajo de valoración realizado.
Sin embargo, es importante identificar y definir claramente el propósito y el objetivo del **encargo** de valoración de cara a elaborar un informe adecuado (Shannon Pratt (Pratt, S.P. (2007). *Valuing A Business The Analysis And Appraisal Of Closely Held Companies* (5ª edición). Mc Graw Hill. -traducción del inglés-). Pp. 30. -traducción del inglés-).
Este hecho, parece simple, pero errar en la definición de los elementos que determinan el encargo de valoración, al inicio de dicho encargo, es una de las principales causas de errores, retrasos, exceso de costes y malentendidos entre el cliente y el valorador durante el encargo.

Definir el encargo de valoración es el comienzo lógico del proceso de valoración, proporcionando el **enfoque** que se desea aplicar en todas las consideraciones y esfuerzo que se van a llevar a cabo (Shannon Pratt).
La inadecuada especificación del encargo de valoración resulta a menudo en esfuerzos innecesarios y conclusiones inválidas. Parece obvio que el primer paso ha de ser definir el encargo. Sin embargo, cuando se involucra al cliente en la búsqueda de soluciones a diversos problemas, este normalmente desconoce cómo definir el encargo y, por lo tanto, la comunicación entre el valorador y el cliente parar acordar y entender el encargo es un elemento crítico.

La razón de este hecho es que el **cliente** carece de experiencia para reconocer todos los detalles que deben ser incluidos en el encargo de valoración o no ha pensado en las implicaciones de diversos aspectos en el encargo de valoración (Shannon Pratt). **2872**
Es por ello, que el autor aconseja que el **valorador** ayude al cliente (o al abogado del cliente en determinados casos) con estos detalles. Aun así, cabe destacar que el valorador no es un abogado y, por tanto, cuando existan cuestiones legales involucradas, es responsabilidad última del abogado tratar dichas cuestiones.
Se concluye que, aparte de los contratiempos que se puedan dar, el tiempo empleado por el valorador al inicio del encargo en ser exhaustivo y explícito en la definición del encargo, es tiempo bien invertido (Shannon Pratt).

Propósito del encargo En lo que respecta al propósito del encargo, ningún **método de valoración** se puede aplicar universalmente a todos los encargos de valoración (Shannon Pratt (Pratt, S.P. (2007). *Valuing A Business The Analysis And Appraisal Of Closely Held Companies* (5ª edición). Mc Graw Hill -traducción del inglés-. Pp. 40. -traducción del inglés-). **2873**
El contexto en el cual el encargo de valoración se lleva a cabo es un factor crítico.
Existen diferentes **estándares** regulatorios que afectan a la valoración, bajo diversas jurisdicciones y para múltiples tipos de encargos.
El autor afirma que muchos encargos de valoración fracasan en llegar a un número que represente el tipo de valor apropiado, porque el valorador no casa el método de valoración con el propósito por el cual se realiza el encargo.
El resultado de un encargo en particular puede ser inapropiado también por los intentos del cliente de utilizar las conclusiones de la valoración para un propósito distinto al que esta fue concebida.
Pratt también añade que los **litigios** sobre encargos de valoración son comunes. Muchos de estos litigios derivan de valoradores que han fracasado en encontrar el método de valoración adecuado para el encargo de valoración en cuestión.

Contenido del informe de valoración Un modelo de informe suele incluir los apartados que se exponen a continuación. **2874**

Antecedentes Breve reseña del **contexto** de la operación por la que se solicitan la prestación de servicios; esto es, breve descripción de las operaciones de las compañías intervinientes, así como de la operación propiamente dicha. **2875**

Objetivo y alcance del estudio En el informe de valoración se deben incluir los puntos acordados con el cliente, que se van a materializar teniendo en cuenta que: **2876**
a) El estudio se basa fundamentalmente en la información suministrada por el cliente, consistente básicamente en **información histórica** de la sociedad, así como en hipótesis sobre la **evolución** económico-financiera estimada para los próximos años.
b) La información relativa al **cliente** es total y exclusivamente de su responsabilidad.
c) Una parte sustancial del trabajo y, por lo tanto, de los resultados de la valoración se basa en las proyecciones financieras que resultan de la aplicación de los **criterios** establecidos por el cliente, y que recogen la estimación más fundamentada del cliente acerca de los resultados y flujos de caja libre esperados de la actividad del cliente, basándose en las presentes circunstancias y su posible evolución futura.
d) Dicho informe no contempla la realización de una **auditoría** de la información, por lo que el valorador en la emisión de su informe no esta expresando una opinión de auditoría sobre la citada información.

Debido al carácter incierto que tiene cualquier información basada en expectativas futuras, pueden producirse diferencias entre los resultados presupuestados y los reales que, eventualmente, pudieran ser significativos e incidir en las conclusiones de este informe. En consecuencia, el **valorador** se exime de responsabilidad alguna que de ello se derive. **2877**

e) Si se producen **modificaciones** en las expectativas del negocio materializadas en el flujo de caja proyectado y/o en la tasa de actualización aplicada, (por variaciones en los tipos de interés, los niveles de riesgo o la estructura financiera), los resultados de la valoración serán diferentes.

f) La metodología que la comunidad de negocios reconoce como **método de valoración** generalmente aceptado es el método de descuento de flujos de caja (DCF).

2878 g) Se ha obtenido del **cliente** una carta donde se comunica que el cliente ha puesto a disposición del valorador toda la información significativa de la que tiene conocimiento y que estima relevante para la adecuada realización del trabajo del valorador.

h) El valorador no asume **responsabilidad** en cuanto a la actualización que habría que realizarse como consecuencia de aquellos hechos o circunstancias que se produzcan después de la fecha de emisión del informe de valoración.

i) La realización de una **estimación técnica** del valor de un negocio parte de ciertas asunciones tanto en los métodos aplicados como en las hipótesis asumidas en el cálculo del flujo de caja generado a futuro por el mismo; por este motivo, cualquier estimación de valor debe entenderse en dicho contexto y siempre como un marco de referencia.

2879 j) Los resultados de la valoración únicamente pueden constituir un elemento de análisis más dentro del proceso de negociación y de ninguna forma constituyen una **recomendación** para que se lleve a cabo la operación.

k) La estimación de valor de un negocio no tiene que coincidir necesariamente con su **precio**, ya que este último incorpora una serie de elementos subjetivos que afectan a las partes interesadas (vendedor y comprador) en llevar a cabo la transacción.

l) Si existe una **limitación** a la obtención de determinada información, así como a la materialidad de tasaciones si estas se facilitan y son materiales, debe indicarse en otro párrafo si estas no se facilitan y se considera que pudieran ser materiales.

2880 **Bases de la información utilizada** El valorador incluye una relación de la información recibida del cliente.

Asimismo, el valorador incluye párrafos adicionales si los **estados financieros** están:

- Auditados sin salvedades.
- Auditados con salvedades.
- Formulados pero no auditados.
- No formulados ni auditados.

2881 **Criterios de valoración aplicados** El valorador analiza las distintas partes del negocio; en concreto, los siguientes elementos:

- **Activos netos operativos**, con distintos párrafos según se den los siguientes casos:
  - negocios con vida ilimitada;
  - negocios con vida limitada;
  - de utilizarse el método de múltiplos, en el informe debe incluirse la descripción; La conclusión de su aplicación se recoge en un anexo al informe.
- **Inmovilizado ajeno a la explotación.**
- **Resto de activos y pasivos no operativos**, incluyendo tabla con desglose.
- **Obligaciones o contingencias fuera de balance** que, en caso de existir, se mencionan.

2882 **Principales hipótesis y estimaciones en la aplicación de los métodos de valoración** Se hace referencia a los siguientes elementos:

- Horizonte temporal.
- Valor residual o valor de continuidad.
- Estructura financiera objetivo.
- Tasa de actualización.
- Inversiones en inmovilizado y variaciones del fondo de maniobra.

2883 **Factores que pueden tener un impacto significativo en la valoración** Se incorporan elementos tales como el hecho de que esté pendiente la formulación y/o la **auditoría** de los estados financieros, aspectos del fondo de maniobra operativo, **vinculaciones** intragrupo o sensibilidades.

2884 **Resultado del estudio** Finalmente se incluyen las **conclusiones** del valorador, incorporando un rango de valor, en tanto que nunca se da un valor fijo.

IV. Pago del precio

Requisitos 2886
Tiempo y lugar 2887
Moneda 2888
Medios de pago 2890
Precio aplazado 2893 2885

Requisitos (CC art.1157, 1170, 1500, 1501, 1166, 1169 y 1170) El pago del precio es la **obligación** esencial del comprador de entregar al vendedor la contraprestación acordada. 2886
En la **compraventa**, esta obligación es esencialmente pecuniaria.
Los principales requisitos para que el pago del precio sea válido y, por tanto, liberatorio para el comprador, son los siguientes:
a) **Identidad**, en el sentido de que se realice en el medio o moneda de pago pactada.
b) **Integridad**, es decir, en su totalidad incluidos los intereses vencidos a la fecha de pago.
c) **Indivisibilidad**, si bien en la práctica es frecuente que las partes pacten la existencia de pagos parciales, conservando el vendedor el derecho a recibir el importe restante.
Cuando la adquisición de la empresa se realiza no como un todo sino mediante la **adquisición individualizada** de los **diferentes elementos** que la integran, es conveniente distribuir el precio entre los mismos, indicando el importe que corresponde a cada uno.

Tiempo y lugar De acuerdo con las disposiciones de Derecho común relativas a la compraventa, el momento y el lugar del pago del precio son los que determinan las partes en el contrato mediante **pacto**, sobre la base del principio de la autonomía de la voluntad. 2887
En defecto de pacto, en principio el pago se realiza en el momento y en el lugar de la **entrega** de la empresa (esto es, los activos y, en su caso, pasivos que la componen, o a través de la entrega de las acciones o participaciones de la sociedad, según el tipo de operación).
No obstante, en caso de compraventa sujeta a **condición** suspensiva o sometida a plazo, el pago se ha de efectuar cuando se produce el cumplimiento de la condición o del plazo correspondiente.
En la práctica, lo más frecuente es que las partes pacten en el contrato de compraventa el momento y el lugar del pago del precio.

Moneda En la adquisición de empresa por vía de compraventa de los **títulos** representativos de su capital o de los elementos de su balance, la contraprestación es total o mayoritariamente pecuniaria, por lo que el pago se realiza en dinero. 2888
La regla general que se aplica en nuestro Derecho común al pago del precio es el principio de autonomía de la voluntad de las partes. En este sentido, las partes tienen libertad para pactar la moneda de pago del precio. No obstante, en defecto de pacto, el pago se ha de realizar en la moneda de curso legal en España.
Lo recomendable en las operaciones de adquisición es que el propio contrato se anticipe a los posibles problemas derivados del pago en **moneda extranjera** y de las fluctuaciones de los tipos de cambio, regulando expresamente la moneda de pago y su equivalente en euros, el tipo de cambio aplicable o remitiéndose al tipo de cambio a una fecha cierta.

Medios de pago La forma de pago en la adquisición se determina en el **contrato** por acuerdo de las partes (p.e., metálico o transferencia bancaria, mediante cheque nominativo o al portador, letras de cambio, pagarés u otros instrumentos de giro), siendo la forma más habitual la transferencia bancaria con fondos inmediatamente disponibles. 2890

Con carácter general, la determinación de la forma de pago por las partes no presenta especiales dificultades desde el punto de vista jurídico. 2891
Aunque es la forma más habitual, cuando se realiza el pago por medio de transferencia bancaria puede, en algún caso, condicionar el cierre de la operación.
Así, mientras que en las adquisiciones con pago en **metálico** (sujeto en todo caso a los límites legalmente existentes) o mediante **cheque o pagaré**, el comprador lleva físicamente consigo el dinero o el cheque y lo entrega al comprador de manera inmediata en el momento de la firma; en el caso de pago por transferencia, desde que se ordena la misma hasta que se recibe por el comprador puede transcurrir un periodo de tiempo, especialmente en las transferencias internacionales.

2892 Puede suceder que, para evitar el riesgo de incumplimiento de su compromiso por la otra parte, el comprador no quiera ordenar la transferencia hasta que se haya firmado el contrato y el vendedor no quiera firmar el contrato hasta que se haya recibido la transferencia.
No existe una **solución** definitiva a esta situación; bien se produce el pago antes de la firma, o bien, la firma antes del pago, siendo esta segunda opción la más habitual.
En la práctica, las partes suelen negociar bien sujetar la eficacia del contrato a la efectiva recepción de los fondos o bien no dar carta de pago hasta dicha recepción.

2893 **Precio aplazado** (CC art.1100, 1108 y 1501) Las partes pueden pactar el aplazamiento del pago de la **totalidad o** de **parte** del precio a un momento posterior al cierre de la operación.
Puede darse la circunstancia de que el precio sea total o parcialmente **variable**, determinable en función de los resultados futuros de la empresa (beneficios, circulante, etc. en un periodo cierto y, por tanto, quede aplazado por dicho periodo.

2894 Es conveniente que la **cláusula** de precio aplazado determine con precisión la fecha de vencimiento del pago aplazado y el medio de pago y, en caso de ser variable, la fórmula para su cálculo, así como prever la participación de un tercero que resuelva las discrepancias que pudieran surgir entre las partes con respecto a la procedencia del pago y su importe.
Cuando la entrega y el pago del precio de la compraventa no tienen lugar en el mismo acto, el comprador viene obligado al pago de **intereses**, salvo que otra cosa se hubiera pactado.
Si las partes hubieran pactado el pago de un interés pero sin determinar el tipo aplicable, este debiera ser el interés legal.
No obstante, en la adquisición de empresas con pago aplazado es frecuente que el contrato regule el tipo de interés, la liquidación y el tiempo y la forma de pago de los mismos o la ausencia de devengo de intereses.

2895 En las operaciones con pago aplazado, puede darse el caso de que el vendedor sea acreedor del importe del precio aplazado, y el comprador pase a ser acreedor por los importes derivados de una acción convencional o legal derivada del contrato de compraventa (p.e., en caso de incumplimiento de las manifestaciones y garantías). En estos casos, se regula legalmente la posibilidad de **compensación** legal de deudas recíprocas en determinadas **condiciones**:
- que los obligados lo sean de modo principal;
- que exista homogeneidad de las deudas a compensar; esto es, el que ambas consistan en dinero o en cosas de la misma especie y la misma calidad; y
- que se trate de deudas líquidas, vencidas y exigibles.

Precisiones La deuda no se considera **líquida** cuando su cuantía no está determinada; ahora bien, podrá entenderse que la deuda es líquida cuando su cuantía pueda determinarse. Por otro lado, no se considerarán líquidas las deudas cuya cuantía procede de una indemnización por cláusula penal, que está sujeta a moderación, ni cuando necesariamente haya de determinarse mediante sentencia.

2896 No obstante, las partes pueden establecer la compensación de las deudas, de manera convencional en el propio contrato, flexibilizando los requisitos de la compensación previstos en la norma.
En todo caso, cuando las partes acuerden aplazar total o parcialmente el precio, es conveniente que regulen en el propio **contrato**:
- el importe que se aplaza;
- la fecha de vencimiento;
- la aplicación o no de intereses;
- el tipo de interés, su liquidación y su pago;
- el medio de pago del precio aplazado; y
- la posibilidad de compensación, regulando las condiciones para que se produzca la misma.

V. Consideraciones financieras en relación con los ajustes al precio

2900

A. Mecanismos de ajuste al precio 2905
B. *Completion accounts* 2915
C. Tipología de ajustes al precio 2920
1. Deuda financiera neta........ 2922
2. *Working capital* 2925
3. *Capex* 2930
4. Combinación de mecanismos 2935

A. Mecanismos de ajuste al precio

En las adquisiciones con cierre diferido, en el periodo que media entre la firma del contrato de compraventa y el cierre de la operación y la entrega de la propiedad, el comprador se encuentra especialmente expuesto a posibles **deterioros** en el **valor** de la sociedad aún por adquirir (p.e., por incurrirse en pérdidas, o bien fruto de salidas de capital en forma de dividendos y bonus). 2905
A su vez, el vendedor padece el riesgo de no poder defender el precio inicial ante la caída del valor de la sociedad en venta.
Con el objetivo de evitar situaciones de disputas entre las partes, una posible vía de actuación supone que las partes acuerden un precio base sujeto a posteriores ajustes en función de la condición de la sociedad a **cierre** de la **operación** (*completion*).

En términos generales, el mecanismo de ajuste al precio se basa en la **comparación** entre el valor de los parámetros fijados como «normales» (*working capital*, deuda financiera neta, *capex*) obtenidos a partir del balance de referencia y el que se obtiene a la fecha de cierre efectivo de la operación, cuando se elaboran las *completion accounts*. 2906
Una vía alternativa comúnmente empleada para evitar potenciales conflictos que pueden derivarse de variaciones en el precio pactado consiste en aplicar el llamado mecanismo ***locked box***, por el que se establece en el contrato de compraventa la no revisión posterior del precio acordado por las partes. Dicho precio fijo se calcula en base al balance a una fecha de referencia previamente acordada o *locked box date*.

En el siguiente gráfico se recoge la cronología de la transacción y la aplicación de los mecanismos de ajuste al precio *completion accounts* y *locked box*. 2907

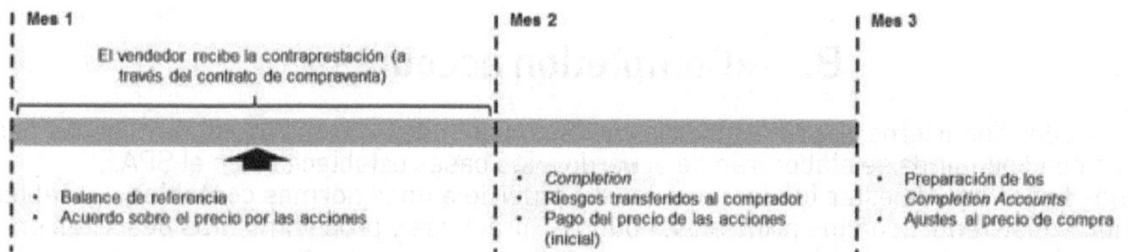

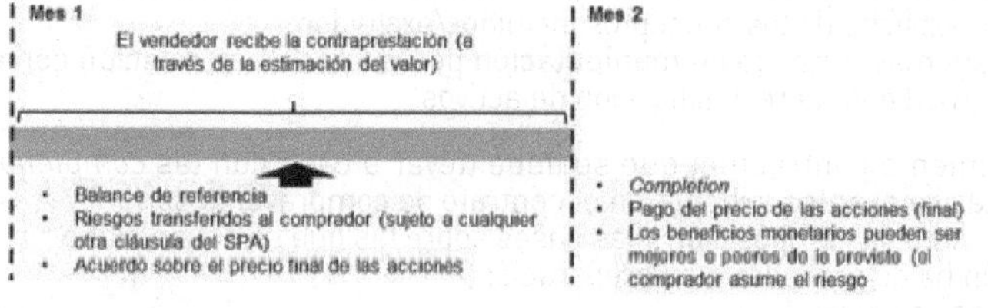

2908 La problemática en la **aplicación** del mecanismo de ajuste es doble, en tanto no se afronten los siguientes aspectos:
• Definición de las **partidas específicas del balance** de referencia (efectivo y otros activos líquidos equivalentes, deuda financiera neta o *working capital*, entre otros). Estas partidas deben definirse en el SPA de forma clara, de modo que se eviten potenciales disputas o equívocos en la estimación del precio de compra de la sociedad adquirida.
• Dificultades a la hora de establecer la medida «normal» de los **parámetros de referencia**. En tanto que se trata de una medida muy subjetiva sometida a negociación por las partes, debe tenerse una comprensión adecuada de cada uno de los conceptos con el fin de evitar distorsiones que afecten al precio final de la transacción, así como considerarse factores como la estacionalidad, la evolución prevista del mercado, cambios en las políticas contables y posibles elementos anormales o extraordinarios.

2909 Ejemplo A partir del balance de referencia se establece el **valor «normal»** de los conceptos establecidos en el SPA.

Balance de situación

ACTIVO NO CORRIENTE	**PATRIMONIO NETO**
Inmovilizado Intangible	Fondos Propios
Inmovilizado Material	Capital / Capitral escriturado
Inversiones inmobiliarias	Prima de emisión
Inversiones en empresas del grupo y asociadas a largo plazo	Reservas
Inversiones financieras a largo plazo	Acciones y participaciones en patrimonio propias
Activos por impuesto diferido	Resultados de ejercicios anteriores (+/-)
	Resultado del ejercicio
ACTIVO CORRIENTE	**PASIVO NO CORRIENTE**
Existencias	Deudas a largo plazo
Deudores comerciales y otras cuentas a cobrar	Deudas con empresas del grupo y asociadas a largo plazo
Inversiones en empresas del grupo y asociadas a corto plazo	Pasivos por impuesto diferido
Inversiones financieras a corto plazo	
Periodificaciones a corto plazo	
Efectivo y otros activos líquidos equivalentes	
	PASIVO CORRIENTE
	Provisiones a corto plazo
	Deudas a corto plazo
	Acreedores comerciales y cuentas a pagar
TOTAL ACTIVO	**TOTAL PASIVO + PATRIMONIO NETO**

2910 En los casos de acuerdo entre las partes de un precio base sujeto a variaciones por ajustes basados en las **cuentas** a la fecha de **cierre de la operación**, la transferencia legal de la sociedad adquirida no se realiza hasta la fecha de cierre de la operación y, por tanto, el vendedor mantiene los riesgos y los beneficios asociados a los ajustes hasta la fecha de cierre.

B. «Completion accounts»

2915 Los estados financieros que se comparan con las magnitudes «normales» determinadas para la sociedad adquirida se elaborarán de acuerdo a las bases establecidas en el SPA.
Dichas bases han de estar fundamentadas de acuerdo a unas **normas contables** aplicables, siendo consistentes con los principios, políticas, prácticas y procedimientos descritos en el contrato.
En función de la magnitud establecida como «normal» que se va a tomar como referencia, las *completion accounts* o estados financieros finales, deben o no incluir el balance completo.
En el caso de que no sea necesario que estas incluyan todos los activos del balance, el SPA debe presentar un detalle explícito de los conceptos incluidos/excluidos.
En estas situaciones existe mayor riesgo de **manipulación** por las partes en relación con el *working capital*, el *capex* o mediante la reclasificación de activos.

2916 En lo referente al tratamiento contractual que se debe llevar a cabo con las *completion accounts*, los **aspectos más relevantes** a incluir en el contrato de compraventa son:
- la especificación del formato, la composición y las bases sobre las que se deben elaborar;
- la identificación de quién ha de proceder a su preparación;
- el calendario de preparación y revisión; y

- el procedimiento de disputa en el caso de discrepancias entre las partes; en cuyo caso ha de prevalecer lo que esté escrito en el contrato frente a lo que se ha hablado en negociaciones previas.

Entre los **motivos de disputa** más habituales en relación a las *completion accounts* se pueden destacar los siguientes: **2917**
• El margen de interpretación sobre los términos establecidos (definición de conceptos).
• La no realización de una *due diligence* por problemas de tiempo.
• La posibilidad de que el comprador pague un precio superior.
• El hecho de que el comprador adopte una actitud más decidida, como en el caso de los gestores de *private equity*.
• La no especificación del tratamiento de los elementos en el periodo entre la fecha de la firma del contrato y la fecha de cierre de la compraventa.
• La idoneidad de los encargados de preparar las *completion accounts*.

C. Tipología de ajustes al precio

El objetivo de los ajustes de precios de compra es proteger al comprador contra el riesgo de deterioro y de dilución del valor de la sociedad adquirida hasta la fecha de cierre de la operación. Al mismo tiempo, dichos ajustes deben beneficiar al vendedor por la buena gestión del negocio hasta el cierre de la operación. **2920**
Generalmente, el **cálculo** de los ajustes al precio se efectúa sobre el valor de la sociedad adquirida. Dicho valor se estima en base a las partidas seleccionas del balance a la fecha de las últimas cuentas anuales auditadas (fecha de referencia) o sobre las cuentas más cercanas a la fecha de cierre de la transacción (*closing accounts*).
Asimismo, el ajuste al precio es calculado como la diferencia entre el valor de la sociedad adquirida y el importe fijado al cierre de la operación.
El mecanismo de ajuste al precio seleccionado debe evitar el riesgo de **doble contabilización**, así como reducir la potencial manipulación.
En esta línea, dos de los mecanismos de ajuste al precio **más utilizados** en la comunidad de negocios son los de la deuda financiera neta y el de *working capital*.

1. Deuda financiera neta

El también llamado **mecanismo libre de caja y deuda** se basa en deducir la deuda financiera neta de la sociedad adquirida a la fecha de cierre de la operación del precio de compra. **2922**
La dificultad radica en determinar qué se considera deuda financiera, al no existir una definición estándar de la misma. A estos efectos, determinar la posición financiera neta de la sociedad adquirida forma parte del proceso de negociación del SPA, siendo el objetivo de la ***due diligence*** financiera identificar las posiciones de caja y deuda, así como las partidas semejantes a la deuda (p.e., arrendamientos financieros, compromisos por pensiones, etc.).
Dado que este mecanismo no protege al **comprador** de potenciales cambios en otras partidas del balance, resulta aconsejable el empleo de otros mecanismos de ajuste tales como el mecanismo de *working capital*.

Ejemplo La empresa XYZ, SA alcanza un acuerdo de venta del 100% de sus acciones con la empresa ABC, SA por un importe de 5 millones de euros. Adicionalmente, se añade una cláusula de ajuste por deuda financiera neta, en virtud de la cual si el importe considerado como deuda financiera neta en el balance de XYZ, SA es mayor al reconocido en el **balance** de referencia, se ajustaría el precio de compra por el importe que resulte de la diferencia (euro a euro). **2923**
De esta manera, si el importe de deuda financiera neta recogido en el balance a la fecha de referencia de la compraventa fuese de 1 millón de euros, pero posteriormente se pusiera de manifiesto en los estados financieros de cierre de la que operación que este importe es de 2 millones de euros, el precio de compra se vería reducido hasta los 4 millones de euros.

2. «Working capital»

Desde un punto de vista financiero, el *working capital* o **fondo de maniobra** es el conjunto de los recursos permanentes de una empresa que son necesarios para la realización de sus actividades normales. **2925**

Es, por tanto, la parte del **activo circulante** que excede el pasivo circulante y está financiada por recursos permanentes o a largo plazo. La cuantía del fondo de maniobra o capital circulante de una empresa depende de la actividad a la que se dedique.
Este mecanismo está basado en el importe de **inversión** necesaria en fondo de maniobra que refleje de manera suficiente el nivel necesario para operar el negocio, y normalmente se toma en base a una fecha de referencia.
El principal problema radica en que, al igual que en el mecanismo de deuda financiera neta, no existe una definición estándar, por lo que determinar el fondo de maniobra de la sociedad adquirida forma parte del proceso de negociación del SPA.

2926 Con el fin de obtener el fondo de maniobra, resulta de gran utilidad identificar tanto la metodología y estimaciones contables utilizadas por la sociedad, como el nivel de *working capital* óptimo para el negocio.
Para ello, resulta aconsejable que tanto la definición de deuda financiera neta como la del fondo de maniobra se lleven a cabo de manera conjunta y complementaria para evitar duplicidades, abarcando el análisis de su evolución histórica y estacional, así como la calidad de los activos (por potenciales incidencias en la recuperación) y determinar el nivel ajustado recurrente, puesto que este podría tener un impacto en los flujos del negocio.

2927 Ejemplo La empresa XYZ, SA alcanza un acuerdo de venta del 100% de sus acciones con la empresa ABC, SA por un importe de 10.000.000 de euros. Adicionalmente, se añade una cláusula en el SPA de ajuste del precio por *working capital* por la cual, si la inversión por este concepto fuese diferente a la prevista en el Plan de Negocio de XYZ, SA, se ajustaría el precio de compra por el importe que resulte de dicha diferencia (euro a euro).
De esta manera, si la **inversión necesaria** en *working capital* fuese superior en 100.000 de euros en relación a la que había a la fecha del balance de referencia, el precio de compra se vería reducido en 100.000 de euros hasta los 9,9 millones de euros.
Hay que poner especial atención en los casos en los que la empresa que vende sus participaciones desarrolle una actividad marcada por la **estacionalidad**. Por ejemplo, la empresa RST, SA es una editorial que vende libros de texto, con una fuerte actividad en el periodo septiembre-octubre. Por lo tanto, es recomendable utilizar la media de un periodo mayor de inversión en *working capital*, como los últimos 2 años, que es de 200.000.000 de euros. Así, si en el momento de la fecha de cierre de la operación, el nivel de *working capital* fuese de 260.000.000 de euros, el precio de compra se debería reducir en 60.000.000 de euros.

3. «Capex»

2930 El *capex* o *capital expenditure* hace referencia a los fondos destinados por una sociedad a adquirir o rehabilitar activos **inmovilizados materiales** tales como maquinaria, naves industriales u otras propiedades.
Los mecanismos de *capex* restringen o ponen de manifiesto las necesidades de inversión en inmovilizado bruto en línea con lo estipulado o presupuestado entre las fechas de firma y de cierre de la operación.
Durante el curso de la transacción, el precio de compra se ajusta por la diferencia entre el importe de *capex* presupuestado y el real en que se ha incurrido a la fecha de cierre, con el fin de proteger al comprador del riesgo de que el vendedor optimice el nivel de deuda financiera neta a la fecha de cierre por el aplazamiento de la inversión en *capex*.
Por ello, resulta recomendable analizar el presupuesto histórico de inversión en *capex* e identificar posibles inversiones diferidas.

2931 Ejemplo La empresa XYZ, SA alcanza un acuerdo de venta del 100% de sus acciones con la empresa ABC, SA por un importe de 20.000.000 de euros. En el SPA, se añade una cláusula de ajuste por *capex* por la cual, si la necesidad de **inversión** en *capex* resulta ser superior a la inicialmente presupuestada por la sociedad XYZ, SA, se ajustaría el precio de compra por el importe que resulte de la diferencia (euro a euro).
De esta manera, si el importe de *capex* recogido en el presupuesto a fecha de la compraventa fuese de 3.000.000 de euros, pero posteriormente el importe necesario a fecha de cierre de la operación fuese de 4.000.000 de euros, el precio de compra ser vería reducido hasta los 19.000.000 de euros.

4. Combinación de mecanismos

Mediante la combinación de los tres mecanismos de ajustes anteriormente mencionados (deuda financiera neta, *working capital* y *capex*), se puede dar cobertura a la mayoría de las partidas de balance, hasta la fecha de cierre de la operación. **2935**
Cuando los mecanismos de ajuste al precio no cubren todas las partidas de balance se deben considerar los siguientes **riesgos**:
- alguna posiciones de balance se pueden haber reclasificado y, por tanto, quedar omitidas en el cálculo de los ajustes; y/o
- los mecanismos pueden ser manipulados con el objetivo de modificar el precio final de la operación.

Ejemplo La empresa XYZ, SA alcanza un acuerdo de venta del 100% de sus acciones con la empresa ABC, SA por un importe de 30.000.000 de euros. Adicionalmente, se añaden cláusulas de ajuste por *capex*, por *working capital* y deuda financiera neta. **2936**
El importe de *capex* recogido en el presupuesto a fecha de la compraventa es de 5.000.000 de euros, pero posteriormente el importe necesario es de 6.000.000 de euros.
La inversión necesaria en *working capital* recogida en el presupuesto aprobado por la sociedad a XYZ, SA a fecha de la compraventa es de 1.000.000 de euros, pero a cierre resulta ser de 2.000.000 de euros.
El importe de deuda financiera neta recogido en el balance de fecha de la compraventa es de 10.000.000 de euros, pero posteriormente se descubre que este importe es de 12.000.000 millones de euros.
Debido a los a los mecanismos de ajuste del precio de compra ser vería reducido hasta los 26.000.000 de euros.

CAPÍTULO 10

Manifestaciones y Garantías

A. **Manifestaciones y garantías del transmitente** 2960 2950
1. Tipos 2965
a. Grado de detalle que incorporan 2970
Sintéticas 2971
Analíticas 2973
b. Contenido y grado de conocimiento de quien las otorga 2975
Titularidad del objeto transmitido 2976
Actividad 2978
c. Áreas de cobertura 2980
Legales 2982
Inmobiliarias 3005
Laborales 3007
Protección de datos 3020
Financieras 3025
Cumplimiento normativo 3028
Metamanifestaciones 3032
2. Autoría 3035
3. Eficacia 3040
Información 3045
Responsabilidad 3050
4. Indemnidades específicas 3055
B. **Manifestaciones y garantías del adquirente** 3060

Las manifestaciones y garantías en el ámbito contractual y particularmente referidas a la compraventa de empresas, se han importado de la **práctica** contractual **anglosajona** (*Representations and Warranties*) y han evolucionado en nuestro derecho contractual por la especial complejidad de estos procesos, que principalmente reside en el objeto transmitido. 2952
La **empresa** la conforman tres pilares básicos:
- el empresario;
- el establecimiento; y
- la organización.

Los elementos integrantes del **establecimiento mercantil** (bienes muebles e inmuebles, derechos reales y de crédito, de propiedad industrial, obligaciones, etc.), son solo una parte del todo, y únicamente cuando lo que **se transmite** es **el todo**, esto es, la unidad de explotación, formada por capital y trabajo, y dirigida y organizada por su titular, podemos hablar en puridad de transmisión de empresa.
De no ser este el caso, estaríamos ante la **transmisión aislada** de elementos integrantes de la empresa, y en atención a los mismos habría de determinarse la estructura contractual de aplicación para su transmisión; esto es, la ley de circulación de cada bien individualmente considerado.

Esta complejidad del objeto transmitido marca el proceso de compraventa y está presente en todas sus fases, bien se trate de la transmisión de **empresas individuales** o **no** dotadas de **personalidad jurídica** independiente, o de la transmisión de **sociedades** dotadas de personalidad jurídica propia que desarrollan actividades empresariales, mediante la transmisión de los títulos representativos de su capital social, por cuanto la transmisión de los citados títulos conlleva, de forma indirecta, la transmisión de la empresa en sí misma; decimos «de forma indirecta» por cuanto el titular de la empresa sigue siendo la sociedad transmitida. 2954
Las manifestaciones y garantías se enmarcan, por tanto, dentro de una **estructura contractual** de contrato de compraventa de carácter **especial** por razón de su objeto, la empresa, puesto que la transmisión de la empresa comprende no solo la de los bienes, derechos, obligaciones y relaciones jurídicas integrantes de esta, sino también la de otros elementos, incluyendo los intangibles (p.e., organización, clientela, expectativas de negocio, etc.), que además mutan por el mero transcurso del tiempo y el propio funcionamiento de la empresa hasta el momento mismo en que se completa su transmisión.

2955 Las manifestaciones y garantías consisten en **afirmaciones contrastables** que las partes realizan en sede contractual sobre situaciones de hecho o de derecho, presentes, pasadas, y en determinadas circunstancias también futuras, respecto de la empresa que es objeto de transmisión y la propia operación de compraventa, cuya incorrección tiene las consecuencias que al efecto se determinan en el contrato de compraventa, y en particular en el apartado relativo al régimen de **responsabilidad** de las partes.
En este contexto, las **manifestaciones y garantías** conforman de hecho la base para la atribución objetiva de la responsabilidad contractual como mecanismo de indemnización, de ajuste al precio o, en su caso, de resolución del contrato, complementando y concretando el régimen de responsabilidad del vendedor respecto al saneamiento por vicios ocultos (CC art.1484 s.).

2956 Las manifestaciones y garantías cumplen asimismo una **función informativa** dentro de un proceso que en su fase inicial se caracteriza por una carencia de información completa, certera, estructurada y totalmente actualizada sobre la empresa objeto de adquisición, lo que se traduce en incógnitas a la hora de determinar el valor de la empresa, las consecuencias jurídicas y económicas de la adquisición y la proyección futura de la empresa una vez se produzca el cambio de control.
Atendiendo a la complejidad del objeto de adquisición, estas incógnitas conllevan un alto nivel de **riesgo** que debe minimizarse, o cuyo impacto debe ser convenientemente valorado por el adquirente. La resolución de estas incógnitas aparece entonces como paso previo y necesario, que requiere de una serie de actuaciones de todas las partes intervinientes en el proceso de adquisición y que culminan en el proceso de *due diligence*, que se complementa en una fase final de carácter contractual con las manifestaciones y garantías.
Lo anterior no es óbice para que el vendedor manifieste al comprador durante el proceso hechos relativos a la sociedad que el comprador, que declara conocer, no puede alegar posteriormente para fundar **acciones contra el vendedor**. Cuanto mayor sea el número de hechos revelados, más acorde a la realidad será la imagen que se forme el comprador, pero menor será el precio de adquisición si estos hechos son descontados en el precio de adquisición.

A. Manifestaciones y garantías del transmitente

2960 Los **intereses** de las partes intervinientes en un contrato de compraventa de empresa pueden resumirse de un modo simple y muy esquemático en:
a) El interés del **adquirente** en la correspondencia de la empresa adquirida con la previamente analizada y sobre la que ha efectuado su valoración, y en la ausencia de contingencias no detectadas en su revisión.
b) El interés del **transmitente** en la recepción del precio pactado y en la concreción de los supuestos por los que deberá indemnizar al adquirente con motivo de la aparición de contingencias, principalmente respecto a las no detectadas.
Con motivo de este interés de las partes en adquirir y transmitir respectivamente, se producen acercamientos tendentes por parte del adquirente en obtener el máximo de **información** de la empresa, para poder resolver las incógnitas antes mencionadas (determinar el valor de la empresa, las consecuencias jurídicas y económicas de la adquisición y la proyección futura de la empresa una vez se produzca el cambio de control), valorar el impacto de la adquisición y establecer los mecanismos tendentes a minimizarlo, entre los que se encuentra el régimen de responsabilidad, y vinculado a este, las manifestaciones y garantías.

1. Tipos de manifestaciones y garantías

2965 El análisis de las manifestaciones y garantías del transmitente se puede estructurar en función de tres **criterios**:
- el grado de detalle que incorporan;
- su contenido (nº 2975); y
- las áreas que cubren (nº 2980).

a. Grado de detalle que incorporan

2970 En función del grado de detalle que incorporan, las manifestaciones y garantías pueden ser:
- sintéticas; y
- analíticas.

Sintéticas Las manifestaciones y garantías de tipo sintético presuponen la inclusión de **referencias generales** respecto de la afirmación que se desarrolla, y no implican *per se* una desprotección para el adquirente frente a las manifestaciones y garantías de tipo analítico, si bien es cierto que estas últimas facilitan la aplicación del remedio resarcitorio por su detalle y concreción. **2971**

Ejemplo *«La Sociedad ha cumplido en todo momento y a la fecha del presente Contrato se encuentra al corriente de todas sus obligaciones legales, contractuales, fiscales, laborales o de Seguridad Social.»*

Analíticas Las manifestaciones y garantías de tipo analítico requieren de una **descripción exhaustiva** de la afirmación que se desarrolla, cubriendo el más mínimo detalle para evitar omisiones. **2973**
En este sentido, y frente las manifestaciones y garantías de tipo sintético, una omisión a este respecto podría llevar a la conclusión de que las partes optaron por dejar ese supuesto fuera del régimen de responsabilidad.

Ejemplo *«Seguridad Social*
1. La Sociedad ha presentado puntualmente todas sus declaraciones en materia de Seguridad Social y ha pagado todas las cantidades debidas dentro de los plazos legalmente previstos, de forma completa e íntegra, todo ello de conformidad con la normativa de Seguridad Social vigente en cada momento, no existiendo ningún concepto susceptible de cotización por el que no hayan cotizado en puntual y debida forma.
2. La Sociedad no se ha beneficiado indebidamente de bonificaciones por descuentos a la Seguridad Social.
3. La Sociedad cumple con sus obligaciones de alta, afiliación, cotización y encuadramiento en el respectivo régimen de la Seguridad Social.
4. Ninguna obligación de Seguridad Social de la Sociedad se encuentra sometida a controversia con las autoridades laborales ni está sometida a un procedimiento de comprobación de Seguridad Social en curso. Asimismo, la Sociedad no ha recibido notificaciones de contenciosos judiciales o reclamaciones en vía administrativa en curso por motivos de Seguridad Social y ni la Sociedad ni los Accionistas Significativos han recibido comunicación del inicio futuro de contenciosos judiciales o reclamaciones en vía administrativa. No existe ninguna obligación pendiente por parte de la Sociedad en relación a inspecciones laborales concluidas en el pasado.
5. Respecto a la relación de la Sociedad con otras compañías, empresarios o profesionales, a través de servicios, trabajos específicos o contrataciones similares, no han acontecido situaciones legales en cuya virtud la Sociedad sea declarado en exclusiva, solidariamente o subsidiariamente, responsable de las obligaciones de dichas compañías ante la Seguridad Social, empresas o profesionales, cuyos empleados (contratistas o profesionales independientes) hayan sido cedidos o hayan prestado servicios a la Sociedad conforme a las normas aplicables a dicha cesión, subcontratación o prestación de servicios independientes.
6. La Sociedad cumple con la normativa Laboral y de Seguridad Social en materia de registro horario, jornada y horas extraordinarias.»

b. Contenido y grado de conocimiento de quien las otorga

En función de su contenido y del grado de conocimiento de quien las otorga, las manifestaciones y garantías pueden ir referidas a: **2975**
- la titularidad del objeto transmitido; y
- la actividad del negocio;

Titularidad del objeto transmitido Las manifestaciones y garantías de titularidad contemplan afirmaciones respecto de la **propiedad** del objeto transmitido, y **cargas y gravámenes** afectos al mismo, y normalmente se vinculan a los supuestos de conocimiento limitado por parte del transmitente respecto de la gestión desarrollada en el ejercicio de la actividad (por ejemplo, en el caso de la transmisión de una participación por parte de accionistas minoritarios que no han intervenido en la gestión). **2976**

Ejemplo *«Titularidad de las Acciones.*
1. El Vendedor es el único, legítimo y pleno titular de las de Acciones, tal y como se indica en el Contrato.
2. Las Acciones ostentadas por el Vendedor representan el 5% del capital social de la Sociedad y son todas ellas titularidad del Vendedor, tal y como se prevé en el Contrato.
3. Excepto por lo previsto expresamente en el Contrato, las Acciones están libres y exentas de toda carga, reclamación, gravamen, opción, retracto o derecho de adquisición preferente y no existen compromisos u obligaciones de conceder ni de crear alguna de tales cargas, gravámenes o derechos.
4. Las Acciones han sido válidamente emitidas y se encuentran totalmente desembolsadas.

5. No existen restricciones a la transmisión directa o indirecta de las Acciones, a excepción de las expresamente previstas en los Estatutos Sociales de la Sociedad y en el Contrato.
6. El Vendedor no ha suscrito o se ha comprometido a suscribir ningún pacto de accionistas, joint venture o acuerdo de sindicación de voto o de cualquier otra naturaleza que afecten o puedan afectar, en cualquier circunstancia, los derechos políticos o económicos inherentes a las Acciones.
7. Hasta donde alcanza el conocimiento del Vendedor, la Sociedad no ha emitido ningún derecho de participación sobre su capital social distinto de las acciones, ni existe ni ha existido ningún compromiso u obligación de emitir dichos derechos.
8. Hasta donde alcanza el conocimiento del Vendedor, la Sociedad no es ni ha sido administrador o liquidador de ninguna sociedad o entidad.
9. Hasta donde alcanza el conocimiento del Vendedor, cada una de las acciones en las que se divide el capital social de la Sociedad tiene los mismos derechos políticos y económicos que las Acciones de la Sociedad.»

2978 **Actividad** Las manifestaciones y garantías relativas a la actividad contemplan afirmaciones respecto de la **evolución** del negocio, **y** se vinculan a los supuestos de conocimiento amplio por parte del transmitente respecto de la **gestión** desarrollada en el ejercicio de la actividad.

Ejemplo *«Contratos.*
1.- Todos los contratos suscritos por la Sociedad, son válidos, vinculantes, están debidamente firmados por las partes, se encuentran en pleno vigor y eficacia y son ejecutables conforme a sus términos. Dichos contratos no contienen condiciones inusuales ni especialmente gravosas para la Sociedad, han sido debidamente cumplidos por sus partes y han sido concluidos bajo condiciones normales y ordinarias, de acuerdo con las prácticas del mercado y conforme a ley aplicable.
2.- No existe fundamento o causa para la resolución, rescisión o suspensión de ningún contrato en el que la Sociedad sea parte; la Sociedad no ha sido notificada por la contraparte contractual sobre su intención de resolver o suspender dichos acuerdos.
3.- La Sociedad no es parte de ningún contrato, acuerdo, transacción, obligación o compromiso u otros, que:
(i) no puedan ser cumplidos salvo que realicen cambios sustanciales en su situación financiera o comercial;
(ii) solo puedan ser resueltos dando un preaviso superior a tres (3) meses;
(iii) hayan sido concluidos con diferentes condiciones a las normales de mercado (a precio diferente del de mercado);
(iv) sea probable que causen pérdidas a la Sociedad o que conlleven obligaciones, limitaciones o desembolsos de naturaleza inusual, onerosa o excepcional o realizadas fuera del giro o tráfico ordinario de la Sociedad;
(v) impidan o condicionen la suscripción de otros contratos o acuerdos con determinados terceros, salvo que así lo permita la ley aplicable;
(vi) puedan ser resueltos unilateralmente por la contraparte sin una justificación objetivamente razonable, salvo que así lo permita la ley aplicable; o
(vii) infrinjan la legislación sobre defensa de la competencia española o comunitaria.
4.- La Sociedad no está obligada por acuerdos de no competencia, acuerdos de exclusividad, acuerdos de confidencialidad o por acuerdos que limiten su libertad para competir en cualquier línea de negocio o con cualquier persona o en cualquier área, o que pudieran limitar la libertad empresarial del Comprador o la Sociedad después de la fecha del presente Contrato.
5.- No se producirá la resolución de los contratos suscritos por la Sociedad, ni surgirá derecho alguno a favor de la contraparte para resolverlos, renegociarlos, modificarlos o provocar que sean ejecutados bajo condiciones más gravosas, o posibilitando cualquier pago extraordinario, ni será necesario notificar a la contraparte u obtener su consentimiento, como consecuencia de: (i) un cambio de control, directo o indirecto, de la Sociedad, la modificación de su órgano de administración o estructura accionarial, la realización de operaciones societarias de reestructuración; o (ii) la conclusión de las transacciones expuestas en este Contrato.
6.- Ninguno de los clientes o proveedores de la Sociedad tiene la intención o ha decidido recientemente alterar sustancialmente las condiciones en que actualmente se desarrollan sus relaciones o cesar en el uso de los servicios o productos o reducir sus suministros a la Sociedad por cualquier razón, incluso por la conclusión de cualquiera de las transacciones previstas en este Contrato.
7.- Ni la Sociedad ni los Vendedores han recibido ninguna notificación de resolución, rescisión, anulación o reclamación derivada de un incumplimiento o infracción, efectivo o presunto, de tales contratos.»

c. Áreas de cobertura

2980 La complejidad del objeto transmitido en las trasmisiones de empresa ha derivado en una sistemática para desarrollar el contenido de las manifestaciones y garantías en función de las áreas que cubre cada una de ellas, atendiendo además al **sector** de actividad de la empresa objeto de compraventa. Y esto con independencia de que la transmisión opere a nivel de empresas individuales o no dotadas de personalidad jurídica independiente, o de sociedades dotadas de personalidad jurídica propia que desarrollan actividades empresariales, mediante la transmisión de los títulos representativos de su capital social. Esto es debido a que la transmisión de la empresa comprende no solo la de los bienes, derechos, obligaciones y relaciones jurídicas integrantes de esta, sino también la de otros elementos, incluyendo los intangibles (organización, clientela, expectativas de negocio, etc.), que además mutan por el mero transcurso del tiempo y el propio funcionamiento de la empresa hasta el momento mismo en que se complete su transmisión.

A continuación, se recoge, a título ejemplificativo, el **contenido típico** a desarrollar en las manifestaciones y garantías en función de las áreas que cubre cada una de ellas (sin que la presente exposición tenga un carácter limitativo) y el objetivo resarcitorio pretendido en cada caso.

El concreto desarrollo de las manifestaciones y garantías estará en función del carácter que se les quiera imprimir -p.e., sintéticas o analíticas, o una combinación de ambas (nº 2970)-, y del grado de conocimiento que tenga el autor de la manifestación.

Legales Las manifestaciones y garantías legales pueden ir referidas a: 2982
- la titularidad de las acciones, en el supuesto de transmisión de los títulos representativos del capital social de la persona jurídica titular de la empresa;
- la existencia de la sociedad objeto de transmisión (nº 2984);
- la capacidad jurídica del vendedor y de la sociedad (nº 2985);
- los órganos sociales (nº 2986);
- los libros sociales y documentación (nº 2987);
- los poderes (nº 2988);
- los activos distintos de inmuebles (nº 2989);
  la propiedad industrial (nº 2990);
- los permisos y las licencias (nº 2992);
- el endeudamiento de la sociedad (nº 2993);
- los acuerdos con partes vinculadas (nº 2994);
- los seguros (nº 2995);
- las subvenciones (nº 2996);
- los litigios, controversias, notificaciones y reclamaciones (nº 2997);
- los contratos (nº 2998);
- las garantías (nº 2999);
- las prácticas restrictivas de la competencia (nº 3000); y
- los efectos del contrato (nº 3001).

Titularidad de acciones Están referidas a la legítima titularidad del vendedor respecto de las acciones transmitidas, a que están libres de **cargas y gravámenes**, que no tienen obligaciones pendientes, que no existen **restricciones** a su transmisión, y que con motivo de esta no se genera ningún compromiso u obligación que afecte a la compraventa o a la empresa objeto de transmisión. 2983

Ejemplo *«Respecto de las Acciones:*
1. Los Vendedores son los únicos, legítimos y plenos titulares las de Acciones, tal y como se indica en el Contrato.
2. Las Acciones ostentadas por los Vendedores representan la totalidad del capital social de la Sociedad y son todas ellas titularidad de los Vendedores, tal y como se prevé en el Contrato.
3. Excepto por lo previsto expresamente en el Contrato, las Acciones están libres y exentas de toda carga, reclamación, gravamen, opción, retracto o derecho de adquisición preferente y no existen compromisos u obligaciones de conceder ni de crear alguna de tales cargas, gravámenes o derechos.
4. Las Acciones han sido válidamente emitidas y se encuentran totalmente desembolsadas.
5. No existen restricciones a la transmisión directa o indirecta de las Acciones, a excepción de las expresamente previstas en los Estatutos Sociales de la Sociedad y en el Contrato.
6. Los Vendedores no han suscrito o se han comprometido a suscribir ningún pacto de accionistas, joint venture o acuerdo de sindicación de voto o de cualquier otra naturaleza que afecten o puedan afectar, en cualquier circunstancia, los derechos políticos o económicos inherentes a las Acciones.
7. La Sociedad no ha emitido ningún derecho de participación sobre su capital social distinto de las Acciones, ni existe ni ha existido ningún compromiso u obligación de emitir dichos derechos.
8. Cada una de las Acciones en las que se divide el capital social de la Sociedad tiene los mismos derechos políticos y económicos que las restantes Acciones de la Sociedad.
9. La Sociedad no tiene responsabilidades pendientes, reales o contingentes, de ninguna clase con relación a antiguas participaciones en cualesquiera sociedades o entidades.»

2984 **Existencia de la sociedad objeto de transmisión** Están referidas a que la sociedad objeto de transmisión existe, se ha constituido válidamente e inscrito en el **RM** correspondiente, junto con todos los actos de obligatoria inscripción, y cumple con todos los requisitos legales aplicables.

Ejemplo *«1. La Sociedad es una sociedad anónima actualmente existente, constituida con arreglo a las leyes de España, válidamente inscrita en el Registro Mercantil, con plena capacidad, legalmente establecida y cumple con todos los requisitos legales aplicables.*
2. La Sociedad se encuentra debidamente inscrita en los registros oficiales pertinentes, sin que ninguno de los actos de obligatoria inscripción, incluyendo los relativos al capital social, órganos sociales o estatutos, estén pendientes de inscripción.
3. La Sociedad no tiene en propiedad o en garantía acciones propias, ni ha prestado asistencia financiera para la adquisición de acciones propias ni ha establecido participaciones recíprocas de acciones o participaciones sociales con ninguna otra sociedad mercantil superior al límite legalmente establecido, ya sea directamente o a través de persona interpuesta.
4. No existe ninguna reducción ni ampliación de capital ni acuerdo adoptado al respecto pendiente de ejecución o inscripción por la Sociedad.
5. La Sociedad no ha adoptado ningún acuerdo para su disolución o liquidación, ni de nombramiento de liquidador, ni existe decisión judicial ni procedimiento alguno pendiente o solicitud de disolución o liquidación en curso, ni hay acuerdo alguno adoptado por sus órganos sociales para iniciar su transformación, fusión, escisión o la cesión global del activo y del pasivo.
6. La Sociedad no está o ha sido en el pasado sujeto de un procedimiento concursal y no existe ningún hecho que justifique la iniciación fundada de tal procedimiento.»

2985 **Capacidad jurídica** Este tipo de manifestaciones están referidas a:
- la capacidad legal del **vendedor** para suscribir y cumplir el contrato de compraventa y perfeccionar válidamente los negocios jurídicos y transacciones que se contemplan en el propio contrato; y
- la capacidad jurídica de la **sociedad** objeto de compraventa para ser titular y llevar a cabo su actividad social.

Ejemplo *«1. Los Vendedores tienen la capacidad legal, la totalidad de las facultades y potestades necesarias para suscribir y cumplir el presente Contrato y para perfeccionar válidamente los negocios jurídicos y transacciones que se contemplan en el Contrato.*
2. Los Vendedores manifiestan que el presente Contrato constituye fuente válida de obligaciones exigibles, de tal modo que todas y cada una de las obligaciones que se deriven del presente Contrato y les correspondan, como cualquier otra obligación relacionada con su ejecución, son fuente válida de obligaciones exigibles para los Vendedores por el Comprador.
3. La Sociedad tiene la capacidad jurídica legal suficiente para ser titular y llevar a cabo su actividad social, de acuerdo con sus Estatutos Sociales y cualesquiera otros documentos o acuerdos, de conformidad con la ley aplicable. Los Vendedores no tienen conocimiento de la existencia de ninguna disposición normativa vigente que limite su capacidad jurídica para continuar con sus negocios como se están desarrollando en la actualidad.»

2986 **Órganos sociales** Este tipo de manifestaciones están referidas a la observancia por los órganos sociales de la ley aplicable y los estatutos en la adopción de los **acuerdos sociales**, y a la situación **acreedora o deudora** por parte de los administradores respecto de la sociedad.

Ejemplo *«1. Los órganos sociales (incluyendo Junta General y órgano de administración) de la Sociedad han observado la normativa societaria de acuerdo con la ley aplicable y, en particular, los acuerdos sociales adoptados hasta la fecha del presente Contrato no infringen la ley aplicable, los estatutos sociales de dicha sociedad ni lesionan los intereses de esta en beneficio de uno o varios accionistas o terceros.*
2. La Sociedad no se ha visto ni se verá afectada por la responsabilidad derivada de conductas de los miembros de sus órganos de administración realizadas antes de la fecha del presente Contrato, conforme a la ley aplicable.
3. Todos los nombramientos y cargos del órgano de administración de la Sociedad están vigentes y debidamente inscritos en el Registro Mercantil.
4. A la fecha del presente Contrato:
(i) no se adeuda ni están pendientes de pago cantidad alguna a los administradores de la Sociedad; y
(ii) los administradores de la Sociedad no adeudan ni tienen pendiente de pago cantidad alguna a esta.»

Libros sociales y documentación Este tipo de manifestaciones hacen referencia a la **llevanza** de los libros sociales por la sociedad, a su actualización y contenido, y a la documentación soporte de los registros. 2987

Ejemplo *«1. Los libros registro de acciones nominativas de la Sociedad han sido llevados de acuerdo con la ley aplicable, contienen el registro fiable, exacto y completo de los accionistas de la Sociedad, y su contenido no ha sido cuestionado ni se ha solicitado su rectificación. Tales libros contienen registros completos, exactos y fiables de las titularidades y cargas, en su caso, de las Acciones además de toda la información exigida por la ley aplicable.*
2. El capital social de la Sociedad, las acciones en que está dividido y los accionistas de esta son los que resultan de los libros registro de acciones nominativas de la Sociedad, conforme a la legislación aplicable.
3. Los Vendedores y la Sociedad no tienen constancia de ninguna otra transmisión de acciones de la Sociedad que no conste en tales libros registro de acciones nominativas.
4. Los libros oficiales de actas la Sociedad han sido llevados de acuerdo con la ley aplicable, contienen registros completos, exactos y fiables, de los últimos seis (6) años de todas las juntas generales de accionistas y resoluciones sociales de los órganos de administración de esta, encontrándose debidamente firmados y legalizados en plazo, además de toda la información exigida por la ley aplicable. Su contenido no ha sido cuestionado ni se ha solicitado su rectificación.
5. Todos los libros contables de la Sociedad están actualizados, obran en su poder y contienen el registro fiel, exacto y completo de todas las materias que deben recogerse en dichos libros de conformidad con la ley aplicable.
6. Las Cuentas Anuales de la Sociedad correspondientes a los seis (6) últimos ejercicios han sido formuladas y aprobadas correctamente y se han depositado en el Registro Mercantil, dentro del plazo legalmente exigido.
7. La documentación soporte de los registros o archivos contables de la Sociedad se encuentra bajo el control de esta.»

Poderes Este tipo de manifestaciones están referidas a la estructura de poderes de la sociedad y a su inscripción en el **RM** cuando sea procedente. 2988

Ejemplo *«1. El Apéndice 1 enumera todos los poderes existentes (con excepción de los poderes para pleitos) concedidos por la Sociedad. Todos los poderes que, de conformidad con la ley aplicable, deban estar inscritos en el Registro Mercantil, han sido efectivamente inscritos en dicho Registro.*
2. No existen poderes especiales otorgados por la Sociedad fuera del giro o tráfico ordinario de sus negocios.»

Activos distintos de inmuebles Este tipo de manifestaciones hacen referencia al **título** habilitante respecto de los activos utilizados en el giro o tráfico ordinario, a la existencia de **cargas o gravámenes**, reclamaciones o pagos pendientes sobre ellos, a su estado de conservación y adecuación para el desarrollo de las actividades empresariales a las que están asignados y al control y revisiones a los que han sido sometidos de conformidad con la legislación que fuese de aplicación. 2989

Ejemplo *«1. La Sociedad es propietaria o tienen válidamente arrendados todos los activos incluidos en los Balances de Referencia y utilizados en el giro o tráfico ordinario, y, además:*
(i) Dichos activos son poseídos por la Sociedad libres de cualquier carga, gravamen o reclamación.
(ii) La Sociedad no ha dejado de pagar los pagos vencidos aplazados de ningún activo cuya transmisión de la propiedad esté condicionada al total pago de su precio.
(iii) La Sociedad no es propietaria ni usa ningún activo sustancial que no esté incluido en los Balances de Referencia.
(iv) Todos los equipos, aplicaciones y programas informáticos poseídos o utilizados por la Sociedad se encuentran en buenas condiciones y en correcto estado de funcionamiento salvo por el deterioro ordinario por uso, y han sido conservados de modo regular y adecuado. El uso de tales aplicaciones y programas informáticos está amparado por las licencias correspondientes, que se encuentran en vigor a la fecha del presente Contrato.
(v) Los bienes muebles utilizados por la Sociedad en el giro o tráfico ordinario de sus actividades, incluidos, inter alia, equipos informáticos y mobiliario, son los que se requieren para continuar desarrollando sus actividades empresariales, son aptos para su utilización, están y han estado sometidos a los controles y revisiones que su legislación específica impone, con la periodicidad requerida y se ajustan en todos los aspectos sustanciales a los requisitos exigidos por la legislación aplicable (incluyendo, sin limitación, los requisitos concernientes al seguro obligatorio de responsabilidad civil), y se utilizan en las condiciones y con las limitaciones que la ley aplicable impone.
(vi) No existen litigios, reclamaciones, procedimientos, demandas, ni se han ejercitado acciones judicial o extrajudicialmente, para la adopción de medidas cautelares, acciones ejecutivas, hipotecarias, tercerías de dominio o de mejor derecho y, en general, cualquier acto administrativo que de cualquier forma pueda afectar a la propiedad y disfrute pacífico de los activos referidos en el presente apartado.»

2990 **Propiedad industrial** Este tipo de manifestaciones hacen referencia a:
• Las **patentes**, solicitudes de patentes, modelos de utilidad, modelos, dibujos y diseños industriales, artísticos y gráficos, métodos, procedimientos, tecnología, *know-how* y demás elementos de propiedad industrial precisos para los productos y servicios comercializados y/o suministrados por la sociedad.
• Las **marcas**, nombres comerciales, logotipos, y cualesquiera otras denominaciones comerciales, incluyendo nombres y marcas no registrados, propiedad de o utilizados por la sociedad; y
• Los **derechos de autor** (*copyright*), *software* informático, programas de ordenador, «códigos fuente», páginas y sitios Web, contenidos de páginas y sitios Web (incluyendo textos, imágenes, dibujos, combinaciones de colores, archivos de audio y/o de vídeo, archivos de *software*, botones, marcas, logotipos, eslóganes y diseños, así como estructura, selección, ordenación y presentación de cualquier información y/o contenido de páginas y sitios Web), bases de datos, obras audiovisuales, fotografías y cualesquiera otros elementos de propiedad intelectual propiedad de o utilizados por la sociedad.
• **Secretos empresariales**, comprendiendo información de cualquier naturaleza (incluida la tecnológica, científica, industrial, comercial, organizativa o financiera) que sea secreta, tenga un valor empresarial derivada de su carácter secreto y haya sido objeto de medidas razonables para ser mantenida en secreto.

2991 Las manifestaciones en materia de propiedad industrial acreditan el **título** habilitante, la **situación registral** de dichos elementos, si han sido controvertidos o recurridos por algún tercero, la situación en que se encuentran los pagos de las **tasas e impuestos** y el cumplimiento de los requisitos legales para mantener vigente la plena titularidad o el uso de los derechos de propiedad industrial. Asimismo, es frecuente encontrar manifestaciones relativas a que la sociedad no ha incumplido derechos de propiedad industrial de terceros.

Ejemplo *«1. El Apéndice 1 contiene una descripción de todos los elementos de propiedad industrial e intelectual que pertenecen a la Sociedad o son utilizados por esta a título distinto del de propiedad (como licenciatarias o bajo cualquier otro título válido) e indica asimismo la situación registral de dichos elementos (los «**Derechos de PI**»).*
2. La Sociedad está al corriente de los pagos de todas las tasas e impuestos y cumplen íntegramente los requisitos legales para mantener vigente la plena titularidad sobre los Derechos de PI que les pertenecen, así como para continuar utilizando dichos Derechos de PI.
3. Los Derechos de PI titularidad de o utilizados por la Sociedad:
(i) están debidamente inscritos en los registros oficiales correspondientes (incluyendo, respecto de los dominios de Internet, su inscripción en la Hoja correspondiente del Registro Mercantil) o bien el registro se ha solicitado y está en trámite;
(ii) están siendo usados con pleno cumplimiento de las normas, contratos o acuerdos aplicables a dichos Derechos de PI;
(iii) no violan ni infringen ningún registro o elemento de propiedad industrial o intelectual de ningún tercero;
(iv) están libres de cargas y gravámenes; y
(v) tales Derechos de PI no han sido controvertidos, recurridos o declarados en suspenso por ningún tercero u organismo judicial, arbitral o administrativo, ni los Vendedores han recibido notificación alguna en relación con litigios, reclamaciones, procedimientos, demandas o responsabilidades en relación con el uso de los Derechos de PI titularidad de o utilizados por la Sociedad.
4. La Sociedad es la única, válida y legítima titular o usuaria de los Derechos de PI.
5. La Sociedad cuenta con los Derechos de PI necesarios para el desarrollo del Negocio y para los productos y servicios por ellas comercializados y/o suministrados en cualquier modo. Además, la Sociedad tiene capacidad para continuar sirviéndose útilmente de dichos derechos con independencia de la propia celebración del presente Contrato.
6. Los Derechos de PI propiedad de o utilizados por la Sociedad continuarán siendo disfrutados por la Sociedad una vez suscrito el presente Contrato y realizadas las transacciones aquí previstas, sin que la propiedad o uso de dichos derechos puedan quedar resueltos, revocados o perjudicados de cualquier otro modo como consecuencia de la suscripción y ejecución del presente Contrato.
7. La Sociedad es la legítima titular de las páginas y sitios Web recogidas en el Apéndice 7 y de todos y cada uno de los contenidos de las mismas. Respecto de tales páginas y sitios Web y contenidos:
(i) Corresponde a la Sociedad el ejercicio exclusivo de los derechos de explotación de tales páginas y sitios Web y de sus contenidos de cualquier forma y, en especial, los derechos de reproducción, distribución, comunicación pública y transformación.
*(ii) No se incluyen ni se han incluido en tales páginas Web enlaces (incluyendo, links, banners y botones) de otras páginas o sitios Web («**Webs de Terceros**») sin haber cumplido con las obligaciones exigidas a tal efecto por los titulares de las Webs de Terceros, ni se han llevado a cabo por parte del titular de las páginas y sitios Web referidos en el Apéndice 7 anterior prácticas de deep linking o spamming.*

(iii) A los efectos de lo previsto en el apartado [ ] siguiente, las cookies utilizadas se asocian únicamente con usuarios anónimos y sus terminales, sin incluir referencias que permitan deducir datos personales de cualesquiera usuarios de tales páginas y sitios Web, y no pueden leer datos de los discos duros de estos, ni leer los archivos cookie creados por otros.»
8. En el curso del Negocio la Sociedad no infringe ni ha infringido derechos de PI de terceros.

Permisos y licencias Este tipo de manifestaciones hacen referencia a los permisos, autorizaciones, solicitudes, consentimientos y licencias exigidos por la ley aplicable para o en relación con las **actividades** que desarrolla la sociedad, y acreditan que los mismos han sido debidamente otorgados a favor de la sociedad y se encuentran en pleno vigor y eficacia. **2992**

Ejemplo *«1. Todos los permisos, autorizaciones, solicitudes, consentimientos y licencias exigidos por la ley aplicable para o en relación con las actividades que han venido desarrollando y que actualmente desarrolla la Sociedad han sido debidamente solicitadas y otorgadas a su favor y se encuentran en pleno vigor y eficacia.*
2. No se ha notificado ningún procedimiento que pudiera afectar de cualquier modo a dichos permisos y licencias de la Sociedad, y los Vendedores no tienen conocimiento de ningún otro motivo por el que dichos permisos y licencias debieran ser suspendidos, impugnados, revocados o invalidados.»

Endeudamiento Este tipo de manifestaciones están referidas a los contratos **de préstamo, líneas de crédito** o similares y concretan la inexistencia de efectos adversos con motivo de la suscripción del contrato de compraventa. **2993**

Ejemplo *«El Apéndice 1 enumera todas las líneas de crédito bancarias suscritas por la Sociedad con indicación de la cantidad concedida y los términos y condiciones financieras aplicables al respecto. Dichas líneas de crédito no se verán afectadas por la suscripción del presente Contrato ni por la ejecución de las transacciones previstas en el mismo.»*

Acuerdos con partes vinculadas Este tipo de manifestaciones hacen referencia a la existencia o inexistencia de relaciones jurídicas con partes vinculadas, entendiendo como tales a la sociedad y sus **accionistas, administradores, empleados** o ex-empleados. **2994**

Ejemplo *«1. No existen préstamos, créditos o garantías que actualmente estén vigentes suscritos entre la Sociedad y sus accionistas, administradores, empleados o ex empleados.*
2. Todos los pagos que debieran haberse efectuado con arreglo a dichos contratos han sido satisfechos de conformidad con sus propios términos y con la ley aplicable.»

Seguros Este tipo de manifestaciones están referidas a las pólizas de seguros suscritas por la sociedad como **tomador, asegurado o beneficiario** de la cobertura, a su validez y eficacia, al pago de las primas correspondientes y al estado de las reclamaciones. **2995**

Ejemplo *«1. El Apéndice 1 enumera todas las pólizas de seguros suscritas por la Sociedad como tomador, asegurado o beneficiario de la cobertura e indica los riesgos que están asegurados. Las primas de dichas pólizas han sido debidamente satisfechas a sus respectivos vencimientos. Los Vendedores no tienen conocimiento de que las compañías aseguradoras respectivas tengan el propósito de cancelar las citadas pólizas de seguro, establecer un aumento de las primas o imponer condiciones distintas a las actualmente en vigor en perjuicio de cualquiera de dichas sociedades.*
2. Todas esas pólizas de seguros están en pleno vigor y eficacia y la Sociedad no ha realizado ni omitido ningún acto que pueda dar lugar a la nulidad o invalidez de una póliza de seguro.
3. La Sociedad ha suscrito y mantiene en vigor en la actualidad las pólizas de seguro exigidas por la ley aplicable.
4. No hay ninguna reclamación pendiente de pago respecto de las pólizas de seguros recogidas en el Apéndice 1.»

Subvenciones Este tipo de manifestaciones hacen referencia a la solicitud u obtención de subvenciones, subsidios o ayudas o ventajas similares de autoridades u organismos, y a la obligación de **reembolso** que pudiera existir al respecto. **2996**

Ejemplo *«La Sociedad no ha recibido o solicitado subvenciones, subsidios o ayudas o ventajas similares de ninguna autoridad u organismo de cualquier ámbito o jurisdicción, ni, en consecuencia, está obligada a rembolsar el importe de ninguna subvención, subvención, ayuda o ventaja similar concedida a cualquiera de ellas.»*

2997 **Litigios, controversias, notificaciones y reclamaciones** Este tipo de manifestaciones están referidas a la existencia de cualesquiera reclamaciones, contenciosos o **procedimientos arbitrales** relacionados con la sociedad y su situación.

Ejemplo *«1. La Sociedad no es parte en ningún litigio, procedimiento arbitral, proceso penal o administrativo, en calidad de demandante o demandado.*
2. La Sociedad no ha recibido notificación alguna de que existan cuestiones que podrían dar origen a un procedimiento civil, litigio, procedimiento arbitral, administrativo o penal o de otro tipo que afecte a la Sociedad o a una persona cuyos actos o incumplimientos pudieran derivar en responsabilidad solidaria o subsidiaria para ella.
3. Ninguna resolución judicial, administrativa o arbitral ha sido dictada contra la Sociedad que pueda afectar significativamente, directa o indirectamente, a su situación económica o financiera o a sus perspectivas de negocio.»

2998 **Contratos** Este tipo de manifestaciones hacen referencia a la validez y carácter vinculante de los contratos suscritos por la sociedad, a sus términos y **condiciones**, y a la existencia de causas para su resolución, **rescisión o suspensión**, especialmente con motivo de un cambio de control, directo o indirecto, de la sociedad o de la realización de operaciones societarias de reestructuración.

Ejemplo *«1. Todos los contratos suscritos por la Sociedad son válidos, vinculantes, están debidamente firmados por las partes, se encuentran en pleno vigor y eficacia y son ejecutables conforme a sus términos. Dichos contratos no contienen condiciones inusuales ni especialmente gravosas para la Sociedad, han sido debidamente cumplidos por sus partes y han sido concluidos bajo condiciones normales y ordinarias, de acuerdo con las prácticas del mercado y conforme a ley aplicable.*
2. No existe fundamento o causa para la resolución, rescisión o suspensión de ningún contrato en el que la Sociedad sea parte; la Sociedad no ha sido notificada por la contraparte contractual sobre su intención de resolver o suspender dichos acuerdos.
3. La Sociedad no es parte de ningún contrato, acuerdo, transacción, obligación o compromiso u otros, que:
(i) no puedan ser cumplidos salvo que realicen cambios sustanciales en su situación financiera o comercial;
(ii) solo puedan ser resueltos dando un preaviso superior a tres (3) meses;
(iii) hayan sido concluidos con diferentes condiciones a las normales de mercado (a precio diferente del de mercado);
(iv) sea probable que causen pérdidas a la Sociedad o que conlleven obligaciones, limitaciones o desembolsos de naturaleza inusual, onerosa o excepcional o realizadas fuera del giro o tráfico ordinario de la Sociedad;
(v) impidan o condicionen la suscripción de otros contratos o acuerdos con determinados terceros, salvo que así lo permita la ley aplicable;
(vi) puedan ser resueltos unilateralmente por la contraparte sin una justificación objetivamente razonable, salvo que así lo permita la ley aplicable; o
(vii) infrinjan la legislación sobre defensa de la competencia española o comunitaria.
4. La Sociedad no está obligada por acuerdos de no competencia, acuerdos de exclusividad, acuerdos de confidencialidad o por acuerdos que limiten su libertad para competir en cualquier línea de negocio o con cualquier persona o en cualquier área, o que pudieran limitar la libertad empresarial del Comprador o la Sociedad después de la fecha del presente Contrato.
5. No se producirá la resolución de los contratos suscritos por la Sociedad, ni surgirá derecho alguno a favor de la contraparte para resolverlos, renegociarlos, modificarlos o provocar que sean ejecutados bajo condiciones más gravosas, o posibilitando cualquier pago extraordinario, ni será necesario notificar a la contraparte u obtener su consentimiento, como consecuencia de: (i) un cambio de control, directo o indirecto, de la Sociedad, la modificación de su órgano de administración o estructura accionarial, la realización de operaciones societarias de reestructuración; o (ii) la conclusión de las transacciones expuestas en este Contrato.
6. Ninguno de los clientes o proveedores de la Sociedad tiene la intención o ha decidido recientemente alterar sustancialmente las condiciones en que actualmente se desarrollan sus relaciones o cesar en el uso de los servicios o productos o reducir sus suministros a la Sociedad por cualquier razón, incluso por la conclusión de cualquiera de las transacciones previstas en este Contrato.
7. Ni la Sociedad ni los Vendedores han recibido ninguna notificación de resolución, rescisión, anulación o reclamación derivada de un incumplimiento o infracción, efectivo o presunto, de tales contratos.
8. La Sociedad ha cumplido y cumplen con las obligaciones exigidas en materia de contratación electrónica.»

2999 **Garantías** Este tipo de manifestaciones están referidas al otorgamiento por la sociedad o a la existencia a favor de la sociedad de cualesquiera garantías, de carácter **real o personal**, o a la obligación de constituirlas.

Ejemplo *«1. La Sociedad no ha otorgado ninguna garantía, ya sea de carácter personal o real, que esté en vigor a la fecha del presente Contrato.*
2. La Sociedad no es beneficiaria de ninguna garantía, ya sean de carácter personal o real, que esté en vigor a la fecha del presente Contrato.
3. La Sociedad no está obligada a constituir garantía alguna, de cualquier naturaleza, en virtud de la ley aplicable o de cualesquiera contratos o acuerdos.»

Prácticas restrictivas de la competencia Este tipo de manifestaciones hacen referencia al cumplimiento por la sociedad de las normas aplicables en materia de defensa de la competencia, **competencia desleal**, defensa y protección de **consumidores** y usuarios u otras de análogo contenido, y al inicio, en su caso, de procedimientos o reclamaciones en este sentido. **3000**

Ejemplo *«1. La Sociedad cumple las normas aplicables en materia de defensa de la competencia, competencia desleal, defensa y protección de consumidores y usuarios o de análogo contenido de conformidad con la ley aplicable en las jurisdicciones en las que tiene activos o lleva a cabo sus actividades; y no precisa hacer notificación o comunicación alguna ni obtener autorización previa alguna en relación con dicha normativa.*
2. La Sociedad no ha recibido comunicación o notificación alguna, sea formal o no, de que se haya iniciado o se vaya a iniciar contra ella, o que de cualquier otra forma le afecte, procedimiento alguno relativo a normas sobre defensa de la competencia, competencia desleal, defensa y protección de consumidores y usuarios o de análogo contenido.»

Efectos del contrato Este tipo de manifestaciones están referidas a los efectos que el otorgamiento y cumplimiento del contrato por el transmitente puede tener respecto de disposiciones normativas, resoluciones judiciales o arbitrales o contratos de los que sea parte la sociedad. **3001**

Ejemplo *«1. La aceptación, otorgamiento, celebración y cumplimiento por el Comprador y los Vendedores del presente Contrato y de sus obligaciones:*
(i) no contravienen ni dan lugar al incumplimiento de cualquier disposición legal, reglamento, orden, decreto, mandamiento judicial, resolución, auto, laudo o sentencia de cualquier autoridad administrativa o judicial;
(ii) no contravienen ni dan lugar al incumplimiento, modificación, vencimiento anticipado o resolución de cualquier escritura, instrumento público, hipoteca, acuerdo, contrato o pacto (ni de ninguna de sus disposiciones) del que sean parte la Sociedad;
(iii) no contravienen ni dan lugar al incumplimiento de los documentos constitutivos y societarios por los que estén vinculados la Sociedad; y
(iv) no requieren ser registrados, comunicados, autorizados, consentidos o aprobados por persona u organismo alguno, ya sea público o privado.
2. Excepto por lo previsto expresamente en el Contrato, ninguna autorización, consentimiento, licencia, exención, clasificación, inscripción, declaración negativa o similar necesita ser obtenida de un tercero o de una autoridad administrativa o judicial por los Vendedores, o la Sociedad como condición para la válida ejecución, otorgamiento o cumplimiento de este Contrato y de las transacciones en él contempladas.»

Inmobiliarias Las manifestaciones y garantías inmobiliarias constituyen una **parte esencial** en cualquier transacción inmobiliaria o en aquella en la que existen subyacentes inmobiliarios. **3005**

Cuando el objeto de **transmisión** es una **sociedad** y existen activos inmobiliarios, el comprador también desea que el vendedor le facilite las correspondientes manifestaciones respecto de dichos activos.

Las manifestaciones y garantías específicas **más comunes** de este tipo son aquellas que hacen referencia a:
- la descripción de los inmuebles en el Registro de la Propiedad y Catastro y la correspondencia entre ambas descripciones y superficies;
- la titularidad de los inmuebles;
- las cargas y gravámenes que puedan presentar;
- el arrendatario y ocupantes de los mismos;
- la existencia de acometidas y contratos de suministro necesarios para el uso del inmueble;
- los permisos, autorizaciones, licencias y situación urbanística;
- el cumplimiento normativo en cuanto a la construcción, características técnicas, urbanísticas y de superficie y seguridad;
- la inexistencia de materiales prohibidos o potencialmente peligrosos (incluido amianto o materiales que puedan producir carbonatasis o aluminosis) en la construcción del inmueble;
- los aspectos medioambientales; y
- los seguros específicos del inmueble.

El **alcance** de las correspondientes manifestaciones sobre los inmuebles depende, en gran medida, de su relevancia en el marco de la transacción.

3007 **Laborales** Las manifestaciones y garantías de carácter laboral han de cubrir, al menos, los riesgos más relevantes detectados en la auditoría laboral. A priori, podemos prever que las **áreas de cobertura** deben comprender las siguientes materias:
- contratación laboral;
- contratación con terceras empresas o autónomos (nº 3009);
- salarios y las remuneraciones (nº 3010);
- tiempo de trabajo (nº 3011);
- Seguridad Social, compromisos por pensiones y otros beneficios complementarios (nº 3012);
- prevención de riesgos laborales (nº 3013); y
- extranjería (nº 3014).

3008 **Contratación laboral** En términos generales el comprador pretenderá que el vendedor declare y garantice:

• El **número** total de **trabajadores** de la empresa, o de la rama de actividad a transmitir, siendo aconsejable -y así se suele hacer en la práctica- incluir dentro del contrato de compraventa como anexo al mismo, una relación detallada de los empleados, preferiblemente especificando los detalles esenciales de sus condiciones de trabajo y otra información de interés: nombre y apellidos, puesto de trabajo, grupo profesional, fecha de nacimiento, antigüedad en la compañía, retribución, etc.

Al comprador le interesa asegurarse de que no va a encontrarse con sorpresas respecto al número de empleados incluidos en la unidad productiva que se transmite, o respecto a las condiciones de ese colectivo de trabajadores.

• La existencia o inexistencia, según proceda, de **altos directivos**.

• La existencia de **empleados «clave»**, ya sea por su condición de directivos o por cualquier otra circunstancia.

• La existencia de empleados con **contrato temporal**, así como la realidad de las causas que justifican la temporalidad, a fin de cubrir posibles riesgos de que la contratación temporal sea considerada fraudulenta.

3009 **Contratación con terceras empresas o autónomos** En este punto, tiene especial interés para el comprador que el vendedor declare si existen autónomos (especialmente TRADE) prestando servicios para la empresa, y que esos autónomos no tienen una **relación laboral encubierta** con la compañía.

Del mismo modo, será importante para el comprador conocer el volumen de **personal subcontratado** a través de terceras entidades y/o Empresas de Trabajo Temporal (ETT), así como la naturaleza de los servicios prestados por estas y el modo en que los mismos son ejecutados en la práctica.

3010 **Salarios y remuneraciones** El comprador querrá que el vendedor garantice que no hay salarios **pendientes** de pago, y que los salarios han sido abonados de conformidad con lo establecido en la normativa en vigor (niveles salariales fijados en el convenio colectivo aplicable incrementos salariales, etc.) y/o cualquier acuerdo o práctica a nivel empresarial que pueda generar unas obligaciones de orden salarial para la empresa adicionales a las previstas en el convenio colectivo de aplicación; en especial, la inexistencia de incrementos salariales cercanos en el tiempo que pudieran distorsionar la masa salarial.

Asimismo, el comprador buscará la garantía por parte del vendedor del cumplimiento de la obligación de disponer del **registro de salarios medios** en los términos establecidos en la normativa (ET art.28.2 redacc RDL 8/2019 art.2.7).

3011 **Tiempo de trabajo** El vendedor ha de garantizar al comprador que cumple con las normas aplicables en materia de **jornada de trabajo** (diaria, semanal, mensual, anual) **y**, en particular con las disposiciones relativas a las **horas extraordinarias** (sin superar los límites máximos establecidos legalmente).

Asimismo, conviene que el vendedor garantice el cumplimiento de la política o sistema de la empresa para garantizar el **registro** diario de la **jornada** de los trabajadores (ET art.34.8 redacc RDL 8/2019 art.10.2).

3012 **Seguridad Social, compromisos por pensiones y otros beneficios complementarios** El vendedor debe garantizar, cuando menos:
- que no hay trabajadores prestando servicios en la empresa **sin** estar dados de **alta** en la Seguridad Social;
- que no existe **infracotización**;

- que no hay **deudas pendientes** de pago a la Seguridad Social y, en su caso, información completa acerca de la existencia de **aplazamientos y/o fraccionamientos** en el pago de las cuotas de Seguridad Social; y
- que no ha disfrutado de **bonificaciones** indebidas.

Asimismo, el comprador necesita garantías respecto a la existencia o no de compromisos por pensiones y, de haberlos, respecto a su debida dotación y al cumplimiento por parte de la empresa de la obligación de externalización de esta clase de compromisos.

Prevención de riesgos laborales En este punto las manifestaciones y garantías del vendedor cobran especial importancia para el comprador, puesto que los eventuales incumplimientos en materia preventiva pueden ser sancionados con **multas** potencialmente muy elevadas. 3013

Extranjería Lo esencial aquí es que el vendedor declare que no existen trabajadores extracomunitarios prestando servicios en la empresa sin disponer de la correspondiente **autorización de trabajo y residencia**, y que mantenga al comprador indemne de cualquier responsabilidad que pudiera alcanzarle. 3014

Procedimientos judiciales y administrativos En línea de principio, las manifestaciones que puede buscar el comprador son: 3015
- que **no** está **pendiente** ningún procedimiento judicial (juicio señalado, recurso en trámite...) ni administrativo (Inspección de Trabajo en trámite, actas de infracción y/o liquidaciones impugnadas...); o
- que, si existe algún procedimiento abierto, el vendedor se compromete a mantener al comprador **indemne** -hasta un determinado importe, en su caso- frente a cualquier responsabilidad derivada del procedimiento en cuestión o de cualquier otro procedimiento que pudiera estar relacionado con este.

Protección de datos Generalmente, el transmitente habrá de confirmar que los datos de carácter personal de los cuales es responsable, y que se van a ceder o comunicar al comprador como consecuencia de la operación, **cumplen** con todo lo establecido en la **normativa** aplicable en materia de protección de datos y, en particular: 3020
- Rgto (UE) 2016/679 del Parlamento Europeo y del Consejo, relativo a la protección de las personas físicas en lo que respecta al tratamiento de sus datos personales y a la libre circulación de estos datos y por el que se deroga la Dir 95/46/CE (**RGPD**); y
- LO 3/2018, de Protección de Datos Personales y Garantía de Derechos Digitales (**LOPD**).

Las principales manifestaciones y garantías que, de ordinario, el adquirente exige al transmitente incluyen, entre otras, las siguientes: 3021

a) Que los datos de carácter personal que se ceden sean conformes a los **principios relativos al tratamiento** recogidos en el RGPD art.5 (incluyendo los principios de licitud, lealtad y transparencia; limitación de la finalidad; minimización de datos; exactitud; limitación del plazo de conservación; integridad y confidencialidad; y responsabilidad proactiva), debiendo asimismo acreditar en todos sus extremos su cumplimiento.

b) Que se han implementado en todos los datos de carácter personal afectados por la cesión **medidas de seguridad organizativas y técnicas** que resultan adecuadas en función de la naturaleza de los datos.

c) Que el vendedor no trata datos de carácter personal sin la debida **legitimación** requerida por la normativa de protección de datos, y se encuentra al corriente del resto de obligaciones que la normativa aplicable en materia de protección de datos le impone en tanto que responsable del tratamiento.

d) Que la Agencia Española de Protección de Datos no ha remitido ninguna **notificación o requerimiento** al vendedor ni ha iniciado y el vendedor no tiene conocimiento alguno del inicio de ningún procedimiento de **inspección o de sanción** contra el vendedor, ni tiene conocimiento alguno de la imposición de ninguna sanción administrativa que pudiera eventualmente dar lugar a obligaciones no contabilizadas.

e) Que la cesión de los datos se va a hacer sobre la base del cumplimiento de los requisitos legalmente establecidos, dando cumplimiento al **deber de información** en materia de protección de datos, y amparándose en lo dispuesto en la LOPD art.21. 3022

f) Que el vendedor asume cualquier **responsabilidad** que pueda derivarse del **incumplimiento** o cumplimiento defectuoso de la normativa de protección de datos con anterioridad a la fecha en la que se formalice la operación, haciéndose por tanto responsable de cualquier sanción, indemnización o multa que pueda imponerse al comprador por dichas circunstancias en el futuro.

3025 **Financieras** Este tipo de manifestación aluden a los estados financieros de referencia en la operación de compraventa que en un entorno en el que el cálculo del **balance de cierre**:
- se realice en la misma fecha en que se produce el cierre legal o económico de la transacción (método normalmente conocido como *Completion Accounts*), suponen el segundo nivel de jerarquía contable a aplicar a la hora de calcular dicho balance de cierre; y
- queda fijado a una fecha anterior a la fecha de cierre legal de la transacción (método conocido como Locked Box), suponen los estados financieros a la fecha de locked box y, por tanto, los empleados en el cálculo del precio.

Es recomendable que estos estados financieros sean los que han sido objeto de revisión en la *due diligence*. Estas manifestaciones acreditan que los estados financieros reflejan una **imagen fiel** del patrimonio, la situación financiera y del activo y del pasivo de la sociedad, sin contener declaraciones inexactas u omisiones que pudieran hacerlos equívocos, inexactos o incompletos.

Pueden contener **detalle** y manifestaciones específicas respecto de determinadas partidas (por ejemplo, respecto de las cuentas a cobrar y su legitimidad, existencia y cobrabilidad, o respecto de las provisiones, reservas y dotaciones), y respecto de lo acontecido desde la fecha los estados financieros de referencia hasta la fecha de firma del contrato de compraventa (o, en su caso, hasta su fecha de efectos).

Adicionalmente a las manifestaciones sobre los estados financieros de referencia, encontramos las manifestaciones sobre las cuentas de gestión analizadas en el proceso de *Due Diligence* y que, normalmente, han servido de base para el cálculo del ***EBITDA** normalizado* y muy posiblemente para la fijación del *Enterprise Value* de la compañía.

3026 Ejemplo *«1. Los Vendedores manifiestan y garantizan que los Balances de Referencia:*
(i) Reflejan una imagen fiel del patrimonio, la situación financiera y del activo y del pasivo de la Sociedad a la fecha en que han sido formulados (la «Fecha de Referencia»);
(ii) No contienen ninguna declaración inexacta u omisión de un hecho sustancial que pudieran hacerlos equívocos, inexactos o incompletos;
(iii) Reflejan debidamente todas las actuaciones y operaciones realizadas por la Sociedad a la Fecha de Referencia; y
(iv) Se han formulado de conformidad con principios de contabilidad generalmente aceptados en España, y la normativa legal y reglamentaria aplicable.
2. Todas las cuentas a cobrar y demás partidas del activo circulante que se reflejan en los Balances de Referencia, se derivan de transacciones concretadas en el curso normal de los negocios de la Sociedad, y son legítimas, existentes y están libres de todo tipo de cargas y gravámenes.
3. Salvo por aquellos créditos que se encuentren debidamente provisionados en los Balances de Referencia, los restantes créditos previstos en los Balances de Referencia son reales, efectivos y cobrables sin necesidad de reclamación alguna.
4. Todas las deudas y pasivos circulantes constituyen cuentas a pagar atribuidas a la Sociedad derivadas del giro o tráfico ordinario, y están registrados a su valor adecuado.
5. No existe ninguna deuda o pasivo devengado con anterioridad a la fecha de los Balances de Referencia que no esté reflejada debidamente.
6. Tal y como exige el principio de prudencia valorativa, todas las provisiones, reservas y dotaciones que deben realizarse en el curso de la gestión contable y financiera de un ordenado y prudente empresario o que vengan exigidas por los principios de contabilidad generalmente aceptados, han sido previstas debidamente y dotadas en los Balances de Referencia. En este sentido, los Balances de Referencia reflejan íntegramente y contienen provisiones adecuadas para la totalidad de las deudas incobrables y de dudoso cobro, los pasivos así como todos los compromisos financieros existentes a la fecha de los Balances de Referencia.
7. La Sociedad se encuentra al corriente del pago de sus obligaciones vencidas.
8. Desde la Fecha de Referencia:
(a) no se ha producido ningún acontecimiento en la Sociedad que pueda tener un efecto sustancial adverso sobre el patrimonio, la situación financiera, resultados, activo, perspectivas, fondo de comercio u operaciones mercantiles de la Sociedad tal como se reflejan en los Balances de Referencia.
Se entiende por efecto sustancial adverso el efecto de cualquier hecho o circunstancia (o una combinación de hechos y circunstancias) que afecte, o pueda afectar en el futuro, de forma sustancialmente adversa, a la condición financiera, negocio, activos, bienes o derechos de la Sociedad o a la capacidad de la Sociedad para cumplir con todas las obligaciones de contenido económico que tenga asumidas frente a terceros.
(b) todos los actos y operaciones efectuados por la Sociedad hasta la [Fecha de Cierre] han sido debidamente registrados y contabilizados.
(c) no se ha producido ningún cambio en la política contable ni en los criterios de valoración aplicados por la Sociedad.
(d) no se ha iniciado, efectuado, adoptado o concluido ningún acto u operación no comprendido en el giro o tráfico ordinario o en las prácticas de mercado habitualmente seguidas por la Sociedad, y estas han desarrollado sus actividades sin interrupción o alteración en su naturaleza, alcance o forma.

(e) no se ha reconocido o pagado ningún tipo de derecho en favor de los Vendedores en concepto de dividendo, restitución de aportaciones, servicios prestados o por cualquier otra causa; y
(f) en la Sociedad no se han producido daños, destrucciones o pérdidas que hayan tenido un efecto sustancial adverso.»

Cumplimiento normativo Este tipo de manifestaciones aluden al mantenimiento por parte de la sociedad de políticas y procedimientos de cumplimiento normativo, y al cumplimiento de programas de **sanciones comerciales y/o económicas/financieras** aprobadas o impuestas por gobiernos, agencias gubernamentales o reguladores. 3028

Ejemplo *«1. La Sociedad dispone de una política y procedimiento efectivos de cumplimiento normativo y prevención de delitos.*
2. La Sociedad mantiene sistemas de control interno adecuados, a fin de garantizar que sus operaciones se ejecutan con estricto cumplimiento de la normativa aplicable y de conformidad con las autorizaciones generales o específicas del Consejo de Administración o la Dirección.
3. Tanto la Sociedad como los Vendedores y cualquiera otra sociedad o persona que la pudiesen controlar, así como, en su caso, los socios, directivos, administradores, empleados y agentes de la Sociedad, los Vendedores y, en su caso, las filiales de éstos, han cumplido en todo momento y cumplen actualmente con todas las leyes, estatutos, reglamentos y códigos aplicables en materia de lucha contra la corrupción, incluyendo, en cualquier caso y sin limitación, la Ley de los Estados Unidos sobre Prácticas Corruptas en el Extranjero (colectivamente, «Normativa sobre Lucha contra la Corrupción») y, en particular, no han ofrecido, prometido o entregado, directa o indirectamente, dinero u objetos de valor a (i) ningún «Funcionario Público» a fin de influir en actuaciones de la autoridad o institución pública o, de alguna forma, de obtener una ventaja indebida; (ii) cualquier otra persona, si se tiene conocimiento de que todo o parte del dinero u objeto de valor será ofrecido o entregado a un Funcionario Público para influir en actuaciones de la autoridad o institución pública o, de alguna forma, obtener una ventaja indebida, o (iii) a cualquier otra persona, a fin de inducirle a actuar de manera desleal o, de cualquier modo, inapropiada.
4. No existe ninguna investigación interna o externa, procedimiento (judicial o de cualquier otro tipo) o reclamación en la que se alegue el incumplimiento de la Normativa sobre la Lucha contra la Corrupción que pueda estar de alguna forma relacionada, directa o indirectamente, con la Sociedad, los Vendedores, las filiales de los Vendedores, o los socios, directivos, administrador, empleados y agentes de la Sociedad, los Vendedores o, en su caso, las filiales de éstos.
5. Las manifestaciones recogidas en los apartados 1 y 2 inmediatamente anteriores se entenderán realizadas, asimismo, respecto a cualquier incumplimiento de ley o normativa relacionada con el blanqueo de capitales y financiación del terrorismo.
6. La Sociedad cumple con todos los requisitos que la legislación aplicable pudiera exigir en relación con los programas de cumplimiento y/o modelos y protocolo de prevención a efectos de, en su caso, eximir, mitigar o atenuar la eventual responsabilidad de cualquier tipo, incluida, en su caso, la penal, de la Sociedad por hechos delictivos cometidos en su seno, de conformidad con lo establecido en la normativa aplicable que pueda ser de aplicación, incluidos los programas de prevención penal de otros Estados que pudieran eventualmente ser de aplicación a su actividad.
7. Tanto la Sociedad como los Vendedores y cualquiera otra sociedad o persona que la pudiesen controlar, así como los socios, directivos, administrador, empleados y agentes de la Sociedad, los Vendedores y, en su caso, las filiales de éstos, han cumplido en todo momento y cumplen con cualquier programa de sanciones comerciales y/o económicas/financieras aprobadas o impuestas por gobiernos, agencias gubernamentales, reguladores, bancos centrales y por cualquier otro organismo nacional o supranacional, entre los que se encuentran la U.S. Office of Foreign Assets Control (OFAC), U.S. Department of Commerce, la Unión Europea o el Consejo de Seguridad de Naciones Unidas, incluidas las leyes sobre el control a la exportación de Estados Unidos, dirigidas contra países, personas, entidades y/o sectores, ya sea o incluya o no medidas totales y exhaustivas, que prohíban completamente actividades comerciales en relación con un país o que puedan sancionar determinadas transacciones con negocios, grupos o individuos (en adelante, «Programas de Sanciones Económicas» y «Autoridades de Programas de Sanciones Económicas»), que les pudiese ser de aplicación.
8. Tanto la Sociedad como los Vendedores y cualquiera otra sociedad o persona que la pudiesen controlar, así como los socios, directivos, administrador, empleados y agentes de la Sociedad, los Vendedores y, en su caso, las filiales de éstos, no han sido sancionados bajo ningún Programa de Sanciones Económicas y/o por alguna Autoridad de Programas de Sanciones Económicas y, asimismo, no existe ninguna investigación interna o externa, procedimiento (judicial o de cualquier otro tipo) o reclamación en la que se alegue el incumplimiento de los Programas de Sanciones Económicas que pueda estar de alguna forma relacionada, directa o indirectamente, con la Sociedad, los Vendedores, las filiales, en su caso, de ambos o los socios, directivos, administrador, empleados y agentes de la Sociedad, los Vendedores y, en su caso, las filiales de éstos.»

Precisiones Las manifestaciones recogidas en los **apartados 7 y 8** del ejemplo no serán otorgadas por el vendedor, ni requeridas por el Comprador, si pudiesen ser contrarias al Rgto CE/2271/96, relativo a la protección contra los efectos de la aplicación extraterritorial de la legislación adoptada por un tercer país, y contra las acciones basadas en ella o derivadas de ella, o a cualquier ley de cualquier estado miembro de la Unión Europea que pueda implementar o regular a nivel nacional esta materia.

3032 **Metamanifestaciones** Las manifestaciones y garantías pueden incluir a su vez manifestaciones sobre sí mismas, esto es:
- afirmaciones sobre el carácter **veraz, correcto y completo** de las manifestaciones, lo que supone la ausencia de omisión de hechos o circunstancias que alteren su contenido; o
- acerca de su **carácter esencial** para formar la voluntad de contratar del adquirente.

En el primer caso el efecto será principalmente de tipo interpretativo, facilitando la prueba de una actitud dolosa del transmitente, con el consiguiente efecto en cuanto a la atribución de responsabilidades y consiguiente indemnización, mientras que en el segundo, dependiendo de la gravedad del incumplimiento, el efecto podría ser el de la resolución del contrato (Aguayo, J.).

Ejemplo *«Las Manifestaciones y Garantías de los Vendedores incluidas en el presente Anexo [ ] son ciertas, completas y exactas en relación con la fecha a la que van referidas cada una de ellas y a la fecha del presente Contrato. No existen aspectos ocultos o no puestos expresamente de manifiesto por los Vendedores que, de cualquier forma, pudieran desvirtuar las Manifestaciones y Garantías de los Vendedores contenidas en el presente Contrato o el valor de los activos y del negocio de la Sociedad.»*
«El Comprador, por su parte, declara que suscribe el presente Contrato con base en las Manifestaciones y Garantías de los Vendedores y confiando en su exactitud, veracidad y carácter completo, tanto en su conjunto como individualmente. Los Vendedores no han omitido revelar al Comprador ningún hecho que fuera necesario que el Comprador conociese para que no fuera inducido a error por la información contenida en este Contrato.»

2. Autor de las manifestaciones y garantías

3035 En relación con las manifestaciones y garantías referidas al conocimiento por parte del transmitente de la **gestión** desarrollada en el ejercicio de la actividad (nº 2978), y por lo que al autor de dichas manifestaciones y garantías se refiere, se abre una casuística amplísima, que va desde el supuesto del socio de control que gestiona, pasando por el socio mayoritario no implicado en la gestión, por el socio minoritario implicado en la gestión, para concluir con el socio minoritario no implicado en la gestión.

En principio, no parece adecuado requerir el otorgamiento de manifestaciones y garantías de actividad a una parte que no ha participado ni tiene conocimiento directo de la gestión de la sociedad que es objeto de transmisión, y que, en puridad, no podría otorgarlas con conocimiento pleno de lo que se está afirmando.

Precisiones Sin perjuicio de lo anterior, y tal y como se prevé en (nº 3038), en operaciones de **capital riesgo** (*venture* capital) es relativamente habitual que sea la propia Sociedad quien otorgue las manifestaciones sobre ella misma, lo cual plantea dudas sobre la licitud de tales manifestaciones por incurrir en asistencia financiera prohibida. Para evitar esta prohibición, el régimen de responsabilidad que se suele pactar en este tipo de operaciones es la dilución de los socios vendedores (que habitualmente no tienen los mismos recursos que un vendedor industrial) en favor del socio inversor.

3036 Se ha de atender, por tanto, a cada caso en concreto, tomando como base los criterios de beneficio patrimonial y conocimiento. Así:

a) En el caso de los **socios de control o socios minoritarios implicados** en la gestión, las manifestaciones y garantías deben ser plenas.

b) En el caso de los **socios de control no implicados** en la gestión, cabría basarlas en su conocimiento actual (el real y efectivo que tengan), con las limitaciones en el ámbito de la responsabilidad que ello supone (ver nº 3050) o en el conocimiento imputable o presunto (el que deberían haber tenido o podría esperarse de cualquier sujeto después de haber realizado las oportunas revisiones con la diligencia debida y consultado a los gestores de la sociedad que es objeto de transmisión).

c) En el caso de **socios minoritarios no implicados** en la gestión, las manifestaciones y garantías habrían de limitarse a las de titularidad (nº 2976), y complementarlas, en su caso, con manifestaciones y garantías de actividad condicionadas al conocimiento efectivo que tenga el otorgante, que en la mayoría de los casos va a estar ciertamente limitado, con las incertidumbres que esto entraña.

En todos los casos en que la responsabilidad de los socios que otorguen las manifestaciones y garantías se pueda ver **limitada por su grado de conocimiento**, resulta determinante definir en el contrato el concepto de conocimiento del vendedor así como las personas concretas a las que se atribuye dicho conocimiento.

Supuesto especialmente particular es la **venta entre socios** de una participación en la sociedad de la que ambos son partícipes. **3037**
Es tan defendible para este supuesto mantener la improcedencia del otorgamiento de manifestaciones y garantías como lo contrario.
En la práctica, esta situación se resuelve normalmente quedando subsumida la atribución de responsabilidad en la propia determinación del **precio** de la transacción, por el conocimiento que ambas partes tienen respecto del objeto de la transmisión, limitándose las manifestaciones y garantías a las anteriormente referidas de titularidad.

Caso particular: ampliación del capital social Un supuesto todavía más particular es el de las ampliaciones de capital con la entrada en la sociedad de un nuevo inversor, que lógicamente busca establecer un sistema de atribución de responsabilidad contractual similar al que requeriría a un vendedor de producirse una adquisición directa de acciones. **3038**
La particularidad en este caso estriba en que es la propia sociedad la que emite las acciones que son suscritas por el inversor, percibiendo ésta el desembolso de la ampliación del capital.
Frente a la complejidad que puede suponer que fuese la propia **sociedad** la autora de las manifestaciones y garantías y la que asuma la responsabilidad (en cuyo caso podría incurrir en un supuesto de asistencia financiera prohibida), esta situación se resuelve en la práctica con la asunción de la autoría de las manifestaciones y garantías y de la responsabilidad por parte de los **socios** preexistentes con anterioridad a la ampliación de capital. Ver nº 3035 s.

3. Eficacia de las manifestaciones y garantías

Las manifestaciones y garantías despliegan efectos en relación con las siguientes materias: **3040**
- la información del adquirente; y
- la eventual atribución de responsabilidad del transmitente.

Información Las manifestaciones y garantías cumplen una función informativa y complementaria al proceso de *due diligence*. **3045**
Es precisamente durante este proceso cuando el adquirente tiene acceso a información sobre la empresa objeto de adquisición para poder despejar las incógnitas que se le planteen a la hora de determinar el valor de la empresa, las consecuencias jurídicas y económicas de la adquisición y la proyección futura de la empresa una vez se produzca el cambio de control, y el acceso a la información y la calidad de esta dependerán única y exclusivamente del transmitente.
En este contexto, y como mecanismo de cierre de este proceso, las manifestaciones y garantías permiten al adquirente acotar y **confirmar** el conocimiento adquirido en la fase de *due diligence*, siempre que estas sean consistentes con su trabajo de comprobación.

Responsabilidad La incorrección de las manifestaciones y garantías, por tratarse en última instancia de afirmaciones contrastables, conforma, de hecho, la base para la atribución objetiva de la responsabilidad contractual como mecanismo de **resolución** del contrato, de **ajuste al precio o**, en su caso, de **indemnización**, según se haya previsto al efecto en el contrato de compraventa y, en particular, en el apartado relativo al régimen de responsabilidad de las partes, bien por incardinarse en torno al dolo y al error y afectar a la formación de la voluntad, por incardinarse en torno a los vicios ocultos y afectar al valor de la empresa, o como incumplimiento contractual. **3050**
Hay un aspecto adicional vinculado con la incorrección de las manifestaciones y garantías y su efecto en términos de responsabilidad, y es el relativo a las **cualificaciones** que pueda realizar el transmitente respecto de determinadas manifestaciones y garantías. Así, estas podrán estar cualificadas por materialidad (en este caso, el incumplimiento debería ser de suficiente relevancia o de relativa importancia), que tiene su origen en la doctrina del incumplimiento relevante del Derecho de los contratos anglosajón, siendo conveniente especificar conforme a parámetros objetivos el sentido del término para evitar interpretaciones no deseadas en sede judicial o arbitral, o por conocimiento (en este caso el transmitente acota su responsabilidad solo a aquellos supuestos en los que tiene un conocimiento efectivo de lo manifestado -«hasta donde alcanza el conocimiento del transmitente»- limitando su responsabilidad frente a supuestos desconocidos por él) (ver nº 3036).

4. Indemnidades específicas («indemnities»)

3055 En aquellos supuestos en los que el destinatario de las manifestaciones y garantías haya identificado o se le hayan puesto de manifiesto hechos o circunstancias que las desvirtúan, para obtener el adecuado resarcimiento ha de tratarlos como supuestos específicos de indemnidad.
En este caso no estamos ante un incumplimiento o falta de veracidad de las manifestaciones y garantías, sino ante la asunción de una obligación específica de **indemnizar** como resultado de la materialización de un **riesgo**, que tiene su propia regulación a efectos de procedimiento de reclamación y limitaciones de responsabilidad.

Ejemplo «*El Vendedor indemnizará y mantendrá indemne al Comprador y/o la Sociedad (según determine el Comprador a su exclusiva discreción) de cualesquiera Daños (tal y como este término se define más adelante) sufridos por la Sociedad que resulten de la carencia por la Sociedad de las preceptivas licencias, permisos y autorizaciones administrativas para el funcionamiento de la planta.*»

B. Manifestaciones y garantías del adquirente

3060 Las manifestaciones y garantías del adquirente se enmarcan igualmente dentro de una estructura contractual de contrato de compraventa, pero versan sobre la propia operación de compraventa y la capacidad jurídica, financiera, etc... del adquirente para llevarla a efecto, no teniendo su incorrección un efecto en términos de la valoración del objeto del contrato, sino como mecanismo de **indemnización o**, en su caso, de **resolución** del contrato, por estar directamente vinculadas a la formación de la voluntad del transmitente.

Ejemplo «*1. El Comprador es una entidad debidamente constituida y válidamente existente conforme al ordenamiento jurídico español y no está incurso en procedimiento alguno de disolución, liquidación o concurso de ningún tipo.*
2. El Comprador tiene plena capacidad y habilitación societaria para celebrar, firmar, otorgar y cumplir el presente Contrato, y ha obtenido, en su caso, todos los consentimientos, renuncias y autorizaciones necesarias con arreglo a los contratos, estatutos, reglamentos y leyes que le son aplicables.
3. Los representantes del Comprador están debidamente facultados no solo para suscribir en su nombre y representación el presente Contrato sino también los documentos que sea necesario suscribir en ejecución del mismo.
4. La firma y el cumplimiento del presente Contrato por el Comprador no infringe ninguna norma, ley o reglamento, así como tampoco ningún acuerdo o contrato del que el Comprador sea parte o por el que el Comprador esté obligado, y no requiere de ningún consentimiento, autorización o permiso a tal efecto.
5. El Comprador tiene la capacidad financiera suficiente para hacer frente al pago íntegro del Precio.
6. El presente Contrato constituye una obligación válida y exigible para el Comprador.»

CAPÍTULO 11

Responsabilidad de las partes

3100
A. **Régimen general de responsabilidad del transmitente** 3105
1. Saneamiento por evicción 3110
2. Saneamiento por vicios ocultos 3125
3. Saneamiento por gravámenes ocultos 3140
4. Indemnización y nulidad por dolo 3145
B. **Régimen contractual** 3150
1. Concepto de incumplimiento 3155
2. Incumplimiento del comprador 3160
3. Incumplimiento del vendedor 3170
4. Remedios jurídicos 3180
C. **Responsabilidad del adquirente** 3190
1. Ámbito laboral 3195
2. Ámbito tributario 3205
3. Propiedad horizontal 3215
4. Otras deudas 3220
D. **Obligación de indemnizar** 3225
E. **Indemnities** 3235
F. **Defensa de las reclamaciones de terceros** 3250
1. Evicción 3255
2. Reclamaciones de acreedores del vendedor 3270
3. Reclamaciones de deudores del vendedor 3285
G. **Mecanismos de limitación de la responsabilidad del transmitente** 3290
1. Limitaciones cuantitativas 3295
2. Limitaciones temporales 3305
3. Limitaciones cualitativas 3310

A lo largo de este capítulo se realiza una exposición pormenorizada del régimen general de la responsabilidad de las partes en el contrato de **compraventa**, siendo objeto de análisis tanto el régimen general previsto en el Código Civil como el régimen contractual -esto es, el régimen que las partes pactan en virtud de una negociación plasmada en el contrato-, así como la responsabilidad del adquirente. Igualmente, se analiza en qué consiste la obligación de indemnizar y su extensión. 3102

Por último, se hace una mención especial a las *indemnities*, esto es, obligaciones específicas de indemnizar por parte del transmitente, que son usuales en este tipo de transacciones y en las que se cubre un riesgo previamente conocido por las partes para el caso de que se materialice y por tanto se produzca un daño. También se señalan los aspectos principales del funcionamiento del seguro de *Warranties & Indemnities.*

A. Régimen general de responsabilidad del transmitente

La obligación esencial del vendedor en un contrato de compraventa es, con carácter general, la **entrega** de la cosa, y en el contrato de transmisión de empresa, la entrega de la empresa. Ello conlleva la obligación previa del vendedor de **conservar** la cosa con la diligencia de un buen empresario con anterioridad a su entrega o transmisión, así como el posterior **saneamiento** de la misma en caso de que la apariencia de la misma no coincida con la realidad, todo ello salvo pacto en contra. 3105

El régimen de responsabilidad del transmitente se encuentra marcado por el **incumplimiento** de este de las obligaciones asumidas en el contrato de compraventa.

Antes de llevar a cabo el análisis de las especialidades que pueden recogerse en el contrato de compraventa parece adecuado realizar una somera exposición de las reglas de saneamiento previstas en el Código Civil, con la complejidad que supone que sus previsiones en relación con la compraventa estén conceptuadas considerando la tipología de bienes objeto del tráfico jurídico en la época en la que se redactó el Código Civil, lejos de la sofisticación que supone la transmisión de una empresa en la actualidad. 3106

En virtud del **saneamiento** (CC art.1474), el vendedor responde ante el comprador de:
- la posesión legal y pacífica de la cosa vendida (saneamiento por evicción); y
- los vicios ocultos que tuviere (nº 3125).

1. Saneamiento por evicción

3110 Existe evicción o falta de **posesión** legal y pacífica de la cosa vendida, cuando se priva al comprador, por sentencia firme y en virtud de un derecho anterior a la compra, de todo (evicción total) o parte (evicción parcial) de la cosa comprada (CC art.1475).

3111 **Efectos** (CC art.1478) La responsabilidad del vendedor en caso de evicción le obliga a resarcir al comprador de los **daños y perjuicios** sufridos; esto es, le obliga a restituirle el precio de la compraventa y además dejar el patrimonio del comprador como si la compraventa no se hubiera producido.
De esta forma, podría exigir al vendedor:
- la restitución del **precio** que tuviere la cosa vendida al tiempo de la evicción, ya sea mayor o menor que el de la venta;
- los **frutos** o rendimientos;
- las **costas** del procedimiento judicial, en su caso;
- los **gastos** de formalización del contrato que hubiese pagado el comprador; y
- los daños e **intereses** y los gastos voluntarios o de puro recreo u ornato, si se vendió de mala fe.
La acción de evicción **prescribe** en el plazo señalado en el CC art.1964 para las acciones personales que no tengan plazo especial; esto es, a los 5 años desde que hubiera podido ejercitarse.
El plazo actual de prescripción de 5 años (anteriormente eran 15 años) fue introducido por la L 42/2015 de reforma de la LEC, si bien, se introdujo un **régimen transitorio** (L 42/2015 disp.trans.quinta) en virtud del cual las acciones personales que no tuvieran señalado término especial de prescripción, nacidas antes de la fecha de entrada en vigor de la referida norma (esto es, antes del 7-10-2015), se regirían por lo dispuesto en el CC art.1939.
Por otro lado, hay que tener en cuenta que como consecuencia de la crisis sanitaria del **COVID-19**, quedaron **suspendidos** los **plazos** generales de **prescripción y caducidad** de cualesquiera acciones y derechos durante el plazo de vigencia del estado de alarma declarado con efectos desde el 14-3-2020 (RD 463/2020 disp.adic.4ª), y que el alzamiento de dicha suspensión no se produjo hasta el 4-6-2020 (RD 537/2020 art.10). Por tanto, los plazos de prescripción y caducidad estuvieron suspendidos durante 82 días naturales -desde el 14 de marzo hasta el 3 de junio de 2020-.
Teniendo en cuenta la suspensión de plazos de prescripción arriba indicada, que la L 42/2015 entró en vigor el 7-10-2015 y el régimen transitorio previsto por esta, los plazos aplicables para la acción de evicción serían los siguientes:
a) Relaciones nacidas **antes del 7-10-2015**: se aplica la regla prevista en el CC art.1939; esto es, se mantiene el antiguo plazo de prescripción de 15 años, con el límite máximo de 5 años desde la entrada en vigor de la L 42/2015 (esto es, el 7-10-2020), pero teniendo en cuenta los 82 días naturales de suspensión general de plazos establecido por el RD 463/2020 disp.adic.4ª.
b) Relaciones nacidas **a partir del 7-10-2015**: la acción prescribe a los 5 años en todo caso teniendo asimismo en cuenta los 82 días naturales de suspensión general de plazos establecido por RD 463/2020 disp.adic.4ª.

3112 **Evicción parcial** (CC art.1479) Si la evicción es parcial, pero de tal **importancia** que sin la parte perdida no se hubiese comprado la cosa, puede el comprador exigir el saneamiento parcial o desistir del contrato por completo y, además, ser indemnizado por los daños sufridos.
Esto mismo acontece cuando se compran **varias cosas conjuntamente**, ya sea por un precio alzado o particular para cada cosa, pero consta claramente que el comprador no hubiera comprado una cosa sin la otra.
En estos casos, el **comprador** puede optar por:
- el desistimiento del contrato; o
- exigir el saneamiento por la evicción parcial, que resulta de aplicar la regla general del saneamiento por evicción a la porción que sufrió esta.

Exención de responsabilidad (CC art.1476, 1477 y 1482) Esta responsabilidad del vendedor no es un elemento esencial del contrato de compraventa; es decir, las partes pueden pactar su supresión, limitación o extensión. 3113

Solo es posible suprimirla y disminuirla en caso de **pacto entre las partes** e inexistencia de **mala fe** contractual por parte del vendedor (p.e., el que sabe que vende una cosa ajena y que el comprador -ignorándolo- corre el riesgo de ser privado de ella por el dueño, pacta con aquel que no haya lugar a la responsabilidad por evicción).

La **mala fe del vendedor** debe ser **excluida** cuando el comprador no ignora el riesgo de evicción que concurre en el caso concreto. Así, si el vendedor lo conoce y no el comprador, y, en base a ello, aquel consigue celebrar el pacto de supresión de responsabilidad por evicción, habría mala fe por su parte. No conociendo tal riesgo el vendedor, o conociéndolo él y el comprador, la supresión de responsabilidad por evicción es posible.

Tal y como señala la doctrina (por ejemplo, Albaladejo), la supresión de la responsabilidad del vendedor por saneamiento por evicción puede, por tanto, producirse de dos formas: 3114

a) **Con conocimiento** por parte del comprador de los riesgos de producirse la evicción y sometiéndose a sus consecuencias. En este caso, solo se suprime la responsabilidad del vendedor en el caso de que se produzca la evicción por causa del riesgo conocido por parte del comprador, ya que se si produce por otro riesgo no conocido, la responsabilidad del vendedor no queda extinguida.

b) **Sin conocimiento** del riesgo de evicción que hay en el caso concreto.

Las **consecuencias** que se pueden producir son las siguientes:

- si la evicción se produce por un riesgo conocido por el comprador, el vendedor no respondería de nada; y
- en el segundo caso el vendedor solo responde del precio que tuviese la cosa al tiempo de la evicción.

Precisiones 1) En materia procesal, la evicción solo es posible si el comprador **notifica al vendedor** la demanda que a él se refiere en el **plazo** de 20 días que tiene para contestar a la misma (CC art.1482; LEC art.404).

2) Los **requisitos procesales** para que proceda una acción por evicción se analizan en el nº 3256 s.

Caso particular: compra de una sociedad (CC art.1532) En el supuesto de compraventa de una sociedad, se plantean las siguientes **cuestiones prácticas**: 3115

a) Si el saneamiento por evicción se aplica si la desposesión afecta a los activos de la sociedad adquirida en la medida en que tales activos no han sido objeto específico del contrato.

b) La obligación de restitución de frutos al comprador (nº 3118).

c) El incremento de las garantías (nº 3120).

Saneamiento por evicción de activos que no son objeto específico del contrato (CC art.1532) En este supuesto, el objeto específico del contrato de compraventa de una compañía son sus **acciones** o participaciones y no sus activos. 3116

En estos casos, para determinar la responsabilidad del vendedor por saneamiento por evicción de activos concretos, se ha de aplicar la regla general prevista en la norma civil para la venta en globo, según la cual, cuando se vende alzadamente la totalidad de ciertos derechos o productos, el vendedor responde de la legitimidad del todo, pero no está obligado al saneamiento de cada una de las partes de que se compone, salvo en el caso de evicción del todo o de la **mayor parte**.

Por tanto, en los contratos de compraventa de una sociedad es preciso analizar, en cada caso concreto, el espíritu de la operación y atender a si lo perdido por evicción es un activo que resulta tan importante que, de haberse conocido su diferente titularidad dominical, no se hubiera celebrado el contrato, en el bien entendido que lo determinante a estos efectos no es tanto el valor cuantitativo del activo o activos perdidos, sino su **utilidad** o importancia en la consecución del objeto social. 3117

Precisiones 1) En la práctica, en el caso de compraventa de empresa es mucho más probable que se produzcan supuestos de saneamiento parcial por evicción que supuestos de evicción total, ya que los casos de **ausencia de titularidad** del vendedor o de **doble venta** son más improbables, especialmente teniendo en cuenta la realización de la *due diligence* que suele acompañar a estos procesos.

2) En el caso de la existencia de **limitaciones** a la **transmisión** de las **acciones** que hicieran ineficaz frente a la sociedad o terceros la disposición sobre las mismas, aunque un sector de la doctrina entiende que esta posibilidad entra dentro del supuesto de hecho de la evicción ya que implica una prohibición de disponer (Carrasco Perera, A.), consideramos que, en función del caso concreto, se podría acudir al supuesto de la nulidad sin necesidad de acudir a la evicción.

3) Es trasladable al supuesto de compraventa de sociedad la hipótesis de **venta de cosa ajena**, puesto que si llegado el momento de la supuesta consumación, la cosa no pertenece al vendedor,

difícilmente puede transmitirse la propiedad y, en consecuencia, si se entrega la cosa, el comprador puede ser desposeído de la misma por sentencia firme. La actuación prohibida que lleva a la evicción es la **doble venta**, puesto que el primer comprador se ha de dirigir contra el segundo mediante la acción reivindicatoria. Sin embargo, en el supuesto de venta de cosa ajena, el vendedor podrá perfeccionar el contrato, procurarse la adquisición de la cosa vendida, y, posteriormente, entregarla al comprador.

3118 **Obligación de restitución de frutos** (CC art.1478) En el caso de la compraventa de sociedad, los frutos del objeto de adquisición -esto es, la sociedad- son los **dividendos** que se puedan generar en el ínterin entre la compraventa y la declaración por sentencia firme, en el bien entendido que el comprador, en virtud de la sentencia firme que da lugar al saneamiento por evicción, sea condenado a abonar al tercero que le desposee de las acciones o participaciones objeto de la compraventa, los dividendos de los que ha disfrutado mientras ostentaba la ilegítima titularidad de las acciones o participaciones de la compañía.

3119 Así:
a) Si en vez de repartir dividendos, los resultados de la compañía se han dedicado a engrosar las **reservas** sociales, obviamente el vendedor tiene que pagar menor cantidad al comprador en concepto de frutos, pero su responsabilidad alcanza al valor de la empresa en el momento de la evicción, lo que quiere decir, que si la empresa tiene mayor valor como consecuencia de la buena gestión del comprador y del no reparto de dividendos, el valor que debe abonar el vendedor al comprador ha de ser mayor.
b) Si, por el contrario, se han **repartido** dividendos en el *ínterin* desde la compraventa y la sentencia firme que declara la obligación del comprador de restituir el objeto de la compraventa a favor de un tercero, probablemente el comprador será condenado asimismo a restituir los dividendos cobrados durante ese tiempo, por lo que el vendedor se verá obligado a restituir al comprador un menor valor (ya que los dividendos no engrosaron el patrimonio neto de la sociedad), pero deberá restituirle los dividendos a los que el comprador haya sido condenado a abonar al tercero.

3120 **Aumento de garantía por parte del comprador** (CC art.1479) En la práctica del contrato de compraventa de sociedad y de empresa en general, existe la tendencia a incrementar las garantías del comprador a efectos de la responsabilidad del vendedor por evicción, mediante el clausulado del contrato.
Dicho aumento de garantías se aborda contractualmente desde diferentes perspectivas, siendo las **más significativas** las siguientes:
• Asegurando o aumentando los supuestos que dan lugar a la evicción, sobre todo aclarando los casos de **evicción parcial** en los que la parte eviccionada no sea de tal importancia o esencialidad que hubiese dado lugar a las consecuencias legalmente previstas.
• Respecto a la **cuantía indemnizatoria**, considerando por ejemplo que los gastos de puro recreo sean incluidos en la cantidad a pagar por el vendedor, aun en el supuesto de que este no haya incurrido en mala fe o sin necesidad de demostrar esta.
• La regulación o flexibilización de los requisitos para hacer efectiva la evicción, esto es, por ejemplo, eliminar la necesidad de notificar al vendedor la demanda dirigida contra el comprador o la no necesidad de **sentencia** firme, si no la mera constancia de la pertenencia o discusión de pertenencia por parte de un tercero del objeto de la compraventa.

2. Saneamiento por vicios ocultos

3125 Existe obligación del vendedor de sanear o restablecer el patrimonio del comprador por vicios ocultos cuando la cosa objeto de la compraventa padece un **defecto** no manifiesto, que no está a la vista, salvo que, a pesar de existir el defecto, este deba de ser fácilmente conocido si el comprador resultase perito en la materia.

3126 Para que exista **obligación** por parte del vendedor de responder frente al comprador se requiere que:
- los vicios hagan la cosa, en este caso, la empresa, impropia para el **uso** a que se la destina; o
- que el vicio produzca una **disminución** tal del uso para el que se destina la cosa que, de haberlos conocido el comprador no hubiera adquirido la empresa, o hubiera pagado menos precio por ella.
En estos casos el **comprador** puede optar entre:
a) **Desistir** del contrato, en cuyo caso tiene derecho a que se le devuelva el precio abonado, más los gastos que soportó en la compraventa.
b) **Rebajar** una cantidad proporcional al precio sin necesidad de devolver la cosa.

Precisiones 1) Se ha de **distinguir** entre el **defecto oculto** de la cosa objeto de la compraventa (acciones o participaciones de la sociedad) y la **falta de cualidades aseguradas** por el vendedor, en cuyo caso el defecto suele recaer sobre los activos y el negocio de la sociedad y no sobre sus acciones o participaciones. En este sentido, el incumplimiento de las manifestaciones y garantías incluidas en el contrato de compraventa permite aplicar el régimen de los defectos del contrato y determina un menor valor, pues defecto es, en este sentido, la ausencia de alguna cualidad presupuesta razonablemente en la cosa, que disminuye la utilidad que se atribuye a ésta. En este sentido, es relevante, a falta de pacto más concreto al respecto, tener en cuenta el **objeto social** consignado en los estatutos sociales ya que el uso vendrá determinado por las reglas estatutarias y serán necesarios todos los elementos que permitan desarrollar la actividad en el sector o sectores determinados derivados de tales normas, tanto elementos físicos como jurídicos. 3127
2) De más difícil consideración es el vicio consistente en el no alcance de un determinado **nivel de beneficios**, negado generalmente tanto por la doctrina como por la jurisprudencia. No parece a simple vista que dicha circunstancia pueda considerarse como un vicio, a no ser que venga pactado expresamente en las manifestaciones y garantías que realiza el vendedor en el contrato de compraventa. Este supuesto se puede dar, por ejemplo, en el caso de que, habiendo tenido la diligencia debida en la gestión de la empresa y con una situación económica en el mercado sin alteraciones importantes, los resultados obtenidos distan mucho de los que constan en las cuentas anuales de los ejercicios previos.
3) Interesante es el caso contemplado en TS 21-7-11, EDJ 155205. Trata sobre una compraventa de acciones de una sociedad titular de una concesión administrativa de explotación de un puerto deportivo, pretendiéndose por los compradores una reducción del precio por no figurar en el balance el dato contable de haberse reducido la duración de la concesión en 13 años, y ser de aplicación una estipulación contractual que permite la **alteración del precio** cuando concurra la anomalía consistente en una **diferencia sustancial entre los balances** de la entidad y la realidad económica de la misma. El Tribunal Supremo concluye que no procede la reducción de precio puesto que los compradores ya conocían la disminución del plazo de la concesión en el momento de perfeccionarse el contrato.

Regla general (CC art.1485 y 1486) El vendedor responde ante el comprador del saneamiento por los vicios o defectos ocultos de la cosa vendida, aunque los ignore. La responsabilidad, por tanto, se produce con independencia de la **mala o la buena fe** del vendedor ya que no se basa en el conocimiento o no de la existencia de los vicios, sino del hecho objetivo de su existencia. En estos casos, el comprador podrá optar entre **desistir** del contrato y recuperar los gastos que asumió, o **rebajar** una parte proporcional del **precio**, a juicio de peritos. Si el vendedor conocía los defectos y no lo puso de manifiesto en la compraventa, el comprador tendrá además de la posibilidad de exigir que se le **indemnice** por los daños y perjuicios causados, si optara por desistir del contrato. 3128

Regla especial (CC art.1487) El régimen general de responsabilidad del vendedor por vicios ocultos anteriormente expuesto está contemplado para el caso de que el vicio o defecto de la cosa haga a ésta impropia para el uso al que se la destinaba o disminuya dicho uso. No obstante, existe un caso especial de saneamiento por vicios ocultos que es el supuesto en el que el vicio produce la **destrucción o pérdida** de la cosa. 3129
En este caso, se imponen dos consecuencias distintas para el vendedor en función de si este tenía conocimiento o no del vicio o defecto oculto.
• Si el vendedor **desconocía** el vicio oculto, su responsabilidad se extiende a:
- la restitución del precio; y
- el pago de los gastos del contrato satisfechos por el comprador.
• Si el vendedor **conocía** el vicio oculto, su responsabilidad se extiende a:
- la restitución del precio;
- el pago de los gastos del contrato satisfechos por el comprador; y
- abonar los daños y perjuicios.

Exención de responsabilidad Al igual que en el caso de evicción, se puede, por **acuerdo** de las partes, eximir al vendedor de la obligación de sanear. Sin embargo, dicho pacto es ineficaz si el vendedor conocía la existencia de los vicios y el comprador la ignoraba. 3130
Una vez que se ha pactado la inexistencia de responsabilidad por parte del vendedor en caso de vicios ocultos, este queda totalmente exento **sin distinciones**, ya que la ley, al contrario que en el caso del saneamiento por evicción, no establece distinción alguna.
Por otra parte, nada impide que el comprador decida **renunciar** en cualquiera de los casos expuestos a su derecho a ser saneado.

3131 **Requisitos** La responsabilidad del vendedor por vicios ocultos exige la concurrencia de los siguientes requisitos:
- que el vicio **preexista** a la celebración de la trasmisión, siendo indiferente que el adquirente lo conozca con anterioridad o no a la entrega de la empresa;
- que sea **oculto** (nº 3133); y
- que se trate de un vicio **grave** (nº 3135).

Concurriendo los anteriores presupuestos, el adquiriente dispone de las **acciones edilicias**, es decir, de la resolutoria o redhibitoria y de estimatoria o quanti minoris. La principal ventaja de este régimen reside en la posibilidad de poder obtener el adquiriente una reducción del precio sin necesidad de demostrar que el vicio le ha ocasionado efectivamente determinados daños. Con todo, en la práctica, las citadas acciones apenas resultan de utilidad por la brevedad de los plazos previstos para su ejercicio (nº 3136).

Precisiones En relación con una compraventa ordinaria, se admite expresamente el ejercicio de las **acciones edilicias** por parte del comprador antes de haber recibido el bien adquirido con vicio (TS 23-7-94, EDJ 6182).

3132 **Preexistencia** Este requisito hace referencia al **momento** en que se origina el vicio y no a su aparición; es decir, la contingencia debe haber nacido como consecuencia de un acto anterior a la compraventa, aunque se ponga de manifiesto en un momento posterior a la misma.

Se hace posible, así, distinguir el supuesto de saneamiento de los casos de imputación del riesgo, esto es, de las anomalías cuya causa se sitúa en un momento posterior a la celebración del contrato.

Precisiones La venta de las acciones de una sociedad se formaliza en escritura el 11-8-1989. El contrato incluye un pacto por el que se establece que la vendedora garantiza pasivos ocultos hasta determinada fecha. El 6-6-1989; es decir, con anterioridad a la celebración del contrato de venta, se había producido un **accidente** mortal de un **trabajador** en unas obras que estaba construyendo la sociedad adquirida. Recaída, con posterioridad al contrato, sentencia que determina la responsabilidad subsidiaria de la sociedad, el comprador comunica al vendedor que debe hacerse cargo de la indemnización que aquella había pagado, sobre la base de considerar que se trataba de un hecho que había tenido lugar en fecha anterior a la adquisición de la empresa y que había generado un pasivo que no constaba en los balances. El Tribunal desestima la pretensión por resultar patente que cualquier obligación surgida del hecho del accidente no podía constituir un pasivo oculto, por la sencilla razón de que no se había aún producido en el período de garantía pactado (TS 11-6-08, EDJ 90694).

3133 **Carácter oculto** Cabe tener en cuenta los siguientes aspectos en relación con este requisito:

1. En primer lugar, cabe aludir al hecho de que todo empresario, por su condición de tal, pudiera llegar a considerarse perito a los efectos de la compraventa. Esto implicaría, en cierto modo, que la **diligencia** que debiese desplegar quien compra una empresa, debería ser la de un profesional, a no ser que fuera un particular, supuesto poco habitual y con no demasiada trascendencia.

2. En segundo lugar, y en el caso de que las partes se hayan sometido previamente a un proceso de «**due diligence**», nos encontraríamos ante un aumento de la diligencia exigida al contratante por lo que podría considerársele profesional a los efectos del CC art.1484.

3. Por otra parte, el Tribunal Supremo confirma la doctrina según la cual, el hecho de que el comprador de una empresa haga una *due diligence* no libera de responsabilidad al vendedor si este ha comunicado **información** sobre la empresa al comprador que resulta **errónea o falsa** (TS 14-10-13, EDJ 201113).

3134 Precisiones **1)** En la venta de dos fincas que habían sido dedicadas a la manipulación y tratamiento de aceites e hidrocarburos, se incorpora a la escritura de venta un informe sobre el estado de contaminación del suelo de aquellas, incluyéndose en el contrato una cláusula de indemnidad por la que el vendedor se compromete a resarcir los costes, gastos y multas derivados de actuaciones administrativas promovidas en **materia medioambiental**. Con ocasión de una modificación legal en materia de residuos que tiene lugar con posterioridad al contrato, resulta obligado el comprador a provisionar recursos complementarios de limpieza de los suelos de las fincas. El Tribunal desestima la acción por saneamiento por falta del requisito de carácter oculto del vicio, considerando que se trata de una contingencia conocida, quedando excluidos los costes sobrevenidos al comprador del régimen de protección que proporciona el saneamiento por vicios ocultos (TS 21-7-08, EDJ 127997).

2) En puridad, cuando la realidad no responde a las **manifestaciones y garantías** realizadas sobre un estado de cosas presentes o pasadas, se acude al régimen de los vicios o defectos ocultos de la cosa vendida y se dice que la contingencia negativa supone la existencia de un defecto oculto de la cosa vendida (acciones o activos).

Gravedad Para que el vendedor resulte obligado al saneamiento es preciso que el vicio sea grave, residiendo la dificultad en determinar cuándo, respecto de una transmisión de acciones o participaciones, puede considerarse sustancial el **perjuicio económico** sufrido por el adquiriente. 3135

Precisiones 1) En el ámbito del contrato de compraventa de empresa, debe considerarse vicio no solo si el valor no representa el que las partes tuvieron como referencia para firmar el documento sino también otras contingencias que se hubieren especificado en las **bases de compra**.
2) En relación con un contrato de compraventa de acciones en el que se incluye una cláusula por la que el vendedor asume cualquier **contingencia sustancial** que pueda aparecer con posterioridad a la fecha del balance aportado referido a actos o hechos anteriores a la fecha de la escritura, y en contra de la pretensión del vendedor, el Tribunal resuelve que los impagos a que tenía que hacer frente la entidad compradora eran de suficiente entidad como para entender que constituían una de las contingencias sustanciales previstas en el documento contractual (TS 18-12-99, EDJ 37921).
En esta misma línea, se califica como contingencia sustancial la aparición de **créditos** considerados **incobrables y** la relativa a la **depreciación** de **existencias** que determinan la producción de una diferencia importante entre la suma provisionada y la real acreditada (TS 11-7-00, EDJ 21720).

Prescripción (CC art.1490) Las acciones que dimanan del saneamiento por vicios ocultos prescriben a los **seis meses** contados desde la entrega de la cosa vendida. 3136
Como puede apreciarse, dicho plazo puede, a priori, resultar insuficiente en la mayoría de las ocasiones para detectar (o para que aflore) la existencia de los vicios ocultos en el contexto de una empresa en funcionamiento.

3. Saneamiento por gravámenes ocultos

Existe limitación o gravamen oculto cuando, desconociendo el comprador aquel de que se trata: 3140
- **no** es **aparente** (se percibe en la cosa, como, por ejemplo, una servidumbre que se muestre por signos externos);
- **no** se impone por una **norma**, que debiendo ser conocida por el comprador, lo establece sobre aquel tipo de cosas;
- **ni**, según alguna opinión, consta en el **registro** adecuado (generalmente, el Registro de la Propiedad); aunque realmente, en este último caso, también corresponde al comprador la facultad que persigue el objetivo de que, aunque esté inscrita la carga en cuestión, no se vea perjudicado por ella (CC art.1483).

Cuando la cosa vendida está sujeta a alguna limitación o gravamen oculto (p.e., servidumbre, usufructo, etc.), se discute por la doctrina (De Ángel Yagüez; Lacal; Ossorio Morales; Núñez Lagos) si el supuesto cae bajo la teoría de la evicción o bajo la de vicios ocultos. 3141
A. A favor de su inclusión en la **evicción** se alegan los siguientes argumentos:
a) Desde un punto de vista teórico, que se produce una especie de evicción **parcial** (en la parte referente al gravamen), al perder el comprador la utilidad de la cosa en dicha parte.
b) Desde una perspectiva del Derecho positivo, que el legislador trata dicho supuesto en el **precepto legal** dedicado al saneamiento en caso de evicción (CC art.1483).

B. En pro de su consideración como **vicio oculto**, se aduce que: 3142
a) Desde un punto de vista teórico, según una extendida opinión, la hipótesis discutida no cuadra en el supuesto de evicción (con todos los requisitos de esta), sino al de vicios ocultos, porque estos realmente pueden ser de dos tipos, vicios materiales o de hecho, que son los llamados vicios, en sentido estricto, y **vicios jurídicos** o gravámenes.
b) Desde una perspectiva del Derecho positivo, que el Código Civil titula el apartado dedicado al saneamiento por causas distintas de la evicción, «del saneamiento por defectos o gravámenes ocultos de la cosa vendida» (rúbrica del apartado 2º de la Sección III del Capítulo IV, dedicado a la compraventa), aunque luego no habla en particular de estos.

Precisiones En alguna sentencia nuestro Alto Tribunal entendió que la hipótesis de que se trata es más propia del **saneamiento por gravámenes ocultos** de la cosa vendida, que un caso de evicción (TS 22-12-71, EDJ 541).

En estos casos el **comprador** tiene derecho a optar entre: 3143
a) **Desistir** del contrato durante un año, a contar desde el otorgamiento de la escritura, y siempre que el gravamen o limitación sean de tal naturaleza que deba presumirse que el comprador no habría adquirido la cosa, si lo hubiese conocido.
b) Exigir **indemnización**, no siendo necesario en este caso que sea presumible que la cosa no se habría adquirido de conocer la carga, si no que basta que esta exista, ya que por su sola

presencia disminuye el valor de aquella, y siendo esa diferencia de valor lo que se debe indemnizar.
Cabe repetir aquí, *mutatis mutandis*, lo dicho sobre la relación entre los supuestos de saneamiento por vicios ocultos, de vicio del consentimiento y de cumplimiento defectuoso. Ver nº 3127.

Precisiones **1)** A juicio de la jurisprudencia, el **plazo** es de caducidad (TS 11-5-66), aunque alguna vez se hable de prescripción (TS 7-1-80, EDJ 1101; 12-3-86, EDJ 1891).
2) Si se opta por desistir del contrato, entendemos que, cuando proceda, también tiene derecho a ser indemnizado por los **daños** y **perjuicios** que le ocasiona la **extinción** del contrato, sin que, contra esta opinión, pueda alegarse que podría haber evitado tales perjuicios si hubiese pedido solo indemnización, sin desistir del mismo, pues pudiera ser que con el gravamen no le interesase la cosa. Además de que la opción se le da en beneficio suyo (para que tenga mayor libertad de acción) pero no para negarle la indemnización que pudiere corresponderle si se decide por el desistimiento.
3) Si no se trata de **verdadera** carga o gravamen real, se excluye la aplicación del CC art.1483 (TS 7-1-80, EDJ 1101).

4. Indemnización y nulidad por dolo

(CC art.1269 y 1270)

3145 En relación con la responsabilidad del vendedor es necesario realizar una breve mención a la indemnización y nulidad del contrato por dolo.
Existe **dolo** cuando, con palabras o maquinaciones insidiosas de parte de uno de los contratantes, es inducido el otro a celebrar un contrato que, sin ellas, no hubiera realizado (CC art.1269).
Para que el dolo sea susceptible de producir la **nulidad** de los contratos, es preciso que:
- se trate de dolo grave; y
- no haya sido empleado por las dos partes del contrato.

El **silencio** únicamente da lugar a la nulidad por dolo si puede interpretarse como reticencia dolosa; es decir, cuando existe un deber de hablar y comunicar circunstancias importantes para la otra parte y el vendedor las silencia.
El dolo por omisión queda muy relativizado en su alcance cuando el comprador ha podido conocer el estado financiero de la sociedad a través del proceso de «**due diligence**».

B. Régimen contractual

3150 Al cumplimiento de las obligaciones de vendedor y comprador, se aplican, en principio, las reglas generales sobre el pago, las particulares de las obligaciones recíprocas y, además, algunas disposiciones especiales del contrato de compraventa.
Con carácter general, del **incumplimiento** de una de las partes se deriva para la otra la posibilidad de:
- exigir que se cumpla la obligación contractual; o
- resolver el contrato.

En ambos casos, existe además la obligación de **indemnizar** los daños y perjuicios causados a la parte cumplidora.

1. Concepto de incumplimiento

3155 Para analizar el régimen contractual de la responsabilidad de las partes en el marco del contrato de compraventa, hay que partir de la aplicación de la regla *pacta sunt servanda* («los pactos deben ser cumplidos») reflejado en varios preceptos del Código civil, que supone que cada parte asume los riesgos que corresponden a su cumplimiento (CC art.1094 s.) y, por tanto, la obligación de indemnizar al acreedor por los daños que su incumplimiento puedan ocasionar (CC art.1101).
Además, se hace imprescindible partir de la base de que dicho incumplimiento contractual puede venir de cualquiera de ellas, vendedor o comprador y que, como quiera que las obligaciones de cada una de ellas son sustancialmente distintas, las **causas** en las que se puede originar su responsabilidad también lo son. Así:
• El incumplimiento del **comprador** es referido a su obligación de pago del precio de la compraventa.
• El incumplimiento del **vendedor** suele ser referido a la entrega de la cosa, lo cual conlleva la posible y usual existencia de incumplimientos parciales.

En nuestro sistema jurídico la noción de incumplimiento contractual se entiende como resultante de aplicar dos conceptos diferentes: 3156

a) La **materialidad** del incumplimiento en sí; esto es, la falta de realización o ejecución irregular, defectuosa o incompleta de las prestaciones de cada una de las partes asumidas contractualmente.

b) La **responsabilidad** de dicho incumplimiento por parte de uno de los contratantes.

En el sistema contractual español se reconocen tres grandes tipos de **criterios de imputación** del incumplimiento a uno de los contratantes:

- el dolo;
- la culpa o negligencia; y
- la responsabilidad objetiva.

Precisiones 1) Lo decisivo para determinar si hay o no hay incumplimiento en sentido material es el **contrato**, ya que no hay incumplimiento contractual si las partes cumplen con lo pactado, con las prestaciones a las que cada una de ellas se han obligado en el contrato.

2) En la compraventa de empresa cobra especial interés la doctrina jurisprudencial del incumplimiento por **entrega de *aliud pro alio***, de la que el Tribunal Supremo ha consolidado doctrina y que, con más detalle, se trata en el nº 3173.

Dolo Existe dolo cuando la parte contractual incumplidora se aparta de forma **consciente** de las obligaciones contractuales asumidas en el marco del contrato; es, por tanto, un incumplimiento voluntario, sin que sea necesaria la concurrencia de una intención especial de causar daño, ni mala fe cualificada. 3157

La calificación como doloso del incumplimiento trae consigo las siguientes consecuencias:

- Ineficacia de las **cláusulas de exoneración** o limitación de responsabilidad contractual.
- No se modera la **cláusula penal**.
- No juega el **límite** de la previsibilidad de los **daños** establecido en el CC art.1107.2.
- Mayor probabilidad que un juez sancione la indemnización de los **daños morales**.

Culpa o negligencia Se produce culpa o negligencia cuando la parte incumplidora no ha ajustado su comportamiento a las medidas de **cuidado, precaución y atención** exigidas por el contrato y las normas aplicables, los usos y la buena fe. 3158

Aunque con carácter general no se aplican las mismas consecuencias que en caso de incumplimiento doloso, en algunas ocasiones, fundamentalmente en los contratos entre empresas, dichas consecuencias sí se equiparan en caso de culpa **grave**.

Responsabilidad objetiva Se trata de supuestos en los que el incumplimiento no deriva de dolo o de culpa, sino de la simple **conexión** entre el incumplimiento y el sujeto incumplidor. 3159

El **límite** general a esta responsabilidad viene determinado por el caso fortuito o la fuerza mayor, determinada en el CC art.1105.

La jurisprudencia del Tribunal Supremo señala como características definidoras del **caso fortuito** y la **fuerza mayor** como límites en la responsabilidad contractual las siguientes:

- Carácter extraño y **ajeno a** la **organización** y control del contratante incumplidor, en especial cuando se trata de una empresa. Así, se considera que no hay caso fortuito o fuerza mayor en los sucesos que tienen relación directa con la organización de la empresa, en el seno de la misma o en la esfera de la organización del contratante (p.e., el incumplimiento derivado de un conflicto laboral).
- Carácter **imprevisible** o **inevitable** del fenómeno.
- Ausencia de **culpa** y presencia de factores adicionales que permitan apreciar que en el conjunto de los hechos, se ha producido el caso fortuito o la fuerza mayor.

Adicionalmente al caso fortuito y fuerza mayor, otra excepción a la aplicación de la regla del *pacta sunt servanda* la encontraríamos en la cláusula ***rebus sic stantibus*** desarrollada por la jurisprudencia, con especial atención a raíz de los efectos producidos por la pandemia derivada del Covid-19, la cual permitiría flexibilizar los efectos de la primera regla mediante la **revisión** de los términos y condiciones del contrato o incluso su **resolución** en determinadas circunstancias. No se trata estrictamente de una excepción al cumplimiento de los pactos acordados, sino una revisión o reequilibrio en las prestaciones ante un nuevo escenario.

Para que pueda aplicarse lo anterior debe ocurrir un hecho extraordinario, no imputable a ninguna de las partes, que quieren cumplir lo pactado, pero que altera permanentemente las circunstancias concurrentes al tiempo de la celebración del contrato lo que provoca un escenario imprevisto en el que el cumplimiento de la prestación debida resulta exorbitante o excesivamente onerosa.

Adicionalmente, el desarrollo doctrinal y jurisprudencial requiere la concurrencia de una serie de **requisitos** adicionales para la aplicación de esta norma:
a) Que exista una relación de causalidad entre el fenómeno que origina el incumplimiento o la excesiva onerosidad de la prestación.
b) Que el deudor haya agotado todos los recursos a su alcance antes de invocar la aplicación de esta norma.
c) Concurrencia de buena fe.

2. Incumplimiento del comprador

3160 La obligación esencial del comprador consiste en el **pago** del precio al vendedor (CC art.1500). Constatado el incumplimiento del pago por parte del comprador, la principal consecuencia es la obligación de abonar al vendedor una **indemnización** por haber frustrado la expectativa de ganancia que este se había formado, además de por los gastos incurridos en la preparación, negociación y formalización de la compraventa.

3161 **Supuesto práctico** (TS 3-9-10, EDJ 190365) Se analiza a continuación un supuesto complejo de **compraventa de empresa** en que ambas partes, comprador y vendedor, se consideran recíprocamente como incumplidoras de sus prestaciones principales.

3162 **Antecedentes** Tras la perfección de una compraventa de empresa, el comprador realiza una auditoría de la misma, resultado de la cual se pone de manifiesto que la empresa adquirida se encontraba afrontando una situación de graves **pérdidas**.
Ante dicha situación el comprador solicita una **rebaja** del **precio** al vendedor, a lo que éste se niega.
El vendedor, por su parte, solicita al comprador el cumplimiento de su obligación, es decir, el **pago** del precio.
Por otra parte, el comprador exige al vendedor la devolución del **depósito** inicial que había realizado en garantía del pago del precio, a lo que el vendedor se niega entendiendo que no sólo no procede su devolución, sino que, además el comprador debe **indemnizarle** por la expectativa de ganancia que había tenido abonándole el precio al que se había comprometido contractualmente.
Al no ponerse de acuerdo las partes y el comprador no abonar el precio que le está reclamando el vendedor, el vendedor procede a vender la empresa por un precio sensiblemente menor al que se había pactado.

3163 **Sentencia** La problemática que analiza el Tribunal en su sentencia abarca dos aspectos:
- determinar quién incumplió verdaderamente; y
- en caso de concluir que fue el comprador el que incumplió, qué indemnización debe abonar este al vendedor.
Parte incumplidora. En relación a la cuestión de quien incumplió el contrato de compraventa el Tribunal entiende que el incumplimiento es imputable al vendedor, ya que vendió una sociedad por un valor superior al que le correspondía, puesto que con la posterior revisión de la misma quedó latente que la sociedad tenía unas pérdidas que minoraban el precio de la compraventa.

3164 **Indemnización**. En cuanto a la indemnización a abonar por el vendedor al comprador, se rechaza la existencia de lucro cesante y la existencia de compraventa de sustitución, y libera al comprador de pagar la totalidad del precio, no obstante lo cual, el Tribunal impide al comprador recuperar la cantidad que había avanzado en el momento de la firma del contrato de compraventa, todo ello en los términos siguientes:
• En relación con la indemnización por el **lucro cesante**, la parte compradora reclama una indemnización por la diferencia del precio pactado con ellos y el precio por el que acabaron vendiendo al segundo comprador. El Tribunal alega que no hay lucro cierto y tangible puesto que la fuente de ganancia existía con anterioridad al daño y que, como consecuencia de ello no existe prueba del daño que se reclama.

3165 • Se rechaza la existencia de **compraventa de sustitución**, figura que consiste en permitir al comprador, ante el incumplimiento del vendedor, y siempre que actúe de buena fe, adquirir de una fuente alternativa mercancías similares (de igual calidad y cantidad), y en permitirle que reclame al vendedor la diferencia que, en su caso, haya tenido que satisfacer al tercero por esa compraventa de reemplazo. El Tribunal rechaza dicha figura basándose en que la parte compradora lo alega como equiparable al lucro cesante, cuando realmente dicha figura se equipara al daño emergente sufrido; en concreto, lo que el Tribunal termina afirmando es que las sentencias alegadas no son equiparables al supuesto de hecho objeto de litigio.

• En relación con la pretensión de la parte compradora de no pagar el **precio** pactado debido al incumplimiento de la parte vendedora, el Tribunal libera a la parte compradora del pago del precio, pero, sin embargo, no le da la razón en la pretensión de devolución del **depósito** abonado en el momento de firma del contrato de compraventa. **3166**
Al respecto, el Tribunal hace recaer el foco de atención en el momento en que se desarrolla el contrato y sus negociaciones, así como en las posibilidades que tiene el comprador de influir en la conformación del precio mediante el examen previo de la cosa objeto del contrato, es decir mediante la revisión previa de la empresa objeto de la compraventa, fijándose de esta forma el punto de mira en la **diligencia** que muestra el comprador en el marco de las negociaciones previas a la compraventa.

La diligencia del comprador en este sentido responde a elementos como la capacidad negociadora de las partes en relación con su tamaño y su posición económica, su asesoramiento y en especial, las posibilidades de llevar a cabo un proceso de **due diligence** y el alcance que se haya pactado para el mismo. **3167**
En este sentido, si la **contingencia** surge durante el proceso de due diligence y por tanto, con anterioridad a la formalización de la compraventa, parece que se trata de una contingencia conocida y por tanto asumida por el comprador quien, al haber puesto de manifiesto dicha contingencia en la fase negociadora del contrato, bien ha incidido en el precio de la transacción minorándolo, bien ha garantizado mediante una indemnización específica el daño que pudiera causarle, en caso de materializarse la contingencia.

Por tanto, en este caso, si el **error** por parte del comprador se podría haber puesto de manifiesto en la fase previa de la operación, el comprador podría haber puesto la diligencia debida en la averiguación de dicho daño y por tanto en la asunción o no del mismo. **3168**
Por el contrario, si la contingencia tiene lugar con posterioridad, el incumplimiento en el pago del precio por parte del comprador sólo se puede eximir si hay consciencia en el error que, no obstante, el vendedor asume y así lo indica en las manifestaciones y garantías, responsabilizándose de las posibles contingencias que pudieran surgir en este caso.

3. Incumplimiento del vendedor

El incumplimiento del vendedor suele estar relacionado con la **entrega** de la cosa, planteándose la posibilidad de incumplimientos parciales o defectuosos, siempre que, en este caso, dicho incumplimiento parcial determine la inutilidad de lo adquirido. **3170**

Incumplimiento total o general Este tipo de incumplimiento acaece cuando el vendedor **no entrega** la cosa. Centrándonos en la compraventa de empresa, el incumplimiento total tiene lugar cuando no se produce tradición de los bienes que conforman la misma, por quienes son titulares de los mismos a través de una sociedad, y que por tanto siguen controlando sus órganos de gestión, así como percibiendo los beneficios que se obtengan. **3171**
Las **consecuencias** de la falta de entrega de la cosa por parte del vendedor es la falta de pago por parte del comprador, así como, en su caso, el reintegro de cantidades entregadas a cuenta o en garantía, junto con una posible indemnización por los daños y perjuicios que en su caso correspondan.

Incumplimiento defectuoso (CC art.1166) Los supuestos en que se produce el incumplimiento defectuoso son los **más numerosos** y sus consecuencias o tratamiento mucho más complicado de delimitar. **3172**
Se ha de partir de que, con carácter general, el deudor de una cosa no puede obligar a su acreedor a que reciba otra diferente, aun cuando ésta sea de **igual o mayor valor** que la debida.
El desarrollo jurisprudencial de esta regla ha tenido una acogida masiva por parte de la doctrina que, bajo la denominación de doctrina del *aliud pro alio*, lo ha aplicado para los casos de compraventa de empresas.

Doctrina del «aliud pro alio» La doctrina de entrega de cosa diversa o *aliud pro alio* parte de la base de que, identificada la cosa debida, no es posible, sin un acuerdo entre las partes, cambiarla, de forma que el **cambio unilateral** por parte del deudor determina el incumplimiento de la obligación. **3173**

En definitiva, esta doctrina se aplica cuando en el contrato de compraventa se **entrega** una **cosa diferente** a la convenida, lo que se pone de manifiesto cuando hay una falta tan grave en las cualidades del bien entregado que permite considerar que se está ante un incumplimiento contractual.
El Tribunal Supremo viene incluyendo en el ámbito de aplicación de esta doctrina tanto los supuestos de «prestación diametralmente opuesta» a la prevista por las partes, como a aquella idéntica, pero inhábil para el uso al que se destina, lo cual conlleva al incumplimiento de la obligación de entrega, de manera que permite aplicar lo dispuesto en el CC art.1101 y 1124.

Precisiones **1)** Se está en presencia de entrega de cosa diversa o *aliud pro alio* cuando existe pleno incumplimiento por **inhabilidad** del **objeto** y consiguiente insatisfacción del comprador, al ser el objeto impropio para el fin a que se destina, lo que permite acudir a la protección dispensada en el CC art.1101 y 1124 (TS 17-2-10, EDJ 14208).
2) La inhabilidad de defectos que impiden obtener de ella la utilidad que motivó su adquisición, debe nacer de la cosa vendida, sin que sea suficiente para instar su adquisición una **insatisfacción** puramente **subjetiva** del comprador (TS 14-10-00, EDJ 35349).
3) En una compraventa de acciones, el Tribunal Supremo entendió que no procedía aplicar la doctrina del *aliud pro alio* para exigir responsabilidad al vendedor, pese a que el **balance** que se incorporó al contrato de compraventa contenía graves **inexactitudes**, ya que, de conformidad con el tenor del contrato, el objeto de la compraventa eran las acciones y no la situación patrimonial de la sociedad cuyas acciones se transmitían (TS 20-11-08, EDJ 222287; y en sentido similar TS 21-12-09, EDJ 307255).
4) La asunción por el comprador de unas posibles consecuencias que hagan inhábil el objeto elimina la consecuencia de la doctrina del *aliud pro alio*. El **objeto** es efectivamente **inhábil** para el fin por el que se contrató, pero la parte que lo sufre (el comprador) había **conocido y aceptado** estas posibles contingencias, lo cual evita que sea el incumplimiento de la otra parte (el vendedor) el que haya provocado el *aliud pro alio* (TS 21-12-12, EDJ 305817).
5) La problemática fundamental en el caso de la compraventa de empresa y en cuanto a la aplicación de la doctrina del *aliud pro alio*, ha sido, por lo general, su **distinción** del régimen de **saneamiento por vicios ocultos**, cuya aplicación resulta en muchas ocasiones, inadecuada y confusa.

3174 **Prescripción de la acción de resolución** (CC art.1964) En los supuestos en que se trata de objetos del contrato que son **totalmente inadecuados** o inhábiles para el destino pretendido, debe considerarse que el plazo de prescripción para ejercitar la acción de resolución del contrato de compraventa en virtud de la doctrina *aliud pro alio*, es de **5 años**, plazo propio de las acciones personales (ver nº 3111), entendiéndose que no son aplicables los plazos de caducidad de seis meses (CC art.1490), ni de treinta días (CCom art.342).

3175 **Consecuencias del incumplimiento** (CC art.1124) La entrega de una cosa diferente a la debida supone un incumplimiento contractual, por lo que, estando la facultad para resolver las obligaciones implícitas en las obligaciones recíprocas para el caso de que uno de los obligados no cumpla con lo que le incumbe, el perjudicado puede escoger entre:
- exigir el **cumplimiento** o la resolución de la obligación, con el resarcimiento de daños y abono de intereses en ambos casos; o
- pedir la **resolución**, aun después de haber optado por el cumplimiento, cuando este resulta imposible.

4. Remedios jurídicos

3180 Frente al incumplimiento contractual y con la finalidad de resarcir a la parte contractual, el ordenamiento jurídico ofrece a la **parte cumplidora**, con carácter general, los siguientes medios:
- el cumplimiento forzoso de la prestación incumplida;
- la indemnización de los daños y perjuicios (nº 3182);
- los derivados de las cláusulas penales incluidas en el contrato (nº 3183);
- asimismo, se contempla la posibilidad de resolver el contrato (nº 3185).

3181 **Cumplimiento forzoso** Consiste en la realización de la prestación incumplida o la correcta realización de la prestación irregularmente efectuada.
Con todo, los cierto es que nuestro ordenamiento jurídico no parece que imponga este remedio como solución preferente, **preferencia** que sí se atribuye a las vías de reparación monetaria.

Indemnización Se trata del pago de una cantidad de dinero para resarcir de los **daños y perjuicios** ocasionados a la parte cumplidora. 3182
Sobre el alcance indemnizatorio y los conceptos que se pueden englobar dentro del quantum indemnizatorio de daños y perjuicios y la procedencia de la inclusión o no y los conceptos de daño emergente, del lucro cesante y del resto de los gastos del contrato, ver nº 3225 s.
En cuanto al cálculo de la indemnización, el Tribunal Supremo encomienda su **cuantificación** a los Tribunales de Instancia y no revisa la cuantía que estos establezcan salvo que sea manifiestamente absurda o desproporcionada. Ello suele plantear algunos problemas de valoración de la prestación incumplida que hace recomendable en ocasiones exigir el cumplimiento forzoso de la prestación.

Cláusulas penales contractuales Las partes pueden pactar expresamente en el contrato la inclusión de **una o varias** cláusulas penales. 3183
Se trata de una indemnización fijada por las partes con carácter previo al incumplimiento contractual del que traen causa; es decir, supone establecer un resarcimiento para el caso de que alguna de las partes contravenga el régimen contractual estipulado en el contrato o en alguna cláusula específica.
En cualquier caso, este tipo de cláusulas pueden revestir **formas** muy diversas a tanto alzado, a un importe por día de retraso en la entrega, un porcentaje del precio, o un múltiplo del mismo o bien sentar las bases para su cálculo.

Precisiones Conforme a la jurisprudencia del Tribunal Supremo, las cláusulas penales insertas en los contratos tienen **carácter sustitutivo** de la indemnización de daños y perjuicios (TS 26-3-09, EDJ 38160; 10-12-09, EDJ 299940). En el mismo sentido, más recientemente, TS 3-7-19, EDJ 639, corrobora dicho carácter sustitutivo, salvo alguna excepción.

Cuestión más controvertida es la relativa a la **facultad moderadora** que tiene el juez respecto de las cláusulas penales pactadas por las partes y la posibilidad de renunciar a dicha facultad de moderación judicial. En este sentido, la doctrina vigente del Tribunal Supremo se fundamenta en el principio de autonomía privada y admite el endurecimiento de la responsabilidad del deudor al estimar que no es necesario tutelar los intereses de ninguna de las partes al no ostentar ninguna de ellas la condición de consumidor, admitiendo la posibilidad de renuncia. 3184
La regla general es que en supuestos de **incumplimiento parcial** el juez puede moderar la pena estipulada en este tipo de cláusulas contractuales, no se trata tanto en la facultad de moderar una pena excesivamente elevada que resulta en una situación especialmente onerosa para una de las partes, sino de reducirla en proporción a lo cumplido de la obligación principal.
No obstante, no son pocas las resoluciones judiciales de distintas instancias que resultan ciertamente contradictorias en este sentido.

Precisiones En un contrato de bienes inmuebles figura una cláusula penal pecuniaria y accesoria en caso de incumplimiento de la obligación principal. La demandante únicamente exige lo estipulado en la cláusula penal y el Tribunal no modera la pena estipulada en la cláusula, por cuanto se considera probado que el **incumplimiento** es **total** (TS 10-6-11, EDJ 113796).

Resolución por incumplimiento De esta forma en caso de incumplimiento **grave** la parte cumplidora está legitimada para instar la resolución del contrato y la restitución de las prestaciones que se cumplieron hasta el momento, así como los daños y perjuicios causados. 3185
Ha de tratarse de un incumplimiento cualificado; esto es:
- ha de afectar a una **prestación esencial** del contrato;
- debe ser **duradero**; y
- ha de repercutir sobre el **interés contractual** principal de la parte cumplidora.

En términos judiciales, ha de tratarse de un incumplimiento contumaz, rebelde, frustrante para el fin perseguido por las partes, reiterado, esencial, importante para la economía del contrato.
Se excluyen de la posibilidad de resolución del contrato para la parte cumplidora en los supuestos de:
- mero retraso;
- incumplimiento ocasional
- incumplimiento de ambas partes;
- cuando el que pretende resolver, aun habiendo incumplimiento calificado como grave, no es fiel cumplidor de su prestación.

3186 **Efectos** (CC art.1124) La fundamental consecuencia de la resolución contractual es que se priva de efectos al contrato, tal y como si este no se hubiera celebrado.
De esta forma y como consecuencia accesoria de esta primera y principal se deben **restituir** las partes las prestaciones, y se suelen añadir los **daños y perjuicios** que se hayan causado a la parte cumplidora que insta la resolución del contrato.

C. Responsabilidad del adquirente

3190 La transmisión de empresa genera el nacimiento de una serie de responsabilidades por parte del adquiriente con consecuencias específicas en su esfera patrimonial.
La adquisición de una empresa despliega o puede desplegar efectos para el adquirente en diversos **ámbitos** de responsabilidad, tales como, entre otros:
- El laboral, en cuanto responsabilidad por la sucesión de empresa.
- El tributario, en cuanto a la responsabilidad derivada de la sucesión en la titularidad o ejercicio de explotaciones o actividades económicas (nº 3205).
- La responsabilidad derivada de la Ley de Propiedad Horizontal, por la adquisición de locales (nº 3215).
- La responsabilidad por otras deudas (nº 3220).

A continuación, se desarrollarán cada uno de los puntos anteriormente expuestos de cara a mostrar una óptica de la responsabilidad del adquirente en estas materias.

1. Ámbito laboral

3195 Existe sucesión de empresa cuando la transmisión afecta a una entidad económica que mantiene su identidad, entendida como un conjunto de medios organizados a fin de llevar a cabo una actividad económica, esencial o accesoria (ET art.44).
El elemento característico de la sucesión de empresa es la transmisión de la titularidad de una empresa, centro de trabajo o unidad productiva autónoma, entendiendo por tales una **unidad de producción** susceptible de continuar una actividad económica preexistente (TS social 5-6-13, EDJ 127603).

Precisiones **1)** La actual redacción del ET art.44 es la introducida por la L 12/2011 y es trasunto en su literalidad de la Dir 2001/23/CE art.1.1.b, definición que, a su vez, tiene su origen en la jurisprudencia del Tribunal de Justicia en interpretación de la Dir 1977/187/CEE (TJUE 11-3-97; 10-12-98).
2) No cabe hablar de sucesión de empresas en casos de venta judicial de un **inmueble sin** adquirirse las **máquinas, muebles y otros enseres** que el anterior titular tuviese en él (TS social 24-9-12, EDJ 228914; 24-9-12, EDJ 228933; 25-9-12, EDJ 225309; 26-9-11, EDJ 226025; 26-9-11, EDJ 228909; 5-11-12, EDJ 270267; 6-11-12, EDJ 329302; 7-11-12, EDJ 263593; 14-11-12, EDJ 270280; 20-12-12, EDJ 311296; 12-2-13, EDJ 18828; 26-2-13, EDJ 27853; 10-5-13, EDJ 111320; social 29-5-13, EDJ 111324).

3196 **Mantenimiento de relaciones laborales** (ET art.44; LGSS art.168) El cambio de titularidad de una empresa no extingue la relación laboral de esta con sus trabajadores, sino que se produce la **subrogación** del nuevo empresario en la posición del anterior, asumiendo las obligaciones laborales y de Seguridad Social, incluyendo los compromisos de pensiones, en los términos previstos en su normativa específica, y, en general, cuantas obligaciones en materia de protección social complementaria hubiere adquirido el cedente.
Esta norma no deja margen alguno a la negociación colectiva o a la autonomía de la voluntad para poder disponer de ese concreto efecto en el caso de que concurra el supuesto de sucesión de empresa ahí previsto, por lo que cualquier **convenio colectivo o pacto**, individual o colectivo, que lo niegue, lo condicione o limite su ámbito de aplicación resulta nulo de pleno derecho (TSJ País Vasco 13-2-07, EDJ 35295).
No obstante, esta regla no se aplica en todos los casos en los que se produce un cambio en la titularidad de la sociedad. Concretamente, la subrogación no opera en el caso de **adquisición de acciones o participaciones**, aunque ello suponga un cambio de control de la sociedad, puesto que el cambio del titular de las acciones o participaciones no supone una modificación en la figura del empresario que seguirá siendo la propia sociedad.

Precisiones Lo que se impone legalmente al nuevo empresario es asumir todas las **obligaciones** laborales y de Seguridad Social existentes en la **empleadora de origen**, pero no a la inversa, de modo que los trabajadores de la empresa absorbida no pueden exigir la atribución de los derechos generados por los trabajadores de la empresa en la que se incorporan (TS 15-12-04, EDJ 229541).

Solidaridad de la responsabilidad La sucesión de empresas, en el sentido de transmisión de los elementos patrimoniales de la misma, implica asimismo la responsabilidad solidaria de **cedente y cesionario**, durante tres años, por las obligaciones laborales anteriores a la transmisión que no hubieran sido debidamente satisfechas. **3197**

Constituye un paso adelante para **garantizar** y salvaguardar los **créditos del trabajador-acreedor**, por transferirse los derechos y obligaciones adquiridos con la empresa originaria, aunque sea con ciertas excepciones, siempre interpretadas restrictivamente (TJUE 4-6-02, C-164/00; TS social 30-5-11, EDJ 174279). También es una garantía de seguridad jurídica a favor de los empresarios responsables, pues tal responsabilidad no es ilimitada en el tiempo (TS social 4-10-03, EDJ 127740).

Precisiones **1)** En caso de sucesión empresarial no solo se produce la subrogación del nuevo titular en los derechos y obligaciones del anterior respecto de los trabajadores cedidos, sino que ha mantenido la responsabilidad solidaria de ambas empresas respecto de las **deudas laborales** que la empresa cedente tuviera **pendientes de abonar** (TS 30-11-16, EDJ 233485).

2) En los casos de sucesión en la titularidad de la explotación, industria o negocio, el adquirente responde solidariamente con el anterior o con sus **herederos** del pago de las prestaciones de la Seguridad Social causadas antes de dicha sucesión (TS social 22-11-05, EDJ 230455; TSJ Cataluña 21-2-14, EDJ 32574).

3) La empresa transmitente no tiene que responder solidariamente del pago de la indemnización por **despido improcedente**, puesto que fue la empresa adquirente la que decidió despedir a la trabajadora y la que debe responder del pago de la indemnización (TS social 12-7-07, EDJ 144129; social 30-11-16, EDJ 233485).

Plazo para exigir la responsabilidad (ET art.44.3) La responsabilidad solidaria de cedente y cesionario por sucesión de empresa puede exigirse durante un plazo de 3 años. El **día inicial de cómputo** coincide, normalmente, con la fecha en la que tiene lugar la transmisión (TJUE 14-11-96, C-305/94; 26-5-05, C-478/03), aunque es presupuesto básico que los trabajadores tengan conocimiento exacto y cumplido de la misma (TSJ Cataluña 1-12-03, EDJ 195304). Caso contrario, ha de estarse a la de tal conocimiento (TSJ Cantabria 22-2-17, EDJ 90901), con todas las dificultades de prueba que supone, salvo que pudiera ser conocida por los afectados, por su notoriedad. Así, se fija aquella en la fecha en que los nuevos propietarios comienzan sus actividades (TS social 30-6-88, EDJ 5741). **3198**

Este plazo de 3 años no es un **plazo de prescripción** singular y diverso al **general** de 1 año (ET art.59.1), sino que delimita temporalmente la responsabilidad solidaria entre cesionario y cedente, fijando el plazo de actuación para el ejercicio de la acción que el trabajador pudiera ostentar frente al empresario transmitente (TS social 17-4-18, EDJ 64895; 11-7-18, EDJ 572124),

De este modo, la responsabilidad solidaria que el art.44.3 ET establece para el cesionario -por las deudas previas a su condición- únicamente le puede ser exigida durante los 3 años posteriores a la sucesión, de manera que el ejercicio de la acción por el trabajador frente al cesionario únicamente es factible durante esos 3 primeros años, y ello aunque transcurrido ese plazo la correspondiente acción persista viva por haberse interrumpido su decadencia mediante cualquiera de los medios que el derecho admite (CC art.1973) (TS social 10-1-19, EDJ 503422; social 17-4-18, EDJ 64895; 11-7-18, EDJ 572124).

Precisiones **1)** En contra de lo que actualmente sostiene la jurisprudencia, tradicionalmente se dijo que los 3 años constituían un **plazo especial de prescripción**, que difería del general, para exigir la responsabilidad solidaria de cedente y cesionario de la titularidad de la empresa en las obligaciones laborales a contar a partir de la cesión y pudiéndose reclamar de los responsables de modo sucesivo (TS 13-11-92, EDJ 11176).

2) Con respecto a la suspensión de los plazos sustantivos de **prescripción y caducidad** durante la crisis sanitaria del **COVID-19**, ver nº 3111.

Obligaciones posteriores a la sucesión (ET art.44.3.2º) Si la sucesión fuese considerada **delito**, cedente y cesionario responden de las obligaciones laborales posteriores a la sucesión sin límite temporal. **3199**

La sucesión de empresa implica el reconocimiento por el adquirente de la **antigüedad** del **trabajador** desde que inició su prestación de servicios en la empresa transmitente. Esto trae consigo que dicha antigüedad debe ser computada para el cálculo de una posible indemnización en caso de despido del trabajador cedido.

Representantes legales de los trabajadores (ET art.44.5, 6, 7, 8 y 9) Cuando la empresa, el centro de trabajo o la unidad productiva objeto de la transmisión conserve su autonomía, el cambio de titularidad del empresario no extingue, por sí mismo, el mandato de los representantes legales de los trabajadores, sino que **se mantienen**, de forma que dichos **3200**

representantes siguen ejerciendo sus funciones en los mismos términos y bajo las mismas condiciones que regían con anterioridad.
Adicionalmente, en el caso de cambio de titularidad, se reconoce a los representantes legales de los trabajadores los **derechos** de información y consulta.

3201 **Información** (ET art.44.6, 7, 8 y 10) En el supuesto de cambio de titularidad de la empresa, los representantes legales de los trabajadores, tanto de la empresa cedente como de la cesionaria, han de ser informados de los siguientes **aspectos**:
- la fecha prevista de la transmisión.
- los motivos de la transmisión;
- las consecuencias jurídicas, económicas y sociales que la transmisión depara para los trabajadores;
- las medidas previstas respecto de los trabajadores.

De no haber representantes legales de los trabajadores, el cedente y el cesionario deberán facilitar la información mencionada en el apartado anterior a los trabajadores que pudieren resultar afectados por la transmisión.

3202 **Periodo de consultas** (ET art.44.9 y 44.10) Cuando la sucesión de empresa conlleve la adopción de medidas que pretendan la **modificación** de las **relaciones laborales**, si el cedente o el cesionario prevén adoptar, con motivo de la transmisión, medidas laborales en relación con sus trabajadores, están obligados a iniciar un período de consultas con los representantes legales de los trabajadores sobre las medidas previstas y sus consecuencias para los trabajadores.
La consulta ha de celebrarse con la suficiente **antelación**, antes de que las medidas se lleven a efecto.
Durante el período de consultas, las partes deben negociar de **buena fe**, con vistas a la consecución de un acuerdo.

Precisiones **1)** Las obligaciones de información y consulta se han de aplicar con independencia de que la decisión relativa a la transmisión haya sido adoptada por los empresarios cedente y cesionario o por las empresas que ejercen el control sobre ellos. Cualquier **justificación** de aquellos basada en el hecho de que la empresa que tomó la decisión no les ha facilitado la información necesaria no puede ser tomada en consideración a tal efecto (ET art.44.10).
2) Cedente y cesionario responden como empleadores del cumplimiento de estas garantías, tanto frente a los empleados y sus representantes como, en su caso, ante la **Inspección de Trabajo**.

2. Ámbito tributario

3205 Quienes suceden por cualquier concepto en la titularidad o ejercicio de explotaciones o actividades económicas son **responsables solidarios** de las obligaciones tributarias contraídas del anterior titular y derivadas de su ejercicio. La responsabilidad también se extenderá a las obligaciones derivadas de la falta de ingreso de las retenciones e ingresos a cuenta practicadas o que se hubiera debido practicar (LGT art.42.1.c).

3206 **Presupuestos** (LGT art.42.1.c) A efectos de la responsabilidad solidaria por deudas tributarias, se han de tomar en consideración dos elementos:
- la realización del hecho imponible por parte del titular de la actividad; y
- la sucesión por cualquier concepto en la titularidad o ejercicio de las actividades o explotaciones económicas, no siendo necesario que se produzca el impago del deudor principal.

3207 **Explotación o actividad económica** El primer elemento necesario es la existencia de una explotación o actividad económica.
Se ha de tener en cuenta que las **entidades sin personalidad jurídica** (comunidad de bienes, herencia yacente, etc.) pueden también ser titulares de explotaciones económicas.

Precisiones No se aplica la responsabilidad solidaria cuando la transmisión se concreta en la adquisición de **elementos aislados**, salvo que dichas adquisiciones, habiendo sido realizadas por una o varias personas o entidades, permitan la continuación de la explotación o actividad (DGT 19-7-23; 7-6-21; 15-6-16 y 14-6-16).

3208 **Sucesión en la titularidad o ejercicio de la actividad o explotación** En segundo lugar, se impone de forma expresa el carácter de responsable solidario de la deuda tributaria a los que suceden por **cualquier concepto** en la titularidad o **ejercicio** de las explotaciones o actividades económicas, por las obligaciones tributarias contraídas del anterior titular y derivadas de su ejercicio (entre otras sentencias, TS cont-adm 27-6-13, EDJ 127488; 11-11-09, Rec 5625/03).
Es irrelevante el **medio** que se utiliza para la producción de dicho efecto de cambio en el titular de la disponibilidad sobre el ejercicio y resultado de la explotación, admitiéndose cualquier

supuesto de transmisión empresarial, tanto los producidos por concurrencia en la transmisión de título y objeto claros (p.e., compraventa o permuta, arrendamiento de negocio, dación en pago, fusión de entidades etc.), como aquellos que carecen de transparencia, al haber sido realizados mediante simulación o encubrimiento, por incidencia de circunstancias impuestas (p.e., venta o subasta judiciales).

Precisiones **1)** En la vigente LGT (L 58/2003), la adquisición de empresas con deudas tributarias pendientes [art.42.1.c)] ha dejado de ser un caso de responsabilidad subsidiaria para pasar a ser un supuesto de responsabilidad solidaria. El supuesto de hecho que genera esta responsabilidad abarca no solo la sucesión en la **titularidad jurídica** de la actividad o explotación, sino también en su **mero ejercicio**. El alcance de la responsabilidad se extiende a las deudas del anterior titular derivadas de la explotación. La responsabilidad también se extiende a la falta de ingreso de las retenciones e ingresos a cuenta practicadas o que se hubieran debido practicar (TS cont-adm 18-11-05, EDJ 284278).

2) Pueden darse **tres supuestos** distintos de sucesión empresarial. El primero, es la transmisión pura y simple de la titularidad jurídica de la empresa por cualquier concepto, lo que supone una auténtica sucesión jurídica. El segundo, es la sucesión «de facto», en la que una empresa, aparentemente, cesa en su actividad, pero en realidad continúa bajo una apariencia distinta, utilizando buena parte de los elementos personales y materiales de la anterior, y amparándose en la aparente falta de título jurídico de transmisión para eludir la asunción de responsabilidades tributarias imputables a la desaparecida. El tercero, se produce cuando una empresa adquiere elementos aislados de una sociedad deudora y, gracias a ello, aún sin transmisión jurídica de la titularidad, puede proseguir la explotación o actividad de la empresa desaparecida (entre otras sentencias, TS 27-6-13, Rec 2259/11; 28-4-14, Rec 1994/12; AN 22-2-22, Rec 2296/19; 3-2-23, Rec 2901/2019; TSJ C. Valenciana 31-10-23, Rec 1298/2022; AN 23-3-21, Rec 1229/19; TEAC 17-2-22, Res 620/19).

3) La determinación de la existencia de sucesión empresarial es una cuestión de hecho que requiere una **individualización concreta** en cada caso (TS 16-11-92; 27-6-13, Rec 2259/11; AN 20-11-17, Rec 844/16; TSJ Galicia 6-2-24, Rec 15376/2022; TSJ C.Valenciana 31-10-23, Rec 1298/2022).

Requisitos Lo esencial es el **mantenimiento** de la **identidad** de la empresa, entendida esta última como una institución unitaria con identidad propia en el mercado y que, si bien posee una base patrimonial, no puede identificarse con ella, resultando por ello posible el mantenimiento de la misma a pesar de que no se conserve el patrimonio en su totalidad y, *mutatis mutandis*, la situación contraria, es decir que, manteniéndose íntegro dicho patrimonio, no perviva la empresa. 3209

Exclusión (LGT art.42.1.c) La responsabilidad solidaria por las deudas tributarias se excepciona en dos supuestos: 3210

a) Cuando el cambio de titularidad se produce en el seno de un **procedimiento concursal**. Esta excepción tiene su fundamento en los efectos que el procedimiento concursal plantea sobre el deudor concursado y sobre los créditos y bienes, impidiéndose además la calificación como responsables de los trabajadores de la empresa concursada, los cuales, en su condición de acreedores de la misma, y al objeto de impedir la pérdida de puestos de trabajo, se adjudican una parte de su activo con la finalidad de poder continuar en el desarrollo de la actividad.

b) En el supuesto de **transmisión «mortis causa»**. La razón de ser de esta exclusión radica en el hecho de que, cuando dicha sucesión opera, los herederos ya responden de las deudas del causante -en los términos recogidos en la LGT art.39-, estimándose así que dicha responsabilidad absorbe, en el supuesto de que se continúe en el desarrollo de la actividad, la del responsable por adquisición de la empresa.

Alcance (LGT art.42.1.c y 175.2) El adquirente de una empresa asume y queda obligado, en primer término, al pago de la **deuda** exigida al anterior titular en período voluntario. La responsabilidad también se extiende a las obligaciones derivadas de la falta de ingreso de las retenciones e ingresos a cuenta practicadas o que se hubieran debido practicar. 3211

Adicionalmente, si el adquirente deja transcurrir el período voluntario que a él se le ha de conceder para ingresar dicha deuda, el importe de esta se ve incrementado en el de los **recargos e intereses** del período ejecutivo que procedan, quedando excluida su responsabilidad de estos componentes de la deuda devengados frente al transmitente durante el período ejecutivo que se inició para este último último (LGT art.41.3).

El adquirente de la titularidad de explotaciones y actividades económicas y al objeto de limitar la responsabilidad solidaria, tiene derecho, previa la conformidad del titular actual, a solicitar de la Administración certificación detallada de las deudas, sanciones y responsabilidades tributarias derivadas de su ejercicio. La Administración tributaria deberá expedir dicha certificación en el plazo de tres meses desde la solicitud. En tal caso la responsabilidad del adquirente quedará limitada a las deudas, sanciones y responsabilidades contenidas en la misma. Si la certificación se expide sin mencionar deudas, sanciones o responsabilidades o no se facilita

en el plazo señalado, el solicitante quedará exento de la responsabilidad solidaria (LGT art.175.2).
La responsabilidad del nuevo titular de la empresa alcanza también a las **sanciones** impuestas o que puedan imponerse.

Precisiones Aunque en algunas sentencias de la **Audiencia Nacional** se declara que en los supuestos de sucesión en la actividad empresarial, la responsabilidad del adquirente no alcanza a las sanciones impuestas como consecuencia de la realización de infracciones ajenas a la actividad transmitida (AN 26-1-09, EDJ 15748; 7-12-09, EDJ 302403); en otras del mismo órgano jurisdiccional se proclama que la responsabilidad alcanza a la totalidad de la deuda tributaria, por lo que el adquirente de la explotación económica es responsable de las referidas sanciones (AN 18-1-10, EDJ 3759).

3212 La exigibilidad de las sanciones a los sucesores en la titularidad de la correspondiente explotación o actividad económica solo puede tener lugar cuando los sucesores no han solicitado la **certificación de exoneración de responsabilidad** y cuando, habiéndolo hecho, la Administración tributaria la expide en el plazo de tres meses haciendo constar la existencia de aquellas.
De este modo, si dicha certificación no se expide en el referido **plazo** de tres meses a contar desde la fecha de su solicitud o se expide, pero sin que conste en la misma deuda o sanción alguna, el adquirente queda exonerado de su responsabilidad.
En otro caso, su responsabilidad queda limitada al importe de las deudas, sanciones y responsabilidades que figuran en dicha certificación, quedando así reducido su ámbito a aquellos componentes de la deuda y a aquellas sanciones que ya figuran cuantificadas en la misma.

3213 El **contenido** del referido certificado debe incluir el nombre y apellidos o razón social o denominación completa del obligado tributario titular de la explotación o actividad económica y una relación detallada de las deudas, sanciones y responsabilidades tributarias derivadas de su ejercicio, con indicación de la cuantía de cada una de ellas, pero no referencias a obligaciones tributarias o sanciones que no estén liquidadas en el momento de la expedición del certificado.
El certificado no produce efectos -cualquiera que sea su contenido- si la fecha de presentación de la **solicitud** es posterior a la de adquisición de la explotación o actividad económica de que se trate.
Salvo que la normativa específica del certificado establezca otra cosa, los certificados tributarios tienen **validez** durante 12 meses a partir de la fecha de su expedición mientras no se produzcan modificaciones de las circunstancias determinantes de su contenido, cuando se refiera a obligaciones periódicas, o durante tres meses, cuando se refiera a obligaciones no periódicas.
Los certificados tributarios tienen carácter informativo y no se puede interponer **recurso** alguno contra ellos, sin perjuicio de poder manifestar su disconformidad y de los recursos que puedan interponerse contra los actos administrativos que se dicten posteriormente en relación con dicha información (DGT CV 24-11-23).

3214 La exención o limitación de la responsabilidad derivada del certificado surte efectos únicamente respecto de las deudas para cuya liquidación sea competente la **Administración** de la que se solicita la certificación.
Cuando **no se solicita** el certificado, la responsabilidad alcanza a las deudas y responsabilidades liquidadas o pendientes de liquidación y a las sanciones impuestas o que puedan imponerse.
El **procedimiento** para exigir la responsabilidad solidaria dependerá de si la responsabilidad es declarada y notificada al responsable con carácter previo al vencimiento del periodo voluntario de pago original de la deuda que se deriva o una vez transcurrido el mismo. En el primer caso, bastará con requerir el pago al responsable una vez transcurrido dicho periodo y, en el segundo, el órgano competente dictará acto de declaración de responsabilidad que se notificará al responsable (LGT art.175.1).

Precisiones En el supuesto de que la entidad consultante vaya a suceder en la titularidad o ejercicio de la explotación o actividad económica, la única forma legalmente prevista para **limitar** la **responsabilidad solidaria** de la LGT art.42.1.c, es la solicitud del certificado al que se refiere dicho precepto (DGT CV 13-2-13).

3. Propiedad horizontal

3215 Cuando entre los bienes objeto de la transmisión de empresa se encuentre un local susceptible de aprovechamiento independiente por tener salida a un elemento común del edifico o a la vía pública (LPH art.1), es obligatorio que en la **escritura pública** de compraventa se aporte certificación relativa al estado de las deudas de la comunidad, obligación de la que puede exonerar al transmitente el adquiriente (LPH art.9.1.e)

En cualquier caso, el local transmitido queda afecto al pago de las **cantidades adeudadas** a la comunidad de propietarios por los anteriores titulares del local.

Límite (LPH art.9.1.e) La afección del local al pago de las cantidades adeudadas a la comunidad de propietarios, se limita a las deudas que tienen su origen en la **anualidad** en que se adquiere el local **y** a los **tres años** naturales **anteriores**. **3216**

Precisiones La afección real del inmueble al pago de los gastos generales de la comunidad correspondientes a la parte vencida de la anualidad de la adquisición y a las tres anteriores inmediatas, hace que no resulte preciso demandar a la anterior propietaria del inmueble, ni que la reclamación se haga conjuntamente contra ambos titulares registrales el actual y el anterior, sino que la **reclamación** puede dirigirse de forma **indistinta**, contra cualquiera de ellos, sin perjuicio de la acción de repetición que entre ambos pueda existir (AP Málaga 24-10-07, EDJ 295123).

4. Otras deudas

A diferencia de lo que sucede en otros ordenamientos jurídicos de nuestro entorno, no existe en nuestro Derecho una norma que imponga al comprador de la empresa la obligación de pagar o asumir las **deudas empresariales pendientes**. **3220**
La venta de la empresa no determina automáticamente la obligación del comprador de pagar las deudas pendientes, ni frente al comprador, ni frente a los acreedores. Tal obligación únicamente puede derivarse de un **pacto**, expreso o tácito, al respecto, o de actos o comportamientos a los que inequívocamente solo puede darse este significado. A tales efectos, esta opción puede establecerse en el contrato de compra de la empresa, y de ordinario así ocurre en virtud de la autonomía de las partes.
La falta de un régimen específico no puede suplirse con la aplicación analógica de otros supuestos sí regulados para las modificaciones estructurales. Ante dicho **vacío legal**, debemos aplicar las normas generales del Código Civil.

Régimen jurídico (CC art.642, 643, 1203, 1205 y 1206; LH art.118) No existe regulación legal específica sobre la asunción de deudas, por lo que se acude a la figura de la **novación subjetiva** por cambio de deudor, recogiéndose las dos modalidades de la expromisión y la delegación en el Código Civil. **3221**

Precisiones **1)** La transmisibilidad de las obligaciones en el aspecto pasivo, con excepción de las contraídas *intuitu personae*, procede en nuestro ordenamiento positivo con arreglo al principio de la autonomía de la voluntad, en defecto de una regulación específica de la **asunción de deuda**, aunque venga aludida por algún precepto presuponiendo su licitud (LH art.118). Ha sido admitida ciertamente por una doctrina jurisprudencial reiterada que, al igual que la de los autores, entiende superada en el derecho moderno la añeja concepción del acentuado personalismo del vínculo obligatorio, inseparable de acreedor y deudor, y afirma que aquella figura no se opone a las líneas dogmáticas del Código sustantivo, acudiendo para construirla al marco de las normas reguladoras del cambio de la persona del deudor en las obligaciones con efectos de novación meramente modificativa (TS 11-12-79, EDJ 955).
2) Al diferenciar la **novación modificativa por cambio de deudor** y la asunción de deuda, se subraya que ambas figuras exigen, según constante doctrina referida fundamentalmente a la novación modificativa, que conste de forma expresa, patente, el consentimiento cuando menos del acreedor (TS 29-9-83).
3) Existe un **reconocimiento expreso** en la L 1/1973 de la Compilación Foral de Navarra art.512.

Consentimiento (CC art.1205) Dada la importancia que tiene la figura del deudor, y más concretamente, su condición de empresario solvente para los **acreedores**, en los supuestos de transmisión de empresa se requiere el consentimiento expreso de estos últimos para que las deudas procedentes del negocio sean asumidas por el adquiriente. **3222**
No es necesario que la aceptación del acreedor se produzca en el mismo acto de la sustitución de los deudores, bastando que se exprese en cualquier **forma y tiempo**, mientras esté preexistente el acuerdo de los deudores (TS 16-3-95, EDJ 1978; 20-2-95, EDJ 458).
En caso de que dicho consentimiento no sea otorgado por el acreedor, el adquiriente no asume responsabilidad frente al mismo, sino que es el transmitente de la empresa el que sigue siendo el obligado.
Por el contrario, si existe consentimiento del acreedor para el cambio de la figura del deudor, el adquiriente viene a ser el nuevo responsable de las deudas procedentes del negocio.

3223 Precisiones 1) Cuando el deudor originario es sustituido por el posterior, que asume la deuda, en dimensión liberatoria, mediante el consentimiento del acreedor a esta mutación subjetiva en el pacto las acciones de **reintegro y reembolso** que asisten al acreedor, han de dirigirse contra el nuevo deudor, que se incorporó con posterioridad, no contra el deudor primitivo, que quedó desvinculado plenamente, al darse la precisa aceptación del sujeto acreedor (TS 27-6-91).
2) Con respecto de las deudas contraídas con tercero por el transmitente de una empresa, ante el silencio del Código de Comercio, es necesario concluir que no se transmiten automáticamente al adquirente de la empresa, sino que es indispensable que así se haya convenido entre las partes y que se haya producido el **consentimiento** expreso del tercero **acreedor**. Faltando este consentimiento, el pacto de asunción de deuda entre cedente y cesionario, tan solo produce efectos *inter partes*, pero no frente al tercero acreedor, al cual no le es indiferente la personalidad de su deudor (AP Tarragona 8-6-05, EDJ 113093).
3) En contraposición a la posibilidad de asunción liberatoria de la deuda nos encontramos con la **asunción cumulativa** en la que tanto el transmitente como el adquiriente de la empresa responden solidariamente frente al acreedor. Este tipo de asunción suele venir impuesto por el interés de ciertos acreedores de contar con una mayor garantía frente al posible incumplimiento del deudor obligado. La jurisprudencia intenta establecer una clara separación entre la asunción cumulativa y la **fianza**, afirmando que la diferencia está en que el asumente es un obligado por deuda propia, mientras que el fiador lo es por una deuda. En todo caso, la asunción de deuda cumulativa es un negocio atípico en nuestro Derecho positivo que, como tal, ha de regirse por los pactos establecidos por las partes y consentidos por el acreedor (TS 15-12-89, EDJ 11334).

D. Obligación de indemnizar

3225 Con carácter general, quien en el cumplimiento de sus obligaciones incurre en **dolo, negligencia o morosidad**, y el que de cualquier modo las contravienen, queda sujeto a la indemnización de los daños y perjuicios causados (CC art.1101).

Precisiones La incorporación de **manifestaciones y garantías** sobre el negocio adquirido en el contrato de compraventa facilita al comprador acudir a este mecanismo compensatorio en caso de incumplimiento de las mismas.

3225.1 La obligación de indemnizar en el marco contractual de un contrato de compraventa de empresa requiere analizar su **alcance**, en el sentido de examinar si abarca únicamente al daño emergente o debe comprender también el lucro cesante, y si en este tipo de contratos, tienen o no cabida los daños morales.
Por último, no hay que olvidar que la parte obligada a indemnizar debe, asimismo, abonar los **gastos** en los que ha incurrido la parte acreedora de la indemnización en el marco de la formalización de la compraventa; esto es, gastos notariales, registrales, de abogados, etc.

3226 **Daño emergente** (CC art.1106) El daño emergente es la **disminución del valor** del patrimonio provocada por el evento dañoso; es decir, el resultado de la comparación de la valoración del patrimonio antes y después de acontecido el evento y por tanto exige la prueba del valor o utilidad económica de dicho patrimonio antes y después de producido el daño.

Precisiones En relación con un contrato de **franquicia** se considera daño emergente el valor de la pérdida que ha sufrido la demandada como consecuencia de la resolución injustificada de la relación de franquicia y la repercusión directa de la misma sobre la subsistencia de la empresa que explotaba (TS 16-3-07, EDJ 16925).

3227 **Lucro cesante** (CC art.1106) La indemnización de daños y perjuicios comprende, además del valor de la pérdida sufrida, el de la **ganancia** que ha dejado de obtener el acreedor.
No obstante, la exigencia del lucro cesante requiere la **prueba** de que realmente se han dejado de obtener unas ganancias concretas que no han de ser dudosas y contingentes.
Es en esta carga probatoria donde la determinación de una eventual indemnización por lucro cesante encuentra su dificultad, lo que ha propiciado que exista una cierta polémica doctrinal acerca de si en el contrato de **compraventa de empresa**, puede exigirse tan solo el daño emergente o si, por el contrario, el lucro cesante es asimismo exigible y, por tanto, el vendedor puede exigir al comprador que incumple no abonando el precio el montante que ha dejado de obtener o ganar y para el que se ha generado unas expectativas.

Precisiones 1) A diferencia del daño emergente, daño real y efectivo, el lucro cesante se apoya en la hipótesis de cómo se habrían sucedido los acontecimientos en el caso de no haber tenido lugar el suceso dañoso. El fundamento de la indemnización de lucro cesante ha de verse en la necesidad de reponer al perjudicado en la situación en que se hallaría si el suceso dañoso no se hubiera producido, lo que exige que se le indemnice también la ganancia dejada de obtener. Las ganancias que pueden reclamarse son aquellas en que concurre similitud suficiente para ser reputadas como **muy probables**, en la mayor aproximación o su **certeza** efectiva, **y** siempre que se acredite la

relación de causalidad entre el evento y las consecuencias negativas derivadas del mismo, con relación con la pérdida del provecho económico (TS 14-7-03, EDJ 50757; 30-10-07, EDJ 206012).

2) El lucro cesante, como el daño emergente, debe ser probado; la dificultad que presenta el primero es que solo cabe incluir en este concepto los beneficios ciertos, concretos y acreditados que el perjudicado debía haber percibido; no incluye los **hipotéticos beneficios** o imaginarios «sueños de fortuna» (TS 4-2-05, EDJ 6950).

3) El lucro cesante no son meras expectativas de ganancia, esperanzas futuras o meras conjeturas, sino que tienen por objeto un lucro cierto, tangible y ya incorporado en forma de **crédito** real y existente al patrimonio de los recurrentes, puesto que la fuente de ganancia existía con anterioridad al daño y fue el acto ilícito de la sociedad el que impidió que esa ganancia se completara (TS 3-9-10, EDJ 190365).

4) Sobre la **cuantía del daño indemnizable**, el Tribunal Supremo considera que toda disminución de ingresos netos esperables que pueda tener una empresa es equivalente a un daño en el mismo importe al comprador y que este tiene derecho a recibir dicha cantidad como compensación, incluso, aunque sea superior al precio por él pagado (TS 27-3-19, EDJ 544154).

Daños morales Una cuestión que se plantea en relación con la obligación de indemnizar en el marco del contrato de compraventa de empresa es si en este tipo de contratos procede o no procede la indemnización por el daño moral producido o generado. **3228**

La duda deriva, en primer lugar, de la ausencia de un precepto que regule este tipo de daños en nuestro ordenamiento jurídico y, en segundo lugar, del hecho de que en la construcción jurisprudencial del concepto de daño moral quedan excluidas las relaciones de índole puramente económica.

A este respecto, el Tribunal Supremo ha puesto históricamente de manifiesto que la **relatividad e imprecisión** forzosa del daño moral impide una exigencia judicial estricta de su existencia y traducción económica o patrimonial, razón por la cual exige atemperar con prudente criterio ese traspaso de lo físico o tangible a lo moral o intelectual y viceversa, que jurídicamente ha de ser resuelto por aproximación y necesidad pragmática de resolver el conflicto y de dar solución a la finalidad social que el Derecho debe conseguir para cumplir el principio del *alterum non laedere*.

Si bien a simple vista parece no encajar el daño moral en un contrato de compraventa de empresa, el que legalmente (CC art.1106) se considera que es indemnizable toda pérdida, esto es, el daño emergente, y toda ganancia dejada de obtener, a saber, el lucro cesante, permite concluir que no hay límite que impida incluir en la indemnización el daño puramente moral. **3229**

De hecho, la jurisprudencia ha admitido la indemnización de los daños morales en sede **contractual** para determinados incumplimientos o tipos de casos, generalmente en el contexto de impacto reputacional o de prestigio profesional o empresarial (abogados, procuradores, consumo, agencias de viajes, etc.).

Precisiones Se considera que la exclusión de un **abogado** en una lista de profesionales de una publicación anual, conlleva para el mismo diversos daños económicos y también morales, aceptándose la procedencia de la indemnización de los daños morales en sede contractual, entendiendo como bienes susceptibles de dañar no a los de contenido patrimonial si no a bienes como el honor, la salud, la libertad y a otros de índole similar, indicándose que no cabe obviar la natural consecuencia de la generación de eventuales daños morales so pretexto de su indeterminación, prueba y producción económica, cuando esa dificultad puede ser superada con los elementos probatorios que en su caso se ofrezcan, fundamentalmente el hecho mismo del incumplimiento (el daño *in re ipsa*), que es base suficiente para la obtención del valor cuantitativo o repercusión económica (*pretium singulare*) (TS 9-5-84, EDJ 9758).

En el concreto ámbito de la compraventa de empresa la indemnización de daños morales se ha abordado en un caso relativo al derecho de **explotación** de una **franquicia**. En el supuesto, el vendedor ocultó deliberadamente al comprador que la franquiciadora se encontraba en una situación preconcursal, lo que salió a la luz poco después, generando un sinfín de contingencias para el nuevo propietario de la empresa. Así las diferentes deudas laborales, toda clase de pasivos sobrevenidos y reclamaciones de clientes reducían a todas luces el valor de la empresa y además generaban una situación de ansiedad y desazón en el nuevo propietario. Todo ello le llevó a solicitar al órgano judicial competente la resolución del contrato y subsiguiente indemnización, teniendo en cuenta que esta debía incluir una compensación por daño moral en razón del sufrimiento padecido. El Tribunal aceptó la pretensión y concedió la indemnización por daño moral (TS 15-6-10, EDJ 185008). **3230**

De esta forma, puede considerarse que el daño moral se produce a consecuencia de una determinada actuación, **negligente o dolosa**, por parte del vendedor.

Precisiones Es necesario recordar que el CC art.1107, establece que los daños y perjuicios de que responde el deudor de buena fe son los previstos o que se hayan podido prever al tiempo de constituirse la obligación y que son consecuencia necesaria de su falta de cumplimiento. En caso de dolo, el deudor responde de todos los que conocidamente se derivan de la falta de cumplimiento de la obligación. Es decir, dicho precepto parece establecer una imputabilidad para la consideración del daño y la exigencia de una determinada responsabilidad al vendedor que deber seguir criterios de **previsibilidad** en el caso de actuación negligente y de conocimiento.

E. «Indemnities»

3235 Las *specific indemnities* son obligaciones específicas de indemnizar, de gran arraigo en la práctica habitual del Derecho inglés en el contrato de compraventa de empresa.
La principal característica de este tipo de **obligaciones** asumidas por el **vendedor** de indemnizar es que no surgen como consecuencia de un incumplimiento de las partes del contrato, sino que persiguen evitar el perjuicio (reparar el daño) que se produciría para el comprador o la sociedad objeto de la compraventa en caso de materializarse determinadas contingencias. Se trata de supuestos que, de producirse con anterioridad a la perfección de la compraventa, serían previsiblemente tenidos en cuenta ajustando el precio a la baja, pero que ante la incertidumbre de su materialización requieren de un mecanismo de protección diferente.

3236 Son pactos en los que el adquirente cubre el riesgo de un **potencial daño** que se pueda producir derivado de alguna cuestión o contingencia de la que se tiene conocimiento con anterioridad al acto de la compraventa y que no ha tenido incidencia en el precio al no existir certeza acerca de si la contingencia se materializará y producirá el correspondiente daño o no.
Se trata de supuestos en los que el vendedor no ha omitido información ni sus manifestaciones pueden considerarse inexactas y donde el comprador ha realizado correctamente su «*due diligence*». No obstante, al adquirente se le ha relevado cierta información que podría resultar en un daño, sin que, con carácter habitual, dicha información tenga un efecto limitador de la responsabilidad del transmitente por el hecho de ser **información conocida** por parte del comprador.
De esta forma, mientras que las **manifestaciones y garantías** (nº 2950 s.) cumplen una función informativa y una función de atribución de responsabilidades y riesgos, el pacto de mantener indemne únicamente pretende garantizar la reparación de un daño si llega a producirse sin necesidad de que haya un incumplimiento contractual por las partes.

3237 En general estos pactos se utilizan hoy cuando el conocimiento de la falta de veracidad o incorrección de las manifestaciones y garantías impediría una **reclamación** fundada en las mismas; es decir, dado que las manifestaciones y garantías no dan una cobertura suficiente al comprador cuando se conocen las circunstancias negativas de las que puede resultar un daño, las partes del contrato deciden, en estos casos, pactar la obligación de indemnizar.
Los **tipos** de *indemnities* son muy variados y dependen de las circunstancias, de lo negociado por las partes y del tipo de operación en el que se inserten.

3238 **Características** Las principales características definitorias de las obligaciones específicas de indemnizar son las siguientes:
a) **Naturaleza indemnizatoria** y no de garantía. Las partes pactan la obligación de indemnizar porque han identificado un riesgo concreto y han concluido que es razonable que lo asuma quien va a recibir el precio de la operación, ya que de haberse materializado antes de la compraventa se hubiera ajustado el precio y si no se produce, no es necesario dicho ajuste. Como se ha indicado, la realidad es que se busca compensar un daño y no asegurar un cumplimiento.
b) **Deber de prestación**. El deudor (vendedor) se obliga a dar o a hacer en determinadas circunstancias.

3239 c) La obligación de indemnizar surge, no como consecuencia de un incumplimiento por parte del vendedor de alguna manifestación o garantía declarada en el propio contrato, ni de ninguna otra obligación contractualmente establecida, sino del **pacto** entre las partes consistente en que en el caso de que se materialice un hecho que produzca un daño, el vendedor ha de cubrir dicho daño.
El deudor de la obligación, el vendedor, es el que asume el **riesgo** derivado de que se materialice el potencial daño que queda cubierto por la obligación específica de indemnizar. Se trata de una cobertura de riesgos específica, que se objetiva y se configura independiente de cualquier elemento de culpabilidad. Y la razón de ser no es otra que la de imputar el riesgo a quien recibe un precio que no se ha ajustado teniendo en cuenta el posible daño que se podría producir como consecuencia de la contingencia.

Objeto Aunque las materias sobre las que se pacta la obligación de indemnizar dependen de lo negociado por las partes en cada operación, por lo general se trata de **riesgos conocidos** previamente por las partes, **específicos y muy concretos**. 3240

Los riesgos cubiertos por obligaciones específicas **más habituales** en los contratos de compraventa entre compañías, son: contingencias específicas fiscales, laborales o de seguridad social, o cobertura para el caso de que la compañía pierda un procedimiento judicial específico que incluso se encuentre ya en marcha, o por incumplimientos contractuales concretos (p.e., si se identifica una indemnización por clientela bajo un contrato de agencia), etc.

En cuanto a la **duración** de la obligación de indemnizar, se suele vincular al periodo de tiempo en que el riesgo pueda materializarse (p.e., plazo de prescripción legal).

Funcionamiento El funcionamiento de este tipo de pactos consiste en identificar un **riesgo o** una **contingencia** que el vendedor asume respecto del comprador o de la propia empresa que se transmite. 3241

Dicha **asunción** por parte del vendedor cubre por tanto el potencial daño que se pueda producir como consecuencia de la contingencia.

Se trata de un deber de **indemnización** que tan solo surge en determinadas circunstancias y cuyo supuesto de hecho no es un incumplimiento de las partes del contrato, sino la materialización de un hecho, riesgo o contingencia que origina un daño, bien para la compañía, bien para el comprador.

Precisiones Por ejemplo, como resultado de la *due diligence* previa se detecta una posible **contingencia fiscal**. Las partes pueden pactar que, si la empresa que se transmite se ve obligada finalmente a pagar a la Agencia Tributaria la contingencia detectada, el vendedor debe indemnizar al comprador o a la propia empresa, por el importe que finalmente la empresa tiene que abonar a la Agencia Tributaria.

En este tipo de pactos indemnizatorios, se suelen incluir los **gastos, intereses**, etc., que la empresa tiene que soportar como consecuencia de la materialización de la contingencia. 3242

Como se ha mencionado anteriormente (nº 3237), si la contingencia en cuestión fuera objeto de **manifestaciones y garantías**, al ser conocido por el destinatario, no puede dar lugar a resarcimiento, por cuanto no habría en realidad falta de veracidad o incorrección. Si la contingencia en cuestión fuera objeto de **manifestaciones y garantías**, al ser conocido por el destinatario, no puede dar lugar a resarcimiento, por cuanto no habría en realidad falta de veracidad o incorrección.

Es preciso delimitar separadamente las manifestaciones y garantías y configurar este tipo de indemnizaciones específicas como una cobertura de riesgos. No es que el vendedor incumpla su obligación de decir la verdad, sino que la concurrencia del siniestro o contingencia previstos constituye el supuesto que da origen al nacimiento de una deuda de garantía.

No importa entonces si el comprador conoce o no la contingencia o su riesgo; lo decisivo es construir la **garantía** de forma que, aunque el comprador conozca la contingencia, la realización de esta comporta el nacimiento de una obligación de cobertura de riesgos por parte del vendedor, que no es estrictamente una indemnización por incumplimiento.

Operativa La operativa de las *indemnities* depende en su totalidad de la negociación entre las partes; tanto su extensión, como su alcance y límites queda enmarcado en lo que las partes acuerdan en el marco de la negociación del contrato. 3243

Así, puede que a este tipo de indemnizaciones específicas se les aplique el mismo régimen de **limitaciones** pactadas para las indemnizaciones que surjan del incumplimiento de las manifestaciones y garantías del contrato, o puede que, como es más habitual en la práctica, estas tengan una mayor extensión y por tanto las *indemnities* tengan una mayor cobertura tanto desde el punto de vista del alcance de las mismas (*quantum* indemnizatorio) como desde el punto de vista de los menores condicionantes a efectos de su obtención y limitaciones cualitativas y temporales.

Ello suele ser así cuando las partes pactan un régimen estricto de limitación de las responsabilidades derivadas del contrato mediante sistemas de franquicia o de **mínimos indemnizatorios**. En estos casos, las *specific indemnities* suelen tener sus propios términos y condiciones y no están sujetas a regímenes de limitación de la responsabilidad.

Automatismo Por lo general, las *specific indemnities* están construidas de manera que surjen de forma automática en el momento en el que se materializa la contingencia o el riesgo objeto de indemnización. Al atribuirse un riesgo objetivamente a una de las partes, resulta fácil que haya automatismo en su operativa. 3244

De otra parte, pueden construirse este tipo de indemnizaciones específicas a **primera demanda**, esto es, de manera que el vendedor obligado a indemnizar tiene que liquidar antes de discutir acerca de la reclamación.

3245 **Extensión** Generalmente con en este tipo de cláusulas lo que se persigue es obtener una **cobertura completa** del daño, lo cual se consigue describiendo el alcance de los daños que quedan cubiertos en el caso de que se produzcan, ya que no se trata de daños derivados de incumplimiento contractual, sino de un pacto entre las partes de asunción de riesgos.

3246 **Acreedor** El acreedor de la obligación de indemnizar puede ser:
a) El **comprador**.
b) La **sociedad** objeto del contrato de compraventa, que al fin y al cabo es la persona jurídica en la que se produce el daño, a cuyo patrimonio, que se ha visto mermado como consecuencia de la materialización de la contingencia o del riesgo objeto de la *specific indemnity*, y se realiza la oportuna restitución.
Otra **opción** es pactar que se reconozca al **comprador** la facultad de elegir si se indemniza a la sociedad o al comprador, en cuyo caso suelen ser decisivas las consecuencias fiscales que se producen en uno u otro supuesto.
Son cláusulas que afectan al precio realmente pagado por el comprador porque prevén cómo se puede ver este afectado si, tras celebrarse el contrato, resulta que la empresa o sus activos no eran como las partes habían considerado que eran o no producen los rendimientos esperados.

3247 **Documentación** La cláusula de *specific indemnity* suele incluirse en el propio **contrato** de compraventa, a continuación de la cláusula de manifestaciones y garantías.
Sin embargo, nada impide y no es del todo inusual encontrar cláusulas de *specific indemnities* documentadas o formalizadas de **forma separada** al contrato de compraventa.
El motivo para elegir documentos separados para este tipo de cláusulas no es más que un intento de las partes de salvaguardar la **confidencialidad** de la cláusula en sí, ya que el riesgo que cubre suele ser una contingencia que, si llega a conocerse por parte de terceras partes ajenas al contrato, puede llegar a materializarse produciéndose directamente el daño objeto de indemnización. En estos casos los documentos en los que se suelen formalizar las obligaciones específicas de indemnizar se denominan **«side letters»**.

3248 **Seguros** Existe una tendencia muy acusada en cuanto a la suscripción de seguros que cubren los daños del vendedor derivados de su régimen de responsabilidad contractual. En este sentido, son cada vez más numerosas las operaciones de cualquier sector en que las partes terminan recurriendo a la suscripción de una **póliza de *Warranties & Indemnities***, como solución alternativa innovadora respecto del régimen contractual de responsabilidad.
En este sentido, la póliza supone que la entidad aseguradora asume el riesgo de incumplimiento de las manifestaciones y garantías por parte del vendedor, lo cual comporta diversas **ventajas** para ambas partes:
a) Permite una salida limpia para el **vendedor**, que recibirá el precio sin la preocupación constante durante el período de tiempo en que deba honrar su compromiso de indemnización en caso de incumplimiento.
b) El **comprador** se asegura la solvencia futura en caso de que le corresponda percibir cualquier importe con base en un incumplimiento de las manifestaciones y garantías, especialmente cuando el vendedor se encuentre en otro país.
c) En caso de una **pluralidad de vendedores** que dificulte o convierta en muy oneroso reclamar responsabilidad a todos ellos.
d) En supuestos en que la salvaguarda de las **buenas relaciones** entre ambas partes sea imprescindible (*joint ventures*, adquisición de una sociedad laboral, etc.).
e) Aunque involucra a un tercero dentro del contexto de una operación, reduce las materias objeto de **negociación** entre las partes.
Por lo general, el **tomador** del seguro es el propio comprador (buy-side), quien debe llevar a cabo una negociación paralela con la aseguradora en relación con las coberturas ofrecidas por ésta, con base en el proceso de revisión que realice con apoyo en la *due diligence* efectuada por el comprador. Lo habitual es asegurar un **porcentaje** sobre el valor de la transacción, quedando excluidos con carácter general los hechos conocidos por el comprador (no obstante, existe la posibilidad de suscribir pólizas para cubrir contingencias específicas) y determinados aspectos concretos (ajustes al precio, incumplimientos de obligaciones, aquellos que no hayan sido objeto de revisión en la *due diligence*, aspectos medioambientales o de protección de datos, etc.). Por su parte, los incumplimientos respecto de los que el vendedor haya incurrido en **dolo o mala fe** únicamente quedarán excluidos si la póliza la suscribe el vendedor

como tomador (en caso contrario, la aseguradora deberá indemnizar, pero tendrá derecho a repetir frente al vendedor).

Por último, hay multitud de aspectos a concretar o negociar en cada transacción (persona adecuada para otorgar las manifestaciones y garantías, cobertura del período interino, coberturas adicionales vinculadas a las *specific indemnities*, duración del seguro, etc), siendo imprescindible la involucración de un **bróker** especializado desde el inicio del proceso.

F. Defensa de las reclamaciones de terceros

Aunque los efectos de las transacciones aquí estudiadas solo atañen, en general, a las partes de dicha transacción (transmitente y adquirente; vendedor y comprador), se dan supuestos en la práctica en los que son terceros ajenos a estas partes los que, al verse afectados de alguna manera por la transacción en cuestión, pueden tratar de hacer valer sus derechos. **3250**

1. Evicción

(CC art.1474 a 1482)

La evicción se produce cuando el comprador se ve privado de la cosa comprada a causa de la acción instada por un tercero con base en un **derecho anterior** a la compra, y resuelta mediante sentencia firme. **3255**

Esta privación puede afectar a **todo o parte** de la cosa comprada.

Requisitos Para que nazca en el vendedor la responsabilidad por evicción es necesario que se den los siguientes requisitos: **3256**

- la pérdida de la posesión y/o propiedad de la cosa adquirida;
- la privación ha de derivar de una sentencia firme;
- el derecho del tercero ha de ser anterior a la compra; y
- que el comprador demandado llame al proceso al vendedor para que este intervenga en el proceso y se defienda.

Pérdida de la cosa (CC art.1474) El comprador ha de verse privado de la cosa comprada. Dicha privación puede referirse a que el vendedor no ostenta la posesión libre y pacífica de la cosa a transmitir, o derivarse, posteriormente, del ejercicio por tercero tanto de acciones reivindicatorias como de acciones meramente posesorias. **3257**

Precisiones Se debe tratar de una verdadera privación, ya que, si se trata de una **mera perturbación** en la posesión de la cosa comprada, los efectos no son los de la evicción sino los del CC art.1502.

Resolución judicial (CC art.1475) La privación de la propiedad o posesión de la cosa comprada ha de traer causa de una sentencia judicial. **3258**

La mera **privación de hecho** no da lugar a la evicción, sino al derecho del comprador a ejercitar sus propias acciones privativas en defensa de su posesión.

Para que nazca la obligación en el vendedor derivada de la evicción es necesario que la privación del comprador se acuerde por **sentencia firme**, considerándose firme una sentencia cuando contra la misma no cabe recurso o cuando, cabiendo, transcurre el plazo para interponerlo.

Firmeza no implica que al comprador demandado se le pueda exigir que agote todos los recursos posibles, más aún cuando el vendedor también fue (o pudo haber sido) parte en el procedimiento y no interpuso él mismo dichos recursos.

Precisiones Algún autor (Díez-Picazo) se plantea la posibilidad de que la evicción pueda derivar del **laudo** dictado en un procedimiento **arbitral**, afirmando que es posible si en dicho procedimiento arbitral ha intervenido el vendedor, o se le ha dado la posibilidad de intervenir.

Derecho de tercero El derecho subjetivo ejercitado por el tercero debe haber nacido con **anterioridad** a la transacción, ya que se entiende que los derechos nacidos con posterioridad a la compraventa obviamente no pueden hacerse valer frente al vendedor. **3259**

Ahora bien, que el derecho subjetivo que se ejercita contra el comprador haya tenido que nacer con anterioridad a la compra no significa que sus **efectos** puedan nacer con posterioridad a esta.

Llamada al vendedor al procedimiento en el que el comprador ha sido demandado (CC art.1481 y 1482; LEC art.14.2.1ª) Ante la reclamación del tercero, el comprador demandado está obligado a llamar al proceso al vendedor para que este intervenga en èl y se defienda. Es la denominada procesalmente **llamada en garantía**. **3260**

Si el comprador demandado no realiza en plazo esa llamada en garantía al vendedor, aquel no podrá posteriormente reclamarle su responsabilidad por evicción si finalmente la sentencia es condenatoria para el comprador demandado y supone la privación de la cosa.
El **plazo** con el que cuenta el comprador demandado para llamar al pleito al vendedor coincide con el que se le concede para contestar a la demanda. Si se trata de un juicio ordinario, son veinte días hábiles (LEC art.404.1). Si la reclamación del tercero se realiza por los trámites del juicio verbal, dicho plazo se reduce a diez días hábiles (LEC art.438.1).

Precisiones La posibilidad de llamar al proceso al vendedor de un cosa, ante un posible supuesto saneamiento por evicción, es una facultad que corresponde única y exclusivamente al comprador de dicha cosa, pero en ningún caso es un derecho (ni mucho menor un deber) que corresponde al **tercero** que ejercita una acción reivindicatoria de la referida cosa, el cual ha de limitarse a demandar al que, atribuyéndose la titularidad dominical de la cosa reivindicada, se halle en la posesión de la misma (TS 7-2-98, EDJ 589).

3261 Una vez solicitada por el comprador demandado la llamada al pleito del vendedor, el Letrado de la Administración de Justicia suspende el plazo para presentar la contestación y emplaza por diez días al demandante para que realice las alegaciones que estime oportunas.
El juez resuelve mediante **auto** en el que:
- se estima la solicitud de llamar al pleito al vendedor, en cuyo caso se le notifica la demanda al vendedor para que la conteste, reanudándose el plazo concedido al comprador demandado cuando el vendedor contesta a la demanda o cuando transcurre el plazo concedido al vendedor para contestar a la demanda; o
- se desestima la solicitud de llamar al pleito al vendedor, en cuyo caso se reanuda el plazo al comprador demandado para que conteste a la demanda.

3263 **Posibles pactos** (CC art.1475, 1476, 1477 y 1478) Aun cuando nada se diga al respecto en el contrato de compraventa, el vendedor responde en caso de evicción.
No obstante ello, las partes contratantes pueden **aumentar, disminuir o suprimir** esta responsabilidad del vendedor.
Dicha facultad tiene, sin embargo, una **limitación**: es nula la supresión de la responsabilidad por evicción cuando ha habido mala fe en el vendedor; esto es, cuando conociendo, o debiendo haber conocido con una diligencia ordinaria, el hecho originador de la evicción, el vendedor lo calla y pacta la exoneración de su responsabilidad.
En cualquier caso, la exoneración completa del vendedor solo se produce cuando así se ha pactado y el comprador ha conocido los riesgos de evicción y asumido sus consecuencias.
En otro caso, esto es, con un simple **pacto genérico** de exoneración el vendedor, ante la desposesión del comprador, tiene que entregar a este el precio pagado, pero no el resto de conceptos incluidos en el CC art.1478.

3264 **Plazo** (CC art.1964.2) Al no establecerse un plazo especial de prescripción, el plazo aplicable para exigir al vendedor responsabilidad es de **5 años**, con los matices indicados en nº 3111.

3265 **Consecuencias** (CC art.1478) Si, por acción del tercero, se declara la evicción y el comprador es desposeído de la cosa mediante sentencia firme, tiene **derecho a exigir** al vendedor los siguientes conceptos:
a) La restitución del **precio**. El vendedor ha de pagar al comprador el precio de la cosa al **momento** de la evicción, ya sea este mayor o menor al de la venta.
De esta manera se consigue que el comprador se vea resarcido en el valor exacto de su pérdida, que puede equivaler, o no, al precio pagado en su día, y el cual puede haber variado al alza o a la baja.

3266 b) Los **frutos** o rendimientos. Declarada la evicción, el vendedor debe abonar al comprador los rendimientos y frutos obtenidos del bien, siempre y cuando la **sentencia** firme condene a este a entregárselos al tercero demandante victorioso, y cuando se acredite por el comprador su efectivo abono a este último.
Los frutos objeto de restitución han de consistir en los producidos tras la **contestación a la demanda** del tercero.
c) Las **costas** de pleito. El comprador está legitimado para reclamar al vendedor las costas a cuyo abono sea condenado en el procedimiento instado por el tercero y que da lugar a la evicción.
Respecto a las costas que pueden causarse del subsiguiente pleito a entablar por el comprador contra el vendedor para exigir los conceptos indemnizatorios derivados de la evicción (CC art.1478), parece que se trata de una regla especial y la estimación de la demanda ha de suponer siempre y en todo caso la condena en costas al vendedor demandado, no aplicándose, por tanto, la regla de la moderación de la condena en costas con base en la concurrencia de dudas de hecho y de derecho (LEC art.394.1).

d) Los **gastos** del contrato. Con la finalidad de dejar indemne al comprador, el vendedor ha de reintegrar los gastos derivados de la compraventa pagados por el comprador. **3267**
Dentro de este concepto no pueden incluirse los **honorarios de profesionales** que hubieren asesorado al comprador.
e) Finalmente, si el vendedor lo es de mala fe, en el sentido de haber conocido las causas de evicción con carácter previo a la venta y haber ocultado las mismas, ha de abonar al comprador todos los **daños e intereses** derivados de la desposesión de la cosa, así como los gastos voluntarios o de puro recreo u ornato.

2. Reclamaciones de acreedores del vendedor

Una vez perfeccionada la transacción de la que se trate, existen situaciones en las que el comprador, en cuanto deudor del vendedor, puede verse reclamado por los acreedores de este. **3270**

Acción subrogatoria (CC art.1111) La acción subrogatoria se concede al acreedor para que trate de **cobrar** lo que se le debe ejercitando las acciones que su deudor ostenta, a su vez, contra sus deudores y que este, por las razones que fuere, no ejercita *motu proprio*. **3271**

Requisitos Para poder ejercitar la acción subrogatoria se exigen los siguientes requisitos: **3272**
• El acreedor debe ostentar tal condición, esto es, debe ser titular de un **crédito** líquido, vencido y exigible.
• El **deudor** no ejercita, a su vez, contra sus deudores, la acción cuyo ejercicio pretende el acreedor.
• El acreedor debe haber **perseguido** previamente los bienes de que esté en posesión el deudor para realizar cuanto se le debe.
• La acción ha de **beneficiar** al **acreedor**, es decir, no pueden ejercitarse ni las acciones personalísimas del deudor ni aquellas sin un contenido patrimonial de provecho para este.
• La **insolvencia** del deudor. El ejercicio por el acreedor de la acción subrogatoria no implica la necesidad de probar la total insolvencia de su deudor, ni exige que se haya formulado reclamación judicial previamente contra este, pues se admite que pueda acreditarse la inexistencia de otra clase de bienes en el mismo juicio entablado para deducir la acción subrogatoria (TS 26-2-02, EDJ 3081).

Precisiones No recae sobre el acreedor la **carga de probar** que el deudor carece de bienes, sino que basta con que este acredite haber llevado a cabo la persecución de los que le eran debidamente conocidos según las circunstancias del caso, lo que supone que ha de contar con conocimiento preciso y suficiente y no abstracto y genérico (TS 21-4-04, EDJ 26170).

Efectos El efecto de la acción subrogatoria es obtener un incremento del **patrimonio** del **deudor** a fin de conseguir la satisfacción del crédito. **3273**
Una vez producido ese incremento patrimonial, el acreedor puede y debe exigir el **pago** de su crédito, ya que en dicho procedimiento no puede hacerse entrega al acreedor demandante de las cantidades pagadas a su deudor (TS 25-11-96, EDJ 9691).
El hecho de que el acreedor no pleitee exclusivamente en su propio beneficio puede restarle atractivo a la acción subrogatoria. No obstante, nada impide que el acreedor demandante pueda obtener esa preferencia mediante la solicitud de **medidas preventivas** (p. e., embargos).

Precisiones La acción subrogatoria es considerada como una **acción indirecta u oblicua** en cuanto su finalidad no es la de conseguir el cobro de forma directa, sino que lo debido al deudor ingrese en su patrimonio para así hacer efectiva la responsabilidad universal que sobre él pesa (TS 29-7-10, EDJ 320152).

Acción revocatoria o pauliana (CC art.1111) La acción revocatoria o pauliana es la que ostenta el acreedor para impugnar los **actos** que el deudor realice en **fraude** de su derecho. **3274**
Puede decirse que es el remedio que se ofrece al acreedor que ve como su deudor se empobrece voluntariamente, extrayendo bienes de su patrimonio e impidiéndole así cobrar su crédito.

Requisitos El ejercicio de la acción revocatoria exige el cumplimiento de los siguientes requisitos: **3275**
a) Existencia de un **crédito** en el accionante, aunque es posible ejercitar esta acción incluso cuando el crédito aun no es exigible, siempre que su exigibilidad sea previsible e inminente (TS 28-11-97, EDJ 9842).

b) Realización de un **acto** por el cual **salga un bien** del patrimonio del deudor. Se equipará a este respecto la constitución de garantías que mermen lo que para el acreedor supone el patrimonio del deudor.
c) El **propósito defraudatorio**, tanto en el deudor que enajena como en el tercero que adquiere la cosa objeto de enajenación.
El fraude (*consilium fraudis*) es un presupuesto indispensable para que la enajenación llevada a cabo por el deudor pueda ser rescindida. Constituye un requisito subjetivo, cuya subjetividad, sin embargo, ha sido notablemente atenuada por la doctrina y la jurisprudencia para hacer factible en la práctica la operatividad de la acción revocatoria.

Precisiones No hace falta acreditar la **intención** de perjudicar al acreedor sino que basta demostrar el resultado producido y que este fue conocido o debido conocer por el deudor (*scientia fraudis*) (TS 31-10-02, EDJ 44496).

3277 Si el tercero adquirente no lo es de mala fe, no cabe la revocación del acto y la reintegración del activo en el patrimonio del deudor, sino el surgimiento en este último del deber de indemnizar (CC art.1295).
Se presumen fraudulentas (CC art.1297):
- Las enajenaciones realizadas a **título gratuito**.
- Las enajenaciones realizadas a **título oneroso** realizadas por el deudor contra el cual se hubiese dictado sentencia condenatoria en cualquier instancia o se hubiese hecho embargo de sus bienes.

También son rescindibles los pagos hechos en estado de **insolvencia** por cuenta de obligaciones a cuyo cumplimiento no podía ser compelido el deudor al tiempo de hacerlos (CC art.1292).
La **acción** ha de dirigirse tanto contra el deudor como el tercero interviniente en el acto defraudatorio (TS 4-2-86, EDJ 1015).

3278 **d)** Que el deudor carezca de bienes para hacer frente el crédito del acreedor. La **insolvencia** del deudor no tiene que ser absoluta, sino que basta que los bienes conocidos del mismo tras el acto fraudulento no sean suficientes para atender el crédito del acreedor que ejercita la acción.

Precisiones No es rigurosamente necesario que haya de promoverse pleito previo para acreditar la insolvencia del deudor o que esta tenga que ser **total**, pues es suficiente que concurra minoración económica provocada para cubrir la integridad de la deuda, siendo fundamental concluir que el acreedor carece de otro recurso legal para obtener la reparación de los perjuicios económicos que le afectan (TS 24-12-96, EDJ 9906).

3279 **Plazo** (CC art.1299) La acción revocatoria puede ejercitarse en un plazo de **cuatro años** desde que se realizó el acto fraudulento.
Al tratarse de un plazo de **caducidad** no puede interrumpirse mediante los actos previstos en el CC art.1973.

3280 **Efectos** La estimación de la acción revocatoria supone la **anulación** del acto realizado en fraude de acreedores **y** la **reintegración** del bien al patrimonio del deudor demandado.
Si el acreedor actuante pretende cobrarse con el valor del activo reintegrado debe ejercitar prontamente las **acciones de traba** que considere oportunas porque, en caso contrario, cualquier otro acreedor puede aprovecharse en su beneficio del activo reintegrado por acción de dicho acreedor.

3281 **Derecho de retracto convencional** (CC art.1507 a 1520) Al acreedor del vendedor se le permite ejercitar contra el comprador el derecho de retracto pactado en el **contrato** a favor de dicho vendedor.
Se trata, en definitiva, de una aplicación concreta de la acción subrogatoria (nº 3271).

Precisiones A falta de pacto expreso, este derecho de retracto durará **4 años** contados desde la fecha del contrato. En caso de estipulación, el plazo no podrá exceder de 10 años.

3282 **Doble venta** (CC art.1473) Es posible que un mismo bien sea vendido a dos diferentes compradores. En tal caso, cada uno de dichos compradores, si considera incumplido el contrato, puede ejercitar las acciones de resolución y/o de indemnización de daños y perjuicios que correspondan.
La doble venta presupone la suscripción de **dos contratos** válidos y eficaces sobre un mismo bien, pero con diferentes adquirentes.

En los casos de doble venta, y sin que ello suponga enjuiciar la licitud o ilicitud ni las consecuencias penales o contractuales que se pueden deparar a sus sujetos activos, los criterios de **atribución de la propiedad** son los siguientes:
a) En el caso de bienes **muebles**, se atribuye la propiedad a quien primero toma posesión de la cosa con buena fe.
b) Tratándose de bienes **inmuebles**, a quien primero la inscriba en el Registro de la Propiedad, exigiéndose también la buena fe (TS 27-9-96, EDJ 6981).
c) Si son bienes **inmuebles no inscritos**, a quien primero tome posesión de la cosa con buena fe, o a quien presente el título más antiguo, y actúe igualmente de buena fe.

Precisiones La doble venta exige que cuando se perfecciona la segunda venta, la primera no se haya consumado todavía, lo que implica una cierta coetaneidad cronológica entre ellas, pues si la primera concertada ya había quedado totalmente consumada, por el pago íntegro del precio por el comprador y la entrega de la cosa por el vendedor, ya no existe un verdadero supuesto de doble venta sino una **venta de cosa ajena** o inexistencia de la segunda enajenación por falta de objeto (TS 25-3-94, EDJ 7763).

Asunción de deudas (CC art.1205 y 1206) El objeto de muchas transacciones lo constituyen empresas en funcionamiento o unidades productivas que, por definición, incluyen entre sus elementos constitutivos relacionas jurídicas cuya titularidad ha de traspasarse el comprador. **3283**
Cuando se hace referencia a las posiciones pasivas, esto es, aquellos créditos de los cuales el vendedor es deudor de un tercero, su transmisión al comprador ha de ser **consentida** expresamente por dicho tercero (TS 16-12-95, EDJ 7033).
El fundamento de esta exigencia es evidente. Para el **acreedor** del vendedor (sea una entidad bancaria, un proveedor, una compañía de seguros, etc.), la solvencia de su deudor fue un elemento que le llevó a contratar con él y, por tanto, esta modificación en la figura del deudor ha de ser consentida por el mismo.

En estos supuestos, por tanto, en el que el comprador asume la deuda del vendedor, caben dos figuras jurídicas completamente diferenciadas (TS 1-12-89, EDJ 10817): **3284**
a) Asunción **extintiva**, mediante la cual el vendedor queda liberado de su obligación, que pasa a ser responsabilidad del comprador.
b) Asunción **cumulativa**, a través de la cual vendedor y comprador pasan a ser responsables solidarios del acreedor originario de aquel.
En los casos de asunción extintiva, la posterior **insolvencia** del comprador no hace revivir la acción del acreedor contra el vendedor (antiguo deudor), salvo que dicha insolvencia fuera anterior y pública o conocida por el vendedor al ceder la deuda.

3. Reclamaciones de deudores del vendedor

(CC art.1527)

Como ya se ha comentado, el objeto de muchas transacciones lo **constituyen empresas en funcionamiento** o unidades productivas que, por definición, incluyen entre sus elementos constitutivos relaciones jurídicas cuya titularidad ha de traspasarse el comprador. **3285**
Cuando se hace referencia a las posiciones activas, esto es, aquellos créditos de los cuales el vendedor es acreedor, su transmisión al **comprador** no exige el conocimiento ni el consentimiento del deudor, pero si este, antes de conocer la cesión, paga al vendedor (que para él sigue siendo su acreedor) quedará liberado.
El **deudor cedido** puede oponer al comprador (su nuevo acreedor) todas las excepciones objetivas o reales que tuviera con el vendedor (p. e., incumplimiento del antiguo acreedor o cumplimiento defectuoso del mismo, prescripción de la deuda, falta de vencimiento, etc.)

G. Mecanismos de limitación de la responsabilidad del transmitente

Sin perjuicio del régimen general de responsabilidad regulado en el Código Civil, expuesto en el apartado A del presente Capítulo (nº 3105 s.), en la práctica, es habitual que las partes negocien y pacten el régimen aplicable a su responsabilidad en cada transacción y que este régimen se plasme en el clausulado del contrato excluyendo expresamente, total o parcialmente, el régimen general (salvo aquellos aspectos que tienen carácter imperativo). **3290**
Así, una vez definido por las partes en el contrato de adquisición de empresa el régimen de imputación de riesgos entre las mismas -a través de, entre otros mecanismos, el sistema de establecimiento de manifestaciones y garantías-, es frecuente, en la práctica, el recurso que

las partes hacen a pactos limitativos de la responsabilidad que se puede derivar para cualquiera de ellas, y en especial para el vendedor, ante un eventual incumplimiento de las obligaciones contraídas por estas. Se trata de **cláusulas de limitación de la responsabilidad** de carácter cuantitativo, temporal y/o cualitativo, que se explican en mayor detalle a continuación.
El fundamento jurídico de este tipo de estipulaciones es el principio de **autonomía de la voluntad** que impera en el ámbito de la contratación entre empresarios (CC art.1255).

3291 **Validez de las cláusulas limitativas de responsabilidad** (CC art.1102, 1255 y 1256) Tal y como es aceptado por la doctrina científica y jurisprudencial, las partes gozan de una **libertad** muy amplia para establecer en los contratos los pactos que estimen convenientes, generándose entre ellas obligaciones que tienen fuerza de ley y que deben cumplirse al tenor de los mismos.
No obstante lo anterior, dicha libertad de iniciativa privada **no** es **plena**, al encontrase limitada por la protección que hace nuestro ordenamiento del interés general (p.e., la moral y orden público) y el interés particular de otros.
Lo que en realidad se intenta evitar con esto son los posibles **abusos** que se pueden llegar a dar en la esfera de la iniciativa privada dejando a una de las partes de la relación obligacional en una situación de debilidad y claro desequilibrio con respecto a la otra. En definitiva, la validez y el cumplimiento de los contratos no pueden dejarse al libre **arbitrio de uno** de los contratantes.

3292 En el marco de las operaciones de adquisición de empresas, y habiéndose convenido por las partes el establecimiento de límites a la responsabilidad con antelación al inicio del cumplimiento de las respectivas obligaciones contractuales o del acaecimiento de contingencias, es evidente que esta situación conlleva un potencial riesgo de **fraude**; en particular, en aquellas situaciones en las que, conociéndose por una de las partes que el valor del daño que se puede ocasionar es considerablemente superior al del importe finalmente resarcible, se está poniendo a su disposición la atractiva oportunidad de incurrir -deliberadamente o incluso mediando engaño- en un incumplimiento, derivándose de dicho incumplimiento una consecuencia legal punitiva menos gravosa de lo que en realidad correspondería.
Por este motivo, la doctrina científica señala la imposibilidad de excluir o limitar contractualmente la responsabilidad del vendedor cuando esta procede de un comportamiento y/o **acto doloso**.

3293 Admitir la eficacia de las cláusulas limitativas de la responsabilidad en casos de incumplimiento en los que concurre una conducta dolosa del transmitente significaría dejar la validez y eficacia del cumplimiento de las obligaciones asumidas al libre arbitrio de una de las partes, lo cual resulta contrario al principio de ejercicio del derecho conforme a la **buena fe y** del deber de mutua **lealtad** que impera en nuestro ordenamiento jurídico.
¿Cómo se puede proteger el vendedor en una compraventa de empresa de las consecuencias derivadas de un eventual incumplimiento por su parte y no verse sometido a una situación de responsabilidad ilimitada? El vendedor espera recibir el precio y no sentirse comprometido eternamente por potenciales incumplimientos, para lo que tiene a su disposición una amplia variedad de instrumentos tendentes a minimizar el riesgo que éste puede llegar a asumir, protegiéndole frente al potencial daño patrimonial al que se expone como consecuencia del despliegue del régimen de responsabilidad contractual.
Estas herramientas pueden clasificarse en tres grandes grupos de **clases** de limitaciones: cuantitativas y temporales, así como otras formas, que, dada su naturaleza, denominamos limitaciones cualitativas.

1. Limitaciones cuantitativas

3295 En las limitaciones cuantitativas se incluyen, de una parte, las franquicias mínimas de responsabilidad y, de otra, las limitaciones máximas de responsabilidad.
En todo caso, el **vendedor** tratará de asegurarse que este tipo de limitaciones se apliquen tanto en los supuestos de incumplimiento de las manifestaciones y garantías, por falta de veracidad y exactitud de las mismas, como en el resto de incumplimiento de obligaciones asumidas por éste en el contrato de adquisición.

3296 **Franquicias** Las franquicias mínimas de responsabilidad son un tipo de cláusulas diseñadas para proporcionar al vendedor la garantía de que, aun en el supuesto de tener que responder frente al comprador como consecuencia de un incumplimiento de una manifestación o garantía prestada por él mismo, no se le van a presentar reclamaciones

inmateriales y superfluas y que generan costes y consumen tiempo y recursos, respondiendo únicamente de aquellas que **exceden** una determinada **cuantía**.
Estas cláusulas de mínimos se pueden articular de muy diversas formas y es importante construirlas con **claridad** con el fin de evitar problemas interpretativos. Así, por un lado, las partes deben determinar si se trata de umbrales mínimos individuales (*de minimis*) o agregados, siendo posible, y además muy frecuente en la práctica, recurrir a fórmulas combinadas.

El establecimiento en el contrato de una cantidad mínima o franquicia **individual**, implica que no darán lugar a responsabilidad aquellas contingencias que, individualmente consideradas, no superan una determinada cifra. **3297**
Los umbrales **agregados** (en la práctica anglosajona denominados *baskets*), determinan, sin embargo, que el comprador únicamente puede reclamar frente al vendedor cuando, por acumulación de contingencias, la suma de las mismas alcanza la cifra agregada estipulada por las partes en el contrato.
Las partes deben negociar y establecer en el contrato si, una vez alcanzado el umbral agregado (ya sea por la concurrencia de un única contingencia o de una serie de ellas), el vendedor responde por la cuantía a la que asciende la **totalidad** de las reclamaciones **o** si, por el contrario, el establecimiento del citado umbral opera como una especie de **cuota exenta** de responsabilidad, respondiendo el vendedor en estos casos únicamente por la parte de la contingencia que excede del umbral (lo que en la práctica anglosajona se denominan *deductibles*).

Ante una falta de regulación expresa en el contrato de adquisición de empresa, todo hace pensar que el silencio del comprador a este respecto no debe interpretarse como una **renuncia** de éste a su derecho a ser indemnizado por todo el daño causado ni, por tanto, como un mínimo exento de responsabilidad para el vendedor. **3298**
Por otro lado, también existen dudas interpretativas en relación con aquellos supuestos en los que, habiéndose convenido por las partes el establecimiento en el contrato de adquisición **ambos tipos** de franquicias, esto es, la individual y la agregada, se dan contingencias que no alcanzan la franquicia mínima individual establecida. En este sentido, la duda surge a la hora de determinar si éstas se deben computar o no a los efectos de alcanzar el mínimo agregado establecido. El establecimiento de franquicias mínimas que determinan que las contingencias que no alcancen dicho umbral no se tienen en cuenta a los efectos del cómputo agregado, es lo que en la práctica anglosajona comúnmente se denomina *mini baskets*.

Convenido entre las partes el establecimiento en el contrato de franquicias como una medida adecuada y razonable para los intereses de ambas, deben asimismo determinar su **cuantía**, que puede basarse tanto en un porcentaje del valor total de la transacción como en una cantidad a tanto alzado. **3299**
En el cuadro que se incluye a continuación, se exponen las **fórmulas** limitativas que deberían tenerse en cuenta para construir un modelo de contrato adecuado a los intereses del vendedor o del comprador, según proceda:

Modelo pro comprador	Modelo pro vendedor
• En principio, el comprador preferirá que **no se establezcan** franquicias de ningún tipo porque supone una limitación a su derecho a ser indemnizado por el valor total del daño o contingencia sufrida.	• Al vendedor le convendrá incluir franquicias, mínimas y agregadas, tan **altas** como sean posibles, así como mínimos exentos de responsabilidad.
• Puesto que este tipo de limitaciones son muy comunes en la práctica, el comprador aceptará su inclusión en el contrato de adquisición, negociando a cambio el establecimiento, además de unos umbrales lo más bajos posibles, la **responsabilidad total** del vendedor alcanzadas las franquicias.	• De entre las diversas fórmulas existentes, el vendedor preferirá, en todo caso, el establecimiento de **mínimos exentos** de responsabilidad, de forma tal que, cuando las pérdidas del comprador excedan el importe del umbral agregado, el vendedor será responsable solo por la parte de las pérdidas que excedan del mismo.
• El comprador querrá evitar la inclusión de **mini baskets** sobre reclamaciones *de minimis*.	• El vendedor podrá asimismo intentar negociar el establecimiento de *mini baskets*.
• Un comprador intentará establecer **excepciones** al mecanismo de franquicias, como son, la exclusión a los efectos del cómputo para alcanzar las franquicias, de las siguientes contingencias o pasivos ocultos: - Los derivados del incumplimiento de **manifestaciones y garantías** de carácter fundamental (p.e., autoridad y capacidad para contratar, etc.). - Contingencias de naturaleza **fiscal**, laboral, de Seguridad Social y medioambiental; - En los supuestos en los que las partes hayan pactado indemnidades específicas, el comprador deberá asegurarse que la contingencia cubierta quede excluida de la franquicia.	• El vendedor querrá evitar en la medida de lo posible el establecimiento de excepciones al mecanismo de franquicias.

3300 **Limitaciones máximas de responsabilidad («caps»)** Como contraposición a los umbrales mínimos anteriormente desarrollados, las partes pueden establecer unos límites máximos a la responsabilidad del vendedor. Dichos límites máximos pueden consistir, bien en una **cantidad fija** o bien basarse en un **porcentaje** sobre el valor total de la transacción.

3301 En el cuadro que se incluye a continuación, se exponen las **fórmulas** limitativas que deberían tenerse en cuenta para construir un modelo de contrato adecuado a los intereses del vendedor o del comprador, según proceda:

Modelo pro comprador	Modelo pro vendedor
• Un comprador preferirá en todo caso **evitar** cualquier limitación máxima a la responsabilidad el vendedor, puesto que dicho techo supondrá un límite a su derecho a ser indemnizado por el valor total de las contingencias y daños que el comprador pueda sufrir. Sin embargo, puesto que este tipo de previsiones son muy comunes en la práctica, el comprador probablemente aceptará su inclusión y, en su lugar, intentará negociar que el **límite** sea lo más alto posible -por ejemplo, el valor de la transacción-.	• El vendedor querrá incluir un **tope máximo** de responsabilidad y establecer además que dicho techo sea lo más bajo posible.
• El comprador estará asimismo interesado en establecer **excepciones** al techo, como, por ejemplo: - Si las partes convienen que el vendedor se hará responsable de una **contingencia determinada**, esto es, indemnidades específicas, el comprador intentará asegurarse que dicha contingencia no se incluirá a los efectos del cómputo del límite máximo indemnizable. - Si hubiese certeza de la existencia de una contingencia determinada con **probabilidad** alta de hacerse efectiva (como contingencias medioambientales o relativas a productos), el comprador podrá también intentar negociar que esas contingencias queden fuera del límite máximo.	• El vendedor querrá también **limitar** cualquier tipo de excepciones al límite máximo de responsabilidad.

2. Limitaciones temporales

3305 En los contratos de adquisición de empresa es frecuente de una previsión sobre la vigencia de las manifestaciones y garantías del vendedor.
Esta previsión, además de servir como garantía para el **comprador** en relación al mantenimiento de las mismas durante un determinado periodo de tiempo, se utiliza asimismo como un mecanismo limitativo de la responsabilidad del **vendedor**, ya que mediante la inclusión de este tipo de cláusulas el vendedor está limitando a un periodo de tiempo específico, el plazo durante el cual está en vigor su obligación de indemnizar al comprador por cualquier daño que este pueda sufrir como consecuencia de una contingencia y/o pasivo oculto que tenga su origen en un hecho o acto anterior a la perfección de la transacción, pero que se manifiesta y/o reclama en un momento posterior.

3306 El problema en relación con este tipo de cláusulas surge a la hora de determinar si el **plazo** de delimitación temporal de las manifestaciones y garantías opera como:
- un mero plazo de **vigencia** de las mismas; o
- un plazo de **extinción** de responsabilidad.

De no especificarse nada en este sentido en el contrato, debe entenderse que el plazo estipulado opera como un mero plazo de garantía de **aparición** de las contingencias derivadas de los hechos, actos y/o pasivos ocultos anteriores al cierre, de forma que, cumplida esta premisa -esto es, la manifestación de la contingencia dentro del citado plazo-, el comprador se encuentra legitimado para llevar a cabo la reclamación de las mismas aún en un momento posterior, siempre y cuando se encuentre dentro del plazo de prescripción legal establecido para el ejercicio de la acción que, en su caso, le corresponda.

3307 El **vendedor** no responde, sin embargo, de aquellas contingencias que, aun teniendo su origen en incumplimientos o hechos acontecidos con anterioridad a la perfección de la operación, se hayan manifestado una vez transcurrido el periodo de vigencia.

Entendiendo que, en la generalidad de los casos, esta no será la finalidad perseguida por el vendedor, éste tratará de que la cláusula de delimitación temporal de la vigencia de las manifestaciones y garantías se formule como una cláusula de **extinción** de responsabilidad del vendedor.
Esto significa que el plazo opera como garantía de manifestación de la contingencia, pero también como plazo de **reclamación** de la misma, de forma que, llegada dicha fecha, se extingue cualquier responsabilidad del vendedor, sin que el comprador se encuentre legitimado para reclamar indemnización alguna.

El citado plazo de extinción de la responsabilidad del vendedor sirve asimismo como plazo de referencia para determinar el lapso de tiempo durante el cual se pueden computar todas aquellas contingencias manifestadas durante el mismo, a los efectos de determinar si las mismas -de forma agregada-, alcanzan o no la **franquicia mínima** establecida, en su caso, en el contrato. **3308**
La **duración** de los plazos de extinción varía en función de la naturaleza de las manifestaciones y garantías del vendedor.
Lo habitual en la práctica contractual es establecer periodos de uno a tres años (normalmente, entre dos y tres, que es el tiempo que se estima necesario para esperar al resultado de, al menos, dos auditorías, sobre la base de que resulta difícil que una contingencia no se detecte tras dos auditorías completas), salvo en lo que respecta a aquellas contingencias que, por su especial naturaleza, cuentan con un plazo legal especifico de **prescripción** (cuestiones fiscales, laborales, de Seguridad Social y medioambientales). En función del sector al que se dedique la sociedad target habrá que poner especial foco en la negociación de las limitaciones temporales referidas a contingencias medioambientales que pueden tener plazos de prescripción muy elevados (hasta 10 años).

Por otro lado, lo normal es que el comprador esté interesado en establecer **excepciones** a dichas limitaciones temporales. En este sentido, es frecuente encontrar pactos en virtud de los cuales las partes acuerden extender -en muchas ocasiones, de forma indefinida- la responsabilidad del vendedor respecto a: **3309**
- contingencias derivadas de la **inexactitud o falsedad** de aquellas manifestaciones y garantías del vendedor que, dada su esencialidad, se consideran de carácter fundamental (p.e., de las manifestaciones relativas a la autoridad y capacidad del vendedor para contratar, titularidad y ausencia de cargas sobre las acciones o participaciones, etc.);
- indemnidades **especificas** ofrecidas por el vendedor; y/o
- contingencias derivadas del incumplimiento de determinadas obligaciones asumidas por las partes como **bases del contrato**, sin las cuales, no se hubiese llevado a cabo la operación (p.e., obligaciones de no competencia, de cumplimiento tras el cierre; compromisos de financiación en una *joint venture*, etc.).

3. Limitaciones cualitativas

Entre las otras formas de limitar la responsabilidad del vendedor, destacan: **3310**
- los *exclusive remedy* o remedios contractuales excluyentes (*exclusive remedy*); y
- determinadas exclusiones específicas relativas al tipo de daño indemnizable y al conocimiento por el comprador de la existencia de un incumplimiento.

Remedios contractuales excluyentes («exclusive remedy») En la práctica contractual, las partes suelen pactar en el contrato de compraventa un régimen de responsabilidad del vendedor muy preciso, con base en las manifestaciones y garantías otorgadas por este, configurándolo como un mecanismo de indemnización por incumplimiento o como una vía de **ajuste al precio**. **3311**
En este escenario, cabe plantearse si previsto expresamente este remedio contractual ello supone la exclusión de **otras medidas** de defensa que el comprador tiene a su alcance, como son:
- la acción resolutoria (CC art.1124);
- la acción de nulidad por dolo del vendedor (CC art.1102);
- el cumplimiento de forma específica, etc.

A este respecto, en primer lugar, cabe indicar que la acción de **nulidad por dolo** no puede ser excluida ya que no resulta posible excluir o limitar convencionalmente la responsabilidad del vendedor cuando esta procede de un comportamiento y/o acto doloso imputable al vendedor.
La inclusión de cualquier cláusula por la que se pretende moderar de alguna forma los efectos de la nulidad por dolo es, como se puede imaginar, de eficacia dudosa.

Ejemplo Un ejemplo claro en relación a las posibles fórmulas que las partes -especialmente el vendedor-, pueden emplear con el fin de limitar las consecuencias derivadas de una conducta dolosa, lo constituye la definición que se haga en el contrato de adquisición del término **dolo**.
De forma que, si el dolo se asocia únicamente a la **malicia** del vendedor, se está limitando el ámbito de responsabilidad derivado de una conducta dolosa a este tipo de comportamiento.

3312 Por otro lado, todo parece indicar que el **silencio** de las partes respecto a si el remedio contractual es o no excluyente de otras medidas de defensa, en ningún caso puede interpretarse como una suerte de exclusión de las mismas pues, tal y como ha defendido reiteradamente nuestra doctrina jurisprudencial, para que se entienda que hay una renuncia de derechos, esta debe ser en todo caso expresa.
No obstante lo anterior, parte de la doctrina defiende también que la simple inclusión de un remedio indemnizatorio específico en el contrato de adquisición podría interpretarse como una **renuncia tácita** a otras medidas. Lo contrario podría resultar incongruente teniendo en cuenta el sentido y finalidad de este tipo de compras y, en especial, el detalle con el que las partes determinan el específico remedio contractual indemnizatorio.

3313 A la vista de que no existe una interpretación unánime al respecto, resulta altamente conveniente prever en el **contrato** si la medida resarcitoria adoptada constituye o no un remedio exclusivo, especialmente desde el punto de vista del interés del vendedor en la transacción.
En este sentido, un **comprador** preferirá prever que la fórmula indemnizatoria prevista no constituye el único remedio o incluso, no establecer nada al respecto. Sin embargo, en el contexto de la negociación, esto resulta complicado de conseguir en la práctica en un sentido puro y estricto.

3314 Por el contrario, el **vendedor** querrá prever que la indemnización es la única medida resarcitoria al alcance del comprador. De no ser así, el vendedor se estaría arriesgando a desvirtuar el sentido de las cláusulas limitativas de su responsabilidad negociadas y que se han analizado en esta sección (franquicias, límites máximos de responsabilidad, etc.).
Por otro lado, las partes pueden recurrir al uso de **cláusulas de ponderación** intermedia donde tienen cabida diferentes remedios, el convenido por las partes y otros legales.

Ejemplo Una cláusula de ponderación en este sentido se puede construir mediante el establecimiento de la imposibilidad del comprador de solicitar indemnización por daños y perjuicios derivados de un incumplimiento, cuando se haya previsto asimismo la facultad del comprador de **retirarse** de la transacción ante la concurrencia de un incumplimiento.

3315 **Exclusiones específicas** Entre las exclusiones específicas, destacan las relativas al tipo de daño indemnizable y al conocimiento por el comprador de la existencia de un incumplimiento.

3316 **Tipo de daño indemnizable** Es muy importante establecer en el contrato de adquisición de empresa una definición **clara y concisa** de lo que se entiende por daño indemnizable. Esto es así porque, a través de la definición de daños que las partes convengan, el vendedor puede controlar y limitar considerablemente los hechos susceptibles de ser indemnizados.
El **comprador** siempre estará interesado en construir una definición de daños lo más amplia posible. En este sentido, el concepto de daños debe abarcar no solo los daños directos, sino también los daños secuenciales o indirectos, así como el lucro cesante.
Además, el comprador querrá ampliar el tratamiento de los daños directos a aquellos derivados de reclamaciones presentadas por terceros.
Por su parte, el vendedor intentará limitar dicho concepto a los daños directos y asegurarse de que únicamente responderá por los daños reales producidos, es decir, a aquellos que tienen un reflejo en la contabilidad de la sociedad, como consecuencia de una pérdida del valor de los activos o aumento del pasivo, lo que conseguirá asimismo mediante la construcción de una definición donde no se permita el resarcimiento de las contingencias que han quedado garantizadas mediante la reducción del precio.

3317 En este mismo sentido, es habitual en la práctica la exclusión del **daño emergente o lucro cesante**, como serían las pérdidas derivadas de las inversiones realizadas por motivo de la adquisición que devienen frustradas, pudiendo extenderse también al lucro cesante, al amparo de lo previsto en el artículo CC art.1106.

Precisiones **1)** En relación al **lucro cesante**, la jurisprudencia considera que el CC art.1106 señala como concepto indemnizatorio el de la ganancia que haya dejado de obtener el acreedor, o lo que es lo mismo, los incrementos patrimoniales que el acreedor esperaba obtener y que se han visto frustrados por la actuación de la parte contraria (TS 16-3-09, EDJ 25484), cuya fijación, en cuanto que se refiere a beneficios futuros, debe obtenerse mediante apreciaciones prospectivas, fundadas en criterios objetivos de experiencia, entre los que pueden servir los que operan en el mundo económico, contable, actuarial, asistencial o financiero según las disciplinas técnicas o científicas correspondientes, de acuerdo con el examen y ponderación de las circunstancias de cada asunto (TS 21-4-08, EDJ 166700). La existencia del perjuicio por este concepto debe ser probada con una razonable verosimilitud, cosa que no ocurre cuando la ganancia o beneficio futuro se presenta como meramente posible o hipotético, existen dudas sobre su producción o no se aprecia su existencia en el marco de una lógica presunción sobre cómo habrían sucedido los acontecimientos en el caso de no haber tenido lugar el suceso dañoso» (TS 5-5-09, EDJ 72810; 21-4-08, EDJ 166700; 31-5-07, EDJ 40205; 18-9-07, EDJ 152373).

2) No obstante lo anterior, el hecho de que, aun en el supuesto de que, como resultado de las negociaciones entre las partes, el concepto de daño establecido en el contrato de adquisición abarcase también el lucro cesante, la efectividad de dicha inclusión es dudosa dada la dificultad que entraña la **prueba** de su existencia. Esto es así, con arreglo al criterio restrictivo que nuestra jurisprudencia utiliza a la hora de valorar la existencia del mismo, dado que deberá probarse el hecho con cuya base se reclama una indemnización, se ha de probar el nexo causal entre el incumplimiento y el beneficio dejado de percibir -lucro cesante- y la realidad de este.

La **dificultad** que entraña la prueba del lucro cesante estriba en que, a diferencia de lo que ocurre con cualquier otro hecho constitutivo de una pretensión, se encuentra referida a un hecho que podría haber acontecido pero que nunca se produjo. Por tanto, el objeto de la prueba no podrá ser nunca de forma directa la propia ganancia frustrada sino otros hechos que sean indicativos de que la misma se habría realmente producido.

Conocimiento por el comprador de la existencia de un incumplimiento («knowledge of breach») La realización de un proceso de *due diligence* previo por el comprador -en estrecha relación con el listado de manifestaciones y garantías que, como resultado de dicha verificación son ofrecidas por el vendedor-, permite al comprador obtener información precisa sobre determinados aspectos de la sociedad y, más concretamente, identificar problemas con antelación que permite a las partes, asimismo, adoptar diversas **estrategias**, como son: **3318**

- la exigencia de solucionar la contingencia hallada con carácter previo a la formalización;
- el otorgamiento de cláusulas indemnizatorias específicas a favor del comprador; esto es, indemnidades específicas;
- establecer un ajuste al precio inicialmente estimado;
- determinar la facultad del comprador de retirarse de la transacción si dichas contingencias se materializan de un determinado momento, etc.

En línea con lo anterior, la información que se puede obtener en un proceso de *due diligence* **3320**
constituye una poderosa herramienta de negociación para el comprador, pero también para el vendedor.

El conocimiento por el comprador de determinados aspectos de la compañía objeto de compraventa puede operar asimismo como un mecanismo de **exención** de la responsabilidad del vendedor. Difícilmente puede el comprador aducir la responsabilidad del vendedor por determinadas contingencias -manifestadas en forma de matizaciones y excepciones a las representaciones garantizadas por el vendedor, normalmente recogidas en un anexo al contrato (en el sistema anglosajón denominado *disclosure letter*)- cuando tenía conocimiento actual de las mismas.

En este sentido, el vendedor querrá exonerarse de todo tipo de responsabilidad por aquellos **3321**
hechos o circunstancias que fueron **descubiertos** por el comprador en el proceso de *due diligence*, siendo que el comprador, querrá, sin embargo, matizar que dicha exoneración no podrá alcanzar a los riesgos no revelados por el vendedor a pesar de que los mismos hubiesen podido ser objetivamente descubiertos por el comprador en el proceso de negociación.

Asimismo, el comprador deberá en todo momento conseguir que el vendedor le facilite, a través del *disclosure letter*, contingencias concretas y no meras advertencias, que le permitirán por otro lado, negociar el otorgamiento a su favor de indemnidades específicas en el supuesto de materialización de las mismas.

Por el contrario, el **vendedor** pretenderá facilitar vagas o genéricas advertencias sobre posi- **3322**
bles contingencias. Como es lógico pensar, el comprador se opondrá al establecimiento de este tipo de pactos ya que se reduciría sustancialmente la posibilidad de hacer valer su derecho a ser indemnizado.

A este mismo respecto, será asimismo muy importante determinar los siguientes extremos:

• El momento en el que el vendedor dejará de ofrecer **nuevas manifestaciones** -para aquellos supuestos en los que la firma y el cierre de la transacción no tienen lugar en el mismo acto-, que determinará el momento a partir del cual se dejarán de imputarse al comprador los riesgos derivados de su conocimiento.

• Las personas -dentro de la organización del comprador-, en las que deberá materializarse el conocimiento de tales hechos; esto es, los miembros del **órgano de administración**, directivos y/o personal en general del comprador.

3323 **Otras limitaciones cualitativas** Por último, cabe señalar que, junto con la delimitación del término daños y el impacto del conocimiento previo del comprador, es habitual establecer otro tipo de exclusiones y limitaciones a la obligación de **compensación** del vendedor tales como que el daño haya sido compensado ya por un tercero (*double recovery*) o que haya sido originado por una acción u omisión del propio comprador, cuyo alcance y contenido será distinto y negociado en cada operación.

CAPÍTULO 12

Garantías del adquirente

A. **Generalidades** 3355 **3350**
1. Tipos de garantías 3360
2. Estructura de las garantías 3365
3. Efectos de la condición de los intervinientes 3370

B. **Mecanismos de garantía** 3380
1. Prenda de acciones 3385
2. Depósito bancario 3395
3. Seguro de Manifestaciones y Garantías 3405
4. Aval bancario 3435
5. Retención de precio 3450
6. Afianzamiento por tercero 3455
7. Cartas de patrocinio 3460

C. **Mecanismos de garantía en empresas conjuntas** 3465
1. Opciones de compra y/o venta 3470
2. Prenda de acciones 3475

El presente capítulo tiene por objeto describir algunos de los mecanismos de garantía que, de forma más frecuente, el adquirente puede negociar a su favor para cubrir los **compromisos de indemnización de daños** asumidos por el vendedor en el contrato de compraventa. **3351**
Se realiza un análisis de las concretas garantías que pueden dar efectividad y ejecutividad al régimen de responsabilidad general del contrato de compraventa para los casos en los que se produzcan, principalmente, incumplimientos de manifestaciones y garantías o de *indemnities*, así como aquellos derivados del propio incumplimiento del clausulado de los compromisos y obligaciones asumidos en virtud del propio contrato de compraventa (diferente del propio de las *indemnities* o de las manifestaciones y garantías acordadas).

A. Generalidades

Uno de los aspectos que forman parte del paquete negociador del régimen de responsabilidad general del contrato de compraventa, además del ya tradicional sistema de manifestaciones y garantías e *indemnities*, es el marco de las concretas garantías que, de una forma real, aseguran el efectivo cobro de aquellas **pérdidas o daños** y perjuicios que pueden ser resarcibles en función del contrato negociado. **3355**
Es, por tanto, bien distinta la negociación de las garantías que la negociación de la estructura del régimen de responsabilidad general, en la que el foco de la discusión se centra en determinar aquellos aspectos sobre los que el vendedor debe responder para el caso de que se produzcan determinados eventos o incumplimientos, así como los límites a dicha responsabilidad, franquicias y demás determinantes de la misma.

En la determinación de las garantías, la **negociación** se centra en establecer aquellos mecanismos que, además del régimen de responsabilidad patrimonial del vendedor ex CC art.1911, aseguran y dan efectividad a la necesidad de resarcir el evento que ha dado lugar a que el vendedor deba abonar al comprador una cantidad determinada por una pérdida o daño ocasionado a este último o a la sociedad adquirida. **3356**
A nadie escapa que, dependiendo de los **operadores** involucrados en una operación de compraventa, la negociación será bien diferente. A modo de ejemplo, podemos indicar que no será igual la negociación del régimen de garantías cuando el vendedor se una gran corporación, un *private equity*, una o múltiples personas físicas, una pequeña empresa o una empresa con problemas financieros.
En determinados casos, puede ser el propio **vendedor** el interesado en obtener una garantía concreta que asegure determinados aspectos que quedan diferidos a un momento posterior al cierre de la operación de compraventa, como puede ser, por ejemplo, el cobro de precios diferidos, aplazados o variables (earn-out).
En este último caso, la situación que se trata de asegurar no es la propia del régimen de responsabilidad del contrato, sino la de la solvencia del adquirente de cara a poder afrontar en un momento futuro el pago de parte del precio.

1. Tipos de garantías

3360 Existe un amplio abanico de garantías que pueden ser negociadas en el marco de una operación de compraventa.
Entre ellas, la clasificación más básica es la clásica entre garantías personales y reales.

3361 **Personales** Ejemplos de este tipo de garantías son:
• El **afianzamiento de tercero**, adicional a la propia responsabilidad personal del vendedor *ex* CC art.1911, y que no se debería considerar a estos efectos como una garantía en sí misma.
• **Aval bancario**, pudiendo ser este a primer requerimiento o no, y teniendo una concreta garantía real o no como contragarantía a favor del banco.
• **Seguros** de responsabilidad de Manifestaciones y Garantías.

3362 **Reales** Ejemplos de este tipo de garantías son:
• La **prenda de acciones**.
• **Depósitos bancarios** -o notariales- en garantía (el llamado *escrow*).
• Retención del **precio**.
• **Hipoteca** sobre un **inmueble** del vendedor que asegure el pago de las potenciales contingencias que pudieran surgir; mecanismo este no muy habitual en este tipo de transacciones, pero también posible.

3363 **Otras clasificaciones** También se pueden clasificar las garantías en:
a) Garantías **otorgadas por tercero**, como puede ser el aval bancario, la fianza o el propio seguro de Manifestaciones y Garantías.
b) Garantías otorgadas por el propio **vendedor**, tales como la retención del precio o el *escrow*.
En los casos de garantía otorgada por tercero, obviamente también existe intervención del vendedor en el otorgamiento de la garantía y habitualmente una **contragarantía** que hará que, una vez el tercero haya resarcido el daño al comprador, aquel tenga una acción de regreso contra el vendedor con el que resarcirse.

2. Estructura de las garantías

3365 Dependiendo de los resultados de la negociación y de los operadores intervinientes en la misma, las garantías pueden estar configuradas como la única vía posible de resarcimiento de los daños o pérdidas que pudieran acaecer o simplemente ser un instrumento que asegure la liquidez y la efectividad en unos importes determinados, quedando a salvo la vía, bien contra el propio vendedor por su responsabilidad patrimonial universal, bien contra la propia garantía de forma directa.
Teniendo en cuenta lo anterior, las garantías pueden desempeñar dos funciones sirviendo como:
- mecanismo **sustitutivo** de la responsabilidad patrimonial personal del vendedor; o
- mecanismo de **aseguramiento** de la efectividad de la responsabilidad patrimonial personal del vendedor.

3366 **Mecanismo sustitutivo de la responsabilidad del vendedor** En los casos en los que se acuerda que la garantía funcione como un mecanismo sustitutivo de la responsabilidad del vendedor, el contrato de compraventa debe claramente establecer la **renuncia** del comprador a entablar **acciones** tendentes a hacer valer su derecho a través del patrimonio del vendedor, asumiendo que el único recurso posible es la ejecución de la garantía puesta a su disposición y dentro de los límites pactados.
Este tipo de estructuras, obviamente, dejan a salvo los supuestos de **dolo o mala fe, fraude y**, en determinadas ocasiones, **negligencia grave** del vendedor, dependiendo de la negociación.
Asimismo, se suelen exceptuar los incumplimientos derivados, no del mecanismo de manifestaciones y garantías y su inexactitud, incumplimiento o carácter no completo, sino del incumplimiento de los propios términos y condiciones del **contrato** de compraventa (p.e., incumplimiento de obligaciones de hacer o de no hacer durante el periodo intermedio hasta el cierre de la operación, violación de cláusula de no competencia y no captación, incumplimiento de obligaciones de confidencialidad, etc.).

3367 **Aseguramiento de la efectividad de la responsabilidad patrimonial** En ocasiones, el funcionamiento de las garantías únicamente responde al aseguramiento y, muy especialmente, a la **liquidez y solvencia** del obligado al pago -que, en términos generales, es el vendedor-, no renunciando el comprador a la posible responsabilidad patrimonial universal del vendedor.

De hecho, a veces se pacta que el recurso a la garantía otorgada única y exclusivamente se produzca si, una vez reclamado el **pago** -siguiendo el mecanismo de reclamaciones pactado en el contrato de compraventa en el momento en el que la deuda es líquida, vencida y exigible-, el vendedor no atiende el mismo en un **plazo** establecido en el propio contrato.
De esta manera, y solo en estos casos, el comprador, una vez vencido el plazo para recibir el pago y habiendo incumplido su obligación el vendedor, puede instar directamente la **ejecución** de la propia garantía.

Siguiendo este procedimiento, si bien el comprador puede tener una pequeña **demora** en el cobro de lo debido, el vendedor asegura su posibilidad de evitar la ejecución de la garantía, lo que en determinadas ocasiones puede tener una relevancia muy importante (p.e., hipoteca sobre un inmueble, prenda de acciones de una sociedad, etc.) a la hora de preservar determinado patrimonio del obligado al pago. **3368**
Esta posibilidad tiene menos relevancia para los casos en los que la garantía prestada es una cantidad económica de **dinero en depósito** (*escrow*), un **precio retenido o** un **aval bancario**, si bien en este último caso y dependiendo de la contragarantía que se haya otorgado por parte del vendedor para obtener el aval, puede igualmente no ser un tema neutro, lo que hace que tenga que ser negociado en el marco del contrato de compraventa.

3. Efectos de la condición de los intervinientes

Hay múltiples **factores** que pueden tener influencia sobre el paquete de garantías que se establezca en una operación, entre otros, algunos tan subjetivos o fuera del control de las partes, como, por ejemplo, la habilidad negociadora de los intervinientes, la situación macroeconómica o la confianza en un determinado mercado. **3370**
Igualmente, es obvio que, a la hora de establecer el paquete de garantías, es determinante la situación económica del vendedor.
Otro de los factores es la propia naturaleza del vendedor, o del comprador para los casos de garantías de pagos aplazados o variables.
A estos efectos, se pueden considerar las siguientes categorías de **vendedor**:
- persona física;
- PYME;
- gran empresa; o
- fondos o *private equity*.

Persona física Para aquellos supuestos en los que el vendedor es una persona física, el régimen de responsabilidad en el caso de que no se estructuren garantías adicionales, se encuentra apoyado únicamente por su **patrimonio** universal. **3371**
Igualmente, a la hora de determinar la solvencia del vendedor, así como la necesidad o conveniencia de garantías adicionales, se ha de analizar su **régimen económico matrimonial** (separación de bienes vs régimen de gananciales), en caso de encontrarse legalmente casado, ya que esta situación tiene claramente un impacto en la capacidad para responder de las potenciales contingencias que pudieran surgir de la operación.
Asimismo, si la parte vendedora estuviera compuesta por una **multitud** de personas físicas que, en su caso, habrán de responder frente al comprador como consecuencia del régimen de responsabilidad del contrato de compraventa, será necesario negociar una garantía que permita a la parte compradora ganar confort evitando tener que preocuparse de la solvencia de cada uno de los vendedores.

Pequeña o mediana empresa Si el vendedor es una pequeña o mediana empresa (PYME), el análisis a realizar debe de estar centrado, entre otras circunstancias, en: **3372**
- la situación de su **balance**, especialmente de su ratio de endeudamiento y de la capacidad de generación de caja libre;
- las **perspectivas** de negocio a futuro; y
- el tamaño relativo que las **contingencias** que se pueden estimar como probables tienen con respecto al tamaño del balance de la vendedora, y, una vez más, de su capacidad de generar caja.

Gran empresa En los casos en que el vendedor es una gran empresa, se debe analizar la situación de su **balance**, su **endeudamiento y** su capacidad de generar **caja** libre, todo ello en comparación con el tamaño de las contingencias que, desde un punto de vista razonable, pudieran surgir en el marco de la compraventa. **3373**
En estos casos, puede ser más probable que, desde un punto de vista de **solvencia**, el vendedor esté más preparado para poder asumir de forma efectiva los potenciales daños, pero, en

cualquier caso, el análisis debe de realizarse y ponderar entre capacidad del vendedor y objeto de la venta junto con el volumen de contingencias que, de manera probable, pudieran surgir.
Este análisis se debe realizar con independencia de si la compañía vendedora forma a su vez parte de una gran corporación o no ya que, en términos generales, la responsabilidad no se extiende a su **grupo** o **sociedad matriz**.
Sin perjuicio de lo anterior, es importante tener en cuenta que podría darse la circunstancia de que el comprador exigiera **garantía subsidiaria** a alguna o algunas de las sociedades del grupo del vendedor en relación con las obligaciones de este último (p.e., para el caso de que el vendedor atravesara por una hipotética situación de insolvencia en un momento determinado o no hiciera frente al pago de las cantidades correspondientes por cualesquiera causas).

3374 **Fondos o «private equity»** En los casos en los que el vendedor es un fondo o un «private equity», la especialidad de estos operadores en el mercado de las operaciones de compraventa de sociedades hace que, tanto el régimen de responsabilidad general (manifestaciones y garantías) como el régimen de garantías, se vea claramente condicionado.
El condicionante principal surge como consecuencia de la forma en la que estos inversores financieros estructuran sus procesos de **inversión y desinversión**, así como de las necesidades que, en términos generales, tienen tras una desinversión de liquidar los vehículos a través de los que una determinada inversión ha sido ejecutada y retornar a sus inversionistas la máxima rentabilidad en el menor plazo de tiempo tras el momento en el que se produjo la venta.

3375 Con carácter general, a la hora de determinar el paquete de garantías con un operador de este perfil, deben primar los siguientes aspectos:
a) La concreción de la garantía en cuanto a su **importe**. Se deben tratar de garantizar aquellas contingencias que tras el proceso de *due diligence* se han identificado como posibles o probables, una vez que las mismas se han cuantificado por los distintos asesores de una manera razonable. No es habitual que se establezcan garantías a tanto alzado sobre porcentajes de precio que no tengan base en riesgos reales y, en la medida de lo posible, cuantificados.

3376 **b)** Los **plazos** de liberación de las garantías. Estos deben estar ajustados a los momentos en los que las contingencias identificadas dejan de ser un **riesgo** como tal. De esta manera, el comprador puede ir liberando a favor del vendedor determinados importes de la garantía inicialmente establecida, de tal forma que esta, aun manteniéndose vigente, garantiza cantidades inferiores, lo que permite al vendedor poder resarcir a sus inversores con las cantidades que se van liberando.
c) Ajustes directos en el precio. En determinadas ocasiones y siempre y cuando esto no afecte a la competitividad de una determinada oferta, plantear un ajuste implícito en el precio de compra de la compañía -que puede ser del total del riesgo detectado o de un porcentaje del mismo-, en vez de solicitar garantías concretas puede ser un mecanismo que facilite el cierre de una operación.

3377 **d) Estructuras alternativas**. Otro aspecto a tener en cuenta es la posibilidad de cubrir los potenciales riesgos a través de estructuras alternativas, y cada vez más demandadas, como pueden ser los **seguros de Manifestaciones y Garantías**.
Mediante esta solución, y evidentemente a cambio del pago de una **prima**, las partes deberán determinar el obligado al pago. El vendedor puede repartir entre sus inversores el total del precio de la operación mientras que, si surge cualquier tipo de evento que dé lugar a un daño para el comprador, el seguro debe asumir, dentro de los términos y condiciones pactados en la póliza, el pago del hecho dañoso.
Ver nº 3405 s.

B. Mecanismos de garantía

1. **Prenda de acciones** 3385 **3380**
2. **Depósito bancario** 3395
3. **Seguro de Manifestaciones y Garantías** 3405
   a. Agentes intervinientes 3410
   b. Tipos de pólizas 3415
   c. Riesgos excluidos de cobertura 3420
   d. Procedimiento 3425
4. **Aval bancario** 3435
   a. Tipos 3440
   b. Liberación de las cantidades avaladas 3445
5. **Retención de precio** 3450
6. **Afianzamiento por tercero** 3455
7. **Cartas de patrocinio** 3460

1. Prenda de acciones

Uno de los mecanismos a valorar en las operaciones de compraventa de empresas es el utilizar como garantía las acciones de la sociedad que es objeto de la venta o de otras sociedades de las que pueda ser titular el vendedor. **3385**

Para el caso de **desinversiones** del total del capital social, la pignoración de acciones solo es efectiva para garantizar obligaciones a favor del vendedor (p.e., pago de precios aplazados o variables).

A la hora de aceptar como **válida** una garantía de estas características son muchos los factores que se deben analizar, si bien, principalmente, se deben valorar y poner en contexto, al menos, los siguientes:

• Análisis del **valor** económico del **activo** entregado en prenda y evolución esperada del mismo, todo ello en comparación del riesgo máximo que se está garantizando.

• Oportunidad para el pignorante de verse resarcido mediante la ejecución de la propia prenda habida cuenta de la falta de **liquidez** que, en términos generales, este tipo de activos puede tener.

En términos generales, esta figura es más empleada en las sociedades en las que se toma una **participación conjunta**, ya que proceder a ejecutar la prenda, en determinadas ocasiones, puede tener sentido para ir aumentando la participación en el vehículo en cuestión. **3386**

Desde un punto de vista práctico, proceder a la **ejecución** de una prenda de una sociedad en la que se ha podido vender previamente el total del capital social y, vía ejecución de la prenda, volver a recuperar un determinado porcentaje del capital social, puede obviamente no ser la mejor garantía. Ahora bien, es cierto que, en ciertas ocasiones, no existen muchas alternativas prácticas a la hora de recibir garantías sustitutivas y, en otras ocasiones, el propio garante puede no estar dispuesto a ofrecer otros mecanismos, por lo que en defecto de aquellos este puede resultar eficaz.

Constitución (LSC art.106 y 114) Para que la prenda sobre participaciones sociales de una SRL tenga efectos frente a terceros, es preciso que se constituya en **documento público**. **3387**

En el caso de **acciones nominativas**, lo habitual es proceder a emitir títulos físicos siguiendo el procedimiento establecido en la LSC art.114 s., de forma que se anote la prenda en los mismos y se proceda, igualmente, al traslado posesorio a favor del acreedor pignoraticio que los custodia hasta el vencimiento de la propia garantía, momento en el que llevaría a cabo su devolución al titular.

Adicionalmente, es normal proceder a la anotación del derecho real de prenda en el **libro registro** de acciones nominativas, caso de SA y, tratándose de SRL, en el libro registro de socios.

Para un estudio en detalle de la prenda de acciones y participaciones sociales, ver nº 5250 s. y nº 1140 Memento Sociedades Mercantiles 2024.

Ejercicio de los derechos de socio (LSC art.132) Salvo disposición en contrario de los **estatutos sociales**, en caso de prenda de acciones o de participaciones, corresponde al propietario el ejercicio de los derechos de socio, quedando obligado el acreedor pignoraticio a facilitar el ejercicio de tales derechos. **3388**

Si el **contrato** de prenda establece premisas en cuanto al ejercicio de los derechos de socio que son contrarias a lo establecido en los estatutos sociales, se debe entender que el pacto es

válido entre partes, si bien no oponible frente a terceros, por lo que frente a la sociedad, en todo caso, debe respetarse lo dispuesto en los estatutos, quedando abierta la potencial vía de reclamaciones entre las partes para el caso de que no se cumpla el acuerdo al que llegaron en el documento configurador del derecho real de prenda.
En el caso de SA, si el propietario incumple la obligación de desembolso pendiente de **dividendos pasivos**, el acreedor pignoraticio puede cumplir por sí esta obligación o proceder a la realización de la prenda.

3389 **Otros aspectos relevantes** Además de los elementos anteriormente indicados, en relación con el derecho real de prenda es recomendable tener en cuenta los siguientes aspectos:
- su carácter indivisible;
- su extensión; y
- su relación con el derecho de suscripción preferente.

3390 **Indivisibilidad** Es recomendable establecer una cláusula en la que se determine que cada una de las acciones pignoradas garantiza el completo cumplimiento del pago de la obligación garantizada y que, por tanto, el **cumplimiento parcial** de la obligación garantizada no extingue la prenda proporcionalmente.

3391 **Extensión** La prenda se debe extender a cualesquiera derechos, títulos, garantías, activos o fondos que reemplacen o sustituyan en cualquier momento las acciones pignoradas en los casos de **fusión, disolución, ampliación o reducción** de capital, conversión o canje, transformación, escisión o cualesquiera otras causas similares que afecten a las acciones pignoradas.
Asimismo, se debe extender la prenda a las acciones que se creen como consecuencia de una **ampliación de capital liberada** en la sociedad en cuestión.

3392 **Derecho de suscripción preferente** En los casos en que el **pignorante** ejercita sus derechos de suscripción preferente, la prenda se extiende igualmente a las acciones que se crean.
Si el pignorante opta por **no ejercitar** o ejercitar de manera parcial sus derechos de suscripción preferente, es recomendable establecer una cláusula que regule la obligación del pignorante de comunicar al acreedor pignoraticio su intención de no ejercer su derecho de suscripción preferente o, en su caso, su intención de ejercerlo de forma parcial, todo ello a los efectos de, por ejemplo, valorar la posibilidad de la **transmisión** de los derechos de suscripción a un tercero.

3393 **Ejecución de la prenda** En términos generales, el **procedimiento** para la ejecución de la prenda es:
- el procedimiento judicial ordinario, declarativo o de ejecución; y/o
- el procedimiento de subasta pública notarial (CC art.1872).
Existe igualmente un mecanismo alternativo regulado en el RDL 5/2005, de reformas urgentes para el impulso a la productividad y para la mejora de la **contratación pública** en relación con la ejecución de la prenda, para cuyo análisis nos remitimos al nº 1570 s.

Precisiones De conformidad con el RDL 5/2005, los **requisitos** para que puedan constituirse estas garantías son:
- que las **obligaciones subyacentes** constituyan obligaciones financieras, entendido en un sentido esencialmente económico;
- que al menos uno de los sujetos de la operación sea una **entidad financiera**; y
- que el **objeto** de la garantía sea efectivo (en cualquier divisa), valores negociables y otros instrumentos financieros, o derechos de crédito, entendiéndose por tales los derechos pecuniarios derivados de un acuerdo en virtud del cual una entidad de crédito otorga un crédito en forma de contrato de préstamo o de crédito.
El aspecto fundamental de las mismas en cuanto a los mecanismos de **ejecución**, consiste en la posibilidad de que, al producirse un supuesto de ejecución, el beneficiario puede ejecutar las garantías financieras aportadas en virtud de un acuerdo de garantía financiera pignoraticia, en las condiciones previstas en el mismo, de las siguientes maneras:
• Si se trata de **valores negociables** u otros instrumentos financieros, mediante venta o apropiación, de acuerdo, cuando corresponda, con el procedimiento previsto en el artículo decimoquinto y mediante compensación de su valor o aplicación de su valor al cumplimiento de las obligaciones financieras principales.
• Si se trata de **efectivo**, mediante compensación de su importe o utilizándolo para ejecutar las obligaciones financieras principales.
• Si se trata de **derechos de crédito**, mediante venta o apropiación y mediante compensación de su valor o aplicación del mismo al cumplimiento de las obligaciones financieras principales.
La **apropiación** es posible cuando:
- se ha previsto entre las partes en el acuerdo de garantía financiera; y

- las partes han previsto en el acuerdo de garantía las modalidades de valoración de los valores negociables u otros instrumentos financieros y los derechos de crédito.
Cuando el objeto de la garantía financiera son valores negociables u otros instrumentos financieros registrados en una entidad participante en un **sistema de compensación y liquidación** español, y se han producido las operaciones de liquidación de las obligaciones principales y de ejecución de las garantías financieras, la parte acreedora puede solicitar la enajenación de los valores dados en garantía u ordenar su traspaso libre de pago a su cuenta. A tal fin, ha de entregar al depositario de los valores un requerimiento en el que se manifieste que se ha producido un supuesto de incumplimiento u otro motivo por el que se resuelve, se declara el vencimiento anticipado y se liquida el contrato o acuerdo de compensación contractual o de garantía financiera.
El depositario de los valores, previa comprobación de la identidad del acreedor y de la capacidad del firmante del requerimiento para efectuar este, el mismo día en que recibe el requerimiento del acreedor o, de no ser posible, el día siguiente, ha de adoptar las medidas necesarias para enajenar o transmitir los valores objeto de la garantía a través de un miembro del correspondiente mercado secundario oficial.

2. Depósito bancario

Uno de los mecanismos más utilizados a la hora de garantizar por parte del vendedor las potenciales contingencias que pueden surgir y sobre las que está obligado a responder es el del depósito bancario o comúnmente llamado ***escrow***. Cuando hablamos del contrato de depósito o *escrow* -originario del Derecho anglosajón- nos encontramos ante un contrato atípico y, por tanto, absolutamente dependiente de los **pactos** incluidos por las partes en el mismo. **3395**
Este mecanismo, al igual que el aval bancario, otorga garantía prácticamente absoluta de liquidez del mecanismo y deja a un lado los problemas de realización de activos que garantías como, por ejemplo, la prenda, llevan consigo.
Así, en virtud de esta garantía, **parte del precio** de la operación de compraventa es entregado en depósito a un tercero (normalmente una entidad financiera, aunque también podría ser un Notario - Reglamento de la organización y régimen del Notariado (RN art.216 y 217) que actúa como agente, el cual procederá a la liberación de los fondos, siempre y cuando se acrediten ciertos extremos que puedan darse respecto a la ejecución del negocio principal (en este caso, la operación de compraventa) y sobre la base de determinadas instrucciones de restitución dadas por el comprador y el vendedor. Dichas instrucciones de restitución habrán de regularse en el contrato de *escrow* de una manera clara, precisa y conforme a criterios objetivos, de forma que no dejen lugar a dudas ni margen interpretativo al agente en cuanto a los supuestos de **liberación** de los **fondos**. En este sentido, el depositario adquiere la propiedad del dinero depositado, manteniendo la parte vendedora y compradora un crédito frente a este, en los términos indicados en el contrato de *escrow*.

Entre las **ventajas** de esta garantía, por tanto, se pueden destacar las siguientes: **3396**
• **Liquidez** garantizada por una entidad financiera sin necesidad de realización ni procedimiento de ejecución que implique venta a tercero de activos otorgados en prenda.
• **Remuneración** de la cantidad puesta en depósito a favor, bien del vendedor, bien del comprador, dependiendo del beneficiario último del importe dado en depósito.
• Eliminación del **coste** del aval bancario, que por su naturaleza es la garantía sustitutiva natural del depósito bancario.
• **Neutralidad** para ambas partes (esto es, comprador y vendedor).
Como **inconvenientes** de este tipo de garantía, se pueden citar la necesidad de:
- acordar el contrato de *escrow* con la **entidad financiera**;
- fondear por el comprador desde el inicio la cantidad que queda en garantía; y
- la inmovilización de los fondos por cuenta del vendedor, que no los recibe hasta que los mismos queden liberados en los términos que se concreten en el contrato de depósito.

Constitución El contrato de depósito se puede otorgar bien en documento **privado o público**. **3397**
El depósito se suele constituir en **unidad de acto** en el momento de otorgamiento de los documentos relativos a la operación de compraventa, compareciendo la entidad financiera a los efectos de suscribir el contrato en su calidad de depositaria.

Bloqueo de la cuenta de depósito La cuenta en la que se ingresa el importe en depósito queda irrevocablemente bloqueada, de tal manera que el depositario queda obligado a no permitir **disposiciones** del importe dado en *escrow*, salvo en estricto cumplimiento de los términos y condiciones fijados en el propio contrato de depósito. **3398**

3399 **Inversión del importe depositado** De cara a garantizar la liquidez y el riesgo de pérdida del total o parte del importe depositado, la inversión del depósito se suele realizar en instrumentos de inversión que por su naturaleza **no** tienen **riesgo** alguno de pérdida o reducción del importe en depósito **y** garantizan **liquidez** inmediata.
Habitualmente, los **intereses** o rendimientos similares generados por las cantidades depositadas en la cuenta de depósito se ingresan en la misma, quedando sujetos a lo dispuesto en el propio contrato de depósito.
Los intereses, devoluciones o ganancias de capital devengados por motivo del depósito y, en su caso, de la inversión que se realiza, corresponden generalmente a la parte a favor de la cual se libera finalmente el importe principal remanente en la cuenta.

3400 **Pagos con cargo al depósito a favor del comprador** El depositario ha de pagar con cargo al depósito aquellos importes de los que el comprador resulta acreedor, de conformidad con los términos y condiciones del contrato de compraventa.
La regulación que habitualmente se establece para determinar la liberación de importes pasa por los siguientes supuestos y procedimiento:
• Una **notificación** firmada de forma **conjunta** por el comprador y por el vendedor, que incluya las instrucciones relativas a la disposición y pago de todo o parte del importe depositado a favor del comprador;

3401 • O, alternativamente, una **notificación** por parte del **comprador** en la que requiera del depositario la realización de algún pago a su favor con cargo al importe depositado, y manifieste que dicho pago no ha sido previamente atendido por el vendedor. A su notificación el comprador deberá **acompañar**:
- copia de la resolución, sentencia o laudo arbitral firme, o pronunciamiento de similar alcance, que determina la existencia de un daño indemnizable por el vendedor; y
- copia del requerimiento fehaciente de pago dirigido al vendedor por dicho daño.
El depositario efectúa los correspondientes pagos a favor del comprador, conforme a las instrucciones contenidas en las notificaciones recibidas, viniendo obligado a abonar el importe reclamado sin demora, excusa ni obstrucción alguna.

3402 **Pagos con cargo al depósito a favor del vendedor** Es frecuente que el depósito se pueda liberar **parcialmente** a favor del vendedor, siempre y cuando no se produzcan contingencias de las que sea acreedor el comprador.
Habitualmente se establecen **calendarios** de liberación de importes parciales que suelen ir ligados a vencimientos de periodos de prescripción de riesgos detectados en la *due diligence*. No obstante, nada impide pactar un calendario diferente o incluso alternativamente una liberación total de la cantidad en depósito evitando las liberaciones parciales.
La liberación de fondos se suspende si el comprador comunica al depositario la existencia de algún supuesto de **responsabilidad** garantizado por el depósito y que debe ser, en su caso, resarcible con cargo al mismo. En estos supuestos, la **entidad depositaria** viene obligada a bloquear esos fondos y, por tanto, no atender la liberación de los mismos en el calendario pactado inicialmente.

3. Seguros de Manifestaciones y Garantías

3405 El seguro de manifestaciones y garantías («Seguro de R&W» o «Póliza de R&W») es una fórmula de aseguramiento heredada en gran medida de los mercados anglosajones, como lo son otras muchas de las instituciones jurídicas en el mercado de compraventa de empresas.
Actualmente, en España existen diferentes operadores que ofrecen soluciones de aseguramiento en este contexto, siendo una alternativa a otro tipo de garantías que, en determinadas situaciones, pueden ser de imposible otorgamiento (p.e., desinversión realizada por un fondo que se liquida, operaciones en situación concursal o preconcursal, etc.).

3406 Básicamente, el seguro consiste en la suscripción de una póliza, bien por el comprador, bien por el vendedor (si bien, en la mayoría de los casos son suscritas por el comprador), que cubre los **daños y perjuicios** que puede sufrir el **comprador** con motivo del incumplimiento de las manifestaciones y garantías otorgadas por el vendedor e incluidas en el contrato de compraventa.
Es habitual que el seguro cubra esos daños en los mismos términos que el contrato de compraventa, de tal forma que la póliza no suele cubrir las cantidades que han quedado exentas de riesgo para el vendedor (**franquicias**) e incluso se pueden pactar franquicias adicionales.
También es posible cubrir de forma individualizada determinadas ***indemnities*** en los términos pactados en el contrato de compraventa.

Las principales **ventajas** de este tipo de soluciones son las siguientes: 3407
• Son una solución ideal en los supuestos en los que el vendedor tiene imposibilidad o una dificultad manifiesta de otorgar **garantías tradicionales**, tales como el depósito, el aval o la retención del precio.
• Puede facilitar los acuerdos en las operaciones de **desinversión** de **fondos** o *private equity* donde, por definición, las garantías que se suelen negociar son muy limitadas. En estos casos en particular, lo que persigue el fondo es realizar una desinversión «limpia», transfiriendo a la aseguradora el riesgo derivado de la responsabilidad asumida frente al comprador por incumplimiento de las manifestaciones y garantías otorgadas en el contrato de compraventa.
• Elimina la incertidumbre sobre la **solvencia** del vendedor en los casos en los que no se pueden obtener garantías reales y concretas.
• En **procesos competitivos** puede ser utilizado por el potencial comprador para ofrecer un acuerdo de compraventa más transparente y menos exigente que haga que su oferta resulte más atractiva al potencial vendedor.
• Puede llegar a maximizar el **precio** de una operación, al otorgar una mayor cobertura de responsabilidad, lo que indirectamente hace que el comprador deduzca un importe menor por potenciales riesgos en su modelo de valoración.
• En los casos de pólizas suscritas por el comprador, el seguro de R&W le aporta una mayor **seguridad** al poder dirigirse de manera directa contra la compañía aseguradora ante cualquier incumplimiento.

Precisiones En procesos de subasta en los que el **vendedor** es un **private equity** y en los que el importe de la operación es relevante, está empezando a ser habitual que el vendedor negocie con una aseguradora, prácticamente desde el inicio de la fase preparatoria del proceso de subasta, un seguro de manifestaciones y garantías a suscribir por el «bidder» que finalmente se convierta en comprador (**«stapled W&I package»**). Esta circunstancia permite un proceso de subasta más rápido, con una negociación más reducida entre comprador y vendedor en lo que a la responsabilidad del vendedor se refiere.

• Facilita las relaciones entre vendedor y comprador. Esto puede cobrar especial relevancia si pensamos que el vendedor puede, dependiendo de la estructura de la operación, seguir manteniéndose en el **accionariado** junto con los compradores o, en algunos casos, convertirse en directivo de la compañía de la que va a ser dueño un tercero. 3408
• Aporta seguridad en las transacciones que se llevan a cabo en jurisdicciones desconocidas.
Por el contrario, como principales **desventajas** pueden destacarse las siguientes:
• Es un mecanismo que lleva **poco tiempo siendo utilizado** en el mercado español, lo que puede llegar a generar incertidumbre a alguna de las partes intervinientes en cuanto a la ejecutividad y eficacia de este tipo de soluciones.
• El hecho de suscribir esta póliza supone añadir una **tercera parte** en las negociaciones -la compañía aseguradora-, comportando tal circunstancia un **trabajo adicional** al tener que facilitarle toda la documentación e información de la operación, así como mantenerla debidamente informada sobre la evolución de la transacción.
• La suscripción de la póliza comporta un **gasto adicional** en la operación, el pago de la prima.
• En ocasiones, el comprador se siente más cómodo con una **garantía líquida** (como puede ser el depósito bancario), que le evite tener que depender de la intervención de terceras partes (la aseguradora) para resarcirse.

a. Agentes intervinientes

A efectos de entender el seguro de manifestaciones y garantías como medio de garantía en el marco de una operación de compraventa de sociedades, es relevante entender los agentes que participan en el proceso y tratar de ir más allá de la mera relación asegurado-asegurador. 3410
De forma resumida, los agentes intervinientes para llevar a buen fin la suscripción de una Póliza de R&W son los siguientes:
- asegurado;
- tomador;
- asegurador; y
- mediador (*broker*).

Asegurado El asegurado es el **beneficiario** de la póliza en el caso de que exista un daño o pérdida que, según lo pactado en el contrato de compraventa, sea resarcible por parte del vendedor. 3411
En general, las relaciones de los Seguros de R&W suelen establecerse de manera que el asegurado sea el **comprador**, si bien es posible suscribir pólizas de seguro en las que el propio

vendedor asegure su riesgo de forma unilateral, siendo el beneficiario de la póliza en caso de que exista un hecho dañoso resarcible.
La diferencia fundamental estriba en que, de esta forma, el comprador, siguiendo el procedimiento de reclamaciones pactado, solicita el pago al vendedor, estando este obligado de forma directa a efectuarlo y teniendo como **cobertura interna** para realizar el pago (*ex* ante o *ex* post) la póliza de seguro suscrita por él.
En la solución tradicional donde el asegurado es el comprador, lo normal es que en el contrato de compraventa se haya pactado que el único remedio posible para el comprador es, una vez se ha determinado que el evento es considerado como un daño en virtud del contrato de compraventa, recibir el pago de parte del asegurador.

3412 **Tomador** Con carácter general la figura del tomador coincide con la de **asegurado**, si bien existe la posibilidad de que no sea así.
Dentro de las alternativas, el tomador, que es la persona que suscribe una póliza de seguros con el asegurador, obligándose al pago de la prima, puede ser el **vendedor**, siendo, sin embargo, el beneficiario o asegurado el comprador.
Todo depende de la negociación y de cómo quieran las partes estructurar e integrar en sus acuerdos el contrato de seguro, si bien no es descartable que el propio vendedor asuma la posición de tomador y se haga cargo de la **prima única** -que es la estructura habitual de pago de una póliza de estas características-, incluyendo como asegurado directo al comprador.

3413 **Asegurador** El asegurador es la persona jurídica que asume las consecuencias dañosas producidas por la realización del evento cuyo riesgo es objeto de cobertura; esto es, el incumplimiento de una manifestación o garantía otorgada en el contrato de compraventa.
Cada vez más, existen diferentes **operadores** que ofrecen esta solución, por lo que las partes pueden elegir la opción que más se ajuste a sus necesidades de entre las que actualmente se comercializan en el mercado.
También cabe la posibilidad de que, en el caso de operaciones muy relevantes con riesgos que superan la capacidad de la aseguradora contratada en cuestión, se pueden ofrecer **coaseguros** entre diferentes entidades. En cualquier caso, esto solo se produce en operaciones muy relevantes y con volúmenes de riesgo muy importantes.

3414 **Mediador (*broker*)** Actualmente existen mediadores con experiencia en el mercado de Pólizas de R&W. Evidentemente, las partes tienen la opción de realizar una contratación directa con un asegurador en concreto o solicitar los servicios de un mediador especializado que ayude a seleccionar la solución que mejor se adapte a una operación y, entre otras cosas, que ayude a optimizar el coste de la prima.
Entre las **ventajas** de solicitar los servicios de un mediador de seguros se encuentran las siguientes:
• Conocimiento del mercado y experiencia en soluciones no tradicionales como la que nos ocupa.
• Ofrece asesoramiento a la hora de elegir la mejor solución de las disponibles.
• Optimización del coste de la póliza al abrir un proceso competitivo entre diferentes aseguradores.
• Ayuda personalizada que permita que las partes de la transacción y el asegurador sean capaces de establecer la póliza que mejor se ajuste a las necesidades de una transacción en concreto.

b. Tipos de póliza

3415 Se recogen a continuación los tipos de póliza de seguro de manifestaciones y garantías que se pueden suscribir.

3416 **Según el asegurado o el tomador** Se distingue entre las siguientes pólizas:
a) Pólizas **suscritas por el vendedor.**
En estos casos, nos encontramos ante un tipo de seguro de daños en los que la póliza típica implica que el vendedor es el **asegurado** con el objetivo de resarcirle en caso de que se ponga de manifiesto un hecho que implique una pérdida o daño para el comprador y que sea resarcible bajo el contrato de compraventa.
El comprador tiene acción directa contra el vendedor, si bien este tiene cubierto el riesgo por la póliza contratada y hasta los **límites** pactados.
Lo habitual es que la cobertura llegue hasta los límites de responsabilidad pactados en el contrato de compraventa y respetando las **franquicias e** ***indemnities*** negociados.

b) Pólizas **suscritas por el comprador.** 3417
En estos casos, nos encontramos ante un tipo de seguro de responsabilidad civil contractual. El **asegurado** es el comprador y el riesgo típicamente asegurado es el de resarcirle cuando se ponga de manifiesto un hecho que implique una pérdida o daño, si bien, a diferencia de en el caso anterior, de forma directa como asegurado.
La póliza contratada puede cubrir el riesgo de **impago** del vendedor por la responsabilidad asumida por este en virtud del contrato de compraventa o cubrir el riesgo de hechos dañosos por encima de los límites de responsabilidad asumidos por el vendedor, de modo que en el caso de que se produzca una contingencia, el vendedor debe asumir su responsabilidad hasta una cantidad determinada, y por encima de este límite, comienza la cobertura de la póliza de seguro.
Una de las principales diferencias, según quien suscribe la póliza, recae en el hecho de que la póliza suscrita por el vendedor no cubre el incumplimiento por dolo del propio vendedor; en cambio, la póliza del comprador sí que podría llegar a cubrirlo.
La mayoría de las pólizas que se suscriben hoy en día son de comprador.

Según el riesgo a cubrir Atendiendo al riesgo a cubrir, se pueden distinguir entre los siguientes tipos de pólizas: 3418
a) Pólizas de cobertura de **contingencias desconocidas** en el momento de realizar la operación, que es el objeto típico del seguro de manifestaciones y garantías.
b) Póliza de **contingencias específicas**, cuya cobertura habitual comprende:
- La de hechos asegurables en virtud de la *due diligence* o determinados en el contrato de compraventa, que normalmente serán recogidos en el contrato de compraventa como «Indemnities». Por ejemplo, pueden estar incluidos dentro de esta póliza, ciertas contingencias **fiscales o de Seguridad Social**, incluso dependiendo del tipo de negocio, determinadas contingencias medioambientales.
- Seguro de resultados de **pleitos** que, en el momento de la operación, están en curso y cuyo resultado no se puede determinar con anticipación y que, por su naturaleza, pueden tener un impacto en la transacción.
- Seguros de planificación fiscal de la operación de compra del negocio en cuestión.

c. Riesgos excluidos de cobertura

Como es habitual, en cualquier operación de aseguramiento con independencia de su ramo, existen riesgos que son objeto de cobertura y otros que difícilmente pueden entrar dentro del paraguas de cobertura de la misma, bien por la negativa a ser incluidos por parte de la compañía aseguradora, bien por el alto **coste** que aquellos pueden tener en caso de ser asegurados, lo que, en la práctica, hace que difícilmente acaben siendo integrados dentro de la póliza. 3420
De manera general, los riesgos asumidos por el vendedor en el contrato de compraventa suelen ser los que se cubren en los seguros de manifestaciones y garantías.
En el siguiente cuadro se detallan los riesgos que, con carácter general, se excluyen habitualmente de la cobertura del seguro de manifestaciones y garantías. Sin perjuicio de ello, cada compañía de seguro puede diseñar una solución para cada operación e incluso asegurar riesgos concretos a través de pólizas independientes que pueden salir de la cobertura de la póliza.

3421

Riesgos normalmente excluidos
Indemnities específicas
Fraude y dolo
Sanciones o penas civiles, administrativas y penales no asegurables según la normativa de aplicación
Ajustes de precio
Manifestaciones y garantías sobre hechos futuros («forward looking warranties»)
Daños indirectos o emergentes
Riesgos relacionados con blanqueo de capitales, soborno y corrupción
Proyecciones financieras futuras
Dotaciones de planes de pensiones
Riesgos fiscales concretos y detectados en *due diligence* o de la propia estructura fiscal de la transacción
Riesgos medioambientales en compañías industriales en los que no se ha efectuado un trabajo de *due diligence* en esta área

Precisiones Existen actualmente en el mercado soluciones para la cobertura de riesgos específicos en el **área fiscal o medioambiental** que pueden adicionarse a la póliza o suscribirse mediante una póliza complementaria. Evidentemente, el coste de los mismos, en términos generales, es mayor que el del mero aseguramiento de manifestaciones y garantías.

d. Procedimiento

3425 Siendo complicado gestionar los diferentes elementos que son fundamentales para el cierre exitoso de una operación de compraventa, añadir uno nuevo determinante para el cierre, como es la suscripción de la Póliza de R&W, exige, al menos, una **planificación** y orden adecuados, de cara a evitar cualquier tipo de dilación que pudiera poner el cierre en peligro.
Un **esquema típico** de procedimiento para la suscripción de una Póliza de R&W puede ser el siguiente:

Procedimiento	Plazos aproximados
Solicitud de póliza	N
Revisión inicial por parte de la entidad aseguradora	N+3
Cotización inicial estimada	N+4
Compromiso inicial	N+5
Due Diligence de la aseguradora	N+ 20
Proceso de negociación y suscripción de la póliza	N+22
Pago de la prima	N+22

3426 **Solicitud de póliza** El procedimiento de contratación de una solución de estas características comienza con la puesta en contacto con el **mediador** de seguros **o** con el **asegurador**, al objeto de facilitar los datos necesarios en relación con la operación de compraventa, para que aquel realice un trabajo previo que le permita iniciar sus trámites internos que deben culminar con la suscripción de la póliza.

3427 **Revisión inicial por parte de la entidad aseguradora** En estas primeras fases, y una vez el asegurador tiene un conocimiento preliminar de la transacción, este solicita información a las partes al objeto de tener una idea más detallada de los **riesgos** y aspectos principales que le permitan realizar una cotización inicial.
La **información** que, en esta primera fase, se suele requerir es la siguiente:
- el tamaño de la transacción;
- las cartas de intenciones u ofertas suscritas por las partes;
- el borrador del contrato de compraventa en el estado en el que se encuentre; y
- los informes de *due diligence* realizados por los asesores de las partes en el marco de la transacción; en el caso de que exista *vendor due diligence*, también se solicitan los informes de los asesores del comprador y sus informes complementarios.

Esta primera revisión preliminar la suele realizar el asegurador sin recurrir a asesores externos, involucrando, por tanto, únicamente a sus **equipos internos** con experiencia en la suscripción de este tipo de soluciones.

3428 **Cotización inicial estimada** A resultas del análisis efectuado con base en la información facilitada por las partes, la entidad aseguradora suele estar en disposición de ofrecer una cotización inicial del **precio** de la póliza a suscribir **y** un resumen de la **cobertura** que la misma tendría, así como de las exclusiones más relevantes.
Dicha cotización, como es natural, **no** es **vinculante** para la entidad aseguradora y tampoco obliga a las partes de la transacción.

3429 **Compromiso inicial** Una vez revisada por las partes la cotización inicial y en muchos casos analizada y discutida la lista de exclusiones de cobertura, en el caso en el que las partes estén de acuerdo con seguir adelante con la propuesta, se suscribe un compromiso inicial de aseguramiento.
Mediante dicho compromiso, las partes, o la parte que vaya a ser obligada al pago de la prima, se comprometen a sufragar los costes de los **asesores externos** de la entidad aseguradora.
En muchos casos, estos costes se fijan habiendo ya recibido las propuestas concretas de cada asesor (p.e., abogados, asesores fiscales, etc.) y quedando, por tanto, perfectamente determinados los alcances y **honorarios** que los mismos van a percibir por su trabajo. En ocasiones,

es incluso el propio tomador el que suscribe las citadas propuestas de servicios que la entidad aseguradora ha supervisado y elegido previamente.

«Due diligence» Una vez seleccionados los asesores externos, estos comienzan su *due diligence* que se basa, principalmente, en los informes que los asesores de las partes han ido confeccionando previo encargo de sus clientes. 3430
Si existen **áreas relevantes** sobre las que los asesores de las partes no han hecho trabajo de *due diligence* y en ellas se pueden detectar riesgos significativos para la entidad aseguradora, los asesores de aquella deben realizar su propio trabajo de campo y extraer conclusiones independientes que permitan cuantificar estos riesgos.

Proceso de negociación y suscripción de la póliza En paralelo con el proceso de *due diligence*, los asesores de la entidad aseguradora comienzan a negociar el **clausulado** de la póliza final. 3431
Entre los aspectos que pueden ser objeto de negociación, además de la prima a pagar, se suelen encontrar, entre otros, los siguientes:
- las franquicias y límites de riesgo;
- la versión final de exclusiones;
- la ley aplicable a la póliza; y
- la jurisdicción.

Pago de la prima El pago de la prima se suele realizar en el **momento** de suscripción de la póliza, el cual, a su vez, suele realizarse en unidad de acto con el *closing* de la transacción, y se configura como de pago **único**, de tal manera que queda íntegramente abonada en el momento de su firma y no existe pago anual de ningún tipo, quedando la misma en vigor hasta la fecha del vencimiento del último riesgo que se haya pactado en su cobertura. 3432

4. Aval bancario

El aval bancario, junto con el precio diferido y el depósito bancario, es uno de los mecanismos que, estadísticamente, se utilizaba de una forma más frecuente a la hora de estructurar los paquetes de garantías en las operaciones de compraventa. 3435
No obstante, los últimos años el aval bancario ha venido utilizándose en menor medida. Los motivos de este fenómeno principalmente surgen como consecuencia de:
- los **costes** de la constitución del propio aval; y
- el endurecimiento de las **condiciones** de los **colaterales** que contragarantizan el importe avalado por la entidad financiera frente al vendedor:
En muchos casos, la necesidad de **contragarantizar** con una cantidad líquida equivalente al riesgo máximo cubierto por el aval, ha hecho que las partes prefieran no pagar los costes del aval y sustituir esta garantía por la del propio depósito bancario, en el que se evitan los costes financieros y se obtiene una pequeña rentabilidad por el dinero depositado.

a. Tipos de aval bancario

Realizando una división tradicional de los tipos de avales, estos se pueden clasificar en: 3440
- avales a primer requerimiento; y
- avales causalizados.
Respecto a su formalización, señalar que no es necesario otorgar documento público, quedando a la libre voluntad de las partes la intervención de **fedatario público** a los efectos de dotar de mayor seguridad jurídica al otorgamiento de la referida garantía.

Avales a primer requerimiento En este tipo de avales, la característica principal es que el garante está obligado a pagar al beneficiario del aval, a simple requerimiento de este, **sin** necesidad de **probar** el **incumplimiento** del avalado. 3441
Tampoco es posible oponer **excepciones** de ningún tipo, estableciéndose la misma como garantía autónoma.
El único límite que se puede encontrar a su carácter autónomo es el del **fraude** (exceptio doli), debiendo de ser dicho fraude evidente y manifiesto.

Precisiones El aval a primer requerimiento debe considerarse, pese a sus diferencias, una **fianza** con determinadas especialidades. La característica del aval a primer requerimiento es la de dar nacimiento a una obligación de garantía inmediata que pierde su carácter accesorio de la obligación principal -a diferencia de la fianza-, en el que la obligación del garante es independiente de la obligación del garantizado y del contrato inicial.

La razón por la que el fiador asume la fianza, a instancia del deudor o previo acuerdo con él, o espontáneamente, y las relaciones que mantenga con el deudor fiado son irrelevantes para el acreedor, esto es, no influyen en la relación fideiusoria, que es totalmente independiente de la relación que media entre fiador y deudor.

3442 La configuración del aval a primer requerimiento implica, por tanto, que la entidad financiera **avalista**, abona al comprador la cantidad que este le solicite, siempre que esté dentro de los límites del aval pactado y se cumplan los términos establecidos en el mismo respecto a cuestiones tales como su vencimiento, sin necesidad de probar el incumplimiento que conlleva la ejecución del aval dado en garantía.
Evidentemente, queda fuera de toda duda que las partes, con independencia de la ejecución del aval, pueden dirimir sus controversias en los **tribunales o** en la **corte arbitral** competente, que es quien ha de determinar definitivamente el importe del daño o pérdida final.

3443 **Avales casualizados** Teniendo en cuenta el carácter totalmente autónomo del aval a primer requerimiento, es común negociar entre las partes el que se pueda proceder a su ejecución y, por tanto, a retirar los fondos garantizados, únicamente en el momento en el que se dicte una **sentencia firme** que determine la existencia de una contingencia resarcible en función de lo pactado en el contrato de compraventa y su importe.
De esta manera, el aval se convierte en un mecanismo que únicamente garantiza la liquidez necesaria en el momento en el que un Tribunal o la Corte Arbitral competente determina la **cantidad resarcible** objeto de reclamación.

3444 De hecho, es posible establecer una cláusula que determine que, antes de proceder a la ejecución del aval, se **requiera de pago** a la parte vendedora para que, solo en el caso de que no atienda al mismo, se lleve a cabo la ejecución del aval.
De esta manera, la **comunicación** que se debe de remitir a la entidad financiadora de cara a que libere los fondos se realiza:
- adjuntando una carta firmada por comprador y vendedor indicando la cantidad a liberar; o
- adjuntando la sentencia o laudo arbitral firme que determina el importe de la contingencia a pagar, junto con el requerimiento de pago realizado al vendedor y una carta suscrita por un apoderado del comprador en el que manifiesta que el citado requerimiento de pago no ha sido atendido.

b. Liberación de las cantidades avaladas

3445 Al igual que en el caso del depósito bancario, es habitual establecer un **calendario** en el que, a medida que las contingencias garantizadas van prescribiendo, se va reduciendo el aval.
De esta forma, la entidad financiera va progresivamente reduciendo el riesgo garantizado y, por tanto, liberando los colaterales solicitados como contragarantía.

5. Retención de precio

3450 La retención de precio es, sin duda, uno de los sistemas de garantía más apreciados por los compradores, por varios motivos:
• **Financiero**, ya que no es necesario que la parte compradora desembolse el importe del precio retenido hasta que se alcancen los plazos pactados con la parte vendedora.
• **Garantía**, porque es complicado encontrar una garantía más liquida y ejecutable que aquella consistente en no desembolsar parte del precio comprometido en la operación de compraventa.
• Asimismo, este sistema de garantía implica otras ventajas como, por ejemplo, la **ausencia de intervención de terceros** (entidades financieras, aseguradoras, etc.) con los que haya que contar en la negociación de los términos y condiciones de las garantías, así como la ausencia de costes financieros derivados de la constitución y/o mantenimiento de garantías (coste de constitución en el caso del aval, pago de primas en el caso de los seguros de manifestaciones y garantías, etc.).
En caso de que el comprador incurra en **concurso de acreedores** antes de abonar al vendedor el precio retenido, este último ostentará contra el comprador un crédito ordinario. Asimismo, para el caso de que sea el vendedor el que incurra en concurso antes de haber recibido el precio retenido, en el supuesto de producirse un daño indemnizable a favor de la parte compradora conforme a lo establecido en el contrato de compraventa, habrá que tener en cuenta que, conforme a lo establecido en la Ley Concursal, declarado el concurso, no procederá la compensación de los créditos y deudas del concursado a excepción de aquellos que procedan de la misma relación jurídica (LCon art.153.2).

Desembolso y pago de los importes retenidos Al igual que sucede en el caso del depósito bancario o del aval, es habitual pactar pagos de precios diferidos que, en muchos casos, están vinculados a la **prescripción** de determinadas contingencias. 3451
En otras ocasiones, el precio retenido, además de como garantía, funciona como mecanismo de **financiación** de la operación de compraventa, lo que suele implicar el desligar el pago del precio retenido a la prescripción de potenciales contingencias, fijándose, en tales casos, en un momento temporal en el que se abona de forma total o parcial el precio.

Cuando, con carácter previo al momento del desembolso del precio aplazado o diferido, se ponen de manifiesto contingencias que están cubiertas por el contrato de compraventa, lo normal es que se acuerde que el comprador directamente se puede compensar con el precio retenido por él. 3452
En los casos en los que la propia contingencia, o quién debe de ser el responsable de su pago, sea un asunto que entra en discusión entre comprador y vendedor, lo normal es que se acuerde que el comprador retenga el precio hasta el momento en que una **sentencia o laudo** firme dirima el asunto.

6. Afianzamiento por tercero

Aunque no suele ser el mecanismo de garantía más utilizado -ya que implica que la garantía otorgada es personal, respondiendo únicamente el patrimonio del garante-, en ocasiones es un instrumento que puede facilitar la negociación y, dependiendo de la solvencia general del garante, ser más que suficiente para los propósitos de garantía negociados en la operación de compraventa. 3455
Su regulación se encuentra recogida, principalmente, en el Título XIV del Libro IV del Código Civil.
A modo de ejemplo, puede ser un mecanismo de garantía **eficaz** en operaciones de compraventa cuando:
• El **fiador** es una sociedad con un patrimonio y una estabilidad financiera a medio plazo que claramente puede soportar las potenciales contingencias que pudieran surgir.

• El **precio** de la compraventa es muy inferior al de las potenciales contingencias cubiertas, lo que dificulta establecer mecanismos de garantía de depósito o retención de precio. 3456
• El **vendedor** es un vehículo meramente tenedor de acciones, si bien, parte de un grupo claramente solvente, siendo una de las sociedades de ese grupo con capacidad financiera suficiente la que otorgue la garantía.
Como principal ventaja, se puede destacar el hecho de que no implica **costes** financieros para las partes.
Por el contrario, como inconveniente, indicar la poca «ejecutividad» de la garantía otorgada, unida al riesgo de **insolvencia** del garante. En este sentido, si el fiador deviene insolvente, podrá el acreedor pedir otro fiador - salvo que el acreedor hubiera exigido y pactado que se le diera por fiador una persona determinada - que reúna las cualidades legalmente exigidas (CC art.1829), es decir, que tenga capacidad para obligarse y bienes suficientes para responder de la obligación que garantiza (CC art.1828).

La **fianza** en sí misma es una figura jurídica accesoria de la obligación principal, por lo que no puede existir sin una obligación principal que sea legítima y válida, extinguiéndose a la vez que esta. 3457
En cuanto a la **forma** en la que se debe configurar la misma, en la fianza mercantil se requiere que sea por escrito -sin lo cual no tendrá valor ni efecto- (CCom art.440) y en la fianza civil, que la misma sea expresa (es decir, no se presume), no pudiendo extenderse a más de lo contenido en ella (CC art.1827).
En lo que concierne a nuestro caso y teniendo en cuenta que, con carácter general, las fianzas configuradas en el marco de operaciones de compraventa se entienden como fianzas mercantiles, es necesario que las mismas sean **escritas**, careciendo de valor y efecto en caso de que no sea así.

Fianza solidaria o subsidiaria Entre las formas de estructuración de las fianzas se encuentra la posibilidad de configurarla como una fianza solidaria o bien como una fianza subsidiaria 3458
La configuración tradicional que la norma civil ha dado a esta figura es la de fianza **subsidiaria**, ya que la concibe como la obligación de cumplir del tercero cuando el principal no ha cumplido (CC art.1822).

No obstante lo anterior, la propia norma contempla a la posibilidad de configurarla como solidaria con el deudor principal.
En los casos en los que se renuncia al **beneficio de excusión** (CC art.1830), a lo que se está renunciando no es, en sí mismo, a configurar una fianza como subsidiaria o no, sino a perseguir los bienes del deudor antes de tratar de perseguir los del fiador.

3459 En este supuesto, no se está renunciando, por tanto, a que el deudor principal deba de haber incumplido *per se*, sino que una vez este ha incumplido, no es necesario perseguir sus bienes con antelación.
A través de la configuración de la fianza como **solidaria**, el fiador asume el riesgo de que, una vez vencida la obligación principal, y con carácter previo al incumplimiento del deudor, el acreedor le reclame de forma directa o conjunta con el deudor principal.
Dependiendo de las negociaciones, esta estructura puede ser asumida o no por el deudor, existiendo, en determinadas ocasiones, motivos para no asumir la solidaridad ya que el fiador puede entender que, bajo ningún concepto puede ser requerido de pago, salvo que se constate el incumplimiento del deudor principal.
Es diferente el pacto del **beneficio de excusión**, pudiéndose acordar una fianza subsidiaria en la que se renuncie al mismo, lo que implica que no es necesario hacer excusión de los bienes del deudor con carácter previo, pero sí que exista el incumplimiento de la obligación principal del deudor y no solo el vencimiento de esta.

7. Cartas de patrocinio

3460 Una alternativa a la fianza son las cartas de compromiso otorgadas por personas relacionadas con el vendedor, fórmula proveniente del derecho anglosajón. En términos generales, suelen ser ofrecidas por sociedades matrices o **sociedades vinculadas** a la entidad vendedora.
Las cartas de patrocinio o *commitment letters* son meras **declaraciones** formales o de **voluntad** cuyo contenido obligacional depende, directamente, del concreto clausulado que se haya dado a las mismas y de los compromisos asumidos de forma específica.
Una posible clasificación de las mismas es aquélla que distingue entre:
- las que incluyen compromisos concretos frente a terceros («cartas fuertes»);
- las que únicamente realizan manifestaciones de hechos («cartas débiles»); y
- las mixtas, que incluyen notas de las dos categorías anteriores.

En relación con lo anterior, el Tribunal Supremo establece (TS 28-7-15, EDJ 187088; 27-6-16, EDJ 98900) que, una vez reconocida la posible **transcendencia obligacional** de la carta de patrocinio, debe precisarse que dicho efecto o eficacia obligacional no se produce, dada su naturaleza de negocio jurídico unilateral, de un modo automático, sino que requiere de dos **presupuestos** o condiciones:
- En primer término, y en el plano de la interpretación de la declaración de voluntad, la carta de patrocinio debe contemplar, de forma clara e inequívoca, el compromiso obligacional del patrocinador, al margen de toda declaración de mera recomendación o complacencia sin voluntad real de crear un auténtico vínculo obligacional.
- En segundo término, dado el necesario carácter recepticio de esta declaración unilateral de voluntad, el efecto obligacional requiere que el compromiso del patrocinador resulte **aceptado por el acreedor** en orden a la realización de la operación proyectada. Aceptación que, conforme a la naturaleza de la figura, no tiene carácter formal o expreso, pudiendo ser **tácita o presunta**, particularmente inferida de la relación de causalidad entre la emisión de la carta de patrocinio y la realización o ejecución de la financiación prevista.

3461 **Compromisos concretos** Algunos de los compromisos que estas cartas pueden contener son, entre otros, los siguientes:
• Nutrir de **fondos** a una sociedad con carácter previo a tener que afrontar un pago en el marco de una transacción (p.e., con carácter previo a tener que pagar una contingencia surgida o, para el caso del comprador, con carácter previo a tener que desembolsar un precio diferido).
• **No transmitir** una participación en la sociedad vendedora.
• Compromisos de **vigilancia y control** sobre la gestión de la participada.
• Compromiso de mantenimiento de determinada **solvencia** en la filial.
• Prestar **fianza** en determinados supuestos que, en el momento de otorgamiento de la carta, son inciertos.

3462 **Manifestaciones de hechos** Algunas de las manifestaciones que las cartas de patrocinio suelen contener son:
• Declaración de ostentar participación sobre la filial.
• Declaración de control sobre el nombramiento de administradores de su filial.

• Declaración del conocimiento de la transacción que se va a ejecutar.
A diferencia de lo que sucede con las cartas en las que existen compromisos determinados que incluyen obligaciones de hacer, el **contenido jurídico-obligacional** de estas cartas de patrocinio depende de su concreta redacción, así como de los posibles efectos que la inexactitud o falsedad en las declaraciones puede conllevar para el beneficiario de las mismas.

Sujetos intervinientes Los sujetos intervinientes en las cartas de patrocinio normalmente son: 3463
- el emisor de la carta; y
- el beneficiario de la misma.

En ciertas estructuras de negociación, el beneficiario de la misma es la propia filial o sociedad vinculada del emisor, siendo recomendable en estos casos que el beneficiario final (sujeto no vinculado al emisor -p.e., comprador que debe resarcirse de una contingencia o el vendedor que debe cobrar un precio aplazado-) sea partícipe de la carta a través de la llamada **estipulación a favor de tercero** (CC art.1257), en virtud de la cual, el beneficiario de la misma puede exigir su cumplimiento, siempre que hubiese hecho saber su aceptación al obligado antes de que haya sido aquélla revocada.

C. Mecanismos de garantía en empresas conjuntas («joint venture»)

En los supuestos en los que la operación de compraventa no se configura como venta de la totalidad del capital social a un tercero o a un accionista actual que toma la participación de los restantes, sino mediante la venta o **toma de participación** a través de otros mecanismos -como puede ser la ampliación de capital, de un tercero ajeno a los accionistas que adquiere un porcentaje determinado, mayoritario o minoritario, del capital social- existen determinadas posibilidades a la hora de estructurar las garantías que no se producen en los supuestos de desinversión total. 3465

Evidentemente, las garantías tradicionales anteriormente comentadas (nº 3380 s.) tienen, en términos generales, una aplicabilidad en este tipo de estructuras, si bien, pueden existir otras como, por ejemplo, los supuestos de opciones de compra y/o venta de acciones (los llamados en los mercados anglosajones «put option» y «call option») en los de incumplimientos de manifestaciones y garantías e incluso en los supuestos de incumplimiento del propio pacto de socios que regule el gobierno de la sociedad y las relaciones de los socios entre sí.

1. Opciones de compra y/o venta

Además de los mecanismos tradicionales, uno de los mecanismos de garantía que suelen valorarse en las operaciones de toma de participación conjunta son las opciones de compra y venta de **acciones o participaciones**. 3470

Si bien existe disparidad de criterios respecto de la licitud de esta figura (DGRN Resol 10-6-86; 3-9-87; 29-9-87; 30-9-87; 22-9-92; 15-3-21; 13-7-22), la doctrina mayoritaria considera que no toda opción de compra en garantía vulnera *per se* la prohibición del pacto comisorio (Leña Fernández, Rafael), dependiendo dicha licitud, por tanto, de la forma en que la opción de compra sea configurada en cada caso en particular, y siempre y cuando no se produzca la simulación de un negocio encubierto.

Supuestos garantizados Los supuestos que se pueden garantizar a través de estos mecanismos son: 3471
• **Reequilibrio** en la toma de participación para los casos en los que se ponen de manifiesto ajustes que impactan en la valoración sobre la base de la cual se estableció el tipo de canje, que debió de dar lugar a la distribución entre el porcentaje de capital social y la prima de emisión que tomó el adquirente.
• Incumplimientos generales del **régimen de responsabilidad** del acuerdo de inversión.
• Incumplimientos del **pacto de socios** que las partes suscriben como base de sus relaciones en la sociedad conjunta.

Contenido El contenido **básico** de una opción de compra o de venta como mecanismo de garantía es el siguiente: 3472
• Otorgamiento del **derecho**, cuyo carácter suele pactarse como **irrevocable, exclusivo y libre** de toda carga.
• **Aceptación** del derecho por parte del beneficiario al mismo.

• Causalización de los **motivos** para que se pueda producir el ejercicio de la opción de compra y momento de su ejercicio, que habitualmente se suele establecer tras pasar un periodo de tiempo razonable en el que el obligado a resarcir un daño no liquida la cuantía de acuerdo con el procedimiento de reclamaciones recogido en el contrato de compraventa.

3473 • Carácter de **intransmisible o transmisible** de la misma.
• **Extensión** de la opción. En términos generales, se suele pactar que la opción sea extensible a cualesquiera derechos, títulos, valores, activos (corporales o incorporales) o fondos que correspondan o que deban corresponder o sustituir a las acciones o participaciones en caso de fusión, disolución, ampliación o reducción de capital, transformación, escisión, o cualquier otra causa o proceso similar que pudiera afectar a la Sociedad.
• **Registro** de la opción de compra en el libro registro de socios o en el libro registro de acciones nominativas.
• Procedimiento formal de **comunicaciones** y ejercicio de la opción.
• Fórmula de **valoración** de las acciones o participaciones en el momento del ejercicio de la opción, evitando enriquecimientos injustos o prácticas abusivas. El valor de las acciones o participaciones puede ir fluctuando, dependiendo, entre otros aspectos, de los resultados de la compañía, por lo que el valor que, en el momento de suscripción del acuerdo de inversión las acciones pueden tener, se puede ver modificado en el momento de ejercicio de la opción de compra.

3474 Generalmente, las partes acuerdan unos **métodos** de cálculo económico-financiero que determinan el valor de las acciones o participaciones a la hora del ejercicio y, teniendo en cuenta que el ejercicio de la opción en muchos casos está tratando de cubrir el impago de una contingencia surgida en la sociedad conjunta, es habitual establecer mecanismos penalizadores sobre un teórico valor de mercado de las acciones, de tal manera que el socio incumplidor esté incentivado a abonar la **indemnización** con carácter previo al ejercicio de la opción por parte del socio cumplidor.
En otras ocasiones, y con carácter incluso adicional, se puede pactar una **cláusula penal** que cubra la actitud rebelde del socio que incumple los términos y condiciones del ejercicio de la opción de compra. Muchas veces esa cláusula penal establece un porcentaje corrector a la baja del precio de las acciones en el momento de ejercicio.
• Cláusula de sumisión expresa a **fuero o arbitraje**, en su caso.

2. Prenda de acciones

3475 En determinadas ocasiones, el potencial ejercicio de las opciones de compra o venta se puede asegurar de manera **adicional** a través de la pignoración de las acciones que pueden ser susceptibles de ser transmitidas bajo la opción pactada.
A través de esta fórmula se procede, durante el plazo de tiempo en el que el derecho de opción de compra se encuentre vivo, a pignorar las acciones, lo que, en términos generales, suele realizarse incluyendo **traslado posesorio** a favor del acreedor pignoraticio, si bien el titular de las acciones mantiene su derecho al voto.
Ver nº 3385 s.

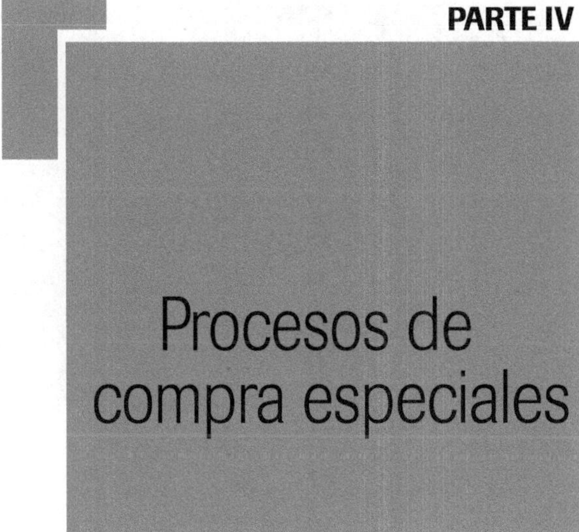

3490

Capítulo 13.	Adquisición de unidad productiva de empresa en concurso	3500
Capítulo 14.	Adquisición de sociedad cotizada	3700
Capítulo 15.	Adquisición de sociedades incorporadas al BME Growth	4100
Capítulo 16.	Adquisiciones realizadas por entidades de capital-riesgo	4200
Capítulo 17.	Joint Ventures	4400
Capítulo 18.	Otras operaciones singulares de adquisición	4600
Capítulo 19.	Transmisión de empresa pública	4680

CAPÍTULO 13

Adquisición de unidad productiva de empresa en concurso

A.	**Consideraciones generales**	3502
B.	**Fase preconcursal**	3515
	1. «Pre-pack» concursal	3516
	2. Plan de reestructuración	3528
C.	**Procedimiento concursal**	3531
	1. Solicitud de concurso con oferta de compra de unidad productiva	3531
	2. Fase común	3535
	3. Fase de convenio	3550
	4. Fase de liquidación	3560
D.	**Procedimiento especial para microempresas**	3570

3500

A. Consideraciones generales

Regulación El concurso de acreedores está regulado desde el 1-9-2020, con carácter general, en el **texto refundido** de la Ley Concursal, aprobado por RDLeg 1/2020 (en adelante, LCon). 3502

No obstante, el texto refundido ha sufrido una profunda **modificación** con la entrada en vigor de la L 16/2022, por la que se traspone al ordenamiento jurídico español la Dir (UE) 2019/1023, conocida como Directiva sobre reestructuración e insolvencia.

Precisiones Con la entrada en vigor del texto refundido quedó **derogada**, con carácter general, la L 22/2003 Concursal (en adelante, **LCon/03**).

Concepto de insolvencia A los efectos de conocer si una sociedad se encuentra en situación de insolvencia, la LCon atiende a tres conceptos clave: la probabilidad de insolvencia, la insolvencia inminente y la insolvencia actual. 3505

1. **Probabilidad de insolvencia**: se encuentran en probabilidad de insolvencia las sociedades que consideren que, de forma objetivamente previsible, no podrán atender regularmente sus obligaciones de pago que venzan en los próximos dos años en caso de no alcanzar un plan de reestructuración (LCon art.584.2).
2. **Insolvencia inminente**: es la situación que concurre cuando las personas físicas o jurídicas prevean que, en los tres meses siguientes, no podrán atender puntual y regularmente sus obligaciones (LCon art.2.3 segundo inciso).
3. **Insolvencia actual**: se encuentran en situación de insolvencia actual aquellas personas, físicas o jurídicas que no pueden cumplir regularmente sus obligaciones corrientes exigibles (LCon art.2.3 primer inciso).

Tipos de concurso de acreedores (LCon art.3 y 106) Dependiendo de quién solicite la declaración de concurso, podemos distinguir entre: 3506

a) **Concurso voluntario**: cuando es el propio deudor quien insta el concurso. En estos caso el deudor conserva, con carácter general, las facultades de administración y disposición sobre su patrimonio, quedando sometido el ejercicio de éstas a la intervención de la administración concursal, que puede autorizar, o no, las acciones que desee llevar a cabo el deudor sobre su patrimonio (LCon art.106.1).

b) **Concurso necesario**: cuando quien insta el concurso es uno o varios acreedores u otros interesados. En estos casos el deudor ve suspendido el ejercicio de sus facultades de administración y disposición sobre su patrimonio, siendo sustituido por la administración concursal (LCon art.106.2). Para instar la solicitud de concurso necesario el acreedor debe acreditar que concurren algunos de los denominados «hechos reveladores de la insolvencia» previstos en la norma (LCon art.2.4).

No obstante, el juez puede en un concurso voluntario **suspender** las facultades del deudor o en un concurso necesario **intervenir** las mismas, justificando los riesgos a evitar o las ventajas a obtener con la adopción de dicha medida (LCon art.106.3).

3507 **Formas de adquirir una empresa en concurso** En situación de concurso de acreedores existen dos formas de adquirir una empresa declarada en concurso:

a) Mediante la **compraventa** de las **acciones o participaciones** sociales de sus accionistas o socios: el régimen jurídico de la compra no difiere de una compra en la que la sociedad no se encuentra en situación legal de concurso de acreedores (LSC art.106 a 112 y 120 a 125), por lo que nos remitimos a lo expuesto en el nº 1777 s., así como en el nº 1000 s. y nº 5290 s. Memento Sociedades Mercantiles 2024, para SRL y SA respectivamente).

b) Mediante la transmisión de la llamada «**unidad productiva**», cuestión que analizaremos más detalladamente a continuación por su relevancia práctica.

3508 **Concepto de unidad productiva** (LCon art.200.2) El **texto refundido** proporciona un concepto de unidad productiva, entendida como «el conjunto de medios organizados para el ejercicio de una actividad económica esencial o accesoria».

El origen de este **concepto** es **jurisprudencial**. Interesa citar aquí la sentencia del TJUE 20-11-03, C-340/01 (asunto Carlito Abler y Otros), en la que se define unidad productiva autónoma como «conjunto de medios materiales y humanos que se utilizan para el desarrollo de la actividad que lleva a cabo el concursado».

Así, será unidad productiva, a estos efectos, cualquier **industria, establecimiento o comercio** (grande, mediano y pequeño), o conjunto de ellos, montado con los elementos necesarios para iniciar o continuar una actividad económica, esté o no en funcionamiento, tenga trabajadores o no, sea en propiedad o en régimen de arrendamiento o, por último, pertenezca a una persona jurídica o natural (TJUE 9-9-15; 7-8-18).

Precisiones **1)** Los tribunales españoles recogen otras definiciones similares de unidad productiva:

• «como un conjunto complejo y extenso de bienes, derechos, contratos de trabajo y expectativas de negocio» (JM Madrid núm 8, auto 20-12-13, EDJ 277944, en el que la unidad productiva estaba constituida por activos pertenecientes a diferentes mercantiles que formaban parte del mismo **grupo societario**);

• «no bastará la transmisión de cualquier elemento mobiliario o inmobiliario para considerar la existencia de un supuesto de unidad productiva, sino que también es precisa la **preordenación** de tales bienes para el ejercicio de una actividad económica ya sea esencial o accesoria» la (AP Araba auto 22-7-21, EDJ 793429).

• «una unidad productiva autónoma, organizada y estructurada con medios materiales y personales propios, de carácter estable y que genere por sí sola una **actividad económica valorable**» (TS 20-12-17, EDJ 279557).

2) El texto refundido de la ley concursal resuelve la duda existente, con anterioridad a su entrada en vigor, entre las dos tesis doctrinales, dependiendo de la existencia, o no, de **contratos de trabajo vigentes**. Considera el texto refundido, a estos efectos, que no es necesaria la existencia de contratos de trabajo vigentes para la existencia de una unidad productiva. Se añade que para determinar los efectos de la **sucesión** el juez del concurso será el único competente (LCon art.221.2), limitándose la sucesión a los trabajadores de esa unidad productiva en cuyos contratos quede subrogado (LCon art.222.1.3º) (Guía de buenas prácticas para la venta de unidades productivas del ICAM de 22-1-2021).

3509 **Cuándo se puede transmitir una unidad productiva** (LCon art.216) La venta de la unidad productiva puede llevarse a cabo en cualquier momento del concurso. Es decir, puede llevarse a cabo tanto en la fase común como en la fase de convenio o de liquidación, e incluso, puede iniciarse su tramitación antes de la propia declaración de concurso.

Así, es posible la venta de la unidad productiva:

- con **anterioridad a la solicitud** de declaración de concurso, solicitando el nombramiento de un experto que recabe ofertas para la transmisión de la unidad productiva (nº 3516), o como parte de un **plan de reestructuración** (nº 3528);
- junto a la **solicitud de concurso**, acompañando una oferta vinculante de adquisición de una o varias unidades productivas (ver nº 3531);
- en la **fase común** (nº 3535);
- en sede de **convenio** (nº 3550);
- en sede de **liquidación** (nº 3560); y, también
- en el seno del **procedimiento especial** para microempresas (nº 3570).

3510 Precisiones **1)** No es necesario respetar la configuración que la unidad productiva tenía en origen, antes de la situación de insolvencia, por lo que se podría establecer una nueva configuración en cuanto a la determinación de los **elementos integrantes de la unidad productiva** objeto de transmisión («La venta de unidades productivas en el concurso en la nueva regulación del texto refundido de la Ley Concursal: la sucesión de empresa»).

2) Los organismos públicos y privados han llevado a cabo iniciativas para priorizar el mantenimiento del tejido empresarial. En este sentido, conviene hacer una mención especial al Protocolo General de

Actuación Colaborativa entre «SPRI - Agencia Vasca de Desarrollo Empresarial» y el «Tribunal Superior de Justicia del País Vasco», suscrito entre ambas entidades el 10-1-2022.
Por medio de este acuerdo se pretende la creación de una **plataforma online** en la que se podrían registrar y publicitar las empresas en situación de concurso y pre-concurso, cuya actividad sea industrial y/o de servicios conexos, frente a posibles empresas interesadas en su adquisición.
De esta forma, se pretendía dar **publicidad** a los **procedimientos de enajenación** de unidades productivas y visibilidad para los interesados en invertir en empresas en crisis -respetando los principios de objetividad, anonimato y confidencialidad- a fin de promover un acercamiento entre éstas, las empresas en dificultades y los administradores concursales. El fin último de este acuerdo era iniciar un procedimiento que pudiera culminar en el mantenimiento, al máximo nivel, de la actividad industrial y el empleo de las empresas en dificultades financieras.

B. Fase preconcursal

3515

1. «Pre-pack» concursal 3516
2. Plan de reestructuración 3528

1. «Pre-pack» concursal

(LCon art.224 ter a 224 septies)

3516 El *pre-pack* concursal era una modalidad de venta de unidades productivas que, con anterioridad a la entrada en vigor de la L 16/2022, tan solo existía en nuestro ordenamiento jurídico como una suerte de *soft law* (nº 3517). Esta modalidad, inspirada en el derecho extranjero, se introdujo en la LCon a través de la reforma operada por la L 16/2022, como una herramienta para **evitar el deterioro de las unidades productivas** por el transcurso de los plazos procesales del concurso y el propio estigma que el procedimiento concursal supone para la compañía y sus activos (ver nº 3520).
Es relevante destacar que esta opción está prevista para cuando la sociedad aún **no se encuentra en situación de concurso**, a diferencia de la modalidad prevista en el LCon art.224 bis, que regula la solicitud de concurso con oferta vinculante de compra (ver nº 3531).

Precisiones **1)** El **Tribunal de Justicia de la Unión Europea** ya se pronunció sobre este mecanismo del pre-pack a los efectos de resolver una controversia en materia de sucesión de empresa en TJUE 22-6-17. Y más recientemente, en TJUE 28-4-22 C-237/20, donde interpretó la Dir 2001/23/CE art.3 a 5 que regulan la protección de los derechos de los trabajadores ante la transferencia de una entidad empresarial.
Esta jurisprudencia del TJUE ha resultado esencial para dar cabida al procedimiento pre-pack en nuestro ordenamiento jurídico con la L 16/2022.
2) En junta de 21-2-2023, los magistrados/as de los juzgados mercantiles de Madrid han aprobado una Guía de buenas prácticas, de carácter orientativo y no vinculante, para el nombramiento de experto en fase preconcursal (en adelante, la «**Guía pre-pack**»). Esta guía ofrece una serie de precisiones acerca del procedimiento de venta de unidades productivas a través del mecanismo de pre-pack.

3517 **Antecedentes en España sobre el «pre-pack»** Con anterioridad a la entrada en vigor de la L 16/2022, los jueces se adelantaron y dictaron **resoluciones** que podrían asemejarse al hoy denominado *pre-pack*.
A estos efectos podemos mencionar el JM Barcelona núm 10, 29-7-20, EDJ 837810. En la referida resolución se acuerda nombrar a un experto independiente o **administrador concursal interino** que supervisará el proceso de adquisición de la unidad productiva, basándose en la afirmación de que no existía, entonces, ninguna disposición en la normativa concursal que prohibiera la designación de un administrador concursal durante la tramitación de la comunicación de apertura de negociaciones con los acreedores (en términos similares, JM Barcelona núm 11, auto 21-1-21, EDJ 552779).

3518 Los jueces españoles también crearon una serie de **directrices** encaminadas a regular la posibilidad de vender la unidad productiva con anterioridad a la declaración del concurso, con la intención de aplicar el denominado *pre-pack* concursal o un proceso de venta con plazos limitados.
Los jueces de **Barcelona** fueron pioneros en España en dictar estas pautas e implantaron la figura del **experto independiente** o administrador en materia de reestructuración, que podía ser nombrado por el juez competente para conocer de la declaración del concurso a solicitud del deudor -pudiendo tener este nombramiento carácter reservado-. El experto independiente emitiría un **informe final** de la gestión realizada, incluyendo, en su caso, la procedencia o no de someter a autorización judicial la venta de la unidad productiva a favor de la mejor oferta

recabada. Posteriormente, declarado el concurso y designada la administración concursal, ésta última se serviría del informe final para elaborar su propio informe y el juez, al día siguiente, dictaría auto autorizando o denegando las operaciones de venta preparadas.
Estas directrices, si bien **no resultan de aplicación** en la actualidad tras la reforma introducida por la L 16/2022, se asemejan al contenido en la LCon en lo relativo al nombramiento de un experto que recaba ofertas para la adquisición de las unidades productivas.

3520 **Tramitación del pre-pack** (LCon art.224 ter s.) Desde el 26-9-2022, la LCon regula la posibilidad de recabar ofertas de adquisición de una o varias unidades productivas cuando el deudor se encuentre en situación de probabilidad de insolvencia, insolvencia inminente o insolvencia actual (ver nº 3505), **sin** que se haya solicitado aún la **declaración de concurso**.

3521 **Solicitud de nombramiento de experto** (LCon art.224 ter) El **deudor** en situación de probabilidad de insolvencia, insolvencia inminente o insolvencia actual (nº 3505) puede solicitar al **juez** que sería competente para conocer del concurso el nombramiento de un experto que recabe ofertas de terceros para la adquisición de una o de varias unidades productivas de las que sea titular el solicitante, aunque éstas hubieran cesado en su actividad.
El solicitante debe **motivar la solicitud**, de forma análoga a lo que ocurre con la comunicación de inicio de negociaciones prevista en la LCon art.586. En concreto, la solicitud debe contener, al menos, los siguientes extremos (Guía pre-pack aptdo.2):
• identificación del deudor;
• el tipo de insolvencia en el que se encuentra el deudor;
• las razones que justifican su petición;
• la competencia del juzgado para conocer de la solicitud;
• el sector al que se dedica y la descripción del negocio;
• si se encuentra o no cesada en su actividad;
• cifra de negocio;
• número de trabajadores;
• valoración de la unidad productiva y retribución del experto independiente;
• preferencia del deudor por la designa de un experto en reestructuraciones o un administrador concursal; y
• la propuesta de duración de las operaciones de venta.
Estos documentos **no son necesarios** cuando quien solicite el nombramiento del experto que recabe ofertas durante la fase preparatoria de venta sea un **microempresario** (LCon art.690.3), o una **PYME** (LCon art.682), sin perjuicio del deber del deudor de colaborar con el experto designado por el juzgado y de proporcionarle la información que éste le requiera para poder monitorizar el proceso.

3522 **Nombramiento de experto** (LCon art.224 quáter; Guía pre-pack) Una vez recibida la solicitud, el juez, el mismo día del reparto o en el día hábil siguiente, verifica si la solicitud cumple los requisitos antes indicados, y que en el caso de cumplirlos, procede a su nombramiento, mientras que si la **solicitud** adolece de algún **defecto** se le concede al deudor un plazo único e improrrogable de tres (3) días para su subsanación.
El experto, para ser nombrado, debe reunir las **condiciones** previstas en la norma para ser experto en reestructuraciones (LCon art.62 y 674) y/o cumplir con los requisitos para ser designado administrador concursal (LCon art.57 a 63).
Durante este proceso preconcursal, el experto está afectado por un **deber de confidencialidad** con el deudor, salvo para el ejercicio de las labores propias del cargo, que cesará en el momento de ser nombrado, en su caso, administración concursal.
Su **retribución** y la **duración** de su cargo vienen fijadas en la resolución que dicte el juez, cuyo carácter será reservado, a diferencia del nombramiento de la administración concursal acordada con la declaración de concurso. El **carácter reservado** del nombramiento del experto que recabe ofertas se plantea con el fin de evitar la pérdida de valor de la unidad productiva con motivo de la desconfianza que pueda generar este nombramiento en el mercado.

3523 En relación con la **duración** del cargo del experto independiente, la Guía pre-pack prevé los siguientes plazos:
a) En caso de **insolvencia actual**, ésta no debe de ser superior a dos (2) meses.
b) En caso de **insolvencia inminente**, ésta no debe de ser superior a tres (3) meses, prorrogables excepcionalmente por dos (2) meses adicionales.
c) En caso de **probabilidad de insolvencia**, su duración no podrá ser superior a tres (3) meses, prorrogables excepcionalmente por tres (3) meses más.
El deudor que considere que concurre justa causa para **prorrogar el plazo** para recabar ofertas, lo debe solicitar motivadamente al juzgado, siempre que:
- se encuentre en insolvencia inminente o en probabilidad de insolvencia;

- cuente con un informe favorable del experto; y
- emita una declaración responsable en la que manifieste no encontrarse en situación de insolvencia actual.

En cualquier caso, el experto independiente debe abstenerse de realizar cualquier **prestación de servicios**, aún sin retribución, distinta a la encomendada por la resolución que le designe, especificándose sus funciones típicas en la Guía pre-pack.

En relación con la **retribución** que debe de percibir el experto independiente, la Guía pre-pack establece que la misma depende del valor de la unidad productiva y, se puede hacer depender también del resultado final del proceso. De este modo, la Guía pre-pack establece una retribución **fija** cuyo cálculo depende del tamaño de la empresa deudora, así como de un **arancel base**. **3524**

En caso de no prosperar la venta de la unidad productiva, ésta última se convertirá en la retribución definitiva.

La retribución definitiva, que tendrá la naturaleza de crédito contra la masa, **se abona** al experto en los cinco (5) días hábiles siguientes a la transmisión de la unidad productiva. El hecho de que la venta de la unidad productiva se lleve a cabo una vez declarado el concurso no es óbice para que se devengue la retribución correspondiente al experto, aunque tenga ahora la condición de administración concursal, pues retribuye funciones diferentes.

La retribución puede ser **moderada por el juez**, de oficio o a instancia de parte, en función del resultado obtenido y del trabajo efectivamente desempeñado por el experto.

Requisitos de las ofertas de compra (LCon art.224 ter y 224 septies) Bajo esta modalidad, las ofertas tienen que prever el **pago al contado** y no pueden ser realizadas por quien actúe por cuenta del deudor. **3525**

Asimismo, la oferta debe asumir la obligación de **continuar o reiniciar la actividad** de la unidad productiva que pretenda adquirir por un **período mínimo** de dos (2) años. El incumplimiento de esta previsión dará lugar a que cualquier afectado pueda reclamar una indemnización por los daños y perjuicios que se causen.

Precisiones Cabe destacar a este respecto que, en relación con el compromiso de **mantenimiento mínimo de la actividad**, la L 16/2022 distingue entre dos supuestos: en caso de que la oferta se acompañe a la solicitud de concurso, el compromiso de mantenimiento/reanudación de la actividad empresarial debe prolongarse por un **período** de **tres** (3) años (LCon art.224 bis.1 párrafo segundo). En cambio, en caso de que el experto recabe ofertas para la adquisición de la unidad productiva con anterioridad a la solicitud de concurso, este compromiso se reduce a **dos** (2) años (LCon art.224 septies.2).

Solicitud de concurso y especialidades (LCon art.224 quinquies y 224 sexies) El nombramiento de experto para recabar ofertas de adquisición de unidad/es productiva/s no exime al deudor de la obligación de solicitar la declaración de concurso dentro del **plazo** de dos (2) meses siguientes a haber conocido o debido conocer el estado de insolvencia actual (LCon art.5.1). **3526**

Se trata de una obligación legal que sólo impera para el deudor que se encuentra en **insolvencia actual**, no así para el deudor en insolvencia inminente ni en probabilidad de insolvencia (ver nº 3505).

Precisiones Mientras que el deudor que está en **insolvencia inminente** tiene la potestad de solicitar concurso, no así el deudor que está en **probabilidad de insolvencia**, quien tiene vetada esa posibilidad salvo que se trate de microempresas (LCon art.685).

Con la solicitud de concurso, el deudor debe acompañar, además de los documentos legalmente exigidos (LCon art.7 y 8), el **informe** emitido por el experto, sea éste favorable o desfavorable. **3527**

Si finalmente se declara el concurso, el juez puede **revocar o ratificar el nombramiento** del experto. Si lo ratifica, el experto pasa a ostentar el cargo de administrador concursal (LCon art.224 sexies.2).

El juez del concurso sólo puede autorizar la **operación de venta** de la unidad productiva obtenida con motivo del pre-pack en el seno del **procedimiento concursal**, pues es cuando se despliega la plena competencia del juez del concurso para la ejecución universal de los bienes y derechos que integran el patrimonio del deudor (LCon art.52 y 203).

Fuera de ese escenario concursal, si el deudor quiere vender la unidad o unidades productivas a favor de la mejor de las ofertas recibidas, puede hacerlo, al estar en el pleno ejercicio de sus facultades de administración y disposición. Sin embargo, el adquirente no se podrá acoger a los efectos previstos en LCon art.221 y 224 ni Dir 2001/23/CE art.5, pues para ello, sería necesario que la operación culmine en el marco de un proceso concursal.

Precisiones A los efectos de la eventual ratificación del experto como administrador concursal si acaeciera un posterior concurso de acreedores, este deberá emitir un **informe** con una valoración imparcial e independiente sobre determinados extremos, entre otros, informando acerca de si la **publicidad del proceso** ha sido suficiente para garantizar la máxima participación (JM Barcelona núm 3, auto 20-7-23, EDJ 750338).

2. Plan de reestructuración

(LCon art.614 s.)

3528 Los planes de reestructuración son aquellos que tienen por objeto la modificación de la composición o condiciones o estructura del activo y pasivo del deudor, o de sus fondos propios, incluidas las transmisiones de activos, unidades productivas o la totalidad de la empresa en funcionamiento, así como cualquier cambio necesario o combinación de todo lo anterior (LCon art.614).

Es decir, la reorganización del activo y la **venta de unidades productivas** podrá ser objeto del plan de reestructuración.

El **adquirente** de la unidad productiva en el marco de un plan de reestructuración no gozará del beneficio de la **limitación de pasivos** que se establece para la venta de las unidades productivas que se produjesen en el marco del procedimiento concursal (LCon art.221.2 y 224).

C. Procedimiento concursal

3530

1.	Solicitud de concurso con oferta de compra de unidad productiva	3531
2.	Fase común	3535
3.	Fase de convenio	3550
4.	Fase de liquidación	3560

1. Solicitud de concurso con oferta de compra de unidad productiva

(LCon art.224 bis)

3531 El deudor puede presentar, junto con la solicitud de declaración de concurso, una **propuesta escrita vinculante** de acreedor o de tercero para la adquisición de una o varias unidades productivas (LCon art.224 bis).

La propuesta de oferta vinculante debe incluir obligatoriamente el **compromiso** de continuar -o reiniciar- la **actividad empresarial** con la unidad o unidades productivas por un **período mínimo** de tres (3) años, so pena de que cualquier interesado pueda reclamar indemnización de daños y perjuicios causados, en caso de incumplimiento del compromiso (LCon art.224 bis.1 párr 2º).

Precisiones **1)** A **diferencia del pre-pack**, el deudor no ha solicitado el nombramiento judicial de ningún experto independiente en la fase preconcursal.

Además, el **período mínimo** de **mantenimiento/reanudación de la actividad** empresarial de la unidad productiva que se debe incluir en la oferta es diferente, pues en el caso del pre-pack solo son dos (2) años (LCon art.224 septies.2), mientras que en la solicitud con oferta vinculante son tres (3) años.

2) Los jueces de lo Mercantil aprobaron, con fecha 22-1-2021, una **Guía de buenas prácticas para la venta de unidades productivas**, cuyo objetivo principal consiste en potenciar la figura de la solicitud de concurso acompañada de una propuesta vinculante de adquisición de la unidad productiva, delimitando correctamente el perímetro, el valor que tiene la empresa en el mercado y la información que se debe facilitar.

3) En aras de armonizare esta herramienta, con fecha 7-12-2022 se publicó una **Propuesta de Directiva** del Parlamento Europeo y del Consejo, para armonizar determinados aspectos del derecho de insolvencias. Entre sus objetivos se prevé que los Estados miembros aseguren sistemas en los que los procesos de captación de **ofertas de adquisición** reúnen los requisitos de **competitividad, transparencia y justicia** que inspiraron la Dir (UE) 2019/1023. Asimismo, plantean un mecanismo para el caso de que no se logre la obtención de ofertas en *pre-pack*. Este consistiría en que el juez competente abra un proceso público concurrencial tras la apertura de la fase de liquidación.

3532 **Tramitación procesal** Presentada la oferta junto a la solicitud del concurso, el juez establecerá en el **auto de declaración** de concurso la apertura de un **plazo** de quince (15) días para que (LCon art.224 bis.2):

a) Los **acreedores** que se personen puedan formular **observaciones** a la oferta acompañada, en su caso.

b) Cualquier **interesado** pueda presentar una **oferta vinculante alternativa** a la acompañada junto a la solicitud.
c) La **administración concursal** designada presente un **informe de evaluación** de la oferta presentada junto a la solicitud.
La oferta de adquisición acompañada a la solicitud de concurso se debe publicar en el **portal de liquidaciones concursales del Registro Público Concursal** el mismo día en el que se publique la declaración de concurso. En caso de que el juez lo estime necesario, podrá requerir al deudor o al oferente para suministrar determinada información para facilitar la presentación de ofertas por otros acreedores o interesados (LCon art.224 bis.9).

La **propuesta** de adquisición de la unidad productiva puede **realizarla**: 3533
- cualquier acreedor o interesado (LCon art.224 bis.1); e incluso
- trabajadores interesados en la sucesión de empresa, cuando se haya constituido una sociedad cooperativa, laboral o participada (LCon art.224 bis.3).
En caso de presentarse una o varias **ofertas alternativas**, se requerirá a la administración concursal para que en el plazo de cinco (5) días emita un **informe de evaluación** en el que profundice sobre las ofertas presentadas y valore la procedencia de elegir unas u otras. Dicha valoración por la administración concursal se regirá por el interés del concurso, debiendo informar sobre qué efectos tendrían para la masa activa y pasiva las posibles resoluciones de contratos que pudieran resultar de cada una de las propuestas vinculantes evaluadas.
Tras la emisión del antedicho informe, si se hubieran presentado varias propuestas, el juez otorgará un plazo simultáneo de tres (3) días para que los **oferentes**, en su caso, presenten **mejoras a las ofertas** que cada uno hubiera presentado. Durante los tres (3) días siguientes a la finalización de aquel plazo, el juez aprobará la **oferta que resulte más ventajosa** para el interés del concurso, si bien deberá priorizar las ofertas presentadas por trabajadores interesados en la sucesión de empresa cuando la valoración de la oferta presentada por aquellos sea igual o superior a las otras alternativas presentadas (LCon art.224 bis.6).
En virtud de lo establecido en el LCon art.224 bis.8, resultan de aplicación las normas relativas a las transmisiones de unidades productivas, pese a encontrarnos en un supuesto especial de transmisión. En concreto, continúa en vigor la **regla de la preferencia** contenida en la LCon art.219.1. Así, el **juez podrá elegir la oferta**, entre las presentadas, que no difiera en más del quince por ciento (15%) de la oferta superior en caso de que la primera garantice en mayor medida la continuidad de la empresa en su conjunto, o de la unidad productiva y puestos de trabajo, así como la más rápida y mejor satisfacción de los créditos de los acreedores. Esta norma de preferencia es también aplicable a las ofertas presentadas por trabajadores interesados en la sucesión de la empresa mediante constitución de una sociedad cooperativa o de carácter laboral.

Precisiones «[P]ara determinar si procede aprobar alguna de las ofertas, se habrá de **comparar** entre ellas, teniendo también presente la situación a la que podría dar lugar el no aprobarse ninguna, su examen para determinar lo más ventajoso para el interés, no de cada concurso, sino el del conjunto, la más favorable para alcanzar la satisfacción de los acreedores, el mantenimiento de la actividad, y conservación del empleo» (JM Sevilla núm 3, auto 18-4-23, EDJ 570581).

La **ejecución de la oferta** vinculante puede quedar sujeta a **condiciones suspensivas**, como la aprobación de la transmisión por parte de autoridades de la competencia o supervisoras, o a la realización de modificaciones estructurales. En ese caso, la administración concursal y el propio concursado deberán llevar a cabo las actuaciones pertinentes para asegurar el pronto cumplimiento de la condición (LCon art.224 bis.7 párrafo primero). 3534
Continúan estando vigentes las normas relativas a la **sucesión de empresa y subrogación del adquirente** en los contratos afectos al perímetro delimitado en su oferta, sin necesidad de recabar consentimiento de la contraparte (LCon art.221 y 222).

2. Fase común

(LCon art.216)

Como garantía de los intereses de los acreedores en el concurso, rige durante la fase común del concurso el **principio de conservación de la masa activa**. Así, los activos del concursado solo pueden transmitirse o realizarse, con carácter general, en la fase de convenio (como parte de una operación afecta al convenio y bajo determinadas circunstancias y requisitos: ver nº 3550), o una vez abierta la fase de liquidación (nº 3560). En caso de que existan activos que no hayan sido enajenados, la administración concursal deberá mantenerlos integrados en la masa activa del concurso de la forma más conveniente para el interés del concurso, pudiendo solicitar auxilio del juzgado para su mantenimiento en caso de considerarlo necesario (LCon art.204). 3535

Si bien esta es la regla general, se prevén expresamente ciertas **excepciones**. Ello por cuanto se entiende que, en algunos supuestos, esperar a la aprobación del convenio o a la liquidación para disponer de los bienes del concursado puede conllevar importantes costes económicos o temporales, como, por ejemplo, aquellos asociados a la rápida devaluación de un bien, a la perentoriedad del mismo, o al elevado coste de mantenimiento del bien, que puede suponer un perjuicio para los acreedores -bien jurídico protegido por la LCon-.
Así, se permite la venta de activos en fase común:
a) Con **autorización del juez** del concurso (LCon art.205).
b) Y en determinados casos expresamente dispuestos en la LCon art.206, **sin autorización judicial** (nº 3537).
La venta de unidades productivas se puede realizar durante cualquier fase del procedimiento. Sin embargo, hasta la aprobación del convenio o hasta la apertura de la fase de liquidación, la enajenación de la unidad productiva requerirá autorización del juez (LCon art.205).

3536 Precisiones **1)** Numerosas solicitudes de autorización de venta se han tramitado en nuestros juzgados de lo mercantil bajo la premisa o el **criterio de la perentoriedad**, del cual es un ejemplo el JM Madrid núm 2, auto 23-5-05, EDJ 73641. Se pronunciaba así: «según resulta comúnmente admitido por la más autorizada doctrina la necesidad de evitar que en estos actos de enajenación o gravamen se traduzcan en una anticipada liquidación del patrimonio del concursado, las circunstancias que ordinariamente se aducen como capaces de justificar la autorización judicial se caracterizan en general por la nota de perentoriedad: necesidades de tesorería para atender gastos de administración del concurso, carácter perecedero de los bienes a enajenar, susceptibilidad de la rápida depreciación de los mismos, conveniencia de eludir atendiendo su caso con cierto valor, gastos de conservación (depósito, almacenaje), necesidad de abonar rentas del local en que se encuentran bienes de inmovilizado material en los casos de falta de continuidad de la actividad empresarial, ofertas de compra que, siendo de interés para la masa, se formulan con vigencia temporal limitada y resultan de incierta o improbable reiteración futura, etc.». Se defendía que la utilización de este artículo obedecía o debía servir exclusivamente a **efectos conservativos** y no liquidativos. Este mismo criterio defiende la doctrina más autorizada: Martínez Flórez, A., en la obra «Comentario de la Ley Concursal», coordinada por Ángel Rojo y Emilio Beltrán, pág. 897, o Pulgar Ezquerra y Alonso Ureba, en la obra «Comentarios a la Ley Concursal», pág. 614.
2) La venta de la unidad productiva resulta la alternativa más beneficiosa en el contexto de un procedimiento concursal, a efectos de **no generar más créditos contra la masa** que no se podrán atender y, especialmente, las nóminas de los trabajadores (JM Madrid núm 13, 17-1-24, EDJ 504209).

3537 Transmisión de activos sin autorización judicial durante la fase común (LCon art.206)

En los siguientes supuestos es posible enajenar o gravar en la fase común los bienes y derechos que integran la masa activa del concurso sin necesidad de autorización del juez:
1. Los actos de disposición inherentes a la **continuación de la actividad** profesional o empresarial del deudor, en los términos legalmente establecidos (LCon art.206.1.1º).
2. Los actos de disposición que la administración concursal considere **imprescindibles** para garantizar la viabilidad de la unidad productiva, establecimientos, explotaciones y las necesidades de tesorería que exija la continuidad del concurso (LCon art.206.1.2º y 206.1.3º).
• Se contemplan dos únicas **exigencias** para llevar a cabo esta venta sin autorización:
- la inmediata puesta en conocimiento del juez del concurso; y,
- la necesaria justificación de la decisión adoptada.
• Con carácter general, los jueces no dictan resolución alguna ante tal comunicación de la administración concursal; a lo sumo, «diligencia de ordenación» por parte del Letrado de la Administración de Justicia, dejando constancia del escrito recibido y uniendo el mismo al procedimiento.
3. Los actos de disposición de **bienes que no sean necesarios** para la continuidad de la actividad cuando se presenten **ofertas** que coincidan sustancialmente con el valor que se les haya dado en el inventario (LCon art.206.2).
• La **coincidencia** con el **valor dado en el inventario** es sustancial, cuando, en el caso de los bienes inmuebles, la diferencia es inferior al diez por ciento (10%), y en el caso de los bienes muebles, la diferencia es inferior al veinte por ciento (20%). Además, no debe existir oferta alternativa que prevea una valoración superior a la antedicha.
• Para llevar a cabo esta venta, la **administración concursal** debe:
- comunicar de forma inmediata al juez la oferta recibida; y,
- justificar debidamente el carácter no necesario de los bienes.
• La venta queda aprobada en el caso de que no se presente ninguna **oferta superior** en el anterior plazo de 10 días antedicho.

3537.1 En el caso en que se presente a **inscripción** en los **registros de bienes** cualquier título relativo a actos de enajenación o gravamen de bienes o derechos que haya sido realizado por la administración concursal con anterioridad a la aprobación judicial del convenio o a la apertura de la fase de liquidación, la administración concursal debe declarar en el instrumento público los **motivos** que le hayan conducido a realizar dicha actuación. Sin perjuicio de lo anterior, el registrador no puede exigir la acreditación de dicho motivo (LCon art.206.3).

Modo de transmitir las unidades productivas (LCon art.215 y 216) El modo de transmitir las unidades productivas hasta la aprobación del convenio o la apertura de la fase de liquidación es la **subasta electrónica**, salvo que exista autorización judicial para la realización del conjunto por otros medios. 3538

En cualquier estado del concurso, o cuando la subasta quede desierta, el juez, mediante auto, puede autorizar la **venta directa** de la unidad productiva o la venta a través de persona o **entidad especializada**.

Con el fin de determinar la **mejor oferta**, debe estarse a la **regla de preferencia** contenida en la LCon art.219 que permite al juez, en caso de subasta, tomar la decisión de no elegir la oferta que suponga un mayor precio, siempre y cuando existan otras ofertas que garanticen en mayor medida la continuidad de la empresa y la conservación de puestos de trabajo. Si bien lo anterior, la oferta elegida no deberá diferir económicamente más de un quince por ciento (15%). Esta previsión se recoge también para el caso de las ofertas que hayan sido presentadas por trabajadores interesados en la sucesión de empresa.

Consulta de los trabajadores (LCon art.220) Con carácter **previo** a la resolución que autorice la venta de la unidad productiva, debe darse audiencia a los representantes de los trabajadores de la compañía, si existieran, por el **plazo** de quince (15) días. 3539

Adicionalmente, si la venta de la unidad productiva supone **modificación sustancial** de las condiciones de trabajo, extinción de contratos o traslados, debe estarse a lo dispuesto a estos efectos en la normativa laboral.

Efectos de la venta de la unidad productiva (LCon art.221 s.) La transmisión de una unidad productiva durante la fase común conlleva los siguientes efectos: 3540

Subrogación del adquirente (LCon art.222) Se produce la subrogación del adjudicatario en los **contratos** definidos en el perímetro de la unidad productiva descrito en su oferta, sin necesidad de consentimiento de la otra parte. 3541

No obstante, la cesión de **contratos administrativos** se produce de conformidad con lo establecido en la legislación sobre contratos del sector público, debiendo recabarse, en su caso, las autorizaciones necesarias.

Cuando el adquirente continúe la actividad en las mismas instalaciones que adquiere de la concursada, también queda subrogado en las **licencias o autorizaciones** administrativas afectas a la continuidad empresarial que formen parte de la referida unidad productiva.

En ningún caso, la transmisión implica la subrogación del cesionario respecto de aquellas licencias, autorizaciones o contratos no laborales en los que el adquirente haya manifestado expresamente su **intención de no subrogarse** (LCon art.223).

Créditos pendientes de pago (LCon art.224) El adquirente de la unidad productiva **no tiene la obligación** de subrogarse en los créditos pendientes de pago -ya sean estos concursales o contra la masa-. 3542

Sin perjuicio de lo anterior, el adquirente **tendrá que asumir**:
- los créditos a los que se hubiera comprometido expresamente;
- los establecidos por disposición legal; y
- los de carácter laboral y de Seguridad Social vinculados a los trabajadores en cuyos contratos quede subrogado el adquirente, cuando se produzca sucesión de empresa. El juez, en su caso, podría acordar que no se subrogara el adquirente en la parte de la cuantía de salarios o indemnizaciones pendientes de pago anteriores a la transmisión que sean asumidos por el Fondo de Garantía Salarial.

Cancelación de cargas (LCon art.225) A efectos registrales, se puede realizar el alzamiento de las cargas que no lleve aparejado crédito con privilegio especial. 3543

Los gastos de cancelación son a cargo del adquirente.

Sucesión de empresa (LCon art.221) En caso de enajenación de una unidad productiva, se considera, a los efectos laborales y de seguridad social, que existe sucesión de empresa, siendo el **juez del concurso** el único **competente** para resolver sobre este asunto y para incluir en la sucesión qué activos, pasivos y relaciones laborales se tienen por incluidos en la sucesión de empresa. 3544

Para la realización de la antedicha labor, el juez puede solicitar a la Inspección de Trabajo y de Seguridad Social la emisión de **informe** relativo a las relaciones laborales afectas a la unidad productiva y las posibles deudas de seguridad social asociada a dichos trabajadores, que deberá emitirse en el plazo improrrogable de diez (10) días.

Precisiones 1) Con la regulación del **texto refundido** aprobada por el RDLeg 1/2020 se aclara, de un lado, que el juez del concurso es el único competente para declarar la existencia de sucesión de empresa, y de otro, que los únicos créditos laborales y de seguridad social que se asumen con la adquisición se ciñen a los correspondientes a los trabajadores de esa unidad productiva en cuyos contratos quede subrogado el adquirente (JM Palma de Mallorca núm 1, auto 15-5-20, EDJ 697664).

2) Cabe destacar que la LO 7/2022, de modificación de la LOPJ en materia de Juzgados de lo Mercantil, introduce un cambio en el art.86 ter LOPJ, al establecer con claridad que el **juez del concurso** tendrá **competencia exclusiva y excluyente** en materia de declaración de la existencia de sucesión de empresa a efectos laborales y de Seguridad Social en casos de transmisión de unidad o unidades productivas. Asimismo, reconoce la competencia del Juzgado de lo Mercantil para determinar los límites y el contenido de dicha sucesión, de conformidad con lo establecido en la legislación laboral y de Seguridad Social.

3545 **Bienes inmuebles** (LCon art.214) En el caso de que, en el perímetro de la unidad productiva se incluya algún bien inmueble, debe estarse a las normas de transmisión de los inmuebles en sede concursal.

Así, en primer lugar, debe acordarse si el inmueble se transmite con subsistencia o no de las garantías que sobre este recaigan:

1. Si se **transmite con subsistencia de la garantía**: el adquirente se subroga en la misma, no requiriendo consentimiento del acreedor. Este pasivo queda excluido de la masa pasiva de la sociedad concursada. Cuando se trate de créditos tributarios y de seguridad social, no tiene lugar la subrogación del adquirente a pesar de que subsista la garantía.

2. Si se **transmite sin subsistencia de la garantía**: corresponde a los acreedores privilegiados la parte proporcional del precio obtenido equivalente al valor que el bien sobre el que se ha constituido la garantía suponga respecto al valor global de la unidad productiva transmitida.

Si el **precio a percibir no alcanza el valor de la garantía** se necesita la conformidad a la transmisión por los acreedores con privilegio especial que tengan derecho de ejecución separada, siempre que representen, al menos, el setenta y cinco por ciento (75%) de la clase del pasivo privilegiado especial, afectado por la transmisión. La parte del crédito garantizado que no quede satisfecha se reconoce en el concurso con la clasificación que corresponda.

Si el precio a percibir es **igual o superior al valor de la garantía**, no es preciso el consentimiento de los acreedores privilegiados afectados.

El **resto de las cargas** que recaigan sobre los inmuebles anteriores al concurso de acreedores, puede alzarse de conformidad con lo dispuesto en la LCon art.225.

3546 Precisiones El TS señala que, en principio, si el precio ofrecido por la venta de la unidad productiva **no cubre el valor de la garantía** de las prendas de créditos que se refieren, es necesaria la conformidad del acreedor pignoraticio y, si son varios, la de aquellos que representen al menos el **75% del pasivo** de esta naturaleza -privilegio especial con derecho de ejecución separada- afectado por la transmisión y que pertenezcan a la misma clase. En este supuesto no consta que los acreedores titulares de las prendas de créditos que finalmente fueron reconocidos como créditos con privilegio especial hubieran prestado su consentimiento, sin que el hecho de no haberse opuesto expresamente a la venta de la unidad productiva pueda equipararse a estos efectos a su conformidad. Cuando se realizó la venta de dicha unidad, a esos acreedores no se les había clasificado como créditos con privilegio especial y estaban pendientes de la apelación que finalmente les reconoció dicho privilegio. Eso explica que no se recabara su consentimiento, pero no supone que si, como ocurrió, más tarde llegara a reconocérseles el privilegio especial, no pudieran hacerlo valer frente al adquirente de la unidad productiva, por más que en la adjudicación se hubiera declarado que los activos se transmitían libres de cargas y gravámenes, máxime cuando el adquirente conocía que estaba pendiente dicho recurso de apelación, lo que afectaría a los créditos pignorados que estaban incluidos en la unidad productiva adquirida (TS 29-12-20, EDJ 755439).

3. Fase de convenio

(LCon art.317 s.)

3550 La **propuesta de convenio** puede ser presentada por:

a) El deudor.

b) Acreedores que, individual o conjuntamente, ostenten más de una quinta parte del pasivo.

Para determinar el cálculo de dicho porcentaje del pasivo hay que estar a las normas previstas en la LCon art.338.2.

La propuesta puede **presentarse** junto con la solicitud de concurso o en cualquier momento posterior hasta transcurridos quince (15) días desde la presentación del informe de la administración concursal (LCon art.337 y 338).

La propuesta debe ser formulada por **escrito** y firmada por el deudor o por los acreedores proponentes.

Precisiones La L 16/2022 eliminó la **propuesta anticipada de convenio** prevista en la versión original de la LCon.

Convenio de asunción (LCon art.324) La transmisión de la unidad productiva en sede de convenio se articula a través del llamado convenio de asunción, en el que el adquirente asume el compromiso de **continuar con la actividad** empresarial durante el tiempo mínimo que se establezca en la propuesta. 3551

La transmisión de la unidad productiva en sede de convenio se rige por las reglas especiales establecidas en la LCon para esta clase de adquisiciones. Así:

• Se **ceden** al adquirente los derechos y obligaciones derivados de **contratos afectos** a la continuidad de la actividad profesional o empresarial cuya resolución no se haya solicitado. El adquirente se subroga en la posición contractual de la concursada sin necesidad de consentimiento de la otra parte (LCon art.222.1). La cesión de contratos administrativos se produce de conformidad con lo dispuesto por la L 9/2017 art.217 (LCon art.222.2).

• También se ceden aquellas **licencias o autorizaciones administrativas** afectas a la continuidad de la actividad empresarial o profesional e incluidas como parte de la unidad productiva, siempre que el adquirente continúe la actividad en las mismas instalaciones. Se **excepcionan** aquéllas en las que el adquirente haya manifestado expresamente su intención de no subrogarse (LCon art.222.3 y 223).

• La transmisión no lleva aparejada obligación de **pago de los créditos no satisfechos** por el concursado antes de la transmisión, ya sean concursales o contra la masa, salvo que el adquirente lo hubiera asumido expresamente (como ocurre en AP Baleares 11-3-22, EDJ 779809) o exista disposición legal en contrario (LCon art.224.1).

• A efectos laborales, en caso de enajenación de la unidad productiva, se considera que existe **sucesión de empresa** y se estará a lo dispuesto en la LCon art.221 y 224 (ver nº 3542 y nº 3544). El juez del concurso es el competente para declarar la sucesión de empresa y se debe tener en cuenta que la transmisión no lleva aparejada, necesariamente, la obligación de pago de créditos no satisfechos por el deudor antes de la operación, sean concursales o contra la masa, a excepción de lo dispuesto en los ordinales 1º a 3º del LCon art.224.1.

Esta liberación de deudas prevista no se aplica cuando los adquirentes de las unidades productivas son **personas especialmente relacionadas** con el concursado (LCon art.224.2 y 283).

Anexos o documentos necesarios (LCon art.331 y 332) Las propuestas de convenio deben presentarse necesariamente acompañadas de: 3552

1. Un **plan de pagos**. Debe contener detalle de los recursos previstos para su cumplimiento, incluidos, en su caso, los que procedan de la enajenación de determinados activos (bienes o derechos del concursado).

2. Un **plan de viabilidad**. Obligatorio cuando el convenio prevea contar con los recursos que se generen de la continuación total o parcial de la actividad profesional o empresarial. Se especifican los recursos, medios y condiciones de la obtención, así como, en su caso, los compromisos de prestación de recursos por terceros.

Asimismo, los créditos que se concedan al concursado para financiar el plan de viabilidad se satisfarán en los términos fijados en el convenio.

Efectos de la aprobación del convenio (LCon art.393 s.) Desde la fecha de la emisión de la sentencia que apruebe el convenio, este adquiere **eficacia**, salvo que el juez, por razón del contenido del convenio, acuerde, de oficio o a instancia de parte, retrasar esa eficacia a la fecha en que la aprobación alcance firmeza (LCon art.393). 3553

El alcance de dicha eficacia se traduce en que:

a) Desde ese momento **cesan** todos los **efectos de la declaración de concurso** (LCon art.394), quedando sustituidos por los que, en su caso, se establezcan en el propio convenio, salvo los deberes de comparecencia, colaboración e información establecidos en la LCon art.135, que subsisten hasta la conclusión del procedimiento.

b) El **cese** de la **administración concursal**, que debe rendir cuentas de su actuación ante el juez del concurso (LCon art.395), dentro del plazo que señale. No obstante, el cese de la administración concursal, esta conserva plena legitimación para continuar los incidentes en curso, pudiendo solicitar la ejecución de las sentencias y autos que se dicten en ellos, hasta que sean firmes, así como para actuar en la sección sexta hasta que recaiga sentencia firme.

Además, existe la posibilidad de que, con el previo consentimiento de los interesados, pueda el convenio encomendar a todos o a algunos de los administradores concursales el ejercicio de cualesquiera **funciones**, fijando la remuneración que se considere oportuna (LCon art.322).

Finalmente, la administración concursal, una vez producido el cese, debe devolver al juzgado la **credencial** entregada en su día y, a modo de consejo práctico, y con el fin de evitar las futuras molestias, se ponga en conocimiento de los diversos organismos y órganos jurisdiccionales con los que se mantuvo contacto durante el concurso, el cese en el cargo del administrador concursal (LCon art.68.2).

3554 **Eficacia novatoria del convenio** (LCon art.398 s.) Los créditos de los acreedores privilegiados que hayan votado a favor del convenio, los de los acreedores ordinarios y los de los subordinados quedan **extinguidos** en la parte a que alcance la quita, **aplazados** en su exigibilidad por el tiempo de espera y, en general, afectados por el contenido del convenio (p.e., convertidos en acciones, participaciones, cuotas sociales o créditos participativos, cuando así se haya previsto en el convenio aprobado, conforme a la LCon art.317).

El contenido del convenio **vincula** al deudor y acreedores ordinarios cuyos créditos sean anteriores al concurso, aunque no se hubieran adherido a la propuesta de convenio o votado a favor de ella (LCon art.396.1).

Además, una vez hayan transcurrido dos (2) años desde el comienzo de su vigencia, se podrá presentar propuesta de **modificación del convenio** que se encuentre en riesgo de incumplimiento por causas diferentes al dolo, la culpa o la negligencia y siempre que se acredite su carácter necesario para garantizar la viabilidad de la empresa (LCon art.401 bis).

De este modo, aprobado el convenio, salvo que quede sin efecto por abrirse la fase de liquidación como consecuencia de declararse su incumplimiento (LCon art.404), aunque el concursado venga a mejor fortuna seguirá siendo aplicable la **quita o espera** prevista en el convenio o las demás medidas contenidas en el mismo.

3555 **Efectos del incumplimiento del convenio** (LCon art.404 y 405) La declaración de incumplimiento del convenio supone la **desaparición** de esta **eficacia** del convenio respecto de los créditos afectados por el mismo.

En este sentido, los acreedores con privilegio especial a los que se hubiera extendido la eficacia del convenio, o se hubieran adherido a él una vez aprobado, podrán iniciar o reanudar la **ejecución separada de la garantía** con independencia de la apertura de la fase de liquidación desde que alcance firmeza la declaración de incumplimiento. En este caso, el acreedor ejecutante hará suyo el importe resultante de la ejecución en cantidad que no exceda de la deuda originaria. El resto, si lo hubiere, corresponderá a la masa activa del concurso.

Sin perjuicio de lo anterior, la declaración de incumplimiento no puede afectar a la eficacia y **validez de los actos** que se hubieran realizado por el deudor o los acreedores durante la vigencia del convenio. Un ejemplo de los actos que continuarían resultando válidos, pese al fracaso del convenio, son los pagos, las garantías financieras establecidas y cualquier acción dirigida a dar cumplimiento al convenio.

No obstante, desde que alcance firmeza la declaración de incumplimiento, serán:

- **Anulables**, los actos realizados durante el cumplimiento del convenio que hayan contravenido el mismo convenio o hayan alterado la igualdad de trato entre los acreedores.
- **Rescindibles**, los actos perjudiciales para la masa activa realizados por el deudor durante los dos (2) años anteriores a la solicitud de declaración de incumplimiento, o en caso de imposibilidad de cumplimiento, de la solicitud de la apertura de la fase de liquidación.

Se mantiene la obligación del deudor de solicitar la **apertura de la liquidación** desde que conozca la imposibilidad de cumplir con los pagos comprometidos (LCon art.407).

4. Fase de liquidación

(LCon art.406, 407, 408, 409, 415, 421, 422)

3560 El **juez**, previa audiencia o informe del administrador concursal a evacuar en el plazo de diez (10) días, está facultado para el establecimiento de **reglas especiales de liquidación**, así como, a instancia de la administración concursal o de oficio, modificar las que ya hubiera establecido (LCon art.415.1).

De no haberse establecido reglas especiales de liquidación por el juez, el **administrador concursal** puede realizar los bienes y derechos de la masa activa, del modo que estime más conveniente para el **interés del concurso**, sin más limitaciones que las establecidas en la propia norma (LCon art.421). Estas **limitaciones** son las siguientes:

- la regla del conjunto;
- la regla de la subasta; y
- las normas establecidas en la LCon art.204 a 225. Ver nº 3535 s.

Precisiones La L 16/2022 derogó la anterior regulación de los **planes de liquidación**.

3561 Así, de no existir reglas especiales establecidas por el juez, el administrador concursal debe tener en cuenta al momento de enajenar los activos las siguientes consideraciones:

a) Regla del conjunto (LCon art.422.1). El conjunto de los establecimientos, explotaciones y cualesquiera otras unidades productivas de bienes o de servicios de la masa activa se debe enajenar como un todo, salvo disposición en contrario por parte del juez en las reglas especiales establecidas (de ser el caso).

En todo caso, la administración concursal, cuando lo estime conveniente para el interés del concurso, puede solicitar del juez la autorización para la **enajenación individualizada** de los establecimientos, explotaciones y cualesquiera otras unidades productivas (LCon art.422.2).
No cabe recurso frente al auto que acuerde la enajenación individualizada de los establecimientos, explotaciones y cualesquiera otras unidades productivas (LCon art.422.3).
b) Regla de la subasta (LCon art.423). La realización durante la fase de liquidación de la masa activa de cualquier bien o derecho (o conjunto de bienes o derechos) que según el último inventario presentado por la administración concursal tenga un valor superior al cinco por ciento (5%) del valor total de los bienes y derechos inventariados, se debe realizar mediante subasta electrónica (salvo disposición en contrario por parte del juez a la hora de establecer, de ser el caso, las reglas especiales).
La **subasta electrónica** debe realizarse mediante la inclusión de estos bienes o derechos o parte de ellos, bien en el **portal** de subastas de la Agencia Estatal Boletín Oficial del Estado, bien en cualquier otro portal electrónico especializado en liquidar activos.

D. Procedimiento especial para microempresas

(LCon art.685 s. y 707)

El libro tercero de la LCon regula el procedimiento especial de microempresas, **en vigor desde el 1-1-2023** (L 16/2022 disp.final decimonovena). 3570
El procedimiento especial para microempresas se configura como un **procedimiento único**, aplicable al deudor que cumpla los requisitos para ser considerado microempresa (nº 3571), pero que admite **dos itinerarios**:
a) Procedimiento de continuación (nº 3572).
b) Procedimiento de liquidación, con o sin transmisión de la empresa en funcionamiento (nº 3573).
Con carácter general, el **deudor** puede optar por uno u otro procedimiento especial, pero si más del 85% de la deuda corresponde a créditos de derecho público, no cabe opción, solo podrá solicitar la liquidación (LCon art.686.4).

Concepto de microempresa (LCon art.685) Este procedimiento es aplicable a los deudores que sean personas naturales o jurídicas que lleven a cabo una actividad empresarial o profesional y que reúnan las siguientes **características**: 3571
a) Haber empleado durante el año anterior a la solicitud una media de menos de diez (10) **trabajadores**. Este requisito se entiende cumplido cuando el número de horas de trabajo realizadas por el conjunto de la plantilla sea igual o inferior al que habría correspondido al realizado por menos de diez trabajadores a tiempo completo.
b) Tener un **volumen de negocio anual** inferior a setecientos mil euros (700.000 €) **o un pasivo** inferior a trescientos cincuenta mil euros (350.000 €) según el resultado de las últimas cuentas cerradas en el ejercicio anterior a la presentación de la solicitud.

Procedimiento de continuación (LCon art.697) El deudor o sus acreedores tienen la posibilidad de presentar un **plan de continuación**, bien con la misma solicitud de apertura del procedimiento especial, bien en los diez (10) días hábiles siguientes a su declaración. 3572
De no presentarse dentro del plazo mencionado, el procedimiento de continuación quedaría automáticamente **convertido** en uno de **liquidación** siempre que, además, el deudor se encuentre en insolvencia actual.

Procedimiento especial de liquidación (LCon art.707.1 2 y 3) En la solicitud de apertura del procedimiento especial de liquidación, el **deudor** debe señalar su disposición para liquidar el activo, o por el contrario solicitar el nombramiento de un **administrador concursal**. 3573
Ya sea el propio deudor o la administración concursal designada, en el plazo de veinte (20) días se debe presentar un **plan de liquidación** mediante formulario normalizado. El plan de liquidación debe recoger los tiempos y formas previstas para la liquidación del activo. Siempre que sea posible, debe preverse la enajenación unitaria del conjunto de unidades productivas. Para ello, el plan ha de incluir una valoración de la empresa o de las unidades productivas realizada por un administrador concursal o, en caso de que no hubiera sido nombrado, por un experto designado al efecto.

CAPÍTULO 14

Adquisición de sociedad cotizada

3700

I. **Generalidades** ... 3705
II. **Tipos de OPA** ... 3715
A. OPA amistosa y OPA hostil ... 3720
B. OPA obligatoria ... 3725
1. Supuestos de control ... 3730
2. Tomas de control indirectas y sobrevenidas ... 3735
3. Dispensa ... 3745
4. Exclusión de la obligación de formular OPA ... 3750
5. Incumplimiento ... 3755
C. OPA voluntaria ... 3760
1. Clases ... 3765
2. Elementos ... 3770
3. Transformación de una OPA voluntaria en obligatoria ... 3775
D. Otros tipos de OPA ... 3780
1. OPA por exclusión ... 3785
2. OPA por reducción de capital mediante adquisición de acciones propias ... 3790
III. **Contraprestación y garantías** ... 3795
A. Precio ... 3800
B. Garantías ... 3815
IV. **Procedimiento** ... 3825
A. Actos preparatorios ... 3830
B. Decisión de formular OPA ... 3840
C. Solicitud ... 3850
D. Admisión a trámite ... 3870
E. Autorización ... 3875
F. Publicación ... 3880
G. Aceptación y liquidación ... 3885
H. Incidencias en la OPA ... 3940
V. **Ofertas competidoras** ... 3950
A. Requisitos ... 3955
B. Tramitación ... 3965
C. Aceptación de la oferta cuando existen ofertas competidoras ... 3970
D. Desistimiento de las ofertas precedentes ... 3975
E. Modificación ... 3980
F. Igualdad informativa ... 3990
VI. **Compraventas forzosas** ... 3995
VII. **Deber de pasividad** ... 4005
VIII. **Medidas defensivas** ... 4025
A. Previsiones estatutarias ... 4030
B. Acuerdos contractuales ... 4040
C. Neutralización ... 4045
IX. **Supervisión y régimen sancionador** ... 4050

I. Generalidades

Se entiende por Oferta Pública de Adquisición de Acciones (**OPA**) aquel procedimiento por el que una persona física o jurídica se propone adquirir los títulos de una sociedad cotizada en Bolsa a un precio justo y durante un plazo determinado. 3705

La **operación bursátil** en que consiste se encuadra en el marco más general de las técnicas de toma de control de las sociedades mercantiles y de la sujeción de estas a los principios rectores del mercado de valores, en particular, a los principios de:
- protección a los inversores;
- igualdad de trato a todos los accionistas;
- información pública; y
- transparencia operativa.

3706 **Normativa reguladora** El régimen legal de OPAs vigente desde 2007 -fruto de la reforma operada en la LMV por la L 6/2007 para adaptar la legislación en esta materia a la Dir 2004/25/CE-, se contiene en:

• **LMV** (L 6/2023) Capítulo V del Título IV (art.108 a 117); y
• **RD 1066/2007**, que la desarrolla reglamentariamente.

Precisiones **1)** La **LMV/88** quedó derogada por el RDLeg 4/2015, por el que se aprueba el Texto Refundido de la Ley del Mercado de Valores y posteriormente por la LMV, cuya finalidad consiste en reforzar la claridad y coherencia de la normativa aplicable al mercado de valores, reducir su fraccionamiento y afianzar su sistemática. En este sentido, se han realizado determinados ajustes en la estructura del texto modificando la numeración de los artículos y, por lo tanto, de las remisiones y concordancias entre ellos.
2) El **marco regulatorio anterior** al régimen vigente nos remite a la LMV/88 desarrollada inicialmente en materia de OPAs por el RD 1197/1991 sobre régimen de las ofertas públicas de adquisición de valores. Este sistema se caracterizaba por dos rasgos principales:
- Exigía la OPA *a priori* en el sentido de que la formulación de la OPA era obligatoria para quien pretendía adquirir una participación significativa igual o superior a un 25% del capital de una sociedad cotizada, esto es, la OPA era el método previo para adquirir el control.
- Admitía las OPAs parciales pudiendo dirigirse a todo o a parte del capital de la sociedad cotizada objeto de la OPA en función de los porcentajes de capital con derecho a voto que se quisieran adquirir.
3) Adicionalmente, se ha de llamar la atención sobre la L 22/2014, por la que se regulan las **entidades de capital-riesgo**, otras entidades de inversión colectiva de tipo cerrado y las sociedades gestoras de entidades de inversión colectiva de tipo cerrado, y por la que se modifica la L 35/2003, y cuyo objetivo es:
- Fomentar una mayor captación de fondos que permita la financiación a mayor número de empresas, especialmente las de pequeño y mediano tamaño (pymes) en sus primeras etapas de desarrollo.
- Flexibilizar el régimen financiero de las entidades de capital-riesgo, permitiendo el uso de un abanico más amplio de instrumentos financieros, dando mayor flexibilidad que la regulación vigente en materia de coeficientes obligatorios de inversión y permitiendo que los fondos de capital-riesgo puedan distribuir resultados periódicamente.
- La creación de las entidades de capital-riesgo-pyme, las cuales tendrán sus propios coeficientes de inversión enfocado a pymes, con el objetivo de impulsar su desarrollo en sus etapas más tempranas.

3707 **Principios rectores** Los principios esenciales del marco legal vigente son los siguientes:

• Imposición del deber de formular una **OPA obligatoria**, *a posteriori*, esto es, tras la adquisición del control, **y total**, porque debe dirigirse a todas las acciones y valores que den derecho a su adquisición o suscripción y a todos sus titulares, a un precio equitativo, por quien alcance el control de una sociedad cotizada.
• Aplicación de las reglas de procedimiento generales a las **OPAs voluntarias**, que deben dirigirse a todos los titulares de valores con voto de la sociedad cotizada, aunque pueden dirigirse a un número de valores inferior al total.
• **Sanción** específica para aquellas adquisiciones que no respeten el procedimiento de la OPA, consistente en la privación de los derechos políticos derivados de las acciones así adquiridas.

Precisiones Respecto del alcance total de la OPA, ha de tenerse en cuenta que, aun cuando las OPAs deben dirigirse por imperativo legal al 100% del capital de la sociedad afectada, en la práctica, el alcance efectivo es menor en muchas ocasiones, ya que hay que descontar el **porcentaje** que posee el oferente y que este debe inmovilizar y los paquetes de acciones que han sido inmovilizados expresamente por otros accionistas.

3708 De otra parte, dada la **dimensión transfronteriza** que a menudo tienen las OPAs, es importante recordar que la regulación española de las OPAs se aplica, en principio, a aquellas sociedades cuyas acciones estén, en todo o en parte, admitidas a negociación en un mercado secundario oficial español y tengan su domicilio social en España.

Ello no obstante, también puede aplicarse a:

a) Todos los instrumentos financieros cuya emisión, registro, negociación, comercialización, compensación o liquidación tenga lugar en territorio nacional, a las empresas de servicios de inversión domiciliadas en España, a las empresas de asesoramiento financiero nacionales, a los organismos rectores de los mercados regulados, sistemas multilaterales de negociación (en adelante, SMN) o sistemas organizados de contratación (SOC) domiciliados en España, a las entidades de contrapartida central domiciliadas en España, a los depositarios centrales de valores domiciliados en España o que presten servicios en España y a los proveedores de suministros de datos domiciliados en España.

b) Las empresas de terceros países que presten servicios y actividades de inversión o ejerzan actividades de inversión mediante el establecimiento de una sucursal o en régimen de prestación de servicios sin sucursal en España (LMV art.3).

Ámbito de aplicación (RD 1066/2007 art.1) Siguiendo las previsiones de la Dir 2004/25/CE, se establece que la normativa española sobre ofertas públicas de adquisición de valores es de aplicación en los siguientes **supuestos**: **3709**

1. Ofertas sobre sociedades cuyas acciones están, total o parcialmente, **admitidas a negociación** en un mercado secundario oficial español y tienen su **domicilio** social en España.
Sin embargo, esta normativa no es aplicable a las OPAs de sociedades de inversión de capital variable ni a las ofertas públicas de adquisición de acciones de los bancos centrales de los Estados miembros de la UE.

2. Ofertas sobre sociedades que tienen su **domicilio** social en un Estado miembro de la UE distinto de España y cuyas acciones **no están admitidas a negociación** en un mercado regulado en dicho Estado, cuando concurre alguna de las siguientes **circunstancias**: **3710**
- que las acciones de la sociedad solo están admitidas a negociación en un mercado secundario oficial español;
- que la primera admisión a negociación de las acciones en un mercado regulado lo ha sido en un mercado secundario oficial español;
- que las acciones de la sociedad son admitidas a negociación simultáneamente en mercados regulados de más de un Estado miembro y en un mercado secundario oficial español, y la sociedad así lo decide mediante notificación a dichos mercados y a sus autoridades competentes el primer día de negociación de sus acciones; o
- que a fecha 20-5-2006 las acciones de la sociedad ya hubieran sido admitidas a negociación simultáneamente en mercados regulados de más de un Estado miembro y en un mercado secundario oficial español, y la CNMV así lo hubiera acordado con las autoridades competentes de los demás mercados en los que se hubieran admitido a negociación o, a falta de acuerdo, así lo hubiera decidido la sociedad.

De concurrir alguna de las anteriores circunstancias, la **oferta** se rige por las siguientes normas: **3711**
a) La decisión sobre la **autorización** de la oferta corresponde a la CNMV.
b) Los asuntos relativos a la contraprestación o **precio** ofrecido en el procedimiento de oferta, a la información sobre la decisión del oferente de presentar una oferta, al contenido del folleto explicativo, a la difusión de la oferta y a las ofertas competidoras están sujetos a lo dispuesto en el RD 1066/2007.
c) Por el contrario, las normas del Estado miembro de la UE en el que la sociedad afectada tiene su domicilio social determinan la **información** que debe facilitarse al personal de la sociedad afectada y, en los aspectos relativos al Derecho de sociedades, en particular el porcentaje de **derechos de voto** que confiere el control y las excepciones a la obligación de formular una oferta, así como las condiciones en las que el órgano de administración o dirección de la sociedad afectada puede emprender una acción que pueda perturbar el desarrollo de la oferta. Las autoridades de dicho Estado son también las competentes en relación con todos estos aspectos.

3. Cuando la sociedad afectada no tiene su **domicilio** social en España ni en ningún otro Estado miembro de la UE y sus acciones estén **admitidas a negociación** en un mercado secundario oficial español. En este caso, solo son de aplicación a la oferta las reglas previstas en los apartados a) y b) del supuesto número 2 anterior. **3712**
4. En el caso de que la sociedad afectada tiene **domicilio** social en España, pero sus valores **no estén admitidos a negociación** en un mercado secundario oficial español. En este caso, solo serán de aplicación a la oferta pública de adquisición de valores las reglas previstas en el apartado c) del supuesto número 2 anterior.

II. Tipos de OPA

La tipología de OPAs puede realizarse atendiendo a los siguientes **criterios**: **3715**
- la existencia o no de un **conflicto de intereses** entre el oferente y la sociedad afectada, distinguiéndose la OPA amistosa de la OPA hostil; y
- un criterio estrictamente **normativo**, en virtud del cual se distingue entre OPA voluntaria (nº 3760 s.) y la OPA obligatoria (nº 3725 s.).

Adicionalmente, y dentro del ámbito de las ofertas obligatorias, existen otros dos tipos: la OPA por exclusión (nº 3785) y la OPA por reducción del capital mediante adquisición de acciones propias (nº 3790).

A. OPA amistosa y OPA hostil

3720 Atendiendo a la existencia o no de un **conflicto** entre los **intereses** del oferente y de la sociedad afectada, de sus administradores o de sus accionistas, se distingue entre OPA hostil y OPA amistosa.

Precisiones Esta distinción tiene sentido ante las OPAs formuladas por un oferente que pretende adquirir el **control** de una sociedad cotizada; pero no ante OPAs con finalidades diversas a las que más abajo nos referimos, por ejemplo, OPAs de exclusión de la negociación (nº 3785).

3721 A estos efectos, es posible diferenciar tres **tipos de intereses** en las sociedades cotizadas:
a) El **interés social**, como interés común de los socios, que se corresponde generalmente con los proyectos productivos a medio o largo plazo en que está comprometida la sociedad. A este respecto, se ha de tener en cuenta que la normativa reguladora de las sociedades de capital, al referirse al deber de lealtad de los administradores, dice que éstos han de desempeñar su cargo como un representante leal en defensa del interés social, entendido como interés de la sociedad (LSC).

3722 **b)** El interés de los **administradores**, que puede coincidir con el anterior, pero que tiende a anticipar al mismo el interés por la perpetuación en sus cargos de gestión. La tendencia de este interés específico de los gestores es la de devenir autónomo, no solo respecto a los propietarios de la empresa (los accionistas), sino incluso con referencia a la eficiencia de la empresa en sí misma considerada.
c) El interés de los **accionistas**, que adquiere matices radicalmente diversos según se trate de:
- accionistas **de control** que designan a los gestores y cuyas acciones tienen un doble valor, político y de inversión económica; o
- accionistas **inversores**, absentistas o externos, que, lejos de cualquier pretensión de dominio, valoran sus acciones como una mera inversión desactivada de poder político en la sociedad.

3723 Ante la formulación de una OPA por un oferente externo, las **reacciones** de estos grupos de sujetos pueden coincidir o divergir claramente.
Por regla general, hay una tendencia de los **administradores y** de los **accionistas de control** a calificar de hostil toda OPA que pretende alterar el estado de control social y, en las medidas defensivas que suelen utilizar, hay una tendencia -consciente o inconsciente- a identificar los intereses sociales con sus particulares intereses.
Por contra, los **accionistas inversores** están, por regla general, bien dispuestos a aceptar una OPA formulada en unas condiciones de precio atractivas, puesto que, en estos casos, no influye valoración política alguna sino una simple valoración económica.

3724 Conforme a la clasificación de intereses previa, son amistosas aquellas OPAs en las que existe un **acuerdo** expreso o tácito entre el oferente y la sociedad afectada, representada a tales efectos por sus administradores; y son hostiles aquellas OPAs en las que se produce un **conflicto** entre el interés del oferente por adquirir una participación significativa y los intereses de los gestores por perpetuar su control social.
No faltan, en la práctica, ejemplos de **OPAs «mutantes»** que, naciendo hostiles por apreciar los administradores de la sociedad afectada que el precio es insuficiente, se tornan amistosas cuando el oferente revisa al alza el precio que ofrece.

Precisiones El principal «termómetro» de la amistad u hostilidad de una OPA lo ofrece el **informe** que debe elaborar el **órgano de administración** de la sociedad afectada (RD 1066/2007 art.24).

B. OPA obligatoria

3725 Se obliga a formular una OPA por la totalidad de los valores y dirigida a todos sus titulares a un precio equitativo quien alcanza el **control** de una sociedad cotizada por alguno de los siguientes medios:
- la adquisición de acciones u otros valores que confieren, directa o indirectamente, derechos de voto en dicha sociedad;
- mediante pactos parasociales con otros titulares de valores; o
- como consecuencia de los supuestos de tomas de control indirectas o sobrevenidas (nº 3735).

No obstante, aun alcanzando un porcentaje igual o superior al 30% por ciento de los derechos de voto, la CNMV puede conceder la **dispensa** de la obligación de formular la OPA (nº 3745).

Elementos estructurales En el campo de las OPAs obligatorias, la L 6/2007 de reforma de la LMV y el RD 1066/2007, siguiendo las previsiones de la Dir 2004/25/CE, introdujeron tres elementos estructurales de gran importancia. 3726

1. Instauración de un **sistema de OPA obligatoria y «a posteriori»**. Supone que la obligación de lanzar una OPA no surge por la intención del oferente de rebasar el umbral de control establecido -fijado ahora en el 30% del capital social con derecho de voto o en el nombramiento de más de la mitad de los miembros del órgano de administración-, sino, precisamente, por alcanzarlo.

Así, por ejemplo, la obligación de formular una oferta pública solo surge cuando se han adquirido previamente acciones de una sociedad cotizada que otorguen al adquirente el 30% de los derechos de voto de la entidad afectada.

Precisiones La **normativa anterior** -RD 1197/1991- establecía un sistema de **OPA obligatoria y «a priori»** que no permitía a quien tuviera la intención de rebasar alguno de los umbrales relevantes a efectos de OPA -fundamentalmente, el 25% o el 50% del capital social de una sociedad cotizada- adquirir ninguna acción de la sociedad afectada sin la previa formulación de una oferta pública de adquisición de valores.

2. Eliminación de las **ofertas parciales**. Cuando surge la obligación de formular una OPA por haberse adquirido el control de una sociedad cotizada, la OPA debe dirigirse a la adquisición de todos los valores de la sociedad afectada. Ello contrasta con el régimen anterior en el que la OPA total solo venía exigida cuando se fuese a alcanzar o rebasar el umbral del 50% del capital social de la sociedad afectada. 3727

3. Introducción del concepto de **precio equitativo**. Aquél que deba lanzar una OPA obligatoria ya no puede hacerlo a cualquier precio, sino que tiene que formularla al precio equitativo (nº 3801).

1. Supuestos de control

La adquisición del **control** de una sociedad cotizada puede ser tomado por una sola persona, natural o jurídica, de forma única e individual, o bien por parte de varias personas, ya sean naturales o jurídicas, de modo que actúen de forma conjunta. 3730

Se considera que una persona, física o jurídica, individualmente o de forma conjunta con personas que actúan en concierto con ella, toma una participación de control de una sociedad **cuando**:

- alcanza, de forma directa o indirecta, un porcentaje de voto igual o superior al 30%; o
- alcanza una participación inferior al 30%, pero, en los 24 meses siguientes a la fecha de la adquisición del porcentaje inferior, se designa un número de consejeros que, unidos, en su caso, a los que ya hubiera designado, representen más de la mitad de los miembros del órgano de administración de la sociedad.

Toma de control igual o superior al 30% de los derechos de voto (RD 1066/2007 art.3 y 4.1 a) Quien alcanza, de forma directa o indirecta, un porcentaje de voto igual o superior al 30% de los derechos de voto de una sociedad cotizada, obtiene el control de la referida sociedad y, por lo tanto, está obligado a efectuar una OPA obligatoria, salvo que concurra el supuesto de dispensa (nº 3745). 3731

Si se alcanza o supera el 30% de los derechos de voto pero, por **limitaciones estatutarias** de la sociedad cotizada en cuanto al número máximo de votos que un socio pueda emitir, no se puedan ejercer todos ellos, lo más prudente es formular una OPA voluntaria condicionada a la obtención de un porcentaje mínimo y a la posterior modificación de los estatutos en lo relativo a suprimir las referidas limitaciones en cuanto al número de votos a emitir por un socio.

En caso de que tal **modificación estatutaria** no se pueda realizar por no alcanzar la mayoría exigida, o si el adquirente conoce de antemano que la limitación no será suprimida, debe atenerse a formular una OPA obligatoria.

Toma de control inferior al 30% de los derechos de voto y designación de consejeros (RD 1066/2007 art.4.1.b) Se considera que se toma una participación de control de una sociedad cotizada cuando se cumplen todos y cada uno de los siguientes **requisitos**: 3732

a) Se alcanza, ya sea de forma directa o indirecta, un porcentaje **inferior al 30%** de los derechos de voto de la sociedad cotizada.

b) En los **24 meses** siguientes a la fecha de adquisición del porcentaje inferior al 30% de los derechos de voto de la sociedad cotizada se procede a designar miembros del órgano de administración.
c) Una vez realizada la designación de **consejeros**, los nombrados por el adquirente representan más de la mitad de los miembros del órgano de administración de la sociedad cotizada.

Precisiones **1)** Los 24 meses computan desde la **última adquisición** realizada que deriva en un porcentaje de derechos de voto inferior al 30%. De este modo, en caso de realizarse adquisiciones sucesivas, siempre por debajo del 30% del total de los derechos de voto, el cómputo de 24 meses vuelva a reiniciarse y a contar desde cero.
2) Es necesaria la **aceptación** de los consejeros nombrados por parte del adquirente, siendo aplicable lo previsto en la LSC art.214.
3) En el caso de un pacto o **concertación con otro accionista** (RD 1066/2007 art.3.1.b), de forma que los derechos de voto de las dos partes no supere el 30% de los derechos de voto de la sociedad cotizada, los 24 meses comienzan a computar desde la fecha de la concertación entre ambos accionistas, asimilándolo a una adquisición, por lo que, en caso de que durante el referido plazo uno o los dos accionistas concertados designen un nuevo miembro del órgano de administración se habrá alcanzado el control por designación en los términos del RD 1066/2007 art.4.1.b, de forma que el titular de la participación con derechos de voto mayor devendrá en obligado a formular OPA obligatoria.

2. Tomas de control indirectas y sobrevenidas

3735 Junto a los supuestos expuestos en el nº 3730, existe obligación de formular una oferta pública de adquisición de acciones, en aquellos otros en que el control de la sociedad cotizada se alcanza de forma indirecta o sobrevenida.
Se consideran **supuestos** de toma de control indirecta o sobrevenida aquellos que se derivan de alguna de las siguientes situaciones:
- fusión o toma de control de otra sociedad;
- reducción del capital;
- canje, suscripción, conversión o adquisición de acciones;
- autocartera;
- contratos de aseguramiento, emisiones y ofertas públicas.

3736 **Fusión o toma de control de otra sociedad o entidad que tiene participación directa o indirecta en una tercera sociedad cotizada** (LMV art.108; RD 1066/2007 art.3.1.c y 7.1)
Este supuesto requiere los siguientes elementos:
• Que se trate de una fusión o toma de control de otra sociedad o entidad, incluso no admitida a negociación en ningún mercado o no domiciliada en España.
• Que dicha sociedad tenga una participación, ya sea directa o indirecta, en el capital social de una **tercera sociedad** cotizada.
• Que la sociedad que tiene **participación** en la sociedad cotizada sea objeto de una toma de control o fusión.
• Que, como consecuencia de tal toma de control o fusión, se alcance o supere la participación del **30%** en la sociedad cotizada.

3737 La formulación de la oferta sobre todos los valores con derecho de voto de la sociedad cotizada debe realizarse a **precio** equitativo (RD 1066/2007 art.9) cuando se alcance un porcentaje igual o superior al 30% de la sociedad cotizada.
El **plazo** para la formulación de la oferta es de tres meses y como *dies a quo* debe considerarse la fecha de inscripción de la operación en el RM.
La formulación de la OPA **no** es **obligatoria** en este supuesto de fusión o toma de control cuando se enajene el exceso de los derechos de voto sobre el porcentaje que confiere el control de la sociedad afectada o si solicita la dispensa de la CNMV (nº 3745).
En tanto en cuanto el adquirente no haya obtenido la dispensa o procedido a enajenar el exceso de **derechos de voto** no puede ejercer los derechos políticos sobre el referido exceso desde el 30% de participación.

3738 **Reducción de capital** (LMV art.108; RD 1066/2007 art.3.1.c y 7.2) Este supuesto alude al caso de un **accionista** con una participación **inferior al 30%** en una sociedad cotizada que, como consecuencia de una reducción de capital en ésta última, llega a alcanzar o superar dicho porcentaje.
El accionista afectado está obligado a formular OPA dentro de los **tres meses** siguientes a la fecha de la inscripción de la reducción en el RM, salvo dispensa o reducción del exceso, estando asimismo impedido para votar por el exceso mientras no sea formulada y aceptada la OPA.

Canje, suscripción, conversión o adquisición de acciones (LMV art.108; RD 1066/2007 art.3.1.c y 7.3) Este supuesto se produce al llegar un accionista a alcanzar el **30%** o superior de los **derechos de voto** de una sociedad cotizada como consecuencia del canje, suscripción, conversión o adquisición de las acciones de la misma derivado de la adquisición de los valores o instrumentos financieros que lleven aparejados derechos de voto. 3739

En este caso, el accionista afectado no puede ejercer los **derechos políticos** que exceden del 30% sin formular una OPA dirigida a la adquisición de la totalidad del capital social de la sociedad cotizada, salvo que solicite la dispensa o proceda a enajenar el exceso desde el 30% de los derechos de voto.

Variaciones de autocartera (LMV art.108; RD 1066/2007 art.3.1.c y 7.4) Cuando, como consecuencia de **variaciones** en la autocartera, algún accionista alcance el 30% o superior, está obligado, en el plazo de tres meses, a formular una OPA dirigida a la adquisición del capital social de la sociedad cotizada, sin poder ejercitar los derechos de voto que excedan de tal porcentaje mientras no la formule. 3740

El accionista queda exonerado de formular la OPA en caso de que solicite la **dispensa o** proceda a **enajenar** el exceso desde el 30% de los derechos de voto.

Los **derechos de voto** derivados de acciones que forman parte de la autocartera de la sociedad cotizada no se computan, permaneciendo en suspenso sus derechos de voto, estando expresamente excluidos tales derechos del cómputo de los mismos (RD 1066/2007 art.5.3). En este sentido, al reducirse el número de acciones con derecho a voto por la compra de la autocartera, el accionista, sin haber realizado ninguna adquisición, puede ver incrementado su porcentaje de participación sobre acciones con derecho de voto y, por tanto, devenir en obligado a formular OPA.

Compromisos de aseguramiento de emisiones (LMV art.108; RD 1066/2007 art.3.1.c y 7.5) En este caso se alude al supuesto en que las **entidades financieras** y cualquier otra persona o entidad, en cumplimiento de un contrato o compromiso de aseguramiento de una emisión u oferta pública de venta de valores de una sociedad cotizada, alcance el 30% o superior de participación con derecho de voto de una sociedad cotizada. 3741

En esta situación, está obligado, en el **plazo** de tres meses, a formular una OPA dirigida a la adquisición del capital social de la sociedad cotizada, sin poder ejercitar los derechos de voto que excedan de tal porcentaje mientras no la formule.

El accionista queda exonerado de formular la OPA en caso de que solicite la **dispensa** o proceda a enajenar el exceso desde el 30% de los derechos de voto.

3. Dispensa

Se puede solicitar a la **CNMV** la dispensa de la obligación de formular OPA obligatoria en caso de que el adquirente del 30% o del porcentaje superior de los derechos de voto, ya sea de forma individual o de manera concertada, no alcance el efectivo control debido a que existe **otra persona**, física o jurídica, que, de forma manera individual o conjunta, tiene una participación igual o superior. 3745

Requisitos (RD 1066/2007 art.4.2 y 3) La dispensa es válida mientras se mantienen los condicionantes que dieron lugar a su otorgamiento; en este sentido, queda en todo caso condicionada a: 3746

a) Que la persona o entidad que ostentaba una **participación igual o superior** a la del dispensado no rebaje la misma por debajo de este último.

b) Que el dispensado no designe a más de la mitad de los **miembros del consejo** de administración.

En caso de **incumplimiento** de alguna de las condiciones, el interesado está obligado a formular una OPA obligatoria al **precio** que resulte como el mayor coste entre el precio equitativo (nº 3801) y el precio de OPA por exclusión (nº 3787), salvo si, en el plazo de tres meses, enajena el número de acciones necesario para reducir el exceso de derechos de voto sobre el porcentaje señalado o resuelve el pacto parasocial, acuerdo o concierto en cuya virtud se hubiera alcanzado tal porcentaje y, entre tanto, no se ejerzan los derechos de voto que excedan de tales porcentajes.

En todo caso, la obligación de formular OPA surge también en el caso de que la **dispensa** sea **denegada** por la CNMV, pudiendo el interesado evitar su formulación si en el plazo de tres meses enajena el número de acciones necesario para reducir el exceso de derechos de voto sobre el porcentaje señalado o resuelve el pacto parasocial, acuerdo o concierto en cuya virtud se hubiera alcanzado tal porcentaje y, entre tanto, no se ejerzan los derechos de voto que excedan de tales porcentajes.

3747 **Procedimiento** (RD 1066/2007 art.4.2) La **intención** de solicitar la dispensa a la CNMV debe **anunciarse** al mismo tiempo que se anuncia el hecho de haber alcanzado o superado el 30% de los derechos de voto de la sociedad cotizada.
Nada impide que el interesado solicite la dispensa antes de alcanzar la participación de control en casos en que la dispensa sea condición para una adquisición ya acordada.
Además de a la **CNMV**, el interesado debe notificar la solicitud de dispensa a la **sociedad afectada**, quién dispone de tres días hábiles para formular alegaciones ante la CNMV.
La CNMV dispone de un plazo de diez días hábiles a contar desde la solicitud del interesado o desde la fecha de registro de los documentos y/o informaciones que hubieran sido requeridos, para comunicar su decisión, debidamente motivada, al interesado y a la sociedad pública, haciéndola pública a través de su **página web**.
Siempre que se den las condiciones establecidas para su otorgamiento, la dispensa es una exoneración **automática** de la obligación de formular OPA obligatoria, de forma que el margen de actuación de la CNMV queda en todo caso reglado y no a su discreción.

3748 En todo caso, mientras la dispensa está pendiente de ser concedida por la CNMV, el solicitante no puede votar por exceso desde el 30% de los derechos de voto, ni designar nuevos consejeros de la sociedad afectada (RD 1066/2007 art.32.2).
En caso de que la dispensa sea **denegada** por la CNMV, el solicitante tiene la obligación de formular OPA, si bien puede evitar dicha obligación en caso de que en el **plazo** de tres meses **reduzca su participación** en el exceso, esto es, por debajo del 30%, o bien, si es por encima de este porcentaje, estar por debajo del accionista mayoritario, para cuyo caso debería solicitar una nueva dispensa a la CNMV.

4. Exclusión de la obligación de formular OPA obligatoria

3750 Además de la posibilidad de solicitar de la CNMV la dispensa de la obligación (nº 3745), existen determinados supuestos en los que no existe obligación de presentar una OPA obligatoria debido a que:
- no se cumple el supuesto de hecho (supuestos no sujetos); o
- la norma excluye expresamente el supuesto de hecho (supuestos excluidos).

3751 **Supuestos no sujetos** Se trata de casos en los que el supuesto de hecho no coincide con el establecido por la norma, tales como la adquisición de acciones **por debajo del umbral** legal de control, o la adquisición de acciones adicionales por quienes ya estaban en una posición de control.

3752 **Supuestos excluidos legalmente** (RD 1066/2007 art.8) No existe obligación de formular OPA en los siguientes supuestos:
a) Adquisiciones u otras operaciones realizadas por **Fondos de Garantía de Depósitos** en Establecimientos Bancarios, **Cajas de Ahorro o Cooperativas de Crédito**, el Fondo de Garantía de Inversiones, el Consorcio de Compensación de Seguros y otras instituciones similares, así como las adjudicaciones por dichos organismos en cumplimiento de sus funciones, atendiendo a las reglas de publicidad y concurrencia de ofertas establecida en la normativa específica.
Este supuesto de exclusión:
- se extiende a tomas de control indirectas (nº 3735) previstas en el RD 1066/2007 art.7.1 si el órgano de supervisión competente lo considera conveniente para el buen fin y viabilidad financiera de la operación de saneamiento, en cuyo caso lo comunicará a la CNMV; y
- no es aplicable a ulteriores transmisiones por los adjudicatarios.

3753 **b)** Adquisiciones u otras operaciones en el marco de la **Ley de Expropiación Forzosa** (L 16-12-1954).
c) Cuando **todos los titulares** de valores de la sociedad afectada acuerdan por unanimidad vender o permutar todas o parte de sus acciones (o valores que confieran directa o indirectamente derechos de voto) o renuncian a la venta o permuta de valores en régimen de OPA. Para dicho supuesto se exige el acuerdo simultáneo de exclusión de negociación de los valores.
d) En relación con sociedades cotizadas cuya **viabilidad financiera** está en **peligro grave e inminente**, aunque no estén en concurso, se excluyen las adquisiciones u otras operaciones derivadas de la conversión o capitalización de créditos para garantizar la recuperación financiera a largo plazo. La exclusión en este supuesto no es automática, sino que deberá ser acordada por la CNMV a solicitud del interesado. Sin embargo, no es necesario solicitar la

dispensa a la CNMV en el caso de operaciones realizadas como consecuencia directa de un **acuerdo de refinanciación**, siempre que dicho acuerdo haya sido:
- homologado por el juez competente para la declaración del concurso; e
- informado favorablemente por un experto independiente designado por el registrador mercantil del domicilio social del deudor.

e) **Adquisiciones gratuitas**, tanto *mortis causa* como *inter vivos*, si bien en el segundo caso se establece como requisito adicional que el adquirente no haya adquirido acciones u otros valores que puedan dar derecho a adquirir acciones en los doce meses anteriores, y que no actúe de forma concertada con el transmitente. 3754

f) Adquisición del control como consecuencia de una **OPA voluntaria**, en los siguientes casos:
- Si la oferta se formuló a un precio equitativo (nº 3801) de acuerdo con lo dispuesto en el RD 1066/2007 art.9.
- Si la oferta es aceptada por accionistas titulares de valores que representan al menos el 50% de los derechos de voto a los que se ha dirigido, excluidos los que ya correspondían al oferente y a accionistas concertados con el oferente.

g) En caso de **fusiones**, siempre que la fusión no tenga por objeto la mera toma de control y los accionistas que adquieren el control no hayan votado a favor de la operación en la sociedad afectada. La exclusión en este supuesto no es automática, sino que debe ser acordada por la CNMV a solicitud del interesado.

5. Incumplimiento

(LMV art.112; RD 1066/2007 art.27.1)

El incumplimiento de la obligación de formular una oferta pública de adquisición determina la **suspensión** del ejercicio de los derechos políticos derivados de ninguno de los valores de la sociedad cotizada cuyo ejercicio le corresponda por cualquier título, de ninguno de los valores poseídos indirectamente por el obligado a presentar la oferta pública y de los valores que correspondan a quienes actúen concertadamente con él. 3755

Se han de considerar **derechos políticos** derivados de los valores los siguientes:
- el derecho de asistir y votar en las juntas y asambleas generales;
- el derecho de información;
- el derecho de suscripción preferente;
- el derecho a formar parte de los órganos de administración de la sociedad;
- el derecho a impugnar los acuerdos sociales, salvo que estos sean contrarios a la Ley; y
- en general, todos aquéllos que no tienen un contenido exclusivamente económico.

La **recuperación** de los derechos políticos suspendidos únicamente se produce mediante la formulación de una oferta pública de adquisición sobre la totalidad de los valores de la sociedad, en la que el precio se fije con arreglo a lo dispuesto en el RD 1066/2007, o mediante la obtención del consentimiento unánime del resto de los titulares de los valores, manifestado individualmente.

C. OPA voluntaria

La OPA voluntaria u oferta voluntaria se define como aquella OPA en la que la oferta obedece exclusivamente a la voluntad del **oferente** y no a la concurrencia de alguno de los supuestos que la harían obligatoria. 3760

En el Anexo nº 9250 se incluye un **calendario** a seguir en la tramitación de una OPA voluntaria.

Delimitación frente a la OPA obligatoria (Dir 2004/25/CE art.5.2 y 15; LMV art.117; RD 1066/2007 art.13 y 17.1) Las ofertas públicas de adquisición de acciones, o de otros valores que confieren directa o indirectamente **derechos de voto** en una sociedad cotizada, formuladas de modo voluntario, deben dirigirse a todos sus titulares, están sujetas a las mismas reglas de procedimiento general previsto para las ofertas públicas de adquisición y pueden realizarse, en las condiciones que se establezcan reglamentariamente, por un número de valores inferior al total. 3761

Precisiones Conforme a la **normativa comunitaria**, la OPA voluntaria, al igual que la OPA obligatoria, tiene como objetivo, la toma de control de la sociedad afectada de acuerdo con la definición que con relación al concepto de toma de control cada Estado miembro haya acogido en su ordenamiento.
La OPA voluntaria se delimita con carácter negativo, en el sentido de no depender de la existencia del deber de formular una oferta obligatoria. Sin embargo, la normativa comunitaria, establece una correlación entre una clase y otra al decir que una OPA voluntaria que tenga como efecto la adquisición del control de la sociedad afectada, siempre que se haya formulado con relación a la totalidad de sus valores con derecho de voto, elimina la obligatoriedad de formulación de una OPA.

Asimismo, la norma comunitaria regula la **venta forzosa** cuando el oferente ha alcanzado en su oferta valores que representan el 90% del capital con derecho a voto y establece que en tal caso el oferente pueda exigir a los restantes titulares de los valores que le vendan dichos valores a precio justo, estableciendo que en el caso de que la oferta haya sido voluntaria, y por lo tanto no sujeta a las normas que fija para la oferta obligatoria sobre la determinación de un precio equitativo si esta ha sido aceptada por el 90% del capital con derecho de voto de la sociedad afectada, la contraprestación ofrecida en esa oferta voluntaria se presumirá justa.

3762 En el régimen actualmente en vigor, la distinción que sirve para delimitar la OPA voluntaria sobre acciones de sociedades cotizadas radica, no solo en que su régimen se limita a que estos valores se negocien en un mercado regulado, sino también y de modo especial en que **no** exista la **obligación legal** de formular una OPA, siendo por consiguiente requisito esencial para poder formular una oferta voluntaria que el oferente no esté obligado a presentar una obligatoria.

Por otro lado también surge una diferencia entre las dos clases con relación a qué **órgano** es el **competente** para formular la oferta si el oferente es una sociedad. Si existe una obligación legal de formular una OPA, se considera que esa formulación en el caso de una oferta obligatoria está dentro de la competencia del órgano de administración de la sociedad. Esto no acontece necesariamente en el supuesto de una OPA voluntaria, y por esta razón la norma reglamentaria altera en ciertos casos los poderes normales de los órganos sociales y hace intervenir a la junta general de la sociedad oferente en este acto de gestión.

Así, se impone el deber de acompañar el acuerdo de la **junta general** de promover la oferta a la solicitud a la CNMV de autorización para formular una OPA voluntaria si se ha condicionado la formulación de la OPA a la aprobación de la junta general.

Precisiones El régimen de las ofertas voluntarias es muy similar al de las obligatorias, si bien reglamentariamente se establece un **régimen especial** para cualquier supuesto de las ofertas voluntarias, en cuanto pueden someterse a diversas condiciones, como que no han de formularse a un precio equitativo, o que si el oferente supera el 30% de aceptaciones en el curso de la formulación de la oferta voluntaria tendrá que hacer una oferta obligatoria, salvo en los casos previstos en el RD 1066/2007 art.8.f.

1. Clases de OPA voluntaria

3765 Aunque la OPA voluntaria ha de dirigirse a todos los titulares de las acciones o de otros valores que confieran directa o indirectamente derechos de voto en la sociedad afectada, legalmente se distingue entre OPAs voluntarias **totales y parciales**.

Las ofertas voluntarias, tanto sean totales o parciales, pueden someterse a otras **condiciones y** a la autorización de determinadas autoridades supervisoras además de la CNMV.

3766 **OPA voluntaria total** (RD 1066/2007 art.13) Las ofertas voluntarias totales son aquellas en las que el oferente formula su oferta con el fin de obtener la totalidad de los valores de los destinatarios que acepten la oferta.

Dentro de estas ofertas totales, el oferente puede estar dispuesto a adquirir los valores que los destinatarios acepten cualquiera que sea su número, o bien puede condicionar al hecho de que las aceptaciones alcancen un **número mínimo** de valores de la sociedad afectada.

3767 **OPA voluntaria parcial** (RD 1066/2007 art.13.4) En el caso de las ofertas voluntarias parciales, el oferente solo está dispuesto a adquirir un número de valores **inferior al total**, pudiendo a su vez condicionar la oferta a que dentro de ese porcentaje reciba aceptaciones que alcancen un mínimo o establecer la condición de ese mínimo.

La normativa española admite de forma expresa que las OPAs voluntarias sean parciales, bien porque el oferente no pretenda adquirir el control de la sociedad afectada, o bien porque teniendo ya el control de ella libremente pretenda incrementar su participación sin sujetarse a la obligación de formular una oferta obligatoria.

3768 Por lo tanto, nos encontramos ante dos **supuestos**:

a) El primero de ellos se refiere a que la oferta no pretenda alcanzar una participación de control, esto es, mínimo el **30%** de **derechos de voto** o una participación inferior que le consienta designar, junto a los que ya hubiera designado, más de la mitad de los miembros del órgano de administración de la sociedad. Si el oferente mediante una oferta parcial consiguiera una participación de control hace nacer una obligación legal de formular una OPA por la totalidad de los valores, de manera tal que a la voluntaria debe suceder una obligatoria.

b) El segundo supuesto es el caso de quien teniendo ya una participación de control hace una oferta voluntaria parcial con la finalidad de **ampliar** esa **participación**.

Las ofertas voluntarias parciales pueden cumplir la función de ser **complementarias** de las ofertas obligatorias con la finalidad de que el titular incremente su participación obtenida en la oferta obligatoria, ya que, una vez que el titular ha formulado una oferta obligatoria con autorización de la CNMV y cumpliendo todas las exigencias legales, la nueva participación de control no le obliga a realizar una nueva oferta.

2. Elementos

Sin perjuicio de que a las OPAs voluntarias les son de aplicación las reglas y procedimientos previstos para las OPAs obligatorias, este tipo de ofertas presentan ciertas particularidades en relación con el precio y la posibilidad de ser sometidas a determinadas condiciones. **3770**

Precio (RD 1066/2007 art.13.5) A diferencia de lo que ocurre con la OPA obligatoria, la OPA voluntaria no ha de formularse a un precio equitativo (nº 3801), sino que ha de ser fijado por el oferente de acuerdo con las **condiciones del mercado** pensando que va a tener un resultado positivo. **3771**
Puede afirmarse, por tanto, que el precio es libre, máxime si se tiene en cuenta que estas ofertas, además de voluntarias, son frecuentemente convenidas en la fijación del precio.

Precisiones La OPA obligatoria tiene como una de sus características, además de ser formulada por la totalidad de los valores con derecho a voto, la de ser realizada a un **precio equitativo**, en el sentido de que ha de ser, como mínimo, un precio determinado por el régimen de las OPAS obligatorias cuando se alcanza el control. El precio equitativo no ha de ser inferior al más elevado que el oferente, o las personas que actúen concertadamente con él, hubieran pagado o convenido en el año anterior al anuncio de la oferta (RD 1066/2007 art.9.1). Es un precio regulado que tiende a garantizar una cantidad mínima que se estime satisfactoria.

Condiciones (LMV art.23; RD 1066/2007 art.13.2) Las ofertas voluntarias que se establece pueden ser sometidas a determinadas condiciones vinculadas al hecho de que su cumplimiento o incumplimiento pueda comprobarse al finalizar el plazo de aceptación de la oferta. **3772**
Aunque la validez de dichas condiciones no está determinada por la norma, se confía a la **CNMV** su examen y la decisión sobre si son conforme a derecho o no, sin perjuicio de su sometimiento al posterior control jurisdiccional.

Se contemplan las siguientes condiciones: **3773**
a) Que la junta general de accionistas de la sociedad afectada apruebe las **modificaciones estatutarias o estructurales** o la adopción de otros acuerdos.
Estas condiciones pueden concretarse en que la junta general acuerde la modificación de estatutos con la finalidad de desmontar algunas cláusulas anti-OPA, o el aumento de capital, o que altere la estructura de la sociedad mediante la fusión o escisión de la sociedad afectada, etc.

Precisiones Nótese que se alude a que la junta general de la sociedad afectada acuerde la adopción de los acuerdos que menciona, sin indicar que se hayan de **ejecutar**.

b) Sometimiento a la condición de la **aceptación** de la oferta por un determinado **número mínimo** de valores de la sociedad afectada. **3774**
A esa condición puede añadirse la de someter la oferta voluntaria dirigida a la adquisición de la totalidad de los valores con derecho de voto de la sociedad afectada al régimen de las compraventas forzosas para el supuesto de que la oferta haya sido aceptada por titulares de los valores que representen al menos el 90% de los derechos de voto, distintos de los que ya obraran en poder del oferente.
c) Aprobación por la **junta general** de la sociedad oferente. Condición lógica cuando la oferta va acompañada por otras condiciones como puede ser la realización de modificaciones estructurales de la sociedad afectada que inciden en la oferente, por lo tanto, dada la publicidad de la convocatoria de la junta general, también será conocida públicamente la presentación de la oferta, pendiente del acuerdo de la junta. El acuerdo de la junta general no ha de ser necesariamente previo a la del órgano de administración, ya que es posible que se deje el acuerdo de la junta a un momento posterior. La decisión puede estar o no condicionada a la aprobación por la junta general, en cuyo caso esta decisión sí que se torna en necesaria.
d) **Cualquier otra** condición que sea considerada conforme a Derecho por la CNMV.

3. Transformación de una OPA voluntaria en obligatoria

(RD 1066/2007 art.13.6)

3775 Se contempla el supuesto de que, en el curso de su formulación, una oferta voluntaria se convierta en obligatoria.
En este caso, la oferta debe cumplir con lo dispuesto en el RD 1066/2007 para las OPAs obligatorias, lo que puede traer causa, bien de una oferta sobre todos los valores de la sociedad que ha fracasado en obtener una participación de control que más tarde lo consigue, o bien de una **OPA parcial** que permite al oferente la adquisición de una participación de control.
Este último caso parece estar limitado por la propia normativa (RD 1066/2007 art.13.4), al prohibir que se pueda formular una oferta voluntaria por un número de valores inferior al total quien no vaya a alcanzar, a resultas de ella, una participación de control o quien, ostentando ya una participación de control, pueda libremente incrementar su participación en la sociedad afectada sin sujetarse a la obligación de formular una oferta obligatoria. Es decir, este último caso excluye de la oferta obligatoria cuando se alcanza el control, como en el supuesto de quien ya ha realizado una OPA obligatoria y posteriormente quiere ampliar su control sobre la sociedad afectada.

3776 En el caso de transformación o conversión de la oferta voluntaria en obligatoria, se confía a la **CNMV** el adaptar todos los plazos que le sean aplicables a la oferta para que el oferente pueda cumplir con las obligaciones derivadas del carácter obligatorio de la oferta.
La labor de la CNMV tiende a que se garantice la debida **protección** de los **destinatarios** de la misma, lo que se consigue precisamente haciendo cumplir al oferente las obligaciones derivadas del carácter obligatorio de la oferta. Al mismo tiempo nos descubre la insuficiencia de la OPA parcial para respetar el principio de igualdad o paridad de trato de todos los titulares de valores.

D. Otros tipos de OPA

3780 Dentro del ámbito de las **ofertas de adquisición obligatorias** y junto a las derivadas de haber alcanzado el control de la sociedad cotizada (paradigma de las ofertas obligatorias), existen otros dos tipos de OPAs obligatoria:
- las ofertas por exclusión; y
- las ofertas públicas de adquisición por reducción del capital mediante adquisición de acciones propias (nº 3790).

1. OPA por exclusión

(LMV art.65 y 116; RD 1066/2007 art.10, 11 y 47)

3785 El hecho determinante de la obligación de formular este tipo de OPAs viene constituido por el acuerdo de una sociedad cotizada de excluir sus acciones de la **negociación** en los mercados secundarios oficiales, salvo dispensa de la CNMV a la formulación de la OPA.
En algunas ocasiones, los oferentes aclaran expresamente que la OPA que formulan no obedece a la intención inmediata o mediata de excluir las acciones de la sociedad afectada de cotización y, por lo tanto, que su propósito es que las acciones sigan negociándose en Bolsa siempre que mantengan unos niveles de difusión accionarial y frecuencia de negociación adecuadas.
Este tipo de OPA ofrece **peculiaridades** tanto en sus elementos subjetivos como en sus elementos objetivos.

3786 **Elementos subjetivos** Se trata de OPAs «reflexivas» por cuanto, por regla general, coinciden en una misma sociedad los papeles de **oferente** y de sociedad afectada; aun cuando puede actuar como oferente otra persona o entidad que cuente con la aprobación de la junta general de la sociedad afectada por la exclusión.
En cuanto a sus **destinatarios**, esta OPA de exclusión debe extenderse a todos los titulares de acciones de la sociedad cotizada, de derechos de suscripción de acciones y de obligaciones convertibles o canjeables en ellas. Se puede excluir a los titulares que hubieran votado a favor de la exclusión en la junta general e inmovilicen sus valores durante el plazo de aceptación de la OPA.

3787 **Elementos objetivos** Destacan dos de ellos:
• Esta OPA debe dirigirse a la **totalidad** del **capital** de la sociedad cuyas acciones se excluirán de cotización, si bien, como sucede con las OPAs de adquisición de control, el alcance efectivo

suele ser muy inferior como consecuencia de las inmovilizaciones de acciones por distintos grupos de accionistas.
• Dado que la sociedad afectada es un oferente «forzado» y dado que, por lo tanto, cabe presumir la inexistencia de interés por su parte en ofrecer el mejor precio posible, se adoptan dos cautelas esenciales en **protección** de sus accionistas **minoritarios** y del resto de destinatarios de la OPA:
- solo pueden formularse como compraventas de modo tal que la **contraprestación** ha de consistir en su totalidad en dinero; y
- el **precio** -que ha de ser fijado por la sociedad emisora de los valores a excluir y justificado en un informe específico de valoración de los administradores- no puede ser inferior del precio equitativo genérico y el que resulte de tomar en cuenta una serie de valores reglamentariamente previstos (valor teórico contable de la sociedad, valor liquidativo, cotización media ponderada del último semestre, etc.).

Supuestos excluidos (RD 1066/2007 art.11) No es preciso formular la OPA de exclusión cuando: 3788
- se dan las condiciones para el ejercicio de las compraventas forzosas (nº 3995 s.);
- todos los titulares de los valores relevantes acuerdan por unanimidad la exclusión de la negociación con renuncia a la venta de sus valores en régimen de OPA;
- se produce la extinción de la sociedad y sus accionistas se conviertan en accionistas de otra sociedad cotizada;
- se ha realizado antes una OPA total; o
- la junta general de accionistas y, en su caso, la asamblea de obligacionistas de la sociedad emisora de los valores a excluir acuerdan un procedimiento que, a juicio de la CNMV, es equivalente a la OPA de exclusión en cuanto protege los intereses de los titulares de los valores afectados.

2. OPA por reducción de capital mediante adquisición de acciones propias

(LSC art.338 s.; RD 1066/2007 art.12.1)

En el caso de que la reducción del capital de una sociedad cotizada haya de realizarse mediante la compra de las acciones por la propia sociedad para su amortización, el trato equitativo de los accionistas obliga a esta a formular una OPA. 3790
No obstante lo anterior, **no** será **necesario formular una OPA** en el supuesto de que:
- dicha compra se realice según lo previsto en el Rgto (UE) 596/2014 sobre el abuso de mercado, por el que se deroga el anterior Rgto CE/2273/2003, en lo que se refiere a las exenciones para los programas de recompra y la estabilización de instrumentos financieros; y
- además, no exceda del 10% del capital con derecho de voto de la sociedad.

III. Contraprestación y garantías

La OPA no es una simple «oferta pública» como su nombre inicialmente pudiera indicar. Es una oferta dirigida a la adquisición de valores, que por sus características tiene un régimen especial que la distingue de la simple oferta de un contrato bilateral ordinario, aun cuando incluso este es un contrato de compraventa de acciones y/o participaciones. 3795

A. Precio

La aceptación de la oferta está condicionada en gran medida por la contraprestación que se ofrece. 3800
El oferente, en una OPA, ha de respetar dos tipos de **reglas** relativas a la contraprestación:
- las normas sobre su cuantía (el precio equitativo); y
- las normas sobre su forma y los contratos resultantes (nº 3804).

Precio equitativo (LMV art.110; RD 1066/2007 art.9) En el caso de la **OPA obligatoria**, el titular o 3801
titulares de esa participación han de pagar un precio equitativo por las acciones de la sociedad afectada.
Como principio general, las ofertas obligatorias deben efectuarse por un precio no inferior al más elevado que el oferente o las personas que actúen concertadamente con él hubieran pagado o acordado por los mismos valores durante los **12 meses previos** al anuncio de la oferta.

A los efectos de la determinación del precio equitativo se incluye el importe íntegro de la contraprestación que en cada caso haya pagado o acordado pagar el oferente o las personas que actúen en concierto con él.

3802 Al objeto de precisar este importe íntegro, en los supuestos en los que la adquisición se ha realizado en los **mercados de futuros y opciones** financieras, se aplican las siguientes reglas:
a) En el supuesto de que la compraventa fuese ejecución de un derecho de **opción de compra** previo, al precio de compraventa se le suma la prima en su caso acordada por el otorgamiento de la opción.
b) En el supuesto de un derecho de venta previo, al precio de compraventa se le resta la **prima** en su caso acordada por la concesión de la opción.
c) Cuando se trata de otros **instrumentos financieros derivados**, el precio es el precio de ejercicio más las primas satisfechas para la adquisición del derivado.

3803 Cuando el oferente o las personas que actúan en concierto han adquirido durante ese periodo valores por medio de **canje o permuta**, el precio equitativo se ha de calcular sobre la base de la media ponderada de los precios de mercado de los indicados valores en la fecha de adquisición.
Cuando la adquisición incluye alguna **compensación** adicional al precio pagado o acordado **o** cuando se ha acordado un **diferimiento en el pago**, el precio de la oferta no puede ser inferior al más alto que resulta incluyendo el importe correspondiente a dicha compensación o al pago diferido.
El sistema no resulta aplicable cuando ni el oferente ni las personas que actúan en concierto han adquirido en el plazo de **un año** acción alguna de la sociedad afectada. En tal supuesto, el precio equitativo no puede ser inferior al calculado conforme a las reglas valorativas establecidas para el caso de una OPA de exclusión.

3804 **Forma y contratos resultantes** (RD 1066/2007 art.14) El régimen de la contraprestación varía dependiendo de si la OPA se formula como una compraventa, en la que el precio se ha de abonar en dinero, o si se efectúa como permuta de títulos o incluso ambos procedimientos.
a) Con contraprestación dineraria, como **compraventa**, en tal caso el precio en dinero se ha de expresar en euros por cada valor unitario.
b) Con contraprestación de **otros valores**, emitidos o pendientes de emisión; como permuta o canje.
c) Con una contraprestación **mixta**.

3805 El régimen de OPAs admite que la oferta tenga como contrapartida valores, refiriéndose a ello como permuta o canje de valores, o como ambas cosas a la vez (precio en efectivo y canje), y deben asegurar la igualdad de trato de los titulares de valores que se encuentren en iguales circunstancias.
En los supuestos de **canje de valores**, la contraprestación debe tratarse de valores admitidos a negociación en un mercado secundario oficial español o en otro mercado de valores regulado en un Estado miembro de la UE, o bien valores a emitir por la propia sociedad oferente.
Las **permutas** que se propongan han de ser claras en cuanto a la naturaleza, valoración y características de los valores que se ofrezcan al canje, así como en cuanto a las proporciones en que hayan de producirse.

3806 Aun cuando con carácter general los valores a entregar como contrapartida están cotizados normalmente en Bolsa o mercado secundario oficial, otra posibilidad radica en que la contraprestación sea total o parcialmente en **valores** de la sociedad oferente aún **no emitidos**.
Su régimen es el siguiente:
- Los valores a emitir han de ser de la **sociedad oferente**, normalmente acciones u obligaciones convertibles en acciones.
- El órgano de administración, en la misma sesión en que acuerde formular la oferta, salvo cuando cuenten con autorización específica para llevar a cabo la emisión de conformidad con lo dispuesto en la LSC art.297, debe acordar la convocatoria de la **junta general**, la cual ha de decidir acerca de la emisión de los valores que se van a ofrecer a los accionistas de la sociedad afectada.

3807 - El anuncio de la **convocatoria** de la junta general debe publicarse con anterioridad a la publicación de la oferta por el oferente. Debe indicar que la junta se celebrará en un plazo comprendido entre un mes y cuarenta días a partir del día hábil siguiente al de la publicación de la convocatoria, debiendo mediar entre la primera y segunda convocatoria un plazo máximo de cuarenta y ocho horas. Si el oferente no tiene su domicilio social en España, la convocatoria y

celebración de la junta se ha de ajustar a los requisitos establecidos en el Estado en que tiene su domicilio social.
- El **plazo** de **aceptación** de la oferta de permuta se amplía, cuando procede, de forma que entre el día hábil de la celebración de la junta general que apruebe la emisión y el último día de aceptación, ambos inclusive, transcurran quince días naturales.
- Los accionistas de la sociedad oferente o los titulares de obligaciones convertibles de esa sociedad no tienen el **derecho de suscripción preferente** previsto en la LSC.

Como excepción, la OPA debe incluir, al menos como alternativa, una contraprestación o precio **en efectivo** equivalente financieramente, como mínimo, al canje ofrecido, en los siguientes casos: **3808**
- Cuando el oferente, o las personas que actúan en la OPA con él en concierto, han adquirido en efectivo, en los **doce meses previos** al anuncio de la oferta, valores que confieren el 5% o más de la sociedad afectada.
- Cuando se trate de un OPA obligatoria en el caso de que el oferente alcance el control.
- En caso de **canje de valores**, es preciso ofrecer la alternativa de una contraprestación o precio en efectivo equivalente, salvo que se ofrezcan en canje valores admitidos a negociación en un mercado secundario oficial español o en otro mercado regulado en algún estado miembro de la UE, o valores a emitir por la propia sociedad oferente, siempre que, en este caso, su capital esté total o parcialmente admitido a negociación en alguno de dichos mercados y que el oferente adquiera el compromiso expreso de solicitar la admisión a negociación de los nuevos valores en un plazo máximo de tres meses a partir de la publicación del resultado de la oferta. No obstante, se ha de incluir posteriormente una contraprestación o precio en efectivo si la sociedad oferente no aprueba la emisión de los nuevos valores.

Modificación del precio equitativo Las circunstancias que permiten a la **CNMV** modificar el precio equitativo son las siguientes: **3809**
a) Que la cotización de los valores de la sociedad afectada en el periodo de referencia se haya visto afectada por el pago de un **dividendo**, una operación societaria **o** algún **acontecimiento extraordinario** que permita realizar una corrección del precio equitativo.
b) Que la cotización de los valores de la sociedad afectada en el periodo de referencia presentase indicios razonables de **manipulación**, que hubieran motivado la incoación de un procedimiento sancionador por la CNMV.
c) Que el precio equitativo hubiera sido inferior al **rango de cotización** de los valores en el día de la adquisición determinante de dicho precio, en cuyo caso el precio de la oferta no puede ser menor que el límite inferior de dicho rango.

d) Que el precio equitativo se corresponde a una adquisición por un **volumen no significativo** en términos relativos y siempre que haya sido realizada a precio de cotización, en cuyo caso se estará al precio más elevado pagado o acordado en las restantes adquisiciones del período de referencia. **3810**
e) Que las adquisiciones del período de referencia incluyan alguna **compensación** adicional al precio pagado o acordado, en cuyo caso el precio de la oferta no puede ser inferior al más alto que resulte incluyendo el importe correspondiente a dicha compensación.
f) Que la sociedad afectada se encuentre, de forma demostrable, en serias **dificultades financieras**, en cuyo caso, la contraprestación de la oferta debe ser aquella que resulta de aplicar los métodos de valoración previstos para la OPA de exclusión.

La CNMV debe publicar en su **página web** la decisión de que la oferta se ha de formular a un precio distinto del establecido por el oferente. **3811**
En este supuesto, la decisión debe ir acompañada, a su vez, de la pertinente **motivación**.
A los efectos de facilitar la toma de decisión por parte de la CNMV, se establece la facultad de que esta pueda solicitar información al oferente sobre los métodos y **criterios de valoración** aplicados para determinar el precio equitativo.
Entre los mencionados criterios se pueden incluir, entre otros, el valor medio del mercado en un determinado período, el valor de la contraprestación pagada por el oferente por los mismos valores en los doce meses previos al anuncio de la oferta, el valor teórico contable de la sociedad, el valor liquidativo de la sociedad y otros criterios de valoración objetivos que, en todo caso, aseguren la salvaguarda de los derechos de los accionistas.

B. Garantías

(RD 1066/2007 art.15)

3815 El oferente debe acreditar ante la CNMV la constitución de las garantías que aseguren el cumplimiento de las obligaciones resultantes de la oferta con **carácter previo** a la formulación de la OPA.
El régimen de garantías se distingue en función de la naturaleza de la **contraprestación** ofrecida por el oferente.

3816 **Contraprestación en efectivo o dinero** Si la contraprestación ofrecida por el oferente, total o parcialmente, es en efectivo, este debe presentar un **aval** de entidad de crédito o documentación acreditativa de la constitución de un depósito en efectivo constituido ante una entidad de crédito, que garantice en su totalidad el pago de la contraprestación en efectivo frente a los miembros del mercado o sistema de liquidación y frente a los aceptantes de la oferta.

3817 **Contraprestación en valores** En este caso, hay que distinguir.
a) Si se trata de valores ya **emitidos**, debe justificarse la disponibilidad de los mismos y su afectación al resultado de la OPA.
El primer requisito de la **disponibilidad** de los valores ofrece especiales dificultades si lo que se ofrecen son valores de la propia sociedad oferente por la limitación legal al 5% del capital social para la disponibilidad de acciones propias al tratarse de sociedades cotizadas.
Si los valores ofrecidos son de naturaleza distinta a las acciones o acciones de una persona jurídica distinta a la sociedad oferente, de naturaleza diversa, o porque aun tratándose de una sociedad, posee esas acciones sin vulnerar limitación legal alguna, se tiende al cambio de unas acciones cotizadas por otras.
El segundo requisito es la **afectación** de esos valores para la oferta. Se trata de la orden al sistema de compensación y liquidación del mercado en el que se negocien los valores de la retención de dichos valores, con el fin de afectarlos al cumplimiento de la OPA en el caso de que tenga un resultado positivo.

3818 **b)** Si se trata de valores **a emitir** por la sociedad oferente, la garantía exige el comportamiento coherente de los administradores.
Si los administradores manifiestan una actuación incoherente con el buen desarrollo de la operación, la CNMV podrá apreciar un insuficiente grado de seriedad en la formulación de la oferta, pudiendo exigir a los administradores **caución** en garantía para asegurar las responsabilidades en que pudieran incurrir por los perjuicios que pudieran ocasionarse en el supuesto de que no llegue a producirse la emisión de los correspondientes valores.
Estas garantías han de levantarse, una vez acordado el **aumento de capital**, así como cuando hayan transcurrido seis meses desde la publicación de los anuncios de publicación de la oferta por el oferente sin que se haya acreditado por ningún interesado la existencia de reclamaciones en vía judicial relacionadas con las responsabilidades de los administradores, si no se llegan a producir por no haberse realizado los eventuales perjuicios ocasionados por la emisión de los correspondientes valores.

3819 **Contraprestación mixta** Cuando se ofrecen en contraprestación dinero y valores emitidos o por emitir, las garantías se han de corresponder con cada tipo de contraprestación.

3820 **Intereses** En el supuesto en que el oferente presente la oferta superando el **plazo** máximo fijado, comienzan a devengarse intereses sobre el precio equitativo, al tipo de interés legal del dinero hasta la fecha en que se formule finalmente la oferta, debiendo entenderse que los intereses están incluidos en el precio de la oferta.

IV. Procedimiento

3825

A.	**Actos preparatorios**	3830
B.	**Decisión de formular OPA**	3840
C.	**Solicitud**	3850
	1. Plazo	3855
	2. Documentación	3860
D.	**Admisión a trámite**	3870
E.	**Autorización**	3875
F.	**Publicación**	3880
G.	**Aceptación y liquidación**	3885
	1. Información	3890
	2. Elementos de la aceptación	3900
	3. Comunicación de las declaraciones de aceptación	3910
	4. Revocación de las aceptaciones	3915
	5. Resultado de la OPA	3920
	6. Liquidación de la OPA	3930
H.	**Incidencias en la OPA**	3940

A. Actos preparatorios

Con carácter previo al anuncio y presentación de una OPA es frecuente que se produzcan determinados actos de carácter preparatorio. 3830

Acuerdos previos Son frecuentes los casos en que se suscriben acuerdos preparatorios de una oferta entre: 3831

a) El **accionista de control** de la sociedad afectada **y** el potencial **oferente**. Se trata de compromisos irrevocables por los que el potencial oferente se obliga a formular una OPA y el primero a acudir a la misma con su paquete de control.

b) El **oferente y** la **sociedad cotizada afectada**. Los acuerdos previos a la formulación de una OPA entre el potencial oferente y la sociedad cotizada afectada pueden tener un contenido muy amplio y diverso. Pueden consistir en acuerdos de **confidencialidad** al amparo de los cuales el futuro oferente realiza un *due diligence* de la sociedad cotizada afectada y se compromete a no utilizar la información que se le facilite con un fin distinto de la formulación de la OPA. En todo caso, y como límite a los acuerdos previos al lanzamiento de una OPA, debe primar el principio de **igualdad informativa** entre los oferentes competidores. Bajo este principio, la sociedad cotizada afectada no puede obligarse con carácter general a facilitar información exclusivamente a un oferente o potencial oferente. Ver nº 3835.

Comisión por gastos de preparación de la oferta (RD 1066/2007 art.42.4) Se admite expresamente la posibilidad de que la **sociedad** afectada **y** el **primer oferente** pacten una comisión en concepto de gastos de preparación de la oferta («*break-up fee*»). 3832

Dicha comisión se configura como una comisión pagadera al primer oferente para resarcirle de los gastos de preparación de la oferta para el caso de que su oferta no prospere por haberse presentado ofertas competidoras.

Esta comisión está sujeta a las siguientes **condiciones**:
- que la comisión no sea superior al 1% del importe total de la oferta;
- que sea aprobado por el consejo de administración de la sociedad afectada;
- que se obtenga un informe favorable de los asesores financieros de la sociedad afectada; y
- que se detalle en el folleto explicativo de la oferta.

Due diligence (LMV art.226 y 228; RD 1066/2007 art.46) Al igual que se realiza con las eventuales compraventas de compañías no cotizadas, también es posible la realización, con carácter previo al lanzamiento de la OPA, de un proceso de **revisión** o *due diligence* de la sociedad cotizada. Sin embargo, con carácter general, estos procesos de revisión suelen tener un ámbito más **limitado y restringido** que los que se realizan de compañías no cotizadas. 3833

La práctica usual con carácter previo a la realización de un procedimiento de *due diligence* es la firma de un acuerdo de **confidencialidad** entre la sociedad objetivo y el futuro oferente en virtud del cual el receptor de la información se obliga a no utilizar la información facilitada por la sociedad objetivo para ningún fin distinto del eventual lanzamiento de la OPA que pudiera realizar.

3834 La realización de un proceso de *due diligence* previo al lanzamiento de una OPA por parte de un eventual oferente genera un déficit informativo al resto de eventuales oferentes que no han tenido acceso a la documentación relativa a la sociedad objetivo. El principio de **igualdad informativa** entre los oferentes competidores pretende regular y equiparar a todos los oferentes o potenciales oferentes, protegiendo que todos ellos tendrán acceso a la misma información o, al menos, estarán en condiciones de tener acceso a la misma información.
Asimismo, este acceso de información por parte de un eventual oferente supone un acceso a datos de los que carecen los destinatarios de la oferta. En este sentido, es importante reseñar que la información que dispone el potencial oferente durante el proceso de *due diligence* puede ser considerada información confidencial de la sociedad objetivo, pero no que se considere **información privilegiada**.
Asimismo, se ha de tener en cuenta la obligación de las sociedades cotizadas a hacer pública al mercado de forma inmediata toda aquella información cuyo conocimiento pueda afectar a un inversor razonablemente para adquirir o transmitir valores y por tanto pueda influir de forma sensible en su cotización, por lo que la sociedad afectada no debería estar en posesión de información relevante y, si así fuese, esta debería ser limitada y no debería ponerse en conocimiento de terceros, incluidos potenciales oferentes.

3835 El principio de igualdad informativa impone también a la sociedad afectada el deber de garantizar la existencia de igualdad informativa entre los **oferentes competidores**, y extiende esta obligación a los potenciales oferentes de buena fe.
La puesta a disposición de los oferentes o potenciales oferentes de información está condicionada al cumplimiento de las siguientes **condiciones** (RD 1066/2007 art.46.2 y 46.3):
- que la información haya sido específicamente solicitada por el oferente o potencial oferente;
- que dicha información hubiese sido facilitada con anterioridad a otros oferentes o potenciales oferentes;
- que el destinatario de la información garantice su confidencialidad y que la va a emplear exclusivamente para formular una OPA; y
- que la información sea necesaria para la formulación de la oferta.

B. Decisión de formular la OPA

(RD 1066/2007 art.16)

3840 La decisión de formular la oferta es una declaración de voluntad firme y **definitiva**.
Esta decisión, en el supuesto más frecuente en el que el oferente sea una sociedad mercantil de capital es un acto de gestión que compete y se adopta por el **consejo de administración**.
Ello no impide que, en función de la contraprestación ofrecida (p.e., valores pendientes de emisión), deba contemplarse, además, la intervención de la **junta general** de accionistas.
Cuando se trata de **OPA voluntaria**, tan pronto como se ha adoptado la decisión de formular una oferta pública de adquisición y siempre que se haya asegurado que se puede hacer frente íntegramente a cualquier contraprestación en efectivo o previa adopción de todas las medidas razonables para garantizar el cumplimiento de cualquier otro tipo de contraprestación, el oferente debe hacer pública y difundir esa decisión como **hecho relevante** en los términos legalmente establecidos (LMV art.226, 227 y 228).

3841 El **contenido del anuncio** de cualquier clase de OPA debe incluir (CNMV Circ 8/2008):
- Identificación del oferente.
- Decisión de formular la oferta.
- Presentación de la oferta en la CNMV.
- Tipo de oferta.
- Participación del oferente en la sociedad afectada.
- Información sobre la sociedad afectada.
- Valores y mercados a los que se dirige la oferta.
- Contraprestación.
- Defensa de la competencia y autorizaciones de otros organismos supervisores.
- Acuerdos relativos a la oferta.
- Iniciativas en materia bursátil.

3842 **Límites a la actuación del oferente** (RD 1066/2007 art.32) Desde el anuncio público de una oferta pública de adquisición y hasta la presentación de la oferta, el oferente, los miembros de sus órganos de administración y dirección, sus accionistas de control, sus asesores, las personas con las que actúe concertadamente y las demás que intervengan en la operación se han de abstener de **difundir o publicar** por cualquier medio cualquier dato o información que no conste en el anuncio previo de la oferta.

En el caso de una **OPA obligatoria**, mientras la oferta no sea autorizada por la CNMV, el oferente y quienes actúan en concierto con él no pueden ejercer los derechos políticos correspondientes al exceso de su participación accionarial sobre el umbral que obliga a formular la oferta, ni designar, directa o indirectamente, a ningún miembro adicional de los órganos de administración o dirección de la sociedad afectada. **3843**
Sin perjuicio de ello, el oferente puede **adquirir valores** de la sociedad afectada en todo momento. Ahora bien, en caso de que la oferta estuviera condicionada a la obtención de un número mínimo de aceptaciones, la adquisición de valores emitidos por la sociedad afectada por el oferente al margen de la oferta, desde el anuncio público de la oferta y hasta la fecha de publicación del resultado de la misma, determina la eliminación de la condición señalada y de cualquier otra que se hubiera establecido.

Cuando la **contraprestación** de la oferta consiste en **valores** de la sociedad afectada, o en una combinación de efectivo y valores de la sociedad afectada, y el oferente o las personas concertadas con él adquieren valores de la sociedad afectada al margen de la oferta, desde el anuncio público de la oferta y hasta la fecha de publicación del resultado de la misma, el oferente viene obligado a ofrecer a todos los destinatarios de la oferta como contraprestación alternativa a la inicialmente fijada, una contraprestación en efectivo que en ningún caso puede ser inferior al precio más alto pagado por los valores adquiridos de aquella forma. **3844**
Asimismo, esta obligación es aplicable aun cuando los valores ofrecidos en la contraprestación no sean de la sociedad afectada si el oferente o las personas concertadas con él adquieren los valores ofrecidos en la contraprestación al margen de la oferta, desde el anuncio público de la oferta y hasta la fecha de publicación del resultado de la misma. En tales casos deben ampliarse las **garantías** que, en su caso, hubiesen sido aportadas de forma efectiva, en el plazo de tres días hábiles desde que se produjo la adquisición.

Cuando la **contraprestación** de la oferta consiste exclusivamente en **efectivo**, la adquisición por el oferente o por personas que actúan en concierto con el mismo, de valores objeto de la oferta por precio superior al fijado en el folleto o en sus modificaciones, determina automáticamente la elevación del precio ofrecido hasta el más alto de los satisfechos. Igualmente, en tales casos, deben ampliarse, en cuanto proceda, las garantías que en su caso, hubiesen sido aportadas. La ampliación debe hacerse efectiva en el plazo de tres días hábiles desde que se produjo la adquisición. **3845**
Cuando el oferente o las personas que actúan en concierto con él adquieren los valores objeto de la oferta deben comunicarlo en el mismo día a la **CNMV**, así como los precios pagados y acordados. Esta información tiene la consideración de información relevante.
En ningún caso, el oferente o las personas que actúan en concierto con el mismo, pueden **transmitir acciones** de la sociedad afectada hasta la liquidación de la oferta. Esta regla se aplica igualmente a la transmisión de los valores ofrecidos en las ofertas cuya contraprestación consista total o parcialmente en valores.

C. Solicitud

Tras el anuncio de la oferta realizada, se ha de presentar la solicitud de **autorización** por la **CNMV** para formular la OPA. **3850**
Las características esenciales de la oferta se han de ratificar, completar o incluso modificar en el escrito de solicitud al que ha de acompañar la correspondiente, entre la cual destaca el folleto explicativo de la oferta (nº 3861).

Deber de solicitud (RD 1066/2007 art.17) Anunciada la decisión de presentación de una OPA o de la existencia del deber de formularla, se impone el deber de solicitar a la CNMV la **autorización** para llevar a efecto esa presentación. Para ello, es necesario un **escrito** de solicitud de autorización suscrito por el oferente o persona con poder para obligarle que debe contener las principales características de la operación y que se ha de ajustar al modelo que figura en el Anexo II de la CNMV Circ 8/2008. **3851**

1. Plazo

(RD 1066/2007 art.17.2)

3855 Aun cuando el plazo para la presentación de la solicitud varía según los casos, por regla general, la solicitud de autorización debe presentarse durante el **mes** siguiente a la fecha en que se ha hecho pública la decisión de formular la oferta.

Cuando se ha adquirido una **participación de control** o se han designado a más de la mitad de los miembros del órgano de administración de la sociedad afectada, la solicitud de autorización deberá presentarse durante el mes siguiente a la fecha en la que surja la obligación de formular la oferta.

En los casos de tomas de control **sobrevenidas**, debe presentarse, en su caso, en los tres meses siguientes a la fecha en la que se produzca la toma de control.

2. Documentación

3860 Al escrito de solicitud se ha de acompañar la documentación acreditativa del **acuerdo** o decisión de promover la oferta pública adoptado por la persona u órgano competente **y** el **folleto explicativo** de la oferta, suscrito por la persona que figure como responsable, que debe contener la información necesaria para que las personas a quienes vaya dirigida la oferta puedan formular un juicio fundado sobre ella.

En el caso de una **oferta voluntaria**, se ha de indicar si la decisión de promover la oferta pública está condicionada a su aprobación por la junta general de accionistas de la sociedad oferente y, en su caso, que se aportará la documentación correspondiente en cuanto se obtenga dicha aprobación.

3861 **Folleto explicativo de la OPA** (RD 1066/2007 art.17.1 y 18) La presentación a la CNMV del escrito de solicitud de la oferta debe ir acompañada por la documentación que se indica en el propio RD 1066/2007, destacando dentro de ella un folleto explicativo de la operación.

El folleto explicativo de la oferta, que deberá ser **suscrito** en todas sus hojas por persona con representación suficiente, se redactará de tal manera que resulte fácil el análisis y comprensión de su contenido y comprenderá la información establecida en el RD 1066/2007.

El folleto deberá estar redactado en **castellano**, salvo, en su caso, la información que se incorpore por referencia, en cuyo caso, el resumen del folleto incorporado por referencia debe asimismo estar traducido al castellano.

Deberá contener cualquier otra información que el oferente considere oportuno incluir con el fin de que sus destinatarios puedan formarse un juicio fundado sobre la oferta.

3862 Se autoriza a la CNMV para que mediante Circular apruebe los **modelos** de los folletos explicativos de las ofertas.

Los aspectos más relevantes de esa información se han de referir a:

- El oferente.
- La sociedad afectada.
- Los valores que son objeto de la oferta.
- La contraprestación ofrecida.
- El proceso de la operación.
- La finalidad perseguida por la operación.
- Las autorizaciones y otras informaciones o documentos.

Se admite que la CNMV pueda **eximir** de la obligación de incluir en el folleto algunas de las informaciones señaladas por la normativa y en el anexo del RD 1066/2007 cuando no estén a disposición del oferente, siempre que no afecten a hechos o circunstancias esenciales para formular un juicio fundado sobre la oferta.

3863 **Validez transfronteriza del folleto** (RD 1066/2007 art.19) El folleto explicativo autorizado por la autoridad competente de otro **Estado miembro de la UE** es válido para la oferta pública de adquisición de acciones de sociedades cuyas acciones se encuentran admitidas a negociación en un mercado secundario oficial en España.

En este supuesto, la CNMV puede exigir que se incluya **información complementaria** sobre los trámites que deben cumplirse para aceptar la oferta y recibir la contraprestación correspondiente, así como sobre el régimen fiscal a que quedará sujeta la contraprestación ofrecida.

El folleto debe traducirse, a elección del oferente, al **castellano**, a una lengua habitual en el ámbito de las finanzas internacionales o en otro idioma distinto de los anteriores que acepte la CNMV. En cualquier caso, la CNMV puede solicitar que el oferente traduzca al castellano un resumen del mismo.

Documentación complementaria (RD 1066/2007 art.20) Además del folleto explicativo de la oferta, deberán aportarse determinados documentos complementarios. Esta documentación puede ser exigible con carácter general y, además, ser exigible cuando el oferente sea una persona jurídica. 3864

Carácter general Con carácter general se ha de aportar: 3865
a) Documentación acreditativa de la **garantía** de la oferta.
b) Solicitud de **autorización** o verificación administrativa o, en su caso, documentación acreditativa de dicha autorización o verificación, si la operación lo requiere.
c) Documentación acreditativa del **precio** de la oferta e informes de valoración cuando corresponda.
d) Certificados de legitimación acreditativos de la **inmovilización** de los **valores** de la sociedad afectada, en el caso que proceda.
e) Modelo de los **anuncios** a publicar y certificación acreditativa de las otras formas de publicidad o difusión por cualquier medio de la oferta, en su caso, previstas.

Oferente persona jurídica En el supuesto en que el oferente sea una persona jurídica es preciso acompañar la siguiente documentación: 3866
a) Certificación acreditativa de la **constitución** de la sociedad oferente y de sus estatutos vigentes expedida por el RM de que se trate en el caso de sociedades con domicilio social en España o de la forma que legalmente corresponda en los demás casos. Cuando la sociedad tenga sus acciones admitidas a negociación en un mercado secundario oficial español, esta obligación se entiende satisfecha al estar depositados sus estatutos en vigor en los registros de la CNMV.
b) **Auditoría de cuentas** de los estados financieros de la sociedad oferente y, en su caso, de su grupo, correspondiente, al menos, al último ejercicio cerrado o aprobado, salvo que se encontrara ya depositada en los registros de la CNMV o salvo que la sociedad no esté sujeta a la obligación de auditoría.

Si la sociedad oferente no tiene actividad o ha sido creada para la realización de la oferta, se han de aportar las auditorías de cuentas de los estados financieros del **último ejercicio** cerrado o aprobado correspondiente a sus accionistas o socios de control y, en su caso de sus respectivos grupos, siempre que se trate de personas jurídicas. 3867
En caso de que la sociedad oferente haya publicado, en cualquier forma, estados financieros posteriores al cierre de las cuentas anuales, se deben aportar también dichos **estados financieros**, salvo que se encontraran depositados en los registros de la CNMV.
Cuando la contraprestación consiste en valores ya emitidos por una sociedad distinta de la oferente, debe aportarse asimismo auditoría de cuentas de los estados financieros de la **sociedad emisora** y, en su caso, de su grupo, correspondiente, al menos, al último ejercicio, así como el resto documentos previstos, salvo que se encuentren ya depositados en los registros de la CNMV.

D. Admisión a trámite

(RD 1066/2007 art.17.4)

La **CNMV** ha de revisar la solicitud de autorización y la documentación presentada y declarar, en su caso, su admisión a trámite en un plazo que no excederá de siete días hábiles desde que se complete la documentación, notificándoselo a los interesados. 3870
Si la CNMV no se pronuncia en el plazo señalado, la solicitud se entiende admitida a trámite.
La CNMV debe publicar en su **página web**, el mismo día en el que toma la decisión, las admisiones a trámite, así como los casos de inadmisión, con indicación de los motivos.
En el caso de **no admisión** a trámite de la solicitud, la CNMV debe indicar los motivos, siempre que no hubieran sido subsanados los defectos en el plazo de siete días hábiles concedidos para hacerlo.
Estos **defectos** pueden ser:
- que el folleto contenga errores esenciales o no incluya la información mínima prevista en el anexo I de la CNMV Circ 8/2008;
- que falte la documentación acreditativa de la constitución de garantías o cualquiera de los demás documentos enumerados en el RD 1066/2007 art.20, o se presenten con errores o vicios graves; o
- que la solicitud incumpla de forma manifiesta lo dispuesto en el RD 1066/2007.

E. Autorización

3875 La **CNMV** tras examinar el folleto presentado y la documentación complementaria, autoriza o deniega, en ambos casos de forma motivada, la oferta.
La CNMV puede recabar del oferente la aportación de la información adicional necesaria.
El acuerdo de autorización o denegación debe adoptarse en un **plazo** de veinte días hábiles a partir de la recepción de la solicitud y pone fin a la vía administrativa, siendo recurrible ante la Jurisdicción Contencioso Administrativa, sin perjuicio de la interposición, en su caso, del recurso potestativo de reposición.
La CNMV **notifica** el acuerdo adoptado al oferente, a la sociedad afectada, a las Sociedades Rectoras de las Bolsas y a la Sociedad de Bolsas, así como a cualesquiera otros organismos o autoridades cuya notificación pudiera considerarse necesaria y difunde dicho acuerdo mediante la publicación en su **página web**.
La CNMV puede adaptar, cuando sea necesario, el procedimiento, los plazos y los demás requisitos formales aplicables a las ofertas públicas de adquisición que se formulen simultáneamente en un mercado secundario oficial español y en otro mercado de un Estado no perteneciente a la UE.

3876 **Autoridades de defensa de la competencia** (RD 1066/2007 art.26.1) En los casos en que la OPA implica una operación de **concentración económica**, debe acreditarse ante la CNMV la correspondiente notificación a las autoridades de defensa de la competencia que sean competentes, en caso de ser necesaria y en función de la dimensión europea, española u otra de la concentración.
El oferente puede optar por **condicionar** su oferta a la obtención de la correspondiente autorización o no oposición de las autoridades de defensa de la competencia, de forma que, antes de la terminación del plazo de aceptación de la OPA, pueden darse las siguientes **situaciones**:
• Si las autoridades competentes en materia de defensa de competencia no se oponen a la operación de concentración, la OPA surte plenos efectos.
• Si las autoridades relevantes, declaran improcedente la operación propuesta, el oferente debe desistir de la OPA.
• Si las autoridades sujetan su autorización al cumplimiento de alguna condición, el oferente puede desistir de la OPA.
• Si no hubiera recaído resolución expresa o tácita de las autoridades de defensa de la competencia, el oferente igualmente puede desistir de la OPA.

3877 **Otras autoridades supervisoras** (RD 1066/2007 art.26.2) Cuando la OPA requiere de la **autorización, no oposición o notificación previa** de la operación a cualquier otra autoridad u organismos supervisor, aunque puede presentarse la solicitud de autorización de la OPA sin haber solicitado ni obtenido dicha autorización, no oposición o simple notificación, la CNMV no autoriza la OPA hasta que no se le acredite la obtención de la correspondiente autorización, no oposición, o simple notificación, salvo que hayan transcurrido los plazos para entender que la autorización se ha concedido por silencio administrativo, en los casos en que el carácter del silencio sea de carácter positivo.

F. Publicación

(RD 1066/2007 art.22)

3880 Una de las notas características de la OPA, es su especial publicidad, de ahí que, una vez notificada al oferente la autorización por parte de la CNMV de la formulación de la OPA, debe el **oferente** proceder, en el plazo máximo de cinco días hábiles, a la difusión pública y general de la oferta.
A dicho fin ha de publicar los anuncios correspondientes, en el **Boletín de Cotización de las Bolsas de Valores** donde los valores afectados estén admitidos a negociación y en todas ellas si están integrados en el Sistema de Interconexión Bursátil Español, **y**, como mínimo, en un **periódico** de difusión nacional.
Los **anuncios** han de contener los datos esenciales de la oferta pública que consten en el folleto y ajustarse al modelo registrado como documento complementario del folleto e indicar los lugares en donde dicho folleto y documentación se encuentran a disposición de los interesados.

Folleto explicativo (RD 1066/2007 art.22.3, 4 y 5) Desde el día hábil bursátil siguiente al de la publicación del primer anuncio, el oferente ha de proceder a la **puesta a disposición** de los interesados ejemplares del folleto explicativo de la oferta, así como la documentación que ha de acompañar al mismo prevista en el nº 3864. 3881

El folleto y la demás documentación que debe acompañarlo se considera puesto a disposición del público cuando se publique, a elección del oferente, a través de cualquiera de los **medios** siguientes:

3882
- En uno o más **periódicos** de difusión nacional.
- En un formato **impreso** que debe ponerse gratuitamente a disposición del público en las Bolsas de Valores o en los mercados en los que los valores estén admitidos a negociación o en los domicilios sociales del oferente, de la sociedad afectada o de la entidad que actúe como intermediaria y liquidadora de la oferta.
- En formato electrónico en la **página web** del **oferente**, de la sociedad afectada, de las Bolsas de Valores o mercados en los que estén admitidos a negociación los valores.
- En formato electrónico en la **página web** de la **CNMV**, en el caso de que la CNMV ofrezca este servicio para los folletos que apruebe.

La CNMV ha de publicar en su **página web**, a su elección, bien todos los folletos aprobados en los doce meses anteriores, bien la lista de tales folletos, incluyendo, si procede, un **enlace hipertexto** con el folleto publicado en la página web del oferente o del mercado.

Precisiones En los casos en que el folleto se ponga a disposición mediante su publicación en **formato electrónico**, el oferente debe entregar gratuitamente una copia en papel al inversor que lo solicite.

G. Aceptación y liquidación

Autorizada la OPA por la CNMV y efectuada la publicación de la misma por el oferente comienza el plazo para su aceptación por los titulares de las acciones de la sociedad afectada y de los valores con derecho de voto o que directa o indirectamente puedan dar derecho a su suscripción o adquisición. 3885

La aceptación de la oferta por el accionista de la sociedad afectada es el acto por el cual manifiesta su **voluntad de transmitir** sus acciones al oferente.

Dado que se trata de una operación de **compraventa** sobre acciones admitidas a negociación en un mercado secundario oficial han de observarse las peculiaridades de este tipo de contratos en lo referente a la formación, declaración, transmisión y recepción del consentimiento.

En este sentido, el oferente puede configurar, dentro de los límites legales, la forma y contenido de la aceptación.

1. Información

Como **presupuesto** para la aceptación de la oferta resulta necesario el conocimiento de las condiciones de la oferta, de la estructura de la sociedad afectada y de las repercusiones que la oferta puede tener sobre la sociedad en diversos aspectos. 3890

A tal efecto, se establece la obligación del órgano de administración de la sociedad afectada de redactar un informe que valore detallada y motivadamente la oferta.

Informe de administradores (RD 1066/2007 art.24.1) La función del informe emitido por los administradores de la sociedad afectada tiene por objeto la exposición del **significado y alcance** de la oferta y de su folleto explicativo formulado por el oferente. 3891

El informe ha de valorar especialmente ciertos datos para su mejor conocimiento por los destinatarios de la oferta, así como expresar la **opinión e intención** de los administradores de la sociedad, y ha de servir para que posibles aceptantes de la misma conozcan mejor la desinversión que se les propone y los términos en que se plantea la oferta.

En todo caso, el informe debe prestar especial atención a los **intereses de la sociedad**, en particular, en cuanto a sus repercusiones sobre los intereses, incluido el empleo, y a los planes estratégicos del oferente enumerados en el folleto de la oferta.

Contenido (RD 1066/2007 art.24.1) El órgano de administración de la sociedad afectada debe redactar un informe **detallado y motivado** sobre la OPA, en cuyo contenido se ha de incluir: 3892
- Sus **observaciones** a favor o en contra de la operación.
- Una manifestación expresa sobre si existe algún **acuerdo** entre la sociedad afectada y el oferente, sus administradores o socios, o entre cualquiera de estos y los miembros del órgano de administración de aquella.

• La **opinión** de los miembros del órgano de administración de la sociedad afectada respecto de la oferta y su intención de aceptar o no la oferta por aquellos que sean titulares directos o indirectos de valores afectados.
• Posibles repercusiones sobre la oferta y los planes estratégicos del oferente que figuran en el folleto sobre el conjunto de **intereses de la sociedad**, el empleo y la localización de sus centros de actividad.

3893 • Si algún miembro del órgano de administración tiene algún **conflicto de interés**, explicando la naturaleza de dicho conflicto.
• Si los miembros del órgano de administración mantienen **posiciones distintas** en relación con la oferta, las opiniones de aquellos que se encuentren en minoría.
• Información sobre los **valores** de la sociedad oferente poseídos, directa o indirectamente, por la sociedad afectada o por las personas con las que actúa concertadamente y los valores de la sociedad poseídos o representados, directa o indirectamente, por los miembros del órgano de administración de la sociedad afectada, así como los que puedan tener en la sociedad oferente;
• Si el órgano de administración de la sociedad afectada recibe en plazo un dictamen distinto de los **representantes de los trabajadores** en cuanto a las repercusiones de la OPA sobre el empleo, este se ha de adjuntar al informe de la sociedad afectada.

3894 **Publicación** (RD 1066/2007 art.22.1 y 24.2) La sociedad afectada debe publicar el informe del órgano de administración en el **Boletín de cotización** de cada una de las bolsas donde se negocien sus acciones y en el de todas ellas si los valores están integrados en el sistema de interconexión bursátil español, y además, como mínimo, y dentro de un plazo de diez días naturales a partir de la fecha del inicio del periodo de aceptación de la oferta, en un **periódico** de difusión nacional.
Asimismo, el informe debe ser remitido a la **CNMV y** a la representación de los **trabajadores** de la sociedad afectada.

3895 **Información a los trabajadores** (RD 1066/2007 art.25) La OPA puede tener efectos en el empleo debido al cambio de control respecto a la sociedad afectada, por lo que el **informe** de los **administradores** de la sociedad afectada tiene que tratar, entre otras cuestiones, esta materia.
Sin perjuicio de su publicación, tan pronto como se hace pública una oferta pública de adquisición, los órganos de administración o dirección de la sociedad afectada y el oferente han de remitir dicho informe a los representantes de los trabajadores o en su defecto, a los propios trabajadores.
Una vez publicado el **folleto explicativo** de la oferta, los órganos de administración o dirección de la sociedad afectada y el oferente lo deben remitir a los representantes de sus respectivos trabajadores o, en su defecto, a los propios trabajadores.
Los representantes de los trabajadores de la sociedad afectada y de la oferente, o en su defecto, los propios trabajadores, deben poder obtener fácil y rápidamente el folleto explicativo de la oferta y su documentación complementaria.
Lo anterior, sin perjuicio de lo establecido en la legislación laboral en materia de información consulta y participación de los trabajadores

2. Elementos de la aceptación

3900 La aceptación de la OPA corresponde hacerla al **titular** de las **acciones** de la sociedad afectada o a quien puede representarle válidamente.
La declaración de aceptación tiene que efectuarse de forma **expresa**, ya que no cabe una aceptación tácita.
En el folleto de la oferta han de figurar las entidades o **intermediarios financieros** que actúan por cuenta del oferente en el procedimiento de aceptación y liquidación, debiendo de tenerse en cuenta, además de otros aspectos, las formalidades que deben cumplir los destinatarios de la oferta para manifestar su aceptación, los gastos de aceptación y liquidación que sean por cuenta de los destinatarios, o distribución de los mismos entre el oferente y aquéllos.
En los casos concretos de **accionistas extranjeros** o no residentes que mantienen sus acciones a través de intermediarios, la persona que aparezca legitimada en los asientos del registro contable se presume titular.

Como forma de **orden de venta bursátil**, la aceptación de la OPA tiene que entregarse o formalizarse ante quien, de acuerdo con la normativa bursátil, esté facultado para recibirla. Cabe, no obstante, que el folleto exija que determinadas declaraciones hayan de efectuarse a través de un intermediario concreto. 3901

Elementos reales La aceptación puede alcanzar a todos o solo a parte de los **valores** que se ostenten. 3902

El titular puede aceptar la OPA por uno, varios o todos los valores de que sea titular, a su elección.

Si la OPA fuera dirigida a **varios tipos de valores** del mismo emisor, quien sea titular de valores de varios tipos, también puede elegir aceptar por todos o partes de cada uno de estos valores.

En cuanto al **número de veces** que se puede aceptar en un mismo proceso de OPA, no existe un límite expreso. Los valores que se venden en la OPA han de estar, por principio, libres de cargas o gravámenes, y exentos de cualquier reclamación o tercería.

Respecto a la **fecha** en que han de adquirirse los valores para que puedan ser vendidos en la OPA, los folletos de oferta suelen referirla al último día del plazo establecido para la aceptación de la oferta.

Elementos formales (RD 1066/2007 art.34) Las declaraciones de aceptación de la oferta se realizarán de acuerdo con lo señalado en el **folleto**. 3903

Es habitual que los folletos exijan que las declaraciones se hagan por **escrito**.

Una vez recibida la aceptación por el miembro del mercado o entidad depositaria de las acciones, estos proceden a bloquear las acciones que se van a vender en la OPA, que permanecen en ese estado hasta el momento en que han de entregarse al oferente como parte de la liquidación de la OPA.

Cuando existen **ofertas competidoras** pueden formularse declaraciones de aceptación múltiples, siempre que en ellas se indique el orden de preferencia y las declaraciones se hagan llegar a los distintos competidores.

Se contempla el supuesto de varias OPAs simultáneas sobre el mismo emisor o sociedad afectada, y se permite al accionista formular aceptación en una sola declaración a varias ofertas.

Plazo (RD 1066/2007 art.23) El plazo para la aceptación de la oferta se fija por el oferente en el **folleto**, no pudiendo ser inferior a quince días ni superior a setenta, contados a partir del día hábil bursátil siguiente a la fecha de publicación del primer anuncio de la oferta del oferente, tras su autorización por la CNMV. 3904

El plazo de aceptación de la oferta puede **ampliarse** en los siguientes supuestos:

a) El **oferente** puede ampliar el plazo de aceptación siempre que no exceda el límite máximo de setenta días antes referido. La ampliación deberá anunciarse, al menos, tres días naturales antes del término del plazo inicial.

b) El plazo de aceptación queda ampliado **automáticamente**, cuando proceda, para que medien al menos quince días naturales entre el día de la celebración de la junta general que deba aprobar la emisión de los valores ofrecidos en contraprestación o decidir sobre las condiciones a las que se hubiera sujetado la oferta y el último día de plazo de aceptación.

c) La **CNMV** puede ampliar el plazo de aceptación cuando se publique un suplemento al folleto y la relevancia de la información lo exija.

d) En el supuesto de **oferta competidora**, los plazos de aceptación de las ofertas precedentes quedan automáticamente modificados de forma que todas las ofertas finalicen el mismo día.

e) La CNMV puede acordar de forma motivada la ampliación del plazo de aceptación en los demás casos en que pueda resultar necesario, basándose en el buen fin de la oferta y la debida protección de sus destinatarios.

Condiciones (RD 1066/2007 art.34.5) Las declaraciones de aceptación carecen de **validez** si se someten a condición. 3906

Con ello se intenta evitar el consiguiente retraso al proceso y potenciales contenciosos posteriores al tener alguien que juzgar si dichas condiciones se han cumplido o no.

3. Comunicación de las declaraciones de aceptación

(RD 1066/2007 art.34.2, 35.1 y 2)

Los miembros del mercado que intervengan en la operación o las entidades que actúen por cuenta del oferente han de comunicar **diariamente** las declaraciones de aceptación recibidas a las respectivas sociedades rectoras y al oferente. 3910

De esta manera los accionistas pueden conocer cómo va el proceso de oferta, el número de aceptaciones recibidas, pueden juzgar si la OPA va a triunfar o no, y por tanto, actuar en consecuencia. Para ello, se prevé que los intermediarios, y la entidad que actúa por cuenta del oferente, a la que se conoce como entidad agente, comuniquen diariamente las aceptaciones recibidas al oferente y a las sociedades rectoras.
Asimismo, se establece una doble obligación de información: a la **CNMV** y a los **interesados**.

4. Revocación de las aceptaciones

(RD 1066/2007 art.34.3)

3915 Las declaraciones de aceptación pueden ser revocadas en cualquier **momento** antes del último día del plazo de aceptación de la oferta.
De esta manera, el oferente no sabe con seguridad el éxito de la oferta hasta que termine el plazo de aceptación, pues las aceptaciones que haya ido recibiendo están sujetas a revocación. En consecuencia, las aceptaciones no son firmes, ni vinculan definitivamente al aceptante, hasta que transcurre el plazo durante el que se puede revocar.
Dicha revocabilidad de la aceptación se opone a la irrevocabilidad de la oferta que implica una protección de los intereses de los titulares de valores de la sociedad afectada.
La posibilidad de revocación de la aceptación pone de manifiesto que la declaración de voluntad del destinatario solo tiene relevancia mientras permanece en vigor el último día del plazo de aceptación de la oferta, ya que la revocación no puede hacerse en ese día sino en un momento anterior.

5. Resultado de la OPA

3920 Una vez concluido el plazo para la formalización de las aceptaciones, las sociedades rectoras del mercado de valores o, en su caso, las entidades que actúan por cuenta del oferente disponen de cinco días hábiles para comunicar a la CNMV el **número total de valores** comprendidos en las declaraciones de aceptación que se han formulado.

3921 **OPA obligatoria** En este caso, se presupone que el oferente ha adquirido la posesión de hecho del control de la sociedad afectada y se ve obligado a ofrecer al **resto de los titulares** de los valores con derecho de voto la compra de sus valores a precio equitativo.
La oferta obligatoria puede tener un resultado más o menos amplio dependiendo del número de aceptaciones de la misma.
El resultado de estas OPAs se conoce una vez finalizado el **plazo** para realizar aceptaciones por parte de los accionistas y titulares de valores con derecho de voto de la sociedad afectada, y conocido el número de aceptaciones se liquida la OPA, conforme a la liquidación de las ofertas que tienen un resultado positivo.

3922 **OPA voluntaria** Dado que las ofertas voluntarias pueden estar sometidas a **condiciones**, y por tanto siendo admisibles las OPAs voluntarias parciales, el resultado positivo o negativo depende de si el oferente obtiene la aceptación por los titulares de ese número mínimo de valores o no.

3923 **Otros tipos de OPA** En las **OPAS de exclusión**, en las que el oferente es la propia emisora y que se han de realizar a un precio especial determinado por el propio ordenamiento jurídico, entrañan también un régimen especial a los efectos de la proclamación del resultado. En estas ofertas no es relevante el número mínimo de titulares de valores que han aceptado la OPA, que tiende a ofrecer a los socios la facultad de percibir una cantidad por sus acciones al ser excluidas de la negociación.
En el caso de las **OPAs por reducción de capital** mediante la compra por la sociedad de sus propias acciones para su amortización, el resultado se determina por las declaraciones de aceptación de los accionistas que deseen vender sus acciones.

3924 **Publicación del resultado** (RD 1066/2007 art.36.2) La CNMV debe notificar en el **plazo** de dos días hábiles el resultado positivo o negativo a las **Sociedades Rectoras de la Bolsas de Valores** en que están admitidos a negociación los valores y, en su caso, a la Sociedad de Bolsas, al oferente y a la sociedad afectada.
Las Sociedades Rectoras deben publicar dicho resultado con su alcance concreto en el **Boletín de Cotización** correspondiente a la sesión bursátil en la que reciban la comunicación.

Resultado negativo de la OPA voluntaria (RD 1066/2017 art.33.1 y 39) La oferta puede quedarse sin efecto por no alcanzarse el número mínimo de valores al que se hubiere condicionado o, en general, por no haberse cumplido las condiciones impuestas. 3925
En tal caso, se producen los siguientes **efectos**:
a) La **devolución** de los documentos de la titularidad de los valores por parte de las entidades o personas que hubieran recibido aceptaciones por cuenta del oferente.
b) Todos los **gastos** de la devolución en el caso de que la oferta voluntaria quede sin efecto son por cuenta del oferente.

Asimismo, se establece un conjunto de **limitaciones** para quienes directa o indirectamente han promovido una oferta voluntaria de adquisición de valores que ha tenido un resultado negativo, en calidad de oferente, las sociedades pertenecientes a su grupo, los miembros de su órgano de administración, su personal de alta dirección y quienes hayan promovido la oferta en su propio nombre pero por cuenta del oferente o de forma concertada con este. 3926
Este grupo de personas **no pueden**:
- promover otra oferta pública de adquisición respecto de los mismos valores hasta transcurridos seis meses, contados a partir de la fecha de publicación del resultado en que quedó sin efecto la oferta, salvo que se trate de una OPA competidora; ni
- adquirir valores o alcanzar alguno de los supuestos que determina la obligación de presentar una oferta pública.

6. Liquidación de la OPA

Una vez concluida la OPA tal y como las partes habían acordado, se ha de llevar a efecto la ejecución de lo convenido, cuya fase principal se centra en la **transmisión y pago** de la titularidad de las acciones. 3930

Máximo de los valores que se venden cuando se supera el máximo de la oferta Cuando el número total de valores comprendidos en las declaraciones de aceptación superan el límite máximo de la oferta, para la liquidación de la operación se aplican las reglas que se exponen a continuación. 3931

OPAs parciales (RD 1066/2007 art.38) La regla general respecto a las OPAs voluntarias parciales en las que el número total de valores comprendidos en las declaraciones de aceptación es superior al límite máximo señalado en la oferta, está formada por dos **criterios**: 3932
- el denominado «distribución lineal», que ha de aplicar en primer lugar; y
- el de aplicación subsidiaria referido a la «distribución del exceso».

Distribución final. La aplicación del criterio de distribución lineal presupone que las declaraciones de aceptación han superado el límite máximo del número de valores pedido por el oferente en la oferta voluntaria parcial. 3933
En este caso se aplica en primer lugar ese criterio a los efectos de la determinación de los valores que van a comprarse por el oferente.
El criterio consiste en adjudicar a cada aceptación un **número igual** de valores, que es el que resulta de dividir el 25% del total de la oferta entre el número de aceptantes.
Sobre la base de estos dos datos (número total de valores y número de aceptantes) establece como primer criterio para distribuir en forma lineal los valores que van a venderse, que ha de efectuarse el cálculo del 25% del número total de los aceptantes de la oferta.
Las declaraciones de aceptación por un **número** de valores **inferior** al resultado de esa división se atienden íntegramente.

Distribución del exceso. La regla de distribución del exceso se aplica al resto de los valores cuya aceptación no ha podido ser seleccionada conforme a la distribución lineal. 3934
Esta norma se basa en un **sistema proporcional** para la distribución del resto de valores hasta llegar al total fijado en la oferta.
La cantidad de valores que integran ese número máximo requerido por el oferente que no han podido ser adjudicados de acuerdo con la regla de distribución lineal se distribuye de forma proporcional al número de valores comprendidos en cada aceptación.
A tal efecto es preciso determinar, en primer lugar, la proporción entre el máximo de los valores que el oferente ha ofrecido adquirir por la cantidad no adjudicada por el «sistema lineal».

Una vez realizada la aplicación de este sistema, los aceptantes que han efectuado declaraciones de aceptación de valores por una cifra superior al resultado que ha ofrecido la división de la cifra total por el 25%, venden sus valores por un número que sea proporcional entre sus 3935

aceptaciones respectivas y la cantidad que resta del total de valores pedidos por el oferente. Resto que viene formado por las cantidades de valores que a los aceptantes conforme al sistema lineal no le ha correspondido enajenar y a esas cantidades hay que añadir el 75% del límite total de la oferta.
Sobre la base de ese número total de valores resultantes de la suma de esas dos partidas se realiza un reparto proporcional a la partida de cada aceptante que no ha sido satisfecho en su totalidad.
Estos cálculos no son necesarios si el oferente se ha comprometido a comprar todos los valores que le ofrezcan.

3936 **OPA sobre acciones propias** (RD 1066/2007 art.38.2) Para el caso de una OPA por reducción de capital mediante adquisición de acciones propias para su amortización (nº 3790) cuyas declaraciones de aceptación superan el límite máximo de oferta, se establece una **regla especial**: las acciones cuya venta se hubiese aceptado se reducen en proporción al número de acciones comprendidas en cada aceptación, teniendo en cuenta el porcentaje de capital que se hubiera excedido sobre el importe de la reducción de capital que se hubiera acordado.

3937 **Ejecución de las compraventas** (RD 1066/2007 art.37) El cumplimiento de la OPA se efectúa a través de los trámites de la transmisión de las acciones al oferente y el pago de estos valores a los vendedores.
El cumplimiento de las compraventas de valores derivadas de la OPA se han de ajustar al procedimiento establecido por la **Sociedad de Gestión de los Sistemas de Registro, Compensación y Liquidación S.A.** (Iberclear).
El cumplimiento de la operación implica la transmisión de los valores mediante la **transferencia contable** al oferente y al propio tiempo el correlativo asiento de abono del importe del precio de los antiguos titulares de los valores.
Dicha operación lleva la **fecha** de la sesión a la que se refiere el Boletín de Cotización en que se publica el resultado de la oferta, de forma que el oferente y las personas que han actuado en concierto se consideran titulares de los valores adquiridos por medio de la OPA a partir del momento de la inscripción de esos valores a su nombre en el registro contable.

3938 **Cumplimiento en caso de la permuta** (RD 1066/2007 art.14 y 37.2) Cuando la contraprestación se haya de efectuar mediante permuta de valores, el cumplimiento de la OPA se lleva a efecto en la forma establecida en el **folleto**.
Cuando los valores ofrecidos en contrapartida son **valores negociados** en las bolsas de valores, se efectúa el canje a través de los sistemas y procedimientos y conforme al régimen de aseguramiento y garantía que tienen establecidos las bolsas de valores y la sociedad de gestión de los sistemas de registro, compensación y liquidación de valores.

3939 **Levantamiento de garantías** (RD 1066/2007 art.37.3) Una vez se haya cumplido la operación, la CNMV autoriza el levantamiento de la garantía ofrecida.

H. Incidencias en la OPA

3940 Las OPAS han de formularse con carácter irrevocable por el oferente y solo en los casos legalmente previstos puede aquél modificarlas, desistir de ellas o constatar cómo sus efectos han cesado.

3941 **Modificación** (RD 1066/2007 art.30 y 31) Se puede modificar las características de la oferta en cualquier **momento** anterior a los últimos cinco días naturales previstos para su aceptación, siempre que tal revisión implique un trato más favorable para los destinatarios de la oferta, bien porque extienda la oferta inicial a un número superior de valores, bien porque mejore la contraprestación ofrecida o porque se eliminen o minoren las condiciones a las que, en su caso, estuviera sujeta la oferta.
La modificación debe respetar el principio de **igualdad de trato** para todos los destinatarios que se encuentren en iguales circunstancias.
En el caso de que la mejora de la contraprestación se realice modificando la naturaleza de la misma, es necesaria la opinión de un **experto independiente** que lo acredite, salvo que la contraprestación inicialmente ofrecida fuera una permuta o canje de valores y la nueva sea una contraprestación en efectivo cuyo importe supere el manifestado en cumplimiento de lo establecido en el RD 1066/2007 art.14.4.

El oferente puede asociarse o concertarse con **terceros** con el fin de modificar su oferta, siempre que: 3942
a) El oferente y el, o los, terceros con los que se asocie o concierte asuman solidariamente la **responsabilidad** sobre la oferta modificada.
b) La modificación de la identidad o composición del oferente y las demás variaciones se reflejen en un **suplemento del folleto**.
La decisión o acuerdo de modificación de las características de la oferta se ha de acreditar por el oferente en el suplemento en el que figuren detalladamente las modificaciones de las características de la oferta, con referencia expresa a cada uno de los puntos del folleto inicial a que afecten y con mención detallada y separada de las causas determinantes de la modificación. Las modificaciones deben describirse con la misma **precisión, extensión y exactitud** que los puntos modificados.

La modificación de las condiciones de la oferta debe ser sometida a la **autorización** de la CNMV que debe resolver en un plazo no superior a tres días hábiles desde la recepción de la solicitud. 3943
Durante dicho plazo se suspende el cómputo del plazo de aceptación.
La CNMV, de considerarlo necesario para el mejor análisis de la modificación propuesta, puede ampliar el plazo de aceptación de la oferta, publicándose dicha ampliación por la propia CNMV a través de su página web.
Aprobada por la **CNMV**, la modificación se publica por el oferente el siguiente día hábil a dicha aprobación.
Salvo declaración expresa en contrario, sujeta a los mismos requisitos establecidos para la aceptación de la primera oferta, se entiende que los destinatarios de la oferta que la hubieran aceptado con anterioridad a su modificación se adhieren a la oferta revisada.
En el caso de **ofertas competidoras** se estará a lo establecido en el RD 1066/2007 Capítulo IX. Ver nº 3950 s.

Desistimiento y cese de efectos (RD 1066/2007 art.26.1.b, c y d y 33) **A.** Una vez presentada una **oferta voluntaria** el oferente únicamente puede desistir de la misma en los siguientes **supuestos**: 3944
a) Cuando se autorice una oferta competidora.
b) Si antes de la terminación del plazo de aceptación de la oferta las autoridades competentes en materia de **defensa de competencia** sujetan su autorización al cumplimiento de alguna condición o no han dictado resolución expresa o tácita. Si lo que acontece es que se declara improcedente la operación propuesta, el oferente no puede, sino que debe desistir de la oferta.
c) Cuando, por circunstancias excepcionales ajenas a la voluntad del oferente, la oferta no pueda realizarse o resulte manifiesta su **inviabilidad**, siempre que se obtenga la previa conformidad de la CNMV.
d) Cuando la **junta general** de accionistas de la sociedad afectada adopte alguna decisión o acuerdo que, a juicio del oferente, le impida mantener su oferta, siempre que el propio oferente no haya intervenido, directa o indirectamente, a favor de la adopción de dicho acuerdo y obtenga la previa conformidad de la CNMV. La misma regla se aplica a los supuestos en los que la actuación del órgano de administración no queda sujeta a esa limitación.
No obstante, en este supuesto, el oferente puede mantener la oferta y ajustar su **contraprestación**, siempre que, a la vista de las circunstancias del caso, la eventual reducción en la contraprestación nueva no exceda de lo necesario para preservar la equivalencia financiera con la antigua y obtenga la previa autorización de la CNMV.
Las ofertas voluntarias quedan sin efecto cuando no son aceptadas por el número mínimo de valores al que, en su caso, se hubiera condicionado, salvo cuando el oferente **renuncia** a la condición adquiriendo todos los valores ofrecidos.
Tratándose de otras condiciones impuestas, la oferta queda sin efecto si al finalizar el plazo de aceptación, las **condiciones** no se hubieran cumplido, salvo que el oferente hubiese renunciado a su cumplimiento como máximo el día anterior a la finalización del plazo de aceptación.

B. Cuando se trata de una **oferta obligatoria**, el oferente puede desistir de la misma en los siguientes supuestos: 3946
a) Cuando por circunstancias excepcionales, ajenas a la voluntad del oferente, la oferta no pueda realizarse o resulte manifiesta su **inviabilidad**, siempre que se obtenga la previa conformidad de la CNMV.
b) Si antes de la terminación del plazo de aceptación de la oferta las autoridades competentes en materia de **defensa de competencia** sujetan su autorización al cumplimiento de alguna condición o no han dictado resolución expresa o tácita. Si lo que acontece es que se declara

improcedente la operación propuesta, el oferente no puede, sino que debe desistir de la oferta.
c) Cuando, al término del procedimiento aplicable a las **ofertas competidoras**, se mantuviera una oferta competidora no sujeta a condición que mejore los términos de aquella.

3947 La decisión de desistir de la oferta, con indicación expresa y detallada de su motivo, se ha de comunicar inmediatamente por el oferente a la **CNMV**. Igualmente se debe comunicar las demás causas que dejen sin efecto la oferta.
Tales comunicaciones se hacen **públicas** en el plazo máximo de dos días hábiles desde que fueran recibidas por la CNMV.
Una vez publicado el desistimiento de la oferta o la causa que la deje sin efecto, quedan ineficaces las aceptaciones que se hubieren presentado, corriendo a cargo del oferente los **gastos** ocasionados por la aceptación.

V. Ofertas competidoras

3950 Una OPA competidora es una OPA sobre valores que, en todo o en parte, han sido objeto de una OPA anterior cuyo plazo de aceptación no ha finalizado.
Como toda OPA, está sujeta a **autorización** de la CNMV, que la concede siempre que la OPA competidora cumpla las reglas generales de las OPAs que le resulten de aplicación, así como las específicas que regulan las OPAs competidoras.

3951 **Oferente** (RD 1066/2007 art.41.2) El oferente de la OPA competidora debe ser una persona o entidad que **no** tenga **relación** con el oferente de la oferta original, ni de otras ofertas previas, conforme a las siguientes reglas:
• No pueden presentar OPA competidora quienes actúan de forma concertada con el oferente, pertenecen a su **grupo** o actúan por su cuenta de forma directa o indirecta.
• Ninguna persona o entidad puede participar, directa o indirectamente, en **más de una** oferta.

3952 **Concierto con terceros** (RD 1066/2007 art.41.2) El oferente puede asociarse o concertarse con terceros para **mejorar** su **oferta**, siempre que se cumplan los siguientes requisitos:
a) Los terceros que se asocian o conciertan con el oferente asumen solidariamente la **responsabilidad** sobre la oferta modificada.
b) Las variaciones en la oferta o en el grupo de oferentes deben reflejarse en un **suplemento** al **folleto**.

A. Requisitos

3955 Una oferta competidora debe cumplir los requisitos que se exponen a continuación.

3956 **Plazo de presentación** (RD 1066/2007 art.42.1.a) La OPA competidora debe presentarse después de la oferta inicial o de las precedentes y antes del **quinto día** natural anterior a la finalización:
- del plazo de aceptación de la oferta original;
- del plazo de aceptación ampliado como consecuencia de otras ofertas competidoras previas.

Precisiones Cuando la oferta competidora que se presenta tiene **carácter obligatorio** como consecuencia de haber alcanzado el control en la sociedad afectada, si el hecho determinante de la obligación de formular la OPA se produce concluido el plazo general de presentación de ofertas competidoras, la CNMV amplía los plazos para permitir formular la oferta, la cual debe presentarse:
- de forma inmediata, en cuanto se dé el supuesto de hecho que da lugar a la obligación; y
- en todo caso, en los cinco días hábiles siguientes a que se produzca.

3957 **Valores afectados** (RD 1066/2007 art.42.1.b) La oferta competidora debe afectar a un número de valores **igual o superior** al de la última oferta precedente.
Esta exigencia no tiene relevancia práctica cuando la OPA competidora que se formula se presenta como consecuencia de haber alcanzado el control de la sociedad, y por tanto debe afectar a todos los valores, ni cuando cualquiera de las ofertas precedentes sea una OPA obligatoria por haber alcanzado dicho control, pues todas las posteriores deben afectar a la totalidad de los valores.

Mejora de la oferta precedente (RD 1066/2007 art.42.1.c) La mejora puede revestir alguna de las siguientes **modalidades**: 3958

a) Aumento del **precio** o valor de la contraprestación.

Si la mejora de la contraprestación se lleva a cabo modificando la naturaleza de la misma, es necesario acreditar la mejora con la opinión de un **experto independiente**, salvo cuando la contraprestación inicial sea una permuta o canje de valores, y la nueva sea en efectivo, en cuyo caso es suficiente que el importe del mismo supere el precio en efectivo equivalente indicado para la oferta original o precedente.

b) Aumento del **número de valores** objeto de oferta.

Requisitos aplicables a las ofertas obligatorias (RD 1066/2007 art.42.1.d) Cuando la oferta competidora se presente como consecuencia de haber alcanzado el control en la sociedad afectada, debe cumplir además las exigencias aplicables a dicho tipo de ofertas. 3959

Otros elementos (RD 1066/2007 art.42.2, 3 y 4) La oferta competidora, en la medida en que no sea obligatoria, puede **condicionar** su efectividad a: 3960

- su aceptación por un porcentaje de capital superior al de las precedentes;
- cualquiera de las condiciones establecidas en el RD 1066/2007 art.13.

Puede ofrecerse cualquier **contraprestación** admisible para las OPAs de acuerdo con lo expuesto en el nº 3795 s.

El **primer oferente** puede pactar con la sociedad el cobro de una **comisión** en concepto de gastos de preparación de la oferta para el caso de que su oferta no sea atendida como consecuencia de la presentación de otra u otras ofertas competidoras.

Dicha comisión debe cumplir los siguientes **requisitos**:

- Su importe no puede superar el 1% del importe total efectivo de la oferta.
- Debe ser aprobada por el consejo de administración de la sociedad afectada, previo informe favorable de los asesores financieros de la misma.
- El folleto de la OPA debe detallar la comisión.

B. Tramitación

(RD 1066/2007 art.41.3)

Las ofertas se tramitan por **orden** atendiendo a la fecha de su presentación en la CNMV. 3965

El orden de tramitación resulta relevante debido a la exigencia de que cada oferta competidora mejore la última oferta precedente.

En el Anexo nº 9250 se incluye un **calendario** a seguir en la tramitación de una oferta competidora.

Presentación previa a la publicidad de la precedente (RD 1066/2007 art.22 y 41.4) Cuando se presenta una oferta competidora en el intervalo de tiempo entre la presentación de una oferta previa y la publicidad de la misma, se sigue el siguiente procedimiento: 3966

1. La **CNMV** informa al nuevo oferente de la existencia de la oferta previa, y de que por tanto la suya queda sometida al régimen de las ofertas competidoras.
2. Se **suspende** la tramitación de la oferta competidora hasta la autorización de la oferta previa.
3. Publicada la oferta previa, la CNMV concede al oferente un **plazo** de 10 días naturales para ratificar su oferta o mejorarla adecuándola a los requisitos de las ofertas competidoras.

C. Aceptación de la oferta cuando existen ofertas competidoras

La posibilidad de formular declaraciones de aceptación múltiples en caso de que existan ofertas competidoras (RD 1066/2007 art.34.4), señalando el **orden de preferencia** del aceptante, se complementa con el procedimiento de escrutinio (RD 1066/2007 art.43), en virtud del cual: 3970

- La aceptación se atribuye inicialmente a la oferta elegida en primer lugar por el aceptante.
- En caso de que la oferta elegida sea retirada o quede sin efecto, la aceptación se atribuye a la siguiente oferta en el orden de preferencia del aceptante.

Plazo (RD 1066/2007 art.44) La presentación de una oferta competidora tiene los siguientes efectos sobre el plazo de aceptación de las **ofertas precedentes**: 3971

- Se suspende el transcurso del plazo de aceptación de la oferta u ofertas precedentes.

• Se establece un nuevo plazo, que será único para la oferta competidora presentada y las precedentes, de treinta días naturales a partir del siguiente al primer anuncio de la oferta competidora.
El nuevo plazo se ha de publicar por la CNMV en su **página web**.

3972 **Ampliación del plazo** (RD 1066/2007 art.23.3, 4 y 5, 44.2) El plazo de aceptación de la oferta competidora (y, por ende, el de las precedentes) puede ser ampliado en los siguientes **supuestos**:
a) Cuando sea necesario para permitir un plazo de quince días naturales entre la fecha de la junta general que deba aprobar la emisión de valores ofrecidos en contraprestación o decidir las condiciones a las que se ha sujetado la oferta y el último día del plazo de aceptación.
b) Cuando la CNMV juzgue que la relevancia de la información contenida en algún suplemento al folleto lo exige.
c) En cualquier otro supuesto en que la CNMV lo considere necesario.

D. Desistimiento de las ofertas precedentes

3975 La autorización de una oferta competidora faculta a los oferentes de las precedentes a desistir de ellas en los siguientes términos:
• **Ofertas voluntarias**. La facultad de desistimiento es inmediata, de conformidad con lo expuesto en el nº 3944.
• Ofertas **obligatorias**. El oferente puede desistir en los siguientes caos:
- Imposibilidad o inviabilidad de la oferta, con acuerdo de la CNMV.
- Cuando la OPA requiera autorización de las autoridades de competencia y estas se opongan, o condicionen la operación, o no dicten resolución expresa o tácita.

3976 **Plazo** (RD 1066/2007 art.45.3) La facultad de desistimiento debe ejercitarse antes del **quinto día hábil** desde la terminación del plazo para la presentación de ofertas competidoras.
El oferente ha de comunicarlo inmediatamente a la **CNMV** y publicitarlo en los términos expuestos en el nº 3880.

Precisiones Existe una falta de coherencia entre el **cómputo** en **días hábiles** utilizado en este artículo y el que señala el plazo para presentar ofertas competidoras, que se expresa en días naturales.

E. Modificación de las ofertas competidoras

3980 Se admite la modificación de las ofertas presentadas en los **momentos** temporales siguientes:
- a lo largo del proceso; y
- al finalizar el plazo para presentar OPAs competidoras.

3981 **A lo largo del proceso** (RD 1066/2007 art.45.2) En cualquier momento a partir de la **autorización** de la anterior oferta competidora, y hasta el quinto día hábil posterior al fin del plazo para presentar ofertas competidoras, cualquier oferente que no haya desistido puede modificar su oferta siempre que no se haya publicado previamente el anuncio de una nueva oferta competidora.

Precisiones Existe una falta de coherencia entre el **cómputo** en días hábiles utilizado en el RD 1066/2007 art.45.2 y el que señala el plazo para presentar ofertas competidoras, que se expresa en días naturales.

3982 **Término del plazo para presentar ofertas competidoras** (RD 1066/2007 art.45.3) El quinto día hábil posterior a la terminación del plazo para presentar ofertas competidoras, todos los oferentes -salvo quienes hubieren desistido- han de presentar a la **CNMV**, en sobre cerrado o por cualquier otro medio aceptado por esta que garantice la confidencialidad de la información:
- su última mejora; o
- la manifestación de que no presentarán mejora.
La **apertura de sobres** se lleva a cabo por la CNMV el día de su presentación o siguiente día hábil bursátil, y se comunican sus condiciones mediante publicación en su página web.

Precisiones **1)** Existe una falta de coherencia entre el **cómputo** en días hábiles utilizado en el RD 1066/2007 art.45.3 y el que señala el plazo para presentar ofertas competidoras, que se expresa en días naturales.
2) Esta disposición no resulta aplicable al caso en que a dicha fecha solo subsista una **única oferta**, en cuyo caso el oferente puede mantener la misma y la eventual modificación seguiría el cauce ordinario del RD 1066/2007 art.31.

Reglas comunes (RD 1066/2007 art.45.5, 6, 7, 8 y 9) Las mejoras presentadas en los supuestos anteriores están sujetas a una serie de disposiciones comunes en cuanto a: **3983**
- la acreditación ante la CNMV de determinados particulares;
- la preferencia de la última mejora del oferente inicial; y
- el plazo de presentación.

Acreditación a la CNMV El oferente debe acreditar o presentar a la CNMV: **3984**
- la decisión adoptada;
- un suplemento del folleto que detalle las modificaciones a la oferta;
- el modelo de anuncios a publicar;
- la constitución de la garantía complementaria, en su caso, en los tres días hábiles siguientes.

En caso de incumplimiento de los requisitos propios de las mejoras o de acreditación a la CNMV, la mejora se tiene por no efectuada.

Preferencia por la última mejora del oferente inicial Se otorga un trato preferente al oferente inicial, que puede modificar por última vez su oferta siempre que cumpla los siguientes requisitos: **3985**

a) No haber desistido.

b) Haber presentado mejora al término del plazo para presentar ofertas competidoras.

c) En el supuesto de que la contraprestación ofrecida en dicha mejora fuera inferior a la contraprestación más alta ofrecida en las mejoras de los restantes oferentes, que dicha diferencia sea inferior a un 2%.

d) Que mejore las **condiciones** de la oferta u ofertas competidoras de alguna de las siguientes formas:
- elevando en un 1% el precio o valor de la contraprestación de la mejor oferta;
- aumentando el número de valores afectados en al menos un 5% respecto de la mejor oferta;
- informe de experto: será necesario cuando la mejora no sea una mera elevación de precio o un mero aumento del número de valores afectados, para acreditar que supone una mejora.

Plazo de presentación de la última mejora del oferente inicial El plazo de presentación de la mejora se fija en cinco días hábiles desde la comunicación por la CNMV de las mejoras realizadas al término del plazo para presentar ofertas competidoras. **3986**

Publicidad de las mejoras Autorizada por la CNMV, debe **publicarse** la mejora y, en caso de ser varias, la autorización y publicidad han de producirse en las mismas fechas. **3987**

El plazo de **aceptación** se amplía automáticamente hasta los quince días naturales siguientes a la publicación de la mejora o mejoras.

El **órgano de administración** de la sociedad afectada debe emitir el informe a que se alude en el nº 3891, si bien el plazo se reduce a cinco días naturales a partir de la publicación de la modificación.

Se entiende que los destinatarios de las ofertas mantienen la aceptación o aceptaciones emitidas salvo que emitan una declaración expresa en contrario

F. Igualdad informativa

(RD 1066/2007 art.46)

Se impone a la sociedad afectada por la oferta una obligación de garantizar la igualdad informativa entre oferentes competidores. **3990**

En cumplimiento de dicha obligación, la sociedad afectada debe facilitar la información solicitada por cualquier oferente o potencial oferente de buena fe, siempre que se cumplan los siguientes **requisitos**:

a) Que sea **requerida** específicamente por los oferentes o potenciales oferentes, lo que descarta la obligación de poner a su disposición dicha información de forma espontánea.

b) Que haya sido **facilitada** a otros oferentes o potenciales oferentes. Esto no significa que oferentes o potenciales oferentes posteriores no puedan solicitar y obtener información no requerida por sus predecesores -lo que deberá ser valorado por la propia sociedad-, sino que esta no puede denegarles el acceso a información a la que sus predecesores hayan tenido acceso.

c) Que el destinatario de la información garantice su **confidencialidad**.

d) Que se emplee con el **fin** exclusivo de formular una OPA.

e) Que sea **necesaria** para la formulación de la oferta.

VI. Compraventas forzosas

3995 El oferente que, como consecuencia de una oferta pública de adquisición aceptada por el 90% de sus destinatarios, alcanza, al menos, el 90% del capital con derecho de voto de la sociedad afectada, tiene derecho de exigir a los **accionistas minoritarios** y a los titulares del resto de valores que no aceptaron la oferta, que le vendan todas sus acciones y demás valores (venta forzosa o *squeeze-out*).
Recíprocamente, en iguales condiciones, se otorga a los minoritarios que no aceptaron la oferta inicial el derecho de forzar al oferente a comprarles sus valores (compra forzosa o *sell-out*).

3996 **Requisitos** (LMV art.116; RD 1066/2007 art.47) El derecho de compraventa forzosa se condiciona, tanto para el oferente como para los titulares de valores, al cumplimiento de tres requisitos:
1. Que se haya producido una OPA, ya sea obligatoria o voluntaria, sobre la **totalidad** de las **acciones** u otros valores que confieran directa o indirectamente derechos de voto en una sociedad cotizada.
2. Que como consecuencia de dicha OPA el oferente posea valores que representen al menos el **90%** del capital con derecho a voto.
3. Que la OPA haya sido **aceptada** por titulares de valores que representen al menos el 90% de los derechos de voto distintos de los que obraban en poder del oferente.
En tal caso, el oferente puede exigir a los titulares de los restantes valores que se los vendan, y cada uno de estos puede exigir a aquél que se los compre, por un **precio** equitativo, que es la contraprestación de la OPA.

3997 **Procedimiento** (RD 1066/2007 art.48) Como requisito previo, se establece que, en caso de que el oferente tenga intención de hacer uso del derecho de venta forzosa que, en su caso, le pueda corresponder, debe indicarlo en el **folleto explicativo** de la OPA.
El oferente debe comunicar a la **CNMV** la concurrencia de las condiciones para las compraventas forzosas dentro de los tres días siguientes al de publicación del resultado de la oferta.
Se establece un **plazo** máximo decisorio de tres meses desde el fin del plazo de aceptación de la OPA.

3998 **Derecho de venta forzosa** El ejercicio del derecho de venta forzosa está sujeto a los siguientes **requisitos**:
• **Comunicación a la CNMV**. El oferente debe comunicar a la CNMV su decisión de ejercitar o no su derecho, decisión que será irrevocable, tan pronto como adopte la decisión, y en todo caso dentro del plazo máximo de tres meses señalado anteriormente. La fijación de la fecha de ejercicio debe estar entre los quince y los veinte días hábiles posteriores a la comunicación.
• La **CNMV** ha de dar publicidad a dicha comunicación.
• **Difusión pública** por el oferente. Dentro de los cinco días hábiles siguientes a la publicación por la CNMV el oferente debe difundir las características de la venta forzosa en los mismos términos que los expuestos en relación con la oferta en el nº 3880.
• Constitución de **garantía**. El oferente debe constituir y acreditar a la CNMV la constitución de garantías que aseguren el cumplimiento de sus obligaciones derivadas del derecho de venta forzosa. Acreditada la liquidación a la CNMV se puede retirar la garantía.

3999 • **Contraprestación alternativa**. En caso de existir alternativa, los titulares de los valores afectados deben comunicar la contraprestación elegida antes de la fecha de la operación a través de las entidades depositarias de sus valores; si no lo hacen, se entiende que optan por la contraprestación en efectivo.
• **Liquidación**. En igual plazo al establecido en el folleto de la OPA a contar desde la fecha de la operación.
• Los **gastos** derivados de la compraventa o canje y liquidación son por cuenta del oferente.
• **Exclusión de negociación**. Se produce la exclusión de negociación de los valores afectados, efectiva desde la liquidación de la operación.

4000 **Derecho de compra forzosa** El ejercicio del derecho de compra forzosa se somete a las siguientes **reglas**:
• **Liquidación**. En igual plazo al establecido en el folleto de la OPA a contar desde la fecha de la recepción de cada solicitud.
• Los **gastos** derivados de la compraventa o canje y liquidación son por cuenta de los vendedores.
• **Exclusión de negociación**. Si como consecuencia de la compra o compras forzosas el oferente deviene titular de todos los valores, se produce la exclusión de negociación de los valores afectados, efectiva desde la liquidación de la operación, salvo que la CNMV conceda al

oferente, a petición de este, un mes de plazo para restablecer la difusión y liquidez del valor, y el oferente lo efectúe en dicho plazo.
Las entidades encargadas de la liquidación deben realizar los **traspasos de valores y efectivo** en el plazo de liquidación que resulte aplicable.

El siguiente **cuadro recapitulativo** se recoge de forma sintética las principales diferencias **4001**
entre el derecho de compra y el de venta forzosa.

	Venta forzosa	Compra forzosa
Liquidación: inicio cómputo	Ejecución de la operación	Solicitud del interesado
Gastos	Oferente	Vendedores
Garantía	Exigible	n.a.
% final	100%	Depende de quiénes ejerciten el derecho de compra
Exclusión de cotización	En todo caso	Solo si el oferente adquiere el 100% y no solicita a CNMV la posibilidad de restablecer difusión y liquidez del valor, o no logra restablecerlo en un mes

VII. Deber de pasividad

(LMV art.114, RD 1066/2007 art.28)

Se formula legalmente un deber de pasividad, también denominado deber de neutralidad o **4005**
deber de abstención, de los **administradores** de la sociedad afectada por la OPA hasta que obtengan la autorización de la junta general de accionistas.
Desde el **anuncio** público de una **oferta** pública de adquisición y hasta la **publicación** del **resultado** de la oferta, los órganos de administración y dirección de la sociedad afectada; cualquier órgano delegado o apoderado de los mismos; sus respectivos miembros; así como las sociedades pertenecientes al grupo de la sociedad afectada y cualquiera que pudiera actuar concertadamente con los anteriores, deben obtener la autorización previa de la **junta general** de accionistas antes de emprender cualquier actuación que pueda impedir el éxito de la oferta, con excepción de la búsqueda de otras ofertas, y en particular, antes de iniciar cualquier emisión de valores que pueda impedir que el oferente obtenga el control de la sociedad afectada.

Fundamento y finalidad El deber de pasividad tiene por finalidad garantizar que los **4006**
accionistas de la sociedad objeto de OPA -y destinatarios finales de la misma-, puedan **decidir libremente** sobre la OPA sin intervenciones por parte del órgano de administración de la sociedad.
En el seno de un proceso de OPA, se pueden plantear situaciones en las que los intereses del órgano de administración no estén alineados con los de los accionistas (p.e., los supuestos en los que el órgano de administración considere que, de prosperar la OPA, su continuidad en el cargo es poco probable).
El deber de pasividad pretende evitar que, ante dichas situaciones, los administradores y directivos se sirvan de las facultades inherentes a su cargo de forma indebida, para anular o trastornar la libre decisión de los accionistas respecto a la OPA recibida.

En este sentido, la Dir 2004/25/CE, al introducir el deber de pasividad del órgano de adminis- **4007**
tración, establece que el órgano de administración o dirección de la sociedad afectada debe obrar en defensa de los **intereses de la sociedad** en su conjunto, no denegando a los titulares de valores la posibilidad de decidir sobre la idoneidad de la oferta (Dir 2004/25/CE art.3.1.c).
Por tanto, el deber de pasividad no es sino una concreción del deber general de **lealtad** de los miembros del órgano de administración recogido en la LSC art.227, que impone a los administradores el deber desempeñar su cargo en defensa del interés social, entendido en este caso como la defensa de los intereses de los accionistas de la sociedad afectada por la OPA, en su condición de propietarios de acciones.

4008 **Actuaciones prohibidas** (RD 1066/2007 art.28.1) Sin perjuicio de la generalidad de la limitación que impone el deber de pasividad, se enumera expresamente como actuaciones que requieren, en todo caso, la aprobación de la junta general de accionistas las siguientes:
a) Acordar o iniciar cualquier **emisión de valores** que pueda impedir el éxito de la oferta.
b) Efectuar o promover, directa o indirectamente, cuando pueda impedir el éxito de la oferta, operaciones sobre los valores a los que afecte o sobre otros, incluyendo los actos dirigidos a fomentar la **compra** de dichos valores.
c) Proceder a la enajenación, gravamen o arrendamiento de **inmuebles** u otros activos sociales, cuando tales operaciones puedan impedir el éxito de la oferta.
d) Repartir **dividendos** extraordinarios o remunerar de cualquier otra forma que no siga la política habitual de reparto de dividendos a los accionistas o titulares de otros valores de la sociedad afectada, salvo que los correspondientes acuerdos societarios hubieran sido aprobados con carácter previo por el órgano social competente y hechos públicos.

4009 **Actuaciones permitidas** (RD 1066/2007 art.28.3) Se exceptúa expresamente del deber de pasividad la **búsqueda** de **otras ofertas**.
Esta excepción (que quizá no sea tal, al no colisionar directamente con el deber pasividad impuesto) tiene su fundamento en que, la búsqueda y, en su caso, incorporación al proceso de un **nuevo oferente** (también denominado «**caballero blanco**») redunda necesariamente en beneficio de los accionistas de la sociedad afectada por la OPA, ya que:
- el nuevo oferente vendrá obligado a mejorar la oferta inicial; y
- la aparición de una nueva oferta amplia sus posibilidades de elección.
Adicionalmente, parece que el deber de pasividad no alcanza la **inactividad** o pasividad de los sujetos pasivos del mismo, aunque dicha omisión o inactividad pueda suponer el fracaso de la OPA.
También deben considerarse admisibles y fuera del ámbito del deber de pasividad la realización de **manifestaciones públicas** en contra de la OPA o del oferente, a través de notas o ruedas de prensa, presentaciones, etc. siempre que cumplan escrupulosamente con sus deberes de diligencia y lealtad; o la realización de campañas de publicidad contra la OPA, siempre que se respeten los límites de la publicidad ilícita o desleal.

4010 **Ámbito subjetivo** (LMV art.114; RD 1066/2007 art.28.1) El deber de pasividad se extiende a:
- los órganos de administración y dirección de la sociedad afectada y a cualquier órgano delegado o apoderado de los mismos;
- las sociedades pertenecientes al grupo de la sociedad afectada por la OPA;
- cualquiera que pudiera actuar concertadamente con los anteriores.
Quedan fuera del ámbito subjetivo del deber de pasividad los **accionistas** de la sociedad, que, como destinatarios finales de la oferta, serán libres de realizar las actuaciones que estimen convenientes para dificultar el éxito de la OPA. Nada parece impedir que el accionista que ostente, en el momento de formulación de la OPA, la condición de miembro del órgano de administración de la sociedad pueda tomar las medidas que estime oportunas frente a la OPA siempre que lo haga atendiendo a sus propios intereses personales como accionista y no se sirva para la adopción de dichas medidas de las facultades y medios inherentes a su cargo como miembro del órgano de administración.

4011 **Administradores** El destinatario principal del deber de pasividad no es otro que el **órgano de administración** de la sociedad afectada por la OPA, por las situaciones de conflicto de interés en que se puede ver implicado y los deberes que le impone la LSC.
La referencia a los órganos de dirección, por su parte, pretende cubrir el supuesto de que la sociedad afectada por la OPA sea una **Sociedad Anónima Europea** que haya optado por un órgano de administración dual (LSC art.478). En este caso, el deber de pasividad se extiende igualmente al consejo de control de la sociedad.
El deber de pasividad alcanza no solo al órgano de administración en su actuación colegiada sino a cada uno de sus **miembros**, individualmente, cuando actúen en ejercicio de delegaciones de facultades o en el seno de un órgano delegado.

4012 **Sociedades del grupo** (CCom art.42) La prohibición alcanza a las sociedades pertenecientes al mismo grupo que la **sociedad afectada**, lo cual parece lógico, ya que la pertenencia al mismo grupo de sociedades implica necesariamente la existencia de control o unidad de decisión, y la realización de cualesquiera actuaciones prohibidas por el deber de pasividad por una sociedad filial debe, en todo caso, entenderse realizadas por la sociedad afectada por la OPA

Personas concertadas (Dir 2004/25/CE art.2.1.d; RD 1006/2007 art.28.1) Deben considerase personas concertadas, a estos efectos las personas físicas o jurídicas que colaboren con la sociedad afectada en virtud de un **acuerdo**, ya sea expreso o tácito, verbal o escrito, con el fin, de impedir el éxito de la oferta. **4013**

Se pretende evitar que los destinatarios directos del deber de pasividad evadan dicho deber mediante la realización de actuaciones prohibidas a través de **terceros** con los hayan alcanzado un acuerdo a estos efectos.

Ámbito temporal (RD 1066/2007 art.28.1) El deber de pasividad se extienda desde el **anuncio público** de la oferta pública de adquisición (nº 3880), es decir, desde el momento previo a la presentación de la OPA como tal, en que el oferente comunique al mercado su voluntad de lanzar una OPA voluntaria o el haber incurrido en los supuestos que le obligan a lanzar una OPA obligatoria; y hasta, la publicación del **resultado** de la OPA. **4014**

Autorización por parte de la junta general (RD 1066/2007 art.28.4 y 5) A los efectos de lo previsto en los apartados anteriores, la autorización por parte de la junta general, previa a la realización de cualquier actuación que incumpla el deber de pasividad, debe cumplir los siguientes **requisitos**: **4015**

a) La junta general de accionistas no puede decidir sobre ningún otro asunto distinto a la autorización o confirmación de la actuación u operación, salvo que se trate de la junta general **ordinaria**; esto es la que se reúne dentro de los seis primeros meses de cada ejercicio social para resolver sobre la aprobación de las cuentas del ejercicio anterior, la aplicación del resultado y la aprobación de la gestión social (LSC art.164).

b) El órgano de administración de la sociedad debe redactar un **informe** escrito detallado justificando las actuaciones a realizar para las que requieran la autorización o confirmación de la junta. Dicho informe debe: **4016**

- incluir el sentido del voto de cada uno de los administradores en su aprobación.
- ser puesto a disposición de los accionistas desde la fecha de convocatoria de la junta general que haya de resolver.

c) En la convocatoria de la junta general debe expresarse con la debida claridad las actuaciones para las que se solicita la autorización o confirmación.

d) En el **anuncio** de la convocatoria debe constar el derecho que corresponde a todos los accionistas de examinar en el domicilio social el texto íntegro del acuerdo propuesto y el informe sobre el mismo, y de pedir la entrega o el envío gratuito de dichos documentos.

e) La junta general de accionistas que resuelva dichas medidas debe cumplir con los siguientes **cuórums de constitución** (LSC art.194), salvo que sus propios estatutos sociales establezcan otro régimen de cuórums distinto; esto es: **4017**

- En primera convocatoria, es necesaria la concurrencia de accionistas presentes o representados que posean, al menos, el cincuenta por ciento del capital suscrito con derecho de voto.
- En segunda convocatoria es suficiente la concurrencia del veinticinco por ciento del capital suscrito con derecho a voto.

Confirmación de decisiones anteriores (RD 1066/2007 art.28.2) Deben ser ratificadas o confirmadas por la **junta general** de accionista de la sociedad afectada las siguientes decisiones: **4018**

- las que no se inscriban en el curso normal de actividades de la sociedad;
- aquellas cuya aplicación pueda impedir el éxito de la oferta; y
- las adoptadas antes de iniciarse el periodo de vigencia del deber de pasividad y que en el momento de inicio de dicho periodo no hayan sido aplicadas total o parcialmente, deberán ser ratificadas o confirmadas por la junta general de accionista de la sociedad afectada.

Exclusión del deber de pasividad (RD 1066/2007 art.28.5) La junta general de una sociedad cotizada objeto de una oferta pública de adquisición puede dispensar expresamente a su órgano de administración del cumplimiento del deber de pasividad, mediante acuerdos sucesivos, de una vigencia máxima de dieciocho meses cada uno, cuando la OPA es formulada por una **entidad** que: **4019**

- tiene su **domicilio** social fuera de España; y
- cuya legislación aplicable no impone a su órgano de administración el deber de pasividad regulado por la normativa española o un régimen equivalente, que implica la necesidad de obtener la autorización previa de la junta general antes de adoptar medidas que puedan impedir el éxito de una OPA; es decir, que **no** existe **reciprocidad**.

4020 El acuerdo de eximir al consejo de administración de la sociedad de cumplir con el deber de pasividad debe aprobarse por la junta general de accionistas de la sociedad afectada con los siguientes **requisitos**:
• Cuórum y mayorías reforzadas a que se refiere la LSC art.194 - modif RDL 5/2023 disp.final 3.2 - y 201.2.
• Como máximo, dieciocho meses antes de que la oferta pública de adquisición se haya hecho pública.
• El consejo de administración de la sociedad debe redactar un informe escrito detallado justificando la decisión a adoptar e indicando el sentido del voto de cada uno de sus miembros en la aprobación del informe.
• El informe se ha de poner a disposición de los accionistas desde la convocatoria de la junta general.

VIII. Medidas defensivas

4025 Son medidas las adoptadas por los **accionistas o** por el **órgano de administración** de una sociedad cotizada a fin de desincentivar o evitar, desde un punto de vista jurídico, OPAs hostiles o no amistosas.
Dichas medidas pueden materializarse, esencialmente, a través de:
- previsiones estatutarias; y
- acuerdos contractuales.
Al margen de estas medidas defensivas, la sociedad o su órgano de administración pueden adoptar **otro tipo** de medidas o estrategias, de naturaleza financieras, como el incremento del nivel de deuda de la sociedad, o la salida a bolsa de sociedades filiales, que pueden sin duda dificultar el acceso por parte del oferente al control y obligarle al oferente a asumir una deuda superior o a aumentar la contraprestación total necesaria para el buen fin de la OPA.

A. Previsiones estatutarias

4030 Para facilitar la **verificación** de este tipo de medidas previas, se impone a las sociedades cotizadas el deber de poner a disposición de sus accionistas en su **página web**, al menos, la siguiente información (CNMV Circ 3/2015 anexo I):
• Cauces de comunicación con la sociedad.
• La acción y su capital social.
• Agenda del inversor.
• Dividendos.
• Ofertas públicas de venta y admisión de valores.
• Ofertas públicas de adquisición de valores.
• Estatutos.
• Hechos relevantes.
• Pactos parasociales.
• Participaciones significativas y autocartera.
• Información pública periódica.
• Informe de auditoría, cuentas anuales auditadas, informe de gestión y memoria anual.
• Información remitida, con el carácter de pública, a otros organismos reguladores en el supuesto de que sea distinta de la elaborada bajo preceptos españoles.
• Rating.
• Periodo medio de pago a proveedores.
• Reglamento de la Junta General de Accionistas.
• Junta General de Accionistas: ejercicio del derecho de información.
• Convocatoria y orden del día de la Junta.
• Textos completos de las propuestas de acuerdos a tomar y de la documentación disponible.
• Solicitudes de información o aclaraciones solicitadas por los accionistas.
• Delegaciones de voto.
• Voto a distancia en las Juntas Generales.
• Información sobre el desarrollo de las Juntas Generales.
• Consejo de Administración.
• Reglamento del Consejo.
• Informe anual de gobierno corporativo.
• Remuneraciones de los consejeros.
• Comisiones del Consejo

- Reglamento interno de conducta relativo a la operativa en el mercado de valores.
- Foro de accionistas.

Limitación del número de votos (LSC art.527) La principal y más eficaz medida defensiva estatutaria admisible en derecho español es la limitación del número máximo de votos que puede emitir un **mismo accionista** o todos los pertenecientes a un mismo grupo. 4031

Los estatutos de las SA cotizadas pueden limitar, con carácter general, el número máximo de votos que puede emitir un mismo accionista.

Estas cláusulas estatutarias de limitación del voto en sociedades cotizadas quedan sin efecto cuando, tras una OPA el oferente alcanza un porcentaje igual o superior al **70%** del capital social con derecho de voto, salvo que el oferente no estuviera sujeto a medidas de neutralización equivalentes o no las hubiera adoptado.

Cuórums o mayorías reforzadas Otra medida popular de defensa ante OPAs hostiles es la de establecer en los estatutos sociales cuórum de constitución o mayorías de voto **superiores** a las fijadas legalmente por la LSC para la aprobación de ciertos acuerdos que se consideren especialmente transcendentes (p.e., ampliaciones de capital, modificaciones estructurales, etc.). 4032

Se ha de tener en cuenta que, si bien este tipo de medidas permiten la creación de **minorías de bloqueo**, que hacen menos atractiva la sociedad para el oferente que formule la OPA, es un arma de doble filo que puede entorpecer la gestión ordinaria de la sociedad y dificultar la aprobación por la junta general de accionistas de acuerdos que pueden resultar esenciales para el correcto desarrollo del objeto social.

Renovación escalonada del órgano de administración Con este tipo de medida se pretende que los miembros del consejo de administración de la sociedad no se elijan simultáneamente en el mismo año, sino de forma escalonada en **varios ejercicios**, demorando la fecha en que el oferente pueda alcanzar el control del consejo de administración de la sociedad afectada por la OPA. 4033

Requisitos especiales para ocupar determinados cargos Adicionalmente, una posibilidad alternativa para dificultar el acceso del oferente al control del órgano de administración de la sociedad es la previsión en los estatutos sociales de requisitos especiales para poder ser nombrado miembro del consejo de administración de la sociedad o para ocupar cargos en el seno de dicho órgano de administración. 4034

Este tipo de medidas fueron en su momento un blindaje habitual para las entidades financieras españolas cotizadas, que fijaban con carácter general una **antigüedad** mínima de tres años como accionista de la sociedad, para poder acceder al consejo de administración de la sociedad y una antigüedad mínima como consejero para poder ocupar cargos en seno de dicho órgano de administración.

4035 Esta medida, que puede obstaculizar el acceso de un adquirente hostil al consejo de administración de la sociedad, no tiene carácter absoluto dado que **no es aplicable**:

a) En caso de nombramiento de consejeros en ejercicio del derecho de **representación proporcional** (LSC art.243).

b) Cuando los **estatutos** prevén su no aplicación en el supuesto de que el nombramiento sea aprobado por una mayoría reforzada de la junta general o del consejo de administración, según corresponda.

B. Acuerdos contractuales

4040 Las medidas defensivas de naturaleza contractual pueden dividirse, a su vez, en dos:

- las previstas en contratos celebrados por la sociedad; y
- las derivadas de acuerdos suscritos por terceros.

Para facilitar la verificación de este tipo de medidas previas, se impone a las sociedades cotizadas el deber de incluir en su **informe de gestión**, junto con otra información, la siguiente:

a) Los **acuerdos significativos** que ha celebrado la sociedad y que entren en vigor, sean modificados o concluyan en caso de cambio de control de la sociedad a raíz de una oferta pública de adquisición, y sus efectos, excepto cuando su divulgación resulte seriamente perjudicial para la sociedad; excepción que no se aplica cuando la sociedad está obligada legalmente a dar publicidad a esta información.

b) Los acuerdos entre la sociedad y sus cargos de administración y dirección o empleados que dispongan **indemnizaciones** cuando estos dimitan o sean despedidos de forma improcedente o si la relación laboral llega a su fin con motivo de una oferta pública de adquisición.

Asimismo, deben ser **depositados en el RM** donde figure inscrita la sociedad en cuestión y comunicados a la CNMV los **pactos parasociales** celebrados entre accionistas de sociedad cotizadas que incluyan:
- la regulación del ejercicio del derecho de voto en las juntas generales; o
- que restrinjan o condicionen la libre transmisibilidad de las acciones (LSC art.530 s).

4041 **Contratos celebrados por la sociedad cotizada** Existe una amplia variedad de acuerdos contractuales que, teniendo o no en el origen de su suscripción dicha finalidad, pueden tener la consideración de medidas defensivas ante una OPA o desincentivar a un potencial oferente.
Así, los contratos relevantes suscritos por la sociedad con terceros que tengan prevista una cláusula de cambio de control, y que pueden afectar a **activos** relevantes (p.e., opciones de compra concedidas a terceros sobre activos esenciales, contratos de financiación con cláusulas de vencimiento anticipado o de elevación del tipo de interés en caso de cambio de control, etc.).

4042 **Pactos parasociales** Se trata de acuerdos suscritos por accionistas de la sociedad, que pueden restringir o imposibilitar el ejercicio del **derecho de voto** en sentido favorable a una posible oferta pública de adquisición en el seno de la junta general de accionistas de la sociedad afectada o la propia aceptación de la oferta por las partes firmantes.

C. Neutralización de las medidas defensivas previas

(LMV art.115; RD 1066/2007 art.29)

4045 Las sociedades que disponen de medidas defensivas previas pueden aplicar alguna de las siguientes medidas en el caso de que la compañía sea objeto de una oferta pública de adquisición:
a) La ineficacia, durante el plazo de aceptación de la oferta, de las **restricciones** a la **transmisibilidad** de valores previstas en los pactos parasociales referidos a la sociedad afectada.
b) La ineficacia, en la junta general de accionistas de la sociedad afectada que decida sobre la posible adopción de medidas de defensa, de las restricciones al **derecho de voto** previstas en los estatutos de la sociedad y en los pactos parasociales referidos a dicha sociedad.
c) La ineficacia de las restricciones contempladas en las letras anteriores, cuando tras una oferta pública de adquisición, el oferente haya alcanzado un porcentaje igual o superior al **75%** del capital que confiera derechos de voto.

4046 El acuerdo de aplicar medidas de neutralización de medidas defensivas previas debe adoptarse por la **junta general** de accionistas de la sociedad con el cuórum y mayorías reforzadas (LSC art.194 y 201.2).
El **consejo de administración** de la sociedad ha de elaborar un **informe** que debe describir y detallar:
• Las restricciones a la transmisibilidad de valores previstas en los pactos parasociales que se hayan comunicado a la sociedad.
• Las restricciones al derecho de voto previstas en los estatutos de la sociedad y en los pactos parasociales comunicados a la sociedad.
• Las medidas de neutralización que proponen sean aprobadas por la junta y los términos en que se producirá la ineficacia de las restricciones;
• Las motivaciones que han llevado a los administradores a proponer la ineficacia de las restricciones mencionadas en los casos en que las propongan;
• Cualquier acuerdo que se hubiera alcanzado o que se estuviera negociando por la sociedad con un potencial oferente sobre las acciones de la sociedad, o celebrado o negociado por personas distintas de la sociedad, pero del que esta hubiera tenido conocimiento.

4047 Dicho informe debe igualmente detallar el **sentido del voto** de cada uno de los administradores, en la aprobación del mismo.
El informe se ha de poner a disposición de los accionistas desde la **convocatoria** de la junta general, haciéndose constar en el anuncio de convocatoria el derecho que corresponde a todos los accionistas de examinar en el domicilio social el texto íntegro del acuerdo propuesto y el informe sobre el mismo y de pedir la entrega o el envío gratuito de dichos documentos.
De idéntica forma, la junta general de accionistas de una sociedad cotizada que haya aprobado anteriormente la aplicación de medidas de neutralización puede **revocar** dicha decisión, dando cumplimiento a las previsiones previstas en los apartados anteriores.

Cuando una sociedad decide aplicar medidas de neutralización debe prever en sus estatutos sociales una **compensación** adecuada por la pérdida sufrida por los titulares de los derechos neutralizados, especificando la forma en que se ha de abonar la compensación y el método empleado para determinarla. **4048**
La adopción de medidas de neutralización o su revocación deben comunicarse por la sociedad a la **CNMV**, quien la ha de hacer pública y comunicarla a los demás supervisores de los Estados miembros de la UE en los que las acciones de la sociedad están admitidas a negociación, o se ha solicitado la admisión.
Asimismo, la sociedad debe hacer constar dichos acuerdos en su **informe anual de gobierno corporativo**.

IX. Supervisión y régimen sancionador

Están sujetas al régimen de supervisión, inspección y sanción previsto en la normativa reguladora del **mercado de valores** (LMV art.232 s.) las personas o entidades que promueven una oferta pública de adquisición, las sociedades afectadas, las sociedades y agencias de valores o las entidades de crédito que actúen en representación del oferente, los administradores de cualquiera de las mismas y cualquier otra persona que directa o indirectamente intervenga por cuenta o de forma concertada con aquellas en la oferta pública. **4050**

Infracciones (LMV art.274 s.; RD 1006/2007 art.49) Las infracciones pueden ser muy graves, graves o leves. **4051**
Se pueden citar las siguientes infracciones, sin carácter exhaustivo, que podrían tener el carácter de **muy graves**.
• El incumplimiento de la obligación de presentar una oferta pública de adquisición de valores.
• La presentación de una oferta pública de adquisición de valores fuera del plazo máximo establecido o con irregularidades esenciales que impidan a la CNMV tenerla por presentada o autorizada.
• La realización de la oferta pública de adquisición de valores sin la debida autorización.
• El incumplimiento de los órganos de administración y dirección de sus obligaciones.

Como infracciones **graves**, se tipifican dos supuestos paralelos a dos infracciones muy graves: **4052**
• La falta de publicación o de remisión a la CNMV de la información y documentación que haya de publicarse o enviarse a aquella, como consecuencia de actuaciones que obliguen a la presentación de una oferta pública de adquisición de valores, en el transcurso de la misma una vez finalizada, pero cuando no sea infracción muy grave, esto es, cuando la información o documentación afectada no sea relevante, o la cuantía de la oferta o el número de inversores afectados no sea significativo.
• La publicación o el suministro de información o documentación relativas a una oferta pública de adquisición con omisión de datos o con inclusión de inexactitudes, falsedades o datos que induzcan a engaño, pero cuando no fuera infracción muy grave, esto es cuando la información o documentación afectada no sea relevante, o la cuantía de la oferta o el número de inversores afectados no sea significativo.

Sanciones (LMV art.311 s.; RD 1006/2007 art.49) Se distinguen entre las siguientes sanciones: **4053**
a) **Multa** por importe de hasta la mayor de las siguientes cantidades: el quíntuplo del beneficio bruto obtenido como consecuencia de los actos u omisiones en que consista la infracción; el 5% de los recursos propios de la entidad infractora, el 5% de los fondos totales, propios o ajenos, utilizados en la infracción; el diez por ciento del volumen de negocios total anual de la entidad infractora, según las últimas cuentas disponibles aprobadas por el órgano de administración. Si la entidad infractora es una matriz o filial de la empresa matriz que tenga que elaborar estados financieros consolidados, el volumen de negocios total anual aplicable será el que figure en los últimos estados financieros consolidados disponibles o 5.000.000 euros.
b) **Suspensión** o limitación del tipo o volumen de las operaciones o actividades que pueda realizar el infractor en los mercados de valores durante un plazo no superior a cinco años.
c) Suspensión de la condición de miembro del **mercado secundario** oficial o del sistema multilateral de negociación correspondiente por un plazo no superior a cinco años.
d) **Exclusión de la negociación** de un instrumento financiero en un mercado secundario o en un sistema multilateral de negociación.

4054 e) **Revocación** de la **autorización** cuando se trate de empresas de servicios de inversión, Entidades Gestoras del Mercado de Deuda Pública o de otras entidades inscritas en los registros de la CNMV. Si se trata de empresas de servicios de inversión autorizadas en otro Estado miembro de la UE, esta sanción de revocación se entenderá sustituida por la prohibición de que inicie nuevas operaciones en el territorio español.

f) **Suspensión** en el ejercicio del cargo de **administración o dirección** que ocupe el infractor en una entidad financiera por plazo no superior a cinco años.

g) **Separación del cargo** de administración o dirección que ocupe el infractor en una entidad financiera, con inhabilitación para ejercer cargos de administración o dirección en la misma entidad por un plazo no superior a cinco años.

h) Separación del cargo de administración o dirección que ocupe el infractor en cualquier entidad financiera, con inhabilitación para ejercer cargos de administración o dirección en cualquier otra entidad de las previstas en el LMV art.232, por plazo no superior a diez años.

i) **Restitución** de los **beneficios** obtenidos o de las pérdidas evitadas con la comisión de la infracción, en caso de que pueda determinarse.

j) **Suspensión** no superior a diez años de la **autorización** a una empresa de servicios y actividades de inversión o de otras entidades inscritas en los registros de la CNMV.

k) **Prohibición de negociar** por cuenta propia por un plazo no superior a diez años a toda persona con responsabilidades de administración o dirección en una empresa de servicios y actividades de inversión o a cualquier otra persona física que se considere responsable de la infracción.

l) **Inhabilitación** para ejercer cargos de administración o dirección en empresas de servicios y actividades de inversión por un plazo no superior a diez años o de forma permanente en caso de infracciones cometidas de forma reiterada.

m) **Amonestación** pública en el «Boletín Oficial del Estado» que indicará la persona responsable y el carácter de la infracción, de conformidad con lo dispuesto en el LMV art.335 ter.

4055 Las sanciones por infracciones muy graves se prevé que sean publicadas en el **BOE**, una vez sean firmes en vía administrativa.

4056 **Deber de abstención** (RD 1066/2007 art.50) Las **sociedades y agencias de valores** o las **entidades de crédito**, así como los **fedatarios públicos**, que en el desarrollo de sus actividades o por razón de sus funciones tienen conocimiento de una operación que pueda infringir la normativa de ofertas públicas de adquisición, deben abstenerse de intervenir en ellas.

CAPÍTULO 15

Adquisición de sociedades incorporadas al BME Growth

A. **BME MTF Equity sector de empresas en expansión (BME Growth)** 4110 4100
1. BME MTF Equity y BME Growth 4115
2. Normativa de aplicación 4120
3. Requisitos de incorporación 4125
4. Posibles ventajas y desventajas de la incorporación al BME Growth 4135
B. **Aspectos jurídicos del proceso de adquisición de participación de control de sociedad BME Growth** 4140
1. Estatutos sociales de las sociedades incorporadas al BME Growth 4145
2. Estructura de una operación de toma de control 4150

El presente capítulo tiene por objeto el análisis jurídico de las operaciones de adquisición de acciones de sociedades incorporadas al BME MTF Equity, sector de empresas en expansión (**BME Growth**), desde la óptica, debido a su mayor interés, de operaciones de adquisición de participaciones de control en dichas sociedades. En las próximas páginas se explica en primer lugar qué es el BME Growth, la normativa que regula este mercado y los requisitos que deben cumplir las entidades que pretendan incorporarse al mismo. En segundo lugar, se analiza el proceso de adquisición de participaciones de control en sociedades incorporadas a este mercado. 4101

A. BME MTF Equity sector de empresas en expansión (BME Growth)

Los mercados alternativos bursátiles y, por lo tanto, también el español BME Growth, suponen, sobre la base de una regulación más flexible y costes inferiores a los exigidos a las sociedades cotizadas en los mercados «tradicionales», una **alternativa de captación de capital** para empresas de reducida capitalización. 4110
En ocasiones se ha utilizado el mercado alternativo como trampolín hacia el mercado tradicional una vez la empresa en cuestión alcanzó la dimensión adecuada.

Precisiones La figura de los mercados alternativos bursátiles encuentra uno de sus principales exponentes en **Europa** en el *Alternative Investment Market* (AIM) de la Bolsa de Londres. El AIM, fundado en 1995, cuenta con más de 1.000 empresas incorporadas. Otros mercados alternativos de referencia en Europa son, por ejemplo, el *Nasdaq First North* fundado en 2005 para los países nórdicos y el *Alternext* (Francia, Holanda, Bélgica y Portugal), también fundado en 2005 por *Euronext* y que tras la fusión de *Euronext* y *New York Stock Exchange* (NYSE) en 2006, ahora forma parte del NYSE con el nombre de NYSE *Alternext*.

1. BME MTF Equity y BME Growth

(Reglamento BME MTF Equity art.1 y 26)

El BME MTF Equity es un **sistema multilateral de negociación (SMN)**, promovido por Bolsas y Mercados Españoles, Sistemas de Negociación, S.A. y supervisado por la Comisión Nacional del Mercado de Valores (**CNMV**). Los SMNs permiten, en teoría, ofrecer un marco más flexible que simplifica los requisitos y reduce los costes tanto en la fase de acceso como durante la permanencia en el mercado respecto de los mercados **tradicionales**, facilitando a estas empresas un acceso sencillo y eficiente a la financiación a través del mercado de valores. 4115
El Reglamento del BME MTF Equity define este mercado como un sistema multilateral de negociación llamado a acoger la contratación de valores negociables que, por el régimen legal específico a que estén sometidas sus emisoras, por sus dimensiones o por sus especiales características, requieran un régimen singularizado de negociación. Se trata de un mercado de valores dedicado a **empresas de reducida capitalización** que buscan expandirse, con una regulación a medida, diseñada específicamente para ellas, y con unos costes y procesos adaptados a sus características. Lo que se intenta es adaptar el sistema a unas empresas

peculiares por su tamaño y fase de desarrollo, que presentan amplias necesidades de financiación, precisan poner en valor su negocio y mejorar su competitividad con todas las herramientas que un mercado de valores pone a su disposición.
El BME MTF Equity acepta **valores** de la Unión Europea y Latinoamérica y en él tienen cabida tanto **inversores** particulares como institucionales.
El BME MTF Equity cuenta en la actualidad con tres **segmentos**:
1. BME Growth.
2. BME IIC.
3. BME ECR.
El BME MTF Equity, sector de **empresas en expansión** (BME Growth), inició sus actividades en julio de 2009, bajo la antigua denominación de Mercado Alternativo Bursátil Empresas en Expansión (**MAB-EE**), pasando a denominarse BME Growth en 2020 tras conseguir por parte de la CNMV el reconocimiento de la categoría europea de *Growth Market*, en España denominado Mercado de Pymes en Expansión. Esta nueva categoría se desarrolló en el marco de la iniciativa *Capital Markets Union* (CMU) y está recogida en el Reglamento comunitario MiFID II con el objetivo de impulsar la financiación de las empresas de menor tamaño a través de su presencia en los mercados financieros. Actualmente cuenta con 127 empresas incorporadas.
El presente análisis de las operaciones de adquisición de participación de control versa sobre el segmento de empresas en crecimiento.

2. Normativa de aplicación al BME Growth

(Reglamento MAB art.4)

4120 El BME Growth se encuentra regulado, además de por las disposiciones relativas a los sistemas multilaterales de negociación contenidas en la L 6/2023 (**LMV**), y sus normas de desarrollo, por el Reglamento del BME MTF Equity (**Reglamento BME MTF Equity**), las circulares que apruebe el Consejo de Administración de Bolsas y Mercados Españoles Sistema de Negociación, S.A. y las instrucciones operativas del mercado.
Las circulares e instrucciones operativas deben ser comunicadas a la CNMV.
Adicionalmente, y a raíz de las modificaciones introducidas por la L 5/2021, por la que se modifica la LSC y otras normas financieras, en lo que respecta al fomento de la implicación a largo plazo de los accionistas en las sociedades cotizadas, determinadas normas de la LSC aplicables a las sociedades cotizadas resultan ahora también de aplicación a las sociedades anónimas con acciones admitidas a negociación en sistemas multilaterales de negociación, tales como BME Growth.
Las **circulares** de aplicación al BME Growth y sus actualizaciones se van publicando y están disponibles en la página web de Bolsas y Mercados Españoles.

3. Requisitos de Incorporación al BME Growth

(Reglamento BME MTF Equity art.11; BME MTF Equity Circ 1/2020 art.segundo)

4125 Para poder incorporarse al BME Growth es necesario cumplir una serie de requisitos, recogidos en el Reglamento del BME MTF Equity, y concretados en la Circular 1/2020, sobre requisitos y procedimientos aplicables a la incorporación y exclusión en el segmento de negociación BME Growth de BME MTF Equity («BME MTF Equity Circ 1/2020» modif BME MTF Equity Circ 12/2022).
Los principales requisitos para la incorporación de acciones al BME Growth son los siguientes:

4126 **Características de la entidad emisora** (BME MTF Equity Circ 1/2020 art.segundo.1) La entidad emisora debe cumplir los siguientes requisitos para incorporarse al BME Growth:
a) Debe revestir la **forma jurídica** de sociedad anónima (ya sea española o extranjera).
b) El **capital social** debe estar totalmente desembolsado.
c) Las **acciones** deben estar representadas mediante anotaciones en cuenta.
d) No debe existir restricción legal o estatutaria alguna que impida la **negociación** y **transmisibilidad de las acciones**.
e) La sociedad debe estar ya comercializando productos o servicios o haber ya desarrollado actuaciones relevantes directamente referidas a la preparación de esa actividad comercializadora y, adicionalmente, estar obteniendo **ingresos significativos** como consecuencia de esa comercialización o de transacciones, operaciones y aportaciones financieras fundamentadas en las actuaciones preparatorias que la sociedad hubiera ya llevado a cabo.
f) La sociedad debe tener una **capitalización** inferior a 1.000 millones de euros.

El **régimen contable** y la **información financiera** que difundan tales sociedades se debe ajustar a los siguientes estándares: **4127**
- si la sociedad está constituida en un país del Espacio Económico Europeo, puede optar entre las Normas Internacionales de Información Financiera (NIIF), o el estándar contable nacional de su estado miembro;
- si la sociedad está constituida en un país no miembro, puede optar entre NIIF o US GAAP (i.e. *Generally Accepted Accounting Principles*).

Si la sociedad, en el momento de la solicitud de incorporación de sus acciones, no cuenta con **24 meses consecutivos auditados** debe presentar unas previsiones o estimaciones relativas al ejercicio en curso y al siguiente en las que, al menos, se contenga información numérica sobre ingresos o ventas, costes, gastos generales, gastos financieros, amortizaciones y beneficio antes de impuestos. Esta información deberá remitirse hasta que la antigüedad de la sociedad alcance tres ejercicios.

En todo caso, si la actividad de la sociedad ostenta una **antigüedad** inferior a 2 años, los accionistas de referencia, los administradores y los principales directivos deben comprometerse a no vender acciones ni realizar operaciones equivalentes a ventas de acciones dentro del año siguiente a la incorporación de la sociedad al BME Growth, salvo aquellas que sean objeto de una oferta de venta, tenga o no consideración de oferta pública.

Estatutos sociales (BME MTF Equity Circ 1/2020 art.segundo.2) La sociedad, con anterioridad a su incorporación al BME Growth, debe incluir en sus estatutos sociales las siguientes previsiones estatutarias. Dichas previsiones condicionan la adquisición de un paquete de control en la sociedad: **4128**

1. **Comunicación de participaciones significativas**. Obligación del accionista de comunicar a la sociedad, en el plazo máximo de 4 días hábiles, la adquisición o pérdida de acciones que alcancen, superen o desciendan del 5% del capital social y sucesivos múltiplos, por cualquier título, directa o indirectamente.
2. **Publicidad de los pactos parasociales**. Obligación de los accionistas de comunicar a la sociedad, en el plazo máximo de 4 días hábiles, la suscripción, prórroga o extinción de pactos parasociales que restrinjan la transmisibilidad de las acciones o que afecten al derecho de voto.
3. **Solicitud de exclusión de negociación en el BME MTF Equity**. Obligación de la sociedad, en caso de adoptar un acuerdo de exclusión de negociación del BME MTF Equity que no esté respaldado por la totalidad de los accionistas, de ofrecer a los accionistas que no hayan votado a favor de la medida, la adquisición de sus acciones a un precio justificado de acuerdo con los criterios aplicables a las ofertas públicas de adquisición de valores para los supuestos de exclusión de negociación. No obstante, la sociedad no estará sujeta a la obligación anterior cuando acuerde la admisión a cotización de sus acciones en un mercado regulado español con carácter simultáneo a su exclusión de negociación del BME MTF Equity.
4. **Cambio de control de la sociedad.** Obligación del accionista que recibe una oferta de compra de otro accionista o de un tercero que determine que el adquirente vaya a ostentar una participación de control (más del 50% del capital social) de no transmitir a menos que el potencial adquirente ofrezca a la totalidad de los accionistas la compra de sus acciones en las mismas condiciones.

Acciones susceptibles de incorporación (BME MTF Equity Circ 1/2020 art.segundo.3) Pueden ser incorporadas acciones que hayan sido previamente objeto de una **oferta de venta** o de suscripción, pública o no, así como acciones que no lo hayan sido. En cualquier caso, las acciones de las que sean titulares accionistas con porcentajes inferiores al 5% del capital social deben representar en conjunto un valor estimado no inferior a 2 millones de euros. **4129**

En el caso de las **SOCIMIs**, para la incorporación de las acciones de la sociedad será preciso que sea titularidad de accionistas con un porcentaje inferior al 5% del capital social de la sociedad, un número de acciones que, como mínimo, corresponda con cualquiera de las magnitudes siguientes:
- Un valor estimado de mercado de 2 millones de euros.
- 25% de las acciones emitidas por la sociedad.

Adicionalmente, y en virtud de las modificaciones introducidas por la L 5/2021, resultarán de aplicación a las sociedades con acciones negociadas en el BME Growth los art.500 y 501 LSC, de manera que tales sociedades podrán emitir **acciones rescatables**, conforme a los requisitos allí previstos

4130 **Designación de asesor registrado** (BME MTF Equity Circ 1/2020 art.segundo.4) La entidad emisora debe designar un asesor registrado de entre los que figuren en el registro especial establecido al efecto por el BME MTF Equity, de acuerdo con lo previsto en el Reglamento del BME MTF Equity y en la Circ BME MTF Equity 4/2020.

4131 **Presentación del contrato de liquidez** (BME MTF Equity Circ 1/2020 art.segundo.5) La sociedad debe suscribir con una entidad intermediaria financiera un contrato de liquidez de acuerdo con lo establecido la norma 10 de la Circ BME MTF Equity 5/2020 de Normas de Contratación (modificado en virtud de la Circ BME MTF Equity 1/2022 de Modificación de las Normas de Contratación de Acciones de sociedades incorporadas al segmento de BME Growth de BME MTF Equity). Dicha **entidad intermediaria** financiera debe ser una empresa de servicios de inversión o una entidad de crédito que sea miembro de BME MTF Equity con la que la sociedad cotizada haya concertado un contrato de liquidez.
El **objeto** de este contrato es favorecer la liquidez de las transacciones, conseguir una suficiente frecuencia de contratación y reducir las variaciones en el precio cuya causa no sea la propia tendencia del mercado.
El contrato de liquidez prohíbe expresamente que el **proveedor de liquidez** solicite o reciba de la sociedad cualesquiera instrucciones sobre el momento, precio o demás condiciones de las operaciones que ejecute en virtud del contrato. Tampoco puede solicitar ni recibir información privilegiada u otra información relevante de la sociedad. Con ello se pretende que el proveedor de liquidez actúe de manera independiente a la sociedad emisora. Por ello, se debe establecer un sistema de remuneración del proveedor de liquidez que no aliente a influir artificialmente sobre el precio o volumen de las transacciones.

4132 **Valoración por experto independiente** (BME MTF Equity Circ 1/2020 art.segundo.6) La sociedad emisora debe aportar una valoración realizada por un experto independiente de acuerdo con criterios internacionalmente aceptados, salvo que dentro de los **6 meses anteriores** a la solicitud se haya realizado una colocación de acciones o una operación financiera que resulten relevantes para determinar un primer precio de referencia para el inicio de la contratación de las acciones de la sociedad.
Esa valoración se utiliza para determinar el precio de referencia de las acciones de la sociedad.

4. Posibles ventajas y desventajas de la incorporación al BME Growth

4135 Como nota final a la introducción al BME MTF Equity y su sector de empresas en expansión, se listan algunos de los aspectos positivos y negativos, más relevantes, que deben ser valorados a la hora de plantear la incorporación de una sociedad al BME Growth.

4136 **Ventajas** Entre las posibles ventajas cabe destacar:
• Facilitar el **acceso a la financiación** para empresas de reducida capitalización, con la adecuada transparencia y liquidez para los inversores, en un contexto europeo de regulaciones bursátiles cada vez más exigentes. Las empresas que cotizan en el BME Growth pueden obtener financiación a través de ampliaciones de capital en el mercado.
• Aportar una **mayor notoriedad a la compañía**, particularmente ante clientes y proveedores financieros.
• Determinar el **valor de la empresa**, al fijar el mercado el precio de las acciones, incorporando en el precio las expectativas de negocio. El BME Growth, y los mercados en general, incorporan las expectativas de crecimiento y beneficios en la valoración de las empresas cotizadas, así como otras variables externas a la empresa. Esta particularidad distingue los precios de las operaciones en los mercados de los que se determinarían atendiendo a otros métodos. La valoración del mercado supone una valiosa referencia para los gestores de la empresa en su toma de decisiones.
• Ofrece **liquidez** a los accionistas, al otorgar la posibilidad de vender sus acciones en el mercado.

4137 **Desventajas** Entre las desventajas, podemos citar dos principalmente:
• Los **costes** asociados a entrar en este mercado, pues se requiere al apoyo de un asesor registrado, que asesora a la compañía y formaliza su estrategia, un bróker, auditores, un proveedor de liquidez y un banco agente, asesores jurídicos y apoyo en comunicación. Evidentemente todo ello tiene un coste en dinero y tiempo que la empresa debe valorar a la hora de plantearse la entrada en el BME Growth.
• El **mayor riesgo** de **perder el control** de la compañía, ya que un inversor potente puede plantear una oferta pública de adquisición y hacerse con el control de la misma.

• Tras el **caso Gowex**, el antiguo MAB-EE sufrió un duro golpe reputacional, con el consecuente impacto en la cotización de las acciones de las sociedades incorporadas a este mercado, sin mencionar la potencial pérdida de la inversión por parte de los accionistas afectados. Desde distintos sectores se demandó la implementación de nuevas **medidas de control** a fin de evitar nuevos casos como el mencionado. En este sentido, la regulación aplicable al BME MTF Equity ha experimentado recientemente importantes modificaciones de cara a reforzar la supervisión y control del mismo, con el fin de generar una mayor transparencia y confianza para el mercado y sus inversores. Entre otras modificaciones destaca la obligación de contar con una comisión de auditoría desde el 17 de junio de 2016, así como la de someter las cuentas semestrales a una revisión limitada por el auditor de la sociedad.

B. Aspectos jurídicos del proceso de adquisición de participación de control de sociedad BME Growth

1. Estatutos sociales de las sociedades incorporadas al BME Growth 4145 **4140**
2. Estructura de una operación de toma de control 4150

1. Estatutos sociales de las sociedades incorporadas al BME Growth

(BME MTF Equity Circ 1/2020 art.segundo; BME MTF Equity Circ 3/2020)

Los estatutos de las sociedades incorporadas al BME Growth deben incluir una serie de previsiones específicas. **4145**
De entre dichas **previsiones**, mencionadas en el nº 4126, las siguientes deben ser tenidas en consideración, y condicionan la adquisición de una participación de control:
- comunicación de participaciones significativas;
- publicidad de los pactos parasociales; y
- cambio de control de la sociedad.

Comunicación de participaciones significativas Con la materialización de una operación de cambio de control es lógico pensar que el vendedor o vendedores descienden en más de un **5%** su participación en la sociedad. Del mismo modo, el comprador aumenta su participación en más de un 5%. **4146**
Las comunicaciones deben efectuarse dentro del **plazo** máximo de 4 días hábiles siguientes a aquel en que se hubiera producido el hecho determinante de la comunicación. Es el accionista el sujeto obligado a realizar la comunicación a la sociedad.
Posteriormente, la sociedad debe **comunicar al BME MTF Equity** los cambios de participación comunicados por los accionistas. En particular, la sociedad debe comunicar, con carácter inmediato, cuando tenga conocimiento del hecho en cuestión (BME MTF Equity Circ 3/2020 art.segundo.2.2).

Publicidad de pactos parasociales Los estatutos de las sociedades incorporadas al BME Growth también incluyen una previsión en virtud de la cual los accionistas deben comunicar a la sociedad la **suscripción, prórroga o extinción** de pactos parasociales que: **4147**
- restrinjan la transmisibilidad de las acciones; o
- afecten al derecho de voto.

Las comunicaciones deben efectuarse en el **plazo** máximo de 4 días hábiles siguientes a aquel en que se hubiera producido el hecho determinante de la comunicación.
En el marco de una operación de toma de participación de control, es probable que se suscriba un **acuerdo de accionistas** entre el vendedor (entendido como el anterior accionista mayoritario) y el comprador, cuyo objetivo es regular la relación de ambos como accionistas de la sociedad incorporada al BME Growth. Si fuera así, el acuerdo que contenga dichos aspectos debe ser comunicado por el vendedor y el comprador a la sociedad en el citado plazo.
Es importante destacar que la normativa del BME MTF Equity no exige la **remisión íntegra** del propio acuerdo de accionistas. En principio, la comunicación de la suscripción del pacto junto con un resumen de las cláusulas que restrinjan la transmisión de acciones o que afecten al derecho de voto debe ser suficiente.
Una vez recibida la comunicación por la sociedad, esta tiene la obligación de **comunicar al BME MTF Equity** dicha información con carácter inmediato, una vez tenga conocimiento de ello (BME MTF Equity Circ 3/2020 art.segundo.2.3).

4148 **Cambio de control de la sociedad** Esta previsión estatutaria, incluida obligatoriamente en los estatutos de las sociedades incorporadas al BME Growth, condiciona cualquier operación de toma de participación de control.

El accionista que recibe una oferta de compra de otro accionista o de un tercero que determine que el adquirente vaya a ostentar una **participación de control** (más del 50% del capital social), no podrá transmitir su participación a menos que el potencial adquirente ofrezca a la totalidad de los accionistas la compra de sus acciones en las mismas condiciones.

En virtud de lo anterior, una operación de toma de participación de control en el BME Growth implica la necesidad por parte del comprador de realizar una **oferta de compra**, en las mismas condiciones, a **todos los accionistas** de la sociedad BME Growth.

Adicionalmente, desde la entrada en vigor de la nueva LMV (L 6/2023), se ha extendido, en los términos que reglamentariamente se establezcan, a las sociedades domiciliadas en España cuyas acciones coticen en BME Growth la obligatoriedad de formular una OPA, anteriormente aplicable únicamente a sociedades cotizadas en un mercado regulado español, en los términos que se determinen reglamentariamente.

2. Estructura de una operación de toma de control

4150 Uno de los primeros problemas que deben afrontar el vendedor (entendido como el accionista mayoritario que desea transmitir una parte de su participación) y el comprador es el diseño de la estructura de la operación.

En efecto, si el vendedor desea transmitir una participación de, por ejemplo, un 51% del capital social de la sociedad BME Growth, dada la obligación estatutaria de trasladar la oferta a la totalidad de los accionistas de la sociedad y la obligación legal de realizar una OPA, pudiera ser que, tras la oferta, el comprador se encontrase con un porcentaje superior al 51% deseado (es decir, 51% adquirido al vendedor más el porcentaje transmitido por los accionistas minoritarios).

Una solución que ya ha sido utilizada a fin de que el comprador adquiera un porcentaje de acciones previamente acordado (por ejemplo, un 55% del capital social de la sociedad) y respetar a la vez el derecho estatutario y legal de venta de los accionistas minoritarios, consiste en **dividir el proceso de adquisición** en tres fases (en cualquier caso, siempre es necesario analizar la estructura accionarial de la sociedad BME Growth antes de diseñar la estructura de la operación):

- **Fase I**: firma de un acuerdo de inversión por parte del vendedor (i.e. accionista mayoritario o accionistas mayoritarios de la sociedad BME Growth) y el comprador, regulando las condiciones de la operación más el correspondiente acuerdo de socios.
- **Fase II**: oferta de compra a los accionistas de la sociedad.
- **Fase III**: cierre de la operación.

A continuación, se describen las características esenciales de cada una de estas fases.

4151 **Firma del acuerdo de inversión** La firma del acuerdo de inversión tiene lugar tras el proceso de **«due diligence»** sobre la sociedad y la correspondiente negociación entre vendedor y comprador. Al tener carácter de sociedad incorporada al BME Growth, es preciso que el proceso de *due diligence* se realice respetando las pautas básicas convenidas para una sociedad cotizada.

Para solucionar la problemática de la **adquisición** de un **porcentaje determinado** de acciones de la sociedad por parte del comprador, en el acuerdo de inversión puede establecerse un mecanismo en virtud del cual el vendedor venda en ese acto, es decir, en la firma del acuerdo de inversión, un número de acciones representativas del porcentaje de capital social que el comprador desea adquirir en total (por ejemplo, un 55% del capital social de la sociedad) menos el número de acciones que vayan a ser vendidas por el resto de accionistas minoritarios de la sociedad en virtud de la OPA que el comprador se encuentra obligado a realizar.

De esta forma, se cumple con la obligación de realizar una OPA por la adquisición del control en una sociedad.

4152 Es preciso destacar que la celebración del acuerdo de inversión supone la perfección de un contrato de compraventa de las acciones del vendedor. Se produce la determinación inicial del **objeto** de la compraventa, estableciéndose además un mecanismo que permite su determinación posterior sin necesidad de nuevos acuerdos entre vendedor y comprador. El **precio** también ha sido acordado, es decir, se fija un precio por acción. El importe final que corresponde al vendedor solo puede conocerse una vez se publique el resultado de la oferta, lo que permite calcular el número de acciones de la sociedad que el vendedor debe transmitir al comprador para que este, junto con las acciones adquiridas de los accionistas minoritarios, ostente, por ejemplo, el mencionado 55% de la sociedad.

La **ejecución** de la compraventa y, consecuentemente, la efectiva transmisión de las acciones por parte del vendedor a favor del comprador, se produce de forma automática con el otorgamiento de la escritura de cierre por vendedor y comprador, otorgamiento que tiene lugar una vez se conoce el resultado de la oferta.

El acuerdo de inversión contiene las cláusulas habituales en este tipo de transacciones de compraventa, entre otras, previsiones sobre regulación del periodo interino hasta la efectiva transmisión de las acciones de la sociedad, manifestaciones y garantías del vendedor y régimen de responsabilidad. Sobre las **manifestaciones y garantías** del vendedor y **régimen de responsabilidad**, a fin de simplificar el proceso, dichas obligaciones y régimen de responsabilidad no suelen extenderse (y en el precedente analizado no se extendieron) a los accionistas minoritarios, a fin de hacer operativo el proceso de adquisición. Una solución en contrario entraña diversas dificultades de índole práctico. En conclusión, los **accionistas minoritarios** que transmiten en virtud de la oferta, no están vinculados al comprador por el régimen de responsabilidad contenida en el acuerdo de inversión, que sí vinculará al vendedor (i.e. accionista mayoritario). Nos encontraríamos, por tanto, ante una mejora de los términos de la compraventa a favor de los accionistas minoritarios. **4153**

Vendedor y comprador están obligados a **comunicar la suscripción** del acuerdo de inversión y del acuerdo de socios a la sociedad. A su vez, la sociedad está obligada a poner en conocimiento del BME Growth dicha suscripción mediante los correspondientes hechos relevantes. Posteriormente, vendedor y comprador deben enviar un **resumen del contenido** del acuerdo de socios a la sociedad para que esta, a su vez, mediante hecho relevante, lo comunique al BME Growth. **4154**

En la misma comunicación dirigida a la sociedad por vendedor y comprador referente a la suscripción del acuerdo de inversión, se debe informar a la sociedad de la presentación de la correspondiente **oferta**, así como que el anuncio de la misma será publicado tanto en la página web de la sociedad como en la del BME Growth. El anuncio debe contener los principales términos y condiciones de la oferta.

Oferta de compra a los accionistas minoritarios La nueva LMV (L 6/2023) ha extendido la obligación de realizar una OPA, en los términos que se determinen reglamentariamente, anteriormente prevista únicamente en el caso de sociedades cuyas **acciones cotizan** en un mercado regulado español, a las sociedades domiciliadas en España cuyas acciones coticen en BME Growth. **4155**

A continuación, se describe el **proceso** de oferta diseñado en la primera de las operaciones de cambio de control efectuadas en el BME Growth que, basándose en el régimen establecido por el RD 1066/2007, sobre el régimen de las ofertas públicas de adquisición de valores, garantizaba, aunque con menor rigidez en cuanto a requisitos formales, el ejercicio de su derecho estatutario de venta para supuestos de cambio de control a los accionistas de la sociedad. No obstante, debido a que la nueva LMV ha extendido a las sociedades domiciliadas en España cuyas acciones cotizan en BME Growth la aplicabilidad de la obligación de presentar una OPA en los términos que se establezcan reglamentariamente, este proceso podrá ser alterado por la nueva normativa que se apruebe cumpliendo con esta previsión.

1º El día de la **firma del acuerdo de inversión**, el vendedor y el comprador comunican a la sociedad incorporada al BME Growth la suscripción del acuerdo y la intención del comprador de publicar el anuncio de la oferta. **4156**

2º En un plazo de 5 días hábiles desde la fecha de suscripción del acuerdo de inversión, el comprador remite una **comunicación al BME Growth** para su publicación, a fin de hacer pública y difundir la formulación de la oferta, indicando los principales términos de la misma.

3º El **anuncio de la oferta** se publica en la página web del BME Growth así como en su boletín diario. Una vez cumplido lo anterior, también debe publicarse en la página web de la sociedad.

4º El **plazo de aceptación** de la oferta se fija en 15 días hábiles bursátiles contados a partir del día hábil bursátil siguiente a la fecha de publicación del anuncio de la oferta.

5º La oferta se dirige a todas las acciones de la sociedad titularidad de los accionistas, salvo por las ostentadas por el vendedor (es decir, el firmante del acuerdo de inversión), en la fecha del anuncio de la oferta. Por tanto, los accionistas **destinatarios** de la oferta son los que hemos denominado como accionistas minoritarios.

6º Los **accionistas minoritarios** pueden aceptar la oferta por la totalidad o parte de las acciones de la sociedad de la que sean titulares. Las acciones deben ser transmitidas libres de cargas y gravámenes. **4157**

7º Los accionistas minoritarios que deseen aceptar la oferta deben dirigirse a la entidad en la que se encuentren depositadas sus acciones, a fin de manifestar por escrito su **aceptación de la oferta** con respecto a la totalidad o parte de las acciones de su propiedad. Durante el plazo de aceptación de la oferta, las entidades depositarias deben remitir diariamente al oferente (i.e. el comprador), a través de la entidad agente designada a estos efectos por el comprador, los datos relativos al número total acumulado de acciones comprendidas en las declaraciones de aceptación presentadas por los accionistas minoritarios.
8º Transcurrido el plazo de aceptación de la oferta, la entidad agente comunica al comprador y a la sociedad, en el plazo máximo de 5 días hábiles bursátiles, el total de aceptaciones recibidas durante el plazo de aceptación y, por tanto, el **resultado de la oferta**, para su publicación en la web del BME Growth y en la web de la sociedad.

4158 9º La **liquidación de la oferta** se realiza en efectivo por la entidad agente, por cuenta del comprador y de conformidad con los procedimientos con él acordados, utilizando como fecha de contratación de la correspondiente operación en el mercado el día hábil bursátil inmediatamente posterior a la fecha de publicación del resultado de la oferta.
10º El comprador corre con los **gastos** por la tramitación y liquidación de la oferta, pero no se hace cargo de las comisiones y gastos que las entidades depositarias de las acciones pudieran cargar a sus clientes por la tramitación de las declaraciones de aceptación de la oferta.
11º Una vez expirado el plazo de aceptación de la oferta se da a conocer el resultado de la misma. Con dicho resultado es ya posible efectuar el cálculo de las **acciones que deben ser transmitidas** por el vendedor al comprador, para que este, junto con las acciones adquiridas a los accionistas minoritarios en virtud de la oferta, ostente el 55% del capital social de la sociedad acordado inicialmente en el acuerdo de inversión. La transmisión de las acciones del vendedor (i.e. el accionista mayoritario) a favor del comprador se ejecuta en virtud de la escritura de cierre.

4159 **Contenido del anuncio de la oferta** Sobre el contenido del anuncio de la oferta a los accionistas minoritarios, este debe contemplar los principales términos y condiciones de la misma. El **objetivo** fundamental del anuncio de la oferta es que los accionistas minoritarios cuenten con la información necesaria para poder adoptar una decisión fundamentada sobre la transmisión de sus acciones en la sociedad.
El anuncio de la oferta diseñado para la primera operación de toma de participación en el BME Growth incluye los siguientes apartados:
a) Breve, pero razonablemente exhaustiva, **descripción de la operación**, con identificación de las partes intervinientes. Se debe informar a los accionistas minoritarios de cualquier aspecto de la operación que deban conocer para poder adoptar su decisión de transmisión.
b) Un **resumen del acuerdo de socios** en sus aspectos más relevantes para los accionistas minoritarios (indicando, además, que los pactos parasociales serán comunicados a la sociedad para que esta les dé publicidad de conformidad con la normativa del BME Growth).
c) Los **valores** a los que se dirige la oferta.

4160 d) La **contraprestación** ofrecida por acción. En el caso analizado coincide con la contraprestación máxima establecida en el acuerdo de inversión para el vendedor. No obstante, se mejora la posición de los accionistas minoritarios ya que, para el vendedor, el acuerdo de inversión prevé la **retención** de una **parte del precio** condicionada al cumplimiento de condiciones futuras. Dicha retención no resulta de aplicación para los accionistas minoritarios que acepten la oferta, quienes, en el momento de liquidación de la misma, reciben el precio máximo por acción estipulado en el acuerdo de inversión.
De forma añadida, en el supuesto de la primera toma de control de sociedad BME Growth, tampoco se trasladaba a los accionistas minoritarios el **régimen de responsabilidad** establecido para el vendedor en el acuerdo de inversión. Ello también suponía una importante mejora de la posición de los accionistas minoritarios aceptantes.

Precisiones 1) Existen precedentes en sociedades del mercado continuo de ofertas dirigidas a los minoritarios en las que se establece el mismo mecanismo de **retención del precio** que el establecido para el vendedor/accionista mayoritario.
2) La normativa BME MTF Equity exige que, en los supuestos de toma de control, la oferta de compra se realice a todos los accionistas de la sociedad «en las mismas condiciones» pero no exige una **mejora de la posición** para los **accionistas minoritarios**. Las razones de ofrecer mejoras de la naturaleza anteriormente señalada pueden responder a motivos comerciales (procurar una mayor aceptación de la oferta por parte de los minoritarios al hacer esta más atractiva) y/o prácticos (por ejemplo, dada la dificultad de diseñar un mecanismo simple y viable de retención de precio aplicable a los minoritarios, en línea con el régimen de responsabilidad previsto para el vendedor en el acuerdo de inversión o venta).

e) La **financiación de la oferta**. En este primer precedente, se establece que el pago de la totalidad del precio a satisfacer a los accionistas de la sociedad BME Growth se realice con cargo a los fondos propios del comprador, sin recurrir a financiación externa. 4161

f) El plazo de **aceptación de la oferta**, formalidades de aceptación y forma y plazo de pago de la contraprestación (i.e. procedimiento de aceptación de la oferta, publicación del resultado de la oferta, intervención y liquidación de la oferta) y gastos de la oferta, en los términos ya explicados en el nº 4158.

g) La **finalidad** perseguida con la inversión por parte del comprador y, en su caso, el vendedor.

h) Los **estatutos sociales** de la sociedad. En este apartado se indica que, con posterioridad a la liquidación de la oferta, es intención del oferente y del vendedor llevar a cabo una serie de modificaciones en los estatutos de la sociedad, para adoptarlos a la nueva estructura accionarial de la sociedad y, en su caso, dar rango estatutario a determinadas previsiones del acuerdo de socios.

Cierre de la operación: escritura de cierre El acuerdo de inversión establece que el cierre de la operación, mediante el otorgamiento por el vendedor (i.e. el accionista mayoritario) y el comprador de la escritura de cierre de la compraventa, tiene lugar el día hábil inmediatamente posterior a la fecha en que se publique formalmente por el BME Growth el **resultado de la oferta**. 4162

Con dicho resultado, es ya posible determinar el número exacto de acciones que deben ser transmitidas por el vendedor. Con el otorgamiento de la escritura de cierre se **ejecuta la compraventa** y se transmiten las acciones acordadas del vendedor a favor del comprador, quien efectúa el pago a favor del vendedor según lo establecido en el acuerdo de inversión.

Con posterioridad a la fecha de cierre y de conformidad con lo establecido en el acuerdo de inversión y en el acuerdo de socios, en el escenario de la primera operación descrita de toma de participación de control de sociedad incorporada al BME Growth, el **vendedor se obliga a no transmitir** sus acciones en la sociedad hasta que no se alcanzase un determinado hito temporal. Dicha obligación se pone en conocimiento del BME MTF Equity en virtud de la comunicación de la suscripción del acuerdo de socios y de la posterior comunicación sobre el contenido del mismo.

A fin de garantizar su compromiso de no transmisión, el vendedor debe efectuar el depósito notarial del **certificado de legitimación** de las acciones de la sociedad de las que aún sea titular tras la ejecución de la compraventa. 4163

De conformidad con lo establecido en el RD 814/2023 (art.24), sobre instrumentos financieros, admisión a negociación, registro de valores negociables e infraestructuras de mercado, los valores respecto de los que se emite dicho certificado quedan **inmovilizados** y, por tanto, las entidades depositarias no pueden dar curso a transmisiones o gravámenes ni practicar las correspondientes inscripciones en tanto que no haya sido restituido, salvo en supuestos de transmisiones derivadas de ejecuciones forzosas judiciales o administrativas.

El certificado de legitimación expedido por la entidad depositaria de las acciones de la sociedad se entrega al notario a fin de que este lo acepte en depósito. En el **acta notarial de depósito** se establecen los supuestos en los que el certificado de legitimación debe ser restituido al vendedor. Dado que la vigencia de los certificados de legitimación caduca por el transcurso del plazo de vigencia en ellos establecido, que no podrá exceder de 6 meses, o en su ausencia, a los 3 meses de su expedición (RD 814/2023 art.24), en el acta de depósito se debe instruir al notario para que, llegada la fecha de expiración del plazo de vigencia sin que se haya liberado el depósito, restituya el certificado a la entidad depositaria, solicite nuevo certificado y acepte este en depósito en sustitución del certificado ya vencido.

CAPÍTULO 16

Adquisiciones realizadas por entidades de capital-riesgo

4200

I.	**Características de la inversión**	4205
	A. Objeto	4210
	B. Sociedad objeto de la inversión	4215
	C. Temporalidad	4220
	D. Actividades complementarias	4225
II.	**Entidades de capital-riesgo (ECR)**	4230
	A. Clases	4235
	B. Forma jurídica	4240
	C. Entidades de capital-riesgo de régimen general	4245
	D. Entidades de capital-riesgo Pyme	4255
	E. Formas de inversión y desinversión en ECR	4260
	F. Principales infracciones y sanciones relacionadas con el M&A	4265
III.	**Coeficientes de inversión**	4275
	A. Coeficiente obligatorio de inversión	4280
	B. Coeficiente de libre disposición	4295
	C. Limitaciones de grupo, diversificación y otras inversiones	4300
	D. Incumplimientos temporales de inversiones	4305
IV.	**M&A y capital-riesgo**	4310
	A. Características	4315
	B. Principales formas de adquisición	4325
V.	**Desinversión**	4335

En el presente capítulo se aborda el estudio del marco regulador y práctico que ha de tenerse en cuenta para las adquisiciones y financiaciones realizadas por entidades de capital-riesgo (**ECR**) sujetas a la normativa española. 4201

Igualmente, se señalan los aspectos materiales a tener en consideración a la hora de efectuar las mencionadas adquisiciones y financiaciones por parte de ECR.

Bajo el **concepto de capital-riesgo** o *private equity* se engloba la actividad financiera de inversión realizada por entidades debidamente autorizadas para ello y comúnmente denominadas ECR, cuyas principales características son:

• La adquisición de un **porcentaje de participación** en el capital social de la empresa objeto de inversión, la cual no puede tratarse de una entidad financiera, inmobiliaria o cotizada, con determinadas excepciones (nº 4210).

• El carácter **temporal** de la inversión (nº 4220).

• La realización de **actividades complementarias** a la inversión tales como la concesión de préstamos participativos y otras formas de financiación y la realización de actividades de asesoramiento (nº 4225).

Por tanto, no entran en el objeto del presente capitulo las adquisiciones y financiaciones realizadas por **ECR extranjeras** y no sujetas (en cuanto a su propia regulación) a la normativa española.

Normativa reguladora El régimen jurídico aplicable en España a las ECR viene recogido en la L 22/2014, y por su normativa de desarrollo, bien en la forma de órdenes del Ministerio de Economía, bien como circulares de la CNMV. 4202

I. Características de la inversión

Las inversiones que realizan las ECR se caracterizan por: 4205

- tener por objeto la adquisición de un porcentaje de participación (o la totalidad) en el capital de la sociedad objeto de inversión;
- no poder materializarse en determinado tipo de entidades (nº 4215);
- su carácter temporal (nº 4220); y
- la realización de actividades complementarias a la inversión (nº 4225).

A. Objeto de la inversión

(L 22/2014 art.9)

4210 La actividad principal de las ECR consiste en la toma de **participación** en el **capital** social de las sociedades objeto de inversión.
Pese a que dicha toma de participación en el capital social de la sociedad objeto de la inversión puede ejecutarse mediante cualquiera de los **medios** comúnmente admitidos en Derecho para la adquisición de acciones o participaciones sociales (p.e., dación en pago, ejecución de prenda sobre acciones o participaciones sociales, etc.), en la práctica, lo más frecuente es que se lleve a cabo mediante:
- la compraventa de acciones o participaciones sociales de la sociedad objeto de inversión; y
- la suscripción o asunción de acciones o participaciones sociales del aumento de capital acordado por dicha sociedad (nº 4212).

4211 **Compraventa** La toma de participación en el capital social de la sociedad objeto de inversión puede instrumentalizarse mediante una **transmisión** de acciones o participaciones sociales previamente emitidas o creadas ya existentes de la sociedad objeto de la inversión.
En este supuesto, para formalizar debidamente la inversión de la ECR en la sociedad objeto de la inversión, es necesario el cumplimiento íntegro de los **requisitos y** las **formalidades** establecidas al efecto por la legislación aplicable al tipo societario de la sociedad objeto de inversión, así como los requisitos y las formalidades adicionales que puedan establecer al efecto en los estatutos de la sociedad.
En este contexto, resulta especialmente relevante el procedimiento y las formalidades establecidas en los **estatutos** de la sociedad objeto de la inversión en relación al régimen de trasmisión de acciones o participaciones, cuyo incumplimiento podría hacer ineficaz la formalización de la transmisión de acciones o participaciones.
En general, el contrato de compraventa y su contenido se rigen, igual que en cualquier otro caso, por el **principio de autonomía de voluntad** de las partes.

4212 **Ampliación de capital** Otra alternativa usualmente empleada para la adquisición de participación en el capital social de la sociedad objeto de la inversión es la **suscripción o asunción** por parte de la ECR (o por parte del vehículo utilizado al efecto) de un aumento de capital en sede de dicha sociedad, de forma que, como consecuencia de la formalización de dicho aumento de capital, la ECR (o el vehículo) pasa a formar parte del grupo de accionistas o socios de la sociedad.
En este supuesto, se han de cumplir los **requisitos y las formalidades** legales y estatutarias que resulten de aplicación a la sociedad objeto de la inversión, entre los que cabe destacar los siguientes:
• La adecuada convocatoria de la **junta general** que deba decidir sobre la ampliación de capital.
• En los supuestos que resulte de aplicación, la observancia de las formalidades y requisitos establecidos al efecto para la supresión del **derecho de suscripción o asunción preferente** de los restantes accionistas o socios en la ampliación de capital.
• Adicionalmente, en este supuesto tendrá especial relevancia examinar si existe un **acuerdo** suscrito entre los **socios** de la sociedad objeto de la inversión, en particular respecto a los requisitos para la entrada de un nuevo socio. Tradicionalmente, dichos acuerdos suelen vincular la entrada de un nuevo socio (en este caso, la ECR) a la **adhesión** al acuerdo entre socios suscrito.

4213 • La observancia de la **mayoría** reforzada necesaria para la **aprobación** del aumento de capital establecida en la LSC o, en su caso, la establecida den los estatutos de la sociedad objeto de inversión en el supuesto en el que esta última fuese mayor.
• El cumplimiento de la obligación de la acreditación de la realidad de las **aportaciones** dinerarias en sede de SA y SRL, así como, la acreditación de la realidad de las aportaciones no dinerarias en sede de SA, con las consecuencias que sobre la responsabilidad se puedan derivar por su no cumplimiento en sede de SRL.
• Ejecución del acuerdo de aumento de capital en **escritura pública**, liquidación del ITP y AJD en su modalidad de operaciones societarias **e inscripción** en el RM correspondiente al domicilio de la sociedad objeto de inversión.

Precisiones Para un **estudio en detalle** del aumento del capital de la SA, ver nº 6535 s. Memento Sociedades Mercantiles 2024, y para el de la SRL, ver nº 5710 s. Memento Sociedades Limitadas 2023-2024.

Si como consecuencia del título o títulos de adquisición de las acciones o participaciones sociales titularidad de la ECR (o del vehículo utilizado al efecto) resulta que la sociedad adquiere el carácter de **sociedad unipersonal**, es necesario hacer constar dicha circunstancia en escritura pública, con los requisitos establecidos al efecto en la legislación mercantil e inscribir dicha escritura en el RM correspondiente al domicilio de la sociedad objeto de inversión. 4214

Precisiones Asimismo, el **análisis** de la sociedad unipersonal se aborda en el nº 5620 s. Memento Sociedades Mercantiles 2024.

B. Sociedad objeto de inversión

La L 22/2014 no da una libertad absoluta a las ECR para materializar su toma de participación en las sociedades objeto de inversión, ya que la L 22/2014 establece la **prohibición** legal de invertir en las siguientes entidades: 4215
- entidades financieras;
- entidades inmobiliarias;
- entidades cotizadas en un primer mercado de Bolsas de valores, o en un mercado equivalente y regulado de la Unión Europea o miembro de la Organización para la Cooperación y el Desarrollo Económicos (**OCDE**).

Entidades financieras (L 22/2014 art.7) Se consideran entidades financieras a los efectos de la L 22/2014: 4216
- Las entidades de crédito y establecimientos financieros de crédito.
- Las que se dediquen a la concesión de préstamos o créditos hipotecarios bajo la forma de pago aplazado, apertura de crédito o cualquier otro medio equivalente de financiación a consumidores.
- La intermediación para la celebración de un contrato de préstamo o crédito con cualquier finalidad, a un consumidor, mediante la presentación, propuesta o realización de trabajos preparatorios para la celebración de los mencionados contratos, incluida, en su caso, la puesta a disposición de tales contratos a los consumidores para su suscripción.
- Las empresas de servicios de inversión.
- Las entidades aseguradoras y reaseguradoras.
- Las sociedades de inversión colectiva, financieras o no financieras.
- Las sociedades gestoras de instituciones de inversión colectiva, de fondos de pensiones o de fondos de titulización.
- Las sociedades de capital-riesgo (SCR) y sociedades gestoras de entidades de capital-riesgo (SGECR), siempre que no se cumplan los límites establecidos en la L 22/2014 art.14.
- Las SCR, SICC y SGEIC.
- Las entidades cuya actividad principal sea la tenencia de acciones o participaciones, emitidas por entidades financieras, tal y como se definen en este apartado.
- Las sociedades de garantía recíproca (SGR).
- Las entidades de dinero electrónico.
- Las entidades de pago.
- Las entidades extranjeras, con independencia de su denominación o estatuto, que, de acuerdo con la normativa que les resulte aplicable, ejerzan las actividades típicas de cualquiera de las anteriores.
- Los fondos de capital-riesgo (FCR), los fondos de inversión colectiva, los fondos de inversión de tipo abierto, los fondos de pensiones y los fondos de titulización, con las excepciones establecidas en la propia L 22/2014.

No se consideran **empresas financieras** aquellas entidades cuya actividad principal consiste en la tenencia de acciones o participaciones de empresas pertenecientes a sectores no financieros. 4217

Entidades de naturaleza inmobiliaria (L 22/2014 art.9.2) Pese a la prohibición de invertir en entidades de naturaleza inmobiliaria, se consideran inversiones propias de las ECR la inversión en valores emitidos por empresas cuyo valor total de inmuebles supera el **50%** del valor total del **activo**, cuando los inmuebles que representen un mínimo del **85%** del valor contable total de los inmuebles esté afecto ininterrumpidamente al desarrollo de la **actividad económica** de la sociedad objeto de inversión y durante todo el tiempo de tenencia de los valores, en los términos de la L 35/2006 del Impuesto sobre la Renta de las Personas Físicas. 4218

4219 **Entidades cotizadas** (L 22/2014 art.9.2) Las ECR no pueden invertir en entidades que coticen en un primer mercado de Bolsas de valores, o en un mercado equivalente y regulado de la UE o miembro de la OCDE.
No obstante, sí pueden invertir en dichas entidades admitidas a cotización, siempre y cuando la sociedad objeto de inversión sea **excluida de cotización** con anterioridad a los 12 meses siguientes a la toma de participación en la sociedad objeto de inversión.

C. Carácter temporal

4220 Unos de los principales aspectos a considerar en toda inversión por parte de una ECR es precisamente el carácter temporal de dicha inversión.
La Ley presupone que el principal beneficio de toda ECR proviene de la **plusvalía** obtenida con la diferencia existente entre el coste de la inversión en la sociedad objeto de inversión y el beneficio obtenido con la desinversión en dicha sociedad.
No obstante lo anterior, la L 22/2014 no precisa qué debe entenderse por inversión temporal a efectos legales. A este respecto, la normativa en vigor únicamente precisa los plazos de inversión necesarios para que resulte de aplicación la **exención fiscal** en el Impuesto de Sociedades sobre las rentas obtenidas por dichas entidades con motivo de la desinversión.

D. Actividades complementarias

4225 Junto a la toma de participación en el capital social de las sociedades objeto de inversión, las ECR están autorizadas para la realización de determinadas actividades complementarias a su actividad principal, y en concreto son, únicamente:
- la concesión de préstamos participativos y otras formas de financiación; y
- el asesoramiento (nº 4229).

4226 **Préstamo participativo** (L 22/2014 art.10.1) La característica esencial del préstamo participativo es que una parte del **rendimiento** derivado del mismo es **variable** y queda referido a la evolución de la sociedad prestataria (p.e., refiriéndolo a magnitudes concretas de las partidas del balance o cuenta de pérdidas y ganancias) con independencia de que, asimismo, pueda fijarse un tipo de interés fijo.
Asimismo, el importe del préstamo participativo se computa como **fondos propios** de la entidad objeto de la inversión a los solos efectos del cálculo de los requisitos establecidos en la LSC para las causas de reducción de capital y disolución obligatorias.
Los préstamos participativos constituyen **deuda subordinada**, por lo que en un supuesto de insolvencia de las sociedades objeto de la inversión, las ECR cobrarían su crédito o créditos con posterioridad a los acreedores comunes, teniendo solo preferencia respecto de los accionistas o socios de la entidad objeto de la inversión, en el caso en el que no tuvieran asimismo dicha condición.

4227 Sin perjuicio de la regulación especial de las ECR Pyme (nº 4255), la concesión de **préstamos participativos y de otras formas de financiación** (p.e., préstamos no participativos, créditos, etc.) **no es libre** para las ECR, ya que únicamente pueden conceder dicha clase de financiación a entidades en las que hubieran previamente adquirido una participación en su capital social y que formen parte de su coeficiente obligatorio de inversión.

4228 La **concesión** de préstamos participativos y otras formas de financiación debe ser necesariamente realizada por:
a) En el supuesto en el que la ECR es un **fondo de capital-riesgo** (FCR), por su sociedad gestora.
b) Si la ECR es una **sociedad de capital-riesgo** (SCR), por ella misma o, en el supuesto en el que tuviese delegada su gestión, por su sociedad gestora.

4229 **Asesoramiento** (L 22/2014 art.10) Las ECR están autorizadas para la realización de actividades de asesoramiento a las empresas que constituyen el objeto principal de inversión, estén o no participadas por la ECR que realice dicha actividad.
El asesoramiento debe ser llevadas a cabo por:
a) Si la ECR es un **fondo de capital-riesgo** (FCR), por su sociedad gestora.
b) Si la ECR es una **sociedad de capital-riesgo** (SCR), por la propia entidad, o en su caso, por su sociedad gestora.

Precisiones Las actividades de asesoramiento son prácticamente consustanciales a casi toda inversión de capital-riesgo, ya que la ECR difícilmente adopta una actitud pasiva ante su inversión. En este sentido, lo más habitual es que el inversor se involucre en la gestión de la sociedad objeto de la inversión. Dicha involucración frecuentemente se materializa reservándose la ECR el derecho a designar a determinadas personas (físicas y/o jurídicas) para que ocupen **cargos** de responsabilidad en la sociedad objeto de la inversión (p.e., miembros en el consejo de administración de la sociedad) **y/o** reservándose el derecho de **veto** a la aprobación de determinados acuerdos en la sede del órgano social que corresponda a una determinada materia.

II. Entidades de capital-riesgo (ECR)

Sin perjuicio de que la actividad de toma de participación en el capital social de cualesquiera otras sociedades y la realización de las actividades complementarias pueden ser ejecutadas de muy diversa forma, ya sea directamente por personas físicas o jurídicas, o a través de sociedades constituidas al efecto como vehículos, para que la toma de participación en una sociedad y la realización de actividades complementarias tengan la naturaleza de una actividad financiera y la entidad inversora pueda acogerse a los **beneficios legales y fiscales** de la actividad propia del capital-riesgo, es necesario que las referidas actividades se realicen a través de una ECR debidamente autorizada para operar de conformidad con lo establecido en la L 25/2005. **4230**

A. Clases

De conformidad con lo establecido en la L 22/2014, las ECR puedan adoptar alguna de estas dos **formas jurídicas**: **4235**
• Sociedades de capital-riesgo (SCR).
• Fondo de capital-riesgo (FCR).
A su vez, las ECR admiten dos tipos de **regímenes**:
- entidades de capital-riesgo (nº 4245); y
- entidades de capital-riesgo Pyme (nº 4255).

B. Forma jurídica

Las **SCR** son SA con personalidad jurídica propia que se rigen por lo dispuesto en la L 22/2014 sus estatutos y, supletoriamente, por la LSC, y en las que su capital social está dividido y representado por acciones. **4240**
Por su parte, los **FCR** son patrimonios separados pertenecientes a una pluralidad de partícipes y sin personalidad jurídica propia que se rigen por la L 22/2014 y su reglamento, sin perjuicio de que pueda resultar de aplicación supletoria la L 35/2003, de Instituciones de Inversión Colectiva.
Tanto las SCR como los FCR deben tener como **actividad principal** la toma de participación en otras sociedades con las limitaciones mencionadas en el nº 4215, y pueden desarrollar las actividades **complementarias** definidas de conformidad con lo expuesto en el nº 4225, por sí mismas o, en su caso, a través de sus sociedades gestoras.

Las SCR y los FCR comparten gran parte de la regulación que les aplica y, en particular, una serie de **requisitos comunes** a ambos tipos que hacen referencia a: **4241**
• El régimen de sus inversiones, exceptuando que las SCR auto-gestionadas pueden invertir hasta un 20% de su capital social, en elementos de inmovilizado necesarios para el desarrollo de su actividad.
• Las condiciones de acceso y ejercicio de su actividad.
• Las normas de conducta.
• Las obligaciones de información.
• La revisión de sus estados financieros por un auditor.
• El régimen de supervisión, inspección y sanción.
• La revocación y suspensión de su autorización, exceptuando el hecho de que los fondos no pueden incurrir en las causas de disolución establecidas en la LSC art.363.

C. Entidades de capital-riesgo de régimen general

(L 22/2014 art.3)

4245 Se exponen a continuación los principales **requisitos** que han de cumplir las ECR de régimen general, distinguiendo entre los aplicables a las SCR y a los FCR.
La L 22/2014, junto al **régimen general** de las ECR, regula un **régimen especial**, relativo a las denominadas ECR Pyme, al establecer que son entidades de capital riesgo Pyme aquellas que cumplan lo establecido en la sección 3ª del capítulo II del título I de la Ley, en materia de régimen de inversiones (ver nº 4255).

Precisiones La antigua Ley distinguía entre **ECR de régimen común y ECR de régimen simplificado**, esta distinción ha quedado superada por la actual que distingue entre ECR y ECR Pyme.

4246 **Sociedades de capital-riesgo (SCR)** (L 22/2014 art.26 a 29) Las SCR han de revestir forzosamente la **forma de SA**, respondiendo sus accionistas de las deudas de la sociedad hasta el límite de lo aportado.
Deben tener su **domicilio** dentro del territorio nacional y tener en este su efectiva administración y dirección.
Asimismo, deben incluir en su **denominación** la mención «Sociedad de Capital-riesgo» o su abreviatura o sus abreviaturas «SCR».
Las **aportaciones** de los accionistas lo son al capital social, y las acciones han de ser nominativas o representadas mediante anotaciones en cuenta.

4247 Las **acciones** pueden ser de clases distintas a la general de la sociedad, siempre que cualquier trato preferencial recibido por sus tenedores y las condiciones para el acceso a dicho trato estén adecuadamente reflejados en los estatutos de la sociedad.
El **capital social** mínimo es de 1.200.000 euros, debiendo estar desembolsado, al menos, un 50% desde su constitución. El capital social pendiente de desembolso debe aportarse a la SCR en los tres años siguientes a su constitución, o en su caso, desde la oportuna ampliación de capital.
El **desembolso** del capital social puede realizarse únicamente:
- en efectivo;
- mediante activos aptos para la inversión de entidades de capital-riesgo; y/o
- en bienes que integren su inmovilizado, no pudiendo superar estos últimos el 20% del capital social vigente de la sociedad.

4248 Los **estatutos** de las SCR deben incluir:
- la política de inversiones;
- la posibilidad, previo acuerdo de la junta general, o por su delegación, del consejo de administración, de que la gestión sus activos sea ejecutada por unas sociedades gestoras de entidades de tipo cerrado, una sociedad gestora de Instituciones de Inversión Colectiva o una entidad habilitada para prestar el servicio de inversión (LMV art.122). Asimismo, el mencionado acuerdo debe ser elevado a escritura pública e inscrito en el RM y, en su caso, en el correspondiente registro administrativo, no eximiendo este acuerdo a los miembros del órgano de administración de ninguna de sus obligaciones o responsabilidades (L 22/2014 art.29);
- las demás menciones exigidas por la Ley para una SA (LSC art.23).

La constitución de las SCR debe necesariamente formalizarse en **escritura pública** y ser objeto de **inscripción** en el RM correspondiente al domicilio de la sociedad.
Las SCR han de obtener la autorización del proyecto de constitución por la **CNMV** y la inscripción en el registro administrativo que lleva la CNMV.

4249 **Fondos de capital-riesgo (FCR)** (L 22/2014 art.30 a 37) Los **partícipes** del fondo responden de las deudas del fondo hasta el límite de lo aportado, y el patrimonio del fondo no puede responder de las deudas de los partícipes ni de su sociedad gestora.
El fondo debe tener su **domicilio** dentro del territorio nacional y tener en este su efectiva administración y dirección.
Además, en su **denominación** se ha de incluir necesariamente la mención «Fondo de Capital-riesgo» o su abreviatura «FCR».
Las **participaciones** de los partícipes deben revestir, necesariamente, idénticas características, ser nominativas, estar representadas mediante certificados nominativos o anotaciones en cuenta y tienen la consideración de valores negociables. Se permite la emisión de participaciones con características distintas a las participaciones generales del fondo siempre que esta posibilidad, las características de dichas participaciones y las posibles condiciones para su acceso estén adecuadamente reflejadas en el reglamento del fondo.

El **patrimonio mínimo inicial** de los FCR debe ascender a la cantidad de 1.650.000 euros (L 22/2014 art.31.1). 4250
El desembolso de las **aportaciones** de los partícipes únicamente puede realizarse en efectivo.
Los FCR pueden **constituirse** en escritura pública o en documento privado, no siendo necesaria su inscripción en el RM (L 22/2014 art.32).
La gestión, **administración y representación** de un fondo debe estar necesariamente encomendada a una sociedad gestora, de forma que los partícipes no tienen intervención en dichas materias, a excepción de supuestos residuales como las posibles limitaciones de los derechos de los partícipes.
Al igual que para las SCR, es necesario que los FCR, obtengan la autorización del proyecto de constitución por parte de la **CNMV** y que sean inscritos en el registro administrativo que al efecto lleva la CNMV.

D. Entidades de capital-riesgo Pyme

La principal característica del régimen simplificado radica en la simplificación de los **requisitos** establecidos, entre otros aspectos, para: 4255
- el régimen de las inversiones;
- las condiciones de acceso y ejercicio de su actividad; y
- las obligaciones de información.

Los **requisitos** para que la ECR pueda ser considerada como ECR Pyme son los siguientes (L 22/2014 art.20):
a) Establecer una relación de asesoramiento con sus entidades participadas.
b) Cumplir en todo momento con el régimen de inversión especial previsto para las ECR Pyme.

Una de las principales **diferencias** entre las sociedades y fondos de capital-riesgo de régimen general y las de régimen Pyme radica en la posibilidad que tienen estas últimas de emitir **acciones** o participaciones de una **clase distinta** a la general de la sociedad o el fondo y las cuales solo pueden suscribir sus respectivos promotores o fundadores. Esta alternativa presenta una gran ventaja para los promotores o fundadores, ya que mediante la misma pueden reservarse **derechos especiales** respecto a los del resto de accionistas o partícipes. Estos derechos especiales no pueden consistir en mayores derechos de voto, pero sí en derechos económicos como, por ejemplo, un dividendo preferente o determinados derechos sobre el patrimonio resultante de la liquidación. 4257
De otra parte, si bien las ECR de régimen general no pueden invertir más del 25% de sus activos en una misma empresa, ni más del 35% en empresas del mismo grupo de sociedades (L 22/2014 art.16.1), las ECR Pyme cuentan con una mayor flexibilidad en este punto, ya que el límite conjunto del **coeficiente de inversión** en dichos supuestos asciende al 40% (L 22/2014 art.23).
El **capital social mínimo** suscrito para las ECR Pyme debe ser de 900.000 euros (L 22/2014 art.26.3), aplicándose para su desembolso el mismo régimen que para las ECR ordinarias (nº 4247).
Las ECR Pyme deben cumplir con las **limitaciones de grupo y diversificación de las inversiones**, conforme a las cuales, no pueden invertir más del 40% de su activo computable en el momento de la inversión en una misma empresa, ni más del 40% en empresas pertenecientes al mismo grupo de sociedades (L 22/2014 art.23).

E. Formas de inversión y desinversión en ECR

Entre las principales **diferencias** existentes entre las **SCR y los FCR** destacan las diferentes formas mediante las que el público puede materializar la inversión o la desinversión en las mismas. 4260
En lo que se refiere a las **SCR**, la inversión en las mismas se realiza principalmente mediante la compraventa de acciones y las ampliaciones de capital, al margen de otras posibilidades como la transmisión forzosa o la transmisión *mortis causa*. Por su parte, la principal posibilidad del inversor en una SCR de desinvertir en la sociedad consiste en la transmisión de sus acciones, sin perjuicio de otras formas de desinversión residuales, tales como la compraventa de acciones propias por parte de la SCR, la reducción de capital con devolución de aportaciones y la disolución y liquidación de la misma.

4261 Por su parte, en lo que a los **FCR** se refiere, la suscripción por parte de los partícipes de los títulos del fondo puede ser mucho más flexible que las formalidades requeridas para la adquisición de acciones, ya que en este caso se rige principalmente por lo establecido en la Ley y en el reglamento del fondo. La desinversión por parte del público en general en los FCR ofrece mayores alternativas a los partícipes que a los accionistas de las SCR toda vez que los partícipes pueden materializar su desinversión mediante:
- la venta de sus títulos a un tercero; o
- exigiendo el reembolso de los títulos al fondo, de conformidad con el reglamento del fondo y habitualmente con la intervención de la sociedad gestora del fondo.

F. Principales infracciones y sanciones relacionadas con el M&A

4265 Se exponen a continuación las infracciones y sanciones previstas en la L 22/2014 especialmente relacionadas con las adquisiciones realizadas por ECR.

4266 **Infracciones** (L 22/2014 art.93) Se distingue entre infracciones muy graves, graves y leves.

4267 **Infracciones muy graves** Tienen la consideración de infracción muy grave:
• El incumplimiento de la obligación de someter a **auditoría** las cuentas anuales.
• La realización de **operaciones de inversión** o el incumplimiento de los **porcentajes de inversión** establecidos en la Ley, en el Rgto UE/345/2013, en el Rgto UE/346/2013, según proceda, así como en el folleto, los estatutos o el reglamento de la ECR o EICC, siempre que ello desvirtúe el objeto de la ECR o EICC o perjudique gravemente los intereses de los accionistas, partícipes o terceros.
• La realización de operaciones de **préstamo bursátil o de valores**, así como la pignoración de activos, con infracción de las condiciones que se determinen en los estatutos o el reglamento de la ECR o EICC.
• La **emisión, reembolso o traspaso** de acciones o de participaciones, no meramente ocasional o aislado, con incumplimiento de los límites y condiciones impuestos en los estatutos y reglamentos de gestión de las ECR y EICC, cuando ello perjudique gravemente los intereses de los accionistas o partícipes.
• La superación de los límites en la **asunción de obligaciones** frente a terceros que se fijen en el folleto, los estatutos o el reglamento de las ECR o EICC cuando ello perjudique gravemente los intereses de los accionistas o partícipes.
• El **incumplimiento** por parte de las SGEIC de sus **obligaciones**, siempre que conlleven un perjuicio grave para los partícipes o accionistas de una ECR o EICC.
• El incumplimiento de las **normas de conducta** cuando se deriven graves perjuicios muy graves para los socios o partícipes de la ECR.
• Las infracciones **graves** cuando durante los 5 años anteriores a su comisión hubiera sido impuesta al infractor sanción firme por el mismo tipo de infracción.

4268 **Infracciones graves** Se califica como infracción grave:
• El incumplimiento de los **porcentajes de inversión** establecidos en la Ley, cuando no se califiquen como infracción muy grave.
• La superación de los límites en la **asunción de obligaciones** frente a terceros que se fijen en el folleto, los estatutos o el reglamento de la ECR o EICC, cuando no deba calificarse como infracción muy grave.
• El **incumplimiento** por parte de las sociedades gestoras de las **obligaciones** establecidas en esta Ley, cuando no deba ser calificada como infracción muy grave.
• Incumplir con los **requisitos de autorización** recogidos en la Ley.
• La realización de **actuaciones u operaciones** prohibidas por esta Ley o con incumplimiento de los requisitos establecidos en la misma, cuando tenga un carácter meramente ocasional o aislado.
• El incumplimiento de las **normas de conducta** cuando el incumplimiento no sea considerado una infracción grave.
• Las infracciones **leves** cuando durante los 2 años anteriores a su comisión hubiera sido impuesta al infractor sanción firme por el mismo tipo de infracción.

Infracciones leves Se califica como infracción leve: **4269**
• La falta de **remisión** a la Comisión Nacional del Mercado de Valores, de los documentos, datos o informaciones que deban remitírsele.
• La demora en la **publicación** o remisión de la información de necesaria difusión entre los socios, partícipes y público en general, cuando no deba calificarse como infracción muy grave o grave.
• Cualquier **incumplimiento** de la Ley y sus normas de desarrollo que no constituya infracción grave o muy grave.

Sanciones (L 22/2014 art.96) A las infracciones, según su calificación, se aplican las sanciones que se indican a continuación. **4270**

Sanciones por infracciones muy graves A la **sociedad gestora** que cometa una infracción grave se le impondrá una o más de las siguientes sanciones: **4271**
• Multa por importe superior al tanto y hasta el quíntuplo del beneficio bruto obtenido como consecuencia de los actos u omisiones en que consista la infracción. En aquellos casos en que el beneficio derivado de la infracción cometida no resulte cuantificable, la multa podrá ascender hasta 300.000 euros.
• Revocación de la **autorización** de ECR o de SGECR.
• **Exclusión** temporal de la entidad incumplidora de los registros especiales por un plazo no inferior a 2 ni superior a 5 años.
• **Suspensión** o limitación del tipo o volumen de las operaciones que pueda realizar por un plazo no superior a 5 años.
• **Sustitución** forzosa del depositario de la ECR o la entidad de inversión colectiva de tipo cerrado (EICC).
Sin perjuicio de la sanción que corresponde a la sociedad gestora por la comisión de infracciones muy graves, podrá imponerse una de las siguientes sanciones, salvo en el caso de las dos últimas que podrán imponerse simultáneamente junto con la primera, a quien ejerciendo **cargos de administración o dirección** en la misma sean responsables de la infracción:
• **Multa** a cada uno de ellos por importe no superior a 300.000 euros.
• **Separación** del cargo **e inhabilitación** para ejercer cargos de administración o dirección en la misma y en cualquier otra entidad financiera de la misma naturaleza por plazo no superior a 10 años.
• **Suspensión** en el ejercicio del cargo por plazo no superior a 3 años.
Adicionalmente a las anteriores sanciones, tanto las relativas a la sociedad gestora como las relativas a las cometidas por los cargos de administración o dirección, podrá imponerse **amonestación pública** mediante la publicación en el BOE de la identidad del infractor y la naturaleza y sanciones impuestas.

Sanciones por infracciones graves Por las infracciones graves se le impondrá a la **sociedad gestora** una o más de las siguientes sanciones: **4272**
• **Multa** por importe de hasta el tanto del beneficio bruto obtenido como consecuencia de los actos u omisiones en que consista la infracción. En aquellos casos en que el beneficio derivado de la infracción cometida no resulte cuantificable, la multa podrá ascender hasta 150.000 euros.
• **Exclusión** temporal de la entidad incumplidora de los registros especiales por un plazo no inferior a un año ni superior a 3.
• **Suspensión o limitación** del tipo o volumen de las operaciones que pueda realizar por un plazo no superior a un año.
Sin perjuicio de la sanción que corresponde a la sociedad gestora por la comisión de infracciones graves, podrá imponerse una de las siguientes sanciones, salvo en el caso de imposición de la segunda sanción que podrá simultanearse con la primera, a quien ejerciendo **cargos de administración o dirección** en la misma sean responsables de la infracción:
• **Multa** a cada uno de ellos por importe no superior a 150.000 euros.
• **Suspensión** de todo cargo directivo en la entidad por plazo no superior a un año. Adicionalmente a las anteriores sanciones, tanto las relativas a la sociedad gestora como las relativas a las cometidas por los cargos de administración o dirección, podrá imponerse amonestación pública mediante la publicación en el BOE de la identidad del infractor y la naturaleza y sanciones impuestas.

Sanciones por infracciones leves A la sociedad gestora que cometa una infracción leve se le impondrá multa por importe de hasta 60.000 euros. **4273**

III. Coeficientes de inversión

4275 La L 22/2014 exige a las ECR el cumplimiento en todo momento, además de los requisitos para su autorización; ciertos porcentajes de inversión en determinados activos, así como los que vienen impuestos por la normativa que desarrolla el citado cuerpo legal.
En relación a los coeficientes de inversión, la Ley impone a las ECR el **mantenimiento** de un coeficiente obligatorio de inversión, a la vez que permite un coeficiente voluntario de libre disposición (nº 4295).

A. Coeficiente obligatorio de inversión

4280 Las ECR deben adecuar, al final de cada **ejercicio social**, su política de inversiones a los criterios que se hayan preestablecido expresamente en sus propios estatutos, y en sus reglamentos de gestión, respectivamente.

4281 **Política de inversiones** (L 22/2014 art.12) Se entiende por política de inversiones de una ECR el conjunto de decisiones que deben estar previamente establecidas y orientadas a dar cumplimiento al objeto y a la finalidad de la ECR, en relación a los siguientes puntos:
• **Sectores empresariales** hacia los que se orientarán las inversiones de la ECR.
• **Áreas geográficas** en las que se centrarán las inversiones.
• Tipos de **empresas** en las que se tiene intención de tomar una participación y los criterios para su elección.

4282 • Los **porcentajes de participación** máximos y mínimos que se pretenda ostentar por parte de la ECR.
• Los **criterios de temporalidad** de las inversiones (máximos y mínimos) para el mantenimiento de las inversiones y las fórmulas propuestas para la desinversión en las sociedades objeto de la inversión.
• Determinación de las clases de **financiación** que se concederán a las sociedades participadas.
• Descripción de las **prestaciones accesorias** que, en su caso, la sociedad gestora podrá realizar a favor de las sociedades participadas, tales como el asesoramiento o servicios similares.
• Las modalidades de intervención de, en su caso, la entidad gestora en las sociedades participadas, y las fórmulas de presencia en sus correspondientes **órganos de administración**.
• Las **restricciones** respecto a las inversiones a realizar.
• La **estrategia** que se pretende implementar.
• Las políticas relativas al **apalancamiento** financiero de la sociedad, así como sus restricciones.
• La información sobre los posibles **riesgos** en los que se pretende incurrir.

4283 **Coeficiente obligatorio** (L 22/2014 art.13 y 14) En todo caso, las ECR están obligadas a mantener un mínimo del **60%** de su **activo computable** en:
- acciones, otros valores o instrumentos financieros que puedan dar derecho, directa o indirectamente, a la suscripción o adquisición de acciones;
- participaciones en el capital de empresas que sean objeto de su propia actividad;
- los préstamos participativos;
- las acciones y participaciones de otras ECR; y
- las acciones y participaciones representativas del capital de empresas no financieras que cotizan o se negocian en un segundo mercado de una bolsa española, en un sistema multilateral de negociación español o en mercados equivalentes de otros países.

4284 **Préstamos participativos** En relación con el coeficiente obligatorio, puede incluirse a los efectos de su cálculo y hasta en un máximo del **30%** del total de su activo computable, los préstamos participativos en empresas que sean objeto de su actividad principal, estén o no participadas por la ECR.

4285 **Acciones y participaciones de otras ECR** Las ECR pueden invertir hasta el **100%** de su activo computable, sin incumplir el coeficiente obligatorio de inversión, en:
a) Acciones o participaciones de otras **entidades de capital-riesgo** autorizadas de conformidad con lo establecido en la L 22/2014.
b) **Entidades extranjeras**, siempre que las propias entidades o sus sociedades gestoras, estén establecidas en Estados miembros de la UE o en terceros países, siempre que dicho tercer país no figure en la lista de países y territorios no cooperantes establecida por el Grupo de

Acción Financiera Internacional sobre el Blanqueo de Capitales y haya firmado con España un convenio para evitar la doble imposición con cláusula de intercambio de información.
Para que sea aplicable dicho porcentaje al coeficiente obligatorio de inversión, es necesario que a su vez, la ECR objeto de la inversión respete los límites de grupo y de diversificación.

Empresas cotizadas Se puede incluir dentro del coeficiente obligatorio de inversión, la adquisición de acciones y participaciones que las ECR puedan tener en el capital de empresas **no financieras** que cotizan o se negocian en un mercado secundario español o en un mercado equivalente de otro país. 4286
En este sentido, se consideran aptos a estos efectos los **mercados** que cumplan todas y cada una de las siguientes **características**:
a) Que se trate de un segmento especial o de un mercado extranjero cuyos requisitos de admisión sean similares a los de la normativa española para los **sistemas multilaterales de negociación**.
b) Que se trate de un mercado especializado en la negociación de valores correspondientes a **pequeñas y medianas empresas**.

c) Que se encuentre situado en algún Estado miembro de la Unión Europea o no se trate de un segundo mercado **situado** en: 4287
- un tercer país que no figure en la lista de países y **territorios no cooperantes** establecida por el Grupo de Acción Financiera Internacional sobre el Blanqueo de Capitales; y
- haya firmado con España un **convenio** para evitar la doble imposición con cláusula de intercambio de información o un acuerdo de intercambio de información en materia tributaria.
Adicionalmente, para el supuesto en el que una ECR ostente una participación en una entidad que sea admitida a cotización en un mercado que no cumpla los requisitos anteriores, la participación puede computarse dentro del coeficiente obligatorio de inversión, durante un **plazo máximo** de tres años, contados desde la fecha en que la empresa haya sido admitida a cotización. Una vez transcurridos tres años desde la admisión a cotización de la empresa objeto de inversión, la participación debe computarse dentro del coeficiente de libre disposición de la ECR.

B. Coeficiente de libre disposición

(L 22/2014 art.15)

La cantidad de activos que no está afecta el coeficiente obligatorio de inversión puede ser mantenida por las ECR en: 4295
• Valores de **renta fija** negociados en mercados regulados o en mercados secundarios organizados.
• Participaciones en el capital de empresas distintas de las que son objeto principal de su actividad, incluido participaciones en **Instituciones de Inversión Colectiva** (IIC), ECR (que no cumplan con lo dispuesto en nº 4285), y en entidades de inversión colectiva de tipo cerrado.
• En el **coeficiente de liquidez**, esto es, en efectivo, junto con los demás activos especialmente líquidos que precise el Ministro de Asuntos Económicos y Transformación Digital o, con su delegación expresa, la CNMV.
• **Préstamos participativos**.
• **Financiación** de cualquier tipo a empresas participadas que formen parte de su objeto social principal.
• Únicamente para **SCR auto-gestionadas** y, hasta el importe correspondiente al 20% de su capital social, en elementos de **inmovilizado** que sean necesarios para el desarrollo de su actividad.

C. Limitaciones de grupo, diversificación y otras inversiones

(L 22/2014 art.16)

Existen determinados límites a las inversiones que las ECR pueden mantener dentro de empresas que formen parte de un mismo **grupo de sociedades**, que se concretan en las siguientes: 4300
a) Las ECR no pueden invertir más del **25%** de su activo computable en el momento de la inversión en una misma empresa, ni tampoco más del **35%** en empresas pertenecientes al mismo grupo de sociedades, entendiendo por grupo la definición contenido en el CCom art.42.
Por excepción, para las **ECR Pyme** (nº 4255), los límites anteriores se extienden a un 40% del total de su activo computable, tanto para la inversión en una misma empresa como en empresas pertenecientes al mismo grupo de sociedades.

b) Las ECR pueden invertir hasta un **25%** de su activo en empresas pertenecientes a su grupo (o al de su sociedad gestora). Esta inversión puede realizarse siempre que se cumplan con los siguientes **requisitos**:
- Que los estatutos o reglamentos contemplen expresamente dichas inversiones.
- Que la ECR o, en su caso, su sociedad gestora disponga de un procedimiento formal (expresamente recogido en su reglamento interno de conducta) que permita evitar conflictos de interés y asegurar que la inversión se realiza en interés exclusivo de la entidad.
- Que en los folletos y en la información pública periódica de la ECR se informe con detalle de las inversiones realizadas en entidades del grupo.

c) Tan solo a los efectos de lo referido anteriormente, se considera que las empresas en las que participen directamente las ECR, que cumplan los requisitos establecidos en cuanto a la actividad principal de las ECR, no son empresas pertenecientes al grupo de la ECR de que se trate.

4302 Por otro lado, la L 22/2014 habilita expresamente al Ministro de Asuntos Económicos y Transformación Digital y, a su vez para que este habilite expresamente a la **CNMV** para que establezca limitaciones a las ECR para:
- la inversión en determinados tipos de activos o actividades;
- establecer un coeficiente mínimo de liquidez a mantener, en su caso, por las entidades de régimen común;
- determinar los conceptos contables que integran el activo computable; y
- establecer límites a la financiación ajena que puedan obtener las ECR.

D. Incumplimientos temporales de las inversiones

(L 22/2014 art.17)

4305 El coeficiente obligatorio de inversión del 60% (excluido el límite de empresas cotizadas), el límite del 20% de inversión en otras ECR debidamente autorizadas, el coeficiente del 50% de inversión obligatoria en otras entidades de capital riego aplicable a los fondos y sociedades de entidades de capital-riesgo, el coeficiente del 20% de inversión en activos de inmovilizado aplicable a las SCR y las limitaciones de grupo y de diversificación de inversiones, pueden ser incumplidos por las ECR durante los siguientes **períodos**:

• Durante los **primeros tres años** de la ECR, a partir de su inscripción en el correspondiente registro de la CNMV.

• Durante **dos años**, a contar desde que se produzca una desinversión característica del coeficiente obligatorio que provoque su incumplimiento.

4306 Asimismo, se permite, para los supuestos de **devolución de aportaciones** a partícipes o socios, que los coeficientes se computen teniendo en cuenta el patrimonio inicial de la ECR.
De otra parte, caso de producirse una **ampliación de capital** en una SCR, o de producirse una nueva **aportación de recursos** a los FCR, está permitido el incumplimiento de los coeficientes señalados, durante los 3 años siguientes a la ampliación o a la nueva aportación.
Asimismo, en caso de producirse una **reducción de capital** en una SCR auto-gestionada, se podrá incumplir el coeficiente de libre disposición que permite a estas entidades llegar al 20% de su capital social, en elementos de inmovilizado necesarios para el desarrollo de su actividad.
Con carácter excepcional, la **CNMV** puede, liberar del cumplimiento del coeficiente obligatorio de inversión del 60% (excluido el límite de empresas cotizadas), de límite del 20% de inversión en otras ECR debidamente autorizadas, del coeficiente del 50% de inversión obligatoria en otras ECR aplicable a los fondos y sociedades de entidades de capital-riesgo, o autorizar la ampliación de los plazos anteriores, previa solicitud de las SCR o de la sociedad gestora, en atención a la situación del mercado y a la dificultad de encontrar proyectos para cubrir, adecuadamente, el correspondiente porcentaje.

IV. M&A y capital-riesgo

4310 Las adquisiciones realizadas por ECR requieren un análisis multidisciplinar (mercantil, fiscal, laboral, económico, etc.), siendo únicamente objeto de análisis en este apartado las principales características de las referidas adquisiciones desde un punto de vista legal mercantil.

A. Características

Las adquisiciones por empresas de capital-riesgo suelen presentar una serie de características **comunes** que se exponen a continuación. **4315**

Elección de la estructura de la operación Una de las primeras decisiones que ha de tomar la ECR es la de optar por la **compra** de: **4316**
- las **acciones** o participaciones sociales de la sociedad objeto de la inversión (*Share Deal*); o
- sus **activos** (*Asset Deal*).

La distinción resulta fundamental, ya que del acuerdo entre el comprador y el vendedor en este punto depende la estructura de ejecución e instrumentalización de la operación (acciones/participaciones o activos).

En el supuesto de que la operación se plantee como compraventa de activos, es una opción que los mismos se «extraigan» (*carve-out*) de la sociedad a la que pertenecen mediante una **escisión o segregación** de la misma, ya que el régimen de sucesión universal contemplado en el RDL 5/2023, de modificaciones estructurales de las sociedades mercantiles, ofrece una relativa sencillez y ventajas en dicho proceso.

Utilización de un vehículo inversor (Newco) Uno de los elementos comunes en un número muy relevante de las adquisiciones realizadas por las ECR consiste en la utilización de un vehículo inversor a través del cual se produce la **ejecución** de la inversión. **4317**

Dicho vehículo de inversión, ofrece diversas posibilidades que podrían ayudar a **optimizar** la inversión en beneficio de la ECR:
- limitando la responsabilidad que su pudiese originar en la inversión a dicha sociedad, no contaminando así a la propia ECR ni al resto de las inversiones, y
- adecuando las características del vehículo a las circunstancias concretas de esa adquisición (regulación estatutaria, estructura fiscal de la operación, estructura de financiación del proyecto, etc.).

En cuanto a la **forma jurídica** del vehículo inversor, no existe una normativa que limite al efecto el tipo societario que deba ser utilizado al efecto. **4318**

Lo cierto es que existe una predilección por las **SRL** por los siguientes motivos:
- El carácter cerrado de las mismas, vinculado con el régimen de trasmisión de las participaciones, el cual es una piedra angular de las adquisiciones realizadas por las ECR.
- La mayor sencillez en su operativa diaria.
- Los menores costes que origina su funcionamiento, ya que, entre otras razones:
  - no son necesarios los informes de expertos independientes en las ampliaciones de capital no dinerarias;
  - la posibilidad de no publicar convocatorias de junta general;
  - un régimen más flexible para las modificaciones estructurales.

Adquisición de un porcentaje de participación Otra de las principales decisiones que se deben tomar por parte de las ECR radica en el porcentaje de participación que quieren adquirir en la sociedad objeto de la inversión. **4319**

En este sentido, no es necesario que las ECR adquieran el **100%** de la sociedad objeto de la inversión.

No obstante, en lo que se refiere a la adquisición de una participación **mayoritaria o minoritaria** por parte de la ECR, no existe un criterio común ya que depende de una pluralidad de factores tales como, por ejemplo, los coeficientes de inversión, el desarrollo de las negociaciones de las partes, la disponibilidad de recursos de la ECR, la posición de los vendedores, etc.

Pactos parasociales En las adquisiciones realizadas por ECR que no supongan la compra del 100% de las acciones o participaciones sociales de la sociedad objeto de la inversión, se impone la necesidad de suscribir un acuerdo de accionistas o de socios entre la totalidad de los titulares del capital social de la sociedad objeto de la inversión. Sin perjuicio de lo expuesto en el nº 2350 s., se ha de indicar que esta clase de pactos son frecuentemente utilizados en las adquisiciones realizadas por ECR con la **finalidad** de: **4320**

a) Asegurar la participación en la gestión, con mayor o menor profundidad, en la sociedad objeto de la inversión por parte de la ECR y/o las personas designada por ella.

b) Asegurar la participación de la ECR en la toma de decisiones de especial relevancia para la sociedad objeto de inversión.

c) Establecer cláusulas que faciliten la desinversión de la ECR en la sociedad objeto de la inversión.

B. Principales formas de adquisición

4325 Sin perjuicio de lo expuesto en el nº 4600 s., se recogen a continuación las principales estructuras mediante las que habitualmente se pueden materializar las adquisiciones realizadas por ECR.

4326 **Leveraged Buy-Out (LBO)** Las adquisiciones estructuradas mediante un *Leveraged Buy-Out* (LBO) son operaciones con alto grado de apalancamiento y estructuradas de tal manera que los **activos** de la sociedad objeto de la inversión, así como sus flujos de caja futuros sirven para garantizar el **pago** derivado de la deuda surgida para pagar el precio de la transacción.
La operación se estructura a través de un vehículo (*Newco*) a la cual se le dota de los recursos necesarios para ejecutar la adquisición mediante capital (*equity*) y deuda (*debt*), para posteriormente **fusionar** la sociedad objeto de inversión (*target*) con *Newco* y así garantizar el pago de la deuda con los propios activos y flujos de caja de la sociedad *target*.

4327 Este tipo de operaciones han producido grandes resultados financieros a las ECR; no obstante, con la regulación en materia de **asistencia financiera**, que ha endurecido los requisitos para realizar una fusión posterior a una adquisición de sociedad con endeudamiento de la adquirente, se han limitado muy considerablemente las posibilidades que ofrecía este tipo de estructura.

4328 **Institutional Buy-Out (IBO)** En las adquisiciones con estructura *Institutional Buy-Out*, el **equipo directivo**, que se encargará de la gestión de la sociedad objeto de la inversión, tiene un papel secundario en la operación, ya que la ECR controlará mayoritariamente el accionariado, y el personal directivo (anterior o posterior a la adquisición) ostenta una participación minoritaria, frecuentemente residual, en el accionariado de la sociedad objeto de la inversión.

4329 **Management Buy-Out (MBO)** Con el término *Management Buy-Out* (MBO) se define a aquellas adquisiciones de empresas por parte del **equipo directivo** de la propia sociedad objeto de la inversión.
En este tipo de operaciones, es muy común que el equipo directivo que adquiere la empresa esté interesado en la participación en la adquisición de una ECR al objeto de que esta aporte apoyo financiero en la adquisición.
La estructura societaria habitual de este tipo de transacción suele consistir en la creación de una **sociedad vehículo** (*Newco*) cuyo accionariado está integrado por el equipo directivo y la ECR.

4330 **Management Buy-In (MBI)** El término *Management Buy-In* (MBI) define las adquisiciones de empresas realizadas por un **equipo directivo ajeno** a la empresa, el cual asumirá el nuevo rol de gestión de la misma, lo que puede implicar la salida del anterior equipo gestor.
Al igual que con las estructuras MBO, es muy común que:
- el nuevo equipo directivo esté interesado en el apoyo financiero que puede aportar una ECR en la adquisición; y
- la inversión se canalice a través de un vehículo en el que participan de su accionariado el nuevo equipo directivo y la ECR.

4331 **Management Buy-In/Buy-Out (BIMBO)** Con la definición de *Management Buy-In / Buy-out* (BIMBO) se alude a una estructura de la operación que combina el *Management Buy-In* (MBI) y el *Management Buy-Out*, ya que el equipo directivo de la sociedad objeto de la inversión será **parcialmente** sustituido por un nuevo equipo directivo.
En esta estructura de operación el **equipo directivo** que permanece y el nuevo equipo directivo suelen participar, junto con la ECR en la estructura del capital social de la sociedad vehículo.

4332 **Secondary Buy-Out (SBO)** El concepto *Secondary Buy-Out* (SBO) se refiere a un tipo de transacción en el que una ECR está ejecutando la **desinversión** (vendedora) y otra ECR (compradora) está adquiriendo las acciones o participaciones de la sociedad objeto de inversión.
En estos procesos es habitual que el régimen de **responsabilidad** a asumir por el vendedor sea menor que frente a un comprador que no sea una ECR.

V. Desinversión

Las adquisiciones realizadas por las ECR se caracterizan por su **temporalidad**, consistiendo el principal objetivo de toda inversión de capital-riesgo en maximizar los beneficios de la inversión practicada, principalmente, mediante la **plusvalía** obtenida por la diferencia entre el precio de adquisición y el precio de la enajenación de las acciones o participaciones de la sociedad objeto de la inversión. **4335**

El **momento** elegido para la ejecución de la desinversión (*Exit*) viene determinado por un cúmulo de factores endógenos y exógenos de la propia inversión, tales como:
- la determinación del momento óptimo para la obtención de una TIR determinada;
- la búsqueda de un comprador en el momento adecuado;
- las limitaciones impuestas por la normativa aplicable (p.e., el mantenimiento de los coeficientes de inversión);
- el vencimiento de la duración determinada para los FCR o las SCR.

Para facilitar el proceso de desinversión, es muy frecuente que en los **pactos parasociales** aplicables a la estructura de la operación (y, en la medida en la que ello sea posible también en los estatutos de la sociedad *target* y/o del vehículo de inversión) se incluyan determinadas cláusulas que faciliten la venta de las acciones o participaciones sociales de la/s sociedad/es tales como las cláusulas que conceden derechos de arrastre a la ECR (*Drag Along*) y/o derechos de acompañamiento al minoritario (*Tag Along*), así como opciones de compra irrevocables otorgadas por los otros socios en favor de la ECR para el ejercicio del derecho de arrastre anteriormente mencionado. **4336**

Venta a uno o varios terceros La práctica de las desinversiones realizadas por ECR ha demostrado que la forma **más habitual** de ejecutar la desinversión (*Exit*) ha consistido en la venta total y, en determinadas ocasiones, parcial de las acciones o participaciones objeto de la inversión a un tercero. **4337**

Entre las diferentes estructuras de desinversión, lo más frecuente es la venta a un tercero totalmente ajeno a la compañía.

No obstante, existe la posibilidad de estructurar la operación mediante la venta de las acciones o participaciones sociales a los **restantes accionistas** o socios de la ECR, al equipo directivo de la compañía (tenga o no participación en el capital social de la misma) o a otra ECR (*Secondary Buy-Out*).

Ello es debido a que la venta a un tercero ofrece una serie de **beneficios** como:
- los plazos de ejecución de la desinversión;
- la posibilidad de venta del 100% de la inversión;
- la mejor valoración por el conjunto de la inversión; y
- no estar sometida a la supervisión de un regulador (p.e., CNMV).

Mercado de valores Tradicionalmente se ha considerado la **«salida a bolsa»** bien a través de Oferta Pública de Venta (**OPV**), como de Oferta Pública de Suscripción (**OPS**), y habitualmente mixtas, como la cumbre del mercado de las ECR, la cual supuestamente hace que dichas entidades maximicen la rentabilidad de sus inversiones, ya que ofrece la posibilidad de que participen una multitud de adquirentes de la inversión. **4338**

No obstante, es preciso tener en consideración la complejidad y **costes** de proceso de salida a bolsa, ya que para su ejecución requieren el cumplimiento de determinados requisitos de volumen y el sometimiento a un estricto proceso reglado y supervisado en todo momento por la CNMV (u organismo equivalente en otra jurisdicción), lo cual suele requerir una minuciosa planificación y la dedicación de un importante número de recursos, cuyo coste podría no hacer conveniente la elección de esta forma de desinversión.

Operaciones societarias Pese a que son escasamente utilizados, en determinadas operaciones de desinversión pueden resultar de interés determinados mecanismos establecidos en la LSC, tales como: **4339**

a) La adquisición de **acciones o participaciones propias**.

b) La **reducción de capital** con devolución de aportaciones.

c) La **liquidación** de la sociedad.

Las desinversiones a las que pueden resultar convenientes estos mecanismos frecuentemente serán aquellas que derivan de inversiones en las que:
- la ECR participe en el capital social con un escaso porcentaje; o
- la compañía objeto de la inversión tiene un carácter reducido y el número de sus operaciones es escaso

En dichos casos, la desinversión deberá ajustarse a los requisitos, formalidades y limitaciones establecidas al efecto en la LSC, pudiéndose valorar la posibilidad de **transformar** la sociedad en otro tipo societario con un régimen jurídico más ventajoso para su implementación.

CAPÍTULO 17

Joint Ventures

4400

Sección 1. Consideraciones generales		4410
Sección 2. Principales aspectos		4415
A.	Características comunes	4420
B.	Ventajas de la constitución de una joint venture	4425
C.	Clasificación	4430
D.	Etapas del proceso de negociación	4435
E.	Aportaciones de los socios/partícipes a la *joint venture*	4445
F.	Resolución de conflictos/esquemas de salida de la *joint venture*	4450
G.	Extinción de la *joint venture*	4455
Sección 3. Tipos de vehículos/instrumentalización de la *joint venture*		4460
A.	Uniones Temporales de Empresas (UTE)	4465
B.	Comunidad de bienes	4480
C.	Cuentas en participación	4490
D.	Agrupación de Interés Económico (AIE)	4500
E.	Agrupación Europea de Interés Económico (AEIE)	4515
F.	Sociedades mercantiles típicas	4530
	1. Sociedad Colectiva	4532
	2. Sociedad Comanditaria simple o por acciones	4543
	3. Sociedad Anónima	4555
	4. Sociedad de Responsabilidad Limitada	4569

El presente Capítulo tiene por objeto describir el marco regulador de las llamadas *joint ventures* o «empresas conjuntas» y que va desde la formalización de **acuerdos** puramente contractuales de colaboración entre dos o más empresarios, hasta la creación de un vehículo común de inversión, que en la mayor parte de las ocasiones implica la **constitución de entidades** con o sin personalidad jurídica propia. 4401

SECCIÓN 1

Consideraciones generales

Definición Bajo la denominación general y amplia de *joint venture* se hace referencia a los **acuerdos de cooperación** o colaboración comercial o empresarial entre dos o más personas físicas o jurídicas, que ponen en común sus habilidades y recursos, con la finalidad de acometer una inversión o negocio empresarial, durante un periodo de tiempo determinado, obteniendo una serie de beneficios que de forma individual cada una de las partes no sería capaz de alcanzar o lo haría de una manera menos eficiente. 4410

Precisiones **1)** Se trata de una figura no tipificada. La normativa española no recoge una definición expresa del concepto de *joint venture*. La figura que más se asimila a este concepto podría ser la **unión temporal de empresas (UTE)** regulada, a efectos fiscales, en la L 18/1982 y que carece de personalidad jurídica propia (ver también nº 15810 s. Memento Sociedades Mercantiles 2024, y en el nº 4465 del presente Memento).
2) Un **estudio detallado** sobre los acuerdos de joint venture se recoge asimismo en el nº 11480 Memento Sociedades Mercantiles 2024, y en el nº 3145 s. Memento Contratos Mercantiles 2024-2025.

En líneas generales, estos acuerdos de colaboración no implican directamente la constitución, como vehículo de inversión conjunta, de una **sociedad con personalidad jurídica propia**, si bien, con carácter general, la mayor parte de las *joint ventures* se materializan en la constitución de alguna de las entidades que se recogen en el derecho español o incluso en UTEs, que carecen de personalidad jurídica propia (ver nº 4460 s.). 4411

4412 **Finalidad** Los objetivos que buscan dos o más empresarios para constituir una *joint venture* pueden ser de lo más variado:

a) La búsqueda de un aliado/s para la **entrada** e implantación en nuevos o emergentes mercados.

b) La **colaboración** entre dos o más empresarios en las diferentes etapas de la cadena de producción, comercialización o distribución de productos, poniendo en común sus habilidades y recursos, capital, activos, etc. con la finalidad de lograr una mayor competitividad; es decir, el aprovechamiento de los recursos, conocimientos y experiencia de los empresarios asociados permite alcanzar los objetivos del proyecto con un menor esfuerzo individual, mejorar su posición en el mercado, etc.

c) El desarrollo de un **nuevo producto o proyecto** compartiendo recursos, conocimientos, tecnología o *know how*.

d) La colaboración entre varias empresas con objetos sociales complementarios para prestar servicios más completos, lo que permite compartir **sinergias** y **mayor competitividad** en el mercado.

e) La colaboración entre varias empresas para el desarrollo en común de un proyecto o **producto de especial complejidad** o que supone un gran coste o una gran inversión de capital para su desarrollo individual, permitiendo un mayor rendimiento, con mayor nivel tecnológico.

f) La colaboración entre varias empresas facilita su **financiación**, limitando el importe de la inversión, mejorando los sistemas de control de costes, reduciendo costes y repartiendo el riesgo.

g) Para **empresas** que se encuentren **en dificultades**, puede resultar beneficioso compartir recursos, puesto que mejora su efectividad productiva, comercial o técnica.

SECCIÓN 2

Principales aspectos

4415

A.	Características comunes	4420
B.	Ventajas de la constitución de una joint venture	4425
C.	Clasificación	4430
D.	Etapas del proceso de negociación	4435
E.	Aportaciones de los socios/partícipes a la *joint venture*	4445
F.	Resolución de conflictos/esquemas de salida de la *joint venture*	4450
G.	Extinción de la *joint venture*	4455

A. Características comunes

4420 Se trata de una figura creada por el derecho anglosajón, en el ámbito fundamentalmente empresarial, que carece de una regulación determinada en el derecho español y que, en consecuencia, se encuentra sujeta a una constante evolución y desarrollo. No obstante lo anterior, podemos señalar una serie de características que podrían considerarse propias de las *joint ventures*:

a) **Acuerdo de asociación/colaboración** comercial o empresarial entre dos o más personas físicas o jurídicas, con el consiguiente reparto entre ellas de funciones, roles, medios y riesgos que se plasman, con carácter general, en un contrato, independientemente del vehículo que posteriormente se elija para su implementación y desarrollo, y que suele dar lugar a la constitución de una sociedad con un objeto social generalmente diferente, pero complementario, del objeto social propio de las entidades que lo forman.

b) Resulta propio del concepto de *joint venture* la **gestión conjunta**, al menos desde un punto de vista teórico, aunque no siempre se realice en la práctica.

c) Con carácter general el contrato de *joint venture* tiene una **duración determinada o determinable y limitada** en el tiempo puesto que implica el desarrollo de un negocio o actividad empresarial concreta.

d) En la mayor parte de las ocasiones el acuerdo de *joint venture* da lugar a la **constitución de una sociedad** dotada o no de personalidad jurídica propia.

B. Ventajas de la constitución de una joint venture

Tal y como se ha puesto de manifiesto en el apartado anterior, la finalidad de las *joint ventures* consistente en la combinación de los recursos, sinergias, habilidades, etc. entre varios empresarios, ya sea para el desarrollo y comercialización de un nuevo producto, la entrada en nuevos mercados o la colaboración en los distintos escalones de la producción y comercialización de los productos, tiene innumerables beneficios de cara a obtener una **mayor ventaja competitiva** frente a otras empresas, reparto del riesgo, de los recursos a utilizar, permite el aprovechamiento de los conocimientos y experiencia de otras empresas, etc. **4425**

C. Clasificación

Existen diversas clasificaciones de las *joint ventures*, dependiendo de los criterios que se apliquen en su definición. La doctrina ha señalado principalmente las siguientes: **4430**

1. En los supuestos en los que se procede a la **constitución o no de una sociedad** mercantil que actúe como vehículo en la nueva inversión/producto/entrada en nuevos mercados, etc., podemos clasificar las *joint ventures* en:

a) *Joint ventures* de **naturaleza societaria** o *corporate joint ventures* que implica la creación de una sociedad específica o la utilización de una sociedad ya existente.

b) *Joint ventures* de **naturaleza estrictamente contractual** o *non corporate o unincorporated joint ventures*. Son contratos de colaboración mutua atípicos que no tienen una regulación legal específica.

2. Si nos atenemos al **tipo de actividad** económica que se realice de manera conjunta, podemos clasificar las *joint ventures* en:

a) Las que sirven de base a la investigación o fabricación de un producto.

b) Las que se utilizan como canal para las inversiones extranjeras.

c) Las de concentración, que implican un procedimiento de reagrupación de empresas.

d) Las que aúnan recursos, habilidades, conocimientos, etc. para la prestación conjunta de un determinado servicio.

3. Si nos atenemos al **ámbito geográfico de actuación** o a la nacionalidad de las empresas integrantes, podemos destacar las siguientes: **4431**

a) *Joint ventures* **nacionales**, que pueden estar constituidas por empresarios españoles, o entre empresarios españoles y extranjeros pero que desarrollan su actividad empresarial en territorio nacional.

b) *Joint ventures* **internacionales**, que pueden estar constituidas por empresarios españoles y extranjeros o únicamente por empresarios españoles pero que desarrollan su actividad comercial en el extranjero.

4. Si nos atenemos a la **participación de los socios** o partícipes en el capital social o en la dirección o control, podemos clasificar las *joint ventures* en:

a) *Joint ventures* **proporcionadas** o equilibradas, en las que los empresarios integrantes de las mismas mantienen una situación de equilibrio en el control de estas, es decir, participan activamente, en la misma proporción y asumen el mismo grado de responsabilidad.

b) *Joint ventures* **desiguales**, en las que normalmente uno de los empresarios integrantes de las mismas es quien realmente ejerce el control y dirección de estas.

5. Si nos atenemos al **tipo de integración** que da lugar a la *joint venture*, hay autores que han diferenciado entre: **4432**

a) *Joint ventures* **verticales,** cuando los empresarios actúan en varios sectores que comportan una integración vertical de su actividad.

b) *Joint ventures* **horizontales,** cuando los empresarios actúan en varios sectores que comportan una integración horizontal de su actividad.

6. Si nos atenemos al **tipo de duración,** hay autores que diferencian entre:

a) *Joint ventures* de duración **determinada,** cuando su objeto es la realización de un proyecto concreto.

b) *Joint ventures* de duración **indeterminada,** cuando tienen vocación de permanencia en el tiempo.

D. Etapas del proceso de negociación

4435 En cuanto a las diferentes fases del proceso de negociación y ejecución de la colaboración común entre dos o más empresarios, podemos destacar las siguientes:
- fase I: período de conversaciones previas;
- fase II: diseño de proyecto y elección del vehículo de inversión común; y
- fase III: implementación y desarrollo de la *joint venture*.

4436 **Fase I: periodo de conversaciones previas** La primera fase la constituye la búsqueda del **socio o de los socios** apropiados, planteándose, en consecuencia, las cualidades y requisitos que deseamos que tengan. Una vez identificado al/los candidato/s, deben iniciarse contactos previos, procediendo para ello a identificar los **objetivos estratégicos** y sinergias entre dos o más empresarios que tienen voluntad de poner en común su tecnología y conocimientos, con la finalidad de complementarse en el desarrollo conjunto de un negocio o producto que resulte atractivo para todos. Posteriormente, se procede a la identificación del equipo encargado de la **negociación** y al desarrollo de un plan de negocio.

4437 Como consecuencia de esta fase inicial de negociaciones previas, se procede a la preparación de diversa **documentación preliminar,** con el objetivo de determinar la forma de la negociación, la confidencialidad de la información/documentación intercambiada, etc., como puede ser la siguiente:
1. **Contrato de confidencialidad**, cuyo contenido incluye obligaciones recíprocas de no divulgación ni explotación de información/documentación de los futuros socios. El establecimiento de un compromiso de confidencialidad es esencial en este tipo de colaboraciones y, generalmente, prevén el mantenimiento de sus obligaciones más allá de la ruptura de las negociaciones, para un periodo que normalmente se fija entre cinco y diez años.
2. **Carta de intenciones**, también denominada *Letter of Intend* o *Memorandum of Understanding* (MOU). Esta categoría de acuerdos son compromisos o, en ocasiones, contratos preliminares/preparatorios a la redacción del contrato definitivo y que implican una serie de obligaciones que pueden ir desde el mero compromiso de negociar (en base a determinados elementos que se negociarán posteriormente), hasta el establecimiento de la obligación de implementar el contrato definitivo sobre la base de determinados elementos esenciales que ya están determinados.

4438 **Fase II: diseño del proyecto y elección del vehículo de inversión común** En esta segunda fase, se procede a la definición y concreción de diferentes aspectos del negocio a desarrollar, objetivo, ley aplicable, estructura, aportaciones de socios/partícipes, modo de adopción de acuerdos, toma de decisiones, mayorías, reparto de beneficios, designación de los órganos de administración o dirección, resolución de conflictos, salida de socios/partícipes, disolución y liquidación de la *joint venture*, etc.
Como consecuencia de esta fase de negociación, se procede a la preparación de diversa documentación, como puede ser la siguiente:
1. **Acuerdo marco o de base del contrato de «joint venture»**: se trata de un contrato privado que incluye, con carácter general, los términos y condiciones esenciales de la colaboración, define la estrategia a seguir y los objetivos que se pretenden alcanzar, la duración de la cooperación y los tipos de vehículo con los que, en su caso, se implementa la colaboración.
2. **Documentos auxiliares o accesorios** al contrato de *joint venture* (pactos parasociales, contratos de transferencia de tecnología, acuerdos acerca del uso de marcas y patentes, etc.): incluso en aquellos supuestos en los que se proceda a la creación de una sociedad en común como vehículo de colaboración, estos documentos accesorios suelen incluir la negociación de un contrato fundacional que tiene por objeto la concreción de una serie de cláusulas sobre el funcionamiento y organización de la entidad que se constituya, los estatutos sociales, etc.

4439 Los llamados «**pactos entre socios**», son pactos que regulan las relaciones entre los empresarios. En el contexto de las *joint ventures*, en este tipo de acuerdos, se suelen incluir cláusulas sobre la organización del capital social, eventuales transmisiones de participaciones, convenios relativos a la administración y dirección de la *joint venture*, procedimientos de toma de decisiones, reparto de gastos y beneficios, resolución de disputas y bloqueos de los órganos sociales, salida de alguno de los empresarios, disolución de la entidad que en su caso se constituya, etc. Algunos de estos «pactos entre socios» tienen un carácter estatutario, pudiendo en consecuencia incluirse en los estatutos sociales de la sociedad que se constituya, mientras que otros tienen carácter extraestatutario (ver nº 2350 s.).
Con relación a los **contratos de transferencia tecnológica** y sobre el **uso de marcas y patentes**, cabe señalar que estos acuerdos regulan generalmente las aportaciones de los socios en

materia tecnológica, otorgamiento de licencias de uso, transmisión de propiedad, derechos de los intervinientes con relación a las marcas y patentes, etc.

Fase III: implementación y desarrollo de la joint venture En esta tercera fase se firma el **contrato de** *joint venture* y se lleva a cabo la implementación de la **estructura societaria** elegida, en su caso. Es la fase en la que se termina de perfilar el acuerdo base y todos aquellos contratos auxiliares que los socios estimen convenientes para el desarrollo de la actividad común. En el caso de optar por la implementación de un vehículo común para el desarrollo conjunto del proyecto, se procede a la constitución del mismo de conformidad con los requisitos legales que les sea de aplicación en función del vehículo elegido (ver nº 4460 s.). **4440**

E. Aportaciones de los socios/partícipes a la joint venture

Aportaciones y financiación En líneas generales, los miembros de la *joint venture* aportan el **capital** necesario para la constitución del vehículo en el que se canaliza la inversión conjunta proyectada, en función y proporción a la intervención de cada uno de ellos en el capital social, la manera en que se va a desarrollar el negocio, el reparto de resultados, las ganancias y pérdidas, la responsabilidad de los miembros, etc. El resto de capital necesario para el desarrollo de la inversión, normalmente, se canaliza a través de financiación ajena o propia de los propios miembros de la *joint venture*, esto es, a través de **préstamos o créditos**. **4445**

Con relación a la **financiación ajena**, debemos tener en cuenta que, para la concesión de préstamos o créditos bancarios, éstos requieren, en la mayor parte de los casos, el otorgamiento de algún tipo de garantías, que normalmente suponen la pignoración de los activos o de las acciones o participaciones de la *joint venture*.

El régimen o **porcentaje de participación** de los socios, así como las aportaciones a realizar por cada uno de los miembros y cualquier otra cuestión relativa al desarrollo de la *joint venture,* es aconsejable que consten en el oportuno acuerdo o **pacto parasocial**.

Activos/prestación de servicios/derechos de propiedad industrial e intelectual Los activos que los miembros de la *joint venture* aportan a la misma pueden ser de la más diversa índole, pudiendo comprender tanto **activos tangibles** (contribuciones económicas, bienes inmuebles, instalaciones, maquinaria, equipos, etc.) como activos **intangibles** (marcas, patentes, *know how*, etc.). Los problemas pueden surgir a la hora de valorar los mencionados activos puesto que de su valoración depende la participación de cada uno de los socios en la *joint venture*, el reparto de resultados, etc. **4446**

Para determinadas *joint ventures,* la celebración de un **contrato de prestación de servicios** con alguno de sus miembros puede resultar esencial para la viabilidad y duración de la misma. Ejemplos de estos contratos pueden ser contratos para la gestión de la *joint venture*, contratos de suministro de productos, contratos de prestación de servicios, etc.

Es esencial que dentro del contrato de *joint venture* se regule todo lo relacionado con el **uso de la tecnología**. Generalmente, cuando uno de los socios realiza una aportación de derechos de propiedad industrial o intelectual, ésta se realiza mediante la concesión de licencias. En este supuesto, debemos mencionar la importancia que en determinados supuestos puede tener, para la viabilidad de la *joint venture,* la aportación, por ejemplo, de una determinada patente o la concesión de una licencia, de tal manera que la duración de la *joint venture* puede estar vinculada al tiempo de concesión de la misma. Del mismo modo, es importante detallar qué pasaría en el caso de que la *joint venture* fracasase, qué pasaría con las licencias otorgadas, etc. **4447**

En algunos supuestos, lo que se suele hacer es **anexar al pacto de socios** los contratos comerciales correspondientes, estableciendo una clara vinculación entre los mismos, de tal manera que el incumplimiento de alguno de estos contratos pueda dar lugar al incumplimiento del pacto de socios y, en consecuencia, pueda dar lugar a la terminación del mismo.

En aquellos casos en los que no se realiza la aportación de propiedad intelectual o industrial, sino que es el **objeto** propio de la *joint venture* el **desarrollo de tecnología**, es conveniente pactar de antemano la forma en que se registra esa tecnología y qué pasaría con la misma cuando la *joint venture* se disuelva.

F. Resolución de conflictos/esquema de salida de la joint venture

4450 Es fundamental a la hora de determinar el desarrollo y materialización de la *joint venture*, la inclusión de **cláusulas de resolución de posibles conflictos** que pudieran suscitarse entre los socios, previendo incluso la salida de alguno de ellos de la *joint venture*. Al realizarse la negociación del contrato deben evaluarse las consecuencias que acarrearían los desacuerdos, litigios, etc. que pudieran existir entre los diferentes miembros, divergencia de opiniones sobre el desarrollo o ejecución del negocio o incluso situaciones externas a la propia *joint venture*, como la situación económica o política, etc.

La mayor parte de la doctrina considera esencial en este tipo de contratos que se prevean de antemano **mecanismos** para la resolución de los eventuales conflictos que pudieran aparecer a lo largo de la relación de negocio, para evitar situaciones de bloqueo o paralización. En primer lugar, suele ser conveniente intentar resolver los conflictos mediante el diálogo y la comunicación y, si esto no fuera posible, debe preverse la posibilidad de acudir a las vías judiciales o arbitrales.

4451 El previo procedimiento de **diálogo** tendente a buscar una solución negociada basada en la buena fe, puede incluso prever una remisión jerárquica del conflicto, es decir, someter éste a una instancia jerárquicamente superior dentro de la compañía (p.e., consejo de administración, consejeros delegados o directores generales de las empresas miembros). En otras ocasiones, se puede prever la posibilidad de acudir a un tercero ajeno a las partes, que, sin actuar como un árbitro, intente «conciliar» a las partes.

En último lugar, si no fuera posible la «conciliación» entre las partes, es práctica habitual en este tipo de relación de negocios, para evitar someterse a procedimientos judiciales, incluir una cláusula de **sumisión a arbitraje**. La mayor parte de la doctrina considera esta vía arbitral como el instrumento más idóneo para solucionar los conflictos que pudieran ocasionarse, sobre todo en las relaciones comerciales internacionales. Entre las **ventajas** de este procedimiento podemos destacar las siguientes, señaladas en innumerables ocasiones por la doctrina:

- Celeridad en la resolución, a diferencia de la mayor lentitud de los procesos judiciales.
- Economía en los gastos del procedimiento: el laudo arbitral es definitivo e inapelable, si bien el mismo genera costes.
- Confidencialidad del proceso, a diferencia de las sentencias judiciales.

Para más información sobre el arbitraje, ver nº 5640 s.

4452 Para aquellos supuestos en los que el vehículo de colaboración elegido es la constitución de una sociedad de capital, la normativa española pone a disposición de los socios la posibilidad de utilizar una serie de mecanismos de **separación y exclusión** que facilitan la salida de los socios de las sociedades de capital (reducciones de capital social, transmisión forzosa de las acciones o participaciones, opciones de compra y de venta de acciones y participaciones, disolución y liquidación de la sociedad, etc.).

G. Extinción de la joint venture

4455 El contrato de *joint venture* pude extinguirse por múltiples motivos, no únicamente debido a conflictos existentes entre los miembros de la misma como se ha puesto de manifiesto anteriormente, sino también por terminación del plazo de duración de la misma o por otras causas.

- En los supuestos de contratos de ***joint venture* de duración determinada o «determinable»**, esta se extingue por la realización del objeto del contrato o la llegada del término pactado siempre que las partes no acuerden la prórroga del mismo. Asimismo, también es válida la extinción anticipada siempre que medie acuerdo mutuo entre las partes o siempre que se dé alguna de las causas de resolución anticipada previstas en el contrato.
- En los supuestos de contratos de ***joint venture* de duración indeterminada**, esta se extingue, en principio, por la resolución unilateral de una de las partes o por acuerdo entre las partes y siempre que medie buena fe (CC art.1258), sin perjuicio de lo que se prevea en el contrato (una duración inicial determinada, cláusulas de compensación entre las partes, indemnización de daños y perjuicios, en su caso, etc.).

4456 La extinción del contrato de *joint venture* determina, en primer lugar, el **cese** de una serie de **derechos y obligaciones**, pero puede asimismo implicar la continuidad en otra serie de obligaciones, como el respeto de los compromisos de confidencialidad y no competencia, etc.

SECCIÓN 3

Tipos de vehículos/instrumentalización de la joint venture

A. Uniones Temporales de Empresas (UTE) 4465 4460
B. Comunidad de bienes 4480
C. Cuentas en participación 4490
D. Agrupación de Interés Económico (AIE) 4500
E. Agrupación Europea de Interés Económico (AEIE) 4515
F. Sociedades mercantiles típicas 4530
1. Sociedad Colectiva 4532
2. Sociedad Comanditaria simple o por acciones 4543
3. Sociedad Anónima 4555
4. Sociedad de Responsabilidad Limitada 4569

A. Uniones Temporales de Empresas (UTE)

Uno de los vehículos que con más frecuencia se utiliza en las colaboraciones temporales entre dos o más empresas o empresarios, es la constitución de las llamadas UTE. Se trata de empresas que, si bien no tienen reconocida personalidad jurídica propia, se les aplica un **régimen fiscal especial** siempre que cumplan con los requisitos establecidos en la L 18/1982 art.8, y que se recogen a continuación. 4465
Tiene la consideración de UTE «el **sistema de colaboración** entre empresarios por tiempo cierto, determinado o indeterminado para el desarrollo o ejecución de una obra, servicio o suministro» (L 18/1982 art.7).

Precisiones Un **estudio detallado** sobre las UTE se recoge asimismo en el nº 15810 s. Memento Sociedades Mercantiles 2024.

La **normativa aplicable** a las UTE de nacionalidad española se encuentra en: 4466
• Título III art.7 a 10 de la L 18/1982, sobre el Régimen Fiscal de Agrupaciones y Uniones Temporales de Empresas y de las Sociedades de Desarrollo Regional.
• En el ámbito específico de la contratación administrativa, la L 9/2017, de Contratos del Sector Público, por la que se transponen al ordenamiento jurídico español las Dir 2014/23/UE y Dir 2014/24/UE (LCSP). Esta forma de colaboración es muy frecuente en el ámbito de la contratación pública, puesto que permite presentar ofertas más competitivas.

Denominación (L 18/1982 art.8.e.uno) La razón social ha de ser la de una, varias o todas las empresas miembros de la UTE, seguida de la expresión «Unión Temporal de Empresas, Ley 18/1982, de 26 de mayo». 4467

Objeto (L 18/1982 art.8.b y 8.e.dos) El objeto de la UTE ha de consistir en el desarrollo o la ejecución exclusivamente de una obra, servicio o suministro concreto, dentro o fuera de España. Asimismo, también pueden desarrollar o ejecutar obras o servicios complementarios o accesorios al objeto principal. 4468
El objeto social se ha de incluir en los **estatutos** de la UTE y en una **memoria** de actividades, en la que se incluye una descripción de las actividades o de los medios que se van a utilizar para su desarrollo.

Domicilio fiscal (L 18/1982 art.8.e.cuatro) Se ha de situar en el territorio nacional (para la UTE de nacionalidad española) y debe ser el propio de la persona física o jurídica que lleve la gerencia común. 4469

Sujetos miembros (L 18/1982 art.8.a, 8.e.cinco y 8.e.siete) Las empresas que formen parte de la UTE pueden ser tanto **personas físicas** como **jurídicas,** residentes en España o en el extranjero. Los rendimientos empresariales de las personas naturales que formen parte de la UTE han de ser determinados en régimen de estimación directa a efectos de su gravamen en el IRPF. 4470
Los miembros de la UTE pueden realizar **aportaciones** al fondo operativo común, tanto dinerarias como no dinerarias, y determinar el modo de participación de cada uno de los miembros en la distribución de resultados y en los ingresos o gastos de la UTE.

4471 **Constitución** (L 18/1982 art.8.e) La constitución de las UTE se formaliza en **escritura pública** en la que se debe incluir necesariamente:
• los datos identificativos de sus miembros (esto es: nombre, apellidos, razón social, nacionalidad y domicilio);
• la voluntad de los otorgantes de constituir una UTE;
• los estatutos que rigen la UTE y en los que se ha de incorporar la siguiente información:
- la denominación;
- el objeto;
- la duración y fecha en que darán comienzo las operaciones;
- el domicilio fiscal;
- las aportaciones (si existiesen);
- el nombre del gerente y su domicilio;
- la proporción o el método para determinar la participación de los distintos sujetos miembros, en la distribución de los resultados o de los gastos;
- la responsabilidad frente a terceros por los actos y operaciones en beneficio del común, que es en todo caso solidaria e ilimitada de sus miembros;
- el criterio temporal de imputación de resultados o, en su caso, ingresos o gastos; y
- demás pactos lícitos y condiciones especiales que los otorgantes consideren establecer.
En todo caso, para poder acceder a las ventajas fiscales de las UTE, es necesario que la UTE además de constituirse en escritura pública, se **inscriba** en el **registro especial de UTEs** dependiente del Ministerio de Hacienda.

4472 **Órganos sociales de gobierno** (L 18/1982 art.8.d) Es necesario que exista un **gerente único** que actúe en nombre de la UTE, con poderes amplios y suficientes de todos los miembros de la UTE para poder ejercer todos los derechos y obligaciones.
En la práctica, junto con la figura del gerente único, se suele incorporar la existencia de otros órganos como:
- la **junta de empresarios** (órgano superior de la UTE) cuyas funciones son muy similares a las de una junta general de socios o accionistas; o
- el **comité de gerencia**: órgano que normalmente se encuentra integrado por un representante de cada uno de los miembros de la UTE y es el órgano encargado, junto con el gerente único, de llevar la dirección, gestión y gobierno de la UTE. Su principal misión suele ser la de elaborar las directrices para el mejor desarrollo de los trabajos encomendados a la UTE aprobar el reparto de beneficios, nombrar y remover al gerente único, aprobar los contratos de la UTE con terceras partes, aprobar los balances y cuentas de resultados, acordar la disolución de la UTE, etc. Los comités de gerencia suelen reunirse periódicamente en la forma que se establezca en los estatutos.
Las actuaciones de la UTE se realizarán, precisamente, a través del **gerente** nombrado a efecto, haciéndolo este constar así en cuantos actos y contratos suscriba en nombre de la UTE.

4473 **Personalidad jurídica** La UTE carece de personalidad jurídica propia distinta a la de sus miembros. No obstante lo anterior, la UTE puede actuar en determinados ámbitos, en cuanto:
a) Tiene reconocida capacidad para **contratar con la Administración pública** (LCSP art.69). La Administración puede incluso contratar con uniones de empresarios que se constituyen temporalmente al efecto, sin que sea necesario la formalización de la unión en escritura pública hasta la adjudicación.
b) Tiene **capacidad procesal** para defender sus derechos (TS cont adm 12-2-90, EDJ 1401 26-3-99, EDJ 4900; 22-6-09, EDJ 143849). En este sentido, considera la jurisprudencia que puesto que la L 18/1982 art.8.d atribuye al gerente de la UTE facultades para ejercitar los derechos y contraer las obligaciones correspondientes en nombre de la UTE, se está dotando a esta de capacidad procesal para la defensa de sus derechos.
c) Tiene **capacidad para contratar trabajadores** y generar derechos y obligaciones dentro de una relación laboral (TS cont adm 12-2-90, EDJ 1401).

4474 **Funcionamiento** La ejecución y desarrollo de los proyectos suele realizarse de una de las siguientes maneras:
• Directamente por la propia UTE, con su propio personal.
• Por las empresas miembros de la UTE que se distribuyen los trabajos a realizar por cada una de ellas.
• A través de un tercero subcontratado por la propia UTE.

Responsabilidad (L 18/1982 art.9) La responsabilidad de todos los miembros de la UTE frente a terceros por los actos y operaciones realizados en beneficio común es **solidaria e ilimitada**. En este sentido, la existencia de **pactos internos** entre los miembros de la UTE que excluyen la responsabilidad a uno o varios de sus miembros, no son válidos frente a terceros (TS cont adm 29-7-04, EDJ 159624). 4475

«Las empresas miembros de la Unión Temporal quedarán solidariamente obligadas frente a la **Administración Tributaria** por las retenciones en la fuente a cuenta de los Impuestos sobre la Renta de las Personas Físicas o sobre Sociedades, que la Unión venga obligada a realiza, así como por los tributos indirectos que corresponde satisfacer a dicha Unión como consecuencia del ejercicio de la actividad que realice, idéntica responsabilidad existirá respecto a la Cuota de Licencia del Impuesto Industrial prevista en el art.11 y en general de los tributos que afecten a la Unión temporal como sujeto pasivo.» (En este sentido, ver TS cont adm 11-5-05, EDJ 71606; 30-1-20, EDJ 507938).

Duración (L 18/1982 art.8.c) Las UTE tienen una duración idéntica a la de la obra, servicio o suministro que constituya su objeto. La duración **máxima** en ningún caso puede exceder de 25 años, salvo en los supuestos de ejecución de obras y explotación de servicios públicos, en cuyo caso la duración máxima es de 50 años. 4476

Extinción Una vez cumplido el objetivo para el que se constituyó la UTE o se produzca alguna de las causas de extinción recogidas en los estatutos, la UTE se extingue y da lugar a la apertura del **periodo de liquidación** que implica la realización de las operaciones comerciales que sean necesarias para la liquidación de la UTE, la realización de los bienes que pudieran pertenecerle, la percepción de los créditos y demás derechos pendientes, la satisfacción de las deudas, tras lo cual, de existir excedente, se procede al reparto del mismo entre los miembros de la UTE de conformidad con lo pactado en los estatutos. Asimismo, es necesario que la extinción de la UTE se formalice en **escritura pública** y se presente a **inscripción** en el registro especial de UTEs. 4477

Precisiones Entre las **causas** de extinción que, con carácter habitual, se establecen en los estatutos, destacamos las siguientes:
- Por el cumplimiento del objeto de la UTE.
- Por el cumplimiento del término estipulado en los estatutos de duración de la UTE.
- Por acuerdo unánime de sus miembros.
- Por la imposibilidad física o jurídica de realizar los contratos objeto de la UTE.
- Por la resolución de los contratos para cuyo cumplimiento se constituyó la UTE.
- Por el fallo, incumplimiento o insolvencia de alguno de los miembros de la UTE.
- Por quedar reducido a uno el número de sus miembros.

B. Comunidad de bienes

(CC art.392 a 406)

«Hay comunidad cuando la propiedad de una cosa o de un derecho pertenece en *pro indiviso* a varias personas» (CC art.392). 4480

La comunidad de bienes carece de **personalidad jurídica** propia.

Es la fórmula más sencilla de instrumentar una *joint venture*.

Precisiones Un **estudio detallado** sobre las comunidades de bienes se recoge asimismo en el nº 86 s. Memento Sociedades Mercantiles 2024 y nº 3267 s. Memento Contratos Mercantiles 2024-2025.

Personalidad jurídica La comunidad de bienes carece de personalidad jurídica distinta de la de los comuneros. No obstante lo anterior, en determinados ámbitos tiene reconocida cierta **capacidad**, en cuanto a: 4481

a) Se les considera **sujetos pasivos tributarios** (LGT art.35.4). Para actuar en el ámbito fiscal están obligados a solicitar un número de identificación fiscal (RD 1065/2007 art.18.1).

b) Tiene capacidad para **contratar trabajadores** y generar en consecuencia derechos y obligaciones dentro de una relación laboral (RDLeg 2/2015 art.1.2).

c) En cuanto a la **defensa judicial** de la cosa en común, cualquiera de los comuneros puede comparecer en juicio y ejercitar acciones que correspondan a la comunidad, siempre que actúe en beneficio de la misma (TS 2-11-93, EDJ 9789).

Clases La doctrina ha venido clasificando la comunidad de bienes dependiendo de si esta tiene su origen en la propia voluntad de dos o más comuneros o, por el contrario, sin la voluntad de los partícipes, es decir: 4482

1. **Comunidad de bienes voluntaria**: cuando existe voluntad entre varias personas de adquirir conjuntamente un bien. Esta modalidad de comunidad se rige principalmente por los pactos

que los comuneros estimen más conveniente -siempre y cuando no sean contrarios a la ley ni al orden público (CC art.1255)- y, en su defecto, por el CC art.392.
2. **Comunidad de bienes incidental**: cuando varias personas adquieren conjuntamente un bien de forma accidental; es decir, como consecuencia de un hecho independiente de la voluntad de los adquirentes o copropietarios.

4483 **Sujetos miembros** Los titulares del bien en común en *pro indiviso* se denominan **comuneros** o copropietarios.

4484 **Requisitos formales** Para la creación de una comunidad de bienes no se exige ninguna aportación mínima, ni la firma de ningún tipo de contrato por escrito. No obstante lo anterior, la **forma escrita** sirve de prueba y puede ser un requisito para el cumplimiento de ciertos trámites dependiendo del bien objeto de titularidad común (como pueden ser inmuebles, participaciones sociales de una SRL, etc.).
No se permite la **inscripción** en el Registro Mercantil de las comunidades de bienes, ni aun cuando ejerzan actividades empresariales. Asimismo, tampoco se permite la legalización de sus libros empresariales en el mencionado registro (DGRN Resol 16-2-00).
En el supuesto de que se utilice la figura de la comunidad de bienes como vehículo para constituir una *joint venture*, es recomendable que se deje constancia por escrito, de manera clara, de los acuerdos entre los copropietarios que regulen el funcionamiento de la misma.

Precisiones Resulta aconsejable que en el documento que, en su caso, acuerde la **constitución** de una comunidad de bienes, se haga mención a los siguientes aspectos:
- datos identificativos de los comuneros;
- descripción de los bienes o derechos sobre los que recae la titularidad *pro indiviso* de un determinado bien o derecho;
- en su caso, las reglas que regulan el funcionamiento de la comunidad de bienes y su extinción.

4485 **Características, funcionamiento y responsabilidad** (CC art.393, 394, 397 a 401 y 404) Salvo pacto en contrario, a las comunidades de bienes les son de aplicación las siguientes reglas:
a) La **participación de los comuneros** tanto en los beneficios como en las cargas y gastos es proporcional a sus respectivas cuotas.
b) Las **relaciones de terceros** no son con la comunidad puesto que esta carece de personalidad jurídica propia, sino con los propios comuneros.
c) Se presumen **iguales**, mientras no se pruebe lo contrario, las porciones correspondientes a los partícipes.
d) Cada partícipe puede **servirse de la cosa común** siempre que disponga de ella conforme a su destino y de manera que no perjudique el interés de la comunidad, ni impida a los copartícipes utilizarla según su derecho.
e) Ninguno de los copartícipes puede, sin consentimiento de los demás, hacer **alteraciones de la cosa común**.
f) Con carácter general, para la **administración de la cosa común** es necesario el acuerdo de la mayoría de los copartícipes.
g) Todo codueño tiene la plena **propiedad** de su parte y la de los frutos y utilidades que corresponda, es decir, tiene un derecho independiente y exclusivo sobre su cuota.
h) Ningún copropietario está obligado a permanecer en la comunidad, pudiendo cada uno de ellos pedir en cualquier momento la **división de la cosa en común**. No obstante, los copropietarios no pueden exigir la división de la cosa común, cuando de hacerla resulte inservible para el uso a que se destina.
i) Si la cosa fuera esencialmente **indivisible**, y los condueños no convinieren en que se adjudique a uno de ellos indemnizando a los demás, se venderá y repartirá su precio.

4486 **Duración** (CC art.400) Ningún copropietario está obligado a permanecer en la comunidad, pudiendo cada uno de ellos pedir en cualquier momento la división de la cosa en común. No obstante lo anterior, el Código Civil permite que los comuneros se comprometan a conservar el bien en común por un plazo determinado, que **no puede exceder** de 10 años. Dicho plazo puede prorrogarse siempre que medie acuerdo expreso entre los partícipes.

4487 **Extinción del contrato** La extinción de la comunidad de bienes puede producirse por:
- División del bien.
- Destrucción o abandono del bien.
- Consolidación de todas las cuotas en un solo propietario.

C. Cuentas en participación

(CCom art.239 a 243)

Mediante las cuentas en participación, desde el punto de vista mercantil, «los comerciantes podrán interesarse los unos en las operaciones de los otros, contribuyendo para ellas con la parte del capital que convinieren, y haciéndose **partícipes de sus resultados** prósperos o adversos, en la proporción que determinen» (CCom art.239). **4490**

Tal y como viene manifestando reiteradamente la jurisprudencia (TS 24-9-87, EDJ 16074), si bien es cierto que del contenido literal del CCom art.239 puede entenderse que los cuentapartícipes han de ser **comerciantes**, en realidad, siempre que el gestor sea comerciante, el contrato tiene naturaleza mercantil, puesto que en numerosos casos quienes aportan determinado capital al negocio no son otros comerciantes, sino, por el contrario, personas totalmente ajenas actividad mercantil y, en consecuencia, lo que verdaderamente importa es que las operaciones a las que se destinan tales capitales sean mercantiles.

Asimismo, este tipo de contratos han sido definidos por la doctrina y la jurisprudencia como una **formula asociativa** entre empresarios individuales o sociales que hace posible el concurso de uno (partícipe) en el negocio o empresa de otro (gestor), quedando ambos a resueltas del éxito o fracaso del último» (TS 30-5-08, EDJ 82749). En consecuencia, **no** se crea un **patrimonio común** entre los partícipes, sino que lo aportado pasa al dominio del gestor (TS 20-7-92, EDJ 8161; 5-2-98, EDJ 584, entre otras). El partícipe tiene derecho a las ganancias en la proporción que se establezca (es decir, el partícipe no conserva un crédito para la restitución de lo aportado, sino para la obtención de su parte de las ganancias, previa la liquidación y rendición de cuentas que proceda).

A priori, este tipo de contratos no parece ser el medio más adecuado de desarrollar proyectos de *joint venture* complejos. No obstante, en ocasiones, es una modalidad contractual que resulta atractiva para aquellas personas individuales o jurídicas que no pueden o no desean que se conozca su participación en una determinada actividad comercial.

Precisiones Para un **estudio detallado** de esta figura asociativa, ver nº 88 s. Memento Sociedades Mercantiles 2024 y nº 3057 s Memento Contratos Mercantiles 2024-2025.

Personalidad jurídica El contrato de cuentas en participación no tiene personalidad jurídica propia ni implica la formación de un fondo o patrimonio común independiente; el gestor adquiere la titularidad de las aportaciones. **4491**

Sujetos miembros Son el/los partícipe/s y el gestor. **4492**
- El/los **partícipe/s** tiene/n la obligación de realizar la aportación de bienes o derechos.
- El **gestor** es el encargado de destinar la aportación a la realización de las actividades comerciales o mercantiles pactadas.

Requisitos formales (CCom art.240) «Los contratos de cuentas en participación no están sujetos a ningún tipo de solemnidad, pudiendo contraerse privadamente de palabra o por escrito, y probándose su existencia por cualquiera de los medios reconocidos en Derecho». **4493**

No obstante lo anterior, es conveniente celebrar un **contrato por escrito** en el que queden claramente determinadas las condiciones del contrato y los derechos y obligaciones del partícipe y del gestor. En todo caso, aunque el contrato se formalice en escritura pública, no es susceptible de **inscripción** en registro público alguno.

Funcionamiento y responsabilidad (CCom art.241, 242 y 243) El partícipe tiene la obligación de realizar la **aportación de bienes o derechos** en las condiciones pactadas, mientras que el gestor es el encargado de destinar la aportación a la **realización de actividades** comerciales. Solo el gestor del negocio contrata con terceros, actuando en consecuencia exclusivamente en su propio nombre y bajo su responsabilidad individual. **4494**

Para el partícipe este tipo de contratos implican una serie de **ventajas,** como la participación en negocios o actos de comercio sin necesidad de revelar su identidad, aportando exclusivamente bienes o derechos, mientras que para el gestor las cuentas en participación suponen, en la mayor parte de las ocasiones, una forma de colaboración económica que le permite obtener una financiación más ventajosa que la que podría obtener si acude al préstamo de entidades de crédito.

No obstante lo anterior, el hecho de que el partícipe no pueda intervenir en la gestión del negocio, no impide que ambos sujetos puedan pactar **controles internos**, como puede ser el establecimiento de límites de cuantía por operación, la solicitud de información periódica sobre las cuentas, balances, resultados, etc.

4495 El gestor, por su parte, debe gestionar su negocio con la diligencia de un ordenado empresario y debe **rendir cuentas al partícipe** de los resultados obtenidos del negocio y de la gestión que ha llevado a cabo.
Las **ganancias** se reparten en función de lo pactado mientras que, en las **pérdidas**, el partícipe únicamente responderá por el valor de los bienes que aportó y el gestor responde personal e ilimitadamente.
Los terceros únicamente tienen **acción contra el gestor** y no contra el partícipe, quien tampoco tiene acción contra el tercero que contrató con el gestor, a no ser que este le ceda formalmente su derecho. Es decir, en principio, únicamente el gestor está facultado para ejercitar acciones judiciales **contra los terceros** con los que haya tenido relaciones comerciales

4496 **Duración** La mayor parte de la doctrina considera que las cuentas en participación pueden ir desde la participación momentánea y ocasional en operaciones mercantiles aisladas e independientes, a una colaboración a medio o incluso a largo plazo. En consecuencia, este tipo de contratos de colaboración normalmente puede estipularse para:
- la realización de **un solo acto** concreto;
- la explotación de **actividades duraderas** en el tiempo;
- para un plazo de **tiempo determinado**; o
- por **tiempo indefinido**.

4497 **Extinción del contrato** El contrato de cuentas en participación puede extinguirse por diversas **causas**, entre las que destacamos las siguientes:
• Por cumplimiento del término estipulado en el contrato.
• Por mutuo acuerdo de las partes de dar por resuelto el contrato.
• Por el término del objeto del contrato.
• Por imposibilidad de desarrollar la actividad objeto del contrato.
• Por la muerte o incapacidad del gestor.
• Por el fallo, incumplimiento o insolvencia del gestor.
• En los casos de contratos de duración indefinida o indeterminada, por denuncia unilateral de alguna de las partes.

D. Agrupación de Interés Económico (AIE)

4500 Constituye una figura asociativa creada por la L 12/1991, en desarrollo del Rgto CEE/2137/85 regulador de las Agrupaciones Europeas de Interés Económico (AEIE).
Las AIE son sociedades mercantiles que tienen **personalidad jurídica propia**, y tienen por objeto la realización de una actividad económica auxiliar de la que desarrollen sus socios. Se trata, en consecuencia, de un instrumento que permite la colaboración entre determinadas empresas para la realización de actividades auxiliares a su objeto social propio y que no pueden desarrollar las empresas de manera aislada, como pueden ser estudios de mercado publicidad común, importación, exportación etc.
Las AIE, además, **no** tienen **ánimo de lucro** por sí mismas.

Precisiones Un **estudio detallado** sobre el régimen de las AIE se recoge asimismo en el nº 15590 s Memento Sociedades Mercantiles 2024.

4501 La **normativa aplicable** que regula las AIE es la siguiente:
• L 12/1991 de Agrupaciones de Interés Económico.
• Rgto CEE/2137/85, del Consejo de las Comunidades Europeas, regulador de las Agrupaciones Europeas de Interés Económico (AEIE), que en diversos puntos remite o habilita a la legislación de los Estados miembros para su desarrollo o concreción.
• Reglamento del Registro Mercantil (RRM art.264 a 269 y 403).
Con **carácter supletorio**, se rige por las normas de la sociedad colectiva que resulten compatibles con su específica naturaleza (L 12/1991 art.1). Asimismo, resultan aplicables supletoriamente determinados artículos del Código de Comercio; Ley de Sociedades de Capital y RDLey 5/2023 de transposición de Directivas de la Unión Europea en materia de modificaciones estructurales de sociedades mercantiles (entre otras disposiciones).

4502 **Denominación** (L 12/1991 art.6; RRM art.403) En la denominación de la AIE debe necesariamente figurar la expresión «Agrupación de Interés Económico» o las siglas AIE, no pudiendo adoptarse una denominación idéntica a la de otra AIE preexistente.

Objeto (L 12/1991 art.3) El objeto de la AIE se limita exclusivamente a la realización de una acti- 4503
vidad económica **auxiliar** de la que desarrollen sus socios.

Sujetos miembros (L 12/1991 art.4) Las AIE solo pueden constituirse por personas físicas o 4504
jurídicas que desempeñen actividades empresariales, agrícolas o artesanales, por entidades no lucrativas dedicadas a la investigación y por quienes ejerzan profesiones liberales.

Constitución (L 12/1991 art.7 y 8.1) Las AIE se constituyen en **escritura pública** otorgada ante 4505
notario, que ha de contener, como mínimo:

• La identidad de los socios.
• La voluntad de los otorgantes de fundar una AIE.
• El capital social, si lo tiene, con expresión numérica de la participación que corresponde a cada socio, así como las aportaciones de bienes o derechos, indicando el título o el concepto en que se realicen y el valor que se les haya dado o las bases conforme a las cuales haya de efectuarse el evalúo.
• La denominación.
• El objeto.
• La duración y la fecha de comienzo de sus operaciones.
• El domicilio social, que debe establecerse en España y, en su caso, el de las sucursales.
• La identidad de las personas que se encarguen de la administración.

Posteriormente, las AIE han de **inscribirse** en el Registro Mercantil correspondiente en función de su domicilio social. Los administradores responden solidariamente con la AIE por los actos y contratos que hubieran celebrado en nombre de ella antes de su inscripción.

Administradores (L 12/1991 art.12, 13 y 14) La AIE es administrada por una o varias personas 4506
físicas o jurídicas, que pueden actuar de forma **mancomunada o solidaria**, designadas en la escritura de constitución o nombradas por acuerdo de los socios. No se exige la condición de socio para ser administrador, salvo disposición en contrario.

Son de aplicación a los administradores de la AIE las **prohibiciones** establecidas en la Ley de Sociedades de Capital (LSC art.213; ver nº 4351 Memento Sociedades Mercantiles 2024).

Los administradores deben ejercitar su cargo con la **diligencia** de un ordenado empresario y de un representante leal y han de guardar secreto sobre los datos confidenciales de la AIE, aún después de cesar en sus funciones y responder solidariamente de los daños causados a la AIE, salvo que prueben haber actuado conforme a la diligencia anteriormente señalada.

Asamblea de socios (L 12/1991 art.10 y 11) Es **convocada** por los administradores, por medio 4507
de carta certificada con acuse de recibo, con una antelación mínima de 15 días (salvo disposición en contrario). La convocatoria se realiza por iniciativa propia de los administradores o a instancia de cualquier socio (en este último caso la convocatoria ha de realizarse en el plazo de 30 días).

Los **acuerdos** pueden adoptarse en la asamblea de socios, por correspondencia o por cualquier otro medio que permita tener constancia escrita de la consulta y del voto emitido por los socios.

Con carácter general, los acuerdos se adoptan por **unanimidad**, salvo que se hayan establecido otros quórum de constitución y votación. No obstante lo anterior, la modificación de los siguientes acuerdos debe adoptarse en todo caso por unanimidad de todos los socios de la AIE:

• objeto de la AIE;
• número de votos atribuidos a cada socio;
• requisitos para la adopción de acuerdos;
• duración prevista de la AIE;
• cuota de contribución de cada uno de los socios o de alguno de ellos a la financiación de la AIE.

Separación y exclusión de socios (L 12/1991 art.15 y 16) Cualquier socio puede separarse 4508
de la AIE en los casos que se prevea en la escritura de constitución, cuando concurra justa causa o si media el consentimiento de los demás socios. A estos efectos, se entiende que constituye **justa causa** la propia voluntad de separarse, comunicada a la sociedad con una antelación mínima de 3 meses, si la AIE se hubiera constituido por tiempo indefinido.

La **condición de socio se pierde,** en todo caso, cuando dejen de concurrir los requisitos exigidos por la ley o por la escritura para ser socio de la AIE o cuando se declare en concurso de creedores. El socio cesante tiene derecho a la liquidación de su participación de acuerdo con las reglas establecidas en la escritura y, en su defecto, en el Código de Comercio.

4509 **Distribución de beneficios y pérdidas** (L 12/1991 art.21) Los beneficios y pérdidas procedentes de las actividades de la AIE son considerados como beneficios o pérdidas de los socios y se reparten entre ellos en la proporción prevista en la escritura o, en su defecto, por partes iguales.

4510 **Responsabilidad** (L 12/1991 art.5) Los socios de las AIE son responsables personal y solidariamente entre sí por las deudas de aquella. Esta responsabilidad es **subsidiaria** de la de la AIE.

4511 **Duración** Las AIE pueden constituirse por tiempo determinado o indefinido.

4512 **Transformación** (RDL 5/2023 art.18) Una AIE puede transformarse en cualquier tipo de sociedad mercantil y en AEIE.

4513 **Disolución** (L 12/1991 art.18) La AIE se disuelve:
1. Por acuerdo unánime de los socios.
2. Por la expiración del plazo o por cualquier otra causa establecida en la escritura.
3. Por la apertura de la fase de liquidación, cuando la AIE se encuentre declarada en concurso.
4. Por la conclusión de la actividad que constituye su objeto o por la imposibilidad de realizarlo.
5. Por paralización de los órganos sociales de modo que resulte imposible su funcionamiento.
6. Por no ajustarse la actividad de la AIE al objeto de la misma.
7. Por quedar reducido a uno el número de socios.
8. Por concurrir justa causa.

E. Agrupaciones Europeas de Interés Económico (AEIE)

4515 Se trata de una figura jurídica creada por el Rgto CEE/2137/85. Este reglamento ha fijado las características principales de las AEIE, permitiendo a los Estados miembros la posibilidad de regular internamente determinados apartados, como se ha hecho en España con la aprobación de la L 12/1991, de Agrupaciones de Interés Económico.

Las AEIE que tienen su **domicilio en España** tienen personalidad jurídica propia y se les aplica la siguiente **normativa**:

• El Rgto CEE/2137/85, del Consejo de las Comunidades Europeas, regulador de las Agrupaciones Europeas de Interés Económico (AEIE), que en diversos puntos remite o habilita a la legislación de los Estados miembros para el desarrollo o concreción de sus propias previsiones.
• La L 12/1991, de Agrupaciones de Interés Económico, en aquellos aspectos en los que el Rgto CEE/2137/85 remita o habilite a la legislación interna.
• RRM art.268, 269 y 403.

Precisiones **1)** Un **estudio detallado** sobre el régimen de las AEIE se recoge asimismo en el nº 15730 s. Memento Sociedades Mercantiles 2024.
2) La **elección del país** donde la AEIE tenga su domicilio social determina la legislación estatal que le es de aplicación.

4516 **Finalidad** (Rgto CEE/2137/85 art.3.1) La finalidad de la AEIE es facilitar y **fomentar** las **actividades económicas de sus miembros** mediante la unión de sus recursos, actividades y competencias; no es la de realizar beneficios para sí misma. Dicha unión debe permitir la obtención de mejores resultados que los que sus miembros lograrían actuando de forma aislada. Sus actividades deben estar relacionadas con las actividades económicas de sus miembros, sin que puedan llegar a sustituirlas.

4517 **Prohibiciones** (Rgto CEE/2137/85 art.3.2) La AEIE no puede:
a) Ejercer, directa o indirectamente, el poder de dirección o control sobre las actividades propias de sus miembros o de las actividades de otra empresa (personal, finanzas, inversiones, etc.).
b) Poseer, directa o indirectamente, por cualquier título, ninguna acción o participación, en una empresa miembro, salvo que dicha participación sea necesaria para alcanzar los objetivos de la AEIE y si tiene lugar por cuenta de sus miembros.
c) Emplear a más de 500 asalariados.
d) Utilizarse para trasgredir la normativa legal de los Estados miembros en materia de préstamos o de cualquier otra operación crediticia concedido a los directivos de las sociedades componentes de la AEIE o cualquier persona relacionada con ellos.

e) Tampoco puede utilizarse para la transferencia de cualquier tipo de bien entre una sociedad y un directivo, o cualquier otra persona relacionada con él, excepto en la medida en que lo permitan las leyes de los Estados miembros aplicables a las sociedades.
f) Ser miembro de otra AEIE.

Domicilio social (Rgto CEE/2137/85 art.12, 13 y 14; L 12/1991 art.22; RRM art.269) El domicilio de la AEIE debe estar **situado**: 4518
- donde la AEIE tenga su administración central;
- donde uno de sus miembros tenga su administración central; o
- donde una de las personas físicas ejerza su actividad principal.

En cuanto a la **transferencia del domicilio social** que implique la modificación de la legislación aplicable, es necesaria la redacción, el depósito y la publicación de un proyecto de traslado. La decisión de traslado solo puede adoptarse, siempre por unanimidad, 2 meses después de la publicación del mencionado proyecto en el BORME. El cambio de domicilio surte efecto en la fecha en que se registra la agrupación en el registro de la nueva sede.

Capital social La AEIE puede constituirse con o sin capital social. 4519

Sujetos miembros (Rgto CEE/2137/85 art.4) La AEIE debe estar compuesta al menos por dos socios personas físicas o jurídicas, pertenecientes a **dos Estados distintos** de la Unión Europea. 4520

Constitución (Rgto CEE/2137/85 art.5) El **contrato de agrupación** por el que se constituye la AEIE debe contener, al menos: 4521
- La denominación de la agrupación completa o las siglas AEIE.
- La sede de la AEIE.
- El objeto de la AEIE.
- Los datos identificativos de cada uno de los miembros de la AEIE.
- La duración de la AEIE cuando esta no sea indefinida.

La legislación española exige que la constitución de la AEIE y los actos inscribibles relativos a la misma sean objeto de **inscripción** en el Registro Mercantil. Desde el momento de su inscripción, la AEIE constituida en España goza de personalidad jurídica.

Administradores (Rgto CEE/2137/85 art.19) La AEIE puede ser administrada por una o varias personas físicas o jurídicas, que pueden actuar de forma **mancomunada o solidaria**, designadas en el contrato o nombradas por acuerdo de los socios. No se exige la condición de socio para ser administrador, salvo disposición en contrario. 4522
Los administradores obligan a la agrupación **ante terceros** cuando actúan en nombre de la AEIE, incluso cuando los actos no forman parte de su objeto, a menos que la AEIE pruebe que el tercero sabía que el acto superaba los límites del objeto de la AEIE o no podía ignorarlo.
Cualquier limitación de los poderes de los administradores, derivada del contrato de agrupación o de una decisión de sus socios, no puede oponerse a terceros, incluso si está publicada.

Asamblea (Rgto CEE/2137/85 art.17 y 22) En líneas generales, cada socio dispone de un **voto**, si bien el contrato de agrupación puede atribuir varios votos a algunos socios, siempre que ninguno de ellos posea la mayoría. 4523
No obstante lo anterior, los siguientes acuerdos de modificación del contrato de agrupación deben adoptarse siempre por **unanimidad**:
- Objeto social.
- Número de votos atribuidos a cada uno de ellos.
- Condiciones de la toma de decisiones.
- Duración de la agrupación más allá del periodo establecido en el contrato de agrupación.
- Cuota de contribución de los socios a la financiación de la agrupación.
- Cualquier otra obligación de un socio, excepto si el contrato de agrupación prevé otra cosa.
- cualquier modificación del contrato de agrupación no prevista en el art.17, excepto si el contrato prevé otra cosa.

En el **resto de supuestos**, el contrato puede establecer las condiciones de quórum y mayorías y, en su defecto, se aplica el principio de unanimidad de todos los socios.

Admisión y exclusión de socios (Rgto CEE/2137/85 art.22, 26, 27, 28, 29, 30 y 33; RRM art.266) La decisión de admitir un **nuevo miembro** se ha de tomar por unanimidad de los socios de la AEIE. 4524
Cualquier miembro de la AEIE puede **dimitir** por justa causa.
Cualquier miembro de la AEIE puede ser **excluido** por los motivos enumerados en el contrato de agrupación y, en todo caso, cuando incumpla gravemente sus obligaciones o cuando provoque o amenace con provocar graves perturbaciones en el funcionamiento de la AEIE.

Cualquier miembro de la AEIE puede **ceder su participación** o una fracción de esta a la agrupación, a otro miembro o a un tercero, siempre que exista autorización unánime de los demás miembros.
Además, un miembro **deja de formar parte** de la AEIE en el momento de su fallecimiento, o si no reúne las condiciones y requisitos legalmente establecidos para ser socio, o cuando así lo establezca la ley aplicable.

4525 **Distribución de beneficios y pérdidas** (Rgto CEE/2137/85 art.21 y 22) Los beneficios y pérdidas procedentes de las actividades de la AEIE son considerados como beneficios de los socios y se reparten entre ellos en la proporción prevista en el contrato de agrupación o, en su defecto, por partes iguales.
Los miembros de la AEIE han de contribuir al pago de la **diferencia entre gastos e ingresos**, en la proporción prevista en el contrato de agrupación o, en su ausencia, por partes iguales.

4526 **Responsabilidad** (Rgto CEE/2137/85 art.24 y 26) Los socios de las AEIE responden **solidaria e indefinidamente** por las deudas de aquella. No obstante lo anterior, los acreedores únicamente pueden reclamar a los socios tras haberlo hecho a la AEIE. Los nuevos socios responden de las deudas de la agrupación, incluidas las derivadas de la actividad de esta anterior a su entrada, si bien pueden ser exonerados, mediante una cláusula en el contrato de agrupación o en el acto de la adquisición (siempre que dicha cláusula se inscriba en el Registro Mercantil).

4527 **Duración** La AEIE puede constituirse por tiempo determinado o indefinido.

4528 **Disolución y liquidación** (Rgto CEE/2137/85 art.31, 32 y 35) La AEIE puede disolverse por **acuerdo unánime** de sus miembros.
En todo caso, la AEIE debe ser disuelta por acuerdo de sus miembros:
- que declare la expiración del **periodo** fijado en el contrato de agrupación o la existencia de cualquier otra causa de disolución prevista en el contrato;
- que declare la realización del **objeto** de la agrupación o la imposibilidad de conseguirlo.
Si en el plazo de 3 meses después de sobrevenir una de estas situaciones no se declara la disolución de la agrupación por parte de los socios, cualquier miembro de la AEIE puede pedir al **juez** que declare la disolución.

F. Sociedades mercantiles típicas

4530 De conformidad con lo dispuesto en el CCom art.116, «el contrato de compañías, por el cual dos o más personas se obligan a poner en fondo común bienes, industria o alguna de estas cosas, para **obtener lucro**, será mercantil cualquiera que fuese su clase, siempre que se haya constituido con arreglo a las disposiciones de este Código. Una vez constituida la compañía mercantil, tendrá personalidad jurídica en todos sus actos y contratos.»
En términos generales, las **compañías mercantiles típicas** en la legislación española son las siguientes (CCom art.122):
- Sociedad regular colectiva (SC).
- Sociedad comanditaria simple (SCom) o por acciones (SComA).
- Sociedad anónima (SA).
- Sociedad de responsabilidad limitada (SRL).

Precisiones Un **estudio detallado** sobre la sociedad como contrato se recoge en el nº 125 s. Memento Sociedades Mercantiles 2024.

1. Sociedad Colectiva

4532 La sociedad colectiva (**SC**) es una sociedad mercantil **personalista** basada en la mutua confianza entre sus socios. Debido a la responsabilidad ilimitada de sus socios (CCom art.127), que responden personal e ilimitadamente, con todos sus bienes, de las resultas de las operaciones que se realicen a nombre y por cuenta de la compañía, cada vez es menos frecuente que se constituyan sociedades de este tipo.
La **normativa aplicable** a este tipo de sociedades se recoge en:
- CCom art.125 a 144 y 218 a 237.
- RRM art.209, 211 y 212 y 400 a 403.

Precisiones Un **estudio detallado** sobre la SC se recoge asimismo en el nº 15030 s. Memento Sociedades Mercantiles 2024.

Denominación (CCom art.126) La compañía colectiva ha de girar bajo el nombre de todos sus socios, de alguno de ellos o de uno solo, debiendo añadirse, en estos dos últimos casos, la palabra «y Compañía» o su abreviatura «y Cía.». Es importante destacar que aquellas personas que no pertenezcan a la compañía pero que han incluido su nombre en la razón social, quedan sujetos a responsabilidad solidaria. 4533

Socios (CCom art.125, 138 y 141) La SC se caracteriza por la existencia de dos tipos de socios: 4534
- Socios **capitalistas**: que aportan capital en efectivo, créditos o efectos.
- Socios **industriales**: que aportan trabajo o servicios.

Salvo pacto expreso, los socios industriales no pueden ocuparse de la administración de la sociedad ni participar en las pérdidas sociales.

Constitución (CCom art.125; RRM art.209 y 212.1) La sociedad colectiva debe constituirse en **escritura pública** que ha de contener, al menos: el nombre, apellido y domicilio de los socios, la razón social, la identidad de los socios a los que se les encomiende la gestión de la compañía y el uso de la firma social, el domicilio, el objeto social, si estuviese determinado, la fecha de comienzo de operaciones, el capital que aporte cada socio, la duración de la compañía y las cantidades que, en su caso, se asignen anualmente a cada socio gestor para sus gastos particulares. 4535

La escritura de constitución debe **inscribirse** en el Registro Mercantil del lugar donde la sociedad tenga su domicilio.

Salvo pacto en contrario, la **modificación del contrato social** requiere el consentimiento de todos los socios colectivos (RRM art.212.1).

Administración (CCom art.129 a 133) Todos los **socios** (incluidos los industriales si así se establece expresamente) tienen la facultad de dirigir los negocios de la compañía, siempre que la administración no se hubiera limitado por un acto especial a alguno de los socios. 4536

La SC puede **designar a uno o varios** administradores que, de forma solidaria o mancomunada con el acuerdo de todos los socios gestores, se encarguen de la gestión de la compañía, en cuyo caso el resto de socios no pueden entorpecer la gestión de los administradores.

No obstante lo anterior, todos los socios, administren o no la sociedad, tienen derecho a examinar el **estado de la contabilidad** y de la administración.

Los **acuerdos** se adoptan por unanimidad de todos los socios.

Responsabilidad (CCom art.127) La responsabilidad es **personal** (con todos sus bienes presentes y futuros) y **solidaria** de todos los socios de la compañía colectiva, tanto los industriales como los capitalistas, sean gestores o no, que responden con todos sus bienes y por todas las operaciones que se realicen por cuenta de la compañía por persona autorizada para ello. 4537

Precisiones **1)** Al ser solidaria la responsabilidad, cualquier **acreedor** puede reclamar la totalidad de la deuda a cualquiera de los socios (CC art.1137 s.).
2) Una vez satisfecha la deuda por uno de los socios, este puede **reclamar** del resto, la parte correspondiente de cada uno de ellos.

Reparto de resultados (CCom art.140 y 141) Las ganancias o pérdidas de la sociedad se reparten del siguiente modo: 4538
- **Beneficios**: salvo pacto en contrario en la escritura de constitución, las ganancias se dividen a prorrata de la porción de interés que cada cual tuviere en la compañía, figurando el socio industrial, si existiere, en la clase del socio capitalista de menos participación.
- **Pérdidas**: salvo pacto en contrario, las pérdidas se imputan en la misma proporción entre los socios capitalistas, sin incluir a los industriales, esto tiene únicamente efectos internos, puesto que, frente a terceros, responden solidariamente como el resto de los socios.

Transmisión de participación (CCom art.143; RRM art.212.2) Para que un socio pueda transmitir a otra persona el interés que tenga en la compañía es necesario el **acuerdo unánime** de todos los socios. 4539

La **inscripción** de los actos y contratos mediante los cuales un socio colectivo transmite a otra persona el interés que tiene en la sociedad, o sustituye a otro socio en su lugar para el desempeño de los cargos y funciones que a él le corresponde en la administración o gestión social, no puede verificarse sin que conste en escritura pública el consentimiento de los demás socios colectivos.

Rescisión parcial del contrato (CCom art.218 a 220) Se puede producir la rescisión parcial del contrato por **acuerdo de todos los socios**, salvo el del socio afectado por la rescisión, si se da alguna de las siguientes situaciones: 4540
- Por usar un socio los capitales comunes y la firma social para negocios por cuenta propia.

• Por injerir en funciones administrativas de la compañía, el socio a quien no compete desempeñarlas.
• Por cometer fraude algún socio administrador en la administración o contabilidad de la compañía.
• Por dejar de poner en la caja común el capital que cada uno estipuló en el contrato de sociedad.
• Por ejecutar un socio por su cuenta operaciones de comercio que no le sean lícitas.
• Por ausentarse un socio que estuviera obligado a prestar oficios personales en la sociedad.
• Por faltar de cualquier otro modo uno o varios socios al cumplimiento de las obligaciones que se impusieron en el contrato de constitución.
La rescisión parcial de la compañía produce la ineficacia del contrato con respecto al socio culpable. Mientras que en el Registro Mercantil no se haga el asiento de rescisión parcial del contrato de sociedad, subsiste la **responsabilidad del socio excluido**, así como la de la compañía, por todos los actos y obligaciones que se practiquen en nombre y por cuenta de esta, con terceras personas.

4541 **Disolución** (CCom art.221 a 237) La disolución de la SC puede producirse por cualquiera de las siguientes **causas**:
• El cumplimiento del término fijado en el contrato de constitución o la conclusión de la empresa que constituya su objeto.
• La pérdida entera del capital.
• La apertura de la fase de liquidación de la compañía declarada en concurso.
• La muerte de uno de los socios colectivos, salvo pacto en contrario en la escritura de constitución.
• La demencia u otra causa que produzca la inhabilitación de un socio gestor para administrar sus bienes.
• La apertura de la fase de liquidación en el concurso de cualquiera de los socios colectivos.
• En las compañías constituidas por tiempo indefinido, si alguno de los socios exigiera su disolución, salvo que medie mala fe del que lo proponga.
La disolución de la compañía no produce **efectos frente a terceros** hasta que no se inscriba en el RM, salvo que sea por la terminación del plazo por el cual se constituyó (CCom art.226).

2. Sociedad Comanditaria simple o por acciones

4543 La sociedad en comandita simple (en adelante SCom) es una sociedad **personalista**, mientras que la sociedad en comandita por acciones (en adelante SComA) es una sociedad **capitalista** (LSC art.1.1).
Estas sociedades se caracterizan por la presencia de **dos clases de socios**:
1. Socios **colectivos** (CCom art.148): que responden personal, solidaria e ilimitadamente con todo su patrimonio de las deudas sociales y que se encargan (todos o parte de ellos) de la gestión y administración de la sociedad.
2. Socios **comanditarios** (CCom art.148 y 150): que responden de las deudas sociales de forma limitada, con el patrimonio aportado, y no intervienen en la administración y gestión de la sociedad.
La **normativa aplicable** a este tipo de sociedades es:
• El CCom art.145 a 150.
• El RRM art.210, 213 a 215 y 400 a 403.
• Para la SComA, además, se aplica supletoriamente los preceptos del RRM y la LSC relativos a la SA, salvo que sea incompatible con su regulación específica (LSC art.3.2).

Precisiones **1)** Un **estudio detallado** sobre la sociedad comanditarias se recogen en el nº 5560 s. Memento Sociedades Mercantiles 2024.
2) Debido a la existencia de dos tipos diferentes de socios, cada vez es **menos frecuente** la existencia de este tipo de sociedades.

4544 **Denominación** (CCom art.146 y 147; RRM art.400.2 y 3, 401.3, 402 y 403; LSC art.6.3) La **SCom** debe tener una denominación subjetiva integrada por el nombre de todos sus socios colectivos, de alguno de ellos o de uno solo, debiendo añadirse, en estos dos últimos casos, las palabras «y Compañía» o su abreviatura «y Cía.»; y en todos los casos, las de «Sociedad en comandita» o su abreviatura «S. en C.» o «S.Com».
La **SComA** puede tener una denominación subjetiva o razón social, en la forma prevista en el párrafo anterior, o una denominación objetiva. En cualquier caso, se debe indicar la expresión «Sociedad en comandita por acciones» o su abreviatura «S.Com. p.A.».

Cuando la denominación sea subjetiva, nunca deben incluirse los nombres de los **socios comanditarios**, puesto que de hacerlo quedan sujetos, respecto a terceros, a las mismas responsabilidades que los gestores.
La pérdida de la condición de **socio colectivo** de quien figure, total o parcialmente, en la razón social obliga a la sociedad a modificar de inmediato la denominación.

Precisiones 1) La **denominación objetiva** de la **SComA** puede hacer referencia a una o varias actividades económicas que estén incluidas en su objeto social, o ser de fantasía. 4545
2) Puede formar parte de la **denominación subjetiva** de la **SCom** alguna expresión que haga referencia a una actividad que esté incluida en el objeto social.

Capital social (LSC art.1.4, 3.2, 4.3 y 252; CCom art.148 y 150) En las **SComA**, por aplicación del régimen de las SA, el capital social mínimo es de 60.000 euros y debe estar divido en acciones. Se integra por las aportaciones de todos los socios, uno de los cuales, al menos, debe responder personalmente de las deudas sociales como socio colectivo. Los **socios colectivos** de la SComA únicamente pueden realizar aportaciones susceptibles de valoración económica (no pudiendo aportarse trabajo personal o servicios). La condición de socio colectivo es inherente a la de administrador. 4546
Los **socios comanditarios** no pueden hacer uso de la firma social y no pueden examinar el estado y la situación de la administración social sino en las épocas en las que se haya determinado en el contrato social o, en su defecto, al final de año, momento en el que se comunica necesariamente a los socios comanditarios el balance de la sociedad, poniéndoles de manifiesto los antecedentes y documentos necesarios para comprobarlo y juzgar las operaciones.
En las **SCom** -como en las SC- no se exige un capital mínimo para su constitución.
Los **socios colectivos**, a diferencia de las SComA, pueden ser socios industriales y aportar únicamente trabajo, servicios o actividad. Además, no tienen necesariamente que ser administradores.

Constitución (CCom art.145; RRM art.210 y 213; LSC art.22) En la **escritura** de constitución de la **SCom** deben constan las mismas circunstancias que en la SC (ver nº 4535). 4547
En la **inscripción** de las SCom se consignan las mismas circunstancias que en la SC y, además:
- la identidad de los socios comanditarios;
- las aportaciones que cada socio comanditario realice con indicación de su valor; y
- el régimen de adopción de los acuerdos sociales.

Precisiones La **valoración** de las **aportaciones no dinerarias** se realiza de conformidad con lo estipulado en el contrato social. A falta de pacto especial al respecto, se realizará por peritos elegidos por ambas partes. En caso de divergencia de los peritos, se designará un tercero (CCom art.172).

En la **escritura** de constitución de la **SComA** se deben incluir las menciones indicadas en la LSC art.22 para toda sociedad de capital (ver nº 4559). 4548
En la primera **inscripción** de las SComA deben constar las circunstancias previstas para las SA en el RRM art.114, con las siguientes precisiones:
- En la mención relativa a la denominación, si esta es subjetiva, solamente pueden incluirse en ella nombres de los socios colectivos.
- En la mención relativa a las personas que se encarguen de la administración y representación de la sociedad debe constar su condición de socios colectivos.
- En los estatutos sociales se ha de consignar el nombre de los socios colectivos.

En la mención relativa a las personas que se encarguen de la administración, deberá constar su condición de socios colectivos.
Salvo pacto en contrario, la **modificación del contrato social** requiere el consentimiento de todos los socios colectivos. Respecto a los socios comanditarios, se estará a lo dispuesto en el contrato social (RRM art.212.1).

Administración (CCom art.148; RRM art.214; LSC art.252.1) La administración de la **SCom** está encomendada exclusivamente a los socios colectivos. Los socios comanditarios tienen vedada esta facultad. Ahora bien, no todos los socios colectivos tienen necesariamente que ser administradores, pudiendo designarse expresamente a uno o varios de ellos (CCom art.129). 4549
En la **SComA**, sin embargo, la condición de socio colectivo es inherente a la de administrador, ya que el administrador asume la condición de socio colectivo desde el momento en que acepta el nombramiento. El nombramiento de administradores fuera de la escritura de constitución requiere el consentimiento expreso de todos los socios colectivos.

4550 **Responsabilidad** (CCom art.148; LSC art.1.4 y 252.3) Todos los **socios colectivos** quedan obligados personal y solidariamente al pago de las deudas sociales en los mismos términos que la SC (nº 4537).
En la **SComA** el cese del socio colectivo como administrador pone fin a su responsabilidad ilimitada con relación a las deudas sociales que se contraigan con posterioridad a la publicación de su inscripción en el Registro Mercantil.
La responsabilidad de los **socios comanditarios** por las obligaciones y pérdidas de la sociedad queda limitada a los fondos que aportaron.

4551 **Rescisión parcial del contrato** (CCom art.218 a 220) Se puede producir la rescisión parcial del contrato por **acuerdo de todos los socios** (incluidos los socios comanditarios), salvo del socio afectado por la rescisión, por cualquiera de los siguientes **motivos**:
- Por usar un socio los capitales comunes y la firma social para negocios por cuenta propia.
- Por injerir en funciones administrativas de la compañía, el socio a quien no compete desempeñarlas.
- Por cometer fraude algún socio administrador en la administración o contabilidad de la compañía.
- Por dejar de poner en la caja común el capital que cada uno estipuló en el contrato de sociedad.
- Por ejecutar un socio por su cuenta operaciones de comercio que no le sean lícitas.
- Por ausentarse un socio que estuviera obligado a prestar oficios personales en la sociedad.
- Por faltar de cualquier otro modo uno o varios socios al cumplimiento de las obligaciones que se impusieron en el contrato de constitución.

4552 La rescisión parcial de la compañía produce la ineficacia del contrato con respecto al socio culpable. Mientras que en el Registro Mercantil no se haga el asiento de rescisión parcial del contrato de sociedad, subsiste la **responsabilidad del socio excluido**, así como la de la compañía, por todos los actos y obligaciones que se practiquen en nombre y por cuenta de esta, con terceras personas.

4553 **Disolución** (CCom art.221 a 237; LSC art.363.2) La disolución de la **SCom** puede producirse por:
a) El cumplimiento del término fijado en el contrato de constitución o la conclusión de la empresa que constituya su objeto.
b) La pérdida entera del capital.
c) La apertura de la fase de liquidación de la compañía declarada en concurso.
d) La muerte de uno de los socios colectivos, salvo pacto en contrario en la escritura de constitución.
e) La demencia u otra causa que produzca la inhabilitación de un socio gestor para administrar sus bienes.
f) La apertura de la fase de liquidación en el concurso de cualquiera de los socios colectivos.
g) En las compañías constituidas por tiempo indefinido, si alguno de los socios exigiera su disolución, salvo que medie mala fe del que lo proponga.
La disolución de la **SComA** tiene lugar por las causas establecidas para la SA (ver nº 4565) y, además, por el fallecimiento, cese, incapacidad o apertura de la fase de liquidación en el concurso de acreedores de todos los socios colectivos, salvo que en el plazo de 6 meses y mediante modificación de los estatutos se incorpore algún socio colectivo o se acuerde la transformación de la sociedad en otro tipo social.
La disolución de la compañía no produce **efectos frente a terceros** hasta que no se inscriba en el RM, salvo que sea por la terminación del plazo por el cual se constituyó (CCom art.226).

3. Sociedad Anónima

4555 La SA es una sociedad mercantil **capitalista,** cuyo capital está dividido en acciones y se integra por las aportaciones realizadas por sus accionistas.
Los accionistas tienen **responsabilidad limitada**, esto es, responden de las deudas sociales únicamente por el capital aportado.

Precisiones **1)** Un **estudio detallado** sobre la SA se recoge en el nº 3430 s. Memento Sociedades Mercantiles 2024.
2) En el caso de **sociedades unipersonales**, el accionista único responde personal, ilimitada y solidariamente de las deudas sociales contraídas por la sociedad durante el periodo que dure la unipersonalidad sobrevenida, sin que se haya reflejado esta situación en el RM (LSC art.14.1).

La **normativa aplicable** a las SA es: **4556**
- el Texto Refundido de la Ley de Sociedades de Capital (LSC);
- el CCom;
- el RRM;
- el RDL 5/2023 de transposición de Directivas de la Unión Europea en materia de modificaciones estructurales de sociedades mercantiles (entre otras disposiciones); y
- la LMV para las SA cotizadas.

Denominación (LSC art.7; RRM art.116 y 398) La SA no puede adoptar una denominación idéntica (o coincidencia que dé lugar a confusión) a la de otra sociedad preexistente y no puede formar parte de su denominación las **siglas** o denominaciones abreviadas, salvo la identificación de SA. **4557**

Constitución (LSC art.4, 12, 19, 20, 22) La SA debe constituirse en **escritura pública** (a la que deben incorporarse los estatutos sociales) ante notario público e **inscribirse en el RM** del lugar donde tenga establecido su domicilio social, para tener plena personalidad jurídica (hasta que no se produce la inscripción correspondiente, se entenderá que la sociedad está en formación). **4558**
Se admite la posibilidad de SA unipersonal, es decir, con un accionista único (LSC art.12). No obstante, a efectos de constituir una *joint venture*, el **número mínimo de accionista** será de dos personas físicas o jurídicas.
El **capital mínimo** con el que se puede constituir una SA es de 60.000 euros.

En la **escritura** de constitución deben constar, como mínimo, los siguientes datos: **4559**
• Los datos identificativos de los **socios fundadores** y su voluntad de fundar una SA.
• La identificación de las **aportaciones** dinerarias o no dinerarias que realice cada accionista, junto con el número de acciones que se atribuyen a cada uno de ellos.
En las SA, con carácter general, las **aportaciones no dinerarias** han de ser objeto de un informe elaborado por uno o varios expertos independientes, designados por el registrador mercantil del domicilio social. El mencionado informe debe contener la descripción de la aportación, sus datos registrales, si existiesen, y su valoración (LSC art.63 y 67).
Las **acciones** en que se divida el capital social de las SA deben estar íntegramente suscritas por los accionistas, y desembolsadas, al menos, inicialmente, en una cuarta parte del valor nominal de cada una de ellas (LSC art.79).
• Los **estatutos** de la SA.
• Determinación del **órgano de administración** que va a regir la SA e identificación de las personas que inicialmente van a desempeñar dicho cargo.

Responsabilidades derivadas antes de la inscripción de la sociedad (LSC art.32.1, 36, 37 y 38) **4560**
Los **fundadores** responden de forma solidaria de los daños y perjuicios ocasionados por el incumplimiento de presentar la escritura de constitución en el RM en el plazo de dos meses.
Responden solidariamente **quienes hayan celebrado actos y contratos** en nombre de la SA antes de su inscripción. Como excepción a esta regla general, está prevista la posibilidad de que la eficacia del acto o contrato celebrado en nombre de la sociedad esté condicionada a la inscripción y posterior asunción por parte de la sociedad.
Responde la **sociedad en formación** con el patrimonio integrado por las aportaciones de los socios, además de la responsabilidad subsidiaria y solidaria de estos hasta el límite de lo que se hubiesen obligado a aportar, en relación a:
- los actos y contratos indispensables para la inscripción de la sociedad;
- los actos y contratos realizados por los administradores, dentro de las facultades que les confiere la escritura para la fase anterior a la inscripción; y
- los actos y contratos estipulados en virtud de mandato específico por las personas designadas a tal fin por los accionistas.
La **SA una vez inscrita en el RM** responde:
- con carácter obligatorio de los actos y contratos celebrados antes de su inscripción (actos de los que ya respondía como sociedad en formación); y
- con carácter voluntario, de los actos y contratos que acepte dentro del plazo de tres meses desde su inscripción (aquellos actos en los que hayan intervenido los representantes de la sociedad, actuando en nombre de esta, antes de su inscripción y que daban lugar a la responsabilidad personal y solidaria de los intervinientes).

Órgano de administración (LSC art.209, 210, 217.1, 221 y 242) Es el órgano al que corresponde la gestión y administración de la sociedad. Puede revestir una de las siguientes formas: **4561**
1) Un **administrador único**, con todas las funciones de gestión y representación de la sociedad.

2) Dos o más **administradores solidarios**. Los administradores actúan individualmente, aunque los estatutos o los acuerdos de la junta pueden distribuir las facultades, distribución que tiene únicamente alcance interno.
3) Dos o más **administradores mancomunados**. Es decir, que actúan conjuntamente, no pudiendo vincular a la sociedad si actúan de forma separada. Sin perjuicio de que, con efectos meramente internos, los estatutos sociales puedan asignar funciones a desarrollar por cada uno de ellos.
4) Un **consejo de administración**, integrado por un mínimo de tres miembros, sin perjuicio de la facultad de delegación.
El cargo de administrador puede ser gratuito o retribuido, y el **plazo de duración** no puede exceder de 6 años.

4562 **Responsabilidad** (LSC art.1.3) Los accionistas tienes responsabilidad **limitada**, no asumiendo en consecuencia, ninguna responsabilidad personal por las deudas sociales. Quien responde es la sociedad con su patrimonio y de forma ilimitada.

Precisiones Este principio de ausencia de responsabilidad de los accionistas por las deudas sociales no es absoluto, existen **excepciones** en los casos de sociedades unipersonales, en el periodo que dure la unipersonalidad sobrevenida (LSC art.14), en los casos de sociedades en formación y sociedades devenidas irregulares (LSC art.39).
Asimismo, se admite la posibilidad de que, en determinadas ocasiones, los jueces puedan levantar el velo jurídico con el fin de evitar que, al amparo de esa ficción o forma legal, se puedan perjudicar intereses públicos o privados o bien ser utilizada como vía de fraude. La **doctrina del levantamiento del velo** se expone en el nº 260 s. Memento Sociedades Mercantiles 2024.

4563 **Reparto de resultados** (LSC art.273 s.) La junta general de accionistas resuelve sobre la aplicación del resultado del ejercicio de conformidad con el balance aprobado. Una vez cubiertas las atenciones legales y estatutarias, solo pueden repartirse dividendos con cargo al ejercicio, o a reservas de libre disposición, si el valor del **patrimonio neto** no es o, a consecuencia del reparto, no resulta ser inferior al capital social. Si existieran pérdidas de ejercicios anteriores que hicieran que el valor del patrimonio neto fuera inferior a la cifra del capital social, el beneficio se debe destinar a la compensación de las pérdidas.
Con carácter general, en las SA, la **distribución de dividendos** a las acciones ordinarias se realiza en proporción al capital que hubieran desembolsado.

4564 **Transmisión de acciones** (LSC art.120 y 123) Las acciones pueden estar representadas por medio de títulos o mediante anotaciones en cuenta. A su vez, las acciones representadas por medio de títulos pueden ser nominativas o al portador.
Mientras no se hayan impreso y entregado los **títulos**, la transmisión de acciones procede de acuerdo con las normas sobre la cesión de créditos y demás derechos incorporales.
En el caso de **acciones nominativas**, los administradores, una vez que resulte acreditada la transmisión, la deben inscribir de inmediato en el libro-registro de acciones nominativas.
Las acciones nominativas también pueden transmitirse mediante **endoso** si se han emitido los correspondientes títulos. La transmisión tiene que acreditarse frente a la sociedad mediante la exhibición del título. Los administradores, una vez comprobada la regularidad de la cadena de endosos, debe inscribir la transmisión en el libro-registro de acciones nominativas.
En cuanto a la transmisión de las **acciones al portador**, esta está sujeta a lo dispuesto en el CCom art.545.
Solo son válidas frente a la sociedad las **restricciones a la libre transmisibilidad** de las acciones cuando recaigan sobre acciones nominativas y estén expresamente impuestas por los estatutos. No obstante, debemos señalar que son nulas las cláusulas estatutarias que hagan prácticamente intransmisible la acción. Por otro lado, la transmisibilidad de las acciones solo puede condicionarse a la **previa autorización** de la sociedad cuando los estatutos mencionen las causas que permitan denegarla. Transcurrido el plazo de dos meses desde que se presentó la solicitud de autorización sin que la sociedad haya contestado a la misma, se considerará que la autorización ha sido concedida.

4565 **Disolución y liquidación** (LSC art.360 a 400) Sin perjuicio de que para un estudio detallado sobre la disolución y la liquidación de SA nos remitamos al nº 8050 s. y nº 8935 s. Memento Sociedades Mercantiles 2024, respectivamente, a continuación, pasamos a resumir las cuestiones principales sobre esta materia.
Constituyen **causas** que disuelven la SA de **pleno derecho**:
a) El cumplimiento del plazo de duración por el que se constituye la sociedad.
b) Por el transcurso de un año desde la adopción del acuerdo de reducción de capital social por debajo del mínimo legal como consecuencia del cumplimiento de una ley, si no se hubiere

inscrito en el RM la transformación o disolución de la sociedad, o el aumento del capital social hasta una cantidad igual o superior al mínimo legal.
c) La apertura de la fase de liquidación en el procedimiento concursal.

Asimismo, la SA puede disolverse por **otras causas** contempladas en la Ley o en los estatutos, siempre que así lo **decida la junta general**, mediante el correspondiente acuerdo o por resolución judicial. Las causas establecidas en la Ley son: **4566**
a) Cese en el ejercicio de la actividad o actividades que constituyan el objeto social. En particular, se entiende que se ha producido el cese tras un período de inactividad superior a un año.
b) Conclusión de la empresa que constituya el objeto social.
c) Imposibilidad manifiesta de conseguir el fin social.
d) Paralización de los órganos sociales de modo que resulte imposible su funcionamiento.
e) Pérdidas que dejen reducido el patrimonio neto a una cantidad inferior a la mitad del capital social, a no ser que este se aumente o se reduzca en la medida suficiente, y siempre que no sea procedente solicitar la declaración de concurso.
f) Reducción del capital social por debajo del mínimo legal, que no sea consecuencia del cumplimiento de una ley.
g) Porque el valor nominal de las acciones sin voto exceda de la mitad del capital social y no se restablezca la proporción en el plazo de dos años.
h) Por cualquier otra causa establecida en los estatutos.
i) Por voluntad de los accionistas.

Precisiones Entre las medidas acordadas para hacer frente al **COVID-19**, se ha establecido que a los solos efectos de determinar la concurrencia de la causa de disolución por pérdidas (LSC art.363.1.e), no se tomarán en consideración las **pérdidas de los ejercicios 2020 y 2021** hasta el momento del cierre del ejercicio que se inicie en el año 2024 (L 3/2020 art.13).

El **acuerdo de disolución** ha de adoptarse con los requisitos de quórum de constitución de la junta y mayorías previstos con carácter general para la modificación de estatutos. Tales quórum y mayorías pueden ser reforzados estatutariamente, siempre que no se exija la unanimidad para la adopción del acuerdo. **4567**
Con posterioridad a la disolución de la SA, se abre el **periodo de liquidación**.

4. Sociedad de Responsabilidad Limitada

La SRL es una sociedad mercantil **capitalista,** cuyo capital está integrado por las aportaciones realizadas por sus socios y tiene el capital social dividido en participaciones. Los socios tienen **responsabilidad limitada**, esto es, responden de las deudas sociales únicamente por el capital aportado. **4569**

Precisiones **1)** Un **estudio detallado** sobre la SRL se recoge en el nº 460 s. Memento Sociedades Mercantiles 2024 y en el Memento de Sociedades Limitadas.
2) En el caso de **sociedades unipersonales**, el socio único responde personal, ilimitada y solidariamente de las deudas sociales contraídas por la sociedad durante el periodo que dure la unipersonalidad sobrevenida, sin que se haya reflejado esta situación en el RM (LSC art.14.1).

La **normativa aplicable** a las SRL es: **4570**
- el Texto Refundido de la Ley de Sociedades de Capital (LSC);
- el CCom;
- el RRM; y
- el RDL 5/2023 de transposición de Directivas de la Unión Europea en materia de modificaciones estructurales de sociedades mercantiles (entre otras disposiciones).

4571 **Características principales** Nos remitimos a lo comentado en el apartado sobre la SA (ver nº 4555 s.), con las siguientes **particularidades** fundamentales:

SA	SRL
1. El capital social de una SA se divide en **acciones** (LSC art.1.3).	1. El capital social de una SRL no se divide en acciones, sino en **participaciones** sociales (LSC art.1.2).
2. El **capital social mínimo** de una SA es de 60.000 Euros (LSC art.4.3). La SA se puede constituir con un mínimo del 25% del capital social **desembolsado** (15.000 euros mínimo) (LSC art.79).	2. El capital social mínimo de una SRL podrá ser a partir de **1 Euro** (LSC art.4.1 redacc L 18/2022 de creación y crecimiento de empresas). No obstante, si el capital social es menor de 3.000 euros, la sociedad deberá cumplir determinadas normas especiales (destinar a la reserva legal una cifra al menos igual al 20% del beneficio de la sociedad hasta que la suma de dicha reserva junto con el capital social alcance el importe de 3.000 euros y, en caso de liquidación, voluntaria o forzosa, si el patrimonio de la sociedad fuera insuficiente para atender el pago de las obligaciones sociales, los socios responderán solidariamente de la diferencia entre el importe de 3.000 euros y la cifra del capital suscrito). El capital social de una SRL debe estar **íntegramente suscrito y desembolsado** al momento de constituirse (LSC art.78).
3. Una SA puede emitir **series** numeradas de obligaciones u otros valores (LSC art.401).	3. Una SRL **no puede** emitir ni garantizar obligaciones convertibles en participaciones sociales (LSC art.401.2).
4. Cualquier **aportación no dineraria** realizada por los accionistas debe ser revisada por experto independiente nombrado por el Registro Mercantil (LSC art.67).	4. Las **aportaciones no dinerarias** no requieren informe de experto independiente. No obstante, los socios que las aporten responden frente a la sociedad y los acreedores de la realidad y valor de las mismas (LSC art.73).
5. Las **adquisiciones de bienes** a título oneroso que no formen parte de la actividad ordinaria de la sociedad y superen el 10% del capital social en los dos años desde la constitución deben estar aprobadas por la junta general (LSC art.72).	5. Dichas adquisiciones no requieren aprobación de la junta general.
6. Las acciones pueden ser **nominativas o al portador**. La titularidad de las acciones nominativas debe figurar registrada en el Libro Registro de Acciones Nominativas de la sociedad (LSC art.113 y 116).	6. Las participaciones deben ser **nominativas** y su titularidad debe figurar registrada en el Libro Registro de Socios de la sociedad (LSC art.104).
7. La **transmisión** de las acciones es libre, aunque es posible establecer limitaciones a la libre transmisibilidad en los estatutos sociales sobre acciones nominativas (LSC art.120).	7. La **transmisión** de las participaciones sociales es, en principio, limitada (LSC art.107 s.).
8. La **convocatoria** de la junta general requiere una antelación mínima de un mes (LSC art.176).	8. La **convocatoria** de la junta general requiere una antelación mínima de 15 días (LSC art.176).
9. No existe un número **máximo consejeros**, siendo el mínimo de 3 (LSC art.242).	9. El número **máximo consejeros** es 12, siendo el mínimo de 3 (LSC art.242).
10. La **duración del cargo** de administrador no excederá 6 años, salvo renovación (LSC art.221.2).	10. La duración del cargo de administrador es **indefinida**, salvo disposición contraria de los estatutos sociales (LSC art.221.1).
11. El **control de los accionistas** es menor en la SA que en la SRL.	11. El **control de los accionistas** es mayor en la SRL que en la SA.
12. Las acciones pueden **cotizar** en el Mercado de Valores, y el procedimiento para la transmisión es más sencillo que en la SRL (LSC art.495).	12. Las participaciones **no pueden** cotizar en el Mercado de Valores, y el procedimiento para su transmisión es más complejo que en la SA

CAPÍTULO 18

Otras operaciones singulares de adquisición

A. **LBO («Leveraged Buy-Out»)** ... 4605 **4600**
1. Estructura orgánica ... 4610
2. Financiación: mecanismos de jerarquización de la deuda ... 4615
3. Estructura operativa ... 4625
4. Asistencia financiera ... 4635
B. **MBO («Management Buy-Out»)** ... 4640
1. Estructura orgánica ... 4645
2. Objeto de negociación ... 4650
3. Incentivos a la entrada del equipo directivo ... 4655
4. Conflicto de intereses ... 4665
5. Desinversión ... 4670
C. **Otras operaciones singulares** ... 4675

En el presente capítulo se analizan algunos de los supuestos singulares de adquisición de empresas que, por reunir ciertas especialidades en el marco del proceso de compra, por su configuración y por las partes intervinientes en el mismo, merecen un tratamiento aparte. Estas operaciones son las siguientes: **4601**

Acrónimo	Figura	Características
LBO	*Leveraged Buy-Out*	Adquisición apalancada con deuda bancaria
MBO	*Management Buy-Out*	Adquisición por los directivos de la propia empresa
MBI	*Management Buy-In*	Adquisición por directivos que no trabajan en la empresa
LMBO	*Leveraged Management Buy-Out*	Adquisición apalancada por directivos de la propia empresa
EBO	*Employment Buy-Out*	Adquisición por los empleados de la empresa
BIMBO	*Buy in Management Buy-Out*	Adquisición por directivos de la empresa y directivos que no trabajan en la empresa
LBU	*Leveraged Build-Up*	Estrategia de crecimiento basada en adquisiciones apalancadas
SBO	*Secondary Buy-Out*	Realización de un nuevo buy-out al ya realizado, por un nuevo socio financiero
OBO	*Owners Buy-Out*	Venta por el propietario de su capital en la empresa y participación posterior minoritaria en el capital

A. LBO («Leveraged Buy-Out»)

El acrónimo LBO corresponde al término anglosajón *leveraged buy-out*. Cuando hablamos de LBO nos referimos a una operación de adquisición que se lleva a cabo con financiación de un tercero y en la que es la propia **empresa adquirida** (*target*) la que **se apalanca financieramente**, bien porque la financiación externa obtenida se repaga con los flujos de caja generados por ella, bien porque las obligaciones derivadas de esa financiación se garantizan con activos de la propia *target*, o, lo que es más habitual, por la concurrencia de ambas circunstancias en una misma operación. **4605**

Del concepto LBO pueden extraerse como principales **especialidades** las siguientes, las cuales son objeto de un análisis pormenorizado a lo largo de la presente sección:

- Existencia de financiación externa.
- Participación de una pluralidad de financiadores.
- Jerarquización de la deuda.

• Estructura singular de la operación de adquisición: interposición de un vehículo (*Newco*) para la compra.

1. Estructura orgánica de un LBO

4610 El gráfico siguiente pretende reflejar la estructura típica de un LBO en el que aparecen los posibles **sujetos intervinientes** en una operación de estas características y los **flujos de fondos** que habitualmente se producen entre los distintos sujetos.

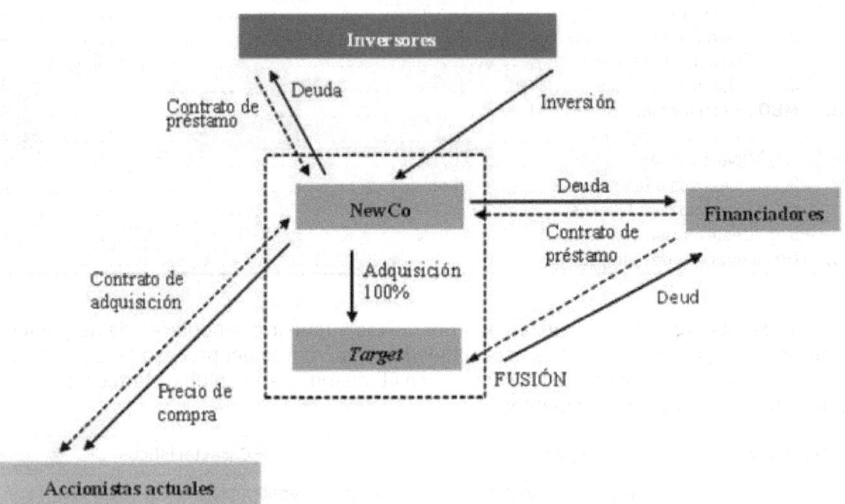

4611 **Sociedad «target» de un LBO** La sociedad *target* en las operaciones de LBO debe reunir una serie de premisas financieras que permitan, en el marco del proceso de adquisición, la obtención de financiación externa suficiente para llevar a cabo la operación.
Básicamente, se exige que la sociedad *target*:
• Tenga un **ratio de endeudamiento** bajo, de tal forma que pueda soportar el endeudamiento generado por la propia operación de adquisición.
• Genere **flujos de caja** estables y suficientes para hacer frente al repago de la deuda (principal e intereses) si el pago de la misma se ha estructurado mediante la aplicación a este de los flujos de caja generados por la propia *target*.
• Tenga un **crecimiento** medio estabilizado, ya que las empresas con crecimiento rápido e irregular acostumbran a tener mayores necesidades de liquidez que pueden comprometer la capacidad de la sociedad para devolver la deuda.
A diferencia de lo que sucede en operaciones distintas del LBO, en las cuales la precisión en la **valoración de la sociedad «target»** tiene incidencia en la rentabilidad que genere la inversión, en las operaciones de LBO la importancia del rigor en la valoración de la sociedad *target* y de la estimación de su capacidad para generar flujos de caja es aún mayor, pues constituye uno de los pilares sobre los cuales se asienta la estructura de la financiación ajena.

Precisiones En este tipo de operaciones las empresas adquiridas (*target*) no suelen cotizar en bolsa, siendo generalmente **empresas familiares** o empresas con planes de expansión que requieren una reorganización y que presentan fuertes necesidades de financiación.

4612 **Inversor o promotor de un LBO** El promotor de un LBO es la entidad que va a acabar convirtiéndose en el **adquirente de la sociedad «target»**, habitualmente, una entidad de capital riesgo. En el caso de un MBO (*management buy-out*), como variante específica de un LBO (ver nº 4640), junto a la entidad de capital riesgo, el equipo directivo de la sociedad *target* adquiere una participación en el capital social de esta última.

Precisiones Este tipo de operaciones ha sido particularmente empleado por el **capital riesgo**; principalmente, el acceso a importantes volúmenes de financiación externa ha permitido a este tipo de entidades adquirir empresas de gran tamaño sin comprometer sus propios recursos y, a su vez, diversificar el riesgo.
Protagonizadas por entidades de capital riesgo, las operaciones de LBO participan también de las características apuntadas en el nº 4200 s.

El promotor de un LBO (y en las operaciones de MBO, también el equipo directivo) es igualmente **financiador** de la adquisición de la sociedad *target*, aportando fondos, pero no como deuda, sino como fondos propios a cambio de acciones o participaciones sociales de una **sociedad vehículo** (*Newco*) que es la que recibe todos los fondos y la que adquiere con ellos la totalidad del capital social de la sociedad *target*, convirtiéndose así en titular directa de esta última y pasando el promotor del LBO (y los directivos en una operación de MBO) a ser accionista o socio indirecto de la misma -dicha estructura operativa llevada a cabo mediante la interposición de una sociedad vehículo (*Newco*) es práctica habitual en este tipo de operaciones como veremos más adelante, ya que aporta ciertas ventajas que hacen de la misma una estructura ampliamente aceptada por los diversos sujetos intervinientes en un LBO-. 4613

No podemos obviar, no obstante, que, si bien la principal fuente de financiación del promotor de un LBO (y los directivos en caso de operaciones de MBO) es vía fondos propios, es habitual que dicha aportación de fondos se complemente con la concesión por parte de estos inversores del LBO de **préstamos** a la sociedad *target* o a la sociedad *Newco*.

Financiadores en un LBO Como hemos apuntado anteriormente, una de las notas características en una operación de LBO es la concurrencia de una **pluralidad** de financiadores, los cuales aportan los fondos necesarios para adquirir la sociedad *target* y también los fondos suficientes para el desarrollo del negocio de la sociedad *target* una vez ejecutada la operación. 4614

La financiación de terceros normalmente procede del sistema bancario. Los **bancos**, que se encargan de aportar la financiación en un primer estadio, se ocupan, posteriormente, y si la envergadura de la operación así lo requiere, de distribuir la deuda entre otros inversores.

2. Financiación: mecanismos de jerarquización de la deuda

La financiación en una operación de LBO tiene una **doble finalidad**, por un lado, financiar la adquisición y, por otro, financiar a la propia sociedad *target*. 4615

La deuda en una operación de LBO adquiere la forma de deuda sénior (*senior debt*) y deuda subordinada (*mezzanine, second lien debt*, etc.). De ahí la relevancia en este tipo de operaciones de los posibles mecanismos para **jerarquizar la deuda**; con ello, se determina respecto de los diferentes financiadores, cuáles de ellos tienen preferencia sobre el resto a la hora de recuperar las cantidades aportadas y la rentabilidad que en cada caso puede llegar a obtener; a continuación, veremos cuáles son los instrumentos sobre los cuales se fundamenta esta jerarquización y los mecanismos más utilizados para ello.

Financiador *senior*
Financiador *mezzanine*
Inversores/Promotor/Directivos/Otros accionistas

Así, y partiendo de la importancia de la jerarquización de la deuda, diferenciamos distintos niveles de financiadores que participan en este tipo de operaciones: 4616

1. En primer lugar, el **acreedor sénior** o financiador bancario (banco o sindicato de bancos) que tiene preferencia sobre los demás financiadores.
2. En segundo lugar, hablamos del **acreedor «mezzanine»**, esto es, aquel financiador cuya deuda queda subordinada a la sénior y está a camino entre la deuda y el *equity*.
3. Finalmente, nos encontramos con la entidad adquiriente de la sociedad *target* e **inversores** (promotor del LBO y el equipo directivo en un MBO). Como hemos apuntado en el nº 4613, estos inversores aportan fondos, pero no lo hacen como deuda, principalmente, sino que lo hacen como fondos propios a cambio de una participación, directa o indirecta a través de *Newco*, en la sociedad adquirida.

Partiendo del supuesto de que el **inversor o promotor del LBO** no aporta fondos como deuda, no adquiere, en consecuencia, la condición de acreedor y, por tanto, a diferencia del resto de financiadores, carece del derecho de crédito a reclamar las cantidades aportadas. Como socio o, en su caso, accionista de la sociedad *target*, tiene un **derecho sobre la cuota de liquidación** de la sociedad *target* en proporción, *a priori*, a su participación en el capital social de aquella que tiene derecho a percibir en aquellos casos en los que la sociedad *target* se vea abocada a un proceso de disolución y liquidación. No obstante, no podemos obviar que, ante un proceso de disolución y liquidación, conforme a la normativa vigente que lo regula (LSC art.360 s.), con el haber existente se paga, en primer lugar, las deudas contraídas con los acreedores y el remanente, si lo hubiera, se reparte entre los accionistas o socios, según corresponda. La 4617 conclusión a la que podemos llegar tras esta afirmación, es que este tipo de financiadores tiene un derecho subordinado al de los acreedores sénior y acreedores *mezzanine*.

Precisiones El reparto de la **cuota de liquidación** entre los accionistas o socios, según el tipo societario de la sociedad *target*, es, en principio, en proporción a su participación en el capital social de dicha sociedad, salvo que otra previsión se regulara en los estatutos sociales. En este tipo de operaciones, es habitual que el promotor del LBO se reserve estatutariamente o a través de pactos parasociales un derecho preferente sobre la cuota de liquidación frente al resto de posibles inversores y, en su caso, el equipo directivo.

4618 Varios son los **mecanismos** utilizados para la jerarquización de la deuda existente en el proceso de implementación del LBO. A continuación, se detallan los mecanismos más relevantes utilizados en el seno de este proceso:

4619 **Estructuración del LBO** Los **acreedores de la sociedad «target»** tienen preferencia en el cobro de los créditos que ostenten frente a dicha sociedad sobre los socios de la sociedad *target* y, por ende, sobre cualquier acreedor de *Newco*. El acreedor sénior (**acreedor de «Newco»** con carácter general) mediante la ejecución de la segunda fase (fusión) -que se explica en el nº 4630-, y la consiguiente absorción de *target* por *Newco*, logra el objetivo de convertirse en acreedor directo y ostentar una acción directa sobre el patrimonio resultante de la fusión (en el que se integra el patrimonio de *target*) y, por tanto, que su crédito se posicione en una situación de mayor preferencia. Ello, sin perjuicio de la posición de preferencia que pueda tener desde un principio y sin necesidad de llevar a cabo la segunda fase, la financiación directa que el acreedor sénior pueda conceder a la sociedad *target*, que también puede considerarse por sí mismo, teniendo en cuenta la estructura del LBO tras la primera fase (constitución de *Newco*), como un mecanismo para proteger su posición de preferencia frente al resto de financiadores en la operación.

4620 **Instrumentación temporal de la deuda** La instrumentación temporal de la deuda resultante de los contratos de financiación firmados en el contexto del LBO, puede condicionar también el orden de prelación en el pago de cada una de las obligaciones asumidas por el deudor.

De este modo, se puede establecer, con el objeto de dar prioridad en el pago a la deuda sénior, un **vencimiento** temporal de la misma inferior a la del resto de deudas (incluidos sus intereses), de modo que sea exigible aquella con anterioridad en el tiempo respecto al resto.

Para evitar que una deuda venza antes en el tiempo y, por tanto, pueda ser exigible su pago con anterioridad a otra, es frecuente también incluir en el contrato de financiación senior **cláusulas de «cross default»** en virtud de las cuales, en el mismo momento en que el deudor incumpla con cualquiera de sus obligaciones con el resto de financiadores, la deuda sénior se entiende vencida y por tanto es exigible.

4621 **Garantías** Otro mecanismo relevante para jerarquizar la deuda son las garantías. En el supuesto de que el patrimonio del deudor no sea suficiente para hacer frente a las obligaciones contraídas, tienen preferencia en el cobro los acreedores (p.e., el acreedor sénior) sobre cuyos créditos se hayan constituido garantías de mejor **rango** que aseguren el cumplimiento de la obligación de pago por parte del deudor.

4622 **Clausulado de los contratos de financiación** En los contratos de financiación se pueden prever cláusulas (*negative pledge, pari passu,* etc.) asumidas por el propio deudor, en virtud de las cuales el deudor se compromete a no otorgar **nuevas garantías** o que las que se constituyan sean de menor rango que las ya otorgadas.

Asimismo, se pueden incluir cláusulas asumidas por otros financiadores distintos del acreedor sénior (*stand still*) mediante las cuales, los financiadores se obligan a no **requerir pagos** al deudor por la deuda vencida, mientras el deudor no incumpla las obligaciones derivadas de la deuda sénior.

4623 **Utilización de diferentes instrumentos financieros** Con el objeto de subordinar la posición de alguno de los acreedores en el LBO (p.e., el acreedor de la deuda *mezzanine*) es frecuente utilizar diferentes tipos de instrumentos financieros tales como **préstamos participativos**, y otros instrumentos de naturaleza mixta o híbridos financieros tales como **acciones preferentes** o **deuda convertible**. Respecto a los préstamos participativos, los mismos tienen la naturaleza de subordinados, tal y como establece su normativa reguladora: «los préstamos participativos en orden a la prelación de créditos, se situarán después de los acreedores comunes» (RDL 7/1996 art.20.c).

3. Estructura operativa de un LBO

La operación de LBO se estructura en torno a dos fases: 4625
• Una primera en la que se constituye el vehículo (*Newco*), se otorga la financiación y se constituyen las garantías exigidas por los financiadores.
• Y otra en la que se lleva a cabo la fusión por absorción entre *Newco* y la sociedad *target*.

Primera fase: constitución del vehículo, los flujos de fondos y garantías Se analizan por separado cada uno de los aspectos relevantes de esta primera fase: 4626

Constitución de la sociedad vehículo («Newco») Muchas son las razones por las cuales en prácticamente toda operación de estas características se constituye una sociedad vehículo (*Newco*) por parte del promotor del LBO que es la que finalmente adquiere la totalidad del capital social de la sociedad *target*. 4627

La constitución de la sociedad vehículo responde a diversos factores que hacen que esta estructura operativa resulte la más óptima para los sujetos intervinientes en las operaciones de LBO; entre las **razones** más destacables resalta la jerarquización de la deuda a través de la denominada subordinación estructural (ver nº 4615 s.), junto a esta, existen otras razones de índole fiscal, de carácter regulatorio (*i.e.* limitaciones impuestas por el reglamento interno en las entidades de capital riesgo que promueven la adquisición) o simplemente la de separar responsabilidades. En las operaciones de LBO, la constitución de *Newco* obedece también a la necesidad de organizar la estructura accionarial, sobre todo, en aquellos supuestos en los que la participación de los inversores en la sociedad *target* no es proporcional (pensemos en las operaciones de MBO en las cuales el equipo directivo adquiere una participación minoritaria respecto del promotor de la operación). Finalmente, la existencia de un vehículo para la adquisición de la sociedad *target* permite, en muchos casos, salvar supuestos de asistencia financiera (ver nº 4635).

Precisiones La existencia de *Newco* obliga a plantearse si dicha sociedad debe revestir la **forma de SA o** de **SRL**. Depende de las necesidades y motivaciones de los distintos sujetos intervinientes en la operación de LBO el decantarse por una u otra forma jurídica; en la medida en que ambas figuras son igualmente válidas para limitar la responsabilidad de los accionistas o socios, según sea la forma que revista la sociedad vehículo, a las aportaciones realizadas, la elección de una u otra opción depende de cada caso concreto y de los intereses perseguidos por las partes en cada operación. Una SRL puede ser preferible considerando que algunas operaciones societarias (p.e., una fusión o una ampliación mediante aportación no dineraria) están sujetas a requisitos adicionales en caso de una SA: informe de expertos sobre el proyecto de fusión (RDL 5/20023 art.41) o informe de expertos de valoración de las aportaciones no dinerarias en la SA (LSC art.67).

Flujos de fondos Ante el esquema descrito propio de las operaciones de LBO, es la sociedad *Newco* la que recibe los fondos, ya sea en forma de **deuda** (la recibida de los acreedores sénior y *mezzanine*) o en forma de **fondos propios** (de los accionistas o socios, quienes, como apuntado anteriormente, reciben como contraprestación a los fondos aportados acciones o participaciones sociales de *Newco*, bien en el momento de su constitución, bien en una posterior ampliación de capital social para darles entrada). 4628

Una vez recibidos los fondos, es *Newco* la que **adquiere la sociedad «target»**, convirtiendo a sus accionistas o socios en adquirentes indirectos de esta última.

Por lo tanto, en esta primera fase, nos encontramos con una sociedad de nueva constitución (*Newco*) que tiene en su activo la participación de la sociedad *target* y en el pasivo la deuda destinada a pagar el precio de adquisición de esa participación, aportado por los financiadores de la operación, y de la que son accionistas o socios los promotores del LBO (y el equipo directivo en operaciones de MBO).

En este tipo de operaciones, no toda la **financiación** se utiliza para la adquisición de la sociedad *target*, sino que parte de esa financiación se destina al desarrollo del propio negocio e implantación del plan de negocio. Dicha partida de financiación que aporta el acreedor sénior directamente a la sociedad *target* una vez la misma ha sido adquirida, suele acordarse con carácter previo y queda recogida en el propio contrato de financiación para la adquisición (en estos casos, el acreedor sénior, para proteger su posición, suele exigir la inclusión de una cláusula de vencimiento anticipado del préstamo concedido a *Newco* para la adquisición ante la no formalización de la financiación directa a la sociedad *target* en los términos pactados).

Garantías Un elemento consustancial en las operaciones de LBO son las diferentes garantías que exigen los financiadores. El objetivo de todos los financiadores es el de gravar todo lo que se pueda en garantía de la financiación, gravando, en consecuencia, el mayor número posible de activos de las dos sociedades implicadas en este tipo de operaciones, esto es, *Newco* y la sociedad *target*. 4629

En esta primera fase de la operación de LBO, el único activo que puede garantizar la deuda otorgada para financiar la adquisición de la sociedad *target* es el **activo de «Newco»**. La garantía de esta obligación a través del activo de la sociedad *target* supondría un supuesto de asistencia financiera (ver nº 4636). El activo de la **sociedad «target»** solo puede garantizar la deuda otorgada directamente a la sociedad *target*, principalmente para refinanciar su circulante. Ello, sin perjuicio de que las participaciones sociales o acciones de la sociedad *target* (en el activo de *Newco*) sí pueden garantizar (a través de prenda de participaciones o acciones) la deuda otorgada para financiar la adquisición de la sociedad *target*.

4630 **Segunda fase: la fusión** La estructura resultante de la primera fase, no resulta idónea, particularmente para el acreedor sénior en el LBO. El acreedor sénior está interesado en que tanto la deuda como los bienes que sirven para pagarla, estén en una misma sociedad. Sin embargo, como resultado de la primera fase, nos encontramos con una situación en la que *Newco* integra la deuda de la operación, mientras que la sociedad *target* los bienes y recursos que la van a garantizar.

Las **razones** que exigen la implementación de una segunda fase son:

1. **Ordenación del sistema de prelación**. Los acreedores de la sociedad *target* tienen preferencia a la hora de cobrar sus créditos frente a la misma respecto de los socios de la sociedad *target* y, por ende, respecto de cualquier acreedor de *Newco* (ver nº 4619). Es por ello que el acreedor sénior, con el objetivo de convertirse en acreedor directo de *target* (excepto de cualquier otro tipo de financiación directa que haya podido otorgar a *target*) esté interesado en la implementación de esta segunda fase, y con seguridad se hayan previsto mecanismos en los contratos de financiación dirigidos a la consecución de este objetivo.

2. **Simplificación de la estructura para el pago de la deuda**. El hecho de que la deuda y fondos para su pago no se encuentren en la misma sociedad, obliga a que se deban instrumentar diferentes mecanismos que canalicen la entrada de los fondos de la sociedad *target* en *Newco* para el pago de la deuda. Los principales mecanismos para la canalización de fondos serían el reparto de dividendos y el préstamo intragrupo de la sociedad *target* a *Newco*. Sin embargo, estos mecanismos no siempre resultan fáciles de implementar dado que nos podemos encontrar con diferentes trabas de naturaleza estatutaria o legal (reparto de dividendos) y/o fiscal (préstamo intragrupo). Es por ello que, para prescindir de la instrumentación de estos mecanismos de canalización de fondos, se lleve a cabo esta segunda fase de fusión.

3. **Extensión de las garantías sobre los activos de la sociedad target**. La ejecución de la fase de fusión beneficia al acreedor sénior en cuanto que se facilita la posibilidad de extender las garantías que respondan del pago de la financiación senior a los activos de la sociedad *target*, sin que ello suponga un supuesto de asistencia financiera.

4631 **Tipos de fusión** La segunda fase de fusión puede llevarse a cabo, bien mediante la fusión por absorción de la sociedad *target* por parte *Newco* (**fusión directa**) o mediante la fusión por absorción de *Newco* por la sociedad *target* (**fusión inversa**). Ambos tipos de fusión quedarían excluidos de la prohibición general de asistencia financiera siempre que se cumplan los requisitos del RDL 5/2023 art.42 (ver nº 4637). Además, ambos tipos de fusión pueden beneficiarse, en el caso de que cumplan con los requisitos previstos en el RDL 5/2023, de la simplificación de requisitos de la fusión, de conformidad con el RDL 5/2023 art.53 (fusión directa; ver nº 2062) o el RDL 5/2023 art.56.1 (fusión inversa; ver nº 2070). Todo ello, sin perjuicio de las consideraciones de tipo fiscal o de negocio que deban tenerse en cuenta a la hora de evaluar la opción más conveniente.

4632 **Garantías** Según lo indicado en la primera fase, el único activo que durante la primera fase de toda operación de un LBO puede garantizar la deuda otorgada para financiar la adquisición de la sociedad target es el activo de *Newco*, entre los que se incluye las participaciones o acciones de *target* que son de su titularidad. Sin embargo, como apuntábamos con anterioridad, en la primera fase no se pueden extender las garantías a los **activos de la sociedad «target»** porque nos encontraríamos ante uno de los supuestos prohibidos de asistencia financiera. Como consecuencia de la implementación de esta segunda fase esta prohibición desaparece y por tanto pueden extenderse las garantías que aseguren el cobro de la deuda, a los activos de la sociedad *target*.

4. Asistencia financiera en un LBO

4635 Como se ha ido señalando a lo largo del presente capítulo, el concepto de asistencia financiera está latente en el proceso de ejecución del LBO. Por ello, es preciso analizar la estructura societaria en cada una de las fases del proceso para poder verificar si estamos ante un supuesto de asistencia financiera que esté prohibido por el legislador.

Si bien la ley no atribuye una **definición** concreta al concepto de asistencia financiera, se puede extraer de la LSC art.143 (SRL) y 150 (SA) aquellas operaciones de naturaleza económica que formarían parte de dicho concepto y que están prohibidas con carácter general, esto es, anticipar fondos, conceder créditos o préstamos, prestar garantías para la adquisición de sus propias participaciones y de empresas del grupo o sociedad dominante, etc.
Con carácter general, tal y como se establece en la Ley de Sociedades de Capital, la asistencia financiera está **prohibida por ley**. Sin embargo, con carácter excepcional como se explica más adelante, puede interpretarse que, en sede de fusiones, a la luz de lo establecido en el RDL 5/2023 art.42 en relación con las fusiones apalancadas, se permita la asistencia financiera en este tipo de operaciones.
Para poder determinar a qué supuestos concretos va dirigida la prohibición de asistencia financiera es importante analizar previamente cuál es la finalidad buscada por el legislador con esta regulación. De acuerdo con la mayor parte de la doctrina, la **finalidad** perseguida por el legislador es, por un lado, proteger a los acreedores y socios o accionistas de los peligros que puedan tener repercusión en la solvencia de la sociedad, y, por otro lado, evitar cualquier tipo de abuso por parte de los administradores.

Primera fase: constitución del vehículo, los flujos de fondos y garantías La estructura resultante de la primera fase no genera dudas en cuanto a la posibilidad de la existencia de asistencia financiera, siempre y cuando, según se ha explicado en el nº 4629, las garantías que se constituyan sean sobre activos de *Newco* (incluidas las participaciones sociales o acciones de *Newco* en *target*) y no activos de la sociedad *target*. **4636**

Segunda fase: la fusión (RDL 5/2023 art.36, 42, 13) El RDL 5/2023 (art.42) regula las **fusiones apalancadas**, entendiendo por tales las que involucran a dos o más sociedades, si alguna de ellas hubiera contraído deudas en los 3 años inmediatamente anteriores para adquirir el control de otra que participe en la operación de fusión o para adquirir activos de la misma esenciales para su normal explotación o que sean de importancia por su valor patrimonial. En este supuesto, se exige que el proyecto de fusión indique los recursos y plazos para satisfacer la deuda de adquisición y que el informe de administradores justifique las razones de la adquisición del control y posterior fusión, incluyendo un plan económico y financiero. El RDL 5/2023 mantiene la exigencia del informe del experto independiente, incluso cuando se trate de acuerdo unánime de fusión, que debe pronunciarse sobre la razonabilidad del contenido del proyecto de fusión y del informe de administradores, si bien el RDL 5/2023 elimina la exigencia de que el experto determine si existe asistencia financiera. Este cambio normativo es positivo. **4637**

Precisiones Con la regulación anterior, con el objeto de salvaguardar los intereses de los acreedores y socios y de la propia sociedad y, en definitiva, la protección de la finalidad buscada por el legislador con la regulación de la asistencia financiera, se imponía una obligación adicional de información en el informe de expertos para que, en el caso de que existiese asistencia financiera, fuera conocida por los interesados en la sociedad. Ello era excesivo, teniendo en cuenta que el proceso de fusión *per se* lleva aparejado una serie de obligaciones garantistas y actuaciones que protegen los intereses que el legislador pretendía salvaguardar con la prohibición de la asistencia financiera. En este sentido, la posición de socios y acreedores ya se encuentran protegidas por el propio proceso de fusión, y por ello, carecería de sentido prohibir la asistencia financiera con el objeto de salvaguardar este interés en este tipo de operaciones.

Otro de los intereses que se protege con la fusión es la posición, en su caso, del **socio/accionista minoritario**. Podría entenderse que el socio o accionista minoritario como consecuencia de la fusión puede sufrir un perjuicio patrimonial puesto que pasa de ser propietario de participaciones o acciones de una sociedad sin deuda a una sociedad con gran endeudamiento. Sin embargo, el **mecanismo de canje** de participaciones o acciones previsto en los procesos de fusión salvaguarda la posición patrimonial del socio o accionista minoritario puesto que el mismo va a obtener una participación en *Newco* con el mismo valor económico que la participación que ostentaba en la sociedad *target* en la fase primera. El canje debe establecerse sobre la base del valor real de su patrimonio. Cuando sea necesario ajustar el tipo de canje, para asegurar que el socio o accionista recibe el mismo valor económico, puede recibir, además de acciones o participaciones sociales de *Newco*, una compensación en dinero que no exceda del 10% del valor nominal de las acciones o participaciones atribuidas. **4638**
El RDL 5/2023 (art.49) introduce un mecanismo de protección de los socios: el derecho de **impugnación de la relación de canje** en las modificaciones estructurales. Los socios de las sociedades que se fusionen (o en su caso, se escindan), que consideren que la relación de canje establecida en el proyecto no es adecuada, pueden impugnarla y reclamar un pago en efectivo ante el Juzgado de lo Mercantil del domicilio social, cuya competencia será exclusiva, o el tribunal arbitral estatutariamente previsto. Para ello es requisito que no hayan votado a favor de la aprobación del acuerdo de fusión o escisión, o no tengan derecho de voto, dentro

del plazo de dos meses desde la fecha de publicación del acuerdo de la junta general. La decisión del Juzgado o tribunal arbitral será vinculante para la sociedad resultante de la fusión y la sociedad resultante podrá compensar a los socios con acciones o participaciones propias en lugar del pago en efectivo.
El ejercicio de este derecho por parte del socio no suspende ni impide la **inscripción** de la fusión o escisión en el RM.

B. MBO («Management Buy-Out»)

4640 El acrónimo MBO corresponde al término anglosajón *management buy-out*. Cuando hablamos de MBO nos referimos a una operación de adquisición o toma de control de una empresa o parte de ella por los **directivos** de la misma. Es habitual que estas operaciones se lleven a cabo con financiación de un tercero, y, al igual que sucede en un LBO, la propia empresa adquirida (*target*) se apalanque financieramente. Cuando en un MBO se recurre a **financiación de tercero** en estos términos, estaríamos ante un LMBO (*Leveraged Management Buy-Out*).
En la práctica habitual de un MBO, los directivos suelen incorporarse al capital y/o toma de **control de la sociedad «target»** en la que, o bien ya participa un tercer inversor, generalmente una entidad o fondo de capital riesgo, o bien ambos, directivos y tercer inversor conjuntamente llevan a cabo la adquisición de la *target*.
Para proceder a la adquisición de la *target*, al igual que en un LBO, es habitual que se lleve a cabo a través de una **sociedad vehículo** (*Newco*).
La nota característica de un MBO, por tanto, es la adquisición o toma de control de la totalidad o parte de la sociedad *target* por parte de los directivos que trabajan en la misma. En cambio, cuando el control de la *target* es adquirido por un **equipo directivo externo**, se denomina MBI (*Management Buy-In*).
Por otra parte, si bien es menos frecuente, el supuesto en que el control de la *target* es adquirido por parte de los **empleados** de la propia *target*, se denomina EBO (*Employee Buy-Out*).

4641 **Razones para vender a los directivos** A continuación se describen algunas de las principales razones que pueden motivar la entrada de los directivos en el capital de la *target*:
a) **Ausencia de otro comprador**. Esto sucede cuando no se percibe por parte de posibles compradores externos a la *target* el verdadero potencial de la misma y/o la rentabilidad que puede alcanzar el negocio. Los directivos pueden conocer mejor estas circunstancias, así como las oportunidades de negocio que se le pueden presentar a la *target*, por lo que se convierten en una de las opciones prioritarias para convertirse en inversores de la *target*, siempre y cuando estén interesados en invertir en la misma y no existan barreras a su entrada infranqueables.
b) **Premiar la fidelidad y profesionalidad** de los directivos. Suele venir acompañado de incentivos al equipo directivo para su entrada en el capital de la *target* y por la consecución de objetivos.
c) **Confianza** en el equipo directivo y defensa ante adquisiciones hostiles por parte de terceros. Para culminar con éxito cualquier proyecto de inversión es necesario que entre los inversores exista una confianza mutua que favorezca la consecución de un objetivo común.
La falta de confianza en un tercer inversor ajeno a la empresa y/o la ausencia de interés en la oferta planteada por este, puede favorecer la apuesta por la entrada en el capital de la *target* del equipo directivo que pueda tener interés en presentar una contraoferta por, entre otras razones, garantizar su situación laboral que pueda verse amenazada ante la entrada de otro oferente.
d) **Falta de sucesión** en la empresa, particularmente en empresas familiares.
e) **Procesos de privatización** de empresas.

Factores esenciales para la realización de un MBO Para culminar con éxito un MBO, es necesario que se den una serie de factores que conduzcan a la alineación de intereses entre los inversores y el equipo directivo. 4642
Se detallan en el siguiente cuadro algunos de los factores esenciales para la realización de un MBO:

4643

Mecanismos de entrada razonables	- Escasa competencia a la entrada posibilitando la incorporación de los directivos en condiciones óptimas. - Ausencia de barreras no razonables a la entrada en la empresa.
Nivel de riesgo razonable del negocio	- Fidelización de clientela, costes previsibles, imagen de marca. - Sector con poca influencia a los cambios legislativos, tecnológicos o ciclos económicos. - Flujos de caja estables.
Fidelidad y compromiso del equipo directivo	- Equipo experimentado que se comprometa con el proyecto. - Capacidad del equipo directivo de participar en la inversión.
Situación financiera óptima de *target*	- Escaso nivel de endeudamiento.
Inversión limitada del negocio	- No necesidad de realizar grandes inversiones para el mantenimiento el negocio. - Dedicación casi exclusiva de los recursos al pago de deuda.
Negocio con posibilidades de crecimiento	- Posibilidad de mejora de la cuenta de explotación.
Incentivos al equipo directivo	- Incentivos económicos: *ratchet*, *envy ratio*. - Otros incentivos.
Mecanismos de salida razonables	- Acuerdo entre el tercer inversor y directivos de los mecanismos de salida de la empresa que optimicen los intereses de ambos. - Ausencia de barreras no razonables a la salida. - Posibilidad de venta a terceros por un precio alto.

1. Estructura orgánica de un MBO

El gráfico siguiente pretende reflejar la estructura típica de un MBO en el que aparecen los posibles **sujetos intervinientes** en una operación de estas características y los **flujos de fondos** que habitualmente se producen entre los distintos sujetos. 4645

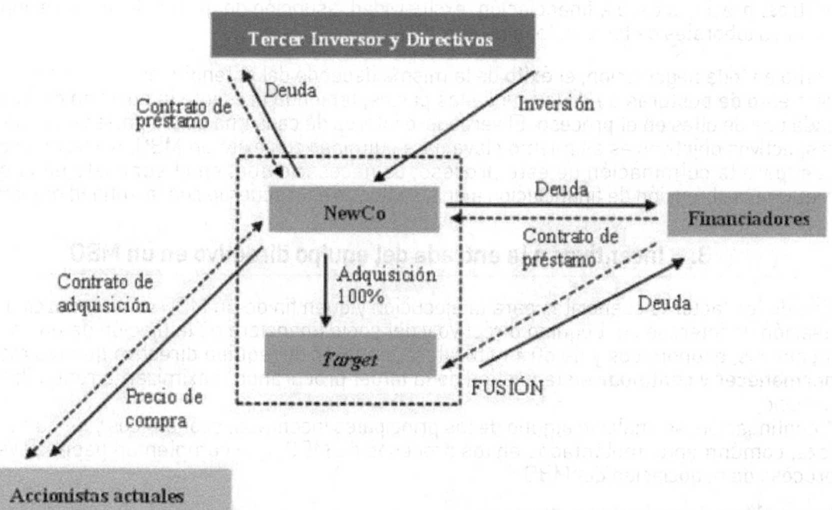

Equipo directivo en un MBO Tal y como se ha indicado anteriormente, el equipo directivo se erige como la figura fundamental en un MBO. La **generación de «cash-flow»** suficiente para pagar, en su caso, la deuda e intereses contraídos con motivo de la transacción, así como 4646

para asegurar la continuidad y rentabilidad del negocio de la *target*, depende en gran medida del equipo directivo.
El socio financiero estará interesado en que el equipo directivo obtenga una participación en la empresa y permanezca en la misma siempre y cuando el mismo se caracterice por ser un equipo **profesional, comprometido**, con una **gran experiencia** y conocimiento en el sector del negocio de la *target y* que contribuya a conseguir los objetivos de rentabilidad que se pacten. Todo ello, unido a la capacidad financiera del equipo directivo y/o facilidades de entrada en el capital de la *target* que puedan ser concedidas al mismo.
En el momento en el que el equipo directivo pasa a ser también propietario de la *target*, los intereses y objeticos de los propietarios y directivos de la empresa quedan alineados. Ello también se refuerza con la concesión de incentivos al equipo directivo que conduzcan a procurar la maximización de la rentabilidad del negocio de la *target*. Algunos de los incentivos más habituales que suelen acordarse en el proceso del MBO se explican en el nº 4655.

4647 **Resto de la estructura orgánica de un MBO** Respecto al resto de la estructura orgánica de un MBO, nos remitimos a lo ya explicado en la sección relativa a LBO (ver nº 4610 s.).

2. Objeto de negociación en un MBO

4650 El presente apartado se centra en describir algunas de las cuestiones principales más habituales que son objeto de negociación entre el **equipo directivo** y el **socio financiero**, al margen de las negociaciones que deban concluirse con las entidades bancarias en el supuesto de que se requiera financiación ajena y/o, en su caso, con un tercer propietario (no coincidente con el socio financiero) que pretenda vender su participación en la *target*.
Cuestiones principales objeto de negociación:
• **Aspectos societarios**: composición del accionariado y del consejo de la *target*, materias reservadas en junta y consejo, derechos políticos y económicos de las acciones/participaciones sociales, régimen de transmisión de la acciones/participaciones sociales.
• **Incentivos**: incentivos de naturaleza económica en favor del equipo directivo (*ratchet, envy ratio*) e incentivos de otra naturaleza.
• **Compromiso de permanencia**: periodo mínimo de permanencia del equipo directivo, supuestos de incumplimiento de dicha obligación de permanencia (*bad leaver*) y excepciones en las que la salida no se considere un incumplimiento (*good leaver*) y consecuencias del incumplimiento (compra de su participación por un precio inferior, penalizaciones, etc.).
• **Barreras a la salida**: derecho de acompañamiento (*tag along right*) y derecho de arrastre (*drag along right*).
• **Confidencialidad y conflictos de interés**: determinación de los supuestos de conflicto de interés, tratamiento de la información y búsqueda de asesoramiento externo.
• **Otros**: precio, acceso a financiación, exclusividad, asunción de gastos de la operación, condiciones laborales de los empleados, etc.

4651 Como en toda negociación, el **éxito** de la misma depende del entendimiento, confianza y acercamiento de posturas de cada una de las partes, teniendo presente la posición de fuerza de cada una de ellas en el proceso. El verdadero interés de cada una de las partes en alinear sus respectivos objetivos es asimismo clave para culminar con éxito un MBO. No hay que olvidar que, para la culminación de este proceso, es necesario que, en el supuesto en el que se requiera la obtención de financiación ajena, se llegue a un acuerdo con la entidad prestamista.

3. Incentivos a la entrada del equipo directivo en un MBO

4655 Uno de los factores esenciales para la ejecución y buen fin de un MBO que conduzca a la alineación de intereses del equipo directivo y del socio financiero es la fijación de una serie de incentivos, económicos y de otra naturaleza, en favor del equipo directivo que les **motive a permanecer y continuar** en la gestión de la *target* procurando maximizar la rentabilidad del negocio.
A continuación, se analizan alguno de los principales incentivos, económicos y de otra naturaleza, comúnmente implantados en los procesos de MBO, que cumplen un papel clave en el proceso de negociación del MBO.

4656 **Incentivos económicos** Por lo que respecta a los incentivos económicos, analizamos los siguientes:
- el *envy ratio*; y
- y el *ratchet*

«Envy ratio» Se trata de un incentivo económico utilizado habitualmente en la entrada en el capital de la *target* dirigido al equipo directivo, que consiste en **multiplicar** el **valor de la inversión** realizada por el equipo directivo por «x» veces. De forma que un *envy ratio* de 3x significa que la inversión realizada por el equipo directivo cuenta tres veces más en el porcentaje de capital que este ostente en la *target*. **4657**
A través de este incentivo se busca por parte del socio financiero **comprometer al equipo directivo** desde un primer momento a la realización de la inversión en la *target*, dado que es aplicable habitualmente en el momento de la entrada del capital del equipo directivo en la misma.
Para implementar este incentivo, se suele utilizar la incorporación de las figuras del préstamo participativo y/o de la prima de emisión en el momento de la inversión. A continuación, se describen estos dos mecanismos:

a) **Préstamo participativo**: en este primer supuesto, para lograr el objetivo consistente en que el valor de la inversión realizada en términos de capital por el equipo directivo sea «x» veces mayor a la realizada por el socio financiero, la totalidad del valor de la inversión realizada por el **equipo directivo** se destina a capital social de la sociedad destinataria de la inversión, de forma que le corresponderá un número de acciones/participaciones resultante de dividir el valor total de la inversión total realizada entre el valor nominal de cada acción/participación de dicha sociedad. **4658**
En cambio, de la inversión total que realiza el **socio financiero**, un porcentaje pactado se destina a capital social de la sociedad, y el resto se invierte en concepto de préstamo participativo.

Precisiones El préstamo participativo debe cumplir con los requisitos previstos en el RDL 7/1996, sobre medidas urgentes de carácter fiscal y de fomento y liberalización de la actividad económica (ver nº 1228), entre ellos, que el socio financiero debe percibir un **interés variable** que se determina en función de la evolución de la actividad de la *target*.

b) **Prima de emisión/asunción**. En este supuesto, la inversión realizada por el **equipo directivo** se realiza en su totalidad en concepto de capital social, correspondiéndole un número acciones/participaciones sociales resultante de dividir el valor total de la inversión realizada entre el valor nominal de cada acción/participación social. **4659**
Por otra parte, de la inversión realizada por el **socio financiero** una parte se destina a capital social en el porcentaje que se haya acordado, destinándose el porcentaje restante a prima de emisión/asunción, viéndose incrementado los fondos propios de la *target* en dicha cuantía.
Por tanto, la ventaja de asignar toda la inversión realizada por el equipo directivo a capital social de la *target* radica en que le corresponde proporcionalmente un mayor número de derechos económicos y políticos inherentes a cada una de las acciones/participaciones sociales que se le atribuyan respecto a la inversión total realizada. Todo ello, sin perjuicio de que ambas partes puedan pactar la emisión de distintas **clases de participaciones/acciones** con derechos económicos y/o políticos diferentes.

A través del *envy ratio*, se busca reconocer el papel que desempeña el equipo directivo que no solo aporta capital, sino que sigue gestionando el negocio de la *target* aportando su experiencia y conocimiento, de lo cual, se puede ver beneficiado el socio financiero. **4660**
El socio financiero y el equipo directivo pueden pactar que, como consecuencia del **incumplimiento de los objetivos** o compromisos acordados, se suprima este incentivo económico mediante la reconfiguración del porcentaje de cada uno de los participantes en el MBO en el capital social sobre la que se haya efectuado la inversión.
Acordar un tipo de incentivo u otro depende de las preferencias del equipo directivo y el socio financiero y del resultado de la negociación entre ambos. En todo caso, debe tenerse en cuenta las **implicaciones fiscales** que puedan derivar de la implementación de un mecanismo u otro.

«Ratchet» Es un incentivo económico en favor del equipo directivo vinculado a la consecución de unos **objetivos**, generalmente de rentabilidad en la *target*, previamente pactados por los participantes en un MBO y que sirven de estímulo al equipo directivo para la gestión eficiente de la *target*. **4661**
Los objetivos deben por tanto ser conocidos por el equipo directivo antes de la inversión, y sobre los cuales el equipo directivo pueda influir en su consecución a través de la gestión eficiente del negocio de la *target*.
El incentivo económico puede tratarse de una **compensación** en dinero o también en especie (acciones/participaciones sociales de la *target*). Habitualmente, el momento para la valoración de la consecución de los objetivos pactados suele coincidir con el momento de desinversión del socio financiero y/o transcurso del periodo de permanencia del equipo directivo.

Es habitual que los objetivos consistan en la obtención de una rentabilidad medida, por ejemplo, a través de la tasa interna de retorno (TIR).
Puede acordarse que el **exceso en la rentabilidad mínima** fijada para conceder el incentivo sea distribuido en su totalidad al equipo directivo o en un porcentaje determinado.
En todo caso, resulta especialmente relevante para evitar un conflicto posterior entre los participantes del MBO que queden claramente definidas las condiciones para la obtención de los incentivos y todos sus elementos relacionados (definición de la TIR, forma de pago, periodo durante el cual se mide la rentabilidad, etc.).

4662 **Incentivos de otra naturaleza** Tanto el equipo directivo como el socio financiero pueden acordar una serie de derechos en favor del equipo directivo que, sin ser de naturaleza estrictamente económica, cobran especial trascendencia en el devenir de las negociaciones para la culminación exitosa del MBO. Estos acuerdos pueden plasmarse en los **estatutos** de la *target* y/o en un **pacto parasocial** acordado por ambas partes.

4663 **Derecho de veto del equipo directivo** Los participantes en el MBO pueden acordar una mayor capacidad de decisión del equipo directivo tanto en junta general como en el consejo de la *target*, otorgándole en ciertas materias que puedan ser relevantes para el mantenimiento del status del equipo directivo, como el derecho de veto. En concreto, se puede conceder el derecho de veto en **acuerdos** sobre ampliación de capital, reducción de capital, disolución de la *target*, cualquier modificación estructural de la *target* u otro tipo de modificación que pueda provocar un cambio en la composición de su accionariado, entre otros.

4664 **Derecho de acompañamiento y de arrastre** El equipo directivo y el socio financiero también pueden acordar que en el supuesto de que el socio financiero encuentre un tercer comprador de su participación en la *target*, el equipo directivo disponga de un derecho de acompañamiento («**tag along**») en virtud del cual, el socio financiero se vea obligado, a voluntad del equipo directivo, de vender su participación conjuntamente con la del equipo directivo, al tercer comprador.
Por otro lado, el socio financiero puede exigir un derecho de arrastre («**drag along**») que obligue al equipo directivo a vender su participación en la *target*, junto con su participación, en el supuesto de que el socio financiero reciba una oferta por el 100% de la target por parte de un tercer comprador.

4. Conflicto de intereses

4665 La posible entrada del equipo directivo en un MBO no está exenta de la posibilidad de que surjan determinados conflictos de interés en el seno de la *target*. Además de los elementos para la negociación entre el equipo directivo y socio financiero descritos anteriormente, que deben ser acordados procurando la conciliación de intereses de ambas partes para la culminación exitosa del MBO, resulta necesario garantizar la continuidad de la normal gestión de la *target* en el proceso de negociación sin que dicho proceso altere, en modo alguno, el tráfico jurídico de la misma.
En dicho proceso, máxime cuando pueda haber paralelamente al equipo directivo terceros inversores interesados en presentar una oferta para participar en la *target*, resulta fundamental que se garantice la **transparencia en la información** facilitada a todos los oferentes, evitando que se transmita la información de forma asimétrica.

4666 **Gestión del equipo directivo durante el proceso de negociación** Una de las estrategias del socio financiero para garantizar la entrada del equipo directivo en el capital de la *target* y asegurar su permanencia es ofrecer, entre otros, una serie de **incentivos económicos**, como por ejemplo un *ratchet* que se concede en función de la consecución de determinados objetivos que pueden ser alcanzados como consecuencia, en cierta medida, de la gestión de la *target* por parte del equipo directivo (ver nº 4661).
Durante el proceso de negociación puede originarse un conflicto de interés entre el equipo directivo y el socio financiero (y el resto de participantes en la *target*, en su caso), debido fundamentalmente a que el equipo directivo pretenda participar en la *target* al **menor precio posible**, posponiendo su esfuerzo de incrementar la rentabilidad futura del negocio a partir del momento en que el equipo directivo se convierta, en su caso, en inversor en el *target* y por tanto pueda tener acceso a la obtención del mencionado *ratchet*, facilitando la consecución de los objetivos determinados para su obtención. Por su parte, el socio financiero procurará la maximización del precio de la *target*.

Tratamiento de la información Para garantizar la transparencia en el proceso de entrada en el capital de la *target* de un nuevo inversor, es necesario que se facilite la información necesaria económico-financiera de la *target* a los oferentes evitando que se origine en el proceso de negociación la existencia de **asimetría de información**. 4667

Es sabido que el equipo directivo posee una experiencia y conocimiento adquiridos como consecuencia de los años de gestión del negocio de la *target*. Dichos conocimientos difícilmente van a poder ser trasladables al resto de oferentes, si bien, debe facilitarse en condiciones de igualdad a los oferentes, aquellos **datos principales** de naturaleza económica y financiera que sean relevantes para la inversión en la *target*.

La existencia de otros posibles inversores en el proceso de negociación puede provocar un aumento en el precio final en la transacción en detrimento del equipo directivo.

En todo caso, una vez que el equipo directivo se postule como interesado en participar en el capital de *target*, para garantizar la transparencia del proceso, es preciso que el procedimiento de **recopilación y entrega de información** de la *target* sea gestionado por un equipo ajeno a cualquier tipo de interés en dicha negociación.

5. Desinversión

El socio financiero y el equipo directivo, entre las condiciones que deben pactar en la negociación para el buen fin del MBO, se encuentran las **condiciones de salida** de la *target*. El **socio financiero**, habitualmente una entidad de capital riesgo, no se caracteriza por su vocación de permanencia en la *target*, por lo que, tal y como se ha explicado anteriormente, las condiciones de salida que se pacten cobran especial relevancia para el socio financiero en el seno de la negociación. 4670

Por su parte, el **equipo directivo** procura igualmente negociar unas condiciones de salida que le sean favorables. Generalmente, se suelen negociar pactos de permanencia del equipo directivo vinculados a la obtención de un incentivo económico a su conclusión, siempre que se consigan determinados objetivos preestablecidos.

Con el momento de la desinversión, puede suceder que el proyecto haya concluido con **éxito**, y por tanto el equipo directivo cobre el incentivo económico pactado. Esto puede propiciar que otras entidades de capital riesgo u otros nuevos adquirentes, motivados por el éxito del proyecto, sustituyan al antiguo socio financiero procurando la permanencia del mismo equipo directivo mediante la fijación de nuevos incentivos económicos. Esta figura por la cual el antiguo socio financiero es sustituido en el proyecto por uno nuevo se conoce comúnmente como SBO (*Secondary Buy-Out*).

C. Otras operaciones singulares

Aparte de las ya analizadas figuras del LBO y MBO, existen otras operaciones singulares de adquisición, derivadas en gran medida y con ciertas características comunes a las de LBO y MBO, que a continuación se describen. 4675

- **SBO** (*Secondary Buy-Out*). También conocida como operación apalancada secundaria. Es una operación de adquisición en la que una entidad de capital riesgo (u otra entidad), adquiere de otra entidad de capital riesgo (u otra entidad) la participación en una empresa previamente adquirida por esta.
- **LBU** (*Leveraged Build-Up*). Tipo de adquisición en cadena o estrategia financiera consistente en la utilización del endeudamiento como instrumento para financiar una serie consecutiva de adquisiciones con el objetivo estratégico de establecerse firmemente en un determinado sector.
- **BIMBO** (*Buy in Management Buy-Out*). Operación de adquisición de una empresa, o parte de ella, por parte de su equipo directivo y por directivos externos.
- **MBI** (*Management Buy-In*). Figura similar a la del MBO, con la única diferencia de que la adquisición de una empresa o parte de ella se llevará a cabo por parte de un equipo directivo externo en lugar de por el equipo directivo de la propia empresa.
- **EBO** (*Employment Buy-Out*). Operación consistente en la adquisición de una empresa o parte de ella por parte de los empleados de la propia empresa.
- **OBO** (*Owners Buy-Out*). Operación consistente en la venta de una empresa por su propietario a un tercero y posterior participación de aquel en la adquisición de la empresa, quedándose habitualmente como socio minoritario.

CAPÍTULO 19

Transmisión de empresa pública

A. Generalidades 4681 4680
B. Alteraciones en la composición del sector público empresarial estatal 4685
1. Reestructuración mediante operaciones internas 4686
2. Adquisición de empresas 4689
3. Constitución y disolución de sociedades 4692
4. Privatización de empresas 4693

A. Generalidades

El sector público empresarial no es estático, sino que en la medida en que sus empresas intervienen en el mercado, se adapta a nuevas coyunturas y en ese afán esas empresas pueden resultar afectadas por modificaciones estructurales. 4681
También se crean y se extinguen sociedades controladas directa o indirectamente por una Administración e incluso se produce la adquisición por entidades públicas de empresas preexistentes y la transmisión por parte del accionista público a un tercero de forma total o parcial de empresas, activos o unidades de negocio.
Esta desinversión equivale a la **privatización** de la empresa pública en la parte que se transmite a la empresa privada.

La intervención del **interés público** en los procesos de transmisión de empresas justifica la aplicación de normas de Derecho administrativo junto con la normativa mercantil general. 4681.1
La transmisión de la empresa pública se analiza desde dos ángulos. Por un lado, la **venta** de una empresa pública por parte del órgano u organismo administrativo que sea su accionista. Por otro lado, la **adquisición** de una empresa privada con la que se aumenta el perímetro del sector público. En el primer caso, se trata de enajenar propiamente acciones o participaciones públicas en una empresa y en el segundo, de adquirir acciones o participaciones y que en virtud de ello una empresa privada pase a tener naturaleza pública.

Antecedentes La transmisión de la empresa pública exige detenerse como antecedente lógico en su nacimiento. 4682
En las primeras décadas del siglo XX se instituye la idea de proteger sectores productivos nacionales frente al exterior mediante la gestación de **monopolios**. De esa época datan las primeras instituciones de la banca pública y el monopolio de importación y comercialización de petróleo.
Más tarde, durante los años cuarenta, en un contexto de autarquía económica, la idea de que el sector público debía jugar un papel principal en la industrialización del país se sitúa en la génesis del **Instituto Nacional de Industria** (INI) y de la **nacionalización de empresas**, como Renfe o Iberia.
EL INI se constituye por la L de 25-9-1941 como instrumento de actuación en aquellos sectores no explotados por el empresario privado. Se adoptó, pues, un modelo de iniciativa pública basado en el principio de subsidiariedad, que fue combinado posteriormente con la **nacionalización** de empresas privadas no rentables.
Mediante el DL 20/1970 se adapta el régimen jurídico del INI al desarrollo económico y social experimentado por España y la consiguiente apertura al exterior.

Constitucionalmente se reconoce la **iniciativa pública** en la actividad económica, en la que mediante ley se podrá reservar al sector público recursos o servicios esenciales, especialmente en caso de monopolio y, asimismo, se podrá acordar la intervención de empresas cuando así lo exigiere el interés general (Const art.128). 4682.1
La crisis energética de finales de los años setenta y la necesidad de coordinar la gestión del importante sector económico de los hidrocarburos aconsejaron segregar del INI aquellas entidades mercantiles cuya actividad se desarrollaba en este ámbito y atribuir su gestión al **Instituto Nacional de Hidrocarburos** (INH), creado por la L 45/1981, derogada por la L 5/1996 de creación de determinadas entidades de derecho público.
La **liberalización** de los mercados marcó una progresiva reordenación de actividades, concretada en el nacimiento del grupo empresarial Repsol.
La entrada de España en las **Comunidades Europeas** en 1986 supone el inicio de un camino de adaptación del sector público al Derecho comunitario, cuyos ejes son la mejora de la gestión y la adaptación a un entorno más competitivo.

4682.2 Con el objetivo de racionalizar las participaciones accionariales del INI, la L 31/1991, de Presupuestos Generales del Estado para 1992 en su artículo 107.1 acordó constituir una sociedad anónima (denominada **Teneo**) para agrupar las participaciones del INI en entidades que actuaban en régimen de libre competencia y no requerían ayudas públicas para operar. Se establecía que dicha sociedad se organizaría y funcionaría con estricta sujeción al ordenamiento jurídico privado.

Posteriormente, el RDL 5/1995 suprimió el INI y el INH y diseñó dos entidades: por un lado, la **Sociedad Estatal de Participaciones Industriales** (SEPI), a la que se transmitieron las participaciones de Teneo y de las empresas del INH, y, por otro lado, la **Agencia Industrial del Estado**, a la que se incorporan las empresas del INI que recibían ayudas públicas por estar sujetas a planes de reestructuración o reconversión industrial y a regímenes especiales.

El acuerdo del Consejo de Ministros de 28-6-1996 decidió la disolución de Teneo, cuyo patrimonio pasó a **SEPI**, su accionista único.

Por RDL 15/1997, se suprimió la Agencia Industrial del Estado, transfiriéndose su patrimonio a SEPI, como grupo de empresas autosuficiente.

4682.3 En definitiva, SEPI es el **holding público** por excelencia, constituido como entidad de Derecho público por la L 5/1996 de creación de determinadas entidades de derecho público con las siguientes **funciones**:

a) Impulsar y coordinar las actividades de las sociedades de las que sea titular.

b) Fijar la estrategia y supervisar la planificación de las sociedades que controle en los términos establecidos en la legislación mercantil aplicable y en aquellas en cuyo capital participe mayoritariamente de manera directa o indirecta, así como llevar a cabo el seguimiento de su ejecución, velando por el cumplimiento de los objetivos que respectivamente tengan señalados. La gestión ordinaria de las sociedades participadas corresponderá a sus propios órganos de administración y serán controladas de conformidad con lo establecido por el texto refundido de la Ley General Presupuestaria y demás disposiciones o mecanismos de control aplicables.

c) La tenencia, administración, adquisición y enajenación de sus acciones y participaciones sociales.

4682.4 **d)** La realización de todo tipo de operaciones financieras pasivas, cualquiera que sea la forma en que se instrumente, incluso la emisión de obligaciones convertibles o no, bonos, pagarés y otros títulos análogos, así como otros instrumentos de gestión de tesorería y deuda. Igualmente, podrá garantizar operaciones concertadas por empresas participadas directa o indirectamente. Todo ello sin perjuicio de la obtención de las autorizaciones administrativas que, en su caso, fueren necesarias.

e) La realización respecto de las sociedades participadas, directa o indirectamente, de todo tipo de operaciones financieras activas y pasivas.

f) Las demás funciones que le atribuya el Gobierno en materia de modernización del sector público empresarial del Estado.

Precisiones La SEPI está **adscrita** al Ministerio de Hacienda, a través de la persona titular del Ministerio (RD 206/2024 art.1.3 -por el que se desarrolla la estructura orgánica básica del Ministerio de Hacienda-).

4682.5 **Concepto de empresa pública** En esencia, las empresas públicas son aquellas que están controladas por las **Administraciones Públicas** territoriales o por los **organismos públicos** vinculados o dependientes de ellas.

Normalmente el control se asocia a la propiedad de la mayoría del capital social, aunque también es posible que, siendo igual la participación de los socios, éstos hayan previsto mecanismos para que el socio público o sus representantes en el órgano de administración tengan una intervención decisiva en la gestión de la empresa.

Por eso, en sentido contrario, la privatización se asocia a la pérdida por el sector público de la influencia decisiva en la empresa de que se trate.

Precisiones La influencia decisiva en concreto puede ejercerse a través de alguno de los criterios que utiliza el CCom art.42 para presumir que existe un control por una sociedad respecto de otra para formar un **grupo** de empresas:

- posesión de la mayoría de los derechos de voto;
- facultad de nombrar o destituir a la mayoría de los miembros del órgano de administración;
- disposición, en virtud de acuerdos celebrados con terceros, de la mayoría de los derechos de voto o designación con sus votos a la mayoría de los miembros del órgano de administración, que desempeñen su cargo en el momento en que deban formularse las cuentas consolidadas y durante los dos ejercicios inmediatamente anteriores.

Tipos Por la clase de Administración Pública que participe en el capital social, distinguimos entre empresas **estatales, autonómicas** y **locales**. **4683**
La existencia de empresas públicas deriva de la potestad de autoorganización de la propia Administración Pública, que decide que una determinada actividad o servicio público de su competencia se preste con sus propios servicios o mediante alguna personificación jurídica que integre su Administración institucional, tales como aquellas empresas.
Las empresas públicas pueden ser accionistas de otras empresas, que pueden ser o no públicas en función de que se cumplan determinados requisitos y participar en la creación de otras personas jurídico-públicas, como los **consorcios**.

Junto con las empresas participadas por **SEPI**, la intervención del **Estado** en la actividad económica se completa con otros dos grupos de empresas: **4683.1**
a) Las empresas participadas por la Dirección General de Patrimonio del Estado, órgano directivo del Ministerio de Hacienda y Administraciones Públicas -actual Ministerio de Hacienda- («**Grupo Patrimonio**»), que integra un grupo heterogéneo de empresas públicas encuadradas en sectores no industriales y que operan como instrumentos flexibles en la ejecución de políticas públicas singulares, o como herramientas al servicio de las políticas de los Departamentos a los que estén funcionalmente adscritas.
b) Las **empresas que dependen** directamente del Ministerio de Transportes y Movilidad o de alguna o algunas de sus entidades públicas empresariales.

El acuerdo del Consejo de Ministros de 16-3-2012, por el que se aprueba el plan de reestructuración y racionalización del sector público empresarial y fundacional estatal previó la constitución de un grupo de trabajo cuyo cometido era presentar una propuesta de concentración en un solo órgano o entidad de la totalidad de las participaciones empresariales dependientes del Ministerio de Hacienda y Administraciones Públicas (ahora Ministerio de Hacienda). **4683.2**
El grupo de adscripción tiene efectos en la gestión de las empresas que lo integran, pues a la normativa aplicable a las **sociedades mercantiles estatales** se suma la interna, que rige las relaciones entre las empresas y sus accionistas y establece un régimen de supervisión, que se concreta en la preceptiva comunicación y, en su caso, autorización de determinados actos y operaciones por parte de diferentes órganos en función de un criterio de relevancia.

Las **Comunidades Autónomas** han constituido y participan en empresas que guardan relación con el ejercicio de sus competencias estatutarias en entornos más flexibles que el puramente administrativo, sometido al derecho administrativo. **4683.3**
Las entidades que integran la **Administración Local** -fundamentalmente la provincia, el municipio y la isla en los archipiélagos balear y canario (L 7/1985 art.3.1)- también pueden participar en sociedades de capital como medio para la gestión directa o indirecta de los servicios públicos de su competencia.
En la **gestión directa** el servicio se atiende por la propia entidad local, por un organismo autónomo local o por una sociedad mercantil, cuyo capital social pertenezca íntegramente a la entidad local (LBRL art.85).
La gestión **indirecta** puede instrumentarse por medio de la concesión, la gestión interesada, el concierto, el arrendamiento y la sociedad mercantil y cooperativas legalmente constituidas, cuyo capital social sólo parcialmente pertenezca a la entidad local.
La gestión de los servicios locales vía sociedades mercantiles se desarrolla por D 17-6-55 art.41 s. (Reglamento de servicios de las corporaciones locales).

Precisiones Hay empresas públicas, como **TRAGSA**, que cuentan con el Estado y con Comunidades Autónomas entre sus socios.

Características El legislador se ha preocupado de reestructurar el sector público empresarial del Estado, adaptándolo a las circunstancias de cada momento. **4684**
Además, ha perfilado un bloque normativo específico para la empresa pública estatal o sociedad mercantil estatal, que completa las disposiciones mercantiles aplicables a toda sociedad de capital.
La **regulación** especializada dirigida a este tipo de empresas se encuentra en:
- Ley de Patrimonio de las Administraciones Públicas (L 33/2003 Título VII).
- Ley de Régimen Jurídico del Sector Público (L 40/2015 Título II Capítulo V).

De la citada normativa se extraen las notas características de las **sociedades mercantiles estatales**. **4684.1**
1. La participación directa en el capital social por la **Administración General del Estado** o algunas de las entidades que integran el sector público institucional estatal, incluidas las sociedades mercantiles estatales, es superior al 50%.

Para la determinación del **porcentaje**, se suman las participaciones correspondientes a la Administración General del Estado y a todas las entidades integradas en el sector público institucional estatal, en el caso de que en el capital social participen varias de ellas.
Por ejemplo, si **SEPI** es titular de un 40% del capital de una sociedad y una entidad pública empresarial lo es de un 20%, correspondiendo el otro 40% a uno o varios accionistas privados, la **sociedad mercantil** es **estatal**.

4684.2 2. La sociedad mercantil se encuentra en el supuesto previsto en la LMV art.4 respecto de la **Administración General del Estado** o de sus organismos públicos vinculados o dependientes.

Precisiones **1)** En el mismo sentido, se pronuncia la L 40/2015 art.111.1.
2) La L 33/2003 art.166 ha quedado afectada por la redacción prevista en la L 40/2015 disp.final.6.1. A pesar de cambiar la forma de acotar las distintas entidades estatales potenciales tenedoras de acciones y eliminar la participación indirecta, el sustrato material no cambia.
3) La LMV art.4 se remite al CCom art.42 donde se asocia el concepto de **grupo** de empresas a cuando una sociedad ostenta o puede ostentar, directa o indirectamente, el control de otra u otras. Se presume que existe **control** cuando una sociedad -la sociedad dominante- se encuentre en relación con otra sociedad -la dependiente-, en alguna de las siguientes situaciones:
- Posee la mayoría de los derechos de voto.
- Tiene la facultad de nombrar o destituir a la mayoría de los miembros del órgano de administración.
- Puede disponer, en virtud de acuerdos celebrados con terceros, de la mayoría de los derechos de voto.
- Ha designado con sus votos a la mayoría de los miembros del órgano de administración, que desempeñen su cargo en el momento en que deban formularse las cuentas consolidadas y durante los dos ejercicios inmediatamente anteriores. En particular, se presume esta circunstancia cuando la mayoría de los miembros del órgano de administración de la sociedad dominada son miembros del órgano de administración o altos directivos de la sociedad dominante o de otra dominada por ésta.

Para el cómputo de los derechos de voto de la entidad dominante se añadirán los que posea a través de otras sociedades dependientes o a través de personas que actúen en su propio nombre, pero por cuenta de la entidad dominante o de otras dependientes o aquellos de los que disponga concertadamente con cualquier otra persona.

4684.3 3. En la denominación de las sociedades mercantiles que tengan la condición de estatales debe figurar necesariamente la indicación «sociedad mercantil estatal» o su abreviatura «**SME**» (L 40/2015 art.111.2).
4. Forman parte del **sector público institucional estatal** (L 40/2015 art.84.1.c).
5. Se rigen por el capítulo V del título II de la L 40/2015 y el título VII de la L 33/2003, y por el Derecho privado, salvo en las materias en que se aplica la normativa presupuestaria, contable, de personal, de control financiero y de contratación.

B. Alteraciones en la composición del sector público empresarial estatal

4685 El sector público empresarial es dinámico. Su perímetro está sujeto a continuos cambios, bien integrando nuevas empresas, bien desprendiéndose de ellas, total o parcialmente o de algunos de sus activos o unidades. El adelgazamiento del sector público es una tendencia consolidada en las últimas décadas. De hecho, en la historia reciente se han privatizado en España más de ciento veinte compañías que tenían participación pública estatal.
El acuerdo del Consejo de Ministros de 28-6-1996, por el que se establecen las **Bases del Programa de Modernización del Sector Público Empresarial** tiene gran importancia en este proceso **desinversor** ya que el Gobierno se fijó como meta profundizar en el proceso de privatizaciones, «*como un elemento complementario del objetivo general de política económica de liberalizar la economía española, requisito previo para corregir los desequilibrios económicos básicos de la misma, con atención especial a la creación de empleo. En efecto, la transferencia de activos empresariales al sector privado -con el consiguiente incremento del ámbito concurrencial de la economía- acompañada por correlativos procesos de desregulación y limitación de las intervenciones financieras públicas en el sector empresarial, contribuirá, sin duda, a incrementar la eficiencia global y la competitividad de la economía. Igualmente, tanto directamente a través del incremento de ingresos que el Tesoro experimentará como consecuencia de las enajenaciones planteadas, como indirectamente mediante la mejora de los programas de ingresos y gastos públicos que la nueva estructura del Sector Público estatal comportará, se contribuye, a través del proceso de privatizaciones, a reducir los desequilibrios fiscales, deuda pública y déficit público, que en estos momentos separan a España de los criterios de política económica de la Unión Europea*».

En ejecución de este acuerdo, salieron de la órbita pública alrededor de cincuenta empresas, entre las que se encuentran las principales compañías de sectores como electricidad, gas, petróleo, transporte aéreo, marítimo y por carretera, telecomunicaciones, aeronáutica, siderurgia, etc. **4685.1**
Tras ese periodo, las empresas de **SEPI** son fundamentalmente sociedades con objetivos de interés público o de carácter instrumental y algunas otras sometidas a planes de reconversión. Por ello, las privatizaciones han dejado de ser objetivo prioritario.

La alteración en la composición del sector público empresarial del **Estado** puede venir dada por operaciones *ad intra* o por negocios jurídicos en que interviene el mercado. En el primer caso, se producen cambios de titularidad de participaciones, que pasan de residenciarse en una entidad pública a depender de otra. En el segundo, el sector público incorpora empresas porque las crea o las adquiere o mengua por medio de desinversiones. **4685.2**
Las **Comunidades Autónomas** han aprobado en los últimos años leyes que persiguen disciplinar el sector público autonómico y, en concreto, el empresarial, previendo soluciones análogas a las adoptadas por el Estado ante los diferentes retos.

1. Reestructuración mediante operaciones internas

(L 33/2003 art.168)

La reestructuración se identifica con operaciones de **cambio de titularidad** y reordenación interna en el sector público estatal, incorporando participaciones accionariales de la Administración General del Estado a entidades de derecho público vinculadas a esa Administración o a sociedades mercantiles de capital totalmente estatal cuya finalidad sea gestionar las participaciones accionariales o de éstas a aquella o la incorporación a la repetida a Administración, de participaciones accionariales de organismos públicos, entidades de derecho público y sociedades mercantiles estatales cuyo capital pertenezca en su totalidad, directa o indirectamente, a la Administración General del Estado. **4686**

Requisitos El único requisito es la aprobación por el **Consejo de Ministros** del acuerdo correspondiente, previo informe de la Comisión Delegada del Gobierno para Asuntos Económicos, a propuesta del Ministro de Hacienda o de éste y del Ministro de adscripción o tutela, según los casos. **4687**

Efectos La aprobación por el Gobierno del acuerdo conlleva la **transmisión** del pleno dominio de las **acciones**; de hecho, la copia del acto administrativo es el título que acredita la nueva titularidad. **4688**
Esto tiene interés para demostrar *erga omnes* el dominio de cara al ejercicio de los derechos asociados a la condición de propietario de las participaciones y porque hace innecesaria la formalización de negocio jurídico alguno entre transmitente y adquirente en ejecución del acuerdo del Consejo de Ministros.
El ejercicio de la titularidad del Estado sobre las participaciones transmitidas y las competencias inherentes corresponden a la entidad u órgano que reciba tales participaciones.
Desde un punto de vista **contable**, las participaciones accionariales transmitidas se registran en la contabilidad del nuevo titular por el valor neto contable que tenían en el anterior titular a la fecha del acuerdo, sin perjuicio de las correcciones valorativas que procedan al final del ejercicio.

La propia naturaleza **unilateral** de este tipo de operaciones, ajenas en principio a la voluntad de las entidades transmitente y adquirente de las participaciones sociales y desde luego a la sociedad cuyo capital social cambia de manos, hace irrazonable que la reestructuración afecte negativamente a los sujetos situados en su perímetro. Por esta razón, el legislador ha consagrado el **principio de neutralidad**, que impide la puesta en marcha de mecanismos legales o contractuales ante los cambios de control o en la estructura del capital de una empresa pública. **4688.1**
Específicamente la neutralidad se proyecta sobre los siguientes **ámbitos**:
a) La legislación del mercado de valores y el régimen de **oferta pública de adquisición**, que quedan excluidos.
b) Derechos de **adquisición preferente** que estatutaria o contractualmente pudieran ostentar sobre dichas participaciones otros accionistas de las sociedades cuyas participaciones sean transferidas o, en su caso, terceros, que no podrán ser ejercitados (L 33/2003 art.168.3).

4688.2 c) Modificación o de resolución de las relaciones jurídicas que mantengan tales sociedades; es decir, no cabe que las entidades afectadas por la operación de reestructuración se vean amenazadas por el ejercicio de derechos por terceros dirigidos a modificar o resolver **contratos comerciales** o patrimoniales.
d) Exención de cualquier **tributo** estatal, incluidos tributos cedidos a las **Comunidades Autónomas** y recargos autonómicos sobre tributos estatales, o local, sin que en este último caso proceda la compensación a que se refiere el primer párrafo del RDLeg 2/2004 art.9.2.
e) Reducción en un 90% de los **aranceles** de los **notarios y registradores** de la propiedad y mercantiles que intervengan los actos derivados de la ejecución de estas operaciones.

Precisiones Un ejemplo de estas operaciones se contiene en el citado acuerdo del Consejo de Ministros de 16-3-2012, que, entre otras circunstancias, transmite la titularidad del capital de la **Sociedad Estatal Correos y Telégrafos, SA** a SEPI.

2. Adquisición de empresas

(L 33/2003 art.171 y 169; L 40/2015 art.114)

4689 La adquisición por la Administración de sociedades mercantiles está sujeta a su previa **autorización**, distinguiéndose al respecto entre diferentes supuestos:
1. La adquisición por la **Administración General del Estado** de títulos representativos del capital de sociedades mercantiles, sea por suscripción o compra, así como de futuros u opciones, cuyo activo subyacente esté constituido por acciones, se acuerda por el Ministro de Hacienda, previa autorización, en su caso, del Consejo de Ministros, en los supuestos que así lo establece la L 33/2003 u otras que resulten de aplicación, con informe previo de la Dirección General del Patrimonio del Estado.
2. La adquisición o suscripción de títulos representativos del capital de sociedades mercantiles por **organismos públicos** vinculados a la Administración General del Estado o dependientes de ella, se acuerda por sus directores o presidentes, previa autorización del Consejo de Ministros, cuando el precio supere los 10 millones de euros.

4689.1 **3.** La adquisición por otras entidades integrantes de la **administración institucional** del Estado de la totalidad del capital social de SA, requiere autorización del Consejo de Ministros (L 33/2003 art.169.g). En esta hipótesis encajan todas las adquisiciones que realizan empresas estatales en el marco de su plan estratégico para reforzar su proyecto empresarial.
4. La creación de una **sociedad mercantil estatal** o la adquisición de este carácter de forma sobrevenida ha de ser autorizada por acuerdo del Consejo de Ministros, que deberá ser acompañado de una **propuesta de estatutos y** de un **plan de actuación** que contendrá, al menos:
• Las **razones** que justifican la creación de la sociedad por no poder asumir esas funciones otra entidad ya existente, así como la inexistencia de duplicidades, dejándose constancia del análisis realizado sobre la existencia de órganos o entidades que desarrollan actividades análogas sobre el mismo territorio y población y las razones por las que la creación de la nueva sociedad no entraña duplicidad con entidades existentes.
• Un análisis que justifique que la **forma jurídica** propuesta resulta más eficiente frente a la creación de un organismo público u otras alternativas de organización que se hayan descartado.
• Los **objetivos** anuales y los indicadores para medirlos.
El control de eficacia se basa en el plan de actuación anual que forma parte del **Programa de Actuación Plurianual** elaborado por las sociedades estatales conforme a la L 47/2003 (L 40/2015 art.114).

4690 **Fijación del precio** El acuerdo de adquisición por compra establece los procedimientos para fijar el importe del precio según los métodos de valoración comúnmente aceptados.
Cuando los **títulos o valores** cuya adquisición se acuerda **cotizan** en algún mercado secundario organizado, el precio de adquisición será el correspondiente de mercado en el momento y fecha de la operación.
Por **excepción**, en el supuesto que los servicios técnicos designados por el Director General del Patrimonio del Estado o por el presidente o director del organismo público que efectúe la adquisición estimen que el volumen de negociación habitual de los títulos no garantiza la adecuada formación de un precio de mercado podrán proponer, motivadamente, otro método legalmente admisible.
Cuando la adquisición de títulos tenga por finalidad obtener la plena propiedad de **inmuebles** o de parte de los mismos por el Estado o sus organismos públicos la valoración de estas participaciones exige la realización de la tasación de los bienes inmuebles (L 33/2003 art.171).

Procedimiento El procedimiento de compra de empresas se resume en las siguientes **fases**: 4691
1. Acuerdo del órgano de administración de la sociedad compradora.
2. Autorización por su accionista cuando resulte exigible de acuerdo con las normas reguladoras de sus relaciones con sus participadas.
3. Informe en su caso de la Dirección General del Patrimonio del Estado.
4. Elevación de la propuesta a la Comisión Delegada del Gobierno para Asuntos Económicos por conducto del Ministro de Hacienda.
5. Aprobación definitiva por el Consejo de Ministros.

3. Constitución y disolución de sociedades

(L 33/2003 art.172)

La constitución y la disolución de sociedades mercantiles estatales son operaciones que pueden resultar necesarias o convenientes en el marco de una operación de transmisión de empresas. 4692
La **constitución** requiere el acuerdo de los órganos competentes para decidir sobre la adquisición de empresas y autorización del Consejo de Ministros (L 33/2003 art.169.f, 171 y 172).
La **disolución** de sociedades por la Administración General del Estado, o sus organismos públicos, exige idénticos acuerdos y autorización cuando derive de acuerdo de junta general, de la conclusión de la empresa que constituya su objeto, de la imposibilidad manifiesta de realizar el fin social o de la paralización de los órganos sociales de modo que resulte imposible su funcionamiento, así como por cualquier otra causa establecida en los estatutos.
El órgano competente para acordar la constitución o disolución puede autorizar la **aportación** de bienes o derechos patrimoniales **o** determinar **el destino** del haber social de la sociedad cuya disolución se acuerde.

Precisiones Con la finalidad de coordinar la preceptiva obtención de las autorizaciones y aprobaciones oportunas con la eventual responsabilidad derivada de la frustración de la operación por la ausencia de aquéllas, es muy relevante que la parte compradora manifieste desde el primer momento al vendedor a través de la **carta de intenciones**, e incluso del acuerdo de confidencialidad que marca el inicio de las negociaciones, que todo el procedimiento está supeditado a la obtención de las preceptivas autorizaciones y que el vendedor exonera de responsabilidad al comprador si no llega a formalizarse la compraventa, o ésta no surte efectos por ausencia de alguna de ellas. 4692.1
Coherentemente con lo anterior, el **contrato de compraventa** normalmente no se formaliza hasta que el Consejo de Ministros autoriza la compra. No obstante, en ocasiones sí se lleva a efecto, aunque sometiéndolo a la condición suspensiva consistente en el otorgamiento de las autorizaciones y aprobaciones preceptivas, previendo adicionalmente la ausencia de responsabilidad del comprador si alguna de ellas faltara.

4. Privatización de empresas

El Acuerdo del Consejo de Ministros de 28-6-1996 define en su apartado quinto las privatizaciones como la transferencia total o parcial de la **propiedad** de empresas, participaciones en el capital de sociedades, acciones, activos o unidades de negocio y, en todo caso, cuando la misma suponga para el sector público estatal la pérdida de influencia decisiva en la empresa de que se trata. 4693
En sentido análogo, la Ley General Presupuestaria (L 47/2003 art.175), se refiere a las operaciones de transmisión de la propiedad de sociedades mercantiles estatales, participaciones, acciones o unidades o ramas de negocio, cuando representen una **participación significativa** en el patrimonio de la sociedad, y en todo caso, cuando comporten la pérdida del control político de aquéllas.
En este apartado nos ceñiremos a la privatización de empresas, esto es, a la enajenación por cualquier título o procedimiento de la totalidad o de parte de la participación del sector público estatal en el capital social de una empresa.
Con el objetivo de instituir mecanismos adecuados de salvaguarda de los intereses generales en las **desinversiones**, tanto la L 33/2003 como el acuerdo del Consejo de Ministros de 28-6-1996, disciplinan el procedimiento a seguir, sus principios rectores, los órganos intervinientes y los controles preceptivos.

4694 **Autorización** La enajenación por la **Administración General del Estado** de títulos representativos del capital de sociedades mercantiles se acuerda por el Ministro de Hacienda, previa autorización, en su caso, del Consejo de Ministros en los supuestos a que se refiere la L 33/2003 art.169 (L 33/2003 art.174.1).

Respecto de los títulos que sean propiedad de los **organismos públicos** vinculados a la Administración General del Estado o dependientes de ella, son competentes para acordar su enajenación sus directores o presidentes, previa autorización del Consejo de Ministros cuando el importe de la transacción o las operaciones de saneamiento que conlleve superen los 10 millones de euros o que den entrada a un socio ajeno al Estado o que impliquen la pérdida del control por parte de la Administración General del Estado (L 33/2003 art.174.2).

4694.1 La Ley de Creación de determinadas Entidades de Derecho Público (L 5/1996) establece **reglas específicas** para las operaciones de adquisición o venta de acciones o participaciones de que **SEPI** sea titular en el capital social de sus empresas participadas (L 5/1996 art.12.5). En particular, exige acuerdo del Consejo de Ministros, a propuesta del Ministerio de Hacienda y Administraciones Públicas (actual Ministerio de Hacienda), previo informe de la Comisión Delegada del Gobierno para Asuntos Económicos cuando:
- la operación exceda de 6.010.210 euros;
- se produzca la adquisición y enajenación de acciones, derechos de suscripción preferente u otros valores que incorporen un derecho de participación en el capital de sociedades cuyas acciones se negocien en Bolsas de valores;
- tratándose de sociedades no participadas previamente, SEPI y sus entidades participadas adquieran, dentro de los doce meses siguientes a la primera compra, participaciones representativas de más de un 10% del capital de la compañía; y
- los actos de adquisición y pérdida de la participación mayoritaria de SEPI en sociedades participadas directa o indirectamente por ella.

4694.2 También están sujetos a ese régimen los actos que impliquen la adquisición o venta por parte de SEPI de un 10% o más del capital de una empresa y deben ser comunicados a las Comisiones correspondientes del Congreso de los Diputados y del Senado (L 5/1996 art.12.5.d).

El principio de **prevalencia de ley especial** sobre ley general cuando se produce un conflicto de disposiciones determina que en aquellos casos en que la L 5/1996 recoja requisitos o trámites incompatibles con la L 33/2003, el régimen aplicable es el de la primera.

4695 **Agentes Gestores del Proceso de Privatizaciones** El Consejo de Ministros regula los agentes gestores del proceso de privatizaciones, que están llamados a jugar un papel nuclear en todo el proceso de venta de una empresa pública.

Aunque el Gobierno designó en dicho acuerdo agente gestor a SEPI, a la Sociedad Estatal de Participaciones Patrimoniales y a la Agencia Industrial del Estado, la desaparición de estas dos últimas entidades determina que el único agente gestor sea **SEPI**.

Cuando la privatización afecta una empresa participada directa o indirectamente por SEPI, ésta asume las funciones de agente gestor del proceso.

4695.1 En los demás casos, por aplicación de la L 33/2003 art.175.2, cabe que estas funciones las asuma la **Administración General del Estado** o sus organismos públicos, que previamente se aporte o transmita la participación a una sociedad mercantil estatal o entidad pública empresarial cuyo objeto social comprenda la tenencia, administración, adquisición y enajenación de acciones y participaciones en entidades mercantiles, o que se celebre un convenio de gestión por el que se concreten los términos en los que la **sociedad estatal** con objeto social idóneo pueda proceder a la venta de valores por cuenta de la Administración General del Estado o de organismos públicos.

Precisiones **1)** En la **privatización** parcial de **AENA**, llevada a cabo en el año 2015, el Ministerio de Fomento desarrolló las funciones de agente gestor.

2) En la privatización de **CESCE**, cuyo inicio fue autorizado por acuerdo del Consejo de Ministros de 14-9-2012, la Dirección General de Patrimonio del Estado, titular de las participaciones sociales, y SEPI, celebraron un convenio en virtud del cual ésta actuaría en su condición de agente gestor por cuenta de la primera durante todo el proceso de privatización.

4695.2 Las **funciones** concretas de los agentes gestores son formular, tras los análisis, estudios y diseños operativos necesarios en cada supuesto, las propuestas concretas de privatización, respetando los principios rectores de todo proceso de estas características y las directrices o planes emanados del Gobierno o de la Comisión Delegada del Gobierno para Asuntos Económicos.

El **contenido** de la **propuesta** es el siguiente:
- procedimiento de privatización que se considere adecuado;

- eventual concesión de incentivos a determinados grupos sociales o categorías de inversores;
- descuentos sobre el precio de referencia, aplazamientos en el pago de las acciones;
- entrega de acciones ligada a la fidelidad en la tenencia;
- cobertura del riesgo de descenso de la cotización;
- garantía de una determinada revalorización u otros de análoga naturaleza;
- reserva de determinados porcentajes para empleados u otros grupos o colectivos especialmente vinculados con la sociedad privatizada;
- tratamiento diferencial a inversores institucionales en casos especiales;
- posible venta, por razones debidamente justificadas, de parte o toda una operación entre accionistas que asuman compromisos preestablecidos de permanencia y de garantía de la gestión de la compañía;
- autorización al agente gestor a realizar operaciones de cobertura del riesgo asumido en la concesión de incentivos.

Los **principios** que rigen la actuación del **agente gestor** son los siguientes: **4695.3**
- Publicidad, transparencia y concurrencia.
- Eficiencia y economía.
- Separación de la propiedad y la gestión de las empresas.
- Corrección de los desequilibrios presupuestarios.
- Salvaguardia y defensa de los intereses económicos generales y de los intereses patrimoniales del Estado.
- Protección de los intereses de accionistas y terceros.
- Continuidad del proyecto empresarial de las empresas privatizadas.
- Aumento de la competencia.
- Extensión de los mercados de capitales y ampliación de la base accionarial de las empresas.
- Sometimiento a control de todas las operaciones.
- Vocación de globalidad y, en las empresas sujetas a actuaciones de reestructuración o reconversión, tendencia a disminuir su dependencia estructural de las ayudas públicas.
- Combinación de la maximización de ingresos para el Estado y las circunstancias económicas y sociales relevantes en cada caso.

Modalidades La enajenación de valores representativos del capital de sociedades mercantiles que sean titularidad de la Administración General del Estado o de sus organismos públicos se puede realizar dentro o fuera de mercados secundarios organizados. **4696**

En mercado secundario La privatización que se produce en mercados secundarios organizados puede tener lugar por medio de ofertas públicas de venta de acciones (**OPV**) **o** de ofertas públicas de adquisición (**OPA**) aceptadas por el Estado en relación a la parte que ostente del capital social de una empresa cotizada. **4696.1**
La L 33/2003 art.175.3 prevé expresamente la posibilidad de que la enajenación de títulos o valores que coticen en mercados secundarios organizados y que no representen una auténtica inversión patrimonial ni una participación relevante en el capital de la sociedad anónima, se encargue a un intermediario financiero legalmente autorizado.

Precisiones Mediante **OPV** se han privatizado total o parcialmente Gas Natural, Telefónica, Aldeasa, Tabacalera, Endesa, Repsol, Argentaria o Red Eléctrica de España.

Al margen del mercado secundario Si la venta se verifica al margen de la Bolsa, nos hallamos ante una **venta industrial**. **4696.2**
Los procedimientos generales para este tipo de enajenación son el **concurso** o la **subasta**, si bien cabe la **venta directa** en los siguientes supuestos:
- Existen limitaciones estatutarias a la libre transmisibilidad de las acciones o existen derechos de adquisición preferente.
- El adquirente es cualquier persona jurídica de Derecho público o privado perteneciente al sector público.
- La subasta es declarada desierta o resulta fallida como consecuencia del incumplimiento de sus obligaciones por parte del adjudicatario. En este caso la venta directa debe efectuarse en el plazo de un año desde la celebración de la subasta, y sus condiciones no pueden diferir de las publicitadas para la subasta o de aquéllas en que se hubiese producido la adjudicación.
- La venta se realiza a favor de la propia sociedad en los casos y con las condiciones y requisitos establecidos en la LSC art.134, o a favor de otro u otros partícipes en la sociedad. En este último caso, los títulos deben ser ofrecidos a la sociedad, que ha de distribuirlos entre los partícipes interesados en la adquisición, en la parte proporcional que les corresponda de acuerdo con su participación en el capital social.

4696.3 **Fórmulas mixtas** En algunos procesos privatizadores se han empleado fórmulas mixtas, como la **venta a** un **socio industrial** de una o varias partes del capital social en una o varias fases **y** la salida a Bolsa a través de una **OPV**.
Se ha acudido a estos esquemas en los casos siguientes:
• Aceralia (47,1% para socios industriales, 52,8% en OPV).
• Ence (25% + 1 acción para socios industriales, 26% + 1 acción en OPV institucional).
• Iberia (40%, socios industriales e institucionales, 54% en OPV).
• Indra (previa reordenación estructura accionarial y OPV del 66,09%).
• CASA (Acuerdo de integración de negocios con creación de EADS y simultánea OPV de este consorcio).
La venta de los títulos se realiza mediante cualesquiera negocios jurídicos en los términos ordinarios del tráfico privado.
En las compraventas no sujetas a la normativa el mercado de valores, el **pago** del **precio** es al contado, aunque se admite el pago aplazado cuando concurran garantías suficientes.

4697 **Fijación del precio** En toda operación de privatización de una empresa, sus participaciones o sus activos, se solicita informe o **informes externos** que indiquen la valoración estimada de aquéllas, el método o métodos seguidos para obtenerla, así como, en su caso, las variables determinantes. Los métodos de valoración son los comúnmente aceptados.
a) Cuando los títulos o valores cotizan en algún **mercado secundario organizado**, el precio de enajenación es el correspondiente al valor que establezca el mercado en el momento y fecha de la operación, salvo que los servicios técnicos designados por el Director General del Patrimonio del Estado o por el presidente o director del organismo público que efectúe la enajenación estimen que el volumen de negociación habitual de los títulos no garantiza la adecuada formación de un precio de mercado. En este caso, puede proponer, razonadamente, la enajenación y determinación del precio de los mismos por otro método legalmente admisible de adquisición o valoración.

4697.1 **b)** Cuando los títulos y valores que se pretende enajenar **no cotizan** en mercados secundarios organizados o en el supuesto mencionado anteriormente, el órgano competente para la autorización de la enajenación determina el procedimiento de venta.
El precio de la enajenación se fija por el órgano competente para autorizar la operación y su **cuantía** no puede ser inferior al importe que resulte de la valoración efectuada por la Dirección General del Patrimonio del Estado o al que resulte del procedimiento establecido por los estatutos de la sociedad para la valoración de los títulos.

4698 **Control de las privatizaciones** (Acuerdo del Consejo de Ministros de 28-6-1996; L 47/2003 art.175; L 15/2007 art.55 s.) El Consejo de Ministros perfila un sistema de control de las privatizaciones que se realiza en momentos diferentes por órganos distintos.
Por un lado, se instituye un control previo a la autorización del Consejo de Ministros y que se atribuye al Consejo Consultivo de Privatizaciones y, por otro, un control posterior a la autorización, que corre a cargo de la Intervención General de la Administración del Estado, sin perjuicio de la función fiscalizadora del Tribunal de Cuentas.

4698.1 **Previo** El control *ex ante* se realiza por el **Consejo Consultivo de Privatizaciones**, que es un órgano de naturaleza y funciones consultivas que elabora dos tipos de **informes**:
a) La primera categoría de informes versa sobre todas las **operaciones concretas** de privatización al objeto de que dictamine si el proceso de privatización y la propuesta concreta de venta se acomodan a los principios de publicidad, transparencia y libre concurrencia.
Estos informes son preceptivos, como ha reconocido la jurisprudencia del Tribunal Supremo con ocasión de los recursos contencioso administrativos interpuestos frente a acuerdos del Consejo de Ministros relativos a procesos de privatización, y se realizan con anterioridad a que el Consejo de Ministros adopte la decisión final sobre cada una de las operaciones de privatización. Además, son públicos.

4698.2 **b)** La segunda categoría se identifica con cuantas cuestiones sean planteadas por el Gobierno, la Comisión Delegada del Gobierno para Asuntos Económicos o el agente gestor **durante el proceso**.
Estos informes se evacúan a iniciativa del organismo que los solicita y pueden revestir diferentes formas. En este sentido, el Consejo Consultivo de Privatizaciones ha resuelto numerosas consultas planteadas por los agentes gestores con carácter previo a la decisión de privatización y adjudicación de la empresa, por el Gobierno y por la Comisión Delegada del Gobierno para Asuntos Económicos.
Ambos tipos de informes **no** son **vinculantes** ni para el Gobierno ni para los demás sujetos potencialmente autores de las peticiones.

Posterior El control *ex post* se realiza por la **Intervención General de la Administración del Estado** y por el Tribunal de Cuentas. 4698.3
La L 47/2003 residencia en la Intervención General de la Administración del Estado la **auditoría** de cada privatización en el sentido definido. Esta auditoría se efectúa sobre la cuenta del resultado económico y contable y la memoria explicativa de los aspectos de la operación.
Dentro de los tres meses siguientes al cierre de cada operación, la Intervención General de la Administración del Estado eleva al Ministro de Hacienda y Administraciones Públicas -actual Ministerio de Hacienda- un informe de auditoría sobre el desarrollo de la operación. El Ministro da traslado de dicho informe al Consejo Consultivo de Privatizaciones.

Con carácter previo a la emisión del informe definitivo, la Intervención General de la Administración del Estado remite **borrador** para alegaciones al agente gestor. 4698.4
Esta auditoría específica se enmarca en el control interno de la gestión económica y financiera del sector público estatal y es complementaria a las tareas que realiza el **Tribunal de Cuentas** en su condición de supremo órgano fiscalizador de las cuentas y de la gestión económica del Estado y del sector público, al que corresponde el control externo del sector público estatal.
El sistema descrito se completa con el control político que sobre las privatizaciones ejercen las **Cortes Generales** y con el control de las concentraciones económicas que realiza la **Comisión Nacional de los Mercados y de la Competencia** (CNMC).

Procedimiento de privatización (Acuerdo del Consejo de Ministros de 28-6-1996) El procedimiento de enajenación de empresas, participaciones, acciones o unidades o ramas de negocio atraviesa las siguientes **fases**: 4699
1. Acuerdo del órgano de administración de la sociedad vendedora cuando la privatización afecta a una participada indirecta de **SEPI**, donde se acuerda el inicio del proceso y se encomienda y apodera expresamente a SEPI como agente gestor para que realice el proceso y adjudicación de la empresa en nombre de la propietaria. En el caso de participadas directas, la empresa afectada no formula declaración de voluntad alguna, sino que el consejo de administración de SEPI aprueba el inicio de la privatización con la propuesta de selección de asesores independientes.
2. El **agente gestor** de la privatización formula, tras los análisis, estudios y diseños operativos necesarios en cada supuesto, la propuesta concreta de privatización con el contenido mínimo descrito en el apartado octavo del acuerdo del Consejo de Ministros de 28-6-1996. En este momento se aprueba por el Consejo de Administración de SEPI la adjudicación a la mejor oferta de la participación privatizada.

3. Formalización del **contrato** privado de compraventa sujeto a la condición suspensiva de la autorización del Consejo de Ministros. 4699.1
4. Evacuación por el **Consejo Consultivo de Privatizaciones** de informe acerca de la propuesta del agente gestor.
5. Elevación de la propuesta y del **informe** al Ministerio competente.
6. Sometimiento de la propuesta y del informe a la Comisión Delegada del Gobierno para Asuntos Económicos para su posterior aprobación definitiva por el **Consejo de Ministros**.
7. **Elevación a público** del contrato privado de compraventa.
En el caso de **OPV** la autorización por parte del Consejo de Ministros de la propuesta de privatización no comprende la fijación de los precios y las condiciones finales de la oferta. Al término del procedimiento de salida a Bolsa, el Consejo de Administración de SEPI fija los precios y la distribución final de los diferentes tramos de la operación con los límites establecidos en el Consejo de Ministros.

PARTE V

Condiciones para la ejecución de la operación. El «signing» y el «closing»

Capítulo 20. Condiciones a la ejecución 4710 **4700**
Capítulo 21. Notificación a las autoridades de competencia. Control de concentraciones 4850
Capítulo 22. Período interino 5300
Capítulo 23. Cierre 5400

CAPÍTULO 20

Condiciones a la ejecución

A.	Concepto	4715
B.	Tipos de condiciones	4725
C.	Condición resolutoria	4750
D.	Condición suspensiva	4760
E.	Efectos	4770
4710

Gran parte de las operaciones de compraventa de acciones/participaciones sociales o activos se articulan de manera que la perfección del contrato (**firma o «signing»**) y la consumación de la compraventa (**cierre o «closing»**) tienen lugar en virtud de dos actos jurídicamente **independientes y separados** en el tiempo. 4711

En este sentido cabe recordar que, para la válida **adquisición de la propiedad** de las acciones/participaciones sociales o activos, han de concurrir dos actos jurídicos independientes: el «**título**» y el «**modo**» (CC art.609).

El «**signing**», término anglosajón cuya traducción en español sería equivalente a «firma», hace referencia al momento en el que se produce la firma y formalización del contrato de adquisición (el «**título**»), acto en virtud del cual comprador y vendedor convienen en adquirir y transmitir, respectivamente, las acciones/participaciones sociales o activos y otorgan su consentimiento sobre los términos y condiciones previstos en el mismo (**acuerdo de voluntades**), produciéndose por tanto: 4712

- la **perfección** y nacimiento de dicho contrato (CC art.1.254);
- la **vinculación** de las partes a sus términos y condiciones; y
- el despliegue de sus **efectos** (con las salvedades que, en el marco de las condiciones suspensivas y condiciones resolutorias, analizaremos más adelante).

El «**closing**», término anglosajón cuya traducción en español sería equivalente a «cierre», hace referencia al momento en el que se ejecuta el contrato de compraventa, momento en el que se produce la consumación de la compraventa mediante la entrega (tradición/traditio) al comprador de las acciones/participaciones sociales o activos (el «**modo**») y el pago del precio o parte del mismo al vendedor. 4713

Esta **disgregación** entre la **perfección y eficacia del contrato** radica en la necesidad de que, con carácter previo a la consumación de la compraventa, se cumplan determinados hitos, ya sean por imperativo legal o voluntariamente previstos por las partes (**condiciones suspensivas**). A su vez, es posible que, en determinados contratos de compraventa, las partes puedan pretender recuperar el objeto transmitido o el precio abonado por el mismo en caso de que determinadas circunstancias previstas en el contrato de compraventa y consideradas a la hora de tomar la decisión de vender o comprar, se cumplan o no se cumplan (**condiciones resolutorias**). 4714

El objeto de la presente sección es describir las distintas condiciones que habitualmente suelen establecerse en los contratos de compraventa de acciones/participaciones sociales o activos, principalmente para condicionar la eficacia del contrato (condiciones suspensivas), o bien resolver el mismo (condiciones resolutorias).

A. Concepto

El término «condición» tiene distintas voces en el Diccionario de la Real Academia de la Lengua Española (23ª Edición -2014-), siendo la acepción en el ámbito profesional del derecho «**acontecimiento futuro e incierto** del que por determinación legal o convencional depende la eficacia inicial o la resolución posterior de ciertos actos jurídicos». 4715

Marco jurídico (CC art.1088 a 1230 y 1445 a 1537) El marco jurídico aplicable a las condiciones para la ejecución de los contratos de compraventa de empresa viene establecido en el Código Civil y normas especiales. Las «obligaciones», según establece el Código Civil: 4716

- pueden **consistir en** «dar, hacer o no hacer alguna cosa» (CC art.1088); y
- pueden **nacer** «de la ley, de los contratos y cuasi contratos, y de los actos y omisiones ilícitos o en que intervenga cualquier género de culpa o negligencia» (CC art.1089).

A su vez, el principio de **libertad de pacto**, previsto en el Código Civil, prevé expresamente que los contratantes pueden establecer los pactos, cláusulas y condiciones que tengan por conveniente, siempre que no sean contrarios a las leyes, a la moral, ni al orden público (CC art.1255).
En este sentido, las obligaciones derivadas de, o relacionadas con, los citados **contratos de compraventa de empresa** vienen establecidas:
• en el propio Código Civil (p.e., saneamiento, evicción, pago del precio, etc.);
• en normas especiales (p.e., L 15/2007 de Defensa de la Competencia; L 20/2015 de ordenación, supervisión y solvencia de las entidades aseguradoras y reaseguradoras, etc.); y
• pueden completarse por los **acuerdos** que las partes libremente alcancen.

4717 Precisiones Las obligaciones derivadas de los contratos de compraventa de empresas son principalmente **obligaciones de dar** (pago del precio y entrega de la empresa -participaciones, acciones o activos-) (*vid.* CC art.1445, según el cual «por el contrato de compra y venta uno de los contratantes se obliga a entregar una cosa determinada y el otro a pagar por ella un precio cierto, en dinero o signo que lo represente»).
No obstante lo anterior, adicionalmente, las partes puedan acordar determinadas **obligaciones de hacer** (p.e., prestación de servicios accesorios y adicionales a la compraventa) **o no hacer** (p.e., prohibición de competencia).

4718 El Código Civil distingue, entre otras, entre **obligaciones puras y obligaciones condicionales** (Sección Primera del Capítulo III del Título Primero del Libro Cuarto del Código Civil), siendo la regulación de las obligaciones condicionales la base sobre la que se construye el régimen de las condiciones para la ejecución de los contratos de compraventa.
En este sentido, el Código Civil anuncia el concepto de **obligaciones puras** estableciendo lo siguiente: «Será exigible desde luego toda obligación cuyo cumplimiento no dependa de un suceso futuro o incierto, o de un suceso pasado, que los interesados ignoren. También será exigible toda obligación que contenga condición resolutoria, sin perjuicio de los efectos de la resolución» (CC art.1113).
Y sigue, distinguiendo los efectos de las **obligaciones condicionales** (entre las que se encuentran las **condiciones suspensivas** y las **condiciones resolutorias**): «En las obligaciones condicionales, la adquisición de los derechos, así como la resolución o pérdida de los ya adquiridos, dependerá del acontecimiento que constituya la condición» (CC art.1114).
Los artículos siguientes que conforman la Sección Primera («De las obligaciones puras y de las condicionales») del Capítulo III («De las diversas especies de obligaciones») del Título Primero («De las obligaciones») del Libro Cuarto («De las obligaciones y contratos») del Código Civil, establecen el régimen y los efectos derivados del establecimiento de dichas condiciones en las obligaciones contractuales.
Deben diferenciarse las obligaciones condicionales sujetas al acaecimiento de un evento incierto en un plazo determinado o determinable, de las **obligaciones a plazo o término** dado que, en estas últimas, no existe elemento de incertidumbre alguno, siendo obligaciones puras (esto es, no condicionadas a acontecimientos inciertos) cuya efectividad se ha sujetado a un momento futuro posterior. En este sentido, el Código Civil establece que: «Las obligaciones para cuyo cumplimiento se haya señalado un **día cierto**, solo serán exigibles cuando el día llegue. Entiéndase por día cierto aquel que necesariamente ha de venir, aunque se ignore cuándo. Si la incertidumbre consiste en **si ha de llegar o no el día**, la obligación es **condicional**, y se regirá por las reglas de la sección precedente» (CC art.1125).

Precisiones Son **obligaciones puras** las «contraídas simplemente, sin circunstancia alguna que modifique sus efectos, o cuya eficacia no está afectada por condición ni término; es aquella que es exigible en el momento mismo en que se perfecciona» (Código Civil Comentado y con Jurisprudencia, Xavier O'Callaghan, La Ley, Quinta Edición).
Por el contrario, son **obligaciones condicionales** «aquellas cuya eficacia depende de la realización de una condición; esta es de hecho futuro y objetivamente incierto del que depende la eficacia de la obligación» (Diccionario de Derecho, Luis Ribó Durán, Bosch, Segunda Edición).

4719 Como se ha expuesto, los contratos de compraventa son contratos consensuales que se perfeccionan con el consentimiento de las partes. En este sentido, la existencia de condiciones a la eficacia de las obligaciones asumidas en el contrato es una **excepción al principio general**, que no puede presumirse, sino que debe quedar claramente establecido por las partes.
En este sentido se ha pronunciado el Tribunal Supremo al entender que «la existencia de la condición no se presume (TS 5-12-1923), ya que la obligación condicional es la excepción y solamente puede deducirse cuando claramente el ánimo de los contratantes fue hacer depender los efectos del contrato de un acontecimiento futuro e incierto (TS 21-4-87, EDJ 3138) pues -repetimos- la **condición no se presume** y ha de probarse que la obligación se subordina a un suceso futuro e incierto (TS 27-4-83, EDJ 2479), sin perjuicio de las acciones que puedan surgir por hechos posteriores» (TS 16-6-95, EDJ 2613).

Y en el mismo sentido «aunque no es imprescindible para su apreciación el empleo en el contrato de la palabra condición, siendo como es posible que del contenido contractual se deduzca de forma clara y contundente, a través de la actividad hermenéutica, la intención de los contratantes de hacer depender el negocio de un acontecimiento futuro e incierto (TS 20-6-96, EDJ 3557), es jurisprudencia constante y reiterada que, por presentarse la obligación condicional como excepción, la existencia de la condición no se presume, requiriendo una **prueba efectiva y concluyente** de la subordinación de sus efectos al hecho que la constituye (TS 7-11-73, EDJ 407; 27-4-83, EDJ 2479; 21-4-87; 16-6-95, EDJ 2613; 1-7-97); subordinación condicional que, como cualquier otro elemento del contrato, ha de proceder de la común voluntad de los contratantes o ser compartida por todos ellos» (TS 1-12-11, EDJ 340652).

B. Tipos de condiciones

4725 Existen distintas formas de clasificar las condiciones. A continuación, exponemos las principales categorías, en atención a:
- los **efectos** de la condición;
- las **características** del hecho condicional (nº 4730); y
- la **naturaleza** del hecho condicional (nº 4736).

Por otro lado, existen **condiciones nulas** per se: las imposibles, las prohibidas o ilícitas y las inmorales (nº 4740 s.).

4726 **En atención a los efectos de la condición** (CC art.1113 y 1114) Dependiendo de los efectos de la condición, pueden diferenciarse las condiciones:
- suspensivas;
- resolutorias (nº 4728); y
- modificativas (nº 4729).

4727 **Condiciones suspensivas** Las condiciones suspensivas son un tipo de obligación condicional cuyos efectos (p.e., obligación de comprar y de vender) quedan en suspenso hasta el cumplimiento (o renuncia, en su caso) de la condición (la cual es futura, incierta y cuyo cumplimiento no puede depender de la voluntad exclusiva de una de las partes -CC art.1115-). Es decir, en los contratos de compraventa de empresa sujetos a condición suspensiva, las partes están vinculadas desde que concurre el consentimiento de ambas que dan lugar a la **perfección** del contrato, si bien la **obligación** en cuestión no es **exigible** sino desde que desaparece la incertidumbre en que consiste la condición. Para más detalle, ver nº 4760 s.

Precisiones Son condiciones suspensivas aquellas «condiciones de hecho, de cuyo **cumplimiento depende** que el vínculo obligacional sea jurídicamente eficaz, y por tanto, pueda el acreedor exigir al deudor la prestación debida» (Diccionario de Derecho, Luis Ribó Durán, Bosch, Segunda Edición).

4728 **Condiciones resolutorias** Son aquellas «que tienen por objeto **resolver la obligación**». Esto es, el establecimiento de una condición resolutoria no afecta al nacimiento de la obligación, que se constituye y despliega sus efectos como si se tratase de una obligación pura (esto es, no condicional) desde el momento de la perfección y consumación de la compraventa, pero **una vez cumplida la condición resolutoria**, las partes del contrato deberán restituirse lo que hubiesen percibido. En este sentido, el Código Civil establece que «Cuando las condiciones tengan por objeto resolver la **obligación de dar**, los interesados, cumplidas aquellas, deberán restituirse lo que hubiesen percibido. (...)» (CC art.1123). Para mayor detalle, ver nº 4750 s.

Precisiones Existen casos en los que nuestros tribunales, debido a la redacción del clausulado de determinados contratos, se han visto obligados a **interpretar** si los hechos condicionales acordados por las partes se introdujeron como condición suspensiva o como condición resolutoria. En tales supuestos, de acuerdo con la jurisprudencia, en caso de no quedar claramente identificado en el contrato cuál fue el efecto que las partes quisieron dar al hecho condicional, debe interpretarse el contenido del contrato y las circunstancias en las que las partes alcanzaron el acuerdo, así como las actuaciones realizadas por las partes con posterioridad a la firma del contrato (entre otras, TS 16-6-97, EDJ 5420; AP Baleares 16-6-00, EDJ 63753; AP Segovia 25-11-96, EDJ 11032).

4729 **Condiciones modificativas** Una tercera categoría de condición, atendiendo a los efectos, serían las condiciones modificativas, esto es, aquellas que modifican la eficacia de la obligación subyacente, sin suspenderla ni revocarla, por ejemplo, derivando en un incremento en el precio o en la obligación de realizar ciertas actuaciones adicionales.

En tales supuestos, el negocio jurídico condicionado ni queda suspendido ni resuelto en virtud de la condición, sino que, en estos supuestos, del hecho condicional depende el **contenido concreto del negocio** jurídico, que se plantea como variable, quedando determinado una vez cumplida la condición.

4730 **En atención a las características del hecho condicional** Dependiendo del hecho condicional, pueden diferenciarse las:
- condiciones **positivas y negativas**;
- condiciones **a plazo** (nº 4732).

4731 **Condiciones positivas y negativas** Pueden diferenciarse también las **condiciones positivas**, esto es, aquellas «cuya producción consistirá en un hecho que modifique la situación actual» de las **condiciones negativas**, «aquellas cuya producción consistirá en que falte determinado suceso y, por tanto, que el estado actual de las cosas no cambie» (Diccionario de Derecho, Luis Ribó Durán, Bosch, Segunda Edición).
En cualquier caso, calificar una condición como positiva o negativa dependerá del lenguaje gramatical utilizado, dado que un mismo hecho o suceso puede expresarse de ambas formas.

4732 **Condiciones a plazo** (CC art.1117, 1118 y 1119) Otra clasificación posible es aquella que, distinguiendo las condiciones en función de las características del hecho condicional, diferencia:
- aquellas que dependen solo del **transcurso del tiempo**;
- de las que dependen solo de la **producción de un evento**; y
- las que dependen de **ambas** consideraciones.
De acuerdo con lo establecido por la DGRN (actual Dirección General de Seguridad Jurídica y Fe Pública -DGSJFP-) «existen tres tipos de obligaciones condicionales: las que dependen solo del transcurso del tiempo; las que dependen solo de la producción de un evento; y las que dependen de ambas consideraciones. La de producción de un evento puede no estar sujeta a plazo, siempre que fuera aplicado el segundo párrafo del artículo 1118 del Código Civil, pero está admitida en nuestro derecho» (DGRN Resol 15-2-02).

4733 El Código Civil establece que «La condición de que **ocurra algún suceso** en un tiempo determinado extinguirá la obligación desde que pasare el tiempo o fuere ya indudable que el acontecimiento no tendrá lugar» (CC art.1117).
Sigue estableciendo que «La condición de que **no acontezca algún suceso** en tiempo determinado hace eficaz la obligación desde que pasó el tiempo señalado o sea ya evidente que el acontecimiento no puede ocurrir. Si no hubiere tiempo fijado, la condición deberá reputarse cumplida en el que verosímilmente se hubiese querido señalar, atendida la naturaleza de la obligación» (CC art.1118).
Y, por último, establece que «Se tendrá por cumplida la condición cuando el **obligado impidiese** voluntariamente su cumplimiento» (CC art.1119).
Estos preceptos del Código Civil hacen referencia a las **obligaciones condicionales mixtas**, esto es, obligaciones dependientes de que se produzca un evento en un plazo determinado o determinable.
Deben diferenciarse:
- las obligaciones condicionales sujetas al acaecimiento de un evento (incierto) en un plazo determinado o determinable (p.e. las **obligaciones condicionales mixtas**);
- de las **obligaciones puras sujetas a término** dado que, en estas últimas, no existe elemento de incertidumbre alguno, siendo obligaciones puras (esto es, no condicionadas a acontecimientos inciertos) cuya efectividad se ha sujetado a un momento futuro posterior.

Precisiones **1)** «(L)as obligaciones y los negocios jurídicos sometidos a condición no tienen efectos y consecuencias jurídicas hasta tanto no se produce el evento, de modo que está **en suspenso el nacimiento de los derechos y las obligaciones**, de suerte que, acaecido el mismo, se cumple la condición y se producen inmediatamente las consecuencias jurídicas derivadas de dicho negocio jurídico; por tanto, la **condición suspensiva**, puesta a un negocio jurídico, da nacimiento a la obligación que está condicionada en la medida que se produzca un hecho futuro, que además de serlo, es incierto, y por cuanto que el elemento constitutivo de la condición se centra en el doble presupuesto sobre el **carácter futuro e incierto del hecho** de modo que cabe la posibilidad de que como tal hecho incierto, si no se produce, el negocio no nace ni provoca consecuencias jurídicas de ninguna clase (...). Por contra, las **obligaciones a término**, o los negocios jurídicos a término, son los que las partes deciden que sus efectos se produzcan a partir de un momento determinado o hasta un momento fijado por ellas, pero, en todo caso, ese **momento futuro tiene que ser cierto**, en tanto que conocido por las partes, o de algún modo determinable; es decir el día cierto no puede tener incertidumbre, aunque no se sepa cuándo llegará, teniendo necesariamente que llegar, y en suma si hablamos de un término inicial, los efectos del acto o negocio jurídico se producen desde el momento que empieza el término.» (AP Castellón 24-7-07, EDJ 196545).
2) En el mismo sentido se ha pronunciado el Tribunal Supremo, que ha establecido que «hay que **distinguir** término de **eficacia contractual** y término para el **cumplimiento de las prestaciones**, siendo en el caso concreto de la litis los plazos o términos establecidos contractualmente para el cumplimiento de las obligaciones asumidas por el demandado, no aquellos de los que se hace depender la eficacia del contrato, sino término para el cumplimiento de las prestaciones» (TS 13-3-87, EDJ 2044).

En operaciones de compraventa de empresas, las partes pueden acordar un **calendario** diferido para el **pago del precio** acordado. Dicha opción puede configurarse: 4734
- como una **obligación pura** sujeta a término (p.e., cuando se articula un simple calendario diferido para el para el pago del precio, y dichos pagos no están sujetos al acaecimiento o falta de acaecimiento de circunstancia incierta alguna); o
- como una **obligación condicional mixta** (p.e., cuando los pagos diferidos previstos en el contrato quedan sujetos a que se produzcan o no se produzcan determinadas circunstancias inciertas, tales como un evento que dé lugar a una determinada indemnización del vendedor al comprador, en cuyo caso dichos pagos aplazados se suelen articular como garantías del vendedor ante determinados incumplimientos del contrato).

Cosa distinta son los **ajustes al precio** que, eventualmente, las partes puedan haber acordado. En compraventa de empresas, es habitual que las partes acuerden que el precio acordado pueda verse ajustado **al alza o a la baja**, en atención a determinadas circunstancias previamente definidas y mayoritariamente dependientes de la evolución financiera de la empresa target adquirida, siendo dichas circunstancias futuras y revistiendo cierto grado de incertidumbre. En este sentido, en tales supuestos, en caso de darse las circunstancias acordadas, nace una obligación de pago entre las partes (si procede un ajuste al alza, el obligado al pago es la parte compradora, y si el ajuste es a la baja, el obligado al pago o devolución del precio es la parte vendedora). Pero la obligación de pago derivada del ajuste en cuestión únicamente es efectiva en caso de que concurran las circunstancias acordadas por las partes, de forma que dicha obligación de pago sí se configura como una **obligación condicional** que, además, habitualmente, se sujeta a un plazo. 4735

En atención a la naturaleza del hecho condicional (CC art.1115) 4736

También pueden clasificarse las condiciones en atención a la propia naturaleza del hecho condicional al que se somete la obligación.

Condiciones potestativas, causales y mixtas El Código Civil establece que «cuando el cumplimiento de la condición **dependa de la exclusiva voluntad del deudor**, la obligación condicional será **nula**. Si dependiere de la suerte o de la voluntad de un tercero, la obligación surtirá todos sus efectos con arreglo a las disposiciones de este Código» (CC art.1115). 4737
Esta distinción se basa en la naturaleza del evento condicional, siendo:
- condiciones **potestativas** las que dependen de la **voluntad de uno** de los sujetos del negocio jurídico;
- condiciones **causales** aquellas en las que el evento condicional depende de **circunstancias extrañas** a la voluntad de las partes o de la voluntad de un tercero; y
- condiciones **mixtas** cuando el evento condicional depende de la voluntad de las partes intervinientes en el negocio jurídico y de la de un tercero.

Clases de condiciones potestativas El CC art.1115 ha sido objeto de análisis en distintas ocasiones por nuestros tribunales, quienes han preconizado la necesaria interpretación restrictiva de sus términos, **diferenciando**: 4738
- las condiciones **puramente** potestativas;
- de las condiciones **simplemente** potestativas.
En este sentido, el Código Civil estable que «Cuando el cumplimiento de la condición **dependa de la exclusiva voluntad del deudor**, la obligación condicional será nula. Si depende de la suerte o de la voluntad de un tercero, la obligación surtirá todos sus efectos con arreglo a las disposiciones de este Código» (CC art.1115).
A su vez, el Código Civil estable que «La validez y el cumplimiento de los contratos **no pueden dejarse al arbitrio** de uno de los contratantes». (CC art.1256).
En este sentido, en una **interpretación conjunta** del CC art.1115 y 1256, la DGRN (actual Dirección General de Seguridad Jurídica y Fe Pública) estableció que «la propia literalidad de ambas normas -«arbitrio» en su caso, «exclusiva voluntad» en otro-, unido a la gravedad de las sanciones -validez y nulidad- ha dado lugar a una interpretación restrictiva de las mismas y a la habitual distinción entre las condiciones puramente potestativas, basadas en la pura arbitrariedad, y las simplemente potestativas, en las que han de valorarse otros intereses e impulsos, de suerte que rara vez se ha apreciado por la jurisprudencia la existencia de las primeras, inclinada como está a calificar como condición no invalidante aquella en que la voluntad del deudor dependa de un **complejo de motivos e intereses** que, actuando sobre ella, incluyan en su determinación, aunque sean confiados a la valoración exclusiva del interesado» (DGRN Resol 15-2-02).

4739 En el mismo sentido se ha pronunciado el Tribunal Supremo distinguiendo «entre condiciones puramente potestativas y simplemente potestativas, basadas, de modo respectivo, en la **pura arbitrariedad** y en la **valoración de otros intereses**, más o menos complejos. Así, la jurisprudencia se ha hecho eco de proclamar como **condición «no invalidante»** aquella en que la voluntad del deudor depende de un conjunto de motivaciones e intereses que actuando sobre ella, influyen en su determinación, aun cuando estén confiadas a la sola valoración del interesado» (TS 13-2-99, EDJ 949; 28-6-07, EDJ 80188). Y en el mismo sentido se pronuncia la indicada Sala al entender que «se estableció una condición potestativa simple, que no dependía exclusivamente del mero arbitrio del comprador, ya que sobre su voluntad incidían, e inciden, una serie de motivos, intereses, dificultades, aspiraciones, o apetencias (construcción de las naves) no dependiendo exclusivamente de su voluntad, aunque pudieran inclinarla en uno u otro sentido, pero que **no implican ese libre arbitrio** a que se ha hecho alusión; ciertamente la obligación potestativa pura hace nula la obligación que de ella depende (...), pero no ocurre así con las condiciones simplemente potestativas, como la que nos ocupa, en la que la obligación, sí depende en parte de la voluntad, depende también de otros hechos externos, lo que hace que la condición sea válida» (TS 3-12-93, EDJ 11032).

Precisiones Apreciar cuando nos encontramos ante una condición puramente potestativa y una condición simplemente potestativa no resulta fácil, sino que en dicha **valoración** entran en juego multitud de factores.

En una sentencia de la Audiencia Provincial de Barcelona se apreció que condicionar el otorgamiento de una escritura pública de compraventa de un inmueble a la **previa obtención** de la cédula de habitabilidad, el seguro decenal y la inscripción de la obra nueva en el Registro de la Propiedad, eran condiciones que dependían exclusivamente de la voluntad y actividad de la parte vendedora, por lo que se trataba de una **condición puramente potestativa** y, en consecuencia, **nula** (AP Barcelona 7-6-11, EDJ 183186).

Por el contrario, en otra del Tribunal Supremo se entendió que, en un supuesto de compraventa de inmueble, una cláusula en la que «el vendedor se compromete a vender el inmueble en el momento en que lo deje libre» no debía interpretarse según su dicción literal sino en atención a la voluntad de los contratantes, de forma que al quedar acreditado que el vendedor tenía previsto un traslado laboral y estaba gestionando la compra de otro piso en un lugar próximo a su nueva sede laboral, dicha cláusula debía entenderse que **no constituía una condición potestativa sino un plazo** o subordinación de la eficacia contractual a un momento futuro, aunque indeterminado en el tiempo (TS 30-12-80, EDJ 1057).

4740 **Condiciones nulas** (CC art.1116) Son condiciones nulas:
- las **imposibles** o que no pueden tener lugar;
- las **prohibidas** o no permitidas por ley; y
- las **inmorales** o contrarias a las buenas costumbres.

Todas ellas se oponen a las condiciones propias o condiciones jurídicamente válidas para afectar a una relación obligatoria (Diccionario de Derecho, Luis Ribó Durán, Bosch, Segunda Edición).

En este sentido, el Código Civil establece que «las condiciones imposibles, las contrarias a las buenas costumbres y las prohibidas por la ley anularán la obligación que de ellas dependa. La condición de **no hacer** una cosa imposible se tiene por no puesta.»

4741 **Condiciones imposibles** Son condiciones imposibles aquellas en las que el evento condicional no es verificable por causas físicas o jurídicas.

Ejemplo Condición imposible **físicamente**: «Te venderé mis acciones si bajas la luna a la tierra». Condición imposible **jurídicamente**: «Te venderé mis acciones si adquieres la mayoría de edad con 15 años».

4742 Respecto a las condiciones imposibles, nuestra jurisprudencia ha precisado que, para sancionar tales condiciones con la nulidad de la obligación subyacente, es preciso que la **imposibilidad** sea:
- **física o legal**, esto es, derivada de las leyes de la naturaleza o del ordenamiento jurídico;
- absoluta y **objetiva**, esto es, la imposibilidad no puede medirse con criterios subjetivos;
- **permanente**, en el sentido que debe ser definitiva y no temporal o pasajera, derivada de una situación accidental del deudor; y
- no imputable al deudor.

Asimismo, tales supuestos de imposibilidad deben ser objeto de una **interpretación restrictiva** y casuística.

A continuación, identificamos algunas sentencias del Tribunal Supremo que han versado y esclarecido cómo debe interpretarse la «imposibilidad»: 4743

• Respecto al **carácter objetivo y absoluto**: TS 14-3-86, EDJ 1948, según la cual «solo pueden estimarse imposibles las condiciones que en absoluto lo sean, pero no las que penden de la situación accidental del deudor, que pueden variar de un momento a otro, por azar de las circunstancias o por un esfuerzo de la voluntad del mismo para cumplir sus compromisos».

• Respecto a la **interpretación casuística**: TS 5-5-86, EDJ 2956, según la cual «la distinción entre imposibilidad y dificultad no resulta fácil, debiéndose estar a los casos y circunstancias» (en términos similares, TS 13-3-87, EDJ 2044).

• Respecto al **carácter definitivo**: TS 13-3-87, EDJ 2044, según la cual «una pequeña diferencia por demora no puede dar lugar a la liberación del deudor, pero que por lo contrario una gravísima dificultad muy semejante a la imposibilidad o una gran distancia en el tiempo producida sin culpa del deudor son supuestos normalmente equiparables a la imposibilidad de efectuar la prestación, y deben producir sus mismos efectos liberadores totales o parciales»; y TS 11-11-87, EDJ 8197, según la cual «la imposibilidad de la prestación, en la precisa modalidad convenida en las obligaciones de hacer, determina la modificación de su contenido, de manera que el comportamiento o resultado material a realizar por el deudor en beneficio del acreedor, será el que racionalmente resulte adecuado, atendidas las circunstancias del caso y la finalidad perseguida por el contrato».

Jurisprudencia Se analizó un contrato celebrado verbalmente en el año 1985 o 1986, y documentado en 1989, consistente en la transmisión de una «empresa mercantil ubicada en un local y con tráfico de ultramarinos y de **estanco de tabacos**. 4744

En el documento contractual de 1989, los transmitentes se comprometieron indefinidamente a cambiar la titularidad del negocio «en cuanto la ley lo permita».

En dicho caso, resultaba de aplicación el RD 2738/1986 (derogado posteriormente por RD 1199/1999), regulador de las actividades de importación y comercio mayorista y minorista de labores de tabaco, que establecía, como norma imperativa, que la transmisión de una expendeduría de tabaco deberá ser objeto de **autorización previa** por la Delegación del Gobierno, siempre que se transmita a personas que reúnan determinados requisitos y relaciones parentales con el transmitente, lo que quedó acreditado que no se cumplía en el caso en cuestión.

En este sentido, concluyó el TS que en dicho supuesto no se transmitió el negocio «a previsión de que alguna vez la ley lo permita», y entendió que el contrato (la obligación subyacente) era **nulo** por ser **contrario a una norma imperativa**, sin que la mencionada condición fuese aceptable, pues en el momento de celebrarse el contrato, la transmisión era nula (TS 7-10-11, EDJ 237346). En ese sentido, también TS 24-11-15, EDJ 635.

Condiciones ilícitas y condiciones inmorales Las condiciones ilícitas e inmorales son las que resultan de un evento cuya realización es **contraria a leyes** imperativas, **orden público o buenas costumbres**. 4745

Al sancionar con la nulidad este tipo de condiciones, se pretende evitar que, en negocios jurídicos sujetos a condiciones de este tipo, las partes en el negocio jurídico en cuestión se vean impulsadas a cometer el acto prohibido o inmoral con el fin de obtener el beneficio derivado del negocio jurídico condicionado.

En este sentido, las condiciones imposibles, ilegales e inmorales, además de ser nulas, **anulan** la **obligación subyacente**, y el alcance de tal nulidad dependerá de si la obligación o cláusula afectada por la condición es esencial al negocio jurídico en cuestión (de forma que todo él se encuentra condicionado) o accesoria.

Precisiones En **negocios testamentarios**, la regla relativa a las condiciones imposibles es contraria a la aquí establecida, de forma que la condición imposible, ilegal o inmoral no anula la voluntad del testador, sino que se tiene por no puesta.

C. Condición resolutoria

La **definición** del término «condición resolutoria» viene recogida en el Diccionario de la Real Academia de la Lengua Española (23ª Edición -2014-) como «aquella que determina la resolución de la eficacia del acto en que se incluye». Es decir, aquellas en que «siendo perfecto el contrato desde su otorgamiento, la realización o no del evento determina la extinción o resolución del contrato» (TS 28-6-12, EDJ 216672). 4750

En este sentido, las condiciones resolutorias tienen por objeto **resolver** la **eficacia de un acto jurídico** (en el caso que nos ocupa, la resolución de un contrato de compraventa de empresa), y su establecimiento no afecta al nacimiento de la obligación, sino que, en caso de cumplida la condición, las partes del contrato deberán restituirse lo que hubiesen percibido.

El **marco jurídico** aplicable a las condiciones resolutorias se recoge en el CC art.1123: «Cuando las condiciones tengan por objeto resolver la obligación de dar, los interesados, cumplidas aquellas, deberán restituirse lo que hubiesen percibido.
En el caso de pérdida, deterioro o mejora de la cosa, se aplicarán al que deba hacer la restitución las disposiciones que respecto al deudor contiene el artículo precedente.
En cuanto a las obligaciones de hacer y no hacer, se observará, respecto a los efectos de la resolución, lo dispuesto en el párrafo segundo del art.1120.»
En este apartado se exponen las principales características de las **condiciones resolutorias más habituales** en contratos de compraventa de empresas, así como y las principales finalidades perseguidas.

Precisiones El CC art.1124 establece lo siguiente: «La facultad de resolver las obligaciones se entiende implícita en las recíprocas, para el caso de que uno de los obligados **no cumpliere** lo que le incumbe. El perjudicado podrá escoger entre exigir el cumplimiento o la resolución de la obligación, con el resarcimiento de daños y abono de intereses en ambos casos. También podrá pedir la resolución, aun después de haber optado por el cumplimiento, cuando este resultare imposible. (...)». Dicho precepto regula una **facultad de resolución implícita** o tácita que la ley reconoce a una de las partes en supuestos de incumplimiento de obligaciones recíprocas, cuando habiendo cumplido o estando dispuesta a hacerlo, la otra parte se niega a cumplir con su parte del acuerdo (**obligaciones recíprocas**). Tal facultad de resolución ha sido considerada en ocasiones como una **condición resolutoria tácita**, cuya aplicación se entiende procedente cuando el incumplimiento que da lugar a la resolución se refiere a obligaciones esenciales del contrato en cuestión.

4751 **Compraventas con pago aplazado** El establecimiento de condiciones resolutorias es habitual en compraventas en las que se ha acordado un aplazamiento en el pago de todo o parte del precio.
El **objetivo** perseguido no es otro que garantizar el efectivo y total cobro del precio cuyo pago se ha aplazado, previendo expresamente la recuperación por la parte vendedora del objeto de la compraventa en caso de falta de pago total o parcial del pago aplazado.
Por ello, en tales supuestos, en caso de **incumplimiento por la parte compradora** de la obligación de pago acordada, la compraventa queda automáticamente resuelta y sin efectos, debiendo las partes restituirse respectivamente en la posición jurídica que tuvieran con anterioridad a la firma del contrato de compraventa, esto es, la parte vendedora debe restituir a la parte compradora la parte del precio percibida, y la parte compradora debe restituir a la parte vendedora la empresa adquirida.
No obstante lo anterior, es posible y habitual que las partes, al establecer la condición resolutoria y regular sus efectos, acuerden incluir algún tipo de penalidad aplicable a la parte incumplidora. En este sentido, es habitual que las partes acuerden que, en caso de incumplimiento, el **destino de las cantidades entregadas** por la parte compradora hasta el acontecimiento del hecho condicional sea precisamente indemnizar a la parte vendedora por los daños y perjuicios ocasionados por tal incumplimiento, esto es, adquiriendo dichas cantidades la condición de penalización expresa. En cualquier caso, la falta de regulación expresa del destino de tales cantidades obliga a la parte vendedora a devolver a la parte compradora las cantidades percibidas.

4752 Jurisprudencia El Tribunal Supremo analizó un contrato en el que se vendían la totalidad de las participaciones representativas del capital social de una SRL por un precio que quedaba aplazado y debía ser satisfecho por la parte compradora a la parte vendedora, de una sola vez, antes de una fecha determinada. Se acordó que el **aplazamiento en el pago** del precio devengaría **intereses**, que debían abonarse mensualmente, hasta la total satisfacción del precio.
El contrato contenía asimismo una **cláusula resolutoria** con el siguiente tenor literal: «El contrato será resuelto, con revocación real de la transmisión de las participaciones, si la parte compradora dejare de hacer efectiva, a su respectivo vencimiento, los reseñados intereses o si al vencimiento del precio de la venta no fuera satisfecha la cantidad de la misma, retornando las participaciones sociales y los derechos de socio a la parte vendedora, y perdiendo la compradora su condición de dueña. Resuelto el contrato, la parte vendedora retendrá en concepto de indemnización de perjuicios, la parte que hubiere recibido en concepto de intereses. No obstante, la parte compradora podrá evitar la resolución pagando lo adeudado, aún después de vencido dicho plazo, mientras no haya sido requerido para ello por acta notarial, con el transcurso del plazo reglamentario para contestarla».
Son varias las **conclusiones** que pueden extraerse de dicha sentencia:
1. La resolución solo puede ser ejercitada por quien haya cumplido sus obligaciones y siempre que la condición resolutoria haya sido clara e indubitadamente redactada a su favor.
En este sentido, establece el tribunal que «la posibilidad de que se produzca un **desistimiento unilateral** o denuncia del contrato mediante el ejercicio de un derecho potestativo incluido en el contrato mismo ha sido admitida por la jurisprudencia (...) pero ha de basarse en una previsión contractual explícita, que no se da en el caso, toda vez que las reglas convencionales imponen el deber

de prestación (pago del precio y de los intereses) de manera franca y no exceptuable, al propio tiempo que la cláusula en examen parece dictada en garantía del pago del precio».
2. La cláusula resolutoria reproducida, entiende el tribunal, expresa con toda claridad la facultad de la **parte vendedora** de resolver la compraventa para el caso de que la parte compradora deje de abonar los intereses o el precio, con la consecuente devolución por la parte compradora de lo vendido, aunque no de las cantidades percibidas por la parte vendedora en concepto de intereses por el aplazamiento en el pago del precio.
3. La posibilidad de que el deudor (en ese caso, la **parte compradora**) desista unilateralmente del contrato mediante el ejercicio de un derecho potestativo acordado por las partes «ha sido admitida por la jurisprudencia (SSTS 29 de enero de 1972; 3 de marzo de 1992; 9 de enero de 1995) que incluso ha aceptado con carácter de «condición no invalidante» aquella en la que la voluntad del deudor depende de un conjunto de motivaciones e intereses que, actuando sobre ella, influyen en su determinación, aun cuando estén confiadas a la sola valoración del interesado (SSTS 15 de noviembre de 1993, 3 de diciembre de 1993 y 13 de febrero de 1999), pero ha de basarse en una previsión contractual explícita, que no se da en el caso» (TS 30-11-07, EDJ 233283).

El contrato de compraventa sujeto a condición resolutoria consistente en la falta de pago por la parte compradora de la totalidad del precio acordado, debe diferenciarse del contrato de compraventa con **pacto de reserva de dominio** hasta el total pago del precio. **4754**
En el primer caso, la propiedad del bien se transmite desde la perfección del contrato, acordando las partes que, en caso de impago del precio, la parte vendedora recupera la propiedad del bien transmitido; mientras que en el segundo caso, el total pago del precio se configura como una **condición suspensiva de la transmisión** de la propiedad sobre el bien, de forma que, a pesar de perfeccionarse el contrato y transmitirse la posesión sobre el bien, la propiedad no se transmite hasta la total satisfacción del precio acordado.

Firma de contratos accesorios En contratos complejos como las compraventas de empresas, es habitual que, junto con la compraventa de la empresa, las partes lleguen a acuerdos accesorios que pueden concretarse **simultáneamente o con posterioridad** a la compraventa. **4755**
En tales supuestos, la firma de los referidos contratos accesorios (y, en su caso, su ejecución) en los términos acordados por las partes, puede configurarse como una **condición resolutoria** de la compraventa, de forma que esta se entienda resuelta de pleno derecho si cualquiera de los referidos contratos no llega a suscribirse en los términos acordados.

Jurisprudencia El caso analizado versa sobre una **compraventa de locales** comerciales cuya eficacia se sujetó al cumplimiento de determinados acuerdos complementarios. Las partes otorgaron una escritura pública de compraventa de un determinado número de locales comerciales, y en escritura complementaria de esa misma fecha acordaron determinados **pactos accesorios**. **4756**
A pesar de no ser propiamente una compraventa de empresa, el análisis del Tribunal Supremo en dicho caso puede extrapolarse a supuestos de compraventa de empresas en los que su efectividad se sujete a la condición resolutoria consistente en la firma y ejecución de contratos accesorios.
La controversia en el caso analizado versa sobre si los pactos accesorios alcanzados por las partes, su cumplimiento o incumplimiento, condicionaba o no la eficacia y **perfección de la compraventa** objeto de la primera escritura.
El tenor literal del acuerdo alcanzado por las partes en relación con la compraventa de los locales comerciales establecía que «(...) ha sido condición indispensable el consenso por ambas partes respecto de una serie de pactos complementarios, unos relacionados directamente con dicha operación, otros vinculados a ella de forma directa o indirecta (...)».
Establece la sentencia que «es jurisprudencia constante y reiterada que, por presentarse la obligación condicional como excepción, la **existencia de la condición no se presume**, requiriendo una prueba efectiva y concluyente de la subordinación de sus efectos al hecho que la constituye (SSTS de 7 noviembre 1973, 27 abril 1983, 21 abril 1987, 16 junio 1995 y 1 julio 1997); subordinación condicional que, como cualquier otro elemento del contrato, ha de proceder de la común voluntad de los contratantes o ser compartida por todos ellos».
Y respecto a esta cuestión, al haber quedado probado que los acuerdos complementarios se consensuaron y formalizaron en escritura otorgada el mismo día y con número de protocolo siguiente, se concluye que «al no haber previsto **carácter resolutorio** al cumplimiento o incumplimiento de los **pactos complementarios**, no se puede hacer depender de un incumplimiento no previsto como obligación principal del contrato sinalagmático suscrito, la eficacia de este último, sin que las expectativas o motivaciones de la parte actora al contratar puedan erigirse ahora en motivos de causalidad, al no haber sido dichas expectativas objeto cierto del contrato, máxime en la medida en que dichas expectativas no pueden entenderse como un compromiso de la parte demandada al no depender de ella la efectiva consecución de las mismas, no siendo así la falta de consumación incumplimiento a ella imputable cuando, además, no se pactó en modo alguno atribuir carácter resolutorio a dicha ausencia de consumación.» (TS 1-12-11, EDJ 340652).

4757 **Autorizaciones regulatorias** Es posible también en este tipo de transacciones, sujetar la compraventa de empresas a la condición resolutoria consistente en la **falta de obtención** de determinadas autorizaciones, permisos o licencias de carácter regulatorio (ver nº 8000 s.).
En tales supuestos, es recomendable establecer un **plazo** para verificar el cumplimiento de la condición, así como prever la posibilidad de prorrogar tales plazos en caso de que, por las vicisitudes habituales en este tipo de procedimientos administrativos, y siempre que no medie culpa o negligencia de la parte responsable de tramitar dicho procedimiento, el plazo se agote sin que la condición resolutoria haya sido cumplida.

Precisiones Es importante resaltar que hay que tener cuidado a la hora de configurar determinadas autorizaciones regulatorias como condiciones resolutorias en los contratos de compraventa de empresa. En este sentido, cabe destacar las pertinentes autorizaciones previas por las **autoridades de competencia**, las cuales han de obtenerse con carácter previo a la consumación de la compraventa de empresa y cuya regulación como condición resolutoria puede por tanto dar lugar a, entre otras, importantes sanciones.

D. Condición suspensiva

4760 Las condiciones suspensivas son un tipo de obligación condicional cuyos efectos (p.e. la transmisión de las acciones o participaciones) quedan en suspenso hasta el cumplimiento (o renuncia, en su caso) de la condición (el cual es futuro, incierto y no puede depender de la voluntad exclusiva de una de las partes). Ver nº 4727.
La **definición** de «condición suspensiva» viene recogida en el Diccionario de la Real Academia de la Lengua Española (23ª Edición -2014-) como «aquella cuyo cumplimiento es necesario para la eficacia del acto a que afecta».
El Tribunal Supremo, al analizar un contrato sujeto a condición suspensiva, estableció que el «contrato se perfeccionó por el mero consentimiento de los contratantes, siendo lo condicionado no la **perfección del contrato** sino la plenitud de sus efectos o, si se quiere, de las obligaciones resultantes del mismo (...) del acontecimiento constitutivo de la condición dependía «la adquisición de los derechos» y no la resolución o pérdida de los ya adquiridos, de suerte que la condición pactada solo accesoriamente tenía carácter resolutorio en cuanto a la pequeña parte del precio anticipada por la compradora, quien sin embargo no entraba en posesión del solar hasta el cumplimiento de la condición» (TS 9-3-01, EDJ 2045).
En este sentido, los contratos sujetos a condición suspensiva quedan **perfeccionados** (y por lo tanto las partes quedan **vinculadas** a sus términos) desde la suscripción de los mismos, si bien la obligación sujeta a dicha condición no es exigible hasta que desaparece la incertidumbre en que consiste la condición.
Existen dos grandes categorías de condiciones suspensivas:
- las **necesarias** (de carácter imperativo legal); y
- las **voluntarias** (voluntariamente previstas por las partes a la luz de las circunstancias concretas de la transacción).

El **marco jurídico** aplicable a estas condiciones es el recogido en el Código Civil, Libro Cuarto, Título Primero, Capítulo III, Sección Primera, sobre las obligaciones puras y las condicionales (CC art.1113 s.).

4761 **Condiciones suspensivas y condiciones para el cierre** (CC art.1114, 1117, 1118 y 1124) Un mismo hecho o circunstancia puede configurarse como:
- una condición suspensiva (**obligación condicional**); o
- una condición **previa** al cierre, actuación **para** el cierre u obligación **post** -cierre (las cuales se configuran como **obligaciones puras** adicionales a las obligaciones de comprar y vender).

Los efectos y tratamiento de una (condición suspensiva) y otras (condiciones del cierre) son muy distintos.
Como venimos diciendo, las condiciones suspensivas son obligaciones condicionales cuyos efectos (p.e. obligación de comprar y de vender) quedan en suspenso hasta el cumplimiento (o renuncia, en su caso) de la condición. Por lo tanto, las mismas son hechos que necesariamente deben concurrir para la efectividad de la compraventa de forma que, en **caso de no acaecer**, la compraventa ya perfeccionada no es efectiva ni exigible y su falta de cumplimiento no genera en principio obligación de indemnizar los daños y perjuicios causados (salvo en supuestos de dolo o mala fe).
Por el contrario, las obligaciones previas al **cierre**, las obligaciones de cierre y las obligaciones post-cierre, se configuran como obligaciones puras adicionales cuyo incumplimiento no afecta per se al cierre de la transacción (dando lugar, entre otros, a la obligación de indemnizar los daños y perjuicios causados). No obstante lo anterior, en caso de que cualesquiera de las anteriormente mencionadas obligaciones se configurase por las partes como **obligación**

esencial para el cierre de la transacción, puede resultar de aplicación el CC art.1124, que reconoce el derecho a resolver las obligaciones en caso de incumplimiento de la otra parte, de forma que la parte perjudicada puede llegar a reclamar a la parte que debía procurar el cumplimiento de la obligación los daños y perjuicios que le hubiere ocasionado dicha frustración.

Promesa de compraventa y compraventa sujeta a condición suspensiva La **diferenciación** entre un contrato de promesa de compraventa y una compraventa sujeta a condición suspensiva es más un ejercicio teórico que práctico, pues en ambos casos, si bien existe una manifiesta voluntad de las partes orientada a la perfección y ejecución de la compraventa, existe también una cierta moderación o debilidad en el planteamiento del contrato, de forma que los efectos finales del mismo se conciben como inciertos. 4762

En la compraventa sujeta a **condición suspensiva**, la transacción se ha perfeccionado ya, estando su **eficacia y ejecución pendientes** del cumplimiento de la condición suspensiva acordada por las partes, que no puede depender exclusivamente de la voluntad de una de las partes (condiciones puramente potestativas; ver nº 4738). Por otro lado, en los contratos sujetos a condición suspensiva existen multitud de obligaciones y derechos de las partes, los cuales no están sujetos al cumplimiento de condición alguna, los cuales son plenamente exigibles desde el momento de la perfección de dichos contratos.

Por el contrario, en el contrato de **promesa de compraventa**, las partes acuerdan las líneas básicas de un **contrato futuro de compraventa**, sin que la voluntad manifestada en el contrato de promesa sea propiamente la de vender y comprar, sino la de prometer vender y comprar. En este sentido, en el contrato de «promesa de venta se manifiesta una voluntad interesada ciertamente en el contrato, pero sujeta por determinadas motivaciones que la retraen de la vinculación actual al cumplimiento inmediato» (El contrato de compraventa, Ramon Badenes Gasset, Bosch, 1979).

Jurisprudencia El Tribunal Supremo analizó un contrato de promesa de compraventa en el que se fijaban los elementos necesarios para llevar a cabo la transacción, y se hacía depender la eficacia de lo pactado a que la parte vendedora viera reconocida su condición de propietaria del objeto de la compraventa, cuestión que se encontraba pendiente de resolución judicial. Posteriormente a la firma del contrato de promesa de compraventa, la parte vendedora llegó a un acuerdo en el proceso judicial que mantenía y renunció a sus pretensiones de que se le reconociera como propietario del objeto. Entre otras cuestiones, en el citado caso, se analiza la naturaleza jurídica del contrato en cuestión, concluyendo el tribunal que se trataba de una promesa propiamente, toda vez que, al **no ser el vendedor propietario** del objeto de la misma, no se hallaba en condiciones de celebrar un contrato definitivo de compraventa. Pero, en cualquier caso, entiende el tribunal que la distinción entre una u otra figura resulta carente de utilidad (TS 10-11-10, EDJ 241723).

Condiciones suspensivas habituales A continuación, se exponen las condiciones suspensivas más habituales en los contratos de compraventa de empresa, si bien la casuística y **particularidades de cada transacción** pueden derivar tanto en modificaciones y especialidades más o menos sustanciales en el contenido de las mismas, como en la inclusión de condiciones suspensivas de distinta naturaleza y objeto a las aquí previstas. 4763

Reestructuración del objeto de la compraventa La compraventa de una empresa puede sujetarse a la condición suspensiva consistente en la previa ejecución de una **reorganización societaria o contractual** (carve-out). 4764

Este tipo de condiciones es habitual cuando el objeto de la compraventa es una empresa o una determinada unidad productiva perteneciente e integrada en un **grupo de sociedades** con múltiples líneas de negocio y/o relaciones contractuales tanto intra grupo como con terceros y, con carácter previo a la ejecución de la compraventa, las partes quieren reubicar, redefinir o resolver tales líneas de negocio y/o relaciones contractuales.

Las operaciones de reestructuración societaria o contractual que deben realizarse con carácter previo a la efectividad de la compraventa, y que suelen configurarse como condiciones suspensivas, se denominan operaciones de «carve-out», y pueden comprender desde la ejecución de una escisión hasta la terminación o suscripción de determinados contratos.

Ejemplo Se reproduce un ejemplo de cláusula suspensiva consistente en la reestructuración de determinados aspectos societarios y contractuales de la sociedad objeto de una compraventa:
«La ejecución de la compraventa objeto del Contrato y, por lo tanto, la obligación del Comprador de adquirir las Acciones queda sujeta al cumplimiento, antes de la Fecha Límite -término definido previamente en el contrato-, de todas y cada una de las siguientes condiciones suspensivas (las «Condiciones Suspensivas»):
1. La ejecución de la Reestructuración de la Sociedad -término definido previamente en el contrato- con el fin de extraer los Activos a Excluir -término definido previamente en el contrato- de la Sociedad, todo ello de conformidad con los términos previstos en el Anexo 1;

2. La cancelación de todos y cada uno de los créditos y deudas que la Sociedad y sus filiales ostentan y adeudan a los Vendedores y que se detallan en el Anexo 2;
3. La cancelación de todas y cada una de las garantías detalladas en el Anexo 2, otorgadas por la Sociedad y sus Filiales; y
4. La terminación anticipada del contrato de arrendamiento de oficinas suscrito por la Sociedad y XXX en relación con las instalaciones donde actualmente se encuentran ubicadas las oficinas de la Sociedad, copia del cual se adjunta al presente Contrato como Anexo 3».

4765 **Autorizaciones de terceros** Este tipo de condiciones pueden consistir en:

a) **Autorizaciones regulatorias**, que necesariamente, por imperativo legal, deben obtenerse de:

- determinadas autoridades administrativas (p.e., de las autoridades de defensa de la competencia, ver nº 4850); o
- cuando la empresa objeto de la compraventa opera en sectores regulados, de la **autoridad supervisora** de dicho sector (p.e., la Dirección General de Seguros, la CNMV, el Banco de España, etc.).

Tratándose de condiciones suspensivas que derivan de imperativos legales, el planteamiento de la condición suspensiva y la regulación de su cumplimiento, plazo y efectos, depende del contenido del régimen legal que regule el procedimiento de autorización en cuestión, por lo que la adecuada regulación en el contrato de las obligaciones de las partes, plazos, etc. resulta de vital importancia.

Asimismo, en este tipo de condiciones, el cumplimiento del **evento condicional no** es **renunciable**.

Ejemplo A continuación, se reproduce un ejemplo de cláusula suspensiva en contratos de compraventa consistente en la autorización de la operación por parte de las autoridades competentes en materia de **defensa de la competencia** (sobre el **control de concentraciones** y el procedimiento a seguir para obtener la autorización, ver nº 4850 s.):

«La Condición Suspensiva de Control de Concentraciones consiste en que la Comisión Nacional de los Mercados y la Competencia ("CNMC") manifieste, de forma expresa o tácita, su no oposición a la adquisición de las Participaciones por parte del Comprador de forma incondicional, es decir, sin que subordine autorizar la compraventa de las Participaciones a la observancia de condiciones, limitaciones o restricciones que, de cualquier alcance y naturaleza, afecten al negocio de la Sociedad, de los Vendedores o del Comprador.

El Comprador se compromete a presentar la comunicación de la operación a la CNMC dentro de un plazo de XXX días hábiles desde la fecha de este Contrato.

Si la CNMC no ha concedido su autorización respecto a este Contrato (ya sea de modo expreso o tácito) antes del XXX, la Condición Suspensiva de Control de Concentraciones se entenderá no cumplida, y producirá la ineficacia del presente Contrato.»

4766 b) **Autorizaciones de otros terceros**, que deben obtenerse, a modo de ejemplo:

- tratándose de una transmisión de un **paquete de acciones** o participaciones, del **resto de accionistas** o socios, cuando a tales accionistas o socios se les reconoce un derecho de adquisición preferente sobre las acciones o participaciones objeto de la compraventa;
- tratándose de un determinado **activo** sobre el que contractualmente se le hubiera concedido a un tercero un derecho de adquisición preferente sobre el mismo;
- tratándose de la transmisión o adquisición de un **activo esencial**, la junta general deberá aprobar la transmisión. En este sentido, se entiende que un activo tiene el carácter de esencial cuando el importe de la operación supere el 25% del valor de los activos que figuren en el último balance aprobado de la sociedad que lo transmite (criterio cuantitativo) o activos cuya adquisición, enajenación o aportación supone una alteración de la composición patrimonial, económica o financiera de la sociedad (criterio cualitativo), entre las que se incluyen las operaciones que impliquen una modificación estructural de la sociedad vendedora (p.e., filialización), activos cuya adquisición o enajenación impliquen una modificación del objeto social de la misma, transmisión de activos cuya transmisión sea equivalente a la liquidación de la sociedad (en línea con la previsión de la LSC art.511 bis aplicable a las sociedades cotizadas (LSC art.160.f y 511 bis); y
- tratándose de una transmisión de un **paquete de acciones** o participaciones (o de la totalidad de las mismas) que impliquen un **cambio de control**, cuando la sociedad cuyas acciones o participaciones que se transmiten tuvieran suscrito con terceros (p.e., entidades financieras, arrendadores, clientes, etc.) algún contrato que prevea la necesidad de notificar dicha transmisión u obtener la autorización de dicho tercero. En este sentido, cuando hacemos referencia a cambio de control, tendremos que tener en cuenta el clausulado del contrato en cuestión para ver a partir de que umbrales de transmisión es necesaria la preceptiva autorización o notificación.

Ejemplo A continuación se reproduce un ejemplo de cláusula suspensiva en contratos de compraventa de participaciones sociales, acciones o activos consistente en la **renuncia** de los socios de la sociedad objeto de la operación y de esta última al **ejercicio del derecho de adquisición preferente** que les reconoce la Ley de Sociedades de Capital (o, en su caso, cualesquiera pacto parasocial), la renuncia al ejercicio de adquisición preferente por parte de un tercero respecto a la venta de un activo sujeto a dicho derecho, la aprobación por la junta a la transmisión de activo esencial, y la aprobación de, o notificación a, un tercero con el que la sociedad tuviera suscrito un contrato que requiera dicha aprobación o notificación en caso de transmisión de un número determinado de acciones, participaciones sociales o activos.

«La ejecución de la compraventa objeto del Contrato y, por lo tanto, la obligación del Comprador de adquirir las Acciones queda sujeta al cumplimiento, antes de la Fecha Límite -término definido previamente en el contrato-, de todas y cada una de las siguientes condiciones suspensivas (las «Condiciones Suspensivas»):

1. La renuncia por parte de la totalidad de los Socios de la Sociedad -término definido previamente en el contrato- y por esta última al ejercicio del derecho de adquisición preferente que se les corresponde legal y estatutariamente, antes del próximo XXX;
2. La renuncia por parte de XXX a su derecho de adquisición preferente sobre las Oficinas de la Sociedad -término definido previamente en el contrato-;
3. La renuncia por parte de XXX, a su derecho de resolución anticipada del contrato XXX; y
4. La aprobación de la Transacción -término definido previamente en el contrato- por la junta general de la Sociedad, a los efectos de los términos previstos en el artículo 160.f de la LSC».

Condiciones suspensivas de carácter técnico En ocasiones, en el momento de la perfección del contrato, la empresa target (objeto de compra) puede encontrarse en pleno proceso de renovación u obtención de una determinada **licencia o autorización**, o la negociación para la renovación o suscripción de un determinado contrato. **4767**

Dependiendo de la relevancia e impacto que dicha licencia o contrato pueda tener en el negocio de la empresa target, dicha renovación/obtención/suscripción puede:

- tratarse como una **condición suspensiva** (p.e. en caso de la renovación/obtención/suscripción sea de gran importancia para el desarrollo de la actividad de la sociedad o tenga un impacto relevante en los resultados de explotación de la misma); o
- darse un tratamiento alternativo, como puede ser una **minoración en el precio** de venta.

Las condiciones suspensivas de carácter técnico engloban circunstancias de distinta naturaleza a las que puede sujetarse la efectividad de la compraventa objeto del contrato, tales como la obtención de una determinada licencia o la obtención de la pertinente autorización para la comercialización de un determinado producto.

Por su parte, las condiciones suspensivas relativas a **contratos accesorios** hacen referencia a la suscripción de contratos independientes al contrato de compraventa que pueden ser de diversa naturaleza y suelen afectar a cuestiones operativas de negocio. Ejemplos habituales de este tipo de contratos accesorios o independientes son la renovación de un determinado arrendamiento, contratos de suministro o distribución, o contratos de licencia de patentes o marcas titularidad de un tercero y que resultan necesarios para la normal explotación del negocio objeto de la compraventa.

Ejemplo A continuación, se reproduce un ejemplo de cláusula suspensiva consistente en la obtención de una licencia administrativa y la renovación de un contrato con cliente.

«La ejecución de la compraventa objeto del Contrato y, por lo tanto, la obligación del Comprador de adquirir las Acciones queda sujeta al cumplimiento, antes de la Fecha Límite -término definido previamente en el contrato-, de todas y cada una de las siguientes condiciones suspensivas (las Condiciones Suspensivas):

1. La obtención de la Autorización Medioambiental a la que se hace referencia en la Estipulación 4 de este contrato, con anterioridad a la fecha XXX; y
2. La renovación, por un periodo adicional de 5 años y en términos sustancialmente idénticos a los actualmente vigentes, del Contrato de Distribución -término definido previamente en el contrato-, copia del cual se adjunta como Anexo 2 al presente Contrato.»

Condiciones suspensivas que habitualmente afectan al comprador En ocasiones, la parte compradora trata de incluir como condición suspensiva la **aprobación** definitiva de la operación por parte de las **entidades financiadoras** de la misma, cuando en el momento del signing aún estuviera pendiente. **4768**

A su vez, es habitual que los compradores pretendan incluir como condiciones suspensivas la obtención de determinadas **aprobaciones internas** (autorización de consejo, junta -LSC art.160.f-, comité de inversión, etc.).

Dichas aprobaciones atribuyen un elevado grado de **incertidumbre** en cuanto al cierre de la transacción y otorgan al comprador una posible salida o way-out de la transacción, por lo que

normalmente son objeto de disputa entre las partes y resultan de difícil inclusión en el contrato.
Por último, es habitual que los compradores soliciten incluir, como condición suspensiva, el cumplimiento de las **declaraciones y garantías del vendedor** en la fecha de cierre. Una vez más, resulta una condición suspensiva de difícil inclusión en el contrato y suele derivar en una obligación de actualización de las mismas en la fecha de cierre (incluyendo las salvaguardas precisas para evitar una actuación fraudulenta del vendedor respecto a las mismas, y mecanismos de protección adecuados para el comprador para evitar el posible perjuicio que un cambio sustancial en las mismas le podría producir).

4769 **«Material Adverse Change»** Cuanto más largo sea el plazo para verificar el cumplimiento de las condiciones suspensivas previstas en un contrato de compraventa de empresa, mayor es el riesgo de que, **durante el periodo interino** (nº 5300 s.), acontezcan **circunstancias no deseadas** por las partes. Por ello, es habitual prever asimismo como condición suspensiva la ausencia durante el periodo interino hasta el cierre (incluido) de un «Material Adverse Change» (MAC), término anglosajón cuya traducción en español es equivalente a «Cambio Material Adverso».
Las cláusulas de ausencia de MAC establecen, en términos generales, que si entre la firma del contrato y la fecha de efectos se produce un cambio sustancial adverso (tal y como el mismo sea definido en el contrato), la parte compradora (habitualmente), o si así se establece expresamente, cualquiera de las partes, pueda **desistir de la operación**.
La inserción de esta cláusula de ausencia de MAC **limita** los **riesgos asumidos por el comprador** durante el plazo de pendencia de la condición que, en caso de no haberse previsto, podría suponer que hayan de ser asumidos por este de acuerdo con el CC art.1122. Es recomendable que este tipo de cláusulas se redacten de forma clara y concisa, identificando a su vez aquellos supuestos que no podrán considerarse constitutivos de un «Cambio Sustancial Adverso».
Las cláusulas MAC tratan sobre **supuestos de difícil o imposible predicción**, cuyo acaecimiento tendría un gran impacto negativo sobre una de las partes del contrato (generalmente el comprador o la sociedad target). Las mismas pueden ser «**de negocio**» (p.e. aquellas que tienen un impacto particular en el negocio de la sociedad target) o «**de mercado**» (p.e. aquellas que tienen un impacto en el mercado en general, como puede ser una crisis financiera como la ocurrida en el 2008 o la más reciente crisis generada por la pandemia del Covid-19), siendo las de mercado más agresivas y delicadas para el vendedor.
Las cláusulas MAC resultan de gran **litigiosidad**, y su inclusión y negociación suele generar discusión entre las partes, por lo que su correcta regulación es de gran importancia.

Ejemplo A continuación, se reproduce una cláusula estándar de definición de «Cambio Sustancial Adverso de Negocio y de Mercado»:
«Cambio Material Adverso de Mercado significa cualquiera de las siguientes circunstancias o hechos externos a la [Sociedad/el Grupo] acaecidos o puestos de manifiesto durante el Período Interino:
(i) la aprobación de cualquier cambio legislativo en [España] que afecte de forma negativa al sector en el que opera [la Sociedad/el Grupo];
(ii) el impago o incumplimiento de las condiciones de la deuda soberana por parte de cualquier país perteneciente a la zona Euro;
(iii) que el rendimiento en el mercado secundario del bono de referencia de 10 años (10-year sovereign bond yield) del Reino de España sobrepase el [x]% y se mantenga por encima de dicho nivel durante un periodo de cinco (5) Días Hábiles consecutivos; o
(iv) que el índice [Euro Stoxx 50] sufra una caída de más del [x]% por debajo de su nivel a la Fecha de Firma durante cinco (5) Días Hábiles consecutivos. »
«Cambio Material Adverso de Negocio significa cualquier acto, circunstancia o hecho acaecido o puesto de manifiesto durante el Período Interino que afecte o pueda afectar en el futuro de forma relevante y negativa a la situación económica, patrimonial o financiera, o a los negocios o resultados de [la Sociedad / alguna de las Sociedades del Grupo]. Para mayor claridad, con carácter enunciativo el término Cambio Material Adverso de Negocio incluye:
(i) cualesquiera actos, circunstancias o hechos que determinen [una reducción del Patrimonio Neto [Consolidado] superior a [x] € y/o una reducción del EBITDA [agregado] de [la Sociedad/las Sociedades del Grupo] de más de [x] €, tomando como referencia los valores de los Estados Financieros de Referencia;
(ii) cualquier circunstancia que pueda suponer la declaración de vencimiento anticipado de [los contratos de financiación de las Sociedades del Grupo/los contratos de financiación que se relacionan en el Anexo [x]];
(iii) cualesquiera de los eventos identificados en el Anexo [x]»

E. Efectos

Efectos de la introducción de condiciones (CC art.1113 s.) Los efectos de la introducción de condiciones resolutorias o suspensivas a la eficacia de un contrato han sido analizados en los apartados anteriores, a saber: 4770

• **Condición resolutoria**: los efectos son:
- perfección del contrato;
- nacimiento y efectividad de las obligaciones para las partes;
- mantenimiento de cierta eventualidad en las obligaciones sujetas a condición resolutoria, supeditada a la verificación del cumplimiento del evento condicional.

El contrato es **perfecto y vinculante** para las partes desde el momento de su suscripción, siendo las **obligaciones** derivadas del mismo **exigibles** desde entonces como si se tratase de obligaciones puras.

No obstante, hasta que no se verifica el cumplimiento o la falta de cumplimiento de la condición resolutoria, las partes mantienen una **expectativa** de recuperar las prestaciones intercambiadas, expectativa que en función de si se cumple o no el evento condicional, decaerá o se materializará.

• **Condición suspensiva**: los efectos son:
- perfección del contrato;
- vinculación de las partes;
- la exigibilidad de las obligaciones se supedita a la verificación del cumplimiento del evento condicional.

Si bien el contrato es perfecto y vinculante para las partes desde el momento de su suscripción, en los contratos sujetos a condición suspensiva, mientras no acontece o tiene lugar el cumplimiento de la condición (o renuncia, en su caso, a su cumplimiento), los **efectos** propios del negocio jurídico sujeto a dicha condición quedan **pendientes**.

En este sentido, en contratos de compraventa de empresas, las partes únicamente tienen una expectativa de alcanzar una posición jurídica respecto a la empresa objeto de la compraventa, si este llega a ser plenamente eficaz.

Efectos del cumplimiento del evento condicional (CC art.1120, 1122 y 1123) Debe entenderse que los efectos derivados del cumplimiento de las condiciones suspensivas y resolutorias son **retroactivos**. Ello no obstante, el alcance de dicha retroacción depende de la naturaleza de la obligación condicional subyacente. 4771

Precisiones La retroacción puede configurarse como real u obligatoria.

Aplicado a las condiciones resolutorias y suspensivas, la **retroacción real** (que es la seguida por el Código Civil) implica que, al cumplirse la condición en cuestión, las partes se sitúan de forma automática en la misma posición jurídica en la que estaban en el momento de perfeccionarse el negocio jurídico condicional.

Por su parte, la **retroacción obligatoria** implica que, al cumplirse la condición en cuestión, las partes quedan obligadas a colocarse en la posición resultante del cumplimiento de la condición.

Obligaciones de dar (CC art.1120 y 1123) El Código Civil establece que «los efectos de la obligación condicional de dar, una vez cumplida la condición, se retrotraen al día de la constitución de aquella (...)». 4772

En este sentido, tratándose de obligaciones de dar, los efectos del cumplimiento de la condición se **retrotraen** al momento en que se **perfeccionó la compraventa** en cuestión y se acordó la condición.

Respecto a los **frutos o intereses** percibidos por las partes estando pendiente de cumplimiento la condición, se establece que «cuando la obligación imponga recíprocas prestaciones a los interesados, se entenderán compensados unos con otros los frutos e intereses del tiempo en que hubiese estado pendiente la condición. Si la obligación fuera unilateral, el deudor hará suyos los frutos e intereses percibidos, a menos que por la naturaleza y circunstancias de aquella deba inferirse que fue otra la voluntad del que la constituyó». 4773

En este sentido, si las **obligaciones condicionales** son **recíprocas**, esto es, derivan en prestaciones para ambas partes, los frutos e intereses que las partes hayan podido percibir estando pendiente la condición se entienden compensados los unos por los otros, salvo acuerdo en contrario entre las partes.

Por el contrario, en caso de que la **obligación condicional** sea **unilateral**, de forma que exige prestaciones únicamente a una de las partes, el obligado a restituir el objeto del negocio jurídico (sea por cumplimiento de la condición resolutoria o suspensiva) puede hacer suyos tales frutos e intereses, salvo que ello resulte contrario a la naturaleza del negocio jurídico en cuestión o a la voluntad de las partes.

Jurisprudencia «(L)a obligación de **entregar los frutos** de la cosa que se posee, o se poseyó, y por el tiempo de la posesión es inherente, como regla general, al hecho de poseer de mala fe (CC art.455) mientras que el poseedor de buena fe hace suyos los frutos. Pero esas reglas generales ceden ante otras normas especiales, dictadas para determinadas situaciones que ponen al poseedor, tanto si lo fue de buena como de mala fe, la obligación de entregar los frutos a quien le sucederá en la posesión de la cosa. Es lo que ocurre en los casos de extinción de algunos contratos (CC art.1120, 1295 y 1303) o cuando, en virtud de una relación obligatoria, existe el deber de entregar una cosa a otro (CC art.1095)» (AP Madrid 31-3-00, EDJ 25395).

4774 **Obligaciones de hacer o de no hacer** (CC art.1120) No obstante lo anterior, si las obligaciones condicionales son obligaciones de hacer o no hacer, «los Tribunales determinarán, en cada caso, el efecto retroactivo de la condición cumplida».
En este sentido, siendo los efectos derivados del cumplimiento de la condición igualmente retroactivos, el alcance de tal retroacción depende de la **apreciación** que los **tribunales** hagan de cada caso particular.

4775 Jurisprudencia **1)** El Tribunal Supremo ha establecido que «es de señalar que las condiciones suspensivas durante la fase o periodo del *pendet*, aunque la obligación en realidad ya ha nacido no produce la plenitud de sus efectos, no obstante lo cual, es lo cierto, que el acreedor tiene ya las necesarias facultades para asegurar la tutela o garantía de sus derechos evitando, en la medida de lo posible, que en tanto la *conditio* se cumple pueda verse perjudicado en sus intereses, consecuencia de lo cual es que cumplida la *conditio*, el contrato, negocio jurídico u obligación a ella sometido, no solamente adquieran estos su plenitud, sino que además y por virtud de lo prevenido en el art.1114 en relación con los 1113.1º y 1120.1º inciso 1º, del Código Civil, esos plenos efectos se **retrotraen** al momento de la **celebración del contrato**, negocio jurídico u obligación» (TS 30-9-93, EDJ 8507; 6-2-92, EDJ 1030).
2) En el mismo sentido, señala el Tribunal Supremo que «es opinión comúnmente aceptada, tanto por la doctrina científica como por la jurisprudencia, que la **resolución contractual** produce sus efectos, no desde el momento de la extinción de la relación obligatoria, sino retroactivamente desde su celebración, es decir, no con **efectos** *ex nunc*, sino ***ex tunc***, lo que supone volver al estado jurídico preexistente como si el negocio no se hubiera concluido, con la secuela de que las partes contratantes deben entregarse las cosas o las prestaciones que hubieran recibido en cuanto la consecuencia principal de la resolución es destruir los efectos ya producidos» (TS 17-6-86, EDJ 4168).

4776 Por todo lo anterior, en contratos de compraventa de empresas, la **expectativa** que las partes puedan tener sobre la empresa objeto del contrato es objeto de protección por parte del ordenamiento jurídico (a saber, en contratos sujetos a condición suspensiva, la parte compradora tiene una expectativa de adquirir la empresa y la parte vendedora de transmitirla; y en contratos sujetos a condición resolutoria tal expectativa es inversa, esto es, la parte vendedora que ha transmitido tiene una expectativa de recuperar la empresa mientras que la parte compradora que ha adquirido tiene una expectativa de perderla).

4777 **Traslación del riesgo** (CC art.1122 y 1123) Por riesgo entendemos no el riesgo económico propio e inherente a toda transacción, sino el riesgo derivado de la **pérdida o deterioro del bien** objeto del contrato, esto es, la empresa.
Siendo la **regla general** que el riesgo se transmite con la entrega del bien (esto es, en el momento en que se transmite la posesión y gestión de la empresa), el Código Civil establece ciertas precisiones para los negocios jurídicos condicionales, sean tales condiciones resolutorias o suspensivas.
Y tal regulación es de aplicación a **falta de acuerdo expreso** de las partes en otro sentido.

4778 Ejemplos **1) Condición suspensiva**. A vende a B las participaciones sociales en que se divide el capital social de la sociedad C, todo ello sujeto a condición suspensiva.
Mientras no acontezca la condición suspensiva, A seguirá siendo propietario de las indicadas participaciones, pero B tendrá un derecho latente sobre dichas participaciones sociales, que se materializará en caso de que se cumpla la condición suspensiva en cuestión.
2) Condición resolutoria. A vende a B la totalidad de las participaciones sociales en que se divide el capital social de la sociedad C, todo ello sujeto a condición resolutoria.
Mientras no acontezca la condición resolutoria, B será propietario de las indicadas participaciones, pero es en caso de cumplirse la condición resolutoria, A recuperará la propiedad sobre las mismas.
En este sentido, en previsión el cumplimiento del evento condicional, es recomendable regular jurídicamente la **gestión de la sociedad C**, así como los actos de disposición sobre las indicadas participaciones, resultando de aplicación, en defecto de acuerdo expreso entre las partes, el régimen establecido en el Código Civil.

La regulación sobre el traslado del riesgo aplicable a las compraventas con **condiciones suspensivas** es el siguiente (CC art.1122): 4779

«Cuando las condiciones fueren puestas con el intento de suspender la eficacia de la obligación de dar, se observarán las reglas siguientes, en el caso de que la cosa mejore o se pierda o deteriore pendiente la condición:

1ª. Si la cosa se perdió sin culpa del deudor, quedará extinguida la obligación.

2ª. Si la cosa se perdió por culpa del deudor, este queda obligado al resarcimiento de daños y perjuicios.

Entiéndase que la cosa se pierde cuando perece, queda fuera del comercio o desaparece de modo que se ignora su existencia, o no se puede recobrar.

3ª. Cuando la cosa se deteriora sin culpa del deudor, el menoscabo es de cuenta del acreedor.

4ª. Deteriorándose por culpa del deudor, el acreedor podrá optar entre la resolución de la obligación y su cumplimiento, con la indemnización de perjuicios en ambos casos.

5ª. Si la cosa se mejora por su naturaleza, o por el tiempo, las mejoras ceden en favor del acreedor.

6ª. Si se mejora a expensas del deudor, no tendrá este otro derecho que el concedido al usufructuario.»

Por lo que respecta a las compraventas con **condiciones resolutorias**, se establece que «(...) en caso de pérdida, deterioro o mejora de la cosa, se aplicarán al que deba hacer la restitución las disposiciones que respecto al deudor contiene el artículo precedente (...)» (CC art.1123).

En este sentido, los términos **deudor y acreedor** utilizados en los indicados preceptos se refieren a la parte compradora o a la parte vendedora en función de si la condición introducida en el negocio jurídico es resolutoria o suspensiva. 4780

Así, en compraventas de empresa sujetas a **condición resolutoria**, se considera deudor a la parte compradora que, cumplida la condición, debe restituir el bien objeto del contrato a la parte vendedora, que se considera acreedor, toda vez que, cumplida la condición, recupera dicho bien.

Por el contrario, en compraventas de empresa sujetas a **condición suspensiva**, se considera deudor a la parte vendedora que, cumplida la condición, debe hacer entrega del bien objeto del contrato a la parte compradora, que se considera acreedor, toda vez que, cumplida la condición, puede exigir el cumplimiento de las obligaciones ya eficaces, a saber, la ejecución de la compraventa.

A **falta de regulación** por las partes, resultan de aplicación los siguientes principios: 4781

1. **Deterioros** sufridos en el objeto de la compraventa:

a) Si los deterioros son fortuitos, los debe soportar el acreedor.

b) Si los deterioros son debidos a culpa del deudor, el acreedor puede optar entre resolver la obligación o exigir su cumplimiento, con indemnización en ambos casos por los daños y perjuicios ocasionados.

Supuesto	Asunción del riesgo en compraventas sujetas a condición suspensiva	Asunción del riesgo en compraventas sujetas a condición resolutoria
Deterioros fortuitos	Acreedor (parte compradora)	Acreedor (parte vendedora)
Deterioros debidos a culpa del deudor	Parte vendedora	Parte compradora

2. **Mejoras** introducidas en el objeto de la compraventa: 4782

a) Si son obra de la naturaleza o el tiempo, quedan a favor del acreedor.

b) Si las mejoras han sido introducidas por el deudor y a sus expensas, este tiene el mismo derecho que un usufructuario.

Supuesto	En compraventas sujetas a condición suspensiva	En compraventas sujetas a condición resolutoria
Mejoras obra de la naturaleza o del tiempo	Acreedor (parte compradora)	Acreedor (parte vendedora)
Mejoras introducidas por el deudor	Parte vendedora usufructuaria	Parte compradora usufructuaria

4783 **Consideraciones prácticas** A continuación, se exponen consideraciones prácticas para la regulación de las condiciones resolutorias y suspensivas y sus efectos.

No obstante, antes de entrar en su análisis detallado, es relevante tener en cuenta que, en los contratos de compraventa de empresa, aparte de las **obligaciones principales** de comprar y vender (las cuales son las que suelen quedar sujetas a dichas condiciones), suele ser habitual que las partes prevean en el contrato determinadas **obligaciones adicionales** (p.e., confidencialidad, obligaciones de hacer y no hacer, obligaciones indemnizatorias, etc.) En este sentido, es muy importante **configurar las condiciones** suspensivas y resolutorias de manera que su cumplimiento o incumplimiento afecte de manera exclusiva a la obligación de comprar, la obligación de vender y, en su caso, las obligaciones de cierre, de manera que el resto de obligaciones previstas en el contrato (p.e., confidencialidad, cesión, modificaciones y renuncias, ley aplicable, resolución de disputas, etc.) desplieguen plenamente sus efectos entre las partes desde la misma firma del contrato y no queden por tanto condicionadas al cumplimiento o incumplimiento de las referidas condiciones.

Por otro lado, respecto a las **condiciones suspensivas**, dado que el establecimiento de las mismas incrementa la incertidumbre de cierre de la transacción, los vendedores tenderán a limitar el número de condiciones suspensivas a aquellas que sean estricta y legalmente necesarias (p.e. autorización de competencia). Por el contrario (y con ciertas y numerosas excepciones) el comprador intentará incluir un número elevado de condiciones suspensivas de manera que pueda disponer de ciertas **opciones de salida** (o way outs) de la transacción.

Respecto a las **condiciones resolutorias**, debido a las consecuencias y complicaciones que para las partes y terceros pueden derivarse de la resolución del contrato, lo habitual es que las partes eviten incluirlas en los contratos de compraventa de empresa.

4784 **Responsable del cumplimiento o incumplimiento de la condición** En caso de que el hecho condicional consista en un evento futuro cuyo cumplimiento debe propiciar o en cuya realización debe intervenir una de las partes, al describir y regular la condición en cuestión es imprescindible identificar claramente la parte sobre la que recae dicha obligación, así como el concreto alcance de la actuación a desarrollar por la **parte obligada**, todo ello para evitar incertidumbres y problemas interpretativos. Cabe resaltar que, en ocasiones, son ambas partes las que asumen determinadas obligaciones o compromisos en el cumplimiento de una misma obligación condicional, siendo habitual el establecimiento de **obligaciones de colaboración** (p.e., suministro de información) para la parte distinta a la parte sobre la que recae el cumplimiento de la obligación condicional.

Por otro lado, las obligaciones condicionales pueden configurarse como una **obligación de resultado** o como una **obligación de medios** (*best efforts*), siendo dicha configuración relevante a los efectos de poder medir su cumplimiento o incumplimiento.

Asimismo, es recomendable establecer si la falta de cumplimiento de la condición determina la obligación de la parte responsable de resarcir a la otra parte por los **daños y perjuicios** ocasionados, y definir claramente el alcance, definición y límites de dichos daños y perjuicios.

Respecto a la obligación de resarcir por los daños y perjuicios, es relevante señalar que el incumplimiento de la condición suspensiva no ha de dar lugar per se a responsabilidad contractual de ninguna de las partes puesto que, en puridad, dicho cumplimiento no debe depender de ninguna de las partes. Sin embargo, en relación al cumplimiento de las condiciones suspensivas, se suelen prever **obligaciones de hacer o no hacer** a cargo de las partes y el incumplimiento de dichas obligaciones sí tendría que dar lugar a responsabilidad de la parte incumplidora.

Ejemplo Piénsese por ejemplo en condiciones suspensivas consistentes en la obtención de una determinada **licencia**.

Es recomendable establecer:

- qué parte solicitará la licencia y será responsable de realizar los trámites y mantener la relación con la administración competente;
- los términos en que se presentará tal solicitud;
- si la parte distinta al obligado principal asume determinados compromisos u obligaciones (tales como obligaciones de suministro de información) en relación al cumplimiento de la obligación principal (p.e. obtención de la licencia);
- el plazo para presentarla y obtener, en su caso, la oportuna respuesta de la administración competente; y
- las consecuencias derivadas del incumplimiento de las obligaciones asumidas por las partes respecto a la obtención de la licencia.

Verificación del cumplimiento de la condición (CC art.1118 y 1119) Es recomendable establecer el plazo y la forma de constatar o evidenciar el cumplimiento de la condición acordada. A falta de previsión expresa en dicho sentido, resulta de aplicación el régimen establecido en el Código Civil. **4785**

Respecto a la **forma** de evidenciar el cumplimiento de la condición, resulta de aplicación el régimen general de prueba.

Y respecto al **plazo**, como indicado, el régimen aplicable a las obligaciones condicionales no exige establecer un plazo máximo de duración para constatar el cumplimiento o incumplimiento de la condición.

En este sentido, en caso de que **no se haya establecido un plazo** para la verificación del cumplimiento o incumplimiento de la condición, el legislador se remite al momento en que, atendiendo a la naturaleza de la obligación condicional, «verosímilmente se hubiera querido señalar» (CC art.1118 párrafo 2º).

Asimismo, la Ley alude a un supuesto de **cumplimiento ficticio de la condición**, al establecer que «se tendrá por cumplida la condición cuando el obligado impidiese voluntariamente su cumplimiento» (CC art.1119). En este sentido, en principio, la mera tentativa no es suficiente para poder dar por cumplida la condición, sino que además de la voluntad de impedirlo, debe efectivamente verificarse tal impedimento.

Renuncia al cumplimiento de la condición Los efectos derivados del cumplimiento de ciertas condiciones de carácter dispositivo, esto es, cuya introducción como elemento que suspende los efectos del negocio jurídico perfeccionado o lo resuelve automáticamente no es legalmente exigible, puede ser objeto de renuncia por aquella de las partes que resultaba beneficiaria de la misma. **4786**

Así, en compraventas sujetas a **condición resolutoria**, la renuncia a la condición elimina la incertidumbre o expectativa de resolución.

Por el contrario, en compraventas sujetas a **condición suspensiva**, la renuncia a la condición dota al negocio jurídico condicional de plena validez y eficacia.

Tal y como ha establecido la jurisprudencia «por su propia naturaleza, la **renuncia** ha de ser **clara, terminante, incondicional e inequívoca**, aunque no resulta imprescindible que sea expresa, ya que puede deducirse de actos inequívocos y concluyentes» (TS 30-9-96, EDJ 6474; 30-10-01, EDJ 37631). Así, «las renuncias no se presumen» sino que «han de resultar de manifestaciones expresas a tal fin» (TS 25-11-02, EDJ 51332; 26-9-13, EDJ 187258). **4787**

Y, asimismo, a los efectos de determinar cuál de las partes resulta **beneficiaria** del evento condicional incorporado a un negocio jurídico, el TS ha indicado que las condiciones incorporadas en los contratos se deben objetivizar «porque ante una obligación bilateral subordinada a un hecho condicionante lo que cuenta no es lo que cada parte haya querido desde su particular conveniencia sino la efectividad del hecho mismo en el que están comprometidas ambas partes» (TS 18-7-06, EDJ 105587).

En este sentido, en caso de acordarlo así las partes, la posibilidad de **renunciar unilateralmente** a los efectos derivados del cumplimiento de la condición resolutoria es recomendable que dicho acuerdo se prevea expresamente en el cuerpo del contrato.

En cualquier caso, a los efectos de evitar problemas interpretativos, es del todo recomendable que las partes establezcan claramente en el contrato la parte o partes que pueden renunciar al cumplimiento de la obligación, la manera de comunicar dicha renuncia y los efectos derivados de la misma.

Regulación de la gestión de la empresa durante el periodo interino Tal y como se desarrolla en el nº 5300 s., en compraventas de empresas sujetas a condición suspensiva o resolutoria, al tener las partes una expectativa o derecho latente sobre la empresa objeto del contrato, resulta importante regular quién y cómo debe gestionar la empresa mientras la condición esté pendiente y asimismo, en su caso, la **responsabilidad de las partes** derivada de dicha gestión interina. **4788**

Así, en compraventas sujetas a **condición suspensiva**, la parte compradora tiene una expectativa o derecho latente a adquirir la empresa (y por tanto, quiere evitar que, durante el periodo interino, se produzca tanto cualquier daño en la compañía/negocio objeto de compra, como cualquier decisión de negocio que altere o modifique el negocio objeto de compra, en ambos casos, respecto al momento de perfección del contrato de compraventa), y la parte vendedora a transmitirla con efectos desde la perfección del contrato (queriendo no obstante guardar las cautelas oportunas sobre la compañía/negocio objeto de transmisión y su gestión, ante un posible supuesto de no cumplimiento de la condición suspensiva).

Y en compraventas sujetas a **condición resolutoria**, la parte vendedora tiene una expectativa o derecho latente a recuperar la empresa, y la parte compradora a adquirirla plenamente sin posibilidad de rescisión.

4789 En este sentido, a **falta de regulación expresa** por las partes, el Código Civil establece los principios generales para analizar esta cuestión, cuyas principales características se establecen a continuación:

a) En compraventas sujetas a condición, se entiende que ambas partes tienen un derecho eventual sobre el objeto de la compraventa en cuestión y que dicho **derecho** es **disponible**, salvo acuerdo de las partes en otro sentido, sin perjuicio del efecto retroactivo derivado del acaecimiento de la condición y de la protección que nuestro ordenamiento confiere a los adquirentes de buena fe que ignoraban la existencia de la condición a la que estaban sometidos los derechos del titular eventual.

b) La expectativa o derecho latente de las partes sobre la empresa objeto del contrato es objeto de protección por el Código Civil, que establece que «el acreedor puede, antes del cumplimiento de las condiciones, ejercitar las acciones procedentes para la **conservación** de su **derecho**. El deudor puede repetir lo que en el mismo tiempo hubiese pagado.» (CC art.1121).

En este sentido:

• El vendedor que vendió sujeto a condición resolutoria y el comprador que compró sujeto a condición suspensiva pueden ejercitar las acciones tendentes a la **conservación de sus derechos** sobre el bien objeto del contrato.

• Y del mismo modo, el comprador que compró sujeto a condición resolutoria y el vendedor que vendió sujeto a condición suspensiva no pierden los **poderes dispositivos** sobre el bien objeto del contrato. No obstante, al estar su titularidad amenazada por el cumplimiento de la condición, los adquirentes de derechos sobre el bien están igualmente afectados por esta, sin perjuicio de la protección que nuestro ordenamiento jurídico confiera a los adquirentes de buena fe.

4790 **c)** Respecto a los **actos de administración** efectuados por el titular eventual durante la pendencia de la condición, a pesar de la retroacción, estos deben mantenerse y considerarse válidos y eficaces.

En cualquier caso, tales actos de administración se analizan y pasan por el tamiz del principio de **buena fe y** de la **diligencia debida**, de forma que, de no concurrir buena fe o no habiéndose realizado tales actos de administración con la misma diligencia que se pondría si la obligación eventual de entrega no existiese, resulta de aplicación lo dispuesto en el CC art.1122 (ver nº 4777).

4791 En relación con lo anterior, cabe prestar especial atención, en la regulación del **período interino**, a las eventuales responsabilidades que puede asumir el comprador si se considera que actúa como **administrador de hecho** de la empresa target (LSC art.236.3), así como a la normativa aplicable en materia de defensa de la competencia a los efectos de evitar que la intervención del comprador en la gestión de la empresa target durante el período interino, derive en un incumplimiento de dicha normativa al entenderse que ha adquirido el **control** de la misma con carácter previo a la obtención de las preceptivas autorizaciones de las autoridades de defensa de la competencia, en su caso y a título ejemplificativo.

4792 Ejemplo Resulta de vital importancia que las cláusulas que regulan la **gestión de la empresa** target durante el **periodo interino** sean cuidadosamente analizadas desde una perspectiva de derecho de la competencia y en atención a las circunstancias particulares de la transacción.

A continuación, se reproduce un ejemplo de **cláusula** en la que se regula la gestión de la empresa objeto de la compraventa durante el periodo interino comprendido entre la firma y perfección del contrato (el *signing*) y la efectividad y ejecución de la compraventa (el *closing*).

«Desde la fecha del presente Contrato e ininterrumpidamente hasta la Fecha de Cierre (tal como se define este término más adelante), ambas inclusive, los Vendedores se comprometen a que la Sociedad siga desarrollando sus actividades en el curso ordinario y normal del negocio, y de la misma forma que se ha hecho hasta el momento de la firma de este Contrato. Los Vendedores se comprometen, desde la fecha del presente Contrato hasta la Fecha de Cierre, ambas inclusive, a abstenerse de realizar en la Sociedad las actividades descritas a continuación, salvo que en este Contrato se establezca lo contrario y/o salvo obtención previa y por escrito del consentimiento del Comprador (los actos que se indican a continuación, serán denominados los «Actos Restringidos»), sin que dicho permiso y autorización puedan ser irrazonablemente denegados o retrasados:

(i) Modificar o proponer modificaciones a los estatutos sociales.

(ii) Celebrar operaciones extraordinarias, como adquisiciones, fusiones, escisiones segregaciones o cualquier otra operación análoga.

(iii) Votar a favor o aprobar el pago de dividendos o la distribución de reservas de la Sociedad;

(iv) Aumentar las retribuciones de los miembros del órgano de administración de la Sociedad o de sus principales ejecutivos. **4792** (sigue)
(v) modificar de manera sustancial la relación o condiciones laborales o contractuales de cualquier empleado, agente, subagente o colaborador, salvo en la medida exigida por la ley aplicable;
(vi) Celebrar acuerdos de sociedad conjunta o tomar participación en cualesquiera sociedades.
(vii) Contraer, asumir o garantizar cualquier préstamo, empréstito, endeudamiento o cualquier otra modalidad de financiación, crédito o ayuda financiera, salvo cuando ello se haga en el giro o tráfico ordinario y de forma sustancialmente coherente con sus prácticas anteriores.
(viii) Anular, descontar, someter a factoring, vender o ceder cualquier efecto comercial a cobrar o deuda contraída con terceros, salvo en el giro o tráfico ordinario.
(ix) Enajenar, arrendar, otorgar licencias, constituir cargas o gravámenes o disponer de cualquier otra forma sobre cualquier activo de la Sociedad excepto (a) en virtud de contratos o compromisos existentes que hayan sido revelados al Comprador, (b) las que se deriven del giro o tráfico ordinario y de forma sustancialmente coherente con sus prácticas anteriores o (c) sean constituidas o impuestas por imperativo legal.
(x) Celebrar cualquier acuerdo, compromiso o contrato por el que se cree cualquier gravamen sobre las Participaciones que limite o restrinja de cualquier modo la posibilidad de transmitir las mismas.
(xi) Disolver o adoptar cualquier plan de liquidación o de disolución.
(xii) Celebrar, renovar, prorrogar o cancelar acuerdos o contratos (incluyendo, sin limitación alguna, compraventas, arrendamientos, permutas de propiedades o activos o prestaciones de servicios) excepto (a) en virtud de contratos o compromisos existentes que hayan sido revelados al Comprador o (b) en el curso ordinario de sus negocios y en términos y condiciones de mercado.
Con objeto de preservar el valor económico de la inversión comprometida por el Comprador durante el periodo que medie entre la fecha del presente Contrato y la Fecha de Cierre, se celebrarán periódicamente reuniones entre el Comprador y los Vendedores, así como con los directivos de la Sociedad o cualquier otra persona que en cada caso se considere conveniente. Dichas reuniones tendrán por objeto exclusivo permitir a los Vendedores comunicar inmediatamente al Comprador cualquier circunstancia o suceso que afecte a los Vendedores que sea o conlleve excepción o modificación en lo declarado en este Contrato».

CAPÍTULO 21

Notificación a las autoridades de competencia. Control de concentraciones

		4850
I.	**Consideraciones generales**	4855
II.	**Control de concentraciones en España y en la Unión Europea**	4865
A.	Régimen de la Unión Europea en materia de control de concentraciones	4870
1.	Existencia de una concentración	4875
2.	Umbrales de notificación ante la Comisión Europea	4925
B.	Régimen español en materia de control de concentraciones	4960
1.	Existencia de una concentración	4965
2.	Umbrales	4990
III.	**Notificación a las autoridades de defensa de la competencia**	5020
A.	Notificación ante la Comisión Europea	5025
1.	Obligación de notificación	5030
2.	Procedimiento de notificación ante la Comisión Europea	5035
3.	Mecanismos de remisión de operaciones de concentración	5055
4.	Forma de la notificación	5060
5.	Criterios de evaluación de las concentraciones	5070
6.	Régimen sancionador	5075
7.	Régimen de recursos	5085
B.	Notificación a la CNMC	5090
1.	Obligación de notificación	5095
2.	Procedimiento de control de concentraciones ante la CNMC	5100
3.	Consulta previa	5135
4.	Forma de la notificación	5140
5.	Evaluación de las concentraciones	5150
6.	Régimen sancionador	5155
7.	Régimen de recursos	5160
C.	Restricciones accesorias a las operaciones de concentración	5165
1.	Tipología de restricciones accesorias	5170
2.	Acuerdos de licencia	5185
3.	Obligaciones de compra y suministro	5190
D.	Compromisos aceptables en una operación de concentración	5195
IV.	**Efectos suspensivos de la notificación sobre la transacción**	5210

I. Consideraciones generales

Las transacciones que cumplan determinados requisitos cualitativos y superen ciertos umbrales establecidos normativamente constituyen una **operación de concentración** que debe ser notificada ante las autoridades de defensa de la competencia que resulten competentes, con carácter previo a su ejecución, con el objeto de recabar la necesaria autorización por parte de dichas autoridades. 4855

El **control de las concentraciones** empresariales es un elemento fundamental de los sistemas de defensa de la competencia. El **objetivo** de estos regímenes es velar por que de una operación de concentración no se deriven efectos negativos para la competencia efectiva en los mercados, la competitividad empresarial, el bienestar de los consumidores y, en definitiva, para el interés general.

Así, el régimen de control de concentraciones se encarga de valorar si la ejecución de una operación de concentración podría llegar a alterar la **estructura de un mercado** de forma que se pueda obstaculizar de forma significativa la competencia efectiva en el mismo.

4856 El control de concentraciones se configura, por tanto, como una intervención pública *ex ante* de las **autoridades de defensa de la competencia** y se configura, así, como un complemento (preventivo) a la normativa que regula el abuso de posición de dominio en los mercados (esta sancionadora y reparadora).
El sistema de control de concentraciones conlleva analizar el efecto que tendría una determinada operación de concentración en el mercado, de ejecutarse la misma. Este análisis requiere necesariamente que las autoridades de defensa de la competencia lleven a cabo una comparación entre la estructura competitiva previa a la concentración y cómo quedaría el mercado en caso de que la operación de concentración finalmente llegara a ejecutarse, lo que implica un ejercicio de **proyección futura de efectos potenciales**.

4857 La **normativa** relativa al control de operaciones de concentración se encuentra regulada a dos niveles:
- a **nivel de la UE**, para aquellas operaciones de concentración que excedan del ámbito nacional al alcanzar un determinado volumen de negocios que le otorga dimensión comunitaria (ver nº 4925); y
- a **nivel nacional**, para aquellas operaciones que afecten fundamentalmente a mercados nacionales y superen determinados umbrales de notificabilidad (en España, establecidos en función de criterios de facturación y cuotas de mercado) (ver nº 4990).

4858 Con carácter general, a efectos de la normativa en materia de defensa de la competencia, se considera que se produce una concentración cuando tiene lugar un **cambio estable de la estructura de control** de la totalidad o parte de una o varias empresas como consecuencia de:
- la fusión de dos o más empresas anteriormente independientes;
- la adquisición por una empresa del control sobre la totalidad o parte de una o varias empresas; o
- la creación de una empresa en participación y, en general, la adquisición del control conjunto sobre una o varias empresas, cuando estas desempeñen de forma permanente las funciones de una entidad económica autónoma.
En caso de que, a resultas de una transacción, se produzca un cambio duradero de la estructura de control que determine que la operación puede ser considerada como una concentración económica, debe analizarse si se superan los **umbrales de notificabilidad** establecidos en la normativa de la UE, nacional o de otros países, para determinar si la operación debe notificarse ante la Comisión Europea, la Comisión Nacional de los Mercados y la Competencia («**CNMC**»), o ante las autoridades de defensa de la competencia de otros Estados (incluso ajenos a la propia Unión Europea).

4859 A las transacciones que constituyan una concentración económica que superen los umbrales previstos a **nivel europeo** se les aplica la normativa de la UE y deben notificarse ante la Comisión Europea. Ello sin perjuicio de la posibilidad de tener que notificar la operación de concentración, simultáneamente, a autoridades de defensa de la competencia de Estados fuera del ámbito de la Unión Europea.
Asimismo, en aquellas concentraciones que no superen los umbrales requeridos para ser consideradas de ámbito europeo, debe comprobarse si alcanzan los umbrales para ser consideradas de **ámbito nacional**, en cuyo caso se les aplica la normativa nacional en materia de control de concentraciones. En España, las operaciones de concentración que superen los umbrales establecidos deben ser notificadas ante la CNMC (no existen en España competencias de las comunidades autónomas para resolver sobre expedientes de concentración).
En este sentido, debe señalarse que, si se superan los umbrales previstos en la normativa de la UE o nacional de control de concentraciones, la **notificación** ante las **autoridades de defensa de la competencia** es obligatoria y debe realizarse antes de llevar a cabo la operación, la cual no podrá ejecutarse, con carácter general, hasta que sea aprobada expresa o tácitamente por la autoridad de defensa de la competencia que corresponda.

4860 Los **elementos del análisis** de una transacción desde la perspectiva del régimen de control de concentraciones económicas conllevan la toma en consideración de los siguientes aspectos:
1º Determinación de la existencia de una **operación de concentración**.
2º En caso de concurrir la existencia de una operación de concentración, análisis de la superación de los **umbrales de notificabilidad** establecidos normativamente a nivel europeo y nacional.
3º En caso de superarse los citados umbrales, notificación de la operación de concentración ante las **autoridades de defensa de la competencia** que sean competentes.

4º Análisis de la operación de concentración por parte de las autoridades de defensa de la competencia y, en su caso, **autorización** de la operación en **primera fase** (con o sin compromisos) si la operación no presenta dudas sobre su viabilidad desde la perspectiva del Derecho de la competencia;
5º En su caso, y mediando la necesidad de realizar un análisis más en profundidad de la operación por presentar dudas sobre su compatibilidad con la normativa de competencia, apertura de la **segunda fase de análisis** de la operación de concentración por parte de las autoridades de defensa de la competencia y aprobación (con o sin condiciones) o prohibición de la operación.
6º En España, eventual intervención del **Consejo de Ministros** por razones de interés general cuando, en segunda fase, la CNMC haya resuelto prohibir la operación de concentración o haya decidido subordinar su autorización al cumplimiento de determinados compromisos propuestos por los notificantes o condiciones.

Por último, es preciso indicar que en todo el análisis a realizar en materia de control de concentraciones va a primar el aspecto sustantivo frente a un análisis formal y, así, serán los **elementos económicos** que concurran los que, por encima de **apariencias formales**, deben regir el análisis. Por ello, será siempre el análisis «caso a caso» el que debe realizarse para adecuar las circunstancias a la normativa de defensa de la competencia. 4861

II. Control de concentraciones en España y en la Unión Europea

Si una transacción cumple los requisitos establecidos en el Rgto CE/139/2004 sobre el control de concentraciones entre empresas («**Reglamento comunitario de concentraciones**») y su normativa de desarrollo, se considera de dimensión comunitaria. 4865
Por el contrario, si una transacción no supera los umbrales requeridos para ser considerada de dimensión comunitaria, debe comprobarse si la misma supera los umbrales de notificabilidad establecidos en las distintas **normativas** de control de concentraciones de los **Estados miembros**, y ello al margen de otros regímenes de control de concentraciones de terceros Estados (no miembros de la UE) que pudieran ser de aplicación.
Así, por una parte, existe un régimen específico instaurado por el Reglamento comunitario de concentraciones y, por otra, cada Estado puede disponer su propia regulación para tratar las operaciones de concentración. En **España**, debe atenderse a lo dispuesto en la L 15/2007 de Defensa de la Competencia («**LDC**»), así como a su correspondiente normativa de desarrollo.

La **coexistencia** de los **regímenes europeo y español** de control de concentraciones, hace necesario esclarecer qué criterios se utilizan para determinar la aplicación de uno u otro ante una operación de concentración. 4866
Es necesario subrayar que ambos regímenes son **excluyentes**, de manera que, si la operación alcanza dimensión comunitaria por cumplirse los criterios del régimen de la UE de concentraciones, se aplica el Reglamento comunitario de concentraciones y su normativa de desarrollo (al margen de otras autoridades de competencia nacionales de terceros Estados). De no alcanzarse tal dimensión comunitaria, es necesario analizar los criterios del sistema español para confirmar la necesidad de notificación ante la autoridad española de competencia o ante otras autoridades de defensa de la competencia de otros Estados de la UE, por si se cumplieran los requisitos establecidos en los respectivos ordenamientos nacionales.

A. Régimen de la Unión Europea en materia de control de concentraciones

4870

1. **Existencia de una concentración** 4875
   a. Concepto de concentración 4880
   b. Tipos de concentraciones 4885
   c. Medios de control 4895
   d. Adquirentes de control 4900
   e. Carácter duradero en el control 4905
   f. Tipos de control 4910
   g. Cambios en la naturaleza del control 4920
2. **Umbrales de notificación ante la Comisión Europea** 4925
   a. Primer umbral de notificación de dimensión comunitaria 4930
   b. Segundo umbral de notificación de dimensión comunitaria 4935
   c. Concepto de empresa afectada 4940
   d. Cálculo del volumen de negocios 4945
   e. Asignación geográfica del volumen de negocios 4950
   f. Conversión en euros 4955

4871 El control de concentraciones **se rige por** el principio de «ventanilla única», en base al concepto de «**dimensión comunitaria**» y al principio de subsidiariedad (*one-stop-shop*), de manera que la Comisión Europea conoce, con arreglo al Derecho de la UE, de aquellas operaciones de concentraciones de empresas que alcancen dimensión comunitaria.

Para la determinación de la **aplicación** de la normativa europea sobre concentraciones de empresas se estableció el concepto de concentraciones de dimensión comunitaria, definido por un **doble criterio. La transacción debe**:

- constituir una **concentración** (nº 4880 s.); y

• alcanzar los umbrales de **volumen de negocios** establecidos (nº 4925 s.).

Las **operaciones** de concentración que **no alcancen los requisitos** establecidos en la normativa de la UE de control de concentraciones, no son consideradas concentraciones de dimensión comunitaria y deben ser analizadas, en su caso, por las autoridades de defensa de la competencia de los respectivos Estados miembros (al margen de otras autoridades de competencia nacionales de terceros Estados).

1. Existencia de una concentración

4875

a. Concepto de concentración 4880
b. Tipos de concentraciones 4885
c. Medios de control 4895
d. Adquirentes de control 4900
e. Carácter duradero en el control 4905
f. Tipos de control 4910
g. Cambios en la naturaleza del control 4920

a. Concepto de concentración

(Rgto CE/139/2004 art.3.1, 4 y 5)

4880 Una concentración comprende únicamente aquellas operaciones que den lugar a un **cambio duradero en la estructura de control** de las empresas afectadas. Por tanto, la existencia de una concentración se centra en el concepto de cambio duradero de la estructura de control.

El cambio duradero de control puede producirse como consecuencia de, en particular, y sin ser una lista exhaustiva:

• La **fusión** de dos o más empresas o partes de empresas anteriormente independientes.

• La **adquisición**, por una o varias personas que ya controlen al menos una empresa, o por una o varias empresas, mediante la toma de participaciones en el capital o la compra de elementos del activo, mediante contrato o por cualquier otro medio, del control directo o indirecto sobre la totalidad o partes de una o varias otras empresas.

• La **creación** de una **empresa en participación** que desempeñe de forma permanente todas las funciones de una entidad autónoma independiente.

Se entiende que **no se produce una concentración** en los siguientes supuestos: **4882**
a) La **compra de títulos** por empresas cuyas actividades normales incluyan la transacción y negociación de títulos por cuenta propia o cuenta ajena de terceros si esta se efectúa dentro del ejercicio de sus actividades y si los títulos se poseen solo con carácter temporal y siempre que se cumplan las siguientes **condiciones**:
- la **empresa adquirente** debe ser una entidad de crédito u otra entidad financiera o compañía de seguros cuya actividad normal sea una de las descritas anteriormente;
- los **títulos** deben adquirirse con vistas a su reventa;
- la **empresa compradora** no puede ejercer los **derechos de voto** con objeto de determinar el comportamiento competitivo de la empresa en cuestión o solo ejerce dicho derecho con el fin de preparar la enajenación de la totalidad o parte de dicha empresa, de sus activos o de sus participaciones;
- la **empresa compradora** debe **enajenar** su **participación mayoritaria** en el plazo de un año desde la fecha de la adquisición; esto es debe reducir su participación en el plazo citado como mínimo a un nivel que no le confiera el control. No obstante, la Comisión podrá prorrogar este plazo previa solicitud cuando dichas entidades o sociedades justifiquen que no ha sido razonablemente posible proceder a la realización en el plazo establecido.

b) Cuando el control lo adquiera una persona en virtud de un **mandato** conferido por la **autoridad pública** con arreglo a la normativa de un Estado miembro relativa a la liquidación, quiebra, insolvencia, suspensión de pagos, concurso de acreedores, convenio de acreedores u otro procedimiento análogo. **4883**
c) Los **acuerdos puramente financieros**, como las operaciones de cesión-arrendamientos con acuerdo de recompra de los activos al término del plazo, normalmente no constituyen una concentración puesto que no cambia el control sobre la gestión y los recursos
Finalmente, tampoco se produce una concentración cuando adquiere el control una **sociedad de participaciónfinanciera** conforme a la Dir 2013/34/UE art.2.15.
El concepto de «sociedad de participación financiera» queda limitado a las sociedades cuya finalidad sea la adquisición de participaciones en otras empresas sin inmiscuirse directa o indirectamente en la gestión o control de esas empresas. El Reglamento comunitario de concentraciones prevé una **condición** más para que se aplique esta excepción: tales compañías solo pueden ejercer los derechos de voto en las empresas en las que participan para mantener el pleno valor de tales inversiones y no para determinar directa o indirectamente el comportamiento competitivo de dichas empresas participadas.

b. Tipos de concentraciones

Fusión de empresas anteriormente independientes (Rgto CE/139/2004 art.3.1.a) Este tipo de concentración se produce cuando: **4885**
• Dos o más empresas anteriormente independientes se fusionan en una nueva empresa y dejan de existir como entidades jurídicas diferenciadas.
• Se produce la **absorción** de una empresa por otra. En este supuesto, la empresa absorbente mantiene su **personalidad jurídica** mientras que la empresa absorbida deja de existir como tal.
• A pesar de **no** producirse una **fusión a nivel jurídico**, la combinación de las actividades de empresas anteriormente independientes supone la **creación** de una **única entidad económica**. Esto puede ocurrir especialmente cuando dos o más empresas, que conservan su personalidad jurídica propia, establecen mediante contrato una gestión económica conjunta o la estructura de una compañía de doble cotización. Si la combinación de las actividades de las empresas conduce a una fusión *de facto* de las empresas en una única entidad económica, se considera que se produce una concentración.

Precisiones La existencia de una **gestión económica única y permanente** es un requisito previo indispensable para determinar si existe una fusión *de facto*. Entre otros factores importantes, cabe mencionar la compensación interna de pérdidas y ganancias o una distribución de los ingresos entre las distintas entidades del grupo, así como la responsabilidad solidaria o la división de riesgos externos. La **fusión *de facto*** puede estar basada únicamente en acuerdos contractuales, pero puede también reforzarse mediante la adquisición cruzada de participaciones por parte de las empresas que constituyen la entidad económica.

Adquisición de control (Rgto CE/139/2004 art.3.1.b y 3.2) Se produce concentración cuando existe una adquisición de control que implica un **cambio en la estructura de control**. Este control puede adquirirlo una sola empresa o varias empresas conjuntamente. **4886**
Ni el Reglamento comunitario de concentraciones ni las diferentes regulaciones sobre la materia proporcionan una **definición** exacta sobre qué se entiende por **control**. No obstante,

con carácter general se entiende que existe **control** cuando, como consecuencia de determinadas circunstancias de hecho o de derecho, existe una posibilidad real de ejercer una influencia decisiva sobre una empresa.

En concreto, el control puede resultar de los derechos, contratos u otros medios que, por sí mismos o en conjunto, y teniendo en cuenta las circunstancias de hecho y de derecho, confieren la posibilidad de ejercer una **influencia decisiva** sobre una empresa, en particular mediante:

- derechos de propiedad o de uso de la totalidad o de una parte de los **activos** de una empresa;
- derechos o contratos que permitan influir decisivamente sobre la composición, las deliberaciones o las decisiones de los **órganos de gobierno** o de administración de una empresa.

4887 **Empresas en participación** (Rgto CE/139/2004 art.3.4) Este tipo de concentración previsto en el Reglamento comunitario de concentraciones consiste en la **creación** de una empresa en participación que realice, con carácter permanente, todas las funciones de una entidad económica autónoma (las denominadas empresas en participación con plenas funciones o *full-function joint ventures*).

Para que exista una concentración en el sentido del Reglamento comunitario de concentraciones, la empresa en participación debe desempeñar de forma permanente todas las **funciones** de una **entidad económica autónoma**, independientemente de si la empresa en participación se crea a partir de cero o si las partes aportan a la empresa en participación activos que anteriormente poseían individualmente. Así pues, el elemento clave para que constituya una concentración es que la empresa en participación cumpla el **criterio de plenas funciones.**

4888 El Reglamento comunitario de concentraciones tiene en cuenta los siguientes **criterios** para considerar que una empresa en participación tiene **plenas funciones**:

a) **Recursos suficientes para funcionar independientemente** en un mercado: la empresa en participación ha de poder operar en un mercado y desempeñar todas las funciones que normalmente desarrollan las empresas presentes en dicho mercado. Así, debe disponer de una dirección dedicada a las operaciones diarias y de acceso a suficientes recursos financieros, humanos y activos (materiales e inmateriales), para desarrollar una actividad empresarial de forma duradera.

b) **Actividades que exceden una función concreta de las empresas matrices**: una empresa en participación no desempeña funciones plenas si asume únicamente una función concreta dentro de las actividades empresariales de las empresas matrices, sin tener acceso o presencia propios en el mercado (por ejemplo, empresas en participación que se dedican exclusivamente a I+D, a la producción, distribución o venta de los productos de sus empresas matrices), ya que se considera que este tipo de empresas en participación son auxiliares respecto de las actividades de sus matrices. No obstante, el hecho de que una empresa en participación utilice la **red de distribución o ventas** de una o varias de las empresas matrices no implica necesariamente que la empresa en participación carezca de plenas funciones.

4889 c) **Relaciones de compra/venta con las matrices**: en general, se entiende que una presencia importante de las empresas matrices en mercados ascendentes o descendentes constituye un dato importante para determinar si la empresa en participación desempeña plenas funciones. El hecho de que solo durante su periodo inicial de funcionamiento, la empresa en participación dependa casi exclusivamente de las compras o ventas a las matrices no impide, en principio, que se le reconozcan plenas funciones.

• **Ventas a las empresas matrices**: para determinar si una empresa en participación cumple el criterio de plenas funciones, un factor importante es la proporción que representan las ventas a sus empresas matrices con respecto a la producción total de la empresa en participación. Con carácter general, se considera que, si la empresa consigue más del **50% de su volumen de negocios de terceros distintos** a sus empresas matrices, es indicativo de plenas funciones. Por debajo de dicho umbral, es necesario un análisis específico de la relación entre la empresa en participación y sus matrices para determinar la autonomía funcional de la empresa en participación. En este sentido, si desde el punto de vista comercial la empresa en participación trata a sus empresas matrices igual que a terceros, puede ser suficiente con que un mínimo del 20% de las ventas estimadas de la empresa en participación se realicen a terceros. En cualquier caso, cuanto mayor sea la proporción de las ventas a las empresas matrices, mayor será la necesidad de probar claramente el carácter comercial y en términos de mercado de la relación.

• **Compras a las empresas matrices**: en caso de que sea la empresa en participación la que compre a sus empresas matrices, también pueden surgir dudas sobre las plenas funciones de la empresa en participación si el valor que esta añade a los productos o servicios que compra a sus empresas matrices es reducido. En este caso la empresa en participación puede funcionar como una **agencia o sociedad de venta** en común y considerarse que no cumple el requisito de plenas funciones. No obstante, cuando una empresa en participación opere en un mercado de distribución y desempeñe todas las funciones normales de una empresa comercial en ese mercado, no se la considerará un agente auxiliar de ventas de las empresas matrices, sino una empresa en participación con plenas funciones. Es importante en este último supuesto su autonomía operativa y decisional.

d) **Funcionamiento con carácter permanente**: las actividades de la empresa en participación deben tener vocación de permanencia en el tiempo. Se entiende que una empresa en participación no funciona con carácter permanente si ha sido creada con una **duración** determinada y breve o para un proyecto concreto (por ejemplo, UTEs). No existe una definición exacta del tiempo que debe permanecer en el mercado una empresa en participación para que se considere que funciona con carácter permanente. La Comisión Europea ha aceptado que para que se considere que una empresa en participación funciona con carácter permanente no es necesario que su duración sea indefinida o extremadamente larga y ha llegado a considerar suficientes períodos que oscilan entre los 8 y los 15 años. **4890**

e) **Cambios en las actividades de la empresa en participación**: si las empresas matrices deciden ampliar el ámbito de las actividades de la empresa en participación durante el curso de su existencia, dicha ampliación puede considerarse como una nueva concentración que puede dar lugar a una obligación de notificación si se cumplen los requisitos para ello. También puede considerarse una concentración la **transferencia de activos** adicionales significativos, contratos, *know how* u otros derechos a la empresa en participación. Si esta transferencia constituye la base para una ampliación de las actividades de la empresa en participación a otros productos o mercados que no eran el objeto de la empresa en participación original, y si realiza estas actividades con plenas funciones, esta ampliación debe ser objeto de notificación ante las autoridades de defensa de la competencia cuando ello resulte preceptivo (por ejemplo, superación de umbrales).

c. Medios de control

(Rgto CE/139/2004 art.3.2)

Se define control como la **posibilidad de ejercer** una **influencia decisiva** sobre una empresa. **4895**
Téngase en cuenta que no es necesario ejercer efectivamente una influencia decisiva sobre una empresa, sino que la mera posibilidad de ejercer dicha influencia resulta suficiente para considerar que existe control a los efectos de la normativa en materia de concentraciones.

La posibilidad de ejercer una influencia decisiva sobre una empresa puede resultar de los **derechos, contratos u otros medios**, por sí mismos o en conjunto, debiendo tener en cuenta las circunstancias de hecho y de derecho que se produzcan en cada caso. Para determinar la existencia de medios de control y otras cuestiones relacionadas con el control de concentraciones, la Comisión Europea ha publicado la Comunicación consolidada de la Comisión sobre cuestiones jurisdiccionales en materia de competencia, realizada de conformidad con el Reglamento (CE) nº 139/2004 del Consejo, sobre el control de las concentraciones entre empresas (2008/C 95/01) (la «Comunicación consolidada sobre cuestiones jurisdiccionales»). A efectos prácticos, se pueden dar los siguientes medios de control:

Adquisición de acciones o activos El caso más claro de adquisición de control es cuando una o varias empresas adquieren los activos o la mayoría de acciones o participaciones sociales de una sociedad, a la vez que dichas acciones o participaciones llevan aparejadas la **mayoría de derechos de voto**. En este sentido, se pueden dar algunos casos de adquisición de acciones o participaciones que deben ser analizados desde la perspectiva de control de concentraciones: **4896**

a) Si se adquiere una **participación mayoritaria** que **no** lleve aparejada la **mayoría de los derechos de voto** no se entiende que exista control, salvo que el control provenga por otra vía (pactos parasociales, derechos contractuales, etc.).

b) Por el contrario, si se adquiere una **participación minoritaria** que lleve aparejadas acciones preferentes con **derechos especiales**, que permitan al accionista minoritario determinar la estrategia competitiva de la empresa afectada, se entiende que se adquiere el control.

En consecuencia, y ello va a ser un elemento fundamental en toda esta materia, hay que realizar un **análisis caso a caso** para determinar la concurrencia de control y, a partir de ahí, la existencia de un cambio duradero de la estructura de control de una empresa.

Vía contractual El control puede adquirirse a través de un contrato. El contrato debe conducir a un control de la **gestión y** de los **recursos** de otra empresa similar al que se produciría en la adquisición de activos o acciones/participaciones de otra empresa. **4897**

Estos contratos deben ser de muy larga **duración** y generalmente sin posibilidad de rescisión anticipada para la parte que concede los derechos contractuales (puede ser el caso, por ejemplo, de contratos de arrendamiento de industria de larga duración). El control también puede consistir en el **derecho de uso** de los activos de una empresa.

4898 **Control por otros medios** Las **relaciones puramente económicas** pueden desembocar en la adquisición del control de una empresa, en circunstancias excepcionales, cuando de una situación de dependencia económica resulta *de facto* la adquisición de control, por ejemplo, si existen acuerdos de suministro o créditos muy importantes y a largo plazo concedidos por proveedores o clientes, junto con vínculos estructurales, que permiten ejercer una influencia decisiva.

d. Adquirentes de control

4900 A efectos del régimen de la UE de control de concentraciones, el control puede ser adquirido por una o varias personas o empresas y sobre la totalidad o parte de una o varias empresas o de sus activos.

Puede adquirir control una **entidad** (incluyendo organismos públicos, entidades privadas y personas físicas) que ya controla, sola o conjuntamente, al menos una empresa, o un conjunto de entidades que ya controlan otras empresas. Las adquisiciones de control por parte de **personas físicas** solo se considera que producen un cambio duradero en la estructura de las empresas afectadas si dichas personas físicas realizan otras actividades económicas por su cuenta o si controlan al menos otra empresa.

Normalmente, el control lo adquieren personas o empresas titulares de los derechos o autorizadas a ejercer derechos que confieren control. No obstante, también hay situaciones excepcionales en las que el **titular legítimo de una participación** de control no es la misma persona o empresa que tiene el poder real para ejercer los derechos resultantes de su participación. Esto ocurre, por ejemplo, cuando una empresa se vale de otra persona o empresa para adquirir una participación de control y tiene la facultad de ejercer los derechos que confieren el **control a través de dicha persona o empresa**. En este caso, se considera que el control lo adquiere la empresa que está en última instancia detrás de la operación y que tiene de hecho el poder de controlar la empresa objeto de la operación. De este modo, el control ostentado por sociedades mercantiles puede imputarse a sus socios únicos, mayoritarios o que ejercen el control conjunto de la empresa puesto que estas sociedades mercantiles siguen en todo caso las decisiones de estos socios. Se debe estar, en consecuencia, al **titular real último** del control.

4901 **Adquisición del control por parte de fondos de inversión** Los fondos de inversión adquieren generalmente las acciones/participaciones sociales y derechos de voto que confieren el control sobre las sociedades de su cartera. Dependiendo de las circunstancias, normalmente el control lo ejerce la **sociedad de inversión** que ha creado el fondo, ya que el fondo en sí habitualmente es un mero instrumento de inversión. En circunstancias menos frecuentes, puede ejercer el control el propio fondo. La sociedad de inversión generalmente ejerce el control mediante la **estructura organizativa** (sociedad gestora o similar), es decir, controlando al socio colectivo de los fondos organizados en sociedad en comandita, **o** mediante **acuerdos contractuales**, tales como acuerdos consultivos, o una combinación de ambos. Puede ser este el caso aun cuando la sociedad de inversión no sea propietaria de la empresa que actúa como socio colectivo, sino que sus acciones son propiedad de personas físicas (que pueden estar relacionadas con la sociedad de inversión) o de un fondo fiduciario. Los acuerdos contractuales con la sociedad de inversión, en especial los acuerdos consultivos, son aún más importantes si el socio colectivo carece de recursos propios y de personal para gestionar la cartera de las sociedades y únicamente constituye una estructura empresarial cuyos actos son realizados por personas vinculadas a la sociedad de inversión. En estas circunstancias, la sociedad de inversión normalmente adquiere el **control indirecto** y tiene el poder de ejercer los derechos que ostenta directamente el fondo de inversión.

e. Carácter duradero en el control

4905 Para que se produzca una concentración el cambio en la estructura de control debe ser duradero. Por tanto, no se incluyen dentro del Reglamento comunitario de concentraciones aquellas operaciones que únicamente producen un cambio temporal de control o se realizan para el desarrollo específico de un proyecto (por ejemplo, UTEs).

No obstante, el hecho de que los acuerdos que originen un cambio de control de una empresa se celebren por un **periodo definido de tiempo**, no excluye que pueda considerarse que existe un cambio de control duradero, siempre que dichos acuerdos sean renovables y tengan vocación de permanencia. También puede darse una concentración en casos en los que los acuerdos o pactos de los que derive el control tengan una **fecha final definida**, si el periodo establecido es suficientemente largo para dar lugar a un cambio duradero en el control de una empresa en cuestión.

f. Tipos de control

La normativa en materia de control de concentraciones diferencia entre la adquisición de dos tipos de control: la adquisición de control exclusivo y la adquisición de control conjunto. **4910**

Control exclusivo Se adquiere el control exclusivo cuando una **empresa en solitario** puede ejercer una influencia decisiva sobre otra empresa. **4911**

Ejemplos 1) Una empresa en solitario goza de poder para determinar las **decisiones de estrategia competitiva** de otra empresa (normalmente este poder se logra mediante la propiedad de la mayoría de derechos de voto en una compañía).
2) Un solo accionista puede **vetar las decisiones estratégicas** de una empresa, pero no puede por sí solo imponer dichas decisiones (control exclusivo negativo). En este segundo ejemplo, un único accionista ostenta el poder de bloquear la adopción de decisiones estratégicas y, a diferencia de lo que sucede en otras empresas controladas conjuntamente, no existen otros accionistas con el mismo nivel de influencia, por lo que el accionista que posee el control exclusivo negativo no tiene que cooperar necesariamente con otros accionistas para determinar (incluso mediante veto) el comportamiento estratégico de la empresa controlada.

El control exclusivo puede adquirirse *de iure* o *de facto*. **4912**

• El **control exclusivo *de iure*** se adquiere cuando una entidad adquiere la mayoría de los derechos de voto de otra empresa. Aun cuando se trate de una participación minoritaria, el control exclusivo puede producirse en el plano jurídico en los casos en los que esta participación conlleve derechos específicos. El control exclusivo también puede ser ejercido por un accionista minoritario que tenga el derecho de gestionar las actividades de la empresa y de determinar su política comercial basándose en su estructura organizativa.

• Por su parte, un socio minoritario puede adquirir el **control exclusivo *de facto*** cuando a pesar de no tener la mayoría de las acciones o participaciones sociales de una empresa, es muy probable que obtenga la mayoría en las juntas de socios, dado su número de acciones/participaciones, la presencia de socios en las juntas de años anteriores o las delegaciones de voto en favor del consejo de administración. Si las acciones/participaciones restantes están muy repartidas, otros socios importantes tienen vínculos con el gran socio minoritario o si otros socios tienen un interés estratégico puramente financiero en la empresa, es probable que el socio minoritario ostente un control exclusivo de facto sobre la empresa. Estos criterios deben ser objeto de una evaluación caso por caso.

Control conjunto Se entiende que **existe** control conjunto **cuando dos o más personas** o entidades tienen la posibilidad de ejercer una influencia decisiva sobre otra empresa. La **influencia decisiva** significa la capacidad de bloquear (**derecho de veto**) acciones que determinan la estrategia competitiva de una empresa. **4913**

A diferencia del control exclusivo (que confiere a un único socio el poder de determinar las decisiones estratégicas de una empresa) el control conjunto se caracteriza por la posibilidad de llegar a una situación de bloqueo a causa de la facultad que tienen dos o más empresas matrices de rechazar las decisiones estratégicas propuestas. Así, los socios que poseen el control conjunto sobre una empresa deben llegar a un **acuerdo** para establecer la política comercial de la empresa.

Ejemplos 1) Dos empresas **matrices** controlan a **partes iguales** la totalidad de los derechos de voto de una empresa en participación o cuando ambas empresas tienen derecho a designar todos los miembros de los órganos de administración y cada una de ellas la mitad de los mismos.
2) Dos empresas matrices **no tienen igualdad** de votos o de representación en los órganos decisorios de una compañía. No obstante, si la compañía que es el socio minoritario tiene derechos suplementarios que les permiten vetar decisiones relevantes para la estrategia comercial de la empresa en participación se considera que existe control conjunto

4914 La adquisición de control conjunto no exige demostrar que quien adquiera el control conjunto de la empresa en participación hará un **uso real** de su **influencia decisiva** sobre la misma, sino que la **mera posibilidad de ejercer los derechos de veto** pertinentes resulta suficiente para poder considerar que existe una situación de control conjunto.

Para que se considere que existe control conjunto, un socio no precisa tener **derecho de veto** sobre todas las decisiones de la empresa, sino que es suficiente que exista derecho de veto sobre las **decisiones esenciales** de la política competitiva de la empresa en participación, tales como:

- nombramiento de altos directivos o miembros del consejo de administración;
- elaboración del presupuesto de la empresa en participación;
- plan de negocios;
- inversiones (si desempeñan un papel significativo en el comportamiento competitivo de la empresa); o
- derechos estratégicos específicos para la actividad de la empresa (por ejemplo, tecnologías, nuevas líneas de productos).

4915 Para que se considere que posee el control conjunto sobre una empresa, no es necesario que el socio minoritario tenga derecho de veto sobre todas las decisiones indicadas anteriormente, sino que algunos derechos de veto, o incluso uno solo, pueden llegar a ser suficientes. Ello depende del **contenido** preciso del **derecho de veto** y de la importancia de dicho derecho en el sector en el que opere la empresa en participación.

Para demostrar la existencia o no de control conjunto sobre una empresa debe efectuarse una **valoración global de los derechos de veto** existentes. No obstante, un derecho de veto que no se refiera a la política estratégica comercial de la empresa, al nombramiento de altos cargos directivos o al presupuesto o al plan de negocios no puede considerarse que confiera el control conjunto a su titular.

En cualquier caso, se considera que **no confieren el control conjunto** sobre una empresa en participación aquellos derechos de veto generalmente concedidos a los socios minoritarios para proteger sus intereses financieros como inversores y preservar el valor de su inversión (por ejemplo, modificaciones estatutarias, aumentos o reducciones de capital con finalidad dilutoria o de exclusión; liquidación de la empresa; venta extraordinaria de bienes; cambios en la política de dividendos; etc.).

4916 **Mecanismos de desbloqueo de los derechos de veto** En caso de que los derechos de veto concedidos a alguno de los socios de la empresa en participación puedan salvarse fácilmente, se considera que puede no existir control conjunto. En este sentido, para que exista control conjunto es necesario que ningún socio de la empresa en participación tenga un **voto de calidad**, ya que este hecho llevaría al control exclusivo de la empresa que goza del voto de calidad. No obstante, sí puede seguir existiendo control conjunto en aquellos casos en que el voto de calidad tiene en la práctica una relevancia y efectividad muy limitada, como por ejemplo es el caso, cuando el voto de calidad solo puede ejercerse después de una serie de procedimientos de arbitraje.

g. Cambios en la naturaleza del control

4920 Los cambios en la naturaleza del control existente sobre una empresa también pueden dar lugar a una **operación de concentración**. Así, constituye una concentración tanto el cambio de una situación de control exclusivo a control conjunto, como el cambio de una situación de control conjunto a control exclusivo. Constituye asimismo una concentración cuando se produce un cambio de una situación de control exclusivo o de control conjunto a otra estructura de control exclusivo o de control conjunto, respectivamente, pero donde las entidades adquirentes a resultas de la ejecución de la operación son distintas.

El paso de una situación de «no control» a una situación de control exclusivo o de control conjunto es también una operación de concentración, pero no la situación inversa (por ejemplo, cuando el resultado de la operación es que la empresa pasa a no ser controlada por ninguna persona física o jurídica).

4921 **De control exclusivo a control conjunto** El cambio de control exclusivo a control conjunto se considera una operación de concentración, ya que se modifica la **naturaleza del control** de la empresa en participación. En este sentido, la incorporación de un nuevo socio a una empresa controlada conjuntamente, ya sea uniéndose a los socios que ya ejercían el control o en sustitución de alguno de ellos, constituye una concentración, también en el caso en que la empresa estuviera controlada conjuntamente antes y después de la operación.

No obstante, la incorporación de nuevos accionistas solo da lugar a una concentración que debe notificarse si uno o varios accionistas adquieren el control exclusivo o conjunto en virtud de la operación.

De control conjunto a control exclusivo El **cambio** de una **situación** de control conjunto a control exclusivo o el **remplazo** de un **accionista** con control conjunto por otro en la misma posición se consideran como operaciones de concentración. No obstante, cuando una operación supone la **reducción del número de socios** que ejercen el control conjunto, sin que dicho control pase a ser exclusivo, en principio, no existe obligación de notificar la operación. 4922

Abandono de la concentración Una concentración deja de existir si las empresas afectadas **renuncian** a la operación que da lugar a la concentración. No obstante, la mera retirada de la notificación no se considera prueba suficiente. Como norma general, los elementos de prueba del abandono de una concentración deben corresponder en términos de forma jurídica, intensidad -entre otros-, al acto inicial que se consideró suficiente para que fuera obligatorio notificar la concentración. De la misma manera, las **modificaciones menores** de una concentración que no afecten al cambio en el control o a la naturaleza de dicho cambio no pueden considerarse un abandono de la concentración. 4923

2. Umbrales de notificación ante la Comisión Europea

El segundo criterio a tener en cuenta para determinar a qué transacciones resulta de aplicación el Reglamento comunitario de concentraciones es un **criterio cuantitativo** en forma de umbrales de volumen de negocios de las partes en la operación. 4925
Se define **dos grupos de umbrales de facturación** alternativos para determinar si una operación tiene dimensión comunitaria y debe notificarse ante la Comisión Europea con carácter previo a su ejecución (Rgto CE/139/2004 art.1).

a. Primer umbral de dimensión comunitaria

(Rgto CE/139/2004 art.1.2)

En primer lugar, una concentración tiene dimensión comunitaria cuando: 4930
- el **volumen de negocios** total a **escala mundial** realizado por el conjunto de las empresas afectadas supere los 5.000 millones de euros, y
- el **volumen de negocios** total a **escala de la UE** realizado individualmente por al menos dos de las empresas afectadas por la concentración supere los 250 millones de euros;

salvo que cada una de las empresas afectadas realice más de dos tercios de su volumen de negocios total en la UE en un único y mismo Estado miembro.

b. Segundo umbral de dimensión comunitaria

(Rgto CE/139/2004 art.1.3)

Adicionalmente, se establece un segundo umbral de notificación alternativo pensado para aquellas operaciones de concentración que, si bien no alcanzan los umbrales indicados anteriormente, sí tendrían **impacto sustancial** en al menos tres Estados miembros y darían lugar potencialmente a diversas notificaciones de conformidad con las normas nacionales sobre competencia en dichos Estados miembros. 4935

De este modo, las operaciones de concentración que no alcancen los umbrales establecidos en el nº 4930 tienen igualmente dimensión comunitaria cuando:
- el **volumen de negocios** total a **escala mundial** realizado por el conjunto de las empresas afectadas supere los 2.500 millones de euros,
- en al menos **tres Estados miembros**, el volumen de negocios total realizado por el conjunto de las empresas afectadas supere los 100 millones de euros en cada uno de dichos Estados miembros,
- en al menos **tres de los Estados miembros** el volumen de negocios total realizado individualmente por al menos dos de las empresas afectadas supere los 25 millones de euros en cada uno de dichos Estados miembros, y
- el **volumen de negocios** total a **escala de la UE** realizado individualmente por al menos dos de las empresas afectadas supere los 100 millones de euros,

salvo que cada una de las empresas afectadas realice más de dos tercios de su volumen de negocios total en la Comunidad en un único y mismo Estado miembro.

c. Concepto de empresa afectada

4940 Se consideran empresas afectadas aquellas empresas que participan en una concentración. La correcta determinación de cuáles son las empresas afectadas en una operación de concentración es un elemento esencial para la correcta valoración del cumplimiento de los umbrales establecidos en el régimen de control de concentraciones.

El volumen de negocios individual y total de estas empresas es el que debe tomarse en cuenta para determinar si se alcanzan los umbrales establecidos en el Reglamento comunitario de concentraciones.

• **Fusión**: En caso de operaciones de concentración que consistan en la fusión de empresas, las empresas afectadas son las empresas que se fusionen.

• **Adquisición de control**: En el resto de casos, las empresas afectadas se determinan caso por caso. Se entiende que han adquirido el control las personas o empresas:

- que sean titulares de esos derechos o beneficiarios de esos contratos; o
- que, sin ser titulares de dichos derechos ni beneficiarios de dichos contratos, puedan ejercer los derechos inherentes a los mismos.

En cuanto a **quién puede adquirir el control**, pueden encontrarse una o varias empresas que adquieran el control exclusivo o conjunto. Del mismo modo, pueden adquirirse tanto una o varias empresas consideradas en su totalidad como partes de las mismas, (por ejemplo, cuando el objeto de la operación sea una filial o una parte de sus activos). En virtud del Reglamento comunitario de concentraciones, cada una de estas empresas se entiende como empresa afectada.

4941 A los efectos de **calcular el volumen de negocios** que debe tenerse en cuenta para determinar si se superan los umbrales establecidos en el Reglamento comunitario de concentraciones (nº 4925), deben sumarse los volúmenes de negocios de las empresas siguientes (Rgto CE/139/2004 art.5.4):

a) La empresa afectada.

b) Las empresas en las que la empresa afectada disponga, directa o indirectamente:

- de más de la mitad del capital o del capital circulante; o
- del poder de ejercer más de la mitad de los derechos de voto; o
- del poder de designar a más de la mitad de los miembros del consejo de vigilancia o de administración o de los órganos que representen legalmente a la empresa; o
- del derecho a dirigir las actividades de la empresa;

c) Las empresas que dispongan, en la empresa afectada, de los derechos o facultades enumerados en la letra b).

d) Las empresas en las que una empresa de las contempladas en la letra c) disponga de los derechos o facultades enumerados en la letra b).

e) Las empresas en las que dos o más empresas de las contempladas en las letras a) a d) dispongan conjuntamente de los derechos o facultades enumerados en la letra b).

4942 Cuando la operación de concentración consista en la **adquisición de una rama de actividad**, unidad de negocio, establecimiento o, en general de una parte de una o más empresas y con independencia de que dicha parte tenga personalidad jurídica propia, solo se ha de tener en cuenta, en lo que corresponde a la adquirida, el volumen de negocios relativo a la parte objeto de la adquisición.

Ejemplo 4943

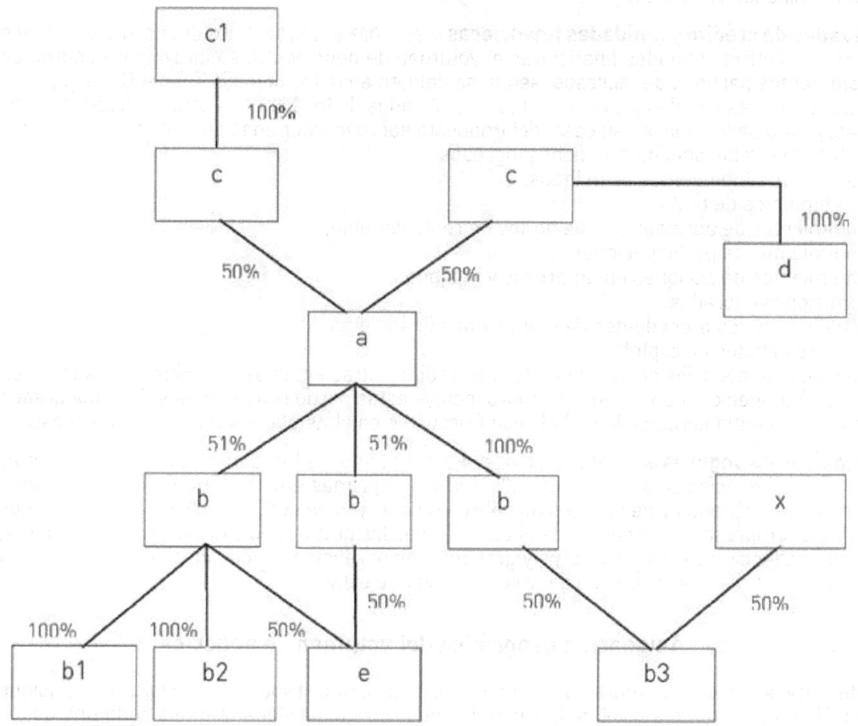

Fuente: Comisión Europea
a: Empresa afectada
b: Sus filiales, empresas detentadas conjuntamente junto con terceros (b3) y sus propias filiales (b1 y b2)
c: Sociedades matrices de la empresa afectada y las matrices de estas (c1)
d: Otras filiales de las sociedades matrices de la empresa afectada
e: Empresas detentadas conjuntamente por dos (o más) empresas del grupo
x: Terceros
Nota: Las letras a-e anteriormente utilizadas se corresponden con las letras del Rgto CE/139/2004 art.5.4. Los porcentajes expuestos en el gráfico se refieren al **porcentaje de derechos de voto** detentados por la sociedad matriz respectiva.

d. Cálculo del volumen de negocios

(Rgto CE/139/2004 art.5.1)

Para calcular el volumen de negocios total al que hacen referencia los umbrales de notificación establecidos en el nº 4930 y nº 4935 deben incluirse los importes resultantes de la **venta de productos** y la **prestación de servicios** de las empresas afectadas durante el último ejercicio correspondientes a sus actividades ordinarias, previa deducción de los descuentos sobre ventas, del impuesto sobre el valor añadido y de otros impuestos directamente relacionados con el volumen de negocios. 4945

El Reglamento comunitario de concentraciones dispone que los importes que han de tenerse en cuenta para calcular el volumen de negocios, deben corresponder a las «**actividades ordinarias**», por tanto, solo han de tenerse en cuenta las ventas de bienes y/o servicios que tengan lugar en el normal desarrollo de la actividad de la empresa. En general, excluye aquellas partidas que figuran en los epígrafes «ingresos financieros» o «ingresos extraordinarios» de las cuentas de las empresas. En este sentido, se consideran ingresos extraordinarios aquellos procedentes de la venta de actividades o de activos fijos.

En caso de que la empresa haya recibido **ayudas** por parte de organismos públicos, si la beneficiaria de la ayuda es la propia empresa y si la ayuda está directamente vinculada a la venta de productos y la prestación de servicios por parte de la empresa, entonces la ayuda debe ser incluida en el cálculo del volumen de negocios.

4946 **Supuestos especiales** (Rgto CE/139/2004 art.5.3) El Reglamento comunitario de concentraciones establece una serie de disposiciones específicas para el cálculo del volumen de negocios de determinadas entidades:

4947 **Entidades de crédito y entidades financieras** (Rgto CE/139/2004 art.5.3.a) En el caso de entidades de crédito y otras entidades financieras el volumen de negocios se sustituye por la **suma de las siguientes partidas de ingresos**, según se definen en la Dir 86/635/CEE del Consejo, relativa a las cuentas anuales y a las cuentas consolidadas de los bancos y otras entidades financieras, previa deducción, en su caso, del impuesto sobre el valor añadido y de otros impuestos directamente relacionados con dichos ingresos:
• Intereses y rendimientos asimilados.
• Rendimientos de títulos:
- rendimientos de acciones y otros títulos de renta variable;
- rendimientos de participaciones;
- rendimientos de acciones en empresas vinculadas.
• Comisiones cobradas.
• Beneficios netos procedentes de operaciones financieras.
• Otros resultados de explotación.
El volumen de negocios de las entidades de crédito y otras entidades financieras realizado en la Unión Europea o en un Estado miembro incluye estas partidas de ingresos de la **sucursal** o división de la entidad radicada en la Unión Europea o en el Estado miembro, según el caso.

4948 **Compañías de seguros** (Rgto CE/139/2004 art.5.3.b) En el caso de las compañías de seguros el volumen de negocios se sustituye por el valor de las **primas emitidas**, que comprende todos los importes cobrados y pendientes de cobro en concepto de contratos de seguro concluidos por dichas empresas o por cuenta de ellas, incluidas las primas cedidas a los reaseguradores, y previa deducción de los impuestos y gravámenes parafiscales aplicados sobre la base del importe de las distintas primas o del volumen total de estas.

e. Asignación geográfica del volumen de negocios

4950 La determinación de los umbrales a nivel de la UE exige que el volumen de negocios se asigne geográficamente tanto a nivel de la Unión Europea como individualmente a cada uno de los Estados miembros.
Para la asignación geográfica del volumen de negocios, el **criterio general** es el de la imputación de la facturación al lugar en que se encuentre el cliente o, en su defecto, al lugar en que se realice la prestación característica (la entrega del bien o la prestación del servicio).

4951 **Supuestos especiales** Existen algunos casos especiales en cuanto a la asignación geográfica del volumen de negocios de la venta de bienes y la prestación de servicios.
• En relación con la **venta de bienes**, puede que el lugar en el que se encuentre el cliente en el momento de celebrar el contrato de compra sea distinto de la dirección en la que se ha facturado dicha adquisición y/o el lugar de entrega. En estas situaciones, el lugar en el que se celebró el contrato de compra y lugar de entrega son más importantes que la dirección en la que se factura dicha compra. Por otro lado, teniendo en cuenta que la entrega del bien es en general la acción característica de la venta de bienes, el lugar de entrega puede incluso prevalecer sobre el lugar en el que se encontraba el cliente en el momento que se celebró el contrato al efecto de la asignación geográfica del volumen de negocios.
• En la **prestación de servicios**, los servicios de naturaleza transfronteriza pueden clasificarse en tres categorías generales:
- aquellos casos en los que se desplaza el prestador de servicios;
- aquellos en los que se desplaza el cliente; y
- aquellos casos en los que se presta el servicio sin necesidad de que se desplace ninguna de las partes.
En los **casos de desplazamiento** del prestador de servicio o del cliente, el volumen de negocios generado debe asignarse al lugar de destino del viajero, es decir, el lugar en el que efectivamente se ha prestado el servicio. Cuando se presta el servicio **sin desplazamiento**, el volumen de negocios generalmente se asigna al lugar en que se encuentre el cliente.

4952 **Transacciones a través de Internet** En el caso de transacciones a través de Internet, puede resultar difícil determinar la **ubicación del cliente** en el momento en que se celebró el contrato a través de Internet. En este caso, si el producto o servicio no se presta a través de Internet, para la asignación geográfica del volumen de negocios debe atenderse al lugar en el que se realiza la acción prevista en el contrato.

f. Conversión en euros

La conversión en euros del volumen de negocios anual de una empresa debe efectuarse al **tipo de cambio medio** correspondiente a los doce meses considerados. 4955

B. Régimen español en materia de control de concentraciones

4960

1.	**Existencia de una concentración**	4965
	a. Concepto de concentración	4970
	b. Tipos de concentraciones	4975
	c. Medios de control	4980
	d. Otras consideraciones	4985
2.	**Umbrales**	4990
	a. Umbral de cuota de mercado	4995
	b. Umbral de volumen de negocios	5000
	c. Determinación del mercado relevante	5005
	d. Cálculo de la cuota de mercado	5010
	e. Otras consideraciones	5015

El procedimiento de control de concentraciones resulta obligatorio en España cuando una transacción que constituye una concentración **no** tenga **dimensión comunitaria** (según se define en el Reglamento comunitario de concentraciones; ver nº 4870 s.), pero supere los umbrales de notificación establecidos en la normativa española de control de concentraciones. Con carácter general, los aspectos sustantivos son comunes en ambos regímenes, de la UE y nacional, y respecto de los aspectos procedimentales se construyen sobre bases similares (prenotificación, régimen de aprobación articulado en base a 2 fases, etc.). 4961

Igual que ocurre en la legislación de la UE, el **ámbito de aplicación** del procedimiento de control de concentraciones español viene determinado por un doble criterio:

• En primer lugar, se establece un criterio cualitativo consistente en que la transacción debe constituir una **concentración** según lo dispuesto en la LDC art.7 (nº 4970).

• En segundo lugar, la transacción debe alcanzar los **umbrales** de volumen de negocios o de cuota de mercado que se detallan en la LDC art.8 (nº 4990 s.).

El régimen español en materia de control de concentraciones se aplica a las operaciones de concentración entre **empresas con facturación en España** que cumplan los criterios establecidos en la LDC, con independencia de la nacionalidad de las partes, el lugar donde las citadas operaciones se hayan materializado o donde puedan desplegar efectos.

1. Existencia de una concentración

4965

a.	Concepto de concentración	4970
b.	Tipos de concentraciones	4975
c.	Medios de control	4980
d.	Otras consideraciones	4985

a. Concepto de concentración

(LDC art.7)

La LDC, al igual que el régimen de la UE, establece que una concentración comprende únicamente aquellas operaciones que den lugar a un **cambio estable en la estructura de control** de las empresas, tomando como base la definición establecida en el Reglamento comunitario de concentraciones. Por tanto, en base a la normativa española la existencia de una concentración se centra también en el concepto de cambio duradero de la estructura de control. 4970

Según la normativa española de control de concentraciones, como norma general, se entiende que se produce una concentración cuando tenga lugar un **cambio duradero en la estructura de control** de una o distintas empresas (o partes autónomas de las mismas). En particular, el cambio duradero del control de la totalidad o parte de varias empresas puede producirse como consecuencia de:

- la **fusión** de dos o más empresas anteriormente independientes;

- la **adquisición** por una empresa del control sobre la totalidad o parte de una o varias empresas; o
- la **creación** de una **empresa en participación** y, en general, la adquisición del control conjunto sobre una o varias empresas, cuando estas desempeñen de forma permanente las funciones de una entidad económica autónoma.

4972 Por otro lado, igual que sucede en el régimen de la UE, hay una serie de operaciones que **no** tienen la consideración de **concentración** a los efectos de lo previsto en la normativa española de control de concentraciones. En concreto, no tienen la consideración de concentración las siguientes operaciones:

a) La mera redistribución de valores o activos entre empresas de un **mismo grupo**.

b) La tenencia con carácter temporal de participaciones para su reventa adquiridas por parte de una entidad de crédito u otra entidad financiera o compañía de seguros cuya **actividad normal** incluya la **transacción y negociación de títulos** por cuenta propia o por cuenta de terceros, siempre y cuando los derechos de voto inherentes a esas participaciones no se ejerzan con objeto de determinar el comportamiento competitivo de dicha empresa o solo se ejerzan con el fin de preparar la realización de la totalidad o de parte de la empresa o de sus activos o la realización de las participaciones, y siempre que dicha realización se produzca en el plazo de un año desde la fecha de la adquisición (plazo que podrá ser ampliado por parte de las autoridades de defensa de la competencia en casos justificados).

c) Las operaciones realizadas por **sociedades de participación financiera** que adquieran con carácter temporal participaciones en otras empresas, siempre que ejerzan sus derechos de voto solo para mantener el pleno valor de tales inversiones y no para determinar el comportamiento competitivo de dichas empresas.

d) La adquisición de control por una persona en virtud de un **mandato** conferido por **autoridad pública** de conformidad con la normativa concursal.

b. Tipos de concentraciones

4975 **Fusiones de empresas anteriormente independientes** (LDC art.7.1.a) El primer tipo de concentración se produce cuando dos o más empresas anteriormente independientes se fusionan en una nueva empresa y dejan de existir como entidades jurídicas diferenciadas.
También existe una concentración en aquellos casos en que una **empresa es absorbida** por otra. En este supuesto, la empresa absorbente mantiene su personalidad jurídica mientras que la empresa absorbida deja de existir como tal. Se trata, en general, de idénticos supuestos a los regulados en el Reglamento comunitario de concentraciones.

4976 **Adquisición de control** (LDC art.7.1.b) El segundo tipo de concentración previsto en la LDC se produce cuando existe una adquisición de control sobre la totalidad o parte de una o varias empresas.

4977 **Empresas en participación** (LDC art.7.1.c) El tercer tipo de concentración previsto en la LDC es la creación de una empresa en participación y, en general, la adquisición del control conjunto sobre una o varias empresas, cuando estas desempeñen de forma permanente las funciones de una **entidad económica autónoma**.
En relación con la interpretación de estos conceptos, resultan de aplicación los criterios aplicables para las operaciones de concentración de dimensión comunitaria recogidas en la Comunicación consolidada sobre cuestiones jurisdiccionales (2008/C 95/01). Ver nº 4887.

c. Medios de control

4980 Siguiendo la línea establecida por el régimen de control de concentraciones establecido en la normativa europea, a efectos de la normativa española de concentraciones también se entiende que existe **control** cuando existe la posibilidad de ejercer una influencia decisiva sobre una empresa (en el sentido de poder imponer o, al menos, vetar las decisiones relevantes de la estrategia competitiva de la empresa).
En concreto, el control resulta de los contratos, derechos o cualquier otro medio que confieran la posibilidad de ejercer una **influencia decisiva** sobre una empresa y, en concreto, mediante:

- Los derechos de propiedad o de uso de la totalidad o de parte de los **activos** de una empresa.
- Los contratos, derechos o cualquier otro medio que permitan influir decisivamente sobre la composición, las deliberaciones o las decisiones de los **órganos de la empresa**.

Asimismo, a efectos de cláusula de cierre, en todo caso se considera que existe control cuando se den los requisitos previstos en la LMV/15 art.5, que a su vez remite a lo establecido en el CCom art.42 (acepción de control esta más restrictiva que la que faculta la normativa de competencia donde la capacidad de veto sobre materias estratégicas es suficiente para otorgar control).

Precisiones Según el CCom art.42.1, existe un grupo cuando una sociedad ostente o pueda ostentar, directa o indirectamente, el control de otra u otras. En particular, se **presume que existe control** cuando una sociedad, que se califica como dominante, se encuentra en relación con otra sociedad, que se califica como dependiente, en alguna de las siguientes **situaciones**: **4981**

a) Posea la mayoría de los derechos de voto.

b) Tenga la facultad de nombrar o destituir a la mayoría de los miembros del órgano de administración.

c) Pueda disponer, en virtud de acuerdos celebrados con terceros, de la mayoría de los derechos de voto.

d) Haya designado con sus votos a la mayoría de los miembros del órgano de administración, que desempeñen su cargo en el momento en que deban formularse las cuentas consolidadas y durante los dos ejercicios inmediatamente anteriores. En particular, se presume esta circunstancia cuando la mayoría de los miembros del órgano de administración de la sociedad dominada sean miembros del órgano de administración o altos directivos de la sociedad dominante o de otra dominada por esta. Este supuesto no da lugar a la consolidación si la sociedad cuyos administradores han sido nombrados, está vinculada a otra en alguno de los casos previstos en las dos primeras letras de este apartado.

d. Otras consideraciones

Para el resto de elementos son de aplicación los mismos criterios de análisis indicados anteriormente para las concentraciones de dimensión comunitaria. Ver nº 4940 s. **4985**

2. Umbrales

El segundo criterio a tener en cuenta para determinar a qué transacciones les resulta de aplicación el procedimiento de control de concentraciones en España es un **criterio cuantitativo** basado en umbrales referidos a cuotas de mercado y volumen de negocios de las empresas participantes en la operación. **4990**

El procedimiento de **control de concentraciones** es **obligatorio en España** cuando una concentración económica no alcance dimensión comunitaria, según se define en el Reglamento comunitario de concentraciones (nº 4880), y se supere, al menos, uno de los dos umbrales que se indican a continuación.

Los **umbrales de notificabilidad** previstos en la LDC son **alternativos**, por lo que el cumplimiento de cualquiera de ellos (o de los dos conjuntamente) da lugar a la obligación de notificar la operación ante las autoridades españolas de defensa de la competencia, con carácter previo a su ejecución.

a. Umbral de cuota de mercado

(LDC art.8.1.a)

En primer lugar, una transacción que constituya una concentración es de obligatoria notificación en España cuando como consecuencia de la concentración se adquiera o se incremente una cuota igual o superior al **30% del mercado relevante** de producto o servicio en el ámbito nacional o en un mercado geográfico definido dentro del mismo (mercados infranacionales; p.e., dimensión local o provincial). **4995**

No obstante, quedan **exentas** del procedimiento de control todas aquellas concentraciones económicas en las que, aun cumpliendo lo establecido en el párrafo anterior, el volumen de negocios global en España de la sociedad adquirida o de los activos adquiridos en el último ejercicio contable no supere la cantidad de 10 millones de euros, siempre y cuando las partícipes no tengan una cuota individual o conjunta igual o superior al 50% en cualquiera de los mercados afectados, en el ámbito nacional o en un mercado geográfico definido dentro del mismo.

b. Umbral de volumen de negocios

(LDC art.8.1.b)

5000 En segundo lugar, una transacción que constituya una concentración es de obligatoria notificación cuando el volumen de negocios global en España del conjunto de los partícipes supere en el último ejercicio contable la cantidad de **240 millones de euros**, siempre que al menos dos de los partícipes realicen individualmente en España un volumen de negocios superior a **60 millones de euros**.

c. Determinación del mercado relevante

5005 El primero de los umbrales establecido por la normativa española de concentraciones hace referencia a que, a resultas de una operación de concentración, se adquiera o se incremente una cuota igual o superior al 30% del mercado o mercados relevantes para la operación (LDC art.8.1.a).

A **diferencia** del **Reglamento comunitario** de concentraciones, que únicamente establece **umbrales de notificación** basados en el volumen de negocios de las partes, la LDC establece, además de un umbral de facturación, un umbral relativo a la cuota de mercado de las partes en la operación (régimen este que opera en pocos sistemas nacionales -uno de los países que actualmente mantiene la cuota de mercado como umbral de notificación es Portugal-).

En este sentido es importante subrayar que la definición del **mercado relevante** afectado es clave en todo el procedimiento de concentraciones, en tanto que, en primer lugar, puede ser fundamental para la exigencia de notificación en el ámbito español (umbral de cuota de mercado) y, en segundo lugar y más importante, de concurrir la exigencia de notificación establece el escenario en que debe analizarse la operación (y su viabilidad) y, en su caso y de ser ello posible, tratar de corregirse los efectos de la operación de concentración sobre dicho mercado. Para determinar el mercado relevante son de utilidad los criterios establecidos por la Comisión Europea en su Comunicación relativa a la definición de mercado de referencia a efectos de la normativa de la UE en materia de competencia (97/C 372/03).

5006 Para determinar el mercado relevante es necesario identificar el **conjunto de empresas que compiten** entre sí, por el tipo de producto que venden (mercado de producto) y por la dimensión geográfica en la que lo hacen (mercado geográfico). En este sentido, las autoridades de defensa de la competencia, a la hora de identificar el mercado relevante deben delimitar el mercado tanto desde el punto de vista del producto como de su dimensión geográfica.

5007 **Mercado de producto** El mercado de producto se **define** como el mercado que comprende la totalidad de los productos y servicios que los consumidores consideren intercambiables o sustituibles en razón de sus características, su precio o el uso que se prevea hacer de ellos.

El criterio principal para determinar el producto relevante o conjunto de productos que, por sus características, forman parte de un mismo mercado, es la **sustituibilidad** desde la **perspectiva de la demanda**. Esta sustituibilidad se analiza atendiendo a criterios prácticos o cualitativos como pueden ser las características físicas del producto y el uso que está previsto hacer de él, el precio, la estructura de la demanda, y las preferencias de los consumidores.

Asimismo, también se debe tener en cuenta a la hora de definir el mercado de producto la sustituibilidad desde la **perspectiva de la oferta** (especialmente relevante cuando el análisis de la sustituibilidad desde la perspectiva de la demanda ofrece un resultado que no refleja o refleja parcialmente la realidad económica del mercado y de los operadores en el mismo) y, eventualmente, la **competencia potencial** en el mercado.

En particular, se utiliza el criterio de **elasticidad cruzada** de la demanda según el cual dos productos constituirán el mismo mercado cuando una débil variación de las características de uno de los productos entrañe, a corto plazo, una sustitución en las compras de ese producto por otro.

5008 **Mercado geográfico** Comprende la zona en la que las empresas afectadas desarrollan actividades de suministro de productos y de prestación de los servicios de referencia, en la que las **condiciones de competencia** son suficientemente **homogéneas** y que puede distinguirse de otras zonas geográficas próximas debido, en particular, a que las condiciones de competencia en ella prevalecientes son sensiblemente distintas de aquellas.

Para la delimitación del mercado geográfico se suelen tener en cuenta diferentes **elementos cualitativos**, como, por ejemplo:

- el ámbito de actuación de los operadores;
- la naturaleza y las características de los productos y de los servicios;
- la existencia de barreras legales, administrativas o técnicas;

- el ámbito de las autorizaciones o concesiones administrativas;
- las preferencias de los consumidores;
- la distribución de cuotas de mercado de las partes y sus competidores;
- las diferencias de precios;
- el comercio exterior;
- los costes de transporte;
- la estructura de la distribución; o
- el idioma y otros factores que puedan resultar relevantes.

Los mercados geográficos pueden ir desde **mercados mundiales** en algunos sectores, pasando por mercados **europeos o nacionales** hasta mercados **locales** o, incluso, infralocales según los casos. Dependerá de los mercados de producto relevantes que se definan.

Opinión de las autoridades de defensa de la competencia A efectos prácticos, para determinar el mercado relevante, resulta de utilidad asimismo analizar las **decisiones** y precedentes de la Comisión Europea, la CNMC, las autoridades de defensa de la competencia de otros Estados miembros de la UE en casos relativos al sector en el que las partes en una operación se encuentran presentes. **5009**

Por último y en el supuesto de que la delimitación del mercado relevante presente complejidad elevada en la operación en cuestión y que, en función de la delimitación que se acoja, la operación pueda no ser de obligatoria notificación o, aun notificándose, varíe sustancialmente el análisis en función de cuál sea el mercado contemplado, puede **consultarse previamente** a las autoridades de defensa de la competencia sobre tal cuestión (el momento de la prenotificación, que es el trámite adecuado para ello; ver nº 5040; nº 5100).

d. Cálculo de la cuota de mercado

Respecto al cálculo de la cuota de mercado, con carácter general esta consiste en la **suma** de las **cuotas de mercado de los partícipes** en el mercado de referencia, teniendo en cuenta lo siguiente: **5010**

• Existe adquisición de cuota cuando aun existiendo control previo por parte de la adquirente se produjera como consecuencia de la concentración económica un cambio en las características del control, sea este conjunto o exclusivo.

• Asimismo, existe adquisición de cuota cuando se produce la creación de una empresa en participación y las matrices aporten todo o parte de su negocio a la entidad de nueva creación.

Las cuotas de mercado pueden ser calculadas tanto en **términos de valor o** facturación como de **volumen**, atendiendo a las unidades empleadas normalmente en el sector (unidades vendidas, metros cuadrados de los locales de negocio). Pese a que no haya incremento de cuota total (p.e., porque la entidad adquirente del control no estaba presente en el sector en cuestión), de superarse el umbral de cuota de mercado, debe procederse a la notificación, y ello pese a que la operación, *prima facie*, no presente problemas desde la perspectiva de competencia.

e. Otras consideraciones

Para el cálculo del **volumen de negocios** y otros elementos de análisis son de aplicación las mismas consideraciones indicadas anteriormente para las concentraciones de dimensión comunitaria. Ver nº 4940 s. **5015**

III. Notificación a las autoridades de defensa de la competencia

5020

A. Notificación ante la Comisión Europea 5025
B. Notificación a la CNMC 5090
C. Restricciones accesorias a las operaciones de concentración 5165
D. Compromisos aceptables en una operación de concentración 5195

Una vez determinado que una transacción constituye una operación de concentración que supera los umbrales establecidos en el Reglamento comunitario de concentraciones (nº 4925) o en la LDC (nº 4990) -al margen de otras potenciales obligaciones de notificación que pudieran concurrir en terceros países-, la notificación ante la **Dirección General de Competencia de la Comisión Europea** o ante la **CNMC**, respectivamente es obligatoria. **5021**

En estos casos, la notificación ante las autoridades de defensa de la competencia debe realizarse antes de llevar a cabo la operación, la cual no podrá ejecutarse, con carácter general, hasta que sea aprobada expresa o tácitamente por la autoridad de defensa de la competencia que corresponda (excepción como el levantamiento de la suspensión, tratado en el nº 5210, podría excepcionalmente permitir ejecutar una operación antes de ser aprobada).

A. Notificación ante la Comisión Europea

5025

1.	Obligación de notificación	5030
2.	Procedimiento de notificación ante la Comisión Europea	5035
3.	Mecanismos de remisión de operaciones de concentración	5055
4.	Forma de la notificación	5060
5.	Criterios de evaluación de las concentraciones	5070
6.	Régimen sancionador	5075
7.	Régimen de recursos	5085

1. Obligación de notificación

5030 Las concentraciones económicas que cumplan los requisitos establecidos en el Reglamento comunitario de concentraciones (nº 4870 s.) deben notificarse ante la **Dirección General de Competencia** de la Comisión Europea.

5031 **Partes notificantes** (Rgto CE/139/2004 art.4.2) Las operaciones de concentración que cumplan los requisitos establecidos en el Reglamento comunitario de concentraciones deben notificarse:
- **individualmente** por la entidad que adquiera el control exclusivo sobre la totalidad o parte de la empresa; o
- **conjuntamente** por las partes que intervengan en una fusión, en la creación de una empresa en participación o en la adquisición del control conjunto sobre la totalidad o parte de una o varias empresas.

Las partes obligadas a notificar una operación de concentración ante la Comisión Europea pueden hacerlo por sí mismas o a través de **representante** debidamente acreditado mediante poder de representación.

5032 **Momento de la notificación de la concentración** (Rgto CE/139/2004 art.4.1) Las operaciones de concentración que alcancen dimensión comunitaria deben notificarse ante la Comisión Europea **antes de su ejecución** en cuanto se haya concluido el acuerdo, anunciado la oferta pública de adquisición o adquirido una participación de control.

También es posible proceder a una notificación cuando las empresas afectadas demuestren a la Comisión Europea su **intención** de buena fe de concluir un acuerdo (p.e., cuando ya existe un *memorandum of understanding* o *letter of intent*) o, en el caso de una oferta pública de adquisición, cuando se haya anunciado públicamente la intención de presentar tal oferta, siempre que el acuerdo o la oferta previstos den lugar a una concentración de dimensión comunitaria.

2. Procedimiento de notificación ante la Comisión Europea

5035 El procedimiento de notificación ante la Comisión Europea consta de diferentes fases:
- Fase previa: prenotificación.
- Fase 1: notificación y examen de la concentración (nº 5045).
- Fase 2: análisis en profundidad de la operación si esta plantea serias dudas sobre su compatibilidad con el mercado común (nº 5050).

Una **tabla descriptiva** de las principales **fases del procedimiento** de control de concentraciones ante la Comisión Europea se adjunta como Anexo en el nº 9350.

a. Fase previa: prenotificación

5040 La Comisión Europea promueve la realización de **contactos previos** antes de notificar una operación de concentración. Con carácter previo a la presentación de la notificación formal, es aconsejable que la empresa o empresas que deban notificar la operación presenten ante la

Comisión Europea un **borrador de notificación** con la finalidad de aclarar aspectos formales o sustantivos de la concentración, incluso en aquellos casos que previsiblemente no revistan de especial dificultad (incluyendo, entre otros, el enfoque en cuanto a la definición de mercados, competencia potencial, etc.).
La **finalidad** de los contactos en el marco de la prenotificación es permitir a la Dirección General de Competencia de la Comisión Europea y a las partes notificantes tratar o discutir, de forma confidencial, aquellos aspectos más relevantes de la operación con carácter previo a su notificación formal. También contribuye a delimitar con mayor claridad el alcance exacto de la información que las partes notificantes deberán incluir en el formulario de notificación para que la Comisión Europea considere que la notificación se ha presentado de forma completa.
Esta fase se inicia normalmente mediante el envío de un **formulario** a la Dirección General de Competencia de la Comisión Europea describiendo brevemente la operación de concentración, los sectores y mercados relevantes afectados y el idioma en el que las partes decidan que se analice la operación, y solicitando la asignación de un equipo instructor (*case team*) que sea el encargado de analizar la operación.

Procedimiento supersimplificado sin contacto previo Atendiendo a la experiencia **5040.1**
de la Comisión en la aplicación del procedimiento simplificado, determinadas categorías de concentraciones que pueden ser examinadas con arreglo al procedimiento simplificado entre las enumeradas en el nº 5063 pueden examinarse en un **plazo inferior** a los 25 días hábiles contemplados en el Rgto CE/139/2004 art.10.1. Esto se debe a que estas concentraciones suelen requerir menos investigación.
Por ejemplo, las siguientes **concentraciones** pueden examinarse con arreglo a un procedimiento supersimplificado:
- dos o más empresas adquieren el control conjunto de una **empresa en participación**, siempre que esta no tenga ningún volumen de negocios actual o previsto en el territorio del Espacio Económico Europeo (EEE), y las empresas en cuestión no hayan previsto transferir ningún activo dentro del EEE a la empresa en participación en el momento de la notificación;
- o en las que dos o más empresas se **fusionan**, o una o más empresas adquieren el control exclusivo o conjunto de otra empresa, siempre que ninguna de las partes en la concentración realice actividades empresariales en el mismo mercado de producto y en el mismo mercado geográfico, o en un mercado de productos de referencia anterior o posterior a un mercado de productos en el que opere cualquier otra parte en la concentración.
Según este procedimiento supersimplificado, dichas concentraciones **deben notificarse** cumplimentando las secciones pertinentes del formulario CO abreviado (en particular, la sección 7, que indica el tipo de tramitación simplificada). En estos casos, se invita a las partes notificantes a notificar la concentración directamente **sin** ningún **contacto previo** a la notificación.

Plazos Si bien no existe un plazo definido en la normativa para esta fase, la Comisión Euro- **5041**
pea aconseja iniciar los contactos de prenotificación al menos dos semanas antes de la fecha prevista para notificar la operación. No obstante, en aquellas operaciones de concentración más complicadas estos plazos pueden extenderse.

b. Fase 1: notificación y examen de la concentración por la Comisión Europea

(Rgto CE/139/2004 art.6.1)

Una vez aclarados los aspectos más relevantes de la operación en la fase de prenotificación **5045**
indicada anteriormente, la parte o partes notificantes deben proceder a **notificar formalmente** la operación ante la Dirección General de Competencia de la Comisión Europea.
Una vez recibida la notificación, la Comisión Europea procede a su examen e inicia la primera fase del procedimiento de control de concentraciones. En esta primera fase, la Comisión Europea examina la notificación y dicta una **resolución** en la que puede:
a) Concluir que la concentración notificada no entra en el ámbito de aplicación del Reglamento comunitario de concentraciones; por lo que la Comisión Europea no resulta competente para analizar la concentración.
b) No oponerse a la operación de concentración y declararla compatible con el mercado común (*i.e.*, autorizarla sin condiciones).
c) Acordar iniciar la segunda fase del procedimiento de control de concentraciones si considera que la operación de concentración plantea serias dudas en cuanto a su compatibilidad con el mercado común (ver nº 5050).

Presentación de compromisos por las empresas afectadas (Rgto CE/139/2004 art.6.2) **5046**
Cuando una operación de concentración económica pueda comportar obstáculos para el **mantenimiento** de la **competencia efectiva** en el mercado, las empresas interesadas pueden

proponer, en esta primera fase, compromisos destinados a resolverlos. Las partes deben presentar los compromisos en un **plazo** no superior a 20 días hábiles a partir de la fecha de notificación.
En caso de que la parte o partes notificantes presenten compromisos (estructurales o de comportamiento), la Comisión Europea puede acompañar la decisión declarando compatible la operación con determinadas **condiciones y obligaciones** destinadas a garantizar que las empresas afectadas cumplan los compromisos contraídos con la Comisión Europea para compatibilizar la concentración con el mercado común (*i.e.*, eliminando los problemas para la competencia efectiva en los mercados afectados por la operación).

5047 **Plazos** (Rgto CE/139/2004 art.10.1) El plazo máximo del que dispone la Comisión Europea para adoptar una decisión en **primera fase** es de 25 días laborables, a contar a partir del día laborable siguiente a la fecha de recepción de la notificación, **ampliable** hasta 35 días laborables si la Comisión Europea recibe una solicitud de remisión de un Estado miembro o si las empresas afectadas proponen compromisos.
Téngase en cuenta que la Comisión Europea no empieza ningún análisis hasta que no haya recibido la información completa sobre la operación. En caso de que la **información** que se facilite sea **incompleta**, la Comisión Europea tiene la facultad de solicitar que las partes completen la información y, en tal caso, el plazo empieza a contar a partir del día hábil siguiente a la fecha de recepción de la información completa sobre la operación -pueden darse, en consecuencia, suspensiones de los mencionados plazos por el tiempo que transcurra entre el requerimiento formal de información o documentación de la Comisión Europea y su remisión por parte de las empresas notificantes (o empresa notificante en caso de adquisición del control exclusivo-.
Aunque la práctica de la Comisión Europea es emitir siempre una decisión dentro de los plazos previstos, el Reglamento Comunitario de Concentraciones establece que en caso de que la Comisión Europea no adopte una decisión sobre la operación notificada en el citado plazo máximo, se entiende que la operación ha sido declarada compatible con el mercado común (**silencio positivo**).

c. Fase 2: análisis de la operación en segunda fase

(Rgto CE/139/2004 art.8.1 a 3)

5050 Cuando una operación notificada plantee **serias dudas** en cuanto a su **compatibilidad con el mercado común**, la Comisión Europea decidirá iniciar la segunda fase del procedimiento de control de concentraciones. El Reglamento comunitario de concentraciones no define qué debe entenderse por serias dudas en la compatibilidad de una operación con el mercado común. Sin embargo, este concepto es esencial en tanto que, de apreciarse su existencia, determina la apertura de una segunda fase de análisis más profundo de la concentración. Puede indicarse que la presencia de serias dudas se caracteriza por la presencia de una serie de factores y/o indicadores que permiten razonablemente argumentar que la operación notificada puede obstaculizar significativamente la competencia efectiva en el mercado o contribuya a coordinar el comportamiento competitivo de empresas independientes.
En esta segunda fase, la Comisión Europea adopta una **decisión** mediante la que puede:
• **Autorizar** la operación de concentración.
• Subordinar la autorización de la operación al cumplimiento de determinados **compromisos** propuestos por las empresas o condiciones y obligaciones.
• Declarar la concentración **incompatible** con el mercado común.

5051 **Presentación de compromisos por las empresas afectadas** (Rgto CE/139/2004 art.8.2)
En esta segunda fase, la parte o partes notificantes también pueden proponer compromisos para resolver los obstáculos que pudiera comportar la operación de concentración. Las partes deben presentar los compromisos en un plazo no superior a 65 días hábiles a partir del día en que se incoó el procedimiento (prorrogables en caso de que el plazo para la decisión final también se hubiera prorrogado). En circunstancias excepcionales, la Comisión Europea puede aceptar compromisos presentados fuera del citado plazo.
En caso de que la parte o partes notificantes presenten compromisos que, a criterio de la Comisión Europea resuelvan los problemas de competencia planteados, adoptará una decisión condicional autorizando la operación.

5052 **Plazos** (Rgto CE/139/2004 art.10.3) En caso de que la Comisión Europea decida iniciar la segunda fase de análisis de la operación, el plazo **máximo** previsto para obtener la autorización en esta fase es de 90 días laborables, a contar a partir de la fecha de incoación de la segunda fase,

ampliables hasta un máximo de 105 días laborables cuando las empresas afectadas propongan compromisos para compatibilizar la operación con el mercado común. Estos plazos pueden ampliarse como máximo en 20 días laborables adicionales en determinadas circunstancias.

Tasas A diferencia de lo previsto en la normativa española (nº 5146), el Reglamento comunitario de concentraciones no impone el pago de tasa alguna por el **análisis y estudio** de las operaciones de concentración. 5053

3. Mecanismos de remisión de operaciones de concentración

El control de concentraciones de la UE se rige por el principio de «ventanilla única» o *one-stop shop principle* (tramitación de una concentración por una única autoridad de competencia) y pivota en base al concepto de «**dimensión comunitaria**» y al principio de subsidiariedad (autoridad más apropiada para tratar la concentración en este caso). En este sentido, la Comisión Europea conocerá con arreglo al Derecho de la UE, de aquellas operaciones de concentraciones de empresas que alcancen «dimensión comunitaria» (según esta se define en el Reglamento comunitario de concentraciones). 5055

No obstante lo anterior, existen algunas **excepciones al «principio de ventanilla única»**, en virtud de las cuales o bien los Estados miembros o bien la Comisión Europea pueden conocer de operaciones que *a priori* tendrían dimensión comunitaria o dimensión nacional, según el caso.

Posibilidad de remisión de una concentración a las autoridades nacionales 5056

Como primera **excepción**, el Reglamento comunitario de concentraciones prevé un mecanismo de remisión de determinadas operaciones de concentración a las autoridades de defensa de la competencia de un Estado miembro. La remisión a las autoridades nacionales puede efectuarse a petición de la Comisión Europea o de las partes notificantes:

• **Remisión a petición de los Estados miembros** (Rgto CE/139/2004 art.9). 5057

El Reglamento comunitario de concentraciones establece un mecanismo de remisión de determinadas operaciones de concentración por parte de la Comisión Europea a las autoridades de defensa de la competencia de un Estado miembro o de varios cuando:

a) Una concentración **amenace con afectar** de forma significativa a la competencia en un mercado de un Estado miembro que presenta todas las características de un mercado definido.

b) Una concentración **afecte a la competencia** en un mercado de ese Estado miembro que presenta todas las características de un mercado definido y no constituye una parte sustancial del mercado común.

Cabe que la remisión no sea a un único Estado miembro, sino a una pluralidad de ellos, de concurrir las anteriores condiciones. La solicitud proviene del Estado miembro en cuestión, a iniciativa propia o a instancia de la Comisión Europea.

La apreciación de la concurrencia de estos requisitos es enormemente casuística, aunque se desprende de la práctica de la Comisión Europea que estas situaciones acostumbran a limitarse generalmente a operaciones donde concurren **mercados de ámbito geográfico** relevante **reducido o limitado** dentro de un Estado miembro. El Tribunal de Justicia de la Unión Europea ha articulado una noción bastante amplia de lo que puede constituir una parte sustancial del mercado común, recurriendo, entre otras, a pruebas empíricas. En la jurisprudencia se encuentran, por ejemplo, indicios basados esencialmente en criterios prácticos como «las pautas y el volumen de la producción y el consumo del producto en cuestión, así como los hábitos y las oportunidades económicas de los vendedores y los compradores».

• **Remisión a petición de la/s parte/s notificantes** (Rgto CE/139/2004 art.4.4). 5058

El Reglamento comunitario de concentraciones también permite a las partes notificantes solicitar a la Comisión Europea que el caso sea examinado, en todo o en parte, por un Estado miembro (o varios), siempre y cuando la concentración afecte de forma significativa a la competencia en un mercado de un Estado miembro que presente todas las características de un mercado definido.

Para ello, la parte o partes notificantes deben, con carácter **previo a la notificación de una operación**, informar a la Comisión Europea a través de un escrito motivado, que la concentración puede afectar de manera significativa a la competencia en un mercado de un Estado miembro que presenta todas las características de un mercado definido y, por tanto, debe ser examinada por dicho Estado miembro. En cualquier caso, la **decisión final** sobre esta cuestión corresponde a la Comisión Europea y no puede realizarse de negarse el Estado o Estados miembro en cuestión (potenciales destinatarios del caso).

5059 **Posibilidad de remisión de una concentración a la Comisión Europea** Como segunda **excepción**, el Reglamento comunitario de concentraciones prevé un mecanismo de remisión de determinadas operaciones de concentración a la Comisión Europea por parte de uno o varios Estados miembros.

• **Remisión a petición de las autoridades de defensa de la competencia de uno o varios Estados miembros** (Rgto CE/139/2004 art.22).

Uno o varios Estados miembros pueden solicitar a la Comisión Europea que examine una operación que, sin tener «dimensión comunitaria», afecte al comercio entre Estados miembros y amenace con afectar de forma significativa a la competencia en el territorio del Estado miembro o de los Estados miembros que presentan la solicitud. La solicitud de remisión puede presentarse por uno o varios Estados miembros.

La Comisión ha publicado una Comunicación que incluye una serie de **orientaciones** sobre la aplicación del mecanismo de remisión establecido en el Rgto CE/139/2004 art.22 a determinadas categorías de casos.

• **Remisión a petición de la/s parte/s notificantes** (Rgto CE/139/2004 art.4.5).

La parte o partes notificantes también pueden solicitar a la Comisión Europea que conozca de una operación de concentración que no tenga dimensión comunitaria pero que, en aplicación de las respectivas normativas nacionales en materia de defensa de la competencia, sea susceptible de ser analizada por al menos tres Estados miembros.

En este caso, la o las partes notificantes deben informar a la Comisión Europea de esta circunstancia por medio de un escrito motivado que debe presentarse antes de efectuar cualquier notificación ante las autoridades nacionales de competencia de los Estados miembros. La **negativa** de alguno de los **Estados miembros** a la referida remisión a la Comisión Europea impide que la misma se lleve a cabo y la notificación ha de ser analizada a escala nacional.

4. Forma de la notificación

5060 Con la finalidad de simplificar y agilizar el examen de las notificaciones que se presenten ante la Comisión Europea, la normativa incluye los **formularios** de escrito de notificación que la parte o las partes notificantes deben utilizar para notificar una operación de concentración ante la Comisión Europea.

Así, las **notificaciones** deben presentarse, según proceda, en la forma establecida en los formularios que se adjuntan en el Rgto de ejecución (UE) 2023/914, por el que se aplica el Rgto CE/139/2004 del Consejo sobre el control de las concentraciones entre empresas (modificado por el Rgto de ejecución UE/1269/2013 de la Comisión).

En función de las características de la operación notificada, la parte o partes notificantes deben utilizar el **formulario ordinario o** el formulario **abreviado**, según se detalla a continuación. Las notificaciones se deben redactar en uno de los idiomas oficiales de la Unión Europea, y este será el idioma del procedimiento. Las notificaciones deben contener todos los datos, incluidos los documentos, exigidos en el formulario correspondiente, sin perjuicio de que la Comisión Europea pueda dispensar a las partes de presentar algún dato o documento concreto (generalmente, objeto de discusión en la fase de prenotificación).

Sin perjuicio del formulario utilizado, las notificaciones empiezan a producir **efectos** en la fecha en que sean debidamente recibidas por la Comisión Europea. Si la **información contenida** en la notificación está **incompleta**, la Comisión Europea lo pondrá en conocimiento de las partes notificantes. En este caso, la notificación produce efectos en la fecha en que la Comisión Europea reciba la información correcta y completa.

5061 **Formulario ordinario** Con **carácter general**, las operaciones de concentración que cumplan los requisitos establecidos en el Reglamento comunitario de concentraciones deben notificarse ante la Comisión Europea utilizando el formulario ordinario de notificación. Este formulario requiere aportar, entre otra, la siguiente **información**:

- descripción de la operación de concentración;
- información sobre las partes en la concentración;
- detalles sobre la concentración;
- la propiedad y el control de las diferentes partes;
- volumen de negocios;
- definición de los mercados de referencia para la concentración e información sobre los mismos (p.e., datos sobre clientes, proveedores, competidores, etc.);
- estructura de la oferta; y
- potenciales eficiencias generadas por la concentración.

Entre la **documentación** que debe aportarse como **anexo** al formulario ordinario de notificación se encuentra: copia de todos los contratos que formalizan la concentración, informes realizados por las partes sobre la operación, copia de las cuentas anuales e informe de gestión del último ejercicio, etc.
Para notificar una operación de concentración la parte o partes notificantes deben completar todos los apartados del formulario junto con los anexos previstos en el mismo.
El **modelo** de formulario ordinario de notificación se adjunta como Anexo en el nº 9400.

Precisiones El formulario ordinario solicita numerosa **información** tanto sobre las partes como sobre la operación. En concreto, el citado formulario requiere la necesaria identificación de las partes, la exposición de las características y dimensión de la operación, mención a las posibles restricciones accesorias, información concerniente a terceras empresas que operen en los mercados relevantes, distintas definiciones de mercados afectados y no afectados, cuantificación de las eficiencias, etc.

Procedimiento simplificado El Reglamento comunitario de concentraciones prevé la posibilidad de tramitar determinadas **concentraciones que no planteen problemas de competencia** de forma simplificada. La Comisión Europea reconoce que determinadas categorías de concentraciones no plantean dudas en cuanto al fondo y, por regla general, son autorizadas. **5062**
Estas operaciones de concentración pueden tramitarse mediante un procedimiento simplificado, siempre que concurran determinadas **condiciones** establecidas en la Comunicación de la comisión sobre el procedimiento simplificado para tramitar determinadas operaciones de concentración con arreglo al Rgto CE/139/2004 (2013/C 366/04).

En principio, cada una de las siguientes **categorías de concentraciones** pueden tramitarse a través del procedimiento simplificado: **5063**
a) Tratándose de una **empresa en participación**, que esta no ejerza ni tenga previsto ejercer actividades dentro del territorio del Espacio Económico Europeo (que comprende los 27 Estados de la Unión Europea, Reino Unido (durante el periodo transitorio), Islandia, Liechtenstein y Noruega -EEE-), o cuando dichas actividades sean mínimas. Este es el caso cuando:
- el **volumen de negocios** de la empresa en participación y/o el volumen de negocios de las actividades aportadas es inferior a 100 millones de euros en el territorio del EEE en el momento de la notificación; y
- el **valor total de los activos** transferidos a la empresa en participación sea inferior a 100 millones de euros en el territorio del EEE en el momento de la notificación.
b) Cuando dos o más empresas se fusionan, o una o más empresas adquieren el control exclusivo o conjunto de otra empresa, siempre y cuando ninguna de las partes en la concentración ejerzan **actividades empresariales en el mismo mercado** de producto y en el mismo mercado geográfico, o en un mercado de producto anterior o posterior a un mercado de producto en el que opere cualquier otra parte en la concentración.
c) Cuando dos o más empresas se fusionan, o una o más empresas adquieren el control exclusivo o conjunto de otra empresa, y se reúnen las **dos condiciones** siguientes:
- la **cuota de mercado combinada** de todas las partes en la concentración que ejercen actividades empresariales en el mismo mercado de producto y geográfico (relaciones horizontales) cumple al menos una de las condiciones siguientes:
• es inferior al 20%; o
• es inferior al 50% y el incremento (delta) del índice Herfindahl-Hirschman (IHH) resultante de la concentración en este mercado es inferior a 150
- las **cuotas de mercado individuales** y combinadas de todas las partes en la concentración que ejerzan actividades empresariales en un mercado de producto que sea una fase anterior o posterior de un mercado de producto en el que opera cualquier otra parte en la concentración (relaciones verticales) cumplen al menos una de las condiciones siguientes:
• son inferiores a 30% en los mercados anterior y posterior;
• son inferiores al 30% en el mercado anterior y las partes de la concentración activas en el mercado posterior ostentan una cuota de compra inferior al 30% de los insumos en una fase anterior; o
• estos son inferiores al 50% tanto en el mercado anterior como en el posterior, el incremento (delta) del IHH resultante de la concentración es inferior a 150 en los mercados anterior y posterior, y la empresa más pequeña en términos de cuota de mercado es la misma en los mercados anterior y posterior.
d) Cuando una parte en la concentración va a adquirir el **control exclusivo** de una empresa de la que ya tiene el **control conjunto**.

Precisiones El **IHH** se calcula sumando los cuadrados de las cuotas de mercado de cada una de las empresas presentes en el mercado; véanse las Directrices sobre la evaluación de las concentraciones horizontales con arreglo al Reglamento del Consejo sobre el control de las concentraciones entre empresas (DO C 31 de 5-2-2004, p. 5).

5064 A petición de las partes notificantes, la Comisión pueda examinar con arreglo al procedimiento simplificado determinadas **concentraciones que no se encuadren dentro de ninguna de las categorías anteriores.**
Ello puede hacerse si:
a) Dos o más **empresas se fusionan**, o una o más empresas adquieren el **control exclusivo** o conjunto de otra empresa siempre que se cumplan las siguientes **condiciones**:
• La **cuota de mercado combinada** de todas las partes de la concentración que participan en un solapamiento horizontal se mantiene por debajo del 25%.
• Las **cuotas de mercado individuales y combinadas** de todas las partes de la concentración que mantienen una relación vertical cumplen al menos una de las condiciones siguientes:
- son inferiores al 35% en los mercados anterior y posterior
- son inferiores al 50% en un mercado, mientras que las cuotas de mercado individuales y combinadas de todas las partes de la concentración en todos los demás mercados relacionados verticalmente son inferiores al 10%.
b) Si dos o más empresas adquieren el control conjunto de una **empresa en participación**, siempre que:
- el volumen de negocios anual actual de la empresa en participación y el volumen de negocios de las actividades aportadas sea inferior a 150 millones de euros en el EEE; así como
- el valor total de las transferencias de activos a la empresa en participación en el EEE previstas en el momento de la notificación sea inferior a 150 millones EUR.

5065 Las anteriores **categorías se aplican alternativamente**, es decir, cumpliendo únicamente uno de los requisitos anteriores una concentración puede en principio tramitarse a través del procedimiento simplificado (una transacción puede reunir los criterios de más de una de las categorías descritas anteriormente). En este caso, las partes notificantes pueden presentar una notificación mediante procedimiento simplificado sobre la base de más de una de las categorías descritas anteriormente.
La **información** y datos que se solicitan a las partes en el caso de notificación de una concentración a través del procedimiento simplificado son menores que los que se solicitan en el marco del Formulario CO ordinario, ya que se prevé un formulario abreviado para notificar dichas concentraciones (esencialmente, se solicita mucha menos información en lo que respecta a mercados, competidores, eficiencias, etc.). No obstante, la Comisión Europea puede solicitar que se incluya en este formulario información adicional cuando lo considere necesario para el correcto análisis de la operación de concentración.
El **modelo** de formulario abreviado de notificación se adjunta como anexo en el nº 9450.

5066 **Tratamiento de la información** La Comisión Europea, así como sus funcionarios y otros agentes no podrán divulgar la información que hayan obtenido en aplicación de la normativa en materia de control de concentraciones que, por su naturaleza, sea **confidencial**.

5. Criterios de evaluación de las concentraciones

(Rgto CE/139/2004 art.2)

5070 Las concentraciones notificadas ante la Comisión Europea se evalúan sobre la base de los siguientes criterios para determinar su **compatibilidad** con el **mercado común**:
a) La necesidad de preservar y desarrollar una **competencia efectiva** en el mercado común a la vista, entre otros factores, de la estructura de todos los mercados afectados y de la competencia real o potencial de empresas situadas dentro o fuera de la Unión Europea.
b) La **posición de mercado** de las **empresas afectadas**, su fortaleza económica y financiera, las posibilidades de elección de proveedores y usuarios, su acceso a las fuentes de suministro o a los mercados, la existencia de barreras legales o de otro tipo para el acceso a dichos mercados, la evolución de la oferta y la demanda de los productos y servicios de que se trate, los intereses de los consumidores intermedios y finales, así como el desarrollo del progreso técnico o económico, siempre que este sea en beneficio de los consumidores y no constituya un obstáculo para la competencia.
Las concentraciones que **no** sean **susceptibles de obstaculizar** de forma significativa la **competencia** efectiva en el mercado común o en una parte sustancial del mismo, en particular como consecuencia de la creación o el refuerzo de una posición dominante, se declaran compatibles con el mercado común y serán autorizadas.
Por el contrario, las concentraciones que sean **susceptibles de obstaculizar** de forma significativa la competencia efectiva en el mercado o en una parte significativa del mismo, en particular como consecuencia de la creación o el refuerzo de una posición dominante, se declaran incompatibles con el mercado común.

Por su parte, en la medida en que la creación de una **empresa en participación** que constituya una concentración con dimensión comunitaria tenga por objeto o efecto coordinar el comportamiento competitivo de empresas que continúen siendo independientes, dicha **coordinación** se ha de valorar en función de los criterios establecidos en el TFUE art.101 y 102 del (marco de análisis de prácticas restrictivas de la competencia -acuerdos y abuso de posición de dominio esencialmente), con el objeto de determinar si la operación es compatible con el mercado común. En esta evaluación, la Comisión Europea ha de tener en cuenta, en particular: **5071**
• Si dos o más **empresas matrices** se mantienen significativamente activas en el mismo mercado que el de la empresa en participación o en un mercado relacionado en sentido ascendente o descendente con dicho mercado o en un mercado próximo estrechamente vinculado a este.
• Si la coordinación directamente derivada de la creación de la empresa en participación permite a las empresas afectadas **eliminar la competencia** en lo que respecta a una parte considerable de los productos y servicios de que se trate.

Una vez analizados los posibles efectos negativos de la operación así como los positivos o compensatorios, tales como eficiencias económicas, mejoras para los consumidores y usuarios o avances tecnológicos, la Comisión Europea realiza una **ponderación entre los efectos** anticompetitivos y los procompetitivos, resolviendo mediante la correspondiente decisión si los efectos procompetitivos compensan los anticompetitivos (con la posibilidad de eliminar o mitigar los efectos anticompetitivos con la imposición de condiciones o la aceptación de compromisos en el marco de la decisión de aprobación). **5072**
En este sentido, la Comisión Europea ha adoptado dos **directrices de evaluación** de concentraciones con el objetivo de proporcionar orientación sobre el modo en el que esta evalúa las concentraciones:
a) Unas directrices de evaluación de **concentraciones horizontales**, en las que las empresas afectadas son competidoras reales o potenciales en el mismo mercado de referencia.
b) Unas directrices de evaluación de **concentraciones no horizontales**, cuando las empresas afectadas operan en mercados diferentes.

6. Régimen sancionador

La Comisión Europea tiene la facultad de adoptar **distintas medidas**, que van desde sanciones económicas a obligaciones de hacer o no hacer, en aquellos supuestos en que las empresas incumplan alguna de sus obligaciones en relación con el régimen de control de concentraciones. **5075**

Multas (Rgto CE/139/2004 art.14 y 15) La Comisión Europea tiene la facultad de imponer multas potencialmente elevadas a aquellas empresas que **incumplan sus obligaciones** en relación con el procedimiento de notificación de operaciones de concentración. **5076**
En primer lugar, el Reglamento comunitario de concentraciones permite a la Comisión Europea imponer mediante decisión multas de hasta un **1% del volumen de negocios** total de las empresas o asociaciones de empresas que, de forma deliberada o por negligencia, suministren información incorrecta o engañosa en relación con una operación de concentración o no faciliten aquella información que pueda ser requerida por la Comisión Europea.

Asimismo, el Reglamento comunitario de concentraciones permite a la Comisión Europea imponer multas de hasta el **10% del volumen total de negocios** de la empresa o empresas afectadas, cuando de forma deliberada o por negligencia: **5077**
• Omitan la notificación de una concentración.
• Ejecuten una concentración antes de ser declarada compatible por la Comisión Europea.
• Ejecuten una concentración declarada incompatible con el mercado común mediante una decisión adoptada por la Comisión Europea, o no cumplan las medidas ordenadas por la Comisión Europea mediante decisión en relación con una operación de concentración.
• Incumplan una condición o una obligación impuesta por la Comisión Europea mediante decisión.

Finalmente, la Comisión Europea también tiene la facultad de imponer **multas coercitivas** de hasta un **5% del volumen de negocios** total medio diario de las empresas o asociaciones de empresas afectadas por cada día laborable de retrasos a partir de la fecha fijada en una decisión, a fin de obligarlas a: **5078**
• Suministrar de forma completa y correcta la información solicitada por la Comisión Europea.
• A someterse a una inspección ordenada por la Comisión Europea.
• A cumplir una obligación impuesta por la Comisión Europea mediante decisión.
• A cumplir las medidas ordenadas mediante decisión.

5079 **Separación de las compañías** (Rgto CE/139/2004 art.8.4) La Comisión Europea también puede exigir a las empresas afectadas que disuelvan una concentración ya ejecutada en aquellos casos en que:
- una operación de concentración se ha implementado y la concentración se ha declarado **incompatible** con el mercado común, y
- cuando las partes **infringen** gravemente las **condiciones** impuestas por la Comisión Europea para autorizar la operación de concentración.

Para ello, la Comisión Europea puede exigir a las empresas afectadas que disuelvan la fusión o la enajenación de todas las acciones o activos adquiridos, de tal manera que quede restablecida la situación previa a la ejecución de la concentración, o cualquier otra acción que permita el restablecimiento de la competencia efectiva.

5080 **Revocación de una decisión de la Comisión** (Rgto CE/139/2004 art.6.3) Finalmente, la propia Comisión Europea también puede revocar la decisión de **compatibilidad** de una operación de concentración cuando:
- la declaración de compatibilidad se haya basado en **información incorrecta** de la que sea responsable alguna de las empresas afectadas o que haya sido obtenida de forma fraudulenta; o
- las empresas afectadas **incumplan una obligación** impuesta en la decisión autorizando la operación de concentración.

7. Régimen de recursos

(Rgto CE/139/2004 art.10.5 y 16)

5085 La Comisión Europea tiene la competencia exclusiva para examinar las concentraciones de dimensión comunitaria y determinar su compatibilidad con el mercado común. Las decisiones de la Comisión Europea en materia de control de concentraciones pueden ser recurridas en vía judicial ante los tribunales de la UE. En concreto, las decisiones de la Comisión Europea pueden ser recurridas ante el **Tribunal General de la Unión Europea** en primera instancia, y ante el **Tribunal de Justicia de la Unión Europea** en segunda instancia.

Los recursos, interpuestos en virtud del TFUE art.263, deben ser presentados en el **plazo** de 2 meses a partir, según los casos, de la publicación del acto, de su notificación al recurrente, o a falta de ello, desde el día en que este haya tenido conocimiento del mismo.

Los **fundamentos** más utilizados para recurrir las decisiones del Tribunal de Justicia son el incumplimiento, por parte de la Comisión Europea, de requisitos esenciales del procedimiento y el incumplimiento, por parte de la Comisión Europea, de principios legales fundamentales.

Cuando el Tribunal dicte una sentencia que **anule** total o parcialmente una **decisión** de la Comisión Europea en materia de control de concentraciones, la concentración tendrá que volver a ser examinada por la Comisión Europea. En este sentido, las partes notificantes deberán presentar una nueva notificación o completar la notificación ya presentada. En este caso, los plazos de los que dispone la Comisión Europea para decidir sobre la operación empezarán a contar a partir del día laborable siguiente a la recepción de la nueva notificación.

De igual modo, las decisiones de la Comisión Europea mediante las que se hubieran impuesto **multas** sancionadoras o coercitivas por incumplimiento de lo dispuesto en el Reglamento comunitario de concentraciones también son recurribles ante los tribunales de la UE, que pueden anular, reducir o aumentar la multa sancionadora o coercitiva impuesta.

B. Notificación a la CNMC

5090

1.	Obligación de notificación	5095
2.	Procedimiento de control de concentraciones ante la CNMC	5100
3.	Consulta previa	5135
4.	Forma de la notificación	5140
5.	Evaluación de las concentraciones	5150
6.	Régimen sancionador	5155
7.	Régimen de recursos	5160

1. Obligación de notificación

5095 Las operaciones de concentración que no superen los umbrales establecidos en el Reglamento comunitario de concentraciones (nº 4925), pero superen los **umbrales** previstos en la LDC (nº 4990), deben notificarse ante la CNMC (con independencia de la posible notificación ante otras autoridades nacionales de defensa de la competencia o de los mecanismos de remisión a la Comisión Europea antes descritos).

Dentro de la CNMC, la **Dirección de Competencia** es el órgano encargado de, entre otros, la instrucción del procedimiento de control de concentraciones, mientras que la **Sala de Competencia del Consejo de la CNMC** es el órgano encargado de resolver sobre las operaciones de concentración notificadas.

Partes notificantes (LDC art.9.4) Las operaciones de concentración que cumplan los requisitos establecidos en la LDC deben notificarse ante la CNMC: **5096**
- **individualmente** por la entidad que adquiera el control exclusivo sobre la totalidad o parte de la empresa; o
- **conjuntamente** por las partes que intervengan en una fusión, en la creación de una empresa en participación o en la adquisición del control conjunto sobre la totalidad o parte de una o varias empresas.

Las partes obligadas a notificar una operación de concentración ante la CNMC pueden hacerlo por sí mismas o a través de **representante** debidamente acreditado mediante poder de representación.

Momento de la notificación de la concentración (RD 261/2008 art.54) Las operaciones de concentración que superen los umbrales de notificabilidad previstos en la LDC deben notificarse ante la CNMC con **carácter previo** a la **realización de la operación**. **5097**

Si bien la normativa española sobre concentraciones no establece un momento preciso para proceder a la notificación, esta puede presentarse cuando exista un proyecto o acuerdo de concentración. En este sentido, se considera que existe un **proyecto o acuerdo** de concentración:

a) En los supuestos de **adquisición del control**, cuando los partícipes consientan en realizar la operación que origine la concentración, y determinen la forma, el plazo y las condiciones en que vaya a ejecutarse -cuando los partícipes sean sociedades, se considerará que el acuerdo existe cuando haya sido adoptado por el órgano de administración-.

b) En los supuestos de **oferta pública de adquisición** cuando exista acuerdo del Consejo de Administración de las oferentes y se haya anunciado públicamente su intención de presentar tal oferta.

c) En el caso de **fusiones** de sociedades cuando se cumpla lo dispuesto en la normativa societaria.

2. Procedimiento de control de concentraciones ante la CNMC

El procedimiento de notificación de una concentración ante la CNMC consta de diferentes fases: **5100**
- Fase previa: prenotificación.
- Fase 1: notificación y examen de la concentración (nº 5110).
- Fase 2: análisis de la operación en profundidad (nº 5120).
- Fase 3: eventual análisis de la operación de concentración por el Consejo de Ministros (nº 5130).

Una **tabla descriptiva** de las principales **fases del procedimiento** de control de concentraciones ante la CNMC se adjunta como Anexo en el nº 9500.

a. Fase previa: prenotificación

Del mismo modo que la Comisión Europea, la CNMC también promueve la realización de **contactos previos** antes de notificar una operación de concentración. Así, con carácter previo a la presentación de la notificación formal, es aconsejable que la empresa o empresas que deban notificar la operación presenten ante la CNMC un **borrador de notificación** con la finalidad de aclarar aspectos formales o sustantivos de la concentración, incluso en aquellos casos que previsiblemente no revisten especial dificultad desde el punto de vista del Derecho de la competencia. **5105**

De igual modo que en el procedimiento de concentraciones de la UE, la fase de prenotificación tiene por **finalidad** permitir a la Dirección de Competencia de la CNMC y a la parte o partes notificantes tratar aquellos aspectos más relevantes de la operación con carácter previo a su notificación formal. También contribuye a delimitar con mayor claridad el alcance exacto de la información que las partes notificantes deberán incluir en el formulario de notificación para que la Comisión Europea considere que la notificación se ha presentado de forma completa.

En cualquier caso, es importante precisar que la fase de prenotificación **no es obligatoria**, sino una recomendación. La notificante podría, en consecuencia, presentar formalmente sin necesidad de tener que previamente estar inmerso en la fase de prenotificación (sin perjuicio de lo señalado en el apartado nº 5114).

5106 **Plazos** No existe un plazo definido en la normativa para esta fase. No obstante, es aconsejable iniciar los contactos de prenotificación al menos dos semanas antes de la fecha prevista para notificar la operación. En aquellas operaciones de concentración más complicadas estos plazos pueden extenderse.

b. Fase 1: notificación y examen de la concentración por la CNMC

5110 Una vez aclarados los aspectos más relevantes de la operación en la fase de prenotificación, la parte o partes notificantes pueden proceder a notificar formalmente la operación ante la CNMC.

5111 **Instrucción y resolución de la primera fase** (LDC art.57) La primera fase del procedimiento de control de concentraciones **se inicia** una vez recibida en forma la notificación completando el formulario ordinario o simplificado, según proceda. El hecho de la **notificación** es **público** desde el momento en que la misma se produzca y se inicie el correspondiente expediente de control de concentraciones. Es importante tomarlo en consideración en función de la relevancia o confidencialidad a la que las empresas quieran dotar a la operación.
Una vez recibida la notificación en forma, la Dirección de Competencia forma el correspondiente **expediente** y analiza el contenido de la concentración notificada. Asimismo, elabora un **informe** en que debe expresar su criterio sobre si la concentración notificada puede obstaculizar de forma significativa el mantenimiento de la competencia efectiva en todo o en parte del mercado nacional.
Junto con el informe sobre la valoración de la operación, la Dirección de Competencia emite una **propuesta de resolución** que eleva a la Sala de Competencia del Consejo de la CNMC.

5112 Sobre la base del informe y de la propuesta de la resolución de la Dirección de Competencia, la **Sala de Competencia del Consejo de la CNMC** dicta la **resolución** en la que puede:
a) **Autorizar** la concentración (**sin condiciones**) cuando, en base a los criterios de evaluación considere que la operación no obstaculiza el mantenimiento de la competencia efectiva en todo o parte del mercado nacional.
b) **Autorizar** la operación de concentración subordinando la misma al cumplimiento de determinados **compromisos** propuestos por las partes.
c) Acordar **iniciar la segunda fase** del procedimiento cuando considere que la concentración puede obstaculizar el mantenimiento de la competencia.
d) **Remitir la concentración a la Comisión Europea**. En tal caso, las partes deben presentar un nuevo formulario de notificación ante la Comisión Europea, esta vez conforme a lo previsto en el Reglamento comunitario de concentraciones y su normativa de desarrollo (no siendo aplicable en consecuencia las reglas de procedimiento de la LDC y normativa de desarrollo). Ver nº 5059.
e) Acordar el **archivo de las actuaciones**, en caso de que la operación no entre en el ámbito de aplicación de la LDC (*i.e.*, en aquellos casos en los que la concentración no puede subsumirse en la definición de concentración o no se alcancen los umbrales establecidos en la LDC). En tal caso, el procedimiento administrativo de control de concentraciones queda concluido y las partes pueden ejecutar la operación -que en realidad no estaba sujeta a notificación- sin perjuicio de que el acuerdo en cuestión pueda ser susceptible de control por las autoridades de defensa de competencia en virtud de la LDC art.1 o 2.

5113 **Presentación de compromisos por las empresas afectadas** Cuando la concentración económica pueda comportar obstáculos para el mantenimiento de la competencia efectiva, las partes notificantes, por propia iniciativa o a instancia de la CNMC, pueden proponer compromisos para resolverlos. El **plazo** para presentar compromisos en primera fase es de hasta 20 días a contar desde la notificación en forma de la concentración a la CNMC.

5114 **Plazos** (LDC art.36.2.a, 37.1.a y 59.2) El objetivo de esta primera fase es favorecer la autorización rápida de las operaciones de concentración que planteen menos problemas de competencia. El plazo **máximo** para dictar y notificar las resoluciones de la Sala de Competencia del Consejo de la CNMC en esta primera fase es de un mes. No obstante, en caso de que se propongan **compromisos**, el plazo para resolver y notificar se amplía en 10 días. Aunque la CNMC emite

en la práctica siempre una resolución, la LDC establece que el transcurso de este plazo sin que la CNMC haya resuelto comporta la aprobación tácita de la operación por silencio administrativo.
Asimismo, la LDC establece un **plazo** de 15 días en el caso de operaciones que cumplan las condiciones para utilizar el **formulario abreviado**, siempre y cuando se haya dirigido a la Dirección de Competencia, con carácter previo a la notificación, un borrador confidencial del formulario de notificación con el fin de aclarar los aspectos formales o sustantivos de la concentración.
La Dirección de Competencia puede requerir la **subsanación o complemento** de aquellos **formularios** de notificación que considere incompletos, quedando en suspenso el plazo máximo para resolver en tanto las partes no aporten la información solicitada.

Eficacia de la resolución Las resoluciones de la Sala de Competencia del Consejo de la CNMC en primera fase son **directamente ejecutivas**, independientemente de su contenido. Así ocurre en caso de que la CNMC subordine la autorización de la concentración al cumplimiento de determinados compromisos propuestos por las partes. 5115

c. Fase 2: análisis de la operación en segunda fase

Las operaciones de concentración que presenten una mayor complejidad o aquellas que puedan distorsionar la competencia efectiva se analizan en una segunda fase, con la **finalidad** de permitir a la CNMC el análisis más pormenorizado de la operación y de sus efectos en el mercado en aras a la adopción de una decisión informada y suficientemente motivada. 5120

Instrucción y resolución de la segunda fase (LDC art.58) Una vez iniciada la segunda fase del procedimiento por resolución de la Sala de Competencia del Consejo de la CNMC, la **Dirección de Competencia** elabora una **nota sucinta** sobre la concentración que, una vez resueltos los aspectos de confidencialidad de la misma, se hace **pública** en el sitio web de la CNMC y se pone en conocimiento de las personas físicas o jurídicas que puedan resultar afectadas y del Consejo de Consumidores y Usuarios para que presenten sus alegaciones en el plazo de 10 días. 5121
Adicionalmente, en el supuesto de que la concentración incida de forma significativa en el territorio de una **comunidad autónoma**, la Dirección de Competencia debe solicitar informe preceptivo, no vinculante, a la comunidad autónoma afectada, a la que remite junto con la nota sucinta, copia de la notificación presentada, una vez resueltos los aspectos confidenciales de la misma, para emitir el informe en el plazo de 20 días.
La tramitación del procedimiento en segunda fase continúa con la elaboración de un **pliego de concreción de hechos** por parte de la Dirección de Competencia, en que debe detallar los posibles obstáculos para la competencia derivados de la concentración. El pliego de concreción de hechos debe ser notificado a los interesados para que formulen alegaciones en un plazo de 10 días.
Las partes notificantes pueden solicitar la celebración de una **vista** ante la Sala de Competencia del Consejo de la CNMC con la finalidad de manifestar su punto de vista sobre los efectos de la concentración. La solicitud de celebración de vista previa se puede realizar en cualquier momento hasta 12 días después de ser notificado el pliego de concreción de hechos.
Una vez efectuados los trámites anteriores, la Dirección de Competencia debe elevar a la Sala de Competencia del Consejo de la CNMC una **propuesta de resolución definitiva**.

Una vez recibida la propuesta de resolución definitiva de la Dirección de Competencia, la **Sala de Competencia del Consejo de la CNMC** adopta la decisión final mediante una **resolución** motivada en la que puede: 5122
a) **Autorizar** la concentración.
b) **Subordinar** la autorización de la operación al cumplimiento de determinados compromisos propuestos por los notificantes o condiciones u obligaciones impuestas por la propia CNMC.
c) **Prohibir** la concentración, cuando no existan «remedios» que solucionen los problemas de competencia; o
d) Acordar el **archivo de las actuaciones** en los supuestos previstos en la LDC, esto es:
- cuando la operación notificada no sea una concentración sujeta al procedimiento de control por la CNMC;
- cuando la concentración notificada sea remitida a la Comisión Europea; o
- cuando las partes de una concentración desistan de su solicitud de autorización o la CNMC tenga información fehaciente de que no tienen intención de realizarla.

5123 **Presentación de compromisos por las empresas afectadas** (LDC art.59) En esta segunda fase, las partes notificantes también pueden, por propia iniciativa o a instancia de la CNMC, proponer compromisos para resolver los obstáculos para el mantenimiento de la competencia efectiva que pudiera plantear la concentración. El **plazo** para resolver y notificar el procedimiento se ampliará en 10 días en la primera fase y 15 días en la segunda fase.

5124 **Plazos** (LDC art.36.2.b y 59.2) La Sala de Competencia del Consejo de la CNMC dispone un plazo **máximo** de 3 meses para dictar y notificar su decisión desde el momento en que se acuerde la apertura de la segunda fase.
Cuando se propongan **compromisos**, el plazo máximo para resolver y notificar el procedimiento **se amplía** en 15 días en esta segunda fase.

5125 **Eficacia de las resoluciones** (LDC art.58.6 y 60) Las resoluciones en segunda fase en las que la Sala de Competencia del Consejo de la CNMC **prohíba** una **concentración o la subordine** al cumplimiento de compromisos o condiciones no son eficaces ni ejecutivas y no ponen fin a la vía administrativa hasta que:
a) El actual Ministro de Asuntos Económicos y Transformación Digital haya resuelto **no elevar** la concentración **al Consejo de Ministros** o haya transcurrido el plazo legal para ello establecido (15 días contados desde la recepción de la correspondiente resolución dictada en segunda fase por la Sala de Competencia del Consejo de la CNMC).
b) El Consejo de Ministros haya adoptado un acuerdo sobre la concentración que confirme la resolución de la Sala de Competencia del Consejo de la CNMC o haya transcurrido el plazo legal para ello establecido (1 mes contado desde la resolución del Ministro de Asuntos Económicos y Transformación Digital de elevar la operación al Consejo de Ministros) en el supuesto de que el Ministro de Asuntos Económicos y Transformación Digital haya decidido **elevar** la concentración al Consejo de Ministros.
Por tanto, únicamente las decisiones de **autorización incondicional** de la operación son eficaces, directamente ejecutivas y ponen fin a la vía administrativa. En el resto de casos, esto es, cuando la Sala de Competencia del Consejo de la CNMC haya resuelto prohibir la concentración; o (ii) haya resuelto subordinar su autorización al cumplimiento de determinados compromisos propuestos por los notificantes o condiciones u obligaciones impuestas por la CNMC, el Ministro de Asuntos Económicos y Transformación Digital tiene la facultad de elevar dicha decisión sobre la concentración al Consejo de Ministros para la decisión final sobre la autorización de la concentración.
Transcurridos los **plazos** anteriormente indicados sin que el Ministro de Asuntos Económicos y Transformación Digital o el Consejo de Ministros hayan adoptado una decisión, la resolución expresa de la Sala de Competencia del Consejo de la CNMC en segunda fase será eficaz, inmediatamente ejecutiva y pondrá fin a la vía administrativa.

d. Fase 3: eventual análisis de la operación de concentración por el Consejo de Ministros

(LDC art.60)

5130 La intervención del Consejo de Ministros en la valoración de determinadas concentraciones está prevista, por razones de interés general, cuando se dan las siguientes **circunstancias**:
- en segunda fase, la **Sala de Competencia del Consejo de la CNMC** haya resuelto prohibir la concentración o subordinar su autorización al cumplimiento de determinados compromisos propuestos por los notificantes o condiciones impuestas por la CNMC; y
- adicionalmente, el **Ministro de Asuntos Económicos y Transformación Digital** haya decidido elevar la decisión sobre la concentración al Consejo de Ministros.

En realidad, esta fase supone un mecanismo de intervención gubernamental en el procedimiento de control de concentraciones por motivos de interés general. Hasta la fecha solo se conoce un caso en que se haya producido la intervención del Consejo de Ministros. Se trata de una valoración de la operación, no exenta de **criterios políticos**, en la que se adopta una decisión que no tiene que sujetarse en su totalidad a criterios propios a la defensa de la competencia (ver nº 5152). En esta fase del control de concentraciones, el Ministro de Asuntos Económicos y Transformación Digital puede elevar al Consejo de Ministros la decisión de prohibición o aprobación condicionada o sujeta a compromisos que haya recaído sobre la concentración. En caso de que el Ministro de Asuntos Económicos y Transformación Digital decida remitir la operación de concentración al **Consejo de Ministros**, este puede:
a) **Confirmar la resolución** dictada por la Sala de Competencia del Consejo de la CNMC.

b) Acordar **autorizar la concentración**, con o sin condiciones, en cuyo caso la autorización debe estar debidamente motivada en razones de interés general distintas de la defensa de la competencia.

Plazos (LDC art.36.3) El plazo **máximo** para dictar y notificar la **resolución del Ministro de Asuntos Económicos y Transformación Digital** es de 15 días, **a contar desde** la recepción de la correspondiente resolución dictada en segunda fase por la Sala de Competencia del Consejo de la CNMC. Por su parte, el plazo **máximo** para adoptar y notificar un **acuerdo del Consejo de Ministros** es de un mes, **a contar desde** la resolución del Ministro de Asuntos Económicos y Transformación Digital de elevar la operación al Consejo de Ministros. 5131

3. Consulta previa

(LDC art.55.2)

Existe un mecanismo de consulta **facultativa** (no confundir con fase de prenotificación -nº 5105- que llevaría aparejada la presentación del borrador de notificación), que ofrece la posibilidad a cualquiera de las partes notificantes de formular consulta a la CNMC sobre si una determinada operación: 5135

a) Cumple los **requisitos** para constituir una concentración.

b) Supera los **umbrales** mínimos de notificación obligatoria.

Los anteriores aspectos son relevantes para la determinación de si estamos ante una **concentración notificable**.

En el caso en que la parte o partes notificantes decidan presentar una consulta previa, deben facilitar a la CNMC una **descripción de la concentración** y de las partes que intervienen, del volumen de negocios de las empresas partícipes en el último ejercicio contable y toda la información necesaria para determinar los mercados relevantes y las cuotas de las empresas partícipes en los mismos. Si la información suministrada fuera considerada insuficiente, la CNMC puede requerir a las partes para que aporten la **información adicional**, con indicación de que, si así no lo hicieran, se les tendrá por desistidos de su consulta.

Las actuaciones llevadas a cabo en el marco de la consulta previa tienen carácter **confidencial** y no conllevan el devengo del pago de la tasa por análisis y estudio de las operaciones de concentración (aunque esta debe abonarse posteriormente en caso de que finalmente se concluya que es necesario notificar la operación; ver nº 5146).

Respecto de las consultas previas sobre **operaciones de concentración** reguladas en la LDC art.55.2, se ha cortado el plazo para que la CNMC resuelva las consultas previas de 3 meses a un mes.

4. Forma de la notificación

Para notificar una operación de concentración ante la CNMC debe utilizarse uno de los **formularios** que figuran en los Anexos II (Formulario ordinario) y III (Formulario abreviado) del RD 261/2008 -similares a los previstos por la normativa europea-, en función de la tipología de la operación y según los criterios desarrollados en los apartados siguientes. 5140

Formulario ordinario Con carácter general, las operaciones de concentración que cumplan los requisitos establecidos en la LDC deben notificarse ante la CNMC utilizando el formulario ordinario de notificación. 5141

El formulario ordinario solicita numerosa **información** tanto sobre las partes como sobre la operación. En concreto, el citado formulario requiere:

- la necesaria identificación de las partes;
- la exposición de las características y dimensión de la operación;
- mención a las posibles restricciones accesorias;
- información concerniente a terceras empresas que operen en los mercados relevantes;
- distintas definiciones de mercados afectados y no afectados;
- cuantificación de las eficiencias.

Entre la **documentación** que debe **aportarse como anexo** al formulario ordinario de notificación se encuentra: copia de los contratos que formalizan la operación, copia de las cuentas anuales e informe de gestión del último ejercicio, copia del acuerdo o proyecto de concentración, etc.

Para notificar una operación de concentración la parte o partes notificantes deben completar todos los apartados del formulario junto con los anexos previstos en el mismo.

El **modelo** de formulario ordinario de notificación ante la CNMC se adjunta como Anexo en el nº 9550.

5142 **Formulario abreviado** (LDC art.56) La LDC ha introducido la posibilidad de que las empresas que tengan que notificar una operación de concentración puedan hacerlo a través de un formulario abreviado en aquellos casos en los que *a priori* y sin necesidad de analizar el caso específico, no es previsible la existencia de problemas de competencia.

La existencia de un formulario abreviado se **justifica** en la escasa incidencia que determinadas concentraciones presentan para la competencia efectiva en los mercados y en las reducidas dificultades existentes para su análisis por parte de la CNMC.

El **contenido** del formulario abreviado es más reducido que el del formulario ordinario, ya que requiere aportar menos informaciones y datos sobre la operación que en principio no se consideran necesarios por la menor complejidad en el análisis o tramitación de este tipo de concentraciones. Asimismo, el informe propuesta de la Dirección de Competencia en estos casos también será más sucinto (como también las resoluciones de la CNMC).

5143 En particular, la parte o partes notificantes pueden presentar un formulario abreviado de notificación en aquellas **operaciones de concentración** que cumplan alguno de los siguientes **requisitos**:

a) Cuando no exista **solapamiento horizontal o vertical** entre las partes de la operación porque ninguna de ellas realice actividades económicas en el mismo mercado geográfico y de producto de referencia o en mercados relacionados de modo ascendente o descendente dentro del proceso de producción y comercialización (*i.e.*, cuando ninguna de ellas realice actividades económicas en el mercado geográfico y de producto de referencia o en mercados relacionados de modo ascendente o descendente dentro del proceso de producción y comercialización).

b) Cuando la **participación de las partes en los mercados**, por su escasa importancia, no sea susceptible de afectar significativamente a la competencia. Se entiende que existe una participación de menor importancia cuando:

• Las partícipes en la concentración no alcancen una **cuota conjunta** superior al 15% en el mismo mercado de producto o servicio en el ámbito nacional o en un mercado geográfico definido dentro del mismo, o en el caso de alcanzar una cuota conjunta superior al 15% e inferior al 30%, sea con una adición de cuota no superior al 2%, y

• Las partícipes en la concentración no alcancen una **cuota individual o conjunta** del 25% en un mercado de producto verticalmente relacionado con un mercado de producto en el que opere cualquier otra parte de la concentración en el ámbito nacional o en un mercado geográfico definido dentro del mismo (RD 261/2008 art.57.1).

c) Cuando una parte adquiera el **control exclusivo** de una o varias empresas o partes de empresa sobre la cual tiene ya el control conjunto.

d) Cuando, tratándose de una **empresa en participación**, esta no ejerza ni haya previsto ejercer actividades dentro del territorio español o cuando dichas actividades sean marginales. Se entenderá que las actividades de una empresa en participación son marginales cuando su volumen de negocios no supere o previsiblemente no vaya a superar los 6 millones de euros.

5144 Sin perjuicio de lo anterior, la CNMC puede exigir la presentación del **formulario ordinario** de notificación cuando, aun cumpliéndose las condiciones para utilizar el formulario abreviado, determine que es necesario para una investigación adecuada de los posibles problemas de competencia.

En este caso, el **plazo** máximo de **resolución y notificación** del procedimiento empieza a computar de nuevo desde la fecha de presentación del formulario ordinario.

En particular, la CNMC puede requerir al notificante la presentación del formulario ordinario de notificación, entre otros, en los siguientes **supuestos** (RD 261/2008 art.57.2):

a) En aquellos casos en los que es difícil definir los mercados de referencia, los casos en que una parte sea un nuevo operador o un operador en potencia o un titular de una patente importante.

b) En los casos en los que no sea posible determinar adecuadamente las cuotas de mercado de las partes.

c) En los mercados con altas barreras a la entrada, con un alto grado de concentración o con problemas conocidos de competencia.

d) Cuando al menos dos de las partes de la concentración estén presentes en mercados adyacentes estrechamente relacionados.

e) En las operaciones que puedan plantear problemas de coordinación.

f) Cuando una parte adquiera el control exclusivo de una empresa en participación de la que ya tenga el control conjunto, cuando la parte que adquiere y la empresa en participación tengan conjuntamente una posición de mercado fuerte o cuando la empresa en participación y la parte que adquiere tengan posiciones fuertes en mercados verticalmente relacionados.

g) Cuando el formulario abreviado contiene información incorrecta o engañosa.

El **modelo** de formulario abreviado de notificación se adjunta como Anexo en el nº 9600.

Tratamiento de la información confidencial (LDC art.42) La LDC prevé expresamente el tratamiento **confidencial** de la información contenida en el formulario de notificación presentado por las partes, así como cualesquiera otros documentos que los acompañen o que hayan sido aportados al procedimiento voluntariamente o a requerimiento de la CNMC. En cualquier caso, el tratamiento de la información confidencial debe buscar un equilibrio entre el derecho a la confidencialidad de las partes y el adecuado desarrollo y la eficacia del procedimiento de control de concentraciones, en el sentido de garantizar la utilidad de los trámites de colaboración entre la autoridad de competencia y organismos de regulación sectorial. 5145

Tasa por análisis y estudio de las operaciones (RD 261/2008 art.22.2 y 60; L 3/2013 anexo I.2) Junto con la presentación de los formularios de notificación (ordinario o abreviado), las partes deben presentar la **autoliquidación** de una tasa por análisis y estudio de las operaciones de concentración. La tasa por el análisis y estudio de las operaciones de concentración se **devenga** con la presentación de la notificación. 5146

Su **cuantía** varía en función del tipo de formulario a utilizar y del volumen de negocios de las partes en la operación.

Mientras que la tasa asciende a 1.545,45 euros en las operaciones notificadas a través del formulario abreviado, en las operaciones notificadas a través del formulario no abreviado la cuantía de la tasa puede ir desde 5.502,15 euros hasta 109.806 euros dependiendo del volumen de negocios global del conjunto de las empresas partícipes en España.

5. Evaluación de las concentraciones

(LDC art.10)

Para analizar la compatibilidad de una operación con el mercado, la CNMC ha de tener en cuenta una serie de elementos explicitados en la LDC. En concreto, la CNMC evalúa las concentraciones notificadas atendiendo a la posible **obstaculización** del mantenimiento de una **competencia efectiva** en todo o en parte del territorio nacional. 5150

Para ello, la **CNMC** toma sus decisiones sobre las operaciones de concentración que le sean notificadas teniendo en cuenta, entre otros, los siguientes **elementos**:

a) La **estructura** de todos los mercados relevantes.

b) La **posición** en los mercados de las empresas afectadas, su fortaleza económica y financiera.

c) La **competencia** real o potencial de empresas situadas dentro o fuera del territorio nacional.

d) Las posibilidades de **elección de proveedores y consumidores**, su acceso a las fuentes de suministro o a los mercados.

e) La existencia de **barreras** para el acceso a dichos mercados.

f) La evolución de la **oferta y** de la **demanda** de los productos y servicios de que se trate.

g) El **poder de negociación** de la demanda o de la oferta y su capacidad para compensar la posición en el mercado de las empresas afectadas.

h) Las **eficiencias económicas** derivadas de la operación de concentración y, en particular, la contribución que la concentración pueda aportar a la mejora de los sistemas de producción o comercialización, así como a la competitividad empresarial, y la medida en que dichas eficiencias sean trasladadas a los consumidores intermedios y finales, en concreto, en la forma de una mayor o mejor oferta y de menores precios.

En todo caso, para que la CNMC tenga en cuenta las eficiencias económicas invocadas por las partes en una operación de concentración, el notificante debe describir su naturaleza y efectos, cuantificando los mismos cuando sea posible, así como el plazo en que prevé que se desarrollen, acreditando todos estos aspectos con los medios a su alcance (RD 261/2008 art.6).

En aquellas operaciones que conlleven la creación de una **empresa en participación** que tengan por objeto o efecto coordinar el comportamiento competitivo de empresas que continúen siendo independientes, dicha **coordinación** se debe analizar en el seno del procedimiento de control de concentraciones, pero su valoración sustantiva se realiza (*ex* LDC art.10.2) en función de lo establecido en la LDC art.1 y 2 (marco de análisis de conductas colusorias y abuso de posición de dominio respectivamente). 5151

Por su parte, el **Consejo de Ministros** puede valorar las concentraciones económicas atendiendo a criterios de interés general distintos de la defensa de la competencia. En particular, para la evaluación de una operación de concentración, el Consejo de Ministros puede tener en cuenta, entre otros, los siguientes **criterios**: 5152

- La defensa y seguridad nacional.
- La protección de la seguridad o salud públicas.
- La libre circulación de bienes y servicios dentro del territorio nacional.

- La protección del medio ambiente.
- La promoción de la investigación y el desarrollo tecnológicos.
- La garantía de un adecuado mantenimiento de los objetivos de la regulación sectorial.

6. Régimen sancionador

5155 Igual que la Comisión Europea, la CNMC también tiene la facultad de adoptar distintas medidas sancionadoras en aquellos supuestos en que las empresas incumplan alguna de sus obligaciones en relación con el régimen de control de concentraciones.

5156 **Multas** (LDC art.63 y 67) La CNMC tiene la facultad de imponer multas potencialmente elevadas a aquellas empresas que incumplan sus obligaciones en relación con el procedimiento de notificación de operaciones de concentración.
En primer lugar, la LDC establece que la CNMC puede imponer multas de hasta el 1% del volumen de negocios total de la empresa o empresas infractoras (en tanto que **infracciones leves**), en el supuesto de notificaciones de concentración fuera de los plazos legales o no cumplimiento de la obligación de notificación tras haber sido requerido de oficio por la CNMC.
En segundo lugar, la CNMC también puede imponer multas de hasta el 5% del volumen de negocios total de la empresa infractora (**infracción grave**), cuando esta haya ejecutado una concentración sujeta a control de concentraciones antes de haber sido notificada a la CNMC o antes de que haya recaído y sea ejecutiva resolución expresa o tácita autorizado la misma o se haya acordado el levantamiento de la suspensión, así como por no haber aportado la información requerida por la CNMC o haber suministrado información incompleta, inexacta o engañosa.
Asimismo, la CNMC puede imponer multas de hasta el 10% del volumen de negocios total de la empresa o empresas que incumplan o contravengan lo establecido en una resolución, acuerdo o compromiso adoptado en materia de control de concentraciones (**infracciones muy graves**).
En la determinación del importe final de las sanciones se tienen en cuenta circunstancias agravantes (reiteración, falta de colaboración, etc.) y atenuantes (colaboración activa, etc.).

5157 Finalmente, la LDC prevé la posibilidad de que la CNMC pueda imponer, previo requerimiento del cumplimiento a las empresas, asociaciones, uniones o agrupaciones de estas, y agentes económicos en general, **multas coercitivas** de hasta un 5% del volumen de negocios total mundial medio diario durante el ejercicio social anterior por cada día de retraso contado a partir de la fecha fijada en el previo requerimiento, con el fin de obligarlas:
- A deshacer una operación de concentración que haya sido declarada prohibida conforme a lo dispuesto en la LDC.
- Al cumplimiento de los compromisos o condiciones adoptados en las resoluciones de la CNMC o en los Acuerdos de Consejo de Ministros según lo previsto en la LDC.
- Al cumplimiento de lo ordenado en una resolución, requerimiento o acuerdo de la CNMC o del Consejo de Ministros.
- Al cumplimiento del deber de colaboración establecido en el art.39 LDC.
- Al cumplimiento de las medidas cautelares.

5158 Además de las sanciones anteriores, la LDC también prevé la posibilidad de imponer una multa de hasta 60.000 euros a cada uno de los **representantes legales** o a las personas que integran los **órganos directivos** de las empresas sancionadas que hayan intervenido en el acuerdo o decisión, salvo aquellas personas que, formando parte de los órganos colegiados de administración, no hubieran asistido a las reuniones o hubieran votado en contra o salvado su voto (LDC art.63.2).
La LDC prevé esta posibilidad de manera independiente a las multas citadas anteriormente y sin perjuicio de la adopción de otras medidas de ejecución forzosa previstas en el ordenamiento.

7. Régimen de recursos

5160 La **CNMC** tiene la competencia exclusiva para examinar las concentraciones de dimensión nacional en España y determinar su compatibilidad con la normativa en materia de control de concentraciones (no existe en este ámbito competencias decisorias de las autoridades de defensa de la competencia de las comunidades autónomas). La normativa establece las siguientes vías de recurso:
- **Recursos contra los actos de la Dirección de Competencia** (LDC art.47.1). Las resoluciones y actos de la Dirección de Competencia que produzcan indefensión o perjuicio irreparable a derechos o intereses legítimos son recurribles ante la Sala de Competencia del Consejo de la CNMC en el plazo de 10 días.

• **Recursos contra las resoluciones de la Sala de Competencia del Consejo de la CNMC** (LDC art.48; L 29/1998 disp.adic.4ª.5). Las resoluciones de la Sala de Competencia del Consejo de la CNMC agotan directamente la vía administrativa y son susceptibles de recurso contencioso administrativo, siendo competente para su conocimiento la Sala de lo Contencioso-Administrativo de la **Audiencia Nacional** en el plazo de dos meses. En caso de resoluciones que prohíban o sujeten la autorización de la concentración a compromiso o condición, la resolución agota la vía administrativa una vez haya sido confirmada, expresa o tácitamente por el Ministro de Asuntos Económicos y Transformación Digital y, en su caso, por el Consejo de Ministros.
• **Recursos contra los actos y resoluciones dictados por el Consejo de Ministros**. El acuerdo por el cual el Consejo de Ministros tácita o expresamente confirma la resolución de la Sala de Competencia del Consejo de la CNMC no es impugnable, en tanto que tiene por único objeto dotar de ejecutividad esa resolución, que únicamente entonces agota la vía administrativa.
Por el contrario, sí que son impugnables los acuerdos del Consejo de Ministros por los que se levante la prohibición o se autorice cierta operación con condiciones por motivos ajenos a los de defensa de la competencia, siendo en tal caso objeto de recurso ante la Sala Contencioso-Administrativa del **Tribunal Supremo**.

C. Restricciones accesorias a las operaciones de concentración

5165

1. Tipología de restricciones accesorias 5170
2. Acuerdos de licencia 5185
3. Obligaciones de compra y suministro 5190

La **autorización** de una operación de concentración por parte de las autoridades de competencia, tanto de la Comisión Europea como de autoridades nacionales, también incluye la de aquellas restricciones accesorias que estén directamente vinculadas a la realización de la operación de concentración y sean necesarias a tal fin. 5166
La importancia de que una cláusula o contrato realizado en el marco de la operación de concentración sea considerada como una restricción **accesoria** radica en que la decisión por la que se autoriza una operación de concentración cubre automáticamente las restricciones consideradas accesorias a la misma, sin necesidad de análisis individualizado.
Por el contrario, una cláusula o acuerdo que incorpore una potencial restricción de competencia y **no se considere accesoria** a la operación de concentración (ni directamente vinculada o necesaria para su realización) debe de ser objeto de análisis individualizado en el marco de los artículos referidos a las conductas prohibidas (esencialmente, TFUE art.101 y 102, y sus equivalentes en la LDC art.1 y 2 respectivamente).

Se entiende por **restricciones accesorias** a una operación de concentración aquellos acuerdos o cláusulas que están directamente vinculados a una operación de concentración y que son necesarios para la realización de la operación. Para determinar aquellas restricciones que se consideran accesorias a una operación de concentración son particularmente relevantes los **criterios** establecidos en la Comunicación de la Comisión Europea sobre las restricciones directamente vinculadas a la concentración y necesarias a tal fin (2005/C 56/03). 5167
Para que se considere que una restricción está **directamente vinculada** a la realización de una operación de concentración, tiene que estar estrechamente relacionada con la concentración, no siendo suficiente con que el acuerdo se haya concluido en el mismo contexto o al mismo tiempo que la concentración.
Además, estos acuerdos deben ser también **necesarios** para la realización de la operación de concentración. Esto significa que, en su ausencia, la operación no se podría llevar a cabo o se realizaría en condiciones más inciertas, con costes considerablemente superiores, en un periodo de tiempo más largo o con mucha más dificultad. Se cumple esta condición cuando la restricción está encaminada a proteger el valor transferido, preservar la continuidad del suministro tras la disolución de la antigua empresa o permitir la puesta en funcionamiento de la nueva entidad.
A la hora de determinar si una determinada cláusula o acuerdo es accesorio a la operación de concentración y, por lo tanto, debe ser analizado conjuntamente con esta, se debe **tener en cuenta** no solo la naturaleza y tipo de restricción, sino también su duración, contenido y ámbito geográfico.

1. Tipología de restricciones accesorias

5170 a. Cláusulas de no competencia 5175
b. Cláusulas de no captación y de confidencialidad 5180

a. Cláusulas de no competencia

5175 Las cláusulas de no competencia suelen proteger al comprador en la operación y se consideran **vinculadas** a la **operación de concentración** siempre que su duración, su ámbito geográfico de aplicación, contenido y las personas sujetas a ellas no vayan más allá de lo razonablemente necesario para lograr dicho objetivo.

5176 **Duración** (Comunicación Comisión 2005/C 56/03 aptdo.20 y 36) Las cláusulas de no competencia están justificadas durante un período máximo de tres años cuando la cesión de la empresa incluye la **transferencia** de la **clientela fidelizada** como **fondo de comercio y conocimientos técnicos** -en ocasiones, pueden excepcionalmente y de forma muy restrictiva, aceptarse periodos más largos en atención a las características de la operación-. En aquellos casos en los que solo se incluye fondo de comercio, están justificadas cláusulas inhibitorias de la competencia por periodos máximos de dos años.
En caso de **empresas en participación**, se considera que una restricción es accesoria en la medida en que la cláusula inhibitoria de competencia entre las empresas matrices y la empresa en participación no exceda de la duración de la propia empresa en participación. No obstante, debe tenerse en cuenta que las cláusulas inhibitorias de competencia entre una empresa en participación y las empresas matrices que no ejercen control de la misma no están directamente vinculadas a la realización de la concentración y no son necesarias a tal fin.

5177 **Contenido** (Comunicación Comisión 2005/C 56/03 aptdo.21, 36 y 38) Las cláusulas inhibitorias de competencia han de limitarse a los productos (incluidas las versiones mejoradas y las actualizaciones de productos y los modelos sucesivos) y servicios que constituyan la **actividad económica** de la **empresa traspasada**. Cabe incluir aquí los productos y servicios que se hallen en fase avanzada de desarrollo en el momento de la transacción y los productos que ya estén totalmente desarrollados pero todavía no se hayan comercializado.
Asimismo, las cláusulas inhibitorias de competencia **no** pueden considerarse **necesarias** si, en realidad, el traspaso se limita a activos materiales (terrenos, edificios o maquinaria) o a derechos exclusivos de propiedad industrial y comercial. No se considera que se protege al comprador de la competencia del vendedor en aquellos mercados de productos o servicios en los que la empresa traspasada no operase antes del traspaso.
En el caso de **empresas en participación** la cláusula inhibitoria de competencia debe estar limitada a los productos, servicios y territorios cubiertos por la empresa en participación.

5178 **Ámbito geográfico** (Comunicación Comisión 2005/C 56/03 aptdo.22 y 37) El ámbito geográfico de estas cláusulas debe limitarse a la zona o zonas en las que el **vendedor** ofrecía los productos o servicios objeto de la operación antes del traspaso, toda vez que no es necesario proteger al comprador de la competencia del vendedor en territorios en los que este no estaba presente en el momento de la operación. Este ámbito geográfico puede ampliarse a los territorios en los que el vendedor tuviese planeado introducirse en el momento de efectuar la transacción, siempre que ya hubiese efectuado inversiones con tal finalidad.
En caso de **empresas en participación**, el ámbito geográfico debe limitarse a la zona en la que las **matrices** ofrecían los productos o servicios de referencia con anterioridad a la empresa en participación.

5179 **Sujetos obligados** (Comunicación Comisión 2005/C 56/03 aptdo.24) El **vendedor** puede comprometerse en nombre propio y en el de sus **filiales** y **agentes** comerciales. No obstante, no se considera directamente vinculada a la realización de la concentración y necesaria a tal fin, ninguna obligación por la que se impongan restricciones similares a otras partes. Esta norma se aplica especialmente a las cláusulas que restrinjan la libertad de importar y exportar de los revendedores y de los usuarios.

b. Cláusulas de no captación y de confidencialidad

(Comunicación Comisión 2005/C 56/03 aptdo.26)

Las cláusulas de no captación y de confidencialidad tienen un efecto comparable al de las cláusulas de no competencia, por lo que se evalúan de forma similar. **5180**
Las cláusulas de confidencialidad referentes a **clientela**, los **precios** y las **cantidades**, no pueden prorrogarse. En cambio, las cláusulas de confidencialidad referentes a los **conocimientos técnicos** pueden excepcionalmente estar justificadas por periodos más largos.

2. Acuerdos de licencia

(Comunicación Comisión 2005/C 56/03 aptdo.27 a 31, 42 y 43)

Una operación de concentración puede incluir la **transferencia al adquirente** de derechos de propiedad intelectual o de conocimientos técnicos. No obstante, en aquellos casos en que el vendedor prefiera **conservar la titularidad** de los derechos de propiedad industrial e intelectual, con el fin de explotarlos para actividades distintas de las traspasadas, es habitual es que se celebren acuerdos de licencia entre el comprador y el vendedor para garantizar al comprador el uso pleno de los activos transferidos. **5185**
En estos casos, se puede considerar que las **licencias de patentes**, de derechos similares y de conocimientos técnicos son necesarias para la realización de la concentración, aunque las citadas licencias no tengan una vigencia limitada en el tiempo, sean simples o exclusivas y se limiten a determinados sectores de aplicación, siempre que correspondan a las actividades de la empresa traspasada.
No obstante, las **limitaciones territoriales** de fabricación que reflejen el territorio de la actividad traspasada no son necesarias para la realización de la operación. En cuanto a las licencias concedidas por el vendedor de un negocio al comprador, cabe señalar que, en el acuerdo de licencia, se pueden imponer al primero restricciones territoriales en las mismas condiciones que las establecidas para las cláusulas inhibitorias de la competencia en el contexto de la venta de un negocio.
Las **restricciones** de los acuerdos de licencia que vayan más allá de lo dispuesto anteriormente, como las que **protegen al licenciante** en lugar de al licenciatario, se considera que no son necesarias para la realización de la concentración.
Para las **licencias de marcas registradas**, nombres comerciales, derechos de dibujos, derechos de autor y derechos afines, se aplican las mismas consideraciones indicadas anteriormente.

En el caso de empresas en participación, se entiende que las **licencias concedidas** por las **empresas matrices a la empresa en participación** están directamente vinculadas a la realización de la operación de concentración y son necesarias a tal fin, independientemente de que sean exclusivas o no y de que estén limitadas en el tiempo. Asimismo, las licencias podrán limitarse a un sector específico de aplicación que corresponda a las actividades de las empresas en participación. **5186**
Por su parte, las licencias concedidas por la **empresa en participación a una de sus matrices**, o las licencias cruzadas, pueden considerarse accesorias a la operación de concentración en las mismas condiciones aplicables a la adquisición de una empresa. Finalmente, los acuerdos de licencia celebrados entre matrices no se considerarán accesorios a la creación de una empresa en participación y, en consecuencia, no son admisibles como restricciones accesorias a la operación de concentración.

3. Obligaciones de compra y suministro

(Comunicación Comisión 2005/C 56/03 aptdo.32 a 35 y 44)

La **finalidad** de las obligaciones de compra y de suministro es garantizar a cualquiera de las partes la continuidad del suministro de los productos que necesite para realizar sus actividades (las conservadas, en el caso del vendedor, y las adquiridas, en el caso del comprador). En este sentido, la **duración** de las obligaciones de compra y suministro ha de limitarse al tiempo necesario para sustituir la relación de dependencia por una situación de autonomía en el mercado. Así, se considera que las obligaciones de compra o suministro que garanticen las cantidades anteriormente suministradas pueden estar justificadas durante un periodo transitorio de cinco años como máximo. Las obligaciones relativas al suministro de cantidades ilimitadas, que establezcan la exclusividad o confieran la condición de proveedor o comprador preferentes no se consideran necesarias para la realización de la concentración. **5190**

Se considera que los **acuerdos de servicio y distribución** pueden tener un efecto equivalente a los de suministro y, en consecuencia, se aplican las mismas consideraciones que a las obligaciones de compra y de suministro indicadas anteriormente.
En el caso de **empresas en participación**, si las empresas matrices permanecen activas en un mercado anterior o posterior al de la empresa en participación, cualquier acuerdo de compra y suministro, incluidos los acuerdos de servicio y distribución, estará sujeto a los principios aplicables en caso de traspaso de una empresa.

D. Compromisos aceptables en una operación de concentración

5195 Cuando de una concentración puedan derivarse obstáculos para el mantenimiento de una competencia efectiva, las partes notificantes, por **propia iniciativa o a instancia** de la **Comisión Europea o** de la **CNMC**, pueden proponer compromisos para resolverlos y que la concentración resulte autorizada.
La Comisión Europea y la CNMC van a aceptar compromisos o soluciones que se consideren adecuados para suprimir un importante obstáculo para la competencia efectiva, eliminar enteramente los problemas de competencia y ser completos y efectivos. En este sentido, los compromisos deben ser **ejecutables** de forma efectiva en un breve plazo.

5196 Existen dos grandes **categorías** de compromisos:
1. **Compromisos estructurales**: consistentes en modificaciones en la estructura de una operación de concentración para asegurar que esta no impide ni restringe la competencia efectiva en el mercado. Son compromisos estructurales, por ejemplo, la cesión de una actividad empresarial viable y competitiva a un tercer comprador.
2. **Compromisos de comportamiento**: consistentes en obligaciones de actuación futura de las partes en la operación de concentración. Son compromisos de comportamiento, por ejemplo, el compromiso de no subir precios, no reducir gamas de productos o marcas, de información sobre nivel de precios o nuevos contratos, etc. El efectivo cumplimiento de estos compromisos debe poder ser supervisado por las autoridades de defensa de la competencia.

5197 El **objetivo** básico de los compromisos es garantizar unas estructuras de mercado competitivas. Por consiguiente, los compromisos estructurales, tales como el de vender una actividad empresarial, son, por regla general, preferibles, ya que dichos compromisos previenen, de manera sostenible, los problemas de competencia que serían provocados por la concentración notificada, y, por otra parte, no requieren medidas de supervisión a medio o largo plazo. Sin embargo, no puede excluirse automáticamente la posibilidad de que otros tipos de compromisos puedan también prevenir un importante obstáculo a la competencia efectiva.
La Comisión Europea ha adoptado una Comunicación relativa a las soluciones admisibles con arreglo al Rgto CE/139/2004 del Consejo y al Rgto CE/802/2004 de la Comisión (Texto pertinente a efectos del EEE) (2008/C 267/01) con aquellos **compromisos** que con carácter general pueden resultar **aceptables** para solucionar los eventuales problemas de competencia generados por una concentración.

5198 **Compromisos aceptados por las autoridades** A continuación se resumen algunos de los compromisos normalmente aceptados en la práctica de las autoridades de defensa de la competencia:

5199 **Cesión de una actividad empresarial** En caso de que una concentración propuesta amenace con obstaculizar considerablemente la competencia efectiva, la manera más eficaz de mantener esta última consiste en crear las condiciones necesarias para la aparición de una nueva entidad competitiva o para la consolidación de los competidores existentes mediante la cesión de actividades empresariales por las partes participantes en la operación de concentración. En este caso:
• Las **actividades cedidas** deben consistir en una actividad empresarial viable que, al ser dirigida por un comprador adecuado, pueda competir eficazmente con la entidad procedente de a concentración de manera sostenible, y
• La **actividad empresarial** debe incluir todos los activos que contribuyan a su funcionamiento actual o que sean necesarios para garantizar su viabilidad y competitividad, así como todo su personal.
En estos casos las partes deben incluir una definición exacta del **alcance** de la **actividad empresarial cedida** en los compromisos.

Aunque en principio se requiere la cesión de una actividad empresarial independiente y viable ya existente, teniendo en cuenta el principio de proporcionalidad, también puede considerarse la cesión de actividades empresariales que tengan sólidas relaciones o que estén parcialmente integradas con las actividades empresariales conservadas por las partes.

Cesión de activos, en particular de marcas y licencias Una cesión que consista en una combinación de determinados activos que no formaban una **actividad empresarial uniforme y viable** puede crear riesgos en cuanto a su viabilidad y competitividad empresarial. La cesión de dichos activos solo es aceptada si la cesión garantiza la viabilidad de la actividad empresarial. Este puede ser el caso si los activos cedidos ya pueden considerarse como una actividad empresarial viable y competitiva. **5200**
Las cesiones de una actividad empresarial parecen por lo general preferibles a la **concesión de licencias** sobre derechos de propiedad intelectual, ya que la concesión de una licencia implica una mayor incertidumbre, no permite al licenciatario competir inmediatamente en el mercado, e implica el mantenimiento de una relación entre las partes que puede permitir al licenciante influenciar al licenciatario en su comportamiento competitivo.

Cambio de marca En **casos excepcionales**, pueden aceptarse compromisos para conceder una **licencia exclusiva y limitada en el tiempo** para una marca con objeto de permitir al licenciatario cambiar la marca del producto en un plazo determinado. En estos casos, después de una primera fase de concesión de licencias de estos denominados compromisos de cambio de marca, las partes se comprometen en una segunda fase a abstenerse de cualquier uso de marca (fase de bloqueo). **5201**
El **objetivo** de dichos compromisos es permitir al licenciatario transferir los clientes de la marca autorizada a su propia marca para crear un competidor viable, sin que la marca autorizada sea cedida permanentemente.

Soluciones de acceso En algunas ocasiones se han aceptado soluciones que preveían la **concesión de acceso a terceros** a infraestructuras clave, redes, tecnología clave, incluidas patentes, conocimientos técnicos u otros derechos de propiedad intelectual, e insumos esenciales. En principio, las partes conceden dicho acceso a terceros de forma no discriminatoria y transparente con el fin de garantizar que dichos terceros puedan penetrar en el mercado en condiciones competitivas. **5202**

Cambio de contratos a largo plazo El cambio de la estructura de mercado resultante de una concentración propuesta puede hacer que los acuerdos contractuales existentes se opongan a la competencia efectiva. Esto ocurre especialmente en el caso de **acuerdos exclusivos de suministro o distribución** a largo plazo, cuando dichos acuerdos excluyen el acceso de los competidores a los insumos, en una fase inicial, o a los clientes, en una fase posterior. En tales casos la terminación o el cambio de los acuerdos exclusivos existentes puede considerarse apropiado para eliminar los problemas de competencia. **5203**

Cláusula de readquisición Para mantener el efecto estructural de una solución, los compromisos deben prever que la entidad procedente de la concentración no pueda adquirir posteriormente influencia sobre el conjunto o parte de la actividad empresarial cedida. Así, los compromisos deben prever que en principio no será posible ninguna posible readquisición durante un **periodo** significativo, por lo general de 10 años. **5204**
Sin embargo, los compromisos pueden también prever una **exención** que permita eximir a las partes de esta obligación si posteriormente se comprueba que la estructura de mercado ha cambiado hasta tal punto que la ausencia de influencia sobre la actividad empresarial cedida ya no es necesaria para hacer la concentración compatible con el mercado común.

Transferencia a un comprador adecuado Solo se logra el efecto previsto de la cesión cuando se trasfiera la actividad empresarial a un **comprador adecuado** en cuyas manos se convierta en una fuerza competitiva activa en el mercado. Se considera que el comprador es adecuado cuando: **5205**
a) El comprador es **independiente** de las partes y no tiene vínculos con ellas.
b) El comprador debe poseer **recursos** financieros **y experiencia** pertinente y probada y tener motivación y capacidad para mantener y desarrollar la actividad empresarial cedida como fuerza competitiva viable y activa en competencia con las partes y otros competidores.
c) La adquisición de la actividad empresarial por el comprador propuesto no debe conllevar el riesgo de crear nuevos **problemas de competencia** ni de retrasar la ejecución de compromisos.

5206 **Supresión de vínculos con los competidores** Los compromisos de cesión pueden también utilizarse para suprimir los vínculos entre las partes y los competidores en caso de que dichos vínculos contribuyan a los problemas de competencia planteados por la concentración. Para ello, puede ser necesaria la **cesión** de una **participación minoritaria** en una empresa en participación o la cesión de una participación minoritaria.

5207 **Cláusula de revisión** Con independencia del tipo de solución, los compromisos incluyen por lo general una cláusula de revisión. La inclusión de esta cláusula de revisión tiene como **finalidad** permitir a las autoridades de defensa de la competencia conceder una prórroga de los plazos o, en circunstancias excepcionales, suprimir, modificar o sustituir los compromisos.

5208 **Diferencia entre compromisos y condiciones** Tratamiento similar a los compromisos, en cuanto a su contenido y alcance, tienen las condiciones a las que las autoridades de defensa de la competencia pueden subordinar la autorización de la operación de concentración. La principal diferencia entre compromisos y condiciones, estriba en que los primeros son **propuestos por las notificantes** (por iniciativa propia o a instancias de las autoridades de defensa de la competencia), mientras que las segundas son **impuestas por las autoridades** de defensa de la competencia como condición necesaria para autorizar la operación de concentración.

IV. Efectos suspensivos de la notificación sobre la transacción

5210 El mecanismo de control de concentraciones está sujeto al principio de suspensión de la operación. En tanto que el control de concentraciones es un instrumento de control *ex ante*, como **regla general**, la notificación de una operación conlleva la suspensión de su ejecución en tanto no recaiga una resolución de autorización por parte de la autoridad de defensa de la competencia correspondiente o, en su caso, se produzca una autorización tácita por silencio administrativo.

La **ejecución** de una operación de concentración **antes de su autorización** o el incumplimiento del deber de notificación de una operación de concentración constituyen infracciones del derecho de la competencia que pueden traer consigo la imposición de multas y, en determinados supuestos, incluso la obligación de deshacer la concentración (ver nº 5075 y nº 5155).

Como regla general, una concentración económica no puede ejecutarse hasta que haya recaído y sea ejecutiva la autorización expresa o tácita de las autoridades de competencia. No obstante, en determinadas circunstancias, las autoridades de defensa de la competencia pueden autorizar el **levantamiento** de la **obligación de suspensión** de la ejecución de la operación.

5211 **Notificaciones ante la Comisión Europea** (Rgto CE/139/2004 art.7) Las operaciones de concentración que deban ser objeto de análisis por parte de la Comisión Europea no pueden ejecutarse antes de ser notificadas ni hasta que, una vez notificadas, hayan sido declaradas **compatibles** con el mercado común por la Comisión Europea ya sea, bien de forma expresa mediante una decisión declarando que la operación es compatible con el mercado común, o bien de forma tácita, por el transcurso de los plazos máximos establecidos para adoptar una decisión sobre una operación de concentración notificada (nº 5052).

A petición de la parte o partes notificantes, la Comisión Europea puede conceder una **dispensa** a la **obligación de suspensión** de la ejecución de la operación mientras esta se esté analizando por la Comisión Europea. La citada solicitud de dispensa puede solicitarse de forma motivada en cualquier momento del proceso (tanto antes de la notificación como después de la misma).

Para conceder la dispensa a la suspensión de la operación de concentración (que no es muy habitual) la Comisión Europea tiene en cuenta, entre otros factores, los **efectos de la suspensión** para una o varias empresas afectadas por la concentración o para un tercero, así como la **amenaza** que la concentración represente para la competencia.

En caso de que la Comisión Europea conceda la dispensa de la suspensión de la operación (y permita ejecutarla antes de su decisión final), puede imponer determinadas **condiciones y obligaciones** destinadas a garantizar las condiciones de una competencia efectiva.

Excepción Sin perjuicio de lo anterior, el Reglamento comunitario de concentraciones no impide realizar una **oferta pública de adquisición** o una serie de transacciones de títulos -incluidos los convertibles en otros títulos- admitidos a negociación en un mercado como, por ejemplo, una bolsa de valores, a través de las que se adquiera el control de una empresa siempre que: **5212**
- la concentración sea **notificada** sin demora a la Comisión Europea; y
- el comprador no ejerza los **derechos de voto** inherentes a los títulos en cuestión o solo los ejerza para salvaguardar el valor íntegro de su inversión sobre la base de una dispensa concedida por la Comisión Europea.

Notificaciones ante la CNMC (LDC art.9) Las operaciones de concentración que deban ser objeto de análisis por parte de la CNMC no pueden ejecutarse antes de ser notificadas ni hasta que, una vez notificadas, haya recaído y sea ejecutiva la **autorización** expresa o bien de forma tácita, por el transcurso de los plazos máximos establecidos para adoptar una decisión sobre una operación de concentración notificada (nº 5124). **5213**

Previa solicitud motivada de la parte o partes notificantes, la CNMC puede acordar el **levantamiento** de la **suspensión de la ejecución** de la concentración. Para determinar el levantamiento de la suspensión de la ejecución de la operación, la CNMC debe ponderar, entre otros factores, el perjuicio que causaría la suspensión de la ejecución de la ejecución a las empresas partícipes en la concentración y el que la ejecución de la operación causaría a la libre competencia.

La CNMC puede subordinar el levantamiento de la ejecución de la operación al cumplimiento de **condiciones y obligaciones** que garanticen la eficacia de la decisión que finalmente se adopte.

Excepción Sin perjuicio de lo anterior, la LDC no impide realizar una **oferta pública de adquisición** de acciones admitidas a negociación en una bolsa de valores autorizada por la Comisión Nacional del Mercado de Valores que constituya una concentración económica sujeta a control siempre que: **5214**
- a concentración sea **notificada** a la CNMC en el plazo de 5 días desde que se presenta la solicitud de autorización de la oferta a la Comisión Nacional del Mercado de Valores, en caso de no haber sido notificada con anterioridad; y
- el comprador no ejerza los **derechos de voto** inherentes a los valores en cuestión o solo los ejerza para salvaguardar el valor íntegro de su inversión sobre la base de una dispensa concedida por la CNMC.

CAPÍTULO 22

Periodo interino

5300

A.	**Protección del valor de la inversión**	5305
	1. Conservación de la empresa	5310
	2. Gestión de la empresa	5315
B.	**Modificación o desistimiento por deterioro del valor de la inversión**	5327
	Regla *rebus sic stantibus*	5328
	Cláusula de cambio material adverso	5329
C.	**Imputación del riesgo de la operación**	5335
	Régimen legal	5336
	Régimen contractual	5339
D.	**Ajustes a precio**	5340
	1. *Completion accounts*	5345
	2. *Locked Box*	5350

En ocasiones la efectividad de la operación de transmisión de empresa se sujeta, bien por voluntad de las partes, bien por imperativo legal, al cumplimiento de una o varias **condiciones suspensivas** (ver nº 4710 s.), y el cierre o efectividad de la operación se difiere a un momento posterior a la fecha de firma del contrato. 5301

Al periodo de tiempo que transcurre entre la fecha de **firma** del acuerdo **y** la fecha de cierre o de **ejecución** de la operación se le conoce como el periodo interino.

Precisiones El periodo interino es un concepto acuñado por la práctica jurídica. No se encuentra definido ni regulado en ninguna norma legal, sino que existe por el plazo y los términos que resultan de lo pactado por las partes o de los que en su caso son legalmente necesarios para dar cumplimiento a la condición que motiva su existencia; por ejemplo, en los casos en los que el periodo interino tiene su causa en la necesidad de aprobación por las **autoridades de competencia**, el comprador no puede tomar el control de la gestión de la empresa en tanto las autoridades de competencia resuelven expresa o tácitamente la consulta.

Durante este periodo interino la empresa sigue en funcionamiento y continúa desarrollando su actividad, siendo el vendedor el responsable de su gestión. 5302

Como las condiciones suspensivas a las que se sujeta la efectividad de la operación pueden mantenerse vivas un periodo de tiempo relativamente largo, es necesario que el contrato contenga **cláusulas específicas** que den cobertura jurídica y económica a los diversos intereses de las partes; fundamentalmente, a la posibilidad de que se produzcan hechos -ya sean consecuencia de la actuación del vendedor al frente de la gestión de la empresa o de circunstancias ajenas a las partes-, que tengan un impacto en el valor que tenía la compañía en la fecha de firma.

A. Protección del valor de la inversión

Aunque la normativa civil común prevé el régimen legal aplicable a las obligaciones sujetas a condición, la imputación del riesgo de la operación y el incumplimiento contractual, dicho régimen puede ser modificado o sustituido por acuerdo de las partes. De hecho, es habitual que las partes opten por establecer un **régimen convencional** que regule expresamente estas cuestiones en el contrato de compraventa -relegando la normativa legal a norma supletoria. 5305

En este contexto, el contrato de compraventa regula una serie de mecanismos orientados a proteger el **valor** de la **inversión** del comprador mediante la asunción de obligaciones y compromisos por el vendedor, estableciendo asimismo dentro del sistema de responsabilidades propio del contrato de compraventa, previsiones específicas que permiten al comprador obtener compensación por los **daños** que puede sufrir la empresa durante el periodo interino y/o incluso desistir del contrato en supuestos específicos.

1. Conservación de la empresa

(CC art.1094, 1183 y 1468)

5310 La obligación del vendedor no se limita a la entrega de la cosa. Legalmente existe una obligación general del **vendedor** de conservar la cosa con la diligencia de un ordenado empresario hasta el momento de la entrega, de modo que, por ejemplo, en caso de deterioro de la cosa objeto de transmisión se presume la culpa del vendedor.

Pese a que durante el periodo interino el vendedor continúa al frente de la gestión de la empresa y le corresponde la toma de decisiones con respecto a la misma, dicha gestión está evidentemente condicionada por la obligación del vendedor de conservar la empresa para su entrega.

Precisiones Sin perjuicio de esta obligación general, en la práctica jurídica lo habitual es que el **comprador** establezca una serie de pautas que debe seguir el vendedor en la gestión de la empresa durante el periodo interino, en las que se concreta esta obligación general de conservación del valor de la empresa por el vendedor, así como los mecanismos que permitan al comprador supervisar o estar al tanto de dicha gestión por el vendedor.

2. Gestión de la empresa

5315 El régimen convencional de gestión de la empresa durante el periodo interino que, con carácter general, se suele pactar por las partes, recoge la idea de que el vendedor continúe la gestión del negocio de la empresa bajo el principio de gestión continuada, pero con sujeción a determinadas **restricciones** a fin de evitar que el vendedor lleve a cabo actuaciones fuera del curso ordinario de los negocios que puedan deteriorar el valor de la empresa.

Para asegurar al comprador el conocimiento de la empresa y el control o supervisión de lo que con respecto a ella acontece durante el periodo interino, con frecuencia dentro de estas restricciones a la gestión por el vendedor se prevén supuestos en los que necesariamente se involucra al comprador en lo referente a **decisiones** de naturaleza **extraordinaria**.

5316 Dependiendo de la marcha de la negociación y de las circunstancias de cada operación, el **grado de intervención** del comprador en la gestión fijado en el contrato puede ser de menor o de mayor grado, pudiendo consistir desde la mera notificación por el vendedor al comprador si se producen circunstancias extraordinarias, hasta la necesidad de **autorización** por el comprador para la adopción de decisiones extraordinarias o la creación de un comité de supervisión y seguimiento.

En las operaciones sujetas al control por las **autoridades de competencia** se ha de prestar especial atención a la articulación de los mecanismos de control o supervisión por el comprador de la gestión en el periodo interino, evitando que dichos mecanismos se traduzcan en el control de facto de la empresa por el comprador.

Si el contrato prevé la intervención del comprador, es necesario establecer el sistema de **notificaciones** al que deben ajustarse las partes, así como los plazos en los que deben efectuarse las mismas.

En relación con el **medio** de comunicación, interesa a las partes fijar un medio escrito de comunicación que permita asegurar la recepción de las comunicaciones, y además sirva de prueba.

5317 **Contenido de la cláusula de gestión** El contenido de la cláusula relativa a los compromisos del vendedor en relación con la gestión interina del negocio varía dependiendo de la operación mediante la cual se realiza la adquisición de empresa (compraventa de acciones, compraventa de activos, operaciones de restructuración, etc.).

A continuación, se recogen las obligaciones y compromisos **más frecuentes** en los contratos de adquisición.

5318 **Obligaciones de hacer y de no hacer** En relación con las obligaciones de hacer y no hacer, los compromisos más habituales son los siguientes:

a) Compromiso del vendedor de **continuar** desarrollando ciertas **actividades**, fundamentalmente relativas a la gestión del curso ordinario de los negocios, asegurando de este modo que la actividad comercial de la empresa objeto de venta no queda paralizada o pierde negocio durante el periodo interino. Además de esta obligación general, lo habitual es que en la cláusula se regulen individualmente los compromisos del vendedor en relación con los **principales activos** de la compañía; por ejemplo, el compromiso del vendedor de satisfacer los cánones y licencias para el mantenimiento de los derechos de propiedad intelectual e industrial de la empresa, el pago en plazo de las primas de seguro, etc.

5319 b) Dependiendo de las circunstancias de cada operación, el comprador puede incluir en el contrato determinadas obligaciones a realizar por el vendedor; por ejemplo:
- Si la empresa objeto de venta forma parte de un **grupo** de empresas con las que esta mantiene relaciones comerciales, conviene al comprador incluir la obligación específica del vendedor de que dichas operaciones se desarrollen a precios de mercado, de modo que se evite cualquier riesgo fiscal derivado de las mismas.
- Si se ha previsto como condición precedente al cierre el desarrollo de una restructuración u operación previa que implica una **operación societaria** o la transmisión de una rama de actividad, el comprador debe incluir compromisos específicos orientados a asegurar que la veracidad y exactitud de las manifestaciones del vendedor no se ven afectadas por el desarrollo de dicha operación o, dicho de otro modo, extendiendo la protección de las manifestaciones y garantías a los daños que puedan derivarse de dicha operación previa al cierre.
c) El compromiso del vendedor de **abstenerse** de realizar determinadas actuaciones que puedan derivar en:
- el **deterioro** del valor de la empresa; o
- la inexactitud de las manifestaciones y garantías.

5320 **Prohibiciones** En función del tipo de operación mediante el cual se implemente la transmisión de la empresa (compraventa de acciones, transmisión de activos y pasivos, transmisión de una rama de actividad, etc.) y de la marcha de las negociaciones las prohibiciones recaen sobre un tipo de actuaciones u otras, estableciéndose de un modo más o menos absoluto; así, en algunos casos se prevé la prohibición absoluta de realizar determinadas actuaciones sin el **consentimiento** del comprador, y en otros se fijan **límites cuantitativos** que determinan a partir de qué cantidad es necesario poner en conocimiento del comprador dicha actuación o solicitar su consentimiento.

Precisiones **1)** Por lo que respecta a las **prohibiciones**:
- En la **compraventa de acciones**, las actuaciones sujetas a prohibición pueden referirse especialmente al cambio de criterios contables, al otorgamiento de poderes de representación, a la modificación de la cifra de capital y otras modificaciones estatutarias, a la realización de operaciones corporativas, así como al reparto de dividendos, la modificación de la retribución y régimen de beneficios de los empleados, administradores y personal de la empresa, y actuaciones que pueden implicar la alteración de los fondos propios de la sociedad o una salida de caja significativa.
- En la **compraventa de activos**, las prohibiciones absolutas se suelen referir a los actos de disposición sobre los activos objeto de transmisión, y al otorgamiento de garantías reales, arrendamientos o derechos de uso sobre los mismos.
2) Por lo que respecta a los límites cuantitativos, se establecen fundamentalmente respecto de aquellas actuaciones que la empresa realiza habitualmente en el curso de su actividad, para evitar que la necesidad de seguir un procedimiento de comunicación entre el vendedor y el comprador obstaculice el normal funcionamiento de la empresa. Por ejemplo, una empresa cuya actividad se realiza mediante la presentación de ofertas en **concursos públicos**, no puede ver limitada de manera absoluta la capacidad para el otorgamiento de determinadas garantías, ya que estas son requeridas en el marco de su actividad cotidiana.

5321 En la práctica es habitual que las **principales** prohibiciones sean las indicadas a continuación:
• La constitución de cualquier tipo de **carga o gravamen** sobre las acciones/participaciones en las que se divide el capital de la empresa; así como la emisión de acciones, bonos convertibles, warrants, opciones u otros valores o instrumentos financieros que pueden dar lugar a la suscripción o adquisición de acciones o participaciones de la empresa.
• La celebración de cualquier acuerdo, compromiso o contrato por el que se **limita o restringe** de cualquier modo la posibilidad de **transmitir** las acciones/participaciones de la empresa.
• El **cese** del negocio de la empresa.

5322 • La aprobación de cualesquiera modificaciones de los **estatutos sociales** de la empresa; en particular las siguientes:
- el aumento o la reducción de capital;
- operaciones extraordinarias, como adquisiciones, fusiones, escisiones, segregaciones o cualquier otra operación análoga, celebrar acuerdos de sociedad conjunta, tomar participación en cualesquiera sociedades o adquirir una cantidad relevante de activos de otra sociedad; y
- la modificación del objeto social.
• La reorganización, **disolución** o la adopción de cualquier plan, medida o actuación para de liquidación o de disolución de disolución de la empresa.
• La aprobación o el reparto de **dividendos** o cualquier otra forma de distribución de beneficios a los socios o administradores o proceder a la realización de cualquier otro pago a sus socios, antiguos socios o miembros del órgano de administración, incluso como empleados o contratistas de la sociedad, así como la adquisición, amortización o reclasificación de sus propias acciones/participaciones o la reducción de su capital social.

5323 • El otorgamiento de **poderes** de representación.
• La modificación de los **criterios** o principios **contables** aplicados por la empresa.
• La adquisición, asunción o garantía de cualquier préstamo, empréstito, **endeudamiento** o cualquier otra modalidad de financiación, crédito o ayuda financiera, salvo aquellos que sean necesarios para continuar con el curso ordinario del negocio.
• La enajenación, el arrendamiento, el otorgamiento de licencia, y la constitución de **hipotecas**, garantías o cualquier otro tipo de derechos y cargas sobre los activos y/o derechos de la empresa.
• La realización y/o compromiso de acometer **inversiones o desinversiones**, así como cualquier adquisición de activos o de participaciones en otras compañías.
• La realización y/o compromiso de realizar **gastos**, pagos u obligaciones, salvo aquellos propios del curso ordinario del negocio.
• El incumplimiento de **obligaciones** estatutarias, legales o contractuales.
• La renovación, modificación o cancelación de **contratos** de los que la empresa es parte, así como la celebración de nuevos contratos y la renuncia a cualesquiera derechos contemplados bajo los mismos, salvo aquellos propios del curso ordinario del negocio.

5324 • La realización de contrataciones, despidos o modificaciones de los términos de los contratos de empleo o prestación de servicios de los **trabajadores o contratistas** de la empresa, salvo las altas y bajas propias del curso ordinario del negocio.
• La entrada en causa legal de solicitud o solicitar la declaración de **concurso de acreedores** o cualquier otra forma similar de insolvencia.
• La participación, ya sea como demandante o como demandado de cualquier **procedimiento judicial o extrajudicial**.

Precisiones En cualquier caso, las materias que son objeto de limitación y la configuración de las propias limitaciones dependen del contenido del contrato de compraventa. Por ejemplo, si existe cláusula de **ajuste al precio en función de la caja**, puede no tener sentido establecer una limitación al reparto de dividendos, ya que, de efectuarse dicho reparto, el importe es detraído del precio inicialmente acordado.

5325 **Comité de supervisión** Es habitual que las partes acuerden constituir un comité de seguimiento o supervisión, que permita al comprador estar al día de la evolución del negocio y supervisar las actuaciones que el vendedor desarrolla en el marco de la gestión del mismo, al objeto de preservar el valor económico de la inversión comprometida por el comprador.
El contrato suele incluir una cláusula en la que, de forma más o menos detallada según el caso, se regula la **composición** de este comité, su finalidad y las normas de funcionamiento. El comité suele estar formado por representantes de ambas partes; habitualmente miembros de su equipo directivo.

5326 Con respecto al **funcionamiento**, lo habitual es que el contrato prevea la existencia de reuniones periódicas, al objeto de que los vendedores comuniquen inmediatamente al comprador cualquier circunstancia o suceso relevante a los efectos de la operación y las partes intercambien su opinión con respecto a los mismos, y en los casos en que se haya previsto la necesidad de consentimiento previo por el comprador para la adopción de alguna decisión, este pueda prestar su consentimiento o denegarlo. Adicionalmente, es conveniente establecer un procedimiento de **reuniones** extraordinarias en caso de que tenga lugar algún acontecimiento que deba ser puesto en conocimiento del comprador de manera inmediata.
Por otro lado, el contrato puede regular las **facultades** que las partes quieran atribuir al comité. Dichas facultades pueden incluir desde el mero acceso a información relevante sobre el funcionamiento del negocio y la recepción de las comunicaciones que el vendedor deba realizar al comprador, de acuerdo con los compromisos previstos en el contrato de compraventa, hasta la toma de decisiones en relación con las actuaciones que requieren el consentimiento previo del comprador.

B. Modificación o desistimiento por deterioro del valor de la inversión

5327 En los procesos de adquisición sujetos a condición, incluso cuando el vendedor haya cumplido con las pautas de gestión establecidas en el contrato, existe la posibilidad de que durante el periodo interino tenga lugar algún hecho que suponga una modificación de las condiciones o circunstancias concurrentes al tiempo de la celebración del contrato que fueron determinantes para la formación de la voluntad de las partes.

En este contexto, dependiendo de la magnitud del cambio de circunstancias, habitualmente interesa al comprador la modificación de los términos de la operación o incluso en el abandono de la misma.

Regla «rebus sic stantibus» (TS 17-1-13, EDJ 27134) En operaciones de tracto sucesivo es tradicional que las partes invoquen la doctrina *rebus sic stantibus*. **5328**
Se trata de una institución de origen jurisprudencial que carece de previsión legal en España, y puede ser aplicada por la jurisprudencia cuando se produce una **alteración** sobrevenida de la situación existente o circunstancias concurrentes al tiempo de la celebración del contrato tan acusada que aumenta extraordinariamente la onerosidad o el coste de las prestaciones de una de las partes o bien acaba frustrando el propio fin del contrato.
Con carácter general, la invocación de esta figura tiene dos **requisitos** principales:
- la **imprevisibilidad** del hecho; y
- su magnitud, que debe ser tal que genera un **desequilibrio** entre las prestaciones de las partes haciendo el cumplimiento del contrato excesivamente oneroso para una de ellas.
En cualquier caso, la cláusula *rebus sic stantibus* se aplica, con carácter general, de manera muy excepcional por los tribunales, y no cabe plantearse su invocación cuando las partes ya han incluido en el propio contrato un régimen concreto para el riesgo de que se trate.

Cláusula de cambio material adverso En la práctica de las adquisiciones de empresas, sobre la base de la autonomía de la voluntad, las partes suelen establecer cláusulas en las que se protegen frente a cambios en las circunstancias existentes al tiempo de la celebración del contrato. **5329**
Estas cláusulas, importadas de la práctica en los países anglosajones, se denominan cláusulas de cambios o efectos materiales adversos (*Material adverse change o effect clause* -**MAC**-).
Las cláusulas MAC prevén la facultad de **desistimiento o** de **renegociación** de los términos del contrato, en caso de que se produzcan cambios en las circunstancias o hechos con efectos relevantes que afectan o razonablemente puedan afectar de manera adversa a la empresa objeto de inversión o a determinadas condiciones y/o circunstancias que fueron determinantes para la formación de la voluntad de las partes al tiempo de la firma del contrato.

Este tipo de cláusulas suelen hacer referencia a **cambios imprevisibles** en los presupuestos fácticos (en la empresa objeto de compra, en la propia figura del vendedor o incluso en el mercado), que en caso de llegar a tener lugar acarrearían una merma actual o potencial del valor que la empresa objeto de adquisición tiene para el comprador. Son cláusulas de gran litigiosidad cuya inclusión y negociación suele generar discusión entre las partes, por lo que su correcta regulación es de gran importancia. **5330**
Es habitual que los contratos de adquisición incluyan una definición exacta de cambio o efecto material adverso. Una **definición detallada** de los acontecimientos o efectos que las partes del contrato consideran adversos y materiales, refuerza así la seguridad jurídica de las partes, en la medida en que limita la discrecionalidad en la interpretación que puedan hacer los tribunales llegado el caso.
Generalmente el **comprador** está interesado en una definición que le permita aplicar el derecho de desistimiento o de renegociación que le provee la cláusula MAC en caso de que en el transcurso del periodo interino se produzca cualquier acontecimiento que pueda mermar el valor de su inversión.

Por lo que respecta al **vendedor**, es frecuente que quiera limitar al máximo el ámbito de aplicación de la cláusula MAC y, en consecuencia, la facultad del comprador de desistir del contrato o renegociar sus términos. **5331**
Lo habitual es que las partes establezcan criterios de relevancia, limitaciones temporales o cuantitativas, así como excepciones a la aplicación de la cláusula MAC, e incluso que se delimiten cualitativamente los hechos o cambios que quedan englobados en el concepto de cambio/hecho o efecto material adverso, que pueden ser externos a la empresa objeto de compra (p.e., cambios en el mercados de valores, en el tipo de interés, cambios en la normativa contable) o referidos a la propia compañía (p.e., la finalización de contratos que superen una determinada cifra de facturación de la compañía, el descenso en la facturación de la compañía objeto de transmisión por debajo de una determinada cifra), o incluso a la situación del comprador (p.e., que la negociación de la financiación de la adquisición no llegue a buen fin).
Adicionalmente, el comprador suele trasladar la cláusula MAC a las **manifestaciones y garantías** del vendedor, de modo que queden bajo la cobertura jurídica de las mismas.

C. Imputación del riesgo de la operación

(CC art.1094, 1096, 1122, 1460 y 1468)

5335 Existe la posibilidad de que durante el periodo interino se produzca un **deterioro o pérdida** de la empresa.

El régimen legal de la imputación del riesgo de la operación resulta de la aplicación de diversos preceptos del Código Civil. En consecuencia, la imputación del riesgo de una operación y de las posibles responsabilidades de las partes, requieren la interpretación de dichos preceptos, con las dificultades que ello plantea.

En la práctica, lo habitual es que las partes negocien el régimen de imputación del riesgo de la operación aplicable en la adquisición y lo trasladen al clausulado del contrato, integrado en el régimen de responsabilidad de las partes previsto en el mismo.

5336 **Régimen legal** (CC art.1094, 1096, 1122, 1182, 1183, 1460, 1468) El régimen previsto en el CC art.1122 de imputación de riesgos aplicable en las obligaciones de dar sujetas a condición contempla, entre otros, los siguientes supuestos: la pérdida del objeto de la compra y su deterioro.

5337 **Pérdida** Consiste en un daño de tal magnitud y naturaleza que hagan la empresa **inviable**.

Si media **culpa** del vendedor; este queda obligado al resarcimiento de los daños y perjuicios.

Si no media culpa del vendedor, la obligación queda extinguida, entendida la **extinción** en el sentido de que la obligación no llega a existir. No cumplida la condición el contrato no se entiende perfeccionado, por lo que el vendedor queda liberado de su obligación de entrega de la empresa al comprador.

Aunque legalmente no se establecen de forma expresa las consecuencias en relación con la contraprestación, esto es, el **pago** del precio, debe entenderse que tampoco ha nacido la obligación del comprador de pago del precio.

5338 **Deterioro** El deterioro del objeto de la compra hace referencia a supuestos de **devaluación o depreciación** del valor de la empresa.

Si existe **culpa** del vendedor, el comprador puede optar entre resolver el contrato o exigir su cumplimiento, y tiene en todo caso derecho a la correspondiente indemnización por daños y perjuicios, en los términos del CC art.1124.

Si no existe culpa del vendedor, el vendedor cumple con su obligación de entrega de la empresa si se la entrega en el estado que está, viéndose el comprador obligado a pagar el precio con independencia del deterioro que haya tenido lugar.

5339 **Régimen contractual** En la práctica, es habitual que las partes regulen en el propio contrato de compraventa un régimen que asegure que finalizado el periodo interino la empresa se encontrará en el mismo estado en el que estaba cuando el comprador prestó su consentimiento para adquirirla, y provea al comprador de una **acción resarcitoria** convencional frente al vendedor en caso contrario, de manera que obtenga el resarcimiento de los daños ocasionados.

Este régimen se suele articular de manera integrada en el régimen de responsabilidad contractual previsto a los efectos de la compraventa mediante la regulación de los siguientes aspectos en el contrato:

a) Los **mecanismos de control del valor** de la inversión previstos; es decir, normas relativas a la gestión interina del negocio (nº 5315 s.); **y las cláusulas MAC** (nº 5329).
b) La regulación del concepto de daño y del método para su **valoración**.
c) El establecimiento de un sistema de **responsabilidades**.
d) El establecimiento de **penalidades** específicas, en su caso.

D. Ajustes a precio

5340 En el marco de una operación de venta de empresa, desde la firma del contrato de compraventa o **SPA** (*Sales and Purchase Agreement*) hasta la transmisión efectiva del negocio (fecha de cierre o *closing*), pasa un determinado tiempo en el que se pueden dar ciertos factores de riesgo que pueden suponer diferencias significativas entre el precio inicialmente determinado y el valor efectivo del negocio transmitido.

Estos riesgos son principalmente asumidos por el **comprador**, y se corresponden por ejemplo con, un posible desgaste de la actividad transmitida por incumplimiento por parte del vendedor en las diligencias debidas para mantener la actividad en perfectas condiciones de funcionamiento, o por una posible fuga de tesorería a su favor.

Para mitigar estos riesgos, las partes deben definir a través del **SPA** tanto las acciones que se permite realizar al vendedor durante el periodo entre la firma y el *closing*, como los mecanismos de ajuste del precio de la transacción al *closing*.

Los **mecanismos** más utilizados en la ejecución de operaciones son: **5341**
• «**Completion Accounts**». El SPA define el precio de la transacción y los ajustes que se han de realizar en la fecha de *closing*, así como los EEFF que se deben tomar para el cálculo de dichos ajustes. Por ejemplo, «el precio se ajustará por la diferencia entre el *working capital* medio del negocio tal y como este se defina en el SPA y el working capital a la fecha de *completion accounts* y por la diferencia entre la deuda financiera neta establecida en el SPA y la existente a la fecha de las *completion accounts*».
• «**Locked Box**». En este caso el precio se establece a la firma del SPA, y aunque la propiedad no se transmite hasta el *closing*, dicho precio será fijo y, por tanto, no será ajustado. En este caso, el comprador asume el riesgo de la gestión del negocio por parte del vendedor desde la fecha de los estados financieros que se tomaron como referencia para la determinación del precio hasta la fecha del *closing*, pero prohibiéndose al vendedor que permita «salidas de caja» o «salidas de valor» (*leakages*) que no estén justificadas.

A continuación, se muestra un diagrama en el que se plasma la **secuencia temporal** de las diferentes fases para cada uno de los mecanismos. **5342**

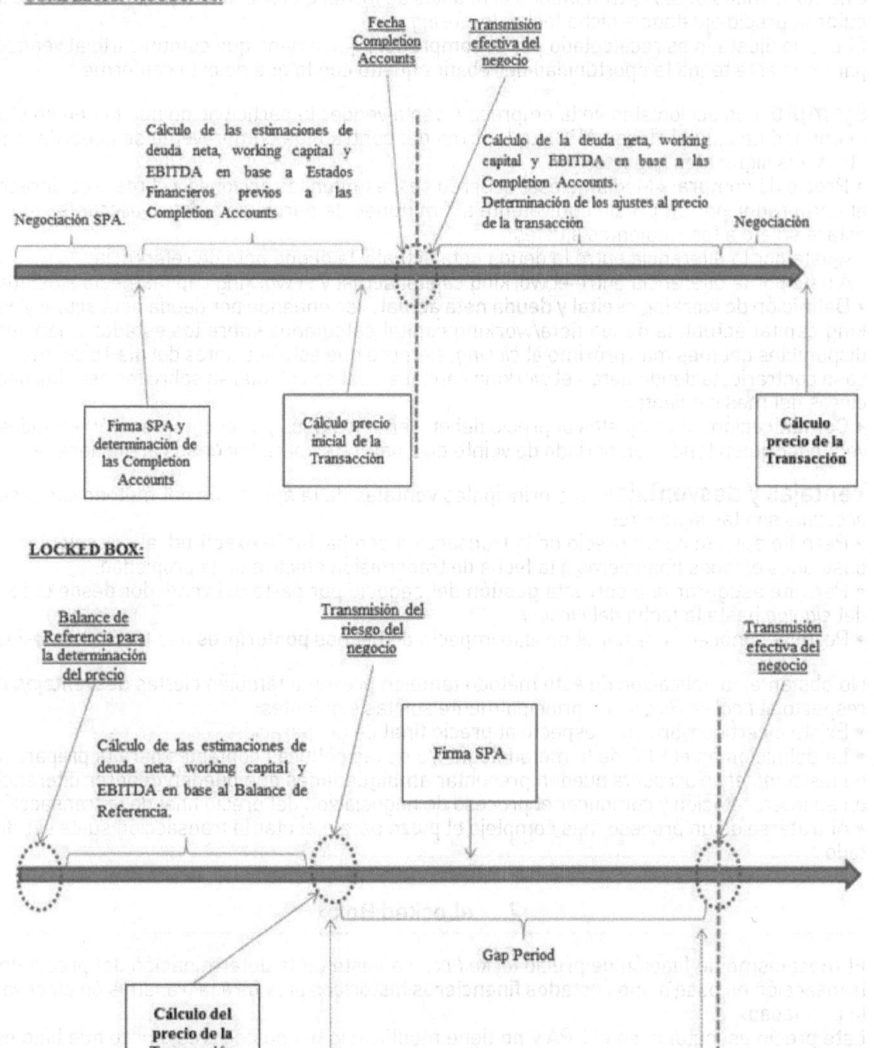

Precisiones En el caso de aplicación del método **Locked Box**, durante el periodo en el que el vendedor sigue gestionando el negocio desde que se transmite el riesgo hasta que se hace efectiva la transmisión de la propiedad, en oacasiones, este es remunerado por el comprador a través de lo que se denomina un *ticking fee*. Las condiciones de dicha remuneración deben estar recogidas en el contrato SPA.

1. «Completion accounts»

5345 Este mecanismo de fijación del precio consiste en determinar un precio inicial de la transacción en base a los **estados financieros** a una **fecha** determinada cercana a la fecha de negociación del SPA.
El precio inicial está basado en las estimaciones del comprador y en los ajustes identificados durante el trabajo de *due diligence*.
Adicionalmente, los estados financieros permiten calcular la deuda del negocio y su working capital normal del negocio.
Una vez determinadas dichas magnitudes, se firma el SPA, en el que ha de establecerse de forma clara cómo calcular el precio final de la transacción.
Una vez firmado el SPA y transmitido el negocio de forma efectiva (*closing*) se procede a **recalcular** el precio ajustado a dicha fecha de *closing*.
El precio ajustado es recalculado por el **comprador**, quien tiene que comunicarlo al vendedor para que este tenga la oportunidad de rebatir aquello con lo que no está conforme.

5346 **Ejemplo** Los accionistas de la empresa A van a vender la participación que tienen en ella a la entidad de capital riesgo ABC. En la firma del contrato de compraventa se acuerda, entre otros, los siguientes aspectos:
• **Precio de compra**: «Mediante este acuerdo se trasmiten las acciones y el resto de derechos al comprador por un precio equivalente a X millones de euros (*completion accounts*), el cual estará sujeto a los siguientes ajustes:
- Ajuste por la diferencia entre la deuda neta actual y la deuda neta de referencia.
- Ajuste por la diferencia entre el working capital actual y el working capital medio ajustado».
• **Definición de working capital y deuda neta actual**: «se entiende por deuda neta actual y working capital actual, la deuda neta/working capital calculados sobre los estados financieros disponibles del mes más próximo al *closing*, siempre que este sea antes del día 15 del mes. En caso contrario, la deuda neta y el working capital actual se calcularán sobre los estados financieros del mes siguiente».
• **Comunicación**: «Los ajustes al precio deben ser calculados por el comprador y remitidos al vendedor quien tendrá un periodo de veinte días naturales para hacer sus alegaciones».

5347 **Ventajas y desventajas** Las principales **ventajas** de la aplicación del método *completion accounts* son las siguientes:
• Permite determinar el precio de la transacción con bastante **exactitud**, al ser calculado en base unos estados financieros a la fecha de transmisión efectiva de la propiedad.
• Permite asegurar una correcta **gestión** del negocio por parte del vendedor desde la fecha del *signing* hasta la fecha del *closing*.
• Permite conocer y evaluar el posible impacto de **hechos posteriores** a la fecha del *closing*.

5348 No obstante, la aplicación de este método también presenta también ciertas **desventajas** con respecto al *Locked Box*, y que principalmente son las siguientes:
• Existe incertidumbre con respecto al **precio final** de la operación.
• La definición en el SPA de la metodología y/o de las políticas contables para la preparación de las *completion accounts* pueden presentar **ambigüedades** que pueden generar diferencias en su interpretación y complicar el proceso de negociación del precio final de la transacción.
• Al tratarse de un proceso más complejo el **plazo** para ejecutar la transacción suele ser dilatado.

2. «Locked Box»

5350 El mecanismo de fijación de precio *locked box* consiste en la determinación del precio de la transacción en base a unos **estados financieros históricos** previos a la transmisión efectiva de la propiedad.
Este precio es incluido en el SPA y **no** tiene modificaciones posteriores, por lo que bajo este método no existe la posibilidad de **ajustes** posteriores al precio.
Este método simplifica el proceso de ejecución de la operación.

En consecuencia, mediante la aplicación de este método, las partes intervinientes en la operación conocen el precio final de la transacción desde una fase temprana de la operación de compraventa y aseguran que no se produce ninguna pérdida de valor desde la fecha de efectividad.

Cobertura de riesgos En tanto en cuanto el precio no se ve modificado posteriormente, ciertos riesgos económicos están siendo traspasados por el vendedor al comprador desde la firma del SPA. 5351

En la aplicación del método *locked box*, el vendedor debe confirmar que no ha extraído ninguna «**salida de valor**» desde la fecha de los estados financieros analizados previos a la firma salvo la liquidez permitida. Con esta confirmación se puede asegurar que las **fluctuaciones** en el *working capital*, caja y deuda neta (una vez deducido el *capex* y la amortización de los activos fijos), tendrá como única consecuencia un incremento en el beneficio retenido por la sociedad. De esta manera, cualquier movimiento o cambio sufrido en el nivel de ***working capital*** tendrá su reflejo en la deuda neta, y las variaciones en el patrimonio neto serán únicamente el resultado del incremento de los beneficios retenidos (ajustando las amortizaciones y capex).

«Leakage» permitidos y no permitidos El *leakage* se puede definir como cualquier pago o transferencia de valor que se realice en el período de tiempo entre *signing* y *closing*. En este contexto, en el SPA se establecen determinadas **fugas de valor** permitidas, que deberán estar claramente definidas, y cuantificadas en algunos casos, entre las que podrían estar: 5352

- Cobros y pagos a precio corriente derivados de los saldos existentes a la fecha de fijación del precio.
- Cobros y pagos derivados del normal funcionamiento de la sociedad en el *gap period* (nº 5355) y que se encuentran relacionados con la actividad analizada.

- Pagos habituales a **accionistas** relacionados con su retribución, tales como sueldos y gastos incurridos en el ejercicio de su función. 5353
- Pagos a los accionistas relacionados con **desembolsos** monetarios realizados por estos de cara a cubrir operaciones habituales del negocio.
- Distribución de dividendos si ya se encontraban reconocidos en el balance de situación a la fecha de fijación del precio o si se encontraban aprobados por la junta general de Accionistas.
- Pago de retribuciones variables al **personal** y contribuciones a planes de pensiones que se encuentren en línea con lo estipulado en los contratos laborales y con los niveles históricos y habituales.

De igual modo, en el SPA se recogen de forma específica todas aquellas fugas de caja **no permitidas** y cuyo incumplimiento supondrá la obligación del vendedor de compensar euro por euro al comprador. Las más habituales son las siguientes: 5354

- El pago de **dividendos** a los actuales accionistas aprobados en una fecha posterior a la fijación del precio.
- El pago de retribuciones adicionales a la **dirección** y al resto de personal por éxito en la transacción.
- Pago de *Management Fee* al **Grupo** al que pertenece la sociedad, especialmente si no se han producido con anterioridad a la operación de compra-venta, que no se corresponden con servicios necesarios para el correcto funcionamiento del negocio o que se correspondan con dividendos encubiertos.

Compensación al vendedor durante el «gap period» En sentido contrario, en el contrato de SPA se fijan determinadas contraprestaciones al vendedor por el beneficio o pérdida del que el comprador se ha apropiado durante el tiempo que la entidad no era suya. 5355

La fijación del precio se establece en un momento anterior a la fecha de transmisión, y en este periodo de tiempo (*gap period*) es posible que se produzca un **incremento** en el **valor** del negocio que no es considerado en su cálculo.

De este modo, si el precio se fijara a la fecha de transmisión, el precio obtenido por el vendedor sería superior.

Para compensar este efecto se establecen determinados mecanismos que suelen consistir en la fijación de un **rendimiento** a abonar al vendedor, que recoge el equivalente al beneficio retenido en dicho periodo (*ticking fee*).

Aplicación del método «locked box» No existen diferencias en relación con los análisis financieros a realizar bajo ambos métodos si bien, las conclusiones se aplican de forma diferente. En particular, en el contexto de *locked box* hay una pieza del **análisis** que no se trabaja con tanto detalle en el contexto de *completion accounts* y que consiste en estimar la evolución de los **estados financieros** analizados (estados financieros de análisis) hasta los utilizados de referencia a efectos de determinar el precio de la transacción (estados financieros de *closing*). 5356

Adicionalmente, en la declaración de intenciones formulada por las partes al inicio del proceso, se deben poner de manifiesto las siguientes consideraciones de cara a determinar correctamente el **precio**:

• Determinar los estados financieros que van a servir de referencia para el establecimiento del precio de la transacción (estados financieros de análisis).

• El **cierre contable** debe estar listo en plazo y con un nivel de detalle adecuado. El vendedor tiene que considerar el tiempo que es preciso para la obtención de estos estados financieros y si es posible generarlo bajos las condiciones pactadas. Este aspecto es de común aplicación tanto en el contexto de *locked box* como en el contexto de *completion accounts*.

5357 • El cierre contable a dicha fecha (fecha de análisis o fecha de los estados financieros de análisis) debe ser adecuado y debe haberse practicado adecuadamente el corte de operaciones. Habitualmente se exige por parte del comprador que dichos estados financieros se encuentren **auditados**. Este último aspecto también es de común aplicación tanto en el contexto de *locked box* como en el contexto de *completion accounts*.

Con el fin de proteger a las partes involucradas en la transacción y valorar correctamente el negocio, se han de tener presentes las siguientes consideraciones en relación con los estados financieros utilizados para la determinación del precio:

• Calidad de los estados financieros de referencia para la fijación del precio (estados financieros de análisis).

• Si el *working capital* a dicha fecha es representativo del nivel normalizado del negocio y en su defecto, cálculo del impacto de anormalidades en el *working capital* o en la deuda neta.

• **Riesgos** de declive en el rendimiento del negocio.

5358 **Ventajas y desventajas** Las principales **ventajas** de la aplicación del método *locked box* son las siguientes:

• Permite la adquisición de una entidad sobre unas **bases financieras** ya acordadas.

• Permite conocer desde las primeras fases del proceso el **precio definitivo** de la transacción, eliminando incertidumbres al respecto.

• Simplifica el proceso y permite reducir significativamente los **plazos** de ejecución de la transacción.

Las principales **desventajas** de este método:

• El precio de la transacción es determinado en base a unos estados financieros anteriores a la fecha de transmisión, por lo que puede considerarse que este mecanismo de fijación del precio es **menos exacto** que el método *completion accounts*.

• Las **fluctuaciones** entre deuda neta y *working capital* posteriores al momento de fijación del precio no tienen impacto en este, pero es preciso calcular el valor de estas magnitudes a la fecha de *closing* para determinar las necesidades de financiación del negocio en dicho momento.

CAPÍTULO 23

Cierre

A.	Concepto y efectos	5405
B.	Cláusula de cierre	5410
C.	Documentación de cierre	5425
D.	Obligaciones de las partes	5470
E.	Complejidad del cierre	5500
F.	Obligaciones post-cierre	5515

5400

El presente Capítulo tiene por objeto describir las principales implicaciones legales que han de tenerse en cuenta en el momento de **cierre en un proceso de compraventa**. A este respecto, se señalan a continuación, entre otros aspectos, los efectos jurídicos que se derivan de la fase de cierre, así como los documentos que han de prepararse y las actuaciones que han de realizarse tanto con simultaneidad al cierre como en un momento posterior al mismo. 5401

A. Concepto y efectos

Por cierre de un contrato de compraventa se entiende el momento temporal del proceso de compraventa en el que tiene lugar el intercambio de la cosa vendida por el precio, en las distintas modalidades en que este puede realizarse, de forma que se produce la **consumación de la compraventa**, cumpliendo ambas partes sus prestaciones principales: 5405
- El vendedor transmite la propiedad de las acciones/participaciones o activos, según corresponda.
- El comprador satisface el precio.

El cierre puede tener lugar de forma **simultánea o con posterioridad** al momento de la **firma del contrato** de compraventa. Desde el punto de vista jurídico, el momento de la firma del contrato de compraventa debe entenderse como el momento de perfección del negocio jurídico de la compraventa y, a partir de ese momento, comprador y vendedor quedarán obligados «si hubieren convenido en la cosa objeto del contrato y en el precio, aunque ni la una ni el otro se hayan entregado» (CC art.1450). En virtud de la firma del contrato de compraventa ambas partes contratantes dan su consentimiento a los elementos de la compraventa (ver nº 4765); consentimiento que «se manifiesta por el concurso de la oferta y de la aceptación sobre la cosa y la causa que han de constituir el contrato» (CC art.1262).

No obstante, si bien el cierre puede tener lugar de forma simultánea a la firma del contrato, en muchas de las operaciones y más aún cuando las mismas son complejas, lo habitual es que medie un espacio de **tiempo entre** el momento de la **firma y** el del **cierre** del contrato, comúnmente conocido como período interino (ver nº 5300).

El hecho de separar ambos momentos temporales responde en muchas ocasiones a la necesidad de postergar los efectos del contrato al cumplimiento de determinadas condiciones previas o circunstancias esenciales para una o varias partes en el contexto de la operación, es decir, al cumplimiento de una o varias **condiciones suspensivas**. Estas condiciones pueden venir impuestas por la propia Ley o ser establecidas por las partes de mutuo acuerdo. Ver nº 4760. Aunque no es frecuente en operaciones convencionales, cabe la posibilidad de un contrato de compraventa que tenga por objeto bienes para cuya transmisión deban cumplirse condiciones suspensivas independientes entre sí (p.e., compraventa de activos de generación fotovoltaica situados en distintas comunidades autónomas para cuya transmisión sea necesaria la autorización de autoridades distintas en procedimientos administrativos inconexos) prevea **cierres parciales**, los cuales irán teniendo lugar con respecto a uno o varios activos objeto de transmisión conforme se vayan cumpliendo (o renunciando) todas las condiciones suspensivas previstas para dichos bienes.

Las condiciones suspensivas se pactan, dependiendo del caso, a favor de una o varias partes, de modo que la **renuncia unilateral** al cumplimiento de estas corresponderá a la parte o partes en cuyo favor hubiesen sido pactadas. La renuncia a una condición suspensiva por la parte o partes que en cada caso corresponda equivale al cumplimiento de la misma a los efectos previstos en el contrato de compraventa. Aunque en muchas ocasiones es inequívoca la parte o partes beneficiarias de cada una de las condiciones suspensivas, no es infrecuente que los contratos de compraventa prevean, a fin de evitar eventuales conflictos interpretativos, a qué parte o partes correspondería, en su caso, renunciar a cada una de las condiciones suspensivas.

5406 **Condiciones suspensivas habituales** Así, a título enunciativo pero no limitativo, pueden señalarse las siguientes condiciones a las que es frecuente sujetar el cierre de la operación:

a) **Condiciones impuestas por la propia Ley**. Obtención de **autorizaciones previas**:

- de organismos administrativos, por ejemplo, de la Comisión Nacional de los Mercados y la Competencia (CNMC) o de la Comisión Nacional del Mercado de Valores (CNMV);
- de autoridades competentes para la aprobación de determinadas inversiones extranjeras (conforme a la normativa vigente en cada momento); u
- otros organismos reguladores en empresas de determinados sectores, por ejemplo, del ramo de seguro o banca.

5407 Ejemplo Es frecuente que una operación consistente en la compra de acciones/participaciones de una sociedad por parte del comprador constituya una **concentración económica** a los efectos de lo dispuesto en la Ley Defensa de la Competencia (L 15/2007 art.7). Se entiende que se ha producido una concentración económica cuando, como consecuencia de la ejecución de la operación, se produzca un cambio estable en el control de la totalidad o parte de una o varias empresas. La consumación de la compraventa requerirá la correspondiente autorización por parte de a las autoridades españolas de defensa de la competencia (previa notificación por parte del comprador) si dicha concentración económica supera al menos uno de los siguientes **umbrales** (L 15/2007 art.8):

«- Que como consecuencia de la concentración se adquiera o se incremente una cuota igual o superior al 30 por ciento del mercado relevante de producto o servicio en el ámbito nacional o en un mercado geográfico definido dentro del mismo.

- Que el volumen de negocios global en España del conjunto de los partícipes supere en el último ejercicio contable la cantidad de 240 millones de euros, siempre que al menos dos de los partícipes realicen individualmente en España un volumen de negocios superior a 60 millones de euros.»

En consecuencia, en el contrato de compraventa es habitual que las partes acuerden un plazo máximo de tiempo, a contar desde la fecha de firma del contrato, para que el comprador presente ante las autoridades españolas de **defensa de la competencia** la correspondiente notificación formal de la operación prevista, con el fin de obtener la preceptiva aprobación de la misma, así como la obligación del vendedor de colaborar activamente y cooperar con el comprador en todas aquellas solicitudes de información (tales como cuotas de mercado, volúmenes de facturación u otros datos) que las autoridades españolas de defensa de la competencia pudieran requerir a los efectos de analizar si los umbrales anteriores han sido superados.

5408 b) **Condiciones establecidas por las partes de mutuo acuerdo**. Cumplimiento de determinadas obligaciones previstas en el contrato de mutuo acuerdo por ambas partes. Así, a título enunciativo, pero no limitativo, pueden señalarse las siguientes condiciones a las que es frecuente sujetar el cierre de la operación:

- la **subsanación** de determinadas **irregularidades** existentes en la sociedad o en los bienes objeto de la compraventa;
- la obtención del **consentimiento** a la operación por parte de accionistas/socios y/o de terceros con los que la sociedad objeto tiene suscritos determinados contratos;
- la conclusión de una **reestructuración** societaria o de activos al objeto de excluir (*carve-out*) o incluir (*carve in*) en el perímetro de la operación los activos/pasivos acordados entre las partes;
- la obtención de **financiación** por parte del comprador; o
- la ausencia de un **cambio material adverso** (término que conviene que sea debida y específicamente definido en el propio contrato de compraventa, tal y como se establece en el nº 5329).

5409 **Adquisición, enajenación o aportación de activos esenciales** (LSC art.160.f) Es materia reservada a la aprobación de la **junta general** la adquisición, enajenación o la aportación a otra sociedad de activos esenciales, presumiéndose el carácter esencial del activo cuando el importe de la operación supera el 25% del valor de los activos que figuren en el último balance aprobado (LSC art.160.f).

De esta forma, si bien dicha **autorización** debe obtenerse en todo caso con anterioridad al cierre de la operación, en la medida de lo posible, sería aconsejable exigir la obtención de la misma en el momento de la firma del contrato de compraventa y no esperar hasta el propio cierre, en orden a evitar cualquier problema que pudiera derivarse por la imposibilidad o dificultad de obtener dicha autorización y ante el riesgo de que pudiera incluso frustrase la operación.

No obstante, son muchas las dificultades que pueden surgir en la práctica, en caso de que fueran los propios administradores los que acordasen cualquiera de estas operaciones sin haber recabado la previa aprobación de la junta general, por cuanto en tales casos las reglas sobre formación de la voluntad social pueden entrar en conflicto con el ámbito del poder de

representación de los **administradores** legalmente reconocido (LSC art.234.1). En este sentido, teniendo en cuenta que la infracción de dicho artículo supondría una extralimitación de las funciones de los administradores, se podía aplicar analógicamente lo dispuesto en la LSC en supuestos muy similares, que establece las consecuencias de su **extralimitación** y la **inoponibilidad** de las limitaciones al funcionamiento típico del órgano frente a terceros de buena fe, aunque las limitaciones estén inscritas. Esta postura es la que ha venido manteniendo la Dirección General de Seguridad Jurídica y Fe Pública (DGSJFP Resol 11-6-15; 23-10-15).

En relación con la necesidad de que la junta general autorice la disposición de activos esenciales por parte de la sociedad y los criterios que deben aplicarse a la hora de determinar si los activos objeto de transmisión tienen la consideración o no de dichos activos esenciales, pueden extraerse las siguientes **conclusiones**: **5409.1**

• Serán considerados activos esenciales aquellos cuya enajenación, adquisición o aportación tenga un valor superior al 25% del valor de los activos de la sociedad que figuren en el último balance aprobado. A estos efectos, deberá tenerse en cuenta el **valor neto contable** y no el de mercado, tanto de los activos objeto de transmisión como de los activos totales de la sociedad que figuren en el último balance aprobado por la junta general, el cual no se especifica que tenga que estar necesariamente auditado.

• Por **importe de la operación** debe entenderse el importe global de los activos objeto de transmisión. No hay duda de que, cuando dichos activos por separado no puedan calificarse como «esenciales» pero el importe de la operación sí supere el 25% del valor de los activos que figuren en el último balance aprobado, la disposición de estos en su conjunto deberá contar con la autorización previa de la junta general.

Mayores dudas se plantean cuando la operación se articula mediante sucesivos negocios jurídicos que se formalizan por separado y cuyo importe únicamente tiene la consideración de «esencial» cuando tales negocios se consideran en su totalidad y no de forma autónoma.

• Del tenor literal de la LSC art.160.f, no se puede concluir si la constitución de un **gravamen** sobre un activo esencial es una actuación sujeta a autorización por parte de la junta general, ya que, *a priori*, no encaja en los conceptos de adquisición, enajenación o aportación. A nivel doctrinal es un asunto sobre el que no existe un pronunciamiento claro y unánime. En nuestra opinión, para poder definir si el otorgamiento de un determinado gravamen sobre un activo esencial necesita autorización de la junta general, se deberá atender a los posibles efectos que la referida carga suponga sobre el activo. **5409.2**

Así, por ejemplo, la **pignoración** de todas las **acciones/participaciones de la filial** con más peso dentro del grupo que lleve aparejada la cesión de los derechos de voto, entendemos que necesitaría autorización de la junta por las implicaciones que se derivarían para la actividad de la sociedad; mientras que, por ejemplo, el otorgamiento de una hipoteca sobre una nave industrial, que no lleve aparejada ningún efecto sobre la actividad de la sociedad o cesión alguna de derechos, no necesitaría de autorización. Por otro lado, fuera del plano teórico, mientras no exista un pronunciamiento claro sobre este asunto, las entidades financieras es probable que requieran, ante la duda, la autorización correspondiente de las juntas generales correspondientes. Tampoco es inusual en operaciones de financiación en las que las filiales del grupo al que pertenece la prestataria se constituyen como garantes personales o reales de las obligaciones de esta última, que las entidades financieras encuentren confort en que dichas garantías sean aprobadas, directamente, por la sociedad matriz del grupo.

• Con carácter general, no están incluidas, dentro de las operaciones sobre activos esenciales, las **operaciones de financiación** propias de la gestión ordinaria de la sociedad o las destinadas a obtener los recursos necesarios para el desenvolvimiento de la actividad propia del objeto social, todas ellas competencia de los administradores. Sin embargo, excepcionalmente, se consideran como operaciones sobre activos esenciales -reservadas a la competencia de la junta general-, las operaciones de pasivo en las que concurra **alguna de las siguientes circunstancias**:

- llevan aparejadas, siquiera sea a título de garantía, la disposición sobre activos sociales de importancia;
- ponen en riesgo la viabilidad de la sociedad;
- modifican sustancialmente el desarrollo de su actividad (o la forma en que se realiza su objeto); o
- alteran profundamente el cálculo de riesgo inicial de los socios o su posición de control (TS 27-6-23, EDJ 610802).

Precisiones En el supuesto de esta sentencia, la sociedad obtuvo un **préstamo sindicado** de 70 millones de euros de distintas entidades financieras. Aunque en determinados casos una operación de pasivo (financiación) puede constituir una operación sobre activos esenciales -reservada a la competencia de la junta general-, en este caso el TS ha considerado que no tiene tal carácter, por las siguientes razones: (i) a pesar de su trascendencia económica para la sociedad, no comportaba la transmisión, ni la constitución de garantía alguna, sobre activos afectos a una línea de actividad de la sociedad; (ii) una parte importante del préstamo iba destinada a sustituir la financiación ya existente (refinanciación de deudas), por lo que no se agravaba significativamente la deuda financiera de la sociedad; (iii) en todo caso, la operación permitía la financiación del «Plan de Negocios o Estratégico» para varios años del grupo al que pertenece la sociedad, aprobado previamente y respecto del que no se había formulado impugnación, con lo que se permitía la continuación de la explotación de la actividad preexistente conforme al nuevo plan de negocios. Por tanto, de dicha operación de financiación no se derivan consecuencias que alteren de modo sustancial la **posición de los socios** o la **estructura jurídica o económica de la sociedad**, pese a su importancia cuantitativa (TS 27-6-23, EDJ 610802).

5409.3 **Transmisión de acciones no liberadas** (LSC art.81, 84 y 85) Se establece legalmente que el **adquirente** de acción no liberada responde solidariamente con todos los transmitentes que le precedan, y a elección de los administradores de la sociedad, del pago de la parte no desembolsada. A su vez, se atribuye a la **sociedad** la condición de acreedora al pago de los dividendos pasivos.

El **deudor** del pago de los dividendos pasivos es siempre quien ostenta la titularidad de las acciones en el momento en que aquellos son exigibles, si bien si las acciones no liberadas son objeto de transmisión, el adquirente de las mismas responde solidariamente con todos los transmitentes que le preceden, correspondiendo tal elección a los administradores. Por tanto, la sociedad podrá dirigirse contra cualquiera de los deudores solidarios o contra todos ellos simultáneamente, sin perjuicio de los derechos de repetición que procedan entre ellos.

Del tenor literal de la LSC art.85, la responsabilidad solidaria tiene por objeto exclusivamente «el pago de la parte no desembolsada», lo que podría interpretarse en el sentido de que el socio actual, además de por dicho concepto sería responsable del abono del **interés legal y** de los **daños y perjuicios** causados por la morosidad mientras que los titulares anteriores solo responderían del pago de la parte no desembolsada.

5409.4 Además, el **plazo** de responsabilidad de tres años a contar desde la fecha de la respectiva transmisión establecido en la LSC art.85, se refiere exclusivamente a la responsabilidad de los diversos transmitentes de una acción, y no a la del socio actual o último titular de la misma, a quien le será de aplicación el plazo de prescripción previsto con carácter general en el CC art.1964 para las acciones personales (5 años).

Las dificultades que en la práctica pueden suscitarse a raíz de la transmisión de acciones no liberadas llevan a la recomendación, y más cuando estamos en la posición de comprador, de plantear a la contraparte que con anterioridad al cierre se llevasen a cabo las actuaciones necesarias para el pago de los **desembolsos pasivos** o en cualquier caso que dicha circunstancia sea tenida en cuenta con la suficiente relevancia en el propio contrato de compraventa (régimen de responsabilidad, manifestaciones y garantías, etc.).

B. Cláusula de cierre

5410 En aquellos contratos de compraventa de empresa (tanto si estamos ante la adquisición de acciones/participaciones como de activos) en los que la consumación de la operación se difiere a un momento posterior al de la firma se incluye la llamada cláusula de cierre, que tiene por **finalidad** (i) prever el modo en que se determina la fecha, el lugar y la hora en que las partes deberán comparecer frente al notario de su elección para llevar a cabo la consumación de la operación; y (ii) establecer las actuaciones, negocios y actos jurídicos que deberán llevarse a cabo a tal efecto.

A continuación, se describen los **extremos** que se incluyen habitualmente en la cláusula de cierre:

5411 **Fecha** Es habitual y recomendable establecer en el contrato la fecha en que tendrá lugar el cierre de la operación o el modo en que esta quedará determinada, por cuanto las partes necesitan conocer dicha información con antelación para poder **organizar y preparar** debidamente todas las **actuaciones y documentación** requeridas en el cierre. Piénsese, por ejemplo, en el tiempo que puede llevar el otorgamiento previo de los poderes requeridos para representar a las partes contratantes (recabar a tiempo las firmas pertinentes de todos los miembros del consejo de administración cuando el poder sea otorgado por el órgano de administración de la sociedad, inclusión de la Apostilla de la Haya cuando se trate de poderes otorgados en el extranjero, etc.), en la obtención de las autorizaciones que sean pertinentes, o en la preparación de determinados contratos complementarios que deban formalizarse en unidad de acto con la operación de compraventa.

Cuando las partes no tienen visibilidad suficiente sobre el momento en que quedarán cumplidas las **condiciones suspensivas** y, por tanto, del momento en que deberán proceder al cierre de la operación, es frecuente que los contratos prevean que el cierre de la operación tendrá lugar transcurrido un determinado número de días desde la fecha en que se haya cumplido la última de las condiciones suspensivas

Lugar En cuanto al lugar en el que se ha de producir el cierre de la operación, el CC art.1171 prevé que, salvo pacto en contrario, el pago ha de realizarse en el lugar **donde se halle el objeto** de la compraventa. 5412

No obstante, lo habitual y recomendable al objeto de evitar confusiones, es identificar el **notario** ante el cual las partes desean consumar la operación, así como la dirección de las oficinas de la propia notaría. De esta forma, las partes conocen de antemano esta información y, en consecuencia, se pueden evitar problemas de diversa índole.

En el caso de que el contrato de compraventa **no** se vaya a **elevar a público**, las partes también suelen prever en el propio contrato el lugar físico donde deben reunirse a efectos de firmar el contrato y cualquier documentación complementaria.

Pago del precio Sin perjuicio de que parte del precio de compra pueda diferirse a un momento posterior al cierre de la operación, mediante la previsión de pagos aplazados (nº 2893), *earn-outs* (nº 2715) o esquemas similares, es habitual que la cláusula de cierre haga mención a la **forma** en que el comprador abonará al vendedor todo o parte del precio en la fecha de cierre (esto es, en metálico, por medio de transferencia bancaria, mediante cheques nominativos o al portador, letras de cambio, pagarés u otros instrumentos de giro, o una combinación de todos ellos), así como otras cuestiones destinadas a reforzar la posición jurídica del primero. 5413

Así, los asesores legales del comprador tratarán de que los vendedores den **carta de pago** por el importe recibido en la escritura de cierre, declarando no tener nada que reclamar al comprador o las sociedades por dicho concepto o cualquier otro.

Entrega La obligación de entrega del vendedor tiene lugar con la puesta a disposición del comprador de todos los elementos objeto de transmisión. Dependiendo de si se trata de transmisión de acciones/participaciones o de activos, la entrega es más o menos sencilla. 5414

Como se establece con más detalle en el nº 5440, relativo a la documentación de cierre, en caso de **compraventa de activos**, tiene que producirse la entrega (*traditio*) por separado de cada uno de los elementos activos y/o pasivos que componen el negocio, entendidos separadamente, atendiendo al particular régimen jurídico de transmisión aplicable a cada categoría de bienes. Puesto que las leyes imponen diferentes requisitos para la transmisión de bienes dependiendo de su tipología, existe en consecuencia una diversificación en cuanto a los distintos modos de transmisión. Además, en caso de transmisión de activos, la entrega resulta en muchas ocasiones más compleja por cuanto es necesario obtener autorizaciones o consentimientos de terceros.

Reproducción de las manifestaciones y garantías Es muy habitual que, en la escritura de elevación a público o ratificación, dependiendo del caso, el comprador y el vendedor reiteren la veracidad, exactitud y completitud de las manifestaciones y garantías otorgadas en el momento de la **firma del contrato**, actualizadas, en su caso, a aquellas circunstancias que hayan tenido lugar durante el periodo interino y que hubieran podido alterarlas. 5415

La finalidad de esta reiteración de las manifestaciones y garantías en el cierre radica en la protección de los intereses del adquirente ante **posibles modificaciones** del objeto de compraventa desde la fecha en que se firmó el contrato hasta la fecha de cierre, de tal forma que, dependiendo de la materialidad de la modificación y sobre todo, de los términos en que esté redactada la cláusula, el adquirente esté facultado ante una eventualidad de este tipo, a reclamar a la otra parte el resarcimiento de los **daños** sufridos como consecuencia de dicha modificación. Incluso, en caso de que dicha incorrección pese sobre una manifestación fundamental (esto es, aquella relativa a la titularidad, legitimidad o ausencia de cargas y gravámenes sobre el objeto de transmisión) es habitual que el contrato prevea el derecho de la parte afectada a resolver el contrato de compraventa y no proceder al cierre de la operación.

Por tanto, para salvar cualquier perjuicio que pueda resultar para las partes de un **cambio sustancial** en cualquiera de las manifestaciones y garantías otorgadas en la fecha de firma, no es suficiente con que el contrato señale que en el cierre se reproducirán las manifestaciones y garantías, en tanto que de esa forma no se está diciendo más que lo que literalmente significa en nuestro idioma, es decir, que el transmitente reitera la veracidad, exactitud y completitud de las mismas y que, en caso de que se dé alguna incorrección de las mismas entrarán en marcha los mecanismos ordinarios de responsabilidad previstos en el contrato. 5416

En consecuencia, lo más recomendable es prever también en el contrato que si las manifestaciones o garantías experimentan una modificación sustancial que pueda producir un impacto negativo en la sociedad objeto o en los activos a transmitir, aun en el caso de que las mismas no sean imputables al vendedor, el comprador puede tener **derecho a resolver el contrato** de adquisición.

5417 Así, en el supuesto de **transmisión de activos**, en caso de modificación sustancial del objeto (por ejemplo, una fábrica que se incendia como consecuencia de una explosión fortuita), en principio parece que el potencial adquirente tiene argumentos suficientes para no pagar el precio y rescindir el contrato por cuanto no existe el objeto que iba a ser transmitido al comprador y en el que radicaba la voluntad de este de consumar la operación. Sin embargo, cuando lo que se compra son **acciones/participaciones de una sociedad** que a su vez es la titular de un activo relevante, y este último sufre un perjuicio sustancial entre la fecha de firma del contrato y la fecha de cierre, el adquirente tiene mayores dificultades para fundamentar la resolución del contrato por cuanto las acciones de la sociedad no han sufrido modificación alguna.

Es en este segundo caso cuando se hace imprescindible prever que el acaecimiento de un evento que tenga como consecuencia una reducción considerable del valor del negocio o determinados activos de la sociedad *target* (MAC de negocio) o un impacto crítico e imprevisto que afecte con carácter general a aquellas sociedades que desarrollen las mismas actividades que la sociedad *target* (MAC de mercado) darán derecho al comprador a resolver el contrato y no consumar la operación. Contractualmente, el modo en que esto suele llevarse a la práctica es mediante la inclusión de una **condición suspensiva** consistente en la **ausencia de cambios materiales adversos** (término con el que se conocen dichos eventos perjudiciales para el negocio o el mercado) entre la fecha de firma y la fecha de cierre. Para que dicha condición suspensiva tenga el efecto deseado es importante que la definición de «cambio material adverso» refleje de manera efectiva el perjuicio que, en opinión del comprador, tendría que sufrir el negocio objeto de compraventa para que no estuviese interesado en su compra por el precio acordado. Comúnmente se vincula dicho perjuicio a la disminución de parámetros como el EBITDA del negocio objeto de compraventa por debajo de valores concretos o, en caso de compañías titulares de una cantidad considerable de activos, a la destrucción de un porcentaje determinado de activos.

5418 **Contratos colaterales** En muchas ocasiones el cierre no solo conlleva la consumación de la compraventa de acciones o activos, sino que asimismo puede suponer la firma simultánea de diversos contratos colaterales, como pueden ser, entre otros, los siguientes:

a) **Contratos de arrendamiento** de las naves o inmuebles en los que la sociedad objeto desarrolla su actividad. Piénsese por ejemplo en la adquisición de las acciones de una sociedad la cual está asentada en un inmueble que es propiedad del vendedor. El comprador puede estar interesado en formalizar en unidad de acto con la consumación de la compraventa un contrato de arrendamiento con el vendedor al efecto de poder seguir utilizando las naves o inmuebles en las que la sociedad venía explotando su negocio.

b) **Pactos de socios o accionistas** destinados a regular, en aquellos casos en los que el comprador no adquiere la totalidad del capital social de la sociedad objeto de compraventa, entre otros, la relación del comprador y los propietarios de las restantes acciones o participaciones, como accionistas o socios de la sociedad, así como el gobierno de la misma.

c) «**Transitional Services Agreement**» (TSA). En el contexto de operaciones de venta de una o varias filiales de un grupo de sociedades, nos podemos encontrar con situaciones en las que la sociedad vendedora o terceras sociedades del grupo de la sociedad vendedora prestaban determinados servicios comunes a la sociedad objeto, que el comprador considera necesario mantener tras el cierre de forma transitoria (por ejemplo, servicios de IT que se prestaban desde la matriz a todas las sociedades del grupo de la vendedora). En tal caso, en el momento del cierre se aprovechará para establecer las nuevas condiciones para que la sociedad objetivo siga recibiendo tales servicios del grupo vendedor y el tiempo durante el cual deberán prestarse en función de las necesidades del comprador, que normalmente no será por periodos muy extensos (seis meses o un año, a lo sumo). También es habitual incluir en este tipo de contratos la prestación por parte del Grupo vendedor de determinados servicios de asistencia técnica o comercial al comprador o la sociedad objeto. Entre otras condiciones, dichos contratos suelen incluir el nivel de calidad de los servicios que deberá cumplir el prestador de los mismos (KPIs), siendo también relevante para el comprador establecer vías de resolución del contrato ante determinadas situaciones.

d) **Formalización** de todos los documentos necesarios para ejecutar las **modificaciones societarias** derivadas de la transmisión efectuada (renuncias a cargos, apoderamientos, revocación de poderes, cambio de denominación social, nombramientos de nuevos administradores, etc.). Nos referiremos con más detalle a esta cuestión en el nº 5434 relativo a la documentación de cierre.
e) **Contratos** de carácter mercantil o laboral suscritos con alguno de los **accionistas salientes o directivos** clave cuando las partes estén interesadas en que el mismo permanezca vinculado a la sociedad objeto ejerciendo las funciones y en las condiciones que se estipulen en dichos contratos.
f) Cualquier tipo de **garantía** que se hubiese acordado entre las partes respecto al régimen de responsabilidad de los vendedores (contrato de depósito *escrow*, seguro de manifestaciones y garantías, etc.).

Cabe apuntar que en la práctica también puede ocurrir que haya determinadas actuaciones que las partes acuerden que sean realizadas con carácter previo al cierre, sin llegar a quedar configuradas como condiciones suspensivas. En función de cómo queden configuradas, su incumplimiento puede dar lugar al resarcimiento de daños y perjuicios por la parte incumplidora, e incluso impedir la ejecución de la compraventa. Si bien estas actuaciones deben realizarse con anterioridad al cierre (son **condiciones previas** al mismo) acaban concurriendo con el mismo por cuanto las partes no las quieren llevar a cabo hasta que no sepan con absoluta certeza que la transmisión se va a cerrar. **5419**
A este respecto piénsese, por **ejemplo**, en la novación del comprador en la posición jurídica del vendedor en todos los avales o garantías personales emitidos por el mismo para operaciones de la sociedad objeto de la adquisición. O el caso de la novación o firma de una adenda de un contrato de arrendamiento suscrito por la sociedad objeto y un tercero con el fin de que dicho arriendo tenga las condiciones requeridas por el comprador para cerrar la operación de compraventa.

Varios Como consecuencia de la diversa casuística que existe en relación con las operaciones de compraventa de empresas, en ocasiones es preciso prever en el contrato otras cláusulas adicionales a las mencionadas en los apartados anteriores, para adaptar el cierre a las peculiaridades de cada operación. Entre estas cláusulas, se incluyen aquellas que prevén la forma en que debe realizarse la comunicación de la operación a la **prensa**, determinadas actuaciones en cuanto a los **empleados**, obligaciones específicas que deben asumir las partes en el cierre, etc. **5420**

C. Documentación de cierre

5425

1. Transmisión de acciones/participaciones 5430
2. Transmisión de activos 5440
3. «Side Letter» 5455
4. Agenda de Cierre y «check list» 5460

En el propio contrato de compraventa, ya sea de acciones/participaciones o de activos, tanto si se prevé que el cierre tenga lugar de forma simultánea a la firma del contrato como con posterioridad, se suele especificar, por regla general, en la cláusula de cierre, la documentación que la parte vendedora, como propietaria de las acciones o activos que se transmiten, debe **entregar a la compradora**, tras la formalización y, en su caso, elevación a público del contrato, o inmediatamente después, pero en unidad de acto. **5426**
Asimismo, en el caso de compraventa de acciones, se suele prever en el propio contrato que, en la fecha de cierre, y en unidad de acto con la firma de la escritura de cierre, la parte vendedora debe firmar una serie de documentos que regulan básicamente las **modificaciones societarias** derivadas de la transmisión efectuada.
A continuación, y a título enunciativo, pero no limitativo, se indican los documentos cuya entrega o, en su caso, formalización, suele exigirse generalmente en la fecha de cierre, ya sea por parte del comprador o del vendedor, y distinguiéndose asimismo entre el supuesto de transmisión de acciones y de activos.
A este respecto debe advertirse que la documentación requerida puede variar según la operación ante la que nos encontremos, y que **no** existe **obligatoriedad** de exigir la totalidad de los documentos señalados a continuación, pudiendo asimismo acordarse la entrega de otros diferentes.

1. Transmisión de acciones/participaciones

5430 En las operaciones de transmisión de acciones/participaciones los documentos a entregar o, en su caso, formalizar en la fecha de cierre, ya sea por parte del comprador o del vendedor, son los siguientes:

5431 **Documentos a entregar por la parte vendedora** El vendedor debe hacer entrega al comprador de:

1º **Títulos de las acciones** (en caso de SA): debe distinguirse entre dos situaciones, según nos encontremos que los títulos están impresos y entregados o, por el contrario, no existan títulos impresos o entregados:

a) Títulos **impresos y entregados**. Asimismo, debe distinguirse entre:

- **Acciones al portador**: en este caso, en el momento del cierre el vendedor debe entregar al comprador el título representativo de la acción. La tenencia o exhibición del título -o del certificado acreditativo de su depósito en una entidad autorizada- legitima frente a terceros para el ejercicio de los derechos de socio. En este supuesto, basta la simple tradición del documento para que, una vez producido el negocio traslativo de propiedad, la transmisión opere eficazmente (LSC art.120.2; CCom art.545).

- **Acciones nominativas**: en este caso, asimismo, debe hacerse entrega a la parte compradora de los correspondientes títulos físicos emitidos, llevándose a cabo su transmisión mediante el endoso de la acción.

b) Títulos **no impresos, no entregados o ausencia de títulos** (en el caso de una SRL, cuyas participaciones sociales no pueden estar representadas por medio de títulos o de anotaciones en cuenta). En esta situación, la transmisión se realiza de acuerdo con las normas sobre cesión de créditos y demás derechos incorporales, y en la práctica, el comprador suele exigir la entrega por parte del vendedor de las escrituras o pólizas que acrediten la propiedad de la parte vendedora sobre las acciones. Dicha entrega se exige al objeto de que el notario proceda a su estampillado o a «rebajar» los títulos, esto es, a incluir en ellos una referencia a la venta de dichas acciones al comprador. Esto último (entrega de las escrituras acreditativas de la propiedad para su rebaje) será igualmente de aplicación cuando se trate de una SRL y, por tanto, se transmitan participaciones sociales.

2º **Certificación de los acuerdos** adoptados por la junta general de la sociedad y, en su caso, del órgano de administración, indicando que la transmisión de las acciones o participaciones sociales al comprador ha cumplido todos los trámites y requisitos legales y estatutarios para la válida transmisión de las acciones o participaciones a favor del comprador.

3º **Certificación** acreditativa de los acuerdos de la junta general/socio único **aprobando la ejecución de la operación**, en caso de ser necesario de conformidad con el nº 5409.

5432 4º **Carta de renuncia o dimisión**, debidamente firmada, de todos los administradores de la sociedad con cargo vigente. A este respecto, las partes suelen acordar que este documento de renuncia se firme conforme a un modelo que se adjunte como anexo al contrato, en el cual, desde la perspectiva del comprador, es recomendable incluir una manifestación expresa del administrador saliente relativa a la inexistencia de reclamación económica o de cualquier otro tipo, pendiente contra la sociedad por razón de su cargo de administrador de la sociedad.

5º **Libros societarios** (libros de actas, libro registro de acciones nominativas/libro registro de socios y, en su caso, libro de contratos con el socio único) actualizados y legalizados telemáticamente por el Registro Mercantil. La transmisión de acciones o participaciones debe inscribirse en el libro registro de socios -en caso de SRL-, o de acciones nominativas -en caso de SA-, en tanto que la sociedad solo reputará accionista a quien se halle inscrito como tal en dicho registro. Por ello, es frecuente incluir en los contratos, como actuación a cierre, que los miembros del órgano de administración saliente con facultades para ello (secretario o vicesecretario del consejo de administración, administrador solidario, administradores mancomunados -actuando según proceda-, o administrador único) con carácter previo a su cese o dimisión (a fin de que el comprador nombra un nuevo órgano de administración ajustado a sus necesidades -nº 5436-) actualice el libro correspondiente (libro de acciones nominativas o libro registro de socios) para registrar la condición el comprador como socio y envíe a los compradores copia del libro actualizado.

6º **Documentación contable y fiscal** de la sociedad. No obstante, en la práctica, con independencia de que el comprador pueda exigir que el vendedor entregue al comprador los últimos estados contables de la compañía o un balance de situación preparado al efecto en una fecha diferente a la del cierre del ejercicio, respecto a toda la documentación contable de la sociedad (esto es, libros contables, correspondencia, documentación, justificantes concernientes al negocio, etc.), lo habitual es que en el cierre no se haga entrega física de cada uno de estos documentos, que se ubican físicamente en las oficina o sede de la propia compañía o bien en soportes digitales ubicados en el domicilio social.

Documentos societarios a formalizar en la fecha de cierre Como consecuencia de la modificación en la propiedad del capital social que tiene lugar una vez consumada la compraventa, se suele prever en el contrato que, o bien con carácter inmediatamente posterior a la formalización, y en su caso, elevación a público del contrato, pero en unidad de acto, o bien, en un momento posterior a la fecha de cierre, se reúnan los órganos de gobierno de la sociedad a fin de llevar a cabo las **modificaciones societarias** que resulten pertinentes. **5434**

A continuación, se exponen algunos ejemplos de los **acuerdos societarios** que es habitual que se adopten por las sociedades *target* en la fecha de cierre: **5436**
1. Acuerdos o decisiones a adoptar por la **junta general** o el accionista/socio único, dependiendo del caso:
- aceptación de la dimisión de los miembros del órgano de administración de la sociedad con cargo vigente;
- en su caso, modificación del sistema de administración de la sociedad;
- nombramiento de nuevos administradores; y
- modificación/refundición de estatutos sociales.

2. Acuerdos a adoptar por los miembros del **órgano de administración** entrante: **5437**
- **revocación** de los **poderes** generales otorgados por la sociedad;
- **otorgamiento** de nuevos **poderes** generales a favor de terceros; y
- en caso de que el órgano de administración sea un consejo de administración, **distribución de cargos** en el consejo (presidente, vicepresidente, secretario, vicesecretario, consejeros delegados, etc.).

En caso de que esté previsto que el nuevo consejo de administración nombre un **consejero delegado** o un consejero con funciones ejecutivas (esto es, facultades de dirección -p.e., un director general-), será necesario que la sociedad suscriba un contrato de prestación de servicios con dicho consejero (LSC art.249.3). Dicho **contrato** debe ser aprobado previamente con una mayoría reforzada de dos tercios de los miembros del consejo de administración.
Adicionalmente, debe tenerse en cuenta que:
- el consejero afectado no puede asistir a la deliberación ni participar en la **votación** relativa a la aprobación del contrato, por encontrarse en una posición de conflicto de interés; y
- el contrato aprobado por el consejo de administración debe adjuntarse al **acta** de la sesión como anejo.

En el contrato se deben detallar todos los conceptos por los que el consejero delegado/ejecutivo pueda obtener una **retribución** por el desempeño de funciones ejecutivas, incluyendo, en su caso, la eventual indemnización por cese anticipado en dichas funciones y las cantidades a abonar por la sociedad en concepto de primas de seguro o de contribución a sistemas de ahorro.
El consejero no puede percibir retribución alguna por el desempeño de funciones ejecutivas cuyas cantidades o conceptos no estén previstos en ese contrato.

Precisiones A la luz de la sentencia TS 26-2-18, EDJ 9565, los **estatutos** sociales de la sociedad deberán prever el sistema de retribución ya no solo de los administradores en su condición de tales, sino también de los consejeros delegados o aquellos en los que se hayan delegado funciones ejecutivas (LSC art.217.3). Ver nº 2525 Memento Sociedades Mercantiles 2024.

3. En caso de que todas las acciones/participaciones en que se divida el capital de una sociedad participada por una pluralidad de accionistas/socios sean adquiridas por una sola persona, física o jurídica, que pase a ostentar la condición de accionista/socio único de esta como en caso de que el accionista/socio único de una sociedad transmita todas ellas a un único comprador, quienes tengan facultades para elevar a público deberán otorgar la correspondiente escritura de **declaración de unipersonalidad o** escritura de **cambio de accionista/socio único**, respectivamente, para su inscripción en el Registro Mercantil correspondiente. **5438**
Dicha inscripción es particularmente importante para el comprador ya que, transcurridos seis meses desde la fecha en que la transmisión de las acciones/participaciones tuvo lugar, sin que esta circunstancia se hubiera inscrito en el Registro Mercantil correspondiente, el nuevo accionista/socio único **responderá** personal, ilimitada y solidariamente de las deudas sociales contraídas durante el período de unipersonalidad (LSC art.14).

2. Transmisión de activos

5440 En caso de que el objeto de la **compraventa** lo constituyan **activos y pasivos** y no acciones/participaciones, la entrega de los mismos en el momento del cierre resultará más compleja que en el supuesto de transmisión de empresas, por cuanto la entrega de cada uno de los activos y pasivos que componen el negocio deberá tener lugar **por separado**.
A estos efectos, lo más habitual es que se anexe al contrato de compraventa un **listado** en el que se identifiquen todos los activos que son objeto de transmisión y que deben ser entregados por el vendedor al comprador en la fecha de cierre. La redacción de tal inventario ha de ser exhaustiva, ya que todos los bienes no incluidos en él podrían entenderse excluidos de la transmisión.
Aunque en las operaciones de **compra de negocios o ramas de actividad**, el objeto de la compraventa lo constituyen el conjunto de los elementos que conforman la unidad económica empresarial, es frecuente que, para una mayor claridad, las partes preparen dichos inventarios de activos/pasivos. Además, en este tipo de operaciones, en las que dichos inventarios son de una extensión considerable, no es infrecuente que las partes incluyan una cláusula en virtud de la cual acuerden que, si con posterioridad a la consumación de la operación las partes identificaran activos/pasivos que deberían haberse transmitido al comprador por formar parte del negocio transmitido pero que no fueron incluidos en los mencionados inventarios, dichos activos/pasivos serán transmitidos al comprador sin coste para este.

5441 Los activos más comunes que suelen ser objeto de transmisión en una operación de estas características y que, en tal caso, deben relacionarse con detalle en el propio contrato de compraventa, son los siguientes:
a) **Activos fijos**, tales como instalaciones técnicas, maquinaria, utillaje, mobiliario, material de oficina, etc. tanto aquellos que son propiedad del vendedor como aquellos de los que es titular en virtud de un contrato de *leasing*.
b) **Bienes muebles** y mercaderías.
c) **Stock** o existencias, en cuyo caso es necesario incluir un inventario de suministros y materias primas necesarios para la operatividad del negocio, productos en curso y productos terminados.
d) **Bienes inmuebles**.
e) Derechos de **propiedad industrial e intelectual**.
f) **Contratos en curso**, entendiendo que en tal caso lo que se transmite son los derechos, acciones y obligaciones correspondientes al vendedor, derivados de los contratos objeto de trasmisión (contratos celebrados con clientes, contratos de suministro y prestación de servicios celebrados con proveedores, contratos con entidades financieras, compañías aseguradoras, etc.).
g) Derechos de **crédito y/o deudas**.
h) **Licencias**, permisos y autorizaciones administrativas transferibles, generalmente relativas a los activos y/o al negocio transmitido.
i) **Fondo de comercio**, entendiendo por tal el conjunto de elementos no necesariamente materiales presentes en el negocio que constituyen lo que en terminología empresarial se denomina el fondo de comercio, y que incluyen, la cartera de clientes y proveedores, así como las bases de datos relativas a los mismos.
j) **Personal**: en principio suele ser objeto de transmisión el personal afecto a los activos o negocio que se transmite y las obligaciones que se derivan de los contratos de trabajo.

5442 En virtud de la teoría del título y el modo (CC art.609), la transmisión de activos requiere para su validez que la **entrega** de estos se realice de una forma determinada en el momento del cierre.
La obligación de entrega del vendedor tiene lugar con la **puesta a disposición** del comprador de los activos que se transmiten, atendiendo al particular régimen jurídico de transmisión del activo de que se trate.
A continuación, se enumeran las **formalidades** que se exigen legalmente, según la tipología y naturaleza jurídica de los activos objeto de transmisión, para la válida entrega de los mismos:

5443 **Activos fijos en propiedad, stock, bienes muebles, mercaderías o existencias**
(CC art.1462 y 1463) Conforme a la regulación prevista en el propio Código Civil, requieren de **tradición** material o, en su caso simbólica, como la entrega de las llaves del lugar o sitio donde se hallen almacenados.
No obstante, en la práctica, aunque no hay óbice para que la compraventa de estos activos pueda realizarse en documento privado o mediante el empleo de cualquier otra forma (verbal, medios digitales, etc.), teniendo en cuenta la presunción contenida en el CC art.1462, conforme

al cual «se entenderá entregada la cosa vendida cuando se ponga en poder y posesión del comprador. Cuando se haga la venta mediante escritura pública, el otorgamiento de esta equivaldrá a la entrega de la cosa objeto del contrato», lo más habitual es que la transmisión de este tipo de activos se formalice a través de **escritura pública**. Además, el otorgamiento de escritura pública para la transmisión de activos obedece también a que, en la mayoría de los casos, conjuntamente con bienes muebles o mercaderías, concurren otros determinados activos como bienes inmuebles u otros bienes registrables que exigen del otorgamiento de la escritura pública para su transmisión (ver nº 5445).

Respecto a la transmisión de esta tipología de activos es recomendable que en el propio **contrato**: **5444**
• Se identifiquen en un listado, a modo de inventario, con suficiente detalle, la relación de bienes y elementos que van a ser transmitidos.
• Se prevea que, con simultaneidad al otorgamiento del contrato, la parte compradora tome posesión de tales activos y la parte vendedora entregue o ponga a disposición de la parte compradora todos los registros e información referente a los mismos, así como todos los documentos relativos a la titularidad de dichos activos.

Bienes inmuebles (CC art.1462; LH art.3) Sin perjuicio de que las partes suscriban el contrato de compraventa correspondiente, la compraventa de bienes inmuebles requiere su formalización mediante **escritura pública**. **5445**

Los términos y condiciones de dicha transmisión suelen acordarse de mutuo acuerdo por las partes con anterioridad al cierre, por lo que en la práctica es habitual adjuntar como **anexo al propio contrato** de compraventa de activos el borrador de la minuta de compraventa del inmueble, con el objeto de que en la fecha de cierre la escritura de compraventa se otorgue en idénticos términos a los acordados.

Asimismo, es necesario que dicha escritura sea inscrita con posterioridad en el **Registro de la Propiedad** para su oponibilidad frente a terceros.

En caso de que el inmueble esté afecto con alguna **carga** (por ejemplo, una hipoteca) puede preverse en el contrato, entre otros, o bien un ajuste en el precio, o bien que el vendedor con anterioridad al cierre cancele dicha carga, o bien que el adquirente se subrogue en la posición contractual de la vendedora, en su caso, del préstamo hipotecario.

Cuando el vendedor ostente sobre un inmueble un **derecho de arrendamiento** que ceda al comprador, debe notificarse su traspaso al arrendador, de forma fehaciente, el cual conforme a la normativa aplicable tiene derecho a elevar la renta vigente en un 20% (LAU art.32), salvo disposición en contrario o renuncia del arrendador en el propio contrato de arrendamiento, lo cual no suele suceder en la práctica. **5445.1**

Sin embargo, lo que sí es más frecuente es que, aunque la ley disponga que el **consentimiento del arrendador** a la cesión del contrato no es necesario (solo prevé expresamente que la cesión deberá notificarse de forma fehaciente al arrendador en el plazo de un mes desde que aquella se hubiera concertado), las partes incluyan en el contrato que el arrendatario renuncia a este derecho, sin que sea posible la cesión sin el consentimiento del propietario del inmueble.

Derechos de propiedad industrial e intelectual Para la válida transmisión de los derechos de propiedad industrial e intelectual no es necesaria la formalización en **escritura pública**, sin perjuicio de que es habitual que el contrato de compraventa de activos se eleve a público. **5446**

Es recomendable incluir asimismo un **listado** en el que se relacionen todos los derechos de propiedad industrial e intelectual objeto de transmisión. A fin de formalizar la cesión de los derechos de propiedad industrial e intelectual, en el contrato de compraventa es habitual que la parte vendedora se comprometa a colaborar con la compradora en la tramitación de la **inscripción del cambio de titularidad** sobre los mismos en los Registros correspondientes, de forma que dicha titularidad sea pública lo antes posible.

Así, los derechos de propiedad industrial pueden transmitirse, darse en garantía o ser objeto de derechos reales con independencia de la transmisión de la totalidad o parte de la empresa. Para que tengan **efecto frente a terceros** de buena fe, dichos actos deben ser inscritos en el registro especial correspondiente de la Oficina Española de Patentes y Marcas.

Contratos en curso (CC art.1112) En aquellas operaciones en las que el objeto de transmisión lo constituyen, total o parcialmente, contratos en curso, es habitual que se elabore un **listado** que se anexa al propio contrato de compraventa en el que se recojan los contratos respecto de los cuales el vendedor cederá su posición contractual en favor del comprador en la fecha de cierre. **5447**

De conformidad con el CC art.1112, «todos los derechos adquiridos en virtud de una obligación son transmisibles con sujeción a las leyes, si no se hubiese pactado lo contrario». A este respecto debe señalarse que la cesión al comprador de los derechos asumidos por la parte vendedora en virtud de un contrato puede requerir la notificación previa y/o el **consentimiento de la contraparte** de dicho contrato para su válida transmisión.

5448 En consecuencia, desde el punto de vista práctico, respecto a aquellos contratos objeto de transmisión que establezcan alguna **restricción para su cesión** a un tercero (ya sea la obligación de notificar previamente a la contraparte de la intención de ceder el contrato, o bien la obligación de recabar el consentimiento o autorización pertinente de la otra parte), será recomendable prever en el contrato de compraventa **condiciones suspensivas** consistentes en la notificación de la cesión de los contratos objeto de transmisión a las contrapartes correspondientes o la obtención de renuncias por parte de estas a resolver anticipadamente los contratos objeto de transmisión como consecuencia de su cesión a favor del comprador, según sea el caso.

5449 **Deudas** (CC art.1205) Para que la cesión de la posición deudora en un contrato de crédito tenga plena validez, es necesario que el transmitente obtenga con anterioridad a la fecha de cierre del contrato de compraventa de activos, el **consentimiento expreso del acreedor** correspondiente.

Esta exigencia responde al hecho de que para el acreedor (ya sea un proveedor, un banco, entidad aseguradora, etc.) es fundamental la **identidad del deudor**, puesto que la capacidad económica de quién se subrogue en dicha posición deudora puede encontrarse más limitada que el deudor cedente, y esto redundar en perjuicio del acreedor.

En consecuencia, los contratos de compraventa de activos en los que existen posiciones deudoras incluidas en el objeto de la operación suelen prever la **obligación del vendedor** (bien como condición suspensiva o como acción de cierre) de proporcionar al comprador evidencia suficiente, a satisfacción de este, de haber obtenido de los acreedores correspondientes su consentimiento a dicha cesión.

5450 **Derechos de crédito** (CCom art.347; CC art.1526, 1527) A diferencia de las posiciones deudoras, los derechos de crédito **no** exigen para su efectiva cesión el **consentimiento del deudor** cedido, sino que basta con poner en conocimiento de este el hecho de que han sido cedidos al comprador, quien a partir de la fecha de cierre ostentará la posición de nuevo acreedor.

Teniendo en cuenta que el pago por el deudor cedido antes de conocer la cesión del crédito libera al deudor de la obligación de pago del importe satisfecho, es habitual que el contrato de compraventa prevea la obligación del vendedor de **notificar la cesión** del derecho de crédito al **deudor cedido** tan pronto como sea razonablemente posible desde la fecha de firma (siendo posible sujetar la eficacia de la operación -como condición suspensiva- a que lo anterior tenga lugar) o dentro de un plazo específico que refuerce el carácter imperativo de dicha obligación, adjuntándose en ocasiones el borrador de dicha notificación como anexo al contrato de compraventa.

Además, los asesores legales del vendedor tratarán de que el contrato de compraventa prevea de manera inequívoca el derecho del comprador, como cesionario del derecho de crédito, de percibir del vendedor, como cedente, aquellas cantidades que este último pudiera percibir del deudor cedido desde la fecha de firma y hasta la fecha de la mencionada notificación.

Debe resaltarse la importancia y necesidad de que el deudor sea debidamente notificado de la cesión, puesto que solo quedará obligado para con el nuevo acreedor tras haber sido notificado. Desde ese momento, no se reputará pago legítimo sino el que se haga a este. Por ello, puede incluso establecerse en el contrato un **plazo** en el que en todo caso debe realizarse dicha **notificación** con el fin de reforzar el carácter imperativo de dicha obligación y no perpetuarla en el tiempo, con el riesgo de que el deudor realice el pago al cedente en lugar de al cesionario.

Es importante recalcar que, salvo acuerdo expreso de las partes, el **vendedor responderá** de la legitimidad del crédito y de la personalidad con que hizo la cesión, pero no de la solvencia del deudor.

5451 **Licencias y permisos** Si bien la transmisión de licencias, permisos, concesiones, registros y autorizaciones administrativas en operaciones de compraventa de empresas es automática, toda vez que estas son titularidad de la sociedad *target*, en las operaciones en las que el objeto de la compraventa lo conforman activos será necesario tramitar, una vez firmado el contrato de compraventa, el **cambio de titularidad** de las mismas a favor del comprador.

Dependiendo de la naturaleza del permiso, licencia, autorización o similar objeto de compraventa, los **requisitos** para su efectiva **transmisión** a favor del comprador pueden variar, bastando en ocasiones con la mera notificación de la autoridad competente o siendo necesario recabar su aprobación en determinados supuestos.
En consecuencia, en el propio contrato es habitual prever que la transmitente colaborará con la adquirente en cuantas actuaciones sean necesarias a fin de obtener dicho cambio de titularidad de las licencias y permisos que correspondan. Es recomendable pactar la distribución de los **costes y gastos** asociados a dicha tramitación.

Personal Ha de llevarse a cabo la **subrogación del comprador** en las relaciones laborales existentes de conformidad con lo previsto en el ET art.44 (ver nº 904 s. Memento Social 2024 sobre la sucesión de empresa). **5452**

Fondo de comercio La transmisión del fondo de comercio y las actuaciones precisas para la instrumentación de la misma se articulan por lo general mediante **pactos de no-competencia** post-contractual. **5453**

3. «Side letter»

Es muy frecuente que, con la firma del contrato de compraventa, las partes firmen una **carta complementaria** (*Side Letter* en nomenclatura anglosajona) con el objeto de pactar determinadas cuestiones relativas a la compraventa en un documento independiente y separado, a fin de mantener el carácter reservado y no público de determinados acuerdos alcanzados entre las partes. **5455**
No obstante, aunque documentalmente la *side letter* no forme parte en sentido estricto del **contrato de compraventa**, su contenido es complementario y está intrínsecamente relacionado con aquel. Tanto es así que un aspecto diferencial de las *side letters* es la mención por las partes a que lo no previsto expresamente en la *side letter* se regirá por lo dispuesto en el contrato de compraventa.
En cuanto a las **funciones** y **contenido habitual** de la *side letter* nos remitimos a lo establecido en el nº 2550 s., sin perjuicio de advertir ahora, en relación con el estudio que nos ocupa en este capítulo, que la *side letter* se firma normalmente con posterioridad pero en unidad de acto a la firma y, en su caso, elevación a público, del contrato de compraventa, pero sin que dicho documento se eleve a público, manteniéndose como **documento privado** en todo momento.

4. Agenda de Cierre y «check list»

El cierre de una operación de compraventa es un proceso complejo que comprende la realización de un gran número de actos por las distintas partes y sus correspondientes asesores legales, así como la preparación de múltiples documentos que deben haber sido debidamente redactados y acordados para la correcta consumación de la compraventa. **5460**
Con la finalidad de organizar de forma adecuada el cierre de las operaciones, es muy habitual que los **asesores legales** del comprador o del vendedor elaboren lo que en el argot utilizado en las adquisiciones de empresas se conoce como la «Agenda de Cierre» (*Closing Agenda* en nomenclatura anglosajona). Dicha agenda consiste en un documento en el que se identifican por **orden cronológico** todos y cada uno de los **contratos**, públicos o privados, **y actuaciones** que deberán otorgarse o llevarse a cabo en la fecha de cierre, así como la parte encargada de su preparación, el plazo máximo para su envío al resto de partes o el estado de cada una de dichas actuaciones.
La Agenda de Cierre es un instrumento muy práctico para que no surjan **imprevistos** que puedan hacer que el cierre no tenga lugar por no estar preparado alguno de los documentos o haber pasado por alto alguna de las actuaciones necesarias para el mismo.

La Agenda de Cierre se prepara para que todas las partes intervinientes en la operación puedan **verificar el cumplimiento de todos los hitos** que deban cumplirse con anterioridad y en la fecha de cierre, así como asegurarse de que todos los documentos se encuentran debidamente preparados, de conformidad con los términos del contrato de compraventa y el resto de documentación transaccional. **5461**

Precisiones Así, piénsese, por ejemplo, en aquellas operaciones en las que es necesario que una parte otorgue **poderes** de representación en el **extranjero** o que una persona que está previsto que sea nombrada administrador en la sociedad *target* disponga de número de identificación de extranjero. En tales casos, la Agenda de Cierre es un instrumento muy útil para advertir a la parte correspondiente de la necesidad de planificarse con antelación para poder tramitar dichas responsabilidades con tiempo suficiente.

5462 Puesto que a lo largo de la negociación de un contrato de compraventa es muy habitual que surjan en el mismo multitud de **variaciones** hasta el momento del cierre en relación con los documentos a preparar, la representación de las partes, los actos que deben realizarse con anterioridad o de forma simultánea al cierre, los anexos y apéndices adjuntos a la documentación transaccional, etc., los asesores legales de las partes se encargarán de actualizar la Agenda de Cierre a medida que se produzcan dichas variaciones.

5463 Ejemplo Pongamos como ejemplo una operación de **compraventa de acciones** en la que un único comprador persona jurídica va a adquirir, de una pluralidad de vendedores (alguno de ellos extranjero), la totalidad de las acciones de una sociedad, y en la que se dan, entre otras, las siguientes circunstancias:
- cierre condicionado a la obtención de la **autorización** de las autoridades de competencia;
- obligación de abonar una parte inicial del **precio** en la fecha de cierre y otra parte transcurridos 24 meses desde ese momento; y
- otorgamiento de un **aval** como garantía del pago del precio aplazado
Un ejemplo de agenda de cierre puede ser el siguiente:

Documento / Tarea	Responsable	Fecha límite	Estado
Poder del comprador	Comprador	Fecha de cierre	OK
Poder de los vendedores	Vendedores	Fecha de cierre	OK
Aprobación de la operación por la junta general de uno de los vendedores (LSC art.160.f)	Vendedor persona jurídica	Fecha de cierre	PENDIENTE
Títulos de propiedad de los vendedores sobre las acciones de la sociedad.	Vendedores	Fecha de cierre	OK
Contrato de compraventa (SPA)	Comprador / Vendedores	Fecha de cierre	OK
Side letter	Comprador / Vendedores	Fecha de cierre	En curso
Formulario D-1B de declaración de desinversiones extranjeras	Vendedores	Fecha de cierre	OK
Presentación de la solicitud de autorización de la compraventa de acciones presentada ante las autoridades españolas de defensa de la competencia.	Comprador	Antes de los 20 días naturales desde la fecha de la firma	OK
Obtención de la autorización de la compraventa de acciones por las autoridades españolas de defensa de la competencia.	Comprador	Fecha de cierre	En curso
Suscripción del contrato de arrendamiento por la sociedad objeto con la sociedad «Y».	Vendedores	Antes de la fecha de cierre	PENDIENTE
Elevación a público del contrato de compraventa.	Comprador / Vendedores	Fecha de cierre	PENDIENTE
Entrega de los siguientes documentos por parte de los vendedores: (i) escrituras o pólizas originales que evidencien la titularidad de las acciones por los vendedores para su rebaje por el notario; (ii) libros societarios de la sociedad y justificante de su legalización telemática; (iii) certificación de cumplimiento de requisitos, titularidad y cargas; (iv) cartas de dimisión de los administradores salientes; y (vi) cuentas anuales de la sociedad correspondientes al ejercicio «x» debidamente formuladas y aprobadas, así como las actas y certificaciones originales en virtud de las cuales estas fueron formuladas y aprobadas.	Vendedores	Fecha de cierre	PENDIENTE

Documento / Tarea	Responsable	Fecha límite	Estado
Entrega a cada uno de los vendedores de los cheques bancarios nominativos que constituyen el pago inicial.	Comprador	Fecha de cierre	PENDIENTE
Aval bancario en garantía del pago de las cantidades que constituyen el segundo pago aplazado.	Banco / Vendedores	Fecha de cierre	PENDIENTE
Certificación de las decisiones del accionista único relativas a: (i) la aceptación de la dimisión de los consejeros, el secretario y el presidente del consejo de administración salientes; (ii) el nombramiento de los nuevos consejeros de la sociedad; (iii) la modificación de los estatutos sociales.	Comprador/ Vendedores	Fecha de cierre	PENDIENTE
Certificación de los acuerdos adoptados por el consejo de administración entrante respecto a: (i) la distribución de los cargos del consejo de administración; (ii) la revocación de los poderes generales conferidos por la sociedad; (iii) el otorgamiento de nuevos poderes generales; y /iv) aprobación del contrato con el consejero delegado (LSC art.249).	Comprador/ Vendedores	Fecha de cierre	PENDIENTE
Declaración de unipersonalidad de la sociedad.	Comprador	Fecha de cierre	PENDIENTE
Otorgamiento de acta de titularidad real de la sociedad.	Comprador	Fecha de cierre	PENDIENTE

D. Obligaciones de las partes

1. Obligaciones del vendedor 5475 **5470**
2. Obligaciones del comprador 5490

1. Obligaciones del vendedor

La transmisión de acciones/participaciones de una sociedad o activos exige una especial diligencia por parte del vendedor en el momento del cierre, quien debe poner en manos del adquirente el **objeto de la compraventa** en las mismas condiciones y bajo los mismos parámetros de eficiencia económica y productividad que los que tenían con anterioridad a la transmisión. **5475**
Las obligaciones fundamentales del vendedor en el momento del cierre son las siguientes:

Entrega de las acciones/participaciones o activos El vendedor debe poner a disposición del comprador los elementos que componen la empresa y que son objeto de transmisión. **5476**
A este respecto, nos remitimos a cuanto se ha analizado en el nº 5414 s. respecto a la entrega y la diversidad de requisitos exigidos para la entrega según la tipología del objeto de la transmisión.

Entrega de la documentación del cierre El vendedor debe poner a disposición del comprador la documentación del cierre a que nos referimos en el nº 5425 s.; esto es, títulos de las acciones, libros societarios, libros de contabilidad, cartas de dimisión de los administradores salientes, etc. **5477**

Obtención de consentimientos o autorizaciones El vendedor debe obtener los consentimientos o autorizaciones pertinentes en caso de **cesión de créditos o contratos** con terceros cuyo régimen de cesión exija el consentimiento del contratante cedido. **5478**

Obligaciones de información y colaboración Entre las obligaciones de información y colaboración del vendedor ha de distinguirse entre las que deben cumplirse con anterioridad a la consumación de la operación y las exigibles a partir del cierre de esta. **5479**

a) **Obligaciones precontractuales**:
El vendedor debe actuar en todo momento de buena fe, proporcionando al comprador toda la información razonable que este le solicite sobre la compañía durante el ejercicio de «**due diligence**». A este respecto, nos remitimos a cuanto se ha analizado en el nº 310 s. respecto al ejercicio de *due diligence* y su alcance.
Esta exigencia de transparencia y comunicación por parte del vendedor responde al principio de buena fe contractual, que se espera y exige de ambas partes en la negociación de una compraventa.
El **grado de detalle** de la información revelada depende en cada caso del tipo de empresa y las condiciones concretas de la operación. La finalidad es que el comprador pueda tener un conocimiento suficiente de la compañía desde un punto de vista tanto financiero como patrimonial. Así, el vendedor deberá comunicar al comprador toda la información razonable relacionada con aquellos aspectos sobre los cuales el vendedor le haya **solicitado** información para hacer un juicio de valor de la compañía.
No obstante, en el supuesto de que el potencial **comprador** sea un **competidor** del vendedor, la obligación de información anterior deberá modularse para no causar un perjuicio comercial a este.

5480 b) **Obligaciones post-contractuales**:
Una vez consumada la compraventa, el vendedor debe **comunicar a los clientes** la transmisión de la empresa y el cambio de titularidad en la misma. De esta forma se posibilita la entrega de uno de los elementos inmateriales de la empresa que es la clientela. Teniendo en cuenta que quien mantiene el contacto y las relaciones de hecho con los clientes es el vendedor, es recomendable que sea el propio vendedor quien de forma personalizada a través de cartas o correo electrónico comunique el **cambio de titularidad** de la empresa a los clientes. Lo que no parece que pueda exigirse al vendedor, por cuanto extralimita su deber de colaboración post contractual, es el que haga a su vez una recomendación a clientes y proveedores a favor del comprador.
Dentro de las obligaciones de comunicación del vendedor debe hacerse mención a las comunicaciones del cambio de titularidad de la empresa a otros sujetos interesados, como son los **proveedores** de la empresa y a los representantes de los **trabajadores**, de conformidad con la obligación de notificación prevista en el ET art.44.6 en el supuesto de transmisión de unidad productiva autónoma.

5481 Asimismo, a fin de poder mantener el curso ordinario de los negocios y evitar cualquier impacto negativo que pueda resultar en el objeto de la compraventa como consecuencia del período de transición o adaptación que en la práctica acompaña a cualquier cambio de titularidad en una empresa, es muy habitual prever en el contrato el compromiso por parte del vendedor de **colaborar con el comprador** durante un plazo de tiempo determinado hasta que este se encuentre en posición de continuar el negocio en condiciones similares a las que venía desarrollándose. En cualquier caso, el vendedor debe actuar con la diligencia propia de un ordenado empresario.
Igualmente, como indicábamos anteriormente (nº 5418), en determinados casos es habitual que las partes acuerden que, durante un periodo de tiempo determinado desde el cierre de la operación, el vendedor proporcione al comprador determinada **asistencia comercial y/o técnica** para el desarrollo del negocio a través de un contrato de prestación de servicios transitorios (TSA en nomenclatura anglosajona).
En la práctica, lo habitual es que esta asistencia comercial y técnica por parte del vendedor se limite a aquellos aspectos que resulten **indispensables** para la explotación del negocio y que, en su caso, no pueda ser prestada por otras personas que permanezcan en la empresa (tales como directivos, trabajadores, etc.).
En ocasiones puede preverse también que uno o varios de los vendedores continúen vinculados a la empresa a través de **contratos de alta dirección** o planes de incentivos formalizados en la fecha de cierre.

5483 **Firma de documentos societarios** En la mayoría de las operaciones de compraventa de empresas el comprador suele querer **modificar el órgano de administración** de estas en la fecha de cierre para incluir a personas de su confianza en la gestión de las sociedades adquiridas. En este sentido, es previsible se produzcan dos circunstancias que deberán abordarse desde un punto de vista societario:
• Por un lado, el vendedor deberá hacer que los miembros del órgano de administración con cargo vigente firmen la documentación societaria que sea necesaria para formalizar su **dimisión** en los cargos correspondientes. Una de las formas más habituales y prácticas de documentar esta dimisión es mediante **cartas** firmadas por los **administradores salientes** (con sus

firmas legitimadas notarialmente) en las que comuniquen a la sociedad transmitida su dimisión en los cargos correspondientes. Es común que los asesores legales del comprador traten de incluir en dichas cartas una mención a que los administradores salientes no tienen nada que reclamar a la sociedad *target* por ningún concepto. Por su parte, los asesores legales del vendedor tratarán de que los administradores salientes y la sociedad transmitida firmen **cartas de liberación** (*release letters* en nomenclatura anglosajona) en las que esta última declare que no tiene nada que reclamar frente a los administradores salientes por ningún concepto e, incluso, apruebe su gestión.

• Además, suele ser habitual que las **certificaciones** que, en su caso, deban expedirse en la fecha de cierre para elevar a público las decisiones del comprador, en su condición de accionista/socio único de la sociedad transmitida y los acuerdos del órgano de administración entrante, sean firmadas por personas cuyos cargos estén pendientes de inscripción en el Registro Mercantil correspondiente. Ello supone que las personas salientes con capacidad certificante tomen razón y acepten el nombramiento de quienes deban certificar los acuerdos anteriores para que el Registrador Mercantil correspondiente los inscriba en la hoja abierta a la sociedad transmitida (RRM art.111). Las formas más comunes de cumplir con lo anterior son incluir tal mención en las cartas de dimisión de dichas **personas con facultad certificante** o hacer que estas firmen las certificaciones expedidas por la persona con facultad certificante sin cargo inscrito, declarando estar conformes a los efectos legales oportunos.

Reiteración de las manifestaciones y garantías Como se ha advertido anteriormente en el nº 5415, es frecuente que, en la escritura de elevación a público o ratificación, dependiendo del caso, que las partes otorguen en la fecha de cierre al objeto de consumar la compraventa, el vendedor reitere la **veracidad, exactitud y completitud** de las manifestaciones y garantías efectuadas en la fecha de firma actualizadas, en su caso, a aquellas circunstancias que hayan tenido lugar durante el periodo interino y que hubieran podido alterarlas. **5484**

Es habitual que, para conservar el carácter privado de las manifestaciones y garantías, dicha reiteración se lleve a cabo en un **documento separado** conocido como *bring down letter of representations*.

Obligación de no competencia y confidencialidad Es común que los contratos de compraventa de acciones/participaciones prevean un compromiso de no competencia y/o de no captar empleados de la sociedad o negocio transmitidos asumido por los **vendedores** frente al comprador. **5485**

La Comisión Europea y el Tribunal de Justicia de la Unión Europea consideran justificadas, con carácter general las cláusulas de inhibición de competencia por **plazos** de dos o tres años, dependiendo de si el traspaso incluye solo el fondo de comercio o también conocimientos técnicos (*know-how*) y ha admitido, excepcionalmente, duraciones de hasta cinco años en determinadas circunstancias. La jurisprudencia española sigue un criterio muy parecido, admitiendo duraciones de dos o tres años, dependiendo del caso.

Asimismo, habitualmente el vendedor asume el compromiso de no revelar a terceros los **conocimientos técnicos y de mercado** relativos al negocio transmitido durante el período de tiempo en que esté vigente la obligación de no competencia.

Otras obligaciones El vendedor también debe, en su caso, otorgar las **garantías** acordadas en el contrato a favor del comprador (contrato de depósito o *escrow*, aval bancario a primer requerimiento, garantías reales tales como pignoración de acciones, hipotecas, etc.), así como cancelar los **derechos reales** constituidos sobre los activos objeto de compraventa. **5486**

2. Obligaciones del comprador

Pago del precio El comprador debe realizar el pago del precio en la **forma y condiciones** establecidas en el contrato de compraventa. **5490**

En la práctica, en el cierre no siempre tiene lugar el **desembolso íntegro** del precio de la compra, sino que es frecuente que las partes acuerden que el abono de parte del precio se difiera a un momento posterior a la fecha de cierre. Dicho **diferimiento** en ocasiones responde a un mecanismo de garantía para el comprador de las obligaciones de indemnización del vendedor bajo el contrato de compraventa.

En relación con el pago del precio en el momento del cierre, existen dos cuestiones que merecen ser tratadas específicamente por los problemas que pueden plantearse en la práctica:

Pago en moneda extranjera (CC art.1166, 1170) En principio, las partes pueden pactar en qué moneda se quiere realizar el pago del precio de la compraventa, atendiendo a la flexibilidad que establece el Código Civil. **5491**

El problema que conlleva el pago en moneda extranjera ha sido tradicionalmente el temor a que una eventual **variación en el valor de la divisa** utilizada para determinar el precio de compra termine desequilibrando las prestaciones, haciendo el contrato especialmente oneroso para una de las partes.
En el contrato de compraventa es esencial establecer la moneda en que el comprador deberá efectuar el pago, la cual no podrá ser modificada sin el consentimiento previo del vendedor (CC art.1166).
Advirtiendo lo anterior, si en un cierre en el que se ha pactado que el pago del precio de la compra debe hacerse en una determinada divisa extranjera, el comprador lo hace en otra distinta alegando la imposibilidad de efectuar el pago en la moneda pactada ¿debe el transmitente aceptar el pago en **moneda distinta de la pactada** aunque el valor sea idéntico?
En principio parece que el deudor de una cosa no puede obligar a su acreedor a que reciba otra diferente, aun cuando sea de igual o mayor valor que la debida.
No obstante, teniendo en cuenta los principios generales de buena fe (CC art.1258) y que podría considerarse desproporcionado abortar una operación de compraventa porque el pago tuviera que realizarse en una moneda diferente a la pactada, la respuesta parece ser afirmativa, siempre que la **cantidad entregada** sea **equivalente** a la establecida en el contrato según la conversión al tipo de cambio oficial en la fecha de cierre.
Se trata por tanto de que el vendedor no sufra perjuicio alguno por esta causa y por tanto la imposibilidad de realizar el pago en la moneda pactada debe estar justificada y acreditada sin que pueda deberse a la **negligencia o improvisación** del comprador.

5492 Lo recomendable en estas ocasiones es que en el contrato medie un pacto expreso respecto al **carácter esencial** del pago en la **moneda pactada**, de modo que si el pago en dicha moneda es imposible, el vendedor -aunque en principio debe aceptar el pago en la moneda nacional sustitutoria- pueda exigir una indemnización por los daños y perjuicios que sufra como consecuencia del pago en una moneda diferente a la pactada (diferencias de tipo de cambio respecto al importe del precio en la moneda pactada, comisiones de cambio, etc.). Sin embargo, en caso de que no exista pacto expreso alguno al respecto en el contrato y el pago en la moneda pactada sea imposible, en principio el transmitente debe aceptar el pago en la **moneda sustitutoria** y dar por efectivo el desembolso realizado.

5493 **Pago por transferencia bancaria** En la práctica en las operaciones de compraventa de mayor envergadura, y especialmente en aquellas **compraventas internacionales**, lo habitual es que el pago del precio se realice mediante transferencia bancaria.
El pago mediante transferencia bancaria plantea en ocasiones un problema de incertidumbre para las partes por cuanto el pago mediante esta forma **no** suele suponer el **cobro inmediato** por el vendedor, como ocurre con el pago en metálico o por cheques o pagarés, en cuyo caso el vendedor puede verificar a su satisfacción el medio de pago utilizado y tenerlo en su poder en el mismo momento de la consumación de la compraventa.

5494 En el caso de que el pago se haga mediante transferencia bancaria, el comprador querrá emitir la **orden de transferencia** cuando la parte vendedora haya consumado la compraventa y, viceversa, el vendedor querrá esperar a la llegada de la transferencia para firmar el cierre del contrato de compraventa, y consiguientemente, entregar el objeto de la misma al comprador.
Ante esta situación, puede pensarse que la solución puede ser **alargar la reunión** del cierre hasta que el vendedor tenga constancia de la recepción en su cuenta del importe de la transferencia. Pero esta solución no parece la más idónea, por cuanto al final siempre tiene que producirse uno de los hechos primero, o bien la orden de transferencia o bien la consumación de la compraventa, por lo que siempre puede existir el riesgo (si bien en la práctica es remoto) de que habiendo actuado en primer lugar una de las partes, la otra decida finalmente no continuar con la operación o no realizar la transferencia cuando la compraventa ya esté cerrada.
Además, en las **transferencias internacionales** el procedimiento es aún más complejo y los lapsos de tiempo que transcurren entre la emisión de la orden de transferencia y la recepción de la misma por el vendedor son mucho más largos, por lo que tampoco tiene sentido mantener una reunión de cierre de una duración exorbitada y fuera de los estándares habituales en este tipo de operaciones.
Otra solución puede ser la de que la parte compradora ofrezca al vendedor la posibilidad de que terceras personas, ya sean **entidades aseguradoras** o entidades certificantes de los bancos intervinientes en la operación, aseguren la efectividad del pago una vez ordenada la transferencia o recibida la misma, o asuman el compromiso de realizar el pago a favor del vendedor.
Al final la solución parece ser más una cuestión de confianza de las partes y la obligación de las mismas de actuar de buena fe en la suscripción del contrato.

En cuanto a la forma en que se ha de hacer constar la recepción del precio en el documento de cierre, cuando se trata de una **escritura pública**, una vez que cualquiera de las partes acredita ante el notario la realización y recepción del pago por el vendedor, el notario lo debe hacer constar a través de la correspondiente **diligencia** y por lo general unirá el documento acreditativo. 5495
En relación con la obligatoriedad de adjuntar el **justificante de la transferencia** bancaria por el pago del precio de la compraventa, al final es una cuestión que depende del criterio del propio notario autorizante, que lo puede o no exigir, y sobre todo del objeto de la compraventa, ya que en las escrituras relativas a actos o contratos por los que se declaren, transmitan, graven, modifiquen o extingan a título oneroso el dominio y los demás derechos reales sobre bienes inmuebles se deben identificar, cuando la contraprestación consistiere en dinero o signo que lo represente, los medios de pago empleados por las partes (Ley del Notariado art.24).

Otras obligaciones Además del pago del precio en la forma establecida en los apartados anteriores, el comprador debe cumplir otras obligaciones tales como: 5496
• En caso de que la compraventa constituya una **inversión extranjera** en España la parte compradora debe comunicarlo a través del formulario D-1A correspondiente.
• Obligación relativa a la adopción de los **acuerdos societarios** referentes a la modificación en la composición de los órganos de administración, cambio de denominación social, declaración de unipersonalidad en su caso, etc. (en el caso de que se hayan previsto como una actuación de cierre en el propio contrato de compraventa).
• En el caso de adquisición de bienes a título oneroso por el comprador que sea una **SA recientemente constituida o transformada** al tipo social de SA, y que sea realizada desde el otorgamiento de la escritura de constitución o de transformación en este tipo social y hasta 2 años de su inscripción en el Registro Mercantil, dicha adquisición ha de ser aprobada por la junta general de accionistas de la sociedad compradora si el importe de aquella es, al menos, de la décima parte del capital social (LSC art.72).
• Entrega de la **certificación** a los efectos de la LSC art.160.f en los casos en que el objeto de compraventa tenga la consideración de **activo esencial** (nº 5409).

E. Complejidad del cierre

El cierre por lo general es una sucesión de actos complejos que no concluye simplemente con la ratificación del contrato, la entrega del objeto de la compraventa y el pago del precio de compra, sino que en la mayoría de las ocasiones conlleva la ejecución de una **pluralidad de actos** y de negocios jurídicos. 5500
En función del tipo de empresa y del tipo de operación, la ejecución del cierre y la entrega de la cosa son más o menos sencillas.
En la práctica la complejidad del cierre depende fundamentalmente de los siguientes **factores**:

Objeto de la compraventa La complejidad del cierre depende del objeto de la transmisión. Como hemos venido advirtiendo con anterioridad, las **compraventas de activos** conllevan efectuar la transmisión individualizada de cada uno de los elementos a transmitir conforme al régimen jurídico aplicable a dicho activo, con lo que deben realizarse todas las formalidades que se han descrito en el nº 5440 s. en función del tipo de activo de que se trate, incluidas las actuaciones necesarias para la cesión de los contratos y derechos de crédito o deudas que suponen la necesidad de recabar los consentimientos y autorizaciones pertinentes de terceros. 5501
Sin embargo, la **transmisión de acciones o participaciones sociales**, en tanto que no se produce una modificación en la personalidad jurídica de quien ostenta la titularidad de los bienes que componen la empresa, y las modificaciones de reestructuración societaria (fusión, escisión) en las que se produce la sucesión universal o transmisión en bloque, en principio resultan más sencillas, y en principio no se requiere obtener consentimientos o autorizaciones puntuales para la cesión de los contratos.

Número de partes intervinientes y actos a llevar a cabo La complejidad del cierre depende asimismo del número de compradores y vendedores intervinientes en la operación, así como de la diversidad y la propia complejidad de los actos que deban realizarse para su válida ejecución y eficacia. 5502
En relación con las partes intervinientes, y aún más en el caso de que haya una **pluralidad de compradores y vendedores**, en el caso de que algunas no puedan comparecer físicamente han de hacerlo a través de representantes con facultades suficientes para ejercer dicha representación. La **representación** de las partes es un aspecto clave en el cierre por cuanto

basta que cualquiera de las partes comparezca a través de una persona no debidamente facultada para representarla para que puedan surgir dificultades para llevar a cabo el cierre de la operación.

5503 En ocasiones puede ocurrir que cuando se firma el contrato no estén constituidas las **sociedades vehículo** a través de las cuales se llevará a cabo dicha adquisición, por lo que habitualmente es una compañía del grupo de la adquirente (normalmente su matriz o alguna sociedad que la domine) la que firma el contrato de compraventa, previéndose en el contrato la posibilidad del comprador de ceder los derechos derivados del contrato a otras empresas vinculadas del grupo, de modo que una vez constituido el vehículo sea este el que efectivamente adquiera las acciones u activos que correspondan.

Por tanto, en ocasiones no coinciden los **firmantes del contrato** de compraventa en el momento de la perfección del mismo con los que efectivamente adquieren o transmiten la empresa en el momento del cierre, pudiendo por tanto encontrarnos en el momento del cierre con comparecientes o personas representadas diferentes a las que intervinieron en la firma del contrato preparatorio de adquisición, lo que obliga a verificar de nuevo la validez y eficacia de todos los poderes de los comparecientes.

De igual forma, en **adquisiciones apalancadas** suele ser habitual que en el mismo acto de cierre de la compraventa el comprador formalice con las entidades financieras los correspondientes acuerdos de financiación y, en su caso, garantías para acometer la operación. Esta circunstancia supondrá igualmente incrementar el número de documentos a formalizar y partes intervinientes en la operación y por tanto la complejidad del cierre.

5504 En el cierre es necesario llevar a cabo la **legitimación de los firmantes** de los documentos de cierre, de modo que en aquellos casos en que el compareciente haya de intervenir a través de un representante, este tenga facultades suficientes para intervenir en el cierre ya sea en su condición de apoderado o como representante orgánico de una persona jurídica.

En consecuencia, en la práctica las partes suelan intercambiar unos días antes del cierre los **poderes de representación**, y en su caso, también los suelen remitir al notario que otorgará la documentación de cierre, al objeto de revisar la eficacia del poder para las actuaciones del cierre.

5505 **Falta de alguna firma** Aunque en operaciones de cierta envergadura se intenta evitar lo más posible la improvisación en el cierre, lo cierto es que en aquellos casos en que es necesaria la firma de numerosas personas, puede ocurrir que alguno finalmente no acuda o haciéndolo, al final le falte algún requisito para firmar el contrato o no esté debidamente facultado para representar a alguna de las partes. En tales casos, si bien existe el riesgo de que la operación pueda frustrarse, lo cierto es que, en la práctica, cuando el firmante no sea esencial, existen mecanismos legales para que el cierre se pueda llevar a cabo siempre que las partes estén de acuerdo en obligarse aun faltando algún otro, a través de alguna de las siguientes **opciones**:

5506 **a)** Otorgar un **plazo** a la persona que no ha firmado para que se obligue a hacerlo.

b) Que **otra persona** firme en **representación** del firmante ausente en condición de mandatario verbal y que este ratifique dicha firma en un momento posterior. Conforme a lo previsto en el Código Civil «el contrato celebrado a nombre de otro por quien no tenga su autorización o representación legal será nulo, a no ser que lo ratifique la persona a cuyo nombre se otorgue antes de ser revocado por la otra parte contratante» (CC art.1259).

La parte que se ha obligado puede revocar por tanto su consentimiento antes de que medie la ratificación. Es recomendable que en el caso de que alguno de los documentos de cierre se firme sin poder suficiente, se señale un **plazo** en el que la parte que no haya estado debidamente representada para el acto de que se trate y no haya podido firmar, ratifique el documento correspondiente, estableciéndose además que durante dicho período no puede revocarse el consentimiento ya prestado, de modo que se proteja el interés de las dos partes.

En caso de que los documentos de cierre se eleven a público ante notario, si una persona comparece en nombre de otra pero sin acreditar la representación por medio de poder (actuando como mandatario verbal) o bien con poder que no sea suficiente para el acto de que se trate, es necesaria la posterior ratificación del representado por medio de **documento público**, ante el mismo notario que autorizó la escritura o ante otro diferente. Por lo general la ratificación de la parte deficientemente representada se hace constar por medio de diligencia notarial en las escrituras correspondientes, que se incorpora a la matriz y consta en las copias expedidas para cada parte interviniente. De esta forma, se acredita la ratificación y la recepción de la misma por terceras personas.

En caso de que no existan escrituras públicas para acreditar la ratificación, debe recurrirse a otras fórmulas o instrumentos para que la ratificación sea debidamente **comunicada a las demás partes** contratantes y conste prueba de su recepción por las mismas.

c) La **adhesión al contrato**. A diferencia de lo que ocurre con la ratificación, en el caso de la adhesión, la persona que se vaya a adherir al contrato de cierre no ha firmado el contrato de compraventa ni en principio tiene conocimiento de las circunstancias del proceso negociador ni a veces incluso de la existencia de la negociación. 5507

La razón de ser de la adhesión a una compraventa de empresa responde al interés de que un accionista del cedente o del grupo cesionario se adhiera a la misma, pero en un momento posterior al cierre, de modo que se mantengan las **negociaciones de venta en secreto** o reserva para el adherente hasta que se consuma la compraventa.

Este tipo de adhesiones suelen darse en aquellos casos en que el adquirente es una sociedad constituida por varios accionistas, y los mayoritarios optan por no informar a los **accionistas minoritarios** de la operación proyectada hasta que la misma se ha cerrado, confiando en que no habrá ningún problema en que los minoritarios aprobarán la operación y se adherirán a la misma por cuanto resulta de interés para todos los socios o porque en principio los minoritarios están comprometidos a seguir las directrices marcadas por el mayoritario.

En estos casos en que se reserva con posterioridad al cierre la adhesión de los accionistas minoritarios, si son **de la parte vendedora**, se ha de prever expresamente en los documentos de cierre los efectos que se derivan de la falta de adhesión a la transmisión de uno o varios de los minoritarios (así, entre otras cuestiones, si se resuelve la compraventa o en su caso solo se adquiere la participación social correspondiente a los accionistas que han prestado debidamente su consentimiento; verificar la existencia en los estatutos sociales de derechos de adquisición preferente que puedan ser ejercitados por los minoritarios que no estén dispuestos a vender, etc.).

Por su parte, si el que se va a adherir es un accionista **de la parte compradora**, en la escritura de cierre se tiene que prever si el resto de los compradores están dispuestos a asumir la obligación de abonar la parte que corresponda al adherente y, en su caso, en qué cuantía o proporción lo harán.

Elementos extranjeros Asimismo, el cierre es más complejo cuando hay un componente de extranjería, lo que se puede manifestar en los siguientes aspectos: 5508

- Si la empresa adquirida tiene **filiales o sucursales** que no están participadas al 100% por la misma, es recomendable involucrar a asesores legales de los países implicados al objeto de que se apliquen las normas y reglas del régimen jurídico de transmisión de la jurisdicción que corresponda.
- Si la parte compradora o vendedora son extranjeras, es muy frecuente que los mismos intervengan a través de representantes al amparo de un **poder de representación** otorgado en el extranjero. En tal caso, para que los poderes tengan plena validez y eficacia jurídica en España deben o bien ser **apostillados** con la Apostilla de la Convención de la Haya del 5 de octubre de 1961, o bien legalizados a través del consulado de España -en el lugar que se trate- y posteriormente sellados por el Ministerio de Asuntos Exteriores, Unión Europea y Cooperación.

Otorgamiento telemático (LN art.17 ter redacc L 11/2023; L 11/2023 disp.final 18ª.5) Con efectos desde el 9-11-2023, se introdujo en nuestro ordenamiento jurídico la posibilidad de realizar el otorgamiento y autorización a través de **videoconferencia** como cauce para el ejercicio de la **función pública notarial**, entre otros, en los siguientes actos o negocios jurídicos: 5509

- Las pólizas mercantiles.
- La constitución de sociedades, nombramientos y apoderamientos mercantiles de toda clase previstos en la legislación mercantil, así como el otorgamiento de cualquier otro acto societario, siempre que en caso de contener aportaciones de los socios al capital social sean dinerarias.
- Los poderes de representación procesal, para la actuación ante las administraciones públicas, así como los electorales, y los poderes especiales para actos concretos. No aplicaría al otorgamiento de poderes generales.
- La revocación de poderes, excepto los generales preventivos.

Si bien el otorgamiento de la escritura de elevación a público del contrato de compraventa o el otorgamiento de la escritura de cierre no se encuentran aún entre los negocios jurídicos susceptibles de otorgamiento por videoconferencia, esta nueva opción puede resultar especialmente útil para el **otorgamiento de poderes especiales** para otros otorgamientos o para aquellos firmantes que solo comparecen a efectos de otorgar escrituras de elevación a público de documentación mercantil o societaria.

Otras circunstancias En la práctica es muy frecuente que en la misma fecha de cierre se estén llevando a cabo **modificaciones en el contrato** de compraventa e incluso puede ocurrir que se terminen de negociar algunos de los términos pactados en el mismo. No obstante, lo recomendable es no intentar dejar para el día del cierre aspectos sujetos a negociación por 5510

cuanto puede darse el riesgo, no tan remoto, de que la falta de acuerdo en un punto aparentemente no problemático llegue a frustrar el cierre después de tener todo perfectamente preparado para ese día.
No obstante, hay casos en que en la fecha de cierre surgen **imprevistos** o desviaciones que tienen que solucionarse en el momento del cierre y que no han podido preverse ni anticiparse con anterioridad, y que pueden suponer la necesidad de modificar el contenido del contrato o incluso firmar adendas al mismo cuando la modificación resulte relevante y por motivos de claridad en el documento sea más conveniente recogerlo en otro documento anexo.

F. Obligaciones post-cierre

5515 El proceso de compraventa en muchas ocasiones no termina en el momento del cierre, sino que con frecuencia existen determinadas **actuaciones pendientes o compromisos** asumidos por las partes y cuyo cumplimiento está previsto que tenga lugar con posterioridad al cierre.
Entre estas actuaciones se pueden distinguir las siguientes:

1. Subsanaciones y actuaciones complementarias

5520 Son aquellas actuaciones posteriores al cierre que tienen por objeto subsanar o completar alguno de los documentos otorgados en la fecha de cierre y que contienen algún **error u omisión** que ha sido detectado o ha surgido con posterioridad al cierre y responde a alguna actuación no deliberada de las partes.
Puede ocurrir que en los documentos de cierre existan errores menores pero también **contradicciones** en el documento que sea conveniente subsanar a fin de evitar lagunas o problemas de interpretación en un futuro, así como omisiones que puedan ser relevantes, como una variación en la situación registral de los bienes inventariados, documentos fiscales que se reciban después del cierre, listados de derechos de propiedad industrial o de inventario de existencias que no estén debidamente actualizado a la fecha de cierre, etc.
En estos casos es necesario que las partes **colaboren** de buena fe, de modo que los vendedores cooperen con el comprador en todo lo que este necesite, facilitándole cuanta información pueda precisar y firmando los documentos necesarios para aclarar o precisar aquellas cláusulas del contrato que sean contradictorias u oscuras.
Por último, en el caso de que los **documentos notariales** contengan algún error material, omisiones o defectos de forma, pueden ser subsanados por el propio notario autorizante o su sustituto, por propia iniciativa o a instancia de la parte que los haya originado o sufrido, sin necesidad de volver a reunir a los otorgantes (Reglamento Notarial art.153). La subsanación puede hacerse por diligencia en la propia escritura matriz o por medio de acta notarial en las que se hace constar el error, la omisión o el defecto de forma, su causa y la declaración que lo subsane.
No obstante, cuando sea imposible realizar la subsanación en la forma anteriormente prevista, se requiere para efectuarla el consentimiento de los otorgantes o una resolución judicial.

2. Actuaciones posteriores al cierre

5525 En la práctica es frecuente que en las operaciones más complejas se prevean en el propio contrato de compraventa y, en algunos casos, en adendas al mismo una serie de actuaciones o determinados **compromisos de futuro** que deben realizarse o cumplirse con posterioridad al cierre.
A continuación, se analizan los actos posteriores al cierre más habituales.

5526 **Ajustes al precio** Nos encontramos ante aquellos supuestos en que el precio se ha determinado tomando como referencia un **balance** a una fecha anterior al cierre, y que las partes acuerdan que sea ajustado sobre la base de unas *completion accounts* (ver nº 2905), de modo que el vendedor tiene derecho a percibir un mayor precio si los ajustes son al alza, o el comprador tiene derecho a minorar el precio en caso de que aquellos sean a la baja.
En tal caso, es necesario regular la **forma y plazos** en que debe hacerse frente a dicho ajuste, y por tanto las actuaciones que cada una de las partes debe realizar con posterioridad al cierre al objeto de abonar o en su caso retener los ajustes efectuados en el precio (por ejemplo, retención de pago del precio por el adquirente en caso de ajustes a la baja del precio, depósito de una cantidad por el comprador en garantía de posibles ajustes al alza, etc.).

También puede haber casos en los que se haya previsto mecanismos en virtud de los cuales los ajustes al precio puedan **compensarse con otros pagos** que deban hacerse al amparo del contrato de compraventa, como las obligaciones de indemnización de daños del vendedor derivadas de inexactitudes o falsedades en las manifestaciones y garantías. **5527**
Asimismo, en el contrato de compraventa se puede prever la obligación del comprador de realizar pagos en función de **beneficios futuros** que obtenga la sociedad.

Garantías En el contrato de compraventa puede haberse previsto la constitución de un **depósito en metálico** o **cuenta de «escrow»** en garantía de las obligaciones de indemnización por parte del vendedor o del pago del precio aplazado por parte del comprador. En estos casos el contrato ha de establecer los supuestos o hitos (y en caso de que puedan identificarse, las fechas determinadas) en que el depósito irá liberándose o reduciéndose hasta su total extinción. **5528**
Asimismo, en la práctica es frecuente que en ocasiones las partes acuerden que el **comprador retenga** una **parte del precio** en garantía de los compromisos asumidos por el transmitente y las responsabilidades contraídas por este en relación con lo que se haya estipulado en el contrato en cuanto a plazo de vigencia de las manifestaciones y garantías. En el contrato de compraventa se ha de establecer la forma en que el importe retenido se irá reduciendo o liberando en función de los hitos o períodos indicados en el contrato.
A este respecto, desde la posición del comprador, es recomendable que en el contrato se haga constar que la **reducción, liberación o extinción** de las mencionadas garantías se llevará a cabo siempre y cuando en la fecha de liberación que corresponda no se encuentre pendiente ninguna reclamación presentada por el comprador de conformidad con el régimen previsto en el contrato de compraventa.
Pueden asimismo constituirse **avales** u otras garantías en garantía del pago del precio aplazado por parte del comprador y en tal caso, en el contrato de compraventa, así como en el propio documento de aval, se debe regular la forma y supuestos en que en su caso puede hacerse efectivo dicho aval con posterioridad al cierre o en su caso la fecha de extinción del mismo.
Por tanto, en la fecha de cierre pueden haberse constituido determinadas garantías tanto a favor del comprador como del vendedor que requieran de una regulación post cierre al objeto de regular su ejecución, liberación o extinción.

Obligaciones Entre las más habituales, se encuentra la obligación de abonar el **precio aplazado** por parte del comprador a cuyo efecto debe preverse en el contrato de compraventa los importes y fechas en que deberán efectuarse dichos pagos. En ocasiones se prevé en el contrato que al objeto de instrumentar los plazos aplazados se han de otorgar las escrituras públicas correspondientes ante el notario autorizante de la operación o su sustituto, en las fechas en que estos deben realizarse. **5529**
Asimismo, en aquellos casos de adquisición parcial del accionariado de una sociedad, puede imponerse en el contrato de compraventa la obligación de las partes de ejecutar en un futuro una **ampliación de capital** y concurrir a la misma en un porcentaje determinado, o bien llevarse a cabo futuras aportaciones por los accionistas que tengan por objeto asegurar la viabilidad financiera de la empresa objeto de adquisición.
Por otra parte, también es frecuente que en determinadas ocasiones algún **negocio** que debía realizarse en la fecha de cierre no pueda realizarse en dicha fecha por cualquier causa y se postergue su ejecución a una fecha posterior al cierre, de modo que se convierte en una obligación post-cierre.

Obligaciones de colaborar Suele preverse la obligación de la **parte transmitente** de colaborar con la adquirente en cuanto sea necesario con posterioridad al cierre. **5530**
En particular, entre otras, es muy frecuente que se imponga al vendedor la obligación de colaborar en realizar las actuaciones pertinentes en relación con las **comunicaciones a terceros**, autoridades o notas de prensa.
Asimismo, suele preverse en el contrato que el vendedor se compromete a colaborar con el comprador, en el caso de que resultara necesario, para realizar los trámites administrativos y registrales pertinentes para notificar el **cambio de titularidad** respecto a derechos de propiedad industrial, licencias y autorizaciones administrativas u otros derechos que haya venido siendo utilizados por la parte transmitente y hayan sido objeto de transmisión.

Obligaciones de no competir Suele ser habitual que en el contrato se establezca la obligación de la parte **vendedora** de no competir con el comprador por un período de tiempo determinado a contar desde la fecha de cierre y en unos territorios concretos. Esta obligación de no hacer, que en la práctica suele imponerse al vendedor, tiene unas **restricciones** derivadas del control de concentraciones en cuanto al período de vigencia y el territorio de aplicación. **5531**
Nos remitimos al nº 1837 para su análisis detallado.

5532 **Acuerdos sociales necesarios para adaptar la sociedad a la política del comprador** En algunas ocasiones la formalización de los acuerdos sociales que son necesarios para adaptar la situación de la sociedad a la entrada de uno o varios nuevos accionistas no tiene lugar de forma simultánea al cierre de la compraventa, sino que se prevé en el contrato que se realizará con posterioridad a la fecha de cierre.

En tal caso, el vendedor debe **colaborar con el comprador** para realizar cuantas actuaciones sean pertinentes en cuanto a la adopción de los acuerdos relativos al cese o dimisión de administradores salientes, revocación de poderes, firma de documentos por el secretario saliente a los efectos del RRM art.111, etc.

5533 **Gestión de reclamaciones** Para los supuestos en los que con posterioridad a la fecha de cierre el comprador tenga conocimiento de la existencia de un hecho que pueda originar un **daño** para la sociedad o el activo objeto de la transmisión, suele preverse en el contrato de compraventa un procedimiento de reclamaciones frente al vendedor, así como frente a procedimientos instados por terceros (entre otros, autoridades administrativas o judiciales, organismos de la Seguridad Social o autoridades tributarias).

En tales casos, el **vendedor** está sometido al particular régimen previsto en el contrato de compraventa para responder, aceptar u oponerse a la reclamación presentada en su caso por el adquirente y, en aquellos supuestos de **reclamaciones de terceros** en los que el propio comprador decida asumir la defensa de la reclamación, suele preverse la obligación del vendedor de cooperar activa y diligentemente con el comprador en dicha defensa, facilitando cuantos documentos e informaciones sean necesarios para la misma.

PARTE VI

Resolución de conflictos

Capítulo 24. Resolución de conflictos 5610 5600

CAPÍTULO 24

Resolución de conflictos

		5610
A. Mecanismos de resolución de conflictos	5615	
1. Jurisdicción	5620	
2. Sistemas alternativos a la solución de conflictos (ADR)	5625	
3. Mediación	5630	
4. Arbitraje	5640	
B. Arbitraje frente a los tribunales jurisdiccionales	5645	
C. Tipos de arbitraje	5670	
1. Arbitraje privado	5675	
2. Arbitraje internacional privado	5685	
3. Arbitrajes privados especiales	5690	
4. Arbitraje privado con la administración como árbitro	5745	
5. Arbitraje electrónico («on line dispute resolution»)	5750	
6. Arbitraje de inversión	5754	
D. Fijación contractual de la intervención de un tercero independiente para solucionar controversias	5755	

La resolución de conflictos es una de las cuestiones más relevantes dentro de las transacciones comerciales dado que supone un mecanismo de aseguramiento del cumplimiento de lo pactado. **5611**

Es por ello que debe avanzarse el planteamiento de la cuestión sobre cuál es la mejor manera de resolver una eventual controversia al momento de configuración de la transacción o relación contractual y plasmarlo adecuadamente en el contrato.

Para ello debemos atender a diversas **consideraciones** de las que podemos citar como las más relevantes las siguientes:

- Cuál es la **nacionalidad** de las partes contratantes.
- Dónde se hallan los **intereses** objeto de la transacción.
- Cuál es la **relevancia económica** de la operación y de las obligaciones pactadas.
- Cuáles son las dificultades de la eventual **ejecución** de la resolución resolutoria del conflicto.
- Cuál puede ser el **tiempo** y el **coste** de la resolución del conflicto.

La **internacionalidad** de las relaciones añade un componente de complejidad que debe ser analizado con carácter previo a determinar cuál es el mejor mecanismo de resolución de controversias a aplicar en una relación contractual concreta. **5612**

Los tipos de transacciones comerciales son múltiples y variados y generan multitud de relaciones jurídicas, cada una con su especificidad, en función del sector. Es por ello que se han articulado distintos mecanismos de solución de controversias que puedan adaptarse a las circunstancias del **caso concreto** y a las necesidades de las partes, los cuales se describen en el presente capítulo.

Existen por tanto multitud de mecanismos de resolución de conflictos, con marcado carácter sectorial, entre los que cabe destacar el **arbitraje**, como solución alternativa a la jurisdicción que permite la intervención de las partes en el diseño del proceso, con el fin de que se adecue al máximo a las necesidades requeridas.

El objeto del presente capítulo es describir los distintos procedimientos de resolución de controversias alternativos a los tribunales de justicia dando especial atención al arbitraje, por ser el más utilizado y desarrollado normativamente.

A. Mecanismos de resolución de conflictos

A continuación, describimos los distintos tipos de resolución de conflictos y las principales características de los mismos. **5615**

1. Jurisdicción

5620 El término «jurisdicción» deriva del latín *Ius*, derecho y, *dicere*, declarar. *Iurisdictio*, «dictar Derecho», lo que significa administrar el derecho.
Así pues, la jurisdicción es la potestad, derivada de la soberanía del Estado, de resolver de modo definitivo e irrevocable una controversia concreta, mediante la aplicación del Derecho, capaz de producir en la actuación del derecho lo que técnicamente se denomina «**cosa juzgada**», es decir la imposibilidad de iniciar un proceso sobre un mismo objeto cuando ya existe una sentencia firme al respecto.

Precisiones Mientras que en el **poder legislativo** recae la facultad de regular, en nombre del pueblo los derechos y las obligaciones de sus habitantes, en consonancia con las disposiciones constitucionales, el **poder judicial** es un poder del Estado encargado de administrar la justicia en la sociedad, mediante la aplicación de las normas jurídicas en la resolución de conflictos.

5621 La facultad de juzgar es ejercida de forma exclusiva por el poder judicial, los **tribunales de justicia** integrados por jueces sobre los que recae la potestad de emitir una decisión (dictar una sentencia) y de hacer cumplir lo resuelto (ejecución o cumplimiento del fallo).

5622 **Principales características** Para que la función jurisdiccional pueda cumplir su cometido se le ha dotado de una serie de principios y condiciones indispensables, de los que cabe destacar las características siguientes:
1. **Constitucionalidad**: nace de la Constitución.
2. **Legalidad e independencia**: los jueces tanto en la tramitación de los juicios como en el momento de dictar sentencias, deben proceder con estricta sujeción a la ley. El poder judicial es independiente de toda otra autoridad en el ejercicio de sus funciones, no pudiendo intervenir en los órganos legislativos y ejecutivos.
3. **Exclusiva**: solo la ejerce el Estado. Los juzgados y tribunales ejercen su jurisdicción exclusivamente en aquellos casos en que sea atribuida por la ley.
4. **Responsabilidad**: los jueces son personalmente responsables por los delitos de cohecho, falta de observancia en materia sustancial de las leyes que reglan el procedimiento, denegación y mala administración de justicia y, en general, de toda prevaricación en que incurran en el desempeño de sus funciones.
5. **Permanente**: se ejerce en todo momento que un Estado tenga soberanía.
6. **Gradualidad**: supone que lo resuelto por el tribunal puede ser revisado por otro de superior jerarquía, generalmente a través del recurso de apelación. Esto implica la existencia de más de una instancia.
7. **Publicidad**: salvo las excepciones legales. Cualquier persona puede imponerse de los procesos judiciales, materializados en los expedientes, de las actuaciones que los componen y de los demás actos emanados de los propios tribunales. Ello, tiene su base en que la publicidad es la mejor garantía de una buena y correcta administración de justicia.

5623 En el ordenamiento jurídico español existen diferentes **órdenes jurisdiccionales**, en función de la materia objeto de controversia:
- Civil (LOPJ art.22).
- Penal (LOPJ art.9.3 y 23).
- Contencioso Administrativo (LOPJ art.9.4; LJCA art.1 a 5).
- Social (LOPJ art.9.5 y 25; LRJS art.1 y 2).
- Militar (LOPJ art.9.2 y 3).

Precisiones Desde la LO 8/2003, para la Reforma Concursal, por la que se modifica la LO 6/1985, del Poder Judicial (introducción del LOPJ art.86.ter), existe también la **jurisdicción mercantil** que se encarga de diversas materias específicas antes dirimidas en la civil (concursal, marcas, propiedad intelectual, responsabilidad administradores).

5624 Conforme lo previsto en la Constitución Española (Const art.24) todas las personas tienen derecho a obtener la **tutela judicial efectiva** de los jueces y tribunales en el ejercicio de sus derechos e intereses legítimos, sin que, en ningún caso pueda producirse indefensión. Ahora bien, la Constitución no consagra la gratuidad de la administración de justicia ni que se trate de un derecho de carácter absoluto e ilimitado. Únicamente aquellos que acrediten insuficiencia de recursos económicos para litigar pueden gozar del **derecho a la justicia gratuita** (TCo 127/2005). La finalidad del derecho de asistencia gratuita es tratar de asegurar que ninguna persona quede procesalmente indefensa por carecer de recursos para litigar.

2. Sistemas alternativos a la solución de conflictos (ADR)

En el ámbito de las relaciones políticas y jurídicas internacionales, desde mediados de los años ochenta, se utilizan sistemas alternativos a la solución de conflictos (**ADR**) como método de resolución de conflictos auxiliar y complementario a la Administración de Justicia. Estos métodos también se conocen como «medios alternativos de solución de controversias» o **MASC**. **5625**

Las ADR se caracterizan por su **flexibilidad**, en el sentido de que, en principio, las partes son libres de recurrir a una ADR, de decidir qué organización o qué persona se encargará del proceso, de determinar el procedimiento que se vaya a seguir, de optar por participar personalmente o por hacerse representar durante el procedimiento y, por último, de decidir el resultado del procedimiento.

Entre los citados sistemas alternativos destacar el arbitraje, mediación y la conciliación. **5626**

• En el **arbitraje** se sustituye, previo acuerdo de las partes, la intervención decisoria de los tribunales por la de un árbitro (una tercera persona o un tribunal arbitral), que es propia del derecho privado. En los últimos años se está desarrollando el arbitraje en su vertiente institucional, por medio de los Departamentos Administrativos de Consumo o de las Cámaras de Comercio.

• La **mediación** es una metodología muy utilizada en los países del *Common Law*, caracterizada por la intervención de un profesional neutral, experto en comunicación, cuyo objetivo es ayudar a que las partes por sí mismas racionalicen la solución del conflicto.

A **diferencia** de la **jurisdicción ordinaria**, la mediación no tiene como propósito la determinación de las responsabilidades derivadas del conflicto, sino la de generar soluciones entre las partes que permitan superarlo, siendo las partes, no un órgano jurisdiccional, las que tienen el poder de gestionar su propio conflicto.

• La **conciliación** es una herramienta alternativa de resolución de conflictos que se suscita ante el letrado de Administración de Justicia (LJV art.139 s.), el Notario (LN art.81) o el Registrador (LH art.103 bis) quienes ayudan a las partes a alcanzar una solución. Al igual que sucede en la mediación, son las partes quienes resuelven el conflicto y lo plasman mediante un acuerdo.

• La **negociación privada** es cualquier comunicación suscitada directamente por las partes con el objeto de intentar lograr una solución del conflicto. La nota diferencial respecto del resto de ADR es que en la negociación no existe la participación de un tercero, sino que son las propias partes quienes intentar llegar a un acuerdo por sí mismos.

Precisiones En España, además de la práctica de la negociación privada, que suele ser una de las facetas más importantes de la actividad de la abogacía, existe la **conciliación**, que se desarrolla obligatoriamente ante Servicios de Mediación de la Administración Laboral, con carácter previo al **litigio laboral** (LRJS art.63).

A su vez, cabe señalar que el **orden civil** y para los procedimientos de cuantía superior a 15.000 euros (LEC art.249.2 redacc RDL 6/2023), existe un trámite obligatorio de conciliación posterior a la presentación de la demanda y contestación que se lleva a cabo en el acto de la audiencia previa (LEC art.415). Dicho acto está dirigido por el juez, quien tiene la obligación de promover la obtención del acuerdo. Únicamente si este no se logra se celebra juicio.

Junto a las anteriores cada día es mayor la importancia que está cobrando la **mediación familiar** de la que existen numerosas experiencias. Dicha mediación aparece expresamente reconocida en la Ley de Enjuiciamiento Civil (LEC art.770.7) al ser una causa de suspensión de la tramitación de un proceso pendiente si ambos cónyuges lo piden de común acuerdo y se acogen a la normativa procesal, de modo que los acuerdos pueden ser alcanzados tanto antes del inicio del proceso como una vez esté pendiente. **5627**

En este sentido, cabe destacar que cualquier cuestión puede ser resuelta por la vía de la conciliación/mediación o el arbitraje con **excepción** de: **5628**

a) Las cuestiones sobre las que haya recaído resolución judicial firme y definitiva, salvo los aspectos derivados de la ejecución.

b) Las materias inseparablemente unidas a otras sobre las que las partes no tengan poder de decisión, como son el estado civil de las personas, ni sobre los alimentos futuros ni sobre las cuestiones matrimoniales (separación, nulidad o divorcio), aunque sí se pueden solucionar extrajudicialmente las cuestiones económicas derivadas de estas últimas.

c) Las cuestiones en que, con arreglo a las leyes, debe intervenir el Ministerio Fiscal en representación y defensa de quienes, por carecer de capacidad de obrar o de representación legal, no puedan actuar por sí mismos, como ocurre con los incapacitados judicialmente o los menores.

d) No cabe tampoco arbitraje de consumo cuando concurran intoxicación, lesión, muerte o existan indicios racionales de delito.

5629 En la actualidad se encuentra en tramitación parlamentaria el **Proyecto de Ley de Eficiencia Procesal del Servicio Público de Justicia** y de acciones colectivas para la protección y defensa de los derechos e intereses de los consumidores y usuarios que, entre otras cuestiones, persigue impulsar los MASC con el objeto de reducir la saturación que padecen los órganos jurisdiccionales y que los ciudadanos elijan la solución óptima para la resolución de sus conflictos.
A continuación, exponemos las principales **novedades** que contempla el Proyecto de Ley:
• El cambio de **denominación** de medios alternativos a medios adecuados de solución de controversias.
• El establecimiento de un «**numerus aperturs**» de MASC más allá de la negociación, mediación o conciliación.
• La regulación expresa de nuevos MASC como la **conciliación privada** (una persona con conocimientos técnicos o jurídicos relacionados con la materia objeto de la controversia lleva a cabo las actuaciones necesarias para alcanzar un acuerdo conciliatorio), la **oferta vinculante confidencial** (una de las partes en conflicto formula a la otra parte una oferta que será obligatoria en caso de ser aceptada) o la **opinión del experto independiente** (designar de mutuo acuerdo un experto para que emita una opinión no vinculante sobre la materia objeto de conflicto).
• La **obligatoriedad** de acudir a un MASC como requisito de procedibilidad para acudir a la vía judicial. Deberá aportarse junto con la demanda o la contestación el documento que acredite haberse intentado la actividad negociadora previa a la vía judicial cuando la Ley exija dicho intento como requisito de procedibilidad.
El requisito de **procedibilidad** se excluye en determinados supuestos: derechos y obligaciones no disponibles, materias excluidas de mediación, procedimiento para la tutela judicial civil de derechos fundamentales, medidas previstas en el CC art.158, autorización para el internamiento forzoso, tutela sumaria de la posesión, ingreso de menores y jurisdicción voluntaria.
La solicitud de un MASC debidamente comunicada a la otra parte interrumpirá la prescripción o suspenderá la caducidad de acciones, reanudándose el computo de los plazos transcurridos 30 días sin atender la solicitud o desde la terminación del proceso, con o sin acuerdo.
• La asistencia letrada en los MASC no será preceptiva, salvo en los supuestos de oferta vinculante, excepto cuando la cuantía no sea superior a 2.000 euros o no lo exija la ley sectorial para la realización o aceptación de la oferta
• La reticencia a la utilización de los MASC será valorada a la hora de adoptar la decisión respecto de la condena en **costas**, tanto para el «vencedor» como para el «vencido».
• Cuando el objeto de controversia sea una reclamación de cantidad que no exceda de 600 euros, el proceso se desarrollará preferentemente por **medios telemáticos**.
• El acuerdo adoptado por MASC será **vinculante** para las partes y para que tenga valor de título ejecutivo deberá ser elevado a público o ser homologado judicialmente.

3. Mediación

5630 Desde la década de los años setenta del pasado siglo, se ha venido recurriendo a nuevos sistemas alternativos de resolución de conflictos, entre los que destaca la mediación, que ha ido cobrando una importancia creciente como instrumento complementario de la Administración de Justicia.
La mediación es un mecanismo alternativo, cuyo **objetivo** es satisfacer las necesidades de dos partes en conflicto y preservar o fortalecer sus futuras relaciones.

5631 **Regulación** Actualmente la mediación se encuentra regulada en la L 5/2012, de mediación en **asuntos civiles y mercantiles**, mediante la cual se incorpora al Derecho español la Dir 2008/52/CE, sobre ciertos aspectos de la mediación en asuntos civiles y mercantiles. No obstante, dicha regulación va más allá de la citada Directiva, creando un régimen general aplicable a toda mediación que tenga lugar en España y pretenda tener un efecto jurídico vinculante en el ámbito de los asuntos civiles y mercantiles, quedando **excluido** en el ámbito de dicha Ley la mediación penal, mediación con las Administraciones públicas y mediación laboral (L 5/2012 art.2.2).

Precisiones **1)** Señalar que desde la entrada en vigor de la L 7/2017, que incorpora al ordenamiento jurídico español la Dir 2013/11/UE, la mediación en materia de **consumo** no está excluida del ámbito de aplicación de la L 5/2012.
2) Si bien es cierto que la L 5/2012 excluye expresamente la **mediación penal** de su ámbito de aplicación, se deja para una regulación específica la mediación en causas penales, como obliga al legislador español la normativa UE.
3) Se ha de precisar que la citada L 5/2012 de mediación únicamente se refiere a los procedimientos civiles y mercantiles, si bien es cierto que la mediación se utiliza en el **ámbito institucional**, en

el **Derecho internacional público**, en el **ámbito social**, en el **ámbito político** y en el **Derecho penal**. De hecho, la mediación penal que más se ha desarrollado en España es en el ámbito de la jurisdicción de menores, contemplada específicamente en la L 4/2015 art.15, del Estatuto de la víctima del delito que regula los servicios de justicia restaurativa, así como en la LO 5/2000, de Responsabilidad Penal del Menor.

4) La **mediación laboral** tiene su propia regulación específica en el Título V de la L 36/2011, reguladora de la jurisdicción social (art.63 a 68).

La L 5/2012 permite articular un marco para el ejercicio de la mediación, sin perjuicio de las disposiciones que dicten las **Comunidades Autónomas** en el ejercicio de sus competencias. **5632**
De hecho, lo que pretende la citada norma es sentar unas bases y favorecer esta alternativa frente a la solución judicial del conflicto.
La mediación se configura como una institución que contribuye a concebir a los **tribunales de justicia** en este sector del ordenamiento jurídico como un último remedio, en caso de que no sea posible componer la situación por la mera voluntad de las partes.
A su vez, ello puede ayudar a la reducción de la carga de trabajo de los juzgados, reduciendo su **intervención** a aquellos casos en que las partes enfrentadas no hayan sido capaces de poner fin, desde el acuerdo, a la situación de controversia.

Principales características (L 5/2012 art.8, 10, 15, 16, 23) El modelo de mediación se basa en la **5633**
voluntariedad y **libre decisión de las partes** y en la intervención de un mediador imparcial, del que se pretende una intervención activa orientada a la solución de la controversia por las propias partes con respeto a los principios recogidos en la L 5/2012.
El régimen de la mediación de la L 5/2012 es aplicable en supuestos de **sometimiento expreso o tácito** a ella, o cuando, al menos una de las partes tenga su domicilio en España y la mediación se realice en territorio español.
La mediación, como fórmula de autocomposición, es un instrumento eficaz para la resolución de controversias cuando el conflicto jurídico afecta a **derechos subjetivos de carácter disponible**.
La mediación tiene **carácter autocompositivo**; esto es, a diferencia del proceso jurisdiccional y del arbitraje, son las partes las que por sí mismas tratan de alcanzar el acuerdo (aunque se sirvan de los conocimientos, técnicas y habilidades de un tercero), sin que ninguna de ellas imponga la solución.
El **mediador** debe facilitar la comunicación entre las partes y velar porque dispongan de la información y el asesoramiento suficientes. La citada Ley utiliza el término mediador de manera genérica sin prejuzgar que sea uno o varios.
El **coste** de la mediación, haya concluido o no con acuerdo, se divide igual entre las partes, salvo pacto en contrario (L 5/2012 art.15.1).
El régimen que contiene la referida Ley se inspira en los principios de igualdad, neutralidad, confidencialidad, y en el respeto a la autonomía de la voluntad de las partes, cuya voluntad, expresada en el **acuerdo** que pone **fin a la mediación**, puede tener la consideración de título ejecutivo, si las partes lo desean, mediante su elevación a escritura pública (L 5/2012 art.23.3).

La **neutralidad** del mediador debe regir desde el principio del proceso y perdurar durante todo **5634**
su desarrollo. Para ello, el mediador dispone de recursos que le aseguran y, si en algún momento se quiebra o no puede recomponerse, se debe suspender la entrevista e incluso el proceso se ha de dar por finalizado si no se consigue superar el citado desequilibrio (L 5/2012 art.8).
A su vez, otro de los principios a señalar es la **flexibilidad** a la que se ha dotado el procedimiento, organizándose del modo que las partes tengan por conveniente, estando las mismas sujetas a la lealtad, buena fe y respeto mutuo (L 5/2012 art.10).
El mediador es un tercero neutral, sin autoridad independiente o habilidad para imponer un acuerdo entre las partes. A **diferencia del arbitraje**, su objetivo no es tomar la decisión final, sino guiar a las partes para que adopten una solución acordada mutuamente de una forma equitativa, permitiendo el mantenimiento de las relaciones subyacentes y conservando el control sobre el final del conflicto.

La **iniciación del procedimiento** de mediación puede tener lugar (L 5/2012 art.16.1): **5635**
a) De **común acuerdo** entre las partes, debiendo incluir en dicho caso, la designación de mediador o la institución de mediación en la que se llevarán a cabo la mediación, así como la lengua y lugar en que se desarrollarán las sesiones.
b) Por **una de las partes** en cumplimiento de un pacto de sometimiento a mediación existente entre aquellas.

5636 Entre las **ventajas** de la mediación, señalar su capacidad para dar soluciones prácticas, efectivas y rentables a determinados conflictos entre las partes, motivo por el que se configura como una alternativa al proceso judicial o a la vía arbitral, de los que se ha de deslindar con claridad.

La mediación, como fórmula de autocomposición, es un instrumento eficaz para la resolución de controversias cuando el conflicto jurídico afecta a derechos subjetivos de carácter disponible.

A **diferencia** del **proceso judicial** en la mediación, las partes pueden guiarse asimismo por sus intereses comerciales. De este modo, las partes pueden decidir libremente el resultado considerando el futuro de su relación comercial y no únicamente su conducta previa. A su vez, el **carácter confidencial** de la mediación permite a las partes negociar de manera más libre y productiva, sin temor a la publicidad.

Precisiones El 27-3-2014 entró en vigor el RD 980/2013 por el que se desarrollan determinados aspectos de la L 5/2012 de Mediación en asuntos civiles y mercantiles. El **objetivo** del citado RD es esclarecer cuatro cuestiones elementales de la referida Ley de Mediación: la formación de los mediadores, la creación del Registro de Mediadores e Instituciones de Mediación, el alcance de la obligación de aseguramiento de la responsabilidad civil o garantía equivalente de los mediadores e instituciones de mediación y el establecimiento de un procedimiento simplificado de mediación por medios electrónicos.

4. Arbitraje

5640 El arbitraje se ha entendido tradicionalmente como un mecanismo de resolución de controversias alternativo a la Administración de Justicia o jurisdicción ordinaria. Es una estrategia de resolución de conflictos junto con la negociación, mediación y conciliación.

Es un **procedimiento privado e informal** por el que las partes acuerdan someter determinada disputa a una o varias personas imparciales (árbitros) y les autorizan para que resuelvan la controversia de forma definitiva y obligatoria para las partes. Ese consentimiento vincula a las partes.

5641 **Principales características** (L 60/2003 art.9, 11, 21, 25, 34, 37, 40, 43) La elección de arbitraje por las partes es totalmente **voluntaria**, ni la ley, ni ninguna resolución judicial pueden imponer dicho recurso.

Las partes deben realizar un **convenio arbitral**, el cual puede adoptar la forma de cláusula incorporada a un contrato o de acuerdo independiente. En el citado convenio se debe expresar la voluntad de las partes de someter a arbitraje todas o algunas de las controversias que hayan surgido o puedan surgir respecto de una determinada relación jurídica, contractual o no contractual (L 60/2003 art.9.1).

Precisiones Puesto que el convenio arbitral obliga a las partes a cumplir lo estipulado e impide a los tribunales conocer de las controversias sometidas a arbitraje, la parte interesada puede invocar su existencia y, por ende, el veto a los tribunales para conocer de la controversia en cuestión. El plazo para la proposición de la declinatoria será dentro de los 10 primeros días del plazo para contestar a la demanda (L 60/2003 art.11). Como consecuencia de ello, resulta imprescindible que las partes muestren su **consentimiento** a la sumisión a arbitraje.

5642 En España el arbitraje puede ser **de derecho y de equidad**. En la generalidad de los casos el árbitro resuelve la controversia aplicando la ley vigente, salvo que las partes le hayan autorizado expresamente a resolver basándose únicamente en la equidad (L 60/2003 art.34.1).

Las partes pueden pactar libremente el **procedimiento** al que se hayan de ajustar los árbitros en sus actuaciones. A falta de acuerdo, el árbitro puede, con sujeción a lo dispuesto en la L 60/2003 de arbitraje, dirigir el arbitraje del modo que consideren apropiado. Esta potestad de los árbitros comprende la de decidir sobre admisibilidad, pertinencia y utilidad de las **pruebas**, sobre su práctica, incluso a iniciativa del árbitro y sobre su valoración (L 60/2003 art.25).

A falta de **anticipo de fondos** por las partes, los árbitros pueden suspender o dar por concluidas las actuaciones arbitrales. Si dentro del plazo alguna de las partes no realiza el pago, los árbitros, antes de acordar la conclusión o suspensión de las actuaciones, lo debe comunicar a las demás partes, por si tuvieren interés en suplirla dentro del plazo que les fijaren (L 60/2003 art.21.2).

A este respecto, cabe señalar que no está prevista la **asistencia jurídica gratuita** en el arbitraje.

El **árbitro** es una parte neutral, cada parte defiende su caso en la disputa, en vez de trabajar juntos para llegar a una solución, como en el caso de la mediación. El árbitro, salvo que las partes alcancen un acuerdo con anterioridad, acuerda una decisión final obligatoria con respecto a la solución de la disputa. **5643**
La decisión de los árbitros es el denominado **laudo**, que equivale a la sentencia en sede judicial. El árbitro debe motivar las razones de su decisión, en derecho o equidad (L 60/2003 art.37.4).
Con base en lo acordado por las partes, los árbitros se pronuncian en el laudo sobre las **costas** del arbitraje, que incluyen los honorarios y gastos de los árbitros y, en su caso, los honorarios y gastos de los defensores o representantes de las partes, el coste del servicio prestado por la institución administradora del arbitraje y los demás gastos originados en el procedimiento arbitral (L 60/2003 art.37.6).
El laudo tiene el mismo valor que una sentencia, considerándose título ejecutivo (LEC art.517.2) Tiene **efecto de cosa juzgada** y, por tanto, el recurso al arbitraje es un sustituto de la jurisdicción (L 60/2003 art.43). Sin embargo, se ha de tener en cuenta que sí es necesario acudir a la misma (a través de la acción ejecutiva) cuando sea necesaria la intervención de las autoridades para hacer cumplir el laudo arbitral.

En caso de desacuerdo sobre su obligatoriedad, el convenio arbitral obliga a las partes a cumplir lo estipulado e impide a los **tribunales** conocer de las controversias sometidas a arbitraje, siempre que la parte a quien interese lo invoque mediante **declinatoria**, dentro de los diez primeros días del plazo para contestar la demanda (L 60/2003 art.11.1). **5644**
Ello no obstante, el laudo no se puede recurrir del mismo modo que una sentencia arbitral. No existe una segunda instancia que permita revisar nuevamente todo lo actuado por un organismo superior. Conforme se expone a continuación, frente al laudo solo cabe interponer ante los tribunales ordinarios una **demanda de anulación** basada únicamente en motivos formales y tasados (L 60/2003 art.40; ver nº 5656). Por lo tanto, no se permite una revisión de fondo de la decisión adoptada por los árbitros.

B. Arbitraje frente a los tribunales jurisdiccionales

Las discrepancias en las relaciones contractuales entre privados tienen su ámbito de resolución natural ante la **jurisdicción**. Sin embargo, aspectos como la lentitud y falta de medios y cierta inseguridad que se atribuyen a la justicia, hacen que el sistema judicial no siempre sea capaz de ofrecer la solución definitiva buscada por las partes en el tiempo adecuado. **5645**
Esta inadecuada respuesta de la administración de justicia es la causa principal de éxito del **sistema arbitral**, unida a otras como la simplicidad procesal, la especialización del juzgador o la garantía de una solución discreta y privada de las discrepancias.
A ello debe unirse el auge en la **internacionalización** de las transacciones que supone que los empresarios se vean abocados a afrontar cómo resolver la solución de controversias o litigios que derivan tanto de operaciones con empresas extranjeras como de contratos celebrados con estas últimas. En este sentido, es necesario asesorarse y valorar que, ante eventuales conflictos, pueden ser forzados a litigar en una jurisdicción o bajo una ley que desconocen, en un idioma extranjero y mediante un procedimiento tramitado por un organismo muy lejano a sus centros de intereses.
Esas circunstancias pueden controlarse si las partes prevén la modalidad en la que resolverán sus controversias y ello es lo que permite el arbitraje frente a la jurisdicción, con algunos matices.

La **normativa de aplicación** es la L 60/2003 de arbitraje. **5646**
El ámbito de aplicación de la L 60/2003 son los arbitrajes cuyo lugar se halle dentro del **territorio español**, sean de carácter interno o internacional, sin perjuicio de lo establecido en tratados de los que España sea parte o en leyes que tengan disposiciones especiales sobre arbitraje.
La citada Ley no resulta de aplicación a los arbitrajes laborales (L 60/2003 art.1.1).

Convenio arbitral (L 60/2003 art.9) El convenio arbitral puede adoptar la **forma** de cláusula incorporada a un contrato o de acuerdo independiente, y debe expresar la voluntad de las partes y la controversia que se pretende someter, la cual puede surgir de una determinada relación jurídica, contractual o no contractual. **5647**
El convenio arbitral debe constar **por escrito**, en un documento firmado por las partes o en un intercambio de cartas, telegramas, télex, fax u otros medios de telecomunicación que dejen constancia del acuerdo. Se considera cumplido este requisito cuando el convenio arbitral conste y sea accesible para su ulterior consulta en soporte electrónico, óptico o de otro tipo.

Se considera incorporado al acuerdo entre las partes el convenio arbitral que conste en un documento al que estas se hayan remitido en cualquiera de las formas establecidas en el párrafo anterior.
Si bien se exige que el convenio conste por escrito la Ley sostiene un criterio **antiformalista**, extendiéndose el cumplimiento de este requisito a los convenios arbitrales pactados en soportes que dejen constancia no necesariamente escrita, de su contenido y que permitan su consulta posterior.
En los **arbitrajes internacionales** el convenio es válido y la controversia es susceptible de arbitraje si cumplen los requisitos establecidos por las normas jurídicas elegidas por las partes para regir el convenio arbitral, o por las normas jurídicas aplicables al fondo de la controversia, o por el derecho español.

5648 **Árbitros** (L 60/2003 art.12, 13, 14, 15.2, 17.3, 18, 35.1) Las partes pueden fijar libremente el **número** de árbitros, siempre que sea impar. A falta de acuerdo se designa un solo árbitro.
En caso de **colegio arbitral**, y, salvo acuerdo en contrario, cada parte nombrará a un árbitro y los dos árbitros designados nombrarán al tercero que adquirirá la condición de presidente. En este sentido, cabe destacar que, salvo pacto en contra, los árbitros adoptan sus decisiones por mayoría y, de no haberla, por el presidente.
Puede ser árbitro cualquier **persona natural**, entendiéndose por tal a la persona física que se halle en pleno ejercicio de sus derechos civiles y siempre que no sea incompatible por su circunstancia profesional. Por tanto, son las partes directamente o las instituciones arbitrales las que con plena libertad designan a los árbitros.
Conforme a las reglas del Convenio de Ginebra, y a la práctica generalizada en la mayoría de países, no se exige la **condición letrada** para ejercer de árbitro en derecho, si bien, en el arbitraje interno, de no pactarse expresamente lo contrario, se considera que los árbitros en derecho han de ser letrados.
A su vez, las partes pueden encomendar la administración del arbitraje y designar como árbitros a **corporaciones de Derecho público** y entidades públicas que puedan desempeñar funciones arbitrales, según sus normas reguladoras, así como a **asociaciones** y entidades sin ánimo de lucro en cuyos estatutos se prevean funciones arbitrales.

5649 Un árbitro únicamente puede ser **recusado** si concurren en él circunstancias que den lugar a dudas justificadas sobre su imparcialidad o independencia, o bien si no posee las cualificaciones convenidas por las partes. Una parte únicamente puede recusar al árbitro nombrado por ella, o en cuyo nombramiento haya participado, por causas de las que haya tenido conocimiento después de su designación.
El **procedimiento de recusación** de los árbitros puede ser acordado libremente por las partes. En el supuesto de que la recusación planteada no prosperase según el procedimiento acordado por las partes o el dispuesto en la norma, la parte recusante puede, en su caso, hacer valer la recusación al impugnar el laudo.

5650 **Cuestiones procesales** (L 60/2003 art.24, 25.1, 26, 34.2, 40) Una de las diferencias entre la jurisdicción y el arbitraje es que la sentencia se somete a un *iter* procesal de doble instancia, mientras que en el arbitraje se dilucida la discrepancia en una **única instancia**.
Conforme lo ya avanzado, cabe destacar que el **recurso de anulación** no constituye un recurso en el que un órgano superior revisa la primera resolución ya que el árbitro carece de órgano superior. Dicha revisión se centra en el cumplimiento de las exigencias formales (entre otros, principios de igualdad, audiencia y contradicción) pero no respecto al fondo de la solución dada a la discrepancia.
El procedimiento arbitral está sometido a los citados principios de **orden público**, de hecho, el incumplimiento de los mismos se prevé como un motivo de anulación del laudo (L 60/2003 art.41.1.f).
Las **partes** pueden pactar libremente el lugar del arbitraje y la norma aplicable para resolver el fondo de la controversia.
A falta de acuerdo de las partes respecto al **lugar del arbitraje**, son los árbitros quienes lo determinan, atendidas las circunstancias del caso y a conveniencia de las partes. Previa consulta a las partes, y salvo acuerdo en contrario de las mismas, los árbitros pueden reunirse en cualquier lugar que estimen apropiado para oír a los testigos, a los peritos o a las partes, o para examinar o reconocer objetos, documentos o personas.
Cuando el arbitraje sea **internacional**, los árbitros deben decidir la controversia de conformidad con las normas jurídicas elegidas por las partes. En este sentido, se entiende que toda indicación del derecho u ordenamiento jurídico de un Estado determinado se refiere, salvo que se exprese lo contrario, al derecho sustantivo de ese Estado y no a sus normas de conflicto de leyes.

Intervenciones judiciales (L 60/2003 art.7 y 8) El hecho de que las partes pacten someterse al arbitraje no significa que renuncien al apoyo jurisdiccional. De hecho, a los tribunales les corresponde dar **apoyo y control** durante el proceso de arbitraje, colaborando en la práctica de pruebas o estableciendo medidas cautelares, así como enjuiciando la acción de anulación de laudos o haciendo posible su ejecución. 5651
La competencia para la **práctica de pruebas** corresponde al juzgado de primera instancia del lugar del arbitraje o del lugar donde hubiere de prestarse asistencia.
La competencia para la **adopción de medidas cautelares** se atribuye al juzgado de primera instancia donde el laudo deba ser ejecutado y, en su defecto, el del lugar donde éstas deban surtir eficacia.
La competencia para la **ejecución forzosa del laudo** corresponde al juzgado de primera instancia del lugar en el que se haya dictado.
La competencia para resolver la **acción de anulación** de un laudo es la sala de lo civil y de lo penal del Tribunal Superior de Justicia de la comunidad autónoma donde aquel se hubiera dictado.

Laudo (L 60/2003 art.36, 37) Si las partes llegan durante las actuaciones arbitrales a un **acuerdo** que ponga fin total o parcialmente a la controversia, los árbitros deben dar por terminadas las actuaciones, y si las partes lo solicitan y no existe motivo de oposición por parte de los árbitros, deben hacer constar ese acuerdo en forma de laudo en los términos convenidos por las partes. Dicho laudo tiene la misma eficacia que cualquier otro laudo dictado sobre el fondo del litigio. 5652
El tribunal arbitral dicta un **único laudo**, o tantos **laudos parciales** como estimen necesarios, haciendo constar la fecha y lugar en que ha sido dictado. De hecho, la ley parte de la base de que los árbitros pueden dictar tantos laudos como consideren necesario, ya sean para resolver cuestiones procesales o de fondo; o dictar un solo laudo resolviendo todas ellas.
El laudo debe estar **firmado** por el árbitro, o en su caso, árbitros, los cuales pueden dejar constancia de su voto a favor o en contra. Cuando haya más de un árbitro, bastan las firmas de la mayoría de los miembros del colegio arbitral o solo la de su presidente, siempre que se manifiesten las razones de la falta de una o más firmas.

Los árbitros deben decidir la controversia en el **plazo** de 6 meses siguientes a la fecha de presentación de la contestación a la demanda, pudiendo prorrogarse como máximo durante 2 meses por los árbitros mediante decisión motivada, salvo pacto en contrario. El plazo para emitir el laudo, en defecto de acuerdo de las partes, se **computa** desde la presentación de la contestación o desde la expiración del plazo para presentarla, persiguiendo la necesidad de que la celeridad propia del arbitraje sea adecuada a las exigencias prácticas. 5653
Excepto en el supuesto de que se trate de un laudo pronunciado en los términos acordados por las partes, el laudo siempre debe de ser **motivado** y se ha de **notificar** a las partes en el plazo que estas hayan acordado o, en su defecto, mediante entrega a cada una de ellas de un ejemplar firmado.
El laudo puede ser **protocolizado notarialmente**. Cualquiera de las partes, a su costa, puede instar de los árbitros, antes de la notificación que el laudo sea protocolizado.
No obstante, el laudo es totalmente **válido y eficaz** aunque no haya sido protocolizado, no siendo ello preceptivo, de modo que el plazo para ejercitar la acción de anulación transcurre desde su notificación.

Corrección, aclaración y extralimitación del laudo (L 60/2003 art.39) En el **plazo** de los 10 días siguientes a la notificación del laudo, salvo que las partes hayan acordado otro plazo, cualquier de las mismas puede, con notificación a la otra, solicitar a los árbitros: 5654
• la corrección de cualquier error de cálculo, de copia, tipográfico o de naturaleza similar;
• la aclaración de un punto o de una parte concreta del laudo;
• el complemento del laudo respecto de peticiones formuladas y no resueltas en él; y
• la rectificación de la extralimitación parcial del laudo, cuando se haya resuelto sobre cuestiones no sometidas a su decisión o sobre cuestiones no susceptibles de arbitraje.
Previa audiencia de las partes, los árbitros **resuelven sobre las solicitudes** de corrección de errores y de aclaración en el plazo de 10 días, y sobre la solicitud de complemento y la rectificación de la extralimitación en el plazo de 20 días. Cuando el arbitraje es internacional dichos plazos son de 1 y 2 meses, respectivamente.
A su vez, en el plazo de 10 días los árbitros **de oficio** pueden proceder a la corrección de errores de cálculo, de copia, tipográfico o de naturaleza similar.

5655 **Acción de anulación y recurso de revisión** (L 60/2003 art.40, 41, 42, 43, 45) En primer lugar, cabe señalar que el laudo produce **efectos de cosa juzgada** y frente a él solo cabe ejercitar la acción de anulación y en su caso, solicitar la revisión conforme se expone más adelante.
La acción de anulación no es un **recurso**, ya que tiene una función revisora de los aspectos procesales y convencionales que no afectan al fondo del litigio y está sujeto a causas tasadas. Dicha acción debe de ejercitarse en el **plazo** de los 2 meses siguientes a su notificación o, en caso de que se haya solicitado corrección, aclaración o complemento del laudo, desde la notificación de la resolución sobre esta solicitud, o desde la expiración del plazo para adoptarla.

5656 Con la acción de anulación se inicia un proceso de impugnación del laudo, cuyas **causas** son **tasadas** a fin de evitar, como regla general, una revisión del fondo de la decisión de los árbitros. Los motivos por los que puede ser anulado un laudo son los siguientes:
a) Que el convenio arbitral no exista o no sea válido.
b) Que no haya sido debidamente notificada la designación de un árbitro o de las actuaciones arbitrales o que no haya podido, por cualquier otra razón, hacer valer sus derechos.
c) Que los árbitros hayan resuelto sobre cuestiones no sometidas a su decisión.
d) Que la designación de los árbitros o el procedimiento arbitral no se haya ajustado al acuerdo entre las partes, salvo que dicho acuerdo fuera contrario a una norma imperativa de esta Ley, o, a falta de dicho acuerdo, que no se han ajustado a esta ley.
e) Que los árbitros hayan resuelto sobre cuestiones no susceptibles de arbitraje.
f) Que el laudo sea contrario al orden público.

5657 Tras una demanda y una contestación escrita se siguen los trámites del **juicio verbal** con las siguientes especialidades (L 60/2003 art.42):
1. La **demanda** debe presentarse conforme a lo establecido en la LEC art.399, junto con los documentos justificativos de su pretensión, del convenio arbitral y del laudo, y, en su caso, aportando la proposición de los medios de prueba cuya práctica interese el actor.
2. El letrado de la Administración de Justicia da traslado de la demanda al demandado, para que conteste en el plazo de 20 días. En la **contestación**, acompañada de los documentos justificativos de su oposición, debe proponer todos los medios de prueba de que intente valerse. De este escrito, y de los documentos que lo acompañan, se da traslado al actor para que pueda presentar documentos adicionales o proponer la práctica de prueba.
3. Contestada la demanda o transcurrido el correspondiente plazo, el letrado de la Administración de Justicia cita a la **vista**, si así lo solicitan las partes en sus escritos de demanda y contestación. Si en sus escritos no han solicitado la celebración de vista, o cuando la única prueba propuesta sea la documental, y esta ya se ha aportado al proceso sin resultar impugnada, o en el caso de los informes periciales no sea necesaria la ratificación, el tribunal dicta **sentencia**, sin más trámite.
Contra la sentencia de la acción de nulidad no cabe recurso jurisdiccional ordinario alguno, ni tampoco el de amparo, aunque sí el **recurso extraordinario de revisión** conforme lo dispuesto en la LEC para las sentencias firmes.

5658 En este sentido, cabe diferenciar entre los **defectos** que afecten a cuestiones no sometidas o no susceptibles de arbitraje, las cuales, si son separables del resto de las materias resueltas en el laudo, la **anulación será parcial**. En el resto de los supuestos la nulidad afectará a la totalidad del laudo.
Por el contrario, respecto de aquellos defectos que vulneren los principios de audiencia y contradicción, principio de disponibilidad y defectos que contradigan el orden público, la nulidad afecta al laudo en su **totalidad**.
Los motivos de indebida notificación, cuestiones no susceptibles de arbitraje y orden público pueden ser **apreciados de oficio** por la sala que conozca la acción de anulación o, incluso, plantearse por parte del Ministerio Fiscal, respecto de los intereses cuya defensa tenga legítimamente atribuida.

5659 El **laudo** es **ejecutable** aun cuando se haya ejercitado la acción de anulación, por tanto, la ley opta por atribuir fuerza ejecutiva al laudo, aunque este sea objeto de impugnación. No obstante, dicha ejecutividad se ve matizada por la facultad del ejecutado de solicitar al juzgado de primera instancia que conoce de la ejecución que acuerde la suspensión, siempre que ofrezca caución por el importe de la condena y para responder de los daños y perjuicios derivados de la suspensión de la ejecución.
El letrado de la Administración de Justicia **alzará la suspensión de la ejecución** cuando conste al tribunal que ha sido estimada la acción de anulación. No obstante, si la anulación afecta a las cuestiones a que se refiere la L 60/2003 art.41.3 (esto es, cuando los árbitros han resuelto sobre cuestiones no sometidas a su decisión o no susceptibles de arbitraje) y subsisten otros pronunciamientos del laudo, se considera **estimación parcial**, a los efectos previstos en la LEC art.533.2.

Medidas cautelares (L 60/2003 art.8.3 y 23) Los árbitros, salvo acuerdo en contrario, pueden establecer medidas cautelares para garantizar el objeto del litigio, pudiendo exigir **caución** suficiente al solicitante para garantizar el coste o los daños que dichas medidas puedan ocasionar. **5660**

La **solicitud** de las citadas medidas puede hacerse en cualquier momento del proceso.

Lo habitual es que sea el **demandante** quien inste las medidas cautelares para proteger la obligación que tenga el demandado tras el laudo.

Cabe señalar que los árbitros carecen de **potestad ejecutiva**, por lo que para la ejecución de las medidas cautelares es necesario recurrir a la autoridad judicial, en los mismos términos que si de un laudo sobre el fondo se tratara.

Asimismo, las partes también pueden solicitar medidas cautelares ante el **juzgado de primera instancia** del lugar en el que el laudo deba de ser ejecutado y, en su defecto, el del lugar donde las medidas deban producir su eficacia (LEC art.724; L 60/2003 art.8.3).

Los **tribunales** españoles **pueden** dictar medidas cautelares a petición de quien acredite ser parte de un convenio arbitral con anterioridad al inicio de las actuaciones arbitrales, ser parte de proceso arbitral pendiente en España, haber pedido la formalización judicial del arbitraje (a que se refiere la L 60/2003 art.15) o, en el caso de arbitraje internacional, haber solicitado encargo de arbitraje a una institución.

Ejecución forzosa del laudo (LEC Libro III, Títulos I y III a V; L 60/2003 art.44 y 45) Conforme lo ya expuesto, el arbitraje es un proceso de única instancia que concluye con el laudo, existiendo únicamente la posibilidad revisora de la acción de anulación (nº 5655). De hecho, en un laudo objeto de acción de anulación cabe la ejecución, si bien esta puede ser suspendida mientras se resuelve sobre la anulación, la cual si prospera debe de ser alzada. **5661**

El ejecutado puede solicitar al tribunal competente la **suspensión** de la ejecución, siempre que ofrezca caución para hacer frente a la condena, así como a los posibles daños y perjuicios que pudiesen derivarse de la demora en la ejecución del laudo.

Precisiones La **caución** puede establecerse mediante dinero en efectivo, aval solidario de duración indefinida y pagadero a primer requerimiento emitido por entidad de crédito o sociedad de garantía recíproca o por cualquier otro medio que, a juicio del tribunal, garantice la inmediata disponibilidad, en su caso, de la cantidad que se trate (LEC art.529).

Ventajas del arbitraje frente a la jurisdicción La **celeridad**: el arbitraje comporta la obtención de una resolución de la controversia más rápidamente de lo que suele ser habitual en los procedimientos judiciales. **5662**

La **especialización** y **disponibilidad** de los árbitros: las partes pueden nombrar árbitros especialistas en la materia objeto de controversia (construcción, energía, seguros, etc.) asegurándose así una resolución de alta calidad técnica. Asimismo, ante la habitual saturación de los órganos de justicia por la acumulación de asuntos, los árbitros tienen más disponibilidad para estudiar y conocer el caso que se les somete.

El **antiformalismo** y la **flexibilidad**: las partes tienen amplias facultades para diseñar el tipo de procedimiento que más se adapte a sus necesidades en función de las características de la disputa, lo que permite controlar los costes y la duración de este. Esta flexibilidad incluye la libertad de elección del idioma, la sede y también la elección del número de árbitros. Así, las partes pueden pactar un árbitro único o un tribunal arbitral compuesto por varios árbitros en función de la complejidad de la controversia.

La **confidencialidad**: en el arbitraje rige la confidencialidad absoluta de las actuaciones, por lo que la resolución de la controversia no tiene ninguna repercusión pública (L 60/2003 art.24.2).

La existencia de una **única instancia** y la **ejecutabilidad**: el laudo tiene efecto de cosa juzgada y tiene carácter ejecutivo de forma equiparable a una sentencia, y no solo en el país en que se dictan. Gracias al amplio número de estados que son miembros de la Convención de Nueva York de 1958 sobre reconocimiento y ejecución de laudos extranjeros, el laudo que se dicte podrá ser reconocido y ejecutado en cualquiera de estos Estados. De este modo, solo cabe la intervención judicial para la anulación y la revisión de laudos firmes. **5663**

La posibilidad de fijación de un **foro neutral**: cuando un contrato presenta elementos de internacionalidad la sumisión de la resolución de sus eventuales controversias al arbitraje permite que ninguna de las partes se vea sometida a los tribunales de justicia del país del que es originaria una de ellas.

El **control sobre el proceso**: especialmente en situaciones con elemento extranjero, el sometimiento a arbitraje ayuda a simplificar el método de resolución de disputas, puesto que no es necesario estudiar las particularidades del sistema judicial del concreto país al que tendrían que dirigirse.

El **mantenimiento** de las **relaciones comerciales**: un proceso rápido y confidencial suele minimizar el enfrentamiento entre las partes, facilitando así el mantenimiento de las relaciones comerciales presentes o futuras.

5664 **Desventajas del arbitraje frente a la jurisdicción** El **mayor coste inicial** que supone el arbitraje frente a la jurisdicción, puesto que tienen que abonarse una provisión de fondos de los **honorarios** de los árbitros que van a resolver la controversia y, en caso de arbitraje institucional, los costes administrativos de la corte en cuestión. Sin embargo, debe tenerse en cuenta que ese coste puede minimizarse teniendo en cuenta que la disputa se suele resolver con mayor celeridad que en la jurisdicción y que no hay ulteriores instancias judiciales.

La **dificultad** en el nombramiento y **constitución del tribunal arbitral** porque una de las partes puede adoptar una posición obstativa que dificulte el nombramiento y constitución del tribunal arbitral y sea necesario el recurso a la jurisdicción. Como alternativa, se puede recurrir al arbitraje institucional, en el que la corte arbitral que las partes elijan nombra a los árbitros si estas no alcanzan un acuerdo.

La **necesidad** de **intervención de la jurisdicción** que puede producirse porque los árbitros no disponen de poder coercitivo para hacer ejecutar sus resoluciones, lo que hace necesario que en situaciones de negativa al cumplimiento por una de las partes se tenga que acudir a los tribunales para cuestiones como la formalización judicial del arbitraje (si una parte se niega a someterse e iniciar un procedimiento arbitral), la práctica de pruebas, la adopción de medidas cautelares, o el reconocimiento y ejecución forzosa de laudos arbitrales.

5665 La **imposibilidad de recurso por motivos de fondo** dado que ante un laudo únicamente puede interponerse una demanda de anulación, referida a aspectos formales del arbitraje, sin que los jueces puedan entrar a valorar el fondo de la decisión adoptada por los árbitros. Aunque ello supone una ventaja en términos de celeridad y simplificación del procedimiento se impide totalmente la revisión de la decisión.

La tendencia a los llamados **laudos «salomónicos»** dado que a veces se acusa a los árbitros de huir de las estimaciones y desestimaciones totales para adoptar decisiones que dan en parte la razón a ambas partes.

Los riesgos de **cláusulas arbitrales mal redactadas** o llamadas «patológicas» que comporten una laguna o indeterminación de alguno de los aspectos fundamentales del arbitraje o, incluso, que no permitan determinar claramente si la controversia se ha sometido efectivamente a arbitraje.

El sometimiento a cortes o **instituciones arbitrales no adecuadas**: en función de las características de la controversia debe elegirse la corte arbitral que se adapte a las necesidades del caso concreto y que ofrezca las suficientes garantías de profesionalidad, independencia e imparcialidad.

Las **dificultades** en controversias con **varias partes implicadas** puesto que puede ser que no todas las partes hayan consentido expresamente o que no se haya previsto la posibilidad de acumular reclamaciones relativas a varios contratos o varias partes en un solo arbitraje. Los reglamentos de procedimiento de muchas cortes de arbitraje ya prevén reglas y criterios para resolver estas circunstancias.

5666 **Conflictos contractuales que pueden someterse a arbitraje** (L 60/2003 art.2) Se puede someter a arbitraje tanto una controversia ya existente entre las partes, como una que pueda surgir en el futuro.

Son susceptibles de arbitraje las controversias de **libre disposición** conforme a derecho.

Cuando el **arbitraje** sea **internacional** y una de las partes sea un Estado o una sociedad, organización o empresa controlada por un Estado, esa parte no puede invocar las prerrogativas de su propio derecho para sustraerse a las obligaciones dimanantes del convenio arbitral.

5667 **Funciones de apoyo y control del arbitraje por parte de los tribunales** (L 60/2003 art.8) En el arbitraje, los tribunales pueden intervenir en las siguientes situaciones:

- El nombramiento y remoción judicial de árbitros.
- La asistencia judicial en la práctica de pruebas.
- La adopción judicial de medidas cautelares.
- La ejecución forzosa de laudos o resoluciones arbitrales.
- La acción de anulación del laudo.
- El reconocimiento y ejecución de laudos o resoluciones arbitrales extranjeros.

C. Tipos de arbitraje

5670

1. Arbitraje privado 5675
2. Arbitraje internacional privado 5685
3. Arbitrajes privados especiales 5690
4. Arbitraje privado con la Administración como árbitro 5745
5. Arbitraje electrónico («on line dispute resolution») 5750
6. Arbitraje de inversión 5754

1. Arbitraje privado

Arbitraje de Derecho (L 60/2003 art.15, 34.2) El arbitraje de derecho es aquel en el que la discrepancia debe resolverse fundando el laudo con sujeción a las **normas jurídicas** aplicables y sin sujeción a sistema alguno de reglas de conflicto. 5675

Salvo acuerdo expreso en contrario, cuando el arbitraje sea de derecho, y debe decidir sobre él un **árbitro** único, se requiere que este ostente la condición de jurista. Si los árbitros son tres o más, se requiere que al menos uno de ellos tenga la condición de jurista.

Arbitraje de equidad (L 60/2003 art.34.1) El arbitraje de equidad implica que los árbitros toman su decisión en base a su **leal saber y entender**, sin aplicar el derecho. 5676

Los **árbitros** que resuelven en equidad no tienen por qué tener una formación jurídica, sino que pueden ser técnicos en cualquier disciplina con una formación específica en el objeto de controversia.

De no haberse convenido expresamente que el arbitraje sea en equidad, se entiende que se pacta arbitraje de derecho, por lo que, si las partes quieren que el arbitraje sea de equidad, deben **pactarlo expresamente**.

Arbitraje «ad hoc» El arbitraje *ad hoc* tiene lugar cuando las partes pactan que la controversia se resuelva mediante arbitraje, sin someter el asunto a la administración de una institución arbitral. 5677

En el arbitraje *ad hoc* las partes convienen el sistema arbitral para resolver una controversia específica. Si no hubiese pacto, el arbitraje se desarrollará según la Ley de Arbitraje.

En el arbitraje *ad hoc*, si alguna de las partes no colabora en el nombramiento y constitución del tribunal arbitral, se debe recurrir a un órgano judicial para que nombre árbitro («**formalización judicial del arbitraje**»).

Además, las partes tienen que acordar las **normas de procedimiento** del arbitraje. A falta de acuerdo, son los árbitros los que decidan bajo qué normas se va a desarrollar el procedimiento arbitral.

Para evitar estos posibles inconvenientes del arbitraje *ad hoc*, las partes pueden pactar de antemano que, a falta de nombramiento de árbitro, sea un tercero o una institución el que nombre al árbitro («**autoridad nominadora**»). Este tercero o institución no administra el arbitraje, sino que limita su intervención únicamente a nombrar árbitro. Igualmente, las partes pueden pactar de antemano que el procedimiento se desarrolle conforme a determinado reglamento o normas acordadas entre ambas.

En general, el arbitraje *ad hoc* es **recomendable** para la resolución de disputas que ya han surgido y sobre las que ambas partes están convencidas de la necesidad del sometimiento a arbitraje y dispuestas a colaborar para que dicho arbitraje se desarrolle con celeridad. En tales casos, el arbitraje *ad hoc* puede ser más rápido y permite flexibilidad del procedimiento.

Arbitraje institucional o administrado (L 60/2003 art.14) El arbitraje institucional es aquel en que las partes encomiendan a un **tercero** la administración del arbitraje y la designación de los árbitros. 5678

Esos terceros pueden ser:

- **corporaciones de Derecho público** y entidades públicas que puedan desempeñar funciones arbitrales según sus normas reguladoras; y
- **asociaciones** y entidades sin ánimo de lucro en cuyos estatutos se prevean funciones arbitrales.

La **corte arbitral** administra el arbitraje en el sentido de dar traslado de los escritos, ayudar a las partes a nombrar el tribunal arbitral, o nombrarlo ella directamente. Sin embargo, la corte no decide el asunto puesto que la resolución de la controversia corresponde al tribunal arbitral.

El arbitraje se tramita según el **reglamento de procedimiento** de la corte. Cada corte tiene un reglamento, generalmente publicado y accesible en su página web, que las partes pueden conocer de antemano.

5679 La modalidad del arbitraje institucional otorga **estabilidad** al **convenio arbitral** porque garantiza su aplicación, cuando surge la discrepancia, sin que las partes tengan nada que convenir y, sobre todo, sin que la parte no interesada en la resolución pueda torpedear el arbitraje dificultando la designación del árbitro o la concreción del procedimiento. La corte ayuda a las partes en el **nombramiento** de los **árbitros** de modo que, si las partes no se ponen de acuerdo sobre los árbitros, los nombra la corte. El método de nombramiento de los árbitros depende de lo que prevea el reglamento de cada corte: en algunas existen listas cerradas de árbitros, en otras la corte propone una breve lista de candidatos e intenta que las partes alcancen un acuerdo sobre los mismos, etc.
Asimismo, las cortes de arbitraje disponen de reglamentos ágiles, de tarifas preestablecidas y de listas muy completas de árbitros que hacen casi imposible la recusación de todos ellos. En efecto, la corte se ocupa de la gestión económica del arbitraje y fija los **honorarios** que pueden cobrar los árbitros.
Por estos servicios administrativos, las cortes de arbitraje cobran sus correspondientes derechos o aranceles en concepto de **costes de administración**.
La institución arbitral es **responsable** frente a las partes litigantes por los perjuicios que la propia institución o los árbitros puedan infligirles, sin perjuicio del derecho de repetición que la institución tenga contra los árbitros.

5680 Precisiones En contraposición, el **arbitraje «ad hoc»** implica que no hay ninguna institución arbitral que administre formalmente el arbitraje, de modo que las partes tienen que nombrar directamente al tribunal arbitral, sin la ayuda o asistencia de ninguna institución. Así pues, en el arbitraje *ad hoc* no deben sufragarse costes de administración de ninguna institución arbitral. Por otro lado, los honorarios de los árbitros son fijados con carácter general, por los propios árbitros, con referencia a criterios orientadores más generales que los que se dan en el arbitraje institucional y bajo parámetros no tasados ni conocidos previamente.

5681 Las entidades administradoras de arbitraje prevén tanto el **arbitraje de derecho** como el **arbitraje de equidad** por lo que, en el momento de suscribir el convenio arbitral y adherirse al sistema de una determinada entidad, debe explicitarse cuál es la modalidad de arbitraje elegida y si el laudo lo debe emitir un árbitro único o bien un tribunal arbitral compuesto por un determinado número de árbitros. En caso de que no se efectúe dicha previsión, el arbitraje es de derecho, con un único árbitro que ha de tener la condición de letrado.

2. Arbitraje internacional privado

5685 El arbitraje internacional tiene como particularidad que o bien intervienen **partes** de distinta nacionalidad o residencia, o bien se trata de resolver un **conflicto** sobre una relación comercial internacional.
Ante la inexistencia de una jurisdicción mercantil internacional la vía arbitral permite solventar discrepancias que no quieren residenciarse en una **jurisdicción nacional** o que su ejecución en puntos geográficos distintos dificulta la identificación de una jurisdicción nacional.
Los Estados se vinculan mediante **tratados internacionales**, los cuales forman parte de su derecho interno y es por ello que los laudos del arbitraje internacional, enmarcados en un tratado, tienen plena eficacia en los Estados que lo suscribieron. Entre ello, hay que destacar la Convención de Nueva York de 1958 sobre reconocimiento y ejecución de laudos extranjeros.
El **convenio arbitral** no puede incluir entre las cuestiones sometidas a arbitraje aquellas que sean de orden público.
En el arbitraje internacional también está establecido el **sistema institucional**, como es el caso por ejemplo del sistema arbitral de la Cámara de Comercio Internacional, que patrocina una Corte de Arbitraje y un sistema administrado.
Asimismo, en enero de 2020, en España inició su actividad el **Centro Internacional de Arbitraje de Madrid** (CIAM) con el objeto de favorecer y unificar la práctica del arbitraje comercial internacional y consolidar a nuestro país como sede de arbitraje.

5686 En este tipo de arbitraje cabe tanto el **arbitraje de derecho** como el **de equidad**. En el arbitraje de derecho las partes deben convenir la ley aplicable y, en su defecto, el procedimiento arbitral se regirá por el reglamento de procedimiento al que se hayan remitido, y subsidiariamente, por la ley de arbitraje de la sede o lugar donde se desarrolle el arbitraje.

Los **laudos internacionales** o extranjeros tienen plena virtualidad ante los jueces nacionales en virtud del exequátur o reconocimiento que les confiere la misma eficacia y efectos de cosa juzgada que una sentencia judicial. En virtud del **exequátur** se homologa el laudo extranjero y se le reconoce su carácter de cosa juzgada con plena fuerza ejecutiva en el Estado del juez que lo otorga, que no puede entrar en el fondo del litigio.
En **España**, además de la Corte de Arbitraje de la Cámara de Comercio Internacional, que tiene un Comité Español, existe el CIAM que aglutina los arbitrajes internacionales que se sometan expresamente a tal institución o, en su caso, a la Corte Española de Arbitraje, la Corte de Arbitraje de Madrid y la Corte Civil y Mercantil de Arbitraje.

Marco normativo (L 60/2003 art.3, 8.6, 9.6, 34.2, 39.5 y 46) La Ley de arbitraje concuerda con la normativa internacional sobre arbitraje privado y opta por una regulación unitaria del arbitraje interno (doméstico) y también del internacional. **5687**
La citada Ley recoge diversas reglas concretas en materia de arbitraje internacional:
• Tiene **carácter internacional** el arbitraje privado cuando:
a) Al momento de celebrarse las partes tengan domicilio en distintos Estados.
b) El lugar del arbitraje, el de cumplimiento del laudo, el lugar en que una parte sustancial de las obligaciones que origine la controversia o el lugar con el que esta tenga la relación más estrecha, esté situado fuera del Estado en que las partes tengan su domicilio.
c) La relación jurídica de la que surja la controversia afecte a intereses del comercio internacional (L 60/2003 art.3).
• El **convenio** es válido y la controversia arbitrable si se cumplen las normas jurídicas que las partes hayan elegido para regir el convenio arbitral, o por las normas jurídicas aplicables al fondo de la controversia, o por el derecho español (L 60/2003 art.9.6 y 34.2).

• Los tribunales españoles pueden dictar **medidas cautelares** a petición de quien acredite ser parte de un convenio arbitral con anterioridad al inicio de las actuaciones arbitrales, ser parte de un proceso arbitral pendiente en España, haber pedido la formalización judicial del arbitraje (a que se refiere la L 60/2003 art.15) o, en el caso de arbitraje internacional, haber solicitado encargo de arbitraje a una institución. Asimismo, sin perjuicio de lo expuesto en los tratados o convenios de aplicación, se pueden solicitar medidas cautelares a un tribunal español por quien acredite ser parte de un proceso arbitral que se siga en un país extranjero, si se dan los presupuestos legalmente previstos, salvo si los tribunales españoles tienen competencia exclusiva para conocer del asunto principal (LEC art.722). El tribunal competente para dictar esas medidas es el del lugar en el que el laudo deba ser ejecutado o en su defecto el del lugar donde las medidas deben producir su eficacia (L 60/2003 art.8.3). Los árbitros también pueden dictar medidas cautelares e instar el apoyo de los tribunales españoles. **5688**
• Los plazos para requerir **correcciones, aclaraciones y ampliaciones** al laudo y los de contestación por el árbitro, de 10 y 20 días, respectivamente, son de 1 y 2 meses, cuando el arbitraje sea internacional (L 60/2003 art.39.5).
• El **exequátur** o reconocimiento de laudos extranjeros se sigue por el Convenio de Nueva York de 10 de junio de 1958, sin perjuicio de lo dispuesto en otros convenios internacionales más favorables a su concesión, y se sustancia por lo previsto en la Ley de Enjuiciamiento Civil para las sentencias dictadas por tribunales extranjeros (L 60/2003 art.8.6 y 46).

Precisiones A nivel regional europeo existe el Convenio Europeo sobre el Arbitraje Comercial Internacional hecho en Ginebra el 21 de abril de 1961. Si bien, por su ámbito universal, resulta relevante la **Convención de Nueva York** de 10 de junio de 1958, ratificada por España en 1997 (BOE nº 164, 11-7-1997) que regula el reconocimiento y ejecución de sentencias y laudos internacionales y que es la que establece la L 60/2003 art.46 como norma por la que se regirá el exequátur de laudos extranjeros. **5689**
Dicha Convención se **caracteriza** por lo siguiente:
- establece el principio de territorialidad a favor del lugar donde tenga su sede el arbitraje;
- reconoce tanto el arbitraje *ad hoc* como el institucional o administrado;
- incorpora el reconocimiento de laudos dictados en el extranjero;
- el convenio arbitral que se suscriba vincula a los Estados contratantes y a los tribunales;
- la ejecución del laudo se somete a las reglas de ejecución del Estado donde se solicite la ejecución;
- el país que ejecuta el laudo no puede analizar el fondo del asunto del que deriva, puesto que es cosa juzgada, ni siquiera en el caso de que aparezcan documentos posteriores que pudieran modificarlo, lo que excluye el recurso de revisión.
El país en el que se ejecuta el laudo únicamente puede **negar el exequátur** por las causas limitadas previstas y, de no existir impedimento, debe ejecutar el laudo.

3. Arbitrajes privados especiales

5690

a.	Arbitraje laboral	5695
b.	Arbitraje de consumo	5700
c.	Arbitraje de seguro privado	5710
d.	Arbitraje de transporte terrestre	5715
e.	Arbitraje de propiedad intelectual	5720
f.	Arbitraje societario	5735
g.	Arbitraje testamentario	5740

a. Arbitraje laboral

5695 Los **contratos laborales** y los **convenios colectivos** pueden prever la vía arbitral para solventar discrepancias, si bien dicha vía arbitral queda expresamente excluida del ámbito de aplicación de la L 60/2003 de arbitraje.

Tanto en el Estatuto de los Trabajadores como en la Ley Reguladora de la Jurisdicción Social, aparece la referencia al arbitraje con el objeto de solucionar conflictos colectivos e individuales.

El Estatuto de los Trabajadores establece que la contratación laboral permite la vía arbitral para la resolución de los conflictos (ET art.91.2), si bien hay que precisar que:

1. **No pueden someterse a arbitraje** aquellas cuestiones vinculadas al contrato de trabajo o al convenio colectivo relacionadas con «derechos que tengan reconocidos por disposiciones legales de derecho necesario», ni aquellos «derechos reconocidos como indisponibles por convenio colectivo» (ET art.3.5).

2. El **arbitraje** laboral puede ser **de derecho o en equidad** y las partes pueden prevenir el procedimiento a seguir, con plena libertad y respeto a los principios de audiencia, contradicción e igualdad entre las partes.

5696 En definitiva, en el ámbito laboral existe la posibilidad del arbitraje privado, si bien el Estatuto de los Trabajadores no remite la **impugnación del laudo** a una acción de anulación, sino que remite a la vía jurisdiccional del orden social, con el mismo rango que la resolución de una discrepancia en materia de convenio colectivo lo que implica que se destruya la equivalencia con las sentencias judiciales que se otorga a los laudos arbitrales.

b. Arbitraje de consumo

5700 El Sistema Arbitral de Consumo es el instrumento que las Administraciones públicas ponen a disposición de los ciudadanos para resolver de modo eficaz los conflictos y reclamaciones que surgen en las relaciones de consumo, toda vez que la protección de los consumidores y usuarios exige que estos dispongan de mecanismos adecuados para resolver sus reclamaciones.

La ley define el **Sistema Arbitral de Consumo** como el sistema extrajudicial de resolución de conflictos entre los consumidores y usuarios y los empresarios o profesionales a través del cual, sin formalidades especiales y con carácter vinculante y ejecutivo para ambas partes, se resuelven las reclamaciones de los consumidores y usuarios, siempre que el conflicto no verse sobre intoxicación, lesión o muerte o existan indicios racionales de delito (RDLeg 1/2007 art.57.1).

A través del sistema arbitral de consumo las partes de forma **voluntaria** encomiendan a un órgano arbitral, que actúa con imparcialidad, independencia y confidencialidad, la decisión sobre la controversia o conflicto surgido entre ellos.

Esta **decisión**, **vinculante** para ambas partes, tiene la misma eficacia que una sentencia.

5701 La **regulación básica** del Sistema Arbitral de Consumo se contiene en:

• El RDLeg 1/2007 (art.57 y 58), por el que se aprueba el texto refundido de la Ley General para la Defensa de los Consumidores y Usuarios y otras leyes complementarias.

• El RD 231/2008, por el que regula el Sistema Arbitral de Consumo.

En lo no previsto por dichas normas, resulta de **aplicación supletoria** lo dispuesto en la L 60/2003, de arbitraje y, para el arbitraje electrónico y los actos realizados por vía electrónica, la L 39/2015 del Procedimiento Administrativo Común de las Administraciones Públicas.

La actividad de las **Juntas Arbitrales de Consumo**, órganos administrativos, se rige en lo no previsto por el RD 231/2008, por la L 39/2015, del Procedimiento Administrativo Común de las Administraciones Públicas.

Organismos (RD 231/2008 art.5.1, 5.2 y 8) El órgano administrativo que da cobertura al sistema arbitral de consumo es el **Instituto Nacional de Consumo**, dependiente del Ministerio de Sanidad y Consumo. 5702

Dicho organismo administra el arbitraje a través de las **Juntas Arbitrales de Consumo**, las cuales pueden ser de ámbito municipal, de mancomunidad de municipios, provincial y autonómica. Además, existe una **Junta Arbitral Nacional**. Estas juntas están compuestas por un presidente y un secretario, cargos que recaen en personal al servicio de las administraciones públicas.

Asimismo, los órganos arbitrales son quienes conocen de la controversia concreta y emiten el laudo. Estos son designados para cada caso concreto.

La Junta Arbitral de Consumo **competente** es aquella a la que ambas partes, de común acuerdo, sometan la resolución del conflicto.

Si no existe un acuerdo expreso de las partes, es competente la Junta Arbitral territorial en la que tenga su **domicilio el consumidor**. En este caso, cuando existan varias Juntas Arbitrales territoriales competentes, debe conocer el asunto la de inferior ámbito territorial.

No obstante, si existe una **limitación territorial** en la oferta pública de adhesión al Sistema Arbitral de Consumo, es competente la Junta Arbitral de Consumo a la que se haya adherido la empresa o profesional, y si estas fueran varias, aquella por la que opte el consumidor.

Ámbito objetivo (RDLeg 1/2007 art.57.1; RD 231/2008 art.2) Pueden resolverse a través del sistema arbitral de consumo todos los **conflictos** que afecten a los derechos legal o contractualmente reconocidos a los consumidores y usuarios, con independencia de su cuantía. 5703

No obstante, quedan **excluidas** del arbitraje de consumo:

- Las materias sobre las que las partes no ostenten la libre disposición.
- Los conflictos que versen sobre intoxicación, lesión, muerte o existan indicios racionales de delito, incluido la responsabilidad por daños y perjuicios directamente derivada de ellos.

Procedimiento arbitral (RD 231/2008 art.33 a 50) Se inicia con la formalización de una **solicitud** de arbitraje, que puede presentarse en la Junta Arbitral de Consumo directamente o a través de una asociación de consumidores. 5704

Una vez recibida la solicitud se comprueba que la solicitud reúne los requisitos exigidos legalmente y que la reclamación puede ser resuelta a través del Sistema Arbitral de Consumo.

Si el **empresario o profesional** reclamado está adherido al sistema, el presidente de la Junta Arbitral acuerda la iniciación del procedimiento arbitral. Si no lo está, se le traslada la solicitud para que en el plazo de 15 días manifieste si acepta resolver el conflicto a través del Sistema Arbitral de Consumo o si rechaza la invitación a utilizar este sistema.

Si el empresario o profesional opta por **rechazar la invitación** al arbitraje o no contesta en el plazo concedido, se archiva la solicitud sin más trámites, dado el carácter voluntario del Sistema.

Si el empresario o profesional opta por **aceptar la invitación** al arbitraje, desde ese momento se considera iniciado el procedimiento arbitral.

Cuando no existan causas para la inadmisión de la solicitud de arbitraje y salvo que las partes se opongan a la **mediación** o esta haya sido intentada antes sin lograr un acuerdo entre ellas, la Junta Arbitral de Consumo a través de los procedimientos que cada una de ellas tenga establecidos debe intentar que las partes alcancen un acuerdo sin necesidad de contar con la intervención de los árbitros. 5705

Los **mediadores**, al igual que los árbitros, están sujetos en su actuación a los principios de independencia, imparcialidad y confidencialidad (RD 231/2008 art.38).

El intento de mediación puede suspender durante un mes el **plazo** máximo previsto para dictar el laudo (6 meses).

Iniciado el procedimiento arbitral, el **presidente** de la Junta por turno de la lista de árbitros acreditados ante la Junta Arbitral de Consumo designa un árbitro o un colegio arbitral para conocer el conflicto. 5706

Se designa **árbitro único**:

- cuando las partes así lo acuerden;
- salvo oposición de estas, cuando lo acuerde el presidente de la Junta Arbitral de Consumo, siempre que la cuantía de la controversia sea inferior a 300 euros y que la falta de complejidad del asunto así lo aconseje.

El árbitro único se designa entre los árbitros acreditados propuestos por la Administración pública, salvo que las partes, de común acuerdo, soliciten por razones de **especialidad** que dicha designación recaiga en otro árbitro acreditado (RD 231/2008 art.19).

En el resto de los casos, conoce de los asuntos un **colegio arbitral** integrado por tres árbitros acreditados elegidos cada uno de ellos entre los propuestos por:
- la Administración pública;
- las asociaciones de consumidores y usuarios; y
- las organizaciones empresariales o profesionales (RD 231/2008 art.20).

Los árbitros actúan de forma colegiada, asumiendo la **presidencia** el árbitro propuesto por la Administración. No obstante, las partes de común acuerdo pueden solicitar la designación de un presidente del órgano arbitral colegiado distinto del árbitro propuesto por la Administración pública, cuando la especialidad de la reclamación así lo requiera o en el supuesto de que la reclamación se dirija contra una entidad pública vinculada a la Administración a la que esté adscrita la Junta Arbitral de Consumo.

5707 A lo largo de todo el procedimiento las partes son oídas dándoles traslado de todos los documentos, alegaciones o pruebas que se presenten. En particular, se les requiere expresamente para la **contestación de la solicitud** y para la **audiencia**, en la que pueden manifestar cuánto estimen conveniente sobre el conflicto existente.

En cualquier momento antes de que finalice la audiencia, las partes pueden modificar o ampliar la solicitud y la contestación, pudiendo plantearse reconvención frente a la parte reclamante.

El Colegio acuerda las **pruebas** que estima pertinentes bien por propia iniciativa o la de las partes.

Cuando las pruebas se acuerdan **de oficio** por el Colegio Arbitral, estás son costeadas por la Administración de la que dependa la Junta Arbitral de Consumo. En caso de que se proponga **por las partes**, el pago de las pruebas es asumido por estas.

5708 El procedimiento finaliza con un **laudo** que como una sentencia judicial resuelve el conflicto y tiene eficacia de cosa juzgada.

Si las partes llegaran a un acuerdo por sí mismas a lo largo del procedimiento, este se recoge en el llamado **laudo conciliatorio**, con el fin de que tenga también la misma eficacia que si de una sentencia judicial se tratase.

Contra el laudo dictado por el Colegio Arbitral solo cabe el **recurso de anulación** ante la Audiencia Provincial en un plazo de dos meses desde la notificación a los interesados y el **recurso de revisión**, conforme a lo establecido en la legislación procesal para las sentencias judiciales firmes.

c. Arbitraje de seguro privado

5710 El arbitraje constituye también una vía de solución de controversias en el ámbito de los seguros privados.

La L 20/2015 art.97 de ordenación, supervisión y solvencia de las entidades aseguradoras y reaseguradoras establece **tres vías** para la resolución de controversias que puedan surgir entre los tomadores de seguro, asegurados, beneficiarios, terceros perjudicados o derechohabientes de cualquiera de ellos con las entidades aseguradoras:

1. Los jueces o tribunales competentes.
2. El arbitraje de consumo.
3. El arbitraje privado de la L 60/2003 de arbitraje.

d. Arbitraje de transporte terrestre

5715 Las **Juntas Arbitrales del Transporte** se han creado en todas las Comunidades Autónomas y en las ciudades de Ceuta y Melilla, su objeto principal es resolver reclamaciones de carácter mercantil relacionadas con el cumplimiento de los contratos de transporte terrestre y de actividades auxiliares y complementarias del transporte.

La **regulación básica** de las Juntas Arbitrales de Transporte se contiene en:
- La L 16/1987 de Ordenación de los Transportes Terrestres (art.37 y 38).
- El Reglamento de esta Ley, aprobado por RD 1211/1990 art.6 a 12.
- La L 15/2009 del Contrato de Transporte Terrestre de Mercancías (art.32, 34, 40 y 44).
- La OM FOM/3386/2010 que sustituye la OM 30-3-01, por la que se establecen normas para la realización por las Juntas Arbitrales del Transporte de funciones de depósito y enajenación de mercancías.
- Las normas de las distintas CCAA que las han constituido.

Ámbitos objetivo y subjetivo (L 16/1987 art.38) Las Juntas Arbitrales de Transporte son las únicas competentes para resolver estas reclamaciones cuando: 5716
- la **cuantía** de la controversia **no excede de 15.000 euros**; y
- ninguna de las partes que intervienen en el contrato ha manifestado expresamente a la otra su voluntad de excluir la competencia de las Juntas Arbitrales antes de que se inicie o debiera haberse iniciado conforme a lo pactado la realización del servicio contratado.

Si dicha cuantía **excede de 15.000 euros**, para que sean competentes las Juntas Arbitrales es necesario que las partes intervinientes, de común acuerdo, sometan a su conocimiento la controversia de que se trate.

Precisiones Con efectos a partir del **25-7-2003** la **cuantía máxima** para presumir competentes a las Juntas Arbitrales de Transporte se ha incrementado de 6.000 a 15.000 euros, reforzándose así la capacidad de actuación de dichas Juntas (L 16/1987 art.38.1).

Las Juntas Arbitrales del Transporte resuelven reclamaciones e intervienen en conflictos, de contenido económico, en relación con los siguientes **transportes terrestres** (carretera, ferrocarril y cable): 5717
- Urbanos (autobús, taxi, tranvía, funicular, etc.).
- Interurbanos (autocar, taxi, ferrocarril, etc.).
- De mercancías (carga completa, fraccionada, etc.).
- De viajeros (regular, discrecional, turístico, alquiler de vehículos, etc.).

Se incluyen tanto los transportes internos como los internacionales y los intermodales cuando uno de los modos es terrestre (carretera-barco, ferrocarril-aéreo, etc.).

Cualquier **usuario, transportista, cargador o intermediario** que sea parte contratante en un transporte, puede acudir a la Junta Arbitral, sin abogado ni procurador (RD 1211/1990 art.9.6).

Competencias de la Junta Arbitral de Transporte (RD 1211/1990 art.6; L 16/1987 art.38) La Junta Arbitral del Transporte es el órgano institucional que sustituye a los juzgados y tribunales en las reclamaciones de su competencia y: 5718

1. Resuelven obligatoriamente todas las **reclamaciones económicas** que no excedan de 15.000 euros, derivadas de cualquier contrato de los transportes antes citados, salvo que una de las partes hubiera manifestado expresamente a la otra su voluntad de excluir su competencia antes de que se inicie o debiera haberse iniciado la realización del servicio contratado.

También puede intervenir en reclamaciones de más de 15.000 euros si hay pacto expreso en ese sentido, o las partes convienen en ello.

2. Dictaminan e **informan** sobre las condiciones de cumplimiento de los contratos de transporte y sus cláusulas de ejecución.

3. Intervienen en el **depósito, valoración y enajenación** de **mercancías** cuyos portes no se paguen por el destinatario obligado a ello, si la reclamación se presenta en el plazo de diez días naturales (RD 1211/1990 art.10.1).

Realizan, asimismo, el depósito y enajenación de las mercancías transportadas cuando no sea posible realizar la entrega y corran riesgo de perderse (RD 1211/1990 art.10); y actúan como depositarias de mercancías rehusadas o cuya entrega es imposibilitada al llegar a su destino (RD 1211/1990 art.10 y 11).

4. Realizan **depósitos y peritaciones cautelares** previos al arbitraje cuando haya dudas y discusiones sobre el estado de las mercancías transportadas.

Procedimiento (RD 1211/1990 art.7.2, 9.6, 9.8, 9.9) La intervención de las Juntas es **gratuita**. 5719

Un simple **escrito de reclamación** y un único trámite de vista, rápido y antiformalista, bastan para resolver las reclamaciones que se planteen.

La reclamación se presenta, a elección del reclamante, en la Junta Arbitral del **lugar** de origen o destino del transporte o de celebración del contrato, salvo que se hubiera pactado de forma expresa al suscribir el contrato la sumisión a una Junta concreta.

Si el reclamante no puede comparecer ante la Junta, con un simple escrito puede otorgar su **representación** a otra persona.

El **laudo** o acuerdo de la Junta sustituye a la sentencia o decisión judicial y produce efectos idénticos a la cosa juzgada.

e. Arbitraje de propiedad intelectual

En materia de propiedad intelectual, podemos definir **tres tipos** de arbitraje: 5720
- el arbitraje general de propiedad intelectual de la L 60/2003;
- el arbitraje especial de la Comisión de Propiedad Intelectual (**CPI**) (nº 5728); y
- el arbitraje internacional de la Organización Mundial de la Propiedad Intelectual (**OMPI**) (nº 5731).

5721 **Arbitraje general de propiedad intelectual** (L 60/2003 art.1.3) Este arbitraje es de aplicación supletoria a los arbitrajes previstos en otras Leyes y, por tanto, al arbitraje previsto en la Ley de Propiedad Intelectual.

5722 **Ámbito subjetivo** Teniendo en cuenta el ámbito de protección de la Ley de Propiedad Intelectual (RDLeg 1/1996, por el que se aprueba el Texto Refundido de la Ley de Propiedad Intelectual, en adelante **LPI**), hay básicamente **cuatro tipos de relaciones jurídicas** susceptibles de ser sometidas a arbitraje:

a) Entre titulares de derechos de propiedad intelectual entre sí (es decir, entre autores, artistas, intérpretes o ejecutantes, productores, realizadores de meras fotografías, editores, entidades de radiodifusión y beneficiarios de la protección del derecho *sui generis* de bases de datos).

b) Entre titulares de derechos de propiedad intelectual y entidades de gestión.

c) Entre las propias entidades de gestión entre sí.

d) Entre entidades de gestión y los intermediarios que utilizan las obras para que las disfrute el público en general, como sucede con la explotación que corresponde a las asociaciones de usuarios o a las entidades de radiodifusión o de distribución por cable.

5723 **Ámbito objetivo** (L 60/2003 art.2.1) Teniendo en cuenta que el arbitraje debe recaer únicamente sobre materias de libre disposición de las partes conforme a Derecho, la determinación casuística de las cuestiones que son o no arbitrables debe remitirse a la práctica arbitral y la jurisprudencia. De acuerdo con dicho criterio, podemos considerar arbitrables las siguientes cuestiones:

a) Los **derechos de explotación** (derechos de reproducción, distribución, comunicación pública y transformación, son en general materia arbitrable dado que generalmente los titulares de derechos de propiedad intelectual pueden disponer libremente de sus derechos patrimoniales).

b) Los **derechos morales** generan cierta controversia puesto que se trata de derechos inalienables que derivan de la personalidad del autor. La doctrina mayoritaria los considera no arbitrables alegando que el derecho moral del autor forma parte del derecho fundamental de la integridad de la persona y su personalidad. Sin embargo, existen derechos morales que en ocasiones comportan cierto valor económico, como en aquellos casos en los que su violación permite que se exija una responsabilidad patrimonial de carácter económico. En tales supuestos, en los que los derechos morales son renunciables y pueden ser objeto de acuerdo, estos pueden ser objeto de arbitraje.

5724 **Especialidades** En materia de propiedad intelectual, las especialidades respecto del procedimiento arbitral común se hallan básicamente en:

- la designación del órgano arbitral;
- la adopción de medidas cautelares y;
- la práctica de la prueba pericial.

5725 En cuanto a la **designación del órgano arbitral**, cabe destacar que en materia de propiedad intelectual es frecuente la opción por la equidad en la resolución de las controversias. Por la especialización y tecnicidad de las controversias el árbitro más idóneo, en muchas ocasiones, no es el árbitro conocedor del derecho, sino el árbitro especializado en la materia objeto de controversia. Esta circunstancia es la que suele hacer aconsejable acudir a este tipo de arbitraje de equidad y, especialmente, en casos de conflictos internacionales de modo que los árbitros no tengan que fundamentar su decisión en las leyes de un país concreto sino en su leal saber y entender.

Para cuestiones complejas se suele acudir a un tribunal compuesto de tres árbitros, circunstancia que facilita que cada parte elija al árbitro que considere más apropiado y que se combinen diferentes tipos de conocimientos, legales y técnicos, entre los árbitros que dirimen los conflictos.

5726 En materia de **medidas cautelares**, tras la reforma de la LO 5/2011, complementaria de la L 11/2011 de reforma de la L 60/2003 de Arbitraje y de regulación del arbitraje institucional en la Administración General del Estado para la modificación de la Ley Orgánica del Poder Judicial, se regula expresamente la competencia judicial objetiva para conocer de una solicitud de medidas cautelares en función de apoyo judicial al arbitraje. Se han despejado así las dudas respecto a que la competencia para la adopción de medidas cautelares en apoyo al arbitraje, corresponde a los juzgados de primera instancia y no a los mercantiles.

En materia de propiedad intelectual tienen gran importancia las **medidas cautelares previas**; es decir, aquellas que se adoptan antes del comienzo de las actuaciones arbitrales, por la urgencia que en ocasiones se requiere para frenar comportamientos fraudulentos de los derechos de autor. En este sentido, pese a que la L 60/2003 art.11.3 reconoce la competencia de los órganos judiciales a la hora de adoptar medidas cautelares con anterioridad al inicio del arbitraje, nada se dice sobre esta competencia por parte de los árbitros. Por tanto, los árbitros únicamente pueden adoptar este tipo de medidas en aquellos procesos arbitrales administrados por una institución arbitral cuyo Reglamento prevea tal posibilidad.

En cuanto a la **prueba pericial**, si los árbitros ostentan la condición de expertos en la materia, como suele ser habitual, es posible que dicha prueba resulte innecesaria e incluso sea rechazada por los árbitros por tal motivo. **5727**

Arbitraje especial de la Comisión de Propiedad Intelectual (LPI art.193) La Comisión de Propiedad Intelectual (**CPI**) se constituye como un órgano colegiado de **ámbito nacional** integrado en el Ministerio de Cultura y Deporte para el ejercicio de las funciones de mediación, arbitraje y de salvaguarda de los derechos de propiedad intelectual que le atribuye la ley. **5728**
La CPI actúa a través de **dos secciones**:
• La **sección 1ª** se encarga de las funciones de **mediación y arbitraje**. En el caso de la mediación, se han ampliado sus funciones a todas las materias directamente relacionadas con la gestión colectiva de los derechos de propiedad intelectual. Y en el caso del arbitraje sus funciones se han ampliado a los conflictos que puedan surgir entre distintas entidades de gestión, entre los titulares de derechos y las entidades de gestión, y entre estas y las entidades de radiodifusión.
• La **sección 2ª** se encarga de las funciones previstas en los art.8 y concordantes de la L 34/2002, de Servicios de la Sociedad de la Información y de Comercio Electrónico, para la salvaguarda de los derechos de propiedad intelectual frente a su vulneración por los responsables de **servicios de la sociedad de la información**.

Ámbito subjetivo (LPI art.194) El arbitraje de la sección 1ª resuelve los **conflictos** que, previo sometimiento de las partes, se susciten: **5729**
- entre las entidades de gestión;
- entre los titulares de derechos y las entidades de gestión; y
- entre las entidades de gestión y las asociaciones de usuarios de su repertorio o las entidades de radiodifusión o de distribución por cable, a las que explícitamente se refiere la ley por razón de su envergadura económica.

Precisiones Por «asociaciones de usuarios de su repertorio» se hace referencia a las **asociaciones de usuarios** constituidas por empresarios (propietarios de locales de entretenimiento, productores discográficos, etc.) que se sirven del repertorio gestionado por las entidades de gestión con fines lucrativos, sin incluir, por tanto, a los usuarios finales.

Procedimiento (RD 1023/2015 art.14 a 30) Los dos procedimientos de arbitraje existentes en la CPI son: **5730**
1. El procedimiento general de arbitraje.
2. El procedimiento arbitral destinado a fijar, sustituir y controlar la cantidad sustitutoria de las tarifas generales.
El **procedimiento general de arbitraje** da inicio como consecuencia de la existencia de un convenio o cláusula arbitral que vincule a las partes, o bien mediante solicitud de una parte instando que se dé traslado de la misma a la otra parte para que manifieste si desea someterse al arbitraje requerido.
El procedimiento de arbitraje para **fijar una cantidad sustitutoria de las tarifas generales** tiene su razón de ser en que las entidades usuarias de los derechos de propiedad intelectual para acceder al repertorio de una entidad de gestión y obtener la correspondiente autorización, deben hacer efectiva bajo reserva o consigna judicial la cantidad exigida por la entidad de gestión de acuerdo con las tarifas generales (LPI art.163). En el supuesto de que no estén de acuerdo con las tarifas establecidas por la entidad, la LPI art.194 admite que la cantidad prevista en las tarifas se sustituya por otra diferente, manifestando al respecto que la CPI, a solicitud de la propia entidad de gestión afectada, de una asociación de usuarios o de una entidad de radiodifusión, actuará en su función de arbitraje, fijando una cantidad sustitutoria de las tarifas generales, en tanto se resuelva sobre la corrección de esta, siempre que se sometan, por su parte, a la competencia de la Comisión.

Arbitraje internacional de la Organización Mundial de la Propiedad Intelectual El Centro de Arbitraje y Mediación de la Organización Mundial de la Propiedad Intelectual -**OMPI**- (en adelante, el **Centro**), con sede en Ginebra, fue creado en 1994 para promover la solución alternativa de conflictos, especialmente en el campo de la tecnología, nombres de dominio y propiedad intelectual a escala mundial, aunque resulta apropiado para cualquier tipo de disputa en el ámbito del comercio. **5731**

Tiene una **doble función**: administra varios procedimientos para resolver controversias bajo cualquiera de sus Reglamentos de solución de conflictos, y asesora en materia de solución de controversias, realizando para ello publicaciones, asistencia técnica, prácticas formativas, etc.
El Centro de Arbitraje y Mediación de la OMPI ha elaborado dos **tipos de reglamentos arbitrales**: el Reglamento de Arbitraje (general) y el Reglamento de Arbitraje Acelerado. Este último está previsto para aquellas disputas susceptibles de una resolución rápida o, en mayor medida, acelerada.

5732 **Procedimiento** Las partes ostentan un alto poder de disposición sobre el proceso, pudiendo elegir, entre otros, la ley aplicable a la controversia, el lugar del arbitraje, así como el idioma del mismo. Ahora bien, si las partes no llegan a ningún acuerdo al respecto, el **lugar del arbitraje** es determinado por el Centro y se considera que el laudo ha sido dictado en dicho lugar; mientras que la **ley aplicable** al arbitraje es la ley arbitral del lugar del arbitraje (Reglamento OMPI art.38).
El **idioma**, salvo acuerdo en contrario de las partes, es el del convenio arbitral, excepto si el tribunal decide otra cosa habida cuenta de cualquier observación formulada por las partes y de las circunstancias del arbitraje (Reglamento OMPI art.39).
Las partes deciden el **número de árbitros** que desean que dirima la controversia, y si no lo hacen, el tribunal ha de constar de un solo árbitro, salvo cuando discrecionalmente el Centro determine que dadas las circunstancias del caso resulta apropiado contar con tres árbitros.

5733 En la **fase probatoria** de los procedimientos de propiedad intelectual puede darse una posible contradicción entre la publicidad necesaria para alcanzar la protección registral de una marca, una patente, etc., y el secreto para preservar la competitividad empresarial. En este sentido, el Reglamento OMPI reconoce la posibilidad de realizar una prueba compleja y sensible a la confidencialidad, de modo que se regula la posibilidad de alegar la realización de determinados experimentos (exámenes u otros procesos de verificación) y su repetición en presencia de la otra parte (Reglamento OMPI art.51); la inspección *in situ* de la maquinaria, instalación, línea de producción, modelo, película, etc.
Asimismo, ante la eventual complejidad y tecnicidad de las disputas de propiedad intelectual, se permite al tribunal que, previa consulta con las partes, nombre a uno o más **peritos independientes** para que informen sobre cuestiones concretas (Reglamento OMPI art.57).
En cuanto a **medidas cautelares**, a petición de cualquiera de las partes, el tribunal puede dictar cualquier orden o medida provisional respecto del objeto de controversia tales como ordenar que los bienes se depositen en manos de un tercero o se vendan los bienes perecederos (Reglamento OMPI art.48). El poder que se le confiere al árbitro es amplio para determinar la medida que se considere más adaptada a las necesidades de las partes, aunque siempre a petición de parte. El tribunal puede supeditar la concesión de dichas medidas a una garantía apropiada.

5734 **Arbitraje acelerado** Es un procedimiento arbitral en el que se dicta un laudo en un **plazo** más breve y a **costo** reducido, manteniéndose salvaguardadas las garantías necesarias. Diferentes instituciones arbitrales como la ICC, la AAA y la OMPI han recogido este tipo de arbitraje en sus Reglamentos.
El Reglamento de Arbitraje Acelerado de la OMPI incluye determinados aspectos que permiten acelerar el **proceso**: el escrito de demanda se presenta junto con la solicitud de arbitraje, un único árbitro dirime la controversia, las tasas de registro y administrativas son inferiores, las audiencias son condensadas y se reducen los plazos en las distintas etapas del procedimiento arbitral.
El Reglamento de Arbitraje Acelerado se aplica en la práctica básicamente a **controversias** relativas a marcas, conflictos de software y controversias relacionadas con producciones artísticas.

Precisiones A este tipo de arbitraje en **inglés** se le denomina *fast track arbitration* o *expedited arbitration*.

f. Arbitraje societario

5735 **Ámbito subjetivo** (L 60/2003 art.11 bis) Bajo el nombre de «arbitraje estatutario» la Ley de Arbitraje regula la posibilidad de que las **sociedades de capital** puedan someter a arbitraje los conflictos que en ellas se planteen.
Si bien no especifica qué sucede con las sociedades **unipersonales**, cabe entender, según ha sido doctrinalmente reconocido, que se debe extender a las mismas la posibilidad de arbitraje, tal y como sucede con los pactos parasociales. No ocurre lo mismo con los **grupos de sociedades**, puesto que no existe una definición uniforme sobre la composición de grupo social que pueda ser aplicada a la normativa arbitral.

Ámbito objetivo (L 60/2003 art.11 bis) Para que opere la sumisión a arbitraje el convenio arbitral tiene que figurar incorporado a los **estatutos sociales** o bien debe haber un **contrato** con este solo propósito. Si la cláusula arbitral figura en los estatutos sociales vincula a todos los socios actuales y futuros. También puede incluirse en los pactos parasociales, aunque en los estatutos no exista una cláusula al respecto. **5736**

La introducción en los estatutos sociales de una cláusula de sumisión a arbitraje requiere el **voto favorable** de, al menos, dos tercios de los votos correspondientes a las acciones o a las participaciones en que se divida el capital social. Los estatutos sociales pueden establecer que la impugnación de los acuerdos sociales por los socios o administradores quede sometida a la decisión de uno o varios árbitros, encomendándose la administración del mismo y la designación de los árbitros a una institución arbitral.

Precisiones El laudo que declare la **nulidad de un acuerdo inscribible** ha de inscribirse en el Registro Mercantil, publicándose un extracto en el Boletín Oficial del Registro Mercantil. En el caso de que el acuerdo impugnado estuviese inscrito en el Registro Mercantil, el laudo determina, además, la cancelación de su inscripción, así como la de los asientos posteriores que resulten contradictorios con ella (L 60/2003 art.11 ter).

g. Arbitraje testamentario

(L 60/2003 art.10)

El arbitraje testamentario se produce como consecuencia de la estipulación testamentaria ante cualquier controversia que se pueda generar en la interpretación del cumplimiento de la **última voluntad del testador**. Está regulado por la L 60/2003 art.10 que establece que «será válido el arbitraje instituido por disposición testamentaria para solucionar diferencias entre herederos no forzosos o legatarios por cuestiones relativas a la distribución o administración de la herencia». Resuelve, por tanto, las diferencias que surjan entre herederos no forzosos y legatarios, por lo que quedan **excluidos** del arbitraje testamentario los legitimarios. **5740**

Al amparo de esta disposición es posible establecer pactos de herederos previos al fallecimiento del causante que dispongan el arbitraje.

Se trata de una modalidad del arbitraje sucesorio que puede establecerse por un **convenio arbitral ordinario**, es decir, mediante acuerdo de los sucesores que van a ser parte en el procedimiento arbitral, destinado a resolver una controversia sobre la herencia a la que están llamados.

Precisiones En el arbitraje testamentario no se requiere la previa formalización de un convenio arbitral, de carácter bilateral. Esto se aparta del régimen general de la Ley de Arbitraje que requiere la existencia de un convenio arbitral para que el proceso pueda formalizarse. Así, el testamentario es una modalidad del arbitraje sucesorio y su especialidad viene dada por la **ausencia de convenio** entre quienes van a ser parte del procedimiento arbitral, a los que se impone la voluntad del testador.

4. Arbitraje privado con la Administración como árbitro

Se trata del procedimiento de resolución de conflictos privados en el que árbitro es una entidad de derecho público con competencia administrativa sobre una materia similar a la que trata el arbitraje, el cual afecta cuestiones de derecho privado. **5745**

Por el **tipo de materias**, cabe diferenciar entre:

a) Arbitraje privado con árbitro público, si el árbitro público resuelve en el arbitraje materias de Derecho privado;

b) Arbitraje público con árbitro público si el árbitro resuelve cuestiones propias de su competencia.

En caso de que ambos tipos de arbitraje se sometan al ámbito de aplicación de la L 60/2003, la única vía de **impugnación** es la acción de anulación propia de la jurisdicción civil.

Ejemplos de este tipo de arbitrajes son los que administran la Comisión Nacional de la Energía (CNE), y la Comisión del Mercado de Telecomunicaciones (CMT).

5. Arbitraje electrónico («on line dispute resolution»)

Como consecuencia de la implantación de las nuevas tecnologías, en internet existen proveedores de arbitrajes «on line» que permiten la existencia del denominado arbitraje electrónico. **5750**

Teniendo en cuenta que los soportes electrónicos tienen idéntico valor y fuerza que los documentos físicos y que las exigencias del hecho electrónico no deben alterar las exigencias jurídicas del negocio de que se trate, cabe concluir que el arbitraje electrónico no presenta **diferencias** sustanciales con el **arbitraje común**, más allá de la vía por la que se instrumenta que es la electrónica.

5751 Precisiones 1) Desde el punto de vista legal es posible cumplir con la **formalidad escrita** que requiere el convenio arbitral en soporte informático por el principio de equivalencia funcional.
El **principio de equivalencia funcional** del soporte informático está reconocido en la LEC art.135.5 y L 60/2003 art.9.3, en los que se permite la utilización del instrumento electrónico, y también en la jurisprudencia del Tribunal Supremo.
Esta previsión no está específicamente contemplada en el Convenio de Nueva York, si bien en su artículo VI establece un principio pro arbitraje que puede favorecer esa interpretación. Por su parte, la Ley Modelo CNUDMI/UNICITRAL de 21 de junio de 1985 ya prevé la utilización de medios de telecomunicaciones para hacer efectivo el convenio de arbitraje.
2) La **normativa de interés** de este tipo de arbitraje se contiene en: Ley Modelo CNUDMI sobre comercio electrónico de mayo-junio 1996; la L 34/2002 (LSSI); la Dir 2002/58/UE; el Rgto (UE) 910/2014; las Recomendaciones (CE) 1998/257 y 2001/310, y la Convención sobre Reconocimiento y Ejecución de Sentencias Arbitrales Extranjeras de Nueva York, 1958; Libro Verde ADR (*Alternative, Dispute Resolution*) y las iniciativas de organizaciones como la CCI, Global Business Dialogue, American Bar Association y American Arbitration Association.

5752 **Tipologías** En el arbitraje electrónico (también denominado *on-line Dispute Resolution* o *ODR*), hay que diferenciar entre:
- el **arbitraje electrónico integral**, que supone que todas las relaciones y trámites del proceso se desarrollan *on-line*; y
- el sistema que podemos llamar **híbrido**, que supone que conviven trámites *on-line* con otros mecanismos tradicionales (correo electrónico, videoconferencia, documentación física, reuniones, cd-rom, etc.).

5753 **Procedimiento** A efectos de evitar problemas, es recomendable que las partes pacten la **sede** del arbitraje internacional y electrónico junto con la elección de las **normas** jurídicas sustantivas y procesales aplicables al proceso arbitral.
Las partes y el árbitro deben encontrarse asimismo en condiciones de igualdad de recursos tecnológicos, así como en condiciones de conexidad entre ellas para que la comunicación electrónica sea posible. Por ello es recomendable establecer un protocolo de comunicación electrónica que obliga a que las partes dispongan de **firma electrónica** que garantice la autenticidad de la identidad de las partes, la integridad del documento y la confidencialidad de las comunicaciones y también impida el rechazo de las mismas.
De este modo se pueden transmitir entre las partes y el árbitro las notificaciones y los escritos procesales correspondientes, pudiendo complementarse dicha vía de comunicación con el **envío** de los **documentos originales**, únicamente al árbitro, que los contrastará con sus copias en soporte informático.
El **laudo** puede ser firmado electrónicamente por los árbitros y para su protocolización, esta puede hacerse en documento físico o bien puede utilizarse el sistema de firma electrónica notarial.
La celebración de **vistas** para la práctica de pruebas, formulación de conclusiones u otros se puede realizar de forma presencial, con grabación del acto, o mediante videoconferencias, que pueden asimismo quedar también registradas.
La situación derivada de la **COVID-19** supuso que las instituciones arbitrales adoptaran modificaciones en sus respectivos reglamentos y emitieran notas con el objeto de evitar la paralización de la actividad y garantizar el desarrollo del arbitraje.
Tanto el CIAM como la CAM elaboraron notas sobre organización de **audiencias virtuales** con el objeto de facilitar a los usuarios para la preparación y celebración de audiencias virtuales.

6. Arbitraje de inversión

5754 El arbitraje de inversión es un procedimiento para resolver **disputas** que se susciten entre **inversores extranjeros y los Estados**, ante actuaciones estatales que vulneren los compromisos adquiridos en tratados internacionales para la promoción y protección recíproca de las inversiones.
Anteriormente, los inversores extranjeros únicamente podían hacer valer sus pretensiones ante el poder judicial del Estado receptor de la inversión, pero existía una percepción de cierta desigualdad. El arbitraje de inversión pone fin a esta cuestión.
Para que un inversor pueda acudir a un arbitraje de inversión es necesario que el **Estado de acogida** preste su **consentimiento**. En general, los Estados prestan su consentimiento a través de los Acuerdos o Tratados Internacionales de Inversión.
La **institución de referencia** en arbitraje de inversión es el Centro Internacional de Solución de Controversias de Inversión (CIADI) creado a través del Convenio sobre arreglo de diferencias

relativa a inversiones entre Estados y nacionales de otros Estados, hecho en Washington el 18 de marzo de 1965 (Convenio de Washington).
También encontramos **otras** como la Cámara de Comercio de Estocolmo (SCC), la Corte Permanente de Arbitraje (PCA) y la Cámara de Comercio Internacional (CCI).

D. Fijación contractual de la intervención de un tercero independiente para solucionar controversias

En la actualidad, muchas empresas están optando por introducir a un tercero independiente como mecanismo de resolución de controversias. Dicho tercero actúa a modo de árbitro dirimente en la controversia. **5755**
Este tipo de mecanismo se asimila a un **arbitraje «ad hoc»** y, por tanto, no existe regulación legal al respecto distinta de la que las partes quieran adoptar.
Las fórmulas son múltiples ya que este mecanismo tiene la ventaja de que es **pactado en su integridad** por las partes en el momento de configuración del contrato. De este modo lo que se intenta es, además de fijar la persona o personas que han de resolver la controversia, regular íntegramente el procedimiento, así como la eventual revisión de esa decisión, en muchas ocasiones, por otro organismo arbitral, o el acceso a un segundo órgano arbitral como dirimente.

Precisiones Es frecuente establecer cláusulas en las que se somete la disputa no solo a arbitraje sino también, con carácter previo, a algún **otro método alternativo** de resolución de la disputa, como la negociación, la mediación, a la opinión no definitiva de un experto. En estos casos se pueden pactar cláusulas más o menos complejas, en las que, por ejemplo, las partes se obliguen a **negociar** de buena fe durante un determinado periodo de tiempo (15 días, un mes, seis meses) antes de que se pueda iniciar un arbitraje; o en las que se establezca el sometimiento de la disputa a **mediación** o a la opinión de un experto, de forma que solo si la mediación fracasa o la opinión del experto no es acatada, se abre la vía del arbitraje. **5756**
En sectores con especial complejidad técnica, es habitual someter la controversia al criterio dirimente de un o más **expertos** en la materia (ingenieros, peritos, expertos económicos, etc.). En el caso de ser varios, suele proponerse uno por cada parte de modo que la decisión tomada por ambos conjuntamente sea el criterio dirimente de la controversia. Dicha resolución puede estipularse como la final y vinculante para las partes sin recurso a arbitraje o jurisdicción posterior, o someterse a la revisión de otro órgano que será el dirimente final.
La conveniencia de este tipo de métodos alternativos depende en gran medida de la naturaleza de la disputa y del tipo de relación existente entre las partes.

PARTE VII

Aspectos fiscales, laborales, administrativos y contables

Capítulo 25.	Fiscalidad del proceso de compra	6000
Capítulo 26.	Régimen fiscal de las operaciones de compraventa	6300
Capítulo 27.	Implicaciones fiscales relevantes para la estructura de la transacción	7000
Capítulo 28.	Régimen laboral	7600
Capítulo 29.	Derecho administrativo en las transacciones	8000
Capítulo 30.	Contabilidad de las operaciones de adquisición	8300

5800

CAPÍTULO 25

Fiscalidad del proceso de compra

6000

I. **Due diligence fiscal** 6005
A. Generalidades 6010
B. Áreas de revisión más relevantes 6030
1. Situación general de la compañía 6035
2. Impuesto sobre Sociedades 6050
3. Impuesto sobre la Renta de no Residentes 6090
4. Impuesto sobre la Renta de las Personas Físicas 6095
5. Impuesto sobre el Valor Añadido 6115
6. Impuesto sobre Transmisiones Patrimoniales y Actos Jurídicos Documentados 6135
7. Impuestos locales 6145
8. Obligaciones de información de mecanismos transfronterizos 6149
II. **Aspectos fiscales a considerar en el contrato de compraventa** 6150
A. Generalidades 6155
B. Transmisión de la responsabilidad fiscal 6160
C. Manifestaciones y garantías 6170
D. Limitaciones a la responsabilidad fiscal del vendedor 6175
E. Procedimiento para la exigencia de responsabilidad 6185
F. Efectos fiscales de la indemnización 6190
G. Otras cláusulas fiscales relevantes 6195

El presente capítulo tiene por objeto describir los aspectos legales y fiscales más relevantes que deben tenerse en cuenta en el marco de las adquisiciones de empresas, tanto en los aspectos relativos al análisis de los **riesgos y contingencias** que pueden ser transmitidas como consecuencia de las operaciones, como en aquellos otros aspectos relativos a los **contratos** que formalizan las operaciones. 6001

I. Due diligence fiscal

El concepto de due diligence no está ni definido ni contemplado en la normativa española. 6005
No obstante, estos procesos de revisión se vienen imponiendo como una **práctica general de mercado**, con los efectos jurídicos en relación con la transmisión de responsabilidades por parte del transmitente de una empresa que las partes quieren otorgarle, en el marco de la libertad de pactos que con carácter general admite el Derecho español, excepción hecha de aquellas situaciones dolosas en las que el transmitente, maliciosa e intencionadamente, ha ocultado o tergiversado información, dado que el pacto de exclusión de responsabilidad en este caso sería nulo.

A. Generalidades

La due diligence fiscal puede definirse como el conjunto de procedimientos de **revisión técnica** que se desarrollan sobre la empresa, sociedad o grupo de sociedades que son objeto de la transacción, con la finalidad de ofrecer al inversor información relevante de carácter fiscal sobre las mismas, identificando **áreas de riesgo** a resultas de la aplicación de la normativa fiscal en vigor. 6010

Finalidad principal El objetivo principal de la due diligence fiscal consiste en la identificación de los **riesgos y contingencias** de naturaleza fiscal que afectan al negocio, sociedad o grupo de sociedades objeto de la operación y, en la medida en que la información disponible lo permita, la cuantificación de dichos riesgos. La finalidad de dicho proceso es clara: se trata de que el adquirente del negocio, sociedad o grupo de sociedades objeto de la transacción conozca cómo se han gestionado desde el punto de vista fiscal las mismas y el importe de los riesgos que asumiría si finalmente deviene propietario de dicho negocio, sociedad o grupo de sociedades. 6011

Precisiones A lo largo de este capítulo, nos referiremos de manera genérica a los **negocios, sociedades o grupos** de sociedades objeto de la transacción como «la empresa».

6012 A través de dicho ejercicio de verificación, el adquirente de la empresa puede adoptar decisiones que le sirvan a la hora de determinar la valoración de la empresa y negociar los contratos correspondientes.
En el contexto de los procesos de due diligence, las partes usualmente se refieren a dichos riesgos con el término de «contingencias», con el que quieren significar las pérdidas o quebrantos en los que puede incurrir la empresa objeto de transacción, que no han sido reconocidos en su balance, como consecuencia del **incumplimiento** de **obligaciones** de cualquier naturaleza a las que estuviese sujeta.

6013 **Otras finalidades** La identificación de las contingencias fiscales que afectan a la empresa no debe ser la única finalidad de la due diligence fiscal dado que, en ocasiones, no es el objetivo más relevante.
A través del proceso de due diligence fiscal, el inversor puede adquirir un conocimiento exhaustivo de cómo la empresa gestiona sus políticas fiscales, así como identificar oportunidades que le permitan estructurar de manera más eficiente la operación de que se trate, o generar sinergias con otros negocios propiedad del adquirente.
En este sentido, se pueden señalar otras finalidades relevantes de los procesos de due diligence, por ejemplo:
- el conocimiento de las **políticas fiscales**;
- la decisión de si se sigue adelante o no con la operación -**deal breakers**- (nº 6015);
- la mejora de la posición propia en el proceso de **negociación de un contrato** (nº 6016);
- el **conocimiento de saldos**, acreedores y deudores, con Administraciones Públicas (nº 6017);
- la identificación de **créditos fiscales traspasables** al comprador: bases imponibles negativas y deducciones pendientes de aplicar (nº 6019);
- las **inspecciones** fiscales y los litigios en curso (nº 6022);
- el **efecto de los impuestos** en el modelo financiero (nº 6025); y
- la obtención de información relevante para la **estructuración de la operación** (nº 6029).

6014 **Políticas fiscales** Mediante los procesos de due diligence, el comprador de la empresa conoce, con carácter previo a la celebración de cualquier contrato, cómo se ha gestionado la misma desde el punto de vista fiscal; es decir, llega a conocer, entre otros **aspectos**:
- cómo de razonable es el control y la gestión de los asuntos fiscales que afectan a la empresa;
- la forma en que se adoptan las decisiones sobre los asuntos fiscales; y
- cómo se soportan técnicamente las mismas.
Este es un tipo de información que, si bien no tiene unos efectos propiamente jurídicos, sí le proporcionan al comprador de la empresa **información** relevante sobre los asuntos fiscales de la empresa que le permitan adoptar las decisiones de gestión futura que correspondan y la gestión de las obligaciones de compliance que afecten a la misma.

6015 **Identificación de «deal breakers»** En algunas ocasiones, el resultado de la revisión realizada refleja que la misma tiene un volumen de contingencias fiscales de tal **importe o gravedad** (no solo económica, sino a veces, y no menos importante, reputacional), que la parte compradora no puede asumir dichos riesgos.
En estos casos, la parte **compradora** ha de decidir si continúa adelante con el proceso, o si rompe las negociaciones con la parte vendedora y abandona el proyecto de compra.

6016 **Posición en la negociación de un contrato** En función del resultado de la due diligence, la parte compradora puede tener una mejor posición en la negociación de los contratos, ya que el conocimiento que tiene sobre la empresa le permitiría **proteger** adecuadamente sus **intereses** de maneras diversas, tales como:
• Exigiendo al vendedor de la empresa declaraciones y manifestaciones reforzadas.
• Consiguiendo un régimen de **garantías** también reforzado (por ejemplo, a través de indemnizaciones específicas).
• Exigiendo la adopción de **medidas correctivas** que eliminen las contingencias identificadas con carácter previo a la adquisición de la empresa (generalmente a través del establecimiento de condiciones suspensivas).
• Negociando los límites de las **responsabilidades** (temporales y cuantitativas) que asume el vendedor, etc.

6017 **Saldos con Administraciones Públicas** A través de estos procedimientos se puede realizar un análisis de los activos y pasivos fiscales que tiene la empresa frente a la Administración, en función de los diferentes conceptos impositivos que le resultan de aplicación (p.e., diferencias

temporarias, retenciones practicadas pendientes de ingresar, IVA devengado, créditos fiscales pendientes de aplicar, etc.).
En la negociación del precio de la empresa objeto de transacción, las partes suelen incluir dichos saldos en la definición de «**deuda neta**» a los efectos de determinar los ajustes al precio que procedan, en función de los saldos pendientes de cobrar o de pagar que tiene registrados la empresa.
Este hecho es extremadamente relevante, y aquí el trabajo de due diligence puede ayudar a las partes a determinar la adecuada **valoración** de una empresa.

Ejemplo Supongamos una sociedad que ha financiado parte de sus activos mediante contratos de **arrendamiento financiero**, susceptibles de acogerse al régimen previsto en la LIS art.106. **6018**
En aplicación de dicho régimen, la empresa habrá venido amortizando fiscalmente los activos así financiados de forma acelerada, realizando los correspondientes ajustes negativos a su resultado contable.
La empresa debería haber reconocido en su balance un pasivo por **impuestos diferidos**, por el importe del coste de los impuestos que deberán ser satisfechos en el futuro, cuando la empresa haya amortizado totalmente, desde el punto de vista fiscal, los activos, y las dotaciones a la amortización contable no tengan la consideración de gastos fiscalmente deducibles.
Si la empresa, contablemente, hubiese tratado los ajustes como si fuesen **diferencias permanentes**, y por lo tanto no hubiese reconocido en su balance el pasivo por impuestos diferidos, dicho balance no reflejaría de forma fiel la situación patrimonial de la entidad. Estaría reconociendo un importe de reservas acumuladas que no se correspondería con las reales. Por lo tanto, aunque no existirían contingencias fiscales en la sociedad frente a la Administración Tributaria (dado que los ajustes practicados y su reversión son correctos), la identificación de este pasivo fiscal en el curso de la due diligence posiblemente significará un ajuste al precio de compra de la empresa, ya que el importe de los pasivos reflejados por la contabilidad de la misma no sería correcto.
Lo mismo ocurriría, aunque en sentido contrario, si la empresa hubiese practicado ajustes positivos por **gastos** que **no** hubiesen tenido la consideración de fiscalmente **deducibles** en el momento de su reconocimiento, sino en un momento temporal posterior (p.e., porque hubiese dotado provisiones que no fuesen fiscalmente deducibles en el ejercicio en que se dotaron). En este caso, si la empresa también tratase los ajustes correspondientes como diferencias permanentes, nuevamente el balance de la entidad no reflejaría de forma fiel su situación patrimonial, ya que no recogería el importe del activo fiscal correspondiente a los ajustes positivos realizados que recuperaría en el futuro, cuando los conceptos a los que estuviesen asociados fuesen fiscalmente deducibles. Esta circunstancia puede suponer un ajuste al alza en el valor de la empresa.

Créditos fiscales traspasables El proceso de due diligence también es útil para identificar créditos fiscales que pueden ser utilizados o aplicados por el comprador de la empresa, correspondientes a **bases imponibles negativas o deducciones pendientes** de aplicación), y que, por lo tanto, pueden ser valorados y considerados en el precio de adquisición de la empresa. **6019**

Aunque la **casuística** es enorme, se pueden destacar determinadas situaciones en las que este trabajo puede ser crítico: **6020**
1. En ocasiones, el comprador de la sociedad adquirida, la cual se transmite con todos sus derechos y obligaciones, incluidos los créditos fiscales, puede tener como objetivo realizar determinadas operaciones tras la compra, como, por ejemplo, integrar la sociedad adquirida en su estructura empresarial mediante un proceso de **fusión**. En estos casos, no pueden obviarse las restricciones contenidas en la LIS art.26.4 y 84.2. Si resultasen de aplicación las limitaciones a la transmisión de las bases negativas, el importe de los créditos fiscales generados por la sociedad objeto de adquisición, pese a ser perfectamente legítimos, no tendrían ningún valor para el adquirente de la misma.

2. En otros casos frecuentes, la entidad que se adquiere forma parte de un **grupo de consolidación fiscal**. Este hecho obliga a realizar un análisis del importe de las bases imponibles negativas y deducciones pendientes de aplicar por el grupo que, en aplicación de la LIS art.74, le tienen que ser atribuidas a la entidad concreta que se transmite, cuando esta es excluida del grupo fiscal. **6021**
En estos mismos casos de adquisiciones de sociedades que pertenecen a grupos consolidados, el adquirente de la entidad tendrá que hacer un análisis de su capacidad de **aprovechamiento** de los créditos fiscales que tiene la empresa, una vez la misma se haya integrado dentro del grupo consolidado de la entidad adquirente. No conviene olvidar a este respecto que las bases imponibles negativas y las deducciones pendientes de aplicación aportadas por la sociedad adquirida no son directamente aplicables por el nuevo grupo, sino con los límites propios de la sociedad que los aporta, individualmente considerada, al tratarse de créditos fiscales pre-consolidación en sede del nuevo grupo (LIS art.67.e y 71.2).

6022 **Inspecciones fiscales y litigios en curso** El análisis de las inspecciones anteriores llevadas a cabo sobre la empresa y de los litigios fiscales pasados o en curso es fundamental en el curso de la due diligence, en un doble sentido:

a) Por un lado, el análisis de los riesgos ya identificados por la Inspección puede ser indicativo de las **áreas de riesgo** que pueden afectar a la empresa. Quien realice el trabajo de due diligence debe realizar los análisis correspondientes:

- ¿se firmaron las **actas** incoadas en conformidad o en disconformidad?;
- si la entidad firmó en conformidad las actas, y los riesgos identificados por la Administración son recurrentes, ¿se modificaron las **declaraciones fiscales** de los ejercicios posteriores a los años inspeccionados y se liquidaron los impuestos correspondientes, junto con los recargos que fueran, en su caso, aplicables?;
- si las actas fueron recurridas, ¿en qué fase se encuentran los **recursos** interpuestos? ¿hay garantías comprometidas como consecuencia de los procedimientos en curso?;
- ¿ha modificado la compañía sus políticas fiscales en relación con dichas áreas en los ejercicios posteriores a los inspeccionados? La respuesta a esta pregunta necesariamente obliga a realizar un análisis técnico de los hechos controvertidos, una evaluación de los riesgos, y un pronunciamiento sobre cómo el revisor percibe los mismos. La práctica habitual es que el revisor debe realizar un pronunciamiento sobre las probabilidades de que dichas prácticas se conviertan en contingencias reales para la entidad revisada, y las posibilidades que la misma tiene de ganar el caso en una situación litigiosa posterior.

6024 **b)** Por otro lado, la existencia de situaciones litigiosas ha obligado a realizar a la empresa una evaluación de los riesgos, y sobre la base de dicha evaluación, dotar en su caso las correspondientes **provisiones**.

El adquirente de la compañía tendrá que hacer su propia evaluación, y considerar el efecto de los riesgos en la determinación del precio de la sociedad. Con independencia de que las provisiones para la cobertura de los riesgos se hayan dotado (y, por lo tanto, de que el efecto patrimonial de los riesgos ya esté registrado en los libros de la entidad), el grupo adquirente tendrá que valorar los efectos de la posible salida de caja futura, cuando haya un pronunciamiento definitivo que confirme las actas de la Inspección. Este hecho enlaza con aspectos que comentaremos más adelante, cuando tratemos la gestión de los riesgos fiscales en los contratos de compraventa.

6025 **Efecto de los impuestos en el modelo financiero** Una herramienta absolutamente crítica en los procesos de transmisión de empresas es el llamado modelo financiero, que no es más que una representación matemática que permite hacer una **proyección** de los **resultados** y caja neta que se prevé que la empresa adquirida obtenga en el futuro, a los efectos de determinar su valor.

Si bien los métodos de valoración utilizados por los grupos son variados, los más utilizados se basan en el cálculo del valor actual de los **flujos de caja** futuros esperados. Necesariamente, los modelos deben contemplar el efecto de los impuestos en la estimación de la caja neta susceptible de generar la empresa objeto de valoración.

En este sentido, conviene recordar que, cuando hablamos del efecto de los impuestos, no nos referimos solo (aunque sí principalmente) al Impuesto sobre Sociedades. Dependiendo del tipo de actividades a que las empresas adquirida y adquirente se dediquen, puede haber otros impuestos que sean muy relevantes para el modelo.

6026 A modo de ejemplo, y aunque las situaciones pueden ser muy variadas, apuntamos los siguientes casos:

a) Sociedades concesionarias. Las sociedades adjudicatarias de concesiones públicas, en cualquiera de las diversas formas de colaboración público-privada previstos por la normativa española, realizan el supuesto de hecho contemplado en la LITP art.7.B en muchos de sus proyectos (constitución de concesiones administrativas). En este caso, el coste del **ITP** devengado en el proyecto es normalmente muy relevante, por lo que constituye un dato crítico del modelo en la evaluación de la rentabilidad futura de la concesión.

En aplicación de la normativa contable, la empresa debe registrar el coste del ITP como mayor valor de su activo financiero, cuando la empresa debe seguir el modelo contable de activo financiero por tener un derecho incondicional de cobro, desligado del riesgo de demanda; o como mayor valor del activo intangible, cuando sigue el modelo de inmovilizado intangible.

6027 **b) Sociedades constructoras**, o sociedades en cuyos planes de negocio se prevé la construcción de edificaciones, o la ejecución de obras con coste de inversión relevante. En este tipo de entidades, un dato esencial del modelo es el coste del **ICIO**. Lógicamente, el modelo debe contemplar la recuperación del coste del bien a lo largo de la vida del proyecto para determinar la rentabilidad económica del mismo.

c) Sociedades que aplican la regla de prorrata en IVA (p.e., entidades financieras, entidades que prestan servicios sanitarios o educativos, etc.). Este tipo de entidades no tienen, a través de los mecanismos generales del impuesto, capacidad para la **recuperación** total de las cuotas de IVA soportadas. Por lo tanto, el importe de las cuotas que no son deducibles constituye un coste adicional de los aprovisionamientos e inversiones que realizan este tipo de entidades. Nuevamente en este caso, el modelo financiero debe contemplar el incremento de coste que este hecho supone, cuando se realicen los cálculos de rentabilidades esperadas del proyecto.

d) Sociedades que gestionan flotas de vehículos (p.e., sociedades de transporte de mercancías o viajeros, sociedades de alquiler de vehículos, etc.). En este tipo de entidades son relevantes el Impuesto sobre Vehículos de Tracción Mecánica y, en su caso, las tasas de matriculación. **6028**

e) Sociedades dedicadas a la producción y/o comercialización de energía eléctrica. Es importante destacar que para este tipo de entidades suelen ser de aplicación impuestos especiales y tasas, como el Impuesto sobre la Electricidad, el Impuesto sobre la Producción de Energía Eléctrica, o la Tasa por la Utilización Privativa del Dominio Público.

f) Entidades que importan los productos que utilizan en sus ciclos productivos. Un dato relevante para este tipo de entidades, que debieran considerar en sus modelos financieros, es el **coste arancelario** de los productos que importan.

Estructuración de la operación Indudablemente, quien está realizando la revisión de la empresa se encuentra en una posición inmejorable para obtener información útil en la toma de **decisiones** sobre la entidad adquirente respecto a cómo estructurar su inversión. **6029**

Efectivamente, quien realiza la revisión tiene normalmente información relevante sobre la empresa y sobre sus socios, que resulta imprescindible para que el adquirente adopte decisiones futuras (p.e., en relación con la fusión de la entidad adquirida, o con la política futura de distribución de dividendos, etc.), de tal manera que puede maximizar, desde un punto de vista financiero-fiscal, los **retornos** de su inversión.

B. Áreas de revisión más relevantes

Aunque las áreas de riesgo más relevantes que pueden afectar a una empresa o grupo dependen de múltiples factores y situaciones (p.e., el tipo de actividades que realiza, su pertenencia a un grupo multinacional, etc.) podemos identificar una serie de aspectos, relativos a los **principales impuestos** que normalmente son de aplicación a las entidades, y que comentaremos en las secciones siguientes. **6030**

1. Situación general de la compañía

El ejercicio de due diligence fiscal necesariamente debe comenzar con la **recopilación de información** genérica relativa a la gestión por parte de la entidad revisada de sus políticas fiscales y de su situación tributaria general. **6035**

Esta toma de información incluye numerosos aspectos de la misma, entre los que los más relevantes son los siguientes:
- constitución de la sociedad y objeto social de la misma;
- la gestión de los asuntos fiscales por parte de la empresa;
- el régimen de tributación de la sociedad en relación con el IS (nº 6037);
- el régimen de tributación de la sociedad en relación con el IVA (nº 6038);
- los ejercicios abiertos a inspección (nº 6039);
- las inspecciones y litigios tributarios (nº 6040);
- el cumplimiento de obligaciones formales (nº 6042);
- el aplazamiento en el pago de impuestos debidos (nº 6043); y
- las situaciones de exoneración de responsabilidad (nº 6044).

Gestión de los asuntos fiscales Se ha de dar respuesta a las siguientes cuestiones: **6036**
- identificación del **responsable** de dichos asuntos y los medios con que cuenta;
- si existe un **departamento** interno dedicado a la gestión tributaria de la empresa o recae la gestión de los asuntos fiscales en manos de otros departamentos, normalmente, el de contabilidad y finanzas;
- si cuenta la empresa con la colaboración de **asesores externos** y el tipo de colaboración que se solicita de estos: asesoramiento recurrente, asesoramiento solo en el caso de la realización de operaciones extraordinarias o fuera del tráfico habitual de la empresa;
- el perfil de riesgo de la **dirección** de la empresa en la adopción de sus decisiones cuando las mismas afectan a su situación fiscal.

6037 **Tributación en el IS** Se ha de analizar si:
- la sociedad tributa en régimen individual o está integrada en un **grupo** de consolidación fiscal; y
- le son de aplicación a la sociedad alguno de los **regímenes tributarios especiales** regulados en el Título VII del LIS.

6038 **Tributación en el IVA** Las cuestiones a analizar hacen referencia a:
- si la compañía tributa en régimen individual o está integrada en un **grupo** IVA de entidades;
- si a la sociedad le es de aplicación la regla de **prorrata**;
- si le son de aplicación alguno de los **regímenes especiales** regulados en el Título IX LIVA; y
- qué **tipo de operaciones** realiza mayoritariamente la compañía: operaciones en régimen general, operaciones exentas, tráfico interior o exterior, etc.

6039 **Ejercicios abiertos a inspección** La empresa tenga abiertos a inspección los ejercicios e impuestos **no prescritos**, según las normas tributarias generales (LGT art.66 y 66 bis).

Sin embargo, puede ocurrir que este hecho se vea alterado por circunstancias diversas, tales como el hecho de que la entidad se encuentre incursa en un **procedimiento inspector** (lo que supondrá una ampliación de los ejercicios abiertos y potencialmente sujetos a revisión), o de que un procedimiento inspector haya concluido anteriormente, cubriendo alguno de los ejercicios e impuestos que de otro modo continuarían abiertos a inspección (lo que puede reducir el alcance la revisión).

En cualquier caso, el adquirente de dicha compañía o negocio necesariamente debe conocer el **alcance** de los ejercicios respecto de los cuales puede verse afectado en el caso de que se materialicen contingencias fiscales en la empresa adquirida.

Precisiones Si bien el plazo general de **prescripción** es de cuatro años, se establece un plazo más amplio para la revisión de bases imponibles negativas, deducciones y otras operaciones que se hayan realizado con anterioridad.

6040 **Inspecciones y litigios tributarios** El análisis y conocimiento de todo lo relativo a inspecciones y litigios es crítico para el adquirente de la empresa de que se trate.

Por un lado, los **resultados** de las inspecciones anteriormente realizadas sobre la entidad objeto de transacción pueden ser indicativos de riesgos en ejercicios posteriores, si la entidad no ha modificado sus políticas fiscales en relación con los hechos regularizados por la Inspección.

Por otro lado, el adquirente deberá realizar una evaluación de cómo las **inspecciones anteriores** pueden afectar patrimonialmente a la entidad que pretende adquirir. En otras palabras, si la entidad adquirida ha **recurrido** las actas incoadas por la Inspección en un procedimiento anterior, **o** espera algún tipo de **regularización** de su situación tributaria en un procedimiento actual.

En tales casos, se ha de concretar cómo ha cubierto el potencial quebranto que pueda originarse como consecuencia del procedimiento inspector o de la resolución futura del litigio, o si ha dotado las provisiones adecuadas para la cobertura de dicho riesgo.

6041 Es posible que la empresa transmitida y sus asesores, al realizar su evaluación de riesgos, estimen que las **probabilidades** de que la empresa vea confirmada sus decisiones respecto de los hechos objeto de regularización sean altas, por lo cual no habrán dotado provisión alguna.

Ante esta situación, el adquirente de la empresa y sus asesores deben realizar su propia **evaluación** de los riesgos, a los efectos de utilizar dicha ausencia de provisión en las negociaciones con la parte transmitente: si dicha ausencia de provisión va a suponer un ajuste al precio o va a quedar afectada por los mecanismos de garantía instrumentados en el contrato de compraventa.

La cobertura de los riesgos ya identificados en procedimientos inspectores anteriores plantea asimismo problemas de **valoración** de la **empresa** adquirida, aun en el caso de que el pasivo contingente haya sido objeto de cobertura mediante la dotación de la correspondiente provisión, ya que, junto con el problema de la provisión, está el problema de la **tesorería**: ¿cuenta la empresa con recursos suficientes para hacer frente al pago de las actas incoadas?, ¿o, por el contrario, el nuevo propietario de la empresa se puede ver obligado a inyectar fondos adicionales para hacer frente al pago de las mismas?, ¿el efecto en caja debería significar un ajuste al precio de adquisición?

6042 **Obligaciones formales** En esta área, el revisor de la entidad transmitida realiza normalmente una mera comprobación de que los **modelos tributarios**, respecto de los principales impuestos que le son de aplicación a la compañía, han sido presentados en tiempo y forma por esta, o se identifican defectos en la presentación (p.e., modelos presentados fuera de plazo, modelos no presentados, etc.).

No se trata de una revisión del contenido material de los impuestos a que dichos modelos corresponden, sino de una pura revisión formal, pero que es indicativa de la diligencia y cuidado puestos por la empresa en la gestión de sus asuntos fiscales.

Aplazamiento en el pago de impuestos debidos El análisis de los aplazamientos en el pago de impuestos solicitados por la empresa, además de ser indicativo de otras situaciones que deben ser valoradas por la parte adquirente (¿atraviesa la entidad adquirida dificultades de tesorería que afectan incluso a sus liquidaciones tributarias?), necesariamente debe ser tenido en cuenta a la hora de ajustar el precio de la compañía adquirida, dado que los impuestos aplazados son considerados más **deuda neta** de la entidad adquirida. 6043

Exoneración de responsabilidad Existen supuestos en los que no se produce transmisión de responsabilidades tributarias a la entidad adquirente. 6044
En estos casos, el alcance del trabajo de revisión fiscal puede ser más limitado, circunscrito por ejemplo al conocimiento de la situación general de la misma y a cómo se han gestionado históricamente los temas fiscales.
Estas situaciones se producen normalmente en las adquisiciones de **activos aislados**, que no constituyen por sí solos una explotación económica, y respecto de los cuales no existe afección al pago de ningún tributo.

También puede ocurrir, y es una práctica relativamente habitual en el caso de adquisición de explotaciones o actividades económicas (p.e., adquisiciones de ramas de actividad o de negocios en curso, y no de acciones o participaciones en una sociedad), que la entidad adquirente, previa autorización del vendedor, solicite de la Administración una **certificación** detallada de las **deudas, sanciones y responsabilidades** tributarias derivadas de su ejercicio, a los efectos de limitar el ámbito de las responsabilidades respecto de las cuales puede ser responsable solidario (LGT art.42.1.c y 175). 6045
En estos casos, la responsabilidad queda limitada a las deudas contenidas en la certificación o, si esta es negativa o la Administración no la expide en el plazo de **tres meses** desde su solicitud, el adquirente de la explotación económica queda exento de las responsabilidades a que se refiere la LGT art.42.1.c.
Sin perjuicio de lo anterior, el revisor debe tener en cuenta si como consecuencia de la adquisición del negocio, la entidad adquirente puede seguir siendo **declarado responsable** en la medida que sean de aplicación otros supuestos de derivación de responsabilidad solidaria o subsidiaria.

2. Impuesto sobre Sociedades

Aunque las situaciones a las que se puede enfrentar el revisor son variadas, y el análisis técnico de las mismas no siempre tiene que ser coincidente, debido a que la normativa fiscal puede admitir interpretaciones diferentes, podemos identificar una serie de áreas relativas al IS que con frecuencia generan **riesgos** fiscales. 6050
Entre dichas áreas pueden ser consideradas más recurrentes las siguientes:
- los gastos no deducibles;
- las amortizaciones (nº 6053);
- las provisiones (nº 6055);
- las liberalidades (nº 6057);
- la limitación a la deducibilidad de los gastos financieros (nº 6059);
- las asimetrías híbridas (nº 6060);
- las operaciones vinculadas (nº 6061);
- la correcta generación y determinación de las deducciones (nº 6073);
- las operaciones de reestructuración amparadas en el régimen especial de neutralidad fiscal (nº 6075); y
- la correcta aplicación de las medidas urgentes (nº 6083).

Gastos no deducibles De acuerdo con los criterios del **PGC**, el resultado de la empresa se obtiene por diferencia entre las ventas e ingresos y las compras y gastos devengados en el ejercicio. 6051
Los gastos tienen, en general, el carácter de deducibles fiscalmente; no obstante, la norma fiscal pormenoriza de forma expresa una serie de gastos que no tienen la consideración de deducibles, por razones diversas.
El **listado** de los gastos que son deducibles en periodos impositivos diferentes del ejercicio económico en el que se han devengado, o que no son fiscalmente deducibles en ningún periodo impositivo, aparece recogido fundamentalmente en la LIS art.12 a 16.

6052 Para su admisibilidad como partidas deducibles, los gastos deben cumplir las siguientes **condiciones**:

a) Justificarse mediante **factura** completa, entregada por el empresario o profesional que haya realizado la correspondiente operación.

b) Estar **contabilizados**, bien en la cuenta de pérdidas y ganancias, bien en una cuenta de reservas.

c) El gasto ha de ser **efectivo**, esto es, debe responder a una operación efectivamente realizada.

d) Ser objeto de **imputación en el ejercicio** en que se devengan y estar orientados a la obtención de ingresos.

El revisor durante el curso de su revisión debe comprobar que la empresa no se está deduciendo gastos que no tengan la consideración de no deducibles.

6053 **Amortizaciones** (LIS art.12) La normativa fiscal admite los principios contables, precisando que el gasto por amortización es fiscalmente deducible si cumple las siguientes **condiciones**:

a) Que se trate de bienes del **activo fijo** o no corriente, toda vez que la amortización persigue compensar su depreciación. El activo circulante o corriente no es susceptible de amortización.

b) Que recoja la **depreciación efectiva** anual de los elementos del activo fijo de la empresa.

c) Que el gasto por amortización se encuentre reflejado **contablemente**. Como excepción a esta regla general está la libertad de amortización y la amortización acelerada para determinados elementos patrimoniales, admitidas por la norma fiscal, en donde se permite imputar a la base imponible un gasto por amortización superior al registrado contablemente en el ejercicio.

Precisiones Si la amortización contable fuese superior a la fiscal como consecuencia de la **limitación a la deducción de la amortización** contable establecida para los ejercicios 2013 y 2014 (L 16/2012 art.7), debe tenerse en cuenta que la opción por la integración de la amortización no deducida puede hacerse de forma individual, elemento por elemento. La opción por el método lineal de diez años se aplica aunque se transmita el elemento. No obstante, si la integración se realiza según la vida útil fiscal y tiene lugar la transmisión dentro de un grupo fiscal, supone la integración de la amortización en la base imponible individual, pero es objeto de eliminación a efectos de determinar la base imponible del grupo fiscal (DGT CV 19-7-16).

6054 La normativa fiscal considera que la **depreciación** es **efectiva** cuando:
- es el resultado de aplicar el sistema de amortización según tablas;
- es el resultado de aplicar el sistema de amortización degresiva;
- es el resultado de aplicar el método de los números dígitos;
- se ajusta a un plan formulado por el sujeto pasivo y aceptado por la Administración tributaria; y,
- el contribuyente justifica su importe.

Los sistemas expuestos son los que podríamos denominar ordinarios. Junto a ellos cabe señalar otras modalidades o supuestos especiales (p.e., libertad de amortización, amortización de bienes en régimen de arrendamiento financiero, etc.). Adicionalmente, el inmovilizado intangible se amortiza atendiendo a su vida útil y, cuando la misma no pueda ser estimada de manera fiable, la amortización será deducible con el límite anual máximo de la veinteava parte de su importe.

El **revisor** durante el curso de su revisión debe verificar que la compañía objeto de la operación se está deduciendo correctamente los gastos por amortización.

Precisiones La amortización del **fondo de comercio** será deducible con el límite anual máximo de la veinteava parte de su importe.

6055 **Provisiones** (LIS art.13 y 14; RIS art.8 a 12) La normativa del IS establece con carácter general la deducibilidad fiscal de los gastos asociados a las dotaciones a provisiones.

No obstante, establece una lista negativa sobre la **no deducibilidad** de los siguientes gastos por provisiones:
- los derivados de obligaciones implícitas o tácitas;
- los relativos a retribuciones a largo plazo al personal;
- los concernientes a costes de cumplimiento de contratos onerosos;
- los derivados de reestructuraciones, excepto si se refieren a obligaciones legales o contractuales y no meramente tácitas;
- los relativos al riesgo de devoluciones de ventas; y,
- las retribuciones de personal mediante fórmulas basadas en instrumentos de patrimonio.

De otra parte, se admite la **deducibilidad** fiscal de determinadas provisiones: para impuestos, por actuaciones medioambientales, para la cobertura de garantías de reparación y revisión, para la cobertura de gastos por devolución de ventas, provisiones técnicas y sistemas de previsión social mediante aportaciones a fondos externos. 6056
El **revisor** durante el curso de su trabajo deberá analizar y determinar si la compañía se está deduciendo correctamente las provisiones que haya contabilizado.

Liberalidades (LIS art.15.e) La normativa del IS establece que **no** se consideran **deducibles** las liberalidades, cualquiera que sea su denominación. 6057
Se excluyen de la consideración de no deducible y, por tanto, son **deducibles** los gastos:
- por relaciones públicas con clientes o proveedores;
- los que con arreglo a los usos y costumbres se efectúan con respecto al personal de la empresa;
- los realizados para promocionar, directa o indirectamente, la venta de bienes y prestación de servicios; y,
- los que se hallen correlacionados con los ingresos.

Precisiones Los **gastos por atenciones a clientes o proveedores** son deducibles con el límite del 1 por ciento del importe neto de la cifra de negocios del periodo impositivo.

En este sentido, son de especial relevancia las disposiciones contables relativas a las relaciones entre **socio-sociedad**. Así, el PGC NRV 18ª (Subvenciones, donaciones y legados) dispone que las subvenciones, donaciones y legados no reintegrables recibidos de los socios o propietarios no constituyen ingreso, debiéndose registrar en los fondos propios. 6058
Diversas resoluciones del **ICAC** han incidido en la idea de que, en las relaciones entre socio-sociedad, por el porcentaje de participación poseído, no caben liberalidades, sino que dichas operaciones responden siempre a aportaciones de los socios a la entidad o a distribuciones de la sociedad al socio. Los mismos criterios se han establecido para las operaciones entre las distintas sociedades integradas dentro del mismo grupo mercantil.

Precisiones **1)** La determinación de un gasto como donativo o liberalidad ha sido una permanente fuente de **inseguridad jurídica** y litigiosidad. En este sentido, la TS 30-3-21, EDJ 521746 fija doctrina sobre el concepto de los gastos en concepto de donativos y liberalidades en el IS y sobre el principio de correlación de ingresos y gastos, rechazando la posibilidad de subsumir un gasto en dicha categoría cuando exista **causa onerosa**. Además, señala que tampoco serán concebidos como donativos o liberalidades aquellos gastos gratuitos en los que, directa o indirectamente, se persiga un **mejor resultado empresarial**. En este mismo sentido, se pronuncian TSJ Galicia 16-6-23, EDJ 631520 y TS 26-7-22, EDJ 631520.
2) Las retribuciones percibidas por los administradores de una entidad mercantil que consten **contabilizadas, acreditadas y previstas en los estatutos** de la sociedad no constituyen una liberalidad no deducible por el hecho de que la relación que une a los perceptores de las remuneraciones con la empresa sea de carácter mercantil y de que tales retribuciones no hubieran sido aprobadas por la junta general. Aún en el caso de aceptarse que los requisitos mercantiles son exigibles, su inobservancia no puede comportar automáticamente la consideración de gasto no deducible de las retribuciones satisfechas a los administradores de una entidad. En este sentido, el TS añade que aun admitiendo la teoría del vínculo, o el predominio de la vertiente mercantil sobre la laboral, la retribución que nos ocupa no será una liberalidad no deducible si es real, efectiva, probada, contabilizada y onerosa, pues, atendiendo a la jurisprudencia del TJUE, no cabe negar la deducibilidad de las remuneraciones satisfechas a un trabajador o hacer de peor condición a este o a su empresa pagadora por el mero hecho de formar parte del órgano de administración de la sociedad, siempre que dichas retribuciones estén acreditadas, previstas en los estatutos, contabilizadas y correlacionadas con los ingresos (TS 27-6-23, EDJ 622381; 2-11-23, EDJ 737158; 13-3-24, EDJ 522979).

Gastos financieros (LIS art.15.h y 16; RDL 12/2012) Se establece el carácter **no deducible** de aquellos gastos financieros generados en el seno de un grupo mercantil, y destinados a la realización de determinadas operaciones entre entidades que pertenecen al mismo grupo -en concreto, las destinadas a la adquisición a otras entidades del mismo grupo de participaciones o, la aportación al capital o fondos propios de otras entidades del grupo-, respecto de los cuales se venía reaccionando por parte de la Administración tributaria cuando no se apreciaba la concurrencia de **motivos económicos** válidos. 6059
En consecuencia, se permite la **deducibilidad** de dichos gastos cuando se aprecia la existencia de motivos económicos válidos.

Asimismo, se establece una **limitación** genérica en la deducción de gastos financieros, que se convierte en la práctica en una regla de imputación temporal específica, permitiendo la deducción en ejercicios futuros. Así, se considera que no son deducibles los gastos financieros netos del sujeto pasivo que exceden del 30% del **beneficio operativo ajustado** del ejercicio. 6059.1

En todo caso son deducibles gastos financieros netos del período impositivo por importe de 1.000.000 de euros.
El análisis de la deducibilidad de los gastos financieros es uno de los temas más controvertidos y complejos con los que se puede enfrentar el revisor de la empresa, ya que las situaciones objeto de análisis son muy diferentes (p.e., reorganizaciones apalancadas internas, adquisiciones a terceros, etc.).

Precisiones Existe una **norma antiabuso aplicable en el caso de adquisiciones apalancadas de participaciones**. En particular, la norma establece que los gastos financieros derivados de deudas destinadas a la adquisición de participaciones en el capital o fondos propios de cualquier tipo de entidades se deducirán con el límite adicional del 30% del beneficio operativo de la propia entidad que realizó dicha adquisición, sin incluir en dicho beneficio operativo el correspondiente a cualquier entidad que se fusione con aquella en los 4 años posteriores a dicha adquisición, cuando la fusión no aplique el régimen fiscal especial previsto en el capítulo VII del título VII de esta Ley. Estos gastos financieros se tendrán en cuenta, igualmente, en el **límite** general del 30% del beneficio operativo.
Este límite, no obstante, **no** resultará de **aplicación** en el período impositivo en que se adquieran las participaciones en el capital o fondos propios de entidades si la adquisición se financia con deuda, como máximo, en un 70% del precio de adquisición. Asimismo, este límite no se aplicará en los períodos impositivos siguientes siempre que el importe de esa deuda se minore, desde el momento de la adquisición, al menos en la parte proporcional que corresponda a cada uno de los ocho años siguientes, hasta que la deuda alcance el 30% del precio de adquisición (LIS art.16.5).

6060 **Asimetrías híbridas** (LIS art.15.bis) Se establece el carácter **no deducible** de los gastos correspondientes a operaciones realizadas con **personas o entidades vinculadas** que, como consecuencia de una calificación fiscal diferente en estas, no generen el correlativo ingreso fiscal en la otra parte (deducción sin inclusión), o bien den lugar a la doble deducción del mismo gasto en dos entidades distintas (doble deducción).
Se regulan también en este precepto las asimetrías híbridas generadas por la existencia de entidades híbridas en la estructura, o de establecimientos permanentes.
Este precepto trata de **neutralizar los efectos fiscales** de las asimetrías generadas en operaciones con diferente calificación fiscal (ver nº 752 Memento Impuesto sobre Sociedades 2024).

6061 **Operaciones vinculadas** (LIS art.18) Las operaciones realizadas por sociedades que pertenecen a **grupos de empresas** son una de las áreas que generan más controversias con la Administración tributaria, por su propia complejidad, por la diversidad de sujetos que en ocasiones se ven involucrados en las mismas, y por el hecho de que multitud de operaciones se producen entre entidades vinculadas residentes en países diferentes.
La situación puede ser más sencilla de analizar cuando las operaciones se producen entre sociedades que son **residentes** en España, ya que:
- están integradas en un grupo de consolidación fiscal, con lo cual los resultados de sus operaciones internas serán eliminados cuando el grupo determine su base imponible; o
- no se produce una deslocalización del beneficio tributable en España, aunque sí puede producirse una atribución artificial de beneficios a una sociedad que tenga bases imponibles negativas u otros créditos fiscales pendientes de aplicar.

6062 Sin embargo, la complejidad de las operaciones que pueden producirse en el tráfico de **grupos internacionales** es enorme, y el análisis y conclusión detallada sobre los mismos exige, a nuestro modo de ver, una evaluación conjunta de los efectos fiscales derivados de las mismas, con la finalidad de concluir si, efectivamente, se está produciendo dentro del grupo de empresas de que se trate una erosión de la base imponible de las entidades españolas en favor de otras empresas vinculadas localizadas en jurisdicciones sujetas a una tributación efectiva más baja.
El análisis de las operaciones vinculadas incluye numerosos aspectos y situaciones susceptibles de generar **riesgos**, entre los que destacaríamos los siguientes:
- obligaciones formales;
- valoración (nº 6065);
- prestación de servicios en el grupo de empresas (nº 6066);
- cambio de modelo de negocio (nº 6067 s.);
- establecimiento permanente (nº 6070 s.);
- efectos del ajuste secundario (nº 6072).

6063 **Obligaciones formales** (LIS art.18; RIS art.13 a 16) Se establece una obligación genérica a cargo de los sujetos pasivos de mantener a disposición de la Administración tributaria la **documentación** que reglamentariamente se determine, así como la obligación de tener formalizados en los contratos correspondientes determinado tipo de operaciones entre partes vinculadas.

Reglamentariamente se detalla la documentación relativa al grupo al que el obligado tributario pertenece, y relativa al propio obligado tributario, que debe tenerse a disposición de la Administración.

La ausencia de dicha documentación, o la documentación defectuosa de la misma, tienen un **régimen sancionador** específico. **6064**
También es sancionable por este régimen específico que el valor normal de mercado que se derive de dicha documentación no sea el declarado en el IS, IRPF o IRNR.
Adicionalmente a la documentación, el sujeto pasivo también tiene **obligación de justificar** las operaciones concretas que realiza, para lo que también debe tener a disposición de la Administración, además de las **facturas** que documentan la operación, el resto de evidencias que justifiquen la realidad de los servicios recibidos y la utilidad obtenida por la compañía que receptora de dichos servicios.

Valoración (LIS art.18.4) La **regla general** aplicable a las operaciones entre partes vinculadas es que aquellas deben estar valoradas a su valor normal de mercado. **6065**
Dicho valor, que sería el fijado por partes independientes en una situación normal de mercado, debe tener en cuenta las características de los bienes y servicios objeto de transacción, las funciones y riesgos asumidos por cada una de las partes que intervienen en la operación, los términos contractuales, los mercados en los que tienen lugar las transacciones y cualesquiera otras circunstancias relevantes que hayan podido afectar a la valoración (p.e. estrategias comerciales seguidas por las partes).
La propia LIS enumera los **métodos** que considera válidos para la determinación del valor de mercado de las operaciones vinculadas, a los que estas deberán ajustarse.

Prestación de servicios en el grupo de empresas La prestación de servicios entre entidades vinculadas exige que la entidad receptora del servicio reciba una utilidad del mismo y, lógicamente, que el valor del servicio resulte acorde con el **principio de libre competencia**, pudiéndose justificar con arreglo a alguno de los métodos de valoración admitidos. **6066**
En muchas ocasiones la **justificación** de los servicios entre entidades vinculadas es compleja, especialmente cuando se trata de cargos por servicios recurrentes, en los que las entidades pueden descuidar la justificación y evidencia documental de los mismos.
Por otro lado, cuanto se trate de servicios prestados conjuntamente en favor de varias personas o entidades vinculadas, y siempre que no fuera posible la individualización del servicio recibido o la cuantificación de los elementos determinantes de su remuneración, se permite **distribuir** la contraprestación total entre las entidades beneficiarias de acuerdo con reglas de reparto que atiendan a criterios de racionalidad, entendiendo por tales criterios aquellos que toman en consideración la naturaleza del servicio, las circunstancias en que se preste y los beneficios obtenidos por las entidades destinatarias.

Cambio de modelo de negocio En muchas ocasiones los grupos deciden modificar su modelo de negocio al objeto de adaptarse a una nueva realidad económica. Esto sucede, por ejemplo, con grupos españoles que han iniciado procesos de **expansión internacional**, y que deben adaptar su estructura corporativa, societaria y funcional a la nueva situación en que se encuentran, con el objeto de integrar y planificar, desde una perspectiva global, funciones clave para el grupo (p.e, compras a proveedores, fabricación, comercialización, distribución, etc.). **6067**

Estas situaciones van normalmente acompañadas de redistribuciones de personal, funciones y centros de decisión entre las sociedades que integran el grupo, y entre ellas se pueden señalar como **más habituales** las siguientes: **6068**
- La transformación de entidades locales de fabricación en maquiladores.
- La transformación de entidades locales de distribución en agentes o comisionistas de venta.
- El desplazamiento de los servicios administrativos y de soporte a centros de servicios compartidos localizados fuera del país.
- El traspaso de los intangibles (propiedad industrial e intelectual) generados por el grupo a otras sociedades.

Estas situaciones, que son perfectamente legítimas, pueden tener **efectos fiscales**, si como consecuencia de las mismas se están realizando traspasos de carteras de clientes, de fondos de comercio o de otros intangibles entre las entidades del grupo, que generan plusvalías tributables en sede de la entidad que los transmite, pero que normalmente no son objeto de consideración por parte de las mismas al haberse realizado íntegramente en el seno del propio grupo. **6069**
Asimismo, estas restructuraciones operativas suelen conllevar modificaciones significativas en las políticas de **precios de transferencia** de las entidades concernidas, generando frecuentemente una reducción de la base imponible de las sociedades españolas en favor de otras

entidades del grupo residentes en jurisdicciones con una tributación efectiva más baja. Esta circunstancia hace que este tipo de reestructuraciones suelen ser objeto de análisis detallado por parte de la Administración tributaria en sede de inspección, que frecuentemente cuestiona la valoración a mercado de las operaciones vinculadas post-reestructuración.

6070 **Establecimiento permanente** Tanto la normativa interna española como la normativa convenida consideran establecimiento permanente cualquier lugar fijo de negocios en el que de forma continuada o habitual se desarrolle, total o parcialmente, la actividad de una **entidad no residente**.

También se entiende que constituye un establecimiento permanente la realización de actividades económicas en territorio español a través de un **agente dependiente**; es decir, un agente que tiene capacidad y facultades para contratar, en nombre y por cuenta de la entidad no residente, a la que vincula con sus decisiones, y que ejerce con habitualidad dichos poderes.

Los problemas de existencia o no de establecimiento permanente se suscitan también en estructuras de **maquilador o comisionista** que actúa por cuenta de su principal que es una sociedad extranjera.

En particular, se entenderá que constituyen establecimiento permanente las sedes de dirección, las sucursales, las oficinas, las fábricas, los talleres, los almacenes, tiendas u otros establecimientos, las minas, los pozos de petróleo o de gas, las canteras, las explotaciones agrícolas, forestales o pecuarias o cualquier otro lugar de exploración o de extracción de recursos naturales, y las obras de construcción, instalación o montaje **cuya duración exceda de 6 meses**. Si el establecimiento permanente se encuentra situado en un país con el que España tenga suscrito un convenio para evitar la doble imposición internacional, que le sea de aplicación, se estará a lo que de él resulte (LIS art.22.3).

6071 El análisis de estos supuestos es complicado, y las situaciones que se pueden presentar son variadas, en la medida en que más allá de la existencia o no de establecimiento permanente se hace preciso determinar su base imponible, a partir de la **atribución de beneficios** o pérdidas al mismo.

Dicha atribución debe realizarse siguiendo los criterios de la OCDE que establecen el **principio de empresa separada**, con arreglo al cual debe considerarse al establecimiento permanente como una entidad separada de su casa matriz, de forma que las «operaciones internas» que tienen lugar entre ambas partes de la misma sociedad han de valorarse a mercado.

> Precisiones La problemática de los establecimientos permanentes en el marco de **operaciones de reestructuración** operativa ha dado lugar a jurisprudencia variada, entre la que no podemos dejar de citar la controvertida sentencia TS 12-1-12, EDJ 4508, que consagra un nuevo y vidrioso concepto jurídico indefinido: el de «asentamiento complejo operativo».

6072 **Efectos del ajuste secundario** (LIS art.18.11) Adicionalmente al análisis del efecto que se deriva de los ajustes que corresponden por aplicación de la regla de valor de mercado a las operaciones vinculadas, debe también tenerse en cuenta que a la **diferencia** entre el **valor** convenido por las partes y el valor de mercado hay que otorgarle el tratamiento que corresponde a la naturaleza de las rentas puestas de manifiesto.

En relación con las operaciones realizadas entre **socio y sociedad**, se ha de distinguir entre dos supuestos:

a) Si los **excesos** de valoración se califican como participación en beneficios, pueden producirse obligaciones de retención sobre los mismos (sobre todo en el caso de que el receptor de tales rentas presuntas sea no residente o persona física).

b) Si la diferencia de valoración lo es **a favor de la entidad**, por la parte que se corresponde con aportaciones no proporcionales a su porcentaje de participación por parte de los socios, se generaría un ingreso tributable en la entidad por el porcentaje de desplazamiento patrimonial correspondiente a los socios que no han realizado aportaciones proporcionales a su porcentaje de participación.

6073 **Deducciones** (LIS art.21, 31 y 32) La normativa del IS no establece la obligación de seguir un orden en la aplicación de las deducciones sobre la **cuota íntegra**.

No obstante, la secuencia natural de las mismas es la siguiente:

- Deducción para evitar la doble imposición interna de dividendos y de plusvalías de fuente interna.
- Deducción para evitar la doble imposición jurídica internacional.
- Deducción para evitar la doble imposición económica internacional sobre los dividendos distribuidos por sociedades no residentes.
- Bonificaciones que, en su caso, correspondan a la entidad.
- Deducción para incentivar la realización de determinadas actividades. Estas deducciones siempre se practican después de las deducciones anteriores.

- Retenciones soportadas, ingresos a cuenta y pagos fraccionados realizados por la entidad.
- Regularización de incentivos fiscales indebidamente disfrutados en ejercicios anteriores.

El **revisor** durante el curso de su revisión debe comprobar la correcta generación y determinación tanto de las deducciones aplicadas, como de aquellas que se encuentran pendientes de aplicación.

Precisiones 1) La deducción por **doble imposición interna** ha sido **derogada** para los períodos impositivos iniciados a partir del 1-1-2015, ya que se establece un único **régimen de exención** para los dividendos y plusvalías derivadas de participaciones en el capital tanto de entidades residentes en territorio español como en el extranjero. 6074

2) La L 22/2021, de 28 de diciembre, de Presupuestos Generales del Estado para 2022 ha aprobado la creación de una tributación mínima (**cuota líquida mínima**) calculada como el 15% de la base imponible positiva del Impuesto sobre Sociedades (10% para entidades de nueva creación y 18% para entidades de crédito y determinadas actividades de hidrocarburos). Esta nueva medida afectará a (i) los grupos que tributen en régimen de consolidación fiscal (independientemente de su importe neto de la cifra de negocios) y (ii) entidades no integradas en grupos fiscales cuyo importe neto de la cifra de negocios haya sido igual o superior a 20 millones euros.
La cuota líquida mínima puede **reducirse** únicamente con bonificaciones, deducción por inversiones de las autoridades portuarias y deducciones por doble imposición (cuota líquida mínima excepcional). El resto de deducciones (básicamente, I+D y cine) están limitadas o «topadas» por la cuota líquida mínima, por lo que no sirven para reducir la tributación mínima.

Operaciones de reestructuración (LIS art.76 a 86) Las operaciones de reestructuración suelen ser también generadoras de situaciones de riesgo que deben ser consideradas en los supuestos de adquisición de entidades que hayan intervenido en alguna de ellas. 6075
El régimen especial de **neutralidad fiscal** de las fusiones, escisiones, aportaciones de activos, canje de valores y cambio de domicilio social de una Sociedad Europea plantea numerosas situaciones conflictivas derivadas, por un lado, del hecho de que el mismo instrumenta un régimen de diferimiento de las plusvalías latentes en los activos que son objeto de transmisión entre las sociedades que intervienen en las operaciones. Pero también, por el hecho de que, bajo ciertas condiciones, las entidades pueden obtener algún beneficio fiscal.
Si bien la casuística susceptible de generar situaciones de conflicto con la Administración tributaria es numerosa, pasamos a comentar alguno de los aspectos relativos a este tipo de operaciones que con más frecuencia pueden ser generadores de situaciones de riesgo.

Obligaciones formales Determinados actos relativos a la ejecución de las operaciones llevan aparejado el cumplimiento de determinadas obligaciones formales, tales como la adopción de acuerdos, la **comunicación** de los mismos a la Administración, la inclusión de determinadas menciones en las memorias de las sociedades que han intervenido en las operaciones, etc. 6076
La falta de comunicación no impide como regla general la aplicación del **régimen especial**, sin perjuicio de que se estaría cometiendo una infracción tributaria grave, sancionable con multa pecuniaria fija de 10.000 euros.
No obstante, si se desea que la operación se acoja al **régimen fiscal general** (LIS art.17), o en caso de renuncia parcial al régimen de diferimiento, es necesario comunicar dentro del plazo de los 3 meses siguientes a la fecha de inscripción de la escritura pública en que se documente la operación o de la inscripción del nuevo domicilio social (RIS art.48) a la Administración tributaria la operación que se realice, indicando que se opta por no aplicar o por aplicar parcialmente el régimen especial, ya que en otro caso el régimen especial se entiende que es aplicable a todas las rentas que se pongan de manifiesto.

Precisiones **No existe obligación** de comunicar aquellas operaciones que no cumplan con la definición de operación de reestructuración.
La comunicación es preceptiva para aplicar el régimen de diferimiento si la entidad transmitente de los títulos y la adquirente son no residentes en España. En estos casos su omisión impide la aplicación del régimen especial de reorganizaciones empresariales (TEAC 3-12-19).

Fecha de eficacia La eficacia jurídica de las operaciones de reestructuración está supeditada a la **inscripción** de la escritura pública a través de la cual se instrumenten dichas operaciones en el RM. 6077
No obstante, la normativa contable y fiscal en ocasiones **retrotraen** los efectos (contables y fiscales) de dichas operaciones a un momento temporal anterior a partir del cual deben registrarse/imputarse las rentas del negocio transmitido.
Así, el PGC establece que en una combinación de negocios se deben registrar en la entidad adquirente tanto los activos y pasivos adquiridos como los ingresos y gastos derivados del patrimonio transmitido a partir de la **fecha de adquisición**.

6078 Por tanto, la norma contable -que atiende a la realidad económica de las operaciones-, establece que se deben contabilizar las operaciones en la entidad adquirente una vez se ha producido la toma de control del negocio transmitido.

La regla general es que la toma de control tiene lugar el día en el que se celebra la **junta** en la que se aprueba la operación y por tanto, desde el punto de vista contable, los efectos jurídicos de la fusión deben retrotraerse a esta fecha. No obstante, en las operaciones de fusión y escisión total, en las que ya existe un control previo por parte de la sociedad adquirente, los efectos contables de las operaciones se deben retrotraer al **inicio del ejercicio**.

Tanto en el régimen fiscal especial de estas operaciones como en el régimen general, no existe ningún precepto que regule de forma expresa a qué entidad deben **imputarse fiscalmente las rentas** procedentes de las operaciones realizadas por la entidad transmitente hasta la fecha de su extinción. En tal caso, se aplican las reglas generales del impuesto.

Esta conclusión parece desprenderse de lo establecido en la LIS art.10. La norma dispone que la base imponible es el resultado contable obtenido con una correcta aplicación de la normativa contable, de lo cual parece derivarse que si la norma contable permite reconocer resultados de forma retroactiva en una operación de fusión, con base en los criterios contables, dichos resultados deben integrarse en la base imponible de la entidad adquirente, por cuanto que la normativa del IS no contiene ninguna especialidad respecto de la imputación de las rentas obtenidas en las operaciones realizadas por las entidades que participan en una operación de concentración.

6079 Precisiones En los períodos impositivos iniciados **con anterioridad a 1-1-2015**, la LIS/04 no admitía la retroacción fiscal de las operaciones de concentración acogidas al régimen general. Así, en una escisión parcial no acogida al régimen especial no hay retroacción contable, ya que se imputan a la sociedad escindida todas las rentas derivadas de las operaciones realizadas hasta la realización de la escisión (TEAC 2-2-12). Por el contrario, en los períodos impositivos iniciados **a partir de 1-1-2015**, el criterio de imputación contable se asume por el IS a efectos de determinar la base imponible de la entidad absorbente y de la absorbida.

6080 **Motivos económicos válidos** Con la intención de que la fiscalidad no sea un obstáculo en la toma de decisiones sobre reestructuraciones de las empresas, se prevé un régimen especial que consiste en el **diferimiento** de las **rentas** que se ponen de manifiesto en dichas operaciones siempre que la operación se efectúe por motivos económicos válidos, tales como la reestructuración o la racionalización de las actividades de las entidades que participan en la operación.

Es doctrina consolidada que, existiendo razones económicas o de negocio que justifican las operaciones, no perjudica la validez fiscal de las operaciones el hecho de que de las mismas se deriven también ventajas fiscales, o que, existiendo motivo económico, el sujeto pasivo puede optar por realizar la operación del modo que fiscalmente resulte menos gravoso para él.

Deben ser, por tanto, **razones económicas** y no fiscales las que impulsan la realización de la operación, de manera que, existiendo tales motivos económicos, es aplicable el régimen especial.

Precisiones La existencia de motivos económicos válidos es una cuestión de hecho que debe ser **apreciada por los órganos competentes**, atendiendo a las circunstancias concurrentes en cada caso concreto. En este sentido, la Dirección General de Tributos ha dejado de pronunciarse sobre la procedencia de validez de los mismos a efectos de aplicación del Régimen de neutralidad fiscal desde marzo de 2023, delegando dicho pronunciamiento en los órganos revisores.

6081 **Efectos fiscales de las diferencias de fusión** Bajo el régimen de neutralidad, la **entidad transmitente** no tributa por la diferencia entre el valor de mercado de los activos transmitidos y su coste de adquisición, de forma que estos activos se traspasan conservando el valor que a efectos fiscales tenían.

De otra parte, bajo el régimen de neutralidad, en aquellos casos en los que como consecuencia de la transmisión del negocio se produce la amortización de las participaciones, los **socios** de la entidad transmitente tampoco integran en su base imponible la diferencia entre el valor normal del mercado de la participación recibida y el valor contable de la participación anulada. Así, las **plusvalías latentes** y el **fondo de comercio** que se ponen de manifiesto tributan en un momento posterior, generalmente en sede de la entidad adquirente.

Precisiones Para las operaciones de fusión realizadas en un período impositivo iniciado **a partir del 1-1-2015**, la diferencia de fusión no tiene efectos fiscales. Por ello, no es fiscalmente deducible ni el gasto por amortización de fondo de comercio ni su posible deterioro.

Medidas urgentes (RDL 2/2016; RDL 3/2016) Se han establecido una serie de medidas en el ámbito tributario dirigidas a la consolidación de las finanzas públicas. En el **ámbito del IS**, las medidas están orientadas al ensanchamiento de las bases imponibles de las entidades españolas y el incremento del nivel de recaudación. 6083
El revisor, durante el curso de su trabajo, debe tener en cuenta si la empresa ha aplicado correctamente dichas medidas, como, por ejemplo:
- pagos fraccionados;
- bases imponibles negativas (nº 6085);
- reversión acelerada de deterioros de participaciones (nº 6086); y,
- no deducibilidad de pérdidas derivadas de la transmisión (nº 6087).

Pagos fraccionados (LIS disp.adic.14ª y 15ª) Para los contribuyentes del IS cuyo **importe neto de la cifra de negocios** en los 12 meses anteriores a la fecha en que se inicie el período impositivo, sea al menos 10 millones de euros se establece: 6084
• **Pago fraccionado mínimo**: la cantidad a ingresar por el contribuyente no puede ser inferior, en ningún caso, al 23% del resultado positivo de la cuenta de pérdidas y ganancias del período al que corresponda el pago fraccionado.
El tipo impositivo es del 25% (en lugar del 23%) en el caso de las entidades de crédito y del sector de hidrocarburos que tributan al tipo incrementado del 30% en el IS.
El importe resultante puede minorarse únicamente por el importe de los pagos fraccionados del ejercicio, que se hayan realizado con anterioridad.
• Porcentaje **incrementado**: es el resultado de multiplicar por diecinueve veinteavos el tipo de gravamen redondeado por exceso (i.e., 24% si el tipo del IS es el general).

Precisiones Como consecuencia de la crisis sanitaria ocasionada por el **coronavirus**, en materia tributaria se posibilita a determinados contribuyentes el **cambio de la modalidad** de cálculo del pago fraccionado (RDL 15/2020 art.9). Conviene resaltar que para el cambio de opción en el primer pago fraccionado se requiere que el contribuyente tenga un volumen de operaciones no superior a 600.000 euros en el año 2019, mientras que para el cambio de opción en el segundo pago fraccionado se requiere que el importe neto de la cifra de negocios no haya superado los 6.000.000 de euros durante los 12 meses anteriores a la fecha de inicio del período impositivo.

Bases imponibles negativas (LIS art.26.1, disp.adic.15ª y 19ª) En general, la base imponible negativa mínima que puede compensarse es de importe de un millón de euros. No obstante, el importe de la compensación para las **grandes empresas** se limita en función del **importe neto de la cifra de negocios** de los doce meses anteriores al inicio del período impositivo, cualquiera que sea la duración de esos períodos. 6085
Existen las siguientes posibilidades:
a) Importe **inferior a 20 millones** de euros.
La limitación a la compensación que se aplica es la general (70%) de la base imponible previa a la reserva de capitalización y a la propia compensación de bases imponibles negativas.
b) Importe **entre 20 millones y menos de 60 millones** de euros.
El importe máximo de compensación de las bases imponibles negativas está limitado al 50% de la base imponible del período previa a la reserva de capitalización y a dicha compensación. De esta forma, siempre resulta una base imponible positiva, con independencia de que no haya renta positiva en los períodos impositivos posteriores que pueda compensar la parte de la base imponible negativa no compensada.
c) Importe de al **menos 60 millones** de euros.
El importe máximo de compensación de las bases imponibles negativas está limitado al 25% de la base imponible previa a la reserva de capitalización y a dicha compensación, de esta forma, la base imponible igualmente siempre es positiva.

Precisiones **1)** El **límite** de la compensación de bases imponibles negativas **no es de aplicación**:
- a las empresas de nueva creación (LIS art.26.3) en los tres primeros periodos impositivos en que se genere una base imponible positiva previa a su compensación;
- respecto del importe de las rentas correspondientes a reversión de las pérdidas por deterioro (LIS disp.trans.16ª.8).
2) La L 38/2022, de 27 de diciembre, para el establecimiento de gravámenes temporales energético y de entidades de crédito y establecimientos financieros de crédito y por la que se crea el Impuesto Temporal de Solidaridad de las Grandes Fortunas, y se modifican determinadas normas tributarias ha aprobado, como medida temporal, con efectos para los periodos impositivos que se inicien en 2023, la **limitación del 50%** al cómputo de **pérdidas individuales** a efectos de la determinación de la base imponible consolidada de los **grupos** fiscales.
Con efectos para los períodos impositivos sucesivos, el importe de las **bases imponibles negativas individuales** no incluidas en la base imponible del grupo fiscal por aplicación de la limitación, se integrará en la base imponible del mismo por partes iguales en cada uno de los diez primeros

períodos impositivos que se inicien a partir del 1-1-2024, incluso en caso de que alguna de las entidades con bases imponibles individuales negativas a que se refiere el apartado anterior quede excluida del grupo (LIS disp.adic.19).
En el supuesto de **pérdida del régimen de consolidación fiscal o de extinción del grupo fiscal**, el importe de las bases imponibles negativas individuales afectadas por la limitación que esté pendiente de integración en la base imponible del grupo, se integrará en el último período impositivo en que el grupo tribute en el régimen de consolidación fiscal.
3) La LIS disp.adic.15ª, que regulaba los límites de compensación de bases imponibles negativas aplicables a las grandes empresas en función del importe neto de la cifra de negocios de los doce meses anteriores al inicio del periodo impositivo ha sido **declarada inconstitucional y nula** (TS 18-1-24, EDJ 503736). Por ello, las bases imponibles negativas pueden ser compensadas con las rentas positivas de los periodos impositivos siguientes con el límite del 70% de la base imponible previa a la aplicación de la reserva de capitalización. En todo caso, se podrán compensar en el periodo impositivo bases imponibles negativas hasta el importe de 1 millón de euros.

6086 **Reversión acelerada de deterioro de participaciones** (LIS disp.trans.16ª) Con efectos para los períodos impositivos iniciados a partir de 1-1-2016, se modifica la reversión de deterioros de participaciones en entidades que hayan resultado deducibles en el pasado, para añadir un régimen de reversión obligatoria adicional a los supuestos de reversión inicialmente previstos (recuperación de fondos propios o percepción de dividendos, en el caso de deterioros deducibles en el pasado, o recuperación de valor contable en el caso de entidades cotizadas).
De esta forma, la reversión de las pérdidas por deterioro de los valores representativos de la participación en el capital o en los fondos propios de entidades que hayan resultado **fiscalmente deducibles** en la base imponible del IS, en períodos impositivos iniciados con anterioridad a 1-1-2013, se integrará, como mínimo, por partes iguales en la base imponible correspondiente a cada uno de los cinco primeros períodos impositivos que se inicien a partir de 1-1-2016.

Precisiones **1)** Una cuestión dudosa es la **integración en la base imponible** de la reversión del deterioro según las reglas especiales al cierre de los tres períodos que sirven de base para calcular los pagos fraccionados del período impositivo de acuerdo con la modalidad de base imponible del período (LIS art.40.3). Lo razonable es interpretar que la reversión por la aplicación de la regla especial solo tiene lugar a la fecha de devengo del IS, es decir, con ocasión de la conclusión del período impositivo, lo cual supondría que no tenga efectos en el cálculo de los pagos fraccionados. Esta es la interpretación administrativa, que considera que la reversión del deterioro se produce el último día del período impositivo, por lo que no procede realizar integraciones parciales en el caso de transmisión de la participación antes del cierre del período impositivo (DGT CV 24-1-17).
2) Se declara inconstitucional y nulo la LIS disp.trans.16ª.3, que modificaba la reversión de deterioros de participaciones en entidades que hubieran resultado deducibles en el pasado, añadiendo un régimen de reversión obligatoria adicional a los supuestos de reversión inicialmente previstos (recuperación de fondos propios o percepción de dividendos, en el caso de deterioros deducibles en el pasado, o recuperación de valor contable en el caso de entidades cotizadas), de modo que la reversión de las pérdidas por deterioro de los valores representativos de la participación en el capital o en los fondos propios de entidades que hubieran resultado **fiscalmente deducibles** en la base imponible del IS, en períodos impositivos iniciados con anterioridad a 1-1-2013, se integraran, como mínimo, por partes iguales en la base imponible correspondiente a cada uno de los cinco primeros períodos impositivos iniciados a partir de 1-1-2016 (TS 18-1-24, EDJ 503736).

6087 **No deducibilidad de pérdidas derivadas de la transmisión** (LIS art.21.6) No se integran en la base imponible las rentas negativas derivadas de la transmisión de la participación en una entidad, respecto de la que se cumplan las condiciones establecidas para aplicar el régimen de exención regulado en la LIS art.21.3.

3. Impuesto sobre la Renta de no Residentes

6090 El revisor durante el curso de su revisión debe comprobar si la empresa está satisfaciendo rentas a personas o entidades no residentes sujetas a **retención** por el IRNR.
Aunque en el ámbito de la fiscalidad internacional las situaciones a las que se puede enfrentar el revisor son variadas, con carácter general, los **intereses y dividendos** pagados a entidades no residentes están sujetos a un a un tipo de retención del 19%.
Por otro lado, los rendimientos derivados de la **prestación de servicios**, o de la cesión de uso de **derechos de autor, patentes, marcas**, informaciones relativas a experiencias industriales, comerciales o científicas, u otros que tengan la consideración de canon (LIRNR art.13.1.f) están sujetos a un tipo de retención del 24%, salvo que el preceptor tenga su residencia en otro estado miembro de la UE o del EEE con el que el que exista un efectivo intercambio de información tributaria, en cuyo caso el tipo de retención aplicable sería del 19%.

La **obligación de retener** surge en el momento de la exigibilidad de la renta o en el de su pago si fuese anterior.
No obstante, existen ciertas **excepciones** a la obligación de retener que el revisor debe tener en cuenta, entre otras, las siguientes:
- en el caso de dividendos: cuando aquellos sean satisfechos a residentes en otro estado miembro de la UE o del EEE, sujeto a una serie de requisitos (LIRNR art.14.1 h);
- en el caso de intereses y ganancias patrimoniales derivadas de bienes muebles obtenidos sin mediación de establecimiento permanente, cuando aquellos sean satisfechos a residentes en otro estado miembro de la UE (LIRNR art.14.1.c);

Precisiones La excepción a la obligación de retener no aplicará a las ganancias patrimoniales derivadas de la transmisión de acciones, participaciones u otros derechos en una entidad cuando el activo de la misma consista principalmente, directa o indirectamente, en **bienes inmuebles situados en territorio español**, en el caso de contribuyentes personas físicas que, en algún momento anterior, durante el periodo de 12 meses precedente a la transmisión, el contribuyente haya participado, directa o indirectamente, en al menos el 25% del capital o patrimonio de la entidad y en el caso de entidades no residentes, cuando la transmisión no cumpla los requisitos previstos en la LIS art.21.

- en el caso de cánones o regalías, cuando aquellos sean satisfechos a residentes en otro estado miembro de la UE siempre que, entre otros requisitos, ambas sociedades sean asociadas, esto es, cuando una posea en el capital de la otra una participación directa de, al menos, el 25%, o alguno de sus accionistas comunes posea una participación directa en cada una de ellas de, al menos, el 25% (LIRNR art.14.1.m). **6091**

Precisiones **1)** Según la doctrina emanada por el TJUE (C-115/16, C-118/16, C-119/16 y C-299/16) el TEAC establece que la condición de beneficiario efectivo del preceptor de la renta, es un requisito material y necesario para invocar la aplicación de la exención doméstica en el **pago de intereses a residentes** de la UE, debiéndose entender que dicho requisito está implícitamente subsumido dentro del concepto interés (TEAC 10-10-19).
2) El 16-12-2021, la AEAT publicó una copia del informe preparado por la Comisión Consultiva sobre el conflicto en la aplicación de la norma tributaria en relación con la exención doméstica en el **pago de intereses a residentes** de la UE, que se basa igualmente en la doctrina del TJUE (Conflicto nº 4. Retenciones a cuenta del Impuesto sobre la Renta de No Residentes sobre intereses satisfechos a una entidad holandesa del Grupo).

En función de la residencia del preceptor y de la tipología de renta satisfecha también puede ser de aplicación **tipos reducidos o exención** a la obligación de tributación cuando sea de aplicación un convenio para evitar la doble imposición. **6092**
Sin perjuicio de lo anterior, el revisor debe tener presente que, con carácter general, la aplicación de tipos de tributación reducidos, o de exención fiscal está supeditada a la concurrencia de motivos económicos válidos, razones empresariales sustantivas u otras específicas, de tal suerte que no sea de aplicación normativa fiscal antielusión, bien de derecho interno o de derecho internacional.
En cualquier caso, a efectos de aplicar un **beneficio fiscal**, la empresa, como obligado a practicar retenciones, además de cumplir con las obligaciones formales (de declaración, y en su caso de ingreso, como por ejemplo, cuando se establezcan tipos de retención atenuados de acuerdo a un convenio) debe estar en posesión de un certificado de residencia fiscal, emitido por las autoridades fiscales donde el preceptor de la renta tenga su residencia fiscal.
Dicho certificado debe ponerse a disposición del pagador con carácter previo al devengo de la obligación de retención. Y, en el caso de que sea de aplicación convenio para evitar la doble imposición, debe incluir mención de que el preceptor es considerado residente fiscal a los efectos de dicho convenio, salvo que para probar la residencia fiscal se haya establecido la necesidad de cumplir con dicha obligación a través de formulario especial aprobado al efecto entre España y el estado de residencia del destinatario.

4. Impuesto sobre la Renta de las Personas Físicas

A continuación, se indican las principales áreas de riesgo, relativas al Impuesto sobre la Renta de las Personas (**IRPF**), que deben ser cubiertas por el revisor durante el curso de su trabajo, sin perjuicio de que esta pueda encontrarse con otras que también deba tener en cuenta. **6095**

Retenciones (LIRPF art.101) El estudio de los **tipos** de retención aplicados por la sociedad objeto de la operación es el aspecto esencial del trabajo de revisión en esta área. **6096**
Dicho trabajo pasa por entender las políticas retributivas de la sociedad, y analizar cuáles son sus efectos en relación con los tipos de retención.

La LIRPF establece unos tipos **mínimos** de retención que son de aplicación en los siguientes casos:
- si el contrato laboral tiene una duración **inferior al año**, el tipo de retención no puede ser inferior al 2%;
- si se establecen contratos laborales **especiales** de carácter dependiente (p.e., personal de alta dirección, deportistas, discapacitados), el tipo de retención no puede ser inferior al 15%;
- si el preceptor de los rendimientos sea un **administrador** persona física, el tipo de retención es del 35%.

6096.1 a) **Rendimientos de capital inmobiliario**:
Se califican como rendimientos del capital inmobiliario las rentas procedentes del arrendamiento o subarrendamiento de inmuebles urbanos, aun cuando constituyan ingresos derivados de explotaciones económicas.
Con carácter general, el pago de rentas procedentes del arrendamiento de inmuebles urbanos está sujeto a un tipo de **retención** del 19% por todos los conceptos que se satisfagan al arrendador, excluido el IVA.
La **obligación de retener** surge en el momento de la exigibilidad de la renta o en el de su pago si fuese anterior.
No obstante, existen ciertas **excepciones** la obligación de retener que el revisor debe tener en cuenta, como por ejemplo:
- cuando se trata de arrendamientos de vivienda por empresas para sus empleados;
- cuando la renta satisfecha a un mismo arrendador sea inferior a 900 euros anuales;
- cuando el arrendador se encuentra dado de alta en el epígrafe del IAE 861, o en algún otro que faculte al arrendador para la actividad de arrendamiento o subarrendamiento de bienes inmuebles urbanos, siempre que no resulte una cuota impositiva nula.

Precisiones La Dirección General de Tributos ha señalado que no procede aplicar retención sobre los pagos por arrendamiento bajo un contrato de arrendamiento en la modalidad de «**co-working**» (DGT CV 19-5-20).

6096.2 b) **Rendimientos de capital mobiliario**:
Los intereses y dividendos, entre otros rendimientos de capital mobiliario, están sujetos a un a un tipo de **retención** del 19%.
La **obligación de retener** surge en el momento de la exigibilidad de la renta o en el de su pago si fuese anterior. En particular:
- los intereses son exigibles en las fechas de vencimiento señaladas en la escritura o contrato para su liquidación o cobro, o cuando de otra forma se reconozcan en cuenta, aun cuando el perceptor no reclame su cobro o los rendimientos se acumulen al principal de la operación;
- los dividendos son exigibles en la fecha establecida en el acuerdo de distribución o a partir del día siguiente al de su adopción a falta de la determinación de la citada fecha.
No obstante, existen ciertas **excepciones** a la obligación de retener que el revisor debe tener en cuenta, como por ejemplo:
- dividendos o participación en beneficios que procedan de períodos impositivos en que la entidad estuviese en transparencia fiscal o tributase en el régimen de sociedades patrimoniales;
- en cuanto al régimen de consolidación fiscal, se excepciona la obligación de retener respecto de los dividendos, intereses y demás rendimientos satisfechos entre entidades que formen parte de un grupo que tribute según dicho régimen (RIS art.61);
- dividendos o participaciones en beneficios percibidos por entidades que puedan practicar la exención para evitar la doble imposición.

6097 **Regularización de las retenciones** Una vez determinado el tipo de retención aplicable, este debe ser objeto de regularización y por lo tanto, sujeto a **recálculo** cuando durante el ejercicio fiscal varían las circunstancias que se tuvieron en cuenta para determinar su importe o cuando se producen cambios de la relación laboral.
La obligación de **comunicar la situación personal** y familiar para la correcta determinación del tipo aplicable recae en el trabajador, quedando el empresario obligado a conservar los documentos aportados por el contribuyente que justifican cambios en las circunstancias personales y familiares.
La **falta de comunicación** al pagador de estas circunstancias determina que no se tengan en cuenta las mismas para el cálculo del tipo de retención. De tal manera que, cuando la falta de comunicación implica la aplicación de un tipo inferior al que realmente hubiera correspondido, el preceptor puede incurrir en responsabilidad.

Retribución en especie La LIRPF define la retribución en especie como la utilización, consumo u obtención para **fines particulares** de bienes, derechos o servicios de forma gratuita o por precio inferior al de mercado, aunque no supongan gasto real para quien los concede (ver nº 6106 s.). 6098
Durante el curso de la revisión, se debe comprobar si la empresa ha valorado a efectos fiscales correctamente los rendimientos en especie y verificar si se ha practicado correctamente el **ingreso a cuenta** correspondiente.

A este respecto, se ha de distinguir los rendimientos del trabajo en especie, de aquellos otros supuestos en los que se produce una simple **mediación de pago** por parte de la empresa respecto de gastos efectuados por el empleado, que son posteriormente descontados del salario del trabajador. En estos casos, la contraprestación exigible por el trabajador a la empresa tiene la naturaleza de retribución dineraria. 6099
La normativa del IRPF incluye una serie de normas relativas al cálculo del valor de las retribuciones en especie, y al efecto que las mismas tienen respecto del ingreso a cuenta que la entidad debe practicar sobre las mismas.

Indemnización por despido (LIRPF art.7.e) En el caso de que se produzca un **despido**, un expediente de regulación de empleo **(ERE) o** una situación **similar**, el empleador debe incluir dentro de las rentas sujetas a retención satisfechas a sus empleados el importe de la indemnización que no esté exenta. 6100
En aplicación de la normativa vigente, las indemnizaciones satisfechas están **exentas** en su cuantía establecida con carácter obligatorio en:
- el Estatuto de los Trabajadores (RDLeg 2/2015);
- su normativa de desarrollo; o
- la normativa reguladora de la jurisdicción social (L 36/2011 art.278 s.).

Sin perjuicio de lo anterior, en los supuestos de despidos colectivos realizados de conformidad con lo dispuesto en el ET art.51, o producidos por las **causas** previstas en la letra c) del ET art.52, siempre que, en ambos casos, se deban a causas económicas, técnicas, organizativas, de producción o por fuerza mayor, quedará exenta la parte de indemnización percibida que no supere los límites establecidos con carácter obligatorio en el mencionado Estatuto para el despido improcedente.
En todo caso, el **importe** de la indemnización exenta tendrá como límite la cantidad de 180.000 euros.

Durante el curso de su revisión, el revisor tiene que verificar si se han pagado indemnizaciones por encima de los mencionados límites exentos y si se ha practicado la correspondiente retención. 6101
Asimismo, debe tener en cuenta las razones de fondo por las que un despido ha sido calificado como improcedente ya que, en realidad, podríamos estar ante un cese voluntario de la relación laboral por mutuo acuerdo.
Las consecuencias fiscales que se derivan son diferentes en uno y otro caso:
a) Las indemnizaciones satisfechas en concepto de **despido improcedente** están exentas hasta la cuantía que no supere el importe de 33 días de salario por año trabajado, con un máximo de 24 mensualidades (ET art.56.1). Antes del 12-2-2012 se consideraban exentas las indemnizaciones que no superasen el importe de 45 días por año trabajado con un máximo de 24 mensualidades.
b) El **cese voluntario** de la relación laboral está sujeto IRPF y, consecuentemente, el empleador tiene la obligación de practicar la correspondiente retención, sin perjuicio de la reducción por rendimiento irregular que en su caso corresponda.

Relaciones profesionales reclasificadas como laborales (LIRPF art.17.1 y 27.1) Se califican como **rendimiento del trabajo** la contraprestación percibida por el trabajo que deriva directa o indirectamente del trabajo personal o de la relación laboral o estatutaria y no tenga el carácter de rendimientos de actividades económicas. 6102
A estos efectos, la calificación como **actividad económica** exige el cumplimiento de dos requisitos:
- la ordenación por cuenta propia de medios de producción y de recursos humanos o uno de ambos; y,
- la existencia de medios de producción.

6103 A la hora de determinar la existencia de una relación laboral por cuenta propia o ajena, resulta indiferente la calificación de los contratos efectuadas por las partes, debiéndose analizar las obligaciones asumidas por las partes y las prestaciones que constituyen objeto de la relación laboral, siendo notas características de la **relación laboral** la dependencia y la ajenidad.

En este sentido, son indicios comunes de la concurrencia de circunstancias de **dependencia** las siguientes:

• La asistencia al centro de trabajo del empleador o al lugar de trabajo designado por este y el sometimiento a horario.

• El desempeño personal del trabajo, compatible en determinados servicios con un régimen excepcional de suplencias o sustituciones.

• La inserción del trabajador en la organización de trabajo del empleador o empresario.

6104 Por su parte, son indicios de comunes de la nota de **ajenidad**:

• La entrega o puesta a disposición del empresario por parte del trabajador de los productos elaborados o de los servicios realizados.

• La adopción por parte del empresario y no del trabajador de las decisiones concernientes a las relaciones de mercado o de las relaciones con el público, como fijación de precios o tarifas, selección de clientela, indicación de personas a atender; el carácter fijo o periódico de la remuneración del trabajo.

• El cálculo de la retribución o de los principales conceptos de la misma con arreglo a un criterio que guarde una cierta proporción con la actividad prestada.

6105 Desde la perspectiva fiscal, resulta esencial analizar en cada caso concreto la presencia o ausencia de las notas de dependencia y ajenidad y la existencia o no de medios producción en sede de la persona física que desempeña el trabajo.

Si durante el curso de la **revisión**, se detectase que ciertos contratos cumplen con las notas de ajenidad y dependencia y que los rendimientos satisfechos deberían haberse calificado como rendimientos del trabajo se podrán derivar las siguientes consecuencias:

a) Puede surgir una contingencia por el defecto de **retención** practicado, si el tipo de retención aplicable a los rendimientos del trabajo percibidos por el falso autónomo independiente fuesen superiores al correspondiente a profesionales independientes. Generalmente, el tipo de retención aplicable a los rendimientos derivados de actividades económicas es del 15% o el 7% (LIRPF art.101.5).

b) Puede surgir una contingencia relativa al **IVA**, ya que la empresa se habrá deducido cuotas indebidamente repercutidas por el falso autónomo.

6106 Vehículos de empresa para fines profesionales y particulares (Nota AEAT 28-7-23)

Se considera **retribución en especie** la utilización o entrega de vehículos automóviles para fines particulares del empleado.

En aquellos supuestos de utilización simultánea en el ámbito laboral y particular de vehículos de empresa es necesario establecer un **reparto** en el que se valore solo la **disponibilidad** de los vehículos para fines particulares.

Precisiones **1)** La **cesión de vehículos a empleados** por parte de sus empresas ha sido objeto de análisis recientemente por el TJUE, la AN y el TEAC, lo que ha supuesto un cambio en alguno de los criterios de aplicación de las reglas que hasta esta nueva jurisprudencia y doctrina tenía en cuenta la Administración tributaria (Nota AEAT 28-7-23).

2) La DGT en distintas contestaciones vinculantes ha señalado que no puede establecer criterios genéricos que determinen como valorar la disponibilidad de los vehículos para fines particulares. Sin embargo, ha venido a desechar aquellos criterios que cuantifican la utilización particular de los vehículos en función de las **horas de utilización efectiva o kilometraje**, pues el parámetro determinante debe ser la disponibilidad para fines particulares (DGT CV 5-4-11; CV 24-10-18; CV 26-3-19; TEAC 4-12-17).

3) Esta regla de disponibilidad ha sido recogida por diversas sentencias y el criterio ha sido **confirmado por diversas sentencias del TJUE**, señalando que deben considerarse los períodos en los que un bien se encuentra a disposición de las necesidades privadas de la persona que lo utiliza, bien sea el propio empresario o profesional, sus empleados o terceras personas, existiendo o no un uso efectivo del bien (AN 22-1-20, EDJ 521830; 30-9-20, EDJ 699505; TEAC 4-12-17).

6107 El criterio de disponibilidad para uso privado permite determinar el **grado de afectación** del vehículo a la realización de la específica actividad que lleva a cabo la empresa, lo que tiene efecto, tanto en el **IVA**, como en el **IRPF**. La Administración ha regularizado en consonancia tanto el IRPF como el IVA con lo que se quiere expresar la sintonía entre ambos conceptos tributarios a la hora de delimitar la cesión del vehículo para su utilización con fines particulares (TEAC 22-7-17). Nos encontramos ante una cuestión de hecho que incide en ambos impuestos, aun cuando el IVA y las retenciones a cuenta de IRPF son dos obligaciones independientes.

Este criterio de disponibilidad para fines particulares ha sido concretado tomando en consideración la **totalidad del tiempo anual** que no corresponde a la jornada laboral de los trabajadores. Para ello, se ha tenido en cuenta, para trabajadores y directivos, las horas laborables previstas en el convenio colectivo aplicable a la empresa y el tiempo de disponibilidad para los trabajadores, concretado en fines de semana, festivos, vacaciones y el horario fuera de la jornada de trabajo, en días laborables. Este criterio ha superado, por consiguiente, tanto la presunción establecida en la LIVA art.95.Tres.2ª, como una práctica habitual de las empresas que imputa 5/7 partes como de uso laboral, al considerar que la disponibilidad para fines particulares se limita a los fines de semana (AN 22-1-20, EDJ 521830; 30-9-20, EDJ 699505, entre otras).

Precisiones Si bien el grado de disponibilidad para fines particulares es el mismo en IRPF e IVA, debiendo considerar ese porcentaje de disponibilidad en todo caso, la **base imponible** de ambos impuestos es distinta. En el caso del **IRPF**, la base del ingreso a cuenta en el supuesto de uso es el 20% anual del coste de adquisición del vehículo para el pagador o sobre el valor de mercado que correspondería al vehículo si fuese nuevo, sin perjuicio de las reducciones aplicables a los vehículos considerados eficientes energéticamente. A dicha base se le aplicará el porcentaje de disponibilidad.

Así, para la valoración de la retribución en especie en los casos de uso mixto es necesario atender a las **circunstancias personales y profesionales** del trabajador de tal manera que el uso privado que le da un comercial a un vehículo cedido es más residual que el que le da otro empleado que necesita el vehículo en menor medida, como es el caso de los directivos de la empresa (TS 7-7-11; AN 22-1-20, EDJ 521830). **6108**

La carga de la **prueba** corresponde al empleador. En este sentido, debe ser este quien acredite el grado de afectación de un vehículo para fines no empresariales, para justificar si el ingreso a cuenta aplicable al rendimiento en especie que se genere es el correcto.

El revisor debe valorar si el **ingreso a cuenta** practicado por el empleador sobre los rendimientos en especie que se generen en los supuestos de utilización de vehículos mixtos es razonable.

Enriquecimiento injusto de la Administración La llamada doctrina del enriquecimiento injusto, término acuñado por el Tribunal Supremo, viene a establecer limitaciones a la Administración tributaria a la hora de exigir la **liquidación** de las deudas tributarias. **6109**

En materia de **retenciones**, este hecho se produciría si la Administración recaudase dos veces el mismo importe: por parte de la compañía, al exigirle el ingreso de las diferencias de retención no practicadas, y por parte del empleado, quien al liquidar su impuesto final pagaría el importe de la cuota que previamente no fue objeto de retención e ingreso.

Los Tribunales (TS 13-11-99; 27-2-07; 5-3-08; 1-7-08; 16-7-08; 22-10-08; 21-5-09; 15-9-09), ha enumerado los **requisitos** que han de concurrir para que esta sea de aplicación en el ámbito del IRPF. Así cabe enumerar los siguientes: **6110**

• Solo es aplicable cuando la obligación tributaria del perceptor de los rendimientos sujetos a retención (obligación tributaria principal) ha sido cumplida.
• La declaración de la obligación tributaria principal presentada por el citado contribuyente debe ser veraz.
• El ingreso o pago de dicha obligación principal debe haberse hecho a satisfacción de todos los intervinientes (retenido, retenedor y Administración), esto es, debe haberse efectuado el ingreso o pago de la obligación en el Tesoro Público, habiendo autoliquidado el impuesto el perceptor de acuerdo con la retención efectivamente practicada (es decir, sin haber hecho uso del derecho que le asiste a deducirse la retención procedente).

De acuerdo con lo anterior, la AEAT ha enumerado una serie de **supuestos** en los que, atendida la jurisprudencia del Tribunal Supremo, considera que **no** se produce el **enriquecimiento injusto** de la Hacienda Pública, cuando: **6111**

a) El **perceptor**:
- no ha presentado declaración;
- habiendo presentado declaración, no ha incluido en la misma las rentas sujetas a retención;
- ha deducido en su autoliquidación no la retención efectivamente practicada, sino la retención procedente; o
- ha omitido el ingreso de la obligación principal.

b) El **pagador** de los rendimientos ha alterado la calificación de las rentas satisfechas, con el objeto de eludir su obligación de retener, contribuyendo así a que tales rentas no sean gravadas en el IRPF del preceptor.

El revisor durante el curso de su trabajo debe cuantificar las contingencias que pudieran surgir como consecuencia de la incorrecta determinación del importe a retener o a ingresar a cuenta teniendo en cuenta la doctrina expuesta.

5. Impuesto sobre el Valor Añadido

6115 A continuación, se examinan ciertas áreas de riesgo recurrentes, relativas al Impuesto sobre el Valor Añadido (**IVA**), sin perjuicio de que el revisor pueda encontrarse con otras que también deben tenerse en cuenta.

6116 **Transmisión del patrimonio empresarial** (LIVA art.7.1º) **No** está **sujeta** al IVA la transmisión de un conjunto de elementos corporales y, en su caso, incorporales, que formando parte del patrimonio empresarial o profesional del sujeto pasivo, constituyen una unidad económica autónoma capaz de desarrollar una actividad económica por sus propios medios.
El supuesto de no sujeción comprende la transmisión **total** del patrimonio a un solo adquirente y las transmisiones **parciales** a varios adquirentes, siempre que, en estos últimos casos, cada transmisión constituya en cada uno de ellas una unidad económica autónoma.
El supuesto de no sujeción resulta, en su caso, aplicable con independencia del régimen fiscal que a dicha transmisión le resulte de aplicación en el ámbito de otros tributos (ej.: IS, IRPF).

6117 Para que la no sujeción sea de aplicación es irrelevante que el adquirente continúe o no la misma actividad del transmitente, siempre que se acredite por el adquirente la **intención** de mantener los activos adquiridos afectos al desarrollo de una actividad.
No obstante, en el caso de que los bienes sean posteriormente objeto de **desafección** de la actividad, estos quedarán sujetos al IVA (TS 13-2-07).
La DGT a través de respuestas a **consultas vinculantes** ha establecido que:
• Es necesario que se acompañe de un soporte técnico-administrativo cuando se transmita alguno de los elementos integrantes para la producción de **energía eléctrica** (DGT CV 5-3-12; CV 30-10-17; CV 28-11-18).

6118 • Se considera como mera cesión la transmisión de bienes arrendados cuando no se acompaña de una estructura organizativa de factores de producción materiales y humanos o uno de ellos, que permita considerar a la misma constitutiva de una unidad económica autónoma. A efectos de tributación indirecta, la trasmisión de un **aparcamiento** y de la concesión administrativa otorgada para su explotación, sin que la transmisión alcance al resto de elementos organizativos (gerencia y personal), está sujeta a IVA (DGT CV 29-12-09; CV 18-11-19).
• La transmisión de un local, clientela, personal, stock e instalaciones existentes que constituyen una **rama de actividad** puede ser considerada como una unidad económica autónoma capaz de desarrollar una actividad económica o profesional por sus propios medios y por lo tanto la transmisión está no sujeta a IVA (DGT CV 13-2-09).

6118.1 • Transmisión de todos los elementos corporales e incorporales afectos a la denominada área no medicalizada con excepción de la licencia de aviación que le habilita como **operador aéreo**, que es nominativa e intransferible, no debe impedir la aplicación del supuesto de no sujeción (DGT CV 14-5-09).
• La transmisión de una **farmacia** a un titulado junto con el personal, existencias e inmuebles afectos puede ser considerada como una unidad económica autónoma capaz de desarrollar una actividad económica o profesional por sus propios medios y por lo tanto la transmisión está no sujeta a IVA. El hecho de que no se transmita el almacén no desvirtúa la unidad económica configurada por el resto de elementos (DGT CV 9-12-09).

6119 **Devengo** (LIVA art.75.uno.1º y 2º) El devengo es el elemento temporal del hecho imponible: el momento en el que este se entiende realizado.
A este momento deben referirse todas las circunstancias que configuran la **mecánica liquidadora** del impuesto, tanto en lo que afecta a la obligación de repercutir las cuotas de IVA devengado por parte del sujeto pasivo, como el derecho a deducir las cuotas del impuesto soportadas por el destinatario de las operaciones.
En la **entrega de bienes**, como regla general, el devengo se produce cuando tiene lugar su puesta a disposición del adquirente o, en su caso, cuando se efectúa la entrega conforme a la legislación que le sea aplicable.
En la **prestación de servicios**, como regla general, el devengo se produce cuando se prestan, ejecutan o efectúan, las operaciones gravadas.

En ocasiones, se producen supuestos de **devengo anticipado**, que generan la obligación de 6120
repercutir y liquidar las cuotas de IVA con anterioridad al momento en el que se produce la entrega del bien o la prestación del servicio.
Las situaciones más comunes en las que este hecho se produce son las siguientes:
- el anticipo de clientes; y
- las certificaciones de obra.

Anticipos de clientes En las operaciones sujetas a gravamen que originan pagos anticipados 6121
anteriores a la realización del hecho imponible, el impuesto se devenga en el momento del **cobro** total o parcial del precio por los importes efectivamente percibidos.

Certificaciones de obra En aquellos casos de certificaciones de obra cuya emisión por el 6122
empresario ejecutor de la obra no suponen ni la aceptación ni la recepción de la obra ejecutada por parte del destinatario, sino que únicamente dan lugar a la exigencia de un pago anticipado respecto del momento en que se producirá la entrega de la obra a dicho destinatario, la Administración tributaria ha señalado que, la presentación o expedición de las certificaciones de obra en las que simplemente se documente el estado de **avance** de las **obras**, no determina, por sí misma, el devengo del IVA hasta el día en el que, con anterioridad al momento en que se produzca la entrega de la obra, se produce el cobro por el empresario ejecutor de la obra del pago anticipado que exige mediante dicha certificación.
En consecuencia, el derecho del empresario destinatario de la certificación y de la correspondiente factura a la deducción del IVA consignado en esta última, no nace en el momento en el que recibe la factura junto con la certificación, sino en el momento posterior en el que el emisor de la factura percibe el **cobro** del importe de la misma que le es abonado por dicho destinatario.

Deducibilidad del IVA soportado Como regla general, los sujetos pasivos pueden 6123
deducir las cuotas de IVA soportadas por las entregas de bienes y prestaciones de servicios efectuadas por otros sujetos pasivos del impuesto. De acuerdo con la LIVA española, tales bienes y servicios deben estar directa y exclusivamente afectos al ejercicio de su **actividad empresarial o profesional**.
Se considera que **no cumplen** esta condición los bienes y derechos que (LIVA art.95):
• De forma habitual se destinan alternativamente a actividades empresariales o profesionales y a otras de naturaleza distinta.
• Se utilizan simultáneamente para actividades empresariales o profesionales y para necesidades privadas.

• No figuran en la contabilidad o registros oficiales de la actividad del empresario o profesio- 6124
nal.
• No se integran en el patrimonio empresarial o profesional del sujeto pasivo.
• Destinados a satisfacer necesidades personales o particulares del sujeto pasivo, de sus familiares o empleados, con las siguientes excepciones:
- los destinados al alojamiento gratuito en los locales de la empresa del personal encargado de su vigilancia y seguridad; y
- los servicios económicos y socio-culturales del personal al servicio de la actividad.

El sujeto pasivo ha de practicar las deducciones en función de la previsión del destino para los 6125
bienes o servicios adquiridos, sin perjuicio de su rectificación posterior cuando aquel resulte alterado.
El revisor debe conocer las políticas de la empresa en relación con la deducibilidad de las cuotas de IVA soportadas por la compañía. Asimismo, debe tener en cuenta las exclusiones y restricciones del derecho a la deducción de las cuotas de IVA que la norma establece. Por último, debe comprobar si las cuotas de IVA soportadas se han **regularizado** en el caso de que:
- el porcentaje de deducción haya variado en una diferencia superior a 10 puntos durante los 4 años (o 9 años para el caso de terrenos o edificaciones) posteriores a la fecha de adquisición;
- los bienes de inversión adquiridos se hayan transmitido sin que hubiese transcurrido los indicados periodos regularización de 4 o 9 años.

Exclusiones y restricciones del derecho a deducir (LIVA art.95.Tres.2º y 96) La LIVA pre- 6126
vé determinadas exclusiones y restricciones del derecho a deducir que afectan a ciertos bienes y servicios; en particular a:
- las atenciones a clientes, asalariados o terceras personas; y
- la adquisición de vehículos (nº 6128).

6127 **Atenciones a clientes, asalariados o terceras personas** No son deducibles las cuotas soportadas por las adquisiciones de bienes o servicios destinados a atenciones a clientes, asalariados o a terceras personas.

Las cuotas relativas a unas **plazas de garaje** adquiridas por una empresa para cederlas gratuitamente a sus clientes y trabajadores no son deducibles por tratarse de atenciones a clientes (DGT CV 20-5-09).

En cualquier caso, no se consideran atenciones a clientes las **muestras gratuitas** y objetos publicitarios de escaso valor.

6128 **Adquisición de vehículos** Como excepción a la regla general de la afectación exclusiva a la actividad empresarial, la LIVA permite la **deducción parcial** de las cuotas soportadas por la adquisición de los bienes de inversión que no tienen dicha afectación exclusiva a la actividad.

En el caso de vehículos, que tengan la condición de bienes de inversión, se presume que estos tienen una afectación del **50%** a la actividad empresarial y que por tanto solo son deducibles las cuotas de IVA soportadas en la misma proporción. Frente a dicho presunción cabe prueba en contrario.

Por otra parte, en las mismas condiciones, se admite una presunción de afectación total-deducción total, para los vehículos utilizados en las siguientes actividades:

- transporte de viajeros mediante contraprestación;
- enseñanza de conductores o pilotos mediante contraprestación;
- desplazamientos profesionales de los representantes o agentes comerciales;
- servicios de vigilancia;
- utilizados por sus fabricantes en la realización de pruebas, ensayos, demostraciones o en la promoción de ventas; y
- los vehículos mixtos utilizados en el transporte de mercancías.

Las deducciones practicadas para los vehículos indicados deben regularizarse cuando se acredite que el grado efectivo de utilización es distinto del que se ha aplicado.

6128.1 En el contexto de la **cesión de vehículos a empleados** y el IVA repercutido, el criterio mantenido por los órganos de inspección y la DGT consistía en considerar que tal cesión debía constituir, en todo caso, una prestación de servicios a título oneroso -sujeta a IVA-, debiendo repercutir la compañía cedente el IVA al perceptor de dicha retribución en especie por la parte correspondiente al **uso privativo**. No obstante, la resolución del TEAC 22-2-22 modifica su criterio con base en, entre otras, las sentencias TJUE en los Asuntos Julius Fillibeck (C-258/96), Astra Zeneca UK (C-40/09), Medicom y Maison Patrice (C-210/11 y C-211/11), QM (C-288/19), y la AN 29-12-21, EDJ 830284, concluyendo que no cabe identificar automáticamente una remuneración en especie a los empleados con una operación a título oneroso partiendo de su consideración como remuneración en especie a efectos del IRPF. A estos efectos, el TEAC señala que, para considerar dicha cesión como una operación a título oneroso a efectos del IVA, se requiere que, a cambio de dicha cesión, el empleador reciba una renta expresa por parte del empleado, que el empleado renuncie expresamente a una parte de su retribución dineraria o que se prevea contractualmente que el vehículo forma parte de la contraprestación por el trabajo desarrollado por el empleado.

A efectos de **deducibilidad**, en el contexto de la cesión de vehículos de uso mixto, si la cesión es onerosa, la empresa se podrá deducir el 100% si la actividad genera derecho a la deducción. En cambio, si la cesión es gratuita, la deducibilidad vendrá condicionada al porcentaje afecto a la actividad empresarial. Se establece una presunción de afectación del 50% para los vehículos automóviles de turismo y sus remolques, ciclomotores y motocicletas (LIVA art.95.Tres.2ª), perteneciendo la carga de la prueba al empresario. En caso de la cesión del vehículo para uso exclusivamente particular del empleado, la empresa no tendrá derecho de deducción del IVA.

Finalmente, en los casos en los que el empresario haya generado el derecho a deducir la cuota soportada, y exista una cesión sin contraprestación (**casos de comerciales**) en las que concurran las condiciones de LIVA art.12, tributará como autoconsumo (prestación de servicios onerosa).

Cuando estemos ante una **cesión onerosa**, la base imponible del IVA coincidirá con el valor de mercado del vehículo o, si el mismo no es en propiedad, con las cuotas de renting del mismo por el porcentaje de disponibilidad para fines particulares. Cuando estemos ante cesiones gratuitas, no existirá operación sujeta al impuesto.

6129 **Regla de la prorrata** (LIVA art.102) Cuando en la actividad empresarial los sujetos pasivos realizan simultáneamente operaciones que generan el derecho a la deducción y otras que no lo generan, las cuotas soportadas solo son deducibles en una **proporción** determinada (regla de prorrata).

En los procesos de due diligence, cuando el revisor se encuentra con una situación de este tipo, necesariamente debe realizar un análisis de los cálculos y criterios utilizados por la empresa para determinar su porcentaje de prorrata.

Sectores diferenciados (LIVA art.101) Los sujetos pasivos del impuesto pueden desarrollar, conjuntamente, actividades distintas dentro de la total actividad empresarial o profesional. **6130**
Dichas actividades constituyen sectores diferenciados cuando se dan determinados requisitos. En cada sector diferenciado el empresario o profesional debe aplicar, en principio, su propio **régimen de deducciones**, con independencia del resto de actividades.

Regularización de deducciones por bienes de inversión (LIVA art.107) De conformidad con la normativa IVA, las cuotas soportadas en bienes de inversión deben regularizarse durante el **plazo** de los 4 años naturales siguientes (en terrenos o edificaciones 9 años) a aquel en que se adquieran. **6131**
Solo surge la **obligación** de regularizar si entre el porcentaje de deducción definitivo de cada uno de los años del período de regularización y el que se utilizó el año en que se soportó la repercusión existe una diferencia superior a 10 puntos.

Importación y adquisición intracomunitaria de bienes (LIVA art.92 s.) La deducibilidad de las cuotas del impuesto soportadas en operaciones de importación y adquisiciones intracomunitarias de bienes está sujeta a una serie de requisitos y formalidades, muchos de ellos de carácter **documental**, relativos al origen de la mercancía, condiciones de expedición y documentos de transporte. **6132**
Por otro lado, el análisis del devengo de las cuotas del impuesto en las operaciones de tráfico internacional de mercancías se ve en muchas ocasiones complicada por la existencia de regímenes aduaneros especiales.

Tipo impositivo (LIVA art.90 y 91) El tipo es el porcentaje que se aplica sobre la base imponible para obtener la cuota. El tipo aplicable a cada operación es el vigente en el momento del **devengo**. **6133**
El tipo impositivo **general** vigente es del 21%.
Los tipos **reducidos** vigentes son el 10% y el 4%.
En este sentido, el revisor durante el curso de su revisión tiene que tener en cuenta si el empresario, sujeto pasivo del impuesto, está repercutiendo y soportando cuotas de IVA de manera correcta.
Es recomendable solicitar a la empresa **facturas** de IVA emitidas y recibidas para comprobar la realidad de las operaciones, así como la correcta aplicación de los tipos aplicados.

Supuestos de riesgo La casuística que podemos encontrar en materia de IVA y los problemas que la misma genera son enormes, y de variada complejidad: **6134**
- existencia de establecimiento permanente en el territorio de aplicación del impuesto;
- supuestos de inversión del sujeto pasivo;
- lugar de realización del hecho imponible;
- operaciones exentas;
- operaciones inmobiliarias;
- existencia de regímenes tributarios;
- cumplimiento con la obligación de Suministro Inmediato de Información (SII).

6. Impuesto sobre Transmisiones Patrimoniales y Actos Jurídicos Documentados

El Impuesto sobre Transmisiones Patrimoniales y Actos Jurídicos Documentados (**ITP y AJD**) es un tributo de naturaleza indirecta que grava diversos hechos imponibles, agrupados en tres **modalidades**: **6135**
- transmisiones patrimoniales onerosas (TPO).
- operaciones societarias (OS); y,
- actos jurídicos documentados (AJD), que comprende las submodalidades de documentos notariales, documentos mercantiles y documentos administrativos.

La **normativa reguladora** de los aspectos fundamentales de este impuesto es:
• el RDLeg 1/1993 (**LITP**); y,
• el RD 828/1995 (**RITP**).

Las **CCAA** tienen atribuidas competencias para regular en su territorio el tipo de gravamen de determinadas operaciones, las deducciones y bonificaciones de la cuota y los aspectos relativos a la gestión del impuesto.

Como áreas más recurrentes de riesgo identificadas en relación con este impuesto reseñamos las siguientes:
- el AJD sobre documentos notariales y aquellos que cumplen la función de giro (documentos mercantiles);
- las concesiones administrativas (nº 6137 s.);
- los derechos de superficie (nº 6139); y
- la transmisión de sociedades (nº 6140).

6135.1 **Documentos notariales** (LITP art.28 s.) La **base imponible** de los documentos notariales, valuables económicamente, inscribibles y no sujetos al resto de modalidades del tributo, está constituida por el valor que establece el propio documento (valor declarado), sin perjuicio de la comprobación administrativa.
La **jurisprudencia y doctrina** administrativa han considerado que este valor debe coincidir con el valor normal de mercado, haciéndose extensible el criterio de valor real de la modalidad TPO a la de AJD, siempre que se den las circunstancias para ello.

6136 **Documentos que cumplen función de giro** (LITP art.33) En ocasiones, las empresas objeto de revisión emiten documentos de pago que pueden realizar función de giro, similares a **letras de cambio, pagarés**, o títulos análogos.
Dichos documentos están sujetos a **AJD**, en los términos previstos en la norma.
El trabajo de revisión en estos casos consiste en analizar los instrumentos de pago utilizados por la empresa y concluir respecto de si los mismos verifican cualquiera de los supuestos de hecho previstos por la norma.

6137 **Concesiones administrativas** (LITP art.13) Las distintas figuras de colaboración público privada instrumentadas en nuestro derecho administrativo plantean en ocasiones problemas de calificación del supuesto de hecho, en el sentido de si los mismos constituyen concesiones administrativas, equiparándose a las mismas a efectos de su sujeción al **ITP** cualesquiera actos y negocios administrativos que suponen un aprovechamiento especial de bienes de dominio público a favor de los particulares, o que originen un desplazamiento patrimonial a favor de particulares.

6138 La **ampliación** posterior del contenido del derecho que implica para su titular un incremento patrimonial se liquida del mismo modo que la propia concesión, sobre la base del incremento patrimonial.
Adicionalmente a los problemas derivados de la calificación del supuesto de hecho, otras dificultades con las que se puede encontrar el revisor radican en la cuantificación de su **base imponible**. La LITP ha establecido un conjunto de reglas para la determinación de la base imponible, que no tienen un orden de preferencia entre ellas y son de carácter acumulativo, de forma que a un mismo supuesto le pueden ser de aplicación una o más, en función de que ese supuesto concreto se ajuste a los respectivos elementos objetivos de las distintas reglas principales.

6139 **Derechos de superficie** (LITP art.45.I.B.12.a; LIVA art.6) El derecho de superficie confiere a su titular el poder de tener una **edificación** o plantación en suelo ajeno, o el de levantarla y mantenerla en él.
La constitución del derecho de superficie puede estar sujeta a **IVA o** a **TPO**:
• Está sujeta al IVA si quien concede dicho derecho es un **empresario o profesional** que actúa en el ejercicio de su actividad, bajo la consideración de prestación de servicios.
• Cuando la operación está sujeta al IVA, en el caso de instrumentarse en escritura pública, tributa también por la modalidad de AJD variable, al ser el derecho de superficie inscribible en el Registro de la Propiedad.
• En el caso de que la constitución del derecho de superficie no quede sujeta a IVA, queda sujeta a la modalidad de TPO, gozando de exención cuando se vayan a construir edificios en régimen de **viviendas de protección oficial**.

6140 **Transmisión de sociedades** La sujeción al ITP de las operaciones relativas a acciones que atribuyen a su propietario la titularidad de un **patrimonio inmobiliario** ha sido uno de los asuntos que ha generado más controversia y litigiosidad entre la Administración y los contribuyentes, controversias que han incluido elementos esenciales del impuesto: hecho imponible, sujeto pasivo y base imponible.
La modificación de la LMV/88 art.108 (actualmente LMV/15 art.314), recondujo el ámbito de aplicación de este impuesto a su esencia original, que era el de una **norma antielusiva** que pretendía poner freno a transmisiones inmobiliarias mediante la interposición de figuras societarias; ello supuso que los conflictos derivados de la aplicación de esta norma, se redujeran significativamente.

7. Impuestos locales

Las situaciones de riesgo más frecuentes que se pueden plantear en relación con la imposición local son las que hacen referencia a los siguientes impuestos locales: **6145**
- el Impuesto sobre Actividades Económicas (**IAE**);
- el Impuesto sobre Bienes Inmuebles (**IBI**) (ver nº 6147 s.);
- el Impuesto sobre Construcciones, Instalaciones y Obras (**ICIO**) (ver nº 6148).

Impuesto sobre Actividades Económicas (IAE) (LHL art.78 s.) Las situaciones más frecuentes de riesgo en relación con el IAE derivan de que el sujeto pasivo no declara todas las actividades que realiza o no comunica las **variaciones** en los elementos tributarios que determinan la base del impuesto, en aquellas situaciones en las que está obligado a hacerlo. **6146**
En ocasiones, tampoco se declaran las actividades en todas las **localidades** donde el sujeto pasivo realiza sus operaciones y cuenta con elementos tributarios.

Impuesto sobre Bienes Inmuebles (IBI) (LHL art.64) El IBI es un tributo de carácter real que grava el valor de los bienes inmuebles. **6147**
Constituye su **hecho imponible** la titularidad sobre concesiones administrativas o servicios públicos afectos a inmuebles, los derechos reales de superficie, derechos de usufructo y los derechos de propiedad sobre bienes inmuebles urbanos, rústicos y de características especiales.
En aquellos supuestos de **modificación** en la **titularidad** de los derechos que constituyen el hecho imponible del IBI, los bienes inmuebles quedan afectos al pago de la totalidad de la cuota tributaria, en régimen de responsabilidad subsidiaria. Por ello, en los casos de transmisión de inmuebles, la obligación de pago del IBI se transmite con ellos, resultando obligado al pago, en su caso, el adquirente del inmueble.
Resulta relevante para el revisor siempre contrastar que los elementos tributarios y, en concreto, la **información relativa a los metros cuadrados** se encuentran correctamente declarados o, por el contrario, podría surgir una contingencia fiscal.

Dado el carácter real del IBI, en los supuestos de transmisiones de bienes inmuebles, es fundamental la comprobación de que ha sido satisfecho por parte del obligado tributario. **6147.1**
Los **notarios** encargados de la autorización de los documentos que proceden en operaciones de transmisión de inmuebles, deben solicitar información y advertir a los comparecientes sobre las deudas pendientes por este concepto que se asocian al inmueble objeto de la operación, sobre el plazo dentro del cual están obligados los interesados a presentar declaración por el impuesto, sobre la afección de los bienes al pago de la cuota tributaria y, asimismo, sobre las responsabilidades en que incurran por la falta de presentación de declaraciones, el no efectuarlas en plazo o la presentación de declaraciones falsas, incompletas o inexactas.

Impuesto sobre Construcciones, Instalaciones y Obras (ICIO) (LHL art.100 s.) En relación con el ICIO, las situaciones conflictivas con la Administración derivan de diversas situaciones, siendo las más frecuentes las que hacen referencia a la determinación de la base imponible, ya que no todos los componentes del **coste** de **ejecución** de una obra o instalación deben incluirse en la determinación de la misma. **6148**
En otras ocasiones, el sujeto pasivo no presenta la liquidación definitiva, en la que ya está determinado el coste de ejecución total de la obra o instalación, y ha liquidado el impuesto exclusivamente sobre la base del presupuesto inicial de obra, pudiendo haber quedado una parte del coste de ejecución sin incluir dentro de la base imponible definitiva.

8. Obligaciones de información de mecanismos transfronterizos

Con el objeto de trasponer al ordenamiento interno la Dir (UE) 2018/822 -conocida como DAC 6-, desde el 31-12-2020 se incorpora en la LGT disp.adic.23ª la obligación de información sobre mecanismos transfronterizos de **planificación fiscal**. **6149**
Los mecanismos objeto de **declaración** son los definidos en la Dir 2011/16/UE art.3.18 y se refieren a todo acuerdo, negocio jurídico, esquema u operación transfronterizos, esto es, que afectan a más de un Estado miembro o a un Estado miembro y un tercer país en los que concurran una serie de señas distintivas. Un mecanismo puede incluir asimismo una serie de mecanismos y puede estar constituido por más de una fase o parte.
También serán objeto de declaración los mecanismos comercializables definidos en la Dir 2011/16/UE art.3.24, un mecanismo transfronterizo diseñado, comercializado, ejecutable o puesto a disposición para su ejecución sin necesidad de adaptación sustancial.

De esta forma, las personas o entidades que tengan la consideración de **intermediarios fiscales** (Dir 2011/16/UE art.3.21) o de obligados tributarios interesados (Dir 2011/16/UE art.3.22) tienen que cumplimentar determinadas obligaciones de información sobre los mecanismos transfronterizos (operaciones, negocios jurídicos, esquemas, acuerdos) que realicen las partes en dos Estados miembros de la UE o en un Estado miembro y un tercer Estado.
A los efectos de esta obligación de información, no tendrán la consideración de mecanismo transfronterizo de planificación fiscal objeto de declaración aquellos acuerdos, negocios jurídicos, esquemas u operaciones transfronterizas basadas en **regímenes fiscales comunicados y expresamente autorizados** por una decisión de la Comisión Europea.
Para un estudio detallado de la materia, ver nº 2236 s. Memento Procedimientos Tributarios 2024-2025.

II. Aspectos fiscales a considerar en el contrato de compraventa

6150 A continuación, se describen algunos aspectos fiscales prácticos a considerar en el marco de un contrato de compraventa de una empresa.
Ha de tenerse en cuenta que, con carácter general, **no existe una legislación fiscal específica** que regule estas cuestiones que se rigen por la legislación civil y mercantil.

A. Generalidades

6155 El contrato de compraventa es el documento legal en el que las partes regulan, en su caso, el régimen aplicable a las potenciales responsabilidades o pasivos fiscales en las que pueda incurrir el **comprador** de la empresa objetivo (*Target*).
En la práctica, el enfoque en el contrato de compraventa respecto a pasivos fiscales es diferente si se trata de **pasivos fiscales ciertos**; esto es, de una deuda tributaria, o, por el contrario, de pasivos fiscales contingentes, dependiendo su materialización efectiva de que, por ejemplo, la Administración Tributaria incoe unas actas de inspección o un Tribunal falle en contra de un litigio fiscal del que sea parte la empresa.
Los pasivos fiscales ciertos suelen minorarse del precio a satisfacer al vendedor, como cualquier otra deuda o pasivo incurrido por la empresa.

6156 Los pasivos fiscales **contingentes** (típicamente identificados en el proceso de *due diligence* efectuado por el comprador) respecto de los cuales se desconoce con certeza si se van a materializar (sin perjuicio de su mayor o menor probabilidad) y, en su caso, en qué momento, suelen regularse en el contrato de compraventa en función de los intereses y la posición negociadora de las partes.
En ausencia de mención específica en el contrato, rige la legislación civil (ver nº 3105 s.).
Considerando que el objetivo de ambas partes en el contrato es idéntico, esto es, optimizar el precio de la compraventa después de impuestos, cualquier **salida de caja** por impuestos no previstos ni ajustados en el precio pactado por el comprador o no garantizados efectivamente por el vendedor, supone un quebranto económico para la empresa adquirida por el comprador.
Por ello, el contrato de compraventa es el instrumento adecuado para regular en qué términos ha de responder, en su caso, el vendedor frente al comprador por los riesgos fiscales de la empresa adquirida.

B. Transmisión de la responsabilidad fiscal

6160 Con carácter general, un contrato de compraventa de una empresa puede estructurarse mediante la compraventa de:
- **acciones o participaciones** sociales de la sociedad propietaria de la empresa objetivo; o,
- la propia **empresa objetivo;** o,
- **activos y pasivos** que conforman la empresa objetivo.

El régimen de responsabilidad tributaria del **comprador** es sustancialmente diferente en uno u otro caso.

Compraventa de acciones o participaciones El adquirente hereda todos los **pasivos** fiscales de la sociedad aunque no tengan relación alguna con el negocio desarrollado por la empresa objetivo (p.e., riesgos fiscales derivados de otra actividad empresarial desarrollada en el pasado por la sociedad). 6161

Compraventa de activos y pasivos (LGT art.42.1.c y 175.2) El adquirente es responsable solidario conjuntamente con el vendedor de los pasivos fiscales vinculados al negocio adquirido, en la medida, que la operación se califique como un supuesto de **sucesión de empresa** a efectos tributarios (LGT art.42.1.c). 6162

Al respecto, se ha de tener en cuenta que:

• Las operaciones de **reestructuración** (fusión, escisión y aportación no dineraria siempre que no se transmitan exclusivamente elementos aislados), se enmarcan dentro de los supuestos de sucesión de empresa (RDL 5/2023); sin perjuicio de la normativa fiscal especial (LIS art.76 s.).

• Únicamente cuando se adquieren **elementos aislados** que no permitan continuar con el ejercicio de la actividad, puede evitarse incurrir en un supuesto de sucesión de empresa a efectos tributarios.

1) Pueden darse **tres supuestos distintos de sucesión empresarial**. El primero, es la transmisión pura y simple de la titularidad jurídica de la empresa por cualquier concepto, lo que supone una auténtica sucesión jurídica. El segundo, es la sucesión «de facto», en la que una empresa, aparentemente, cesa en su actividad, pero en realidad continúa bajo una apariencia distinta, utilizando buena parte de los elementos personales y materiales de la anterior, y amparándose en la aparente falta de título jurídico de transmisión para eludir la asunción de responsabilidades tributarias imputables a la desaparecida. El tercero, se produce cuando una empresa adquiere elementos aislados de una sociedad deudora y, gracias a ello, aún sin transmisión jurídica de la titularidad, puede proseguir la explotación o actividad de la empresa desaparecida (entre otras sentencias, TS 27-6-13, EDJ 127488; 28-4-14, EDJ 67192; AN 22-2-22, EDJ 520517; 23-3-21, EDJ 519264; TEAC 17-2-22).

2) La determinación de la **existencia** de sucesión empresarial es una cuestión de hecho que requiere una individualización concreta en cada caso (TS 16-11-92, EDJ 11309; 27-6-13, EDJ 127488; AN 20-11-17, EDJ 270706).

• Como excepción, el comprador puede exonerar su responsabilidad, o al menos limitarla, si el comprador, previa conformidad del vendedor, solicita a la Administración tributaria competente **certificación** detallada **de** las **deudas tributarias** derivadas del ejercicio de la actividad económica y esta se expide sin mencionar deuda tributaria alguna o no se facilita en el plazo de tres meses. No obstante, cuando no se haya solicitado este certificado, la responsabilidad alcanza también a las sanciones impuestas o que pudieran imponerse. 6163

Aunque no se menciona expresamente, suele entenderse que el mencionado certificado debe cubrir tanto las deudas tributarias liquidadas como las no liquidadas.

Por tanto, el **contrato** de compraventa ha de prever las especialidades derivadas del régimen de responsabilidad específico aplicable en cada caso. En particular, debe preverse que en los supuestos de derivación de responsabilidad las actuaciones de la Administración Tributaria se han de dirigir inicialmente ante un sujeto distinto al comprador (p.e., las actuaciones administrativas se iniciarán siempre frente al vendedor de los activos y pasivos de la empresa, pudiendo derivarse posteriormente la responsabilidad tributaria al comprador que debería haber sido informado por el vendedor del inicio de dichas actuaciones).

Otros supuestos de derivación de responsabilidad Legalmente se contemplan otros supuestos de responsabilidad tributaria que pueden ser aplicables, en algún caso, en el contexto de operaciones de adquisiciones de empresas. 6164

Sin ánimo de ser exhaustivos, cabe destacar los siguientes:

a) Responsabilidad solidaria de aquellos que causan o colaboran activamente en la comisión de una **infracción tributaria** (LGT art.42.1.a). No es infrecuente, por ejemplo, que el vendedor realice alguna operación de reestructuración previa a la compra para facilitar la estructura de la operación planteada por el comprador y, por tanto, en algún caso podría considerarse responsable solidario al vendedor si se entendiese que ha colaborado activamente en la infracción cometida por el comprador.

b) Responsabilidad solidaria por las obligaciones asumidas por una sociedad beneficiaria de una **escisión** hasta el importe neto del patrimonio que le ha sido atribuido en la misma y, si subsistiera, la propia sociedad escindida, hasta el importe de los activos netos que permanezcan en ella.

c) Responsabilidad subsidiaria de aquellas personas que **contratan o subcontratan** la ejecución de obras o la prestación de servicios correspondientes a su actividad económica principal, excepto que obtengan un certificado en los términos previstos en la LGT art.43.1.f.

6165 **Afecciones fiscales** La normativa reguladora de los diversos tributos que pueden ser de aplicación en el contexto de una compraventa de empresas, contempla también supuestos de afección fiscal que pueden hacer recaer un pasivo fiscal en una persona o entidad diferente de aquella que lo incurrió.

Se trata de supuestos de afección fiscal vinculados a la adquisición directa o indirecta de **inmuebles** u otras operaciones sobre derechos reales inmobiliarios en los que la Administración Tributaria puede dirigirse contra el nuevo titular del inmueble, aunque se trate de pasivos fiscales generados por el antiguo propietario del inmueble.

Al respecto, cabe señalar los siguientes **supuestos**:

- **IRNR**: por las ganancias patrimoniales procedentes de la transmisión indirecta de inmuebles españoles vía participaciones en entidades residentes en países o territorios en los que no existe un efectivo intercambio de información (LIRNR art.25.3).
- **IBI**: por los recibos de IBI impagados por el vendedor de un inmueble (LHL art.64.1).
- **ITP y AJD**: por el pago del impuesto que grava los bienes y derechos trasmitidos (LITP art.5).

C. Manifestaciones y garantías

6170 Sin perjuicio del análisis desde el punto de vista legal del concepto de manifestaciones y garantías en el marco de las compraventas de empresas que se expone en el nº 2950 s., se incluye a continuación el análisis específico de las manifestaciones y garantías de índole fiscal.

Tras completar la fase de due diligence fiscal, el comprador debe negociar con el vendedor el alcance de las manifestaciones y garantías de índole fiscal.

Puede plantearse la duda si es conveniente redactarlas de forma muy amplia y **genérica o**, por el contrario, de forma muy **específica** y concreta atendiendo exclusivamente a los riesgos fiscales identificados en la due diligence.

Si bien habrá de atenderse a las circunstancias específicas de cada caso, parece que un enfoque adecuado para el comprador sería cubrir de forma específica los riesgos puntuales identificados y de forma genérica aquellas áreas de riesgo no suficientemente identificadas o cuantificadas.

6171 **Alcance** El alcance de las manifestaciones y garantías fiscales se abordan desde una triple perspectiva: temporal, objetiva y subjetiva.

6172 **Temporal** Las manifestaciones y garantías suelen cubrir generalmente todos los ejercicios abiertos a **inspección** en el momento en el que se produce la compraventa, si bien las partes pueden pactar un plazo más corto.

6173 **Objetivo** El contrato de compraventa debe especificar con precisión si las manifestaciones y garantías cubren todos los tributos aplicables o si, por el contrario, se **excluye** algún impuesto concreto (p.e., algún impuesto extranjero). Por ello, es muy importante atender a qué se define como «tributos» en el contrato de compraventa (ver nº 6196).

Aunque las partes pueden pactar unas manifestaciones y garantías amplias que cubran cualquier contingencia de índole fiscal, es habitual que se acuerden cláusulas fiscales específicas para cubrir los riesgos identificados en el proceso de due diligence.

En cualquier caso, es bastante frecuente incluir **cláusulas fiscales** específicas referidas a los siguientes conceptos:

- Correcta declaración, presentación en plazo y pago de tributos.
- Inspecciones y litigios fiscales.
- Retenciones y pagos fraccionados.
- Operaciones vinculadas.
- Libros, registros, facturas y otros documentos de naturaleza similar.
- Grupos fiscales.
- Operaciones de reestructuración.
- Créditos fiscales: bases imponibles negativas, deducciones, etc.
- IVA.

6174 **Subjetivo** Las manifestaciones y garantías se otorgan siempre entre comprador y vendedor; aunque, en ocasiones, las indemnizaciones por materialización de contingencias fiscales se realizan directamente por el **vendedor** a la empresa adquirida. Sin embargo, puede entenderse realizado el pago al **comprador** y que este, a su vez, realice una aportación a la entidad para financiar la pérdida patrimonial sufrida (ver nº 6190).

Un aspecto a tener en cuenta, que a menudo se produce, es la adquisición de sociedades que habían realizado con anterioridad compraventas de empresas y respecto de las cuales existían garantías contractuales vivas respecto de potenciales contingencias fiscales.
El comprador ha de asegurarse en qué medida los riesgos fiscales que ha identificado en el proceso de due diligence están ya cubiertos por un contrato de compraventa previo firmado por la sociedad que va a ser adquirida.

D. Limitaciones a la responsabilidad fiscal del vendedor

Sin perjuicio del análisis genérico de los sistemas contractuales de limitación de responsabilidad del transmitente realizado en el nº 3290 s., se realiza a continuación un breve análisis fiscal de dichos mecanismos. **6175**
En este sentido, es habitual que el vendedor otorgue en el contrato de compraventa amplias manifestaciones y garantías de índole fiscal y, sin embargo, restrinja ampliamente los supuestos en los que ha de **responder del daño causado** al comprador por materialización de contingencias fiscales.

Temporales (LGT art.66 s.) El contrato de compraventa puede limitar el tiempo durante el cual el vendedor responde frente al comprador como consecuencia de pasivos fiscales materializados con posterioridad a la transacción. **6176**
Por ello, el contrato debe especificar si el comprador puede reclamar al vendedor durante todo el período de **prescripción fiscal** de cuatro años, aunque en algún caso (p.e., en el ámbito penal) el plazo de prescripción tributaria es superior: cinco años. En este sentido, cabe señalar que, si bien el plazo de prescripción fiscal es con carácter general de cuatro años, el derecho de la Administración Tributaria para iniciar el **procedimiento de comprobación** de las bases imponibles negativas compensadas o pendientes de compensación o de deducciones aplicadas o pendientes de aplicación, prescribe a los diez años.
Sin embargo, dado que dicho plazo puede, por ejemplo, **interrumpirse** por determinadas acciones de la Administración o del sujeto pasivo, es conveniente que el contrato de compraventa se remita a la definición legal del plazo de prescripción para evitar pasivos fiscales por operaciones no prescritas sobre las que el vendedor no responde contractualmente.
Asimismo, el contrato suele regular los plazos de los que dispone el comprador para **notificar** al vendedor que se ha producido un evento potencialmente indemnizatorio (p.e., el inicio de actuaciones de comprobación tributaria) (ver nº 6186), así como las reglas sobre quién será el responsable de liderar el procedimiento inspector y las facultades del comprador y vendedor para decidir, por ejemplo, si recurrir la decisión de la Administración Tributaria hasta última instancia y el responsable de los gastos derivados de dichos recursos.

Cuantitativas Es habitual limitar las cuantías de las reclamaciones sobre las que responde el vendedor estableciendo un importe: **6177**
- **máximo**, generalmente vinculado a un porcentaje del precio de la compraventa; y
- **mínimo**, para evitar reclamaciones individuales de poca cuantía («*de minimis*») o, que en su conjunto, no superan un determinado umbral («*basket*»).

Cualitativas Este tipo de limitaciones son muy relevantes y se basan en el **conocimiento** previo del comprador de los riesgos fiscales de la empresa adquirida a través de: **6178**
- la información facilitada al comprador en un «*data room*»;
- las respuestas a las preguntas realizadas por el comprador y sus asesores;
- el conocimiento del vendedor o «Seller Knowledge»; y
- los informes de due diligence.

En la práctica, este tipo de cláusulas impide, salvo que se pacte una «*specific indemnity*», entablar una **reclamación** al comprador respecto de cualquier riesgo fiscal que, aunque fuese conocido en el momento de la operación, no fue ajustado en precio por la dificultad en cuantificarlo y valorarlo correctamente.

Asimismo, existen otro tipo de limitaciones a la responsabilidad que son **estándar** en los contratos de compraventa que eximen de responsabilidad al vendedor: **6179**
• Cambio en la interpretación de la Administración Tributaria y de los Tribunales.
• Cambio en las políticas fiscales de la empresa adquirida con posterioridad a la compraventa o, en definitiva, cualquier actuación del comprador que haya contribuido a la materialización de una contingencia fiscal.

6180 **Acreditación del daño efectivo** Para que pueda reclamarse efectivamente al comprador además de producirse una «*misrepresentation*», debe **acreditarse** la generación efectiva de un daño, ya que las manifestaciones y garantías no suelen configurarse como una obligación autónoma de información cuyo incumplimiento produce automáticamente el deber de indemnizar a la otra parte.

En la práctica, este tipo de situaciones pueden producirse en los siguientes **casos**:

a) Contingencias fiscales que, como consecuencia de su materialización, generan **gastos** fiscalmente **deducibles**, en las que se reduce el importe reclamable al vendedor por el ajuste del efecto impositivo generado en la empresa.

b) Pasivos fiscales:

- **provisionados** en los estados financieros, pero no liquidados a la Hacienda Pública;
- que no generan una salida de caja como consecuencia de la utilización de **créditos fiscales** existentes en la empresa en el momento de la compraventa.

Precisiones La admisión por el comprador en el contrato de compraventa de estos dos últimos supuestos de exoneración de la responsabilidad del vendedor depende en la práctica del mecanismo de **precio** pactado en el contrato; ya que, por ejemplo, si el comprador no ha pagado precio alguno al vendedor por los créditos fiscales de la empresa, es posible que no pueda reclamar al vendedor por la utilización de los créditos fiscales de la empresa que se han compensado para evitar una salida de caja como consecuencia de la materialización de una contingencia fiscal.

Ejemplo Un pasivo fiscal que genera un gasto por intereses suspensivos de 1.000 euros deducible en el IS al 25%, únicamente sería reclamable por un importe de 750 euros (1000 - (1000 × 25%)) en la medida que la empresa haya podido deducir efectivamente este gasto en su IS.

6182 **Excepciones** Existen determinados supuestos de **dolo o engaño** en los que no cabe oponer -aunque se hubiese pactado en el contrato de compraventa- la aplicación de limitaciones a la responsabilidad del vendedor (ver nº 3295 s.).

E. Procedimiento para la exigencia de responsabilidad

6185 En relación con el procedimiento de exigencia de responsabilidad fiscal, el **contrato suele prever**:

- los plazos para notificaciones entre las partes;
- la necesaria colaboración en la defensa jurídica; y,
- la prestación de garantías en caso de interponerse recursos o reclamaciones.

6186 **Plazos para notificaciones** El contrato de compraventa suele establecer unos plazos **preclusivos** para la notificación por el comprador de cualquier evento o suceso que sea susceptible de generar una contingencia fiscal de la que sea responsable el vendedor.

La **falta de notificación** en plazo puede eximir de responsabilidad al vendedor.

Los plazos habitualmente pactados para notificaciones son bastante breves (en ocasiones diez días o menos), ya que la otra parte necesita disponer de tiempo suficiente para analizar el asunto (no inferior a la mitad del plazo legal) y, en su caso, decidir la estrategia de defensa a seguir ante, por ejemplo, un requerimiento de la Hacienda Pública o una Resolución de un Tribunal.

En supuestos de **derivación de responsabilidad** (p.e., sucesión de empresa a efectos tributarios), el evento o suceso susceptible de generar una contingencia fiscal ha de ser conocido por el vendedor, quien debe informar al comprador en función de los términos pactados sobre responsabilidades tributarias en el contrato de compraventa.

6187 **Defensa jurídica** El principio general en los contratos de compraventa es que la defensa jurídica de un pasivo fiscal es liderada por aquella parte que responde del mismo.

Aunque la responsabilidad frente a un pasivo fiscal la asuma el vendedor, suele establecerse alguna fórmula de **colaboración** con el comprador en la defensa jurídica; ya que es habitual que, por ejemplo, en supuestos de inspecciones tributarias la comprobación administrativa no se ciña exclusivamente a ejercicios garantizados contractualmente por el vendedor, sino que alcance también a ejercicios posteriores al cierre de la compraventa que son responsabilidad del comprador.

6188 **Reclamaciones y recursos interpuestos** En el supuesto que la contingencia fiscal se materialice, la empresa adquirida puede interponer los recursos que sean pertinentes para tratar que, en lo posible, el acto administrativo de liquidación tributaria no devenga firme.

La interposición de una reclamación o recurso no implica, como norma general, la **suspensión** del ingreso de la deuda tributaria, excepto en vía económico-administrativa por la sanción tributaria impuesta.
Por ello, es fundamental que el contrato de compraventa regule si el vendedor aporta las **garantías** necesarias (avales bancarios por norma general) para suspender el ingreso de la deuda tributaria en el Tesoro Público. En otro caso, es posible que la empresa adquirida por el comprador no pueda obtener garantías para suspender el ingreso de la deuda tributaria mientras se sustancia el recurso interpuesto.

F. Efectos fiscales de la indemnización

Si se produce el pago de una indemnización entre las partes del contrato de compraventa como consecuencia de alguna responsabilidad de carácter fiscal (o no fiscal) asumida por el vendedor frente al comprador, es habitual pactar que la misma se considere como un **ajuste** al **precio** originalmente pactado. **6190**
El principal objetivo es, con carácter general, garantizar en lo posible la **neutralidad fiscal** de la indemnización pactada entre las partes del contrato de compraventa, evitando un ingreso tributable al comprador.
Si la indemnización se registra como ingreso directamente por la empresa adquirida, su tratamiento fiscal puede no ser neutral, en la medida que la misma sea tributable y los gastos generados por el daño indemnizado sean total o parcialmente no deducibles fiscalmente (p.e., sanciones tributarias). Sin embargo, podría entenderse realizado el pago al comprador y que este, a su vez, realiza una aportación a la entidad para financiar la pérdida patrimonial sufrida.

En el ámbito de aplicación del PGC, el **tratamiento contable** es el que determina el tratamiento fiscal. A este respecto, no existe una normativa expresa al respecto ni tampoco, hasta el momento, el ICAC se ha pronunciado sobre esta materia, por lo que caben distintas interpretaciones en función de las circunstancias aplicables en cada caso; por ejemplo, una de ellas podría considerar el activo indemnizatorio como un menor **coste** de la inversión y, por tanto, sin impacto en la cuenta de pérdidas y ganancias (ver nº 8460). **6191**

Respecto al **tratamiento fiscal** aplicable a personas físicas siempre que en el contrato de compraventa se regule expresamente, no debe existir problema para tratar las indemnizaciones efectuadas por el vendedor en favor del comprador como ajustes a precio no tributables, aunque en algunos casos puede suponer al vendedor la obligación de presentar una declaración complementaria de IRPF. **6192**
Cuando los pagos por indemnizaciones puedan quedar sometido a **impuestos o retenciones** en origen (p.e., si se trata de pagos realizados entre dos jurisdicciones distintas), puede pactarse una cláusula de elevación al íntegro para que cualquier pago se efectúe sin deducción de impuestos o retenciones.

G. Otras cláusulas fiscales relevantes

Otras cláusulas fiscales frecuentes son las que hacen referencia a: **6195**
- definiciones fiscales;
- los efectos derivados de la fórmula de precio pactado (ver nº 6197 s.);
- la acreditación de la tributación del vendedor (ver nº 6200 s.).

Definiciones fiscales Dentro de las definiciones que habitualmente contiene un contrato de compraventa, suelen encontrarse, entre otras, las siguientes de índole fiscal: **6196**
• **Tributos**: define el ámbito de los tributos a los efectos del contrato de compraventa, precisando si incluye aquellos casos más dudosos como, por ejemplo, tasas municipales, impuestos extranjeros, etc.
• **Autoridad fiscal**: define el ámbito territorial de las autoridades competentes a los efectos del contrato compraventa.

Efectos fiscales derivados de la fórmula de precio pactado En relación con los efectos fiscales derivados de la forma en que se pacta el precio, se ha de hacer referencia al precio contingente y al precio aplazado. **6197**

Precio contingente («earn out») Es habitual que las partes pacten que una parte del precio de la compraventa dependa del cumplimiento de unos determinados **objetivos** (p.e., cumplimiento de un nivel de EBITDA determinado al cierre del ejercicio de la compraventa). **6198**

En esta materia, en el ámbito de aplicación del PGC, el **tratamiento contable** es el que determina el tratamiento fiscal.
A este respecto, el **PGC NRV 19ª** establece que transcurrido un año desde la fecha de adquisición cualquier ajuste realizado se ha de registrar con carácter general en la cuenta de pérdidas y ganancias. No obstante, aquellos ajustes en el valor que reconozca la adquirente, después de la fecha de adquisición y antes de que haya transcurrido un año, como resultado de información adicional que la adquirente haya obtenido sobre hechos y circunstancias que existían en la fecha de adquisición, no tendrán impacto en la cuenta de pérdidas y ganancias (ICAC consulta núm 3, BOICAC núm 132). Sí tendrán impacto en el resultado del ejercicio aquellos cambios en la contraprestación contingente que procedan de sucesos ocurridos tras la fecha de adquisición (e.g. alcance de un hito en un proyecto de I+D o el otorgamiento de una licencia) (ver nº 8533).

Precisiones **1)** En el ámbito del **IS** en la medida que el beneficio generado en la transmisión de las participaciones haya tenido derecho a la exención de la LIS art.21, cualquier ajuste al precio posterior que, de acuerdo con el PGC, deba registrarse contablemente como gasto por el transmitente en la cuenta de pérdidas y ganancias no debe resultar fiscalmente deducible por el importe de la plusvalía que fue objeto de exención (DGT CV 18-6-15).
2) El **devengo** de la renta y la **integración** en la base imponible se produce en el período impositivo en que se cumpla la condición u objetivo (DGT CV 13-9-16).
3) La parte de la renta derivada de la transmisión de las participaciones en entidades filiales que se corresponda con la parte fija del precio pactado, formará parta de la bases imponible del impuesto sobre Sociedades en el período impositivo en que se produzca su devengo, con independencia de su fecha de cobro. Respecto a la parte de la **renta que se corresponda con el componente variable del precio**, cuya cuantía depende de un hecho futuro incierto, debe analizarse si, en el momento de realizarse la transmisión, es posible determinar, con la mejor estimación posible, el precio contingente, en cuyo caso, esa parte de la renta se considerará devengada en el momento de efectuarse la operación de venta. Sin embargo, si en el momento de la transmisión no fuera posible determinar, con la mejor estimación posible, el precio contingente, la cantidad contingente generará una renta imputable al período impositivo en el que se produzcan tales hechos futuros inciertos y no al período en el que se produjo la transmisión (DGT CV 26-7-23).

6199 **Precio aplazado («vendor note»)** En ocasiones el vendedor opta por financiar al comprador una parte del precio de la compraventa.
En los supuestos de compraventa con precio aplazado, si el contrato de compraventa no prevé expresamente el pago de un **interés** para compensar el aplazamiento, el interés implícito estaría sujeto a retención siempre que el comprador sea un sujeto obligado a practicarla (DGT CV 31-7-12; ICAC consulta núm 3, BOICAC núm 136).
En el ámbito del **IS**, se puede aplicar siempre que se cumplan los requisitos, la exención de la LIS art.21 por el importe íntegro en el momento de la venta.

6200 **Acreditación de la tributación de los vendedores** (LIS disp.trans.23ª y 27ª) En el ámbito del IS se contemplan algunos supuestos que, con el objetivo de evitar supuestos de doble imposición, permiten **recuperar** en sede de la entidad adquirente la imposición sufrida por los anteriores socios de la participación adquirida (en un periodo impositivo que, en el transmitente, se hubiera iniciado **con anterioridad a 1-1-2015**):
• Deducción por **doble imposición sobre dividendos** que no tributan efectivamente en sede de la entidad perceptora de los mismos.
• Diferencia de fusión/escisión fiscalmente deducible.

6201 En ambos supuestos, se exige legalmente que se acredite por la entidad que pretende aplicar la deducción por doble imposición o deducir una diferencia de fusión/escisión, la **tributación efectiva** sufrida por los socios transmitentes de la participación en la entidad que distribuye el dividendo o que ha dado origen a la diferencia de fusión/escisión.
Por ello, es recomendable que el comprador pacte en el contrato de compraventa que los socios **vendedores** de la participación han de facilitar toda la documentación acreditativa de los impuestos satisfechos como consecuencia de la transmisión con el objetivo de que la entidad adquirente pueda acreditar las mencionadas deducciones fiscales.

CAPÍTULO 26

Régimen fiscal de las operaciones de compraventa

6300

Sección 1. Consideraciones generales ... 6305
Sección 2. Compraventa de acciones ... 6310
A. Régimen de responsabilidad ... 6315
B. Tributación directa. Tratamiento del sobreprecio pagado ... 6320
C. Tributación indirecta. Relación entre IVA e ITP y AJD ... 6380
Sección 3. Compraventa de activos ... 6425
I. Régimen de responsabilidad ... 6430
A. Responsabilidad solidaria de los sucesores en explotaciones o actividades económicas ... 6435
B. Procedimiento para la declaración de responsabilidad tributaria ... 6465
II. Implicaciones en la tributación directa ... 6470
A. Tratamiento fiscal del vendedor ... 6475
B. Tratamiento fiscal del comprador ... 6490
C. Fondo de comercio ... 6525
III. Tributación indirecta ... 6550
A. Transmisión global del patrimonio empresarial o profesional ... 6555
B. Implicaciones en el ITP y AJD ... 6580
Sección 4. Operaciones de reorganización ... 6610
I. Régimen fiscal aplicable a operaciones no protegidas ... 6615
A. Tributación directa ... 6620
B. Tributación indirecta ... 6645
C. Tributación local ... 6660
II. Régimen fiscal especial de las fusiones, escisiones, aportaciones de activos y canje de valores ... 6670
A. Operaciones amparadas ... 6675
B. Tributación directa ... 6710
C. Tributación indirecta ... 6785
D. Tributación local ... 6810
E. Otros aspectos del régimen especial ... 6825
Sección 5. Costes de transacción ... 6910
A. Consideraciones y problemática fiscal ... 6915
B. Tratamiento en el IS ... 6920
C. Tratamiento en el IVA ... 6930

SECCIÓN 1

Consideraciones generales

Las necesidades empresariales y las estrategias de negocio habitualmente llevan a las compañías a afrontar **procesos de inversión o desinversión** empresarial con la finalidad de alcanzar una posición reforzada desde el punto de vista financiero, societario, patrimonial, de mercado, etc. 6305

Con carácter general, tales procesos pueden afrontarse a través de diferentes **estructuras de compra** que permiten a las compañías alcanzar sus objetivos, si bien, no todas ellas presentan idénticas implicaciones en términos impositivos y, en consecuencia, los costes asociados a las mismas pueden resultar muy diferentes.

En el presente capítulo, nos centraremos en los principales **aspectos fiscales** que rodean a las formas más comunes de llevar a cabo procesos de inversión y desinversión empresarial, a saber:

- compraventa de acciones (nº 6310 s.);
- compraventa de activos (nº 6425 s.);
- operaciones de reestructuración empresarial (nº 6610 s.).

Todas estas operaciones suponen la realización de **hechos imponibles** tanto en el ámbito de la tributación directa como en el de la indirecta.

6306 Por lo que respecta a la **tributación directa**, tanto la compraventa de activos y acciones como las operaciones de reestructuración empresarial suponen la materialización de rentas en las **entidades transmitentes**, que han de formar parte de la base imponible del periodo impositivo en que se realicen tales operaciones. Ello incluso, como sucede en determinadas operaciones de reestructuración empresarial, aun cuando contablemente no proceda el registro de renta alguna (LIS art.17 redacc RDL 27/2018). Igualmente, tales rentas, de ser positivas, pueden dar lugar a la aplicación de los mecanismos para evitar la doble imposición interna o internacional, de gran relevancia en cuanto a la determinación de la cuota tributable del vendedor o transmitente.

Por lo que respecta a la tributación directa del **adquirente**, en el supuesto de adquisición de acciones representativas del capital en entidades no residentes, tiene especial importancia la posibilidad de amortización fiscal extracontable del sobreprecio pagado en la adquisición sobre el valor de su patrimonio neto (en aquella parte que no resulte asignable al mayor valor de los activos -o menor valor de los pasivos- de la entidad adquirida). Por otro lado, en el supuesto de adquisición de los activos y, en su caso, pasivos de una empresa en funcionamiento, es interesante la posibilidad de deducción para el adquirente de aquel sobreprecio pagado que no se corresponda con el valor de los activos menos el de los pasivos (fondo de comercio).

Especial relevancia en el ámbito de las inversiones empresariales presentan las operaciones de **reestructuración empresarial** (fusiones, escisiones, aportaciones de activos o canjes de valores), las cuales, bajo el cumplimiento de determinados requisitos, pueden disfrutar del régimen de neutralidad fiscal previsto en la Dir 2009/133/CE, transpuesta a nuestro ordenamiento interno en el Capítulo VII del Título VII de la LIS, y que permite proceder a realizar operaciones de reorganización empresarial con un diferimiento en la tributación hasta el momento en que, en su caso, las rentas se realicen frente a terceros. Adicionalmente, este régimen permite, en determinados supuestos de sucesión universal, el que la entidad adquirente en operaciones como fusiones o escisiones totales o parciales de rama, pueda heredar un derecho personalísimo de la transmitente, como las bases imponibles negativas de esta sociedad que, en otro caso, se perderían con la extinción de la personalidad jurídica.

6307 Por lo que respecta a la **tributación indirecta** de este tipo de transacciones, resulta imprescindible valorar las consecuencias de las mismas en el marco del IVA y el ITP y AJD, que en determinados supuestos y a pesar del acogimiento al régimen fiscal previsto en el Capítulo VII del Título VII de la LIS, podrían suponer un mayor coste a tener en cuenta dentro de la transacción empresarial en cuestión y, en ocasiones, un obstáculo a la realización de la misma.

En este ámbito, a menudo una de las cuestiones de mayor enjundia del análisis fiscal de las operaciones en las que se transmiten acciones, ya sea mediante una compraventa o mediante alguna operación de reestructuración societaria, es la determinación de la tributación de la operación en virtud de la LMV art.338. Esta norma establece con carácter general la exención en el IVA y en el ITP y AJD de las transmisiones de valores, admitidos o no a negociación, en un mercado secundario oficial; sin embargo, al mismo tiempo, establece una **regla antielusión** por la cual se exceptúan de la exención determinadas transmisiones de valores cuando en las mismas se haya pretendido eludir el pago de los tributos que corresponderían a la transmisión de los inmuebles que indirectamente se produce con la transmisión de los valores.

Adicionalmente, también dentro de la tributación indirecta, es relevante la **tributación en el IVA**, especialmente la determinación de la aplicación, en el supuesto de adquisición de patrimonios empresariales, del supuesto de no sujeción por transmisión de un negocio en su conjunto o una parte del mismo, susceptible de ser calificada como una unidad económica autónoma capaz de desarrollar una actividad empresarial o profesional por sus propios medios, con independencia del régimen fiscal que a dicha transmisión le resulte de aplicación en el ámbito de otros tributos.

6308 Por otro lado, en el presente capítulo se aborda también el régimen de la posible **responsabilidad tributaria** del **adquirente** en el contexto de una adquisición de empresas en funcionamiento. Donde adopta una mayor complejidad la responsabilidad del adquirente es en la determinación del alcance de la responsabilidad por sucesión de empresa regulada en la LGT art.42. En este sentido, la posibilidad de limitar la responsabilidad de la LGT art.42 previa obtención de un certificado de las responsabilidades fiscales puede dotar de mayores garantías ante posibles pasivos fiscales al adquirente.

Para finalizar, cerraremos el presente capítulo con una breve reseña al tratamiento contable y fiscal de todos los **costes** vinculados a los procesos de inversión, haciendo un especial hincapié en las implicaciones asociadas a los mismos en el IS y en el IVA.

Precisiones Sobre la obligación de informar a la Administración tributaria de los **mecanismos transfronterizos de planificación fiscal**, ver nº 6149. 6309

SECCIÓN 2

Compraventa de acciones

6310

A. **Régimen de responsabilidad** 6315
B. **Tributación directa. Tratamiento del sobreprecio pagado** 6320
1. Consideraciones generales 6325
2. Requisitos 6330
3. Importe de la deducción 6335
4. Contabilización 6340
5. Reversión del beneficio 6345
6. Adquisición de la participación a sociedades del grupo 6350
7. Adquisición indirecta de participaciones 6365
8. Obligaciones de información 6375
C. **Tributación indirecta. Relación entre IVA e ITP y AJD** 6380
1. Regla general 6385
2. Excepción a la regla general (régimen vigente a partir del 31-10-2012) 6410

A. Régimen de responsabilidad

Mediante la adquisición de las acciones o participaciones de una sociedad, el **comprador** adquiere la titularidad de la sociedad con todo el conjunto de derechos y obligaciones que la misma tiene y, por lo tanto, adquiere también, desde el punto de vista fiscal, la totalidad de los pasivos fiscales y de las contingencias fiscales que puedan afectar a dicha sociedad por las operaciones realizadas por la misma durante el periodo en que sus acciones o participaciones fueron mantenidas por los socios transmitentes. 6315

La presente sección no trata estrictamente un régimen de sucesión en la responsabilidad tributaria, ya que la propia **sociedad** que se transmite continúa siendo directamente responsable de cualquier pasivo o contingencia fiscal derivada de sus operaciones.

No obstante lo anterior, a continuación se indican determinados supuestos en los que no siendo la propia sociedad que se transmite la responsable directa de un pasivo o contingencia fiscal, esta responde **solidariamente** de la misma:

- cuando la entidad transmitida pertenece a un grupo de consolidación fiscal;
- cuando la entidad transmitida pertenece a un grupo de entidades de IVA (nº 6318).

Precisiones La compra de acciones o participaciones de una sociedad no conlleva la **sucesión** en la titularidad de la explotación o **actividad económica**, que sigue siendo de la misma sociedad (DGT 11-3-02).

Entidad transmitida perteneciente a un grupo de consolidación fiscal (LIS art.57) 6316

Las sociedades del grupo fiscal responden solidariamente del pago de la deuda tributaria, excluidas las sanciones. Por tanto, hay que distinguir entre el pago de la deuda tributaria y las sanciones.

En el caso de la **deuda tributaria** por el **IS**, es la sociedad representante del mismo la que viene obligada, al tiempo de presentar la declaración del grupo fiscal, a liquidar la deuda tributaria correspondiente a este y a ingresarla en el lugar, forma y plazos que se determine por el Ministerio de Hacienda; es decir, la sociedad representante del grupo fiscal es la deudora principal de la deuda tributaria. No obstante, a falta de pago de la deuda por la sociedad representante del grupo fiscal dentro del plazo voluntario, la Hacienda Pública puede reclamarla a cualquiera de las sociedades dependientes incluidas en el grupo de consolidación fiscal en el período impositivo en que se produce la falta de pago. Para ello, es necesario una declaración previa de responsabilidad, con un trámite de audiencia previo y un acto de declaración de la misma (LGT art.174).

En el caso de que, como consecuencia de la transmisión de las acciones o participaciones de una entidad perteneciente a un grupo de consolidación fiscal, esta quedara excluida del mismo, se podrían dar situaciones en las que se podría exigir el pago de la deuda a la **sociedad representante del mismo** como deudor principal como consecuencia de la modificación al alza de la base imponible de la entidad transmitida correspondiente a períodos en que esta última formaba parte del grupo de consolidación fiscal. O al contrario, se podría exigir, por responsabilidad solidaria, la deuda tributaria a la **entidad transmitida** que ha dejado de formar parte del grupo de consolidación fiscal para aquellos periodos en los que formaba parte del grupo, cuando realmente la entidad infractora que ha cometido la irregularidad ha sido otra entidad dependiente o bien la entidad representante del mismo. En estos casos, es práctica habitual que se prevean garantías o limitaciones a estas situaciones de derivación de responsabilidad en los correspondientes acuerdos entre la parte vendedora y compradora.

6317 En el caso de las **sanciones**, la LIS excluye expresamente de la responsabilidad solidaria a las sociedades del grupo, siendo el sujeto infractor la sociedad representante del mismo. No obstante, se podría exigir la responsabilidad solidaria de las sanciones en los términos señalados en la LGT art.42.1.a, en el sentido de que responden solidariamente de la sanción aquellas entidades del grupo que sean causantes o colaboren activamente en la realización de la infracción tributaria.

6318 **Entidad transmitida perteneciente a un grupo de entidades de IVA** (LIVA art.163 nonies.seis y siete) Todas las entidades miembros de un grupo que aplique el régimen especial del grupo de entidades responden solidariamente del pago de la **deuda tributaria** derivada de este régimen especial, así como de las **sanciones** que le lleguen a ser impuestas a la sociedad dominante por los incumplimientos de las obligaciones específicas del régimen especial del grupo de entidades.

Asimismo, cada entidad del grupo responde de las **infracciones** derivadas de los incumplimientos de sus propias obligaciones tributarias.

Al igual que en el caso de los grupos de consolidación fiscal, es práctica habitual que se prevean estas situaciones en los correspondientes acuerdos entre la parte vendedora y compradora.

B. Tributación directa. Tratamiento del sobreprecio pagado

6320

1. Consideraciones generales 6325
2. Requisitos 6330
3. Importe de la deducción 6335
4. Contabilización 6340
5. Reversión del beneficio 6345
6. Adquisición de la participación a sociedades del grupo 6350
7. Adquisición indirecta de participaciones 6365
8. Obligaciones de información 6375

1. Consideraciones generales

(LIS disp.trans.14ª; LIS/04 art.12.5)

6325 En el supuesto de adquisición de una **participación** en **entidades no residentes** por parte de contribuyentes del IS ha de tenerse en cuenta que estos últimos pueden deducir de su base imponible de este impuesto el fondo de comercio financiero que resulte de la adquisición, siempre que la participación represente, al menos, el 5% en la entidad no residente, y esta reúna los requisitos de la LIS/04 art.21.

Por **fondo de comercio financiero** se entiende el sobreprecio pagado en la adquisición de una participación sobre el valor de su patrimonio neto, en aquella parte que no resulte asignable al mayor valor de los activos -o menor valor de los pasivos- de la entidad adquirida. Representa el valor de la capacidad de generación de beneficios futuros que tiene el negocio de la entidad adquirida.

En definitiva, el precio pagado en la adquisición de una participación en una entidad puede descomponerse en tres partes:

- aquella que se corresponde con el patrimonio neto de la entidad;
- aquella correspondiente al mayor valor de los activos o menor valor de los pasivos, sobre el registrado contablemente; y
- finalmente, aquella correspondiente al fondo de comercio financiero.

Esta última parte es **deducible de la base imponible** del IS, bajo el cumplimiento de determinados requisitos, con el límite máximo anual del 5% de su importe (1% para los períodos impositivos iniciados dentro de los ejercicios 2011 a 2015 -RDL 9/2011 art.9.primero.tres-).

Precisiones La LIS disp.trans.14ª perpetúa la posibilidad de deducir el fondo de comercio financiero regulado en la LIS/04 art.12.5, según la redacción vigente para los periodos impositivos iniciados con anterioridad a 1-1-2015, con los límites indicados en el nº 6326.

La L 16/2013, por la que se establecen determinadas medidas en materia de fiscalidad medioambiental y se adoptan otras medidas tributarias y financieras, establece la prórroga del límite máximo anual del 1% para los períodos impositivos iniciados dentro de los **ejercicios 2014 y 2015**. Igualmente, la LIS disp.trans.34ª.c ha mantenido este límite máximo para el ejercicio 2015.

Sin perjuicio de lo anterior, la deducción del fondo de comercio financiero referida, ha sido calificada como **ayuda de Estado ilegal** como consecuencia de las Decisiones de la Comisión Europea 2011/5/CE y 2011/282/UE, lo cual ha tenido el siguiente alcance: **6326**

a) Para el caso de adquisición de participaciones en **entidades residentes en Estados de la UE**: la deducción puede aplicarse a las adquisiciones realizadas antes de 22-12-2007, por lo que las posteriores están excluidas de la aplicación de este régimen fiscal, excepto que se trate de adquisiciones posteriores que se correspondan con una obligación irrevocable de compra convenida antes de tal fecha.

b) En caso de adquisición de participaciones en **entidades residentes en Estados ajenos a la UE**, puede, en los mismos términos del apartado anterior, aplicarse la deducción a las adquisiciones anteriores a 22-12-2007, pero además, a las adquisiciones realizadas con posterioridad a dicha fecha, bajo el cumplimiento de los siguientes **requisitos**:

- que se trate de adquisiciones de valores que confieran la mayoría de la participación en los fondos propios de las referidas entidades;
- que las adquisiciones se realicen entre el 22-12-2007 y el 21-5-2011;
- que se demuestre la existencia de obstáculos jurídicos explícitos a las combinaciones transfronterizas de empresas, en los términos establecidos en la Decisión Comisión Europea 2011/282/UE art.1.4 y 5.

Estas limitaciones se incorporan al texto de la LIS disp.trans.14ª.

Precisiones **1)** Todas las adquisiciones realizadas **antes del 22 -12 -2007**, tanto de entidades residentes en la UE como residentes fuera de la UE, pueden aplicar esta deducción hasta agotarla.

2) La Comisión Europea consideró que este incentivo constituía una **ayuda de estado** (Decisiones de la Comisión Europea 2011/5/CE y 2011/282/UE) y, aunque en un principio el Tribunal General de la UE no las calificaba de esta forma (TJUE 7-11-14, asunto T-399/11; 7-11-14, asunto T-219/10), estas sentencias fueron anuladas por el TJUE (TJUE 21-12-16, asunto C-20/15 P y C-21/15 P), lo que ha llevado al Tribunal General de la UE a modificar su postura y considerar el incentivo como ayuda de estado (entre otras, TJUE 15-11-18, asunto T-399/11).

2. Requisitos

(LIS disp.trans.14ª; LIS/04 art.12.5)

La deducción del fondo de comercio financiero está condicionada al cumplimiento de los siguientes requisitos: **6330**

a) Que la adquisición de la participación se realice en los **periodos impositivos** que se inicien a partir de **1-1-2002**.

Tras las Decisiones de la Comisión Europea 2011/5/CE y 2011/282/UE, no es deducible el fondo de comercio financiero relativo a adquisiciones de participaciones posteriores al **21-12-2007**, con carácter general, o al **21-5-2011**, para las adquisiciones de entidades no residentes en la UE que cumplan los requisitos detallados en el nº 6326.

b) Que los valores adquiridos sean representativos de la participación en fondos propios de **entidades no residentes** en territorio español.

No se establece ninguna particularidad en cuanto al negocio jurídico por el cual han de adquirirse los valores, por lo que se considera válido cualquier negocio jurídico que determine su adquisición, incluidas las operaciones realizadas al amparo del régimen fiscal especial de reorganizaciones empresariales (nº 6670 s.), si bien hay que tener en cuenta las precisiones contenidas en el referido régimen en cuanto al mantenimiento del coste y la fecha de adquisición de los elementos transmitidos en virtud de las operaciones acogidas al mismo.

c) Que las **rentas** procedentes de la participación en la entidad no residente puedan beneficiarse de la **exención** prevista en la LIS/04 art.21. **6331**

Para ello, la participada no residente debe reunir los **requisitos** relativos al porcentaje de participación mínimo -al menos un 5%-, sujeción a un impuesto análogo al IS y realización de actividades empresariales en el extranjero. Por lo que respecta al primero de los requisitos, la deducción del fondo de comercio financiero es posible siempre que la participación adquirida represente, al menos, dicho porcentaje, cualquiera que sea la participación previa a la adquisición, y también cuando se trate de adquisiciones inferiores a dicho porcentaje, siempre que con posterioridad se alcance el porcentaje mínimo del 5% en los fondos propios de la entidad no residente con la condición de que se mantenga al menos un año, si bien en este último caso, la deducción solo afecta a la última adquisición por la cual se alcanza el porcentaje mínimo del 5% de participación que habilita la aplicación del régimen de exención.

6332 Doctrina Administrativa 1) La imposibilidad de aplicar la **exención** a las rentas procedentes de entidades no residentes conlleva la no deducibilidad del fondo de comercio de la entidad no residente (DGT 27-11-02).
2) Los **requisitos** para la aplicación de la exención deben cumplirse en **todos los ejercicios** en los que se aplique la deducción en base, y no solo en el ejercicio de adquisición de la participación (DGT 22-1-04). El incumplimiento de los requisitos en un período impositivo no invalida las deducciones de períodos anteriores ni posteriores en los que vuelvan a cumplirse dichos requisitos.
3) La deducibilidad del fondo de comercio financiero no se ve afectada como consecuencia de procesos de **reestructuración empresarial** (fusión, canje, etc.) efectuados con posterioridad a la generación de dicho fondo, de tal forma que es deducible con los mismos límites y condiciones que existían antes de la reestructuración (DGT CV 4-7-05).

3. Importe de la deducción

(LIS disp.trans.14ª y 34ª.c; LIS/04 art.12.5)

6335 El importe que el contribuyente puede deducirse de la base imponible del IS se calcula del modo siguiente:
a) En la fecha de adquisición de la participación en los fondos propios de la entidad no residente debe calcularse la **diferencia** entre el **precio de adquisición** de esa participación y el **valor del patrimonio neto** de la misma. Dado que el valor del patrimonio neto solo puede apreciarse en el balance de la entidad, es improbable disponer de dicho balance a la fecha de adquisición. Por tanto, en ausencia de un balance determinado a dicha fecha, es posible la estimación de dicho valor partiendo del último balance cerrado con anterioridad a la fecha de adquisición, aumentándolo o disminuyéndolo por las aportaciones o reducciones, respectivamente, que se hayan hecho a los fondos propios de la entidad no residente entre el cierre y dicha fecha. Además, hay que computar de forma lineal el resultado obtenido por esa entidad en el ejercicio en el que se adquiere la participación, para considerarlo también en la determinación del valor del patrimonio neto, salvo que se pruebe que el resultado del ejercicio se ha obtenido de otra forma distinta.

6336 b) El importe de dicha diferencia debe **imputarse** a los **bienes y derechos** de la entidad no residente en territorio español, de conformidad con los criterios contables; esto es, se imputa directamente a los elementos patrimoniales de la entidad no residente, aumentando el valor de sus activos o reduciendo el de los pasivos, y hasta el límite atribuible a la sociedad residente adquirente de la participación de la diferencia entre el valor contable del elemento patrimonial de que se trate y su valor de mercado, calculado en función del porcentaje de participación tenido en la entidad no residente. Esta imputación se realiza según el **método de integración global** establecido por la legislación mercantil a efectos de la consolidación, de forma que se aplica este método cualquiera que sea el porcentaje de participación adquirido en la entidad no residente, esto es, aunque no proceda la consolidación contable con esta última entidad (CCom art.46; RD 1159/2010).
Esta imputación a los elementos de la entidad no residente no tiene ningún **efecto fiscal** sino que sirve para determinar la parte de aquella diferencia que no ha sido imputada a dichos elementos, la cual sí que tiene efectos fiscales, y representa el fondo de comercio existente en el momento de adquisición de la participación, de manera que esa parte de la **diferencia no imputada** es deducible en la determinación de la base imponible de la entidad residente con el límite anual máximo de la veinteava parte de su importe (centésima parte para los años 2011 a 2015 -RDL 9/2011 art.9.primero.tres-).
El importe de la diferencia que tiene efectos fiscales no tiene por qué coincidir con el fondo de comercio que hubiese resultado del **balance consolidado** con la entidad no residente, dado que este puede ser mayor que el importe de aquella diferencia como consecuencia de registrar el impuesto diferido asociado a la diferencia entre los valores fiscales y contables de dicho balance.

Precisiones La normativa del IS establece una **deducción anual máxima pero no mínima**. Es decir, una entidad puede optar por no aplicar esta deducción en el ejercicio, lo cual puede ocurrir si la entidad no tiene base imponible positiva. De no optar por aplicar esta deducción en un ejercicio, no puede posteriormente instarse la rectificación de la declaración de ese período para aplicarse esta deducción.

Jurisprudencia A efectos de cuantificar el fondo de comercio financiero, el **impuesto diferido** no se resta del importe de las plusvalías tácitas imputables a los bienes y derechos de la entidad emisora de las acciones adquiridas, pues el RD 1815/1991 (actual RD 1159/2010), al que se remite la LIS art.12.5, ninguna referencia hace a ello (TEAC 9-1-14).

4. Contabilización

(LIS disp.trans.14ª; LIS/04 art.12.5 y 19.3)

Como **regla general**, no son fiscalmente deducibles los gastos que no se imputan contablemente en la cuenta de pérdidas o ganancias, excepto que expresamente se permita la deducción de gastos no contabilizados. Al respecto, la regulación permite la deducción del fondo de comercio financiero con el límite anual máximo de la veinteava parte de su importe (centésima parte para los años 2011 a 2015 -RDL 9/2011 art.9.primero.tres-), sin perjuicio de lo establecido en la normativa contable de aplicación. **6340**

La **interpretación administrativa** se ha decantado por que la deducción del fondo de comercio financiero no está subordinada a la contabilización de gasto alguno por deterioro de la participación, teniendo este incentivo un carácter autónomo o independiente de su registro contable (DGT 4-10-02; CV 10-3-05).

Dado que a partir de los periodos impositivos iniciados desde el 1-1-2013 no es fiscalmente deducible el deterioro de las participaciones tenidas en otras entidades, residentes en territorio español o en el extranjero, habría que realizar un **ajuste positivo** al resultado contable por el importe del deterioro contabilizado para determinar la base imponible, sin perjuicio de que deba realizarse un ajuste negativo por el importe que resulte de aplicar la deducción del fondo de comercio financiero en entidades no residentes.

Precisiones Para los periodos impositivos iniciados a partir de **1-1-2016**, el límite anual máximo vuelve a ser del 5% del importe del fondo de comercio.

Recuperación del valor contable del fondo de comercio (LIS/04 art.12.5) La depreciación contable del fondo de comercio trae su **causa** de que la actualización de los beneficios futuros es inferior a esa misma valoración realizada en el momento de la adquisición de la participación. No obstante, no supone que se haya depreciado el valor de la participación si la pérdida de valor del fondo de comercio se corresponde con los beneficios generados en el ejercicio (salvo que estos sean objeto de distribución). Si los **beneficios generados** en el ejercicio son inferiores a la reducción del valor del fondo de comercio, la participación se deprecia realmente y motiva la necesidad de dotar una pérdida por deterioro contable. **6341**

En el supuesto de que el valor de la **participación se recupere** con posterioridad a la dotación del deterioro contable porque el valor del fondo de comercio aumente, aunque contablemente deba registrarse un ingreso por tal recuperación de valor, tal ingreso no debe integrarse en la base imponible por cuanto procede de un gasto que no ha tenido la consideración de fiscalmente deducible cuando se contabilizó, dado que el régimen establecido es un incentivo fiscal autónomo de su registro contable, al igual que hubiera ocurrido de haberse establecido este incentivo fiscal a nivel de cuota íntegra.

Por el contrario, si una vez registrado contablemente el deterioro, la **participación no se recupera**, tal depreciación aflorará a efectos fiscales en el momento de la transmisión de la participación, en el cual deberá incorporarse en la base imponible la pérdida derivada de la inversión realizada, con arreglo a las reglas generales de imputación temporal recogidas en la LIS art.11.

5. Reversión del beneficio

(LIS disp.trans.14ª; LIS/04 art.12.5)

La deducción del fondo de comercio financiero es un incentivo fiscal autónomo pero que determina una **corrección de valor de la participación** en la entidad no residente a efectos fiscales, es decir, las cantidades deducidas minoran el valor fiscal de la participación en la entidad no residente. La pérdida por deterioro que pueda contabilizarse por la depreciación del fondo de comercio no es fiscalmente deducible, sin perjuicio de que en cada período impositivo pueda deducirse de la base imponible la veinteava parte del mismo (centésima parte para los años 2011 a 2015 -RDL 9/2011 art.9.primero.tres-). **6345**

En tal caso, el importe deducido de la base imponible puede revertir en un período impositivo posterior, en la **transmisión de la participación** en la entidad no residente, dado que al considerarse dicha deducción como una corrección de valor de la participación y, además, que ha sido fiscalmente deducible, la renta generada en la transmisión solo gozaría de exención por la parte de la misma que exceda de la deducción practicada. Esta interpretación se fundamenta en lo establecido en la normativa fiscal sobre pérdidas por deterioro y exención de rentas de entidades no residentes. La interpretación administrativa ha entendido que este ajuste es temporal debiendo revertir a la base imponible cuando se transmitan las participaciones en las filiales (DGT CV 10-11-06).

6. Adquisición de la participación a sociedades del grupo

(LIS disp.trans.14ª; LIS/04 art.12.5)

6350 En el supuesto de que la adquisición de la participación en la entidad no residente se haya efectuado a una sociedad del mismo grupo, podemos distinguir según que esta última entidad haya adquirido la participación que es objeto de transmisión con posterioridad a 1-1-2002 o antes de dicha fecha (nº 6353 s.).

6351 **Adquisición posterior a 1-1-2002** En este caso no se establece restricción alguna derivada de la relación existente entre adquirente y transmitente. No obstante, en estas transmisiones debe analizarse la **causa** que las mueve, a efectos de poder computar este incentivo fiscal, ya que a nivel de grupo no ha existido una verdadera inversión en una entidad no residente.

En definitiva, la **sociedad adquirente** de la participación puede deducir el fondo de comercio financiero incorporado en el precio de adquisición que corresponda tanto al fondo de comercio que estaba incorporado en el precio de adquisición de esa misma participación cuando la adquirió la sociedad transmitente, como el que se haya generado durante el tiempo de tenencia de la participación por esta última sociedad, si la adquisición ha tenido lugar antes del 22-12-2007 o del 21-5-2011 (con posterioridad a dicha fecha, únicamente cabría la deducción si la adquisición se hubiese realizado a través de una operación acogida al régimen fiscal especial previsto en la LIS Capítulo VII del Título VII). Si la entidad transmitente tuviese su residencia en territorio español, debe revertir las cantidades deducidas con ocasión de la transmisión de la participación.

6352 Doctrina Administrativa **1)** De acuerdo con la LIS/04 art.90.2, únicamente en el caso de que resulte de aplicación el **régimen especial** del capítulo VIII del título VII de la LIS a la operación de canje de valores o de aportación no dineraria especial por las que se aportaran las participaciones en sociedades en cuya adquisición se generaron fondos de comercio al amparo de la LIS/04 art.12.5, puede la adquirente mantener la deducibilidad del fondo de comercio financiero que previamente hubiera acreditado la entidad transmitente, siempre que se mantengan los requisitos que condicionan dicha deducción (DGT CV 6-3-13).

2) En una operación de **escisión financiera** en la que la entidad escindida B es una entidad residente que venía aplicando la deducción del fondo de comercio financiero por la adquisición de una de las filiales transmitidas, y la beneficiaria, una entidad D residente en Estados Unidos, la deducción del fondo de comercio financiero no podrá mantenerse, tras la escisión, ni en la entidad D, por ser no residente, ni en la entidad residente A, socio único de B, por cuanto no se beneficia de la subrogación en los derechos y obligaciones tributarias de la LIS art.84 (DGT CV 7-9-15).

Jurisprudencia

Frente al criterio de la Inspección que consideró que la **amortización** de un **fondo de comercio** relativo a una participación en una filial extranjera de la que fue transmitida una parte debe corregirse en la parte proporcional a la participación transmitida, sin embargo, a juicio de la Sala, como la transmisión se realizó a una sociedad del grupo (entidad holandesa del grupo mercantil), el fondo de comercio se mantiene en términos consolidados (AN 24-1-13, EDJ 3242; TS 2-3-15, EDJ 69623).

6353 **Adquisición anterior a 1-1-2002** En este supuesto puede interpretarse que no es posible la aplicación de esta deducción si el grupo adquirió la participación en la entidad no residente con anterioridad a 1-1-2002, de modo que únicamente se admiten las adquisiciones realizadas a partir de esa fecha. En este último caso, dado que solo se admiten las **participaciones directas**, la transmisión de participaciones al objeto de tenerlas en forma directa debe habilitar la aplicación de esta deducción excepto por la parte del fondo de comercio que se haya generado durante la tenencia de la participación por el grupo, puesto que en estas situaciones, no se confiere efectos fiscales al mismo (LIS/04 art.11 y 89).

No obstante, la **sociedad adquirente** no puede seguir computando la deducción de dicho fondo de comercio ya que este incentivo no es aplicable a las adquisiciones realizadas a partir del 22-12-2007 o del 21-5-2011.

Por otro lado, el TEAC ha admitido la aplicación de este incentivo fiscal aunque la adquisición de la participación en el capital de la entidad no residente se haya realizado a otra entidad del mismo **grupo** (TEAC 26-6-12; 9-1-14), si bien en su doctrina más reciente ha cambiado de criterio, al considerar que las transmisiones realizadas dentro de un grupo mercantil no pueden ser calificadas de verdadera inversión sino como operaciones de reordenación empresarial, de redistribución de participaciones por circunscribirse los efectos de tal operativa al ámbito interno o doméstico del grupo (TEAC 28-5-13).

Igualmente, el TS ha considerado que no resulta aceptable la aplicación del beneficio fiscal al fondo de comercio financiero originado cuando se adquirieron las participaciones a terceros, antes de 2002. La mera reorganización de las participaciones entre empresas del grupo no pueda originar un nuevo fondo de comercio (TS 2-2-17, EDJ 5913).

Precisiones La aplicación del beneficio fiscal de la LIS/04 art.12.5 exige una especial actividad probatoria por parte del obligado tributario en orden a acreditar el cumplimiento de la finalidad perseguida por la norma, debiendo así acreditar que las inversiones realizadas son tales desde un punto de vista económico, en términos de ampliación de la capacidad de **generación de negocio productivo del grupo**, y no meras reordenaciones formales de naturaleza financiera. Esto es, se debe acreditar que las inversiones responden efectivamente a una decisión económica en una forma que se desprenda directa e inequívocamente de dichas operaciones y no de la previa pertenencia al grupo mercantil, probando que las decisiones de inversión se basan en consideraciones económicas y no en criterios fiscales. 6354

El TEAC **modifica el criterio** recogido en la Resol 26-6-12, para adecuarlo al nuevo criterio jurisprudencial: TS 19-1-12, EDJ 12145; 8-10-12, EDJ 221487; 29-11-12, EDJ 270134. El criterio del TS expresado en las sentencias citadas, aun referido a la deducción por actividades exportadoras, se considera plenamente aplicable al beneficio fiscal establecido en la LIS/04 art.12.5.

7. Adquisición indirecta de participaciones

(LIS disp.trans.14ª; LIS/04 art.12.5)

La deducción del fondo de comercio financiero de participación en entidades no residentes parece estar reservada exclusivamente al supuesto de **adquisición directa** de participaciones en los fondos propios de entidades no residentes que disponen de fondos de comercio no reconocidos contablemente en sus patrimonios. 6365

Sin embargo, puede darse el caso de la adquisición indirecta de participaciones en dichas entidades a través de la **toma de participación** en otras entidades, residentes en el territorio español o en el extranjero en cuyo patrimonio figura una participación en aquellas entidades no residentes a las que corresponde el fondo de comercio. El caso más representativo es la adquisición de participaciones en **sociedades holding** tenedoras de participaciones en entidades no residentes.

Participación indirecta a través de residentes (LIS disp.trans.14ª; LIS/04 art.12.5) En el caso de una sociedad residente que adquiere una participación en el capital de otra sociedad igualmente residente por un precio superior al valor del patrimonio neto de esta última, siendo que esta segunda sociedad tiene una participación en el capital de otra entidad no residente y, además, el exceso del precio satisfecho es imputable a un **fondo de comercio de la no residente**. 6366

Dado que la sociedad residente está adquiriendo una participación en el capital de otra sociedad igualmente residente, y es requisito necesario la adquisición de participaciones en fondos propios de entidades no residentes, supone que no puede practicarse la **deducción**, aunque la realidad de los hechos es que el sobreprecio pagado corresponde en su totalidad con un fondo de comercio de la entidad no residente operativa.

Participación indirecta a través de no residentes (LIS disp.trans.14ª; LIS/04 art.12.5) Es el supuesto en que una sociedad residente en territorio español adquiere una participación en el capital de otra sociedad no residente por un precio superior al valor del patrimonio neto de esta última, siendo que esta segunda sociedad tiene una participación en el capital de otra entidad no resiente operativa y, además, el exceso del precio satisfecho es imputable a un fondo de comercio de esta última entidad no residente y no de la entidad adquirida. 6367

En esta situación, caben **dos interpretaciones**:

a) Una **restrictiva** en relación con la **deducibilidad del fondo de comercio** financiero basada en que, aunque se está adquiriendo una participación en el capital de una entidad no residente, sin embargo, dado que esta última entidad solo dispone en su patrimonio de participaciones en el capital de otras entidades igualmente no residentes, el exceso de precio de adquisición respecto del valor del patrimonio neto de la participación en la entidad no residente es imputable en su totalidad a un mayor valor de la participación que esta última entidad tiene en aquella otra entidad no residente, con lo cual no es posible aplicar la deducción.

Doctrina Administrativa **1)** Puede aplicarse la deducción del fondo de comercio cuando, existiendo una estructura holding de entidades no residentes, se adquieren a crédito las entidades no residentes operativas a la entidad **holding no residente**, al objeto de tener la participación directa, y posteriormente se liquida la sociedad holding, de manera que se confundan en la sociedad residente la posición de acreedor y deudor, alcanzándose de esta forma el fin perseguido -adquirir 6368

participaciones en entidades operativas no residentes con derecho a aplicar la deducción del fondo de comercio- (DGT CV 10-3-05).
2) Solo puede aplicarse la deducción respecto de las adquisiciones de participaciones de forma **directa** (DGT 4-10-02; CV 4-7-05; CV 10-11-06).

Jurisprudencia No se aplica la deducción del fondo de comercio indirecto cuando lo que se adquiere es una **holding** (TEAC 2-6-11).

6369 **b)** Frente a la interpretación anterior, cabe mantener, para aquellos supuestos en los que la participada no residente de primer nivel, participe en otras entidades no residentes, siempre que en todas estas entidades se cumplan los requisitos para considerar exentas las rentas derivadas de las mismas, a efectos de determinar el **valor del patrimonio neto** de la **primera entidad no residente** cabe plantearse si debe tomarse exclusivamente el patrimonio neto de dicha entidad de forma individual o bien los consolidados de la sociedad participada no residente con todas aquellas otras sociedades igualmente no residentes en las que participa.
Esta segunda interpretación supone determinar el **balance consolidado** a nivel de la sociedad no residente directamente participada por la sociedad residente que ha adquirido participación en el capital de aquella otra sociedad, sobre el cual debe determinarse tanto el valor del patrimonio neto de la participación como los elementos a los que se ha de imputar la diferencia entre el precio de adquisición de la participación y dicho valor del patrimonio neto para calcular el importe del fondo de comercio que puede deducirse fiscalmente en la sociedad residente.
Esta interpretación para determinar el valor del patrimonio neto de la entidad participada no residente requiere que todas las entidades no residentes interpuestas en la cadena indirecta no residan en **paraísos fiscales**, por cuanto ello inhabilita la aplicación de la exención sobre las rentas procedentes de la entidad no residente operativa.

6370 Por otro lado, aunque el precio de adquisición incorpore fondos de comercio de una participación indirecta en una entidad no residente, la parte del precio que corresponda a dicho fondo de comercio **no** tiene **efectos fiscales** si:
- la participación indirecta se tiene a través de otra entidad no residente en territorio español;
- el patrimonio neto de la entidad no residente directamente participada es al menos igual al precio de adquisición de la participación.

Esta interpretación exige que todas las participaciones indirectas permitan alcanzar la mayoría de los **derechos de voto** en la entidad participada aunque esta condición no se exige en la norma, dado que basta con una participación del 5% en la entidad operativa.

6371 Doctrina Administrativa La doctrina administrativa más reciente se ha decantado por admitir la **deducibilidad** de los **fondos de comercio indirectos**, esto es, los imputables tanto a la entidad no residente directamente adquirida como a los fondos de comercio de entidades igualmente no residentes dependientes de esta última de segundos o ulteriores niveles, siempre que estas otras entidades cumplan con los requisitos para aplicar la **exención** por **doble imposición de dividendos y plusvalías** de fuente extranjera. Para aplicar la deducción se exige probar, a través del balance consolidado o por cualquier otro medio de prueba, que existe una parte del precio de adquisición de la entidad directamente adquirida que, en el momento de realizarse dicha adquisición, inequívocamente se corresponde con un fondo de comercio financiero existente en esa entidad indirectamente participada (DGT CV 21-3-12; CV 19-2-14). Este mismo criterio administrativo de admitir la deducibilidad del fondo de comercio financiero de segundos y posteriores niveles ha sido mantenido por el TEAC 26-6-12.

Jurisprudencia Esta interpretación administrativa desconoce tanto la Decisión Comisión Europea 17-7-2013 por la que considera que es posible la existencia de una **ayuda de Estado** en los fondos de comercio indirectos, como la AN 6-2-14, EDJ 11942, que considera que en la adquisición de la participación de una entidad holding no residente que tiene, a su vez, participaciones en el capital de entidades no residentes, no puede aplicarse la deducción sobre los fondos de comercio indirectos ya que en esa entidad holding no hay ningún fondo de comercio al no desarrollar ninguna actividad económica. No obstante, de acuerdo con el TJUE 21-12-16, asunto C-20/15 P y C-21/15 P, que ratifica la condición de ayuda de Estado de este incentivo fiscal, no es deducible ni el fondo de comercio directo ni el indirecto.

6372 **Determinación del fondo de comercio financiero indirecto** (LIS disp.trans.14ª; LIS/04 art.12.5; DGT CV 26-10-12) A través de la contestación a una consulta se ha interpretado la forma de calcular el fondo de comercio indirecto cuando se adquieren participaciones en el capital de **entidades no residentes** en territorio español cuando, a su vez, estas últimas tienen participaciones en el capital de otras entidades operativas igualmente no residentes en territorio español.

La forma de determinación del fondo de comercio satisfecho en la adquisición de participaciones en entidades no residentes en territorio español, que cumplan los requisitos para aplicar la exención por doble imposición de dividendos y plusvalías de fuente extranjera, viene determinado por la **diferencia** entre el **precio de adquisición** de tales participaciones y el **valor razonable de los activos** identificables adquiridos, directa o indirectamente sin que se considere como integrantes de esos activos un fondo de comercio previamente satisfecho que figure contabilizado según normas contables del país de residencia de la entidad subholding adquirida pues, lo contrario, dejaría sin efecto la aplicación de este incentivo fiscal y discriminaría en función de que la adquisición se realice directa o indirectamente.
Entendemos que esta interpretación no responde a la redacción vigente de este incentivo fiscal, pues actualmente, para que sea aplicable el régimen fiscal, se requiere que haya **diferencia** positiva entre el **precio de adquisición** de la participación y el **patrimonio neto de la entidad** participada a la fecha de adquisición, en proporción a esa participación, de manera que una vez determinada dicha diferencia, la misma se imputa a los bienes y derechos de la entidad no residente en territorio español, aplicando el método de integración global (CCom art.46) y la parte de la diferencia que no hubiera sido imputada es deducible de la base imponible, con el límite anual máximo de la veinteava parte de su importe (centésima parte en los períodos impositivos iniciados en los años 2011 a 2015 -RDL 9/2011 art.9.primero.tres; LIS disp.trans.34ª.c-).

Por el contrario, la contestación a esta consulta parece desconocer el cumplimiento del referido requisito legal, es decir, parece que aunque no haya tal diferencia, sin embargo, siempre que haya fondo de comercio según los estados consolidados de la entidad adquirente, el importe que resulte de tales estados contables imputable al fondo de comercio adquirido sería la **base de aplicación del incentivo fiscal**, de manera que aunque no hubiese tales estados consolidados consecuencia de que la participación adquirida no determina el control sobre la entidad no residente, habría que hacer una especie de consolidación proporcional al objeto de determinar el referido fondo de comercio incorporado en el precio de adquisición. 6373
Aunque pueda ser razonable que la base de este incentivo fiscal sea el importe del fondo de comercio de los negocios de las entidades participadas no residentes incorporado en el precio de adquisición de la participación, sin embargo, la construcción legal de este incentivo es diferente, pues exige en todo caso la existencia de la referida **diferencia** para que el mismo sea aplicable. En los siguientes ejemplos se muestran los efectos fiscales diferentes según la interpretación literal de la normativa y la que se deriva de la citada interpretación administrativa.
En todo caso, de acuerdo con el TJUE 21-12-16, asunto C-20/15 P y C-21/15 P, que ratifica la condición de **ayuda de estado** de este incentivo fiscal, no es deducible ni el fondo de comercio directo ni el indirecto.

Ejemplos 1) La entidad A residente en territorio español adquirió el 100% de la participación en el capital de una entidad B no residente en territorio español que cumple los requisitos establecidos para deducirse el fondo de comercio financiero en entidades no residentes. El precio de adquisición de dicha participación es de 15.000. El balance de la entidad B en el momento de la adquisición es el siguiente: 6374

ENTIDAD B			
Activo		Patrimonio neto y pasivo	
Activos	25.000,00	Capital	6.000,00
Fondo de comercio	2.000,00	Pasivos	21.000,00

En esta operación la entidad A asume un activo neto de 4.000 (25.000 - 21.000) y adquiere el fondo de comercio explícito de 2.000, existente en la entidad B, así como otro fondo de comercio implícito de 9.000, por lo que según la interpretación administrativa la base de la deducción es de 11.000 (2.000 + 9.000) que responde al fondo de comercio que resulta de los estados contables consolidados de la entidad A una vez integrado el balance de la entidad B.
Por el contrario, de acuerdo con los requisitos legales de este incentivo fiscal, la diferencia entre el precio de adquisición de la participación (15.000) y el patrimonio neto de la entidad B (6.000) es de 9.000, por lo que el cumplimiento estricto de la normativa supondría que la base de deducción es de 9.000 y no de 11.000.

2) Mismo ejemplo que el número 1 anterior, con la diferencia de que el balance de la entidad B es el siguiente:

ENTIDAD B			
Activo		**Patrimonio neto y pasivo**	
Activos	25.000,00	Capital	15.000,00
Fondo de comercio	2.000,00	Pasivos	12.000,00

En esta operación la entidad A asume un activo neto de 13.000 (25.000 - 12.000) y adquiere el fondo de comercio explícito de 2.000 existente en la entidad B, de manera que no hay ningún fondo de comercio implícito, por lo que según la interpretación administrativa la base de la deducción es de 2.000 (15.000 - 13.000) que responde al fondo de comercio que resulta de los estados contables consolidados de la entidad A una vez integrado el balance de la entidad B.
Por el contrario, de acuerdo con los requisitos legales de este incentivo fiscal, la diferencia entre el precio de adquisición de la participación (15.000) y el patrimonio neto de la entidad B (15.000) es nula, por lo que el cumplimiento estricto de la normativa supondría que no podría aplicarse el régimen fiscal cuando, por el contrario, según la interpretación administrativa la base de deducción es de 2.000.
3) Mismo ejemplo que el número 2 con la diferencia de que en lugar de adquirir directamente la participación en la entidad B, se ha adquirido la participación en una entidad holding no residente que tiene la participación en la entidad B, siendo el importe del patrimonio neto de esta entidad holding de 15.000 coincidente con el precio de adquisición que en esta entidad holding tiene la participación en la entidad B operativa no residente.
La estructura societaria es la siguiente:

A --- 100% ---→ H --- 100% ---→ B
Precio de adquisición: 15.000 Patrimonio neto: 15.000

ENTIDAD B			
Activo		**Patrimonio neto y pasivo**	
Activos	25.000,00	Capital	12.500,00
		Pasivos	12.500,00

Esta situación es equivalente al caso anterior, es decir, la entidad A adquiere un activo neto de 12.500 (25.000 - 12.500), así como el fondo de comercio implícito de 2.500 existente en la entidad B, de manera que según la interpretación administrativa la base de la deducción es de 2.500 (15.000 - 12.500), que responde al fondo de comercio que resulta de los estados contables consolidados de la entidad A una vez integrado el balance de la entidad B.
Por el contrario, de acuerdo con los requisitos legales de este incentivo fiscal es nula la diferencia entre el precio de adquisición de la participación (15.000) en la entidad H y el patrimonio neto de la entidad H (15.000), una vez consolidado en esta entidad el balance de la entidad B, por lo que el cumplimiento estricto de la normativa supondría que no podría aplicarse el régimen fiscal cuando, por el contrario, según la interpretación administrativa la base de deducción es de 2.500.
En definitiva, esta interpretación administrativa parece desconocer los requisitos expresamente exigidos por la normativa para la aplicación del régimen fiscal, los cuales no pueden ser objeto de ninguna interpretación al ser meridianamente claros (se esté o no de acuerdo con los mismos) y se fundamenta en unos criterios no regulados de forma expresa en la normativa del IS.

8. Obligaciones de información

(RIS disp.trans.5ª)

6375 Los contribuyentes que practiquen la deducción del fondo de comercio por la adquisición de participaciones en entidades no residentes deben presentar, junto con la **declaración del IS** de los ejercicios en los que realicen esa deducción, la siguiente información:
- identificación y porcentaje de **participación** en aquellas entidades participadas cuya adquisición haya generado el derecho a aplicar la referida deducción;
- descripción de sus **actividades**;
- valor y fecha de **adquisición** de las participaciones así como el valor del patrimonio neto contable de las mismas determinado a partir de las cuentas anuales homogeneizadas;

- justificación de los **criterios de homogeneización** valorativa y temporal, así como de la imputación a los bienes y derechos de la entidad participada, de la diferencia existente entre el precio de adquisición y el valor del patrimonio neto contable de las participaciones en la fecha de adquisición.

Precisiones 1) Esta información no es necesario que conste en la **memoria** de las cuentas anuales. Debe facilitarse en todos y cada uno de los períodos impositivos en los que se practique la deducción con independencia de la fecha de adquisición. **6376**
2) El **valor del patrimonio neto** contable de la **entidad no residente** debe homogeneizarse a los principios contables españoles, de acuerdo con los criterios de valoración seguidos por la entidad residente adquirente según el procedimiento establecido en la norma contable de consolidación (RD 1159/2010).

C. Tributación indirecta. Relación entre IVA e ITP y AJD

(LMV art.338)

6380

1.	Regla general	6385
2.	Excepción a la regla general (régimen vigente a partir del 31-10-2012)	6410

La tributación indirecta de la compraventa de acciones encuentra su regulación específica en la LMV art.338 (antiguo LMV/88 art.108 y posterior LMV/15 art.314, este último derogado por la L 6/2023 de los Mercados de Valores y de los Servicios de Inversión, que únicamente cambia la ubicación del precepto como primera norma del Título X, manteniéndose la redacción dada al antiguo LMV/15 art.314). **6381**
El citado precepto es una de las normas anti-abuso contempladas en nuestro ordenamiento jurídico que más dudas interpretativas ha suscitado. Esta norma nació con un claro carácter de **norma anti-elusión**, cuyo objetivo era tratar de evitar que mediante la interposición de figuras societarias se evitara la tributación indirecta en el tráfico inmobiliario, sometiendo al ITP y AJD, en la modalidad de Transmisiones Patrimoniales Onerosas (en adelante, TPO), aquellas transmisiones de valores de entidades con un activo compuesto principalmente por inmuebles como si fuera una auténtica transmisión inmobiliaria.
El antiguo LMV/88 art.108 había sufrido diversas **modificaciones** desde su entrada en vigor (entre ellas las introducidas por la L 36/2006, la L 11/2009 y la L 7/2012). Las modificaciones introducidas han obedecido fundamentalmente a la necesidad de adecuar la redacción de la norma y su finalidad antielusoria a las directrices comunitarias.

Precisiones 1) En este sentido, la Comisión Europea abrió un procedimiento de infracción contra nuestro país en el que se planteaba la incompatibilidad del que fuera el LMV/88 art.108.2 con el **Derecho Comunitario Europeo**, en especial en lo referido al gravamen de operaciones realizadas en el mercado primario.
2) Paralelamente, nuestro Tribunal Supremo ha planteado dos **cuestiones prejudiciales** al hilo de la problemática que planteaba el artículo y, si bien es cierto que la primera fue resuelta favorablemente a la regulación española (TJUE auto 6-10-10), nuestro Alto Tribunal volvió a interponer una cuestión prejudicial el 9-2-2012, sobre extremos relativos a la Directiva de IVA, que también fue resuelta favorablemente (TJUE auto 20-3-14).

Con la nueva redacción de la LMV/88 art.108, según L 7/2012 (actual LMV art.338) se trató de adecuar la regla de tributación indirecta en la transmisión de acciones a las **directrices comunitarias**. En este sentido, la modificación operada ha supuesto tratar de dar el paso de una regulación de un hecho imponible propio del ITP y AJD de carácter objetivo para convertirse en una norma antifraude que permite sujetar la transmisión al impuesto que finalmente le hubiera correspondido (IVA o ITP y AJD). **6382**

1. Regla general

(LMV art.338.1)

Como norma general, la transmisión de valores admitidos o no a negociación en un mercado secundario oficial, se encuentra **exenta** tanto del **IVA** como del **ITP y AJD**, de tal forma que, si el transmitente es empresario o profesional a efectos del IVA, queda sujeta a IVA (LIVA art.4.uno), pero exenta del mismo por aplicación de la exención prevista en la LIVA art.20.Uno.18º.l y, sin embargo, si el transmitente es un particular no sujeto pasivo del IVA, la transmisión queda sujeta a la modalidad de TPO del ITP y AJD, pero exenta por aplicación de este supuesto de exención de la LMV art.338 (así como lo dispuesto en el RDLeg 1/1993 art.45.I.B.9). **6385**

Precisiones La **reforma** introducida por la **L 7/2012** no modificó la regla general de exención contenida en la LMV/88. No obstante, la regulación del IVA se vio modificada al declarar la exención de los servicios y operaciones, exceptuados el depósito y la gestión, relativos a acciones, participaciones en sociedades, obligaciones y demás valores, con excepción, entre otros, de aquellos valores no admitidos a negociación en un mercado secundario oficial, realizadas en el mercado secundario, mediante cuya transmisión se hubiera pretendido eludir el pago del impuesto correspondiente a la transmisión de los inmuebles propiedad de las entidades a las que representen dichos valores, en los términos a los que se refiere la LMV art.338 (LIVA art.20.Uno.18º.k).

6386 **Concepto de valores** Se entiende por valores, a efectos de la aplicación de la exención, los **títulos de participación social** que atribuyen a su titular la condición de **socio** de sociedades mercantiles y, en general, los títulos representativos del capital social de entidades que ostentan la condición de sujetos pasivos del IS (DGT CV 27-2-01; 16-4-01).

Por otro lado, **no se consideran valores** a efectos de la exención, las participaciones en herencias yacentes, cuentas en participación y, en general, entes sin personalidad; las cuotas de los comuneros en comunidades de bienes; las participaciones en sociedades civiles; las participaciones en sociedades colectivas; las participaciones en sociedades comanditarias simples y, en general, las participaciones en sociedades o entidades cuya tributación se realiza a través del mecanismo de atribución de rentas (en general, entes sin personalidad) ya que su transmisión supone en realidad la transmisión de su patrimonio.

6387 **Concepto de transmisión onerosa** La exención es aplicable a la transmisión onerosa de valores no resultando aplicable a las transmisiones a **título lucrativo** que quedan sujetas al ISD, en caso de particulares, o al IS si se trata de una persona jurídica. Asimismo, por aplicación de la regla de incompatibilidad del TPO-OS, quedan excluidas de la exención general las transmisiones de valores en **mercados primarios** (adquisiciones originarias), al quedar tales operaciones sujetas al impuesto en su modalidad de Operaciones Societarias (en adelante, OS), lo que imposibilita, en principio, su sujeción a la modalidad de TPO.

Precisiones Una adquisición de **valores en el mercado primario** o de emisión es aquella que se realiza en el momento en que estos son emitidos, pues tiene por objeto el lanzamiento de nuevos valores para su suscripción o adquisición originaria por los inversores (valores emitidos *ex novo*).

2. Excepción a la regla general (régimen vigente a partir del 31-10-2012)

(LMV art.338.2)

6410 De acuerdo con el régimen vigente **hasta** el **31-10-2012**, según la redacción dada por la L 11/2009 a la LMV/88 art.108.2, con carácter general, las transmisiones de valores estaban exentas del ITP y AJD y del IVA. Sin embargo, se exceptuaban de dicha exención, teniendo que tributar por ITP y AJD, las transmisiones de valores realizadas en el mercado secundario y las adquisiciones de valores realizadas en el mercado primario, cuando como resultado de esas operaciones el adquirente obtuviera el control, directo o indirecto, de una sociedad cuyo activo estuviera constituido al menos en un 50% por inmuebles situados en territorio español.

Esta regulación dio lugar a un Dictamen de la Comisión Europea en un procedimiento de infracción contra España, al planteamiento de cuestiones prejudiciales ante el TJUE por el TS y a una elevada litigiosidad.

Todo ello derivó en la modificación, a través de la L 7/2012 disp.final 1ª, de la LMV/88 art.108 (actual LMV art.338), con efectos **desde el 31-10-2012**, que fundamentalmente trataba de incrementar la seguridad jurídica y **eliminar** la **presunción generalizada de fraude** que había llevado aparejada la aplicación de la actual LMV art.338 en su redacción antigua al haberse configurado como un auténtico hecho imponible del ITP de carácter objetivo.

Las líneas fundamentales de dicha **modificación** fueron las siguientes:

a) Se excluyó del posible gravamen las adquisiciones en el **mercado primario**.

b) La LMV art.338 (antiguo LMV/88 art.108 y posterior, LMV/15 art.314) pasó de ser una norma tributaria objetiva a una norma de lucha contra el fraude, de modo que solo se aplique a quien verdaderamente pretenda eludir el pago del tributo de una transmisión inmobiliaria, quedando exentas las transmisiones de valores efectuadas **sin ánimo elusorio** aunque se establece una presunción *iuris tantum* que, en su caso, debe ser enervada por el obligado tributario.

c) En última instancia, si resulta de aplicación el artículo por tratarse de un supuesto de hecho en el que se trata de eludir la imposición de la operación inmobiliaria que subyace, la operación tribute por el **impuesto** que le hubiera correspondido (IVA o ITP y AJD), en lugar de tratarse de una norma que reconducía directa y obligatoriamente a la tributación por la modalidad TPO del ITP y AJD, sin valorar la naturaleza de las partes intervinientes en la operación.

Precisiones El 11-7-2021 entró en vigor la modificación de la LMV/15 art.314 introducida por la L 11/2021, con el objetivo de sustituir el valor que ha de tomarse como referencia en los casos de transmisión de valores de **entidades no admitidas a cotización** en el mercado secundario oficial cuando se pretende la elusión fiscal. Así, en relación con los bienes inmuebles, los valores netos contables han de ser sustituidos por los valores que deben ser considerados como base imponible del impuesto de conformidad con lo previsto en la LITP. La entrada en vigor de la LMV no trae consigo la modificación del sentido del precepto (DGT CV 25-10-23).

En primer lugar, la norma ha dejado claro que no queden gravadas en ningún caso las adquisiciones de valores en el mercado primario y, por tanto, que tales operaciones tributen únicamente por la modalidad OS del ITP y AJD. Por tanto, se restringe el ámbito de la excepción a la exención únicamente al **mercado secundario** de acciones o participaciones emitidas con anterioridad a la posible toma o aumento del control de la entidad de que se trate. **6411**

Esta modificación responde a que la anterior redacción del artículo infringía la Dir 2008/7/CE ya que la **ampliación de capital** en una sociedad con sustancia inmobiliaria podía, según la antigua redacción del precepto, tributar por un lado por la modalidad de OS por la propia ampliación de capital y por ITP por la adquisición de las acciones que permitía tomar o aumentar el control en la sociedad inmobiliaria. La nueva redacción elimina la posibilidad de someter a tributación por el ITP las adquisiciones en el mercado primario.

La segunda de las modificaciones introducidas consiste en dotar a la actual LMV art.338 de la naturaleza de **norma antielusión**. De esta forma, resulta de aplicación a las posibles transmisiones de valores que supongan una cobertura de una transmisión de inmuebles mediante la interposición de figuras societarias. La referida pretensión de eludir los tributos que habrían gravado la transmisión de los inmuebles de la entidad cuyos valores se hayan transmitido constituye una cuestión de hecho, que debe ser probada suficientemente por la Administración tributaria competente para la gestión del tributo aplicable.

Doctrina Administrativa En el caso de una **escisión**, se produce la transmisión de la totalidad del patrimonio de la sociedad escindida a las sociedades beneficiarias de la escisión, lo que constituye una operación propia del mercado primario y no del mercado secundario. Por lo tanto, no cabe la aplicación de la actual LMV art.338, ya que no se produce una transmisión de valores, sino la transmisión del patrimonio de la sociedad que se escinde a cada una de las sociedades beneficiarias; y respecto a los socios, van a recibir acciones del mercado primario y no del mercado secundario. No obstante, si entre las sociedades cuyas participaciones se transmiten se encuentran entidades de carácter inmobiliario, podría resultar de aplicación, siempre y cuando no se trate de inmuebles situados en el extranjero o de bienes afectos (DGT CV 27-1-16; CV 29-1-14; CV 26-2-18).

Presunción de elusión y supuestos de no exención (LMV art.338.2) Sin perjuicio de lo anterior, la norma regula tres supuestos en los que se presume el referido ánimo elusorio en los que se produce la **inversión** de la **carga de la prueba** (DGT CV 25-10-23). La concurrencia de cualquiera de los tres supuestos objetivos supone la presunción de la existencia de la pretensión de elusión y, en consecuencia, la sujeción al gravamen correspondiente sin exención. Se trata de una presunción *iuris tantum*, pudiendo el obligado tributario rebatir mediante cualquier método probatorio válido en derecho. Estos tres **supuestos** son los siguientes: **6412**

a) Cuando se transmitan valores que permitan obtener o ampliar el **control de una entidad** cuyo activo esté constituido en más de un 50% por inmuebles radicados en España que no estén afectos a actividades empresariales o profesionales.

b) Cuando se obtenga el control de una entidad en cuyo activo se incluyan valores que le permitan ejercer el control en **otra entidad** cuyo activo esté integrado al menos en un 50% por inmuebles radicados en España que no estén afectos a actividades empresariales o profesionales, o cuando, una vez obtenido dicho control, aumente la cuota de participación en ella.

c) Cuando los valores transmitidos hayan sido recibidos por **aportaciones de bienes inmuebles** realizadas con ocasión de la constitución de sociedades o la ampliación de su capital social, siempre que tales bienes no se afecten a actividades empresariales o profesionales y que entre la fecha de aportación y la de transmisión no hubiera transcurrido un plazo de 3 años.

Como puede observarse, una de las novedades más importantes de la nueva redacción del artículo estriba en que en el cómputo del activo no se incluyan los bienes **inmuebles afectos**, en general, a **actividades empresariales** o profesionales. **6413**

A este respecto, dado que el ITP es un impuesto indirecto, la doctrina se decanta por interpretar que el concepto de afectación proviene de la normativa del IVA que determina que son bienes afectos los que integran el patrimonio empresarial o profesional de los sujetos pasivos del impuesto. De este modo son **bienes afectos** aquellos que se utilizan para el desarrollo de una actividad profesional o empresarial, sin que *a priori* se requiera expresamente la existencia de personal alguno involucrado en el desarrollo de dicha actividad de arrendamiento..

Doctrina Administrativa **1)** Los **requisitos de afección de bienes** a los que se refiere la LMV art.338 son los exigidos por la normativa de IVA; y ello porque dicho artículo regula el tratamiento de la transmisión de valores en la imposición indirecta y no la directa (DGT CV 22-10-13; CV 15-10-19; CV 9-3-21). Como ya se apuntaba anteriormente, no parece por tanto que a priori se requiera expresamente la existencia de personal alguno involucrado en el desarrollo de dicha actividad de arrendamiento como sí ocurre en imposición directa.

2) Una entidad holding establecida fuera de la UE es titular de la totalidad de las participaciones de dos entidades españolas y de la mayoría del capital en otra entidad también española, sin ejercer ninguna actividad distinta de la tenencia de tales participaciones y sin disponer en el territorio de aplicación del impuesto de instalaciones ni personal. Ante la venta de la participación de una de las entidades españolas de la que es titular del total del capital, dado que el activo de la sociedad está constituido en más de un 50% por terrenos y el resto por una cartera de créditos hipotecarios, al estar ya incluidos dichos inmuebles en un procedimiento de obtención de licencias de construcción, se entienden incorporados a la actividad de **promoción inmobiliaria** de la empresa y por tanto afectos, por lo que en principio no resulta de aplicación la excepción a la exención. En consecuencia, la transmisión de valores en cuestión quedaría exenta del IVA o del ITP y AJD, según sea el impuesto que proceda, sin perjuicio de que mediante la transmisión de valores se haya pretendido eludir el pago de los citados impuestos que habrían gravado la transmisión de los inmuebles propiedad de la entidad a la que representan dichos valores (DGT CV 22-3-19).

6414 La afección de los bienes a la actividad empresarial no determina la aplicación automática de la exención prevista en el primer párrafo de la LMV art.338, sino tan solo la **exclusión** de la **presunción de elusión** y la consiguiente inversión de la carga de la prueba en favor de la Administración tributaria, que, por tanto, al no jugar la presunción a su favor, debe probar suficientemente la pretensión de eludir los tributos que habrían gravado la transmisión de los inmuebles de la entidad cuyos valores se hayan transmitido.

6415 Finalmente, la última de las líneas fundamentales de la modificación del precepto pretende que, en caso de que **no** proceda aplicar la exención, la operación tribute por el **impuesto** que hubiera correspondido (**IVA o ITP y AJD**) y no necesariamente por la modalidad TPO del ITP y AJD, como ocurría con la anterior redacción.

Se introdujo asimismo una modificación en la LIVA (LIVA art.20.uno.18º.k), a fin de regular en dicha Ley los supuestos en los que las operaciones de transmisión de valores están sujetas y no exentas de dicho impuesto.

En el supuesto de transmisiones de valores que queden finalmente **sujetas al IVA**, como realmente se trata de gravar la entrega de los bienes inmuebles, hay que determinar cómo habrían tributado los inmuebles controlados por la entidad para concretar cómo tributa la transmisión de los valores.

En este contexto, si se trata de segundas o ulteriores entregas de edificaciones, de entregas de terrenos no edificables o de otras entregas inmobiliarias exentas, parece razonable entender que, al no haberse producido la renuncia a la exención por la LIVA, al ser finalmente los valores los que fueron transmitidos, entonces la operación de transmisión onerosa de inmuebles queda sujeta al IVA pero exenta, por lo que quedará finalmente **gravada por TPO** (LIVA art.4.cuatro). Esto significa que realmente el impuesto que se pretendió eludir fue TPO, aunque la transmisión de valores esté sujeta al IVA.

Sin perjuicio de lo anterior, podría argumentarse, en base a la consulta DGT CV 10-3-20, la posibilidad de optar por la **renuncia a la exención** en los términos previstos en la LIVA art.20.Uno.22º teniendo en cuenta que la operación que debe tenerse en consideración es la transmisión efectiva de los inmuebles, lo que conllevaría su sujeción a este impuesto y no sujeción por incompatibilidad a TPO. En el caso de ser posible tal renuncia, y siempre que el adquirente tuviera derecho a deducir íntegramente las cuotas soportadas, no habría existido ánimo elusorio y por tanto no debería resultar aplicable la aplicación automática de la LMV art.338.

6416 Por otro lado, cuando **no exista afectación** y quepa presumir, salvo prueba en contrario, que hay ánimo de eludir el gravamen correspondiente a la transmisión de los inmuebles, la transmisión inmobiliaria subyacente no habría estado sujeta al IVA sino a TPO, ya que el transmitente no tendrá el carácter de empresario o profesional en relación con dicha transmisión.

Asimismo, en los supuestos en los que el **adquirente no** tuviera **derecho a la deducción** total o parcial del IVA soportado no habría podido proceder a la renuncia a la exención del IVA por lo que la operación habría sido gravada por TPO en lugar de IVA, siendo el TPO el impuesto que se trata de eludir.

Teniendo en cuenta lo anterior, no parece sencillo que finalmente la aplicación de la actual LMV art.338 conlleve la tributación por IVA de la transmisión salvo el supuesto en el que, estando los bienes **inmuebles afectos a una actividad económica**, la Administración tributaria pueda demostrar el ánimo elusorio de la transmisión. En este supuesto, en el caso de tratarse de segundas entregas debería argumentarse la posibilidad de haber aplicado la renuncia a la exención y solo en el caso de que aun en ese supuesto siguiera existiendo un ánimo de fraude (lo cual parece complicado dada la neutralidad del IVA y la aplicación de la regla de inversión del sujeto pasivo), la transmisión quedaría finalmente sujeta al IVA.

Tributación en los supuestos de no exención (LMV art.338.3) En los supuestos en los que la transmisión de valores quede finalmente sujeta al impuesto correspondiente sin exención, se aplican las siguientes reglas: 6417

a) Para realizar el **cómputo del activo**, se ha de atender a los respectivos valores de mercado determinados a la fecha en que tenga lugar la transmisión o adquisición. En particular, en el caso de bienes inmuebles, los valores netos contables se sustituirán por los valores que deban operar como base imponible del impuesto en cada caso, conforme a lo dispuesto en la LITPAJD. La valoración de los activos es necesaria tanto para determinar si resulta o no aplicable la vigente LMV art.338.3 (porque más del 50% del capital de la sociedad esté compuesto por inmuebles no afectos), como para la cuantificación de la base imponible (que está constituida por el valor de los bienes inmuebles transmitidos).

En este punto resulta de interés destacar que la norma hace referencia a la sustitución de los valores netos contables de los **bienes contabilizados** por sus correspondientes valores de mercado, por lo que parece que se trata de eliminar la discusión relativa al cómputo del fondo de comercio u otros activos intangibles no contabilizados. Asimismo, se ha eliminado la regla de **minoración del cómputo** del activo en el importe de la financiación ajena con vencimiento igual o inferior a 12 meses.

b) Si el **transmitente** es un **empresario o profesional** en el ejercicio de su actividad, esto es, dichos valores forman parte de su patrimonio empresarial o profesional, la operación queda sujeta al IVA (LIVA art.4.uno), pero exenta del mismo (LIVA art.20.uno.18º.l). 6418

Sin embargo, si la Administración tributaría llega a considerar que la operación está sujeta al IVA y no exenta al entender que la transmisión se realizó con la pretensión de eludir el pago del IVA por la transmisión de los inmuebles, la **base imponible** se ha de determinar en proporción al valor de mercado de los bienes que deban computarse como inmuebles.

En caso de que los valores hayan sido recibidos por las **aportaciones de bienes inmuebles** realizadas con ocasión de la constitución de sociedades o la ampliación de su capital social, siempre que tales bienes no se afecten a actividades empresariales o profesionales y que entre la fecha de aportación y la de transmisión no hubiera transcurrido un plazo de 3 años, la base imponible del impuesto ha de ser la parte proporcional del valor de mercado de los inmuebles que fueron aportados en su día correspondiente a las acciones o participaciones transmitidas.

c) Si el **transmitente** no es sujeto pasivo del IVA al **no** ser **empresario o profesional** en ejercicio de su actividad, la transmisión de valores ha de tributar por la modalidad TPO del ITP y AJD tomando como **base imponible** la siguiente: 6419

- en los supuestos de toma de **control directo**, la base imponible es la parte proporcional sobre el valor de la totalidad de las partidas del activo que deban computarse como inmuebles, que corresponda al porcentaje total de participación que se pase a ostentar en el momento de la obtención del control o, una vez obtenido, onerosa o lucrativamente, dicho control, al porcentaje en el que aumente la cuota de participación;
- en los supuestos de adquisición de **control indirecto**, esto es, de adquisición de una sociedad en cuyo activo se encuentren valores que permitan obtener el control de una sociedad inmobiliaria, para determinar la base imponible solo se han de tener en cuenta los inmuebles de aquellas entidades cuyo activo esté integrado al menos en un 50% por inmuebles no afectos a actividades empresariales o profesionales;
- en los supuestos en que los valores transmitidos hayan sido recibidos por las **aportaciones de bienes inmuebles** realizadas con ocasión de la constitución de sociedades o la ampliación de su capital social siempre que tales bienes no se afecten a actividades empresariales o profesionales y que entre la fecha de aportación y la de transmisión no hubiera transcurrido un plazo de 3 años, la base imponible está constituida por la parte proporcional del valor de los inmuebles que fueron aportados en su día correspondiente a las acciones o participaciones transmitidas.

De la redacción literal de la norma parece desprenderse que el **valor** de los inmuebles que debe tenerse en cuenta para la determinación de la base imponible hace referencia a la totalidad de los inmuebles con independencia de si estos se encuentran o no afectos a una actividad empresarial.

SECCIÓN 3

Compraventa de activos

6425

I. **Régimen de responsabilidad** ... 6430
A. Responsabilidad solidaria de los sucesores en explotaciones o actividades económicas ... 6435
1. Supuestos excluidos de responsabilidad tributaria ... 6445
2. Alcance de la responsabilidad ... 6450
3. Limitación o exoneración de responsabilidad solidaria ... 6455
B. Procedimiento para la declaración de responsabilidad tributaria ... 6465
II. **Implicaciones en la tributación directa** ... 6470
A. Tratamiento fiscal del vendedor ... 6475
1. Regla general ... 6480
2. Actualización del valor de los activos con amparo en normas legales o reglamentarias ... 6485
B. Tratamiento fiscal del comprador ... 6490
1. Regla general ... 6495
2. Amortización de activos usados ... 6500
3. Amortización de activos intangibles ... 6505
4. Compraventa de activos a entidades vinculadas ... 6510
5. Recuperación de valor ... 6515
C. Fondo de comercio ... 6525
1. Definición y contabilización ... 6530
2. Amortización del fondo de comercio ... 6535
III. **Tributación indirecta** ... 6550
A. Transmisión global del patrimonio empresarial o profesional ... 6555
B. Implicaciones en el ITP y AJD ... 6580
1. Delimitación entre el IVA y la modalidad TPO del ITP y AJD ... 6585
2. Delimitación entre el IVA y la modalidad OS del ITP y AJD ... 6595
3. Delimitación entre el IVA y la modalidad AJD del ITP y AJD ... 6600

I. Régimen de responsabilidad

6430 La Ley General Tributaria art.41, 42 y 43 prevé la posibilidad de considerar responsables -solidarios o subsidiarios- junto al **deudor principal** a otras personas o entidades para así garantizar el cobro de la deuda tributaria en aquellos supuestos de impago por parte del obligado principal. No se trata de un supuesto de sustitución del contribuyente, si no que el **responsable tributario** se coloca junto a él por la mera realización del presupuesto de hecho que genera la obligación del responsable, por lo que no serán considerados obligados principales. En otras palabras, el responsable tributario no realiza el hecho imponible del impuesto, si no que su responsabilidad deriva de la realización del supuesto de hecho fijado legalmente y que implica su responsabilidad.

En función del momento en que resulte exigible el pago al responsable tributario se pueden distinguir dos tipos de responsabilidad: **subsidiaria** (necesaria declaración de fallido del principal y de los responsables solidarios) y **solidaria** (no necesaria previa declaración de fallido). Salvo previsión legal expresa, la responsabilidad es siempre subsidiaria.

No obstante, la LGT establece supuestos de responsabilidad solidaria entre los que se encuentra la sucesión en el ejercicio de una actividad económica (LGT art.42).

A. Responsabilidad solidaria de los sucesores en explotaciones o actividades económicas

(LGT art.41 y 42.1.c)

Son responsables solidarias aquellas personas o entidades que sucedan por cualquier concepto en la titularidad o ejercicio de explotaciones o actividades económicas, por las obligaciones tributarias contraídas del anterior titular y **derivadas de su ejercicio**. Se extiende esta responsabilidad a las obligaciones derivadas de la falta de ingreso de las retenciones e ingresos a cuenta practicadas o que se hubieran debido practicar. **6435**

Quedan **excluidos** de responsabilidad solidaria los siguientes supuestos:

a) Adquirentes de elementos aislados, salvo que las citadas adquisiciones permitan la continuación de la explotación o actividad (nº 6445).

b) Supuestos de sucesión universal por causa de muerte (nº 6446) y los supuestos de sucesión en la titularidad de una explotación o actividad económica que tenga su causa en la extinción o disolución de una persona jurídica (nº 6447).

c) Adquirentes de explotaciones o actividades económicas pertenecientes a un deudor concursado cuando la adquisición tenga lugar en el marco del procedimiento concursal (nº 6448).

Con base en lo anterior, y centrándonos en los supuestos de **reestructuración empresarial**, podemos analizar los diferentes supuestos que originarían la mencionada responsabilidad solidaria:

Sucesión en la titularidad de la explotación económica La sucesión empresarial se regula como un supuesto de responsabilidad solidaria. **6436**

La sucesión por cualquier título en la titularidad de la explotación económica, supone la transmisión pura y simple de la titularidad de la empresa, pudiéndose documentar por medio de cualquiera de los títulos de transmisión existentes en Derecho. No obstante, se exige en este supuesto que se trate de una **sucesión jurídica**, en virtud de la cual el sucesor reciba toda o parte de la titularidad de la explotación económica.

Por **explotación** debe entenderse el conjunto de elementos que constituyen una unidad económica o funcional que posibilite su permanencia (DGT CV 27-5-15).

Para que se pueda apreciar la existencia de una sucesión de empresa, es de todo punto necesario que se haya producido la transmisión de una entidad económica formada o estructurada por un **conjunto de medios organizados** a fin de llevar a cabo una actividad económica. Es claro que si no se produce la cesión de ese conjunto de medios organizados difícilmente podrá existir traspaso o sucesión de empresas. De ahí que, en principio, no puede calificarse de traspaso o sucesión de empresa la mera cesión de actividad o la mera sucesión de plantilla (DGT CV 29-7-10).

Se traen a colación en la anterior consulta los criterios y pautas sentados por el TJUE: **6437**

a) La transmisión debe referirse a una **entidad económica organizada** de forma estable cuya actividad no se limite a la ejecución de una obra determinada, debiendo tenerse en cuenta que el concepto de entidad hace referencia a un conjunto organizado de personas y elementos que permite el ejercicio de una actividad económica que persigue un objetivo propio.

b) Para determinar si se reúnen los **requisitos** necesarios para la **transmisión** de una entidad, han de tomarse en consideración todas las circunstancias de hecho características de la operación de que se trata (tipo de empresa, transmisión de elementos materiales como edificios o bienes muebles, valor de los elementos inmateriales en el momento de la transmisión, transmisión de trabajadores, clientela, grado de analogía de las actividades ejercidas antes y después, etc.)

c) No es suficiente la mera circunstancia de que el **servicio prestado** por el antiguo y el nuevo adjudicatario de una contrata sea similar para afirmar que existe transmisión de una entidad económica.

Se señalan una serie de circunstancias que ponen en evidencia la existencia de sucesión de actividad, entre las cuales se encuentra la **duración** de una eventual **suspensión de dichas actividades**: el tiempo que medie entre el abandono de las instalaciones por parte de la anterior arrendataria del local y la ocupación del mismo por parte de la entidad consultante es un factor más, indicativo de la posible existencia de una sucesión en el ejercicio de la explotación o actividad económica.

Sucesión en el ejercicio de la actividad económica o sucesión de facto Supone la sucesión, por cualquier título, en el ejercicio de la actividad económica. **6438**

En este caso, al contrario que en el anterior, no es exigible la sucesión de todos los elementos personales y materiales, sino la simple **continuidad en el ejercicio** de la explotación. Puede

acreditarse de esta manera, aun faltando un título sucesorio, que la empresa sucesora mantiene la actividad empresarial -sucesión de facto-.
Se centra en el hecho de que se produzca una sucesión de una entidad por otra, independientemente de si existe un **título jurídico** que acredite la sucesión y del hecho de que la entidad sucedida no haya sido formalmente disuelta.
La razón de esto es que el legislador persigue que no quede impune la acción defraudadora consistente en que la deudora principal no tenga patrimonio con el que hacer frente a sus obligaciones, mientras que las personas que la han administrado continúan la actividad en otra entidad libre de cargas (DGT CV 25-10-10).
No puede hablarse de verdadera **sucesión jurídica** en la sustitución sucesiva en la titularidad de un negocio si entre una y otra actividad se ha roto e interrumpido la solución de continuidad (AN 18-1-10, EDJ 3761). No obstante, basta con aplicar la **sucesión de facto** en la que una empresa cesa en su actividad y desaparece, pero una nueva empresa, con los elementos personales y materiales de la anterior, continúa la actividad de aquella bajo una apariencia distinta, amparándose en la falta de título jurídico de transmisión precisamente para eludir a asunción de responsabilidades tributarias imputables a la empresa desaparecida. Se reconoce así, la sucesión de hecho como forma de sucesión.
La coincidencia en el objeto social o actividad, administradores de las empresas, sucesión en el tiempo del cese y comienzo respectivo de la actividad de las empresas, coincidencias de clientes, trabajadores y apoderados, entre otras, son circunstancias indicativas que permiten concluir la existencia de **sucesión de facto**. Asimismo, se aprecian circunstancias indicativas de la concurrencia de un supuesto de sucesión empresarial cuando el sucesor asume implícitamente las relaciones de su predecesor, o por lo menos algunas de ellas, de la suficiente entidad como para apreciar identidad (AN 20-1-14, EDJ 3482).

6439 Doctrina Administrativa **1)** No puede considerarse la existencia de un supuesto de sucesión en el supuesto en que un **empleado** se establezca **por cuenta propia** y constituya su propia empresa, dedicándose a la misma actividad que tenía la empresa de la cual era empleado.
Se distinguen dos requisitos constitutivos: en primer lugar, el cambio de titularidad de la empresa o los elementos significativos de la misma y, en segundo lugar, que los elementos cedidos o transmitidos del activo de la empresa constituyan una unidad de producción susceptible de explotación o gestión separada.
En el supuesto de hecho descrito, puesto que el consultante manifiesta que su objetivo es establecerse por su cuenta y crear su propia empresa no existe sucesión y, por consiguiente, no resultaría aplicable la LGT art.42.1.c (DGT CV 28-9-09).
2) El hecho de que exista **continuación** en el desarrollo de la **misma actividad** que el obligado tributario y la **subrogación** en la **relación laboral** con los trabajadores que desempeñaban la actividad, no suponen per se la concurrencia de un supuesto de responsabilidad ni tampoco de un supuesto de exclusión de la responsabilidad de la LGT art.42.1.c en la medida en que tales elementos no prejuzgan las demás circunstancias del caso concreto (DGT CV 25-10-10).
3) Tanto en la **sucesión de facto** como en la que provoca la **adquisición de elementos aislados** no se requiere la sucesión de todos los elementos personales y materiales, sino la **simple continuidad en el ejercicio de la explotación**. Así, se puede acreditar, aun sin la existencia de un título sucesorio, que la empresa sucesora mantiene en lo fundamental la actividad empresarial.
Para exigir este tipo de responsabilidad es necesario analizar de forma individualizada las circunstancias que se producen en cada caso de forma que, aunque no se haya formalizado un acto expreso de transmisión jurídica, se aprecien las circunstancias indicativas de la concurrencia de una sucesión en la actividad (DGT CV 27-5-15).
4) La **inexistencia de un cese total** de la empresa no impide apreciar la sucesión empresarial (DGT CV 27-5-15).

6440 **Adquisición de unidades económicas autónomas** Supone la adquisición de elementos aislados de una sociedad que permitan la continuación de la explotación o actividad (TS 23-11-15, EDJ 237703; AN 21-5-12, EDJ 90494). La continuidad en la actividad, por su parte, requiere que los elementos que se transmiten constituyan una unidad económica o funcional que posibilite la permanencia de la explotación económica (DGT CV 27-5-15).

1. Supuestos excluidos de responsabilidad tributaria

6445 **Adquisiciones de elementos aislados** Conforme a lo previsto en la norma, no es aplicable el régimen de responsabilidad a los adquirentes de elementos aislados, salvo que dichas adquisiciones, realizadas por una o varias personas o entidades, permitan la continuación de la explotación o actividad.
Para que pueda apreciarse la existencia de responsabilidad solidaria, resulta necesario que la adquisición de los elementos aislados de otra entidad suponga la **continuidad en la actividad**

que venía realizando la empresa transmitente. Esta continuidad exige que los elementos que se transmiten constituyan una unidad económica o funcional, que posibilite la permanencia de la explotación económica (nº 6436 s.).
En otro caso, si la adquisición de los elementos aislados no permite la continuidad de la explotación o actividad económica, no existe responsabilidad solidaria. Así, por ejemplo, si se adquiere un bien **inmueble**, en principio, por aplicación de la LGT art.42.1.c, la responsabilidad solidaria consagrada en el párrafo primero de dicho precepto no sería aplicable al adquirente, al ser el bien inmueble un elemento aislado, salvo que el adquirente con la adquisición realizada pueda continuar la explotación o actividad (DGT CV 9-4-12).

Sucesión universal por causa de muerte En virtud de lo previsto en la norma, la adquisición mortis causa de una empresa no genera un supuesto de responsabilidad, sino que se trata de un supuesto de sucesión en las obligaciones tributarias de aquella persona física titular de la empresa adquirida, según lo previsto en la LGT art.39. **6446**
Conforme a lo anterior, a la muerte de los obligados tributarios, las obligaciones tributarias pendientes se transmiten a los **herederos**, sin perjuicio de lo que la legislación civil establezca en cuanto a la adquisición de la herencia.
Para la exigencia del cumplimiento por parte del sucesor de las obligaciones tributarias del anterior titular de la empresa adquirida no es necesario acto administrativo de derivación de responsabilidad, al contrario de lo previsto para el régimen de responsabilidad analizado en esta sección. Tampoco es posible la limitación de responsabilidad por medio de la solicitud de certificación de deudas, sanciones y responsabilidades tributarias pendientes.

Sucesión en la titularidad de una explotación o actividad económica por extinción o disolución de una persona jurídica De la misma forma que en la sucesión por causa de muerte, una sucesión en explotaciones o actividades que traiga causa de la extinción o disolución de una persona jurídica queda excluida del ámbito de aplicación del supuesto de responsabilidad solidaria. A estos efectos, la LGT art.40 prevé que el sucesor sustituya al **obligado principal**, es decir, que va a ocupar el lugar que este tenía. **6447**
En consecuencia, no puede acogerse a la limitación que prevé la normativa por medio de la solicitud de una certificación de deudas, sanciones y responsabilidades tributarias pendientes, ni va a ser necesaria la derivación de responsabilidad en virtud de un acto administrativo.

Adquisiciones de explotaciones o actividades económicas pertenecientes a un deudor concursado Por último, no se aprecia la existencia de responsabilidad solidaria en el caso en que sea adquirida una explotación o actividad económica perteneciente a un deudor concursado y esta adquisición tenga lugar en el seno del **procedimiento concursal**. **6448**

Doctrina Administrativa Si se adquiere una unidad de negocio de un deudor concursado y dicha adquisición se produce en el seno de un procedimiento concursal, en tanto en cuanto dicha unidad de negocio pueda ser considerada como una **explotación o actividad económica**, resulta de aplicación el último párrafo de la LGT art.42.1.c. De modo que el supuesto de responsabilidad descrito en el párrafo primero de este precepto no resulta de aplicación (DGT CV 9-4-12).

2. Alcance de la responsabilidad

(LGT art.42.1.c)

Salvo que concurran los presupuestos de limitación de responsabilidad previstos, la responsabilidad de lo sucesores solidarios alcanza a los siguientes **conceptos**: **6450**
a) Obligaciones tributarias contraídas por el anterior titular de la explotación o del ejercicio de su actividad económica y derivadas de su ejercicio.
b) Obligaciones derivadas de la falta de ingreso por el transmitente de las retenciones o ingresos a cuenta practicadas o que se hubieran debido practicar (nº 6453).
c) Las sanciones impuestas o que se pudieran imponer al transmitente de la explotación o actividad económica -posible reducción por conformidad- (nº 6454).
Por otro lado, el responsable tributario tiene derecho al **reembolso** frente al deudor principal conforme a lo establecido en la legislación civil (LGT art.41.6).

Obligaciones tributarias contraídas por el anterior titular Las obligaciones contraídas por el anterior titular de la explotación son aquellas cuyo **devengo** se produjo como consecuencia del proceder del citado anterior titular, con independencia de que estén liquidadas o no (TS 24-9-99, EDJ 36421; 15-7-00, EDJ 32776; 21-1-11, EDJ 8475). **6451**
Por obligaciones derivadas del ejercicio de la explotación o actividad económica del anterior titular se entienden los **tributos reales** que gravan tales explotaciones o actividades

económicas, sus elementos patrimoniales o sus rendimientos, pero no los **impuestos personales** que recaen sobre el titular de la explotación o actividad económica en cuestión, con excepción del IS cuando la explotación transmitida sea la única titularidad del transmitente (TS 24-9-99, EDJ 36421; TEAC 26-2-92; 10-11-93).
La responsabilidad integra la totalidad de la **deuda tributaria** que se exige en **periodo voluntario** al sujeto pasivo obligado principal. Incluye, como regla general, la cuota tributaria, sin los recargos que correspondan al periodo ejecutivo. No obstante, puede exigirse el recargo por presentación extemporánea por parte del deudor principal de una declaración sin requerimiento previo en el caso en que el recargo forme parte de la deuda tributaria exigible en período voluntario.
Los **intereses** son exigibles si formaran parte de la deuda tributaria exigida en aquel período voluntario, así como las sanciones, recargos e intereses de demora del periodo ejecutivo impuestos al deudor principal en el supuesto de personas o entidades responsables solidarios por el desarrollo de determinados comportamientos en el procedimiento de apremio.
Existe la posibilidad de que sean exigidos los intereses de demora y recargos devengados como consecuencia de la propia **actuación del responsable**, es decir, aquellos que se deriven de la falta de pago en el plazo voluntario que se le otorgara a tal efecto en el acto de derivación de responsabilidad.

6453 **Falta de ingreso de las retenciones o ingresos a cuenta** La responsabilidad también se extiende a las obligaciones derivadas de la falta de ingreso por el transmitente de las retenciones e ingresos a cuenta practicadas o que se hubieran debido practicar.
Esta obligación no solo alcanza a las retenciones que hubieran podido dejar de ingresarse por la compañía transmitente de una actividad empresarial, sino que se ha interpretado entre otras, en la DGT CV 11-9-15 y en la CV 21-3-13 respecto del cálculo de las **retenciones a cuenta del IRPF** de los trabajadores subrogados en otra compañía estableciendo que la empresa cesionaria mantiene la condición de mismo pagador, a efectos de la determinación del tipo de retención aplicable sobre los rendimientos del trabajo a percibir por los trabajadores procedentes de la empresa cedente.

6454 **Sanciones impuestas o que se pudieran imponer** Por lo general, la LGT exige como presupuesto habilitante de la exigencia de responsabilidad por las sanciones una **participación activa** en la comisión de la infracción que se sanciona o una omisión del deber de cuidado exigible, bien en el momento de la comisión de la infracción, bien en un momento posterior.
No obstante, la responsabilidad solidaria se extiende a las sanciones cuando se suceda por cualquier concepto en la titularidad o ejercicio de explotaciones o actividades económicas y, o bien no hubiese solicitado previamente a la Administración tributaria el **certificado** de deudas, sanciones y responsabilidades tributarias pendientes del anterior titular -respondiendo de las sanciones impuestas y de las que puedan imponerse por la conducta del anterior titular-, o bien la Administración tributaria hubiera certificado la existencia de sanciones tributarias pendientes del anterior titular, en cuyo caso la responsabilidad queda limitada a las sanciones contenidas en la certificación.
Se prevé la posibilidad de **reducción de la sanción** a imponer **por conformidad y pronto pago**.
En relación con la reducción de conformidad, en caso de concurrencia de una situación de responsabilidad respecto de la sanción, se ofrece la posibilidad al responsable de que pueda dar su conformidad con la parte de deuda derivada procedente de una sanción en sede del deudor principal. Así, cuando el deudor principal hubiera tenido derecho a la reducción por conformidad, la deuda derivada es el importe que proceda sin aplicar la reducción correspondiente, en su caso, al deudor principal y se va a dar trámite de conformidad al responsable en la propuesta de declaración de responsabilidad. La reducción se le va a exigir sin más trámite en el caso en que presente cualquier recurso o reclamación frente al acuerdo de declaración de responsabilidad, fundado en la procedencia de la derivación o en las liquidaciones derivadas.

3. Limitación o exoneración de responsabilidad solidaria

(LGT art.175.2)

6455 Aquel que pretenda adquirir la titularidad de una explotación o actividad económica puede, previa conformidad del actual titular de tales explotaciones o actividades, solicitar a la Administración tributaria una **certificación** detallada de las deudas, sanciones y responsabilidades tributarias derivadas de su ejercicio. Esta es la única forma legalmente prevista para limitar la responsabilidad solidaria en la sucesión de explotaciones económicas.

La obtención del certificado libera al eventual adquirente de la explotación de la responsabilidad solidaria a que se refiere la LGT art.42.1.c (nº 6450 s.) por las deudas tributarias, sanciones o responsabilidades que no se detallen en el certificado para el caso de que por cualquier causa existieran, siempre y cuando:
- el mismo se hubiese **solicitado** con anterioridad a la fecha de adquisición de la explotación o actividad económica de que se trate; y
- con la **previa conformidad** del titular actual.

Los mismos efectos produce la no emisión del certificado dentro del plazo de 3 meses (DGT CV 13-2-13).

Como consecuencia de la solicitud de este certificado, la **responsabilidad** puede quedar limitada a las deudas que se detallen en el certificado o totalmente liberada en los supuestos en que la Administración no expide la certificación en los 3 meses siguientes a su solicitud o que la Administración expide el certificado en este plazo pero sin mencionar deudas, sanciones o responsabilidades tributarias pendientes del transmitente de la explotación o actividad económica.

Cuando **no se haya solicitado la certificación**, la responsabilidad alcanza a las deudas y responsabilidades liquidadas o pendientes de liquidación y a las sanciones impuestas o que puedan imponerse. **6456**

Este hecho supone que solo aquel adquirente que no actúa diligentemente y solicita la certificación mencionada puede responder de las sanciones que no aparezcan recogidas en la misma. Se excluye expresamente del supuesto de responsabilidad solidaria a los **sucesores por causa de muerte** del previo titular de la explotación o actividad económica.

Las certificaciones, en cuanto que no tienen por finalidad ni la recaudación ni el aseguramiento de la deuda tributaria, no tienen efectos interruptivos de la **prescripción**.

Doctrina Administrativa Se configura la solicitud como un derecho del futuro adquirente de la explotación, cuyo ejercicio está condicionado al previo **consentimiento del titular actual** de la actividad. La certificación requiere de forma inexorable el concurso del transmitente a quien la ley denomina titular actual.

Asimismo, la conformidad solo puede proceder del titular actual de las explotaciones y actividades económicas que pretenden adquirirse (DGT CV 29-7-10; TS 28-11-13, EDJ 257879).

Plazo para la solicitud de la certificación La solicitud de la certificación debe efectuarse con anterioridad a la **fecha de adquisición** de la explotación o actividad económica de que se trate. **6457**

La certificación no produce efectos, cualquiera que sea su contenido, si la fecha de presentación de la solicitud para su expedición es **posterior** a la de adquisición de la explotación o actividad económica de que se trate.

Precisiones La **fecha** en que debe considerarse **perfeccionada la adquisición**, a efectos de solicitud del certificado, es una cuestión de hecho que requiere en cada caso individualización.

Doctrina Administrativa **1)** En caso de existir un contrato de compraventa, la firma del mismo podría resultar determinante a la hora de establecer el momento de la sucesión en la actividad, pero, por sí mismo podría no ser suficiente a tales efectos si con anterioridad a la firma de ese contrato se diesen otros elementos o circunstancias indicativos de una **sucesión de facto previa** a la formalización del negocio jurídico de compraventa (DGT CV 13-2-13).

2) La solicitud del certificado debe solicitarse respecto de la explotación y actividad a que se refiere la sucesión, no siendo necesaria la solicitud del certificado por todas las entidades del **grupo** del que forma parte la sociedad a la que se sucede (DGT CV 15-2-11).

Órgano ante el que se presenta la solicitud La extensión o limitación de responsabilidad derivada de estas certificaciones surte efectos únicamente respecto de las deudas para cuya liquidación sea competente la Administración de la que se solicita la certificación, lo cual implica que para la efectiva limitación de responsabilidad, el que pretenda adquirir la titularidad de una explotación debe solicitarla ante: **6458**
- la **autoridad fiscal estatal** en relación con las deudas derivadas del IS, IVA y retenciones a cuenta del IS y del IRPF;
- la administración **autonómica** en relación con las deudas relativas al TPO, OS y el AJD; y
- la administración **local** en relación con las deudas relativas al IBI, IAE, ICIO, etc.

Contenido de la certificación La certificación debe contener: **6459**

a) Nombre y apellidos o razón social completa del **obligado tributario** titular de la explotación o actividad económica.

b) Relación detallada de las **deudas, sanciones y responsabilidades tributarias** derivadas de su ejercicio, con indicación de la cuantía de cada una de ellas. No pueden incluirse referencias a obligaciones tributarias o sanciones que no estén liquidadas en el momento de la expedición de la certificación.

B. Procedimiento para la declaración de responsabilidad tributaria

(LGT art.41, 174 y 175; RGGI art.196 redacc RD 1070/2017)

6465 La derivación de la acción administrativa para exigir el pago de la deuda tributaria a los responsables requiere un **acto administrativo** en el que, previa audiencia al interesado, se declare la responsabilidad y se determine su alcance y extensión. Debe notificarse expresando los elementos esenciales de la liquidación.

En el caso de **pluralidad de responsables**, la deuda puede exigirse íntegramente a cualquiera de ellos.

a) Responsables **solidarios**: el día siguiente a la finalización del plazo de pago en período voluntario que corresponda al deudor principal. No obstante, si el presupuesto de hecho de la responsabilidad estuviera constituido por alguna conducta obstructiva o elusiva frente a las actuaciones de recaudación tributaria (LGT art.42.2), el cómputo se inicia en el momento de producirse el hecho determinante de la responsabilidad.

b) Responsables **subsidiarios**: la fecha inicial del cómputo del plazo de prescripción coincide con el día de notificación de la última actuación recaudatoria realizada frente al deudor principal o frente a cualquiera de los responsables solidarios.

6466 **Innecesariedad de la declaración de deudor fallido** La derivación de la acción administrativa a los responsables solidarios no requiere la previa declaración de fallido del sujeto infractor, por lo que, una vez finalizado el **plazo de pago voluntario**, si no se ha ingresado el importe de la sanción impuesta o no se ha solicitado su aplazamiento o fraccionamiento, la Administración puede dirigirse frente a los responsables solidarios.

La falta de pago se configura como un requisito material para la exigencia de responsabilidad, es decir, para requerir el pago correspondiente a la responsabilidad, no para la propia declaración de responsabilidad.

El requerimiento del pago de la sanción al responsable exige un acto previo de **declaración de responsabilidad** en el que se señale el presupuesto de hecho habilitante y las sanciones a las que se extiende dicha responsabilidad.

6467 **Momento para la declaración de responsabilidad** La responsabilidad puede ser declarada en cualquier momento posterior a la práctica de la liquidación o a la presentación de la autoliquidación, salvo que la ley disponga otra cosa.

En el supuesto de liquidaciones administrativas, si la declaración de responsabilidad se efectúa con **anterioridad** al **vencimiento del período voluntario** de pago, la competencia para dictar el acto administrativo de declaración de responsabilidad corresponde al órgano competente para dictar la liquidación. En los demás casos, al órgano de recaudación.

Si la declaración de responsabilidad se hiciera en el **procedimiento inspector**, el trámite de audiencia al responsable debe realizarse con posterioridad a la formalización del acta al deudor principal y, cuando la responsabilidad alcance a las sanciones, a la propuesta de resolución del procedimiento sancionador al sujeto infractor.

6468 **Especialidades del procedimiento para exigir la responsabilidad solidaria**
Cuando la responsabilidad solidaria haya sido declarada y notificada al responsable tributario en cualquier momento **anterior** al **vencimiento del período voluntario** de pago de la deuda que se deriva, únicamente es necesario el requerimiento del pago una vez transcurrido dicho periodo.

En los restantes casos, una vez haya **transcurrido el período voluntario** de pago de la deuda que se deriva, el órgano competente dicta el acto de declaración de responsabilidad que se notifica al responsable.

El **plazo de prescripción** del derecho a exigir el pago de la deuda tributaria a los responsables solidarios comienza a contarse desde el día siguiente a la finalización del periodo voluntario de pago del deudor principal, salvo que el presupuesto de hecho determinante de la responsabilidad se produjese con posterioridad, como puede ser la sucesión en la actividad, en cuyo caso dicho plazo de prescripción de 4 años se computa desde que tal sucesión hubiera tenido lugar (DGT CV 27-5-15).

II. Implicaciones en la tributación directa

6470 A efectos del análisis de la compraventa de activos, en este capítulo se exponen los principales aspectos desde la óptica de la tributación directa en las compraventas de lo que generalmente se denomina una empresa en funcionamiento, es decir, un conjunto de activos y, en su caso,

pasivos. Entendemos que resulta de mayor interés profundizar en el estudio de este particular tipo de transacciones y no en el estudio de las operaciones consistentes en la mera transmisión de activos aisladamente considerados. Es por ello que, además de activos propiamente dichos, es habitual que en este tipo de transacciones se transmitan otro tipo de derechos, pasivos, obligaciones, personal, contratos, clientela, fondos de comercio, etc. Por tanto, bajo la denominación de compraventa de activos, en este capítulo se analiza la tributación en las **compraventas** directas de **empresas en funcionamiento**, ramas de actividad o unidades productivas, esto es, de negocios en marcha que son transmitidos en la esfera del tráfico mercantil, frente a la compraventa indirecta de este tipo de negocios mediante la adquisición de acciones o participaciones de una sociedad mercantil.
Una **nota característica** de este tipo de operaciones es que a las mismas no les resulta de aplicación el régimen fiscal especial de reestructuraciones (Capítulo VII, Título VII LIS), ya que no existe una figura en dicho régimen prevista para las compraventas activos o de empresas en funcionamiento, de tal modo, que la tributación directa aplicable a las mismas se rige por las normas generales del IS, con las particularidades que a continuación se describen.

Por último, señalar que puede encontrarse cierta similitud entre la transmisión de una empresa en funcionamiento y la operación de **cesión global de activos y pasivos** (L 3/2009 art.81 s.) cuando los cesionarios de la cesión global son terceros (ver nº 9550 s. Memento Reorganización Empresarial (Fusiones) 2023-2024). No obstante, téngase presente que en la cesión global de activo y pasivo una sociedad transmite en bloque todo su patrimonio por sucesión universal a uno o varios socios o terceros, a cambio de una contraprestación. Si bien, en el caso de que la contraprestación sea recibida total y directamente por los socios, la sociedad cedente queda extinguida, mientras que en el caso de que sea un tercero el cesionario, la sociedad cedente conserva su personalidad jurídica aunque desposeída de todos sus activos y pasivos. A pesar de esta aparente similitud entre las compraventas de empresas en funcionamiento y las cesiones globales de activo y pasivo, cabe destacar las siguientes **particularidades** que presentan las operaciones de cesión global frente a una operación de compraventa: **6471**
a) Régimen de **responsabilidad** solidaria por las obligaciones incumplidas (L 3/2009 art.91).
b) Obligado cumplimiento de los **requisitos legales** (proyecto de cesión, informe de administradores, acuerdo de cesión global, plazo de oposición, elevación a público e inscripción en el Registro Mercantil) previstos en la L 3/2009 art.85 s. para su ejecución.

A. Tratamiento fiscal del vendedor

6475

1. Regla general 6480
2. Actualización del valor de los activos con amparo en normas legales o reglamentarias . 6485

1. Regla general

En primer lugar, queremos apuntar que, en este apartado, trataremos la fiscalidad del **vendedor persona jurídica**. Para el estudio de la tributación en el IRPF en el caso de que el vendedor sea una **persona física**, ver nº 4900 s. Memento IRPF 2024. A la hora de analizar la tributación directa en el IS de la parte vendedora, debemos distinguir si la contraprestación percibida por la venta es una cantidad de dinero (contraprestación dineraria) o si, por el contrario, nos encontramos con una contraprestación no dineraria (permuta). **6480**

Precisiones Con efectos para los períodos impositivos iniciados a partir del **1-1-2015**, no son deducibles en el período impositivo de la transmisión las rentas negativas generadas en la transmisión de elementos del inmovilizado material, inversiones inmobiliarias, inmovilizado intangible y valores representativos de deuda, cuando el adquirente sea una entidad del mismo grupo de sociedades según los criterios establecidos en el CCom art.42, con independencia de la residencia de la entidad adquirente y de la obligación o no de formular cuentas anuales consolidadas.
Las **rentas negativas** son deducibles:
- en el período impositivo posterior en el que la entidad adquirente transmita, a su vez, esos mismos elementos a terceros ajenos al grupo mercantil, cualquiera que sea el signo de la renta generada en esta otra transmisión;
- en el período impositivo posterior en el que la entidad transmitente o la adquirente quede excluida del grupo mercantil;
- si es un elemento de inmovilizado amortizable, la renta negativa se va integrando a medida que el elemento se amortiza por la entidad adquirente a lo largo de su vida útil.

6481 **Transmisiones con contraprestación dineraria** En estos casos la norma fiscal no establece particularidades respecto del eventual resultado que conforme a la normativa contable debiera registrarse, siempre que el valor neto fiscal de los elementos entregados sea igual a su valor neto contable. Por tanto, en la compraventa de activos cuya contraprestación se satisfaga en dinero, la parte vendedora ha de integrar en su **base imponible** del IS las rentas generadas en la enajenación de los elementos objeto de venta, las cuales, con carácter general, vienen determinadas por la diferencia entre el precio de venta y el coste de adquisición de dichos elementos, neto de las amortizaciones que hubieran sido fiscalmente deducibles.

6482 **Transmisiones con contraprestación no dineraria. Permutas** (LIS art.17.4.e y 5) Diferente es el caso de las permutas, respecto de las que la Ley dispone un régimen ligeramente diferente al previsto en la norma contable. En las operaciones de permuta el vendedor integra en su **base imponible** la diferencia entre el valor de mercado de lo recibido y su valor contable (o, en su caso, su valor fiscal, si este fuera diferente a aquel). Por tanto, el transmitente debe corregir el resultado contable obtenido mediante la práctica de un ajuste a la base imponible.

Desde el punto de vista contable, el Plan General de Contabilidad distingue entre las **permutas comerciales** y las no comerciales (ver nº 1745 s. y nº 1943 Memento Contable 2024). En las primeras, los elementos recibidos deben valorarse a su valor razonable, por lo que la sociedad transmitente debe registrar un ingreso (o un gasto) por la diferencia positiva (o negativa) entre el valor razonable de los elementos recibidos y el valor neto contable de los entregados. Por su parte, en el caso de las **permutas no comerciales** el Plan Contable establece que los valores recibidos se han de valorar por el valor contable de los entregados o su valor razonable, si este fuera menor.

En definitiva, en el caso de las permutas comerciales, asumiendo la coincidencia entre el concepto contable de valor razonable y el fiscal de valor de mercado, el resultado contable y fiscal deberían coincidir (salvo que los elementos entregados tengan un valor fiscal distinto de su valor contable) y, por tanto, en estos casos no es necesario realizar ningún **ajuste** en la **base imponible** al resultado contable con motivo de la permuta. Por el contrario, en las permutas no comerciales, en las que no se genera resultado contable como consecuencia de la permuta, todo el resultado fiscal se debe incorporar a la base imponible mediante la práctica de un ajuste extracontable por la diferencia entre el valor de mercado del elemento entregado y su valor contable.

6483 Ejemplo Una sociedad realiza una operación por la cual permuta una rama de actividad cuyo valor contable es de 60 millones por un terreno cuyo valor de mercado es de 100 millones, sobre el cual construirá la futura sede social de la misma.

Valor de mercado del elemento recibido	100.000.000,00
Valor contable del elemento entregado	60.000.000,00
Renta generada a efectos fiscales	40.000.000,00

Si contablemente la sociedad contabiliza el terreno por el mismo valor contable de la rama de actividad transmitida (permuta no comercial), el resultado contable no recoge ningún beneficio en la operación de permuta, por lo que la sociedad debe hacer un ajuste positivo de 40 millones al resultado contable para determinar la base imponible. Este ajuste revierte a la base imponible con signo contrario cuando la sociedad transmita dicho terreno.

Si se tratase de una permuta comercial, la sociedad registraría el terreno recibido por 100 millones y un ingreso contable por 40 millones, en cuyo caso, no procedería practicar ajuste alguno a la base imponible.

2. Actualización del valor de los activos con amparo en normas legales o reglamentarias

6485 Cuando en el conjunto de activos transmitidos en el marco de una compraventa de una empresa en funcionamiento se incluyan elementos del activo cuyo valor hubiese sido objeto de actualización en virtud de una norma legal o reglamentaria, tales como las actualizaciones de balances previstas en el RDL 7/1996 y en la L 16/2012, la entidad transmitente debe valorar el posible **impacto de dicha actualización** en la renta generada con la transmisión.

Con carácter general, los elementos patrimoniales actualizados no están sujetos a ningún plazo de mantenimiento ni a ninguna otra condición temporal que impida su transmisión más allá del posible impacto fiscal derivado de la transmisión de estos en la renta puesta de manifiesto con dicha transmisión.

A estos efectos, dicha **renta** es determinada por diferencia entre el precio de transmisión y el coste de adquisición actualizado, teniendo en cuenta las amortizaciones practicadas hasta el momento de la transmisión que hubieran sido fiscalmente deducibles.

En este sentido, tanto la normativa reguladora de la actualización de balances de 1996, como la de 2012, establecieron limitaciones en la integración de dicha renta cuando esta fuera de signo negativo. Así, la **renta negativa** que aflora con la transmisión se debe reducir, hasta su anulación como máximo, en el importe del saldo de la cuenta de **reserva de revalorización** correspondiente al elemento transmitido. De este modo, solamente puede integrar en su base imponible la entidad transmitente, la renta negativa que exceda sobre el saldo de la reserva atribuible al elemento transmitido. **6486**
Finalmente, cabe añadir que, en el caso de la **actualización de balances del 1996**, esta reducción de tales pérdidas solamente es aplicable cuando la transmisión se efectúe en el plazo de indisponibilidad de la cuenta de reserva de revalorización. Por el contrario, en el caso de la actualización de activos efectuada conforme a la **norma del 2012**, la reducción de la pérdida debe aplicarse en cualquier caso, ya sea durante el plazo de indisponibilidad de la reserva o una vez sobrepasado este.

B. Tratamiento fiscal del comprador

6490

1.	Regla general	6495
2.	Amortización de activos usados	6500
3.	Amortización de activos intangibles	6505
4.	Compraventa de activos a entidades vinculadas	6510
5.	Recuperación de valor	6515

1. Regla general

(LIS art.17.1; CCom art.38 y 38 bis; PGC MC aptdo.6º; PGC NRV 19ª)

La normativa del IS efectúa con carácter general una remisión a los criterios establecidos en el Código de Comercio en cuanto a las **reglas de valoración** de los elemento patrimoniales. Así, el Código de Comercio establece el criterio del precio de adquisición o coste de producción con carácter general para los activos, reservando el valor razonable para el registro de determinados instrumentos financieros. De acuerdo con los criterios contables, por **precio de adquisición** se entiende el importe en efectivo y otras partidas equivalentes pagadas o pendientes de pagar, más el valor razonable de las demás contraprestaciones comprometidas derivadas de la adquisición, debiendo estar todas ellas directamente relacionadas con la adquisición y ser necesarias para la puesta del activo en condiciones de funcionamiento. **6495**
En consecuencia, en los casos en los que el comprador satisfaga en **metálico** el precio, con carácter general, ha de contabilizar los bienes adquiridos por el valor satisfecho (el precio), no generándose, a priori, una tributación directa inmediata como consecuencia de la adquisición.
En los casos de las **permutas**, serían aplicables los comentarios del nº 6482 s., por cuanto que no se podría hablar propiamente de comprador y vendedor, estando ambas partes transmitentes sometidas a la regla fiscal especial prevista para las permutas en la LIS art.17.4.e y 5.
No obstante lo anterior, esta **ausencia de tributación** para el comprador puede no ser aplicable en los supuestos específicos en que la norma contable así lo designe, como es el caso de las combinaciones de negocios.

En efecto, a este respecto el PGC NRV 19ª regula la forma en que las empresas deben contabilizar las **combinaciones de negocios** en las que participen, entendidas como aquellas operaciones en las que una empresa adquiere el control de uno o varios negocios. **6496**
A efectos de esta norma, un **negocio** es un conjunto integrado de actividades y activos susceptibles de ser dirigidos y gestionados con el propósito de proporcionar un rendimiento, menores costes u otros beneficios económicos directamente a sus propietarios o partícipes y control es el poder de dirigir las políticas financieras y de explotación de un negocio con la finalidad de obtener beneficios económicos de sus actividades.
En este sentido, se establece el **método de valoración** de este tipo de operaciones según el cual la empresa adquirente debe contabilizar, en la fecha de adquisición, los activos identificables adquiridos y los pasivos asumidos en una combinación de negocios, con carácter general por su valor razonable así como, en su caso, el correspondiente fondo de comercio o diferencia negativa.
En particular, la aplicación del método de adquisición requiere reconocer y valorar los activos identificables adquiridos y los pasivos asumidos por sus **valores razonables** en la fecha de adquisición, siempre que dichos valores puedan determinarse con suficiente fiabilidad.

6497 En definitiva, a pesar de que la regla general del IS conduce a la aplicación del precio de adquisición, en los supuestos de combinaciones de negocios la normativa contable nos lleva a la aplicación del criterio de valoración a valor razonable, es por ello que podemos concluir que en la mayor parte de las operaciones en que se efectúe la compra de una empresa en funcionamiento, en la medida en que se adquiera el control de uno o varios negocios corresponde reconocer los activos y pasivos adquiridos a la fecha de su adquisición por su valor razonable, siempre que este pueda ser medido con fiabilidad. Ello puede implicar la generación de una **renta tributable** para la **sociedad compradora** en la medida en que el precio total pagado sea inferior al valor del conjunto de los activos adquiridos. No es extraño encontrarnos en situaciones de este tipo cuando, por ejemplo, una sociedad adquiere una unidad productiva de otra sociedad que está inmersa en un procedimiento concursal.

Así, cuando la aplicación de la normas de valoración contenidas en el PGC NRV 19ª.2.4 impliquen que el valor de los activos menos los pasivos asumidos sea superior al coste de la combinación de negocios (equivalente al precio satisfecho) puede surgir una diferencia negativa o **fondo de comercio negativo** que se contabiliza en la cuenta pérdidas y ganancias como un ingreso en el momento en que se realice la operación y no cuando en un futuro se transmitan dichos activos por parte de la compradora.

Dicho ingreso es fiscalmente computable para la sociedad adquirente de la combinación de negocios en el ejercicio de su contabilización en la **cuenta de pérdidas y ganancias**, en aplicación del principio de inscripción contable (LIS art.11.3), al no existir particularidad alguna prevista en la normativa del IS.

6498 Precisiones Si el fondo de comercio negativo corresponde a **riesgos** latentes en el patrimonio adquirido, la provisión para riesgos que recoge contablemente dicho fondo se computa como gasto cuando aparezca la contingencia y como ingreso cuando la misma desaparezca, criterio que también debe entenderse aplicable a efectos fiscales.

Ejemplo La sociedad A adquiere la totalidad del patrimonio de la sociedad B por 1.000 u.m., siendo su valor contable 800 u.m. y su valor real 1.100 u.m.:

- Para A (el comprador) se genera una diferencia negativa que asciende a 100 u.m., y es imputada a ingresos cuando se realiza la adquisición, como consecuencia de que se han adquirido a un precio inferior al valor real de los elementos, y no cuando se transmitan los elementos a los que corresponde dicha diferencia negativa.
- B (el vendedor) registra un beneficio de 200 u.m. resultante de la diferencia entre el precio de venta y el valor contable de los elementos.

6499 La valoración de los activos adquiridos en el marco de estas operaciones es determinante para fijar el valor amortizable, esto es, la **base de la amortización** contable y fiscal de los activos depreciables de acuerdo con los criterios contables (sin perjuicio de la posible imputación fiscal de amortización extracontable conforme a la normativa del IS en aquellos casos en que expresamente así lo prevea: fondo de comercio, inmovilizado intangible con vida útil indefinida, etc.).

En los apartados siguientes, procederemos a exponer las principales particularidades respecto de la amortización de los activos adquiridos a título oneroso en las compraventas de empresas en funcionamiento.

2. Amortización de activos usados

(RIS art.4.3)

6500 Los elementos del **inmovilizado material** e **inversiones inmobiliarias** adquiridos como consecuencia de un proceso de compraventa de una unidad productiva o de una empresa en funcionamiento se consideran bienes usados toda vez se trata de elementos que no son puestos en condiciones de funcionamiento por primera vez en la entidad adquirente de los mismos.

La aplicación del régimen de amortización previsto en este apartado está sujeta al principio de inscripción contable (LIS art.11.3).

6501 **Base de amortización y métodos de amortización** (RIS art.4.3) La norma fiscal establece ciertas particularidades respecto de los métodos de amortización generales para determinar el importe de la amortización fiscalmente deducible correspondiente a los activos usados. La norma permite la utilización de distintas bases de amortización para los bienes usados conforme a los siguientes criterios:

a) Con carácter general la base de amortización es el precio de adquisición, siendo el **límite deducible** el resultado de multiplicar por 2 la cantidad derivada de aplicar el coeficiente de amortización lineal máximo.

b) Si el sujeto pasivo conoce el **precio de adquisición** o coste de producción **originario**, este puede ser tomado como base para la aplicación del coeficiente de amortización lineal máximo.

c) Si no conoce el precio de adquisición o coste de producción originario, el sujeto pasivo puede determinar aquel **pericialmente**. Establecido dicho precio de adquisición o coste de producción este debe ser tomado como base para la aplicación del coeficiente lineal máximo.
Tratándose de activos usados adquiridos a entidades pertenecientes a un mismo **grupo** de sociedades en el sentido del CCom art.42, la amortización fiscal máxima se calcula obligatoriamente tomando como base de amortización el precio originario, excepto que el precio de adquisición sea superior al originario, en cuyo caso la amortización deducible tiene como límite el resultado de aplicar al precio de adquisición el coeficiente de amortización lineal máximo.

Según sea la situación existente en el período impositivo en el que tiene lugar la transmisión y en el que se produce la amortización, tenemos: **6502**
a) Si **existe grupo** en el **período de transmisión** pero no en el período de amortización: de la redacción de la normativa parece desprenderse que la regla especial sobre la base de amortización (existencia de grupo) es aplicable cuando la sociedad transmitente y adquirente formen parte de un grupo, con independencia de que en períodos impositivos posteriores dichas sociedades no formen parte de ese mismo grupo, esto es, la regla especial se mantiene aplicable hasta la completa amortización del elemento patrimonial.
b) Si **no existe grupo** en el **período de transmisión** pero sí en el período de amortización: la pertenencia al grupo de esas sociedades en un período impositivo posterior al que tuvo lugar la transmisión no determina la aplicación de la regla especial y, por tanto, los elementos adquiridos mantienen la consideración de bienes usados hasta la completa amortización de los mismos.

Precisiones **1)** A los efectos de aplicación de las particularidades en la amortización de los elementos usados se consideran elementos patrimoniales usados los **edificios** cuya antigüedad sea superior a 10 años. **6503**
2) Durante los períodos impositivos iniciados durante el **2013 y 2014** se establecieron **limitaciones** a la deducción de las amortizaciones en la base imponible del IS, de tal manera que se redujo al 70% del importe que hubiese resultado fiscalmente deducible (ver nº 1515 s. Memento Impuesto sobre Sociedades 2024).

Doctrina Administrativa En la adquisición de unas oficinas con una antigüedad superior a 10 años que están siendo amortizadas según tablas de amortización y teniendo la intención de continuar aplicando dicho porcentaje de amortización, no es posible realizar un ajuste extracontable negativo para obtener un **gasto contable deducible** del duplo del previsto en las tablas de amortización, ya que el RIS art.4.3 permite amortizar los activos usados por el doble de la cantidad derivada de aplicar el coeficiente de amortización lineal máximo, siempre que el gasto esté contabilizado en la cuenta de pérdidas y ganancias (DGT CV 2-6-11).

3. Amortización de activos intangibles

(LIS art.12.2)

En el **ámbito contable** se ha eliminado, con efectos para los ejercicios iniciados a partir de **1-1-2016**, la distinción que hasta ahora se hacía respecto de los activos intangibles en función de si su vida útil era definida o indefinida (p.e. se consideraba que un inmovilizado intangible tenía vida útil indefinida cuando no existía un límite previsible del período a lo largo del cual se esperaba que el activo generara entradas de flujos de efectivos para la empresa. Asimismo, estos activos no eran objeto de amortización sistemática, sin perjuicio de que anualmente debiera analizarse su eventual deterioro). **6505**
Como consecuencia del cambio descrito, todos los activos intangibles se consideran de **vida útil definida** y son amortizados en función de su vida útil. No obstante, cuando la vida útil de estos activos no pueda estimarse de manera fiable se amortizan en un plazo de 10 años, salvo que otra disposición legal o reglamentaria establezca un plazo diferente.
Adicionalmente, se establece que la vida útil del **fondo de comercio** es de 10 años, salvo prueba en contrario.
A efectos fiscales, la modificación introducida en la LIS por la L 22/2015 se alinea con el nuevo régimen contable, de forma que se unifica en el tratamiento fiscal del inmovilizado intangible eliminándose la categoría de inmovilizado intangible de vida útil indefinida, con efectos para los ejercicios iniciados a partir de 1-1-2016. Así, el inmovilizado intangible se amortiza atendiendo a su vida útil y, cuando dicha vida útil no pueda estimarse de manera fiable, la amortización es deducible con el límite anual máximo de la veinteava parte de su importe.
De la misma manera, la amortización del fondo de comercio es deducible con el límite anual máximo de la veinteava parte de su importe.

6506 **Importe de la amortización** (LIS art.12.2) La LIS/04 establecía la posibilidad de deducir de la base imponible hasta el límite anual de la décima parte de la inversión en activos intangibles de vida útil indefinida (cincuentava parte de su importe para los períodos impositivos iniciados dentro del año 2012, 2013, 2014 o 2015), no estando condicionada dicha deducción a su registro contable en la cuenta de pérdidas y ganancias. Las deducciones practicadas anualmente minoraban el valor neto fiscal del activo y, por extensión, limitaban el importe del deterioro fiscalmente deducible que, en su caso, pudiera dotarse con posterioridad.

Para la aplicación de esta deducción se exigía que el activo intangible se hubiera puesto de manifiesto en una adquisición a título oneroso y que la entidad adquirente y transmitente no formaran parte de un grupo mercantil (LIS/04 art.12.7).

No obstante, para los ejercicios iniciados a partir de **1-1-2016**, la normativa del IS establece que el inmovilizado intangible se amortice atendiendo a su vida útil y, en el caso en que esta no pueda estimarse de manera fiable, la amortización sea deducible con el **límite anual máximo** de la veinteava parte de su importe.

Para el fondo de comercio, se establece un límite anual máximo de la veinteava parte de su importe.

Por otro lado, este nuevo régimen no es aplicable de forma retroactiva, de forma que lo establecido en la LIS art.12.2 no resulta de aplicación a los activos intangibles, incluido el fondo de comercio, adquiridos con anterioridad a 1-1-2015, a entidades que formen parte del mismo **grupo de sociedades**, según los criterios establecidos en el CCom art.42, con independencia de la residencia y de la obligación de formular cuentas anuales consolidadas (LIS disp.trans.35ª).

4. Compraventa de activos a entidades vinculadas

(LIS art.18)

6510 En el caso de compraventas de activos o negocios en funcionamiento entre partes que, de acuerdo con la normativa fiscal, se consideran vinculadas, se ha de estar a lo establecido en la LIS art.18.

Por tanto, si bien con carácter general en las operaciones de transmisión de activos y pasivos, el coste fiscal de adquisición de tal conjunto de activos es el precio de adquisición pagado como contraprestación en la operación (nº 6495 s.), en los casos de vinculación entre personas y entidades, la norma establece para los sujetos pasivos intervinientes la obligación de aplicar la **regla de valoración** del **precio de mercado**.

Los supuestos de vinculación se encuentran regulados a través de una lista cerrada prevista en la LIS art.18.2 (ver nº 2420 s. Memento Impuesto sobre Sociedades 2024).

A efectos contables, los sujetos pasivos deben valorar las operaciones realizadas (bienes, derechos o servicios) con entidades del mismo grupo según su **valor razonable** (PGC NRV 21ª.1). Dicho valor razonable debe ser el que se acordaría entre partes interesadas en condiciones de independencia mutua (valor fiable). El **valor fiable** es el de mercado, de existir un mercado representativo y, en caso contrario, el derivado de aplicar modelos y técnicas de general aceptación. De no existir un valor fiable, el criterio de valoración consiste en mantener el mismo valor contable existente en el transmitente.

6511 Por tanto, el **valor contabilizado** debe entenderse que se corresponde con el valor de mercado, no pudiendo considerar los sujetos pasivos que, a efectos fiscales, el valor de mercado es diferente al contabilizado, dado que el valor de mercado es único a todos los efectos. En consecuencia, tratándose de operaciones vinculadas, son los sujetos pasivos los que a la hora de contabilizar la operación deben utilizar una valoración adecuada según su valor razonable (valor de mercado), sin que la norma habilite a los sujetos pasivos para efectuar un ajuste extracontable a la base imponible en aplicación de las normas de valoración contenidas en la LIS art.18, ya que la **norma contable y fiscal** coinciden en cuanto al criterio de valoración de estas operaciones (valor de mercado). Ello no impide que la Administración tributaria pueda comprobar si el valor contabilizado se corresponde con el de mercado según su mejor estimación y, en caso contrario, proceda a regularizar la situación tributaria de las partes afectadas por la operación vinculada.

6512 Doctrina Administrativa **1)** El obligado tributario que arrienda una vivienda a una persona vinculada por un importe **inferior** al **valor de mercado**, no está habilitado a practicar un ajuste permanente positivo sobre el resultado contable por la diferencia entre la renta acordada con el arrendatario y el valor de mercado del arrendamiento. La norma contable establece que los elementos objeto de transacción se contabilizan en el momento inicial por su valor razonable. Si se aplica correctamente la normativa contable, se cumpliría también el criterio de valoración fiscal, por lo

que la sociedad no puede realizar un ajuste extracontable al resultado contable para determinar la base imponible (DGT CV 10-11-10).
2) La entidad consultante y la entidad D, empresas vinculadas, acuerdan la venta de unas acciones de la sociedad D, en posesión de la consultante, a la propia sociedad D, acordando un pago aplazado de las mismas sin ningún interés. La operación de transmisión debe valorarse a **valor de mercado**, por tanto, la entidad consultante debe registrar el crédito por su valor razonable, y la **diferencia** entre dicho valor y el **valor actual del pago** se contabiliza como gasto del ejercicio. Por su parte, la entidad D, ha de registrar el préstamo por su valor razonable, contabilizando la diferencia entre este y el valor actual del pago como ingresos del ejercicio (DGT CV 12-7-12).

5. Recuperación de valor

(LIS art.11.6 y 13.2.a)

Un aspecto a tener en cuenta en procesos de adquisiciones de activos en el marco de una operación de compra de una empresa en funcionamiento, es la posible **reversión** de los **deterioros de valor que hubieran resultado fiscalmente deducibles** como consecuencia de la recuperación de valor que dichos activos podrían experimentar una vez sean estos titularidad del comprador. **6515**
Desde 1-1-2015, las pérdidas por deterioro del inmovilizado material, inversiones inmobiliarias e inmovilizado intangible, incluido el fondo de comercio, no son fiscalmente deducibles. No obstante, la norma sigue previendo dos supuestos en los que vendedor y comprador deben tener en cuenta el posible impacto en su base imponible de una recuperación de valor operada sobre los activos transmitidos o adquiridos:
- adquisición a sociedad vinculada;
- transmisión a tercero y recompra (nº 6518 s.)

Adquisición a sociedad vinculada (LIS art.11.6) La normativa del IS establece una regla específica de **imputación temporal** para estos casos, frente a la regla general de imputación temporal de las recuperaciones de valor (en contabilidad, la renta que se pone de manifiesto como consecuencia de la apreciación del elemento, no se refleja hasta el momento de transmisión del activo). **6516**
Este supuesto se materializa cuando:
1º Una sociedad adquiere a una **entidad vinculada** una empresa en funcionamiento o un conjunto de activos.
2º Dentro de esa unidad económica se incorporan elementos patrimoniales que en sede de la transmitente han sufrido una **depreciación de valor**, habiéndose computado esta como fiscalmente deducible.
3º Con posterioridad a la compra del elemento, este experimenta una **apreciación**.
En este caso, el importe de la **recuperación de valor** debe incorporarse en la base imponible de la adquirente, aun cuando contablemente no se produce impacto alguno en la cuenta de pérdidas y ganancias hasta la fecha de la transmisión del elemento, toda vez que el activo en cuestión no había sido previamente deteriorado en sede la adquirente.
La aplicación de esta norma de anticipación temporal de la tributación requiere que la situación de **vinculación** entre transmitente y compradora se produzca tanto en la fecha del devengo del IS correspondiente al ejercicio en que se dotó el deterioro, como en el correspondiente al ejercicio en que se haya producido la recuperación de valor del activo.

Ejemplo Una sociedad A tiene un elemento de su inmovilizado valorado contablemente por 100, y sufre una pérdida de valor en el ejercicio N por importe de 40. En tal caso, contablemente se recoge un gasto por la dotación de la pérdida por deterioro de 40 en el ejercicio N que es deducible. Una vez dotada la pérdida, ese elemento se transmite a la sociedad B vinculada con la sociedad A por importe de 60, con lo que resulta que, por un lado, la sociedad A no obtiene resultado alguno por esta transmisión al enajenar el elemento por su valor contable y, por otra parte, la sociedad B tiene contabilizado ese mismo elemento por 60, que es su precio de adquisición. **6517**
Si en el ejercicio posterior N+1 el valor de aquel elemento se recupera hasta su valor originario de 100, aun cuando en contabilidad la sociedad B no compute ningún ingreso por la recuperación de valor de ese elemento, ya que el valor contable del mismo no puede sobrepasar su precio de adquisición, sin embargo, a efectos fiscales dicha sociedad debe integrar en su base imponible el importe de dicha recuperación de valor, esto es, debe realizar un ajuste positivo al resultado contable por 40 al objeto de determinar la base imponible.
En el caso anterior, si la sociedad B transmite el referido elemento por su valor de mercado, esto es, por importe de 100, aun cuando en contabilidad se registre un resultado por importe de 40, diferencia entre el precio de enajenación y su valor contable, a efectos fiscales procede efectuar un ajuste negativo al resultado contable del período para no gravar nuevamente ese beneficio, en la medida en que se incorporó a la base imponible en un período impositivo anterior.

A efectos de la integración en la base imponible de la recuperación de valor, la misma es el importe de dicha recuperación con el límite de la corrección de valor del elemento computado en la sociedad transmitente. En este sentido, en el mismo caso anterior, si el valor del elemento adquirido se recupera hasta un importe de 110, la recuperación integrable en la base imponible es igualmente de 40.

6518 **Transmisión a tercero y recompra** (LIS art.11.6) Este supuesto se materializa cuando:
1º En la transmisión del activo la parte vendedora genera una **pérdida**.
2º En cualquier momento, la vendedora o una sociedad vinculada a ella **vuelve a adquirir** el activo. Con anterioridad a 1-1-2015, para la aplicación de este precepto se exigía que la transmisión no se produjera en un plazo superior a 6 meses.
3º Con posterioridad a la recompra, el activo experimenta una **apreciación**, en este caso, la entidad que efectúa la recompra debe integrar en su base imponible la referida recuperación de valor.
Al igual que en el caso anterior, la aplicación de esta norma de imputación temporal requiere que la situación de **vinculación** se mantenga en ambos momentos temporales (período impositivo del deterioro y de la recuperación del valor).
En ambos casos, el legislador ha querido que las transmisiones en determinados supuestos (vinculación entre las partes y situaciones de recompra) no alteren desde el punto de vista fiscal, las consecuencias de la dotación de deterioros de valor que hubieran resultado fiscalmente deducibles y su recuperación, sino que dichas consecuencias van a ser idénticas ya se haya producido una transmisión del elemento patrimonial o no.

6519 Precisiones La situación de **vinculación** se entiende perpetuada también en los casos en que esta se produzca a raíz de la propia transmisión del elemento que generó la pérdida patrimonial.
Por otro lado, se debe tener en cuenta que la **regla de imputación temporal** prevista en la LIS art.11.9, en virtud del cual las rentas negativas generadas en la transmisión de elementos de inmovilizado material, inversiones inmobiliarias, inmovilizado intangible y valores representativos de deuda, cuando el adquirente sea una entidad del mismo grupo de sociedades, se imputan en el periodo impositivo en que dichos elementos sean dados de baja en el balance de la entidad adquirente, sean transmitidos a terceros o la entidad transmitente o la adquirente dejen de formar parte del grupo de sociedades.

Doctrina Administrativa La norma no establece con claridad quién debe integrar la recuperación de valor en su base imponible, si la entidad adquirente del elemento deteriorado o la entidad transmitente.
Tampoco se ha establecido una doctrina administrativa clara que ponga solución a este aspecto, por lo que pueden encontrase pronunciamientos administrativos en que se considera que la recuperación debe integrarse en la base imponible de la adquirente (DGT CV 10-1-97) y, por otro lado, resoluciones en las que se ha apreciado que la recuperación de valor debe integrarse en la base imponible de la entidad que practicó la corrección de valor o que sufrió la pérdida (TEAC 2-3-16).

C. Fondo de comercio

6525 En la compraventa directa de empresas en funcionamiento es habitual encontrarnos con que el comprador satisfaga una cantidad por dicho negocio superior al valor contable de la empresa adquirida en sede del transmitente. Pues bien, en estos casos, la parte del **sobreprecio** satisfecho que no se corresponda con activos concretos, es considerada fondo de comercio para el adquirente.

1. Definición y contabilización

(PGC NRV 6ª.c redacc RD 602/2016)

6530 El exceso, a la fecha de adquisición, del coste de la combinación de negocios sobre el correspondiente valor de los activos identificables adquiridos menos el de los pasivos asumidos, se reconoce como un fondo de comercio y se somete a los criterios contables previstos para el inmovilizado intangible.
Con **anterioridad a 1-1-2016** no era posible la contabilización de la depreciación del mismo vía amortización sistemática, sin perjuicio de que en cada ejercicio debiera realizarse una evaluación del importe recuperable del fondo de comercio para, en caso de su deterioro, dotar la correspondiente **pérdida de valor** de ese activo, la cual tenía el carácter de irreversible, con lo que no recuperaría su valor inicial incluso en el caso de que hayan desaparecido las causas que motivaron el deterioro.

No obstante lo anterior, con efectos para los ejercicios iniciados **a partir de 1-1-2016**, se establece la amortización sistemática del fondo de comercio y, salvo prueba en contrario, se fija su vida útil en un plazo de 10 años.
Por otro lado, para los ejercicios iniciados con anterioridad a 1-1-2016, la norma mercantil establecía una restricción del reparto de beneficios relacionada con el fondo de comercio, por cuanto la normativa mercantil establecía la obligación de dotar una reserva indisponible de, al menos, el 5% del mismo cuando este aparezca en el balance (LSC art.273.4, actualmente derogado). En los ejercicios iniciados a partir de 1-1-2016, la **reserva** por fondo de comercio se ha de reclasificar a reservas voluntarias y es disponible a partir de esa fecha en el importe que supere el fondo de comercio contabilizado en el activo del balance.

Precisiones Recuérdese que la norma contable mantiene el requisito relativo a que el fondo de comercio solo puede figurar en el **activo del balance** cuando se ponga de manifiesto en virtud de una adquisición onerosa, en el contexto de una combinación de negocios (PGC NRV 6ª.c).

2. Amortización del fondo de comercio

(LIS art.12.2 y 13.2.a)

Con efectos para los períodos impositivos iniciados el **1-1-2016**, la amortización contable del fondo de comercio es deducible con el **límite** anual máximo de la veinteava parte de su importe. 6535
Con anterioridad, la LIS, a pesar de la ausencia de reconocimiento contable de la depreciación del fondo de comercio de forma sistemática -vía amortización-, permitía la deducibilidad de su precio de adquisición a través de un sistema de amortización fiscal extracontable con el límite anual máximo de la veinteava parte de su importe.
La LIS/04 permitía, asimismo, la amortización fiscal extracontable del fondo de comercio con el límite anual máximo de la veinteava parte de su importe (durante los períodos impositivos iniciados en los años 2012 a 2015, el límite se estableció en la centésima parte de su importe -RDL 12/2012 art.1.primero.uno y LIS disp.trans.34ª.d-) y bajo el cumplimiento de determinados **parámetros** (LIS/04 art.12.6):
- que se hubiera puesto de manifiesto en virtud de una adquisición a título oneroso;
- que la entidad adquirente y transmitente no formaran parte de un grupo mercantil;
- que se hubiera dotado una reserva indisponible en los términos de la legislación mercantil, al menos por el importe fiscalmente deducible.

El nuevo régimen previsto en la LIS no es aplicable de forma retroactiva, de forma que lo establecido en la LIS art.12.2 no resulta de aplicación al fondo de comercio reconocido con anterioridad a 1-1-2015, como consecuencia de adquisiciones a entidades que formen parte del mismo **grupo de sociedades** (LIS disp.trans.35ª).
Por otro lado, no son deducibles las pérdidas por **deterioro** del fondo de comercio.

III. Tributación indirecta

6550

A.	**Transmisión global del patrimonio empresarial o profesional**	6555
B.	**Implicaciones en el ITP y AJD**	6580
1.	Delimitación entre el IVA y la modalidad TPO del ITP y AJD	6585
2.	Delimitación entre el IVA y la modalidad de OS del ITP y AJD	6595
3.	Delimitación entre el IVA y la modalidad AJD del ITP y AJD	6600

A. Transmisión global del patrimonio empresarial o profesional

Inclusión en el supuesto de no sujeción al IVA (LIVA art.7.1º) No está sujeta al IVA la transmisión de un conjunto de elementos corporales y, en su caso, incorporales que formen parte (total o parcialmente) del patrimonio empresarial o profesional del sujeto pasivo, cuando se cumplan las siguientes **condiciones**: 6555
a) Los elementos transmitidos constituyan o sean susceptibles de constituir una **unidad económica autónoma** en el transmitente, capaz de desarrollar una actividad empresarial o profesional por sus propios medios.
b) El adquirente debe acreditar la intención de mantener la **afectación** de los elementos adquiridos al desarrollo de una **actividad empresarial o profesional**, ya sea igual o distinta a la actividad desarrollada por el transmitente.

La **finalidad** de esta norma es doble:
- por un lado, económica, se pretende favorecer la subsistencia de las empresas y las operaciones empresariales para continuar y potenciar su continuidad; y
- por otro lado, financiera, pues trata de evitar el coste que comporta tener que adelantar el pago de una cuota de IVA soportada que va a ser deducible a posteriori en la correspondiente autoliquidación periódica.

6556 Precisiones **1)** La L 4/2008 actualizó los supuestos de no sujeción de las transmisiones globales de patrimonio adecuando la norma legal a la jurisprudencia comunitaria a través de la modificación de la LIVA art.7.1º a la luz de la jurisprudencia europea, en concreto, trasponiendo los criterios contenidos en la sentencia del TJUE 27-11-03, asunto Zita Modes Sarl C-497/01, aclarados después por la sentencia TJUE 10-11-11, asunto Christel Schriever C-444/10. Con dicha actualización, se eliminaron las referencias a transmisiones efectuadas a **título sucesorio** y a **operaciones societarias**, todas las cuales han de entenderse subsumidas en la nueva regla de no sujeción.
2) La LIVA art.7 es consecuencia de la **trasposición** voluntaria a nuestra normativa interna de la Dir 2006/11 2/CE art.19 (antes Dir 77/388/CEE art.5.8), que permite a los distintos Estados miembros de la UE considerar que la transmisión, ya sea a título oneroso o a título gratuito, de una totalidad de elementos patrimoniales o un parte de ellos no supone la realización de una operación sujeta al impuesto, excepcionándose la regla general de la sujeción de la totalidad de las operaciones realizadas por empresarios o profesionales, teniendo en cuenta que el adquirente se subroga en la posición del transmitente.
En relación con la mencionada Dir 77/388/CEE art.5.8, se ha pronunciado el **TJUE** en sus sentencias de TJUE 27-11-03, asunto Zita Modes Sarl C-497/01; 29-4-04, asunto Faxworld C-137/02. Con anterioridad, el mismo Tribunal se había pronunciado incidentalmente en este ámbito en TJUE 8-6-00, asunto Midland Bank C-98/98; y 22-2-01, asunto Abbey National C-408/98.
3) La L 28/2014 por la que se **modifica la LIVA**, entre otros textos normativos, publicada el 28-11-2014, cuya entrada en vigor tuvo lugar el 1-1-2015, modificó la redacción del artículo condicionando la no sujeción de la operación a que la unidad económica lo sea **en sede del transmitente**, y admite que el conjunto de elementos transmitidos constituyan o sean susceptibles de constituir una unidad económica autónoma.

6557 Habida cuenta de la finalidad perseguida por la no sujeción de facilitar las transmisiones de empresas o partes de ellas, simplificándolas y evitando sobrecargar la tesorería del beneficiario con una carga fiscal desmesurada, el TJUE señaló que el concepto de **transmisión**, a título oneroso o gratuito o bajo la forma de aportación a una sociedad, de una **universalidad total o parcial de bienes** debe entenderse en el sentido que comprende la transmisión de un establecimiento mercantil o de una parte autónoma de una empresa, con elementos corporales y, en su caso, incorporales que, conjuntamente, constituyen una empresa o una parte de una empresa capaz de desarrollar una actividad económica autónoma, pero que no comprende la mera cesión de bienes, como la venta de existencias (TJUE 27-11-03, asunto Zita Modes Sarl C-497/01, apartado 40).
De esta manera, el TJUE señaló que la no sujeción podía ser aplicable tanto a la transmisión de una universalidad total o parcial de bienes, siempre que se dieran el resto de **condicionantes** señalados:
a) Por lo que respecta a una **universalidad total de bienes** existen pocas dificultades. Se trata de la cesión de una empresa en su totalidad que comprende un conjunto de elementos materiales e inmateriales.
b) El concepto de **universalidad parcial de bienes** señalado por el TJUE se refiere, no a uno o varios elementos individuales, sino a una combinación de estos que sea suficiente para permitir la realización de una actividad económica, aunque esa actividad solo forme una parte de una empresa más amplia de la que ha sido segregada. El vínculo que une esos elementos consiste en que su combinación permita la realización de una actividad económica determinada, o un conjunto de actividades, mientras que cada uno de ellos por separado es insuficiente para ello.
Así, en la medida en que los activos, y pasivos en su caso, que se incluyan en un conjunto patrimonial puedan ser considerados capaces de desarrollar una **actividad económica autónoma**, ha de considerarse que su transmisión tiene por objeto una universalidad parcial de bienes y, por tanto, no sujeta al IVA.

6558 Por el contrario, cualquier otra transmisión de activos empresariales que no pueda ser considerada capaz de continuar una actividad económicamente autónoma, debe tratarse como una operación al margen de la no sujeción y, por tanto, **sujeta al IVA**.
En este último caso, el tratamiento aplicable a efectos del IVA a la cesión de cada uno de los activos empresariales debe analizarse caso por caso para determinar las implicaciones específicas relativas al impuesto. Asimismo, los adquirentes de esos activos que soportan el impuesto, pueden deducir el importe de las cuotas soportadas en la adquisición de estos bienes, con sometimiento, en todo caso, a los requisitos que en materia de **deducciones** se establecen en la LIVA título VIII, capítulo I.

Para la aplicación de este supuesto de no sujeción (siempre que se cumplan los condicionantes anteriormente expuestos) es **irrelevante**: 6559

a) Que resulte o no de aplicación el **régimen fiscal especial** de neutralidad en las operaciones de reorganización de la LIS o bien que estén sujetas al **ITP y AJD**, concepto TPO, las entregas de bienes inmuebles que estén incluidas en la transmisión de la totalidad de un patrimonio empresarial cuando esta transmisión no esté sujeta al IVA.

b) Que la transmisión tenga por **destinatario** a uno o varios adquirentes, siempre que cada adquirente sea titular de una unidad económica autónoma en sede del transmitente en los términos objetivos anteriormente delimitados.

c) Que el adquirente desarrolle la **misma actividad** a la que estaban afectos los elementos adquiridos u otra diferente, siempre que sea capaz de acreditar su intención de mantener dicha afectación al desarrollo de una actividad empresarial o profesional.

Si los bienes o derechos transmitidos se desafectan posteriormente de la actividad que determina la no sujeción, la **desafectación** queda sujeta al impuesto.

No obstante, si el adquirente del conjunto de bienes procede inmediatamente después a su transmisión a favor de un nuevo adquirente que, a su vez, los afecta a una actividad empresarial o profesional, dicha **ulterior transmisión** no afectaría al tratamiento de no sujeción de la primera transmisión (debiendo verificarse, en todo caso, que no haya habido previamente una desafectación total o parcial del patrimonio transmitido a una actividad empresarial o profesional).

d) Que en sede del **adquirente**, tras la transmisión, exista una unidad económica autónoma, puesto que se requiere que el conjunto de elementos transmitidos deben constituir una unidad económica autónoma en el transmitente.

Precisiones **1)** Aunque no es preciso que el adquirente continúe en la misma actividad, sí debe tener la **intención** de llevar a cabo su explotación y no simplemente proceder a su **liquidación** (TEAC 13-6-07; 28-4-09). 6560

2) La aplicación del supuesto de no sujeción no requiere que el conjunto de elementos transmitidos deban constituir una **rama de actividad** previamente diferenciada en sede de la **entidad transmitente** en el momento de la transmisión (TS 28-11-13, EDJ 256927).

No obstante, lo que sí se requiere desde la entrada en vigor de la L 28/2014 para condicionar la no sujeción es que aquellos elementos transmitidos (fueran o no una rama de actividad diferenciada) constituyan (o sean capaces de constituir) una unidad económica autónoma en sede del transmitente.

Subrogación en la posición del transmitente (LIVA art.7.1º) Los adquirentes de los bienes y derechos comprendidos en las transmisiones no sujetas al IVA, señaladas en el nº 6555 (transmisión de una universalidad global o parcial del patrimonio empresarial o profesional) se subrogan, en relación a dichos bienes y derechos, en la posición del transmitente: 6561

a) Respecto a la aplicación de las normas relativas a la **exención de las segundas entregas de edificaciones**. Por ejemplo, en el caso en que el transmitente tuviese la condición de promotor de las viviendas transmitidas, el adquirente también tendría esta condición y si la posterior venta que hubiese efectuado el transmitente (de no mediar la transmisión global) hubiese sido primera o segunda entrega, la posterior venta realizada por el adquirente sería también, respectivamente, primera o segunda entrega, colocándose el adquirente en la misma situación que tenía el transmitente respecto de cada una de las edificaciones transmitidas.

b) Respecto a la aplicación del conjunto de las disposiciones legales que regulan el **derecho a la deducción del IVA**, entre otras, para la compensación de los saldos negativos, por superar las cuotas del IVA soportado a las del IVA devengado, acreditados, en su caso, por el transmitente.

c) Respecto a la **regularización de las deducciones** correspondientes a los **bienes de inversión** comprendidos en la transmisión global y que se transmiten antes de concluir el período de regularización. Prosigue el cómputo de los plazos de regularización iniciados por el transmitente, aplicándose después de la transmisión los porcentajes de prorrata que correspondan a la actividad del adquirente.

Precisiones Con **anterioridad al 26-12-2008** (entrada en vigor de la modificación operada por la L 4/2008), no se preveía la subrogación respecto al régimen de deducciones, sino solo a las reglas de prorrata, la deducción de cuotas soportadas antes del inicio de la actividad, la regularización y la rectificación de cuotas.

Exclusión del supuesto de no sujeción (LIVA art.7.1º) Están excluidas del supuesto de no sujeción las siguientes transmisiones: 6562

a) La **mera cesión** de bienes o derechos.

b) Las realizadas por quienes tengan la condición de empresario o profesional exclusivamente por realizar una o varias entregas de bienes o prestaciones de servicios que supongan la

explotación de un bien corporal o incorporal con el fin de obtener **ingresos continuados en el tiempo**, cuando dichas transmisiones tengan por objeto la mera cesión de bienes.
c) Las efectuadas por quienes tengan la condición de empresario o profesional exclusivamente por la **realización ocasional de operaciones** consistentes en la urbanización de terrenos o la promoción, construcción o rehabilitación de edificaciones destinadas, en todos los casos, a su venta, adjudicación o cesión por cualquier título.

Precisiones Se considera como **mera cesión de bienes o de derechos** la transmisión de estos cuando no se acompañe de una estructura organizativa de factores de producción materiales y humanos, o de uno de ellos, que permita considerar a la misma constitutiva de una unidad económica autónoma.

6563 La razón de estas exclusiones al supuesto de no sujeción al IVA se debe a la **ausencia** de una **unidad económica** susceptible de **funcionamiento autónomo**, circunstancia que, por ejemplo, no concurre en los supuestos de transmisión de un conjunto de bienes arrendados pero sin llevar consigo ninguna organización o, en los supuestos de transmisión de un terreno urbanizado de forma ocasional, cuando se considere que este no puede funcionar con autonomía. En estos casos, el legislador ha considerado razonable que tales transmisiones queden excluidas de la no sujeción pues los elementos transmitidos no se acompañan de una estructura organizativa de factores de producción materiales y humanos, o de uno de ellos, susceptibles de constituir una unidad económica autónoma.

6564 **Doctrina administrativa** No existe un criterio administrativo que pueda aplicarse de manera generalizada a las operaciones consistentes en la trasmisión (total o parcial) del patrimonio empresarial o profesional. La DGT analiza **caso por caso** estas transmisiones, a través de numerosísimas contestaciones a consultas vinculantes planteadas por los contribuyentes, al objeto de determinar si las mismas están sujetas o no al IVA.

6565 **No sujetos al IVA** A continuación, entre otras muchas, se exponen algunas de las contestaciones más recientes evacuadas por la DGT, por las que esta considera que, en dichas transmisiones, se transfiere una **unidad económicamente autónoma** y, por tanto, no están sujetas al IVA:

• La transmisión por parte de una herencia yacente de una **explotación ganadera** que incluye un tractor, el ganado y los derechos de pago único de la Política Agrícola Común correspondientes y en la que, además, se van a arrendar al destinatario de dicha transmisión las fincas y la nave ganadera durante un período de 10 años. En virtud del criterio establecido por el TJUE en la sentencia Christel Schriever, en nada perjudica al supuesto de no sujeción que la actividad previamente realizada se desarrollase en unas fincas que se van a ceder en arrendamiento al adquirente (DGT CV 31-1-20).

• La transmisión de **una unidad de negocio** a una entidad de nueva creación que va a continuar con dicha actividad. Se transmiten todos los activos materiales e intangibles relacionados exclusivamente con esta línea de negocio y parte del personal mediante subrogación en los contratos de trabajo. La no aportación de determinados elementos, que no son esenciales para el desarrollo de una actividad empresarial, no es obstáculo para la aplicación del supuesto de no sujeción. Finalmente, el hecho de que el pago de dicha operación se efectúe de forma aplazada y que parte del precio tenga un componente variable en función de la evolución del negocio en sede del adquirente no desvirtúa la calificación en relación con la no sujeción (DGT CV 22-1-20).

• La transmisión a la entidad matriz de todos los medios, tanto materiales como humanos, que utiliza para la realización de la **actividad logística** de manera que dicha función sea realizada exclusivamente por la entidad matriz, puesto que se transmite la totalidad de medios afectos a dicha actividad logística, que incluyen las posiciones contractuales respecto de los servicios de almacenamiento, de los proveedores de los bienes adquiridos y de los acuerdos de distribución, los contratos firmados con terceros relacionados con la actividad logística, como transporte y seguro, las existencias y equipamiento necesario para su instalación y la totalidad de los empleados que desarrollan la función logística en sede de la entidad mercantil (DGT CV 22-1-20).

• En el marco de una operación de reestructuración empresarial la transmisión a una sucursal en territorio de aplicación del impuesto de su **negocio de suscripción de pólizas de seguro**, que incluye las bases de datos de la actividad, los contratos de arrendamientos sobre los bienes inmuebles en los que desarrolla la actividad y en los que se subrogará la destinataria, todo el mobiliario y equipos afectos, la subrogación en las relaciones laborales de la empresa, y la subrogación en la posición de la entidad transmitente en los contratos con terceros que se encuentren en vigor en el momento de la formalización de la transmisión (DGT CV 22-6-18).

• La **cesión de un supermercado** en funcionamiento, en virtud de cuya operación: (i) se transmiten las instalaciones, el equipamiento, el mobiliario, la maquinaria y los enseres necesarios para la explotación del negocio transmitido, así como las existencias a una determinada fecha, (ii) la entidad consultante asume, a efectos laborales, todas las obligaciones y derechos de los trabajadores afectos al negocio, que continuarán su relación laboral anterior a la transmisión y, (iii) la entidad consultante se subroga en la posición del arrendatario transmitente en cuanto a la disponibilidad del inmueble donde se desarrolla el negocio transmitido (DGT CV 21-2-14). **6565.1**
• La **fusión transfronteriza** de una entidad luxemburguesa con una filial española del mismo grupo que produce la integración en el patrimonio de la entidad luxemburguesa de la totalidad de los activos y pasivos que actualmente forman parte de la española, manteniéndose los citados activos y pasivos en sede española bajo la titularidad de una nueva sucursal española de la entidad de crédito luxemburguesa (DGT CV 6-3-14).
• La escisión por parte de una entidad de crédito de su **negocio de cajeros automáticos** que incluye la cesión de todos los cajeros, el personal necesario para su funcionamiento, así como los contratos necesarios para el desarrollo de su actividad, a una entidad de nueva creación (DGT CV 7-11-13).
• La DGT incorpora a su doctrina la jurisprudencia de la sentencia TJUE 29-10-09, SKF, C-29/08 en relación con la posible aplicación de la no sujeción a IVA de la venta de participaciones sociales. Concluye que la venta de la totalidad de las **participaciones de una entidad holding** que comprende, a su vez, la totalidad de las participaciones de otras cinco entidades mercantiles completamente operativas en las que participa a través de su gestión, constituye una **unidad económica autónoma** no sujeta al IVA. Esta simplificación elimina las posibles implicaciones negativas en la prorrata de deducción del transmitente, aunque abre nuevas vías de discusión en cuanto a la venta de participaciones sociales (DGT CV 5-10-22).
• Una entidad dedicada a la explotación hotelera en concurso va a transmitir a una sociedad el inmueble sobre el que se desarrolla la actividad, y a otra entidad vinculada al adquirente del hotel transmitirá los activos necesarios para la explotación. Asimismo, el adquirente del hotel va a suscribir un contrato de arrendamiento del inmueble con la entidad adquirente del negocio. En estas circunstancias, la transferencia de una unidad productiva dedicada al negocio hotelero que comprende mobiliario, personal, licencias administrativas, contrato de gestión para la explotación del hotel a una entidad que, en una fase previa a la adquisición de los activos, suscribe un contrato de **arrendamiento del hotel** en el que se venía desarrollando la actividad, quedará no sujeta al IVA como unidad económica autónoma (DGT CV 26-10-22).
• La **segregación** de una **unidad de negocio** de medios de pago aportada a una filial quedará no sujeta al IVA, aunque no se produzca la transmisión del inmueble donde se desarrolla la actividad y determinados contratos indivisibles referentes a uso de software y servicios generales, dado que el local va a ser subarrendado a la adquirente que también podrá seguir haciendo uso de los activos no transmitidos (DGT CV 14-11-22).

• La transmisión por parte de una entidad, cuya actividad consiste en la **gestión y administración de inmuebles y recuperación de créditos** a otra sociedad a cambio de una contraprestación pactada, incluyendo en dicha trasmisión determinados activos, pasivos, empleados y relaciones contractuales. Ambas sociedades suscriben diversos contratos para garantizar la prestación del servicio objeto del traspaso y se acuerda que los inmuebles gestionados sigan en poder de la sociedad transmitente (DGT CV 13-12-13; CV 31-1-14; CV 28-2-14). **6566**
• La trasmisión de los medios materiales necesarios para el desarrollo de la actividad de **asistencia técnica** (herramientas, cesión de derecho a la explotación y vehículos) junto con los medios personales (personal técnico y comercial de call center), a excepción del inmueble, personal directivo y saldos de tesorería pendientes (DGT CV 30-4-13).
• Traspaso total del negocio de una **escuela infantil, a excepción del local**, que, por motivos económicos, no pueden asumir los nuevos dueños; pero que continuarán la actividad con las mismas instalaciones (pagarán un alquiler al transmitente por el uso de las mismas), mobiliario, clientela, etc. En este caso, la DGT señala que el hecho de que no se trasmita el local no desvirtúa necesariamente la consideración del conjunto de bienes transmitidos como una unidad económica autónoma, ya que la actividad puede seguir desarrollándose en su antigua ubicación, en régimen de alquiler, o mediante el traslado de la misma a un nuevo local (DGT CV 2-8-13).
• La escisión de una rama de actividad de **arrendamiento de maquinaria industrial**, transmitiendo la totalidad de los elementos funcionalmente afectos al desarrollo de dicha actividad (la propia maquinaria, contratos de arrendamiento vigentes, personal necesario para la continuidad del negocio, entre otros) pues existiría un conjunto de elementos patrimoniales que se acompañan de una estructura organizativa y funcional, susceptibles de desarrollar por sus propios medios una actividad económica (DGT CV 26-1-12).

6567 • La **escisión** de una entidad dedicada a la **actividad aseguradora**, aunque la naturaleza de los elementos transmitidos correspondientes a cada una de las dos ramas de actividad que se segregan no es idéntica en ambas transmisiones. Una de las entidades recibe todas las provisiones técnicas, el inmovilizado intangible y los contratos de seguros afectos a una rama de la actividad aseguradora de la transmitente, así como la totalidad de los trabajadores, inmuebles e infraestructuras en las que viene desarrollando la actividad, lo que supondría una transmisión no sujeta al IVA.

No obstante, la otra entidad beneficiaria de la escisión adquiere las provisiones técnicas, el inmovilizado intangible y los contratos de seguros afectos a la otra rama de la actividad aseguradora de la transmitente. Esta segunda entidad suscribe un contrato de prestación de servicios con la primera entidad, que fue beneficiaria del inmueble y de la infraestructura operativa, el uso del inmueble, infraestructuras, servicios de back-office, tales como el servicio a clientes, tecnologías de la información, gestión de pólizas, etc., que son activos necesarios para ejercer la actividad aseguradora. Esta segunda transmisión está sujeta al IVA al no constituir una unidad económica autónoma capaz de desarrollar una actividad empresarial por sus propios medios (DGT CV 26-12-12).

• La transmisión de la totalidad de los elementos patrimoniales afectos a una unidad de negocio, tales como los **productos, licencias y marcas relacionadas**, así como el **personal necesario** para su explotación (DGT CV 26-12-12).

• La transmisión de **viviendas-apartamentos y un empleado** que ejerce de conserje de estas a una sociedad resultante de una escisión cuya intención consistiría en la prestación de servicios de apartamentos turísticos, subcontratando la entidad escindida a terceros el resto de servicios necesarios para el desarrollo de la explotación extra-hotelera y subrogándose en los contratos de prestación de servicios propios de la hostelería que tenía suscritos la entidad transmitente con terceros. Por todo ello, la DGT deduce que será objeto de transmisión la estructura organizativa necesaria para la realización de una actividad económica (DGT CV 14-12-12).

6568 • La sociedad consultante, dedicada a las **artes gráficas**, cuenta con dos instalaciones fabriles completamente diferenciadas: una destinada a la impresión **en color**; y otra, destinada a la impresión **en blanco y negro**. En este caso, se transmite la totalidad de los activos y pasivos que forman parte de una determinada actividad empresarial (p.e., la correspondiente a la impresión en blanco y negro). El hecho de que no se transmita la actividad relativa a la impresión en color, en opinión de la DGT, no debería desvirtuar necesariamente la consideración del conjunto de bienes transmitidos como una unidad económicamente autónoma, resultando aplicable el supuesto de no sujeción (DGT CV 13-3-12).

• Se transmiten varios **parques eólicos** que habían sido concebidos, desde su origen, cada uno de ellos, como una unidad indivisible, correspondiendo a cada sociedad la titularidad exclusiva de todas sus instalaciones y los elementos que permiten el funcionamiento del parque que van a ser objeto de transmisión o cesión en bloque a la consultante. De ello se deduce que los elementos objeto de transmisión, por cada una de las sociedades, constituyen una unidad económica autónoma capaz de desarrollar una actividad empresarial o profesional por sus propios medios, siendo objeto de transmisión en cada caso todos los elementos de una empresa en funcionamiento. En consecuencia, estas transmisiones estarán no sujetas al IVA (DGT CV 5-11-12).

• La transmisión de la totalidad de los activos y pasivos que forman parte de la actividad empresarial de **impresión de libros** (p.e., el inmovilizado, existencias, tesorería y contratos de clientes), a excepción de los inmuebles y de la deuda financiera, subrogándose el adquirente en las relaciones laborales del personal de la transmitente. En este supuesto, el hecho de que no se transmita la deuda financiera ni la propiedad sobre los inmuebles de la empresa, no desvirtuaría la consideración del conjunto de bienes transmitidos como una unidad económica autónoma, cuya actividad podría seguir efectuándose en las antiguas instalaciones -en alquiler, o trasladando la maquinaria y el resto del inmovilizado a una nueva ubicación- (DGT CV 26-4-11).

• La **transmisión de un negocio** que se efectúa **en dos fases**: el traspaso de activos de la fase I estará no sujeta al impuesto siempre y cuando se produzca la transmisión de activos de la fase II. No obstante, si finalmente estos activos de la fase II no se llegasen a transmitir, habría que proceder a la rectificación de la tributación correspondiente a la fase I, pues se trataría de una operación sujeta al impuesto que implicaría la consiguiente repercusión del mismo (DGT CV 3-11-10; CV 20-7-11).

6569 • La transmisión mediante **aportación no dineraria** a otra entidad, de una promoción inmobiliaria que es gestionada por la entidad transmitente como una unidad económica autónoma, de modo que cada una de sus promociones dispondría de los medios necesarios para actuar de manera independiente: contabilidad, personal, medios de producción, recursos financieros (DGT CV 12-4-10). La aportación no dineraria de todos los elementos de una actividad de arrendamiento de bienes: bienes, derechos, obligaciones y personal de la referida actividad (DGT CV 19-7-10).

• En una **fusión por absorción**, la transmisión de la totalidad del patrimonio empresarial de la sociedad absorbida constituye la transmisión de una unidad económica autónoma capaz de desarrollar una actividad empresarial por sus propios medios; lo que se transmite es una empresa en su conjunto, lo cual se refuerza por el hecho de que toda operación de fusión no solo conlleva la transmisión del patrimonio social sino que implica la sucesión del adquirente (sociedad absorbente) en todos los derechos y obligaciones del transmitente (sociedad absorbida). Por tanto, la operación no estará sujeta al IVA, con independencia del régimen fiscal que le resulte de aplicación en el ámbito de otros tributos y siempre y cuando se acredite por la entidad absorbente la intención de mantener los elementos adquiridos afectos al desarrollo de una actividad empresarial o profesional (DGT CV 8-7-10).

• Igual tratamiento en una **fusión impropia de empresas** en pleno funcionamiento y con una estructura organizativa suficiente para el desarrollo de su actividad (DGT CV 6-10-09).

Sujetos al IVA La DGT considera, en otras muchas contestaciones a consultas vinculantes, que los elementos transmitidos **no** constituyen una **unidad económica autónoma** capaz de desarrollar una actividad empresarial o profesional por sus propios medios, principalmente debido a que las transmisiones no van acompañadas de la necesaria estructura organizativa de factores de producción y, por tanto, quedan excluidos del supuesto de no sujeción al impuesto (quedando sujetos al IVA): **6570**

• La transmisión de la **licencia de autotaxi**, así como algunos elementos afectos a la actividad, como el taxímetro. Dicha transmisión no constituye una unidad económica autónoma y tiene la consideración de una mera cesión de bienes y derechos, sujeta al IVA, al no verse acompañada de la necesaria estructura organizativa de factores de producción (DGT CV 15-4-19). No obstante, la DGT matiza su criterio para adecuarse a la jurisprudencia del Tribunal Supremo (TS 10-9-20, EDJ 660863 y EDJ 660976), en las que sí considera de aplicación la LIVA art.7.1º a la transmisión de una licencia de taxi -así como un vehículo en una de las sentencias, aunque no apto para su uso como taxi-, en la medida en que la licencia de taxi forma una unidad patrimonial integrada por todos los elementos que utilizó el transmitente para el ejercicio de la profesión de taxista. Distinto es el caso en que el transmitente entrega solo una licencia habiendo utilizado para el desarrollo de su actividad otros activos que no son objeto de transmisión (DGT CV 11-7-22).

• La adquisición de un inmueble destinado a la **explotación hotelera**, incluyendo mobiliario, dotación, equipamiento, licencias y autorizaciones. La vendedora no transmite ni las relaciones jurídicas con su personal, ni el fondo de comercio ni los sistemas de gestión utilizados para el desarrollo de su actividad hotelera. Asimismo, se acuerda suscribir un contrato de gestión hotelera con la empresa vendedora. La transmisión tiene la consideración de una mera cesión de bienes, sujeta al IVA, en la medida en que tiene por finalidad la transmisión de la propiedad del inmueble para que su explotación posterior sea gestionada por el transmitente (DGT CV 20-12-18).

• La adquisición de la **licencia de loterías y apuestas del Estado** a una persona que actualmente ejerce el negocio de loterías y apuestas en su local y con medios propios. No se adquiere ningún título de propiedad ni derecho de uso sobre el local en el que se venía desarrollando la actividad. Dado que la transmisión se limita a la mera cesión del contrato mercantil que la vendedora mantiene con Loterías y Apuestas del Estado de gestión de punto de venta, sin que esta se vea acompañada de un conjunto de elementos corporales y, en su caso, incorporales que, formando parte del patrimonio empresarial o profesional del sujeto pasivo, constituyan una unidad económica autónoma capaz de desarrollar una actividad empresarial o profesional por sus propios medios, la operación se encuentra sujeta al IVA (DGT CV 2-7-18).

• La operación de **escisión total** de una sociedad, con la que se pretende separar su patrimonio en dos, transmitiendo los **inmuebles** que forman parte del mismo y las obligaciones que recaen sobre ellos (las hipotecas) a dos sociedades de nueva creación, al considerar la DGT que constituyen una mera cesión de bienes que, por sí misma, no es capaz de funcionar autónomamente al no verse acompañada de una mínima estructura organizativa de factores de producción materiales y humanos y, por tanto, queda excluida del supuesto de no sujeción (DGT CV 19-3-14). **6570.1**

• La transmisión que incluye la cesión de parte del personal, la subrogación en los contratos con proveedores, las pólizas de seguro, los equipos afectos (mobiliario, inventario o equipos de tecnologías de la información), know-how; no obstante, el transmitente, además de poseer el 49% del capital del comprador, **conserva** importantes **facultades sobre la gestión y**

administración de sus activos inmobiliarios que no hacen posible considerar la existencia de autonomía suficiente para el desarrollo de la actividad empresarial: por ejemplo, política de precios fijada, funciones de comercialización del comprador con limitaciones (DGT CV 28-2-14).
• La realización de diversas **aportaciones no dinerarias**, en el curso de un proceso de reestructuración empresarial, a sociedades de nueva creación integradas por los bienes afectos a la actividad de comercio de hidrocarburos y por ciertas participaciones sociales están sujetas al IVA pues, los elementos que se transmiten no constituyen una unidad económica autónoma en la medida en que los mismos no son susceptibles de desarrollar, por sus propios medios, una actividad económica (DGT CV 30-1-14).
• La transmisión de un **centro comercial**, al constituir una mera cesión de bienes que, por sí misma, no es capaz de funcionar autónomamente al no verse acompañada de una mínima estructura organizativa de factores de producción materiales y humanos (DGT CV 20-12-10; CV 7-6-11; CV 1-10-12), ni aun cuando se produzca la subrogación de la adquirente en los contratos de arrendamiento de locales suscritos antes de su entrega si la transmitente no gestionaba los alquileres (DGT CV 19-6-09).

6571 • Una entidad mercantil adquirió un **solar urbano** para ejecutar una promoción urbanística. Las dudas sobre la viabilidad del proyecto han llevado a la sociedad a vender el solar que constituye su único activo. Esta operación no puede tener la calificación de transmisión de una universalidad total o parcial de bienes, pues dicho activo no tiene la capacidad de desarrollar una actividad económica autónoma por sí mismo. Se trata de una mera entrega de bienes sin que ello suponga la transmisión de ningún otro recurso de la sociedad que permita calificar al conjunto como rama de actividad, por lo que la entrega del solar constituye una operación sujeta al IVA (DGT CV 20-1-09).
• La transmisión de un contrato administrativo de **concesión de obra pública** a una empresa de nueva creación que se subrogaría en los derechos y obligaciones de la UTE transmitente (DGT CV 31-5-10).
• La transmisión de un conjunto de **solares, promociones inmobiliarias, vehículos, ordenadores e impresoras**, pues se trata de una operación de transmisión de activos empresariales que no conlleva consigo una mínima estructura organizativa que permita concluir que conforma una unidad económica autónoma (DGT CV 11-2-10).
• La transmisión de los **contratos de venta y distribución** de los productos de la empresa, junto con la **clientela** y las piezas de repuesto depositadas en sus instalaciones (DGT CV 4-3-10).
• La transmisión de una **finca urbana** perteneciente a tres personas físicas, no empresarios ni profesionales, que se encuentra incluida en un proyecto de reparcelación, dado que las personas físicas que van a realizar la entrega del solar urbanizado no se pueden acoger a la no sujeción establecida en la LIVA art.7.1º, ya que la consideración de empresario o profesional viene determinada, únicamente, por la urbanización de terrenos (DGT CV 12-3-10).

6572 • La transmisión de **derechos sobre un contrato de arrendamiento** o el subarrendamiento de parte de un inmueble incluso si también se transmiten al cesionario del contrato o al subarrendatario los derechos de uso y explotación de los intangibles que pudieran surgir de la actividad investigadora de la transmitente (DGT CV 17-9-12).
• Una entidad transmite un número de **elementos fotovoltaicos** (placas solares) que conforman un parque solar, subrogándose el comprador en un contrato de mantenimiento y gestión integral de las placas solares y en un derecho de superficie sobre los terrenos que ocupan. Todos los titulares de paneles que componen el parque han constituido una sociedad civil particular para los servicios de mantenimiento de los elementos comunes, así como la seguridad, vigilancia y el seguro civil del parque. Los elementos transmitidos no pueden funcionar de una forma autónoma e independiente sin las instalaciones comunes, ni sin los servicios comunes que provee a los comuneros la sociedad civil. En consecuencia, las transmisiones están sujetas, debiendo tributar cada una de ellas independientemente según las normas que le sean aplicables (DGT CV 18-1-10; CV 20-12-12).
• La mera transmisión de **acciones o participaciones** sociales o valores mobiliarios (DGT CV 11-2-11).
• Si la transmisión, aun teniendo por objeto el total del patrimonio empresarial o profesional del transmitente, únicamente consiste en la **liquidación del remanente de un activo**, de forma que no se transmite un conjunto de elementos susceptibles de funcionar de forma autónoma, sino que se liquidan los elementos que permanecen en el patrimonio empresarial o profesional, a la venta de esos elementos no le es aplicable la no sujeción al impuesto (DGT CV 8-5-06; CV 21-7-06; CV 25-7-06).

Jurisprudencia Tampoco los tribunales siguen un criterio uniforme que pueda aplicarse de forma generalizada, por lo que es necesario estudiar caso por caso si se trata de una operación sujeta o no al IVA. **6573**

No sujetos al IVA Constituyen supuestos de no sujeción al IVA según la jurisprudencia los siguientes: **6574**

• Como se ha expuesto en nº 6570, la transmisión de una **licencia de taxi** o de una licencia de taxi y el vehículo utilizado para realizar la actividad, siendo este inapto para su utilización, quedan no sujetas al IVA como unidades económicas autónomas en la medida en que el transmitente transfiere todos los elementos que permiten realizar la actividad económica, constituyendo la licencia una unidad patrimonial que permitió el ejercicio de la profesión de taxista. Resulta irrelevante a los efectos de la no sujeción la transmisión de un vehículo que no permite realizar la actividad o la falta de transmisión del mismo, incluso cuando sea precisa la adquisición de un nuevo vehículo por parte del nuevo titular para continuar la actividad, puesto que el vehículo es un bien fácilmente reemplazable y el elemento esencial que constituye la unidad productiva es la licencia de taxi (TS 10-9-20, EDJ 660863 y EDJ 660976).

• La transmisión de un edificio que ya está siendo explotado como **hotel**, transmitiéndose además las licencias necesarias de ocupación y explotación para seguir con la misma actividad, extremo que pone de manifiesto que la transmisión no es solo la de un inmueble, sino que esta incorpora determinados elementos indispensables para el desarrollo de la actividad económica. A este respecto, considera el TS que el hecho de que exista un arrendamiento posterior con la entidad que explotaba el hotel no desvirtúa la consideración del conjunto de bienes transmitidos como una unidad económica autónoma cuya actividad puede seguir desarrollándose. En el caso objeto de enjuiciamiento, la entidad recurrente adquiría (i) del proveedor A un edificio destinado a la actividad hotelera, junto con las licencias necesarias para su funcionamiento y (ii) del proveedor B, que explotaba el hotel en régimen de arrendamiento, la totalidad de los activos afectos a la explotación del hotel (tales como menaje, mobiliario, existencias, equipos o aplicaciones informáticas). Una vez que la entidad fue propietaria del inmueble, firmó un contrato de arrendamiento con el proveedor B para la explotación del hotel (TS 30-5-16, EDJ 75297).

• Operación de **escisión parcial de patrimonio**; sociedad A (negocio de comercio al por menor de productos alimenticios y arrendamiento de inmuebles) traspasa en bloque los inmuebles de su propiedad y los contratos de arrendamiento financiero a otra sociedad B, perteneciente al mismo grupo empresarial. En la escritura pública de escisión parcial se desprende que parte del patrimonio de la escindida comprendía diversos locales comerciales, tiendas, almacenes, naves industriales y edificios, unos en régimen de propiedad y otros en arrendamiento financiero, que si bien estaban destinados a la realización de la actividad de A, eran susceptibles de determinar el desarrollo de la **actividad económica de arrendamiento**, en sede del adquirente, por sus propios medios (TS 19-6-13, EDJ 111249; 30-1-14, EDJ 7638).

Matización del concepto tradicional de **rama de actividad** entendiéndose como tal el conjunto de elementos patrimoniales que sean susceptibles de constituir una unidad económica autónoma determinante de una explotación económica, es decir, un conjunto capaz de funcionar por sus propios medios en sede de la **entidad transmitente** y, por tanto, refiriéndose únicamente a la transmisión de un conjunto de elementos que, formando parte del patrimonio empresarial o profesional de un sujeto pasivo, constituyan una unidad económica autónoma capaz de desarrollar una actividad por sus propios, lógicamente, en sede de la **entidad adquirente**.

• Se considera justificada la no sujeción al IVA de **una escisión total de una sociedad dedicada a la promoción inmobiliaria**, al ser cada una de las promociones susceptible de funcionamiento autónomo (AN 28-2-14, EDJ 25870). La AN basándose en la sentencia de AN 4-11-13, EDJ 226003, considera justificada la no sujeción al IVA de la operación ya que (i) la sociedad continuó desarrollando operaciones de promoción inmobiliaria, entendiendo que en tal caso se transmitió una unidad económica susceptible de explotación autónoma, (ii) la actividad de promoción inmobiliaria no exige la existencia de personal, (iii) ni tiene por qué desarrollarse en todos los ejercicios, teniendo en cuenta las posibilidades económicas existentes.

Sujetos al IVA El TS, TJUE y TEAC consideran que no cumplen los requisitos para la aplicación de la regla de no sujeción y, por tanto, están sujetos al IVA los siguientes supuestos: **6575**

• No ha habido transmisión de una organización empresarial que permitiese por sí misma el ejercicio de una actividad, al no constar la transmisión de medios materiales, ni de medios personales, sino únicamente de **fincas**. Es obvio que tales fincas han sido adquiridas para realizar con ellas algún tipo de actividad mercantil, pero la Administración recurrente no ha probado de forma suficiente que se haya transmitido esa concreta actividad mercantil, esto es, una empresa mercantil con sus elementos corporales e incorporales, capaz de desarrollar de forma autónoma la actividad que le es propia. La falta de prueba de continuidad en el patrimonio transmitido (sin que hubiera sido necesario que se continuase exactamente con la misma actividad), al no quedar acreditado que se va a desarrollar una actividad sustancialmente idéntica, obliga a desestimar el recurso interpuesto, por más que esté acreditado que una empresa haya transmitido a otra la casi totalidad de sus bienes patrimoniales (TSJ Granada 12-3-19, EDJ 623759).

• El bien transmitido no puede incardinarse en el concepto de establecimiento mercantil ni justificar la continuidad de la explotación en sede del transmitente, puesto que no se transmitió conjuntamente ninguna organización personal o material que pudiera determinar la continuidad de la actividad económica por sí misma, sino que sería necesario que la entidad adquirente aportara su estructura empresarial para continuar la actividad. No es que la **liquidación** dé por probada la actividad de la adquirente, sino que considera que no existe una unidad de actividad económica en el transmitente, por lo que no puede existir en el adquirente (TSJ Cataluña 23-1-19, EDJ 536429).

• Resulta forzado que pueda considerarse como transmisión de una unidad económica autónoma la transmisión de un **local**, con su correspondiente licencia de actividad para realizar la actividad de **bar**. Ciertamente el comprador adquiere unos bienes inmuebles y, si bien continua como arrendatario el mismo que existía antes de la compraventa, no podemos olvidar que el adquirente es mero titular de unos inmuebles y que mientras se encuentra vigente el contrato de arrendamiento va a percibir una renta del arrendatario, siendo este quien desarrolla la actividad empresarial de bar, no pudiendo considerarse que nos encontramos ante la transmisión de una rama de actividad sino de la transmisión de unos inmuebles (TSJ C.Valenciana 23-1-19, EDJ 515905).

• En la venta de la **cabaña caprina**, por medio de una transmisión de la práctica totalidad de las cabras que poseía la mercantil actora, junto con su historia genética, alimentaria y de control lechero para la programación de nuevas montas y evitar cruces de sangre, no es dable entender que las cabezas de ganado constituyen una explotación económica independiente, habida cuenta que, para el desarrollo de la explotación de ganado caprino y la fabricación de queso y mantequilla, se precisa de una estructura organizativa que no ha sido objeto de transmisión: dejando a un lado los recursos humanos, la explotación ganadera necesita de unas instalaciones (establos y accesorios) y de la maquinaria e instrumental necesarios para la cría de las cabras (TSJ País Vasco 5-2-18, EDJ 104900).

• La aplicación de la no sujeción al impuesto en la transmisión de la totalidad del patrimonio empresarial está comprometida, si el **conjunto de elementos** no es capaz de posibilitar el ejercicio de alguna actividad económica en el momento de su transmisión (TEAC 21-3-18).

6576 • En la **transmisión de una finca**, cuyos pisos y locales habían sido arrendados por el vendedor hasta ese momento, el hecho de que el comprador se subrogase en un contrato de arrendamiento de uno de los locales del inmueble (existiendo una obligatoriedad legal del comprador de continuar con la actividad empresarial o profesional), no es suficiente para acreditar que la intención del comprador era la de continuar con dicha actividad, de cara a determinar el cumplimiento de uno de los requisitos para la aplicación de la regla de no sujeción al IVA (TS 10-1-14, EDJ 1767).

• La cesión del 30% de las acciones de una sociedad, según la cual el cedente presta servicios sujetos al IVA que consisten en actividades de dirección de la compañía a cambio de una remuneración, no constituye una transmisión de una universalidad total o parcial de bienes, puesto que la finalidad de la no sujeción es liberar a los sujetos pasivos de la carga financiera que puede resultar el IVA por las entregas de activos en el marco de operaciones de reorganización, carga que en el caso de la **mera venta de acciones** no se produce puesto que la operación, o bien queda no sujeta al impuesto al encontrarse fuera del ámbito empresarial, o bien queda sujeta y exenta al amparo de las exenciones previstas para las transmisiones de valores (TJUE 30-5-13, asunto C-651/11).

• En el momento en el que se otorga la escritura de escisión de una sociedad, transmitiéndose a una nueva entidad los activos y pasivos de la entidad escindida afectos al desarrollo de una determinada actividad de producción, se produce la transmisión a un tercero de la totalidad de las participaciones de la nueva entidad beneficiaria de la escisión parcial de dicha actividad por parte del socio único de esta. La **transmisión de las participaciones** impide la aplicación del supuesto de no sujeción del IVA al entenderse que no se produce una continuidad del patrimonio transmitido en el desarrollo de una actividad empresarial, sino más bien la de liquidar o transmitir inmediatamente dicha actividad económica (TEAC 18-7-13).

• La transmisión del patrimonio empresarial por un particular **urbanizador**, empresario, está sujeta al IVA y no a la modalidad de TPO del ITP y AJD, ya que no resulta de aplicación el supuesto de no sujeción para la transmisión global del patrimonio empresarial y profesional (TEAC 22-10-08). En el mismo sentido, una comunidad de bienes que transmite un **terreno en curso de urbanización** (TEAC 28-4-09).

• Puesto que no puede considerarse únicamente como elemento esencial para la continuidad de la actividad hotelera el inmueble en sí mismo, el TS concluye que la **transmisión de un hotel** que no contenga al menos muebles sería una entrega de bienes sujeta al IVA (TS 17-10-11, EDJ 263086).

B. Implicaciones en el ITP y AJD

1.	Delimitación entre el IVA y la modalidad TPO del ITP y AJD	6585
2.	Delimitación entre el IVA y la modalidad OS del ITP y AJD	6595
3.	Delimitación entre el IVA y la modalidad AJD del ITP y AJD	6600
 6580

El ITP y AJD engloba tres **modalidades** (LITP art.1.1; RITP art.1.1): 6581
a) **Transmisiones patrimoniales onerosas (TPO)**: modalidad que grava los desplazamientos patrimoniales onerosos y negocios jurídicos asimilados que no resultan gravados por el IVA (LITP art.7 a 18; RITP art.10 a 53).
b) **Operaciones societarias (OS)**: modalidad que grava determinadas operaciones propias y vinculadas a las sociedades y entidades asimiladas (LITP art.19 a 26; RITP art.54 a 65).
c) **Actos Jurídicos Documentados (AJD)**: que grava la formalización de las operaciones, actos o contratos mediante determinados documentos (LITP art.27 a 44; RITP art.66 a 87).
La normativa del ITP y AJD establece las **relaciones** entre sus distintas modalidades, y entre estas y el **IVA**, en la forma en que se describe a continuación, de manera esquemática y sintética, sin perjuicio del análisis en profundidad en los apartados dedicados a cada una de las citadas modalidades del impuesto.
Las **compatibilidades e incompatibilidades** entre las distintas modalidades del impuesto y de estas con el IVA se resumen en el siguiente cuadro:

Cuadro de compatibilidades e incompatibilidades		
TPO	Incompatible con	OS y AJD (DN)
TPO	Incompatible con	IVA
OS	Incompatible con	TPO y AJD (DN)
OS	Compatible con	IVA
AJD (DM)	Compatible con	TPO Y OS
AJD	Compatible con	IVA
ADJ (DN)	Incompatible con	TPO Y OS

1. Delimitación entre el IVA y la modalidad TPO del ITP y AJD

(LITP art.7.5; RITP art.31.2; LIVA art.7.1º)

Tal y como se ha expuesto en el nº 6555 s., está **no sujeta al IVA** la transmisión de un conjunto de elementos corporales y, en su caso, incorporales que, formando parte del patrimonio empresarial o profesional del sujeto pasivo, constituyan o sean susceptibles de constituir una unidad económica autónoma en el transmitente, capaz de desarrollar una actividad económica por sus propios medios. 6585
Sin embargo, la consecuencia esencial de aplicar la no sujeción al IVA radica en la posible tributación en la **modalidad TPO** del ITP y AJD de la cesión de aquellos **bienes inmuebles** que, en su caso, estén incluidos en el patrimonio empresarial transmitido, así como de la transmisión de derechos reales o de determinados valores que se refieran a los mismos.
En estos casos, el **adquirente** es quien ha de pagar este tributo y la cantidad a pagar es igual al tipo impositivo, aprobado por la respectiva comunidad autónoma, del valor de referencia previsto en la normativa reguladora del catastro inmobiliario -a la fecha de devengo del impuesto- del bien inmueble que resulta transmitido. Este impuesto no puede ser deducido, lo que constituye por tanto un gasto final para el adquirente.
En este sentido, la doctrina ha venido afirmando que resulta paradójico que, por la aplicación de un supuesto de no sujeción, cuya finalidad general es la protección de la liquidez del adquirente, la operación tribute por la modalidad TPO del ITP y AJD, finalista y no deducible a efectos fiscales.

Por el contrario, en los casos en que la transmisión de la totalidad del patrimonio empresarial o profesional **no** incluya la enajenación de **bienes inmuebles** (o derechos sobre ellos), la operación no está sujeta a IVA y tampoco a la modalidad TPO del ITP y AJD.

Doctrina Administrativa La determinación de si una **cosa** es **mueble o inmueble** a efectos del ITP y AJD hay que referirla al CC art.333 a 337, por así disponerlo la LITP art.3 (DGT 11-11-03; CV 19-6-07; CV 26-9-07; CV 10-10-08; CV 25-1-10; CV 23-4-10; CV 11-4-14; CV 8-6-18).

Jurisprudencia Si bien el hecho imponible al que se refiere la LITP art.7.5 es la totalidad del patrimonio empresarial, sin que se haga referencia a la transmisión de una rama de actividad, no procede interpretar de forma literal dicho artículo, sino que debe ser entendido de acuerdo con el espíritu de la norma, que busca la coordinación necesaria entre el IVA y la modalidad TPO del ITP y AJD, para evitar situaciones no deseadas tanto de doble imposición como de no imposición. El TEAC entiende que la referencia a la transmisión de la totalidad del patrimonio empresarial debe comprender la transmisión de un conjunto de elementos corporales y, en su caso, incorporales que, formando parte del patrimonio empresarial o profesional del sujeto pasivo, constituyan o sean susceptibles de constituir una **unidad económica autónoma** en el transmitente, a la que alude la LIVA art.7.1º para declarar la no sujeción al IVA, y que en términos tanto de la jurisprudencia comunitaria como nacional se sintetiza en que constituya una unidad económica autónoma (TEAC 28-3-19).

6586 **Transmisión de inmuebles** (LITP art.7.5, 10 y 11.1.a) La norma permite gravar por el ITP y AJD, en su **modalidad TPO**, en el caso de que la transmisión del inmueble esté exenta del IVA (segunda o ulterior entrega de edificaciones), o bien no sujeta al IVA (en el caso de que el inmueble forme parte de la totalidad del patrimonio transmitido, conforme a lo establecido en el nº 6559).

En relación al **tipo de gravamen** aplicable a la modalidad TPO, en particular, en lo que se refiere a bienes inmuebles, la operación tributa al tipo que haya sido fijado por la comunidad autónoma, en virtud de lo dispuesto en la L 22/2009. No obstante, en caso de que la comunidad autónoma no haya aprobado un tipo impositivo específico, se aplica el 6% a la transmisión de inmuebles.

Aun cuando se manifieste dicha circunstancia (exención o no sujeción al IVA), no pueden gravarse estas operaciones por ITP y AJD, modalidad TPO, cuando dicha transmisión quede **no sujeta a** la **modalidad OS** (esto es, cuando se trate de operaciones de reestructuración, que se analizarán con mayor detalle a continuación), pues existe una incompatibilidad expresa entre esta modalidad de TPO y la de OS, quedando la operación exenta de la modalidad TPO cuando la misma no está sujeta a la modalidad OS (esto ocurre en las operaciones de reestructuración).

La L 11/2021, de 9 de julio (en vigor desde el 11-6-2021) introduce una modificación en cuanto a la **base imponible** que debe tenerse en cuenta para la **transmisión de inmuebles**, debiendo tomar como base imponible el mayor de los valores entre el valor de referencia previsto en la normativa reguladora del catastro inmobiliario, a la fecha de devengo del impuesto y valor declarado, el precio o contraprestación pactada. En caso de que no exista valor de referencia, o este no pueda ser certificado por la Dirección General del Catastro, la base imponible, sin perjuicio de la comprobación administrativa, será la mayor de las siguientes magnitudes: el valor declarado por los interesados, el precio o contraprestación pactada o el valor de mercado.

Doctrina Administrativa **1)** La transmisión de un negocio en marcha adquirido a otro franquiciado es una operación no sujeta al IVA, siempre que se cumplan ciertos requisitos, y tampoco es una operación sujeta al ITP y AJD por ser una operación realizada entre empresarios. No obstante, la única salvedad la constituiría el hecho de que existiera un **inmueble afecto a la actividad**, en cuyo caso, el inmueble tributaría por la modalidad TPO de manera independiente (DGT CV 14-9-07).

2) La adquisición de la **oficina de farmacia**, incluyendo inmovilizado, existencias y local, en su totalidad, está no sujeta al IVA. Sin embargo, la transmisión del local tributa por la modalidad de TPO (DGT 20-10-03).

3) La base imponible de la transmisión de inmuebles sujetos a TPO será el **valor** de referencia **catastral**, aunque el valor de mercado sea inferior al primero. No obstante, el sujeto pasivo podrá impugnar la autoliquidación y solicitar su rectificación en los términos establecidos en la LITPAJD art.10, bien entendido que ello no le exime de su obligación de practicar la correspondiente autoliquidación por el valor de referencia (DGT CV 14-6-22).

Jurisprudencia La transmisión de un **complejo industrial** destinado a la comercialización de arroz tributa por la modalidad TPO del ITP y AJD por los inmuebles incluidos en la operación, no sujeta al IVA, por más que la misma no constituya la transmisión de la totalidad del patrimonio empresarial de la transmitente (TEAC 28-3-19).

Transmisión de valores (LITP art.45.I.B.9; LMV/15 art.314; LMV/88 art.108) Debido a la reforma introducida en la LMV/88, con efectos desde el 31-10-2012, podemos distinguir las siguientes situaciones: 6587
- operaciones realizadas antes del 31-10-2012;
- operaciones realizadas a partir del 31-10-2012 (nº 6589).

Régimen fiscal de las operaciones realizadas antes del 31-10-2012 Con anterioridad al 31-10-2012, se encontraban exentas en el ITP y AJD las transmisiones de valores, admitidos o no a negociación en un mercado secundario oficial, sin perjuicio de lo establecido en la LMV/88 art.108 que sujetaba al ITP y AJD, en su modalidad de TPO, al tipo del 6% (o al tipo establecido por las CCAA), la transmisión de determinados valores como si se hubiese realizado una **transmisión de inmuebles**, en los dos **supuestos** siguientes: 6588

a) Transmisiones de valores en el **mercado secundario** y las adquisiciones en los **mercados primarios**, en donde se cumplan simultáneamente las **dos condiciones** siguientes:

1. Los valores o participaciones han de representar partes del **capital social** o patrimonio de entidades cuyo activo esté constituido, al menos, en un **50% por inmuebles** situados en territorio español (en las entidades cuyo objeto social exclusivo sea el desarrollo de actividades empresariales de construcción o promoción inmobiliaria, no se computan los inmuebles que formen parte de su activo circulante, excepto los terrenos y solares).

2. Como consecuencia de la transmisión o adquisición, el adquirente debe obtener la **titularidad** total de ese **patrimonio** o, al menos, una posición que le permita el **control** sobre estas entidades (en sociedades mercantiles se entiende obtenido el control cuando, directa o indirectamente, se alcance una participación en el capital social superior al 50%) o, una vez obtenido el control se aumente la cuota de participación en esas entidades.

b) Transmisiones de acciones o participaciones sociales recibidas en las **aportaciones de bienes inmuebles** efectuadas en el marco de la constitución o ampliación de una sociedad o con motivo de una ampliación de su capital social, siempre que entre la aportación y la transmisión no hubiese transcurrido el plazo de 3 años.

De acuerdo con lo anterior, la transmisión de los citados valores requería que la operación no estuviese sujeta a ITP y AJD, **modalidad OS**, excepto en el caso de operaciones societarias de aumento de capital en las que las acciones representativas del aumento sean suscritas como consecuencia del ejercicio de los derechos de suscripción preferente, o de conversión de obligaciones en acciones, o de cualquier otra forma en cuyo caso se someterían a tributación por la modalidad de TPO por el concepto de transmisión de bienes inmuebles.

Régimen fiscal de las operaciones realizadas a partir del 31-10-2012 A partir del 31-10-2012, están exentas en el ITP y AJD las transmisiones de valores, admitidos o no a negociación en un mercado secundario oficial, sin perjuicio de lo establecido en la LMV/88 art.108, actual LMV art.338. 6589

No obstante, se sujeta al ITP y AJD, en su **modalidad de TPO**, al tipo del 6% (o al tipo establecido por las CCAA) como si se hubiese realizado una **transmisión de inmuebles**, aquella transmisión de valores no admitidos a negociación en un mercado secundario oficial realizadas en el mercado secundario, cuando mediante tales transmisiones de valores se hubiera pretendido eludir el pago de los tributos que habrían gravado la transmisión de los inmuebles propiedad de las entidades a las que representen dichos valores.

La aplicación de esta regla especial requiere la concurrencia de tres **requisitos**:
- se trate de una transmisión de valores realizada en el mercado secundario, lo cual excluye la adquisición de valores de nueva emisión, que se produciría en los mercados primarios;
- los valores transmitidos no estén admitidos a negociación en un mercado secundario oficial, lo cual excluye a las transmisiones de valores admitidos a negociación en dicho mercado (sin requisito temporal previo de admisión);
- la intención o pretensión de elusión del pago de los tributos que habrían gravado la transmisión de los inmuebles propiedad de las entidades a las que representen dichos valores (*animus defraudandi*).

Así, se entiende que se actúa con **ánimo de elusión** del pago del impuesto correspondiente a la transmisión de bienes inmuebles, salvo prueba en contrario, en los siguientes **supuestos**:

a) Cuando se obtenga el **control de una entidad** cuyo activo esté formado en, al menos, el 50% por inmuebles radicados en España que no estén afectos a actividades empresariales o profesionales, o cuando, una vez obtenido dicho control, aumente la cuota de participación en ella.

b) Cuando se obtenga el control de una entidad en cuyo activo se incluyan valores que le permitan ejercer el control **en otra entidad** cuyo activo esté integrado, al menos, en un 50% por inmuebles radicados en España que no estén afectos a actividades empresariales o profesionales, o cuando, una vez obtenido dicho control, aumente la cuota de participación en ella.

c) Cuando los valores transmitidos hayan sido recibidos por las **aportaciones de bienes inmuebles** realizadas con ocasión de la constitución de sociedades o de la ampliación de su capital social, siempre que tales bienes no se afecten a actividades empresariales o profesionales y que entre la fecha de aportación y la de transmisión no hubiera transcurrido un plazo de 3 años.

6590 Doctrina Administrativa **1)** En una operación de reestructuración empresarial en la que una entidad va a adquirir el total de acciones de otra de la que ya posee una participación (23%), no concurren los requisitos para considerar que la operación se realiza con el **ánimo de elusión del pago del impuesto** correspondiente a la transmisión de bienes inmuebles, por lo que en principio no es aplicable la excepción a la exención y la transmisión de valores está exenta (DGT CV 30-11-12).

2) A efectos de lo dispuesto en el nº 6589 y, en concreto, en virtud de la aplicación de las presunciones de actuar con ánimo de elusión del pago del impuesto, el concepto de **bien afecto** debe ser el previsto por la normativa del IVA, esto es, aquellos que formen parte del patrimonio empresarial de la entidad, al estar afectos a la actividad económica del empresario o profesional (DGT CV 22-10-13; CV 19-9-17; CV 3-10-17).

3) Una entidad quiere aportar su cartera de **créditos hipotecarios** a una entidad de nueva creación, para después transmitir las participaciones de esta nueva entidad. Como la entidad que se va a constituir, y de la que luego se transmitirán las acciones, no posee inmuebles, sino una cartera de créditos hipotecarios que no le otorgan ni la propiedad ni ningún otro derecho real sobre los inmuebles, nunca va a ser de aplicación la excepción a la exención de la LMV art.338, ya que lo que grava es la transmisión encubierta de inmuebles y los créditos hipotecarios no pueden entrar en esa categoría (DGT CV 23-11-16).

4) La pretensión de eludir los tributos que habrían gravado la transmisión de los inmuebles de la entidad cuyos valores se hayan transmitido constituye una cuestión de hecho que debe ser probada suficientemente por la Administración tributaria competente para la gestión del tributo aplicable. No obstante lo anterior, se regulan tres supuestos en los que se produce la **inversión de la carga de la prueba** (nº 6589), de manera que la Administración gestora solo tiene que comprobar la existencia de los requisitos objetivos cuya concurrencia supone la presunción del requisito subjetivo de la pretensión de elusión y, en consecuencia, la sujeción al gravamen correspondiente sin exención. Ahora bien, a fin de evitar la indefensión del contribuyente, esta presunción admite la prueba en contrario (presunción iuris tantum), de forma que el sujeto pasivo tiene la oportunidad de probar la inexistencia de la pretensión de elusión, si bien, al tratarse de una cuestión de hecho, no puede ser resuelta a priori, sino que ha de ser planteada en el procedimiento de gestión correspondiente y enervada por el interesado ante la Administración tributaria gestora competente (DGT CV 19-9-17).

5) Una sociedad de nueva creación adquirió activos inmobiliarios para su explotación y con posterioridad se vende el 93% de las participaciones de dicha sociedad a una sociedad conjunta perteneciente a un inversor y el restante 7% se aporta a la sociedad conjunta recibiendo a cambio participaciones de dicha sociedad por un valor del 20% de la sociedad conjunta. En este supuesto, en el que los inmuebles incluidos en el activo parecen tener la consideración de **bienes afectos a una actividad económica**, se puede entender que no concurren los requisitos para considerar que la operación se realiza con el ánimo de elusión del pago del impuesto, por lo que, en principio, no es de aplicación la excepción a la exención y, en consecuencia, la transmisión de valores en cuestión queda exenta del IVA o del ITP y AJD, al que está sujeta, siempre que por la Administración tributaria, a la vista de las circunstancias previas, simultáneas y posteriores concurrentes en la operación, no se determine la intención de eludir el pago de los impuestos que habrían gravado la transmisión de los inmuebles propiedad de la entidad a la que representan dichos valores (DGT CV 15-1-20).

6) La adquisición del 100% de las participaciones sociales en una empresa en cuyo activo se incluyen 50 inmuebles (entre locales comerciales, viviendas, garajes, trasteros, fincas rústicas, etc.) puede quedar sujeta a IVA o TPO si se cumplen los requisitos exigidos por la LMV art.338, debiendo analizarse si la totalidad de los inmuebles que componen el activo de la entidad están **afectos a la actividad de arrendamiento** o si sólo una parte de ellos lo están y cuál es, en este caso, su proporción. Asimismo, la afección a la actividad económica debe determinarse en relación con la normativa de los impuestos implicados -IVA e ITPAJD- (DGT CV 14-10-22).

6591 Jurisprudencia El TSJ de Cataluña decidió plantear ante el TJUE una cuestión acerca de la compatibilidad del ITP y AJD, en su modalidad TPO, con la Dir 77/388/CEE, por albergar dudas de si un impuesto indirecto distinto del IVA (como es el ITP, en su modalidad TPO) que grava los supuestos de adquisición de la mayoría del capital de una sociedad cuyo activo está constituido esencialmente por inmuebles es **compatible con la normativa comunitaria**.

En este sentido, el TJUE recuerda que ya se pronunció sobre su compatibilidad con la Dir 77/388/CEE art.33.1, en TJUE auto 27-11-08, asunto C-151/08, considerando que el TPO se distinguía del IVA de tal manera que no cabía calificarlo de impuesto que tenga carácter de impuesto sobre el volumen de negocios. Así pues, atendiendo al razonamiento seguido en el citado auto, el Tribunal concluye de nuevo que la Dir 77/388/CEE no se opone a lo dispuesto por la LMV/88 art.108 y, por tanto, no se opone a que las operaciones de compraventa de acciones como las del asunto principal se graven por un impuesto indirecto (TPO) distinto del IVA (TJUE 20-3-14, asunto Caixa d'Estalvis i Pensions de Barcelona C-139/12).

2. Delimitación entre el IVA y la modalidad OS del ITP y AJD

(LITP art.19, 21 y 45.I.B.10)

La normativa únicamente predica la incompatibilidad entre el IVA y la modalidad TPO del ITP y AJD, pero no entre las demás (LITP art.7.5; RITP art.31.2 y 33.1; LIVA art.4.cuatro). 6595
Así, desde la perspectiva del IVA, parece que se reconocería implícitamente esta **compatibilidad** al señalar que se consideran entregas de bienes a los efectos del IVA las aportaciones no dinerarias efectuadas por los sujetos pasivos del impuesto de elementos de su patrimonio empresarial o profesional a sociedades o comunidades de bienes o a cualquier otro tipo de entidades y las adjudicaciones de esta naturaleza en caso de liquidación o disolución total o parcial de aquellas (en particular, la adjudicación de terrenos o edificaciones promovidos por una comunidad de bienes realizada en favor de los comuneros, en proporción a su cuota de participación), sin perjuicio de la tributación que proceda con arreglo a las normas reguladoras de los conceptos AJD y OS del ITP y AJD (LIVA art.8.dos.2º).
Así, por ejemplo, las **aportaciones no dinerarias** efectuadas por los sujetos pasivos del IVA de elementos de su patrimonio empresarial o profesional a cualquier tipo de entidades, y la adjudicación de terrenos o edificaciones promovidos por una comunidad de bienes realizada en favor de los comuneros, en proporción a su cuota de participación podrían tributar por **IVA** y, además, por la **modalidad OS** del ITP y AJD, circunstancia esta última que impediría una potencial sujeción a la modalidad TPO del ITP y AJD (en caso de que la aportación o adjudicación no estuviera sujeta al IVA, o sujeta pero exenta, sin que la exención sea objeto de renuncia), habida cuenta de la relación de incompatibilidad absoluta que existe entre las modalidades OS y TPO, y el carácter preferente que la primera presenta respecto de la segunda.
Son **operaciones societarias sujetas a la modalidad OS** del ITP y AJD, entre otras, la constitución de sociedades, el aumento y disminución de su capital social, la disolución de sociedades y las aportaciones que efectúen los socios que no supongan aumento del capital social.

Sin embargo, **no están sujetas** las operaciones de reestructuración. A efectos de este impuesto, se considera que son operaciones de reestructuración las operaciones de fusión, escisión, aportación de activos, canje de valores y aportaciones no dinerarias especiales como (LIS art.76.1, 2, 3, 5 y 87): 6596
- la **fusión** por absorción, por constitución de una nueva sociedad así como la fusión impropia;
- la **escisión**, tanto total como parcial;
- la **aportación no dineraria de ramas de actividad**;
- el **canje de valores**, por el que una entidad adquiere una participación en el capital de otra que le otorgue la mayoría de los derechos de voto en ella;
- las **aportaciones no dinerarias especiales** en las que, una vez realizada la aportación, el sujeto pasivo participa en los fondos propios de la entidad que recibe la aportación en, al menos, el 5%.

Precisiones **1)** La no sujeción de todas estas operaciones al ITP y AJD (modalidad OS) se acompaña de la **exención** de las operaciones de reestructuración a las otras dos modalidades del impuesto: TPO y AJD. 6597
2) La posibilidad de considerar exentas las operaciones societarias derivadas de estas operaciones de fusión y escisión no se condiciona a que les sea de aplicación el **régimen fiscal especial** establecido en la LIS.
3) Cualquier **otra aportación no dineraria** que, de acuerdo con la normativa reguladora del ITP y AJD, no sea considerada como operación de reestructuración, está sujeta a dicho impuesto en la modalidad OS y en concepto de aumento de capital.
No obstante, se establece la **exención** en el ITP y AJD de la constitución de sociedades, el aumento de capital, las aportaciones que efectúen los socios y que no supongan un aumento de capital y el traslado a España de la sede de dirección efectiva o del domicilio social de una entidad, cuando ni una ni otro estuvieran previamente situados en un Estado miembro de la UE (LITP art.45.I.B.11).

Doctrina Administrativa Una **operación de reestructuración** está no sujeta a la modalidad OS del ITP y AJD y exenta de la modalidad de TPO y AJD de dicho impuesto. No obstante, si la operación en cuestión no tiene la consideración de operación de reestructuración, esta queda **sujeta** a la **modalidad OS pero exenta** del impuesto en cuestión, en virtud de lo dispuesto en la LITP art.45.I.B.11. En este último caso, la sujeción de la operación a la modalidad OS impide su sujeción a la modalidad de TPO y a la cuota gradual de la modalidad de AJD, documentos notariales (DGT CV 20-10-11; CV 25-3-14; CV 19-5-16; CV 3-12-18).

Jurisprudencia El TS considera que la cuestión con interés casacional objetivo para la formación de jurisprudencia consiste en determinar si cuando en el contexto de una fusión por absorción -sin que previamente pertenecieran a la sociedad absorbente la totalidad de las participaciones de las absorbidas- tenga lugar la ampliación de capital de la sociedad absorbente, pueden considerarse la **fusión**, por un lado, y la **ampliación de capital**, por otro lado, como dos convenciones diferentes o, por el contrario, deba entenderse que dicha ampliación forma parte de la reestructuración realizada (fusión por absorción) encontrándose, en consecuencia, no sujeta al ITP y AJD, modalidad OS (TS auto 6-3-20, EDJ 553754).

3. Delimitación entre el IVA y la modalidad AJD del ITP y AJD

(LITP art.1.2, 4, 30 y 31.2)

6600 La imposición por AJD resulta **compatible** con el gravamen por el IVA, en la medida en que, en este ámbito, no tiene lugar el régimen de incompatibilidades existente entre el IVA y la modalidad de TPO. En esencia, lo que sucede es que los hechos imponibles que recaen sobre uno y otro tributo son distintos.

El **hecho imponible** de la modalidad **AJD** está constituido por el especial reforzamiento de la seguridad jurídica que otorga la formalización de los documentos, así como el gravamen de determinados actos, negocios y contratos que no implican desplazamiento patrimonial. Por el contrario, el **IVA** grava la entrega de bienes y prestaciones de servicios, por lo que la Ley española no encuentra puntos de fricción entre estos dos hechos imponibles. No obstante, ha existido un intenso debate jurisprudencial sobre este aspecto, recogiendo conclusiones en ambas direcciones.

Así, una **operación sujeta al IVA** que se formalice en **documento notarial** queda sujeta también a la cuota fija de la modalidad AJD, documentos notariales y a la cuota variable de la misma modalidad si concurren los requisitos enumerados en la LITP art.31.2 (entre ellos, que no quede sujeta a la modalidad TPO del ITP y AJD por ser una operación inmobiliaria exenta de IVA y no haberse producido la renuncia a la exención).

En paralelo a la **modificación** de la **base imponible** para la modalidad de TPO del ITP y AJD, la base imponible para el AJD que se determine en función del valor de bienes inmuebles se modifica por la Ley 11/2021 (en vigor desde el 11-6-2021). De acuerdo con la LITPAJD art.30.1, en remisión al art.10, la base imponible de los inmuebles será el mayor de los valores entre el valor de referencia previsto en la normativa reguladora del catastro inmobiliario, a la fecha de devengo del impuesto y valor declarado, el precio o contraprestación pactada. En caso de que no exista valor de referencia o este no pueda ser certificado por la Dirección General del Catastro, la base imponible, sin perjuicio de la comprobación administrativa, será la mayor de las siguientes magnitudes: el valor declarado por los interesados, el precio o contraprestación pactada o el valor de mercado.

6601 Doctrina Administrativa La sujeción de la operación de **disolución** de una sociedad por la modalidad OS determina la no sujeción por las otras dos modalidades del impuesto, dada la **incompatibilidad** existente entre la modalidad OS y la de TPO (LITP art.1.2) por un lado y con la modalidad AJD (LITP art.31.2), por otro lado (DGT CV 31-1-20).

Jurisprudencia **1)** Una generalidad de pronunciamientos jurisprudenciales han refrendado la **compatibilidad** entre la modalidad de **AJD y el IVA**. A título de ejemplo, el TSJ Extremadura 27-7-05, EDJ 119631 se expresó favorablemente al interpretar el régimen de compatibilidad expreso que contiene el RITP art.74.2 en materia de préstamo (sujeto al IVA, sin perjuicio del régimen de exenciones, y sujeto al AJD, documentos notariales), señalando que, gravando el IVA una operación y la modalidad de AJD el soporte documental de acceso al Registro, ambos tributos no resultan incompatibles.

2) No obstante, han existido numerosas opiniones muy **críticas** con este régimen de compatibilidad entre la modalidad de AJD y el IVA. Dichas críticas consideran que el gravamen de esta modalidad no es puramente documental, sino que, sobre todo en el ámbito de los documentos notariales, recae sobre el acto, negocio o contrato que se formaliza en el documento público.

3) En este sentido, se interpuso una cuestión ante el TJUE acerca de una posible **incompatibilidad** entre la modalidad española del impuesto sobre AJD y las **Directivas en materia de IVA** y en tributación de los derechos de registro. El TJUE resolvió que las disposiciones del derecho interno español sobre los documentos notariales no son incompatibles con la imposición sobre el valor añadido pues, en su opinión, dicho impuesto solo recae sobre la formalización de escrituras notariales relativas a determinados actos jurídicos recogidos por la ley (esencialmente, las transmisiones de inmuebles) y no, con carácter general, sobre todas las transacciones que tengan por objeto bienes o servicios. De esta manera, señaló que el impuesto sobre AJD no presenta las características esenciales del IVA y, por tanto, no es contrario a la normativa comunitaria (TJUE auto 27-11-08, asunto C-151/08).

4) El TS considera que la cuestión que presenta interés casacional objetivo para la formación de jurisprudencia consiste en determinar si la primera copia de una escritura notarial en la que se documenta la cesión o **transmisión de una oficina de farmacia** es un acto sujeto al AJD, conforme a lo dispuesto en la LITP art.31.2, al ser inscribible tal título en el Registro de Bienes Muebles (TS auto 28-11-19, EDJ 749080).

SECCIÓN 4

Operaciones de reorganización

I. **Régimen fiscal aplicable a operaciones no protegidas** 6615 **6610**
A. Tributación directa.......... 6620
B. Tributación indirecta.......... 6645
C. Tributación local.......... 6660
II. **Régimen fiscal especial de las fusiones, escisiones, aportaciones de activos y canje de valores** 6670
A. Operaciones amparadas.......... 6675
B. Tributación directa.......... 6710
C. Tributación indirecta.......... 6785
D. Tributación local.......... 6810
E. Otros aspectos del régimen especial.......... 6825

Los procesos de transmisión de empresas, con frecuencia, aparecen relacionados con operaciones de **reorganización de entidades**, bien en un momento anterior a la transmisión (para preparar esta, con el objetivo, por ejemplo, de simplificar o racionalizar la estructura societaria a efectos de obtener un mayor precio de venta, o separar en una entidad independiente la actividad que se desea transmitir) o una vez ya transmitida la entidad (por ejemplo, para integrar en el patrimonio de una entidad ya propiedad del adquirente el patrimonio de la entidad de nueva adquisición por tener ambas la misma actividad). Estas operaciones se pueden realizar tanto dentro de un grupo empresarial como entre entidades independientes. **6611**
Las operaciones, si se **transmiten activos y/o pasivos** pueden ser de concentración (una o varias entidades se extinguen y se integran en otra previamente existente o de nueva constitución) o de desconcentración (determinados activos o pasivos que pueden, o no, formar un patrimonio empresarial capaz de desarrollar una actividad, son transmitidos a otra entidad).
Dentro de los referidos procesos de reorganización resultan características, por la naturaleza de los elementos que se transmiten, las operaciones de **transmisión** de **acciones o participaciones** (por ejemplo, por canje de valores), en las que, mediante la participación en el capital de entidades, se transmite la propiedad de los activos y pasivos de las entidades sin necesidad de que estos vean modificada su propiedad.

Se definen a continuación de una forma breve las **operaciones más habituales** de reorganización, con el objetivo de hacer más clara y sintética la exposición posterior de los efectos fiscales de cada una de ellas (LIS art.76): **6612**
a) Fusión. De forma general, se entiende por fusión la integración de dos o más patrimonios de una o varias entidades en una tercera ya existente o de nueva creación. En función de cómo se realice dicha integración, los tipos de fusión pueden ser:
1. Fusión **por absorción**: una o varias entidades transmiten en bloque a otra entidad ya existente, en el momento de su disolución sin liquidación, la totalidad de sus activos y pasivos, mediante la atribución a sus socios de valores representativos del capital de otra entidad y, en su caso, una determinada compensación dineraria.
2. Fusión **por constitución de una nueva entidad**: dos o más entidades transmiten en bloque a otra nueva, en el momento de su disolución sin liquidación, la totalidad de sus activos y pasivos, mediante la atribución a sus socios de valores representativos del capital de otra entidad y, en su caso, una determinada compensación dineraria.
3. Fusión **impropia**: la entidad adquirente tiene una participación en el capital de la entidad transmitente y la absorbe, quedando anulada la referida participación como consecuencia de la integración de los activos y pasivos.
4. Fusión **impropia inversa**: es un tipo especial de la descrita fusión impropia en la que la entidad transmitente es la propietaria de las participaciones de la entidad adquirente. De ahí el nombre de inversa, el propietario de las participaciones es el que transmite sus activos y pasivos.

b) Escisión. Se entiende por escisión la operación de reorganización o modificación estructural por la que una entidad divide o segrega la totalidad o parte de su patrimonio en dos o más partes transmitiéndolas en bloque a otra u otras sociedades nuevas o existentes. En función de cómo sea la referida división o segregación, la escisión puede ser: **6613**
- escisión **total**: la entidad transmite la totalidad de su patrimonio a varias entidades adquirentes de nueva constitución o ya existentes, quedando extinguida;

- escisión **parcial**: la entidad transmite, sin proceder a su extinción, una o varias de sus ramas de actividad a una o varias entidades de nueva constitución o ya existentes.
c) Aportación no dineraria. Es la operación mediante la cual una entidad aporta uno o varios elementos patrimoniales, que pueden constituir rama de actividad, recibiendo, en contraprestación, valores representativos del capital de la entidad adquirente.
d) Canje de valores. Es un tipo de aportación no dineraria especial en la que los elementos aportados son valores representativos del capital de otra entidad.

I. Régimen fiscal aplicable a operaciones no protegidas

6615

A. **Tributación directa** 6620
1. Régimen fiscal de las entidades transmitentes 6625
2. Régimen fiscal de las entidades adquirentes 6635
3. Régimen fiscal de los socios 6640
B. **Tributación indirecta** 6645
C. **Tributación local** 6660

6616 En este apartado se hace referencia a la tributación de las operaciones de reestructuración en las que se haya **optado** expresamente por **no aplicar el régimen fiscal especial** mediante la correspondiente comunicación y que, por lo tanto, resultan ser operaciones no protegidas.
Para dejar de aplicar este régimen especial resulta indispensable que, en la **comunicación** a la Administración tributaria acerca de la realización de estas operaciones, se indique expresamente la voluntad de no acogerse al mismo (LIS art.89).
En las operaciones referidas, se transmiten elementos patrimoniales de distinta naturaleza susceptibles, por dicha transmisión, de generar **rentas a efectos fiscales**, las cuales deben ser tenidas en cuenta en el análisis de las operaciones planteadas.
Así, en el **régimen general del IS**, todas las rentas que se pongan de manifiesto en la transmisión de los referidos elementos entre entidades son susceptibles de generar el hecho imponible que grava dicho impuesto.
Adicionalmente, también la transmisión de las acciones o participaciones propiedad de los socios de las entidades afectadas, puede generar rentas en sede de estos.
Esta posible acumulación de **costes fiscales** en las referidas operaciones de reorganización puede tener como consecuencia que, por ser en exceso gravosos, no se lleven a cabo las operaciones de reorganización que, desde un punto exclusivamente económico o de racionalización de actividades, serían las más recomendables. Por ello, las distintas normativas de la UE y, por ende, la española, han establecido un **régimen especial** para las referidas operaciones, buscando la **neutralidad fiscal**.
En este capítulo, se va a exponer el **régimen fiscal general** de las referidas operaciones de concentración, tanto en lo que se refiere a las entidades que intervienen en las mismas, como a nivel socios, por las transmisiones de participaciones que se generen.

A. Tributación directa

6620 En las siguientes líneas se estudia el régimen fiscal aplicable en las operaciones de reestructuración no protegidas por el régimen especial de:
- las entidades transmitentes;
- las entidades adquirentes (nº 6635 s.); y
- los socios (nº 6640 s.).

1. Régimen fiscal de las entidades transmitentes

6625 Debe tenerse en cuenta que, en función de la operación de reorganización que se realice, puede haber entidades que cierren ejercicio impositivo por mor de la operación (entidades transmitentes en supuesto de fusión o de escisión total), pudiendo ser el último de su vida societaria y, sin embargo, puede haber entidades en las que no acaezca dicha circunstancia por no ser transmitida la totalidad de su patrimonio (aportaciones no dinerarias o canje de valores).

Plusvalías en la disolución o transmisión (LIS art.17.4) La entidad transmitente debe integrar en su base imponible la **diferencia** entre el valor de mercado de los elementos transmitidos y su valor fiscal. En el supuesto en que el valor contable de los bienes transmitidos difiera de su valor fiscal, la **renta fiscal** debe ser calculada con independencia del resultado contable que se ponga de manifiesto y siempre con la referencia del valor de mercado. **6626**

Precisiones La entidad absorbida puede aplicar los incentivos fiscales de la LIS a la ganancia que obtenga. En particular, el mecanismo de **exención** sobre las rentas derivadas de la transmisión de valores representativos de la entidad cuyos valores se han transmitido, aplicable asimismo en supuestos de liquidación de la entidad, separación del socio, fusión, escisión total o parcial, reducción de capital, aportación no dineraria o cesión global de activo y pasivo (LIS art.21.3). Para un análisis más detallado de la exención, ver nº 2690 s. Memento Impuesto sobre Sociedades 2024.

En la **valoración** de los **elementos transmitidos** debe tenerse en cuenta no únicamente el valor individual de cada elemento aislado, sino que deben valorarse también los activos intangibles (por ejemplo, derivados del hecho de que formen una unidad económica autónoma de forma conjunta) por lo que es posible que la valoración resultante, sea superior (o inferior) a la agregación de los valores individuales, lo que en su caso puede poner de manifiesto la transmisión implícita de un fondo de comercio dentro de esa unidad económica autónoma. **6627**

Precisiones Si alguna de las entidades ha **revalorizado o actualizado** sus **elementos** sin la cobertura de una norma que habilite a efectos fiscales dicha actuación (la última norma que en la normativa de territorio común ha aprobado una actualización de balances, a estos efectos, ha sido la L 16/2012, por la que se adoptan diversas medidas tributarias dirigidas a la consolidación de las finanzas públicas y al impulso de la actividad económica) dicha actualización no se tiene en cuenta para la determinación de la renta fiscal.

La integración de las referidas rentas en la base imponible del impuesto del transmitente debe realizarse en el **período impositivo** en el que se realice la transmisión efectiva de los elementos patrimoniales. **6628**

Imputación de rentas (LIS art.11) En el supuesto en que alguna de las **entidades** intervinientes en la reorganización quede **extinguida** (fusión y escisión total), las operaciones realizadas por la misma mientras tenga la consideración de sujeto pasivo del IS, se consideran imputables a dicha entidad a efectos fiscales, con independencia de la posible retroacción contable y de lo acordado por los órganos de representación de las entidades intervinientes. **6629**

Precisiones La **extinción** de una sociedad, de acuerdo con la normativa mercantil, se produce con la inscripción en el Registro Mercantil (DGRN Resol 20-9-11). En sentido contrario, no obstante, se ha pronunciado el TS, quien, en atención al principio de seguridad jurídica que debe ofrecer el sistema registral, ha manifestado que los **efectos de la inscripción** se retrotraen a la fecha del asiento de presentación en el Registro Mercantil, puesto que, de no ser así, los efectos frente a terceros de los negocios que tienen acceso al Registro dependerían de la mayor o menor diligencia con la que fueran calificados por el registrador los instrumentos en que se documentan (TS cont-adm 21-5-12, EDJ 95812).

No aplicación del principio de subrogación (LIS art.84) En los procesos de reorganización en los que exista subrogación en derechos y obligaciones desde un punto de vista mercantil, el régimen general no contempla dicha subrogación en lo que afecta al IS. **6630**

El hecho de que no se contemple dicha subrogación supone que:

a) No se transmite el derecho a la **compensación** de las **bases imponibles negativas** generadas en ejercicios anteriores por la entidad que transmite sus activos y pasivos (AN 5-3-12, EDJ 87371; 20-2-14, EDJ 21457).

Precisiones Con frecuencia, en aplicación del régimen especial de la LIS Capítulo VII, la razón de las reorganizaciones realizadas mediante **fusiones impropias inversas**, se encuentra en evitar la pérdida del aprovechamiento de las bases imponibles negativas de la propia entidad absorbente, si bien esto está condicionado al cumplimiento de una serie de requisitos.

b) El derecho a la utilización de **deducciones** pendientes de aplicar en las entidades que transmiten sus activos y pasivos desaparece con la entidad transmitente. **6631**

c) No se transmite el derecho a la utilización de determinados **incentivos fiscales** cuando la entidad adquirente no cumple, de forma individual, los requisitos para su aprovechamiento (por ejemplo, la amortización acelerada aplicable a determinados elementos).

d) No se transmite el derecho a **recuperar gastos** considerados como **no deducibles** en las entidades transmitentes cuando no se den las circunstancias para obtener dicha condición en la entidad adquirente.

6632 **Períodos impositivos** (LIS art.27.2) Las entidades intervinientes en la operación de reorganización concluyen un período impositivo cuando finalice su ejercicio económico y, en todo caso, cuando se extingan (fusión y escisión total).

6633 **Declaración y liquidación del IS** La entidad que concluye su último período impositivo, es decir, la **entidad que se extingue**, debe presentar la correspondiente declaración en el plazo de 25 días naturales siguientes a los 6 meses posteriores a la conclusión del período impositivo, debiendo integrar en su base imponible, además de las rentas generadas en dicho ejercicio por la actividad ordinaria, las rentas puestas de manifiesto con ocasión de la disolución.

En el periodo impositivo que concluye con la extinción de la entidad transmitente, esta puede compensar las **bases imponibles negativas** que tuviese pendientes hasta ese momento sin que sea de aplicación la limitación general establecida en la LIS, perdiéndose los importes que no sean aprovechados en la declaración.

Precisiones La **presentación** de la declaración debe ser realizada por la entidad que haya adquirido los activos y pasivos de la entidad disuelta ya que, con independencia del régimen fiscal aplicable, se produce, a efectos mercantiles, la sucesión universal de todos los derechos y obligaciones (LGT art.40.3).

2. Régimen fiscal de las entidades adquirentes

(LIS art.17 y 78.2)

6635 Los elementos patrimoniales adquiridos se deben valorar, a efectos fiscales, por su valor de mercado.

Así, en función de cuál sea el **valor contable** en la entidad adquirente pueden plantearse dos supuestos:

a) La entidad adquirente contabiliza los elementos patrimoniales adquiridos con los mismos valores existentes en la entidad transmitente. Se puede generar una **diferencia** de valoración **con el valor de mercado**, valor convalidado en el régimen general, y con referencia al cual ha debido tributar la entidad transmitente. La diferencia entre ambos valores será integrada en la base imponible de la entidad adquirente en ejercicios posteriores, mediante ajustes al resultado contable.

Precisiones En función de la naturaleza de los elementos (amortizables, no amortizables, servicios y circulantes) la **recuperación** de esos **ajustes** es a distinto ritmo (LIS art.20):

a) Elementos patrimoniales integrantes del **activo circulante**: en el período impositivo en que estos motiven el devengo de un ingreso o un gasto.

b) Elementos patrimoniales **no amortizables** integrantes del inmovilizado: en el período impositivo en que estos se transmitan o se den de baja.

c) Elementos patrimoniales **amortizables** integrantes del inmovilizado: en los períodos impositivos que resten de vida útil, aplicando a la citada diferencia el método de amortización utilizado respecto de los referidos elementos, salvo que sean objeto de transmisión o baja con anterioridad, en cuyo caso, se integra con ocasión de la misma.

d) Servicios: en el periodo impositivo en que se reciban, excepto que su importe deba incorporarse a un elemento patrimonial en cuyo caso se está a lo previsto en los supuestos anteriores.

6636 **b)** La entidad adquirente contabiliza los elementos patrimoniales adquiridos por su valor real, por lo que hay **coincidencia con** el valor fiscal, el **valor de mercado**, no generándose diferencias que deban ser recuperadas en ejercicios posteriores.

Precisiones En la integración de los elementos patrimoniales en las operaciones de fusión y escisión puede generarse un **fondo de comercio** que tiene la consideración de deducible con el límite fiscal de la veinteava parte de su importe (LIS art.12.2).

En los ejercicios iniciados en los años 2012 a 2015, a nivel fiscal únicamente se pudo deducir un importe correspondiente al 1% de su precio de adquisición originario, con independencia de que contablemente no hubiera una imputación sistemática a resultados del ejercicio (RDL 12/2012).

A partir de los períodos impositivos iniciados desde el 1-1-2016, este activo intangible, desde la perspectiva contable, se considera que tiene una vida útil definida que se presume, salvo prueba en contrario, de 10 años. A efectos fiscales se limita anualmente el gasto deducible a la veinteava parte de su importe, por lo que el gasto contable por amortización del fondo de comercio no es deducible en su totalidad, lo que genera un ajuste al resultado que revierte, de forma sistemática, una vez el fondo de comercio haya sido amortizado contablemente.

6637 Las entidades adquirentes, siempre que los elementos recibidos sean susceptibles de ser amortizados, deben mantener el mismo **método de amortización** que estaba siendo realizado por la entidad transmitente, excepto que la entidad adquirente prefiera aplicar a dichos elementos su propio método de amortización (RIS art.3.6). El valor sobre el que se debe determinar la nueva amortización fiscal, sin modificar la vida útil, es el valor de mercado de dichos bienes en la operación de reorganización.

Precisiones En ningún caso, los elementos adquiridos, excepto que tuviesen dicha condición con anterioridad a la operación de reorganización, pueden ser considerados como **elementos usados** como consecuencia de la transmisión realizada en el seno de la reorganización.

La **fecha de adquisición** de los elementos patrimoniales procedentes de las operaciones de reorganización es la del momento de la realización de la referida operación. **6638**

En las operaciones de reorganización, la entidad adquirente, de forma general, amplía su **capital social** como contraprestación a los elementos recibidos, entregando dichos valores a los socios de la entidad que entrega dichos elementos. En el supuesto que el valor contable del patrimonio adquirido y el valor nominal del capital ampliado no coincidan se ha de constituir una **prima de emisión** (o asunción) por dichos valores.

La constitución de dichos fondos propios **no genera renta** para la entidad que amplía sus fondos propios por lo que no supone un hecho imponible en el IS.

3. Régimen fiscal de los socios

Cuando en las operaciones de reorganización se produce un intercambio de participaciones (canje de valores), el tratamiento en la imposición directa (IS e IRPF) es distinto en función de que el socio sea persona jurídica o física. **6640**

Socios personas jurídicas (LIS art.17.9) En los socios personas jurídicas se produce una **renta** determinada por la diferencia entre el valor de mercado de la participación recibida y el valor fiscal de la participación entregada/anulada. **6641**

La renta positiva generada, si no se ha reconocido contablemente por no haber modificado el valor contable, debe integrarse en la base imponible mediante un **ajuste extracontable positivo** que puede ser recuperado en el momento que se transmita la participación referida, ya que el coste fiscal, a efectos de una futura transmisión, va a ser superior al contable. **6642**

No obstante, la normativa del IS prevé un mecanismo de **exención** sobre las rentas derivadas de la transmisión de valores representativos de la entidad cuyos valores se han transmitido aplicable asimismo en los supuestos de liquidación de la entidad, separación del socio, fusión, escisión total o parcial, reducción de capital, aportación no dineraria o cesión global de activo y pasivo (LIS art.21.3). Para que opere la exención es necesario cumplir, principalmente, dos **requisitos**:

a) El porcentaje de participación, directa o indirecta, en el capital o en los fondos propios de la entidad sea, al menos, del 5% o bien que el valor de adquisición de la participación sea superior a 20 millones de euros (requisito aplicable hasta 2025 y únicamente a participaciones adquiridas en los períodos impositivos iniciados con anterioridad al 1-1-2021 que no supongan más de un 5% de participación en el capital social de la entidad).

b) La participación correspondiente se debe poseer de manera ininterrumpida, al menos, durante el año anterior al día en que se produzca la transmisión.

Precisiones Para un análisis más detallado de la exención, ver nº 2690 s. Memento Impuesto sobre Sociedades 2024.

Socios personas físicas (LIRPF art.37 y disp.trans.9ª) En los socios personas físicas se genera una **ganancia o pérdida patrimonial** determinada por la diferencia entre: **6643**

- el mayor entre el valor de mercado de los valores recibidos o el valor de mercado de los entregados; y
- el valor de adquisición de los valores entregados.

El **valor de mercado** es el de cotización siempre que los valores estén admitidos a negociación en un mercado secundario. En caso contrario, es el mayor de:

a) El valor del **patrimonio neto** que corresponda a los valores transmitidos resultante del balance correspondiente al último ejercicio cerrado con anterioridad a la fecha del devengo del impuesto.

b) El valor que resulte de **capitalizar al 20%** el promedio de los resultados de los tres últimos ejercicios cerrados con anterioridad a la fecha de devengo del impuesto.

La ganancia o pérdida patrimonial se ha de incorporar en la **base imponible del ahorro**. En el supuesto que los valores entregados hubieran sido adquiridos con **anterioridad** al **31-12-1994**, la ganancia patrimonial, asignada de forma lineal, correspondiente al período comprendido entre esa fecha y el 19-1-2006, puede ser reducida en un 25% (valores admitidos a negociación), o en un 14,28% (en otro caso), por cada año de permanencia que exceda de dos desde la fecha de adquisición hasta el 31-12-1996.

Precisiones Para un análisis más detallado sobre el **régimen transitorio** aplicable a las ganancias derivadas de elementos patrimoniales no afectos adquiridos con anterioridad al 31-12-1994, ver nº 5108 s. Memento IRPF 2024.

B. Tributación indirecta

6645 Para determinar el tratamiento de las operaciones de reorganización (fusión, escisión, aportaciones no dinerarias y canje de valores) a efectos del **IVA**, se ha de analizar si pueden encajar en la definición del **hecho imponible** del impuesto.

Para que se origine el hecho imponible del impuesto es necesaria la concurrencia de tres **requisitos** (LIVA art.4):

- se debe realizar una entrega de bienes o prestación de servicios;
- estas operaciones deben ser efectuadas por empresarios o profesionales a título oneroso, con carácter habitual u ocasional;
- han de realizarse en el desarrollo de su actividad empresarial o profesional.

En la medida en que las operaciones de reestructuración son realizadas por sociedades mercantiles que tienen la consideración de empresario a efectos del IVA y suponen entregas de bienes en el desarrollo de su actividad empresarial, en principio, estas operaciones están **sujetas al IVA**.

No obstante lo anterior, en el supuesto que los elementos transmitidos como consecuencia de una operación de reestructuración constituyan una unidad económica capaz de desarrollar una actividad empresarial o profesional por sus propios medios, entraría en juego el supuesto de **no sujeción** por transmisión global del patrimonio empresarial o profesional -LIVA art.7.1º- (nº 6555 s.).

Esto es así, con independencia de la aplicación o no del régimen especial de neutralidad en las operaciones de reorganización de la LIS, toda vez que el supuesto de no sujeción previsto en la normativa del IVA tiene un ámbito de aplicación propio.

En las operaciones de reorganización que no aplique el supuesto de no sujeción descrito, habrá que analizar si puede resultar de aplicación algún supuesto de **exención** previsto en la normativa del IVA (LIVA art.20).

6646 Precisiones Los adquirentes de los bienes y derechos en las transmisiones globales del patrimonio empresarial o profesional, se **subrogan** respecto de dichos bienes y derechos en la **posición del transmitente** para:

- la aplicación de las normas relativas a la exención de las segundas entregas de edificaciones;
- la aplicación del conjunto de normas que regulan el derecho a la deducción del IVA; y
- la regularización de las deducciones correspondientes a los bienes de inversión comprendidos en la transmisión global.

Doctrina Administrativa En la regulación de las operaciones no sujetas consecuencia de la **transmisión global o parcial de un patrimonio empresarial** se requiere que:

- los elementos transmitidos constituyan una unidad económica autónoma capaz de desarrollar una actividad empresarial o profesional por sus propios medios en sede del transmitente;
- que dicha unidad económica se afecte al desarrollo de una actividad empresarial o profesional.

La valoración de los requisitos de unidad económica autónoma debe realizarse en sede del transmitente, y ello con independencia que, tras la transmisión, en sede del adquirente, pudiera existir una unidad económica autónoma. Por tanto, la aplicación del supuesto de no sujeción exige que el conjunto de los elementos transmitidos por cada sociedad sean suficientes para permitir desarrollar una **actividad económica autónoma** en sede del transmitente, siendo irrelevante que el adquirente desarrolle la misma actividad que el transmitente siempre y cuando quede acreditado que los bienes están afectos al desarrollo de una actividad económica (DGT CV 28-5-18; CV 31-7-20).

Jurisprudencia El Tribunal Supremo ha considerado que lo relevante es atender al concepto de unidad económica autónoma. En particular, la transmisión de **licencias de auto-taxi** se puede asemejar a la transmisión de la totalidad del patrimonio empresarial, siendo una operación no sujeta a IVA. A los anteriores efectos, la misma conclusión es aplicable tanto si la transmisión de la licencia se acompaña con la entrega del vehículo como si no (TS cont-adm 10-9-20, EDJ 660863; 10-9-20, EDJ 660976). En el mismo sentido, en relación con la transmisión de dos **concesiones administrativas** de vivero de mejillón y batea, se considera que la concesión administrativa, con o sin batea en funcionamiento, conforma el elemento esencial para el desarrollo de la actividad de cultivo de mejillón, por lo que su transmisión comporta la de un patrimonio empresarial apto y susceptible de explotación, siendo meramente secundario y sustituibles las cadenas o muertos del artefacto. En consecuencia, no estamos en el caso analizado ante una entrega de bienes y prestación de servicios sujeta a IVA, sino ante el supuesto de no sujeción (LIVA art.7.1º), por lo que procede estimar el recurso (TSJ Galicia cont-adm 10-3-22, EDJ 533824).

Fusión Una fusión, por cuanto lleva aparejada una transmisión de bienes realizada por un empresario, está a priori sujeta al IVA. No obstante, si se transmite un conjunto de bienes acompañados de una estructura organizativa, de modo que constituya una **unidad económica autónoma** capaz de desarrollar una actividad empresarial o profesional por sus medios, se encuentra no sujeta al tratarse de uno de los supuestos de no sujeción previstos por la normativa del IVA. **6647**

Por el contrario, si lo que se transmite son meros **elementos patrimoniales** que no constituyen una unidad económica, la operación de fusión tanto por absorción como por constitución de una nueva, está sujeta al IVA y ello con independencia de que la fusión se haya o no acogido al régimen especial de neutralidad del IS.

La operación de **canje de valores** realizada en el seno de una fusión está exenta del IVA, toda vez que constituye una transmisión de valores representativos de participaciones en el capital de sociedades (LIVA art.20.uno.18º). Ver nº 6654.

Doctrina Administrativa En el supuesto de unas sucursales que en el marco de un proceso de reestructuración van a ser objeto de operaciones de fusión, para determinar la **no sujeción** al impuesto hay que comprobar si los elementos transmitidos constituyen una unidad económica autónoma capaz de desarrollar una actividad empresarial o profesional por sus propios medios, de acuerdo con lo previsto en la LIVA art.7 en la redacción dada por la L 28/2014. Dicha redacción se justificó en la necesidad de adaptación de la LIVA a la jurisprudencia comunitaria, entre otras, a la sentencia del TJUE 27-11-03, asunto Zita Modes Sarl C-497/01 y 10-11-11, asunto Christel Schriever 444/10. El TJUE sostenía que, en los supuestos de no sujeción de las transmisiones globales o parciales de patrimonio, debe realizarse una transmisión a título oneroso o gratuito, o bajo forma de aportación a una sociedad de una universalidad total o parcial de bienes, entendiendo por tal la transmisión de un establecimiento mercantil o de una parte autónoma de una empresa, con elementos corporales y, en su caso, incorporales que, conjuntamente, constituyen una empresa o una parte de una empresa capaz de desarrollar una **actividad económica autónoma**, pero que no comprende la mera cesión de bienes, como la venta de existencias. Así pues, la DGT clarifica que por **universalidad total de bienes** se entiende la cesión de una empresa en su totalidad que comprende una serie de elementos diferentes, incluyendo tanto elementos materiales como inmateriales. Por otro lado, el concepto de **universalidad parcial** de bienes se refiere no a uno o varios elementos individuales, sino a una combinación de estos suficiente para permitir la realización de una actividad económica, aunque esa actividad solo forme una parte de una empresa más amplia de la que ha sido segregada. El vínculo que aglutina esos elementos consiste en que su combinación permita la realización de una actividad económica determinada, o un conjunto de actividades, mientras que cada uno de ellos por separado sería insuficiente para ello (DGT CV 18-10-19; CV 9-3-20). **6648**

Subrogación en la posición del transmitente (LIVA art.7.1º, 20.uno.22º.A, 104.tres.5º y 107.cinco) En el supuesto de una fusión que se considere no sujeta, la entidad adquirente se subroga respecto a los bienes adquiridos en la posición de la entidad transmitente en cuanto a la consideración de segunda o ulterior **entrega de edificaciones**, de modo que la fusión no se considera entrega a efectos de la transmisión posterior de dichas edificaciones. **6649**

De igual modo, la adquirente también queda subrogada en lo relativo a los regímenes de **deducciones** de la transmitente (LIVA art.92 a 114). Así, la sociedad adquirente se subroga en la posición de la transmitente para la **compensación de los saldos negativos**, por superar las cuotas soportadas a las cuotas devengadas (DGT CV 30-4-20).

En cuanto a la aplicación de la **regla de prorrata** en la entidad transmitente, no se computa la operación de fusión en la determinación del porcentaje de deducción.

En relación con la regularización de las **deducciones por bienes de inversión**, la entidad adquirente se subroga en la posición de la transmitente, de modo que prosigue el cómputo de los plazos de regularización iniciados por el transmitente, aplicándose después de la transmisión los porcentajes de prorrata que correspondan a la actividad del adquirente (DGT CV 21-12-15).

Doctrina Administrativa **1)** En una fusión, cuando una entidad sujeto pasivo del IVA haya sido absorbida por otra, o cuando la primera haya entregado el conjunto de su negocio o actividad a la segunda aún sin desaparecer como sujeto pasivo independiente, pero cediendo a la adquirente el conjunto de sus derechos y obligaciones, corriendo por cuenta de esta el riesgo y ventura de todas sus operaciones, y se produzca posteriormente una modificación de la base imponible u otra circunstancia que exija una rectificación de las cuotas impositivas repercutidas, la entidad adquirente puede practicar las correspondientes **rectificaciones** de las **facturas emitidas** por el anterior sujeto pasivo, reflejándolo así en sus propias declaraciones liquidaciones. En la emisión de estas facturas rectificativas, dicha empresa adquirente actúa sin embargo en nombre propio, constando ella misma como emisora de la nueva factura por tratarse ya de una operación propia, aunque relacionada con otra previa ajena, a la que debe siempre hacerse referencia. Solo en este sentido debe entenderse que actúa por cuenta de tercero pues en lo demás se **6650** entiende que está realizando operaciones en nombre y por cuenta propia, y como tal deben documentarse, reflejarse en la contabilidad y declararse (DGT CV 23-1-13).

2) En una fusión por absorción, si bien la LIVA no contempla la posibilidad de que un tercero ejercite la **compensación** o tenga derecho a la devolución de cuotas soportadas por otro sujeto pasivo, cuando quien pretende ejercitar la deducción es la entidad que ha sucedido a título universal los derechos y obligaciones del sujeto pasivo que originó el derecho a la deducción del impuesto, cabe admitir dicha compensación, siempre que no hubiera transcurrido el plazo de 4 años contados a partir del nacimiento del mencionado derecho (DGT CV 27-2-07; CV 29-2-12).

3) La entidad absorbente se subroga en el **derecho a deducir** las cuotas que tuviera la entidad absorbida y, por tanto, puede adicionar a sus cuotas de IVA soportado el importe de las correspondientes a la entidad adquirida aplicando a la cantidad resultante la prorrata provisional de la entidad absorbente. En consecuencia, para efectuar esta regularización, la absorbente debe computar, a final de año, el total de operaciones efectuadas tanto por ella como por la entidad absorbida, determinando una prorrata definitiva que se aplica a la totalidad de cuotas soportadas tanto por la entidad absorbente como por la absorbida procediendo a continuación a la regularización de las deducciones provisionales (DGT CV 28-5-18).

6651 **Escisión** Las operaciones de escisión total o parcial están no sujetas al IVA siempre que la transmisión no sea una mera transmisión de activos, sino que constituya una **unidad económica**, y ello con independencia de que se haya aplicado el régimen especial de neutralidad en el IS o no.

En estos supuestos, la entidad adquirente se **subroga** en la posición de la transmitente con las mismas consecuencias que las expuestas para la fusión (nº 6649 s.).

En el caso de que los patrimonios escindidos no sean considerados unidad económica en los términos descritos, las **entregas de los bienes** como consecuencia de la operación están sujetas al IVA, sin perjuicio de la aplicación de algún supuesto de exención.

A los anteriores efectos, la transmisión en un proceso de **escisión parcial** de un conjunto de bienes inmuebles no constituye una unidad económica autónoma, sino una mera cesión de bienes, por lo que la operación se califica de sujeta al impuesto. La estructura organizativa de factores de producción debe darse en el transmitente (TEAR Cataluña Resol 15-12-20, doctrina no vinculante).

6652 **Aportación de rama de actividad** La aportación de una rama de actividad a efectos del IS, supone un supuesto de no sujeción a efectos del IVA, toda vez que el concepto de rama de actividad a efectos del IS cumple las condiciones para que el patrimonio segregado sea considerado **unidad económica** a efectos del IVA.

En estos supuestos, la entidad adquirente se **subroga** en la posición de la transmitente con las mismas consecuencias que las expuestas para la fusión (nº 6649 s.).

Quien efectúa la entrega de la unidad de negocio queda obligado a expedir una **factura** con ocasión de la entrega de los elementos que van ser objeto de la transmisión, con independencia de que la misma se encuentre o no sujeta al Impuesto (LIVA art.7.1º). Asimismo, cuando el **precio** de la aportación sea **indeterminado**, en la factura se consignará como base imponible el importe provisional que sea determinable, sin perjuicio de la rectificación que pueda proceder cuando se pueda determinar el precio definitivo (DGT CV 30-07-2021).

6653 **Otras aportaciones no dinerarias** Las aportaciones no dinerarias que **no** constituyan una **rama de actividad**, son operaciones que están sujetas al IVA.

No obstante lo anterior, si se aportan **edificaciones** y se trata de la segunda o ulterior entrega, dichas aportaciones están exentas del IVA (LIVA art.20.uno.22º). De igual modo, están exentas las aportaciones de valores representativos de **participaciones** en el capital de sociedades (LIVA art.20.uno.18º).

En el caso de aportaciones no dinerarias, se producen diversas **transmisiones individualizadas** de activos y pasivos, a diferencia de las aportaciones de rama de actividad, en las que se produce una única transmisión en bloque de un conjunto capaz de funcionar. Por tanto, en el caso de aportaciones no dinerarias, cuando se transmita, por ejemplo, un **hotel gravado con hipoteca**, surgirán dos convenciones:

- de un lado, la entrega del edificio -sujeta y exenta de IVA, pero que se encontraría sujeta y no exenta de TPO (ITP y AJD art.7.5)-;
- y de otro lado, se entenderá que se ha producido una adjudicación expresa de bienes en pago de asunción de deudas, que se encontrará sujeta y no exenta de TPO.

En caso de que la sociedad sea una **NewCo**, habría dos convenciones:

- la suscripción del capital mediante la aportación de los inmuebles; y
- la asunción por la NewCo del crédito hipotecario (DGT CV 17-11-21; TS 22-12-21, EDJ 827296).

Por su parte, en una **reducción de capital** con devolución de aportaciones a los socios en forma de transmisión de solares, no resultaría de aplicación la LIVA art.7.1º si la misma no comprende bienes y derechos susceptibles de funcionamiento autónomo, al tratarse en este supuesto de la entrega a los socios de suelo edificable (TEAC Resol 26-02-20), criterio aun no reiterado y no vinculante, en cuanto al supuesto de reducción de capital, si bien reitera el criterio en cuanto a que la transmisión de terrenos sin estructura organizativa no da lugar a la no sujeción en el IVA, ya sentado en la resolución del TEAC Resol 9-6-09.

Canje de valores (LIVA art.20.uno.18º) La operación de canje de valores es aquella por la cual una entidad adquiere una participación en el capital social de otra que le permite obtener la mayoría de los derechos de voto en ella o, si ya dispone de dicha mayoría, adquirir una mayor participación, mediante la atribución a los socios, a cambio de sus valores, de otros representativos del capital social de la primera entidad. 6654

Por tanto, la operación de canje de valores es una **aportación no dineraria** donde los elementos aportados son valores representativos del capital de una entidad y, por tanto, es una operación sujeta al IVA, aunque exenta al tratarse de una transmisión de valores representativos de participaciones en el capital de sociedades.

La realización de una operación de canje de valores puede afectar a la regla de prorrata.

Doctrina Administrativa 1) Veáse también DGT CV 20-1-15 y CV 28-10-19.

2) La **aportación de valores** a una sociedad no está sujeta a la modalidad TPO del ITP y AJD (DGT CV 26-4-16; CV 3-12-18).

3) La transmisión de la **totalidad de las participaciones** en **filiales gestionadas** se corresponde con una operación no sujeta a IVA (en el marco de un canje de valores).

Una entidad mercantil cabecera de un grupo societario va a transmitir una de sus líneas de negocio a una entidad independiente no establecida en el Territorio de Aplicación del Impuesto. Para ello, esta va a transmitir todas sus participaciones en la entidad holding que agrupará a su vez a todas las entidades que desarrollan dicha línea de negocio. Previamente a dicha operación, la sociedad transmitente pretende llevar a cabo una operación de canje de valores por la que aportará el 100% de las participaciones en todas las referidas entidades a dicha entidad holding a cambio del cien por cien de las participaciones de esta entidad.

La DGT concluye que a la transmisión por parte de la entidad de la totalidad de las participaciones de una entidad holding que, en el supuesto objeto de consulta, comprende, a su vez, la totalidad de las participaciones de otras cinco entidades mercantiles completamente operativas, contando cada una de ellas con un conjunto de elementos materiales y humanos que, formando parte de su patrimonio empresarial o profesional, constituye una unidad económica autónoma en los términos previstos en la L 37/1992 art.7.1º, y por tanto, le resultará de aplicación también el referido supuesto de no sujeción al Impuesto (DGT CV 5-10-22).

Jurisprudencia Una operación de **reducción de capital** acordada por la junta general de socios de una sociedad de responsabilidad limitada, con la finalidad de **amortizar determinadas participaciones sociales** de la propia sociedad, que han de adquirirse a un socio previamente identificado y por un precio estipulado en dicha junta no debe tributar como una operación de reducción de capital con devolución de aportaciones a los socios en la modalidad OS del ITP y AJD, sino que ha de tratarse en el ámbito de este impuesto como dos negocios jurídicos independientes; a saber, la transmisión de las participaciones sociales por un lado, y la reducción de capital sin devolución de aportaciones, por otro. Por tanto, la compraventa de acciones en autocartera es operación sujeta pero exenta del ITP y AJD, mientras que la subsiguiente reducción de capital de la sociedad por amortización de las acciones adquiridas es una operación no sujeta a la modalidad OS del ITP y AJD (TEAC 16-11-17).

Declaraciones del IVA Tanto en las fusiones como en las escisiones, con independencia de los efectos retroactivos a efectos contables que los intervinientes en las operaciones hayan dado, a efectos del IVA cada sociedad (absorbente, absorbida y escindida) debe presentar las correspondientes declaraciones-liquidaciones, **mensuales o trimestrales** según proceda. 6655

El periodo de liquidación varía de trimestral a **mensual** para aquellos que hubiesen efectuado la adquisición de la totalidad o parte de un patrimonio empresarial o profesional cuando la suma de su volumen de operaciones del año natural inmediato anterior y la del volumen de operaciones que hubiese efectuado en el mismo período el transmitente de dicho patrimonio mediante la utilización del patrimonio transmitido hubiese excedido de 6.010.121,04 euros. Así, resulta aplicable a partir del momento en que tenga lugar la referida transmisión, con efectos a partir del día siguiente al de finalización del período de liquidación en el curso del cual haya tenido lugar.

De igual modo, siempre que se encuentre obligado a ello, cada sociedad debe presentar la **declaración-resumen anual** (modelo 390) del ejercicio en el que se realiza la fusión o absorción, declarando las operaciones realizadas hasta el momento de efectuarse la operación, todo ello en concordancia con lo declarado en las declaraciones-liquidaciones mensuales o

trimestrales. Así, la absorbida debe presentar este modelo por el período en el que presentó declaraciones-liquidaciones periódicas y la absorbente, por todo el año.
En aquellos casos en los que las sociedades se encuentren eximidas de presentar dicho modelo 390, deben cumplimentar la información mencionada en la última autoliquidación (modelo 303) del ejercicio fiscal.

Doctrina Administrativa Supuesto de fusión por absorción en los que se adquiere la totalidad del patrimonio empresarial de la entidad absorbida. La **entidad resultante** del proceso de reestructuración empresarial debe presentar declaraciones mensuales por el IVA a partir del día siguiente al de finalización del periodo de liquidación en el cual la fusión produzca efectos jurídicos (DGT CV 31-1-12).
A los efectos del IVA, la **inscripción** en el Registro Mercantil de las **operaciones de estructuras societarias**, como pueden ser fusiones o escisiones, tiene carácter constitutivo y la inscripción produce efectos desde la fecha del asiento de presentación de la escritura en el Registro. Es cierto que la Dirección General de los Registros y del Notariado se ha pronunciado en sentido contrario (DGRN Resol 20-9-11), pero también lo es que el Tribunal Supremo ha confirmado el criterio expuesto conforme al cual la fecha a tener en cuenta a los efectos de la inscripción de una escisión societaria es la del momento en que se practicó el asiento de presentación (TS 21-5-12, EDJ 95812), con cita de otras anteriores). En consecuencia, el **devengo** de las entregas de bienes derivadas de la **operación de escisión** se produce en la fecha del asiento de presentación y no en la fecha en que se produce efectivamente la inscripción. (TEAC 30-5-12 y 24-1-13).

C. Tributación local

6660 A continuación, se estudian los siguientes tributos locales:
- Impuesto sobre el Incremento del Valor de los Terrenos de Naturaleza Urbana;
- Impuesto sobre Actividades Económicas (nº 6663 s.);
- Impuesto sobre Bienes Inmuebles (nº 6666 s.);
- Impuesto sobre Construcciones, Instalaciones y Obras (nº 6668).

6661 **Impuesto sobre el Incremento del Valor de los Terrenos de Naturaleza Urbana (IIVTNU)** (LHL art.104, 106, 107 y 108) Se trata del único de los tributos locales cuyo **hecho imponible** se produce como consecuencia de las operaciones de reestructuración, ya que lo constituye el incremento de valor experimentado por los terrenos de naturaleza urbana o por los terrenos integrados en los bienes inmuebles de características especiales a efectos del IBI, que se pone de manifiesto como consecuencia de:
- la transmisión de su propiedad por cualquier título;
- la constitución o transmisión de cualquier derecho real de goce, limitativo del dominio, sobre dichos terrenos.
De este modo, en las **operaciones de reestructuración** empresarial, en la medida en que se produzca un cambio en la titularidad de algún bien inmueble sujeto al impuesto, tiene lugar el hecho imponible.
No se devenga el IIVTNU con ocasión de las transmisiones de terrenos de naturaleza urbana derivadas de operaciones a las que resulte aplicable el régimen de neutralidad fiscal, aunque finalmente se opte por la no aplicación del régimen fiscal especial, a excepción de las relativas a terrenos que se aporten dentro de una aportación no dineraria especial cuando no se hallen integrados en una rama de actividad. En la posterior transmisión de los mencionados terrenos se entiende que el número de años a lo largo de los cuales se ha puesto de manifiesto el incremento de valor no se ha interrumpido por causa de la transmisión derivada de las citadas operaciones.

Precisiones **1)** Se declara **inconstitucional y nula** la regla de determinación de la base imponible con ocasión de la transmisión de los terrenos (LHL art.107.1, 107.2.a y 110.4), únicamente en la medida en que somete a tributación situaciones de **inexistencia de incremento de valor** (TCo 59/2017). Por tanto, únicamente es aplicable en aquellos supuestos en los que el obligado tributario no logre acreditar que el terreno no ha experimentado un aumento de valor y, por ende, que no se ha producido el nacimiento de la obligación tributaria principal correspondiente al IIVTNU (TS 9-7-18, EDJ 513434; 14-11-18, EDJ 649932).
2) Se ha declarado inconstitucional la LHL art.107.4 cuando la **cuota** resultante a pagar es **mayor al incremento realmente obtenido** por el contribuyente, porque se estaría tributando por una renta inexistente, virtual o ficticia, produciendo un exceso de tributación (TCo 126/2019).
3) El 26-10-2021, el Tribunal Constitucional (TCo 182/2021) declara la inconstitucionalidad y **nulidad** del sistema objetivo de cálculo de la **base imponible del IIVTNU** regulado en el RDLeg 2/2004 art.107 -texto refundido de la Ley de Haciendas Locales-, concluyendo lo siguiente:
- son inconstitucionales y nulos el art.107.1, segundo párrafo, art.107.2.a) y art.107.4, porque establecen un método objetivo de determinación de la base imponible que determina que siempre haya existido aumento en el valor de los terrenos durante el periodo de la imposición, con independencia

de que haya existido realmente ese incremento y de la cuantía real del mismo; por ende, son **contrarios al principio de capacidad económica** de la Const art.31;
- la inconstitucionalidad y nulidad de los citados artículos supone su expulsión del ordenamiento jurídico, dejando un **vacío normativo** sobre la determinación de la base imponible que impide la liquidación, comprobación, recaudación y revisión de este tributo local y, por tanto, su exigibilidad;
- en cuanto a los efectos de esta sentencia, **no podrán ser revisadas** con fundamento en misma: (1) las obligaciones tributarias devengadas por este impuesto que, a la fecha de dictarse la sentencia, hayan sido decididas definitivamente mediante sentencia con fuerza de cosa juzgada o mediante resolución administrativa firme; (2) las liquidaciones que no hayan sido impugnadas o las autoliquidaciones cuya rectificación no haya sido instada, a la fecha de dictarse la sentencia.

Con fecha 9-11-2021 entró en vigor una **reforma legal de urgencia del IIVTNU** a través del RDL 26/2021 por el que se adapta la Ley de Haciendas Locales (LHL) a la citada jurisprudencia del Tribunal Constitucional. Las principales novedades introducidas son las siguientes:
- En aplicación del mandato contenido en la TCo 59/2017, se introduce un **nuevo supuesto de no sujeción** para los casos en que se constate, a instancia del interesado, la inexistencia de incremento de valor en los terrenos transmitidos.
- En aplicación de los mandatos contenidos en las sentencias TCo 126/2019 y 182/2021, y con el objeto de cumplir con el principio de capacidad económica, se establecen dos nuevos métodos alternativos de **cálculo de la base imponible**: (1) El método objetivo, que mantendrá un sistema similar al existente hasta ahora, pero se sustituyen los porcentajes anuales aplicables sobre el valor del terreno por unos coeficientes máximos, en función del número de años transcurridos desde la operación y (2) El método de plusvalía real, por el que los contribuyentes tienen la opción de tributar por la plusvalía real del suelo (diferencia entre el precio de venta y de adquisición), si esta es inferior a la base imponible que arroje el sistema objetivo.

Nótese que el Tribunal Constitucional ha admitido a trámite, con fecha 3-3-2022, **recursos de inconstitucionalidad** planteados contra el citado RDL 26/2021.

El TS establece la fecha en que se dictó la TCo 182/2021 como **fecha** de corte para poder beneficiarse de la declaración de **inconstitucionalidad del IIVTNU** efectuada en la misma, y no la de publicación. En consecuencia, no podrán anularse, ni recuperarse, las liquidaciones o autoliquidaciones impugnadas con posterioridad al 26-10-2021 sobre la base del TCo 182/2021 (TS 12-7-23, EDJ 624263).

Por otra parte, cabe destacar que la norma distingue el **sujeto pasivo** dependiendo de si la transmisión de terrenos o la constitución o transmisión de derechos reales se produce a título gratuito (la condición de sujeto pasivo recae sobre el adquirente del terreno o persona en cuyo favor se constituye el derecho real) o a título oneroso (la condición de sujeto pasivo recae sobre el transmitente del terreno o la persona o entidad que constituye el derecho real de goce). **6662**

En lo que se refiere a las operaciones de **escisión parcial, aportación no dineraria** de rama de actividad y **fusión por absorción** en las que se devenga el impuesto por no serles de aplicación el régimen especial regulado en la LIS capítulo VII del título VII, el sujeto pasivo de la operación es la sociedad escindida, la sociedad segregada y la sociedad absorbida, respectivamente (DGT CV 27-5-10; CV 12-1-11; CV 30-1-13; CV 27-5-16; CV 28-12-23).

Si el contribuyente es **persona física no residente en España**, recibe la condición de sujeto pasivo sustituto la persona o entidad que adquiera el terreno, o a cuyo favor se constituya o transmita el derecho real.

La **base imponible** del IIVTNU está constituida por el incremento del valor del terreno, puesto de manifiesto en el momento del devengo y experimentado a lo largo de un período máximo de 20 años.

Para el cálculo de la base imponible del IIVTNU se puede escoger alternativamente entre (1) el incremento del valor del terreno, puesto de manifiesto en el momento del devengo y experimentado a lo largo de un período máximo de 20 años, salvo para los casos en que se constate, a instancia del interesado, la inexistencia de incremento de valor en los terrenos transmitidos o (2) la plusvalía real del suelo (diferencia entre el precio de venta y de adquisición) si esta es inferior a la base imponible calculada según el método (1).

El **tipo de gravamen** del IIVTNU es el fijado por cada ayuntamiento, sin que dicho tipo pueda exceder del 30%.

Impuesto sobre Actividades Económicas (IAE) (LHL art.78, 82, 89 y 90) Debido a que el devengo del impuesto tiene lugar el primer día del período impositivo, las **cuotas** de IAE anuales son irreducibles, salvo en los siguientes casos: **6663**

a) Declaración de alta, cuando el día de comienzo de la actividad no coincida con el año natural, en cuyo caso las cuotas se calculan proporcionalmente al número de trimestres naturales que resten para finalizar el año (incluido el trimestre del comienzo del ejercicio de la actividad).

b) **Declaración de baja** por cese en el ejercicio de la actividad, en cuyo caso las cuotas son también prorrateables por trimestres naturales (en este caso, excluido aquel en el que se produce el cese).
En consecuencia, de la aplicación estricta de lo señalado en los casos de operaciones de reorganización, tales como escisión o fusión, en que la sociedad escindida o absorbida cesa en el ejercicio de la actividad, para iniciarla la sociedad beneficiaria o absorbente, conduce a una **doble imposición** en el trimestre en el que se produce el cese y el comienzo de las actividades desarrolladas por dichas sociedades, que la interpretación administrativa ha tendido a evitar.

Doctrina Administrativa La **sociedad escindida o fusionada** que cesa en el ejercicio de la actividad está obligada a presentar declaración de baja, teniendo derecho a la devolución de la parte de la cuota correspondiente a los trimestres naturales en los que no se ejerce la actividad. La nueva **sociedad resultante** de la fusión o escisión debe presentar declaración de alta, con efectos desde el primer día del trimestre natural siguiente a aquel en el que se haya producido el cese de la sociedad extinguida, consiguiendo evitar, de esta forma, una doble imposición con relación al trimestre del año en el que tienen lugar los procesos de fusión o escisión (DGCHT 26-11-98).

6664 Otro aspecto a tener en consideración en las operaciones de reestructuración, son las posibles **variaciones de orden físico, jurídico o económico** que tengan trascendencia en la tributación por el impuesto y que han de ser declaradas por los sujetos pasivos separadamente para cada actividad en el modelo 840 en el plazo de un mes a contar desde la fecha de la variación, surtiendo efecto en la matrícula en el ejercicio siguiente a aquel en que se producen. A este respecto, cabe destacar que se consideran variaciones:
a) Las **oscilaciones**, en más o en menos, **superiores al 20%** de los elementos tributarios.
b) El **cambio de opción** del sujeto pasivo cuando la rúbrica de las tarifas que le corresponde tiene asignada más de una clase de cuota (sea municipal, provincial o nacional) y desea tributar por otra distinta a la elegida originalmente. Las facultades de actuación previstas para cada clase de cuota surten efectos a partir del período siguiente. Sin embargo, si se desea que dichas facultades sean aplicables desde el momento en que se realiza la opción, no se ha de presentar tal declaración de variación, sino que han de presentarse las declaraciones de baja y alta que correspondan.

6665 Por último, debe tenerse en consideración la posible aplicación de las **exenciones** en el impuesto por **inicio de actividad** y por cifra de negocio inferior a 1.000.000 euros. Respecto a la primera de ellas, indicar que no es aplicable en los supuestos de sucesión de la titularidad de la actividad como va a ocurrir en las operaciones de reestructuración, según queda expresamente regulado en la LHL. Por su parte, en lo que respecta a la relativa a la **cifra de negocios**, indicar que se debe considerar el importe del grupo en el caso de que la sociedad forme o formase parte de alguno, en los términos del CCom art.42.

Doctrina Administrativa En el caso de una **sociedad constituida por escisión** de otra sociedad que ejerció con anterioridad la misma actividad, hay que estar al importe neto de la cifra de negocios correspondiente a la entidad o al grupo de la que procedía esa actividad de cara a poder a aplicar la exención por la cifra de negocio (DGT 24-10-04; CV 19-1-17).

6666 **Impuesto sobre Bienes Inmuebles (IBI)** (LHL art.61, 63, 64, 65, 75, 76 y 77) Son **sujetos pasivos** del impuesto a título de contribuyentes las personas naturales y jurídicas y las entidades a que se refiere la LGT art.35.4, que ostenten la titularidad del derecho que, en cada caso, sea constitutivo del hecho imponible. En los cambios de la titularidad de los derechos que constituyen el hecho imponible de este impuesto, los inmuebles objeto de dichos derechos quedan afectos al pago de la totalidad de las cuotas tributarias, en régimen de responsabilidad subsidiaria, en los términos previstos en la LGT.
En lo que respecta a la **gestión** del impuesto, la LHL establece la obligación para los sujetos pasivos de formalizar las declaraciones conducentes a la inscripción en el Catastro inmobiliario de las alteraciones concernientes a los bienes inmuebles susceptibles de inscripción catastral y que tengan trascendencia a efectos del IBI.

Se **exime de la obligación de declarar** las transmisiones de dominio de bienes inmuebles, la adquisición o consolidación de la propiedad de la totalidad del inmueble por una sola persona, la que se produzca por varias, en unidad de acto, con independencia de que el derecho adquirido por cada una de ellas sea parte de la propiedad plena o de la nuda propiedad, o del usufructo total o parcial sobre el inmueble cuando se cumplan los siguientes **requisitos**: **6667**
a) Que el acto o negocio se formalice en escritura pública o bien se tenga solicitada su inscripción en el Registro de la Propiedad, en el plazo de 2 meses desde la fecha del acto o negocio de que se trate.
b) Que se haya acreditado la referencia catastral del inmueble mediante alguno de los medios que se establecen legalmente (certificación catastral electrónica, escritura pública o información registral, último recibo justificante del pago del IBI o bien certificado u otro documento expedido por la Gerencia/Subgerencia del Catastro).
Asimismo, se exime de la obligación de declarar, en los casos en que el ayuntamiento se haya acogido mediante ordenanza fiscal al **régimen de comunicaciones** previsto legalmente.
El **plazo de presentación** de las declaraciones catastrales (para los supuestos de alteración de la titularidad y variación de la cuota de participación en bienes inmuebles es el modelo 901-N) es de 2 meses contados desde el día siguiente al del hecho, acto o negocio objeto de la declaración.

Impuesto sobre Construcciones, Instalaciones y Obras (ICIO) (LHL art.100, 101 y 102) **6668**

En la medida en que el **hecho imponible** de este impuesto está constituido por la realización, dentro del término municipal, de cualquier construcción, instalación u obra para la que se exija la obtención de licencia de obras o urbanística o la presentación de declaración responsable o comunicación previa, y que el **devengo** se produce en el momento mismo de inicio de la construcción, instalación u obra, incluso en el caso de no haberse obtenido la licencia, no parecen plantearse situaciones complicadas como consecuencia de una operación de reestructuración.
No obstante, cabe advertir, que el cómputo del plazo de prescripción para que la Administración determine la **deuda tributaria**, se inicia desde que finaliza la obra gravada, porque, aunque el hecho imponible del impuesto comienza a realizarse con la ejecución de la obra, como el ICIO no es un impuesto instantáneo, ese hecho imponible se desarrolla en el lapso de tiempo que media entre el comienzo y la finalización de la obra.

[Doctrina Administrativa] El inicio del cómputo del plazo de prescripción solo comienza cuando la Administración tributaria ha podido **conocer la finalización** de la construcción, instalación u obra, lo que ocurre, generalmente, cuando se presente ante el ayuntamiento la documentación necesaria para la obtención de la licencia de primera ocupación, salvo que se pueda probar que la Administración tributaria tuvo conocimiento formal de la terminación de la obra en una fecha anterior o que deban realizarse obras adicionales, en cuyo caso, habrá que estar a la fecha de finalización de las mismas (DGT 12-12-12). **6669**

[Jurisprudencia] **1)** El **plazo de prescripción** del derecho de la Administración a practicar la respectiva **liquidación definitiva** debe computarse no desde el inicio de la obra, sino cuando esta ya haya finalizado, a la vista de las construcciones, instalaciones y obras efectivamente realizadas y del coste real de las mismas (TS 14-9-05, EDJ 166016; DGT 12-12-12).
2) El TS considera que presenta interés casacional objetivo para la formación de la jurisprudencia determinar si el **dies a quo** del cómputo del plazo prescripción del derecho de la Administración tributaria a comprobar la base imponible autoliquidada en el ICIO, una vez finalizada la construcción, instalación u obra, teniendo en cuenta su coste real y efectivo para practicar liquidación definitiva, se debe situar en la fecha del visado del certificado de finalización de las obras o en la fecha en que la finalización de las obras sea conocida formalmente por la Administración (TS auto 31-1-18, EDJ 5937).

II. Régimen fiscal especial de las fusiones, escisiones, aportaciones de activos y canje de valores

6670

A. **Operaciones amparadas** 6675
1. Fusión 6680
2. Escisión 6690
3. Aportación no dineraria de ramas de actividad 6700
4. Canje de valores 6705
B. **Tributación directa** 6710
1. Régimen especial de las entidades transmitentes 6715
2. Régimen especial de las entidades adquirentes 6735
3. Régimen fiscal de los socios 6750
4. Participaciones en el capital de la entidad transmitente y de la entidad adquirente 6765
C. **Tributación indirecta** 6785
1. Impuesto sobre Transmisiones Patrimoniales y Actos Jurídicos Documentados 6790
2. Impuesto sobre el Valor Añadido 6800
D. **Tributación local** 6810
1. Impuesto sobre el Incremento del Valor de los Terrenos de Naturaleza Urbana 6815
2. Resto de impuestos locales 6820
E. **Otros aspectos del régimen especial** 6825
1. Subrogación en derechos y obligaciones tributarias 6830
2. Compensación de bases imponibles negativas 6840
3. Imputación de rentas 6850
4. Pérdidas de los establecimientos permanentes 6860
5. Obligaciones contables 6870
6. Aplicación del régimen fiscal 6880
7. Concentración de empresas en grupos fiscales 6890
8. Especialidades forales 6895

A. Operaciones amparadas por el régimen especial

6675 Las operaciones amparadas por el régimen fiscal especial (LIS título VII capítulo VII), vienen definidas mayoritariamente en la LIS art.76 (aunque, como se expone en el nº 6702, hay otros artículos del citado capítulo que habilitan indirectamente el acogimiento de operaciones adicionales a las definidas en dicho artículo).

Precisiones La normativa fiscal ha optado por establecer sus propias **definiciones de las operaciones societarias** que quedan amparadas por el régimen especial, sin hacer referencia a la normativa mercantil. De esta forma, para buscar el encaje de una operación en el régimen especial, debe buscarse su calificación de acuerdo con las definiciones de la LIS, al margen de cuál sea su calificación por la normativa mercantil.

6676 El régimen especial es aplicable, en principio, a entidades que tengan forma jurídica de **sociedad mercantil**. No obstante, y aunque no es objeto de análisis en el presente texto, se amplía la aplicación del régimen especial a otros sujetos pasivos del IS sin forma jurídica de sociedad mercantil, cuando las operaciones en las que participen tengan efectos similares a las descritas a continuación. De esta forma, a título de ejemplo, pueden aplicar el régimen especial las cooperativas (DGT CV 24-4-18) o las asociaciones sin ánimo de lucro (DGT CV 5-11-18; 11-10-23) o las entidades públicas empresariales.
Aunque el **cambio de domicilio** social entre dos **estados de la UE** es una operación que también se encuentra abarcada entre los supuestos de aplicación del régimen especial, no es objeto de análisis por entender que no se trata de una operación directamente relacionada con las transacciones mercantiles objeto de este memento. En este sentido y para consultas relacionadas con dicho traslado, ver nº 1205 s. Memento Reorganización Empresarial (Fusiones) 2023-2024.

1. Fusión

(LIS art.76.1)

6680 La LIS, al definir las fusiones que pueden quedar protegidas por el régimen fiscal especial, reproduce lo previsto en la normativa comunitaria (Dir 2009/133/CE). Se diferencian **tres tipos de operaciones**: fusión por absorción, fusión por constitución de una nueva sociedad (nº 6682) y fusión de sociedad totalmente participada de forma directa (nº 6683).

Adicionalmente, fuera de la LIS art.76, que define las operaciones acogibles, es el art.82 el que, al tratar las operaciones en las que la adquirente participa en la transmitente, da cabida literal a las llamadas **fusiones inversas** (nº 6687).

Fusión por absorción (LIS art.76.1.a) Esta operación es aquella por la que una o varias entidades transmiten en bloque a otra **entidad ya existente**, como consecuencia y en el momento de su disolución sin liquidación, sus respectivos patrimonios sociales, mediante la atribución a sus socios de valores representativos del capital social de la otra entidad y, en su caso, de una compensación en dinero que no exceda del 10% del valor nominal o, a falta de valor nominal, de un valor equivalente al nominal de dichos valores, deducido de su contabilidad. **6681**
En estas operaciones, existe una similitud entre la **definición fiscal y** la otorgada por la norma **mercantil** (RDL 5/2023 art.33 a 38).
Para ajustar convenientemente el tipo de canje, los socios pueden recibir, además, una **compensación en dinero** que no exceda del 10% del valor nominal de las acciones atribuidas. Esta contraprestación de los socios es la única válida, con lo que no quedaría amparada una compensación que no sea consecuencia de un ajuste de la relación de canje, ni que los socios aporten capital en forma dineraria a la sociedad resultante de la fusión para ajustar la participación (en lugar de la aportación a favor del socio).

Fusión por constitución de una nueva sociedad (LIS art.76.1.b) Es similar a la operación anterior, solo que en este caso son dos o más entidades las que transmiten en bloque a otra **nueva entidad**, como consecuencia y en el momento de su disolución sin liquidación, la totalidad de sus patrimonios sociales, mediante la atribución a sus socios de valores representativos del capital social de la nueva entidad y, en su caso, de una compensación en dinero que no exceda del 10% del valor nominal o, a falta de valor nominal, de un valor equivalente al nominal de dichos valores, deducido de su contabilidad. **6682**
También en este caso se produce una identidad con la **definición mercantil**.

Fusión de sociedad totalmente participada (LIS art.76.1.c) Es la fusión por la que una entidad transmite, como consecuencia y en el momento de su disolución sin liquidación, el conjunto de su patrimonio social a la entidad que es titular de la totalidad de los valores representativos de su capital social. **6683**

Fusiones especiales (LIS art.76.1.c; RDL 5/2023 art.53 a 57) La vigente normativa mercantil regula las llamadas fusiones especiales (que vendrían a ser las antes denominadas como **fusiones simplificadas**, en la normativa previa al 4-7-2009). Dichas operaciones son las siguientes: **6684**
- fusión por absorción de sociedad íntegramente participada;
- fusión por absorción de sociedad participada al 90%;
- fusión por absorción de sociedades íntegramente participadas de forma directa por el mismo socio;
- fusión por absorción de sociedades íntegramente participadas de forma indirecta por el mismo socio;
- fusión por absorción de sociedad titular de forma directa de todo el capital de la absorbente;
- fusión por absorción de sociedad titular de forma indirecta de todo el capital de la absorbente;
- operación asimilada a la fusión.

En cuanto a estas operaciones, existe el **problema de encaje** entre la normativa mercantil y fiscal. La **regulación mercantil** otorgada a este tipo de fusiones relaja algunos de los requisitos exigidos para el resto de operaciones como, por ejemplo, el hecho de obviar la necesidad de ampliación de capital en sede de la absorbente. Ello es debido a que el legislador mercantil entiende que, al producirse una identidad en el socio último de las sociedades intervinientes, puede omitirse la exigencia de atribuir una participación en el capital de la entidad absorbente a los socios de la absorbida, previendo en su caso otras posibles compensaciones (DGT CV 3-4-18). **6685**
Y el problema de encaje de estas operaciones tiene su origen en que la **normativa fiscal** exige, en su literalidad, esa ampliación de capital en la absorbente para ser atribuida a los socios de la absorbida, salvo en el caso de las fusiones en las que la absorbente tiene el 100% de la absorbida. Esto provoca que solo la primera y última de las operaciones enumeradas (absorción de sociedad íntegramente participada y operación asimilada a la fusión) puedan tener un encaje directo con la normativa fiscal y, por tanto, puedan acogerse al régimen especial sin necesidad de ulteriores interpretaciones.

6686 Ello no obstante, la Doctrina Administrativa ha querido permitir ese encaje en determinados casos, cuando se plantean operaciones en las que hay una **identidad clara en el socio último**, como por ejemplo, en la fusión entre dos sociedades (absorbente y absorbida) participadas en su totalidad por otra sociedad (DGT CV 31-1-08; CV 21-12-16).

Doctrina Administrativa **1)** No es aplicable el régimen fiscal especial cuando la absorbente no amplía capital, sino que incrementa las reservas, cuando tanto la absorbente como las absorbidas son **participadas a partes iguales por dos personas físicas** (DGT CV 9-6-09), dado que en este caso la absorbente y absorbidas no están íntegramente participadas por un único socio. Sí puede acogerse al régimen fiscal especial, aunque la absorbente no amplíe capital, cuando haya un único socio, aunque sea una persona física (DGT CV 21-10-11; CV 28-2-14).
2) En una fusión entre sociedades **íntegramente participadas** de forma directa por un **mismo socio**, aunque no se produzca una atribución de valores al socio de la entidad absorbida, ni un aumento de capital en la sociedad absorbente, la operación planteada puede aplicar el régimen fiscal especial de la LIS capítulo VII del título VII, en la medida en que cumpla los requisitos mercantiles necesarios para ello (DGT CV 12-4-13; CV 22-05-20).

6687 **Fusión por absorción en la que la absorbida participa en la absorbente** (RDL 5/2023 art.56.1) Es la denominada **fusión inversa**. Esta situación no impide que la operación se califique como fusión a efectos mercantiles y, por tanto, tiene esta misma consideración a efectos fiscales.

Doctrina Administrativa **1)** En una fusión inversa a la que resulte de aplicación el régimen fiscal especial, la diferencia positiva entre el nominal del **capital de la entidad participada** (y absorbente) y el **valor de adquisición** de dicha participación en la entidad absorbida debe integrarse en la base imponible de esta última (DGT CV 29-4-08).
2) Puede acogerse al régimen especial la fusión en la que la absorbente está participada en su totalidad de forma directa por la absorbida. No se diferencia normativamente si la participación atribuida a los **socios de la absorbida** procede de una ampliación de capital de la absorbente o bien de acciones propias recibidas por la fusión (DGT CV 30-6-09; CV 15-6-16).

6688 **Cesión global de activos y pasivos** (RDL 5/2023 art.72 a 79; LIS art.76.1.c) Una sociedad puede transmitir en bloque todo su patrimonio por sucesión universal a **uno o a varios socios o terceros**: podemos distinguir entre cesión al único socio y cesión global plural, en la que dos o más cesionarios que pueden ser o no socios de la sociedad, reciben partes del patrimonio que la norma mercantil exige que sean unidades económicas.
Dado que mercantilmente la operación de cesión global del RDL 5/2023 art.72.2 supone la liquidación de la entidad cedente, **no** resulta aplicable el **régimen fiscal especial** de reorganizaciones empresariales (DGT CV 19-10-10; CV 19-10-10; CV 22-2-11; CV 12-2-15).

2. Escisión

(LIS art.76.2)

6690 Al igual que en el caso de las fusiones, la norma fiscal reproduce para las escisiones la normativa comunitaria. Tienen consideración de escisión a efectos fiscales la escisión **total**, la **parcial** (nº 6692 s.) y la escisión **financiera** (nº 6695).
Adicionalmente, se analizan **otras** escisiones en las que no existe proporcionalidad (nº 6696) o en las que los requisitos de aumento o disminución de capital son obviados mercantilmente (nº 6697).

6691 **Escisión total** (LIS art.76.2.1º.a) Una entidad **divide en dos o más partes** la totalidad de su **patrimonio social** y los transmite en bloque a dos o más entidades ya existentes o nuevas, como consecuencia de su disolución sin liquidación, mediante la atribución, con arreglo a una norma proporcional, a sus socios de valores representativos del capital social de las entidades adquirentes de la aportación y, en su caso, de una compensación en dinero que no exceda del 10% del valor nominal o, a falta de valor nominal, de un valor equivalente al nominal de dichos valores, deducido de su contabilidad.
En este punto, tanto la normativa fiscal como la **normativa mercantil** son plenamente coincidentes respecto a la definición que ofrecen respecto al concepto de escisión total.

6692 **Escisión parcial** (LIS art.76.2.1º.b) En este caso, una sociedad segrega **una o varias partes** de su patrimonio social que forman ramas de actividad y las transmite en bloque a una o varias entidades de nueva creación o ya existentes, recibiendo a cambio valores representativos del capital social de estas últimas, que atribuye proporcionalmente a sus socios, reduciendo el capital social y las reservas en la cuantía necesaria y, en su caso, una compensación en dinero que no exceda del 10% del valor nominal o, a falta de valor nominal, de un valor equivalente al nominal de dichos valores, deducido de su contabilidad.

Se requiere además que la **entidad escindida** mantenga al menos una rama de actividad en su patrimonio después de la escisión o bien participaciones en el capital de otras entidades que le confieran la mayoría del capital social de estas (DGT CV 22-6-18; CV 25-7-18; CV 29-12-23).
La norma fiscal también identifica estas operaciones con aquellas definidas como escisiones parciales en la normativa mercantil. En este caso, ambas normativas (mercantil y fiscal) requieren para la escisión parcial que los patrimonios segregados constituyan lo que fiscalmente se denomina como **ramas de actividad**, y que mercantilmente se llaman **unidades económicas**. Ambas denominaciones (rama de actividad o unidad económica) pueden no ser exactamente coincidentes según las definiciones que las respectivas normativas les confieren: como regla general, puede afirmarse que la rama de actividad (denominación fiscal) es más restrictiva que lo que se entiende mercantilmente por unidad económica.
En la **escisión total** no se exige que el patrimonio segregado constituya rama de actividad con lo que, ante supuestos en los que los patrimonios segregados no sean claramente una rama de actividad diferenciada y no existiendo razones ajenas a la fiscalidad para que subsista la entidad escindida, es mejor instrumentar la escisión como total en lugar de parcial para asegurar el amparo por el régimen especial.

Doctrina Administrativa **1)** No constituye rama de actividad la segregación de un **patrimonio inmobiliario arrendado** o pendiente de venta cuando la gestión de esta actividad se realiza con los medios materiales y personales propios de las explotaciones típicas desarrolladas por la sociedad. Es decir, no existe una unidad económica autónoma exigida al efecto, aunque la organización empresarial propia de la actividad exista en la entidad adquirente (DGT 16-5-97). **6693**
2) La **organización de medios personales y materiales** para determinar la existencia de rama de actividad debe existir con anterioridad a la realización de la operación de escisión parcial (DGT CV 20-2-08).
3) En una escisión parcial donde se pretende escindir cada uno de los tres hoteles, no se aprecia la existencia de tres ramas de actividad dado que la actividad es única y **no hay gestión diferenciada** (DGT CV 7-7-08).
4) Entidad constituida por tres inmuebles agrupados en dos ramas de actividad, cuyo capital social pertenece a una unidad familiar, que pretende transmitir la no productiva, una casa-jardín que se utiliza como esparcimiento familiar, a una sociedad de nueva creación. No puede aplicarse el régimen especial a la operación de escisión parcial por la que segrega la casa-jardín, ya que esta no constituye una rama de actividad, por cuanto no se cuenta con la necesaria gestión y organización diferenciada que determine la existencia de una unidad económica, tratándose de un **elemento aislado improductivo** (DGT CV 6-5-09).
5) Los patrimonios escindidos han de constituir, por sí mismos, una o varias ramas de actividad, es decir, tiene que existir una organización de **medios materiales y personales** diferenciados para cada actividad en sede de la entidad escindida con anterioridad a la realización de la operación (DGT CV 7-6-18; CV 22-6-18).
En este sentido y para consultas relacionadas con la escisión parcial, ver nº 1102 s. Memento Reorganización Empresarial (Fusiones) 2023-2024.

En una escisión parcial es necesario que la rama de actividad constituya una **explotación individualizable**. Por tal se entiende un conjunto de medios materiales y personales que, por sí mismos, constituyen una organización empresarial suficiente para el desarrollo de la actividad que se aporta y que permiten continuar la misma en sede de la entidad adquirente, siendo aquella organización, además, diferenciada del resto de la estructura organizativa de la empresa. **6694**
La segregación de unos **inmuebles**, así como las deudas afectadas a los mismos no constituyen por sí mismos una rama de actividad. Así, a la operación de escisión parcial no se le puede aplicar el régimen fiscal especial (DGT 14-4-04).

Escisión financiera (LIS art.76.2.1º.c) Se trata de una operación por la que una entidad, conservando tras la escisión participaciones que otorguen mayoría de capital en filiales o al menos una rama de actividad, segrega una parte de su patrimonio social, constituida por **participaciones** en el capital de otras entidades que confieran la mayoría de su capital social, y las transmite en bloque a otra entidad, de nueva creación o ya existente, recibiendo a cambio valores representativos del capital de la entidad adquirente, que debe atribuir a sus socios en proporción a sus respectivas participaciones, reduciendo el capital social y las reservas en la cuantía necesaria y, en su caso, una compensación en dinero que no exceda del 10% del valor nominal o, a falta de valor nominal, de un valor equivalente al nominal de dichos valores, deducido de su contabilidad. **6695**

Doctrina Administrativa **1)** No constituye rama de actividad la **dirección y gestión de participaciones** en otras entidades. Puede acogerse al régimen especial si las participaciones escindidas confieren la mayoría del capital de las sociedades participadas, sin que se altere esta consideración por el hecho de que se aporten las deudas vinculadas a las participaciones escindidas (DGT 27-4-00).

2) La escisión financiera requiere que sea una escisión a efectos mercantiles, por lo que no está amparada la **concatenación de operaciones** con sustantividad jurídica propia que produzca unos resultados equivalentes a la escisión (DGT CV 26-12-00) y la cartera de control a escindir debe constituir una unidad económica, es decir, debe formar parte de una unidad económica más amplia que las meras participaciones (DGT CV 1-2-05).

3) No estamos ante una escisión financiera amparada por el régimen fiscal especial, en aquellos casos en los que el **reparto de acciones no** respete la **proporcionalidad** inicial de los socios, al hallarnos ante una separación de hecho de los socios y no ante una escisión financiera (DGT CV 21-12-11).

4) Se admite como operación amparada en el régimen fiscal especial cuando la sociedad beneficiaria tiene el 100% de la escindida, de manera que esta operación representa una **escisión parcial impropia** sin ampliación de capital, de forma que si tiene esa consideración a efectos mercantiles y no una reducción de capital con devolución de aportaciones o una distribución de reservas en especie, también tiene esa misma calificación a efectos fiscales (DGT CV 26-2-08; CV 31-7-17; CV 30-5-18).

5) El patrimonio segregado debe estar constituido por participaciones mayoritarias en una o varias entidades. Igualmente, resulta necesario que el patrimonio que permanece en la entidad escindida esté constituido por **participaciones mayoritarias** en entidades, o bien, por una o varias ramas de actividad (DGT CV 29-5-18). Por otra parte, no se ve alterado el concepto de escisión de participaciones en el capital de otras entidades por el hecho de que se aporten las **deudas vinculadas** a las participaciones transmitidas (DGT CV 6-3-18).

6696 **Operaciones de escisión no proporcionales** (LIS art.76.2.2º) Asimismo, también se exige este requisito (que los patrimonios adquiridos por las beneficiarias constituyan rama de actividad) en el caso de escisiones totales cuando la atribución a los socios de las acciones de las sociedades beneficiarias no sea proporcional a la participación tenida en el capital de la sociedad escindida.

Así, y siempre que exista **motivo económico** válido, pueden acogerse al régimen fiscal especial:

a) Las escisiones **parciales**, siempre que el patrimonio escindido y subsistente o no escindido formen ramas de actividad con independencia de que la operación no sea proporcional (DGT CV 10-5-18; CV 18-7-18; CV 25-7-18).

b) Las escisiones **totales** no proporcionales, siempre que los patrimonios escindidos sean ramas de actividad.

En consecuencia, cuando se pretende una **separación de socios** (escisión total no proporcional), lo cual, si es motivado por desavenencias, dificultades en la gestión, etcétera, puede llegar a constituir por sí mismo motivo económico válido, la escisión solo es acogible al régimen fiscal especial en la medida en que existan ramas de actividad distintas separables.

Doctrina Administrativa **1)** La entidad tiene **bienes inmuebles** donde desarrolla su actividad económica sin llevar una gestión diferenciada de tales inmuebles. La segregación de esos inmuebles a través de una escisión parcial no puede ampararse en el régimen especial, porque los citados inmuebles no forman una rama de actividad (DGT CV 21-5-12).

2) No puede acogerse al régimen especial la **escisión parcial no proporcional** cuando hay una sola entidad beneficiaria (DGT CV 11-2-20).

6697 **Otras escisiones** En el ámbito mercantil existen supuestos especiales de escisión que se deducen del contenido de la norma, en la medida en que, en determinados casos, **no** es necesaria la **ampliación de capital** por parte de las entidades adquirentes:

- bien porque los socios de estas últimas participan en la misma proporción en la sociedad escindida;
- o bien porque esta última entidad es participada íntegramente por las entidades beneficiarias de la escisión.

Se trata de las denominadas **escisiones totales o parciales impropias** equivalentes a las operaciones de fusión impropias.

Así mismo, en otras operaciones de escisión **no** es necesaria la **reducción de capital** por parte de la sociedad escindida para entregar a sus socios las participaciones recibidas de las sociedades beneficiarias.

A diferencia de lo comentado para las fusiones especiales, aquí el **encaje** de esos supuestos especiales de escisión no supone ningún problema de cara a su acogimiento al **régimen fiscal especial**. En este caso, fiscalmente no se requiere ningún requisito adicional ya que la norma fiscal ha buscado una menor concreción y una remisión a las características mercantiles de la escisión, lo cual demuestra ser más eficiente para evitar los problemas de encaje citados.

3. Aportación no dineraria de ramas de actividad

(LIS art.76.3 y 4)

Desde el punto de vista fiscal, estamos ante una operación en la que una **entidad aporta, sin ser disuelta**, a otra entidad de nueva creación o ya existente la totalidad o una o más ramas de su actividad, recibiendo a cambio valores representativos del capital social de la entidad adquirente. 6700
Se entiende como **rama de actividad**, el conjunto de elementos patrimoniales que puedan formar una unidad económica autónoma. No obstante, no pueden ser aportados conjuntamente con la rama de actividad otros elementos adicionales no afectos a la concreta explotación económica transmitida.
La normativa mercantil regula dentro de las operaciones de escisión las **transmisiones en bloque de patrimonio** a sociedad de nueva creación recibiendo a cambio participación en ella (RDL 5/2023 art.62) y la denominada **segregación** (RDL 5/2023 art.61). Se entiende por segregación el traspaso en bloque por sucesión universal de una o varias partes del patrimonio de una sociedad, cada una de las cuales forma una unidad económica, a una o varias sociedades, recibiendo a cambio la sociedad segregada participación en las sociedades beneficiarias. En uno y otro caso, cumpliendo los requisitos citados para las aportaciones no dinerarias, podrían asimilarse fiscalmente a estas para su acogimiento al régimen fiscal especial.

Doctrina Administrativa Aunque mercantilmente desde el 4-7-2009 se regula la operación de **segregación** como un tipo de escisión, fiscalmente la aportación de rama de actividad es una operación autónoma, por lo que para la aplicación del régimen especial a este tipo de operaciones deben cumplirse los requisitos específicos previstos en la normativa fiscal para estas operaciones (DGT CV 16-7-09; CV 5-10-23). 6701

Jurisprudencia La **unidad económica autónoma** determinante de la existencia de la rama de actividad debe existir en la entidad transmitente con carácter previo a la transmisión (TS 29-10-09, EDJ 300049; 5-4-11, EDJ 60750; 22-12-14, EDJ 225372). En este sentido, la existencia de varios establecimientos comerciales para realizar la actividad no significa que cada establecimiento se configure como una rama de actividad por el hecho, por ejemplo, de disponer de personal adscrito a cada uno y estar ubicados en lugares diferentes, sino que se precisaría que en sede de la entidad que aporta la rama de actividad, en función del destino y naturaleza de tales establecimientos, existiera una **organización separada** y un modelo de gestión diferenciado determinante de distintas explotaciones económicas autónomas (DGT CV 17-11-21).
La DGT ha denegado la consideración **de unidad económica autónoma** en supuestos de adquisición de **cartera de clientes**, junto con mobiliario y personal, considerando que no se transmite un negocio en funcionamiento pues la cartera de clientes no puede considerarse como una unidad económica autónoma (DGT 3-10-17).

Adicionalmente, fuera de la LIS art.76 que define las operaciones acogibles al régimen especial, es la LIS art.87 el que da cabida en el mismo a las aportaciones no dinerarias (a pesar de que **no** sean **rama de actividad** o sean realizadas por **personas físicas** o por sujetos pasivos del IRNR). En estas operaciones, el aportante recibe a cambio una participación en el capital de la sociedad adquirente que ha de ser residente (o establecimiento permanente en España), resultando después de la operación una participación de la aportante en la adquirente de al menos un 5% (resultante de la operación o juntamente con lo poseído antes de la aportación). Pueden ser objeto de aportación **participaciones financieras** en entidades residentes o no (excluidas las agrupaciones de interés económico, las uniones temporales de empresas o las que tengan como actividad principal la gestión de patrimonio mobiliario o inmobiliario) siempre que representen una participación de al menos un 5% y se hayan poseído ininterrumpidamente por el aportante durante el año anterior. Si lo que se aporta no es una participación financiera, se exige que lo aportado esté afecto a actividades económicas. 6702

Operaciones por las que se realiza la aportación no dineraria de rama de actividad La aportación puede conllevar que la adquirente de la aportación de la rama de actividad formalice un **aumento de capital** social, emitiendo nuevas acciones que son suscritas por la entidad aportante. También puede instrumentarse esta misma operación por medio de un contrato de **permuta**, en la que una entidad transmite a otra entidad todo o parte de su patrimonio en forma de ramas de actividad a cambio de valores representativos del capital de la entidad adquirente, poseídos por ella como autocartera. 6703

Precisiones La literalidad de la normativa fiscal parece decantarse por la primera de las operaciones apuntadas, pero parece que también debe tener cabida la segunda, ya que las dos tienen los mismos **efectos** prácticos y la única diferencia entre ellas es de forma y no de fondo.

4. Canje de valores

(LIS art.76.5)

6705 Una entidad (dominante) adquiere una participación en el capital social de otra (dominada) que le permite obtener la **mayoría de los derechos de voto** en ella, mediante la atribución a los socios de esta última, a cambio de sus valores, de otros representativos del capital social de la primera entidad y, en su caso, de una compensación en dinero que no exceda del 10% del valor nominal o, a falta de valor nominal, de un valor equivalente al nominal de dichos valores deducido de su contabilidad. De esta forma, los socios de la entidad dominada pasan a serlo de la entidad dominante.

Pueden ampararse en el régimen fiscal especial también las operaciones en las que la entidad dominante, teniendo **previamente la mayoría** de los derechos de voto de la dominada, adquiere una mayor participación en el capital de esta última, pero no es acogible cuando esa mayoría se alcanza tras el canje, computándose conjuntamente con la **participación indirecta** a través de otra entidad en la que se participaba con anterioridad.

En este sentido, no se permite alcanzar la mayoría de derechos de voto exigida en el canje de valores cuando los mismos se controle a través de participaciones indirectas (DGT CV 3-2-22).

En cuanto al **negocio jurídico** que sustenta la operación de canje de valores, debe ser válido cualquiera que instrumente que la entidad dominante alcance la mayoría de los derechos de voto en la entidad dominada (o se refuerce esta de tener previamente dicha mayoría), valiendo aquí lo mencionado para las aportaciones no dinerarias (nº 6700 s.).

Doctrina Administrativa **1)** En el caso de que una sociedad holding ya existente adquiera participaciones en el capital social de otras sociedades que le permite obtener la **mayoría de los derechos de voto** de ellas, y concurran el resto de las circunstancias de la LIS art.80, puede aplicarse a la operación el régimen especial de canje de valores. Y lo propio se ha afirmado en relación con una **entidad de nueva creación** que adquiera participaciones en el capital social de otra que le permite obtener la mayoría de los derechos de voto de la misma (DGT CV 22-6-18; CV 28-6-18; CV 16-7-18).

2) Unos socios que participan en un canje de valores de una entidad residente para su aportación a otra residente, residen en **países con convenio**, en **territorio español** y en **paraísos fiscales**. La renta generada en estos últimos tributaría en España por el IRNR. La operación se calificaría como canje de valores si la adquirente toma una participación mayoritaria de los derechos de voto sin computar en esta valoración la participación adquirida a los socios residentes en paraísos fiscales (DGT CV 20-4-18; CV 24-4-18).

3) De acuerdo con la sentencia TJUE 19-7-12 (asunto C-48/11, A Oy), es posible acoger al régimen de neutralidad fiscal una operación de canje de valores a pesar de que la entidad adquirente sea una **entidad noruega** (esto es, no comprendida en el ámbito de la Dir 2009/133/CEE) (DGT CV 20-5-21).

B. Tributación directa

6710
1. **Régimen especial de las entidades transmitentes** ... 6715
a. Rentas no integrables ... 6717
b. Renuncia al régimen fiscal especial ... 6730
2. **Régimen especial de las entidades adquirentes** ... 6735
a. Valoración fiscal de los bienes adquiridos ... 6737
b. Aportación de rama de actividad: valoración fiscal de las acciones o participaciones recibidas ... 6742
c. Régimen fiscal del canje de valores ... 6745
3. **Régimen fiscal de los socios** ... 6750
4. **Participaciones en el capital de la entidad transmitente y de la entidad adquirente** ... 6765
a. Participación de la entidad adquirente en el capital de la entidad transmitente ... 6767
b. Participación de la entidad transmitente en el capital de la entidad adquirente ... 6780

1. Régimen especial de las entidades transmitentes

6715 El acogimiento al régimen fiscal especial de reestructuración empresarial en las operaciones anteriormente detalladas conlleva que las rentas que se ponen de manifiesto como consecuencia de la transmisión de los distintos elementos patrimoniales se difieran hasta que dichos bienes sean transmitidos por la entidad adquirente. Es decir, no supone un régimen de exención de las posibles rentas que se pongan de manifiesto, sino de **diferimiento de la**

tributación, por cuanto la renta generada se calcula teniendo en cuenta el coste de los mencionados elementos transmitidos con anterioridad a la operación realizada.
El acogimiento al régimen fiscal especial tiene su fundamento en las siguientes premisas, ya citadas:
a) No inclusión en la **base imponible** de la entidad transmitente de las rentas generadas en los elementos transmitidos, independientemente de que, contablemente, se registren, en su caso, por su valor de mercado en el momento de la operación.
b) La **valoración**, a efectos fiscales, por parte de la entidad adquirente de los bienes recibidos, por el mismo valor y la misma antigüedad que estos bienes tenían en la transmitente con anterioridad a la operación.

a. Rentas no integrables

(LIS art.77.1)

Como se ha indicado, el acogimiento al régimen especial implica un **diferimiento en la tributación** por las posibles rentas que se pongan de manifiesto en las operaciones realizadas y, siempre y cuando, la Hacienda Pública española mantenga la capacidad de gravar, a futuro, las rentas diferidas, salvo que, por ejemplo, un convenio de doble imposición establezca lo contrario. **6717**
Para ello, se exige el cumplimiento de **dos requisitos** fundamentales:
- territorialidad; y
- tributación (nº 6726 s.).

Territorialidad (LIS art.77.1) Planteamos dos situaciones teniendo en cuenta si la entidad transmitente: **6718**
- reside en territorio español;
- no reside en territorio español (nº 6724 s.).

Entidad transmitente residente en territorio español (LIS art.77.1.a, b y c) Se distinguen los siguientes supuestos: **6719**
a) Los **elementos transmitidos** están situados en **territorio español**: se pueden plantear, a su vez, dos posibilidades:
1. Que el **adquirente sea residente en territorio español**: el régimen fiscal especial de diferimiento en la tributación es plenamente aplicable por cuanto la Hacienda Pública española mantiene su capacidad para gravar en el futuro las rentas diferidas generadas (DGT CV 24-4-18).
2. Que el **adquirente no sea residente en territorio español**: no se puede aplicar el diferimiento sobre las rentas generadas, debido a que la Hacienda Pública española pierde la potestad de gravarlas en una futura transmisión, salvo que la entidad adquirente no residente opte por afectarlas a un establecimiento permanente situado en España que realice, con dichos elementos, una actividad económica que constituya su objeto social. En este caso, cuando el establecimiento permanente desafecte o transmita al extranjero los elementos patrimoniales adquiridos, debe integrar en la base imponible del ejercicio la renta diferida, debido a que, de otro modo, la Hacienda Pública española dejaría de tener la capacidad de gravarlos en el futuro.
No obstante, cuando los elementos patrimoniales son transferidos desde el establecimiento permanente a un Estado miembro de la UE o del Espacio Económico Europeo con el que exista un efectivo intercambio de información, se permite que el **pago** de dicha renta sea **aplazado** hasta la fecha de la transmisión a terceros de los elementos patrimoniales afectados, previa solicitud del sujeto pasivo y atendiendo al devengo de intereses de demora y constitución de las debidas garantías, en los términos establecidos por la LGT y su normativa de desarrollo.

Doctrina Administrativa **1)** La transmisión de los bienes y derechos situados en territorio español a favor de una **entidad residente en Luxemburgo**, sin que dichos elementos queden afectos a un establecimiento permanente, imposibilita la aplicación del régimen de diferimiento, debiéndose integrar en su base imponible las rentas generadas (DGT CV 7-5-13). **6720**
2) Se admite que una **sucursal** sea la entidad **transmitente de participaciones** a otra entidad residente en territorio español, subrogándose esta última en el valor fiscal y antigüedad de las participaciones aportadas (DGT CV 7-12-16).
3) Apta la **fusión de una SICAV española** por una SICAV en Luxemburgo, sin perjuicio de que tributen las rentas de los elementos integrantes del patrimonio de la absorbida si después de la fusión no queda un establecimiento permanente en territorio español (DGT CV 13-7-17).

6721 **b)** Los **elementos transmitidos** están situados en la **UE**: son transmisiones de establecimientos permanentes situados en la UE, a favor de entidades residentes en la UE. Se pueden plantear, igualmente, las siguientes posibilidades:
1. Entidad **adquirente reside en territorio español**: operaría el régimen de diferimiento, siempre y cuando dicha entidad esté sujeta y no exenta del IS y posea la forma jurídica de sociedad anónima, limitada, comanditaria por acciones o entidad de derecho público que opere en régimen de derecho privado.
2. Entidad **adquirente reside en la UE**: se permite el diferimiento en la tributación de las rentas generadas por la transmisión del establecimiento permanente, siempre que la entidad adquirente mantenga los valores históricos de los bienes que conforman dicho establecimiento permanente, se encuentre sujeta y no exenta en su país de residencia a un impuesto que grave su renta empresarial y, adicionalmente, revista la forma jurídica mencionada en la parte A del anexo I de la Dir 2009/133/CE.

Doctrina Administrativa **1)** La transmisión de una sucursal en Francia por un residente en España, a favor de un **residente en Luxemburgo** puede acogerse al régimen especial si la entidad adquirente reviste alguna de las formas enumeradas en la Dir 90/434/CEE anexo (actual Dir 2009/133/CE), y está sujeta y no exenta a alguno de los tributos mencionados en su art.3 (DGT CV 7-5-13).
2) En la medida en que la entidad beneficiaria adquiere **participaciones** en el capital social de otra que le permitan obtener la **mayoría de los derechos de voto** y dado que la persona física consultante es residente en territorio español y que la entidad beneficiaria sea residente en territorio español o esté comprendida en el ámbito de aplicación de la Dir 90/434/CEE (actual Dir 2009/133/CE), se podrá aplicar a la operación planteada el régimen especial previsto en la LIS capítulo VIII del título VII (DGT CV 21-5-13).

6722 **3.** Entidad **adquirente reside fuera de la UE**: la renta que se ponga de manifiesto en la transmisión del establecimiento permanente se debe integrar en la base imponible de la entidad transmitente, si bien es posible que dicha renta pueda acogerse la exención por doble imposición de la LIS art.22.
Adicionalmente, para el caso de que la transmisión de un establecimiento permanente genere una **renta positiva** en la entidad transmitente, y no se cumplan los requisitos establecidos en la LIS art.22, el importe de esta que supere las rentas negativas netas obtenidas por el establecimiento permanente se deben integrar en la base imponible de la mencionada entidad transmitente (LIS art.85).

Precisiones El concepto **establecimiento permanente** debe ser determinado de acuerdo con la normativa del Estado donde radique el mismo, de tal manera que si no constituye un establecimiento permanente en dicho Estado, la operación realizada no podría acogerse al régimen fiscal especial.

6723 **c)** Los **elementos transmitidos** están situados en el **extranjero**, afectos a un establecimiento permanente: a su vez, habría que distinguir según:
1. La entidad **adquirente resida en territorio español**: dado que la Hacienda Pública española mantiene la capacidad de gravar a futuro dichas rentas en sede de la entidad adquirente, aplica el diferimiento en la tributación de las mismas.
2. La entidad **adquirente no resida en territorio español** (UE o fuera de la UE): en este supuesto, la renta puesta de manifiesto en la transmisión debe integrarse en la base imponible de la entidad transmitente, por cuanto la Hacienda Española pierde la capacidad de gravar las mismas en un futuro.

6724 **Entidad transmitente no residente en territorio español** (LIS art.77.1.d y e) Son transmisiones de establecimientos permanentes, de acuerdo con la normativa aplicable, y con carácter previo a su transmisión, que se encuentran radicados en España, en donde la **entidad adquirente**:
a) Reside en territorio español: en este supuesto, aplicaría el régimen de diferimiento.
b) No reside en territorio español: si la totalidad de los elementos transmitidos quedan afectos al establecimiento permanente situado en territorio español, aplicaría el régimen especial.
Si, con posterioridad, dichos elementos no continuasen afectos a un establecimiento permanente en España, total o parcialmente, la renta debe integrarse en la base imponible del establecimiento permanente, en el propio período impositivo en que dichos bienes sean transmitidos, sin perjuicio de que puedan aplicarse las deducciones para evitar la doble imposición internacional que correspondan (LIS art.31).
No obstante, puede no producirse la tributación efectiva de estas rentas si resulta aplicable la exención para evitar la doble imposición (LIS art.22).
En el caso de que la renta generada en la transmisión del establecimiento permanente fuese negativa, no sería fiscalmente deducible (LIS art.22).

Doctrina Administrativa La fusión entre dos entidades no residentes, en donde, entre el patrimonio de la absorbida figura un **establecimiento permanente en España**, que será titularidad de la absorbente tras la fusión, puede acogerse al régimen fiscal especial (DGT CV 23-5-13).

A estos efectos, la renta que se debe integrar en la **base imponible** se calcula por la diferencia entre el valor de mercado de los elementos transferidos y el valor fiscal que dichos elementos tenían en la entidad transmitente con anterioridad a la operación de reestructuración realizada, corregido por el importe de las amortizaciones y demás correcciones de valor contabilizadas por el establecimiento permanente y que hubieran tenido la consideración de fiscalmente deducibles. No obstante, cuando los elementos patrimoniales son transferidos desde el establecimiento permanente a un Estado miembro de la UE o del Espacio Económico Europeo con el que exista un efectivo intercambio de información, se permite solicitar un **aplazamiento** en el pago de la deuda tributaria, siempre que se constituyan las debidas garantías, hasta el momento en que los bienes afectados al régimen de neutralidad fiscal sean transmitidos a terceros. **6725**

También es aplicable el régimen de diferimiento cuando se transmitan **participaciones en entidades residentes en territorio español** en favor de entidades residentes en el mismo territorio de su transmitente o en favor de entidades residentes en la UE (en este último caso, siempre que, tanto transmitente como adquirente, revistan una de las formas jurídicas mencionadas en la parte A del anexo I de la Dir 2009/133/CE y estén sujetas y no exentas a alguno de los tributos mencionados en la parte B de su anexo I).

La LIS no establece ninguna condición acerca de la residencia de la entidad transmitente, por lo que la misma puede tener su residencia en un país o territorio calificado como **jurisdicción no cooperativa**, siempre que los elementos transmitidos determinen la existencia en territorio español de un establecimiento permanente.

Tributación (LIS art.77.1) Tal y como se ha expuesto, el régimen fiscal especial de reestructuración empresarial se articula bajo la premisa de un diferimiento de la tributación, ya que dichas rentas van a ser gravadas a posteriori en sede de la entidad adquirente. Por ello, cuando no sea posible gravar dichas rentas en un futuro, no se puede aplicar el régimen de diferimiento. Los supuestos en los que **no puede aplicarse el régimen de diferimiento** son: **6726**

a) Entidad **adquirente exenta del IS o** sometida al **régimen de atribución de rentas**. En este caso, debe integrarse en la base imponible de la entidad transmitente la renta generada en la transmisión de los elementos patrimoniales incluidos en la operación de reestructuración.

Llegados a este punto, se puede plantear la posibilidad de que, en estas operaciones de reestructuración, una de las entidades adquirentes se encuentre exenta en el IS, o se halle sometida al régimen de atribución de rentas. Es por ello que se suscita cierta controversia sobre si la **totalidad de la operación** queda al margen del régimen fiscal especial o, por el contrario, puede acogerse a la misma, excepto por lo que se refiere al régimen de diferimiento en sede de la entidad transmitente.

Si bien la respuesta a esta cuestión no se encuentra explícitamente resuelta en la LIS, de su mismo articulado parece desprenderse que el mencionado régimen se aplica a todas las operaciones de reestructuración empresarial que cumplan con las condiciones establecidas en la LIS art.76, aún en el caso en que puedan existir determinadas salvedades, como puede ser la situación de que la sociedad adquirente se encuentre exenta del IS, en cuyo caso, la **entidad transmitente** no puede diferir la renta generada en los bienes transmitidos a dicha entidad exenta. Esta interpretación de la norma no puede inferirse en el supuesto en que la entidad adquirente sea una entidad de atribución de rentas, por cuanto se exige que las sociedades intervinientes sean sujetos pasivos del IS.

Doctrina Administrativa **1)** La aportación por cada uno de los partícipes de su respectiva cuota de participación en la **comunidad de bienes** puede acogerse al régimen fiscal especial, siempre que la aportación de la cuota ideal suponga la aportación de elementos patrimoniales afectos a actividades empresariales y se cumplan con el resto de requisitos establecidos en la Ley de manera individual en todos los aportantes y en cada aportación (DGT CV 20-6-13). **6727**

2) La fusión de una entidad mercantil por parte de una **cooperativa de trabajo** asociado puede acogerse al régimen tributario especial, y la renta derivada de la transmisión de los elementos patrimoniales existentes en el momento de la operación, realizada con posterioridad a esta, se entenderá generada de forma lineal. En el mismo sentido, la DGT CV 7-9-12, y siendo la absorbente una SICAV (DGT CV 19-10-12; 13-07-17).

b) Entidad **adquirente** sometida a un **tipo de gravamen o régimen tributario especial**. Cuando la entidad adquirente disfrute de la aplicación de un tipo de gravamen o un régimen tributario especial distinto de la transmitente, la renta que se ponga de manifiesto en la transmisión de los elementos patrimoniales existentes en el momento de la operación de reestructuración, **6728**

transmisión realizada con posterioridad a esta operación de reestructuración, se entiende generada de forma lineal durante el tiempo de tenencia de dicho elemento, salvo prueba en contrario. Es decir, la parte de renta generada por la entidad transmitente hasta el momento de la operación de reestructuración es gravada al tipo impositivo y régimen tributario que le hubiese correspondido a dicha entidad. En cambio, por la parte de renta generada con posterioridad, se grava al tipo de gravamen y régimen tributario que corresponda a la entidad adquirente.
No obstante, si el criterio de imputación lineal no se corresponde con la realidad y el contribuyente prueba la existencia de otro criterio diferente, este último es el que se utiliza para determinar la imputación temporal de aquella renta a efectos de aplicar a cada parte de renta el régimen fiscal que corresponda.
Para un análisis más detallado de las diversas situaciones, ver nº 1595 s. Memento Reorganización Empresarial (Fusiones) 2023-2024.

Doctrina Administrativa La cesión global de un activo y pasivo por parte de una entidad mercantil a un **partido político**, el cual goza de un régimen tributario y un tipo de gravamen distinto al de la absorbida, puede acogerse al régimen especial, si bien la renta derivada de dicha transmisión se entiende producida de forma lineal durante el tiempo de tenencia de los mencionados bienes, por lo que hay que diferenciar la renta generada antes y después de la operación de reestructuración acogida al régimen especial (DGT CV 31-3-08).

b. Renuncia al régimen fiscal especial

(LIS art.77.2)

6730 La aplicación del régimen especial de diferimiento es voluntaria para la entidad transmitente, contribuyente del IS, que puede renunciar al mismo mediante la integración en su base imponible de las rentas que se pongan de manifiesto por la transmisión de la totalidad o parte de los elementos patrimoniales. Todo ello, sin perjuicio de que este régimen especial se aplique con carácter general a todas las operaciones descritas en la LIS art.76 y 87.
Esta renuncia al régimen especial únicamente puede ser realizada por la **entidad transmitente** (nunca sus socios), sujeto pasivo de la operación y no implica que los efectos de la renuncia se extiendan al resto de aspectos del régimen fiscal, como puede ser la no sujeción al IVA o al ITP y AJD.
Por otro lado, el que una de las sociedades transmitentes en la operación renuncie, en el ejercicio de su derecho individual, al régimen especial no conlleva que el **resto de entidades transmitentes** intervinientes en la operación deban renunciar igualmente.
No obstante lo anterior y como excepción a la facultad individual de renuncia al régimen, en el supuesto en que la entidad **transmitente participe en el capital de la adquirente** y dicha participación forme parte del patrimonio transmitido, no se integran en la base imponible las rentas que se pongan de manifiesto con ocasión de la transmisión, sin posibilidad de renunciar a dicho diferimiento. Adicionalmente y en las operaciones de canje de valores, no está prevista en la LIS la posibilidad de renunciar al régimen especial, por cuanto es una operación regulada de forma autónoma sin que el legislador haya considerado oportuno habilitar dicha opción.

2. Régimen especial de las entidades adquirentes

(LIS art.78)

6735

a.	Valoración fiscal de los bienes adquiridos	6737
b.	Aportación de rama de actividad: valoración fiscal de las acciones o participaciones recibidas	6742
c.	Régimen fiscal del canje de valores	6745

a. Valoración fiscal de los bienes adquiridos

6737 **Aplicación del régimen de diferimiento** (LIS art.78.1) En caso de que la entidad transmitente no renuncie a la aplicación del régimen de diferimiento, la entidad adquirente ha de proceder a valorar a efectos fiscales los bienes recibidos por el mismo **importe** que tenían en la transmitente antes de realizarse la operación y con la misma fecha de adquisición en esta última. Es decir, la consecuencia práctica de este régimen de diferimiento es que la entidad adquirente asume la carga tributaria de la renta que se ponga de manifiesto en una posterior transmisión de los elementos incluidos en la operación de reestructuración, por cuanto dicha renta se calcula por la diferencia entre el valor de mercado de dichos bienes en el momento de su ulterior venta y el coste fiscal que los mismos tenían en sede de la entidad transmitente con anterioridad a la operación de reestructuración acogida al régimen especial.

Tal y como se ha indicado, igualmente, los bienes adquiridos mantienen en la entidad adquirente, a efectos fiscales, la misma **fecha de adquisición** que en la transmitente, así como las mismas condiciones, dado que el régimen especial de diferimiento implica una **subrogación en obligaciones y derechos**, esto es, la entidad adquirente sucede a la entidad transmitente en la posición que esta última ocupaba frente a la Hacienda Pública, sucesión que supone una continuidad en los mismos criterios fiscales que operaban sobre los elementos de la entidad transmitente.

La **continuidad** de la entidad adquirente en los criterios y condiciones seguidos por la entidad transmitente se manifiesta, entre otros, en los siguientes aspectos:

- amortizaciones; y
- correcciones de valor (nº 6739).

Amortizaciones (RIS art.3.6) Los bienes adquiridos en las operaciones descritas, dado que, a priori, siguen afectos a la misma actividad económica, con la diferencia de que, desde el momento de la operación de reestructuración, se realiza bajo la titularidad de la entidad adquirente, deben seguir amortizándose por el mismo método y misma base de amortización que el llevado a cabo en la entidad transmitente, salvo que aquella opte por formular un **plan específico de amortización** en donde se modifiquen las condiciones con las que dichos bienes contaban. 6738

Correcciones de valor Respecto de las pérdidas por deterioro dotadas que recogen la corrección del valor de los elementos patrimoniales integrantes del patrimonio transmitido, puede diferenciarse según que dicha pérdida por deterioro exista al tiempo de realizarse la operación y dicho deterioro haya sido o no fiscalmente deducible o bien se haya dotado en la entidad adquirente con posterioridad a la misma: 6739

a) Pérdida por deterioro dotada con anterioridad a la operación: si la entidad adquirente procede a contabilizar el elemento por los mismos **valores contables que en la transmitente**, es decir, tanto por su coste de adquisición como por el deterioro contable dotado, en el momento en que el elemento adquirido recupere, total o parcialmente, su valor, el deterioro contable es registrado como ingreso, y se integra en la base imponible del impuesto de la entidad adquirente, salvo que dicho deterioro no fuese fiscalmente deducible en sede del transmitente, en cuyo caso no procede integrar el ingreso en la base imponible.

En cambio, si los bienes adquiridos son registrados por el **valor neto contable** que tenían en la entidad transmitente (deducido el deterioro contable), cualquier recuperación del valor del bien, total o parcial, debe integrarse en la base imponible del IS de la entidad adquirente, mediante el pertinente ajuste al resultado contable, excepto que el deterioro no hubiera sido fiscalmente deducible en sede de la transmitente.

b) Pérdida por deterioro dotada con posterioridad a la operación: si los bienes han sido contabilizados por la entidad adquirente por el **mismo valor** que tenían en la transmitente, la depreciación que se dote una vez realizada la operación es fiscalmente deducible, siempre y cuando el valor contable y fiscal sean coincidentes.

Sin embargo, si los bienes fueron contabilizados en la entidad adquirente por un importe **superior** al que estos mismos bienes se encontraban registrados en la entidad transmitente, con anterioridad a la operación, el deterioro registrado en aquella únicamente es deducible por el exceso entre el valor que tenía el bien en la entidad transmitente con anterioridad a la operación y el nuevo valor neto contable del bien en la entidad adquirente.

No obstante, hay que tener en cuenta que desde el 2015 no son deducibles las pérdidas por deterioro del inmovilizado material, inversiones inmobiliarias e inmovilizado intangible, incluido el fondo de comercio, así como las pérdidas por deterioro de participaciones (LIS art.13.2).

Renuncia total o parcial al régimen de diferimiento (LIS art.78.2) Tal y como se ha comentado, es la sociedad transmitente la que debe renunciar, total o parcialmente, al régimen de diferimiento (nº 6730). En este caso, el valor fiscal de los bienes recibidos por la entidad adquirente debe ser coincidente con el **valor normal de mercado** en el momento de la operación (LIS art.17), siendo irrelevante, a estos efectos, el importe por el que sean contabilizados en sede de dicha entidad. Así, si la entidad adquirente procede a contabilizar los bienes por su **valor real**, habiendo renunciado la entidad transmitente al régimen de diferimiento, el valor contable y fiscal es coincidente, por lo que cualquier ingreso o gasto asociado a dichos bienes debe ser integrado en la base imponible sin especificidad alguna. 6740

Si, por el contrario, los bienes son registrados contablemente en sede de la entidad adquirente por el mismo **valor que tenían en la transmitente** con anterioridad a la operación de reestructuración, existe una divergencia de valor contable respecto del fiscal en la entidad adquirente. Esta diferencia entre el valor contable y fiscal de los elementos adquiridos deben ser integrados en la base imponible vía ajuste extracontable. Así, si el bien es amortizable, se debe proceder a realizar un ajuste negativo al resultado contable, de cara a calcular la base imponible individual de la entidad adquirente, por diferencia entre la amortización fiscal calculada sobre la base del coste fiscal del bien en el momento de la operación y la amortización contable que haya sido registrada. Si el bien no es amortizable, la diferencia entre el valor real del bien y su valor contable es corregida en el momento en que el mismo sea transmitido.

Doctrina Administrativa No cabe considerar integrada efectivamente en la base imponible aquella parte de la renta que hubiera sido objeto de la aplicación de **coeficientes correctores** en sede de las **personas físicas transmitentes**, sino únicamente en la proporción en que la ganancia patrimonial obtenida se haya integrado en la base imponible del IRPF (DGT CV 21-3-13).
1) Debe probarse que la **ganancia patrimonial** obtenida ha sido objeto de **integración** de manera efectiva en la **base imponible** del IRPF del transmitente. No obstante, a tales efectos, no cabe considerar integrada efectivamente en la base imponible aquella parte de la renta que hubiera sido objeto de la aplicación de coeficientes correctores en sede de la persona física transmitente (DGT CV 28-6-16).
2) La **renuncia** puede ejercitarse elemento por elemento patrimonial, integrando en la base imponible la renta total generada únicamente en la transmisión de aquellos elementos que decida el sujeto pasivo, difiriéndose la renta imputable a los demás elementos transmitidos. Por tanto, la entidad transmitente podrá renunciar total o parcialmente al régimen de diferimiento e integrar en la base imponible las rentas que se pongan de manifiesto en la operación de escisión total. Esta renuncia puede realizarse en relación con todos los elementos patrimoniales transmitidos o con una parte de ellos (DGT CV 28-12-23).

b. Aportación de rama de actividad: valoración fiscal de las acciones o participaciones recibidas

(LIS art.79)

6742 En caso de aplicación del régimen de diferimiento, las acciones o participaciones recibidas como contraprestación a los bienes integrantes de la rama de actividad aportada se valoran, a efectos fiscales, por el mismo valor fiscal que tenían los bienes en sede del transmitente, esto es, por el valor fiscal de la unidad económica autónoma aportada o del elemento patrimonial aportado.
En consecuencia, las eventuales **plusvalías** que se puedan poner de manifiesto en el momento de la operación quedan latentes tanto en sede de la entidad transmitente, por cuanto las acciones o participaciones recibidas se valoran, a efectos fiscales, por el valor fiscal de la rama aportada, como en sede de la adquirente, ya que se valoran, igualmente, los bienes recibidos por el mismo valor fiscal que tenían en la transmitente con anterioridad a la operación.
Por ello, es posible que se produzca una doble imposición de una misma renta en sede de dos sujetos pasivos diferentes (adquirente y transmitente), que la LIS trata de corregir para evitar excesos no deseados de sobreimposición (LIS art.88), al estar valorados todos los bienes (por un lado, las acciones recibidas por la transmitente y, por otro, los bienes integrantes de la rama de actividad recibida por la adquirente) por el valor fiscal de la unidad económica autónoma aportada con anterioridad a la operación.
Ahora bien, en caso de **renuncia** al régimen de diferimiento por parte de la entidad transmitente, la valoración de la participación recibida por la misma es el valor de mercado de dicha participación (LIS art.17).

c. Régimen fiscal del canje de valores

(LIS art.80)

6745 Cuando la operación proyectada tenga la consideración de canje de valores, por haber cumplido con los requisitos establecidos en la LIS art.76.5 (nº 6705), los socios, personas físicas o jurídicas, no integran en su respectiva **base imponible** las rentas que se pongan de manifiesto, siempre que:
a) Los **socios**, personas físicas o jurídicas, que realicen el canje sean residentes en territorio español, en la UE o en un Estado tercero, siempre que, en este último caso, los valores recibidos sean representativos del capital social de una entidad (dominante) residente en España.
b) La **entidad adquirente** (dominada) sea residente en España, o esté comprendida en el ámbito de aplicación de la Dir 2009/133/CE.
c) Siempre que no intervengan entidades domiciliadas o establecidas en países o territorios calificados como **paraísos fiscales** u obtenidas a través de ellos. En caso de ser los socios los residentes en paraísos fiscales, no se puede aplicar el régimen fiscal especial únicamente a los socios que residan en países o territorios calificados como paraísos fiscales, pero sí al resto de los socios que participen en la operación y siempre que, con estos últimos, la entidad dominante obtenga la mayoría de los derechos de voto sobre la entidad dominada.

Los valores recibidos por la **entidad que realiza el canje de valores** (dominante) se valoran, a efectos fiscales, por el valor fiscal que tenían en el patrimonio de los socios que efectúan la aportación, según las normas del IS, del IRPF o del IRNR, manteniéndose, igualmente, la fecha de adquisición de los socios aportantes. **6746**

Los valores recibidos por los **socios** se valoran, a efectos fiscales, por el valor fiscal de los entregados, aumentándose o disminuyéndose en el importe de la compensación complementaria en dinero entregada o recibida.

Aunque inicialmente se pudiera inferir lo contrario, en el régimen fiscal de diferimiento en el canje de valores no cabe la posibilidad de **renuncia** al mismo, ya que dicha posibilidad solamente es aplicable a las operaciones de fusión, escisión y aportaciones de ramas de actividad, al encontrarse la regulación fiscal del canje en un apartado diferente al de las operaciones indicadas.

Si el socio, persona física o jurídica, **deja de ser residente fiscal** en territorio español, se debe integrar en base imponible del IRPF o del IS, respectivamente, la diferencia entre el valor de mercado de los valores recibidos en la operación de canje realizada y el valor fiscal de los mismos, que no es otro, que el de los valores entregados, igualmente, en la operación de canje realizada, aumentándolo o disminuyéndolo en el importe de la compensación complementaria en dinero recibida en dicha operación. **6747**

No obstante, la misma normativa del régimen especial habilita a que el socio que pierda la consideración de residente y la adquiera en un estado miembro de la UE o del EEE, pueda **aplazar el pago de la deuda tributaria** que se ponga de manifiesto, en los términos expuestos en el párrafo anterior, y hasta el momento en que se produzca la transmisión efectiva de los valores. Para ello, dicho socio debe garantizar el pago de la misma.

Por último, puede ocurrir que, como consecuencia del canje realizado el **porcentaje de participación** que se vaya a ostentar en la entidad dominante difiera del que se ostentaba en la dominada, con el impacto que ello produce a efectos de la exención sobre dividendos (LIS art.21), por ejemplo. Así: **6748**

a) Si el porcentaje, tanto antes como después del canje, es **inferior al 5%**, no puede aplicarse la exención sobre dividendos. No obstante lo anterior, y aplicable únicamente durante los periodos impositivos que se inicien dentro de los años 2021 a 2025 según el régimen transitorio establecido, podrá aplicarse la exención si el valor de adquisición del transmitente, y en el cual se subroga la entidad adquirente, fuera superior a 20 millones de euros y siempre que hubiesen sido adquiridas por la misma antes del 1-1-2021 (LIS disp.trans.40).

b) Si el porcentaje es **igual o superior al 5%** tanto antes como después del canje, se aplica la exención sobre dividendos, siempre y cuando se cumplan con el resto de los requisitos establecidos en la LIS.

c) Si el porcentaje es **inferior al 5% antes** del canje, pero **después** del mismo es **igual o superior al 5%**, se puede aplicar la exención sobre dividendos de fuente interna cumpliendo con el resto de los requisitos mencionados en la LIS.

d) Si el porcentaje es **igual o superior al 5% antes** del canje, pero **después** del mismo es **inferior al 5%**, las consecuencias son similares a las indicadas en la letra a) anterior, esto es, no resulta de aplicación la exención sobre los dividendos salvo que -y únicamente aplicable para los periodos impositivos que se inicien dentro de los años 2021 a 2025- el valor de adquisición fuera superior a 20 millones de euros y la fecha de adquisición anterior al 1-1-2021. No obstante, una interpretación finalista de la norma, basada en el principio de neutralidad fiscal que impera en estas operaciones, lleva a considerar que, por los dividendos distribuidos con cargo a beneficios de la entidad dominada, en donde se poseía un porcentaje de participación igual o superior al 5%, se permite la aplicación de la exención.

3. Régimen fiscal de los socios

(LIS art.81)

En sede de los socios de la entidad que realiza una operación de fusión, absorción y escisión total o parcial, se puede poner de manifiesto una **renta** con motivo del **canje de valores** realizado, por diferencia entre el valor fiscal de las acciones recibidas y las entregadas. Esta renta puede acogerse al régimen fiscal especial, al igual que el resto de rentas que se pongan de manifiesto en sede de la entidad transmitente por los elementos transmitidos en la operación de reestructuración realizada. **6750**

[Doctrina Administrativa] El canje de valores genera una **ganancia o pérdida patrimonial** en el patrimonio del contribuyente que se cuantifica por la diferencia entre el valor de adquisición de los títulos representativos de su participación como socio y el mayor valor de los siguientes: valor de mercado de los títulos percibidos o el valor de mercado de los entregados (DGT 5-8-04; 18-4-16).

6751 A diferencia de lo que ocurre en sede de la entidad transmitente, una vez acogida la operación al régimen especial, **no** se puede **renunciar al diferimiento** de las plusvalías que se generen en sede de los socios.

6752 **Requisitos** (LIS art.81.1 y 4) Para aplicar el régimen de diferimiento en sede de los socios es necesario:

a) Que los **socios de la entidad transmitente** sean residentes en España, en la UE o en un Estado tercero, siempre que, en este último caso, los valores recibidos lo sean de una entidad residente en territorio español.

b) Que las **entidades intervinientes** en la operación, esto es, la adquirente y la transmitente, no residan en territorios calificados como paraísos fiscales, o que las rentas no se obtengan a través de dichos territorios.

6753 **Situaciones posibles** Dada la posibilidad de que las partes intervinientes en las operaciones de reestructuración, esto es, la sociedad adquirente, la transmitente, y el socio de esta última, residan en distintos países, el abanico de alternativas que se presentan para poder aplicar el régimen de diferimiento es, igualmente, muy amplio. A modo de resumen, se podrían mencionar las siguientes situaciones:

6754 **Socios residentes en España y entidad adquirente residente en cualquier territorio** Dado que los socios son residentes en España, la Hacienda Pública española mantiene su capacidad para poder gravar las rentas diferidas a futuro, por lo que el régimen de diferimiento es aplicable a dichas operaciones. En el caso en que la **sociedad transmitente** no sea residente en territorio español, se aplica el régimen de diferimiento si el patrimonio de dicha entidad queda afecto a un establecimiento permanente situado en España. En caso contrario, dicha entidad queda gravada por el importe de las rentas generadas en la transmisión, sin perjuicio de que los socios de la misma puedan aplicar el régimen fiscal especial.

6755 **Socios no residentes en España** En estos supuestos, el punto de conexión para poder acogerse al régimen de diferimiento lo determina la residencia de la **entidad adquirente**:

a) La entidad adquirente reside en **España**: dado que el socio no residente pasa a ser nuevo socio de la entidad adquirente, la Hacienda Pública mantiene su soberanía impositiva sobre la renta puesta de manifiesto en la operación, por obligación real, por lo que es aplicable el régimen de diferimiento. Ahora bien, esta regla de diferimiento tiene aplicación práctica cuando no exista **convenio para evitar la doble imposición** con el Estado de residencia del socio, dado que en este caso la normativa interna permite gravar la plusvalía obtenida por ese socio cuando transmita la participación recibida de la entidad adquirente. Por el contrario, si existe convenio lo normal es que el mismo otorgue la capacidad para gravar dicha plusvalía al Estado de residencia del socio, por lo que la regla de diferimiento pierde su eficacia ya que nunca habrá posibilidad de someter a tributación en España dicha renta.

b) La entidad adquirente **no** reside en **España**: en este caso:

1. Si tanto la entidad adquirente como los socios de la transmitente residen en la UE, la renta no está sujeta en España. Es decir, la regla de diferimiento del régimen especial se convierte, en la práctica, en una no sujeción de dicha renta.

2. Si la entidad adquirente reside en la UE y los socios residen fuera de la UE, dado que España pierde su capacidad para gravar las rentas en el futuro, no cabe aplicar la regla del diferimiento y queda plenamente sujeta, salvo que un convenio de doble imposición establezca que únicamente esa renta puede ser sometida a imposición en el país de residencia del socio.

3. Si la entidad adquirente reside fuera de la UE y el socio en la UE, la regla de diferimiento se convierte en una regla de no sujeción, por lo que en la práctica, en este caso, tampoco queda gravada en España.

Doctrina Administrativa Las rentas derivadas de la transmisión de las participaciones en entidades residentes en el territorio español, por parte de entidades residentes en los **Países Bajos**, no pueden ser sometidas a imposición en España, por aplicación del convenio de doble imposición suscrito entre ambos países (DGT CV 17-5-13).

6756 **Pérdida de la condición de residente por parte del socio** (LIS art.81.3) Si los nuevos socios de la entidad adquirente dejan de ser residentes a efectos fiscales en territorio español, deben integrar en dicho ejercicio no solo la renta inicialmente diferida, sino también la que se hubiera generado con posterioridad a la operación de reestructuración. Como **excepción** a esta regla general, estaría el caso en que el socio afectara la participación en la sociedad adquirente a un establecimiento permanente radicado en España. En este caso, el régimen de diferimiento sigue plenamente vigente, por cuanto la renta diferida puede ser gravada, a futuro, en sede del establecimiento permanente.

No obstante, en caso de que el socio pase a ser residente de un Estado miembro de la UE o del EEE con el que exista un efectivo intercambio de información tributaria, puede **aplazarse el pago** de la correspondiente deuda tributaria, previa solicitud del contribuyente, hasta la fecha de la transmisión de tales participaciones a terceros. Los requisitos para solicitar el aplazamiento (plazos, garantías, devengo de intereses) son los establecidos con carácter general en la LGT.
En el caso de que el obligado tributario adquiriese de nuevo la condición de contribuyente del IS o del IRPF sin haber transmitido la titularidad de las acciones o participaciones, puede solicitar la **rectificación de la autoliquidación** al objeto de obtener la devolución de las cantidades ingresadas correspondientes a las ganancias patrimoniales.

Valoración fiscal de los valores recibidos (LIS art.81.2) De acuerdo con los principios generales que rigen este régimen tributario especial, los títulos recibidos se valoran por el **valor fiscal de los entregados**, aumentándolo o disminuyéndolo en el importe de la compensación económica recibida. 6757
Igualmente, la **fecha de adquisición** de los valores recibidos conserva la de los entregados.

Doctrina Administrativa En caso de que existan **diversas fechas de adquisición**, se distribuyen las antigüedades proporcionalmente (DGT CV 29-7-13).

Si el socio, con anterioridad a la operación de reestructuración, hubiera procedido a dotar un **deterioro** sobre la **participación transmitida**, habría que distinguir: 6758
a) Si, contablemente, la participación recibida es registrada por el **mismo precio** de adquisición que la participación entregada, minorada en el deterioro dotado, y la entidad adquirente obtiene resultados positivos que implique una recuperación del valor, la reversión del deterioro contable no debe integrarse en la base imponible del socio persona jurídica, en la medida en que los deterioros de participaciones no son fiscalmente deducibles.
b) En cambio, si contablemente se permite el registro de la nueva participación adquirida, por el **valor neto contable** de la entregada, cuando en ejercicios posteriores la sociedad adquirente obtenga resultados positivos que motiven una recuperación del valor de la misma, no supondrá ni contable ni fiscalmente el reconocimiento de un ingreso en la cuenta de pérdidas y ganancias del socio, ni en la base imponible.
No obstante, hay que tener en cuenta que hasta 2013, los deterioros de cartera eran deducibles cuando se cumplían determinados requisitos. En este sentido, la LIS disp.trans.16ª establece la reversión obligatoria de las pérdidas por deterioro de valor de participaciones que resultaron fiscalmente deducibles en periodos impositivos previos a 2013 de forma lineal durante 5 años. Dicha reversión obligatoria se introduce en 2016, con lo que el plazo de reversión finaliza en 2020. Por lo tanto, si la reversión procede de deterioros que fueron considerados deducibles, la misma se integra en la base imponible, o bien mediante ingreso tributable (cuando la participación se registre contablemente por el mismo precio que la participación entregada) o vía ajuste extracontable (cuando la participación se registre contablemente por su valor neto contable).
La anterior cuestión vino a ser declarada inconstitucional y nula estableciéndose que **no** pueden considerarse situaciones **susceptibles de ser revisadas** aquellas obligaciones tributarias devengadas por el impuesto sobre sociedades que, a la fecha de dictarse la misma, hayan sido decididas definitivamente mediante sentencia con fuerza de cosa juzgada (TCo 11/2014; LO 2/1979 art.40.1) o mediante resolución administrativa firme. Tampoco pueden revisarse aquellas liquidaciones que no hayan sido impugnadas a la fecha de dictarse esta sentencia, ni las autoliquidaciones cuya rectificación no haya sido solicitada a dicha fecha.

Por otro lado, como consecuencia de las operaciones de reestructuración, el socio puede ver modificado su **porcentaje de participación** en la entidad adquirente, respecto del que tenía en la transmitente, con trascendencia en el cumplimiento de los requisitos exigidos para la aplicación de la exención en dividendos y transmisión de participaciones. En tal caso, debe considerarse su situación accionarial en el momento en que se den las circunstancias así exigidas por la normativa para el cumplimiento de los mismos. Así y a modo de ejemplo, con el fin de evitar la **doble imposición sobre dividendos**: 6759
a) Si el porcentaje, tanto antes como después del canje, es **inferior al 5%**, no puede aplicarse la exención sobre dividendos, salvo que, y únicamente aplicable para los periodos impositivos que se inicien dentro de los años 2021 a 2025, el valor de adquisición que tenía el transmitente y en el cual se subroga la entidad adquirente sea superior a 20 millones de euros y la fecha de adquisición anterior al 1-1-2021.
b) Si el porcentaje es **igual o superior al 5%** tanto antes como después del canje, se aplica la exención sobre dividendos, siempre y cuando se cumplan con el resto de requisitos establecidos en la LIS.

c) Si el porcentaje es **inferior al 5% antes** del canje, pero **después** del mismo es **igual o superior al 5%**, se puede aplicar la exención sobre dividendos de fuente interna cumpliendo con el resto de requisitos mencionados en la LIS.
d) Si el porcentaje es **igual o superior al 5% antes** del canje, pero **después** del mismo es **inferior al 5%**, las consecuencias son similares a las indicadas en la letra a) anterior, esto es, no resulta de aplicación la exención sobre los dividendos salvo que, y únicamente aplicable para los periodos impositivos que se inicien dentro de los años 2021 a 2025, el valor de adquisición fuera superior a 20 millones de euros y la fecha de adquisición anterior al 1-1-2021. No obstante, una interpretación finalista de la norma, basada en el principio de neutralidad fiscal que impera en estas operaciones, lleva a considerar que, por los dividendos distribuidos con cargo a beneficios de la entidad dominada, en donde se poseía un porcentaje de participación igual o superior al 5%, se permite la aplicación de la exención.

6760 Doctrina Administrativa La entidad beneficiaria de la aportación conserva la **fecha y el valor de adquisición** que tenían en la aportante, a todos los efectos fiscales, incluso en el supuesto de distribución de dividendos de las entidades participadas. Igualmente, la persona física aportante conserva la fecha de adquisición y el valor fiscal de las acciones aportadas, respecto de las acciones de la entidad holding percibidas en contraprestación de la aportación, a todos los efectos fiscales (DGT CV 24-1-12).

4. Participaciones en el capital de la entidad transmitente y de la entidad adquirente

(LIS art.82)

6765 Con motivo de una operación protegida suele suceder que, antes de la operación, aquella entidad que adquiere los bienes (es decir, la entidad absorbente) posee una participación en la sociedad absorbida o transmitente de dichos bienes, participación que, lógicamente, habrá de ser **anulada** contra la parte proporcional de los bienes recibidos con motivo de dicha operación protegida. Cabe, igualmente, la posibilidad de que la sociedad absorbida o transmitente tuviera acciones o participaciones de la sociedad absorbente de dichos bienes (fusión inversa).

Doctrina Administrativa La LIS art.82 no alude a ningún tipo de operación protegida en concreto, por lo que el régimen resulta aplicable, en principio, tanto a **operaciones** de fusión como a las de escisión, así como a las de cesión global de activos y pasivos (DGT CV 3-1-17).

a. Participación de la entidad adquirente en el capital de la entidad transmitente

6767 Las consecuencias que se pueden derivar varían de forma sustancial en función del **porcentaje de participación** de la entidad adquirente en el de la transmitente, que se fija en el 5%.

6768 **Porcentaje de participación inferior al 5%** (LIS art.82.2) Cuando la participación sea inferior al 5%, su anulación determina una **renta** a integrar en la base imponible de la entidad adquirente, por la diferencia entre el valor de mercado de los elementos patrimoniales recibidos proporcionalmente atribuible a la participación tenida en el capital de la entidad transmitente y el valor fiscal de esta.
En función del valor de adquisición de la participación, teniendo en cuenta que el porcentaje de participación en la entidad transmitente es inferior al 5%, y sólo durante los periodos impositivos que se inicien dentro de los años 2021 a 2025, los casos posibles son:
a) Valor de la participación **superior a 20 millones de euros** y fecha de adquisición **anterior al 1-1-2021**. Aunque la regulación del régimen especial expresamente dispone que la renta positiva o negativa obtenida en la anulación de la participación se integra en la base imponible de la entidad adquirente, sin embargo, debe diferenciarse el signo de la renta generada. Así, si fuese **positiva**, la aplicación del régimen general supone que dicha renta estaría exenta por aplicación del régimen de exención por doble imposición. Como no tiene sentido que la aplicación del régimen fiscal especial sea menos favorable, lo razonable es interpretar que en estas situaciones esa renta está exenta de cumplirse los demás requisitos establecidos para aplicar la exención para evitar la doble imposición.
Por el contrario, si la renta fuese **negativa**, la aplicación del régimen general supone que esa renta no se integraría en la base imponible dado que se cumplen los requisitos para aplicar la exención sobre los dividendos y plusvalías asociadas a esa participación (valor de adquisición superior a 20 millones de euros y fecha de adquisición anterior al 1-1-2021). Dado que no tiene sentido que el régimen fiscal especial aplicable a esta operación sea más favorable, ya que

permite la integración de esa renta negativa en la base imponible, lo razonable es interpretar que en este caso esa renta negativa no sería deducible, ya que el régimen general niega la deducibilidad de estas rentas negativas, incluso con ocasión de la extinción de la entidad participada si es por causa de una operación de reestructuración.

b) Valor de la participación **inferior a 20 millones de euros** y/o fecha de adquisición **posterior al 1-1-2021**. La aplicación del régimen general y del régimen especial a estas operaciones produce el mismo tratamiento fiscal, esto es, tanto la renta positiva como la negativa generada en la anulación de la participación se integran en la base imponible de la entidad adquirente.

Doctrina Administrativa A efectos de dicha diferencia, debe tomarse el **valor fiscal de las participaciones** (DGT CV 13-7-18).

6770 Por otro lado, los bienes y derechos recibidos de la transmitente se valoran de acuerdo con el criterio general de **valoración de los bienes** en estas operaciones; esto es, por su valor fiscal en sede de la transmitente, salvo que la entidad hubiera hecho uso de la posible renuncia al diferimiento.

Ejemplo Una sociedad A tiene el 2% del capital social de otra sociedad B. El precio de adquisición de esa participación es de 50. El patrimonio neto de la sociedad B está formado por capital 1.000 y reservas 5.000. El valor normal de mercado de los bienes de esta última sociedad es de 7.500.

Con independencia de que la sociedad transmitente difiera la tributación de la renta manifestada en su disolución por aplicación del régimen especial (7.500 - 1.000 - 5.000), en la sociedad adquirente se pone de manifiesto una renta como consecuencia de la anulación de la participación por la diferencia entre el valor proporcional de la sociedad transmitente correspondiente a la participación poseída (2% × 7.500) y su valor fiscal, coincidente en este caso con el contable (50). Por extensión, sobre la renta generada de 100 se puede practicar la deducción por doble imposición interna al 50%.

6771 **Porcentaje de participación igual o superior al 5%** (LIS art.82.1) La **renta**, positiva o negativa, que se ponga de manifiesto como consecuencia de la operación realizada, no se integra en la base imponible de la entidad adquirente.

Para las operaciones llevadas a cabo a partir del 1-1-2015, se eliminó el tratamiento fiscal del fondo de comercio de fusión, consecuencia inmediata de la aplicación del régimen de exención en la transmisión de participaciones de origen interno, que hace innecesario el mantenimiento de este mecanismo complejo como instrumento para eliminar la doble imposición. No obstante, se estableció un **régimen transitorio** para aquellos casos en los que el transmitente hubiera adquirido la participación con anterioridad al 1-1-2015 (ver nº 2835 s. Memento Reorganización Empresarial (Fusiones) 2023-2024).

b. Participación de la entidad transmitente en el capital de la entidad adquirente

(LIS art.82)

6780 En el supuesto en el que la entidad transmitente participe en el capital de la entidad adquirente, lo que en la práctica se llama participación inversa, no se integra en la base imponible del IS de la entidad transmitente, la **renta** que se ponga de manifiesto con ocasión de la transmisión de la participación, siempre y cuando el porcentaje de participación sea, al menos, del 5%.

No obstante, si el porcentaje de participación fuera inferior al 5%, pero el valor de esa participación fuese superior a 20 millones de euros y la fecha de adquisición anterior al 1-1-2021, siempre que la transmisión se produzca durante los periodos impositivos que se inicien dentro de los años 2021 a 2025, dado que el régimen general permitiría aplicar la exención sobre la renta generada en la transmisión de esa participación de cumplirse el resto de condiciones, esa exención igualmente debería ser aplicable cuando la operación se realice al amparo del régimen especial de las operaciones de reorganización.

Si, siendo el porcentaje de participación inferior al 5%, la renta generada en la transmisión de esa participación fuese **negativa**, la misma debería integrarse en la base imponible de la entidad transmitente siempre que el valor de la participación no exceda de 20 millones de euros.

C. Tributación indirecta

6785 El análisis del régimen fiscal especial debe completarse con las imposiciones indirectas relativas a tales operaciones.

1. Impuesto sobre Transmisiones Patrimoniales y Actos Jurídicos Documentados

6790 **Modalidad de operaciones societarias (OS)** (LITP art.19, 21, 45.I.B.10 y 11) Son operaciones societarias **sujetas**, entre otras, la constitución y disolución de sociedades, el aumento y disminución de su capital social y cualquier aportación que realicen los socios que no suponga un aumento del capital social. Asimismo, queda sujeto a OS el traslado a España de la sede de dirección efectiva o del domicilio social de una sociedad cuando ninguna de las dos estuviese previamente situada en un Estado miembro de la Unión Europea.

No obstante lo anterior, las operaciones referidas quedan **no sujetas** en la medida en que se trate de operaciones de reestructuración, entendiendo por tales, las operaciones de fusión y escisión, aportación de activos, canje de valores y aportaciones no dinerarias especiales descritas en la LIS art.76.1, 2, 3 y 5 y 87, esto es:

- **fusión** por absorción, por constitución de nueva sociedad y fusión impropia;
- **escisión** total o parcial;
- **aportación de rama de actividad**;
- **canje de valores** por el que una entidad adquiere una participación en el capital social de otra que le permite obtener la mayoría de los derechos de voto en ella;
- **aportaciones no dinerarias especiales** en las que, tras la aportación, el sujeto pasivo aportante participa, al menos, en el 5% de los fondos propios de la entidad que recibe la aportación.

6791 Aunque la no sujeción a la modalidad OS implica que no existe incompatibilidad alguna con la modalidad de TPO, la LITP establece expresamente la **exención** de las modalidades TPO y AJD para las operaciones de reestructuración anteriores.

Tanto la no sujeción como la exención no están condicionadas a que las operaciones de reestructuración se acojan al régimen especial de neutralidad fiscal previsto en la LIS.

En relación con **otras aportaciones no dinerarias** que no sean consideradas operaciones de reestructuración, en principio, quedan sujetas a la modalidad OS. No obstante lo anterior, se establece la **exención** de todas las modalidades del impuesto de la constitución de sociedades, el aumento de capital, las aportaciones que efectúen los socios que no supongan un aumento de capital social y el traslado a España de la sede de dirección efectiva o del domicilio social de una sociedad cuando ni una ni otro estuviesen previamente situados en un Estado miembro de la UE.

Se consideran operaciones de reestructuración, a los efectos de la no sujeción de la modalidad OS, las **aportaciones no dinerarias realizadas por personas físicas** tanto de ramas de actividad como de elementos aislados que estén afectos a actividades económicas.

6792 **Modalidad de transmisiones patrimoniales onerosas (TPO)** (LITP art.1.2 y 7.5) La norma permite el gravamen por la modalidad TPO de las transmisiones de **bienes inmuebles** que se encuentren exentas de IVA (entregas de bienes inmuebles a las que resulte aplicables las exenciones inmobiliarias previstas en la LIVA art.20.uno) o bien no sujetas a IVA (en caso de que el inmueble forme parte de la transmisión de una unidad económica autónoma a la que resulte aplicable la no sujeción al IVA -LIVA art.7.1º-).

No obstante lo anterior, la LITP prevé expresamente la **incompatibilidad** entre la modalidad OS y la modalidad TPO. Esta incompatibilidad implica en la práctica la imposibilidad de que las operaciones de reestructuración queden gravadas por la modalidad TPO, ya que:

- en el caso de **reestructuraciones no sujetas** a la modalidad OS, se establece expresamente la exención de dichas operaciones de reestructuración de la modalidad TPO y AJD;
- en el caso de **reestructuraciones sujetas** pero exentas de la modalidad OS, opera la incompatibilidad entre ambas modalidades.

6793 **Transmisión de valores** (LMV art.338) Con carácter general, están exentas del IVA y del ITP y AJD las transmisiones de valores, admitidos o no a negociación en un mercado secundario oficial. Sin embargo, se establece una **regla antielusión** por la cual se exceptúan de la exención determinadas transmisiones de valores cuando subyace la intención de eludir el pago de los tributos que corresponde a la **transmisión de los inmuebles** propiedad de las entidades a las que representen los valores transmitidos.

En concreto, salvo prueba en contrario, se entiende que se actúa con **ánimo de elusión** en los siguientes supuestos:
a) Cuando se obtenga el control de una entidad cuyo activo está formado en, al menos, el 50% por **inmuebles radicados en España** que no están afectos a actividades empresarias o profesionales, o cuando, una vez se ha obtenido el control, se aumenta la cuota de participación en ella.
b) Cuando se obtenga el control de una entidad en cuyo activo se incluyen **valores** que le permitan ejercer el control en otra entidad cuyo activo está integrado en, al menos, el 50% por inmuebles radicados en España que no están afectos a actividades empresariales o profesionales, o cuando, una vez obtenido el control, se aumenta la cuota de participación en ella.
c) Cuando los valores transmitidos hayan sido recibidos por las **aportaciones de bienes inmuebles** realizadas con ocasión de la constitución de sociedades o de la ampliación de su capital social, siempre que tales bienes no se afecten a actividades empresariales o profesionales y que entre la fecha de aportación y la de transmisión no hubiera transcurrido un plazo de 3 años.

En caso de que la transmisión de valores quede **exceptuada de la exención**, a efectos de la liquidación del IVA o la modalidad TPO se aplican las siguientes **reglas**: **6794**
a) Para realizar el **cómputo del activo** se sustituyen los valores netos contables de los bienes contabilizados por su valor real/de mercado a la fecha de transmisión o adquisición. El sujeto pasivo está obligado a elaborar un inventario de los bienes a dicha fecha y facilitarlo a la Administración tributaria a requerimiento de esta.
En el caso de **bienes inmuebles,** los valores netos contables se sustituirán por los valores que deban operar como base imponible del impuesto en cada caso, conforme a lo dispuesto la LITP y AJD.
b) En el caso de sociedades mercantiles, el **control** se alcanza cuando se obtiene una participación directa o indirecta superior al 50% de la cifra del capital social, computando a estos efectos los valores de todas las entidades que pertenecen al mismo grupo de sociedades.
c) En caso de transmisión de valores a la misma sociedad tenedora de los inmuebles para su posterior amortización por ella, el **sujeto pasivo** es el accionista que, como consecuencia de dichas operaciones, obtenga el control de la sociedad.
d) En las transmisiones de valores que deban quedar **sujetas y no exentas de IVA**, la **base imponible** se determina en proporción al valor de mercado de los bienes que deban computarse como inmuebles. A este respecto, en los supuestos de transmisión de valores recibidos como consecuencia de aportaciones de inmuebles, la base imponible del impuesto es la parte proporcional del valor de mercado de los inmuebles que fueron aportados en su día correspondiente a las acciones o participaciones transmitidas.

e) En las transmisiones de valores que deban tributar por la **modalidad TPO**, se aplican las siguientes reglas para la determinación de la **base imponible**: **6795**
1. En los supuestos de entidades cuyo activo está formado en, al menos, el 50% por **inmuebles radicados en España,** la parte proporcional sobre el valor real de la totalidad de las partidas del activo que, a estos efectos, deban computarse como inmuebles, que corresponda al porcentaje total de participación que se pase a tener en el momento de la obtención del control o, una vez obtenido, onerosa o lucrativamente, dicho control, al porcentaje en el que aumente la cuota de participación.
2. En los supuestos de entidades cuyo activo está formado por **valores** que le permitan ejercer el control en otra entidad cuyo activo está integrado en, al menos, el 50% por inmuebles radicados en España, para determinar la base imponible solo se han de tener en cuenta los inmuebles de aquellas cuyo activo esté integrado al menos en un 50% por inmuebles no afectos a actividades empresariales o profesionales.
3. En los supuestos en los que se transmitan valores que han sido recibidos como consecuencia de **aportaciones de inmuebles,** la parte proporcional del valor real de los inmuebles que fueron aportados en su día correspondiente a las participaciones transmitidas.

Doctrina Administrativa **1)** Los tres supuestos en los que se presume el **ánimo elusorio** (LMV art.338.2), son meros ejemplos. Dicha enumeración no tiene carácter exhaustivo, sino meramente enunciativo (DGT CV 30-11-12; CV 22-6-18; CV 22-3-19). **6796**
2) La LMV art.338.2 (transmisiones de valores recibidos por aportaciones de bienes inmuebles) es independiente del apartado 2.a, siendo irrelevante la composición del activo de la entidad cuyos valores se transmiten y la posición, de control o no, que ostente el adquirente como consecuencia de la transmisión de los valores. En operaciones societarias (fusión) no se tiene en cuenta esta regla de **permanencia de las acciones** de 3 años desde que se realizó la aportación de los inmuebles (DGT CV 9-7-12).

3) En una operación de **canje de valores** acogida al régimen de neutralidad fiscal no se devenga la modalidad TPO por aplicación del LMV art.338 ya que la operación descrita tiene una motivación económica al margen de cualquier ventaja fiscal que se pueda obtener, por lo que no es de aplicación la excepción a la exención prevista en dicho apartado y, en consecuencia, la transmisión de valores en cuestión queda exenta de cualquier tributación por IVA o por ITP y AJD que le hubiera podido resultar de aplicación (DGT CV 19-3-13).
4) De cara a valorar la **afección** de los inmuebles a una actividad económica o profesional en los términos de la LMV art.338.2 (tanto si resulta aplicable el IVA como el ITP y AJD), deben analizarse los requisitos previstos en la normativa del IVA (formar parte del patrimonio empresarial) y no en la del IRPF (DGT CV 30-9-20; CV 19-9-17; CV 3-10-17; CV 29-5-19; CV 15-10-19).
5) En la venta de participaciones de una entidad cuyo activo está constituido en más de un 50% por inmuebles (terrenos) inmersos en el procedimiento de obtención de licencias de construcción, incorporados a la actividad de **promoción inmobiliaria** de la empresa, se puede entender que se trata de **bienes afectos**, con lo que no concurren los requisitos para la aplicación de la LMV art.338.2. En consecuencia, la transmisión de valores en cuestión quedaría exenta del IVA o del ITP y AJD, según sea el impuesto que proceda, sin perjuicio de que mediante la transmisión de valores se haya pretendido eludir el pago de los citados impuestos que habrían gravado la transmisión de los inmuebles propiedad de la entidad a la que representan dichos valores (DGT CV 22-3-19).
6) Cuando se dé alguno de los supuestos recogidos en la LMV art.338.2 bajo los cuales se entiende que, salvo prueba en contrario, se actúa con **ánimo de elusión**, la Administración gestora sólo tendrá que comprobar la existencia de los requisitos objetivos que conforman el presupuesto de hecho en concreto para que la misma quede sujeta al gravamen correspondiente, sin exención. Ahora bien, a fin de evitar la indefensión del interesado, esta presunción admite la prueba en contrario (presunción «iuris tantum») (DGT CV 27-5-21).

2. Impuesto sobre el Valor Añadido

(LIVA art.7.1º)

6800 No están sujetas las transmisiones de un conjunto de elementos corporales y, en su caso, incorporales que, formando parte del patrimonio empresarial o profesional del sujeto pasivo, constituyan o sean susceptibles de constituir una **unidad económica autónoma** en el transmitente, capaz de desarrollar una actividad empresarial o profesional por sus propios medios, con independencia del régimen fiscal que a dicha transmisión le resulte de aplicación en el ámbito de otros tributos.
Este concepto es similar, pero no idéntico, al establecido por la normativa del IS. Por tanto, la mayor parte de las operaciones de reestructuración de la LIS art.76 están **no sujetas** en la medida en que el patrimonio transmitido constituya una explotación económica en el sentido anterior en sede de la entidad transmitente y, por el contrario, no resulta aplicable el supuesto de no sujeción en el caso de la transmisión de elementos patrimoniales aislados que no constituyan una explotación económica en el mismo sentido (como puede ser el caso más frecuente de operaciones de escisión total en los que no se establece el requisito de que el patrimonio escindido constituya una rama de actividad).

6801 Doctrina Administrativa **1)** Se analiza el supuesto de no sujeción a que se refiere la LIVA art.7.1º de conformidad con la jurisprudencia del TJUE 10-11-11, asunto Christel Schriever C-444/10. Así, en el caso de una sociedad que va a transmitir todos sus activos y pasivos, así como el personal, afectos a su actividad, excepto los **inmuebles**, que serán arrendados a la entidad transmitente, concluye, en palabras del TJUE, en el caso de que una actividad económica no requiera la utilización de locales específicos o equipados de instalaciones fijas necesarias para llevar a cabo la actividad económica, puede haber transmisión de una universalidad de bienes (...) incluso sin la transmisión de los derechos de propiedad de un inmueble. No obstante, el TJUE matiza que no es posible considerar que existe tal transmisión, sin que el cesionario tome posesión de los locales comerciales cuando la actividad económica de que se trata consiste en la explotación de un conjunto inseparable de bienes muebles e inmuebles. En particular, si los locales comerciales están equipados con instalaciones fijas necesarias para desarrollar la actividad económica, dichos inmuebles deben formar parte de los elementos enajenados para que se produzca una transmisión de una universalidad total o parcial de bienes (DGT CV 2-11-12; CV 10-7-19).
2) La consideración de existencia de una **unidad económica autónoma** debe realizarse, exclusivamente, desde los preceptos del IVA, y así, solo puede calificarse como tal, cuando el conjunto de los medios, humanos y materiales transmitidos sea suficiente para considerar que se puede explotar una actividad empresarial o profesional de forma autónoma (DGT CV 29-9-23; CV 1-2-17).
3) Si la transmisión abarca exclusivamente la **cesión de activos** empresariales sin acompañarlos de la estructura organizativa necesaria para el desarrollo de una actividad empresarial, se ha de concluir que dicha transmisión constituye una mera cesión de bienes que queda sujeta al IVA, debiendo el transmitente repercutir el IVA sobre el destinatario de la operación (DGT CV 25-9-19).

Fusión (LIVA art.7.1º) La **no sujeción al IVA** es aplicable en los supuestos de fusión por absorción, por constitución de nueva sociedad y fusión impropia siempre que el patrimonio absorbido constituya una unidad económica autónoma capaz de desarrollar una actividad empresarial o profesional por sus propios medios en sede la entidad transmitente, con independencia de que la entidad adquirente desarrolle la misma actividad y de que a la operación de fusión le resulte aplicable el régimen especial de neutralidad fiscal (LIS capítulo VII). 6802

Por tanto, la operación de fusión entre **sociedades** que **no realizan una actividad empresarial** o profesional queda sujeta al IVA aunque se realice con la intención de concentrar un patrimonio que en sede de la adquirente se afecte a una explotación económica.

Escisión (LIVA art.7.1º) Tanto la operación de escisión total como la de escisión parcial son operaciones **no sujetas al IVA**, con independencia de que les resulte aplicable o no el régimen especial de neutralidad fiscal de la LIS (LIS capítulo VII), en la medida en que el patrimonio social escindido cumpla el requisito de constituir una unidad económica autónoma capaz de desarrollar una actividad empresarial o profesional por sus propios medios. 6803

En principio, en la operación de **escisión parcial**, el patrimonio social escindido debe tener la consideración de rama de actividad, por lo que se cumple el requisito para la no sujeción al IVA. Por el contrario, en la operación de **escisión total**, no se exige que el patrimonio social escindido tenga la consideración de rama de actividad (salvo en el supuesto de asignación no proporcional a los socios), por lo que solo queda no sujeta al IVA en la medida en que constituya una unidad económica autónoma capaz de desarrollar una actividad empresarial o profesional por sus propios medios, debiéndose hacer este análisis separadamente para cada uno de los patrimonios escindidos.

Aportaciones de ramas de actividad (LIVA art.7.1º) Las aportaciones de ramas de actividad quedan **no sujetas al IVA**, con independencia de que les resulte aplicable o no el régimen especial de neutralidad fiscal de la LIS (LIS capítulo VII), por cuanto que el patrimonio transmitido cumple el requisito de constituir una unidad económica autónoma capaz de desarrollar una actividad empresarial o profesional por sus propios medios. 6804

Canje de valores (LIVA art.20.uno.18º.k) En la operación de canje de valores una entidad transmite a otra, a cambio de los valores de la sociedad que los recibe, una participación en el capital social de otra entidad que le confiere la mayoría de los derechos de voto en ella. Por tanto, es aportación no dineraria **sujeta y exenta de IVA** en la medida en que se transmiten valores representativos de participaciones en el capital de sociedades. 6805

Doctrina Administrativa La tributación en el IVA de las **participaciones sociales** derivadas de la operación de canje de valores depende de la condición de empresario o profesional del transmitente. En el supuesto que las personas físicas que realizan las aportaciones de las participaciones tuvieran condición de **empresario o profesional** y las participaciones estuvieran afectas a su patrimonio empresarial, debe tenerse en cuenta que en dichas transmisiones de participaciones sociales cuando sean realizadas por empresario o profesional y queden sujetas al IVA, debe atenderse a las letras k) y l) de la LIVA art.20.uno.18º que establecen la exención del impuesto en relación con una serie de operaciones financieras. Por tanto, quedan exentas del mismo, salvo que pudiera ser de aplicación alguno de los supuestos contenidos en las letras a, b' y c' de la referida letra k) del mencionado artículo de la LIVA (DGT CV 25-9-19).

Otras aportaciones no dinerarias (LIS art.87; LIVA art.8.dos.2º) Las aportaciones no dinerarias efectuadas por los sujetos pasivos del IVA de elementos de su patrimonio empresarial o profesional a sociedades o comunidades de bienes o a cualquier otro tipo de entidades constituyen, en principio, entregas de bienes **sujetas y no exentas del IVA** en la medida en que no están amparadas por el supuesto de no sujeción previsto para las transmisiones que constituyan una unidad económica autónoma capaz de desarrollar una actividad empresarial o profesional por sus propios medios. 6806

No obstante lo anterior, estas aportaciones pueden quedar **exentas de IVA** en la medida en que se trate de entregas de bienes inmuebles a las que resulte aplicables las exenciones inmobiliarias previstas en la LIVA art.20.uno.22º.

Liquidación del IVA (RIVA art.71) Con carácter general, el período de liquidación de este impuesto coincide con el **trimestre** natural. Dicho período coincide con el **mes** natural cuando el volumen de operaciones haya excedido durante el año natural inmediato anterior de 6.010.121,04 euros. 6807

En los supuestos de **transmisión** de la totalidad o parte de un patrimonio empresarial o profesional, el volumen de operaciones a computar por el sujeto pasivo adquirente es el resultado de añadir al realizado, en su caso, por este último durante el año natural anterior, el volumen

de operaciones realizadas durante el mismo período por el transmitente, en relación a la parte de su patrimonio transmitido (LIVA art.121.1).
El período de liquidación **mensual** resulta aplicable a partir del momento en que tenga lugar la transmisión, con efectos desde el día siguiente al de finalización del período de liquidación en el curso del cual haya tenido lugar dicha transmisión.
Se considera transmisión de la totalidad o parte de un patrimonio empresarial o profesional aquella que comprenda los elementos patrimoniales que constituyan o sean susceptibles de constituir una o varias ramas de actividad del transmitente, en los términos previstos en la LIS art.76, con independencia de que sea aplicable o no a dicha transmisión alguno de los supuestos de no sujeción previstos en la LIVA art.7.1º.
En las operaciones de **fusión**, en la medida en que el patrimonio transmitido constituya una rama de actividad, la entidad adquirente debe considerar el volumen de operaciones de la transmitente desde la fecha de inscripción en el Registro Mercantil de la escritura de fusión.
Lo mismo sucede con las operaciones de **escisión parcial y aportación de rama** de actividad, si bien la operación no influye en el periodo de liquidación de la sociedad escindida.
Por el contrario, en las operaciones de **escisión total**, dado que no se exige que el patrimonio escindido constituya una rama de actividad, en caso de que efectivamente no lo sea, la operación de reestructuración no influye en el periodo de liquidación del IVA de la entidad beneficiaria.

6808 **Retenciones e ingresos a cuenta del IS y del IRPF** (RIS art.68.1; RIRPF art.108) Tanto la normativa del IS como del IRPF establecen la obligación a los retenedores de presentar declaración en los primeros 20 días naturales de los meses de **abril, julio, octubre y enero** de las cantidades retenidas por el trimestre inmediato anterior e ingresar su importe en el Tesoro Público.
No obstante, dicha **declaración e ingreso** debe efectuarse en los 20 primeros días naturales de cada mes, en relación con las cantidades retenidas que correspondan por el mes inmediato anterior, cuando se trate de retenedores en los que concurran las circunstancias a que se refiere el RIVA art.71.3.1º y 2º, esto es, cuando el **volumen de operaciones** hubiese excedido durante el año natural inmediato anterior de 6.010.121,04 euros. Por tanto, la obligación de presentación de liquidaciones mensuales en el IVA alcanza también a las presentaciones de liquidaciones por retenciones en el IS y en el IRPF.
Cuando el sujeto pasivo haya participado como **entidad adquirente** de la totalidad o parte del patrimonio de otra entidad, que constituya **ramas de actividad**, ello puede motivar que, a efectos del IVA, el plazo de presentación de las declaraciones por dicho impuesto pase de ser trimestral a mensual. Lo anterior implica los mismos efectos respecto de las declaraciones por retenciones en el IS y en el IRPF, aun cuando la remisión de la normativa del IS sea al RIVA art.71.3.1º y no al RIVA art.71.3.2º, que es el que regula la determinación del volumen de operaciones cuando tienen lugar operaciones de concentración de empresas, dado que una interpretación finalista de estos preceptos parece presumir que la intención del legislador es hacer coincidente los períodos de declaración por el IVA y los de las retenciones a cuenta del IS y del IRPF.

D. Tributación local

6810

1.	Impuesto sobre el Incremento del Valor de los Terrenos de Naturaleza Urbana.........	6815
2.	Resto de Impuestos Locales..	6820

1. Impuesto sobre el Incremento del Valor de los Terrenos de Naturaleza Urbana (IIVTNU)

(LIS disp.adic.2ª)

6815 No se devenga el IIVTNU con ocasión de las transmisiones de terrenos de naturaleza urbana derivadas de operaciones a las que resulte aplicable el **régimen especial** aplicable a determinadas operaciones regulado en la LIS (fusiones, escisiones y aportaciones no dinerarias de ramas de actividad de empresas).
Únicamente se establece una salvedad, en lo que se refiere a las transmisiones de terrenos realizadas mediante **aportaciones no dinerarias especiales**, estableciendo que no se devenga este impuesto municipal, siempre que los terrenos se hallen integrados en una rama de actividad. Por el contrario, si los terrenos transmitidos en una aportación no dineraria especial no están integrados en una rama de actividad, el IIVTNU sí se devenga.
Este mismo régimen es aplicable a las aportaciones no dinerarias realizadas por **personas físicas** a entidades. De este modo, no se devenga el impuesto en el caso de que se transmitan terrenos incorporados en una **rama de actividad**, pero sí cuando se transmitan, mediante

aportaciones no dinerarias especiales, terrenos afectos a una actividad empresarial desarrollada por esa persona física.
La consecuencia práctica de la **no sujeción** no supone una exención definitiva del impuesto, sino un diferimiento del impuesto, ya que, en la posterior transmisión de esos terrenos, se entiende que el número de años a lo largo de los cuales se ha puesto de manifiesto el incremento de valor no se ha interrumpido por causa de la transmisión derivada de las operaciones previstas en la LIS art.76 a 89.
En ningún caso se producirá la sujeción al impuesto en las transmisiones de terrenos respecto de los cuales se constate la inexistencia de incremento de valor por diferencia entre los valores de dichos terrenos en las fechas de transmisión y adquisición (LHL art.104.5).

Doctrina Administrativa **1)** No se devenga el IIVTNU con ocasión de las transmisiones de terrenos de naturaleza urbana derivadas de operaciones de fusiones, escisiones y aportaciones no dinerarias de ramas de actividad de empresas (DGT CV 5-5-21; CV 2-6-23). Este régimen especial únicamente se aplica si el **sujeto pasivo** ejerce la opción por el mismo. El ayuntamiento, para verificar que dicha opción ha tenido lugar, puede exigir, sin perjuicio de lo que determine la Ordenanza fiscal reguladora del impuesto, la aportación de una copia de la opción por el régimen especial dirigida a la Delegación de la AEAT del domicilio fiscal de las entidades que intervienen en la operación, a las Dependencias Regionales de la Inspección o a la Oficina Nacional de Inspección, si las entidades que participan en la operación están adscritas a las mismas (DGCHT 22-2-00). **6816**
2) Si una **persona física aporta una rama de actividad**, no se devenga el impuesto municipal por los terrenos urbanos incluidos en la rama (DGT CV 21-12-22; CV 7-7-23). En caso de no formar una rama de actividad, aun cuando los terrenos estuviesen afectos a una actividad económica, se devengaría dicho impuesto (DGT 8-9-00; CV 27-5-14).

2. Resto de impuestos locales

En lo que concierne al resto de tributos locales (**IBI, IAE e ICIO**), en la medida en que no se establece ningún tipo de especificidad para los supuestos de operaciones protegidas por el régimen especial, nos remitimos a nuestros comentarios realizados en el nº 6660 s. **6820**

E. Otros aspectos del régimen especial

6825

1. Subrogación en derechos y obligaciones tributarias . . . 6830
2. Compensación de bases imponibles negativas . . . 6840
3. Imputación de rentas . . . 6850
4. Pérdidas de los establecimientos permanentes . . . 6860
5. Obligaciones contables . . . 6870
6. Aplicación del régimen fiscal . . . 6880
7. Concentración de empresas en grupos fiscales . . . 6890
8. Especialidades forales . . . 6895

1. Subrogación en derechos y obligaciones tributarias

(LIS art.84)

El acogimiento de una operación de reestructuración empresarial al régimen especial origina la subrogación de la entidad adquirente en los derechos y obligaciones tributarios de la entidad transmitente. La subrogación se produce exclusivamente sobre los derechos y obligaciones nacidos al amparo de **leyes españolas**. De esta forma, en el caso de que la entidad transmitente sea residente en el extranjero, no se produce esta subrogación, salvo en la medida en que dicha entidad disponga de un establecimiento permanente en España y únicamente respecto de los derechos y obligaciones vinculados a dicho establecimiento. **6830**
La norma prevé distintos **alcances** de la subrogación en función de que la operación origine una sucesión a título universal o a título no universal (nº 6838), de acuerdo con la normativa mercantil.

Sucesión a título universal (LIS art.84.1) Cuando se produce una sucesión a título universal (fusión y escisión, ya sea total, parcial o segregación) se transmiten a la entidad adquirente los derechos y obligaciones de la entidad **transmitente**. Como consecuencia lógica, la entidad **adquirente** asume el cumplimiento de los requisitos necesarios para continuar aplicando los beneficios fiscales o consolidar los aplicados por la entidad transmitente. **6831**

La aplicación concreta de esta regla general depende de la clase de operación que la origine y del tipo de derecho u obligación transmitido:

a) Fusión: la adquirente (absorbente) recibe la totalidad de los derechos y obligaciones tributarios de la transmitente (absorbida).

b) Escisión total: se transmiten la totalidad de los derechos y obligaciones de la sociedad transmitente (escindida), recibiendo cada una de las adquirentes (beneficiarias) los derechos y obligaciones correspondientes al conjunto de activos y pasivos que adquiera. Cuando este método no sea aplicable, se emplea un método de reparto proporcional.

c) Escisión parcial y segregación: la beneficiaria o beneficiarias reciben únicamente los derechos y obligaciones correspondientes a la rama de actividad que reciban. Cuando tales derechos y obligaciones no se correspondan con ninguna rama de actividad, los mismos permanecen en la sociedad escindida.

6832 **Deducciones por doble imposición** Respecto de las deducciones **ya generadas**, las mismas se transmiten de la sociedad absorbida o de la sociedad escindida total (y extinguida) a la entidad adquirente, pudiendo ser utilizadas por esta en los mismos términos en que podían haberlas aplicado aquellas (DGT CV 15-7-14). En el supuesto de escisiones parciales o segregaciones, la doctrina administrativa entiende que no se produce la transmisión del derecho, sino que lo conserva la entidad que lo generó (DGT CV 22-7-99; CV 26-9-14).

Respecto de la **generación en la entidad adquirente** del derecho a la exención o de deducciones por doble imposición derivadas de dividendos o plusvalías resultantes de participaciones transmitidas con motivo de la operación, debe estarse a cada caso considerando:

- los porcentajes y periodos de tenencia de la participación por cada entidad antes de la operación y los que resultan tras la misma;
- si las rentas obtenidas proceden de resultados anteriores o posteriores a la operación; y
- el principio general de neutralidad que rige este régimen especial.

6833 **Deducciones para incentivar la realización de determinadas actividades** En el caso de deducciones **pendientes de aplicar**, las mismas se transmiten junto con los activos o empleados que las originaron. Cuando se trate de actividades de investigación que ya no existan, las deducciones se transmiten, en su caso, junto con el resultado de la misma. En el supuesto de escisiones parciales o segregaciones, permanecen en la entidad escindida si no se corresponden con ninguno de los activos o empleados traspasados.

En el caso de que existan **requisitos pendientes de cumplir** para consolidar la deducción generada en la entidad transmitente, los mismos deben ser completados por la entidad adquirente. Si esta los incumple y la entidad transmitente ya se ha tomado la deducción, la entidad adquirente debe practicar la oportuna regularización para reintegrar la deducción tomada (DGT CV 3-12-15; CV 13-5-16; CV 11-7-19).

6834 **Reinversión de beneficios extraordinarios** Tanto el anterior régimen de diferimiento como la deducción por reinversión (derogada con efectos para los periodos impositivos iniciados a partir del 1-1-2015), requieren la realización de inversiones en un **periodo** que abarca desde el año anterior a la transmisión del activo que origina el beneficio hasta 3 años tras la misma y su mantenimiento durante un plazo (distinto para los supuestos de diferimiento o de deducción).

En el caso de **diferimiento** (derogado desde el ejercicio 2002 pero con un régimen transitorio para aquellas rentas generadas con anterioridad a dicho año), la entidad adquirente debía, por un lado, integrar en su base imponible las rentas que quedaran pendientes de integración en el momento de la operación de reestructuración y, por otro, cumplir las obligaciones de mantenimiento de los activos objeto de reinversión. Tratándose de escisiones, debía determinarse si la entidad adquirente (o cuál de ellas) se ha subrogado en la posición de la transmitente respecto de este beneficio atendiendo a si ha recibido los activos objeto de reinversión. La LIS mantiene la vigencia de este régimen para las rentas acogidas al mismo que estuviesen pendientes de integración en la base imponible al inicio del primer período impositivo que comience desde el 1-1-2015 (LIS disp.trans.24ª.6).

6835 En el caso de la **deducción**, este incentivo fiscal ha sido derogado con efectos para los períodos impositivos iniciados a partir de 1-1-2015, si bien puede aplicarse en los períodos impositivos iniciados a partir de esta fecha en las condiciones establecidas en la LIS/04 art.42 y en normas de desarrollo, aunque la inversión y demás requisitos se produzcan en períodos impositivos iniciados a partir de esa fecha (LIS disp.trans.24ª.7)

Si la entidad transmitente ha efectuado la **reinversión total**, la entidad adquirente debe cumplir con la obligación de mantenimiento de los bienes objeto de reinversión que haya recibido. Si **no lo ha hecho o** si lo ha hecho solo **parcialmente**, la asunción por la entidad adquirente del derecho a generar (o completar) y aplicar la deducción depende del tipo de operación. Lo asume la absorbente en el caso de fusión; en el caso de escisión total, lo asume la entidad beneficiaria que se determine en el acuerdo social; y, en el caso de escisión parcial, resulta dudoso que lo asuma una entidad beneficiaria, salvo que se justifique que la rama recibida es aquella en la cual se iba a efectuar la reinversión. En cualquiera de los casos, en el supuesto en que la entidad adquirente incumpla las obligaciones de mantenimiento, asumidas o propias, debe reinvertir de nuevo o regularizar su situación. En los supuestos de fusiones y de escisiones totales, tanto de cara a la integración de la renta en la base imponible, como de cara a la materialización de la reinversión, debe considerarse la fecha de efectos contables de la operación para la adecuada determinación de las consecuencias de una y otra.

Activos y pasivos por impuesto diferido Las cuentas que recogen los activos y pasivos por impuesto diferido (diferencias temporarias deducibles e imponibles) tienen su origen, bien en bases imponibles negativas o en deducciones pendientes de aplicación, o bien en diferencias temporarias que hayan originado los correspondientes ajustes extracontables a la base imponible. En consecuencia, tales activos y pasivos por impuesto diferido se **traspasan** de una a otra sociedad en la medida en que se traspasen las bases imponibles, las deducciones (según lo comentado en el nº 6832) o los activos o pasivos a los que esté asociada la cuenta de impuesto diferido (DGT CV 22-6-99; CV 9-1-08; CV 11-7-19). En este último supuesto, la entidad adquirente debe efectuar los pertinentes **ajustes** a la base imponible en la medida en que las diferencias temporales vayan revirtiendo y, consecuentemente, debe ir reduciendo o cancelando las cuentas de impuestos diferidos recibidas. **6836**

Otros efectos Entre otros efectos de la subrogación debe considerarse la obligación de mantener en la entidad adquirente las **reservas de actualización** que tuviera la entidad transmitente u otras reservas que hubieran de mantenerse con consecuencia del acogimiento a algún incentivo fiscal. Dado que la entidad adquirente únicamente incrementa (dependiendo del caso) su capital social y la reserva por prima de emisión (o reserva de fusión), debe, en su caso y con cargo a otras cuentas de fondos propios, crear las reservas obligatorias referidas. La señalada transformación de los fondos propios de la entidad transmitente debe, por otro lado, exigir un análisis del origen de las reservas o capital que en el futuro sean distribuidos a los socios con el fin de determinar su adecuado tratamiento desde el punto de vista de la doble imposición. **6837**

Por último, señalar también que cuando se produce la extinción de la sociedad transmitente las **obligaciones tributarias** que esta tuviera **pendiente** (declaraciones con liquidación o meramente informativas, bajas en registros y censos, etc.) deben ser cumplimentadas en los plazos que proceda por la respectiva entidad adquirente.

Sucesión a título no universal (LIS art.84.1) En los supuestos en que no se produzca la sucesión a título universal (aportación no dineraria especial y canje de valores), la norma establece que únicamente se produce la subrogación respecto de los derechos y obligaciones vinculados a los bienes y derechos transmitidos. Se trata de supuestos en los que no se produce la extinción de la sociedad **transmitente**, la cual conserva los derechos y obligaciones en la medida en que no se transmitan de acuerdo con la regla anterior. En tales casos, como consecuencia de la subrogación, no solo se reciben las deducciones y cuentas, tal y como se indica a continuación, sino que también se subroga la **adquirente** en el cumplimiento de los requisitos (mantenimiento, reinversión, regularización) derivados de los incentivos recibidos. **6838**

De esta forma y de acuerdo con la doctrina administrativa al respecto (DGT CV 22-7-99; CV 15-7-14), se traspasan a la entidad adquirente las **deducciones** para la realización de determinadas actividades y los **activos y pasivos por impuesto diferido** vinculados en ambos casos a los bienes y derechos objeto de transmisión.

Respecto de la **reinversión de beneficios extraordinarios**, resulta aplicable lo comentado para los supuestos de escisión parcial (nº 6835).

Por el contrario, en estos supuestos de sucesión a título no universal, la Administración se ha manifestado en contra de la transmisión de las **deducciones por doble imposición** y de las **reservas de actualización**, ya que en estos supuestos no se producen alteraciones de fondos propios en la entidad transmitente, la cual, por tanto, conserva sus reservas tal y como estaban antes de la operación.

2. Compensación de bases imponibles negativas

(LIS art.84.2)

En primer lugar, debe señalarse que la **regla general** de no transmisibilidad de las bases imponibles negativas solo puede exceptuarse en el supuesto de operaciones que se acojan al régimen fiscal especial. **6840**

Las bases imponibles negativas pendientes de compensación en la entidad transmitente se transmiten a la entidad adquirente, siempre que se produzca alguna de las siguientes **circunstancias**:
- la extinción de la entidad transmitente (por tanto, solo en caso de fusión o escisión total);
- la transmisión de una rama de actividad cuyos resultados hayan generado bases imponibles negativas pendientes de compensación en la entidad transmitente. En este caso, se transmiten las bases imponibles negativas pendientes de compensación generadas por la rama de actividad transmitida. Esto sucederá en aportaciones de rama de actividad o escisiones parciales de rama de actividad.

Por tanto, aunque no se produzca la extinción de la sociedad transmitente, si el conjunto de activos y pasivos transmitidos se califica como **rama de actividad**, las bases imponibles negativas pueden ser traspasadas a la entidad adquirente -no es posible, sin embargo, en el caso de una aportación no dineraria especial- (DGT CV 28-12-15; CV 17-10-16).

Por lo que se refiere al momento en que se produce la subrogación en el derecho a la compensación de las bases imponibles negativas, a falta de una regulación expresa al respecto, debe entenderse que aquella se produce en el momento en que la operación cause efectos jurídicos frente a terceros, lo cual tiene lugar con la efectiva **inscripción** de la escritura pública en el Registro Mercantil (dicha efectividad se retrotrae, por imperativo legal, a la fecha del correspondiente asiento de presentación).

6841 Finalmente, se establecen determinados supuestos en los que se limita la compensación de las bases imponibles negativas recibidas de la entidad adquirente atendiendo a la **relación** existente entre la sociedad **adquirente y la transmitente**. Así, no existe ningún tipo de limitación específica para esta operación (salvo la genérica de existencia de motivo económico válido) en el caso de que las entidades no participen la una en la otra ni pertenezcan al mismo grupo mercantil. Sí son de aplicación otras limitaciones genéricas establecidas en la normativa (LIS art.26). Por el contrario, en el caso de participación de una sociedad en la otra o en caso de pertenencia al mismo grupo mercantil, pueden darse **restricciones a la compensación** de las bases, tal y como continuación se expone:

6842 **a)** Ambas sociedades forman parte del **mismo grupo mercantil** sin tener participaciones entre ellas: en este caso el importe de las bases imponibles negativas que se pueden compensar se reduce en el importe de la diferencia positiva entre el valor de las aportaciones de los socios, realizadas por cualquier título, y el valor fiscal de la participación.

Por **aportaciones de los socios** deben entenderse todas aquellas aportaciones que tengan el carácter de no reintegrables, como pueden ser el capital, la prima de emisión o de asunción y las aportaciones para reponer pérdidas. En el caso de la prima, debe diferenciarse entre los importes efectivamente aportados por los socios con motivo de ampliaciones de capital y las reservas de prima de emisión que puedan resultar de operaciones de reestructuración (reservas de fusión), respecto de las cuales hay que determinar su origen en la entidad transmitente (reservas o aportaciones de los socios). Y deben considerarse las aportaciones realizadas por todos los socios de la entidad, anteriores (que transmitieron su participación) y actuales.

En cuanto al **valor fiscal de la participación**, debe considerarse el valor contable corregido en aquellas correcciones de valor computadas como gasto que no han sido deducibles, así como en aquellas correcciones que hayan tenido efectos fiscales aun cuando no correspondan a un gasto contable.

6843 Ejemplo La sociedad A es la socia única de las sociedades B y C. B tiene un capital de 100, reservas de prima de emisión por 200 y otras reservas por 300. Además, tiene bases imponibles negativas por 100. Se acuerda la absorción de B por C. El importe de las bases imponibles negativas que pueden ser compensadas depende del valor contable (valor de adquisición) de B en A:
VNC = 300. En este caso no hay limitación a la compensación de bases imponibles negativa al ser el valor fiscal (300) igual al valor de las aportaciones de los socios (100 de capital + 200 de prima = 300)
VNC = 250. En este caso, las bases imponibles negativas que pueden ser compensadas es el resultado de minorar aquellas en el importe de la diferencia positiva entre el valor de las aportaciones de los socios (300) y el valor fiscal de la participación (250).
300 - 250 = 50. Solo se pueden compensar bases imponibles negativas por 50 (100 - 50).

6844 Es criterio de la Administración que esta limitación aplica a los grupos mercantiles incluso cuando las sociedades del grupo que ostentan la participación no sean residentes en España. Asimismo, en el supuesto en que las pérdidas hayan originado en un periodo impositivo iniciado con anterioridad al 1-1-2013 el deterioro de la participación que mantenga cualquier sociedad del mismo grupo mercantil que las entidades adquirida y transmitente, el importe de dicha **depreciación**, en la medida en que haya sido fiscalmente deducible, minora el importe de las bases imponibles negativas compensables por la adquirente (LIS disp.trans.16ª).

b) La sociedad **adquirente tiene participación en la transmitente**: lo referido para el supuesto de pertenencia al mismo grupo mercantil resulta plenamente aplicable a este caso. 6845

c) La sociedad **transmitente tiene participación en la adquirente**: es el supuesto de las denominadas fusiones inversas. En este caso, si las pérdidas de la entidad adquirente (filial) originaron el correspondiente deterioro en la sociedad transmitente (matriz) y dicho deterioro fue el que originó las bases imponibles negativas en esta sociedad, las mismas no pueden ser compensadas por la entidad absorbente. Aunque esta interpretación no resulta de la literalidad de la norma, el criterio administrativo es claro al respecto por entender que se produciría un doble aprovechamiento de la pérdida (DGT CV 17-5-13; CV 16-10-15).

3. Imputación de rentas

(LIS art.10.3)

La LIS omite cualquier mención sobre la conclusión de un **período impositivo** para las entidades que se extinguen como consecuencia de la realización de las operaciones de concentración. Por tanto, aplicando las normas generales del impuesto, un período impositivo concluye cuando finaliza el ejercicio económico o, en última instancia, cuando se extinguen las sociedades intervinientes en las operaciones con ocasión de la realización de las mismas (LIS art.27). 6850

En relación con la imputación de las rentas de las actividades realizadas por las entidades que se extinguen o no a causa de estas operaciones de **reestructuración** de empresas, la LIS tampoco establece nada, debiéndose realizar la imputación de acuerdo con lo previsto en las normas mercantiles y contables (DGT CV 30-6-15). Con base en lo anterior, se ha de tener en cuenta lo siguiente:

a) Fusión. La norma mercantil dispone que el **proyecto de fusión** ha de contener, entre otras menciones, la fecha a partir de la cual la fusión va a tener efectos contables, es decir, la fecha a partir de la cual las operaciones realizadas por las entidades que se extinguen han de considerarse, a efectos contables, realizadas por cuenta de la entidad a la que trasmiten su patrimonio (RDL 5/2023 art.40).

Por su parte, puede considerarse como **balance de fusión** el último balance anual aprobado, siempre que haya sido cerrado dentro de los 6 meses anteriores a la fecha del proyecto de fusión y, si ese balance anual no cumple con ese requisito, es preciso elaborar un balance cerrado con posterioridad al primer día del tercer mes precedente a la fecha del proyecto de fusión, siguiendo los mismos métodos y criterios de presentación del último balance anual (RDL 5/2023 art.43). Por último, una vez inscrita la fusión, el registrador cancela de oficio los asientos de las sociedades extinguidas (RRM art.233).

b) Escisión. Su régimen se remite al regulado para las fusiones, por lo que igualmente el **proyecto de escisión** va a determinar la fecha a partir de la cual la escisión va a tener efectos contables de acuerdo con lo dispuesto en el PGC, es decir, la fecha a partir de la cual las operaciones realizadas por la entidad escindida han de considerarse, a efectos contables, realizadas por cuenta de las entidades beneficiarias a las que trasmiten su patrimonio (RDL 5/2023 art.63).

Por tanto, en las operaciones de **fusión, escisión total o parcial o aportación no dineraria de rama de actividad**, haya o no extinción por parte de alguna de las entidades que participan, las rentas de las operaciones realizadas por la entidad transmitente, se entienden imputables a la entidad adquirente cuando deriven del patrimonio que es objeto de transmisión.

Consecuencias de la fecha de efectos contables De acuerdo con la normativa contable, la fecha a partir de la cual las operaciones de la sociedad absorbida o escindida (solo en el caso de escisión total) se entienden realizadas por cuenta de la sociedad absorbente es la fecha de **toma de control** del negocio adquirido. Pueden darse así tres supuestos: 6851

a) La sociedad **adquirente tenía el control desde antes** de comenzar el ejercicio en el que se acuerda la operación: en este caso, los efectos contables y fiscales de la operación se retrotraen al primer día del periodo impositivo.

b) La sociedad **adquirente tiene el control** de la sociedad que se extingue, pero la toma de control se ha producido una vez iniciado el ejercicio en el que adopta el acuerdo social: los efectos contables y fiscales de la operación se retrotraen a la fecha en que se produjo la adquisición.

c) Las sociedades **no pertenecían al mismo grupo mercantil** (no había control previo): en este caso, se entiende que la toma de control se produce con el acuerdo social de fusión o escisión, siendo, por tanto, la fecha de ese acuerdo aquella a la que se retrotraen los efectos contables y fiscales. También puede suceder que el acuerdo social señale de forma expresa una fecha de toma de control posterior al mismo que podría incluso llegar hasta la misma fecha de inscripción de la operación en el Registro Mercantil, siendo tal fecha acordada aquella en la que la operación tenga efectos contables.

6852 Debe considerarse que, al no producirse los efectos jurídicos de la operación hasta su **inscripción** en el Registro Mercantil, la contabilización de la operación con su carácter retroactivo no parece que tenga sentido efectuarla hasta ese momento, siendo entonces cuando se produzcan todos los movimientos contables precisos para hacer efectiva la retroacción.

En cualquiera de los casos, las sociedades extinguidas inician un periodo el primer día del **ejercicio** y lo concluyen el día de la inscripción de la operación en el Registro Mercantil, por ser esa la fecha en la que se produce la extinción de la sociedad absorbida o escindida. Si dicha inscripción se produce después de concluir el ejercicio anual, además, también se cierra un ejercicio en la fecha habitual de finalización del ejercicio. Por su parte, la empresa absorbente o beneficiaria no ve alterado, por motivo de la operación, el cierre habitual de su ejercicio.

6853 Siendo los referidos ejercicios como se ha señalado en cuanto a su duración, la imputación de rentas se produce de la siguiente manera:

a) Sociedad extinguida: todas las operaciones que realice desde la fecha de efectos contables no se recogen en su cuenta de pérdidas y ganancias. De esta forma, en el supuesto de retroacción al primer día del ejercicio, su cuenta de pérdidas y ganancias tiene saldo cero, no recogiendo movimiento alguno. No obstante lo anterior, puede darse el caso de que, no teniendo resultado, sí tenga base imponible distinta de cero, y ello puede deberse a la obligación de efectuar determinados ajustes a la base imponible no vinculados a operaciones a las que afecte la retroacción contable, como pueden ser los casos de imputación de ingresos por rentas generadas en ejercicios anteriores pero cuya imputación a efectos fiscales es posterior (ventas a plazos, UTEs, etc.).

b) Sociedad adquirente: incorpora a su cuenta de pérdidas y ganancias, además de sus propios resultados del ejercicio completo, los de la sociedad transmitente desde la fecha de retroacción de los efectos contables hasta la fecha de su extinción.

Finalmente, en este punto debe señalarse que, en el supuesto de renuncia parcial al régimen especial mediante la integración de las **plusvalías** en la base imponible, tales plusvalías se integran en la base imponible de la sociedad extinguida. Esto se debe a que las plusvalías no se producen con motivo de operaciones a las que se aplique el régimen de retroacción, sino con motivo de la transmisión del patrimonio de la sociedad extinguida en el momento en que tal extinción tiene lugar.

6854 **Consecuencias de la inscripción registral** (RDL 5/2023 art.51) La segunda fecha relevante es la de inscripción de la operación en el Registro Mercantil. De acuerdo, con la normativa mercantil, los **efectos jurídicos** de la operación de producen con la inscripción de la operación. A su vez, los efectos de esta inscripción se retrotraen a la fecha del asiento de presentación que causó la inscripción (DGT CV 15-2-08; TS 21-5-12, EDJ 95812). Por tanto, en la **fecha de presentación** se producen los efectos jurídicos de la operación, lo que origina la extinción de la entidad absorbida o escindida totalmente, la retroacción de las rentas de acuerdo con los criterios contables, la transmisión de la titularidad de los activos y pasivos que sean objeto de la operación (entre ellos, las bases imponibles negativas y las deducciones) y la subrogación de la entidad adquirente en todos los derechos y obligaciones de la transmitente (solo respecto de los bienes adquiridos en el caso de sucesión a título no universal).

De acuerdo con todo lo comentado y habiendo quedado claro cuáles son las dos fechas relevantes de cara a los efectos de estas operaciones de reestructuración, no producen, por tanto, efectos fiscales ni la fecha del **balance de fusión** (siempre que, como es habitual, sea un documentos extracontable y no se produzca el cierre y liquidación de un ejercicio), ni la fecha del **acuerdo social** (salvo que suponga la fecha de adquisición por tomarse entonces el control) ni la fecha de **elevación a público** del acuerdo.

6855 Como consecuencia de todo lo anterior, respecto a las **obligaciones formales** y declaraciones a presentar:

a) En el caso de que la **sociedad transmitente subsista**: no se alteran sus obligaciones y plazos de declaraciones, ya sean informativas o con liquidación.

b) En el caso de que la **entidad transmitente se extinga**: debe presentar todas sus declaraciones (retenciones, pagos fraccionados, etc.) durante el tiempo que subsista (hasta la inscripción en el Registro Mercantil) y ello al margen de la fecha de retroacción de los efectos contables. Las obligaciones que queden pendientes tras su extinción (resúmenes anuales, declaraciones anuales informativas, declaración del IS por el último ejercicio) deben ser cumplimentadas en su nombre por la correspondiente entidad adquirente que se haya subrogado en su posición. La última declaración del IS, que tendrá la base imponible que corresponda según la fecha de retroacción contable, tal y como se ha señalado, debe presentarse en los 25 días

naturales siguientes a los 6 meses posteriores a la finalización del periodo impositivo que concluya en la fecha de inscripción (asiento de presentación) en el Registro Mercantil.
c) En el caso de la **sociedad adquirente**: no se alteran sus propias obligaciones y plazos, si bien su base imponible debe incorporar los resultados de la entidad transmitente (atendiendo a la fecha de retroacción contable) y debe además cumplir con las obligaciones pendientes de la sociedad transmitente en lo que al patrimonio transmitido se refiere. Respecto de los periodos (trimestral o mensual) que establecen el IS e IRPF para las retenciones, por remisión a la normativa del IVA, ver nº 6808.

4. Pérdidas de los establecimientos permanentes

(LIS art.77.1, 85 y disp.trans.16ª.5)

En las transmisiones de establecimientos permanentes deben distinguirse los siguientes supuestos: **6860**
- transmisión de establecimientos permanentes situados en la UE; y
- transmisión de establecimientos permanentes situados fuera de la UE (nº 6865).

Transmisión de establecimientos permanentes situados en la UE (LIS art.77.1.b, 85 y disp.trans.16ª.5) Dentro de este tipo de transmisiones, podemos distinguir a su vez entre: **6861**
- entidad adquirente residente en Estado de la UE distinto de territorio español;
- entidad adquirente residente en territorio español (nº 6863);
- entidad adquirente residente fuera de la UE (nº 6864).

Entidad adquirente residente en Estado de la UE distinto de territorio español En el caso de transmisión de un establecimiento permanente (en adelante, EP) que haya obtenido **pérdidas** con anterioridad a la transmisión del mismo, el tratamiento fiscal en la transmitente debe observarse a la luz del método que recoja el **convenio para evitar la doble imposición** suscrito con el Estado de residencia del EP. Si para evitar la doble imposición se hubiera acordado el **método de exención**, la entidad transmitente no integra en su base imponible ni los beneficios ni las pérdidas generadas por el EP. En los supuestos en los que el método es el de **integración**, el Estado de la entidad transmitente puede reintegrar las pérdidas del EP que en años anteriores se hayan deducido, dependiendo de si el EP ha generado rentas desde periodos impositivos iniciados a partir de 1-1-2013 o bien desde periodos impositivos anteriores a esa fecha: **6862**
a) Entidades residentes en España que tengan un EP desde periodos impositivos iniciados **antes de 1-1-2013** y sean transmitidos en periodos impositivos iniciados a partir de 1-1-2015. En este caso, hay que diferenciar si dicho EP cumple los requisitos para que la renta generada en la transmisión esté exenta según la LIS art.22:
1. Si **se cumplen los requisitos para aplicar la exención**: la renta a integrar es la siguiente:
- el exceso de rentas negativas obtenidas sobre las positivas generadas por el EP en los periodos impositivos iniciados a partir de 1-1-2013 hasta la transmisión del EP;
- la renta positiva generada en la transmisión del EP.
2. Si **no se cumplen los requisitos para aplicar la exención**: la renta a integrar es la siguiente:
• Si la renta positiva generada en la transmisión es **inferior** al exceso de rentas negativas sobre las positivas obtenidas hasta la transmisión: se integra la renta positiva obtenida en la transmisión.
• Si la renta generada en la transmisión es **superior** al referido exceso:
- se integra en la base imponible de la entidad transmitente el **exceso de rentas negativas** sobre las positivas generadas por el EP hasta la transmisión del mismo; y
- se integra también en la base imponible de la entidad transmitente el **importe de la renta positiva** generada en la transmisión del EP que supere el exceso de las rentas negativas sobre las positivas generadas por el EP antes de la transmisión del mismo, pudiendo **deducir** de su cuota íntegra la menor de las cantidades siguientes: la cuota íntegra correspondiente a la renta integrada o el impuesto que hubiera resultado de gravarse dicha renta en el Estado de residencia del EP de no haberse aplicado la Dir 2009/133/CE.
b) Entidades residentes en España que tengan un EP desde periodos impositivos iniciados **a partir de 1-1-2013** y sean transmitidos en periodos impositivos iniciados a partir de 1-1-2015. En este caso, hay que diferenciar si dicho EP cumple los requisitos para que la renta generada en la transmisión esté exenta según la LIS art.22:
1. Si **se cumplen los requisitos para aplicar la exención**: en el caso de que el EP haya generado rentas negativas en el periodo 2013 y posteriores, las mismas no se han integrado en la base imponible, por lo que la renta positiva está exenta. Del mismo modo, en caso de que la renta derivada de la transmisión sea negativa, esta no es deducible.

2. Si **no se cumplen los requisitos para aplicar la exención**:
• La **renta** generada en la transmisión del EP es **inferior** al exceso de rentas negativas sobre las positivas generadas por el EP hasta la transmisión del mismo y que no se han integrado en la base imponible de la entidad residente, dado que al ser el importe de las rentas negativas superior al de las positivas, no se han integrado en la base imponible ni unas ni otras.
En este caso, necesariamente la renta generada en la transmisión del EP ha tenido que ser negativa, por lo que no se integraría en la base imponible el importe de la referida renta. Para calcular la renta generada en la transmisión, el valor fiscal del EP debe ser el valor contable incrementado en el exceso de rentas negativas sobre las positivas obtenidas por dicho EP.
• La renta generada en la transmisión del EP es **superior** al exceso de rentas negativas sobre las positivas generadas por el EP hasta la transmisión del mismo y que no se han integrado en la base imponible de la entidad residente. La regularización que procede es la siguiente:
- no se integra en la base imponible de la entidad transmitente el **exceso de rentas negativas** sobre las positivas generadas por el EP hasta la transmisión del mismo; y
- se integra en la base imponible de la entidad transmitente el **importe de la renta positiva** generada en la transmisión del EP que supere el exceso de las rentas negativas sobre las positivas generadas por el EP antes de la transmisión del mismo. No obstante, respecto de esta última renta integrada en la base imponible, la entidad transmitente puede **deducir** de su cuota íntegra la menor de las cantidades siguientes: la cuota íntegra correspondiente a esa renta integrada en la base imponible o el impuesto que se hubiera gravado sobre esa misma renta en el Estado de residencia del EP de no haber sido de aplicación la Dir 2009/133/CE.

6863 **Entidad adquirente residente en territorio español** Existen dos **interpretaciones** respecto del tratamiento fiscal que corresponde en este supuesto:
a) Considerar que el régimen aplicable a las **rentas derivadas de la transmisión** consiste en no computar por parte de la transmitente la renta generada, así como el exceso de pérdidas sobre los beneficios imputados por el EP en los ejercicios anteriores a la transmisión.
b) Interpretar que la LIS art.85 se refiere a los supuestos en los que la entidad adquirente sea residente en algún Estado de la UE distinto a España, por lo que la **entidad transmitente** no debería integrar en su **base imponible** el exceso de pérdidas sobre beneficios imputados por el EP en los ejercicios anteriores. En este caso, la renta positiva que fuese generando el EP se integra en la base imponible del **adquirente** hasta el importe de la renta negativa integrada por la transmitente con anterioridad a la transmisión, estando exenta el exceso de renta positiva que se genere por el establecimiento.

6864 **Entidad adquirente residente fuera de la UE** En este supuesto **no se aplica el régimen especial**, en cuyo caso se integra en la base imponible de la entidad transmitente española la renta que se ponga de manifiesto, salvo que se cumplan los requisitos que permitan la aplicación de la exención contemplada en la LIS art.22.

6865 **Transmisión de establecimientos permanentes situados fuera de la UE** (LIS art.77.1.c y 85) En este supuesto **no se aplica el régimen especial** por lo que, consecuentemente, no se aplica lo previsto en la LIS art.85.
En el caso de que la entidad **adquirente** sea **residente española**, cabe la aplicación del régimen especial en virtud de la LIS art.77.1.c, si bien no aplicaría la LIS art.85 dado que se prevé expresamente para los supuestos de la LIS art.77.1.b. No obstante, esto no es óbice para que, con base en el principio de subrogación de derechos y obligaciones (LIS art.84), la entidad adquirente asuma la obligación de integrar en su base imponible los beneficios obtenidos por el EP hasta el importe de las rentas negativas que hubiera computado en su base imponible con anterioridad a la transmisión.
Se entiende que las rentas negativas generadas en la transmisión de un EP, en la que el **adquirente** es una **entidad del mismo grupo** mercantil y sin perjuicio de la residencia y la obligación de formular cuentas consolidadas, son imputadas al período impositivo en el que se transmite dicho EP a terceros ajenos al grupo mercantil, o cuando las entidades intervinientes dejen de ser parte del grupo. Dicha norma no se aplica en el caso de cese de la actividad del EP.

5. Obligaciones contables

(LIS art.86)

6870 Estas obligaciones específicas tienen como objeto permitir a la Administración un **control** de la tributación futura de la renta inicialmente diferida como consecuencia del acogimiento al régimen fiscal especial.

Menciones a incluir en la memoria anual de la entidad adquirente (LIS art.86.1) 6871
La entidad adquirente debe incluir en su memoria anual la información que se expone a continuación, la cual ha de ser previamente comunicada a la misma por la transmitente:

a) **Periodo impositivo** en el que la entidad transmitente adquirió los bienes transmitidos. Este requisito tiene como fin controlar que, tras la operación de reestructuración, la amortización fiscal de los bienes afectados se realice de manera adecuada, poniendo especial énfasis en evitar que un elemento se siga amortizando una vez transcurrido su período de vida útil. Asimismo, la correcta determinación de la **fecha de adquisición del bien** tiene transcendencia de cara al cumplimiento de los requisitos de permanencia o mantenimiento exigidos para el disfrute de ciertos incentivos fiscales (por ejemplo, la deducción por reinversión de beneficios extraordinarios).

b) Último **balance** cerrado por la entidad transmitente.

c) Relación de **bienes adquiridos** que se hayan incorporado a los libros de contabilidad por un valor diferente a aquel por el que figuraban en los de la entidad transmitente con anterioridad a la operación. El sentido de esta previsión es asegurar que la valoración fiscal de los bienes adquiridos se corresponde con el valor contable que tenían en sede de la transmitente antes de realizarse la operación. 6872

La referida relación de bienes debe incluir los siguientes aspectos:

- valor contable en sede de la transmitente y valoración contable en sede de la adquirente;
- las correcciones valorativas constituidas en los libros de contabilidad de las dos entidades (fundamentalmente, amortizaciones y deterioros).

d) Relación de **beneficios fiscales** disfrutados por la entidad transmitente, respecto de los que la adquirente deba asumir el cumplimiento de determinados requisitos para su aplicación o consolidación.

Menciones a incluir en la memoria anual por los socios personas jurídicas (LIS art.86.2) Dos son las menciones que deben incluirse en la memoria anual de los socios que sean personas jurídicas: 6873

- valor contable y fiscal de los **valores entregados**;
- valor por el que se hayan contabilizado los **valores recibidos**.

Menciones a incluir en las sucesivas memorias (LIS art.86.3) Las menciones establecidas en los apartados anteriores deben realizarse mientras permanezcan en el inventario los valores o elementos patrimoniales adquiridos o deban cumplirse los requisitos derivados de los incentivos fiscales disfrutados por la entidad transmitente. 6874

Ahora bien, la entidad adquirente puede **optar**, en las sucesivas memorias, entre volver a incluir todas las precisiones antedichas o, por el contrario, incluir la mera indicación de que dichas menciones figuran en la **primera memoria anual** aprobada tras la operación (la cual debe conservarse mientras persista la circunstancia señalada en el párrafo anterior).

Incumplimiento de las obligaciones contables (LIS art.86.4) El incumplimiento de las obligaciones contables referidas tiene la consideración de **infracción** tributaria grave, sancionada con la **multa** pecuniaria fija siguiente: 6875

- durante cada uno de los primeros 4 años (en que no se incluya la información): 1.000 euros por cada dato omitido;
- durante cada uno de los años siguientes: 5.000 euros por cada dato omitido;
- el **límite** al importe de la sanción es el 5% del valor por el que la entidad adquirente haya reflejado los bienes y derechos transmitidos en su contabilidad.

Esta sanción puede **reducirse** en un 25% si el sujeto infractor realiza el ingreso del importe total de la sanción en el período voluntario sin haber presentado solicitud de aplazamiento o fraccionamiento y si no interpone recurso o reclamación contra la sanción (LGT art.188.3).

6. Aplicación del régimen fiscal

(LIS art.89)

Con la anterior normativa del impuesto (LIS/04), el régimen fiscal especial era un régimen voluntario por el que se debía optar para poder acoger la operación al mismo. No obstante, desde la entrada en vigor de la LIS, tanto a las operaciones de reestructuración definidas en la LIS art.76 como a las aportaciones no dinerarias de la LIS art.87 se les aplica **con carácter general** el régimen especial de neutralidad fiscal. No obstante, para la aplicación del régimen especial se exige que se cumpla con el requisito formal de **comunicar** a la Administración tributaria el tipo de operación que se ha llevado a cabo y si se opta por no aplicar el régimen fiscal especial. 6880

6881 **Comunicación de la operación** (LIS art.89.1; RIS art.48 y 49) Las condiciones y particularidades de la comunicación de la operación son las siguientes:

6882 **Plazo de comunicación** (LIS art.89.1; RIS art.48.2) La comunicación debe realizarse en el plazo de 3 meses desde la fecha de inscripción de la escritura pública en que se documente la operación. En el caso de las operaciones de **cambio de domicilio social**, dentro de los 3 meses siguientes a la fecha de inscripción en el registro del Estado miembro del nuevo domicilio social de la escritura pública o documento equivalente en que se documente la operación.
Si la inscripción no fuera necesaria, el plazo se computa desde la fecha en que se otorgue la escritura pública o documento equivalente que corresponda a la operación.
Si la entidad transmitente y adquirente **no son residentes** en territorio español, la comunicación se ha de realizar en el plazo previsto para la presentación de las declaraciones o autoliquidaciones correspondientes a los socios de la entidad transmitente, siempre que sean residentes en territorio español. En caso contrario, se aplica el plazo general de 3 meses.
La falta de presentación en plazo de esta comunicación constituye **infracción** tributaria grave. La sanción consiste en **multa** pecuniaria fija de 10.000 euros por cada operación respecto de la que hubiese de suministrarse información.

Precisiones Surge la duda de si, como tal fecha, debe considerarse la de efectiva **inscripción o** la fecha del **asiento de presentación** a la que se retrotraen los efectos de aquella. Una interpretación lógica debería llevar a la conclusión de que el plazo debe computarse desde la efectiva inscripción, ya que la otra alternativa podría, en ciertos casos, impedir la comunicación por efectuarse la efectiva inscripción cuando hubieran transcurrido más de 3 meses desde aquel asiento (por ejemplo en supuestos de varios registros implicados). No obstante, con el objeto de intentar cumplir de la manera más estricta con la normativa y evitar cualquier tipo de duda al respecto, debería siempre intentar realizarse la comunicación en el plazo de 3 meses desde el asiento de presentación.

6883 **Sujeto obligado a realizar la comunicación** (LIS art.89.1; RIS art.48.1) El sujeto obligado a realizar la comunicación depende del tipo de operación realizada y de donde residan las partes intervinientes:
a) Fusión o escisión. Con carácter general, la comunicación debe efectuarse por la entidad adquirente. Si son varias las entidades adquirentes, debe efectuarse por todas ellas. Esta obligación debe cumplirse si las entidades adquirentes residen en territorio español.
Si la entidad adquirente reside en el **extranjero**, la comunicación la debe realizar la entidad transmitente.
Cuando ni la entidad transmitente ni las entidades adquirentes sean residentes en territorio español y, además, a estas operaciones de fusión o escisión no les sea aplicable el régimen de diferimiento al no disponer la entidad transmitente de un establecimiento permanente en dicho territorio, el régimen especial solo tiene efectos a nivel de los **socios** de la entidad transmitente residentes en territorio español. En tal caso, la comunicación de la operación debe realizarse por el socio residente en territorio español que se vea afectado por la operación de fusión o escisión, debiendo indicar que la operación se ha acogido a un régimen especial similar al establecido en la LIS.
b) Aportaciones no dinerarias. Con carácter general, la comunicación debe efectuarse por la entidad o entidades adquirentes. No obstante, si la entidad adquirente reside en el extranjero y, además, actúa en territorio español por medio de un establecimiento permanente, la obligación de comunicación recae en la persona o entidad transmitente.
c) Canje de valores. Con carácter general, la comunicación debe efectuarse por la entidad adquirente. Como caso particular, cuando la entidad adquirente no sea residente en territorio español, la comunicación la debe realizar la entidad transmitente de la participación objeto del canje. Esta misma obligación recae en el caso de que el transmitente sea una persona física residente en territorio español.
d) Cambio de domicilio social. La comunicación se presenta por la propia sociedad.

6884 **Órgano al que se dirige la comunicación** (RIS art.48.3) La comunicación se ha de dirigir a la Delegación de la AEAT correspondiente al domicilio fiscal de la entidad obligada o, si no fuera residente, de su establecimiento permanente, o en la Dependencia Regional de Inspección o en la Delegación Central de Grandes Contribuyentes, cuando estén adscritos a las mismas.

6885 **Contenido** (RIS art.49) La comunicación debe contener la siguiente información:
- identificación de las entidades participantes en la operación y descripción de la misma;
- copia de la escritura pública que documente la operación;
- si la operación se realiza mediante una oferta pública de adquisición de acciones, también debe aportarse copia del correspondiente folleto informativo;
- indicación, en su caso, de la no aplicación del régimen especial (es decir, cuando se opta por aplicar el régimen fiscal general).

Causas de no aplicación del régimen especial (LIS art.89.2) El fundamento del régimen especial reside en que la fiscalidad no debe ser un freno ni un estímulo en la toma de decisiones de las empresas sobre operaciones de reorganización, cuando la causa que impulsa su realización se sustenta en motivos económicos válidos. Esta doctrina administrativa, recogida en infinidad de resoluciones, recoge la filosofía del precepto que limita la posibilidad de acogerse al régimen especial en aquellos casos en que la operación tenga como principal objetivo el fraude o la evasión fiscal y, en particular, en los casos en que la operación no se efectúe por motivos económicos válidos, sino con el único objetivo de conseguir una ventaja fiscal. Este precepto recoge una **norma antielusión**, si bien su aplicación práctica no resulta sencilla, dada la subjetividad de los términos empleados que, por otro lado, abarcan dos aspectos de la operación: su potencial carácter fraudulento y su aspecto puramente económico (motivos económicos vs. ahorro fiscal). 6886

Son tres los conceptos con los que juega la norma: 6887

a) Que tenga como principal **objetivo** el **fraude o la evasión fiscal**: estos conceptos no vienen definidos en la normativa tributaria, si bien existen otros, como la simulación y el conflicto en la aplicación de la norma, que encajarían en aquellos conceptos generales. En suma, se trata de casos en que, mediante un procedimiento artificioso o inadecuado y aunque no exista una infracción de una norma concreta, se busca alcanzar una situación prohibida por el ordenamiento o que origina una elusión o reducción del pago de un tributo no deseada ni permitida por la normativa.

b) Que no tenga **motivos económicos válidos**: aunque no resulte de aplicación lo anterior, todavía es posible que no pueda acogerse la operación al régimen especial por no tener un motivo económico válido. Sin embargo, no constituyen un requisito *sine qua non* para la aplicación del régimen fiscal de reestructuración, sino que su ausencia constituye una presunción de que la operación puede haberse realizado con el objetivo principal de fraude o evasión fiscal (DGT 27-7-23). Respecto a qué se entiende por motivo económico válido, existen un sinfín de consultas que hacen referencia a este concepto, muchas de las cuales admiten la existencia de motivos económicos válidos, incluso en supuestos de fusión con entidades inactivas (DGT CV 8-11-12; CV 26-3-14; CV 13-6-18; AN 22-9-11, EDJ 220365; TS auto 7-2-20; 31-3-21, EDJ 527390). En consecuencia, resulta fundamental argumentar adecuadamente la existencia de tales motivos para poder justificar el derecho al acogimiento al régimen, tal y como se ha recogido expresamente en consultas y sentencias (AN 16-2-11, EDJ 12229, en la que se aprovecha para reprender a la Administración tributaria por su aplicación excesiva de las normas antifraude comentadas).

c) Que tenga como mera **finalidad** conseguir una **ventaja fiscal**: la existencia de una ventaja fiscal no es una circunstancia que, por sí sola, impida la aplicación del régimen especial. Únicamente cuando esta sea la única finalidad de la transacción, este hecho puede impedir la aplicación del régimen. Sin embargo, es lícito y así lo admiten tanto la doctrina administrativa como los tribunales, elegir una operación que origine mayores ventajas fiscales que otras alternativas y que permita alcanzar los mismos objetivos perseguidos (la denominada economía de opción). O, dicho de otra forma, no es necesario escoger la alternativa más onerosa fiscalmente para que la operación pueda acogerse al régimen. No obstante, es aquí donde se producen muchas de las diferencias entre la Administración y los contribuyentes en la medida en que las operaciones normalmente tienen en alguna forma motivos económicos válidos, pero también ventajas fiscales, intentando cada parte defender el mayor peso e importancia relativos de los unos sobre los otros. 6888

Precisamente, esa complejidad unida a la capital importancia de la aplicación de la cláusula antiabuso a una operación, han llevado al legislador a establecer la posibilidad de **consultar a la Administración**, con carácter vinculante, sobre el cumplimiento de los requisitos para acogerse al régimen especial. La validez de la respuesta positiva y la vinculación de la Administración con ella quedan condicionadas al efectivo cumplimiento por el contribuyente consultante del planteamiento efectuado en la consulta.

7. Concentración de empresas en grupos fiscales

Las operaciones de **fusión** acogidas al régimen especial dentro de grupos que tributan por el régimen de consolidación fiscal, tienen las siguientes implicaciones dependiendo de los siguientes supuestos: 6890

- absorbente, sociedad dominante. Absorbida, sociedad ajena al grupo;
- absorbente, sociedad ajena al grupo. Absorbida, sociedad dominante (nº 6892);
- absorbente, sociedad ajena al grupo. Absorbida, sociedad dependiente (nº 6893).

6891 **Absorbente, sociedad dominante. Absorbida, sociedad ajena al grupo** Las implicaciones fiscales en este supuesto son las siguientes:

a) **Periodo impositivo**. En la medida en que la sociedad absorbida no pertenece al grupo, su absorción no implica la conclusión del periodo impositivo del grupo.

b) **Imputación de rentas**. Deben distinguirse dos supuestos:

- fecha de **retroacción contable** coincide con el **inicio del período impositivo**: las rentas de la sociedad absorbida se imputan a la dominante;
- fecha de retroacción contable es **posterior** al inicio del período impositivo de la absorbida: las rentas desde el inicio del período impositivo hasta la fecha de efectos contables de la fusión se imputan a la absorbida (no se integran en la base imponible del grupo).

c) **Compensación de bases imponibles negativas**. La absorbente asume el derecho a la compensación de las bases imponibles negativas por lo que puede compensar las bases imponibles negativas asumidas, con el límite de la renta positiva generada por la propia sociedad absorbente. En este sentido, la transmisión del derecho a la compensación de las bases imponibles negativas debe respetar las limitaciones contempladas en la LIS art.84.

La **absorción** de una **entidad no residente dominante** de un grupo fiscal por parte de una entidad no residente dominante de otro grupo fiscal supone la extinción del grupo fiscal de la absorbida en el momento de su extinción y la integración de las sociedades que integran dicho grupo fiscal en el grupo fiscal de la absorbente (DGT CV 26-7-23).

6892 **Absorbente, sociedad ajena al grupo. Absorbida, sociedad dominante** En este supuesto, las implicaciones fiscales son las siguientes:

a) **Periodo impositivo**. La subrogación tiene efectos a partir de la extinción de la sociedad absorbida y el grupo que ya existía puede tributar en consolidación en el periodo impositivo que concluye con la extinción de la entidad dominante. De esta manera, en el primer periodo impositivo en el que el nuevo grupo tributa en consolidación las sociedades dependientes habrán iniciado el periodo impositivo en un momento posterior a aquel en el que lo hace la nueva entidad dominante.

b) **Imputación de rentas**. Deben distinguirse dos supuestos:

- fecha de retroacción contable coincide con el **inicio del período impositivo** de la absorbida: las rentas de la sociedad absorbida se imputan a la sociedad ajena al grupo y, por consiguiente, no se computan para la determinación de la base imponible del grupo;
- fecha de retroacción contable es **posterior** al inicio del período impositivo de la absorbida: las rentas generadas desde el inicio del período impositivo hasta la fecha de efectos contables de la fusión se imputan a la absorbida dominante, por lo que las mismas integran la base imponible del grupo, mientras que las generadas con posterioridad se imputan a la absorbente.

c) **Compensación de bases imponibles negativas**. El derecho a la compensación de las bases imponibles negativas previas a la incorporación al grupo se transmite a la sociedad absorbente, debiéndose tener en cuenta las limitaciones a la compensación aplicables en la LIS art.84. Respecto de las bases imponibles negativas de consolidación, dado que el grupo se extingue como consecuencia de la fusión (sin perjuicio de que pueda seguir gozando de este régimen el nuevo grupo), las sociedades que integraban el grupo inicial asumen el derecho a la compensación de las bases imponibles negativas pendientes de compensar, en la proporción que hayan contribuido a su generación.

d) **Eliminaciones de resultados por operaciones internas**. Dado que el grupo inicial se extingue, todas las eliminaciones pendientes de incorporar deben integrarse en la base imponible del grupo en el último período impositivo.

6893 **Absorbente, sociedad ajena al grupo. Absorbida, sociedad dependiente** Por último, las implicaciones fiscales en este supuesto son:

a) **Periodo impositivo**. Concluye el periodo impositivo de la sociedad dependiente, pero no el periodo impositivo del grupo.

b) **Imputación de rentas**. Deben distinguirse dos supuestos:

- fecha de retroacción contable coincide con el **inicio del período impositivo** de la absorbida: las rentas de la absorbida se imputan a la sociedad ajena al grupo y por consiguiente, no se computan para la determinación de la base imponible del grupo;
- fecha de retroacción contable es **posterior** al inicio del período impositivo de la absorbida: las rentas generadas desde el inicio del período impositivo hasta fecha de efectos contables de la fusión se imputan a la absorbida integrándose en la base imponible del grupo pese a que se produce durante el ejercicio su disolución y su consiguiente exclusión del grupo.

c) **Compensación de bases imponibles negativas**. En cuanto a las bases imponibles negativas de consolidación, en la medida en que la absorbida haya contribuido a su generación, la parte imputable a la sociedad absorbida debe imputarse a la absorbente. Respecto de las bases imponibles preconsolidación, el derecho a la compensación de las mismas se transmite a la absorbente, debiéndose tener en cuenta las limitaciones a su compensación previstas en el régimen de consolidación fiscal.

d) Eliminaciones de resultados por operaciones internas. Los resultados eliminados por aquellas operaciones en las que hubiera participado la sociedad absorbida deben integrarse en la base imponible del grupo en el período impositivo en el que se produce la fusión.

8. Especialidades forales

6895 La normativa de los tres territorios históricos del **País Vasco** difiere en algunas cuestiones con la regulación estatal. Las principales **diferencias** son:

a) La extensión del régimen especial a las cesiones globales de activos y pasivos.

b) La limitación a la compensación de bases imponibles se aplica en los casos de vinculación previstos en el art.42 de la Norma Foral (NF Araba 37/2013; NF Bizkaia 11/2013; NF Gipuzkoa 2/2014) frente a la referencia al grupo mercantil que establece la normativa estatal.

c) Cuando la entidad adquirente disfrute de un tipo impositivo o un régimen especial distinto al de la transmitente, independientemente de que tenga o no la misma forma jurídica (requisito exigido en la normativa común), se entiende que la renta generada en la transmisión de elementos preexistentes a la fecha de la operación se ha obtenido de forma lineal.

d) Las sanciones por no cumplir con las obligaciones contables varían.

e) El régimen de neutralidad fiscal sigue siendo optativo, a diferencia de lo establecido en la normativa estatal, en el que es de aplicación general si se cumplen los requisitos, salvo que se renuncie expresamente.

6896 **Operaciones de reestructuración entre sociedades de normativa foral y estatal** (L 12/2002 art.47) En aquellas operaciones de fusión y escisión en las que intervengan sociedades sometidas a la normativa común y foral, se deben tener en cuenta las siguientes cuestiones:

a) Las Diputaciones Forales deben aplicar una **normativa** idéntica a la existente en territorio común.

b) Tal y como establece el Concierto Económico, en una fusión entre entidades forales y de territorio común, son ambas Administraciones las que deben tramitar los correspondientes **expedientes administrativos** en relación con las obligaciones formales para el acogimiento al régimen especial, cuando existan (como es habitual) beneficios fiscales que deban ser reconocidos por ambas Administraciones. Así, se deben presentar las correspondientes comunicaciones de acogimiento al régimen especial ante cada una de las Administraciones implicadas (DGT CV 5-1-09; CV 14-12-10; CV 10-2-17).

6897 Doctrina Administrativa **1)** En una operación de fusión en la que la dominante está sujeta a la normativa foral y las absorbidas a la normativa del territorio común, las cuestiones relacionadas con la aplicación del régimen a las sociedades absorbidas se rigen por lo dispuesto en la normativa de territorio común, siendo competente para llevar a cabo la **inspección** respecto a dichas sociedades la Administración del Estado (DGT CV 10-8-09; CV 10-2-17; HFB 6-2-17).

2) Las cantidades pendientes de deducción correspondientes a **beneficios fiscales** generados por una entidad al amparo de la normativa foral, cuando esta es absorbida por otra de territorio común con el consecuente cambio a normativa estatal, se podrían seguir aplicando conforme a lo establecido en la normativa que reguló su nacimiento (DGT CV 19-4-11; CV 18-2-14; CV 10-2-17; CV 30-10-23; HFB 6-2-17).

3) En una operación de **escisión total** en la que la entidad transmitente y beneficiaria aplican a efectos del IS normativas de **diferentes territorios, foral y estatal** respectivamente, la normativa aplicable a efectos de este régimen especial es la que resultaría aplicable a la entidad transmitente, pues es la entidad que dejaría de tributar ante la Administración Tributaria Foral en caso de aplicación del citado régimen. Además, esta normativa vincula igualmente al adquirente, aunque tribute por otra normativa, únicamente en lo que se refiere al cumplimiento de cualquier requisito del cual se hubiera hecho depender la aplicación del diferimiento de rentas. La Administración competente para valorar si concurren motivos económicos válidos es por tanto la competente para exaccionar al transmitente, en la medida en que es la Administración ante la que puede tener lugar un defecto de tributación (Junta Arbitral Concierto Económico Resol nº 34/2022 28-7-2022).

4) En la **absorción** de una entidad sujeta a **normativa estatal** en el IS, por parte de una entidad sujeta a **normativa foral** de Bizkaia, debe aplicarse a cada una de las sociedades intervinientes la normativa del IS común o foral a la que esté sometida en ese momento, según corresponda. Cada Administración, estatal o foral, será competente para verificar la correcta aplicación del régimen de neutralidad fiscal en lo relativo a la entidad que está sujeta a su correspondiente normativa (Junta Arbitral Concierto Económico Resol nº 16/2018 17-10-2018).

Jurisprudencia Una sociedad que pasa a tributar conforme a la normativa común puede aplicar las deducciones procedentes de períodos sujetos a **normativa foral** (TEAC 12-3-09).

6898 **Incidencia de las operaciones de reestructuración en la exacción del IS. Pagos fraccionados** (L 12/2002 art.17) Como consecuencia de las operaciones de reestructuración pueden darse distorsiones en aquellos sujetos pasivos que deben ingresar el pago fraccionado a la Administración estatal como foral, en la medida en que la proporción atribuible a cada Administración viene determinada por la última autoliquidación del impuesto presentada (previa a la operación). Ante este supuesto, el Concierto Económico prevé la posibilidad de aplicar un **porcentaje estimado** distinto del que se desprende de la última autoliquidación del impuesto presentada. Para ello, se debe realizar la pertinente comunicación a la Comisión de Coordinación y Evaluación Normativa prevista en el Concierto Económico.

6899 **Incidencia de las operaciones de reestructuración en el cómputo del volumen de operaciones** (L 12/2002 art.15) El Concierto Económico no aborda la influencia que ejercen las operaciones de reestructuración en la forma de computar el volumen de operaciones realizado en el ejercicio precedente a la hora de analizar si se supera el **límite** de los 10 millones de euros indicados por dicho texto normativo en relación a las reglas que determinan la **capacidad normativa y de exacción** que corresponde a cada Administración.

No obstante, la **Hacienda Foral de Bizkaia** se ha pronunciado a este respecto, entendiendo que el volumen de operaciones que debe tenerse en cuenta a efectos de determinar la normativa aplicable, es decir, el volumen de operaciones correspondiente al año N-1, es el correspondiente a la entidad absorbente, sin tener en cuenta el correspondiente a la sociedad absorbida. Por otro lado, en lo que respecta a la exacción, dado que en este caso debe atenderse al volumen de operaciones realizado en el propio ejercicio, en este caso sí que debe incluirse el volumen de operaciones de la absorbida desde la fecha en la que tenga efectos la fusión hasta la fecha de extinción de esta (HFB 6-2-17).

6900 Ejemplo Sociedad (A): sujeta a normativa del territorio histórico de Bizkaia y volumen de operaciones en el ejercicio N-1 de 6 millones de euros.

Sociedad (B): sujeta a normativa de territorio común y volumen de operaciones en el ejercicio N-1 de 6 millones de euros.

Dichas sociedades en el ejercicio N-1 tributan íntegramente en sus respectivas Administraciones.

Como consecuencia de la operación de fusión, (B) absorbe a (A) en el año N.

De acuerdo con la interpretación de la Hacienda Foral de Bizkaia, dado que a efectos de determinar la normativa aplicable únicamente debe atenderse al volumen de operaciones (y su localización) efectuado por la entidad absorbente en el ejercicio N-1 y este fue inferior a 10 millones de euros, la normativa aplicable y la exacción en el ejercicio N corresponderá íntegramente a la Diputación Foral de Bizkaia.

Sin embargo, dado que en el ejercicio N el volumen de operaciones sí que supera los 10 millones de euros, en el ejercicio N+1 la sociedad resultante de la fusión debe tributar en proporción al volumen de operaciones realizado en cada territorio en dicho ejercicio N+1.

Asimismo, la sociedad AB, a la hora de ingresar el pago fraccionado en cada una de las Administraciones competentes, puede imputar un porcentaje distinto al que se desprende de la última declaración del IS presentada, previa comunicación a la Comisión de Coordinación y Evaluación Normativa.

6901 **Distinto tratamiento fiscal respecto del deterioro de participadas y su repercusión en las operaciones de reestructuración** (NF Araba 37/2013 art.23; NF Bizkaia 11/2013 art.23; NF Gipuzkoa 2/2014 art.23) La norma en vigor establece la no deducibilidad de los deterioros de cartera para las entidades de **régimen común**. Como consecuencia de ello, el valor neto fiscal de la participada es superior al valor contable de la participación en el importe del deterioro contable fiscalmente no deducible. Dicha diferencia en la valoración de la cartera se pondrá de manifiesto en el momento de la transmisión de la participación, incluyendo las operaciones de reestructuración no acogidas al régimen de neutralidad.

Por el contrario, el deterioro de la cartera en **régimen foral** sigue vigente siendo una corrección de valor sometida al principio de inscripción contable, lo que supone que, de cumplirse los requisitos legalmente previstos en las Normas Forales del IS, no existe diferencia entre los valores neto contable y fiscal de la participada.

6902 **Exención en la transmisión de participaciones de entidades residentes y no residentes bajo la normativa foral** (NF Araba 37/2013 art.34; NF Bizkaia 11/2013 art.34; NF Gipuzkoa 2/2014 art.34) Con la promulgación de las Normas Forales del IS aplicables a los períodos impositivos iniciados a partir del **1-1-2014**, las rentas positivas obtenidas en la transmisión de participaciones nacionales o internacionales están exentas del impuesto, siempre y cuando se cumplan los siguientes **requisitos**:

a) Participación directa o indirecta mínima del 5% y del 3% en las sociedades cotizadas.

b) Que la entidad participada esté sujeta al IS o a un impuesto de naturaleza análoga.
c) Que los beneficios que se reparten procedan de la realización de actividades empresariales.
d) Que las rentas que se ponen de manifiesto hayan tributado en el IS o en un impuesto análogo a un tipo de gravamen nominal superior al 10%.
Así, en las operaciones de reestructuración no sometidas al régimen de neutralidad en las que el socio transmitente tribute a la luz del IS foral, no se genera **renta fiscal** alguna por la diferencia entre el valor de mercado de la participación recibida y el valor contable de la participación entregada.
En este sentido, la aplicación de esta exención reduce el valor del posible **fondo de comercio** financiero que se genere en sede del adquirente en el importe de las rentas acogidas a la exención comentada (HFB 23-7-18).
Las transmisiones de participaciones que no cumplan los requisitos mencionados tienen derecho a la aplicación de la deducción para evitar la **doble imposición**.

SECCIÓN 5

Costes de transacción

6910

A.	Consideraciones y problemática fiscal	6915
B.	Tratamiento en el IS	6920
C.	Tratamiento en el IVA	6930

A. Consideraciones y problemática fiscal

Uno de los problemas más habituales a la hora de cerrar una transacción es el tratamiento fiscal de los distintos costes incurridos por los inversores para analizar y ejecutar una transacción. Principalmente la problemática se genera a la hora de analizar su tratamiento a efectos del IS y el IVA. **6915**
Los principales costes de transacción se pueden resumir de la siguiente manera:
a) Costes incurridos para la pura **realización de la inversión**. Estos costes son aquellos incurridos exclusivamente para la realización de la inversión. En esta categoría se pueden incluir costes como los honorarios de los asesores legales para la redacción del contrato de compra venta y otros similares.
b) Costes incurridos para la **financiación de la inversión**. Todos aquellos costes directamente relacionados con la financiación de la inversión. En esta categoría se encuentran los costes propios de las entidades financieras que han otorgado la financiación. Adicionalmente, se pueden englobar en esta categoría todos los costes relacionados con la misma como pueden ser los honorarios legales para la redacción de los contratos de financiación.
c) Costes mixtos. Aquellos costes que por su naturaleza hayan sido incurridos tanto para la realización de la propia inversión como la financiación de la misma. En esta categoría se encuentran los costes de due diligence, los cuales se incurren tanto para la realización de la inversión como para la financiación de la misma (en la mayoría de los casos tanto el inversor como los bancos financiadores son los beneficiarios de los trabajos de due diligence).
d) Otros costes. No relacionados directamente con la inversión y la financiación de la misma.
Como veremos posteriormente, la **calificación de los costes** no es neutral a efectos fiscales dado que su naturaleza incide directamente en el tratamiento contable y, lo que es más importante, en el momento en que los mismos se devengan. En este sentido es clave realizar un correcto reparto de los mismos atendiendo a criterios económicos.

B. Tratamiento en el IS

En el contexto de adquisiciones de activos financieros, es posible distinguir tres **tipos de costes** de transacción atendiendo a su tratamiento contable: **6920**
- costes de transacción relacionados con la compra de acciones/activos;
- costes de transacción relacionados con la financiación (nº 6923); y
- costes mixtos (nº 6924).

Costes de transacción relacionados con la adquisición de activos financieros **6921**

(PGC NRV 9ª) Desde un punto de vista fiscal, la LIS no establece ningún precepto específico en relación con la deducibilidad de los costes de transacción asociados a la adquisición de activos financieros, de modo que el criterio fiscal sigue al contable y los gastos asociados a los costes de transacción deben ser considerados como **gastos fiscalmente deducibles** del ejercicio correspondiente a efectos del IS.

El Plan General de Contabilidad (PGC) regula el tratamiento contable de los costes derivados de la adquisición de activos financieros. En este sentido, los costes de transacción vienen definidos en el PGC como aquellos costes incrementales directamente atribuibles a la compra, emisión, enajenación u otra forma de disposición de un activo financiero, o a la emisión o asunción de un pasivo financiero, en los que no se habría incurrido si la empresa no hubiera realizado la transacción. Entre ellos **se incluyen** los honorarios y las comisiones pagadas a agentes, asesores e intermediarios, tales como las de corretaje, los gastos de intervención de fedatario público y otros, así como los impuestos y otros derechos que recaigan sobre la transacción, y **se excluyen** las primas o descuentos obtenidos en la compra o emisión, los gastos financieros, los costes de mantenimiento y los administrativos internos (PGC MC aptdo.6º.8).

A modo de ejemplo, el PGC establece que los activos financieros mantenidos para negociar se deben valorar de forma inicial por su valor razonable que, salvo evidencia en contrario, es el precio de la transacción que equivale al valor razonable de la contraprestación entregada. Adicionalmente, se dispone expresamente que los costes de transacción que sean directamente atribuibles a dichos activos financieros se han de reconocer en la cuenta de pérdidas y ganancias del ejercicio. Por tanto, los gastos asociados a los costes de transacción se consideran **gasto del ejercicio** y se registran contablemente en el momento de su devengo.

Por otro lado, las inversiones en el patrimonio de empresas del grupo, multigrupo y asociadas se valorarán inicialmente al coste, que equivaldrá al valor razonable de la contraprestación entregada más los costes de transacción que les sean directamente atribuibles, debiéndose aplicar, en su caso, en relación con las empresas del grupo, el criterio incluido en el apartado 2 de la norma relativa a operaciones entre empresas del grupo, y los criterios para determinar el coste de la combinación establecidos en la norma sobre combinaciones de negocios.

La NRV 19 señala que «en ningún caso formarán parte del coste de la combinación, los gastos relacionados con la emisión de los instrumentos de patrimonio o de los pasivos financieros entregados a cambio de los elementos patrimoniales adquiridos, que se contabilizarán de acuerdo con lo dispuesto en la norma relativa a instrumentos financieros. Los restantes honorarios abonados a asesores legales, u otros profesionales que intervengan en la operación se contabilizarán como un gasto en la cuenta de pérdidas y ganancias. En ningún caso se incluirán en el coste de la combinación los gastos generados internamente por estos conceptos, ni tampoco los incurridos por la entidad adquirida relacionados con la combinación».

6922 Desde un punto de vista fiscal, los costes de transacción relacionados con la **adquisición de las acciones** (honorarios de asesores y agentes, comisiones, etc.) deben ser soportados por la entidad adquirente de las acciones al ser la beneficiaria de dichos servicios.

Dentro del tráfico empresarial, es habitual que las adquisiciones de las acciones de la entidad operativa (target) se adquieran través de una **entidad vehículo** (holding) que no desarrolla actividad empresarial más allá de la tenencia de acciones.

En el supuesto en el que se forme un **grupo fiscal** compuesto por la entidad holding y la entidad target tras la adquisición, los gastos asociados a la adquisición tienen el carácter de pre consolidación y en la medida en que la entidad holding no genere ingresos tributables a efectos del IS, no existe deducibilidad efectiva de los costes de transacción en sede de la entidad adquirente. En este contexto, los costes de transacción generan un **crédito fiscal** (bases imponibles negativas pre consolidación) que únicamente puede ser aprovechado por el grupo fiscal en la medida en que la entidad vehículo genere base imponible positiva por ese mismo importe en ejercicios futuros. Adicionalmente, el aprovechamiento de bases imponibles negativas pre consolidación está sujeto a las limitaciones generales de aprovechamiento de bases imponibles negativas (LIS art.26 y disp.trans.36ª).

6923 **Costes de transacción relacionados con la financiación de la transacción** A diferencia de los costes de transacción relacionados con la adquisición de activos financieros, los costes relacionados con la financiación se van reconociendo **contablemente**, en principio, en la cuenta de pérdidas y ganancias a medida que se va amortizando el pasivo financiero.

La normativa fiscal tampoco dispone ninguna especialidad en este supuesto de modo que los gastos asociados a la financiación son **fiscalmente deducibles** a medida que contablemente se produzca su devengo y teniendo en cuenta las limitaciones a la deducibilidad de gastos financieros previstas en la LIS. En el contexto de un grupo de consolidación fiscal formado tras la adquisición, los costes imputados a la cuenta de pérdidas y ganancias de forma periódica pueden ser compensados con los ingresos generados por la entidad operativa dentro del grupo de consolidación, con lo que se logra una efectiva deducibilidad de los mismos en el futuro.

En cuanto a la **entidad beneficiaria** de los servicios, en principio es la entidad prestataria quien debe imputar los gastos a su cuenta de resultados. No obstante lo anterior, es posible refacturar total o parcialmente estos costes a la entidad participada en la medida en que dichos servicios generen una utilidad o beneficio a la entidad objeto de la adquisición, lo que debe ser acreditado por cualquier medio de prueba admitido en derecho.

Costes de transacción mixtos Los costes mixtos son aquellos que se corresponden con servicios prestados en el marco de una transacción y que sirven tanto a la propia adquisición como a la financiación de la misma. **6924**

En estos casos, el **tratamiento contable y fiscal** de los gastos registrados sigue los mismos criterios mencionados en el nº 6921 s. y nº 6923 debiendo asignar, desde una perspectiva contable, en principio, un porcentaje razonable del total de los costes asociados a la transacción a la adquisición de las acciones así como a la financiación.

C. Tratamiento en el IVA

(LIVA art.20.uno.18º.m)

De acuerdo con la normativa fiscal a efectos de IVA, entre las operaciones financieras sujetas y exentas de IVA se incluyen los servicios relacionados con la **intermediación** en la adquisición de activos financieros (ver nº 1016 s. Memento IVA 2024). **6930**

Se considera **exenta** la mediación de aquellas operaciones financieras recogidas en el citado artículo de la ley del IVA, en tanto sean operaciones empresariales realizadas por empresarios o cuando las mismas operaciones se realicen por personas que no tienen la condición de empresario o profesional.

Un requisito fundamental para que tenga lugar la intermediación es la existencia de un tercero denominado **mediador**, persona que se encarga de aproximar a las partes con el objetivo de que celebren un contrato posterior, aunque no es necesario que lleguen a la conclusión del mismo.

La jurisprudencia comunitaria ha ampliado la definición de esta figura determinando que la **función principal** del mediador es la de aproximar a las partes para celebrar el contrato, ponerse en contacto con la otra parte y negociar en nombre y por cuenta del cliente los detalles de las prestaciones recíprocas. Desde un punto de vista negativo, en el supuesto en el que la función del mediador se limite al suministro de información y recepción de la misma, no estaríamos ante una situación de mediación.

Por otro lado, los **costes de transacción accesorios** o distintos de la financiación (servicios de asesores, agentes, abogados, etc.) se encuentran sujetos y **no exentos** de IVA al tipo general.

Sociedades holding Estas sociedades pueden ser consideradas empresarios o no a efectos del IVA. En este sentido, debemos distinguir entre una sociedad holding cuyo único objeto es la adquisición de acciones y participaciones en otras entidades sin participar directa o indirectamente en la gestión de esas últimas y la que realiza actividades de gestión para sus filiales (nº 6932 s.). **6931**

La jurisprudencia del TJUE niega el derecho a deducir el IVA soportado a aquellas entidades holding cuyo único objeto es la adquisición y tenencia de acciones y participaciones en otras entidades **sin participar** directa o indirectamente en la gestión de estas últimas (ver nº 9542 s. Memento IVA 2024).

El TJUE ha perfilado el criterio en relación con la consideración de **empresario a efectos de IVA** de las entidades holding y el correspondiente derecho a la deducción del IVA soportado. Así, entiende el TJUE que en aquellos casos en los que la entidad holding tenga como único objetivo la adquisición de acciones y participaciones en otras entidades, sin participar directa o indirectamente en la gestión de estas últimas, la entidad no adquiere la consideración de empresario a efectos del IVA y no tiene derecho a deducir el IVA soportado. Por el contrario, cuando la entidad holding no se limite a la adquisición y tenencia de valores, sino que realice actividades de gestión para sus filiales tales como servicios administrativos, comerciales, financieros o técnicos, la entidad adquiere la condición de empresario o profesional. En este caso, el IVA soportado por la entidad holding puede ser deducido en su totalidad si dicha entidad solo realiza operaciones gravadas. Por el contrario, en el supuesto en el que la entidad realice tanto operaciones gravadas como operaciones exentas, en este caso se calcula el porcentaje de deducción de IVA mediante prorrata.

Así, el TEAC mantiene que la actividad de **tenencia de acciones** en otra sociedad no constituye una actividad económica a efectos del IVA (TEAC 16-2-05). Adicionalmente, el TEAC declara que las cuotas soportadas por servicios directamente relacionados con la **venta de acciones de una filial** no son deducibles (TEAC 17-12-03).

6932 Por lo que se refiere a las **sociedades holding** que sí tienen la condición de **empresarios** o profesionales por realizar actividades de gestión para sus filiales, se indica que (TJUE 14-11-00, asunto C-142/99; 27-9-01, asunto C-16/00; 26-5-05, asunto C-465/03; 29-10-09, asunto C-29/08; 5-7-18, asunto C-320/17):

a) La **actividad de gestión** debe considerarse como actividad empresarial en la medida en que dé lugar a operaciones sujetas al IVA, tales como la prestación de servicios administrativos, comerciales, financieros o técnicos.

b) Los **dividendos** percibidos de dichas filiales no son contraprestación de ninguna actividad económica.

c) Los **intereses** abonados por las filiales a la sociedad holding en razón de préstamos concedidos por esta, solo se consideran como contraprestación de una actividad empresarial desarrollada por la sociedad holding si el préstamo se efectúa en el contexto de unos objetivos empresariales o con una finalidad comercial, caracterizada por el afán de rentabilizar los capitales invertidos. Si, por el contrario, la actividad de préstamo se ejerce solo a título ocasional y se limita a la gestión de una cartera de inversiones al modo de un inversor privado, los intereses no se consideran contraprestación de ninguna actividad económica.

d) Si la sociedad holding se limita a reinvertir los dividendos percibidos de sus filiales, destinándolos a la concesión de **préstamos** para dichas filiales, no existe una actividad empresarial de concesión de préstamos.

e) El **IVA soportado** por bienes y servicios vinculados con la adquisición de participaciones en una filial forma parte de los gastos generales de la sociedad holding y puede ser deducido (si la sociedad holding solo realiza operaciones gravadas) o en la medida correspondiente al porcentaje de prorrata (si realiza tanto operaciones gravadas como exentas).

6933 Doctrina Administrativa **1)** Las operaciones de **concesión de préstamos y avales a filiales** por una entidad holding son operaciones sujetas y exentas que han de considerarse habituales o accesorias en la medida en que la concesión de avales se produce de forma recurrente en el tiempo, aunque su importe cuantitativo no sea relevante, y la concesión de préstamos está ínsita en la propia gestión de las entidades filiales (DGT CV 30-12-15).

2) Una **entidad holding mixta** tiene, en principio, derecho a la deducción del IVA soportado en la adquisición de bienes y servicios (gastos por asesoría e intermediarios financieros relacionados con la OPA sobre las acciones de su entidad participada) que estén relacionados con la prestación de servicios a su entidad filial, en definitiva, con la prestación de servicios de gestión sujetos al IVA (DGT CV 20-12-19).

3) Si la naturaleza de los servicios por las que fue contratado no se corresponde con la mediación financiera para la venta de acciones, sino con el **asesoramiento** en una operación de compra o venta de acciones, tal servicio estará sujeto y no exento del Impuesto sobre el Valor Añadido.

En particular son servicios propios del asesoramiento, entre otros, los siguientes:

- la evaluación de la procedencia de invertir o desinvertir en unos valores;
- el análisis de la operación cuyo objetivo es la creación de valor de la empresa;
- el diseño del plan económico-financiero de la operación;
- la preparación de la documentación de marketing para la transacción;
- la recepción y análisis de ofertas;
- la realización de una due diligence; y
- la asistencia en la ejecución de la operación.

Y todo ello, sin perjuicio de que los servicios prestados puedan ser más amplios, o limitados de lo señalado, en función de las características de los encargos de asesoramiento que reciba (DGT CV 2-6-21).

4) La entidad consultante manifiesta que los recursos utilizados para la obtención de los ingresos financieros derivados del **contrato de cash-pooling** son muy limitados, ya que la puesta a disposición de los excedentes de tesorería únicamente exige la realización de procesos automatizados (de «barridos» diarios de los saldos de tesorería) que se gestionan a través de una herramienta informática. En tal caso puede concluirse que dicha actividad deberá considerarse como **accesoria** o no habitual y no deberá incluirse en la prorrata de deducción de la entidad consultante (DGT CV 10-2-21).

Jurisprudencia **1)** Las actividades realizadas por una sociedad holding consistentes en la tenencia, adquisición y venta de participaciones en las filiales, financiación de sus operaciones mediante la concesión de préstamos y mediación en nombre propio en operaciones de seguro para las filiales, son **actividades empresariales** a efectos del IVA con sustantividad propia y no meras operaciones accesorias (TS 1-12-16, EDJ 219652).

2) Desde el momento en que se admite como actividad económica la adquisición, tenencia y venta de participaciones de las filiales y de concesión de préstamos a dichas entidades, los gastos correspondientes a los **servicios de asesoramiento y consultoría** para la adquisición de ciertos grupos empresariales han de ser imputados al conjunto de la actividad empresarial de la entidad y procede aplicar a las cuotas soportadas en la adquisición de dichos servicios, la **prorrata** común a los dos sectores diferenciados, resultando deducibles dichas cuotas en la proporción resultante de dicha prorrata (TEAC 18-12-12).

3) Una sociedad se califica como holding mixta, ya que detenta participación en varias filiales, a algunas de las cuales presta servicios de gestión. La entidad realiza una **actividad económica**, por la prestación de servicios retribuidos a la única filial con la que se relaciona de este modo, y otra **no económica**, constituida por los servicios que no son facturados a las filiales, y que resulta en la consideración de que los gastos comunes serían deducibles conforme a un criterio razonable que tenga en cuenta la actividad económica y la actividad no económica desarrollada por la entidad (TEAC 26-2-20).

4) Cuando una **sociedad de cartera (holding)** limita su actividad a la adquisición de participaciones en otras empresas, sin que dicha sociedad intervenga directa ni indirectamente en la gestión de dichas empresas, no tiene la condición de empresario a efectos del Impuesto y, por tanto, no tiene derecho a deducir las cuotas soportadas, pues, tal y como señala el TJUE, la **mera adquisición y tenencia de participaciones** sociales no debe considerarse como una actividad económica, en el sentido de la Sexta Directiva. Por el contrario, cuando la participación va acompañada de una intervención directa o indirecta en la gestión de las sociedades en las que se haya producido la toma de participación y dicha intervención implique la realización de operaciones sujetas al IVA, tales como la prestación de servicios administrativos, financieros, comerciales y técnicos por la sociedad holding a sus filiales, dicha actividad constituye una actividad económica en el sentido de la Dir 2006/112/CE art.9.1 (4.2 de la Sexta Directiva) y por su ejercicio la sociedad adquiere la condición de sujeto pasivo del Impuesto (TEAC Resol 9-6-20).

5) Las **actividades financieras** de una sociedad holding en relación con sus filiales, consistentes en la transmisión de participaciones de las mismas y en la concesión de préstamos, créditos y avales a ellas, no pueden calificarse como accesorias a efectos del cálculo de la prorrata en el IVA, cuando aquella sociedad también realiza, para las participadas, servicios de **apoyo financiero, contable, legal, técnico y comercial**, por medio de labores permanentes de asesoramiento, consultoría e intermediación, y aquellas operaciones financieras constituyen la prolongación, directa permanente y necesaria de su actividad principal (TS 25-2-21, EDJ 511701).

6) Aunque no se discute la consideración de la entidad **holding** como sujeto pasivo del IVA, ya que, además de la tenencia de las participaciones en las diferentes filiales, interviene en la gestión de las mismas, prestándoles servicios sujetos al IVA, no se permite la **deducción de las cuotas por IVA** soportadas con ocasión de los servicios recibidos en relación con la adquisición de las participaciones, en la medida en que hay una desproporción del importe de los servicios recibidos en el periodo y los prestados a las filiales y no se ha probado que los servicios recibidos se correspondan con la realización de actividades generadoras del derecho a deducir (TEAC 21-2-23).

Dividendos Los dividendos percibidos por una entidad no son contraprestación de ninguna actividad económica efectuada por esta a efectos del IVA (TJUE 22-6-93, asunto C-333/91; 14-11-00, asunto C-142/99). Por ello: **6934**

- en el caso de que la entidad haya de aplicar la **prorrata** de deducción, los dividendos no se toman en cuenta para calcular dicha prorrata; y
- si la entidad no obtiene otros **ingresos** que los dividendos citados, hay que concluir que no es empresario a efectos del IVA. Por tanto, no está obligada a presentar las declaraciones de este impuesto, pero al ser considerado como consumidor final no puede deducirse el IVA soportado.

En los mismos términos que la sentencia anteriormente citada, la DGT se ha pronunciado estableciendo que los dividendos no deben computarse a los efectos de la determinación de su **volumen de operaciones**, ya que, al no constituir tales dividendos la contraprestación de ninguna actividad económica, su percepción no está comprendida dentro del ámbito de aplicación del impuesto (DGT CV 31-10-06).

CAPÍTULO 27

Implicaciones fiscales relevantes para la estructura de la transacción

7000

I. **Implicaciones fiscales relevantes para el adquirente** 7005
- A. Financiación de la compra 7010
  - 1. Generalidades 7015
  - 2. Aportaciones a los fondos propios 7020
  - 3. Recursos ajenos 7030
  - 4. Instrumentos híbridos 7055
- B. Imposición indirecta vinculada a la adquisición 7060
- C. Recuperación por el adquirente de la imposición soportada por el transmitente 7075
  - 1. Recuperación del sobreprecio pagado en compraventa de acciones a partir del 1-1-2015 7077
  - 2. Recuperación del sobreprecio pagado en compraventa de acciones antes del 1-1-2015 7080
  - 3. Recuperación del sobreprecio pagado en la compraventa de activos 7100
- D. Repatriación de flujos de efectivo 7105
  - 1. Pago de intereses y devolución del principal de préstamos 7110
  - 2. Pago de dividendos 7115
  - 3. Reducción de capital social para devolución de aportaciones 7125
  - 4. Reparto de la prima de emisión 7130
  - 5. Entidades de Tenencia de Valores Extranjeros 7132
- E. Desinversión futura 7135

II. **Implicaciones fiscales relevantes para el transmitente** 7140
- A. Tributación en la desinversión 7145
  - 1. Transmisión de participación en entidad propietaria de la empresa 7150
  - 2. Transmisión de activos y pasivos 7215
- B. Tributación del transmitente en operaciones de coinversión 7255
- C. Limitación de la responsabilidad fiscal del transmitente 7260
  - 1. Transmisión directa de los activos y pasivos de la empresa 7265
  - 2. Transmisión de la participación en la entidad titular de la empresa 7270

III. **Adquisiciones especiales** 7275
- A. Entidades en concurso 7280
  - 1. Perdidas por deterioro por insolvencias 7285
  - 2. La quita 7290
  - 3. Limitación a la deducibilidad del gasto financiero 7300
  - 4. Grupos de consolidación fiscal 7305
  - 5. Impuesto sobre el Valor Añadido 7310
  - 6. Otros aspectos 7315
- B. Sociedades que se incorporan al BME Growth 7325
  - 1. Incentivos fiscales 7330
- C. Adquisición realizada por entidades de capital riesgo 7340
  - 1. Concepto y características 7345
  - 2. Aplicación del régimen fiscal especial 7350
  - 3. Compatibilidad con otros regímenes especiales 7375
  - 4. Otros impuestos 7380
- D. Operaciones con sustrato inmobiliario 7385
  - 1. Transmisiones de valores cuyo principal activo son inmuebles 7390
  - 2. Sociedades Anónimas Cotizadas de Inversión en el Mercado Inmobiliario 7415
  - 3. Instituciones de inversión colectiva inmobiliarias 7454
  - 4 Aspectos internacionales de la fiscalidad de los REIT 7474
- E. Formación de *joint ventures* 7476
  - 1. Agrupación de Interés Económico 7477
  - 2. Agrupación de Interés Económico Europea 7500

3. Unión Temporal de Empresas 7504
4. Otras formas de colaboración empresarial.... 7511
F. Otras adquisiciones singulares.... 7513
1. Límite general.... 7518
2. Limite específico 7523
IV. Sistemas de incentivos a la gestión y remuneración o «Management incentive plans» (MIPs) 7529
A. Generalidades.... 7531
B. Tipos de incentivos 7533
C. Consideraciones fiscales sobre estructuras de retribución a directivos.... 7541
D. Utilización de vehículos para estructurar la participación en equity de los directivos 7559
E. Retribución «carried interest» para gestores de fondos capital-riesgo.... 7563
V. Obligaciones de información de mecanismos transfronterizos 7567

7001 La decisión sobre la forma en que se ha de llevar a cabo la transacción, esto es, la estructura de la transacción, es una de las que más complejidad entrañan dentro del ámbito de las fusiones y adquisiciones.
Esto se debe, fundamentalmente, a:
- la pluralidad de intereses concurrentes (comprador, vendedor, banco financiador, etc.);
- la variedad de formas y mecanismos legales disponibles para llevar a cabo la transacción (compraventa de activos, compraventa de acciones, fusiones de varios tipos, oferta pública de venta, etc.); y
- la diversidad de potenciales repercusiones (legales, fiscales, contables, laborales, etc.) en función de la forma de transacción elegida.

7002 No hay un listado cerrado de cuestiones fiscales a analizar en el ámbito de las transacciones, sino que aquellas dependen de las circunstancias particulares de cada operación y de las partes que en ella intervienen. No obstante, existen una serie de aspectos cuya decisión reviste una importancia clave, pues tienen impacto en el retorno que adquirente y transmitente van a obtener de su inversión.
El presente capítulo tiene por objeto exponer los aspectos fiscales más habituales a considerar en la evaluación de la estructura de la transacción.

I. Implicaciones fiscales relevantes para el adquirente

7005 Uno de los objetivos del adquirente es hacerse con la propiedad de la compañía o activo target (*Target*) pagando el menor precio neto de impuestos.
Con esta finalidad, el adquirente realiza un ejercicio de *due diligence* sobre el Target, dirigido a identificar y evaluar potenciales activos y pasivos -entre ellos, fiscales- aparejados al mismo que puedan afectar al precio de la transacción y/o, en su caso, introduce las correspondientes previsiones y **coberturas** en el contrato de compraventa.
Asimismo, el adquirente realiza un análisis de la estructura de adquisición que le permita prever y, en la medida de lo posible, reducir los costes fiscales aparejados a la adquisición, mantenimiento y transmisión futura del Target, con la finalidad de mejorar la rentabilidad de su inversión.

7006 Entre los costes fiscales a considerar por el adquirente, se encuentran no solo los que le afectan como comprador, sino también los que afectan al vendedor, ya que identificar una estructura que permita reducir los de este puede otorgarle una posición ventajosa sobre sus competidores en el proceso de adquisición.
En ocasiones, para alcanzar la estructura de inversión óptima para el adquirente es preciso una **restructuración** previa del negocio que ha de llevarse a cabo con la colaboración del vendedor.
A continuación se analizan algunos de los principales aspectos a considerar por el adquirente a efectos del citado análisis.

A. Financiación de la compra

La estructura de financiación de la compra tiene gran influencia sobre la forma en que esta se va a llevar a cabo. 7010
Así, la financiación de la compra mediante deuda requiere, normalmente, la constitución de un vehículo de adquisición específico que reciba la deuda y permita al **prestamista** aislar en una estructura separada los riesgos y las garantías vinculadas al préstamo concedido.
Por otro lado, la modalidad de financiación elegida determina el **resultado fiscal** de quien aporta la financiación y de la sociedad adquirente. En este sentido, el tratamiento fiscal de las rentas derivadas de instrumentos de patrimonio es, por lo general, distinto del que se concede a las derivadas de los instrumentos de deuda.

Como regla general, las rentas derivadas de instrumentos de patrimonio, principalmente **dividendos**, no son deducibles en el impuesto sobre la renta de la sociedad pagadora, ya que se reparten con cargo a beneficios de la sociedad y, por definición, se trata de rentas netas después de impuestos; para el perceptor, estas rentas constituyen un ingreso tributable, dando potencialmente lugar a situaciones de doble imposición, que pueden excluirse o corregirse, total o parcialmente, en función de los sistemas establecidos a tal efecto en su Estado de residencia. Por su parte, las rentas derivadas de instrumentos de deuda y, en concreto los **intereses**, constituyen, con carácter general, un gasto deducible para el deudor, excepto que su Estado de residencia haya adoptado medidas para limitar o restringir la deducibilidad de los intereses en ciertos casos, y tributan en sede del perceptor de aquellos. 7011
La estructura de financiación tiene, además, repercusión en la situación patrimonial de la sociedad adquirente a lo largo de la vida de la inversión y, por tanto, en su capacidad para mantener el equilibrio patrimonial a efectos societarios y comerciales (con potenciales implicaciones en el ámbito tributario en caso de consolidación fiscal).
También habilita, en su caso, un mecanismo más o menos eficaz para extraer la caja generada por el negocio operativo.

1. Generalidades

La financiación de la compraventa puede hacerse a través de los siguientes **medios**: 7015
- instrumentos de patrimonio (capital, prima de emisión u otros);
- instrumentos de deuda (préstamo bancario, préstamo de accionistas, simple o subordinado, etc.); o
- una combinación de ambos, que suele ser la vía más habitual.

También pueden utilizarse instrumentos de financiación **híbridos**, que combinan características de los instrumentos de patrimonio y de la deuda.
Para determinar el medio adecuado de financiación han de valorarse en su conjunto los principales rasgos y aspectos, no solo fiscales, vinculados a los instrumentos de patrimonio y a los instrumentos de deuda.

Entre los aspectos fiscales a considerar, se encuentra la necesidad de dotar a la sociedad adquirente de una estructura de **fondos propios** y deuda que resulte equilibrada desde un punto de vista económico y de mercado. Esto determina la evolución patrimonial de la sociedad y, en el caso de financiación mediante deuda, su tratamiento fiscal a la luz de normas generales y específicas, como pueden ser, entre otras, las que se regulan el supuesto de compras apalancadas, o las normas de valoración de operaciones vinculadas. 7016
Otro de los aspectos a evaluar es la capacidad fiscal de la sociedad **prestataria**, es decir, sus perspectivas de generar ingresos tributables que permitan una deducción efectiva de los intereses derivados de la deuda de compra. Esta evaluación se realiza sobre la base de las proyecciones financieras del negocio adquirido (incluyendo este, tanto a la sociedad prestataria, como al Target), y de los créditos tributarios existentes o esperados (bases imponibles negativas, deducciones sin límite, deducciones con límite, etc.), para, a partir de esta información, hacer una proyección de los impuestos a pagar (*cash-tax*) con cargo al negocio adquirido durante el período de vida de la inversión y determinar la utilidad fiscal de los intereses.

En adquisiciones financiadas con **deuda** (compras apalancadas, *leveraged buyout* o LBU por sus siglas en Inglés), la carga financiera queda situada en la sociedad adquirente, siendo habitual que la sociedad adquirente y el Target formen un grupo de consolidación fiscal o se fusionen con el fin de constituirse como sujeto pasivo único a efectos tributarios, lo que permite 7017 compensar la carga financiera derivada de la deuda de compra con los ingresos tributables generados por el negocio operativo y reducir, como consecuencia de ello, la carga tributaria global de la inversión.

Precisiones **1)** La LIS ha introducido **limitaciones** a la deducibilidad de los gastos financieros derivados de este tipo de operaciones (nº 7043.1).

2) Sin perjuicio de lo anterior, este tipo de operaciones ya habían venido siendo cuestionadas por la Inspección de Tributos mediante el recurso a la **normativa anti-abuso**, en particular en el contexto de reorganizaciones intra-grupo, y esta perspectiva ha sido respaldada, en muchos casos, por los Tribunales (AN 14-11-13, EDJ 233046; 12-5-14, EDJ 77035). Con el fin de dar sustento normativo a esta postura, el RDL 12/2012 añadió un apartado h) a la LIS/04 art.14.1, en el que se establecía una limitación a la deducibilidad de los intereses derivados de deudas intra-grupo destinadas a financiar la adquisición, a otras entidades del grupo, de participaciones en el capital o fondos propios de cualquier otro tipo de entidades o a la realización de aportaciones en el capital o fondos propios de otras entidades del grupo, salvo que el sujeto pasivo acredite que existen motivos económicos válidos para la realización de estas operaciones.

2. Financiación mediante aportaciones a los fondos propios

7020 La financiación mediante aportaciones al capital social o a la prima de emisión o mediante otras aportaciones a fondos propios genera, en su caso, **retornos** para el inversor en forma de devolución de aportaciones (reducción de capital, distribución de la prima de emisión o de otras aportaciones realizadas por los socios) o de distribución de beneficios.

7021 **Capital social** El capital social es la cifra que expresa el valor de las aportaciones patrimoniales dinerarias o en especie realizadas o comprometidas por los socios de la sociedad. Entre las funciones que tradicionalmente se le han asignado se encuentra la de constituir una cifra de garantía para los **acreedores** de la sociedad, de ahí las cautelas establecidas en la normativa mercantil para su devolución a los socios.

El capital social constituye también el punto de referencia de las cantidades a asignar a la **reserva legal**, a cuya dotación hay que dedicar un 10% de los beneficios del ejercicio hasta alcanzar el 20% del capital social, y de las causas de reducción de capital obligatoria y de disolución de sociedades previstas en la LSC art.327 y 363, entre otras.

7022 **Prima de emisión o de asunción** La prima de emisión o de asunción se puede definir como la **aportación suplementaria** que realiza el nuevo socio al patrimonio social en la suscripción o asunción de nuevas acciones o participaciones, respectivamente, con la finalidad de equiparar el valor teórico de las participaciones antiguas con el valor de emisión de las nuevas.

Con ella se pretende evitar que se produzca una dilución patrimonial, que conllevaría la pérdida de valor de las participaciones antiguas.

Contablemente, la prima de emisión supone una partida de reservas o fondos propios, disponible por la sociedad, como las **reservas voluntarias**. Es principalmente por esta flexibilidad para la recuperación por el socio de los fondos aportados que la prima de emisión es ampliamente utilizada como forma de financiación, incluso en casos en que esta no se justifica por la finalidad antes descrita (p.e., en caso de una ampliación de capital suscrita por el socio único o por todos los socios en sus respectivos porcentajes de participación).

Sin perjuicio de lo anterior, se pueden emitir o crear acciones o participaciones sociales con prima aun cuando esta no cumpla la función señalada.

7023 Frente al capital social, permite reducir el montante a retener en la **reserva legal**, que es una reserva indisponible y, por tanto, no distribuible a los socios, y mejorar el ratio entre capital social y fondos propios a efectos de la aplicación de la normativa mercantil sobre reducción de capital obligatoria y disolución de sociedades.

Precisiones En el caso de varios socios, la aportación por uno de ellos de una cantidad en concepto de prima de emisión que no se justifica mercantilmente constituye una **adquisición lucrativa** de los otros socios, no de la sociedad (TS 21-11-11, EDJ 277179; 5-12-11, EDJ 292680; 5-3-12, EDJ 31210; 30-4-12, EDJ 77082).

7024 **Tributación directa** Este apartado recoge el tratamiento fiscal aplicable a los sujetos pasivos del IS respecto de los retornos que obtengan de sus aportaciones al capital o fondos propios. Se ha de distinguir entre dos **supuestos**:

a) Reducción de capital con devolución de aportaciones, distribución de la prima de emisión y dividendos con cargo a reservas no procedentes de beneficios. En este caso, el **valor de mercado** de los elementos recibidos por el socio en la reducción de capital con devolución de

aportaciones y en la distribución de la prima de emisión de acciones o participaciones minora, hasta su anulación, el valor de adquisición de la participación del socio en la sociedad que los lleva a cabo.
El socio integra en su base imponible el **exceso** del valor normal de mercado de los elementos recibidos sobre el valor fiscal de la participación.

Precisiones Los socios han de integrar en la **base imponible** el exceso del valor normal de mercado de los elementos recibidos sobre el valor de la participación que a efectos fiscales tenga esta, como consecuencia de la aplicación de las reglas de valoración establecidas en la LIS Título VII Capítulo VIII. De aquí resulta que, cuando el importe dinerario o bien el valor de mercado de los elementos recibidos como consecuencia del reparto de la prima sea igual o inferior al valor de la participación, no resultará renta a integrar en la base imponible, sino que reducirá dicho valor de adquisición (DGT CV 16-3-07).

b) Dividendos con cargo a beneficios no distribuidos. Los dividendos repartidos con cargo a beneficios no distribuidos no generan gasto en sede de la sociedad que los distribuye y constituyen, con carácter general, **ingreso** tributable para el perceptor. **7025**
En este sentido, son susceptibles de generar situaciones de **doble imposición**, ya que el beneficio distribuido fue sometido a gravamen en sede de la sociedad que ahora lo distribuye y, con carácter general, vuelve a ser gravado en sede del socio que lo recibe.
La tributación en sede del socio se concreta no solo en el impuesto sobre beneficios a que está sometido el dividendo en su país de residencia, sino también en la **retención** a que normalmente se sujeta el pago del dividendo en el Estado de residencia del pagador, en la medida en que el perceptor no pueda beneficiarse de exenciones previstas, en su caso, en la normativa local o en los convenios de doble imposición firmados con el Estado de residencia del pagador.
En el contexto de transacciones transfronterizas, la normativa española configura una serie de **exenciones** a la tributación en España de rentas obtenidas por inversores no residentes (LIRNR art.14).

Precisiones En el caso de **socio residente**, los dividendos distribuidos que proceden inequívocamente de resultados generados con anterioridad a la fecha de adquisición de la inversión no se reconocen como ingresos, sino que minoran el **valor** de la **inversión** (PGC NRV 9ª.2.8). Sobre el tratamiento contable de los dividendos, resultan igualmente relevantes el art.31 de la Resol ICAC 5-3-19 y la consulta del ICAC cms/120-20.

La situación de doble tributación es corregida, a veces solo parcialmente, mediante las medidas para evitar la doble imposición articuladas en la legislación del país de residencia del socio y, en su caso, en los **convenios de doble imposición**. **7026**
Así, la tributación del ingreso es excluida o mitigada en caso de que, con arreglo a la normativa fiscal del país de residencia del perceptor, resulten de aplicación mecanismos para corregir la doble imposición sobre dividendos equivalentes a las deducciones previstas en la normativa española para evitar la doble imposición interna o internacional o a la exención para evitar la doble imposición internacional.

Precisiones La LIS art.21, extiende al ámbito de las **participaciones domésticas** la exención que la LIS/04 preveía para dividendos y plusvalías derivadas de la participación en entidades extranjeras. Esta exención se aplica bajo ciertas condiciones y con ciertas especialidades y exclusiones. Al mismo tiempo la LIS suprime las deducciones para la corrección de la **doble imposición interna** previstas en la LIS/04, lo que supone que esta subsista, sin mitigar, en aquellos supuestos no amparados por la LIS art.21 redacción vigente desde el 1-1-2015.

Tributación indirecta En el ámbito de la tributación indirecta, son relevantes los aspectos impositivos del ITP y AJD y del IVA. **7027**
a) Impuesto sobre Transmisiones Patrimoniales y Actos Jurídicos Documentados. La realización de aportaciones a los fondos propios de la sociedad adquirente -se configuren o no como capital social- se encuentran **exentos** del ITP y AJD, en sus distintas modalidades, sin perjuicio de la tributación que les pueda corresponder por el IVA en caso de que se trate de aportaciones en especie.

La recuperación de los fondos aportados por los socios mediante el mecanismo de la **reducción de capital** se encuentra gravada por la modalidad de operaciones societarias del citado impuesto. No así la distribución de las aportaciones a otras partidas de los fondos propios de la sociedad, que no constituyen un hecho imponible del citado impuesto. En este sentido, la financiación mediante aportaciones a otras partidas de los fondos propios se configura como un mecanismo más flexible que las aportaciones al capital social para la recuperación, por los socios, de los fondos aportados. **7028**
b) Impuesto sobre el Valor Añadido. La entrega a los socios de elementos patrimoniales distintos de dinero tributa en el IVA según las reglas que resulten de aplicación a cada caso.

Precisiones En el caso de **reducción de capital** cuya contrapartida consiste en la **asunción** por parte de la sociedad de **deudas de los socios**, al no producirse entrega de bienes a los socios, no se produce el hecho imponible de operaciones societarias, puesto que la existencia de este requiere que se produzca la adjudicación de un bien a los socios (DGT CV 10-3-23).

3. Financiación mediante recursos ajenos

7030 El **préstamo**, y los instrumentos de deuda en general dan lugar a gasto financiero en el prestatario, que es fiscalmente deducible con las limitaciones generales que resultan de la aplicación de las normas previstas en la LIS art.16, así como en la LIS art.67.b y 83, en caso de resultar estos de aplicación.

En caso de que exista **vinculación** entre prestamista y prestatario, se han de tener en cuenta, además, las limitaciones que pueden derivarse de las reglas establecidas en relación con los préstamos participativos entre entidades del mismo grupo de sociedades (LIS art.15.a), con la deuda vinculada destinada a la realización de ciertas operaciones intra-grupo (LIS art.15.h) y con los instrumentos híbridos (LIS art.15 bis), así como de la normativa de precios de transferencia (LIS art.18).

Por otro lado, el préstamo generará ingreso financiero en el **prestamista** que, normalmente, estará sometido a imposición, sin perjuicio de que su tributación efectiva pueda verse reducida por la existencia de otras rentas que minoren el resultado contable y/o la base imponible.

Precisiones Hasta 31-3-2012, estuvo vigente la **regla de subcapitalización**, recogida en la LIS/04 art.20, cuya antigua redacción fue derogada por el RDL 12/2012, y sustituida por la limitación general en la deducibilidad de gastos financieros basada en el beneficio operativo. La regla de subcapitalización se introdujo en nuestra legislación como una norma antielusión, cuya finalidad era evitar que las entidades españolas de grupos multinacionales se financiasen en exceso a través de préstamos concedidos por entidades no residentes del grupo para, a través de los intereses cargados, disminuir su beneficio más allá de lo que hubiera resultado razonable en el mercado.

7031 Sin perjuicio de lo anterior, el **exceso** de financiación mediante préstamos o figuras análogas que generen gasto financiero puede llegar a erosionar los fondos propios de la sociedad prestataria y llevarla a incurrir en las causas de reducción de capital obligatoria o de disolución de sociedades (LSC art.327 y 363).

En el ámbito del régimen de **consolidación fiscal**, la concurrencia de esta segunda circunstancia puede conllevar la exclusión de la sociedad prestataria del grupo fiscal del que forme parte y, en caso de que se trate de la sociedad dominante, la ruptura del grupo fiscal. Este riesgo se puede atenuar mediante la figura del **préstamo participativo** regulada en el RD 7/1996, que tiene la consideración de patrimonio neto a los efectos de reducción de capital y liquidación de sociedades. No obstante, hay que tener en cuenta que la LIS establece la no deducibilidad de los intereses derivados de préstamos participativos celebrados con posterioridad al 20-6-2014 entre entidades pertenecientes al mismo grupo de sociedades (ver nº 7058).

Precisiones **1)** El RDL 16/2020 art.18, derogado y sustituido por la L 3/2020 art.13, introdujo una excepción temporal al cómputo de pérdidas a efectos de la determinación de la causa de disolución de sociedades de capital por la cual se excluían del cómputo las **pérdidas** de 2020, como una medida para limitar el impacto económico de la crisis sanitaria provocada por el COVID-19. Esta medida fue prorrogada mediante el RDL 27/2021 art.3º, de tal manera que, a los efectos de la causa legal de disolución por pérdidas, no se computarán las de los ejercicios 2020 y 2021, sin que surtan efecto las pérdidas que dejen reducido el patrimonio neto hasta la mitad del capital social hasta el resultado del ejercicio 2022.

2) El RDL 10/2008 disp.adic.única, introdujo una excepción temporal a la aplicación de la LSC art.327 y 363, con arreglo a la cual, a los efectos de la determinación de las **pérdidas** para la **reducción obligatoria de capital** y para la **disolución**, no se computan las pérdidas por deterioro reconocidas en las cuentas anuales derivadas del inmovilizado material, las inversiones inmobiliarias y las existencias o de préstamos y partidas a cobrar. La vigencia de esta excepción temporal se fue extendiendo de manera sucesiva, resultando de aplicación a los ejercicios sociales cerrados hasta el año 2014.

3) La **Inspección de Tributos** no puede sustituir las calificaciones que corresponden a la junta general o a la autoridad administrativa o judicial y, en concreto, en lo que respecta a si una sociedad se encuentra en una situación de desequilibrio patrimonial a efectos de su exclusión del grupo de consolidación fiscal (TS 11-2-13). Ver también TEAC 25-7-07 y LIS art.58.4.d).

4) La concurrencia o no de la situación patrimonial a que se refiere la LSC art.363.1.d -actualmente 363.1.e-, a efectos de lo dispuesto en el TRLIS art.67.4.b y en la LIS art.58.4.d no puede apreciarse en virtud de criterios distintos a los aplicados en las cuentas anuales por el obligado tributario, salvo que éste alegue haber incurrido en un **error contable** que se halle debidamente corregido en las cuentas anuales de ejercicios posteriores a través de los mecanismos previstos al efecto en la normativa contable. A estos efectos, la Inspección se limitará a constatar si el error contable alegado que determina la inexistencia de desequilibrio patrimonial ha sido subsanado o corregido en las cuentas anuales correspondientes, sin entrar a valorar si el error existió realmente o no conforme a la normativa contable puesto que la situación de estar la sociedad incursa en causa de disolución ha de resultar de la contabilidad social, no de los criterios contables aplicados por la Inspección (TEAC 22-4-21).

a. Tributación directa

Dada la condición de deducibles que, con carácter general, presentan las rentas derivadas de la financiación mediante recursos ajenos, frente a las derivadas de los recursos propios, muchos Estados han establecido salvaguardas para evitar situaciones de endeudamiento excesivo que reduzcan, más allá de ciertos límites, el resultado fiscal de la sociedad prestataria. **7035**

En este sentido, la normativa fiscal española establece diversas limitaciones a la **deducibilidad** de los **gastos financieros**, que hay que tener en cuenta a la hora de determinar la estructura de financiación de la transacción ya que, si resultan de aplicación, eliminan para el inversor la deducibilidad fiscal derivada de la financiación de la sociedad adquirente mediante instrumentos de deuda, en la parte que no resulte admisible por aplicación de las citadas limitaciones.

Límite general (LIS art.16 y 67.a; DGT Resol 16-7-12) Con efectos para los periodos impositivos iniciados a partir de 1-1-2012, se sustituye la subcapitalización de sociedades por una limitación general a la deducibilidad de los gastos financieros soportados por entidades españolas. **7036**

Los gastos financieros netos son deducibles con el límite del **30%** del **beneficio** operativo del ejercicio.

En todo caso, son deducibles los gastos financieros netos del período impositivo por **importe** de un millón de euros, cuando el 30% del beneficio operativo de la sociedad es inferior a un millón de euros, siempre que el global de gastos financieros netos sea igual o superior a dicho importe. Si el período impositivo tuviera una duración inferior al año, el importe deducible será el resultado de multiplicar un millón de euros por la proporción existente entre la duración del período impositivo respecto del año.

Gastos financieros netos Se entiende por gastos financieros netos el **exceso** de gastos financieros respecto de los ingresos derivados de la cesión a terceros de capitales propios devengados en el período impositivo, excluidos aquellos gastos no deducibles derivados de deudas con entidades del mismo grupo en ciertos casos o que generen una asimetría híbrida (LIS art.15.g, h y j y 15 bis). **7037**

La Dirección General de Tributos ha matizado esta definición introduciendo las siguientes apreciaciones:

• La restricción se aplica sobre la **cuantía** neta total de los gastos financieros, lo que implica reducir su importe en la cuantía de los ingresos financieros registrados en las partidas contables.

• La limitación establecida actúa sobre el gasto financiero no sometido a otras limitaciones de deducibilidad fiscal, como puede ser la de aquellos gastos financieros considerados no deducibles derivados de deudas con entidades del mismo **grupo** (LIS art.15.h), debiendo así mismo tenerse en cuenta los ajustes sobre gastos o ingresos financieros que pudieran resultar por aplicación de la normativa relativa a **precios de transferencia**.

Precisiones El TS se pronuncia sobre la **deducibilidad de los intereses** derivados de préstamos concertados por una entidad para financiar operaciones con los socios. En los casos concretos, se trata de operaciones que modifican las fuentes de financiación de la entidad, sustituyendo por deuda una parte de los fondos propios (los préstamos son destinados a obtener liquidez para repartir dividendos, restituir prima de emisión y para la compra a los socios de acciones propias para su posterior amortización). El TS rechaza que los intereses derivados de este tipo de operaciones constituyan un donativo o liberalidad no deducible. Además, sostiene que, no por el mero hecho de que no exista **correlación directa** entre el gasto y una determinada operación o proyecto que tienda a reportar un ingreso también singularizado se debe deducir que dicho gasto no está correlacionado con la actividad, debiendo atender al conjunto de la gestión económica de la sociedad. Tampoco puede ser considerada como una retribución de fondos propios por el hecho de que no hubiera necesidad de acometer la operación de préstamo por disponer de fondos propios disponibles suficientes.

Concluye que, por tanto, se trata de un gasto deducible sujeto a los **límites** de la LIS art.16 (TS cont-adm 21-7-22, EDJ 646040; 26-7-22, EDJ 645888; 26-7-22, EDJ 645944), en línea con el TS 30-3-21, EDJ 521746.

7038 • Los mismos criterios resultan de aplicación en relación con los **ingresos financieros** que minoran los gastos financieros para determinar el importe de los gastos financieros netos.

• Los gastos financieros que se deben tomar en consideración son aquellos relacionados con el **endeudamiento empresarial**, es decir, los derivados de las deudas de la entidad con otras entidades del grupo o con terceros (p.e., intereses de obligaciones y bonos, intereses de deudas, dividendos de acciones o participaciones consideradas como pasivos financieros, intereses por descuento de efectos y operaciones de factoring, etc), teniéndose en cuenta el efecto de los costes de emisión o de transacción de las operaciones e incluyéndose, por tanto, los intereses implícitos que pudieran estar asociados a las operaciones y las comisiones relacionadas con el endeudamiento empresarial que formen parte del importe de los gastos financieros devengados en el período impositivo.

Precisiones **1)** La finalidad de la norma es limitar la deducibilidad de aquellos **gastos de carácter ordinario** vinculados al endeudamiento empresarial para evitar que el beneficio de explotación de un determinado período se vea reducido a cero desde el punto de vista fiscal como consecuencia del endeudamiento empresarial. El **gasto extraordinario** o excepcional **derivado de la cancelación anticipada de un instrumento de cobertura** dentro del procedimiento concursal no debe tenerse en cuenta a efectos de la limitación ya que no se genera con ocasión del curso normal u ordinario de las operaciones de la entidad sino por la finalización anticipada del instrumento de cobertura, derivándose no del endeudamiento empresarial, sino de su cancelación (DGT CV 20-10-15).

2) En la medida en que el instrumento contratado por la entidad tenga la consideración de **cobertura contable** por cubrir el riesgo asociado al tipo de interés de la deuda contraída para adquirir un inmovilizado, los gastos originados por él quedan sometidos a la limitación contenida en la LIS art.16. En caso de no tener esa consideración y calificarse contablemente como **derivado financiero**, las pérdidas asociadas a aquel no se ven sometidas a esa limitación (DGT CV 13-7-16).

3) La DGT ha reconsiderado su criterio inicial sobre el cómputo del ingreso contable que surge de la quita con acreedores terceros a efectos del cálculo del **gasto financiero neto**, pasando a considerarlo como ingreso derivado de la cesión a terceros de capitales propios, por entender que la naturaleza de una quita de acreedores no es otra que una minoración del coste de la financiación de la entidad desde un punto de vista económico (de lo contrario, el gasto financiero sometido al límite establecido en la LIS art.16 resultaría superior al gasto financiero real de la entidad). Por tanto, el ingreso financiero derivado de la quita de la entidad debe minorar el saldo total de gastos financieros de la entidad, a los efectos de determinar los gastos financieros netos de la misma. El importe de estos ingresos financieros será exclusivamente aquel que se haya integrado en la base imponible por aplicación de lo dispuesto en la LIS art.11.13 (DGT CV 23-1-17).

4) Si se trata de una **cobertura contable** cuya partida cubierta consistiese en una **deuda** de la entidad consultante, no deben tomarse en consideración, a efectos del cómputo del gasto financiero neto devengado en el ejercicio previsto en la LIS art.16, los ingresos y gastos registrados en la cuenta de pérdidas y ganancias derivados de la **pérdida** de la condición de instrumento de cobertura contable y los registrados a partir de ese momento, en la medida en que quedan desvinculados de la partida cubierta (DGT CV 20-11-17).

7039 • No se incluyen los gastos financieros que son objeto de incorporación al **valor** de un **activo** con arreglo a las normas contables, por cuanto su imputación efectiva al resultado del ejercicio se realiza a través de la amortización del activo.

• Tampoco se incluyen, por no estar relacionados con el propio endeudamiento empresarial, los gastos financieros por **actualización** de **provisiones**.

• Con carácter general, las **diferencias de cambio** no deben tenerse en cuenta a la hora de determinar la limitación en la deducibilidad de gastos financieros, por cuanto estas no tienen la consideración contable de gasto o ingreso financiero. No obstante, aquellas diferencias de cambio que se integren en la cuenta de pérdidas y ganancias del período impositivo y que deriven de cualquier endeudamiento que se encuentra afectado por la aplicación de la limitación establecida en la LIS art.16, aun cuando desde el punto de vista contable no figuren recogidas como gastos o ingresos financieros, no deben desvincularse, a estos efectos, del tratamiento fiscal que recibe la propia deuda afectada por esa diferencia de cambio.

7040 **Beneficio operativo** El beneficio operativo se determina a partir del **resultado de explotación** de la cuenta de pérdidas y ganancias del ejercicio determinado de acuerdo con el Código de Comercio y demás normativa contable de desarrollo, eliminando la amortización del inmovilizado, la imputación de subvenciones de inmovilizado no financiero y otras, el deterioro y resultado por enajenaciones de inmovilizado, y adicionando los ingresos financieros de participaciones en instrumentos de patrimonio, siempre que se correspondan con dividendos o participaciones en beneficios de entidades en las que el porcentaje de participación, directo o indirecto, sea al menos el 5%, excepto que estas participaciones hayan sido adquiridas con deudas cuyos gastos financieros no resulten deducibles por aplicación de lo dispuesto en la LIS art.15.1.h).

Precisiones 1) **Hasta 31-12-2020**, también se adicionaban al beneficio operativo los dividendos o participaciones en beneficios de entidades en las que el valor de adquisición de la participación fuese superior a 20 millones de euros. Esta mención fue eliminada de la LIS art.16.1 por la L 11/2020 art.65, en línea con la modificación operada también por esta última norma en la LIS art.21 y otros.
2) La definición de beneficio operativo incluida en la LIS art.16.1 se ha visto modificada para los periodos impositivos iniciados **a partir de 1-1-2024** por la L 13/2023, que añade un párrafo conforme al cual no formarán parte del beneficio operativo los ingresos, gastos o rentas que no se hubieran integrado en la base imponible del IS.
Esto supone que los **dividendos** recibidos que se hayan beneficiado de la exención recogida en la LIS art 21 no formarán parte del beneficio operativo.

Gastos financieros netos no deducidos Los gastos financieros netos que no han sido objeto de deducción por aplicación de los límites a que se refiere la LIS art.16.1 pueden deducirse en los **períodos impositivos siguientes**, conjuntamente con los del período impositivo correspondiente, una vez deducidos los devengados en el mismo y siempre que no excedan, en su conjunto, de los límites del 30% del beneficio operativo del período impositivo o del millón de euros anuales, en los términos antes expuestos. **7041**

Consolidación fiscal El análisis de la limitación a la deducción de los gastos financieros netos debe realizarse a nivel consolidado, tomando, por tanto, como base del estudio la cifra de gasto financiero neto consolidado, de la que quedan excluidos los importes correspondientes a las operaciones financieras que hayan tenido lugar en el ejercicio entre las sociedades del **grupo**. **7042**
Del mismo modo, el resultado operativo a analizar debe ser también el consolidado, sin tener en cuenta por tanto las **operaciones intra-grupo**.
Respecto de la **imputación individual** del ajuste por la limitación a la deducibilidad del gasto financiero a practicar en el caso de entidades integrantes de un grupo de consolidación fiscal, la distribución de los gastos financieros no deducibles debe realizarse, en primer lugar, entre aquellas entidades en las que sus gastos financieros netos, individualmente considerados, exceden del 30% de su propio beneficio operativo, en proporción a todos los excesos que, sobre este límite individual, tienen las entidades del grupo.

Operaciones intra-grupo (LIS art.15.h) No tienen la consideración de gastos fiscalmente deducibles los gastos financieros devengados en el período impositivo derivados de deudas con entidades del mismo grupo, cuando estos gastos derivan de deudas destinadas a la **adquisición**, a otras entidades del grupo, de participaciones en el **capital** o fondos propios de cualquier tipo de entidades, **o** a la realización de **aportaciones** en el capital o fondos propios de otras entidades del grupo, salvo que se acrediten motivos económicos válidos para la realización de las citadas operaciones. **7043**
Los criterios de determinación de la existencia de grupo son los establecidos en el CCom art.42.
Esta restricción es aplicable con independencia de la **residencia** y de la obligación de formular cuentas anuales consolidadas.

Precisiones Según la exposición de motivos del RDL 12/2012, esta limitación se establece para aquellos gastos financieros generados en un grupo mercantil, y destinados a la realización de determinadas operaciones entre entidades que pertenecen al mismo grupo, respecto de los cuales se venía reaccionando por parte de la Administración tributaria cuando no se apreciaba la concurrencia de motivos económicos válidos. En consonancia con lo anterior, se permite su inaplicabilidad, en la medida en que las operaciones sean razonables desde la perspectiva económica, como pueden ser supuestos de **reestructuración** dentro del grupo, consecuencia directa de una adquisición a terceros, o bien aquellos supuestos en que se produce una auténtica **gestión de las entidades participadas** adquiridas desde el territorio español.

Compras financiadas con deuda -compras apalancadas- (LIS art.16.5, 67.b y 83) La LIS ha introducido una **limitación** específica a la deducibilidad de los gastos financieros asociados a la adquisición de participaciones en entidades cuando, posteriormente, la entidad adquirida se incorpora al grupo de consolidación fiscal al que pertenece la adquirente en los períodos impositivos que se inicien en los 4 años posteriores a la citada adquisición (LIS art.67.b) o bien se fusiona con la entidad adquirente en los 4 años posteriores a esa adquisición (LIS art.16.5 y 83). La limitación consiste en que, en estos casos, los gastos financieros derivados de la deuda de adquisición se deben deducir con el límite del 30% del beneficio operativo de la entidad o grupo fiscal adquirente, es decir, sin incluir el beneficio operativo de la entidad adquirida (y, en el caso del grupo de consolidación, tampoco el correspondiente a cualquier otra que se incorpore al grupo fiscal en los períodos impositivos que se inicien en los 4 años posteriores a esa adquisición). Este límite es adicional al definido en la LIS art.16.1. Estos gastos financieros se deben tener en cuenta, igualmente, en el límite previsto en la LIS art.16.1. **7043.1**

Los gastos financieros que resulten no deducibles por aplicación de esta limitación adicional lo serán en los **períodos impositivos** siguientes con los límites previstos en la LIS art.16.1 y 5, 67.b y 83.
El límite específico previsto en la LIS art.16.5, 67.b y 83 **no resulta** de aplicación en el período impositivo en que se adquieran las participaciones si la adquisición se financia con deuda, como máximo, en un 70% del precio de adquisición. Tampoco se aplica en los períodos impositivos siguientes siempre que el importe de esa deuda se minore, desde el momento de la adquisición, al menos en la parte proporcional que corresponda a cada uno de los 8 años siguientes, hasta que la deuda alcance el 30% del precio de adquisición.
Igual que la limitación general señalada (LIS art.16.1), la limitación prevista en la LIS art.16.5 **no resulta de aplicación**:
- a las entidades de crédito y aseguradoras;
- en el período impositivo en que se produzca la extinción de la entidad, salvo que la misma sea consecuencia de una operación de reestructuración.

7043.2 Precisiones La **DGT** se ha pronunciado sobre diversos aspectos de la limitación adicional recogida en la LIS art.16.5, 67.b y 83 (entre otras, en sus consultas DGT CV 20-7-16; CV 28-5-15 y CV 9-12-15):
• Si la deuda de adquisición **no supera inicialmente el 70% del precio de adquisición**, en la primera anualidad no resulta de aplicación el límite previsto en la LIS art.16.5. Las anualidades se computan desde la fecha de adquisición.
• Por otra parte, ese límite no se aplica en las **anualidades siguientes** si el importe de la deuda se minora, al menos, proporcionalmente. Ello significa que, al finalizar cada anualidad, se debe comparar la deuda existente en ese momento con la existente al momento de la adquisición, de tal manera que el límite no resulta de aplicación en una anualidad si, a su inicio, la deuda se ha visto minorada, respecto su montante inicial, en el número de anualidades transcurridas dividido entre 8. De manera que no aplica el límite si la deuda se ha reducido, al menos, en el porcentaje que resulte de la siguiente **fórmula**: (Porcentaje de deuda inicial - 30%) número de anualidades transcurridas 8.
De no cumplirse este requisito de minoración de la deuda, esta limitación a la deducibilidad de gastos financieros aplica respecto de aquellos devengados en la anualidad que se inicie con posterioridad y así, sucesivamente, hasta que, en su caso, se vuelva a cumplir el requisito. En este sentido, si al finalizar otra anualidad posterior se comprueba que la deuda se ha minorado de acuerdo con la fórmula anterior (por ejemplo, en la primera anualidad no se ha minorado deuda y en la segunda anualidad se minora la parte de deuda proporcionalmente correspondiente a la primera y a la segunda), no resulta de aplicación con posterioridad la limitación.
De la misma manera, si en una anualidad se minora la deuda en un importe tal que comprenda anualidades futuras, no resulta necesario hacer minoraciones adicionales mientras se cubra la fórmula antes descrita.
• En el caso de que la anualidad **no coincida con el período impositivo de la entidad**, dado que la limitación aplica con posterioridad al incumplimiento por anualidades en la minoración de la deuda, y no con anterioridad al mismo, no resultan fiscalmente deducibles los gastos financieros devengados una vez incumplida la minoración de la deuda en la parte que corresponda. No resulta posible, por tanto, la consideración de un importe de gastos financieros inicialmente deducible, hasta que se verifique el incumplimiento, por cuanto, precisamente, la limitación a la deducibilidad se establece con posterioridad al incumplimiento.
• Si la deuda de adquisición **supera inicialmente el 70% del precio de adquisición**, la LIS no establece expresamente la consecuencia y la DGT no lo ha aclarado por el momento, por lo que cabría entender que, en tal supuesto, la limitación aplicaría automáticamente en la primera anualidad y en las siguientes y no resultaría subsanable por reducción proporcional de la deuda. No obstante, habría que esperar a pronunciamientos o aclaraciones de la DGT sobre este punto.

7044 **Entidades vinculadas** La deducibilidad del gasto financiero derivado de deudas con entidades vinculadas está sometida a las reglas de valoración y documentación de operaciones vinculadas prevista en la LIS.
Estas reglas suponen la adaptación de la normativa interna de precios de transferencia al contexto internacional establecido por la OCDE y el Foro Europeo sobre precios de transferencia.
Los supuestos de **vinculación** aparecen definidos en la LIS art.18.

7045 **Valoración y documentación** Las operaciones entre personas o entidades vinculadas se valoran por su **valor** normal de **mercado**.
Se entiende por valor normal de mercado aquel que se habría acordado por personas o entidades **independientes** en condiciones que respeten el principio de libre competencia.
Las personas o entidades vinculadas deben mantener a disposición de la Administración tributaria la documentación que se establece reglamentariamente.
En el ámbito de las transacciones, la sociedad **adquirente** debe poder acreditar que, tanto las condiciones pactadas para la deuda intra-grupo como el nivel de endeudamiento alcanzado por la sociedad prestataria son de mercado.

Facultades de la Administración tributaria La Administración tributaria puede comprobar que las operaciones realizadas entre personas o entidades vinculadas se han valorado por su valor normal de mercado y efectuar, en su caso, las **correcciones valorativas** que procedan respecto de las operaciones sujetas al IS, al IRPF o al IRNR, que no hubieran sido valoradas por su valor normal de mercado, con la documentación aportada por el sujeto pasivo y los datos e información de que disponga (ajuste primario). **7046**

La Administración tributaria queda **vinculada** por este valor en relación con el resto de personas o entidades vinculadas.

La valoración administrativa no va a determinar la tributación por el IS, el IRPF ni, en su caso, por el IRNR, de una renta superior a la efectivamente derivada de la operación para el conjunto de las personas o entidades que la hubieran realizado. **7047**

Para efectuar la comparación se tiene en cuenta aquella parte de la renta que no se integra en la base imponible por resultar de aplicación algún método de estimación objetiva (ajuste bilateral).

En aquellas operaciones en las que el valor convenido es distinto del valor normal de mercado, la **diferencia** entre ambos **valores** tiene para las personas o entidades vinculadas el tratamiento fiscal que corresponda a la naturaleza de las rentas puestas de manifiesto como consecuencia de la existencia de dicha diferencia (ajuste secundario).

En particular, en los supuestos en los que la vinculación se define en función de la relación **socios o partícipes-entidad**, la diferencia tiene, con carácter general, el siguiente tratamiento: **7048**

a) Cuando la diferencia fuese **a favor del socio o partícipe**, tiene, en la proporción que se corresponda al porcentaje de participación en la entidad, la consideración de retribución de fondos propios para la entidad y como participación en beneficios para el socio. La parte de la diferencia que no se corresponda con aquel porcentaje, tendrá para la entidad la consideración de retribución de fondos propios y para el socio o partícipe de utilidad percibida de una entidad por la condición de socio, accionista, asociado o partícipe de acuerdo con lo previsto en la LIRPF art.25.1.d).

b) Cuando la diferencia fuese **a favor de la entidad**, la parte de la diferencia que se corresponda con el porcentaje de participación en esta, tiene la consideración de aportación del socio o partícipe a los fondos propios de la entidad y aumenta el valor de adquisición. La parte de la diferencia que no se corresponda con ese porcentaje, tiene la consideración de renta para la entidad, y de liberalidad para el socio o partícipe. Cuando se trate de contribuyentes del IRNR sin establecimiento permanente, la renta se considera como ganancia patrimonial de acuerdo con lo previsto en la LIRNR art.13.1.i.4º.

No aplica lo anterior cuando se proceda a la **restitución patrimonial** entre las personas o entidades vinculadas en los términos que reglamentariamente se establezcan. Esta restitución no determina la existencia de renta en las partes afectadas.

Precisiones Las operaciones entre empresas del mismo grupo, con independencia del grado de vinculación entre las empresas del grupo participantes, se contabilizan con carácter general en el momento inicial por su **valor razonable**. Si el precio acordado en una operación difiere de su valor razonable, la diferencia debe registrarse atendiendo a la realidad económica de la operación. La valoración posterior se realiza de acuerdo con lo previsto en las correspondientes normas (PGC NRV 21ª).

b. Tributación indirecta

La concesión de préstamos se encuentra exenta del **ITP y AJD** en sus distintas modalidades. **7050**

La recuperación de los fondos aportados por los socios mediante el repago del principal del préstamo no se encuentra tampoco gravado por este impuesto. En este sentido, la financiación mediante préstamos es un mecanismo flexible para la recuperación, por los socios, de los fondos aportados.

4. Financiación mediante instrumentos híbridos

Junto a las modalidades tradicionales de financiación -aportación a fondos propios (nº 7020 s.) y préstamo (nº 7030 s.)-, se encuentra una **modalidad intermedia**, que combina características de ambas. A este tipo de instrumentos de financiación se los denomina híbridos. **7055**

Al tener **características** tanto de **deuda** como de **capital**, pueden darse situaciones en las que un mismo instrumento se considere deuda a unos efectos y capital a otros, o bien considerarse deuda en una jurisdicción y capital en otra, con las consecuentes implicaciones contables y fiscales.

En el contexto de **adquisiciones transfronterizas**, la utilización de instrumentos híbridos puede llegar a dar lugar a situaciones que mejoren la posición fiscal del inversor. Tal sería el caso de un instrumento que tenga la consideración de deuda a efectos de la deducibilidad de intereses en el estado de residencia del deudor, y de dividendo a efectos de la aplicación de un régimen de exención sobre dividendos de fuente extranjera en el Estado de residencia del socio prestamista.
La LIS limita las posibilidades de **arbitraje fiscal** derivadas de la utilización de instrumentos híbridos fiscales. A tal efecto, en su redacción original, la LIS art.15.j, atribuía la condición de **no deducible fiscalmente** al gasto correspondiente a operaciones realizadas con personas o entidades vinculadas que, como consecuencia de una calificación fiscal diferente en estas, no generasen ingreso o generasen un ingreso exento o sometido a un tipo de gravamen nominal inferior al 10%.
Con efectos para los períodos impositivos iniciados **a partir del 1-1-2020** y que no hubiesen concluido el 11-3-2021, se deroga la LIS art.15.j y se introduce el art.15.bis LIS, sobre «**Asimetrías híbridas**», a fin de trasponer al ordenamiento interno español las disposiciones en materia de asimetrías híbridas incluidas en la Dir 2016/1164/UE (ATAD), en su versión modificada por la Dir 2017/952/UE (ATAD 2), que pasamos a exponer a continuación.
Asimismo, se excluye de la aplicación de la exención para **evitar** la **doble imposición internacional** el importe de los dividendos o participaciones en beneficios cuya distribución genere un gasto fiscalmente deducible en la entidad pagadora (LIS art.21.1).

Precisiones El Preámbulo de la LIS alude a la **separación entre la fiscalidad y la contabilidad** en aquellos instrumentos financieros que mercantilmente representan participaciones en el capital o fondos propios de entidades, y, sin embargo, contablemente tienen la consideración de pasivo financiero. En estos supuestos, la normativa fiscal opta por atribuir a estos instrumentos el tratamiento fiscal que corresponde a cualquier participación en el capital o fondos propios de entidades, con independencia de que la contabilidad altere su naturaleza, como pudiera ocurrir con las acciones sin voto o las acciones rescatables. Asimismo, la LIS se atrae al tratamiento fiscal de la financiación propia a los **préstamos participativos** otorgados por entidades pertenecientes al mismo grupo de sociedades, equiparando así el tratamiento fiscal que corresponde a la financiación vía aportaciones a los fondos propios o vía préstamo participativo (nº 7056) dentro de un grupo mercantil.

7055.1 **Asimetrías híbridas** (LIS art.15 bis redacc L 5/2022 y RDL 18/2022) Con carácter general, se consideran asimetrías híbridas las operaciones realizadas con **personas o entidades vinculadas** que, como consecuencia de una calificación fiscal diferente en estas, no generen el correlativo ingreso fiscal en la otra parte (deducción sin inclusión) o bien den lugar a la doble deducción del mismo gasto en dos entidades distintas (doble deducción). Además de este supuesto general, el precepto regula otras modalidades de asimetrías híbridas, así como su respectivo tratamiento fiscal que, en general y en función del caso, se traduce en la no deducibilidad del gasto o bien la integración de un ingreso en la base imponible de la entidad residente que participa en la asimetría híbrida.
También se incluyen dentro del alcance del precepto las asimetrías híbridas, con independencia de que se realicen entre personas o entidades vinculadas o no, que tengan lugar en el marco de un **mecanismo estructurado**. A estos efectos, se considera mecanismo estructurado todo acuerdo, negocio jurídico, esquema u operación en el que la ventaja fiscal derivada de las asimetrías híbridas a que se refieren dichos apartados en los términos en ellos señalados, esté cuantificada o considerada en sus condiciones o contraprestaciones o bien que haya sido diseñado para producir los resultados de tales asimetrías, excepto que el contribuyente o una persona o entidad vinculada con él no hubiera podido conocerlos razonablemente y no compartiera la ventaja fiscal indicada.
En concreto, el art.15.bis LIS regula el siguiente **tratamiento fiscal** en el IS de las asimetrías híbridas:

7055.2 **a) Asimetría en gasto u operación híbrida que da lugar a una asimetría en resultados del tipo «deducción sin inclusión».**
No serán fiscalmente deducibles los gastos correspondientes a operaciones realizadas con personas o entidades vinculadas residentes en otro país o territorio que, como consecuencia de una calificación fiscal diferente en estas del gasto o de la operación, no generen un ingreso, generen un ingreso exento o sujeto a una reducción del tipo impositivo o a cualquier deducción o devolución de impuestos distinta de una deducción para evitar la doble imposición jurídica.
En caso de que el ingreso se genere en un período impositivo que se inicie dentro de los doce meses siguientes a la conclusión del período impositivo en el que se haya devengado el gasto para el contribuyente, dicho gasto será fiscalmente deducible en el período impositivo en el que el mencionado ingreso se integre en la base imponible del beneficiario.

b) Asimetría híbrida derivada de la diferente calificación en otro país del contribuyente o de su contraparte vinculada que dan lugar a una asimetría en resultados del tipo «deducción sin inclusión».

- **Regla primaria** (cuando el gasto se incurre por contribuyente híbrido): No serán fiscalmente deducibles los gastos correspondientes a operaciones realizadas con personas o entidades vinculadas residentes en otro país o territorio que, como consecuencia de una calificación fiscal diferente del contribuyente en dicho país o territorio, no generen un ingreso, en la parte que no se compense con ingresos que generen renta de doble inclusión. El importe de los gastos no deducidos por aplicación de lo dispuesto en el párrafo anterior podrá deducirse en los períodos impositivos que concluyan dentro de los tres años siguientes a la conclusión del período impositivo en el que se devengaron tales gastos, en la medida en que se compense con ingresos del contribuyente que generen renta de doble inclusión.
- **Regla secundaria** (cuando el gasto se incurre por contraparte vinculada híbrida): Se integrará en la base imponible el importe correspondiente a las operaciones realizadas con personas o entidades vinculadas residentes en otro país o territorio que, como consecuencia de una diferente calificación fiscal de estas, haya tenido la consideración de gasto fiscalmente deducible en ese otro país o territorio, en la parte que no se compense con ingresos que generen renta de doble inclusión.

El importe integrado en la base imponible por aplicación de lo dispuesto en el párrafo anterior podrá minorarse de la base imponible de los períodos impositivos que concluyan dentro de los tres años siguientes a la conclusión del período impositivo en el que se integró el ingreso, en la medida en que tal gasto se compense en el otro país o territorio con ingresos de la persona o entidad vinculada que generen renta de doble inclusión.

A estos efectos, se considera que un **ingreso genera renta de doble inclusión** cuando está sometido a tributación con arreglo a la LIS y a la legislación del otro país o territorio (LIS art.15 bis.11).

c) Entidad híbrida invertida. 7055.3

No serán fiscalmente deducibles los gastos correspondientes a operaciones realizadas con personas o entidades vinculadas residentes en otro país o territorio que, como consecuencia de una calificación fiscal diferente de estas en dicho país o territorio y en el de su partícipe o inversor, no generen un ingreso.

Esta regla también será de aplicación cuando la relación de vinculación exista, exclusivamente, entre el contribuyente y el mencionado partícipe o inversor.

d) Asimetría híbrida derivada de la diferente calificación en otro país de una entidad vinculada o del propio contribuyente que dan lugar a una asimetría en resultados del tipo «doble deducción»:

- **Regla primaria**: No serán fiscalmente deducibles los gastos correspondientes a operaciones realizadas con o por personas o entidades vinculadas residentes en otro país o territorio que, como consecuencia de la diferente calificación fiscal de estas, sean, asimismo, gastos fiscalmente deducibles en dichas personas o entidades vinculadas, en la parte que no se compense con ingresos que generen renta de doble inclusión.

Los importes no deducidos conforme lo establecido en el párrafo anterior podrán ser deducidos en los períodos impositivos que concluyan en los tres años siguientes a la conclusión del período impositivo en el que se devengaron tales gastos, en la medida en que se compensen con ingresos de la persona o entidad vinculada que generen renta de doble inclusión.

- **Regla secundaria**: No serán fiscalmente deducibles los gastos correspondientes a operaciones realizadas por el contribuyente cuando tengan, asimismo, la consideración de fiscalmente deducibles en el país o territorio de una persona o entidad vinculada como consecuencia de una diferente calificación fiscal del contribuyente, en la parte que no se compense con ingresos que generen renta de doble inclusión.

Los importes no deducidos conforme a lo establecido en el párrafo anterior podrán ser deducidos en los períodos impositivos que concluyan en los tres años siguientes a la conclusión del período impositivo en el que se devengaron tales gastos, en la medida en que se compensen con ingresos del contribuyente que generen renta de doble inclusión.

e) Asimetrías relativas a establecimientos permanentes. 7055.4

No serán fiscalmente deducibles los siguientes gastos:

1. **Gastos generadores de deducción sin inclusión**:

- **Diferente atribución de la renta**: Gastos correspondientes a operaciones realizadas con un establecimiento permanente del contribuyente o de una entidad vinculada, o con una entidad vinculada que tenga establecimientos permanentes, cuando como consecuencia de una diferencia fiscal en su atribución entre el establecimiento permanente y su casa central, o entre dos o más establecimientos permanentes, no generen un ingreso.

- **Establecimiento permanente no reconocido en su país**: Gastos correspondientes a operaciones realizadas con un establecimiento permanente del contribuyente o de una persona o entidad vinculada que, como consecuencia de que dicho establecimiento no es reconocido fiscalmente por el país o territorio de situación, no generen un ingreso.
- **Gastos estimados en operaciones internas** realizadas **con un establecimiento permanente del contribuyente**, en aquellos supuestos en que así estén reconocidos en un convenio para evitar la doble imposición internacional que resulte de aplicación, cuando, debido a la legislación del país o territorio del establecimiento permanente, no generen un ingreso, en la parte que no se compense con ingresos del establecimiento permanente que generen renta de doble inclusión.

El importe de estos gastos estimados que no resulten deducibles podrá deducirse en los períodos impositivos que concluyan dentro de los tres años siguientes, en la medida en que se integren en la base imponible del contribuyente con ingresos del establecimiento permanente que generen renta de doble inclusión.

2. **Gastos generadores de doble deducción**:

Los correspondientes a operaciones realizadas con o por un establecimiento permanente del contribuyente que sean, asimismo, fiscalmente deducibles en dicho establecimiento permanente o en una entidad vinculada con él, en la parte que no se compense con ingresos de dicho establecimiento permanente o entidad vinculada que generen renta de doble inclusión.

Estos gastos podrán ser deducidos en los períodos impositivos que concluyan en los tres años siguientes a la conclusión del período impositivo en el que se devengaron tales gastos, en la medida en que se compensen con ingresos del establecimiento permanente o entidad vinculada que generen renta doble inclusión.

Asimismo, en cuanto a los ingresos obtenidos a través de un establecimiento permanente, se excluye la aplicación de la exención prevista en el artículo 22 («*Exención de las rentas obtenidas en el extranjero a través de un establecimiento permanente*») de la LIS a las rentas obtenidas a través de un establecimiento permanente que no es reconocido fiscalmente por el país o territorio de situación.

7055.5 **f) Asimetrías importadas: Gastos que financien, directa o indirectamente, gastos deducibles realizados en el marco de operaciones que generen los efectos derivados de las asimetrías híbridas.**

No serán fiscalmente deducibles los gastos correspondientes a una transacción o serie de transacciones realizadas con personas o entidades vinculadas residentes en otro país o territorio, cuando financien, directa o indirectamente, gastos deducibles realizados en el marco de operaciones que generen los efectos derivados de las asimetrías híbridas a que se refieren los apartados previos de la LIS.

Se excepciona esta regla cuando uno de los países o territorios afectados haya realizado un ajuste para evitar la deducción del gasto o someter el ingreso a tributación, en los términos expuestos en dichos apartados.

g) Asimetría de transferencias híbridas generadas por una doble utilización de retenciones.
Será deducible en la cuota íntegra del IS el importe de la retención practicada a cuenta del mismo en la proporción que se corresponda con la renta integrada en la base imponible obtenida en una trasferencia híbrida realizada con una persona o entidad vinculada no residente en territorio español.

A estos efectos, se considera como transferencia híbrida cualquier operación relativa a la transferencia de un instrumento financiero cuando el rendimiento subyacente del instrumento financiero transferido se considere, a efectos fiscales, como obtenido simultáneamente por más de una de las partes que intervienen en la operación.

7055.6 **h) Operaciones realizadas con cualquier tipo de persona o entidad -vinculada o no- en el marco de mecanismos estructurados.**

Lo dispuesto en los apartados anteriores se aplicará, asimismo, cuando las operaciones a que se refieren, con independencia de que se realicen entre personas o entidades vinculadas o no, tengan lugar en el marco de un mecanismo estructurado.

A estos efectos, se considera mecanismo estructurado todo acuerdo, negocio jurídico, esquema u operación en el que la ventaja fiscal derivada de las asimetrías híbridas a que se refieren dichos apartados en los términos en ellos señalados, esté cuantificada o considerada en sus condiciones o contraprestaciones o bien que haya sido diseñado para producir los resultados de tales asimetrías, excepto que el contribuyente o una persona o entidad vinculada con él no hubiera podido conocerlos razonablemente y no compartiera la ventaja fiscal indicada.

i) Asimetría relacionada con la residencia fiscal.
Conforme al art.15 bis.10 LIS, no serán fiscalmente deducibles los gastos o pérdidas que resulten fiscalmente deducibles en otro país o territorio en el que el contribuyente sea, asimismo, residente fiscal, en la parte que se compense con ingresos que no generen renta de doble inclusión.
En el caso de que dicho gasto se compense en el otro país o territorio en un período impositivo posterior al de la deducción del gasto o pérdida en el contribuyente, éste deberá integrar en su base imponible el importe correspondiente a la referida compensación en el período impositivo en que esta se produzca.
Esta regla no será de aplicación cuando el otro país sea un Estado miembro de la UE con el que España tenga suscrito un **convenio** para evitar la doble imposición internacional en virtud del cual el contribuyente sea considerado residente fiscal en territorio español.

j) Entidades en régimen de atribución de rentas. 7055.7
Con efectos a partir de **1-1-2022**, el RDL 18/2022 incorpora un nuevo supuesto destinado a evitar que las entidades en atribución de rentas den lugar a una asimetría híbrida invertida. Con arreglo al nuevo apartado, una entidad en régimen de atribución de rentas en la que una o varias entidades, vinculadas entre sí en el sentido del art.15 bis.13 LIS, participen directa o indirectamente en cualquier día del año, en el capital, en los fondos propios, en los resultados o en los derechos de voto en un porcentaje igual o superior al 50% y sean residentes en países o territorios que califiquen a la entidad en régimen de atribución como contribuyente por un impuesto personal sobre la renta, tributará, en calidad de contribuyente, por las siguientes **rentas positivas** que corresponda atribuir a todos los partícipes residentes en países o territorios que consideren a la entidad en atribución de rentas como contribuyente por imposición personal sobre la renta:
- rentas **obtenidas en territorio español** que estén **sujetas y exentas** de tributación en el IRNR; y
- rentas de **fuente extranjera** que **no estén sujetas o estén exentas** de tributación por un impuesto exigido por el país o territorio de la entidad o entidades pagadoras de tales rentas.

El período impositivo coincidirá con el año natural en el que se obtengan tales rentas.
Asimismo, se contempla que el resto de rentas obtenidas por la entidad en atribución de rentas se atribuirán a los socios, herederos, comuneros o partícipes y tributarán de acuerdo con lo dispuesto en la sección 2.ª del título X de la LIRPF.

Excepciones a la aplicación de las limitaciones previstas en la LIS art.15 bis (LIS art.15 bis.14) 7055.8
Lo previsto en los apartados anteriores no resulta de aplicación cuando la asimetría híbrida:
- se deba a que el **beneficiario esté exento** del Impuesto;
- se produzca en el marco de una operación o transacción que se base en un instrumento o contrato financiero sujeto a un **régimen tributario especial**; ni
- cuando la diferencia en el valor imputado se deba a diferencias de valoración, incluidas las derivadas de la aplicación de la normativa de operaciones vinculadas.

Persona o entidad vinculada (LIS art.15 bis.13) A los efectos de la aplicación del régimen de asimetrías híbridas, se consideran personas o entidades vinculadas las siguientes: 7055.9
a) Las personas o entidades vinculadas de acuerdo con lo dispuesto en el art.18 LIS.
b) Una entidad que ostente, directa o indirectamente, una participación de, al menos, un 25% en los derechos de voto del contribuyente o tenga derecho a percibir, al menos, un 25% de los beneficios del mismo, o en la que el contribuyente ostente dichas participaciones o derechos.
c) La persona o entidad sobre la que el contribuyente actúe conjuntamente con otra persona o entidad respecto de los derechos de voto o la propiedad del capital de aquélla, o la persona o entidad que actúe conjuntamente con otra respecto de los derechos de voto o la propiedad del capital del contribuyente. A estos efectos, el contribuyente o, en el segundo supuesto, la persona o entidad, será tratado como el titular de una participación en relación con todos los derechos de voto o la propiedad del capital de la entidad o del contribuyente, respectivamente, que sean propiedad de la otra persona o entidad.
d) Una entidad en cuya gestión el contribuyente tenga una influencia significativa o una entidad que tenga una influencia significativa en la gestión del contribuyente. A estos efectos, se considera que existe influencia significativa cuando se tenga el poder de intervenir en las decisiones de política financiera y de explotación de otra entidad, sin llegar a tener el control ni el control conjunto de la misma.

Asimetrías híbridas que afecten a no residentes (LIRNR art.18.6 y 7 redacc L 5/2022) Con efectos para los períodos impositivos que se inicien a partir del 1-1-2020 y que no hubiesen concluido el 11-3-2021 se introducen en la LIRNR determinadas especialidades relacionadas con las 7055.10

asimetrías híbridas que pueden afectar a no residentes que operen mediante establecimiento permanente (EP) **en España**. Ello sin perjuicio de que también pueda resultar de aplicación al EP lo establecido en la LIS art.15.bis (nº 7055.1).

Conforme a estas especialidades, **no** serán **fiscalmente deducibles**:

a) Los gastos correspondientes a operaciones realizadas con la **casa central o** con alguno de sus **EP**, así como con una persona o entidad vinculada a dicha casa central o alguno de sus establecimientos permanentes, que, como consecuencia de una diferencia fiscal en su atribución entre el establecimiento permanente y su casa central, o entre dos o más establecimientos permanentes no generen un ingreso.

b) Los gastos estimados por **operaciones internas** con la casa central o con alguno de sus establecimientos permanentes o los de una persona o entidad vinculada que, debido a la legislación del país o territorio del beneficiario, no generen un ingreso, en la parte que no se compense con ingresos que generen renta de doble inclusión.

El importe de los gastos no deducidos por aplicación de lo dispuesto en el párrafo anterior podrá deducirse en los períodos impositivos que concluyan dentro de los tres años siguientes, en la medida en que se compense con ingresos que generen renta de doble inclusión.

c) Los gastos correspondientes a operaciones del EP que sean asimismo **fiscalmente deducibles en la casa central**, en la parte que no se compense con ingresos de dicho establecimiento permanente o entidad vinculada que generen renta de doble inclusión.

Los importes no deducidos conforme a lo establecido en el párrafo anterior podrán ser deducidos en los períodos impositivos que concluyan en los tres años siguientes a la conclusión del período impositivo en el que se devengaron tales gastos, en la medida en que se compensen con ingresos del establecimiento permanente o entidad vinculada que generen renta doble inclusión.

d) Los gastos correspondientes a operaciones realizadas con un **EP de la casa central o de una persona o entidad vinculada** que, como consecuencia de que no es reconocido fiscalmente por el país o territorio de situación, no generan ingreso.

7055.11 Por otra parte, se vienen a reproducir en la LIRNR las **definiciones** del LIS art.15.bis respecto de ingreso que genera renta de doble inclusión y de personas o entidades vinculadas a estos efectos, así como la previsión de que las reglas previstas aplicarán cuando las operaciones, con independencia de que se realicen entre partes vinculadas o no, tengan lugar en el marco de un mecanismo estructurado.

7056 **Préstamo participativo** (RDL 7/1996 art.20; LIS art.15.a) Un ejemplo de instrumento de financiación híbrido, destacado por su extendido uso, es el préstamo participativo.

Se consideran préstamos participativos aquellos que reúnen las siguientes **características**:

La entidad prestamista percibe un **interés variable** que se determina en función de la evolución de la actividad de la empresa prestataria.

El **criterio** para determinar la evolución puede ser:
- el beneficio neto;
- el volumen de negocio;
- el patrimonio total; o
- cualquier otro que libremente acuerden las partes contratantes.

Adicionalmente, se puede acordar un **interés fijo** independiente de la evolución de la actividad.

7057 Las partes contratantes pueden acordar una cláusula penalizadora para el caso de **amortización anticipada**. En todo caso, el prestatario únicamente puede amortizar anticipadamente el préstamo participativo si la amortización se compensa con una ampliación de igual cuantía de sus fondos propios y siempre que este no provenga de la actualización de activos.

• Los préstamos participativos en orden a la **prelación de créditos**, se sitúan después de los acreedores comunes.

• Se consideran patrimonio neto a los efectos de **reducción de capital y liquidación** de sociedades previstas en la legislación mercantil.

7058 Los préstamos participativos combinan, por tanto, características del préstamo -retribución a través del pago de intereses- y de la inversión en patrimonio -retribución variable vinculada a la evolución del negocio de la sociedad prestataria, vocación de permanencia de los fondos durante el plazo inicialmente fijado derivada de limitaciones para su amortización anticipada, consideración como patrimonio neto a ciertos efectos mercantiles, subordinación a los acreedores comunes-.

Durante la vigencia de la LIS/04, se establecía de manera expresa (LIS/04 art.14.2) que los intereses, tanto fijos como variables, derivados de un préstamo participativo tienen la consideración de **gasto deducible** en el IS.

La LIS modifica este tratamiento fiscal respecto de los intereses derivados de préstamos participativos que se otorguen por **entidades del mismo grupo** con posterioridad al 20-6-2014 (LIS disp.trans.18ª). En este sentido, califica como gasto no deducible fiscalmente la retribución de fondos propios correspondiente a préstamos participativos otorgados por entidades que formen parte del mismo grupo de sociedades según los criterios establecidos en el CCom art.42, con independencia de la residencia y de la obligación de formular cuentas anuales consolidadas (LIS art.15.a).

Precisiones 1) Un contrato de préstamo participativo **por tiempo indefinido** no puede calificarse como un préstamo y está más próximo a una operación de aportación a los fondos propios de la entidad participada que a una cesión a la entidad de capitales propios del cedente. En virtud de ello, la retribución derivada del referido contrato no tiene la condición de gasto fiscalmente deducible en la determinación de la base imponible de la entidad filial residente en territorio español, en la medida en que representa una retribución de los fondos propios (DGT CV 22-7-99).

2) La deducibilidad de los gastos financieros derivados de un préstamo participativo recibido de un **socio no residente** que la entidad prestataria ha destinado parcialmente a realizar aportaciones en el capital de otra empresa del grupo queda sometida, en primer lugar, a lo establecido en la LIS/04 art.14.1.h. De no resultar de aplicación este precepto, se aplica lo establecido en la LIS/04 art.14.2 (DGT 11-6-12).

3) No resulta de aplicación lo dispuesto en la LIS art.15.a párrafo 3º a los intereses de un préstamo participativo otorgado por una **persona física**, ya que no se trata de un préstamo participativo otorgado por entidades que formen parte del mismo grupo de sociedades según los criterios establecidos en el CCom art.42 (DGT CV 26-6-15).

4) Las retribuciones percibidas por un préstamo participativo otorgado a una entidad que forma parte del mismo grupo de sociedades según los criterios establecidos en el CCom art.42 tienen la consideración de **dividendos o participaciones en beneficios exentos**, de conformidad con la LIS art.21.2.2º, en la medida en que procedan de un préstamo participativo otorgado con posterioridad al 20-6-2014 y que su distribución no genere un gasto deducible en la entidad pagadora (DGT CV 27-1-16; CV 24-10-16).

B. Imposición indirecta vinculada a la adquisición

Se expone a continuación el régimen de imposición indirecta aplicable a: **7060**
- la compraventa de acciones; y
- la compraventa de activos, en particular los de naturaleza inmobiliaria.

Compraventa de acciones (LIVA art.20.uno.18.k y l; LMV art.338) La LIVA establece la sujeción y **7061**
exención al impuesto de los **servicios y operaciones**, exceptuados el depósito y la gestión, relativos a acciones, participaciones en sociedades, obligaciones y demás valores no mencionados en las letras anteriores de este número, con **excepción** de los siguientes:

1. Los representativos de mercaderías.

2. Aquellos cuya posesión asegure de hecho o de derecho la propiedad, el uso o disfrute exclusivo de la totalidad o parte de un bien inmueble, que no tengan la naturaleza de acciones o participaciones en sociedades.

3. Aquellos valores no admitidos a negociación en un mercado secundario oficial, realizadas en el mercado secundario, mediante cuya transmisión, se hubiera pretendido eludir el pago del impuesto correspondiente a la transmisión de los inmuebles propiedad de las entidades a las que representen esos valores, en los términos a que se refiere la LMV art.338.

4. La transmisión de los valores a que se refieren los anteriores 3 puntos y los servicios relacionados con ella, incluso por causa de su emisión o amortización, con las mismas excepciones.

En consecuencia, las operaciones de transmisión de acciones quedan sujetas y exentas del IVA, salvo que correspondan con alguna de las excepciones citadas de la LIVA art.20.uno.18.k).

En cuanto a la posible aplicación de la cláusula anti-elusión, la LMV art.338 se configura como una **medida anti-elusoria** frente a transmisiones de valores utilizadas como mera cobertura de una transmisión de inmuebles. Con arreglo a aquel, las transmisiones de valores tendrán el siguiente tratamiento en el IVA e ITPAJD:

1º. Como regla general, la **transmisión de valores** está exenta tanto del IVA como del ITPAJD, en su modalidad de transmisiones patrimoniales onerosas, según la operación esté sujeta a uno u otro impuesto (LMV art.338.1).

2º. Sin embargo, si mediante la transmisión de valores se hubiera pretendido **eludir el pago de los tributos** que habrían gravado la transmisión de los inmuebles propiedad de las entidades a las que representen los citados valores, es decir, el pago del IVA o del ITP y AJD, entra en juego la regla especial, conforme a la cual dicha transmisión queda sujeta al impuesto eludido, como transmisión de inmuebles (no como transmisión de valores). Ello implica que desde

ese momento la transmisión de los valores en cuestión se trata en el impuesto aplicable como transmisión de inmuebles a todos los efectos (LMV art.338.2.párrafo 1º). La aplicación de esta regla especial requiere que:
- se trate de una transmisión de valores realizada en el mercado secundario. Ello excluye la adquisición de valores de nueva emisión, que se produciría en los mercados primarios;
- los valores transmitidos no estén admitidos a negociación en un mercado secundario oficial. Ello excluye a las transmisiones de valores admitidos a negociación en este mercado;
- la intención o pretensión de elusión del pago de los tributos que habrían gravado la transmisión de los inmuebles. Este *animus defraudandi* constituye en principio una cuestión de hecho que no puede ser determinada a priori sino que debe ser probada suficientemente por la Administración tributaria competente para la gestión del tributo aplicable.
Como excepción a lo anterior, los párrafos segundo a quinto de la LMV art.338.2 regulan tres supuestos en los que se produce la **inversión de la carga de la prueba** (DGT CV 22-4-16).

7062 La Administración gestora solo tiene que comprobar la existencia de los requisitos objetivos que conforman el presupuesto de hecho en concreto, cuya concurrencia supone la presunción del requisito subjetivo de la pretensión de elusión y, en consecuencia, la sujeción al gravamen correspondiente sin exención.
Ahora bien, a fin de evitar la **indefensión** del interesado, esta presunción admite la prueba en contrario (presunción «iuris tantum»), de forma que el sujeto pasivo tendrá la oportunidad de probar la inexistencia de la pretensión de elusión.
Entre los distintos requisitos objetivos que conforman el presupuesto de hecho, y cuya concurrencia supone la presunción del requisito subjetivo de la pretensión de elusión, se incluye la obtención, por parte de la sociedad adquirente, del **control** de la entidad de la que se adquieren los valores o, caso de tener ya el control, que se produzca el aumento de este.

7063 Así, se entiende, salvo prueba en contrario, que se ha actuado con ánimo de elusión del pago del impuesto correspondiente a la transmisión de bienes inmuebles en los siguientes **supuestos**:
• Cuando se obtiene el control de una entidad cuyo activo está formado en al menos el 50% por **inmuebles** radicados en España que **no** están **afectos** a actividades empresariales o profesionales, o cuando, una vez obtenido el control, aumente la cuota de participación en ella.
• Cuando se obtiene el control de una entidad en cuyo activo se incluyen **valores** que le permiten ejercer el control en otra entidad cuyo activo esté integrado al menos en un 50% por inmuebles radicados en España que no están afectos a actividades empresariales o profesionales, o cuando, una vez obtenido dicho control, aumente la cuota de participación en ella.
• Cuando los valores transmitidos han sido recibidos por la **aportación** de bienes **inmuebles** realizadas con ocasión de la constitución de sociedades o de la ampliación de su capital social, siempre que tales bienes no se afecten a actividades empresariales o profesionales y que entre la fecha de aportación y la de transmisión no hubiera transcurrido un plazo de 3 años.
En el resto de los casos, es la Administración la encargada de probar si la transmisión de acciones en el mercado secundario se realiza con ánimo elusorio.

7064 **Compraventa de activos** El **IVA** grava el consumo, sometiendo a tributación las operaciones de naturaleza mercantil realizadas en el territorio de aplicación de impuesto.
En contraposición, el **ITP**, en sus distintas modalidades, grava las transmisiones onerosas por actos *inter vivos* de toda clase de bienes y derechos realizados en virtud de actos o negocios jurídicos de carácter oneroso y civil.
Por tanto, tanto el IVA como el ITP son impuestos de naturaleza indirecta que gravan el consumo resultando **incompatible** que una misma operación quede sujeto al IVA y al ITP.

7065 **Transmisión de inmuebles** (LIVA art.20.Uno.20º y 22º y 20.Dos) El IVA recoge dos tipos de exenciones: las denominadas exenciones limitadas, porque el sujeto pasivo no ha de repercutir el IVA al adquirente y tampoco puede deducirse el IVA soportado si le es de aplicación la regla de la prorrata y, las exenciones plenas, en las que el sujeto pasivo no tiene que repercutir el IVA al adquirente pero sí tiene derecho a la deducción del IVA soportado, en cualquier caso.
En relación con las transmisiones de inmuebles, en términos generales, están **exentas del IVA**:
• Las entregas de **terrenos rústicos no edificables** y demás que no tienen la condición de edificables y los destinados exclusivamente a parques y jardines o superficies viales de uso público.
• Las segundas y ulteriores **entregas de edificaciones**, incluido los terrenos en que se hallan enclavadas, cuando tienen lugar después de terminada su construcción o rehabilitación (cuyo concepto viene delimitado en la LIVA art.20.Uno.22º).
- se considera **primera entrega** la realizada por el promotor que tenga por objeto una edificación cuya construcción o rehabilitación esté terminada. Por el contrario, no tiene la consideración de primera entrega la realizada por el promotor después de la utilización ininterrumpida

del inmueble por un plazo igual o superior a dos años por su propietario o por titulares de derechos reales de goce o disfrute o en virtud de contratos de arrendamiento sin opción de compra, salvo que el adquirente sea quien utilizó la edificación durante el referido plazo. No se computarán a estos efectos los períodos de utilización de edificaciones por los adquirentes de los mismos en los casos de resolución de las operaciones en cuya virtud se efectuaron las correspondientes transmisiones;
- por tanto, para determinar si la transmisión del inmueble está **exenta** o no del impuesto hay que determinar si se trata de una primera entrega o de una segunda entrega de edificaciones.
No obstante, las exenciones anteriores pueden ser objeto de **renuncia** por el sujeto pasivo, en la forma y con los requisitos que se determinen reglamentariamente, cuando el adquirente sea un sujeto pasivo, que actúe en el ejercicio de sus actividades empresariales o profesionales, tenga derecho a la deducción total o parcial del IVA soportado al realizar la adquisición o, no cumpliéndose lo anterior, en función de su destino previsible, los bienes adquiridos vayan a ser utilizados, total o parcialmente, en la realización de operaciones, que originen el derecho a la deducción.
En el supuesto en que la transmisión de los inmuebles resulte exenta del IVA pero se renuncie a la exención, resulta de aplicación la regla de **inversión del sujeto pasivo**, esto es, es el destinatario de los inmuebles quien adquiera la condición de sujeto pasivo de la operación (no el transmitente), teniendo la obligación de ingresar el impuesto mediante la autorrepercusión del IVA a la Administración tributaria.

Las operaciones inmobiliarias plantean diversos problemas, dada la complejidad de las normas que regulan su régimen, y las conexiones, **compatibilidades** e incompatibilidades entre el **IVA**, el **ITP y** el **AJD**. En este sentido, cada operación debe analizarse caso por caso. **7066**
De manera resumida cabe indicar que se deben aplicar las siguientes **reglas**:
- Las transmisiones sujetas y no exentas del IVA no pueden resultar sujetas a TPO.
- Las transmisiones sujetas y exentas del IVA, quedan sujetas a TPO, salvo que se renuncie a la exención.
- Las transmisiones no sujetas a IVA quedan sujetas a TPO, sin posibilidad de que queden sujetas a IVA.

Las transmisiones sujetas y no exentas al IVA que se formalizan en **escritura pública** quedan sujetas a la cuota gradual de AJD siempre y cuando tengan por objeto cantidad o cosa valuable contengan actos o contratos inscribibles en los Registros de la Propiedad, Mercantil, de la Propiedad Industrial y de Bienes Muebles no sujetos al Impuesto sobre Sucesiones y Donaciones o a al resto de las modalidades del ITP y AJD.

Transmisión de inmueble dentro de una transmisión de una universalidad total o parcial de bienes (LIVA art.7) Entre otras, se consideran operaciones no sujetas al IVA aquellas en las que se transmite un patrimonio conjunto de elementos corporales e incorporales que constituyen una **unidad económica** autónoma capaz de desarrollar una actividad empresarial o profesional por sus propios medios en sede de la entidad transmitente. **7067**
La no sujeción abarca los procesos de **fusión** por absorción, **escisión** de empresas **y aportación** no dinerarias de **rama de actividad**.

Para que la no sujeción sea de aplicación es irrelevante que el adquirente continúe o no la **misma actividad** del transmitente, siempre que se acredite por el adquirente la intención de mantener los activos adquiridos afectos al desarrollo de una actividad. No obstante, en el caso de que los bienes sean posteriormente objeto de desafección de la actividad, estos quedan sujetos al IVA. **7068**

Precisiones En relación con el concepto «trasmisión de una universalidad total o parcial de bienes», el TJUE en diversas sentencias (TJUE 27-11-03, asunto C-497/01, Zita Modes Sàrl), ha señalado que el concepto de transmisión (...) de una universalidad total o parcial de bienes debe interpretarse en el sentido que comprende la transmisión de un **establecimiento mercantil o** de una **parte autónoma** de una empresa, con elementos corporales y, en su caso, incorporales que, conjuntamente, constituyen una empresa o una parte de una empresa capaz de desarrollar una actividad económica autónoma, pero que no comprende la mera cesión de bienes, como la venta de existencias.

En principio, si este tipo de transmisiones abarcan realmente la totalidad de los activos (inmuebles, incluidos) afectos a la realización de una actividad empresarial, es de aplicación la no sujeción de la transmisión al IVA. **7069**
No obstante, surgen dudas en relación con el régimen aplicable a la transmisión de negocios de **prestaciones de servicios** sin cesión de inmuebles. Al respecto, el TJUE ha señalado que en el caso de que una actividad económica no requiera la utilización de locales específicos o

equipados de instalaciones fijas necesarias para llevar a cabo la actividad económica, puede haber una transmisión de una universalidad de bienes (...) sin la transmisión de los derechos de propiedad de un inmueble (TJUE 10-11-11, asunto C-444/10).

Precisiones La DGT, a través de respuestas a consultas vinculantes, ha venido a establecer en relación con el concepto de **unidad económica autónoma** que:

- es necesario que se acompañe un soporte técnico-administrativo cuando se transmite alguno de los elementos integrantes para la producción de **energía eléctrica** (DGT CV 5-3-12);
- se considera como mera cesión la transmisión de bienes arrendados cuando no se acompaña de una estructura organizativa de factores de producción materiales y humanos o uno de ellos, que permita considerar a la misma constitutiva de una unidad económica autónoma. A efectos de tributación indirecta, la trasmisión de un **aparcamiento** y de la concesión administrativa otorgada para su explotación, sin que la transmisión alcance al resto de elementos organizativos (gerencia y personal), está sujeta a IVA (DGT CV 29-12-09). En el mismo sentido, la transmisión de un contrato de concesión para la construcción y explotación de un aparcamiento está sujeta al IVA si no se produce la transmisión del personal, ni la subrogación del adquirente en los contratos de gestión suscritos por el transmitente (DGT CV 8-6-15);
- la transmisión de un local, clientela, personal, stock e instalaciones existentes que constituyen una **rama de actividad** puede ser considerada como una unidad económica autónoma capaz de desarrollar una actividad económica o profesional por sus propios medios y por lo tanto la transmisión no está sujeta al IVA (DGT CV 13-2-09);
- la transmisión de todos los elementos corporales e incorporales afectos a la denominada área de no medicalizada con excepción de la **licencia de aviación** que le habilita como operador aéreo no resulta impedimento para que la regla de no sujeción no sea de aplicación (DGT CV 14-5-09);
- la transmisión de una **farmacia** a un titulado junto con el personal, existencias e inmuebles afectos puede ser considerada como una unidad económica autónoma capaz de desarrollar una actividad económica o profesional por sus propios medios y por lo tanto, la transmisión no está sujeta a IVA. El hecho de que no se transmite el almacén no desvirtúa la unidad económica configurada por el resto de elementos (DGT CV 9-12-09);
- la transmisión de un inmueble afecto a la actividad de **explotación hotelera** y el contrato de explotación del mismo está sujeta al IVA al constituir una mera cesión de bienes que, por sí misma, no es capaz de funcionar autónomamente al no verse acompañada de una mínima estructura organizativa de factores de producción materiales y humanos. La valoración de la unidad económica autónoma debe realizarse en la entidad transmitente y no en la sociedad adquirente (DGT CV 2-10-14).

7070 **Transmisión de inmueble en el marco de una operación de restructuración empresarial** (LITP art.19, 21 y 45.I.B.10; LIS art.76 y 87) No están sujetas por la modalidad de **OS y** exentas por la modalidad de **AJD y TPO** las operaciones de reestructuración (fusión, escisión, aportación de activos, canje de valores y aportaciones no dinerarias especiales establecidas en la normativa reguladora del IS), siempre que cumplan los requisitos establecidos en la LIS, con independencia de que sea, efectivamente, de aplicación el régimen especial de diferimiento.

Con carácter general, la pluralidad de transmisiones que se producen en virtud de una operación de reestructuración empresarial tiene como causa un **negocio jurídico único** (precisamente la operación societaria que instrumente la restructuración). Sin embargo, a ese negocio jurídico se le pueden superponer otros que no quedan subsumidos en la operación societaria.

En estos casos se debe analizar la situación con todo cuidado, teniendo en cuenta que a una sola convención no puede exigírsele más que el pago de un solo derecho, pero cuando un mismo documento o contrato comprende varias convenciones sujetas al impuesto separadamente, se exige el derecho señalado a cada una de aquellas, salvo en los casos en que se determine expresamente otra cosa (LITP art.4).

7071 En este sentido, resulta conveniente llamar la atención sobre el tratamiento de algunas operaciones en particular.

Así, en el caso de **aportación** no dineraria protegida en la que se transmite un **inmueble** gravado con **hipoteca** se produce la subrogación del adquirente en la posición del transmitente como un efecto más de la transmisión global y, por lo tanto, esta operación está exenta de tributación indirecta (DGT CV 19-4-07).

Sin embargo, en el supuesto de que en el marco de la misma operación se decida transmitir activos de naturaleza inmobiliaria y, además, **distribuir** la **carga hipotecaria** entre varias empresas, estamos ante una convención distinta y nueva, a la que sí es exigible la modalidad de AJD por el otorgamiento de las escrituras que documenten el reparto (la cancelación de las hipotecas estaría, por su parte, exenta de gravamen).

Precisiones En relación a la **redistribución** de la **carga hipotecaria**, la DGT se ha pronunciado varias veces -(entre otras, DGT CV 27-6-05; CV 26-5-14)- indicando que la modificación de la hipoteca inicialmente constituida sobre la finca matriz tiene como principal función la modificación de la hipoteca inicialmente constituida de tal forma que cada una de las nuevas fincas resultantes viene a tener una responsabilidad hipotecaria independiente. Además, señala como elemento fundamental para que no se aprecie doble tributación el hecho de que las operaciones de constitución y redistribución se instrumentan en actos jurídicos independientes.

C. Recuperación por el adquirente de la imposición soportada por el transmitente

En el contexto de una transacción hay diversos motivos por los que es importante para el adquirente analizar las implicaciones fiscales que la estructura de salida va a tener para el vendedor. **7075**

Uno de esos motivos es identificar la posibilidad prevista en la LIS de que el adquirente recupere, en ciertos casos y bajo ciertas condiciones, la imposición soportada por el vendedor en supuestos de compraventa de **acciones y** compraventa de **activos**.

La posición fiscal del transmitente en su desinversión puede no ser neutra para el adquirente ya que, en caso de identificarse esta oportunidad, puede valorarse el potencial **crédito fiscal** que pudiera surgir en beneficio del adquirente y trasladarlo, en su caso, a la determinación del precio de compra.

1. Recuperación del sobreprecio pagado en compraventa de acciones a partir del 1-1-2015

La principal novedad en la LIS es la modificación que introduce en los **métodos de eliminación de la doble imposición interna**. Así, el legislador abandona el método de deducción en cuota como sistema para eliminar la doble imposición doméstica y adopta el método de exención, que ya existía respecto de dividendos y plusvalías de fuente extranjera. Como consecuencia de lo anterior, a partir de la entrada en vigor de la LIS, devino innecesario mantener determinadas previsiones legales (LIS/04 art.89.3, 30.4 y 30.6) que permitían recuperar la imposición del vendedor, sin perjuicio de que se prevean los correspondientes **regímenes transitorios**, que se explican a continuación. **7077**

2. Recuperación del sobreprecio pagado en compraventa de acciones antes del 1-1-2015

Se regulan dos situaciones en las cuales, a través de mecanismos para la corrección de la doble imposición, es posible recuperar la imposición sufrida por el vendedor sobre la parte de la renta obtenida en la transmisión de las acciones o participaciones del Target que se corresponda con **plusvalías latentes** del negocio adquirido. **7080**

Aunque estos mecanismos tienen rasgos comunes (exigencia de prueba de tributación del transmitente), la potencial ventaja fiscal para el adquirente aparece en contextos distintos, ya que uno requiere llevar a cabo una operación de reestructuración previa (fusión por absorción), mientras que el otro se articula a través del reparto de dividendos del Target al adquirente.

Régimen fiscal especial antes del 1-1-2015 (LIS/04 art.89.3) Con carácter general, el régimen de neutralidad fiscal en supuestos de reorganizaciones societarias (fusión, escisión, aportación de activos, canje de valores, etc.) permite que las rentas que se ponen de manifiesto con ocasión de una transmisión de elementos patrimoniales no se integren en la base imponible del transmitente (independientemente de la contabilización de las operaciones) y su **tributación** quede **diferida** hasta la posterior transmisión por el transmitente de los elementos adquiridos en contraprestación. **7081**

Para ello, se establece como regla general que el adquirente de esos elementos los recibe por el mismo **valor** y con la misma **antigüedad** que tenían en la entidad transmitente de modo que, a efectos fiscales, se presume que existe una continuidad en la propiedad de los elementos transmitidos.

Con carácter específico para el supuesto de **fusión por absorción**, se establece una regla especial de valoración que permite a la sociedad absorbente revalorizar, a efectos fiscales, los bienes y derechos adquiridos (incluido el fondo de comercio), siempre que se cumplan ciertos requisitos (nº 7088).

7082 **Eliminación de la doble imposición** (LIS/04 art.89.3) El objetivo legal es eliminar la doble imposición que puede producirse en el marco de una operación de **fusión por absorción**, donde la entidad beneficiaria de la fusión adquirió las participaciones de la entidad absorbida por un precio superior al de sus fondos propios.

En este supuesto, las **plusvalías latentes y** el **fondo de comercio** del negocio, ya gravados en sede de los antiguos socios en el momento de su transmisión, tributarían de nuevo en sede de la entidad adquirente/absorbente con ocasión de la anulación de su participación, sin que la entidad pudiese generar un derecho a aplicar la deducción por doble imposición.

En consecuencia, se establece un mecanismo orientado a eliminar la potencial doble imposición que pudiera surgir en esta tipología de operaciones, con el fin de sostener el **principio de neutralidad fiscal**.

7083 **Regla especial de valoración** (LIS/04 art.89.3) La fórmula legal se traduce en la atribución de efectos fiscales al **sobreprecio** pagado por la entidad absorbente respecto de su participada.

En primer lugar y siguiendo el método de integración global (CCom art.42), el exceso del precio de adquisición sobre el valor de los fondos propios de la entidad adquirida (diferencia de fusión) se asigna a aquellos elementos del activo fijo y circulante recibidos, cuyo valor real sea superior a su valor contable (plusvalías tácitas), de modo que a la hora de determinar la **amortización** fiscalmente deducible, se tiene en cuenta el valor revalorizado.

La parte de aquella diferencia no imputable a los bienes y derechos adquiridos (**fondo de comercio**) es fiscalmente deducible con el límite anual máximo de la veinteava parte de su importe.

7084 Tras la entrada en vigor de la L 16/2013, se establece que el importe de la diferencia fiscalmente deducible que aflora en una fusión se ve minorado por las **bases imponibles** pendientes de compensación en la entidad transmitente que puedan ser compensadas por la entidad adquirente, siempre que se hayan generado durante el período de tiempo en que la entidad adquirente haya participado en la transmitente.

Asimismo, se extiende para los ejercicios **2014 y 2015**, el límite máximo de deducción fiscal del fondo de comercio establecido por el RDL 12/2012 adquirido con motivo de una fusión, correspondiente a la centésima parte de su importe.

7085 **Asignación de la diferencia de fusión** La asignación de la diferencia de fusión es el proceso contable por el que los activos identificables adquiridos y los pasivos asumidos por la entidad adquirente se registran contablemente por su **valor razonable**, siempre y cuando dicho valor razonable pueda ser medido con suficiente fiabilidad, siendo el fondo de comercio la parte de la diferencia de fusión que no ha podido asignarse a elementos concretos o remanente.

Desde el punto de vista fiscal, este proceso puede no ser neutro, puesto que la revalorización derivada de la asignación de la diferencia de fusión tiene plenos efectos fiscales y diferente repercusión en función de la naturaleza de los **bienes** de que se trate:

• Asignación de valor a elementos del **inmovilizado material**, inmovilizado **intangible** con vida útil definida **e inversiones inmobiliarias** (LIS/04 art.11). La revalorización fiscal implica que la amortización se determine sobre el nuevo valor del activo. Esta amortización tiene carácter de gasto deducible en el IS siempre que dicho gasto esté contabilizado y se corresponda con la depreciación efectiva que sufra el inmovilizado material por su funcionamiento, uso, disfrute u obsolescencia.

7086 • Asignación de valor a elementos del inmovilizado **intangible con vida útil indefinida** (LIS/04 art.12.7). Tiene plenos efectos fiscales igualmente la revalorización de este tipo de activos siempre que se cumplan los requisitos dispuestos en la LIS. Adicionalmente, esta deducción no está condicionada a su imputación contable en la cuenta de pérdidas y ganancias. Las cantidades deducidas reducen el valor fiscal del inmovilizado.

• **Fondo de comercio**. El remanente no imputable a elementos del activo fijo es fiscalmente deducible, con el límite anual máximo de la veinteava parte de su importe. La deducibilidad de la referida diferencia no está condicionada a su imputación contable en la cuenta de pérdidas y ganancias, aunque es necesario que se dote una reserva indisponible por un importe igual o superior a la deducción fiscal.

7087 **Determinación de la diferencia de fusión** La fecha que se ha de tener en cuenta para determinar la diferencia de fusión es aquella en que la fusión produce efectos jurídicos, que se corresponde con el momento de la **inscripción** de la escritura en el RM (TS 31-1-17, EDJ 3021).

En un caso de fusión por absorción de entidades participadas en su totalidad, a efectos de cuantificación del **fondo de comercio** susceptible de amortizarse en los términos del art.89.3 TRLIS ha de estarse a la fecha de adquisición de la cartera, esto es, a la denominada primera consolidación anterior a la fusión (TS 4-5-22, EDJ 566318).

Requisitos del régimen fiscal (LIS/04 art.89.3) Los requisitos establecidos para que la diferencia de fusión tenga efectos fiscales son los siguientes: **7088**
a) **Participación previa del 5%.** Es necesario que la entidad adquirente participe en al menos el 5% del capital de la entidad transmitente. Este requisito elimina la posibilidad de generar fondo de comercio deducible en el contexto de una fusión inversa.
b) **Tributación de un importe equivalente a la diferencia de fusión en una transmisión previa.** Legalmente se niega la aplicación del régimen fiscal en los supuestos en los que el legislador presume que no se ha dado la referida tributación, en función de la naturaleza del transmitente de la participación.
Así, se **excluye** la **deducibilidad** de la diferencia de fusión cuando la participación se haya adquirido de:
- personas o entidades no residentes en territorio español;
- personas físicas residentes en territorio español vinculadas o no con la entidad adquirente; o
- entidad vinculada con la adquirente cuando la entidad, a su vez, adquirió la participación de las personas o entidades referidas en los párrafos anteriores.

Sin embargo, en estos supuestos, tiene efectos fiscales la imputación del exceso del precio de adquisición sobre el valor de los fondos propios de la participación cuando: **7089**
- la participación se hay adquirido a personas o entidades **no residentes** o bien a una entidad vinculada con la adquirente que, a su vez, adquirió la participación de las referidas personas o entidades no residentes, cuando el exceso haya tributado en España a través de cualquier transmisión anterior de la participación;
- el sujeto pasivo pruebe que un importe equivalente a la misma ha tributado efectivamente en otro Estado miembro de la UE, en concepto de beneficio obtenido con ocasión de la transmisión de la participación, soportando un **gravamen equivalente** al que hubiera resultado de aplicar este impuesto, siempre que el transmitente no resida en un país o territorio calificado como paraíso fiscal;
- la participación se haya adquirido a personas físicas **residentes** en territorio español o bien a una entidad vinculada cuando esta última, a su vez, adquirió la participación de las referidas personas físicas, cuando se pruebe que la ganancia patrimonial obtenida por las personas físicas se ha integrado en la base imponible del IRPF.
En cuanto a la forma de expresar la **prueba**, vale cualquier medio de prueba admitido en Derecho siempre que de la misma se justifique que la ganancia patrimonial se ha integrado en la base imponible del IRPF.

Precisiones **1)** En el caso en el que las participaciones hayan sido adquiridas a personas físicas, es necesario acreditar que la **ganancia patrimonial** integrada en el base imponible del IRPF es, al menos, igual al importe de la diferencia entre el precio de adquisición y el valor de los fondos propios existente en el momento de realizarse la fusión (DGT CV 28-6-09; CV 28-7-10; CV 24-1-12).
2) La justificación de la integración de la ganancia patrimonial en la base imponible de los socios es una **cuestión de hecho** que debe acreditarse por cualquier medio de prueba admitido en Derecho. La norma fiscal no especifica cuáles son los métodos idóneos para llevar a cabo la acreditación (DGT CV 28-7-10).
3) **«Lavado del fondo de comercio»**. No cabe considerar como verdadero transmitente a la sociedad residente interpuesta con la única finalidad de eludir el cumplimiento del requisito establecido en la LIS/04 art.89.3 respecto de la residencia en territorio español de los socios transmitentes (AN 30-9-10, EDJ 204292).
4) La información relativa a la tributación de los vendedores de las acciones que resulta necesaria para que el sujeto pasivo pueda probar su derecho a la deducción por doble imposición, está a disposición de la Administración tributaria por lo que debió incorporarla al proceso de **Inspección** a solicitud del interesado. Solo la Administración tributaria tiene conocimiento tanto de la identidad de los accionistas como de los importes que se deben integrar en la base imponible (AN 4-3-10, EDJ 15163).

c) **Transmitente no vinculado con el adquirente.** No resulta deducible la diferencia de fusión en el supuesto en el que la entidad adquirente y la entidad transmitente de la participación formen parte de un **grupo** de sociedades según los criterios del CCom art.42, cualquiera que sea la residencia de esas entidades y la obligación de formular cuentas consolidadas. **7090**
Este requisito no se aplica respecto del precio de adquisición de la participación satisfecho por la persona o entidad transmitente cuando, a su vez, la hubiese adquirido de personas o entidades no vinculadas residentes en territorio español.

Régimen fiscal especial después del 1-1-2015 (LIS disp.trans.27ª) Con la entrada en vigor de la nueva LIS, desaparece la LIS/04art.89.3. El **régimen transitorio** aplicable a las adquisiciones realizadas con anterioridad a su entrada en vigor se regula en la LIS disp.trans.27ª. Esta previsión legal tiene como finalidad evitar posibles situaciones de doble **7091**

imposición que se producirían respecto de adquisiciones anteriores a 1-1-2015 y prevé la posibilidad de otorgar eficacia fiscal a la diferencia de fusión en términos similares a la LIS/04 art.89.3, siempre que se hubiese adquirido la participación en un período impositivo iniciado, en el transmitente, antes del 1-1-2015.

7092 **Motivo económico válido** (LIS/04 art.96) Es requisito indispensable para la aplicación del régimen fiscal especial de la LIS Título VII Capítulo VIII la existencia de una motivación económica para llevar a cabo la reorganización como, entre otras, la **reestructuración o** la **racionalización** de las actividades que lleven a cabo las entidades que pretendan la aplicación del régimen.

En concreto, no se permite la aplicación del régimen especial cuando la finalidad de la operación de reestructuración es meramente la obtención de una **ventaja fiscal**. En consecuencia, y adicionalmente a los requisitos específicos exigidos (nº 7088), es necesario tener en cuenta la existencia de motivos económicos válidos a la hora de evaluar la aplicación de este mecanismo de recuperación de la imposición pagada por el transmitente.

7093 El análisis sobre la existencia de motivo económico válido en el contexto de una reestructuración en la que el contribuyente obtiene una ventaja fiscal como consecuencia de la aplicación del régimen fiscal especial es una cuestión polémica y compleja que debe ser analizada caso por caso.

El fraude o **evasión fiscal** que se trata de evitar se ha de entender como el procedimiento cuya finalidad es eludir la tributación o reducir considerablemente la que correspondería por medio de aplicar un régimen fiscal no diseñado por el ordenamiento jurídico para ese supuesto.

En contraposición, la llamada **economía de opción** surge cuando la ley permite distintas formas de someter a imposición una determinada operación, y el contribuyente opta por aplicar aquella opción menos gravosa. La jurisprudencia y la DGT han ido perfilando los supuestos en los que se presume que existen motivos económicos suficientes para llevar a cabo de operación de reestructuración.

Precisiones 1) Se denuncia la utilización abusiva por parte de la Inspección de las **cláusulas anti-abuso** y la práctica de negar sistemáticamente la posición del contribuyente, sin valorar las pruebas que se aportan y sin fundamentar su negativa (AN 16-2-11, EDJ 12229).

2) Se delimita el concepto de motivo económico válido a efectos de caracterización del requisito de ausencia de fines de evasión. Se examina la operación de fusión posterior a una adquisición de sociedad con endeudamiento de la adquirente (**fusión apalancada**). No procede la aplicación del régimen fiscal especial pues no existen motivos económicos válidos (AN 23-12-10, EDJ 271154).

3) Los **motivos económicos válidos** deben apreciarse atendiendo a las circunstancias concurrentes en cada caso concreto, tanto anteriores, como simultáneas o posteriores (DGT CV 28-3-23, en línea con TJUE 8-3-17, asunto C-14/16).

7093.1 **Motivo económico válido a partir del 1-1-2015** (LIS art.89) La LIS introduce una novedad en la **cláusula antifraude** y establece que las actuaciones de la Administración tributaria que determinen la inaplicación total o parcial del régimen fiscal especial al entender que no existe motivo económico válido que ampare la reorganización, deben eliminar exclusivamente los efectos de la ventaja fiscal.

7094 **Deducción por doble imposición antes del 1-1-2015** Legalmente se cuenta con mecanismos adicionales para evitar la doble imposición que puede generarse respecto de aquellos **beneficios distribuidos** por una sociedad española que se correspondan con rentas (expresas o tácitas) ya existentes en el momento de adquisición de la participación en la sociedad por el actual accionista y que, por tanto, han podido sufrir ya imposición en sede de los anteriores socios en forma de impuesto sobre la renta derivada de la transmisión de su participación.

La aplicación de estos mecanismos se articula a través y en el **momento** de la distribución de tales beneficios al nuevo socio y en sede de este.

7095 **Reservas expresas ya realizadas en el momento de la adquisición de la participación por el nuevo socio** (LIS/04 art.30.4.e) Legalmente se contempla una restricción a la aplicación de la deducción por doble imposición en los supuestos en los que la distribución del dividendo no determina la **integración** de renta en la **base imponible**.

En la práctica, esta situación ocurre en los casos en que la entidad receptora del dividendo hubiese adquirido la participación en su filial española pagando un **sobreprecio** sobre el valor nominal de las acciones que se corresponde con reservas generadas por la sociedad participada con anterioridad a la compra (reservas expresas).

Siguiendo la normativa contable, los dividendos distribuidos tras la adquisición que procedan inequívocamente de resultados generados con anterioridad a la fecha de adquisición de la participación **no** se reconocían como **ingreso** en la cuenta de pérdidas y ganancias, sino que disminuyen el coste de la inversión.
En consecuencia, la distribución de dividendos pre-adquisición no genera ingreso contable (ni fiscal) y, por ello, no se da una doble imposición que hubiese de ser corregida a través del mecanismo de la deducción.

No obstante, se permite en este supuesto aplicar la deducción por doble imposición a los dividendos distribuidos con cargo a reservas expresas siempre que el **sujeto pasivo** pruebe que un importe equivalente al dividendo o participación en beneficios se ha integrado en la base imponible del IS o del IRPF, en concepto de renta obtenida en la transmisión en sede de los anteriores socios. **7096**
Esta **prueba** puede hacerse por cualquiera de los medios de prueba admitidos en derecho (LGT art.106; LEC art.205).
No obstante, en la medida en que no se pruebe que ha habido una integración en la base imponible, o que esta integración ha sido parcial, no procede deducción por doble imposición o en caso de **integración parcial**, procede en la parte integrada efectivamente en la base imponible.
Adicionalmente, el adquirente no puede aplicar esta deducción en aquellos casos en los que el transmitente ha aplicado la deducción por doble imposición interna de plusvalías, prevista en la LIS/04 art.30.5.

Precisiones Cabe plantearse la aplicación del régimen transitorio cuando se pruebe la integración previa de un importe equivalente al dividendo o participación en beneficios en la base imponible del IRNR. Una interpretación finalista de la norma llevaría a admitir esta posibilidad (DGT CV 7-8-09; CV 7-8-09).

Cuando el vendedor se aplica la deducción por **reinversión** de **beneficios extraordinarios** por la renta obtenida en la transmisión de la participación, se prevé que el importe de la deducción sea del 18% del importe del dividendo o de la participación en beneficios. **7097**

Precisiones Debe entenderse que la LIS/04 art.30.4.e incluye a las personas o entidades no residentes como sujetos transmitentes de la participación, de manera que debe **equipararse** la **tributación** por el IRNR con respecto a la tributación por el IS o por el IRPF, según las circunstancias que se produzcan en cada caso concreto (DGT CV 7-8-09; CV 7-8-09).
Como consecuencia de la entrada en vigor de la L 16/2013, se estableció la no deducibilidad fiscal del **deterioro de valor** de las participaciones en el capital social o fondos propios de entidades. En consecuencia, la nueva redacción de la LIS/04 art.34 ya no hacía referencia a la no aplicación de la deducción por doble imposición en los supuestos en los que la distribución del dividendo haya producido una pérdida por deterioro del valor de la participación, por lo que la deducción por doble imposición establecida en el citado precepto queda limitada únicamente al supuesto de reservas pre-adquisición que no supongan ingreso contable para la entidad que recibe el dividendo.

Reservas tácitas no realizadas en el momento de la adquisición de la participación por el nuevo socio (LIS/04 art.30.6) Se establece la no integración en la base imponible del socio de los dividendos recibidos de su filial con cargo a reservas generadas *post-compra* (reservas tácitas) concediendo además el derecho a aplicar una deducción sobre esos dividendos en los términos previstos en la LIS/04 art.30.1 y 2. **7098**
El supuesto de hecho que se prevé legalmente es la adquisición de las participaciones en una entidad por un valor superior a su valor nominal, donde el sobreprecio pagado se corresponde con expectativas de **beneficios futuros**.
En este contexto, la plusvalía asociada a esta transmisión tributa en los antiguos socios con ocasión de la transmisión y tributa de nuevo en sede de la entidad adquirente cuando, una vez materializados los beneficios, la sociedad los reparte en forma de dividendos al nuevo socio.

Tras la eliminación por la L 16/2013 de la deducibilidad fiscal del **deterioro de cartera**, el ingreso fiscal de la entidad receptora del dividendo ya no se ve compensado por el deterioro del valor de su participación consecuencia de la caída de fondos propios en el reparto de dividendos de su filial, de modo que la norma permite eliminar la nueva imposición que sufriría la reserva tácita una vez realizada permitiendo al socio excluir la renta de su base imponible mediante un ajuste fiscal. Este dividendo minora el valor fiscal de la participación. **7098.1**
La aplicación de la deducción requiere la **prueba** por el sujeto pasivo de la tributación de un importe igual al dividendo en sede del transmitente en los términos establecidos en la LIS/04 art.30.4.e.

Si el adquirente no prueba la **tributación previa** de las reservas tácitas en sede del anterior transmitente, el dividendo debe integrarse como ingreso en la base imponible y procede la aplicación de la deducción por doble imposición prevista en la LIS/04 art.30.1 y 2. En este caso, por tanto, el dividendo no reduce el coste de adquisición de la participación.

7099 **Deducción por doble imposición a partir del 1-1-2015** Los mecanismos para recuperar la imposición del vendedor vía distribución de dividendos recogidos en la LIS/04 art.30.4.e y 30.6 también pierden su razón de ser con la entrada en vigor de la LIS al quedar, por lo general, las plusvalías derivadas de la transmisión de acciones realizadas a partir de la entrada en vigor de la LIS exentas de tributación en virtud de lo dispuesto en la LIS art.21. Los supuestos de **adquisición de participaciones** que se produzcan en períodos impositivos iniciados en el transmitente, con anterioridad a 1-1-2015 se regulan en la LIS disp.trans.23ª y se establece que los dividendos o participaciones en beneficios correspondientes a valores representativos del capital o de los fondos propios de entidades residentes en territorio español que cumplan los requisitos para aplicar la exención para evitar la doble imposición sobre dividendos y plusvalías regulada en la LIS art.21, tienen derecho a la exención prevista en este precepto.

Adicionalmente, se prevé que la **distribución de dividendos** que se corresponda con una diferencia positiva entre el precio de adquisición y el valor de las aportaciones de los socios no tiene la consideración de renta y minora el valor fiscal de la participación. Asimismo, la distribución de dividendos o participaciones en beneficios correspondientes a valores representativos del capital o de los fondos propios de entidades residentes en territorio español da derecho a una deducción del 100% en la cuota íntegra siempre que se pruebe que un importe equivalente al dividendo o participación en beneficio se integró en la base imponible del IS o IRPF en los mismos términos que se disponía en la LIS/04 art.30.4.e y 6. La LIS disp.trans.23ª establece que la deducción se debe aplicar igualmente en los supuestos en los que la distribución de dividendos o participación en beneficios no determinen la integración de renta en la base imponible por no tener la consideración de ingreso.

Precisiones Cabe plantearse la aplicación del régimen transitorio cuando se pruebe la **integración previa** de un importe equivalente al dividendo o participación en beneficios en la base imponible del IRNR. Una interpretación finalista e integradora de la norma llevaría a admitir esta posibilidad (ver nº 7097 y DGT CV 7-8-09; CV 7-8-09).

3. Recuperación del sobreprecio pagado en la compraventa de activos

7100 Si la transacción se articula a través de una compraventa de activos, los bienes y derechos adquiridos se han de registrar contablemente por su valor razonable.

Desde el punto de vista fiscal, la regla general de valoración para tal supuesto es valorar los elementos patrimoniales adquiridos por su **valor razonable** (LIS/04 art.15).

En este sentido, el valor de los activos que resulta de la regla de valoración tiene los siguientes **efectos** fiscales:

• **Inmovilizado material**, inmovilizado **intangible** con vida útil definida **e inversiones inmobiliarias** (LIS/04 art.11). La revalorización fiscal conlleva que la amortización se realice sobre el nuevo valor del activo. La amortización contable es deducible en el IS siempre que el gasto esté contabilizado en la cuenta de pérdidas y ganancias y se corresponda con la depreciación efectiva que sufra el inmovilizado por su funcionamiento, uso, disfrute u obsolescencia.

La LIS **eliminó los requisitos de adquisición** a título oneroso y no pertenencia al grupo de sociedades respecto de la amortización del inmovilizado intangible de vida útil definida para los períodos impositivos iniciados a partir del 1-1-2015. Adicionalmente, la LIS art.12.2 estableció que el **inmovilizado intangible con vida útil** definida se amortizaría atendiendo a su duración y, por tanto, eliminó el período de amortización mínimo de 10 años que existía con la LIS/04. A partir de 1-1-2016, se modificó la LIS art.12.2, eliminando la referencia a inmovilizado intangible con vida útil definida para adaptarlo a la reforma contable operada por el RD 602/2016, que asume que todos los intangibles tienen vida útil, aunque en algunos casos no pueda estimarse con fiabilidad.

7101 A este respecto, los métodos de amortización que se prevén son los siguientes:

- amortización según tablas de amortización oficialmente aprobadas;
- método de porcentaje constante;
- método de números dígitos; y
- planes de amortización formulados por el sujeto pasivo.

• **Inmovilizado intangible con vida útil indefinida** (LIS/04 art.12.7). La revalorización fiscal de este tipo de activos tiene plenos efectos fiscales siempre que se cumplan los siguientes **requisitos**:
- que se haya puesto de manifiesto en virtud de una adquisición a título oneroso; y
- que la entidad adquirente y transmitente no formen parte de un grupo de sociedades según los criterios establecidos en el CCom art.42, con independencia de la residencia y de la obligación de formular cuentas anuales consolidadas.

La LIS eliminó los **requisitos de adquisición a título oneroso** y no pertenencia al grupo de sociedades como condiciones para poder amortizar el inmovilizado intangible de vida útil indefinida para los períodos impositivos iniciados a partir del 1-1-2015. Adicionalmente, la LIS art.13.3 establecía que el **inmovilizado intangible con vida útil** indefinida se debe amortizar con el límite anual máximo del 5% de su importe sin necesidad de imputación contable (2% para los períodos impositivos iniciados en 2015 con arreglo a la LIS disp.trans.34ª.e).
A partir del 1-1-2016, se modificó la LIS art.12.2 y se derogó la LIS art.13 para acomodar la normativa fiscal a la reforma contable. Se regula la amortización del inmovilizado intangible cuya vida útil no pueda estimarse de manera fiable (y desaparece la categoría contable de inmovilizado con vida útil indefinida). En estos supuestos, la amortización es deducible con el límite anual máximo del 5% de su importe.
Adicionalmente, la modificación del CCom art.39.4 implica que, **a partir del 1-1-2016**, el inmovilizado intangible sea objeto de amortización contable de modo que, en los ejercicios iniciados a partir de esa fecha, la LIS requiere imputación contable del gasto por amortización para su deducibilidad fiscal.

• **Fondo de comercio** (LIS/04 art.12.6). La diferencia entre el precio de adquisición de los activos y el valor neto contable que no haya sido asignado a activos concretos (p.e., clientes, marcas, etc.), con el límite del **valor de mercado**, es considerado como fondo de comercio. 7102
Este fondo de comercio es deducible con el límite anual máximo de la veinteava parte de su importe, siempre que:
- se haya puesto de manifiesto en virtud de una adquisición a título oneroso;
- la entidad adquirente y transmitente no formen parte de un grupo de sociedades según los criterios establecidos en el CCom art.42, con independencia de la residencia y de la obligación de formular cuentas anuales consolidadas; y
- se haya dotado una reserva indisponible, al menos, por el importe fiscalmente deducible, en los términos establecidos en la legislación mercantil.

En este supuesto, la deducibilidad no está condicionada a la inscripción contable, aunque sí es necesario dotar una **reserva indisponible** por un importe igual o superior a la deducción fiscal, de manera que la cantidad deducible reduce el valor fiscal de fondo de comercio.
A partir de la entrada en vigor de la LIS, se **eliminan** los requisitos de adquisición a título oneroso y no pertenencia al grupo de sociedades, así como la necesidad de dotar una reserva indisponible para poder amortizar el fondo de comercio. El **porcentaje** de amortización es del 5% (1% para los períodos impositivos iniciados en 2015 con arreglo a la LIS disp.trans.34ª.d).
A partir del **1-1-2016**, se requiere imputación contable del gasto por amortización del fondo de comercio para su deducibilidad fiscal.

D. Repatriación de flujos de efectivo

En función de la forma en que se lleve a cabo la financiación de la compra y del crecimiento del negocio adquirido, el adquirente puede ir extrayendo los **excedentes** de **caja** de la sociedad adquirida a lo largo de la vida de la inversión. 7105
En el caso de que la adquisición se haya financiado con **deuda** asumida por una entidad por encima de la sociedad adquirida, será necesario proceder a la extracción de la caja generada por el negocio adquirido, hasta hacerla llegar a dicha entidad deudora para que pueda afrontar el servicio de la deuda de compra.
La repatriación de flujos hacia el adquirente suele llevarse a cabo por alguna de las siguientes **vías**:
- el pago de intereses y la devolución del principal de préstamos (nº 7110);
- el pago de dividendos (nº 7115);
- la reducción de capital social para devolución de aportaciones (nº 7125); y
- el reparto de la prima de emisión/asunción (nº 7130).

1. Pago de intereses y devolución del principal de préstamos

7110 Con carácter general, el pago de intereses está sujeto a **retención** a cuenta de la imposición final del perceptor al tipo del 19%.
Esta tributación puede verse reducida por aplicación de las **exenciones** recogidas en la normativa interna o de los tipos reducidos y/o exclusiones de tributación en la fuente que puedan derivar de los convenios de doble imposición.
La devolución del principal de préstamos no da lugar a renta tributable para el prestamista.

7111 **Perceptor contribuyente del IRPF** (RIRPF art.75.3) Se establecen una serie de excepciones a la obligación de retener y de ingresar a cuenta en relación con ciertas rentas satisfechas a contribuyentes por este impuesto.

7112 **Perceptor contribuyente del IS y del IRNR con establecimiento permanente** (RIS art.61) Se recogen una serie de excepciones a la obligación de retener y de ingresar a cuenta en relación con ciertas rentas satisfechas a contribuyentes por este impuesto.
En lo que resulta de aplicación al ámbito de las transacciones, la financiación recibida de entidades residentes en España está, por lo general, sometida a retención salvo que se trate de:
• Intereses y comisiones de préstamos que constituyen ingreso de las **entidades de crédito** y establecimientos financieros de crédito inscritos en los registros especiales del Banco de España, residentes en territorio español.
• Intereses y demás rendimientos satisfechos entre sociedades que forman parte de un **grupo** que tributa en el régimen de los grupos de sociedades.

7113 **Perceptor contribuyente del IRNR sin establecimiento permanente** (LIRNR art.25.2) Están exentos de retención en España los intereses y demás rendimientos obtenidos por la cesión a terceros de capitales propios obtenidos sin mediación de establecimiento permanente por residentes en otro Estado miembro de la UE o del EEE por establecimientos permanentes de los residentes situados en otro Estado miembro de la UE o del EEE.
En ningún caso es de aplicación esta exención a los intereses obtenidos a través de los países o territorios que tengan la consideración de **paraíso fiscal**.
Asimismo, no están sometidos a retención en España los intereses satisfechos a contribuyentes del IRNR que puedan beneficiarse de un **convenio** para evitar la **doble imposición** firmado por España que excluya la tributación en el Estado de la fuente.
En relación con los convenios de doble imposición cabe destacar los recientes cambios que el **Convenio Multilateral** es susceptible de aplicar sobre los convenios de doble imposición firmados de manera bilateral entre dos jurisdicciones.

Precisiones La sentencia TJUE 26-2-19, asunto C-115/16 declara que la exención sobre intereses prevista en la Dir 2003/49/CE -intereses y cánones- se puede denegar, tanto por no concurrir en el perceptor la condición de **beneficiario efectivo**, como sobre la base del **abuso de derecho**, pudiendo suponer la concurrencia de cualquiera de estas circunstancias la inaplicación de la exención prevista en la Directiva. Se considera que constituye un principio general del Derecho de la UE la prohibición de su invocación abusiva y, por tanto, se trata de un principio que no está sometido a la necesidad de transposición al Derecho nacional.
La doctrina del TJUE se examina y se aplica en TEAC Resol 8-10-19, en la que considera que la exención de intereses prevista en la LIRNR art.14.1.c queda reservada a los beneficiarios efectivos de los intereses por aplicación de la Directiva.
Ver también TJUE 26-2-19, asunto C-116/16, relativa a la exención sobre dividendos prevista en la Dir 90/435/CEE (actual Dir 2011/96/UE), que también se examina y aplica por el TEAC en una segunda Resol 8-10-19.
No obstante, resulta importante destacar la AN 21-5-21, EDJ 607716 (refrendada por el TS 8-6-23, EDJ 597061) -en una sentencia sobre dividendos, pero entendemos igualmente extrapolable al caso de los intereses- con un criterio interpretativo diferente al que venía sosteniendo tanto la propia AN como el TS y, apoyándose para ello en una Sentencia del TJUE 7-12-17 en la que se llega a la conclusión de que es a la Administración a quien en primera instancia corresponde demostrar que concurren los elementos constitutivos de la práctica abusiva (carencia de motivos económicos válidos y razones empresariales sustantivas) a través de un ejercicio probatorio suficiente, no pudiendo trasladarse al contribuyente la carga de prueba.
Otras resoluciones del TEAC posteriores vuelven a incluir los argumentos del TEAC Resol 8-10-19 y el TJUE 26-2-19, asunto C-116/16. No obstante, en estas resoluciones del TEAC, es la administración la que tiene que **probar** que el receptor del interés no es el beneficiario efectivo (TEAC resol 20-3-24).
Debe hacerse notar, sin perjuicio de la aplicación de la cláusula sobre beneficiario efectivo, la incorporación del MC OCDE art.29 en la versión de 2017 o de las normas equivalentes del Convenio Multilateral sobre limitación de beneficios (nacidos a consecuencia del Proyecto BEPS y su acción 6) para evitar **situaciones abusivas** del tratado, así como las consideraciones generales y las normas antiabuso que proponen los Comentarios al art.1 del Modelo.

2. Pago de dividendos

Con carácter general, el pago de dividendos está sujeto a **retención** a cuenta de la imposición final del perceptor al tipo del 19%. 7115

Socio contribuyente por el IRPF (LIS art.128; RIS art.61) Sigue la regla general de retenciones. 7116

Socio contribuyente por el IS (RIS art.61) Con carácter general, se recogen una serie de **excepciones** a la obligación de retener y de ingresar a cuenta en relación con ciertas rentas satisfechas a contribuyentes por este impuesto, entre las que se encuentran las siguientes: 7117

• Los dividendos o participaciones en beneficios, intereses y demás rendimientos satisfechos entre sociedades que forman parte de un **grupo** que tributa en el régimen de los grupos de sociedades.

• Los dividendos o participaciones en beneficios repartidos por **AIE**, españolas o europeas, **y** por **UTEs**, salvo aquellas que deben tributar conforme a las normas generales del IS, que correspondan a socios que deban soportar la imputación de la base imponible y procedan de períodos impositivos durante los cuales la entidad haya tributado según lo dispuesto en el régimen especial de la LIS Título VII Capítulo.

• Los dividendos o participaciones en beneficios que den lugar a la **exención para evitar la doble imposición** a que se refiere la LIS art.21 aptdo.1. A estos efectos, la entidad perceptora deberá comunicar a la entidad obligada a retener que concurren los requisitos establecidos en el citado precepto. La comunicación contendrá, además de los datos de identificación del perceptor, los documentos que justifiquen el cumplimiento de los referidos requisitos.

Socio contribuyente por el IRNR (LIRNR art.14.1.h) La normativa interna incorpora las disposiciones de la Directiva Matriz/Filial EU en relación con el tratamiento fiscal de los dividendos. Con arreglo a esta normativa, los beneficios distribuidos por las **sociedades filiales** residentes en territorio español a sus sociedades matrices residentes en otros Estados miembros de la UE o a los establecimientos permanentes de estas últimas situados en otros Estados miembros están exentos de tributación en España, cuando concurren los siguientes **requisitos**: 7118

a) Que ambas sociedades estén **sujetas y no exentas** a alguno de los tributos que gravan los beneficios de las entidades jurídicas en los Estados miembros de la UE, mencionados en la Dir 90/435/CEE art.2.c (actual Dir 2011/96/UE), relativa al régimen aplicable a las sociedades matrices y filiales de Estados miembros diferentes, y los establecimientos permanentes estén sujetos y no exentos a imposición en el Estado en el que estén situados.

b) Que la distribución del beneficio no sea consecuencia de la **liquidación** de la sociedad filial.

c) Que ambas sociedades revistan alguna de las formas previstas en el anexo de la Dir 90/435/CEE (actual Dir 2011/96/UE).

Precisiones La sentencia TJUE 26-2-19 asunto 116/16, relativa a la aplicación de la exención sobre dividendos prevista en la Dir 90/435/CEE (actual Dir 2011/96/UE) -matriz-filial- reitera las ideas de la sentencia sobre intereses (ver nº 7113) en cuanto al **abuso de derecho**. Si bien la Directiva matriz-filial no establece el requisito de **beneficiario efectivo** al regular la exención, el TJUE indica que «si el beneficiario efectivo de un pago de dividendos tiene su residencia fiscal en un Estado tercero, la denegación de la exención contemplada en la Dir 90/435/CEE art.5 (actual Dir 2011/96/UE) no precisa en absoluto que se constate un fraude o un abuso de Derecho», por lo que la condición de beneficiario efectivo podría ser necesaria también para la exención de los dividendos. La doctrina del TJUE sobre dividendos se examina también por el TEAC en una segunda Resol 8-10-19.
No obstante, resulta importante destacar la AN 2467-21 de 21-5-21, con un criterio interpretativo diferente al que venía sosteniendo tanto la propia AN como el TS y, apoyándose para ello en la TJUE 7-12-17 en la que se llega a la conclusión de que es a la Administración a quien en primera instancia corresponde demostrar que concurren los elementos constitutivos de la práctica abusiva (carencia de motivos económicos válidos y razones empresariales sustantivas) a través de un ejercicio probatorio suficiente, no pudiendo trasladarse al contribuyente la carga de prueba.

Sociedad matriz Tiene la consideración de sociedad matriz aquella entidad que posee en el capital de otra sociedad una participación directa o indirecta de, al menos, el **5%** teniendo esta última la consideración de sociedad filial. 7119

La mencionada participación debe haberse **mantenido** de forma ininterrumpida durante el año anterior al día en que es exigible el beneficio que se distribuye o, en su defecto, durante el tiempo que sea necesario para completar un año. En este último caso, la cuota tributaria ingresada es devuelta una vez cumplido el citado plazo. Para el **cómputo del plazo** se tiene también en cuenta el periodo en que la participación haya sido poseída ininterrumpidamente por otras entidades que reúnan las circunstancias a que se refiere el CCom art.42 para formar parte del mismo grupo de sociedades, con independencia de la residencia y de la obligación de formular cuentas anuales consolidadas.

La **residencia** se determina con arreglo a la legislación del Estado miembro que corresponda, sin perjuicio de lo establecido en los convenios para evitar la doble imposición.

Precisiones **1)** Hasta 31-12-2020, también tenía la consideración de sociedad matriz aquella entidad cuyo valor de adquisición de la participación fuese **superior a 20 millones de euros**, teniendo la participada la consideración de sociedad filial.
2) La LIRNR disp.tran.2ª establece un **régimen transitorio** conforme al cual la exención del art.14.1.h) será de aplicación durante los años 2021, 2022, 2023, 2024 y 2025 a las participaciones adquiridas antes del 1-1-2021 cuyo valor de adquisición sea superior a 20 millones de euros sin que sea necesario que la participación, directa o indirecta, alcance el 5% en el capital y siempre que se cumplan los restantes requisitos establecidos en dicho precepto.

7120 **Cláusula anti-abuso** La LIRNR establece una cláusula anti-abuso que tiene por finalidad evitar la utilización de sociedades residentes en la UE por parte de **inversores no comunitarios** con la única finalidad de beneficiarse de la exención derivada de la Directiva Matriz-Filial.
Con arreglo a esta cláusula, la exención no es de aplicación cuando la mayoría de los derechos de voto de la sociedad matriz se posee, directa o indirectamente, por personas físicas o jurídicas que no residen en Estados miembros de la UE o del Espacio Económico Europeo con los que exista un efectivo intercambio de información en materia tributaria, **excepto** cuando la constitución y operativa de la sociedad matriz responda a motivos económicos válidos y razones empresariales sustantivas. Ver también nº 7118.

7121 La exención sobre dividendos se aplica igualmente a los beneficios distribuidos por las **sociedades filiales** residentes en territorio español a sus sociedades matrices residentes en los Estados integrantes del Espacio Económico Europeo **o** a los **establecimientos permanentes** de estas últimas situados en otros Estados integrantes, cuando concurran los siguientes **requisitos**:
a) Los Estados integrantes del Espacio Económico Europeo donde residen las sociedades matrices tengan un intercambio de información en materia tributaria.
b) Se trata de sociedades **sujetas y no exentas** a un tributo equivalente a los que gravan los beneficios de las entidades jurídicas en los Estados miembros de la UE, mencionados en la Dir 2011/96/UE, relativa al régimen aplicable a las sociedades matrices y filiales de Estados miembros diferentes, y los establecimientos permanentes estén sujetos y no exentos a imposición en el Estado en el que están situados.
c) Las **sociedades matrices** residentes en los Estados integrantes del Espacio Económico Europeo revisten alguna forma equivalente a las previstas en la Dir 2011/96/UE anexo.
d) Se cumplen los restantes requisitos establecidos en los apartados anteriores.
La Ministra de Hacienda podrá declarar, a condición de **reciprocidad**, que esta exención sea de aplicación a las sociedades filiales que revistan una forma jurídica diferente de las previstas en el anexo de la Directiva y a los dividendos distribuidos a una sociedad matriz que posea en el capital de una sociedad filial residente en España una participación directa o indirecta de, al menos, el 5%, siempre que se cumplan las restantes condiciones establecidas en el LIRNR art.14.1.h.
Hasta 31-12-2020, también se preveía esta posibilidad cuando la sociedad matriz poseyese en el capital de una sociedad filial residente en España una participación cuyo el valor de adquisición fuese superior a 20 millones de euros, siempre que se cumpliesen las restantes condiciones establecidas en el LIRNR art.14.1.h.
No obstante, los tipos impositivos por normativa doméstica aplicables, los mismos pueden reducirse igualmente por aplicación de Convenios de Doble Imposición. En relación con los convenios de doble imposición cabe destacar los recientes cambios que el Convenio Multilateral es susceptible de aplicar sobre los convenios de doble imposición firmados de manera bilateral entre dos jurisdicciones.

3. Reducción de capital social para devolución de aportaciones

7125 **Socio contribuyente por el IRPF** Se estima que no existe ganancia o pérdida patrimonial en las reducciones del capital.
Cuando la reducción de capital, cualquiera que sea su finalidad, da lugar a la **amortización** de valores o participaciones, se consideran amortizadas las adquiridas en primer lugar, y su valor de adquisición se distribuye proporcionalmente entre los restantes valores homogéneos que permanecen en el patrimonio del contribuyente.
Cuando la reducción de capital no afecta por igual a todos los valores o participaciones propiedad del contribuyente, se entiende referida a las adquiridas en primer lugar.

Cuando la reducción de capital tiene por finalidad la **devolución de aportaciones**, el importe de esta o el valor normal de mercado de los bienes o derechos percibidos minora el valor de adquisición de los valores o participaciones afectadas, de acuerdo con las reglas anteriores, hasta su anulación. 7126

El **exceso** que puede resultar se integra como rendimiento del capital mobiliario procedente de la participación en los fondos propios de cualquier tipo de entidad, en la forma prevista para la distribución de la prima de emisión, salvo que la reducción de capital proceda de beneficios no distribuidos, en cuyo caso la totalidad de las cantidades percibidas por este concepto tributa de acuerdo con lo previsto en la LIRPF art.25.1.a. A estos efectos, se considera que las reducciones de capital, cualquiera que sea su finalidad, afectan en primer lugar a la parte del capital social que no proviene de beneficios no distribuidos, hasta su anulación.

A partir del 1-1-2015, se añade una **regla especial** en relación con la devolución de aportaciones, respecto de sociedades que tengan beneficios no distribuidos, que se correspondan con valores no admitidos a negociación en alguno de los mercados regulados de valores definidos en la Dir 2004/39/CE. Con arreglo a esta regla especial, se considera **rendimiento del capital mobiliario** el importe obtenido o el valor normal de mercado de los bienes o derechos recibidos, con el límite de la diferencia positiva entre el valor de los fondos propios de las acciones o participaciones correspondiente al último ejercicio cerrado con anterioridad a la fecha de la reducción de capital, y su valor de adquisición (LIRPF art.33.3.a).

Esta modificación afecta al tratamiento de la reducción de capital devuelta a contribuyentes del IRPF y, asimismo, podría utilizarse como criterio de calificación de la reducción devuelta a contribuyentes del IRNR en virtud de lo dispuesto en la LIRNR art.13.3.

Socio contribuyente por el IS En la reducción de capital con **devolución de aportaciones** se integra en la base imponible de los socios el exceso del valor normal de mercado de los elementos recibidos sobre el valor fiscal de la participación. Es decir, la devolución de aportaciones minora el coste de cartera del socio hasta su anulación y solo el exceso constituye ingreso fiscal para el socio. Este exceso sigue las reglas de tributación de los dividendos. 7127

La reducción de capital cuya finalidad sea diferente a la devolución de aportaciones no determina para los socios rentas, positivas o negativas, integrables en la base imponible.

Socio contribuyente por el IRNR Se aplica la misma calificación que para los contribuyentes del IRPF. 7128

El exceso sigue las reglas de tributación de los dividendos satisfechos a no residentes.

Precisiones La LIRPF art.33.3.a, regula el tratamiento fiscal de las reducciones de capital y contiene una regla especial para el caso de reducción de capital que tiene por finalidad la devolución de aportaciones y no procede de beneficios no distribuidos, correspondiente a valores no admitidos a negociación en alguno de los mercados regulados de valores definidos en la Dir 2004/39/CE. Con arreglo a esta regla especial, se considera rendimiento del capital mobiliario el importe obtenido o el valor normal de mercado de los bienes o derechos recibidos, con el límite de la diferencia positiva entre el valor de los fondos propios de las acciones o participaciones correspondiente al último ejercicio cerrado con anterioridad a la fecha de la reducción de capital, y su valor de adquisición. Esta regla especial afecta al tratamiento de la reducción de capital devuelta a contribuyentes del IRPF y como criterio de calificación de las cantidades devueltas a contribuyentes del IRNR en la reducción de capital en virtud de lo dispuesto en la LIRNR art.13.3 (DGT CV 31-3-16).

4. Reparto de la prima de emisión

(LIRPF art.25.1)

En el supuesto de reparto de dividendos con cargo a prima de emisión de acciones o participaciones se integra en la base imponible de los socios el **exceso** del valor normal de mercado de los elementos recibidos sobre el valor contable de la participación. 7130

Como en el caso de la reducción de capital con devolución de aportaciones, este reparto minora el **coste de cartera** del socio hasta su anulación y solo el exceso constituye ingreso fiscal para el socio.

El exceso sigue las reglas de retención sobre los dividendos.

A partir del 1-1-2015, se modifica la LIRPF art.25.1, y añade una **regla especial** para el caso de distribución de la prima de emisión correspondiente a valores no admitidos a negociación en alguno de los mercados regulados de valores definidos en la Dir 2004/39/CE. Con arreglo a esta regla especial, se considera **rendimiento del capital mobiliario** el importe obtenido o el valor normal de mercado de los bienes o derechos recibidos, con el límite de la diferencia positiva entre el valor de los fondos propios de las acciones o participaciones correspondiente al último ejercicio cerrado con anterioridad a la fecha de la distribución de la prima, y su valor de adquisición. Esta modificación, afecta al tratamiento de la prima de emisión distribuida a contribuyentes del IRPF y, como criterio de calificación de la prima distribuida a contribuyentes del IRNR en virtud de lo dispuesto en la LIRNR art.13.3 (DGT CV 8-2-17).

5. Entidades de Tenencia de Valores Extranjeros

7131 Las Entidades de Tenencia de Valores Extranjeros (**ETVE**) disfrutan de un régimen fiscal especial que favorece la distribución a sus socios de los beneficios de participadas no residentes, que se encuentra regulado en la LIS art.108 aptdo.1.
Dicho régimen resulta de aplicación a los beneficios o participaciones en beneficios distribuidos por la ETVE con cargo a las rentas exentas a que se refiere la LIS art.21 que procedan de entidades no residentes en territorio español o a las rentas exentas a que se refiere la LIS art.22 obtenidas en el extranjero a través de un establecimiento permanente.
En términos de repatriación de caja, el régimen fiscal que corresponde a los beneficios distribuidos por las ETVE con cargo a las citadas fuentes de renta está condicionado por la naturaleza del socio que percibe tales beneficios y por su residencia.

7132 **Socio contribuyente por el IRPF** Cuando el perceptor de los beneficios distribuidos por la ETVE con cargo a rentas exentas sea contribuyente del IRPF, el beneficio percibido se considera renta del ahorro.

7133 **Socio contribuyente por el IS o por el IRNR con EP** Cuando el perceptor de los beneficios distribuidos por la ETVE con cargo a rentas exentas sea una entidad sujeta al IS por obligación personal de contribuir, los beneficios percibidos tendrán el tratamiento que corresponda con arreglo a la LIS. Así, resultará de aplicación la exención prevista en la LIS art.21, en los términos recogidos en dicho precepto.

7134 **Socio contribuyente por el IRNR sin EP** La norma extiende el tratamiento de la distribución de beneficios a la distribución de la prima de emisión. A estos efectos, se entenderá que el primer beneficio distribuido procede de rentas exentas.

E. Desinversión futura

7135 Otro de los aspectos clave en el análisis de las implicaciones fiscales de una transacción es la futura desinversión.
La mayoría de las inversiones efectuadas por entidades de capital-riesgo no tienen, por la propia naturaleza de estas, un carácter de permanencia, sino que las adquisiciones se plantean como inversiones con un período de tenencia limitado.
En consecuencia, es corriente analizar las implicaciones fiscales de una desinversión futura en el momento de la adquisición.
De la misma forma que con la repatriación de beneficios, el tratamiento fiscal de las plusvalías obtenidas por el socio en la salida depende de su **residencia fiscal**.

7136 **Socio residente** (LIS art.21) Las plusvalías obtenidas en la transmisión de las participaciones en residentes en territorio español que cumplan los requisitos para aplicar la exención para evitar la doble imposición sobre dividendos y plusvalías, tienen derecho a la exención prevista en el citado precepto con las condiciones y requisitos establecidos en él.
Desde 1-1-2021, con carácter general, el importe de los dividendos o participaciones en beneficios de entidades y el importe de la renta positiva obtenida en la transmisión de la participación en una entidad y en el resto de supuestos a que se refiere la LIS art.21 aptdo.3, a los que resulte de aplicación la exención, se reducirá, a efectos de la aplicación de dicha exención, en un 5 por ciento en concepto de gastos de gestión referidos a dichas participaciones. Esta reducción cuenta con una serie de excepciones (LIS art.21 aptdo.11).
Para los **ejercicios iniciados antes del 1-1-2015** (LIS/04 art.30.5), se preveía la aplicación de una **deducción** en sede del socio en los supuestos en los que se produce la transmisión de una participación en el capital de otra entidad residente.
En concreto, se establece una deducción en la cuota íntegra relacionada con el **incremento neto** de los beneficios no distribuidos que corresponden a la participación transmitida y que han sido generados por la entidad participada durante el tiempo de tenencia de la participación.
A través de este mecanismo, se trata de evitar que la parte de la plusvalía que aflora en la transmisión y que se corresponde con beneficios generados por la entidad participada que fueron sometidos a tributación por el IS, tribute nuevamente en cabeza del socio.

La **base** de la **deducción** está formada por la menor de dos cantidades: **7137**
- el importe de las rentas computadas en la base imponible de la entidad transmitente; y
- el incremento neto de los beneficios no distribuidos generados durante el tiempo de tenencia de la participación.

En términos generales, los **requisitos** necesarios para la aplicación de esta deducción son los siguientes:
- que el porcentaje, directo o indirecto, con anterioridad a la transmisión sea igual o superior al 5%; y
- que este porcentaje se haya poseído de manera ininterrumpida durante el año anterior al día en que se transmite la participación.

Contribuyente del IRNR Como norma general, España grava las plusvalías obtenidas por un no residente por la venta de acciones o participaciones de sociedades españolas al **tipo general** del 19%. **7138**

Esto es así salvo que les resulte de aplicación alguna de las exenciones previstas en la LIRNR o en un convenio para evitar la doble imposición firmado por España que atribuya la potestad tributaria exclusiva al estado de residencia del socio y resulte de aplicación a este.

En relación con los convenios de doble imposición cabe destacar los recientes cambios que el **Convenio Multilateral** es susceptible de aplicar sobre los convenios de doble imposición firmados de manera bilateral entre dos jurisdicciones.

La LIRNR art.14.1.c prevé la exención de tributación en España de las ganancias patrimoniales derivadas de bienes muebles obtenidos sin mediación de establecimiento permanente, por residentes en otro Estado miembro de la UE o por establecimientos permanentes de los citados residentes situados en otro Estado miembro de la UE.

No obstante, esta exención **no resulta de aplicación** a las ganancias patrimoniales derivadas de la transmisión de acciones, participaciones u otros derechos en una entidad cuando:
- el activo de la entidad consista principalmente, directa o indirectamente, en bienes inmuebles situados en territorio español;
- los contribuyentes sean personas físicas, que en algún momento anterior, durante el periodo de 12 meses precedente a la transmisión, y aquel haya participado, directa o indirectamente, en al menos el 25% del capital o patrimonio de la entidad;
- se trate de entidades no residentes y la transmisión no cumpla los requisitos para la aplicación de la exención prevista en la LIS art.21.

Por su parte, la LIRNR art.14.1.c) excluye también la aplicación de la exención a las ganancias patrimoniales obtenidas a través de los países o territorios que tengan la consideración de **paraíso fiscal**.

Normalmente, los convenios atribuyen potestad tributaria exclusiva sobre las ganancias patrimoniales al país de residencia del socio. No obstante, existe una serie de convenios de doble imposición que contemplan el gravamen en la fuente. Son aquellos que establecen **cláusula de participación mayoritaria** (superior al 25% del capital), o bien que hacen que dependa del tipo de negocio de la entidad.

De esta forma, aquellas entidades con sustancia **inmobiliaria**, es decir, aquellas cuyo objeto esencial es la posesión de bienes inmuebles que estén bien situados en el otro Estado, bien proceda su valor en más de un 50% de forma directa o indirecta, de bienes inmuebles situados en el citado Estado, así como aquellas que otorguen, de forma directa o indirecta, al propietario de la participación o de la acción el derecho de disfrute de bienes inmuebles situados en el otro Estado, no están exentas.

Precisiones El RD 1080/1991 art.2 dispone que los países y territorios que se relacionan en el RD 1080/1991 art.1, que firmen con España un **convenio de doble imposición** con cláusula de intercambio de información o un acuerdo de intercambio de información en materia tributaria, dejan de tener la consideración de paraísos fiscales en el momento en el que los citados convenios o acuerdos entren en vigor.

Para aquellos socios contribuyentes residentes en la UE, la LIRNR art.14.1.h incorpora la Directiva matriz-filial en el ordenamiento jurídico español. La normativa interna incorpora las disposiciones de la Dir 90/435/CEE, que establece la neutralidad fiscal en el reparto de dividendos entre entidades residentes en Estados miembros de la UE. Ver también nº 7118. **7138.2**

Entidades de Tenencia de Valores Extranjeros Las rentas que pudiera obtener una ETVE derivadas de la transmisión de los valores representativos de los fondos propios de entidades no residentes en territorio español gozan de **exención** para evitar la doble imposición económica internacional en las condiciones y con los requisitos establecidos en la LIS art.21. **7139**

En cuanto a las rentas obtenidas por los socios en la **transmisión de la participación** tenida en la ETVE, el régimen fiscal a aplicar está condicionado por la naturaleza del socio que realiza la transmisión.

7139.1 **Socio contribuyente del IRPF** Se aplican las normas generales a efectos de IRPF.

7139.2 **Socio contribuyente del IS e IRNR con establecimiento permanente** Se puede aplicar el régimen de exención previsto en la LIS art.21 siempre que cumpla con los requisitos previstos en el citado precepto.

7139.3 **Socio persona física no residente o contribuyente del IRNR sin establecimiento permanente** No se entiende obtenida en territorio español la renta que se corresponda con las reservas dotadas con cargo a las rentas exentas o con diferencias de valor, imputables en ambos casos a las participaciones en entidades no residentes que cumplan los requisitos de la LIS art.21 o a establecimientos permanentes que cumplan los requisitos establecidos en la LIS art.22, salvo que el perceptor de la renta resida en un país o territorio calificado como paraíso fiscal, en cuyo caso resultarían de aplicación las reglas generales de tributación a efectos del IRNR.

II. Implicaciones fiscales relevantes para el transmitente

7140

A. **Tributación en la desinversión** ... 7145
1. Transmisión de participación en entidad propietaria de la empresa ... 7150
a. Cuantificación de la renta y tipo de gravamen ... 7155
b. Imputación temporal de la renta ... 7160
c. Eliminación de la doble imposición ... 7165
d. Restricciones en la deducción de rentas negativas ... 7180
e. Deducción por reinversión de beneficios extraordinarios ... 7185
f. Entidad transmitida perteneciente a un grupo de consolidación fiscal ... 7200
g. Compensación de bases imponibles negativas de la entidad transmitida ... 7205
h. Tributación indirecta ... 7210
2. Transmisión de activos y pasivos ... 7215
a. Cuantificación de la renta y tipo de gravamen ... 7220
b. Imputación temporal de la renta ... 7225
c. Eliminación de la doble imposición ... 7230
d. Restricciones en la deducción de rentas gravadas ... 7235
e. Tributación indirecta ... 7245
f. Tributación local ... 7250
B. **Tributación del transmitente en operaciones de coinversión** ... 7255
C. **Limitación de la responsabilidad fiscal del transmitente** ... 7260
1. Transmisión directa de los activos y pasivos de la empresa ... 7265
2. Transmisión de la participación en la entidad titular de la empresa ... 7270

7141 La forma en que se estructuran las transmisiones de empresas también resulta de gran relevancia para el transmitente, tanto si aquellas se articulan como transmisiones directas de la empresa (transmisión de activos y pasivos), como cuando lo que se transmite son las acciones o participaciones en la entidad propietaria de la empresa.
En ocasiones, una adecuada estructuración de la **desinversión** puede permitir que las rentas que se generan en el transmitente soporten una carga fiscal menos gravosa. Asimismo, cuando la transmisión de la empresa genera una pérdida, la forma en que tenga lugar esa transmisión va a permitir, en mayor o menor medida, utilizar la pérdida para compensar rentas positivas que el transmitente pudiese obtener en relación con otras operaciones.

A. Tributación en la desinversión

7145 Un primer aspecto fundamental a la hora de determinar la tributación del transmitente es el de determinar si la desinversión se va a llevar a cabo mediante la transmisión directa de los activos y pasivos de la empresa, o si por el contrario se debe transmitir la participación en la entidad propietaria de la citada empresa.

1. Transmisión de participación en entidad propietaria de la empresa

Cuando la transmisión de la empresa se produce de forma indirecta, mediante la transmisión de la participación en la entidad propietaria de aquella, el inversor materializa su beneficio o pérdida de forma directa, de manera que no se hace necesaria una distribución de beneficios desde la entidad propietaria de la empresa hacia sus accionistas. **7150**
En estos supuestos, el propietario directo de los activos y pasivos vinculados a la empresa no cambia.

a. Cuantificación de la renta y tipo de gravamen

Las reglas de cuantificación de la renta y el tipo de gravamen varían en función de que el transmitente sea contribuyente del IRPF o del IS. **7155**

Transmitente contribuyente del IRPF La **renta** (positiva o negativa) obtenida por el transmitente se determina por la diferencia entre los valores de transmisión y de adquisición. **7156**
Al ser calificada como **ganancia patrimonial** su tributación, a día de hoy, ya no varía en función de que las participaciones hayan permanecido más o menos de un año en el patrimonio del contribuyente.
En el ejercicio 2015, en caso que el periodo de tenencia de las participaciones superara el **año**, la plusvalía generada tributa en la base del ahorro a los tipos de gravamen correspondientes en función de la cuantía.
Mientras que en caso de mantenerse un año o **menos**, tributaban en la base general al tipo marginal del contribuyente.
No obstante, **desde el 2016**, independientemente del periodo de generación las ganancias patrimoniales tributan en la base del ahorro en función de la cuantía a unos tipos que oscilan entre el 19% y el 23%.
Conforme a las modificaciones previstas en la **LPGE/2023** (pendientes de aprobación a esta fecha), el tipo máximo de tributación de las rentas del ahorro se eleve hasta el 28% a partir de 1-1-2023.

Transmitente contribuyente del IS La **renta** (positiva o negativa) obtenida por el transmitente se determina por la diferencia entre el valor de transmisión y el valor de adquisición de la participación transmitida. **7157**
Por lo general, el **valor de transmisión** viene determinado por el valor de la contraprestación que recibe el transmitente (minorado por los costes relacionados con la transmisión), mientras que el **valor de adquisición** de la participación se corresponde con el coste de adquisición de aquella, minorado por los costes incurridos en la adquisición y por aquellas correcciones de valor que hubiesen resultado fiscalmente deducibles.
Dentro de aquellas correcciones de valor, se encontrarían los deterioros de cartera. A este respecto, cabe recordar que, desde 1-1-2013, no son deducibles las pérdidas por deterioro de los valores representativos de la participación en el capital o en los fondos propios de entidades hasta que se produzca su transmisión o baja. Desde 1-1-2017, se diferencian distintos supuestos de no deducibilidad de los citados deterioros, a fin de coordinar su regulación con las modificaciones introducidas en la LIS art.21 por el RDL 3/2016.
Así, la LIS art.13.2.b establece la no deducibilidad de la pérdida por deterioro de los valores representativos de la participación en el capital o en los fondos propios de entidades respecto de la que:
- en el periodo impositivo en que se registre el deterioro, no se cumpla el requisito (de participación) establecido en la LIS art.21.1.a; y
- en caso de participación en el capital o en los fondos propios de entidades no residentes en territorio español, en ese período impositivo se cumpla el requisito (de tributación) establecido en la LIS art.21.1.b.

Esta restricción a la deducibilidad de la pérdida por deterioro se configura con naturaleza temporal, ya que la norma establece que esta pérdida es deducible en los términos establecidos en la LIS art.20 para elementos que tengan una diferente valoración contable y fiscal, lo que se traduce, básicamente, en que son deducibles cuando sean objeto de transmisión o baja.
Por su parte, la LIS art.15.k) establece la no deducibilidad de las pérdidas por deterioro de los valores representativos de la participación en el capital o en los fondos propios de entidades respecto de la que:
- en el periodo impositivo en que se registre el deterioro, se cumplan los requisitos establecidos en la LIS art.21; y

- en caso de participación en el capital o en los fondos propios de entidades no residentes en territorio español, en el citado período impositivo no se cumpla el requisito (de tributación) establecido en la LIS art.21.1.b.

Dada su ubicación dentro de los gastos no deducibles a que se refiere la LIS art.15 y la ausencia de referencia alguna a su eventual integración posterior, esta otra restricción parece configurarse, en principio, con naturaleza permanente. No obstante, cabría entender que la pérdida deviene deducible a la extinción de la entidad participada, en los términos previstos en la LIS art.21.8.

Finalmente, la LIS art.15.l) establece la no deducibilidad de las disminuciones de valor originadas por aplicación del criterio del **valor razonable** (se refiere a activos financieros mantenidos para negociar) correspondientes a valores representativos de las participaciones en el capital o en los fondos propios de entidades en que concurran las circunstancias a que se refiere la LIS art.15.k, que se imputen en la cuenta de pérdidas y ganancias, salvo que, con carácter previo, se haya integrado en la base imponible, en su caso, un incremento de valor correspondiente a valores homogéneos del mismo importe (de lo dispuesto en la LIS art.17.1, se desprende que los incrementos de valor originados por aplicación del criterio del valor razonable a este tipo de activos sí se integran en la base imponible).

En relación con la deducción en concepto de **pérdidas por deterioro** de los valores representativos de la participación en el capital de entidades, la LIS/04 art.12.3 establecía, en su redacción vigente hasta 31-12-2012, que sería fiscalmente deducible, en proporción al porcentaje de participación, la diferencia positiva de los fondos propios al inicio y al cierre del ejercicio.

Precisiones Sobre el reconocimiento de impuestos diferidos derivados de pérdidas por deterioro a que se refiere la LIS art.15.k, ver la Consulta ICAC núm 1, BOICAC núm 109.

7158 A este respecto la DGT se ha pronunciado en varias consultas (DGT CV 20-5-13; 7-2-13), señalando que la corrección de valor por deterioro de la participación incluiría aquellas cantidades que hubiera podido deducirse el contribuyente en **períodos anteriores**, con independencia de que efectivamente se hubieran o no deducido, pues de lo contrario, se estaría permitiendo en un período impositivo la deducción de cantidades que pudieron deducirse en períodos anteriores pero no se dedujeron, lo cual, no resulta posible.

Esta imposibilidad se debe a que la partida deducible a que se refiere la LIS/04 art.12.3 párrafo 4º s. tiene naturaleza extracontable y, por tanto, no es aplicable la regla especial contenida en la LIS/04 art.19.1 y 3; es decir, el criterio de imputación de este gasto fiscal corresponde al propio período impositivo en el que ha tenido lugar la disminución de los fondos propios de la entidad participada.

Es decir, como se trata de ajustes al resultado contable, no es posible deducir un deterioro en un ejercicio distinto a aquel en el que se generó, por lo que, si en algún ejercicio no se ha deducido el correspondiente deterioro fiscal, la única forma de hacerlo sería instando la **rectificación** de la **autoliquidación** en los términos establecidos en la LGT art.120. Si no se hubiese instado la rectificación, en caso de transmisión de la participación no sería deducible la parte de la pérdida equivalente al deterioro fiscal no deducido en su momento.

7159 Del criterio sostenido por la DGT se desprendería que, aunque la entidad transmitente hubiera optado por no deducir fiscalmente el deterioro que hubiera podido deducir de acuerdo con lo establecido en la LIS/04 art.12.3, el valor fiscal de la participación sí debería tener en cuenta el deterioro fiscal que, en aplicación de la LIS/04 art.12.3, hubiera sido deducible.

Así pues, en el momento de la desinversión resulta de gran importancia para la entidad transmitente cerciorarse de la correcta aplicación en los ejercicios de tenencia de la participación transmitida de lo establecido en la LIS/04 art.12.3, ya que de lo contrario podría producirse un exceso de imposición.

La renta fiscal, calculada en los términos arriba indicados, está sujeta al tipo de gravamen del IS que corresponda al contribuyente, siendo el **tipo** general del 25% para ejercicios fiscales iniciados a partir del 1-1-2016 (28% para ejercicios fiscales iniciados durante el año 2015, y del 30% para ejercicios fiscales iniciados con anterioridad al 1-1-2015).

Desde 1-1-2013, se introduce un **régimen de reversión fiscal** de las pérdidas por deterioro de valores representativos de la participación en el capital o fondos propios de entidades que hubieran resultado fiscalmente deducibles de la base imponible del IS de acuerdo con la LIS/04 art.12.3 en períodos impositivos iniciados con anterioridad al 1-1-2013, en los términos previstos en la LIS/04 disp.trans.41ª aptdo.1 y 2 y LIS disp.trans.16ª aptdo.1 y 2.

Desde 1-1-2016, se introduce, adicionalmente, un **importe mínimo** de reversión anual de las citadas pérdidas por deterioro, que deben, en todo caso, integrarse por 1/5 partes iguales en la base imponible correspondiente a cada uno de los 5 primeros periodos impositivos que se inicien a partir de 1-1-2016, en los términos previstos en la LIS disp.trans.16ª aptdo.3. De esta manera, se debe integrar la mayor de las cantidades que resulten de la aplicación de lo dispuesto en la LIS disp.trans.16ª aptdo.1 a 3.

b. Imputación temporal de la renta

La renta obtenida en la transmisión de la participación se imputa en la base imponible del período impositivo en el que se produzca la transmisión, si bien existen algunas excepciones a esta regla general, entre las que cabe mencionar las relativas a operaciones de venta a plazos, y a transmisiones en las que el adquirente sea una entidad del mismo grupo de sociedades según los criterios establecidos en el CCom art.42. **7160**

Operaciones a plazos o con precio aplazado (LIRPF art.14.2.d; LIS art.11.4) Si el transmitente es contribuyente del **IRPF** y se acuerda que percibe la contraprestación por la participación transmitida a plazos o con precio aplazado, el transmitente puede optar por imputar proporcionalmente las rentas obtenidas en tales operaciones, a medida que se hagan exigibles los cobros correspondientes. **7161**

A efectos del IRPF, se consideran operaciones a plazos o con precio aplazado aquellas cuyo precio se percibe, total o parcialmente, mediante pagos sucesivos, siempre que el período transcurrido entre la entrega o la puesta a disposición y el vencimiento del último plazo sea superior al año.

En aquellos casos en los que habiéndose pactado el pago a plazos o con precio aplazado el transmitente es contribuyente del **IS**, las rentas se entienden obtenidas proporcionalmente a medida que sean exigibles los correspondientes cobros, excepto si el transmitente decide aplicar el criterio del devengo.

En el ámbito del **IS**, se consideran operaciones a plazos o con precio aplazado, aquellas cuya contraprestación sea exigible, total o parcialmente, mediante pagos sucesivos o mediante un solo pago, siempre que el período transcurrido entre el devengo y el vencimiento del último o único plazo sea superior al año (LIS art.11.4). **7162**

Como consecuencia de la entrada en vigor de la LIS, puede apreciarse un cambio en el criterio para determinar el **momento de obtención de la renta**. Mientras que la LIS/04 se fijaba el momento de la percepción del precio aplazado, con la LIS hay que atender a la fecha de su exigibilidad. Como norma general las rentas se entenderán obtenidas a medida que sean exigibles, salvo que el contribuyente opte por aplicar el criterio de devengo.

La opción por esta regla especial de imputación temporal resulta beneficiosa, por lo general, cuando el transmitente ha obtenido una **renta positiva** en la transmisión, y no dispone de pérdidas fiscales contra las que compensar la plusvalía obtenida (o disponiendo de ellas operase algún límite sobre su aplicación).

Por el contrario, cuando la **renta** obtenida en la transmisión sea **negativa**, (y, en la medida en que pueda resultar deducible conforme a las disposiciones de la LIS) *a priori* resulta más ventajoso no optar por la imputación en base al criterio de caja, para poder imputar la pérdida incurrida en el propio ejercicio en que esta se ha producido, lo que puede permitir su utilización para compensar rentas positivas que el contribuyente haya podido obtener en ese mismo ejercicio.

Transmisión a entidad del grupo (LIS art.11.10) Con efectos para los ejercicios iniciados el 1-1-2013 o con posterioridad a esa fecha, resulta aplicable una regla especial de imputación temporal, la que afecta únicamente a rentas negativas obtenidas por contribuyentes del **IS** derivadas de la transmisión de participaciones en entidades. **7163**

Esta regla se aplica exclusivamente cuando el adquirente es una entidad del mismo grupo de sociedades que el transmitente según los criterios establecidos en CCom art.42, con independencia de la **residencia** del adquirente y de la obligación de formular cuentas anuales consolidadas.

Cuando concurre esta circunstancia, la **renta negativa** obtenida en la transmisión de la participación minoradas en el importe de las rentas positivas obtenidas en la transmisión a terceros no resulta fiscalmente deducible hasta el período impositivo en que la participación es transmitida a terceros ajenos al referido grupo de sociedades, o bien cuando la entidad transmitente o la adquirente dejan de formar parte de aquel, siempre que, respecto de los valores transmitidos:

- en ningún momento durante el año anterior al día en que se produzca la transmisión, se cumpla el requisito (de participación) establecido en la LIS art.21.1.a; y

- en caso de participación en el capital o en los fondos propios de entidades no residentes en territorio español, en el periodo impositivo en que se produzca la transmisión se cumpla el requisito (de tributación) establecido en la LIS art.21.1.b.
Hasta 31-12-2016, la minoración de la renta negativa en el importe de las rentas positivas no se producía siempre que estas hubieran tributado efectivamente a un tipo de gravamen de, al menos, un 10%. **Para los ejercicios iniciados a partir de 1-1-2017**, el RDL 3/2016 eliminó esta excepción a la minoración de la renta negativa.
Esta regla de imputación temporal de la renta negativa **no resulta de aplicación**:
- en la transmisión de participaciones en una unión temporal de empresas o en formas de colaboración análogas a estas situadas en el extranjero;
- en la extinción de la entidad participada, salvo que esta sea consecuencia de una operación de restructuración o se continúe en el ejercicio de la actividad bajo cualquier otra forma jurídica. Hasta 31-12-2016, la LIS art.11.10 se refería únicamente a **operaciones de restructuración** acogidas al régimen especial establecido en la LIS Título VII Capítulo VII. Para los ejercicios iniciados a partir de 1-1-2017, el RDL 3/2016 introdujo dos modificaciones a este aspecto: por un lado, eliminó la referencia al acogimiento al citado régimen especial, de tal manera que, desde entonces, cuando la extinción de la participada sea consecuencia de una operación de restructuración, acogida o no al régimen especial, resulta de aplicación la regla de imputación temporal prevista en la LIS art.11.10; por otro lado, incluyó una referencia a la continuación en el ejercicio de la actividad bajo cualquier otra forma jurídica, de manera que, si se extingue la participada, pero continúa la actividad, la pérdida obtenida está sometida a esta regla de imputación temporal.

c. Eliminación de la doble imposición

7165 Cuando la transmisión de la participación en la entidad propietaria de la empresa transmitida genera una renta positiva, puede producirse doble imposición tanto económica, como jurídica. En los supuestos en los que el transmitente es una **persona física o entidad residente** en España, pueden aplicarse determinados mecanismos previstos en n la LIRPF o en la LIS para mitigar la doble imposición, siempre que concurran ciertos requisitos.

7166 **Transmisión de participaciones en entidades residentes** (LIS art.21) Cuando una entidad contribuyente del IS transmite una participación en el capital de otra entidad residente en territorio español lo habitual es que el precio de transmisión incluya la parte correspondiente a las **reservas**, bien expresas, bien tácitas, de la entidad transmitida.
Por lo general, la parte correspondiente a reservas expresas tributa en sede de la entidad cuya participación se transmite cuando esta obtiene los beneficios de los que proceden las citadas reservas. Por tanto, de no corregirse, se produciría una doble imposición económica por la parte de la plusvalía que se corresponde con las reservas.
Como consecuencia de ello, en determinadas circunstancias se permite la aplicación de una **exención** para evitar la doble imposición en la base imponible del IS.

7167 Esta exención se practica siempre que:
- el **porcentaje de participación**, directa o indirecta, en el capital o en los fondos propios de la entidad sea, al menos, del 5%;
Hasta 31-12-2020, también se consideraba cumplido este requisito cuando el valor de adquisición de la participación fuese superior a 20 millones de euros.
Desde 1-1-2021, la LIS disp.trans.40ª establece un régimen transitorio en cuya virtud las participaciones adquiridas en los períodos impositivos iniciados con anterioridad al 1-1-2021 que tuvieran un valor de adquisición superior a 20 millones de euros sin alcanzar el porcentaje del 5% establecido en la LIS arta21.1.a o 32.1.a aplicarán el régimen fiscal establecido en dichos artículos, según proceda, siempre que cumplan el resto de los requisitos previstos en ellos durante los períodos impositivos que se inicien dentro de los años 2021, 2022, 2023, 2024 y 2025.
- la participación mínima se haya poseído de manera ininterrumpida durante el **año anterior** al día en que sea exigible el beneficio que se distribuya o, en su defecto, debe mantenerse posteriormente durante el tiempo necesario para completar el plazo de un año. Este requisito se entiende cumplido cuando la participación ha sido transmitida a otra entidad del mismo grupo, a que se refiere el CCom art.42, que la mantiene hasta completar el referido plazo.
El importe de renta obtenida se ha de determinar por la diferencia entre el valor de transmisión y el valor fiscal de la participación, minorándose en los gastos inherentes a la transmisión. Entre esos gastos pueden considerarse los impuestos satisfechos por la entidad residente asociados a la transmisión, pero no los que traigan causa en la misma, como los gastos financieros soportados por la entidad.

La exención alcanza, en la práctica, al **95% de la renta positiva** obtenida en la transmisión de las participaciones respecto de la que se cumplan los requisitos previstos en la LIS art.21. Esto es así porque la renta positiva a la que resulte de aplicación la exención se reducirá, a efectos de su aplicación, en un 5% en concepto de gastos de gestión referidos a dichas participaciones (LIS art.21 aptdo.10).
Hasta 31-12-2020, la exención alcanzaba al **importe total** de las rentas positivas obtenidas en la transmisión de las participaciones.

Transmisión de participaciones en entidades no residentes Se ha de distinguir según se trate de un contribuyente del IRPF o del IS. 7169

Contribuyentes del IRPF Cuando se trata de transmitentes contribuyentes del IRPF, de obtenerse una **ganancia patrimonial** en la transmisión de la participación en la entidad propietaria de la empresa, puede existir derecho a acreditar una deducción por doble imposición internacional. 7170
Para ello es necesario acreditar que la ganancia patrimonial ha sido efectivamente gravada en el **extranjero**, lo que ocurre, por lo general, cuando la entidad transmitida es residente en un país distinto de España. De concurrir esta circunstancia, el contribuyente puede deducirse de la cuota de su IRPF la **menor** de las siguientes cantidades:
• El importe efectivo de lo satisfecho en el extranjero por razón de un impuesto de naturaleza idéntica o análoga al IRPF o al IRNR sobre la ganancia.
• El resultado de aplicar el tipo medio efectivo de gravamen del IRPF a la parte de la base liquidable gravada en el extranjero.
Tal como ha refrendado la DGT en consultas vinculantes (DGT CV 16-2-09), para poder aplicar esta deducción por doble imposición, el impuesto en el extranjero debe haber sido satisfecho de manera efectiva. En el caso de que el impuesto hubiera sido satisfecho en un **periodo posterior** al del **devengo** del IRPF, la deducción se practicaría en ese momento, pero para calcular el límite de la deducción se toma el IRPF satisfecho en el año precedente.

Contribuyentes del IS (LIS art.21 y 31) Cuando el transmitente es un contribuyente del IS y obtiene una plusvalía en la transmisión de la participación en una entidad no residente, existen dos mecanismos para mitigar la posible doble imposición que puede ocasionarse: el mecanismo de deducción y el de exención. 7171
Deducción por doble imposición (LIS art.31). La deducción trata de paliar la doble imposición que puede generarse cuando la plusvalía obtenida en la transmisión de la participación en la entidad no residente es gravada tanto en España, como en el país de residencia de la entidad transmitida.
El **importe** de la deducción a practicar en el IS sería la **menor** de las dos cantidades siguientes:
a) El importe efectivamente satisfecho en el **extranjero** por razón de un gravamen de naturaleza idéntica o análoga al IS. No obstante, cuando existe un tratado o convenio internacional suscrito entre España y el país en el que también se está soportando tributación, la deducción por doble imposición está limitada al impuesto máximo que ese otro país puede exigir conforme a lo previsto en la norma convenida.

b) El importe de la **cuota íntegra** que en España correspondería pagar por las mencionadas rentas si se hubieran obtenido en territorio español. 7172
Las cantidades no deducidas del impuesto extranjero por **insuficiencia de cuota** íntegra del IS pueden deducirse por el transmitente en los períodos impositivos siguientes.
Tal como han refrendado tanto tribunales (AN 4-11-10, EDJ 291919) como la DGT (DGT CV 25-5-11), esta deducción por doble imposición procede aun cuando la entidad cuya participación se transmite sea residente en un país o territorio calificado como **paraíso fiscal**.
La cuota que correspondería pagar en España por las rentas obtenidas en el extranjero se determina aplicando el **tipo** de gravamen de la entidad a la base de la deducción, entendida esta como la renta neta obtenida y gravada en el extranjero.
La deducción ha de calcularse agrupando todas las rentas obtenidas en el período impositivo procedentes de un mismo país, salvo las rentas de establecimientos permanentes, que se computan aisladamente por cada uno de estos.

Precisiones **1) Hasta el 31-12-2014**, la LIS/04 establecía un periodo de 10 años para aplicar las cantidades no deducidas por insuficiencia de cuota íntegra.
2) El **impuesto satisfecho en el extranjero** se debe incluir en la renta de la sociedad, y por tanto, forma parte de la base imponible, aun cuando no fuera plenamente deducible.
Tiene la consideración de **gasto deducible** aquella parte del importe del impuesto satisfecho en el extranjero que no sea objeto de deducción en la cuota íntegra por aplicación de los límites anteriormente indicados, siempre que se corresponda con la realización de actividades económicas en el extranjero.

3) La referencia al importe efectivamente satisfecho en el extranjero debe entenderse como la **cuantía realmente pagada** en el extranjero por motivo de un impuesto análogo al IS. Si debido a cualquier tipo de beneficios fiscales aplicables en el extranjero (p.e., bonificaciones, exenciones y otros incentivos fiscales), el impuesto efectivamente satisfecho hubiera sido inferior al devengado, el importe realmente pagado sería el que debería considerarse a efectos de determinar la cuantía de la deducción por doble imposición a practicar en España.
4) **Desde 1-1-2016**, el RDL 3/2016 introdujo un **límite** aplicable a las **grandes empresas**, conforme al cual el importe de las deducciones para evitar la **doble imposición internacional** previstas en la LIS art.31, 32 y 100.11, así como el de las deducciones para evitar la doble imposición a que se refiere la LIS disp.trans.23ª, no podían exceder conjuntamente del 50% de la cuota íntegra del contribuyente (LIS disp.adic.15ª).
Esta medida fue declarada inconstitucional por la sentencia del TCo 11/2024.

7173 **Régimen de exención** (LIS art.21) En virtud del régimen de exención, no se integran en la base imponible del IS las rentas obtenidas en la transmisión de participaciones en entidades no residentes, siempre que se cumplan los siguientes **requisitos**:

a) Que el **porcentaje de participación**, directa o indirecta, en el capital o en los fondos propios de la entidad no residente transmitida sea, al menos, del 5%.
Esta participación debe haberse mantenido de manera ininterrumpida durante el **año anterior** al día en que transmite la participación en la entidad no residente Para el cómputo del plazo se ha de tener en cuenta el período en el que la participación ha sido poseída ininterrumpidamente por otras entidades del mismo grupo (CCom art.42) que la entidad transmitente.

Precisiones **Hasta 31-12-2020**, también se consideraba cumplido este requisito cuando el valor de adquisición de la participación fuese superior a 20 millones de euros.
Desde 1-1-2021, la LIS disp.trans.40ª establece un régimen transitorio en cuya virtud las participaciones adquiridas en los períodos impositivos iniciados con anterioridad al 1-1- 2021 que tuvieran un valor de adquisición superior a 20 millones de euros sin alcanzar el porcentaje del 5% establecido en la LIS art.21.1.a o 32.1.a aplicarán el régimen fiscal establecido en dichos artículos, según proceda, siempre que cumplan el resto de los requisitos previstos en ellos durante los períodos impositivos que se inicien dentro de los años 2021, 2022, 2023, 2024 y 2025.
Una vez que se ha mantenido durante un año el porcentaje de, al menos el 5%, del capital de la entidad no residente transmitida, se puede disfrutar de la exención por el **total** de la **plusvalía** generada en la transmisión, incluso por la parte que no cumple el requisito de mantenimiento de un año (DGT CV 11-5-06).

7174 **b)** Que la entidad extranjera cuya participación se transmite haya estado gravada por un **impuesto extranjero** de naturaleza idéntica o análoga al IS a un tipo nominal de, al menos, el 10% en todos y cada uno los ejercicios de tenencia de la participación. A estos efectos, se consideran **análogos** aquellos tributos extranjeros que han gravado la renta obtenida por la entidad participada, al menos parcialmente, con independencia de que el objeto del tributo lo constituya la propia renta.
Este requisito se considera cumplido cuando la entidad transmitida es residente en un país con el que España tiene suscrito un **convenio** para evitar la doble imposición internacional, que es de aplicación a la entidad transmitida y que contiene cláusula de intercambio de información.
En ningún caso se entiende cumplido este requisito cuando la entidad transmitida es residente en un país o territorio calificado reglamentariamente como **paraíso fiscal**, excepto cuando dicha entidad reside en un Estado miembro de la UE y se puede acreditar que la constitución y operativa de la entidad transmitida responde a motivos económicos válidos y que realiza actividades económicas.
Hasta 31-12-2016, la LIS art.21.9, derogada por el RDL 3/2016, establecía una limitación similar, si bien de mayor alcance, ya que excluía la aplicación de la exención cuando la participada fuese residente en paraíso fiscal, salvo que residiese en un Estado miembro de la UE y se acreditase por el contribuyente que su constitución y operativa respondía a motivos económicos válidos y la realización de actividades económicas.

7176 La aplicación del régimen de exención requiere, *a priori*, que los requisitos anteriormente mencionados, relativos al porcentaje de participación o valor de adquisición y al sometimiento a un gravamen de naturaleza idéntica o análoga a la del IS, deben ser cumplidos en **todos** y cada uno de **los años** durante los cuales la entidad transmitente ha detentado la participación en la entidad no residente objeto de transmisión.
Sin embargo, para los períodos impositivos iniciados **a partir del 1-1-2012**, se ha flexibilizado el ámbito temporal del cumplimiento de los dos requisitos que acabamos de mencionar, con las siguientes particularidades:
• Está exenta la parte de la plusvalía que se corresponde con **beneficios no distribuidos** generados por la entidad transmitida durante el período de tenencia de la participación que corresponde a ejercicios en los que se cumplieron todos los requisitos establecidos en la LIS art.21.1.

• En el supuesto de que la entidad participada obtenga **rentas de entidades procedentes de dos o más entidades** respecto de las que solo en alguna o algunas de ellas se cumplan los requisitos señalados anteriormente, la aplicación de la exención se refiere a aquella parte de los dividendos o participaciones en beneficios recibidos por el contribuyente respecto de entidades en las que se cumplan los citados requisitos.
• En cuanto a la exención por rentas obtenidas en la **transmisión de participaciones en entidades no residentes** donde no se cumpla en algún periodo de tenencia de la participación el requisito de impuesto de naturaleza análoga al IS, se considera exenta aquella parte de la renta que se corresponda con ejercicios en que se haya cumplido el citado requisito.
• Está exenta la parte de la renta que se corresponde con **plusvalías tácita**/fondo de comercio durante el período de tenencia de la participación que corresponde a ejercicios en los que se cumplieron esos mismos requisitos.

Precisiones Si la entidad residente tenedora de la participación ha estado sujeta, con ocasión de la transmisión de la participación, a un impuesto idéntico o análogo al IS en el Estado de residencia de la entidad participada no residente, sobre la parte de la plusvalía obtenida que no esté exenta y que, por tanto, se integre en la base imponible del IS, puede aplicar la **deducción** por doble imposición internacional prevista en la LIS art.31.

No es **aplicable** la exención en los siguientes supuestos: **7177**
• Rentas obtenidas por la transmisión de **Agrupaciones de Interés Económico**, españolas o europeas, que no se corresponda con un incremento de beneficios no distribuidos generados por la entidad participada durante el tiempo de tenencia de la participación.
• Rentas derivadas de la transmisión de **Entidades Patrimoniales** (aquella en la que más de la mitad de su activo esté constituido por valores o no esté afecto a una actividad económica, LIS art.5.2), que no se corresponda con un incremento de beneficios no distribuidos generados por la entidad participada durante el tiempo de tenencia de la participación.
• A las rentas derivadas de la transmisión de **entidades que cumplan los requisitos** establecidos en LIS art.100, siempre que, al menos, el 15% de sus rentas queden sometidas al régimen de transparencia fiscal internacional regulado en el citado precepto.
A este respecto, aunque la LIS no lo establece de forma expresa, consideramos que la limitación a la aplicación de la exención solo debería aplicar sobre la parte de la renta obtenida que corresponda con periodos en los que se haya cumplido tal condición.
• La exención es **incompatible** con la **deducción** por doble imposición, por lo que cuando la entidad transmitente opte por aplicar el régimen de deducción, no puede aplicar el régimen de exención.

d. Restricciones en la deducción de rentas negativas

En el ámbito del IS, existen supuestos en los que toda o una parte de la pérdida que el transmitente puede obtener en la transmisión de la participación en la entidad propietaria de la empresa no resulta fiscalmente deducible. **7180**
A continuación, se señalan las principales restricciones que pueden existir, en función de que la participación transmitida corresponda a una entidad residente o no residente.

Entidad residente y no residente (LIS art.62, 21.6 a 8) **Desde 1-1-2017**, se establece la **no integración** en la base imponible de las rentas negativas derivadas de la transmisión de la participación en entidades residentes y no residentes, cuando: **7181**
- se cumplan los requisitos de la LIS art.21.3 (porcentaje de participación o valor de adquisición y tributación mínima). Se trata de una participación que daría derecho a exención en caso de que generase rentas positivas (dividendos, o plusvalías generadas en su transmisión) (DGT CV 16-7-18).
A estos efectos, el requisito relativo al porcentaje de participación o valor de adquisición se entiende cumplido cuando este se haya alcanzado en algún momento durante el año anterior al día en que se produzca la transmisión;
- en la participación en el capital o en los fondos propios de entidades no residentes en territorio español, no se cumpla el requisito de tributación mínima establecido en la LIS art.21.1.b.
La **limitación** es **parcial** si los requisitos para tener acceso a la exención se cumplen parcialmente, en los términos establecidos en la LIS art.21.3.
No obstante, son **deducibles** fiscalmente las rentas negativas generadas en caso de **extinción** de la entidad participada, salvo que sea consecuencia de una operación de restructuración. En este caso, el importe de las rentas negativas se debe minorar en el importe de los dividendos o participaciones en beneficios recibidos de la entidad participada en los 10 años anteriores a

la fecha de la extinción, siempre que los referidos dividendos o participaciones en beneficios no hayan minorado el valor de adquisición y hayan tenido derecho a la aplicación de un régimen de exención o deducción para eliminar la doble imposición, por el importe de aquella.
Hasta el 31-12-2016 se preveía, asimismo, que en el supuesto de **transmisiones sucesivas de valores homogéneos**, el importe de las rentas negativas se minoraría, adicionalmente, en el importe de las rentas positivas netas obtenidas en las transmisiones previas que hubiesen tenido derecho a la aplicación de la exención.
Desde el 1-1-2013, se introduce una restricción a la deducibilidad de las rentas negativas que se pueden generar en la transmisión de la participación en una entidad que forma parte del mismo **grupo de consolidación fiscal** que la transmitente, y, como consecuencia de la transmisión, dejase de formar parte del mismo grupo fiscal. Cuando concurran estas circunstancias, el importe de la renta negativa se minora en el importe de las bases imponibles negativas generadas dentro del grupo fiscal por la entidad cuya participación se transmite y que han sido ya compensadas por el citado grupo fiscal (LIS art.62.2).

7182 Adicionalmente, cuando la entidad transmitente obtiene una pérdida, la deducibilidad de la pérdida se ve restringida cuando concurra alguna de las situaciones que a continuación se describen.
• Si, con carácter previo a la transmisión de la participación en la entidad no residente, dicha participación ha sido previamente transmitida por otra entidad del mismo grupo de sociedades que el transmitente (CCom art.42), la renta negativa generada obtenida en la transmisión **se minora** en el importe de la renta positiva obtenida en la transmisión precedente y a la que se ha aplicado un régimen de **exención** o de la deducción para la eliminación (la última referencia a deducciones añadida es del 1-1-2017).
• De otra parte, se establece una restricción adicional, aplicable a períodos impositivos iniciados a partir de **1-1-2013**, consistente en que el importe de la renta negativa derivada de la transmisión de la participación en la entidad no residente se **minora** en el importe de los dividendos o participaciones en beneficios que se han recibido de la entidad no residente a partir del periodo impositivo que se ha iniciado en el año 2009, siempre que los referidos dividendos o participaciones en beneficios:
- no hayan minorado el valor de adquisición de la participación; y
- hayan tenido derecho a la aplicación del régimen de exención.
Desde 1-1-2017, estas restricciones se aplican únicamente a las **rentas negativas** derivadas de la transmisión de la participación en entidades que sean objeto de **integración** en la base imponible por **no** derivar de participaciones cuyas rentas positivas tengan derecho al **régimen de exención**.

e. Deducción por reinversión de beneficios extraordinarios

7185 La deducción por reinversión de beneficios ha sido sustituida, junto con la deducción por inversión, por un nuevo incentivo denominado **reserva de capitalización** que se traduce en la no tributación de aquella parte del beneficios que se destine a la constitución de una reserva indisponible, sin que se establezca requisito de inversión alguno de esta reserva en algún activo en concreto. Se pretende, según la exposición de motivos de la LIS, potenciar la capitalización empresarial e incentivar el saneamiento y la competitividad de las empresas.
En este sentido, la LIS disp.trans.24ª establece un **régimen transitorio**, para las deducciones que estuviesen pendientes de aplicar al inicio del periodo impositivo iniciado dentro del año 2015. Este incentivo es todavía aplicable en los siguientes casos:
a) Transmisiones realizadas en períodos impositivos iniciados antes de 1-1-2015 cuyas rentas se han integrado en la base imponible de esos períodos habiéndose realizado la reinversión en esos períodos impositivos estando pendiente de cumplirse los requisitos exigidos en períodos iniciados a partir de esa fecha, o bien esté pendiente de realizarse la reinversión al inicio del primer período impositivo iniciado a partir de esa fecha.
b) Transmisiones realizadas en períodos impositivos iniciados antes de 1-1-2015 cuyas rentas se integran en la base imponible de períodos impositivos iniciados a partir de esa fecha, como consecuencia de que la renta generada se hubiese acogidos al régimen de las operaciones a plazos, estando pendiente de realizarse la reinversión y el cumplimiento de los requisitos exigidos.
Esta **deducción** es de un 10% o 15% para las rentas integradas en el ejercicio 2015 y del 7% y 12% para las rentas que se integren en ejercicios iniciados a partir de 1-1-2016, siempre que se cumplan los requisitos de la LIS/04 art.42 y en el plazo y condiciones establecidos en la LIS art.39.

El **porcentaje** de participación transmitido debe representar un porcentaje de al menos el 5%, con independencia del grado de participación que se tenga tanto con anterioridad como con posterioridad a la transmisión. 7186
En función del mencionado grado de participación pueden plantearse las siguientes **situaciones**:
a) Participación inicial en la entidad transmitida **inferior al 5%**. En este supuesto, la renta generada no puede acogerse al régimen de deducción por reinversión, ya que la participación transmitida es inferior al 5% exigido.
b) Participación inicial en la entidad transmitida **igual o superior al 5%**. Si se transmite una participación inferior al 5%, la renta obtenida tampoco puede disfrutar de la deducción por reinversión al incumplir el requisito porcentual, con independencia de que con posterioridad a la operación se tenga una participación superior al 5%. Si por el contrario, la participación transmitida es igual o superior al 5%, la renta obtenida puede acogerse a la deducción con independencia de que después de la transmisión se tenga una participación inferior o superior al 5% del capital social de esa entidad.

El **cómputo** del porcentaje de participación transmitida se refiere al período impositivo. Por tanto, si durante un mismo **período impositivo** se realizan varias transmisiones de participaciones en la misma entidad, suponiendo en total un grado de participación transmitido igual o superior al 5%, todas las rentas generadas por cada una de las transmisiones realizadas pueden disfrutar de la deducción por reinversión. 7187
Si el sujeto pasivo no quiere acogerse a la **deducción** por la totalidad de las rentas obtenidas, siempre puede acogerse a la deducción, al menos, del importe de la renta que se corresponde con participaciones transmitidas que determinan en conjunto al menos un 5% del capital de la entidad transmitida.
A efectos de determinar la **antigüedad** de la participación transmitida, tratándose de valores homogéneos, se sigue un método FIFO, es decir, los valores más antiguos son los primeros que se entienden transmitidos. Este criterio se aplica a cada participación transmitida independientemente de que la valoración del porcentaje mínimo del 5% se compute a nivel del período impositivo y no respecto de cada transmisión.

No obstante, para el **cálculo** de la deducción generada es necesario tener en consideración la proporción en que los elementos afectos a actividades económicas de la entidad participada representan sobre su activo total. 7188
En función de dicha proporción podemos encontrarnos los siguientes escenarios:
1. Si la entidad cuya participación se transmite **no** tiene **participaciones en el capital de otras** entidades, según los elementos que integran su activo, las situaciones posibles serían las siguientes:
a) La totalidad de la renta derivada de la transmisión de la participación puede acogerse a esta deducción si los elementos no afectos a actividades económicas representasen el **15% o menos** del activo de la entidad transmitida.
b) Si los elementos no afectos a actividades económicas representan **más del 15%** pero **menos del 50%** del activo de la entidad, entonces la renta obtenida en la transmisión de la participación que no puede acogerse a esta deducción se determina aplicando a la renta el porcentaje resultante en función de la composición del activo de la entidad. En estos casos, aunque solo una parte de la renta obtenida puede acogerse a la deducción, su aplicación, se exige la reinversión del importe total obtenido en la transmisión.

c) Los elementos no afectos a actividades económicas representan **más del 50%** del activo de la entidad. En este supuesto, debe valorarse si la entidad cumple o no los requisitos establecidos para considerar que tiene como actividad principal la gestión de un patrimonio mobiliario o inmobiliario. De tener esta consideración, la renta obtenida en la transmisión de la participación no puede acogerse a la deducción. Por el contrario, de no tener la entidad participada esa condición, la renta obtenida que puede acogerse a esta deducción se determina aplicando a la renta el porcentaje que haya resultado en función de la composición de su activo. 7189
La determinación de esa proporción se realiza según el **último balance cerrado** de la entidad participada y sobre los valores contables de los elementos que integran el balance. No obstante, si el valor de mercado de los citados elementos es superior al valor contable, el sujeto pasivo puede determinar la proporción de elementos afectos y no afectos a actividades económicas según su valor de mercado.
El cómputo por el valor de mercado debe realizarse a la fecha de cierre del último balance de la sociedad participada, dado que esa fecha es la de cómputo de tomarse los valores contables.

7190 2. Si la entidad participada **tiene participaciones en el capital de otras entidades**, según la naturaleza de las participaciones, las situaciones posibles serían las siguientes:

a) Si la sociedad transmitida es la **dominante** de un **grupo** mercantil, el porcentaje de elementos no afectos a actividades económicas de la entidad transmitida no se realiza sobre el balance individual de esta última sociedad, sino sobre el balance consolidado del grupo, para lo cual debe tenerse en consideración que el grupo lo integran todas las sociedades que cumplen los criterios establecidos mercantilmente, con independencia de su residencia fiscal y de la obligación o no de formular cuentas anuales consolidadas, de forma que en el grupo y en el balance consolidado se integran también las sociedades multigrupo y asociadas.

7191 Si los elementos no afectos a actividades económicas recogidos en el balance consolidado representan el **15% o menos** del activo total, la totalidad de la renta obtenida en la transmisión de la participación puede acogerse a esta deducción.

Si por el contrario, aquellos elementos representan **más del 15%** del activo total, la renta obtenida en la transmisión de la participación que no puede acogerse a esta deducción se determina aplicando a la renta el porcentaje que resulta en función de la composición del activo total.

Esa proporción se determina según el último balance cerrado de la entidad participada y sobre los valores contables de los elementos que integran el balance consolidado, salvo que el sujeto pasivo opte por determinar la proporción según su valor de mercado.

7192 **b)** Si la sociedad participada **no** es la **dominante** de un grupo mercantil, la determinación del porcentaje que los elementos no afectos representan sobre el activo de la sociedad participada se efectúa igualmente según los valores contables del último balance de esa sociedad, o bien sobre los valores de mercado si así lo decide el sujeto pasivo.

No obstante, suponiendo que la sociedad participada tiene, a su vez, participaciones en el capital de otras sociedades, se consideran elementos no afectos las participaciones, directas o indirectas, de aquella sociedad en otras sociedades cuando la renta obtenida en la transmisión directa de esas mismas participaciones está excluida de la deducción.

La reinversión se entiende efectuada en el **momento** en que se pone a disposición de la entidad transmitente el elemento adquirido.

7193 Sin embargo, en el caso de transmisión de participaciones en el capital o fondos propios de otras entidades, cuando han sido dos o más las realizadas en el mismo período impositivo, el **plazo de reinversión** empieza a computarse en la fecha de finalización del período impositivo, independientemente de que el porcentaje de participación transmitido en alguna de las transmisiones haya sido igual o superior al 5% del capital de la entidad participada.

No obstante, la Administración ha venido interpretando que cuando en el **mismo ejercicio** se realizan varias transmisiones de participaciones y en cada una de ellas se alcanza el 5%, el plazo de reinversión se computa de forma individual.

Si el transmitente opta por aplicar la deducción por reinversión de beneficios extraordinarios está obligado a hacer constar en la **memoria** de sus cuentas anuales los siguientes datos:

- el importe de la renta acogida a la deducción por reinversión de beneficios extraordinarios; y
- la fecha en que se ha realizado la reinversión.

Esta información debe incluirse en las cuentas anuales del transmitente todos los años hasta que se complete el plazo de **mantenimiento** de la reinversión.

7194 **Limitaciones** En las transmisiones de participaciones en el capital de otras entidades residentes en territorio español, siempre que se cumplan los requisitos antes indicados, la entidad transmitente puede practicar una deducción en la **cuota íntegra** para evitar la doble imposición sobre plusvalías de fuente interna, sobre la parte de la renta integrada en la base imponible que se corresponda con beneficios no distribuidos de la entidad participada generados durante el tiempo de tenencia de la participación transmitida.

Cuando el transmitente acredita la citada deducción por doble imposición, no puede incluirse en la **base de cálculo** de la deducción por reinversión de beneficios extraordinarios la parte de la renta obtenida en la transmisión de la participación en la entidad propietaria de la empresa que ha generado el derecho a practicar la deducción por doble imposición.

7195 Por otro lado, no pueden acogerse a la deducción por reinversión las rentas generadas en transmisiones de valores que representan participaciones en el capital o fondos propios de entidades no residentes en territorio español cuyas rentas no son susceptibles de acogerse al régimen de **exención** previsto en la LIS art.21, ni los que representan participaciones en el capital de entidades que tienen como actividad principal la gestión de un **patrimonio mobiliario o inmobiliario**.

Dado que es condición para acogerse a la deducción por reinversión que la renta obtenida por la entidad transmitente de la participación se integre en la base imponible del IS, no puede acogerse a este incentivo fiscal las transmisiones de participaciones cuyas rentas disfruten del régimen de exención previsto en la LIS art.21.

f. Entidad transmitida perteneciente a un grupo de consolidación fiscal

La transmisión de la participación en una entidad perteneciente a un grupo de consolidación fiscal, siempre que no se transmita la participación a otra entidad miembro del grupo, determina por lo general la **salida del grupo** de la entidad transmitida, con efectos desde el propio período impositivo en que se produce tal circunstancia, y ello porque la transmisión supone el incumplimiento de los requisitos exigidos por parte de la sociedad dependiente para formar parte del grupo de consolidación. **7200**

Cuando se da esta circunstancia, la entidad que abandona el grupo asume el derecho a compensar la **base imponible negativa** del grupo pendiente al tiempo de su exclusión, en la proporción en que ha contribuido a su formación.

Lo mismo ocurre con las **deducciones en cuota** del grupo pendientes de practicar, **y** con los **gastos financieros** netos pendientes de deducir por el grupo fiscal.

Respecto de las eliminaciones por **operaciones internas** en las que ha participado la sociedad transmitida, se deben incorporar a la base imponible del grupo consolidado correspondiente al período impositivo anterior al de su exclusión, circunstancia que puede originar la necesidad de presentación de declaración complementaria por parte del grupo.

Desde 1-1-2013, se introduce una restricción a la deducibilidad de las rentas negativas que se pueden generar en la transmisión de la participación en una entidad que forma parte del mismo **grupo de consolidación fiscal** que la transmitente y, como consecuencia de la transmisión, dejase de formar parte de aquel. Cuando concurran estas circunstancias, el importe de la renta negativa se minora en el importe de las bases imponibles negativas generadas dentro del grupo fiscal por la entidad cuya participación se transmite y que han sido ya compensadas por el citado grupo fiscal (LIS art.62.2).

g. Compensación de bases imponibles negativas de la entidad transmitida

(LIS art.26, disp.adic.15ª y disp.trans.36ª)

Las bases imponibles negativas que han sido objeto de liquidación o autoliquidación pueden ser compensadas con las rentas positivas de los períodos impositivos siguientes **sin limitación temporal** alguna. **7205**

La compensación de bases imponibles negativas está sujeta a **limitaciones cuantitativas**.

La **limitación** a la compensación de bases imponibles negativas, independientemente del volumen de operaciones de IVA y de la cifra neta de negocios, es del 60% de la base imponible previa en ejercicios fiscales iniciados dentro del año 2016, y del 70% para ejercicios fiscales iniciados a partir del 1-1-2017. No obstante, estos límites se incrementan al 50% de la base imponible previa para contribuyentes cuyo importe neto de la cifra de negocios en los 12 meses anteriores a la fecha en que se inicie el período impositivo sea, al menos, de 20 millones de euros pero inferior a 60 millones de euros, y al 25% si el importe neto de la cifra de negocios hubiese sido, al menos, de 60 millones de euros en el citado periodo.

Precisiones **1) Desde 1-1-2016**, el RDL 3/2016 introdujo unos **límites** a la **compensación** de bases imponibles negativas aplicables a **grandes empresas** para aquellos periodos impositivos iniciados a partir del 1-1-2016. Esta modificación suponía que los contribuyentes cuyo importe neto de la cifra de negocios en los 12 meses anteriores a la fecha en que se iniciase el período impositivo fuese, al menos, de 20 millones de euros, pero inferior a 60 millones de euros, podían compensar las bases imponibles negativas con el límite del 50%, mientras que, si el importe neto de la cifra de negocios hubiese sido, al menos, de 60 millones de euros en el citado periodo el importe de compensación quedaba limitado al 25%.

Esta medida fue declarada **inconstitucional** el TCo 11/2024.

2) La L 38/2022, para el establecimiento de **gravámenes temporales energético y de entidades de crédito y establecimientos financieros de crédito y** por la que se crea el Impuesto Temporal de Solidaridad de las **Grandes Fortunas**, y se modifican determinadas normas tributarias ha aprobado, como medida temporal, con efectos para los periodos impositivos que se inicien en 2023, la limitación del 50% al cómputo de pérdidas individuales a efectos de la determinación de la base imponible consolidada de los grupos fiscales.

Con efectos para los **períodos impositivos sucesivos**, el importe de las bases imponibles negativas individuales no incluidas en la base imponible del grupo fiscal por aplicación de la limitación, se integrará en la base imponible del mismo por partes iguales en cada uno de los diez primeros períodos impositivos que se inicien a partir del 1-1-2024, incluso en caso de que alguna de las entidades con bases imponibles individuales negativas a que se refiere el apartado anterior quede excluida del grupo.

En el supuesto de **pérdida del régimen de consolidación fiscal** o de extinción del grupo fiscal, el importe de las bases imponibles negativas individuales afectadas por la limitación que esté pendiente de integración en la base imponible del grupo, se integrará en el último período impositivo en que el grupo tribute en el régimen de consolidación fiscal.

7206 En todo caso, se pueden compensar en el período impositivo bases imponibles negativas hasta el importe de un millón de euros. Si el ejercicio fiscal tuviese una duración inferior al año, el millón de euros debe reducirse en proporción a la duración del periodo.

En determinadas circunstancias, el derecho a compensar la base imponible negativa por parte de la entidad cuya participación se transmite puede verse restringido, precisamente por motivo de la transmisión.

Así, adicionalmente, **no pueden ser objeto de compensación** las bases imponibles negativas cuando:

a) La mayoría del **capital social** o de los derechos a participar de los resultados de la entidad transmitida haya sido adquirido por una persona o entidad o por un conjunto de personas o entidades vinculadas, con posterioridad a la conclusión del período impositivo al que corresponde la base imponible negativa.

b) Las personas o entidades a que se refiere el requisito anterior hubieran tenido una **participación** inferior al 25% en el momento de la conclusión del período impositivo al que corresponde la base imponible negativa.

c) La entidad adquirida se encuentre en alguna de las siguientes **circunstancias**:

- no viniera realizando actividad económica alguna dentro de los 3 meses anteriores a la adquisición;
- realizara una actividad económica en los 2 años posteriores a la adquisición diferente o adicional a la realizada con anterioridad, que determinara, en sí misma, un importe neto de la cifra de negocios en esos años posteriores superior al 50% del importe medio de la cifra de negocios de la entidad correspondiente a los 2 años anteriores;
- se trate de una entidad patrimonial; o
- la entidad haya sido dada de baja en el índice de entidades por aplicación de lo dispuesto en la LIS art.119.1.b). Esto ocurrirá cuando la AEAT dicte, previa audiencia de los interesados, acuerdo de baja provisional por no haber la entidad presentado la declaración por IS correspondiente a 3 períodos impositivos consecutivos.

No obstante, cuando la entidad objeto de transmisión sea una mera entidad **holding**, hay que valorar la aplicabilidad de la citada limitación, lo cual depende en gran medida de la participación que la entidad holding detenta en la sociedad o sociedades operativas titulares directas de la empresa transmitida.

A este respecto, el criterio administrativo es que no aplica la limitación a la compensación en los supuestos en los que la transmisión de la **entidad inactiva** con bases imponibles negativas se realice entre entidades de un mismo grupo fiscal o mercantil (DGT CV 22-9-15).

h. Tributación indirecta

7210 La transmisión de participaciones está exenta de **IVA e ITP y AJD**, excepto cuando con la transmisión de las acciones se transmite el control en una entidad cuyo activo está compuesto principalmente de inmuebles, y estos no se encuentran afectos a una actividad económica, en cuyo caso la transmisión de las participaciones estaría sujeta al ITP y AJD, por la modalidad de transmisiones patrimoniales onerosas.

2. Transmisión de activos y pasivos

7215 En muchas ocasiones la transmisión de la empresa tiene lugar mediante la transmisión directa de los activos y pasivos que la integran, produciéndose un cambio en la **titularidad** jurídica de los activos y pasivos.

Las implicaciones fiscales en este tipo de transacciones pueden variar respecto de las que se ponen de manifiesto cuando la empresa es transmitida de forma indirecta, es decir mediante la transmisión de la participación en la entidad propietaria de la empresa.

a. Cuantificación de la renta y tipo de gravamen

Las reglas de cuantificación de la renta y el tipo de gravamen varían en función de que el transmitente sea contribuyente del IRPF o del IS. 7220

Transmitente contribuyente del IRPF Cuando el transmitente es una persona física, la tributación de las rentas (positivas o negativas) generadas por la transmisión de una empresa tienen la naturaleza de **ganancias o pérdidas patrimoniales**, siendo cuantificadas por la diferencia entre el valor de adquisición y de transmisión de los distintos bienes transmitidos integrantes de la empresa. 7221

La normativa reguladora del IRPF no establece una regla específica para el **cálculo** de las ganancias o pérdidas patrimoniales generadas en el contexto de la transmisión de una empresa, por lo que tales rentas deben determinarse por cada uno de los activos transmitidos.

El importe de la ganancia o pérdida patrimonial viene dado por la diferencia entre el valor de transmisión y el de adquisición.

El **valor de transmisión** es el importe por el que la transmisión se haya efectuado, del que se deducen los gastos y tributos inherentes a la transmisión que resultan efectivamente satisfechos por el transmitente. 7222

El **valor de adquisición** se determina agregando al importe por el que se ha efectuado la adquisición, el coste de las inversiones y mejoras efectuadas en los bienes, así como los gastos y tributos inherentes a la transmisión satisfechos por el adquirente.

En el caso de transmisión de bienes **inmuebles**, el valor contable se actualiza mediante la aplicación de los denominados coeficientes de actualización sobre las siguientes partidas:
- el importe de adquisición del inmueble, atendiendo al año en el que la adquisición tuvo lugar,
- las inversiones o mejoras, atendiendo al año de su realización; y
- las amortizaciones, atendiendo al año al que correspondan.

Transmitente contribuyente del IS Las rentas (positivas o negativas, con las especialidades ya comentadas) obtenidas por el transmitente se integran en la base imponible del IS por la diferencia entre el **valor de mercado y** el valor **fiscal** de los activos afectos a la empresa transmitida. 7223

Las ganancias tributan al **tipo de gravamen** del IS, que por lo general es del 25%, sin perjuicio de la posibilidad de acreditar ciertas deducciones si concurren determinadas circunstancias.

Precisiones **1)** La LPG/2022 ha aprobado la creación de una **tributación mínima** (cuota líquida mínima) calculada como el 15% de la base imponible positiva del IS (10% para entidades de nueva creación y del 18% entidades de crédito y determinadas actividades hidrocarburos). Esta nueva medida afectará a:
- los grupos que tributen en régimen de consolidación fiscal (independientemente de su importe neto de la cifra de negocios); y
- entidades no integradas en grupos fiscales cuyo importe neto de la cifra de negocios haya sido igual o superior a 20 millones.

La cuota líquida mínima puede reducirse únicamente con bonificaciones, deducción por inversiones de las autoridades portuarias y deducciones por doble imposición (cuota líquida mínima excepcional).

El resto de deducciones (básicamente, I+D y cine) están limitadas o «topadas» por la cuota líquida mínima, por lo que no sirven para reducir la tributación mínima.

2) Desde 1-01-2023, se reduce el **tipo impositivo** aplicable al 23% para las entidades cuyo importe neto de la **cifra de negocios** del período impositivo inmediato anterior sea **inferior a 1 millón** de euros.

b. Imputación temporal de la renta

Hay determinadas operaciones de transmisión de empresas en las que las rentas que afloran se imputan en la base imponible del IS o IRPF aplicando un criterio distinto del de **devengo**. 7225

Operaciones a plazos o con precio aplazado Si el transmitente es contribuyente del **IRPF** y se acuerda que va a percibir la contraprestación por los activos transmitidos a plazos o con precio aplazado, el transmitente puede optar por imputar proporcionalmente las rentas obtenidas en tales operaciones, a medida que se hagan exigibles los cobros correspondientes. 7226

Se consideran operaciones a plazos o con precio aplazado aquellas en las que el precio se percibe, total o parcialmente, mediante pagos sucesivos, siempre que el período transcurrido entre la entrega o la puesta a disposición y el vencimiento del último plazo sea **superior al año**.

Si el transmitente es contribuyente del **IS** y se pacta el pago a plazos o con precio aplazado, las rentas se entienden obtenidas proporcionalmente a medida que se efectúan los correspondientes cobros, excepto si el transmitente decide aplicar el criterio del devengo. Se consideran operaciones a plazos o con precio aplazado, aquellas ventas en las que su precio se percibe, total o parcialmente, mediante pagos sucesivos o mediante un solo pago, siempre que el período transcurrido entre la entrega y el vencimiento del último o único plazo sea superior al año.

7227 **Transmisión de un establecimiento permanente a una entidad del mismo grupo de sociedades** (LIS art.11.11 -derog RDL 3/2016- y 22.2) Desde 1-1-2017, no se integran en la base imponible las rentas negativas derivadas de la **transmisión** de un establecimiento permanente (con independencia de que la transmisión se realice a una entidad del mismo grupo de sociedades).

Esta regla no se aplica en caso de **cese** del establecimiento permanente. No obstante, en este caso, el importe de las rentas negativas se **minora** en el importe de las rentas positivas netas obtenidas con anterioridad y que hayan tenido derecho a la aplicación de un régimen de exención o de deducción para la eliminación de la doble imposición, por el importe su importe.

Desde el 1-1-2013 y hasta el 31-12-2016, resulta aplicable una regla especial de imputación temporal de las rentas negativas obtenidas por contribuyentes del **IS** derivadas de la transmisión de establecimientos permanentes.

Esta regla se aplica exclusivamente cuando el adquirente es una entidad del mismo grupo de sociedades que el transmitente según los criterios establecidos en el CCom art.42, con independencia de la **residencia** del adquirente y de la obligación de formular cuentas anuales consolidadas.

Si concurre esta circunstancia, la renta negativa obtenida en la transmisión del establecimiento permanente minoradas en el importe de las rentas positivas obtenidas en la transmisión, siempre que, las rentas hayan tributado a un tipo inferior al 10%, se deben imputar en el **período impositivo** en el que el establecimiento permanente es transmitido a un tercero ajeno al referido grupo de sociedades, o bien cuando la entidad transmitente o la adquirente dejan de formar parte del grupo, o bien cuando el establecimiento permanente cesa en la realización de sus actividades.

c. Eliminación de la doble imposición

7230 En determinados supuestos de transmisión de activos y pasivos pueden generarse supuestos de doble imposición económica y/o jurídica.

Al igual que para el caso de transmisión de participaciones en entidades propietarias de empresas (nº 7165), hay casos en los que resultan aplicables mecanismos para mitigar la doble imposición.

7231 **Deducción por doble imposición** (LIS art.31) La deducción trata de mitigar la doble imposición que puede generarse cuando las rentas obtenidas por una entidad residente en España en la transmisión de activos son gravadas tanto en España como en el país en donde radican los bienes cuya transmisión genera las rentas.

Cuando derivado de la transmisión de un **establecimiento permanente** en el extranjero se generan rentas positivas, y estas han sido gravadas en el extranjero, la entidad transmitente puede deducirse **la menor** de las dos siguientes cantidades:

- el importe del impuesto efectivamente satisfecho en el extranjero;
- el importe de la cuota íntegra que en España correspondería pagar por las mencionadas rentas si se hubieran obtenido en territorio español.

Si el sujeto pasivo ha obtenido en el período impositivo varias rentas del extranjero, la deducción se realiza agrupando las procedentes de un **mismo país**, salvo las rentas de establecimientos permanentes, que se computan aisladamente por cada uno de estos.

En el supuesto de transmisión de establecimientos permanentes que han obtenido en anteriores períodos impositivos **rentas negativas** que no se han integrado en la base imponible de la entidad, no se integran las rentas positivas derivadas de la transmisión hasta el importe de las citadas rentas negativas.

Por último, en el caso de que la transmisión de un establecimiento permanente genere rentas negativas, el importe de estas se minora en el importe de las rentas positivas netas obtenidas con anterioridad que hayan tenido derecho a la exención de rentas obtenidas en el extranjero a través de un establecimiento permanente o a la deducción por doble imposición, procedentes del citado establecimiento permanente.

7233 **Régimen de exención** (LIS art.22 y disp.trans.16ª) Están exentas del IS las rentas positivas obtenidas en el extranjero a través de un establecimiento permanente situado fuera del territorio español cuando el mismo haya estado sujeto y no exento a un **impuesto extranjero** de naturaleza

idéntica o análoga al IS con un tipo nominal, de la menos, un 10%, en los términos de la LIS art.21.1.
Estarán exentas, igualmente, las rentas positivas derivadas de la transmisión de un establecimiento permanente o cese de su actividad cuando se cumpla el requisito de tributación señalado.
En el caso de **rentas negativas** obtenidas a través de dichos establecimientos permanentes integradas en la base imponible en periodos iniciados antes de 1-1-2013, se limita la aplicación de esta exención a las rentas positivas obtenidas con posterioridad que superen la cuantía de las rentas negativas.
En la transmisión de un establecimiento permanente en períodos impositivos que se inicien a partir de 1-1-2016, la base imponible de la entidad transmitente residente en territorio español se debe incrementar en el importe del exceso de las rentas negativas netas generadas por el establecimiento permanente en períodos impositivos iniciados con anterioridad a 1-1-2013, sobre las rentas positivas netas generadas por el establecimiento permanente en períodos impositivos iniciados a partir de esta fecha, con el límite de la rentas positiva derivada de la transmisión.

d. Restricciones en la deducción de rentas negativas

No se integrarán en la base imponible las rentas negativas obtenidas en el extranjero a través de un EP. Tampoco serán objeto de integración las rentas negativas derivadas de la transmisión de un EP. **7235**
No obstante, serán fiscalmente deducibles las **rentas negativas** generadas en caso de cese del EP. En este caso, el importe de las rentas negativas se minorará en el importe de las rentas positivas netas obtenidas con anterioridad y que hayan tenido derecho a la aplicación de un régimen de exención o de deducción para la eliminación de la doble imposición, por el importe de la misma.
Antes de 1-1-2016, eran también deducibles las rentas negativas derivadas de la transmisión del establecimiento permanente o cese de su actividad, minoradas en el importe de las rentas positivas netas obtenidas con anterioridad que hayan tenido derecho a la exención prevista en este artículo o a la deducción por doble imposición prevista en la LIS art.31, procedentes del mismo.
En cuanto a las rentas negativas generadas en la transmisión de elementos del **inmovilizado material, inversiones inmobiliarias, inmovilizado intangible y valores representativos de deuda**, cuando el adquirente sea una entidad del mismo grupo de sociedades según los criterios establecidos en el CCom art.42, con independencia de la residencia y de la obligación de formular cuentas anuales consolidadas, se deben imputar en el período impositivo en que los citados elementos patrimoniales sean dados de baja en el balance de la entidad adquirente, sean transmitidos a terceros ajenos al referido grupo de sociedades, o bien cuando la entidad transmitente o la adquirente dejen de formar parte de aquel. No obstante, en el caso de **elementos patrimoniales amortizables**, las rentas negativas se deben integrar, con carácter previo a estas circunstancias, en los periodos impositivos que resten de vida útil a los elementos transmitidos, en función del método de amortización utilizado respecto a ellos (LIS art.11.9).

Precisiones Una sucursal que actúa como establecimiento permanente en España de una entidad no residente cesa en su actividad dentro del primer período de tributación bajo el régimen de consolidación del grupo, por lo que no va a formar parte del mismo en ese período. Teniendo en cuenta que los inmuebles objeto del establecimiento permanente siguen estando en territorio español, no puede considerarse que se trata de un cese real de la actividad sino de un **cambio de afectación** resultando de aplicación el régimen de diferimiento en el IRNR, dejando la sucursal la consideración de establecimiento permanente a efectos de ese impuesto. Además, a efectos del IS, al no producirse una transmisión del inmueble sino un cambio de afectación del establecimiento permanente a la entidad matriz no residente, no resulta aplicable el régimen de imputación de las pérdidas previsto en la LIS art.11.9, así como tampoco los límites a la compensación de bases imponibles negativas (DGT CV 24-1-17).

No se aplicará el régimen fiscal previsto en la LIS art.22 cuando se den, respecto de las rentas obtenidas en el extranjero, las circunstancias previstas en la LIS art.21.9. La opción por el régimen de deducción a que se refiere la letra c) de dicho precepto se ejercerá por cada EP fuera del territorio español, incluso en el caso de que existan varios en el territorio de un solo país. **7236**

e. Tributación indirecta

De acuerdo con la normativa del **IVA**, para que la entrega de bienes se encuentre sujeta al impuesto debe realizarse en el ámbito de actividades empresariales. Siendo así, las transmisiones a terceros de la totalidad o de parte de cualquiera de los bienes o derechos que integran el patrimonio empresarial, incluso las efectuadas con ocasión del cese en el ejercicio, se encuentran sujetas a este impuesto. **7245**

No obstante, en la medida en que el conjunto de activos transmitidos constituya una **unidad económica** autónoma capaz de desarrollar una actividad empresarial por sus propios medios, la transmisión no está sujeta al IVA. Este supuesto de no sujeción se aplica siempre que hay **continuidad** en la afectación de los bienes transmitidos a la realización de una actividad empresarial, aunque esta sea distinta. La desafectación posterior queda sujeta a tributación.
La transmisión de la totalidad del patrimonio empresarial tampoco está sujeta al **ITP y AJD** por lo que respecta a la modalidad de TPO, a excepción de las transmisiones de bienes inmuebles que pueden producirse en el marco de la transmisión de la empresa.
No obstante, en algunos casos, la transmisión de determinados **activos inscribibles** en los registros de la propiedad, mercantil, de la propiedad industrial y de bienes muebles puede quedar sujeta a la modalidad de AJD, siempre que las transmisiones fuesen formalizadas en primeras copias de escrituras y actas notariales, sin perjuicio de los diversos supuestos de exención previstos en la normativa reguladora de este impuesto que resulten de aplicación.

f. Tributación local

7250 El principal impuesto local que puede afectar a la transmisión de empresas es el **Impuesto sobre el Incremento del Valor de los Terrenos de Naturaleza Urbana**, que es un impuesto que se devenga por motivo de la transmisión de bienes inmuebles de naturaleza urbana, por el incremento de valor del inmueble desde su adquisición hasta el momento de su posterior transmisión.
La **base imponible** se calcula en base al valor catastral del inmueble en la fecha de la transmisión, y a la aplicación de un porcentaje anual que se multiplica por el número de años de mantenimiento de la propiedad del inmueble.
La cuota tributaria resulta de aplicar a la base imponible el **tipo** fijado por el municipio en que radica el inmueble transmitido.
Cada municipio tiene la potestad de fijar el tipo de gravamen sin que pueda exceder de un 30%.

B. Tributación del transmitente en operaciones de coinversión

7255 Las implicaciones fiscales para el transmitente comentadas en los apartados precedentes resultan, por lo general, plenamente aplicables a las operaciones de coinversión.
No obstante, se recogen a continuación algunas consideraciones específicas para los supuestos de coinversión mediante uniones temporales de empresas y agrupaciones de interés económico.

7256 **Uniones Temporales de Empresas** Las rentas positivas o negativas obtenidas en la transmisión de la participación en una unión temporal de empresas (**UTE**) se cuantifican por la diferencia entre el importe obtenido en la transmisión y el valor por el que se adquirió la participación.
A la hora de determinar el valor de adquisición hay que tener en cuenta también los **beneficios** generados por la UTE que han sido imputados a la empresa transmitente durante el tiempo de tenencia de la participación, aumentando el valor de adquisición, con la finalidad de que al mismo sujeto pasivo no se le computen doblemente esos mismos beneficios.

Precisiones Las participaciones en UTEs se equiparan en su tratamiento fiscal a **participaciones en entidades**, resultando por tanto, aplicable lo dispuesto en la LIS art.21.8 y 11.10. En el supuesto de que cese una UTE o una fórmula análoga de colaboración a las UTEs, es fiscalmente deducible en la base imponible la renta negativa que se genere con ocasión de su extinción, de acuerdo con lo señalado en los citados preceptos (DGT CV 24-1-17).

7257 **Agrupaciones de Interés Económico** En la transmisión de participaciones en agrupaciones de interés económico (**AIE**) por parte de una entidad residente en España, la renta se determina por la diferencia entre el valor de adquisición, incrementado por los beneficios sociales no distribuidos e imputados fiscalmente al transmitente, y el valor de transmisión de la participación.

C. Limitación de la responsabilidad fiscal del transmitente

7260 La responsabilidad fiscal del transmitente de la empresa varía en función de que la transmisión se articule, bien mediante la transmisión directa de los activos y pasivos integrantes de la empresa, bien mediante la transmisión de la participación en la entidad titular de los activos y pasivos.

1. Transmisión directa de los activos y pasivos de la empresa

En los supuestos de transmisión directa de los activos y pasivos integrantes de la empresa, la entidad transmitente continúa siendo responsable frente a la Administración tributaria respecto de todas aquellas obligaciones tributarias derivadas de la actividad realizada a través de la empresa transmitida, hasta la **fecha** en que la transmisión tiene lugar. 7265
Todo ello, sin perjuicio del régimen de responsabilidad **solidaria** (LGT art.43.1.c), aplicable a aquellas personas o entidades que suceden a otra persona o entidad en la titularidad o ejercicio de explotaciones o actividades económicas.

2. Transmisión de la participación en la entidad titular de la empresa

Por lo general, las personas o entidades titulares de la participación en la entidad propietaria de la empresa no asumen ningún tipo de responsabilidad frente a la Administración tributaria en relación con la actividad realizada por la entidad cuya participación se transmite. No obstante, cuando, en virtud del estatuto jurídico del tipo de entidad cuya participación es objeto de transmisión, no se limita la responsabilidad de sus **socios**, estos responden solidariamente frente a la Hacienda Pública por las deudas tributarias devengadas durante el período de tiempo en el que se ha detentado la titularidad de la participación transmitida. 7270

III. Adquisiciones especiales

7275

A. **Entidades en concurso** 7280
1. Pérdidas por deterioro por insolvencias 7285
2. La quita 7290
3. Limitación a la deducibilidad del gasto financiero 7300
4. Grupos de consolidación fiscal 7305
5. Impuesto sobre el Valor Añadido 7310
6. Otros aspectos 7315
B. **Sociedades que se incorporan al BME Growth** 7325
C. **Adquisición realizada por entidades de capital riesgo** 7340
1. Consideraciones generales 7345
2. Aplicación del régimen fiscal especial 7350
3. Compatibilidad con otros regímenes especiales 7375
4. Otros impuestos 7380
D. **Operaciones con sustrato inmobiliario** 7385
1. Transmisiones de valores cuyo principal activo son inmuebles 7390
2. Sociedades Anónimas Cotizadas de Inversión en el Mercado Inmobiliario 7415
3. Entidades dedicadas al arrendamiento de vivienda 7439
4. Instituciones de inversión colectiva inmobiliarias 7454
5. Aspectos internacionales de la fiscalidad de los REIT 7474
E. **Formación de *joint ventures*** 7476
1. Agrupación de Interés Económico 7477
2. Agrupación de Interés Económico Europea 7500
3. Unión Temporal de Empresas 7504
4. Otras formas de colaboración empresarial 7511
F. **Otras adquisiciones singulares** 7513
1. Límite general 7518
2. Límites específicos 7523

A. Entidades en concurso

La finalidad del concurso de acreedores es la satisfacción de los diversos acreedores del deudor tratando de establecer pautas para evitar que se satisfagan unos con carácter preferente a otros y realizando una distribución equitativa del insuficiente patrimonio. 7280
El concurso es pues un instrumento jurídico para el tratamiento eficiente de la **masa activa concursal** dirigida a la satisfacción siquiera sea parcial, de los créditos concurrentes.
El concurso está **regulado** básicamente en el RDLeg 1/2020 (en adelante, **LCon**). Se trata de una norma especial que ordena el concurso de acreedores, tanto en lo que se refiere a sus

7280 (sigue) aspectos sustantivos como procesales, que entró en vigor el 1-9-2020, con carácter general. Este texto refundido **deroga** la L 22/2003 (**LCon/03**), alterando su sistemática, así como modificando la literalidad de algunos preceptos para depurarlos y eliminar dudas interpretativas.
Desde su entrada en vigor, la hoy derogada **LCon/03** sufrió numerosas **modificaciones**, siendo algunas de las más significativas, las operadas por:
• La LO 8/2003 (para la reforma concursal), que supone la creación de los juzgados de lo mercantil competentes, entre otras materias, para conocer de cualquier concurso, también lleva a cabo una determinación de aquellas limitaciones a los derechos fundamentales que resultan de la declaración de concurso (intervención de las comunicaciones, entrada y registro del domicilio);
• La L 38/2011 (de reforma de la Ley Concursal). Especial atención merece esta modificación ya que introduce en la legislación el denominado **preconcurso** (LCon art.583 s.).
El preconcurso otorga un **paraguas protector al deudor** que, realizando la comunicación de apertura de negociaciones, pretende llegar a un acuerdo con sus acreedores, otorgándole un plazo de negociación de 3 meses (en la actualidad, prorrogables por 3 meses adicionales), debiendo solicitar la declaración de concurso en el mes siguiente a la finalización de ese plazo si no logra alcanzar un acuerdo con sus acreedores (en la actualidad, hablamos de planes de reestructuración), salvo que no se encuentre en situación de insolvencia actual (LCon art.585).
La especialidad del mecanismo es que **evita** el inicio de ejecuciones judiciales o extrajudiciales sobre bienes o derechos necesarios para la actividad del deudor y, además, prevé la suspensión automática de las ejecuciones judiciales o extrajudiciales sobre bienes o derechos necesarios para la actividad. También cabe la posibilidad de que dichas medidas (prohibición de inicio de ejecuciones, y suspensión de las ya iniciadas) se extiendan a bienes no necesarios para la actividad cuando ello resulte necesario para el buen fin de la reestructuración;
• La L 9/2015 (de medidas urgentes en materia concursal). Las modificaciones principales que se introducen son a efectos del **convenio de acreedores**;
• La L 25/2015 (de mecanismo de segunda oportunidad, reducción de carga financiera y otras medidas de orden social). La reforma introduce en nuestra legislación un precepto que regula la **exoneración** del pasivo insatisfecho en el caso del deudor persona física (LCon art.486 s.).
Recientemente el (TJUE 11-4-24) se ha pronunciado acerca del **blindaje** histórico del **crédito público** en interpretación de la Dir (UE) 2019/1023 art.23.4 sobre reestructuración e insolvencia, al concluir que queda justificada por el legislador español la exclusión de los créditos de Derecho Público de la exoneración de deudas.
No obstante, han existido numerosas **reformas** -especialmente durante la crisis económica del 2008 y los años siguientes- que han afectado a la configuración inicial de la norma concursal a fin de dar solución a los diversos problemas que han ido surgiendo como consecuencia de la crisis económica.
La reforma de la norma concursal más reseñable tuvo lugar con la L16/2022, cuya entrada en vigor se produjo el 26-9-22, y tenía como finalidad transponer al Derecho español la Dir (UE) 2019/1023. La L16/2022 introdujo un cambio de paradigma en la normativa concursal española con, entre otras novedades, la inclusión de los **planes de reestructuración**, la creación de la figura del **experto en la reestructuración**, el nuevo concepto de **probabilidad de insolvencia** y los mecanismo de **alerta temprana** que permitan al deudor detectar la necesidad de actuar para evitar o para encauzar la insolvencia, así como con la introducción del procedimiento especial para **microempresas** (LCon Libro 3º).
Asimismo, el RDL 5/2023, que contiene entre sus muchas disposiciones, el nuevo régimen de las **modificaciones estructurales** de sociedades mercantiles por la adaptación del derecho español a la Dir (UE) 2019/2121, incorpora ciertas modificaciones en la LCon para adaptar el contenido de cuatro de sus artículos al nuevo régimen (LCon art.317.3, 317.bis, 399 ter y 631.3).

Precisiones **1)** La regulación actual supone la consolidación en un **único procedimiento** del concurso de personas jurídicas sin perjuicio del procedimiento especial que resulta de aplicación exclusivamente para las microempresas que cumplan con los requisitos establecidos en LCon art.685- y del concurso persona física, y regula las dos posibles soluciones que prevé el procedimiento:
- aprobación de un convenio: salida del procedimiento tras un acuerdo del deudor concursado con sus acreedores sociales, que puede pasar (entre otras opciones) por quitas o esperas de la deuda (LCon art.317 s.);
- liquidación: procedimiento de ejecución universal de los bienes del deudor a fin de satisfacer los acreedores sociales, de conformidad con el orden de prelación de pago estipulada en la LCon art.429 s.
2) Declaración de concurso y mantenimiento de **obligaciones fiscales**: la declaración de concurso de acreedores no altera la obligación fiscal de presentar la declaración del IS de la compañía en concurso (DGT CV 20-5-05). Asimismo, la declaración de concurso de acreedores implica la interrupción del plazo de prescripción de las acciones contra el deudor por los créditos anteriores a la declaración, incluidas las deudas tributarias (LCon art.155 y LGT art.68.2.b). En relación con las

obligaciones contables del deudor, la LCon art.115 s., establece que este mantiene su obligación de formular, y de someter a auditoría las cuentas anuales. Hay que diferenciar si el deudor concursado conserva sus facultades de administración (régimen de intervención) o no (régimen de suspensión). Si el deudor conserva sus facultades, debe el órgano de administración formular las cuentas anuales que han de ser supervisadas por su administrador concursal. Si las facultades del deudor están en suspenso, es la administración concursal quien tiene la obligación de formular las cuentas (LCon art.116).

3) Sobre la clasificación de los **créditos tributarios**: los créditos tributarios anteriores a la declaración de concurso son considerados créditos concursales, con la calificación que les corresponda según la normativa concursal (crédito con privilegio especial, crédito con privilegio general, crédito ordinario o crédito subordinado). Los créditos posteriores (es decir, los nacidos con posterioridad al dictado del auto de declaración de concurso) son créditos contra la masa, que se deben abonar a su vencimiento.

4) Sobre la **paralización de ejecuciones**: cuando se declara un concurso de acreedores, el procedimiento de cobro de los créditos tributarios queda afectado por las reglas del concurso, y quedan estos sometidos a la Ley Concursal, por ello, declarado el concurso, no pueden seguirse apremios administrativos o tributarios contra los bienes o derechos de la masa activa (LCon art.142 s.). El juez del concurso, a solicitud de la administración concursal, previa audiencia de los acreedores afectados puede acordar el **levantamiento y cancelación** de los embargos trabados en las actuaciones y los procedimientos de ejecución cuya tramitación haya quedado suspendida cuando su mantenimiento dificulta gravemente la continuidad de la actividad profesional o empresarial del concursado. No obstante, dicho levantamiento o cancelación no puede acordarse respecto de los embargos administrativos.

Asimismo, la norma prevé que pueden continuarse aquellos procedimientos administrativos de ejecución en los que se hubiera dictado diligencia de embargo y las ejecuciones laborales en las que se hubieran embargado bienes del concursado, todo ello con anterioridad a la fecha de declaración del concurso, siempre que los bienes objeto de embargo no resulten necesarios para la continuidad de la actividad profesional o empresarial del deudor. Es decir, salvo que se acredite por el deudor concursado que el apremio recae sobre un bien necesario para el desarrollo de su actividad y el juez del concurso autorice la paralización de la ejecución, los apremios administrativos anteriores a la declaración del concurso continuarán.

Asimismo, la Administración tributaria puede dictar providencia de apremio a deudores declarados en concurso de acreedores, siempre y cuando se trate de créditos tributarios contra la masa (TEAC 30-11-17). Una vez abierta la fase de liquidación del concurso y no habiéndose planteado incidente concursal ante el Juez del concurso, no cabe iniciar ejecuciones separadas de créditos contra la masa (TEAC 24-9-19 o 19-1-23 donde se fija doctrina estableciendo, en aplicación de la normativa concursal, la imposibilidad de dictar una providencia de apremio respecto de deudas concursales aun cuando las condiciones para su emisión se hubiesen producido con anterioridad a la declaración de concurso).

5) Concurrencia de **apremios administrativos y de otro tipo**: en los casos de concurrencia del procedimiento de apremio (exclusivamente administrativo) con otros procedimientos de ejecución, singulares o universales, judiciales o no judiciales, la preferencia para la ejecución de los bienes trabados se reconoce legalmente a favor del procedimiento de apremio administrativo siempre que el embargo efectuado sea el más antiguo, tanto en caso de concurrir con procesos o procedimientos singulares de ejecución, como en el caso de que la concurrencia se dé con procesos o procedimientos concursales. Es decir, prevalece la regla de prioridad de embargo. Por tanto, en ambos supuestos ha de estarse a la fecha de la diligencia de embargo del bien o derecho para determinar el carácter preferente del embargo.

1. Perdidas por deterioro por insolvencias

(LIS art.13.1)

Los créditos y las partidas a cobrar deben contabilizarse por su valor razonable, que con carácter general es el precio de la transacción más los gastos de esta. Si el valor probable de realización del crédito resulta inferior al inicialmente contabilizado, puede dotarse la correspondiente pérdida por deterioro por insolvencia del deudor. 7285

Los acreedores del concursado que son sujetos pasivos del IS pueden registrar como **gasto** la cantidad pendiente de cobro del cliente concursado.

Cuando el deudor está declarado en situación de concurso la pérdida por deterioro registrada contablemente tiene la consideración, en principio, de fiscalmente **deducible**.

En este sentido cabe precisar que, para la consideración del gasto como fiscalmente deducible no es suficiente con que se haya solicitado la declaración de concurso, sino que es necesario que se haya producido la declaración mediante el correspondiente **auto judicial**. En consecuencia, el gasto no es fiscalmente deducible cuando se tramitan alguno de los institutos preconcursales que contempla la norma concursal.

7286 No obstante, la LIS estable para su deducibilidad que se cumplan **requisitos adicionales** que afectan a la naturaleza del crédito y del deudor.

En concreto, **no** son fiscalmente **deducibles** las siguientes pérdidas por deterioro de créditos:

a) Las correspondientes a créditos adeudados por entidades de Derecho público, excepto que sean objeto de un procedimiento arbitral o judicial que verse sobre su existencia o cuantía.

b) Las correspondientes a créditos adeudados por personas o entidades vinculadas, salvo que estén en situación de concurso y se haya producido la apertura de la fase de liquidación por el juez, en los términos previstos en la LCon (AN 23-9-21).

c) Las correspondientes a estimaciones globales de riesgo de insolvencias de clientes y deudores. Como excepción, se admite para las empresas de reducida dimensión una dotación global del 1% sobre los deudores existentes a la conclusión del período impositivo con ciertas especialidades (LIS art.104).

Precisiones **1)** La deducibilidad fiscal opera en el ejercicio en el que se declare **judicialmente la insolvencia**, no en el ejercicio en que se admita a trámite el expediente (TEAC 12-12-89).

2) La norma fiscal no contiene disposición específica sobre los **criterios de valoración** de créditos y deudas, por lo que son de aplicación los criterios establecidos en el ámbito contable.

3) La normativa vigente no se pronuncia de forma expresa sobre la deducción de los deterioros de **créditos afianzados** por entidades de crédito o sociedades de garantía recíproca; garantizados mediante derechos reales, pactos de reserva de dominio y derecho de retención; garantizados mediante un contrato de seguro de crédito o caución; así como los que hayan sido objeto de renovación o prórroga expresa. No obstante, de acuerdo con la interpretación de la DGT, un **crédito de dudoso cobro** deja de serlo al quedar garantizado (aunque sea varios años después) y por tanto deja de ser deducible (TEAC 30-4-04).

4) La deducción de las pérdidas por «deterioro de créditos» por insolvencias de entidades en **concurso** (por deudores en concurso) debe entenderse referida a la totalidad de los créditos frente al deudor concursado siendo irrelevante el momento de su vencimiento (TEAR 18-4-18).

5) La pérdida derivada de la **asunción de la deuda de una entidad vinculada** declarada en concurso, respecto de la que se ha acordado la conclusión del procedimiento especial de liquidación por insuficiencia de masa activa, es **deducible** si está correctamente contabilizada (DGT CV 20-6-23)

7287 En el supuesto de **créditos adeudados por personas o entidades vinculadas con el acreedor**, la situación de insolvencia debe valorarse a la fecha de devengo del impuesto, cualesquiera que hayan sido las condiciones existentes entre deudor y acreedor en el momento de realizarse la operación. Las **situaciones** que se pueden manifestar son las siguientes:

a) Vinculación en el momento de realizarse la operación y al cierre del periodo impositivo: deterioro no deducible; sin embargo, el deterioro que no fue deducible cuando se registró, debería serlo en el periodo impositivo en el que desaparezca la relación de vinculación.

b) Vinculación en el momento de realizarse la operación pero no al cierre del periodo impositivo: deterioro deducible de cumplirse las condiciones exigidas para ello.

c) No vinculación en el momento de realizarse la operación pero sí al cierre del periodo impositivo: deterioro no deducible.

Precisiones **1)** El hecho de que una entidad vinculada esté en **situación de concurso** no implica *per se* la deducibilidad del crédito. Para esa deducibilidad es necesario determinar si se ha abierto la fase de liquidación mediante auto judicial, pues la apertura de esa fase implica una estimación de que el deudor ni va a continuar la actividad económica ni va a poder atender la totalidad del pasivo del concursado (DGT CV 27-10-11; CV 11-6-13; CV 7-5-14; CV 5-10-16 ; TEAC 24-10-22 -que mantiene el mismo criterio no sólo para la situación de concurso sino también para la declaración de fallido).

2) Una entidad garantiza una deuda de otra entidad vinculada, declarada en concurso y en fase de liquidación. El pago de la deuda garantizada genera un crédito contra la entidad vinculada declarada en concurso que es deducible si se cumplen los **requisitos** generales de deducibilidad del gasto (DGT CV 25-9-15).

3) El deterioro de un crédito de una entidad vinculada que no fue deducible cuando se registró, es deducible en el **período impositivo** en el que desaparezca la relación de vinculación (DGT CV 3-10-16).

7288 Los créditos cuyo deterioro resulta fiscalmente deducible deben haberse generado con **anterioridad** a la declaración de concurso.

En consecuencia, los créditos generados con posterioridad no pueden considerarse deteriorados, ya que estos han de ser atendidos a su vencimiento y su exigibilidad no varía por el concurso.

No obstante, si concurre alguna otra circunstancia de las previstas en la LIS art.13.1, el deterioro registrado contablemente sí es fiscalmente deducible.

2. La quita

Los efectos fiscales de la quita se han de analizar desde una doble perspectiva: 7290
- en la sociedad en concurso; y
- en la entidad que realiza la quita.

En la sociedad en concurso La sociedad que ha sido declarada en concurso no debe realizar ningún ajuste contable en el pasivo, que refleja las deudas con sus acreedores, como consecuencia de la declaración de concurso. 7291

No obstante, si se produce una quita, esto es, una condonación de una parte de la deuda, el concursado debe darle el correspondiente registro contable, contabilizando el ingreso correspondiente por la diferencia entre el **valor razonable** del pasivo tras la aprobación del convenio y su valor en libros.

Desde un **punto de vista contable**, este ingreso, minorado en los costes de transacción, debe imputarse en las cuentas anuales del ejercicio en el que se aprueba judicialmente el convenio, cuando sean sustancialmente diferentes las condiciones del pasivo financiero original y del pasivo financiero nuevo (PGC NRV 9ª).

Sin embargo, desde un **punto de vista fiscal**, desde el 1-1-2014, se establecen dos criterios de imputación con respecto al ingreso correspondiente al registro contable de quitas y esperas consecuencia de la aplicación de la Ley Concursal, en función de la relación entre el importe del ingreso y el importe total de los gastos financieros futuros derivados de la nueva deuda:

a) Ingreso inferior o igual a los gastos financieros: el ingreso derivado de la quita o espera se debe integrar en la base imponible de los períodos impositivos posteriores en los que se registren los gastos financieros devengados de la nueva deuda por el mismo importe del gasto financiero devengado, hasta la integración total del importe del ingreso. A partir de ese momento ya no se debe integrar ingreso alguno por los gastos financieros devengados con posterioridad.

b) Ingreso superior a los gastos financieros. En este supuesto, la imputación del ingreso de la quita o espera en la base imponible se debe realizar proporcionalmente a los gastos financieros devengados en cada periodo impositivo respecto del total del gasto financiero pendiente de registrar derivado de la nueva deuda (LIS art.11.13).

Precisiones **1)** El ingreso contable debe prorratearse a medida que se efectúan los pagos derivados del **convenio**, puesto que este y la quita pueden quedar sin efecto si se producen incumplimientos en el abono de los plazos acordados (TS 10-2-11, EDJ 11710).

2) La regla especial de imputación temporal relativa a los **ingresos de quitas y esperas** de la LIS art.11.13 es de aplicación obligatoria, en ningún caso opcional (DGT CV 7-10-15).

3) En el supuesto de quitas fuera del procedimiento concursal, el ingreso se debe imputar en el periodo impositivo en el que tenga lugar ese acuerdo, sin perjuicio de que esa renta no se vea afectada por la limitación a la compensación de **bases imponibles negativas**.

4) Para las quitas **no** realizadas en el **marco de la Ley Concursal** no es de aplicación el criterio especial de imputación temporal (DGT CV 13-10-16).

5) Ingresos procedentes de la declaración de un concurso voluntario. Los ingresos que procedan de una quita que se correspondan con sanciones no deben integrarse en la base imponible del IS (DGT CV 23-7-19).

En un auto declarando concurso voluntario se aprueba un convenio consistente en:
- una quita del 50% y una espera de 2 años, pagando en terceras partes los años 3, 4 y 5 sin intereses, para créditos ordinarios;
- una quita del 50% y una espera de 7 años, pagando en terceras partes en los años 8, 9 y 10 sin intereses, para los créditos subordinados.

La presentación del concurso tiene su origen en una inspección tributaria cuyas actas y sanciones están actualmente recurridas ante el TEAR. Se plantea la tributación de los siguientes ingresos:

a) Ingreso derivado de la quita del 50% que afecta a las sanciones, y que fueron contabilizadas como gasto. Dado que ese gasto no fue fiscalmente deducible, el ingreso derivado de la quita de la deuda frente a la Hacienda Pública que se corresponda con esas sanciones no se integra en la base imponible (LIS art.11.5).

b) Ingreso de la anulación de sanciones. Igualmente, si los tribunales anularan la sanción, como el gasto no fue fiscalmente deducible, no debe integrarse en la base imponible.

La aplicación del criterio de la DGT puede suponer una tributación muy significativa en el ejercicio en el que se realiza la quita sin que, efectivamente se haya recibido el pago del resto de la deuda. 7292

No obstante, este ingreso no se vería afectado por la limitación a la compensación de bases **imponibles negativas**. Para aplicar la limitación a la compensación de bases imponibles negativas, debe tenerse en cuenta que en el cálculo de la base imponible previa a la compensación no se toman en consideración las rentas correspondientes a quitas y esperas consecuencia de un convenio con los acreedores del contribuyente, aprobado en sede de un

procedimiento concursal de los regulados en la normativa concursal, o bien que procedan de cualquier otro acuerdo con los acreedores, aunque no sea en el marco de ese procedimiento concursal, con independencia de que haya o no vinculación entre el contribuyente con los acreedores (LIS art.26.1).
No obstante, si la quita la realiza una entidad que ostenta un porcentaje de participación en la sociedad concursada, la quita, por la parte proporcional a la participación, no tiene la consideración de un ingreso para aquella, sino que tiene la consideración de una aportación a los **fondos propios**.

Precisiones **1)** La condonación de un **préstamo** efectuado por la sociedad dominante a la dependiente tiene la consideración de aportación de fondos propios (DGT CV 9-2-06; CV 23-1-17).
2) La parte de la condonación del **crédito** que excede del porcentaje de participación se considera no deducible en la donante y un ingreso computable en la donataria, sin perjuicio de que pueda eliminarse en consolidación (DGT CV 30-3-10; CV 20-7-16).
3) Si hay rentas positivas procedentes de quitas y esperas y, además, bases imponibles negativas pendientes de compensar, estas rentas se compensan **sin límite** alguno con estas bases imponibles negativas. El resto de la renta positiva del ejercicio se encuentra sujeta a la limitación general aplicable a la compensación de bases imponibles negativas, sin que, el importe de las rentas procedentes de la quita o espera compensadas con bases imponibles negativas se toma en consideración, a efectos de aplicar el límite mínimo de base imponible negativa de un millón de euros, que puede compensarse en todo caso.
4) La exclusión del límite de la compensación de bases imponibles negativas respecto de las rentas correspondientes a quitas o esperas exige que se den las condiciones para que deba reconocerse un ingreso contable. Por tanto, tratándose de una quita acordada con una **entidad vinculada**, debe tenerse en cuenta los criterios manifestados por el ICAC sobre el registro contable de las operaciones de condonación de créditos/débitos entre entidades integrantes de un grupo mercantil (ICAC consulta núm 4, BOICAC núm 79).

7292.1 A efectos del cálculo del **pago fraccionado mínimo** (LIS disp.adic.14ª), establecido para aquellos contribuyentes cuyo importe neto de su cifra de negocios en los 12 meses anteriores a la fecha de inicio de su período impositivo sea al menos de 10 millones de euros, el resultado positivo debe ser objeto de minoración en las rentas positivas integradas derivadas de operaciones de quita o espera consecuencia de un acuerdo con los acreedores. No obstante, debe incluirse en el resultado contable aquella renta positiva que deba incluirse en la base imponible del período impositivo como consecuencia de la aplicación del criterio de imputación temporal fiscal de los ingresos procedentes de quitas y esperas acordadas con los acreedores (LIS art.11.13).

7293 **En la que realiza la quita** La regla general es que la condonación de un crédito es un gasto no deducible en la sociedad condonante, ya que la LIS establece que no son fiscalmente deducibles ni los donativos ni las liberalidades.
No obstante, en el supuesto de que la condonación se realice a una sociedad en concurso (quita), el supuesto de hecho varía, y por tanto también el tratamiento fiscal, pasando el **gasto** a tener la consideración de **deducible** fiscalmente, ya que el ánimo de la quita, no es un *animus donandi*, sino que busca un beneficio, como puede ser evitar la pérdida total del crédito.

7294 Por tanto, al no existir ningún otro precepto limitativo a la deducibilidad del gasto en la LIS, resulta deducible en el IS el gasto contabilizado por la cantidad no cobrada y objeto de condonación.
No obstante, en el supuesto de que la quita se realice a una **entidad filial** la quita se contabiliza como mayor valor de la participación. En el supuesto de que no se ostente la totalidad de la participación, debe registrarse como gasto la parte proporcional de la quita.

Precisiones **1)** El gasto derivado de la condonación de deudas entre partes **no vinculadas** en la que no existe *animus donandi* es deducible (DGT CV 26-12-07).
2) En la aportación de un crédito por un valor superior al que corresponde a la participación del socio se genera un gasto en el socio por el exceso y un ingreso en la sociedad, no siendo deducible e integrándose en la base imponible el ingreso (DGT CV 16-7-09).
3) La condonación de un **crédito de la matriz** a una filial de la que es socio único no genera gasto en la matriz al ser una aportación a los fondos propios, ni ingreso fiscal en la filial (DGT CV 23-1-17).
4) Es gasto deducible la **quita parcial** de un crédito tenido con una entidad no vinculada (DGT CV 1-6-10).
5) La **condonación parcial** de deudas sin intentar previamente su cobro se considera una liberalidad. No obstante, no se trata del mismo supuesto que la **quita concursal**, en el que se considera que no existe liberalidad (TS 10-2-11, EDJ 11710).

A efectos de que se considere a una empresa en concurso de acreedores debe haber un auto judicial declarando el concurso. 7295

En el supuesto de que el crédito ya esté provisionado, la quita sea parcial y, en consecuencia, parte del crédito vaya a cobrarse, el ingreso a través del que se registra la **reversión** tributa fiscalmente si el deterioro tuvo la consideración de fiscalmente deducible. No obstante, si la perdida no tuvo la consideración de fiscalmente deducible, el ingreso no debe integrarse en la base imponible.

3. Limitación a la deducibilidad del gasto financiero

(LIS art.16)

Se establece un límite a la deducibilidad de gastos financieros que tiene carácter temporal. 7300
Esta limitación consiste en que únicamente son deducibles los gastos financieros netos devengados en el período impositivo con el límite del **30%** del beneficio operativo del ejercicio, no siendo deducible el exceso del gasto financiero devengado en el período impositivo que sobrepase el referido límite. En cualquier caso, se establece un importe mínimo deducible de un millón de euros.

En el período impositivo en que tiene lugar la **extinción** de la **sociedad**, cualquiera que sea la causa, es deducible la totalidad del gasto financiero devengado en el mismo, así como todo el gasto financiero que no haya sido deducible en períodos impositivos anteriores por sobrepasar el 30% del beneficio operativo de los ejercicios correspondientes a tales períodos.

Precisiones **1)** Los gastos derivados de los créditos que se hayan visto afectados por una **quita o espera en el concurso**, en la medida en que están relacionados con el endeudamiento empresarial, tienen la consideración de gastos financieros a los efectos de la aplicación de la limitación que establece la LIS art.16 (DGT CV 15-6-15).

2) Aquella parte del ingreso correspondiente al **registro contable de las quitas y esperas** que se refiera exclusivamente a la deuda correspondiente a gastos financieros devengados que hubieran generado gastos financieros netos pendientes de deducir fiscalmente por la limitación establecida en la antigua LIS (LIS/04 art.20), no se integra en la base imponible de la consultante, por corresponderse con un gasto financiero que no ha sido fiscalmente deducible, y que no lo va a ser ya en el futuro al cancelarse con ocasión de la quita (DGT CV 14-5-15).

3) Siguiendo una interpretación literal de la norma, la DGT había mantenido que, aunque el ingreso derivado de una quita tuviera la naturaleza de ingreso financiero este no derivaría de la cesión a terceros de capitales propios y, por tanto, no debiera **reducir** la **cifra de gastos financieros netos**, a efectos de la limitación del 30% del beneficio operativo del ejercicio (DGT CV 17-10-16). No obstante, con posterioridad, la DGT parece reconsiderar el citado planteamiento, estableciendo que el ingreso financiero derivado de la quita debe minorar el saldo total de gastos financieros de la entidad, a los efectos de determinar los gastos financieros netos de la misma, con respecto al límite a la deducibilidad de los gastos financieros de la LIS art.16, ya que la naturaleza de una quita de acreedores no es otra que una minoración del coste de financiación de la entidad desde un punto de vista económico (DGT CV 23-1-17).

4) El ingreso derivado de la baja de un pasivo como consecuencia de su **refinanciación**, por ser sustancialmente diferentes sus nuevas condiciones, al estar relacionado con el endeudamiento se tiene en consideración a efectos de determinar el gasto financiero neto del ejercicio cualquiera que sea la forma de contabilización (DGT CV 24-1-17). Lo mismo respecto del ingreso financiero derivado de una **quita** de acreedores, de manera que el importe del ingreso financiero a computar en el periodo impositivo va a ser el que se haya integrado en la base imponible por aplicación de la LIS art.11.13 (DGT CV 23-1-17).

5) La limitación a la deducibilidad de los gastos financieros no es de aplicación tras la sentencia de apertura de fase de liquidación, aun cuando su extinción formal sea posterior (DGT CV 20-10-15).

4. Grupos de consolidación fiscal

(LIS art.58.4)

No pueden formar parte de los **grupos de sociedades** de la LIS las sociedades que al cierre del periodo impositivo hayan sido declaradas en situación de **concurso** y durante los períodos impositivos en que surta efectos esa declaración. 7305

En consecuencia, en el momento de crearse el grupo, las sociedades en concurso no pueden integrar el grupo como entidades **dominadas**.

Si es la entidad **dominante** la que está en esa situación, el grupo no puede crearse.

Desde el **1-1-2015**, en el caso de que la entidad dominante participe en otras sociedades indirectamente a través de sociedades intermedias que incumplan cualquier requisito para formar parte del grupo (como estar en situación de concurso), ello no impide que las sociedades indirectamente participadas puedan formar parte del grupo, siempre y cuando cumplan los requisitos exigidos.

En el supuesto de que el grupo ya está creado y una entidad dominada entra en situación de concurso, ha de ser **excluida** del grupo en el mismo periodo impositivo en que se produce esta situación. La comunicación de la exclusión del grupo debe realizarse en el primer pago fraccionado al que afecte la exclusión, y supone la tributación en el IS por el régimen individual en ese mismo periodo de la entidad dominada, sin afectar al régimen de consolidación fiscal del resto de entidades del grupo. Asimismo, en el ejercicio en el que concluya la situación, la entidad debe integrarse en el grupo consolidado, debiendo volver a adoptar el acuerdo correspondiente y comunicar la inclusión a la Administración tributaria. Asimismo, en el ejercicio en el que concluye esa situación la entidad debe integrarse en el grupo consolidado.

La exclusión de la sociedad del grupo por esta causa reviste las mismas **consecuencias** que la salida del grupo de cualquier entidad por cualquier otra circunstancia con todas las implicaciones que esto supone; básicamente, incorporación de eliminaciones a nivel individual, atribución de gastos financieros netos pendientes de deducir, deducciones y bases imponibles negativas pendientes de aplicar y compensar, cantidades correspondientes a la reserva de capitalización y la reserva de nivelación, así como imputación de pagos fraccionados en la proporción en la que hubiera contribuido a su formación la entidad excluida.

7306 Si es la sociedad dominante española la entidad que entra en situación de concurso, esto supone la **extinción** del grupo, con todas las implicaciones que esto supone; básicamente, incorporaciones, reparto de gastos financieros netos pendientes de deducir, deducciones y bases imponibles negativas pendientes de aplicar y compensar, cantidades correspondientes a la reserva de capitalización y la reserva de nivelación, así como imputación de pagos fraccionados.

No obstante, **no se extingue el grupo fiscal** cuando la entidad dominante pierda tal condición y sea no residente en territorio español (ya que la misma no forma parte del grupo), siempre que se cumplan las condiciones para que todas las entidades dependientes sigan constituyendo un grupo de consolidación fiscal, salvo que se incorporen a otro grupo fiscal (LIS art.58.6).

En los casos en los que se ha extinguido el grupo y se quiere volver a tributar bajo el régimen, el grupo ha de ser un **grupo nuevo** y deben cumplirse los requisitos generales y seguirse el procedimiento general para crear el nuevo grupo.

Un caso particular de esta situación donde la dominante esté en situación de concurso puede ser el supuesto en que haya un subgrupo dentro del grupo fiscal, esto es, que alguna entidad dependiente tuviese **participaciones** en el porcentaje exigido en el capital de **otras entidades** igualmente **dependientes**, en cuyo caso, puede plantearse si la referida entidad dependiente puede alcanzar la condición de dominante del subgrupo y, por tanto, aplicar el régimen de consolidación fiscal.

Una primera interpretación literal de la normativa negaría la aplicación del régimen de consolidación fiscal a este subgrupo, dado que esa entidad sigue teniendo la condición de dependiente de otra entidad, aunque esta última no tenga la condición de dominante.

No obstante, otra posible interpretación permitiría aplicar ese régimen a ese subgrupo, dado que, si la dominante del primitivo grupo pierde tal condición, aquella otra entidad no es dependiente de ninguna entidad que tenga la consideración de dominante y, por tanto, ese subgrupo podría continuar aplicando este régimen de consolidación fiscal.

Ahora bien, este régimen especial no podría aplicarse en la práctica en el propio **período impositivo** en el que la dominante esté en situación de concurso, pues es condición para aplicar este régimen que los **consejos de administración u órgano equivalente** de todas las entidades de ese subgrupo hayan optado por aplicar ese régimen dentro del período impositivo anterior al que sea de aplicación el régimen de consolidación fiscal, por lo que su aplicación tendría lugar en el período impositivo inmediato siguiente a aquel en el que la dominante está en situación de concurso. Sin embargo, no impide entender que el primitivo grupo se ha extinguido con las implicaciones fiscales que se derivan, incluso respecto de la incorporación de aquellos resultados previamente eliminados en los que participaron entidades que formen parte de ese subgrupo.

No obstante, cuando sea previsible que la dominante va a incurrir en concurso en el ejercicio siguiente, la dominante del subgrupo, junto con sus dependientes, antes de que acabe ese ejercicio van a poder adoptar los acuerdos necesarios para optar por tributar en consolidación, lo que va a suponer que en el siguiente ejercicio ese subgrupo pueda tributar en consolidación, siempre que se manifieste la circunstancia de concurso de la anterior dominante, suponiendo por tanto una continuidad en la aplicación del régimen fiscal especial, aun cuando haya sido extinguido el anterior grupo con los efectos previstos en la LIS art.74.

Ahora bien, en el período impositivo en el que la primitiva entidad dominante **salga** de esta situación de **concurso**, aquel subgrupo pierde la aplicación de este régimen fiscal especial, al pasar de nuevo la dominante del subgrupo a tener la condición de dependiente.

Precisiones 1) La exclusión del grupo de entidades en situación de concurso se justifica desde el momento en que este régimen de tributación trata de gravar al grupo como una unidad económica, en la medida en que la dominante ostenta el control y el poder de decisión sobre las dependientes. Por el contrario, la declaración judicial de concurso necesario de una entidad supone la pérdida de la **capacidad para administrar y disponer** de sus bienes, al transferirse a la administración concursal el ejercicio de esas facultades en defensa de los derechos de los acreedores, por lo que desaparece, en tal caso, la idea de unidad económica o poder de decisión centralizada en la dominante cuando sea esta entidad la que se encuentre en situación de concurso y, si tal situación se manifiesta en una dependiente, la pérdida del control efectivo sobre ella debe determinar igualmente su salida del grupo. Idénticas consecuencias deben producirse por la declaración judicial de concurso voluntario puesto que, aunque en este caso el deudor, habitualmente, conserva la administración de sus bienes y la gerencia de sus negocios, sin embargo, necesita de la **autorización** o **conformidad** dela administración concursal designada por el juez para continuar las operaciones ordinarias de su tráfico mercantil, lo que supone una limitación a la imagen de unidad económica en que se fundamenta el régimen de consolidación. 7307

2) Tanto en el supuesto de **exclusión de una entidad dependiente** como en el de **extinción del grupo**, para volver a tributar por el régimen especial al haber superado la situación de concurso, se deben adoptar los correspondientes acuerdos y realizar la comunicación a la Administración tributaria. En particular, en caso de que haya sido la dominante la que hubiese estado en situación de concurso, la aplicación de nuevo del régimen de consolidación fiscal requiere que se opte por él y que los acuerdos se tomen en el ejercicio anterior al que se quiere aplicar este régimen fiscal. Si la situación de concurso ha recaído en alguna entidad dependiente, la salida de esa situación permite la inclusión en el grupo en el propio período impositivo en el que se supera esa situación para lo que debe adoptarse el correspondiente acuerdo dentro del plazo que finaliza en el cierre de ese período impositivo (LIS art.61.3).

3) El **convenio de acreedores** tiene plena eficacia, con carácter general, desde la fecha de la sentencia de su aprobación, cesando desde ese momento todos los efectos de la declaración de concurso (LCon art.393 s.) y pasando a encontrarse la deudora en una situación comúnmente denominada como concurso latente. Por otro lado, el concurso no concluye hasta que sea firme el auto que declare el cumplimiento del convenio (LCon art.465 s.). A efectos fiscales, puede entenderse que una entidad no se encuentra en situación de concurso desde la sentencia en que se apruebe el convenio de acreedores. Por tanto, en el período impositivo en el que tenga lugar el cese de tales efectos, la entidad dependiente que estuviese en esta situación se volvería a integrar en el grupo fiscal, con independencia de que el concurso concluya cuando sea firme el auto que declare el cumplimiento del convenio.

4) La situación de concurso determina la **exclusión de la sociedad** del grupo fiscal. En el período en el que se supere esa situación puede de nuevo integrarse en el grupo, para lo que debe adoptarse el correspondiente acuerdo de inclusión (DGT CV 28-9-10).

5) **No** queda **excluida del grupo fiscal** una dependiente cuando en el mismo ejercicio se declara la situación de concurso y se dicta sentencia de aprobación del convenio de acreedores, al considerarse superada la situación de concurso (DGT CV 21-1-15).

Ejemplo En un grupo fiscal se presentan las siguientes situaciones:
- una sociedad dependiente B es declarada en concurso en el ejercicio N;
- la sociedad dominante A es declarada en concurso en el ejercicio N+1. Esta situación finaliza al inicio del ejercicio N+3 mediante la aprobación del convenio con sus acreedores.

a) La sociedad dependiente B queda excluida del grupo con efectos del período impositivo correspondiente al propio año N, por lo que esta entidad en ese período tributaría de acuerdo con el régimen individual, siendo de aplicación los efectos establecidos sobre la exclusión de una entidad de un grupo fiscal.

b) El grupo se extingue con efectos del propio período impositivo correspondiente al año N+1, en el cual todas las sociedades que lo integran tributarían según el régimen individual, siendo de aplicación los efectos establecidos sobre la extinción de un grupo fiscal.

Para volver a tributar por el régimen especial deberán de nuevo tomarse los acuerdos por los consejos de administración de todas las sociedades, de manera que si se estima que el concurso finalice en el año N+3, para consolidar de nuevo en ese ejercicio, tales acuerdos deben adoptarse dentro del año N+2.

---

5. Impuesto sobre el Valor Añadido

Se exponen a continuación las cuestiones más relevantes en relación con el Impuesto sobre el Valor Añadido (IVA). 7310

Modificación de la base imponible (LIVA art.80.tres) Legalmente se prevé la posibilidad de modificar la base imponible de IVA en el supuesto de que un deudor esté en situación de concurso y no haya satisfecho las deudas correspondientes a operaciones cuyo devengo se produjo con anterioridad al auto de declaración de concurso. 7311

Esta modificación implica la **devolución** del IVA repercutido e ingresado a la Administración tributaria y no cobrado del deudor.
El acreedor del deudor en concurso tiene 2 meses contados a partir del fin del **plazo máximo** fijado por la normativa concursal, actualmente de un mes, para reducir la base imponible. Por lo tanto, la modificación de la base imponible debe llevarse a efecto antes del transcurso del plazo de 3 meses, a contar desde el día siguiente al de la publicación en el BOE del auto de declaración de concurso (LIVA art.80.tres; LCon art.28.1.5º).

7312 Para realizar esa modificación se debe expedir una **factura rectificativa**, que anule la cuota de IVA repercutida y enviarla de manera fehaciente al deudor. La modificación estará condicionada a la previa facturación y registro en el libro de facturas expedidas de la operación inicial, así como a la expedición y remisión de la factura rectificativa por parte del proveedor, debiendo el acreedor del deudor concursal acreditar dicha remisión. Adicionalmente, y durante el mismo plazo, debe remitirse una copia de la factura rectificativa a la administración concursal -RIVA art.24.1- (TEAC 18-12-19).
Asimismo, en el plazo de un mes desde la expedición de la factura rectificativa, se debe **comunicar** a la Administración tributaria, la modificación de la base imponible rectificada, haciendo constar que los créditos cuya base se está modificando no están garantizados, afianzados o asegurados ni se refieren a partes vinculadas o destinatarios no establecidos en el territorio de aplicación del impuesto ni en Canarias, Ceuta o Melilla, supuestos en los que no procede la modificación de la base imponible. Dicha comunicación deberá acompañarse de la copia de las facturas rectificativas expedidas (RIVA art.24.2.a.2º).

Precisiones **1)** Cuando se acuerda la **conclusión del concurso** por las causas previstas en la LCon art.465.1º, 6º o 7º, el acreedor que hubiese modificado la base imponible debe nuevamente modificarla al alza, en el plazo que se fije reglamentariamente, mediante la emisión de una factura rectificativa en la que se repercuta la cuota procedente.
2) No procede la modificación de la base imponible de acuerdo con lo señalado en la LIVA art.80.cuatro (procedimiento relativo a la recuperación del IVA de impagados con carácter general) para aquellas operaciones cuyo **devengo** se produce antes de la declaración de concurso (LIVA art.80.cinco.3º).
3) En las **operaciones impagadas** cuyo devengo se produce con posterioridad a la declaración de concurso no se aplica este procedimiento de modificación de la base imponible, pero sí cabe aplicar el previsto para operaciones no incursas en procedimientos concursales.
4) La norma concursal impone a la administración concursal la **obligación de comunicar a la AEAT** la declaración de concurso, mediante el envío de un formulario electrónico disponible en la página web de la AEAT (LCon art.253).
5) La DGT ha asimilado el criterio del (TJUE auto 29-4-20, asunto C-756/19) permitiendo la recuperación de las cuotas de IVA relativas a **créditos** que pasen a ser considerados **incobrables** como consecuencia de un proceso de insolvencia declarado por un órgano jurisdiccional de otro Estado miembro cuando se trate de procedimientos de insolvencia a los que resulte de aplicación el Rgto (UE) 2015/848 sobre procedimientos de insolvencia (DGT 12-11-20).
6) No se pierde el derecho a la **modificación** de la **base imponible del IVA** por concurso del deudor aunque se ejercite **fuera del plazo** de 3 meses previsto legalmente, al tratarse de un requisito de carácter meramente formal y no material, primando el derecho del acreedor a recuperar las cuotas del IVA (AN 10-5-23, EDJ 577893). Por el contrario, dicho derecho si se pierde en los casos de **acuerdos transaccionales** en la medida que estos se consideran condonaciones de deudas, supuesto que no permite la modificación de la base imponible (AN 14-9-23, EDJ 690413).
7) Es posible modificar la **base imponibles del IVA** cuando, tras la declaración de concurso del deudor, se extingue la **garantía** que acreditaba el cobro del crédito (AN 17-1-23, EDJ 504190).
8) Las entidades que pertenezcan a un **grupo** de entidades de IVA que se encontrasen al término de cualquier período de liquidación en situación de concurso, quedarán excluidas del régimen especial del grupo de entidades desde dicho período (LIVA art.163 septies.3).

7313 Una vez se ha realizado el citado procedimiento, el IVA se puede recuperar de dos **formas**:
a) Declarando la reducción de las cuotas repercutidas en la **autoliquidación** del periodo en el que se ha producido la modificación de la base imponible o en las posteriores hasta el plazo de un año a contar desde el momento en que debió efectuarse la mencionada rectificación.
b) Iniciando un procedimiento de **rectificación** de autoliquidaciones (LGT art.120.3).
El deudor concursado que tenga la condición de empresario o profesional debe comunicar por vía electrónica a la Administración tributaria la recepción de las facturas rectificativas, y el importe total de las cuotas rectificadas incluidas, en su caso, el de las no deducibles. Asimismo, debe consignar la minoración de la deducción en las declaraciones-liquidaciones correspondientes a los períodos en que se hubiera ejercitado el derecho a la deducción de las cuotas

soportadas, o excepcionalmente en la declaración-liquidación relativa a hechos imponibles anteriores a la declaración de concurso regulada en el art.71.5 RIVA cuando:
- el destinatario de las operaciones no tuviera derecho a la deducción total del impuesto y en relación con la parte de la cuota rectificada que no fuera deducible; o
- el destinatario de las operaciones tuviera derecho a la deducción del impuesto pero dicho periodo en el que se hubiera ejercicio el derecho a la deducción estuviera prescrito (RIVA art.24.2.b.3º).

Limitaciones a la deducibilidad del IVA (LIVA art.99) Las cuotas de IVA soportadas por empresas en concurso con anterioridad a la declaración de concurso únicamente pueden deducirse en el **periodo** en el que se soportaron y nunca en periodos posteriores (LIVA art.99.Tres). **7314**
Si no se ha practicado la deducción, el concursado o la administración concursal, en los casos previstos en la LCon art.260, puede realizar una **rectificación** de la declaración del periodo correspondiente, siempre que ese periodo no esté prescrito.
Asimismo, en el periodo impositivo en el que la sociedad entra en concurso debe presentar dos declaraciones-liquidaciones, una referida a los hechos imponibles anteriores a la citada declaración y otra referida a los posteriores (RIVA art.71.5).
En la declaración correspondiente a los hechos anteriores debe aplicar la totalidad de las cuotas a compensar anteriores a la declaración de concurso (LIVA art.99.Cinco).
La **retribución** de la **administración concursal** se devenga de conformidad con los plazos previstos en el RD 1860/2004, cuyo abono procede en virtud de las distintas fases que puedan tener lugar durante el procedimiento concursal (fase común, fase de convenio y/o fase de liquidación) por lo que obliga a repercutir IVA por su retribución al momento de la percepción de sus honorarios (TS 14-11-22, EDJ 740279; 16-11-22, EDJ 740358).

6. Otros aspectos

A continuación, se hace referencia a diversos aspectos de interés en relación con las deudas tributarias en caso de concurso de acreedores, que son: **7315**
- la prohibición de solicitar aplazamiento y fraccionamiento de pago;
- la responsabilidad tributaria;
- el procedimiento de apremio; y
- los intereses de demora.

Aplazamientos y fraccionamientos (LGT art.65; AEAT Instr 18-1-17) Se establece la **prohibición** de solicitar aplazamientos o fraccionamientos de deudas tributarias en concurso cuanto se trata de deudas contra la masa. **7316**
En el caso de **concurso**, no son aplazables los créditos contra la masa (LGT art.65.2.c), pero las deudas devengadas tras la fecha de eficacia del convenio, como son los créditos nacidos después del cese de efectos del concurso, son aplazables como cualquier deuda tributaria.
En caso de que se presente una solicitud de aplazamiento o fraccionamiento esta será objeto de **inadmisión** automática, sin que sea necesaria la respuesta de la Administración.
Esto provoca que no nazca un nuevo plazo para el pago de la deuda sin entrar en periodo ejecutivo.

Responsabilidad tributaria La responsabilidad tributaria puede abordarse desde dos perspectivas: **7317**
- la de los administradores de la entidad en concurso;
- la que se produce en el supuesto de sucesión de empresa;

Administradores (LGT art.42 y 43) Los administradores son responsables **subsidiarios** en relación con cantidades que deben repercutirse o retenerse en los supuestos que presenten de manera reiterada autoliquidaciones sin ingreso por dichos conceptos, cuando pueda acreditarse que la presentación no obedece a una intención real de cumplir la obligación tributaria objeto de autoliquidación. **7318**
Es una norma de aplicación tanto a empresas que están en concurso como a las que no lo están.
Se considera que la conducta es **reiterativa** cuando en un año natural, al menos la mitad de las autoliquidaciones se han presentado sin ingreso, considerándose como tales las solicitadas con aplazamiento que haya sido denegado, o concedido e incumplido por el sujeto pasivo.
Asimismo, son responsables subsidiarios los integrantes de la **administración concursal** y los liquidadores de sociedades y entidades en general que no han realizado las gestiones necesarias para el íntegro cumplimiento de las obligaciones tributarias devengadas con anterioridad a esas situaciones e imputables a los respectivos obligados tributarios.

De las obligaciones tributarias y sanciones posteriores a esas situaciones responden como administradores cuando tienen atribuidas funciones de administración.

Precisiones Es posible derivar la **responsabilidad solidaria** al administrador concursal de una sociedad sobre la que todavía no ha finalizado el proceso concursal. Nada impide a la Administración ejecutar su derecho sobre el patrimonio de otra persona no sometida a procedimiento concursal alguno, como es el propio administrador concursal, si este ha sido declarado responsable solidario en el incumplimiento de las obligaciones tributarias de la sociedad, ya que el administrador es titular de un patrimonio ajeno al concurso (TS 27-6-17, EDJ 124991; 21-3-18, EDJ 26539).

7320 **Sucesión de empresa** (LGT art.42) Con carácter general, son responsables **solidarios** aquellos que suceden por cualquier concepto en la titularidad o ejercicio de explotaciones o actividades económicas, por las obligaciones tributarias contraídas del anterior titular y derivadas de su ejercicio.

No obstante, esta responsabilidad no es de aplicación a los adquirentes de explotaciones o actividades económicas pertenecientes a un deudor concursado cuando la adquisición tiene lugar en un **procedimiento concursal**.

Esta excepción únicamente es de aplicación a los supuestos de responsabilidad solidaria, ya que no existe excepción relativa a la responsabilidad subsidiaria respecto a las entidades en concurso.

7321 **Procedimiento de apremio** En los supuestos en los que puede concurrir un procedimiento de apremio de deudas tributarias con un procedimiento concursal se le da **preferencia** al procedimiento de apremio de la Agencia tributaria para ejecutar el embargo, si se ha efectuado con anterioridad a la fecha de declaración del concurso.

No obstante, la Administración tributaria no está facultada para dictar **providencias de apremio** y aplicar **recargos** del periodo ejecutivo si se trata de créditos concursales que han agotado el periodo voluntario con anterioridad a la declaración del concurso o si se trata de créditos contra la masa no atendidos en periodo voluntario de pago. Así, el TEAC ha establecido que la interpretación acorde con la jurisprudencia de lo dispuesto en la LGT art.164.2 y en la normativa concursal conduce a la imposibilidad de dictar una providencia de apremio respecto de deudas concursales aun cuando las condiciones para su emisión se hubiesen producido con anterioridad a la declaración de concurso (TEAC 19-1-23).

Cuando el concurso se encuentre en fase de liquidación, es necesario el planteamiento de **incidente concursal** al juez conocedor del procedimiento concursal con carácter previo a comenzar con el procedimiento de apremio (TEAC 26-2-19; 24-9-19).

7322 **Intereses de demora** (LCon art.248) Uno de los efectos que provoca el concurso es la **suspensión** del devengo de intereses, incluidos los derivados de deudas tributarias.

No obstante, tratándose de créditos con garantía real, se prevé una **excepción** a la regla general y se establece la posibilidad de que se devenguen los intereses remuneratorios pactados hasta donde alcance el valor de la garantía.

La paralización de las ejecuciones administrativas para hacer efectivos los créditos contra la masa que no son satisfechos a su **vencimiento**, no impide el devengo de intereses, que han de ser liquidados junto a la deuda principal y tienen igualmente la consideración de crédito contra la masa.

B. Sociedades que se incorporan al BME Growth

7325 El BME Growth (antiguo, Mercado Alternativo Bursátil (**MAB**) es un mercado dedicado a empresas de reducida capitalización que buscan expandirse, con una regulación a medida, diseñada específicamente para ellas y unos costes y procesos adaptados a sus características.

Este mercado trata de adaptarse a una tipología de empresas con determinadas peculiaridades por su tamaño y fase de desarrollo, que presentan amplias necesidades de financiación, precisan poner en valor su negocio y mejorar su competitividad.

Las empresas que solicitan su incorporación al BME Growth deben ser **SA**, españolas o extranjeras, tener su capital social totalmente desembolsado y representado en anotaciones en cuenta, con **libre transmisibilidad** de sus acciones y comercializar productos o servicios. Asimismo, estas empresas deben cumplir con unos requisitos de transparencia y compromiso de información al mercado, así como designar un Asesor Registrado y un Proveedor de Liquidez, que les ayudaran en el proceso. Por último, es imprescindible que se cumpla con una difusión mínima de las acciones. El régimen contable y la información financiera debe ajustarse al estándar nacional, a las Normas Internacionales de Información Financiera (NIIF) o US GAAP.

Incentivos fiscales Desde el ámbito de las **CCAA** se están ofreciendo incentivos fiscales en el ámbito del IRPF para fomentar la cotización en el BME Growth. 7330

Precisiones La Empresa Nacional de Innovación (ENISA) -dependiente del Ministerio de Industria, Comercio y Turismo- entre sus líneas de financiación a proyectos innovadores, destinada una de ellas a financiar proyectos de consolidación, crecimiento e internacionalización, que busquen capitalización a través de un mercado regulado como el BME Growth.

Aragón (DLeg Aragón 1/2005 art.110.8; L Aragón 12/2010) El contribuyente puede aplicar una **deducción** del 20% de las cantidades invertidas durante el ejercicio en la suscripción de acciones como consecuencia de acuerdos de **ampliación de capital** por medio del segmento de empresas en expansión del BME Growth. 7331

El importe máximo de esta deducción es de 10.000 euros y deben cumplirse los siguientes requisitos:

a) La **participación** del contribuyente en la sociedad objeto de la inversión no puede ser superior al 10% de su capital social.

b) Las acciones suscritas deben **mantenerse** en el patrimonio del contribuyente durante un período de 2 años como mínimo.

c) La sociedad objeto de la inversión debe tener el **domicilio** social y fiscal en **Aragón**, y no debe tener como actividad principal la gestión de un patrimonio mobiliario o inmobiliario.

Esta deducción es **incompatible** para las mismas inversiones con la deducción por inversión en la adquisición de acciones o participaciones sociales de nuevas entidades o de reciente creación de la misma Ley.

Galicia (DLeg Galicia 1/2011 art.5.11) Se establece una **deducción** por inversión en acciones de entidades que cotizan en el segmento de empresas en expansión del BME Growth, de forma que los sujetos pasivos del IRPF pueden deducirse en la cuota íntegra autonómica el 15%, con el límite de 4.000 euros, de las cantidades invertidas durante el ejercicio en la adquisición de acciones como consecuencia de acuerdos de ampliación de capital suscritos por medio del segmento de empresas en expansión del BME Growth. 7334

La deducción total se ha de prorratear por partes iguales en el ejercicio en que se realiza la inversión y en los tres ejercicios siguientes y su aplicación está condicionada al cumplimiento de los siguientes **requisitos**: 7335

a) La **participación** conseguida por el contribuyente en la sociedad objeto de la inversión no puede ser superior al 10% de su capital social.

b) El **mantenimiento** de las acciones adquiridas en el patrimonio del contribuyente debe extenderse durante un período de 3 años, como mínimo.

c) La sociedad objeto de la inversión debe tener el **domicilio** social y fiscal en **Galicia**, y no debe tener como actividad principal la gestión de un patrimonio mobiliario o inmobiliario.

d) Las operaciones en que sea aplicable la deducción deben formalizarse en **escritura pública** en la que ha de especificarse la identidad de los inversores y el importe de la inversión respectiva.

El **incumplimiento** de los requisitos anteriores comporta la pérdida del beneficio fiscal.

Esta deducción es **incompatible**, para las mismas inversiones, con la deducción por inversión en la adquisición de acciones o participaciones sociales en entidades nuevas o de reciente creación y su financiación, por inversión en la adquisición de entidades nuevas o de reciente creación y por inversión en empresas agrarias y en sociedades cooperativas agrarias o de explotación comunitaria de la tierra.

Precisiones Los requisitos indicados en las letras a) y c) anteriores deben cumplirse durante todo el plazo de mantenimiento indicado en la letra b), contado desde la fecha de adquisición de la participación.

Madrid (DLeg Madrid 1/2010 art.17 y disp.final 3ª) Los contribuyentes pueden deducir de la cuota íntegra autonómica el 20% de las cantidades invertidas en la adquisición de acciones correspondientes a procesos de **ampliación de capital o de oferta pública de valores**, en ambos casos a través del segmento de empresas en expansión del BME Growth, con un máximo de 10.310 euros de deducción, siempre que: 7337

a) El **mantenimiento** de las acciones o participaciones adquiridas debe extenderse, al menos, durante 2 años.

b) La **participación** en la entidad a la que correspondan las acciones o participaciones no debe ser superior al 10% del capital social.

c) La sociedad en que se produzca la inversión debe tener el **domicilio** social y fiscal en la Comunidad Autónoma de **Madrid**, y no debe tener como actividad principal la gestión de un patrimonio mobiliario o inmobiliario.

Los requisitos b) y c) anteriores deben cumplirse durante el **plazo** de mantenimiento exigido de las acciones o participaciones de 2 años.
Esta deducción resulta **incompatible**, para las mismas inversiones, con la deducción por inversión en la adquisición de acciones y participaciones sociales de nuevas entidades o de reciente creación.

7338 **Murcia** (DLeg Murcia 1/2010 art.1.7) Los contribuyentes pueden deducir de la cuota íntegra autonómica el 20% de las cantidades invertidas en la adquisición de acciones correspondientes a procesos de **ampliación de capital**, en ambos casos a través del seguimiento de empresas en expansión del BME Growth, con un límite máximo de 10.000 euros de deducción, siempre que:
a) La **participación** en la sociedad a la que correspondan las acciones o participaciones no debe ser superior al 10% del capital.
b) El **mantenimiento** de las acciones o participaciones adquiridas debe extenderse, como mínimo, durante 2 años.
c) La sociedad en que se produzca la inversión debe tener el **domicilio** social y fiscal en la Comunidad Autónoma de **Murcia**, y no debe tener como actividad principal la gestión de un patrimonio mobiliario o inmobiliario.
d) Las operaciones en que sea aplicable la deducción deben formalizarse en escritura **pública** en la que ha de especificarse la identidad de los inversores y el importe de la inversión respectiva.
e) La aplicación de la deducción requiere la comunicación previa a la Administración regional en la forma determinada reglamentariamente. Los requisitos a) y c) anteriores deben ampliarse durante el plazo de mantenimiento exigido de las acciones o participaciones de 2 años.
El **incumplimiento** de los requisitos anteriores conlleva la pérdida del beneficio fiscal.
Esta deducción resulta **incompatible**, para las mismas inversiones, con la deducción por inversión en la adquisición de acciones y participaciones sociales de nuevas entidades o de reciente creación.

7339 Precisiones **1)** La normativa aplicable a las CCAA citadas hace referencia a la LIP art.4.ocho.2.a, en cuanto a la definición de sociedades cuya actividad principal se corresponda con la **gestión de un patrimonio** mobiliario o inmobiliario. En este sentido, este precepto establece que se entenderá que una entidad gestiona un patrimonio mobiliario o inmobiliario y que, por lo tanto, no realiza una actividad económica cuando, durante más de 90 días de su ejercicio social, la mitad de su activo:
- esté constituido por valores; o
- no esté afecto a actividades económicas.
Para determinar si existe actividad económica o si un elemento patrimonial se encuentra afecto a ella, se ha de estar a lo dispuesto en el IRPF y, para determinar tanto el valor del activo como el de los elementos patrimoniales no afectos a actividades económicas, se obtiene a partir del valor que se deduzca de la contabilidad, siempre que esta refleje fielmente la verdadera situación patrimonial de la sociedad.
A efectos de determinar la parte del activo que está constituida por valores o **elementos** patrimoniales **no afectos** se han de tener en cuenta las siguientes reglas:
• **No se computan** los **valores** siguientes:
- los ostentados para dar cumplimiento a obligaciones legales y reglamentarias;
- los que incorporen derechos de crédito nacidos de relaciones contractuales establecidas como consecuencia del desarrollo de actividades económicas;
- los poseídos por sociedades de valores como consecuencia del ejercicio de la actividad constitutiva de su objeto;
- los que otorguen, al menos, el 5% de los derechos de voto y se posean con la finalidad de dirigir y gestionar la participación siempre que, a estos efectos, se disponga de la correspondiente organización de medios materiales y personales, y la entidad participada no resulte, a su vez, una entidad de gestión de un patrimonio mobiliario o inmobiliario.
• **No se computan** como valores ni como elementos no afectos a actividades económicas aquellos cuyo precio de adquisición no supere el importe de los beneficios no distribuidos obtenidos por la entidad, siempre que los beneficios provengan de la realización de actividades económicas, con el límite del importe de los beneficios obtenidos tanto en el propio año como en los últimos 10 años anteriores (se asimilan a los beneficios procedentes de actividades económicas los dividendos que procedan de los valores a que se refiere la LIP art.4.ocho.2.a.1º, cuando los ingresos obtenidos por la entidad participada procedan, al menos en el 90%, de la realización de actividades económicas).
2) Hasta el 31-12-2016, **Cataluña** también preveía una deducción por inversión en acciones de empresas en expansión del mercado alternativo bursátil (L Cataluña 26/2009 art.21).
3) La Administración considera que tanto el Segundo Mercado para Pequeñas y Medianas Empresas de la Bolsa de Barcelona, como el Mercado de Valores Latinoamericano o el Mercado Alternativo Bursátil (MAB) (ahora BME Growth), no tienen la consideración de mercado regulado de valores definido en la Dir 2004/39/CE (derogada por la Dir 2014/65/UE). En consecuencia, tanto a los

efectos de la determinación del valor de transmisión como de la aplicación de los coeficientes reductores, se han de seguir las normas aplicables a las **acciones y participaciones no admitidas a negociación** en mercados regulados (DGT CV 16-12-08; CV 2-3-09).

4) La adquisición de acciones que solo se negocien en un sistema multilateral de negociación, como es el BME Growth, no estará sujeta al **Impuesto sobre Transacciones Financieras** al no tener éste la consideración de mercado regulado conforme a lo previsto en la Dir 2004/39/CE (derogada por la Dir 2014/65/UE relativa a los mercados de instrumentos financieros), ni tratarse de un mercado considerado equivalente de un tercer país según lo dispuesto en el art.25.4 de dicha Directiva.

C. Adquisición realizada por entidades de capital riesgo

7340

1.	**Consideraciones generales**	7345
2.	**Aplicación del régimen fiscal especial**	7350
	a. Plusvalías	7355
	b. Dividendos	7370
3.	**Compatibilidad con otros regímenes especiales**	7375
4.	**Otros impuestos**	7380

1. Consideraciones generales

(L 22/2014)

Las entidades de capital riesgo (ECR) son entidades de inversión colectiva de tipo cerrado que **7345**
obtienen capital de una serie de inversores mediante una actividad comercial cuyo fin mercantil es generar ganancias o rendimientos para los inversores y cuyo **objeto social principal** consiste en la toma de participaciones temporales en el capital de empresas no financieras y de naturaleza no inmobiliaria que, en el momento de adquisición, no cotizan en el primer mercado de Bolsas de valores o en cualquier otro mercado regulado equivalente de la UE o del resto de países miembros de la OCDE (L 22/2014 art.3 y 9).

Asimismo, se consideran inversiones propias del objeto de la actividad de capital riesgo las inversiones en valores emitidos por empresas cuyo activo está constituido en más de un 50% por **inmuebles**, siempre que, al menos, los inmuebles que representan el 85% del valor contable total de los inmuebles de la entidad participada estén afectos, ininterrumpidamente durante el tiempo de tenencia de los valores, al desarrollo de una actividad económica, según lo establecido en la LIRPF.

El objeto principal también permite la toma de participación en el capital de **empresas no financieras** que cotizan en el primer mercado de Bolsas de Valores o en cualquier otro mercado regulado equivalente de la UE o del resto de países miembros de la OCDE, siempre que estas empresas sean excluidas de la cotización dentro de los 12 meses siguientes a la toma de la participación.

Además, las ECR también pueden invertir, a su vez, en **otras ECR**.

La L 22/2014 recoge la regulación de las **entidades de capital-riesgo** y otras entidades de inversión colectiva de tipo cerrado y las sociedades gestoras de entidades de inversión colectiva de tipo cerrado, para adaptar el régimen local a la normativa de la UE (principalmente, la Dir 2011/61/UE, relativa a los gestores de fondos de inversión alternativa; el Rgto UE 345/2013, sobre los fondos de capital-riesgo europeos; y el Rgto UE 346/2013, sobre los fondos de emprendimiento social europeos) y fomentar un crecimiento equilibrado del sector. Su contenido no ha de ser objeto de transposición, en tanto al tratarse de reglamentos, tienen eficacia directa. Sin embargo, su regulación ha servido para orientar la regulación de una nueva figura: las entidades de capital-riesgo-pyme (ECR-Pyme).

Además de a las entidades de capital-riesgo, esta norma también se aplica a las entidades de inversión colectiva de tipo cerrado (**EICC**) que, careciendo de un objeto comercial o industrial, obtengan capital de una serie de inversores, mediante una actividad de comercialización, para invertirlo con arreglo a una política de inversión definida en todo tipo de activos financieros o no financieros, y que no estén reguladas por la LIIC -esta última norma regula principalmente entidades de inversión colectiva de tipo abierto- (L 22/2014 art.4).

La L 22/2014 también recoge las condiciones de acceso a la actividad y de ejercicio de las **sociedades gestoras** de entidades de inversión cerrada.

Precisiones Como principales **novedades** frente a la anterior ley reguladora de las entidades de capital-riesgo (L 25/2005), cabe destacar:
• Se permite la utilización de un abanico más amplio de **instrumentos financieros**, como los préstamos participativos.
• Se crea la figura de las **entidades de capital-riesgo-pyme** (ECR-Pyme), que permite a estas entidades invertir un 70% de su patrimonio en participaciones en pyme, participar en la gestión y realizar labores de asesoramiento. El régimen financiero también es más flexible, pudiendo hacer un mayor uso tanto de préstamos participativos como de deuda para proveerlas de financiación.
• Puesto que se amplía el **ámbito de aplicación** a cualquier entidad de inversión colectiva de tipo cerrado con una política de inversiones predefinida y reparto de retorno entre los inversores, quedan dentro de este ámbito las entidades que hayan estado operando en España con forma de sociedad mercantil invirtiendo en valores no cotizados pero que no cumplían con el régimen de inversiones y de diversificación del capital-riesgo.
• La L 18/2022 de creación y crecimiento de empresas, entre otras modificaciones, introduce las **entidades de inversión colectiva de tipo cerrado de préstamos** (EICCP), como una subcategoría de las EICC, cuyo objeto principal consiste en la inversión en facturas, préstamos, crédito y efectos comerciales de uso habitual en el ámbito del tráfico mercantil (L 22/2014 art.4 bis).
• Se incorpora la figura de los **fondos de inversión a largo plazo europeos** (FILPE), regulada en el Rgto (UE) 2015/760 sobre los fondos de inversión a largo plazo europeos (L 22/2014 art.40 bis).

7346 Como actividades complementarias para el desarrollo de su actividad principal, las ECR pueden facilitar **préstamos participativos**, así como otras formas de financiación (en este último caso, y sin perjuicio de lo previsto para las ECR-Pyme, únicamente para sociedades participadas que formen parte del coeficiente obligatorio de inversión). Asimismo pueden realizar actividades de **asesoramiento** dirigidas a las empresas que constituyan el objeto principal de inversión de las ECR, estén o no participadas por las propias ECR (L 22/2014 art.10).

7347 Las ECR pueden adoptar la forma jurídica de las **Sociedades de Capital Riesgo** (SCR) **y Fondos de Capital de Riesgo** (FCR).
Las **Sociedades Gestoras** de Entidades de Inversión de tipo Cerrado (SGEIC) revisten la forma de sociedades anónimas y sociedades limitadas (desde las modificaciones introducidas por la L 18/2022), cuyo objeto principal es la gestión gestión de las inversiones de una o varias EICC y ECR, tanto en su modalidad de FCR como SCR, así como el control y gestión de sus riesgos. Asimismo, como actividad complementaria, pueden realizar tareas de administración, comercialización o asesoramiento a las empresas no financieras (L 22/2014 art.42.4).
Las SCR son entidades de capital riesgo con personalidad jurídica que revisten la forma de SA y los FCR son patrimonios sin personalidad jurídica pertenecientes a una pluralidad de inversores, cuya gestión y representación corresponde a las SGEIC, que ejerce las facultades de dominio sin ser propietarias del FCR. Aun cuando estos últimos carecen de personalidad jurídica en la LIS (LIS art.7.1.e) se establece que son sujetos pasivos del IS.
Tanto las SCR como los FCR están sometidos al cumplimiento estricto de una serie de **requisitos** de diversa índole, entre ellos:
- la constitución mediante escritura pública e inscripción en el Registro Mercantil (en los fondos estos requisitos son potestativos para los FCR);
- la comunicación e inscripción en los registros especiales de la Comisión Nacional del Mercado de Valores, a solicitud de la entidad; y
- el cumplimiento de unos coeficientes de inversión y diversificación (aunque caben incumplimientos temporales).

7348 Como consecuencia del objeto social y la finalidad de las ECR, la LIS establece un régimen especial en el Capítulo IV del Título VIII, denominado «Sociedades y fondos de capital -riesgo y sociedades de desarrollo industrial regional» (LIS art.50) que otorga **beneficios fiscales** en dos ámbitos:
a) En el tratamiento de las **plusvalías** derivadas de la transmisión de las participaciones en las entidades de capital riesgo y en las entidades en las que estas participan temporalmente.
b) En el régimen de los **dividendos** percibidos y repartidos por estas sociedades.
Con efectos para los periodos impositivos iniciados a partir del 1-1-2018, se exceptúa a las entidades de capital riesgo de la obligación de efectuar **pago fraccionado mínimo** (LIS disp.adic.14ª redacc L 6/2018).

2. Aplicación del régimen fiscal especial

(LIS art.50 s.)

El régimen especial establecido en la LIS art.50 es de aplicación exclusivamente a las SCR y FCR que cumplan los siguientes **requisitos**: 7350
- ser españolas;
- estar constituidas de acuerdo con la L 22/2014;
- haber sido autorizadas por la CNMV; y
- encontrarse inscritas en el Registro administrativo correspondiente.

Las **entidades extranjeras** de iguales o similares características que obtienen en España rentas sujetas al IRNR español tributan aquí, de acuerdo con el régimen general y los correspondientes Convenios para evitar la doble imposición.

Por un lado, el régimen especial se aplica a las **plusvalías y dividendos** en la medida que procedan de valores representativos de la participación en capital o en fondos propios en las que la ERC participe; es decir, además de las participaciones en capital, las participaciones en entidades sin capital, como los fondos de capital riesgo, u otras fórmulas híbridas de inversión. 7351
No sirven, sin embargo, los instrumentos financieros (p.e., opciones de compra) que pueden dar derecho, directa o indirectamente, a la suscripción o adquisición de aquellas participaciones.
No es necesario que los valores incorporen derechos políticos.
Aunque se trata de entidades financieras, sí se admiten como idóneas para la aplicación del régimen especial las **inversiones en otras ECR** dentro de los límites legalmente establecidos.
Por otro lado, el régimen especial de las ECR también contiene especialidades respecto a las plusvalías y dividendos que obtengas sus socios (nº 7355 y nº 7371).

a. Plusvalías

El régimen fiscal especial de las ECR se aplica a las rentas positivas obtenidas en la transmisión o reembolso de acciones o participaciones representativas del capital o fondos propios tanto de sociedades y fondos de capital-riesgo, es decir, en sede de los socios partícipes de la ECR, como de sociedades en las que estas y fondos de capital riesgo participen en sede de la ECR. 7355

En sede la ECR Están **exentas** del IS el 99% (exención parcial) de las rentas positivas obtenidas por las ECR en la transmisión de valores representativos de la participación en el capital o en fondos propios de las entidades de capital-riesgo a las que se refiere la L 22/2014 art.3, en relación con aquellas rentas que no cumplan los requisitos establecidos en la LIS art.21, siempre que la transmisión se produzca a partir del inicio del segundo año de tenencia y hasta el decimoquinto incluido, contados desde el momento de su adquisición o desde la exclusión de cotización de la participación, en caso de inversiones en el capital de empresas no financieras que cotizan en el primer mercado de la Bolsa de Valores o en cualquier otro mercado regulado equivalente de la UE o del resto de países miembros de la OCDE y han sido excluidas de cotización en los 12 meses siguientes a la toma de la participación. 7356
El **plazo** de 15 años puede ampliarse a 20 en los supuestos y condiciones que se establezcan reglamentariamente.
A las transmisiones de las acciones y participaciones en el primer año y a partir del decimoquinto no se aplica la exención parcial del 99%, independientemente de que pudiera ser de aplicación la exención correspondiente de acuerdo con el régimen general del IS (LIS art.21).
La exención únicamente aplica en la transmisión de las acciones y participaciones de **entidades no financieras**, que no cotizan en las Bolsas de Valores o en cualquier otro mercado regulado equivalente de la UE o del resto de países miembros de la OCDE, así como en otras ECR.

Precisiones **1)** Desde **1-1-2021**, el importe de los dividendos o participaciones en beneficios de entidades y el importe de la renta positiva obtenida en la transmisión de la participación en una entidad y en el resto de supuestos a que se refiere la LIS art.21.3, a los que resulte de aplicación la exención prevista en la LIS art.21 se **reducirá**, a efectos de la aplicación de dicha **exención**, en un 5% en concepto de gastos de gestión referidos a dichas participaciones. El impacto de esta modificación en el régimen fiscal aplicable a las ECR dista de ser clara. Su aplicación podría dar lugar a situaciones en que las rentas positivas derivadas de la transmisión de valores quedasen, en la práctica, exentas en un 95% si cumplen los requisitos de la LIS art.21 y en un 99% si no los cumplen ex LIS art.50.1. Cabe señalar que existen autores (Sanz Gadea, E. (2021). El impuesto sobre sociedades en 2020. Revista de Contabilidad y Tributación. CEF, 458, 01-094) que defienden que las modificaciones introducidas por la L 11/2020, no resultan de aplicación en lo que respecta a la LIS art.50, si bien del tenor literal de la norma se desprende que la L 11/2020 sí resulta de aplicación.

2) Los **fondos** que posea una entidad de capital riesgo a efectos de cumplir con las obligaciones legales exigidas por su normativa reguladora no tienen la consideración de «entidades patrimoniales» de acuerdo con lo dispuesto en la LIS art.5.2 (DGT CV 26-5-15).
3) Para que las rentas obtenidas estén exentas es necesario que no se hayan obtenido por un residente a través de un paraíso fiscal. Este requisito de **no residencia en un paraíso fiscal** de los inversores debe valorarse en la fecha en la que tenga lugar el reembolso de las participaciones de los fondos, con independencia de su residencia en el momento de la inversión (DGT CV 26-5-15).

7357 En sede de los **socios partícipes** en la ECR, el régimen fiscal aplicable a las rentas positivas obtenidas por los socios partícipes de las ECR depende igualmente de su naturaleza:
a) Socio **persona jurídica o no residente con establecimiento permanente en territorio español**. En este caso las rentas positivas que obtenga el socio están exentas parcialmente siempre que cumplieran los requisitos de acuerdo con lo previsto en la LIS art.21.3, cualquiera que sea a excepción del porcentaje de participación que el socio tenga en estas entidades y del tiempo de tenencia de las participaciones.
b) Socio **no residente sin establecimiento permanente**. Cuando el socio o partícipe es un contribuyente del IRNR que no dispone en España de un EP, la plusvalía generada en la transmisión no se considera obtenida en territorio español.
c) Socio **persona física**. Dado que el régimen de las ECR no contempla ninguna especialidad para estos socios, estas rentas se gravan de la misma manera que cualquier otra plusvalía generada en la transmisión de participaciones en el capital o fondos propios de cualquier otra entidad.
En cualquiera de los casos anteriores, la exención o no sujeción no se aplica en relación con aquella renta que se obtenga a través de un país o territorio calificado como paraíso fiscal o cuando el adquirente resida en el país o territorio.

Precisiones Hasta el ejercicio 2020, los socios **personas jurídicas o no residentes con establecimiento permanente en territorio español**, podrían aplicar la exención de acuerdo con el régimen general contenido en el LIS art.21, según su anterior redacción. A partir del 1-1-2021, el importe de los dividendos o participaciones en beneficios de entidades y el importe de la renta positiva obtenida en la transmisión de la participación en una entidad y en el resto de supuestos a que se refiere la LIS art.21.3, a los que resulte de aplicación la exención prevista en la LIS art.21, se **reducirá**, a efectos de la aplicación de dicha **exención**, en un 5% en concepto de gastos de gestión referidos a dichas participaciones. Como señalábamos en nº 7356, el impacto de esta modificación en el régimen fiscal aplicable a las ECR dista de ser clara.

7358 **Entidades no financieras** Se consideran entidades financieras las siguientes:
• Las empresas a las que se refiere la Ley por la que se regula la contratación con los consumidores de préstamos o créditos hipotecarios y de servicios de intermediación para la celebración de contratos de préstamo o crédito (L 2/2009 art.1.1).
• Entidades de crédito y establecimientos financieros de crédito.
• Empresas de servicios de inversión.
• Entidades aseguradoras y reaseguradoras.
• Sociedades de inversión colectiva, financieras o no financieras.
• Sociedades gestoras de instituciones de inversión colectiva (SGIIC), de fondos de pensiones o de fondos de titulización.
• Sociedades de capital riesgo (SCR), sociedades de inversión colectiva de tipo cerrado (SICC) y sociedades gestoras de entidades de inversión colectiva de tipo cerrado (SGEIC).
• Entidades cuya actividad principal es la tenencia de acciones o participaciones, emitidas por entidades financieras.
• Sociedades de garantía recíproca.
• Entidades de dinero electrónico.
• Entidades de pago.
• Fondos de capital riesgo (FCR), los fondos de inversión colectiva de tipo cerrado (FICC), los fondos de inversión de tipo abierto, los fondos de pensiones y los fondos de titulización.
• Entidades extranjeras, cualquiera que sea su denominación o estatuto, que de acuerdo con la normativa que les resulte aplicable, ejerzan las actividades típicas de las anteriores.
No obstante, sí están dentro del objeto de la actividad de las ECR las **inversiones en otras ECR**, aunque sean entidades financieras, dentro de los límites de la L 22/2014.

7359 **Entidades no cotizadas** Se entiende por entidades cotizadas aquellas que cotizan en el **primer mercado de Bolsas de Valores** o en cualquier otro mercado regulado equivalente de la UE o del resto de países miembros de la OCDE.
No se entiende por cotizadas, a estos efectos, las que lo hagan en el segundo mercado español o equivalente en otros países.

Cuando ya ostentando la participación en la entidad, esta accede a cotización, la aplicación de la exención está condicionada a que la SCR o el FCR proceda a transmitir su participación en un **plazo** no superior a 3 años, contados desde la fecha en la que se ha producido la admisión a cotización. Transcurrido el plazo sin que se cumpla lo anterior, la renta obtenida en la transmisión de la participación en esa entidad se va a integrar en la **base imponible** en su totalidad, sin posibilidad de aplicar la exención parcial del 99%, y sin perjuicio de aplicar en este caso las reglas generales del impuesto para evitar la doble imposición que correspondan.

Empresas inmobiliarias En los supuestos en los que el activo de la entidad participada está constituido en más de un **50%** por inmuebles y no se cumplen los requisitos de la LIS art.21 para la aplicación de la exención total a la renta obtenida, la exención parcial del 99% es de aplicación si al menos el **85%** de estos inmuebles están afectos ininterrumpidamente, durante todo el tiempo de tenencia de la inversión al desarrollo de una actividad económica distinta de la financiera o inmobiliaria, de acuerdo con lo establecido en la LIS art.50.1, párrafo 4º, en su redacción original aplicable desde el 1-1-2015. **7360**
Se considera **actividad económica** a estos efectos, lo establecido en la LIRPF, esto es, que se disponga, al menos, de un local exclusivamente destinado a llevar a cabo la gestión de la actividad y que para cuya ordenación se utilice, al menos, una persona empleada con contrato laboral y a jornada completa.

Residencia de la empresa No existe ninguna limitación en este sentido, por lo que la empresa puede ser **española o extranjera**, de cualquier Estado, tenga o no un Convenio de doble imposición con España. **7361**

Transmisión Se aplica la exención a la renta que se genera en una transmisión, cualquiera que sea el **negocio jurídico** que motiva la misma (p.c., compraventa, permuta, fusión, etc.). **7362**
En el supuesto que no se produce **resultado** contable pero sí renta a integrar en el IS, la exención se aplica sobre la renta integrada.
Las ECR también pueden aplicar la exención en las plusvalías si se cumplen los requisitos previstos en el régimen de exención ordinaria (LIS art.21). A estos efectos, puede destacarse lo siguiente:
- si la exención se aplica a la parte de las rentas por aplicación de las limitaciones contenidas en el régimen de exención ordinaria, sobre la renta no exenta debería poder aplicarse la exención parcial del 99% prevista en el régimen especial;
- la limitación por el hecho de que el adquirente de las participaciones transmitidas por la entidad de capital-riesgo resida en un país o territorio calificado como paraíso fiscal (ver nº 7365) no debería resultar de aplicación, al no establecer el régimen de exención ordinaria ninguna limitación en tal sentido.

Aplicación parcial de la exención (LIS art.76 a 89) En los supuestos en los que la ECR ha adquirido la participación a través de una **operación de restructuración** a la que se le aplica el régimen especial de neutralidad fiscal previsto en la LIS (fusión, escisión, aportación de activos y canje de valores), y posteriormente es transmitida, la renta derivada de la transmisión, se entiende generada de forma lineal, salvo prueba en contrario, durante todo el tiempo de tenencia del elemento transmitido. **7363**
La parte de la renta generada hasta el momento de realización de la operación es gravada aplicando el **tipo de gravamen** y el régimen tributario que hubiera correspondido a la entidad transmitente.
La **prueba** en contrario puede consistir en una valoración de la participación en el momento de su adquisición por la ECR y puede ser esgrimida tanto por el sujeto pasivo como por la Administración tributaria.

Pérdidas sufridas en la transmisión No se establece ninguna regla específica en el régimen especial sobre el tratamiento de las posibles pérdidas que pueden aflorar como consecuencia de la transmisión de valores por parte de las ECR. Por tanto, la pérdida es fiscalmente **deducible** si se cumplen los requisitos establecidos por el régimen general del IS. **7364**

Excepciones a la aplicación de la exención Cuando las rentas generadas en la transmisión de las participaciones en las entidades participadas no cumplan los requisitos para la aplicación de la exención de la LIS art.21, la exención parcial propia de este régimen fiscal especial no se aplica en los siguientes casos (LIS art.50.5 y 6): **7365**
a) El adquirente resida en un país o territorio calificado como **paraíso fiscal**.
b) La persona o entidad adquirente esté **vinculada** con la entidad de capital-riesgo, salvo que sea otra entidad de capital-riesgo, en cuyo caso, esta última se va a subrogar en el valor y la fecha de adquisición de la entidad transmitente, a efectos de aplicar la exención parcial en una

transmisión posterior. En este caso, la vinculación debe apreciarse en el momento de la transmisión, con independencia de la existencia de esa vinculación en el momento de la adquisición de la participación.
c) Los valores transmitidos hubiesen sido adquiridos a una **persona o entidad vinculada con la entidad de capital-riesgo**. En este caso, la vinculación debe apreciarse en el momento de la adquisición de la participación.
En consecuencia, la exención **no se aplica**, por ejemplo, cuando el adquirente sea:
- la **propia entidad participada**, en el caso de que esta esté vinculada con la entidad de capital-riesgo;
- el **administrador** de la propia entidad participada y esta última pertenezca al mismo grupo que la entidad de capital-riesgo en el sentido del CCom art.42; o bien el administrador de la propia entidad de capital-riesgo;
- **socio** de la propia entidad de capital-riesgo en al menos el 25% de su capital;
- una entidad participada por una **persona o entidad que tenga al menos el 25% de su capital** así como del capital de la propia entidad de capital-riesgo.
Por el contrario, **se aplica la exención** sobre la renta generada en la transmisión de valores cuando, por ejemplo:
- el adquirente sea socio de la propia entidad participada en al menos el 25% de su capital y esta última pertenezca al mismo grupo que la entidad de capital-riesgo en el sentido del CCom art.42;
- hayan sido adquiridos, directa o indirectamente, por la entidad de capital-riesgo a una persona o entidad vinculada con los socios o partícipes de la misma, siempre que con anterioridad a la adquisición no hubiese vinculación entre la entidad de capital-riesgo y las referidas personas o entidades.

7366 Precisiones **1)** Puede aplicarse la **exención** a la renta generada en la transmisión de valores por una entidad de capital riesgo, en la medida en que se cumplan los requisitos exigidos para ello, cuando previamente los mismos fueron adquiridos a una entidad vinculada sometida asimismo al régimen de capital riesgo (DGT CV 14-10-08).
2) A efectos del cómputo del plazo de tenencia a que se refiere la LIS art.50.1, en los supuestos de operaciones de **reducción y simultánea ampliación de capital**, operaciones de ampliación de capital con cargo a reservas, ya sean de beneficios no distribuidos o por capitalización de la prima de emisión de acciones, o bien operaciones de ampliación de capital con desembolsos parciales, puede considerarse como fecha de adquisición inicial la de los valores originalmente adquiridos. En caso de incumplimiento temporal de los coeficientes de inversión, la exención prevista es aplicable en relación con las transmisiones realizadas en esos supuestos y períodos transitorios (DGT CV 13-3-08).
3) En el caso de **transformación** de una sociedad en régimen general a una sociedad de capital riesgo, a efectos de la aplicación de la exención parcial a las rentas obtenidas en la transmisión de valores de las empresas promovidas o fomentadas, el plazo de tenencia de las participaciones empieza a contar bien desde el momento en que se adquieren los títulos una vez que la sociedad tiene la condición de entidad de capital riesgo, bien desde el momento en que la sociedad adquiere tal condición, si los títulos se poseían con anterioridad (DGT CV 16-4-09).
4) La renta generada en el **reembolso** de participaciones de una SCR en un FCR se considera equivalente a la transmisión de las participaciones (DGT CV 9-7-09).
5) Las plusvalías generadas por una sociedad de capital riesgo en el ejercicio en que causa **baja en el registro especial** de la CNMV se integran en la base imponible de la entidad y tributan conforme a la normativa general del IS, en la medida en que a la entidad ya no le es aplicable el régimen fiscal especial en el referido impuesto (DGT CV 27-7-10).
6) Si una SCR transmite una participación en el capital de otra entidad con la particularidad de que mediante un acuerdo entre los socios de esa entidad, estos deben pagar a la SCR el importe que complemente al precio de transmisión hasta alcanzar un **precio mínimo**, puede acogerse a la exención tanto lo percibido del adquirente como de los demás socios hasta alcanzar el referido precio mínimo (DGT CV 17-10-12).
7) Un FCR puede aplicar el régimen de **exención** de la LIS/04 art.21 (para los períodos impositivos que se inicien a partir de 1-1-2015, LIS art.21) de cumplir las condiciones exigidas, sobre toda la **plusvalía** obtenida, aun cuando en el momento de la venta parte de la participación tenga menos de un año de antigüedad (DGT CV 28-2-14).
8) La **renta negativa** obtenida por una sociedad de capital-riesgo se integra en la base imponible en su totalidad, puesto que la reducción del 99% solo se aplica a la renta positiva (DGT CV 29-4-14).

b. Dividendos

7370 Los beneficios fiscales del régimen especial se aplican a los dividendos percibidos y repartidos por las SCR y FCR.

Dividendos recibidos En relación con los dividendos y participaciones en beneficios recibidos de las sociedades o entidades que promueven o fomentan, se establece que se aplica la **exención por doble imposición** (LIS art.21.1), con independencia del porcentaje de participación y su periodo de tenencia. **7371**
La extensión a las participaciones en beneficios tiene como finalidad cubrir aquellas figuras que jurídicamente no pueden denominarse dividendos aunque resultan equivalentes, tales como repartos de beneficios de los FCR.

Los dividendos deben provenir de entidades que promueven o fomentan, esto es, deben provenir de aquellas entidades en las que la ECR participa de acuerdo con su objeto social y en cumplimiento de la L 22/2014. **7372**
En caso de que la **empresa participada** comience a cotizar en Bolsa y la ECR mantenga la inversión los 3 años permitidos por la Ley, los dividendos repartidos por la empresa cotizada durante ese periodo gozan de la exención total. Lo mismo ocurre con los dividendos percibidos de una empresa cotizada en la que la ECR ha invertido para excluirla de cotización en los 12 meses siguientes.

La aplicación de esta exención, al contrario que la aplicación de la exención parcial en las rentas obtenidas en las transmisiones, **no** tiene ninguna **limitación temporal**, esto es, es de aplicación aunque hayan transcurrido más de 15 años desde su adquisición. **7373**
Puesto que las ECR tienen derecho a exención, la entidad pagadora de los dividendos no está obligada a practicar **retención** alguna sobre su pago. A estos efectos, la entidad receptora debe acreditar a la pagadora su condición fiscal de ECR.
No obstante, con una interpretación literal habría retención, dado que la excepción a la obligación de retener es aplicable al régimen ordinario de exención (LIS art.21.1), por el que se establece una participación mínima del 5% con un año de antigüedad.

Precisiones **1)** Hasta el **ejercicio 2020**, los socios **personas jurídicas o no residentes con establecimiento permanente** en territorio español, podrían aplicar la exención de acuerdo con el régimen general contenido en el LIS art.21, según su anterior redacción. A partir de 1-1-2021, el importe de los dividendos o participaciones en beneficios de entidades y el importe de la renta positiva obtenida en la transmisión de la participación en una entidad y en el resto de supuestos a que se refiere la LIS art.21.3, a los que resulte de aplicación la exención prevista en la LIS art.21 se reducirá, a efectos de la aplicación de dicha exención, en un 5% en concepto de gastos de gestión referidos a dichas participaciones. Como señalábamos en el nº 7356, el impacto de esta modificación en el régimen fiscal aplicable a las ECR dista de ser clara.
2) Hasta 31-12-2020, también se consideraba cumplido el requisito de **participación mínima** a efectos de la exención cuando el valor de adquisición de la participación fuese superior a 20 millones de euros. **Desde 1-1-2021**, la LIS disp.tran.40ª establece un **régimen transitorio** en cuya virtud las participaciones adquiridas en los períodos impositivos iniciados con anterioridad al 1-1-2021 que tuvieran un valor de adquisición superior a 20 millones de euros sin alcanzar el porcentaje del 5% establecido en la LIS art.21.1.a) o 32.1.a) aplicarán el régimen fiscal establecido en dichos artículos, según proceda, siempre que cumplan el resto de los requisitos previstos en ellos durante los períodos impositivos que se inicien dentro de los años 2021, 2022, 2023, 2024 y 2025.

Dividendos distribuidos Los dividendos y participaciones en beneficios pagados por la ECR a sus socios o partícipes, cuando son **sujetos pasivos de IRPF**, tributan de acuerdo con el régimen general sin que tengan ventaja alguna. **7374**
En el caso de que los dividendos sean satisfechos a **sujetos pasivos del IS**, se les aplica la exención por doble imposición de dividendos (LIS art.21.1) cualquiera que sea el porcentaje de participación y el periodo de tenencia. La ECR pagadora de los dividendos no está obligada a practicar retención alguna sobre su pago, en la medida que el perceptor acredite su condición de sujeto pasivo del IS.
Si el perceptor de los dividendos es una entidad o persona física **no residente**, sujeto pasivo del IRNR, con establecimiento permanente en España, disfruta del mismo tratamiento que los sujetos pasivos del IS. En el supuesto de que no tuviera el establecimiento permanente en España los dividendos no se consideran obtenidos en territorio español.

Precisiones **1)** Hasta el ejercicio 2020, los socios **personas jurídicas o no residentes con establecimiento permanente** en territorio español, podrían aplicar la exención de acuerdo con el régimen general contenido en el LIS art.21, según su anterior redacción. **A partir de 1-1-2021**, el importe de los dividendos o participaciones en beneficios de entidades y el importe de la renta positiva obtenida en la transmisión de la participación en una entidad y en el resto de supuestos a que se refiere la LIS art.21.3, a los que resulte de aplicación la exención prevista en la LIS art.21 se **reducirá**, a efectos de la aplicación de dicha exención, en un 5% en concepto de gastos de gestión referidos a dichas participaciones. Como señalábamos en el nº 7356, el impacto de esta modificación en el régimen fiscal aplicable a las ECR dista de ser clara. Cabe señalar que existen autores (Sanz Gadea, E. (2021). El impuesto sobre sociedades en 2020. Revista de Contabilidad y

Tributación. CEF, 458, 01-094) que defienden que las modificaciones introducidas por la L 11/2020, no resultan de aplicación en lo que respecta a la LIS art.50, si bien esta interpretación no se puede desprender del tenor literal de la norma.
2) Una SCR no está obligada a practicar **retención** sobre los dividendos que reparta (DGT 22-10-03). Para ello debe acreditarse la condición de sujeto pasivo del IS del perceptor (DGT 21-2-01).
3) No es aplicable el régimen de exención sobre las rentas obtenidas por la transmisión de la participación en una entidad de capital-riesgo **no residente**, dado que estas entidades tienen carácter financiero (DGT 13-4-98; 4-5-98).
4) La deducción (en la actualidad, exención) por doble imposición al 100%, cualquiera que sea la participación y su antigüedad, solamente procede respecto de aquellas que son tenidas en cumplimiento del **objeto social**, esto es, aquellas cuyas acciones no están admitidas a negociación en Bolsa, a pesar de que en el momento de la adquisición de tales participaciones no cotizan en el mercado (DGT 21-2-01).
5) Tratándose de inversores en entidades de capital-riesgo a través de **entidades interpuestas** que actúan como vehículos de inversión, estas últimas entidades pueden aplicar la exención sobre los dividendos percibidos de la entidad de capital-riesgo cualquiera que sea el porcentaje de participación en ella. En cuanto a los inversores que perciban dividendos de esas entidades interpuestas, la aplicación de la exención exige cumplir los requisitos de porcentaje de participación o valor de adquisición establecidos en la LIS art.21.1, con independencia del porcentaje de participación indirecto que los inversores tengan en la entidad de capital-riesgo (DGT CV 25-9-15).
Cuando la participación en la ECR se tiene de forma indirecta a través de participaciones en sociedades interpuestas y las sociedades tienen la calificación de **sociedades holding** a efectos de la LIS art.21.1 (más del 70% de sus ingresos proceden de dividendos, participaciones en beneficios o rentas derivadas de la transmisión de valores representativos del capital o de los fondos propios), la interpretación administrativa ha entendido que se entiende cumplido el requisito de participación mínima y tenencia indirecta, a pesar de que la participación indirecta sea inferior al 5% o no se haya ostentado de manera ininterrumpida durante el año anterior (DGT CV 7-12-16).
6) No tiene la consideración de dividendo el «carried interest» pagado por un FCR a que se refiere el escrito de consulta, que se asimila a la **contraprestación** obtenida por la **entidad gestora** como consecuencia de su actividad, de manera que la renta debe integrarse en la base imponible (DGT CV 7-12-16).

3. Compatibilidad con otros regímenes especiales

7375 Se analiza a continuación la compatibilidad del régimen especial previsto en la LIS art.50 s. con otros regímenes fiscales.

7376 **Consolidación fiscal** Las **SCR** pueden formar parte de un grupo de consolidación fiscal a pesar de que parte de sus rentas disfruten de una exención del 99%, ya que el resto de las mismas tributan al tipo general. No obstante, los **FCR** al no tener naturaleza societaria ni personalidad jurídica no pueden formar parte de ellos.

Precisiones Una sociedad de capital riesgo puede formar parte de un grupo fiscal puesto que no es una entidad exenta, sino que parte de sus rentas gozan de una exención del 99% (DGT 4-10-02).

7377 **Reestructuraciones** (L 22/2014 art.28) Se contempla la posibilidad de que las ECR lleven a cabo operaciones de reestructuración: fusión, escisión, aportación de activos y canje de valores.
Desde una perspectiva fiscal no existe ningún precepto en la LIS que limite o imposibilite la aplicación a este tipo de entidades del régimen de neutralidad fiscal establecido en la LIS art.76 a 89.

7378 **Otros regímenes especiales** No se establece en la LIS ningún tipo de limitación sobre la posible aplicación de regímenes especiales a las ECR (p.e., el de las entidades de tenencia de valores extranjeros). Por tanto, siempre que cumplan los requisitos establecidos, les pueden ser de aplicación.

4. Otros impuestos

7380 Las ECR deben repercutir **IVA** por los servicios de asesoramiento prestados a entidades establecidas en el territorio de aplicación del IVA. No obstante, los servicios de gestión y depósito prestados por las Sociedades Gestoras de ECR a las ECR están exentos de IVA (LIVA art.20.1.18º.n).

Precisiones **1)** La L 31/2022 modificó, con efectos 1-1-2023, la **regla de cierre** de la localización de la prestación de servicios en el IVA, contenida en la LIVA art.70.2, en virtud de la cual la prestación de servicios se localizaba en el territorio de aplicación del impuesto cuando su utilización y explotación

efectiva se lleve a cabo en el mencionado territorio. La aplicación de esta regla de cierre ha quedado limitada en las operaciones realizadas entre empresarios y profesionales a los servicios de arrendamiento de medios de transporte, mientras que sólo se aplica en relación con los servicios listados en la LIVA art.69 cuando el destinatario no sea un empresario o profesional.
2) Si bien en principio, los servicios de **asesoramiento financiero** están sujetos y no exentos de IVA, los servicios de análisis e investigación quedan sujetos y exentos del IVA cuando sean externalizados a un tercero y cumplan las funciones específicas y esenciales de un fondo común de inversión. Quedan, asimismo, sujetos y exentos del IVA aquellos servicios que recomienden una estrategia de inversión en relación con los fondos comunes de inversión y sean capaces de añadir valor a la estrategia del fondo común de inversión. Están sujetos y no exentos los servicios que se limiten a una comunicación publicitaria (DGT CV 4-1-19).
3) No existe obligación de emitir **factura** por la prestación de los servicios exentos por parte de las sociedades gestoras (DGT CV 29-4-19).
4) La **sociedad de capital-riesgo autogestionada** que recurre a los servicios de gestión de una entidad gestora puede incluirse en el concepto de «fondos comunes de inversión» a los efectos de beneficiarse de la exención prevista en la LIVA art.20.1.18º.n relativa a los servicios de gestión y depósito (DGT CV 5-6-23).

D. Operaciones con sustrato inmobiliario

7385

1. **Transmisiones de valores cuyo principal activo son inmuebles** 7390
2. **Sociedades Anónimas Cotizadas de Inversión en el Mercado Inmobiliario** 7415
   a. Requisitos del régimen fiscal especial 7416
   b. Régimen fiscal de la sociedad 7426
   c. Régimen fiscal de los socios 7433
   d. Entidades asimiladas no residentes 7436
3. **Entidades dedicadas al arrendamiento de vivienda** 7439
   a. Régimen fiscal de la entidad 7446
   b. Régimen fiscal de los socios 7451
4. **Instituciones de inversión colectiva inmobiliarias** 7454
   a. Régimen fiscal de las Sociedades de Inversión Inmobiliaria 7459
   b. Régimen fiscal de los Fondos de Inversión Inmobiliaria 7471
5. **Aspectos internacionales de la fiscalidad de los REIT** 7474

El régimen fiscal aplicable a las adquisiciones de valores correspondientes a entidades con sustancia inmobiliaria, ha constituido una de las parcelas más controvertidas del sistema tributario español en los últimos ejercicios. **7386**
Se analizan a continuación las principales implicaciones fiscales de la transmisión de valores de entidades cuyo principal activo son inmuebles y los regímenes fiscales especiales de determinadas entidades e instituciones cuyo principal objeto es la inversión inmobiliaria, tanto para dichas entidades como para sus socios.

1. Transmisiones de valores cuyo principal activo son inmuebles

(LMV art.338; L 8/2012 art.8; LITP art.45.I.B.9)

En el régimen fiscal aplicable a las operaciones con sustrato inmobiliario se ha de distinguir entre la regla general y las excepciones a ella. **7390**

Regla general Con carácter general, se encuentran **exentas** del ITP y AJD y del IVA las transmisiones de valores, admitidos o no a negociación en un mercado secundario oficial. **7396**

Precisiones **1)** La doctrina administrativa considera **valores**, a los efectos de la exención, a todos aquellos que sean conceptuados como tales en la normativa (acciones de SA, participaciones de las SRL, participaciones de los Fondos de Inversión, etc.) y, además, todas las participaciones de entidades sujetas al IS.
2) La transmisión de participaciones de una **sociedad civil** no tiene la consideración de transmisión de valores a los efectos del art.314 de la LMV (DGT CV 16-10-21).

Excepción (LMV art.338) No resulta aplicable la exención a las transmisiones de **valores no admitidos a negociación** en un mercado secundario oficial realizadas en el mercado secundario, y, por tanto, tributan en el impuesto al que están sujetas como transmisiones onerosas de bienes inmuebles, si en tales transmisiones de valores se ha pretendido eludir el pago de los tributos que habrían gravado la transmisión de los inmuebles propiedad de las entidades a las que representen esos valores. **7397**

Precisiones 1) No es de aplicación la excepción a la exención en relación con las transmisiones posteriores de las participaciones recibidas como consecuencia de la aportación de activos a las sociedades para la gestión de activos previstas en la L 8/2012 art.3, sobre saneamiento y venta de actividades del sector financiero, y de las participaciones de entidades de crédito afectadas por planes de integración aprobados en el marco de la normativa de reestructuración bancaria y reforzamiento de los recursos propios de las entidades de crédito.
2) Tampoco es de aplicación la exención a determinadas operaciones consecuencia de la intervención del FROB, incluidas aquellas en que los obligados tributarios fueran los bancos puentes, las sociedades de gestión de activos o los terceros que adquieran valores derivados de las intervenciones del Fondo (L 9/2012 disp.adic.4ª).

7398 De la nueva redacción del precepto, se puede concluir que:
• Se circunscribe la excepción a la exención solamente a las transmisiones de valores en el **mercado secundario**; es decir, de acciones o participaciones ya en curso, excluyendo a todas las transmisiones de valores que se efectúen en los mercados primarios.
• Se abandona el establecimiento de supuestos de hecho objetivos que exigían la tributación por TPO y se pasa a una aplicación del tributo que se hubiera querido eludir (IVA o TPO). En este sentido, debe existir un **propósito de eludir**, por lo que en cada caso se deben analizar los actos, indicios, presunciones y conductas que, en su caso, lleven a considerar demostrado que se ha producido la voluntad de elusión del tributo.

7399 Ante la dificultad para demostrar que determinadas transmisiones de valores no responden sino a la voluntad de eludir el pago del tributo que corresponda, se regulan tres **supuestos** de hecho en los que se **presume**, aunque admitiendo prueba en contrario (presunción iuris tantum), que se producen con la intención de defraudar:
a) Cuando se obtiene el control de una entidad cuyo **activo** está formado en al menos el 50% por **inmuebles** radicados en España que no están afectos a actividades empresariales o profesionales, o cuando, una vez obtenido el control, se aumenta la cuota de participación en ella. El concepto de **no afectación** proviene de la normativa del IVA, que determina que son bienes afectos los que integran el patrimonio empresarial o profesional de los sujetos pasivos del impuesto, manteniendo tal calificación, incluso, en el cese en el ejercicio de las actividades económicas que determinan la sujeción al IVA. Por tanto, son bienes afectos a la actividad los que se utilizan para su desarrollo, mientras que no están afectos los que no tienen relación alguna con la actividad empresarial o profesional.

7400 **b)** Cuando se obtiene el control de una entidad en cuyo activo se incluyen valores que permiten ejercer el control en **otra entidad** cuyo activo está integrado al menos en un 50% por inmuebles radicados en España que no están afectos a actividades empresariales o profesionales, o cuando, una vez obtenido ese control, se aumenta la cuota de participación en ella.
c) Cuando los valores transmitidos han sido recibidos por las **aportaciones** de bienes **inmuebles** realizadas en la constitución de sociedades o en la ampliación de su capital social, siempre que tales bienes no se afecten a actividades empresariales o profesionales y que entre la fecha de aportación y la de transmisión no ha transcurrido un **plazo** de 3 años.

7402 **Reglas de aplicación** En los supuestos en que la transmisión de valores queda sujeta a los impuestos citados, se aplican las siguientes reglas:
• **Cómputo del activo**. Los valores netos contables de todos los bienes contabilizados se sustituyen por sus respectivos valores reales determinados a la fecha de la transmisión o adquisición. A estos efectos, el sujeto pasivo está obligado a formar un inventario del activo en esa fecha y a facilitarlo a la Administración tributaria a requerimiento de esta.
• **Control**. Tratándose de sociedades mercantiles, se entiende obtenido el **control** cuando directa o indirectamente se alcance una participación en el capital social superior al 50%. A estos efectos, se computan también como participación del adquirente los valores de las demás entidades pertenecientes al mismo grupo de sociedades.

7403 **a) Transmisión a la propia sociedad**. En los supuestos en que la transmisión de valores se realice con la propia sociedad tenedora de los inmuebles para su posterior **amortización** por ella, se entiende a efectos fiscales que tiene lugar el supuesto de elusión. En este caso es sujeto pasivo el accionista que, como consecuencia de estas operaciones, obtiene el control de la sociedad, en los términos indicados.
b) Transmisión sujeta a IVA. En las transmisiones sujetas al IVA y no exentas, la base imponible se determina en proporción al valor de mercado de los bienes que deben computarse como inmuebles. A este respecto, en los supuestos de aportación de inmuebles, la base imponible del impuesto es la parte proporcional del valor de mercado de los inmuebles que fueron aportados en su día correspondiente a las acciones o participaciones transmitidas.

c) Transmisión que tributa por TPO. En las transmisiones que deben tributar por la modalidad de TPO, para la práctica de la liquidación, se aplican los elementos del impuesto a la parte proporcional del valor real de los inmuebles. **7404**

En este sentido, se toma como **base imponible**:

- en los supuestos de **control directo**, en los que se obtiene el control de una entidad cuyo activo está formado en al menos el 50% por inmuebles radicados en España que no están afectos a actividades empresariales o profesionales, la parte proporcional sobre el valor real de la totalidad de las partidas del activo que deben computarse como inmuebles, que corresponde al porcentaje total de participación que se pase a tener en el momento de la obtención del control o, una vez obtenido, onerosa o lucrativamente, ese control, al porcentaje en el que aumenta la cuota de participación;
- en los supuestos de **control indirecto**, en los que se obtiene el control de una entidad en cuyo activo se incluyen valores que le permiten ejercer el control en otra entidad, cuyo activo está integrado al menos en un 50% por inmuebles radicados en España que no están afectos a actividades empresariales o profesionales, para determinar la base imponible solo se tienen en cuenta los inmuebles de aquellas cuyo activo está integrado al menos en un 50% por inmuebles no afectos a actividades empresariales o profesionales;
- en los supuestos de **aportación de inmuebles**, la parte proporcional del valor real de los inmuebles que fueron aportados en su día correspondiente a las acciones o participaciones transmitidas.

Precisiones **1)** La sujeción a la modalidad de TPO por aplicación de lo dispuesto en la LMV/88 art.108 exige la transmisión de valores representativos en el capital social. Por tanto, la mera transmisión de **derechos políticos** no conlleva sujeción por el referido gravamen (DGT CV 5-10-12). **7410**

2) Los tres supuestos en los que se presume el **ánimo elusorio** (LMV art.338), son meros ejemplos. Esta enumeración no tiene carácter exhaustivo, sino meramente enunciativo (DGT CV 13-8-19).

3) En una operación de **canje de valores** acogida al régimen de neutralidad fiscal no se devenga la modalidad de TPO por aplicación de la LMV/15 art.314, ya que la operación descrita tiene una motivación económica al margen de cualquier ventaja fiscal que se pueda obtener, por lo que no es de aplicación la excepción a la exención prevista en el citado apartado y, en consecuencia, la transmisión de valores en cuestión queda exenta de cualquier tributación por IVA o por ITP y AJD que le hubiera podido resultar de aplicación (DGT CV 17-1-20).

4) Se considera afecto a una actividad económica un inmueble destinado al **arrendamiento** a pesar de que la gestión del mismo se realiza por una tercera sociedad. La entidad propietaria no cuenta con medios materiales y humanos propios para realizar la citada actividad (DGT CV 19-9-13).

5) A efectos de la LMV/15 art.314, y, en concreto, a efectos de las presunciones de actuar con ánimo de **elusión del pago del impuesto**, el concepto de «bienes afectos a una actividad económica» es el previsto por la normativa del IVA (DGT CV 3-10-17; CV 22-10-13).

6) La **afección de los bienes a la actividad empresarial** no determina la aplicación automática de la exención prevista en la LMV/15 art.314, sino tan solo la exclusión de la presunción de elusión y la consiguiente inversión de la carga de la prueba en favor de la Administración tributaria (DGT CV 21-3-18; 13-8-19).

7) Adquisición de una compañía con **sustancia inmobiliaria** en la que los inmuebles no están afectos a una actividad empresarial, pero ninguno de los compradores adquiere el control, directo ni indirecto, de la referida entidad. En principio, la operación no quedaría gravada por TPO. No obstante, la no adquisición de control es solo una presunción a favor del contribuyente pudiendo quedar gravada la operación si la Administración acredita que la operación se realizó con ánimo elusorio (DGT CV 10-12-14).

8) El hecho de que en una transmisión de valores se produzca o no la **obtención del control** de la entidad de la que se transmiten estos es tan solo uno de los presupuestos de hecho para aplicar las presunciones establecidas en la LMV/15 art.314. Aun no obteniéndose el control de la entidad, si mediante la transmisión de los valores en cuestión se hubiera pretendido eludir el pago de los tributos que habrían gravado la transmisión de los inmuebles, la referida transmisión tributa en el impuesto al que esté sujeta como transmisión onerosa de bienes inmuebles (DGT CV 21-5-19).

9) En el caso de **permuta de acciones**, aunque se cumplen los requisitos para aplicar la excepción a la exención, la misma será de aplicación debido a que los activos se afectan a una actividad de promoción inmobiliaria (DGT CV 3-2-22).

10) En el supuesto de e **compraventa de participaciones**, aunque se cumplen los requisitos para aplicar la excepción a la exención, la misma será de aplicación debido a que los inmuebles se encuentran arrendados en apartamentos turísticos (DGT CV 23-3-21; CV 30-9-21 y CV 28-1-22).

2. Sociedades Anónimas Cotizadas de Inversión en el Mercado Inmobiliario (SOCIMI)

7415 Las Sociedades Anónimas Cotizadas de Inversión en el Mercado Inmobiliario (SOCIMI) son **SA cotizadas** cuyo objeto social principal es la adquisición y promoción de bienes inmuebles de naturaleza urbana para su arrendamiento (la actividad de promoción incluye, a estos efectos, la rehabilitación de edificaciones en los términos establecidos en la LIVA).
Las SOCIMI han de cumplir determinados requisitos dispuestos en la L 11/2009.

a. Requisitos del régimen fiscal especial

(L 11/2009 art.1 a 7)

7416 La aplicación del régimen fiscal especial se encuentra supeditado al cumplimiento de una serie de requisitos relativos a los siguientes aspectos:
- la forma jurídica;
- el capital social;
- el objeto social;
- la contabilidad;
- la inversión; y
- la distribución de resultados.

7417 **Forma jurídica** Las SOCIMI deben ser **SA cotizadas**; esto es, sus acciones han de estar admitidas a negociación en un mercado regulado español o en el de cualquier otro Estado Miembro de la Unión Europea, o en un mercado regulado de cualquier país de o territorio con el que exista efectivo intercambio de información tributaria.

7418 **Capital social** El capital social **mínimo** de las SOCIMI es de 5 millones de euros.

7419 **Objeto social** El objeto social **principal** debe ser:
• La **adquisición y promoción** de bienes inmuebles de naturaleza urbana para su arrendamiento.
• La **tenencia de participaciones** en el capital de otras SOCIMI o en el de otras entidades no residentes en territorio español que tienen el mismo objeto social y que están sometidas a un régimen similar al establecido para las SOCIMI en cuanto a la política obligatoria, legal o estatutaria, de distribución de beneficios.
• La tenencia de participaciones en el capital de **otras entidades**, residentes o no en territorio español, que tienen como objeto social principal la adquisición de bienes inmuebles de naturaleza urbana para su arrendamiento y que están sometidas al mismo régimen establecido para las SOCIMI, en cuanto a la política obligatoria, legal o estatutaria, de distribución de beneficios y de inversión. No obstante, estas entidades participadas no pueden tener participaciones en el capital de otras entidades, las participaciones representativas de su capital deben ser nominativas y la totalidad de su capital debe pertenecer a otra SOCIMI o alguna entidad no residente como las descritas en el anterior apartado.
Adicionalmente, las SOCIMI pueden desarrollar otras **actividades accesorias**, siempre que sus rentas representen menos del 20% de las rentas de la sociedad en cada período impositivo.

Precisiones **1)** Puede resultar de aplicación el régimen fiscal de las SOCIMI a una entidad española integramente participada por una sociedad cotizada en **Francia** acogida al régimen de las Societé d'Investissement Immobilier Cotteé, que establece una política de distribución de resultados similar al régimen español (DGT CV 5-10-10).
2) Puede optar por la aplicación del régimen de SOCIMI una SRL íntegramente participada por una sociedad residente en los **Países Bajos** admitida a negociación en el mercado regulado NYSE Euronext de Amsterdam y a la que resulta de aplicación el régimen FBI holandés y el SICC francés (DGT CV 4-3-11).
3) El requisito de objeto social, en el caso de las **RREC belgas**, no quedaría cumplido (DGT CV 15-11-16).
4) El requisito del objeto social y política de distribución de dividendos (75%), en el caso de las **REIT sudafricanas**, sí quedaría en principio cumplido (DGT CV 25-11-16).
5) Se entiende cumplido el requisito de **carácter nominativo** de las acciones cuando estén identificados más del 95% de los socios (DGT CV 19-9-13; CV 25-11-16; CV 21-7-23).
6) Las entidades a las que se refiere la L 11/2009 art.2.1.c, **no** deben de cumplir con los **requisitos** de forma social, negociación, capital social y/o denominación (DGT CV 13-4-16).

Contabilidad La actividad de promoción inmobiliaria y la de arrendamiento han de ser objeto de contabilización **separada** para cada inmueble promovido o adquirido. 7420

Precisiones 1) El requisito de contabilización separada exige identificar en el **balance los activos** que permitan dar cumplimiento a los requisitos de inversión. Asimismo, debe poder identificarse las rentas que generó individualmente cada uno de esos activos. A su vez, se exige la contabilización separada de las operaciones procedentes de otras actividades, pero entendiendo la separación respecto de la actividad de promoción inmobiliaria y la de arrendamiento, sin que se exija la contabilización separada de cada una de esas otras actividades (DGT CV 11-5-15).

2) Las operaciones procedentes de otras actividades, que no deriven el **objeto social principal**, deben ser contabilizadas de forma separada para determinar su renta. Dentro de estas «otras actividades», no es necesario la contabilización separada actividad por actividad (DGT CV 11-5-15).

Inversión Las SOCIMI deben tener invertido, al menos, el 80% del valor del **activo** en bienes inmuebles de naturaleza urbana destinados al arrendamiento, en terrenos para la promoción de bienes inmuebles que vayan a destinarse a dicha finalidad, siempre que la promoción se inicie dentro de los tres años siguientes a su adquisición o en participaciones en el capital o patrimonio de otras SOCIMI o IIC inmobiliarias. 7421

Asimismo, al menos el 80% de las **rentas** del período impositivo correspondientes a cada ejercicio, excluidas las derivadas de la transmisión de las participaciones y de los bienes inmuebles afectos ambos al cumplimiento de su objeto social principal, una vez transcurrido el plazo de mantenimiento de 3 años, debe provenir de:

- el **arrendamiento** de bienes inmuebles afectos al cumplimiento de su objeto social principal con personas o entidades respecto de las que no se produzca alguna de las circunstancias establecidas en el CCom art.42, con independencia de la residencia; y/o
- **dividendos o participaciones** en beneficios procedentes de participaciones afectos al cumplimiento de su objeto social principal.

En ambos casos, el citado porcentaje se calcula sobre el balance consolidado en el caso de que la sociedad sea dominante de un grupo de acuerdo con el CCom art.42.

Precisiones 1) Puede optarse por la aplicación del régimen fiscal especial de SOCIMI aún cuando no cumplan los requisitos en materia de inversión y de negociación en mercado regulado o sistema multilateral de negociación, exigidos en la L 11/2009 art.3.1 y 4 en la fecha del ejercicio de la opción, siempre que este requisito se cumpla dentro de los 2 años siguientes a esa fecha (DGT CV 24-4-13; CV 19-9-13). 7422

2) En el caso de SOCIMIs **participadas íntegramente por otras SOCIMIs** o entidades no residentes «asimiladas», no se exige que tengan la forma mercantil de «sociedades anónimas», ni les resultan de aplicación los requisitos de capital social y denominación (DGT CV 19-9-13).

3) En relación con el **requisito de inversión** (80% activo en bienes inmuebles), se señala:

• El **activo «apto»** se refiere exclusivamente a «inmuebles», no incluyendo cualquier otra partida distinta, tales como los derechos de cobro, aunque estén relacionados con la actividad arrendaticia (DGT CV 11-2-14). No obstante, las cuentas a cobrar que surgen de la contabilización de ingresos por el importe «linealizado» de la renta fija creciente constituyen elementos intrínsecamente vinculados al arrendamiento de los inmuebles, entendiéndose inherentes a los mismos, ya que derivan de la contabilización de éste, debiendo computarse, en este caso, como parte integrante de aquellos activos aptos para la aplicación del régimen fiscal (DGT CV 21-7-23).

• Los activos se deben computar por su **valor** bruto, sin incluir disminuciones de valor como consecuencia de amortizaciones o deterioros.

• Con independencia de que la sociedad esté sometida a las Normas Internacionales de Información Financiera adoptadas por la UE (NIIF), el cómputo del requisito de **inversión mínimo** del 80% debe realizarse tomando en consideración los balances consolidados trimestrales del ejercicio, según los criterios establecidos en el CCom art.42, con independencia de la residencia y la obligación de formular cuentas consolidadas, estando integrado el grupo de consolidación, a efectos de lo dispuesto en el la L 11/2009 art.3, exclusivamente por la SOCIMI y el resto de entidades a que se refiere la L 11/2009 art.2.1. En este sentido, tanto la SOCIMI «dominante» como las sub-SOCIMI «dependientes», deben calcular el test de activos a nivel consolidado (DGT CV 30-11-15), incluso cuando la entidad SOCIMI dominante sea una entidad no residente en territorio español (DGT CV 21-6-12; CV 21-7-23). Adicionalmente, el cómputo del requisito de inversión mínimo puede calcularse, opcionalmente, sustituyendo el valor contable por el valor de mercado de los elementos integrantes de tales balances (DGT CV 11-2-14).

4) Los derechos de crédito correspondientes a la **adquisición futura** de inmuebles construidos, se pueden considerar similares a la denominada «obra o construcción en curso», pudiendo computar, bajo esa condición de compromiso inequívoco de adquisición futura, como actos inmobiliarios, para determinar el cumplimiento del requisito de inversión (DGT CV 29-4-16).

5) Las **fianzas arrendaticias** se considera activo apto por considerarse inherentes al propio arrendamiento (DGT CV 3-10-16).

6) El efectivo y otros activos líquidos equivalentes procedentes de la ampliación de capital y de la financiación bancaria que se van a destinar a aumentar y mejorar el portfolio de activos inmobiliarios afectos al objeto social, no deberían interferir en el **cómputo del porcentaje de valor del activo** de la L 11/2009 art.3.1. Por tanto, deben distribuirse de manera proporcional entre el valor de activos aptos y no aptos para que su efecto sea neutral en cuanto al cálculo del 80%. Ello siempre que, como se prevé, se destinen efectivamente a aumentar y mejorar el portfolio de activos inmobiliarios afectos al objeto social en un plazo razonable y justificado (DGT CV 26-7-17).
7) A efectos del cómputo del **umbral mínimo del 80% de rentas procedentes del arrendamiento inmobiliario** deben considerarse las rentas netas. La «renta» está integrada, por cada inmueble, por el ingreso íntegro obtenido minorados en los gastos directamente relacionados con la obtención del ingreso y en la parte de los gastos generales que correspondan proporcionalmente a ese ingreso. Este requisito se calcula por el resultado consolidado, estando formando el citado grupo, exclusivamente por la SOCIMI y por el resto de entidades a que se refiere la L 11/2009 art.2.1. A estos efectos, resultan irrelevantes los valores que resulten de las cuentas anuales formuladas bajo criterios NIIF (DGT CV 11-2-14). El término «renta» hace referencia a renta fiscal y viene determinada por el resultado contable, corregido mediante la aplicación de los preceptos establecidos en la LIS, sin perjuicio de las disposiciones especiales en la L 11/2009 (DGT CV 8-10-15; CV 30-11-15).
8) Se consideran **gastos** directamente **relacionados** con el **arrendamiento** (DGT CV 11-11-15):
- los tributos;
- pérdidas por operaciones comerciales;
- dotaciones por amortización y deterioro del inmovilizado material constituido por instalaciones técnicas y mobiliario; y
- gastos financieros por intereses.

7423 Los bienes inmuebles que integren el activo de las SOCIMI deben permanecer **arrendados** durante al menos 3 años. Este mismo **plazo** se aplica en el caso de bienes inmuebles que han sido promovidos por la entidad. A efectos de ese cómputo, se suma el tiempo en que los inmuebles han estado ofrecidos en arrendamiento, con un máximo de un año.
Este plazo se **computa**:
a) En el caso de bienes inmuebles que figuren en el patrimonio de la entidad antes del momento de acogerse al régimen, desde la fecha de inicio del primer período impositivo en que se aplique el régimen fiscal especial de la SOCIMI, siempre que a esa fecha el bien se encontrara arrendado u ofrecido en arrendamiento. De lo contrario, se ha de estar a lo dispuesto en la letra siguiente.
b) En el caso de bienes inmuebles promovidos o adquiridos con posterioridad por la SOCIMI, el plazo se computa desde la fecha en que fueron arrendados u ofrecidos en arrendamiento por primera vez.
c) Tratándose de acciones o participaciones en el capital de entidades en las que participa en cumplimiento de su objeto social principal, deben mantenerse en el activo de la SOCIMI al menos durante 3 años desde su adquisición o, en su caso, desde el inicio del primer período impositivo en que se aplique el régimen fiscal especial de la SOCIMI.

Precisiones **1)** En caso de entidades que vinieran aplicando el régimen especial de entidades dedicadas al arrendamiento de vivienda, en caso de acogerse al régimen SOCIMI, no se tendría en cuanta el **periodo de mantenimiento previo** (DGT CV 25-1-16).
2) El plazo de permanencia, en el caso de **terrenos** para la promoción de bienes inmuebles de naturaleza urbana destinados al arrendamiento que figuran en el patrimonio de la entidad antes del momento de acogerse al régimen, se computaría desde la fecha de inicio del primer periodo impositivo en que se aplique el régimen fiscal especial de SOCIMI (DGT CV 3-10-16).
3) El cumplimiento del plazo de permanencia puede computarse a nivel «grupo SOCIMI» (DGT CV 2-1-15).
4) Los inmuebles ocupados ilegalmente, que computan como activo apto, no computan a efectos del periodo de permanencia (DGT CV 14-11-16).

7424 **Distribución de resultados** Tanto las SOCIMI cotizadas residentes como las SOCIMI no cotizadas residentes en territorio español en las que participa en cumplimiento de su objeto social principal, que hayan optado por la aplicación del régimen fiscal especial, están obligadas a distribuir el beneficio obtenido en cada ejercicio a sus accionistas en forma de **dividendos**, una vez cumplidas las obligaciones mercantiles que correspondan, de la siguiente forma:
a) Beneficios que no procedan de la transmisión de inmuebles y acciones o participaciones afectos al cumplimiento de su objeto social principal: se debe distribuir **al menos el 80%**. Es decir, estas entidades están obligadas a distribuir al menos el 80% de los beneficios del ejercicio que procedan de rentas:
- derivadas del arrendamiento de inmuebles urbanos afectos a su objeto social principal;
- procedentes de las actividades accesorias.

b) Beneficios derivados de la transmisión de inmuebles y acciones o participaciones afectos al cumplimiento de su objeto social principal, realizada una vez transcurridos los plazos obligatorios de mantenimiento se debe distribuir **al menos el 50%**.
El **resto de estos beneficios** debe reinvertirse en otros inmuebles o participaciones afectos al cumplimiento del objeto, en el plazo de los 3 años posteriores a la fecha de la transmisión. En caso de no realizarse la reinversión, esos beneficios deben distribuirse en su totalidad conjuntamente con los beneficios que procedan, en su caso, del ejercicio en que finaliza el plazo de reinversión.
Si los elementos objeto de reinversión se transmiten **antes del plazo obligatorio de mantenimiento**, aquellos beneficios deben distribuirse en su totalidad conjuntamente con los beneficios que procedan, en su caso, del ejercicio en que estos elementos se han transmitido.
La obligación de distribuir no alcanza a la parte de los beneficios imputables a **ejercicios en los que la SOCIMI no tributaba por el régimen fiscal especial**, lo que se justifica por el hecho de que esa parte de renta, que se presume obtenida de forma lineal salvo prueba en contrario, estaría sujeta al tipo general de gravamen, siendo que la obligación de distribución de beneficios no alcanza a los sujetos al tipo general.

c) Beneficios procedentes de dividendos o participaciones en beneficios distribuidos por las entidades en las que participa en cumplimiento de su objeto social principal: se debe **distribuir el 100%**. **7425**
Esta distribución total de dividendos alcanza incluso al supuesto de dividendos procedentes de participaciones en SOCIMI no cotizadas residentes en territorio español que no hayan optado por aplicar el régimen fiscal especial.
d) Beneficios que se correspondan con rentas sujetas al tipo general de gravamen: parece que existe obligación de su distribución en forma de dividendos **hasta el 80%**, a diferencia del caso de la parte de renta derivada de la transmisión de inmuebles y acciones o participaciones afectos a su objeto social imputable a los períodos anteriores de aplicación del régimen de SOCIMI, sujeta igualmente al régimen general, aunque lo coherente sería interpretar que estos beneficios no están sujetos a la obligación de su reparto.
Cuando la distribución del dividendo se realice con **cargo a reservas** procedentes de beneficios de un ejercicio en el que haya sido de aplicación el régimen fiscal especial, la distribución debe adoptarse obligatoriamente con el acuerdo de distribución de los beneficios del ejercicio.
La **reserva legal** de las sociedades que hayan optado por la aplicación del régimen fiscal especial no puede exceder del 20% del capital social. Los estatutos de estas sociedades no pueden establecer ninguna otra reserva de carácter indisponible distinta de la anterior.

Precisiones **1)** La base a la que se aplican los correspondientes porcentajes de distribución, es el resultado del ejercicio de acuerdo con el **balance aprobado** en los términos que se derivan de la LSC art.273, esto es, el resultado contable (DGT CV 28-1-15; CV 11-5-15; CV 21-4-16; CV 14-9-16; CV 17-10-16; CV 18-11-16). En este sentido, se excluyen determinados ingresos contables a la hora de calcular la base de distribución:
- ingresos por compensación de créditos (DGT CV 25-3-14; CV 29-5-14);
- ingresos por pasivos por impuesto diferido por cambios de tipo;
- ingresos por diferencias negativas por escisiones (DGT CV 26-1-17).

2) El resultado del ejercicio opera como **límite mínimo** de la obligación de distribución. Así, si no se hubiera obtenido beneficio en el ejercicio, no existiría obligación de distribución alguna, con independencia de que alguna de las fuentes de renta hubiera generado beneficio (DGT CV 21-4-16; CV 29-4-16).
3) Al margen de la obligatoria distribución de beneficios que se establece al efecto, las SOCIMI pueden distribuir **otros beneficios o reservas**, incluso dividendos a cuenta. En este sentido, con independencia de que las sub-SOCIMI hayan repartido más dividendos de los obligados, la SOCIMI que los recibe debe de repartir el 100% de ellos (DGT CV 3-10-16).
4) La distribución de dividendos a cuenta del resultado del ejercicio se tiene en cuenta a efectos del cumplimiento de la obligación de distribución de dividendos. Asimismo, ese **dividendo a cuenta**, debe ser pagado dentro del mes siguiente a la fecha del acuerdo de distribución (DGT CV 11-5-15; CV 14-7-15).

b. Régimen fiscal de la sociedad

Se analizan a continuación las especialidades del régimen fiscal aplicable a la SOCIMI en el Impuesto sobre Sociedades y en el Impuesto sobre Transmisiones Patrimoniales Onerosas y Actos Jurídicos Documentados. **7426**

7427 **Impuesto sobre Sociedades** (L 11/2009 art.9) Las sociedades que optan por la aplicación del régimen especial tributan en el IS con las particularidades que se exponen a continuación.

Precisiones 1) La aplicación del régimen especial de las SOCIMI, es **incompatible** con la aplicación de cualquiera de los regímenes especiales previstos en la LIS/04 (actual LIS/14) Título VII (entre los que se encuentra el régimen de tributación consolidada), excepto el de las fusiones, escisiones, aportaciones de activo, canje de valores y cambio de domicilio social de una Sociedad Europea o una Sociedad Cooperativa Europea de un Estado miembro a otro de la UE, el de transparencia fiscal internacional y el de determinados contratos de arrendamiento financiero (L 11/2009 art.8).
2) La **pérdida del régimen** implica que no se pueda optar de nuevo por la aplicación del régimen fiscal especial, mientras que no haya transcurrido al menos 3 años desde la conclusión del último período impositivo en que fue de aplicación del régimen (L 11/2009 art.13). Según criterio de la DGT no resulta de aplicación la limitación temporal en el caso de que la entidad renunciara al régimen de SOCIMI antes de que se cumplieran 2 años desde la fecha de la opción por este régimen y voluntariamente se regularizada su situación tributaria (DGT CV 25-6-15).

7428 **Tipo de gravamen** En general las SOCIMI que cumplan los requisitos señalados anteriormente, tributan al **tipo** de gravamen **reducido** del 0%.
No obstante, tributan al **tipo general** las siguientes rentas:
a) Las derivadas de la transmisión de inmuebles o participaciones afectos a su objeto social principal o del arrendamiento de inmuebles que no han cumplido **el requisito de mantenimiento** de 3 años. En relación con estas últimas, el tipo general se refiere tanto a las devengadas en el período impositivo en el que se produce el incumplimiento, como a las rentas derivadas del arrendamiento de esos inmuebles en ejercicios anteriores, que se integra en la autoliquidación del período impositivo en el que se produce el incumplimiento.
b) Las de la sociedad en el caso en que pase a tributar por otro régimen distinto del IS antes de que se cumpla el plazo de mantenimiento de 3 años.

7429 Las SOCIMI están sujetas al **tipo** de gravamen **especial** del 19% sobre el importe íntegro de los dividendos o participaciones en beneficios distribuidos cuando:
- el socio tenga una participación en el capital social de la SOCIMI igual o superior al 5%; y
- los dividendos percibidos por los socios estén exentos o tributen a un tipo de gravamen inferior al 10%.

El **devengo** de este gravamen especial, que tiene la consideración de cuota del IS, se produce el día del acuerdo de distribución de beneficios por la junta general de accionistas de la SOCIMI u órgano equivalente, y se debe autoliquidar e ingresar en el plazo de 2 meses desde la fecha de devengo. **No** es **aplicable** cuando el socio es una entidad a la que le resulta de aplicación el citado régimen especial, ni tampoco cuando el dividendo se percibe por una SOCIMI cotizada no residente respecto de aquellos socios que poseen una participación igual o superior al 5% de esa entidad y tributan por esos dividendos o participaciones en beneficios al menos al tipo de gravamen del 10%.
Adicionalmente, con efectos para los periodos impositivos que se inicien **a partir del 1-1-2021** (Ver Precisiones), se establece un gravamen especial el 15% sobre el importe de los beneficios obtenidos en el ejercicio que no sea objeto de distribución por parte de la SOCIMI, en la parte que proceda de rentas que no hayan tributado al tipo general de gravamen del IS ni se trate de rentas acogidas al período de reinversión.
El devengo de este gravamen especial, que tiene la consideración de cuota del IS, se produce el día del acuerdo de distribución de beneficios por la junta general de accionistas de la SOCIMI u órgano equivalente, y se debe autoliquidar e ingresar en el plazo de 2 meses desde la fecha de devengo a través del Modelo 237.

Precisiones Es consecuencia de la transposición de la Dir UE/2016/1164, por la que se establecen normas contra las prácticas de elusión fiscal que inciden directamente en el funcionamiento del mercado interior, de modificación de diversas normas tributarias y en materia de regulación del juego, a través de la L 11/2021 de medidas de prevención y lucha contra el fraude fiscal.

7430 **Bases imponibles negativas y deducciones** En el caso en que dispongan de bases imponibles negativas, estas **no** pueden ser objeto de **compensación** con bases imponibles positivas que pudieran generarse en los ejercicios subsiguientes.
Tampoco pueden aplicar deducciones para evitar la **doble imposición** interna o internacional, ni bonificaciones o deducciones para incentivar la realización de determinadas actividades.

7431 **Retenciones** Los dividendos o participaciones en beneficios distribuidos por las SOCIMI, tanto las cotizadas como las no cotizadas, están sometidos a retención o ingreso a cuenta, cualquiera que sea la naturaleza del socio que los perciba, personas físicas o jurídicas, residentes o no en territorio español. No obstante, no existe obligación de retener cuando el socio sea otra SOCIMI que reúna los requisitos para la aplicación del régimen de SOCIMI.

Tampoco procede practicar retención a los dividendos distribuidos a socios no residentes respecto de los que la SOCIMI no está sujeta al **gravamen especial** del 19%.
Por otra parte, las rentas que perciba una SOCIMI están sujetas a retención cuando proceda según las **normas generales del IS**, excepto los dividendos que hayan sido distribuidos por otra SOCIMI en la que participe la primera, siempre que esta última se haya acogido al régimen fiscal especial.

Impuesto sobre Transmisiones Patrimoniales Onerosas y Actos Jurídicos Documentados (LITP art.45.I.B.22) Están exentas en la modalidad de OS las operaciones de constitución, aumento de capital y aportaciones no dinerarias a las SOCIMI. **7432**
Adicionalmente, existe una bonificación del 95% de TPO tanto por la adquisición de viviendas destinadas al arrendamiento como por la adquisición de terrenos para la promoción de viviendas destinadas al arrendamiento, siempre que, en ambos casos, los bienes inmuebles que integren el activo de la sociedad permanezcan arrendados durante al menos 3 años.

Precisiones **1)** A efectos de la bonificación establecida para la adquisición de viviendas, en el término vivienda quedan incluidos los **trasteros y plazas de garaje** anejos de ella (DGT CV 25-9-15).
2) Estos beneficios fiscales resultan de aplicación a todas las entidades SOCIMI, es decir, incluidas las entidades de la L 11/2009 art.2.1.c -las denominadas **sub-SOCIMIs**- (DGT CV 14-11-16).
3) La **bonificación del 95%** de TPO resultará de aplicación durante el periodo transitorio de dos años previsto en la disposición transitoria primera de la L 11/2009 (DGT CV 14-11-16).

c. Régimen fiscal de los socios

(L 11/2009 art.10 redacc RDL 3/2016)

En relación con el régimen fiscal aplicable a los socios, se han de analizar los siguientes aspectos: **7433**
- la distribución de los dividendos; y
- la transmisión o reembolso de la participación.

Distribución de dividendos (L 11/2009 art.10.1.a) Los dividendos distribuidos con cargo a beneficios o reservas de ejercicios en los que haya sido de aplicación el régimen fiscal especial, reciben el siguiente tratamiento: **7434**
Para el perceptor **contribuyente del IS o del IRNR con establecimiento permanente**, la renta a integrar en la base imponible correspondiente al dividendo distribuido con cargo a beneficios o reservas procedentes de rentas sujetas al tipo de gravamen del 0%, es el ingreso contabilizado correspondiente a los dividendos percibidos.
Sobre esa renta no se aplica la **exención** de la LIS art.21, por cuanto que el beneficio del que procede el dividendo no ha estado sometido a tributación, al ser el tipo de gravamen del 0%.
A los dividendos distribuidos con cargo a beneficios procedentes de **rentas sujetas al tipo general de gravamen**, se les debe aplicar el régimen general del IS pues, de lo contrario, existiría una doble imposición injustificada. Aun cuando la L 11/2009 art.10 redacc RDL 3/2016 no establece la aplicación de esta exención de forma expresa, sin embargo, lo anterior parece deducirse de forma indirecta de la L 11/2009 art.11, que regula las obligaciones de información, en el que se obliga a las SOCIMI a diferenciar, respecto de los dividendos distribuidos, si son con cargo a beneficios que han tributado al tipo del 0% respecto de los que lo han hecho al tipo general de gravamen, lo que solo tiene sentido si la tributación de esos dividendos en los socios es diferente. Y, adicionalmente, con efectos para los periodos impositivos que se inicien a partir del 1-1-2021, obliga a diferenciar entre los dividendos que han tributado al tipo del 15%.

Transmisión o reembolso de la participación Las rentas obtenidas en la transmisión o reembolso de la participación en el capital de las sociedades que han optado por la aplicación del régimen especial tributan **en sede del socio transmitente** de la forma siguiente: **7435**
a) Si el socio transmitente sujeto pasivo del **IS o** del **IRNR con establecimiento permanente**, a las rentas obtenidas no les resulta de aplicación la deducción contenida en la LIS art.30, por la parte que se correspondan con reservas que se han obtenido en aplicación del régimen especial.
b) Si el socio transmitente sujeto pasivo del **IRPF**, la ganancia patrimonial se determina de acuerdo con lo previsto en la LIRPF art.37.1.a (nº 1910 s. Memento Fiscal 2024), integrándose el importe que resulte en la parte de la base imponible del ahorro en el IRPF.
c) Si el socio transmitente es contribuyente del **IRNR sin establecimiento permanente**, la renta no queda exenta, por lo que no resulta de aplicación de la exención prevista en la LIRNR art.14.1.i.

Las rentas obtenidas en la transmisión de la participación en el capital de las SOCIMI que hayan optado por la aplicación del régimen fiscal especial reciben el siguiente **tratamiento**, en función de la **naturaleza del transmitente**:

a) Transmitente contribuyente del **IS** o del **IRNR con establecimiento permanente** (L 11/2009 art.10.2.a redacc RDL 3/2016):

Las rentas generadas en la transmisión de esas participaciones están sujetas y no exentas, es decir, no se aplica el régimen de la LIS art.21, aun cuando se cumplan todos los requisitos exigidos. No obstante, aun cuando la L 11/2009 no establezca nada al respecto, sobre la parte de plusvalía que se corresponda, en su caso, con los beneficios no distribuidos generados por la entidad durante todo el tiempo de tenencia de la participación transmitida procedentes de rentas que hayan estado sujetas al tipo general de gravamen por el IS pues, aun cuando haya sido de aplicación el régimen fiscal especial de SOCIMI en esos ejercicios, sin embargo, la renta ha tributado según el régimen general del IS, lo que justificaría la aplicación de la exención para evitar una doble imposición.

La exención también sería aplicable sobre la parte de **plusvalía** que se corresponda con beneficios no distribuidos generados en ejercicios anteriores a la opción por la aplicación del régimen fiscal especial. Para la parte de plusvalía que se corresponda, en su caso, con los beneficios no distribuidos generados por la entidad durante todo el tiempo de tenencia de la participación transmitida procedentes de rentas que han estado sujetas al tipo reducido del 0% como consecuencia de la aplicación del régimen fiscal especial, se integra en la base imponible sin derecho a ninguna exención.

b) Transmitente **contribuyente del IRPF** (L 11/2009 art.10.2.b):

La ganancia o pérdida patrimonial se determina de acuerdo con lo previsto en la LIRPF art.37.1.a (nº 1910 s. Memento Fiscal 2024).

c) Transmitente **contribuyente del IRNR sin establecimiento permanente** (L 11/2009 art.10.2.c):

La renta está sujeta en los términos establecidos en el IRNR (nº 7740 s. Memento Fiscal 2024), de manera que si la participación en el capital es igual o superior al 5% de la SOCIMI, no es aplicable la exención relativa a las rentas derivadas de la transmisión de valores cotizados en mercados secundarios oficiales de valores españoles cuando el transmitente sea residente en un Estado que tenga suscrito con España un CDI en vigor con cláusula de intercambio de información (nº 7609 Memento Fiscal 2024).

d. Entidades asimiladas no residentes

(L 11/2009 art.2.1.b y c)

7436 En relación con el régimen fiscal especial de las SOCIMI, y, en particular, con respecto a las entidades asimiladas no residentes, la (DGT CV 19-9-13) ha resuelto diversas cuestiones que, por su interés, se exponen a continuación.

a) En su caso, la SOCIMI debe estar íntegra y directamente **participada** por una entidad asimilada con carácter previo a la opción por el régimen fiscal especial. El cumplimiento de este requisito no puede diferirse al plazo de 2 años recogido en la L 11/2009 disp.trans.1ª.

b) Una SIIC (**REIT francés**) se considera entidad asimilada.

c) El requisito de la exigencia del carácter nominativo de las participaciones puede entenderse cumplido en la medida en que resulte posible la **identificación** de los **socios** de la entidad extranjera al menos en el momento de distribución.

De la misma manera, y teniendo en cuenta que la norma exige una tributación mínima a nivel del socio en el caso de socios significativos, esa identificación de los socios debe ser sustancial. Esto se entiende cumplido cuando la identificación de los socios es tal, que se garantiza la correcta tributación pretendida por la Ley, esto es, cuando están identificados más del 95% de los socios (DGT CV 19-9-13).

d) No resulta de aplicación el gravamen especial del 19% a accionistas que poseen un porcentaje de **participación inferior al 5%**, con independencia de cuál sea su tributación.

e) En caso de SOCIMI participadas por entidades asimiladas, el gravamen especial del 19% únicamente se devenga respecto de los dividendos o participaciones en beneficios que **indirectamente** correspondan a aquellos socios de la entidad asimilada con participaciones superiores o iguales al 5% y cuya tributación resulte inferior al 10%.

f) No están sujetos a **retención** los dividendos distribuidos por una SOCIMI a su entidad matriz asimilada.

g) Para que no se devengue el gravamen del 19% hay que atender a la naturaleza fiscal de los accionistas (porcentaje de participación y tributación) en el **momento** del reparto del dividendo.

h) Si se ha optado por la aplicación del régimen fiscal especial **antes del 1-9-2013**, ese régimen resulta de aplicación durante el período 2013 (considerando período impositivo coincidente con el año natural), aun cuando determinados requisitos legalmente establecidos puedan cumplirse con posterioridad (régimen transitorio) y ello con independencia de que sus accionistas sean o no residentes en España.

i) Los requisitos en materia de **inversión y origen de rentas** deben cumplirse en el ejercicio de la opción por el régimen, o bien, en los 2 años siguientes a la fecha del ejercicio de la opción. Transcurrido ese régimen transitorio, de incumplirse los referidos requisitos, se pierde el régimen fiscal especial, excepto que se reponga la causa del incumplimiento dentro del ejercicio inmediato siguiente. **7437**

Por el contrario, son **requisitos esenciales** que deben cumplirse en la fecha del ejercicio de la opción por el mencionado régimen especial:

• El **objeto social principal** y la política de distribución de dividendos de las filiales no cotizadas.

• El **carácter nominativo** de las acciones de las entidades previstas en la L 11/2009 art.2.1.b y c o, al menos, la identificabilidad de más del 95% de sus socios.

• La **titularidad** de las acciones de las entidades filiales no cotizadas reguladas en la L 11/2009 art.2.1.c, debe corresponder, íntegramente, a una o varias SOCIMI o a una o varias entidades no residentes asimiladas a las SOCIMI previstas en la L 11/2009 art.2.1.b.

Para las filiales, el plazo transitorio de 2 años comienza a computar desde la fecha en que la filial ejerció la opción por el régimen fiscal especial. No obstante, ello no afecta al plazo transitorio que tiene la sociedad matriz para cumplir sus propios requisitos. En caso de que la sociedad dominante incumpliese el régimen SOCIMI, ello no determinaría por sí mismo el incumplimiento del régimen para la filial, que va a analizarse de forma individual (DGT CV 26-1-17).

j) En el caso de SOCIMI participadas íntegramente por otras SOCIMI o entidades no residentes asimiladas, no se exige que tengan la forma mercantil de **SA** ni les resultan de aplicación los requisitos de **capital social y denominación**.

k) A efectos del cálculo del requisito de inversión, pueden computarse aquellos inmuebles que sean explotados en arrendamiento mediante **concesión administrativa** u otros derechos distintos del derecho de superficie, vuelo o subedificación, en la medida en que las características de los derechos y obligaciones que se desprendan de esos contratos sean sustancialmente idénticos a los que se derivan de un título de propiedad sobre el inmueble o de un derecho de superficie.

l) La integración de los **ajustes fiscales**, de naturaleza extracontable, practicados con anterioridad a **1-1-2013**, deben revertir con arreglo al **régimen general**. Esta reversión no debe producirse, de forma automática, en el primer período impositivo en que resulte de aplicación el régimen fiscal especial de SOCIMI, sino que deben integrarse en la base imponible de la entidad sometida al régimen especial de SOCIMI, con arreglo a las reglas de integración generales, y tributar, en todo caso, al tipo general de gravamen del IS.

m) La **reversión de deterioros** sobre los bienes inmuebles que fueron fiscalmente deducibles en ejercicios previos a la opción por el régimen de SOCIMI tributa al 0%.

n) En relación con las **rentas** que deben tributar al **tipo general** de gravamen se señala lo siguiente: **7438**

• En el caso de inmuebles **enajenados** antes del periodo de 3 años, la renta tributable es la renta neta contable derivada de cada uno de los inmuebles calculada por la diferencia entre el ingreso íntegro minorado en los gastos directamente relacionados así como en la parte proporcional de los gastos generales.

• En el caso de inmuebles **poseídos con anterioridad** a la aplicación del régimen fiscal especial, si estos inmuebles hubiesen dado lugar a la práctica de algún ajuste extracontable en la determinación de la base imponible, este ajuste debe revertir con ocasión de la transmisión de los inmuebles y tributa al tipo general del impuesto.

• Las rentas sometidas al tipo general pueden **compensarse** con bases imponibles negativas y deducciones generadas con anterioridad a la aplicación del régimen.

ñ) No perjudica la aplicación del régimen fiscal especial el hecho de que alguna de las **filiales** de la sociedad asimilada matriz extranjera no tengan obligación de distribuir sus beneficios.

o) No resulta posible la aplicación del régimen fiscal especial, cuando los **socios identificados** se corresponden con el 65% del capital de la entidad. Ello, con independencia de que ninguno de los socios no identificados supere o no el 5% de participación (DGT CV 19-9-13).

p) Para optar por el régimen de SOCIMI, es necesario que no se posean **participaciones** en el capital de **otras entidades** en la fecha de opción por el régimen fiscal especial.

q) El **carácter nominativo** de las acciones viene establecido por la normativa mercantil, por lo que es ajena al ámbito fiscal. No obstante, por el hecho de que las acciones estén representadas mediante anotaciones en cuenta, ello no impide que se pueda cumplir el requisito de carácter nominativo (DGT CV 11-2-14).

r) El hecho de que la **normativa sudafricana** no contemple el carácter nominativo de las acciones no impide el cumplimiento del requisito, al existir un órgano en la bolsa de Johannesburgo que, mediante las anotaciones en el registro, es capaz de identificar a sus socios (DGT CV 25-11-16).

3. Entidades dedicadas al arrendamiento de vivienda

7439 Las entidades dedicadas al arrendamiento de viviendas son sociedades que tienen como actividad económica principal el arrendamiento de viviendas situadas en territorio español que hayan **construido, promovido o adquirido**.

La aplicación del régimen fiscal especial se encuentra supeditado al cumplimiento de una serie de **requisitos** relativos a los siguientes aspectos:
- el objeto social;
- viviendas arrendadas;
- la contabilidad; y
- actividades complementarias.

7440 **Objeto social** (LIS art.48.1) Las sociedades que pretendan acogerse al régimen especial deberán tener como objeto social **principal**, el arrendamiento de viviendas situadas en territorio español que hayan construido, promovido o adquirido.

En el supuesto concreto de la actividad de arrendamiento de viviendas, se entenderá por arrendamiento de vivienda el definido en la LAU art.2.1, siempre que se cumplan los requisitos y condiciones establecidos en dicha Ley para los contratos de arrendamiento de viviendas.

A estos efectos, se asimilarán a viviendas el **mobiliario**, los **trasteros**, las **plazas de garaje** con el máximo de dos, y cualesquiera otras dependencias, espacios arrendados o servicios cedidos como accesorios de la finca por el mismo arrendador, excluidos los locales de negocio, siempre que unos y otros se arrienden conjuntamente con la vivienda.

Adicionalmente, la consideración de la actividad de arrendamiento de viviendas como actividad económica requiere contar con una infraestructura mínima, con una organización de medios mínima para poder adquirir tal carácter. La referida organización de medios se concreta en la existencia de una **persona empleada** con contrato laboral y jornada completa que se dedique a su realización (LIS art.5).

Precisiones 1) La consideración del arrendamiento de viviendas como actividad económica requiere contar con una infraestructura mínima, con una organización de medios mínima para poder adquirir tal carácter. La referida organización de medios se concreta en la existencia de una persona empleada con **contrato laboral y jornada completa** que se dedique a su realización. sólo se entenderá cumplido si hay un contrato que es calificado como laboral por la normativa laboral vigente, cuestión ajena al ámbito tributario, y dicho contrato es a jornada completa y remunera la realización de la actividad de arrendamiento de inmuebles, remuneración distinta de la que, en su caso, pudiera corresponder por el cargo de administrador. De cumplirse estas circunstancias, el requisito establecido en el mencionado artículo se entendería cumplido a los efectos de calificar el arrendamiento de inmuebles como actividad económica (DGT CV 23-8-21; CV 9-9-20).

Este requisito debe cumplirse en sus estrictos términos, sin que se pueda extender el **concepto de actividad económica** más allá de los supuestos que establece la LIS que define de manera expresa el concepto de actividad económica, estableciendo que, para que el alquiler de inmuebles se pueda calificar como tal, se debe contar, al menos, con una persona empleada con contrato laboral y jornada completa que gestione la actividad (TSJ Madrid 18-10-23, EDJ 737900). No obstante, en aquellos casos que la actividad y el volumen de trabajo lo justifique, pueda cumplirse a través de un contrato de gestión con un tercero profesional (DGT 15-2-23).

2) El **arrendamiento de viviendas a otra entidad** para que esta última las alquile a personas físicas no puede acogerse a la bonificación, porque es necesario que el arrendatario utilice la vivienda (DGT CV 23-9-16; CV 29-5-20).

3) No es susceptible de aplicación de este régimen especial al arrendamiento de viviendas que se destinen a satisfacer necesidades temporales de vivienda del arrendatario, como puede ser el caso de viviendas dedicadas al arrendamiento en **temporada de vacaciones** o de **uso turístico**.

7441 **Viviendas arrendadas** (LIS art.48.2.a) El **número** de viviendas arrendadas u ofrecidas en arrendamiento por el contribuyente en cada período impositivo debe ser en todo momento igual o superior a 8.

Las entidades que hayan optado por este régimen no pueden aplicar el mismo en aquellos períodos impositivos en los que incumplan este requisito. No obstante, dado que no se ha **renunciado** al mismo, en aquellos otros períodos impositivos posteriores en los que vuelva a cumplirse este requisito, la entidad podrá seguir aplicando el régimen especial.

Precisiones 1) En lo que respecta al cómputo de viviendas, se incluyen las mantenidas a través de una **comunidad de bienes** (DGT CV 5-11-21), las viviendas adquiridas en proindiviso (DGT CV 13-6-16), e incluso en aquellos supuestos en los que no existe una división horizontal, siempre y cuando la edificación cumpla los requisitos previstos en la L 29/1994 y lo previsto para los contratos de arrendamiento de vivienda (DGT CV 24-6-21; CV 5-11-21).
2) En el caso de que, como consecuencia de la **transmisión** de alguna vivienda, el número de viviendas arrendadas queda reducido a un número inferior a ocho durante el periodo impositivo, no puede aplicarse este régimen, aunque al cierre del período impositivo se haya vuelto a alcanzar dicha cifra.

Tiempo de arrendamiento (LIS art.48.2.b) Para la aplicación de este régimen fiscal, las viviendas deben permanecer arrendadas u ofrecidas en arrendamiento durante al menos **3 años**. **7442**
Este plazo **se computa** de la siguiente manera:
a) En el caso de viviendas que figuren en el patrimonio de la entidad antes del momento de acogerse al régimen, desde la fecha de inicio del período impositivo en que se comunique la opción por el régimen, siempre que a dicha fecha la vivienda se encontrara arrendada.
b) En el caso de viviendas adquiridas o promovidas con posterioridad por la entidad, desde la fecha en que fueron arrendadas por primera vez por ella
En caso de **incumplimiento** del requisito del plazo de arrendamiento, se perdería la bonificación que la entidad haya disfrutado sobre las rentas derivadas del arrendamiento de cada vivienda durante todos aquellos períodos impositivos de aplicación del régimen. En el período impositivo en que tenga lugar el incumplimiento, la entidad debe ingresar, junto con la cuota del IS de dicho período, el importe de las bonificaciones aplicadas en la totalidad de los períodos impositivos anteriores en los que se aplicó el régimen especial, junto con los intereses de demora, sin perjuicio de los recargos y sanciones que, en su caso, procedan.

Precisiones El incumplimiento puede estar motivado por cualquier **causa**, bien porque se afecten las viviendas a otra finalidad o incluso porque se transmitan.

Contabilización (LIS art.48.2.c) La actividad de promoción inmobiliaria y la de arrendamiento de viviendas, así como cualesquiera actividades complementarias que realice la entidad, deberán ser objeto de una contabilización **separada** para cada inmueble adquirido o promovido, con el desglose suficiente para conocer la renta imputable a cada vivienda, local o finca registral independiente en que éstos se dividan. **7443**

Precisiones El **incumplimiento** de este requisito supone la pérdida de la aplicación de este régimen especial, con efectos similares a los del incumplimiento del plazo de mantenimiento del arrendamiento y de las viviendas.

Actividades complementarias (LIS art.48.2.d) En el caso de entidades que desarrollen actividades complementarias a la actividad económica principal de arrendamiento de viviendas, la aplicación del régimen especial requiere que, al menos el **55% de las rentas** del período impositivo, excluidas las rentas procedentes de la transmisión de viviendas una vez pasado el plazo de tres años mínimo de arrendamiento sean susceptibles de gozar de la bonificación correspondiente. **7444**
Alternativamente, también es aplicable la bonificación, si al menos el **55% del valor del activo** de la entidad es susceptible de generar rentas que tengan derecho a la aplicación de la bonificación.

Precisiones 1) En lo que respecta a las actividades complementarias, estas pueden ser cualquiera complementaria a la actividad de arrendamiento de viviendas, como la prestación de **servicios inmobiliarios o** el arrendamiento de **locales** comerciales.
2) A efectos de valorar el activo susceptible de generar rentas de **arrendamiento de viviendas**, no se pueden incluir ni aquellos inmuebles arrendados como oficinas, pero que disponen de cédula de habitabilidad como vivienda por no tener como destino primordial satisfacer la necesidad permanente de vivienda del arrendatario ni las viviendas promovidas directamente por la entidad cuya construcción no esté finalizada aunque se conozca que se destinarán al arrendamiento de viviendas una vez finalizadas las obras en la medida que no cumplen el requisito de ser susceptibles de generar rentas con derecho a la aplicación de la bonificación regulada en el régimen especial (DGT 31-1-23).

7445 **Opción por el régimen y renuncia** (LIS art.48.3) Este régimen especial resulta de aplicación voluntaria por el contribuyente, siempre que se cumplan los requisitos analizados previamente. No obstante, la opción por el mismo exige una **comunicación** expresa a la Administración tributaria, resultando aplicable en el mismo período impositivo que finalice con posterioridad a la comunicación y durante los períodos impositivos sucesivos, mientras no se comunique la renuncia al régimen.
La renuncia también debe comunicarse a la Administración tributaria, siendo el último período impositivo de aplicación del régimen el que haya finalizado antes de dicha comunicación.

a. Régimen fiscal de la entidad

7446 En relación con el régimen fiscal aplicable a la sociedad, se han de analizar dos impuestos:
- el IS; y
- el IVA.

7447 **Impuesto sobre Sociedades** La principal característica del régimen especial supone la aplicación de una bonificación a las rentas procedentes del arrendamiento de viviendas.

7448 **Bonificación** (LIS art.49.1) Las entidades que hayan optado por este régimen pueden aplicar una bonificación del **40%**, como consecuencia de la L 22/2021 (85% en los períodos impositivos iniciados antes de 1-1-2022) a la parte de cuota íntegra correspondiente a las rentas derivadas del arrendamiento de viviendas que cumplan los requisitos exigidos para aplicar este régimen fiscal.
La renta bonificada derivada del arrendamiento está integrada para cada vivienda por el ingreso íntegro obtenido minorado en los **gastos** directamente relacionados con la obtención de dichos ingresos y en la parte de los gastos generales que correspondan proporcionalmente a dicho ingreso. La imputación de los gastos generales se realiza comparando la totalidad de ingresos de la entidad, sean o no objeto de bonificación.

Precisiones **1)** Si para una vivienda en concreto la renta derivada de su arrendamiento resulta negativa, la misma **se compensa** con las rentas positivas del resto de viviendas arrendadas (TEAC 26-1-21; 20-12-21).
2) Tratándose de viviendas que hayan sido adquiridas en virtud de los contratos de **arrendamiento financiero** previstos en el régimen especial de la LIS, para calcular la renta que se bonifica no se tendrán en cuenta las correcciones derivadas de la aplicación del citado régimen especial
3) La bonificación es incompatible con la **reserva de capitalización**.

7449 **Compatibilidad con otros regímenes especiales** (LIS art.48.4) Este régimen es incompatible con la aplicación de cualesquiera de los restantes regímenes tributarios especiales del IS, excepto con los regímenes especiales de **consolidación fiscal, transparencia fiscal internacional, reorganizaciones empresariales y determinados contratos de arrendamiento financiero**, prevaleciendo cualquier régimen tributario especial sobre el régimen de las entidades dedicadas al arrendamiento de viviendas, de manera que si la entidad está acogida a cualquiera de ellos no puede optar por aplicar este régimen especial.
Las entidades a las que sean de aplicación los incentivos fiscales para las empresas de reducida dimensión, pueden optar entre aplicar dichos incentivos o aplicar el régimen especial de las entidades dedicadas al arrendamiento de viviendas.

7450 **Impuesto sobre el Valor Añadido** Las adquisiciones de entidades que apliquen el régimen especial estarán sujetas al **tipo reducido** del 4% IVA, siempre que a las rentas derivadas de su posterior arrendamiento les resulte aplicable la bonificación en el IS. A estos efectos, la entidad adquirente debe comunicar esta circunstancia a la transmitente con anterioridad al devengo de la operación.

b. Régimen fiscal de los socios

7451 En relación con el régimen fiscal aplicable a los socios, se han de analizar los siguientes aspectos:
- la distribución de los dividendos; y
- la transmisión o reembolso de la participación.

7452 **Distribución de dividendos** (LIS art.49.3; LIRPF art.25) Los dividendos distribuidos procedentes de rentas a las que hayan resultado de **aplicación la bonificación** del régimen especial, reciben el siguiente tratamiento en función de la naturaleza del socio:
• Socio **persona física**: el dividendo se integra en la base imponible del ahorro sin ninguna particularidad respecto de cualquier otro dividendo, estando sujeto a retención a cuenta.

• Socio **persona jurídica**: el dividendo se integra parcialmente en la base imponible, ya que se aplica la exención de la LIS art.21 sobre el 50% de su importe, siempre que se cumplan los requisitos mencionados anteriormente.
Los dividendos distribuidos procedentes de **rentas no bonificadas**, reciben el siguiente tratamiento en función de la naturaleza del socio:
• Socio **persona física**: se aplica lo señalado en el apartado anterior.
• Socio **persona jurídica**: la tributación correspondiente a estos dividendos recibe el tratamiento general, es decir, queda exento, en la práctica, el 95% de los mismos siempre que se cumplan los requisitos establecidos en la LIS art.21.
Socios no resientes: En ningún caso la LIS establece una particularidad acerca del régimen fiscal de los socios no residentes de entidades dedicadas al arrendamiento de viviendas, de manera que resultan aplicables las reglas generales del IRNR.

Precisiones **1)** Si la entidad obtiene tanto rentas bonificadas como otras rentas en el mismo período impositivo, se considera que el primer beneficio distribuido procede de rentas no bonificadas.
2) El acuerdo social de distribución de dividendos debe diferenciar el ejercicio del que procede el beneficio que se distribuye.

Transmisión de participaciones (LIS art.49.3; LIRPF art.37) El tratamiento fiscal sobre las rentas obtenidas en la transmisión de participaciones en el capital de entidades dedicadas al arrendamiento de viviendas es el siguiente, en función de la naturaleza del **socio**: **7453**
• Socio **persona física**. La tributación sobre la renta obtenida sigue el régimen general.
• Socio **persona jurídica**. En este caso, es necesario distinguir entre los siguientes **supuestos**:
a) Si el porcentaje de participación -directo o indirecto- en la entidad con anterioridad a la transmisión es igual o superior al 5%, y se ha poseído de manera ininterrumpida durante el año anterior al día en que se transmite la participación:
- a la parte de renta que se corresponda con beneficios no distribuidos bonificados se le aplica la exención prevista en la LIS art.21 sobre el 50% del importe de esos beneficios, es decir, el 50% se integra en la base imponible y sobre el otro 50% se aplicaría la exención de la LIS art.21; y
- al resto de renta se le aplicaría la exención en los términos de la LIS art.21.
b) El porcentaje de participación -directo o indirecto- en la entidad con anterioridad a la transmisión es inferior al 5%: la renta se integra en la base imponible del socio, sin derecho a practicar la exención sobre plusvalías de fuente interna, al no cumplirse los requisitos de la LIS art.21.
• Socio **no residente**: la LIS no establece ninguna particularidad acerca del régimen fiscal de los socios no residentes de entidades dedicadas al arrendamiento de viviendas, de manera que resultan aplicables las reglas generales del IRNR.

4. Instituciones de inversión colectiva inmobiliarias

(L 35/2003; RD 1082/2012; LIS art.52 a 54; LIRPF art.94; LITP art.45.I.B.20; RITP art.88.I.B.18)

Son Instituciones de Inversión Colectiva **(IIC)** aquellas que tienen por objeto la captación de fondos, bienes o derechos del público para gestionarlos e invertirlos en bienes, derechos, valores u otros instrumentos, financieros o no, siempre que el rendimiento del inversor se establezca en función de los resultados colectivos. **7454**

Clasificación (L 35/2003 art.29 a 39) Las IIC se clasifican en dos grupos según tengan carácter financiero o no. **7455**

IIC de carácter financiero Son IIC de carácter financiero aquellas cuyo **objeto** es la inversión en activos e instrumentos financieros, tales como valores negociables, depósitos en entidades de crédito, acciones y participaciones de otras IIC, instrumentos financieros derivados y otros valores o instrumentos distintos de los anteriores. **7456**
Dentro de esta categoría se integran dos **tipos** de entidades:
a) Sociedades de inversión de capital variable (SICAV). Son SAs cuyo objeto social exclusivo es la adquisición, tenencia, disfrute, administración en general y enajenación de **valores mobiliarios** y otros activos financieros para compensar, por una adecuada composición de sus activos, los riesgos y los tipos de rendimientos, sin participación mayoritaria económica o política en otras sociedades. El capital de estas sociedades es variable, puede aumentar o disminuir dentro de los límites del capital máximo o mínimo fijados en sus estatutos, mediante la venta o adquisición por la sociedad de sus propias acciones. No pueden constituirse como IIC aquellas sociedades cuyo capital es fijo.
b) Fondos de inversión (FI). Son **patrimonios** pertenecientes a una pluralidad de inversores, cuyo derecho de propiedad viene representado mediante un certificado de participación. Están administrados por una sociedad gestora, con el concurso de un depositario. Su finalidad y las operaciones que realizan son las mismas que las indicadas para las SICAV.

7457 **IIC de carácter no financiero** Son IIC de carácter no financiero aquellas cuyo objeto es distinto a la inversión en activos e instrumentos financieros.
Se distinguen los siguientes tipos:
a) **Sociedades de inversión inmobiliaria (SII)**. Son SA que tienen por objeto exclusivo la inversión en inmuebles de naturaleza urbana para su explotación mediante **arrendamiento**.
b) **Fondos de inversión inmobiliaria (FII)**. Son patrimonios pertenecientes a una pluralidad de inversores cuyo derecho de propiedad y demás características son similares a los FI, siendo su objeto social exclusivo el mismo que el de las SII, esto es, la inversión en inmuebles de naturaleza urbana para su explotación mediante arrendamiento.
Los **accionistas o partícipes** de las SII y de los FII pueden realizar aportaciones de inmuebles u otros derechos a estas entidades en la forma que se determina reglamentariamente. También pueden ser arrendatarios de los inmuebles que integran el patrimonio de estas entidades, así como ostentar cualquier derecho distinto del derivado de su condición de accionista o partícipe.

7458 **Régimen fiscal** El régimen fiscal aplicable a las Instituciones de Inversión Colectiva puede conceptuarse como un régimen beneficioso o **privilegiado** que alcanza tanto a las propias Instituciones, que gozan de una tributación reducida en el IS y de una imposición indirecta igualmente atenuada, como a sus socios o partícipes, que no solo tienen la consideración de beneficiarios últimos del régimen fiscal del que disfrutan las sociedades y los fondos de inversión sino que, además, reciben un tratamiento en su imposición personal más favorable del que se produciría en ausencia de normativa específica.

a. Régimen fiscal de las Sociedades de Inversión Inmobiliaria

7459 Es preciso distinguir entre el régimen fiscal aplicable a la sociedad y el aplicable a los socios.

7460 **Régimen fiscal de la sociedad** Se analizan a continuación las especialidades del régimen fiscal aplicable a la sociedad en:
- el Impuesto sobre Sociedades; y
- el Impuesto sobre Transmisiones Patrimoniales y Actos Jurídicos Documentados (nº 7464).

7461 **Impuesto sobre Sociedades** Las SII cuyo objeto social exclusivo sea la inversión en cualquier tipo de inmueble de naturaleza urbana (RD 1082/2012 art.86.1) para su arrendamiento, con independencia de la naturaleza de esos inmuebles (viviendas, locales, oficinas, etc.) y cuyo número de accionistas sea igual o superior a 100, siempre que los estatutos de la entidad prevean la no distribución de dividendos pues, en caso contrario, tributan al tipo general del IS, presentan las **especialidades** impositivas siguientes:
a) **Tipo de gravamen**. Estas entidades están **sujetas al IS** al tipo de gravamen del 1%, independientemente de si la SII cotiza o no en Bolsa de Valores.
La aplicación de este tipo no solo está condicionada al cumplimiento del objeto social, sino también a que los bienes inmuebles que integran el activo de estas entidades no se enajenen hasta que hayan transcurrido 3 años desde su adquisición, salvo que, con carácter excepcional, medie autorización expresa de la CNMV.
También se aplica este tipo de gravamen a las SII, que, además de reunir los requisitos anteriores, desarrollen la **actividad de promoción** exclusivamente de viviendas para destinarlas a su arrendamiento y cumplan las siguientes **condiciones**:
• Las inversiones en bienes inmuebles afectas a la actividad de promoción inmobiliaria no pueden superar el **20%** del total del activo de la sociedad o fondo de inversión inmobiliaria.
• La actividad de promoción inmobiliaria y la de arrendamiento deben ser objeto de **contabilización separada** para cada inmueble adquirido o promovido, con el desglose necesario para conocer la renta correspondiente a cada vivienda, local o finca registral independiente.
• Los inmuebles derivados de la actividad de promoción deben permanecer arrendados u ofrecidos en **arrendamiento** por la sociedad durante un período mínimo de 7 años. Este plazo se computa desde la fecha de terminación de la construcción acreditado mediante certificación final de obra (L 38/1999 art.6).

7462 La **transmisión** de un inmueble antes del transcurso del plazo mínimo de 3 y 7 años respectivamente, supone la tributación en el IS de la renta obtenida al tipo general (25%). Además, en la liquidación correspondiente al período impositivo en que tiene lugar la transmisión debe ingresarse la diferencia entre el tipo general y el 1% sobre la renta generada en los períodos impositivos anteriores que hubiesen tributado al tipo reducido, sin perjuicio de los intereses de demora, recargos y sanciones procedentes.

Este tipo de gravamen reducido resulta provisionalmente aplicable a las **sociedades y fondos** de inversión inmobiliaria de **nueva creación** y está condicionado a que en el plazo de 2 años, contados desde su inscripción en el correspondiente registro de la CNMV, se cumplan todas las condiciones.
Si no llega a cumplir tales condiciones, la tributación por el IS de los ejercicios transcurridos se efectúa al tipo general con devengo de los intereses de demora que correspondan (RIS disp.adic.única).

b) Deducciones en la cuota íntegra y eliminación de la doble imposición. Estas sociedades, como el resto de IIC, no tienen derecho a practicar deducción alguna en la cuota íntegra. **7463**
Estas sociedades pueden invertir parte de su activo en valores negociables, de manera que por los posibles dividendos que pudieran percibir, aunque se integren en su base imponible, no pueden aplicar la exención por **doble imposición** prevista en la LIS art.21 ni las deducciones para evitar la doble imposición internacional previstas en la LIS art.31 y 32.
c) Retenciones soportadas. Cuando el importe de las retenciones, pagos fraccionados e ingresos a cuenta practicados sobre los ingresos percibidos por estas entidades supera la cuantía de la cuota íntegra, la Administración tributaria procede a devolver de oficio el **exceso**.
d) Distribución de dividendos. Los dividendos que distribuyen están sujetos a **retención**, cualquiera que sea la residencia fiscal del perceptor.

Precisiones **1)** Para los períodos impositivos iniciados a partir del **1-1-2013**, las IIC que tributen al 1% no están obligadas a efectuar **pagos fraccionados** ni a presentar la declaración de estos (LIS/04 art.45.1); tampoco están obligadas a efectuar el pago fraccionado mínimo (RDL 12/2012 art.1.Primero.4).
2) El **umbral mínimo de 100 accionistas** puede ser modificado reglamentariamente atendiendo a los distintos tipos de activos en los que la sociedad materialice sus inversiones, así como a la naturaleza de sus accionistas y a la liquidez de la sociedad. Las SII que tengan un **número inferior** de accionistas al amparo reglamentario pueden también aplicar este régimen especial, así como aquellas que cumplan los requisitos reglamentarios sobre distribución del capital social entre los accionistas.
3) En el caso de SII por **compartimentos**, todas los requisitos anteriores se deben cumplir por cada uno de los compartimentos (RIS disp.adic.única).
4) La SII **no** puede dar **comienzo a su actividad** en tanto no se haya inscrito en el registro administrativo de la CNMV, por lo que una vez inscrita y si cumple los requisitos exigidos en la LIIC puede ampararse en el régimen fiscal especial. Una vez obtenida la correspondiente autorización, las SII han de formalizar su constitución en escritura pública, dado que adoptan la forma jurídica de SA. Esta situación contrasta con la que se produce en el ámbito de los Fondos, que pueden constituirse mediante una o varias aportaciones iniciales documentadas en un contrato entre la sociedad gestora y un depositario, adquiriendo su elevación a escritura pública un carácter potestativo.
5) Deja de resultar el régimen aplicable del IS a las IIC en el ejercicio en el que concurran las circunstancias que motivan la **revocación** de su condición por parte de la **CNMV** (TS cont-adm 16-12-21, EDJ 789477).

Impuesto sobre Transmisiones Patrimoniales y Actos Jurídicos Documentados Las SII gozan de **exención** de la modalidad **OS** cuando su objeto social exclusivo sea la adquisición y la promoción, incluyendo la compra de terrenos, de cualquier tipo de inmueble de naturaleza urbana para su arrendamiento. **7464**
Adicionalmente, las SII gozan de una **bonificación** del 95% de la cuota de la modalidad **TPO** por la adquisición de viviendas destinadas al arrendamiento y por la adquisición de terrenos para la promoción de viviendas destinadas al arrendamiento.
Como **requisito** para la aplicación de este último beneficio se precisa el mantenimiento de los inmuebles en el activo de las sociedades o fondos durante tres años desde su adquisición, salvo autorización de la CNMV.
A las SII de **nueva creación** también les es aplicable provisionalmente esta exención señalada, a condición de que en el plazo de 2 años, desde su inscripción en el registro de la CNMV, alcancen el porcentaje de inversión requerido; si no lo alcanzaran, se ha de efectuar el ingreso de todo el impuesto devengado por las operaciones realizadas más intereses de demora.

Régimen fiscal de los socios

Se ha de distinguir entre dos supuestos, según el socio sea: **7465**
- persona jurídica; o
- persona física (nº 7469).

Socios personas jurídicas El socio persona jurídica debe integrar en su base imponible el importe del **dividendo percibido**, así como la retención que la sociedad debió practicar sobre él. **7466**
Esta renta no da derecho al contribuyente a aplicar en su base imponible la **exención**, aunque se cumplan los requisitos para su aplicación (LIS art.21), ni tampoco puede aplicar en la cuota íntegra la deducción para evitar la doble imposición internacional (LIS art.31 y 32).

Por el contrario, cuando los ingresos obtenidos por la SII sean **dividendos**, esto es, procedan de beneficios que han tributado previamente por el IS que, a su vez, son distribuidos por la SII a sus socios, la ausencia de exención y de deducción conduce irremediablemente a una doble imposición. Igualmente, cuando el dividendo distribuido por la SII proceda de los beneficios generados en la transmisión de participaciones en el capital de otra entidad residente o no residente, se genera una segunda tributación en sede del socio cuando percibe esos mismos beneficios en forma de dividendos distribuidos por la SII, por cuanto el socio no puede aplicar ninguna exención ni deducción para evitar esa doble imposición.

7467 Precisiones 1) Este mismo régimen fiscal es aplicable a los **socios** de sociedades de inversión reguladas por la Dir 2006/65/CE, que estén:
- constituidas y domiciliadas en algún Estado miembro de la UE, siempre que no sea un territorio calificado como paraíso fiscal;
- inscritas en el registro especial de la Comisión Nacional del Mercado de Valores a efectos de su comercialización por entidades residentes en España.
Por tanto, de percibir dividendos de estas IIC, estos se integran en la base imponible del socio residente en territorio español sin que pueda aplicarse ninguna deducción en la cuota por doble imposición. La integración en base imponible también alcanza a las rentas derivadas de la transmisión de las participaciones en esas IIC no residentes.
2) Tratándose de otras **IIC extranjeras**, podrían tributar en régimen de atribución de rentas por las participaciones tenidas en ellas o, en su caso, ser de aplicación el régimen de transparencia fiscal internacional.

7468 La **renta positiva o negativa** obtenida por el socio como consecuencia de la transmisión de la participación en la SII se integra en la base imponible correspondiente al período impositivo en el que se produce la transmisión sin que proceda practicar exención alguna para evitar la doble imposición que pudiera producirse.

7469 **Socios personas físicas** Se analizan los aspectos relativos al reparto de dividendos y a la transmisión o reembolso de la participación.
- **reparto de dividendos.** Se integra en la parte del ahorro de la base imponible todo el dividendo percibido, incluso la retención practicada;
- **transmisión o reembolso de la participación.** La transmisión o reembolso de acciones o participaciones de SII da lugar a ganancias o pérdidas patrimoniales que se determinan de acuerdo con las **reglas generales del IRPF**.
No obstante, cuando el importe obtenido como consecuencia del reembolso o transmisión de participaciones o acciones se destina a la adquisición o suscripción de otras acciones o participaciones en instituciones de inversión colectiva, no procede computar la **ganancia o pérdida patrimonial**, y las nuevas acciones o participaciones suscritas conservan el valor y la fecha de adquisición de las acciones o participaciones transmitidas o reembolsadas, en los siguientes casos:
a) En los reembolsos de participaciones en instituciones de inversión colectiva que tengan la consideración de **fondos de inversión**.
b) En las transmisiones de acciones de **IIC con forma societaria**, siempre que el:
- **número de socios** de la institución de inversión colectiva cuyas acciones se transmitan sea superior a 500; y
- contribuyente no haya participado, en algún momento dentro de los 12 meses anteriores a la fecha de la transmisión, en **más del 5% del capital** de la IIC. Es obligación de este último la comunicación por escrito de esta circunstancia a las entidades a través de las cuales vaya a realizar las operaciones de transmisión o reembolso y adquisición o suscripción.
Estas entidades deben conservar a disposición de la Administración tributaria, durante el período de prescripción de las obligaciones tributarias, la documentación comunicada por el contribuyente.

7470 Precisiones 1) Este régimen de diferimiento no resulta de aplicación cuando, por cualquier medio, se ponga a **disposición del contribuyente** el importe derivado del reembolso o transmisión de las acciones o participaciones de la IIC.
Tampoco se aplica el régimen de diferimiento cuando la transmisión o reembolso o, en su caso, la suscripción o adquisición, tenga por objeto participaciones de **fondos de inversión cotizados**, ni cuando tenga por objeto acciones de **sociedades de inversión de capital variable índice cotizadas** (RIRPF disp.adic.4ª), ni tampoco cuando se trate de partícipes de los Fondos de Activos Bancarios (L 9/2012 disp.adic.17ª.2.a).
2) En general, **existe obligación de practicar retención** sobre las ganancias patrimoniales obtenidas como consecuencia de las transmisiones o reembolsos de acciones y participaciones representativas del capital o patrimonio de las instituciones de inversión colectiva. No obstante, no existe obligación de practicar **retención o ingreso a cuenta** sobre las ganancias patrimoniales derivadas del reembolso o transmisión de participaciones de IIC españolas cuando no proceda su cómputo, ni

sobre las derivadas del reembolso o transmisión de participaciones en fondos de inversión cotizados o sociedades de inversión de capital variable índice cotizadas, ni sobre las IIC equivalentes constituidas en otros Estados, con independencia del mercado, nacional o extranjero en el que coticen, cuando su naturaleza y régimen de funcionamiento sean equiparables al de las IIC constituidas en España y, la transmisión o reembolso no se produzca en un mercado situado en una jurisdicción no cooperativa (equiparación incorporada a través del RD 249/2023 por la que se modifica el RIRPF y el RIS).

3) El régimen de diferimiento no se puede aplicar en el traslado de inversiones realizadas en **otros productos financieros** distintos de las propias IIC, como es un seguro de vida, aunque el destino de la inversión sea un fondo de inversión (DGT CV 28-3-06).

4) Para aplicar el **régimen de traspaso**, se exige que el contribuyente sea quien dirija la orden al comercializador y que la intervención de la entidad comercializadora tenga lugar de una forma directa, como intermediario principal, necesario y exclusivo (DGT CV 29-4-14).

b. Régimen fiscal de los Fondos de Inversión Inmobiliaria (FII)

Los FII son **patrimonios** pertenecientes a una pluralidad de inversores y cuyo objeto principal es la inversión en bienes inmuebles de naturaleza urbana para su arrendamiento. **7471**

Régimen fiscal del Fondo Los FII cuyo objeto social sea exclusivamente el indicado anteriormente, cuyo número de partícipes sea igual o superior a 100 y que sus estatutos prevean la no distribución de beneficios, disponen del mismo **régimen fiscal** que las **SII** (nº 7460 s.), tanto a efectos de IS como de ITP y AJD. **7472**

En caso contrario, tributan de acuerdo con el régimen general en IS y gozan de la citada exención en ITP y AJD.

Precisiones El TJUE prohíbe la **discriminación** a los fondos inmobiliarios **no residentes** considerando que la sujeción a gravamen en Alemania de las rentas inmobiliarias obtenidas en ese país por un fondo de inversión inmobiliaria constituido en Luxemburgo mientras que los fondos de inversión inmobiliaria constituidos con arreglo a derecho alemán gozan de exención plena sobre las rentas obtenidas es contrario al derecho de la UE (TJUE 27-4-23 asunto C-537/20). Especial relevancia en España considerando que los FII regulados por la L 35/2003 tributan al tipo del 1% si cumplen determinadas condiciones mientras que los fondos de inversión inmobiliaria de entidades no residentes no establecidos en España tributan al 19% en el caso de UE.

Régimen fiscal de los partícipes Asimismo, el régimen fiscal de los partícipes dispone de las mismas características que el señalado para los **socios** de las **SII** (nº 7465 s.). **7473**

Precisiones A efectos de cuantificar la **ganancia patrimonial** en IRPF, por la transmisión de participaciones en un fondo de inversión adquiridas por herencia, el valor de adquisición es el que le corresponda por aplicación de las normas del ISD, más la parte de la cuota satisfecha por este impuesto que proporcionalmente corresponda a estas participaciones (DGT CV 14-12-06).

5. Aspectos internacionales de la fiscalidad de los REIT

Un buen número de países cuentan con regímenes REIT (SOCIMI en la legislación española). **7474**

La buena acogida en la mayor parte de las jurisdicciones se debe a la menor volatilidad y mayor rentabilidad que otros productos de inversión en mercados secundarios.

La OCDE ha definido los REIT como sociedades, trusts o contratos de carácter **fiduciario**, cuyos ingresos principales provienen de inversiones inmobiliarias a largo plazo, que distribuyen anualmente la mayor parte de esos ingresos y que no pagan impuestos por las rentas inmobiliarias que distribuyen (Modelo Convenio OCDE art.10 párrafo 67.1).

La mayoría de los Estados admiten la aplicación de sus convenios de doble imposición a los REIT (DGT CV 4-12-07), si bien la mayor parte de ellos no los tienen adaptados a los criterios establecidos por la OCDE.

En este sentido, el 30-10-2007, este organismo emitió Informe de su Comité de Asuntos Fiscales donde se analizaba, fundamentalmente, si las **rentas distribuidas** por un REIT deben calificarse como dividendos o como rentas inmobiliarias.

La calificación como **dividendos** permitiría al perceptor de la renta beneficiarse del tipo de retención reducido que disponga el convenio aplicable, mientras que la calificación como **renta inmobiliaria** permite al Estado de situación del inmueble gravar ilimitadamente esa renta.

Precisiones A efectos de retenciones, algunos países han establecido internamente por vía administrativa, como es el caso de **Reino Unido**, que cualquier distribución realizada por un REIT británico se considera dividendo.

7475 En el citado Informe de la OCDE se establece un criterio que resulta coincidente con el que recoge el modelo de convenio para evitar la doble imposición de Estados Unidos, donde se señala que en los casos de inversores con un porcentaje de **participación inferior al 10%** no se puede afirmar que esté invirtiendo en bienes inmuebles sino en el capital de una sociedad y, por tanto, las rentas que de esta obtenga deberían calificarse como dividendos. No obstante, el Modelo Convenio OCDE art.10 párrafo 67.4 advierte que los Estados contratantes son libres para establecer un umbral de participación distinto.

Sin embargo, la falta de acuerdos sobre esta cuestión en un gran número de convenios para evitar la doble imposición puede generar situaciones de doble imposición o desimposición que deben ir solventándose en la medida en que cabe esperar que el número de regímenes REIT siga aumentando.

Por otra parte, la ausencia de un **régimen REIT armonizado** unido al hecho de que a menudo los Estados han prescindido de consultar a la Comisión sobre la compatibilidad con el mercado interior del régimen fiscal que terminaron aprobando, hace que actualmente estén en vigor en el seno de la UE regímenes fiscales para REIT con rasgos que pueden chocar con las libertades comunitarias e incluso que podrían suponer su calificación como ayudas de Estado.

Todo ello hace necesaria una regulación en este ámbito que prevenga la eventual **litigiosidad** que puede derivarse de los aspectos anteriores.

E. Formación de joint ventures

7476 Con carácter general, los sujetos gravados por el IS son las entidades con personalidad jurídica. Como excepción, se califican como sujetos pasivos determinadas entidades carentes de tal personalidad.

No obstante, algunas entidades **sin personalidad jurídica** pueden poseer un patrimonio separado susceptible de generar rentas, las cuales, con carácter general, no se gravan en sede de tales entidades, sino que se atribuyen a sus partícipes, para que se integren en la base imponible de su imposición personal. Pues bien, estas entidades en régimen de atribución no son sujetos pasivos del IS.

Están sometidas al régimen de **atribución de rentas** las sociedades civiles, que no sean contribuyentes por el IS, herencias yacentes, comunidades de bienes y demás entidades que, carentes de personalidad jurídica, constituyen una unidad económica o un patrimonio separado susceptible de imposición y aquellas entidades constituidas en el extranjero cuya naturaleza jurídica es idéntica o análoga a las constituidas con arreglo a las normas españolas.

No obstante, hay supuestos concretos a los que la LIS les atribuye de forma expresa la condición de **sujetos pasivos** de este impuesto aun cuando no tengan personalidad jurídica (LIS art.7.1).

1. Agrupación de Interés Económico

(L 12/1991)

7477 Las Agrupaciones de Interés Económico **(AIE)** son entidades con personalidad jurídica y carácter mercantil que se encuentran reguladas en la L 12/1991 y, supletoriamente, se rigen por las normas de las sociedades colectivas que resulten compatibles con su específica naturaleza (CCom art.125 s.).

Sus principales **características** son:

- Tienen **personalidad jurídica** propia y carácter mercantil y con carácter supletorio le son de aplicación la regulación de las sociedades colectivas.
- Su **objeto social** y finalidad es la de facilitar el desarrollo o mejorar los resultados de la actividad de sus socios; esto es, su actividad debe ser auxiliar a la de sus miembros (p.e., la distribución o transporte, realización de proyectos de I+D, etc.). Estas entidades no tienen ánimo de lucro para sí mismas, sino que contribuyen al lucro de sus miembros, por lo que no les es de aplicación el régimen de entidades sin ánimo de lucro.
- No pueden participar directa o indirectamente en sociedades que sean miembros suyos, ni pueden dirigir o controlar directa o indirectamente las actividades de sus socios o de terceros.
- Sus **miembros** deben ser personas físicas o jurídicas que desempeñan actividades económicas, agrícolas o artesanales, profesionales liberales, o bien entidades no lucrativas dedicadas a la investigación y el desarrollo.
- La **responsabilidad** de los miembros es subsidiaria respecto de la AIE.

Precisiones Para un estudio más detallado de la **fiscalidad** de las AIE, ver nº 5307 s. Memento Impuesto sobre Sociedades 2024; en el ámbito **mercantil**, nº 15590 s. Memento Sociedades Mercantiles 2024; y en el ámbito **contable**, nº 7705 Memento Contable 2024.

Impuesto sobre Sociedades (LIS art.43) Al tratarse de entidades con personalidad jurídica las AIE tienen la condición de **sujetos pasivos** del IS y les es de aplicación el régimen especial legalmente previsto, el cual es equivalente al de transparencia fiscal por la parte correspondiente a **socios residentes** en territorio español y, a partir de 1-1-2015, a socios **no residentes** con establecimiento permanente. Este régimen fiscal no es optativo, resultando aplicable desde el primer período impositivo en el que la entidad tenga la forma jurídica de AIE. **7478**

Para los períodos impositivos que se inicien a partir de 1-1-2015, la normativa del impuesto mantiene el régimen de **transparencia fiscal** que estas entidades venían aplicando con anterioridad, si bien adaptado a las nuevas características de la LIS, como son las reservas de capitalización y de nivelación, incorporando, además, determinadas matizaciones sobre la asunción fiscal de los criterios contables cuando la imputación de los créditos fiscales de la AIE a sus socios supone en estos una recuperación de la inversión, en cuyo caso, se asimila la participación en la AIE a un instrumento de deuda.

Sin embargo, por la parte correspondiente a los **socios no residentes (sin establecimiento permanente)** la AIE tributa por el régimen general.

El **régimen especial** no es de aplicación en aquellos periodos en los que no se realizan actividades adecuadas a su objeto social o se poseen participaciones, directas o indirectas en las sociedades que sean miembros suyos o se ejerzan, directa o indirectamente, actividades de control o dirección de sus socios o terceros.

Precisiones **1)** El régimen fiscal especial de AIE es **incompatible** -y/o contiene limitaciones o especialidades con el régimen de exención de dividendos y plusvalías procedentes de participaciones en entidades (LIS art.21.5.b y 9.b), con el régimen de las reestructuraciones- (LIS art.87.1.c) con el régimen de las entidades de tenencia de valores extranjeros (LIS art.107.1), con el régimen de arrendamiento de viviendas (LIS art.48.4) y con el régimen de consolidación fiscal (LIS art.58.2). **7479**

2) Cabe plantearse hasta qué punto la **Administración tributaria** puede entrar a analizar si el objeto social de la AIE es o no auxiliar al de sus socios.

3) El **objeto** de una AIE ha de limitarse exclusivamente a una actividad económica auxiliar de la desarrollada por los socios, siendo el RM el órgano competente para valorar si aquel objeto tiene tal carácter (DGT 30-4-93). El régimen fiscal especial no se aplica en aquellos períodos impositivos en los que la AIE realiza **actividades distintas** de las recogidas en su objeto social o incumple alguno de los requisitos exigidos. No obstante, puede volver a aplicar el régimen especial en aquellos otros periodos en los que vuelva a realizar actividades adecuadas a su objeto social.

4) Una AIE constituida por varias personas físicas cuya finalidad es facilitar o desarrollar la actividad económica de sus socios en relación con la realización de determinadas actividades en el **sector cinematográfico**, puede aplicar el régimen fiscal especial para este tipo de entidades siempre que la AIE adecue su objeto a la referida finalidad, con independencia de que los socios realicen actividades económicas ajenas a dicho sector (DGT CV 5-1-09).

5) Las **agrupaciones portuarias de interés económico** tributan en el IS conforme al régimen general, sin que les sea aplicable el régimen fiscal especial de las AIE (DGT CV 5-3-10).

6) La normativa fiscal no establece requisitos específicos para la **actividad de los socios** de la AIE. Por tanto, a efectos tributarios, el régimen fiscal establecido para estas entidades es de aplicación a la AIE constituida de conformidad con la L 12/1991 en la medida en que realiza efectivamente las actividades adecuadas a su objeto social y se cumplen los demás requisitos establecidos en la citada ley (DGT CV 15-7-10).

Socios residentes y no residentes con establecimiento permanente Por la parte correspondiente a los socios residentes en territorio español o no residentes con establecimiento permanente, la tributación es la siguiente: **7480**

- La AIE no tributa por el IS, por la parte de la base imponible imputable a sus socios residentes en territorio español o, para períodos impositivos iniciados a partir de 1-1-2015, a sus socios no residentes con establecimiento permanente en España cuando la participación en la AIE esté afecta a dicho establecimiento.
- Se imputa a los socios residentes o no residentes con establecimiento permanente las **bases imponibles** positivas o negativas obtenidas por la AIE. En el caso de imputarse bases imponibles negativas a los socios, estas no pueden ser compensadas por la AIE en periodos posteriores.
- Se imputan a los socios los **gastos financieros** netos que no son deducibles por la AIE según la LIS art.16.

Los gastos financieros netos que se imputen a los socios no son deducibles por la entidad. Por otra parte, los socios deben tener en cuenta estos gastos financieros imputados a los efectos de aplicar a los mismos su propio límite a la deducibilidad de gastos financieros; es decir, los gastos financieros netos imputados, junto con el gasto financiero neto de los socios, se someten en su conjunto al límite.

• Para períodos impositivos iniciados a partir del 1-1-2015, se imputan a los socios la **reserva de capitalización** que, de acuerdo con la LIS art.25, no haya sido aplicada por la propia AIE en el período impositivo. El importe de esta reserva imputada a los socios no puede ser aplicada por la AIE, salvo que el socio sea un contribuyente por el IRPF.

• Se imputan a sus socios las bases de **deducciones y bonificaciones** en la cuota íntegra a las que tiene derecho la AIE **y** las **retenciones e ingresos a cuenta** que ha soportado. Las bases de las deducciones y bonificaciones se deben integrar en la liquidación de los socios, minorando la cuota según corresponda por aplicación de las normas del IS o del IRPF. Por ello, la AIE no tiene derecho a percibir las devoluciones por las retenciones e ingresos a cuenta correspondientes a dicha parte de base imponible imputada.

Precisiones **1)** Se imputan a los miembros de la AIE los **gastos financieros netos, deducciones, bonificaciones**, así como **retenciones e ingresos a cuenta** de acuerdo con la proporción que resulte de la escritura de constitución, con independencia de que al cierre del ejercicio las aportaciones estén únicamente comprometidas y pendientes de desembolso (DGT CV 8-8-14).

2) La **imputación** de los gastos financieros, bases (imponibles y de deducción) e ingresos a cuenta generados en sede de la AIE a favor de sus socios debe realizarse en la **proporción** que resulte de la escritura de constitución o de los estatutos de la entidad, entendiéndose como tal el porcentaje de participación que corresponde a cada socio en el capital social y en los intereses de la sociedad a tenor de la aportación realizada por cada uno de ellos (DGT CV 23-10-15; 10-11-16; 30-5-18).

3) Cumplidos los requisitos para generar el derecho a aplicar la deducción por **inversiones en producciones cinematográficas** y para la aplicación del régimen de las IAE, las bases imponibles y las bases de las deducciones se deben imputar a quienes ostenten los derechos económicos inherentes a la condición de socio el día de la conclusión del periodo impositivo de la IAE, siempre que sean residentes en territorio español. El hecho de que el crédito fiscal resultante de las imputaciones supere la cuantía de las aportaciones efectuadas por cada socio, no afecta a la imputación practicada (DGT CV 3-1-17).

4) En la medida en que la IAE sea la que encargue la realización de las **actividades de I+D** y adquiera la titularidad de los resultados de esas actividades, en caso de que tengan éxito, se entiende que esa entidad es la que genera el derecho a practicar la deducción, sin perjuicio de que la citada deducción se impute a sus socios. La transmisión de las participaciones en la AIE por parte de socios no tiene efectos sobre la deducción practicada, dado que el requisito del plazo de mantenimiento recae sobre el IAE que es la entidad que lleva a cabo las actividades de I+D (DGT CV 22-6-18).

7481 A la AIE le aplican las **normas generales** del IS, fuera de las especialidades mencionadas, a efectos de calcular la base imponible, por lo que pueden aplicar los beneficios fiscales establecidos con carácter general y aplicar regímenes fiscales especiales.

Así, se pueden aplicar los beneficios fiscales establecidos para las **empresas de reducida dimensión**, el régimen de arrendamiento financiero o el régimen de entidades navieras en función del tonelaje.

Cuando a la AIE le sea aplicable el régimen de las empresas de reducida dimensión, el importe de la reserva de nivelación minora o incrementa la base imponible de la AIE a imputar a sus socios.

No obstante, el régimen de AIE es incompatible y/o presenta particularidades con el régimen de exención de dividendos y plusvalías procedentes de entidades, así como con el régimen de reestructuración, ETVEs, de arrendamiento de viviendas y de consolidación fiscal.

La imputación de la base imponible se realiza a las personas o entidades que ostentan los derechos económicos inherentes a la cualidad de socio el día de conclusión del periodo impositivo de la AIE, a pesar de que en ese momento no ostente esa cualidad.

7482 En los supuestos en los que la participación en la AIE se adquiera antes de la finalización de un periodo impositivo, en el **precio de adquisición** han de estar integrados los beneficios generados hasta el momento de la adquisición, por lo que al imputarse al nuevo socio se puede producir una doble imposición que se elimina en el momento en el que el nuevo socio transmite su participación o se liquida la IAE.

El importe de la imputación se realiza proporcionalmente a lo designado por los **estatutos sociales** o, en su defecto, de acuerdo con la participación en el capital social, sistema que difiere del establecido en la normativa mercantil, que se realiza de acuerdo con lo establecido en la escritura de participación, o, en su defecto, a partes iguales.

7483 El momento en el que se imputan las **bases imponibles negativas** difiere según los socios sean AIE o no.

a) Si los socios son AIE, la base imponible se imputa en la **fecha de cierre** del **ejercicio** de la AIE participada.

b) En los demás casos, en el **siguiente periodo impositivo**, salvo que se opte por imputarlo en el propio ejercicio, opción que debe ejercitarse en la primera declaración del impuesto en que debe de surtir efecto y ha de mantenerse durante 3 años. Esta opción se ejercita de forma individual por cado uno de los miembros de la AIE.

Socios no residentes sin establecimiento permanente Por la parte correspondiente a los socios no residentes (y, a partir del 1-01-2015, únicamente, a los socios no residentes sin establecimiento permanente), la AIE no tributa por el régimen especial, siendo la propia **AIE** la que satisface el IS correspondiente. **7484**

En este caso, la AIE practica las deducciones y bonificaciones en la cuota a las que tenga derecho, así como las retenciones e ingresos a cuenta soportados. La liquidación resultante puede ser positiva o negativa; en el primer caso, tiene que realizar el ingreso en igualdad de condiciones que cualquier otro contribuyente por obligación personal de contribuir; en el segundo, tiene derecho a percibir la devolución que resulte de la liquidación.

En el supuesto de que los socios no residentes dispongan de **establecimiento permanente**, a partir del 1-1-2015 el régimen fiscal aplicable es similar al de los socios residentes en territorio español, imputándose al establecimiento permanente la base imponible, ya sea positiva o negativa, de la AIE así como el resto de partidas fiscales que corresponda en igualdad de condiciones que los socios residentes.

Precisiones **1)** En presencia de **convenios de doble imposición**, para evitar la discriminación que puede producirse en la tributación que corresponda al establecimiento permanente por su participación en la AIE, en casos concretos (como obtención de bases negativas por la AIE y de bases positivas por el socio no residente, u obtención por ambos de bases positivas, a efectos del límite de las deducciones a practicar por este último), la tributación del socio no residente debe ser la misma que la contemplada por la normativa del IS para las empresas miembros residentes, esto es, **no tributación en sede de la AIE** e imputación al establecimiento permanente de las bases imponibles positivas y negativas, deducciones, bonificaciones, retenciones e ingresos a cuenta correspondientes a la AIE (DGT CV 9-1-08).

2) En el caso de transformación de una sociedad anónima con **bases imponibles negativas pendientes de compensar** en una AIE, las bases negativas se han de compensar en sede de la propia AIE con carácter previo a la obtención de la base imponible del correspondiente período impositivo susceptible de imputación a los socios de la AIE (DGT CV 12-1-12).

3) La AIE puede dotar la Reserva para Inversiones en Canarias (RIC) reduciendo su base imponible (TS 10-12-12, EDJ 294528).

Inspección

7485 Las particularidades del régimen tributario especial de las AIE conllevan particularidades en el procedimiento inspector.

Así, las **propuestas de liquidación** a los socios de las AIE siempre tienen el carácter de provisionales hasta que se haya inspeccionado también a la AIE o haya prescrito el derecho a que sean inspeccionadas.

Cualquier **modificación de los elementos tributarios** de la AIE -ya sea con motivo de su comprobación tributaria, de la resolución de toda clase de recursos, o por cualquier otra causa- comporta la imputación de la **diferencia** a los socios. En consecuencia, el socio ha de proceder a rectificar la cuota de su impuesto personal del período a que corresponden los elementos tributarios rectificados.

Precisiones El derecho que el RGAT reconoce a los socios para oponer los **motivos de oposición** que consideren oportunos no puede ejercerse una vez que la regularización practicada a la AIE haya alcanzado firmeza (TEAC 776/2015).

Distribución de dividendos

7486 En relación con la distribución de dividendos se ha de distinguir entre dos supuestos, según los socios sean residentes o no.

Socios residentes y no residentes con establecimiento permanente Los dividendos que correspondan a socios que deban soportar la imputación de la base imponible (socios residentes y socios no residentes con establecimiento permanente) y procedan de períodos impositivos durante los cuales la entidad se hallase en el presente régimen, no tributan por el IS ni por el IRPF ni el IRNR. **7487**

Lo anterior es consecuencia de que la **base imponible** correspondiente al beneficio obtenido fue imputada a los socios de la AIE y ya tributó a nivel de ellos. Por tanto, cuando se perciba ese mismo beneficio en forma de dividendo, no se debe tributar por él.

El régimen aplicable a los dividendos es el siguiente:

• No tributan en sede del socio (persona física o jurídica), cualquier que sea el porcentaje de participación ostentado por el socio en el capital de la AIE. Se aplica un **ajuste extracontable negativo** al resultado contable en el que se contabilice el dividendo como ingreso, al tiempo de determinar la base imponible del socio persona jurídica.

• No se integran como **valor de adquisición** de la participación del socio en la AIE que se imputa la base imponible. Tratándose de socios que adquieran la participación con posterioridad a la imputación, se disminuye su valor de adquisición en ese importe.

• No están sometidos a **retención**.

Si el socio que percibe el dividendo ha adquirido la participación **con posterioridad al cierre del ejercicio** en el que la AIE obtuvo el beneficio del cual procede el dividendo distribuido, dado que la base imponible correspondiente a este beneficio no ha sido imputada a ese nuevo socio, aquel está incorporado en el precio de adquisición. Por tanto, esos dividendos no se integran en la base imponible del socio, pero su importe minora, a efectos fiscales, el valor de adquisición de la participación en la AIE, de manera que, a efectos contables, se entiende que igualmente el dividendo percibido no se registra como ingreso, sino como menor valor de la inversión por cuanto que parece que ese dividendo procede de beneficios existentes en el momento de la adquisición y que la AIE no ha generado con posterioridad beneficios superiores al importe distribuido.

7488 **Socios no residentes sin establecimiento permanente** Si el socio es no residente sin establecimiento permanente, los dividendos y participaciones en beneficios están sometidos al régimen fiscal general, esto es, tributan de acuerdo con la normativa del **IRNR y** los **convenios** suscritos para evitar la doble imposición.

En este caso, no hay ninguna particularidad en el **régimen fiscal** de estos dividendos porque la entidad tributó de acuerdo con el régimen general del IS por la parte de base imponible imputable a los socios. La tributación del socio no residente no se ve alterada por el hecho de que el socio tuviera o no esta condición en el período impositivo en el que la AIE obtuvo el beneficio que ahora es objeto de distribución. Este régimen se aplica aun cuando el socio no residente haya adquirido la participación con posterioridad al cierre del ejercicio en el cual se han generado los beneficios que se distribuyen en forma de dividendos.

7489 **Transmisión de participaciones** En materia de transmisión de las participaciones de la AIE se ha de distinguir entre diferentes supuestos, según el transmitente y el adquirente de estas sean residentes o no en territorio español.

Asimismo, se hace alusión a la transmisión de participaciones de una AIE con pérdidas (nº 7494).

7490 **Transmitente y adquirente son residentes** La renta correspondiente a la transmisión de las participaciones viene determinada por la diferencia entre el **precio de transmisión y** el precio de **adquisición**.

Caso de existir **beneficios** sociales **no distribuidos**, ya imputados al transmitente y que, por tanto, ya han tributado en sede de este, se produciría una doble imposición, ya que el transmitente volvería a tributar por ellos, al ser parte de la plusvalía generada. Para evitar esta doble imposición, el valor de adquisición del transmitente se ve incrementado en el importe de los beneficios sociales imputados y no distribuidos.

Cuando el adquirente recibe los dividendos procedentes de rentas que fueron imputadas en la base imponible del transmitente, no se integran en la base imponible de aquel, sino que disminuye el importe fiscal de la participación.

Si contablemente se registrara como un ingreso se debería realizar el correspondiente ajuste extracontable negativo.

7491 En el supuesto de que se transmita la participación **antes** de que **finalice** el **ejercicio** fiscal, el transmitente tributa en el momento de la venta por los resultados del ejercicio en curso; no se disminuye el valor de adquisición, ya que la imputación de las bases imponibles al socio residente se realiza al finalizar el ejercicio.

Al finalizar el ejercicio, la base imponible de la AIE se atribuye al socio. En consecuencia, se produce una **doble imposición** tomando en consideración al transmitente y al adquirente que no se vería corregida por las reglas de tributación de las AIE. Para evitar esta situación se plantea la aplicación de la **exención** para evitar la doble imposición de plusvalías (LIS art.21.5).

A estos efectos, la AIE es una entidad con carácter mercantil que puede constituirse con capital social, por tanto, de cumplirse los requisitos exigidos para poder aplicar la citada exención, el socio de la AIE puede dejar exenta la renta positiva generada en la transmisión. No se aplica la exención a la parte de renta derivada de la transmisión de la participación en la AIE que no se corresponda con el incremento de beneficios no distribuidos generados por la AIE durante el tiempo de tenencia de la participación. Esto supone que ese beneficio latente tributa en sede del socio cuando transmite la participación, de manera que, en el nuevo socio no tiene lugar una tributación efectiva neta, desde el momento en que la base imponible imputada se neutraliza con la pérdida latente consecuencia de la imputación de los resultados generados en el ejercicio.

Precisiones A efectos de calcular la renta derivada de la venta de las participaciones en la AIE por parte de sus socios, se debe tomar la diferencia de valor existente entre el precio pagado por el adquirente y el valor de la participación calculado de acuerdo con lo establecido en la LIS art.43. Por tanto, el **valor de adquisición** se debe minorar en el importe de gastos financieros, bases imponibles negativas, reserva de capitalización, deducciones y bonificaciones, que se hayan imputado al socio transmitente durante el periodo de tenencia de la participación, hasta que se anule el referido valor de adquisición (DGT CV 29-12-16).

Transmitente residente y adquirente no residente La renta para el **transmitente** se calcula de igual forma que lo expuesto en el apartado anterior. No obstante, no se establece ninguna regla especial para evitar la **doble imposición** en el reparto de los dividendos. Por tanto, cuando los dividendos son objeto de reparto al socio no residente en territorio español y los dividendos proceden de rentas que se han imputado en la base del socio residente anterior, los dividendos tributan según las reglas generales, pudiendo producirse supuestos de sobreimposición. **7492**

En los supuestos en los que en el país de residencia del adquirente la regla sea la **exención**, la doble imposición es clara, ya que la renta tributó cuando se imputó al socio residente y posteriormente tributa el dividendo por IRNR. Si el sistema en el país de residencia del adquirente es la **imputación**, entonces se va a encontrar con el problema de que la AIE no ha tributado efectivamente por estas rentas (lo ha sido el socio residente), pudiendo impedir así la aplicación de la deducción.

Transmitente no residente y adquirente residente La AIE durante el periodo de tenencia de la participación por parte del socio tributa por el IS dado que el socio es no residente en territorio en español. **7493**

En consecuencia, si con posterioridad a la adquisición la AIE reparte dividendos, su tributación debe estar condicionada a la **tributación** del beneficio del cual procede, por tanto, si aquel beneficio fue imputado al socio, su distribución no debe ser gravada posteriormente en el nuevo socio adquirente de la participación, sino que debe computarse a efectos fiscales como menor valor de la participación. Por el contrario, si el beneficio tributó en la AIE y no fue objeto de imputación, su distribución en forma de dividendo en el nuevo socio residente, debería estar sujeta a los mismos requisitos para aplicar la exención para evitar la doble imposición.

En el caso de que la AIE transmitida tuviera **bases imponibles negativas** pendientes de compensar en el momento de la transmisión, las bases imponibles negativas podrían ser aprovechables por al AIE en los periodos impositivos siguientes para compensar las correspondientes bases imponibles positivas.

Transmisión de participaciones con pérdidas En el supuesto de que se transmita una AIE con anterioridad a la finalización de un ejercicio y el resultado hasta ese momento sea negativo, en el **transmitente** se puede generar una renta negativa por las pérdidas existentes hasta ese momento (aunque, en principio, no se integra en la base imponible del transmitente -LIS art.21.6-). **7494**

A su vez, la entidad **adquirente** puede imputarse la base imponible negativa al finalizar el ejercicio, lo que en supuestos puntuales podría generar un doble aprovechamiento de las pérdidas.

No obstante, el aprovechamiento de las bases imponibles negativas por parte de la entidad adquirente reduce el importe fiscal de la participación generando la correspondiente diferencia entre **valor fiscal y contable** de la participación.

Impuestos indirectos

Nos referimos al Impuesto sobre el Valor Añadido (IVA) y al Impuesto sobre Transmisiones Patrimoniales y Actos Jurídicos Documentados (ITP y AJD). **7495**

Impuesto sobre el Valor Añadido Las AIE, como entes con personalidad jurídica, son sujetos pasivos del IVA sin ninguna especialidad. **7496**

No obstante, se prevé una regulación específica para los **servicios** prestados por las agrupaciones a sus miembros, estableciendo que están **exentos** siempre que (DGT CV 18-9-19; CV 21-5-18; CV 21-9-16):

• Las entidades estén constituidas exclusivamente por personas que ejerzan una actividad exenta o no sujeta al IVA que no origina el derecho a la deducción.

• Los servicios se presten directamente por la entidad a sus miembros.

• Los servicios se utilicen, directa y exclusivamente, en las actividades de sus miembros y sean necesarios para su ejercicio.

• Los miembros se limiten a reembolsar la parte que les corresponde en los gastos hechos en común.

• La agrupación solo puede prestar servicios a sus socios, quedando excluidas las entregas, salvo aquellas que se refieran a los bienes que se hayan utilizado por la propia agrupación en el desarrollo de su actividad (DGT CV 21-5-18).

• **Desde el 1-1-2019**, la actividad exenta ejercida sea distinta de las que se enumeran a continuación (LIVA art.20.uno.6º redacc L 6/2018; DGT CV 23-10-19):

- operaciones de seguro, reaseguro y capitalización;

- entregas de sellos de Correos y efectos timbrados de curso legal en España por importe no superior al su valor facial;
- operaciones financieras;
- loterías y juegos de azar;
- operaciones relacionadas con inmuebles y terrenos;
- servicios de profesionales;
- prestaciones de servicios y entregas de bienes realizadas por partidos políticos con fines de apoyo financiero.

La introducción de este último requisito en la legislación nacional vino motivada por los pronunciamientos del TJUE 21-9-17, asunto C-326/15, mantenimiento un criterio claro sobre la aplicación de la exención contenida en la Dir 2006/112/CE art.132.1.f. El TJUE precisa que, para la aplicación de la mencionada exención del IVA, las prestaciones de servicios efectuadas por una agrupación autónoma de personas tienen que contribuir directamente al ejercicio de las actividades de interés general contempladas en la Dir 2006/112/CE art.132.1 (véase, por analogía, TJUE 5-10-16, asunto C-412/15, aptdo.21 a 33), quedando fuera de la exención aquellas prestaciones que no estén vinculadas al ejercicio de una actividad de interés general.

La exención también se debe aplicar cuando, cumpliendo el requisito relativo al **reembolso de los gastos** precedente, la prorrata de deducción no exceda del 10% y el servicio no se utilice directa y exclusivamente en las operaciones que originen el derecho a la deducción. La exención no alcanza a los servicios prestados por sociedades mercantiles.

Precisiones No puede negarse la exención prevista para los servicios prestados por **uniones, agrupaciones o entidades autónomas** solo en base a que se están prestando servicios a terceros no asociados, al no ser de exclusividad de estos servicios uno de los requisitos previstos en la Sexta Directiva (TJUE 20-11-19, asunto C-400/18).

7497 Por otro lado, están exentas las **transmisiones de participaciones** en AIE siempre que no se refieran a títulos representativos de mercaderías o valores cuya posesión asegure de hecho o de derecho, la propiedad, el uso o el disfrute exclusivo de la totalidad o parte de un bien inmueble (LIVA art.20.Uno.18.k.b).

Precisiones **1)** La transmisión de una cuota de participación en una **comunidad de bienes** destinada a la explotación de inmuebles es una prestación de servicios, a la cual no le resulta de aplicación la exención prevista en la LIVA art.20.Uno.18, por tratarse de una comunidad de bienes con objeto inmobiliario y entenderse que la participación en la misma asegura la propiedad de un bien inmueble. No obstante, al tratarse de la transmisión de un valor que asegura la propiedad de un bien inmueble, su transmisión debe asimilarse a la de un inmueble y le resulta aplicables las exenciones previstas a las entregas de bienes inmuebles (DGT CV 4-6-09).

2) La transmisión del 75% de las **participaciones de carácter preferente** de una **AIE**, atribuidas a la transmitente como consecuencia de la aportación de un inmueble destinado a oficinas, constituye una prestación de servicios sujeta pero exenta del Impuesto en virtud de lo dispuesto por el citado art.20.uno.22º L 37/1992 (DGT CV 4-9-06).

7498 **Impuesto sobre Transmisiones Patrimoniales y Actos Jurídicos Documentados** Gozan de **exención** en este impuesto, en su modalidad de operaciones societarias, los siguientes actos realizados por las AIE (L 12/1991 art.25):

• Constitución, contratos preparatorios y demás documentos legalmente necesarios para la constitución, aportación de socios y reducción del capital.
• Disolución y liquidación.
• Las siguientes operaciones de transformación:
- de sociedades de empresa en AIE; y
- de agrupaciones de empresas en AIE.

Las mismas operaciones están exentas para las AIEE, reguladas por la normativa comunitaria relativa a la constitución de una agrupación europea de interés económico (Rgto CEE/2137/1985).

7499 **Responsabilidad fiscal** (LGT art.181.1.e, 196 y 197) Las AIE pueden ser sujetos infractores y responsables de las acciones y omisiones tipificadas como tal en la normativa fiscal, tanto por el incumplimiento de sus obligaciones como sujetos pasivos de los distintos impuestos, como por el incumplimiento de sus deberes específicos de imputar las bases imponibles, deducciones, bonificaciones, retenciones e ingresos a cuenta a sus socios residentes en territorio español.

En concreto, se califican de **infracciones graves** la no imputación o la imputación incorrecta de bases imponibles, resultados, deducciones, bonificaciones o pagos a cuenta a los socios o miembros.

Las **sanciones** impuestas por estos conceptos se gradúan de la siguiente forma:
a) **Multa pecuniaria** del **40%** de las cantidades no imputadas o, en caso de imputación incorrecta, de la diferencia entre las cantidades reales a imputar y las realmente imputadas.
b) **Multa pecuniaria** del **75%** de la diferencia entre las cantidades de las deducciones, bonificaciones y pagos a cuenta que imputaron a los socios y las que realmente debieron ser imputadas.
La **cuantía** de estas sanciones puede ser objeto de reducción en un 30% en caso de que la AIE manifieste su conformidad con la propuesta de regularización que se le formule, y, con efectos desde el 11-7-2021 (L 11/2021) en otro 40%, en los casos de conformidad con la sanción previstos en LGT art.188.3 (ver nº 6716 s. Memento Procedimientos Tributarios 2024-2025).

2. Agrupación de Interés Económico Europea

Estas entidades tienen la misma finalidad, a nivel comunitario, que en el ámbito interno realizan las agrupaciones de interés económico, lo que justifica la gran similitud de los regímenes fiscales de ambos tipos de entidades. 7500
Aquellas que tienen su domicilio en España gozan de personalidad jurídica propia y deben estar inscritas en el RM en virtud de escritura pública o documento privado.
Su **regulación** se encuentra principalmente en:
- el Rgto CEE/2137/1985 y en la L 12/1991, con carácter general;
- el CCom, con carácter supletorio.

Impuesto sobre Sociedades Para los períodos impositivos iniciados **a partir del 1-1-2015**, están sujetas a las obligaciones tributarias derivadas de la aplicación de la LIS, a excepción del pago del IS (hasta entonces la norma señalaba que las AEIE no tributaban por el IS), cualquiera que sea la residencia de las empresas miembros, a diferencia de las AIE españolas. 7501
Tributan por el régimen de **imputación** fiscal a los **socios** cualquiera que sea la residencia de los socios miembros, tanto si residen en territorio español como en el extranjero (a diferencia de las AIE españolas que tributan por la parte correspondiente a los socios no residentes sin establecimiento permanente).
Se imputan la totalidad de las **bases imponibles**, tanto las positivas como las negativas.
Si los **socios** son **residentes** en territorio español, estos se integran la base imponible en su base imponible del IS o del IRPF en función de la participación que resulte de los estatutos sociales o, en su defecto, de acuerdo con el capital social. También se imputan todas las bases de deducción, las retenciones y los ingresos a cuenta.
En el caso de socios residentes en el **extranjero** la normativa mercantil considera que son los socios los que realizan las actividades correspondientes, por lo que las rentas se consideran obtenidas directamente por ellos. En consecuencia, estas rentas solo tributan en España si, de acuerdo con lo establecido en el correspondiente convenio de doble imposición o en el IRNR se considera que la actividad realizada por los no residentes determina la existencia de un establecimiento permanente. En caso contrario, la renta se considera no obtenida en territorio español y, por tanto, no sujeta al IRNR.

Socios de una AEIE no residente La AEIE tributa en su **Estado de residencia** por un régimen de imputación similar al español. Por tanto, la renta imputable a los socios residentes no se grava en dicho Estado, a menos que se considere la existencia de un establecimiento permanente, debiendo imputarse a estos los beneficios o pérdidas de la AEIE en España. 7502
En el supuesto de que se considere la existencia de un **establecimiento permanente** en el extranjero y las rentas obtenidas se hubieran gravado en el extranjero, el socio español imputa estas rentas aplicándose la deducción para evitar la doble imposición o la exención, de acuerdo con la normativa interna y el convenio de doble imposición.

Otros aspectos En materia de IVA, ITP y AJD y responsabilidad tributaria se aplican a la AEIE las mismas reglas que a la AIE, en virtud del Rgto CEE/2137/1985. 7503

3. Unión Temporal de Empresas

Las Uniones Temporales de Empresas **(UTE)** son entes sin personalidad jurídica propia para la colaboración entre empresarios por un tiempo cierto, determinado o indeterminado, y que tienen como objeto el desarrollo o ejecución de una obra, servicio o suministro dentro o fuera de España. No obstante, la norma permite que la UTE pueda ejecutar otras obras y servicios, en la medida en que sean complementarias y accesorias a su objeto principal. 7504

A través de esta figura se trata de favorecer el desarrollo de las actividades de las empresas miembros de la UTE, al permitir que colaboren temporalmente para realizar alguna actividad que estarían imposibilitadas para llevar a cabo de forma individual.
Su **regulación** se contiene en la L 18/1982.
El sistema de colaboración va a tener una **duración** cierta, determinada o indeterminada, que en principio debe coincidir con el periodo de duración de la obra, suministro o servicio. No obstante, el plazo no puede superar un **periodo máximo** de 25 años, ampliándose este a 50 cuando se trata de contratos con la Administración pública. Cuando la duración exceda de esos plazos, la UTE no ha de tributar por el régimen especial, no pudiendo ser inscrita al incumplirse el requisito de la duración (AN 19-7-07, EDJ 112183).
Necesariamente, las UTE de empresas deben constituirse en **escritura pública** y, por lo que respecta a la responsabilidad, expresamente se dispone que la responsabilidad frente a terceros por los actos y operaciones en beneficio común es en todo caso solidaria e ilimitada para los miembros de la UTE.
Los **miembros** de la UTE pueden ser personas físicas (siempre que determinen sus rendimientos en estimación directa) o jurídicas residentes en España o en el extranjero. Cuando un miembro de la UTE resida en el extranjero, el solo hecho de participar en la misma no le atribuye el carácter de sujeto pasivo por el IRNR, salvo que la actividad que pueda realizar en territorio español en cumplimiento del objeto social de la UTE y a título personal determine la existencia de un establecimiento permanente en ese territorio, de acuerdo con las normas del mencionado impuesto o, en su caso, del convenio para evitar la doble imposición que se haya suscrito entre España y el Estado de residencia o, en caso de no disponer del establecimiento, obtenga rentas en territorio español en los términos establecidos en el IRNR.

Precisiones **1)** Las UTEs no constituyen un **mecanismo de colaboración** permanente entre empresarios, sino **esporádico**. Si una vez ejecutada la obra o servicio que fundamenta la UTE los empresarios deciden continuar su colaboración, han de constituir una UTE con la finalidad de ejecutar cada uno de sus próximos proyectos (DGT CV 27-10-10).
2) Asimismo, se ha de constituir una UTE con el nuevo objeto social cuando se produce la **modificación del objeto social** constitutivo de la UTE, lo cual implica la pérdida del régimen fiscal especial (DGT CV 20-2-14).
3) Para las **UTEs constituidas antes de 1-1-2003** la duración es igualmente de 25 años. A este respecto, aquellas UTEs inscritas en el registro especial del Ministerio de Hacienda antes de esa fecha, la validez de la inscripción se extiende hasta la finalización de la obra, sin necesidad de solicitar prórroga de la inscripción, siempre que no se supere aquella duración máxima (L 18/1982 disp.trans.7ª).

7505 **Impuesto sobre Sociedades** (LIS art.43 y 45) Se establece un régimen de tributación especial aplicable a las UTE reguladas en la L 18/1982 e **inscritas** en el Registro Especial del Ministerio de Hacienda.
Se trata de un registro adscrito a la Agencia Estatal de Administración Tributaria, siendo su inscripción voluntaria y ejercitable a través de una comunicación a presentar por la propia UTE.
En consecuencia, a estos efectos, se puede distinguir entre tres **tipos** de UTE:
a) Las que no cumplen los requisitos establecidos en la L 18/1992. Este tipo de UTE no son sujetos pasivos del impuesto y están sometidas al régimen de atribución de rentas (nº 7512).
b) Las que cumplen los requisitos y no se encuentran inscritas en el registro especial. Este tipo de UTE tributan en el régimen general del IS, sin existir ninguna especialidad al respecto.
c) Las que cumplen los requisitos y se encuentran inscritas en el registro especial. Este tipo de UTE tributan bajo el régimen de transparencia fiscal que resulta aplicable a las AIE. No obstante, la tributación no procede para aquellos periodos impositivos en los que la UTE realiza actividades distintas a aquellas en que consista su objeto social, tributando por el régimen general.

Precisiones **1)** Las UTE no inscritas en el registro administrativo tributan por el régimen general del IS (DGT 2-7-02; CV 16-12-08).
2) Deben tributar en régimen de **atribución de rentas**, al no ser sujetos pasivos del IS, aquellas fórmulas de colaboración que no cumplan los requisitos legales (DGT 11-5-00; 2-7-02), estando obligadas a practicar **retención** (DGT 23-10-00).
3) En el mismo sentido, la UTE que no cumple los requisitos de la L18/1982 tributa en régimen de **atribución de rentas**, imputando la base imponible a sus socios en función del porcentaje de participación en ella (TSJ Murcia 27-9-18, EDJ 620661).
4) La **inscripción** en Registro especial de Uniones Temporales de Empresas es un requisito imprescindible para la aplicación del régimen especial del IS. Pero este requisito no se considera cumplido por el hecho de que la UTE, en otro procedimiento, aporte a la AEAT la escritura de constitución en que se manifiesta la intención de sus miembros de solicitar la inscripción (TEAC 2-3-17). En el mismo sentido, AN 23-10-19, EDJ 730742.

Las UTE que cumplan los requisitos exigidos y se encuentren debidamente inscritas tributan por el régimen de **transparencia fiscal aplicable a las AIE** (LIS art.43), de forma que no tributan por el IS por las rentas obtenidas por las mismas por la parte de base imponible imputable a sus entidades miembros residentes en territorio español o, para períodos impositivos iniciados a partir del 1-1-2015, a sus entidades miembros no residentes con establecimiento permanente en el territorio. Respecto a los criterios de imputación a las empresas miembros, aplican fundamentalmente los correspondientes a las AIE. **7506**

Como **excepción**, no les aplica a las UTE la regla de valoración establecida en la LIS art.43.4 párrafo 2º (relativo a los casos de transmisión de la participación en la AIE, en los que el valor de adquisición se minora en el importe de los gastos financieros, las bases imponibles negativas, la reserva de capitalización, y las deducciones y bonificaciones que hayan sido imputadas a los socios en el período de tiempo comprendido entre su adquisición y transmisión, de acuerdo con los criterios contables).

En el caso de **participaciones** en UTE, el valor de adquisición se minora en el importe de las pérdidas sociales que hayan sido imputadas a los socios (LIS art.45.1).

En el supuesto de que algún **socio** sea **extranjero** y **no disponga de un establecimiento permanente en España**, al igual que en el régimen de las AIE, la UTE tributa por esa parte por el régimen general del IS. **7507**

Aun cuando la renta obtenida en España por el no residente a través de la UTE tributa en sede de esta última entidad, ello no impide que la distribución efectiva de esa renta a la empresa miembro no residente pueda estar sujeta a **tributación en España por obligación real**, si así procede por la aplicación de las normas sobre obligación real de contribuir del IRNR, o, en su caso, del convenio para evitar la doble imposición internacional (CDI).

Precisiones **1)** Si una UTE de un **establecimiento permanente** en España tributa en los términos de la LIS art.43 y obtiene bases imponibles negativas, estas no se imputan al propio establecimiento permanente, sino que quedan pendientes de compensación en la UTE. No obstante, el establecimiento permanente podría estar tributando por las bases imponibles positivas generadas por otras UTE en las que participa, de tal manera que se le imposibilita la compensación entre ambas. Este caso debería determinar un supuesto de discriminación en los términos establecidos en los convenios para evitar la doble imposición.

2) Los **efectos** de la aplicación del régimen especial de las UTEs se retrotraen a la fecha de solicitud de la inscripción (DGT 26-10-04).

3) La **modificación del objeto** de la UTE conlleva la pérdida del derecho a aplicar el régimen especial, sin embargo, los miembros pueden constituir una nueva UTE y optar por el régimen fiscal especial (DGT CV 20-2-14).

4) En principio, una UTE se asimila a una entidad a efectos de poder realizar cualquier operación de las reguladas en el régimen de **neutralidad fiscal** (DGT CV 30-9-14; CV 30-9-15), aunque hay que considerar la especialidad establecida en la LIS art.87.1.

UTE que opera en el extranjero (LIS art.45) En el supuesto de empresas españolas que participen en obras, servicios o suministros que se realicen o presten en el extranjero, mediante fórmulas de colaboración análogas a las UTE españolas, pueden acogerse a la **exención** respecto de las rentas procedentes del extranjero. **7508**

No obstante, con efectos para los periodos impositivos que se inicien **a partir de 1-1-2013**, tanto si opta por el régimen de exención como si no se opta, no son fiscalmente deducibles las rentas negativas procedentes del extranjero, excepto en el caso de transmisión o cese de su actividad.

En el caso de que **no se opte** por el régimen de exención, no se integran en la base las rentas positivas obtenidas con posterioridad a las rentas negativas, hasta el importe de estas últimas.

Si **se opta** por el régimen de exención, este debería aplicarse hasta la extinción de la unión temporal. El importe de las rentas negativas derivadas de la transmisión de la participación en la unión temporal o de su extinción se minora en el importe de las rentas positivas netas obtenidas con anterioridad, procedentes de la misma.

Con efectos **desde el 1-1-2017**, únicamente son fiscalmente deducibles las rentas negativas generadas en caso de cese del establecimiento permanente, minorándose el importe de las rentas negativas en el importe de las rentas positivas netas obtenidas con anterioridad y que hayan tenido derecho a la aplicación de un régimen de exención o deducción para la eliminación de la doble imposición.

La modificación anteriormente mencionada, viene acompañada de un **régimen transitorio**, consistente en que si una UTE ha obtenido rentas negativas en el extranjero que se han integrado en la base imponible de las entidades miembros con anterioridad al 1-1-2013, cuando en los sucesivos ejercicios (por tanto, también en los períodos impositivos iniciados a partir de **7509**

1-1-2015) la unión temporal obtenga rentas positivas, las empresas miembros han de integrar en su base imponible, con carácter positivo, la renta negativa previamente imputada con el límite del importe de las rentas positivas.
Además, se consideran **gasto** fiscalmente **no deducible** en el IS las rentas negativas obtenidas por empresas miembros de una unión temporal de empresas que opere en el extranjero, excepto algunos casos de trasmisión o de la participación en la aquella o extinción.

Precisiones 1) Para que se entienda que una UTE opera en el extranjero se requiere que los **medios materiales y personales** que se destinan a la prestación de servicios se encuentren ubicados en el extranjero (DGT CV 5-5-15).
2) Las participaciones en una UTE se pueden equiparar a las participaciones en entidades, en consecuencia, en caso de cese de una UTE, las **rentas negativas** generadas por la **extinción** son fiscalmente deducibles (DGT CV 24-1-17).

7510 **Impuesto sobre el Valor Añadido** Las UTE, a pesar de no tener personalidad jurídica, son **sujetos pasivos** del IVA cuando realizan operaciones sujetas al impuesto, con independencia de la actividad realizada por las empresas que lo componen. Todo ello, sin perjuicio de que la condición deba predicarse, asimismo, de cada uno de los socios partícipes en la UTE si concurren en ellos los mismos requisitos, es decir, si llevan a cabo una actividad económica a efectos del IVA (DGT CV 8-5-18).
De igual forma que las AIE, los **servicios** prestados por las UTE a sus miembros, siempre que se cumplan determinados requisitos, pueden quedar exentos del IVA (LIVA art.20.Uno.6º).
Asimismo, la **transmisión de participaciones** en la UTE está exenta siempre que no se refiera a títulos representativos de mercaderías o valores cuya posesión asegure de hecho o de derecho, la propiedad, el uso o el disfrute exclusivo de la totalidad o parte de un bien inmueble (LIVA art.20.Uno.18º.k.b). No obstante, la exención ha de ser matizada en relación con la naturaleza del bien a que se refieren las participaciones transmitidas, así si se trata de una primera entrega de edificaciones, la operación está sujeta y no exenta del IVA (DGT CV 9-2-12; CV 8-4-10).

Precisiones En un supuesto de **transmisión de participaciones** en una UTE, se considera que la sociedad titular y transmitente de las mismas, pese a carecer de medios personales o materiales, sí debe considerarse que ejerce una actividad empresarial y, por tanto, que tiene la consideración de sujeto pasivo del IVA, precisamente por referencia a la actividad empresarial que ejerce la UTE (DGT CV 6-10-09).

4. Otras formas de colaboración empresarial

7511 Legalmente se establece un régimen de atribución de rentas para aquellas formas de colaboración empresarial que por carecer de **personalidad jurídica** propia no son sujetos pasivos del IS, sometiéndose a tributación mediante su atribución a los miembros que forman parte de ellas.
Las rentas así atribuidas se integran en la base imponible de sus **miembros**, según estén sujetos a uno u otro impuesto (IRPF, IS o IRNR).
Así, están sometidas al régimen de atribución de rentas las **sociedades civiles**, que no tengan la consideración de contribuyentes del IS, herencias yacentes, **comunidades de bienes** y demás entidades que, carentes de personalidad jurídica, constituyen una unidad económica o un patrimonio separado susceptible de imposición, y aquellas entidades constituidas en el extranjero cuya naturaleza jurídica sea idéntica o análoga a las constituidas con arreglo a las entidades españolas.
Excepto, las sociedades civiles, el resto de entidades coinciden en su falta de personalidad jurídica.
No obstante, hay varias **excepciones** a esta regla general, tributando como sujetos pasivos del IS las UTE, los fondos de inversión, los fondos de titulación, los fondos de pensiones, los fondos de capital riesgo, los grupos de sociedades, las comunidades vecinales en mano común y las sociedades agrarias de transformación.

Precisiones Para los períodos impositivos iniciados **a partir de 1-1-2016**, las sociedades civiles con personalidad jurídica y objeto mercantil tributan como contribuyentes del IS salvo que se disuelvan durante el propio año 2016, tal y como precisa la LIS disp.trans.32ª (DGT CV 28-7-15; CV 30-7-15).

7512 **Régimen de atribución de rentas** La atribución de las rentas netas a los partícipes se realiza de acuerdo con los **pactos** que existan y, en su defecto, por partes iguales.
Las rentas tienen la naturaleza de la actividad de la que proceden (empresarial, profesional, etc.) y su atribución se realiza en el mismo **ejercicio** en el que se obtienen.
La renta se determina en sede la entidad y para todos los miembros con arreglo a las normas del **IRPF**.

No obstante existen las siguientes **excepciones**:
• Cuando todos los miembros de la entidad son sujetos pasivos del IS o del IRNR con **establecimiento permanente**, la renta a atribuir se determina con arreglo a las normas del IS.
• Cuando **cede capitales** propios, los miembros de la entidad, sujetos pasivos del IS o del IRNR con establecimiento permanente, deben integrar los rendimientos cuando se hayan devengado.
• Para el cálculo de la renta atribuible a los miembros de la entidad, que tributen por el **IRNR** sin establecimiento permanente.

F. Otras adquisiciones singulares

De las numerosas operaciones y estrategias de adquisición de compañías, las adquisiciones apalancadas o **Leveraged Buy Out** (LBO), diferenciadas en función de los sujetos adquirentes en la operación (nº 7532) como el **Management Buy Out** (MBO), **Management Buy In** (MBI), **Institutional Buy-Out** (IBO) o el **Buy In Management Buy Out** (BIMBO), han sido las que, desde una perspectiva fiscal, han planteado en los últimos ejercicios, un mayor número de controversias. **7513**

En este sentido, el tratamiento fiscal de los gastos financieros fue objeto de una profunda reforma ya en el RDL 12/2012 para dar respuesta, entre otras, a la controversia existente en relación con la deducibilidad del gasto financiero derivado de operaciones de compras apalancadas de filiales del mismo grupo con deuda de otra entidad vinculada, así como para adaptar el tratamiento de los gastos financieros al entorno legislativo de otros Estados miembros de la UE.

Esta norma fue posteriormente modificada por el RDL 20/2012 y actualmente recogida con algunas modificaciones en la LIS que clasifica estas limitaciones del siguiente modo:

En concreto, el RDL 12/2012, así como la LIS de 2014 han introducido una serie de nuevas limitaciones a la **deducibilidad** fiscal de los **gastos financieros**, cuestión que afecta de forma significativa al planteamiento de las citadas operaciones.

Estas nuevas limitaciones las podemos clasificar en:
- generales (nº 7514), en la medida en que resultan de aplicación a cualquier endeudamiento en el que puedan incurrir la gran mayoría de sujetos pasivos del IS (no resultan de aplicación a entidades aseguradoras ni a entidades de crédito); y
- específicas (nº 7518 s.), relativas a los gastos financieros intragrupo o a las adquisiciones apalancadas de sociedades.

1. Límite general

(LIS art.16; DGT Resol 16-7-12)

Son deducibles los gastos financieros netos devengados en el período impositivo con el límite del 30% del beneficio operativo del ejercicio. **7514**

No obstante, se admite la deducibilidad de los gastos financieros, aunque superen el citado porcentaje, en la medida en que no superen 1.000.000 de euros. Tratándose de entidades que tributan en el régimen de **consolidación fiscal**, este límite se refiere al grupo fiscal.

Gastos financieros netos Se entenderá por gastos financieros netos el exceso de gastos financieros respecto de los ingresos derivados de la cesión a terceros de capitales propios devengados en el periodo impositivo, excluidos los siguientes gastos: **7515**
• Gastos de servicios correspondientes a operaciones realizadas, directa o indirectamente, con personas o entidades residentes en países o territorios calificados como **paraísos fiscales**, o que se paguen a través de personas o entidades residentes en estos, excepto que el contribuyente pruebe que el gasto devengado responde a una operación o transacción efectivamente realizada.
• Gastos financieros devengados en el período impositivo, derivados de **deudas con entidades del grupo** según los criterios establecidos en el CCom art.42, con independencia de la residencia y de la obligación de formular cuentas anuales consolidadas, destinadas a la adquisición, a otras entidades del grupo, de participaciones en el capital o fondos propios de cualquier tipo de entidades, o a la realización de aportaciones en el capital o fondos propios de otras entidades del grupo, salvo que el contribuyente acredite que existen motivos económicos válidos para la realización de las operaciones.
• Gastos correspondientes a operaciones realizadas con personas o entidades vinculadas que, como consecuencia de una **calificación fiscal diferente** en estas, no generen ingreso o generen un ingreso exento o sometido a un tipo de gravamen nominal inferior al 10%.

7516 **Beneficio operativo** Se determina a partir del **resultado de explotación** de la cuenta de pérdidas y ganancias **minorado** en la amortización del inmovilizado, la imputación de subvenciones de inmovilizado no financiero y otras, así como el deterioro y el resultado por enajenaciones de inmovilizado.
Por otro lado, debe ser **aumentado** en los ingresos financieros de participaciones en instrumentos de patrimonio, siempre que se correspondan con dividendos o participaciones en beneficios de entidades en las que el porcentaje de participación, directo o indirecto, sea al menos el 5%, excepto que dichas participaciones hayan sido adquiridas con deudas cuyos gastos financieros no resulten deducibles por resultar de deudas con entidades del grupo destinadas a la adquisición de dichas participaciones. Con efectos ejercicios iniciados **a partir del 1-1-2024**, en ningún caso, formarán parte del beneficio operativo los ingresos, gastos o rentas que no se hubieran integrado en la base imponible del IS.

7517 **Gasto financiero diferente al 30% del beneficio operativo** Si el gasto financiero neto es **superior** al 30% del beneficio operativo, los gastos que no son deducibles en un período impositivo lo pueden ser en los siguientes períodos impositivos, **sin límite temporal**, pero respetando igual límite porcentual o, si este es inferior al millón de euros, hasta dicho importe.
En cambio, si el gasto financiero neto es **inferior** al 30% del beneficio operativo, el importe de la diferencia puede ser considerada en los **cinco períodos inmediatos** y sucesivos a efectos de aumentar el gasto financiero deducible hasta el límite del 30% del beneficio operativo, esto constituirá un límite conjunto que se aplicará con anterioridad al límite del millón de euros en el caso en que este sea superior al primero.

2. Límites específicos

7518 Estas limitaciones específicas se pueden clasificar en:
- relativas a los gastos financieros intragrupo (nº 7519 s.); y
- las adquisiciones apalancadas de sociedades (nº 7521 s.).

7519 **Límite 1: Gastos financieros intragrupo** (LIS art.15.h) No son deducibles los gastos financieros devengados en el período impositivo cuando se cumplen simultáneamente las dos **condiciones** siguientes:
a) Los gastos proceden de deudas contraídas con otras entidades del mismo **grupo** de acuerdo con lo establecido en el CCom art.42.
b) La deuda se ha **destinado** a:
- la adquisición a otras entidades del mismo grupo de participaciones en el capital de otraentidad, forme o no parte del mismo grupo de las entidad transmitente y adquirente de las participaciones; o
- la aportación al capital o fondos propios de otras entidades del grupo.
No obstante, aun cuando se den estas condiciones, se admite la deducibilidad de esos gastos financieros de acreditarse por el sujeto pasivo que existen **motivos económicos** válidos para la realización de esas operaciones.
Puede existir motivación económica válida en supuestos de **reestructuración** dentro del grupo, consecuencia directa de una adquisición a terceros, o bien aquellos supuestos en que se produce una auténtica gestión de las entidades participadas adquiridas desde el territorio español.

7520 La introducción de esta medida ha venido precedida de numerosos casos acaecidos en el territorio español de **compras apalancadas** con:
- posterior fusión por parte de la entidad adquirida y la adquirente; o
- subsiguiente aplicación del régimen de consolidación fiscal (LIS Título VII del Capítulo VII).
Numerosas operaciones como las señaladas han sido discutidas por parte de la Administración tributaria en **procedimientos de comprobación** mediante la aplicación de normas de calificación contenidas en la LGT, cuyo fundamento principal en todos los casos es la ausencia, bajo el criterio de la inspección, de motivación económica en las operaciones (TS 9-2-15, EDJ 13041; 12-2-15, EDJ 17273; TEAC 17-5-07; 25-5-09; 8-10-09).
Lógicamente, este tipo de regularizaciones propuestas por las autoridades fiscales pueden, dependiendo del caso, entrar en confrontación, entre otros, con determinados principios reguladores del Derecho comunitario o con normativas específicas sobre operaciones entre partes vinculadas, e incluso con el estamento tributario de la **prescripción**.

En relación con la prescripción, puede ser discutible la capacidad de la Administración a valorar la existencia de motivación económica en relación con operaciones que se llevaron a cabo en ejercicios prescritos, independientemente de que sus **efectos** se alarguen a ejercicios que sí están abiertos a comprobación (TEAC 14-4-08; AN 24-1-13, EDJ 4709).
No obstante, el **Tribunal Supremo** entiende que existe la posibilidad de comprobar y declarar en **fraude de ley** operaciones realizadas en un ejercicio prescrito que despliegan efectos fiscales en ejercicios no prescritos (TS 23-3-15, EDJ 36511). Si bien dicho criterio, aunque mayoritario, tampoco parece unánime en sede del referido Tribunal (TS 26-10-15, EDJ 199546).

Límite 2: Adquisiciones apalancadas de sociedades (LIS art.16.5) La reforma del Impuesto sobre Sociedades trajo consigo nuevas medidas más limitativas sobre el tratamiento fiscal de los intereses asociados a las llamadas adquisiciones apalancadas o **Leverage Buy Out** (LBO). 7521
Con efectos para los períodos impositivos iniciados **a partir del 1-1-2015**, además del límite general a la deducción de los gastos financieros netos devengados en el período impositivo del 30% del beneficio operativo del ejercicio, hay que aplicar otro límite previo y adicional al anterior sobre determinados gastos financieros cuando se cumplan las siguientes **condiciones**:
a) Deben proceder de deudas contraídas para la financiación de la adquisición de participaciones en el capital o fondos propios de cualquier tipo de entidades, residentes en territorio español o en el extranjero, cualquiera que sea el porcentaje de participación adquirido y su valor de adquisición.
b) La entidad adquirente debe fusionarse con cualquier otra entidad, acogida o no al régimen de neutralidad fiscal, o bien la entidad adquirida debe incorporarse al grupo de consolidación fiscal en el que tributa la sociedad apalancada, en los cuatro años posteriores a la adquisición de las participaciones.
Cumpliéndose ambas condiciones, los referidos gastos financieros derivados de las deudas destinadas a la adquisición de esas participaciones se deducen con el **límite adicional del 30%** del beneficio operativo de la propia entidad que realizó la adquisición de dichas participaciones, sin tener en cuenta en dicho beneficio operativo el correspondiente a la entidad adquirida.
En función de que esos gastos financieros superen o no el referido límite adicional, pueden presentarse las dos **situaciones** siguientes:
- los gastos financieros no superan el límite adicional (nº 7523); y
- los gastos financieros superan el límite adicional (nº 7524).
Adicionalmente debe tenerse en cuenta que existen **excepciones** a la aplicación de este límite adicional (nº 7531).

Precisiones **1)** El límite adicional no se aplica cuando las operaciones de reestructuración hayan tenido lugar **antes del 20-6-2014**. Tampoco se aplica el límite temporal respecto de las operaciones de reestructuración realizadas **a partir del 20-6-2014** entre entidades pertenecientes al mismo grupo de consolidación fiscal, pero dentro de períodos impositivos iniciados con anterioridad a esa fecha (LIS disp.trans.18ª.2). Por tanto, el límite adicional parece aplicarse a operaciones de reestructuración realizadas a partir del 20-6-2014, aunque la adquisición de las participaciones tenga lugar con anterioridad a esa fecha. No obstante, el límite adicional tendría **efectos** respecto de los gastos financieros devengados en los períodos impositivos que se inicien a partir del 1-1-2015. 7522
2) El límite adicional sobre los gastos financieros derivados del endeudamiento destinado a la adquisición del capital de otra entidad solo es aplicable cuando la **fusión** de la entidad adquirente con cualquier otra entidad tiene lugar dentro de los 4 años siguientes a la adquisición, pudiendo ser la entidad absorbida la propia entidad adquirida, así como cualquier otra entidad. Por tanto, no se ven afectadas por este límite adicional las operaciones de fusión realizadas con anterioridad a la adquisición de la participación. El límite adicional se aplica a partir del período impositivo en el que tiene lugar la operación de fusión, así como en los períodos impositivos siguientes, sin que se aplique el límite adicional en los períodos impositivos anteriores a la realización de la fusión.
3) La redacción literal solo recoge operaciones de fusión con la entidad adquirente para aplicar la limitación adicional. No obstante, hay otras operaciones distintas a las fusiones que pueden aumentar el beneficio operativo de la entidad que ha adquirido la participación, como **escisiones, aportaciones de ramas de actividad y de cualquier elemento patrimonial**. Así, estas deben tenerse en cuenta a efectos de la determinación de los beneficios operativos de la entidad adquirente.
4) La **aplicación práctica** de esta limitación adicional parece difícil, dado que después de la fusión lo normal es que exista una integración de las actividades de ambas entidades que dificulta su separación para aislar el beneficio operativo de la entidad absorbente sin tener en cuenta la actividad económica procedente de la entidad absorbida.
5) El límite adicional se **aplica** mientras exista gasto financiero devengado procedente de la deuda que se destinó a la adquisición de la participación.
6) La **limitación adicional a la deducción** de los gastos financieros **debe aplicarse** en primer lugar y, una vez determinado el importe de los gastos financieros netos que resulten deducibles, tales gastos deberán adicionarse a todos los demás gastos financieros netos que pudiera tener la entidad para

proceder a la aplicación del límite general. Además, el límite adicional es aplicable con **independencia de su importe**, es decir, aunque sea inferior a un millón euros. Por ello, si en beneficio operativo de la entidad adquirente sin tener en cuenta aquel de la entidad adquirida fuese negativo, no podrá deducirse gasto financiero neto alguno por aplicación de la limitación adicional (DGT CV 13-11-23).

7523 **Gastos financieros inferiores al límite adicional** (LIS art.16.5) En este caso la totalidad de los gastos financieros se añaden al resto de gastos financieros netos de la entidad para ver si el **conjunto de** todos estos **gastos** supera o no el límite general de la entidad teniendo en cuenta la totalidad de su beneficio operativo, incluido el aportado por la entidad absorbida.
Por tanto, el resultado de aplicar este otro límite puede dar los dos **casos** siguientes:
a) Que el **límite general sea superior a la totalidad de los gastos financieros netos**. En este caso, todos los gastos financieros son deducibles en el período impositivo.
b) Que el **límite general sea inferior a la totalidad de los gastos financieros netos**. En este caso es deducible un importe de los gastos financieros equivalente al límite, siendo el exceso no deducible. No debe imputarse a estos gastos no deducibles una parte de los gastos financieros que procedían de la deuda destinada a la adquisición de las participaciones, ya que en todo caso el exceso de gasto financiero se deduce en los períodos impositivos siguientes sin límite temporal, pero con el límite del 30% del beneficio operativo de la entidad adquirente, incluido el aportado por la entidad absorbida.

Ejemplo La sociedad A adquiere a mitad del ejercicio 2015 el 100% del capital de la entidad B por importe de 100.000, para lo cual se endeuda en un 60% del precio de adquisición. Por las condiciones del endeudamiento no se empieza a amortizar el préstamo hasta el ejercicio 2020, a partir del cual se amortiza a un ritmo del 20% anual. El gasto financiero devengado en cada ejercicio por esa deuda asciende a 4.000, siendo el gasto financiero total de 6.000. El beneficio operativo de la sociedad A es de 15.000 y el de la entidad B de 10.000. Al inicio del ejercicio 2018 la sociedad A absorbe a la entidad B, manteniéndose después de la fusión tanto el importe de los gastos financieros como de los beneficios operativos.
En los **ejercicios 2015, 2016 y 2017**, dado que la sociedad A no ha realizado ninguna operación de fusión, la deducción de los gastos financieros está sujeta al límite general del 30% de su beneficio operativo. Por tanto, el importe del gasto financiero deducible en esos ejercicios es de 4.500 (15.000 × 0,3), por lo que en cada uno de esos ejercicios no es deducible un importe de 1.500 (6.000 - 4.500).
En el **ejercicio 2018**, dado que la sociedad A absorbe a la entidad B dentro del plazo de cuatro años desde la adquisición de la participación, se cumplen las condiciones para aplicar el límite adicional. Por tanto, en primer lugar debe aplicarse este límite adicional con carácter previo a los gastos de 4.000 derivados de la deuda destinada a la adquisición de la participación. Así, aunque el beneficio operativo de la sociedad A después de la fusión es de 25.000 (15.000 + 10.000), a estos efectos solo debe computarse el beneficio operativo de la sociedad A sin incluir el beneficio aportado por la entidad B absorbida. Por tanto, el gasto financiero de 4.000 sería deducible al ser inferior al límite de 4.500 (15.000 × 0,3).
No obstante, ese gasto se incluye con el resto de gastos financieros devengados en el ejercicio, que asciende a 6.000. El límite general es de 7.500 (25.000 × 0,3), por lo que es deducible todo el gasto financiero devengado en este ejercicio, así como un importe de 1.500 de gastos no deducibles de ejercicios anteriores, quedando pendiente un importe de 3.000 [(1.500 × 3) - 1.500].
La liquidación de los ejercicios siguientes es similar, por lo que en el ejercicio 2020 puede deducirse la totalidad del gasto financiero pendiente procedente de los 3 primeros ejercicios.

7524 **Gastos financieros superiores al límite adicional** (LIS art.16.5) En este caso solo son deducibles, en principio, los gastos financieros derivados de la financiación de la adquisición de la participación hasta el importe de este límite adicional.
El exceso del gasto financiero respecto al citado límite, se puede deducir en los períodos impositivos siguientes, **sin límite temporal**, con el mismo límite del 30% del beneficio operativo de la propia entidad que realizó la adquisición de las participaciones, sin tener en cuenta en el beneficio operativo el correspondiente a la entidad fusionada.
El gasto financiero deducible por la aplicación de este límite adicional, a su vez debe pasar el examen del límite general, es decir, se añade al resto de gastos financieros netos de la entidad devengado en el período impositivo para ver si el **conjunto de** todos estos **gastos** supera o no el límite de la entidad, teniendo en cuenta la totalidad de su beneficio operativo, incluido el aportado por la entidad absorbida.
Por tanto, el resultado de aplicar este otro límite puede dar los dos **casos** siguientes:
a) Que el **límite general sea superior a la totalidad de los gastos financieros netos**. En tal caso, todos esos gastos financieros son deducibles en el período impositivo.
b) Que el **límite general sea inferior a la totalidad de los gastos financieros netos**. En este caso, es deducible un importe de los gastos financieros equivalente al límite general, siendo el exceso no deducible, sin que deba imputarse a estos una parte de los gastos financieros que

procedían de la deuda destinada a la adquisición de las participaciones, dado que el exceso de gasto financiero se deduce en los períodos impositivos siguientes sin límite temporal, pero con el límite del 30% del beneficio operativo de la entidad adquirente, incluido el aportado por la entidad absorbida.

Ejemplo La sociedad A adquiere a mitad del ejercicio 2015 el 100% del capital de la entidad B por importe de 100.000, para lo cual se endeuda en un 60% del precio de adquisición. Por las condiciones del endeudamiento no se empieza a amortizar el préstamo hasta el ejercicio 2020, a partir del cual se amortiza a un ritmo del 20% anual. El gasto financiero devengado en cada ejercicio por esa deuda asciende a 5.000, siendo el gasto financiero neto total de 6.000. El beneficio operativo de la sociedad A es de 15.000 y el de la entidad B de 10.000. Al inicio del ejercicio 2018 la sociedad A absorbe a la entidad B, manteniéndose después de la fusión tanto el importe de los gastos financieros netos como de los beneficios operativos.
En los **ejercicios 2015, 2016 y 2017**, la deducción de los gastos financieros netos está sujeta al límite general del 30% de su beneficio operativo, pues en estos ejercicios la sociedad A no ha realizado ninguna operación de fusión. Por tanto, el importe del gasto financiero neto deducible en esos ejercicios es de 4.500 (15.000 × 0,3), por lo que en cada uno de esos ejercicios no es deducible igualmente un importe de 1.500 (6.000 - 4.500).
En el **ejercicio 2018**, la sociedad A absorbe a la entidad B dentro del plazo de 4 años desde la adquisición de la participación, por lo que se cumplen las condiciones para aplicar el límite adicional. En consecuencia, debe aplicarse este límite adicional con carácter previo a los gastos financieros de 5.000 derivados de la deuda que se destinó a la adquisición de la participación en la entidad B. Así, aunque el beneficio operativo de la sociedad A después de la fusión es de 25.000 (15.000 de € + 10 millones de €), sin embargo, a estos efectos solo debe computarse el beneficio operativo de la sociedad A, sin incluir el beneficio de la entidad B absorbida. Por tanto, el gasto financiero deducible sería de 4,5 millones de € (15 millones × 0,3), quedando pendiente de deducir para períodos impositivos siguientes 0,5 millones de € de exceso sobre el límite adicional anteriormente calculado de 4,5 millones de €.
No obstante, a los efectos de determinar su deducibilidad, el gasto financiero de 4,5 millones de € se incluye con el resto de gastos financieros netos devengados en el ejercicio de 6 millones de €. No obstante, en la medida en que 0,5 millones de € ya han sido considerados no deducibles de acuerdo con la limitación adicional, quedan sujetos a la limitación general un importe de 5,5 millones de €, una vez excluido el gasto financiero de 0,5 millones de € determinado ya como no deducible. A estos efectos, el límite general es de 7,5 millones [(15 millones de € + 10 millones de €) × 0,3], por lo que es deducible ese gasto financiero de 5,5 millones devengado en este ejercicio. Además, de los ejercicios 2015, 2016 y 2017 se arrastra un saldo de gasto financiero neto no deducible pendiente de compensación de 4,5 millones de € (1,5 millones de € × 3). De ese saldo, 2 millones de € pueden ser deducibles, quedando pendiente de deducir en ejercicios futuros un importe de 2,5 millones de € (4,5 millones de € - 2 millones).
Por tanto, de los 6 millones en concepto gastos financieros netos generados en 2018, es deducible un importe de 5,5 millones de €, quedando pendiente de deducir 0,5 millones de € por aplicación del límite adicional. Asimismo, en 2018, se pueden deducir 2 millones de € de gastos financieros netos pendientes de deducir de los ejercicios 2015, 2016 y 2017.
La liquidación de los ejercicios siguientes es similar, por lo que en el ejercicio 2020 puede deducirse la totalidad del gasto financiero pendiente procedente de los 3 primeros ejercicios.
En cuanto a los gastos financieros derivados de la deuda, quedaría pendiente de deducir en cada ejercicio un importe de 0,5 millones de €, que se puede deducir en los períodos en los que aumente el beneficio operativo propio de la sociedad A, sin incluir el beneficio operativo procedente de la entidad B, o bien cuando se vaya amortizando la deuda y se minore el gasto financiero asociado a ese endeudamiento.

Excepciones a la aplicación del límite adicional (LIS art.16.5, 67 y 83) El límite adicional no se aplica en el período impositivo de **adquisición de la participación en el capital o fondos propios** de cualquier otra entidad, si la adquisición se financia con deuda, pero con un máximo del 70% del precio de adquisición de esa participación. Esta excepción solo tiene sentido si la operación de reestructuración tiene lugar en el propio período en el que se adquiere esa participación. 7525

Igualmente, este límite adicional no se aplica en los **períodos impositivos siguientes** siempre que el importe de la deuda se minore, desde el momento de la adquisición, en al menos la parte proporcional que corresponda a cada uno de los 8 años siguientes hasta que la deuda alcance el 30% del precio de adquisición.

De realizarse la operación de reestructuración o entrada en el grupo de consolidación fiscal en un ejercicio posterior al de adquisición de la participación, la excepción se aplicaría en los períodos impositivos posteriores en los que se cumplan los requisitos exigidos para la exclusión de este límite.

Por tanto, las **situaciones** que pueden presentarse en función del importe de la deuda en relación con el precio de adquisición de la participación son las siguientes:

a) **Deuda superior** al 70% del precio de adquisición de la participación. En este caso se aplica el límite adicional tanto en el propio período impositivo en el que se adquiere la participación como en todos y cada uno de los períodos impositivos siguientes mientras exista la deuda, con independencia de que se minore en cada año una octava parte o más de la deuda.

b) **Deuda igual o inferior** al 70% del precio de adquisición de la participación. En este caso no se aplica el límite adicional en el período impositivo en el que se adquiere la participación. No obstante, en los períodos impositivos siguientes, a efectos de aplicar este límite adicional, las situaciones que pueden presentarse son las siguientes:

1º. La deuda es objeto de reducción en el año siguiente a la adquisición y en los años posteriores en el porcentaje que resulte de dividir por 8 la diferencia entre el porcentaje de endeudamiento del precio de adquisición y 30; es decir, de acuerdo con la siguiente fórmula [(% deuda inicial - 30%) × Nº de anualidades transcurridas]/8 años.

En este caso, la aplicación del límite adicional está sujeta a varias **interpretaciones**:

- la valoración del cumplimiento de esta **minoración** se realiza **en cada período anual de forma independiente**, por lo que el incumplimiento de este requisito en algún año supondría que en el período impositivo en el que haya vencido ese plazo del año se aplicaría el límite adicional, sin perjuicio de que no se aplique este límite en otros períodos impositivos en los que en el plazo anual se minore la deuda en el porcentaje exigido que haya resultado. Una vez reducida la deuda hasta el 30% del precio de adquisición de la participación, no es exigible el cumplimiento de este requisito de reducción de la deuda, por lo que a partir de estos períodos impositivos no se aplicaría el límite adicional.

No obstante, debe tenerse en cuenta que la literalidad de la normativa del IS parece exigir en todo caso el cumplimiento de esta reducción del porcentaje de la deuda que haya resultado en todos los años, por lo que el incumplimiento supondría aplicar el límite con independencia de que en períodos anuales anteriores o posteriores la minoración de la deuda haya sido superior al referido porcentaje y la media del conjunto de todos sea igual o superior al porcentaje que haya resultado;

- el requisito de la **minoración** de la deuda anual en el porcentaje que haya resultado se debe cumplir **en todos y cada uno de los años siguientes** a la adquisición de la participación. Así, el incumplimiento en uno solo de estos períodos anuales supondría extender la aplicación del límite adicional en todos y cada uno de esos períodos. Esto podría suponer la necesidad de regularizar la liquidación de los períodos impositivos anteriores de acuerdo con el método establecido en la normativa con carácter general (nº 5072 s.).

De ambas interpretaciones la primera parece que se acomoda mejor a la finalidad de la norma y que ha sido adoptado por la DGT en consultas emitidas.

2º. La deuda no es objeto de reducción en el año siguiente a la adquisición y en los años posteriores en el porcentaje que resulte de dividir por 8 la diferencia entre el porcentaje de endeudamiento del precio de adquisición y 30. Resulta de aplicación el límite adicional en todos los ejercicios.

No obstante, si solo en alguno de esos años se cumple el porcentaje de reducción, no se aplicaría el límite adicional en ese ejercicio.

7526 Precisiones 1) La exigencia de la **minoración anual del porcentaje** que haya resultado de la deuda se aplica con independencia del porcentaje de endeudamiento asumido respecto del precio de adquisición de la participación, siempre que el endeudamiento sea superior al 30% del precio de adquisición.

2) La DGT matiza que si durante una anualidad se minora la deuda en un importe que permita cubrir el importe a minorar en anualidades futuras, no debería ser necesario realizar reducciones adicionales en las anualidades posteriores hasta que se alcance la minoración de la deuda que proporcionalmente corresponda. En caso de que en una anualidad la amortización de la deuda se encuentre por encima de la fórmula indicada, no resulta necesario la amortización adicional en los ejercicios siguientes de la deuda hasta que se cumpla la fórmula anteriormente indicada para cada una de las anualidades.

3) Aunque la deuda inicial sea inferior al 70%, ello no exime para que exista la obligación de minorar la deuda por la diferencia entre el importe de la deuda inicial y un 30%, al menos proporcionalmente en todas las anualidades. Si en una anualidad se minora la deuda en un importe tal que permita cubrir el importe a minorar en anualidades futuras, no debe resultar necesario realizar minoraciones adicionales, hasta que se alcance la minoración de la deuda que proporcionalmente corresponda. Esto es, al final de cada anualidad se debe determinar si la deuda existente, que inicialmente fue igual o inferior al 70%, se ha minorado al menos proporcionalmente a un plazo total de 8 años. De manera que no debe aplicar el límite si la deuda se ha reducido, al menos, en el porcentaje que resulte de:

[(Porcentaje de deuda inicial - 30%) número de anualidades transcurridas / 8] (DGT CV 28-5-15).

4) Si en una anualidad no fuera posible la reducción del ratio de endeudamiento de acuerdo con la fórmula exigida para la aplicación de la cláusula de escape, el gasto financiero devengado con posterioridad a la finalización de la anualidad estaría sometido a la limitación adicional. No obstante, si en una anualidad posterior se comprueba que la deuda se ha minorado en el importe requerido tanto para ese periodo como para el anterior, no resultaría de aplicación la limitación adicional en el ejercicio posterior (DGT CV 28-5-15).

5) A efectos de determinar el **porcentaje de endeudamiento** debería tenerse en consideración tanto la deuda contraída en el momento de adquirir la participación como la deuda que haya podido ser asumida en algún momento anterior, con la particularidad de que los recursos financieros de esta última deuda se liquidan en el momento de adquirir la participación para su financiación.

6) Posibilidad de comprobar y declarar en fraude de ley operaciones realizadas en un ejercicio prescrito y que despliegan efectos fiscales en ejercicios no prescritos. El derecho a comprobar e investigar no prescribe. La Administración tributaria puede usar esas facultades para liquidar periodos no prescritos, pudiendo para ello comprobar e investigar operaciones realizadas en periodos que sí lo están, pero que sigan produciendo efectos (TS 23-3-15, EDJ 36511; 5-2-15, EDJ 28191).

7) Imposibilidad de entrar a comprobar y declarar en fraude de ley operaciones realizadas en un ejercicio prescrito aunque desplieguen efectos fiscales en ejercicios no prescritos (TS 23-3-15; 4-7-14, EDJ 111341; 26-10-15, EDJ 199546; AN 2-10-14, EDJ 172489).

8) Correcta deducibilidad de intereses por no apreciación de fraude de ley en un endeudamiento intragrupo. La inspección negó la deducibilidad de los intereses derivados de una deuda intragrupo incurrida en la adquisición de una participación a otra sociedad del grupo, por considerar, apreciadas las circunstancias del caso, que no existían motivos económicos, más allá de los fiscales, que justificaran las operaciones realizadas. El Tribunal rechaza la conclusión de la inspección, afirmando que no puede presumirse el fraude de ley en este tipo de operaciones, sino que corresponde a la Administración acreditar en el caso concreto que existe tal fraude. En el caso de autos, la Administración no ha despejado las dudas existentes sobre la posible motivación no fiscal de las operaciones realizadas, teniendo en cuenta, además, que según el informe pericial aportado por la interesada, su apalancamiento le ha reportado varias ventajas no fiscales (TS 26-2-15, EDJ 28199).

9) En aquellos casos en que existan distintos tipos de deuda de adquisición (junior, senior, mezzanine, vendor loans, otros préstamos), la reducción puede realizarse sobre cualquiera de ellas, siempre que el acumulado de todas no exceda los correspondientes límites (DGT CV 28-5-15).

10) En relación con los préstamos participativos, en la medida que los mismos genera gastos financieros fiscalmente no deducibles de conformidad con la LIS art.15.a, los mismos no han de ser tenidos en cuenta a los efectos de calcular el límite adicional (DGT CV 13-11-15).

11) En aquellas deudas de adquisición en las que se produce el repago de la deuda que ha sido previamente acordada en el contrato de adquisición a través de la distribución de dividendos de la entidad adquirida, estos dividendos deben minorar el valor de adquisición de la participación. Por tanto, el repago efectuado con cargo a dividendos recibidos no debería tener la consideración de amortización de la deuda de adquisición (DGT CV 18-10-16).

12) No deducibilidad de intereses derivados de endeudamiento generado en operaciones intragrupo. El Tribunal niega la deducibilidad de los intereses derivados de una deuda intragrupo incurrida en la adquisición de una participación a otra sociedad del grupo, por considerarse, apreciadas las circunstancias del caso, que no existen motivos económicos, más allá de los fiscales, que justifiquen las operaciones realizadas. Destaca el Tribunal que la interesada no profundice en sus alegaciones en el análisis de la aplicación de la figura del fraude de ley, que, a su juicio, es lo auténticamente relevante en el caso, y no la alegada (pero rechazada por el Tribunal) vulneración del Derecho comunitario por discriminación o del Convenio para evitar la doble imposición con el Estado de residencia de la entidad prestamista -Luxemburgo- (TS 9-2-15, EDJ 13041). **7527**

13) No deducibilidad de intereses derivados de endeudamiento generado en operaciones intragrupo. Se aprecia la existencia de fraude de ley en las operaciones que dieron lugar al endeudamiento. Considera el Tribunal acreditado que tales operaciones no tuvieron una motivación económica distinta de la fiscal y entiende relevante, a estos efectos, que en ellas no interviniera ningún tercero, pues «no se pueden equiparar, como se pretende, las operaciones de financiación basadas en empresas del grupo para acometer inversiones que conlleven para el grupo un crecimiento en términos de economía real, con meros movimientos financieros y de transmisión de empresas pertenecientes al grupo, como los que se han producido en el supuesto enjuiciado» (TS 12-2-15, EDJ 17273).

14) La Dirección General de Tributos considera que la **creación de una sociedad en España** que a su vez adquiere a otra sociedad vinculada participaciones de una tercera residente en España, con la entrega de préstamos intragrupo para financiar las operaciones, así como con la aplicación del régimen de consolidación fiscal al objeto de compensar los gastos financieros devengados, supone ir más allá de la mera interpretación de la normativa del IS, puesto que de las operaciones subyacentes «no resultan efectos jurídicos o económicos relevantes distintos del ahorro fiscal del conjunto de las dos sociedades residentes en territorio español» (DGT CV 27-5-10).

15) El Tribunal Supremo entiende que las ventajas que presenta la **fusión apalancada** frente a la adquisición ordinaria de la «sociedad objetivo» son múltiples:

- el apalancamiento permite con una inversión reducida tomar el control de una empresa de gran dimensión;

- la compañía capital riesgo o «private equity» incrementa muy notablemente los beneficios que obtiene del capital invertido;
- las entidades financiadoras de la compra apalancada consiguen garantizar el cobro de la deuda con los activos de la empresa comprada;
- la confusión de patrimonios permite que el pago de la deuda se haga por la propia compañía adquirida, evitándoselo a la adquirente, que no carga con el coste fiscal de los repartos de dividendos por la primera que hubiera necesitado la segunda para hacer frente a la deuda contraída por la operación; y
- la compañía comprada asume el coste financiero, pero rebaja significativamente su carga fiscal, al deducir como gasto los intereses satisfechos por los préstamos y la amortización del fondo de comercio que con la fusión se pone de manifiesto (TS 25-4-13, EDJ 55922).

16) El límite adicional para la **deducibilidad** de gastos financieros derivados de **deudas** destinadas a la **adquisición de participaciones** que se integran en el grupo fiscal es adicional y previo al límite general, por lo que debe aplicarse en primer lugar. Por tanto, es posible que, en casos en los que el gasto financiero procediera solo de este tipo de deuda, el grupo fiscal no pudiera deducir ningún gasto financiero neto (ni siquiera el millón de euros mínimo) si el beneficio operativo de la entidad adquirente, teniendo en cuenta las eliminaciones e incorporaciones que correspondan, no es positivo (DGT 13-11-13).

7528 Ejemplos **1)** La sociedad A tiene el 90% del capital de la entidad B. Adquiere a mitad del ejercicio 2015 otro 10% por importe de 10.000, para lo cual se endeuda en un 80% del precio de adquisición. En este caso no se aplica el límite adicional, pues la sociedad A no ha realizado ninguna operación de concentración, sin perjuicio de que se aplique el límite general del 30% sobre el beneficio operativo de la sociedad A.

2) Igual que el ejemplo 1 anterior, con la diferencia de que el porcentaje de endeudamiento es del 20% y la sociedad A absorbe a la sociedad B después de realizar esta adquisición. En este caso tampoco se aplica el límite adicional, pues el endeudamiento es inferior al 70% del precio de adquisición, con independencia de que la sociedad A haya absorbido a la sociedad B. No obstante se aplica el límite general del 30% sobre el beneficio operativo de la sociedad A.

3) La sociedad A adquiere a mitad del ejercicio 2015 por importe de 10.000 el 100% del capital de otra entidad B no residente que cumple los requisitos establecidos para aplicar la exención a sus rentas, para lo cual se endeuda con otra entidad del grupo en la totalidad del precio de adquisición, asumiendo que existen motivos económicos válidos para el endeudamiento.
Tampoco se aplica el límite adicional, pues la sociedad A no ha realizado ninguna operación de concentración. No obstante se aplica el límite general del 30% sobre el beneficio operativo de la sociedad A.

4) Mismo ejemplo que el 3 anterior, con la diferencia de que la sociedad A absorbe a otra entidad igualmente participada en la totalidad de su capital social.
En este caso se aplicaría el límite adicional sobre el gasto financiero devengado tanto en el período impositivo en el que se realiza la adquisición como en todos los períodos impositivos siguientes, con independencia de que se amortice la deuda anualmente en un porcentaje de al menos el 8,75% [(100 - 30)/8]. Adicionalmente se aplicaría el límite general del 30% sobre el beneficio operativo de la sociedad A al objeto de determinar los gastos financieros susceptibles de ser deducidos en cada período impositivo.

IV. Sistemas de incentivos a la gestión y remuneración o «Management incentive plans» (MIPs)

A.	**Generalidades**	7531
B.	**Tipos de incentivos**	7533
	1. Esquema de retribución salarial básica	7534
	2. Esquema de participación en la generación de valor de la inversión	7535
C.	**Consideraciones fiscales sobre estructuras de retribución a directivos**	7541
	1. Esquemas basados en instrumentos salariales	7542
	a. Implicaciones fiscales para el beneficiario	7543
	b. Implicaciones fiscales para la empresa concedente	7544
	2. Esquemas basados en instrumentos de deuda	7545
	a. Implicaciones fiscales para el beneficiario	7546
	b. Implicaciones fiscales para la empresa concedente	7547
	3. Esquemas basados en instrumentos de equity	7548
	a. Implicaciones fiscales para el beneficiario	7549
	b. Implicaciones fiscales para la empresa concedente	7550
	4. Esquemas basados en instrumentos derivados	7551
	a. Implicaciones fiscales para el beneficiario	7552
	b. Implicaciones fiscales para el otorgante	7555
	5. Especialidades de los instrumentos de equity: conexión con el trabajo del directivo	7558
D.	**Utilización de vehículos para estructurar la participación en equity de los directivos**	7559
E.	**Retribución «carried interest» para gestores de fondos capital-riesgo**	7563

7529

El presente apartado tiene por objeto ofrecer una visión general de la relación entre los directivos y las entidades de **capital-riesgo** y los esquemas de incentivo que se les ofrecen a estos con el fin de influir en su permanencia y compromiso. 7530
Con este objetivo, en este capítulo analizaremos las principales consideraciones legales y fiscales a tener en cuenta al definir el plan de incentivo y la oportunidad de construirlo sobre la base de un instrumento salarial.

A. Generalidades

En el ámbito de las operaciones de **adquisición de empresas** en las que el capital-riesgo invierte en un negocio consolidado, el equipo directivo constituye una pieza clave para aquilatar los riesgos de la transacción y de esa manera asegurar su éxito. 7531
El principal interés del capital-riesgo, que invierte sin vocación de permanencia ilimitada, en su relación con los equipos directivos estriba en lograr alinear sus intereses con los de los directivos, **motivando e incentivando** su labor gestora con la finalidad última de maximizar el retorno de su inversión.
El alineamiento de intereses del capital-riesgo y los directivos se articula con la finalidad de hacer coincidentes el momento de la desinversión de la entidad de capital-riesgo y la percepción de un **beneficio extraordinario** por parte de los directivos, siempre que se alcancen o superen las expectativas de retorno de la inversión del capital riesgo.
Esta articulación se realiza mediante la utilización de instrumentos salariales, de inversión en instrumentos de equity o deuda, o de mecanismos en los que se combinan los anteriores. La adecuada planificación de los instrumentos de alineación de intereses es determinante para que estos sirvan a sus fines y maximicen las expectativas tanto del capital riesgo como de los directivos.

Clasificación de los LBOs en función de la naturaleza de los directivos Atendiendo al equipo directivo como factor diferenciador de las operaciones de LBO y en función de las características de los mismos, se puede distinguir entre los siguientes **tipos de operación**: 7532
- **Management Buy-Out** (MBO): son los propios directivos de la compañía comprada los que, apoyados por el capital riesgo, adquieren el negocio.
- **Management Buy-In** (MBI): la adquisición se realiza por un equipo directivo ajeno a la compañía que se está adquiriendo, igualmente apoyado por el capital riesgo.

• **Buy-In Management Buy-Out** (BIMBO): combinación de los dos tipos anteriores en la que el equipo directivo que adquiere la empresa está compuesto tanto por miembros de su propia dirección como por directivos procedentes del exterior.
• **Institutional Buy-Out** (IBO): el capital riesgo es quien adquiere la mayor parte del capital de la empresa, otorgando a los directivos una participación minoritaria en el momento de la formalización de la compra o con posterioridad a ella.

B. Tipos de incentivos

7533 El plan de incentivos del equipo directivo constituye el elemento clave para la consecución de los objetivos de compromiso, motivación y retención que el capital-riesgo espera del equipo directivo y en ausencia del cual difícilmente debe seguir adelante con su proyecto inversor.
Dentro del plan de incentivos cabe distinguir entre dos **partes** claramente diferenciadas:
- aquella correspondiente al esquema de retribución salarial; y
- la referida a la potencial coinversión en el proyecto ofrecida a los directivos con el fin de que participen en el retorno que el capital-riesgo obtenga de la inversión.

1. Esquema de retribución salarial básica

7534 Está formado por aquella parte de incentivos que deriva del **trabajo personal** desempeñado por el directivo en la compañía objetivo.
Dentro de este se incluyen las retribuciones por su relación laboral ordinaria o de alta dirección y, en su caso, como miembro de los órganos de administración de la entidad correspondiente.
Habitualmente está integrado por los siguientes **componentes**:
a) Un tramo **dinerario** fijo.
b) Un tramo **en especie** también fijo dentro del cual se pueden incluir diversos conceptos salariales como la cesión de uso de vivienda o coche de empresa, cobertura sanitaria a través de seguros médicos tanto para el directivo como para su familia, prestaciones familiares como los servicios de guardería y docencia, aportaciones a sistemas de previsión social como los planes de pensiones, etc.
c) Un componente variable (**bonus**) ligado al cumplimiento de objetivos financieros o de negocio, vinculados en mayor o menor medida a la responsabilidad específica del directivo, cuyo devengo puede ser anual y/o plurianual.

2. Esquema de participación en la generación del valor de la inversión

7535 El otorgamiento a los directivos de un derecho a participar en la ganancia final obtenida por el capital-riesgo en el momento de su desinversión en la compañía objetivo constituye el elemento clave para incentivar su compromiso y permanencia durante el periodo de inversión, así como para evitar situaciones de conflicto en tal momento.
El **incentivo a riesgo** es doble para los managers en su calidad de inversores:
- positivo en cuanto a la expectativa de participación en la ganancia futura; y
- negativo en cuanto a la posible pérdida o no revalorización del capital invertido.
Desde una perspectiva positiva, su finalidad económica es atribuir al directivo la posibilidad de obtener unos **beneficios** extraordinarios en el momento de la salida que además, con carácter general, se deben incrementar progresivamente cuanto mayor sea la TIR obtenida por el capital riesgo.
Desde un punto de vista jurídico, la finalidad se puede conseguir a través de diversos **mecanismos** que, con carácter general, cabe agrupar en cuatro tipos:
- instrumentos basados en esquemas de retribución laboral variable;
- instrumentos de deuda;
- instrumentos de participación en fondos propios (equity); e
- instrumentos derivados.

7536 **Instrumentos salariales** Se fundamentan en el otorgamiento al directivo (generalmente por parte de la entidad en la que desarrolla su actividad laboral) de un **bonus extraordinario** cuyo importe se hace depender del múltiplo obtenido por el capital riesgo al final de su inversión.
Es intrínseco a estos esquemas que los directivos no realicen inversión inicial alguna y que todo su beneficio se materialice en el momento de la salida del capital riesgo en forma de retribución salarial.

Instrumentos de deuda Se ofrece al directivo la posibilidad de participar en la financiación del proyecto mediante la suscripción de un instrumento de deuda con un **interés variable** en función de un múltiplo sobre la TIR obtenida por el capital-riesgo en el momento de la desinversión. 7537

Los directivos deben hacer una **aportación inicial** constitutiva del principal del instrumento de deuda y su renta se debe materializar en el momento de la salida cuando les sea restituido el principal más los intereses devengados, cuyo importe final solo es conocido y exigible en el momento de la desinversión.

La inversión realizada por el directivo queda vinculada a los riesgos propios del negocio financiado, en la medida en que el **préstamo** esté **subordinado** y, por ello, el directivo no tiene derecho a percibir cantidad alguna (tanto de principal como de intereses) hasta que se hayan saldado los créditos de los restantes acreedores. En cualquier caso, su rango crediticio va a ser previo al de los accionistas.

Instrumentos de fondos propios o equity Son los conocidos en el ámbito anglosajón como Management Equity Plans y se fundamentan en el otorgamiento a los directivos de participaciones en los fondos propios del Vehículo de Coinversión, de la misma clase suscrita por el capital riesgo o de una clase independiente, en caso de otorgarse a esas participaciones derechos y obligaciones diferentes. 7538

Al igual que en el caso de instrumentos de deuda, los fondos invertidos por los directivos quedan sujetos a los riesgos propios del negocio en el que invierten y, por tanto, en caso de resultados adversos pueden perder, total o parcialmente, las cantidades aportadas. No obstante, y fruto de las reglas de prelación crediticia, el riesgo asumido por los directivos es mayor en caso de instrumentos de equity como consecuencia de la mayor subordinación de estos frente a los instrumentos de deuda.

En ocasiones el retorno de la participación se hace variar en función del retorno obtenido por le capital-riesgo.

Así por ejemplo, y en función de la **flexibilidad** del régimen societario aplicable en la jurisdicción en que esté constituido el vehículo de coinversión, es posible que las acciones suscritas por el equipo directivo prevean unos derechos económicos variables en función del retorno de la inversión en su conjunto en lugar de limitar su derecho económico al porcentaje de valor total que las acciones representen sobre el capital de la compañía.

Instrumentos derivados Cabe la posibilidad también de que el incentivo en el momento de desinversión del capital riesgo se estructure a través de un derivado financiero, es decir, un instrumento financiero que suscribe el directivo y cuyo valor va a fluctuar en función de otro activo subyacente que con carácter general son las acciones de la propia compañía. 7539

Si bien existen diversidad de derivados financieros que pueden utilizarse a estos efectos, los más habituales en la práctica son los planes de **opciones sobre acciones**, tanto cuando supongan una entrega efectiva de acciones al empleado en el momento de ejercicio de la opción como cuando impliquen la liquidación dineraria de la diferencia entre el precio de mercado de las acciones y el valor de la opción.

Instrumentos mixtos Por último, existe la posibilidad de que el esquema de incentivo del directivo se estructure a través de una combinación de algunos de los anteriores, de manera que, por un lado, se incentive el desempeño del directivo a través de un **bonus extraordinario en salida**, y por otro lado se le permita invertir en el proyecto, bien mediante instrumentos de deuda, de equity o de derivados, y de esa forma participar en el crecimiento de la compañía, pero asumiendo, asimismo, los riesgos de su potencial pérdida de valor. 7540

C. Consideraciones fiscales sobre estructuras de retribución a directivos

La estructura de retribución de los directivos despliega efectos para los directivos y para la empresa que concede la retribución. 7541

1. Esquemas basados en instrumentos salariales

(LIRPF art.17.1, 18 y 92.2)

Se aborda, a continuación, el estudio de las principales implicaciones fiscales que se derivan de las diferentes estructuras retributivas de directivos, para los propios directivos. 7542

a. Implicaciones fiscales para el beneficiario

7543 Todas las rentas percibidas tanto dinerarias como en especie por instrumentos salariales tributan en sede del directivo como **rendimientos del trabajo** (salvo puntuales excepciones en el ámbito de las retribuciones en especie) y se integran en su base imponible general del **IRPF** tributando en una escala progresiva de manera que el tipo efectivo varía en función del volumen total de rentas percibidas por el directivo y de la comunidad autónoma donde este tenga su residencia fiscal, hasta alcanzar un tipo marginal que puede oscilar entre el 45% en Madrid y 54% en la Comunidad Valenciana.

Hay que considerar, en su caso, la aplicabilidad de la **reducción por rendimientos irregulares** para aquellos rendimientos que tengan un período de generación superior a 2 años y se imputen en un único periodo impositivo. La reducción es de 30% del rendimiento irregular, estando su cuantía máxima limitada a 300.000 euros anuales.

La reforma fiscal que entró en vigor en el ejercicio 2015 eliminó el requisito que establecía que las rentas susceptibles de aplicar esta reducción no podían obtenerse de forma periódica o recurrente; no obstante, en los 5 años anteriores a aquel en que resulten exigibles las rentas, el contribuyente no puede haber obtenido otros rendimientos con período de generación superior a 2 años a los que hubiera aplicado la reducción (LIRPF art.18).

Precisiones **1)** Se consideran rendimientos del trabajo todas las **contraprestaciones o utilidades**, cualquiera que sea su denominación o naturaleza, dinerarias o en especie, fijas o variables, que deriven, directa o indirectamente, del trabajo personal o de una relación laboral o estatutaria y no tengan el carácter de rendimientos de actividades económicas (LIRPF art.17.1).

2) A estos efectos, interesa recordar las dos siguientes ideas que han sido manifestadas repetidamente por la doctrina de la Dirección General de Tributos:

- las **retribuciones pactadas** en función de un **plan de incentivos** para determinados trabajadores, cuyas características esenciales consisten en la percepción de una retribución en función del cumplimiento de determinados ratios durante un período superior a 2 años y condicionado a la permanencia del trabajador en la empresa en el momento de finalización del plan, pueden entenderse como generadas en un período superior a 2 años, siéndole aplicable la reducción del 30%, siempre que en el plazo de los 5 períodos impositivos anteriores a aquel en el que resulte exigible el incentivo, el contribuyente no hubiera obtenido otros rendimientos con período de generación superior a 2 años, a los que hubiera aplicado la reducción (DGT CV 7-2-19);
- los incentivos que se devengan únicamente por la **venta de la empresa** sin que estén condicionados al cumplimiento de unos objetivos a lo largo del tiempo y/o a la permanencia del empleado en la empresa durante ese periodo, no tienen un periodo de generación en sí mismo sino que se considerarán de devengo espontáneo y por tanto, no dan derecho a la reducción (DGT CV 22-1-07; CV 12-6-17; CV 16-1-19; 12-6-20).

b. Implicaciones fiscales para la empresa concedente

7544 Un aspecto a tener en cuenta es el hecho de que todas las rentas del trabajo con origen en los referidos esquemas salariales estarán, en principio, sujetas a **retención a cuenta** del IRPF del directivo.

En los casos en que el directivo esté prestando servicios para una **entidad española** vinculada al pagador de estos rendimientos, es la entidad española para la que está trabajando el directivo quien tiene obligación de practicar las oportunas retenciones, incurriendo en las consecuentes responsabilidades tributarias en caso de no hacerlo.

Asimismo, han de tenerse presentes las implicaciones que la percepción de estas rentas tendrá a efectos de **cotizaciones** a la **Seguridad Social**, tanto por cuenta del empleador como del empleado. En relación con las cotizaciones al sistema de Seguridad Social español, en principio y dado el perfil retributivo de los directivos, estos pagos no devengan cotizaciones adicionales por encontrarse ya el directivo en máximos de cotización anual (56.646 euros en 2024) si bien es algo que se debe tener presente.

Sin perjuicio de lo anterior, **a partir del 1-1-2025**, entra en vigor la **cotización adicional de solidaridad** que se aplicará a la diferencia resultante entre el importe de la base máxima de cotización aplicable y el importe de la base de cotización superior a aquella que les hubiera correspondido de no existir esa base máxima, si se hubiesen aplicado las reglas de cotización con arreglo a los tramos y porcentajes fijados legalmente (que alcanzará un máximo del 1,17% en 2025 y llegará previsiblemente al máximo del 7% en 2045). La distribución del tipo de cotización por solidaridad entre empresario y trabajador mantendrá la misma proporción que la cotización por contingencias comunes (es decir, el empresario asumirá un 83,39% de la cotización adicional y el empleado asumirá el resto).

Cabe indicar en este sentido que, en caso de **estructuras internacionales**, algunos países no prevén límites salariales máximos de cotización (así en nuestro entorno cabe reseñar el caso

de Francia o Italia o Alemania), por lo que los esquemas de retribución basados en instrumentos salariales pueden resultar poco eficientes en términos de retribución neta al directivo.
Por último, los importes satisfechos por el empleador en forma de **bonus** constituyen, con carácter general, gastos deducibles para el cómputo de la cuota por IS del pagador, resultando, por tanto, en un crédito fiscal que en el caso español ascendería al 25% de los importes satisfechos.

2. Esquemas basados en instrumentos de deuda

(LIRPF art.41, 46.a y disp.adic.35ª.4)

Se aborda, a continuación, el estudio de las principales implicaciones fiscales que se derivan instrumentos de deuda. 7545

a. Implicaciones fiscales para el beneficiario

La renta derivada de los instrumentos de deuda tiene, en principio, la consideración de **rendimiento del capital mobiliario** derivado de la cesión a terceros de capitales propios y, en cuanto tales, tributan, en principio, como renta del ahorro, sometida a la escala del ahorro, que oscila entre el 19% (hasta 6.000 euros) y el 28% (a partir de 300.000 euros) para el ejercicio 2024. 7546
No obstante, en caso de que el directivo tenga la consideración de **parte vinculada** con la entidad pagadora del interés, el rendimiento se debe integrar en la renta general y tributa en la escala progresiva de gravamen (pudiendo alcanzar, según la comunidad autónoma de residencia fiscal del directivo, hasta un máximo del 54%) en la parte que exceda del importe resultante de multiplicar por tres los fondos propios, en la proporción que corresponda a la participación del contribuyente en la entidad vinculada, sin posibilidad de aplicar las reducciones del 30% por rentas con periodo de generación superior a 2 años.
Con independencia de que resulte preciso hacer un análisis exhaustivo de los supuestos de vinculación establecidos en la LIS art.18, los **supuestos de vinculación** que, con más frecuencia, dan lugar a una situación de vinculación entre el directivo y la entidad prestataria son los siguientes:
• Los casos en que el directivo tiene una **participación** de, al menos, el 25% en la entidad pagadora.
• Los casos en que el directivo tenga la consideración de administrador de derecho o de hecho de la entidad pagadora o de cualquier otra integrada dentro del grupo según CCom art.42.

b. Implicaciones fiscales para la empresa concedente

Los pagos de intereses realizados al directivo están sujetos a **retención** a cuenta del IRPF cuyo importe es del 19% en la medida en que sea residente fiscal en España. 7547
Los **intereses** satisfechos por la entidad prestataria tendrán, en principio, la consideración de gasto deducible para el cómputo de su cuota por IS sujeto a los límites generales de deducibilidad de gastos financieros y a las normas de operaciones vinculadas.

3. Esquemas basados en instrumentos de equity

Se establecen, a continuación, las implicaciones fiscales para el beneficiario y la empresa concedente derivados de instrumentos de equity. 7548

a. Implicaciones fiscales para el beneficiario

Los instrumentos de equity basados en la **entrega de acciones** generan, en principio: 7549
- rendimientos del **capital mobiliario** por participación en fondos propios como consecuencia de los dividendos distribuidos o amortización de los títulos; o
- **ganancias** (o pérdidas) **patrimoniales** en el momento de su transmisión.
Los dividendos tributan como **renta del ahorro**, sometida a la escala del ahorro, que oscila entre el 19% (hasta 6.000 euros) y el 28% (a partir de 300.000 euros) para 2024, sin que les resulte de aplicación la cautela de vinculación anteriormente mencionada para los intereses.
Con efectos desde el 1-1-2015, se **eliminó** la **exención** sobre dividendos y participaciones en beneficios que se establecía en la LIRPF art.7, con el límite anual de 1.500 euros.
Las ganancias patrimoniales tributan, en principio, como **renta del ahorro**, sometida a la escala del ahorro, que oscila entre el 19% (hasta 6.000 euros) y el 28% (a partir de 300.000 euros) en 2024, por

la diferencia entre el valor de transmisión de las acciones y el precio de adquisición pagado por ellas (o, en su caso, imputado como rendimiento del trabajo en caso de que el precio de adquisición pagado fuese inferior a su valor de mercado).
Las ganancias patrimoniales se integran en la **base del ahorro**. Con efectos 1-1-2015 desapareció la diferenciación a efectos de tributación entre las ganancias patrimoniales generadas en más de un año (se integraban en la base del ahorro) y las ganancias generadas en menos de un año (se integraban en la base general).

b. Implicaciones fiscales para la empresa concedente

7550 Los pagos de dividendos están sujetos a **retención** a cuenta del IRPF por importe del 19%, que debe ser practicada por la entidad pagadora, en la medida en que esta sea residente fiscal en España.
A efectos del IS, el pago de dividendos tiene, con carácter general, la consideración de retribución de fondos propios y el gasto correspondiente es fiscalmente no deducible para la entidad pagadora.
Tanto los dividendos como las ganancias patrimoniales en la transmisión de participaciones no tienen impacto en el cómputo de la cuota por IS de la entidad emisora del instrumento de equity.

4. Esquemas basados en instrumentos derivados

7551 A continuación, se desarrollan las implicaciones fiscales para el beneficiario y para el otorgante en relación con los instrumentos derivados.

a. Implicaciones fiscales para el beneficiario

7552 El tratamiento fiscal de los esquemas basados en instrumentos derivados depende de las condiciones específicas del instrumento y, posiblemente, del activo subyacente al que se vincula su valor.
Con carácter general, la legislación del IRPF prevé que las rentas surgidas de la transmisión o liquidación de activos financieros tienen la consideración de ganancias y pérdidas patrimoniales (LIRPF art.37.1).
No obstante, se establecen especialidades para el caso de que se contraten para la cobertura de operaciones concertadas en el desarrollo de la actividad económica del contribuyente y que como tales generan rendimiento de esa naturaleza, o cuando se trate de opciones de compra de acciones de una empresa otorgadas a los empleados que la doctrina administrativa ha venido a calificar como **rendimientos del trabajo** al amparo de la definición amplia que de ellos hace la LIRPF art.17.1.
En la medida en que los planes de opciones sobre acciones constituyen el mecanismo más común para la articulación de estos esquemas, se va a centrar el análisis en estos instrumentos, siendo importante a estos efectos, definir si las opciones son o no libremente transmisibles por parte de su titular.
En el supuesto de otorgamiento de opciones sobre acciones **no transmisibles** por el directivo (que en la práctica viene a ser la pauta común, ya que el capital riesgo pretende restringir la entrada de inversores distintos de los directivos -y, en casos muy tasados, de sus familiares- dentro del Vehículo de Coinversión), debe considerarse que en tales supuestos no se pone de manifiesto renta alguna en el momento de concesión de las opciones al trabajador (con independencia del precio pagado por las mismas), sino que en el momento de su ejercicio se devenga un **rendimiento del trabajo** por diferencia entre el valor de mercado de las acciones subyacentes a la fecha de ejercicio y el valor pagado por las adquisiciones y ejercicio de la opción en el momento inicial.

7553 Esta renta va a tributar como ya se ha indicado anteriormente al referirnos a los esquemas basados en instrumentos salariales (nº 7542 s.).
Está **exenta** la **entrega a los trabajadores** en activo, de forma gratuita o por precio inferior al normal de mercado, de acciones o participaciones de la propia empresa o de otras empresas del grupo de sociedades, en la parte que no exceda, para el conjunto de las entregadas a cada trabajador, de 12.000 euros anuales, siempre que la oferta se realice en las mismas condiciones para todos los trabajadores de la empresa, grupo o subgrupos de empresa (LIRPF art.42.3.f). Esta cantidad ascenderá a 50.000 euros anuales en el caso de entrega de acciones o participaciones concedidas a los trabajadores de una **empresa emergente** a las que se

refiere la L 28/2022 de fomento del ecosistema de las empresas emergentes y en estos supuestos no será necesario que la oferta se realice en las condiciones señaladas anteriormente, debiendo efectuarse la misma dentro de la política retributiva general de la empresa y contribuir a la participación de los trabajadores en esta última.
Generalmente, salvo en el caso de las empresas consideradas como empresas emergentes conforme a la L 28/2022 no es aplicable la exención dado que la **entrega** de opciones a los **directivos** en estos supuestos no cumple, en principio, con el requisito de que se dirijan en iguales condiciones a todos los trabajadores de la empresa.

Por otra parte, se establece un **régimen transitorio** para aquellos rendimientos derivados del ejercicio de opciones de compra que hubieran sido concedidas antes del 1-1-2015 y se ejerciten transcurridos más de 2 años desde su concesión si, además, no se concedieron anualmente. Pueden aplicar la reducción del 30% sobre las rentas obtenidas en un periodo superior a 2 años, aun cuando el plazo de los 5 períodos impositivos a aquel en el que se ejerciten, el contribuyente hubiera obtenido otros rendimientos con un período de generación superior a 2 años a los que hubiera aplicado la reducción. **7554**
En aquellos supuestos en que las opciones sobre acciones otorgadas al directivo sean **libremente transmisibles** por este, en ese momento se generaría un rendimiento del trabajo sujeto a tributación, toda vez que el directivo adquiere desde un primer momento un título susceptible de transmisión (y, por tanto, con un valor de mercado) y no la mera opción de ejercicio en un futuro.
Es preciso llamar la atención sobre lo inusual que resulta el otorgamiento de la libre transmisión las opciones sobre acciones por parte de los directivos, en la medida en que uno de los objetivos pretendidos es vincular al beneficiario con la satisfactoria inversión del capital riesgo.

b. Implicaciones fiscales para el otorgante

El Instituto de Contabilidad y Auditoría de Cuentas (ICAC) establece que la entrega de opciones sobre acciones y/acciones constituye una remuneración a los trabajadores por servicio de personal previamente adquirido. Esta entrega constituye un rendimiento en **especie** para el trabajador. **7555**

Impuesto sobre sociedades (LIS art.14) Con carácter general, la compañía que asume los costes asociados a la entrega de opciones sobre acciones a los empleados o directivos (en general la compañía empleadora aunque puede ser otra compañía del grupo) debe provisionar el importe estimado de los gastos durante el periodo que transcurre desde el otorgamiento de las opciones hasta el ejercicio de las mismas por su titular. **7556**
Las provisiones dotadas por este concepto tienen la consideración de **no deducibles** el IS en el momento de su dotación, deviniendo deducibles en el momento en que se ejercite la opción de compra por parte del trabajador o directivo (LIS art.14.6).
El tratamiento fiscal en el IS de los costes asumidos por la compañía empleadora en relación con las opciones otorgadas a sus empleados por parte de otra compañía del grupo se ha visto matizado por la jurisprudencia emanada del **Tribunal Supremo** (TS 10-12-12, EDJ 277636; 6-5-13, EDJ 56485), que viene a cuestionar la deducibilidad del **gasto** en aquellos casos en que el mismo se asuma voluntariamente por la empleadora sin que exista la obligación contractual o convenio con la compañía otorgante de las opciones para que la empleadora asuma tal coste.
El Tribunal Supremo considera que, en ausencia de tal obligación contractual, el gasto reconocido por la sociedad empleadora no es deducible en su IS aun cuando el objetivo del plan sea fidelizar o incentivar a los empleados de la empleadora, los gastos derivados del otorgamiento del plan y entrega de las acciones estén contabilizados en los libros de la empleadora, y/o las rentas derivadas del plan tengan para los empleados la consideración de rendimientos del trabajo sujetos a IRPF. El Tribunal entiende que en estos supuestos existiría un pasivo voluntariamente asumido por la sociedad empleadora que, como tal, cabría asimilar a un **donativo o liberalidad** y que por tanto no sería deducible en el cómputo de su IS.
En este mismo sentido, la doctrina del **Tribunal Económico Administrativo** (TEAC Resol 12-6-08) condiciona la deducibilidad de estos gastos a la existencia de un **contrato o convenio escrito** entre la sociedad otorgante de las opciones y la sociedad empleadora a través del cual la empleadora asuma la obligación de soportar en exclusiva el coste del ejercicio de los derechos sobre acciones concedidos a sus empleados, debiendo por ello reembolsar a la entidad otorgante de las opciones los costes en que aquella pueda incurrir como consecuencia del ejercicio de la opción de compra por parte del titular de la opción.

7557 **Impuesto sobre la Renta de las Personas Físicas** (RIRPF art.76.2.a) Las sociedades filiales en las que prestan sus servicios los empleados beneficiarios del plan de opciones sobre acciones están obligadas a practicar los oportunos **ingresos a cuenta** sobre los rendimientos del trabajo en la especie que estos materialicen como consecuencia de la adquisición o ejercicio de las opciones sobre acciones.

La obligación de practicar oportunos ingresos a cuenta se produce en el **momento** en el que se devengue el rendimiento del trabajo en especie derivado del ejercicio de las opciones sobre acciones por los empleados residentes en España beneficiarios del plan.

5. Especialidades de los instrumentos de equity: conexión con el trabajo del directivo

7558 Llegados al momento en que por todas las razones antes expuestas se decida la utilización de un instrumento de naturaleza no salarial para la alineación de los intereses del directivo con los del capital riesgo, cabe plantearse en qué medida la definición amplia de rendimiento del trabajo que se establece la LIRPF art.17.1 subsume también los retornos que puedan derivar de esos otros esquemas o si por el contrario el instrumento conserva su naturaleza fiscal de acciones, deuda o derivado financiero, según proceda, y por tanto sus retornos deben conservar la calificación establecida para estos.

Cabe indicar que el hecho de que estos instrumentos tengan la naturaleza de cautivos en la medida que su suscripción está reservada para un colectivo más o menos limitado y que en los destinatarios concurra la doble naturaleza de directivos e inversores a los que se pretende incentivar y alinear en intereses con el accionista principal, conlleva dudas sobre la posible recalificación de los retornos de la inversión en rendimientos del trabajo.

La naturaleza especial de los instrumentos de inversión y su **objetivo incentivador** en el desempeño profesional del directivo ponen de manifiesto ciertos puntos de conexión con las funciones que el directivo desarrolla como empleado, lo que hace que el tema de la calificación de esta renta sea una cuestión no exenta de controversia. Este hecho hace necesario el análisis individualizado de cada plan de inversión a los efectos de evaluar si la naturaleza de la inversión no queda desvirtuada por el vínculo laboral que une al directivo con la compañía y su desempeño como parte del equipo directivo.

Centrándonos en el caso en que la inversión se estructura a través de instrumentos de capital, la conclusión de si los puntos de conexión con el **desempeño profesional** del directivo podrían llegar a anular o desvirtuar los elementos que hacen que la inversión en equity conserve esa naturaleza, depende de diferentes factores que deben analizarse con pulcritud antes de tomar cualquier decisión. Sin tratar de proponer una lista cerrada, algunos de los factores que podrían influir en esta decisión podrían ser:

• El directivo satisface un precio de adquisición por su inversión en fondos propios, equivalente al valor de mercado de las acciones o participaciones en ese momento, y como consecuencia de ello se convierte en **accionista** con todos los derechos y obligaciones políticas y económicas que de ello derivan.

• El importe de la inversión en fondos propios que realiza el directivo se ve expuesto a los riesgos de **recuperabilidad** que puedan derivar de los resultados prósperos o adversos que pueda tener la empresa.

• Desde la perspectiva de la **prelación de créditos**, el directivo ocupa la posición en prelación de cobro correspondiente a la naturaleza del instrumento en que haya invertido.

• El directivo, en su faceta de inversor, debe intervenir en la marcha del negocio conforme a la naturaleza del instrumento que haya suscrito y, de esta manera, en caso de participar en el capital puede ejercer los derechos propios de su condición de socio interviniendo en su caso en la toma de **decisiones** generales de marcha de la empresa que resultan propias de las juntas de accionistas. Es este el desempeño personal que se espera del directivo en cuanto inversor, con independencia de cuáles sean las funciones que el mismo realice como empleado y por las que ya va a recibir una retribución salarial de mercado.

Por todo lo anterior, resulta recomendable con el fin de reducir el riesgo de posible recalificación que la naturaleza de la inversión realizada esté oportunamente documentada y valorada por parte de un experto independiente, de manera que resulte acreditada la verdadera naturaleza de la inversión y que el importe invertido y sujeto a los riesgos del negocio se ha calculado conforme a criterios de mercado.

Por otro lado, el hecho de que el directivo ya esté recibiendo una retribución de mercado como consecuencia de su desempeño en la compañía, en relación con las funciones inherentes a su cargo, puede ayudar a soportar que cualquier retorno que derive del instrumento suscrito no responde a su desempeño personal sino de su condición de inversor.

D. Utilización de vehículos para estructurar la participación en equity de los directivos

Resumimos a continuación algunas consideraciones sobre los efectos que puede aportar al directivo el hecho de invertir en el Vehículo de Coinversión a través de una **entidad** en lugar de hacerlo directamente. **7559**
A modo de introducción, se señala que este tipo de estructuras se utilizan en general por dos razones:
• Desde el punto de vista del ejercicio de **derechos políticos** pueden usarse para agrupar a todos los directivos en una entidad que permita a esos directivos consolidar su participación y tener un mayor grado de influencia en las decisiones del Vehículo de Coinversión, bien ejerciendo los derechos políticos por sí mismos o mediante la elección de un representante común que vele por los intereses del colectivo.
• Desde un **punto de vista fiscal**, puede facilitar la imputación de las rentas atribuidas a los directivos, y consecuentemente el momento de su devengo, así como su fuente.
Se debe aclarar que no se está analizando en este apartado los supuestos de utilización por un directivo de una entidad 100% controlada por él a través de la que canalice su participación en el Vehículo de Coinversión ya que esas estructuras obedecen a situaciones individualizadas en función de las circunstancias específicas del directivo en cuestión y cuya existencia puede responder a una amplia variedad de razones.
Hecha la anterior aclaración, cabe diferenciar entre aquellas entidades o vehículos de estructuración de la inversión que tengan la consideración de transparentes a efectos fiscales y aquellas otras con personalidad a efectos fiscales y por tanto, tengan la consideración de contribuyentes a efectos de imposición personal.

Vehículos transparentes (LIRPF art.87 y 88) Los vehículos transparentes son aquellos que tienen la consideración de entidades en **régimen de atribución de rentas**. **7560**
Las rentas que estas entidades obtengan se deben atribuir a sus **socios o partícipes** quienes tributan por ellas en ese mismo momento y conforme a la naturaleza derivada de la actividad y a la fuente que estas rentas tuvieran en el momento de distribución al vehículo.
El primer problema que plantean los vehículos de esta naturaleza es la certidumbre de su **calificación** como tales. Si bien, en el caso de entidades nacionales esta cuestión puede ser relativamente sencilla, ya que la ley contiene una enumeración abierta de ellas (LIRPF art.8), en el caso de entidades constituidas en el **extranjero** hay que analizar si su naturaleza jurídica es idéntica o análoga a la de las entidades españolas que tienen tal calificación.
En la práctica, la mejor alternativa para tener certidumbre sobre su naturaleza es contar con una resolución de la **Dirección General de Tributos** avalando la misma.

Precisiones Hasta el momento existen resoluciones de este tipo que confirman la naturaleza de **entidad de atribución de rentas** para las Closed Commanditaire Vennootschaps holandesas (DGT CV 22-4-03; CV 25-7-07), los Limited Liability Partnerships británicos (DGT CV 4-7-05), los General Partnerships ingleses (DGT CV 30-12-04; CV 25-7-07), las Sociedades comanditarias alemanas (Kommanditgesellschaft- KG, DGT CV 6-8-14; CV 25-6-14; CV 14-7-16), los Authorised Contractual Scheme británicos (DGT CV 14-7-16) y las Sociedades Comanditarias Especiales (SCSp) en Luxemburgo (DGT CV 13-12-21).

Cabe indicar a este respecto que se publicó la Resol DGT 6-2-20, sobre la consideración como entidades en régimen de atribución de rentas de determinadas entidades constituidas en el extranjero que sin duda ha ayudado a consolidar y clarificar los criterios a tomar en consideración para clasificar una entidad extranjera como entidad de atribución de rentas, siendo estos los siguientes: **7561**
- que la entidad no sea contribuyente de un impuesto personal sobre la renta en el Estado de constitución;
- que las rentas generadas por la entidad se atribuyan fiscalmente a sus socios o partícipes, de acuerdo con la legislación de su Estado de constitución, siendo los socios o partícipes los que tributen por las mismas en su impuesto personal. Esta atribución debe producirse por el mero hecho de la obtención de la renta por parte de la entidad, sin que sea relevante a estos efectos si las rentas han sido o no objeto de distribución efectivamente a los socios o partícipes;
- que la renta obtenida por la entidad en atribución de rentas y atribuida a los socios o partícipes conserve, de acuerdo con la legislación de su Estado de constitución, la naturaleza de la actividad o fuente de la que procedan para cada socio o partícipe.

Una vez esclarecida la naturaleza de entidad de atribución de rentas del vehículo, los principales **inconvenientes**:
• El hecho de que las rentas obtenidas por la entidad se atribuirán al directivo, en cuanto socio o partícipe de la misma, debiendo tributar por ellas en su declaración de IRPF correspondiente a ese ejercicio. Implica ello que el directivo deberá hacer frente a los **costes fiscales** de las rentas con independencia de que haya recibido o no las mismas, de manera que en caso de no haberlas recibido, debe financiar ese coste con sus propios recursos.
• Las rentas percibidas por la entidad se atribuyen al directivo con la misma calificación a efectos de fuente que tienen en sede de la entidad y no con la calificación que correspondería al tipo de instrumento a través del cual invierte en la entidad transparente.
• La financiación obtenida por la entidad de atribución de rentas **no** es **deducible** a efectos fiscales ya que, es objeto de imputación como tal al directivo sin posibilidad de deducción en su base del IRPF.
Entre las **ventajas** resultantes de la utilización de vehículos interpuestos transparentes cabe indicar el hecho de que se evitan los supuestos de doble imposición jurídica derivados de la tributación de una misma renta tanto a nivel del vehículo como al recibirse por el socio.

7562 **Vehículos con personalidad fiscal propia** Los vehículos con personalidad fiscal propia son todos aquellas no incluidos en el concepto de entidades en régimen de atribución de rentas de la LIRPF art.87 y que como tales tienen la consideración de contribuyentes, a efectos de imposición directa.
Tienen la consideración de sujetos pasivos independientes de sus socios o partícipes, derivándose de ello las siguientes **ventajas**:
• Permiten remansar las rentas del directivo sin que tributen en su IRPF hasta que sean **distribuidas** efectivamente al mismo, ello siempre condicionado a la aplicación de las normas de transparencia fiscal internacional previstas LIRPF art.91. Con ello resulta posible, por ejemplo, que los directivos puedan destinar esos beneficios acumulados a afrontar nuevos proyectos de inversión sin que esas rentas lleguen a tributar en su base del IRPF.
• Las rentas derivadas por el directivo de su inversor conservarán la naturaleza correspondiente al tipo de instrumento en que está directamente invirtiendo con independencia de la que tenga cuando fueron percibidas por la entidad interpuesta.
Entre sus **inconvenientes** se encuentra el hecho de que pueden dar lugar a situaciones de **doble imposición**, ya que la misma renta tributará en sede de la entidad interpuesta y en sede del directivo sin que en la generalidad de los casos las normas del IRPF corrijan esa doble imposición.
Ello es debido a que la LIRPF establece una deducción por doble imposición jurídica (LIRPF art.80), que solo es aplicable cuando entre las rentas del contribuyente figuren rendimientos o ganancias patrimoniales obtenidos y gravados en extranjero, permitiendo la deducción de la menor de las cantidades siguientes:
- el importe efectivo de lo satisfecho en el extranjero por razón de un impuesto de naturaleza idéntica o análoga al IRPF o al IRNR sobre los rendimientos o ganancias patrimoniales; o
- el resultado de aplicar el tipo medio efectivo de gravamen a la parte de base liquidable gravada en el extranjero.

E. Retribución «carried interest» para gestores de fondos capital-riesgo

7563 En el ámbito de los fondos de capital-riesgo, el **equipo ejecutivo** desarrolla sus funciones como empleados o profesionales con el objetivo de maximizar el retorno a la inversión, por lo que también constituyen una pieza clave para asegurar el éxito de la transacción.
Existe, así también, un interés para el fondo de capital-riesgo en su relación con su propio equipo ejecutivo en lograr la alineación de intereses, motivando e incentivando la labor gestora con la finalidad última de maximizar el retorno de su inversión. Con este objetivo, los fondos de capital-riesgo implementan esquemas de participación en beneficios para sus propios equipos directivos, que tradicionalmente se conocen bajo lo que se denomina como esquemas de *carried interest*, y que cuya **principal característica** es la de configurarse como un incentivo enfocado a la superación de un umbral de rentabilidad, a partir del cual el beneficiario participará de los retornos derivados de la actividad desarrollada por el capital riesgo.
La **instrumentación jurídica** del *carried interest* se puede realizar mediante diversas fórmulas, siendo práctica de mercado encontrar las siguientes:
- mediante estructuras de *carried interest* por la cual los ejecutivos suscriben participaciones con derechos económicos especiales en un vehículo de **inversión** que participa en el fondo;
- mediante un esquema de *carried interest* configurado como un **bono** que satisfacen las entidades empleadoras a los ejecutivos.

Implicaciones fiscales para el beneficiario (LIRPF disp.adic.53ª) **Desde el 1-1-2023**, tienen la consideración de rendimientos del trabajo los derivados directa o indirectamente de participaciones, acciones u otros derechos, incluidas comisiones de éxito, que otorguen derechos económicos especiales en determinadas entidades, obtenidos por las personas administradoras, gestoras o empleadas de dichas entidades o de sus entidades gestoras o entidades de su grupo. 7564

Las entidades a las que hace referencia son las siguientes:

• **Fondos de Inversión Alternativa de carácter cerrado** (Dir 2011/61/UE) incluidos en alguna de las siguientes categorías:
- entidades definidas por la L 22/2014 art.3;
- fondos de capital-riesgo europeos regulados (Rgto (UE) 345/2013);
- fondos de emprendimiento social europeos (Rgto (UE) 346/2013); o
- fondos de inversión a largo plazo europeos (Rgto (UE) 2015/760).

• **Otros organismos** de inversión análogos a los anteriores.

Estos rendimientos se integran en la **base imponible general** del IRPF en un 50% de su importe y sin que resulte de aplicación exención o reducción alguna, siempre y cuando concurran los siguientes **requisitos**:

• Que los derechos económicos especiales de las participaciones, acciones o derechos estén **condicionados** a que los restantes inversores en la entidad obtengan una rentabilidad mínima garantizada definida en el reglamento o estatuto de esta.

• Que las participaciones, acciones o derechos **se mantengan durante** un período mínimo de 5 años. Se exceptúan los supuestos en que se produzca su transmisión *mortis causa*, se liquiden anticipadamente o queden sin efecto o se pierdan total o parcialmente como consecuencia del cambio de entidad gestora. En estos casos, deben haberse mantenido ininterrumpidamente hasta que se produzcan dichas circunstancias.

• Que los derechos económicos especiales no **procedan directa o indirectamente** de una entidad residente en un país o territorio calificado como jurisdicción no cooperativa o con el que no exista normativa sobre asistencia mutua en materia de intercambio de información tributaria en los términos previstos en la LGT.

Precisiones La DGT ha aclarado diversas cuestiones relativas a este régimen (DGT CV 31-7-23): 7565

1) No se puede generalizar sobre qué tipo de **organismos de inversión extranjeros** pueden considerarse **análogos** a los previstos en la LIRPF disp.adic.53ª.2.a a efectos de aplicar el régimen señalado, debiendo analizar caso por caso su analogía. La consulta hace referencia a la L 22/2014, por la que se regulan las entidades de capital-riesgo, otras entidades de inversión colectiva de tipo cerrado y las sociedades gestoras de entidades de inversión colectiva de tipo cerrado. En ella se indica que pueden considerarse como organismos de inversión análogos aquellos que se consideren como similares (L 22/2014 art.14). En términos generales, este artículo contempla aquellas entidades establecidas (ellas o sus gestoras) en Estados miembros de la Unión Europea o en terceros países, siempre que dicho tercer país no figure en la lista de países y territorios no cooperantes establecida por el Grupo de Acción Financiera Internacional sobre el Blanqueo de Capitales y hayan firmado con España un convenio para evitar la doble imposición con cláusula de intercambio de información o un acuerdo de intercambio de información en materia tributaria; y que, cualquiera que sea su denominación o estatuto, ejerzan, de acuerdo con la normativa que les resulte aplicable, las actividades similares a las realizadas por las entidades de capital riesgo reguladas en la propia L 22/2014.

2) En el caso de que las personas administradoras, gestoras o empleadas de las entidades de inversión señaladas en la LIRPF disp.adic.53ª.2 obtengan **bonos o incentivos** cuya determinación y liquidación se **vincule al** ***carried interest*** al que tengan derecho dichas entidades (es decir, los derechos económicos especiales no se atribuyen directamente a las personas administradoras, gestoras o empleadas, sino que estas obtienen unos rendimientos que se determinan y liquidan en función de dichos derechos), podrán aplicar el régimen en la medida en que el derecho a la percepción y la cuantía a percibir de los referidos bonos o incentivos deriven de participaciones, acciones u otros derechos que otorguen derechos económicos especiales en alguna de las entidades señaladas, y siempre que se cumplan los requisitos exigidos.

3) No impide la aplicación del régimen el hecho de que **antes de que transcurran los 5 años** (período mínimo exigido de mantenimiento de las participaciones, acciones o derechos), se produzcan **cobros parciales** consecuencia de los derechos económicos especiales, siempre que las participaciones, acciones o derechos se mantengan posteriormente durante el tiempo necesario para completar ese periodo mínimo de cinco años y se cumplan el resto de requisitos.

Implicaciones fiscales para la empresa concedente Estas rentas del trabajo están, en principio, sujetas a **retención** a cuenta del IRPF del perceptor. Asimismo, han de tenerse presentes las implicaciones que la percepción de estas rentas tendrá a efectos de cotizaciones a la **Seguridad Social**, tanto por cuenta del empleador como del empleado. En relación con las cotizaciones al sistema de Seguridad Social español, en principio y dado el 7566

perfil retributivo de los ejecutivos, estos pagos no devengan cotizaciones adicionales por encontrarse ya el ejecutivo en máximos de cotización anual (56.646 euros en 2024) si bien es algo que se debe tener presente.
Sin perjuicio de lo anterior, **a partir del 1-1-2025**, entra en vigor la **cotización adicional de solidaridad** que se aplicará a la diferencia resultante entre el importe de la base máxima de cotización aplicable y el importe de la base de cotización superior a aquella que les hubiera correspondido de no existir esa base máxima, si se hubiesen aplicado las reglas de cotización con arreglo a los tramos y porcentajes fijados legalmente (que alcanzará un máximo del 1,17% en 2025 y llegará previsiblemente al máximo del 7% en 2045). La distribución del tipo de cotización por solidaridad entre empresario y trabajador mantendrá la misma proporción que la cotización por contingencias comunes (es decir, el empresario asumirá un 83,39% de la cotización adicional y el empleado asumirá el resto).
En cuanto al **importe** sobre el que debe practicarse la retención, aunque la cuantía total de las retribuciones que se satisfagan o abonen se corresponda con el 100% de la cantidad que tenga derecho a percibir el contribuyente, dado que el régimen no se configura como una reducción sobre el rendimiento, sino que directamente supone una integración del 50% del rendimiento en la base imponible, debe entenderse, a esos efectos, que la cuantía total sobre la que corresponde aplicar el tipo de retención es el 50% de los rendimientos del trabajo que puedan acogerse a dicho régimen.
Igualmente, a los efectos de determinar, en su caso, la **base** para calcular el **tipo de retención** debe entenderse que en la cuantía total de las retribuciones del trabajo se computaría el 50% de los rendimientos para los que pueda aplicarse el régimen.
Respecto al **tipo de retención aplicable**, en la medida en que los rendimientos del trabajo acogidos al régimen se perciban por el contribuyente por su condición de administrador o miembro de un órgano representativo, dicho tipo de retención será el 35%. Si esos rendimientos se perciben por su condición de empleado, el tipo de retención se determina conforme al RIRPF art.80 s.
Por último, los importes satisfechos por el empleador en forma de **bonus** constituyen, con carácter general, gastos deducibles para el cómputo de la cuota por IS del pagador, resultando, por tanto, en un crédito fiscal que en el caso español ascendería al 25% de los importes satisfechos.

V. Obligaciones de información de mecanismos transfronterizos

7567 Con el objeto de trasponer al ordenamiento interno la Dir UE/2018/822 (DAC 6), **desde el 31-12-2020** se incorpora en la LGT disp.adic.23ª la obligación de información sobre mecanismos transfronterizos de planificación fiscal.
Los mecanismos transfronterizos de planificación fiscal objeto de declaración son los definidos en la Dir 2011/16/UE art.3.18, y se refieren a todo acuerdo, negocio jurídico, esquema u operación transfronterizos, esto es, que afectan a más de un Estado miembro o a un Estado miembro y un tercer país en los que concurran una serie de señas distintivas. Un mecanismo puede incluir asimismo una serie de mecanismos y puede estar constituido por más de una fase o parte.
También serán objeto de declaración los mecanismos comercializables definidos en la Dir 2011/16/UE art.3.24, un mecanismo transfronterizo diseñado, comercializado, ejecutable o puesto a disposición para su ejecución sin necesidad de adaptación sustancial.
De esta forma, las personas o entidades que tengan la consideración de **intermediarios fiscales** (Dir 2011/16/UE art.3.21) o de **obligados tributarios interesados** (Dir 2011/16/UE art.3.22) tienen que cumplimentar determinadas obligaciones de información sobre los mecanismos transfronterizos (operaciones, negocios jurídicos, esquemas, acuerdos) que realicen las partes en dos Estados miembros de la UE o en un Estado miembro y un tercer Estado.
Los **obligados** a presentar la declaración en concepto de intermediarios son aquellos en los que concurra alguno de los criterios de conexión a los que se refiere el RGGI art.45.6:
a) Toda persona o entidad que diseñe, comercialice, organice, ponga a disposición para su ejecución un mecanismo transfronterizo sujeto a comunicación de información, o que gestione su ejecución.

b) Toda persona o entidad que conoce o razonablemente cabe suponer que conoce que se ha comprometido a prestar directamente o por medio de otras personas ayuda, asistencia o asesoramiento con respecto al diseño, comercialización, organización, puesta a disposición para su ejecución o gestión de la ejecución de un mecanismo transfronterizo sujeto a comunicación de información. 7567 (sigue)

Los obligados a presentar estas declaraciones deben incluir, dentro del resumen del mecanismo transfronterizo, cualquier información que pudiera ayudar a la Administración tributaria a evaluar el **riesgo fiscal del mecanismo**. Asimismo, los intermediarios obligados a suministración información sobre obligados tributarios que sean persona física deberán comunicarles que se va a facilitar la información requerida a la Administración Tributaria y facilitarles con suficiente antelación toda la información disponible para que puedan ejercer el derecho a la protección de sus datos personales.

No estarán **obligados** a presentar la declaración aquellos intermediarios en los que concurran alguna de las siguientes circunstancias:

a) Aquellos en que la cesión de la información vulnere el régimen jurídico del deber de secreto profesional al que se refiere la LGT disp.adic.23ª.2, salvo autorización del obligado tributario interesado que cumpla los requisitos exigidos al efecto, en cuyo caso, el intermediario eximido deberá comunicar dicha circunstancia en un plazo de cinco días contados a partir del día siguiente al nacimiento de la obligación de información a su cliente, ya sea intermediario u obligado tributario interesado a través de la comunicación prevista en la LGT disp.adic.24ª.

Este apartado se modificó a raíz del TJUE 8-12-22, asunto C-694/20 que declaraba contraria a la Carta de los Derechos Fundamentales de la Unión Europea la obligación que preveía la Directiva DAC6 para los **abogados** dispensados de informar estos mecanismos por el deber de **secreto profesional** a comunicar tal circunstancia a otros intermediarios que no fueran su cliente. Mediante el RD 117/2024 se adapta la norma española a la jurisprudencia europea y se establece que los abogados sometidos al deber de secreto profesional solo deben informar de su condición a su cliente, sea intermediario u obligado tributario interesado.

b) Cuando existiendo varios intermediarios la declaración haya sido presentada por uno de ellos. El intermediario eximido deberá conservar prueba fehaciente de que la declaración ha sido presentada conforme a las reglas legalmente aplicables por otros intermediarios obligados. A estos efectos, tendrá la consideración de prueba fehaciente la comunicación a la que se refiere la LGT disp.adic.24ª.2 redacc L 10/2020.

Asimismo, mediante la aprobación de la L 13/2023, se regula en el RGGI art.49 ter -redacc RD 117/2024- una nueva obligación informativa sobre determinados mecanismos de planificación fiscal en el ámbito del **Acuerdo Multilateral entre Autoridades competentes** sobre intercambio automático de información relativa a los Mecanismos de elusión del Estándar común de comunicación de información y las estructuras extraterritoriales opacas, al que España se adhirió el 9-11-2022.

A este respecto, tienen la **consideración de mecanismo de carácter transfronterizo** objeto de declaración aquellos mecanismos:

- respecto de los cuales concurra alguna de las señas distintivas relativas a mecanismos de elusión del Estándar común de comunicación de información de cuentas financieras y a las estructuras extraterritoriales opacas a las cuales se refieren las Normas tipo citadas en los términos desarrollados reglamentariamente; y
- que afecten a un obligado tributario interesado que sea residente fiscal en una jurisdicción respecto de la que haya surtido efectos el citado Acuerdo Multilateral cuando dicho mecanismo tenga alguna consecuencia sobre el intercambio automático de información de cuentas financieras o la identificación de la titularidad real.

Los **modelos** para el cumplimiento de estas obligaciones de información de mecanismos transfronterizos de planificación fiscal sobre los que existe obligación de declarar se regulan en la OM HAC/342/2021 y OM HAC/266/2024.

Para un estudio detallado de la materia, ver nº 2236 s. Memento Procedimientos Tributarios 2024-2025.

CAPÍTULO 28

Régimen laboral

7600

I.	**Sucesión de empresas**	7605
	A. Generalidades	7610
	B. Sucesión patrimonial	7620
	C. Sucesión de plantilla	7630
	D. Sucesión de contratas	7640
	1. Sucesión derivada de un convenio colectivo	7645
	2. Sucesión derivada de un pliego de condiciones	7675
	3. Sucesión por reversión de la actividad	7685
	E. Sucesión en administraciones públicas	7690
	F. Supuestos particulares de sucesión derivados de la condición física del empresario	7700
	G. Relación entre sucesión legal y otras figuras jurídicas	7715
II.	**Responsabilidad por deudas**	7735
	A. Obligaciones laborales	7740
	1. Ámbito subjetivo	7745
	2. Ámbito objetivo	7750
	3. Prescripción	7766
	B. Seguridad Social	7770
	1. Ámbito subjetivo	7775
	2. Ámbito objetivo	7785
	3. Prescripción	7795
III.	**Mantenimiento de condiciones laborales y subrogación en las obligaciones**	7800
	A. Condición más beneficiosa	7805
	B. Otros derechos	7810
IV.	**Representantes de los trabajadores**	7835
	A. Derecho de información	7840
	B. Derecho de consulta	7860
	C. Derecho a emitir informe	7880
	D. Mantenimiento del mandato	7885
V.	**Alta dirección**	7900
	A. Garantías	7905
	B. Extinción del contrato por voluntad del alto directivo	7910

El presente capítulo tiene por objeto describir el marco regulador de la figura jurídica de la sucesión de empresas, teniendo en cuenta su importancia a la hora de valorar la oportunidad de una transacción. 7601

En este sentido, en el supuesto de ser aplicable la sucesión, el **nuevo titular** debe, entre otras implicaciones, subrogarse en los derechos y obligaciones laborales y de Seguridad Social del anterior, incluyendo los compromisos de pensiones, en los términos previstos en su normativa específica, y, en general, cuantas obligaciones en materia de protección social complementaria hubiese adquirido el cedente.

Por tanto, la figura jurídica de la sucesión de empresas no crea solo derechos para la empresa saliente, en relación con la extinción del vínculo laboral con el **trabajador** afectado, sino también para este, ya que tiene derecho a incorporarse a la nueva empresa (TS 20-9-06, EDJ 288903; 6-3-07, EDJ 18261; 12-7-10, EDJ 185118; 29-1-19, EDJ 513133; 20-10-21, EDJ 729244).

El fin último de la sucesión de empresas (ET art.44) es la **protección** a los trabajadores por cuenta ajena en el supuesto de que se produzca la trasmisión de la unidad productiva en la que presta servicios (TJCE 13-9-07, C-458/05; 20-1-11, C-463/09).

Las figuras jurídico-mercantiles que pueden tener lugar en una transacción y que implican la transmisión de una **unidad productiva autónoma** (UPA) pueden ser muy diversas (TS 15-4-99, EDJ 9259; 16-5-00, EDJ 14755; 17-5-00, EDJ 11052; 14-10-20, EDJ 715500; AN 7-4-16, EDJ 49297; TSJ Las Palmas 30-9-03, EDJ 188941; TSJ Baleares 21-11-02, EDJ 130326; TSJ Galicia 15-7-05, EDJ 276573; 18-7-05, EDJ 275340; 1-9-05, EDJ 275499). Entre otras, se incluyen: 7602

- los denominados procesos de **descentralización** productiva, siempre y cuando impliquen una segregación real y efectiva de unidades de actividad autónomas (TS 14-2-11, EDJ 14020; 29-1-19, EDJ 513133); o

- la **externalización** de un servicio hasta entonces asumido y gestionado por la empresa principal (TS 12-5-10, EDJ 190401; 14-4-16, EDJ 68790; 8-6-16, EDJ 140285; 20-12-17, EDJ 279557; AN 9-10-17, EDJ 223390).
- La reversión de un servicio público (TS 12-3-20, EDJ 559727; 25-11-20, EDJ 741042; 10-6-21, EDJ 609721; 23-3-22, EDJ 532059; 28-1-22, EDJ 503702).
Asimismo, la transmisión puede producirse por *actos inter vivos* o *mortis causa*, como veremos en las distintas secciones de este capítulo (TS 14-3-17, EDJ 34071; AN 25-7-19, EDJ 684862).

7603 Precisiones **1)** Se aprecia sucesión de empresa en el supuesto de **disolución** de una empresa pública municipal que se disuelve, pasando sus bienes al Ayuntamiento, que asume las tareas desempeñadas por la extinta mercantil, careciendo, por tanto, de justificación el despido objetivo del trabajador que prestaba servicios en la misma (TS 11-5-21, EDJ 570291).
2) No se aprecia **fraude de ley** en la decisión estratégica de externalizar un servicio y, por tanto, en la conformación de una unidad productiva autónoma (UPA) susceptible de transmisión en la que se encuadra a los trabajadores necesarios para dicha externalización (AN 25-7-19, EDJ 684862).
3) Si bien la sucesión de empresa no puede usarse para adelgazar plantilla y poner en riesgo la estabilidad en el empleo, el **derecho a la libertad de empresa** (Const art.38) permite modificar las estructuras empresariales para adaptarlas a las cambiantes circunstancias del mercado en la legítima búsqueda de la rentabilidad del negocio (TS 20-12-17, EDJ 279557).
4) La mera **adquisición de acciones** de una compañía por otra no constituye ninguna sucesión de empresa (TS 14-2-11, EDJ 14020; 20-12-12, EDJ 323772), aun cuando la compra de las acciones de una sociedad familiar por otra tenga lugar en el mismo sector de actividad, pero con otro proyecto empresarial y ámbito geográfico más amplio (TSJ Cantabria 16-11-04, EDJ 190570).
5) Tampoco la **transformación societaria**, ya que la personalidad jurídica de la sociedad continúa subsistiendo bajo una nueva forma jurídico-mercantil (TSJ Málaga 19-12-97, Rec 1958/96; TSJ Madrid 28-6-05, EDJ 132876), sigue existiendo una única empresa (TS 1-12-09, EDJ 315118 y 21-1-10, EDJ 14371); por ejemplo, así sucede en el supuesto de que una sociedad cooperativa que se trasforma en una sociedad de responsabilidad limitada (TSJ Madrid 28-6-05, EDJ 132876).
6) No se aprecia tampoco sucesión de empresa en el mero **cambio de denominación social** (TSJ Galicia 28-6-19, EDJ 650650).

I. Sucesión de empresas

7605 La normativa comunitaria (Dir 2001/23/CE) sobre la aproximación de las legislaciones de los Estados miembros, relativas al mantenimiento de los derechos de los trabajadores en caso de traspasos de empresas, de centros de actividad o de partes de empresas o centros de actividad como resultado de una cesión contractual o de una fusión, considera traspaso de empresas el de una entidad económica que mantiene su identidad, entendida como un conjunto de medios organizados, a fin de llevar a cabo una actividad económica, sea esencial o accesoria (Dir 2001/23/CE; TJCE 12-11-92, C-209/91).
La definición comunitaria es recogida casi literalmente por la norma española, considerando que existe sucesión de empresas cuando la transmisión afecta a una **entidad económica** que mantiene su identidad, entendida como un conjunto de medios organizados a fin de llevar a cabo una actividad económica, esencial o accesoria (ET art.44.2).

A. Generalidades

7610 **Requisitos** Son dos los elementos que deben concurrir para que tenga lugar la aplicación de la figura jurídica de la sucesión de empresas (TS 19-3-02, EDJ 27055; 19-6-02, EDJ 26691; 12-12-02, EDJ 61468; 14-4-03, EDJ 25709; 30-1-18, EDJ 10110; TSJ Andalucía 16-6-21, EDJ 665509):
a) **Subjetivo**, que se refiere al hecho o acto de la transmisión de la empresa, y supone la transferencia directa de la antigua empresa a la nueva; es decir, que se produzca un **cambio de titularidad** del negocio o centro de trabajo autónomo a través de cualquier tipo de transmisión, incluso, si la misma tiene lugar a través de un tercero (TJCE 7-3-96, asuntos C-171/94 y C-172/94; 11-3-97, asunto C-13/95; TJUE 11-7-18, asunto C-60/17; AN 7-4-16, EDJ 49297).
b) **Objetivo**; esto es, el objeto de la transmisión. Implica la entrega real y efectiva de conjunto de elementos esenciales de la empresa que permita la **continuidad** de la actividad empresarial. Deben traspasarse los elementos o bienes (técnicos, organizativos y/o patrimoniales, ya sean estos materiales o inmateriales) necesarios para constituir un soporte productivo dotado de autonomía funcional -unidad productiva autónoma- (TJCE 24-1-02, asunto C-51/00; 20-11-03, asunto C-340/01; TJUE 7-8-18, asunto C-472/16; AN 9-10-17, EDJ 223390).

Precisiones 1) No se aprecia la concurrencia del elemento subjetivo cuando se finaliza por parte de un club deportivo un contrato de prestación de servicios de catering con motivo de la pandemia por COVID 19 y **no se continúa la actividad** con una **nueva contrata** (TSJ Madrid 3-3-22, EDJ 530039).
2) Para que pueda entenderse la concurrencia del elemento subjetivo en la sucesión de empresas, **no es necesario** que existan **relaciones contractuales directas entre el cedente y el cesionario**, pudiendo también producirse la **cesión a través de un tercero**. En este supuesto, se entiende que, el hecho de que no exista un contrato celebrado entre el nuevo titular de una notaría con el anterior no excluye, por sí solo, la existencia de transmisión a los efectos de la Directiva, pudiendo entenderse que concurre el elemento subjetivo de una sucesión de empresa en el caso de un Notario que pasa a ser titular de una notaría por causa de su nombramiento (TJUE 16-11-23, asuntos C-583/21, C-584/21, C-585/21, C586/21).

La jurisprudencia establece que para determinar la concurrencia de los anteriores elementos ha de examinarse: **7611**
- la **autonomía** de la entidad transmitida; y
- el grado de **analogía** general de las actividades antes y después de la transmisión.

Para ello han de tomarse en consideración todas las **circunstancias de hecho** características de la operación de que se trate (TJCE 11-3-97, asunto C-13/95; TJUE 11-7-18, asunto C-60/17; 24-6-21, asunto C-550/19; TS 5-3-13, EDJ 46889; 4-7-18, EDJ 529817; 14-3-17, EDJ 34071; 12-3-20, EDJ 559727; AN 7-4-16, EDJ 49297) y, en concreto, los siguientes elementos:
- El **tipo de empresa** o el centro de actividad transmitido (TS 27-6-08, EDJ 166859; 28-9-09, EDJ 92568; 7-12-11, EDJ 308043; 22-3-19, EDJ 555314).
- La transmisión o no de **elementos materiales** (p.e., los edificios, los bienes inmuebles, etc.) (TS 29-2-00, EDJ 1386; 30-4-02, EDJ 27283; EDJ 32030; EDJ 27262; 8-4-03, EDJ 17807; EDJ 25716; 29-1-19, EDJ 513133; 7-3-19, EDJ 552063; AN 25-7-19, EDJ 684862).
- El que **se haya transmitido o no la clientela** (TS 12-3-20, EDJ 559727; TSJ Cataluña 3-7-20, EDJ 651603).
- El que la transmisión se refiera a una entidad económica **organizada de forma estable**, cuya actividad no se limite a la ejecución de una obra determinada (TJUE 19-10-95, C-48/94; 16-11-23 C-583/21, C-584/21, C-585/21 y C-586/21).

Ejemplo El **concepto** de «empresa» también se refiere a una unidad económica, aunque dicha unidad económica esté constituida por varias personas físicas o jurídicas (TJUE 14-3-19, C-724/17).

- El valor de los elementos **inmateriales** en el momento de la transmisión (p.e. las marcas o el valor de la empresa en el mercado, etc.) (TS 23-10-09, EDJ 271408; 12-5-10, EDJ 190401; 12-3-20, EDJ 559727). **7612**
- El hecho de que el nuevo empresario se haga cargo o no de la mayoría de los **trabajadores** (TJCE 11-3-97, C-13/95; 29-7-10, C-151/09; 20-1-11, C-463/09 y 6-9-11 C-108/10; TS 22-9-16, EDJ 171536; 24-10-18, EDJ 637520; AN 7-4-16, EDJ 49297).

No obstante, estos elementos son únicamente aspectos parciales de la evaluación de **conjunto** que debe hacerse (TJCE 15-12-05, C-232/04 y C-233/04; 20-1-11, C-463/09; TJUE 8-5-19, C-194/18; TJCE 27-2-20, C-20/121; TS 23-10-09, EDJ 271408; AN 25-7-19, EDJ 684862), y no pueden apreciarse aisladamente.

Excepcionalmente, la simple concurrencia de uno de estos elementos puede implicar la existencia de sucesión (TJCE 11-3-97, C-13/95; 10-12-98, C-173/96 y C-247/96; 20-11-03, C-340/01; TJUE 19-10-17, C-200/16).

Precisiones 1) Para determinar la existencia o no de un supuesto de sucesión de empresa, es necesario analizar el **caso concreto** para determinar si el objeto de la transmisión es un conjunto organizado de personas y elementos que permiten el ejercicio de una actividad económica que persigue un objeto propio (TS 5-3-13, EDJ 46889; 24-10-18, EDJ 637520; AN 7-4-16, EDJ 49297; 9-10-17, EDJ 223390).
2) El elemento relevante para determinar la existencia de una transmisión consistiría en analizar si la entidad de que se trata mantiene su identidad, lo que se desprende, en particular, de la circunstancia de que **continúe** efectivamente su explotación **o** de que esta se **reanude** (TJCE 18-3-86, C-24/85; 11-3-97, C-13/95; 20-11-03, C-340/01; AN 25-7-19, EDJ 684862; 9-10-17, EDJ 223390).
3) Cabe la **sucesión en parte de la actividad** de recobro llevada a cabo por la Compañía al transmitirse los medios materiales y personales necesarios para desarrollar el servicio, apreciándose la transmisión de un conjunto organizado que por sí mismo puede ser objeto de explotación económica (AN 7-4-16, EDJ 49297).
4) Se dan los elementos relevantes para determinar la existencia de una transmisión de medios materiales e inmateriales, en una operación de **segregación de una unidad productiva** consistente en la tracción de vagones en el sector ferroviario al apreciarse que constituyen un conjunto organizado de personas y elementos que permite el ejercicio de una actividad económica que persigue un objetivo propio (TS 18-9-14, EDJ 176293).

5) El **cierre temporal** de la **empresa** y la consecutiva ausencia de personal en el momento de la transmisión (p.e., una escuela que desarrolla su actividad durante el curso escolar) no son circunstancias que, por si solas, excluyan la ausencia de una transmisión de empresa en el sentido del ET art.44 (TJUE 7-8-19, C-472/16).

6) No existe transmisión cuando el cesionario continúa con la actividad económica del cedente, pero también hay un acuerdo de liquidación futura de la empresa cesionaria. Para que opere la figura de la transmisión y la cedente no sea responsable en ningún caso, la empresa cesionaria ha de **continuar** las **actividades** de la cedente de forma estable y mantener su propia autonomía funcional y financiera, aunque sea de forma limitada (TJUE 13-6-19, C-664/17).

7) Esa **autonomía funcional** de la que debe gozar la unidad económica transmitida debe ser suficiente desde antes de que se efectúe la transmisión (AN 7-4-16, EDJ 49297).

7613 **Efectos** La sucesión de empresa opera **automáticamente**, esto es, con carácter imperativo (TS 26-11-04, EDJ 197510; 8-6-16, EDJ 140285; 22-9-21, EDJ 705510; AN 25-7-19, EDJ 684862).

Por tanto, no es necesario un **acuerdo** entre las partes para su efectiva aplicación (TS 20-10-09, EDJ 259270; 14-3-17, EDJ 34071; AN 25-7-19, EDJ 684862).

Conforme a lo anterior, al contrario del supuesto de subrogación pactada (TS 11-5-01, EDJ 15993; 6-6-01, EDJ 15977; 18-6-01, EDJ 16108; 29-1-02, EDJ 13554; 18-3-02, EDJ 26771; 12-12-02, EDJ 61468; 18-12-08, Rec 383/07; 28-4-09, EDJ 92568; 21-1-10, EDJ 14371; 21-10-10, EDJ 254031; 25-10-10, EDJ 241861; 28-9-11, EDJ 231649; 20-12-17, EDJ 279557), en la sucesión de empresas legal no es necesario acordar cláusula alguna que establezca las consecuencias de la misma, ya que estas vienen establecidas por la propia norma (ET art.44).

7614 No obstante, la aplicación automática de los efectos de la sucesión de empresas no implica que el **trabajador** esté obligado a aceptar la subrogación y el cambio de empresario, pudiendo, por tanto, rechazarla con los efectos que la normativa nacional prevea sobre la relación de trabajo/contrato (TJCE 25-7-91, C-362/89; 26-5-05, C-478/03; 24-1-02, C-51/00).

Así, en nuestra legislación nacional, en los supuestos de sucesión (transmisión en terminología comunitaria) la subrogación del nuevo empleador se produce *ope legis* y, por tanto, la opción que quedaría al trabajador en caso de rechazo sería exclusivamente la de la **dimisión** de su puesto de trabajo, **sin indemnización** (TS 14-3-17, EDJ 34071; TSJ Canarias 8-3-12, EDJ 245232; TSJ Madrid 12-2-16, EDJ 38547).

Precisiones En contra de la necesidad de **aceptación**, se afirma que existe una sucesión de empresas (...) puesto que al no tratarse de una mera cesión de contratos, para la validez de la subrogación no es precisa la conformidad de los trabajadores afectados (AN 7-4-16, EDJ 49297; TSJ Cataluña 24-3-10, EDJ 140482).

7615 Las principales implicaciones y **consecuencias** de la figura jurídica de la sucesión de empresas afectan a:

- El régimen de responsabilidad solidaria por deudas entre el cedente y el cesionario.
- La garantía del mantenimiento de condiciones laborales y la subrogación en las obligaciones. Con especial referencia a los efectos sobre la normativa convencional aplicable.
- Los derechos de audiencia y representación de los trabajadores.
- El personal de alta dirección.
- Las obligaciones formales.

B. Sucesión patrimonial

7620 La transmisión de elementos patrimoniales **materiales e inmateriales** (nº 7622) es uno de los elementos que se deben apreciar con la finalidad de poder determinar la aplicación de la sucesión de empresas.

En un primer momento, para la jurisprudencia era totalmente necesaria la transmisión de elementos patrimoniales para la aplicación de la figura jurídica de la sucesión de empresas (TS 29-2-00, EDJ 1386; 30-4-02, EDJ 27283; EDJ 32030; EDJ 27262; 8-4-03, EDJ 17807; 8-4-03, EDJ 25716). No obstante, dicha necesidad ha sido matizada, en determinados sectores de actividad, por la doctrina de la sucesión de plantilla (nº 7630 s.).

Sin embargo, la doctrina mantiene, con carácter general, que el elemento básico para que se pueda producir legalmente una sucesión en la titularidad del negocio o de una unidad productiva autónoma del mismo, es que el traspaso o transmisión sea **integral**, es decir, que implique que la unidad segregada y transmitida ofrece la posibilidad real de seguir operando con autonomía (TS 8-6-16, EDJ 140285; AN 16-6-10, EDJ 127295; 22-9-10, EDJ 209392; 9-10-17, EDJ 223390), de modo que si no se produce la trasmisión de los elementos patrimoniales básicos (TSJ País Vasco 28-5-02, EDJ 30168; TSJ Las Palmas 31-7-06, EDJ 322957; TSJ Madrid 12-11-08, EDJ 309516; TSJ Andalucía 3-12-20, EDJ 822124) la trasmisión está viciada.

Dicha transmisión debe ser evaluada cualitativa y cuantitativamente, apreciándose sucesión de empresa: **7621**

a) Aunque los elementos traspasados sean escasos, si los mismos eran los únicos existentes (TSJ Asturias 12-9-03, EDJ 181254); considerándose a tal efecto que un **buque** es centro de trabajo trasmisible en el trabajo en el mar (TSJ Galicia 3-3-10, EDJ 48061).

b) Si se transmite el **elemento fundamental** sobre el que recae la actividad principal cabe apreciar la sucesión de empresa, por ejemplo, en la gestión de un centro comercial en el que se transmite las instalaciones del centro (TSJ Cataluña 6-11-19, EDJ 770427).

c) Si se transmiten medios materiales e inmateriales **esenciales**, sin los cuales serían imposible prestar el servicio (local para el almacén, el taller, vestuarios, etc.) aunque la adjudicataria aporte el material fungible, herramientas de mano, y medios auxiliares (TS 20-5-21, EDJ 577595).

d) Si se transmiten elementos suficientes para la explotación de un servicio de **cafetería** adjudicado a un particular o empresario, ello constituye para el nuevo adjudicatario una unidad productiva autónoma susceptible de producir beneficios económicos (TSJ C.Valenciana 30-1-04, EDJ 208980; TSJ Baleares 28-9-04, EDJ 185849; TSJ Sevilla 19-6-19, EDJ 647261), no afectando a dicha cualidad, y sus efectos, que el nuevo empresario no se haga cargo de una parte esencial de la plantilla (TSJ Valladolid 30-12-09, EDJ 344396; TSJ Extremadura 23-3-17, EDJ 52312).

e) Está comprendido en el ámbito de la sucesión de empresa establecido por la normativa comunitaria (Dir 2001/23/CE), una situación en la que una empresa pública, titular de una actividad económica de manipulación de unidades de transporte intermodal, confía mediante un contrato de gestión de servicios públicos la explotación de esa actividad a otra empresa, poniendo a disposición de esta las **infraestructuras y el equipamiento** necesarios de los que es propietaria toda vez esta actividad se basa esencialmente en el equipamiento, de modo que la decisión posterior de poner fin a dicho contrato sin hacerse cargo del personal no excluye de por sí la sucesión de empresa (TJUE 26-11-15, C-509/14; 7-8-18, C-472/16).

f) Cuando en virtud de un procedimiento de **contratación pública**, una entidad económica reanuda una actividad cuyo ejercicio requiere medios de explotación importantes (como el servicio de transporte de autobús), el hecho de que, debido a requisitos jurídicos, medioambientales y técnicos impuestos por el poder adjudicador, esta entidad no adquiera los medios propiedad de la anterior (como los autobuses), no obsta necesariamente a que la reanudación de la actividad pueda calificarse de transmisión de empresa, siempre que otras circunstancias de hecho, tales como la contratación de la mayor parte de la plantilla y la continuación sin interrupción de dicha actividad, permitan caracterizar el mantenimiento de la identidad de la entidad económica de que se trata (TJUE 27-2-20, C-298/18, doctrina Grafe y Pohle).

Precisiones Recientemente se ha concluido en un supuesto de sucesión de un servicio de conservación de una autopista, en la que no se transmite maquinaria, equipamiento y herramientas, pero sí se produce la subrogación de la mayoría de los trabajadores, que no es de aplicación el art.4 ET, al no pivotar la actividad empresarial sobre la mano de obra. El Tribunal entiende que **no aplica la doctrina Grafe y Pohle** porque en este supuesto no existía ningún obstáculo legal para que la nueva adjudicataria de la explotación de la AP7 pudiera haber adquirido los medios y elementos materiales utilizados por la anterior (TS 26-9-23, EDJ 706885).

g) Se aprecia la existencia de sucesión de empresa en el contrato de compraventa mercantil de activos por medio del cual se transmite a la empresa sucesora los locales donde se desarrollaban la actividad, la cartera de clientes, los elementos materiales y parte de la plantilla, apreciándose **fraude de ley** en el contrato al **excluir** de la subrogación a siete empleados (TS 14-3-17, EDJ 34071). **7621.1**

Elementos inmateriales La transferencia de elementos inmateriales en la operación, en algunos casos, tiene especial trascendencia. **7622**

En este sentido, el traspaso de la **clientela**, entendida esta como una cafetería de un hospital, puede ser suficiente para la aplicación de la figura jurídica de la sucesión legal de empresas (TS 23-10-09, EDJ 271408; 12-5-10, EDJ 190401).

El traspaso de los derechos de agente distribuidor de una empresa a otra, o del **fondo de comercio**, se considera una unidad productiva susceptible de producir de inmediato un beneficio económico, sin tener necesidad de transmitir otros medios materiales de producción (TSJ Sevilla 16-9-08, EDJ 345551).

Los **activos inmateriales** de una empresa que constituyen los instrumentos financieros y demás activos de clientes, la gestión de su contabilidad y servicios de inversión y accesorios, así como la documentación relativa a los servicios y actividades de inversión prestadas a los clientes, participan de la identidad de la entidad económica susceptible de transmisión en términos del ET art.44 (TJUE 8-5-19, C-194/18).

7623 En la concesión **exclusiva de venta** de vehículos de una marca de un sector específico, la transmisión de elementos del activo no es determinante para que la entidad de que se trata conserve su identidad económica, existiendo dicha identidad siempre que el territorio objeto de la concesión siga siendo el mismo (TJCE 7-3-96, C-171/94).
Asimismo, el traspaso de los derechos de una **concesión administrativa** implica la transmisión de un lugar de trabajo autónomo, que es un elemento básico para desarrollar la actividad, necesario y suficiente (TSJ Madrid 21-2-05, EDJ 128838).
Opera la sucesión legal cuando, junto con una sucesión de plantilla de parte del profesorado, hay una transmisión de una organización educativa como tal -**biblioteca**-, aun cuando no implique una transmisión inmobiliaria (TSJ Valladolid 22-5-06, EDJ 79928).

7624 No se aplica la sucesión legal si solo se trasmiten ciertas parcelas de una **explotación agraria**, pero no hay traspaso de la maquinaria y aperos (TSJ Valladolid 29-3-04, EDJ 22652); o por la venta de material y máquinas de una empresa de limpieza al nuevo concesionario (TSJ Galicia 25-9-03, EDJ 208344), o cuando los **elementos** materiales transmitidos son **insuficientes** para el desarrollo de la actividad, y falta la necesaria autorización administrativa para operar en un sector donde es necesaria (TSJ País Vasco 14-3-06, EDJ 75467).
Tampoco se aprecia sucesión de empresas, en el supuesto de **servicio de limpieza** de habitaciones anteriormente subcontratado que pasa a ser realizado directamente por el **hotel** sin asumir a las tres trabajadoras que desarrollaban el servicio al ser la **infraestructura patrimonial escasa y poco importante** recayendo en la mano de obra el elemento esencial de la actividad (TS 8-6-21, EDJ 602086).
Tampoco opera la sucesión de empresas si existen únicamente coincidencias formales entre dos empresas. En este sentido, la concurrencia de puntos de conexión puede constituir elementos indiciarios, pero no determinan la existencia de sucesión, siendo necesaria la acreditación de que la nueva empresa se ha hecho cargo del negocio de aquella que cesó en su actividad, que ha habido transferencia de dicho negocio (p.e., de activo, clientes y/o elementos patrimoniales), que permite una explotación autónoma (TSJ Madrid 11-10-05, EDJ 174176).
Así, no hay sucesión legal en el cambio en la explotación de un **puesto** en un **supermercado**, aun cuando haya transmisión de elementos materiales e incluso, de la posible clientela, al entenderse que el negocio no tiene especial importancia económica (TSJ Cataluña 8-4-05, EDJ 97889).

7625 **Propiedad de los elementos patrimoniales** Para establecer si existe o no sucesión de empresas no es determinante si el nuevo empresario, continuador de la actividad, es propietario o no de los elementos patrimoniales necesarios para el desarrollo de la misma, ni si ha existido o no un negocio jurídico entre cedente y cesionario (TJUE 26-11-15, C-509/14; TS 23-10-09, EDJ 271408; 8-6-16, EDJ 140285; 20-12-17, EDJ 279557; 7-3-19, EDJ 552064; 26-3-19, EDJ 563430; AN 9-10-17, EDJ 223390).
Por tanto, la circunstancia de que los elementos materiales para el desarrollo de la actividad sean asumidos por el nuevo empresario, aunque no pertenezcan al antecesor sino a la entidad contratante, no puede excluir la existencia de una transmisión de empresa (TJUE 19-10-17, C-200/16; TS 19-10-17, EDJ 232292; 12-3-20, EDJ 559727).
Así, no es necesario que la sucesión patrimonial se lleve a cabo directamente entre las empresas afectadas, sino que la misma puede efectuarse por un **tercero** propietario de los elementos materiales, que ni tan siquiera tiene que ceder la propiedad al sucesor (TJCE 17-12-87, C-287/86; 12-11-92, C-209/91; 20-11-03, C-340/01; 15-12-05, C-232/04 y C-233/04; TJUE 19-10-17, C-200/16; 11-7-18, C-60/17).

7626 En este sentido, se entiende que hay transmisión de elementos patrimoniales, determinantes para la continuidad de la actividad empresarial, aunque los mismos se hayan vendido a un tercero que luego concierta un **arrendamiento** de los mismos a la nueva empresa (TS 27-2-12, EDJ 37762).
Asimismo, no constituye un obstáculo para la sucesión la existencia de un contrato de **franquicia** (TSJ Extremadura 10-1-06, EDJ 2942).
También es aplicable la sucesión legal a aquellos supuestos en que los materiales son provistos por quien **subcontrata** la actividad o son cedidos por el Ayuntamiento que saca la concesión y, por tanto, sin que haya transmisión de la propiedad entre la contratista saliente y la nueva adjudicataria (TS 4-7-18, EDJ 529817; 17-1-19, EDJ 503401; 7-3-19, EDJ 552064; 26-3-19, EDJ 563430; TSJ Valladolid 5-12-05, EDJ 236575; TS 25-11-20, EDJ 741042; 20-5-21, EDJ 577595; 10-6-21, EDJ 609721; TSJ Castilla y León 5-4-21, EDJ 569078); o cuando la titularidad tiene su origen en un contrato de arrendamiento (TS 12-12-02, EDJ 61468; EDJ 333498; 12-5-10, EDJ 190401); o no existe **vinculación contractual** directa entre cedente y cesionario (TS 8-6-16, EDJ 140285; TSJ Madrid 12-11-10, EDJ 300295), siendo indiferente que el nuevo titular manifieste su intención de no hacerse cargo de los trabajadores (TJCE 20-11-03, C-340/01).

C. Sucesión de plantilla

La asunción o no por parte del nuevo empresario de la mayoría de los **trabajadores** es uno de los elementos a valorar para determinar la posible aplicación de la figura jurídica de la sucesión de empresas. 7630
A tales efectos, es necesario establecer si los trabajadores sobre los que opera la subrogación de derechos y obligaciones están adscritos, con exclusividad, a la plantilla de la actividad empresarial objeto del cambio de titularidad, cuando esta no comprende a la totalidad de la empresa (TS 27-6-83).
En la denominada **sucesión parcial** es necesaria la adscripción del trabajador a los elementos patrimoniales que se transmiten (TS 4-6-87; AN 7-4-16, EDJ 49297; TSJ Valladolid 21-11-16, EDJ 225484).
El cambio de titularidad empresarial ha de producirse respecto de los trabajadores del **centro** a que afecta la concesión cuyo titular se sustituye (TS 30-10-87; 25-2-88; 9-10-88, EDJ 7839; TSJ Valladolid 21-11-16, EDJ 225484).

Se niega la subrogación respecto de los trabajadores no adscritos expresamente a la **zona** transmitida, sin aceptar que la determinación de los trabajadores implicados se efectúe mediante cálculos de proporcionalidad (TS 26-1-88, EDJ 10437). 7631
Igualmente, de afectar la contrata original a dos unidades productivas que pueden diferenciarse, la sucesión únicamente afecta a la que es objeto de **nueva contrata** (TSJ Las Palmas 16-5-11, EDJ 158348; TSJ Aragón 3-7-19, EDJ 752773).
En determinados sectores productivos, la concurrencia única de la sucesión de plantilla implica la aplicación de la mencionada figura jurídica, sin ser necesaria la trasmisión de otros elementos materiales o inmateriales (TJCE 11-3-97, C-13/95; 29-7-10, C-151/09; 20-1-11, C-463/09; 6-9-11, C-108/10; TS 18-7-18, EDJ 586693). Por tanto, no es necesario que se produzca un contrato de cesión o actividad o de medios patrimoniales, siendo suficiente que, junto con la cesión de actividad, se traspase un **número** de trabajadores relevante (TS 7-12-11, EDJ 308043; 28-4-09, EDJ 92568; 7-12-09, EDJ 307432; 8-6-21, EDJ 602086).

Precisiones **1)** A raíz de la jurisprudencia del TJCE, la denominada sucesión de plantillas, o sucesión de empresa que se caracteriza por la transmisión de elementos personales (TJUE 11-7-18, C-60/17; 7-8-18, C-472/16; TS 15-12-09, EDJ 326146; 28-2-12, EDJ 53489; 26-10-18, EDJ 645276) ha **desplazado**, en concretas actividades, a la anterior doctrina judicial **según la cual para la aplicación de esta figura jurídica imperaba la necesidad de una sucesión** patrimonial, no siendo suficiente con la mera transmisión del personal (TS 29-2-00, EDJ 1386; 30-4-02, EDJ 27283; EDJ 32030; EDJ 27262; 8-4-03,EDJ 17807; EDJ 25716).
2) No obstante, en otros sectores productivos se mantiene la importancia de la concurrencia del **elemento patrimonial** (TS 23-10-09, EDJ 271408; 20-9-11, EDJ 242429).
3) Igualmente, a raíz de la jurisprudencia del (TJUE 11-7-18, C-60/17), la **subrogación en parte de la plantilla** por mandato del convenio no afecta al hecho de que la transmisión pueda referirse a una entidad económica y, por tanto, que opere la sucesión de empresa legal prevista en el ET art.44 (TS 27-9-18, EDJ 606835).

Requisitos La jurisprudencia ha establecido que para que opere la sucesión de empresas, por el simple traspaso del personal -sucesión de plantillas-, es necesario que la transmisión cumpla dos requisitos: 7632
- que la actividad que se transmite descanse fundamentalmente en la mano de obra; y
- que la entidad cesionaria debe hacerse cargo de una parte importante del personal que la entidad cedente dedicaba a la actividad transmitida.

Mano de obra La actividad que se transmite debe descansar fundamentalmente en la mano de obra (TS 5-3-13, EDJ 46889; 12-7-16, EDJ 115741; 23-11-16, EDJ 245917; TSJ Castilla-La Mancha 15-11-12, EDJ 283174; TSJ Madrid 29-3-19, EDJ 586266). Por el contrario, se considera que no hay sucesión de empresa si la actividad de que se trata no reside básicamente en la mano de obra, siendo esenciales otros elementos a valorar para la aplicación de la sucesión de empresas (TS 7-12-12, EDJ 37762; 5-3-13, EDJ 46889; 16-4-18, EDJ 64899; 26-10-18, EDJ 645276; TSJ Sevilla 12-7-18, EDJ 590769; TS 26-9-23, EDJ 706885). 7633

Precisiones Se aplica la sucesión de plantilla al entender que la actividad recae en la mano de obra, por ser el **capital humano** el **recurso fundamental** a pesar de necesitarse materiales para desarrollar la contrata, por cuanto estos últimos materiales tenían un valor irrelevante (ropa de trabajo, fungibles, maquinaria menor, etc.) (TSJ Sevilla 11-7-19, EDJ 669257).

La doctrina judicial ha establecido que existen ciertas **actividades que descansan fundamentalmente en la mano de obra**, como la limpieza, la seguridad, actividades auxiliares y la atención y cuidado de personas de tercera edad, limpieza y mantenimiento (TJCE 14-4-94, C-392/92; 7633.1

11-3-97, C-13/95; 10-12-98, C-173/96 y C-247/96; 24-1-02, C-51/00; 20-1-11, C-463/09; 6-9-11, C-108/10; TJUE 11-7-18, C-60/17; TS 21-10-04, EDJ 174337; 25-1-06, EDJ 4064; 17-2-06, EDJ 16131; 14-6-06, EDJ 98915; 23-10-09, EDJ 271408; 12-7-10, EDJ 185118; 27-9-18, EDJ 606835; 24-10-18, EDJ 637520; TSJ Madrid 1-2-13, EDJ 29503; TSJ Granada 17-9-14, EDJ 227755; TSJAndalucía10-9-15, EDJ 225848; 25-9-14, EDJ 227057; TS 23-3-22, EDJ 532171).

Precisiones Sin embargo, en otras actividades, como el mantenimiento y conservación de instalaciones eléctricas (TSJ Cataluña 19-12-12, EDJ 330817), en la conservación y explotación de instalaciones ITS de carreteras (TSJ Burgos 24-7-19, EDJ 667875; 30-10-19, EDJ 733504), en los servicios de conservación de una autopista (TS 26-9-23, EDJ 706885), en la inspección de instalaciones marinas y mantenimiento de instalaciones submarinas y de superficie (TS 26-10-18, EDJ 645276; 31-1-19, EDJ 508456), en la prestación de servicios educativos (TS 7-3-19, EDJ 552064; 16-4-18, EDJ 64899), en la actividad de transporte público (TJCE 25-1-01), en el transporte por carretera (TSJ Galicia 20-2-19, EDJ 525253), en la restauración (TSJ Extremadura 23-3-17, EDJ 52312) o en las labores de producción de un programa de televisión (TSJ Madrid 29-3-19, EDJ 586266), la **actividad no se sustenta esencialmente en la mano de obra** y, por tanto, se ha considerado que la sola existencia de sucesión de plantillas, sin la transmisión de otros elementos determinantes, no implica la asunción de la figura de la sucesión de empresas legal.

7634 **Personal del cedente** Junto con la necesidad de que la actividad transmitida descanse fundamentalmente en la mano de obra, es necesario que el nuevo titular se haga cargo de una parte importante, cualitativa o cuantitativamente, de la plantilla de trabajadores de la empresa saliente (TS 25-1-06, EDJ 4064; 27-2-12, EDJ 37762; 5-3-13, EDJ 46889; 22-9-16, EDJ 171536; 27-9-18, EDJ 606835; 24-10-18, EDJ 637520).

Por ejemplo en la prestación de servicios auxiliares se entiende que hay sucesión si el nuevo empresario asume a 14 de los 19 trabajadores que prestaban el servicio para la empresa cedente (TS 5-3-13, EDJ 46889).

Por su parte, en la producción de un programa de televisión, se entiende relevante la asunción de plantilla para concluir la sucesión de empresa al transmitir un 66% de la plantilla al nuevo adjudicatario del servicio (TSJ Madrid 29-3-19, EDJ 586266).

Asimismo, se ha admitido la sucesión de plantillas en la actividad de **atención e información al cliente**, control de tránsito, control de entradas, colaboración en emergencias y evacuación, por el traspaso de noventa o noventa y cinco trabajadores de los ciento treinta que desarrollaban la actividad (TSJ Madrid 1-2-13, EDJ 29503) o la ocupación a treinta y seis de los cuarenta y seis trabajadores de la anterior contratista que llevaba la actividad de apoyo en el aeropuerto (TS 7-12-11, EDJ 308043).

Por otro lado, se entiende aplicable la sucesión de plantilla a los **servicios de mantenimiento técnico** por el traspaso de siete de los doce trabajadores que prestaban el servicio (TSJ Sevilla 29-11-18, EDJ 681647) o siete de los ocho trabajadores que lo desarrollaban (TSJ Sevilla 11-7-19, EDJ 669257). En los servicios prestados por una agencia de viaje se entiende que el factor humano es indispensable en la productividad, apreciándose la sucesión de plantilla por la transmisión de tres de siete de los empleados (TSJ A Coruña 13-9-19, EDJ 694820). Adicionalmente, se aplica la sucesión de plantillas al servicio de apoyo a la gestión de almacenes por la asunción de veintidós de los veinte trabajadores que desarrollaban la actividad (TSJ Sta. Cruz de Tenerife 29-5-19, EDJ 654146).

De la misma manera, se admite la sucesión de plantilla en una **Unidad de Estancia Diurna** (UED) en la que se atiende y cuida a las personas de tercera edad, por el traspaso de nueve de los quince empleados de la plantilla, lo que representa un 60% de la misma (TSJ Granada 10-9-15, EDJ 225848; TSJ Andalucía 17-9-14, EDJ 227755; 25-9-14, EDJ 227057).

La relevancia del personal transmitido no está sujeta solo a un criterio cuantitativo sino también cualitativo (TS 25-1-06, EDJ 4064; TSJ Valladolid 1-12-10, EDJ 302486).

7635 De acuerdo con lo anterior, para determinar la **identidad**, determinante de la existencia de sucesión, han de compaginarse los datos referidos a la actividad de la misma (tipo, lugares y modos de la prestación), el número y porcentaje de los trabajadores que prestaban servicios en la antigua plantilla, y que lo siguen haciendo en la nueva, y también los elementos cualitativos relativos a la identidad de aquellos trabajadores con facultades directivas o de mando o con cualificaciones profesionales específicas (TS 23-11-16, EDJ 245917; TSJ Valladolid 31-10-07, EDJ 283812; 1-12-10, EDJ 302486; TSJ Cataluña 13-11-19, EDJ 782494).

No obstante, el criterio cuantitativo no es excluible (TSJ País Vasco 28-6-11, EDJ 178207), así, no se cumple el requisito de sucesión de plantilla cuando el nuevo empresario no se hace cargo de una **parte esencial**, en términos de número y de competencia, de los trabajadores que su antecesor destinaba al cumplimiento de su contrata (TJCE 11-3-97, C-13/95), considerándose residual, en la actividad de servicios auxiliares, la transmisión del 10% de la plantilla (TSJ Madrid 11-1-12, EDJ 3786).

Tampoco se ha considerado determinante, de cara a declarar la sucesión, la contratación del **23% de la plantilla** al no considerante ni relevante ni desde una perspectiva cuantitativa ni cualitativa (TSJ Madrid 23-4-21, EDJ 602493).

D. Sucesión de contratas

En relación con la sucesión de empresas y los elementos a considerar para determinar su **7640**
aplicación, merece especial relevancia la denominada sucesión de contratas, entendida como cualquier modalidad de contratación, tanto pública como privada, que pasa a ser desempeñada, de modo **parcial o total**, por una determinada empresa, sociedad, organismo público u otro tipo de entidad, sea cual sea la forma jurídica que adopten (TS 7-3-19, EDJ 552064; TSJ Sevilla 17-11-09, EDJ 330995; TSJ Madrid 18-12-09, EDJ 339771).

En este supuesto, la sucesión de actividad no se produce como consecuencia del cambio de titularidad de una empresa, en sentido estricto, sino por la finalización de su **ejecución** por una entidad y su comienzo por un nuevo contratista, formal y jurídicamente distinto al anterior. Por tanto, para determinar la aplicación de la sucesión de empresas y la asunción de la plantilla, es necesario determinar los elementos que concurren en cada supuesto de hecho concreto (TS 27-1-15, EDJ 13108; 21-4-15, EDJ 80872).

De acuerdo con lo anterior, en aquellos supuestos donde junto a la sucesión de actividad, deri- **7641**
vada de la sucesión de contratas, no concurren otros elementos -sucesión de plantilla, patrimonial, de la organización del trabajo, sus métodos de explotación, etc.-, con carácter general, no es de aplicación la figura jurídica de la sucesión de empresas (TS 19-9-12, EDJ 216837; 27-6-08, EDJ 166859; 26-3-19, EDJ 563430; TSJ Sevilla 19-5-11, EDJ 151098; TSJ Madrid 30-5-11, EDJ 148752).

Sin embargo, aquellas sucesiones de contratas de la misma actividad, que conllevan la transmisión de **elementos materiales**, la asunción de un significativo y/o cualitativo número de **trabajadores** de la contrata anterior, la ubicación en el mismo **centro de trabajo**, etc. pueden implicar un supuesto de sucesión legal de empresas con independencia del negocio jurídico que haya originado dicha transmisión (TS 8-7-14, EDJ 269306; TSJ Valladolid 1-12-10, EDJ 302486; TSJ C.Valenciana 5-4-11, EDJ 117307; TSJ Las Palmas 2-5-11, EDJ 158543; TSJ Galicia 5-10-11, EDJ 239916; TSJ País Vasco 29-11-11, EDJ 367294; 13-12-11, EDJ 367531).

De esta manera, en determinados sectores económicos, en los que los **elementos patrimo- 7642**
niales no son **relevantes**, al descansar la actividad esencialmente en la aportación de mano de obra, un conjunto organizado de trabajadores, que se hallen específicamente destinados de forma duradera a una actividad común, puede constituir una entidad económica cuando no existan otros factores de producción, pudiendo mantener su identidad cuando el nuevo contratista se hiciera cargo de una parte esencial, en términos de número y competencias, de la plantilla de trabajadores adscritos a la contrata por el anterior adjudicatario. En este sentido, opera la figura jurídica de la sucesión legal de empresas en un supuesto de sucesión de contratas de **servicios auxiliares** (limpieza, vigilancia e información a los clientes de los centros comerciales) en el que no ha existido transmisión de elementos patrimoniales entre la antigua y la nueva empresa encargadas del servicio, pero esta se ha hecho cargo de una parte esencial del personal de la empresa antecesora (TSJ Sevilla 16-2-18, EDJ 50457).

En el mismo sentido, en la subcontratación de **servicios de conserjería**, por tratarse de actividades donde la mano de obra constituye un factor esencial, se produce transmisión cuando la empresa entrante asume una parte relevante del personal adscrito a la contrata en términos cuantitativos o cualitativos, debiendo estarse a la entidad o competencia de esos trabajadores en el desempeño de los servicios, de forma que resulta insuficiente examinar de manera aislada el quantum personal objeto de asunción, salvo cuando el alcance de la plantilla incorporada sea tan sustancial o relevante en sí mismo que permita soslayar el análisis de sus competencias. Así, el Tribunal Supremo ha resuelto que no existe obligación de subrogación de una trabajadora al no constar la transmisión de medios materiales, ni la relevancia del personal transmitido (3 de los 9 trabajadores) (TS 18-1-22, EDJ 502624).

Además, opera la figura jurídica de la sucesión legal de empresas en la adjudicación del servicio de **suministro de fármacos y** de **gestión de residuos** de un hospital a una empresa que, posteriormente, vende dicha concesión a una tercera, la cual contrata al personal de la anterior contratista y, asimismo, desarrolle la actividad en los mismos locales, y con los mismos instrumentos, habiendo adquirido su stock de fármacos (TS 23-10-09, EDJ 271408). Así como en un supuesto en el que la explotación de puestos de amarre y locales comerciales de un puerto pasan a un nuevo adjudicatario que recibe, el mismo día del cese de la anterior adjudicataria, los fondeos, amarres, torres de electricidad, cabotajes, contadores de luz y agua,

torretas y enchufes para seguir prestando el servicio, es decir, lo entregado y puesto a disposición fue un **conjunto de medios organizados** y suficientes para llevar a cabo la actividad adjudicada (TSJ Islas Baleares 24-7-19, EDJ 687915).
Sin embargo, la sucesión de contratas no implica sucesión de empresa en la adjudicación de una **línea regular de transporte**, en la que no hay transmisión alguna de elementos materiales y, lo que es más importante, no hay asunción de plantilla, de modo que no puede afirmarse que el conjunto de trabajadores empleados en la contrata que hasta la fecha llevaba la anterior concesionaria constituya una unidad económica que tiene su propia entidad (TSJ Granada 26-9-19, EDJ 760210).
Tampoco en el supuesto de cambios en la adjudicación de concesiones administrativas de explotación del servicio de suministro y distribución de **gas**, aun cuando las nuevas adjudicatarias contraten a personal de la anterior contratista, debido a su alta cualificación personal, pero sin traspaso de los medios materiales necesarios para el desempeño de la actividad subcontratada (AN 26-2-10, EDJ 13185).

Precisiones En un supuesto de amarre y descarga de petroleros, se concluyó que no existía sucesión de empresa al no estar ante una actividad que descanse esencialmente en la mano de obra, no siendo relevante el que la recurrente haya contratado a seis de los diez trabajadores que atendían el servicio en la empresa saliente, puesto que no se habían transmitido los **medios materiales necesarios** para la explotación entre la empresa saliente y la entrante (TS 26-10-18, EDJ 645276).
En este sentido, el Tribunal Supremo ha concluido en supuestos en los que la empresa entrante en una contrata de mantenimiento había incorporado a 17 de los 20 trabajadores de la empresa saliente, que no opera la sucesión empresarial porque la contratista, para dar cumplimiento a los fines de la contrata, debía desplegar los medios materiales y personales señalados por los manuales de explotación y en la normativa de túneles en vigor, por lo que la llamada «sucesión de plantillas» opera únicamente cuando la actividad empresarial pivota esencialmente sobre la **mano de obra** (TS 29-1-20, EDJ 676240 y 3-3-20, EDJ 550193).

1. Sucesión derivada de un convenio colectivo

7645 En determinados sectores productivos las normas convencionales aplicables establecen las denominadas **cláusulas de subrogación** (p.e., convenios colectivos estatales de las empresas de seguridad, *contact center*, limpieza, construcción, *Handling*, etc.), donde se regulan garantías de mantenimiento de empleo para los supuestos de sucesión de contratas, de manera que, en tales supuestos, los requisitos y el alcance de la subrogación serán los que delimite el propio convenio colectivo que la impone.
Por lo tanto, la subrogación producida no tiene su base en el ET art.44, sino en el propio mandato del convenio colectivo, aunque los efectos prácticos se asimilan a la sucesión de empresa prevista en el citado precepto.
Por otro lado, se ha concluido que no existe subrogación de la nueva **contrata de limpieza** en el singular supuesto en el que la empresa cliente traslada sus dependencias a otra ubicación, ya que el Convenio Colectivo del Sector de Limpiezas de Edificios y Locales de Álava, exige no solamente que se produzca el traslado, sino que, además, la empresa principal adjudique el servicio de limpieza a otra empresa, no concurriendo este segundo requisito al no llevar a cabo la adjudicación del servicio la empresa principal porque éste ya se venía prestando en el edificio al que se traslada (TS 23-6-20, EDJ 634064).

Precisiones 1) En materia de subrogación convencional, habrá de estar a lo dispuesto en el convenio colectivo sectorial, de manera que, si el convenio sectorial regula de manera específica la subrogación de personal, ésta resultará exigible, aunque la empresa entrante tenga **convenio de empresa** propio (TS 7-3-18, EDJ 22315).
2) No tiene el carácter de norma convencional una cláusula de estabilidad en el empleo pactada en un acuerdo y, con base en la cual, se crea una **bolsa de trabajo** desde la que se seleccionan a los trabajadores para las sucesivas empresas adjudicatarias (TSJ Castilla-La Mancha 8-10-03, EDJ 207200).
3) Se ha reconocido la eficacia *ad extra* de un **pacto con naturaleza extraestatutaria** suscrito entre representantes empresariales y sindicales para la constitución de la Corporación RTVE, por considerarlo asimilable a un convenio colectivo, estando por ello obligada a incluir en el pliego de condiciones para la prestación de servicios en la corporación, una cláusula que imponga la subrogación de los trabajadores de las empresas de servicio en el caso de cambio de titularidad de la contrata (AN 24-2-20, EDJ 514830).
4) La **subrogación** en el personal no gozaría de prioridad aplicativa del convenio colectivo de empresa, por lo que los convenios de empresa no pueden contradecir lo establecido en los convenios colectivos de ámbito superior en esta materia (TS 1-4-16, EDJ 45064). Al no estar incluidas las cláusulas subrogatorias en el listado del art.84.2 ET, no son disponibles por un convenio colectivo de empresa (TS 7-3-18, EDJ 22315; TSJ de Cataluña 20-1-17, EDJ 23900; TSJ País Vasco 22-3-22, EDJ 600913).

5) Tampoco se ha considerado válido el **acuerdo** suscrito con la **representación de los trabajadores** (RLT) en un corto lapso de tiempo inmediato posterior a la subrogación para eludir los efectos de la misma, de manera que pretenda incluir un efecto retroactivo que hace que, a la plantilla objeto de subrogación, se le apliquen las nuevas condiciones desde el primer día de la prestación de servicios para la empresa entrante (TS 15-12-16, EDJ 245888).

6) Las cláusulas subrogatorias solo pueden aplicarse a la cesionaria si están incluidas en el **ámbito de aplicación funcional** del convenio colectivo que las contempla (TS 29-1-20, EDJ 511889). No obstante, la jurisprudencia ha admitido algunos casos que se apartan de esta regla -p.e., cuando se trata de sucesión de contratas en las que un centro especial de empleo concurre como contratista saliente o entrante- (TS 4-10-11, EDJ 270711; TSJ Madrid 9-5-18, EDJ 516484; TS 28-6-23, EDJ 616499), de manera que se ha admitido la aplicación de las cláusulas de subrogación previstas en el Convenio Colectivo del sector de la limpieza tanto si el CEE es la contratista entrante como la saliente. No obstante, esa extensión del ámbito de aplicación funcional del Convenio Colectivo sectorial no puede ser predicado respecto a otros contenidos, como las condiciones salariales (TS 2-2-17, EDJ 23553), debiendo estarse a las previsiones del convenio colectivo específico para el resto de las materias (TS 28-6-23, EDJ 616499).

7) En el marco de la contrata de servicios de **matadero municipal**, los acuerdos marco alcanzados entre la contratista y una tercera empresa, por lo que esta se comprometía a subrogar a todos los trabajadores en virtud del ET art.44 y que fueron ratificados en el departamento de trabajo asuntos sociales y familias de Cataluña, solo tendrían sentido en el caso de continuar la actividad. En este caso, habiéndose cerrado el matadero, no procede la subrogación, siendo la única responsable del cese de los trabajadores su empleadora (TS 15-12-21, EDJ 804000).

Con carácter general, cuando la subrogación del personal deriva de las citadas cláusulas convencionales de mantenimiento de empleo estas deben **interpretarse** en sus propios términos (TS 11-5-01, EDJ 15993; 6-6-01, EDJ 15977; 18-6-01, EDJ 16108; 29-1-02, EDJ 13554; 18-3-02, EDJ 26771; 12-12-02, EDJ 61468; 18-12-08, Rec 383/07; 28-4-09, EDJ 92568; 21-1-10, EDJ 14371; 21-10-10, EDJ 254031; 25-10-10, EDJ 241861; 28-9-11, EDJ 231649); por lo cual hay que estar a lo concretamente pactado (TS 10-12-97, EDJ 21278; 9-2-98, EDJ 1025; 31-3-98, EDJ 7392; 30-9-99, EDJ 37945; 25-10-10, EDJ 241861). **7646**

No obstante, ha habido un **giro en la doctrina** sobre la subrogación convencional con la sentencia TS 27-9-18, EDJ 606835, como consecuencia de la aplicación de la doctrina comunitaria dictada a raíz de una sentencia del TJUE que resolvió una cuestión prejudicial planteada por el TSJ de Galicia (auto de 30-12-16) en un supuesto de subrogación convencional (TJUE 11-7-18, C-60/17). El TJUE declaró aplicable el régimen legal de la sucesión de empresas al supuesto en el que una contrata, cuya actividad descansa fundamentalmente en la mano de obra, cesa en la adjudicación de los servicios contratados a favor de una nueva contrata que se hace cargo de una parte esencial de la plantilla destinada en la ejecución del servicio por imperativo de lo pactado en el Convenio Colectivo de trabajo.

Hasta la fecha, numerosos pronunciamientos judiciales habían reiterado que, cuando en una sucesión de empresas que desarrollan actividades que descansan esencialmente en la mano de obra, la empresa entrante se subroga en el personal de la saliente por mandato del convenio colectivo aplicable, no se encontraban ante un supuesto de sucesión al amparo del ET art.44, por lo que entendían que las condiciones que operaban la subrogación eran exclusivamente las indicadas en el Convenio Colectivo (TS 10-5-16, EDJ 94133; 13-7-17, EDJ 151666; 10-4-18, EDJ 64881; 9-5-18, EDJ 89719).

Con la indicada sentencia de 27-9-18, el Tribunal Supremo cambia la doctrina que venía defendiendo hasta ahora, afirmando que en las **actividades intensivas en mano de obra** si, como consecuencia de la obligación de la subrogación impuesta por el convenio colectivo, el nuevo contratista asume una parte relevante de la plantilla de la saliente, estaremos ante una **sucesión de empresa** en los términos del ET art.44 y, por consiguiente, a la aplicación del régimen jurídico previsto en el mismo (**subrogación de la totalidad de la plantilla adscrita a la contrata**, mantenimiento del convenio colectivo que les fuera aplicable y de los derechos laborales de los trabajadores y la responsabilidad solidaria por las deudas laborales y de seguridad social) (TS 27-9-18, EDJ 606835; 8-1-19, EDJ 507519; 5-3-19, EDJ 544155; TSJ Castilla-La Mancha 14-5-19, EDJ 611016; TSJ Las Palmas 27-6-19, EDJ 770353; TSJ Madrid 16-12-19, EDJ 845438).

Precisiones **1)** Es nulo el pacto suscrito entre los representantes de los trabajadores y la empresa sucesora que establece la **renuncia** a la subrogación convencional (TSJ Málaga 20-6-03, EDJ 159849).

2) No es ilícita la regla del convenio colectivo de aplicación que prevea que la contratista saliente sea la **única obligada** al pago de las retribuciones devengadas por el trabajo realizado antes de la subrogación, ya que habrá que estar a lo siguiente:

- si la plantilla asumida por la nueva contratista **no** puede ser considerada como **esencial**, quedaría fuera del ámbito de aplicación del ET art.44 y sería completamente válido, al quedar sometido a las reglas incluidas en el Convenio Colectivo;

- si con la sucesión de contratas la nueva contratista asume una **parte esencial** de la plantilla, el contenido convencional debe dejar paso a la norma legal, siendo de aplicación la sucesión prevista en el ET art.44, no pudiendo eximir de responsabilidad en las deudas a la empresa entrante (TSJ Castilla-La Mancha 9-4-19, EDJ 585293).

3) Procederá igualmente la aplicación de la subrogación convencional cuando la empresa que pierda la adjudicación de los servicios tenga **deudas pendientes** del periodo en que disfrutó de la adjudicación o esté en situación de insolvencia de hecho o de derecho (TS 15-12-14, EDJ 261515).

7652 **Aplicación del convenio colectivo** La subrogación por mandato convencional solo es aplicable cuando el **ámbito funcional** del convenio colectivo afecta a las dos empresas implicadas (TS 29-1-20, EDJ 511889; TSJ Madrid 21-3-17, EDJ 68208).

Por tanto, el convenio colectivo no puede, en su contenido normativo, establecer **condiciones** de trabajo que han de asumir empresas que no están incluidas en su ámbito de aplicación (TS 26-11-18, EDJ 655726).

En una sucesión de contrata (consistente en el servicio de **portero-recepcionista** de un **centro público**) en la que la empresa saliente es un centro especial de empleo y la entrante una empresa multiservicio sin convenio colectivo propio, el Tribunal Supremo ha entendido que, dado que la contrata no tenía por objeto la limpieza, jardinería ni seguridad privada, no resulta de aplicación ningún convenio colectivo sectorial y la subrogación empresarial no puede imponerse por el convenio colectivo de centros especiales de empleo a la empresa entrante porque no tiene dicha condición. Por otra parte, tampoco puede declarar la existencia de sucesión legal, al amparo del art.44 del ET, al no haberse acreditado la transmisión de una unidad productiva autónoma entre la empresa saliente y la entrante (TS 30-3-22, EDJ 536085).

Además, es doctrina del Tribunal Supremo que:

- no se puede sostener que la subrogación en un supuesto de recuperación o asunción directa por la Administración Pública de un servicio de limpieza que antes asumía un tercero, sea un efecto automático, por ejemplo, en el caso en el que la Administración pasa a prestar el servicio de limpieza con sus propios medios y recursos materiales, sin haber asumido a ningún trabajador de la anterior contrata, en cuyo caso no concurren los requisitos del art.44 ET; y
- que la subrogación de un Convenio Colectivo no puede extenderse automáticamente a entidades que no se encuentran dentro de su ámbito de aplicación, como es una Administración Pública, que a mayor abundamiento tenía convenio colectivo propio (TS 13-10-20, EDJ 697096).

7653 No obstante, la anterior regla ha sido detallada, mediante un criterio funcional, en relación con la sucesión de contratos de **limpieza** entre una empresa que aplica el convenio de la citada actividad y un centro especial de empleo, al cual le es de aplicación un convenio colectivo diferente.

En este sentido, cuando un **centro especial de empleo** realiza la actividad de limpieza, aunque esté encuadrado en otro convenio colectivo que regula una actividad completamente distinta, está sujeto a la cláusula de subrogación establecida en la normativa convencional de la citada actividad (TS 4-10-12, EDJ 225305; 20-2-13, EDJ 27204; TSJ Madrid 9-5-18, EDJ 516484). Lo mismo sucede en el supuesto contrario, esto es, si la nueva adjudicataria es una empresa de limpieza y la saliente un centro especial de empleo a cuyos trabajadores no les era de aplicación el convenio colectivo de la citada actividad (TS 9-4-13, EDJ 55491; 10-2-14, EDJ 38993; TSJ Madrid 5-5-11, EDJ 156273).

Esta doctrina no aplica en el supuesto de que una de las afectadas sea una **entidad pública**.

7664 En este sentido, esa corriente por parte de la jurisprudencia y la doctrina judicial deja una brecha abierta sobre la regla general de inaplicabilidad de la subrogación convencional a empresas no incluidas en el ámbito funcional del Convenio, permitiendo excepcionalmente la aplicación de la obligación de subrogación a **empresas ajenas al convenio** atendiendo a un criterio funcional que determina la aplicación de la norma garante de la estabilidad en el empleo. Lo anterior es lo ocurrido, por ejemplo, con las **empresas multiservicios** (TSJ Asturias 17-5-13, EDJ 113701; TSJ Navarra 2-5-16, EDJ 122212).

Sin embargo, el citado criterio funcional no se aplica en aquellos supuestos donde no hay una sucesión de contratas sino una **reversión** de las mismas (nº 7685 s.), esto es, cuando el adjudicatario asume, con sus propios medios, la actividad hasta entonces externalizada (TS 17-6-11, EDJ 147469; 21-4-15, EDJ 80872; 19-5-15, EDJ 118080).

7667 **Incumplimiento de obligaciones de información** Con carácter general, el mecanismo sucesorio operante en aquellas actividades, cuyos convenios establecen cláusulas de **mantenimiento de empleo**, no es el previsto en el ET art.44, salvo en el supuesto de actividades intensivas en mano de obra en las que, como consecuencia de la obligación de la subrogación impuesta por el convenio colectivo, el nuevo contratista asume una parte relevante de la plantilla de la saliente (nº 7646), debido a que ni la contrata ni la concesión administrativa son unidades productivas autónomas a los efectos del citado artículo (TS 5-2-13, EDJ 24163 y 18-12-12, EDJ 295706). En cambio, sí operará en caso de entrega al concesionario o contratista de la infraestructura u organización empresarial básica para la explotación (TS 26-11-12, EDJ 284106; 20-11-12, EDJ 302029; 19-9-12, EDJ 216837).

De acuerdo con lo anterior, con carácter general, y siempre y cuando no se produzca una transmisión del soporte patrimonial de la actividad, o la sucesión de plantillas en actividades intensivas en mano de obra, no estamos ante una sucesión legal de empresas sino ante la sucesión de contratistas de servicios, por lo que dicha sucesión no tiene más alcance que el establecido en las correspondientes **normas sectoriales** (TS 30-12-93, Rec 702/93; 29-12-97, Rec 1745/97; 10-7-00, Rec 923/99; 18-9-00, Rec 2281/99; 11-5-01, Rec 4206/00; 23-6-20, EDJ 634064). **7668**

Por tanto, los efectos de la sucesión de contratas se producen o no, de conformidad con lo que a tal efecto dispone el convenio colectivo de aplicación, y con subordinación al cumplimiento por las empresas interesadas de los requisitos exigidos por tal norma convenida (TS 10-12-97, Rec 164/97; 29-1-02, Rec 4749/00; 4-3-05, Rec 6/04; 23-5-05, Rec 1674/04; TSJ Cataluña 20-11-17, EDJ 298235).

En este sentido, es generalmente en aquellos sectores productivos donde la actividad descansa fundamentalmente en la **mano de obra**, en los que sus nomas convencionales establecen cláusulas de mantenimiento de empleo subordinadas a la puesta en conocimiento, por parte de la empresa contratista saliente, de **información socio-laboral** relevante en relación con el personal beneficiario de la citada garantía de empleo mediante la entrega de la documentación establecida en la normativa convencional (TS 28-7-03, EDJ 139955); no obstante hay que tener en cuenta lo indicado respecto a la nueva doctrina del Tribunal Supremo (nº 7646 s.), por lo que puede que en estos casos opere la sucesión del ET art.44 por **sucesión de plantillas** y no la sucesión convencional de contratas. **7669**

La doctrina unificada ha venido declarando que si la empresa saliente no hubiera cumplimentado de manera suficiente los deberes de información y de entrega de documentación que le impone el convenio colectivo, no se produce transferencia alguna hacia la empresa entrante (TS 16-12-14, EDJ 237200; 10-12-97, Rec 164/97; 20-1-02, EDJ 13554; 29-1-02, Rec 4749/00; 5-2-13, EDJ 24163; TSJ País Vasco 24-9-19, EDJ 764013), manteniéndose la relación laboral anterior (TS 20-9-06, EDJ 288903; 26-7-07, EDJ 144136). **7670**

Precisiones **1)** En un supuesto en el que la entrega de la documentación se realiza fuera del plazo fijado en el convenio colectivo por causa imputable al Ayuntamiento implicado en el proceso de adjudicación de la nueva contrata y no a la empresa saliente, la falta de cumplimiento de la nueva contrata de su obligación de subrogación de los trabajadores será solo imputable a ella y no a la empresa saliente, que sí cumplió con su **obligación de información** (TSJ Castilla-La Mancha 19-7-19, EDJ 684042).

2) En supuestos en los que la empresa entrante se niegue a la subrogación por **incumplimiento del deber de información**, al prever el convenio colectivo sectorial de ámbito estatal requisitos de información y comunicación más exigentes que los previstos en el de ámbito autonómico, deberá estarse a la concurrencia y preferente aplicación prevista en el ET art.82.2, 83.2 y 3, 84 y 85, por lo que al existir mayores exigencias en el convenio estatal que no han sido cumplidas por la empresa saliente, los efectos del despido serán responsabilidad de la empresa saliente en exclusiva (TS 28-1-20, EDJ 511762).

Es la empresa incumplidora de esa obligación la **responsable** de las consecuencias perjudiciales que sobrevengan al trabajador afectado, y más en concreto del despido en el caso de que este se haya producido, no siendo posible invocar en contra de ello la vulneración del derecho del trabajador a la estabilidad en el empleo, porque dicho derecho está asegurado en cuanto persiste, en estos supuestos, la vigencia del contrato de trabajo con la empresa saliente (TS 11-3-03, EDJ 7193; 28-7-03, EDJ 139955). **7670.1**

Distinto sería el tratamiento en los supuestos en los que el convenio colectivo exige la entrega de cierta documentación, pero incluye como única consecuencia en caso de incumplimiento el que, de originarse perjuicios a la empresa entrante, sea la saliente la obligada a responder civilmente del importe de los mismos, no pudiendo quedar el trabajador afectado y excluido de la subrogación (TSJ La Rioja 23-5-19, EDJ 612360).

No obstante, la jurisprudencia ha matizado que la subrogación debe operar, aunque la documentación de la empresa cesante en la contrata no esté **completa**, si no se trata de documentación imprescindible para informar sobre las circunstancias profesionales de los trabajadores afectados y para justificar haberse atendido las obligaciones dinerarias y de la Seguridad Social (TS 5-2-13, EDJ 24163; 19-9-12, EDJ 216837). **7671**

En este sentido, si la documentación aportada es la **imprescindible, necesaria y suficiente**, para informar sobre las circunstancias del personal afectado, se entiende cumplido el mandato convencional (TS 11-3-03, EDJ 7193; 28-7-03, EDJ 139955; TSJ Castilla-La Mancha 5-11-03, EDJ 210081; 13-11-03; 15-1-04, EDJ 44922; TSJ Cataluña 25-4-02, EDJ 29936; TSJ Valladolid 14-6-04, EDJ 71643); sobre todo si la entrante conoce previamente los datos personales de los afectados (TSJ Cataluña 4-5-11, EDJ 129794; TS 19-12-12, EDJ 311290).
Además, en caso de incumplimiento de entrega de la documentación completa, se exige que la empresa saliente haya desatendido injustificadamente, de manera **dolosa o negligente** dicha obligación. De manera que, cuando las circunstancias del caso evidencien que no es posible atribuir realmente a la empresa saliente el incumplimiento de tal obligación, por concurrir circunstancias que justifican, su actuación no podrá entenderse como infracción de la regulación convencional, por lo que no podrá rechazarse la subrogación en la relación laboral de los trabajadores que prestaban anteriormente servicios (TS 30-9-20, EDJ 677602).

Precisiones **1)** La doctrina judicial ha entendido que en un supuesto en el que no consta remitido algún dato, como las certificaciones de estar al corriente en la seguridad social o las liquidaciones de los trabajadores, no se entiende que se haya producido un incumplimiento que exonere a la empresa entrante del deber de subrogación, ya que se **facilitó** la **información fundamental** y la empresa receptora nunca exigió ningún tipo de complemento de la misma, sino que se limitó a rechazar de plano la subrogación de los trabajadores (TSJ País Vasco 2-7-19, EDJ 700006).
2) Igualmente, en un supuesto en el que debe operar la subrogación de personal por la sucesión convencional, no puede alegarse inaplicación de la misma por incumplimiento del deber de información en la **convocatoria** del **concurso**, cuando dicha información ya constaba en el expediente administrativo (habiéndose indicado además en la fase previa a la adjudicación, y el fenómeno de la subrogación está expresamente regulado en el convenio colectivo (TSJ Cataluña 20-11-17, EDJ 298235).

7672 A tal efecto, resulta exigible un mínimo de **diligencia** a la empresa entrante, a la hora de comprobar que los trabajadores en cuyos contratos va a subrogarse cumplen los requisitos necesarios establecidos en el convenio colectivo de aplicación (TSJ Castilla-La Mancha 3-10-01, EDJ 73606).
En virtud de lo anterior, ante el citado incumplimiento del deber de información por parte de la saliente, el afectado puede mantener su relación con la empresa saliente o instar su incorporación a la nueva adjudicataria (TS 20-9-06, EDJ 288903; 6-3-07, EDJ 18261) ya que, dicha falta de cumplimiento, no puede proyectarse negativamente sobre la esfera jurídica del **trabajador** (TS 12-7-10, EDJ 185118; 28-9-11, EDJ 231649; TSJ Cataluña 8-10-09, EDJ 276951).

Precisiones **1)** En relación con el convenio colectivo estatal de las industrias de captación, elevación, conducción, tratamiento, distribución, saneamiento y depuración de **aguas potables y residuales**, el empresario saliente es responsable de las consecuencias del despido de los trabajadores por incumplimiento de las previsiones del convenio colectivo (TS 10-6-13, EDJ 122964; 5-2-13, EDJ 24163).
2) Producido un cambio de adjudicataria en la concesión de la gestión de los servicios de **abastecimiento, alcantarillado y depuración de aguas**, para que exista subrogación es preciso que la empresa saliente proporcione a la entrante la documentación prevista en convenio colectivo de las industrias de captación, elevación, conducción, tratamiento, distribución, saneamiento y depuración de aguas potables y residuales, no siendo suficiente la mera comunicación de poner a disposición la documentación adjunta, cuando el único documento que se hizo llegar a la nueva empresa adjudicataria es el de la relación de trabajadores afectados (TS 12-2-14, EDJ 21414).
3) En el mismo sentido, en el **sector de transporte de enfermos y accidentados en ambulancia**, en el que la empresa saliente únicamente facilitó a la entrante los listados de trabajadores, el Tribunal Supremo concluyó que de esa documentación la empresa adjudicataria no podía conocer las condiciones laborales que mantenían los trabajadores de la saliente, ni si estaba al corriente en sus obligaciones económicas. De esta manera, si bien mantiene la Sala que el **incumplimiento de las previsiones del Convenio Colectivo** debe ser analizado desde la relevancia que la documentación omitida puede tener y su condición de imprescindible, en este supuesto, califica como relevante la falta de la nómina del último mes (noviembre), de los TC1 y TC2 del mes de octubre y los recibos de saldo y finiquito en tanto que con ellos se va a poner de manifiesto que no existen deudas frente a los trabajadores ni en Seguridad Social que es la finalidad que persiguen aquellas exigencias (TS 18-2-20, EDJ 550206).
4) En el sector de la **seguridad**, la carencia de autorización administrativa, para el ejercicio de las funciones de seguridad privada, se ha considerado esencial, no operando por ello la subrogación (TS 28-9-11, EDJ 231649; 16-1-08, Rec 77675/08; TSJ Madrid 18-1-16, EDJ 9882), sin perjuicio de la posibilidad de acudir posteriormente a un despido objetivo (TSJ País Vasco 1-12-04, EDJ 253947). En sentido contrario, la carencia de la **Tarjeta de Identidad Profesional** de vigilante de seguridad (TIP) del trabajador subrogado se entiende como una entrega de la documentación incompleta por la empresa saliente que pudo haber sido subsanado requiriendo al trabajador, que tenía en su poder dicha documentación, para que la presentara y por ello la nueva adjudicataria será la responsable de las relación laborales con el trabajador en aplicación del convenio colectivo de Seguridad Privada (TSJ Madrid 6-10-14, EDJ 214229).

Las consecuencias de una información **inexacta o falsa**, facilitada por la empresa saliente, dependen del carácter de la misma. Así, la cuantía exacta del **salario** no impide que la subrogación se produzca, sin perjuicio de que la nueva adjudicataria pueda reclamar a la cesante los daños y perjuicios que la falsedad o inexactitud pueda ocasionarle (TSJ Cataluña 8-10-09, EDJ 276951). **7673**
Sin embargo, si la inexactitud o falsedad se refiere a cuestiones principales o fundamentales del vínculo laboral del subrogado, como la naturaleza jurídica del **contrato o** su **duración**, no opera la subrogación, siendo la empresa cesante quien acarrea con las consecuencias (TS 15-12-97, EDJ 59453; TSJ Castilla-La Mancha 8-2-01, EDJ 5086; TSJ País Vasco 1-12-04, EDJ 253947).

Precisiones 1) No procede la subrogación convencional, asumiendo sus consecuencias la empresa saliente: **7674**
- si un trabajador **extranjero** estaba en situación **irregular** con la empresa saliente (TSJ Cataluña 20-5-11, EDJ 137302); o
- en el supuesto de que el empleado está **jubilado** parcialmente, pero no presta trabajo efectivo, al entenderse que para que opere la cláusula de estabilidad en el empleo es exigible, además del elemento formal de la adscripción a la contrata, la prestación de servicios efectivos (TSJ Cataluña 19-6-13, EDJ 142032).
2) No es válida la condición establecida en el convenio colectivo de informar a la **comisión paritaria** sobre las mejoras salariales, para que estas puedan ser exigidas por los trabajadores a la empresa entrante (TSJ País Vasco 13-1-04, EDJ 11958).

2. Sucesión derivada de un pliego de condiciones

Se ha venido entendiendo que la sucesión de contratas puede venir, asimismo, impuesta por el **pliego de condiciones** administrativas, el cual debe ser aceptado por el nuevo contratista (TS 9-7-91, EDJ 7489; 5-4-93, EDJ 3361; 30-12-93, EDJ 11975; 23-2-94, EDJ 1615; 12-3-96, EDJ 1912; 25-10-96, EDJ 7066; 27-12-97, EDJ 21320; 8-6-99, EDJ 13536; 20-11-00, EDJ 55658; 26-6-01, EDJ 16136; 3-6-02, EDJ 26623; 14-6-07, EDJ 100958; 23-9-08, EDJ 197287; TSJ Madrid 12-11-10, EDJ 300295). **7675**
Sin embargo, la jurisprudencia más reciente -tanto administrativa como social- se ha apartado de la interpretación histórica en la que los pliegos de contratación podían obligar al licitador a subrogar a la plantilla de la empresa existente y ha considerado que el pliego de condiciones **no tiene fuerza vinculante** suficiente para obligar por sí solo a la parte adjudicataria a subrogar a los trabajadores de la anterior, sino que únicamente deberá hacerlo cuando así se establezca por ley o por el convenio colectivo de aplicación (TS 12-12-17, EDJ 279580; cont-adm 18-6-19, EDJ 619642; TSJ Sta. Cruz de Tenerife 12-3-19, EDJ 618186; TSJ Madrid 26-6-19, EDJ 725348). Por lo tanto, la mera inclusión en el pliego de condiciones de una referencia a la L 9/2017 art.130 -Ley de Contratos del Sector Público- únicamente implica que la administración que contrata debe informar a los licitadores que la subrogación es posible, pero en ningún caso impone por sí sola la subrogación. Se ha establecido, por lo tanto, un **criterio de no injerencia** de los pliegos de contratación en las condiciones laborales, en virtud del cual únicamente se considera legítima la subrogación cuando esta responde a imperativos normativos o convencionales.

Como se ha desarrollado anteriormente (nº 7641), y tal y como ha establecido el Tribunal Supremo, se hallan excluidos de la aplicación del ET art.44 los supuestos en los que la sucesión únicamente se produce en relación con la **ejecución** de la **misma actividad económica** que venía desarrollando la adjudicataria anterior, puesto que el mero cambio en el titular de la actividad no determina la aplicación de la normativa sobre transmisión de empresa, en tanto la operación no vaya acompañada de una cesión -entre ambos empresarios- de elementos significativos del activo material o inmaterial (TS 12-12-17, EDJ 279580). **7676**
Por tanto, se aplica el ET art.44 si la nueva adjudicataria continúa la **misma actividad** que venía desarrollando la anterior y, además, lo hace en los mismos locales, con los instrumentos correspondientes para la prestación del objeto del concurso y con el stock de fármacos adquiridos a la anterior adjudicataria (TS 23-10-09, EDJ 271408; 28-4-09, EDJ 92568) o si existe una transmisión de los **vehículos** y resto de materiales necesarios para la actividad de la limpieza, junto con una sucesión de plantilla (TSJ País Vasco 28-6-11, EDJ 178207).
Opera la sucesión legal aun cuando el cambio de titular en la contrata viene motivado por una **confiscación del servicio**, revocación o finalización de la misma, o por cualquier otra causa, si el nuevo adjudicatario se hace con los medios materiales necesarios para la explotación (TSJ Cataluña 24-11-03, EDJ 169376).

7677 Si la nueva adjudicataria decide asumir **voluntariamente** a los empleados de la antigua contrata, sin que esta obligación venga contenida en el pliego de condiciones, dicha situación puede suponer la aplicación de la sucesión legal de empresas, no en cambio si no se acredita la subrogación de un significativo y/o cualitativo número de **trabajadores** de la contrata anterior (TSJ Madrid 25-1-13, EDJ 29490).

El pliego no puede determinar el **convenio colectivo** aplicable a la nueva adjudicataria, es decir, el convenio colectivo que se aplica es el que corresponda legalmente, y no el que se indique en el pliego si por su ámbito funcional es otro el exigible (TSJ Madrid 18-1-05, EDJ 6279).

7678 Así pues, tal y como se ha expuesto, no es aplicable la sucesión de contratas ni la sucesión legal de empresas, si dichos efectos no están contenidos en el pliego de condiciones por no estar previsto en el convenio colectivo aplicable, aun cuando la nueva adjudicataria contrate al 40% de la plantilla anterior (TSJ Madrid 29-6-12, EDJ 184094), y siempre que la actividad objeto de la contrata no sea intensiva en mano de obra y dicha plantilla configure el elemento esencial y determinante para su ejecución.

Por otro lado, habría obligación de incluir en los **pliegos de condiciones** una cláusula que imponga la necesaria subrogación de los trabajadores de las empresas de servicios en los casos de cambio de titularidad, por tratarse de un compromiso asumido en un Acuerdo que tiene naturaleza análoga a un Convenio Colectivo (AN 24-2-20, EDJ 514830).

Precisiones Ha habido un cambio en la doctrina del Tribunal Supremo, de manera que a partir de la Sentencia TS 19-12-19, EDJ 802992, el **orden jurisdiccional social** es el competente para conocer la obligación o no de incluir en las licitaciones la cláusula subrogatoria pactada, ya que hasta la fecha dicha exigencia solo podría imponerla la jurisdicción contencioso-administrativa.

7678.1 Así pues, los servicios complementarios de **biblioteca** constituyen una actividad que, descansa exclusivamente en la mano de obra destinada a la gestión de dicho servicio bibliotecario, puesto que no se exige ni material ni instalaciones, lo que determina que la continuación de la actividad y la mera asunción por la nueva adjudicataria de la concesión y de parte significativa de la plantilla de la concesionaria saliente, implica necesariamente la existencia de sucesión empresarial (TSJ Galicia 10-6-14, EDJ 128981).

En los supuestos en los que el pliego prevea una **reducción** de los **servicios contratados** y, por tanto, no sea necesaria la subrogación de todo el personal que prestaba servicios en la anterior contrata, el Tribunal Supremo ha considerado que la nueva adjudicataria está obligada a asumir toda la plantilla, siempre y cuando se produzca la transmisión de una entidad económica que mantenga su identidad, como por ejemplo en las actividades en las que la **mano de obra** constituye un **factor esencial** (servicios de seguridad en edificios), en cuyo caso lo relevante es que se haya asumido una parte esencial de la plantilla en términos de competencias o numéricos (TS 8-1-19, EDJ 507519), pudiendo posteriormente la nueva adjudicataria amortizar puestos de trabajo justificando esa reducción en los servicios. Con ello no se quiere decir que el precepto convencional que permite la subrogación en una parte limitada de la plantilla en los supuestos de disminución de la contrata sea, siempre y en todo caso, ilegal e inaplicable.

7679 Es posible que no proceda la subrogación de determinados trabajadores que, de acuerdo con las cláusulas establecidas en el propio pliego de condiciones técnicas, no cumplan con los requisitos exigidos para el desarrollo de la actividad que se va a ejecutar. En este sentido, por ejemplo, si se produce un cambio sobrevenido en relación a la actividad contratada en los pliegos de condiciones, de manera que los **requerimientos profesionales** exigidos hubieran **mutado**, exigiéndose profesiones técnicas más cualificadas que excluyen las categorías de algunos trabajadores de la empresa saliente, no se produciría la subrogación (TSJ Las Palmas 27-5-19, EDJ 689596).

Sin embargo, la **rescisión** total o parcial de una contrata, implica la amortización de los puestos en que prestaban servicios los empleados de la contratista por causas ajenas totalmente a la voluntad de esta, resultando que nos encontramos ante un supuesto de causa organizativa o productiva de despido objetivo (TS 7-6-07, EDJ 70591; 31-1-08, EDJ 56657; 12-12-08, EDJ 272969; 16-9-09, EDJ 265827; TSJ Madrid 2-7-19, EDJ 672641) y, por lo tanto, no es necesaria la búsqueda previa de soluciones alternativas al despido. No obstante, esta doctrina sobre la amortización total es de muy dudosa aplicación en aquellas empresas cuya actividad consiste en la prestación de servicios a otras mediante contratas, toda vez que la finalización o terminación de las mismas es una situación habitual (TS 31-1-08, EDJ 56657; 16-9-09, EDJ 265827). Es decir, la **mera pérdida de la contrata** no sirve de argumento suficiente en todo caso para considerar la concurrencia de causas justificativas para la extinción de los contratos de trabajo, sino que la empresa deberá justificar dichas causas, así como la razonabilidad de las extinciones contractuales para contribuir a prevenir la evolución negativa de la empresa o a mejorar la situación de la misma a través de una más adecuada organización de los recursos (TS 3-5-16, EDJ 94050). Así pues, el Tribunal Supremo consideró desvirtuada la decisión extintiva por causas organizativas o de producción en un supuesto en el que una empresa cubría los puestos vacantes con **nuevas contrataciones**.

Por el contrario, se ha entendido suficiente la alusión a causas productivas por la **pérdida de un cliente**, en el despido de una trabajadora con categoría de limpiadora que trabajaba para una contrata de limpieza, tras el cierre de una sucursal bancaria. Entiende la Sala del Tribunal Supremo que resulta obvio el desequilibrio productivo de la empresa cuando esta pierde un cliente, sin que esté obligada a probar algo más que el solo hecho de la reducción de la contrata, al no haber constancia ni alusión alguna en la sentencia recurrida de que, por las singulares condiciones de la empresa puede desprenderse que la reducción de la contrata no tiene que suponer un excedente de la plantilla. Nuestra actual legislación no impone al empleador la obligación de agotar todas las posibilidades de acomodo del trabajador en la empresa, ni viene aquél obligado, antes de hacer efectivo el despido objetivo, a destinar al empleado a otro puesto vacante de la misma (TS 22-3-22, EDJ 533936).

3. Sucesión por reversión de la actividad

Por reversión de la actividad se entiende la finalización de la contrata para la **ejecución** de la **misma actividad** por la propia contratante. Por tanto, en esta situación se produce la sucesión de actividad, pero para que sea aplicable la sucesión de empresa es necesario que concurran otros elementos: sucesión patrimonial y/o sucesión de plantilla. **7685**

De esta manera, la reversión de la actividad puede suponer la aplicación de la sucesión de empresas en aquellos supuestos donde, junto con la sucesión de actividad, por ejecución propia de la contratante, concurren otros elementos sucesorios (TJUE 26-11-15, C-509/14; TS 19-9-17, EDJ 208958; EDJ 215961; EDJ 215965; EDJ 215966; 20-5-21, EDJ 577595), es decir, se produce la sucesión legal cuando se revierte la unidad patrimonial susceptible de ser inmediatamente explotada (TS 26-1-12, EDJ 15970; 30-5-11, EDJ 174279; 26-2-19, EDJ 563430; TSJ Granada 21-4-16, EDJ 127249). No así cuando la contratista cesa (voluntaria y unilateralmente) en los servicios contratados, sin mediar nueva adjudicación y sin que el **Organismo Autónomo** se hubiese hecho cargo del servicio, no pudiendo resultar de aplicación la cláusula del convenio que establece la subrogación en caso de reversión debido a la inexistencia de continuador en la actividad, al no ser de aplicación dicha norma convencional a la Administración Pública contratante (TS 21-4-15, EDJ 80872; 19-5-15, EDJ 118080; TSJ Galicia 7-12-18, EDJ 686266).

Precisiones **1)** En el contexto de reversión del servicio de limpieza a la empresa principal (**gimnasio**), sin transmisión de infraestructura ni asunción de plantilla: no cabe imponer a la empresa una obligación de subrogación en los contratos de trabajo de los trabajadores de la empresa auxiliar de limpieza, a los que no les resulta de aplicación el convenio colectivo estatal de instalaciones deportivas y gimnasios por referirse a un ámbito personal y funcional diferente: la subrogación prevista en el convenio aplicable a la empresa principal no puede disciplinar el proceso de reversión de la actividad de limpieza que tenía externalizada (TS 26-11-18, EDJ 655726).

2) No procede la sucesión legal en un supuesto de prestación de **servicios de limpieza** en una oficina bancaria que se cierra, siendo el local destinado por otra empresa a **actividad distinta**, pero asumiendo esta nueva empresa la limpieza del centro (TSJ Extremadura 9-1-20, EDJ 507797), pues no tiene ninguna obligación la recurrente en suceder a la anterior contratista de limpieza del local, pues es el uso de su derecho de efectuar esa actividad, sin duda necesaria en todo local, de llevarlo a cabo en la forma que tuviera por conveniente, incluso realizándola por ella misma.

3) Tampoco existe sucesión legal en el rescate por parte de un Ayuntamiento de instalaciones de **cafetería** de un **centro cívico** de titularidad municipal que, tras fracasar en el proceso de nueva concesión a terceros, son recuperadas sin continuar la actividad (TSJ Cataluña 8-11-19, EDJ 782963).

Por tanto, la mera asunción de la actividad no es elemento suficiente para determinar el mantenimiento de una entidad económica, siendo necesaria la concurrencia de otros elementos para entender que se aplica el ET art.44, como, por ejemplo, el **personal** que la integra, que es muchas veces el elemento decisivo, de manera que si no se ha producido una asunción de una parte esencial de la plantilla, porque el convenio colectivo no lo exija o porque no lo ha decidido la nueva contratista, no se aplicaría el art.44 (TS 17-6-11, EDJ 147469; 11-7-11, EDJ 198194; 12-7-16, EDJ 115741; TSJ Extremadura 18-2-19, EDJ 520375), sus **directivos**, la organización del trabajo, sus **métodos y/o medios** de explotación (TJCE 11-3-97, C-13/95; 20-1-11, C-463/09; TJUE 11-7-18, C-60/17). **7686**

Precisiones 1) Existen, no obstante, resoluciones con un planteamiento particularmente controvertido del Tribunal Supremo respecto a la **reversión** en los supuestos en los que se produce una devolución por parte del contratista saliente de elementos objetivos (TS 9-12-16; EDJ 255268; 26-1-17, EDJ 11107 y EDJ 9121). En estos supuestos, en los que parece que hubiera tenido que determinarse que el ET art.44 era aplicable a estos casos de reversión, el Tribunal Supremo, en la citada sentencia de diciembre de 2016, resolvió que sí era de aplicación la subrogación del ET art.44 y, por el contrario, en las sentencias de enero de 2017, desestima el recurso por falta de contradicción, afirmando que no se ha producido transmisión de elemento objetivo alguno (pese a que la propia sentencia enumeró todos los bienes recuperados por el centro escolar, que posibilitaron la continuidad del servicio sin solución de continuidad).
2) En **actividades desmaterializadas**, se ha rechazado la existencia de un traspaso en una reversión de limpieza en la que un ayuntamiento decide asumir el servicio con su propio personal y sus propios medios, ya que, estando la entidad económica basada fundamentalmente en los trabajadores, no se ha hecho cargo el Ayuntamiento de una parte esencial de esos empleados (TS 23-3-22, EDJ 532059).

7686.1 No obstante, puede entenderse que el Alto Tribunal ha acabado adoptando un criterio interpretativo más ajustado a la doctrina del TJUE a partir de las cuatro sentencias de septiembre de 2017 (TS 19-9-17, EDJ 208958; EDJ 215961; EDJ 215965; EDJ 215966) y las dos de diciembre de 2017 (TS 19-12-17, EDJ 279567; EDJ 279587) sobre la **reasunción** del **servicio de cocina y restauración** que había sido externalizado a una empresa, en las que el Tribunal Supremo ha entendido que, cuando existe transmisión de elementos patrimoniales significativos e imprescindibles para llevar a cabo el servicio o la actividad transmitida, se está ante el supuesto previsto en la Dir 2001/23/CE art.1 y en el ET art.44, resultando irrelevante la circunstancia de que los elementos materiales indispensables para el desarrollo de la actividad de que se trata hayan pertenecido siempre al Ministerio de Defensa (TS 26-3-19, EDJ 563430).
Este criterio ha sido posteriormente ratificado en el marco de la recuperación del servicio por parte de un Ayuntamiento que pasa a realizarlo directamente en las mismas instalaciones y con los mismos medios materiales que ya eran de su propiedad (TS 12-3-20, EDJ 559727) y asimismo, en la reversión del servicio público de cuidados paliativos que pasa a prestarse por la Administración con los mismos medios materiales y contratando a dos de los tres trabajadores que prestaban servicios en la anterior empresa (TS 25-11-20, EDJ 741042; 10-6-21, EDJ 609721).

7687 Igualmente se aplica esta figura jurídica cuando las facultades conferidas a los responsables de la cedente y, especialmente, la de organizar, se conserva inalterada en las estructuras de organización de la cesionaria, y sin que tenga trascendencia el mero cambio de los máximos responsables jerárquicos, si no disponen de facultades para organizar directamente a los trabajadores (TJCE 29-7-10, C-151/09), cuando el promotor de la obra asume directamente su finalización (TSJ Sevilla 30-9-02, EDJ 70222); cuando se trasmite el uso y explotación de importantes elementos patrimoniales (TS 19-7-06, EDJ 313745), así como cuando se decide la internalización de la gestión (p.e., de un hospital), continuando la actividad desarrollada junto con el mantenimiento de la prestación laboral de servicios de siete de los trece trabajadores que antes atendían la actividad y recuperando las instalaciones y medios materiales necesarios para ello, al igual que los elementos inmateriales representados por las historias clínicas de los pacientes (TSJ Madrid 22-11-19, EDJ 796369).
Sin embargo, no aplica la sucesión de empresas si la actividad asumida directamente, y con trabajadores de nueva contratación, es la limpieza y esta es accesoria a su objeto social (TJCE 20-1-11, C-463/09), no siendo de aplicación la cláusula del convenio que establece la subrogación en caso de reversión, al no ser de aplicación dicha norma convencional a la contratante (TSJ Castilla-La Mancha 20-10-14, EDJ 213455; TSJ Cataluña 10-12-08, EDJ 335162; TSJ Valladolid 17-12-04, EDJ 211426; JS Burgos 8-2-18, EDJ 54091).

7688 Tampoco si quien asume directamente la actividad es una **comunidad de propietarios**, con nuevas contrataciones (TSJ Madrid 20-4-09, EDJ 96836; JS Valladolid núm 4, 31-7-19, EDJ 689298).
No aplica la sucesión legal si no hay transferencia de activos patrimoniales significativos (TJCE 10-12-98, asuntos acumulados C-127/96, C-229/96 y C-74/97; TS 6-2-97, EDJ 513; 27-6-08, EDJ 166859), como el caso del **transporte aéreo**, en el supuesto de que solo se revierte la propiedad de los aviones que se empleaban para la gestión de una aerolínea (TSJ Baleares 24-10-11, EDJ 258991). Tampoco si se finaliza el servicio de cafetería, al no ser el mismo una unidad productiva autónomo sino una facilidad o ventaja para quienes prestan servicios en la empresa (TS 22-5-00, EDJ 10871 y 1-12-99, EDJ 47869). Y tampoco en un caso en el que **se liberaliza un servicio** y no consta la transmisión de elemento patrimonial alguno (TSJ Sevilla 28-3-19, EDJ 556312).

No es de aplicación si el servicio revertido -logística- no ha ido acompañado de una transmisión patrimonial, salvo el centro físico sin elementos necesarios para realizar la actividad, y además el contrato mercantil fue rescindido por la propia contratista (TSJ Cataluña 24-2-11, EDJ 67853) o cuando finaliza un arrendamiento de industria para la explotación de unos **bungalós** revertiendo a sus propietarios para su uso particular (TSJ Canarias 31-1-08, EDJ 39480; 26-10-06, EDJ 328181 y 29-3-06, EDJ 82513) o si la reversión de la actividad hacia la principal se produce como consecuencia de un **desahucio** judicial (TSJ Andalucía 8-3-94, Rec 1211/93). **7689**
En contra, si el contrato de **arrendamiento de industria** finaliza, existiendo una transmisión de elementos patrimoniales, es de aplicación la sucesión de empresas, (TS 1-3-04, EDJ 31837; TSJ Asturias 19-6-09, EDJ 139458) incluso cuando, recuperada la industria, el arrendador dispone el cese del ejercicio de la actividad empresarial (TSJ Baleares 3-12-12, EDJ 322488).

No hay sucesión legal si lo que se arrendaba era un **local con** un **negocio**, aunque sin trabajador alguno, y los herederos del arrendador, que ejercitan el derecho de resolución del contrato de arrendamiento y lanzamiento posterior, no continúan el negocio ni con explotación propia ni ajena (TSJ Cataluña 30-9-02, EDJ 50639). **7689.1**

E. Sucesión en administraciones públicas

La jurisprudencia ha establecido que la normativa sobre sucesión de empresas es aplicable a las **empresas públicas** que ejercen una actividad económica, con o sin ánimo de lucro (TJCE 26-9-00, C-175/99; 29-7-10, C-151/09; 20-1-11, C-463/09; TJUE 20-7-17, C-416/16). Sin embargo, dicha aplicación contiene ciertas particularidades. **7690**
Por tanto, la sucesión puede tener lugar desde una persona jurídico-privada, a otra jurídico-pública, aunque la primera ejerza su actividad sin ánimo de lucro, o por razones de interés público (TJUE 26-11-15, C-509/14; TJCE 26-9-00, C-175/99; 11-11-04, C-425/02; 26-5-05, C-297/03; TSJ Galicia 15-7-05, EDJ 276573; 18-7-05, EDJ 275340; 19-7-05, EDJ 149850; 1-9-05, EDJ 275499 y EDJ 305436; TSJ Madrid 19-5-11, EDJ 121687; TSJ Castilla-La Mancha 17-6-11, EDJ 153224; TSJ País Vasco 28-6-11, EDJ 178207; en sentido contrario TSJ Extremadura 21-12-05, EDJ 253539; 23-2-06, EDJ 16732).

Igualmente, esta figura jurídica puede aplicarse cuando una entidad que presta un servicio público, gestionada por un organismo público, es transmitida a una sociedad de derecho privado, a título oneroso y en régimen de **concesión administrativa** (TJCE 14-9-00, C-343/98), siendo indiferente que la sucesora sea, exclusivamente, de capital público (TSJ Madrid 8-10-10, EDJ 286673). Puede suceder -con ciertas especialidades- entre las propias administraciones públicas entre sí (TJCE 6-9-11, C-108/10), incluso desde la Administración del Estado a las **Comunidades Autónomas** (TS 3-6-92, EDJ 5700; 29-6-94, EDJ 5691; 20-9-94, EDJ 6449; 24-7-96, EDJ 6503; TSJ Castilla-La Mancha 29-12-05, EDJ 237650). **7692**
La finalidad de la subrogación empresarial es la defensa y garantía del empleo, (TS 20-1-97, EDJ 230; 15-4-99, EDJ 9259; 11-4-01, EDJ 16049), por tanto, la sucesión no altera el régimen contractual al que el trabajador estuviera sometido en la empresa de origen, más si se tratan de dos administraciones públicas las afectadas (TS 14-12-09, EDJ 315132; 10-2-10, EDJ 26506; 10-3-10, EDJ 26509).
Así, no impide la sucesión, la concurrencia en la sucesora de un sistema de gestión directa mediante sociedad mercantil, cuyo capital social pertenezca íntegramente a una **entidad local** (TSJ Asturias 29-4-11, EDJ 94131).
Igualmente, operará la sucesión, conforme al ET art.44, en un supuesto de transmisión de una escuela infantil de una contrata a otra por parte de un Ayuntamiento, al considerarse que se ha transmitido una unidad productiva autónoma. No se trata de la mera concesión de la prestación de servicios, sino que también se han cedido los **medios materiales necesarios** para su prestación: instalaciones, muebles y demás equipamiento necesario para prestar los servicios de guardería y comedor, elementos que, aunque siguen siendo del Ayuntamiento, puede utilizar la concesionaria que viene obligada a pagar su conservación y reposición (TS 7-3-19, EDJ 552064).

Reversión de contratas En materia de reversión de contratas, como ya se adelantó anteriormente (nº 7685), se aplica la sucesión de empresas si una administración pública asume una actividad como consecuencia de la finalización de un **arrendamiento de industria** por sentencia judicial (TSJ Madrid 13-3-01, EDJ 14550), o cuando hay una sucesión patrimonial de elementos materiales básicos para la actividad -vehículos, carritos de barrendero, etc.- al asumir un **Ayuntamiento** la gestión directa de la actividad de limpieza (TSJ País Vasco 28-6-11, EDJ 178207). Sin embargo, no aplica la sucesión de empresas en un supuesto de reversión de actividad, previamente descentralizado, en una administración pública en la que **7693**

no ha existido transmisión de infraestructura alguna y no se ha asumido por la misma ningún personal, realizándose con **personal propio** (TS 9-12-16, EDJ 255268; TSJ Burgos 3-10-18, EDJ 624506; 17-1-19, EDJ 506969).

Asimismo, existe sucesión de empresas en el supuesto de reversión del arrendamiento de industria del **aparcamiento** de la empresa encargada de su explotación a un Ayuntamiento, con transmisión de una entidad económica que mantiene su identidad y de los elementos productivos y materiales necesarios para poder continuar la actividad, siendo irrelevante que se haya decidido su cierre una vez firmado el acta de reversión (TSJ Madrid 27-9-19, EDJ 727810).

También nos encontramos ante una sucesión de contratas cuando no solo se transmite la mano de obra, sino que los medios materiales (instalaciones, equipamiento de cocina y utensilios) han pertenecido al Ministerio, el cual, además, imponía su uso al contratista (TS 19-9-17, EDJ 208958; EDJ 215961; EDJ 215965; EDJ 215966; 19-12-17, EDJ 279587). Por tanto, el hecho de que una administración recupere la prestación del servicio, anteriormente externalizado, bien con las mismas personas trabajadoras que tenía la empresa que prestaba el servicio, bien con las mismas instalaciones, maquinaria, infraestructura que las que utilizaba la empresa contratista, o bien con ambos elementos, determina que, normalmente, estemos ante un supuesto de sucesión de empresa (TSJ Castilla-La Mancha 5-2-19, EDJ 537286).

Asimismo, la reversión de contratas se encuentra dentro del ámbito de aplicación de la Directiva Europea sobre mantenimiento de los derechos de los trabajadores en casos de traspasos (Dir 2001/23/CE). Por tanto, es un supuesto de sucesión de empresas el hecho de que una empresa pública, titular de una actividad económica, que previamente confía la explotación de esa actividad a otra empresa (poniendo a disposición de esta las infraestructuras y el equipamiento necesarios de los que es propietaria), decida poner fin a dicho contrato y **revertir** dicha **actividad** sin hacerse cargo del personal de esta última empresa porque en lo sucesivo quiere **explotar esa actividad** ella misma con su **propio personal** (TJUE 26-11-15, C-509/14; TS 26-3-19, EDJ 563430).

7693.1 Precisiones **1)** Aunque tras la rescisión de una **concesión** revierten al Ayuntamiento los elementos materiales básicos para la continuación del servicio municipal- las instalaciones deportivas con la infraestructura material precisa para su explotación- en aquellos casos en los que una resolución judicial firme (dictada por el Juzgado de lo Mercantil) acuerda la extinción contractual de los trabajadores de la inicial concesionaria, la ulterior sucesión empresarial no produce el efecto de restablecer o hacer renacer una relación laboral ya fenecida, y, como corolario de ello, el trabajador carece de acción para accionar por despido frente a esa decisión de la empresa sucesora de no integrarlo en su plantilla (TSJ Las Palmas 31-3-15, EDJ 189341).

2) No se aprecia sucesión empresarial en la reversión a la Comunidad de Madrid a través de la Consejería de Educación, del servicio de educación de adultos que se prestaba con anterioridad en una Mancomunidad, al pasar a **realizarlo con su personal y sus propios medios**, sin que tampoco se transmitieran medios materiales ni diera lugar a un supuesto de sucesión de plantilla por el nuevo empleador (TSJ Madrid 23-11-15, EDJ 238297).

3) Tampoco se aprecia sucesión empresarial del ET art.44, ni la existencia de reversión de actividad, en un supuesto en el que el Ayuntamiento insta un **procedimiento de desahucio** en un club de tenis y está pendiente de suscribir contrato con nueva concesionaria, **limitándose su actividad** en ese tiempo al mantenimiento y alquiler puntual de las pistas de tenis. Los servicios de la concesión incluían gimnasio, cafetería, organización de torneos, cursos o clases que no se desarrollan por parte del Ayuntamiento (TSJ Sevilla 5-12-18, EDJ 690601).

4) Tampoco se aprecia la existencia de una sucesión de empresa, al no concurrir transmisión patrimonial ni asunción de plantilla, en la reversión del servicio de limpieza externalizado por un Ayuntamiento. Se trata de una actividad, limpieza viaria, que descansa sobre la mano de obra y que, tras la reversión al Ayuntamiento, éste pasa a prestarla en su integridad con su propio personal municipal y medios, sin que finalmente figure constatada la transmisión de estos (TS 13-10-20, EDJ 697096; 28-1-22, EDJ 503831).

5) Sí se aprecia, en cambio, la sucesión de empresas en un supuesto en el que, tras el cese de una contrata en la explotación de las instalaciones deportivas y piscinas municipales de un Ayuntamiento, le **cede** al mismo la **gestión del servicio**, que lo mantiene sin explotación hasta la adjudicación a una nueva contrata, sin que el **tiempo transcurrido** haga desaparecer la identidad de la unidad productiva (TSJ Valladolid 24-9-15, EDJ 216213).

6) En el supuesto de reversión de servicios por parte de una administración, el **personal fijo** que estaba afecto a este servicio debe mantener tal condición, siendo inadecuado aplicar en este caso la categoría del personal indefinido no fijo (TS 28-1-22, EDJ 506379; 31-1-22, EDJ 506362; 2-2-22, EDJ 511087).

7694 **Sucesión de plantillas** Como se ha detallado anteriormente (nº 7630), la asunción o no por parte del nuevo contratista de la mayoría de los trabajadores de la contrata saliente es uno de los elementos a valorar para determinar la posible aplicación de la figura jurídica de la sucesión de empresas, por lo que habrá de estar al análisis de cada caso en concreto.

En el caso de una sucesión de plantillas en la actividad geriátrica, se aplica la sucesión de empresas aun cuando la Administración Pública **asuma** la **actividad solo temporalmente** hasta que se proceda a una nueva adjudicación de aquel servicio público (TS 26-1-12, EDJ 15970).
En sentido similar, existe obligación de subrogación que recae sobre la **nueva entidad** que vaya a realizar el servicio, aunque sea de manera **temporal** hasta que se proceda a una nueva adjudicación (TSJ Islas Baleares 7-9-17, EDJ 200439).
También si se transmiten todos los elementos materiales necesarios para el funcionamiento de la misma (el **edificio y** el **equipamiento** del mismo), ya incluidos en la contrata inicial, todos los cuales configuran la infraestructura u organización empresarial básica de la explotación (TSJ Valladolid 22-11-06, EDJ 370053).

Asimismo, se aplica la sucesión en el supuesto de que la Administración decida, por voluntad propia y de modo unilateral, prescindir de unas actividades, **cafetería y restaurantes**, necesarias para el correcto funcionamiento **de** un **Palacio de Congresos**, manteniendo solo el de catering, conservando buena parte de las instalaciones, medios materiales y dotaciones necesarios para la prestación del citado servicio, habiendo recibido la citada Administración Pública todos los elementos materiales que la última contratista vino utilizando para su debida prestación (TSJ Madrid 4-12-12, EDJ 327331). Misma argumentación se recoge en la sentencia TSJ Madrid 29-4-16, EDJ 107286, en la que se mantiene que lo decisivo, para que exista subrogación, no puede estar en que el titular continúe el servicio o actividad objeto de concesión administrativa, cosa que pueda depender únicamente de su voluntad, sino en que tenga la posibilidad de hacerlo. **7695**
La sucesión de contratos administrativos para adjudicar el servicio de «mantenimiento de la **Red de Vigilancia de Calidad del Aire** de una Comunidad Autónoma» reviste los caracteres de una sucesión de empresas, a través de la figura de «sucesión de plantillas» (TSJ Murcia 4-12-15, EDJ 245399).
También aplica la sucesión de empresas en el caso de la reversión de gestión de **comedor en centro ocupacional**, pasando a gestionarlo la Administración titular del establecimiento pues se considera que existe la transmisión de una verdadera unidad de producción susceptible de explotación (TSJ Castilla y León 19-4-21, EDJ 585979).
Por el contrario, no se aplica la sucesión si una entidad pública asume el servicio de **comedor** de una **residencia geriátrica** del que es titular, pero no hay traspaso de plantilla (TSJ Navarra 28-12-09, EDJ 369696). En este mismo sentido, tampoco existe sucesión de empresas cuando una entidad pública asume el servicio contratando a **nuevo personal** para realizar la actividad (TJUE 20-1-11, C-463/09; TS 21-4-15, EDJ 80872).

Aplica la sucesión de empresas cuando hay una subrogación por una autoridad pública en la relación laboral con el personal empleado por otra autoridad pública y encargado de la prestación a escuelas de servicios auxiliares que comprenden en especial tareas de mantenimiento y de asistencia administrativa (TJCE 6-9-11, C-108/10). **7696**

Asimismo, la recuperación de los bienes e infraestructuras empresariales que constituyen el sustrato objetivo de la actividad empresarial por parte de la Administración, implica la aplicación de la sucesión de empresas, aun cuando las instalaciones permanezcan cerradas tras abandono voluntario de la contratista (TSJ Burgos 7-7-11, EDJ 138989). **7697**
En el supuesto de que un **Ayuntamiento** se subrogue en los derechos y obligaciones del anterior empresario frente a sus trabajadores y estos se integren en su plantilla y, a su vez, los máximos responsables jerárquicos de la entidad transmitida ahora sean mandatarios públicos, no menoscaba la autonomía de la entidad transmitida, a menos que estos mandos jerárquicos dispongan de facultades que les permitan organizar directamente la actividad de los trabajadores de la referida entidad y sustituir así a los superiores inmediatos (TJCE 29-7-10, C-151/09).

No aplica la sucesión si un Ayuntamiento asume la gestión directa de **pisos tutelados** al producirse modificaciones importantes en la organización, funcionamiento, financiación y régimen jurídico, entre otras, las relaciones laborales, ya que el ente local está obligado a un proceso público de selección que garantice los principios de igualdad, mérito y capacidad (TSJ Extremadura 23-2-06, EDJ 16732) o, si un Ayuntamiento asume la **recaudación de impuestos** con personal propio, al no producirse la transmisión patrimonial necesaria para el desempeño de la actividad (TS 19-3-02, EDJ 27055; 17-6-02, EDJ 32020; 19-6-02, EDJ 26691; 25-6-02, EDJ 32035; 14-4-03, EDJ 25709; 27-6-08, EDJ 166859; TSJ Madrid 23-10-09, EDJ 311468; TSJ Las Palmas 19-2-15, EDJ 152278); o cuando una **Diputación** asume las **7698**

labores de agente de empleo (TSJ Castilla-La Mancha 10-11-05, EDJ 230533); o cuando el cambio tiene su origen en una reorganización administrativa (TSJ C.Valenciana 27-10-04, EDJ 218184).
Tampoco opera la sucesión legal si el servicio que tenía adjudicado una empresa ha finalizado, no se ha renovado, no hay convocatoria para ello, sino para otro servicio distinto, y la entidad afectada no ha asumido su prestación (TSJ Madrid 16-5-05, EDJ 267359); o nada consta sobre el personal (TSJ Valladolid 17-12-04, EDJ 211426), o cuando se disuelve una **empresa pública** y su objeto pasa a desempeñarlo, en parte, un Ayuntamiento con sus propios trabajadores (TSJ Granada 24-1-13, EDJ 81834; confirmada por la sentencia TS 13-2-14, EDJ 43827).
Tampoco existe sucesión legal en el momento en el que la adjudicataria de la gestión de los **pisos tutelados**, propiedad de la Corporación codemandada, comunica la extinción de los contratos de trabajo de sus empleados. En el momento de la extinción de los contratos de trabajo, el contrato de adjudicación estaba todavía vigente y el Ayuntamiento no se hizo cargo de la mayoría de los trabajadores. La adjudicataria deja de prestar el servicio, cuando el contrato de adjudicación de la gestión de los Pisos Tutelados continúa en vigor y, por su propia actuación, no existe ya usuario alguno, ni trabajadores, ni entidad económica (TSJ Extremadura 2-12-21, EDJ 816848).
Por último, también se ha declarado la inexistencia de sucesión empresarial, al tratarse de la reversión del servicio de limpieza tras finalizar la contrata, pasando a desempeñarse las tareas por personal de la propia Administración, al no existir trasmisión de elementos patrimoniales relevantes para la actividad, no existir asunción del personal adscrito, ni resultar aplicable la subrogación prevista en el convenio sectorial (que no resulta vinculante para la Administración, que además posee un convenio colectivo propio) (TSJ C. Valenciana 21-7-21, EDJ 750656).

7699 **Aplicación del convenio colectivo** En relación con la aplicación del convenio colectivo, y a diferencia de lo que la jurisprudencia ha establecido en relación con los centros especiales de empleo, a una entidad pública no le son de aplicación las **cláusulas de garantía** de empleo de aquellos convenios colectivos aplicados a la empresa saliente, aun cuando la entidad asuma la actividad (TS 17-6-11, EDJ 147469; TSJ Extremadura 13-10-11, EDJ 241860; TSJ Burgos 17-1-19, EDJ 506969). Así, se ha reiterado que una Administración Pública -que no tienen convenio colectivo propio u otro específicamente aplicable-, no puede quedar afectada por lo dispuesto en un convenio sectorial del que no ha formado parte ni está representada por las asociaciones empresariales firmantes del mismo. Las Administraciones Públicas no pueden estar sujetas a normas convenidas por organizaciones patronales necesariamente guiadas por intereses particulares o sectoriales que muy difícilmente podrán coincidir con aquellos intereses públicos y generales que, como ocurre en este caso concreto, los Ayuntamientos están llamados a desempeñar, y por ello no pueden extenderse los efectos de una negociación colectiva a tales entidades (TS 23-3-22, EDJ 532059).
Por otro lado, en una sucesión de contrata (consistente en el servicio de **portero-recepcionista de** un **centro público**) en la que la empresa saliente es un centro especial de empleo y la entrante una empresa multiservicio sin convenio colectivo propio, el TS entiende que, dado que la contrata no tenía por objeto la limpieza, jardinería ni seguridad privada, no resulta de aplicación ningún convenio colectivo sectorial y la subrogación empresarial no puede imponerse por el convenio colectivo de centros especiales de empleo a la empresa entrante porque no tiene dicha condición (TS 30-3-22, EDJ 532066).
Asimismo, es ajustado a derecho que una empresa pública incluya en el pliego de condiciones de contratación una cláusula que había sido establecida en un pacto colectivo, estableciendo la subrogación de los trabajadores de las empresas de servicios, en caso de cambio de titularidad de la contrata, siendo competente el **orden social** para resolver el conflicto que pudiera plantearse sobre ello (TS 4-6-13, EDJ 120984).
El **orden social** es competente, no solo para conocer del conflicto planteado, cuyo objeto es que se declare no ajustada a derecho la decisión de la empleadora de no incluir en un determinado pliego de condiciones la cláusula de subrogación de los trabajadores afectados por la licitación de la nueva adjudicataria del servicio, sino también para conocer del conflicto en que se interesa que se declare la obligación de incluir en el pliego de condiciones una cláusula de subrogación de los afectados (TS 19-12-19, EDJ 802992). En sentido similar, si una empresa se compromete, en acuerdo colectivo, a incluir en el pliego de condiciones de los concursos que en el futuro puedan convocarse para la prestación de servicios, la subrogación de trabajadores de las empresas de servicios en el caso de cambio de titularidad de la contrata, se debe cumplir dicho acuerdo (AN 24-2-20, EDJ 514830).

F. Supuestos particulares de sucesión derivados de la condición física del empresario

7700

El fallecimiento del empresario, su invalidez y su jubilación constituyen causas legales de **extinción** del contrato de trabajo (ET art.49; TS 16-6-86, EDJ 4153; 26-5-87, EDJ 4169; 1-6-87, EDJ 4338; TSJ País Vasco 14-1-03, EDJ 266144; TSJ Castilla-La Mancha 23-4-03, EDJ 121056; TSJ Sevilla 19-2-15, EDJ 34052; TSJ Las Palmas 22-12-16, EDJ 511252; TSJ Extremadura 5-3-18, EDJ 49999).
Sin embargo, la aplicación de dichas causas de extinción se han de entender sin perjuicio de lo previsto legalmente en materia de sucesión legal de empresa (ET art.44).
Por tanto, dichos supuestos vinculados a la condición física del empleador pueden dar lugar a la extinción del contrato de trabajo o bien, si concurren los elementos necesarios, a la sucesión legal de empresas.

7701

Para que se produzca la extinción del contrato de trabajo debe producirse un doble encadenamiento causal:
- la jubilación, la muerte o la incapacidad del empresario; y
- que la misma ocasione el **cierre** de la explotación.

Si no se produce el cierre o cese en la explotación y, la **actividad continúa**, bien por ser transmitida a otra persona o entidad, bien por nombrarse a un gerente o encargado que lo dirija o explote o por arrendarse al cónyuge, conservando el propio empleador (salvo en los supuestos de muerte) la propiedad del mismo, no pueden ser válidamente extinguidos los contratos de trabajo, operando los efectos de la sucesión legal de empresas (TS 25-4-00, EDJ 11415; 8-6-01, EDJ 15944; 15-7-03, Rec 3442/11; TSJ Asturias 20-2-15, EDJ 14729; 30-1-15, EDJ 10289; 14-12-17, EDJ 278976; TSJ Granada 27-9-18, EDJ 661218).
En virtud de las posibilidades de continuación del negocio, es necesario valorar posibles **actuaciones fraudulentas** (TSJ Valladolid 20-2-13, EDJ 29749; TSJ País Vasco 18-2-03, EDJ 272336; TSJ Murcia 19-9-18, EDJ 618995).

7702

En este sentido, es necesario determinar cuál es el **plazo** adecuado para establecer la continuación empresarial o el cese de la actividad. Ante la ausencia de una regulación específica, la jurisprudencia ha establecido que dicho plazo debe ser prudencial, atendiendo al supuesto de hecho concreto (TS 26-5-86, EDJ 3541; 18-12-90, EDJ 11643; 20-10-16, EDJ 208978; 20-6-17, EDJ 1333510; TSJ Madrid 11-11-93, Rec 1189/93; TSJ Canarias 29-6-94; TSJ Granada 3-1-97; TSJ Málaga 31-10-02, EDJ 97234; TSJ C.Valenciana 6-11-18, EDJ 692065).
No obstante, este plazo debe ser **razonable**, no siendo dispositivo para el empleador su utilización en cualquier momento futuro, una vez la causa de extinción se ha producido (TS 25-4-00, EDJ 11415; 9-2-01, EDJ 2935; 8-6-01, EDJ 15944), pero tampoco es dispositivo para el **empleado**, caducando la acción si la misma se ejercita dos años después de la extinción, al entender que, pasado ese plazo, se ha producido la sucesión (TSJ Murcia 11-6-12, EDJ 137472), o incluso si se ejercita un año después (TSJ Extremadura 9-3-05, EDJ 30868).

7703

Jubilación (ET art.49.1.g) La jubilación del empresario es una de las causas de extinción de los contratos de trabajo, sí la misma supone el cese de la actividad. Sin embargo, si el empresario jubilado **transmite** dicha actividad, **o** la **sigue explotando** directa o indirectamente, opera la sucesión legal de empresas (TS 25-4-00, EDJ 11415 y TSJ C.Valenciana 8-11-01, EDJ 81452; TJS Granada 19-2-15, EDJ 84797; TSJ Galicia 7-4-17, EDJ 57942; TSJ Granada 27-9-18, EDJ 661218).
En este sentido, **opera la sucesión**:
• Cuando con anterioridad a la jubilación se constituye una **SRL**, con la misma finalidad y parte de la maquinaria (TSJ Galicia 15-3-95, Rec 861/95), o con idénticos medios materiales y domicilio (TSJ Asturias 22-12-95, sentencia núm 2862/95); si la actividad es asumida por algún **hijo**, contratando a parte de los empleados (TSJ C.Valenciana 4-4-12, EDJ 122791; TSJ Granada 27-9-18, EDJ 661218); si la titularidad del negocio abierto al público lo ostenta como arrendatario/a del cónyuge (TJS Granada 19-2-15, EDJ 84797).
• En el supuesto en el que el empleador que se jubila forma parte de un **grupo** de empresas a efectos patológicos (TSJ Cataluña 15-5-03, EDJ 42155) o si el negocio ha continuado a través de una **unidad patrimonial familiar** que viene a sustituir al empleador jubilado (TS 16-1-90, EDJ 215) o se mantiene la actividad mediante una comunidad de bienes constituida por la familia del jubilado, el cual es propietario del local (TSJ Castilla-La Mancha 26-6-08, EDJ 368849).

7704 Sin embargo, **no se aplica la sucesión**:
• En el supuesto de que un nuevo empleador contrate a **seis de las dieciséis empleadas** que tenía el empresario jubilado, distribuidas en distintos centros de trabajo, aun cuando el nuevo empleador arriende uno de dichos centros para prestar la misma actividad (TSJ Valladolid 20-2-13, EDJ 29749).
• Si el empresario jubilado cultiva unas **tierras** de su propiedad distintas de aquellas que cultivaba cuando desarrollaba su actividad empresarial (TSJ Cataluña 21-9-12, EDJ 263269).
• Cuando el empresario jubilado es titular de **varios negocios**, constitutivos de unidades productivas autónomas, y no se da la sucesión en aquella a la que estaba adscrito el trabajador afectado, aunque tenga lugar en el resto (TSJ Castilla-La Mancha 18-6-02, EDJ 135124).
• Se arrienda el **local de negocio** a un descendiente si este lleva a cabo una actividad distinta de la anterior (TSJ Castilla-La Mancha 25-9-02, EDJ 135126).
• No concurren los elementos para poder establecer la existencia de un **grupo** de empresas (TSJ Aragón 28-6-04, EDJ 134471).
• Cuando el empresario jubilado cierra el **local** y cuatro meses después es **reabierto por otra empresa** que desarrolla la misma actividad, pero con sus propios utensilios, comprando el mobiliario y efectuando obras de acondicionamiento del local (TSJ Asturias 2-5-17, EDJ 98987).
• Cuando se ha **extinguido** el **vínculo laboral** con el trabajador por jubilación del empresario **antes** de que se produzca la cesión de la contrata (TSJ C.Valenciana 22-3-18, EDJ 93336).

7705 **Incapacidad** (ET art.49.1.g) La incapacidad del empresario como causa extintiva de la relación laboral no implica la necesidad de que la misma sea establecida civilmente o por declaración de la entidad gestora de la Seguridad Social, siendo suficiente una **invalidez de hecho**, que no permita al empresario, persona física, seguir desarrollando la actividad.
La relación laboral se extingue, siempre y cuando, la citada actividad no sea transmitida.
Esta incapacidad debe ser apreciada judicialmente en **cada supuesto** (TS 4-10-88; 20-6-00, EDJ 21723; TSJ Galicia 16-1-04, EDJ 306999; TSJ Valladolid 3-12-02, EDJ 69465) afectando a quien, realmente, tiene la cualidad de empleador, ya que no puede acogerse a esta causa el declarado incapaz, si la actividad económica desarrollada no descansa directamente en él (TS 10-11-88, EDJ 8896; TSJ Sevilla 13-2-03, EDJ 62874).

Precisiones Las **dolencias incapacitantes** han de estar detalladas (TSJ Sevilla 13-2-03, EDJ 62874), así de tratarse de una incapacidad psicofísica, la misma debe impedirle la dirección, control y gestión de la empresa (TSJ Madrid 25-1-00, EDJ 7470). No obstante, puede acudirse a la definición del ET art.52.a (TSJ Sevilla 13-2-03, EDJ 62874): por ineptitud del trabajador conocida o sobrevenida con posterioridad a su colocación efectiva en la empresa. La ineptitud existente con anterioridad al cumplimiento de un período de prueba no podrá alegarse con posterioridad a dicho cumplimiento.

7706 No opera la incapacidad como causa de extinción, si la actividad es continuada por la **esposa e hijos** del antiguo empleador, indicándose en el centro de trabajo cerrado el traslado del negocio a otro inmueble (TSJ Galicia 5-11-04, EDJ 215082).
El hecho de que los hijos asuman la dirección y gerencia del negocio durante la **tramitación** del proceso civil de **incapacitación** no desactiva la operatividad de la causa extintiva (TS 20-10-16, EDJ 208978).
No se aplica la sucesión, y por tanto se considera que la actividad ha cesado, aun cuando los hijos del antiguo empleador se comprometan a finalizar la contrata que este tenía adjudicada (TSJ C.Valenciana 16-3-00, EDJ 32161), o si el nuevo empresario lleva a cabo una **remodelación** trascendente de las **instalaciones** y tiene una clientela diferente; sin que sea suficiente para declarar la sucesión el mantenimiento del rótulo comercial, sino ha habido otro traspaso patrimonial (TSJ Sevilla 13-2-03, EDJ 62874).

Precisiones **1)** Se ha entendido que opera la sucesión en un caso de extinción del contrato por declaración de incapacidad permanente total del empresario en un taller de reparación, a pesar de que durante **dos meses** el **negocio** estuvo **sin actividad**, al no sufrir ningún deterioro los utensilios empleados para el desarrollo y transmitidos al nuevo empresario y al no ser un periodo de tiempo suficiente para entender que la clientela se podría perder (TSJ Extremadura 29-3-17, EDJ 66538).
2) Por el contrario, se ha entendido que no opera la sucesión y que se considera razonable el plazo de **10 meses transcurridos** entre la incapacidad de la empresaria y la extinción de la relación laboral, atendiendo a que en ese tiempo otra trabajadora de la empresa asumió las funciones de dirección, gestión comercial y representación legal, es decir la empresaria necesitó ese apoyo para continuar con la actividad durante su incapacidad, ya que la empresaria sufrió un agravamiento de su estado de salud que precisaba de un tratamiento de resultado imprevisible. En este caso, el Tribunal estima que ese tiempo es un plazo prudencial para la búsqueda de soluciones y mantenimiento de los puestos de trabajo, en definitiva, es un plazo razonable para facilitar una eventual transmisión (que no llegó a producirse) o la propia liquidación y cierre del negocio -que finalmente tuvo lugar- (TS 27-9-23, EDJ 709702).
En la sentencia se considera razonable el **plazo** de 10 meses transcurrido entre la incapacidad de la empresaria y la extinción de la relación laboral.

Tampoco aplica la sucesión legal si el propietario de una concesión de unas determinadas **marcas comerciales**, como consecuencia de la declaración de incapacidad del antiguo explotador, concesiona la mayoría de ellas a un nuevo concesionario, no siendo suficiente para la declaración de sucesión que este haya arrendado uno de los locales del antiguo empleador y utilice una de sus furgonetas y tengan un parentesco de afinidad (TSJ Málaga 7-3-97, núm 407/97). No opera la sucesión si los nuevos arrendadores del anterior centro de trabajo, familiares del antiguo empleador, se dedican a la misma actividad, pero dirigiéndose a un público más variado (TSJ Granada 23-2-11, EDJ 376033). **7707**

Fallecimiento (ET art.49.1.g) Aun cuando el fallecimiento del empleador puede justificar la extinción del contrato del empleado, es necesario que, junto con la misma, se produzca el **cese** de la actividad. **7708**
Este doble encadenamiento causal se produce en las denominadas **empresas profesionales**, donde la relación con el cliente se basa en la cualidad personalísima del profesional difunto y, por ello, con una identidad absoluta de empresa y empresario, de manera que al desaparecer este se extingue aquella a todos los efectos (TSJ Sevilla 24-10-02, Rec 2767/02).

Igualmente, no supone la **continuación** de la actividad, el hecho de que después del fallecimiento se hicieran algunos pedidos de material, si no existen otras conductas que impliquen la continuidad del negocio (TSJ Madrid 22-2-00, Rec 5522/99). **7709**
Tampoco es suficiente para que opere la sucesión la transmisión de la titularidad de unos **inmuebles** a un familiar, cuando los mismos no son un elemento patrimonial esencial para el ejercicio de la actividad (TSJ Sevilla 21-12-00, EDJ 76983).
De la misma manera, no opera la sucesión de empresa y se extinguen válidamente los contratos cuando el hijo del empresario fallecido que presta servicios en la empresa titularidad de aquel, no ejercita nunca **poderes inherentes a la condición de empresario** a pesar de que tenga amplios poderes notariales concedidos por el fallecido (TSJ Asturias 20-2-15, EDJ 14729; 30-1-15, EDJ 10289).
Tampoco opera la sucesión de empresas cuando, fallecido el empresario y **rechazada** la **herencia** por sus herederos, se extingue el contrato de arrendamiento del local, explotándose dicho local por un nuevo arrendatario que, si bien desarrolla la misma actividad, realiza nuevas obras de reacondicionamiento necesarias para el desarrollo de su actividad (TSJ Cataluña 12-9-17, EDJ 234791).
Sin embargo, la actividad continua en el supuesto de que el heredero constituya una **comunidad de bienes**, y la empresa permanezca sustancialmente idéntica; o cuando concurre una persona física, la fallecida, con otra jurídica, formando un grupo de empresas (TSJ Málaga 11-1-94, núm 32/94); o si conociendo la **herencia** desde hace tiempo, los herederos llevan a cabo actos que implican su propósito de mantener la actividad del fallecido, como son el atender la administración de la herencia, y su gestión (TSJ Sevilla 23-6-93, Rec 301/93).

Por el contrario, aplica la extinción si los herederos manifiestan que no tienen **voluntad** de continuar con la actividad empresarial del empleado fallecido (TSJ Andalucía 23-7-92, Rec 473/92; TSJ Canarias 29-6-94, Rec 365/94). No obstante, dicha manifestación debe ser clara e inequívoca, como ocurre si los herederos cesan inmediatamente en la actividad y ponen en venta los elementos patrimoniales básicos (TS 23-11-06, EDJ 360294). **7710**
No aplica la sucesión si se **extingue** la **concesión administrativa** que permitía el negocio del empresario fallecido y no se acredita que sus herederos tengan la autorización legal pertinente para continuar con la actividad (TSJ Sevilla 13-12-18, EDJ 691236).
Asimismo, en el caso de **jubilación previa** al fallecimiento, si los familiares a raíz de la posible primera causa de resolución del contrato continuaron con la actividad, posteriormente no pueden alegar la muerte del antiguo empleador como razón extintiva (TSJ Extremadura 27-2-02, Rec 42/02; 28-11-02, EDJ 135156).
La actividad continúa cuando la sucesora se hace cargo del **local o maquinarias** del centro de trabajo (TSJ Madrid 7-6-05, EDJ 93043).

G. Relación entre sucesión legal y otras figuras jurídicas

La sucesión de empresas está vinculada directamente, con otras figuras jurídicas como la extinción del contrato de trabajo por muerte, jubilación o incapacidad del empresario, así como en los supuestos de sucesión de contratas. **7715**
Sin embargo, la sucesión legal está vinculada con otras figuras jurídicas, con las cuales, en primer término, no guarda una relación legal directa.

Así, en determinados supuestos, es necesario analizar la posible concurrencia de sus elementos, con la finalidad de determinar la legalidad en la aplicación de las citadas figuras legales, tales como:
- el despido colectivo (nº 7716);
- el grupo de empresas (nº 7722); o
- la cesión ilegal de trabajadores (nº 7728).

7716 **Despido colectivo** (ET art.44 y 51) El despido colectivo supone la extinción de contratos de trabajo fundada en **causas** económicas, técnicas, organizativas o de producción cuando, en un período de noventa días, la extinción **afecta**, al menos, **a**:
a) Diez trabajadores, en las empresas que ocupan menos de cien trabajadores.
b) El 10% del número de trabajadores de la empresa, en aquellas que ocupan entre cien y trescientos trabajadores.
c) Treinta trabajadores, en las empresas que ocupen más de trescientos trabajadores.

7717 Esta extinción de los contratos y la figura de la sucesión legal de empresas se encuentran vinculadas en determinados supuestos.
Así, se entiende que no incide en el despido colectivo, ni constituye fraude de ley, la transmisión de ramas de actividad de la compañía conforme al ET art.44 durante el **periodo** de la **negociación** del despido colectivo (TS 12-12-18, EDJ 688196).
Además, se ha entendido que la **terminación** para una empresa contratante de un **servicio**, por su adjudicación a otra, no supone la aplicación de la sucesión legal de empresas; por tanto, la baja en la Seguridad Social de tres trabajadoras en la empresa de origen implica la improcedencia del despido, aun cuando la nueva empleadora haya contratado a dichas trabajadoras sin reconocimiento de la antigüedad (TSJ Castilla-La Mancha 15-1-10, EDJ 19400).
Asimismo, la razonabilidad de las extinciones derivadas de un despido colectivo puede quedar en entredicho en el caso de que la causa de dichas extinciones sea la **pérdida** de una **contrata**, adjudicada a otra empresa, si la misma implica una sucesión legal de empresas, en lugar de la sucesión de contratas aplicada, al haber supuesto el traspaso del 66% de la plantilla (AN 25-7-13, EDJ 152000).
Se entiende no ajustado a derecho el despido colectivo efectuado a los empleados de una **UTE** por adjudicarse la contrata a otra UTE participada por tres de las cuatro sociedades iniciales, concluyéndose que estamos, en realidad, ante la continuación de la misma actividad por empresas que ya lo venían realizando, por lo que no hay un cambio auténtico y verdadero en la titularidad de la contrata (TS 31-5-19, EDJ 633236).
Se considera procedente el despido colectivo con causa económica y productiva en empresas adjudicatarias del servicio público de transporte sanitario, tramitado tras la sucesión de contratas concesionarias con subrogación de personal obligatorio -impuesto por el Convenio de aplicación- al ser necesaria la acomodación del **sobredimensionamiento de la plantilla** asumida a la reducción del precio y el servicio impuesto por la entidad pública sanitaria (TSJ Castilla-La Mancha 12-11-15, EDJ 237918).

7718 La **recolocación** en otra empresa del grupo de unos **trabajadores** en virtud de pacto acordado en el ERE, no supone la aplicación del fenómeno de sucesión de empresa, al no haber sucesión de actividad, por cuanto la empresa que extinguió sus contratos se dedicaba a la fabricación de azúcar y la actual, donde han sido recolocados, a la fabricación de harina (TSJ Sevilla 4-4-13, EDJ 119521).
De la misma manera, se ha entendido que no concurre sucesión de empresa, y por tanto se declara la procedencia de un despido individual efectuado tras finalizar el periodo de consultas del procedimiento de despido colectivo, cuando la empresa que cesa en la actividad cinematográfica retira todo el mobiliario, pantalla y demás infraestructuras de la sala de exhibición cinematográfica debiendo adecuar las instalaciones y locales la nueva prestataria del servicio (TSJ Valladolid 24-6-19, EDJ 643372; 7-10-19, EDJ 716258).
En el caso contrario, la **asunción** por parte de la nueva contratista de la **mayoría** de los **trabajadores** de la antigua, muchos de los cuales habían sido despedidos en base a un ERE, junto con la transmisión de los elementos materiales esenciales para desarrollar la actividad, supone la aplicación de la figura jurídica de la sucesión de empresas. Por tanto, cuando la nueva contratista lleva a cabo el despido de uno de los afectados por el ERE de la primera, la antigüedad a efectos de calcular la indemnización debe ser la fecha en que inicio la prestación de servicios con la citada antigua contratista (TSJ Aragón 2-5-12, EDJ 91320; 11-4-12, EDJ 67582).

En el mismo sentido, se considera realizado en **fraude de ley** el despido colectivo realizado por una compañía que, con carácter previo transmitió su actividad a otra empresa, con el mismo centro de trabajo, mismo material, misma plantilla, etc. Dicho fraude supone: **7719**
- que la indemnización improcedente por el posterior despido de la nueva empresa, deba calcularse teniendo en cuenta la antigüedad de la trabajadora en la anterior compañía;
- que, no obstante, dicha indemnización se ha de reducir en un importe igual a la cuantía que la trabajadora percibió por el despido colectivo (TSJ Cataluña 28-9-07, EDJ 244159).

Se declara asimismo en fraude de ley y, por tanto, se declara nulo el despido colectivo efectuado por una empresa que cierra cuando dos de sus socios y sus cónyuges constituyen una sociedad que, sin solución de continuidad, **mantienen parcialmente el negocio**, contratando a parte de los empleados y arrendando parte de la maquinaria (TS 20-6-17, EDJ 145326).

Se declara fraudulento el despido colectivo llevado a cabo en una **estación de servicio**, cuando al mes siguiente se produce el subarriendo de la explotación de la misma a otra sociedad, concurriendo los requisitos para la aplicación de la figura jurídica de la sucesión de empresas, entendiéndose que se utilizó el despido colectivo para evitar la aplicación de las previsiones del ET art.44, esto es, la subrogación del personal (TS 18-2-14, EDJ 42937).

La constitución, en un escaso tiempo, por cuatro de los ocho trabajadores que constituían la plantilla de una empresa, que extinguió sus contratos en virtud de un despido colectivo, de una sociedad laboral que siguió la actividad de la primera, en el mismo local y con los mismos materiales, supone la nulidad del despido colectivo, al haber concurrido los elementos necesarios para la sucesión legal de empresas (TSJ País Vasco 27-6-03, EDJ 70092). **7720**

La inexistencia de los requisitos para que opere la sucesión de empresas, puede implicar la **nulidad** de las extinciones en el supuesto de que en las mismas no concurran los siguientes requisitos:
- el número de trabajadores afectados (elemento numérico);
- en un periodo de 90 días (elemento temporal);
- por causas económica, técnicas, organizativas o de producción (elemento causal).

Tal supuesto concurre cuando una empresa extingue la relación laboral, el mismo día, de diecinueve de sus cuarenta y dos trabajadores, alegando como causa la **finalización** de una **contrata** y la subrogación en otra empresa, si dicha subrogación no opera al no ser aplicable la figura jurídica de la sucesión legal ni la de sucesión de contratas (TSJ Burgos 23-7-13, EDJ 149975), o en el caso de que una Administración se niegue a subrogarse en los contratos de trabajo de la contrata que resolvió, cuando se entienda que era de aplicación la sucesión de empresas por **reversión de la contrata**, siendo la administración la única responsable de la nulidad del despido colectivo (TSJ Madrid 4-12-12, EDJ 327331). **7721**

Las consecuencias de la nulidad de la extinción, por no seguir el procedimiento del despido colectivo, en el supuesto de pérdida de la personalidad jurídica del contratante, recaen solidariamente sobre aquella empresa que debió subrogarse en los contratos (TSJ Madrid 28-12-11, EDJ 351644; 20-12-11, EDJ 326383).

Grupo de empresas El grupo de empresas, a efectos laborales, es una construcción jurisprudencial que no siempre ha seguido una línea uniforme, pero que hoy se encuentra sistematizada por la jurisprudencia. En este sentido, no es suficiente que concurra el mero hecho de que **dos o más empresas** pertenezcan al mismo grupo empresarial para derivar de ello, sin más, una responsabilidad solidaria respecto de obligaciones contraídas por una de ellas con sus propios trabajadores, sino que es necesaria, además la presencia de alguno de los siguientes **requisitos**: **7722**
- Funcionamiento unitario de las organizaciones de trabajo de las empresas del grupo.
- Prestación de trabajo común, simultánea o sucesiva, a favor de varias de las empresas del grupo.
- Creación de empresas aparentes sin sustento real, determinantes de una exclusión de responsabilidades laborales.
- Confusión de plantillas, confusión de patrimonios, apariencia externa de unidad empresarial y unidad de dirección.

No obstante lo anterior, salvo supuestos especiales, los fenómenos de **circulación** del trabajador dentro de las **empresas** del mismo **grupo** no persiguen una interposición ilícita en el contrato para ocultar al empresario real, sino que obedecen a razones técnicas y organizativas derivadas de la división del trabajo dentro del grupo de empresas; práctica lícita, siempre que se establezcan las garantías necesarias para el trabajador, con aplicación analógica del ET art.43. **7723**

En este sentido, la sucesión legal de empresas, en ciertos supuestos, incide en la determinación del mencionado grupo de empresas a efectos laborales e, igualmente, dicho grupo patológico, en ocasiones, perturba o favorece la posible existencia de una sucesión legal de empresas.

7724 Así, en el supuesto de **externalización** de un **servicio audiovisual**, a la hora de interpretar si dicha situación supone una sucesión de empresas o, por el contrario, un supuesto de movilidad personal dentro de un grupo de empresas, es necesario determinar si el servicio externalizado constituye una unidad productiva autónoma, y en caso de no ser así, la sucesión no será eficaz, sin que sea necesario declarar su derecho a volver a la plantilla de la empresa anterior, en tanto no ha habido cambio de empresario, manteniéndose ligados con el grupo de empresas que se ha demostrado existente (TSJ Madrid 7-6-13, EDJ 155374; 15-10-08, EDJ 277324; 30-6-08, EDJ 157572).
Igualmente, es improcedente la extinción de un contrato, con causa en la jubilación del empleador, al entenderse que entre determinados **corredores de comercio** no se produjo una sucesión empresarial como consecuencia de la concurrencia, entre ellos, de los elementos de un grupo de empresas a efectos laborales (TSJ Cataluña 15-5-03, EDJ 42155).

7725 En el caso contrario, la falta de concurrencia de los elementos necesarios para la aplicación de las figuras jurídicas del grupo de empresas y de la sucesión legal, supone la validez de la causa extintiva por jubilación del empleador al existir cese de la actividad (TSJ Galicia 8-10-02, Rec 4187/02).
La **segregación** de las distintas ramas de actividad de una empresa de comunicación, mediante la transmisión, a otras empresas del grupo, de los medios humanos y materiales precisos para que se pudieran desarrollar las actividades segregadas, es un supuesto lícito de sucesión legal, al no haberse demostrado que el citado grupo lo sea a efectos patológicos y, por tanto, las entidades afectadas no conforman una empresa unitaria con responsabilidad solidaria (TS 14-2-11, EDJ 51500).

7726 El **traspaso** de algunos trabajadores de determinadas **secciones o departamentos** de finanzas a una nueva sociedad del grupo, sin la transmisión de otros elementos, no implica una sucesión de empresas, sino una cesión contractual que requiere para su validez el consentimiento del trabajador (TSJ Madrid 18-10-06, EDJ 384817). En sentido contrario, se entiende que concurre sucesión de empresa en la transmisión a una sociedad del grupo de los servicios que se venían efectuando de forma descentralizada en las sociedades del mismo (recursos humanos, funciones administrativas, finanzas, etc.) al mediar traspaso de los empleados asignados a los servicios transferidos y transmisión de elementos materiales e inmateriales (TS 10-1-19, EDJ 503317).
Asimismo, se produce el supuesto sucesorio legal por la externalización, por parte de un grupo de empresas, del servicio de mantenimiento de redes y **sistemas informáticos**, a una compañía ajena al grupo, si la citada externalización implica la transmisión de los elementos materiales y personales necesarios para desarrollar la actividad (TSJ Madrid 25-3-08, EDJ 60029).
Asimismo, existe transmisión legal de empresas a una compañía ajena a un grupo, aun cuando los trabajadores no tengan contrato con la empresa cedente, si estaban destinados de manera permanente en esta y el contrato lo tenían con la empresa matriz del grupo (TJCE 21-10-10, C-242/09).
Igualmente, existe transmisión de empresas en **arrendamiento de industria de actividad hotelera** entre empresas del mismo grupo empresarial (TSJ Madrid 31-3-15, EDJ 72823).

7727 La **comunidad de bienes** constituida por varios **notarios** puede constituir un grupo de empresas laboral, por tanto, el traslado de uno de ellos no puede suponer la extinción del contrato de aquellos trabajadores que tenía asignados, no siendo aplicable la figura jurídica de la sucesión de empresas, sino la declaración de unidad empresarial (TSJ Sevilla 9-12-09, EDJ 358310).
Determinadas acciones entre dos sociedades, como la cesión del **know how**, dirigidas a vaciar de contenido una de ellas, pueden implicar la existencia de un vínculo revelador de la utilización desviada del fenómeno grupal, para terminar, dejando el grupo de empresas, realizando una verdadera sucesión de empresas. Y, tal maniobra real, con independencia de la forma jurídica que se le haya querido dar entre las partes interesadas en ocultar el verdadero sustrato, podría justificar la declaración de responsabilidad solidaria de todas las sociedades (TSJ C.Valenciana 23-6-11, EDJ 207294).

Cesión ilegal de trabajadores (ET art.43 y 44) La contratación de trabajadores para cederlos temporalmente a otra empresa únicamente puede efectuarse a través de **empresas de trabajo temporal** debidamente autorizadas en los términos establecidos legalmente. 7728
En este sentido, se entiende que las empresas incurren en una cesión ilegal de trabajadores cuando se produce alguna de las siguientes **circunstancias**:
- el objeto de los contratos de servicios entre las empresas se limita a una mera puesta a disposición de los trabajadores de la empresa cedente a la empresa cesionaria;
- la empresa cedente carece de una actividad o de una organización propia y estable, o no cuenta con los medios necesarios para el desarrollo de su actividad; o
- la empresa cedente no ejerce las funciones inherentes a su condición de empresario.

La finalidad que persigue legalmente es que la relación laboral real coincida con la formal. 7729
Así, quien es efectivamente el empresario asume las obligaciones que le corresponden evitando que se produzcan determinadas consecuencias que suelen asociarse a la interposición, como son la degradación de las condiciones de trabajo o la disminución de las garantías, cuando aparecen **empleadores ficticios** insolventes.
Aunque la empresa contratista tenga una actividad y una organización propias, lo relevante, a efectos de la cesión, consiste en que esa organización no se haya puesto en juego, limitándose su actividad al **suministro** de la **mano de obra** o fuerza de trabajo a la empresa arrendataria, no implicando en ella su organización y riesgos empresariales.

En determinados supuestos de hecho, la distinción entre la aplicación de la figura jurídica de la sucesión legal de empresas y la posible existencia de una cesión ilegal de trabajadores no es clara, debido a la similitud de los elementos necesarios para la concurrencia de una y otra, así como a la posible existencia de otras realidades jurídicas como son los grupos de empresas. Asimismo, en otros supuestos, ambas figuras jurídicas pueden **concurrir** y tener efectos sobre el mismo supuesto. 7730
La distinción es clara a favor de la cesión ilegal, en el supuesto de que la empresa cedente no cuente con una **infraestructura** empresarial **propia e independiente**. Así, es dable declarar la existencia de cesión ilegal cuando la empresa contratista es una empresa **aparente o ficticia**, sin estructura ni entidad propias ni verdadera organización empresarial y su objeto no es otro que el de proporcionar mano de obra a otros empresarios (CC art.6; ET art.1 y 43).

No obstante, los problemas de delimitación entre una figura y otra surgen cuando la empresa contratista es una **empresa real** y cuenta con una organización e infraestructura propias. 7731
En estos casos, se debe atender a una serie de factores, los cuales pueden poner de manifiesto la existencia de una cesión ilegal de trabajadores, o en su defecto, o de forma acumulada, una posible sucesión de empresa.
Uno de estos factores es la **forma** en que los trabajadores traspasados a la contratista por la contratante desempeñan sus funciones en aquella, **o** el **volumen** de los trabajadores que pasan a prestar servicios para esta.

Precisiones **1)** En un supuesto donde una trabajadora prestó servicios a través de varias empresas contratistas para la misma empresa principal, un organismos público, se declaró la existencia de cesión ilegal, pero se desestimó que la antigüedad de la trabajadora fuera aquella en la que inició su relación laboral con la primera contratista, al descartarse la existencia de sucesión legal de trabajadores, siendo la figura aplicable al supuesto de hecho la **sucesión de contratas** (TSJ Madrid 21-7-11, EDJ 185308).
2) En otro supuesto en el que una trabajadora prestó servicios como apoyo y asistencia escolar para alumnos con necesidades especiales para la Junta en virtud de un **contrato administrativo** con la fundación empleadora, se declaró la inexistencia de cesión ilegal al ser la empleadora una empresa real, con estructura organizativa y capacidad propia (TSJ Sevilla 19-12-19, EDJ 809789).

A pesar de las similitudes que se pueden producir entre los elementos que denotan las respectivas figuras jurídicas, el aspecto fundamental a la hora de determinar si se está ante una sucesión legal de empresa o una cesión ilegal de trabajadores, es si lo que se traspasa de una sociedad a otra se considera una **entidad económica**, entendida como un conjunto de medios organizados a fin de llevar a cabo una actividad económica. 7732
Asimismo, a parte de la concurrencia de ambas figuras en la doctrina jurídica y su comparación, hay supuestos contemplados por la misma, donde la sucesión de empresas es empleada en **fraude de ley** con la finalidad de ocultar una cesión ilegal de trabajadores.

Precisiones **1)** No se aprecia cesión ilegal de trabajadores en la **centralización** de una **unidad de negocio** de un grupo de empresas en una de las compañías y, por tanto, en la subrogación de empleados y servicios adscritos a dicha unidad de negocio que estaban en otras entidades del grupo, que tiene por fin proceder a la venta de la misma (TSJ Burgos 14-3-18, EDJ 56208).

2) No implica la cesión ilegal de trabajadores sino la transmisión de una entidad económica, la **externalización** de un **servicio** que supone la suspensión temporal de la relación laboral de los actores con el anterior empleador, con motivo de la subrogación en sus contratos del nuevo empleador formal, pero sin el consentimiento de los trabajadores para la misma (TSJ Cataluña 24-3-10, EDJ 140482).
3) En el supuesto en el que se trasmite un servicio que constituye una **rama de actividad**, el trabajador no puede solicitar la aplicación de la figura de la cesión ilegal de trabajadores con la finalidad de volver a su anterior empresa, al encontrarnos ante un supuesto de sucesión legal (TSJ Madrid 17-7-01, EDJ 103138).
4) El **cambio de contratista** por parte de la empresa principal no implica ni la existencia de cesión ilegal entre esta y la contratista sustituida, la cual era la empresa real; ni la aplicación de la figura jurídica de la sucesión de empresas entre la nueva contratista y la sustituida, concurriendo, simplemente, una sucesión de contratas (TSJ Murcia 23-12-04, EDJ 228799).
5) La **segregación** par parte de una empresa matriz de sus distintas actividades, transmitiendo lícita y realmente, por una sola y única vez, a diferentes empresas del mismo grupo, los medios humanos y materiales precisos para que se pudieran desarrollar las actividades segregadas, supone la concurrencia de una sucesión licita de empresas y la inexistencia de una cesión ilegal de trabajadores y, por tanto, no es aplicable la responsabilidad solidaria entre todas ellas (TS 14-2-11, EDJ 14020).
6) En un supuesto en el que se traspasa la propiedad de una serie de tiendas por el empresario, siendo estas tiendas donde prestaban servicios las representantes de los trabajadores integrantes del comité de empresa, resulta claro que la sociedad llevó a cabo una **actuación fraudulenta**, la cual ha consistido en realizar una cesión ilegal de trabajadores, simulando que lo que se ejecuta es una sucesión empresarial (TS 6-10-11, EDJ 287019).

II. Responsabilidad por deudas

7735 Además de la garantía de estabilidad en el empleo derivada de la previsión estatutaria (ET art.44.1) de subrogación del nuevo empresario en los derechos y obligaciones laborales y de Seguridad Social del anterior empleador, también se prevé, una garantía de **responsabilidad solidaria** del cedente y cesionario respecto de las obligaciones laborales contraídas con los trabajadores y con la Seguridad Social antes de la transmisión. Esta previsión legal supone una garantía para los trabajadores y para el propio empresario cesionario.

A. Obligaciones laborales

7740 En el marco de las transmisiones derivadas de **actos** ***inter vivos***, el cedente y el cesionario responden solidariamente y durante tres años, de las obligaciones laborales nacidas con anterioridad a la transmisión y que no han sido satisfechas, todo ello sin perjuicio de lo establecido en la legislación de Seguridad Social.

Precisiones **1)** La garantía de responsabilidad supone que el nuevo empresario adquiera o se haga titular de las deudas contraídas por el empresario anterior, a partir de la transmisión y que se convierta en **responsable** solidario de las mismas, sin perjuicio de poder reclamarlas al verdadero deudor. Por tanto, esta responsabilidad no solo supone una garantía de seguridad jurídica para el trabajador -acreedor frente a posibles transmisiones llevadas a cabo en su perjuicio y, en ocasiones, sin su consentimiento-, sino también una garantía a favor de los empresarios declarados responsables, teniendo en cuenta que la responsabilidad es solidaria y que no es ilimitada en el tiempo, tres años desde la transmisión (TS 4-10-03, EDJ 127740; 15-7-03, EDJ 92952; 30-11-16, EDJ 233485; 12-11-19, EDJ 760908; TSJ Canarias 5-6-18, EDJ 636417).
2) La concurrencia del fenómeno de la sucesión empresarial obliga a sostener que la empresa cesionaria ha de asumir las deudas salariales de la cedente, sin que pueda excluirse de tal obligación aquellas que, a su vez, hubieran sido adquiridas de una **cedente anterior** (TS 11-5-17, EDJ 88851).
3) La **ineficacia** de la **transmisión** de empresa derivada de la declaración de nulidad del negocio jurídico que originó la sucesión, comporta necesariamente la de los negocios dependientes, como es el de la subrogación empresarial en los contratos de trabajo; por tanto, la nulidad del negocio originario arrastra la nulidad del negocio sucesorio laboral que deriva de aquel. Al producirse la reversión de la cesión global de la industria, el régimen de responsabilidades ex ET art.44 tiene sus efectos en sentido inverso (TSJ Asturias 18-12-09, EDJ 341640; TSJ Granada 12-9-19, EDJ 758975).

7741 Únicamente regula la responsabilidad solidaria para los negocios jurídicos *inter vivos*. Tal previsión relativa a los actos jurídicos *inter vivos* se efectúa para equiparar esta modalidad de sucesión a lo que ya está previsto en el Código Civil para la **sucesión** ***mortis causa***, pues la responsabilidad de los herederos en caso de transmisiones por causa de muerte ya está garantizada por las normas generales en materia de sucesión a salvo la aceptación de la herencia a beneficio de inventario (ex CC art.659 s.), no previéndose en el Código Civil una responsabilidad por transmisiones derivadas por actos jurídicos *inter vivos* (TS 15-7-03, EDJ 92952).

Precisiones La responsabilidad solidaria ha sido aceptada tradicionalmente por la Jurisprudencia laboral y por la propia doctrina mercantilista, no cabe olvidar que una empresa tiene el precio que resulta de restar a los activos las deudas que pudiera tener, por lo que no es congruente con la lógica del mercado aceptar la compraventa de empresas sin el cómputo de las **deudas preexistentes**, y entre ellas, las deudas laborales (TS 15-7-03, EDJ 92952; 30-11-16, EDJ 233485; TSJ Málaga 14-3-18, EDJ 601482).

1. Ámbito subjetivo

El alcance de esta garantía de responsabilidad opera con respecto tanto de los **trabajadores** cedidos como de los trabajadores cuyo contrato ya se hubiera extinguido en el momento de la transmisión (TS 4-10-03, EDJ 127740; 15-7-03, EDJ 92952; 12-7-18, EDJ 571936; 17-1-19, EDJ 507509; TSJ C.Valenciana 18-1-00, Rec 674/97; TSJ Madrid 28-9-15, EDJ 180266; TSJ Asturias 30-3-17, EDJ 68429). **7745**

La responsabilidad solidaria no puede limitarse a las **deudas** de las relaciones laborales subsistentes al tiempo de la cesión, sino que debe extenderse a todas las que gravitan sobre el patrimonio de la empresa, incluidas las derivadas de la relación extinguida con anterioridad a la transmisión (TS 27-2-18, EDJ 18542; 12-12-19, EDJ 796536).

Precisiones **1)** El Tribunal Supremo razona la extensión de la responsabilidad respecto a los **trabajadores** que han visto extinguido su contrato de trabajo antes de la transmisión de la empresa en tres argumentos (TS 30-11-16, EDJ 233485):

• La literalidad de la apostilla final del ET art.44.1 no contiene distinción alguna respecto de trabajadores anteriores o posteriores.

• Una interpretación solo referida a la garantía de los trabajadores cedidos hace inoperante el párrafo final del precepto, en una interpretación conjunta de la normativa general existente en materia de sucesores en nuestro derecho.

• El hecho de que las Directivas comunitarias no prevean esta responsabilidad al margen de la sucesión no impide interpretar que el legislador español la haya establecido, según las siguientes razones:

- la normativa española es anterior al ingreso de España en la UE, por tanto, independiente de lo que la Directiva estableciera;
- el ET art.44 no es transposición de ninguna directiva, lo que permite una interpretación ajena al derecho europeo;
- la Directiva europea no impide sino que faculta expresamente a los Estados miembros a «adoptar disposiciones legales, reglamentarias o administrativas más favorables a los trabajadores» (Dir 2001/23/CE art.7).

2) El ET art.44 tiene su **antecedente** en la Ley de Contrato de Trabajo de 1944 (art.79), y a pesar de que en él solo se disponía que el contrato de trabajo no terminaría por cesión, traspaso o venta de la industria, la doctrina jurisprudencial entendió que en esa previsión sobre subrogación quedaban incluidas también las deudas anteriores de la empresa con todos sus trabajadores, aún los no cedidos, como se aprecia en sentencias del antiguo Tribunal Central de Trabajo de 22-5-1967, 16-12-1967 o 16-11-1981. El ET recogió y mejoró la redacción de aquel precepto de la Ley dando redacción al ET art.44 (TS 15-7-03, EDJ 92952; 30-11-16, EDJ 233485).

3) Dicho alcance supone una extensión de la responsabilidad prevista en la normativa comunitaria sobre mantenimiento de los derechos de los trabajadores en caso de traspaso de empresas o parte de las mismas (Dir 2001/23/CE), en la cual la responsabilidad solidaria no es una medida obligatoria -pues se limita a fijar la posibilidad de que los Estados miembros la establezcan o no- y, en cualquier caso, se limita a los contratos de trabajo o relaciones labores existentes en la fecha del traspaso (con independencia de lo establecido en su artículo 5 para las empresas en crisis).

No obstante, en el caso de **sucesión de empresa parcial**, referida a una unidad productiva autónoma, la responsabilidad solidaria se limita únicamente a los trabajadores que prestan servicios en la unidad transmitida pero no a aquellos ajenos a la misma (TS 17-7-98, EDJ 16274; 30-11-16, EDJ 233485; TSJ País Vasco 23-10-01, EDJ 58036; TSJ Granada 14-1-16, EDJ 43724; TSJ Sevilla 29-1-19, EDJ 733106). **7746**

Por otra parte, respecto a los sujetos titulares de la responsabilidad, la misma se configura como solidaria, es decir, se reparte entre cedente y cesionaria en plano de **igualdad**, al objeto de proteger los derechos de los trabajadores en el marco de la sucesión de empresa.

Precisiones **1)** El ET art.44 no autoriza la atribución al cedente responsabilidad directa y al cesionario la subsidiaria, ya que la responsabilidad solidaria se impone a ambos *ex lege* y de forma **automática** tan pronto se constata la realidad de la transmisión inter vivos (TS 2-2-88).

2) Lo anterior no obsta que exista un responsable directo de la deuda, de forma que, si el pago se efectúa finalmente por uno de los responsables solidarios no directos, este puede solicitar su **devolución** al otro responsable solidario ante la jurisdicción civil (TS 4-10-12, EDJ 127740; TSJ Granada 14-1-16, EDJ 43724).

3) La naturaleza solidaria de la responsabilidad permite al acreedor dirigir sus acciones encaminadas al cobro de lo debido frente a ambos deudores solidarios o **indistintamente** frente a cualquiera de ellos (CC art.1144), sin que la circunstancia de que deje de actuarse respecto de uno de los deudores solidarios implique su exención de responsabilidad, pues precisamente en ello consiste una de las esenciales notas del carácter garantista de la naturaleza solidaria de las obligaciones (TSJ C.Valenciana 9-9-99, EDJ 51764).

4) La responsabilidad solidaria impide que pueda acogerse la excepción de falta de **litisconsorcio pasivo** necesario, al poder dirigirse la acción contra cualquiera de los deudores solidarios (TS 8-2-91; TSJ La Rioja 8-3-12, EDJ 35500; TSJ Las Palmas 20-4-17, EDJ 183257).

5) La existencia de responsabilidad solidaria es independiente de la posibilidad de **reintegros** entre empresas, **o ajustes** que las mismas puedan efectuar recíprocamente, pero sobre las que, indudablemente, el trabajador queda ajeno (TSJ País Vasco 21-6-11, EDJ 177593).

6) Las **acciones** ejercitadas contra cualquiera de los deudores solidarios perjudican a todos los demás (CC art.1141; TSJ Sevilla 18-6-03, EDJ 216675); del mismo modo que la prescripción alegada en tiempo por uno de los responsables beneficia al resto (TS 5-12-17, EDJ 279552; TSJ C.Valenciana 9-9-99, EDJ 51764; TSJ Sevilla 4-10-12).

7) No es óbice para realizar un pronunciamiento de condena frente a una determinada empresa codemandada el hecho de que los **trabajadores** no recurrieran en suplicación frente a su absolución en la sentencia de instancia de dicha empresa (TCo 200/1987; TS 20-12-99, EDJ 55788; 11-6-01, EDJ 27687; 24-3-03, EDJ 7192; TSJ Madrid 18-12-09, EDJ 339771; TS 13-7-17, EDJ 175659; 19-9-17, EDJ 196570).

8) El **allanamiento** del **cedente** en el proceso de despido no puede perjudicar al codemandado cesionario -sobre quien recaería las consecuencias de la readmisión derivada de la declaración de nulidad del despido-, pues en este caso el allanamiento de uno de ellos no puede tener influencia sustancial sobre los pronunciamientos judiciales afectantes a los demás, a los que no pueden perjudicar, en principio, las consecuencias de un acto unilateral del codemandado (TSJ Asturias 18-12-09, EDJ 341627).

9) La ejecución puede dirigirse contra personas distintas de la inicialmente condenada sobre la base de la sucesión de empresa que se produzca con posterioridad a la tramitación del proceso principal, a través de la **vía incidental**. De este modo, se entiende que la vía incidental es idónea para resolver sobre la extensión de la responsabilidad empresarial, ex ET art.44, a quienes no figuran como condenados en el título ejecutivo, siempre que la sucesión haya tenido lugar después de la constitución de dicho título ejecutivo, como una facultad concedida en función de las nuevas circunstancias acontecidas por causa del mecanismo subrogatorio; siendo también apropiada en su caso la del proceso declarativo ordinario, si bien supone asumir una carga adicional y dilatoria, pero siempre que la sucesión empresarial en la que dicho incidente se fundara hubiera tenido lugar con posterioridad a la constitución del título ejecutivo (TS 24-2-97, EDJ 1105; TSJ C.Valenciana 9-9-99, EDJ 51764).

10) Se declara la responsabilidad solidaria de cedente y cesionario en las obligaciones laborales derivadas de la **extinción** del contrato de trabajo que se produce **antes de la transmisión** y no ha sido cedido al nuevo empleador (TSJ Cataluña 3-11-05, EDJ 273004; TSJ Madrid 17-1-18, EDJ 20563; TSJ Burgos 25-4-18, EDJ 88143).

2. Ámbito objetivo

7750 La responsabilidad solidaria se refiere a los derechos y obligaciones derivados del contrato de trabajo, nacidos con anterioridad a la sucesión (ET art.44.3).

7751 **Derechos y obligaciones** La responsabilidad de empresario cedente y cesionario alcanza a los derechos y obligaciones del trabajador que **no** han sido **satisfechas** y, no se extingue respecto de los derechos y obligaciones de los que puede ser titular el trabajador que ha visto extinguido su contrato antes de producirse la transmisión de la empresa, todo ello sin perjuicio de su vigencia por aplicación de los mecanismos de prescripción.

Precisiones La responsabilidad prevista estatutariamente se refiere a los derechos y obligaciones derivados del contrato laboral, obligaciones que no se desaparecen con la extinción del vínculo laboral (TS 30-11-16, EDJ 233485; TSJ Galicia 31-1-95).

7752 La responsabilidad alcanza a todas las **deudas** de carácter laboral, incluyéndose en tales las deudas de Seguridad Social (nº 7785 s.), contraídas por el empresario cedente antes de la transmisión y pendientes de satisfacer, sin perjuicio de las especialidades normativas aplicables en materia de Seguridad Social.

La sucesión empresarial operada determina que el nuevo titular de la empresa asume todas las obligaciones laborales nacidas con anterioridad a la transmisión y que no hubiesen sido satisfechas, incluyéndose tantos las deudas de carácter **salarial y extrasalarial**, como indemnizaciones derivadas de la extinción del contrato de trabajo, anteriores a la transmisión.
Igualmente se incluye en el marco de la responsabilidad solidaria el **interés legal** (TS 30-10-13, EDJ 246859; TSJ Las Palmas 30-9-19, EDJ 836961) **y el recargo por mora** (TS 17-6-14, EDJ 106575; 10-1-19, EDJ 503422; 29-6-19, EDJ 154965) de las deudas salariales, como consecuencia del carácter de garantía objetiva de la responsabilidad e incumplimiento directo de lo establecido en el ET art.44.

Precisiones **1)** La atribución de la responsabilidad solidaria al sucesor no tiene en cuenta la valoración de su conducta en orden al cumplimiento de la correspondiente obligación, sino que opera como una **garantía objetiva** del crédito de los trabajadores existente frente al primer empresario (TS 11-12-02, EDJ 61471; 30-11-16, EDJ 233485; TSJ Cataluña 17-5-11, EDJ 129622; 14-9-16, EDJ 187115).
2) Existiendo un **retraso** injustificado del **pago**, el hecho de que la cesionaria no tuviese conocimiento pleno de la realidad e importe de la deuda salarial no justifica que se le libere de la responsabilidad del pago de los intereses moratorios (TSJ País Vasco 17-4-07, EDJ 151564).

El **interés por mora** en el pago del salario será el diez por ciento de lo adeudado (ET art.29.3). **7753**
Nuestra doctrina tradicional sostenía que el recargo por mora solo procede cuando la realidad y cuantía de los salarios dejados de percibir consten de un modo pacífico e incontrovertido, esto es, cuando se trate de cantidades exigibles, vencidas y líquidas, sin que la procedencia o improcedencia de un abono se discuta por los litigantes, «pues cuando lo reclamado como principal es problemático y **controvertido**, queda excluida la mora en que podrían encontrar causa dichos intereses» (TS 14-2-95, EDJ 1229; TSJ País Vasco 6-3-01, EDJ 41111).
Sin embargo, el **actual criterio** del Tribunal Supremo es que el **retraso en el pago** de la deuda opera objetivamente, de modo que -existente una deuda exigible, vencida y líquida- se genera el interés por mora sin que a ello obste la eventual razonabilidad de la oposición de la empresa a su pago y sin que resulte valorable el elemento subjetivo de culpabilidad (TS 17-6-14, EDJ 106575; 10-1-19, EDJ 503422; 29-6-19, EDJ 154965).

Por el contrario, no se incluye el recargo por mora de las **deudas de carácter extrasalarial**, **7754**
conclusión alcanzada por la terminología utilizada en el ET art.29.3 y del hecho que esta previsión se ha incluido dentro de un precepto destinado a la liquidación y pago del salario (TSJ País Vasco 17-4-07, EDJ 151564; TS 15-11-05, EDJ 230459; TSJ Málaga 25-9-19, EDJ 785031).
Por otra parte, respecto al **interés por mora procesal** (LEC art.576), cuando la resolución judicial condena al pago de una cantidad líquida, esta devenga en favor del acreedor, desde que aquella fue dictada en primera instancia hasta que sea totalmente ejecutada (TS 21-7-09, EDJ 217623; TSJ Sevilla 8-1-20, EDJ 519582), un interés igual al del interés legal del dinero incrementado en dos puntos, o el que corresponde por pacto de las partes o disposición especial salvo que, interpuesto recurso, la resolución sea totalmente revocada.

Para determinar la naturaleza de los intereses es necesario distinguir entre el **interés legal** **7755**
del dinero, que tiene un carácter indemnizatorio, como se desprende de la regla general contenida en la normativa civil común (CC art.1108), **y** el **recargo** de dos puntos que tiene un carácter punitivo.
La jurisprudencia entiende que el interés legal del dinero debe aplicarse al sucesor, porque la atribución de la responsabilidad solidaria a este no tiene en cuenta la valoración de su conducta en orden al cumplimiento de la correspondiente obligación, sino que opera como una garantía objetiva del crédito de los trabajadores existente frente al primer empresario (TS 30-10-13, EDJ 246859).
Por el contrario, el recargo de los dos puntos tiene una finalidad **punitiva** o preventiva que está vinculada a la conducta del deudor en el proceso, tanto la utilización de recursos dilatorios, como en lo relativo al cumplimiento de la condena (TS 30-10-13, EDJ 246859; TSJ Las Palmas 30-9-19, EDJ 836961).
Únicamente debe abonar el sucesor el interés legal del dinero desde que la obligación fue reconocida judicialmente con independencia de que en ese momento aquel hubiera tenido o no entrada en el proceso, dado que el interés es solo la **actualización** del valor económico del crédito reconocido a favor del trabajador. Pero no sucede lo mismo en relación con el recargo (esto es, el incremento de los dos puntos), pues la función punitiva de este opera al margen de cualquier garantía material de reparación del daño (TS 28-11-03, EDJ 221301; 11-12-02, EDJ 61472; 30-10-13, EDJ 246859; TSJ Cataluña 14-9-16, EDJ 187115; TSJ Las Palmas 30-9-19, EDJ 836961).

7756 Si el **Fondo de Garantía Salarial** (FOGASA) paga parte de las prestaciones correspondientes a los salarios y a las indemnizaciones adeudadas por la cedente, puede pedir la **devolución** al nuevo empresario (TS 16-5-18, EDJ 98264).
Por **excepción**, existen dos supuestos en los que el FOGASA no puede pedir la devolución de las prestaciones al cesionario:
a) Cuando los trabajadores, ante la crisis de su empresa y para conservar sus puestos de trabajo, aplican el importe de las prestaciones de garantía salarial a la **constitución** de una **empresa** de economía social, como puede ser una sociedad anónima laboral (TS 11-4-01, EDJ 16049).
b) Si la entidad económica de que se trate mantiene su identidad, se entenderá que existe sucesión de empresa, pudiendo acordar el juez que el adquirente no se subrogue en la parte de la cuantía de los salarios o indemnizaciones pendientes de pago respecto de los empleados adscritos a dicha **unidad productiva autónoma** anteriores a la enajenación que sea asumida por el Fondo de Garantía Salarial de conformidad con el ET art.33 (LCon art.224.1.3º).

7757 **Caso particular: despido** La responsabilidad respecto a las obligaciones derivadas de un contrato no desaparece con la extinción del vínculo laboral, tal y como sucede con la responsabilidad por las obligaciones económicas que pueden derivarse para la empresa como consecuencia del despido del trabajador.
Cedente y cesionario responden solidariamente durante tres años de tales obligaciones, siempre que sean obligaciones derivadas del contrato de trabajo y no hubieran sido satisfechas, incluyendo la **indemnización** derivada del despido del trabajador producido antes de la transmisión (TS 22-11-88; 15-7-03, EDJ 92952; 30-11-16, EDJ 233485; TSJ Galicia 31-1-95).

7758 **Nulidad** Si una vez producida la sucesión empresarial, se declara la **nulidad** de un despido anterior a la sucesión -con readmisión obligatoria-, la empresa entrante ha de subrogarse en dicho contrato de trabajo (TS 17-10-18, EDJ 628975; TSJ Galicia 21-6-19, EDJ 649742).
La doctrina judicial viene indicando que la subrogación de la empresa entrante ha de producirse respecto a los trabajadores cuyo despido ha sido declarado nulo incluso en **fase de ejecución** a través del mecanismo de sucesión procesal que contempla la LEC y que ya aplicaba la jurisdicción social con anterioridad (TSJ Asturias 18-12-10; TSJ Extremadura 19-11-19, EDJ 797386).
La condena ha de afectar, en cuanto a la **readmisión**, exclusivamente a la empresa cesionaria, dado que es esta la que ejerce la gestión empresarial del centro de trabajo y, por ello, es la única entidad que puede hacer efectiva la readmisión en el puesto de trabajo (TS 30-11-16, EDJ 233485).

7759 Precisiones **1)** Un argumento de peso seguido por la doctrinal judicial para declarar la responsabilidad solidaria de la cesionaria respecto a las consecuencias del despido acaecido con anterioridad a la sucesión es que la declaración del despido como nulo o improcedente tiene **efectos declarativos** y no constitutivos, de forma que sus consecuencias, ya sean las económicas -indemnización o abono de salarios de tramitación- o las fácticas -readmisión del trabajador- se retrotraen al momento de efectuarse el despido y, por tanto, tales consecuencias serían obligaciones o deudas no satisfechas que son anteriores a producirse la sucesión y, por tanto, el cesionario se hace responsable solidario de ellas.
2) Si la sucesión se produce mientras está viva la **acción de despido**, y la cesionaria es parte en el proceso, el juego del ET art.44 obliga a condenar a la nueva empresa, sucesora de la anterior (TSJ Asturias 18-12-10; TSJ Madrid 18-12-17, EDJ 309433; TSJ Sevilla 28-11-19, EDJ 808019).
3) Si la subrogación laboral extingue el contrato de trabajo de los empleados, siendo la cesionaria quien no los contrató, a pesar de resultar aplicable el mecanismo de la sucesión, las consecuencias de la calificación de **despido improcedente** debe soportarlas la cesionaria que es la única responsable al convertirse en la nueva empleadora de los trabajadores (TS 12-7-07, EDJ 144129; 19-9-07, EDJ 184495; TSJ Islas Baleares 11-12-17, EDJ 286950).
4) La extinción de la relación por la anterior contratista con vulneración de **derechos fundamentales** respecto a trabajadores con actitud reivindicativa, que habían interpuesto reclamaciones judiciales frente a la anterior contratista/cedente, es calificada como un despido nulo que afecta directamente a la empresa cesionaria, al entenderse que la negativa de la cesionaria a subrogarse en las relaciones laborales supone un despido y considerarse que no existe otro motivo explicable a tal negativa que su actitud reivindicativa, lo que supone una lesión de la garantía de indemnidad (TSJ Galicia 5-10-11, EDJ 239916).
5) La empresa cesionaria debe soportar los efectos del despido realizado por la cedente y declarado nulo por los tribunales -incluso en fase de ejecución-, siendo declarada responsable única de los efectos de dicha declaración de **nulidad** -la readmisión del trabajador-, declarándose la solidaridad para las consecuencias económicas (TS 17-10-18, EDJ 628975; TSJ Las Palmas 30-10-08, EDJ 279610).
6) El empresario cesionario es el responsable único de las deudas contraídas en el marco del contrato laboral con posterioridad a la transmisión. Se entiende que, habiéndose producido el **despido**

con posterioridad a la transmisión, las consecuencias directamente derivadas del mismo solo pueden hacerse recaer en la empresa sucesora, ya que la solidaridad solo tiene una vigencia de tres años respecto de las obligaciones laborales nacidas con anterioridad a la transmisión, y argumentando respecto a las obligaciones posteriores a la transmisión, que la solidaridad solo opera si la cesión fuese declarada delito (TSJ Asturias 29-9-06).

7) Cuando la empresa con beneficios efectúa **despidos colectivos** que afectan a trabajadores de cincuenta o más años, el nuevo empresario se subroga en las obligaciones derivadas del pago de la aportación económica establecida (RD 1484/2012 art.9).

8) Cuando se produce una **transmisión de empresa** por un acuerdo entre dos entidades a los pocos días de haberse prescindido de todo el personal, apreciándose la existencia de un pacto interempresarial tendente a evitar las previsiones que establece el ET art.44 tiene establecidas en materia de sucesión se ha considerado que se ha realizado en fraude de ley, declarándose el despido colectivo nulo, y existiendo responsabilidad solidaria de la empresa transmitente y sucesora (TS 18-2-14, EDJ 42937; TSJ País Vasco 28-4-15, EDJ 110587 en un caso similar, pero de carácter individual, declara la improcedencia del despido y condena solidariamente al cedente y al cesionario; por su parte, la TS 20-6-17, EDJ 145326, declara que la constitución fraudulenta de una sociedad civil particular con la finalidad de eludir responsabilidades derivadas de la nulidad del despido colectivo acordado por la empresa anterior a la que sustituye parcialmente, constituye una sucesión de empresa).

Salarios de tramitación Se considera que cedente y cesionario son responsables solidarios **7760**
en el abono de los salarios de tramitación (TS 14-2-01, EDJ 2938; 15-10-19, EDJ 731431; TSJ Navarra 25-2-02, EDJ 6798).

A partir de la entrada en vigor del L 3/2012, de medidas urgentes para la reforma del mercado de trabajo, procede abonar salarios de tramitación en los supuestos de declaración de **despido nulo** y, en los supuestos en que el despido sea declarado **improcedente** y el empresario opte por la readmisión. Asimismo, si el despedido es un representante de los trabajadores o un delegado sindical, tiene derecho a los salarios de tramitación, tanto si opta por la indemnización como si lo hace por la readmisión.

Extinción por voluntad del trabajador (ET art.50) Respecto a los supuestos de extinción **7761**
del contrato por voluntad del trabajador, se declara la responsabilidad solidaria de cedente y cesionario de las consecuencias de la declaración de extinción indemnizada del contrato de un trabajador, siendo su solicitud anterior a la sucesión, produciéndose tal declaración con posterioridad (TSJ Extremadura 16-10-97, EDJ 12955; TSJ Sta. Cruz de Tenerife 8-2-13, EDJ 64482; TSJ Madrid 17-1-18, EDJ 20563; TSJ Burgos 25-4-18, EDJ 88143; TSJ La Rioja 13-2-20, EDJ 5157840).

La declaración extintiva en los procesos de extinción voluntaria del contrato a instancias del trabajador tiene **carácter constitutivo**, con efectos en el momento que adquiere firmeza la sentencia y no carácter declarativo como ocurre en el despido. Dicho carácter no solo obliga a que el trabajador deba mantener su relación laboral viva desde la interposición de la demanda hasta la declaración extintiva, sino que, además, sirve de argumento para declarar la responsabilidad de cedente y cesionario, consecuencia de entender que el contrato de trabajo del trabajador estaba vigente cuando se produjo el cambio en la titularidad de la empresa.

Delimitación temporal Independientemente del plazo de prescripción de las acciones **7762**
para reclamar a cedente y cesionario el cumplimiento de las obligaciones laborales (nº 7766), el legislador concreta el alcance objetivo de la garantía de responsabilidad en un periodo temporal, respecto de las obligaciones laborales nacidas con **anterioridad a la sucesión** de empresa, que no han sido satisfechas.

La responsabilidad solidaria debe entenderse referida a **obligaciones exigibles**, esto es, no prescritas o caducadas en el momento de la transmisión (TSJ C.Valenciana 8-11-04, EDJ 235008; TSJ Canarias 13-2-19, EDJ 615874).

El cumplimiento de las obligaciones **anteriores** al cambio de empresario se refuerza de tal **7763**
modo para evitar que los derechos de los trabajadores sean burlados al transferir la empresa a un tercero que incluso puede estar en situación de insolvencia.

No existe responsabilidad solidaria por las obligaciones laborales **nacidas con posterioridad** a la transmisión (TSJ Cataluña 25-4-18, EDJ 530899; TSJ Madrid 15-6-18, EDJ 556919). En este supuesto la reclamación solo se puede dirigir contra el nuevo empresario, que es el responsable directo de la deuda, sin perjuicio de las posibles responsabilidades mercantiles que pudieran derivarse entre la empresa cedente y cesionaria como consecuencia del contrato mercantil que estas pudieran haber suscrito y que, en todo caso, podrían exigirse ante el órgano jurisdiccional civil (TSJ C.Valenciana 7-6-05, EDJ 138103; TSJ Madrid 28-10-08, EDJ 270689; TSJ Granada 23-5-13, EDJ 122513).

Precisiones 1) La sucesión empresarial operada, tiene alcance no solo en el aspecto sustantivo sino también en el procesal. Aunque la sucesión sea **declarada por un auto** posterior a la sentencia condenatoria, tal auto no tiene una naturaleza constitutiva, sino meramente declarativa, de una realidad anterior que es una sucesión ya operada cuando concurren los presupuestos pertinentes para la misma, que es cuando la empresa sucesora se coloca en la misma posición y situación que la en un principio condenada y en consecuencia asume todas las cargas y obligaciones de esta, incluso las procesales, por lo que son válidas respecto de ella y le afectan todas las actuaciones llevadas a cabo en relación a la empresa sucedida, así no se inició de nuevo la ejecución, pues tiene y afecta la ya en trámite con todas las actuaciones llevadas a cabo hasta ese momento, incluso las anteriores a la ejecución como es la propia sentencia condenatoria, con todas sus consecuencias (TS 28-11-03, EDJ 221301; TSJ Valladolid 13-9-07, EDJ 232189).

2) Teniendo en cuenta que la responsabilidad solidaria entre la empresa cedente y cesionaria recae sobre aquellas deudas en las que la correspondiente acción persista viva (TSJ Canarias 13-2-19, EDJ 615874), la solidaridad de ambos empresarios trae consigo que, si antes de la transmisión ha transcurrido ya el plazo de **prescripción** de dicha acción, el empresario sucesor (CC art.1148), puede hacer valer ese tardío ejercicio frente al trabajador que le reclama el pago (TSJ País Vasco 6-5-93).

7764 **Excepción** (ET art.44.3; CP art.311.4 redacc LO 14/2022) Cedente y cesionario responden solidariamente de las obligaciones laborales nacidas con posterioridad a la transmisión en caso de que la cesión fuese declarada **delito** (TSJ Granada 13-9-19, EDJ 661370).

En caso de que la sucesión fuese declarada delito, la responsabilidad solidaria de los empresarios implicados se extiende tanto a las obligaciones anteriores como a las posteriores a la transmisión y **sin límite temporal** alguno.

Se tipifica como delito las actuaciones de los empresarios que en el marco de una transmisión de empresas, con conocimiento, mantienen a los trabajadores transmitidos con **condiciones laborales o de Seguridad Social** que perjudican, suprimen o restringen los derechos que tienen reconocidos por disposiciones legales, convenios colectivos o contrato individual; o bien, dan ocupación simultáneamente a una pluralidad de trabajadores, procedentes de la empresa cedente, sin comunicar su alta en el régimen de la Seguridad Social.

A sensu contrario (TS 29-6-22, EDJ 629263), si la cesión **no se declara delito** o no queda acreditada la existencia de fraude de ley, no se puede derivar responsabilidad solidaria de cedente y cesionario por responsabilidades nacidas con posterioridad a la transmisión.

7765 En caso de que se inste la responsabilidad solidaria entre cedente y cesionario por obligaciones laborales nacidas con posterioridad a la transmisión, por considerar que la cesión efectuada es constitutiva de delito, se requerirá que el **orden jurisdiccional penal** declare la existencia y comisión del mismo.

Precisiones 1) El **orden social** no tiene legalmente atribuido el conocimiento de una pretensión encaminada a declarar que las ventas realizadas son nulas o son constitutivas de delito (TS 30-6-93, EDJ 6495).

2) La subsistencia de la responsabilidad no requiere necesariamente la **previa apreciación** del carácter delictivo de la cesión. Los efectos de la sucesión pueden excluirse tanto por la estimación de un fraude objetivo con las consecuencias previstas en el CC art.6.4, como por ante una utilización abusiva de la personalidad jurídica, no necesariamente encuadrable en una sustitución o falseamiento malicioso de empresa a los efectos del Código Penal, la responsabilidad solidaria sería también la procedente como consecuencia de la estimación de una posición empresarial conjunta que debe imponerse a la apariencia formal de la transmisión (TS 24-7-89, EDJ 7718).

3. Prescripción

7766 La empresa cedente y la empresa cesionaria responden solidariamente por las **obligaciones** laborales **nacidas con anterioridad** a la transmisión y que no hubieran sido satisfechas (ET art.44).

La doctrina tradicional (TS 13-11-92, EDJ 11176) interpretaba que el plazo de prescripción de un año (ET art.59) era solo aplicable a aquellos supuestos en que no se establezca un plazo especial, como el de tres años al amparo del ET art.44 para la responsabilidad solidaria de cedente y cesionario en supuestos de sucesión de empresa. Pues bien, la Sala de lo Social del Tribunal Supremo rectifica la doctrina tradicional (TS 17-4-18, EDJ 64895; 11-7-18, EDJ 572124; 10-1-19, EDJ 503422) reconociendo que el ET art.44.3 no establece un plazo de prescripción singular y diverso al general previsto en el ET art.59, sino que **delimita temporalmente** la duración de la **responsabilidad solidaria** que se establece entre cesionario y cedente, fijando un plazo de actuación -caducidad- de tres años para el ejercicio de aquella acción que el trabajador pudiera ostentar frente al empresario transmitente, acción que necesariamente deberá plantear dentro del año posterior al momento en que la sucesión se produce.

La acción es única y como tal su plazo de prescripción también lo es, y si el nuevo empresario queda subrogado en los derechos y obligaciones laborales y de Seguridad Social del anterior, el significado técnico de la subrogación como acto por el que una persona sustituye a otra en los derechos y obligaciones propios o de determinada relación, nos sitúa frente a la **asunción** de la **deuda** con todas las singularidades, entre ellas el plazo de prescripción de la acción y aún más en concreto los posibles avatares para su reclamación, incluidas -por supuesto- las posibles causas que hubiesen interrumpido la decadencia del derecho frente al primitivo empresario y que por ello son también oponibles frente al cesionario.

Precisiones El **plazo de tres años** que se contempla en el ET art.44.3 constituye una garantía para el trabajador, pero también para la empresa cesionaria, que ve limitada su responsabilidad a las deudas salariales generadas antes de la cesión y se declaren antes o después de los tres años después de dicha fecha, pero sometida su reclamación al plazo de un año a contar desde la fecha en la que se produce la sucesión en el caso de deudas anteriores.

El día inicial del **cómputo** del plazo es la fecha en la que tiene lugar la transmisión (TS 10-1-19, EDJ 503422). Sin embargo, esta regla no es de aplicación cuando los trabajadores no tienen conocimiento exacto de la misma, en cuyo caso se toma la fecha en la que el trabajador adquiere dicho conocimiento. Todo ello, salvo que la transmisión pueda ser conocida por los trabajadores por su notoriedad (TS 30-6-88, EDJ 5741; 30-11-16, EDJ 233485; TSJ Sta. Cruz de Tenerife 5-6-18, EDJ 636417). **7768**

Precisiones **1)** La fecha de **constitución** de la **sociedad** mercantil y la inscripción en el registro no tiene por qué coincidir con la fecha de la asunción de la actividad o subrogación; asimismo, es preciso que los trabajadores tengan conocimiento exacto y cumplido de la realidad de la subrogación (TSJ Cataluña 1-12-03, EDJ 195304).
2) No supone un obstáculo que la **inscripción** en el **Registro Mercantil** se produzca con posterioridad, pues para ser empresario no es necesario ser propietario de los bienes fundamentales de la empresa, sino poseer la titularidad del negocio. La responsabilidad ex ET art.44 puede surgir en un momento anterior a la inscripción de la fusión en el Registro Mercantil, de conformidad con la normativa propia del derecho del trabajo (TSJ Cataluña 16-12-04, EDJ 243771).

B. Seguridad Social

(ET art.44.3; LGSS art.18.3, 53, 54, 142, 168.2; RD 1415/2004 art.12 y 13)

El cambio de titularidad de una empresa, de un centro de trabajo o de una unidad productiva autónoma no extingue por sí mismo la relación laboral, quedando el adquirente como **responsable solidario** con el anterior o con sus herederos en **los derechos y obligaciones** laborales y de Seguridad Social **del anterior**, incluyendo los compromisos por pensiones, en los términos previstos en su normativa específica, y, en general, cuantas obligaciones en materia de protección social complementaria hubiere adquirido el cedente (ET art.44.1). **7770**
En el marco de la regulación relativa a la sucesión de empresa se prevé expresamente que cedente y cesionario son responsables solidarios durante tres años en las transmisiones que tengan lugar por actos inter vivos, respecto de las obligaciones laborales nacidas con anterioridad a la transmisión y que no hubiesen sido satisfechas.
Asimismo, la **responsabilidad** en el marco de la sucesión de empresa en materia de Seguridad Social aparece expresamente regulada en la Ley General de la Seguridad Social.
Para determinar si se ha producido o no la sucesión empresarial generalmente debe acudirse a las **pruebas** indiciarias o presunciones ya que en pocas ocasiones se presenta con claridad la sucesión contractual, directa y documentada de la empresa deudora a la sucesora corresponsable. A título ejemplificativo, como indica la reciente jurisprudencia, son indicios de la sucesión empresarial: órganos de dirección cubiertos por las mismas personas, que pertenecen a un mismo grupo familiar, dedicados a la misma actividad industrial y con idéntico objeto social; lo que se añade a la posibilidad de compartir un elevado número de trabajadores. Tales elementos indiciarios que independientemente considerados no implican la existencia de sucesión, si la hacen presumir cuando se conjugan o concurren varios de ellos (TSJ Málaga cont-adm 9-5-18, EDJ 622912).

Por tanto, al objeto de determinar la existencia de sucesión de empresas y, con ella, la existencia de responsabilidad, se han de analizar de forma pormenorizada otros elementos, tales como la existencia de algún elemento indiciario de que existe **falta de transparencia** en el negocio jurídico operado, que permita presumir la ocultación de una verdadera sucesión, en cuyo caso, existe responsabilidad solidaria. **7771**
Respecto a estas sucesiones no transparentes -opacas- pueden considerarse como **indicios** suficientes para iniciar actuaciones inspectoras las siguientes situaciones:
a) Empresas vinculadas con la empresa deudora por compartir socios o administradores.

b) Empresas vinculadas con la empresa deudora por compartir domicilio, actividad, anagrama, marcas, características o asesores.
c) Trasvase de trabajadores.
d) Trasvase de clientes, proveedores, bienes inmuebles, vehículos y maquinaria.
La sucesión en la titularidad de la empresa debe ser **comunicada** a la Seguridad Social en un plazo máximo de 6 días naturales (RD 84/1996 art.19). El incumplimiento de la obligación de comunicar la sucesión de empresa se tipifica como infracción grave (LISOS art.22.1), salvo que se tipifique como muy grave, al considerar que ha actuado fraudulentamente al objeto de eludir la responsabilidad solidaria, subsidiaria o mortis causa en el cumplimiento de la obligación de cotizar o en el pago de los demás recursos de la Seguridad Social (LISOS art.23.1.b).

1. Ámbito subjetivo

7775 En relación con la **obligación de cotizar**, la Ley prevé que resultan responsables aquellos sujetos en los que concurren hechos, negocios o actos jurídicos que determinan su responsabilidad en aplicación de cualquier norma con rango de ley que se refiera o no excluya expresamente a las obligaciones de Seguridad Social (LGSS art.18.3).
Asimismo, se prevé que, en los casos de sucesión en la titularidad de la explotación, industria o negocio, el adquirente responde solidariamente con el anterior o sus herederos -por tanto, por actos inter vivos o mortis causa- del pago de las **prestaciones causadas** antes de producirse la sucesión (LGSS art.168.2), extendiendo dicha responsabilidad a la **totalidad de las deudas generadas con anterioridad** a la transmisión (LGSS art.142).
La exigencia de la pervivencia del vínculo laboral en el momento de la transmisión al objeto de poder exigir la responsabilidad solidaria a cedente o cesionario no aparece regulada, bastando que exista el incumplimiento de las obligaciones por parte del cedente y la sucesión de empresa por parte del cesionario (TS 24-10-18, EDJ 618863; TSJ País Vasco 10-9-02).

Precisiones **1)** La **creación** de una **empresa** para realizar la actividad que llevaba a cabo la anterior con el fin de evitar las deudas que tuviese contraídas, hace suponer que se está tratando de hacer una sucesión de forma no transparente, procediendo por tanto la responsabilidad solidaria respecto a los defectos de cotización de la empresa originaria (TSJ Sta. Cruz de Tenerife 14-3-06, EDJ 69596).
2) Hay que diferenciar la unidad productiva autónoma de **meros activos independientes** (TSJ Madrid 28-12-20, EDJ 824621).
3) Se aplica la responsabilidad por deudas de seguridad social en un supuesto de sucesión de empresa operado por la recuperación por el propietario de un **arrendamiento de industria** para salón de belleza en un hotel (TS 10-9-20, EDJ 662537).
4) La disolución de una empresa municipal inmobiliaria y la consiguiente **asunción de la totalidad de su patrimonio** por el propio Ayuntamiento constituye una sucesión (TS 11-5-21, EDJ 570291).
5) No hay reversión ni sucesión en la cafetería del Ministerio de presidencia porque habiéndose licitado los servicios resultó **desierta la licitación**, contratando temporalmente un servicio de catering para una parte del servicio (TS 24-5-21, EDJ 609748).

7776 **Tracto sucesivo** La posibilidad de la inmediata iniciación de la actividad de la nueva empresa o centro de trabajo o unidad productiva, o que sea susceptible de explotación inmediata, es un baremo indicador de la sucesión; es decir, no debe de haber **suspensión de actividades**, salvo en los casos de fraude acreditado (TS cont-adm 21-1-19, EDJ 503568).
Debe existir una transmisión de activos patrimoniales y personales, o sea, de elementos que permitan continuar una explotación empresarial viva, que es lo que puede permitir hablar de la permanencia en su identidad. La suspensión de actividades no es óbice para estimar la existencia de la sucesión pudiendo confirmarse la sucesión de empresas en casos donde se tarda varios meses en dar de alta a los trabajadores en la nueva empresa (TSJ Murcia 7-5-21, EDJ 619746).

7776.1 **Casos particulares: sociedad laboral y sociedad liquidada** En relación con los sujetos responsables, existen dos particularidades que afectan a la sociedad laboral y a la sociedad disuelta y liquidada.

7777 **Sociedad laboral** (LGSS art.142) Se entiende que existe sucesión aun cuando sea una sociedad laboral la que continúa con la explotación, industria o negocio, esté o no constituida por trabajadores que prestan servicios por cuenta del empresario anterior.
La jurisprudencia ha matizado esta cuestión afirmando que, si bien las sociedades laborales no están exoneradas del cumplimiento de las obligaciones que puedan corresponderles por sucesión, existiendo incluso **subvenciones** para hacerse cargo de las deudas de la Seguridad Social que puedan haber adquirido por este concepto, ello no implica que de modo automático se determine la existencia de sucesión de empresa.

La coincidencia de determinados elementos, ya sean productivos -herramientas, oficinas- o los propios trabajadores de la anterior sociedad, no determinan por sí solos la existencia de sucesión de empresa, debiendo atenderse al caso concreto.
La actuación de los trabajadores que, recurriendo a formas asociativas y a través de la utilización de relaciones comerciales y de determinados elementos patrimoniales de la anterior empresa, que han obtenido de forma indirecta en el proceso de liquidación de ésta, merece la protección del ordenamiento laboral, y en estos casos, en los que se trata más de una «**reconstrucción**» que de una «transmisión» de la empresa, no se está en el supuesto del art.44 ET, que es una norma con una finalidad de conservación del empleo y no puede convertirse en una fórmula rígida que impida la aplicación de soluciones para la creación de nuevos empleos que sustituyan los perdidos como consecuencia de la crisis de la anterior empresa y evitando así que la nueva compañía se vea lastrada con las deudas de la anterior (TS 26-2-19, EDJ 515053; TSJ Castilla-La Mancha cont-adm 20-9-21, EDJ 800355; TSJ Valladolid 11-3-21, EDJ 558010).

Sociedad disuelta y liquidada (LGSS art.142) Cuando el empresario es una sociedad disuelta y liquidada, las obligaciones de cotización a la Seguridad Social pendientes se transmiten a los **socios o partícipes** en el capital, que responden de ellas de manera solidaria y hasta el límite del valor de la cuota de liquidación que se les hubiere adjudicado. **7778**

Precisiones Una de las novedades más significativas de la reforma concursal (L 16/2022, de reforma del texto refundido de la Ley Concursal) es la **competencia exclusiva que se confiere al juez del concurso** para declarar la sucesión de empresas. Por lo tanto, los trabajadores afectados por el procedimiento concursal no podrán acudir posteriormente a la jurisdicción social a reclamar las cantidades debidas por la empresa concursada. Los tribunales del orden social no podrán apartarse de lo establecido por el juez del concurso en esta materia.

Procedimiento recaudatorio (RD 1415/2004) En relación con las deudas con la Seguridad Social puede dirigirse reclamación de deuda o acta de liquidación contra **todos o** contra **cualquiera** de los responsables solidarios. **7779**
El procedimiento recaudatorio seguido contra uno de ellos no suspende ni impide que pueda seguirse contra otro, hasta la total extinción del crédito.
Cuando el deudor ha presentado los documentos de cotización dentro del plazo reglamentario de ingreso, sin haberlo efectuado, o cuando ya se ha emitido reclamación de deuda o acta de liquidación contra él, la Tesorería General de la Seguridad Social solo puede exigir dicha deuda a otro responsable solidario mediante reclamación de deuda **por derivación**, o lo hace, en su caso, la Inspección de Trabajo y Seguridad Social mediante **acta de liquidación**, sin perjuicio de las medidas cautelares que puedan adoptarse sobre su patrimonio, en cualquier momento, para asegurar el cobro de la deuda.

Con carácter general, desde la reclamación de deuda o acta de liquidación por derivación son exigibles a todos los responsables solidarios el **principal**, los **recargos e intereses** que deban exigirse al primer responsable, y todas las **costas** que se generen para el cobro de la deuda. **7780**
La reclamación de deuda por derivación ha de contener, además de los requisitos generales de cualquier reclamación, la identificación de los responsables solidarios y los hechos y fundamentos de derecho en que se funda tal responsabilidad solidaria. No obstante, previamente, se dicta **acuerdo de iniciación del expediente** que se notifica al interesado, a fin de que efectúe las alegaciones y presente los documentos y justificantes que estime pertinentes en los quince días siguientes.

Por **excepción**, no se requiere acuerdo de iniciación previo ni audiencia al interesado, cuando la reclamación de deuda por derivación se basa en los mismos hechos y fundamentos de derecho que motivaron una previa reclamación de deuda por derivación al mismo responsable; en tal caso, se hace constar dicha circunstancia en la reclamación. **7781**
La **suspensión o terminación** del procedimiento recaudatorio seguido contra un responsable solidario suspende o pone fin al procedimiento que se sigue contra cada uno de ellos, a no ser que se produzcan con motivo de impugnaciones o revisiones fundadas en causas que solo concurran en alguno de ellos.

Precisiones **1)** El responsable solidario por sucesión en la titularidad de una empresa queda subrogado, no solo en las obligaciones, sino también en los derechos del titular anterior o deudor principal, atribuyéndosele, con carácter general, el ejercicio de todas las excepciones que se derivan de la naturaleza de la obligación, razón por la cual debe notificársele, no solo el acto de derivación de responsabilidad, sino también los elementos esenciales de la **liquidación**, indicándosele el **recurso** procedente que puede ser ejercido tanto contra la liquidación que le ha sido practicada a él como contra la extensión y fundamento de la responsabilidad que se le deriva (TCo 19-7-10).

2) Al responsable **no** se le deriva una **liquidación firme** y consentida por el obligado principal y, en consecuencia, inimpugnable al momento de la derivación, sino que lo que se le deriva es la responsabilidad de pago de una deuda, frente a la cual y desde el mismo instante en que se le traslada, se le abre la oportunidad no solo de efectuar el pago en período voluntario, sino también de reaccionar frente a la propia derivación de responsabilidad, así como frente a la deuda cuya responsabilidad de pago se le exige (TCo 39/2010).

2. Ámbito objetivo

7785 Se proclama la responsabilidad solidaria de cedente y cesionario en relación con las obligaciones de Seguridad Social nacidas con anterioridad a la transmisión de la empresa.
Desde el punto de vista objetivo, la responsabilidad solidaria respecto a las obligaciones de Seguridad Social puede alcanzar a:
- las cotizaciones sociales;
- las prestaciones;
- los recargos de prestaciones;
- la indemnización de daños y perjuicios por falta de medidas de seguridad;
- los recargos e intereses de demora;
- la jubilación parcial.

Precisiones Aunque la LGSS art.168 prevé un mecanismo de **exoneración** de la citada responsabilidad por parte del empresario cesionario en los casos que dicho artículo trata mediante la expedición de un certificado emitido por la Administración de la Seguridad Social; sin embargo, su aplicación está supeditada a un desarrollo reglamentario, actualmente inexistente.
No obstante, el Tribunal Supremo advierte que el contenido literal de las certificaciones expedidas por la TGSS no puede ser utilizado para exonerar de responsabilidad alguna, ya que, en dichas **certificaciones**, la Administración de la Seguridad Social no señala que la empresa sucedida no tuviese deudas pendientes con la Seguridad Social, sino que únicamente certifica que no existe «ninguna reclamación por deudas ya vencidas». Asimismo, considera que no se vulnera los principios de seguridad jurídica y confianza legítima dado que el certificado no afirma propiamente la inexistencia de deudas pendientes (TS 21-7-15, EDJ 136510; 24-10-18, EDJ 618863).

7786 **Cotizaciones sociales** (LGSS art.18, 142) Siendo el empresario el responsable del cumplimiento de la obligación de cotizar e ingresar las aportaciones propias y las de los trabajadores, la LGSS art.142 señala que la **responsabilidad solidaria por sucesión** -aun cuando sea a través de una sociedad laboral que esté o no constituida por trabajadores del empresario anterior- en la titularidad de la explotación, industria o negocio, establecida en la LGSS art.168 se extiende a la totalidad de las deudas generadas con anterioridad al hecho de la sucesión.
Lo mismo sucede en caso de que el empresario sea una sociedad o **entidad disuelta y liquidada**, sus obligaciones de cotización a la Seguridad Social pendientes se transmitirán a los socios o partícipes en el capital, que responderán de ellas solidariamente y hasta el límite del valor de la cuota de liquidación que se les hubiere adjudicado.
Del cumplimiento de la obligación de cotizar e **ingresar** las aportaciones del cedente y las de los trabajadores, devengadas y pendientes de pago hasta el momento de producirse la sucesión, responde solidariamente el cesionario (TS 3-3-99, EDJ 17188; cont-adm 28-11-97, EDJ 10169; AN 21-6-02, Rec 704/99).

7787 **Prestaciones** (LGSS art.168) Anteriormente, la doctrina del Tribunal Supremo consistía en una interpretación literal de la LGSS art.127.2 entonces vigente (actual LGSS art.168.2), negando que se extendiera la responsabilidad a la empresa adquirente respecto de prestaciones del Sistema de Seguridad Social causadas con anterioridad a la sucesión empresarial, todo ello sobre la base de que no era posible ilimitar la responsabilidad empresarial en tales casos (TS 28-1-04, EDJ 6735; 22-11-05, EDJ 230455; 18-7-11, EDJ 222595).
Conforme a los criterios jurisprudenciales más recientes, y teniendo en cuenta la doctrina en materia de recargo de prestaciones (TJUE 5-3-15; TS 23-3-15, EDJ 73570; 13-10-15, EDJ 225458), el adquirente ha de responder solidariamente con el anterior o con sus herederos del pago de las prestaciones causadas antes de dicha sucesión, considerando el Tribunal Supremo que la expresión «causadas» de la LGSS art.168.2 recoge tanto los recargos de prestaciones ya reconocidos antes de dicha sucesión, como las que lo son con posterioridad pero ya estaban en curso de generación (TS 27-3-19, EDJ 574913; 30-3-22, EDJ 536089 y TSJ Sevilla social, 5-11-20, EDJ 791086).

Precisiones En caso de sucesión de empresa, es responsable la empresa sucesora por los **incumplimientos** de las **obligaciones de cotización** cometidos por la empresa anterior, con trascendencia sobre el derecho prestacional (TS 27-3-19, EDJ 574913 y TSJ Asturias social, 8-6-21, EDJ 654894).

Recargo de prestaciones (RD 1415/2004 art.12.4) La doctrina anteriormente mantenida por el Tribunal Supremo (TS 18-7-11, EDJ 222595; 28-10-14, EDJ 204364) consideraba que la empresa **cesionaria** no era responsable solidaria del recargo impuesto al cedente como consecuencia del incumplimiento de las obligaciones en materia de prevención de riesgos y seguridad en la empresa, y ello con independencia del momento en que se declare la responsabilidad. 7788

Sin embargo, conforme al criterio actual del Tribunal Supremo, el recargo tiene una doble **naturaleza resarcitoria y preventiva/punitiva**. En la sucesión de la responsabilidad derivada del recargo debe primar la faceta indemnizatoria sobre la sancionadora o preventiva, o lo que es lo mismo, que la consecuencia de las previsiones que se recogen en la LGSS art.164.2 han de ceder frente a las que se derivan de la LGSS art.168.2 (TJUE 5-3-15, EDJ 16239; TS 23-3-15, EDJ 73570; 13-10-15, EDJ 225458). En este sentido, en los casos de sucesión de empresas se fija un nuevo criterio marcado por los siguientes extremos (TS 8-6-16, EDJ 105801; 20-3-17, EDJ 58475; 21-6-17, EDJ 143149; 30-3-22, EDJ 536089 y TSJ Asturias 18-6-19, EDJ 792068):

• Cuando se produce la transmisión de empresa ha de operar la transmisión de responsabilidad de la empresa sucedida en supuestos de **incumplimiento cualificado** de la LGSS art.164 de medidas de seguridad en el trabajo (recargo de prestaciones), pese a que tal incumplimiento se hubiera producido con anterioridad a la fecha de sucesión.

• La aludida transmisión de responsabilidad también ha de operar respecto de las **prestaciones** que se encuentren **pendientes de reconocer**, así como de las que estén generando, independientemente de que la fecha de su reconocimiento pueda ser posterior a la fecha de la sucesión.

• En último término, y a través de una interpretación extensiva de la responsabilidad del recargo, operaría en los supuestos de absorción, en los casos de fusión propia, escisión de sociedades y, en general, en todos los fenómenos de transmisión que puedan implicar **cesión global de activos y pasivos** desde la empresa sucedida a la sucesora

Indemnización por falta de medidas de seguridad En relación con la indemnización de daños y perjuicios por falta de medidas de seguridad, algún pronunciamiento ha admitido la responsabilidad solidaria de cedente y cesionario habiendo nacido el derecho a dicha indemnización **con posterioridad** a la sucesión, en aplicación del CC art.1089, según el cual las obligaciones nacen de los actos u omisiones ilícitos. Se argumenta que a veces los actos no son únicos sino un conjunto de actos producidos sucesivamente y por tanto, el acto ilícito no tiene por qué ser algo que se produce una vez y que existe o no antes de la transmisión, sino que puede ser algo que comienza a existir antes de la transmisión y que acaba de producir sus efectos después de la misma (TS 8-6-16, EDJ 105801; 20-4-17, EDJ 58475; TSJ Burgos 11-7-13, EDJ 134112, respecto a la indemnización solicitada a consecuencia de una enfermedad pulmonar causada por la exposición al polvo de amianto; en la misma línea TSJ Galicia 9-6-11, EDJ 139364). 7789

Recargos e intereses de demora (LGSS art.18, 30, 31 y 154.2; RD 1415/2004 art.13.3) Son imputables a los sujetos responsables del cumplimiento de la obligación de cotizar los recargos y el interés de demora establecidos en la LGSS art.30 y 31. 7790

Desde la reclamación de la deuda o acta de liquidación por derivación son exigibles a todos los responsables solidarios el principal, los recargos e intereses que deban exigirse a dicho primer responsable.

Jubilación parcial En relación con la jubilación parcial, se considera ajustado a derecho el hecho de que, habiendo pasado el trabajador relevista a la empresa cesionaria en el marco de una sucesión de empresas y manteniéndose el jubilado parcial en la empresa originaria, dicha empresa originaria no haya contratado a ningún otro trabajador en sustitución del trabajador subrogado por la cesionaria. 7791

Precisiones Si bien formalmente ha cesado el trabajador relevista en la empresa originaria, su adscripción a otra empresa por subrogación no impide el cumplimiento de la finalidad de la norma ni evita las posibles responsabilidades empresariales futuras, aunque con la mayor complejidad derivada de la necesaria interrelación empresarial al estar adscritos jubilado parcial y relevista a distintas empresas; y, sin perjuicio, en su caso, de que de cesar al relevista en la nueva empresa, la obligación de contratar pudiera volver a recaer sobre la empresa originaria, lo que ahora no se resuelve (TS 25-1-10, EDJ 14343; TSJ Madrid 29-1-18, EDJ 21024; 30-6-20, EDJ 641649).

3. Prescripción

(LGSS art.24 y 168.2; RD 1415/2004 art.42 y 43.3)

7795 En relación con los plazos de prescripción en materia de Seguridad Social:

a) La obligación del pago de las **cuotas** de la Seguridad Social y de los conceptos de recaudación conjunta, así como de los recargos sobre unos y otros, prescribirá a los **cuatro años**, a contar desde la fecha en que finalice el plazo reglamentario de ingreso de aquellas (LGSS art.24; RD 1415/2004 art.42).

b) El derecho al **reconocimiento** de las **prestaciones** prescribe, salvo supuestos de imprescriptibilidad (jubilación, viudedad, orfandad y en favor de familiares), a los **cinco años** contados desde el día siguiente a aquel en que tiene lugar el hecho causante de la prestación de que se trata (LGSS art.53).

c) La obligación de **reintegro del importe de las prestaciones indebidamente percibidas prescribirá a los cuatro años**, contados a partir de la fecha de su cobro, o desde que fue posible ejercitar la acción para exigir su devolución, con independencia de la causa que originó la percepción indebida, incluidos los supuestos de revisión de las prestaciones por error imputable a la entidad gestora (LGSS art.55.3).

d) La prescripción de una deuda o parte de ella afecta por igual a todos los **responsables** de su pago.

e) La **interrupción** del plazo de prescripción para uno de los responsables se extiende y afecta a los demás.

f) El cedente y el cesionario, en las transmisiones que tienen lugar por actos inter vivos, responden solidariamente durante el plazo de 3 años de las obligaciones laborales nacidas con anterioridad a la transmisión que no hayan sido satisfechas, sin perjuicio de la responsabilidad en materia de Seguridad Social. En materia de cuotas de Seguridad Social, no se aplica el plazo señalado de 3 años, sino el **plazo general de prescripción de 4 años** para exigir el pago de cuotas (LGSS art.24) o de 4 años para el reintegro de prestaciones (LGSS art.55.3), ya que la responsabilidad solidaria por la sucesión en la titularidad de la explotación, industria o negocio se extiende a la totalidad de las deudas generadas con anterioridad al hecho de la sucesión (AN cont-adm 6-4-05, EDJ 189751; TSJ Aragón cont-adm 13-7-18, EDJ 639121; TSJ Extremadura cont-adm 16-1-18, EDJ 8634; TSJ Valladolid 4-3-20, EDJ 537560; TSJ Sevilla 28-1-21, EDJ 510252; TSJ Burgos 19-7-21, EDJ 675251). En sentido contrario, aplicando el plazo de prescripción de 3 años (TSJ Castilla-La Mancha cont-adm 21-1-19, EDJ 515318; TSJ Murcia 16-7-21, EDJ 706436).

Precisiones No puede exigirse responsabilidad solidaria a la empresa cesionaria por las deudas contraídas con la Seguridad Social por la empresa saliente, ya que están **prescritas** por el transcurso de los cuatro años desde que se pudo ejercitar la acción contra el obligado al pago (TSJ Málaga 27-9-19, núm 2673/19).

III. Mantenimiento de condiciones laborales y subrogación en las obligaciones

7800 Legalmente se establece expresamente la garantía de **continuidad** en las relaciones laborales de los trabajadores, disponiendo que la sucesión de empresa no extingue por sí misma la relación laboral, sino que el nuevo empresario queda subrogado en los derechos y obligaciones laborales del cedente (ET art.44).

Por tanto, la garantía más elemental en la sucesión de empresa para los trabajadores afectados es la propia conservación de su **contrato de trabajo** (TS 7-12-09, EDJ 307432).

En la medida en que el nuevo titular viene obligado a situarse en la posición jurídica del anterior, aquel debe asumir los contratos de trabajo concertados por este en su verdadero alcance y naturaleza, con independencia de la denominación que le hayan dado las partes al contrato.

Precisiones **1)** Así, se considera **despido improcedente** la negativa de la cesionaria a incorporar al trabajador de la cedente en el marco del ET art.44 a quien, sin embargo, formaliza *ex novo* un contrato temporal, considerándose que la nueva contratación no enerva el efecto extintivo de la relación previa. No hay continuidad de la relación laboral, sino una nueva relación que excluye la primera (TS 12-3-15, EDJ 58575; 28-4-09, EDJ 92568; 23-10-09, EDJ 271408; 7-12-09; TSJ Madrid 17-10-14, EDJ 218910; TSJ Granada 23-5-12, EDJ 151583).

2) El cesionario debe soportar las consecuencias de un **contrato temporal fraudulento** suscrito por la empresa antecesora asumiendo la naturaleza real del contrato como indefinido, sin que pueda ampararse el nuevo titular en la existencia de fraude en la contratación laboral anterior para no cumplir con la obligación de subrogación que impone el ET art.44, sin que se desvirtúe la subrogación *ope legis* del citado precepto legal (TS 30-9-97, EDJ 7027; 15-12-97, EDJ 21289; TSJ Sevilla 30-10-19, EDJ 747035).

3) Es lícita la transformación de una relación de trabajo **fijo discontinuo** en otra de carácter común o continuo, pero no lo es la supresión de la fijeza del contrato, convirtiendo la contratación en temporal, continuo o no, porque contraviene el principio de estabilidad en el empleo y vulnera un derecho adquirido por el trabajador del que este no puede disponer válidamente (TSJ Cantabria 9-6-94).

Además de la subrogación en las relaciones laborales, en los supuestos de cambio de titularidad de una empresa, una unidad productiva autónoma o un centro de trabajo, la entidad cesionaria se subroga en todos los derechos y obligaciones laborales y de Seguridad Social existentes en el momento de la transmisión, incluyendo los compromisos por **pensiones** (TS 12-3-12, EDJ 86074; 15-3-02, EDJ 32017; TSJ Las Palmas 20-5-19, EDJ 687979). **7801**

Este derecho al mantenimiento de **derechos adquiridos** por parte de los trabajadores afectados por la sucesión de empresa no ampara la atribución de los derechos adquiridos por los trabajadores que prestaran sus servicios en la cesionaria con anterioridad a la sucesión.

Precisiones **1)** Lo que impone el ET art.44.1 al nuevo empresario es la asunción de cuantas obligaciones laborales y de seguridad social gravitaban sobre la empresa de origen, pero no la inversa atribución de los derechos generados en aquella a los **trabajadores provenientes** de esta (TS 15-12-04, EDJ 229541).

2) No se admite la adquisición por parte de los trabajadores transferidos de aquellos derechos que tuvieran conferidos los empleados que ya vinieran prestando servicios en la empresa con anterioridad a la sucesión, considerándose autorizadas situaciones de **trato diferenciado** dentro de una misma empresa, susceptibles de superación mediante negociación colectiva, tanto estatutaria como extraestatutaria (TS 12-1-05, EDJ 3749).

3) Los derechos que deben mantenerse a los trabajadores afectados por la sucesión no resultan obligatoriamente de aplicación a los trabajadores **contratados con posterioridad** a la sucesión, sin que, como regla general, ello sea contrario al principio de igualdad (TS 3-11-09, EDJ 271403; 3-6-02, EDJ 26623; 27-6-11; TSJ Madrid 25-6-18, EDJ 558378).

4) El derecho de los trabajadores transferidos a mantener las condiciones del convenio de la empresa cedente no se extiende al **personal** de **nueva contratación tras la sucesión de empresa** (TS 3-6-02, EDJ 26623; 15-4-14, EDJ 80852; TSJ Málaga 26-2-03, EDJ 44984).

A. Condición más beneficiosa

En los supuestos de sucesión empresarial, los trabajadores tienen también la garantía del mantenimiento del derecho a la condición más beneficiosa. **7805**

Se entiende por condición más beneficiosa la **voluntad empresarial** inequívoca de otorgar un beneficio por encima de las exigencias legales o convencionales reguladoras de la materia, de tal forma que haya quedado incorporada al nexo contractual (TS 12-4-11, EDJ 51522), que no pueden ser **suprimidas unilateralmente** por la empresa (TS 21-11-06, EDJ 370613; 4-4-07, EDJ 25416; 12-5-08, EDJ 111743; 3-11-08, EDJ 234709), y que, de acuerdo al principio de continuidad de las relaciones de trabajo, deben ser respetadas por la entidad de destino tras la sucesión, cuando se demuestre que dichas condiciones beneficiosas existían en la entidad de origen con carácter previo a la sucesión de empresa (TS 15-9-92; TSJ Canarias 11-12-08, EDJ 331222; TSJ Castilla-La Mancha 19-10-09, EDJ 265926; TSJ C.Valenciana 1-10-19, EDJ 716380).

La condición más beneficiosa pervive mientras las partes no acuerden otra cosa o mientras no sea **compensada o neutralizada** en virtud de una normativa posterior legal o pactada colectivamente más favorable que modifique el status anterior en materia homogénea (TSJ Castilla-La Mancha 19-10-09, EDJ 265926). **7806**

Aunque la condición más beneficiosa no puede ser suprimida unilateralmente por el empresario, las mejoras y derechos adquiridos más beneficiosos obtenidos por los trabajadores, tanto a título individual como por pacto o acuerdo colectivo, pueden ser compensadas a través de la **negociación colectiva o los procesos colectivos de modificación sustancial de condiciones laborales** (TSJ Sevilla 10-10-13, EDJ 233478).

Precisiones **1)** Por vía del **convenio colectivo** posterior al cambio de titularidad de la empresa se puede proceder a la regulación homogénea de condiciones de trabajo, mediante, en su caso, las compensaciones oportunas de las condiciones más beneficiosas precedentes de carácter colectivo, no adquiridas a título exclusivamente personal siempre que se respeten las reglas de la compensación y absorción (TS 13-2-97, EDJ 1014; 20-1-97, EDJ 230; 11-10-02, EDJ 51507).

2) Se considera una condición más beneficiosa que debe mantenerse en caso de sucesión de empresa la percepción de una **paga** de importe fijo que se abonaba anualmente en la nómina del mes de diciembre bajo el concepto de beneficios, pero en el que los beneficios no estaban determinados, declarándose que la condición había sido adquirida con anterioridad a la sucesión (TSJ Canarias 11-12-08, EDJ 331222).
3) Si la condición más beneficiosa se incorporó al clausulado del **convenio colectivo** de empresa, acaba superando dicha condición como más beneficiosa para ser considerado un derecho impuesto convencionalmente (TS 20-10-09, EDJ 259270; 26-4-10, EDJ 84382).
4) Al ser el **complemento de antigüedad** una obligación de tracto sucesivo no prescribe el derecho de los trabajadores transferidos a reclamar el pago del mismo, estando la prescripción limitada al derecho a reclamar las cantidades sociales no cobradas ni exigidas (TS 13-11-13, EDJ 253210).
5) Se considera nula la **renuncia** por parte del trabajador a la antigüedad devengada en la empresa anterior por contravenir el ET art.3.5 y 44 (TS 13-11-13, EDJ 253210; JS Ávila 20-11-18, EDJ 704090).

B. Otros derechos

7810 Además de la subrogación de las relaciones laborales, la entidad cesionaria se subroga en todos los **derechos y obligaciones laborales y de Seguridad Social existentes en el momento de la transmisión**; entre tales derechos se encuentran, entre otros:
- los salarios;
- la antigüedad;
- los compromisos por pensiones; y
- la protección social complementaria.

Precisiones No está justificada la actuación empresarial de imponer un **periodo de prueba** a un empleado subrogado que previamente ha acreditado suficientemente su aptitud por el ejercicio precedente de iguales tareas. En este caso, el pacto sobre el periodo de prueba se considera nulo conforme a lo previsto en el ET art.14.1, entendiendo que se trata de una cláusula abusiva que implica un ejercicio abusivo de un derecho (TSJ Burgos 22-5-13, EDJ 72271; TSJ Asturias 12-7-02, EDJ 36711; 13-11-09, EDJ 296990).

7811 **Antigüedad** Se entiende que el mandato legal consistente en que el nuevo empresario queda subrogado en todos los derechos y obligaciones del anterior incluye implícitamente el respeto a la antigüedad de los trabajadores en la empresa cedente (TS 10-9-86, EDJ 5460; 27-10-86, EDJ 6779; TSJ Asturias 22-12-95, núm 2862/95; TSJ Galicia 28-9-95, Rec 3857/95; TSJ Valladolid 20-3-06, EDJ 47836).
El **cómputo** de la antigüedad de los empleados se realiza desde el primer contrato (TS 30-4-07, EDJ 70539; TSJ Cataluña 20-1-11, EDJ 33569), incluso en el caso de tratarse de sucesivos contratos temporales (TSJ Castilla-La Mancha 19-5-06, EDJ 248169; 15-1-19, EDJ 503237; TSJ Málaga 10-4-19, EDJ 628902).

Precisiones **1)** Se respeta la antigüedad que los empleados mantuvieran con la anterior empresa aunque hubiera un error en la fecha determinada en la documentación entregada a la empresa cesionaria (TSJ Castilla-La Mancha 24-2-04, EDJ 68057).
2) La garantía del ET art.44, que impone la subrogación del nuevo empresario en los derechos y obligaciones del anterior, supone la conservación de la antigüedad acreditada en la anterior empresa, que no puede ser eliminada, ni reducida y que despliega los efectos que le son propios en el régimen de la nueva empresa en el caso de que no se conserve en el régimen profesional de la anterior, considerándose contrario al **principio de igualdad** que la fecha de ingreso se trate de un factor que determina diferencias de trato entre los trabajadores de la absorbente y la absorbida cuando todos tienen el mismo régimen profesional por no mantenerse el régimen profesional de la absorbida (TS 9-2-11, Rec Casación núm 238/09, EDJ 19881).
3) Cuando la transmisión de empresa da lugar a la aplicación inmediata a los trabajadores transferidos del convenio colectivo vigente para el cesionario, y las condiciones de retribución previstas por dicho convenio están ligadas en especial a la antigüedad, los empleados transmitidos no pueden sufrir una **pérdida salarial** sustancial en relación con su situación anterior a la transmisión debido a que no se reconozca la antigüedad adquirida al servicio del cedente por parte de la cesionaria (TJUE 6-9-11, núm C-108/10).

7812 **Categoría profesional** La conservación del régimen contractual anterior supone la subsistencia de las condiciones profesionales acreditadas por los trabajadores en su anterior empresa, tanto con respecto a la antigüedad, como a la categoría profesional (TS 16-7-87, EDJ 5818; TSJ Cataluña 13-9-94, núm 4741/94).
Se ha considerado dentro del *ius variandi* del empresario el mero **cambio** de **denominación** en el encuadramiento profesional del trabajador, cuando no comporta variación en las funciones ni, por tanto, se trata de una modificación sustancial de las condiciones de trabajo (TSJ Murcia 3-12-00).

Retribuciones Las condiciones salariales que deben respetarse son aquellas **consolidadas y adquiridas** por el trabajador en el momento de la integración (TSJ País Vasco 19-5-98, EDJ 10607). 7813

Precisiones 1) Los trabajadores afectados por una sucesión de empresa pueden mantener el nivel retributivo que tenían en la empresa cedente hasta que se establezca su clasificación profesional en la cesionaria, por cuanto los niveles salariales estaban fijados mediante el sistema de equivalencia horizontal, por lo que la categoría de origen no permitía su incardinación en los grupos y niveles salariales del **convenio colectivo** de aplicación en la entidad de destino (TS 20-9-94, EDJ 6449).
2) Se ha entendido que el nuevo empresario, en lo que respecta al salario, debe subrogarse en el **salario base** fijado como unidad de tiempo o de obra **y, en su caso, complementos salariales** relacionados con las **condiciones personales** del trabajador, pero no así los complementos que estén vinculados al puesto de trabajo en particular si éste cambiara o a la situación y resultados de la empresa por entenderse que no tienen carácter consolidable, salvo pacto en contrario (TSJ Madrid 19-7-13, EDJ 161856; TSJ Cataluña 12-7-19, EDJ 682591).
3) El ET art.44 no ampara que el cambio de empresario genere una real **disminución** del salario y de las bases de cotización de los trabajadores incorporados a la nueva empresa (TSJ Cataluña 8-2-05, EDJ 17806).
4) Cuando la empresa cedente abona al trabajador durante un periodo prolongado de tiempo una retribución **superior a** la que corresponde **a** su **categoría** profesional, dicha ventaja se integra en su patrimonio, de forma que la empresa cesionaria debe respetar el salario que dicho trabajador mantenía con la cedente al momento de la subrogación, aunque no corresponda a la de su categoría profesional (TSJ Canarias 29-4-10, EDJ 272677).
5) Salvo pacto en contrario, el **complemento de puesto funcional** no tiene carácter consolidable, por lo que el derecho del trabajador subrogado a seguir percibiendo el mismo salario base y cuantía por antigüedad que venía percibiendo en la empresa cedente, no comprende la cuantía derivada del complemento funcional (TSJ Madrid 19-7-13, EDJ 161856).

Reincorporación en caso de excedencia voluntaria La empresa cesionaria tiene que respetar la situación de excedencia voluntaria que ya ostentaba el trabajador en la empresa cedente antes del cambio de titularidad (TSJ La Rioja 19-5-94, EDJ 4537; TSJ Granada 7-5-08, EDJ 245412; TSJ Cataluña 29-11-94, núm 6445/94; TSJ Extremadura 5-5-03, EDJ 109534). 7814

Condiciones pactadas Las condiciones que los trabajadores afectos a la sucesión de empresa (de forma individual o colectiva) hubieran pactado con sus entidades de origen (p.e. cartas de garantía, acuerdos o pactos colectivos, etc.) deben ser respetadas en los casos de sucesión de empresa (TSJ Valladolid 7-10-09, EDJ 264425; TSJ La Rioja 16-7-09, EDJ 235419). 7815

Precisiones 1) En un supuesto en que la cesionaria mantuvo durante un periodo de dos años a los trabajadores subrogados el derecho que ya les venía reconociendo la empresa cedente relativo al abono íntegro de la retribución durante los tres primeros días de **baja por enfermedad**, se ha entendido que se trata de una condición más beneficiosa, voluntariamente otorgada por la empresa que se une al nexo contractual de cada trabajador por lo que debe mantenerse íntegramente por la cesionaria (TS 3-3-09, EDJ 25627).
2) La **categoría profesional** reconocida en una sentencia dictada posteriormente a la sucesión con retroacción de sus efectos debe considerarse consolidada. En este supuesto, la categoría profesional reclamada en demanda por un trabajador no es una expectativa de derecho (TSJ Cantabria 31-12-04, EDJ 223241).
3) La empresa cesionaria no está obligada a aplicar a los trabajadores cedidos un **plus** que no había sido pactado por la empresa cedente cuando no se dan las condiciones para su devengo (TS 11-5-01, EDJ 15993).
4) El **crédito horario** que responde a situaciones específicas de la empresa o ente en que se aplica, no puede ser extrapolable a los miembros del comité de empresa de la empresa cesionaria, y, por tanto, no se puede afirmar que constituyan derechos consolidados por estos (TSJ Granada 11-3-03, EDJ 24899).

Prestaciones sociales complementarias (ET art.44.1; RD 304/2004 art.26.1) La subrogación no solo alcanza a los derechos y obligaciones en materia de Seguridad Social sino también y, en general, alcanza a cuantas obligaciones en materia de protección social complementaria hubiera adquirido el cedente. 7816
El abono del **recargo** sobre las prestaciones por **falta de medidas de seguridad** contemplado en el art.164 de la LGSS queda también comprendido en el ámbito funcional de la norma, por entenderse que aunque dicho recargo tiene naturaleza sancionadora, también despliega sus efectos en el ámbito de las prestaciones reconocidas al beneficiario, cuando derivan de riesgos profesionales, que quedarían sin efecto con la consecuente desprotección (TSJ Navarra 9-11-05, Rec 348/05; TSJ Cataluña 29-9-14, EDJ 217630).

7817 Los compromisos por **pensiones** complementarias asumidos por las empresas, incluyendo las prestaciones causadas, deben instrumentarse mediante contratos de seguro, a través de la formalización de un Plan de Pensiones o de ambos a la vez (L 8/1987 disp.adic.1ª; TS 10-5-04, EDJ 51961; AN 3-4-08, EDJ 51480; TSJ Cataluña 28-2-07, EDJ 128090).
El cesionario debe subrogarse en los compromisos por pensiones, garantizando los derechos del plan de pensiones con el mismo contenido reconocido a los trabajadores en la anterior entidad (también en los supuestos en los que la obligación de constituir el plan de pensiones derive del convenio colectivo) con las condiciones particulares que cada trabajador tuviera atendiendo a su **antigüedad** (TSJ Galicia 24-11-08, EDJ 316164; 27-10-00, Rec 1736/97).

7818 Cuando la empresa cesionaria no puede adquirir la condición de **entidad promotora** del plan de pensiones preexistente que mantenían los empleados subrogados (p.e. por encontrarse reservada la condición de promotor únicamente a empresas del mismo grupo que la cedente), deben mantenerse los compromisos adquiridos bajo dicho plan de pensiones en los mismos términos en que los venían disfrutando con su anterior empleadora, siendo válido para ello la suscripción de un contrato de seguro (TSJ Aragón 14-3-12, EDJ 41966).
Al ingresar el empleado en la plantilla del promotor se debe computar a efectos de la **antigüedad** requerida para poder acceder al plan de pensiones, la antigüedad del trabajador en la empresa cedente, siendo la antigüedad máxima que se puede exigir al empleado para que tenga acceso al plan de pensiones, dos años.

7819 El derecho de acceso al plan de pensiones se entiende sin perjuicio, en su caso, del régimen de aportaciones y prestaciones que haya de aplicarse en el plan al personal afectado por la subrogación según lo previsto en **convenio colectivo** o disposición equivalente o en las propias especificaciones, o de la subrogación del promotor en los compromisos por pensiones que tuviera asumidos la empresa cedente y su instrumentación.
Así, se establece que, dentro del **plazo** máximo de doce meses desde la fecha de efectos de la subrogación, la empresa cesionaria debe adaptar las especificaciones del plan para regular expresamente, en su caso, el régimen diferenciado de aportaciones y prestaciones que corresponda aplicar al personal afectado por dicha subrogación.

Precisiones Si con carácter previo a la sucesión, parte de la plantilla de la empresa cedente ejercitó la **opción** a no continuar con el antiguo plan de pensiones sino a constituir otro nuevo siéndole transferido el rescate del plan de protección antiguo para que se destinara al nuevo como aportación inicial, aun cuando la fecha de efectos de este nuevo plan de pensiones fuera posterior a la fecha de la subrogación, la cesionaria que tuviera conocimiento del ejercicio de dicha opción tendría que mantener el plan de pensiones nuevo a dichos trabajadores (TSJ Madrid 11-4-12, EDJ 115508).

7820 **Convenio colectivo aplicable** (ET art.44.4) Salvo pacto en contrario suscrito tras la sucesión entre el cesionario y los representantes de los trabajadores, se ha de seguir aplicando a los empleados subrogados el convenio colectivo de la **entidad cedente** de la que proceden y ello hasta la expiración de su vigencia o hasta la entrada en vigor de un nuevo convenio colectivo de aplicación en la entidad cesionaria (TS 19-2-02, EDJ 13572; 22-3-02, EDJ 27073; 11-10-02, EDJ 51507; 18-9-06, EDJ 288934; 3-6-02, EDJ 26623; 12-4-10, EDJ 84366; 16-9-10, EDJ 226263; 14-2-11, EDJ 14020; 12-4-11, EDJ 51522; 15-4-14, EDJ 80852; 29-3-17, EDJ 40835; TSJ Las Palmas 13-12-12, EDJ 356312; TSJ Aragón 25-5-18, EDJ 528442; TSJ Málaga 9-1-19, EDJ 543757). A tal efecto, no puede entenderse como nuevo convenio, de forma automática tras la subrogación, aquel que ya viniera siendo de aplicación en la empresa cesionaria (TS 30-9-03, EDJ 158527; 12-4-11, EDJ 51522).

Precisiones **1)** Cuando la **Directiva Europea** sobre mantenimiento de los derechos de los trabajadores en casos de traspasos (Dir 2001/23/CE), habla de «aplicación de otro convenio colectivo» no se refiere al que estaba vigente *ex ante* la subrogación, sino al que pueda entrar en vigor o resulte aplicable con posterioridad a aquella y afecte a la nueva unidad productiva, integrada por los trabajadores de la cedida y la cesionaria (TS 30-9-03, EDJ 127770; TSJ Castilla-La Mancha 13-6-19, EDJ 640374).
2) Si el convenio colectivo de la cedente se hubiera firmado antes de la transmisión, pero no se hubiera **publicado** en el Boletín Oficial, al poder ser la norma convencional difundida y conocida por las representaciones de la empresa y trabajadores sin necesidad de publicación, dicho convenio resultaría de aplicación (TS 28-4-21, EDJ 548516; TSJ Canarias18-8-98, Rec 648/98).
3) El convenio de la empresa cedente es aplicable en su totalidad, sin que pueda ser admisible mantener **condiciones parciales** de la normativa convencional de origen para introducirlas en el convenio regulador de destino, no pudiendo elegirse normas más favorables de forma aislada, rechazando otras, lo que se ha entendido que constituiría un abuso de derecho (TSJ Cataluña 5-12-00, EDJ 47395).

Es indiferente que los convenios colectivos de ambas entidades (cedente y cesionaria) sean de **ámbitos distintos**: empresa, sector, territorio (TSJ Madrid 26-4-17, EDJ 100322). **7821**
La **fecha de expiración** del convenio colectivo de la cedente no tiene por qué coincidir con la fecha en la que el convenio pierde su eficacia, sino que coincide con la finalización de su plena vigencia.
Así, las partes pueden establecer la duración del convenio fijando el término final, pero llegado ese momento es posible que, salvo pacto en contrario, el convenio no pierda vigencia al no producirse la denuncia del mismo, de modo que se produce su **prórroga automática** por periodos anuales (ET art.86.2).

Puede ocurrir que el convenio de origen entre en situación de **prórroga provisional**, una vez vencido y denunciado (situación de ultraactividad), lo que supone que no ha expirado; de modo que la vigencia del convenio no termina hasta que, después de producida la subrogación, se alcance un pacto al respecto o entre en vigor otro convenio que sea aplicable a la empresa cesionaria (TS 12-3-12, EDJ 86074; 12-4-11, EDJ 51522; 8-7-14, EDJ 147587; TSJ Castilla-La Mancha 23-9-10, EDJ 233583). **7822**
Por el contrario, se ha entendido que cuando durante el periodo de ultraactividad del convenio entra en vigor un **acuerdo marco** por el cual se establece la subrogación obligatoria entre contratas, se ha de estar al mismo (TSJ Madrid 21-5-07, EDJ 77495).

La culminación de la aplicación del convenio colectivo de la empresa cedente también puede venir impuesta por la entrada en vigor de un **nuevo convenio** colectivo que resulte aplicable a la entidad económica transmitida. Este nuevo convenio colectivo puede ser de ámbito inferior a la empresa, de empresa, o sectorial provincial, de Comunidad Autónoma o nacional. **7823**

Precisiones **1)** La **denuncia** del convenio colectivo vigente una vez consumada la transmisión, puede ser efectuada por aquellos que ostentan la legitimación plena para acordar convenios. Concretamente, la facultad de denuncia está atribuida tanto a las partes que suscribieron el convenio, como a aquellos que no lo suscribieron, siempre que estos últimos integren por sí solos o conjuntamente con otros, el quórum de mayoría o de legitimación plena que se exige para la iniciación de las negociaciones (TS 21-5-97, EDJ 3948; 2-12-16, EDJ 233496).

2) La declaración de **nulidad** del convenio colectivo de la empresa cedente supone la expiración del mismo y, por consiguiente, la sucesión convencional prevista en el ET art.44.4, aplicándose desde dicha fecha el convenio colectivo de la cesionaria (TSJ Málaga 9-9-04, EDJ 246984).

3) A los trabajadores involucrados en la sucesión, no les afectan las **reducciones salariales** derivadas de acuerdos o pactos modificativos del convenio colectivo de la cedente con carácter posterior a la subrogación, debiéndose respetar la retribución existente al momento de la sucesión (CC art.1257; TSJ Sta. Cruz de Tenerife 1-6-99, EDJ 24654).

4) Si el convenio colectivo de la empresa cedente experimentó **modificaciones** con carácter previo a la transmisión derivadas de acuerdos sociales que reducen la retribución de los trabajadores, hay que aplicar el convenio colectivo de la cedente no con su texto original sino con el modificado, es decir, con la reducción salarial (TS 12-4-00, EDJ 7317).

5) Las cláusulas recogidas en los contratos de trabajo de los empleados, que establecen una **remisión** dinámica **a** los **convenios** colectivos negociados y aprobados después de la fecha de la transmisión no pueden hacerse valer frente al cesionario cuando este no tiene la posibilidad de participar en el proceso de negociación de dichos convenios colectivos celebrados después de la transmisión (TJUE 18-7-13, núm C-426/11; TSJ Cataluña 24-10-18, EDJ 665232).

Se prevé una excepción a la regla general en caso de transmisión de empresa de conservar transitoriamente las condiciones de trabajo establecidas en el convenio colectivo originario, pues es posible que la empresa cesionaria y los representantes de los trabajadores acuerden una vez consumada la sucesión que no se de esa continuidad transitoria del convenio de la empresa cedente (ET art.44.4). **7824**
Los **sujetos legitimados** para negociar ese acuerdo son los representantes de los trabajadores de la empresa cedente y la empresa cesionaria. Cuando la representación de trabajadores de la empresa cedente desaparece por no mantener su autonomía la unidad transmitida, están legitimados para negociar el acuerdo los representantes en la empresa cesionaria que pasan a ostentar la representación del conjunto de trabajadores.

Existe obligación de negociar con **buena fe** con vistas a la consecución de un acuerdo, lo que implica otorgar un cierto plazo para posibilitar la negociación y el acuerdo. **7825**
Dicho acuerdo de empresa, según la doctrina científica tendría **eficacia** normativa, dado su carácter de sustitución del convenio colectivo de aplicación en la empresa cedente, y operaría de forma automática, puesto que sus términos se incorporarían automáticamente al estatuto jurídico de los trabajadores traspasados, «sin necesidad de cláusula contractual alguna de adhesión o de remisión expresa al mismo en los contratos de trabajo de los trabajadores afectados por la subrogación empresarial» (García Romero, Belén).

7826 El acuerdo puede consistir bien en la decisión de avanzar el término legalmente previsto para la sucesión convencional y, por tanto, inaplicar el convenio colectivo que regía para la empresa cedente a favor del de la cesionaria, bien en la regulación de condiciones de trabajo que se aplicarán a los trabajadores de la empresa cedida.
La obligación impuesta por el ET art.44, no es incompatible con un **pacto unificador** (pacto de homogeneización de condiciones laborales) de las diversas estructuras salariales de las empresas que quedan absorbidas en una nueva entidad (TS 12-11-93, EDJ 10218; 19-4-99, EDJ 6106; 28-6-99, EDJ 18929; 11-7-02, EDJ 32099; 12-3-12, EDJ 86074; TSJ Cataluña 9-6-09, EDJ 198853).

7827 Precisiones 1) Debe reputarse **nulo** cualquier pacto individual de los trabajadores con la empresa que sustituya el convenio colectivo de aplicación (TSJ Málaga 21-4-08, EDJ 247855).
2) El **acuerdo extraestatutario** alcanzado en el ámbito de la empresa no constituye un convenio colectivo nuevo que resulte aplicable a la entidad económica transmitida con respecto a los trabajadores de la antigua empresa a los fines de la sustitución entre convenios prevista en el ET art.44.4, pues los pactos o convenios extraestatutarios no se integran en el sistema de fuentes de la relación laboral al no estar incluidos en el ET art.3.1, carecen de eficacia normativa y únicamente surten efecto entre quienes los concertaron (TS 12-4-10, EDJ 84366).
No resulta válido un «Pacto de Empresa» -de carácter extraestatutario- que se comienza a negociar con el propio Comité de Empresa antes de la subrogación, aunque se culmina después (TS 14-5-14, EDJ 91266; 11-2-15, EDJ 21841; 9-3-15, EDJ 51845; TSJ País Vasco 12-5-15, EDJ 115437).
3) Se considera ilícito, por ser contrario al principio de igualdad ante la Ley, la **exclusión** del ámbito de aplicación de un convenio colectivo a determinados **trabajadores**, por el mero hecho de que estos provengan de una tercera empresa que fue absorbida o se fusionó con su actual empresa, así como la diferenciación dentro del convenio colectivo entre las condiciones de trabajo de unos y otros trabajadores por tal causa (TSJ Valladolid 24-9-08, EDJ 202331; 12-5-10, EDJ 101006).
4) Es posible el percibo de **complementos distintos** por empleados de una misma entidad en los supuestos de subrogación, siempre que no responda a un móvil discriminatorio, cuando además las partes han acordado la aplicación de convenios diferentes y teniendo en cuenta que no se pretende aplicar el contenido íntegro del convenio colectivo, lo cual supondría la aplicación de la técnica del espigueo (TS 27-6-11, EDJ 155644; 6-10-15, EDJ 221042).
5) La empresa cesionaria está obligada a respetar las **mejoras** respecto al convenio si dichas mejoras fueron respetadas por las anteriores adjudicatarias, ya que el empresario se subroga en los derechos y obligaciones del anterior, de forma que está obligado a mantener los derechos adquiridos en virtud de anteriores acuerdos (TSJ Cantabria 15-5-06, EDJ 87125; TSJ Cataluña 27-12-11, EDJ 351609; TSJ Galicia 16-10-20 EDJ 718005).
6) En relación con las condiciones pactadas en un determinado convenio colectivo que se establecen en situaciones específicas, por lo que no se puede afirmar que constituyan **derechos consolidados** si estas condiciones pactadas en el convenio están condicionados a un determinado régimen laboral y si contemplan supuestos que en la nueva empresa no se dan (TS 8-4-02, EDJ 27105; 11-7-02, EDJ 32099; 28-12-06, EDJ 370626).
7) En los supuestos de **fusión por absorción**, la entidad absorbente adquiere por sucesión universal los derechos y obligaciones de la absorbida y, desde el momento de la sucesión, el convenio aplicable a los nuevos contratos que se realicen será el de la entidad adquirente y no el propio de las sociedades absorbidas (TS 3-11-09, EDJ 271403; 3-12-15, EDJ 253742; TSJ Madrid 25-6-18, EDJ 558378).

7828 **Ámbito objetivo** La subrogación empresarial solo abarca aquellos derechos y obligaciones realmente existentes en el momento de la integración (TS 12-4-11, EDJ 6106; TSJ Sevilla 13-12-04, EDJ 296002; TSJ Las Palmas 13-12-12, EDJ 355512; TSJ La Rioja 16-7-09, EDJ 235419; TS 19-4-99, EDJ 6106); es decir, los que en ese momento el interesado ha **consolidado y adquirido**, incorporándolos a su acervo patrimonial, sin que dicha subrogación alcance de ningún modo a las meras **expectativas legales o futuras** (TSJ Las Palmas 13-12-12, EDJ 355512; TS 24-3-03, EDJ 11881; TSJ Cataluña 30-3-04; TSJ La Rioja 16-7-09, EDJ 235419; TSJ Castilla y León 25-4-02, Rec 221/02).

Precisiones 1) Entre las condiciones laborales existentes en el momento de la integración a favor de los trabajadores que deben ser respetadas por la empresa cesionaria no se encuentra el derecho a conservar el **incremento salarial** previsto en el convenio colectivo de aplicación a la entidad de origen pues la condición laboral habría dejado de existir en el momento de su integración considerándose una expectativa de derecho (TS 19-4-99, EDJ 6106).
2) Tampoco se considera un derecho actual y vigente en el momento de la sucesión empresarial el compromiso adquirido por la empresa frente a los trabajadores relativo al derecho de los trabajadores despedidos a percibir un **complemento** en las **prestaciones por desempleo hasta la jubilación**. Se debe considerar una expectativa de derecho que se consolidaría, en su caso, a medida que el trabajador percibiera futuras prestaciones por desempleo (TSJ Cataluña 30-3-04, Rec 410/02, sentencia núm 2611/04).
3) Se considera una expectativa futura el derecho del trabajador a percibir el **premio de jubilación** previsto en el convenio colectivo de la empresa de origen, cuando ha entrado en vigor otro convenio colectivo de aplicación a la entidad cesionaria que no prevé el premio de jubilación y no existe pacto alguno al respecto (TSJ Castilla y León 25-4-02, Rec 221/02).

En la sucesión de empresa el principio de continuidad en la relación de trabajo «no impone una absoluta **congelación** de las condiciones de trabajo anteriores, que condenaría al fracaso cualquier intento de regulación homogénea en supuestos de integración en la misma entidad de distintos grupos de trabajadores» (TS 12-4-11, EDJ 51522; 19-4-99, EDJ 51522; 15-12-98, EDJ 33889; 13-2-97, EDJ 6106). 7829
La subrogación «no obliga al nuevo empresario al mantenimiento indefinido de las condiciones de trabajo previstas en el convenio colectivo que la empresa transmitente aplicaba, sino solo a respetar las existentes en el momento de la transferencia» (y que se hayan consolidado por el trabajador antes de la cesión), por lo que en el futuro habrá de acomodarse a las normas legales o pactadas que regulan la relación laboral con el nuevo empleador (TS 12-3-12, EDJ 86074; 12-4-11, EDJ 51522; 11-7-02, EDJ 32099; 19-4-99, EDJ 6106; 15-12-98, EDJ 33889; 20-1-97, EDJ 230).

La doctrina mantiene que es posible realizar un **pacto para unificar** las diversas **estructuras salariales** de la empresa que quedan absorbidas en la nueva entidad (pacto de homogeneización de condiciones) (TS 12-3-12, EDJ 86074; 12-4-11, EDJ 51522; 11-3-02, EDJ 37395; 8-4-02, EDJ 27105; 10-4-02, EDJ 27113). 7830

Precisiones **1)** Se ha mantenido que, salvado el **nivel retributivo** alcanzado en la anterior empresa, en el futuro ha de acomodarse a las normas legales pactadas que rijan la relación con el nuevo empleador, siempre que se vaya manteniendo ese nivel sin que pueda invocarse la regulación precedente, y menos, acogerse parcialmente a ella y al mismo tiempo a la posterior (TS 28-6-99, EDJ 18929; 12-11-93, EDJ 10218; TSJ Sta. Cruz de Tenerife 12-2-19, EDJ 616702).
2) No se permite la unificación de condiciones, que, aunque de forma cronológica se adecúa posteriormente a la sucesión, enmascara una **falta de negociación con los representantes de los trabajadores** transferidos. Así, aunque la cesionaria respete *ab initio* el acceso de los trabajadores y la subrogación, si inmediatamente después inicia una homogenización únicamente con la representación de los trabajadores de la cesionaria (omitiendo a los trabajadores subrogados de la cedente) y provoca un cambio que redunda en las condiciones del colectivo subrogado no se acepta dicha homogenización, dado que lo único que se hace es fijar el nuevo marco de obligaciones laborales a aquellos trabajadores que acceden procedentes de la subrogación, igualándoselo al marco de los trabajadores que ya pertenecían a la cesionaria (TS 23-3-17, EDJ 37145; TSJ País Vasco 22-9-15, EDJ 201742).

Ámbito subjetivo En el ámbito subjetivo de la garantía de mantenimiento temporal del convenio colectivo de la empresa cedente, únicamente se incluye a los **trabajadores afectados** por la sucesión (ET art.44.4), esto es, a los que sean trabajadores de la empresa cedente en el momento de la transmisión y cuyos contratos sean subrogados al nuevo empresario. 7831
Los trabajadores que se incorporan a la empresa cedente **con posterioridad** a su transmisión se regirán por el convenio colectivo que sea de aplicación en dicho ámbito, que puede coincidir o no con la fuente reguladora de las condiciones de los trabajadores que resultaron afectados por la transmisión (TSJ Málaga 26-2-03, EDJ 45003; 19-3-03; TS 15-4-14, EDJ 80852).
A falta de convenio de aplicación, en las nuevas contrataciones entra en juego la autonomía contractual individual (TS 3-6-02, EDJ 26623).

Precisiones La jurisprudencia comunitaria afirma que, al subrogarse el cesionario en la situación del cedente, las relaciones de trabajo pueden modificarse en relación con el cesionario dentro de los límites que cabría aplicar si se tratase del cedente, siempre teniendo en cuenta que la transmisión de empresa no puede constituir por sí misma el motivo de la **modificación** (TJCE 14-9-00, Rec C-343/98; TJUE 6-9-11).

IV. Representantes de los trabajadores

En los casos de sucesión de empresas se reconoce legalmente a los representantes de los trabajadores los derechos de: 7835
- información (nº 7840);
- consulta (nº 7860);
- emisión de informe (nº 7880); y
- mantenimiento de su mandato de representación (nº 7885).

A. Derecho de información

(ET art.44.6, 7, 8, 9 y 64; LOLS art.10.3; RDL 5/2023 art.5, 7, 8, 9 y 46)

7840 En los supuestos de sucesión de empresas, tanto el cesionario como el cedente tienen la obligación de informar a la representación legal de sus trabajadores o, en su defecto, a los trabajadores que pudieran resultar afectados por la transmisión, sobre los siguientes **aspectos**:
- la fecha prevista de la transmisión;
- los motivos de la transmisión;
- las consecuencias jurídicas, económicas y sociales que pueden derivarse para los trabajadores de la transmisión; y
- las medidas previstas respecto de los trabajadores.

Los **sujetos** titulares del derecho de información son los representantes de los trabajadores tanto de la empresa cedente como de la empresa cesionaria (TS 5-7-13, EDJ 173592).
No obstante, en ausencia de aquellos, los titulares del derecho son los propios **trabajadores** que pueden verse afectados por la trasmisión.

Precisiones El derecho de información de los representantes legales se entiende cumplido con su **ofrecimiento en conjunto**, no de forma individualizada a los distintos miembros del órgano de representación (TSJ Cataluña 27-5-09, EDJ 211802).

7841 Los **delegados sindicales** que no forman parte del comité de empresa tienen las mismas garantías que los miembros del comité y algunos de los derechos, entre los que se encuentra el derecho de información y consulta (LOLS art.10.3).
El derecho de los delegados sindicales de acceso a la misma información y documentación que los miembros del comité de empresa implica que el deber de información y consulta (ET art.44.6 y 8) se extienda a los delegados sindicales, en favor del derecho a la libertad sindical (AN 28-10-10, EDJ 244661; TSJ Madrid 23-1-17, EDJ 19030).
Sin perjuicio de que se entienda que el derecho de información corresponde conjuntamente y no de forma individualizada, se entiende incumplida dicha obligación con su **comunicación** conjunta al comité de empresa y no al delegado sindical que no es miembro del comité; dicho comportamiento supone una vulneración de la libertad sindical (TSJ Málaga 1-7-10, EDJ 398523; TSJ C.Valenciana 2-5-17, EDJ 170736).

Precisiones No obstante, en un supuesto en que además del delegado sindical no informado existen otros delegados que forman parte del comité y, por tanto, han tenido acceso a la información litigiosa, se ha considerado que es necesario diferenciar entre el incumplimiento de una obligación de comunicación y el resultado del **incumplimiento**, no imponiendo por ello una sanción económica (TSJ Cataluña 27-5-09, EDJ 211802).

7842 **Legitimación activa** La legitimación activa para reclamar por la falta de aportación de la información corresponde, tanto a los **representantes** legales de los trabajadores, ya sean unitarios o sindicales, como al propio **trabajador**, e incluso al **sindicato** que ostenta mayoría en el órgano de representación de los trabajadores, debido al interés colectivo que la cuestión en sí comprende.

Precisiones Se puede decir, que estarán legitimados para reclamar la información quienes tienen atribuido por ley el derecho a obtenerla (TS 30-6-11, EDJ 225555; TSJ Granada 16-2-05, EDJ 333900).

7843 **Momento** (ET art.44.6) En relación con el momento temporal en que se debe facilitar la información y, a salvo de las precisiones establecidas para el caso de operaciones de fusión o escisión, se distingue entre el supuesto de cedente y de cesionario.

7844 **Cedente** El cedente está obligado a facilitar la información en un momento indeterminado con la suficiente **antelación**, si bien dicho momento aparece limitado por la premisa de efectuarse antes de la realización de la trasmisión.

7845 **Cesionario** En el caso del cesionario, si bien la previsión es igualmente indeterminada en cuanto al momento que debe facilitarse la información con la suficiente antelación, el **límite** establecido por el legislador no es la transmisión, sino que en todo caso debe facilitarse aquella antes de que los trabajadores se vean afectados por la trasmisión.

7846 **Caso particular: fusión o escisión de sociedades** (ET art.44.8; RDL 5/2023 art.9) En los supuestos en que la transmisión consista en un negocio jurídico de fusión o escisión de sociedades el momento temporal en el que se debe hacer efectivo el deber de información es común a cedente y cesionario y se circunscribe al momento anterior a la **publicación** de la **convocatoria de la junta** general que ha de adoptar los correspondientes acuerdos relativos a la operación.

En el caso de **sociedad unipersonal**, aunque no existe publicación de la convocatoria de la junta, el RDL 5/2023 que traspone Directivas de la Unión Europea en materia de modificaciones estructurales de las sociedades mercantiles establece una regulación tuitiva del derecho de información de los representantes de los trabajadores, estableciendo la imposibilidad de restringir los derechos de información sobre la fusión y sobre los efectos que puede tener para el empleo con motivo de la aprobación de la fusión en junta universal.

Contenido A juicio de una parte de la doctrina (Lahera Forteza, Jesús; Molero Marañón, María Luisa; Valdés Dal-Ré), para considerar adecuadamente ejercitado el derecho de información relativo a las consecuencias jurídicas, económicas y sociales para los trabajadores, se requiere presentar la relación general de las **consecuencias** que pueda implicar la transmisión sobre las condiciones de trabajo y de empleo. **7847**

Como consecuencia de ello, en muchos casos, este derecho de información va unido a la obligación de **consulta** (nº 7860), gestionándose sucesivamente y en el momento del traspaso, momento en el que habitualmente se adoptan decisiones en relación con los trabajadores.

No obstante, entiende la doctrina que cedente o cesionaria están facultados para adoptar las medidas laborales previstas en el ET art.44.9, una vez materializada la transmisión y ejercidos los derechos de información, sin que con ello se incumpla el deber de información a los representantes de los trabajadores.

Caso particular: fusión, escisión y cesión global (RDL 5/2023 art.4 a 11, 46 y 47) En los supuestos de fusión y escisión el deber de información se ve concretado, estableciéndose el deber de poner a disposición, entre otros sujetos, de los representantes de los trabajadores un proyecto que contenga las consecuencias probables de la operación para el empleo, así como un **Informe de los Administradores**, con una sección destinada expresamente a los trabajadores con la siguiente información relativa a la operación mercantil: **7848**

1º Las consecuencias de la operación para las relaciones laborales, así como, en su caso, cualquier medida destinada a preservar dichas relaciones.

2º Cualquier cambio sustancial en las condiciones de empleo aplicables o en la ubicación de los centros de actividad de la sociedad.

3º El modo en que los factores contemplados en los apartados 1º y 2º afectan a las filiales de la sociedad.

El Informe de los Administradores destinado a los trabajadores debe **ponerse a disposición** de los mismos al menos un mes antes de la fecha de celebración de la junta general que apruebe la operación, aún en el caso de que la modificación estructural sea aprobada en junta universal. **7849**

Además, respecto al **proyecto de fusión**, antes de la publicación del anuncio de convocatoria de las juntas generales que hayan de resolver sobre la fusión o de la comunicación individual de ese anuncio a los socios, los administradores deberán insertar en la **página web** de la sociedad o poner a disposición de los **representantes de los trabajadores**:

1º Las cuentas anuales y los informes de gestión de los tres últimos ejercicios, así como los correspondientes informes de los auditores de cuentas de las sociedades en las que fueran legalmente exigibles.

2º El balance de fusión de cada una de las sociedades, cuando sea distinto del último balance anual aprobado, acompañado, si fuera exigible, del informe de auditoría o, en el caso de fusión de sociedades cotizadas, el informe financiero semestral por el que el balance se hubiera sustituido.

3º Los estatutos sociales vigentes incorporados a escritura pública y, en su caso, los pactos relevantes que vayan a constar en documento público.

4º El proyecto de escritura de constitución de la nueva sociedad o, si se trata de una absorción, el texto íntegro de los estatutos de la sociedad absorbente o, a falta de estos, de la escritura por la que se rija, incluyendo destacadamente las modificaciones que hayan de introducirse.

5º La identidad de los administradores de las sociedades que participan en la fusión, la fecha desde la que desempeñan sus cargos y, en su caso, las mismas indicaciones de quienes vayan a ser propuestos como administradores como consecuencia de la fusión.

Precisiones Respecto a las especialidades en caso de **fusión transfronteriza intracomunitaria**. (Ver nº 7855).

Para el caso de que se lleve a cabo un negocio jurídico de **cesión global de empresa**, debe ponerse a disposición de los representantes de los trabajadores el proyecto de cesión global, que debe contener las posibles consecuencias de la operación sobre el empleo, y el informe de los administradores explicativo y justificativo de la operación. **7850**

Precisiones La obligación de poner a disposición de los representantes legales de la empresa la información exigida sobre modificaciones estructurales de las sociedades mercantiles-, **no** existe en caso de que no exista una **oferta efectiva de compra**, es decir, resulta imposible dar una información con la antelación que enuncia la norma, cuando no hay datos reales, como la fecha, consecuencias previstas de la transmisión, medidas previstas para los trabajadores, aunque se pueda estimar que ya hay motivos (TSJ Canarias 20-11-09, EDJ 347924; TSJ Galicia 8-6-15, EDJ 117392).

7851 **Procedimiento** En relación con el modo de hacer efectivo el deber de información, no se establece legalmente un procedimiento concreto, si bien se señala el deber de facilitar/proporcionar/comunicar la información prevista.

No obstante, para los supuestos de **fusión y escisión** sí que se prevé un procedimiento específico mediante el cual los administradores de las sociedades ponen a disposición de los socios, obligacionistas, titulares de derechos especiales y representantes de los trabajadores la información concerniente a la operación. El proceso consiste en:

a) Insertar en la **página web** de la sociedad la información, con posibilidad de descargar e imprimir la documentación.

b) En caso de no tener página web, se pone la documentación a su disposición en el **domicilio social**. Los titulares de este derecho que así lo soliciten están facultados para examinar una copia íntegra de la documentación, así como a la **entrega o envío** gratuito de un ejemplar a cada uno de ellos.

7852 **Incumplimiento** (ET art.44.6, 7, 8 y 10; RDLeg 5/2000 art.7.7 y 7.11) La responsabilidad de aportar la información relativa a la operación y sus consecuencias para el empleo a los representantes legales de los trabajadores corresponde tanto al cesionario como al cedente, con independencia de si la decisión relativa a la transmisión ha sido adoptada directamente por estos o por las empresas que ejercen el control sobre ellas.

Por tanto, cualquier **justificación** del cesionario o cedente, basada en el hecho de que la empresa que toma la decisión no les ha facilitado la información necesaria, no es tomada en consideración a tal efecto.

Respecto a las **consecuencias** del incumplimiento del deber de información los órganos jurisdiccionales y administrativos han considerado:

• La falta de comunicación por parte del empresario de la transmisión empresarial no se considera requisito para determinar la **validez** del cambio de titularidad (TS 13-11-89; 11-10-02, EDJ 51507).

• Respecto de la importancia que tiene que en la **escritura pública** se refleje adecuadamente que los derechos de los trabajadores han sido debidamente respetados en el procedimiento de fusión, la escritura deberá contener la declaración del otorgante sobre el **cumplimiento de la obligación de información respecto de los trabajadores**. Una falta del reflejo de este cumplimiento en la escritura pública podría ser motivo de denegación de inscripción en el Registro Mercantil (DGSJFP Resol 5-6-23).

7853 • Es **nula** la medida que se adopta tras la sucesión empresarial si no se cumple debidamente con el deber de informar a los trabajadores, concretamente a sus representantes, de los motivos que llevan a adoptar esa decisión y de las consecuencias jurídicas-económicas y sociales de la transmisión, así como de las medidas previstas que para los trabajadores conllevaba. Los trabajadores deben estar perfecta y anticipadamente informados de la variación que se va a llevar a cabo. La falta de cumplimiento de los requisitos formales de la sucesión determina la declaración de nulidad de la misma (TSJ Madrid 21-12-04, EDJ 246151).

• No facilitar la información establecida por el ET por parte del empresario, puede dar lugar a una transgresión de la buena fe y a una vulneración del derecho fundamental a la **tutela judicial efectiva y** derecho a la **libertad sindical** (TSJ Granada 16-2-05, EDJ 333900; TSJ Cataluña 22-12-15, EDJ 276367). En particular se entiende que informar sobre los motivos de la sucesión es indispensable para la transparencia y seguridad jurídica del colectivo afectado por la cesión, siendo necesario dar una información pormenorizada y exhaustiva del porqué de la sucesión.

7854 • La eventual omisión de los deberes de información no afecta automáticamente a la subrogación, sin perjuicio de las sanciones que puedan ser imputadas a las empresas incumplidoras (RDLeg 5/2000 art.7.7 y 7.11), por la comisión de una **infracción grave** (TSJ Castilla-La Mancha 20-12-12, EDJ 307741; AN 22-12-11, EDJ 308128).

• El eventual incumplimiento de informar al trabajador de los motivos que llevan a acordar la transmisión del negocio en modo alguno puede entenderse que redunda en perjuicio para el trabajador, por cuanto el cambio de titularidad **no** conlleva una modificación, por lo que no se entiende que existan las notas de **gravedad** en el incumplimiento empresarial exigidas para el éxito de la acción resolutoria esgrimida al amparo del ET art.50 (TSJ Málaga 18-10-12, EDJ 364758).

Caso particular: modificaciones estructurales transfronterizas intracomunitarias (RDL 5/2023 art.80 s.; L 31/2006) Las modificaciones estructurales transfronterizas intracomunitarias hacen referencia a: 7855

1º Las **transformaciones de sociedades de capital**, constituidas de conformidad con el Derecho de un Estado miembro del Espacio Económico Europeo y cuyo domicilio social, administración central o centro de actividad principal se encuentre dentro de dicho Espacio, en sociedades de capital sujetas al Derecho español y las transformaciones de estas últimas en sociedades de capital sujetas al Derecho de un Estado miembro del Espacio Económico Europeo.

2º Las **fusiones, escisiones y cesiones globales de activo y pasivo de sociedades de capital** constituidas de conformidad con el Derecho de un Estado miembro del Espacio Económico Europeo y cuyo domicilio social, administración central o centro de actividad principal se encuentre dentro de dicho Espacio cuando, interviniendo al menos dos de ellas sujetas a la legislación de Estados miembros diferentes, una de ellas esté sujeta a la legislación española.

Entre las **especialidades** de las modificaciones estructurales transfronterizas, en materia laboral, se encuentran las siguientes: 7856

a) El **proyecto de modificación estructural** que deben redactar los administradores y que se ha de poner a disposición de los representantes de los trabajadores, debe contener, al menos, las mismas menciones que para las modificaciones estructurales internas que corresponda y, en su caso, la información sobre los procedimientos por los que se determinan los regímenes de participación de los trabajadores en la definición de sus derechos a la participación en la sociedad o sociedades resultantes, cuando proceda.

- Si la sociedad resultante de la fusión tiene su domicilio en España, el derecho de implicación es conforme a la legislación española, y se define según lo dispuesto en la L 31/2006 -sobre implicación de los trabajadores en las sociedades anónimas y cooperativas europeas-.
- Si al menos una de las sociedades que participa en la fusión está gestionada en régimen de participación de los trabajadores y la sociedad resultante de la fusión se rige por dicho sistema, esta sociedad debe adoptar la forma jurídica que permita el ejercicio de dichos derechos de participación.
- Los derechos de información y consulta de los trabajadores de la sociedad resultante de la fusión que prestan servicios en centros de trabajo situados en España, se rigen por la legislación española, sin perjuicio del lugar donde la sociedad tenga su domicilio.

Precisiones **1)** De acuerdo con la L 31/2006, el derecho de **implicación de los trabajadores** se refiere a la información, la consulta, la participación y cualquier otro mecanismo mediante el cual los representantes de los trabajadores pueden influir en las decisiones que se adopten en las empresas. 7857

2) Por su parte, el **derecho de participación** se refiere a la influencia del órgano de representación de los trabajadores o de los representantes de los trabajadores en una sociedad mediante:
- el derecho a elegir o designar a determinados miembros del órgano de administración o de control de la sociedad; o
- el derecho a recomendar u oponerse a la designación de una parte o de todos los miembros del órgano de administración o de control.

3) En los casos en que la sociedad resultante de la fusión esté sometida a la legislación española, el **registrador mercantil**, antes de proceder a la inscripción, ha de controlar la adecuación de las disposiciones sobre participación de los trabajadores.

4) En los supuestos que exista derecho de participación de los trabajadores en el sentido de la L 31/2006 -sobre implicación de los trabajadores en las sociedades anónimas y cooperativas europeas-, la **inscripción** de la fusión exige un acuerdo de participación de los trabajadores o, en su defecto, que haya expirado el periodo previsto de negociación sin que se haya obtenido acuerdo, o que los órganos competentes de las sociedades que participan en la fusión opten por someterse a las disposiciones subsidiarias previstas en la citada L 31/2006.

5) Los **estatutos** de la sociedad resultante de la fusión no pueden ser contrarios a las disposiciones relativas a la participación de los trabajadores que se han fijado.

b) El informe que deben emitir los **administradores** de cada sociedad se ha de poner a disposición de los representantes de los trabajadores, o, en su defecto, a disposición de los trabajadores. Adicionalmente, se establece un plazo concreto no inferior a un mes antes de la fecha de la junta de socios que ha de resolver sobre el proyecto común de fusión/transformación. 7858
En caso de que la representación de los trabajadores emita **opinión** al respecto y se reciba a tiempo por los administradores, la misma ha de ser incluida en el informe.

B. Derecho de consulta

7860 Cuando a consecuencia de la sucesión se pretende adoptar por parte del cedente o del cesionario medidas laborales con sus trabajadores, estos se ven obligados a iniciar un periodo de consultas con los representantes de los trabajadores sobre las medidas previstas y sus consecuencias con los trabajadores.
Este periodo debe desarrollarse con suficiente **antelación** antes de que las medidas se lleven a efecto.

7861 **Medidas laborales** (ET art.39.4, 40, 41, 44, 47, 51, 52.c) Aunque legalmente no se especifica qué debe entenderse o qué supuestos están incluidos en el concepto medidas laborales, sí se detalla el procedimiento a seguir en los supuestos de **traslados colectivos o modificaciones sustanciales** de las condiciones de trabajo de carácter colectivo.

Precisiones De la literalidad del ET art.44.9 y de la referencia expresa y específica al procedimiento a seguir en caso de modificación sustancial o traslado, se entiende que el carácter tuitivo de la previsión estatutaria alcanza a **otras medidas** laborales.
Igualmente, no se puede aplicar en la conformación del fenómeno sucesorio (este ha de consistir en una actuación de información y consulta separada de aquel), siendo necesario que las medidas se realicen antes de que afecten a los trabajadores (TSJ C.Valenciana 15-1-15, EDJ 31022).

7862 La **doctrina de los autores** ha mantenido diferentes posturas respecto del alcance del concepto medidas laborales y la subsiguiente obligación de iniciar un periodo de consultas.
Sobre si están incluidas las medidas laborales que el empresario puede adoptar en el ejercicio ordinario de su **poder de dirección** (p.e. modificaciones accidentales), un sector doctrinal ha considerado que sí lo están, al considerar que la previsión del ET art.44.9 pretende aumentar las garantías comunes, reforzando la protección de los trabajadores, debiendo, por tanto, negociarse con los representantes.
Otra parte de la doctrina entiende que aunque la finalidad de la previsión estatutaria es la protección de los trabajadores, la misma **no** puede llegar hasta tal extremo que **cualquier decisión** empresarial que se produce en el marco de la transmisión y que afecta a los trabajadores, requiera la adopción de un periodo de consultas, lo cual obstaculizaría y restringiría el ejercicio de los poderes empresariales ordinarios y supondría el sometimiento a un régimen excepcional no previsto estatutariamente (Lahera Forteza, Jesús; Molero Marañón, María Luisa; Valdés Dal-Ré, Fernando).

7863 Se entiende por esta parte de la doctrina que, para determinar si la medida laboral que se adopte exige iniciar un periodo de consultas, se ha de atender a los supuestos en que el ET prevé la necesidad de adoptar garantías específicas para los trabajadores o, en definitiva, cuando la medida reviste naturaleza sustancial, esto es:
- la **movilidad funcional sustancial** (ET art.39.4 y 41.1.d);
- las medidas de **movilidad geográfica** individuales y colectivas (ET art.40);
- las modificaciones sustanciales de **condiciones de trabajo** (ET art.41);
- las **suspensiones** de contrato de trabajo (ET art.47); y
- las **extinciones** de las relaciones de trabajo por causas objetivas y vinculadas con la situación de la empresa (ET art.52.c y 51).

No obstante, en relación con los **despidos objetivos individuales**, a pesar de la defensa de la continuidad de las relaciones laborales de la Dir 2001/23/CE, la mayoría de la doctrina los entiende excluidos de la obligación de consulta, al entender que el ET en la regulación de los despidos, únicamente ha establecido dicha garantía para los despidos colectivos, al igual que la propia Dir 98/59/CE.

7864 Por su parte, la **doctrina judicial** ha entendido que la noción de «medidas laborales» se toma de las Directivas traspuestas, refiriéndose con ello a las consideradas como modificaciones sustanciales de las condiciones de trabajo, incluidos los traslados, despidos colectivos o suspensiones de los contratos de trabajo, e igualmente alcanza a aquellas medidas laborales que se adoptan con motivo de la trasmisión y no a aquellas adoptadas al producirse la trasmisión, exigiéndose la **relación de causalidad** entre la trasmisión y la adopción de las medidas laborales (TSJ Extremadura 13-2-12, EDJ 13899; AN 21-12-16, EDJ 255779).
En el mismo sentido, se entiende que la necesidad de iniciar un periodo de consultas viene exigido para la adopción de las medidas determinadas con motivo de la transmisión y no de cualquier situación más o menos futura o alejada en el tiempo de la decisión empresarial; es decir, es necesaria la existencia de una relación de causalidad entre la transmisión y la adopción de dichas medidas laborales (TSJ Cataluña de 18-11-09, EDJ 328070).

Periodo de consultas (ET art.40, 41, 44, 51 y 64; LOLS art.10; RD 1483/2012 art.7) A diferencia de la modificación sustancial de las condiciones de trabajo de carácter colectivo y los traslados colectivos, para la adopción de otras medidas laborales, no se prevé legalmente un procedimiento específico, estableciéndose únicamente que se debe llevar a cabo un periodo de consultas con los representantes legales de los trabajadores sobre las medidas previstas y sus consecuencias para los trabajadores. 7865

Sin perjuicio de ello, si se prevé que el periodo de consultas debe estar regido por el principio de la **buena fe**, tener como pretensión la adopción de un **acuerdo y** que debe efectuarse con la suficiente **antelación** a la efectividad de la medida, entendiéndose que el periodo de consultas deberá llevarse a cabo en un momento siempre anterior a la adopción de la medida.

Se asegura, así, la existencia de una **negociación** con la representación de los trabajadores respecto a la medida que se pretende adoptar y que todavía no ha sido adoptada, sin perjuicio de que los efectos de la medida sean anteriores o posteriores a la transmisión. 7866

Cuando las medidas previstas consisten en **traslados colectivos o** en **modificaciones** sustanciales de las **condiciones de trabajo** de carácter colectivo, se prevé expresamente la obligación de seguir el procedimiento del periodo de consultas regulado en el ET art.40.2 y 41.4.

En los procesos de **despido colectivo** el procedimiento a seguir durante el periodo de consultas es igual al previsto para los supuestos de traslado colectivo y/o modificación sustancial de las condiciones de trabajo de carácter colectivo.

Sujetos negociadores En el marco de la regulación del procedimiento del periodo de consultas (ET art.41.4), se especifican los sujetos negociadores por la parte empresarial, así como por parte de los trabajadores. 7867

Con carácter general, los sujetos pasivos del periodo de consultas son los **representantes de los trabajadores**.

No obstante, el derecho de consulta alcanza igualmente a la **representación sindical**, según la previsión de la LOLS art.10.3, que prevé el derecho de los delegados sindicales que no forma parte del comité de empresa a acceder a la misma documentación e información que la empresa ha de poner a disposición del citado órgano, así como el derecho a ser oídos por la empresa con carácter previo a la adopción de medidas de carácter colectivo que afecten a los trabajadores en general y a los afiliados a su sindicato en particular.

Precisiones El derecho de audiencia conferido a los **delegados sindicales** que no formen parte del comité de empresa, comprende igualmente el derecho a ser oídos que el comité ostenta en los supuestos de despido colectivo, suspensión o reducción de jornada, traslado y modificación sustancial de carácter colectivos, siempre que se trate de medidas de afectación general (TSJ Madrid 4-2-13, EDJ 30939).

En línea con lo expuesto, el reconocimiento del derecho de consulta de la representación sindical viene implícitamente reconocido en el ET (art.40.2 y 41.1 a los que remite el art.44.9), al reconocer su legitimidad como sujetos negociadores. En este sentido, se da una posición preponderante a la representación sindical al establecer que los sujetos pasivos de la consulta y con los que la empresa debe negociar en el supuesto de traslado colectivo, modificación sustancial de las condiciones de trabajo de carácter colectivo, que coinciden con los sujetos legitimados para negociar en el caso de despido colectivo, son: 7868

A. Las **Secciones Sindicales**, cuando estas así lo acuerden y tengan la representación mayoritaria en los comités de empresa o entre los delegados de personal de los centros afectados.

B. En su defecto: 7869

a) Si existe un **único centro de trabajo** afectado:

- El comité de empresa o los delegados de personal.
- Si no existe representación legal de los trabajadores, estos pueden optar por atribuir su representación, a su elección, a una comisión de un máximo de tres miembros integrada por trabajadores de la propia empresa y elegida por estos democráticamente, o a una comisión de igual número de componentes designados, según su representatividad, por los sindicatos más representativos y representativos del sector al que pertenece la empresa y que estén legitimados para formar parte de la comisión negociadora del convenio colectivo de aplicación a la misma.

b) Si existen **varios centros de trabajo**: 7870

- el Comité Intercentros (conforme a lo previsto en el Convenio Colectivo); y
- en su defecto, una comisión representativa

Precisiones En el caso de **comisión representativa**, esta se ha de constituir de acuerdo con las siguientes reglas:
- Si todos los centros de trabajo afectados tienen representantes legales, la comisión ha de estar integrada por estos representación unitaria.
- Si alguno de los centros de trabajo afectado cuenta con representantes legales de los trabajadores y otros no, la comisión ha de estar integrada únicamente por representantes legales de los centros que cuenten con dicha representación; salvo que los trabajadores de los centros que no cuenten con representantes legales opten por designar la comisión de tres miembros. En este caso, la comisión representativa ha de estar integrada conjuntamente por representantes legales de los trabajadores y por miembros de las comisiones indicadas, en proporción al número de trabajadores que representen.
- Si no hay representantes legales en ningún centro de trabajo afectado, la comisión representativa ha de estar integrada por quienes sean elegidos por y entre los miembros de las comisiones designadas en los centros de trabajo afectados en proporción al número de trabajadores que representen.

7871 El **número máximo** de sujetos negociadores en el periodo de consultas es de un total de trece miembros en representación de cada una de las partes negociadoras.
Si se alcanza un número superior a trece representantes, estos deben elegir por y entre ellos un máximo de trece, en proporción al número de trabajadores que representen.

Precisiones La **convocatoria** al periodo de consultas no debe remitirse a todos y cada uno de los representantes legales, sino que es suficiente con comunicárselo al presidente del comité como representante del órgano colegiado (TSJ Galicia 26-3-96, Rec 1045/96).

7872 Sin perjuicio de las especialidades derivadas de cada uno de los procedimientos a seguir para la adopción de medidas laborales colectivas, en el caso de despido colectivo, traslado colectivo y modificación sustancial de carácter colectivo, el plazo máximo para la configuración de la **comisión representativa** de los trabajadores será de siete días, salvo si alguno de los centros de trabajo afectados no tiene representación legal, en cuyo caso, el plazo máximo para su configuración es de quince días. Dichos plazos son improrrogables, con independencia de que la representación de los trabajadores no se haya configurado, y sin que se pueda impedir el inicio y transcurso del periodo de consultas.

7873 **Duración** El periodo de consultas ha de tener una duración no superior a **quince días** en el caso de traslado colectivo, de modificación sustancial con efectos colectivos y en el supuesto de despido colectivo en empresas de menos de cincuenta trabajadores.
En empresas con cincuenta o más trabajadores, el periodo de consultas que debe preceder al despido colectivo tiene una duración máxima de **treinta días**.

7874 **Procedimiento** (ET art.44.9) En relación con la forma en que debe llevarse a cabo el periodo de consultas, legalmente se impone el deber de negociar de **buena fe**, con vistas a alcanzar un acuerdo.
Negociar de buena fe comporta, como subraya el Tribunal Supremo (TS 27-5-13, EDJ 142865), que ambas partes estén dispuestas a dejarse convencer lealmente por la contraria (AN 28-10-13, EDJ 202587).
En este sentido, se señala que el periodo de consultas no es una mera formalidad, siendo exigible que, durante el mismo, identificadas las causas, se debatan alternativas; si bien debatir no equivale a alcanzar acuerdos. Por tanto, siendo la regla general una negociación con propuestas y contrapropuestas, la empresa no está obligada inexorablemente a cambiar su posición original so pena de ser apreciada la mala fe, siempre y cuando se explicite de modo adecuado y suficiente la inviabilidad de acoger la contrapropuesta y que se funde en motivos razonables (AN 20-3-13, EDJ 32881; 12-4-13, EDJ 42293).

7875 **Buena fe**. En relación con la buena fe, se considera que
• La negociación de buena fe obliga a ambas partes y comporta su disponibilidad a ser convencidos por los argumentos de la contraparte, exigiendo que las propuestas y contrapropuestas sean **examinadas y respondidas** cumplidamente por la contraparte (AN 14-10-13, EDJ 197276).
• Existe buena fe y una voluntad negociadora (TSJ País Vasco 11-12-12, EDJ 278778; TJCE 27-1-05, C-188/03; TSJ Navarra 18-9-18, EDJ 617659) en caso de:
- permitir a la representación de los trabajadores formular **propuestas constructivas** para que la medida tenga la menor repercusión negativa posible y someter esas propuestas a debate y negociación;
- negociar con vistas a la consecución de un acuerdo, llevando a cabo una conducta activa y positiva, con **actitud dialogante**, pudiendo acreditar que han existido propuestas, se han valorado y se ha argumentado al respecto de las mismas.

• Es conforme a derecho pactar un **acuerdo marco** de ejecución progresiva de la medida (AN 25-2-13, EDJ 16364).
• La negociación se produce efectivamente, si se acreditan propuestas y contrapropuestas, lo que sucede normalmente cuando se aceptan parcialmente algunas de las contrapropuestas (AN 21-11-12, EDJ 250031; 28-10-13, EDJ 202587; TSJ Cataluña 9-4-19, EDJ 600034).

Mala fe. Respecto a la mala fe o inexistencia de voluntad negociadora, se entiende que: **7876**
• Hay mala fe si se inicia el periodo de consultas con la **inquebrantable voluntad** de no reducir el número de trabajadores afectados y que las bajas sean ajustadas a los mínimos legales con el menor coste posible (TSJ C.Valenciana 12-3-13, EDJ 49984; TSJ País Vasco 4-6-13, EDJ 137892).
• No se lleva a cabo la fase de consulta con los representantes de los trabajadores, si no se produce una auténtica labor de negociación acorde con los principios de la buena fe, en supuestos tales como **ocultar o negar información** que sea necesaria para conocer el alcance real de la medida propuesta; no se considera que exista mala fe sino desacuerdo, cuando en las reuniones que se celebraron con el comité este únicamente manifestó su desacuerdo pero no propuso plan alternativo alguno (TSJ Galicia 31-10-01, EDJ 53975).
• La falta de manifestación de una **oferta distinta** a la inicial es contraria a la voluntad negociadora que debe existir (TSJ Madrid 28-1-13, EDJ 30952).
• No existe buena fe en la negociación cuando una parte se acerca a la mesa de consultas con una única posibilidad, la suya, no negocia porque no intercambia valor alguno, ni efectúa concesiones, ni ofrece opciones; sencillamente se limita a tratar de cumplir formalmente un trámite. El proceso de negociación debe caracterizarse por una dinámica de **concesiones recíprocas** o de construcción de soluciones y opciones consensuadas (TSJ Madrid 30-5-12, EDJ 100249).

De todas las reuniones celebradas en el período de consultas es importante levantar **acta**, la **7877**
cual ha de ser firmada por todos los asistentes (RD 1483/2012 art.7)
Por lo que se refiere a la **terminación** del periodo de consultas, no se requiere la consecución de un acuerdo para la adopción de las medidas pretendidas, sin perjuicio de la justificación causal objetiva que va a requerir la adopción de la medida, dado que la inexistencia de causa específica puede determinar que se entienda que la única justificación es la transmisión, lo cual, implica la nulidad de la pretendida medida.

Incumplimiento del deber de consulta (ET art.44.9, 10; LRJS art.124 y 138; RDLeg 5/2000 art.7.7) En **7878**
caso de que con motivo de la transmisión se fueran a adoptar medidas laborales, tanto cedente como cesionario son responsables de llevar a cabo la consulta con la representación de los trabajadores.
Dicha responsabilidad es un deber independiente de quien haya adoptado la decisión relativa a la transmisión, bien cedente o cesionario o bien las empresas que ejercen el control sobre los mismos.
Por tanto, cualquier justificación del cesionario o cedente, basada en el hecho de que la empresa que tomó la decisión no les ha facilitado la información necesaria, no ha de ser tomada en consideración a tal efecto.

Legalmente no se establecen de forma expresa las **consecuencias** derivadas del incumpli- **7879**
miento del deber de negociar.
No obstante, en el ámbito de los procesos colectivos de traslado, modificación sustancial y despido se sanciona el incumplimiento del deber de llevar a cabo el periodo de consultas con la declaración de **nulidad** de la medida empresarial adoptada unilateralmente, lo que ha sido acogido por los órganos jurisdiccionales (TS 8-6-12, EDJ 125467; TSJ C.Valenciana, 12-3-13, EDJ 49984; TSJ Sta. Cruz de Tenerife 31-5-07, EDJ 156660).
De otra parte, el incumplimiento del deber de consulta con la representación de los trabajadores puede suponer la comisión de una **infracción grave** en materia de relaciones laborales (LISOS art.7.7 y 11).

Precisiones El incumplimiento del deber de consulta y negociación preceptivas pueden viciar de nulidad la transmisión, al ser esta utilizada para eludir procedimientos legales y condicionantes legalmente establecidos en garantía de la estabilidad en el empleo (JS Madrid núm 30, 21-12-12, EDJ 316836).

C. Derecho a emitir informe

(ET art.40, 41, 47, 47 bis, 51 y 64; LOLS art.10.3; RD 1483/2012 art.3.3, 6.1 y 17.3; RDLeg 5/2000 art.7.7)

7880 El **comité de empresa** tiene derecho a emitir un informe con carácter previo a la ejecución por parte de la empresa de las decisiones adoptadas por esta, sobre las siguientes **cuestiones**:

• Las reestructuraciones de plantilla y ceses totales o parciales, definitivos o temporales, de aquella.
• Las reducciones de jornada.
• El traslado total o parcial de las instalaciones.
• Los procesos de fusión, absorción o modificación del estatus jurídico de la empresa que impliquen cualquier incidencia que pueda afectar al volumen de empleo.
• Los planes de formación profesional en la empresa.
• La implantación y revisión de sistemas de organización y control del trabajo, estudios de tiempos, establecimiento de sistemas de primas e incentivos y valoración de puestos de trabajo.

7881 La información se debe aportar de tal manera que permita a los representantes legales de los trabajadores proceder a su **examen** adecuado y preparar, en su caso, la consulta y el informe, estableciéndose un **plazo** máximo de quince días, desde que son solicitadas y emitidas las informaciones correspondientes, para su emisión.

En el caso del **despido colectivo**, se recoge expresamente la obligación de la empresa de comunicar por escrito a la representación de los trabajadores, al tiempo de comunicar el inicio del periodo de consultas, su derecho a emitir el informe previsto en el ET art.64.5.

Precisiones Se entiende que no dar la opción al comité de empresa de emitir informe revela una **mala práctica empresarial**, pero no constituye razón suficiente para anular la medida empresarial (i.e. procesos de fusión, absorción o modificación del estatus jurídico de la empresa que impliquen cualquier incidencia que pueda afectar al volumen de empleo), puesto que el informe previo no es vinculante; todo ello, sin perjuicio de las posibles consecuencias sancionadoras derivadas del incumplimiento de la obligación de facilitar la emisión de informe, que pudiera imponerse por la autoridad laboral al tipificarse como una infracción grave ex RDLeg 5/2000 art.7.7 (AN 10-10-12, EDJ 329518).

7882 La **representación sindical** en la empresa, cuando no forma parte del comité de empresa, es titular no solo de las mismas garantías legales establecidas para la representación unitaria, sino que también es titular, sin perjuicio de lo previsto convencionalmente, de otros derechos, entre los que se encuentra:

a) El derecho a acceder a la misma documentación e información que la empresa ponga a disposición de los representantes de los trabajadores.
b) Ser oídos por la empresa previamente a la adopción de medidas de carácter colectivo que afecten a los trabajadores en general y a los afiliados a su sindicato en particular.

Precisiones **1)** La titularidad del derecho a ser oídos -el derecho de audiencia previa a la adopción de medidas de carácter colectivo- comprende aquellos temas sobre los que el comité de empresa debe emitir los informes previos, así como en relación con las decisiones empresariales a las que se refiere el ET art.40, 41, 47 y 51; en todo caso, siempre que se trate de medidas de afectación general (TSJ Madrid 4-2-13, EDJ 30950).
2) Las **secciones sindicales** constituyen representaciones a las que la Ley confiere determinados derechos y competencias que han de ser ejercitados a través de sus representantes o portavoces, a quienes les corresponden las prerrogativas recogidas en la LOLS art.10.3.3º; este precepto prevé el derecho a ser oídos por la empresa con carácter previo a la adopción de medidas de carácter colectivo; la empresa debe cumplir su obligación de oír a la representación sindical so pena de vulnerar el derecho de libertad sindical (TSJ Madrid 4-2-13, EDJ 30950).

D. Mantenimiento del mandato

(ET art.44.5 y 67.1 y 3; Dir 2001/23/CE art.6.1 y 6.2)

7885 Legalmente, se establece la duración del mandato de los delegados de personal y miembros del comité de empresa en cuatro años; previniéndose, adicionalmente, el mantenimiento en funciones en el ejercicio de sus competencias y garantías hasta la promoción y celebración de nuevas elecciones.

Excepcionalmente, para los supuestos de sucesión de empresa el mandato de los representantes legales se hace depender del **mantenimiento** de la autonomía de la **unidad productiva** que es objeto de transmisión; de forma que en caso de que la empresa, centro de trabajo o unidad productiva autónoma objeto de transmisión conserve su identidad, el cambio de titularidad del empresario no extingue por sí mismo el mandato representativo, continuando los representantes en el ejercicio de sus funciones en los mismos términos y bajo las mismas condiciones que regían con anterioridad.

Los órganos jurisdiccionales -en primer término el Tribunal Supremo y posteriormente distintos Tribunales Superiores de Justicia- se han pronunciado en relación al mantenimiento del mandato de los representantes de los trabajadores en el marco de la sucesión de empresa (p.e., TS 10-3-16, EDJ 30863), señalando que: **7886**

• El apartado 3 del art.67 ET aboga por el mantenimiento de las funciones representativas de los delegados de personal y miembros del comité de empresa hasta la promoción y celebración de nuevas elecciones sindicales, a salvo de la revocación de aquellas por los cauces legales. De ahí que la existencia de una subrogación contractual no tiene por qué alterar los mecanismos de representación si la empresa o centro de trabajo conservan su propia identidad. Lo determinante para que no se pierda la condición de representante legal de los trabajadores es la subsistencia del **centro de trabajo** para el que el trabajador fue elegido, sin que dicho cometido se vea afectado por la integración o asunción de la titularidad por un nuevo empresario (TSJ Burgos 24-7-12, EDJ 160802). La falta de reconocimiento por parte de la empresa de la condición de representante legal de los trabajadores tras una sucesión de empresa podría suponer la vulneración del derecho a la libertad sindical (Const art.28) y la condena al abono de una indemnización por daños y perjuicios al representante afectado (TSJ Cataluña 18-10-18, EDJ 640780).

• La condición de representante legal de los trabajadores no es un derecho contractual laboral que haya de ser incluido siempre y necesariamente en toda subrogación empresarial, sino que el mantenimiento de la representatividad depende, en gran parte, del modo, **condiciones y circunstancias** en que se lleva a cabo la sucesión empresarial y el traspaso de los trabajadores producido a consecuencia de la misma (TS 23-7-90, Rec 207/90; TSJ Extremadura 21-1-04, EDJ 5860; TSJ Valladolid 20-9-17, EDJ 202854). **7887**

• Si el cambio de titularidad afecta por entero a un **centro de trabajo** o empresa, que cuenta con sus propios representantes de los trabajadores y mantiene su identidad, la nueva adscripción empresarial no produce, por lo general, la pérdida de tal condición de representantes legales, dada la subsistencia del centro de trabajo o unidad empresarial (TSJ Extremadura 21-1-04, EDJ 5860).

• Si la empresa o centro de trabajo trasmitido no mantienen su **autonomía**, los representantes de los trabajadores que venían desempeñando funciones representativas cesarán en las mismas (TSJ Granada 1-10-20, EDJ 791145), aunque la empresa o centro al que pasan a prestar servicios carezca de representación legal de los trabajadores (TSJ Burgos 15-3-12, EDJ 39026).

No obstante, si se traslada a dos representantes (de nueve) del centro de trabajo donde fueron elegidos a otro centro situado en la misma localidad, al que habían sido trasladados en torno a un cuarto de la plantilla, no acarrea la pérdida de la condición de representantes de dichos trabajadores, que continuarán ostentándola hasta que no se promuevan y celebren nuevas elecciones puesto que los representantes van a prestar servicios a un nuevo centro formado por una parte importante de sus electores, a salvo de que se produzca alguno de los supuestos de extinción del mandato legalmente previstos, a tenor del art.67 ET (TS 5-12-13, EDJ 292356).

• No solo se requiere el mantenimiento de la identidad del centro de trabajo o unidad productiva autónoma, sino también que dicho centro de trabajo o unidad productiva autónoma sean equivalentes a la **unidad electoral**. En caso contrario, los representantes legales de los trabajadores pierden tal condición, debido a que no fueron elegidos para el específico centro de trabajo que fue subrogado, sino que el proceso electoral lo fue para un conjunto de centros de trabajo agrupados de la empresa, que siguen perteneciendo a la empresa cedente (TSJ Cataluña 30-5-11, EDJ 163291; TSJ Cantabria 26-11-18, EDJ 652040). **7888**

• No se pierde la condición de representante cuando pervive el **centro de trabajo** para el cual fueron elegidos representantes y, por tanto, la unidad electoral en la que resultaron designados los aludidos representantes transferidos, sin otra alteración que la de cambio de empleador, integrándose el trabajador en una nueva empresa cuyos órganos de representación unitaria no consta que se extiendan a toda la plantilla, pudiendo por tanto serlo de cada centro de trabajo (TSJ Granada 25-6-97, Rec 914/97).

7889 • Si la organización de empresa tomada en consideración como unidad electoral desaparece tras su absorción, **fusión** o integración en una nueva organización empresarial, los mandatos de los representantes legales se extinguen (TSJ Cataluña 15-9-10, EDJ 226789; TS 28-4-17, EDJ 88849).

• La representación colectiva se ejerce en el ámbito de la empresa o centro de trabajo en el que prestan sus servicios y por aquellos trabajadores que han resultado elegidos por los trabajadores pertenecientes a esas unidades. Los trabajadores con cargo representativo en la empresa que pasan a integrarse en otra distinta, no pueden ejercer funciones representativas de un colectivo perteneciente a una **empresa diferente** de aquella para la que fueron elegidos (TCT 29-3-89, Rec 2138/89; TS 15-11-17, EDJ 250543).

• Se ha considerado que carece de apoyo lógico y jurídico mantener la condición de representante cuando se cambia de empresa si cesa el sustrato del personal elector, lo que vacía de contenido la representación, por cuanto esta no se puede imponer a quienes no han elegido al representante (TSJ País Vasco 5-3-02, Rec 2677/01).

7890 Sin perjuicio de lo expuesto, se ha considerado que por **convenio colectivo** se puede prever la continuidad del mandato de los representantes, a pesar de que la representatividad esté ligada a la empresa en su conjunto, o a un determinado centro de trabajo (TSJ Granada 2-4-02, EDJ 30564; TSJ Cataluña, 10-7-19, EDJ 685330).

Más dudosa se ha considerado la aplicación de la regla de extinción del mandato por no mantenerse la identidad, en los casos en que la nueva empleadora, empresa cesionaria, permite de forma tácita la continuidad del mandato representativo; en tal caso, los representantes continúan con plenitud de derechos y garantías, aunque el **número de representantes** exceda del legalmente establecido, especialmente si con la extinción se pretende vulnerar el principio de igualdad de trato y la libertad sindical (TSJ Murcia 23-7-02, EDJ 44325; TSJ Granada 25-1-17, EDJ 43202).

7891 Se ha considerado que el mandato de la **normativa comunitaria** (Dir 2001/23/CE art.6.1) relativo a la adopción de las medidas necesarias para garantizar que los trabajadores traspasados que estuvieran representados antes del traspaso se hallen debidamente representados, no implica que cuando la entidad objeto de transmisión no conserva su autonomía, haya que mantenerse el cargo de los representantes de los trabajadores del centro de trabajo extinguido y, ello, con independencia de que en la empresa cesionaria exista o no representación de los trabajadores (TSJ Madrid 30-6-08, EDJ 157572; TSJ C.Valenciana 12-12-07, EDJ 336976; TSJ Burgos 15-3-12, EDJ 39026).

De acuerdo con la misma normativa comunitaria (Dir 2001/23/CE art.6.2), en caso de extinción del mandato de los representantes legales como consecuencia de la subrogación, estos continúan beneficiándose de las **medidas de protección** previstas por las disposiciones legales, reglamentarias y administrativas, o por la práctica de los estados miembros.

Precisiones La atribución por el ET art.56.4 del derecho de opción en el caso de despido improcedente de los trabajadores que tienen la condición de miembros del comité de empresa, delegados de personal o delegados sindicales, constituye una medida de protección en el sentido de la Dir 2001/23/CE art.6.2 (TSJ Valladolid 1-12-10, EDJ 302486).

7892 **Adecuación al número de empleados** (ET art.67.1) Por lo que respecta a la adecuación de la representación al número de empleados, una vez producida la sucesión, hay que determinar si procede ajustar o no el número de representantes al número de empleados mientras se mantenga vivo el mandato representativo.

Si la unidad transmitida **carece de representación**, y con motivo de la sucesión se alcanzasen los mínimos necesarios para la constitución de un órgano de representación, se puede proceder a la promoción de elecciones, siempre que se cumplan los requisitos estatutariamente exigidos.

Tal solución resulta más compleja si la unidad transmitida **tiene representantes**, en cuyo caso ha de resolverse si existe la posibilidad de promover elecciones parciales para ajustar la representación al incremento de plantilla producido.

7893 En este sentido, si como consecuencia de la transmisión se produce una **disminución de la plantilla** de trabajadores, al objeto de adecuar la representación de los trabajadores existente en la empresa cedente a la nueva realidad, se ha de atender a lo previsto por la norma convencional o, en su defecto, la acomodación de la representación deberá realizarse por acuerdo entre la empresa y la representación de los trabajadores.

Precisiones **1)** Como consecuencia de los desequilibrios producidos por la transmisión entre la plantilla de trabajadores y el número de representantes, los derechos de estos se pueden ver afectados. Así, se considera que el **crédito horario** puede ser reducido en el caso de que la empresa resultante de la sucesión ostente un número menor de trabajadores al existente anteriormente, ya que no existe una condición más beneficiosa en este sentido y el crédito horario está en función de las necesarias adecuaciones proporcionales al número de trabajadores que representa (TSJ País Vasco 8-1-08, EDJ 70711; TSJ Aragón 28-6-17, EDJ 149737).

2) Si la reestructuración posterior llega a significar el **cierre del centro de trabajo**, los representantes pierden su condición de tales; sin que pueda considerarse en ciertos casos que la extensión del mandato durante unos días por parte de la empresa cesionaria, supone una continuidad o prórroga del mandato representativo, ya que esta concesión no constituye en ningún momento una condición más beneficiosa (TSJ Madrid 27-11-09, EDJ 318056; TSJ Madrid 20-10-08, EDJ 270431).

Comité intercentros Por lo que se refiere a las consecuencias de la sucesión de empresa respecto al comité intercentros, una parte de la doctrina (Palomo Vélez, Rodrigo Ignacio; Sala Franco, Tomás; Albiol Montesinos, Ignacio) considera **discutible** la aplicación de las reglas de mantenimiento del mandato del ET art.44.5 a las secciones sindicales, debido a que en dicha normativa se regula el mandato de los representantes legales de los trabajadores, sin efectuar ninguna distinción (TS 4-6-13, EDJ 127651). **7894**

Por otra parte y teniendo en cuenta que el comité intercentros es un órgano formado por miembros designados entre los componentes de los distintos comités de centro y cuya constitución y funcionamiento atiende a lo previsto en el convenio colectivo de aplicación, los citados autores han entendido que «si se cede parcialmente la empresa como si se trata de una transmisión total de la misma, la propia naturaleza de la figura exigiría proceder a la elección de un nuevo comité intercentros, que posibilite la representación de todos los centros de trabajo aglutinados en la nueva realidad empresarial, resultante de la transmisión».

Adicionalmente, Albiol Montesinos ha señalado que hay que tener en cuenta el origen convencional de los comités intercentros, entendiendo que «el convenio colectivo en que se pacta su constitución, normalmente verá afectado su ámbito de aplicación ante los supuestos de transmisión de empresa». **7895**

Desde la **perspectiva de la empresa cedente**, en el marco de la sucesión de empresa, se pueden producir cambios en el número de trabajadores de su plantilla. Como consecuencia de ello, los representantes de los trabajadores que permanezcan en la plantilla de la empresa cedente no perderán su mandato por la propia transmisión de empresa, sin perjuicio de los ajustes de la representación que se pudiesen producir ex ET art.67.1 in fine.

V. Alta dirección

El mecanismo sucesorio contenido en el ET art.44 afecta al personal vinculado a la empresa cedente por una relación laboral especial de alta dirección; la empresa cesionaria se subroga en todos los **derechos y obligaciones** laborales del personal directivo, incluidos los contenidos en los contratos o pactos suscritos por este con la empresa cedente (TS unif doctrina 27-9-11, EDJ 226102; TSJ Madrid 20-6-18, EDJ 557228). **7900**

A. Garantías

La jurisprudencia (TS unif doctrina 27-9-11, EDJ 226102) fundamenta la aplicación del ET art.44 al personal de alta dirección principalmente en dos argumentos: **7905**

a) La previsión de aplicación de las normas de la legislación laboral común únicamente a los supuestos en que se produzca remisión expresa en el RD 1382/1985 o así se haga constar específicamente en el contrato (RD 1382/1985 art.3.2), no excluye la aplicación de otras normas laborales consideradas de **derecho necesario**, entre las que se encontrarían las garantías ofrecidas por el ET art.44.

b) La aplicación del mecanismo subrogatorio es presupuesto necesario para accionar la posibilidad legalmente otorgada de **extinguir el contrato** especial de trabajo con derecho a la indemnización pactada, y en su defecto con las fijadas en el RD 1382/1985, en caso de sucesión de empresa (RD 1382/1985 art.10.3.d).

Precisiones Con anterioridad a la TS 27-9-11, EDJ 226102, la jurisprudencia entendía que en caso de los altos directivos la sucesión de empresa **no** implicaba una **subrogación** contractual **automática** por lo que, en caso de que la empresa cesionaria no refrendase los acuerdos contenidos en el contrato de alta dirección, estos se consideraban inexistentes, pasando a regirse el contrato exclusivamente por las previsiones del RD 1382/1985.

7906 Si el alto directivo puede instar la extinción indemnizada de su contrato de trabajo durante los **tres meses** siguientes a la sucesión de empresa (mediando determinadas circunstancias), para el legislador el contrato permanece vigente en sus propios términos y, por ello, si transcurrido dicho plazo dicha facultad no es ejercida por el directivo, el contrato continúa vigente, y no por ello pasa a resultar de aplicación exclusiva el RD 1382/1985 en lugar de los acuerdos contenidos en dicho contrato como pueden ser los acuerdos indemnizatorios.

El **mantenimiento** de las mismas **condiciones laborales** por parte del personal de alta dirección en el caso de sucesión de empresa es conclusión que también se ve reforzada por:

a) La **normativa comunitaria**, la cual no excepciona de la continuidad automática e íntegra de las relaciones laborales en curso relación laboral alguna, ordinaria o especial (Dir 2001/23/CE art.3.1).

b) La normativa reguladora de las **modificaciones estructurales** de las sociedades mercantiles (RDL 5/2023 disp.adic.1ª), que establece la aplicación del ET art.44 a aquellas modificaciones que comportan un cambio en la titularidad de la empresa, de un centro de trabajo o de una unidad productiva autónoma, sin distinguir tipo alguno de relación laboral.

B. Extinción del contrato por voluntad del alto directivo

7910 El alto cargo tiene derecho a la extinción indemnizada de su contrato de trabajo, sin que exista un incumplimiento empresarial, cuando se producen determinadas circunstancias y bajo determinadas condiciones.

7911 **Requisitos** (RD 1382/1985 art.10.1 y 10.3.d) Para que el alto cargo tenga derecho a la extinción indemnizada de su contrato de trabajo, cuando no haya un incumplimiento empresarial, han de concurrir las siguientes circunstancias:

- que se produzca una **sucesión** de empresa **o** un **cambio importante** en la titularidad de la misma; y
- que dicha sucesión o cambios en la titularidad de la empresa tengan como efecto una renovación de sus **órganos rectores** (TSJ Galicia 28-3-18, EDJ 92929) **o** una modificación del contenido y planteamiento de la **actividad principal** de la empresa.

Precisiones **1)** El fundamento de esta posibilidad legal se encuentra en la **recíproca confianza** necesaria para el normal desarrollo de la relación laboral de alta dirección y que puede verse afectada como consecuencia de estos cambios operados en su empresa. En el propio preámbulo del RD 1382/1985 se indica expresamente que «la relación establecida entre el alto directivo y la Empresa contratante se caracteriza por la recíproca confianza que debe existir entre ambas partes, derivada de la singular posición que el directivo asume en el ámbito de la Empresa en cuanto a facultades y poderes». Por ello, dada la relación de confianza existente entre el alto directivo y los miembros del órgano de gobierno que le contrató, nombró o depositó en él su confianza, si cambian dichos miembros, la confianza entre el órgano de administración de la sociedad y el alto directivo se verá afectada, lo que es causa que justifica la posibilidad de extinción indemnizada de la relación laboral por parte del directivo.

2) El cambio empresarial puede afectar a la imagen social del trabajador **o** comportar cambios no deseables en su **carrera profesional** (TS 27-9-11, EDJ 226102; TSJ Madrid 10-2-12, EDJ 41201).

7912 Cuando concurran los requisitos indicados, el alto directivo tiene la posibilidad de extinguir su relación laboral especial, en el **plazo** de los tres meses siguientes a la producción de tales cambios, con derecho a las indemnizaciones pactadas o, en su defecto, las fijadas para el caso de extinción por desistimiento empresarial.

Precisiones **1)** No hay un cambio de titularidad que tiene por efecto la renovación de los órganos rectores cuando se produce solamente la **dimisión** presentada y aceptada de tres **consejeros** y del secretario del consejo, con los consiguientes nombramientos y modificación del consejo de administración (TS 30-10-89, EDJ 9647; 12-12-19, EDJ 809680).

2) No se produce un cambio en la actividad principal de la empresa cuando una sociedad pasa de realizar sus actividades con autonomía y sustantividad frente a todos sus accionistas, a ser una nueva sociedad totalmente integrada en un **grupo empresarial**, siendo los consejeros de otras empresas del grupo los que pasan a desempeñar de manera efectiva la gestión de la nueva sociedad. En este sentido se afirma que «como deriva de los objetos sociales de las sociedades, la actividad global es la misma y no ha quedado constancia de que el campo de la actividad, el mercado en el que se mueven y el ámbito mercantil en el que desarrollan las actividades comerciales y de gestión esenciales haya cambiado [...] lo que el demandante trae como hechos constitutivos de cambio no son modificaciones en la actividad principal sino cambios en la gestión interna de esa actividad derivados del cambio de accionariado y del control gestor de esa actividad que sigue siendo la misma» (JS Madrid núm 41, 20-3-12, EDJ 97636).

3) Sí concurren los presupuestos para que el alto directivo inste la extinción indemnizada de su contrato de trabajo cuando se produce la **compra** de toda la **participación accionarial** de una sociedad, procediéndose como consecuencia de tal venta a nombrarse otro consejo de administración (TSJ Madrid 6-2-01, EDJ 107467).
4) No es suficiente con el cambio significativo o importante de la titularidad de la compañía, sino que además debe llevar aparejado la **renovación** del órgano de administración, «en el sentido de sustitución, muda o reemplazo del mismo» (JS Oviedo núm 3, 14-10-19, EDJ 852467).

Solicitud judicial Con carácter adicional a la concurrencia de los requisitos expuestos en el nº 7911, la extinción indemnizada de la relación laboral especial de alta dirección con motivo de la sucesión o cambios importantes en la titularidad de la empresa, requiere que el alto directivo inste judicialmente la resolución mediante la correspondiente **acción** de resolución indemnizada del contrato y que, apreciada la causa, el órgano jurisdiccional declare la extinción. **7913**
Por tanto, y salvo en caso de **mutuo acuerdo de las partes**, es decir, la aceptación extrajudicial por el empresario de la extinción pretendida por el alto directivo (TSJ Cataluña 17-6-02, EDJ 38453), este no puede llevarla a cabo unilateralmente.

Precisiones **1)** Si bien el RD 1382/1985 art.10.3, refiriéndose a quien está vinculado con una empresa por una relación laboral especial de alta dirección prevé que «podrá extinguir», esta extinción está vinculada a la concurrencia de determinadas causas que no pueden apreciarse unilateralmente, sino que han de ser valoradas por el órgano jurisdiccional. El directivo, fuera del caso de admisión por parte de la empresa, para la extinción de su contrato precisa de una **resolución jurisdiccional** (TSJ Cataluña 17-6-02, EDJ 38453; TSJ Madrid 10-2-12, EDJ 41201).
2) Para la extinción del contrato, el alto directivo requiere plantear la acción judicial y que el órgano judicial estime la **existencia de la causa**, «precisa de la resolución judicial que así lo decida y por el mismo condicionamiento, si no concurre alguna de las dichas causas, no puede resolver con indemnización dicho contrato» (TSJ Madrid 10-2-12, EDJ 41201, siguiendo TS 30-5-91, EDJ 5715).
3) Se excluye «la potestad resolutoria indemnizable sin la concurrencia de resolución jurisdiccional que la otorgue» (TSJ Cataluña 17-6-02, EDJ 38453, siguiendo TS 25-9-89, EDJ 8341; 10-5-90, EDJ 4949).

La resolución judicial extintiva del contrato de trabajo tiene **carácter constitutivo**, por lo que el alto directivo debe seguir desarrollando su actividad hasta que recaiga sentencia (TS 6-6-90; 30-1-91, EDJ 905). El directivo no puede plantear una extinción, abandonar la empresa y pretender que una vez que se ha colocado en esta posición que se le abone la indemnización (TSJ Cataluña 17-6-02, EDJ 38453; TSJ Sevilla 3-4-14, EDJ 94481). **7914**
En caso de que el vínculo de alta dirección no subsistiese hasta la resolución judicial, la naturaleza constitutiva de dicha declaración quedaría parcialmente desvirtuada, salvo supuestos excepcionales -aquellos en los que la continuidad de la relación laboral hasta la resolución judicial suponga un grave **peligro o** una **vejación** física o moral para el alto directivo- (TSJ Extremadura 30-11-10, EDJ 303935 siguiendo al TS 10-5-90, EDJ 4949).

Prescripción (RD 1382/1985 art.10.1.d) La solicitud de extinción indemnizada del contrato ha de realizarla el alto directivo dentro de los tres meses siguientes a la producción de los cambios. **7915**
A efectos del **cómputo** de los tres meses, se viene señalando por la jurisprudencia que el plazo se computa desde que el alto directivo conoce la realidad y alcance de los cambios (TS 27-3-90, EDJ 3446). El momento a partir del cual ha de computarse el plazo de los tres meses es a partir de aquel en que el alto directivo tiene perfecto conocimiento de la producción de tales cambios, aunque los mismos todavía no se hayan formalizado conforme a las normas jurídico-mercantiles (JS Madrid núm 41 20-3-12, EDJ 97636).

Preaviso (RD 1382/1985 art.10.1 y 10.3) Para que el directivo extinga su contrato debe preavisar a la empresa con **tres meses** de antelación, pudiendo alcanzar dicho preaviso hasta seis meses. **7916**
No es preciso respetar el preaviso en caso de incumplimiento contractual grave del **empresario**.
A este respecto se ha de tener en cuenta la exigencia de que el contrato del alto directivo subsista hasta que recaiga sentencia que extinga la relación especial -consecuencia del otorgamiento de carácter constitutivo (TS 30-1-91, EDJ 905)-, así como a la fijación de un plazo de tres meses siguientes a producirse la sucesión para que el alto directivo pueda solicitar la extinción indemnizada de su contrato.

Indemnización (RD 1382/1985 art.10.3 y 11.1) En el marco de la relación laboral especial, la sucesión de empresa o, el cambio importante en la titularidad de la misma, que tiene por efecto la renovación de los órganos rectores o, el contenido y planteamiento de la actividad principal de la empresa, da derecho al alto directivo a solicitar la extinción de su contrato y, en su caso, al abono por parte de la empresa de una indemnización. **7917**

La **cuantía** de la indemnización debe ser la expresamente pactada entre las partes y, en defecto de pacto, la que procede en caso de extinción por desistimiento del empresario; esto es, a falta de pacto, asciende a siete días de salario en metálico por año de servicio, con el límite de seis mensualidades.

7918 Los Tribunales vienen declarando que si las partes han pactado expresamente una indemnización para el caso de **despido** declarado **improcedente**, dicha indemnización debe abonarse también cuando la resolución judicial del contrato se produce a instancia del trabajador, si bien en todos los casos, se trata de supuestos de extinción del contrato de trabajo instados por el trabajador como consecuencia del **incumplimiento empresarial** (TS unif doctrina 21-5-04, EDJ 63866; TSJ C.Valenciana 22-2-07, EDJ 24836; TSJ Sta. Cruz de Tenerife 26-3-10, EDJ 275479).

En este sentido, podría resultar discutible la aplicación de dicha doctrina judicial al supuesto de extinción del alto directivo por sucesión de empresa, por no ser considerado realmente un supuesto constitutivo de un incumplimiento empresarial.

7919 Si se atiende a la literalidad del RD 1382/1985 art.10.3 podría entenderse que únicamente son supuestos constitutivos de incumplimiento empresarial los recogidos en las letras a), b) y c), teniendo en cuenta que el apartado c) expresa «cualquier otro incumplimiento grave», de lo que podría colegirse que solo las dos causas descritas en las letras anteriores -a), b) y c)-, serían constitutivas de un incumplimiento grave del empresario, no así, la causa recogida en la letra d), referida a una causa de carácter colectivo que no va unida a un comportamiento incumplidor sino a una situación provocada por la sucesión.

Precisiones **1)** Una parte de la doctrina entiende que el legislador ha venido a equiparar los efectos de la resolución del contrato por voluntad del alto directivo con los de extinción por **desistimiento empresarial**, en lugar de hacerlo a los efectos del despido improcedente como ocurre en la legislación laboral común, debido a que si el empresario tiene la posibilidad de desistir de la relación laboral especial sin alegar la comisión de un incumplimiento del alto directivo, no requiere provocar la ruptura del vínculo mediante conductas incumplidoras o contrarias a los intereses del trabajador, cuando los efectos indemnizatorios son los mismos, salvo que se hubiese pactado una indemnización superior a la legal para el supuesto de desistimiento, la cual, según esta línea doctrinal, no se entiende a los supuestos de resolución contractual por incumplimiento empresarial. En este sentido, los autores consideran que tratar igual el desistimiento empresarial y los supuestos contemplados en el RD 1382/1985 art.10.3.d) resulta lógico, no así los casos de verdadero incumplimiento grave por parte del empresario; no es lo mismo un comportamiento que lesiona la dignidad del trabajador de alta dirección que un cambio en la titularidad con alteración de la orientación o el giro de la empresa, aunque ambas circunstancias atribuyan al trabajador el derecho a extinguir el contrato (Álvarez Martínez, Joaquín y Ángel Luis De Val Tena, Ángel Luis, en su artículo «*Retribución e indemnizaciones del personal de alta dirección: perspectiva laboral y tributaria*», pág. 13).

2) En sentido contrario, pero en la misma línea que los pronunciamientos judiciales antes expuestos, otra parte de la doctrina considera que ha de estimarse aplicable la indemnización que establece el RD 1382/1985 art.11.2, es decir la prevista para el supuesto de despido improcedente (según Alonso García en «*Curso de Derecho del Trabajo*», Ariel, 10.ª ed., Barcelona, 1987, pág. 630; Fernández López y Rodríguez-Piñero en el artículo «*La relación laboral especial del personal de alta dirección y el Real Decreto 1382/1985 (II)*», pág. 215).

3) Se ha llegado a conceder la **indemnización pactada** en caso de despido improcedente a un directivo que insta la extinción indemnizada del contrato sobre la base del RD 1382/1985 art.10.3.d, al valorar, previa prueba practicada al efecto, (i) que esa fue la intención de las partes al suscribir el pacto, (ii) que ese fue el tratamiento que la compañía otorgó en diversas extinciones del personal de alta dirección que se habían producido previamente y (iii) que el trabajador, dado su comportamiento, tenía la seguridad de haber pactado una cláusula que equiparaba el cambio de titularidad al despido improcedente, de forma que ambos habilitaban a cobrar la misma indemnización (TSJ País Vasco 3-10-00).

Ante estas **posibilidades**, cobrará gran importancia cómo se configuren las cláusulas de cambio de control en los contratos de alta dirección.

CAPÍTULO 29

Derecho administrativo en las transacciones

8000

Sección 1. Consideraciones generales ... 8005
Sección 2. Autorizaciones sectoriales: comunicaciones, declaraciones responsables, inscripción en registros ... 8010
A. Consideraciones generales ... 8015
B. Directiva de servicios y leyes de transposición ... 8020
C. Autorizaciones sectoriales relativas a la actividad de la compañía ... 8050
1. Comunicación audiovisual ... 8055
2. Telecomunicaciones ... 8065
3. Energía eléctrica ... 8070
4. Sanidad ... 8075
5. Educación ... 8080
6. Industria ... 8085
7. Residuos ... 8090
D. Autorizaciones sectoriales relativas a las instalaciones de la compañía ... 8100
Sección 3. Autorizaciones y concesiones por ocupación y uso del dominio público ... 8110
A. Régimen general: LPAP ... 8115
B. Particularidades previstas en determinadas normas sectoriales ... 8120
Sección 4. Transacciones y contratación pública ... 8130
A. Entidades del sector público ... 8135
B. Contratos vigentes ... 8145
1. Operaciones con cambio de personalidad jurídica del titular del contrato ... 8146
2. Operaciones sin cambio de personalidad jurídica del titular del contrato ... 8150
C. Licitaciones en curso ... 8155
1. Operaciones con cambio de personalidad jurídica del titular del contrato ... 8160
2. Operaciones sin cambio de personalidad jurídica del titular del contrato ... 8165
Sección 5. Subvenciones ... 8185
A. Consideraciones generales ... 8190
B. Autorización administrativa previa en las transacciones ... 8200
C. Condiciones de otorgamiento de la subvención ... 8205
D. Mantenimiento de la inversión ... 8215
E. Procedimiento ... 8225
Sección 6. Régimen de las inversiones extranjeras en España ... 8240
A. Consideraciones generales ... 8245
B. Autorización para determinadas inversiones extranjeras directas en España ... 8250

SECCIÓN 1

Consideraciones generales

El presente capítulo tiene por objeto describir las principales implicaciones que, desde el punto de vista del Derecho administrativo, han de ser tomadas en consideración en relación con las transacciones. 8005

Nos encontramos ante una cuestión relevante que, en algunos supuestos concretos puede tener una relevancia fundamental a la hora de decidir la forma en que se estructura una determinada operación o, incluso, si esta se ha de llevar a efecto o no.

Gran parte de los sectores de actividad económica se encuentran regulados y, por tanto, sujetos a **intervención administrativa**. El alcance de esta intervención, la forma en la que se presenta, así como el régimen jurídico aplicable varía sustancialmente en función de la concreta actividad ante la que nos encontremos.

Así, por **ejemplo**, existen actividades que requieren la obtención de una autorización que se otorga a la persona que la lleva a cabo, sin la cual, no es conforme a Derecho realizarla (p.e., transporte de mercancías por carretera). En otras ocasiones, la normativa administrativa exige la obtención de un título administrativo referido a cada establecimiento en el que se realice

la actividad regulada. Nos referiremos a este tipo de títulos administrativos, necesarios para poder realizar la actividad, como autorizaciones sectoriales.
Un análisis adecuado del régimen jurídico de las **autorizaciones sectoriales** en una determinada operación resulta crucial para el buen fin de esta, puesto que es imprescindible garantizar que la sociedad o sociedades que resulten de la operación en cuestión seguirán estando autorizadas para desarrollar la actividad de que se trate.

8006 Por otra parte, e independientemente de si la actividad en cuestión requiere la obtención de una autorización sectorial para su realización, a la hora de estructurar una operación del tipo que sea, debe tenerse en cuenta si toda o parte de la actividad económica de la empresa o empresas objeto de la operación está vinculada con **otros títulos administrativos** adicionales a las autorizaciones sectoriales propiamente dichas.
Nos referimos, fundamentalmente, a:
- las autorizaciones y concesiones de dominio público;
- la existencia de contratos con el Sector Público; y
- la existencia de subvenciones.

La **finalidad** de estos títulos administrativos no es la de habilitar para la realización de una actividad, sino la de otorgar ciertos derechos, de contenido económico. Así, por ejemplo, una empresa que se pretenda fusionar con otra puede ser titular de un contrato administrativo otorgado por una entidad del sector público y en virtud del cual presta un determinado servicio a dicha entidad por el cual percibe una contraprestación económica. Asimismo, una empresa que se pretende segregar puede ser titular de una subvención otorgada por una Administración pública para la ejecución de un determinado proyecto.
Un análisis minucioso de estos títulos administrativos es muy relevante ante una **operación societaria**. En efecto, resulta fundamental identificar si es necesario llevar a cabo algún trámite específico para la pervivencia de los mismos tras la materialización de la operación y si, en algún caso, esta podría llegar a suponer la pérdida de alguno de estos títulos.
Partiendo de lo anterior, en las siguientes páginas analizamos los aspectos más relevantes del Derecho administrativo en las transacciones. Nos ocuparemos, en primer lugar, de las autorizaciones sectoriales y, a continuación, del resto de títulos administrativos relevantes en este tipo de operaciones.

8007 Para finalizar esta introducción, debe ponerse de manifiesto una **importante cautela**: el presente capítulo recopila los aspectos más relevantes en materia administrativa de cara a una transacción, pero no constituye un tratamiento exhaustivo de la materia.
El Derecho administrativo es un ámbito significativamente extenso, que se ocupa de múltiples **sectores de actividad** y que, por definición, no es abarcable de manera completa en una obra como la presente.
A la multiplicidad de ámbitos materiales regulados por el Derecho administrativo debe añadirse la particular **distribución de competencias** de nuestro ordenamiento jurídico, en el que pueden convivir normas relativas a una misma materia dictadas por tres ámbitos administrativos territoriales distintos (estatal, autonómico y local).
Por tanto, ha de tenerse presente que este capítulo no agota las cuestiones que en él se tratan y que en determinados supuestos será necesario un análisis exhaustivo de las materias implicadas.

SECCIÓN 2

Autorizaciones sectoriales: comunicaciones, declaraciones responsables, inscripción en registros

A.	Consideraciones generales	8015	8010
B.	Directiva de servicios y leyes de transposición	8020	
C.	Autorizaciones sectoriales relativas a la actividad de la compañía	8050	
D.	Autorizaciones sectoriales relativas a las instalaciones de la compañía	8100	

A. Consideraciones generales

Las actividades privadas con incidencia en el interés general se encuentran sometidas a ordenación, control y condicionamiento por parte de la Administración pública. 8015

Una de las figuras o técnicas de intervención de la Administración consiste en la **autorización administrativa**, que se define como cualquier acto expreso o tácito de la autoridad competente que se exija, con carácter previo, para el acceso a una actividad de servicios o a su ejercicio (L 17/2009 art.3.7).

Tras la aprobación de la Dir 2006/123/CE del Parlamento Europea y del Consejo, relativa a los servicios en el mercado interior (en adelante, «**Directiva de servicios**») y de la normativa de transposición de la misma al ordenamiento jurídico español, los regímenes de autorización se permiten únicamente de forma excepcional, estableciéndose como regla general la intervención mínima de la Administración, suprimiéndose consecuentemente la mayoría de los procesos de autorización o sustituyéndose, cuando sea necesario, por declaraciones responsables o comunicaciones previas.

A lo largo de esta sección se analizan los distintos efectos que puede tener la realización de transacciones en los mencionados títulos habilitantes, en función de si los mismos se refieren a la actividad o a las instalaciones de la compañía que los ostenta.

B. Directiva de servicios y leyes de transposición

El objetivo de la Directiva de servicios es conseguir un efectivo **mercado interior** en el ámbito de los servicios mediante la eliminación de las barreras legales y administrativas que limitan y dificultan el desarrollo de actividades de servicios entre los distintos Estados miembros. 8020

Objeto (Dir 2006/123/CE art.1) La Directiva de servicios establece las disposiciones generales necesarias para facilitar el ejercicio de la **libertad de establecimiento** de los prestadores de servicios y la **libre circulación** de los servicios, manteniendo, al mismo tiempo, un nivel elevado de calidad en los mismos, con carácter general, el régimen que configura dicha Directiva de servicios se fundamenta en el principio de supresión de toda intervención administrativa previa a la actividad económica o a la prestación del servicio. 8021

Precisiones **1)** El elemento clave para la **distinción** entre la **libertad de establecimiento y** la **libre circulación** de servicios, de acuerdo con la jurisprudencia del TJCE, es si el agente está o no establecido en el Estado miembro en que presta el servicio del que se trate (Dir 2006/123/CE considerando 77).

Si el agente está establecido en el Estado miembro en que presta sus servicios, debe entrar en el ámbito de aplicación la libertad de establecimiento. En este sentido, se entiende que para estar establecido en un determinado Estado miembro, debe producirse el ejercicio efectivo de una actividad económica por una duración indeterminada y por medio de una infraestructura estable (TJCE 25-7-91, *Factortame*, asunto C-221/89). Por tanto, el establecimiento requiere la integración en la economía del Estado miembro, lo que conlleva la adquisición de una clientela en el mismo, a partir de un domicilio social estable (TJCE 11-12-03, *Schnitzer*, asunto C-215/01).

Si, por el contrario, el agente no está establecido en el Estado miembro en que presta sus servicios, sus actividades deben quedar cubiertas por la libre circulación de servicios. En este caso no existe una participación estable y continua en la vida económica del Estado miembro anfitrión, sino una prestación transfronteriza de servicios.

2) La **distinción** entre **establecimiento** y **prestación de servicios** ha de efectuarse caso por caso, y teniendo en cuenta no solo la duración, sino también la frecuencia, la periodicidad y la continuidad de la prestación de servicios. El carácter temporal de la libre prestación de servicios no debe excluir la posibilidad de que el prestador se dote de cierta infraestructura en el Estado miembro en el que presta el servicio (incluida una oficina, un gabinete o un estudio) en la medida en que sea necesaria para hacer efectiva la prestación de que se trate (TJCE 30-11-95, *Gebhard*, asunto C-55/94; 11-12-03, *Schnitzer*, asunto C-215/01).

8022 **Ámbito de aplicación** (Dir 2006/123/CE art.2 y 3) La Directiva de servicios no afecta a cualquier tipo de prestación de servicios, delimitándose un ámbito de aplicación objetivo del que se excluyen expresamente determinados servicios.

• **Servicios incluidos**: como norma general, la Directiva de servicios se aplica a todos los servicios prestados por prestadores establecidos en un Estado miembro, siempre que no se trate de servicios expresamente excluidos de su ámbito de aplicación.

Precisiones El concepto de **servicio** se define de un modo amplio, incluyendo cualquier actividad económica por cuenta propia, prestada normalmente a cambio de una remuneración, contemplada en el Tratado FUE art.57 (Dir 2006/123/CE art.4.1):

- Para que el servicio se entienda realizado **por cuenta propia**, debe ser realizado por un prestador (que puede ser persona física o jurídica) al margen de un contrato de trabajo.
- Que se realice a cambio de una **remuneración** implica que la actividad ha de ser de naturaleza económica. La característica esencial de la remuneración reside en el hecho de que esta última constituye la contrapartida económica de la prestación que se discute (TJCE 27-9-88, Humbel, asunto 263/86). A estos efectos, es irrelevante que la remuneración sea abonada por el destinatario del servicio o por un tercero (TJCE 26-4-88, *Bond van Adverteerders*, asunto 352/85; 13-5-03, *Müller Fauré*, asunto C-385/99; 12-7-01, *Smits y Peerbooms*, asunto C-157/99).

8023 • **Servicios excluidos**: los siguientes servicios se excluyen expresamente del ámbito de aplicación de la Directiva de servicios (Dir 2006/123/CE art.2.2):

a) Servicios no económicos de interés general.

b) Servicios financieros, como los bancarios, de crédito, de seguros y reaseguros, de pensiones de empleo o individuales, de valores, de fondos de inversión, de pagos y asesoría sobre inversión, incluidos los servicios enumerados en el anexo I de la Dir 2006/48/CE.

c) Servicios y redes de comunicaciones electrónicas, así como los recursos y servicios asociados en lo que se refiere a las materias que se rigen por las siguientes Directivas: Dir 2002/19/CE; Dir 2002/20/CE; Dir 2002/21/CE; Dir 2002/22/CE y Dir 2002/58/CE.

d) Servicios en el ámbito del transporte, incluidos los servicios portuarios que entren dentro del ámbito de aplicación del Tratado FUE título VI.

e) Servicios de las empresas de trabajo temporal.

f) Servicios sanitarios, prestados o no en establecimientos sanitarios, independientemente de su modo de organización y de financiación a escala nacional y de su carácter público o privado.

g) Servicios audiovisuales, incluidos los servicios cinematográficos, independientemente de su modo de producción, distribución y transmisión, y la radiodifusión.

h) Actividades de juego por dinero que impliquen apuestas de valor monetario en juegos de azar, incluidas las loterías, juego en los casinos y las apuestas.

i) Actividades vinculadas al ejercicio de la autoridad pública de conformidad con el Tratado FUE art.51.

j) Servicios sociales relativos a la vivienda social, la atención a los niños y el apoyo a familias y personas temporal o permanentemente necesitadas proporcionados por el Estado, por prestadores encargados por el Estado o por asociaciones de beneficencia reconocidas como tales por el Estado.

k) Servicios de seguridad privados.

l) Servicios prestados por notarios y agentes judiciales designados mediante un acto oficial de la Administración.

8024 Precisiones Debe tenerse en cuenta que la Directiva de servicios **no afecta** a las siguientes políticas o áreas de la legislación:

- a la **Fiscalidad** (Dir 2006/123/CE art.2.3);
- a las actividades reguladas por el Tratado FUE art.34 a 36 relativos a la **libre circulación de mercancías** (Dir 2006/123/CE considerando 76);
- a las normas que se dirigen a la **sociedad en su conjunto** como, por ejemplo, las normas de tráfico rodado, las normas relativas a la ordenación del territorio, las normas urbanísticas y de ordenación rural, las normas de construcción o las sanciones administrativas impuestas por no cumplir dichas normas (Dir 2006/123/CE considerando 9);
- a los requisitos que rigen el **acceso** a los **fondos públicos** para determinados prestadores (Dir 2006/123/CE considerando 10);
- a la **Contratación pública** (Dir 2006/123/CE considerando 57);

- al **Derecho Internacional privado**, en particular a las que se refieren a la legislación aplicable a las obligaciones contractuales y extracontractuales, incluidas las que garanticen que los consumidores se beneficiarán de la protección que les conceden las normas de protección del consumidor establecidas en la legislación pertinente vigente en su Estado miembro (Dir 2006/123/CE art.3.2);
- al **Derecho penal**. Sin embargo, los Estados miembros no podrán restringir la libertad de prestar servicios mediante la aplicación de disposiciones de Derecho penal que regulen o afecten específicamente al acceso o ejercicio de una actividad de servicios eludiendo las normas establecidas en la Directiva (Dir 2006/123/CE art.1.5);
- al **Derecho laboral**, es decir, a cualquier disposición legal o contractual relativa a las condiciones de empleo o de trabajo, incluida la salud y seguridad en el trabajo, o las relaciones entre empleadores y trabajadores, que los Estados miembros apliquen de acuerdo con la legislación nacional conforme al Derecho comunitario. Tampoco afecta a la legislación nacional en materia de seguridad social de los Estados miembros (Dir 2006/123/CE art.1.6);
- al ejercicio de los **derechos fundamentales** tal y como se reconocen en los Estados miembros y en el Derecho comunitario. Tampoco afecta al derecho a negociar, celebrar y aplicar convenios colectivos y a emprender acciones sindicales de acuerdo con la legislación y las prácticas nacionales conformes al Derecho comunitario (Dir 2006/123/CE art.1.7).

En cuanto al **ámbito de aplicación subjetivo** se realizan las siguientes distinciones: **8025**
• **Prestadores incluidos**: la Directiva de servicios se aplica a los servicios prestados por una persona física que sea nacional de un Estado miembro o por una persona jurídica (tal como se define en el Tratado FUE art.54) establecida en un Estado miembro (Dir 2006/123/CE art.4.2). El concepto «persona jurídica» engloba todas las entidades constituidas con arreglo a la legislación de un Estado miembro o que se rijan por la misma, independientemente de que, de conformidad con la legislación nacional, se les reconozca o no personalidad jurídica.
• **Prestadores excluidos**: quedan excluidos los servicios prestados por personas físicas que no sean nacionales de un Estado miembro o por entidades establecidas fuera de la Comunidad, o no constituidas con arreglo a la legislación de un Estado miembro.

Finalmente, debe tenerse en cuenta la **relación** entre la **Directiva y otras disposiciones** del Derecho comunitario: **8026**
• **Directiva y Tratado FUE**: al ser un instrumento de Derecho derivado, la Directiva de servicios debe interpretarse en el contexto del Derecho primario, es decir, del Tratado FUE. Las materias excluidas del ámbito de aplicación de la Directiva de servicios siguen rigiéndose plenamente por el Tratado FUE, por lo que continúan sujetas a los principios de libertad de establecimiento y de libre prestación de servicios, en los términos dispuestos en el Tratado FUE art.49 y 56 y de los principios desarrollados por el TJUE.
• **Directiva y otros instrumentos de Derecho derivado**: en caso de conflicto entre una disposición de la Directiva de servicios y otro acto comunitario relativo a aspectos concretos relacionados con el acceso a la actividad de un servicio o de su ejercicio en sectores concretos o en relación con profesiones concretas, estas normas priman y se aplican a esos sectores o profesiones concretos (Dir 2006/123/CE art.3). Cabe señalar que tal primacía atañe únicamente a la disposición en conflicto de que se trate y no a las restantes disposiciones de la Directiva de servicios, que siguen siendo de aplicación.

Simplificación administrativa (Dir 2006/123/CE art.5 a 8) La Directiva de servicios impone la simplificación de los procedimientos y trámites aplicables al acceso a una actividad de servicios y a su ejercicio. A estos efectos, se prevén las siguientes medidas e instrumentos: **8027**
1. **Ventanilla única**. Esta medida consiste en la habilitación por parte de los Estados miembros de un punto de contacto con la Administración en el que el prestador pueda llevar a cabo todos los procedimientos y trámites necesarios para acceder a sus actividades de servicios, así como las solicitudes de autorización necesarias para el ejercicio de las mismas (Dir 2006/123/CE art.6).
2. **Derecho de información**. La Directiva de servicios detalla la información que los Estados miembros deben facilitar a los prestadores y destinatarios de los servicios a través de las mencionadas ventanillas únicas, a los efectos de garantizar el derecho a la información y de fomentar la difusión de los datos esenciales (Dir 2006/123/CE art.7).
3. **Procedimientos por vía electrónica**. Se establece la necesidad de que los Estados miembros implanten procedimientos que permitan realizar fácilmente, a distancia y por vía electrónica, cualquier procedimiento o trámite relativo al acceso a una actividad de servicios y a su ejercicio, a través de la ventanilla única de que se trate (Dir 2006/123/CE art.8).

Libertad de establecimiento (Dir 2006/123/CE art.9 a 15) Con el fin de garantizar la libertad de establecimiento, la Directiva de servicios prevé una serie de disposiciones aplicables únicamente a los casos en que una empresa pretenda establecerse en otro Estado miembro o en su propio Estado, ya sea mediante la puesta en marcha de una nueva empresa o establecimiento, de una filial o de una sucursal. **8028**

8029 **Regímenes de autorización** (Dir 2006/123/CE art.9 y 10) Se limitan los supuestos en los que los Estados miembros pueden supeditar el acceso de una actividad y su ejercicio a un régimen de autorización, estableciendo tres **condiciones** que necesariamente deben reunirse:
a) El régimen de autorización **no puede ser discriminatorio** para el prestador.
b) Su necesidad debe estar justificada por una **razón imperiosa de interés general**.
c) El objetivo perseguido no se puede conseguir mediante una medida menos restrictiva, en concreto porque un control *a posteriori* se produciría demasiado tarde para ser eficaz.

Precisiones Se define «**régimen de autorización**» como cualquier procedimiento en virtud del cual el prestador o el destinatario están obligados a hacer un trámite ante la autoridad competente para obtener un documento oficial o una decisión implícita sobre el acceso a una actividad de servicios o su ejercicio (Dir 2006/123/CE art.4.6).
Asimismo, se define «**razón imperiosa de interés general**» como aquellas razones reconocidas como tales por el TJUE, incluidas las siguientes: el orden público, la seguridad pública, la protección civil, la salud pública, la preservación del equilibrio financiero del régimen de seguridad social, la protección de los consumidores, de los destinatarios de servicios y de los trabajadores, las exigencias de la buena fe en las transacciones comerciales, la lucha contra el fraude, la protección del medio ambiente y del entorno urbano, la sanidad animal, la propiedad intelectual e industrial, la conservación del patrimonio histórico y artístico nacional y los objetivos de la política social y cultural (Dir 2006/123/CE art.4.8).

8030 En el caso de que se den los requisitos para mantener un régimen de autorización, se imponen determinadas obligaciones específicas en lo que respecta a los **criterios para la concesión de la autorización**, con el objetivo de garantizar que las decisiones de las autoridades competentes no se adoptan de manera arbitraria.
Concretamente se establece que dichos criterios deben reunir las siguientes **características**:
- No ser discriminatorios.
- Estar justificados por una razón imperiosa de interés general, de acuerdo con la definición indicada anteriormente.
- Ser proporcionados a dicho objetivo de interés general.
- Ser claros e inequívocos.
- Ser objetivos.
- Ser hechos públicos con anterioridad.
- Ser transparentes y accesibles.

En ningún caso, las condiciones de concesión de una autorización para un nuevo establecimiento deben dar lugar a solapamientos con los requisitos y controles equivalentes o comparables en lo esencial por su finalidad a los que ya esté sometido el prestador en otro Estado miembro o en el mismo Estado miembro.
La autorización que se conceda debe permitir al prestador acceder a la actividad de servicios o ejercerla en la **totalidad del territorio nacional**, incluido mediante la creación de agencias, sucursales, filiales u oficinas, salvo que haya una razón imperiosa de interés general que justifique una autorización individual para cada establecimiento o una autorización que se limite a una parte específica del territorio.

8031 **Duración de la autorización** (Dir 2006/123/CE art.11 y 12) No se puede **limitar** la duración de la autorización concedida, excepto cuando se de alguno de los siguientes **supuestos**:
a) La autorización se renueve automáticamente o solo esté sujeta al cumplimiento continuo de los requisitos.
b) El número de autorizaciones disponibles sea limitado por una razón imperiosa de interés general.
c) La duración limitada esté justificada por una razón imperiosa de interés general.
Cuando el **número de autorizaciones** sea **limitado**, los candidatos deben ser seleccionados con garantías de imparcialidad y transparencia y haciéndose la publicidad adecuada del inicio, el desarrollo y la finalización del procedimiento.

8032 **Procedimiento** (Dir 2006/123/CE art.13) El procedimiento y los trámites de autorización deben ser claros, darse a conocer con antelación y ser adecuados para garantizar a los solicitantes que su solicitud reciba un trato objetivo e imparcial. A falta de respuesta en el plazo fijado, se considera que la autorización está concedida, salvo que se prevea un régimen distinto por razones imperiosas de interés general, incluidos los legítimos intereses de terceros.

8033 **Requisitos a los que supeditar el acceso a una actividad de servicios o su ejercicio** (Dir 2006/123/CE art.14 y 15) El acceso a una actividad de servicios o su ejercicio en sus respectivos territorios no puede estar supeditado a una serie de requisitos, prohibidos, que se describen a continuación.
Por otra parte, existe otro grupo de requisitos que deben ser objeto de evaluación con arreglo a los criterios de no discriminación, necesidad y proporcionalidad.

a) **Requisitos prohibidos**. Se prohíbe la supeditación del acceso a una actividad de servicios o su ejercicio al cumplimiento de los siguientes requisitos:

• Requisitos **discriminatorios** basados directa o indirectamente en la nacionalidad o en el domicilio social de las sociedades.

• Prohibición de estar establecido en **varios Estados miembros** o de estar inscrito en los registros o colegios o asociaciones profesionales de varios Estados miembros.

• Limitaciones de la libertad del **prestador** para elegir entre un establecimiento principal o secundario y, especialmente, la obligación de que el prestador tenga su establecimiento principal en el territorio nacional, o limitaciones de la libertad de elección entre establecimiento en forma de agencia, sucursal o filial.

• Condiciones de **reciprocidad** con el Estado miembro en el que el prestador tenga ya su establecimiento, con excepción de las previstas en los instrumentos comunitarios en materia de energía.

• Aplicación, caso por caso, de una **prueba económica** consistente en supeditar la concesión de la autorización a que se demuestre la existencia de una necesidad económica o de una demanda en el mercado, a que se evalúen los efectos económicos, posibles o reales, de la actividad o a que se haga una apreciación de si la actividad se ajusta a los objetivos de programación económica fijados por la autoridad competente. Esta prohibición no afectará a los requisitos de planificación que no sean de naturaleza económica, sino que defiendan razones imperiosas de interés general.

• **Intervención directa o indirecta de competidores**, incluso dentro de órganos consultivos, en la concesión de autorizaciones o en la adopción de otras decisiones de las autoridades competentes, con excepción de los colegios profesionales y de las asociaciones y organismos que actúen como autoridad competente. Esta prohibición no afectará a la consulta de organismos como las cámaras de comercio o los interlocutores sociales sobre asuntos distintos a las solicitudes de autorización individuales, ni a una consulta del público en general.

• Obligación de constituir un **aval** financiero, de participar en él o de suscribir un seguro con un prestador u organismo establecido en el territorio nacional. Ello no afectará a la posibilidad de los Estados miembros de exigir garantías de un seguro o financieras como tales, ni a los requisitos relativos a la participación en fondos colectivos de compensación, por ejemplo, para miembros de colegios u organizaciones profesionales.

• Obligación de haber estado **inscrito** con carácter previo durante un período determinado en los registros existentes en el territorio nacional o de haber ejercido previamente la actividad durante un período determinado en dicho territorio.

b) **Requisitos por evaluar**. Se prevé otro grupo de requisitos respecto a los cuales no se dispone su prohibición total, sino que se exige a los Estados miembros que revisen su legislación a los efectos de identificar si existen este tipo de requisitos y que los evalúen con arreglo a los criterios de **no discriminación, necesidad y proporcionalidad**. Estos requisitos por evaluar son los siguientes: 8034

• Límites cuantitativos o territoriales y, concretamente, límites fijados en función de la población o de una distancia geográfica mínima entre prestadores.

• Requisitos que obliguen al prestador a constituirse adoptando una forma jurídica particular.

• Requisitos relativos a la posesión de capital de una sociedad.

• Requisitos distintos de los relativos a las materias contempladas en la Dir 2005/36/CE o de los previstos en otros instrumentos comunitarios y que sirven para reservar el acceso a la correspondiente actividad de servicios a una serie de prestadores concretos debido a la índole específica de la actividad.

• Prohibición de disponer de varios establecimientos en un mismo territorio nacional.

• Requisitos que obliguen a tener un número mínimo de empleados.

• Tarifas obligatorias mínimas y/o máximas que el prestador debe respetar.

• Obligación de que el prestador realice, junto con su servicio, otros servicios específicos.

Libre circulación de servicios (Dir 2006/123/CE art.16.1) A los efectos de garantizar la libertad para la prestación transfronteriza de servicios sin restricciones, se prohíbe a los Estados miembros supeditar el acceso a una actividad de servicios o su ejercicio en sus respectivos territorios a requisitos que no estén justificados. En todo caso, los requisitos a los que se supedite el acceso a una actividad de servicios o su ejercicio, deben atenerse a los principios de no discriminación, necesidad o proporcionalidad. 8035

Requisitos prohibidos (Dir 2006/123/CE art.16.2) En ningún caso puede restringirse la libre prestación de servicios por parte de un prestador establecido en otro Estado miembro mediante la imposición de los siguientes requisitos: 8036

a) Obligación de que el prestador esté **establecido** en el territorio nacional.

b) Obligación de que el prestador obtenga una **autorización** concedida por las autoridades competentes nacionales, incluida la inscripción en un registro o en un colegio o asociación profesional que exista en el territorio nacional, salvo en los casos previstos en la Directiva de servicios o en otros instrumentos de Derecho comunitario.
c) Prohibición de que el prestador se procure en el territorio nacional cierta forma o tipo de **infraestructura**, incluida una oficina o un gabinete, necesaria para llevar a cabo las correspondientes prestaciones.
d) Aplicación de un **régimen contractual** particular entre el prestador y el destinatario que impida o limite la prestación de servicios con carácter independiente.
e) Obligación de que el prestador posea un **documento de identidad** específico para el ejercicio de una actividad de servicios, expedido por las autoridades competentes.
f) Requisitos sobre el uso de **equipos y material** que forman parte integrante de la prestación de servicios, con excepción de los necesarios para la salud y la seguridad en el trabajo.
g) Las **restricciones** de la libre circulación de servicios contempladas en la Dir 2006/123/CE art.19 (ver nº 8038).

8037 **Excepciones** (Dir 2006/123/CE art.17 y 18) La prohibición de restringir la libre prestación de servicios mediante la imposición de los requisitos que acabamos de mencionar no se aplica a los siguientes servicios:
a) Los servicios de interés económico general que se presente en otro Estado miembro (como, por ejemplo, los servicios postales, los servicios del sector eléctrico, los servicios del sector del gas, los servicios de distribución y suministro de agua y los servicios de aguas residuales o el tratamiento de residuos).
b) Materias que abarca la Dir 96/71/CE sobre el desplazamiento de trabajadores.
c) Materias a que se refiere la Dir 95/46/CE relativa al tratamiento de datos personales (derogada por el Rgto UE/2016/679 relativo al tratamiento de datos personales).
d) Materias a que se refiere la Dir 77/249/CE, dirigida a facilitar el ejercicio efectivo de la libre prestación de servicios por los abogados.
e) Las actividades de cobro de deudas por vía judicial.
f) Materias a las que se refiere el título II de la Dir 2005/36/CE relativa al reconocimiento de cualificaciones profesionales, incluidos los requisitos nacionales por los que se reserva una actividad a una determinada profesión regulada.
g) Materias a las que se refiere el Rgto CEE/1408/71 relativo a la coordinación de regímenes de seguridad social.
h) Materias a las que se refiere la Dir 2004/38/CE relativa a los trámites administrativos que conciernen a la libre circulación de personas y a su residencia.
i) Requisitos de visado o permiso de residencia impuestos a ciudadanos de terceros países.
j) Materias a que se refiere el Rgto CEE/259/93 relativo al traslado de residuos (derogado por el Rgto CE/1013/06 relativo a los traslados de residuos).
k) Derechos de autor y derecho afines, derechos contemplados en la Dir 87/54/CEE sobre protección jurídica de las topografías de los productos semiconductores y en la Dir 96/9/CE sobre la protección jurídica de las bases de datos, y los derechos de propiedad industrial.
l) Actos para los que se exige por ley la intervención de un notario.
m) Asuntos cubiertos por la Dir 2006/43/CE relativa a la auditoría legal de las cuentas anuales y de las cuentas consolidadas.
n) La matriculación de vehículos objeto de un arrendamiento financiero en otro Estado miembro.
o) Las disposiciones aplicables a las obligaciones contractuales y extracontractuales determinadas de conformidad con las normas del Derecho internacional privado.
Asimismo, también se permite excepcionar la regla general de prohibición de determinados requisitos contemplado en el nº 8036, en determinadas condiciones y en casos individuales, por razón de la **seguridad de los servicios**.

8038 **Derechos de los destinatarios de servicios** (Dir 2006/123/CE art.19, 20 y 21) Para establecer un genuino mercado interior de los servicios, no solo hay que facilitar la libertad de los operadores para prestarlos, sino que resulta igualmente importante garantizar a los destinatarios el ejercicio sin problemas de su libertad para recibirlos. Para ello se adoptan las siguientes medidas:
1. **Restricciones prohibidas**. Se prohíbe imponer a los destinatarios requisitos que restrinjan la utilización de servicios prestados por un prestador establecido en otro Estado miembro y concretamente se prohíbe:
- la obligación de obtener una autorización de las autoridades competentes nacionales o de hacer una declaración ante ellas; y

- las limitaciones discriminatorias de las posibilidades de concesión de ayudas económicas debido a que el prestador esté establecido en otro Estado miembro o en función del lugar de ejecución de la prestación.
2. **Prohibición de discriminación**. Se impone a los Estados miembros la obligación de:
- velar por que los destinatarios de servicios no se vean sujetos a requisitos discriminatorios basados en su nacionalidad o en su lugar de residencia; y
- hacer lo necesario para que las condiciones generales de acceso a un servicio no contengan condiciones discriminatorias basadas en la nacionalidad o el lugar de residencia del destinatario, sin que ello menoscabe la posibilidad de establecer diferencias en las condiciones de acceso directamente justificadas por criterios objetivos.
3. **Asistencia a los destinatarios**. Se establece la obligación para los Estados miembros de hacer lo necesario para que los destinatarios de servicios puedan obtener en sus Estados miembros de residencia información sobre los requisitos aplicables en los demás Estados miembros para el acceso a actividades de servicios, en particular, sobre las normas de protección de los consumidores, las vías de recurso disponibles en caso de litigio entre el prestador y el destinatario y, los datos de las asociaciones u organizaciones (incluidos los centros de la Red de centros europeos de los consumidores) que pueden ofrecer asistencia práctica a los prestadores o destinatarios.

Calidad de los servicios (Dir 2006/123/CE art.22 a 27) A los efectos de promover la calidad de los servicios y fomentar la información y la transparencia sobre los prestadores y sus servicios se incluyen las siguientes previsiones: **8039**

• Por un lado, se obliga a los Estados miembros a hacer lo necesario para que los prestadores pongan a disposición del destinatario determinada **información** relevante como los datos de contacto, los datos registrales, las condiciones de contratación, la existencia de garantías etc. Asimismo, se establece que deberá procurarse que dichos datos sean comunicados personalmente o sean de fácil acceso para el destinatario (Dir 2006/123/CE art.22).

• Por otro lado, se fomenta la suscripción de **seguros** por todos los prestadores cuyos servicios puedan suponer un riesgo para el consumidor (Dir 2006/123/CE art.23).

• Se impone la obligación a los Estados miembros de suprimir las prohibiciones totales de realizar **comunicaciones comerciales** en el caso de las profesiones reguladas y, al mismo tiempo, salvaguardar la independencia, dignidad e integridad de la profesión, así como el secreto profesional, de manera coherente con el carácter específico de cada profesión (Dir 2006/123/CE art.24; TJUE 5-4-11).

• Se impone la obligación a los Estados miembros de hacer lo necesario para suprimir los requisitos que restrinjan el ejercicio de diversas **actividades conjuntamente** o en asociación, cuando tales restricciones carezcan de justificación y al mismo tiempo, prevenir los conflictos de intereses e incompatibilidades, garantizar la independencia y la imparcialidad requeridas para determinadas actividades y garantizar que los requisitos deontológicos de las distintas actividades sean compatibles entre sí, en especial en lo que se refiere al secreto profesional (Dir 2006/123/CE art.25).

• Se prevé la adopción de medidas voluntarias de **fomento de la calidad** que deberán ser promovidas por los Estados miembros en cooperación con la Comisión (Dir 2006/123/CE art.26).

• Se prevé la adopción de las medidas oportunas para **facilitar la transmisión de datos necesaria** para la interposición de **reclamaciones** y para mejorar la gestión de las reclamaciones y del reconocimiento de las garantías equivalentes constituidas por instituciones financieras establecidas en otro Estado miembro cuando se requiera una garantía económica para la ejecución de una resolución judicial (Dir 2006/123/CE art.27).

Cooperación administrativa (Dir 2006/123/CE art.28 a 36) El correcto funcionamiento del mercado interior de los servicios requiere de la cooperación administrativa entre los Estados miembros. En consecuencia, la Directiva de servicios prevé determinadas **herramientas** de cooperación como, por ejemplo, la asistencia recíproca entre Estados, la supervisión en caso de desplazamiento del prestador o el apoyo técnico por parte del sistema de información del mercado interior. **8040**

Transposición La transposición de la Directiva de servicios en el ordenamiento jurídico de los Estados miembros requiere, por un lado, la adopción de **medidas legislativas** que incluyan la adopción de una ley marco horizontal, así como la adaptación y/o modificación de las disposiciones específicas en vigor con anterioridad a la aprobación de la Directiva. Por otro lado, también se requiere la adopción de **medidas organizativas** mediante las que se establezcan mecanismos y procedimientos administrativos adecuados como, por ejemplo, las ventanillas únicas y los procedimientos de vía electrónica. **8041**

En el caso del Estado español, la Directiva de servicios ha sido transpuesta a través de los siguientes instrumentos legislativos.

8042 **Ley sobre el libre acceso a las actividades de servicios y su ejercicio** (L 17/2009) El objeto de esta norma es establecer las disposiciones y principios necesarios para garantizar el libre acceso a las actividades de servicios y su ejercicio realizadas en territorio español por prestadores establecidos en España o en cualquier otro Estado miembro. Se trata de una normativa con carácter de legislación básica, mediante la cual, se incorporan de forma horizontal los principios y exigencias de la Directiva, motivo por el que recibe la denominación de «Ley paraguas».

La L 17/2009, siguiendo las directrices de la Directiva de servicios, establece un **principio general** según el cual el acceso a una actividad de servicios y su ejercicio no están sujetos a un régimen de autorización. En consecuencia, únicamente pueden mantenerse regímenes de autorización previa cuando no sean discriminatorios, estén justificados por una razón imperiosa de interés general y sean proporcionados.

En particular, se considera que **no** está **justificada una autorización** cuando sea suficiente una comunicación o una declaración responsable del prestador, para facilitar, si es necesario, el control de la actividad.

En términos generales, la L 17/2009 supone una reproducción de la Dir 2006/123/CE, resultando por tanto de aplicación, lo expuesto en los anteriores apartados.

8043 **Ley Ómnibus** (L 25/2009) La Ley Ómnibus o ley de modificación de diversas leyes para su adaptación a la Ley sobre el libre acceso a las actividades de servicios y su ejercicio. La L 25/2009 supone la modificación de 47 leyes estatales a los efectos de adaptar la normativa estatal de rango legal a lo dispuesto en la L 17/2009 y en la Directiva de servicios, llegando incluso a extender la liberalización y simplificación administrativa a sectores no afectados por la Directiva de servicios.

Algunas de las **modificaciones** abordadas por la L 25/2009 son las siguientes:

a) Modificación de la L 7/1985 Reguladora de las Bases del Régimen Local (**LBRL**):

• Se modifica el art.70 bis para incorporar la realización de los procedimientos y trámites relativos a servicios incluidos en la L 17/2009 por medio de una **ventanilla única**, por **vía electrónica** y a distancia, cumpliéndose los requisitos de información que exige dicha normativa.

• Se modifica el art.84 para introducir la comunicación previa o la declaración responsable como mecanismos ordinarios de intervención en el ámbito local.

8044 **b)** Modificación de la L 30/1992, de Régimen Jurídico de las Administraciones Públicas y del Procedimiento Administrativo Común (**LRJPAC**) (actualmente derogada por la L 39/2015 y L 40/2015):

• Se modificó el art.43 de la derogada L 30/1992 para introducir la regla general del **silencio positivo** de la administración (regla que continúa vigente en la actual L 39/2015). Concretamente, se establece la necesidad de que para que el sentido del silencio de la Administración sea negativo lo haya previsto así una norma con rango de ley por razones imperiosas de interés general.

• Se añadió un nuevo art.71 bis a los efectos de incluir la definición y regulación de la declaración responsable y la comunicación previa (actualmente regulados en la L 39/2015 art.69).

En este sentido, se entiende por **declaración responsable** el documento en el que el interesado manifiesta, bajo su responsabilidad, que cumple con los requisitos exigidos por la normativa vigente para acceder al reconocimiento de un derecho o facultad o su ejercicio, que dispone de la documentación que así lo acredita y que se compromete a mantener su cumplimiento durante el período de tiempo inherente a dicho reconocimiento o ejercicio.

Por otro lado, se define la **comunicación previa** como el documento mediante el que el interesado pone en conocimiento de la Administración competente sus datos identificativos y demás requisitos exigibles para el ejercicio de un derecho o el inicio de una actividad.

Asimismo, se prevé que las declaraciones responsables y las comunicaciones previas comiencen a producir **efectos** desde el día de su presentación, sin perjuicio de las facultades de comprobación, control e inspección que tengan atribuidas las Administraciones Públicas.

Finalmente se añade la precaución de que la **inexactitud, falsedad u omisión** de carácter esencial, de cualquier dato, manifestación o documento que acompañe a los mencionados instrumentos, o su no presentación, determina la imposibilidad de continuar con el ejercicio del derecho o actividad afectada desde el momento en que se tenga constancia de tales hechos, sin perjuicio de las responsabilidades penales, civiles o administrativas a que hubiera lugar.

8045 **Otros instrumentos legislativos** Otras medidas legislativas adoptadas para la transposición de la Directiva de servicios en el ordenamiento jurídico español son:

a) L 11/2007, de acceso electrónico de los ciudadanos a los servicios públicos (actualmente derogada por la L 39/2015).

b) RD 2009/2009, por el que se modifica el Reglamento de servicios de las corporaciones locales, aprobado por D 17-6-55.
c) L 1/2010, de reforma de la L 7/1996, de Ordenación del Comercio Minorista.
d) RD 199/2010, de 26 de febrero, por el que se regula el ejercicio de la venta ambulante o no sedentaria (actualmente derogado por el RD 538/2021).
e) L 2/2011, de economía sostenible.
f) El RDL 19/2012, de medidas urgentes de liberalización del comercio y determinados servicios, actualmente derogado por la L 12/2012, de medidas urgentes de liberalización del comercio y de determinados servicios.

C. Autorizaciones sectoriales relativas a la actividad de la compañía

1. Comunicación audiovisual 8055 **8050**
2. Telecomunicaciones 8065
3. Energía Eléctrica 8070
4. Sanidad 8075
5. Educación 8080
6. Industria 8085
7. Residuos 8090

Las Administraciones públicas intervienen en la actividad de las empresas, con mayor o **8051**
menor intensidad, en función de su naturaleza y de los efectos que la misma puede provocar en el interés público que aquellas tutelan conforme al régimen constitucional de distribución de competencias.
Por autorizaciones sectoriales nos referimos al conjunto de **trámites** con significación jurídica (comunicaciones previas, inscripción en registros) o **títulos** legales (autorizaciones, permisos) que las legislaciones que regulan determinadas materias exigen a las empresas para el desarrollo de las actividades incluidas en su ámbito de aplicación.
Desde esta perspectiva concluir sobre las autorizaciones que resultan legalmente exigibles a una empresa para el desarrollo de su actividad y la Administración competente para su otorgamiento requiere, en la mayoría de los casos, determinar cuál es la **norma** especialmente aplicable considerando la habitual concurrencia de legislación estatal y autonómica.

Precisiones La **legislación estatal** aplica en las materias de su exclusiva competencia, cuando tenga carácter básico y, supletoriamente, en defecto de legislación autonómica, conforme a la Const art.149.

1. Comunicación audiovisual

Las empresas que presten servicios de comunicación audiovisual radiofónicos, televisivos y **8055**
conexos e interactivos requieren para el desarrollo de su actividad:
- Licencia cuando se presten mediante ondas hertzianas terrestres, ocupando dominio público.
- Comunicación previa en los restantes supuestos.
- Inscripción en el Registro de prestadores del servicio de comunicación audiovisual.

Licencia (L 13/2022 art.17.2, 24, 29 y 31) Las empresas que presten los servicios de comunicación **8056**
electrónica mediante **ondas hertzianas** adquieren la licencia por concurso de la autoridad visual competente que viene determinada por el ámbito territorial en el que se pretenda prestar el servicio de comunicación audiovisual.
El **concurso** debe respetar los principios de publicidad, igualdad y concurrencia considerando la legislación patrimonial especialmente aplicable.

Precisiones Los concursos que se convoquen en el **ámbito autonómico** pueden resolverse por los Gobiernos autonómicos (TSJ Canarias 2-7-13, EDJ 221770).

Pueden obtener la licencia las empresas que reúnan los siguientes **requisitos**: **8057**
a) Tener la **nacionalidad** de un Estado miembro de la UE o la de cualquier Estado que, de acuerdo con su normativa interna, reconozca este derecho a las personas físicas y jurídicas españolas.
b) Tener establecido su **domicilio social** en un Estado miembro de la UE o en cualquier Estado que, de acuerdo con su normativa interna, reconozca este derecho a las personas jurídicas españolas.

c) Contar con un **representante** domiciliado en España a efectos de notificaciones.
d) En el caso de participación en el capital social de personas físicas o jurídicas nacionales de países que no sean miembro de la UE deberá cumplir el **principio de reciprocidad** y la participación individual no podrá superar directa o indirectamente el 25% del capital social ni el 50% si se trata de varias personas físicas o jurídicas.
e) No encontrarse en algunas de las circunstancias de **incompatibilidad** que la ley contempla (L 13/2022 art.25).

8057.1 Las licencias tienen un plazo de **duración** de 15 años prorrogables -que, salvo excepciones, será automática y por el mismo plazo inicialmente establecido-, salvo que concurran algunas de las circunstancias que regula la Ley para la celebración de un nuevo concurso en régimen de concurrencia.
La **extinción** de la licencia tiene lugar por alguna de las siguientes causas:
• El transcurso del **plazo** para el que fue otorgada sin que se produzca su renovación.
• La **extinción** de la **personalidad** jurídica de su titular salvo en los supuestos de fusión, concentración, escisión, aportación, o transmisión de empresas o ramas de actividad de las mismas, en los que así se establezca en el contrato siempre que reúna las condiciones de capacidad y no se incurra en ninguna de las prohibiciones para contratar previstas en la L 9/2017.
• La **muerte o incapacidad** sobrevenida del titular.
• La **revocación** por:
- su falta de uso durante 12 meses desde que hubiera obligación legal de comenzar las emisiones o por haberlo hecho con fines o modalidades distintas para las que fue otorgada;
- haber sido sancionado de acuerdo con lo previsto en la L 13/2022 art.160.1.c subapartado 1º;
- incumplimiento de las condiciones esenciales de la licencia.
• **Renuncia** de su titular.

8058 **Negocios sobre la licencia** (L 13/2022 art.32) Es preceptiva la obtención de **autorización** de la autoridad visual otorgante para la eficacia del negocio jurídico. Sin perjuicio de ello, su otorgamiento tiene carácter reglado dado que solo puede ser denegada cuando el solicitante no acredite el cumplimiento de las obligaciones exigidas para su obtención o no se subrogue en las obligaciones impuestas al primitivo titular.

Precisiones Existen condiciones particulares para los casos de **transmisión** y **arrendamiento**.

8059 **Comunicación previa** (L 13/2022 art.17.1 y 18) La prestación del servicio de comunicación audiovisual televisivo que no sea mediante ondas hertzianas terrestres requerirá la comunicación **fehaciente** y previa al inicio de la actividad a la autoridad audiovisual competente, de acuerdo con el procedimiento establecido reglamentariamente o en la normativa autonómica correspondiente.
La comunicación fehaciente y previa permitirá al prestador del servicio de comunicación audiovisual televisivo iniciar la actividad audiovisual desde el momento de su presentación, de conformidad con la LPAC art.69.3, sin perjuicio de las facultades de comprobación, control e inspección atribuidas al órgano competente para su recepción y gestión.

8060 **Registro de prestadores del servicio de comunicación audiovisual** (L 13/2022 art.37)
El prestador del servicio de comunicación audiovisual de ámbito estatal se inscribirá en el Registro **estatal** de carácter público. El prestador del servicio de comunicación audiovisual de carácter autonómico se inscribirá en el Registro **autonómico** de carácter público.
El prestador del servicio de comunicación audiovisual inscribirá y mantendrá actualizada en el correspondiente registro, como mínimo, la siguiente **información**:
a) Titulares de **participaciones significativas**, conforme a lo previsto en el artículo siguiente, en los prestadores del servicio de comunicación audiovisual, indicando el porcentaje de capital que ostenten.
b) Número y proporción de **mujeres** integrantes del **órgano de administración** de la sociedad.
c) Punto de contacto con el prestador a disposición del espectador para la comunicación directa con el responsable editorial y garantizar el derecho de **queja y réplica**.

Precisiones Algunas **comunidades autónomas** han regulado el régimen de actividad de las empresas siguiendo el modelo estatal:
• L Baleares 5/2013.
• D Canarias 80/2010.
• D Cantabria 46/2013.
• L Cataluña 22/2005.
• D Extremadura 134/2013.
• D Galicia 102/2012.
• D País Vasco 231/2011.
• D La Rioja 64/2012.

2. Telecomunicaciones

(L 11/2022)

Las empresas que explotan redes o prestan servicios de comunicaciones electrónicas distintos de los de comunicación audiovisual realizan su actividad bajo el principio de intervención mínima, en régimen de libre competencia sin más limitaciones que las establecidas en la L 11/2022 y su normativa de desarrollo, requiriéndose para el inicio de su actividad la notificación previa e inscripción en el Registro de Operadores. **8065**

Notificación previa ante el Registro de Operadores (L 11/2022 art.6) Las empresas interesadas en suministrar redes y prestar servicios de comunicaciones electrónicas disponibles al público deben comunicar el inicio de su actividad al **Registro de Operadores**. **8066**

Pueden adquirir la condición de **interesados**, a este efecto, las empresas de un Estado miembro de la Unión Europea o de un país perteneciente al Espacio Económico Europeo, o de un país extranjero siempre que así se reconozca en un acuerdo internacional que vincule al Estado o así lo disponga el Gobierno y que formulen su solicitud conforme al RD 424/2005.

En la notificación se deberá proporcionar la siguiente **información** mínima:

a) Nombre y apellidos o, en su caso, denominación o razón social y nacionalidad del operador.

b) Datos de inscripción en el registro mercantil u otro registro público similar en el que figure el operador y número de identificación fiscal.

c) Domicilio social y el señalado a los efectos de notificaciones.

d) El sitio web del proveedor, de haberlo, asociado al suministro de redes o servicios de comunicaciones electrónicas.

e) Nombre, apellidos, número de documento nacional de identidad o pasaporte de su representante y de la persona responsable a los efectos de notificaciones, incluyendo, respecto a esta última la dirección de correo electrónico y número de teléfono móvil para poder recibir los avisos de puesta a disposición de las notificaciones que le sean enviadas.

f) Una exposición sucinta de las redes y servicios que se propone suministrar.

g) Una estimación de la fecha estimada de inicio de la actividad.

h) Estados miembros afectados.

Cuando el Registro constate que la comunicación realizada por los interesados no reúne los **requisitos** establecidos, dicta resolución motivada en plazo de 15 días hábiles, no teniendo por presentadas aquellas.

La **falta de comunicación** previa a la CNMC es susceptible de tipificarse como infracción administrativa muy grave.

Los operadores deben comunicar a la CNMC cada tres años desde la comunicación inicial su intención de continuar con la prestación o explotación de la red o servicio.

Inscripción en el Registro de operadores (L 11/2022 art.7 y disp.trans.4ª) La inscripción se hace **de oficio** por el Registro cuando este verifique que la empresa interesada en el desarrollo de la actividad cumple con las condiciones legalmente exigibles. **8067**

Régimen de autoprestación La obligación de notificación no resulta de aplicación a los interesados en la prestación de servicios de **comunicaciones electrónicas interpersonales** independientes de la numeración, así como para quienes suministran redes y presten servicios de comunicaciones electrónicas en régimen de autoprestación. Cuando las Administraciones públicas realicen una instalación o explotación de manera directa, a través de entidades dependientes o en caso de otorgar concesiones o habilitaciones, comunicarán al Ministerio de Asuntos Económicos y Transformación Digital los proyectos de instalación o explotación de redes de comunicaciones electrónicas en régimen de autoprestación que haga **uso del dominio público**. **8068**

> Precisiones El concepto de autoprestación se ha ido perfilando progresivamente. Existe autoprestación cuando el titular y usuario del servicio de comunicaciones electrónicas es la misma empresa o sus empleados.
> El uso exclusivo de redes **wifi** por los huéspedes de un **hotel** se considera que es un servicio del establecimiento que se presta en régimen de autoprestación por la empresa hotelera (CMT Informe 26-7-10).

Ocupación del dominio público radioeléctrico Los derechos de uso del dominio público radioeléctrico se otorgan a los operadores a través de **títulos habilitantes** que revisten la forma de autorización general, autorización individual, afectación o concesión administrativa. Con carácter previo a la utilización del dominio público radioeléctrico, se exige la aprobación del proyecto técnico y la inspección o reconocimiento favorable de las instalaciones. **8069**

La Secretaría de Estado de Telecomunicaciones e Infraestructuras Digitales es el **órgano competente** para el otorgamiento de los títulos habilitantes, salvo en los supuestos de otorgamiento por procedimiento de licitación, en los que el órgano competente será el Ministerio de Asuntos Económicos y Transformación Digital.

Precisiones Las tasas exigidas a las operadoras de **telefonía móvil** por ocupar el espacio radioeléctrico municipal han sido anuladas (TS cont-adm 12-4-13, EDJ 70744).

3. Energía eléctrica

8070 **Productores** (L 24/2013 art.21.1 y 2) La transmisión y cierre definitivo de las instalaciones de transporte, distribución, producción y líneas directas, así como el cierre temporal de las instalaciones de producción están sometidas, con carácter previo, al régimen de **autorizaciones** establecido en la L 24/2013 art.53 y en sus disposiciones de desarrollo. Ello implica que la necesidad de obtención de autorización administrativa previa sólo sea exigida en aquellos casos en los que el objeto de la transacción sea la adquisición o venta de activos de generación (*asset deal*), puesto que es precisamente en esos supuestos en los que la instalación de producción de energía eléctrica cambiaría de titular. Por el contrario, en los supuestos en los que el objeto de la transacción sea la adquisición o venta de la sociedad o sociedades titulares de una instalación de producción de energía eléctrica (*share deal*), por norma general no se precisará la obtención de ninguna autorización administrativa, toda vez que el titular de esas instalaciones seguiría siendo el mismo, y no constituiría un caso de transmisión de las mismas.
Las **instalaciones** de producción de energía eléctrica deben estar inscritas en el registro administrativo de instalaciones de producción de energía eléctrica del Ministerio para la Transición Ecológica y el Reto Demográfico, donde se reflejan las condiciones de dicha instalación y, en especial, su respectiva potencia.
Las **comunidades autónomas** con competencias en la materia pueden crear y gestionar los correspondientes registros territoriales en los que deben estar inscritas todas las instalaciones ubicadas en el ámbito territorial de aquellas.

8071 **Distribuidores** (L 13/2013 disp.adic.9; L 24/2013 art.39; RD 1955/2000 art.37) La puesta en funcionamiento, modificación, transmisión y cierre definitivo de las instalaciones de distribución de energía eléctrica está sometida, con carácter previo, al régimen de autorizaciones establecido en la L 24/2013 art.53 y en sus disposiciones de desarrollo.
Los sujetos que vayan a ejercer la actividad de distribución deben reunir los siguientes **requisitos**:
1. Certificación que acredite su **capacidad** legal, técnica y económica. Corresponde otorgarla, previa solicitud del interesado, a la Dirección General de Política Energética y Minas cuando la actividad se vaya a desarrollar en todo el territorio nacional o en más de una comunidad autónoma y al órgano competente de la comunidad autónoma cuando la actividad se vaya a desarrollar exclusivamente en el ámbito territorial de la misma.
2. Concesión por parte de la administración competente de la **autorización** administrativa de las instalaciones de distribución.
3. Aprobación por parte de la Administración competente de la **retribución** que le corresponda para el ejercicio de su actividad, en función de las instalaciones que tenga autorizadas en cada momento.
4. Estar inscrito en la sección primera del **Registro Administrativo de Distribuidores** (las comunidades autónomas con competencias en la materia pueden crear y gestionar los correspondientes registros territoriales).

8071.1 Está sujeto a **comunicación** a la **Secretaría de Estado de Energía del Ministerio para la Transición Ecológica y el Reto Demográfico** (en la actualidad, de forma transitoria a la CNMC):
• Las adquisiciones realizadas directamente por la empresa distribuidora o mediante sociedades que controlen conforme a los criterios establecidos en el CCom art.42.1, de participaciones en otras sociedades mercantiles o de activos de cualquier naturaleza que atendiendo a su valor o a otras circunstancias tengan un impacto relevante o influencia significativa en el desarrollo de las actividades de la sociedad que comunica la operación.
• La toma de participaciones en un porcentaje del capital social de la empresa distribuidora o de aquellas sociedades que controlen a esta conforme a los criterios establecido en el CCom art.42.1, cuando esta toma de participaciones conceda al adquirente una influencia significativa en la gestión de la sociedad.
• La adquisición de activos propiedad de la empresa distribuidora calificados como de «carácter estratégico» (incluidos en el Catálogo Nacional de Infraestructuras Estratégicas).

El **plazo** para realizar la comunicación es 15 días tras la realización de la operación objeto de la comunicación.
Si el Ministro para la Transición Ecológica y el Reto Demográfico considera que existe una amenaza real y suficientemente grave para la garantía de suministro de electricidad, puede establecer obligaciones específicas que se puedan imponer al adquirente.

Comercializadores (RD 1955/2000 art.70 y 73) La actividad de comercialización es desarrollada por las empresas comercializadoras que, accediendo a las redes de transporte o distribución, tienen como función la venta de energía eléctrica a los consumidores. **8072**
Los **requisitos** para ejercer la actividad de comercializador de energía son los siguientes:
1. Acreditar su **capacidad legal**: las empresas que realizan la actividad de comercialización deben ser sociedades mercantiles debidamente inscritas en el registro correspondiente o equivalente en su país de origen, en cuyo objeto social se acredite su capacidad para vender y comprar energía eléctrica sin que existan limitaciones o reservas al ejercicio de dicha actividad. Asimismo, aquellas empresas con sede en España deben acreditar en sus estatutos el cumplimiento de las exigencias de separación de actividades y de cuentas establecidas en la L 24/2013.
2. Acreditar su **capacidad técnica**: deben cumplir los requisitos exigidos a los sujetos compradores en el mercado de producción de energía eléctrica conforme a los Procedimientos de Operación Técnica y, en su caso, las Reglas de Funcionamiento y Liquidación del mercado de producción (procesos de acreditación técnica ante el Operador del Mercado y del Sistema).
3. Acreditar la **capacidad económica**: las empresas que quieran ejercer la actividad de comercialización deben presentar ante el Operador del Sistema y ante el Operador del Mercado las garantías que resulten exigibles para la adquisición de energía en el mercado de producción de electricidad en los Procedimientos de Operación Técnica y en las correspondientes Reglas de Funcionamiento y Liquidación del Mercado respectivamente. Se considera requisito de capacidad económica el pago de los peajes de acceso a la red y de los cargos.
4. **Comunicación de inicio de actividad** ante la Dirección General de Política Energética y Minas del Ministerio para la Transición Ecológica y el Reto Demográfico (modelo aprobado por Resolución de 10-6-2015 de la Dirección General de Política Energética y Minas).

Régimen sancionador (L 24/2013 art.64.15, 67.1.a, 68 y 69) La realización de las actividades incluidas en el ámbito de aplicación de la L 24/2013 o la construcción, puesta en funcionamiento, modificación, transmisión, cierre temporal o cierre definitivo de instalaciones afectas a las mismas, sin la necesaria concesión, autorización administrativa, declaración responsable, comunicación o inscripción en el registro correspondiente cuando proceda, así como el incumplimiento del contenido, prescripciones y condiciones de las mismas cuando se ponga en riesgo la garantía de suministro o se genere un peligro o daño grave para las personas, los bienes o el medio ambiente podría ser calificado como **infracción muy grave**. **8073**
Por la comisión de las infracciones muy graves se impone al infractor **multa** por importe no inferior a 6.000.001 euros ni superior a 60.000.000 de euros. Adicionalmente, el infractor puede ser sancionado, además de con la multa correspondiente, con una o varias de las siguientes **sanciones accesorias** en función de las circunstancias concurrentes:
a) Inhabilitación para el ejercicio o desarrollo de actividades en el ámbito del sector eléctrico durante un período no superior a tres años.
b) Suspensión, revocación o no renovación de las autorizaciones durante un período no superior a tres años en su caso.
c) Pérdida de la posibilidad de obtener subvenciones, ayudas públicas o cualquier régimen económico adicional conforme a esta ley y sus normas de desarrollo durante un período no superior a tres años.

Además de imponer dichas sanciones, la resolución del procedimiento sancionador podrá declarar cuando proceda la obligación de: **8074**
1. **Restituir las cosas** o reponerlas a su estado natural anterior al inicio de la actuación infractora en el plazo que se fije.
2. Cuando no sea posible la restitución de las cosas o reponerlas a su estado natural, **indemnizar** los daños irreparables por cuantía igual al valor de los bienes destruidos o el deterioro causado, así como los perjuicios ocasionados, en el plazo que se fije.
3. **Reintegrar** las **cantidades indebidamente** percibidas en aquellos casos en que la comisión de la infracción haya supuesto la percepción de una retribución regulada que no debería haberle sido de aplicación.

4. Sanidad

8075 **Laboratorios farmacéuticos** (L 14/1986 art.40.6; RDL 1/2015 art.63) Las empresas cuya actividad consista en la preparación, elaboración y fabricación de medicamentos de uso humano y veterinario deben ser **autorizadas** por el órgano competente de la Administración General del Estado. Adicionalmente deben obtener autorización de esta Administración los almacenes mayoristas distribuidores de esta clase de artículos cuando desarrollen su actividad en más de una comunidad autónoma. La autorización inicial, así como cualquier transmisión, modificación o extinción será inscrita en el Registro que depende de la Agencia Española de Medicamentos y Productos Sanitarios.

8076 **Empresas alimentarias** (RD 682/2014; RD 2685/1976) Los establecimientos de las empresas alimentarias o cuando estas no tengan, las propias empresas, se inscribirán en el Registro General Sanitario de Empresas Alimentarias y Alimentos siempre que el establecimiento esté en territorio español, la actividad tenga por objeto alimentos o productos alimenticios destinados al consumo humano, materiales que estén en contacto con alimentos y coadyuvantes tecnológicos para la elaboración de alimentos y su actividad se clasifique en la categoría de: (i) producción, transformación, elaboración y/o envasado, (ii) almacenamiento y/o distribución y/o transporte, (iii) importación de productos procedentes de países no pertenecientes a la Unión Europa.

Se ha suprimido la exigencia de inscripción en el **Registro General Sanitario de Empresas Alimentarias y Alimentos** de las aguas minerales naturales y aguas de manantial y de los productos alimenticios destinados a una alimentación especial (RD 682/2014), manteniéndose la inclusión en la lista de aguas minerales reconocidas elaborada por la Agencia Española de Seguridad Alimentaria y Nutrición que es comunicada a la Comisión y publicada en el Diario Oficial de la Unión Europea, y la necesidad de notificación de primera puesta en el mercado de productos alimenticios destinados a una alimentación especial.

8077 **Centros, servicios y establecimientos sanitarios** (L 14/1986 art.29 y 41; RD 1277/2003 art.3) La apertura de centros sanitarios, servicios y establecimientos sanitarios deben ser autorizados por los organismos competentes de las **comunidades autónomas**. Las autorizaciones otorgadas por las comunidades autónomas serán inscritas en el Registro General de centros, servicios y establecimientos sanitarios.

Las comunidades autónomas han promulgado leyes que recogen este régimen jurídico:

- L Andalucía 16/2011 art.82.
- L Aragón 6/2002 art.36.
- L Asturias 7/2019 art.63.
- L Baleares 16/2010 art.39.
- L Canarias 11/1994 art.26.
- L Cantabria 7/2002 art.73.
- L Castilla-La Mancha 8/2000 art.30.
- L Castilla y León 10/2010 art.42.
- L Cataluña 18/2009 art.61.
- L C.Valenciana 10/2014 art.84.
- L Extremadura 7/2011 art.49.
- L Galicia 8/2008 art.34.
- L Madrid 12/2001 art.24.
- L Murcia 4/1994 art.6.
- LF Navarra 10/1990 art.23.
- L País Vasco 8/1997 art.29.
- L La Rioja 2/2002 art.104.

Precisiones La L 14/1986 art.88 y 89 reconocen, respectivamente, el libre ejercicio de las profesiones sanitarias y la libertad de empresa en el sector sanitario. Sin embargo, la apertura de oficinas de **farmacia** en nuestro ordenamiento jurídico está supeditado a autorización en concurrencia lo que limita la aplicación de estos principios (TJCE 21-6-12).

5. Educación

(L 8/1985; L 2/2006)

8080 Las empresas de cualquier estado miembro de la Unión Europea o de distinta nacionalidad, siempre que exista reciprocidad, cuyo objeto social sea la enseñanza pueden ejercerla libremente sin perjuicio de las necesarias autorizaciones e inscripción en registros de las comunidades autónomas para la apertura de los **centros privados** de su titularidad (L 8/1985 art.23).

Este régimen se contempla en la **normativa autonómica**:
- L Andalucía 17/2007 art.2.5.
- L Canarias 6/2014.
- L Cantabria 6/2008 art.123.
- L Castilla-La Mancha 7/2010 art.107.4.
- L Cataluña 12/2009 art.74.
- L Extremadura 4/2011 art.131.
- D Foral Navarra 251/1992.

Precisiones La **modificación** del **titular del centro privado** al que se le otorgue la autorización administrativa de apertura puede estar sujeta a nueva autorización administrativa de la Administración competente (D Foral 251/1992 art.9.4).

6. Industria

(L 21/1992)

Libertad de establecimiento Las empresas cuyas actividades consistan en la obtención, reparación, mantenimiento, transformación o reutilización de productos industriales, el envasado y embalaje, así como el aprovechamiento, recuperación y eliminación de residuos o subproductos, cualquiera que sea la naturaleza de los recursos y procesos técnicos utilizados pueden establecerse libremente. 8085

Excepciones En los casos que la actividad está incluida en el ámbito de legislación **sanitaria** y **medioambiental** la empresa debe realizar una comunicación previa al inicio de su actividad manifestando el cumplimiento de las condiciones al órgano competente de la comunidad autónoma salvo que la normativa especial establezca la necesidad de obtener una autorización. 8086

Registro Integrado Industrial Las empresas que realicen actividades industriales no sujetas a autorización, declaración responsable o comunicación, deben aportar datos sobre su actividad al órgano competente de la comunidad autónoma para su inscripción de oficio en el Registro Integrado Industrial de carácter estatal, una vez iniciada la actividad. 8087
Este registro está regulado en RD 559/2010.

Régimen sancionador (L 21/1992 art.33 a 38) La falta de, en su caso, la correspondiente autorización, comunicación previa y notificación de los datos para acceso al Registro Integrado Industrial puede ser calificado como infracción muy grave, grave o leve atendiendo a la **entidad del daño** sobre las personas, flora, faunas, causas, o el medio ambiente. 8088

Precisiones A **nivel autonómico** debe destacarse la ausencia de normas específicas que regulen la materia. No obstante, existen algunas excepciones como las siguientes leyes: D Extremadura 49/2004; DL Galicia 1/2015; L Islas Baleares 4/2017; L País Vasco 8/2004.

7. Residuos

(L 7/2022)

Productor (L 7/2022 art.35) Las empresas cuya actividad produzca residuos peligrosos o que generen más de 1.000 t/año de residuos no peligrosos se someten al requisito de **comunicación previa** al órgano competente de la comunidad autónoma de donde se ubiquen. 8090
Se **exceptúan** de la regla anterior los productores que estén autorizados para eliminar los residuos y que como consecuencia de esta actividad produzcan residuos.

Transporte Las empresas cuya actividad consista en el transporte de residuos deben comunicar previamente al órgano competente de la comunidad autónoma donde tengan su sede social, el inicio de su actividad. Con la comunicación previa se inscribe de oficio la actividad en el correspondiente registro. 8091

Eliminación (L 7/2022 art.33 y 34) Las empresas cuya actividad consista en el tratamiento de residuos, así como el almacenamiento en el ámbito de la recogida en espera de tratamiento deben estar **autorizadas** por el órgano competente de la comunidad autónoma. 8092
Las autorizaciones se conceden por un **plazo** de 8 años, pasado el cual se renovarán automáticamente por períodos sucesivos equivalentes previa inspección favorable por parte de las autoridades competentes, con excepción de las autorizaciones otorgadas a las instalaciones a las que resulte de aplicación el RDL 1/2016, cuyo plazo de vigencia coincidirá con el de la autorización ambiental integrada. No obstante, aunque se renueven automáticamente, la fianza, seguro o garantía financiera equivalente y el resto de prescripciones incluidas en la autorización podrán ser revisadas y actualizadas.

Pueden transmitirse a tercero, previa comprobación por la Administración que la actividad es la misma.
La **solicitud de la autorización** se entiende desestimada por el transcurso de 10 meses sin respuesta de la Administración otorgante. Excepto en el caso de las autorizaciones otorgadas a las instalaciones a las que resulte de aplicación el RDL 1/2016, en el que se estará a los plazos dispuestos en esa normativa.
Toda modificación de la actividad debe ser notificada a la Administración.
Pueden quedar **exentas** de la obtención de autorización a las empresas que eliminen sus residuos no peligrosos en el lugar que se produzcan o que valoricen residuos no peligrosos. En tal supuesto se debe realizar una comunicación previa.

8093 **Régimen sancionador** (L 7/2022 art.108.2.a y 3.a y 109) La falta de comunicación previa o autorización puede ser sancionada como **infracción** muy grave o grave dependiendo de si la actividad produce la naturaleza (muy grave o grave) del peligro o daño a la salud de las personas o perjuicio al medio ambiente.
Las **sanciones** pueden consistir en multas pecuniarias e inhabilitación temporal para el desarrollo de la actividad, sin perjuicio de las medidas cautelares que se adopten en el curso del expediente (clausura).

D. Autorizaciones sectoriales relativas a las instalaciones de la compañía

8100 Se entiende por **instalación** el recinto provisto de los medios necesarios para llevar a cabo una actividad profesional.
El **régimen jurídico** aplicable a las instalaciones de las compañías en España puede clasificarse atendiendo al sector de actividad al que se vincule la instalación.

8101

Sector	Normativa
Energía eléctrica	- L 24/2013, del Sector Eléctrico. - RD 413/2014, que regula la actividad de producción de energía eléctrica a partir de fuentes de energía renovables, cogeneración y residuos. - RD 1699/2011, que regula la conexión a red de instalaciones de producción de energía eléctrica de pequeña potencia. - RD 223/2008, por el que se aprueba el Reglamento sobre condiciones técnicas y garantías de seguridad en las líneas de alta tensión y sus instrucciones técnicas complementarias ITC-LAT 01 a 09. - RD 1028/2007, por el que se establece el procedimiento administrativo para la tramitación de las solicitudes de autorización de instalaciones de generación eléctrica en el mar territorial. - RD 1955/2000, por el que se regulan las actividades de transporte, distribución, comercialización, suministro y procedimientos de autorización de instalaciones de energía eléctrica. - RD 337/2014, por el que se aprueban el Reglamento sobre condiciones técnicas y garantías de seguridad en instalaciones eléctricas de alta tensión y sus Instrucciones Técnicas Complementarias ITC-RAT 01 a 23.
Petróleo	- L 34/1998, de Hidrocarburos. - RD 2362/1976, por el que se aprueba el Reglamento de la Ley sobre Investigación y Explotación de Hidrocarburos. - RD 2085/1994, por el que se aprueba el Reglamento de Instalaciones Petrolíferas. - RD 430/2004, por el que se establecen nuevas normas sobre limitaciones de emisiones a la atmósfera de determinados agentes contaminantes procedentes de grandes instalaciones de combustión y se fijan ciertas condiciones para el control de las emisiones a la atmósfera de las refinerías de petróleo. - RD 1416/2006, por el que se aprueba la Instrucción Técnica Complementaria MI-IP 06 que regula el Procedimiento para dejar fuera de servicio los tanques de almacenamiento de productos petrolíferos líquidos. - RD 365/2005, por el que se aprueba la Instrucción técnica complementaria MI-IP05 que regula los Instaladores o reparadores y empresas instaladoras o reparadoras de productos petrolíferos líquidos. - RD 1427/1997, por el que se aprueba la instrucción técnica complementaria MI-IP 03 que regula las Instalaciones petrolíferas para uso propio. - RD 2201/1995, por el que se aprueba la Instrucción Técnica Complementaria MI-IP 04 que regula las instalaciones fijas para distribución al por menor de carburantes y combustibles petrolíferos en instalaciones de venta al público.

Sector	Normativa
Gas	- L 34/1998, de Hidrocarburos. - RD 984/2015, por el que se regula el mercado organizado de gas y el acceso de terceros a las instalaciones del sistema de gas natural. - RD 1434/2002, por el que se regulan las actividades de transporte, distribución, comercialización, suministro y procedimientos de autorización de instalaciones de gas natural. - OM ITC/3126/2005, por la que se aprueba las Normas de Gestión Técnica del Sistema Gasista.
Telecomunicaciones	- L 9/2014, General de Telecomunicaciones.
Instalaciones sanitarias	- L 14/1986, General de Sanidad. - RD 1277/2003, bases generales sobre autorización de centros, servicios y establecimientos sanitarios.
Instalaciones industriales y térmicas	- L 21/1992, de Industria. - RD 1027/2007, por el que se aprueba el Reglamento de Instalaciones Térmicas en Edificios.

Características básicas La normativa aplicable en materia de instalaciones establece: 8102
• El conjunto de **requisitos** que las instalaciones deben cumplir para garantizar la seguridad y salud de los trabajadores y evitar afecciones al medio ambiente.
• El procedimiento de **revisión y verificación** que permite constatar que dichas instalaciones se mantienen en las debidas condiciones hasta su cese.

Régimen sancionador La puesta en marcha o modificación de las instalaciones sin contar con las correspondientes autorizaciones administrativas o la negativa a la realización de los oportunos procedimientos de verificación del estado de las mismas es susceptible de ser sancionado. A modo de ejemplo, cabe destacar las siguientes infracciones y sanciones: 8103

8104

Sector	Infracción	Sanción
Eléctrico	- **Muy grave**: - La puesta en funcionamiento, modificación, transmisión, cierre temporal o definitivo de instalaciones sin la necesaria concesión, autorización administrativa, declaración responsable, comunicación o inscripción en el registro correspondiente cuando proceda, así como el incumplimiento de las condiciones de las mismas cuando se ponga en riesgo la garantía de suministro o se genere un peligro o daño grave ara las personas, bienes o medio ambiente. - La resistencia, obstrucción, excusa o negativa a las actuaciones inspectoras que hayan sido acordadas en cada caso por la Administración pública competente, incluida la Comisión Nacional de los Mercados y la Competencia (L 24/2013 art.64.11). - **Grave**: el incumplimiento de las medidas de seguridad, aun cuando no supongan peligro manifiesto para los bienes (L 24/2013 art.65.9).	- **Muy grave**: multa de hasta 60.000.000 € (L 24/2013 art.67.1). - **Grave**: multa de hasta 6.000.000 € (L 24/2013 art.67.1).
Hidrocarburos	- **Muy grave**: la modificación de instalaciones sin la necesaria concesión o autorización administrativa; la utilización de instrumentos, aparatos o elementos sujetos a seguridad industrial sin cumplir las normas; la negativa a admitir inspecciones o verificaciones reglamentarias (L 34/1998 art.109.1.a y b). - **Grave**: las anteriores infracciones muy graves cuando no se ponga en peligro a las personas, los bienes o el medio ambiente (L 34/1998 art.110.a).	- **Muy grave**: multa de hasta 30.000.000 € (L 34/1998 art.113.1.a). En caso de sanciones impuestas por la CNMC la cuantía no superará el 10% del importe del volumen de negocios anual de la empresa infractora o del volumen de negocios anual consolidado de la sociedad matriz del grupo integrado vertical. - **Grave**: multa de hasta 6.000.000 € (L 34/1998 art.113.1.b). En caso de sanciones impuestas por la CNMC la cuantía no superará el 5% del importe del volumen de negocios anual de la empresa infractora o del volumen de negocios anual consolidado de la sociedad matriz del grupo integrado vertical.

Sector	Infracción	Sanción
Telecomunicaciones	- **Muy grave**: la instalación, puesta en servicio o utilización de terminales o de equipos de telecomunicación, tanto los que hacen uso del dominio público radioeléctrico como los conectados, directa o indirectamente, a las redes públicas de comunicaciones electrónicas que no hayan evaluado su conformidad si se producen daños muy graves a las comunicaciones o a las redes (L 9/2014 art.76.8). - **Grave**: la instalación, puesta en servicio o utilización de terminales o equipos conectados a las redes públicas de comunicaciones electrónicas que no hayan evaluado su conformidad (que no se considere muy graves) (L 9/2014 art.77.9).	- **Muy grave**: multa por importe de hasta 20.000.000 €, así como la posibilidad de inhabilitación gasta 5 años del operador para la explotación de redes o prestación de servicios (L 9/2014 art.79.1.a). - **Grave**: multa por importe de hasta 2.000.000 € (L 9/2014 art.79.1.c).
Instalaciones sanitarias	- **Muy grave**: las que reciban expresamente dicha calificación en la normativa especial aplicable en cada caso; las que se realicen de forma consciente y deliberada, siempre que se produzca un daño grave a la salud pública. - **Grave**: las que reciban expresamente dicha calificación en la normativa especial aplicable; las que se produzca por falta de controles y precauciones exigibles en la actividad, servicio o instalación de que se trate (L 14/1986 art.35). - **Leve**: las simples irregularidades en la observación de la normativa vigente, sin trascendencia directa para la salud pública (L 14/1986 art.35).	- **Muy grave**: multa desde 15.025 a 601.012,10 € (L 14/1986 art.36.1.c). - **Grave**: multa desde 3.005,06 a 15.025 € pudiendo rebasar dicha cantidad hasta alcanzar el quíntuplo del valor de los productos o servicios objeto de la infracción (L 14/1986 art.36.1.b). - **Leve**: multa hasta 3.005,06 € (L 14/1986 art.36.1.a).
Instalaciones industriales	- **Muy grave**: las tipificadas como graves cuando de las mismas resulte un daño muy grave o se derive un peligro muy grave e inminente para las personas, la flora, la fauna, las cosas o el medio ambiente (L 21/1992 art.31.1). - **Grave**: la instalación o utilización de aparatos o elementos sujetos a seguridad industrial sin cumplir las normas reglamentarias, cuando comporte peligro o daño grave para personas, flora, fauna, cosas o el medio ambiente; la puesta en funcionamiento de instalaciones careciendo de la correspondiente autorización, cuando esta sea preceptiva de acuerdo con la correspondiente disposición legal o reglamentaria (L 21/1992 art.31.2.a y b).	- **Muy grave**: multa hasta 100.000.000 € (L 21/1992 art.34.1.c). - **Grave**: multa desde 60.001 hasta 6.000.000 € (L 21/1992 art.34.1.b).

8105 Es recomendable realizar el oportuno procedimiento dirigido a verificar que las instalaciones de la compañía cuentan con las **autorizaciones y permisos** legalmente establecidos, así como que han superado los procesos de verificación, al objeto de evitar la comisión de infracciones y, en su caso, las sanciones que las mismas llevan aparejadas.

SECCIÓN 3

Autorizaciones y concesiones por ocupación y uso del dominio público

A. Régimen general: LPAP 8115
B. Particularidades previstas en determinadas normas sectoriales 8120 8110

La LPAP establece que para que un administrado ocupe o utilice un bien de dominio público en forma que exceda el derecho de uso general que corresponde a todos debe obtener previamente un **título habilitante** concedido por la autoridad responsable de la tutela y defensa de dicho bien. 8111

Existen dos **tipos** de títulos habilitantes para la utilización especial del dominio público: las concesiones y las autorizaciones.

Las **concesiones** habilitan al titular al uso privativo de un bien de dominio público o al aprovechamiento especial de un bien de dominio público, cuando dicha ocupación se lleve a cabo mediante obras o instalaciones fijas, así como cuando la ocupación se efectúe con instalaciones desmontables o bienes muebles por un periodo superior a cuatro años.

Por su parte, el aprovechamiento especial de los bienes de dominio público, así como su uso privativo, cuando la ocupación de este se efectúe mediante instalaciones desmontables o bienes muebles por un plazo inferior a 4 años -incluidas las prórrogas-, estarán sujetos a **autorización administrativa**.

Sentado lo anterior, ha de hacerse una breve mención al régimen jurídico que rige el patrimonio de las Administraciones Públicas.

El **régimen jurídico del patrimonio de las administraciones públicas** viene determinado por dos factores relevantes: 8112

En primer lugar, el **factor territorial**. Según dispone la LPCAP disp.final 2ª, una parte significativa de la regulación contenida en dicha ley tiene el carácter de **legislación básica**. Los preceptos básicos de la LPAP son aplicables a todas las Administraciones. Los preceptos que no tienen dicho carácter básico resultan únicamente de aplicación a la Administración General del Estado, si bien en determinados supuestos también pueden ser de aplicación en el ámbito autonómico en forma de Derecho estatal supletorio en virtud de lo previsto en la Const art.149.3. Esta interpretación ha sido compartida y ampliamente respaldada por diversos informes y consultas de diversos órganos administrativos, pudiéndose citar, a título de ejemplo, el Informe núm 25/2008 de la Junta Consultiva de Contratación Administrativa Estatal de 29-1-2008.

Sin perjuicio de lo anterior, la mayoría de las **comunidades autónomas** han aprobado su propia legislación en materia de patrimonio. Esta normativa resulta de aplicación a los bienes que sean titularidad de la comunidad autónoma en cuestión o de las Administraciones institucionales que pertenezcan a esta.

Finalmente, el patrimonio de las **entidades locales** se rige, además de por las normas básicas contenidas en la LPAP, por la LBRL, por el RD 1372/1986, por el que se aprueba el Reglamento de Bienes de las Entidades Locales y, en su caso, por la normativa de ámbito autonómico que haya sido dictada expresamente para regular los bienes de las entidades locales (p.e., D Andalucía 18/2006, por el que se aprueba el Reglamento de Bienes de las Entidades Locales de Andalucía).

El segundo factor a tener en cuenta a la hora de determinar el régimen aplicable a un determinado bien de dominio público es la existencia de **regulación especial sectorial** (ver nº 8120).

En este supuesto, las concesiones y autorizaciones sobre bienes de dominio público se regirán en primer término por la legislación especial reguladora de aquéllas y, a falta de normas especiales o en caso de insuficiencia de éstas, por las disposiciones de la normativa patrimonial general que resulte de aplicación.

A. Régimen general: LPAP

(LPAP art.92 y 100)

8115 A continuación, se expone el régimen jurídico general aplicable a las concesiones y autorizaciones de dominio público:

1. **Transmisión** de la **concesión o de la autorización** u operaciones que impliquen una modificación de la personalidad del titular de la concesión o autorización: se requiere autorización expresa de la Administración concedente.

La materialización de la operación mercantil sin haberse obtenido la preceptiva autorización supone la extinción de la concesión o autorización.

2. Operaciones que **no** impliquen una **modificación de la persona jurídica** titular del título: no se requiere en principio autorización. Sin embargo, en diversos dictámenes el Consejo de Estado ha considerado que la transmisión de la totalidad de las acciones o participaciones de una sociedad titular de una concesión es asimilable a la cesión del contrato (p.e., Dictámenes del Consejo de Estado 1507/1993, 998/1994 y 2578/1998, 3375/2001).

Precisiones **No** son **transmisibles** los títulos para cuyo otorgamiento deban tenerse en cuenta circunstancias personales del autorizado o cuyo número se encuentre limitado, salvo que las condiciones particulares que rijan el título en cuestión dispongan lo contrario.

Las condiciones para el otorgamiento de autorizaciones y concesiones podrán contemplar la imposición al titular de **obligaciones accesorias**, tales como la adquisición de valores, la adopción y mantenimiento de determinados requisitos societarios, u otras de análoga naturaleza, cuando así se considere necesario por razones de interés público.

B. Particularidades previstas en determinadas normas sectoriales

8120 Los principales sectores y las normas correspondientes son los siguientes:

- Aguas: RDLeg 1/2001.
- Costas: L 22/1988.
- Minas: L 22/1973.
- Puertos: RDLeg 2/2011.

8121 **Aguas** (RDLeg 1/2001 art.63 y 67) El derecho al uso privativo del dominio público hidráulico se adquiere por disposición legal o por **concesión administrativa**.

Se requiere autorización administrativa en los casos de **transmisión** total o parcial de **aprovechamientos de aguas** que impliquen un servicio público. En los demás casos, basta con que se acredite de forma fehaciente la transmisión (TS 26-5-08).

8122 **Costas** (L 22/1988 art.52.3 y 70.2) Estarán sujetas a previa **autorización administrativa** las actividades en las que, aun sin requerir obras o instalaciones de ningún tipo, concurran circunstancias especiales de intensidad, peligrosidad o rentabilidad, y asimismo la ocupación del dominio público marítimo-terrestre con instalaciones desmontables o con bienes muebles. Las **autorizaciones** se otorgan con carácter personal e intransferible *inter vivos*, salvo en el caso de vertidos, y no son inscribibles en el Registro de la Propiedad.

Toda ocupación de los bienes de dominio público marítimo-terrestre estatal con obras o instalaciones no desmontables estará sujeta a previa **concesión** otorgada por la Administración General del Estado. Las **concesiones** son transmisibles por actos *inter vivos* y *mortis causa*. La transmisión inter vivos solo es válida si con carácter previo la Administración reconoce el cumplimiento, por parte del adquirente, de las condiciones establecidas en la concesión. Por tanto, se requiere un pronunciamiento expreso por parte de la Administración para que el negocio de transmisión sea válido.

En caso de **fallecimiento** del concesionario, sus causahabientes, a título de herencia o de legado, podrán subrogarse en los derechos y obligaciones de aquel, siempre que en el plazo de cuatro años comuniquen expresamente a la Administración el fallecimiento y la voluntad de subrogarse. Transcurrido dicho plazo sin que se hubiera hecho la comunicación, la concesión quedará extinguida.

Precisiones La Administración competente aprobará **pliegos de condiciones** generales para el otorgamiento de concesiones y autorizaciones. En todo título de otorgamiento, que tendrá carácter de público, se fijarán las condiciones pertinentes por lo que deberán tenerse en cuenta las condiciones particulares que rijan dicho título.

Minas (L 22/1973 art.94 s.) Si bien el procedimiento y el órgano competente varían en función del tipo de derecho de aprovechamiento del que se trate, es necesario obtener autorización administrativa para **transmitir derechos de aprovechamiento de los recursos mineros**. 8123

Debe tenerse en cuenta que, si la transmisión hubiera sido formalizada antes de solicitarse la preceptiva **autorización**, su eficacia administrativa queda supeditada al otorgamiento de dicha autorización. Se hará constar en los contratos o en los títulos de transmisión correspondientes que el adquirente, arrendatario o el que de cualquier forma adquiera un derecho minero, se somete a las condiciones establecidas en el otorgamiento, permiso o concesión de que se trate y, en todos los casos, a las disposiciones de la L 22/1973 y su reglamento, y que se compromete asimismo al desarrollo de los planes de labores ya aprobados y a todas las obligaciones que correspondieran al titular del derecho minero.

Puertos (RDLeg 2/2011 art.75.4, 92.2 y 3) Estarán sujetas a **autorización** de la Autoridad Portuaria la utilización de instalaciones portuarias fijas por los buques, el pasaje y las mercancías y la ocupación del dominio público portuario con bienes muebles o instalaciones desmontables o sin ellos, por plazo no superior a tres años. Las autorizaciones se otorgan con carácter personal e intransferible *inter vivos* y su uso no podrá ser cedido a terceros, salvo las de ocupación de dominio público que constituyan soporte de una autorización de vertidos de tierra al mar. 8124

Estará sujeta a previa concesión otorgada por la **Autoridad Portuaria** la ocupación del dominio público portuario, con obras o instalaciones no desmontables o usos por plazo superior a 3 años. Las concesiones son transmisibles previa autorización de la Autoridad portuaria, la cual puede ejercer, los derechos de tanteo y retracto legal en el plazo de tres meses. Este plazo se computa, para el tanteo, desde que el concesionario notifique a la Autoridad portuaria las condiciones de la transmisión pretendida, y, para el retracto, desde que la Autoridad tenga conocimiento expreso de la operación.

Se deben cumplir las siguientes **condiciones** para que la transmisión sea autorizada:

a) Que el concesionario se encuentre al corriente en el cumplimiento de todas las obligaciones derivadas de la concesión.

b) Que el nuevo titular reúna los requisitos exigidos para el ejercicio de la actividad o prestación del servicio objeto de la concesión.

c) Que, desde su fecha de otorgamiento, haya transcurrido, al menos, un plazo de dos años. Excepcionalmente, la Autoridad portuaria puede autorizar su transmisión antes de que transcurra dicho plazo, siempre que se hayan ejecutado al menos un 50% de las obras que, en su caso, hayan sido aprobadas.

d) Que no se originen situaciones de dominio del mercado susceptibles de afectar a la libre competencia dentro del puerto, en la prestación de los servicios portuarios o en las actividades y servicios comerciales directamente relacionados con la actividad portuaria, de acuerdo con lo establecido en el RDLeg 2/2011 art.92.4.

La **enajenación** de las acciones, participaciones o cuotas de una sociedad, comunidad de bienes u otros entes sin personalidad jurídica que tengan como actividad principal la explotación de la concesión, exigirá la autorización de la Autoridad Portuaria siempre que pueda suponer que el adquirente obtenga una posición que le permita influir de manera efectiva en la gestión o control de dicha sociedad o comunidad. 8126

En el supuesto de que la concesión tenga por objeto la prestación de un **servicio portuario** o el desarrollo de una actividad o servicio comercial directamente relacionado con la actividad portuaria, la transmisión no podrá ser autorizada cuando el adquirente sea titular de una concesión con el mismo objeto o tenga una participación directa o indirecta que le permita influir de manera efectiva en una sociedad o comunidad titular de una concesión cuyo objeto sea el mismo, siempre que ostente una posición dominante en la actividad objeto de la concesión dentro del puerto o cuando como consecuencia de la adquisición pueda adquirirla.

Si la sociedad titular cambia de **denominación social**, estará obligada a notificarlo a la Autoridad Portuaria.

SECCIÓN 4

Transacciones y contratación pública

8130 A. **Entidades del sector público** ... 8135
Régimen jurídico aplicable a los contratos del sector público ... 8140
B. **Contratos vigentes** ... 8145
1. Operaciones con cambio en la personalidad jurídica del titular del contrato ... 8146
2. Operaciones sin cambio en la personalidad jurídica del titular del contrato ... 8150
C. **Licitaciones en curso** ... 8155
1. Operaciones con cambio en la personalidad jurídica del titular del contrato ... 8160
2. Operaciones sin cambio en la personalidad jurídica del titular del contrato ... 8165

8131 En la presente sección se describe el régimen jurídico aplicable a cada tipo de contrato del sector público en función de la entidad contratante.
Posteriormente se analizan las consecuencias jurídicas de las operaciones estructurales y de las transacciones sin modificación de la estructura de la compañía en el supuesto de que alguna de las sociedades participantes en dichas operaciones esté ejecutando un contrato con cualquiera de las entidades del sector público definidas en la L 9/2017 art.3 (Ley del Contratos del Sector Público -**LCSP**-), o esté participando en una licitación pública en curso.

A. Entidades del sector público

(L 9/2017 art.3)

8135 A los efectos de la LCSP, existen tres **categorías** de entidades del sector público sujetas a su articulado, previendo un grado de sujeción al mismo distinto para cada una de ellas:
- poderes adjudicadores que tienen la consideración de Administración Pública;
- poderes adjudicadores que no tienen la consideración de Administración Pública; y
- entidades del sector público que no tienen la consideración de poder adjudicador.

8140 **Régimen jurídico aplicable a los contratos del sector público** (L 9/2017 art.24, 25 y 26 y Libro tercero) El régimen jurídico aplicable a los contratos varía en función de la entidad del sector público contratante y del objeto del contrato.

8141 **Poderes adjudicadores que ostentan la condición de Administración Pública** (L 9/2017 art.25)
Los contratos celebrados por los poderes adjudicadores que ostentan la condición de Administración Pública tienen la consideración de contratos administrativos y se rigen en su totalidad (preparación, adjudicación, efectos, modificación y extinción) por la LCSP y sus disposiciones de desarrollo, aplicándose supletoriamente las restantes normas de Derecho Administrativo y, en su defecto, las normas de Derecho Privado.
No obstante, algunos contratos que tienen por objeto **servicios financieros**, la creación e interpretación artística y literaria y los de **espectáculo**, tendrán la consideración de contratos privados a pesar de ser celebrados por un poder adjudicador que ostente la condición de Administración Pública. Igualmente, tendrán tal consideración aquellos cuyo objeto sea la suscripción a revistas, publicaciones periódicas y bases de datos.
En estos supuestos, en lo que a sus efectos, modificación y extinción se refiere, se habrá de estar, con carácter general, a lo estipulado en el Derecho Privado.

8142 **Poderes adjudicadores que no ostentan la condición de Administración Pública** (L 9/2017 art.26, 316 a 320) Se distingue entre:
a) Contratos celebrados por los poderes adjudicadores que no ostentan la condición de Administración Pública que estén **sujetos a regulación armonizada**: su preparación y adjudicación se rige por la LCSP y sus disposiciones de desarrollo, aplicándose supletoriamente las restantes normas de Derecho Administrativo y, en su defecto, por las normas de Derecho Privado. Sus efectos y la extinción se rigen en cualquier caso por el Derecho Privado.
b) Contratos **no sujetos a regulación armonizada**: si el valor estimado del contrato en contratos de concesión de obras, concesión de servicios y contratos de obras es inferior a 40.000 euros, y en contratos de suministro y servicios es inferior a 15.000 euros, podrán adjudicarse directamente al empresario con capacidad de obrar y que cuente con habilitación profesional para efectuar el contrato. Para los contratos cuyo valor estimado sea superior al anterior, pero no estén sujetos a regulación armonizada, su preparación y adjudicación se rige por la

LCSP y sus disposiciones de desarrollo (se podrán adjudicar por cualquiera de los procedimientos previstos, a excepción del negociado sin publicidad), aplicándose supletoriamente las restantes normas de Derecho Administrativo y, en su defecto, las normas de Derecho Privado. Sus efectos y la extinción se rigen en cualquier caso por el Derecho Privado. No obstante, serán de aplicación ciertas normas de la LCSP en materia medioambiental, social, laboral, condiciones especiales de ejecución, modificación de los contratos, cesión y subcontratación, racionalización técnica de la contratación, así como en lo relativo a las condiciones de pago.

Sector público no poder adjudicador Los contratos que otorguen las entidades que sean sector público no poder adjudicador se rigen, en cuanto a su preparación y adjudicación, por las **Instrucciones Internas de Contratación** de la entidad en cuestión. Estas instrucciones deben garantizar los principios de publicidad, concurrencia, transparencia, confidencialidad, igualdad y no discriminación, garantizando que los contratos se adjudiquen a quienes presenten la mejor oferta. No obstante lo anterior, se podrán adjudicar contratos sin aplicar las citadas instrucciones cuando los contratos de obras tengan un valor estimado inferior a 40.000 euros o, en caso de contratos de servicios y suministro, inferior a 15.000 euros. Para el caso de contratos con valor estimado superior al indicado, deberán cumplir las reglas establecidas en la L 9/2017 art.321.2 y, en todo caso, se habrán de respetar igualmente los principios de igualdad, no discriminación, transparencia, publicidad y libre concurrencia. **8143**
Su ejecución y extinción se rigen por el Derecho Privado.

Precisiones Debe tenerse en cuenta que solo en los contratos celebrados por Administraciones Públicas, en sentido estricto se rige la ejecución y extinción por el Derecho Administrativo, con las excepciones señaladas en el apartado 8141.

B. Contratos vigentes

A continuación, se analizan las consecuencias jurídicas de las **operaciones estructurales** y de las **transacciones sin modificación de la estructura** de la compañía en aquellos supuestos en los que estas puedan verse afectadas por las disposiciones de Derecho Administrativo. Esto es: **8145**
- En los contratos vigentes otorgados por poderes adjudicadores que ostentan la condición de Administración Pública.
- Las **licitaciones en curso** de contratos iniciadas por poderes adjudicadores que ostentan la condición de Administración Pública y de poderes adjudicadores que no ostentan la condición de Administración Pública (nº 8155 s.).

1. Operaciones con cambio en la personalidad jurídica del titular del contrato

(L 9/2017 art.98)

Operaciones estructurales En los casos de **fusión** de empresas en los que participe la sociedad contratista, continúa el contrato vigente con la entidad absorbente o con la resultante de la fusión, que queda subrogada en todos los derechos y obligaciones dimanantes del mismo. **8146**
En los supuestos de **escisión, aportación o transmisión de empresas o ramas de actividad** de estas, continúa el contrato con la entidad a la que se atribuya el contrato, que queda subrogada en los derechos y obligaciones dimanantes del mismo, siempre que:
- reúna las condiciones de capacidad, ausencia de prohibición de contratar y tenga la solvencia exigida al acordarse la adjudicación; o
- las diversas sociedades beneficiarias de las mencionadas operaciones y, en caso de subsistir, la sociedad de la que provengan el patrimonio, empresas o ramas segregadas, se responsabilicen solidariamente con aquella de la ejecución del contrato.
Si no se puede producir la subrogación por no reunir la entidad a la que se atribuya el contrato las condiciones de solvencia necesarias, se resuelve el contrato, considerándose a todos los efectos como un supuesto de **resolución** por culpa del adjudicatario.
En tales casos, la empresa deberá comunicar al órgano de contratación la operación mercantil que se produzca. Además, cuando el contrato se atribuya a una entidad distinta, la garantía definitiva podrá ser renovada o reemplazada por una nueva, a criterio de la propia entidad otorgante.

Precisiones 1) Respecto al mantenimiento de la solvencia de la entidad resultante, se ha pronunciado en reiteradas ocasiones la Junta Consultiva de Contratación del Estado en el siguiente sentido: **8147**
«1. En los supuestos de acreditación de la **solvencia técnica** por sociedades resultantes de la fusión o escisión de sociedades la experiencia de estas últimas referida exclusivamente a la ejecución de

actividades relacionadas con el objeto del contrato debe ser reconocida, en los términos establecidos en los artículos 17, letra b), 18, letra a), y 19, letra b), de la Ley de Contratos de las Administraciones Públicas, a las citadas sociedades. 2. En la misma forma, en los supuestos de aportación de rama de actividad o de empresa deberá ser reconocida la experiencia correspondiente exclusivamente a la actividad transferida ejecutada por las sociedades que aportan tal rama de actividad o empresa a la sociedad receptora de la misma» (JCCA Informe 48/1999, 21-12-99).

2) La LCSP reconoce que para acreditar la solvencia exigida, los contratistas pueden basarse en la **solvencia y medios de otras entidades**, con independencia de la naturaleza jurídica de los vínculos que se tenga con ellas, siempre que demuestre que para la ejecución del contrato dispone efectivamente de esos medios (L 9/2017 art.75). Ello no obstante, existe un debate doctrinal en cuanto a la existencia o no de límites en relación con la acreditación de la solvencia por medios ajenos. La Junta Consultiva de Contratación Administrativa y el Tribunal Administrativo Central de Recursos Contractuales (Resolución de 22-5-12) han venido considerando que la empresa debe acreditar un mínimo de solvencia mediante **medios propios**. Por el contrario, otros organismos públicos como son la Junta Consultiva de Contratación Administrativa de la Comunidad Autónoma de Aragón (JCCA Aragón Informe 29/2008, 10-12-08) y el Tribunal Administrativo de Contratos Públicos de Aragón mantienen la ausencia de límites a la libertad de utilización de medios ajenos.

8148 **Cesión de los contratos** (L 9/2017 art.214) Para que se produzca la cesión de los derechos y obligaciones dimanantes del contrato por el adjudicatario a un tercero, los pliegos deben recoger tal posibilidad de manera inequívoca, y siempre y cuando las **cualidades** técnicas o personales del cedente no hayan sido razón determinante de la adjudicación del contrato, y no resulte de la cesión una restricción efectiva de la competencia en el mercado.

No puede autorizarse la cesión a un tercero cuando esta suponga una **alteración sustancial** de las características del contratista si, estas constituyen un elemento esencial del contrato.

No se trata de una sucesión universal del patrimonio de la empresa, sino de un negocio jurídico concreto suscrito entre el titular del contrato y una empresa cesionaria que queda subrogada en los derechos y obligaciones del cedente que deriven del contrato en cuestión.

8149 **Requisitos** Para que el contratista pueda ceder sus derechos y obligaciones a terceros, los pliegos deberán contemplar, como mínimo, la exigencia de los siguientes requisitos:

a) **Autorización** previa y expresa del órgano de contratación.

b) Que el cedente tenga **ejecutado al menos** un 20% del importe del contrato o, cuando se trate de un contrato de concesión de obras o de concesión de servicios, que haya efectuado su explotación durante al menos una quinta parte del plazo de duración del contrato (se exceptúa este requisito en caso de que el contratista esté en concurso, aunque se haya abierto la fase de liquidación, o haya puesto en conocimiento del juzgado correspondiente que ha iniciado negociaciones para alcanzar un acuerdo de refinanciación o para obtener adhesiones a una propuesta anticipada de convenio).

c) Que el cesionario tenga capacidad para contratar con la Administración y la **solvencia** exigible (es necesario cumplir con el requisito de clasificación si se le ha exigido al cedente y no estar incurso en causa de prohibición de contratar).

d) Que la cesión se formalice en **escritura pública**.

La autorización de la cesión por el órgano de contratación se otorgará siempre que se den los requisitos señalados y deberá notificarse en un plazo de dos meses, transcurrido el cual deberá entenderse **otorgada por silencio administrativo**.

Precisiones La Junta Consultiva de Contratación Administrativa de Canarias ha admitido la **cesión parcial** del objeto del contrato cuando ello sea jurídicamente viable, siempre que la cesión afecte a prestaciones que constituyan una unidad funcional independiente y sean susceptibles de ejecución y utilización separada sin alterar la naturaleza e integridad del contrato inicialmente adjudicado. En caso de que se trate de un supuesto relativo a un acuerdo marco, la cesión solo es viable entre las empresas que hayan suscrito dicho acuerdo marco (RDLeg 3/2011 art.198.1 -actual L 9/2017 art.221-) (JCCA Canarias Informe 5/2009, 30-7-09).

2. Operaciones sin cambio en la personalidad jurídica del titular del contrato

8150 Las operaciones en las que no se produce una modificación en la personalidad jurídica del titular del contrato son aquellas en las que se transmiten sus participaciones o acciones, en función del tipo de sociedad de que se trate.

Desde el punto de vista del Derecho Administrativo, el contrato continúa ejecutándose con el mismo contratista, sin ser necesario obtener la autorización del órgano contratante para realizar la operación.

No obstante lo anterior, la L 9/2017 (LCSP) prevé que en los contratos en los que se haya constituido una sociedad específicamente para la ejecución del contrato, los pliegos preverán la posibilidad de **cesión** de las **participaciones** de esa sociedad. Cuando la cesión de participaciones implique un cambio de control sobre el contratista podrá ser equiparada a una cesión contractual y, por tanto, requerirse autorización por el órgano de contratación. Asimismo, los pliegos podrán prever mecanismos de control de la cesión de participaciones que no impliquen un cambio de control en supuestos que estén suficientemente justificados.
En línea con la práctica habitual, es recomendable analizar los **pliegos** ya que, especialmente en los contratos de concesión de obra pública y en los de servicios públicos, suelen preverse requisitos para este tipo de operaciones como pueden ser la autorización del órgano contratante, la comunicación al mismo, la exigencia de que el nuevo titular de las participaciones del contratista acredite la misma solvencia que el original, cláusulas de cambio de control, etc.

Precisiones La doctrina del Consejo de Estado relativa a las concesiones exige la previa **autorización** de la Administración pública para la transmisión de acciones o participaciones sociales cuando ello conlleva un cambio en el control efectivo de la empresa concesionaria. En relación con el resto de los contratos administrativos, la praxis revela la tendencia a realizar con anterioridad a la materialización de la operación las actuaciones oportunas con el órgano de contratación para precisar su opinión o interpretación respecto de cada contrato, si bien no se ha exigido por el Consejo de Estado tal actuación hasta la fecha. **8151**

C. Licitaciones en curso

Se distingue según se trate de operaciones con o sin cambio en la personalidad jurídica del titular del contrato. **8155**

1. Operaciones con cambio en la personalidad jurídica del titular del contrato

(L 9/2017 art.144)

Si durante la tramitación de un procedimiento y antes de la adjudicación del contrato se produjese la extinción de la personalidad jurídica de una empresa licitadora o candidata por **fusión, escisión o** por la **transmisión** de su **patrimonio empresarial**, le sucederá en su posición en el procedimiento la sociedad absorbente, la resultante de la fusión, la beneficiaria de la escisión o la adquirente del patrimonio o de la correspondiente rama de actividad, siempre que: **8160**
- reúna las condiciones de capacidad y ausencia de prohibiciones de contratar, y
- acredite su solvencia y clasificación en las condiciones exigidas en el pliego de cláusulas administrativas particulares para poder participar en el procedimiento de adjudicación.

Aunque en este caso, y a diferencia de los contratos vigentes, se exija el requisito de acreditación de la solvencia también en la fusión, podría defenderse que no es necesario acreditarla por aplicación analógica de la L 9/2017 art.98.

2. Operaciones sin cambio en la personalidad jurídica del titular del contrato

En el caso de las licitaciones en curso, también pueden darse operaciones en las que no se produce una modificación en la personalidad jurídica del titular del contrato, esto es, transmisiones de sus **participaciones o acciones**. **8165**
Como todavía no se ha formalizado el contrato, a diferencia de los casos en los que el contrato ya se encuentra vigente y en plena ejecución, no existiría ninguna limitación, a menos que los **pliegos** establecieran alguna previsión *ad hoc* para este supuesto.

SECCIÓN 5

Subvenciones

8185 A. Consideraciones generales 8190
B. Autorización administrativa previa en las transacciones 8200
C. Condiciones de otorgamiento de la subvención 8205
D. Mantenimiento de la inversión 8215
E. Procedimiento 8225

A. Consideraciones generales

8190 La presente sección hace referencia a las subvenciones públicas en relación con las transacciones. No son objeto de análisis los aspectos generales relativos a las subvenciones y ayudas que son objeto de estudio en el nº 7200 s. Memento Administrativo 2024.

8191 **Concepto y naturaleza de las subvenciones** (L 38/2003 art.2) Se entiende por subvención toda disposición dineraria realizada por cualquier Administración pública a favor de personas públicas o privadas, y que cumpla los siguientes **requisitos**:
a) Que la entrega se realice sin contraprestación directa de los beneficiarios.
b) Que la entrega esté sujeta al cumplimiento de un determinado objetivo, la ejecución de un proyecto, la realización de una actividad, la adopción de un comportamiento singular, ya realizados o por desarrollar, o la concurrencia de una situación, debiendo el beneficiario cumplir las obligaciones materiales y formales que se hubieran establecido.
c) Que el proyecto, la acción, conducta o situación financiada tenga por objeto el fomento de una actividad de utilidad pública o interés social o de promoción de una finalidad pública.

Precisiones **1)** No están comprendidas en el ámbito de aplicación de esta ley las **aportaciones dinerarias** entre diferentes Administraciones públicas, para financiar globalmente la actividad de la Administración a la que vayan destinadas, y las que se realicen entre los distintos agentes de una Administración cuyos presupuestos se integren en los Presupuestos Generales de la Administración a la que pertenezcan, tanto si se destinan a financiar globalmente su actividad como a la realización de actuaciones concretas a desarrollar en el marco de las funciones que tenga atribuidas, siempre que no resulten de una convocatoria pública (L 38/2003 art.2).
2) Los **gastos subvencionables** son los previstos en la L 38/2003 art.31 (suelo, construcciones, instalaciones, creación de empleo, servicios, suministros, etc.).

8192 Como resulta de la jurisprudencia del Tribunal Supremo (TS cont-adm 13-1-03, EDJ 322; 25-5-21, EDJ 2345, entre otras) la naturaleza de la subvención puede caracterizarse por las notas siguientes:
• **Potestad discrecional** de las Administraciones públicas, pero una vez que la subvención ha sido regulada normativamente, termina la discrecionalidad y comienza la previsión reglada cuya aplicación escapa al puro voluntarismo de aquellas.
• **Carácter condicional/condición resolutoria**: las cantidades otorgadas en concepto de subvención están vinculadas al cumplimiento de la actividad prevista. Su otorgamiento se produce siempre bajo la condición resolutoria de que el beneficiario tenga un determinado comportamiento o realice una determinada actividad en los términos en que procede su concesión. El incumplimiento por el subvencionado de cualquiera de las condiciones generales o especiales del acuerdo de concesión de beneficios faculta a la Administración para declarar la resolución del mismo, con la consecuencia del reintegro al tesoro público de las cantidades percibidas, tesis esta que se funda en estimar que las subvenciones y beneficios fiscales concedidos implican una carga modal, cuyo incumplimiento habilita a la Administración para declarar tal resolución (TS cont-adm 28-2-97, EDJ 1333).

8193 **Transacciones y subvenciones** Las transacciones comerciales pueden suponer la compraventa o arrendamiento de activos de una empresa a la que se le haya concedido una subvención o la adquisición o toma de participación en dicha empresa por parte de uno o varios terceros (adquisición o suscripción de acciones o participaciones, adquisición de activos y pasivos, canjes de valores, fusión de sociedades sin vinculación previa, escisión, aportación de rama de actividad, creación de sociedades conjuntas o *joint ventures*, etc.).
Los **aspectos principales** a tener en cuenta en el caso de las transacciones en materia de subvenciones son los siguientes:
1. **Cambio del sujeto** de la subvención. Cambios en la condición de beneficiario de la subvención (L 38/2003 art.11 y 13). Casos de fusión, escisión, aportación de rama de actividad, etc.

2. **Obligaciones de los beneficiarios** (L 38/2003 art.14). Ejecutar el proyecto, mantenimiento de la inversión o creación y mantenimiento de puestos de trabajo.
3. **Condiciones de otorgamiento** de la subvención previstas en las bases reguladoras (L 38/2003 art.17). Objeto de la subvención, requisitos del beneficiario, condiciones de solvencia y eficacia del beneficiario, forma y plazo de justificación del cumplimiento, garantías, circunstancias para alterar las condiciones de la subvención, incompatibilidad con otras ayudas, criterios de graduación de posibles incumplimientos, etc.

Normativa aplicable a las subvenciones La normativa aplicable a las subvenciones, **8194** tanto estatal como autonómica, no regula el supuesto de sucesión de empresa o subrogación en el caso de **transacciones**. Ni la L 38/2003 ni el RD 887/2006 regulan este punto de forma expresa (sí se regula esta cuestión, por ejemplo, en materia de contratos del sector público -L 9/2017 art.98-). Las sentencias de los juzgados y tribunales se han dictado fundamentalmente en relación con la normativa reguladora de los incentivos regionales (L 50/1985).

Precisiones Donde sí se encuentra alguna regulación de las transacciones en materia de subvenciones es en algunas **bases reguladoras** de las mismas (L 38/2003 art.17.3.b y l; RD 887/2006 art.71 y 92) (p.e., OM ECC/1402/2013, por la que se aprueban las bases reguladoras para la concesión de ayudas en el marco del Programa Estatal de Promoción del Talento y su Empleabilidad del Plan Estatal de Investigación Científica y Técnica y de Innovación 2013-2016, BOE 24-7-13).

8195

	Ley	Reglamento
Estado	• L 38/2003, General de Subvenciones • L 47/2003, General Presupuestaria • L 39/2015, del Procedimiento Administrativo Común de las Administraciones Públicas • CP art.308	• RD 887/2006, por el que se aprueba el Reglamento de la L 38/2003, General de Subvenciones

8196

CCAA	Ley	Reglamento
Andalucía	• L Andalucía 9/2007, de la Administración de la Junta de Andalucía. • DLeg Andalucía 1/2010, por el que se aprueba el Texto Refundido de la Ley General de la Hacienda Pública de la Junta de Andalucía.	• D Andalucía 282/2010, por el que se aprueba el Reglamento de los procedimientos de concesión de subvenciones.
Aragón	• L Aragón 4/1998, de medidas fiscales, financieras, de patrimonio y administrativas. • DL Aragón 2/2023, por el que se aprueba el texto refundido de la Ley de Subvenciones de Aragón.	
Asturias		• D Asturias 71/1992, por el que se regula el régimen general de concesión de subvenciones. • D Asturias 105/2005, por el que se regula la concesión de subvenciones a entidades locales en régimen de convocatoria pública.
Baleares	• DLeg Baleares 2/2005, por el que se aprueba el texto refundido de la Ley de subvenciones. • L Baleares 4/2011, de la buena administración y del buen gobierno de las Illes Balears.	
Canarias		• D Canarias 36/2009, por el que se establece el régimen general de subvenciones de la Comunidad Autónoma de Canarias.
Cantabria	• L Cantabria 10/2006, de Subvenciones de Cantabria.	

CCAA	Ley	Reglamento
Castilla-La Mancha		• D Castilla-La Mancha 21/2008, por el que se aprueba el Reglamento de desarrollo del Texto Refundido de la Ley de Hacienda de Castilla-La Mancha en materia de subvenciones, aprobado por DLeg Castilla-La Mancha 1/2002. • D Castilla-La Mancha 49/2018, por el que se modifica el Reglamento de Desarrollo del Texto Refundido de la Ley de Hacienda de Castilla-La Mancha, en materia de subvenciones.
Castilla y León	• L Castilla y León 5/2008, de Subvenciones de la Comunidad de Castilla y León.	• D Castilla y León 61/2000, por el que se regula el reintegro de cantidades abonadas en concepto de subvención y ayuda por la Administración General e Institucional de la Comunidad. • D Castilla y León 27/2008, por el que se regula la acreditación del cumplimiento de las obligaciones tributarias y frente a la seguridad social, en materia de subvenciones.
Cataluña	• DLeg Cataluña 3/2002, por el que se aprueba el Texto refundido de la Ley de finanzas públicas de Cataluña.	• D Cataluña 271/2019, por el que se aprueba el Reglamento del Registro de subvenciones y ayudas de Cataluña.
Extremadura	• L Extremadura 6/2011, de Subvenciones de la Comunidad Autónoma de Extremadura.	• D Extremadura 77/1990, por el que se regula el régimen general de concesión de subvenciones (en todo lo que no se oponga a la L Extremadura 6/2011). • D. Extremadura 3/1997, por el que se regula el procedimiento de devolución de las subvenciones.
Galicia	• L Galicia 9/2007, de subvenciones de Galicia.	• D Galicia 11/2009, por el que se aprueba el Reglamento de la L Galicia 9/2007.
La Rioja		• D La Rioja 14/2006, regulador del régimen jurídico de las subvenciones en el Sector Público de la Comunidad Autónoma de La Rioja.
Madrid	• L Madrid 2/1995, de subvenciones de la Comunidad de Madrid.	• D Madrid 222/1998, de 23 de diciembre, de Desarrollo Parcial de la L Madrid 2/1995, de Subvenciones de la Comunidad de Madrid, en materia de bases reguladoras de las mismas.
Murcia	• L Murcia 7/2005, de Subvenciones de la Comunidad Autónoma de la Región de Murcia.	
Navarra	• LF Navarra 11/2005, de Subvenciones.	
País Vasco	• DLeg País Vasco 1/1997, por el que se aprueba el Texto Refundido de la Ley de Principios Ordenadores de la Hacienda General del País Vasco.	
Valencia	• L C.Valenciana 1/2015, de la Generalitat Valenciana, de Hacienda Pública, del Sector Público Instrumental y de Subvenciones.	

B. Autorización administrativa previa en las transacciones

8200 Cuando con una transacción se vayan a producir **cambios subjetivos u objetivos** en la subvención debe solicitarse autorización previa a la Administración que otorgó la subvención a estos efectos (no influye en los efectos civiles o mercantiles pues las partes pueden acordar lo que estimen conveniente, eso sí, con el riesgo de denegación, revocación o reintegro de la subvención si no lo hacen):

• **Modificación de la subvención** (L 38/2003 art.17.3.l; RD 887/2006 art.64). Es necesario solicitar autorización administrativa previa a la Administración para que autorice la transacción a los efectos de la subvención (en muchos casos se puede formalizar la transacción con una condición suspensiva vinculada a la obtención de la autorización administrativa previa) en los casos de variación subjetiva u objetiva.

Se han conocido casos en los que, ante supuestos idénticos, se ha autorizado el cambio de titularidad a quien solicitó la autorización previa mientras que se ha denegado a quien no formuló la solicitud de autorización previa y aparece en el expediente al final para justificar la subvención y cobrarla.

• **Alteración no esencial de la subvención** (L 38/2003 art.17.3.l; RD 887/2006 art.86). En este caso, si se ha omitido dicha autorización administrativa previa, el órgano concedente de la subvención puede aceptar la justificación presentada, siempre y cuando tal aceptación no suponga dañar derechos de terceros. La aceptación de las alteraciones por parte del órgano concedente en el acto de comprobación no exime al beneficiario de las sanciones que puedan corresponder según la L 38/2003.

Precisiones Se entregan fondos públicos, entre otras finalidades, para que la empresa beneficiada cree empleo en zonas desfavorecidas y mantenga en ellas los puestos de trabajo existentes durante una serie de años. Finalidad que no quedaría cumplida si se admitiera que una de las condiciones trascendentales, como es la de **empleo**, debiera cumplirse exclusivamente en el momento de la terminación del plazo de vigencia y no a lo largo de todo el período contemplado (TS cont-adm 8-4-13, EDJ 55404).

Consecuencias de la falta de autorización administrativa previa La obligación fundamental del beneficiario de la subvención para obtener el pago de la subvención es la previa justificación de la realización de la actividad, proyecto u objetivo para el que se le otorgó la subvención y todo ello de conformidad con las bases reguladoras de la subvención (L 38/2003 art.17, 30, 34; RD 887/2006 art.88). **8201**

Si no se pide la autorización previa podemos encontrarnos en las siguientes situaciones en función del momento en que se produzca la transacción:

Estado de la subvención al producirse la transacción	Consecuencia de la falta de autorización administrativa previa	Observaciones
Subvención solicitada pero no otorgada	Denegación	En este supuesto se debe analizar los aspectos subjetivos y objetivos del proyecto a subvencionar y solicitar a la Administración el cambio de titular de la solicitud manteniendo los mismos compromisos y requisitos.
Subvención otorgada pero no pagada	Revocación	En este caso, el riesgo está en que la subvención sea revocada por cambio de las condiciones que motivaron su otorgamiento.
Subvención otorgada y pagada	Reintegro	Una vez otorgada y pagada la subvención, los cambios en la subvención pueden acarrear el reintegro de la misma por incumplimiento de las condiciones de la subvención (L 38/2003 art.37).

Documentos a preparar para la autorización administrativa previa En el caso de transacciones resulta aconsejable la preparación de los siguientes documentos o cláusulas: **8202**

1. **Escrito de solicitud de autorización administrativa previa**: este escrito lo debe firmar tanto la empresa inicialmente titular de la subvención como la nueva que resulte tras la transacción. Se debe dirigir a la Administración que otorgó la subvención y pedir el cambio de titularidad de la subvención (y de los avales o garantías aportados, en su caso).

2. **Cláusula o mención es escritura pública o documento de la transacción**: es muy recomendable que en la escritura pública e incluso en los acuerdos de intenciones que formalice la transacción se haga constar al menos de forma genérica que la nueva sociedad o la sociedad resultante se subroga en todos los derechos y obligaciones de la subvención.

3. **Condición resolutoria o suspensiva**: en algunos casos, por ejemplo, en subvenciones de gran importancia económica, se puede incluir una condición resolutoria o suspensiva para dejar sin efecto o posponer la validez del acuerdo al momento en que la Administración apruebe el cambio de titular.
4. «**Due diligence**»: en el caso de las transacciones se aconseja incluir la revisión de las subvenciones en la *due diligence* que se efectúe. Se debe hacer especial hincapié en las subvenciones ya otorgadas y pagadas cuyo plazo de justificación o vigencia no hubiera concluido, y en las subvenciones ya otorgadas pero pendientes de pago. Ver nº 624 s.

8203 Ejemplo **Subvención y elementos a considerar ante una transacción**
«Resolución de 26 de mayo de 2012 de la Dirección General de Pesca y Acuicultura, por la que se aprueban ayudas comunitarias y estatales con finalidad estructural en el sector de la pesca.
Municipio y provincia de la inversión: Puerto de María (Provincia). Beneficiario: Empresa SL
• Inversión presentada: 1.543.075,83 €
• Inversión aceptada: 1.541.965,71 €
Resuelvo: Aprobar la concesión de una ayuda a la EMPRESA S.L. para la realización del proyecto denominado: «Instalación de planta de hielo líquido para centro de manipulación de productos pesqueros», realizándose la inversión en el municipio de PUERTO MARIA, (Provincia), cuyo objetivo consiste en la Construcción en una parcela de 5,491 m2, de una planta de hielo líquido y de una enfriadora de agua, en el centro de manipulación y comercialización de productos pesqueros, ya en funcionamiento, por un coste elegible de 1.541.965,71 €
Condiciones de la subvención:
- Plazo de ejecución: El plazo de ejecución comienza el 22 de julio de 2012 y finaliza el 31 de octubre de 2014
- Forma y secuencia de pago: El pago de las subvenciones podrá realizarse, bien por el importe total de las mismas, bien en tramos parciales: El pago por el importe total de la subvención se realizará cuando el beneficiario haya ejecutado la totalidad de la inversión subvencionable aprobada en la resolución, justificados documentalmente, también en su totalidad, los gastos correspondientes a dicha inversión y cumplidas las restantes condiciones expresadas en la resolución.
- Condiciones específicas:
• Crear y mantener 10 puestos de trabajo fijos.
• Mantener adscrito al proceso productivo el bien subvencionado durante un **periodo mínimo de cinco años**.
• Toda alteración de las condiciones tenidas en cuenta para la concesión de la subvención y, en todo caso, la obtención concurrente de subvenciones o ayudas otorgadas por otras Administraciones o entes públicos o privados, nacionales e internacionales, podrá dar lugar a la modificación de la resolución de concesión».
Según lo comentado, esta subvención requeriría **autorización administrativa previa** para un cambio de titular de la sociedad o venta del activo o para una modificación de los términos o condiciones de la misma, siendo especialmente importante en el caso de que la subvención estuviera pagada y no hubiera transcurrido el plazo de mantenimiento del activo por cinco años.

C. Condiciones de otorgamiento de la subvención

8205 Una de las principales cuestiones que se suscita en el caso de existir subvenciones en la empresa objeto de la transacción es la relativa a la posibilidad de cambiar el titular de la subvención o de la condición de beneficiario.

8206 **Condición de beneficiario** (L 38/2003 art.11 y 13) Se denomina beneficiario a la persona que haya de realizar la actividad que fundamentó el otorgamiento de la subvención o que se encuentre en la situación que legitima su concesión.
Cuando el beneficiario sea una **persona jurídica**, y siempre que así se prevea en las bases reguladoras, los miembros asociados del beneficiario que se comprometan a efectuar la totalidad o parte de las actividades que fundamentan la concesión de la subvención en nombre y por cuenta del primero tienen igualmente la consideración de beneficiarios.
Cuando se prevea expresamente en las bases reguladoras, pueden acceder a la condición de beneficiario las **agrupaciones** de personas físicas o jurídicas, públicas o privadas, las comunidades de bienes o cualquier otro tipo de unidad económica o patrimonio separado que, aun **careciendo de personalidad jurídica**, puedan llevar a cabo los proyectos, actividades o comportamientos o se encuentren en la situación que motiva la concesión de la subvención. En estos casos deben hacerse constar expresamente, tanto en la solicitud como en la resolución de concesión, los compromisos de ejecución asumidos por cada miembro de la agrupación, así como el importe de subvención a aplicar por cada uno de ellos, que tendrán igualmente la consideración de beneficiarios.

Asimismo, pueden obtener la condición de beneficiario o entidad colaboradora las personas o entidades que se encuentren en la situación que fundamenta la concesión de la subvención o en las que concurran las circunstancias previstas en las bases reguladoras y en la convocatoria.

Precisiones La creación de una sucursal de una sociedad extranjera o comunitaria en España no implica el nacimiento de una nueva sociedad o persona jurídica, no siendo por ello necesario el cumplimiento de los requisitos que la Ley establece para la constitución de nuevas sociedades (DGRN Resol 11-9-90). En definitiva, las **sucursales** no son personas jurídicas y carecen de personalidad jurídica propia, por lo que no pueden ocupar la posición de beneficiario del incentivo regional, ni asumir la transmisión del expediente de subvención (AN cont-adm 14-5-13, EDJ 80171).

Obligaciones del beneficiario (L 38/2003 art.14) A los efectos de las transacciones se deben tener en consideración las siguientes obligaciones de los beneficiarios de las subvenciones: **8207**

a) **Cumplir** el objetivo, ejecutar el proyecto, realizar la actividad o adoptar el comportamiento que fundamenta la concesión de las subvenciones.
b) **Justificar** ante el órgano concedente o la entidad colaboradora, en su caso, el cumplimiento de los requisitos y condiciones, así como la realización de la actividad y el cumplimiento de la finalidad que determinen la concesión o disfrute de la subvención.
c) Someterse a las **actuaciones de comprobación**, a efectuar por el órgano concedente o la entidad colaboradora, en su caso, así como cualesquiera otras de comprobación y control financiero que puedan realizar los órganos de control competentes, tanto nacionales como comunitarios, aportando cuanta información le sea requerida en el ejercicio de las actuaciones anteriores.
d) **Disponer documentación** de los libros contables, registros diligenciados y demás documentos debidamente auditados en los términos exigidos por la legislación mercantil y sectorial aplicable al beneficiario en cada caso, así como cuantos estados contables y registros específicos sean exigidos por las bases reguladoras de las subvenciones, con la finalidad de garantizar el adecuado ejercicio de las facultades de comprobación y control.
e) **Conservar los documentos justificativos** de la aplicación de los fondos recibidos, incluidos los documentos electrónicos, en tanto puedan ser objeto de las actuaciones de comprobación y control.
f) Proceder al **reintegro** de los fondos percibidos en los supuestos de la L 38/2003 art.37, siendo el plazo de prescripción de esta obligación de 4 años (L 38/2003 art.39).

Cambio de titularidad La jurisprudencia del Tribunal Supremo se ha pronunciado en los siguientes términos con respecto a algunos supuestos controvertidos de cambio de titularidad de la subvención: **8208**

1. **No conocido o admitido por la Administración**. El cambio de titularidad no conocido o admitido por la Administración subvencionadora es causa de incumplimiento, puesto que la ayuda se otorga en función de las características, circunstancias y compromisos de la empresa solicitante, y la Administración ha de comprobar y aceptar que la nueva titular cumple de forma satisfactoria con tales requisitos (TS cont-adm 30-7-13, EDJ 168322).
2. **En caso de fusión**. Aunque desde un punto de vista formal del derecho de sociedades y de las relaciones tributarias, sea posible una sucesión entre ellas de sus derechos y obligaciones, no puede ser desconocido el régimen especial que regula las subvenciones. La fusión de sociedades no supone *ope legis* la concesión de la subvención en favor de otra persona jurídica distinta a la que la solicitó, aunque con arreglo a la ley mercantil se haya subrogado en su posición, pues aparte de que no puede hablarse de un derecho a la subvención con anterioridad a su otorgamiento, y sí solo de una mera expectativa a obtenerla, el régimen de las sociedades debe ser matizado cuando se trata de la materia de subvenciones, que aunque pueda ser asimilado al contractual, mantiene cierta especialidad derivada del otorgamiento a fondo perdido, que no se da en los contratos en los que existen relaciones onerosas sinalagmáticas. El antiguo LSA art.233 (hoy, RDL 5/2023 art.34) no exime del cumplimiento de tales exigencias, por cuanto derivan de las peculiaridades de la actividad administrativa de fomento en que se enmarca la subvención (TS cont-adm 18-7-06, EDJ 105649; 20-4-12, EDJ 69825).
3. **Por aportación de rama de actividad**. Se debe solicitar la autorización previa a la Administración. La nueva entidad, si cree reunir los presupuestos para subrogarse debe comunicarlo a la Administración para que valore si, tras ello, debe o no conceder la subvención, al haber variado las circunstancias; de esta forma la subvención, al existir una nueva entidad podría o no haberse concedido valorando toda la documentación aportada (TS cont-adm 29-12-07, EDJ 251636).

8209 **PYME, pequeña empresa y microempresa** En muchas ocasiones las bases reguladoras de la subvención exigen que el beneficiario sea una PYME. En los casos de una transacción o una fusión, escisión o absorción societaria, etc. pueden presentarse tres supuestos:

• **PYME-PYME**: Que la sociedad que inicialmente solicitó la ayuda fuese PYME y, por ello, hubiera obtenido una mayor subvención, siendo PYME la empresa sucesora: En este caso procedería abonar el importe en concepto de PYME, si bien debe existir autorización previa de la Administración.

• **PYME-No PYME**: Que la sociedad que inicialmente solicitó la ayuda fuese PYME y, por ello, hubiera obtenido una mayor subvención, sin que sea PYME la empresa sucesora: En este caso no procede abonar el importe en concepto de PYME, puesto que no concurre el supuesto de hecho que lo justifica.

• **No PYME-PYME**: En el caso contrario, es decir, cuando la empresa inicial beneficiaria no fuera PYME y si lo fuese la sucesora, no existe fundamento para modificar la cuantía de la subvención. La cuantía se fija una vez presentadas las solicitudes en la resolución del procedimiento de concesión, pero no procede la reapertura de dicho procedimiento si la nueva empresa es PYME.

8210 Precisiones **1)** La **definición** de PYME a efectos del Rgto UE/651/2014, DOUE 17-6-14, es la siguiente: «Se considerará empresa toda entidad, independientemente de su forma jurídica, que ejerza una actividad económica. En particular, se considerarán empresas las entidades que ejerzan una actividad artesanal u otras actividades a título individual o familiar, así como las sociedades de personas y las asociaciones que ejerzan una actividad económica de forma regular».

- **PYME**: ocupa a menos de 250 personas y cuyo volumen de negocios anual no excede de 50 millones de euros o cuyo balance general anual no excede de 43 millones de euros.
- **Pequeña empresa**: ocupa a menos de 50 personas y cuyo volumen de negocios anual o cuyo balance general anual no supera los 10 millones de euros.
- **Microempresa**: ocupa a menos de 10 personas y cuyo volumen de negocios anual o cuyo balance general anual no supera los 2 millones de euros (Rgto UE/651/2014 Anexo I art.1 y 2).

2) Esta definición se basa en la de la Recomendación Comisión 2003/361/CE. A **efectos bancarios**, se equipara las microempresas, pequeñas y medianas empresas a los umbrales de dicha Recomendación (Circ BE 3/2008 redacc Circ BE 4/2013).

D. Mantenimiento de la inversión

8215 En el presente apartado se analizan algunas cuestiones relativas al mantenimiento de la inversión a tener en cuenta en las operaciones de transmisión de empresas.

8216 **Venta de activos y «leasing»** (AN cont-adm 30-5-12, EDJ 104799) Cuando entre las condiciones particulares de una subvención se establece que los bienes de inversión objeto de la ayuda deben ser **propiedad de la beneficiaria** a la finalización del plazo de vigencia, sin cláusula limitativa de dominio alguna, y mantenerse, al menos, durante el período fijado en la resolución de la concesión; si durante dicho período la entidad beneficiaria sustituye uno de los bienes, vendiéndolo y adquiriendo otro a través de un contrato de *leasing*, se estarán incumpliendo las condiciones de la concesión, ya que uno de los bienes con los que se pretende acreditar el mantenimiento de la inversión ha dejado de ser propiedad de la beneficiaria.

8217 **Subcontratación de las actividades subvencionadas** (L 38/2003 art.29) La realización de la actividad subvencionada es obligación personal del beneficiario que solo puede subcontratar cuando lo contemple la normativa reguladora de la subvención.

La actividad subvencionada que el beneficiario subcontrate con terceros no puede exceder del **porcentaje** que se fije en las bases reguladoras de la subvención. En el supuesto de que tal previsión no figure, dicho porcentaje no puede exceder del 50% del importe de la actividad subvencionada, sumando los precios de todos los subcontratos.

A los efectos de la transacción, es importante destacar que para concertarse por el beneficiario la ejecución total o parcial de las actividades subvencionadas con personas o **entidades vinculadas** (personas físicas o jurídicas con relación laboral, sociedades del grupo, personas que tengan derecho a participar en más de un 50% en el beneficio de las primeras, etc. -RD 887/2006 art.68.2-), deberán concurrir las siguientes circunstancias particulares:

1.ª Que se obtenga la previa autorización expresa del órgano concedente.

2.ª Que el importe subvencionable no exceda del coste incurrido por la entidad vinculada. La acreditación del coste se realizará en la justificación en los mismos términos establecidos para la acreditación de los gastos del beneficiario (L 38/2003 art.29.7).

Los contratistas quedan obligados solo ante el beneficiario, que asume la total **responsabilidad** de la ejecución de la actividad subvencionada frente a la Administración.

Subvenciones concurrentes y exceso de financiación sobre el coste de la actividad (L 38/2003 art.19.4; RD 887/2006 art.33 y 34) Cuando se solicite una subvención para un proyecto o actividad y se hubiera concedido otra anterior incompatible para la misma finalidad, se debe hacer constar esta circunstancia en la segunda solicitud. En este supuesto la resolución de concesión de la subvención debe, en su caso, condicionar sus efectos a la presentación por parte del beneficiario de la **renuncia** sobre los **excesos de financiación** en relación con las subvenciones previamente obtenidas, así como en su caso, al reintegro de los fondos públicos que hubiese percibido. Procede exigir el **reintegro** de la subvención cuando la Administración tenga conocimiento de que un beneficiario ha percibido otra u otras subvenciones incompatibles con la otorgada sin haber efectuado la correspondiente renuncia. 8218

Creación y mantenimiento de puestos de trabajo (TS cont-adm 30-3-10, EDJ 45293; 8-4-13, EDJ 55404) El compromiso de creación y mantenimiento de empleo exige que la cobertura de los puestos de trabajo, en base a contratos de trabajo admitidos, se produzca de forma continuada, de modo que no cabe avalar **desajustes puntuales**, ni compensar las fases de incremento o superación de los puestos de trabajo a los que está obligado el beneficiario con los de disminución, que evidencian un incumplimiento de las condiciones establecidas en el acto de otorgamiento. El «mantenimiento del empleo es un mínimo de trabajadores que hay que mantener en todo momento». 8219

E. Procedimiento

Por último, a continuación, se analizan algunas cuestiones procedimentales a tener en cuenta en una operación de transmisión de empresas. 8225

Plazo de justificación de la subvención (TS cont-adm 13-9-96, EDJ 6331) Es un plazo de caducidad. El señalamiento del plazo para realizar las inversiones y crear puestos fijos de trabajo, es una condición esencial del contrato concesional. 8226

Garantías en caso de transacciones (RD 887/2006 art.51 y 52) Un supuesto interesante que puede plantear una transacción es la cancelación de las garantías o avales aportados por el beneficiario inicial para que se le otorgue la subvención según lo que dispongan las bases reguladoras (RD 887/2006 art.42 s.). 8227

Debe solicitarse el **cambio de titular** de las garantías **o sustitución** de las mismas, en los siguientes supuestos:

- cuando se prevea la posibilidad de realizar pagos a cuenta o anticipados; o
- cuando se considere necesario para asegurar el cumplimiento de los compromisos asumidos por los beneficiarios.

Las garantías se **ejecutan** si se acuerda el reintegro y no se abona su importe.

La **cancelación** de garantías tiene lugar en los siguientes casos:

a) Una vez comprobada la justificación del anticipo.

b) Cuando se hayan reintegrado las cantidades anticipadas.

La cancelación debe ser acordada dentro de los siguientes **plazos** máximos: 3 meses desde el reintegro o liquidación del anticipo, o 6 meses desde que tuviera entrada en la administración la justificación presentada por el beneficiario, y esta no se hubiera pronunciado sobre su adecuación o hubiera iniciado procedimiento de reintegro.

Reintegro de las subvenciones (L 38/2003 art.40) En el caso de transacciones, si se inicia un procedimiento de reintegro de la subvención por las causas previstas en la L 38/2003 art.37 (ver nº 7445 Memento Administrativo 2024) están **obligados** a reintegrar: 8228

a) Los **beneficiarios** deben reintegrar la totalidad o parte de las cantidades percibidas más los correspondientes intereses de demora. Esta obligación es independiente de las sanciones que, en su caso, resulten exigibles.

b) Son **responsables subsidiarios** de la obligación de reintegro: los administradores de las sociedades mercantiles, o aquellos que ostenten la representación legal de otras personas jurídicas, que no realizasen los actos necesarios que fueran de su incumbencia para el cumplimiento de las obligaciones infringidas, adoptasen acuerdos que hicieran posibles los incumplimientos o consintieran el de quienes de ellos dependan. Asimismo, los que ostenten la representación legal de las personas jurídicas, de acuerdo con las disposiciones legales o estatutarias que les resulten de aplicación, que hayan cesado en sus actividades responderán subsidiariamente en todo caso de las obligaciones de reintegro de estas.

c) En el caso de **sociedades o entidades disueltas y liquidadas**, sus obligaciones de reintegro pendientes se transmiten a los socios o partícipes en el capital que responden de ellas solidariamente y hasta el límite del valor de la cuota de liquidación que se les hubiera adjudicado.
d) En caso de **fallecimiento** del obligado al reintegro, la obligación de satisfacer las cantidades pendientes de restitución se transmite a sus causahabientes, sin perjuicio de lo que establezca el derecho civil común, foral o especial aplicable a la sucesión para determinados supuestos, en particular para el caso de aceptación de la herencia a beneficio de inventario.

8229 Precisiones **1)** De acuerdo con los criterios generales recogidos en el apartado 1 de la norma de registro y valoración 18. «Subvenciones, donaciones y legados recibidos», del **Plan General de Contabilidad**, una subvención se considerará no reintegrable cuando exista un acuerdo individualizado de concesión a favor de la empresa, se hayan cumplido las condiciones establecidas para su concesión, y no existan dudas razonables sobre la recepción de la misma. A los exclusivos efectos de su registro contable, para entender cumplidas las condiciones establecidas para su concesión se aplicarán los siguientes **criterios**:
• Subvenciones concedidas para adquirir un activo: si las condiciones del otorgamiento exigen mantener la inversión durante un determinado número de años, cuando en la fecha de formulación de las cuentas anuales se haya realizado la inversión y no existan dudas razonables de que se mantendrá en el período fijado en los términos de la concesión.
• Subvenciones concedidas para la construcción, mejora, renovación o ampliación de un activo: si las condiciones del otorgamiento exigen la finalización de la obra y su puesta en condiciones de funcionamiento, cuando en la fecha de formulación de las cuentas anuales se haya ejecutado la actuación, total o parcialmente.
• Subvenciones concedidas para financiar gastos específicos de ejecución plurianual: si las condiciones del otorgamiento exigen la finalización del plan de actuación y la justificación de que se han realizado las actividades subvencionadas, por ejemplo, la realización de cursos de formación, se considerará no reintegrable cuando en la fecha de formulación de las cuentas anuales se haya ejecutado la actuación, total o parcialmente (OM EHA/733/2010 disp.adic.única).
2) El legislador hace recaer los efectos jurídicos derivados del **incumplimiento de las condiciones** impuestas en el acto de concesión de la subvención al beneficiario, al que se le impone el deber de reintegro de los incentivos recibidos, de modo que solo en supuestos excepcionales de fuerza mayor puede quedar exonerado de esta responsabilidad (TS cont-adm 4-3-13, EDJ 27176).

8230 **Principio de proporcionalidad** (L 38/2003 art.17.3.n y 37.2) Cuando el cumplimiento por el beneficiario o, en su caso, entidad colaboradora se aproxime de modo significativo al cumplimiento total y se acredite por estos una **actuación** inequívocamente **tendente a la satisfacción** de sus compromisos, la cantidad a reintegrar vendrá determinada por la aplicación de los criterios de graduación establecidos en la norma reguladora de las bases de concesión de las subvenciones, que deben responder al principio de proporcionalidad.

8231 **Prescripción del reintegro** (L 38/2003 art.39) En las transacciones hay que observar que ha transcurrido (o no) el plazo de prescripción del reintegro, que es de 4 años, para asegurarnos que no habrá reacción de la Administración frente a la transacción. El **cómputo** del plazo de 4 años se realiza en cada caso:
a) Desde el momento en que venció el plazo para presentar la justificación por parte del beneficiario.
b) Desde el momento de la concesión en el caso de que se otorgue la subvención en atención a la concurrencia de una determinada situación del beneficiario.
c) En el supuesto de que se hubieran establecido condiciones u obligaciones que debieran ser cumplidas o mantenidas por parte del beneficiario o entidad colaboradora durante un período determinado de tiempo, desde el momento en que venció dicho plazo.
La **interrupción** del plazo de prescripción se produce por cualquier acción de la Administración, por la interposición de recursos de cualquier clase o por cualquier actuación fehaciente del beneficiario o de la entidad colaboradora conducente a la liquidación de la subvención o del reintegro.

8232 **Responsabilidades en el caso de sanciones** (L 38/2003 art.69) Ante las transacciones debemos señalar que pueden ser responsables de sanciones previstas en la L 38/2003 los siguientes:
1. Responden **solidariamente** de la sanción pecuniaria los miembros, **partícipes** o cotitulares en proporción a sus respectivas participaciones, cuando se trate de comunidades de bienes o cualquier otro tipo de unidad económica o patrimonio separado sin personalidad jurídica.
2. Responden **subsidiariamente** de la sanción pecuniaria los **administradores** de las sociedades mercantiles, o aquellos que ostenten la representación legal de otras personas jurídicas que no realicen los actos necesarios que sean de su incumbencia para el cumplimiento de las obligaciones infringidas, adopten acuerdos que hagan posibles los incumplimientos o consientan el de quienes de ellos dependan.

3. En el caso de **sociedades o entidades disueltas y liquidadas**:
a) Si la ley limita la responsabilidad patrimonial de los socios, partícipes o cotitulares, las sanciones pendientes se transmiten a estos, que quedan obligados solidariamente hasta el límite del valor de la cuota de liquidación que se les hubiera adjudicado o se les hubiera debido adjudicar.
b) Si la ley no limita la responsabilidad patrimonial de los socios, partícipes o cotitulares, las sanciones pendientes se transmiten a estos, que quedan obligados solidariamente a su cumplimiento.

SECCIÓN 6

Régimen de las inversiones extranjeras en España

8240

A. Consideraciones generales 8245
B. Autorización para determinadas inversiones extranjeras directas en España 8250

A. Consideraciones generales

(L 19/2003 art.6, 7 y 7 bis -redacc RD 571/2023-; RDL 20/2022; RDL 8/2020; RDL 11/2020; RDL 34/2020)

El régimen jurídico de los movimientos de capitales y de las transacciones económicas con el exterior, así como las medidas de prevención del blanqueo de capitales, se regula en la L 19/2003. 8245
Los actos, negocios, transacciones y **operaciones entre residentes y no residentes** son libres cuando supongan cobros y pagos exteriores, así como las transferencias de o al exterior y las variaciones en cuentas o posiciones financieras deudoras o acreedoras frente al exterior, sin más limitaciones que lo dispuesto en la L 19/2003 y en la legislación sectorial que resulte de aplicación.
No obstante, se podrá acordar la **suspensión** de este **régimen de liberalización** cuando se trate de actos, negocios, transacciones u operaciones que afecten a actividades:
- relacionadas con el ejercicio de poder público; o
- directamente relacionadas con la defensa nacional, seguridad pública y salud pública.
Por medio del RDL 20/2020; RDL 8/2020; RDL 11/2020; RDL 34/2020 y RDL 20/2022 se modifica la L 19/2003, regulando la suspensión del régimen de liberalización de determinadas inversiones extranjeras directas en España. Asimismo, el Gobierno ha aprobado recientemente el RD 571/2023, sobre inversiones exteriores que deroga el RD 664/1999 y desarrolla la L 19/2003.

B. Autorización para determinadas inversiones extranjeras directas en España

Régimen de autorización (L 19/2003 art.1, 6, 7 y 7 bis -redacc RD 571/2023-; RDL 8/2020; RDL 11/2020; RDL 34/2020; RDL 20/2022) Con carácter general, se sujeta a la obtención de autorización administrativa las operaciones de inversión extranjera directa en España, entendidas como aquellas en las que el inversor: 8250
a) pase a ostentar una **participación igual o superior** al 10 por 100 del capital social de la sociedad española; o
b) cuando, como consecuencia de la operación societaria, acto o negocio jurídico, se participe de forma efectiva en la **gestión o** el **control** de dicha sociedad o de una parte de ella de acuerdo con los criterios establecidos en L 15/2007 art.7.2 -de Defensa de la Competencia-.
Para ello, es preciso que concurra alguna de las siguientes **circunstancias**:
- se realicen por residentes de **países fuera** de la Unión Europea y de la Asociación Europea de Libre Comercio; o
- se realicen por residentes de países de la Unión Europea y de la Asociación Europea de Libre Comercio cuya **titularidad real** (esto es, quien posea o controle directa o indirectamente un porcentaje superior al 25% del capital o derechos de voto o cuando ejerzan por otros medios el control directo o indirecto del inversor) corresponda a residentes de países de fuera de Unión Europea y de la Asociación Europea de Libre Comercio.

No se consideran inversiones directas:
- las reestructuraciones internas en un grupo de empresas; ni
- los incrementos en las participaciones empresariales por parte de un accionista que ya tenga una participación superior al 10% y que no vayan acompañados de cambios en el control.

Las operaciones de inversión llevadas a cabo sin la preceptiva autorización previa carecerán de validez y efectos jurídicos, en tanto no se produzca su legalización, así como una multa que podrá ascender hasta el valor de la operación, sin que pueda ser inferior a 30.000 euros y una amonestación pública o privada.

8260 **Sectores sujetos a autorización** (L 19/2003 art.7 bis; RD 571/2023 art.15) Se sujetan a autorización las inversiones extranjeras directas en España que se realicen en los siguientes sectores y que afectan al orden público, la seguridad pública y a la salud pública:

a) **Infraestructuras críticas**, ya sean físicas o virtuales (incluidas las infraestructuras de energía, transporte, agua, sanidad, comunicaciones, medios de comunicación, tratamiento o almacenamiento de datos, aeroespacial, de defensa, electoral o financiera, y las instalaciones sensibles), así como terrenos y bienes inmuebles que sean claves para el uso de dichas infraestructuras, entendiendo por tales, las contempladas en la L 8/2011 por la que se establecen medidas para la protección de las infraestructuras críticas.

Se entiende que:

• Las **tecnologías críticas y de doble uso**, comprenden las que se definen en el Rgto UE/2021/821 art.2.1, por el que se establece un régimen de la Unión de control de las exportaciones, el corretaje, la asistencia técnica, el tránsito y la transferencia de productos de doble uso, incluidas las telecomunicaciones, la inteligencia artificial, la robótica, los semiconductores, la ciberseguridad, las tecnologías aeroespaciales, de defensa, de almacenamiento de energía, cuántica y nuclear, así como las nanotecnologías y biotecnologías.

• Las **tecnologías clave para el liderazgo y la capacitación industrial**, comprenden las tecnologías facilitadoras esenciales para el futuro a las que se refiere la Decisión UE/2021/764 del Consejo, que establece el Programa Específico por el que se ejecuta el Programa Marco de Investigación e Innovación Horizonte Europa y por la que se deroga la Decisión 2013/743/UE. Estas tecnologías incluyen materiales avanzados y nanotecnología, fotónica, microelectrónica y nanoelectrónica, tecnologías de las ciencias de la vida, sistemas avanzados de fabricación y transformación, inteligencia artificial, seguridad digital y conectividad.

• Las **tecnologías desarrolladas al amparo de programas y proyectos de particular interés para España**, comprenden las que implican una cantidad o un porcentaje sustancial de financiación con cargo al presupuesto de la UE o de España. Entre otras, se considerarán como tales las que se benefician de financiación con cargo a los instrumentos que se recogen en el anexo «Lista de proyectos o programas de interés para la Unión» a que se refiere el Rgto UE/2019/452 art.8.3.

8260.1 b) **Suministro de insumos fundamentales**, en particular energía, entendiendo por tales los que son objeto de regulación en la L 24/2013 del Sector Eléctrico, y en la L 34/1998 del Sector de Hidrocarburos o los referidos a servicios estratégicos de conectividad o a materias primas, así como a la seguridad alimentaria. En particular, tienen la consideración de fundamentales:

• Los insumos provistos por las compañías que desarrollan y modifican **software** empleado en la operación de infraestructuras críticas en el sector energético, aguas, telecomunicaciones, financiero y asegurador, sanitario, transporte y seguridad alimentaria.

• Otros insumos indispensables y no sustituibles para garantizar la integridad, seguridad o continuidad de las actividades que afecten a las infraestructuras críticas, el suministro de **agua, energía** (hidrocarburos, gases renovables, biocarburantes o electricidad), **materias primas estratégicas** y servicios de telecomunicaciones o de transporte, los servicios sanitarios, la seguridad alimentaria, las instalaciones de investigación, o el sistema financiero y tributario.

8260.2 c) **Sectores con acceso a información sensible**, en particular a datos personales, o con capacidad de control de dicha información, de acuerdo con la LO 3/2018 de Protección de Datos Personales y garantía de los derechos digitales.

En particular, se consideran empresas con acceso a información sensible las siguientes:

• Las que tienen acceso a datos sobre infraestructuras estratégicas que, de revelarse, podrían utilizarse para planear y llevar a cabo acciones cuyo objetivo sea provocar la perturbación o la destrucción de éstas, tal y como se recogen en la L 8/2011 art.2.l, por la que se establecen medidas para la protección de las infraestructuras críticas.

• Las que tienen acceso a bases de datos relacionadas con la prestación de servicios esenciales de suministro de agua, energía (hidrocarburos, gas o electricidad) y servicios de telecomunicaciones o de transporte, los servicios sanitarios, la seguridad alimentaria, las instalaciones de investigación, servicios financieros o el sistema tributario.

• Las que tienen acceso a bases de datos oficiales que no sean de acceso público.
• Las que desarrollan actividades sometidas obligatoriamente a una evaluación de impacto sobre los datos personales de acuerdo con el Rgto UE/2016/679 art.35.3, relativo a la protección de las personas físicas en lo que respecta al tratamiento de sus datos personales y a la libre circulación de estos datos y por el que se deroga la Dir95/46/CE (Reglamento General de Protección de Datos).
d) **Medios de comunicación**, sin perjuicio de que los servicios de comunicación audiovisual en los términos definidos en la L 7/2010 General de la Comunicación Audiovisual, se regirán por lo dispuesto en dicha Ley.

Asimismo, quedan sujetas a la obtención de autorización las inversiones extranjeras directas en España cuando: **8261**
a) El inversor extranjero esté **controlado** directa o indirectamente por el **gobierno de un tercer país**, incluidos los organismos públicos o las fuerzas armadas (se entiende que existe control de conformidad con los criterios establecidos en la L 15/2007 art.7.2 -de Defensa de la Competencia-.
b) El inversor extranjero haya realizado **inversiones o participado** en actividades en los **sectores** que afecten a la seguridad, al orden público y a la salud pública en otro Estado miembro, y especialmente los relacionados en nº 8260.
c) Si existe un riesgo grave de que el inversor extranjero ejerza **actividades delictivas o ilegales** que afecten a la seguridad pública, orden público o salud pública en España.
El Gobierno **podrá suspender** el régimen de liberalización de las inversiones extranjeras directas en España en **otros sectores** cuando puedan afectar a la seguridad pública, orden público y salud pública.

Régimen transitorio de suspensión de liberalización de determinadas inversiones extranjeras directas realizadas por residentes de otros países de la UE y de la AELC -Asociación Europea de Libre Comercio- (RDL 34/2020 disp.trans.única redacc RDL 20/2022). Se extiende hasta el 31-12-2024 el régimen de suspensión de liberalización de las inversiones extranjeras directas en España, en los sectores indicados en nº 631.1, a las inversiones extranjeras directas realizadas por residentes de otros países de la UE y de la Asociación Europea de Libre Comercio (AELC) sobre: **8262**
a) empresas **cotizadas** en España; o
b) empresas no cotizadas si el valor de la **inversión supera** los 500 millones de euros.
A estos efectos:
- se considerarán **sociedades cotizadas** en España aquellas cuyas acciones estén, en todo o en parte, admitidas a negociación en un mercado secundario oficial español y tengan su domicilio social en España;
- se entenderá por **inversiones extranjeras directas**, a efectos de este régimen transitorio, aquellas inversiones como consecuencia de las cuales el inversor pase a ostentar una participación igual o superior al 10% del capital social de la sociedad española, o cuando como consecuencia de la operación societaria, acto o negocio jurídico se adquiera el control de dicha sociedad de acuerdo con los criterios establecidos en la L 15/2007 art.7.2 -de Defensa de la Competencia-, tanto si se realizan por residentes de países de la UE y de la AELC diferentes a España, como si se realizan por residentes en España cuya **titularidad real** corresponda a residentes de otros países de la UE y de la AELC. Se entenderá que existe esa titularidad real cuando estos últimos posean o controlen en último término, directa o indirectamente, un porcentaje superior al 25% del capital o de los derechos de voto del inversor, o cuando por otros medios ejerzan el control, directo o indirecto, del inversor.

Excepciones a la aplicación de ambos regímenes (RD 571/2023 art.14.2 y 17) No queda suspendido el régimen de liberalización de las inversiones extranjeras directas en España cuando la operación de inversión tiene nula o escasa repercusión en los bienes jurídicos protegidos por la L 15/2007 art.7 bis. Asimismo, están exentas del régimen de autorización previa algunas inversiones siempre y cuando se cumplan los criterios establecidos en el RD 571/2023 art.17. **8263**

Procedimiento de autorización (RD 571/2023 art.9 y 13) **1. Consulta previa**. La Dirección General consultada dispone de un plazo de **30 días hábiles** para responder previo informe favorable de la Junta de Inversiones Exteriores a su propuesta. Asimismo, este plazo puede suspenderse cuando las autoridades realicen requerimientos de información formales. El cómputo del plazo se inicia el día siguiente a la presentación de la solicitud y suspende la posibilidad de solicitar autorización hasta que se notifique la resolución. Transcurrido este plazo sin resolución expresa, el interesado puede presentar una solicitud de autorización de la operación de inversión. **8264**

8265 **2. Procedimiento ordinario**. El responsable de realizar la notificación es el **inversor**, quién debe solicitar la autorización mediante un cuestionario oficial facilitado por el Ministerio de Industria, Comercio y Turismo y dirigido a la Junta de Inversiones Extranjeras.
El procedimiento tiene una duración de **3 meses**, aunque este plazo puede suspenderse cuando las autoridades realicen requerimientos de información formales. Si el Consejo de Ministros no se pronuncia en ese plazo, se entiende que desestima la inversión (i.e. **silencio negativo**).
En el supuesto de operaciones por importe **superior a 5.000.000** de euros, la solicitud de autorización se dirigirá al Director General de Política Comercial e Inversiones Exteriores, correspondiendo su resolución al Consejo de Ministros a propuesta del Ministros de Economía y Hacienda y previo informe de la Junta de Inversiones Extranjeras.
En particular, el **Consejo de Ministros** puede:
- autorizar la inversión; (ii) autorizar la inversión con condiciones; o
- bloquear la inversión.

En caso de que la operación sea inferior a 5.000.000 de euros, la resolución corresponde a la **Dirección General de Comercio Internacional e Inversiones.**
La resolución puede ser recurrida ante el **Tribunal Supremo**. No obstante, dada la amplia discrecionalidad y la naturaleza política del Consejo de Ministros, es razonable esperar que dicho recurso sólo tenga éxito por motivos procedimentales.

CAPÍTULO 30

Contabilidad de las operaciones de adquisición

8300

I. Adquisición de acciones o participaciones en el capital de una empresa ... 8310
A. Tipos de activos según la influencia sobre los mismos ... 8315
1. Control ... 8320
2. Control conjunto ... 8331
3. Influencia significativa ... 8340
4. Otras inversiones ... 8345
B. Registro contable de la adquisición ... 8350
1. Contraprestación monetaria ... 8355
2. Otras formas de adquisición ... 8365
II. Adquisición de control ... 8370
A. Identificación de una combinación de negocios ... 8375
B. Método de adquisición ... 8385
1. Empresa adquirente ... 8390
2. Fecha de adquisición ... 8400
3. Coste de la combinación de negocios ... 8410
4. Valoración de activos y pasivos ... 8420
a. Criterios generales ... 8425
b. Reglas específicas y excepciones ... 8435
5. Importe del fondo de comercio o de la diferencia negativa ... 8465
a. Fondo de comercio ... 8470
b. Participaciones previas en combinaciones de negocios realizadas por etapas 8475
c. Diferencia negativa ... 8480
d. Socios externos ... 8485
6. Elementos que forman parte de la combinación de negocios ... 8490
a. Derechos readquiridos y relaciones preexistentes ... 8495
b. Sustitución de acuerdos de remuneración de pagos basados en acciones a empleados o anteriores accionistas ... 8505
c. Compensación por haber recibido un negocio deficitario ... 8515
d. Otras transacciones que no forman parte del coste de la combinación ... 8517
7. Contabilidad provisional y posterior a la combinación de negocios ... 8525
III. Adquisiciones por etapas y otros cambios en las participaciones ... 8540
A. Combinaciones de negocios por etapas ... 8541
B. Transacciones entre sociedad dominante y socios minoritarios ... 8550
C. Pérdida de control ... 8555
D. Otros cambios en las participaciones ... 8560
1. Adquisición de influencia significativa o control conjunto por etapas ... 8565
2. Pérdida de influencia significativa o control conjunto ... 8570
3. Cuadro resumen de cambios en las participaciones ... 8575
IV. Operaciones de reestructuración empresarial entre compañías del grupo ... 8580
A. Generalidades ... 8585
B. Normas particulares ... 8595
1. Fusión y escisión ... 8600
2. Aportaciones no dinerarias ... 8605
3. Reducción de capital y reparto de dividendos ... 8610
4. Operaciones comunes en el entorno de las transacciones ... 8615
Fusión matriz-filial ... 8616
Operaciones preparatorias ... 8619
Fusión entre sociedades «hermanas» ... 8622
Reparto de dividendos ... 8625
5. Compraventas ... 8630
6. Impacto de este tipo de operaciones conforme a las NIIF-UE ... 8635

En el presente capítulo se aborda el estudio del régimen contable aplicable a las adquisiciones de empresas. 8301

Al respecto, se ha de tener en cuenta que:

a) El adecuado tratamiento contable de la adquisición de acciones o participaciones en el capital de una empresa viene determinado, no solo por el porcentaje en términos cuantitativos, sino también por la situación que subyace en términos de **control, control conjunto o influencia significativa**.

b) Es igualmente importante distinguir las situaciones de adquisición de acciones o participaciones en el capital de una empresa que tienen lugar a cambio de una contraprestación monetaria, esto es, mediante **compraventa**, de aquellas en las que la citada adquisición tiene lugar mediante otro tipo de transacción económica, como puede ser el caso de una **aportación no dineraria o** una **fusión**, entre otras.

Precisiones La intención y propósito del inversor también son relevantes en algunos casos para determinar el tratamiento contable. Por ejemplo, cuando la adquisición de acciones o participaciones en el capital de una empresa no responda a ninguna de las situaciones de control, control conjunto o influencia significativa, sino a una mera **tenencia de activos** financieros, la intención del inversor es uno de los factores determinantes para concluir el adecuado tratamiento contable. En particular, si esa intención pasa por mantener las acciones o participaciones para negociar en el mercado, o no.

8302 **Normativa aplicable** La normativa contable aplicable es diferente desde una perspectiva de cuentas anuales individuales que desde una perspectiva de cuentas anuales consolidadas, entendiendo en este último caso a un grupo de sociedades como un único ente que informa.

Así, se puede distinguir:

a) En materia de **cuentas anuales individuales**, la principal norma aplicable es el Plan General de Contabilidad (**PGC**). El PGC se aprobó por el RD 1514/2007, y ha sido modificado posteriormente por el RD 1159/2010, por el que se aprueban las Normas para la Formulación de Cuentas Anuales Consolidadas (**NOFCAC**) y por el RD 602/2016, y más recientemente por el RD 1/2021. Este último Real Decreto ha permitido la adaptación del PGC a las Normas Internacionales de Información Financiera que regulan los instrumentos financieros (NIIF 9) y los ingresos por ventas y prestación de servicios (NIIF 15).

8303 **b)** En materia de **cuentas anuales consolidadas**, el marco reglamentario aplicable es el RD 1159/2010. No obstante, si a la fecha de cierre del ejercicio alguna de las sociedades del grupo ha emitido valores admitidos a cotización en un mercado regulado de cualquier Estado miembro de la UE, ha de aplicar las Normas Internacionales de Información Financiera adoptadas por los Reglamentos de la Unión Europea -**NIIF**- (NOFCAC art.6.1.a).

Existe la posibilidad de que, aunque a la fecha de cierre del ejercicio ninguna de las sociedades del grupo hubiera emitido valores admitidos a cotización en un mercado regulado de cualquier Estado miembro de la UE, el grupo opte voluntariamente por formular cuentas anuales consolidadas de acuerdo con las NIIF. En tal caso, las cuentas anuales consolidadas deben elaborarse de manera continuada de acuerdo con las citadas normas (NOFCAC art.6.1.b).

Precisiones Debe tenerse en cuenta que, una vez que se ha optado por la formulación de cuentas anuales consolidadas conforme a las NIIF, no puede revocarse voluntariamente la decisión, de acuerdo a la conclusión del ICAC al respecto de la **regla de continuidad** (ICAC consulta núm 3, BOICAC núm 68).

8304 **Operaciones de reestructuración empresarial entre compañías del grupo** (PGC NRV 21ª) Las operaciones de reestructuración empresarial entre compañías del grupo surgen, generalmente, como consecuencia del análisis que los gestores realizan de cara a racionalizar la **administración** de una cartera de sociedades participadas, a reducir **costes** administrativos o aprovechar **sinergias**, por ejemplo logísticas, comerciales o de cualquier otra índole.

Normalmente estas operaciones de reestructuración se denominan «transacciones bajo control común», entendidas como aquellas en las que, en última instancia, las entidades o negocios que se combinan están controladas por una misma parte, tanto antes como después de la combinación de negocios, y ese control no es transitorio.

8305 En el marco del PGC, el tratamiento contable de estas operaciones se recoge de forma específica en la NRV 21ª Operaciones entre empresas del grupo del PGC. Es importante señalar que, sin embargo, este tipo de transacciones bajo control común no están tratadas en la NIIF núm 3 (Combinaciones de negocios), si bien el IASB está actualmente involucrado en un proyecto para el desarrollo de este tipo de transacciones (ver nº 8636).

En situaciones de **cuentas anuales consolidadas** de acuerdo a las NIIF, en ausencia de unas guías específicas para su tratamiento, la NIC núm 8 (Políticas Contables, Cambios en las Estimaciones y Errores) establece que se debe seleccionar una política contable que, a juicio de la gerencia, sea relevante para las necesidades de toma de decisiones económicas de los usuarios, tal y como se desarrolla de manera más amplia en el nº 8580 s. con un análisis detallado sobre determinados aspectos que han generado un alto grado de controversia; principalmente los valores a los que debe registrarse la operación (razonables, históricos o consolidados) y la fecha de efectos contables (retroacción contable).

I. Adquisición de acciones o participaciones en el capital de una empresa

8310

A. **Tipos de activos según la influencia sobre los mismos** ... 8315
1. Control ... 8320
2. Control conjunto ... 8331
3. Influencia significativa ... 8340
4. Otras inversiones ... 8345

B. **Registro contable de la adquisición** ... 8350
1. Contraprestación monetaria ... 8355
2. Otras formas de adquisición ... 8365

A. Tipos de activos según la influencia sobre los mismos

La adquisición de acciones o participaciones en el capital de una empresa tiene distintas consecuencias contables según el tipo de relación, influencia o poder sobre la misma. **8315**
De forma esquemática, la tipología es la siguiente:

Tipo de relación, influencia o poder	Registro contable en las cuentas anuales consolidadas (NOFCAC)
Control	Subsidiaria (Integración global)
Control conjunto	Entidad controlada conjuntamente (Puesta en equivalencia o Integración proporcional)
Influencia significativa	Asociada (Puesta en equivalencia)
Otras inversiones	Activos financieros a valor razonable con cambios en la cuenta de pérdidas y ganancias Activos financieros a valor razonable con cambios en patrimonio neto Activos financieros a coste

1. Control

El concepto de control ha sido un aspecto ampliamente discutido en la diferente literatura contable. Este análisis es muy relevante ya que, desde el punto de vista de la contabilidad, la relación de control es el aspecto clave que determina la existencia o no de un **grupo** de sociedades. **8320**

Definición (PGC NECA 13ª; CCom art.42; NOFCAC art.1.3) Se entiende que existe un grupo de sociedades cuando existe una relación de control, directa o indirecta, entre dos empresas o sociedades, análoga a la prevista en el Código de Comercio, o cuando las empresas estén controladas por cualquier medio por una o varias personas físicas o jurídicas, que actúan conjuntamente o se hallan bajo **dirección única** por acuerdos o cláusulas estatutarias. **8321**
Asimismo, se define control como el poder de dirigir las **políticas financieras** y de explotación de una entidad, con la finalidad de obtener beneficios económicos de sus actividades.

Si bien se presume control cuando una sociedad se encuentra en relación con otra en alguna de las situaciones antes citadas, lo cierto es que también se puede determinar la existencia de control del análisis de **otras circunstancias** (NOFCAC art.2.2): **8322**
a) Las actividades de la entidad se dirigen **en nombre y de acuerdo** con las necesidades de la sociedad, de forma tal que esta obtiene beneficios u otras ventajas de las operaciones de aquella.
b) La sociedad tiene un **poder de decisión** en la entidad, o se han predefinido sus actuaciones de tal manera que le permite obtener la mayoría de los beneficios u otras ventajas de las actividades de la entidad.
c) La sociedad tiene el derecho a obtener la mayoría de los **beneficios** de la entidad y, por lo tanto, está expuesta a la mayor parte de los riesgos derivados de sus actividades.
d) La sociedad, con el fin de disfrutar de los beneficios económicos de las actividades de la entidad, retiene para sí, de forma sustancial, la mayor parte de los **riesgos residuales** o de propiedad relacionados con ella o con sus activos.

8323 Las NOFCAC establecen una **presunción** de control en el caso de que, analizadas las citadas circunstancias, existan dudas sobre la existencia de control, al requerir que en tal caso esas entidades sean incluidas en las cuentas anuales consolidadas.
La definición de control tiene, por tanto, un importante componente de juicio profesional que va más allá del mero aspecto cuantitativo, como, por ejemplo, la consideración de los **derechos de voto** potenciales.

8324 Ejemplo Las entidades A, B y C poseen el 40%, el 30% y el 30%, respectivamente, de las acciones ordinarias que conllevan derechos de voto en la junta general de accionistas de D.

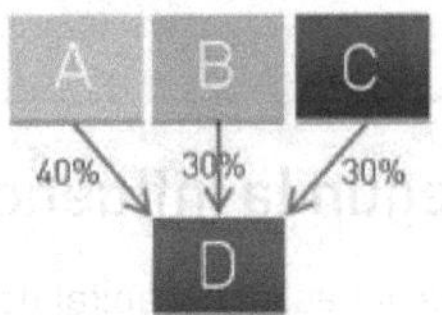

La entidad A también posee **opciones de compra** sobre acciones que pueden ejercitarse en cualquier momento al valor razonable de las acciones subyacentes y, si se ejercitaran, le darían un 20% adicional de los derechos de voto de D y reduciría la participación de B y C a un 20% cada una. Si las opciones se ejercitan, la entidad A tiene más de la mitad del poder de voto.
Además, la entidad A no suele asistir o votar en la junta general de accionistas de D.
En la medida en la que el control está basado en la capacidad de que una entidad «ostente» o «pueda ostentar», aunque en la práctica A no asista o vote en la junta general de accionistas, la existencia **de derechos de voto potenciales** (el 20% que puede adquirir de D) determina que la entidad A controla a la entidad D.

8325 **Diferencia con las NIIF** El IASB mantiene un plan de trabajo tanto sobre proyectos de mejoras de las actuales normas internacionales como de implementación de nuevas normas. Como parte de ese proceso de mejora continua, el IASB publicó en 2014 un nuevo modelo de consolidación, vigente en la actualidad.

8326 Ese **modelo de consolidación**, de acuerdo con las NIIF, contempla el siguiente «paquete» de normas internacionales:
- la NIIF núm 10 Estados financieros consolidados;
- la NIIF núm 11 Acuerdos conjuntos;
- la NIIF núm 12 Revelación de las participaciones en otras entidades;
- la NIC núm 27 (Revisada) Estados financieros separados;
- la NIC núm 28 (Revisada) Inversiones en asociadas y negocios conjuntos.

8327 El concepto de control en el actual modelo de consolidación de las NIIF, está bastante más desarrollado que el mismo concepto en el modelo de consolidación en las NOFCAC, pues si bajo las NOFCAC se define como el poder para gobernar las políticas financieras y operativas de una entidad con el objeto de obtener un beneficio, conviviendo también esta definición con el control a través de la exposición a la mayoría de riesgos y beneficios de una entidad, el modelo de control que recogen las NIIF pivota sobre tres **elementos** que, para concluir que existe control, deben cumplirse siempre y conjuntamente. Estos elementos son:
- el poder sobre las actividades relevantes de la participada;
- la exposición o el derecho a los resultados variables de la inversión; y
- la capacidad de utilizar ese poder para influir en el importe de esos retornos.

8328 A grandes rasgos, las diferencias más importantes en el enfoque de ambas definiciones, es que el poder se define bajo la norma internacional sobre un conjunto de actividades que puede ser más amplio que las políticas financieras y operativas y, por otro lado, no es necesaria una exposición a la mayoría de riesgos y beneficios de la inversión para estar en una situación susceptible de definirse como control, siempre y cuando se cumplan los tres elementos de la definición.
Por tanto, es importante recordar que, de ser obligatorias las NIIF para un grupo de sociedades por encontrarse en el supuesto de la NOFCAC art.6.1.a (si, a la fecha de cierre del ejercicio alguna de las sociedades del grupo ha emitido valores a cotización en un mercado regulado de cualquier Estado miembro de la UE), o por haber optado el grupo a tal opción de acuerdo a lo permitido por la NOFCAC art.6.1.b, el concepto de control de las NIIF podría implicar diferencias respecto al de las NOFCAC a la hora de formular cuentas anuales consolidadas.

Diferencia con las NIIF: Sociedades de inversión El modelo de consolidación de las NIIF, tiene además una particularidad de interés para las entidades que, de acuerdo a la NIIF núm 10, sean sociedades de inversión. 8329
Una entidad es una sociedad de inversión si obtiene fondos de **uno o más inversores** para prestarles servicios de gestión de esas inversiones, si su propósito de negocio es invertir esos fondos con el único objetivo de obtener retornos de las mismas y/o del incremento de valor de esas participaciones y, por último, si valora y evalúa los resultados de sustancialmente todas sus inversiones sobre la base de su valor razonable.

Si este es el caso, la sociedad de inversión en lugar de consolidar sus inversiones, puede valorar sus subsidiarias a **valor razonable** con cambios en resultados de acuerdo a la norma de instrumentos financieros, excepto si tiene una subsidiaria que le presta servicios de inversión, porque en este caso la norma la considera una prolongación de sus propias actividades y sería necesario consolidarla. 8330
Esto significa que, por ejemplo, los **fondos de capital-riesgo**, que normalmente cumplen los requisitos mencionados, si formulan cuentas consolidadas conforme a las NIIF, valoran sus inversiones a valor razonable con cambios en resultados.
Es importante reseñar que esta excepción no se aplica a la **matriz dominante** de, por ejemplo, ese fondo de capital-riesgo, si en sí misma no es a su vez una sociedad de inversión. En este caso, la matriz superior a nivel de sus cuentas consolidadas, tiene que «deshacer» la contabilidad a valor razonable del subgrupo intermedio y consolidar normalmente todas las participaciones que se controlen.

2. Control conjunto

El concepto de control conjunto, al igual que el concepto de control, plantea dificultades de aplicación práctica. 8331
Los acuerdos de control conjunto requieren de un análisis adicional de detalle ya que, desde el punto de vista de la contabilidad, la importancia de concluir sobre una empresa que desarrolla su actividad bajo un **acuerdo** de control conjunto, es muy relevante, al ser el hito que marca el adecuado tratamiento contable no solo en las cuentas anuales de los partícipes, sino en el método de consolidación aplicado en el grupo.

Definición (PGC NRV 20ª) El control conjunto se define como un **acuerdo** estatutario o contractual en virtud del cual dos o más personas, que son denominadas partícipes, convienen compartir el poder de dirigir las políticas financiera y de explotación sobre una actividad económica con el fin de obtener beneficios económicos, de tal manera que las decisiones estratégicas, tanto financieras como de explotación, relativas a la actividad, requieren el consentimiento unánime de todos los partícipes. 8332

Los **negocios conjuntos** pueden ser: 8333
a) Negocios conjuntos que no se manifiestan a través de la constitución de una empresa ni el establecimiento de una estructura financiera independiente de los partícipes, como son las uniones temporales de empresas (**UTEs**) **y** las **comunidades de bienes**, y entre las que se distinguen:
- las explotaciones controladas de forma conjunta: actividades que implican el uso de activos y otros recursos propiedad de los partícipes;
- los activos controlados de forma conjunta: activos que son propiedad o están controlados conjuntamente por los partícipes.
b) Negocios conjuntos que se manifiestan a través de la constitución de una **persona jurídica** independiente o empresas controladas de forma conjunta.

8334 **Cuentas anuales individuales** En las cuentas anuales individuales del partícipe, el tratamiento contable que debe aplicarse a los acuerdos de control conjunto depende de la **categoría** en la que se califique al citado negocio conjunto:

a) Negocios conjuntos que **no** se manifiestan a través de la **constitución** de una **empresa**, ni el establecimiento de una estructura financiera independiente de los partícipes:

Explotaciones y activos controlados de forma conjunta

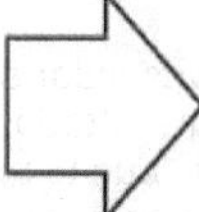

Registro de la parte proporcional que le corresponda, en función de su % de participación, de los activos controlados conjuntamente y de los pasivos incurridos conjuntamente, así como de los ingresos generados y de los gastos incurridos por el negocio conjunto[1].

El **partícipe** registrará en su balance la parte proporcional que le corresponda, en función de su porcentaje de participación, de los activos y pasivos, así como reconocerá la parte que le corresponda de los ingresos generados y de los gastos incurridos por el negocio conjunto. En el estado de cambios en el patrimonio neto y estado de flujos de efectivo del partícipe estará integrada igualmente la parte proporcional de los importes de las partidas del negocio conjunto que le correspondan.

Nota:
(1) Se deben eliminar los **resultados no realizados** que pudieran existir por transacciones entre el partícipe y el negocio conjunto, en proporción a la participación que corresponda a aquel, así como los importes de activos, pasivos, ingresos o gastos recíprocos.

8335 **b)** Negocios conjuntos que se manifiestan a través de la constitución de una **persona jurídica** independiente o empresas controladas de forma conjunta:

Empresas controladas de forma conjunta

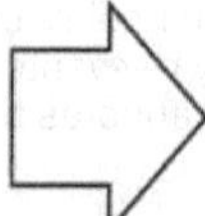

Registro de la participación de acuerdo a lo establecido en el apartado 2.5 de la NRV 9ª Instrumentos financieros del PGC que, con criterio general, se reconocerá inicialmente al coste.

El partícipe ha de registrar su participación en una empresa controlada de forma conjunta de acuerdo con lo previsto respecto a las inversiones en el patrimonio de empresas del grupo, multigrupo y asociadas en la **NRV 9ª.2.4** (ver nº 8355 s.).

8336 **Cuentas anuales consolidadas** (NOFCAC art.4 y 10) En las cuentas anuales consolidadas, a los únicos efectos de la consolidación, se consideran **sociedades multigrupo** (negocios conjuntos) a aquellas sociedades, no catalogadas como sociedades dependientes, que son gestionadas por una o varias sociedades del grupo con otra u otras personas ajenas a este, ejerciendo el control conjunto.

Se entiende que existe control conjunto sobre otra sociedad cuando, además de participar en el capital, existe un acuerdo estatutario o contractual en virtud del cual las decisiones estratégicas, tanto financieras como de explotación, relativas a la actividad, requieren el **consentimiento** unánime de **todos los que ejercen el control conjunto** de la sociedad.

En relación con el **método de consolidación** aplicable, las sociedades multigrupo se pueden incluir en las cuentas anuales consolidadas aplicando el método de integración proporcional o el procedimiento de puesta en equivalencia, debiendo aplicar la opción elegida de manera uniforme respecto de todas las sociedades multigrupo.

8337 **Diferencia con las NIIF** De acuerdo con lo expuesto en el nº 8325 s., el concepto de control en el marco de las NIIF, puede suponer una diferencia con el de las NOFCAC a la hora de formular cuentas anuales consolidadas.

Pero no es solo el concepto de control marca una diferencia con las NOFCAC, sino que la NIIF núm 11 (Acuerdos conjuntos), integrada en el «paquete» de normas internacionales que componen el actual modelo de consolidación de acuerdo a las NIIF, no permite opción alguna en relación al **método de consolidación** aplicable a las sociedades multigrupo, que viene dado por el tipo de acuerdo conjunto ante el que se esté. Si la conclusión es que se trata de un negocio conjunto, obligatoriamente se ha de contabilizar por puesta en equivalencia, mientras que si se está ante una operación conjunta se deben integrar en relación con su participación sus activos, pasivos, ingresos y gastos en las cuentas.

Por tanto, el procedimiento de **puesta en equivalencia** es el método de consolidación aplicable en relación con las sociedades multigrupo, que en el caso general son negocios conjuntos, para un grupo de sociedades que formula de acuerdo con las NIIF porque se encuentra en el supuesto de la NOFCAC art.6.1 (si, a la fecha de cierre del ejercicio alguna de las sociedades del grupo ha emitido valores a cotización en un mercado regulado de cualquier Estado miembro de la UE), o porque ha optado a tal opción de acuerdo a lo permitido por la NOFCAC art.6.1.b. Es decir, desaparece la opción de aplicar el método de integración proporcional que sí contemplaba el «viejo» modelo de consolidación de acuerdo a las NIIF antes de su reforma, y que aún contemplan las NOFCAC.

3. Influencia significativa

El concepto de influencia significativa requiere un análisis de juicio en la misma línea que el que permite concluir sobre una relación de control, pues los criterios para su determinación son similares en algunos aspectos, si bien en este caso no se requiere el poder dirigir las políticas y de explotación de una entidad, sino tan solo intervenir en las **decisiones**. **8340**

Definición (PGC NECA 13ª; NOFCAC art.3) Una empresa es asociada cuando se ejerce sobre ella una influencia significativa. **8341**
Se entiende que existe influencia significativa en la gestión de otra empresa, cuando se cumplen los dos **requisitos** siguientes:
a) La empresa, o una o varias empresas del grupo, incluidas las entidades o personas físicas dominantes, **participan** en la entidad.
b) Se tiene el poder de intervenir en las decisiones de **política financiera** y de **explotación** de la participada, sin llegar a tener el control.

La influencia significativa puede, no obstante, evidenciarse con **otras pautas**, tales como: **8342**
- la representación en el consejo de administración u órgano equivalente de dirección de la empresa participada;
- la participación en los procesos de fijación de políticas;
- las transacciones de importancia relativa con la participada;
- el intercambio de personal directivo; o
- el suministro de información técnica esencial.

Se presume la existencia de influencia significativa cuando la empresa, o una o varias empresas del grupo incluidas las entidades o personas físicas dominantes, poseen, al menos, el 20% de los **derechos de voto** de otra sociedad. Ese cómputo se determina atendiendo no solo a los derechos de voto que directamente posee la sociedad dominante sino añadiendo a esos derechos de voto los que correspondan a las sociedades dependientes o tomando en consideración la existencia de derechos de voto potenciales derivados de instrumentos financieros que sean en ese momento ejercitables o convertibles (por ejemplo, opciones de compra). **8343**

Precisiones La influencia significativa se basa en la mera **posibilidad** de su ejercicio. Para calificar una inversión en otra sociedad como participación en una asociada se debe tener la facultad de intervenir en las decisiones de política financiera y de explotación, aunque esa facultad no se esté ejerciendo.

Ejemplo Una entidad A adquiere un 15% de las acciones ordinarias que conllevan derechos de voto en una junta general de accionistas de una entidad B. La entidad A tiene, además, una opción de compra a valor razonable de un 10% adicional de derechos de voto, que solo puede ejercitar al finalizar el periodo de la opción de compra, por ejemplo, 3 años. El ejercicio de la opción de compra daría a la entidad A una participación de un 25% de los derechos de voto de la entidad B. **8344**
En este escenario no se daría la presunción de que la entidad A ejerce actualmente una influencia significativa sobre la entidad B debido a que la opción de compra **no** es **ejercitable** en el momento actual. Sin embargo, si la entidad A pudiera ejercitar la opción de compra en cualquier momento durante los 3 años del período de la opción de compra, se presumiría que la entidad A ejerce una influencia significativa.

4. Otras inversiones

Cuando la adquisición de acciones o participaciones en el capital de una empresa no supone control, control conjunto ni influencia significativa en la citada empresa, desde un punto de vista contable, lo que el inversor está adquiriendo es una **inversión financiera**. **8345**

Este tipo de inversiones financieras se podrían clasificar en una de las siguientes tres **categorías** (PGC NRV 9ª):
- activos financieros a valor razonable con cambios en la cuenta de pérdidas y ganancias.
- activos financieros a valor razonable con cambios en el patrimonio neto; y
- activos financieros venta coste.
El tratamiento contable es diferente dependiendo de la categoría en la que se califica la inversión financiera, debiéndose además considerar las restricciones que recoge la PGC NRV 9ª Instrumentos financieros del PGC para la reclasificación de activos financieros.

8346 **Activos financieros a valor razonable con cambios en la cuenta de pérdidas y ganancias** (PGC NRV 9ª.2.1) Un activo financiero debe incluirse en esta categoría salvo que proceda su clasificación en alguna de las restantes categorías. Los activos financieros mantenidos para negociar se incluirán obligatoriamente en esta categoría. El concepto de **negociación** de instrumentos financieros generalmente refleja compras y ventas activas y frecuentes con el objetivo de generar una ganancia por las fluctuaciones a corto plazo en el precio o en el margen de intermediación.
Se considera que un activo financiero se adquiere para negociar cuando:
a) Se origina o adquiere con el propósito de **venderlo** en el **corto plazo** (p.e., valores representativos de deuda, cualquiera que sea su plazo de vencimiento, o instrumentos de patrimonio, cotizados, que se adquieren para venderlos en el corto plazo).
b) Forma parte de una cartera de instrumentos financieros identificados y gestionados conjuntamente de la que existan evidencias de actuaciones recientes para obtener **ganancias** en el corto plazo.
c) Sea un **instrumento financiero derivado**, siempre que no sea un contrato de garantía financiera ni haya sido designado como instrumento de cobertura.
Para los instrumentos de patrimonio que no se mantengan para negociar ni deban valorarse a coste, la empresa puede realizar la elección irrevocable en el momento de su reconocimiento inicial de presentar los cambios posteriores en el valor razonable directamente en el **patrimonio neto**.

8347 **Activos a valor razonable con cambios en el patrimonio neto** (PGC NRV 9ª.2.3) En esta categoría se incluyen los instrumentos de patrimonio (p.e., acciones de una empresa) para los que se ha ejercitado la opción irrevocable mencionada anteriormente, valorándose inicialmente a valor razonable y registrando las variaciones posteriores de dicho valor razonable en el patrimonio neto, hasta que el activo financiero cause baja en el balance o se deteriore, momento en que el importe así reconocido se imputará a la cuenta de pérdidas y ganancias.

8348 **Activos disponibles a coste** (PGC NRV 9ª.2.4) Se registran en esta categoría las **restantes inversiones** en instrumentos de patrimonio cuyo valor razonable no puede determinarse por referencia a un precio cotizado en un mercado activo para un instrumento idéntico, o no pueda estimarse con fiabilidad. Esta valoración a coste implica, en cualquier caso, registrar las correcciones valorativas por deterioro si ello fuera necesario.

B. Registro contable de la adquisición

8350

1.	Contraprestación monetaria	8355
2.	Otras formas de adquisición	8365

1. Contraprestación monetaria

8355 El registro contable de la adquisición, con contraprestación monetaria, se analiza a continuación, desde la perspectiva de:
- las cuentas anuales individuales; como de
- las cuentas anuales consolidadas (nº 8360 s.).
Por otra parte, se analiza además el supuesto de reclasificaciones de determinados activos financieros (nº 8362).

8356 **Cuentas anuales individuales** En las cuentas anuales individuales, la compra de acciones o participaciones en el capital de una empresa, se registra de acuerdo con la NRV 9ª (Instrumentos financieros del PGC).
La calificación de la inversión financiera que se está adquiriendo de acuerdo a los criterios detallados en el nº 8345 s. determina el adecuado tratamiento contable.

En particular:

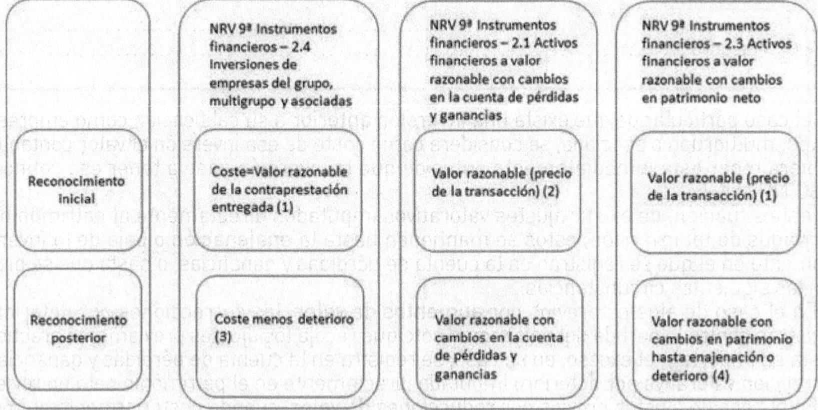

Notas:
(1) Más los **costes de la transacción** que le sean directamente atribuibles.
(2) Los costes de transacción que les sean directamente atribuibles se reconocen en la **cuenta de pérdidas y ganancias** del ejercicio.
(3) En el caso de venta de **derechos preferentes de suscripción** y similares o segregación de los mismos para ejercitarlos, el importe del coste de los derechos disminuye el valor contable de los respectivos activos. Ese coste se determina aplicando el método establecido en la Resol ICAC 5-3-19 art.3.6.
(4) Sin deducir los **costes de transacción** en que se puede incurrir en su enajenación.

Las inversiones en el patrimonio de empresas del grupo, multigrupo y asociadas se valoran inicialmente al **coste**, que equivale al valor razonable de la contraprestación entregada más los costes de transacción que les sean directamente atribuibles, debiéndose aplicar, en su caso, en relación con las empresas del grupo, el criterio relativo a operaciones entre empresas del grupo y los criterios para determinar el coste de la combinación (PGC NRV 9ª.2.4; PGC NRV 19ª.2.3). 8357

Precisiones **1)** La remisión al criterio incluido en la NRV 19ª.2.3 (Combinaciones de negocios del PGC) en el caso de empresas del grupo es importante, puesto que en ese apartado se recoge que los **honorarios** abonados a **asesores** legales, u otros profesionales que intervengan en la operación se contabilizan como un gasto en la cuenta de pérdidas y ganancias.
2) En la práctica es habitual que en una transacción de compraventa para adquirir acciones o participaciones que dan control en el capital de una empresa, los honorarios de abogados, *Due Diligence*, etc. los soporte la parte **compradora**. Sin embargo, si existen acuerdos entre adquirente y adquirida para que sea la entidad comprada quien se haga cargo de dichos costes, estaríamos ante una situación de desplazamiento patrimonial sin contraprestación entre dos sociedades del grupo, sobre cuyo tratamiento contable el ICAC se ha manifestado, a través de diferentes consultas, estableciendo que debe reflejarse la realidad económica que, en este tipo de transacciones y para el supuesto dominante-dependiente, se traduce en una operación de distribución o recuperación desde el punto de vista de la adquirida y adquirente, respectivamente.

Ejemplo La sociedad A adquiere el 100% de las acciones (o participaciones) de la sociedad B por un importe de 100 u.m. En la operación se incurren **honorarios de abogados** por importe de 5 u.m. que hace efectivos la sociedad compradora A. 8358
El asiento contable simplificado asociado a esta compraventa sería, en la sociedad A:

Dr Inversión en la participación (B)	100
Dr Cuenta de pérdidas y ganancias	5
(Cr) Efectivo	(105)

En este mismo supuesto, si posteriormente se acuerda que es la sociedad B quien asume el importe de 5 u.m. correspondientes a los honorarios de abogados, la doctrina del ICAC identifica un **desplazamiento patrimonial**, que debe tener el siguiente reflejo contable:

En la **sociedad A**:

Dr Inversión en la participación (B)	100
(Cr) Efectivo	(100)
Dr Cuenta de pérdidas y ganancias	5
< Cr > Inversión en la participación (B)	(5)

En este caso se registra un **menor valor** de la inversión en B por importe de 5 u.m. dado que la filial todavía no ha generado resultados desde su adquisición.

En la **sociedad B**:

Dr Reservas	5
< Cr > Efectivo	(5)

8359 En el caso particular de que exista una **inversión anterior** a su calificación como empresa del grupo, multigrupo o asociada, se considera como coste de esa inversión el valor contable que debiera tener esta inmediatamente antes de que la inversión pase a tener esa calificación (PGC NRV 9ª.2.4.1).

En esta situación, de existir ajustes valorativos imputados directamente al patrimonio neto derivados de tal inversión, estos se mantienen hasta la **enajenación** o baja de la inversión, momento en el que se registran en la cuenta de pérdidas y ganancias, o hasta que se produzcan las siguientes circunstancias:

a) En el caso de ajustes previos por **aumentos de valor**, las correcciones por deterioro se registran contra la partida del patrimonio neto que recoja los ajustes previamente practicados hasta su importe y, el exceso, en su caso, se registra en la cuenta de pérdidas y ganancias. La corrección valorativa por deterioro imputada directamente en el patrimonio neto no revierte.

b) En el caso de ajustes previos por **reducciones de valor**, cuando posteriormente el importe recuperable sea superior al valor contable de las inversiones, este último se incrementa, hasta el límite de la indicada reducción de valor, contra la partida que hubiera recogido los ajustes previos. El nuevo importe surgido se considera coste de la inversión. Sin embargo, si existe deterioro en el valor de la inversión, las pérdidas acumuladas directamente en el patrimonio neto se reconocen en la cuenta de pérdidas y ganancias.

8360 **Cuentas anuales consolidadas conforme a las NOFCAC** En un entorno de cuentas anuales consolidadas, el enfoque de la adquisición de acciones o participaciones en el capital de una empresa es completamente diferente, en la medida en que las inversiones en las empresas del grupo, multigrupo y asociadas son sujetos de la consolidación, y lo que marcan es el **método de consolidación** aplicable:

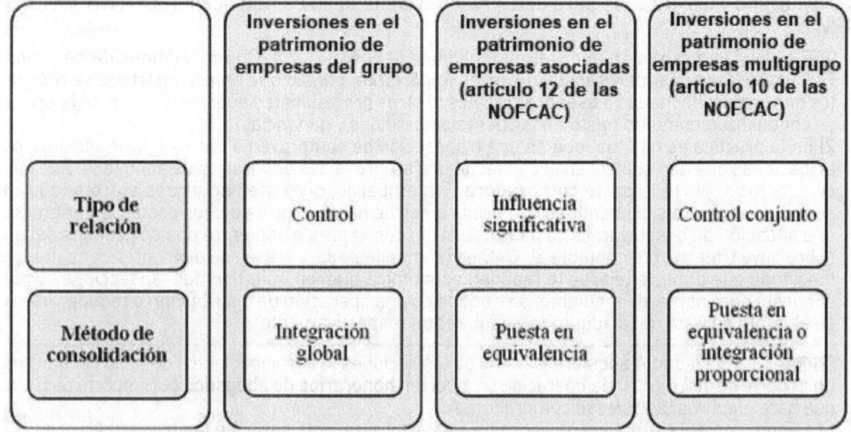

8361 La adquisición de **control** tiene unas reglas contables específicas en las cuentas anuales consolidadas, pues supone la aplicación del **método de adquisición** que, con carácter general, implica el reconocimiento de los activos adquiridos y pasivos asumidos de la empresa sobre la que se adquiere el control, a sus valores razonables. En el nº 8370 s. se aborda toda la problemática contable asociada a la adquisición de control de un negocio, denominada comúnmente como combinaciones de negocio.

En el caso de **otras inversiones** (nº 8345 s.), a efectos de las cuentas anuales consolidadas, se han de seguir los mismos criterios de reconocimiento que en las cuentas anuales individuales.

Reclasificaciones (PGC NRV 9ª.2.5) El PGC contempla varias circunstancias en las que se 8362
pueden producir reclasificaciones de activos financieros, si bien a continuación solo se analiza la reclasificación de instrumentos de patrimonio valorados a coste, a la categoría de activos financieros a valor razonable con cambios en la cuenta de pérdidas y ganancias, y al contrario, al ser estas las reclasificaciones más comunes en el entorno de las transacciones.

Cuando la inversión en el patrimonio de una empresa del **grupo, multigrupo o asociada** deje de calificarse como tal, la inversión financiera que se mantenga en dicha empresa se reclasificará a la categoría de activos financieros a valor razonable con cambios en la cuenta de pérdidas y ganancias siempre que el valor razonable de las acciones pueda estimarse con fiabilidad, salvo que la empresa opte en ese momento por incluir la inversión en la categoría de activos financieros a valor razonable con cambios en el patrimonio neto.

En tal caso, su valor razonable se medirá en la **fecha** de reclasificación reconociendo cualquier ganancia o pérdida que surja, por diferencia entre el valor contable del activo previo a la reclasificación y el valor razonable, en la cuenta de pérdidas y ganancias, salvo que la empresa ejerza la mencionada opción, en cuyo caso la diferencia se imputará directamente al patrimonio neto.

Por el contrario, en el supuesto de que el valor razonable de un instrumento de patrimonio dejase de ser fiable, su valor razonable en la fecha de reclasificación pasará a ser su nuevo valor en libros.

2. Otras formas de adquisición

Las operaciones de adquisición de acciones o participaciones en el capital de una empresa no 8365
siempre se formalizan mediante una compraventa.

Es habitual encontrar otras formas de adquisición tales como:
- fusiones;
- escisiones; o
- aportaciones no dinerarias.

Las normas de referencia son, en estos casos:

a) La **NRV 21ª** (Operaciones entre empresas del grupo del PGC), para el tratamiento contable de las fusiones, escisiones, o aportaciones no dinerarias entre empresas del grupo.

b) La **NRV 19ª** (Combinaciones de negocios del PGC), cuando no se está en un entorno de empresas del grupo, en los términos definidos en la NECA 13ª (Empresas de grupo, multigrupo y asociadas).

En las cuentas anuales individuales, el adecuado tratamiento contable de una aportación no dineraria, fusión o escisión requiere determinar si los elementos patrimoniales que se adquieren constituyen o no un negocio, aspecto desarrollado en el nº 8580 s. La determinación de tal concepto es importante, pues atendiendo a la naturaleza de lo que se está adquiriendo el tratamiento contable en las cuentas anuales individuales difiere.

El siguiente esquema refleja el tratamiento contable en las **cuentas anuales individuales** de 8366
una operación de adquisición de acciones o participaciones en el capital de una empresa (negocio), formalizada mediante una aportación no dineraria.

En concreto, el **valor** por el que tanto la entidad aportante como la receptora debe reconocer la adquisición.

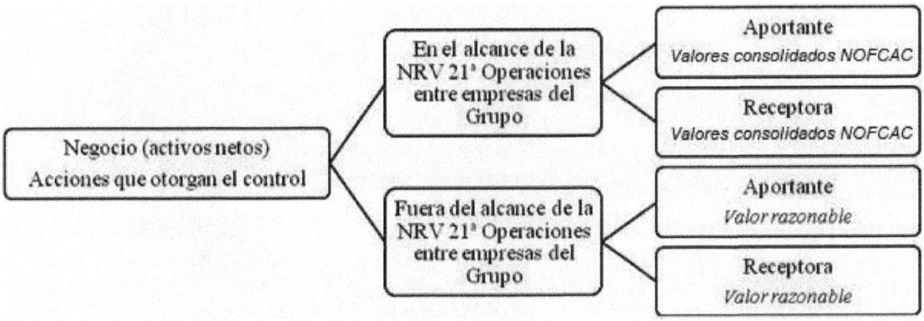

Negocio (activos netos)
Acciones que otorgan el control

En el alcance de la NRV 21ª Operaciones entre empresas del Grupo
Aportante
Valores consolidados NOFCAC
Receptora
Valores consolidados NOFCAC

Fuera del alcance de la NRV 21ª Operaciones entre empresas del Grupo
Aportante
Valor razonable
Receptora
Valor razonable

La referencia al valor contable de los elementos patrimoniales en **las cuentas anuales** 8367
consolidadas debe entenderse referido siempre a las cuentas anuales consolidadas según las NOFCAC, que desarrollan el Código de Comercio: «valor NOFCAC» (PGC NRV 21ª).

Precisiones El **ICAC**, a través de diferentes consultas, se ha manifestado respecto de la interpretación que debe hacerse al término valor contable de los elementos patrimoniales en las cuentas anuales consolidadas («valor NOFCAC») cuando, al amparo de alguna de las dispensas a las que puede acogerse un grupo de sociedades, este no formula cuentas anuales consolidadas de acuerdo con las NOFCAC, o acerca de la posibilidad de utilizar, a estos efectos, las cuentas anuales consolidadas de acuerdo con las NIIF de una sociedad española.
El ICAC, ante la ausencia de unas cuentas consolidadas de acuerdo con las NOFCAC, al amparo de alguna de las dispensas a las que puede acogerse un grupo de sociedades, no requiere unas cuentas consolidadas de acuerdo con las NOFCAC «ad-hoc», permitiendo en tal caso la utilización de los valores existentes antes de realizarse la operación en las cuentas anuales individuales de la sociedad adquirida (ICAC consulta núm 17, BOICAC núm 85).
El ICAC se manifiesta asimismo sobre la posibilidad de utilizar las cuentas anuales consolidadas de acuerdo con las NIIF, de una sociedad española, siempre que la información consolidada no difiera de la que se hubiera obtenido aplicando las NOFCAC -RD 1159/2010- (ICAC consulta núm 21, BOICAC núm 85).

8368 En el caso de operaciones de adquisición de acciones o de participaciones en el capital de una empresa en una modalidad de aportación no dineraria que no responde a los conceptos de adquisición de un negocio, el tratamiento contable aplicable atiende al concepto de **permuta**, siendo desde esa perspectiva desde la que se debe analizar.
En este sentido es el **carácter comercial** o no de la operación lo que cobra importancia extrema de análisis, pues dependiendo de la conclusión al respecto, el tratamiento contable requiere que acudamos a utilizar un valor razonable.

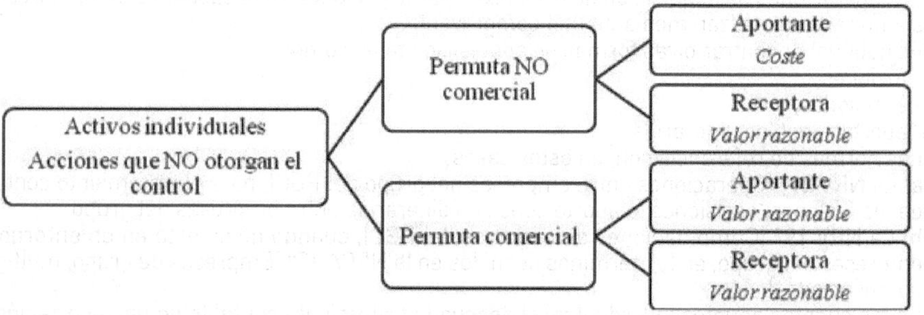

8369 El **carácter comercial** o no de la permuta se define en la NRV 2ª (Inmovilizado material del PGC).
Se considera que una permuta tiene carácter comercial si:
- la configuración (riesgo, calendario e importe) de los **flujos de efectivo** del activo recibido difiere de la configuración de los flujos de efectivo del activo entregado; o
- el valor actual de los flujos de efectivo después de impuestos de las actividades de la empresa afectadas por la permuta, se ve modificado como consecuencia de la operación.
Además, es necesario que cualquiera de las diferencias surgidas por las anteriores causas resulte significativa al compararla con el **valor razonable** de los activos intercambiados.

II. Adquisición de control

8370

A. **Identificación de una combinación de negocios** 8375
B. **Método de adquisición** 8385
1. Empresa adquirente 8390
2. Fecha de adquisición 8400
3. Coste de la combinación de negocios 8410
4. Valoración de activos y pasivos 8420
a. Criterios generales 8425
b. Reglas específicas y excepciones 8435
5. Importe del fondo de comercio o de la diferencia negativa 8465
a. Fondo de comercio 8470
b. Participaciones previas en combinaciones de negocios realizadas por etapas 8475
c. Diferencia negativa 8480
d. Socios externos 8485
6. Elementos que forman parte de la combinación de negocios 8490
a. Derechos readquiridos y relaciones preexistentes 8495
b. Sustitución de acuerdos de remuneración de pagos basados en acciones a empleados o anteriores accionistas 8505
c. Compensación por haber recibido un negocio deficitario 8515
d. Otras transacciones que no forman parte del coste de la combinación 8517
7. Contabilidad provisional y posterior a la combinación de negocios 8525

A. Identificación de una combinación de negocios

El **método general** de contabilización que se analiza es el recogido en la NRV 19ª Combinaciones de negocios del **PGC** según la redacción dada por el RD 1159/2010 y, en lo aplicable, en las NOFCAC aprobadas por ese mismo Real Decreto, todo ello sin perjuicio de los comentarios realizados sobre algún aspecto específico relacionado con las NIIF y, en particular, con la norma que trata estas transacciones, la NIIF núm 3 Combinaciones de negocios. 8375

Concepto de combinación de negocios (PGC NRV 19ª) Las combinaciones de negocios se definen como aquellas operaciones en las que una empresa adquiere el **control** de uno o varios negocios. 8376

Las empresas deben contabilizar las transacciones que se califican como combinaciones de negocios mediante el denominado **método de adquisición**, cuya característica fundamental es que la sociedad adquirente ha de contabilizar los activos identificables adquiridos y los pasivos asumidos por su valor razonable en la fecha de adquisición, lo que normalmente genera una **diferencia** entre ese importe y el valor razonable de la contraprestación pagada o transferida que, en caso de ser **positiva**, se contabiliza como un fondo de comercio y, en caso de ser una diferencia **negativa**, como un ingreso.

El análisis e identificación adecuada de todos estos conceptos clave va a ser relevante para aplicar el método de adquisición, siendo el primero y más importante la definición de combinación de negocios, dado que es lo que determina que una transacción entre en el alcance de esta norma contable. 8377

La toma de control (nº 8320 s.) por parte de la adquirente puede producirse **económicamente** de distintas formas: mediante la transferencia de efectivo u otros activos, asumiendo pasivos, emitiendo instrumentos de patrimonio o una combinación de las anteriores.

Precisiones Aunque son menos comunes, también es posible obtener el control mediante **transacciones sin contraprestación**, como por ejemplo cuando se produce únicamente mediante acuerdos contractuales por los que la adquirente pasa a controlar el negocio adquirido.

También mediante otro tipo de circunstancias pasivas para la adquirente, como por ejemplo cuando una compañía participada **recompra** sus propios instrumentos de patrimonio de manera que el inversor pasa a tener una participación mayoritaria en la participada sin que haya habido modificación del número de acciones poseídas u, otro caso, cuando expiran derechos que tenían otros accionistas no mayoritarios que impedían que la entidad controlase a la participada (p.e., derechos de veto temporales en decisiones que afectan a las actividades relevantes de la subsidiaria).

En la medida en que estas transacciones sin contraprestación responden a la adquisición de control de uno o varios negocios, conceptualmente los criterios contables van a ser similares a los de la NRV 19ª Combinaciones de negocios del **PGC**, pero con una serie de particularidades que se regulan en la NOFCAC art.34.

8378 **Estructuras jurídicas** Las combinaciones de negocio en función de la forma jurídica empleada, pueden originarse de muy diversas formas. Esas formas se recogen en el siguiente cuadro:

Estructuras	Contabilización
Fusión o escisión de varias empresas.	Método de adquisición de la NRV 19ª Combinaciones de negocios del PGC, tanto en las cuentas anuales de la inversora como en sus cuentas consolidadas.
Adquisición de todos los elementos patrimoniales de una empresa o de una parte que constituya uno o más negocios.	
Adquisición de las acciones o participaciones en el capital de una empresa, incluyendo las recibidas en virtud de una aportación no dineraria en la constitución de una sociedad o posterior ampliación de capital.	En las cuentas anuales individuales de la inversora se valorará la inversión en el patrimonio de otras empresas del grupo conforme en la NRV relativa a instrumentos financieros (NRV 9ª.2.4). En las cuentas anuales consolidadas se aplicará el método de adquisición de la NRV 19ª Combinaciones de negocios del PGC prescrito por las normas de consolidación.
Otras operaciones o sucesos cuyo resultado es que una empresa, que posee o no previamente participación en el capital de una sociedad, adquiere el control sobre esta última sin realizar una inversión.	

8379 **Combinaciones de negocio entre empresas del grupo** (PGC NVR 21ª) Cuando las combinaciones de negocio se producen entre empresas del grupo, mediante operaciones distintas de la compraventa, no se aplica el método de adquisición, sino determinadas **normas particulares** de aplicación a transacciones entre empresas del grupo (fusiones, escisiones, aportaciones no dinerarias y otras), contenidas en la PGC NRV 21ª, siempre y cuando los elementos objeto de la transacción deben calificarse como un negocio. A estos efectos, las participaciones en el patrimonio neto que otorgan el control sobre una empresa que constituya un negocio, también tienen esa calificación.
De manera general, la regla contable se basa en el **mantenimiento** de los **valores** contables consolidados, bajo la filosofía de que no existe en puridad toma de control, puesto que este ya existía previamente, al tratarse de operaciones entre empresas del mismo grupo.
Las particularidades contables de este tipo de operaciones se tratan en el nº 8580 s.

8380 **Concepto de negocio** (PGC NRV 19ª) Se define un negocio como un conjunto integrado de actividades y activos susceptibles de ser dirigidos y gestionados con el propósito de proporcionar un rendimiento, menores costes u otros beneficios económicos directamente a sus propietarios o partícipes.
Por tanto, no puede considerarse un negocio solo a un conjunto de activos o elementos patrimoniales, sino que deben estar integrados por una serie de **actividades** que permitan su dirección y gestión.
La identificación del negocio es importante porque, si lo que se está adquiriendo no puede calificarse así, no es aplicable el método de adquisición.

Precisiones En la mayoría de los casos es evidente que lo adquirido es un negocio, pero no hay que descuidar las matizaciones en este análisis, porque no necesariamente siempre es así.
Normalmente se considera que para que un conjunto de actividades y activos pueda ser dirigido y gestionado, requiere de la existencia de dos elementos esenciales (insumos y procesos) que juntos se utilizan o se van a utilizar en la **elaboración** de **productos o servicios**.
La normativa internacional contenida en la NIIF núm 3 (Combinaciones de negocios), aprobó en octubre de **2018** una modificación específica para aclarar el concepto de negocio. En concreto, esa modificación clarifica que para ser considerado como un negocio, el conjunto de actividades y activos adquiridos debe incluir, como mínimo, un insumo (input) y un proceso sustantivo que conjuntamente contribuyan a la capacidad de generar productos (outputs). Esos conceptos quedan definidos de la siguiente forma:
a) Insumo. Todo recurso económico que elabora productos o tiene la capacidad de contribuir a la creación de productos si se la aplica uno o más procesos. Algunos ejemplos incluyen activos no corrientes (incluyendo activos intangibles o derechos a utilizar activos no corrientes), propiedad intelectual, la capacidad de acceder a materiales o derechos necesarios y empleados.
b) Proceso. Todo sistema, norma, protocolo, convención o regla que, aplicado a un insumo o insumos, elabora productos o tiene la capacidad de contribuir a la creación de productos. Son ejemplos los procesos de gestión estratégica, de operación y de gestión de recursos. Estos procesos habitualmente están documentados, pero la capacidad intelectual de una plantilla de trabajadores organizada que tenga la formación y experiencia necesarias, siguiendo las reglas y convenciones, puede proporcionar los procesos necesarios susceptibles de aplicarse a los insumos para elaborar productos (generalmente, la contabilidad, la facturación, la confección de nóminas y otros sistemas administrativos no son procesos utilizados para elaborar productos).

c) **Producto**. El resultado de insumos y procesos aplicados a estos que proporcionan bienes o servicios a clientes, generan ingresos de inversión (tales como dividendos o intereses) u otros ingresos de actividades ordinarias.

Como novedad, se introduce la posibilidad (opcional) de que las empresas utilicen el denominado «**test de concentración**» para identificar, de forma rápida, la compra de elementos que deben ser clasificados como activos en lugar de negocios. Ese test de concentración se cumple si sustancialmente todo el valor razonable de los activos brutos adquiridos se concentra en un solo activo identificable o grupo de activos identificables similares.

Por último, y a la vista de la definición de negocio, cabe preguntarse si la actividad de una empresa «**start up**» en su etapa de desarrollo puede ser considerada como un negocio, en la medida en la que no existen productos. En este sentido, la NIIF núm 3 modificada establece que si un conjunto de actividades y activos no tiene productos en la fecha de adquisición, el proceso adquirido (o grupo de procesos) se considera sustantivo, y por tanto cumple la definición de negocio, solo sí:

- es fundamental para la capacidad de desarrollar o convertir un insumo en producto; y,
- los insumos adquiridos incluyen una plantilla de trabajadores organizada que tiene la necesaria formación, conocimiento o experiencia para realizar esos procesos; es decir, sin una plantilla de trabajadores organizada no puede considerarse a la adquisición de una *start up* como negocio.

Por tanto, para cada transacción la empresa debe determinar si el conjunto de elementos patrimoniales adquiridos constituye un negocio. Si no es así, no es de aplicación el método de adquisición, debiendo contabilizarse la transacción como una **adquisición de activos** y, en su caso, asunción de **pasivos**, de acuerdo con lo que a tal efecto dispongan las normas aplicables. **8381**

En esta última situación:

a) El **coste** de la transacción debe distribuirse entre los activos identificables adquiridos y los pasivos asumidos, sobre la base de sus valores razonables relativos.

b) Estas operaciones **no** dan lugar a un **fondo de comercio** ni a una diferencia negativa.

Precisiones El ICAC ha dado su visión sobre una cuestión siempre objeto de debate que es la distinción entre la adquisición de activos inmuebles o de **negocios inmobiliarios**. El ICAC considera que un inmueble no debería calificarse como un «negocio» si solo estuviese expuesto al riesgo y beneficio de precio o valor razonable, circunstancia que entiende debería presumirse salvo clara evidencia de lo contrario, a la vista de la naturaleza de este activo (ICAC consulta núm 3, BOICAC núm 91).

B. Método de adquisición

El método de adquisición supone que la empresa adquirente contabiliza, en la **fecha de adquisición**, los activos identificables adquiridos y los pasivos asumidos en una combinación de negocios, es decir, los de la empresa adquirida, así como, en su caso, el correspondiente fondo de comercio o diferencia negativa que surge por la diferencia con la contraprestación transferida. **8385**

La **valoración** de los activos y pasivos propios de la empresa adquirente no se ve afectada por la combinación.

La aplicación del método de adquisición en la empresa adquirente requiere diversos **pasos**:

- la identificación de la empresa adquirente;
- la determinación de la fecha de adquisición (nº 8400 s.);
- la determinación del coste de la combinación de negocios (nº 8410 s.);
- el cálculo del importe del fondo de comercio o de la diferencia negativa (nº 8465 s.);
- la identificación de los elementos que no forman parte de la combinación de negocios (nº 8490 s.);
- la contabilidad provisional y posterior (nº 8525 s.).

1. Empresa adquirente

La empresa adquirente es aquella que **obtiene el control** sobre el negocio o negocios adquiridos. Se deben tener en cuenta dos matizaciones adicionales: **8390**

- también se considera empresa adquirente la **parte** de una empresa que, como consecuencia de la combinación, se escinde de la entidad en la que se integraba y obtiene el control sobre otro u otros negocios;
- cuando como consecuencia de una operación de **fusión, escisión o aportación no dineraria**, se constituye una nueva empresa, se identifica como empresa adquirente a una de las empresas que participan en la combinación y que existían con anterioridad a esta.

8391 **Identificación de la empresa adquirente** Para identificar la empresa que adquiere el control se atiende a la **realidad económica** y no solo a la **forma jurídica** de la combinación de negocios.
Con carácter general, se considera como empresa adquirente la que entrega una **contraprestación** a cambio del negocio o negocios adquiridos.
Sin embargo, esta consideración no siempre es suficiente para determinar qué empresa es la que obtiene realmente el control.
Otros criterios que se toman también en consideración para formarse un juicio sobre cuál es la empresa adquirente son los que se recogen en el siguiente cuadro:

Aspectos críticos	La adquirente es normalmente:
a) Derechos de voto en la entidad combinada y composición del órgano de administración de la entidad combinada	La empresa o negocio que se combina cuyos socios: - retengan o reciban la mayoría de los derechos de voto de la entidad combinada; o, - tengan la facultad de elegir, nombrar o cesar a la mayoría de los miembros del órgano de administración de la entidad combinada o bien; - representen a la mayoría de las participaciones minoritarias con voto en la entidad combinada actuando de forma organizada sin que otro grupo de propietarios tenga una participación de voto significativa.
b) Equipo de dirección del negocio combinado	La empresa o negocio que se combina cuyos socios tengan la facultad de designar el equipo de dirección del negocio combinado.
c) Valor razonable de las empresas o negocios combinados	Si el valor razonable de una de las empresas o negocios combinados es significativamente mayor que el del otro u otros que intervienen en la operación, normalmente la adquirente será la de mayor valor razonable.
d) Condiciones del intercambio de participaciones	Generalmente la entidad que paga una prima sobre el valor razonable de los instrumentos de patrimonio de las restantes sociedades que se combinan.

Nota:
Para formarse un juicio sobre cuál es la empresa adquirente, los criterios que deben considerarse de forma preferente y por este **orden** son los aspectos indicados en los puntos a) y b).

8392 También hay otra serie de factores que pueden ayudar en el análisis, y que se convierten en especialmente relevantes cuando en la combinación de negocios participan **más de dos empresas o negocios.** Otras circunstancias que pueden considerarse son las siguientes:

Otros factores adicionales	Para determinar cuál es la adquirente:
Más de dos entidades combinadas	Tener en cuenta qué entidad ha iniciado la combinación.
Dimensiones relativas	Generalmente la entidad cuya dimensión relativa (medida, por ejemplo, en volumen de activos, ingresos o resultados) es significativamente mayor al del resto.
La contraprestación se realiza principalmente en efectivo, otros activos o incurriendo en pasivos	Generalmente la entidad que transfiere el efectivo u otros activos, o que incurre en pasivos.
La contraprestación consiste principalmente en participaciones	Generalmente la entidad que emite sus participaciones (podría también haber emisión de participaciones por la adquirida en el caso de adquisición inversa).

8393 **Combinaciones de negocios mediante entidades de nueva creación** El ICAC se ha pronunciado sobre si es admisible que una entidad de nueva creación se califique como adquirente, considerando que para identificar la empresa adquirente se debe atender a la realidad económica y no solo a la forma jurídica de la combinación de negocios, y que en el marco de la NRV 19ª Combinaciones de negocios del PGC cuando se constituya una nueva empresa, con carácter general, esta no puede calificarse como adquirente, salvo si adquiere el **control efectivo** de las entidades que participan en la operación.

8394 Esto es que, lejos de constituir una mera simulación, en la nueva entidad radique el **control del grupo**, habiéndolo perdido los antiguos socios o propietarios de las citadas entidades (ICAC consulta núm 19, BOICAC núm 85).
En el contexto de la NRV 21ª Operaciones entre empresas del grupo del PGC, sin embargo, las sociedades de nueva creación, con carácter general, gozan de la calificación de sociedad adquirente porque en las operaciones que en ella se regulan, el control del negocio, antes y

después de que se produzca la transacción, lo mantienen las **mismas personas** físicas o jurídicas. Ver nº 8580 s.
Por tanto, la conclusión depende de si puede concluirse que la nueva entidad toma de forma efectiva el control de las entidades participantes.

Ejemplos Con esta **estructura** se analizan a continuación dos ejemplos: **8396**

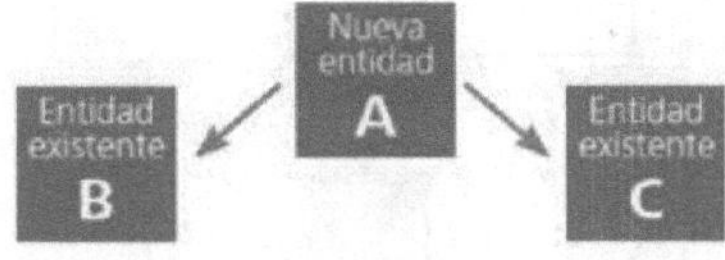

1. La nueva entidad emite instrumentos de patrimonio.
B y C son entidades existentes, y se combinan mediante la creación de una nueva entidad, A, que emite acciones nuevas en una proporción de un 80% para los accionistas de B y un 20% para los accionistas de C.
Teniendo en cuenta los derechos de voto relativos, y en ausencia de otros factores que apunten en dirección contraria, B se identifica como la adquirente, pues son los **accionistas de B** los que han tomado el control efectivo de A, lo que implica que los estados financieros consolidados del nuevo grupo A se deben presentar como si B hubiera adquirido legalmente a C y, por tanto, son los activos netos de C los que se miden por su valor razonable en la fecha de adquisición. Los activos netos de B se mantienen a su importe previo en libros y la información comparativa y la cuenta de resultados hasta la fecha de adquisición se ha de basar en los de B, mientras que la sociedad C y sus resultados únicamente se integran desde la fecha de adquisición.
A carece de sustancia comercial porque es, en la práctica, un mecanismo legal para lograr este fin (la combinación de negocios).
2. La nueva entidad transfiere efectivo.
B y C son entidades existentes, y se combinan mediante la creación de una nueva entidad denominada A. Los inversores de A son una **sociedad de capital riesgo**, que posee el 60% de A, y los antiguos inversores de C, que tienen el 40%. A adquiere en efectivo las participaciones de B y emite acciones para adquirir a C.
En este caso puede concluirse que A es la adquirente, puesto que mediante esta transacción se produce un cambio en el control, que es adquirido de forma efectiva a través de A por la sociedad de capital riesgo. Aunque los anteriores accionistas de C mantienen una participación, pierden el control efectivo puesto que no es mayoritaria.
En este caso, la combinación de A y B, y A y C, son adquisiciones «normales» en las que A es la sociedad adquirente y ha de integrar los activos netos identificables tanto de B como de C a su valor razonable en el momento de la adquisición (en el caso de B, esta situación es consecuencia directa de haberse realizado la toma de control mediante una operación de compraventa. Es decir, si hubiera sido a través de una fusión o escisión, se habrían aplicado las normas especiales de la PGCNRV 21ª).

Adquisiciones inversas Como consecuencia de la aplicación de los criterios descritos para determinar cuál es la sociedad adquirente, puede llegarse a la conclusión de que el negocio adquirido sea el de la **sociedad absorbente**, porque se realiza mediante un intercambio de participaciones por el que los socios anteriores de la sociedad dependiente obtienen el control de la sociedad dominante. **8397**
Estas operaciones se denominan adquisiciones inversas y, con carácter general, esto implica que, dado que el control del grupo ha sido obtenido por los socios anteriores de la sociedad dependiente, se considera a la **sociedad dependiente** (mercantil) como sociedad adquirente -económica- (por tanto, la que ha de mantener los valores previos a la fecha de adquisición) y a la sociedad dominante (mercantil) como la adquirida (económica). No obstante, en las adquisiciones inversas existen adicionalmente una serie de criterios particulares que se regulan en la NOFCAC art.33.

Ejemplo Supongamos una **estructura** del siguiente tipo: **8398**

A C
100% 100%
B D

A y C desean combinar sus negocios B y D. Para ello, el acuerdo al que llegan A y C consiste en que D va a realizar una **ampliación de capital** a cambio de la cual recibe, como aportación no dineraria, la participación que A tiene en B, quedando la nueva estructura accionarial de la siguiente forma:

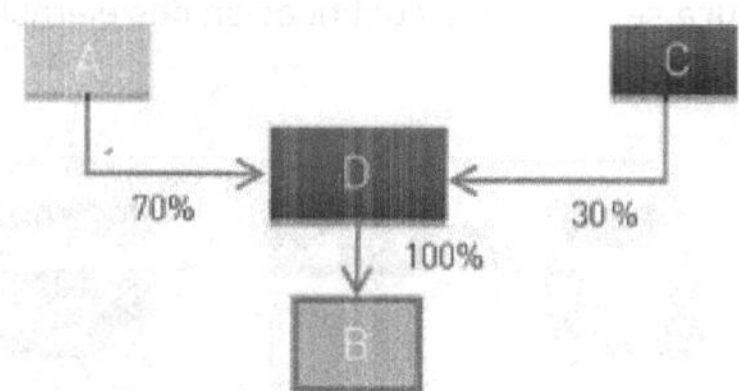

El análisis de la operación desde la perspectiva de la sociedad D es que, si bien es la que ha emitido las acciones y «adquirido» desde un punto de vista legal y mercantil a la entidad B, en realidad es la sociedad A, accionista de B, quien está tomando el control de D, por lo que contablemente estamos ante una adquisición inversa.
La entidad B es la sociedad adquirente (es decir, la que mantiene los valores en la adquisición), mientras que D es la sociedad adquirida (sobre la que se aplicarán los requisitos del método de adquisición). Todo ello sin perjuicio del resto de particularidades que prevén las NOFCAC para este tipo de transacciones.

2. Fecha de adquisición

8400 La fecha de adquisición es aquella en la que la empresa adquirente adquiere el **control** del negocio o negocios adquiridos. La fecha de adquisición está específicamente tratada en la Resol ICAC 5-3-19 art.48 s.
Esta fecha determina cuándo se debe aplicar el método de adquisición y, a partir de esa fecha, se registran los ingresos y gastos, así como los flujos de tesorería que corresponden a la entidad adquirida.

8401 **Supuesto general** En los supuestos de fusión o escisión, con carácter general, la fecha de adquisición es la de celebración de la junta de accionistas u órgano equivalente de la empresa adquirida en que **se apruebe** la operación, siempre que el acuerdo sobre el proyecto de fusión o escisión no contenga un pronunciamiento expreso sobre la asunción de control del negocio por la adquirente en un momento posterior.
En cualquier caso, la eficacia de la fusión o escisión queda supeditada a la **inscripción** de la nueva sociedad o, en su caso, a la inscripción de la absorción o escisión.
Esto implica que las **obligaciones registrales** (CCom art.28.2) se mantienen en la sociedad adquirida o escindida hasta la fecha de inscripción de la fusión o escisión en el RM y que, en la fecha de inscripción, la sociedad adquirente, debe reconocer los efectos retroactivos de la fusión o escisión; es decir, reconoce los elementos patrimoniales del negocio adquirido de acuerdo a las reglas del método desde la fecha de adquisición.

8402 De esta forma, en relación a las cuentas anuales de la sociedad adquirente, excepto en el caso de las adquisiciones inversas (nº 8406), se pueden dar las dos siguientes **situaciones**:
- la fecha de inscripción en el RM tiene lugar entre el cierre del ejercicio y la fecha de la formulación de las cuentas anuales correspondientes a ese ejercicio; y
- la fecha de inscripción en el RM es posterior a la de formulación de las cuentas anuales del ejercicio.
En relación con la fecha de formulación, debe entenderse que esta se produce antes de la finalización del plazo previsto en la LSC art.253.

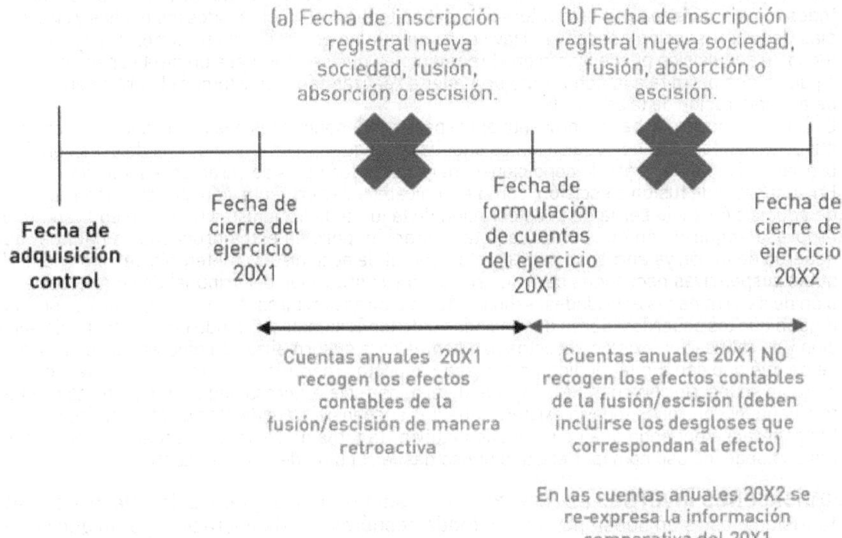

Inscripción entre cierre de ejercicio y formulación de cuentas Cuando la inscripción se realiza entre el cierre del ejercicio y la formulación de las cuentas anuales, se establece que: **8403**
a) La sociedad **adquirente** debe recoger en sus cuentas anuales los ingresos y gastos y los flujos de efectivo correspondientes a la sociedad adquirida desde la fecha de adquisición, así como sus activos y pasivos identificables de acuerdo con las reglas del método de adquisición.
b) La sociedad **adquirida** ha de recoger en sus cuentas anuales los ingresos y gastos y los flujos de efectivo anteriores a la fecha de adquisición y dar de baja del balance, con efectos contables en esa fecha, la totalidad de sus activos y pasivos.
En el supuesto general en el que la fusión o escisión se inicie y complete en el **mismo ejercicio** económico, son de aplicación estos mismos criterios.
La fusión no afecta a la información comparativa de la sociedad adquirente porque la operación solo produce efectos contables desde la fecha de adquisición.

Inscripción registral posterior a formulación de cuentas Si la fecha de inscripción es posterior al plazo previsto en la LSC art.253 para formular cuentas anuales (3 meses contados a partir del cierre del ejercicio social), estas no recogen los efectos de la **retrocesión** a que se hace referencia en el apartado anterior. En consecuencia, la sociedad adquirente no puede mostrar en sus cuentas anuales los activos, pasivos, ingresos, gastos y flujos de efectivo de la adquirida, sin perjuicio de la información que sobre el proceso de fusión debe incluirse en la memoria de las sociedades que intervienen en la operación. No obstante, una vez inscrita la fusión la sociedad adquirente debe mostrar los efectos contables de la retrocesión, circunstancia que motiva el correspondiente ajuste en la información comparativa del ejercicio anterior. **8404**
A estos efectos hay que señalar que la inscripción de la fusión con posterioridad a la fecha de formulación de las cuentas anuales, pero **con anterioridad al plazo legal de formulación** (3 meses contados a partir del cierre del ejercicio social), no es un hecho que requiera reformulación de las cuentas anuales.

Precisiones La fecha de adquisición es una **cuestión de hecho** y, por tanto, no puede alterarse por aspectos puramente formalistas, como por ejemplo, mediante cláusulas en el contrato de compraventa indicando que la operación se considera realizada en una fecha anterior, cuando realmente todavía no existe evidencia de control en esa fecha o mediante acuerdos de reparto de beneficios para el comprador desde una fecha anterior o posterior, que no dejan de ser mecanismos para ajustar el importe de la contraprestación de la compraventa pero que no determinan en qué momento la adquirente pasa a tener el control del negocio. **8405**
En la práctica, hay transacciones en las que la existencia de distintos hitos hace necesario analizar cuidadosamente todos los hechos y circunstancias para determinar cuál es la fecha de adquisición.
Por ejemplo, en una **OPA**, debe determinarse entre las distintas etapas del proceso cuál es la fecha en que se traspasa el control; esta fecha debe ser aquella en que la oferta pasa a ser incondicional y se obtiene una participación mayoritaria en la adquirida.

Generalmente se trata de la fecha en la que el número de aceptaciones supera un umbral predeterminado, que es suficiente para conseguir el control (es decir, generalmente más del 50%). De todos modos, para realizar esta valoración, deben tenerse en cuenta todos los hechos y circunstancias de la transacción específica. Hay casos en que no es necesario un umbral mayoritario y la fecha de adquisición puede fijarse en el momento en que se sobrepase un nivel específico de participación que permita a la adquirente proceder a realizar cambios y tomar el control en el consejo de administración de la adquirida.

En aquellos acuerdos de compraventa entre partes independientes que estén sujetos a condiciones suspensivas, la fecha de adquisición es aquella en la que se cumpla la última de esas condiciones previas, salvo que se trate de condiciones meramente formales de carácter resolutorio.

En supuestos de **fusión o escisión**, como se indicaba anteriormente, con carácter general, la fecha de adquisición suele ser la de la celebración de la junta de accionistas u órgano equivalente de la empresa adquirida en que se apruebe la operación, pero en estos procesos es habitual que el acuerdo de fusión ya aprobado por la junta general de accionistas, contemple determinadas **cláusulas suspensivas** necesarias para su ratificación y aprobación del Tribunal de competencia, escisión de determinadas actividades, salida a Bolsa u otras similares, cuyo incumplimiento podría dar lugar a que los acuerdos fueran denunciados ante los Tribunales. Cuando entre la fecha de aprobación y su ratificación existen aspectos pendientes para su formalización efectiva ha de discriminarse de qué tipo son. En la medida en que sean aspectos meramente formales o legales, como por ejemplo su inscripción en el RM, hay que determinar si la empresa adquirente ha tomado ya efectivamente el control. Si todavía existen cláusulas suspensivas pendientes de resolución, con carácter general se entiende que no se puede justificar la toma de control, por cuanto la operación de fusión puede incluso no haber existido nunca desde el punto de vista mercantil.

8406 **Adquisiciones inversas** (PGC NRV 19ª) En las adquisiciones inversas, los efectos contables de la fusión o escisión deben mostrar el **fondo económico** de la operación, por lo que se regulan determinados aspectos específicos para este tipo de adquisiciones.

En la fecha de inscripción, los **ingresos y gastos** del negocio adquirido (es decir, la absorbente legal), devengados hasta la fecha de adquisición, deben contabilizarse contra la cuenta prima de emisión o asunción, y los ingresos y gastos de la empresa adquirente, al absorbida legal, deben lucir en las cuentas anuales de la sociedad absorbente o beneficiaria de la escisión desde el inicio del ejercicio económico.

8407 Por otro lado, cuando a la fecha de **cierre del ejercicio** no se ha producido la inscripción registral, en las adquisiciones inversas los criterios que se han descrito en el nº 8406 para el caso general se aplican de la siguiente forma:

a) Si la fecha de la **inscripción** registral se encuentra entre la de cierre del ejercicio y la de formulación de cuentas, que debe entenderse producido antes de la finalización del plazo previsto en la LSC art.253 (3 meses a contar a partir de la fecha del cierre del ejercicio social), las cuentas anuales de la sociedad adquirida, es decir, la absorbente legal, no incluyen los ingresos y gastos devengados hasta la fecha de adquisición, sin perjuicio de la obligación de informar en la memoria sobre su importe y naturaleza. La adquirente (absorbida legal), no ha de formular cuentas anuales en la medida que sus activos y pasivos, así como sus ingresos, gastos y flujos de efectivo desde el inicio del ejercicio económico deben lucir en las cuentas anuales de la sociedad adquirida (absorbente legal).

b) Si la fecha de la **inscripción** registral es posterior al plazo previsto en la LSC art.253 (3 meses a contar a partir de la fecha del cierre del ejercicio social), las sociedades que intervienen en la operación no recogen los efectos de la retrocesión descritos. Una vez inscrita la fusión o escisión, la absorbente legal ha de mostrar los citados efectos, circunstancia que motiva el correspondiente ajuste en la información comparativa del ejercicio anterior.

3. Coste de la combinación de negocios

El coste de una combinación de negocios para la empresa adquirente viene determinado por la **suma** de: 8410

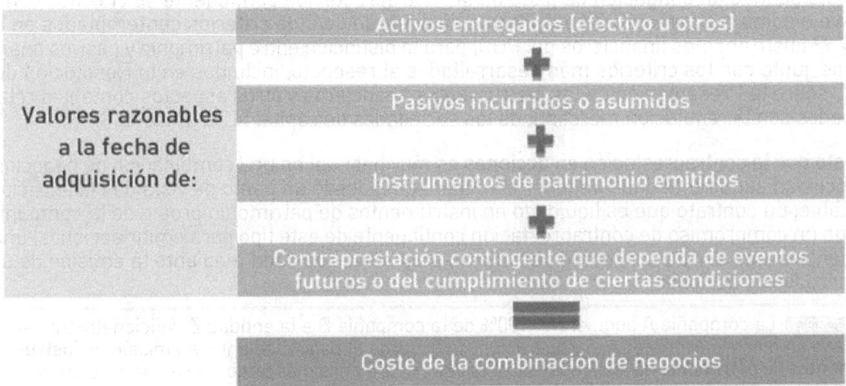

Al respecto, se ha de tener en cuenta que: 8411

a) Cuando el valor razonable del negocio adquirido sea **más fiable**, se utiliza este para estimar el valor razonable de la contrapartida entregada. Este caso puede producirse, por ejemplo, cuando se adquiere un negocio cuyas acciones cotizan en Bolsa.

b) En relación con el valor razonable de los **instrumentos de patrimonio o** de los **pasivos financieros emitidos** que se entregan como contraprestación en una combinación de negocios, con carácter general, este es su precio cotizado, si esos instrumentos están admitidos a cotización en un mercado activo. Si no lo están, en el caso particular de la fusión y escisión, ese importe es el valor atribuido a las acciones o participaciones de la empresa adquirente a los efectos de determinar la correspondiente ecuación de canje.

c) Cuando el **valor contable** de los activos entregados por la adquirente como contraprestación no coincida con su valor razonable, en su caso, se debe reconocer en la cuenta de pérdidas y ganancias el correspondiente resultado de acuerdo con lo establecido al respecto en la norma sobre permutas del inmovilizado material.

Precisiones En relación con los **activos o pasivos transferidos** como parte de la contraprestación entregada, pero que permanecen dentro de la entidad combinada después de la combinación de negocios (por ejemplo, porque los activos y pasivos se transfirieron a la entidad combinada en lugar de a sus antiguos propietarios), el adquirente debe medir esos activos y pasivos por su importe en libros inmediatamente antes de la fecha de adquisición. Por tanto, no debe reconocerse ninguna ganancia o pérdida con respecto a los activos o pasivos controlados por el adquirente tanto antes como después de la combinación de negocios.

Contraprestación contingente La contraprestación contingente es definida como aquella que depende de eventos futuros o del cumplimiento de ciertas **condiciones**, y debe valorarse a su valor razonable en la fecha de adquisición. 8412

En el nº 8533 s. se describe el tratamiento contable de las variaciones posteriores de la contraprestación contingente en función del desenlace o cumplimiento de los eventos futuros y condiciones a los que está ligada.

Ejemplo La sociedad A compra el 100% de la sociedad B mediante una contraprestación que debe abonarse en tres **fases**: 8413
- un pago inmediato de 2 millones de u.m.;
- otro pago de medio millón de u.m. al cabo de un año si el EBITDA correspondiente al primer año tras la adquisición es superior a 300.000 u.m.; y
- un tercer pago de medio millón de u.m. transcurridos 2 años si el EBITDA correspondiente al segundo año tras la adquisición es superior a 320.000 u.m.

Los dos **pagos** que dependen de la consecución de objetivos de beneficios constituyen una contraprestación contingente que debe valorarse a su valor razonable en la fecha de adquisición.
Es decir, el pago contingente debe registrarse independientemente de su probabilidad de ocurrencia, que ya es tomada en consideración dentro del proceso de valoración a valor razonable.
Si en el ejemplo el valor razonable de estos dos pagos se calcula en 250.000 u.m., en la fecha de adquisición, se reconoce un coste de la contraprestación de 2.250.000 u.m.

8414 **Naturaleza de la contraprestación contingente** La contraprestación contingente debe registrarse como un **activo, un pasivo o como patrimonio neto** de acuerdo con su naturaleza, salvo que la contraprestación dé lugar al reconocimiento de un activo contingente que motive el registro de un ingreso en la cuenta de pérdidas y ganancias, en cuyo caso, el tratamiento contable del citado activo debe ajustarse a lo descrito en el nº 8480 s.

En este sentido, la obligación de pago de la contraprestación contingente se clasifica como pasivo o como instrumento de patrimonio de acuerdo con los criterios contemplados en la NRV 9ª (Instrumentos financieros del PGC) para la distinción entre patrimonio y pasivos financieros, junto con los criterios más desarrollados al respecto, incluidos en la Resolución del ICAC sobre la Presentación de los instrumentos financieros y otros aspectos contables relacionados con la regulación mercantil de las sociedades de capital (ICAC Resol 5-3-19).

8415 Puesto que la contraprestación en **acciones** es muy habitual en una combinación de negocios, la sociedad adquirente debe de tener en cuenta que, desde un punto de vista de clasificación contable, un contrato que es liquidado en instrumentos de patrimonio propio de la compañía (como un compromiso de contraprestación contingente de este tipo para emitir acciones) únicamente puede ser tratado como patrimonio si va a ser liquidado mediante la emisión de un número fijo de acciones.

8416 Ejemplo La compañía A adquiere el 100% de la compañía B a la entidad Z. Adicionalmente al pago en efectivo acordado en la operación, se acuerda el pago mediante la emisión de **instrumentos de patrimonio** de la compañía A a la entidad Z, 3 años más tarde si la empresa B cumple unos determinados objetivos de resultados durante dicho periodo.

i) Presentación como patrimonio. Las condiciones para la emisión de acciones consisten en que si los resultados de B superan las 500.000 u.m. en cada uno de los 3 años, se emiten 20.000 acciones al final de ese periodo.

Si los resultados quedan por debajo de las 500.000 u.m., aunque sea en uno solo de los ejercicios, no se emiten acciones.

En este caso el **evento contingente** (que se cumpla o no el objetivo de beneficios) se evalúa cada año y el número de acciones a emitir ya está fijado si el objetivo se cumple. Es decir, la cantidad de acciones a emitir por la compañía A no varía (los posibles resultados son la entrega de un número fijo de acciones de 20.000 si el evento contingente se cumple o cero en caso contrario).

Esto significa que la contraprestación cumple la definición de patrimonio al poderse liquidar mediante la emisión de una cantidad fija de los instrumentos de patrimonio propio de la adquirente (el criterio de «fijo por fijo»).

ii) Presentación como pasivo. En el mismo caso anterior, las **condiciones** que se establecen son las siguientes:

Objetivo de beneficios (media de los tres años)	Contraprestación adicional
Entre 100.000 y 250.000 u.m.	10.000 acciones
Entre 250.000 y 500.000 u.m.	Entre 10.000 y 20.000 acciones
Más de 500.000 u.m.	20.000 acciones

En este caso, el número de acciones a entregar es variable, en función del nivel de beneficios que se alcance en el período especificado, de modo que no cumple el criterio de «fijo por fijo» para poder ser clasificada la contraprestación contingente como patrimonio y la sociedad adquirente debe reconocer un pasivo financiero.

4. Valoración de activos y pasivos

8420 En relación con el reconocimiento y valoración de los activos identificables adquiridos y los pasivos asumidos, se establecen unos criterios generales y una serie de reglas específicas y de excepciones que deben seguirse en el caso de determinados elementos patrimoniales.

a. Criterios generales

(PGC NRV 19ª.2.4)

8425 En la fecha de adquisición, los activos identificables adquiridos y los pasivos asumidos se reconocen y valoran aplicando los siguientes criterios:

a) Deben **cumplir** la **definición de activo o pasivo** incluida en el Marco Conceptual de la Contabilidad, y ser parte de lo que la adquirente y adquirida intercambian en la combinación de negocios (nº 8490 s.), con independencia de que algunos de estos activos y pasivos no hubiesen sido previamente reconocidos en las cuentas anuales de la empresa adquirida o a la que perteneciese el negocio adquirido por no cumplir los criterios de reconocimiento en esas cuentas anuales.

b) La adquirente debe clasificar o designar los activos identificables adquiridos y pasivos asumidos, de acuerdo con lo dispuesto en las restantes normas de registro y valoración, considerando los acuerdos contractuales, **condiciones** económicas, criterios contables y de explotación y otras condiciones pertinentes que existan en la fecha de adquisición. **8426**
Por ejemplo, la clasificación de un activo o pasivo financiero a valor razonable con cambios en resultados o a coste amortizado, la clasificación de pasivos financieros a valor razonable con cambios en resultados, la designación de un derivado como instrumento de cobertura, la evaluación de si un derivado implícito debe disgregarse de un contrato principal, etc.; la evaluación de todas estas clasificaciones o designaciones contables se debe hacer con referencia a las condiciones en la fecha de adquisición.
Existe, no obstante, una **excepción** en esta regla en relación a la clasificación de los contratos de arrendamiento que debe basarse en las condiciones existentes a la fecha del contrato (nº 8436 s.).

La adquirente debe valorar los activos identificables adquiridos y los pasivos asumidos a su **valor razonable** en la fecha de adquisición, siempre que esos valores puedan determinarse con suficiente fiabilidad. **8427**
No obstante lo anterior, se establecen una serie de **excepciones** a los criterios de reconocimiento y valoración que afectan a determinados elementos patrimoniales según se describe en el nº 8435 s.

Valor razonable (PGC MC aptdo.6º; NIIF núm 13) El valor razonable es el **precio** que se recibiría por la venta de un activo o se pagaría para transferir o cancelar un pasivo mediante una transacción ordenada entre participantes en el mercado en la fecha de valoración. **8428**
El valor razonable se determinará sin practicar ninguna deducción por los **costes** de transacción en que pudiera incurrirse por causa de enajenación o disposición por otros medios. No tendrá en ningún caso el carácter de valor razonable el que se resultado de una transacción forzada, urgente o como consecuencia de una situación de liquidación involuntaria.

Con carácter general, el valor razonable se calcula por referencia a un valor fiable de **mercado**. **8429**
En este sentido, el precio cotizado en un mercado activo es la mejor referencia del valor razonable, entendiéndose por mercado activo aquel en el que se den las siguientes **condiciones**:
a) Los bienes o servicios intercambiados en el mercado son **homogéneos**.
b) Pueden encontrarse prácticamente en cualquier momento **compradores o vendedores** para un determinado bien o servicio.
c) Los **precios** son conocidos y fácilmente accesibles para el público.
Estos precios, además, reflejan transacciones de mercado reales, actuales y producidas con regularidad.

Para aquellos elementos respecto de los cuales no existe un **mercado activo**, el valor razonable se obtiene, en su caso, mediante la aplicación de modelos y técnicas de valoración, que deben ser consistentes con las metodologías aceptadas y utilizadas por el mercado para la fijación de precios, debiéndose usar, si existe, la técnica de valoración empleada por el mercado que haya demostrado ser la que obtiene unas estimaciones más realistas de los precios. **8430**
Entre estas **técnicas** pueden incluirse:
- el empleo de referencias a transacciones recientes entre partes interesadas y debidamente informadas en condiciones de independencia mutua, si se encontrasen disponibles;
- las referencias al valor razonable de otros activos sustancialmente similares;
- los métodos de descuento de flujos futuros de efectivo estimados; o
- los modelos generalmente utilizados para valorar opciones.

Las **técnicas** de valoración empleadas deben maximizar el uso de datos observables de mercado y otros factores que los participantes en el mercado considerarían al fijar el precio, limitando en todo lo posible el empleo de consideraciones subjetivas y de datos no observables o contrastables.
La empresa debe evaluar la efectividad de las técnicas de valoración que utilice de manera periódica, empleando como referencia los precios observables de **transacciones recientes** en el mismo activo que se valore o utilizando los precios basados en datos o índices observables de mercado que estén disponibles y resulten aplicables.

8431 Cuando corresponda aplicar la valoración por el valor razonable, los elementos que no pueden valorarse de manera fiable, ya sea por referencia a un valor de mercado o mediante la aplicación de los modelos y técnicas de valoración antes señalados, se valoran, según proceda, por su **coste amortizado o** por su **precio de adquisición** o coste de producción, minorado, en su caso, por las partidas correctoras de su valor que pudieran corresponder, haciendo mención en la memoria de este hecho y de las circunstancias que lo motivan.

8432 Precisiones 1) Algunos puntos clave sobre estos **criterios de reconocimiento general**:
a) La adquirente va a poder reconocer determinados activos y pasivos de la adquirida, aunque estos no estuvieran previamente reconocidos en sus estados financieros. Por ejemplo, en el contexto de una combinación de negocios la adquirente va a reconocer, si en la fecha de adquisición cumplen los requisitos, activos intangibles identificables adquiridos como las **marcas** o relaciones con clientes de la adquirida, que esta no puede registrar en sus estados financieros individuales al ser activos generados internamente que no cumplen los criterios de reconocimiento en cuentas. Igualmente, la sociedad adquirente debe registrar por su valor razonable **a la fecha de adquisición**, los contratos pendientes de compra/venta a plazo de activos no financieros a los que la sociedad adquirida había aplicado la excepción de «uso propio» para su registro como derivados.
b) Los activos y pasivos adquiridos se reconocen, independientemente del criterio de **probabilidad**, ya que este siempre se cumple por haber sido adquiridos en una transacción. Esa probabilidad se debe considerar en su valoración.
c) Una cuestión práctica que surge en relación al reconocimiento, es si pueden reconocerse en la fecha de adquisición **provisiones por valoración** en relación a los activos adquiridos en la combinación. Por ejemplo, reconocer las cuentas por cobrar de la adquirida junto con su provisión para insolvencias, una inversión financiera junto con su provisión de cartera o el coste histórico del inmovilizado junto con su amortización acumulada. Esto no es posible en la medida en que esos activos deben reconocerse a su valor razonable a la fecha de adquisición, y este es un importe único (que por otro lado ya incluirá en su valor razonable a la fecha de adquisición los efectos asociados la incertidumbre sobre los flujos de efectivo futuros o, por ejemplo, al uso del activo en relación con las amortizaciones). Respecto al inmovilizado, tampoco deben figurar **amortizaciones acumuladas**, y las vidas útiles deben ajustarse teniendo en cuenta las condiciones consideradas en la determinación del valor razonable en la fecha de adquisición y las intenciones de la sociedad adquirente.
d) Otra situación similar ocurre, por ejemplo, en la valoración de **activos financieros a valor razonable con cambios en patrimonio neto**. Siguiendo la regla general, estos activos se valoran por la sociedad adquirente a su valor razonable, el cual, si las fechas de valoración son las mismas, debería coincidir con la valoración otorgada por la propia sociedad adquirida. No obstante, cualquier ajuste por valoración que esté pendiente de imputar a la cuenta de pérdidas y ganancias de la entidad adquirida, desaparece (no se registra) en las cuentas consolidadas del Grupo. Igualmente ocurre con las subvenciones de la adquirida, pendientes de imputar a resultados. A partir de la fecha de adquisición, la imputación futura de esas subvenciones desaparece.
e) Se debe tener en cuenta que, en general, los activos adquiridos y pasivos asumidos deben registrarse por su valor razonable, es necesario modificar las **designaciones de cobertura**.
2) Los activos y pasivos de la adquirida deben cumplir la definición del marco conceptual. Es común que la empresa adquirente tenga previstos **planes de reestructuración** a realizar después de la adquisición. Este tipo de costes previstos en el futuro por la adquirente, por ejemplo, para cerrar alguna actividad de la adquirida o reestructurar la plantilla o reubicar empleados, si no son compromisos de la empresa adquirida susceptibles de provisión de acuerdo a la NRV 15ª Provisiones y contingencias del PGC no constituyen pasivos del negocio comprado en la fecha de adquisición, de modo que no pueden ser contabilizados como pasivos asumidos en la fecha de adquisición.
El **ICAC** confirma este análisis en la respuesta a una de sus consultas. El Organismo regulador indica que la sociedad adquirente solo reconoce los costes de reestructuración del personal como una provisión si, en la fecha de adquisición, cumple la definición de pasivo. Es decir, si en esa fecha la adquirente ha desarrollado un plan formal detallado para la reestructuración o suscita una expectativa válida entre los afectados de que la reestructuración se lleva a cabo anunciando públicamente los detalles del plan. En caso contrario, los costes asociados con la reestructuración se deben reconocer como un gasto tras la combinación y en el momento en que se incurra en ellos. A estos efectos, los costes «futuros» de un «posible» plan de reestructuración de personal, por sí mismos, no generan una obligación presente con terceros, al margen de que las partes hayan podido considerarlos a la hora de fijar el precio del negocio adquirido (ICAC consulta núm 2, BOICAC núm 88).

b. Reglas específicas y excepciones

(PGC NRV 19ª)

Existen reglas especiales de reconocimiento y/o valoración que deben seguirse para determinados activos identificables adquiridos y pasivos asumidos: 8435
- arrendamientos;
- pasivos contingentes (nº 8439 s.);
- activos no corrientes mantenidos para la venta (nº 8444);
- activos intangibles (nº 8445);
- derechos readquiridos (nº 8457);
- activos y pasivos por impuestos diferidos (nº 8458);
- activos y pasivos por retribuciones a largo plazo al personal (nº 8459); y
- activos por indemnización (nº 8460).

Arrendamientos (PGC NRV 19ª.2.4.a) En relación con el tratamiento de los arrendamientos en las combinaciones de negocios, deben aplicarse dos reglas especiales: 8436
- la clasificación como arrendamiento operativo o financiero; y
- la valoración de arrendamientos operativos (nº 8438).

Clasificación como arrendamiento operativo o financiero Como excepción a la regla de clasificación y designación general, la clasificación de los contratos de arrendamiento y otros de naturaleza similar, se realiza sobre la base de las **condiciones contractuales** y otras circunstancias existentes **al comienzo** de los mismos o, si las condiciones han sido modificadas de forma que cambiarían su clasificación, en la fecha de esa modificación, que podría ser la de adquisición. 8437

Esto significa que las clasificaciones de arrendamientos de la adquirida se mantienen al contabilizar la combinación de negocios, a menos que un contrato de arrendamiento se modifique en la fecha de adquisición.

Valoración de arrendamientos operativos En la valoración de los arrendamientos operativos se ha de distinguir entre dos supuestos: 8438

a) Si la adquirida es la arrendataria. Si la adquirida es parte de un acuerdo de arrendamiento operativo que supone pagos futuros de renta superiores o inferiores respecto de las condiciones de mercado existentes en la fecha de adquisición, la adquirente reconoce un activo intangible, si los términos del arrendamiento operativo son favorables en relación con las condiciones del mercado, y un pasivo por arrendamiento, si los términos son desfavorables en comparación con las condiciones del mercado.

b) Si la adquirida es la arrendadora. Cuando un activo, como por ejemplo un edificio o una patente, es arrendado por la adquirida en virtud de un contrato de arrendamiento operativo, la adquirente debe tener en cuenta los términos del arrendamiento para medir el valor razonable en la fecha de adquisición del activo arrendado.

En otras palabras, hay que tener en cuenta que cuando la adquirida es la arrendadora, no se contempla reconocer un activo o pasivo en relación con la posición favorable/desfavorable del acuerdo, puesto que el valor razonable del activo arrendado ya debería reflejar los términos del arrendamiento en su cálculo.

Pasivos contingentes (PGC NRV 15ª y 19ª.2.4.c.7) En la valoración de los pasivos contingentes se ha de distinguir entre valoración inicial y posterior (nº 8442 s.). 8439

Valoración inicial En el caso de que el negocio adquirido incorpore obligaciones calificadas como contingencias, la empresa adquirente ha de reconocer como pasivo el **valor razonable** de asumir tales obligaciones, siempre y cuando ese pasivo sea una obligación presente que surja de sucesos pasados y su valor razonable pueda ser medido con suficiente fiabilidad, aunque no sea probable que para liquidar la obligación vaya a producirse una salida de recursos que incorporen beneficios económicos. 8440

La empresa debe reconocer como **provisiones** los pasivos que, cumpliendo la definición y criterios del Marco Conceptual de la Contabilidad, resulten indeterminados respecto a su importe o a la fecha en que se cancelarán.

Precisiones: Un **pasivo** se define como obligaciones actuales surgidas como consecuencia de sucesos pasados, para cuya extinción la empresa espera desprenderse de recursos que puedan producir beneficios o rendimientos económicos en el futuro, entendiéndose incluidas, a estos efectos, la provisiones (PGC MC aptdo.4º).

8441 Por tanto, normalmente (es decir, cuando se miden fuera del alcance de la aplicación del método de adquisición), las provisiones responden a salidas de flujos probables (más de un 50%) y se valoran por el valor actual de la mejor estimación del importe necesario para cancelar o transferir a un tercero la obligación.

Así pues, al contrario que en la NRV 15ª Provisiones y contingencias del PGC, excepcionalmente en una **combinación de negocios** la adquirente reconoce un pasivo contingente asumido en la fecha de adquisición incluso aunque no sea probable que se produzca una salida de recursos para liquidar la obligación.

Por tanto, **obligaciones** calificadas como **posibles** de acuerdo a la NRV 15ª Provisiones y contingencias del PGC que no estuvieran reconocidas en los estados financieros de la adquirida (independientemente de los desgloses necesarios en sus cuentas anuales), se reconocen en la combinación de negocios de acuerdo al principio de valor razonable del método de adquisición. El hecho de que exista un suceso pasado que genera una incertidumbre y, por tanto, una obligación presente, significa que el riesgo tiene un valor razonable, puesto que la entidad pagaría un precio determinado por eliminarlo.

8442 **Valoración posterior** Tal y como se ha indicado estos pasivos se miden inicialmente a su valor razonable en la fecha de adquisición.

Con posterioridad al reconocimiento inicial, y hasta que el pasivo se cancele, liquide o expire, se valoran por el **mayor** de los siguientes importes:

- el que resulte de acuerdo con lo dispuesto en la norma relativa a provisiones y contingencias;
- el inicialmente reconocido menos, cuando proceda, la parte de este imputada a la cuenta de pérdidas y ganancias porque corresponda a ingresos devengados de acuerdo con la norma que resulte aplicable en función de la naturaleza del pasivo.

Precisiones El criterio anterior no es aplicable a aquellos **contratos contabilizados como** instrumentos financieros.

8443 Ejemplo A adquirió la entidad B en noviembre de 20X7, momento en que la entidad B mantenía un **litigio** con un tercero que la había demandado por incumplimiento de contrato. En el momento de la combinación de negocios, la dirección de A determinó que la demanda representaba una obligación presente porque la evidencia existente indicaba que tenía base legal, si bien en la experiencia de los abogados la probabilidad de que el demandante ganara la demanda o que fuera necesario un acuerdo extrajudicial era inferior al 50%.

De esta manera, en los libros individuales de B se consideró que la obligación era un pasivo contingente que, de acuerdo a la norma contable, no debía reconocerse, sin perjuicio de los desgloses a realizar en las cuentas anuales.

Por el contrario, en la aplicación del método de adquisición por la sociedad adquirente A en sus cuentas consolidadas la obligación sí debía registrarse a su valor razonable, independientemente de la probabilidad de ocurrencia, de tal manera que se reconoció en la combinación de negocios un pasivo de 60 millones de euros en los que se estimó el valor razonable del pasivo por la reclamación.

Al año siguiente de la combinación, el 31 de diciembre de 20X8, la entidad B revalúa la situación con sus abogados. La dirección ahora estima que es probable que se llegue a un **acuerdo extrajudicial** con el demandante (por lo que el pasivo debería registrarse de acuerdo a su norma de registro y valoración) que estiman podría cerrarse en un importe de 50 millones de euros.

De esta manera, en las cuentas individuales de B se reconoce el pasivo por ese importe.

Sin embargo, en las cuentas consolidadas de la entidad adquirente A, al 31 de diciembre de 20X8, el pasivo debe mantenerse en la cifra original de 60 millones de euros.

El **valor posterior** de un pasivo contingente surgido en la combinación debe medirse al mayor entre:

- el que resulte de acuerdo con lo dispuesto en la norma relativa a provisiones y contingencias; y
- el inicialmente reconocido menos, cuando proceda, la parte de este imputada a la cuenta de pérdidas y ganancias porque corresponda a ingresos devengados de acuerdo con la norma que resulte aplicable en función de la naturaleza del pasivo.

Por tanto, el pasivo continúa siendo reconocido por 60 millones de euros hasta que se liquide o expire, incluso aunque en ese momento sea una provisión reconocida por un importe inferior en los estados financieros individuales de la adquirida.

8444 **Activos no corrientes mantenidos para la venta** (PGC NRV 7ª y 19ª.2.4.c.1) Los activos no corrientes que se clasifican por la adquirente como mantenidos para la venta se valoran de acuerdo con lo establecido al respecto en la norma sobre activos no corrientes y grupos enajenables de elementos, mantenidos para la venta.

Activos intangibles (PGC NRV 5ª y 19ª.2.4.c.4) La adquirente debe reconocer, independientemente del fondo de comercio, los activos intangibles **identificables** adquiridos en una combinación de negocios. 8445
La excepción de reconocimiento y valoración prevista en las combinaciones de negocios afecta al caso concreto, que se describe en el nº 8480 s., del reconocimiento de un activo intangible cuando da lugar a una diferencia negativa en la combinación.
Sin embargo, la propia naturaleza de los activos intangibles y la relevancia que suelen tener en las combinaciones de negocios, aconsejan describir algunos de los aspectos más importantes a considerar en su registro y valoración.

El criterio de **identificabilidad** implica que ese inmovilizado cumple alguno de los dos requisitos siguientes: 8446
a) Ser **separable**, esto es, susceptible de ser separado de la empresa y vendido, cedido, entregado para su explotación, arrendado o intercambiado.
b) Surgir de **derechos legales o contractuales**, con independencia de que tales derechos sean transferibles o separables de la empresa o de otros derechos u obligaciones.

Criterio de separabilidad Un activo intangible es separable si puede ser **separado** de la empresa y **vendido, cedido, entregado para su explotación, arrendado o intercambiado,** con independencia de que la entidad tenga intención de hacerlo. 8447
Un activo intangible adquirido cumple el criterio de separabilidad si puede constatarse la existencia de transacciones de intercambio para ese tipo de activo o un tipo similar, incluso aunque esas transacciones sean infrecuentes y con independencia de si la adquirente interviene en ellas.

Criterio contractual-legal Un activo intangible basado en derechos legales o contractuales es identificable incluso aunque ese activo no sea transferible por separado. 8448

Ejemplos de activos intangibles identificables Se puede acudir a los *Ejemplos Ilustrativos* que acompañan a la NIIF núm 3 (Combinaciones de negocios) como referencia de ejemplos de activos intangibles identificables, que, no obstante, no pretenden ser exhaustivos de todos aquellos que pueden existir en la práctica. 8449
A continuación, y a efectos únicamente de ilustrar el análisis, se incluye una muestra de esos ejemplos.

Los activos intangibles en los que se indica un origen contractual son los que surgen de derechos contractuales o legales. 8450
Los que se designan como carentes de base contractual no surgen de derechos contractuales o legales, pero pueden ser separables.
Los activos intangibles en los que se ha identificado un origen contractual también pueden ser separables, pero la separabilidad no es una condición necesaria para que un activo cumpla el criterio contractual-legal.

Clase	Base
Marcas comerciales y similares	Contractual
Dominios de Internet	Contractual
Pactos de no competencia	Contractual
Listas de clientes	No contractual
Contratos con clientes	Contractual
Relaciones no contractuales con clientes	No contractual
Tecnología patentada	Contractual
Tecnología no patentada	No Contractual
Bases de datos	No Contractual

a) Listas de clientes. Las listas de clientes con frecuencia se ceden mediante **licencia** y, por tanto, normalmente cumplen el criterio de separabilidad. No obstante, debe tenerse en cuenta que una lista de clientes adquirida en una combinación de negocios no cumple el criterio de separabilidad si los términos de confidencialidad u otros acuerdos prohíben a la entidad la venta, arrendamiento o cualquier intercambio de información sobre sus clientes. 8451

8452 **b) Contratos y relaciones no contractuales con clientes.** Si una entidad formaliza sus relaciones con clientes mediante contratos, se considera que esas relaciones surgen de derechos contractuales. Por lo tanto, los contratos con clientes y las correspondientes relaciones con clientes adquiridos en una combinación de negocios cumplen el criterio contractual-legal, incluso aunque las cláusulas de confidencialidad u otros términos del contrato prohíban su venta o traspaso de forma separada.

Las relaciones con clientes adquiridas en una combinación de negocios que no tienen base contractual pueden, no obstante, ser identificables si hay evidencia de que sean separables porque existen transacciones de venta de relaciones no contractuales similares.

Estas relaciones son un activo intangible diferenciado de los contratos con clientes, puesto que, en caso de cumplir los requisitos, sus vidas útiles y patrón de uso de los beneficios económicos de los dos activos pueden diferir.

Puede existir una **relación valorable** entre una entidad y su cliente si:

- la entidad dispone de información sobre el cliente y mantiene un contacto regular y recurrente con este; y
- el cliente tiene capacidad para ponerse en contacto directamente con la entidad.

8453 **c) Bases de datos**. Las bases de datos son recopilaciones de información, almacenada frecuentemente en **formato electrónico** (p.e., discos duros o archivos informáticos).

Una base de datos que incluye obras originales puede tener derecho a protección mediante **derechos de autor**, por ello cumple el criterio contractual-legal.

Las bases de datos que no están protegidas con derechos de autor (por ejemplo, creadas como consecuencia de las operaciones normales de una entidad, con información especializada, datos científicos, información sobre créditos, etc.), pueden ser, y a menudo lo son, intercambiadas, cedidas bajo licencia o arrendadas a terceros total o parcialmente. Así pues, incluso aunque sus beneficios económicos no surjan de derechos legales, la base de datos adquirida en una combinación de negocios puede cumplir el criterio de separabilidad.

8454 **Ejemplos de activos intangibles no identificables** Aquellos activos intangibles que no son identificables a la fecha de adquisición son los que conceptualmente quedan incluidos en el **fondo de comercio**, donde también queda incluido cualquier valor atribuido a elementos que no pueden considerarse activos en la fecha de adquisición. Algunos ejemplos pueden ser:

a) Know-how del personal de la empresa adquirida. La adquirente puede atribuir mucho valor al conjunto del personal o a determinados empleados.

Sin embargo, el **capital intelectual** del personal cualificado, sus conocimientos especializados y su experiencia no pueden considerarse separables, pues normalmente su aportación está incluida y relacionada con el valor razonable de otros activos intangibles de la entidad, como tecnologías, procesos y las relaciones con clientes, ni tampoco son recursos controlables por la compañía, puesto que los empleados pueden abandonarla voluntariamente.

Por tanto, dado que no puede reconocerse como activo intangible, todo valor atribuido a este queda incorporado al fondo de comercio.

8455 **b) Potencial de expansión futura de un negocio**. Durante la negociación del precio de la compra, la adquirente probablemente asigna un valor muy significativo a la capacidad de expansión futura que pueden proporcionar los actuales clientes, canales de ventas, etc. En este tipo de adquisiciones, dependiendo de su naturaleza, las relaciones con clientes de la adquirida en la fecha de adquisición pueden ser habitualmente un activo intangible identificable separadamente. Sin embargo, las **expectativas de clientes** futuros no son un activo identificable separadamente, por lo que este importe queda incorporado en el fondo de comercio.

c) Fondo de comercio de la entidad adquirida. El fondo de comercio que puede tener la sociedad adquirida reconocido en sus estados financieros separados en la fecha de adquisición no es un activo identificable de la misma, de modo que debe ser ignorado en el reconocimiento de los activos identificables adquiridos y los pasivos asumidos por la sociedad adquirente.

8456 **Excepción en la valoración de los activos intangibles** Cuando el registro en la combinación de negocios de un activo intangible cuya valoración no puede ser calculada por referencia a un mercado activo, implica la contabilización de un **ingreso** en la cuenta de pérdidas y ganancias (ver nº 8480 s.), dicho activo se valora deduciendo la diferencia negativa, inicialmente calculada, del importe de su valor razonable; es decir, dejando la diferencia negativa en cero, salvo si el importe de dicha diferencia negativa es superior al valor total del inmovilizado intangible, en cuyo caso ese activo no debe ser registrado.

Esta excepción, aplicable cuando la empresa utiliza el PGC, supone una diferencia respecto a las NIIF, donde esta no se contempla.

Derechos readquiridos (PGC NRV 19ª.2.4.c.6) En relación a los derechos readquiridos, ver nº 8495 s. 8457

Activos y pasivos por impuestos diferidos (PGC NRV 13ª y 19ª.2.4.c.2) Los activos y pasivos por impuesto diferido se reconocen y valoran de acuerdo con lo dispuesto en la norma relativa a impuestos sobre beneficios, que tiene reglas específicas para el registro y valoración de los impuestos diferidos. 8458

Activos y pasivos por retribuciones a largo plazo al personal (PGC NRV 19ª.2.4.c.3) Los activos y pasivos asociados a retribuciones a largo plazo al personal de prestación definida se contabilizan, en la fecha de adquisición, por el **valor actual** de las retribuciones comprometidas menos el valor razonable de los activos afectos a los compromisos con los que se liquidan las obligaciones. 8459

El valor actual de las obligaciones incluye, en todo caso, los **costes** de los **servicios** pasados que procedan de cambios en las prestaciones o de la introducción de un plan, antes de la fecha de adquisición, así como las ganancias y pérdidas actuariales que hayan surgido antes de la citada fecha.

Activos por indemnización (PGC NRV 19ª.2.4.c.5) En los activos por indemnización, se debe distinguir entre valoración inicial y posterior (nº 8462 s.). 8460

Valoración inicial En una combinación de negocios puede acordarse que el vendedor indemnice contractualmente a la adquirente, en caso de contingencia o incertidumbre, en relación con la totalidad o parte de un activo o pasivo específico. Por ejemplo, en relación con la resolución de un pasivo derivado de una **demanda o contingencias fiscales** si las pérdidas definitivas sobrepasan en el futuro un determinado importe. 8461

En estos casos, si el adquirente recibe un activo como indemnización frente a alguna contingencia o incertidumbre relacionada con la totalidad o con parte de un activo o pasivo específico, debe reconocer y valorar el activo en el mismo **momento** y de forma consistente con el elemento que genera la citada contingencia o incertidumbre.

Valoración posterior Los activos por indemnización se valoran de forma **consistente** con el elemento que genera la contingencia o incertidumbre, sujeto a cualquier limitación contractual sobre su importe y, para un activo por indemnización que no se valora posteriormente por su valor razonable, teniendo en consideración la evaluación de la dirección sobre las circunstancias relativas a su cobro. La adquirente los debe **dar de baja** únicamente cuando se cobra, vende o se extingue de cualquier otra forma el derecho sobre estos activos. 8462

Precisiones El requisito de que los activos por indemnización se midan utilizando hipótesis coherentes con la valoración del elemento objeto de indemnización no significa que necesariamente el activo por indemnización y ese elemento se valoren por el mismo importe. 8463

La norma estipula que la **adquirente** debe reconocer un activo por indemnización al mismo tiempo que reconoce el elemento cubierto por la indemnización, y que ese activo debe medirse de forma consistente con el elemento en cuestión. Así pues, si la indemnización corresponde a un activo o un pasivo reconocido en la fecha de adquisición y medido a su valor razonable, la adquirente debe reconocer el activo por indemnización en la fecha de adquisición a su valor razonable.

La indemnización también puede estar relacionada con un activo o un pasivo que constituye una excepción a los principios de reconocimiento o valoración. Por ejemplo, puede referirse a un pasivo por **retribución** a largo plazo a los **empleados o** un pasivo por **impuestos diferidos**, que en ambos casos se miden de acuerdo a criterios específicos y distintos de su valor razonable en la fecha de adquisición. En estas circunstancias, el activo por indemnización se contabiliza y se valora utilizando hipótesis coherentes con las utilizadas para medir el elemento objeto de indemnización, teniendo en cuenta la evaluación realizada por la dirección de la probabilidad de cobro del activo por indemnización, su horizonte temporal y cualquier limitación contractual que afecte al importe de la indemnización.

Esta valoración consistente no implica por tanto necesariamente importes iguales, puesto que las limitaciones contractuales o una diferente estimación en relación a los periodos estimados de cobros y pagos darían lugar a importes distintos.

5. Importe del fondo de comercio o de la diferencia negativa

(PGC NRV 19ª.2.3 a 2.5)

8465 El fondo de comercio o diferencia negativa derivado de una combinación de negocios se calcula de la siguiente forma:

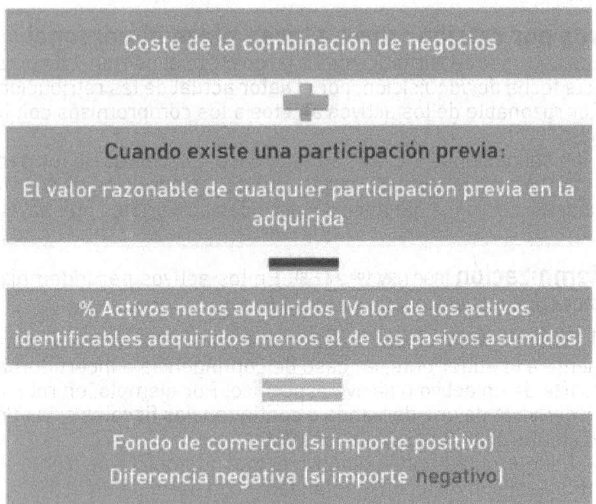

8466 Precisiones El cálculo del fondo de comercio tiene tres **componentes**. A los componentes adicionales a los que intuitivamente han sido habituales (coste de la combinación y porcentaje adquirido de los activos netos identificables) se suma el valor razonable de cualquier participación previa en la adquirida, en línea con la filosofía contable de que la combinación de negocios ocurre y se valora en un único momento del tiempo, que es cuando se adquiere el control.
En las NIIF, sin embargo, hay que tener en cuenta que a los anteriores componentes se suma un cuarto, que son los **intereses minoritarios** de la adquirida. Como se explica en el nº 8485, en las NIIF los socios externos se pueden medir en la combinación de negocios de dos formas distintas: en referencia al porcentaje que tienen en los activos netos identificables de la adquirida o a su valor razonable. Tomar la opción contable de valorar al valor razonable resulta en reconocer la participación de los minoritarios en el fondo de comercio y por tanto, normalmente un fondo de comercio mayor. Debido a esta opción de valoración, en las NIIF se ha optado por incluir los socios externos en la suma y luego deducir, en lugar de únicamente el porcentaje comprado, el 100% de los activos netos identificables de la adquirida.
Lógicamente, si la opción que se toma en las NIIF es incluir los socios externos por su porcentaje en los activos netos identificables de la adquirida, desde una perspectiva matemática no hay diferencia con el cálculo propuesto por el PGC.

a. Fondo de comercio

8470 Se reconoce como un fondo de comercio, el **exceso**, en la fecha de adquisición, del coste de la combinación de negocios sobre el valor de los activos identificables adquiridos menos el de los pasivos asumidos en los términos recogidos en el apartado anterior.
El fondo de comercio es un **activo** que representa beneficios económicos futuros procedentes de otros activos adquiridos en una combinación de negocios, que no han podido ser identificados individualmente y reconocidos por separado; es el exceso, en la fecha de adquisición, del coste de la combinación de negocios sobre el valor de los activos identificables adquiridos menos el de los pasivos asumidos (ICAC Resol 18-9-13).

8471 **Valoración posterior** (ICAC Resol 18-9-13) El fondo de comercio de acuerdo con la legislación vigente a 31-12-2015 no se amortizaba, si bien debía comprobarse su **deterioro**, al menos anualmente. En este sentido, debe señalarse que la LAC (L 22/2015) introdujo determinadas modificaciones al Código de Comercio, que, entre otras, modificaron el tratamiento contable de los activos intangibles de vida indefinida (y en particular del fondo de comercio), que han pasado a tener una vida útil definida. En concreto, en relación con el fondo de comercio se especificó que se presume, salvo prueba en contrario, que su **vida útil** es de 10 años (CCom art.39.4). En todo caso, al

menos anualmente, debe analizarse si existen indicios de deterioro de valor del fondo de comercio para, en su caso, comprobar su eventual deterioro, al igual que para el resto de inmovilizados amortizables.
Una visión general de esos criterios es la siguiente:
a) Para comprobar el deterioro del valor, el fondo de comercio se distribuye, desde la fecha de adquisición, entre cada una de las **unidades generadoras** de efectivo de la empresa adquirente, que se espere que se beneficien de las sinergias de la combinación de negocios, independientemente de que otros activos o pasivos de la empresa adquirida se asignen a esas unidades. Cuando no sea posible distribuir un porcentaje del fondo de comercio entre diferentes unidades generadoras de efectivo, el exceso no distribuido se debe asignar, a los exclusivos efectos de comprobar su deterioro, a cada una de ellas en proporción a su valor en libros, incluyendo en su caso la parte del fondo de comercio que sí se haya podido distribuir.
b) La unidad generadora de efectivo de un activo es el grupo más pequeño de bienes y derechos que, incluyendo al citado activo, genera **entradas de efectivo** que son en buena medida **independientes** de las entradas producidas por otros activos o grupos de activos. La identificación de la unidad generadora de efectivo implica la realización de juicios.

Precisiones El tratamiento descrito conforme al PGC supone una diferencia con la **normativa internacional** (NIC núm 38 Activos intangibles), que considera el fondo de comercio un activo de vida útil indefinida no amortizable.
Asimismo, en relación con la determinación del **deterioro de valor** del fondo de comercio existe una diferencia con la normativa internacional, ya que esta permite la asignación completa del fondo de comercio a un grupo de unidades generadoras de efectivo cuando no sea posible identificar qué importe del fondo de comercio corresponde a cada una de ellas.

c) Cada unidad entre las que se distribuya el fondo de comercio representa el nivel más bajo, **8472**
dentro de la empresa al cual el fondo de comercio es controlado a efectos de gestión interna.
d) Para las unidades generadoras de efectivo a las que se haya asignado el fondo de comercio, se evalúa, al menos **anualmente**, si existen indicios de deterioro de valor para, en su caso, comprobar su eventual deterioro del valor, procediéndose al registro de la **corrección valorativa** por deterioro, si el importe en libros de la unidad excede su importe recuperable.
e) El **importe recuperable** de una unidad generadora de efectivo es el mayor entre el valor razonable menos los costes de venta de la unidad, y su valor en uso.

f) El **importe en libros** de la unidad generadora de efectivo se determina de manera uniforme **8473**
con la forma en que se calcule el importe recuperable e incluye el importe en libros de aquellos activos que deben ser atribuidos directamente de acuerdo a las reglas previstas en la norma, incluido el fondo de comercio asignado.
g) Si existe una **pérdida** por deterioro, esta se asigna siempre en primer lugar al fondo de comercio, y solo a continuación al resto de activos de la unidad de manera prorrateada.
h) A los efectos de comprobar el deterioro de las unidades generadoras de efectivo en las que participan **socios externos**, se ajusta teóricamente el importe en libros de esa unidad, antes de ser comparado con su importe recuperable. Este ajuste se realiza, añadiendo al importe en libros del fondo de comercio asignado a la unidad, el fondo de comercio atribuible a los socios externos en el momento de la toma de control.

i) No obstante, debido a que el fondo de comercio se reconoce solo hasta el límite de la parti- **8474**
cipación de la dominante en la fecha de adquisición, cualquier pérdida por deterioro del valor relacionada con el fondo de comercio se reparte entre la asignada a la dominante y la asignada a los socios externos, pero solo la primera se reconoce como una pérdida por deterioro del valor del fondo de comercio. Si la pérdida por deterioro de la unidad generadora de efectivo supera el importe del fondo de comercio (incluido el teóricamente ajustado), la diferencia se asigna como al resto de activos y la pérdida por deterioro así calculada debe imputarse a las sociedades del **grupo y** a los **socios externos**, considerando lo dispuesto respecto al fondo de comercio atribuido a estos últimos (NOFCAC art.29).
j) Las correcciones valorativas por deterioro reconocidas en el fondo de comercio no son objeto de **reversión** en los ejercicios posteriores.

b. Participaciones previas en combinaciones de negocios realizadas por etapas

Las combinaciones de negocios realizadas por etapas son aquellas en las que la empresa **8475**
adquirente obtiene el control de la adquirida mediante varias **transacciones independientes** realizadas en fechas diferentes.

En estos casos, el fondo de comercio o diferencia negativa se obtiene por **diferencia** entre los siguientes importes:
- el coste de la combinación de negocios, más el valor razonable en la fecha de adquisición de cualquier inversión previa de la empresa adquirente en la adquirida; y
- el valor de los activos identificables adquiridos menos el de los pasivos asumidos.

8476 Cualquier **beneficio o pérdida** que surja como consecuencia de la valoración a valor razonable en la fecha en que se obtiene el control de la participación previa de la adquirente en la adquirida, se reconoce en la cuenta de pérdidas y ganancias.
Si con anterioridad, la inversión en la participada se ha valorado por su valor razonable, los ajustes de valoración pendientes de ser imputados al resultado del ejercicio se transfieren a la cuenta de pérdidas y ganancias.

Precisiones Este tratamiento se aplica porque, desde un punto de vista económico, la norma interpreta que en una combinación de negocios por etapas se producen, en el mismo momento, dos transacciones de naturaleza distinta. Primero una transacción de **venta** de la participación minoritaria que se poseía en el negocio antes de realizar la combinación, e inmediatamente después, la **compra** de una participación que da control en el negocio por el porcentaje que finalmente se adquiera.

8477 Se presume que el coste de la combinación de negocios es el mejor referente para estimar el **valor razonable** en la fecha de adquisición, de cualquier participación previa en la empresa adquirida.
En caso de evidencia en contrario, se utilizan otras técnicas de valoración para determinar el valor razonable de la citada participación.

8478 Ejemplo **Cálculo del fondo de comercio en una combinación de negocios con participación previa**

A compró B en **dos etapas**:
• En 20X5, A adquirió una participación del 30% a cambio de una contraprestación en efectivo de 32 millones de u.m. cuando el valor razonable de la totalidad de los activos netos identificables de B era de 100 millones de u.m.
• En 20X8, A adquiere el resto del 70% de B a cambio de una contraprestación en efectivo de 105 millones de u.m. En la fecha de adquisición, el valor razonable de los activos netos identificables de B ascendía a 120 millones de u.m.
El valor razonable de la participación original en B, un 30%, asciende a 40 millones u.m. de acuerdo a una valoración independiente de esta participación minoritaria a la fecha de toma de control.
El fondo de comercio se calcularía de la siguiente forma (millones u.m.):

Valor razonable de la contraprestación	105
Valor razonable de la participación previa	40
	145
Valor razonable de activos netos identificables	(120)
Fondo de comercio	25

Los asientos contables simplificados de la combinación de negocios serían, por tanto:

Dr Activos netos identificables adquiridos	120
Dr Fondo de comercio	25
(Cr) Efectivo	(105)
(Cr) Inversión participación previa	(32)
(Cr) Cuenta de pérdidas y ganancias	(8)

[Resultado por la revalorización de la participación previa, igual a 40 -32 millones de u.m.]
En el nº 8348 se ilustra una combinación de negocios cuando el activo previo es un activo financiero a valor razonable.

c. Diferencia negativa

8480 En el supuesto excepcional de que el valor de los activos identificables adquiridos menos el de los pasivos asumidos, sea superior al coste de la combinación de negocios, el exceso se contabiliza en la cuenta de pérdidas y ganancias como un **ingreso**.
No obstante, antes de reconocer el citado ingreso la empresa debe evaluar nuevamente si ha identificado y valorado correctamente tanto los activos identificables adquiridos y pasivos asumidos, como el coste de la combinación. Si en el proceso de identificación y valoración surgen activos de carácter contingente o elementos del inmovilizado intangible para los que no exista

un mercado activo, son objeto de reconocimiento con el límite de la diferencia negativa anteriormente indicada.

El objetivo de esta nueva revisión está en garantizar que toda la información disponible en la fecha de adquisición está correctamente reflejada en las valoraciones.

Adicionalmente, cuando surge una diferencia negativa que implica, tal y como se ha descrito, **8481** la contabilización de un ingreso y se ha producido en la combinación de negocios el registro de una **contraprestación contingente** que tiene la naturaleza de un activo (nº 8410 s.), en relación con la contraprestación contingente) **o** de un **activo intangible** cuya valoración no puede ser calculada por referencia a un mercado activo (nº 8445 s.), debe actuarse de la siguiente forma: el activo contingente por la contraprestación o el activo intangible se valora deduciendo la diferencia negativa, inicialmente calculada, del importe de su valor razonable (es decir, dejando la diferencia negativa en cero), salvo si el importe de esa diferencia negativa es superior al valor total del activo contingente o inmovilizado intangible, en cuyo caso el activo en cuestión no debe ser registrado.

Diferencia con las NIIF Esta excepción que introduce el PGC por la que limita el recono- **8482** cimiento de la diferencia negativa en la combinación (ingreso en la cuenta de pérdidas y ganancias) cuando hay activos intangibles identificables cuyo valor razonable no está referenciado a un mercado activo (lo que en este tipo de activos es habitual) o los activos contingentes que forman parte de la contraprestación, no existe en las NIIF, de modo que puede implicar una diferencia en las cifras finales de la combinación si dan como resultado una diferencia negativa.

En la práctica esta norma implica que, siempre y cuando se den las circunstancias anteriormente expuestas, las **cuentas anuales** elaboradas bajo el PGC/NOFCAC son más conservadoras que las elaboradas conforme a las NIIF, al incluir un patrimonio adquirido inferior en ellas.

Ejemplo **Ejemplo de diferencia negativa en una combinación de negocios** **8483**

El 1-1-20X5, A adquiere el **100%** de las participaciones de B, una entidad no cotizada, por un importe de 150 millones de u.m. en efectivo. Los anteriores propietarios de B debían enajenar su inversión en un período limitado de tiempo, de modo que no han podido realizar una planificación adecuada para seleccionar ofertas o interesar a múltiples compradores.

En la **fecha de adquisición** se valoran los activos identificables de B (entre los que no se incluyen activos intangibles) en 300 millones de u.m. y los pasivos asumidos en 100 millones de u.m.

El importe de los activos netos identificables de B, 200 millones, supera el valor razonable de la contraprestación transferida. Por lo tanto, A vuelve a revisar los procedimientos utilizados para identificar y medir los activos adquiridos y los pasivos asumidos y para valorar el valor razonable de la contraprestación transferida. Tras esta revisión, A concluye que los procedimientos y las valoraciones han sido adecuados.

A calcula el **beneficio** obtenido en la compra de B, que puede calificarse como ventajosa, de la siguiente forma (millones de u.m.):

Importe de los activos netos identificables adquiridos (300 - 100)	200
Menos:	
Valor razonable de la contraprestación transferida por la participación del 100% en B	(150)
Diferencia negativa	50

De forma simplificada, A registraría la adquisición de B en sus **estados financieros consolidados** de la siguiente forma:

Dr Activos netos identificables adquiridos	300
(Cr) Efectivo	(150)
(Cr) Pasivos asumidos	(100)
(Cr) Ingreso en cuenta de pérdidas y ganancias por la diferencia negativa	(50)

---

d. Socios externos

Los socios externos representan la participación en el patrimonio neto de una sociedad **8485** dependiente de otros **accionistas terceros** ajenos a la entidad dominante. Su tratamiento se regula en la NOFCAC art.27.

La valoración de los socios externos se realiza en función de su **participación** efectiva sobre los **activos** netos adquiridos (activos identificables adquiridos menos pasivos asumidos) valorados de acuerdo a lo previsto por el método de adquisición, de modo que el fondo de comercio de consolidación no se atribuye inicialmente a los «socios externos».

Esta participación en el patrimonio neto de la sociedad dependiente atribuible a terceros ajenos al grupo, se presenta en la subagrupación «socios externos» del patrimonio neto del balance consolidado.
Esta partida puede llegar a tener un **saldo deudor**, puesto que las NOFCAC contemplan que se atribuya a los socios externos el exceso que pueda existir entre las pérdidas atribuibles a estos y su participación en el patrimonio neto que proporcionalmente les corresponda.

8486 Precisiones Existe una diferencia con la **normativa internacional** en la valoración de los socios externos que surgen en una combinación de negocios.
La NIIF núm 3 Combinaciones de negocios permite la opción de que en cada combinación de negocios pueda elegirse si valorar los socios externos:
- a su valor razonable; o
- según la parte proporcional del interés minoritario en los activos netos identificables de la adquirida, que es el único tratamiento contemplado en el PGC.

En la NIIF núm 3 la **elección** es posible para cada combinación de negocios, por lo que una entidad puede elegir libremente uno u otro método en cada combinación que realice, sin necesidad de seguir un criterio uniforme para cada una de ellas.
La opción de valorar los socios externos a su valor razonable (que generalmente es más alto que su parte proporcional en los activos netos identificados), supone normalmente un mayor importe del fondo de comercio.
Pero hay que tener en cuenta que sea cual sea la alternativa escogida en las NIIF en la valoración inicial de los socios externos, posteriormente los cambios en el valor razonable no se reconocen, sino que se ajusta su valor en función del porcentaje de cambios en el patrimonio neto que corresponda a los intereses minoritarios a partir de la fecha de la combinación, al igual que se hace en PGC.

8487 **Compromisos de compra futura u opciones de venta** Si las sociedades integrantes del grupo formalizan acuerdos en la fecha de adquisición con los socios externos sobre los instrumentos de patrimonio de una sociedad dependiente, como pueden ser compromisos de compra futura o la emisión de opciones de venta, obligándose a entregar efectivo u otros activos si esos acuerdos llegan a ejecutarse, la partida de socios externos se valora en dicho momento por el valor actual del importe acordado y se presenta en el balance consolidado como un **pasivo financiero.**
La diferencia entre la parte proporcional del patrimonio neto representativa de la participación de los minoritarios en el capital de la sociedad dependiente y el valor del pasivo financiero en la fecha de adquisición, motiva, en su caso, un **ajuste** en el fondo de comercio de consolidación o diferencia negativa de consolidación.
Hay que tener en cuenta que las adquisiciones posteriores a la combinación de negocios de participaciones minoritarias tienen un tratamiento patrimonial (nº 8550); es decir, como si fueran transacciones realizadas con accionistas, en su condición de tales.

Precisiones De acuerdo con las **NIIF** la diferencia anterior entre el valor actual del pasivo financiero y el valor de la participación de los socios externos sobre los activos netos adquiridos se ajusta contra reservas y no implica, por tanto, un ajuste en el fondo de comercio de consolidación o diferencia negativa de consolidación

---

8488 Ejemplos **1. Cálculo del fondo de comercio con socios externos y opción de venta a los mismos**
A compró a B en **dos etapas**:
• En 20X7, A adquirió una participación del 30% a cambio de una contraprestación en efectivo de 32 millones de u.m. cuando el valor razonable de los activos netos identificables de B era de 100 millones de u.m.
• En 20X9, A adquiere una nueva participación del 50% a cambio de una contraprestación en efectivo de 75 millones de u.m. En la fecha de adquisición, el valor razonable de los activos netos identificables de B ascendía a 120 millones de u.m.
• El valor razonable de la participación original del 30%, asciende a 40 millones de u.m. de acuerdo a una valoración independiente de esta participación minoritaria a la fecha de toma de control.

El **fondo de comercio** se calcula de la siguiente forma (millones de u.m.):

Valor razonable de la contraprestación	75	
Valor razonable de la participación previa	40	
	115	
Valor razonable de activos netos identificables	(96)	(120 × 80%)
Fondo de comercio	19	

Los **asientos contables** simplificados de la combinación de negocios en las cuentas consolidadas de A son como sigue:

Dr Activos netos identificables adquiridos ... 120
Dr Fondo de comercio ... 19
(Cr) Efectivo ... (75)
(Cr) Inversión participación previa ... (32)
(Cr) Cuenta de pérdidas y ganancias ... (8)
[Resultado por la revalorización de la participación previa]
(Cr) Socios externos (patrimonio neto) ... (24) [120 × 20%]

2. Concesión de una opción de venta («put») a minoritarios.
Con los mismos datos de la combinación de negocios anterior, en la compra se acuerda con los socios externos concederles como mecanismo de salida una opción de venta sobre el 20% de su participación. De acuerdo a la opción, los socios minoritarios tienen el derecho (no la obligación) de vender dentro de 2 años su participación al nuevo accionista mayoritario A, por un precio fijado de 40 millones de u.m., cuyo valor actual en la fecha de adquisición asciende a 38 millones de u.m.
En este caso, el **asiento simplificado** de la combinación de negocios es como sigue:

Dr Activos netos identificables adquiridos ... 120
Dr Fondo de comercio ... 33[19 + (38 - 24)]
(Cr) Efectivo ... (75)
(Cr) Inversión participación previa ... (32)
(Cr) Cuenta de pérdidas y ganancias ... (8)
(Cr) Pasivo financiero con socios externos ... (38)

6. Elementos que no forman parte de la combinación de negocios

Adquirente y adquirida pueden tener una relación previa a la combinación de negocios o pueden iniciar un acuerdo separado de la combinación de negocios, aunque de forma simultánea a esta. **8490**
En ambos casos la adquirente identifica las **transacciones separadas** que no forman parte de la combinación de negocios, que deben contabilizarse de acuerdo con lo previsto en la correspondiente norma de registro y valoración y, originar, en su caso, **un ajuste en el coste** de la combinación.

En particular, son **ejemplos** de transacciones separadas en las que el método de adquisición debe excepcionarse (es decir, que no deben considerarse parte del coste de la combinación) las siguientes: **8491**
- la cancelación de relaciones preexistentes entre adquirente y adquirida (en el que se trata también la cuestión, más amplia, de los derechos readquiridos);
- la sustitución de acuerdos de remuneración de pagos basados en acciones a empleados o anteriores accionistas (nº 8505);
- la compensación por haber recibido un negocio deficitario (nº 8515).
Estos ejemplos son los que trata de forma expresa la norma, pero el análisis debe aplicarse igualmente a todas aquellas transacciones en las que pueda existir un elemento que no forme parte del intercambio por el control, como por ejemplo los acuerdos de pagos contingentes a accionistas vendedores que continúan como empleados de la sociedad, que también se tratan posteriormente.

a. Derechos readquiridos y relaciones preexistentes

Las relaciones previas que pueden existir entre adquirente y adquirida pueden ser de tipo muy amplio y con carácter contractual o no. Por ejemplo, relaciones de demandante/demandando, proveedor/cliente, franquiciado/franquiciador, etc. En estos casos hay una presunción de que parte del coste de la combinación pueda estar en realidad relacionado con la **cancelación** de esa relación previa. **8495**

De este modo, la empresa adquirente reconoce un beneficio o pérdida por la cancelación de la mencionada relación previa cuyo **importe** se determina de la forma que se expone en el siguiente gráfico:

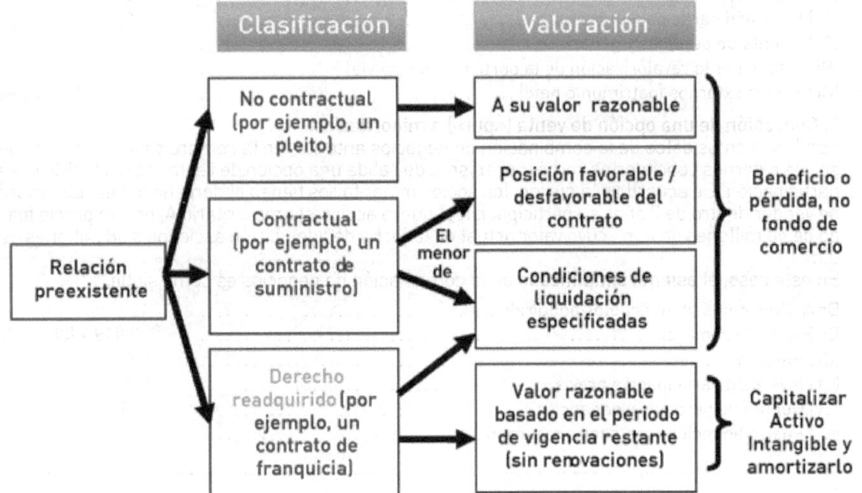

8496 Tanto si la cancelación es de una relación de naturaleza contractual como si no, en la determinación del resultado, la empresa adquirente debe considerar los activos y pasivos relacionados que hubiese reconocido previamente. Y el gasto o ingreso que proceda reconocer de acuerdo a estos criterios se contabiliza empleando como contrapartida la contraprestación transferida.

En consecuencia, en el importe del citado gasto o ingreso, debe minorarse o aumentarse, respectivamente, el **coste de la combinación** a los efectos de calcular el fondo de comercio o la diferencia negativa.

En todo caso, cualquier pérdida por deterioro previamente reconocida por la adquirente o la adquirida en relación con créditos y débitos recíprocos, debe revertir y contabilizarse como un **ingreso** en la cuenta de pérdidas y ganancias de la empresa que hubiera contabilizado la pérdida por deterioro. En la fecha de adquisición, los citados créditos y débitos recíprocos deben cancelarse en la contabilidad de la empresa adquirente.

8497 **Derechos readquiridos** Si la cancelación da lugar a la adquisición de un derecho previamente cedido por la adquirente (p.e., un derecho de franquicia), esta última debe reconocer un **inmovilizado intangible** que es uno de los activos que están sujetos a una excepción en su valoración (ver nº 8495 s.).

8498 **Valoración inicial** La adquirente ha de valorar un derecho readquirido reconocido como un inmovilizado intangible sobre la base del **periodo contractual** que reste hasta su finalización, con independencia de que un tercero considerase en la determinación de su valor razonable las posibles renovaciones contractuales.

8499 **Valoración posterior** Un derecho readquirido reconocido como un inmovilizado intangible debe amortizarse a lo largo del periodo que reste hasta la finalización del plazo del contrato original.

8500 Ejemplos **1. Resolución de una relación preexistente contractual-contrato de suministro**. La empresa A compra componentes para su proceso de producción a la compañía B conforme a un contrato de **suministro** de 10 años con precios fijos. Actualmente, los precios del contrato son más elevados que los precios actuales a los que A podría adquirir componentes similares de otro proveedor.

El contrato de suministro permite a A rescindir el contrato antes de finalizar el plazo inicial de 10 años, pero en ese caso debería abonar una **penalización** económica de 6 millones de u.m. Cuando quedan tres años de vigencia de ese contrato, la empresa A adquiere por 50 millones de u.m. a la compañía B, precio que representa su valor razonable.

El valor razonable total de B incluye 8 millones de u.m. relacionados con el valor razonable del contrato de suministro a largo plazo con A. Estos 8 millones de u.m. constan de un componente

de 3 millones que puede considerarse «a precio de mercado» dado que este sería el precio comparable de un contrato de este tipo en el mercado de elementos idénticos o similares, y un componente de 5 millones de u.m. asignable a la diferencia con los precios de mercado, es decir, la parte desfavorable para la empresa A. B no tiene otros activos o pasivos identificables en relación con este contrato y A no ha reconocido ningún activo o pasivo relacionado con él antes de la combinación de negocios.
En este ejemplo, la empresa adquirente A calcula una **pérdida** de 5 millones de u.m. (el menor importe entre los 6 millones de u.m. estipulados en caso de resolución y el importe por el que el contrato resulta desfavorable para la adquirente) que debe registrarse separadamente de la combinación de negocios. Esto significa que la contraprestación de la compra empleada para calcular el fondo de comercio se ajusta a la baja, de 50 millones a 45 millones de u.m.
El componente del contrato de 3 millones de u.m. «a precio de mercado» forma parte del **fondo de comercio**. En este ejemplo no se reconoce ningún activo intangible, puesto que el contrato de suministro no supone la readquisición de ningún derecho concedido por A para el uso de sus activos. En lugar de ello, la combinación de negocios produce la resolución efectiva de la relación preexistente entre A y B en virtud del contrato de suministro.
Si A hubiera reconocido previamente algún importe en sus estados financieros con respecto de esta relación previa a la combinación debería considerarse en la contabilización. Supongamos que A tuviera reconocido a la fecha de adquisición un pasivo de 6 millones de u.m. por el contrato de suministro por haber sido calificado como oneroso. En este caso, el resultado por la liquidación del contrato sería un beneficio de 1 millón de u.m. (la pérdida por resolución de contrato valorada en 5 millones de u.m. menos la pérdida de 6 millones de u.m. previamente reconocida). En otras palabras, en este caso A habría liquidado, en efecto, un pasivo reconocido de 6 millones de u.m. por 5 millones de u.m., lo que produce un beneficio de 1 millón de u.m.
2. Derecho readquirido en condiciones de mercado. A concede un **derecho de franquicia** a B para que opere con el nombre de A en el país X. 3 años después, A decide ampliar su negocio y formaliza un acuerdo para la adquisición del 100% de B por 50 millones de u.m. Los activos identificables adquiridos y pasivos asumidos de B consisten en la franquicia (valor razonable: 20 millones de u.m.), su lista de clientes (valor razonable: 10 millones u.m.), más los activos y pasivos corrientes (valor razonable neto: 15 millones u.m.). En el momento de la adquisición, las condiciones actuales de mercado de la franquicia son las mismas que el contrato, de modo que no procede un beneficio o pérdida por liquidación en términos distintos a mercado. Se presupone que la franquicia tiene una vigencia establecida y que no es renovable.
En este ejemplo, A reconocería un activo intangible identificado por el derecho de franquicia readquirido a su valor razonable de 20 millones u.m. Este derecho va a amortizarse durante la vigencia restante del acuerdo de franquicia.
El fondo de comercio es, por tanto, de 5 millones u.m. [50 - (20 + 10 + 15)].

3. Derecho readquirido en condiciones distintas al mercado La situación es idéntica a la anterior, salvo que los términos del **contrato de franquicia** son favorables a A en comparación con las condiciones actuales de mercado en la fecha de adquisición en un importe de 3 millones de u.m. Como en el caso anterior, A reconoce un activo intangible identificado por el derecho readquirido a su valor razonable, 20 millones u.m. Este derecho va a amortizarse durante la vigencia restante del acuerdo de franquicia. **8501**
Además, A reconocería un beneficio de 3 millones u.m. por la liquidación efectiva del contrato y, en consecuencia, aumentaría la contraprestación utilizada en la contabilización de la adquisición hasta 53 millones u.m.
Por lo tanto, el fondo de comercio asciende a 8 millones u.m. [53 - (20 + 10 + 15)].

b. Sustitución de acuerdos de remuneración de pagos basados en acciones a empleados o anteriores accionistas

8505 Si a raíz de la combinación de negocios se sustituyen **voluntaria u obligatoriamente** los compromisos de pagos basados en instrumentos de patrimonio de la empresa adquirida con sus empleados, por los pagos basados en los instrumentos de patrimonio de la adquirente, se han de seguir las siguientes **reglas**:

a) El **importe** de los acuerdos de sustitución que forman parte del coste de la combinación de negocios debe ser equivalente a la parte del acuerdo mantenido por la adquirida, que es atribuible a servicios anteriores a la fecha de adquisición. Este importe se determina aplicando al valor razonable en la fecha de adquisición de los acuerdos de la adquirida, el porcentaje resultante de comparar el periodo de irrevocabilidad completado en esa fecha y el mayor entre el periodo inicial y el nuevo periodo de irrevocabilidad resultante de los acuerdos alcanzados.

8506 **b)** Si los nuevos acuerdos exigen que los empleados presten servicios adicionales, cualquier **exceso del valor razonable** del nuevo acuerdo sobre el citado coste se reconoce como un gasto de personal conforme a lo señalado en la norma de transacciones con pagos basados en

instrumentos de patrimonio. En caso contrario, cualquier exceso se reconoce en la fecha de adquisición como un gasto de personal.
No obstante, cuando la adquirente reemplaza voluntariamente acuerdos de pagos basados en instrumentos de patrimonio, que expiran por causa de la combinación de negocios, la totalidad de la valoración en la fecha de adquisición de los nuevos incentivos debe reconocerse como **gasto de personal** conforme a lo señalado en la norma sobre transacciones con pagos basados en instrumentos de patrimonio. En consecuencia, en este último supuesto, los citados incentivos no forman parte de la contraprestación transferida en la combinación de negocios.

8507 A continuación, se ilustra con un gráfico cómo se aplica en un **caso práctico** esta regla general.

> La empresa A ha concedido opciones sobre acciones a sus empleados, que se consolidan si permanecen en la empresa durante tres años. A ha contabilizado la concesión según lo previsto en la norma para los pagos basados en acciones. Transcurridos dos años, A es adquirida por B. B tiene la obligación de sustituir las opciones sobre acciones de los empleados de A por un nuevo plan basado en acciones de B que serán consolidables con otros dos años adicionales de permanencia.

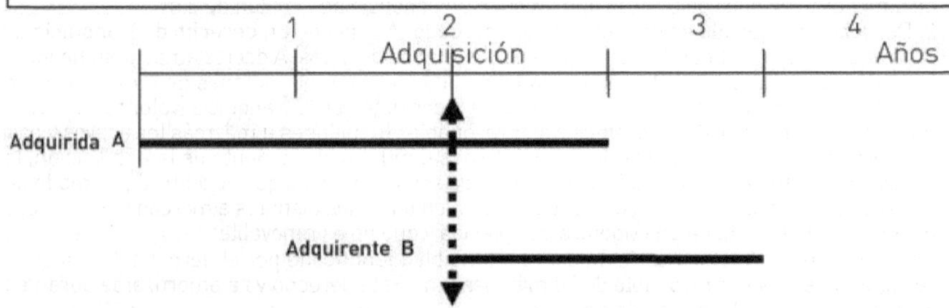

8508 **Paso 1**. Para determinar la cuantía del **acuerdo sustitutivo** que es parte de la contraprestación y la cuantía que debe asignarse como remuneración de los servicios posteriores a la combinación, deben valorarse tanto los acuerdos sustitutivos de la adquirente como los de la adquirida.

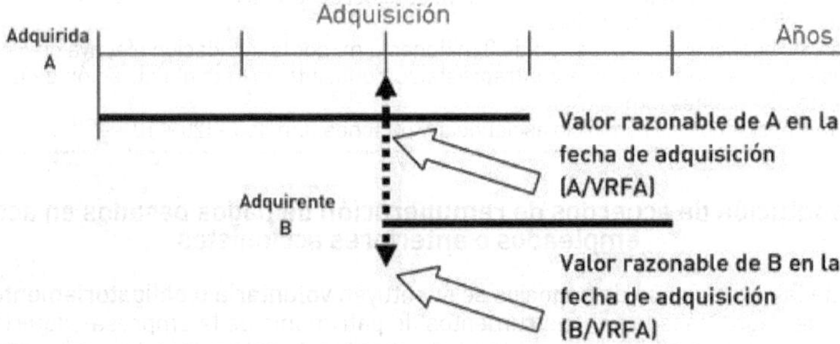

8509 **Paso 2**. Identificar tres **periodos** de tiempo:
- la parte del periodo de irrevocabilidad completado en la fecha de adquisición (X);
- el periodo original de irrevocabilidad del plan (Z);
- el nuevo periodo de irrevocabilidad del plan tras los nuevos acuerdos alcanzados (Y).

8510 **Paso 3.** La parte del acuerdo sustitutivo atribuible al servicio prestado antes de la combinación (que es la suma que se contabiliza como parte de la contraprestación en la combinación de negocios) es la **valoración a mercado** del acuerdo de la adquirida multiplicada por el coeficiente resultante de dividir la parte del periodo de devengo de la concesión que ya ha expirado entre el periodo total de devengo o el periodo original de devengo, el mayor, del acuerdo de la adquirida.

Fase 3: La suma asignada como **contraprestación** es:

$$A/VRFA \times \frac{X}{\text{Mayor ente } Y \text{ y } Z}$$

Paso 4. Por tanto, el importe atribuible a **servicios** prestados tras la combinación y, por tanto, reconocido como coste de remuneración en los estados financieros posteriores a la combinación, se calcula como la diferencia entre la valoración basada en el mercado del acuerdo sustitutivo de la adquirente y la suma asignada a la contraprestación de la adquisición del Paso 3. Así pues, la adquirente tiene que atribuir cualquier exceso de la valoración del nuevo plan del importe anterior, como gasto de personal en los estados financieros posteriores a la combinación. 8511

Si no existe periodo de servicio adicional, el gasto se reconoce de manera inmediata.

Paso 4: La suma asignada al **servicio posterior** a la combinación es: B/VRFA menos el importe calculado en el Paso 3.

Ejemplo **Sustitución de pagos basados en acciones.** 8512

Acuerdos de la adquirida	Periodo para la consolidación de la concesión no finalizado antes de la combinación de negocios
Acuerdos sustitutivos	Se requieren servicios adicionales de los empleados después de la fecha de adquisición

La empresa adquirente B sustituye los acuerdos de pagos basados en acciones que tenía el personal de la empresa A que acaba de adquirir por acuerdos basados en sus **propias acciones**:

• La valoración basada en el mercado para ambos acuerdos asciende a 120 millones de u.m. los de la empresa adquirente B y 100 millones de u.m. los de la adquirida A, ambos en la fecha de adquisición.

• En el momento de su concesión, los acuerdos de A se consolidaban tras un periodo de servicio de 4 años.

• En la fecha de adquisición, los empleados de A habían prestado 2 años de servicio, por lo tanto, solo una parte de los acuerdos de B es atribuible a los servicios previos a la combinación.

• Los acuerdos sustitutivos únicamente exigen un año adicional de servicio posterior a la combinación.

• Dado que los empleados ya habían prestado 2 años de servicio, el nuevo periodo total de devengo de la concesión es de 3 años.

Fase 1: Valor razonable de la adquirida en la fecha de adquisición = 100 millones de u.m.

Valor razonable de la adquiriente en la fecha de adquisición = 120 millones de u.m.

Fase 2: Parte del periodo de devengo de la concesión que ha expirado = 2 años.

Periodo original de devengo de la concesión = 4 años.

Periodo total de devengo de la concesión = 3 años.

Fase 3: Importe asignado a la contraprestación

$$100 \times \frac{2}{\text{El mayor de 4 y 3}} = 50$$

Fase 4: Importe asignado al servicio posterior a la combinación = 120 - 50 = 70

Los 70 millones de u.m. restantes se atribuyen al servicio posterior a la combinación y, por tanto, se reconocen como gasto de personal en los estados financieros de A posteriores a la combinación.

c. Compensación por haber recibido un negocio deficitario

Si la adquirente recibe un activo o el compromiso de recibir un activo como compensación por haber asumido un negocio deficitario, por ejemplo, para hacer frente al coste de un futuro **expediente de regulación de empleo**, debe contabilizar este acuerdo como una transacción separada de la combinación de negocios, circunstancia que exige reconocer una provisión como contrapartida del citado activo en la fecha en que se cumplan los criterios de reconocimiento y valoración de este. 8515

8516 Precisiones La conclusión extraíble de la posición del ICAC sobre este tipo de activos expresada a través de una de sus consultas es que las **condiciones** para poder registrarlos han de ser necesariamente muy restrictivas. La entidad debe identificar de forma nítida que recibe un activo singular, su carácter finalista para hacer frente a una determinada reestructuración o similar y su importe individualizado, indicando que esta regla particular no puede generalizarse y considerar que cuando el adquirente no desembolsa contraprestación alguna o se ha producido una compra ventajosa (en la que el exceso entre el valor de los activos netos adquiridos y el coste de la combinación de negocios se contabilizaría como un ingreso), el conjunto de los activos netos recibidos constituyen la compensación por haber adquirido un negocio deficitario, porque de prosperar este razonamiento se vaciaría de contenido la regla general para el reconocimiento de pasivos en una combinación de negocios (ICAC consulta núm 2, BOICAC núm 88).

d. Otras transacciones que no forman parte del coste de la combinación

8517 Independientemente de las transacciones separadas (nº 8490 s.), debe tenerse en cuenta que es necesario siempre, en el análisis conceptual general de la operación de combinación, identificar cualquier tipo de transacción formalizada **por o en nombre de la adquirente** que beneficie principalmente a la adquirente o a la entidad combinada, en lugar de a la adquirida (o sus anteriores propietarios) antes de la combinación, puesto que constituirá probablemente una transacción separada.

A fin de determinar si una transacción forma parte del intercambio por el control de la adquirida o si es independiente de la combinación de negocios, debe aplicarse el juicio profesional y es importante entender el contexto general de la operación que puede aportar factores de análisis, como los **motivos** de la transacción, quién la inicia y el **momento** en que tiene lugar.

8518 **Acuerdos sobre pagos contingentes a accionistas vendedores/empleados** La adquirente o el vendedor pueden realizar pagos a los empleados de la adquirida (que pueden ser, a su vez, accionistas vendedores) dependiendo de un hecho posterior a la adquisición como, por ejemplo, permanecer un **periodo** de servicio **mínimo** como empleado después de la combinación.

En estos casos, es preciso determinar qué elemento del pago puede considerarse contraprestación, y qué elemento puede corresponder a los servicios posteriores a la adquisición.

8519 La NIIF núm 3 Combinaciones de negocios incluye una serie de **indicadores** que pueden ser útiles para determinar si un acuerdo sobre pagos contingentes a empleados o a accionistas vendedores forma parte del intercambio por la adquirida o constituye una transacción separada:

Factores	Comentarios
Continuación en el empleo	**a)** Si los pagos se extinguen **automáticamente** en caso de que termine la relación laboral, es un indicio de que dichos pagos tienen un componente relacionado con la prestación de servicios laborales y no el coste de la combinación. **b)** Si por el contrario, los pagos contingentes no se ven afectados en modo alguno por la **terminación de la relación laboral** esto puede indicar que son una contraprestación adicional por el control, en lugar de una remuneración.
Duración del empleo continuado	El hecho de que el periodo de empleo exigido sea igual o superior al **periodo de pago** contingente puede indicar que los pagos contingentes son, en esencia, remuneración.
Nivel de remuneración	Si el nivel de remuneración del empleado, sin considerar los pagos contingentes, se encuentra en un nivel **razonable** en relación con los de otros empleados similares en la entidad combinada, puede ser indicativo de que los pagos contingentes son una contraprestación adicional.
Pagos incrementales a empleados	El hecho de que los accionistas vendedores que no pasen a ser empleados reciban pagos contingentes de **menor cuantía** que los **accionistas** vendedores que sí pasen a ser empleados de la entidad combinada, puede indicar que el mayor importe de los pagos contingentes a estos últimos es remuneración.
Número de acciones	**a)** Si los accionistas vendedores que poseían la práctica **totalidad** de las acciones en la adquirida permanecen como empleados clave, puede ser un indicio de que se trata, en esencia, de un acuerdo de reparto de beneficios con el objetivo de remunerar los servicios prestados con posterioridad a la combinación. **b)** Si los accionistas vendedores que permanecen como empleados clave poseían solo un **pequeño** número de acciones de la adquirida y todos los accionistas vendedores reciben la misma cuantía de contraprestación contingente por acción, podría ser un indicio de que los pagos contingentes son una contraprestación adicional.

Factores	Comentarios
Fórmula de cálculo de la contraprestación	Por ejemplo, si el pago contingente se calcula teniendo en cuenta un **múltiplo de** los **beneficios** (es decir, beneficios correspondientes a más de un ejercicio) y es coherente con el enfoque de valoración de la sociedad y el establecimiento del precio, puede ser un indicio de que la obligación es una contraprestación contingente en la combinación de negocios y de que el propósito de la fórmula es establecer o verificar el valor razonable de la adquirida. Por el contrario, un pago contingente equivalente a un **porcentaje** concreto de **beneficios** (por ejemplo, una proporción de los beneficios de un ejercicio) podría indicar que la obligación con los empleados consiste en un acuerdo de reparto de beneficios para remunerar a los empleados por los servicios prestados.
Otros acuerdos y cuestiones	Hay que analizar todos los hechos y circunstancias en su conjunto y tener en cuenta que muchos otros acuerdos con **accionistas vendedores** (por ejemplo, pactos de no competencia, contratos de asesoría, arrendamientos de propiedades) pueden contener elementos distintos de la contraprestación a cambio de la adquirida.

Precisiones En relación con el factor de **continuación en el empleo**, el Comité de interpretación de las NIIF (CINIIF) aclaró que, si los pagos se extinguen automáticamente al terminar la relación laboral, los mismos deben ser registrados como una prestación de servicios laborales.

Costes relativos a la adquisición Los costes relativos a la adquisición en los que incurre la sociedad adquirente no pueden ser considerados como mayor coste de la combinación y deben ser registrados como **gasto** en la cuenta de pérdidas y ganancias. **8520**
Estos incluyen:
- los honorarios abonados a asesores legales, u otros profesionales que intervengan en la operación (p.e., gastos del proceso de *due diligence*, de valoraciones, etc.);
- los gastos generados internamente por estos conceptos, como, por ejemplo, el gasto del personal del departamento de fusiones y adquisiciones o los potenciales bonus que puedan pagarse a estos profesionales por el cierre de estas operaciones;
- aquellos incurridos por la entidad adquirida relacionados con la combinación.

Por otro lado, no forman parte del coste de la combinación, los gastos relacionados con la **emisión** de los **instrumentos** de patrimonio **o** de los **pasivos financieros** entregados a cambio de los elementos patrimoniales adquiridos, que se contabilizan de acuerdo con lo dispuesto en la norma relativa a instrumentos financieros; lo que implica que, si cumplen los requisitos, pueden registrarse directamente contra el patrimonio neto como menores reservas en el caso de los relacionados con la emisión de acciones, o como menor valor del pasivo financiero, en el caso de los costes de la transacción atribuibles a la asunción de un pasivo financiero. **8521**

Precisiones Hay que tener en cuenta que el PGC extiende este tratamiento también a los **estados financieros** individuales de la sociedad **adquirente**. Es decir, en los estados financieros individuales de la sociedad adquirente el valor inicial de la inversión financiera en la empresa adquirida tampoco se incluyen estos costes, que deben imputarse en la cuenta de pérdidas y ganancias (PGC NRV 9ª.2.4). **8522**
La filosofía de este tratamiento contable radica en que los costes relativos a la adquisición no forman parte del intercambio de valor razonable entre comprador y vendedor por el negocio, sino que son una transacción separada que por otra parte no cumpliría los requisitos para reconocerse como un activo.
En la práctica puede haber casos en que las empresas adquirentes, al no poder capitalizar los costes relativos a la adquisición, modifiquen las transacciones para evitar reconocer esos gastos, por ejemplo, solicitando al vendedor que realice pagos a los **proveedores** del comprador en su nombre y luego reembolsándolos como parte del precio. El aspecto formal de estas transacciones por las que se reembolsa a la adquirida o a sus anteriores propietarios el pago de los costes de la adquirente relativos a la adquisición no modifica la conclusión contable, de modo que debe deducirse el importe identificado de la contraprestación empleada para calcular el fondo de comercio, y reconocerse como gasto por la adquirente.
Puede haber acuerdos en la dirección contraria, en los que vendedor y adquirente acuerden, por motivos fiscales o de otro tipo, que la adquirente corra con los **gastos de venta** incurridos por el vendedor en la compraventa. Aunque estos importes no se pagan directamente al vendedor, sí puede considerarse que forman parte de la contraprestación de la combinación de negocios, puesto que la adquirente actúa en nombre del vendedor al realizar los pagos, que redundan primordialmente en beneficio de los anteriores propietarios.
Por último, indicar que si este tipo de costes relativos a la adquisición se incurren en la compra de una participación en una **empresa asociada o** en una empresa **multigrupo** (nº 8350 s.), sí son capitalizables de acuerdo a la regla general de valoración inicial a coste de estas participaciones (PGCNRV 9ª.2.4), que equivale al valor razonable de la contraprestación entregada más los costes de la transacción directamente atribuibles, puesto que la única excepción que se contempla es en el contexto de una combinación de negocios.

7. Contabilidad provisional y posterior

8525 En relación a la contabilización posterior relacionada con la combinación de negocios, deben tomarse en consideración tres aspectos:
- los ajustes durante el período que establece la norma de contabilidad provisional;
- los ajustes posteriores a ese período de valoración; y
- el tratamiento específico que prescribe la norma para la contabilidad posterior de determinados activos, pasivos o elementos de patrimonio.

8526 **Contabilidad provisional** Si en la fecha de **cierre del ejercicio** en que se ha producido la combinación de negocios no se puede concluir el proceso de valoración necesario para aplicar el método de adquisición, las **cuentas anuales** se han de elaborar utilizando valores provisionales.

8527 Precisiones Debe tenerse en cuenta que esta regla no significa que si se produce un **cierre contable** dentro del período de contabilidad provisional, la empresa no haga valoración alguna de los activos netos adquiridos sino que, por el contrario, debe incluir en los estados financieros de ese cierre la mejor estimación que disponga a esa fecha de los valores correspondientes, que después van a ser ajustados, si corresponde, conforme se indica a continuación.

8528 Los valores provisionales han de ser ajustados en el periodo necesario para obtener la información requerida para completar la contabilización inicial. Ese periodo se denomina **periodo de valoración**.
Ese periodo en ningún caso puede ser superior a **un año** desde la fecha de adquisición.
En cualquier caso, los ajustes a los valores provisionales únicamente incorporan información relativa a los hechos y circunstancias que existían en la **fecha de adquisición** y que, de haber sido conocidos, hubieran afectado a los importes reconocidos en dicha fecha.
Los ajustes que se reconozcan para completar la contabilización inicial se han de realizar de forma **retroactiva;** es decir, de forma tal que los valores resultantes sean los que se derivarían de haber tenido inicialmente la información que se incorpora.

8529 Por lo tanto:
a) Los **ajustes** al valor inicial de los activos identificables y pasivos asumidos se consideran realizados en la fecha de adquisición.
b) El valor del **fondo de comercio** o de la diferencia negativa se ha de corregir, con efectos desde la fecha de adquisición, por un importe igual al ajuste que se realiza al valor inicial de los activos identificables y pasivos asumidos o al coste de la combinación.
c) La **información comparativa** debe incorporar los ajustes.

8530 **Información que debe tenerse en cuenta** La adquirente está obligada a considerar todos los factores pertinentes para determinar si la información obtenida tras la **fecha de adquisición** debería traducirse en un ajuste de los importes provisionales reconocidos o si esa información se deriva de hechos acaecidos con posterioridad a la fecha de adquisición.
La información que se obtiene poco después de la fecha de adquisición tiene más probabilidades de reflejar circunstancias existentes en la fecha de adquisición que la información obtenida varios meses más tarde.
Por ejemplo, a menos que pueda identificarse un hecho intermedio que haya modificado su valor razonable, es probable que la **venta** de un **activo** a un tercero poco después de la fecha de adquisición por un importe que difiera significativamente de su valor razonable provisional establecido en aquella fecha indique un error en el importe provisional.

8531 Ejemplo **Periodo de contabilidad provisional.**
A adquiere B el 30-9-20X8. A solicita una tasación de una **rotativa** adquirida en la combinación, pero esa valoración no ha sido finalizada por los tasadores el 31-3-20X9, fecha de formulación de las cuentas anuales del 20X8. Por tanto, en las cuentas anuales del 20X8 A reconoce el inmovilizado por el valor razonable provisional que facilitan los tasadores de 30 millones de u.m. En la fecha de adquisición, a la rotativa le restan 5 años de vida útil. 5 meses después de la fecha de adquisición, A obtuvo la valoración independiente, que establece el valor razonable definitivo del activo en la fecha de adquisición en 40 millones de u.m.
En las **cuentas anuales** del **31-12-20X9**, A tiene que ajustar con efecto retroactivo la información del ejercicio previo, 20X8, de la siguiente manera:
a) El importe en libros del **inmovilizado material** a 31-12-20X8 se incrementa en 9,5 millones u.m. Este importe es el ajuste del valor razonable en la fecha de adquisición por importe de 10 millones u.m., menos la amortización adicional que se habría reconocido si se hubiera reconocido el valor razonable del activo en la fecha de adquisición a partir de dicha fecha (medio millón adicional para el período de 3 meses).

b) El gasto por **amortización del inmovilizado material** en 20X8 se incrementa en 0,5 millones de u.m.
c) El importe en libros del **fondo de comercio** a 31-12-20X8 se modificaría en consonancia con lo anterior como corresponda y,
En las **cuentas anuales**, A tiene que desglosar cada uno de los años:
- en las del **ejercicio 20X8** que la contabilización inicial de la combinación de negocios no se había completado porque la valoración de este inmovilizado material aún no estaba disponible; y
- en las del **ejercicio 20X9** los importes y las explicaciones de los ajustes en los valores provisionales reconocidos durante el ejercicio en curso.

Cambios posteriores al periodo de valoración Transcurrido el periodo de valoración en este apartado, solo se practican ajustes a las valoraciones iniciales cuando proceda corregir errores conforme a lo establecido en la **NRV 22ª Cambios en criterios contables, errores y estimaciones contables** del **PGC**. **8532**
Las restantes modificaciones que se produzcan con posterioridad se reconocerán como cambios en las estimaciones conforme a lo señalado en la citada norma relativa a cambios en criterios contables, errores y estimaciones contables.

Cambios en la contraprestación contingente El tratamiento es distinto dependiendo de si los cambios en el valor razonable de la contraprestación contingente que reconozca la adquirente después de la **fecha de adquisición**, son el resultado de información adicional que la adquirente obtenga después de esa fecha sobre hechos y circunstancias que existían en la fecha de adquisición, o circunstancias que son posteriores a esa fecha. **8533**
Por ejemplo, si se pacta una contraprestación contingente en función de los **beneficios** que se obtengan en los próximos tres ejercicios, en la fecha de adquisición la empresa adquirente debe calcular la mejor estimación del citado importe, que ha de ser ajustado un año más tarde considerando la información existente en esa fecha sobre los resultados de la entidad. Estos cambios son **ajustes** del período de valoración y se tratan como se ha descrito en el nº 8532, ajustando la contabilización de la combinación en el límite del primer año de contabilidad provisional.
Sin embargo, los cambios en la contraprestación contingente que proceden de sucesos ocurridos **tras la fecha de adquisición**, tales como alcanzar un precio por acción determinado o un hito concreto en un proyecto de investigación y desarrollo, no son ajustes del periodo de valoración.

Precisiones En la práctica, la mayoría de los cambios en la contraprestación contingente (que no sea calificada como patrimonio) se reflejan en la **cuenta de resultados**. **8534**
Las variaciones en los importes definitivos de acuerdos de contraprestación contingente futura en función de alcanzar determinados objetivos por la adquirida o ciertos hitos comerciales, etc., que proceden de hechos ocurridos después de la fecha de adquisición y se confirman de forma posterior al periodo de valoración, se llevan normalmente a resultados.

Variaciones en los impuestos diferidos reconocidos Las variaciones de los impuestos diferidos de la adquirida reconocidos en la combinación de negocios que se produzcan dentro del periodo de valoración como resultado de nueva información sobre hechos y circunstancias existentes en la fecha de adquisición, reducen el importe en libros de cualquier **fondo de comercio** relacionado con dicha adquisición, como el resto de variaciones que puedan ser atribuibles al periodo de valoración. **8535**
Cualquier variación posterior se reconoce siempre en la **cuenta de resultados**.

Otros casos específicos Existen otras directrices específicas para la contabilización posterior en relación con los siguientes activos adquiridos, pasivos asumidos o contraídos e instrumentos de patrimonio emitidos en una combinación de negocios: **8536**
- derechos readquiridos (ver nº 8495 s.);
- pasivos contingentes (ver nº 8439 s.);
- activos por indemnización (ver nº 8460 s.).

III. Adquisiciones por etapas y otros cambios en las participaciones

8540

A.	**Combinaciones de negocios por etapas**	8541
B.	**Transacciones entre sociedad dominante y socios minoritarios**	8550
C.	**Pérdida de control**	8555
D.	**Otros cambios en las participaciones**	8560
	1. Adquisición de influencia significativa o control conjunto por etapas	8565
	2. Pérdida de influencia significativa o control conjunto	8570
	3. Cuadro resumen de cambios en las participaciones	8575

A. Combinaciones de negocios por etapas

8541 Se produce una combinación de negocios por etapas cuando una participación encuadrada en cualquiera de las siguientes categorías: un **activo financiero**, una **empresa asociada o** una **entidad controlada conjuntamente**, se incrementa hasta convertirse en una participación que da control.

Aunque su tratamiento se ha abordado previamente en el apartado dedicado a las combinaciones de negocios (nº 8475 s.), se expone, a continuación, en mayor detalle con el objetivo de tener en este apartado una visión global de los distintos tratamientos contables aplicables en los cambios en las participaciones.

8542 Combinaciones en las que el control se obtiene mediante dos transacciones

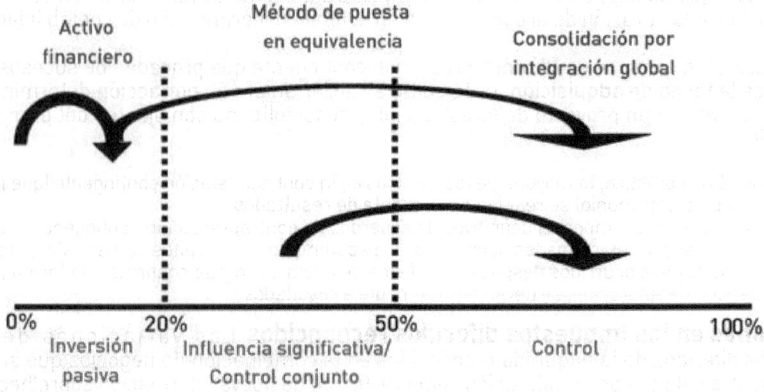

8543 Los **principios** que se aplican son los siguientes:

a) Se considera que la combinación de negocios se produce solamente cuando tiene lugar la transacción por la que una entidad obtiene el **control** de otra.

b) Los activos netos identificables de la entidad adquirida se miden a su **valor razonable** en la fecha de adquisición; es decir, la fecha en la que se traspasa el control.

c) La **participación previa** en la entidad adquirida que ha sido calificada como activo financiero a valor razonable, como empresa asociada o como entidad controlada conjuntamente se contabiliza como si se hubiera enajenado y readquirido a su valor razonable en la fecha de adquisición. Es decir, se considera que ese valor razonable es parte de la contraprestación transferida al tratarse como una enajenación de la participación previa a su valor razonable y cualquier pérdida o ganancia por la comparación con su importe en libros se reconoce en resultados.

d) Por otra parte y puesto que se trata como una enajenación directa, cualquier **variación** en el **valor** de la participación que hubiera sido previamente reconocida en ajustes por valoración en el patrimonio neto se reclasifica llevándose desde el patrimonio neto a **resultados.**

8544 Precisiones La **valoración** a valor razonable de la **participación previa** en la toma de control de una sociedad no es aplicable en las cuentas individuales de la sociedad dominante, donde no se origina revalorización alguna y la inversión se valora de acuerdo a lo dispuesto en la **NRV 9ª.2.4 Instrumentos financieros** del **PGC,** para las Inversiones en el patrimonio de empresas del grupo, multigrupo y asociadas (ICAC consulta núm 6, BOICAC núm 90).

Ejemplo **Un activo financiero a valor razonable con cambios en patrimonio neto se convierte en sociedad dependiente.** 8545

A ha adquirido una participación mayoritaria del 75% en B en dos **etapas**:

a) En 20X4, A adquirió una participación del **15%** a cambio de una contraprestación en efectivo de 10 millones de u.m. A clasificó la participación como activo financiero a valor razonable con cambios en patrimonio neto, que se valora a valor razonable imputando sus variaciones de valor a la partida de Ajustes por Valoración del patrimonio neto. Al 31 de diciembre de 20X8 A tenía registrados incrementos del valor razonable del activo por 2 millones de u.m. en el patrimonio neto.

b) En 20X9, A adquirió otra participación del **60%** a cambio de una contraprestación en efectivo de 60 millones de u.m. A identificó los activos netos de B con un valor razonable de 80 millones de u.m. En la fecha de adquisición, A tenía valorada la participación previa del 15% a su valor razonable de 14 millones de u.m. en ese momento.

El **fondo de comercio** se calcula de la siguiente forma:

Contraprestación entregada	60	
Valor razonable de la participación mantenida anteriormente	14	
Subtotal	74	
Menos: valor razonable de los activos netos de la adquirida	(60)	(80 × 75%)
Fondo de comercio	14	

Y un resultado por la «enajenación» de la participación previa, consistente en imputar a la cuenta de pérdidas y ganancias los ajustes por valoración imputados previamente en el patrimonio neto, por un total de 4 millones de u.m. (valor razonable actual menos - su coste, 14-10), en un **asiento contable** del tipo:

Dr Ajustes por Valoración (patrimonio neto)	4
(Cr) Cuenta de pérdidas y ganancias	(4)

B. Transacciones entre sociedad dominante y socios minoritarios

Una vez que se ha obtenido el control, las operaciones posteriores que dan lugar a la modificación de la participación de la sociedad dominante en la sociedad dependiente, sin que, en caso de reducción, supongan una pérdida de control, se consideran en las cuentas consolidadas como una operación con **títulos de patrimonio propio**. 8550

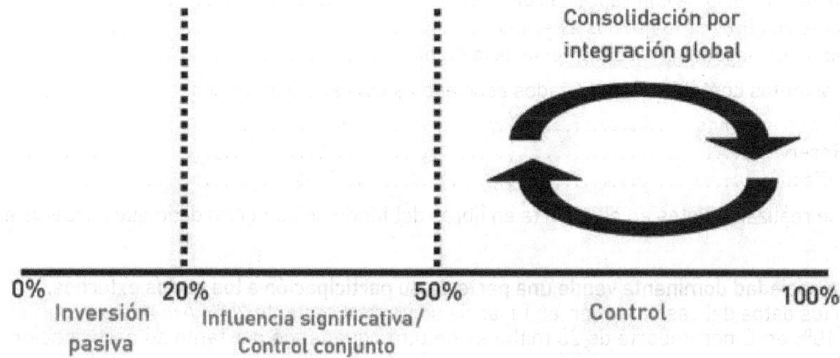

En consecuencia, se aplican las siguientes **reglas**: 8551

a) No se modifica el importe del **fondo de comercio** de consolidación o diferencia negativa reconocida, ni el de otros activos o pasivos del balance consolidado.

b) En los supuestos de reducción de la participación sin pérdida de control, el beneficio o la pérdida reconocida en las cuentas anuales individuales, debe eliminarse a los exclusivos efectos de la consolidación, circunstancia que motiva un **ajuste en las reservas** de la sociedad que reduce su participación (NOFCAC art.31). De igual forma, en los supuestos de incremento de la participación no surge un nuevo coste de adquisición, y la diferencia entre la contraprestación entregada y el valor contable de los socios externos se reconocen en reservas de la sociedad inversora.

c) La participación de los **socios externos** en el patrimonio neto de la sociedad dependiente se muestra en el balance consolidado, en función del porcentaje de participación que terceros ajenos al grupo posean en el capital de la citada sociedad, una vez realizada la operación, incluyendo en consecuencia el porcentaje de participación en el fondo de comercio contabilizado en las cuentas consolidadas asociado a la modificación que se ha producido.

8552 **d)** En su caso, el ajuste necesario para dar cumplimiento a lo descrito anteriormente motiva una variación en las **reservas** de la sociedad que reduce o aumenta su participación, sin perjuicio de reclasificar las reservas de consolidación y reasignar los ingresos y gastos reconocidos en el patrimonio neto, incluyendo las diferencias de conversión entre la sociedad y los socios externos.

Precisiones Las **NIIF** no contemplan que en estas transacciones con los intereses minoritarios se les atribuya a estos un porcentaje de la participación en el fondo de comercio, diferencia con la regla general de valoración de socios externos que excepcionalmente introduce el PGC en este tipo de transacciones. Por tanto, pueden producirse diferencias entre ambos principios de contabilidad generalmente aceptados (Generally Accepted Accounting Principles-GAAPs) en la valoración de socios externos cuando estos se han generado en transacciones posteriores a la combinación sin modificación de control.

8553 Ejemplos **1. La sociedad dominante adquiere la participación de los socios externos.**
En 20X8, A adquirió una participación del 75% en B a cambio de una contraprestación en efectivo de 90 millones de u.m. Los activos netos identificables de B a su valor razonable ascendían a 100 millones de u.m.
El **fondo de comercio** se calculó de la forma siguiente en la fecha de adquisición. A efectos de simplificación, en el ejemplo no se considera la amortización del fondo de comercio.

Valora razonable de la contraprestación	90
Valor razonable de los activos netos (100%)	100
Socios Externos (100 × 25%)	25
Fondo de comercio	**15**

En los años siguientes, al 31-12-20X0, B ha incrementado su activo neto en 20 millones de u.m., hasta alcanzar los 120 millones de u.m. De esta manera, ahora el importe atribuido a los **socios externos** es:

Socios externos en la fecha de adquisición (100 × 25%)	25
Incremento (25% × 20)	5
Importe en libros actual de los socios externos	**30**

En esa fecha, A adquiere el 25% restante de B a los socios minoritarios por un importe de 35 millones de u.m. Esta transacción se trata patrimonialmente, al producirse con socios minoritarios y no modifica la situación de control, que ya se tenía. De esta forma, el **ajuste patrimonial** que ha de hacerse es el siguiente:

Valor razonable de la contraprestación	35
Importe en libros de los socios externos	30
Movimiento negativo en el patrimonio de la dominante	5

Los **asientos contables** simplificados asociados a esta adquisición son:

Dr Socios externos	30
Dr Reservas	5
(Cr) Efectivo	(35)

No se realizan **ajustes** en el importe en libros del fondo de comercio dado que conserva el control.

8554 **2. La sociedad dominante vende una parte de su participación a los socios externos.**
Con los datos del caso anterior, en lugar de adquirir el restante 25%, A vende una participación del 10% en B por importe de 20 millones de u.m., quedando por tanto su participación en un 65%.
Al 31-12-20X0, el valor en libros que debe asignarse a los **socios externos** es:

Participación sobre valor de B	12	(10% × 120)
Asignación de su parte del fondo de comercio	2 (*)	
	14	

(*) Asignación proporcional del fondo de comercio de 15 millones correspondientes a un 75% de participación
El **ajuste en el patrimonio** es:

Valor razonable de la contraprestación recibida	20
Importe reconocido en socios minoritarios	(14)
Movimiento positivo en el patrimonio de la dominante	**6**

No se realizan ajustes en el importe en libros del fondo de comercio dado que conserva el control.

El **asiento contable** simplificado asociado a esta venta de una participación minoritaria sería:

Dr Efectivo	20
(Cr) Socios externos	(14)
(Cr) Reservas	(6)

C. Pérdida de control

La pérdida de control es un hecho económico significativo que se trata de acuerdo a los principios de una **enajenación total**, independientemente de que se retenga algún tipo de participación. 8555

Los **ajustes** que hay que realizar en las cuentas consolidadas cuando la sociedad dominante pierde el control de una dependiente, teniendo en cuenta la fecha en la que se pierde el control, son:

- se registra el valor razonable de la **contraprestación** recibida;
- se registra el valor razonable de cualquier **participación residual**;
- se reclasifica en la **cuenta de resultados** cualquier importe (la totalidad del importe, no solo una parte) relacionado con el activo y el pasivo de la sociedad dependiente previamente reconocido en otros ingresos y gastos reconocidos, como si el activo y el pasivo se hubieran enajenado directamente;
- cualquier diferencia resultante se registra como **beneficio o pérdida** en la cuenta de resultados atribuible a la sociedad dominante.

Si la sociedad **dependiente** pasa a calificarse como **multigrupo o asociada**, se consolida o aplica inicialmente el procedimiento de puesta en equivalencia, según proceda, considerando a efectos de su valoración inicial, el valor razonable de la participación retenida en esa fecha. La contrapartida del ajuste necesario para medir la nueva inversión a valor razonable se contabiliza en la cuenta de pérdidas y ganancias. 8556

Si la **participación que se retiene** no pertenece al perímetro de la consolidación (inversión financiera), se valora conforme a lo dispuesto en la **NRV 9ª (Instrumentos financieros** del **PGC)**, considerando a efectos de su valoración inicial el valor razonable en la fecha en que deje de pertenecer al citado perímetro, siendo igualmente aplicable el registro de la contrapartida necesaria para medirlo a su valor razonable en la cuenta de pérdidas y ganancias.

Gráficamente: 8557

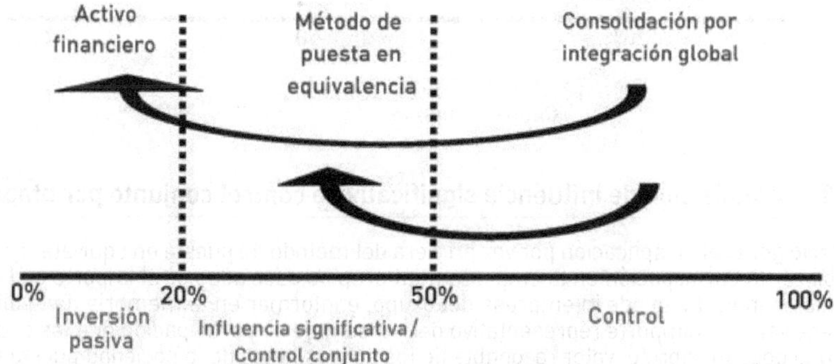

Ejemplo **La sociedad dominante vende su participación mayoritaria pero conserva una asociada.** 8558

En 20X1, A adquirió una participación del 100% en B a cambio de una contraprestación en efectivo de 125 millones de u.m. Los activos netos identificables de B a su valor razonable ascendían a 100 millones de u.m. y el fondo de comercio por tanto a 25 millones de u.m. A efectos de simplificación, el ejemplo no considera la amortización del fondo de comercio.

En los años siguientes, el activo neto de B se incrementó en 20 millones de u.m., hasta alcanzar los 120 millones de u.m. De esta cantidad, 15 millones de u.m. fueron a la cuenta de resultados, y 5 millones de u.m. a ajustes por valoración (patrimonio neto) (de un activo financiero a valor razonable con cambios en patrimonio neto).

Posteriormente, A vende el 75% de su participación a cambio de una contraprestación en efectivo de 115 millones de u.m. El 25% restante se clasifica como una asociada que se contabiliza mediante el método de puesta en equivalencia y tiene un valor razonable inicial de 38 millones de u.m.

El **beneficio** reconocido en la cuenta de resultados en la fecha de enajenación de la participación del 75% es:

Valor razonable de la contraprestación recibida	115
Valor razonable de la participación retenida	38
Beneficio en Ajustes por Valoración	5
	158
Menos: baja del activo neto y el fondo de comercio	(145)
Beneficio total	**13**

En la **memoria consolidada** se exige informar de la parte del beneficio o pérdida atribuible al reconocimiento de la inversión retenida en la que anteriormente fuera entidad dependiente por su valor razonable en la fecha en la que pierda el control.

El importe se **calcula** de la siguiente manera:

Valor razonable de la participación residual	38
Baja del 25% del activo neto y el fondo de comercio (25% × 145 u.m.)	(36,25)
Beneficio	**1,75**

D. Otros cambios en las participaciones

8560

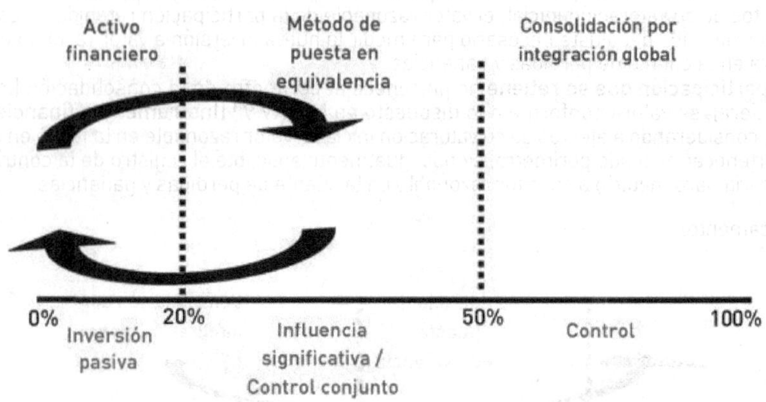

1. Adquisición de influencia significativa o control conjunto por etapas

8565 El **criterio general** de aplicación por vez primera del método de puesta en equivalencia implica contabilizar la participación en la empresa multigrupo o asociada por el importe en las cuentas anuales individuales de la empresa del grupo, e informar en la memoria de la diferencia entre ese valor y el importe representativo del porcentaje de participación que las sociedades del grupo posean sobre el valor razonable de los activos netos de la sociedad puesta en equivalencia.

8566 Si existiesen **participaciones previas** no resulta aplicable el criterio de revalorización de la participación previa previsto en el método de adquisición, ni la contabilización de la diferencia con su coste en la cuenta de pérdidas y ganancias.

Si la participación previa ya está valorada en cuentas individuales a valor razonable y existiesen ajustes por cambios de valor acumulados en el patrimonio neto, los ajustes valorativos previos asociados con dicha inversión contabilizados directamente en el patrimonio neto, se han de mantener en este hasta la enajenación o baja de la inversión (ICAC consulta núm 22, BOICAC núm 85).

2. Pérdida de influencia significativa o control conjunto

Si después de la pérdida de la condición de sociedad multigrupo o asociada se mantiene una participación en el patrimonio de esta, sin que la misma pertenezca al perímetro de la consolidación, se valora conforme a lo dispuesto en la NRV núm 9ª (Instrumentos financieros del PGC), considerando que su coste es el **valor contable** consolidado en la fecha en que dejan de pertenecer al perímetro de la consolidación. 8570

Precisiones Existe una diferencia con las **NIIF** en el tratamiento de la pérdida de influencia significativa o control conjunto cuando se retiene una participación. En las NIIF estas transacciones se consideran hechos económicos significativos que conllevan un tratamiento similar a la pérdida de control, revaluándose la participación retenida y reconociéndose en resultados la diferencia con el valor en libros, así como los ajustes por valoración que pudieran existir en patrimonio.

3. Cuadro resumen de cambios en las participaciones

Hay **otras modificaciones** a las participaciones que se abordan en el PGC y las NOFCAC. En el cuadro siguiente se ofrece de manera simplificada un resumen del tratamiento en cada una de ellas. 8575

DE\A	Dependiente	Asociada	Negocio Conjunto	Activo financiero
Activo financiero	**Combinación de negocios por etapas** (PGC NRV 19ª.2.7; NOFCAC art.26.3)	**Influencia significativa por etapas**	**Control conjunto por etapas**	N/A
	a) El fondo de comercio o diferencia negativa se determina en la fecha de adquisición. **b)** Revalorización de la inversión previa, reconociendo en resultados la diferencia con su valor contable. **c)** Los importes reconocidos en ajustes por valoración del patrimonio neto se imputan íntegramente a resultados como si se produjera la enajenación de la inversión previa como parte de la contraprestación entregada.	**Coste de cada transacción** (NOFCAC art.54.1; ICAC consulta núm 22, BOICAC núm 85): **a)** Para determinar el coste de la inversión se considerará el coste de cada una de las transacciones individuales, a los efectos de determinar el fondo de comercio implícito o la diferencia negativa. **b)** Los importes reconocidos en ajustes por valoración del patrimonio neto se mantienen como tales, ahora asociados a la inversión puesta en equivalencia y únicamente se dan de baja en las circunstancias previstas en el PGCNRV 9ª.2.4.3.	**Coste de cada transacción** (NOFCAC art.51.2; analogía ICAC consulta núm 22, BOICAC núm 85): igual que asociada (en cualquiera de los dos métodos de consolidación).	

8575 (sigue)

DE\A	Dependiente	Asociada	Negocio Conjunto	Activo financiero
Negocio conjunto	**Combinación de negocios por etapas** (PGC NRV 19ª.2.7; NOFCAC art.26.3 y 58.4): **a)** El fondo de comercio o diferencia negativa se determina en la fecha de adquisición. **b)** Revalorización de la inversión previa, reconociendo en resultados la diferencia con su valor contable. **c)** Los importes diferidos en ajustes por valoración del patrimonio neto se imputan íntegramente a resultados como si se produjera la enajenación de la inversión previa como parte de la contraprestación entregada. **d)** Se reclasifican las reservas en sociedades multigrupo a reservas de la sociedad adquirente. **e)** El tratamiento es independiente del método de consolidación del negocio conjunto (puesta en equivalencia o integración proporcional).	**Desde integración proporcional** (NOFCAC art.58.6): **a)** La puesta en equivalencia se aplica inicialmente sobre los activos y pasivos consolidados atribuibles a dicha participación. **b)** Los ajustes por valoración correspondientes atribuibles a la participación retenida se mantienen en el balance. **c)** Los ajustes por valoración del negocio conjunto, se imputan a resultados en la parte proporcional vendida.	En ambos métodos de consolidación, si no hay cambio de estado, mismo tratamiento que asociada en aumento o disminución de participación sin pérdida de influencia significativa (no tratado expresamente cuando la opción contable es la integración proporcional; analogía con puestas en equivalencia).	Igual que de asociada a activo financiero (NOFCAC art.58.3 y 66.3; ICAC consulta núm 23, BOICAC núm 85).
Asociada	**Combinación de negocios por etapas** (PGC-NRV 19ª.2.7; NOFCAC art.26.3 y 58.4): **a)** El fondo de comercio o diferencia negativa se determina en la fecha de adquisición. **b)** Revalorización de la inversión previa, reconociendo en resultados la diferencia con su valor contable. **c)** Los importes diferidos en ajustes por valoración del patrimonio neto se imputan íntegramente a resultados como si se produjera la enajenación de la inversión previa como parte de la contraprestación entregada.	**Aumento de participación sin pérdida de influencia significativa** (NOFCAC art.56.1): **a)** Método de adquisición por el % adquirido. Se determina el fondo de comercio implícito o la diferencia negativa exclusivamente para el porcentaje de participación adquirido, de la misma manera que en la primera inversión. **b)** Si en relación a la misma participada surgiera un fondo de comercio y una diferencia negativa en distintas adquisiciones, la diferencia negativa se reducirá hasta el límite del fondo de comercio implícito.	**A integración proporcional** (NOFCAC art.51.1 y 2 y 58.5): **a)** Método de adquisición únicamente por el % adquirido. **b)** No se revaloriza la participación previamente mantenida. **c)** Se mantienen en el balance las partidas de patrimonio neto atribuibles a la participación previa. **d)** Los ajustes y eliminaciones de consolidación aplicados en el método anterior, se deben seguir considerando en la aplicación del método de integración proporcional.	**A coste** (NOFCAC art.58.3 y 66.3; ICAC consulta núm 23, BOICAC núm 85): **a)** El coste inicial de la inversión es el valor contable consolidado en la fecha de pérdida de la condición de asociada. **b)** Las diferencias de conversión se reclasifican íntegramente a resultados. **c)** Los ajustes por valoración de la asociada, se imputan a resultados en la parte proporcional vendida y el resto: - si la nueva inversión se valora a coste, quedarán asociados a la participación retenida y únicamente se darán de baja según lo previsto en la NRV 9ª.2.4.3; - si la nueva inversión se valora a valor razonable (activo financiero a valor razonable), se tratan conforme a sus reglas contables habituales.
		Disminución de participación sin pérdida de influencia significativa (NOFCAC art.56.2): **a)** Se trata como una enajenación parcial del % participación. **b)** Se reclasifican también a resultados el % proporcional que corresponda de los Ajustes por Valoración reconocidos en el patrimonio neto.	**A puesta en equivalencia** (NOFCAC art.56.1): ismo tratamiento que asociada en aumento de participación sin pérdida de influencia significativa	

8575 (sigue)

DE\A	Dependiente	Asociada	Negocio Conjunto	Activo financiero
Dependiente	**Aumento de participación sin modificación de control** (NOFCAC art.29.1): **a)** Transacción patrimonial. No se modifica el fondo de comercio ni produce ningún resultado. **b)** La diferencia entre el importe pagado y el valor contable de los socios externos, se reconoce en reservas. **c)** Los ajustes por valoración reconocidos en el patrimonio neto se reasignan entre socios externos y la sociedad dominante de acuerdo a su participación. **Reducción de participación sin modificación de control**: **a)** Transacción patrimonial. No se modifica el fondo de comercio ni produce ningún resultado. **b)** La diferencia entre el importe pagado y el valor contable de los socios externos, se reconoce en reservas. **c)** Los ajustes por valoración reconocidos en el patrimonio neto se reasignan entre socios externos y la sociedad dominante de acuerdo a su participación. **d)** Los socios externos se valoran por su % de los activos netos consolidados de la dependiente, incluyendo la parte proporcional del fondo de comercio asociado a la inversión vendida.	**Pérdida de control** (NOFCAC art.31): **a)** La inversión retenida se valora por su valor razonable con impacto en resultados. **b)** Se reconoce un resultado por la pérdida de control como la diferencia entre la contraprestación recibida más el valor razonable de la inversión retenida, menos el valor de los activos netos consolidados (incluido el fondo de comercio y, en su caso, los socios externos). **c)** Los importes diferidos en ajustes por valoración del patrimonio neto se imputan íntegramente a resultados por naturaleza (incluidas diferencias de conversión). **d)** Los ajustes y eliminaciones de consolidación, se deben entender realizados en su totalidad.	**Pérdida de control** (NOFCAC art.31): igual que de dependiente a asociada, independientemente del método de consolidación.	**Pérdida de control** (NOFCAC art.31): igual que de dependiente a asociada.

IV. Operaciones de reestructuración empresarial entre compañías del grupo

8580
A. **Generalidades** 8585
B. **Normas particulares** 8595
1. Fusión y escisión 8600
2. Aportación no dineraria 8605
3. Reducción de capital y reparto de dividendos 8610
4. Operaciones comunes en el entorno de las transacciones 8615
Fusión matriz-filial 8616
Operaciones preparatorias 8619
Fusión entre sociedades «hermanas» 8622
Reparto de dividendos 8625
5. Compraventa 8630
6. Impacto de este tipo de operaciones según las NIIF 8635

8581 En esta sección se expone el tratamiento contable que debe aplicarse en las operaciones de reestructuración o reorganización empresarial realizadas entre compañías de un mismo grupo.
Estos **procesos de reorganización** pueden producirse, bien antes de que se ejecute la transacción de adquisición de una determinada inversión, o bien con posterioridad a la misma, dependiendo para ello de cuales sean las circunstancias específicas que impacten en el comprador y el vendedor.

A. Generalidades

8585 Como consideración inicial debe señalarse que el registro contable de las operaciones de reestructuración entre compañías de un mismo grupo ha sido siempre un tema complejo y sujeto a un alto grado de **controversia**.
Por un lado, en líneas generales la **normativa contable internacional** ha eludido expresamente analizar su tratamiento. En concreto, las Normas Internacionales de Información Financiera adoptadas por los reglamentos de la Unión Europea (NIIF) excluyen del alcance de la NIIF núm 3 (Combinaciones de Negocios) a aquellas combinaciones realizadas entre entidades bajo control común.
Inicialmente el IASB (International Accounting Standards Board) estuvo trabajando para emitir una norma que tratara este tipo de combinaciones de negocios; no obstante, en noviembre 2023 el IASB decidió discontinuar este proyecto.

8586 Por otro lado, este tipo de operaciones, donde normalmente no existe una contraparte independiente que garantice de alguna forma que la operación se realiza en condiciones de mercado, posibilita, en cierto modo, que pueda contemplarse un amplio abanico en los **valores contables** que teóricamente podrían utilizarse para registrar la operación.
En concreto, algunos de estos valores pueden ser:
- valor razonable;
- valor histórico;
- valor consolidado.

8587 Obviamente, las consecuencias contables de registrar, por ejemplo, una fusión entre compañías del grupo mediante cada uno de los valores antes mencionados son muy distintas, por lo que la selección del criterio general de registro de este tipo de operaciones se convierte en la piedra angular de todo el proceso.
En este contexto, el **PGC** introdujo de forma específica, una norma de registro y valoración (NRV núm 21ª) sobre las operaciones entre compañías de un mismo grupo la cual aunaba la doctrina administrativa aplicable al respecto en el antiguo PGC/1990, y regulaba tanto las aportaciones no dinerarias de negocios como las operaciones mercantiles de reestructuración empresarial materializadas a través de fusiones y escisiones.

8588 Esta **NRV núm 21ª** (Operaciones entre empresas del grupo del PGC) permitió dotar a todo el marco normativo contable de una seguridad jurídica de la que adolecía hasta dicho momento. No obstante, pronto se comprobó que, en la práctica, determinados aspectos de dicha norma debían ser revisados y clarificados. Por ello, se establece en las operaciones entre empresas del grupo que las **normas particulares** solo serán de aplicación cuando los elementos objeto de la transacción deban calificarse como un negocio. A estos efectos, las participaciones en el patrimonio neto que otorguen el control sobre una empresa que constituya un negocio, también tienen esta calificación.

Por otro lado, en la actualidad el ICAC está trabajando en una Resolución sobre operaciones entre empresas del Grupo, que sistematice la doctrina actualmente existente sobre esta materia, emitida básicamente a través de consultas, si bien dicha Resolución no ha sido publicada todavía.

Precisiones El análisis del registro contable de determinadas transacciones entre compañías del grupo puede llegar a ser complejo y normalmente requiere del **asesoramiento** de expertos en la materia, ya que la singularidad de las operaciones que en determinadas circunstancias pueden plantearse, así como la gran casuística que normalmente rodea a este tipo de operaciones hace necesaria la aplicación en muchos casos del juicio profesional, unido todo ello a que no siempre sea posible aplicar la misma lógica de análisis.

Alcance La NRV núm 21ª (Operaciones entre empresas del grupo del PGC) es de aplicación a las operaciones realizadas entre empresas del mismo grupo, tal y como estas quedan definidas en la NECA núm 13ª (Empresas del grupo, multigrupo y asociadas). **8589**

Precisiones La NECA núm 13ª (Empresas del grupo, multigrupo y asociadas) indica que a efectos de la presentación de las cuentas anuales de una empresa o sociedad, se entiende que otra empresa forma parte del grupo cuando ambas están vinculadas por una **relación de control** directa o indirecta, análoga a la prevista en el CCom art.42 para los grupos de sociedades, o cuando las empresas estén controladas por cualquier medio por una o varias personas físicas o jurídicas, que actúen **conjuntamente o** se hallen bajo **dirección única** por acuerdo o cláusulas estatutarias. **8590**

Es decir, el ámbito de aplicación de la NRV núm 21ª (Operaciones entre empresas del grupo del PGC) se amplía, no solo a las operaciones entre sociedades obligadas a consolidar conforme al CCom, lo que podríamos denominar como **grupos de subordinación**, sino también a las sociedades que se hallan bajo una misma unidad de decisión, comúnmente llamados **grupos de coordinación**, tal y como puede ocurrir en grupos de sociedades controlados por una sola persona física.

Sin embargo, sí están excluidas de su alcance las operaciones entre **sociedades vinculadas**, pero que no tienen la consideración de compañías del grupo conforme a lo indicado anteriormente.

Ejemplo La aplicación de la NRV núm 21ª, en los distintos casos planteados sería la siguiente: **8591**

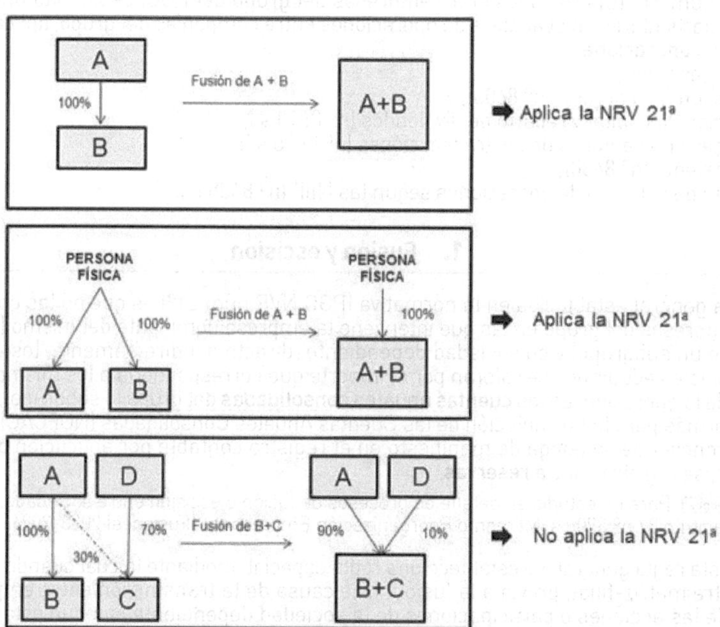

En cualquier caso, la aplicación de las normas particulares contenidas en la NRV núm 21ª solo se produce cuando los elementos objeto de la transacción deban calificarse como un **negocio**. **8592**

Si por ejemplo una de las sociedades que es objeto de reestructuración societaria (p.e., una fusión) está configurada simplemente como un mero conjunto de activos pero que en sí mismos no constituyen un negocio, dicha operación queda fuera del alcance de estas normas particulares.
La problemática de la identificación de un negocio puede ser compleja, tal y como se analiza en el nº 8375 s.

8593 También se indica en la citada NRV núm 21ª que, a los efectos del análisis de la aplicación de las normas particulares, las participaciones en el patrimonio neto que otorgan el control sobre una empresa que constituya un negocio, también tienen la calificación de negocio. Precisamente la consideración de una **inversión financiera** en una empresa del grupo dentro del concepto de negocio ha sido una de las novedades que introdujo en 2010 las NOFCAC, posibilitando con ello la regulación de determinados canjes de valores.

8594 El desarrollo normativo contenido en la NRV núm 21ª se sustenta básicamente en dos **principios** fundamentales:
a) Los **valores contables** resultantes de la realización de operaciones especiales entre compañías del grupo (aportaciones no dinerarias, fusiones, escisiones, reducciones de capital y reparto de dividendos) son los que se corresponden con los valores registrados en las correspondientes cuentas consolidadas, emitidas conforme a las NOFCAC.
Es decir, a la hora de registrar el nuevo valor de una inversión, por ejemplo tras un proceso de fusión, la norma contable ha optado por una posición intermedia, la de reconocer como nuevos valores a los registrados en las cuentas consolidadas, alejándose por tanto de posiciones más agresivas, como sería la de reconocer la transacción a valor razonable, o más conservadoras, en este caso, reconociendo la transacción al coste histórico ya existente.
b) Dada la naturaleza específica de estas transacciones, sin intereses contrapuestos entre las partes al producirse las mismas en el entorno de compañías del grupo, no deben generarse, como norma general, resultados en la cuenta de pérdidas y ganancias, por lo que las diferencias que, en su caso, puedan ponerse de manifiesto al reconocer los nuevos valores tras la transacción, se registran con contrapartida en **reservas**.

B. Normas particulares

8595 La NRV núm 21ª (Operaciones entre empresas del grupo del PGC) desarrolla una serie de normas particulares en el análisis de operaciones entre compañías del grupo, aplicables a las siguientes **operaciones**:
- fusión y escisión;
- aportación no dineraria (nº 8605); y
- reducción de capital y reparto de dividendos (nº 8610 s.);
- comunes en el entorno de las transacciones (nº 8615 s.);
- compraventa (nº 8630);
- impacto de este tipo de operaciones según las NIIF (nº 8635 s.).

1. Fusión y escisión

8600 La regla general establecida en la normativa (PGC NVR núm 21ª) es que en las operaciones entre empresas del grupo en las que interviene la empresa dominante del mismo (o la dominante de un subgrupo) y su sociedad dependiente, directa o indirectamente, los elementos patrimoniales adquiridos se valoran por el importe que correspondería a los mismos, una vez realizada la operación, en las **cuentas anuales consolidadas** del grupo (o subgrupo), conforme a las Normas para la Formulación de las Cuentas Anuales Consolidadas (NOFCAC).
La diferencia que se ponga de manifiesto en el registro contable por aplicación del criterio anterior, se registra contra **reservas**.

Precisiones Para un estudio en detalle de procesos de fusión o escisión entre sociedades del grupo, ver capítulo 37 nº 3200 s. Memento Reorganización Empresarial (Fusiones) 2023-2024.

8601 Sobre esta regla general, se establece una regla especial, mediante la cual cuando la vinculación entre matriz-filial, previa a la fusión, trae causa de la transmisión entre empresas del grupo de las acciones o participaciones de la sociedad dependiente (sin que esta operación origine un nuevo subgrupo obligado a consolidar), el **método de adquisición** se aplica tomando como fecha de referencia aquella en que se produce la citada vinculación, siempre que la contraprestación entregada sea distinta a los instrumentos de patrimonio de la adquirente (p.e., en caja).

En el caso de operaciones entre otras empresas del grupo (p.e., fusión entre sociedades «hermanas», filiales de una misma sociedad matriz), los elementos patrimoniales adquiridos también se valoran según sus **valores contables** en las cuentas anuales consolidadas a la fecha en la que se ejecuta la operación.

Las **cuentas consolidadas** que deben utilizarse a efectos de calcular los valores anteriormente mencionados son las del grupo o subgrupo mayor en el que se integran los elementos patrimoniales, cuya sociedad dominante sea española. **8602**
Si dichas cuentas **no se formulan**, al amparo de cualquiera de los motivos de dispensa (NOFCAC art.7 a 9), entonces deben tomarse los valores existentes antes de realizarse la operación en las cuentas individuales de la sociedad aportante.
Estos criterios también son de aplicación para el caso de las **escisiones**.

Fecha de efectos contables (PGC NRV núm 21ª) La determinación de la fecha de efectos contables en fusiones y escisiones ha sido un aspecto controvertido de la norma, por cuanto impide que las partes que intervienen en la operación (p.e., la entidad absorbente y la entidad absorbida), fijen unilateralmente y de mutuo acuerdo, el **momento** desde el cual las operaciones contables realizadas por la entidad absorbida se registren como realizadas por la entidad absorbente. **8603**
En este sentido, la norma indica que en las operaciones de fusión y escisión entre empresas del grupo, la fecha de efectos contables es la de **inicio** del **ejercicio** en que se aprueba la fusión, siempre que sea posterior al momento en que las sociedades se hubiesen incorporado al grupo.
Por el contrario, si una de las sociedades se ha incorporado al grupo en el ejercicio en que se produce la fusión o escisión, la fecha de efectos contables será la fecha de adquisición

Precisiones La fijación de la fecha de efectos contables tiene su importancia por cuanto define, por ejemplo en el caso de una fusión entre sociedades «hermanas», el momento en el que las operaciones realizadas por la sociedad absorbida (compras, ventas, gastos generales, etc.) serán registradas contablemente en la **cuenta de pérdidas y ganancias** de la sociedad absorbente.

Ejemplo La sociedad A adquiere el 6 de abril de 20X3 el 100% de las acciones de la sociedad B. Ambas sociedades no tenían relación accionarial alguna anterior al momento de la transacción, y cierran contablemente sus ejercicios anuales el 31 de diciembre. **8604**
Caso 1. La fusión entre A y B (siendo A la sociedad absorbente y B la sociedad absorbida) se aprueba por las respectivas juntas generales de accionistas con fecha 30-6-20X3, produciéndose un mes más tarde la correspondiente inscripción de la fusión en el RM.
En este caso, la fecha de retroacción contable (fecha a partir de la cual la sociedad absorbente registrará en su cuenta de pérdidas y ganancias las operaciones de la sociedad absorbida) será la **fecha de adquisición** de B, es decir, el 6-4-20X3.
Caso 2. La fusión entre A y B se aprueba por las respectivas juntas generales de accionistas con fecha 10-1-20X4, produciéndose un mes más tarde la correspondiente inscripción de la fusión en el RM.
En este segundo caso, la fecha de retroacción contable será el 1-1-20X4, por ser la fecha de **inicio del ejercicio** en el que se aprueba la fusión, siendo esta a su vez posterior a la fecha de incorporación al grupo de la sociedad absorbida.

---

2. Aportación no dineraria

En las aportaciones no dinerarias a una empresa del grupo, el aportante valora su inversión por el **valor contable** de los elementos patrimoniales entregados en las cuentas anuales consolidadas en la fecha en que se realiza la operación, según las NOFCAC que desarrollan el CCom (PGC NRV núm 21ª.2.1; NRV núm 21ª.2.1). **8605**
La sociedad adquirente los reconoce por el mismo importe.

Precisiones **1)** Para un estudio en detalle del proceso de aportación no dineraria, ver capítulo 37 nº 3265 s. Memento Reorganización Empresarial (Fusiones) 2023-2024.
2) El criterio para registrar la fecha en la que se registra contablemente la aportación no dineraria (en este caso la fecha en la que se realiza la operación), es distinto del criterio establecido en la propia NRV núm 21ª (Operaciones entre empresas del grupo del PGC) para determinar la fecha de efectos contables de **fusiones y escisiones**. Esta diferencia está fundamentada en la distinta naturaleza jurídica y mercantil de ambas operaciones (ICAC consulta núm 3, BOICAC núm 85).

Las **cuentas anuales consolidadas** que deben utilizarse a estos efectos son las del grupo o subgrupo mayor en el que se integren los elementos patrimoniales cuya sociedad dominante sea española. **8606**

En el supuesto de que las citadas cuentas no se formulen, al amparo de cualquiera de los motivos de dispensa previstos en las normas de consolidación, se toman los valores existentes antes de realizarse la operación en las cuentas anuales individuales de la sociedad aportante. Adicionalmente, la consulta 4 del BOICAC 121 (ICAC consulta núm 3, BOICAC núm 85) ha matizado que en el caso de que el importe representativo del patrimonio neto de la sociedad aportada fuera superior, deberá registrarse por este último valor.

Precisiones La NRV núm 21ª (Operaciones entre empresas del grupo del PGC) no indica qué criterio debe seguir la **sociedad aportante** para contabilizar la diferencia que se produce en sus cuentas individuales entre el valor en libros del negocio entregado y el valor de la inversión recibida, que debe valorarse por el valor consolidado de la inversión entregada.
A este respecto, el ICAC ha contestado a esta cuestión, concluyendo que, con carácter general, la variación de valor antes indicada debe reconocerse en una partida de **reservas** de la sociedad aportante, en consistencia con el criterio seguido en las NOFCAC para reconocer la variación en los activos netos del negocio adquirido en consolidaciones posteriores (ICAC consulta núm 3, BOICAC núm 85).

3. Reducción de capital y reparto de dividendos

8610 Las modificaciones introducidas en la NRV 21ª (Operaciones entre empresas del grupo del PGC) por el NOFCAC, permitieron regular contablemente las operaciones de reducción de capital y reparto de dividendos consistentes en un negocio.
En concreto, en este tipo de operaciones los **criterios contables** que deben seguirse son los siguientes:
• La empresa **cedente** contabiliza la diferencia entre el importe de la deuda con el socio o propietario y el valor contable del negocio entregado con abono a una cuenta de reservas.
• La empresa **cesionaria** lo contabiliza aplicando los criterios establecidos para operaciones de fusión y escisión mencionados en el nº 8600.
Estos criterios son aplicables siempre que el negocio en que se materializa la reducción de capital o se acuerda el pago del dividendo, **permanezca** dentro del grupo tras la realización de la operación corporativa.

8611 Precisiones **1)** Cuando se produce una reducción de capital con devolución de aportaciones, independientemente de si se reduce el valor nominal de las acciones o si se amortiza parte de ellas, se debe disminuir el **precio de adquisición** de los respectivos valores. Para identificar en el inversor el coste de las acciones correspondientes a la reducción de capital, se debe aplicar a la inversión la misma proporción que representa la reducción de fondos propios respecto al valor teórico contable de las acciones antes de la reducción, corregido en el importe de las plusvalías tácitas existentes en el momento de la adquisición y que subsistan en dicho momento (ICAC consulta núm 2, BOICAC núm 40).
2) Posteriormente, y teniendo en cuenta que la consulta anterior se publicó bajo el marco normativo del PGC/90, ya bajo la normativa del PGC vigente, se matiza la conclusión antes alcanzada. En concreto, se interpreta que, considerando que el objetivo del criterio para el cálculo de la reducción del coste de la inversión es identificar el coste que se recupera, las referencias al **valor teórico** y a las plusvalías existentes en la fecha de adquisición siguen considerándose válidas, si bien en la actualidad el valor teórico deberá calcularse por referencia al patrimonio neto de la empresa (ICAC consulta núm 10, BOICAC núm 85). En esta misma línea se pronuncia también la ICAC Resol de 5-3-19.

4. Operaciones comunes en el entorno de las transacciones

8615 Aunque la casuística de **operaciones intragrupo** que puede realizar una sociedad es muy amplia, a continuación, se analizan con mayor detalle aquellas operaciones que por sus características suelen ser comunes en el entorno de las transacciones.

8616 **Fusión matriz-filial** En este caso, se produce primeramente la adquisición (p.e., mediante un contrato de compraventa) de la sociedad B por parte de la sociedad A. Con posterioridad a esta adquisición, A se fusiona con B, siendo A la sociedad absorbente y B la sociedad absorbida.

Es decir, de forma gráfica la operación es la siguiente:

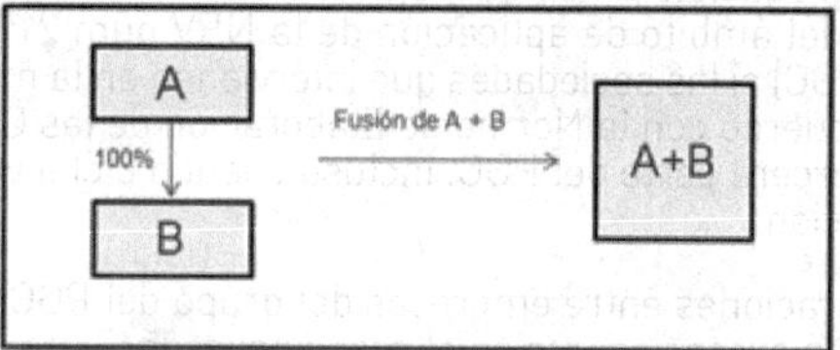

Para el análisis contable de esta transacción hay que acudir a lo indicado anteriormente sobre el contenido de la NRV núm 21ª (Operaciones entre empresas del grupo del PGC). En concreto, y al tratarse de una fusión de la sociedad dominante con su dependiente, en el caso que A formule cuentas anuales consolidadas bajo normativa NOFCAC, los estados financieros individuales de A+B deben estar formados por los valores individuales de A (como sociedad absorbente) que ya tenía antes de la operación mercantil y, por el contrario, el negocio procedente de B (sociedad absorbida) se registra por el importe que los elementos patrimoniales del mismo se encuentren registrados en las **cuentas consolidadas** NOFCAC del grupo A. **8617**
Esta circunstancia implica, por ejemplo, que si el consolidado de A+B contiene un **fondo de comercio** surgido en la adquisición de B, ese fondo de comercio también queda registrado en las cuentas individuales de A tras la fusión con B.

No obstante, puede darse el caso en el que A se acoja a alguna de las **dispensas** de la obligación de consolidar establecidas en NOFCAC art.7, que se indican a continuación: **8618**
a) Cuando el conjunto del grupo o subgrupo no sobrepasa dos de los límites relativos al total de las partidas del balance, al importe neto de la cifra anual de negocios y al número medio de trabajadores, señalados en la LSC para la formulación de la **cuenta de pérdidas y ganancias abreviada** (NOFCAC art.8).
b) Cuando la sociedad obligada a consolidar sometida a la legislación española es a su vez dependiente de otra que se rija por dicha legislación o por la de otro Estado miembro de la **UE** y se cumple lo dispuesto en la NOFCAC art.9, salvo que la sociedad dispensada haya emitido valores admitidos a negociación en un mercado regulado de cualquier Estado miembro de la UE.
c) Cuando la sociedad obligada a consolidar participa exclusivamente en sociedades dependientes que no poseen un **interés significativo**, individualmente o en su conjunto, para la imagen fiel del patrimonio, de la situación financiera y de los resultados de las sociedades del grupo.
En estos casos, la no formulación de las cuentas anuales consolidadas implica que los elementos patrimoniales de la sociedad absorbida (B), se registran por su valor en las cuentas individuales.

Operaciones preparatorias En el entorno de las transacciones es común que se produzca una filialización de una parte del negocio de la sociedad vendedora hacia una nueva sociedad (Newco) creada al efecto, con el fin de facilitar la transacción de compraventa entre las partes. **8619**
En concreto, esta situación suele darse, por ejemplo, en compraventas de **ramas de actividad**.
De forma gráfica, la operación preparatoria se estructura de la siguiente forma:

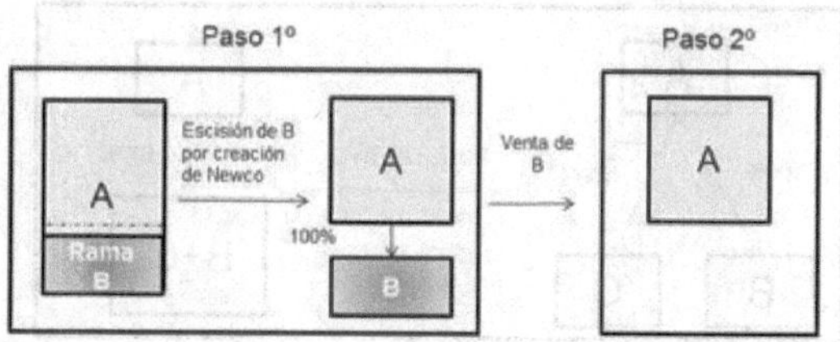

En esta situación surge la duda de si, a efectos de las cuentas individuales de B, la operación debe ser contemplada como una operación entre compañías del grupo sujeta a la normativa especial establecida en la NRV núm 21ª (Operaciones entre empresas del grupo del PGC), o si por el contrario no le es de aplicación dicha regulación. **8620**

El ICAC ha dado respuesta a esta cuestión (ICAC consulta núm 18, BOICAC núm 85), indicando que:

• Las operaciones de **segregación** en las que la sociedad beneficiaria es de nueva creación (Newco), quedan dentro del ámbito de aplicación de la NRV núm 21ª.2 (Operaciones entre empresas del grupo del PGC) si las sociedades que intervienen en la misma se califican como empresas del grupo de acuerdo con la Norma de Elaboración de las Cuentas Anuales (NECA núm 13ª) incluida en la tercera parte del PGC, incluso cuando dicha vinculación surge como consecuencia de la operación.

8621 • La NRV núm 21ª.2 (Operaciones entre empresas del grupo del PGC) **no** contempla que las **reglas particulares** puedan excepcionarse en el caso analizado.

• No obstante, cuando la **sociedad de nueva creación** que adquiere el negocio se configure como un mero vehículo con el objetivo de enajenar sus instrumentos de patrimonio a terceros, lo que en el fondo determina la enajenación indirecta del negocio objeto de la transacción (en nuestro caso, la rama de actividad B), la correcta interpretación de los hechos debe llegar a concluir que, en esencia, la nueva sociedad no forma parte del grupo cuando recibe el negocio, porque el control se ha cedido en virtud del acuerdo marco que soporta la transacción y, en consecuencia, la adquisición original queda fuera del alcance de la NRV núm 21ª.2 (Operaciones entre empresas del grupo del PGC). En todo caso, para poder concluir que la transacción queda fuera del alcance de la NRV núm 21ª (Operaciones entre empresas del grupo del PGC), los instrumentos de patrimonio de la sociedad vehículo se deben haber enajenado a un tercero antes de la formulación de las cuentas anuales del ejercicio en que se transmitió el negocio a la citada sociedad Newco.

Precisiones De no aplicarse en Newco, la NRV núm 21ª (Operaciones entre empresas del grupo del PGC), el registro de los bienes patrimoniales recibidos por la sociedad de nueva creación se realiza conforme a su **valor razonable**.

8622 **Fusión entre sociedades «hermanas»** También es común en el entorno de las transacciones que una vez que se haya adquirido un grupo, se proceda a realizar una reestructuración de las sociedades que lo integran. Por ejemplo, esta reestructuración puede ejecutarse entre sociedades con un **mismo nivel de subordinación** (sociedades «hermanas»).

Dependiendo de cómo se realiza la fusión, se obtienen unos valores contables distintos en la sociedad fusionada, circunstancia que implica que este tipo de operaciones deben ser analizadas con anterioridad a su ejecución, a fin de evitar consecuencias no deseadas.

8623 En concreto, existen tres formas de fusionar a dos sociedades «hermanas» (B y C):

a) Siendo B la sociedad absorbente y C la sociedad absorbida. En este caso las cuentas individuales de B+C están formadas por los valores individuales que tenía la sociedad B, más los valores NOFCAC de C.

b) Siendo C la sociedad absorbente y B la sociedad absorbida. En este segundo caso las cuentas individuales de B+C están formadas por los valores individuales que tenía la sociedad C, más los valores NOFCAC de B.

c) Creando una nueva sociedad (Newco) que aborde tanto a B como a C. En este último caso las cuentas individuales de B+C están formadas por los valores NOFCAC, tanto de B como de C.

8624 Gráficamente:

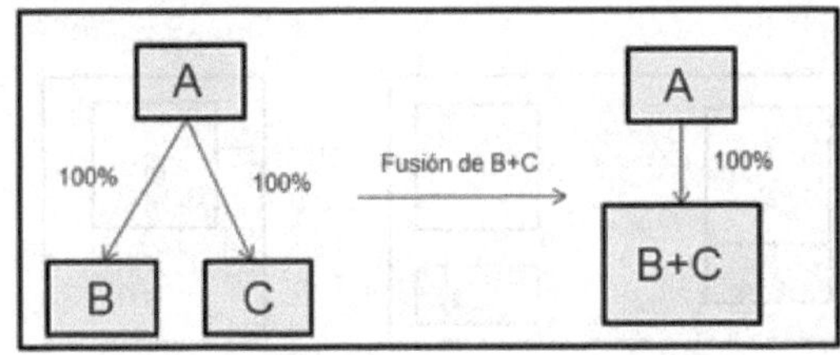

Precisiones La forma de estructuración de la operación de fusión entre sociedades «hermanas» tiene consecuencias contables en cuanto a la determinación de los **valores individuales** de la sociedad absorbente que contenga a los negocios de B+C, y por tanto puede influir de forma relevante en el cálculo del patrimonio neto de dicha sociedad absorbente. Esta circunstancia puede afectar de forma significativa, no solo al cálculo de ratios de gestión sino también, por ejemplo, al cumplimiento de ratios pactados con las entidades financieras (covenants).

Reparto de dividendos Otra operación común es la del reparto de un dividendo que se instrumenta, no en caja sino mediante la entrega de un **negocio** por parte de la sociedad dependiente a la sociedad dominante. **8625**
De forma gráfica, la operación planteada es la siguiente:

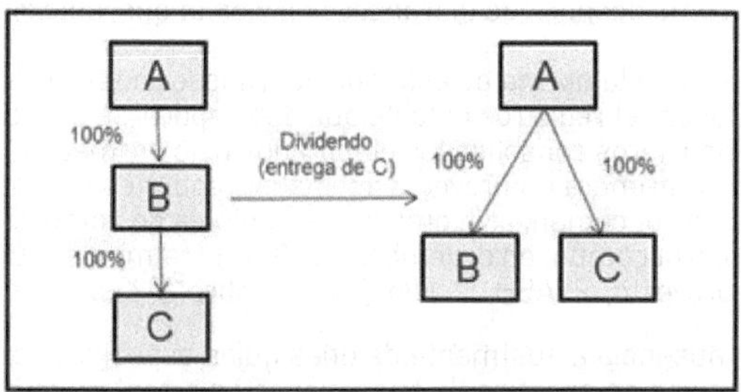

Teniendo como referencia el contenido de la NRV núm 21ª.2.3 (Operaciones entre empresas del grupo del PGC), surge la duda de cómo debe registrarse en la sociedad dominante A, el dividendo que ha recibido de B (materializado en este caso mediante la entrega del 100% de las acciones de C, que constituyen en sí mismas un negocio). **8626**
El **ICAC** ha dado respuesta a esta cuestión (ICAC consulta núm 12, BOICAC núm 85), concluyendo que:
• La valoración contable del negocio recibido (acciones de C) debe realizarse por sus **valores** contenidos en el **consolidado** NOFCAC.
• Adicionalmente, y considerando que las normas de consolidación desconocen la operación económica del reparto de un dividendo, que se elimina contra reservas, hay que contabilizar igualmente el negocio recibido con abono a **reservas**.

Precisiones En conclusión, este tipo de operaciones no tienen impacto en la **cuenta de pérdidas y ganancias** de la sociedad dominante A.

5. Compraventa

A diferencia de las fusiones, escisiones o aportaciones no dinerarias, para las cuales se habilitan unas normas especiales (PGC NRV núm 21ª), la compraventa entre empresas del grupo, bien de bienes (existencias, inmovilizado material), bien de servicios o de negocios (p.e., la compra de las acciones de una filial que otorgan el control del negocio), está sometida a la **regulación** normal del resto de operaciones con terceros. **8630**
De hecho, la NRV núm 21ª indica que las operaciones entre empresas del mismo grupo, con independencia del grado de vinculación entre las empresas del grupo participantes, se **contabilizan** de acuerdo con las normas generales.
En consecuencia, y con carácter general, y sin perjuicio de lo dispuesto en el apartado de fusiones, escisiones, aportaciones no dinerarias, dividendos y reducciones de capital, los elementos objeto de la transacción se contabilizan en el momento inicial por su **valor razonable**.
Esta regulación contable implica, en la práctica, que la compraventa de empresas entre compañías del grupo produce un resultado en la cuenta de pérdidas y ganancias. En este sentido, indicar que la utilización del método de compraventa debe estar soportado sobre una base económica y no solo por una motivación para obtener determinados resultados contables.

6. Impacto de este tipo de operaciones según las NIIF

Desde el punto de vista del impacto en los **estados financieros individuales** de las sociedades que participan en este tipo de operaciones intragrupo, la regulación del mismo está claramente determinada conforme a la normativa del PGC (PGC NRV 21ª: Operaciones entre empresas del grupo del PGC) que se ha desarrollado en los apartados anteriores. **8635**
No obstante, pueden surgir dudas sobre cómo deben registrarse estas operaciones en el entorno de la **normativa internacional** (p.e., la fusión de una sociedad hermana por parte de una sociedad subholding que emite cuentas anuales consolidadas conforme a la normativa NIIF, siendo ambas sociedades «hermanas» filiales a su vez de una sociedad dominante superior).

En este sentido, la NIIF núm 3 (Combinaciones de Negocios) indica expresamente en su párrafo 2 que las combinaciones de negocios entre entidades bajo control común quedan excluidas del alcance de la norma.

8636 Una combinación entre entidades bajo **control común** es una combinación de negocios en la cual todas las entidades que se combinan están controladas a nivel último, por una sola parte (o partes); tanto antes como después de la transacción y en la que, adicionalmente, el control no es transitorio.

Dada la exclusión expresa en la norma de este tipo de transacciones, no existen actualmente unas guías específicas sobre el registro contable que debe aplicarse a este tipo de transacciones en unos estados financieros consolidados elaborados bajo normativa NIIF.

El **IASB** consideró por vez primera un proyecto de análisis sobre este tema, con el fin de examinar la definición de control común, así como la metodología de combinaciones de negocios entre entidades bajo control común, en diciembre de 2007. Finalmente, y tras diversas controversias surgidas en el proyecto, el IASB decidió en noviembre 2023 abandonar el mismo.

8637 En consecuencia, y en ausencia actualmente de unas guías específicas para su tratamiento, las entidades que participan en este tipo de operaciones bajo control común deben seleccionar una **política contable** que consideren apropiada, conforme a la jerarquía descrita en la NIC núm 8 párrafos 10 al 12.

Como la jerarquía permite la consideración de pronunciamientos incluidos en otros cuerpos normativos, la consideración de las guías sobre reorganizaciones entre compañías de grupo establecidas en la **normativa americana** (US GAAP) o en la propia normativa española, podrían resultar de utilidad según las circunstancias específicas del entorno en el que se desarrolle la operación.

Anexos

9000

Certificado de situación de cotización 9050
Relación nominal de trabajadores y recibo de liquidaciones 9100
Ejemplo de listado de solicitud de información en una «due diligence» financiera 9150
Documentación a analizar para una revisión legal («check-list») 9200
Calendario de OPA voluntaria y OPA competidora 9250
Jurisdicciones no cooperativas (paraísos fiscales) 9300
Principales fases del procedimiento de control de concentraciones ante la Comisión Europea . 9350
Formulario CO relativo a la notificación de las operaciones de concentración de conformidad con el Reglamento (CE) nº 139/2004 del Consejo 9400
Formulario CO abreviado para la notificación de una concentración de conformidad con el Reglamento (CE) nº 139/2004 9450
Principales fases del procedimiento de control de concentraciones ante la CNMC 9500
Formulario relativo a los escritos motivados con arreglo al artículo 4 apartados 4 y 5 del Reglamento (CE) nº 139/2004 9550
Formulario relativo a la información referente a los compromisos presentados con arreglo al artículo 6 apartado 2 y al artículo 8 apartado 2 del Reglamento (CE) nº 139/2004 9600

Certificado de situación de cotización

9050

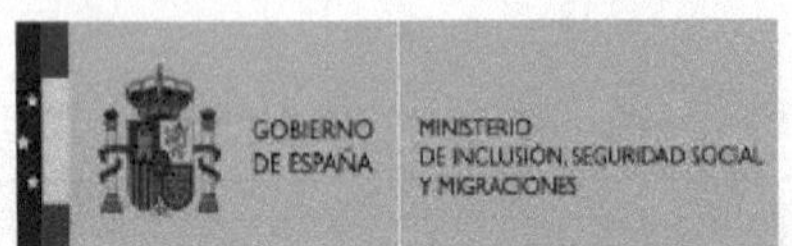

CERTIFICADO DE ESTAR AL CORRIENTE EN LAS OBLIGACIONES DE SEGURIDAD SOCIAL

Según los antecedentes obrantes en esta Tesorería General de la Seguridad Social consta la siguiente información a la fecha de expedición de este certificado:

Nombre:

CIF/NIF: CCC principal:

Identificadores asociados:

NO tiene pendiente de ingreso ninguna reclamación por deudas ya vencidas con la Seguridad Social.

Y para que conste, a petición del interesado, se expide la presente certificación que no originará derechos ni expectativas de derechos a favor del solicitante o de terceros, ni podrá ser invocada para interrupción o paralización de plazos de caducidad o prescripción ni servirá de medio de notificación de los expedientes a que pudiera hacer referencia, no afectando a lo que pudiere resultar de actuaciones posteriores de comprobación o investigación al respecto.

De conformidad con los términos de la autorización número , concedida en fecha 07/02/2018 a cuyo titular es NIF: por la Tesorería General de la Seguridad Social, certifico que estos datos han sido transmitidos y validados por la misma e impresos de forma autorizada, surtiendo efectos en relación con el cumplimiento de las obligaciones conforme al artículo uno de la Orden ESS/ 484/2013 de 26 de marzo (BOE de 28 de marzo).

El usuario principal

Fdo.:

REFERENCIAS ELECTRÓNICAS			
Id. CEA:	**Fecha:**	**Código CEA:**	**Página:**
	27/01/2020		1

Este documento no será válido sin la referencia electrónica. La autenticidad de este documento puede ser comprobada hasta la fecha 28/01/2022 mediante el Código Electrónico de Autenticidad en la Sede Electrónica de la Seguridad Social, a través del Servicio de Verificación de Integridad de Documentos.

Relación nominal de trabajadores y recibo de liquidaciones

9100

MINISTERIO DE TRABAJO, MIGRACIONES Y SEGURIDAD SOCIAL

RELACIÓN NOMINAL DE TRABAJADORES

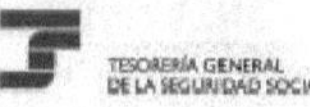

TESORERÍA GENERAL DE LA SEGURIDAD SOCIAL

Número de autorización	

Datos identificativos de la liquidación			
Razón social		Código de empresario	
Código cuenta cotización		Número de la liquidación	
Periodo de liquidación	05/2019-05/2019	Número de trabajadores	12
Calificador de la liquidación	L00-NORMAL	Liquidación	Total
Fecha de control		Entidad de AT/EP	

NAF	I.P.F.	C.A.F.	Fechas Tramo Desde	Fechas Tramo Hasta	Días Coti.	Horas Coti.	Horas Compl	Bases y compensaciones	
								Descripción	Importe
		LOLAO	01-05-2019	09-05-2019	9 D			BASE DE CONTINGENCIAS COMUNES	1.221,03
								BASE DE ACCIDENTES DE TRABAJO	1.221,03
			10-05-2019	31-05-2019	21 D			BASE DE CONTINGENCIAS COMUNES	2.849,07
								BASE DE ACCIDENTES DE TRABAJO	2.849,07
		CACOA	01-05-2019	31-05-2019	30 D			BASE DE CONTINGENCIAS COMUNES	2.333,33
								BASE DE ACCIDENTES DE TRABAJO	2.333,33
		HEHEJ	02-05-2019	09-05-2019	8 D			BASE DE CONTINGENCIAS COMUNES	816,32
								BASE DE ACCIDENTES DE TRABAJO	816,32
			10-05-2019	31-05-2019	22 D			BASE DE CONTINGENCIAS COMUNES	2.244,79
								BASE DE ACCIDENTES DE TRABAJO	2.244,79
		CALOX	27-05-2019	31-05-2019	5 D			BASE DE CONTINGENCIAS COMUNES	466,66
								BASE DE ACCIDENTES DE TRABAJO	466,66
		LORES	01-05-2019	09-05-2019	9 D			BASE DE CONTINGENCIAS COMUNES	1.125,00
								BASE DE ACCIDENTES DE TRABAJO	1.125,00
			10-05-2019	31-05-2019	21 D			BASE DE CONTINGENCIAS COMUNES	2.625,00
								BASE DE ACCIDENTES DE TRABAJO	2.625,00
		GICOE	01-05-2019	09-05-2019	9 D			BASE DE CONTINGENCIAS COMUNES	1.221,03
								BASE DE ACCIDENTES DE TRABAJO	1.221,03
			10-05-2019	31-05-2019	21 D			BASE DE CONTINGENCIAS COMUNES	2.849,07
								BASE DE ACCIDENTES DE TRABAJO	2.849,07
		MABOC	01-05-2019	31-05-2019	30 D			BASE DE CONTINGENCIAS COMUNES	1.833,33
								BASE DE ACCIDENTES DE TRABAJO	1.833,33
		RO G	01-05-2019	09-05-2019	9 D			BASE DE CONTINGENCIAS COMUNES	749,97
								BASE DE ACCIDENTES DE TRABAJO	749,97
			10-05-2019	31-05-2019	21 D			BASE DE CONTINGENCIAS COMUNES	1.750,03
								BASE DE ACCIDENTES DE TRABAJO	1.750,03
		MOGUJ	01-05-2019	09-05-2019	9 D			BASE DE CONTINGENCIAS COMUNES	900,00
								BASE DE ACCIDENTES DE TRABAJO	900,00
			10-05-2019	31-05-2019	21 D			BASE DE CONTINGENCIAS COMUNES	2.100,00
								BASE DE ACCIDENTES DE TRABAJO	2.100,00
		AÑGOJ	01-05-2019	31-05-2019	30 D			BASE DE CONTINGENCIAS COMUNES	4.070,10
								BASE DE ACCIDENTES DE TRABAJO	4.070,10
		PI N	01-05-2019	31-05-2019	30 D			BASE DE CONTINGENCIAS COMUNES	4.070,10
								BASE DE ACCIDENTES DE TRABAJO	4.070,10
		ALBOD	01-05-2019	09-05-2019	9 D			BASE DE CONTINGENCIAS COMUNES	649,98
								BASE DE ACCIDENTES DE TRABAJO	649,98
			10-05-2019	31-05-2019	21 D			BASE DE CONTINGENCIAS COMUNES	1.516,69
								BASE DE ACCIDENTES DE TRABAJO	1.516,69

SUMA DE BASES		SUMA DE COMPENSACIONES	
BASE DE CONTINGENCIAS COMUNES	35.391,50		
BASE DE ACCIDENTES DE TRABAJO	35.391,50		

CODIFICACIONES INFORMÁTICAS				
Referencia	Fecha	Hora	Huella	Página
	04-06-2019	18:57:36		Página 1 de 1

Este documento no será válido sin codificaciones informáticas

9100 (sigue)

Recibo de Liquidación de Cotizaciones

Liquidación Total

Cuota a Liquidar Total

Datos de envío
Número de autorización: [illegible]

Datos identificativos de la liquidación	
Razón Social: [illegible]	Número de liquidación: [illegible]
Código de Cuenta de Cotización: [illegible]	Código de Empresario: [illegible]
Periodo de Liquidación: 01/2018 - 01/2018	Número de trabajadores confirmados: 31
Calificador de Liquidación: L00 NORMAL	Entidad AT/EP: 039 - [illegible]
Fecha de Control:	Modalidad Pago: Cargo en Cuenta

Codificaciones informáticas:				
Referencia: [illegible]	Fecha: 14-02-2018	Hora: 14:56:57	Huella: [illegible]	Página 1 de 1

Descripción	Base	Importe
CONTINGENCIAS COMUNES	36.425,46	10.308,40
CONTING.COM.COTIZ.EMPRESARIAL	6.203,32	1.463,98
COMPENSACION IT ENFERMEDAD COMUN		811,90
REDUCCIONES A CARGO DE LA TGSS		118,00
LIQUIDO CONTINGENCIAS COMUNES		10.842,48
IT DE ACCIDENTES DE TRABAJO	42.628,78	480,12
IMS DE ACCIDENTES DE TRABAJO	42.628,78	410,14
COMP.IT POR ACCIDENTE DE TRABAJO		659,40
LIQUIDO DE ACCIDENTES DE TRABAJO		230,86
OTRAS COTIZACIONES	36.425,46	2.964,88
COT.EMPR. - CUOTA DE OTRAS COTIZACIONES	6.203,32	390,81
BONIF.Y SUBVENC.CON CARGO AL INEM		2.891,95
LIQUIDO DE OTRAS COTIZACIONES		463,74
LIQUIDO DE TOTALES		11.537,08

Este recibo no implica el pago de las cuotas si no va acompañado del correspondiente comprobante de ingreso de la Entidad Financiera. Este documento recoge los cálculos realizados a la fecha de la confirmación/cierre de la liquidación.

Ejemplo de listado de solicitud de información en una «due diligence» financiera 9150

Información solicitada		Recibido	Fecha recepción
1	**Visión general del negocio**		
1.1	Detalle de los principales hitos en el desarrollo del negocio. Cambios de accionariado, fechas de lanzamiento de cada línea de negocio, hitos legislativos, presencia geográfica, etc...		
1.2	Organigrama funcional.		
1.3	Organigrama societario y cambios que se hayan producido en el accionariado.		
1.4	Líneas de servicio detallando las principales características de cada una de ellas. Principales magnitudes: volumen de negocio, número de empleados, precio del servicio,...		
1.5	Bases de presentación de la información financiera y de las políticas contables de la compañía. Describa cualquier cambio significativo en las políticas contables aplicadas.		
2	**Información financiera general**		
2.1	Cuentas de gestión mensualizadas desde enero del ejercicio N hasta último cierre disponible del ejercicio N+2.		
2.2	Cuentas anuales auditadas referentes a los ejercicios N y N+1.		
2.3	Reconciliación, si aplica, de las cuentas de gestión con las cuentas anuales.		
2.4	Presupuesto mensualizado para el ejercicio N+2.		
2.5	Indicadores clave del negocio para los ejercicios N, N+1 y último cierre disponible del ejercicio N+2.		
3	**Análisis de la cuenta de resultados**		
3.1	Detalle mensual desde enero N hasta último cierre disponible del ejercicio N+2 de las ventas por línea de servicio. Comentarios de la dirección sobre las principales tendencias y estacionalidad en dichas ventas.		
3.2	Detalle mensual de ventas por categoría de clientes y principales clientes. Comentarios de la dirección sobre las principales tendencias en dichas ventas.		
3.3	Detalle mensual de ventas por categoría área geográfica. Comentarios de la dirección sobre las principales tendencias en dichas ventas.		
3.4	Detalle mensual de unidades vendidas y precios medios en cada línea de negocio.		
3.5	Descripción de la política de descuentos. Detalle de los descuentos medios aplicados por tipología de clientes en los ejercicios N, N+1 y el último cierre del ejercicio N+2.		
3.6	Detalle de los gastos de aprovisionamientos. Señalar qué parte de estos costes se podrían considerar fijos y cuales variables. Evolución del precio de la energía.		
3.7	Detalle de los gastos de promociones y publicidad.		
3.8	Detalle de gastos de distribución.		
3.9	Margen bruto mensual por línea de negocio.		
3.10	Detalle de plantilla media y/o FTE por departamento y categoría para los años N, N+1 y N+2.		
3.11	Explicación sobre la política de remuneración aplicada por el Grupo. (bonus u otros planes de incentivos).		
3.12	Detalle de las indemnizaciones por despido correspondientes a los años N, N+1 y N+2. Número de personas despedidas cada año, coste para la empresa de dichas personas, indemnización pagada y coste de la persona que les haya sustituido (si se ha amortizado el puesto indicarlo).		
3.14	Si aplica, características del plan de pensiones. Número de personas adheridas y gasto anual por persona.		
3.15	Detalle de todos aquellos gastos e ingresos relacionados con empresas del grupo.		
3.16	Detalle de ingresos/gastos no recurrentes, extraordinarios así como de ajustes contables identificados en los últimos 3 años.		
3.17	Si aplica, detalle del impacto de moneda extranjera en el EBITDA.		
3.18	Desglose por naturaleza de los gastos e ingresos financieros.		
3.19	Detalle de las transacciones con empresas del Grupo o asociadas. Política de dividendos.		
4	**Análisis del balance de situación**		
4.1	**Capital circulante:**		
(a)	Saldos mensuales de las cuentas incluidas en el capital circulante para el periodo comprendido entre enero del ejercicio N hasta el último mes disponible de N+2		
4.2	**Clientes y otras cuentas por cobrar:**		
(a)	Condiciones normales de cobro acordadas con cada categoría de clientes. Detalle de las condiciones de cobro acordadas con el Top de clientes de cada línea de negocio.		
(b)	Ageing de clientes a cierre del ejercicio N+1 y a última fecha disponible de N+2.		
(c)	Si aplica, detalle de pólizas de seguro de crédito.		
(d)	Detalle de clientes considerados incobrables a cierre del ejercicio N+1 y a última fecha disponible de N+2 así como de la provisión asociada a cada una de estos clientes.		
(e)	Detalle de las cuentas de otros deudores y saldos de administraciones públicas por naturaleza.		
(f)	Detalle de las cuentas por cobrar con accionistas, dependientes, empleados y cualquier otra parte asociada al negocio.		
4.3	**Acreedores y otras cuentas por pagar:**		
(a)	Detalle del TOP de proveedores a cierre del ejercicio N+1 y a último cierre disponible de N+2. Comentarios sobre la concentración de proveedores y la dependencia de alguno de ellos. ¿Existe riesgo de concentración o reemplazo de proveedores?		
(b)	Condiciones de pago acordadas con los principales proveedores del Grupo.		
(c)	Ageing de proveedores a cierre de N+1 y a última fecha disponible de N+2.		
(d)	Detalle de cualquier saldo en disputa con proveedores. Explicación del saldo y posible evolución del mismo.		
(e)	En caso de que existan leasing u otro tipo de alquileres financieros u operativos, facilitar los saldos pendientes de pago.		

(f)	Detalle de cualquier provisión incluida en el balance a 31 de diciembre de los ejercicios N, N+1 y último cierre de N+2. Naturaleza de la misma.		
(g)	Detalle de cuentas por pagar aseguradas.		
(h)	Detalle de otras cuentas por pagar (incluidos saldos fiscales) por naturaleza.		
(i)	Detalle y descripción de los saldos por pagar con empresas del Grupo y asociadas.		
(j)	Detalle de litigios pendientes.		
4.4	**Deuda neta:**		
(a)	Visión general de la posición financiera neta del Grupo a cierre de los ejercicios N, N+1 y último cierre disponible de N+2.		
(b)	Contratos de deuda vigentes y novaciones.		
(c)	Calendario de vencimiento de deuda.		
(d)	Conciliaciones bancarias a cierre de año N, N+1 y último cierre N+2. Detalle y explicación de las partidas en conciliación.		
(e)	Detalle de la parte de caja indisponible o restringida.		
(f)	Detalle de las partidas asimilables a deuda.		
(g)	Detalle de cualquier saldo fuera de balance. Listado completo de avales.		
4.5	**Movimiento de FFPP del ejercicio N y N+1.**		
4.6	**Activos fijos:**		
(a)	Inventario de activos fijos (material e inmaterial).		
(b)	Desglose de la inversión en activo fijo de los ultimos 3 años.		
(c)	Detalle de cualquier compromiso de inversión en inmovilizado existente a la fecha.		
(d)	**Gastos de Investigación y Desarrollo activados:**		
(d.1)	Si aplica, explicación del criterio de capitalización aplicado por el grupo a las gastos de I+D.		
(d.2)	Detalle de las cantidades capitalizadas en los años N, N+1 y último cierre disponible de N+2.		
(d.3)	Detalle de los proyectos o nuevas líneas de negocio en curso. Explicación detallada de cada uno de estos proyectos o líneas de negocio.		
4.7	Explique brevemente los saldos fiscales (activos y pasivos por impuestos diferidos). ¿Existen bases imponibles que no esten activadas en el balance?		
5	**Flujo de caja**		
5.1	Cash-flow correspondiente al ejercicio N, N+1 y N+2.		

Documentación a analizar para una revisión legal («check-list»)

9200 En relación con la sociedad [*indicar nombre de la empresa objetivo*] (en adelante «la Sociedad»), precisamos que nos faciliten información detallada y, en su caso, copia de la documentación soporte, con relación a los apartados siguientes. En el caso de no existir la documentación solicitada o no ser posible su obtención, les rogamos que asimismo nos lo confirmen por escrito.

A. ASPECTOS SOCIETARIOS

1. Constitución de la sociedad

a. Escritura pública de constitución de la sociedad.

b. Estatutos actualmente en vigor, así como cualquier modificación que se hubiese efectuado sobre los estatutos de la constitución de la sociedad.

c. Datos de inscripción de la sociedad en el Registro Mercantil, y, en su caso, certificado (o nota simple) actual de la totalidad de las inscripciones en el Registro Mercantil.

2. Órgano de Administración

a. Estructura y composición del órgano de administración (número de miembros, datos personales y fecha de nombramiento, cargo que ocupan).

b. Consejeros delegados / comité ejecutivo: datos personales, fecha de nombramiento, facultades delegadas, forma de actuación.

c. Retribuciones (en cualquier concepto) a los miembros del órgano de administración: Contratos con administradores (laborales o de alta dirección) y documentación relativa a su retribución durante los últimos cinco ejercicios sociales (actas de la Junta fijando la retribución y actas del consejo fijando el reparto de la remuneración, en su caso).

En su caso, confirmación de si existe cualquier clase de remuneración por el desempeño de su cargo, así como documentación soporte. Si no recibiese/n remuneración, confirmación expresa.

3. Auditores

a. Escritura de nombramiento de auditores y contrato suscrito con los mismos.

4. Capital social / accionistas

a. Escrituras públicas y otra información correspondiente a los incrementos/reducciones del capital social.

b. Relación de accionistas/socios titulares del 100% de las acciones/participaciones de la Sociedad, documentación que acredite el título mediante el cual adquirieron las participaciones y, en su caso, copia del Libro-Registro de Acciones Nominativas/socios de la Sociedad. **9200** (sigue)
c. Contratos de prenda, opción, warrants, etc. sobre las acciones/participaciones de la Sociedad que puedan implicar una restricción en su transmisión y/o en la contratación entre socios.
d. Relación de cargas o gravámenes sobre las acciones/participaciones de la Sociedad.

5. Otorgamiento de poderes y mandatos
a. Relación nominal de los actuales apoderados/mandatarios de la Sociedad, detallando la relación de facultades otorgadas/mandatos conferidos.

6. Documentación interna
a. Escrituras públicas otorgadas desde la constitución de la Sociedad hasta la fecha.
b. Actas y certificaciones de la junta general y del órgano de administración desde la constitución de la Sociedad hasta la fecha.
c. Libros de actas de la junta general y del órgano de administración, con confirmación de estar al día.
Justificantes de legalización de libros de los cuatro últimos años y de depósito de actas.
d. Contratos entre los socios (pactos de socios) o pactos de socios en los que participe la Sociedad.
e. Contratos/ acuerdos suscritos entre la Sociedad y sus socios o personas vinculadas.
f. Contratos/acuerdos suscritos entre la Sociedad y sus Administradores o personas vinculadas.
g. Cuentas anuales de los últimos [*cinco ejercicios*] y evidencia de su depósito en el Registro Mercantil.

7. Filiales, Sucursales y participaciones en otras sociedades
a. Relación de filiales, sucursales, uniones temporales, agrupaciones, *Joint Ventures* o cualquier otra forma de asociación o entidad de la que la Sociedad forme parte, incluyendo copias de los correspondientes documentos constitutivos.
b. Documentación acreditativa de la titularidad de las acciones/participaciones de la Sociedad en otras sociedades.
c. Acuerdos de socios/accionistas suscritos con terceros en relación con dichas sociedades.

B. ACTIVOS DE LA SOCIEDAD

1. Instalaciones permanentes, maquinaria y elementos de transporte («propiedades muebles»)
a. Lista completa de todas las propiedades muebles de la Sociedad, incluyendo de cada una:
• una descripción de la misma;
• su localización;
• su destino;
• naturaleza del contrato o acuerdo que regula su uso.
b. Documentos acreditativos de los derechos de propiedad sobre las propiedades muebles, indicando cuando corresponda si están inscritos en algún registro público.
c. Existencia de cargas o gravámenes de cualquier tipo sobre las propiedades muebles.
d. Otras limitaciones a la libre transmisión.
e. Lista de todos los contratos y derechos relacionados con tales propiedades muebles (incluyendo promesas de venta o de arrendamiento, alquileres, derechos de tanteo y de retracto). Copias de todos los arrendamientos u otros documentos otorgando a terceros el derecho a utilizar cualquiera de estas propiedades muebles.
f. Lista completa de todas las propiedades muebles utilizadas por la Sociedad no siendo esta propietaria de las mismas, incluyendo de cada una:
• una descripción de la misma;
• su localización;
• su destino;
• naturaleza del contrato o acuerdo que regula su uso.

2. Propiedad industrial e intelectual / aplicaciones informáticas
a. Copia de los títulos de propiedad o de las solicitudes de todos los derechos de propiedad industrial consistentes en creaciones técnicas y artísticas (patentes, modelos de utilidad, modelos industriales, diseños industriales, etc.), si existen, de los cuales sea titular la Sociedad o que hayan sido solicitados por esta. Indicación, asimismo, de los que, no estando registrados a nombre de la Sociedad, sean habitualmente utilizados por esta. Evidencia del pago de las tasas o cánones correspondientes.

9200 (sigue) b. Copia de los títulos o solicitudes de todos los signos distintivos (marcas, nombres comerciales, rótulos, logotipos, etc.). de los cuales sea titular la Sociedad o que hayan sido solicitados por esta. Indicación, asimismo, de los que, no estando registrados a nombre de la Sociedad, sean habitualmente utilizados por esta. Evidencia del pago de las tasas o cánones correspondientes.

c. Copia de las obras cuya propiedad intelectual esté registrada a nombre de la Sociedad o alguno de sus empleados, o que haya sido solicitada por la Sociedad.

d. Copia de todos los acuerdos y contratos según los cuales la Sociedad tiene licencia o autorización, o concede las mismas a terceros, para explotar cualesquiera patentes, solicitudes de patente, marcas, nombres comerciales, logos, otras denominaciones comerciales incluyendo nombres y marcas no registradas, invenciones, reivindicaciones de inventos, fórmulas protegidas, procedimientos, métodos, secretos comerciales, software informáticos, programas de ordenador, *know-how*, información sobre clientes y proveedores y, en general, cualesquiera acuerdos relativos a la propiedad industrial o intelectual, así como evidencia del pago de las contraprestaciones o *royalties* correspondientes.

e. Copia de cualquier acuerdo referente a la transferencia de tecnología o asistencia técnica del cual la Sociedad sea parte.

C. CONTRATOS ENTRE LA SOCIEDAD Y COMPAÑIAS DEL GRUPO/ TERCEROS

a. Relación de todas las operaciones de reestructuración (incluyendo aportación de activos, empresa o sucursales), compras/ventas de activos, cesiones de cartera, fusiones o agrupaciones que involucren a cualquiera de las compañías pertenecientes al mismo grupo (en su caso) al que pertenezca la Sociedad (incluyendo sucursales), ejecutadas dentro de los últimos cinco años, adjuntando los principales documentos relativos a las mismas.

b. Copia de cualesquiera contratos, acuerdos o compromisos para la compra, por parte de la Sociedad, de suministros, productos manufacturados, bienes de equipos o materias primas, por importe superior a [*incluir índice de materialidad*]. Lista de principales proveedores.

c. Copia de cualesquiera contratos con clientes y distribuidores, y en concreto, copia de contratos con consumidores finales por importe superior a [*incluir, en su caso, índice de materialidad*]. Lista de principales clientes. Condiciones de venta estándar y cualesquiera otras que incidan en la comercialización de la producción de la Sociedad. Copia del modelo estándar de contratos con clientes (condiciones generales de contratación y contratos tipo).

d. Copia de los contratos de agencia, distribución, concesión o representación mercantil y otros similares en los que sea parte la sociedad.

e. Copia de cualquier contrato de no competencia o de confidencialidad.

f. Copia de cualesquiera otros contratos o acuerdos para la prestación de cualesquiera servicios o productos a la Sociedad o por parte de ella incluyendo cualesquiera contratos o acuerdos de servicio con profesionales externos a la Sociedad (publicidad, diseño, asesores económicos, contables y jurídicos, marketing, etc.)

g. Copia de cualesquiera otros acuerdos, contratos o compromisos que no hayan sido asumidos por la Sociedad en el curso ordinario de sus negocios, incluyendo los contratos relacionados con la venta o adquisición de cualquier propiedad o bienes que excedan el [*incluir porcentaje*]% del valor de los activos fijos de la Sociedad.

h. Copia de cualesquiera acuerdos o contratos que puedan ser resueltos o modificados si se produce un cambio de control de la Sociedad.

i. Copia de cualesquiera contratos suscritos con entidades del Sector Público.

j. Copia de cualesquiera contratos para la compra o venta de participaciones. Copia de cualesquiera acuerdos o contratos que restrinjan la venta o transmisión de cualesquiera activos de la Sociedad.

k. Copia de cualquier otro contrato sustancial de larga duración. Lista de los principales proveedores y clientes, así como cualquier acuerdo alcanzado con la Sociedad con ellos que sea relevante.

l. Relación de operaciones llevadas a cabo en los últimos cinco ejercicios con entidades vinculadas.

m. Cualquier compromiso relevante no reflejado en las cuentas.

n. Copia de toda la documentación relacionada con el endeudamiento de la Sociedad tanto con entidades financieras como con otras entidades.

o. Copia de cualesquiera acuerdos de *factoring* y contratos de arrendamiento, arrendamiento financiero (*leasing*), ventas a plazos de bienes inmuebles y ventas con reserva de dominio.

p. Copia de los contratos bancarios de depósito, cuenta corriente, imposición a plazo fijo y cualesquiera otros en los que la Sociedad sea parte, incluyendo un listado de todas las cuentas bancarias a nombre o en beneficio de la Sociedad, así como detalle de las personas autorizadas para su uso.

q. Información sobre los préstamos y/o créditos otorgados por la sociedad en los últimos tres ejercicios (hasta la fecha), o que en la actualidad continúen en vigor, adjuntando copia de los mismos, y desglosando: documentación constituida, beneficiario, tipo de interés devengado, plazo y sistema de amortización. **9200** (sigue)
r. Información sobre los préstamos, créditos y/o garantías concedidas por la Sociedad a miembros del órgano de administración en los últimos tres ejercicios (hasta la fecha), o que en la actualidad continúen en vigor, adjuntando copia de los mismos, y desglosando: documentación constituida, beneficiario, tipo de interés devengado, plazo y sistema de amortización.
s. Información sobre los préstamos, créditos y/o garantías concedidas por la Sociedad a sus empleados en los últimos tres ejercicios (hasta la fecha), o que en la actualidad continúen en vigor, adjuntando copia de los mismos, y desglosando: documentación constituida, beneficiario, tipo de interés devengado, plazo y sistema de amortización.
t. Copia de cualesquiera contratos u otros instrumentos que creen, reconozcan o documenten cualesquier tipo de carga, gravamen, prenda o derecho real limitado de cualquier tipo sobre bienes de la Sociedad.
u. Copia de cualesquiera garantías otorgadas por la Sociedad ya sea por deudas propias o de terceros.
v. Copia de todas las pólizas de seguro de la Sociedad, su actividad, bienes, empleados y directivos, así como evidencia de hallarse al corriente en el pago de las respectivas primas.
En los casos en que los acuerdos/contratos solicitados no existan por escrito, deberá proporcionarse una nota indicativa de sus principales características.

D. ADMINISTRATIVO Y REGULATORIO

1. Edificaciones / instalaciones industriales / Actividades

a. Licencias de obras: incluyendo la descripción de cualquier obra o reforma realizada o en curso. Licencia de primera ocupación de las edificaciones.
b. Licencias municipales de actividad (Autorización Ambiental Integrada, Licencia ambiental o comunicación ambiental - según la actividad -) para cada una de las que se realicen y comprensivas de las sucesivas ampliaciones de la industria que hayan podido producirse: documentación de cumplimiento de las medidas correctoras que, en su caso, se hubieran impuesto. Autorizaciones para la puesta en marcha de las actividades. Declaraciones responsables.
c. Licencias municipales para la construcción y actividades de depósitos, depuradoras y cualesquiera otras instalaciones relacionadas.
d. Autorizaciones y concesiones de ocupación de dominio público y/o gestión de servicio público (Dársenas, instalaciones en puertos, muelles, etc.).
e. Suministro de agua:
- Indicación de si el suministro es municipal o por captación de aguas propias: m^3.
- Concesiones y autorizaciones en materia de aguas (entre ellas, de la Confederación Hidrográfica).
- Contratos de suministros de aguas, si los hubiere.
f. Vertido de aguas:
- Vertidos a cauce público, litoral, o a sistemas municipales, con indicación del colector o cauce público al que se vierte.
- Concesiones y autorizaciones en materia de vertidos (entre ellas, de la Confederación Hidrográfica).
- Indicar, en su caso, los sistemas de depuración existentes.
- Indicar la existencia de puntos de vertido sin autorización.
g. Residuos:
- Indicación de la existencia de vertederos propios y, en su caso, autorizaciones administrativas otorgadas.
- Autorizaciones administrativas relacionadas con la producción, eliminación y tratamiento de residuos.
- Inscripción en el Registro de Productores de Residuos.
h. Contaminación de suelos:
- Existencia de residuos en el suelo o que se hayan generado en el pasado.
- Informe preliminar de situación de suelos contaminados por parte del titular de la actividad, en caso de existir.
- Informes periódicos de situación de suelos contaminados, si existiera.
i. Almacenamientos:
- Existencia de materiales combustibles, inflamables o corrosivos.
- Existencia de depósitos enterrados: material almacenado, medidas de protección y fecha de última revisión.
- Depósitos en superficie: material almacenado, y medidas de protección existentes.

9200 (sigue) j. Emisiones atmosféricas:
- Nivel de emisiones producidas: relación de focos, e indicación de si poseen algún sistema de depuración.
- Autorizaciones otorgadas por las Administraciones Públicas para la realización de dichas emisiones.
- Inspecciones administrativas realizadas: requerimientos de establecimiento de medidas correctoras.

k. Emisiones sonoras:
- Niveles de ruido interior y exterior.
- Relación de focos emisores.
- Medidas correctoras existentes.

l. Envases y residuos de envases:
- Identificación de los envases producidos, recogida, clasificación, transporte, almacenamiento, valorización y eliminación de residuos de envases, incluida la vigilancia de estas operaciones y de los lugares de descarga.
- Declaraciones de Envases y Residuos de Envases de los últimos tres años.

2. Registros

a. Inscripción en el Registro Industrial (edificaciones/instalaciones).
b. Inscripción en otros Registros exigibles.

3. Regulatorio

a. Copia de la resolución administrativa o resoluciones administrativas que autorice a la Sociedad el desarrollo de su actividad conforme a la normativa sectorial de aplicación, así como cualquier otra que modifique o altere su contenido.
b. Documentación acreditativa del cumplimiento por parte de la Sociedad de las principales obligaciones formales establecidas por su normativa sectorial.

4. Concesiones Administrativas

a. Copia de las concesiones administrativas otorgadas a la Sociedad.
b. Copia de las comunicaciones relevantes intercambiadas con la entidad otorgante de las referidas concesiones.

5. Subvenciones

b. Relación de las subvenciones recibidas o solicitadas por la Sociedad durante los cinco últimos ejercicios, adjuntando copia de las resoluciones a través de las que se conceden y, en el supuesto de estar en trámites, copia de la solicitud y documentación presentada.
c. Respecto a las solicitudes concedidas, se nos deberá enviar copia de las auditorías o verificaciones existentes que certifiquen el destino de los fondos concedidos o el cumplimiento de los requisitos a los que se condicionó la concesión final de la subvención. En el supuesto de inexistencia de verificaciones de terceros, se nos deberá enviar una carta de la Dirección de la Sociedad en los términos expuestos.

E. ACCIONES LEGALES PENDIENTES

1. Procedimientos

a. Lista y descripción de todos los procedimientos administrativos, contenciosos judiciales, extrajudiciales o de arbitraje, frente a la administración o personas físicas o jurídicas privadas, así como de los procedimientos judiciales o administrativos, o investigaciones contra la Sociedad, bien sea pendientes, o de cuya inminencia se haya advertido a la misma a través de notificaciones, emplazamientos, interdictos o reclamaciones involucrando a la Sociedad o a cualquiera de sus propiedades o negocios, incluyéndose, sin limitación, las relativas a las siguientes materias:

• Relaciones comerciales con clientes o suministradores.
• Seguros.
• Propiedad Industrial e Intelectual.
• Inmuebles.
• Medioambiente.
• Responsabilidad de producto.
• Cumplimiento de la normativa comunitaria.

En cada caso, se requiere una breve descripción del asunto, incluyendo los nombres de las partes y las cantidades reclamadas.

2. Decisiones

a. Copias de todas las sentencias, compromisos, transacciones, laudos, resoluciones u órdenes, en las que sea parte la Sociedad, sus empleados, directivos, administradores, accionistas o entidades filiales o sucursales, y que impongan cualquier clase de obligación, u otorguen cualquier tipo de derecho, indicando si dichas resoluciones, sentencias, decisiones o laudos son apelables, y si es así, en qué plazo y ante que jurisdicción.

3. Otras 9200 (sigue)

a. Provisiones registradas para cualquiera de los procedimientos mencionados en los apartados 1 y 2 anteriores.

F. INVERSIONES EXTRANJERAS Y NORMATIVA DE CONTROL DE CAMBIOS

a. Copia de los documentos y modelos oficiales presentados por la Sociedad en cumplimiento de la normativa de Inversiones Extranjeras y Transacciones con el Exterior, así como de las autorizaciones/verificaciones obtenidas.
b. Copia de los documentos y modelos oficiales presentados por la Sociedad en cumplimiento de la normativa de Balanza de Pagos del Banco de España.

G. INMOBILIARIO

1. INFORMACIÓN REGISTRAL CATASTRAL Y URBANÍSTICA DE INMUEBLES TITULARIDAD DE LAS SOCIEDADES

a. Títulos de propiedad (i.e. Escritura de Compraventa por parte del Vendedor).
b. Nota simple de los inmuebles actualizada.
c. Escrituras de declaración de obra nueva (en construcción, y acta de finalización de obra nueva de los inmuebles, o escritura de obra nueva finalizada) y de división en régimen de propiedad horizontal de los inmuebles, en caso de haberse otorgado.
d. Escrituras o contratos de constitución de cargas, gravámenes y/o derechos a favor de terceros sobre los inmuebles (incluidos aquellos derechos que no consten inscritos en la actualidad en el Registro de la Propiedad) y, en particular, relativos a posibles derechos de tanteo y/o retracto a los que pudieran estar afecto los inmuebles.
e. Certificación catastral de los inmuebles.
f. Cédula urbanística de los inmuebles en la que aparezca información acerca de su clasificación, calificación y principales parámetros urbanísticos (edificabilidad, alturas, retranqueos, ocupación de parcela, etc.).
g. Copia de cualesquiera instrumentos urbanísticos (i.e. planes especiales, planes parciales, estudios de detalle, etc.) se hubieran tramitado o estuvieran actualmente en tramitación en relación con los inmuebles o que pudieran afectarlos.
h. Garantías bancarias prestadas, en su caso, por las Sociedades para asegurar cualquier tipo de actuación urbanística que haya realizado (ejecución de obras, implantación de actividad, remodelación de las instalaciones, ampliación del inmueble, etc.).

2. CONTRATOS EXISTENTES EN RELACIÓN CON LOS INMUEBLES DONDE LAS SOCIEDADES DESARROLLEN SU ACTIVIDAD

a. Contratos de arrendamiento suscritos juntos con sus anexos y/o adendas.
b. Contratos de prestación de servicios (mantenimiento, reparaciones, limpieza, seguridad, etc.) y de suministros (contratos de suministro de agua, energía eléctrica, gas, etc.) relativos a los inmuebles. Acreditación de estar al corriente en el pago de las obligaciones pecuniarias derivadas de dichos contratos.
c. Cualquier otro contrato suscrito en relación con los inmuebles.

H. PROTECCIÓN DE DATOS

a. Registro de actividades de tratamiento.
b. Cumplimiento del deber de informar y, cuando sea aplicable, cumplimiento de los requisitos exigidos para la obtención de los consentimientos de los interesados, incluyendo clientes y empleados.
c. Contratos con encargados de tratamiento.
d. Existencia de un Delegado de Protección de Datos nombrado ante la Agencia Española de Protección de Datos ("AEPD"), si procede. Deberá aportarse evidencia del nombramiento o, al menos, la notificación a la AEPD sobre la designación.
e. Información acerca de los procedimientos ante la AEPD que estén actualmente en curso y en los que esté involucrada la Sociedad.

FORMACIÓN REGISTRAL, CATASTRAL Y URBANÍSTICA DE INMUEBLES TITULARIDAD DE LAS SOCIEDADES

Calendario de OPA voluntaria y OPA competidora

9250

		Plazo
1	Anuncio previo, en su caso, de la decisión de formular la OPA	X - 1 mes
2	Presentación de la solicitud de autorización de la OPA ante la CNMV: - En caso de anuncio previo, la solicitud de autorización debe presentarse dentro del plazo de un mes. - Se presentará, entre otras, la siguiente documentación: el escrito de solicitud que deberá contener las principales características de la operación; (ii) la documentación acreditativa de los acuerdos sociales adoptados por el oferente de promover la oferta pública; y (iii) el folleto informativo. La restante documentación complementaria que sea necesaria (RD 1066/2007 art.20) podrá presentarse junto con la solicitud o durante los 7 días hábiles siguientes.	X
3	Notificación de la OPA a las autoridades de competencia correspondientes en caso de ser necesaria.	X + 5
4	Presentación de la documentación complementaria no presentada, en su caso, con la solicitud de autorización: - Podrá aportase durante los 7 días hábiles siguientes a la solicitud.	X + 7
5	Declaración de admisión a trámite de la solicitud de autorización de la oferta por la CNMV: - La CNMV dispone de un plazo de 7 días hábiles. El plazo computa desde que se presenta toda la documentación que debe acompañar a la solicitud de autorización. - Si la CNMV no se pronuncia en el plazo señalado, se entenderá admitida a trámite.	X + 7 a X + 14
6	Tramitación del folleto explicativo de la OPA ante la CNMV.	-
7	Autorización de la OPA por la CNMV: - La CNMV autorizará o denegará la oferta en un plazo de 20 días hábiles desde la presentación de la solicitud. - En caso de que la documentación complementaria se aporte con posterioridad a la solicitud de autorización o cuando la CNMV requiera información o documentación adicional, el plazo de 20 días hábiles se computará desde la fecha en que se registre dicha documentación o información.	X + 20
8	Publicación de los anuncios relativos a la autorización de la OPA por la CNMV: - El oferente deberá publicar los anuncios en los Boletines de Cotización correspondientes y en un periódico de difusión nacional en el plazo máximo de 5 días hábiles desde la notificación la autorización.	X + 21 a X + 25
9	Información sobre la OPA a los representantes de los trabajadores del oferente y de la sociedad afectada, o en su defecto, a los propios trabajadores.	-
10	Inicio del plazo de aceptación de la oferta: - El plazo de aceptación es fijado por el oferente, no pudiendo ser inferior a 15 días ni superior a 70 días naturales y se inicia el día hábil bursátil siguiente a la fecha de publicación del primer anuncio relativo a la autorización de la OPA por la CNMV.	X + 22
11	Puesta a disposición del folleto explicativo y de la documentación complementaria: - La puesta a disposición deberá realizarse desde el día hábil bursátil siguiente al de la publicación del primer anuncio relativo a la autorización de la OPA por la CNMV. - Una vez publicado deberá ser remitido a los representantes de los trabajadores del oferente y de la sociedad afectada, o en su defecto, a los trabajadores.	X + 22
12	Emisión por el órgano de la administración de la sociedad afectada de un informe sobre la OPA: - En el plazo máximo de 10 días naturales a partir de la fecha de inicio del plazo de aceptación de la oferta debe ser publicado por la sociedad afectada en los Boletines de Cotización correspondientes o en un periódico de difusión nacional, (ii) remitirse a la CNMV y (iii) remitirse a los representantes de los de los trabajadores de la sociedad afectada.	X + 32

9250 (sigue)

		Plazo
13	Presentación de la OPA competidora: - La oferta competidora podrá ser presentada desde la presentación de la oferta inicial y hasta el quinto día natural anterior a la finalización de su plazo de aceptación. - La presentación de la oferta competidora interrumpe el cómputo del plazo de aceptación de la oferta inicial, quedando automáticamente modificado de forma que los plazos de aceptación de todas las ofertas finalicen el mismo día.	X + 56 (1)
14	Declaración de admisión a trámite por la CNMV de la solicitud de autorización correspondiente presentada en relación con la OPA competidora: - La CNMV dispone de un plazo de 7 días hábiles. El plazo computa desde que se presenta toda la documentación que debe acompañar a la solicitud de autorización.	X + 63
15	Autorización de la OPA competidora por la CNMV: - La CNMV autorizará o denegará la oferta en un plazo de 20 días hábiles desde la presentación de la solicitud. - En caso de que la documentación complementaria se aporte con posterioridad a la solicitud de autorización o cuando la CNMV requiera información o documentación adicional, el plazo de 20 días hábiles se computará desde la fecha en que se registre dicha documentación o información.	X + 76
16	Publicación de los anuncios relativos a la autorización de la OPA competidora por la CNMV: - El oferente competidor deberá publicar los anuncios en los Boletines de Cotización correspondientes y en un periódico de difusión nacional en el plazo máximo de 5 días hábiles desde la notificación la autorización.	X + 77 a X + 81
17	Información sobre la OPA competidora a los representantes de los trabajadores del oferente competidor y de la sociedad afectada, o en su defecto, a los propios trabajadores.	-
18	Inicio del plazo de aceptación de la OPA competidora: - El plazo de aceptación de la oferta competidora es de 30 días naturales a partir del día siguiente al de la publicación del primer anuncio de la oferta competidora. - El plazo de aceptación de la oferta inicial se modificará automáticamente de forma que el plazo de aceptación de ambas ofertas finalice el mismo día.	X + 78
19	Puesta a disposición del folleto explicativo y de la documentación complementaria en relación con la OPA competidora: - La puesta a disposición deberá realizarse desde el día hábil bursátil siguiente al de la publicación del primer anuncio relativo a la autorización de la OPA competidora por la CNMV. - Una vez publicado deberá ser remitido a los representantes de los trabajadores del oferente y de la sociedad afectada, o en su defecto, a los trabajadores.	X + 78
20	Emisión por el órgano de Administración de la Sociedad afectada de un informe sobre la OPA competidora: - En el plazo máximo de 10 días naturales a partir de la fecha de inicio del plazo de aceptación de la oferta competidora debe ser publicado por la sociedad afectada en los Boletines de Cotización correspondientes o en un periódico de difusión nacional, (ii) remitirse a la CNMV y (iii) remitirse a los representantes de los de los trabajadores de la sociedad afectada.	X + 88
21	Último día para la presentación de otras OPAs competidoras: - Las nuevas ofertas competidoras podrán ser presentadas desde la presentación de la oferta inicial y hasta el quinto día natural anterior a la finalización del plazo de aceptación de la oferta competidora. - La presentación de una nueva oferta competidora volvería a interrumpir los cómputos de los plazos de aceptación de las ofertas anteriores, quedando automáticamente modificados de forma que los plazos de aceptación de todas las ofertas finalizarían el mismo día.	X + 102
22	Último día en el que el oferente inicial puede desistir de su OPA: - El oferente inicial podrá desistir de su oferta desde la autorización de la oferta competidora y hasta la fecha de presentación de los sobres cerrados.	X + 106
23	Último día del plazo de aceptación de la OPA inicial y de la OPA competidora. Presentación ante la CNMV de modificaciones en sobre cerrado: - El quinto día hábil desde la terminación del plazo para la presentación de ofertas competidoras, los oferentes que no hayan retirado su oferta, presentarán en sobre cerrado ante la CNMV, su última mejora de oferta o su decisión de no hacerlo (2).	X + 107

		Plazo
24	Apertura de los sobres y publicación de las condiciones por la CNMV: - La CNMV procederá a la apertura de los sobres el mismo día de su presentación o el siguiente día hábil bursátil y comunicará sus condiciones a todos los oferentes y al mercado mediante la publicación en su página web.	X + 108
25	Acreditación por los oferentes ante la CNMV de la constitución de las garantías complementarias correspondientes a las modificaciones presentadas: - La acreditación deberá presentarse en los 3 días hábiles siguientes.	X + 110
26	Autorización por la CNMV de las modificaciones presentadas en el procedimiento de sobres cerrados.	X + 111
27	Publicación de anuncios en relación con la modificación de las condiciones de la(s) OPA(s): - El oferente deberá publicar los anuncios en los Boletines de Cotización correspondientes y en un periódico de difusión nacional en el plazo máximo que le indique la CNMV.	X + 112
28	Último día para que el oferente inicial pueda mejorar las condiciones de su OPA: - El oferente inicial podrá, siempre que cumpla determinados requisitos, presentar su mejora de oferta en el plazo de 5 días hábiles desde la comunicación de la CNMV de las condiciones contenidas en los sobres.	X + 113
29	Inicio de la extensión del plazo de aceptación de las OPAs en 15 días naturales: - El plazo de aceptación de las ofertas competidoras deberá extenderse hasta los 15 días naturales siguientes a la publicación de los anuncios relativos a las nuevas condiciones de la(s) OPA(s). - La ampliación se anunciará por la CNMV a través de su página web.	X + 113
30	Emisión de un informe sobre las OPAs competidoras por el órgano de administración de la sociedad afectada: - El órgano de administración dispone para emitir el informe de 5 días naturales a partir de la fecha de publicación de los anuncios relativos a las nuevas condiciones de la(s) OPA(s). - El informe debe ser publicado por la sociedad afectada en los Boletines de Cotización correspondientes o en un periódico de difusión nacional, y remitirse a la CNMV y a los representantes de los trabajadores de la sociedad afectada.	X + 117
31	Último día del plazo de aceptación de las OPAs.	X + 127
32	Comunicación a la CNMV por las Sociedades Rectoras de las Bolsas o por las entidades que, en su caso, actúen por cuenta del oferente del número de aceptaciones recibidas: - Disponen de un plazo de 5 días hábiles desde la finalización del plazo de aceptación.	X + 132
33	Comunicación del resultado de la OPA por la CNMV a las Sociedades Rectoras de las Bolsas, al oferente y a la sociedad afectada: - La comunicación se realizará en el plazo máximo de 2 días hábiles.	X + 134
34	Publicación del resultado de la(s) OPA(s) por las Sociedades Rectoras de las Bolsas en los Boletines de Cotización correspondientes a la sesión bursátil en la que reciban la comunicación.	X + 134
35	Liquidación de la OPA y levantamiento de las garantías.	X + 137

(1) El plazo de aceptación de la oferta inicial establecido por el oferente (que no puede ser ni inferior a 15 días ni superior a 70 días naturales) determina el plazo de presentación de la OPA competidora. En el presente ejemplo se asume que el plazo de aceptación de la oferta inicial es de 40 días naturales y que la OPA competidora se presenta el último día del plazo.
(2) Debido a que el plazo para presentar ofertas competidoras termina el quinto día natural anterior a la finalización del plazo de aceptación de la oferta y que el día de presentación de los sobres es el quinto día hábil desde la terminación del plazo para la presentación de ofertas competidoras, puede suceder, en la práctica, que la presentación de los sobres cerrados sea un día más tarde a la finalización del plazo de aceptación de las ofertas.

Jurisdicciones no cooperativas (paraísos fiscales)

(L 36/2006 disp.adic.1ª y 10ª y disp.trans.2ª redacc L 11/2021, con efectos desde el 11-7-2021; OM HFP/115/2023)

9300 En línea con los nuevos parámetros internacionales, se crea la categoría de «jurisdicción no cooperativa», que viene a sustituir a las figuras de «**paraíso fiscal**», países o territorios con los que no exista intercambio de información, o de nula o baja tributación.

Así, las referencias efectuadas en la normativa a paraísos fiscales, a países o territorios con los que **no exista efectivo intercambio de información**, o de nula o baja tributación, pasarán a entenderse efectuadas a la definición de jurisdicción no cooperativa; y las referencias normativas efectuadas a Estados con los que **exista un efectivo intercambio** de información tributaria o en materia tributaria, se entenderán efectuadas a Estados con los que exista normativa sobre asistencia mutua en materia de intercambio de información tributaria en los términos previstos en la L 58/2003 General Tributaria, que sea de aplicación. **9300** (sigue)

Los países y territorios, así como los regímenes fiscales perjudiciales, que se consideran jurisdicciones no cooperativas se determinarán mediante **Orden Ministerial**. No obstante, en tanto no exista esa Orden Ministerial, tendrán dicha consideración los países o territorios previstos en el RD 1080/1991.

Desde 2-2-2003, fecha de entrada en vigor del RD 116/2003, se incorporó al RD 1080/1991 una disposición según la cual dejarán de tener la consideración de jurisdicción no cooperativa aquellos países o territorios que **firmen con España un convenio** para evitar la doble imposición internacional con cláusula de intercambio de información o un acuerdo de intercambio de información en materia tributaria en el que expresamente se establezca que dejan de tener dicha consideración, desde el momento en que estos convenios o acuerdos se apliquen.

Los países o territorios a los que se refiere el párrafo anterior volverán a tener la consideración de paraíso fiscal a partir del momento en que tales convenios o acuerdos dejen de aplicarse.

Con base en lo anterior, han sido **excluidos de la lista original** los siguientes territorios: Principado de Andorra, Antillas Neerlandesas, Aruba, República de Chipre, Emiratos Árabes Unidos, Hong-Kong, Las Bahamas, Barbados, Jamaica, República de Malta, República de Trinidad y Tobago, Gran Ducado de Luxemburgo, República de Panamá, Sultanato de Omán, República de San Marino y República de Singapur.

Mediante la OM HFP/115/2023, se aprueba una nueva relación de países y territorios que tienen la consideración de jurisdicciones no cooperativas. La OM entró **en vigor** el 11-2-2023 y es de **aplicación** a los tributos sin período impositivo devengados a partir de su entrada en vigor y a los demás tributos cuyo período impositivo se inicie desde ese momento.

No obstante, para los países o territorios incluidos en la nueva lista que **no estuvieran incluidos en la antigua lista** del RD 1080/1991 (ver tabla comparativa entre ambas listas) la OM entrará en vigor el 11-9-2023 y será de aplicación a los tributos sin período impositivo devengados a partir de su entrada en vigor, y a los demás tributos cuyo período impositivo se inicie desde ese momento.

Los **países y territorios restantes** son los que se relacionan en el cuadro adjunto (1) (2). Hay que tener en cuenta que la relación está sujeta a posibles modificaciones por la Administración, en función de lo que aconsejen la práctica, el cambio en las circunstancias económicas y la experiencia en las relaciones internacionales.

Nueva lista de países y territorios que tienen la consideración de jurisdicciones no cooperativas de la OM HFP/115/2023

Anguila	Emirato del Estado de Bahréin
Barbados	Bermuda
Dominica	Fiji
Gibraltar	Guam
Guernsey	Isla de Man
Islas Caimán	Islas Malvinas
Islas Marianas	Islas Salomón
Islas Turcas y Caicos	Islas Vírgenes Británicas
Islas Vírgenes de Estados Unidos de América	Jersey
Palaos	Samoa, por lo que respecta al régimen fiscal perjudicial (offshore business)
Samos Americana	Seychelles
Trinidad y Tobago	Vanuatu

(1) De conformidad con lo establecido en el RD 1080/1991, o cualquier otra norma que lo sustituya, modifique o complemente.

(2) Podrán incluirse **otros territorios en la lista** de la UE de países y territorios no cooperadores a efectos fiscales elaborada por el Ecofin ("Consejo de Asuntos Económicos y Financieros") de fecha 5-12-2017 y/u otros trabajos / publicaciones.

Principales fases del procedimiento de control de concentraciones ante la Comisión Europea

9350

FASE DE PRENOTIFICACIÓN	Antes de la presentación formal de la notificación, las empresas notificantes pueden tener que presentar un borrador de notificación. No se trata de un acto formal y su finalidad consiste en aclarar aspectos formales o sustantivos de la concentración.
FASE 1 25 días laborables (ampliables)	La Comisión Europea analizará la notificación presentada y dictará una decisión en la que podrá: a) Determinar que la concentración no entra en el ámbito de aplicación del Reglamento. b) Declararla compatible con el mercado común. c) Subordinarla al cumplimiento de compromisos o condiciones. d) Acordar iniciar la segunda fase del procedimiento cuando considere que la concentración plantea dudas en cuanto a su compatibilidad con el mercado común. Si en el plazo de 25 días laborables (ampliable a 10 más) la Comisión Europea no ha adoptado una decisión se considerará que la concentración ha sido declarada compatible con el mercado común.
FASE 2 90 días laborables (ampliables)	Si se inicia la segunda fase, la Comisión Europea dispone de un plazo de 90 días laborables (ampliables hasta un máximo de 125) para: a) Declarar la operación compatible con el mercado común. b) Subordinar la autorización de la operación de concentración al cumplimiento de determinados compromisos o condiciones. c) Declarar la operación incompatible con el mercado común. Si en el plazo máximo referido la Comisión Europea no ha adoptado una decisión se considerará que la concentración ha sido declarada compatible con el mercado común.

Formulario CO relativo a la notificación de las operaciones de concentración de conformidad con el Reglamento (CE) Nº 139/2004 del Consejo

9400

SECCIÓN 1

Descripción de la concentración

1.1. Deberá facilitarse un resumen de la concentración, especificando los participantes, la naturaleza de la misma (por ejemplo, fusión, adquisición o empresa en participación), los sectores de actividad de las partes, los mercados en los que la concentración tendrá repercusiones (incluidos los principales mercados afectados) y los motivos estratégicos y económicos de la concentración.

1.2. Deberá facilitarse un resumen no confidencial (500 palabras como máximo) de la información proporcionada en la sección 1.1.el cual incluirá: la forma en que se realiza la concentración (por ejemplo, mediante adquisición de acciones, oferta pública de adquisición, contrato, etc.); artículos del Reglamento de concentraciones con arreglo a los cuales la operación se considera concentración; empresas afectas afectadas. Para cada una de las empresas afectadas, se indicará: nombre completo, país de constitución, entidad que la controla en última instancia, breve descripción de sus actividades y zonas geográficas de actividad. En el caso de las empresas conjuntas de reciente creación, se indicarán las actividades previstas y las zonas geográficas de actividad. Este resumen no debe contener información confidencial ni secretos comerciales.

SECCIÓN 2

Información sobre las partes

2.1. Información sobre las partes de la concentración.
Para cada una de las partes de la concentración, se indicará:
2.1.1. Nombre de la empresa;
2.1.2 Si la empresa es o no parte notificante;
2.1.3. Nombre y apellidos, dirección, número de teléfono y dirección de correo electrónico de la persona de contacto y cargo que ocupa en la empresa; la dirección deberá ser una dirección de servicio a la que puedan enviarse documentos y, en especial, decisiones de la Comisión y otros documentos procesales, y se considerará que la persona de contacto está autorizada para recibir los documentos;

2.1.4. Si se nombran uno o varios representantes externos autorizados de la empresa, el representante o representantes al que podrán ser notificados los documentos y, en particular, las decisiones de la Comisión y otros documentos procesales: 9400 (sigue)
2.1.4.1. Nombre y apellidos, dirección, número de teléfono y dirección de correo electrónico de cada representante y el cargo que ocupan;
2.1.4.2. Poder notarial original (de la parte o partes notificantes).
2.2. Naturaleza de las actividades de las partes.
Para cada una de las partes notificantes de la concentración, se describirá la naturaleza de las actividades de la empresa.

SECCIÓN 3

Detalles sobre la concentración, la propiedad y el control

A la información consignada en esta sección podrán adjuntarse organigramas o diagramas de organización para ilustrar la estructura de propiedad y el control de las partes de la concentración antes y después de la realización de la concentración.
3.1. Describa la naturaleza de la concentración notificada. Con referencia a los criterios pertinentes del Reglamento de concentraciones y la Comunicación consolidada de la Comisión sobre cuestiones jurisdiccionales:
3.1.1. Señale las empresas o personas con control exclusivo o conjunto de cada una de las partes de la concentración, directa o indirectamente, y describir la estructura de propiedad y de control de lcada una de ellas antes de la realización de la operación;
3.1.2. Explique si la concentración propuesta se encuentra en una de las siguientes categorías.
a) una verdadera fusión,
b) una adquisición de control exclusivo o conjunto,
c) un contrato o cualquier otro medio que confiera un control directo o indirecto en el sentido del artículo 3, apartado 2, del Reglamento de concentraciones,
d) una adquisición de control exclusivo o conjunto en una empresa en participación con plenas funciones en el sentido del artículo 3, apartado 4, del Reglamento de concentraciones, en cuyo caso deberán explicarse los motivos por los que la empresa en participación se considera con plenas funciones.
3.1.3. Explique cómo se llevará a cabo la concentración (por ejemplo, mediante la celebración de un acuerdo, una oferta pública, etc.);
3.1.4. por referencia al artículo 4, apartado 1, del Reglamento de concentraciones, explique cuál de las siguientes posibilidades se ha producido en el momento de la notificación:
a) se ha celebrado un acuerdo,
b) se ha adquirido una participación de control,
c) se ha anunciado una oferta pública o la intención de iniciarla,
d) las partes de la concentración han demostrado su buena disposición para celebrar un acuerdo.
3.1.5. Indique la fecha prevista de los principales actos conducentes a la realización de la concentración.
3.1.6.Explique la estructura de propiedad y de control de cada una de las partes de la concentración después de la realización de la concentración.
3.2. Describa de los motivos económicos de la operación.
3.3. Indique el valor de la operación (el precio de compra o el valor de todos los activos afectados, según el caso); especifique si se trata de capital social, efectivo u otros activos).
3.4. Describa todo apoyo financiero o de otro tipo procedente de organismos públicos recibido por alguna de las partes y la naturaleza y cuantía de dicho apoyo. En este contexto:
3.4.1. Indique si alguna de las partes de la concentración ha sido beneficiaria de una ayuda que es o ha sido objeto de un procedimiento en el marco de las ayudas estatales de la Unión;
3.4.2. Indique si ha presentado o tiene intención de presentar una notificación con arreglo al artículo 20 del Reglamento (UE) 2022/2560 del Parlamento Europeo y del Consejo, de 14 de diciembre de 2022, sobre las subvenciones extranjeras que distorsionan el mercado interior (DO L 330, 23.12.2022, pp.1-45).
3.5 Facilite una lista de todas las jurisdicciones fuera del EEE en las que se haya notificado o vaya a notificarse la concentración (antes o después de la realización de la concentración) i en las que esta se esté investigando con arreglo a las normas de control de las concentraciones. Para cada jurisdicción, indique la fecha (efectiva o prevista) de notificación y, en su caso, la fase en que se encuentra la investigación.

9400 (sigue) 3.6. Para las partes en la concentración deberá hacerse una relación completa de cualesquiera otras empresas que operen en los mercados afectados en las que las empresas o personas del grupo posean, individual o colectivamente, el 10% o más de los derechos de voto, del capital emitido en acciones o de otros títulos, identificando al titular y declarando el porcentaje que poseen.

3.7. Describa si uno o más competidores de las partes tienen una participación significativa que no otorga control (es decir, superior al 10%) en cualquiera de las partes de la concentración. Indique el porcentaje y los derechos vinculados a la participación. Proporcione datos pormenorizados de las adquisiciones de empresas que operen en los mercados afectados, realizadas por los grupos indicados en la sección 2.1 en los últimos tres años.

SECCIÓN 4

Volumen de negocios

Con respecto a cada una de las partes de la concentración, deberán facilitarse los siguientes datos del último ejercicio:

4.1. Volumen de negocios mundial;

4.2. Volumen de negocios en la UE;

4.3. Volumen de negocios en el EEE (UE y AELC);

4.4. Volumen de negocios en cada Estado miembro (indicando aquel en el que se realicen más de los dos tercios del volumen de negocios en la UE, si hay alguno);

4.5. Volumen de negocios en la AELC;

4.6. Volumen de negocios en cada Estado de la AELC (indicando aquel en que se realicen más de los dos tercios del volumen de negocios en la AELC, si hay alguno); deberá indicarse también si las empresas afectadas realizan un volumen de negocios combinado en el territorio de los Estados de la AELC igual o superior al 25% de su volumen de negocios total en el territorio del EEE).

Los datos del volumen de negocios deberán ser facilitados cumplimentando el modelo de cuadro de la Comisión disponible en el sitio web de la DG Competencia.

SECCIÓN 5

Documentación y datos justificativos

Las partes notificantes deberán facilitar los documentos siguientes:

5.1. Copias de las versiones definitivas o más recientes de todos los documentos relativos al cierre de la operación de concentración, con independencia de que esta se lleve a cabo mediante acuerdo entre las partes, adquisición de intereses que permitan ejercer control u oferta pública de adquisición.

5.2. Cuando se trate de una oferta pública, una copia del documento de oferta; si no se dispone de dicho documento en el momento de la notificación, deberá presentarse una copia del documento más reciente que demuestre la intención de anunciar una oferta pública, así como la copia del documento de oferta lo antes posible y a más tardar cuando se remita a los accionistas.

5.3. Una indicación de la página web, si la hay, en la que las memorias y cuentas anuales más recientes de las partes de la concentración están disponibles o, si no existe dicha dirección internet, copias de las memorias y cuentas anuales más recientes de las partes de la concentración.

5.4. Copias de los siguientes documentos elaborados por o para cualquier miembro o miembros del consejo de administración, el consejo de dirección, o el consejo de vigilancia, o recibido por estos, en función de la estructura de gobernanza empresarial, u otra persona o personas que ejerzan funciones similares (o en la que se hayan delegado o a la que se hayan encomendado tales funciones) o la junta de accionistas:

a) actas de las reuniones del consejo de administración, el consejo de dirección, el consejo de vigilancia y la junta de accionistas en las que se discutió la transacción o extractos de dichas actas relativos a la discusión de la transacción;

b) análisis, informes, estudios, encuestas y cualquier documento comparable con el fin de evaluar o analizar los motivos que justifican la concentración (incluidos documentos en los que se discuta la operación con respecto a posibles adquisiciones alternativas), las cuotas de mercado, las condiciones de competencia, los competidores (reales y potenciales), el potencial de crecimiento de las ventas o de expansión en otros mercados de producto u otros mercados geográficos y las condiciones generales del mercado;

c) análisis, informes, estudios, encuestas y cualquier documento comparable de los dos últimos años con el fin de evaluar cualquiera de los mercados afectados con respecto a las cuotas de mercado, las condiciones de competencia, los competidores (reales y potenciales), el potencial de crecimiento de las ventas o de expansión en otros mercados de producto u otros mercados geográficos. **9400** (sigue)

Deberá facilitarse una lista de los documentos mencionados en el punto 5.4, indicando, para cada uno de ellos, la fecha de elaboración y el nombre y cargo de los destinatarios.

5.5. Los datos que cada una de las partes de la concentración recopila y almacena en el curso normal de sus operaciones empresariales y que podrán ser útiles para un análisis económico cuantitativo. La descripción de los datos debe incluir, en particular, información sobre los siguientes aspectos:

a) el tipo de estos datos (información sobre ventas u ofertas, márgenes de beneficio, detalles del procedimiento de contratación, etc.);

b) el nivel de desglose (por país, producto, cliente, contrato, etc.);

c) el período de tiempo durante el cual los datos están disponibles y el formato;

d) la fuente de los datos (por ejemplo, software de gestión de relaciones con los clientes o un conjunto de datos adquirido a proveedores externos, etc.).

5.6. Descripción del uso de los datos facilitados en la sección 5.5 en el curso normal de la actividad. En particular, describa, si procede, los conjuntos de datos internos producidos a partir de los datos anteriores, así como el tipo de productos y análisis para la generación de informes internos, como la estrategia empresarial, los planes de comercialización, los planes de inversión, la información sobre el mercado y el seguimiento de los competidores (por ejemplo, comparación entre los productos/servicios y los productos en desarrollo de una de las partes de la concentración y los de sus principales competidores o entre los de las partes de la concentración; estrategia y posicionamiento de los competidores; o análisis DAFO).

SECCIÓN 6

Definición de los mercados

Los mercados de referencia de producto y geográficos sirven para identificar el ámbito en el que ha de evaluarse la posición que la nueva entidad surgida de la operación de concentración ocupa en el mercado. Al presentar mercados de producto de referencia y mercados geográficos de referencia, la parte o las partes notificantes deberán presentar, además de las definiciones de cualquier mercado de productos y geográfico que consideren de referencia, todas las definiciones alternativas plausibles de mercado de productos y geográfico. Estas definiciones alternativas plausibles pueden señalarse sobre la base de decisiones anteriores de la Comisión y sentencias de los tribunales de la Unión y (en particular cuando no haya precedentes de la Comisión o de los tribunales) por referencia a informes del sector, estudios de mercado y documentos internos de las partes notificantes.

6.1. Analice todas las definiciones plausibles de mercado de referencia en las que la concentración podría dar lugar a mercados afectados. Explique cómo deben definirse, a juicio de las partes notificantes, los mercados de productos y geográficos de referencia.

6.2. Teniendo en cuenta todas las definiciones plausibles de mercado de referencia analizadas, identifique cada uno de los mercados afectados y proporcione información resumida sobre las actividades de las partes de la concentración en cada mercado de referencia plausible. Añada en el cuadro tantas filas como sea necesario para cubrir todos los mercados plausibles que considere:

6.3. Describa el alcance de los mercados, tanto de producto como geográficos, según todas las definiciones de mercado alternativo plausible de los mercados (cuando tales mercados abarquen el conjunto o parte del EEE) distintos de los mercados afectados indicados en la sección 6.2 en que la operación notificada pueda tener un impacto significativo; por ejemplo, cuando:

a) cualquiera de las partes en la concentración tenga una cuota de mercado superior al 25% y otra parte en la concentración sea un competidor potencial en ese mercado. Puede considerarse que una parte es un competidor potencial especialmente cuando tenga planeado entrar en un mercado o haya desarrollado o haya puesto en práctica en los últimos tres años tales planes;

b) cualquiera de las partes en la concentración esté presente en un mercado de producto que sea un mercado próximo estrechamente relacionado con un mercado de producto en el que opere otra de las partes y sus cuotas de mercado individuales o combinadas sean al menos del 30%. Los mercados de producto son mercados próximos estrechamente relacionados cuando los productos son complementarios entre sí o cuando pertenecen a una gama de productos que suele comprar el mismo grupo de clientes para el mismo uso final.

9400 (sigue) A fin de que la Comisión pueda tomar en consideración, desde un principio, el impacto competitivo de la concentración propuesta en los mercados contemplados en la sección 6, se invita a las partes a presentar la información a que se refieren las secciones 8 y 10 del presente formulario CO también por lo que se refiere a estos mercados.

SECCIÓN 7

Información sobre los mercados que se ajustan a lo dispuesto en el punto 8 de la Comunicación sobre el procedimiento simplificado en el caso de los mercados que entran en el ámbito de aplicación del punto 8 de la Comunicación sobre el procedimiento simplificado, en principio solo debe cumplimentarse la sección 7. Sin embargo, cuando se dé alguna de las circunstancias enumeradas en la sección II.C de la Comunicación sobre el procedimiento simplificado, normalmente no se aplicará la cláusula de flexibilidad. En este caso, deberán cumplimentarse las secciones 6, 8, 9 y 10 del presente formulario.

7.1. Para cada mercado contemplado en el punto 8 de la Comunicación sobre el procedimiento simplificado, marque las casillas pertinentes que figuran a continuación:

a) Con arreglo a todas las definiciones de mercado plausibles, i) la cuota de mercado combinada de las partes es igual o superior al 20% pero se mantiene por debajo del 25% en cualquier mercado de referencia en el que las activades de las partes se solapan, y ii) no se da ninguna de las circunstancias especiales descritas en la sección II.C de la Comunicación sobre el procedimiento simplificado.

b) Con arreglo a todas las definiciones de mercado plausible, la cuota de mercado combinada de las partes es igual o superior al 20% pero se mantiene por debajo del 25% en cualquier mercado de referencia en el que las actividades de las partes se solapan, y aunque se dan una o varias de las circunstancias especiales descritas en la sección II.C de la Comunicación sobre el procedimiento simplificado, el asunto no plantea problemas de competencia por las razones expuestas en la subsección 7.4.

c) No se da ninguna de las circunstancias descritas en la sección II.C de la Comunicación sobre el procedimiento simplificado y las cuotas de mercado individuales o combinadas de todas las partes de la concentración que realizan actividades económicas en un mercado anterior o posterior a un mercado en el que participa cualquier otra parte de la concentración (relaciones verticales) cumplen al menos una de las condiciones siguientes:

- son iguales o superiores al 30%, pero se mantienen por debajo del 35% en los anterior y posterior.
- son inferiores al 50% en un mercado, mientras que las cuotas de mercado individuales y combinadas de todas las partes de la concentración en todos los demás mercados relacionados verticalmente son inferiores al 10%.

d) Se dan una o varias de las circunstancias descritas en la sección II.C de la Comunicación sobre el procedimiento simplificado, el asunto no plantea problemas de competencia por las razones expuestas en la sección 7.4 y las cuotas de mercado individuales y combinadas de todas las partes de la concentración que mantienen relaciones verticales cumplen al menos una de las condiciones siguientes:

- son iguales o superiores al 30%, pero se mantienen por debajo del 35% en los anterior y posterior.
- son inferiores al 50% en un mercado, mientras que las cuotas de mercado individuales y combinadas de todas las partes de la concentración en todos los demás mercados relacionados verticalmente son inferiores al 10%.

7.2. Complete el cuadro que figura a continuación si la concentración da lugar a solapamientos horizontales que entran en el ámbito de aplicación del punto 8 de la Comunicación sobre el procedimiento simplificado. Debe reproducir el cuadro tantas veces como sea necesario para cubrir todos los mercados plausibles que haya considerado: **9400** (sigue)

Solapamientos horizontales: cuotas de mercado									
Procedentes (inclúyase una referencia a los apartados pertinentes)	Mercado geográfico plausible considerado	Mercado geográfico plausible considerado	Proveedor	Año X-2		Año X-1		Año X	
				Valor	Volumen	Valor	Volumen	Valor	Volumen
			Empresa afectada 1	%	%	%	%	%	%
			Empresa afectada 2	%	%	%	%	%	%
			Empresa afectada 3	%	%	%	%	%	%
			Combinada	**%**	**%**	**%**	**%**	**%**	**%**
			Competidor 1	No cumplimentar				%	%
			Competidor 2					%	%
			Competidor 3					%	%
			Otros					%	%
			Total	100%	100%	100%	100%	100%	100%
			Tamaño del mercado	EUR		EUR		EUR	
Describa las actividades de las partes en este mercado:									
Facilite más detalles en este apartado (en particular, si no hay precedentes, indique las opiniones de las partes sobre la definición del mercado de producto / geográfico):									
Parámetros, fuentes y metodología utilizados para el cálculo de la cuota de mercado. Si el valor y el volumen no son los parámetros más comunes para el cálculo de la cuota de mercado en los mercados de referencia, debe facilitar las cuotas de mercado basadas en parámetros alternativos y explicarlos:									
Facilite los datos de contacto del competidor 1, el competidor 2 y el competidor 3 en el formato prescrito:									

9400 (sigue) 7.3. Complete el cuadro que figura a continuación si la concentración da lugar a relaciones verticales que entran en el ámbito de aplicación del punto 8 de la Comunicación sobre el procedimiento simplificado. Debe reproducir el cuadro tantas veces como sea necesario para cubrir todos los mercados plausibles que haya considerado:

<table>
<tr><th colspan="10">Relaciones verticales: cuotas de mercado</th></tr>
<tr><td colspan="10">MERCADO ANTERIOR</td></tr>
<tr><td rowspan="2">Procedentes (inclúyase una referencia a los apartados pertinentes)</td><td rowspan="2">Mercado geográfico plausible considerado</td><td rowspan="2">Mercado geográfico plausible considerado</td><td rowspan="2">Proveedor</td><td colspan="2">Año X-2</td><td colspan="2">Año X-1</td><td colspan="2">Año X</td></tr>
<tr><td>Valor</td><td>Volumen</td><td>Valor</td><td>Volumen</td><td>Valor</td><td>Volumen</td></tr>
<tr><td></td><td></td><td></td><td>Empresa afectada 1</td><td>%</td><td>%</td><td>%</td><td>%</td><td>%</td><td>%</td></tr>
<tr><td></td><td></td><td></td><td>Empresa afectada 2</td><td>%</td><td>%</td><td>%</td><td>%</td><td>%</td><td>%</td></tr>
<tr><td></td><td></td><td></td><td>Empresa afectada 3</td><td>%</td><td>%</td><td>%</td><td>%</td><td>%</td><td>%</td></tr>
<tr><td></td><td></td><td></td><td>Combinada</td><td>%</td><td>%</td><td>%</td><td>%</td><td>%</td><td>%</td></tr>
<tr><td></td><td></td><td></td><td>Competidor 1</td><td colspan="4" rowspan="4">No cumplimentar</td><td>%</td><td>%</td></tr>
<tr><td></td><td></td><td></td><td>Competidor 2</td><td>%</td><td>%</td></tr>
<tr><td></td><td></td><td></td><td>Competidor 3</td><td>%</td><td>%</td></tr>
<tr><td></td><td></td><td></td><td>Otros</td><td></td><td></td></tr>
<tr><td></td><td></td><td></td><td>Total</td><td>100%</td><td>100%</td><td>100%</td><td>100%</td><td>100%</td><td>100%</td></tr>
<tr><td></td><td></td><td></td><td>Tamaño del mercado</td><td>EUR</td><td></td><td>EUR</td><td></td><td>EUR</td><td></td></tr>
<tr><td colspan="10">Describa las actividades de las partes en este mercado:</td></tr>
<tr><td colspan="10">Facilite más detalles en este apartado (en particular, si no hay precedentes, indique las opiniones de las partes sobre la definición del mercado de producto / geográfico):</td></tr>
<tr><td colspan="10">Parámetros, fuentes y metodología utilizados para el cálculo de la cuota de mercado. Si el valor y el volumen no son los parámetros más comunes para el cálculo de la cuota de mercado en los mercados de referencia, debe facilitar las cuotas de mercado basadas en parámetros alternativos y explicarlos:</td></tr>
<tr><td colspan="10">Facilite los datos de contacto del competidor 1, el competidor 2 y el competidor 3 en el formato prescrito:</td></tr>
</table>

9400 (sigue)

MERCADO POSTERIOR									
Procedentes (inclúyase una referencia a los apartados pertinentes)	Mercado geográfico plausible considerado	Mercado geográfico plausible considerado	Proveedor	Año X-2		Año X-1		Año X	
				Valor	Volumen	Valor	Volumen	Valor	Volumen
			Empresa afectada 1	%	%	%	%	%	%
			Empresa afectada 2	%	%	%	%	%	%
			Empresa afectada 3	%	%	%	%	%	%
			Combinada	**%**	**%**	**%**	**%**	**%**	**%**
			Competidor 1	No cumplimentar				%	%
			Competidor 2					%	%
			Competidor 3					%	%
			Otros					%	%
			Total	100%	100%	100%	100%	100%	100%
			Tamaño del mercado	EUR		EUR		EUR	
Describa las actividades de las partes en este mercado:									
Facilite más detalles en este apartado (en particular, si no hay precedentes, indique las opiniones de las partes sobre la definición del mercado de producto / geográfico):									
Parámetros, fuentes y metodología utilizados para el cálculo de la cuota de mercado. Si el valor y el volumen no son los parámetros más comunes para el cálculo de la cuota de mercado en los mercados de referencia, debe facilitar las cuotas de mercado basadas en parámetros alternativos y explicarlos:									
Facilite los datos de contacto del competidor 1, el competidor 2 y el competidor 3 en el formato prescrito:									

9400 (sigue) 7.4 **Salvaguardias y exclusiones**

Cumplimente esta información respecto a los mercados identificados en las sesiones 7.2 y 7.3

Cualquiera de las partes de la concentración tiene participaciones significativas que no otorgan control (es decir, superiores al 10%) o consejeros compartidos en empresas que operan en los mismos mercados que cualquiera de las demás partes o en mercados relacionados verticalmente (por ejemplo, la empresa adquirente tiene una participación minoritaria que no le otorga control o consejeros comunes en una empresa que opera en el mismo mercado que la empresa objetivo).	Sí No
Uno o varios de los competidores de las partes tienen una participación significativa que no otorga control (es decir, superior al 10%) en cualquiera de las empresas afectadas. En caso afirmativo: indíquese el porcentaje de participación: indíquese los derechos vinculados a la participación:	Sí No
Las partes operan en mercados próximos estrechamente relacionados y cualquiera de las partes posee individualmente una cuota de mercado del 30% o más en cualquiera de estos mercados con arreglo a cualquier definición de mercado plausible.	Sí No
Quedarán menos de tres competidores con cuotas de mercado superiores al 5% en cualquiera de los mercados, dando lugar a solapamientos horizontales o relaciones verticales con arreglo a cualquier definición de mercado plausible.	Sí No
Los umbrales de cuota de mercado pertinentes se superan en términos de capacidad o producción con arreglo a cualquier definición de mercado plausible.	Sí No
Las partes (o una de ellas) son operadores recientes en los mercados que se solapan (es decir, han entrado en el mercado en los tres últimos años).	Sí No
Las partes son importantes innovadores en los mercados que se solapan.	Sí No
Las partes han introducido en el mercado un importante producto en desarrollo en los últimos cinco años.	Sí No
La concentración da lugar a solapamientos entre productos en desarrollo o entre productos comercializados y en desarrollo.	Sí No
Una de las partes tiene previsto expandirse hacia mercados de productos o mercados geográficos en los que opere otra parte de la concentración o que estén en relacion vertical con mercados en los que opere otra parte de la concentración. Explique los productos o servicios afectados por dichos planes y su calendario: **[texto abierto]**	Sí No
En las cadenas de producción con más de dos niveles, las cuotas de mercado individuales o combinadas de las partes alcanzan o superan el 30% en cualquiera de los niveles de la cadena de valor (en términos de valor, volumen o capacidad).	Sí No
Si ha respondido "Sí" a cualquiera de las preguntas anteriores, explique por qué, en su opinión, el mercado en cuestión no plantea problemas de competencia y facilite toda la información pertinente: [*texto abierto*]	

SECCIÓN 8

Datos relativos al mercado

8.1. Con respecto a cada uno de los mercados afectados, facilite la siguiente información para cada uno de los tres últimos años:

8.1.1. Para cada una de las partes de la concentración, la naturaleza de las actividades de la empresa, las principales filiales activas y/o marcas, nombres de productos y/o marcas comerciales utilizados en cada uno de estos mercados;

8.1.2. Una estimación del tamaño total del mercado, tomando como referencia el valor (en EUR) y el volumen (en unidades) de las ventas. Deberá indicar la base y las fuentes de los cálculos y adjuntar documentos, si los hay, que confirmen estos cálculos;

8.1.3. Para cada una de las partes de la concentración, las ventas en valor y volumen, así como una estimación de las cuotas de mercado;

8.1.4. Una estimación de la cuota de mercado en términos de valor (y, en su caso, en volumen) de todos los competidores (incluidos los importadores) que controlen al menos un 5% del mercado de referencia considerado. Indique las fuentes utilizadas para calcular esas cuotas de mercado y adjunte documentos, si los hay, que confirmen el cálculo;

8.1.5. Una estimación de la capacidad total en los mercados de referencia. Indique la proporción de dicha capacidad que, durante los últimos tres años, corresponda a cada una de las partes de la concentración y las respectivas tasas de utilización de la capacidad. Deberán indicarse, en su caso, la ubicación y capacidad de las instalaciones de fabricación de cada una de las partes de la concentración en los mercados afectados;

8.1.6. Información sobre los productos en desarrollo de las partes y sus competidores (incluida su fase de desarrollo, una estimación de las ventas previstas y las cuotas de mercado de las partes de la concentración durante los próximos tres a cinco años). 9400 (sigue)

Información sobre solapamientos horizontales y relaciones verticales que afectan a productos en desarrollo

8.2. Por lo que se refiere a cada definición plausible del mercado de producto y geográfico de referencia, cuando exista un solapamiento horizontal o una relación vertical que afecte a un i) uno o varios productos comercializados de una o varias de las partes de la concentración y uno o más productos en desarrollo de otras partes de la concentración, o ii) productos en desarrollo de las partes de la concentración, deberá facilitar la información incluida en los cuadros siguientes:

Relaciones verticales que afectan a productos en desarrollo										
Procedentes (inclúyase una referencia a los apartados pertinentes)	Mercado geográfico plausible considerado	Mercado geográfico plausible considerado	Proveedor	Año X-2 [*]		Año X-1		Año X		Productos en desarrollo (**) indíquese el nombre)
				Valor	Volumen	Valor	Volumen	Valor	Volumen	
			Empresa afectada 1	%	%	%	%	%	%	
			Empresa afectada 2	%	%	%	%	%	%	
			Empresa afectada 3	%	%	%	%	%	%	
			Combinada	**%**	**%**	**%**	**%**	**%**	**%**	
			Competidor 1	%	%	%	%	%	%	
			Competidor 2	%	%	%	%	%	%	
			Competidor 3	%	%	%	%	%	%	
			Otros	%	%	%	%	%	%	
			Total	100%	100%	100%	100%	100%	100%	No cumplimentar.
			Tamaño del mercado	EUR		EUR		EUR		
Describa las actividades de las partes en este mercado:										
Facilite más detalles en este apartado (en particular, si no hay precedentes, indique las opiniones de las partes sobre la definición del mercado de producto / geográfico):										
Parámetros, fuentes y metodología utilizados para el cálculo de la cuota de mercado. Si el valor y el volumen no son los parámetros más comunes para el cálculo de la cuota de mercado en los mercados de referencia, debe facilitar las cuotas de mercado basadas en parámetros alternativos y explicarlos:										
Indique información sobre los productos en desarrollo de las partes y sus competidores (incluida su fase de desarrollo, una estimación de las ventas previstas y las cuotas de mercado de las partes de la concentración durante los próximos tres a cinco años).										
Facilite los datos de contacto del competidor 1, el competidor 2 y el competidor 3 en el formato prescrito:										

(*) Indique las cuotas de mercado si una o varias de las partes han comercializado productos.
(**) Indique las cuotas de mercado de los competidores con productos comercializado. Si no hay productos comercializado, indique al menos tres competidores que desarrollen productos competidores.

9400
(sigue)

Solapamientos horizontales que afectan a productos en desarrollo										
MERCADO ANTERIOR										
Procedentes (inclúyase una referencia a los apartados pertinentes)	Mercado geográfico plausible considerado	Mercado geográfico plausible considerado	Proveedor	Año X-2 [*]		Año X-1		Año X		Productos en desarrollo (**) indíquese el nombre)
				Valor	Volumen	Valor	Volumen	Valor	Volumen	
			Empresa afectada 1	%	%	%	%	%	%	
			Empresa afectada 2	%	%	%	%	%	%	
			Empresa afectada 3	%	%	%	%	%	%	
			Combinada	**%**	**%**	**%**	**%**	**%**	**%**	
			Competidor 1	**%**	**%**	**%**	**%**	%	%	
			Competidor 2	**%**	**%**	**%**	**%**	%	%	
			Competidor 3	**%**	**%**	**%**	**%**	%	%	
			Otros	**%**	**%**	**%**	**%**	%	%	
			Total	100%	100%	100%	100%	100%	100%	No cumplimentar.
			Tamaño del mercado	EUR		EUR		EUR		
Describa las actividades de las partes en este mercado:										
Facilite más detalles en este apartado (en particular, si no hay precedentes, indique las opiniones de las partes sobre la definición del mercado de producto / geográfico):										
Parámetros, fuentes y metodología utilizados para el cálculo de la cuota de mercado. Si el valor y el volumen no son los parámetros más comunes para el cálculo de la cuota de mercado en los mercados de referencia, debe facilitar las cuotas de mercado basadas en parámetros alternativos y explicarlos:										
Indique información sobre los productos en desarrollo de las partes y sus competidores (incluida su fase de desarrollo, una estimación de las ventas previstas y las cuotas de mercado de las partes de la concentración durante los próximos tres a cinco años).										
Facilite los datos de contacto del competidor 1, el competidor 2 y el competidor 3 en el formato prescrito:										

(*) Indique las cuotas de mercado si una o varias de las partes han comercializado productos.
(**) Indique las cuotas de mercado de los competidores con productos comercializado. Si no hay productos comercializado, enumere al menos tres competidores que desarrollen productos competidores.

9400 (sigue)

MERCADO POSTERIOR										
Procedentes (inclúyase una referencia a los apartados pertinentes)	Mercado geográfico plausible considerado	Mercado geográfico plausible considerado	Proveedor	Año X-2 [*]		Año X-1		Año X		Productos en desarrollo [**] indíquese el nombre)
				Valor	Volumen	Valor	Volumen	Valor	Volumen	
			Empresa afectada 1	%	%	%	%	%	%	
			Empresa afectada 2	%	%	%	%	%	%	
			Empresa afectada 3	%	%	%	%	%	%	
			Combinada	**%**	**%**	**%**	**%**	**%**	**%**	
			Competidor 1	**%**	**%**	**%**	**%**	%	%	
			Competidor 2	**%**	**%**	**%**	**%**	%	%	
			Competidor 3	**%**	**%**	**%**	**%**	%	%	
			Otros	**%**	**%**	**%**	**%**	%	%	
			Total	100 %	100%	100 %	100%	100 %	100%	No cumplimentar.
			Tamaño del mercado	EUR		EUR		EUR		
Describa las actividades de las partes en este mercado:										
Facilite más detalles en este apartado (en particular, si no hay precedentes, indique las opiniones de las partes sobre la definición del mercado de producto / geográfico):										
Parámetros, fuentes y metodología utilizados para el cálculo de la cuota de mercado. Si el valor y el volumen no son los parámetros más comunes para el cálculo de la cuota de mercado en los mercados de referencia, debe facilitar las cuotas de mercado basadas en parámetros alternativos y explicarlos:										
Indique información sobre los productos en desarrollo de las partes y sus competidores (incluida su fase de desarrollo, una estimación de las ventas previstas y las cuotas de mercado de las partes de la concentración durante los próximos tres a cinco años).										
Facilite los datos de contacto del competidor 1, el competidor 2 y el competidor 3 en el formato prescrito:										

[*] Indique las cuotas de mercado si una o varias de las partes han comercializado productos.
[**] Indique las cuotas de mercado de los competidores con productos comercializado. Si no hay productos comercializado, enumere al menos tres competidores que desarrollen productos competidores.

SECCIÓN 9
Estructura de la oferta

9.1. Explique brevemente la estructura de la oferta en cada uno de los mercados afectados, especificando, en particular:

a) el funcionamiento de estos mercados;

b) la forma en que las partes en la concentración y sus principales competidores producen y venden sus productos o servicios (por ejemplo, si las partes de la concentración y sus principales competidores fabrican y venden a escala local);

c) la forma en que las partes de la concentración fijan el precio de los productos o servicios;

d) la naturaleza y el alcance de la integración vertical de cada una de las partes en la concentración frente a la de sus principales competidores.

Estructura de la demanda

9.2. Explique brevemente la estructura de la demanda en cada uno de los mercados afectados, especificando, en particular:

a) fase de los mercados (por ejemplo, nacimiento, expansión, madurez y declive) y estimación de la tasa de crecimiento de la demanda;

b) importancia de las preferencias del cliente, por ejemplo, en términos de fidelidad a una marca, prestación de servicios preventa y posventa, oferta de una gama completa de productos o efectos de red;

9400 (sigue) c) papel de los costes (en tiempo y dinero) que han de asumir los clientes para cambiar de proveedor:
i) para productos existentes, y
ii) para productos nuevos que sustituyen a productos existentes (incluida la duración normal de los contratos con clientes);
d) grado de concentración o fragmentación de la clientela;
e) cómo adquieren los clientes los productos o servicios en cuestión, en particular si utilizan técnicas de contratación como presentación de propuestas y procedimientos de adjudicación.

SECCIÓN 10

Diferenciación de productos e intensidad de la competencia

10.1. Explique brevemente el grado de diferenciación del producto en cada uno de los mercados afectados, especificando, en particular:
a) el papel y la importancia de la diferenciación del producto en términos de calidad («diferenciación vertical») y otras características del producto («diferenciación horizontal» y «diferenciación espacial»);
b) cualquier segmentación de la clientela en distintos grupos; descríbase el «cliente-tipo» de cada grupo;
c) en el caso de los solapamientos horizontales, la rivalidad entre las partes en la concentración en general, así como la cercanía de la sustitución entre los productos de las partes en la concentración, incluyendo datos para cada uno de los grupos de clientes y el «cliente-tipo» indicados en la letra b).

Sistemas de distribución y redes de prestación de servicios

10.2 Facilite una breve descripción de:
a) los sistemas de distribución existentes en el mercado y su importancia y hasta qué punto la distribución corre a cargo de terceros o de empresas pertenecientes al mismo grupo que las partes, así como la importancia de los contratos de distribución exclusiva y de otros tipos de contratos a largo plazo;
b) las redes de prestación de servicios (por ejemplo, mantenimiento y reparaciones) existentes y su importancia en estos mercados. Señale hasta qué puntos estos servicios los prestan terceros o empresas pertenecientes al mismo grupo que las partes.

Entrada y salida del mercado

10.3. Indique si en los últimos cinco años algún competidor importante ha entrado en alguno de los mercados afectados. En caso afirmativo, precise cuáles y facilite una estimación de la cuota de mercado actual de cada uno de estos competidores.
10.4. Indique si, en su opinión, es probable que se produzca la entrada a alguno de los mercados afectados de más empresas (incluidas las que actualmente solo operan en mercados situados fuera de la UE o del EEE)
En tal caso, explíquese la probabilidad de que se produzca esa entrada al mercado y estímese el plazo en que es probable que ocurra.
10.5. Describa brevemente los principales factores que influyen en la entrada a cada uno de los mercados afectados, examinando dicha entrada desde los puntos de vista geográfico y de los productos. Al hacerlo, se tendrá en cuenta, si procede, lo siguiente:
a) los costes totales de acceso (investigación y desarrollo, producción, creación de sistemas de distribución necesarios, promoción, publicidad, mantenimiento, etc.) en una escala equivalente a la de un competidor viable y significativo, indicando la cuota de mercado del mismo;
b) cualquier barrera legal o reglamentaria de acceso al mercado, como la exigencia de una autorización oficial o la existencia de normas específicas de cualquier tipo;
c) cualquier barrera de acceso a los clientes, como las derivadas de los procedimientos de certificación de productos, o la importancia de labrarse una buena reputación en el mercado;
d) cualquier necesidad y posibilidad de obtener el acceso a patentes, conocimientos técnicos (know-how) u otros derechos de propiedad intelectual e industrial en estos mercados;
e) hasta qué punto cada una de las partes en la concentración es titular, licenciataria o licenciante de patentes, conocimientos técnicos u otros derechos en los mercados de referencia;
f) la importancia de las economías de escala y alcance y de los efectos de red para la fabricación o distribución de productos en los mercados afectados, y
g) el acceso a las fuentes de suministro (por ejemplo, la disponibilidad de las materias primas e infraestructuras necesarias).

10.6. Explique si alguna de las partes de la concentración, o cualquier competidor, tiene productos en desarrollo o planea ampliar capacidad de producción o de venta en cualquiera de los mercados afectados. En caso afirmativo, deberán facilitarse previsiones de ventas y cuotas de mercado de las partes en la concentración para los próximos tres a cinco años. **9400** (sigue)
10.7. Indique si se ha producido alguna salida del mercado afectado en los últimos cinco años. En caso afirmativo, indique qué empresa abandonó el mercado y facilite una estimación de su cuota de mercado en el año anterior a que abandonara el mercado.

Investigación y desarrollo

10.8. Describa la importancia en los mercados afectados de la investigación y desarrollo en la capacidad de las empresas para competir a largo plazo. Explique la naturaleza de las actividades de investigación y desarrollo que realizan las partes en la concentración en los mercados afectados.
Para ello, cuando proceda, tenga en cuenta los aspectos siguientes:
a) tendencias e intensidades de las actividades de investigación y desarrollo desarrolladas en estos mercados y por las partes en la concentración. La intensidad de la investigación y el desarrollo puede ilustrarse con el gasto en investigación y desarrollo, número de empleados dedicados a la investigación y el desarrollo (en términos de equivalentes a tiempo completo); número e importancia de las instalaciones de investigación y desarrollo; o número de patentes registradas durante los tres últimos años;
b) evolución del desarrollo tecnológico en dichos mercados durante un período de tiempo adecuado (incluida la frecuencia de introducción de nuevos productos o servicios, evolución de los productos o servicios, los procesos de producción, los sistemas de distribución, etc.);
c) la planificación y las prioridades en materia de investigación que las partes de la concentración tienen en los próximos tres años.

Datos de contacto

10.9. Facilite el nombre y apellidos, dirección, teléfono y dirección de correo electrónico del jefe del departamento jurídico (o de otra persona que ejerza funciones similares; cuando no exista dicha persona, los del director ejecutivo) de:
a) los competidores a que se refiere el punto 8.1.4;
b) cada uno de los diez clientes principales de las partes en cada uno de los mercados afectados;
c) los competidores más recientes a que se refiere el punto 10.3, y
d) los competidores potenciales indicados en el punto 10.4.
Los datos de contacto deberán facilitarse utilizando el modelo de la Comisión disponible en el sitio web de la DG Competencia.
10.10. Facilite el nombre y apellidos, dirección, teléfono y dirección de correo electrónico de uno o varios representantes de los principales sindicatos o asociaciones de trabajadores existentes en las partes de la concentración. Los datos de contacto deberán facilitarse utilizando el modelo de la Comisión disponible en el sitio web de la DG Competencia.

SECCIÓN 11

Eficiencias

Si se desea que la Comisión examine desde un principio si las eficiencias generadas por la concentración pueden redundar en un aumento de la capacidad y los incentivos de la nueva entidad para observar una conducta procompetitiva en beneficio de los consumidores, deberá facilitar una descripción de cada una de las eficiencias (incluidas la reducción de costes, la introducción de nuevos productos y las mejoras de servicios o productos) que las partes esperan obtener de la concentración relacionadas con cualquier producto pertinente, acompañando la descripción de documentos acreditativos.
Deberá facilitarse, con respecto a cada una de las eficiencias:
a) una explicación detallada del modo en que la concentración permitirá a la nueva entidad obtener la eficiencia en cuestión. Explique qué medidas tienen previsto tomar las partes para alcanzar la eficiencia, los riesgos que corren y el tiempo y gastos necesarios para lograrlo;
b) cuando sea razonablemente posible, una cuantificación de la eficiencia y una explicación detallada del método seguido para cuantificarla. Cuando resulte oportuno, deberá facilitarse asimismo una estimación de la importancia de las eficiencias relacionadas con la introducción de nuevos productos o mejoras de la calidad. Tratándose de eficiencias que permitan reducir

9400 (sigue) costes, se cuantificará por separado las reducciones de costes fijos de carácter irrepetible, las reducciones de costes fijos de carácter recurrente y las reducciones de costes variables (en euros por unidad y en euros al año);

c) una descripción de los beneficios que pueden obtener los clientes de la eficiencia y una explicación detallada del razonamiento en que se funda tal conclusión;

d) una explicación de los motivos por los que la parte o las partes no pueden alcanzar la eficiencia en la misma medida por otro medio que no sea la concentración y de una manera tal que resulte improbable que se planteen problemas de competencia.

SECCIÓN 12

Efectos cooperativos de una empresa en participación

En el caso de una empresa en participación, a efectos del artículo 2, apartado 4, del Reglamento de concentraciones, se responderá a las siguientes preguntas:

a) ¿Mantienen dos o más de las empresas matrices actividades significativas en el mismo mercado que la empresa en participación o en un mercado anterior o posterior al de la empresa en participación o en un mercado adyacente relacionado estrechamente con este último?

Si la respuesta es afirmativa, se indicarán, para cada uno de dichos mercados, los datos siguientes:

i) volumen de negocios de cada una de las matrices durante el último ejercicio,

ii) importancia económica de las actividades de la empresa en participación en relación con dicho volumen de negocios,

iii) cuota de mercado de cada matriz.

b) Si se ha respondido afirmativamente a la pregunta a) y en su opinión la creación de la empresa en participación no da lugar a una coordinación entre empresas independientes que restrinja la competencia a efectos del artículo 101, apartado 1, del TFUE y, cuando proceda, las disposiciones correspondientes del Acuerdo EEE, justifique su opinión;

c) Sin perjuicio de las respuestas dadas a las letras a) y b) y con objeto de que la Comisión pueda valorar plenamente el asunto, si consideran que son aplicables los criterios del artículo 101, apartado 3, del TFUE y, cuando proceda, las disposiciones correspondientes del Acuerdo EEE, deberán explicarse las razones. Con arreglo al artículo 101, apartado 3, del TFUE, las disposiciones del artículo 101, apartado 1, pueden ser declaradas inaplicables cuando la concentración:

i) contribuye a mejorar la producción o la distribución de los productos, o a fomentar el progreso técnico o económico,

ii) reserva a los usuarios una participación equitativa en el beneficio resultante;

iii) no impone a las empresas interesadas restricciones que no sean indispensables para alcanzar tales objetivos, y

iv) no ofrece a dichas empresas la posibilidad de eliminar la competencia respecto de una parte sustancial de los productos de que se trate.

SECCIÓN 13

Declaración

La notificación concluirá con la siguiente declaración, firmada por todas las partes notificantes o en nombre de las mismas:

«La parte o partes notificantes declaran que, según su leal saber y entender, la información facilitada en la presente notificación es veraz, correcta y completa, que se han facilitado copias completas y auténticas de los documentos exigidos en el presente formulario CO, que todas las estimaciones se indican como tales y constituyen evaluaciones de la mayor exactitud posible de los hechos correspondientes y que todas las opiniones expresadas son sinceras.

Declaran conocer las disposiciones del artículo 14, apartado 1, letra a), del Reglamento de concentraciones».

Formulario CO abreviado para la notificación de una concentración de conformidad con el Reglamento (CE) Nº 139/2004

9450

SECCIÓN 1

Información general sobre el asunto

(*) Número de asunto: M.	(*) Nombre del asunto:	Lengua:
(*) * se completará con la información facilitada por el Registro de Concentraciones		

Salvo disposición en contrario, las referencias a artículos de los cuadros que figuran a continuación deben entenderse como referencias a los artículos del Reglamento de concentraciones.

Notificación con arreglo a la tramitación simplificada: sí	Reglamento de concentraciones
Jurisdicción: Artículo 1, apartado 2 Artículo 1, apartado 3 Artículo 4, apartado 5 Artículo 22	Base de notificación: Artículo 4, apartado 1 Artículo 4, apartado 4 Artículo 4, apartado 5 Artículo 22
Concentración: Fusión [Artículo 3, apartado 1, letra a)] Adquisición del control exclusivo [artículo 3, apartado 1, letra b] Adquisición del control conjunto [artículo 3, apartado 1, letra b)] Adquisición del control conjunto de una empresa en participación creada desde cero [artículo 3, apartado 4] Adquisición del control conjunto en cualquier otro supuesto (es decir, se mantiene al menos un accionista que ejercía anteriormente el control) [artículo 3, apartado 1, letra b), y apartado 4]	Categoría de asunto con arreglo a la Comunicación sobre el procedimiento simplificado: Punto 5 a), de la Comunicación sobre el procedimiento simplificado Punto 5 e), de la Comunicación sobre el procedimiento simplificado Punto 5 b), de la Comunicación sobre el procedimiento simplificado Punto 5 c), de la Comunicación sobre el procedimiento simplificado Punto 8 de la Comunicación sobre el procedimiento simplificado Punto 5 d), de la Comunicación sobre el procedimiento simplificado Punto 9 de la Comunicación sobre el procedimiento simplificado
¿La notificación está relacionada con un asunto anterior (operación vinculada / transacción paralela / asunto interrumpido o retirado)? SÍ NO En caso afirmativo, indíquese el número de asunto:	¿La notificación está relacionada con una consulta sobre la misma concentración? SÍ NO En caso afirmativo, indíquese el número de consulta:
Medios de ejecución de la concentración: Oferta pública anunciada el [FECHA] Adquisición de acciones Adquisición de activos Adquisición de títulos Contrato de gestión o cualquier otro medio contractual Adquisición de acciones de una empresa en participación de nueva creación	Valor de la concentración en EUR:
Sede de las sociedades participantes en la concentración: En el mismo Estado miembro En el mismo tercer país En Estados miembros diferentes En terceros países diferentes	

9450 (sigue)

SECCIÓN 2

Empresas que participan en la concentración y su volumen de negocios

Empresas afectadas	Categoría	Bajo el control de	Breve descripción de las actividades comerciales de la empresa afectada

Para cada una de las partes notificantes así como para cada una de las demás partes en la concentración deberá facilitarse:

2.1.1. razón social;

2.1.2. nombre y apellidos, dirección, teléfono, número de fax y dirección de correo electrónico de la persona de contacto y cargo que ocupa en la empresa; la dirección deberá ser una dirección de servicio a la que puedan enviarse documentos y, en especial, decisiones de la Comisión y otros documentos procesales, y se considerará que la persona de contacto está autorizada para recibir los documentos;

2.1.3. si se nombran uno o varios representantes externos autorizados de la empresa, el representante o representantes al que podrán ser notificados los documentos y, en particular, las decisiones de la Comisión y otros documentos procesales:

2.1.3.1. nombre y apellidos, una dirección de servicio, teléfono, número de fax y dirección de correo electrónico de la persona de contacto y cargo de cada representante, y

2.1.3.2. el original de la acreditación por escrito del poder de representación de que dispone cada representante externo autorizado (según el modelo de poder notarial disponible en el sitio internet de la DG Competencia).

SECCIÓN 3

Detalles sobre la concentración, la propiedad y el control

A la información consignada en la presente sección podrán adjuntarse organigramas o diagramas de organización para ilustrar la estructura de la propiedad y el control de las empresas antes y después de la realización de la concentración.

3.1. Descripción de la naturaleza de la concentración notificada con referencia a los criterios pertinentes del Reglamento de concentraciones y la Comunicación consolidada de la Comisión:

3.1.1. señalar las empresas o personas con control exclusivo o conjunto de cada una de las empresas afectadas, directa o indirectamente, y describir la estructura de propiedad y de control de las empresas afectadas antes de la realización de la operación;

3.1.2. explicar si la concentración propuesta constituye:

i) una verdadera fusión,

ii) una adquisición de control exclusivo o conjunto, o

iii) un contrato o cualquier otro medio que confiera un control directo o indirecto en el sentido del artículo 2, apartado 3, del Reglamento de concentraciones, o

iv) una adquisición de control exclusivo o conjunto en una empresa en participación de funciones plenas en el sentido del artículo 3, apartado 4, del Reglamento de concentraciones y, en ese caso, explicar los motivos por los que la empresa en participación se considera de funciones plenas;

3.1.3. explicar cómo se llevará a cabo la concentración (por ejemplo, mediante la celebración de un acuerdo, una oferta pública, etc.);

3.1.4. por referencia al artículo 4, apartado 1, del Reglamento de concentraciones, explicar cuál de las siguientes posibilidades se produjo en el momento de la notificación:

i) se ha celebrado un acuerdo,

ii) se ha adquirido una participación de control,

iii) se ha anunciado (la intención de iniciar) una oferta pública, o

iv) las empresas afectadas han demostrado su buena disposición para celebrar un acuerdo;

3.1.5. indicar la fecha prevista de los principales actos conducentes al perfeccionamiento de la concentración;

3.1.6. explicar la estructura de propiedad y de control de cada una de las empresas afectadas después de la realización de la operación.

3.2. Descripción de los motivos económicos de la operación 9450 (sigue)
3.3. Indicar el valor de la operación [el precio de compra (o el valor de todos los activos afectados, según el caso); especificar si es en forma de capital social, efectivo u otros activos].
3.4. Indicar todo apoyo financiero o de otro tipo procedente de organismos públicos recibido por alguna de las partes y la naturaleza y cuantía de dicho apoyo.

SECCIÓN 4

Volumen de negocios

Con respecto a cada una de las empresas afectadas deberán facilitarse los siguientes datos del último ejercicio:
4.1. volumen de negocios mundial;
4.2. volumen de negocios en la UE;
4.3. volumen de negocios en el EEE (UE y AELC);
4.4. volumen de negocios en cada Estado miembro (indicando aquel en que se realicen más de los dos tercios del volumen de negocios en la UE, si hay alguno);
4.5. volumen de negocios en la AELC;
4.6. volumen de negocios en cada Estado de la AELC (indicando aquel en que se realicen más de los dos tercios del volumen de negocios en la AELC, si hay alguno; deberá indicarse también si las empresas afectadas realizan un volumen de negocios combinado en el territorio de los Estados de la AELC igual o superior al 25% de su volumen de negocios total en el territorio del EEE)
Los datos del volumen de negocios deberán ser facilitados cumplimentando el modelo de cuadro disponible en el sitio internet de la DG Competencia.

SECCIÓN 5

Documentos acreditativos

Las partes notificantes deberán facilitar los documentos siguientes:
5.1. Copias de las versiones definitivas o más recientes de todos los documentos relativos al cierre de la operación de concentración, con independencia de que esta se lleve a cabo mediante acuerdo entre las partes, adquisición de intereses que permitan ejercer control u oferta pública de adquisición, y
5.2. Una indicación de la dirección internet, si la hay, en la que las copias de las memorias y cuentas anuales más recientes de las partes de la concentración están disponibles o, si no existe dicha dirección internet, copias de las memorias y cuentas anuales más recientes de las partes de la concentración;
5.3. Solo será necesario aportar la siguiente información en los casos en que la concentración dé lugar a uno o más mercados declarables en el EEE: copias de todas las presentaciones elaboradas por o para cualquier miembro del consejo de administración, o del consejo de dirección o del consejo de vigilancia, o recibidas por estos, aplicable a la vista de la estructura de gobernanza empresarial, u otra persona o personas que ejerzan funciones similares (o en la que se hayan delegado o a la que se hayan encomendado tales funciones) o la junta de accionistas en la que se examinó la concentración notificada.
Deberá facilitarse una lista de los documentos mencionados en el presente punto 5.3, indicando, para cada uno de ellos, la fecha de elaboración y el nombre y cargo de los destinatarios.

SECCIÓN 6

Definición de los mercados

Esta sección debe completarse para las concentraciones que den lugar a uno o varios mercados declarables.
6.1. Definición de los mercados
Los mercados de referencia de productos y geográficos sirven para identificar el ámbito en el que ha de evaluarse la posición que la nueva entidad surgida de la operación de concentración ocupa en el mercado.
La parte o las partes notificantes deberán facilitar la información solicitada en el presente formulario CO abreviado tomando en consideración las definiciones siguientes.
6.1.1. Mercado de producto de referencia
Un mercado de producto de referencia comprende la totalidad de los productos o servicios que los consumidores consideren intercambiables o sustituibles en razón de sus características, su precio o el uso que se prevea hacer de ellos. En algunos casos, un mercado de producto de referencia puede estar compuesto por una serie de productos o servicios individuales

9450 (sigue) que, en gran medida, presentan características físicas o técnicas de gran similitud y son intercambiables.

Entre los factores que intervienen a la hora de determinar el mercado de producto de referencia cabe citar el análisis de los motivos por los que se incluyen en ellos los productos o servicios de que se trate y por los que otros se excluyan al utilizar la definición y teniendo en cuenta, por ejemplo, la sustituibilidad, los precios, la elasticidad cruzada de la demanda u otros factores pertinentes (como la sustituibilidad desde el punto de vista de la oferta cuando resulte oportuno).

6.1.2. Mercado geográfico de referencia

El mercado geográfico de referencia comprende la zona en la que las empresas afectadas desarrollan actividades de oferta y demanda de los productos o servicios de referencia, en la que las condiciones de competencia son suficientemente homogéneas y que puede distinguirse de otras zonas geográficas próximas debido, en particular, a que en estas las condiciones de competencia son sensiblemente distintas.

Entre los factores que intervienen a la hora de determinar el mercado geográfico de referencia cabe citar la naturaleza y las características de los productos y servicios en cuestión, la existencia de barreras de entrada, las preferencias de los consumidores, la existencia de diferencias apreciables en las cuotas de mercado de las empresas en zonas geográficas próximas o la existencia de importantes diferencias de precios.

6.2. Mercado declarable

A efectos de la información solicitada en el presente formulario CO abreviado, los mercados declarables están compuestos por todos los mercados de referencia tanto de producto como geográficos, así como por todos los mercados de referencia alternativos plausibles tanto de producto como geográficos [31], en los que en el territorio EEE:

a) dos o más partes en la concentración (en caso de adquisición del control conjunto de una empresa en participación, la empresa en participación y al menos una de las partes adquirentes) desarrollen actividades empresariales en el mismo mercado de referencia (relaciones horizontales);

b) al menos una de las partes de la concentración (en caso de adquisición del control conjunto de una empresa en participación, la empresa en participación y al menos una de las partes adquirentes) desarrolle actividades empresariales en un mercado de referencia anterior o posterior a un mercado de producto en el que opere cualquier otra parte de la concentración, con independencia de que exista o no una relación de cliente/proveedor entre las partes de la operación (relaciones verticales).

Indicar todos los mercados declarables con arreglo a las definiciones establecidas en la sección 6.

Si la concentración entra en el ámbito de aplicación del punto 5, letra c), de la Comunicación de la Comisión sobre el procedimiento simplificado para tramitar determinadas operaciones de concentración con arreglo al Reglamento (CE) no 139/2004, se deberá confirmar que no hay mercados afectados, definidos en la sección 6.3 del formulario CO según cualquier definición plausible de mercado de producto y geográfico.

SECCIÓN 7

Categoría de tramitación simplificada (en relación con los puntos pertinentes de la comunicación sobre el procedimiento simplificado)

a) **punto 5 a), de la Comunicación sobre el procedimiento simplificado**

- La empresa en participación no opera en el territorio del Espacio Económico Europeo (EEE):

- La empresa en participación no tiene ningún volumen de negocios actual (es decir, en el momento de la notificación) o previsto (durante los tres años siguientes a la notificación) en el EEE.

- Las empresas matrices de la empresa en participación no han previsto ninguna transferencia de activos a la empresa en participación dentro del EEE en el momento de la notificación.

Si la concentración cumple los criterios del punto 5 a), de la Comunicación sobre el procedimiento simplificado, no será necesario cumplimentar las secciones 8,9 y 11 siguientes.

Y/O

b) **punto 5 b), de la Comunicación sobre el procedimiento simplificado** 9450 (sigue)

- La empresa en participación ejerce o tiene previsto ejercer actividades que son mínimas en el EEE:

- El volumen de negocios anual actual de la empresa en participación y/o el volumen de negocios de las actividades aportadas en el momento de la notificación, así como el volumen de negocios anual previsto durante los tres años siguientes a la notificación, es inferior a 100 millones EUR en el EEE.

- El valor total de las transferencias de activos a la empresa en participación previstas en el momento de la notificación es inferior a 100 millones EUR en el EEE.

Y/O

c) **punto 5 c), de la Comunicación sobre el procedimiento simplificado**

- Ninguna de las partes de la concentración opera en el mismo mercado de producto y geográfico.

- Ninguna de las partes de la concentración opera en mercados anteriores o posteriores entre sí.

Si la concentración cumple los criterios del punto 5 c), de la Comunicación sobre el procedimiento simplificado, no será necesario cumplimentar las secciones 8,9 y 11 siguientes.

Y/O

d) **punto 5 d), de la Comunicación sobre el procedimiento simplificado**

- Dos o más empresas se fusionan, o una o más empresas adquieren el control exclusivo o conjunto de otra empresa y se cumplen todas las condiciones establecidas en el punto 5 d), incisos i) y ii), de la Comunicación sobre el procedimiento simplificado en todas las definiciones de mercado plausibles.

- Las cuotas de mercado combinadas de todas las partes en la concentración que realicen actividades empresariales en el mismo mercado de productos y en el mismo mercado geográfico (solapamientos horizontales) cumplen al menos una de las condiciones siguientes:
- son inferiores al 20%;
- son inferiores al 50% y el incremento (delta) del índice Herfindahl-Hirschman (IHH) resultante de la concentración en estos mercados es inferior a 150.

- Las cuotas de mercado individuales y combinadas de todas las partes de la concentración que realicen actividades comerciales en un mercado de producto anterior o posterior a un mercado de producto en el que participa cualquier otra parte en la concentración (relaciones verticales) cumplen al menos una de las condiciones siguientes:
- son inferiores al 30% en los mercados anterior y posterior;
- son inferiores al 30% en el mercado anterior y la cuota de compra de la entidad posterior del insumo en una fase anterior es inferior al 30%;
- son inferiores al 50% tanto en el mercado anterior como en el posterior, el incremento (delta) del IHH resultante de la concentración es inferior a 150 en los mercados anterior y posterior, y la empresa más pequeña en términos de cuotas de mercado es la misma en los mercados anterior y posterior.

Y/O

e) **punto 5 e), de la Comunicación sobre el procedimiento simplificado**

- La parte notificante adquiere el control exclusivo de una empresa de la que ya tiene el control conjunto.

Y/O

9450 (sigue) f) **punto 8, de la Comunicación sobre el procedimiento simplificado (cláusula de flexibilidad)**

- Con arreglo a todas las definiciones de mercado plausibles, i) las cuotas de mercado combinadas de las partes se mantienen por debajo del 25% en cualquier mercado de referencia en el que las actividades de las partes se solapan, y ii) no se da ninguna de las circunstancias especiales descritas en la sección II.C de la Comunicación sobre el procedimiento simplificado.

- Con arreglo a todas las definiciones de mercado plausibles, las cuotas de mercado combinadas de las partes se mantienen por debajo del 25% en cualquier mercado de referencia en el que las actividades de las partes se solapan, y aunque se dan una o varias de las circunstancias especiales descritas en la sección II.C de la Comunicación sobre el procedimiento simplificado, el asunto no plantea problemas de competencia por las razones expuestas en la sección 11.

- No se da ninguna de las circunstancias descritas en la sección II.C de la Comunicación sobre el procedimiento simplificado y las cuotas de mercado individuales o combinadas de todas las partes de la concentración que realizan actividades comerciales en un mercado anterior o posterior a un mercado en el que participa cualquier otra parte de la concentración (relaciones verticales) cumplen al menos una de las condiciones siguientes:
- son inferiores al 35% en los mercado anterior y posterior:
- son inferiores al 50% en un mercado, mientras que las cuotas de mercado individuales y combinadas de todas las partes de la concentración en todos los demás mercados relacionados verticalmente son inferiores al 10%.

- Se dan una o varias de las circunstancias descritas en la sección II.C de la Comunicación sobre el procedimiento simplificado, el asunto no plantea problemas de competencia por las razones expuestas en la sección 11 y las cuotas de mercado individuales y combinadas de todas las partes de la concentración que mantienen relaciones verticales cumplen al menos una de las condiciones siguientes:
- son inferiores al 35% en los mercado anterior y posterior:
- son inferiores al 50% en un mercado, mientras que las cuotas de mercado individuales y combinadas de todas las partes de la concentración en todos los demás mercados relacionados verticalmente son inferiores al 10%.

Y/O

g) **punto 9, de la Comunicación sobre el procedimiento simplificado (cláusula de flexibilidad)**

- El volumen de negocios anual actual de la empresa en participación y/o el volumen de negocios de las actividades aportadas en el momento de la notificacion es superior a 100 millones EUR, pero inferior a 150 millones EUR en el EEE.

- El valor total de las transferencias de activos a la empresa en participación previstas en el momento de la notificación es superior a 100 millones EUR, pero inferior a 150 millones EUR en el EEE.

- Si la empresa en participación opera en el EEE y la concentración da lugar a solapamientos horizontales o relaciones verticales, deberá cumplimentar, respectivamente, las secciones 8 y/o 9.

Complete su respuesta con cualquier información adicional que desee facilitar a la Comisión.

-

SECCIÓN 8 9450 (sigue)

Solapamientos horizontales

8.1. Debe cumplimentar el cuadro que figura a continuación si la concentración da lugar a solapamientos horizontales, incluidos solapamientos entre i) productos en desarrollo y productos comercializados, o ii) productos en desarrollo (es decir, solapamientos entre carteras). Debe reproducir el cuadro tantas veces como sea necesario para cubrir todos los mercados plausibles que haya considerado:

Solapamientos horizontales: cuotas de mercado y productos en desarrollo										
Precedentes (inclúyase una referencia a los apartados pertinentes)	Mercado geográfico plausible considerado	Mercado geográfico plausible considerado	Proveedor	Año X-2		Año X-1		Año X		Productos en desarrollo (nombre) (*)
				Valor	Volumen	Valor	Volumen	Valor	Volumen	
			Empresa afectada 1	%	%	%	%	%	%	
			Empresa afectada 2	%	%	%	%	%	%	
			Empresa afectada 3	%	%	%	%	%	%	
			Combinada	**%**	**%**	**%**	**%**	**%**	**%**	
			Competidor 1					%	%	
			Competidor 2	No cumplimentar				%	%	
			Competidor 3					%	%	
			Otros					%	%	
			Total	100%	100%	100%	100%	100%	100%	No cumplimentar
			Tamaño del mercado	EUR		EUR		EUR		
Describa las actividades de las partes en este mercado:										
Facilite más detalles en este apartado (en particular, si no hay precedentes, indique las opiniones de las partes sobre la definición del mercado de producto / geográfico):										
Parámetros, fuentes y metodología utilizados para el cálculo de la cuota de mercado. Si el valor y el volumen no son los parámetros más comunes para el cálculo de la cuota de mercado en los mercados de referencia, debe facilitar las cuotas de mercado basadas en parámetros alternativos y explicarlos:										
Si el asunto entra en el ámbito de aplicación del punto 5 d), inciso ii), letra cc), de la Comunicación sobre el procedimiento simplificado, debe facilitar el delta del IHH (valor y volumen correspondientes a tres años):										
Facilite información sobre los productos en desarrollo de las partes y sus competidores (incluida su fase de desarrollo):										
Facilite los datos de contacto del competidor 1, el competidor 2 y el competidor 3 en el formato prescrito:										

* Debe facilitar cuotas de mercado de las partes o los competidores que ofrecen productos comercializados. Si no hay productos comercializados, debe enumerar al menos tres competidores que trabajen en productos en desarrollo competidores

8.2. Complete su respuesta con cualquier información adicional que desee facilitar a la Comisión.

-

9450 (sigue)

SECCIÓN 9

Relaciones verticales

9.1. Debe cumplimentar el cuadro que figura a continuación si la concentración da lugar a relaciones verticales, también entre i) productos en desarrollo y productos comercializados, o ii) productos en desarrollo (es decir, relaciones verticales entre productos en desarrollo distintos). Debe reproducir el cuadro tantas veces como sea necesario para cubrir todos los mercados plausibles que haya considerado:

Relaciones verticales cuotas de mercado y productos en desarrollo										
MERCADO ANTERIOR										
Procedentes (inclúyase una referencia a los apartados pertinentes)	Mercado geográfico plausible considerado	Mercado geográfico plausible considerado	Proveedor	Año X-2		Año X-1		Año X		Productos en desarrollo (nombre) (*)
				Valor	Volumen	Valor	Volumen	Valor	Volumen	
			Empresa afectada 1	%	%	%	%	%	%	
			Empresa afectada 2	%	%	%	%	%	%	
			Empresa afectada 3	%	%	%	%	%	%	
			Combinada	**%**	**%**	**%**	**%**	**%**	**%**	
			Competidor 1	No cumplimentar				%	%	
			Competidor 2					%	%	
			Competidor 3					%	%	
			Otros							
			Total	100%	100%	100%	100%	100%	100%	No cumplimentar
			Tamaño del mercado	EUR		EUR		EUR		
Describa las actividades de las partes en este mercado:										
Facilite más detalles en este apartado (en particular, si no hay precedentes, indique las opiniones de las partes sobre la definición del mercado de producto / geográfico):										
Parámetros, fuentes y metodología utilizados para el cálculo de la cuota de mercado. Si el valor y el volumen no son los parámetros más comunes para el cálculo de la cuota de mercado en los mercados de referencia, debe facilitar las cuotas de mercado basadas en parámetros alternativos y explicarlos:										
Si el asunto entra en el ámbito de aplicación del punto 5 d), inciso ii), letra cc), de la Comunicación sobre el procedimiento simplificado, debe facilitar el delta del IHH (valor y volumen correspondientes a tres años):										
Facilite información sobre los productos en desarrollo de las partes y sus competidores (incluida su fase de desarrollo):										
Facilite los datos de contacto del competidor 1, el competidor 2 y el competidor 3 en el formato prescrito:										

* Debe facilitar cuotas de mercado de las partes o los competidores que ofrecen productos comercializados. Si no hay productos comercializados, debe enumerar al menos tres competidores que trabajen en productos en desarrollo competidores.

9450 (sigue)

MERCADO POSTERIOR										
Procedentes (inclúyase una referencia a los apartados pertinentes)	Mercado geográfico plausible considerado	Mercado geográfico plausible considerado	Proveedor	Año X-2		Año X-1		Año X		Productos en desarrollo (nombre) (*)
				Valor	Volumen	Valor	Volumen	Valor	Volumen	
			Empresa afectada 1	%	%	%	%	%	%	
			Empresa afectada 2	%	%	%	%	%	%	
			Empresa afectada 3	%	%	%	%	%	%	
			Combinada	**%**	**%**	**%**	**%**	**%**	**%**	
			Competidor 1	No cumplimentar				%	%	
			Competidor 2					%	%	
			Competidor 3					%	%	
			Otros							
			Total	100%	100%	100%	100%	100%	100%	No cumplimentar
			Tamaño del mercado	EUR		EUR		EUR		
Describa las actividades de las partes en este mercado:										
Facilite más detalles en este apartado (en particular, si no hay precedentes, indique las opiniones de las partes sobre la definición del mercado de producto / geográfico):										
Parámetros, fuentes y metodología utilizados para el cálculo de la cuota de mercado. Si el valor y el volumen no son los parámetros más comunes para el cálculo de la cuota de mercado en los mercados de referencia, debe facilitar las cuotas de mercado basadas en parámetros alternativos y explicarlos:										
Si el asunto entra en el ámbito de aplicación del punto 5 d), inciso ii), letra cc), de la Comunicación sobre el procedimiento simplificado, debe facilitar el delta del IHH (valor y volumen correspondientes a tres años):										
Facilite información sobre los productos en desarrollo de las partes y sus competidores (incluida su fase de desarrollo):										
Facilite los datos de contacto del competidor 1, el competidor 2 y el competidor 3 en el formato prescrito:										

* Debe facilitar cuotas de mercado de las partes o los competidores que ofrecen productos comercializados. Si no hay productos comercializados, debe enumerar al menos tres competidores que trabajen en productos en desarrollo competidores.

9.2. Complete su respuesta con cualquier información adicional que desee facilitar a la Comisión.

-

9450 (sigue)

SECCIÓN 10

Relaciones verticales contempladas en el punto 5 d), inciso ii), letra bb), de la Comunicación sobre el procedimiento simplificado

10.1. Debe cumplimentar el cuadro que figura a continuación si la concentración da lugar a relaciones verticales contempladas en el punto 5, letra d), inciso ii), letra bb), también entre i) productos en desarrollo y productos comercializados, o ii) productos en desarrollo (es decir, relaciones verticales entre productos en desarrollo distintos). Debe reproducir el cuadro tantas veces como sea necesario para cubrir todos los mercados plausibles que haya considerado:

Relaciones verticales contempladas en el punto 5 d), inciso ii), letra bb), de la Comunicación sobre el procedimiento simplificado: cuotas de mercado y productos en desarrollo																
MERCADO ANTERIOR																
Procedentes (inclúyase una referencia a los apartados pertinentes)	Mercado geográfico plausible considerado	Mercado geográfico plausible considerado	Suministro de productos en mercados anteriores (cuotas de mercado)								Compra de productos en mercados anteriores (cuotas de compra)					
			Entidad	Año X-2		Año X-1		Año X		Productos en desarrollo (nombre) (*)	Año X-2		Año X-1		Año X	
				Valor	Volumen	Valor	Volumen	Valor	Volumen		Valor	Volumen	Valor	Volumen	Valor	Volumen
			Empresa afectada 1	%	%	%	%	%	%							
			Empresa afectada 2	%	%	%	%	%	%							
			Empresa afectada 3	%	%	%	%	%	%							
			Combinada	**%**	**%**	**%**	**%**	**%**	**%**	No cumplimentar						
			Competidor 1	No cumplimentar				%	%							
			Competidor 2					%	%							
			Competidor 3					%	%							
			Otros													
			Total	100%	100%	100%	100%	100%	100%	No cumplimentar	No cumplimentar					
			Tamaño del mercado	EUR		EUR		EUR			No cumplimentar					
Describa las actividades de las partes en este mercado:																

9450 (sigue)

Facilite más detalles en este apartado (en particular, si no hay precedentes, indique las opiniones de las partes sobre la definición del mercado de producto / geográfico):
Parámetros, fuentes y metodología utilizados para el cálculo de la cuota de mercado. Si el valor y el volumen no son los parámetros más comunes para el cálculo de la cuota de mercado en los mercados de referencia, debe facilitar las cuotas de mercado basadas en parámetros alternativos y explicarlos:
Si el asunto entra en el ámbito de aplicación del punto 5 d), inciso ii), letra cc), de la Comunicación sobre el procedimiento simplificado, debe facilitar el delta del IHH (valor y volumen correspondientes a tres años):
Facilite información sobre los productos en desarrollo de las partes y sus competidores (incluida su fase de desarrollo):
Explique si una o varias de las empresas afectadas compraron el insumo en una fase anterior a otra u otras empresas en el año X, el año X-1, o el año X-2, indicando el porcentaje de dichas compras para el total de compras de la empresa afectada:
Facilite los datos de contacto del competidor 1, el competidor 2 y el competidor 3 en el formato prescrito:

* Debe facilitar cuotas de mercado de las partes o los competidores que ofrecen productos comercializados. Si no hay productos comercializados, debe enumerar al menos tres competidores que trabajen en productos en desarrollo competidores.

9450 (sigue)

<table>
<tr><th colspan="11">MERCADO ANTERIOR</th></tr>
<tr><th rowspan="2">Precedentes (inclúyase una referencia a los apartados pertinentes)</th><th rowspan="2">Mercado geográfico plausible considerado</th><th rowspan="2">Mercado geográfico plausible considerado</th><th rowspan="2">Proveedor</th><th colspan="2">Año X-2</th><th colspan="2">Año X-1</th><th colspan="2">Año X</th><th>Productos en desarrollo (nombre) (*)</th></tr>
<tr><th>Valor</th><th>Volumen</th><th>Valor</th><th>Volumes</th><th>Valor</th><th>Volumen</th><th></th></tr>
<tr><td></td><td></td><td></td><td>Empresa afectada 1</td><td>%</td><td>%</td><td>%</td><td>%</td><td>%</td><td>%</td><td></td></tr>
<tr><td></td><td></td><td></td><td>Empresa afectada 2</td><td>%</td><td>%</td><td>%</td><td>%</td><td>%</td><td>%</td><td></td></tr>
<tr><td></td><td></td><td></td><td>Empresa afectada 3</td><td>%</td><td>%</td><td>%</td><td>%</td><td>%</td><td>%</td><td></td></tr>
<tr><td></td><td></td><td></td><td>Combinada</td><td>%</td><td>%</td><td>%</td><td>%</td><td>%</td><td>%</td><td></td></tr>
<tr><td></td><td></td><td></td><td>Competidor 1</td><td colspan="4" rowspan="4">No cumplimentar</td><td>%</td><td>%</td><td></td></tr>
<tr><td></td><td></td><td></td><td>Competidor 2</td><td>%</td><td>%</td><td></td></tr>
<tr><td></td><td></td><td></td><td>Competidor 3</td><td>%</td><td>%</td><td></td></tr>
<tr><td></td><td></td><td></td><td>Otros</td><td></td><td></td><td></td></tr>
<tr><td></td><td></td><td></td><td>Total</td><td>100%</td><td>100%</td><td>100%</td><td>100%</td><td>100%</td><td>100%</td><td rowspan="2">No cumplimentar</td></tr>
<tr><td></td><td></td><td></td><td>Tamaño del mercado</td><td>EUR</td><td></td><td>EUR</td><td></td><td>EUR</td><td></td></tr>
<tr><td colspan="11">Describa las actividades de las partes en este mercado:</td></tr>
<tr><td colspan="11">Facilite más detalles en este apartado (en particular, si no hay precedentes, indique las opiniones de las partes sobre la definición del mercado de producto / geográfico):</td></tr>
<tr><td colspan="11">Parámetros, fuentes y metodología utilizados para el cálculo de la cuota de mercado. Si el valor y el volumen no son los parámetros más comunes para el cálculo de la cuota de mercado en los mercados de referencia, debe facilitar las cuotas de mercado basadas en parámetros alternativos y explicarlos:</td></tr>
<tr><td colspan="11">Si el asunto entra en el ámbito de aplicación del punto 5 d), inciso ii), letra cc), de la Comunicación sobre el procedimiento simplificado, debe facilitar el delta del IHH (valor y volumen correspondientes a tres años):</td></tr>
<tr><td colspan="11">Facilite información sobre los productos en desarrollo de las partes y sus competidores (incluida su fase de desarrollo):</td></tr>
<tr><td colspan="11">Facilite los datos de contacto del competidor 1, el competidor 2 y el competidor 3 en el formato prescrito:</td></tr>
<tr><td colspan="11">Indique una estimación del porcentaje de la demanda total del insumo en una fase anterior que representa el mercado posterior en los años X, X-1 y X-2. Asimismo, identifique las diferentes industrias, sectores y aplicaciones finales en los que puede utilizarse el insumo en una fase anterior distintos del mercado posterior, incluido el porcentaje de la demanda total del producto en una fase anterior de cada industria, sector o aplicación final. Si esta información no está disponible para todo el mercado, indique la proporción de ventas realizadas por la parte que opera en el mercado anterior a sus diez clientes principales (incluida las otras partes, si procede):</td></tr>
</table>

* Debe facilitar cuotas de mercado de las partes o los competidores que ofrecen productos comercializados. Si no hay productos comercializados, debe enumerar al menos tres competidores que trabajen en productos en desarrollo competidores.

10.2. Complete su respuesta con cualquier información adicional que desee facilitar a la Comisión.

-

9450 (sigue)

SECCIÓN 11

Salvaguardias y exclusiones

Cualquiera de las partes de la concentración tiene participaciones significativas que no otorgan control (es decir, superiores al 10%) o consejeros compartidos en empresas que operan en los mismos mercados que cualquiera de las demás partes o en mercados relacionados verticalmente (por ejemplo, la empresa adquirente tiene una participación minoritaria que no le otorga control o consejeros comunes en una empresa que opera en el mismo mercado que la empresa objetivo).	Sí No
Uno o varios de los competidores de las partes tienen una participación significativa que no otorga control (es decir, superior al 10%) en cualquiera de las empresas afectadas. En caso afirmativo: indíquese el porcentaje de participación: indíquese los derechos vinculados a la participación:	Sí No
Las partes operan en mercados estrechamente próximos y cualquiera de las partes posee individualmente una cuota de mercado del 30% o más en cualquiera de estos mercados con arreglo a cualquier definición de mercado plausible.	Sí No
Quedarán menos de tres competidores con cuotas de mercado superiores al 5% en cualquiera de los mercados, dando lugar a solapamientos horizontales o relaciones verticales con arreglo a cualquier definición de mercado plausible.	Sí No
Los umbrales de cuota de mercado pertinentes se superan en términos de capacidad o producción con arreglo a cualquier definición de mercado plausible.	Sí No
Las partes (o una de ellas) son operadores recientes en los mercados que se solapan (es decir, han entrado en el mercado en los tres últimos años),	Sí No
Las partes son importantes innovadores en los mercados que se solapan.	Sí No
Las partes han introducido en el mercado un importante producto en desarrollo en los últimos cinco años.	Sí No
La concentración da lugar a solapamientos entre productos en desarrollo o entre productos comercializados y en desarrollo.	Sí No
Una de las partes tiene previsto expandirse hacia mercados de productos o mercados geográficos en los que opera la otra parte o que están en relación vertical con productos en los que opera la otra parte. Explique los productos o servicios afectados por dichos planes y su calendario: **[texto abierto]**	Sí No
En las cadenas de producción con más de dos niveles, las cuotas de mercado individuales o combinadas de las partes alcanzan o superan el 30% en cualquiera de los niveles de la cadena de valor (en términos de valor, volumen o capacidad)	Sí No
Se espera que el volumen de negocios anual de la empresa en participación supere significativamente los 100 millones EUR en el EE en los tres años siguientes.	Sí No
Se espera que el volumen de negocios anual de la empresa en participación supere significativamente los 150 millones EUR en el EEE en los tres años siguientes. Si se espera que el volumen de negocios anual de la empresa en participación supere significativamente los 100 millones EUR en el EEE en los tres años siguientes, facilite el volumen de negocios previsto para los tres años siguientes. [**texto abierto**].	Sí No
Si ha respondido "Sí" a cualquiera de las preguntas anteriores, explique por qué cree que el asunto debe tramitarse con arreglo a la Comunicación sobre el procedimiento simplificado y facilite toda la información pertinente: [**texto abierto**].	

9450 (sigue)

SECCIÓN 12

Efectos cooperativos de una empresa en participación

12.1. **¿Mantienen dos o más de las empresas matrices actividades en el mismo mercado que la empresa en participación o en un mercado anterior o posterior al de la empresa en participación o en un mercado adyacente relacionado estrechamente con este último?**		Sí	No
Empresa matriz	Mercado	Volumen de negocios	Cuota de mercado
Empresa en participación	Mercado	Volumen de negocios	Cuota de mercado

12.2. **Explique si en este caso se cumplen los criterios establecidos en el artículo 101, apartados 1 y 3, del Tratado de Funcionamiento de la Unión Europea y, en su caso, las disposiciones correspondientes del Acuerdo EEE.**

12.3. **Complete su respuesta con cualquier información adicional que desee facilitar a la Comisión.**

SECCIÓN 13

Datos de contacto

Parte notificante	Parte notificante 2 (si procede)
Nombre	Nombre
Dirección	Dirección
Número de teléfono	Número de teléfono
Correo electrónico	Correo electrónico
Sitio web	Sitio web
Empresa objetivo	Empresa objetivo
Nombre	Nombre
Dirección	Dirección
Representante autorizado de la parte notificante	Representante autorizado de la parte notificante 2
Nombre	Nombre
Organización	Organización
Dirección	Dirección
Número de teléfono	Número de teléfono
Correo electrónico	Correo electrónico

9450 (sigue)

SECCIÓN 14

Anexos

❑ Documentos relativos al cierre de la operación de concentración	Disposiciones que establecen cambios en el control:
	Disposiciones que establecen las plenas funciones:
❑ Poder notarial original (de la parte o partes notificantes)	
❑ Datos referentes al volumen de negocios: desglose relativo al EEE	
❑ Metodología para el cálculo de las cuotas de mercado	
❑ Solo en los casos en que la concentración dé lugar a uno o más solapamientos horizontales o vinculos verticales en el EEE, debe facilitar. Copias de todas las presentaciones elaboradas por o para cualquier miembro del consejo de administración, del consejo de dirección o del consejo de vigilancia, o recibidas por estos, a la vista de la estructura de gobernanza empresarial, u otra persona o personas que ejerzan funciones similares (o en la que se hayan delegado o a la que se hayan encomendado tales funciones), o la junta de accionistas en la que se examinó la concentración notificada. Una indicación de la dirección de internet, si la hay, en la que las copias de las memorias y cuentas anuales más recientes de las partes de la concentración están disponibles o, si no existe dicha dirección de internet, copias de las memorias y cuentas anuales más recientes de las partes de la concentración.	
❑ Otros anexos	Descríbanse

SECCIÓN 15

Otras notificaciones

- Sí
- No

En caso afirmativo, enumérelas aquí:

15.2. **Indique si ha presentado o tiene intención de presentar una notificación con arreglo al artículo 20 del Reglamento (UE) nº 2022/2560 del Parlamento Europeo y del Consejo, de 14 de diciembre de 2022, sobre las subvenciones extranjeras que distorsionan el mercado interior (DO L 330, 23.12.2022, p. 1-45).**

SECCIÓN 16

Declaración

- La parte o partes notificantes declaran que, según su leal saber y entender, la información facilitada en el presente formulario es veraz, correcta y completa, que se han facilitado copias completas y auténticas de los los documentos pertinentes, que todas las estimaciones se indican como tales y constituyen evaluaciones de la mayor exactitud posible de los hechos correspondientes y que todas las opiniones expresadas son sinceras.
- La parte o partes notificantes tienen conocimiento del artículo 14, apartado 1, letra a), del Reglamento de concentraciones.

En el caso de los formularios firmados digitalmente, los campos siguientes solo tienen fines informativos. Deben corresponder a los metadatos de la firma o firmas electrónicas correspondientes.

Principales fases del procedimiento de control de concentraciones ante la CNMC

9500

FASE DE PRENOTIFICACIÓN	Antes de la presentación formal de la notificación, la empresa notificante puede tener que presentar un borrador de notificación con la finalidad de aclarar aspectos formales o sustantivos de la concentración.
FASE 1 1 MES 15 DÍAS (operaciones pre-notificadas y que cumplan con condiciones para utilizar el formulario abreviado)	La Dirección de Competencia elaborará un informe y una propuesta de resolución. Sobre la base de estos documentos el Consejo de la CNMC dictará resolución en primera fase, en la que podrá: a) Autorizar la concentración. b) Subordinar la autorización de la concentración al cumplimiento de determinados compromisos propuestos por las partes. c) Acordar iniciar la segunda fase del procedimiento cuando considere que la concentración puede obstaculizar el mantenimiento de la competencia. d) Remitir la concentración a la Comisión Europea. Si en el plazo de 1 mes el Consejo de la CNMC no dicta resolución, la operación se entenderá aprobada tácitamente.
FASE 2 3 MESES	Si se inicia la segunda fase, el Consejo de la CNMC dispone de un plazo de tres meses para dictar y notificar su resolución decidiendo: a) Autorizar la concentración. b) Subordinar la autorización de la concentración al cumplimiento de determinados compromisos propuestos por los notificantes o condiciones. c) Prohibir la concentración. Si en el plazo de 2 meses el Consejo de la CNMC no dicta resolución, la operación se entenderá aprobada.
FASE 3 1 MES Y MEDIO	Si el Consejo de la CNMC acuerda la prohibición de una operación de concentración o subordinarla al cumplimiento de determinados compromisos o condiciones, el Ministro de Economía y Competitividad, por razones de interés general distintas de la defensa de la competencia y en el plazo de 15 días, puede elevar la decisión sobre la concentración al Consejo de Ministros. En caso de que el citado Ministro decida elevar una resolución, el Consejo de Ministros dispondrá del plazo de un mes para: - confirmar la resolución dictada por el Consejo de la CNMC; - autorizar la concentración con o sin condiciones. Si dentro del plazo de 15 días el Ministro no eleva la resolución al Consejo de Ministros o de un mes el Consejo de Ministro no toma una decisión sobre la operación, comportará la ejecutividad de la resolución del Consejo de la CNMC.

Formulario relativo a los escritos motivados con arreglo al artículo 4 apartados 4 y 5 del Reglamento (CE) nº 139/2004

9550

SECCIÓN 1

1.1. Información general

1.1.1. Deberá facilitarse un resumen de la concentración, especificando las partes, la naturaleza de la misma (por ejemplo, fusión, adquisición o empresa en participación), los sectores de actividad de las partes, los mercados en los que la concentración tendrá repercusiones (incluidos los principales mercados afectados) y los motivos estratégicos y económicos de la concentración.

1.1.2. Indique si el escrito motivado se presenta con arreglo al apartado 4 o al apartado 5 del artículo 4 del Reglamento de concentraciones, de conformidad con las disposiciones correspondientes del Acuerdo EEE o ambos.

1.2. Información sobre las partes remitentes y otras partes de la concentración.

Para cada una de las partes que presentan el escrito motivado así como para cada una de las demás partes de la concentración deberán facilitarse los siguientes datos:

1.2.1. nombre de la empresa;

1.2.2. nombre y apellidos, dirección, número de teléfono, dirección de correo electrónico de la persona de contacto y cargo que ocupa en la empresa; la dirección deberá ser una dirección de servicio a la que puedan enviarse documentos y, en especial, decisiones de la Comisión y otros documentos procesales, y se considerará que la persona de contacto está autorizada para recibir los documentos;

1.2.3. si se nombran uno o varios representantes externos autorizados de la empresa, a los que puedan notificarse los documentos y, en particular, las decisiones de la Comisión y otros documentos procesales:

1.2.3.1. nombre y apellidos, dirección, número de teléfono y dirección de correo electrónico de cada representante y el cargo que ocupan; y 9550 (sigue)
1.2.3.2. poder notarial original (de la parte o partes notificantes).

SECCIÓN 2

ANTECEDENTES GENERALES E INFORMACIÓN DETALLADA SOBRE LA CONCENTRACIÓN

A la información consignada en la presente sección podrán adjuntarse organigramas o diagramas de organización para ilustrar la estructura de la propiedad y el control de las partes de la concentración antes y después de la realización de la concentración.
2.1. Describa la naturaleza de la concentración notificada con referencia a los criterios pertinentes del Reglamento de concentraciones y la Comunicación consolidada de la Comisión sobre cuestiones jurisdiccionales:
2.1.1. señale las empresas o personas con control exclusivo o conjunto de cada una de las empresas afectadas, directa o indirectamente, y describa la estructura de propiedad y de control de las empresas afectadas antes de la realización de la operación;
2.1.2. explique si la concentración propuesta se encuadra en una de las siguientes categorías:
(a) una verdadera fusión;
(b) una adquisición de control exclusivo o conjunto;
(c) un contrato o cualquier otro medio que confiera un control directo o indirecto en el sentido del artículo 3, apartado 2, del Reglamento de concentraciones;
(d) una adquisición de control exclusivo o conjunto en una empresa en participación con plenas funciones en el sentido del artículo 3, apartado 4, del Reglamento de concentraciones, en cuyo caso deberán explicarse los motivos por los que la empresa en participación se considera con plenas funciones;
2.1.3. explique cómo se llevará a cabo la concentración (por ejemplo, mediante la celebración de un acuerdo, una oferta pública, etc.);
2.1.4. por referencia al artículo 4, apartado 1, del Reglamento de concentraciones, explique si en el momento de la notificación se ha producido alguna de las siguientes posibilidades:
(a) se ha celebrado un acuerdo;
(b) se ha adquirido una participación de control;
(c) se ha anunciado una oferta pública o la intención de iniciarla;
(d) las empresas afectadas han demostrado su buena disposición para celebrar un acuerdo;
2.1.5. indique la fecha prevista de los principales actos conducentes a la realización de la concentración;
2.1.6. explique la estructura de propiedad y de control de cada una de las empresas afectadas después de la realización de la concentración.
2.2. Describa los motivos económicos de la concentración.
2.3. indique el valor de la operación (el precio de compra o el valor de todos los activos afectados, según el caso; especifique si se trata de capital social, efectivo u otros activos).
2.4. Proporcione suficientes datos financieros o de otra índole para demostrar si la concentración alcanza o no alcanza los umbrales que determinan la jurisdicción contemplados en el artículo 1 del Reglamento de concentraciones presentando la siguiente información para cada una de las empresas afectadas por la concentración para el último ejercicio financiero:
2.4.1. volumen de negocios mundial;
2.4.2. volumen de negocios en la UE;
2.4.3. volumen de negocios en el EEE (UE y AELC);
2.4.4. volumen de negocios en cada Estado miembro (indicando aquel en que se realicen más de los dos tercios del volumen de negocios en la UE, si hay alguno);
2.4.5. volumen de negocios en la AELC;
2.4.6. volumen de negocios en cada Estado de la AELC (indicando el Estado de la AELC en que se realicen más de los dos tercios del volumen de negocios en la AELC, si hay alguno; también se indicará el volumen de negocios combinado de las empresas afectadas en el territorio de los Estados de la AELC alcanza un 25 % o más del volumen de negocios total realizado por ellas en el territorio del EEE).
Los datos del volumen de negocios deberán ser facilitados cumplimentando el modelo de cuadro de la Comisión disponible en el sitio web de la DG Competencia.

9550 (sigue)

SECCIÓN 3

DEFINICIÓN DE LOS MERCADOS

Los mercados de productos y geográficos de referencia sirven para identificar el ámbito en el que ha de evaluarse la posición que la nueva entidad surgida de la operación de concentración ocupa en el mercado. Al presentar mercados de productos y geográficos de referencia, las partes remitentes deberán presentar, además de las definiciones de cualquier mercado de producto y geográfico que consideren de referencia, todas las definiciones alternativas plausibles de mercado de producto y geográfico. Las definiciones de mercados de referencia alternativos plausibles de producto y geográficos se basan en decisiones anteriores de la Comisión y sentencias de los tribunales de la Unión y (en particular cuando no haya precedentes de la Comisión o de los tribunales) por referencia a informes del sector, estudios de mercado y documentos internos de las partes remitentes.

3.1. Analice todas las definiciones plausibles de mercado de referencia en las que la concentración podría dar lugar a mercados afectados. Explique cómo deben definirse, a juicio de las partes remitentes, los mercados de productos y geográficos de referencia.

3.2. Teniendo en cuenta todas las definiciones plausibles de mercado de referencia analizadas, debe identificar cada uno de los mercados afectados y proporcionar información resumida sobre las actividades de las partes de la concentración en cada mercado de referencia plausible.

SECCIÓN 4

INFORMACIÓN SOBRE LOS MERCADOS AFECTADOS

Por lo que se refiere a cada uno de los mercados afectados, debe facilitar la siguiente información respecto al último año:

4.1. para cada una de las partes de la concentración, la naturaleza de las actividades de la empresa, las principales filiales activas, las marcas, los nombres de los productos y las marcas comerciales utilizados en cada uno de estos mercados;

4.2. una estimación del tamaño total del mercado, tomando como referencia el valor (en EUR) y el volumen (en unidades) de las ventas. Deberá indicar la base y las fuentes de los cálculos y adjuntar documentos, si los hay, que confirmen estos cálculos;

4.3. para cada una de las partes de la concentración, las ventas en valor y volumen, así como una estimación de las cuotas de mercado;

4.4. una estimación de la cuota de mercado en términos de valor (y cuando proceda de volumen) de los tres mayores competidores (indicando la base utilizada para los cálculos);

4.5. si la concentración es una empresa en participación, indique si dos o más de las empresas matrices mantienen actividades significativas en el mismo mercado que la empresa en participación o en un mercado anterior o posterior al de la empresa en participación.

SECCIÓN 5

DATOS DE LA SOLICITUD DE REMISIÓN Y RAZONES POR LAS QUE EL ASUNTO DEBE REMITIRSE

5.1. Por lo que se refiere a las remisiones realizadas con arreglo al artículo 4, apartado 4, del Reglamento de concentraciones y a las remisiones realizadas con arreglo a las disposiciones pertinentes del Acuerdo EEE:

5.1.1. indique el Estado o Estados miembros y el Estado o Estados de la AELC que, en su opinión, deben examinar la concentración de conformidad con el artículo 4, apartado 4, del Reglamento de concentraciones, señalando si ha mantenido o no contactos informales con dicho Estado o Estados miembros y con dicho Estado o Estados de la AELC;

5.1.2. indique si se solicita la remisión de todo el asunto o de una parte del mismo. Si solicita la remisión de parte del asunto, señale claramente las partes de que se trate. Si solicita la remisión de todo el asunto, deberá confirmar que no hay mercados afectados fuera del territorio del Estado o de los Estados miembros y del Estado o los Estados de la AELC a los que se refiere su solicitud de remisión;

5.1.3. si la concentración propuesta no da lugar a mercados afectados en el sentido del presente formulario EM, explique:

(a) en qué mercado o mercados la concentración podría afectar significativamente a la competencia dentro de un Estado miembro y cómo;

(b) por qué cada uno de los mercados identificados en respuesta a la pregunta formulada en la letra a) presenta todas las características de un mercado definido.
5.1.4. En caso de que uno o varios Estados miembros o uno o varios Estados de la AELC sean competentes para examinar la totalidad o parte del asunto como consecuencia de una remisión con arreglo al artículo 4, apartado 4, del Reglamento de concentraciones, ¿da su consentimiento para que dicho Estado o Estados miembros o dicho Estado o Estados de la AELC basen su procedimiento nacional relativo a este asunto o a parte del mismo en la información contenida en este formulario EM? Responda únicamente con «Sí» o «No».
5.2. Por lo que se refiere a las remisiones realizadas con arreglo al artículo 4, apartado 5, del Reglamento de concentraciones y a las remisiones realizadas con arreglo a las disposiciones pertinentes del Acuerdo EEE:
5.2.1. especifique, para cada Estado miembro o para cada Estado de la AELC, si la concentración puede ser examinada conforme a su legislación nacional sobre competencia. Esta información deberá facilitarse cumplimentando el modelo de cuadro de la Comisión disponible en el sitio web de la DG Competencia. Respecto a cada Estado miembro y Estado de la AELC, deberá indicar «Sí» (si la concentración puede ser examinada conforme a su legislación nacional sobre competencia) o «No» (en caso contrario);
5.2.2. para cada Estado miembro y Estado de la AELC en el que haya rellenado «Sí» en el cuadro mencionado en el punto 5.2.1, proporcione suficientes datos financieros o de otra índole para demostrar que la concentración cumple los criterios pertinentes que determinan la jurisdicción conforme a la legislación nacional sobre competencia aplicable;
5.2.3. explique por qué el asunto debería ser examinado por la Comisión:
(a) la concentración propuesta da lugar a mercados afectados (en el sentido del presente formulario EM) de alcance nacional en menos de tres Estados miembros;
(b) la concentración propuesta no da lugar a mercados afectados (en el sentido del presente formulario EM).

SECCIÓN 6

DECLARACIÓN

El escrito motivado concluirá con la siguiente declaración, firmada por todas las partes remitentes o en nombre de las mismas:
«La parte o partes remitentes declaran que, previa comprobación minuciosa y según su leal saber y entender, la información facilitada en el presente escrito motivado es veraz, correcta y completa; que se han facilitado copias completas y auténticas de los documentos exigidos en el formulario EM; que todas las estimaciones se indican como tales y constituyen evaluaciones de la mayor exactitud posible de los hechos correspondientes, y que todas las opiniones expresadas son sinceras. Declaran conocer las disposiciones del artículo 14, apartado 1, letra a), del Reglamento de concentraciones.».
En el caso de los formularios firmados digitalmente, los campos siguientes solo tienen fines informativos. Deben corresponder a los metadatos de la firma o firmas electrónicas correspondientes.

Formulario relativo a la información referente a los compromisos presentados con arreglo al artículo 6 apartado 2 y al artículo 8 apartado 2 del Reglamento (CE) nº 139/2004

SECCIÓN 1 9600

RESUMEN DE LOS COMPROMISOS

1. Suministre un resumen no confidencial de la naturaleza y el alcance de los compromisos ofrecidos. La Comisión podrá utilizar este resumen para la prueba de mercado de los compromisos ofrecidos con terceros.

SECCIÓN 2

IDONEIDAD PARA ELIMINAR LOS PROBLEMAS DE COMPETENCIA

2. Suministre información que demuestre la idoneidad de los compromisos ofrecidos para eliminar el impedimento significativo de la competencia efectiva identificado por la Comisión.

9600 (sigue)

SECCIÓN 3

DESVIACIÓN DE LOS TEXTOS MODELO

3. Aporte un anexo en el que se indique cualquier desviación de los compromisos ofrecidos por lo que respecta al texto de compromisos modelo actualizado publicado en el sitio web de la Dirección General de Competencia.

SECCIÓN 4

INFORMACIÓN SOBRE UNA EMPRESA QUE VAYA A SER CEDIDA

4. En caso de que los compromisos ofrecidos consistan en la cesión de empresas, suministre la siguiente información y documentos.

Información de carácter general sobre las empresas que vayan a ser cedidas.

Debe facilitarse la siguiente información sobre todos los aspectos del funcionamiento actual (es decir, previo a la cesión) de la empresa que vaya a ser cedida y sobre cualquier cambio ya previsto para el futuro.

4.1. Describa la estructura jurídica de la empresa que vaya a ser cedida y proporcione el organigrama de la sociedad explicando dónde está integrada. Describa las entidades pertenecientes a la empresa que vaya a ser cedida, especificando su domicilio social y su lugar de administración efectiva, la estructura organizativa general y cualquier otra información pertinente correspondiente a la estructura administrativa de la empresa que vaya a cederse. Si la empresa que se va a ceder consiste en una disociación, toda esta información deberá facilitarse también para el conjunto de la empresa de la que se disociaría la empresa que se va a ceder.

4.2. Declare si existen y describa cualesquiera obstáculos jurídicos para la transferencia de la empresa que vaya a ser cedida o de sus activos, incluidos los derechos de terceros y los permisos administrativos requeridos.

4.3. Describa toda la cadena de valor de los productos fabricados o los servicios prestados por la empresa que vaya a ser cedida, incluida la ubicación de las instalaciones pertinentes. Enumere y describa los productos fabricados o los servicios suministrados, en particular sus características técnicas y de otra índole, las marcas implicadas, el volumen de negocios generado por cada uno estos productos o servicios, y cualesquiera innovaciones, actividades de investigación y desarrollo, productos en desarrollo o nuevos productos listos para su lanzamiento y los servicios previstos. Si la empresa que se va a ceder consiste en una disociación, toda esta información deberá facilitarse también para el conjunto de la empresa de la que se disociaría la empresa que se va a ceder.

4.4. Describa el nivel al que operan las funciones esenciales de la empresa que vaya a ser cedida (por ejemplo, investigación y desarrollo, producción, comercialización y ventas, logística, relaciones con los clientes, relaciones con los proveedores, sistemas informáticos) si no se llevan a cabo a nivel de la empresa que vaya a ser cedida. La descripción debe incluir el papel desempeñado por estos otros niveles, las relaciones con la empresa que vaya a ser cedida y los recursos (personal, activos, recursos financieros, etc.) que intervienen en la función.

4.5. Describa detalladamente los vínculos entre la empresa que vaya a ser cedida y otras entidades controladas por cualquiera de las partes de la concentración (con independencia de la dirección del vínculo), por ejemplo:

(a) suministro, producción, distribución, servicio, investigación y desarrollo u otros contratos,
(b) activos materiales o inmateriales compartidos,
(c) personal compartido o cedido,
(d) sistemas informáticos u otros sistemas compartidos,
(e) clientes compartidos.

4.6. Describa de modo general todos los activos materiales e inmateriales pertinentes utilizados o poseídos por la empresa que vaya a ser cedida, incluidos, en cualquier caso, los derechos y marcas de propiedad intelectual. Si la empresa que se va a ceder consiste en una disociación, toda esta información deberá facilitarse también para el conjunto de la empresa de la que se disociaría la empresa que se va a ceder.

4.7. Presente un organigrama que identifique el número de personal que trabaja actualmente en cada una de las funciones de la empresa que vaya a ser cedida y una lista de los empleados que sean imprescindibles para el funcionamiento de la empresa que vaya a ser cedida, describiendo sus funciones. Si la empresa que se va a ceder consiste en una disociación, toda esta información deberá facilitarse también para el conjunto de la empresa de la que se disociaría la empresa que se va a ceder.

4.8. Describa a los clientes de la empresa que vaya a ser cedida, incluida una lista de clientes, una descripción de los registros correspondientes disponibles y el volumen total de negocio de la empresa que vaya a ser cedida con cada uno de sus clientes (en euros y en porcentaje del volumen total de negocios de la empresa que vaya a ser cedida). Si la empresa que se va a ceder consiste en una disociación, toda esta información deberá facilitarse también sobre el conjunto de la empresa de la que se disociaría la empresa que se va a ceder. 9600 (sigue)

4.9. Suministre todos los datos financieros pertinentes de la empresa que vaya a ser cedida, incluido el volumen de negocios y el EBITDA logrados en los últimos tres ejercicios fiscales, así como la previsión para los próximos dos ejercicios fiscales. Si se dispone de ellos, facilite el plan estratégico o empresarial actual de la empresa que se va a ceder, incluidas las previsiones que puedan estar disponibles. Si la empresa que se va a ceder consiste en una disociación, toda la información deberá facilitarse también para el conjunto de la empresa de la que se disociaría la empresa que se va a ceder.

4.10. Identifique y describa cualquier cambio, ocurrido en los últimos dos años, en la organización de la empresa que vaya a ser cedida o en los vínculos con otras empresas controladas por las partes notificantes. Si la empresa que se va a ceder consiste en una disociación, toda la información deberá facilitarse también para el conjunto de la empresa de la que se disociaría la empresa que se va a ceder.

4.11. Identifique y describa cualquier cambio, planeado durante los próximos dos años, en la organización de la empresa que vaya a ser cedida o en los vínculos con otras empresas controladas por las partes notificantes. Si la empresa que se va a ceder consiste en una disociación, toda esta información deberá facilitarse también para el conjunto de la empresa de la que se disociaría la empresa que se va a ceder.

Información sobre las empresas que vayan a ser cedidas conforme a lo descrito en los compromisos ofrecidos y comparación con las empresas que vayan a ser cedidas según su funcionamiento actual.

4.12. Teniendo en cuenta sus respuestas a las preguntas 4.1 a 4.11 anteriores, exponga todas las diferencias entre i) la empresa que se va a ceder, conforme a lo descrito en los compromisos ofrecidos, y ii) la empresa que vaya a ser cedida conforme a su funcionamiento actual. En caso de que existan activos materiales o inmateriales, personal, instalaciones, contratos, productos, investigación y desarrollo, productos a punto de lanzarse, servicios compartidos, etc., que actualmente sean producidos o utilizados por la empresa que vaya a ser cedida o a los que esta recurra de cualquier forma, pero que no estén incluidos en los compromisos, facilite una relación exhaustiva.

Adquisición por un comprador adecuado.

4.13. Explique las razones por las que, en su opinión, es probable que la empresa que va a cederse sea adquirida por un comprador adecuado en el plazo propuesto en los compromisos ofrecidos.

SECCIÓN 5

DECLARACIÓN

El formulario RM debe concluir con la siguiente declaración, firmada por las partes notificantes o en su nombre y por cualquier otra parte que firme los compromisos:

«Las partes notificantes y cualesquiera otras partes que firmen los compromisos declaran que, según su leal saber y entender, la información facilitada en la presente notificación es veraz, correcta y completa, que se han facilitado copias completas y auténticas de los documentos exigidos en el presente formulario RM, que todas las estimaciones se indican como tales y constituyen evaluaciones de la mayor exactitud posible de los hechos correspondientes y que todas las opiniones expresadas son sinceras.». Declaran conocer las disposiciones del artículo 14, apartado 1, letra a), del Reglamento de concentraciones.».

En el caso de los formularios firmados digitalmente, los campos siguientes solo tienen fines informativos. Deben corresponder a los metadatos de la firma o firmas electrónicas correspondientes.

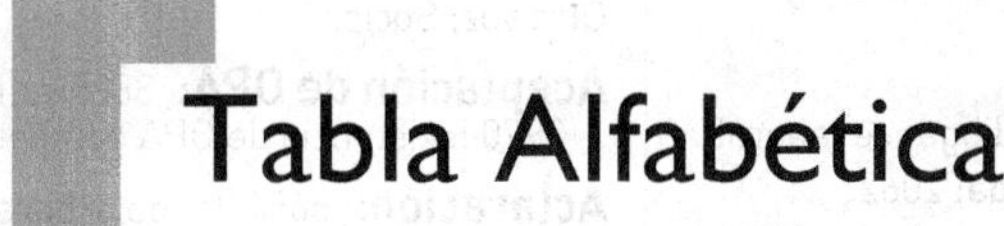

Tabla Alfabética

Los números reenvían a los párrafos del texto. La mención «s.» significa que el estudio de la cuestión se prolonga en el o los números siguientes.
Para orientar las búsquedas, las referencias se acompañan, cuando es preciso, de una mención explícita o de una abreviatura.

Abreviaturas

AJD:	Actos Jurídicos Documentados
BME:	Bolsas y Mercados Españoles
CNMC:	Comisión Nacional de los Mercados y de la Competencia
CNMV:	Comisión Nacional del Mercado de Valores
IRPF:	Impuesto sobre la Renta de las Personas Físicas
IS:	Impuesto sobre Sociedades
ITP y AJD:	Impuesto sobre Transmisiones Patrimoniales y Actos Jurídicos Documentados
IVA:	Impuesto sobre el Valor Añadido
OP:	Operaciones societarias
OPA:	Oferta Pública de Adquisición de Acciones
RM:	Registro Mercantil
TPO:	Transmisión Patrimonial Onerosa
UTE:	Unión Temporal de Empresas

A

Absorción:

Complemento salarial: 788 (due diligence laboral).

Sociedad íntegramente participada: 2062.

Sociedad participada al noventa por ciento: 2080.

Otra voz: Fusión por absorción.

Acceso:

- **a datos personales:** 536 (por cuenta de terceros: due diligence); 538 (derechos: due diligence); 545 (operación de reestructuración: due diligence).
- **a tercero:** 5202 (compromiso: operación de concentración).

Accidente de trabajo: 761 (cotización Seguridad Social: due diligence laboral).

Acción:

Revocatoria: 3274 (impugnación por acreedor de actos fraudulentos del transmitente).

Subrogatoria: 3271 (reclamación de deuda por acreedor a transmitente).

Acciones:

- **al portador:** 1713 (transmisión: formalidades); 1778 (transmisión: procedimiento); 5431 (cierre: documentación a entregar por el vendedor).
- **cotizadas:** 4690 (adquisición de empresa por Administración: fijación precio); 4697 (privatización sociedad mercantil pública: fijación del precio).
- **no liberadas:** 5409.3 (transmisión: condición suspensiva cierre).
- **nominativas:** 3387 (garantía del adquirente: constitución de prenda); 5431 (cierre: documentación a entregar por el vendedor).
- **preferentes:** 4623 (leveraged buy-out: financiación).

BME Growth: 4129 (requisitos incorporación).

Compraventa: ver Compraventa Acciones o participaciones sociales.

Contabilización: 8310 (adquisición).

Entrega: 5431 (cierre: documentación a entregar por el vendedor); 5476 (cierre: obligaciones del vendedor).

Prenda: 3385 (garantía del adquirente).

Titularidad: 571 (situación jurídica: due diligence legal); 2983 (manifestaciones y garantías transmitente).

Transmisión: 567 (aspectos societarios: due diligence legal); 1778 (objeto contrato compraventa empresa); 2425 (contenido pacto parasocial); 4564 (sociedad anónima); 4688 (sociedad mercantil pública).

Valoración: 6742 (operación de reestructuración: régimen fiscal especial).

Accionista: 138 (infomemo: descripción de la compañía); 457 (saldos: due diligence financiera del balance de situación); 487 (patrimonio neto: due diligence financiera); 1137 (financiación de la adquisición a través del capital); 3995 (OPA: compraventa forzosa); 4155 (oferta de compra: adquisición de sociedad incorporada al BME Growth).

Otra voz: Socio.

Aceptación de OPA: 3885 s. (régimen jurídico); 3970 (existencia de OPA competidora).

Aclaración: 5654 (laudo arbitral).

Acreedor:

- **mezzanine:** 4616 (leveraged buy-out: financiación).
- **senior:** 4616 (leveraged buy-out: financiación).

Modificación estructural: 2031 (protección).

Reclamación: 3270 (responsabilidad del transmitente por deudas).

Actividad:

- **comercial:** 142 (infomemo: descripción de la compañía).
- **real preponderante:** 716 (convenio colectivo aplicable: due diligence laboral).

Autorización sectorial: 8050 s.

Cesión: 5199 (compromiso: operación de concentración).

Infomemo: 139 (descripción de la compañía).

Manifestaciones y garantías: 2978 (transmitente).

Activo:

- **esencial:** 45 (requisitos adquisición); 4766 (enajenación: autorización junta); 5409 (adquisición: condición suspensiva cierre).
- **ficticio:** 320 (due diligence: finalidad).
- **fijo:** 473 s. (due diligence financiera: régimen jurídico); 416 (balance de situación de negocio); 5443 (documentación de cierre: transmisión de activos).
- **fijo financiero:** 485 (due diligence financiera).
- **financiero:** 6921 (adquisición: tratamiento fiscal de los costes).
- **intangible:** 6505 (amortización: tratamiento fiscal del comprador); 8445 (valoración: contabilización de adquisición de control).
- **necesario para el negocio:** 475 (due diligence financiera).
- **usado:** 6500 (amortización: tratamiento fiscal del comprador).

Actualización del valor: 6485 (tratamiento fiscal del vendedor).

Aportación: 4446 (joint venture).

Cesión: 5200 (compromiso: operación de concentración).

Compraventa: ver Compraventa Activos.

Due diligence: 414 (financiera: balance de situación); 427 (financiera: working capital); 586 s. (legal: áreas de análisis).

Entrega: 1785 (contrato compraventa de activos); 5476 (cierre: obligaciones del vendedor).

Valoración: 476 (due diligence financiera del balance de situación); 6485 (actualización: tratamiento fiscal del vendedor).

Acto Jurídico Documentado: 6581 (compraventa de activos: ITP y AJD); 6600 (compraventa de activos: relación IVA/ITP y AJD).

Acuerdo:
- **con parte vinculada:** 2994 (manifestaciones y garantías transmitente: existencia).
- **de cesión global de activo y pasivo:** 2286 (contenido); 2295 (publicidad).
- **de confidencialidad:** ver Confidencialidad.
- **de escisión:** 2200.
- **de fusión:** 2020 (adopción); 2025 (contenido); 2028 (publicidad).
- **de intenciones:** ver Carta de intenciones.
- **de inversión:** 4151 (adquisición de sociedad incorporada al BME Growth).
- **de licencia:** 5185 (control de concentraciones: restricción accesoria).
- **de no captación:** 1841 (contenido contrato compraventa empresa).
- **de no competencia:** 604 (due diligence legal); 1837 (contenido contrato compraventa empresa); 2455 (contenido pacto parasocial); 5175 (control de concentraciones: restricción accesoria); 5485 (cierre: obligaciones del vendedor); 5531 (obligaciones post-cierre).
- **de refinanciación:** 3753 (exclusión OPA obligatoria).
- **de servicios transitorios:** 5418 (cierre: contratos colaterales); 5481 (cierre: obligaciones del vendedor).
- **de socios:** 581 (aspectos societarios: due diligence legal); 1780 (contrato compraventa de acciones/participaciones); 4439 (negociación joint venture); 5418 (cierre: contratos colaterales).
- **marco:** 4438 (negociación joint venture).
- **societario:** 573 (cuentas anuales: due diligence legal); 580 (con administradores o socios: due diligence legal); 2408 (contenido pacto parasocial); 4507 (Agrupación de Interés Económico); 5436 (documentación de cierre); 5496 (cierre: obligaciones del comprador); 5532 (obligaciones post-cierre).

Adenda: 2559 (diferencia con la side letter).

Adhesión al contrato: 5507 (cierre de la compraventa).

Adjusted present value: 2814 (método de valoración de empresas).

Administración concursal: 7318 (responsabilidad tributaria).

Administración pública: 4682.5 (empresa pública); 4689 (adquisición sociedad mercantil: autorización); 4694 (privatización empresa pública: autorización); 4695.1 (enajenación participación accionarial en empresa pública: agente gestor del proceso de privatización); 5745 (arbitraje privado).

Administrador:

Due diligence:
- inmobiliaria: 647 (transmitente).
  laboral: 764 (Seguridad Social).
- legal: 580 (acuerdo con la sociedad target); 569.2 (contrato consejero con facultades ejecutivas).
- penal: 924 (responsabilidad penal).

Modificación estructural: 1992 (informe sobre fusión); 2193 (informe sobre escisión).

OPA: 3891 (informe explicativo); 4011 (deber de pasividad).

Pacto parasocial: 2372 (partes); 2395 (organización); 2413 (contenido pacto parasocial: adopción de acuerdos).

Responsabilidad: 924 (penal); 7318 (tributaria: empresa en concurso).

Retribución: 569.1 (due diligence legal).

Sociedades mercantiles: 4506 (Agrupación de Interés Económico); 4522 (Agrupación Europea de Interés Económico); 4536 (sociedad colectiva); 4549 (sociedad comanditaria); 4561 (sociedad anónima).
Otra voz: Órgano de administración.

Administrativo: 614 s. (áreas de análisis: due diligence legal).

Admisión:
- **a trámite:** 3870 (OPA).
- **de socios:** 4524 (Agrupación Europea de Interés Económico).

Adquirente:

Fiscalidad: 7005 s. (régimen jurídico); 6635 s. (operación reestructuración: régimen fiscal general); 6735 s. (operación de reestructuración: régimen fiscal especial).

Garantías: 3350 s. (estudio de conjunto).

Manifestaciones y garantías: 3060.

Responsabilidad: ver Responsabilidad comprador.
Otra voz: Comprador.

Adquisición preferente: 319, 656 (derecho: due diligence); 657 (contrato arrendamiento: due diligence inmobiliaria); 2428 (contenido pacto parasocial: transmisibilidad de acciones); 4766 (derecho: ejemplo condición suspensiva).

AEIE: ver Agrupación Europea de Interés Económico.

Afianzamiento: ver Fianza.

Agencia:
- **de valores:** 4056 (OPA: deber de abstención).
- **tributaria:** 1015 (confirmación información: ejecución del due diligence).

Agenda de cierre: 5460 s. (régimen jurídico).

Agente: 1518 (financiación sindicada).

Agente gestor del proceso de privatización: 4695 (SEPI); 4695.2 (funciones).

Agrupación de Interés Económico: 4500 s. (vehículo joint venture: régimen jurídico); 7477 (régimen fiscal).

Agrupación Europea de Interés Económico: 4515 s. (vehículo joint venture: régimen jurídico); 7500 (régimen fiscal).

Agua: 949, 955 (due diligence medioambiental); 8021 (autorización por ocupación o uso del dominio público).

AIAF Mercado de Renta Fija: 2665 (fijación de precio de activos en mercados financieros).

AIE: ver Agrupación de Interés Económico.

Aire: 955 (calidad: due diligence medioambiental).

Ajuste:
- **al EBITDA:** 360 (due diligence financiera).
- **al precio:** 419 (balance de situación: due diligence financiera); 2905 (adquisición con cierre diferido); 3311 (responsabilidad transmitente: limitación cualitativa); 3421 (seguro de manifestaciones y garantías: riesgo no asegurable); 5526 (obligaciones post-cierre); 5340 (factores de riesgo durante periodo interino).

Alimento: 8076 (sanidad: autorización sectorial).

Alta dirección: 3008 (manifestaciones y garantías transmitente: número y condiciones); 5418 (cierre: contrato colateral); 5481 (cierre: obligaciones del vendedor); 7900 (sucesión de empresa: subrogación del cesionario en derecho y obligaciones).
Otra voz: Directivo.

Amigo: 1152 (financiación de la adquisición).

Amortización:
- **anticipada:** 607 (contrato préstamo, crédito o financiación: due diligence legal); 1456 (contrato de financiación).
- **balloon:** 1260 (financiación de la adquisición mediante deuda bancaria: calendario de repago); 1455 (contrato de financiación).
- **bullet:** 1261 (financiación de la adquisición mediante deuda bancaria: calendario de repago).
- **constante:** 1258 (financiación de la adquisición mediante deuda bancaria: calendario de repago); 1454 (contrato de financiación).
- **financiera:** 399 (financiera: cuenta de resultados).
- **fiscal:** 6053 (IS deducibilidad: riesgo fiscal).
- **por el sistema francés:** 1258 (financiación de la adquisición mediante deuda bancaria: calendario de repago); 1455 (contrato de financiación).

Activo intangible: 6505 (tratamiento fiscal del comprador).
Activo usado: 6500 s. (tratamiento fiscal del comprador).
Crédito: 1452 (contrato de financiación).
Operación de reestructuración: 6637 (régimen fiscal general del adquirente); 6738 (régimen fiscal especial).
Préstamo: 1452 (contrato de financiación).

Ampliación de capital: 1947 (fusión: sociedad absorbente); 2245 (aportación no dineraria de acciones); 4212 (adquisición por entidad de capital-riesgo); 5529 (obligaciones post-cierre).

Andalucía: 8196 (subvenciones: normativa).

Andorra: 539.1 (transferencia internacional de datos personales).

Anexo: 1755 (estructura contrato compraventa empresa); 2558 (diferencia con la side letter).

Anticipo de cliente: 6121 (IVA: due diligence fiscal: devengo anticipado).

Antigüedad: 390 (análisis personal: due diligence financiera de cuenta de resultados); 7811 (sucesión de empresa: mantenimiento condiciones laborales).

Anulación: 5650, 5655 (laudo arbitral).

Anuncio:
Oferta de compra: 4159 (adquisición de sociedad incorporada al BME Growth).
OPA: 3841 (decisión de formular); 3880 (autorizada por CNMV).

Apalancamiento: 40 (tipos de inversión de entidades de capital riesgo); 1212 (financiación de la adquisición mediante recursos financieros ajenos); 2092 (fusión posterior a compra apalancada); 4605 (leveraged buy-out).

Aparcamiento: 6118 (IVA: due diligence fiscal: transmisión patrimonio empresarial).

Aplazamiento:
Deudas de la Seguridad Social: 746 (certificado situación de cotización: due diligence laboral); 3012 (manifestaciones y garantías).
Impuesto: 6043 (due diligence fiscal: área de revisión); 7316 (empresa en concurso).
Precio de adquisición: 1715 (contenido contrato compraventa empresa); 2893 (pago del precio); 4751 (condición resolutoria); 5529 (obligaciones post-cierre); 6199 (efectos fiscales).

Aplicación del resultado: 573.1 (cuentas anuales: due diligence legal).

Aportación:
- **a la joint venture:** 4445 s. (régimen jurídico); 2482 (pacto parasocial).
- **a los fondos propios:** 2445 (financiación: pacto parasocial); 7020 (financiación de la compra).
- **de acciones o participaciones:** 2220 (estudio de conjunto).
- **de industria:** 1975 (proyecto de fusión: mención).
- **de patrimonio:** 2004 (fusión: informe de experto independiente).
- **de rama de actividad:** 6652 (régimen fiscal general); 6700 (régimen fiscal especial); 6742 (régimen fiscal especial: valoración acciones recibidas); 6804 (IVA: régimen fiscal especial).
- **no dineraria:** 2193 (escisión: informe de administradores); 2196 (escisión: informe de expertos); 6595 (compraventa de activos: relación IVA/ITP y AJD); 6653 (régimen fiscal general: tributación indirecta); 6806 (IVA: régimen fiscal especial); 6880 s. (aplicación del régimen fiscal especial); 8605 (operación entre compañías del grupo: contabilización).

Apostilla: 1767 (poder extranjero: contrato compraventa empresa); 5508 (cierre: elemento extranjero).

Aragón: 7331 (incentivos fiscales a entidad cotizada en BME MTF Equity); 8196 (subvenciones: normativa).

Arancel: 4688.2 (transmisión participación accionarial sociedad pública: reducción notario y registrador).

Arbitraje: 5640 s. (régimen jurídico); 5626 (sistema alternativo de resolución de conflictos); 5634 (diferencia con la mediación); 1753 (contenido contrato compraventa empresa); 2460 (contenido pacto parasocial); 2997 (manifestaciones y garantías transmitente: existencia de procedimiento en curso); 4451 (joint venture: resolución de conflictos).
- **ad hoc:** 5677.
- **de consumo:** 5700.
- **de derecho:** 5675.
- **de equidad:** 5676.
- **de propiedad intelectual:** 5720.
- **de seguro privado:** 5710.
- **de transporte terrestre:** 5715.
- **electrónico:** 5750.
- **institucional:** 5678.
- **internacional:** 5685 (privado); 5731 (organización mundial de la propiedad intelectual).
- **laboral:** 5695.
- **societario:** 5735.
- **testamentario:** 5740.

Árbitro: 5648 (arbitraje: resolución de conflictos); 5745 (Administración pública).

Argentina: 539.1 (transferencia internacional de datos personales).

Arrendamiento: 657 (due diligence inmobiliaria); 2588 (side letter); 5418 (cierre: contrato colateral); 5445.1 (documentación de cierre: transmisión de activos); 8436 (valoración: contabilización de adquisición de control).

Arrendamiento financiero: 587 (activos: due diligence legal); 8216 (mantenimiento inversión: subvenciones).

Asamblea de socios: 4507 (Agrupación de Interés Económico); 4523 (Agrupación Europea de Interés Económico).

Asegurado: 2995 (manifestaciones y garantías transmitente: condiciones seguro); 3411 (seguro de manifestaciones y garantías).

Aseguradora: 3413 (seguro de manifestaciones y garantías); 4948 (control de concentraciones comunitarias: volumen de negocio); 5494 (cierre: pago del precio por transferencia).

Aseguramiento de emisiones: 3741 (OPA: toma de control indirecta).

Asesor: 4130 (requisitos incorporación al BME Growth).

Asesoramiento: 4229, 4226 (adquisición por entidad de capital-riesgo: actividad complementaria).

Asimetría híbrida: 7055.1 s. (régimen jurídico); 6060 (no deducibilidad fiscal).

Asistencia:
- **comercial:** 5481 (cierre: obligaciones del vendedor).
- **financiera:** 573.1 (cuentas anuales: due diligence legal); 1435 (prohibición); 2095 (fusión posterior a compra apalancada); 4635 (leveraged buy-out).
- **técnica:** 5481 (cierre: obligaciones del vendedor).

Asociación: 4420 (concepto joint venture).

Asset deal: ver Compraventa Activos.

Asturias: 8196 (subvenciones: normativa).

Asunción de deuda: 3283 (por el adquirente: consentimiento del acreedor).

Atención al cliente: 6128 (IVA: due diligence fiscal: deducción IVA soportado).

Atenuante: 902 (responsabilidad penal persona jurídica: due diligence penal).

Auditoría de cuentas: 339 (diferencia con due diligence financiera).

Aumento de capital: ver Ampliación de capital.

Autocartera: 573.1 (cuentas anuales: due diligence legal); 3740 (OPA: toma de control indirecta).

Autocontrato: 1772 (contrato compraventa empresa: representación).

Automoción: 2865 (factores de valoración de empresas del sector).

Autónomo: 701 (contrato de trabajo: due diligence laboral); 3009 (manifestaciones y garantías transmitente: existencia contrato).

Autoridad de defensa de la competencia: 5020 s. (notificación de concentraciones).

Autorización:
- **administrativa:** 8015 (concepto); 4765 (compraventa empresa bajo condición suspensiva); 5451 (transmisión de activos: documentación de cierre); 8110 s. (ocupación o uso del dominio público: dcho. administrativo); 8200 (previa a transacción: subvenciones); 8250 (inversiones extranjeras en España).
- **ambiental:** 955 (due diligence medioambiental).
- **de terceros:** 4766 (compraventa empresa bajo condición suspensiva).
- **del Consejo de Ministros:** 4689 (adquisición de empresas por la Administración pública); 4692 (constitución sociedad mercantil estatal); 4694 (privatización empresa pública).
- **del contratante:** 5478 (cierre: obligaciones del vendedor).
- **para adquirir empresas:** 4689 (por la Administración pública).
- **para formular OPA:** 3855 (solicitud), 3875 (concesión).
- **regulatoria:** 4757 (condición resolutoria); 4765 (condición suspensiva); 5406 (cierre: condición suspensiva).

- **sectorial:** 8010 s. (dcho. administrativo: estudio de conjunto).

Aval bancario: 609 (empresa target: due diligence legal); 1597 (contrato de financiación: cobertura de tipos de interés); 3435 (garantía a favor del adquirente); 5528 (obligaciones post-cierre).
- **a primer requerimiento:** 3441 (garantía a favor del adquirente).
- **casualizado:** 3443 (aval bancario: garantía a favor del adquirente).
Otra voz: Garantía.

B

Balance:
- **de fusión:** 1952.
- **de situación:** 153 (infomemo: información financiera); 410 s. (due diligence financiera); 470 (elementos fuera: due diligence financiera); 510 (proyecciones financieras: due diligence financiera); 1109 (estructura de financiación: aspectos financieros de la adquisición).

Contraprestación: 2626 (determinación del precio de adquisición); 2792 (métodos de valoración de empresas).

Banco: 1221 (tipo de financiador).

Base de cotización: 750 (Seguridad Social: due diligence laboral).

Base imponible: 6085 (IS: due diligence fiscal); 7311 (empresa en concurso: IVA).

Beneficiario: 2995 (seguro: manifestaciones y garantías transmitente); 8206 (subvenciones); 8228 (subvenciones: reintegro).

Beneficio:
- **de excusión:** 3458 (fianza: garantía a favor del adquirente).
- **económico:** 2819 (método de valoración de empresas).
- **operativo:** 7040 (tributación financiación de la compra mediante aportación a los fondos propios).
- **social:** 390 (análisis personal: due diligence financiera de cuenta de resultados).
Otra voz: Distribución de resultados.

Bien:
- **de inversión:** 6131 (IVA: due diligence fiscal: regularización deducciones).
- **inmueble:** ver Inmueble.
- **mueble:** 1785 (transmisión: contrato compraventa de activos); 5443 (documentación de cierre: transmisión de activos).

BIMBO: ver Buy Management Buy-Out.

Bloqueo:
- **de cuenta:** 3398 (garantía a favor del adquirente: depósito bancario).
- **de datos personales:** 538.2 (rectificación o supresión: due diligence).
- **de pago:** 1327 (bono de alta rentabilidad subordinado: notificación).

Pacto: 2387 (tipos de pacto parasocial); 2484 (joint venture: pacto parasocial).

Sindicato: 2425, 2427 (contenido pacto parasocial).

BME Growth: 4100 s. (adquisición de empresas incorporadas: estudio de conjunto).

BME MTF Equity: 4115 s. (régimen jurídico); 1202, 1196 (financiación de la adquisición a través del mercado de capitales); 7325 (incentivos fiscales).

Boletín de cotización: 3880 (Bolsas de Valores: OPA: publicidad); 3924 (OPA: resultado).

Bolsa de valores: 2621 (precio: determinación por referencia a fecha concreta); 2658 (fijación precio activos transmitidos).

Bonificación: 753 (cotización Seguridad Social: due diligence laboral).

Bono:
- **de alta rentabilidad:** 1295 (financiación de la adquisición mediante renta fija).
- **senior secured:** 1348 (bono de alta rentabilidad).
- **subordinado:** 1346 (bono de alta rentabilidad).

Borrador de contrato: 252 (estrategias de negociación).

Buena fe: 3128 (responsabilidad del transmitente: saneamiento por vicios ocultos).

Bullet structure: 1321 (bono de alta rentabilidad).

Business angel: ver Inversor angelical.

Buy in Management Buy-Out: 4675 (operación singular de adquisición).

Buyers due diligence: ver Due diligence de compra.

C

Caja:

Indisponible: 466 (due diligence financiera: cálculo deuda neta).

Operativa: 465 (concepto).
Otra voz: Flujo de caja.

Calendario:
- **de amortización:** 1512 (contrato de financiación: anexo).
- **de due diligence:** 346 (financiera).
- **de la operación:** 1970 (fusión: contenido proyecto).
- **de repago:** 1257 (financiación de la adquisición mediante deuda bancaria: reembolso del principal).
- **laboral:** 693 (contrato de trabajo: due diligence laboral).

Calidad: 149 (infomemo: descripción de la compañía); 347 (información: due diligence financiera); 8039 (libre circulación de servicios).

Call premiums: 1319 (bono de alta rentabilidad).

Call protection: 1318 (bono de alta rentabilidad).

Cambio:
- **de control:** 319 (cláusula contractual: finalidad del due diligence); 466 (deuda neta: due diligence financiera); 595 (cláusula contractual: due diligence legal); 657 (contrato arrendamiento: due diligence inmobiliaria); 1377 (estructura de financiación: covenants); 1492 (contrato de financiación: vencimiento anticipado); 4128, 4148 (requisitos incorporación al BME Growth: estatutos sociales); 4766 (compraventa de acciones: bajo condición suspensiva).
- **de marca:** 5201 (compromiso: operación de concentración).
- **de socio único:** 5438 (cierre: documentación societaria a formalizar).
- **de titularidad:** 5480 (cierre: obligación de información del vendedor).
- **material adverso:** 607 (contrato préstamo, crédito o financiación: due diligence legal); 4769 (compraventa empresa: bajo condición suspensiva); 5329 (desistimiento/renegociación por cambios imprevisibles en la empresa durante periodo interino); 5417 (cierre: reproducción manifestaciones y garantías).
  Otra voz: Modificación.

Canadá: 539.1 (transferencia internacional de datos personales).

Canarias: 8196 (subvenciones: normativa).

Cancelación:
Cargas: 655 (due diligence inmobiliaria).
Datos personales: 538 (due diligence protección de datos).

Candidato: 227 (oferta de adquisición); 251 (estrategias de negociación: fases).

Canje:
Participaciones propias: 1944 (fusión: prohibición).
Valores: 2250 s. (régimen jurídico); 3739 (OPA: toma de control indirecta); 3803 (precio OPA obligatoria); 6654 (régimen fiscal general: tributación indirecta); 6705 (régimen fiscal especial); 6745 (operación de reestructuración: régimen fiscal especial); 6805 (IVA: régimen fiscal especial); 6880 s. (aplicación del régimen fiscal especial).
Otra voz: Permuta.

Cantabria: 8196 (subvenciones: normativa).

Cap: 3300 (responsabilidad transmitente: limitación cuantitativa máxima).

Capacidad:
- **de disposición:** 646 (due diligence inmobiliaria).
- **jurídica:** 2985 (manifestaciones y garantías transmitente); 4473 (UTE).

CAPEX: ver Capital expenditure.

Capital:
- **cash flow:** 2813 (método de valoración de empresas).
- **expenditure:** 155 (infomemo: información financiera); 477 (análisis activos fijos: due diligence financiera del balance de situación); 499 (cálculo cash flow: due diligence financiera del estado de flujos de caja); 510 (proyecciones financieras: due diligence financiera); 2930 (adquisición con cierre diferido: mecanismo de ajuste al precio).
- **para la expansión:** 39 (tipos de inversión de entidades de capital riesgo).
- **para la puesta en marcha:** 38 (tipos de inversión de entidades de capital riesgo).
- **semilla:** 37 (tipos de inversión de entidades de capital riesgo).

Capital-riesgo: 4201 (concepto).
Otra voz: Entidad de capital riesgo.

Capital social:
Due diligence: 566 (aspectos societarios).
Financiación de la adquisición: 1137 (a través de recursos propios); 7021 (mediante aportación a los fondos propios).
Sociedades mercantiles: 4519 (Agrupación Europea de Interés Económico); 4546 (sociedad comanditaria); 4558 (sociedad anónima).

Captación: ver Acuerdo de no captación.

Carbono: 949 (due diligence medioambiental).

Carga y gravamen:
- **oculto:** 3140 (responsabilidad del transmitente: saneamiento).
- **sobre acciones o participaciones:** 2976, 2983 (manifestaciones y garantías del transmitente); 5321 (prohibición de transmitente en periodo interino).
- **sobre inmuebles:** 654 (due diligence inmobiliaria); 5445 (documentación de cierre: transmisión de activos).
  Otra voz: Hipoteca.

Carried interest: 7563 (retribución gestor capital-riesgo).

Carta:
- **de adhesión:** 2565 (side letter).
- **de dimisión:** 5483 (cierre: firma documentos societarios).
- **de encargo:** 980 s. (ejecución del due diligence).
- **de intenciones:** 185 s. (estudio de conjunto); 239 (responsabilidad precontractual); 4437 (negociación joint venture); 4692.1 (adquisición de empresa por Administración).
- **de liberación:** 5483 (cierre: firma documentos societarios).
- **de manifestaciones:** 2555 (side letter).
- **de pago:** 5413 (cláusula de cierre: pago del precio).
- **de patrocinio:** 3460 (garantía a favor del adquirente).
- **de renuncia:** 5432 (documentación de cierre).

Cartera de pedidos: 382 (área de ventas: due diligence financiera de cuenta de resultados).

Cartón: 949 (due diligence medioambiental).

Carve-out: 4764 (compraventa empresa bajo condición suspensiva).

Cash flow: ver Flujo de caja.

Cash flow disponible para acciones: 2812 (método de valoración de empresas).

Cash Flow Return On Investment: 2821 (método de valoración de empresas).

Cash sweep: 1291 (financiación de la adquisición mediante deuda bancaria: cláusula de control del prestatario).

Cash Value Added: 2820 (método de valoración de empresas).

Castilla-La Mancha: 8196 (subvenciones: normativa).

Castilla y León: 8196 (subvenciones: normativa).

Cataluña: 8196 (subvenciones: normativa).

Catastro: 649, 652 (documentación a revisar: due diligence inmobiliaria).

Categoría profesional: 7812 (sucesión de empresa: mantenimiento condiciones laborales).

Caución: 5660 (arbitraje: medidas cautelares); 5661 (laudor arbitral: ejecución forzosa).

Cedente: 2266 (cesión global de activo y pasivo).

Centro de Información de Riesgos: 1019 (confirmación información: ejecución del due diligence).

Centro Internacional de Arbitraje de Madrid: 5685 (arbitraje internacional privado).

Certeza: 2619 (precio de adquisición: requisito).

Certificación:
- **de acuerdos sociales:** 5431 (documentación de cierre); 5483 (cierre: firma documentos societarios).
- **de calidad:** 149 (infomemo: descripción de la compañía).
- **de deuda:** 666, 667 (propiedad horizontal: due diligence inmobiliaria).
- **de deudas, sanciones y responsabilidades tributarias:** 6455 s. (exoneración responsabilidad solidaria del sucesor de la explotación).
- **de eficiencia energética:** 672 (medioambiente: due diligence inmobiliaria).
- **de estar al corriente con obligaciones tributarias y de seguridad social:** 1986 (fusión: contenido proyecto); 2191 (escisión: contenido proyecto).
- **de obra:** 6122 (IVA: due diligence fiscal: devengo anticipado).
- **de situación de cotización:** 742 (Seguridad Social: due diligence laboral).
- **literal:** 1011 (Registro Mercantil: ejecución del due diligence).

Cese: 5321 (prohibición de transmitente en periodo interino).

Cesión:
- **de actividad empresarial:** 5199 (compromiso: operación de concentración).
- **de activos:** 5200 (compromiso: operación de concentración); 6562 (IVA: exclusión supuesto de no sujeción).
- **de contrato:** 595 (due diligence legal); 1497 (de financiación: consentimiento del financiador); 5478 (cierre: obligaciones del vendedor); 8148 (transmisión de acciones: contratación pública).
- **de crédito:** 5478 (cierre: obligaciones del vendedor).
- **de datos personales:** 536 (acceso por cuenta de tercero: due diligence protección de datos).
- **de derechos y obligaciones:** 1753 (estructura contrato compraventa empresa); 1812 (contenido contrato compraventa empresa).
- **de deuda:** 5449 (documentación de cierre: transmisión de activos).
- **global de activo y pasivo:** 2255 s. (estudio de conjunto); 2268 (pluralidad de cesionarios); 6688 (régimen fiscal especial).
- **ilegal de trabajador:** 7728 (sucesión de empresa).

Cesionario: 2267 (cesión global de activo y pasivo).

Check-list: 551 (due diligence protección de datos); 1003 (suministro información: ejecución del due diligence); 5460 (documentación de cierre); 9200 (modelo).

Cheque: 2891 (pago del precio).

Ciclo:
- **de explotación:** 434 (working capital: due diligence financiera del balance de situación).
- **productivo:** 141 (infomemo: descripción de la compañía).

Cierre: 5400 s. (estudio de conjunto); 262 (fases de la negociación); 1742, 1745 (contenido contrato compraventa empresa); 1745 (estructura contrato compraventa empresa); 4162 (adquisición de sociedad incorporada al BME Growth); 4711 (condiciones a la ejecución).

CIRBE: ver Central de Información de Riesgos.

Circulante: 451 (financiación: due diligence financiera del balance de situación).

Clasificación profesional: 731 (convenio colectivo: due diligence laboral).

Cláusula:
- **de cambio de control:** ver Cambio de control.
- **de cambio material adverso:** ver Cambio material adverso.
- **de cierre:** 5410 s. (régimen jurídico).
- **de cross default:** 4620 (leveraged buy-out: financiación: instrumentación de deuda).
- **de elevación a bruto:** 1562 (financiación sindicada: pago a financiadores sin retenciones o deducciones).

- **de gestión:** 5317 (obligación del transmitente de gestionar la empresa en el periodo interino).
- **de ilegalidad:** 1560 (financiación sindicada: salida del sindicato de financiadores).
- **de limitación de responsabilidad:** 3290.
- **de no captación:** 5180 (control de concentraciones: restricción accesoria).
- **de no competencia:** ver Acuerdo de no competencia.
- **de revisión:** 5207 (compromiso: operación de concentración).
- **de specific indemnity:** 3247 (obligaciones de las partes).
- **drag-along:** ver Derecho de arrastre.
- **limitativa de responsabilidad del transmitente:** 3290.
- **penal:** 3183 (incumplimiento contractual).
- **tag-along:** ver Derecho de acompañamiento.
- **tipo de protección de datos:** 539.2 (transferencia internacional de datos).

Cliente: 54 (adquisición de empresa vertical); 143 (infomemo: descripción de la compañía); 380 (área de ventas: due diligence financiera de cuenta de resultados); 553 (áreas de análisis: due diligence protección de datos); 598 (contratos: due diligence legal); 5480 (cierre operación: obligación de comunicación).

Closing: ver Cierre.

CNMC: ver Comisión Nacional de los Mercados y la Competencia.

CNMV: ver Comisión Nacional del Mercado de Valores.

Coaseguro: 3413 (seguro de manifestaciones y garantías).

Cobertura: 610 (contrato seguro: due diligence legal); 2980 (manifestaciones y garantías del transmitente).

Coche: ver Vehículo.

Código de cuenta de cotización: 741 (Seguridad Social: due diligence laboral).

Coeficiente:
- **de inversión obligatorio:** 4275 (entidad de capital-riesgo).
- **de libre disposición:** 4295 (entidad de capital-riesgo).

Cohecho: 883 (due diligence penal).

Coinversión: 2388 (acuerdo: pacto parasocial); 2489 (pacto parasocial: entidad de capital riesgo).

Colaboración: 4420 (concepto joint venture); 599 (contrato: due diligence legal); 5479 (cierre: obligaciones del vendedor); 5530 (obligaciones post-cierre).

Colegio arbitral: 5706 (arbitraje de consumo).

Combinación de negocio: 8376 (contabilización de adquisición de control); 8540 (por etapas: contabilización).

Comercializador: 8072 (electricidad: autorización sectorial).

Comisión:
- **bancaria:** 1275 s. (financiación de la adquisición mediante deuda bancaria).
- **de agencia:** 1471 (contrato de financiación sindicada).
- **de apertura:** 1276 (financiación de la adquisición mediante deuda bancaria); 1472 (contrato de financiación).
- **de disponibilidad:** 1473 (contrato bancario de crédito).
- **por amortización parcial anticipada:** 1277 (financiación de la adquisición mediante deuda bancaria).
- **por cancelación parcial anticipada:** 1278 (financiación de la adquisición mediante deuda bancaria).
- **por cancelación total anticipada:** 1278 (financiación de la adquisición mediante deuda bancaria).
- **por gastos de preparación:** 3832 (OPA: actos preparatorios).
- **por gestión:** 393 (gastos de explotación: due diligence financiera de cuenta de resultados).

Comisión de Propiedad Intelectual: 5728 (arbitraje).

Comisión Europea: 5025 s. (notificación de concentraciones).

Comisión Nacional de los Mercados y la Competencia: 4698.4 (privatización de empresa pública: control concentración económica); 5090 (notificación concentraciones).

Comisión Nacional del Mercado de Valores: 3745 (dispensa de OPA obligatoria); 3850 (solicitud autorización de OPA); 3875 (autorización de OPA).

Comité:
- **de gerencia:** 4472 (UTE).
- **de seguridad y salud:** 844 (due diligence laboral).
- **de supervisión:** 5325 (seguimiento gestión empresa durante periodo interino).
- **intercentros:** 7894 (sucesión de empresa: efectos).

Comité de empresa: 7840 (sucesión de empresa: derecho de información); 7880 (sucesión de empresa: derecho a emitir informe); 7885 (sucesión de empresa: mantenimiento del mandato).

Compañía: ver Empresa, Sociedad.

Compensación:
- **en efectivo:** 1984 (fusión: contenido proyecto).

Base imponible negativa: 6085 (IS: due diligence fiscal); 6630 (operación reestructuración: régimen fiscal general); 6840 (operación reestructuración: régimen fiscal especial).

Complemento salarial: 788 (due diligence laboral).

Contrato de financiación: 1505 (autorización al financiador).

OPA obligatoria: 3803 (precio).

Competencia: 131 (infomemo: descripción de mercado); 4850 s. (notificación a las autoridades).
Otra voz: Acuerdo de no competencia.

Competidor: 53 (adquisición de empresa horizontal); 5206 (compromiso: operación de concentración); 5479 (cierre: obligación de información del vendedor).
Otra voz: Acuerdo de no competencia.

Complemento:
Extrasalarial: 792 (retribución: due diligence laboral).
Salarial: 786 (retribución: due diligence laboral).

Completion accounts: 2915 (adquisición con cierre diferido); 5341 (mecanismo de ajuste de precio por riesgos durante periodo interino).

Compliance: 875 (due diligence penal: áreas de revisión); 905 (eximente responsabilidad penal persona jurídica).

Compra apalancada: 2092 (fusión posterior); 7043.1 (tributación financiación de la compra mediante aportación a los fondos propios).

Comprador:
- **financiero:** 34 (adquisición de empresa: sujetos intervinientes).
- **industrial:** 33 (adquisición de empresa: sujetos intervinientes).
Obligaciones: 1707 (contrato compraventa empresa); 1745, 5490 (cierre).
Responsabilidad: ver Responsabilidad comprador.
Tratamiento fiscal: 6490 s. (compraventa de activos).
Otra voz: Adquirente.

Compraventa:
Acciones o participaciones sociales: 1777 s. (régimen jurídico); 47 (adquisición de empresa: objeto); 50 (diferencias con compraventa de activos); 1713 (formalidades del contrato); 1740 (objeto del contrato); 3507 (adquisición de empresas en concurso); 4896 (control de concentraciones comunitarias); 5430 s. (documentación de cierre); 6310 s. (régimen fiscal); 7060 (tributación indirecta).
Activos: 1783 s. (régimen jurídico); 45 (adquisición de empresa: objeto); 50 (diferencias con compraventa de acciones); 1713 (formalidad del contrato); 1740 (objeto del contrato); 4896 (control de concentraciones comunitarias); 5440 (documentación de cierre); 6425 s. (régimen fiscal); 7064 (tributación indirecta).
Empresa: 20 s. (estudio de conjunto); 1700 s. (contenido típico); 2576 (side letter).
Empresa en concurso: 3500 s. (estudio de conjunto).
Empresa por Administración: 4689 s. (régimen jurídico).
Forzosa: 3995 (OPA aceptada por 90%).
Inmueble: 7065 (tributación indirecta).
Negocio: 5440 (documentación de cierre: transmisión de activos).
Rama de actividad: 5440 (documentación de cierre: transmisión de activos).
Vehículo: 6127 (IVA: due diligence fiscal: deducción IVA soportado).

Compromiso:
- **adquirido no registrado:** 487 (patrimonio neto: due diligence financiera).
- **de permanencia:** ver Permanencia.
- **por pensión:** 3012 (manifestaciones y garantías transmitente).
Control de concentraciones: 5046, 5051 (notificación concentraciones a la Comisión Europea); 5113, 5123 (notificación concentración a la CNMC); 5195 s. (operación de concentración).

Comunero: 4483 (comunidad de bienes: miembros).

Comunicación:
Audiovisual: 8055 (autorización sectorial: dcho. administrativo).
Clientes: 5480 (cierre operación: obligación de información del vendedor).
Previa: 8010 s. (dcho. administrativo: estudio de conjunto).
Representante de los trabajadores: 843 (due diligence laboral).
Violación de seguridad: 543.3 (protección de datos personales: due diligence).

Comunidad Autónoma: 4683.3 (empresa pública: participación accionarial).

Comunidad de bienes: 4480 s. (vehículo joint venture: régimen jurídico).

Comunidad de propietarios: 662 (gastos pendientes: due diligence inmobiliaria); 664 (estatutos: due diligence inmobiliaria); 668 (crédito a su favor: due diligence inmobiliaria).

Concentración:
- **de clientes:** 380 (área de ventas: due diligence financiera de cuenta de resultados).
- **económica:** 4875 s. (dimensión comunitaria); 4965 s. (régimen español); 3876 (OPA: autorización); 5020 s. (notificación).

Concesión:
- **administrativa:** 5451 (documentación de cierre: transmisión de activos); 6137 (ITP y AJD: due diligence fiscal).
- **de obras y servicios públicos:** 8110 s. (ocupación o uso del dominio público: dcho. administrativo).

Concesionaria: 6026 (due diligence fiscal: valor actual flujo de caja esperado).

Conciliación: 5626 (sistema alternativo de resolución de conflictos).

Conclusión: 1025, 1045 (informe de due diligence).

Concurso: 4696.2 (privatización sociedad mercantil pública al margen del mercado secundario).

Concurso de acreedores:
Estudio de conjunto: 3500 s. (adquisición de unidad productiva).

Due diligence legal: 576 (sociedad unipersonal); 596 (contratos).
Implicaciones fiscales: 7280 (adquisición de entidad).
Modificaciones estructurales: 1924 (sociedades participantes); 1986 (contenido proyecto: certificado de estar al corriente en obligaciones tributarias y de seguridad social).
Responsabilidad tributaria: 6448 (exclusión responsabilidad: adquisición explotación); 7317 (aspectos fiscales).

Condición:
- **a la ejecución del contrato:** 4710 s. (estudio de conjunto).
- **a plazo:** 4732 (tipo de condiciones a la ejecución).
- **causal:** 4737 (tipo de condiciones a la ejecución).
- **de trabajo:** 721 (convenio colectivo: due diligence laboral).
- **general de la contratación:** 1013 (Registro de Bienes Muebles: ejecución del due diligence).
- **ilícita:** 4745 (condición nula).
- **imposible:** 4741 (condición nula).
- **inmoral:** 4745 (condición nula).
- **más beneficiosa:** 7805 (sucesión de empresa: mantenimiento condiciones laborales).
- **mixta:** 4737 (tipo de condiciones a la ejecución).
- **modificativa:** 4729 (tipo de condiciones a la ejecución).
- **negativa:** 4731 (tipo de condiciones a la ejecución).
- **nula:** 4740 (tipos).
- **para el cierre:** 1742, 1745 (estructura contrato compraventa empresa); 4761 (diferencia de condición suspensiva).
- **positiva:** 4731 (tipo de condiciones a la ejecución).
- **potestativa:** 4738 (tipo de condiciones a la ejecución).
- **resolutoria:** 4728 (concepto); 4750 s. (régimen jurídico); 595 (contratos: due diligence legal); 1053 (conclusiones informe de due diligence); 4770 (efectos).
- **suspensiva:** 4727 (concepto); 4760 s. (régimen jurídico); 595 (contratos: due diligence legal); 1051 (conclusiones informe de due diligence); 1742 (contenido contrato compraventa empresa); 1742 (estructura contrato compraventa empresa); 4770 (efectos); 5301 (periodo interino); 5406 (cierre de la compraventa); 5448 (documentación de cierre: contratos en curso).

Confianza: 237 (responsabilidad precontractual); 257 (negociación).

Confidencialidad:
Arbitraje: 5662 (ventajas).
Carta de intenciones: 209 (contenido).
Cierre: 5485 (obligaciones del vendedor).
Contrato de compraventa de empresa: 251 (proceso de negociación); 1753 (estructura).
Control de concentraciones: 5180 (restricción accesoria).
Due diligence: 604 (acuerdo); 997 (suministro información).
Equipo directivo: 4650 (management buy-out).
Infomemo: 172.
Joint venture: 4437 (negociación).
Side letter: 2557 (finalidad); 2587 .(contrato de compraventa).

Confirming: 453 (working capital: due diligence financiera del balance de situación).

Conflictividad laboral: 816 (representación trabajadores: due diligence laboral).

Conflicto: ver Resolución de conflictos.

Conflicto de intereses: 963 (due diligence reputacional); 1772 (contrato compraventa empresa: representación); 4665 (management buy-out).

Consejero delegado: 569.2 (contrato: due diligence legal); 5437 (cierre: documentos a formalizar).
Otra voz: Administrador, Alta dirección.

Consejo Consultivo de Privatizaciones: 4698.1 (privatización de empresa pública: control previo).

Consejo de administración: ver Órgano de administración.

Consejo de la CNMC: 5122 (resolución control de concentraciones).

Consejo de Ministros: 5130 (análisis concentración); 4687 (sociedad mercantil estatal: aprobación transmisión participación accionarial); 4689 (adquisición de empresa por Administración: autorización); 4694 (privatización empresa pública: autorización).

Consentimiento: 45 (compraventa de activos); 533 (due diligence protección de datos); 1706 (contrato compraventa de empresa); 2572 (side letter); 5478 (cierre: obligaciones del vendedor); 5449 (documentación de cierre: transmisión de activos y pasivos: cesión de deudas).

Conservación:
Datos personales: 534 (due diligence protección de datos).
Empresa: 5310 (periodo interino: obligación transmitente).

Consolidación:
Complementos salariales: 787 (due diligence laboral).
Fiscal: 6021, 6020 (due diligence fiscal: crédito fiscal del grupo traspasable a comprador).

Constitución:
Agrupación de Interés Económico: 4505.
Agrupación Europea de Interés Económico: 4521.
Sociedad: 135 (infomemo: descripción de la compañía); 4430 (tipos de joint venture).
Sociedad anónima: 4558.
Sociedad colectiva: 4535.
Sociedad comanditaria: 4547.

Sociedad íntegramente participada mediante transmisión del patrimonio: 2155 (modificación estructural).
Sociedad mercantil estatal: 4692 (requisitos).
Sociedad vehículo: 4627, 4636 (leveraged buy-out).
Unión temporal de empresas: 4471.

Constructor: 659 (due diligence inmobiliaria); 708 (due diligence laboral: responsabilidad subcontratación); 6027 (due diligence fiscal: valor actual flujo de caja esperado).

Consulta previa: 5135 (notificación concentración a la CNMC).

Consumación: 5405 (cierre de la compraventa).

Consumo: 5700 (arbitraje).

Contabilidad:
Estudio de conjunto: 8300 s.
Due diligence fiscal: 6052, 6053 (IS).
Fondo de comercio: 6340 (compraventa de acciones); 6530 (compraventa de activos).
Operación reestructuración: 6870 (régimen fiscal especial).
Pacto parasocial: 2447 (contenido).

Contact center: 7645 (sucesión de empresa derivada de convenio colectivo sectorial).

Contaminación del suelo: 953 (due diligence medioambiental); 618 (due diligence legal dcho. administrativo).

Contaminante: 672 (medioambiente: due diligence inmobiliaria).

Contingencia: 1036 (estructura informe de due diligence); 1050 (conclusiones informe de due diligence); 6011 (due diligence fiscal: identificación).

Continuidad:
- **de la actividad:** 5318 (obligación del transmitente de gestionar la empresa en el periodo interino).
- **de las relaciones laborales:** 7800 (sucesión de empresa).

Contragarantía: 3435 (aval bancario: garantía a favor del adquirente).

Contraoferta: 202 (oferta contractual: diferencia con carta de intenciones).

Contraprestación: 2600 s. (estudio de conjunto); 1717 (contenido contrato compraventa empresa); 2270 (cesión global de activo y pasivo); 3795 (OPA).
- **contingente:** 8412 (contabilización de adquisición de control).
- **dineraria:** 3816 (OPA: garantías); 3844 (OPA: límites oferente); 6481 (tratamiento fiscal del vendedor: compraventa de activos); 8355 (contabilización adquisición acciones/participaciones).
- **en valores:** 3816 (OPA: garantías); 3844 (OPA: límties oferente).
- **mixta:** 2645 (precio de adquisición); 3819 (OPA: garantías).
- **no dineraria:** 6482 (tratamiento fiscal del vendedor: compraventa de activos).
Otra voz: Precio de adquisición.

Contrata: 704 (subcontratación: due diligence laboral); 7640 (sucesión de empresa: subrogación del adquirente).

Contratación pública: 8130 s. (estudio de conjunto).

Contratista: 708 (responsabilidad: due diligence laboral); 8135 (fusión: transacciones y contratación pública).

Contrato:
- **a largo plazo:** 5203 (compromiso: operación de concentración).
- **accesorio:** 4755 (condición resolutoria); 4767 (compraventa empresa bajo condición suspensiva).
- **CAP:** 1577 (contrato de financiación: cobertura de tipos de interés).
- **con el consejero delegado:** 569.2 (due diligence legal); 5437 (cierre: documentos a formalizar).
- **de agencia:** 600 (due diligence legal).
- **de alta dirección:** 5418 (cierre: contrato colateral); 5481 (cierre: obligaciones del vendedor).
Otra voz: Alta dirección.
- **de arrendamiento:** ver Arrendamiento.
- **de arrendamiento financiero:** ver Arrendamiento financiero.
- **de colaboración:** ver Colaboración.
- **de compraventa de acciones:** ver Compraventa Acciones o participaciones sociales.
- **de compraventa de activos:** ver Compraventa de activos.
- **de compraventa de empresa:** ver Compraventa de empresa.
- **de confidencialidad:** ver Confidencialidad.
- **de distribución:** 599, 601 (due diligence legal).
- **de financiación:** 1425 s. (régimen jurídico); 606 (due diligence legal); 1482 (obligaciones adicionales a la devolución de la financiación); 4622 (leveraged buy-out).
- **de joint venture:** 4440.
- **de liquidez:** 4131 (requisitos incorporación al BME Growth).
- **de prestación de servicios:** ver Prestación de servicios.
- **de seguro:** ver Seguro.
- **de trabajo:** 689 s. (áreas de análisis: due diligence laboral); 782 (retribución: due diligence laboral); 3008 (manifestaciones y garantías transmitente: existencia y condiciones); 5418 (cierre: contrato colateral).
- **en curso:** 5447 (documentación de cierre: transmisión de activos).
- **en ejecución:** 8150 (operaciones estructurales: transacciones y contratación pública); 8145 (transmisión de acciones: contratación pública).
- **FLOOR:** 1577 (contrato de financiación: cobertura de tipos de interés).
- **SWAP:** 1577 (contrato de financiación: cobertura de tipos de interés).

- **verbal:** 612 (due diligence legal).

Due diligence legal: 593 s. (régimen jurídico); 569.2 (consejero con facultades ejecutivas).

Manifestaciones y garantías: 2998 (transmitente: condiciones).

Otra voz: Adhesión al contrato, Borrador de contrato, Cesión de contrato, Resolución de contrato.

Control:
- **conjunto:** 4913 (control de concentraciones comunitarias); 8331 (contabilización adquisición acciones/participaciones).
- **de cambios:** 627 s. (áreas de análisis: due diligence legal).
- **de concentraciones:** 4850 s. (estudio de conjunto).
- **de grupo de sociedades:** 8320 (contabilización adquisición acciones/participaciones).
- **de la sociedad:** 25 (compraventa de empresas); 4640 (Management Buy-Out); 4886 (concentración dimensión comunitaria); 4976 (concentración: régimen español).
- **de privatización de empresa pública:** 4698 (órganos competentes).
- **de sociedad cotizada:** 2468 (pacto parasocial y OPA); 3730 (OPA obligatoria: supuestos).
- **de sociedad extranjera:** 8250 (limitación a inversiones en España).
- **de sociedad incorporada al BME Growth:** 4140.
- **del arbitraje:** 5667 (tribunales: resolución de conflictos).
- **exclusivo:** 4911 (control de concentraciones comunitarias).
- **interno:** 875 (due diligence penal).

Otra voz: Cambio de control.

Convención de Nueva York: 5689 (arbitraje internacional privado: marco normativo).

Convenio arbitral: 5641, 5647 (arbitraje: resolución de conflictos).

Convenio colectivo: 710 s. (estudio de conjunto: due diligence laboral); 7645 (sucesión de empresa: cláusulas de subrogación).

Conversación previa: 4436 (negociación joint venture).

Cooperación administrativa: 8040 (directiva de servicios: dcho. administrativo).

Coordinación: 848 (prevención riesgos laborales: due diligence laboral).

Coronavirus: ver COVID-19.

Corrección de valor: 1955 (fusión); 6525 s. (deducción fondo de comercio: compraventa de activos); 6739 (operación de reestructuración: régimen fiscal especial).

Corrupción: 882 (due diligence penal); 937 (responsabilidad penal administradores: due diligence penal).

Cortes Generales: 4698.4 (privatización de empresa pública: control político).

Cosa cierta: 2620 (determinación de precio de adquisición por referencia).

Costas:

Arbitraje: 5643 (resolución de conflictos).

Judiciales: 8122 (autorización por ocupación o uso del dominio público).

Mediación: 5633 (resolución de conflictos).

Coste: 2787 (criterio de valoración de empresa).
- **de financiación:** 466 (due diligence financiera).
- **de la combinación de negocio:** 8410 (contabilización de adquisición de control).
- **de recursos ajenos:** 2776 (rentabilidad del dinero).
- **de transacción:** 6910 (régimen fiscal operación de compraventa).
- **directo:** 384 (áreas análisis: due diligence financiera de cuenta de resultados).
- **medio ponderado del capital:** 2766 (rentabilidad del dinero).

Otra voz: Gasto.

Cotización a la Seguridad Social: 740 s. (due diligence laboral); 791 (complemento salarial: due diligence laboral); 7786 (responsabilidad solidaria de cedente y cesionario).

Covenant: 466 (due diligence financiera. estrucutra financiera de la entidad); 1285 (financiación de la adquisición mediante deuda bancaria: cláusulas de medición del riesgo); 1365 (financiación de la adquisición mediante bonos de alta rentabilidad: cláusulas de medición del riesgo).

COVID-19: 746.1 (aplazamiento deudas Seguidad Social); 5753 (arbitraje electrónico); 6084 (pago fraccionado IS: due diligence fiscal).

Coworking: 6096.1 (due diligence fiscal: IRPF).

Creación de valor: 66 (concepto); 70 (cuantificación); 2817 (métodos de valoración de empresas).

Crédito:
- **de inversión exterior:** 627 (due diligence legal).
- **fiscal:** 6017 (due diligence fiscal).

Contrato de financiación: 606 (due diligence legal); 1445 (entrega del importe de la financiación).

Otra voz: Acreedor, Derecho de crédito, Cesión de crédito.

Crowdfunding: 1158 (financiación colectiva de la adquisición).

Crowdlending: 1221 (tipo de financiador).

Cuaderno de venta: ver Infomemo.

Cuenta:
- **de cada financiador:** 1567 (financiación sindicada).
- **de pérdidas y ganancias:** 152 (infomemo: información financiera); 350 s. (due diligence financiera); 511 (proyecciones financieras: due diligence financiera).
- **del agente:** 1566 (financiación sindicada).
- **en participación:** 4490 s. (vehículo joint venture: régimen jurídico).

Cuentas anuales:
- **consolidadas:** 8336 (contabilización: control conjunto); 8360 (contabilización adquisición

acciones/participaciones con contraprestación monetaria).
- **individualizadas:** 8334 (contabilización: control conjunto); 8356 (contabilización adquisición acciones/participaciones con contraprestación monetaria).
Depósito: 574 (due diligence legal).
Cuero: 949 (due diligence medioambiental).
Cuidado: 757 (de menor de edad).
Culpa: 192 (in contrahendo: carta de intenciones); 236 (in contrahendo: responsabilidad precontractual); 926 (responsabilidad penal administrador social); 3158 (régimen contractual de responsabilidad: imputación incumplimiento).
Cumplimiento forzoso: 3181 (incumplimiento contractual).
Cuórum: 567 (aspectos societarios: due diligence legal); 2408 (contenido pacto parasocial).
Cuota:
- **de mercado:** 131 (infomemo: descripción de mercado); 4995, 5010 (umbral: control de concentraciones).
- **íntegra:** 6073 (IS: due diligence fiscal: deducciones).
Cupón: 1313 (financiación de la adquisición mediante bonos de alta rentabilidad: tipo de interés).

D

Daño:
Emergente: 3226 (indemnización por incumplimiento contractual).
Indemnizable: 3316 (responsabilidad transmitente: limitación).
Moral: 3228 (indemnización por incumplimiento contractual).
Daños y perjuicios: 210 (contenido carta de intenciones); 600 (indemnización contrato de agencia: due diligence legal); 2504 (eficacia pacto parasocial); 3355 (garantías del adquirente).
Data Room: 252 (estrategias de negociación); 1000 (due diligence: suministro información).
Datos personales: 520 s. (due diligence de protección de datos); 3020 (manifestaciones y garantías).
Deal breaker: 6015 (due diligence fiscal: identificación).
Deber:
- **de abstención:** 4056 (OPA).
- **de control:** 934 (due diligence: responsabilidad administradores).
- **de información:** 532 (due diligence protección de datos).
- **de pasividad:** 4005 (OPA).
Decisión:
- **de adecuación:** 539.1 (transferencia internacional de datos personales).
- **de inversión:** 339 (due diligence financiera).
- **estratégica:** 82 (generación de valor para el accionista).
Declaración:
- **de concurso:** 3506 (adquisición de empresas en concurso).
- **fiscal:** 6633 (IS: operación reestructuración: régimen fiscal general); 6655 (IVA: operación reestructuración: régimen fiscal general).
- **responsable:** 8010 s. (dcho. administrativo: estudio de conjunto).
- **sobre situación financiera:** 2039 (fusión: protección acreedores).
Declinatoria: 5644 (materias sometidas a aribitraje).
Deducción:
- **de la cuota íntegra:** 6073 (IS: due diligence fiscal).
- **del fondo de comercio:** 6330 (compraventa de acciones: tributación directa); 6535 (compraventa de activos: tributación directa).
- **del gasto financiero:** 7300 (empresa en concurso: aspectos fiscales).
- **del impuesto soportado:** 6123 (IVA: due diligence fiscal); 7314 (empresa en concurso limitaciones).
- **para incentivar la realización de actividades:** 6833 (operación reestructuración: régimen fiscal especial).
- **por doble imposición:** 6832 (operación reestructuración: régimen fiscal especial).
Defecto: 3172 (responsabilidad contractual: incumplimiento transmitente).
Defensa:
- **de la competencia:** 4850 s. (control concentraciones: estudio de conjunto); 3000 (manifestaciones y garantías transmitente: inexistencia de reclamaciones); 3876 (OPA: autorización).
- **de OPA hostil:** 4025 (medidas para evitar o desincentivar).
- **nacional:** 8245 (limitación a inversiones extranjeras en España).
Delegación de funciones: 931 (responsabilidad penal administradores: due diligence penal).
Delegado:
- **de prevención:** 844 (due diligence laboral).
- **de protección de datos:** 538.5 (due diligece protección de datos personales).
- **sindical:** 812 (representación trabajadores: due diligence laboral); 7841 (sucesión de empresa: derecho de información); 7885 (sucesión de empresa: mantenimiento del mandato).
Delito:
Bursátil: 937 (responsabilidad penal administradores: due diligence penal).
Societario: 937 (responsabilidad penal administradores: due diligence penal).
Denominación:
Agrupación de Interés Económico: 4502.

Due diligence legal: 566 (aspectos societarios).
Fusión: 1968 (contenido proyecto de fusión).
Sociedad anónima: 4557.
Sociedad colectiva: 4533.
Sociedad comanditaria: 4544.
Sociedad mercantil estatal: 4684.3.
Unión temporal de empresas: 4467.

Depósito:
- **bancario:** 3395 (garantía a favor del adquirente).
- **de cuentas anuales:** 574 (due diligence legal).
- **del proyecto de cesión global:** 2281.
- **del proyecto de fusión:** 1991.
- **en metálico:** 5528 (obligaciones post-cierre).

Depreciación: 6054 (IS: due diligence fiscal: requisito amortización).

Derecho:
- **a emitir informe:** 7880 (comité de empresa: sucesión de empresa).
- **administrativo:** 8000 s. (estudio de conjunto).
- **de acceso:** 538 (due diligence protección de datos).
- **de acompañamiento:** 2432 (contenido pacto parasocial: transmisibilidad de acciones); 4664 (management buy-out: incentivos al equipo directivo).
- **de adquisición preferente:** 319, 656 (derecho: due diligence); 657 (contrato arrendamiento: due diligence inmobiliaria); 2428 (contenido pacto parasocial: transmisibilidad de acciones); 4688.1 (transmisión participación accionarial sociedad pública: exclusión); 4766 (compraventa de empresa: bajo condición suspensiva).
- **de arrastre:** 2435 (contenido pacto parasocial: transmisibilidad de acciones); 4664 (management buy-out: incentivos al equipo directivo).
- **de asistencia:** 567 (derecho: due diligence legal).
- **de autor:** 2990 (manifestaciones y garantías transmitente: propiedad industrial: título y registro).
- **de consulta:** 7860 (representantes de los trabajadores: sucesión de empresa).
- **de crédito:** 5450 (documentación de cierre: transmisión de activos).
- **de explotación:** 5723 (arbitraje de propiedad intelectual).
- **de oposición:** 538 (due diligence protección de datos).
- **de portabilidad:** 538 (due diligence protección de datos).
- **de retracto:** 656 (due diligence inmobiliaria); 3281 (responsabilidad del transmitente frente a acreedor).
- **de superficie:** 6139 (ITP y AJD: due diligence fiscal).
- **de supresión:** 538 (due diligence protección de datos).
- **de suscripción preferente:** 3392 (prenda de acciones: ejercicio del derecho).
- **de venta forzosa:** 3998 (OPA).
- **de veto:** ver Veto.
- **de voto:** 567 (aspectos societarios: due diligence legal); 2405 (contenido pacto parasocial); 4896 (adquisición del control: concentración comunitaria).
- **humano:** 963 (due diligence reputacional).
- **moral:** 5723 (arbitraje de propiedad intelectual).
- **real:** 5486 (cierre: obligaciones del vendedor).

Derecho de información:
Accionista: 3890 (OPA).
Prestador de servicios: 8027 (directiva de servicios: dcho. administrativo).
Representante de los trabajadores: 805 (due diligence laboral); 7840 (sucesión de empresa).
Trabajador: 690 (due diligence laboral); 706 (subcontratación: due diligence laboral); 843 (prevención riesgos laborales: due diligence laboral).
Otra voz: Información.

Derivación de responsabilidad fiscal: 6164.

Derivado financiero: 466 (due diligence financiera); 3802 (precio OPA obligatoria).

Derrama: 665 (propiedad horizontal: due diligence inmobiliaria).

Descanso: 726 (compensación: due diligence laboral); 729 (convenio colectivo: due diligence laboral).

Descuento:
- **de flujos de caja:** 73 (creación de valor para el accionista: cuantificación); 2810 (métodos de valoración de empresas).
- **en el precio:** 2735 (adquisición de entidad cotizada: ajuste en el precio).

Desinversión: 2492 (pacto parasocial: entidad de capital riesgo); 4335 (adquisición por entidad de capital-riesgo); 4670 (management buy-out); 4693 (privatización empresa pública); 7135 (tributación adquirente); 7145 s. (tributación transmitente).

Desistimiento:
Contrato de compraventa: 3126 (vicios ocultos); 3143 (gravámenes ocultos); 5300 (deterioro del valor de la inversión); 5329 (cláusula de cambio material adverso).
OPA: 3944 (supuestos admitidos); 3975 (competidora).

Despido: 390 (indemnización: due diligence financiera de cuenta de resultados); 695 (contrato de trabajo: due diligence laboral); 6100 (IRPF: due diligence fiscal: retención indemnización).

Desviación: 513 (proyecciones financieras: due diligence financiera).

Deterioro:
Fondo de comercio: 6530 s. (deducción fondo de comercio: compraventa).
Objeto de la compraventa: 4781 (traslación del riesgo: condiciones a la ejecución); 5327 (modificación de los términos de la operación); 5338 (periodo interino: imputación del riesgo).
Participaciones: 6086 (IS: due diligence fiscal).

Deuda:
Bancaria: 1210 (financiación de la adquisición mediante recursos financieros ajenos).
Bilateral: 1234 (financiación de la adquisición mediante deuda bancaria).
Convertible: 4623 (leveraged buy-out: financiación).
Financiera: 466 (due diligence financiera); 2922 (adquisición con cierre diferido: mecanismo de ajuste al precio).
Laboral: 3012 (manifestaciones y garantías); 7740 (responsabilidad solidaria de cedente y cesionario).
Mezzanine: 1226 (financiación de la adquisición mediante deuda bancaria).
Neta: 460 s. (régimen jurídico: due diligence financiera); 157 (infomemo: información financiera); 416 (balance de situación de negocio: due diligence financiera); 454 (working capital: due diligence financiera del balance de situación); 499 (cálculo cash flow: due diligence financiera del estado de flujos de caja).
Pendiente: 3220 (responsabilidad del comprador).
Senior: 1224 (financiación de la adquisición mediante deuda bancaria).
Sindicada: 1232 (financiación de la adquisición mediante deuda con varias entidades).
Subordinada: 4226 (préstamo participativo: adquisición por entidad de capital - riesgo).
Tributaria: 6451 (alcance responsabilidad solidaria del sucesor de la explotación).

Deudor:
Concursado: 6448 (adquisición explotación: exclusión responsabilidad tributaria).
Fallido: 6466 (declaración responsabilidad tributaria).

Devolución de aportación: 7125 (reducción de capital: tributación).

Dieta: 792 (complemento extrasalarial: due diligence laboral).

Diferencia de cambio: 404 (due diligence financiera de cuenta de resultados).

Diferimiento: 3803 (precio OPA obligatoria); 5490 (cierre: pago del precio); 6737 (operación de reestructuración: régimen fiscal especial).

Dimisión: 5432 (documentación de cierre); 5483 (cierre: firma documentos societarios).

Dinero: 2612 (precio de adquisición: contraprestación dineraria).
Otra voz: Metálico.

Dirección General de Competencia: 5030 (notificación concentraciones a Comisión Europea).

Directiva de servicios: 8020 (dcho. administrativo).

Directivo:
Due diligence penal: 925 (responsabilidad penal).
Fiscalidad: 7529 (incentivos a la gestión y remuneración).
Infomemo: 146 (descripción de la compañía).
Management Buy-Out: 4640, 4646.
Pacto parasocial: 2372 (partes); 2412 (adopción de acuerdos).
Otra voz: Alta dirección.

Discapacidad: 698 (contrato de trabajo: due diligence laboral).

Disclaimer: 122 (infomemo); 176 (infomemo: contenido informativo); 226 (oferta de adquisición: exclusión responsabilidad del vendedor).

Diseño industrial: 2990 (manifestaciones y garantías transmitente: propiedad industrial: título y registro).

Disolución de sociedad:
Agrupación de Interés Económico: 4513, 4528 (Europea).
Due diligence penal: 901, 908, 914 (responsabilidad penal persona jurídica).
Estatal: 4692 (requisitos).
Periodo interino: 5322 (prohibición de transmitente).
Responsabilidad tributaria: 6447 (exclusión).
Sociedad anónima: 4565.
Sociedad colectiva: 4541.
Sociedad comanditaria: 4553.

Disolvente: 949 (due diligence medioambiental).

Dispensa: 3745 (OPA obligatoria).

Distribución:
- **de bienes y servicios:** 2855 (factores de valoración de empresas del sector); 599, 601 (contrato: due diligence legal).
- **de dividendos:** ver Dividendo.
- **de electricidad:** 8071 (autorización sectorial).
- **de resultados:** 4509 (Agrupación de Interés Económico); 4525 (Agrupación Europea de Interés Económico); 4538 (sociedad colectiva); 4563 (sociedad anónima).

Dividendo:
Distribución: 487 (patrimonio neto: due diligence financiera); 4563 (sociedad anónima); 5322 (prohibición de transmitente en periodo interino); 8625 (operación entre compañías del grupo: contabilización).
Falta de distribución: 568 (due diligence legal: estatutos).
Pacto parasocial: 2410 (contenido).
Restitución: 3118 (saneamiento por evicción: responsabilidad transmitente).
Tributación: 7115 (pago); 7370 (fiscalidad percepción por entidad de capital-riesgo).
Valor: 2802 (método de valoración de empresas).

Divisa: 5491 (cierre: pago del precio).

Doble:
- **imposición:** 6073 (IS: due diligence fiscal: deducciones); 6200 s. (efectos fiscales).
- **venta:** 3282 (responsabilidad del transmitente frente a compradores).

Doctrina del aliud pro alio: 3173 (incumplimiento: responsabilidad contractual).

Documentación:

Contable: 5432 (documentación de cierre).

Societaria: 5483 (cierre: obligaciones del vendedor).

Documento notarial: 6135.1 (ITP y AJD: due diligence fiscal).

Dolo: 3145 (responsabilidad del transmitente: imputación incumplimiento); 3421 (seguro de manifestaciones y garantías: riesgo no asegurable).

Domicilio: 566 (aspectos societarios: due diligence legal); 1968 (fusión: contenido proyecto); 4469 (UTE); 4518 (Agrupación Europea de Interés Económico).

Dominio público:

- **radioeléctrico:** 8069 (telecomunicaciones: autorización sectorial).

Ocupación: 623 (due diligence legal dcho. administrativo); 8110 s. (autorizaciones: dcho. administrativo).

Uso: 8110 s. (autorizaciones: dcho. administrativo).

Drag along: ver Derecho de arrastre.

Due diligence: 310 s. (estudio de conjunto).

- **confirmatoria:** 324.
- **de compra:** 321 (concepto); 341 (due diligence financiera).
- **de protección de datos:** 520 s. (estudio de conjunto).
- **de venta:** 321 (concepto); 341 (due diligence financiera).
- **financiera:** 335 s. (estudio de conjunto); 151 (infomemo: información financiera).
- **fiscal:** 6000 s. (estudio de conjunto).
- **inmobiliaria:** 640.
- **laboral:** 680.
- **legal:** 560.
- **medioambiental:** 945.
- **penal:** 860.
- **reputacional:** 960.

Contrato de compraventa de empresa: 1739 (estructura: expositivo).

Fusión: 1964 (fase previa).

Negociación: 252 (estrategias).

OPA: 3833 (actos preparatorios).

Responsabilidad de las partes: 3133 (saneamiento por vicios ocultos); 3145 (indemnización y nulidad por dolo); 3167 (incumplimiento del comprador); 3318 (knowledge of breach).

Duración:

Agrupación de Interés Económico: 4511, 4527 (Europea).

Comunidad de bienes: 4486.

Contrato: 594 (due diligence legal); 657 (arrendamiento: due diligence inmobiliaria); 692 (de trabajo: due diligence laboral).

Cuentas en participación: 4496.

Pacto parasocial: 2450.

Sociedad: 566 (due diligence legal).

Unión temporal de empresas: 4476.

E

Earn out: 2632 (concepto); 2715 s. (precio en función del cumplimiento de objetivos: régimen jurídico); 6198 (precio pactado: efectos fiscales).

EBITDA: 154 (infomemo: información financiera); 355 (cuenta de resultados analítica: due diligence financiera); 360 (definición y determinación: due diligence financiera); 499 (cálculo cash flow: due diligence financiera del estado de flujos de caja).

- **ajustado:** 363 (due diligence financiera).
- **caja:** 358 (indicador del negocio: due diligence financiera).
- **sobre ventas:** 358 (indicador del negocio: due diligence financiera).

EBO: ver Employment Buy-Out.

Economic Value Added: 74 (creación de valor para el accionista: cuantificación); 2818 (método de valoración de empresas).

Edificación: 616 (due diligence legal dcho. administrativo); 671 (urbanismo: due diligence inmobiliaria).

Otra voz: Inmueble.

Educación: 8080 (autorización sectorial: dcho. administrativo).

Efecto contable: 1979 (fecha: mención proyecto de fusión).

Ejecución:

- **de due diligence:** 970 s.
- **forzosa:** 5661 (laudo arbitral).

Ejecutivo: 7563 (retribución carried interest).

Ejercicio social: 567 (aspectos societarios: due diligence legal).

Electricidad: 8070 s. (autorización sectorial: dcho. administrativo); 8101 (instalaciones: autorización sectorial).

Elemento aislado: 6445 (adquisición: exclusión responsabilidad tributaria).

Eliminación: 8092 (residuos: autorización sectorial).

Embargo: 655 (cargas: due diligence inmobiliaria).

Emergencia: 846 (prevención riesgos laborales: due diligence laboral); 963 (due diligence reputacional).

Emisión de bonos de alta rentabilidad: 1335 s. (estudio de conjunto).

Empleo: 1985 (efectos de la fusión: mención del proyecto de fusión); 8219 (mantenimiento puestos de trabajo: subvenciones).

Employment Buy-Out: 4675 (operación singular de adquisición).

Empresa:
- **adquisición por Administración pública:** 4689 (autorización).
- **alimentaria:** ver Alimento.
- **conjunta:** ver Joint venture.
- **emergente:** 2495 (concepto); 2381, 2496 (pacto parasocial: publicidad).
- **en concurso:** ver Concurso de acreedores.
- **en expansión:** 4110 (BME Growth: adquisición de sociedades).
- **en participación:** 4887 (concentración dimensión comunitaria); 4977 (concentración: régimen español).
- **familiar:** 2475 (pacto parasocial); 4611 (leveraged buy-out: sociedad target).
- **pública:** 4680 (transmisión); 4693 (privatización); 7690 (sucesión de empresa).
- **target:** 318 (due diligence: finalidad); 609 (garantías: due diligence legal); 988 (carta de encargo: ejecución due diligence).

Otra voz: Entidad, Sociedad.

Enajenación: ver Compraventa.

Encabezamiento: 1761 (contrato compraventa empresa); 2567 (side letter).

Encargado del tratamiento: 536 (datos personales: due diligence); 543.2 (violaciones de seguridad).

Endoso: 4564 (SA: transmisión acciones).

Energía: 955 (due diligence medioambiental); 2840 (factores de valoración de empresas del sector); 6117 (IVA: due diligence fiscal: transmisión patrimonio empresarial).

Enfermedad profesional: 761 (cotización Seguridad Social: due diligence laboral).

Enriquecimiento injusto: 6109 (Administración tributaria: IRPF).

Entidad:
- **adquirente:** ver Adquirente.
- **aseguradora:** ver Aseguradora.
- **cotizada:** 4219 (adquisición por entidad de capital riesgo); 4286 (entidad de capital-riesgo: coeficiente obligatorio de inversión).
- **de capital-riesgo:** 4230 s. (régimen jurídico); 35 (adquisición de empresa: sujetos intervinientes); 1836 (compromiso permanencia: contenido contrato compraventa empresa); 2488 (pacto parasocial); 4255 (Pyme); 7340 (fiscalidad toma de participación en entidad no financiera).
- **de crédito:** 4056 (OPA: deber de abstención); 4947 (control de concentraciones comunitarias: volumen de negocio).
- **de tenencia de valores extranjeros:** 7131 (tributación).
- **emisora:** 4126 (requisitos incorporación al BME Growth).
- **en concurso:** ver Concurso de acreedores.
- **financiera:** 1221 (tipo de financiador); 4216 (adquisición por entidad de capital-riesgo).
  Otra voz: Banco.
- **inmobiliaria:** 4218 (adquisición por entidad de capital-riesgo).
- **local:** 4683.3 (empresa pública: participación accionarial).
- **no residente:** 6325 (compraventa de acciones: tributación directa); 6724 s. (operación de reestructuración: régimen fiscal especial); 6861 (transmisión establecimiento permanente: régimen fiscal especial).
- **residente:** 6719 s. (operación de reestructuración: régimen fiscal especial); 6862 (transmisión establecimiento permanente: régimen fiscal especial).
- **transmitente:** ver Transmitente.
- **vinculada:** ver Parte vinculada.

Otra voz: Empresa, Sociedad.

Entrega: 1445 (importe de la financiación: contrato de financiación); 3105 (obligaciones vendedor: responsabilidad); 5414, 5476 (obligaciones vendedor: cierre de la operación).

Envy ratio: 4657 (management buy-out: incentivo económico).

Equipo:
- **de trabajo:** 841 (prevención riesgos laborales: due diligence laboral).
- **directivo:** ver Directivo.

Equity clawbacks: 1323 (bono de alta rentabilidad).

Equity warrants: 1324 (bono de alta rentabilidad).

Error: 5520 (obligaciones post-cierre).

Escisión: 2110 s. (estudio de conjunto).
- **financiera:** 6695 (régimen fiscal especial).
- **gemelar:** 2170.
- **impropia:** 2162.
- **inversa:** 2167.
- **no proporcional:** 6696 (régimen fiscal especial).
- **parcial:** 2140 s. (régimen jurídico); 6692 (régimen fiscal especial).
- **parcial financiera:** 2146.
- **total:** 2130 s. (régimen jurídico); 6691 (régimen fiscal especial).

Contabilización: 8600 (operación entre compañías del grupo).

Due diligence penal: 870, 911 (responsabilidad penal persona jurídica).

Régimen fiscal: 6651 (régimen general: tributación indirecta); 6690 s. (régimen especial); 6803 (IVA: régimen especial); 6880 s. (aplicación del régimen especial).

Sector público: 8146 (transacciones y contratación pública).

Escritura pública:

Cesión global de activo y pasivo: 2301.

Cierre: 4162 (adquisición de sociedad incorporada al BME Growth).

Compraventa de activos: 5443 (documentación de cierre: bienes muebles); 5445 (documentación de cierre: bien imueble).
Declaración de unipersonalidad: 5438 (cierre: documentación societaria a formalizar).
Escisión: 2207.
Fusión: 2043 (contenido).
Pacto parasocial: 1379 (formalidades).
Social: 4559 (sociedad anónima); 2501 (eficacia pacto parasocial).

Escrow: 1325 (bono de alta rentabilidad); 5528 (obligaciones post-cierre).

Establecimiento:
Permanente: 6070 (IS: due diligence fiscal: operación vinculada); 6860 (transmisión: régimen fiscal especial).
Sanitario: 8077 (sanidad: autorización sectorial).
Otra voz: Libertad de establecimiento.

Estacionalidad: 372 (área de ventas: due diligence financiera de cuenta de resultados); 441 (working capital: due diligence financiera del balance de situación).

Estado:
- **de flujos de caja:** 490 s. (due diligence financiera).
- **financiero:** 3025 (manifestaciones y garantías transmitente: imagen fiel).

Estados Unidos: 539.1 (transferencia internacional de datos personales); 866 (due diligence penal: normas extraterritoriales).

Estatutos sociales:
Cierre: 5436 (formalización documentos societarios).
Due diligence legal: 565 (aspectos societarios).
Fusión: 1969 (proyecto de fusión).
OPA: 4030 (medidas para evitar OPA hostil).
Pacto parasocial: 2401 (contenido).
Periodo interino: 5322 (prohibición de modificación).
Resolución de conflictos: 5736 (arbitraje societario).
Sociedad incorporada al BME Growth: 4128, 4145 s. (requisitos incorporación).

Estrategia:
- **de negociación:** ver Negociación.
- **de ventas:** 142 (infomemo: descripción de la compañía).

Estructura:
- **de financiación:** 1100 s. (estudio de conjunto).
- **de la transacción:** 1054 (conclusiones informe de due diligence).
- **financiera de la entidad:** 466 (due diligence financiera).

Europa: 4110 (mercados alternativos bursátiles).

EVA: ver Economic Value Added.

Evaluación:
- **de impacto:** 540 (protección de datos).
- **medioambiental:** 955 (due diligence medioambiental).

Evicción: 3110 (responsabilidad del transmitente: saneamiento); 3255 (responsabilidad del transmitente por reclamación de tercero).
- **parcial:** 3112 (responsabilidad del transmitente).
Otra voz: Saneamiento por evicción.

Excedencia: 734 (convenio colectivo: due diligence laboral); 7814 (sucesión de empresa: mantenimiento condiciones laborales: reincorporación).

Exclusión:
Negociación: 4053 (sanciones OPA).
OPA obligatoria: 3750.
Responsabilidad: ver Exención de responsabilidad.
Socios: 568 (aspectos societarios: due diligence legal); 4508 (Agrupación de Interés Económico); 4524 (Agrupación Europea de Interés Económico); 4540 (sociedad colectiva); 4551 (sociedad comanditaria).

Exclusividad: 209 (contenido carta de intenciones).

Exención de responsabilidad:
Cláusulas contractuales: 3290 s.
Penal: 903 (persona jurídica: due diligence penal).
Saneamiento por evicción: 3113 (transmitente).
Saneamiento por vicios ocultos: 3130 (transmitente).
Tributaria: 3210.

Existencias: 429 (working capital: due diligence financiera del balance de situación); 433 (working capital: periodo medio de rotación); 5443 (documentación de cierre: transmisión de activos).

Expansión: 39 (tipos de inversión de entidades de capital riesgo).
Otra voz: Empresa en expansión.

Expediente de regulación de empleo: 6100 (IRPF: due diligence fiscal: retención indemnización).

Experto independiente: 2000 (informe sobre fusión); 2196 (informe sobre escisión).

Explotación: 949 (ganadera: due diligence medioambiental); 5723 (propiedad intelectual: arbitraje).

Exportación: 539 (transferencia internacional de datos personales).

Expositivo: 1739 (estructura contrato compraventa empresa).

Extinción: 4455 (joint venture); 4477 (UTE); 4487 (comunidad de bienes); 4497 (cuentas en participación).
Otra voz: Liquidación.

Extranjero: 3014 (manifestaciones y garantías transmitente: cumplimiento normativa trabajador); 8240 (inversión en España: supuestos de autorización).

F

Factoring: 452 (working capital: due diligence financiera del balance de situación).

Factura: 6052 (IS: due diligence fiscal: requisito gasto deducible); 7311 (empresa en concurso: modificación base imponible).

Fallecimiento del empresario: 6446 (sucesión universal: exclusión responsabilidad tributaria); 7708 (extinción contrato de trabajo).

Familia: 1152 (financiación de la adquisición).

Farmacia: 6118.1 (IVA: due diligence fiscal: transmisión patrimonio empresarial).

Fecha: 1979 (efectos contables: proyecto de fusión); 2621 (determinación de precio de adquisición por referencia); 5411 (cláusula de cierre).

Fedatario público: ver Notario.

Festivo: 729 (convenio colectivo: due diligence laboral).

Fianza: 658 (contrato arrendamiento: due diligence inmobiliaria); 1597 (contrato de financiación: cobertura de tipos de interés); 2445 (financiación: contenido pacto parasocial); 3455, 3457 (garantía de tercero a favor del adquirente).

Filial: 5508 (cierre: elemento extranjero).

Filialización: 4766 (enajenación activo esencial: autorización junta general).

Financiación:
- **de la compra:** 7010 s. (régimen jurídico); 4615 s. (leveraged buy-out: jerarquización de la deuda); 4768 (aprobación: compraventa empresa bajo condición suspensiva); 6923 (tratamiento fiscal de los costes de la transacción).
- **del circulante:** 451 (working capital: due diligence financiera del balance de situación).
- **sindicada:** 1515 s. (régimen jurídico).

Joint venture: 4445 (aportación de socios).
Pacto parasocial: 2445 (contenido); 2489 (entidad de capital riesgo).
Otra voz: Contrato de financiación, Estructura de financiación.

Financiador: 1221 (clases); 4614 (leveraged buy-out: estructural).

Firma:
Contrato: 253 (estrategias de negociación); 4711 (condiciones a la ejecución); 5503, 5505 (cierre de la compraventa).
Documento societario: 5483 (cierre: obligaciones del vendedor).
Side letter: 2567.

Fiscalidad: 6005 (due diligence).

Flujo:
- **de caja:** 490 s. (régimen jurídico); 73 (descuento: cuantificación creación de valor para el accionista); 510 (proyecciones financieras: due diligence financiera); 2785 (criterio de valoración de empresa); 4611 (leveraged buy-out: sociedad target); 6025 (due diligence fiscal: proyección).
- **de efectivo:** 7105 (repatriación).
- **de fondos:** 2811 (método de valoración de empresas); 4628 (leveraged buy-out: estructura operativa).

Folleto:
Explicativo: 3861 (OPA: solicitud de autorización); 3881 (OPA: publicidad).
Publicitario: 223 (oferta de adquisición).

Fondo:
- **de capital-riesgo:** 4249 (concepto); 35 (adquisición de empresa: sujetos intervinientes).
- **de comercio:** 1955 (fusión: correciones en el balance); 5453 (documentación de cierre: transmisión de activos); 6325 s. (compraventa de acciones: tributación directa); 6525 s. (compraventa de activos: tributación directa); 8465 (valoración: contabilización de adquisición de control).
- **de comercio indirecto:** 6372 (compraventa de acciones: tributación directa).
- **de deuda alternativa:** 1221 (tipo de financiador).
- **de inversión:** 2590 (side letter); 4901 (adquisición del control: concentración comunitaria).
- **de maniobra:** 1120 (balance de situación: aspectos financieros de la estructura de financiación de la adquisición); 2925 (adquisición con cierre diferido: mecanismo de ajuste al precio).

Forma: 206 (carta de intenciones); 1710 (contrato compraventa empresa); 2378 (pacto parasocial); 2565 (side letter).

Formación: 842 (prevención riesgos laborales: due diligence laboral).

Fórmula de Black-Scholes: 2827 (método de valoración de empresas).

Formulario:
Abreviado: 5062 (notificación concentraciones a la Comisión Europea); 5142 (notificación concentración a la CNMC).
Ordinario: 5061 (notificación concentraciones a la Comisión Europea); 5141 (notificación concentración a la CNMC).

Fraccionamiento: ver Pago fraccionado.

Franquicia: 3296 (responsabilidad transmitente: limitación cuantitativa mínima); 3406 (seguro de manifestaciones y garantías).

Fraude: 775 (Seguridad Social: responsabilidad penal: due diligence laboral); 3274 (acción revocatoria del acreedor por actos del transmitente); 3421 (seguro de manifestaciones y garantías: riesgo no asegurable).

Friends, family and fools: 1152 (financiación de la adquisición).

Fruto: 3118 (responsabilidad del transmitente: obligación de restitución); 4773 (efectos cumplimiento de la condición).

Fuero: 1510 (contrato de financiación).

Fundador: 567 (aspectos societarios: due diligence legal); 4560 (sociedad anónima: responsabilidad antes de la inscripción).

Fusión: 1915 s. (estudio de conjunto).
- **apalancada:** 2092 (concepto); 4630 (leveraged buy-out: fases); 4637 (leveraged buy-out: asistencia financiera).
- **de sociedad totalmente participada:** 6683 (régimen fiscal especial).
- **de sociedades gemelas:** 2075.
- **entre sociedades hermanas:** 8622 (operación entre compañías del grupo: contabilización).
- **especial:** 6684 (régimen fiscal especial).
- **extracomunitaria:** 2105.
- **intracomunitaria:** 2101.
- **inversa:** 2070 (régimen jurídico); 6687 (régimen fiscal especial).
- **matriz-filial:** 8616 (operación entre compañías del grupo: contabilización).
- **por absorción:** 1932 (concepto); 6681 (régimen fiscal especial).
Otra voz: Absorción.
- **por creación:** 1931 (concepto); 6682 (régimen fiscal especial).
- **transfronteriza:** 2100.

Contabilización: 8600 (operación entre compañías del grupo).
Control de concentraciones: 4885 (concentración dimensión comunitaria); 4975 (concentración: régimen español).
Dcho. administrativo: 8135 (contratación pública); 8208 (subvención: cambio de titularidad).
Due diligence: 870 (penal); 911 (responsabilidad penal persona jurídica); 6020 (fiscal: crédito fiscal traspasable a comprador).
OPA: 3737 (toma de control indirecta).
Régimen fiscal: 6647 (régimen general: tributación indirecta); 6680 s. (régimen especial); 6802 (IVA: régimen especial); 6880 s. (aplicación del régimen especial).
Otra voz: Modificación estructural.

G

Galicia: 7334 (incentivos fiscales a entidad cotizada en BME MTF Equity); 8196 (subvenciones: normativa).

Ganancial: 1761.1 (acciones/participaciones: consentimiento cónyuge).

Garante: 1738 (partes: estructura contrato compraventa empresa).

Garantía:
Estudio de conjunto: 3350 s. (adquirente).
Cierre: 5486 (obligaciones del vendedor); 5528 (obligaciones post-cierre).
Contrato de compraventa: 1752 (contenido); 1752 (estructura).
Due diligence: 466 (estructura financiera de la entidad); 607 (contrato préstamo, crédito o financiación); 609 (empresa target); 659 (construcción: inmobiliaria); 1065 (impacto conclusiones del informe).
Financiación de la adquisición: 1235 (deuda bancaria).
Fusión: 2031 (protección de acreedores).
Leveraged buy-out: 4621 (financiación); 4629 (constitución sociedad vehículo); 4632 (fusión).
Manifestaciones y garantías: 2999 (transmitente: existencia y tipo).
OPA: 3815 s. (régimen jurídico); 3939 (levantamiento: cumplimiento OPA).
Protección de datos personales: 539.2 (transferencia internacional).
Subvenciones: 8227.

Gas: 955 (due diligence medioambiental); 8101 (instalaciones: autorización sectorial).

Gasto:
- **de desplazamiento:** 792 (complemento extrasalarial: due diligence laboral).
- **de explotación:** 393 (áreas análisis: due diligence financiera de cuenta de resultados).
- **de la comunidad de propietarios:** 662 (due diligence inmobiliaria).
- **deducible:** 6051 (IS: due diligence fiscal: riesgo fiscal).
- **financiero:** 6059 (IS: due diligence fiscal: requisitos deducibilidad); 7300 (empresa en concurso: limitación a la deducibilidad).
- **financiero neto:** 7037 (tributación financiación de la compra mediante aportación a los fondos propios).
- **por ruptura de negociaciones:** 238 (responsabilidad precontractual).

Carta de intenciones: 209 (contenido).
Contrato de compraventa: 1753 (estructura); 1813 (contenido).
Due diligence: 657 (contrato arrendamiento); 665 (propiedad horizontal).

Gerente: 4472 (UTE: órganos sociales).

Gestión: 4420 (conjunta: concepto joint venture); 8250 (de sociedad extranjera: limitaciones a la inversión en España).

Gestor: 2493 (pacto parasocial: entidad de capital riesgo).

Gran empresa: 3373 (transmitente: efectos en las garantías exigidas por adquirente).

Gratificación extraordinaria: 794 (retribución: due diligence laboral).

Gravamen: ver Carga y gravamen.

Grupo de consolidación fiscal: 6021 (due diligence fiscal: crédito fiscal traspasable a comprador); 6316 (compraventa de acciones: responsabilidad); 6890 s. (operación reestructuración: régimen fiscal especial); 7305 (empresa en concurso: aspectos fiscales).

Grupo de sociedades:
Due diligence:
- fiscal: 6066 (IS: prestación de servicios: operación vinculada).

- legal: 575 (cuentas anuales); 589 (propiedad industrial o intelectual); 610 (contrato seguro).
- penal: 912 (responsabilidad penal persona jurídica).
- protección de datos personales: 539.4 (transferencia internacional de datos).

OPA: 4012 (deber de pasividad).

Pacto parasocial: 2368 (partes); 2376 (objeto); 2416 (contenido: adopción de acuerdos).

Régimen fiscal: 6350 s. (compraventa de acciones: tributación directa); 6535 (deducción fondo de comercio: compraventa de activos); 7305 (empresa en concurso).

Reorganización societaria: 4764 (compraventa empresa bajo condición suspensiva).

Resolución de conflictos: 5735 (arbitraje societario).

Sociedad mercantil pública: 4684.2.
Otra voz: Grupo de consolidación fiscal.

Guernsey: 539.1 (transferencia internacional de datos personales).

H

Head of terms: ver Carta de intenciones.

Hecho relevante: 3840 (decisión de formular OPA).

Híbrido: ver Instrumento híbrido.

Hidrocarburo: 8101 (instalaciones: autorización sectorial).

Hipoteca: 655 (cargas: due diligence inmobiliaria); 1610 (contrato de financiación: garantía a favor del financiador); 5445 (documentación de cierre: transmisión de activos).

Hoja:
- **de términos y condiciones:** 1418 (condiciones generales de la financiación).
- **registral:** 574 (depósito de cuentas anuales: due diligence legal).

Honorario: 5664, 5679 (árbitros).

Horas extraordinarias: 693 (contrato de trabajo: due diligence laboral); 725 (convenio colectivo: due diligence laboral); 755 (cotización Seguridad Social: due diligence laboral); 3011 (manifestaciones y garantías transmitente: condiciones).

Hostelería: 359 (indicadores del negocio: due diligence financiera).

I

I+D+i: ver Investigación y desarrollo.

Idioma: 1815 (contenido contrato compraventa empresa).

Igualdad informativa: 3990 (OPA competidora).

Illes Balears: 8196 (subvenciones: normativa).

Imagen:
- **de la empresa:** 527 (due diligence protección de datos).
- **fiel:** 3025 (manifestaciones y garantías transmitente: estados financieros).

Importación:

Bienes: 6132 (IVA: due diligence fiscal: deducción IVA soportado).

Datos personales: 539 (transferencia internacional).

Impuesto: 1753 (estructura contrato compraventa empresa); 5800 (fiscalidad proceso de compra); 7000 (implicaciones fiscales estructura de la transacción).

Impuesto sobre Actividades Económicas: 6146 (due diligence fiscal: área de revisión); 6663 (operación reestructuración: régimen fiscal general).

Impuesto sobre Bienes Inmuebles: 6147 (due diligence fiscal: área de revisión); 6666 (operación reestructuración: régimen fiscal general).

Impuesto sobre Construcciones, Instalaciones y Obras: 6148 (due diligence fiscal: área de revisión); 6668 (operación reestructuración: régimen fiscal general).

Impuesto sobre el Incremento de Valor de los Terrenos de Naturaleza Urbana: 6661 (operación reestructuración: régimen fiscal general); 6815 (operación reestructuración: régimen fiscal especial).

Impuesto sobre el Valor Añadido:

Compraventa:
- de acciones: 6318 (responsabilidad); 6380 s. (compraventa de acciones: relación con el ITP y AJD); 6930 (costes de la transacción).
- de activos: 6585 (relación con TPO del ITP y AJD); 6595 (relación con OS del ITP y AJD); 6600 (relación con AJD del ITP y AJD); 6930 (costes de la transacción).

Due diligence fiscal: 6115 s. (área de revisión).

Empresa en concurso: 7310 (aspectos fiscales).

Financiación de la compra:
- mediante aportación a los fondos propios: 7028.
- mediante recursos ajenos: 7028.

Operación de reestructuración: 6645 s. (régimen fiscal general); 6800 (régimen fiscal especial).

Transmisión global del patrimonio: 6555 (no sujeción).

Impuesto sobre la Renta de las Personas Físicas: 6095 s. (due diligence fiscal: área de revisión); 7564 (retribución carried interest).

Impuesto sobre la Renta de no Residentes: 6090 s. (due diligence fiscal: área de revisión).

Impuesto sobre Sociedades:

Compraventa de acciones: 6316 (responsabilidad); 6920 (costes de la transacción).

Due diligence:
- financiera: 402 (cuenta de resultados); 456 (balance de situación: saldos asociados).
- fiscal: 6050 s. (área de revisión).

Operación de reestructuración: 6633 (régimen fiscal general).

Impuesto sobre Transmisiones Patrimoniales y Actos Jurídicos Documentados:

Compraventa:
- de acciones: 6380 s. (relación con el IVA).
- de activos: 6580 s.

Due diligence fiscal: 6135 s. (due diligence fiscal: área de revisión).

Financiación compra: 7027 (aportación a los fondos propios).

Operación de reestructuración: 6790 (régimen fiscal especial).

Impugnación:

Fusión: 2055.

Relación de canje: 1957 (fusión).

Imputación:

Rentas: 6629 (operación reestructuración: régimen fiscal general); 6850 (operación reestructuración: régimen fiscal especial).

Riesgos: 5335 (deterioro/pérdida empresa en periodo interino).

Incapacidad:

Empresario: 7705 (extinción contrato de trabajo).

Temporal: 756 (cotización Seguridad Social: due diligence laboral).

Incendio: 846 (due diligence laboral: medidas de emergencia).

Incentivo:

Económico: 4655 s. (management buy-out: equipo directivo).

Fiscal: 7325 s. (entidad cotizada en BME MTF Equity).

Incorporación al BME Growth: 4125 (requisitos).

Incumplimiento:

Contrato de compraventa: 3155 (régimen contractual de responsabilidad: imputación).

OPA obligatoria: 3755.

Indemnities: 3235 (responsabilidad de las partes).

Indemnización:

Cláusula contractual: 594 (due diligence legal).

Complemento extrasalarial: 792 (due diligence laboral).

Despido: 390 (due diligence financiera de cuenta de resultados); 6100 (IRPF: due diligence fiscal: retención); 7757 (responsabilidad solidaria de cedente y cesionario).

Extinción contrato: 600 (due diligence legal).

Incumplimiento contractual: 3182, 3225.

Manifestaciones y garantías del transmitente: 3055.

Responsabilidad:
- fiscal: 6190.
- por reclamación de tercero: 3235.

Seguro de manifestaciones y garantías: 3421 (riesgo no asegurable).
Otra voz: Daños y perjuicios.

Indicador del negocio: 358 (due diligence financiera).

Índice: 1736 (estructura contrato compraventa empresa).

Industria: 8085 s. (autorización sectorial: dcho. administrativo).

Agroalimentaria: 949 (due diligence medioambiental).

Química: 948 (due diligence medioambiental).

Influencia:
- **decisiva:** 4886 (adquisición del control: concentración dimensión comunitaria); 4980 (concentración: régimen español).
- **significativa:** 8340 (contabilización adquisición acciones/participaciones).

Infomemo: 115 s. (estudio de conjunto); 252 (estrategias de negociación).

Información:

Cierre: 5479 (obligaciones del vendedor).

Confirmación: 1011 s. (ejecución del due diligence).

Derecho: ver Derecho de información.

Fondo de comercio: 6375 (deducción: obligación).

Infomemo: 151 s. (infomemo: contenido).

OPA competidora: 3990 (igualdad).

Protección de datos: 532 (due diligence: obligaciones objeto de revisión).

Suministro: 995 (ejecución del due diligence).

Tratamiento: 4667 (management buy-out: conflicto de intereses); 5066 (notificación concentraciones a la Comisión Europea); 5145 (notificación concentración a la CNMC).

Informe:

Administradores: 1992 (fusión); 2064 (fusión simplificada); 2193 (escisión); 2282 (cesión global de activo y pasivo); 3891 (OPA); 4040 (medidas defensivas OPA hostil); 4046 (neutralización medidas defensivas OPA hostil).

Due diligence: 310 s. (estudio de conjunto); 33 (adquisición de empresa por comprador industrial); 1030 (ejecución).

Experto independiente: 2000 (fusión); 2064 (fusión simplificada); 2094 (fusión posterior a compra apalancada); 2196 (escisión).

Trabajador en alta: 747 (due diligence laboral).

Valoración de empresa: 2870 s. (régimen jurídico).

Infraestructura crítica: 8260 (limitaciones a las inversiones extranjeras en España).

Ingreso a cuenta: 6453 (falta de ingreso: responsabilidad solidaria del sucesor de la explotación).

Operación reestructuración: 6808 (régimen fiscal especial).

Retribución en especie: 6099 (IRPF: due diligence fiscal).
Valoración de empresa: 2785 (criterio).

Inhabilitación: 672 (sanción medioambiental); 901 (responsabilidad penal persona jurídica); 4053 (sanciones OPA); 4271 (sanciones entidad de capital riesgo).

Inmueble:
Adquisición de empresa por Administración: 4690 (fijación del precio).
Donación: 1712 (forma contrato compraventa empresa).
Due diligence: 640 s. (estudio de conjunto); 951 (medioambiental).
Manifestaciones y garantías: 3005 (transmitente).
Transmisión: 1785 (contrato compraventa de activos); 5445 (documentación de cierre: transmisión de activos); 6586, 6588, 6589 (compraventa de activos: relación IVA/ITP y AJD); 6792 (TPO: régimen fiscal especial operaciones reestructuración); 7065 (tributación indirecta); 7385 (fiscalidad adquisición de entidad con sustrato inmobiliario).

Inscripción:
Cesión global de activo y pasivo: 2302.
Escisión: 2210.
Fusión: 2050 (eficacia).
Poder: 2988 (manifestaciones y garantías transmitente).
Sociedad: 2984 (manifestaciones y garantías transmitente).

Insolvencia: 3502 (concurso de acreedores: concepto).

Inspección fiscal: 6040 (due diligence fiscal: área de revisión).

Inspección Técnica de Edificios: 671 (due diligence inmobiliaria).

Instalación: 148 (infomemo: descripción de la compañía); 951 (due diligence medioambiental); 8100 s. (autorización sectorial: dcho. administrativo).
- de combustión: 948 (due diligence medioambiental).
- industrial: 616 (due diligence legal dcho. administrativo).
- permanente: 587 (activos: due diligence legal).

Institución de Inversión Colectiva Inmobiliaria: 7454 (régimen fiscal especial).

Institutional buy-out: 4328 (adquisición por entidad de capital-riesgo).

Instrumento híbrido: 7050 (financiación de la compra).

Intercreditor: 1575 (contrato de acreedores complementario al contrato de financiación).

Interés:
- capitalizable: 1252 (financiación de la adquisición mediante deuda bancaria).
- de demora: 7322 (empresa en concurso: aspectos fiscales).
- fijo: 1246 (financiación de la adquisición mediante deuda bancaria).
- mixto: 1249 (financiación de la adquisición mediante deuda bancaria).
- pagadero con caja: 1251 (financiación de la adquisición mediante deuda bancaria).
- variable: 1247 (financiación de la adquisición mediante deuda bancaria).
Contrato de financiación: 1465.
Precio equitativo: 3820 (OPA obligatoria).
Tributación: 7110 (pago).

Intermediario: 1518 (financiación sindicada).

Internacional: 1709 (compraventa: regulación).

Internacionalización: 5645 (arbitraje: resolución de conflictos).

Internet: 4952 (control de concentraciones comunitarias: volumen de negocios).

Intervención General de la Administración del Estado: 4698.3 (privatización de empresa pública: control).

Inventario: 5440 (documentación de cierre: transmisión de activos).

Inversión:
Due diligence financiera: 477 (CAPEX: balance de situación).
Extranjera: 45 (compraventa de activos); 49 (compraventa de acciones); 627 (due diligence legal: área de análisis); 5496 (cierre: obligaciones del comprador); 8240 (régimen de autorización).
Subvención: 8215 (mantenimiento).

Inversor:
Angelical: 41 (adquisición de empresa: sujetos intervinientes); 1165 (financiación de la adquisición).
Financiero: 34 (adquisición de empresa: sujetos intervinientes); 129 (infomemo: descripción de mercado).
Industrial: 33 (adquisición de empresa: sujetos intervinientes).
Leveraged buy-out: 4612, 4616 (financiación adquisición).

Investigación y desarrollo: 145 (infomemo: descripción de la compañía).

Invitación a ofertar: 222 (oferta de adquisición).

IS: ver Impuesto sobre Sociedades.

Isla de Man: 539.1 (transferencia internacional de datos personales).

Islas Feroe: 539.1 (transferencia internacional de datos personales).

Israel: 539.1 (transferencia internacional de datos personales).

ITP y AJD: ver Impuesto sobre Transmisiones Patrimoniales y Actos Jurídicos Documentados.

IVA: ver Impuesto sobre el Valor Añadido.

J

Japón: 539.1 (transferencia internacional de datos personales).

Jersey: 539.1 (transferencia internacional de datos personales).

Joint Venture: 4400 s. (estudio de conjunto); 2480 (pacto parasocial); 3465 (mecanismos de garantía a favor del adquirente); 7476 (formación).

Jornada laboral: 693 (contrato de trabajo: due diligence laboral); 723 (convenio colectivo: due diligence laboral); 729 (descanso: due diligence laboral); 3011 (condiciones: manifestaciones y garantías).

Jubilación del empresario: 7703 (extinción contrato de trabajo).

Junta Arbitral:
- **de Consumo:** 5702 (arbitraje de consumo).
- **de Transporte:** 5718 (arbitraje de transporte terrestre).

Junta de empresarios: 4472 (UTE).

Junta general:
Cesión global de activo y pasivo: 2287.
Cierre de la operación: 5436 (documentos societarios a formalizar).
Fusión: 2015 (información); 2018 (convocatoria).
OPA: 3806 (permuta o canje de valores); 3840 (decisión de formular); 4015 (autorización: deber de pasividad); 4046 (medidas defensivas OPA hostil).
Pacto parasocial: 2410 (adopción de acuerdos).

Junta universal:
Activo esencial: 4766 (autorización: condición suspensiva de la compraventa); 5409 (aprobación adquisición y enajenación).
Cesión global de activo y pasivo: 2291.
Fusión: 1961 (proceso simplificado).

Jurisdicción:
Arbitraje: 5662, 5664 (comparación).
Contrato:
- de compraventa empresa: 1753, 1828 s.
- de financiación: 1510.
Due diligence legal: 596 (contratos).
Pacto parasocial: 2460.
Resolución de conflictos: 5620.

Justicia gratuita: 5624 (resolución de conflictos: jurisdicción).

Justificación: 8226 (subvenciones).

K

Kilometraje: 792 (complemento extrasalarial: due diligence laboral).

L

La Rioja: 8196 (subvenciones: normativa).

Laboratorio farmacéutico: 8075 (sanidad: autorización sectorial).

Laudo: 5643, 5652 (arbitraje: resolución de conflictos).

LBO: ver Leveraged Buy-Out.

LBU: ver Leveraged Build-Up.

Leasing: ver Arrendamiento financiero.

Legalización:
Documentos: 1768 (país no firmante de la Convención de la Haya).
Libros societarios: 579 (due diligence legal).

Legislación: ver Ley aplicable.

Letra de cambio: 6136 (ITP y AJD: due diligence fiscal).

Letter of intend: ver Carta de intenciones.

Leveraged Build-Up: 4675 (operación singular de adquisición).

Leveraged Buy-Out: 4605 s. (régimen jurídico); 4326 (adquisición por entidad de capital-riesgo).

Ley aplicable:
Carta de intenciones: 209 (contenido).
Contrato compraventa empresa: 1753, 1821 s. (contenido).
Due diligence legal: 596 (contratos).
Pacto parasocial: 2460 (contenido).

Ley Ómnibus: 8040 (directiva de servicios: dcho. administrativo).

Liberalidad: 6057 (IS: due diligence fiscal: requisitos deducibilidad).

Libertad de establecimiento: 8021, 8028 (directiva de servicios: dcho. administrativo).

Libre circulación: 8021, 8035 (directiva de servicios: dcho. administrativo).

Libro:
Actas: 564, 579 (due diligence legal: aspectos societarios).
Contratos con el socio único: 576, 578 (due diligence legal: unipersonalidad).
Registro de socios/acciones nominativas: 571, 578 (due diligence legal); 3387 (constitución prenda de acciones: anotación); 5432 (documentación de cierre).
Societario: 578 (due diligence legal); 2987 (manifestaciones y garantías transmitente: llevanza); 5432 (documentación de cierre).
Subcontratación: 708 (due diligence laboral: responsabilidad contratista).
Visitas: 829 (due diligence laboral: litigios).

Licencia: 149 (infomemo: descripción de la compañía); 4767 (compraventa empresa: bajo condición suspensiva); 5185 (control de concentraciones: restricción accesoria); 5200 (cesión: compromiso operación de concentración); 5451 (documentación de cierre: transmisión de activos); 8056 (comunicación audiovisual: autorización sectorial).
Actividad: 616 (due diligence legal dcho. administrativo); 2992 (manifestaciones y garantías transmitente: vigencia).
Administrativa: 4767 (compraventa empresa: bajo condición suspensiva).
Medioambiental: 953 (due diligence medioambiental).
Obra: 616 (due diligence legal dcho. administrativo).
Urbanística: 670 (due diligence inmobiliaria).
Uso: 589 (activos: due diligence legal).

Licitación en curso: 8145 (operaciones estructurales: transacciones y contratación pública); 8165 (transmisión de acciones: contratación pública).

Licitador: 8140 (operaciones estructurales: solvencia: transacciones y contratación pública).

Like for like: 377 (área de ventas: due diligence financiera de cuenta de resultados).

Limpieza: 7633.1 (sucesión de plantilla); 7642 (sucesión de contratas).

Línea de crédito: 2993 (manifestaciones y garantías transmitente: efectos adversos).

Línea de negocio: 139 (infomemo: descripción de la compañía).

Liquidación:
Agrupación Europea de Interés Económico: 4528.
Fiscal:
- Impuesto sobre el Valor Añadido: 6807 (operación reestructuración: régimen fiscal especial).
- Impuesto sobre Sociedades: 6633 (operación reestructuración: régimen fiscal general del transmitente).

OPA: 3930.
Seguridad Social: 758 (complementaria: due diligence laboral); 747 (cotizaciones: due diligence laboral).
Sociedad anónima: 4565.

Liquidez: 4131 (contrato: requisitos incorporación al BME Growth).

Lista:
- **ciega:** 143 (infomemo: descripción de la compañía).
- **de activos y pasivos:** 5440 (documentación de cierre: transmisión de activos).
- **de candidatos:** 252 (estrategias de negociación).
- **de contratos en curso:** 5447 (documentación de cierre: transmisión de activos).
- **de derechos de propiedad intelectual e industrial:** 5446 (documentación de cierre: transmisión de activos).
- **de información:** 346 (due diligence financiera).

Listado de candidatos: 252 (estrategias de negociación).

Listado de cierre: 5440 (documentación de cierre: transmisión de activos).

Listado de información: 346 (due diligence financiera).

Litigio:
Due diligence:
- fiscal: 6040.
- inmobiliaria: 669, 673.
- laboral: 825.
- legal: 632.
- penal: 886.

Manifestaciones y garantías: 2997 (existencia); 3015 (laboral).

Locked box: 5350 (mecanismo de ajuste de precio por riesgos durante periodo interino).

Logotipo: 2990 (manifestaciones y garantías transmitente: propiedad industrial: título y registro).

Lucro cesante: 3227 (indemnización por incumplimiento contractual).

Lugar: 5412 (cláusula de cierre).

M

MAC: ver Cambio material adverso.

Madera: 949 (due diligence medioambiente).

Madrid: 7337 (incentivos fiscales a entidad cotizada en MAB); 8196 (subvenciones: normativa).

Make-whole call premiums: 1320 (bono de alta rentabilidad).

Mala fe: 3128 (responsabilidad del transmitente: saneamiento por vicios ocultos).

Management buy-in: 4330 (adquisición por entidad de capital-riesgo); 4675 (operación singular de adquisición).

Management buy-out: 4640 s. (régimen jurídico); 4329 (adquisición por entidad de capital-riesgo).

Management fees: ver Comisión por gestión.

Mancomunidad: 1532 (financiación sindicada: derechos y obligaciones de los financiadores).

Mandatario verbal: 1773 (contrato compraventa empresa: ratificación de poderes).

Manifestaciones y garantías:
Cierre: 5415 (cláusula); 5484 (obligaciones del vendedor).
Contractuales: 2950 s. (estudio de conjunto); 1746 (contenido contrato de compraventa empresa).
Due diligence: 888 (due diligence penal); 1060 (impacto conclusiones informe de due diligence).

Fiscales: 6170 s. (régimen jurídico).
Responsabilidad del transmitente: 3127, 3134 (saneamiento por vicios ocultos); 3225 (obligación de indemnizar); 3242 (indemnities).

Maquinaria: 587 (activos: due diligence legal); 708 (responsabilidad contratista: due diligence laboral); 1784, 1785 (contrato compraventa de activos).

Marca: 588 (activos: due diligence legal); 2990 (manifestaciones y garantías transmitente: propiedad industrial: título y registro); 4439 (negociación joint venture); 5200 (cesión: compromiso en operación de concentración); 5201 (cambio: compromiso operación de concentración).

Margen bruto: 384 (áreas análisis: due diligence financiera de cuenta de resultados).

Margen sobre ventas: 358 (indicador del negocio: due diligence financiera).

Marketing: 142 (infomemo).

Material Adverse Change: ver Cambio material adverso.

Maternidad: 727 (horas extraordinarias: due diligence laboral); 757 (cotización Seguridad Social: due diligence laboral).

Mayoría:
Due diligence legal: 567 (aspectos societarios).
Pacto parasocial: 2410 (contenido: adopción de acuerdos sociales).

MBI: ver Management Buy-In.

MBO: ver Management Buy-Out.

Mecanismo transfronterizo: 6149 (planificación fiscal: obligación de información).

Mediación: 5630 s. (régimen jurídico); 5626 (sistema alternativo de resolución de conflictos); 5705 (arbitraje de consumo).

Mediador: 3414 (seguro de manifestaciones y garantías).

Medida cautelar: 5660 (arbitraje: resolución de conflictos); 5726 (arbitraje de propiedad intelectual).

Medio de comunicación: 8260 (limitaciones a las inversiones extranjeras en España).

Medio de pago: 2890.

Medioambiente:
Due diligence: 945 s. (régimen jurídico); 672 (inmobiliaria); 963 (reputacional).
Infomemo: 149 (descripción de la compañía).
Seguro de manifestaciones y garantías: 3421 (riesgo no asegurable).

Medios técnicos: 148 (infomemo: descripción de la compañía).

MEFF de Renta Fija: 2663 (fijación de precio de activos en mercados financieros).

MEFF de Renta Variable: 2664 (fijación de precio de activos en mercados financieros).

Mejora: 4782 (traslación del riesgo: condiciones a la ejecución).

Memorandum of Understanding: ver Carta de intenciones.

Memoria anual: 572 (aspectos societarios: due diligence legal); 6871 (operación reestructuración: régimen fiscal especial).

Menor de edad: 533.2 (tratamiento de datos personales: due diligence); 727 (horas extraordinarias: due diligence laboral); 757 (nacimiento).

Mercadería: 5443 (documentación de cierre: transmisión de activos).

Mercado: 129 s. (infomemo: contenido); 2621 (determinación por referencia a fecha concreta); 2780 (criterio de valoración de empresa).
- **financiero:** 2655 (fijación precio activos transmitidos).
- **relevante:** 5005 (control de concentraciones: régimen español).
- **secundario:** 4696.1 (enajenación valores sociedad mercantil pública).

Mercado Alternativo Bursátil: ver BME MTF Equity.

Mercado de capitales: 1195 (financiación de la adquisición).

Mercado de Deuda Pública en Anotaciones: 2666 (fijación de precio de activos en mercados financieros).

Mercados Españoles Oficiales de Opciones y Futuros Financieros: 2662 (fijación de precio de activos transmitidos en mercados financieros).

Metálico: 2891 (pago del precio).

Metalurgia: 948 (due diligence medioambiental).

Metamanifestación: 3032 (manifestaciones y garantías transmitente: veracidad).

Método de valoración de empresa: 2760 s. (estudio de conjunto).

Microempresa: 8209 (subvenciones).

Minería: 948 (due diligence medioambiental); 8123 (autorización por ocupación o uso del dominio público).

Misión: 149 (infomemo: descripción de la compañía).

Modelo:
- **de cumplimiento:** 905 (exención responsabilidad penal persona jurídica).
- **de utilidad:** 2990 (manifestaciones y garantías transmitente: propiedad industrial: título y registro).

Modificación:
Base imponible: 7311 (empresa en concurso: IVA).
Estatutos: 5436 (cierre: formalización documentos societarios).

Estructural: 1900 s. (estudio de conjunto); 6610 s. (régimen fiscal: estudio de conjunto); 545 (acceso a datos personales: due diligence); 582 (aspectos societarios: due diligence legal).
Manifestaciones y garantías: 5415 (cierre de la operación).
Objeto del contrato: 5417 (cierre: reproducción manifestaciones y garantías).
OPA: 3809 (precio equitativo); 3941 (características); 3980 (OPA competidora).
Órgano de administración: 5436 (cierre: formalización documentos societarios); 5483 (cierre: firma documentos societarios).
Otra voz: Cambio.
Societaria: 5418 (cierre: contrato colateral); 5434 (documentación de cierre).

Moneda: 2888 (pago del precio de adquisición); 5491 (cierre: pago del precio).

Morosidad: 665 (due diligence inmobiliaria).

Motivo económico válido: 6080 (IS: due diligence fiscal: requisito régimen de neutralidad fiscal).

Movilidad: 732 (convenio colectivo: due diligence laboral).

Muerte: ver Fallecimiento del empresario.

Muestreo: 748 (cotización Seguridad Social: due diligence laboral).

Múltiplo:
- **de las ventas:** 2803 (método de valoración de empresas).
- **EBITDA:** 2804 (método de valoración de empresas).

Multiservicio: 7664 (empresa: sucesión empresarial).

Murcia: 7339 (incentivos fiscales a entidad cotizada en MAB); 8196 (subvenciones: normativa).

N

Nacimiento: 757 (de menor de edad: cotización SS).

Navarra: 8196 (subvenciones: normativa).

Necesidad: 275 (elección estrategia de negociación).

Negative pledge: 1545 (financiación sindicada: ofrecimiento de garantías a terceros).

Negligencia: 3158 (régimen contractual de responsabilidad: imputación incumplimiento).

Negociación:
- **bilateral:** 189 (carta de intenciones); 250 (estrategias de negociación); 2746 (fijación del precio en mercado no organizado).
- **privada:** 5626 (sistema alternativo a la resolución de conflictos).

Adquisición de empresa: 58 (proceso).
Estrategia: 245 s. (estudio de conjunto).
Fases: 256.
Financiación: 1415 (actos previos a la formalización contractual).
Joint Venture: 4435 s. (etapas).
Ruptura: 210 (contenido carta de intenciones); 235, 237 (responsabilidad precontractual); 1055 (conclusiones informe de due diligence).

Neutralidad fiscal: ver Régimen de neutralidad fiscal.

Nivel:
- **de financiación:** 467 (due diligence financiera).
- **de inversión:** 477 (recurrente: due diligence financiera); 482 (ratio activo fijo: due diligence financiera).
- **de ventas:** 366 (áreas análisis: due diligence financiera de cuenta de resultados).

No residente: 6325 s. (compraventa de acciones: tributación directa); 6724 s., 6755 (operación de reestructuración: régimen fiscal especial); 6861 (transmisión establecimiento permanente: régimen fiscal especial).

Nombre comercial: 2990 (manifestaciones y garantías transmitente: propiedad industrial: título y registro).

Nómina: 782 (retribución: due diligence laboral).

Non disclosure agreement: ver Confidencialidad.

Normalización: 360 (EBITDA: due diligence financiera); 418 (balance de situación: due diligence financiera); 445 (working capital: due diligence financiera del balance de situación).

Normas corporativas vinculantes: 539.4 (transferencia internacional de datos).

Nota simple registral: 564 (sociedad target: due diligence legal); 652 (documentación a revisar: due diligence inmobiliaria); 1011 (Registro Mercantil: ejecución del due diligence).

Notario: 45 (compraventa de activos); 47 (compraventa de acciones); 1475 (contrato de financiación: honorarios); 1770 (identificación titular real); 4056 (OPA: deber de abstención); 4688.2 (transmisión participación accionarial sociedad pública: reducción arancel); 5412 (lugar cierre operación).

Notificación:
Cesión de derecho de crédito: 5450 (documentación de cierre: transmisión de activos).
Contrato: 1753, 1814.
Operación de concentración: 5020 s. (estudio de conjunto); 5210 (autoridad de defensa de la competencia: efecto suspensivo).
Telecomunicaciones: 8066 (autorización sectorial).
Violación de seguridad: 543 (protección de datos personales: due diligence).

Nueva Zelanda: 539.1 (transferencia internacional de datos personales).

O

Objetivo futuro: 2632 (determinación del precio de adquisición).

Objeto social: 566 (aspectos societarios: due diligence legal); 716 (convenio colectivo aplicable: due diligence laboral); 4468 (UTE).

Obligación:
Comprador: 1707 (compraventa de empresa); 1745 (cierre).
Condicional: 4725 (tipos).
Contable: 6870 (operación reestructuración: régimen fiscal especial).
Formal: 6450 (alcance responsabilidad solidaria del sucesor de la explotación).
Obligación de información: ver Información.
Obligación de permanencia: ver Permanencia.
Vendedor: 1707 (compraventa de empresa); 1744 (periodo interino); 1745 (cierre).

OBO: ver Owner Buy-Out.

OEPM: ver Oficina Española de Patentes y Marcas.

Oferta:
- **contractual:** 202 (diferencia con carta de intenciones).
- **de compra:** 220 s. (régimen jurídico); 4155 (adquisición de sociedad incorporada al BME Growth).
- **de venta:** 177 (infomemo: contenido amplio).
- **indicativa:** 252 (estrategias de negociación).
- **vinculante:** 253 (estrategias de negociación).

Oferta Pública de Adquisición de Acciones: 2468 (pacto parasocial: sociedad cotizada); 3705 (adquisición de sociedad cotizada); 3941 (modificación); 4688.1 (transmisión participación accionarial sociedad pública: exclusión); 4696.1 (privatización sociedad mercantil pública en mercado secundario).
Amistosa: 3720.
Competidora: 3950 s. (régimen jurídico); 3980 (modificación).
De exclusión: 3923 (resultado).
Hostil: 3720, 4025 (medidas defensivas).
Obligatoria: 3725 s. (régimen jurídico); 3707 (principios rectores); 3745 (dispensa o exclusión: requisitos); 3761 (delimitación OPA voluntaria); 3921 (resultado).
Parcial: 3727 (OPA: elementos estructurales); 3775 (transformación OPA voluntaria en obligatoria); 3932 (liquidación OPA).
Por exclusión: 3780.
Por reducción del capital mediante adquisición de acciones propias: 3790, 3923 (resultado).
Sobre acciones propias: 3936 (liquidación).
Voluntaria: 3760 s. (régimen jurídico); 3707 (principios rectores); 3775 (transformación en OPA obligatoria); 3922, 3925 (resultado).

Oferta Pública de Suscripción: 1198, 1196 (financiación de la adquisición a través del mercado de capitales); 4338 (desinversión adquisición por entidad de capital-riesgo).

Oferta Pública de Venta: 1196 (financiación de la adquisición a través del mercado de capitales); 4338 (desinversión adquisición por entidad de capital-riesgo); 4696.1 (privatización sociedad mercantil pública en mercado secundario).

Oficina Española de Patentes y Marcas: 1014 (confirmación información: ejecución del due diligence).

Omisión: 927 (responsabilidad penal administrador social); 5520 (obligaciones post-cierre).

On line dispute resolution: ver Arbitraje electrónico.

One-to-one: ver Negociación bilateral.

OPA: ver Oferta Pública de Adquisición de Acciones.

Opción de compra: 2440 (contenido pacto parasocial); 3470 (joint venture: mecanismo de garantía a favor del adquirente); 3802 (precio OPA obligatoria).

Opción de venta: 2440 (contenido pacto parasocial); 3470 (joint venture: mecanismo de garantía a favor del adquirente); 3802 (precio OPA obligatoria).

Opción financiera: 2825 (métodos de valoración de empresas).

Operación de concentración: ver Concentración económica.

Operación de reestructuración: 6610 s. (régimen fiscal: estudio de conjunto); 545 (acceso datos personales: due diligence protección de datos); 6075 (IS: due diligence fiscal: régimen de neutralidad fiscal).
- **entre compañías del grupo:** 8580 s. (contabilización adquisición de empresa).
Otra voz: Modificación estructural.

Operación intra-grupo: 7043 (tributación financiación de la compra mediante aportación a los fondos propios).

Operación societaria: 6581 (ITP y AJD: compraventa de activos); 6595 (compraventa de activos: relación IVA/ITP y AJD); 6790 (ITP y AJD: régimen fiscal especial operaciones reestructuración).

Operación vinculada: 6061 (IS: due diligence fiscal: riesgo fiscal).
Otra voz: Parte vinculada.

Operador aéreo: 6118.1 (IVA: due diligence fiscal: transmisión patrimonio empresarial).

Opinión:
- **de trabajadores:** 1998 (fusión: informe de administradores); 2192 (proyecto de escisión); 2195 (escisión: informe de administradores).
- **legal:** 1580 (contrato de financiación: documento complementario).

Oposición: 538 (acceso datos personales: due diligence).

Organigrama: 138, 146 (infomemo: descripción de la compañía); 390 (análisis personal: due diligence financiera de cuenta de resultados).

Organismo público: 4682.5 (empresa pública); 4689 (adquisición de sociedad mercantil: autorización); 4694 (privatización empresa pública: autorización); 4695.1 (enajenación participación accionarial en empresa pública: agente gestor del proceso de privatización).

Organización mundial de la propiedad intelectual: 5731 (arbitraje).

Órgano de administración:
Cierre: 5437 (documentación).
Due diligence legal: 566 (aspectos societarios); 569 (composición).
OPA: 3840 (decisión de formular OPA).
Pacto parasocial: 2394 (organización); 2411 (adopción de acuerdos).
Sociedad Anónima: 4561.
Unión Temporal de Empresas: 4472.
Otra voz: Administrador.

Owner Buy-Out: 4675 (operación singular de adquisición).

P

Pacto:
- **comisorio:** 1606 (contrato de financiación: prohibición).
- **de atribución:** 2389 (tipos de pacto parasocial).
- **de bloqueo:** 2387 (tipos de pacto parasocial).
- **de defensa:** 2387 (tipo de pacto parasocial).
- **de no agresión:** 2388 (tipos de pacto parasocial).
- **de organización:** 2392 (tipos de pacto parasocial).
- **de relación:** 2386 (tipos de pacto parasocial).
- **de reserva de dominio:** 1678 (contrato de financiación: garantía a favor del financiador).
- **de socios:** ver Acuerdo de socios.

Pacto parasocial: 2350 s. (estudio de conjunto); 4040, 4042 (medidas para evitar OPA hostil); 4128, 4147 (requisitos incorporación al BME Growth: estatutos sociales); 4320 (adquisición por entidad de capital-riesgo); 4445 (joint venture: aportaciones); 4438 (negociación joint venture).

Pagaré: 2891 (pago del precio); 6136 (ITP y AJD: due diligence fiscal).

Página web:
Due diligence legal: 577 (aspectos societarios).
Fusión: 1990 (publicidad proyecto de fusión); 2012 (información sobre la fusión).
Manifestaciones y garantías: 2990 (propiedad industrial: título y registro).

Pago: 1500 (contrato de financiación); 5490 (cierre: obligaciones del comprador).
- **aplazado:** ver Aplazamiento.
- **del precio:** 2885 s. (estudio de conjunto).
- **delegado:** 756 (cotización Seguridad Social: due diligence laboral).
- **fraccionado:** 3012 (cuotas Seguridad Social: manifestaciones y garantías); 6084 (IS: due diligence fiscal); 7316 (empresa en concurso: aspectos fiscales).

País vasco: 6895 (operación reestructuración: régimen fiscal especial); 8196 (subvenciones: normativa).

Papel: 949 (due diligence medioambiental).

Parámetro de negocio: 2719 (precio en función del cumplimiento de objetivos).

Pari passu: 1542 (cláusula estándar de financiación sindicada: igualdad de condiciones entre financiadores).

Parte: 1760 s. (contrato compraventa empresa: régimen jurídico); 208 (contenido carta de intenciones); 2367, 2503 (pacto parasocial).

Parte vinculada: 6516 (recuperación de valor: tratamiento fiscal compraventa de activos).
Asimetría híbrida: 6060 (no deducibilidad fiscal).
Compraventa de activos: 6510 s. (tratamiento fiscal del comprador).
Due diligence:
- financiera: 407 (cuenta de resultados); 458 (saldos del balance de situación).
- legal: 589 (propiedad industrial o intelectual).
Fiscalidad: 7044 (tributación financiación de la compra mediante aportación a los fondos propios).

Participación:
- **en otra sociedad:** 584 (due diligence legal).
- **en sociedad colectiva:** 4539 (transmisión).
- **indirecta:** 6365 (compraventa de acciones: tributación directa).

Participación recíproca: 573.1 (cuentas anuales: due diligence legal); 6765 s. (operación de reestructuración: régimen fiscal especial).

Participación significativa: 4128, 4146 (requisitos incorporación al BME Growth: estatutos sociales).

Participación social: 5321 (constitución carga/gravamen: prohibición de transmitente en periodo interino); 8310 (contabilización adquisición).
Compraventa: ver Compraventa de participaciones.
Titularidad: 571 (situación jurídica: due diligence legal).
Transmisión: 1778 (objeto contrato compraventa empresa); 2425 (contenido pacto parasocial); 567 (aspectos societarios: due diligence legal).
Valoración: 6742 (operación de reestructuración: régimen fiscal especial).

Partícipe: 4490 (cuentas en participación).

Pasivo: 414 (balance de situación: due diligence financiera); 427 (working capital: due diligence financiera del balance de situación); 1111 (balance de situación: aspectos financieros de la estructura de financiación de la adquisición).
- **contingente:** 8439 (valoración: contabilización de adquisición de control).
- **oculto:** 320 (due diligence: finalidad).

Patente: 588 (activos: due diligence legal); 4439 (negociación joint venture); 2990 (manifestaciones y garantías transmitente: propiedad industrial: título y registro).

Paternidad: 757 (cotización Seguridad Social: due diligence laboral).

Patrimonio empresarial: 6116 (IVA: due diligence fiscal: sujeción transmisión); 6555 (transmisión global: no sujeción IVA).

Patrimonio neto: 414 (concepto: balance de situación); 487 s. (régimen jurídico: análisis del balance de situación).

Pedido: 382 (área de ventas: due diligence financiera de cuenta de resultados).

Penalización: 594 (contratos: due diligence legal).

Pensión: 390 (análisis personal: due diligence financiera de cuenta de resultados).
Otra voz: Plan de pensiones.

Pequeña y mediana empresa: 3372 (transmitente: efectos en las garantías exigidas por adquirente); 4245 s. (entidad capital-riesgo: régimen simplificado); 8209 (subvenciones).

Pérdida:
Control: 8555 (contabilización).
Deterioro: 6739 (operación de reestructuración: régimen fiscal especial).
Distribución: 4509 (Agrupación de Interés Económico); 4525 (Agrupación Europea de Interés Económico); 4538 (sociedad colectiva).
Empresa: 5338 (imputación del riesgo).

Perfil ciego: 251 (candidatos: estrategias de negociación).

Periodo de carencia: 1465 (contrato de financiación).

Periodo impositivo: 6632 (operación reestructuración: régimen fiscal general).

Periodo interino: 5300 s. (estudio de conjunto); 1744 (estructura contrato compraventa empresa); 4788 (gestión de la empresa).

Periodo medio:
- **de cobro:** 433 (working capital: due diligence financiera del balance de situación).
- **de pago:** 433 (working capital: due diligence financiera del balance de situación).
- **de rotación:** 433 (working capital: due diligence financiera del balance de situación).

Perjuicio: 3355 (garantías del adquirente).

Permanencia: 1836 (contenido contrato compraventa empresa); 2390 (pacto parasocial de atribución); 2430 (contenido pacto parasocial: transmisibilidad de acciones); 4650 (management buy-out: equipo directivo).

Permuta: 2640 (precio de adquisición); 3803 (precio OPA obligatori); 3938 (cumplimiento OPA); 6482 (tratamiento fiscal del vendedor: compraventa de activos); 6495 (tratamiento fiscal del comprador: compraventa de activos).

Persona física: 1761 (contrato compraventa empresa: encabezamiento); 3371 (transmitente: efectos en las garantías exigidas por adquirente); 6643 (operación reestructuración: régimen fiscal general de socios).

Persona jurídica: 899 (responsabilidad penal: due diligence penal); 1762 (contrato compraventa empresa: encabezamiento); 6641 (operación reestructuración: régimen fiscal general de socios).

Personal: 390 (áreas análisis: due diligence financiera de cuenta de resultados); 553 (áreas de análisis: due diligence protección de datos); 5452 (documentación de cierre. transmisión de activos).

Pervivencia del contrato: 1811 (contenido contrato compraventa empresa).

Petróleo: 8101 (instalaciones: autorización sectorial).

Plan:
- **de actuación:** 4689.1 (adquisición de empresa por Administración: requisito).
- **de emergencia:** 846 (due diligence laboral); 963 (due diligence reputacional).
- **de negocio:** 122, 127 (infomemo: contenido); 158 (infomemo: información financiera); 1257 (financiación de la adquisición mediante deuda bancaria: calendario de repago).
- **de pensiones:** 820 s. (due diligence laboral: régimen jurídico); 3421 (dotación: seguro de manifestaciones y garantías: riesgo no asegurable).

Planificación: 257 (negociación); 343 s. (due diligence financiera); 840 (prevención riesgos laborales: due diligence laboral); 1013 (informe de due diligence); 6149 (fiscal: mecanismo transfronterizo).

Plano: 652 (documentación a revisar: due diligence inmobiliaria).

Plantilla: 146 (infomemo: descripción de la compañía); 390 (análisis personal: due diligence financiera de cuenta de resultados); 685 (áreas de análisis: due diligence laboral); 7630 (sucesión de empresa: subrogación del adquirente).

Pleito: 2997 (manifestaciones y garantías transmitente: existencia).
Otra voz: Litigio.

Pliego de condiciones administrativas: 7675 (sucesión de empresa por subrogación en contrata).

Plusvalía: 6626 (operación reestructuración: régimen fiscal general); 6742 (operación de reestructuración: régimen fiscal especial); 7355 (fiscalidad de toma de participación en entidad no financiera por entidad de capital-riesgo).

Poder:
Cierre: 5432 (documentación); 5437 (documentos a formalizar); 5508 (elemento extranjero).
Contenido: 1769 (contrato compraventa empresa).
Due diligence:
- inmobiliaria: 647 (transmitente).
- legal: 570 (aspectos societarios).
Manifestaciones y garantías transmitente: 2988 (inscripción en RM).
Otorgamiento: 1767 (en extranjero); 5323 (prohibición a transmitente en periodo interino).

Poder de negociación: 276 (elección estrategia).

Política:
- **de amortización:** 482 (análisis CAPEX: due diligence financiera).
Otra voz: Amortización.
- **de precios:** 142 (infomemo: descripción de la compañía).
- **fiscal:** 6014 (due diligence).
- **retributiva:** 390 (análisis personal: due diligence financiera de cuenta de resultados).

Póliza de seguro: 3415 (seguro de manifestaciones y garantías: tipos); 3248 (seguro de manifestaciones y garantías: ventajas).

Porcentaje de participación: 4319 (adquisición por entidad de capital-riesgo).

Portada: 1735 (estructura contrato compraventa empresa).

Pre-pack: 3516 (adquisición unidad productiva: fase preconcursal).

Precio de adquisición: 2600 s. (estudio de conjunto).
- **contingente:** 6198 (efectos fiscales).
- **equitativo:** 3727, 3801 (OPA).
- **fijo:** 2707.
- **variable:** 2632 (criterio de determinación).
Adquisición de empresa por la Administración: 4690.
Ajuste: 419 (balance de situación: due diligence financiera); 4735 (obligación sujeta a condición); 5345 (riesgos en periodo interino); 5526 (obligaciones post-cierre).
Aplazamiento: 2893 (pago del precio); 5529 (obligaciones post-cierre); 6199 (efectos fiscales).
Carta de intenciones: 211 (contenido).
Cierre: 5413 (cláusula de cierre); 5490 (cierre: obligaciones del comprador).
Contrato de compraventa: 1743.
Determinación:
- en función del cumplimiento de objetivos: 2715.
- por referencia a cosa cierta: 2620.
- por referencia a fecha concreta: 2621.
- por referencia a mercado o bolsa: 2621.
- por tercero: 2622.
Due diligence legal: 594 (contratos).
Mercado financiero: 2671 (relación con valor).
OPA: 3771 (voluntaria); 3800 (obligatoria); 3958 (competidora).
Pago: 2885 s. (estudio de conjunto).
Privatización de sociedad mercantil pública: 4697.
Reducción: 1052 (conclusiones informe de due diligence).
Retención: 3450 (garantía a favor del adquirente).

Precio de transferencia: 6069 (IS: due diligence fiscal: operación vinculada).

Precontrato: 196 (concepto); 200 (diferencia con carta de intenciones); 227 (oferta de adquisición del candidato).

Preguntas y respuestas: 253 (estrategias de negociación).

Premio: 149 (infomemo: descripción de la compañía).

Prenda: 1640 (contrato de financiación: garantía a favor del financiador).
Acciones: 3385 s. (garantía a favor del adquirente); 3475 (joint venture: mecanismo de garantía a favor del adquirente).

Prenotificación: 5040 (notificación concentraciones a la Comisión Europea); 5105 (notificación concentración a la CNMC).

Preparación: 257 (negociación).

Prescripción:
Delito: 880 (due diligence penal).
Responsabilidad: 239 (precontractual); 7766 (cedente y cesionario por deudas laborales).
Saneamiento vicio oculto: 3136.
Seguridad Social: 777 (deuda: due diligence laboral); 7795 (deudas de cotización a la Seguridad Social).
Subvención: 8231 (reintegro).

Presencia internacional: 144 (infomemo: descripción de la compañía).

Presentación: 259 (negociación); 1038 (informe de due diligence); 119 (infomemo).

Prestación:
- **a la Seguridad Social:** 7787 (responsabilidad solidaria de cedente y cesionario).
- **accesoria:** 1975 (proyecto de fusión: mención); 2446 (financiación: contenido pacto parasocial).
- **complementaria:** 7816 (sucesión de empresa: mantenimiento condiciones laborales).

Prestación de servicios:
Cierre: 5418 (contrato colateral); 5481 (obligaciones del vendedor).
Comunicación audiovisual: 8060 (registro).
Control de concentraciones comunitarias: 4951 (volumen de negocios).
Derecho administrativo: 8020 (Directiva).

Due diligence:
- fiscal: 6066 (IS: grupo de empresas: operación vinculada).
- laboral: 702 (trabajador autónomo).
- legal: 580 (acuerdo sociedad-administradores o socios).

Joint venture: 4446 (aportación de socios).

Préstamo:

Contrato de financiación: 1127 (financiación de la adquisición mediante deuda subordinada); 1445 (entrega del importe de la financiación).

Due diligence legal: 580 (acuerdo sociedad-administradores o socios); 606 (contratos); 627 (inversión exterior).

Fiscalidad: 7110 (devolución de principal).

Joint venture: 4445 (aportación de socios).

Manifestaciones y garantías transmitente: 2993 (efectos adversos).

Préstamo participativo:

Entidad de capital-riesgo: 4226 (actividad complementaria); 4284 (coeficiente obligatorio de inversión).

Instrumento híbrido: 7056 (financiación de la compra).

Leveraged buy-out: 4623 (financiación).

Management buy-out: 4658 (incentivo económico).

Pacto parasocial: 2445 (financiación).

Presupuesto: 515 (proyecciones financieras: due diligence financiera); 664 (propiedad horizontal: due diligence inmobiliaria).

Prevención de riesgos:

- **laborales:** 833 s. (due diligence laboral: estudio de conjunto); 3013 (manifestaciones y garantías transmitente: cumplimiento normativa); 7788 (responsabilidad solidaria de cedente y cesionario por recargo de prestaciones a la Seguridad Social).
- **penales:** 875 (due diligence penal).

Prima:

- **de emisión:** 4659 (management buy-out: incentivo económico); 7022 (financiación de la compra mediante aportación a los fondos propios); 7130 (distribución: tributación).
- **de seguro:** 3432 (seguro de manifestaciones y garantías: pago).
- **en el precio:** 2737 (adquisición de entidad cotizada).

Private equity: 4201 (concepto); 1185 (financiación de la adquisición); 3374 (transmitente: efectos en las garantías exigidas por adquirente).
Otra voz: Entidad de capital riesgo.

Privatización de empresa pública: 4693 s.

Procedimiento:

- **arbitral:** 2997 (manifestaciones y garantías transmitente: existencia).
- **de venta abierta:** ver Subasta.
- **de venta cerrado:** ver Negociación bilateral.
- **judicial:** ver Litigio.
- **laboral:** 825 s. (litigios: due diligence laboral).

Procedimiento simplificado:

Escisión: 2165 (escisión impropia); 2167 (escisión inversa); 2170 (escisión gemelar).

Fusión: 1961, 2062 (absorción de sociedad íntegramente participada); 2070 (fusión inversa); 2075 (fusión de sociedades gemelas); 2080 (absorción de sociedad participada al 90%).

Producto: 139 (infomemo: descripción de la compañía).

Productor: 8070 (electricidad: autorización sectorial); 8090 (residuos: autorización sectorial).

Programa:

- **de cumplimiento:** 905 (exención responabilidad penal persona jurídica).
- **informático:** 2990 (manifestaciones y garantías transmitente: propiedad industrial: título y registro).

Promesa:

- **de compraventa:** 4762 (diferencia de condición suspensiva).
- **de hipoteca:** 1670 (contrato de financiación: garantía a favor del financiador).
- **de prenda:** 1670 (contrato de financiación: garantía a favor del financiador).

Promoción: 142 (infomemo: descripción de la compañía).

Promoción profesional: 731 (convenio colectivo: due diligence laboral).

Promotor:

Leveraged buy-out: 4612 (estructura); 4617 (financiación).

Seguro: 660 (due diligence inmobiliaria).

Propiedad: 2976 (manifestaciones y garantías del transmitente).

Propiedad horizontal: 661 (régimen: due diligence inmobiliaria).

Propiedad industrial: 588 (activos: due diligence legal); 2990 (manifestaciones y garantías transmitente); 4446 (aportación de socios a la joint venture); 5446 (documentación de cierre: transmisión de activos).

Propiedad intelectual: 588 (activos: due diligence legal); 4446 (aportación de socios a la joint venture); 5446 (documentación de cierre: transmisión de activos); 5720 (arbitraje).

Proporcionalidad: 1540 (financiación sindicada: participación en la financiación).

Propuesta: 260 (negociación); 4695.2 (privatización de empresa pública: agente gestor del proceso).

Protección: 2031 (fusión: acreedores); 2205 (escisión: acreedores).

Protección de datos:

Compraventa:
- de acciones: 49.
- de activos: 45.

Due diligence: 520 s. (estudio de conjunto).

Manifestaciones y garantías transmitente: 3020 (cumplimiento normativa).

Protocolo:
- **de fusión:** 1963 (procedimiento de fusión: fase previa).
- **familiar:** 2378 (pacto parasocial: formalidades); 2476 (pacto parasocial: empresa familiar).

Proveedor:
Contrato: 598 (due diligence legal).
Empresa vertical: 54 (adquisición).
Infomemo: 143 (descripción de la compañía).
Pago: 450 (retraso en el pago: due diligence financiera); 455 (pago pendiente: due diligence financiera).
Protección de datos: 553 (due diligence).

Provisión: 6055 (IS: due diligence fiscal: requisitos deducibilidad).
- **de riesgos y gastos:** 401 (due diligence financiera de cuenta de resultados).

Proyección de resultados: 6025 (due diligence fiscal: área de revisión).

Proyección financiera:
Due diligence financiera: 505 s.
Infomemo: 127 (resumen ejecutivo); 158 (información financiera).

Proyecto:
Cesión global de activo y pasivo: 2278.
Escisión: 2185.
Fusión: 1965 (régimen jurídico); 2093 (especialidades: fusión posterior a compra apalancada).

Publicidad:
Cesión global de activo y pasivo: 2295 (acuerdo).
Cierre: 5420 (cláusula de cierre).
Fusión: 1988 (proyecto); 2028 (acuerdo).
Infomemo: 142 (infomemo: descripción de la compañía).
OPA: 3880 (autorizada por CNMV); 3924 (resultado).
Pacto parasocial: 2381, 2469 (sociedad cotizada); 4147 (sociedad incorporada al BME Growth).
Protocolo familiar: 2478.
Side letter: 2565.
Otra voz: Folleto publicitario.

Puerto: 8124 (autorización por ocupación o uso del dominio público).

Puesta:
- **a disposición:** 1998 (fusión: informe de administradores); 2195 (escisión: informe de administradores).
- **en marcha:** 38 (tipos de inversión de entidades de capital riesgo).

Put provisions: 1322 (bono de alta rentabilidad).

PYME: ver Pequeña y mediana empresa.

Q

Q&A: ver Preguntas y respuestas.
Quita: 7290 (adquisición de entidad en concurso de acreedores).
Quórum: ver Cuórum.

R

Rama de actividad:
Aportación: 6652 (régimen fiscal general); 6700 (régimen fiscal especial: operación amparada); 6742 (régimen fiscal especial: valoración acciones recibidas); 6804 (IVA: régimen fiscal especial).
Control de concentraciones comunitarias: 4942 (umbral de notificación).
Due diligence fiscal: 6118 (IVA: transmisión patrimonio empresarial).

Ratchet: 4661 (management buy-out: incentivo económico).

Ratificación de poderes: 1773 (contrato compraventa empresa).

Rating: 1330 (bono de alta rentabilidad: calidad del crédito).

Ratio:
Activo fijo: 482 (due diligence financiera).
Endeudamiento: 4661 (leveraged buy-out: sociedad target).
Financiero: 607 (contrato préstamo, crédito o financiación: due diligence legal).

Readquisición: 5204 (compromiso: operación de concentración).

Recargo: 754, 773, 774 (Seguridad Social: due diligence laboral); 7788 (Seguridad Social: responsabilidad solidaria de cedente y cesionario).

Recibo de liquidación de cotizaciones: 747 (due diligence laboral); 9100 (modelo).

Reclamación: 796 (retribución: due diligence laboral); 3250 (de terceros: responsabilidad de las partes); 5533 (obligaciones post-cierre).

Recompra: 6518 (recuperación de valor: tratamiento fiscal compraventa de activos).

Reconocimiento médico: 845 (due diligence laboral: prevención riesgos laborales).

Rectificación: 538 (datos personales: due diligence); 7312 (factura: modificación base imponible IVA en empresa en concurso).

Recuperación de valor: 6515 (compraventa de activos: tratamiento fiscal del comprador).

Recurrencia:
Clientes: 380 (área de ventas: due diligence financiera de cuenta de resultados).

EBITDA: 361 (due diligence financiera).

Recurso:

Arbitraje: 5655 (resolución de conflictos).

Control de concentraciones comunitarias: 5085, 5160.

Recursos:

Ajenos: 7030 (financiación de la compra).

Propios: 1147 (financiación de la adquisición a través del capital).

Recusación: 5649 (árbitro: resolución de conflictos).

Reducción de capital: 3738 (OPA: toma de control indirecta); 7125 (devolución de aportaciones: tributación); 8610 (operación entre compañías del grupo: contabilización).

Reembolso: 6450 (alcance responsabilidad solidaria del sucesor de la explotación).

Reestructuración de empresa: 4686 s. (empresa pública: régimen jurídico); 4764 (compraventa bajo condición suspensiva).

Régimen:

- **de atribución de rentas:** 6726 (operación de reestructuración: régimen fiscal especial).
- **de autorización:** 8039 (libertad de establecimiento: directiva de servicios).
- **de neutralidad fiscal:** 6075 (IS: due diligence fiscal: operaciones de reestructuración).
- **disciplinario:** 735 (convenio colectivo: due diligence laboral).
- **fiscal:** 6300 s. (estudio de conjunto); 6670 s. (operación reestructuración: régimen especial).
- **sancionador:** ver Sanción.

Registrador de la Propiedad y Mercantil: 4688.2 (transmisión participación accionarial sociedad pública: reducción arancel).

Registro administrativo: 620 (due diligence legal dcho. administrativo).

Registro de actividades de tratamiento: 531 (due diligence protección de datos: obligaciones objeto de revisión).

Registro de Bienes Muebles: 1013 (confirmación información: ejecución del due diligence).

Registro de jornada: 693, 723 (due diligence laboral).

Registro de la Propiedad: 649, 652 (documentación a revisar: due diligence inmobiliaria); 1012 (confirmación información: ejecución del due diligence); 5445 (documentación de cierre: transmisión de bien inmueble).

Registro de operadores: 8066, 8067 (telecomunicaciones. autorización sectorial).

Registro de prestador de servicios: 8060 (comunicación audiovisual: autorización sectorial).

Registro estatal de empresas alimentarias: 8076 (sanidad: autorización sectorial).

Registro General de Condiciones de Contratación: 598 (contratos: due diligence legal).

Registro integrado industrial: 8087 (industria: autorización sectorial).

Registro Mercantil:

Due diligence: 1011 (confirmación información).

Manifestaciones y garantías transmitente: 2984 (inscripción sociedad); 2988 (inscripción poderes).

Pacto parasocial: 2381 (publicidad).

Regla de prorrata: 6129 (IVA: due diligence fiscal).

Regla rebus sic stantibus: 5328 (modificación o desistimiento por alteración sobrevenida).

Regulatorio: 614 s. (áreas de análisis: due diligence legal).

Reincorporación tras excedencia voluntaria: 7814 (sucesión de empresa: mantenimiento condiciones laborales).

Reino Unido: 867 (due diligence penal: normas extraterritoriales).

Reintegro: 8228 (subvenciones).

Reinversión de beneficio extraordinario: 6834 (operación reestructuración: régimen fiscal especial).

Relación laboral: 569.3 (alta dirección y condición de administrador); 703 (trabajador autónomo: due diligence laboral).

Relación nominal de trabajadores: 747 (cotización Seguridad Social: due diligence laboral); 9100 (modelo).

Remisión: 5055 s. (operaciones de concentración comunitarias).

Remoción: 2504 (eficacia pacto parasocial).

Remuneración: ver Retribución.

Renta: 657 (contrato arrendamiento: due diligence inmobiliaria).

Renta fija: 1295 (financiación de la adquisición mediante bonos de alta rentabilidad).

Rentabilidad: 66 (creación de valor para el accionista).

Renting: 587 (activos: due diligence legal).

Renuncia: 4786 (cumplimiento de la condición); 5432 (documentación de cierre); 6730 (réfimen fiscal especial: operación de reestructuración: transmitente); 6740 (régimen de diferimiento: operación de reestructuración: adquirente).

Reparto: ver Distribución.

Repatriación de flujos de efectivo: 7105.

Reposición: 482 (activo fijo: due diligence financiera).

Representación: 1760 s. (contrato compraventa empresa: régimen jurídico); 5502 (ejecución del cierre); 5508 (cierre: elemento extranjero).

Representante: 647 (transmitente: due diligence inmobiliaria).

Representante de comercio: 747 (documentos de cotización: due diligence laboral); 765 (Seguridad Social: due diligence laboral).

Representante de los trabajadores:
Due diligence laboral: 800 s. (estudio de conjunto).
OPA: 3895 (información).
Sucesión de empresa: 7835 s. (derechos).

Reputación: 960 (due diligence); 527 (incumplimiento normativa protección de datos); 901 (responsabilidad penal persona jurídica).

Rescisión parcial del contrato:
Sociedad colectiva: 4540.
Sociedad comanditaria: 4551.

Reserva:
- **de actualización:** 6837 (operación reestructuración: régimen fiscal especial).
- **de dominio:** 4754 (diferencia de condición resolutoria).
Patrimonio neto: 487 (due diligence financiera).

Residente:
Operación reestructuración: 6719 (régimen fiscal especial); 6754 (régimen fiscal especial de socios).
Transmisión establecimiento permanente: 6861 (régimen fiscal especial).

Residuo: 618 (due diligence legal dcho. administrativo); 949, 953, 955 (due diligence medioambiental); 8090 s. (autorización sectorial: dcho. administrativo).

Resolución de conflictos: 5610 s. (estudio de conjunto); 1715 (contenido contrato compraventa empresa); 4450 (joint venture).

Resolución de contrato: 2485 (joint venture: pacto parasocial); 2504 (eficacia pacto parasocial); 3185 (incumplimiento contractual); 5416 (modificación sustancial manifestaciones y garantías).

Responsabilidad:
- **ambiental:** 955 (due diligence medioambiental).
- **contractual:** 3150 s. (régimen jurídico); 852 (prevención riesgos laborales: due diligence laboral); 1963 (protocolo de fusión).
- **corporativa:** 963 (due diligence reputacional).
- **extracontractual:** 210 (contenido carta de intenciones); 236 (responsabilidad precontractual).
- **objetiva:** 3159.
- **precontractual:** 235 s. (régimen jurídico); 1963 (protocolo de fusión).
- **solidaria:** 7735 s. (obligaciones laborales: régimen jurídico); 3197 (sucesión de empresa); 3205 (tributaria); 4475 (miembros UTE); 4510 (socios AIE); 4537 (socios SC); 4550 (socios SCom); 5409.3 (transmisión acciones no liberadas); 6435 s. (sucesor de la explotación: régimen fiscal compraventa de activos); 6465 (responsabilidad tributaria por compraventa de activos).
- **subsidiaria:** 4510 (socios AIE); 4560 (socios antes de la inscripción de la sociedad); 6465 (responsabilidad tributaria por compraventa de activos); 7318 (sociedad en concurso: administradores); 8228 (reintegro subvenciones).
- **tributaria:** 7317 (empresa en concurso).
Administración concursal: 7318 (tributaria).
Administrador social: 924 (penal); 7318 (tributaria: empresa en concurso).
Comprador: 3190 s. (régimen jurídico); 1805 s. (contrato compraventa de empresa).
Contratista: 708 (subcontratación: due diligence laboral).
Derecho administrativo: 851 (prevención riesgos laborales: due diligence laboral).
Derecho civil:
Derecho fiscal: 6315 s. (compraventa de acciones); 6430 s. (compra-venta de activos).
Derecho laboral: 7735 s. (deudas laborales y de Seguridad Social).
Derecho penal: 894 s. (due diligence penal: estudio de conjunto); 775 (Seguridad Social: due diligence laboral); 854 (prevención riesgos laborales: due diligence laboral).
Empresario: 707 (subcontratación: due diligence laboral); 850 s. (prevención riesgos laborales: due diligence laboral).
Fundador: 4560 (sociedad anónima en formación).
Sociedad: 908 (penal); 2215 (efectos escisión).
Socio: 4475 (UTE); 4510 (AIE); 4526 (AEIE); 4537 (SC); 4550 (SCom); 4562 (SA).
Sucesor de la explotación: 6435 s. (compraventa de activos: régimen fiscal); 7320 (empresa en concurso).
Vendedor: 3105 s. (régimen jurídico); 226 (oferta de adquisición: disclaimer); 996 (suministro información: ejecución del due diligence); 1053, 1060 (conclusiones informe de due diligence); 1750 (limitación: contenido contrato compraventa empresa); 1749 (estructura contrato compraventa empresa); 1805 s. (contrato compraventa de empresa); 3050 (manifestaciones y garantías); 6175 (fiscal); 7260 (limitación).

Responsable del tratamiento: 538 (derechos de interesados: protección de datos); 540 (evaluación de impacto en materia de protección de datos); 541 (medidas de seguridad); 543 (violaciones de seguridad).

Restitución de los frutos: 3118 (responsabilidad del transmitente: obligación); 4053 (sanciones OPA).

Restricción accesoria: 5165 s. (operaciones de concentración).

Resultado:
Aplicación: 573.1 (cuentas anuales: due diligence legal).
Distribución: 4509 ((Agrupación de Interés Económico); 4525 (Agrupación Europea de

Interés Económico); 4538 (sociedad colectiva); 4563 (sociedad anónima).
Financiero: 403 (due diligence financiera de cuenta de resultados).
Futuro: 2632 (determinación del precio de adquisición).

Resumen ejecutivo: 122 (infomemento: estructura); 126 s. (infomemo: contenido); 1034 (informe de due diligence: estructura).

Retención:
Fiscal: 6096 s. (IRPF: due diligence fiscal: regularización); 6100 (IRPF: due diligence: indemnización por despido); 6453 (responsabilidad solidaria del sucesor de la explotación por falta de ingreso); 6808 (operación reestructuración: régimen fiscal especial).
Precio: 3450 (garantía a favor del adquirente).

Retracto: 656 (derecho: due diligence inmobiliaria); 3281 (responsabilidad del transmitente frente a acreedor).

Retribución:
Consejero delegado: 5437 (cierre: documentación societaria a formalizar).
Devengo variable: 759 (cotización Seguridad Social).
Due diligence:
- financiera: 390 (análisis de cuenta de resultados).
- laboral: 780 s. (estudio de conjunto); 725 (horas extraordinarias).
- legal: 569.1 (órgano de administración).
En especie: 760 (cotización Seguridad Social); 6098 (IRPF: ingreso a cuenta); 6106 (IRPF: vehículo de empresa).
Manifestaciones y garantías transmitente: 3010 (pendiente de pago a trabajadores).
Sucesión de empresa: 7813 (mantenimiento condiciones laborales).
Otra voz: Política retributiva.

Return of Assets: 72 (creación de valor para el accionista: cuantificación).

Return on Equity: 72 (creación de valor para el accionista: cuanti-ficación).

Return on Investment: 72 (creación de valor para el accionista: cuantificación).

Reversión:
- de actividad: 7685 (sucesión de empresa).
- del beneficio: 6345 (compraventa de acciones: tributación directa).

Revisión: 5655 (laudo arbitral).

Revocación:
Aceptación de OPA: 3915 (de OPA).
Agente: 1520 (contrato de financiación sindicada).
Autorización: 4054 (OPA: sanciones); 4271 (entidad de capital riesgo: sanciones).
Poder: 5437 (cierre: documentos a formalizar).
Subvención: 8201 (fatla de autorización administrativa).
Otra voz: Acción revocatoria.

Riesgo: 320 (due diligence: finalidad).
Fiscal: 3421 (seguro de manifestaciones y garantías: riesgo no asegurable); 6011 (due diligence: identificación).
Laboral: ver Prevención de riesgos laborales.
Medioambiental: 3421 (seguro de manifestaciones y garantías: riesgo no asegurable).
Penal: 877 (due diligence penal).
Seguro de manifestaciones y garantías: 3421 (riesgo no asegurable).

ROA: ver Return of Assets.

ROE: ver Return on Equity.

ROI: ver Return on Investment.

Rotación:
Clientes: 380 (área de ventas: due diligence financiera de cuenta de resultados).
Plantilla: 686 (due diligence laboral).

Rótulo de establecimiento: 2990 (manifestaciones y garantías transmitente: propiedad industrial: título y registro).

Ruptura de negociaciones: ver Negociación.

S

Salario: 3010 (manifestaciones y garantías transmitente: pendiente de pago).
- base: 785 (retribución: due diligence laboral).
- de tramitación: 7760 (responsabilidad solidaria de cedente y cesionario).
Otra voz: Retribución.

Salida:
Contrato de compraventa de empresa: 1716 (mecanismos).
Joint venture: 4450.
Pacto parasocial: 2388 (acuerdo); 2492 (entidad de capital riesgo).

Salud: 845 (prevención riesgos laborales: due diligence laboral); 8245 (pública: limitación a inversiones extranjeras en España).

Sanción:
Capital-riesgo: 4265 (adquisición por entidad de capital-riesgo).
Control de concentraciones: 5075 s. (Comisión Europea); 5155 s. (CNMC).
Derecho administrativo: 8073 (electricidad: autorización sectorial); 8088 (industria: autorización sectorial); 8093 (residuos: autorización sectorial); 8103, 8101 (instalaciones: autorización sectorial); 8232 (subvención en las transacciones).
Derecho laboral: 697 (extranjería); 724 (jornada de trabajo); 728 (horas extraordinarias); 730 (descanso y vacaciones); 731 (clasificación y promoción profesional); 732 (movilidad); 734 (excedencia); 735 (régimen disciplinario); 768 s. (Seguridad Social); 797 (retribución: due diligence laboral); 809 (representación trabajadores); 814 (representación sindical: due diligence laboral).

OPA: 4053 (incumplimiento normativa).
Protección de datos: 526 (incumplimiento obligaciones); 535 (datos de carácter especial).
Responsabilidad tributaria: 6454 (alcance responsabilidad solidaria del sucesor de la explotación).
Seguro de manifestaciones y garantías: 3421 (riesgo no asegurable).

Saneamiento:
Evicción: 3106, 3110 (responsabilidad del transmitente).
Gravamen oculto: 3140 (responsabilidad del transmitente).
Vicio oculto: 3106, 3125 (responsabilidad del transmitente).

Sanidad: 8075 s. (autorización sectorial: dcho. administrativo); 8101 (instalaciones: autorización sectorial).

SBO: ver Secondary Buy-Out.

Sección sindical: 812 (representación trabajadores: due diligence laboral).

Secondary Buy-Out: 4332 (adquisición por entidad de capital-riesgo); 4675 (operación singular de adquisición).

Sector público: 603 (due diligence legal: contratos).

Sector regulado: 621 (due diligence legal: dcho. administrativo).

Seed capital: ver Capital semilla.

Segregación: 2150 s. (régimen jurídico); 6701 (régimen fiscal especial).

Seguridad: 149 (infomemo: descripción de la compañía); 541 (medidas: due diligence protección de datos); 543 (violaciones: due diligence protección de datos); 8245 (pública: limitaciones a inversiones extranjeras en España).

Seguridad Social: 737 s. (due diligence laboral: estudio de conjunto); 3012 (manifestaciones y garantías transmitente); 7770 s. (responsabilidad por obligaciones laborales).

Seguro:
Arbitraje: 5710.
Construcción: 659 (due diligence inmobiliaria).
Contrato: 610 (due diligence legal).
Indemnities: 3248 (responsabilidad de las partes).
Manifestaciones y garantías transmitente: 2995 (condiciones); 3405 (garantía a favor del adquirente).

Separación:
Administrador: 4053 (sanciones OPA).
Socio: 568 (aspectos societarios: due diligence legal); 4508 (Agrupación de Interés Económico).

SEPI: ver Sociedad Estatal de Participaciones Industriales.

Servicio: 139 (infomemo: descripción de la compañía); 8020 s. (Directiva: dcho. administrativo).
Otra voz: Prestación de servicios.

Servicio post-venta: 142 (infomemo: descripción de la compañía).

Servicio público: 623 (gestión: due diligence legal dcho. administrativo).

Share deal: ver Compraventa Acciones o participaciones sociales.

Sharing clauses: 1547 (financiación sindicada: reparto de las garantías del financiado).

Side Letter: 2550 s. (estudio de conjunto); 5455 (documentación de cierre).

Signing: ver Firma del contrato.

Simulación: 2617 (precio de adquisición: nulidad compraventa).

Sindicación:
- **de bloqueo:** 2425, 2427 (contenido pacto parasocial: transmisibilidad de acciones).
- **de voto:** 2393, 2406 (pacto parasocial).

Sindicato:
Financiadores: 1530 (financiación sindicada).
Trabajadores: 811 s. (representación trabajadores: due diligence laboral).

Sistema alternativo de resolución de conflictos: 5625 s. (régimen jurídico).

Sistema Arbitral de Consumo: 5700 (arbitraje de consumo).

Sistema multilateral de negociación: 4115 (BME MTF Equity: adquisición de sociedades en BME Growth).

Sobreprecio: 6320 s. (tributación directa); 6525 (compraventa de activos: fondo de comercio); 7077 (recuperación por el adquirente del impuesto soportado por el transmitente).

Sociedad:
- **concesionaria:** 6026 (due diligence fiscal: valor actual flujo de caja esperado).
- **constructora:** 6027 (due diligence fiscal: valor actual flujo de caja esperado).
- **de valores:** 4056 (OPA: deber de abstención).
- **en formación:** 4560 (sociedad anónima).
- **familiar:** 2475 (pacto parasocial).
- **incorporada al BME Growth:** 4100 s. (estudio de conjunto).
- **matriz:** 1765 (contrato compraventa empresa: representación).
- **mercantil estatal:** 4684.1 (características); 4692 (constitución y disolución).
- **target:** 564 (aspectos societarios: due diligence legal); 4611 (leveraged buy-out).
- **vehículo:** 4613 (leveraged buy-out: estructura); 4627, 4636 (constitución: leveraged buy-out).
- **vinculada:** ver Parte vinculada.

Constitución: 4430 (tipos de joint venture).
Grupo: 4012 (OPA: deber de pasividad).
Manifestaciones y garantías transmitente: 2984 (inscripción en RM).
Pacto parasocial: 2370 (partes); 2505 (eficacia).

Sociedad Anónima: 4555 s. (vehículo joint venture: régimen jurídico).

Sociedad Anónima Cotizada de Inversión en el Mercado Inmobiliario: 7415 (régimen fiscal especial); 4126, 4129 (requisitos de incorporación al BME Growth).

Sociedad colectiva: 4532 (vehículo joint venture: régimen jurídico).

Sociedad comanditaria por acciones: 4543 s. (vehículo joint venture: régimen jurídico).

Sociedad comanditaria simple: 4543 s. (vehículo joint venture: régimen jurídico).

Sociedad cotizada: 3700 s. (estudio de conjunto); 2466 (pacto parasocial).

Sociedad de capital-riesgo: 4246 s. (régimen jurídico); 35 (adquisición de empresa: sujetos intervinientes); 1716 (contenido contrato compraventa empresa).

Sociedad de Gestión de los Sistemas de Registro, Compensación y Liquidación: 3937 (OPA: ejecución compraventas).

Sociedad de Responsabilidad Limitada: 4569 (vehículo joint venture: régimen jurídico).

Sociedad Estatal de Participaciones Industriales: 4682.3 (transmisión de empresa pública: funciones); 4694.1, 4695 (enajenación participación accionarial en empresa pública).

Sociedad unipersonal: 576 (aspectos societarios: due diligence legal); 5438 (cierre: escritura de declaración de unipersonalidad); 5735 (arbitraje societario).

SOCIMI: ver Sociedad Anónima Cotizada de Inversión en el Mercado Inmobiliario.

Socio:
- **de control:** 3026 (manifestaciones y garantías transmitente: autoría).
- **minoritario:** 3026 (manifestaciones y garantías transmitente: autoría).
- **no residente:** 6755 (operación de reestructuración: régimen fiscal especial).
- **residente:** 6754 (operación de reestructuración: régimen fiscal especial).
- **único:** 5436 (documentación de cierre).

Due diligence legal: 580 (acuerdo con la sociedad target).
Exclusión: 568 (aspectos societarios: due diligence legal).
Fusión: 1993 (sección informe administradores).
Operación reestructuración: 6640 s. (régimen fiscal general); 6750 (régimen fiscal especial).
Pacto parasocial: 2368 (partes).
Separación: 568 (aspectos societarios: due diligence legal).
Sociedad colectiva: 4534.
Sociedad comanditaria: 4543.

Software: 591 (propiedad intelectual: due diligence legal); 2990 (manifestaciones y garantías transmitente: propiedad industrial: título y registro).

Solvencia: 8140 (operaciones estructurales: transacciones y contratación pública); 8160 (transmisión de acciones: contratación pública).

Sostenibilidad: 963 (due diligence reputacional).

Start up capital: ver Capital para la puesta en marcha.

Stock: 431 (working capital: due diligence financiera del balance de situación); 5443 (documentación de cierre: transmisión de activos).

Subarriendo: 657 (contrato arrendamiento: due diligence inmobiliaria).

Subasta:
Carta de intenciones: 189.
Due diligence de venta: 322.
Infomemo: 166.
Precio: 2747 (fijación no organizado).
Privatización sociedad mercantil pública al margen del mercado secundario: 4696.2.
Proceso de negociación: 57, 249 (estrategia).

Subcontratación:
Acceso a datos personales: 537 (due diligence).
Contrato de trabajo: 704 (due diligence laboral).
Manifestaciones y garantías: 3009.
Prevención riesgos laborales: 848 (due diligence laboral).
Subvención: 8217 (mantenimiento inversión).

Subrogación:
Adquirente: 3195 (obligaciones laborales y de Seguridad Social); 5452 (cierre transmisión de activos: personal).
Derechos y obligaciones: 6630 (operación reestructuración: régimen fiscal general); 6830 (operación reestructuración: régimen fiscal especial).
Transmitente: 6561 (transmisión global del patrimonio: IVA); 6649 (fusión: régimen fiscal general IVA).

Subsanación: 5520 (obligaciones post-cierre).

Subvención: 8185 s. (estudio de conjunto).
Due diligence:
- financiera: 400 (cuenta de resultados); 488 (patrimonio neto).
- legal: 642 (dcho. administrativo).
Manifestaciones y garantías transmitente: 2996 (reembolso).

Sucesión:
Actividad: 6438 (responsabilidad tributaria solidaria); 6447 (exclusión responsabilidad tributaria).
Contrata: 7640 (sucesión de empresa: aspectos laborales).
No universal: 6838 (operación reestructuración: régimen fiscal especial).
Plantilla: 7630 (sucesión de empresa: aspectos laborales).

Titularidad de la explotación: 6436 (responsabilidad tributaria solidaria); 6447 (exclusión responsabilidad tributaria).

Universal: 1905 (modificación estructural); 6446 (por muerte: exclusión responsabilidad tributaria); 6831 (operación reestructuración: régimen fiscal especial).

Sucesión de empresa:

Due diligence: 683 (laboral); 915 (responsabilidad penal persona jurídica).

Empresa en concurso: 7320 (régimen fiscal).

Régimen laboral: 7605 (régimen jurídico); 3195 (responsabilidad adquirente en ámbito laboral); 3208 (responsabilidad adquirente en ámbito laboral).

Sueldo: 390 (análisis personal: due diligence financiera de cuenta de resultados).

Suelo: 618 (contaminación: due diligence legal dcho. administrativo); 671 (urbanismo: due diligence inmobiliaria); 953, 955 (contaminación: due diligence medioambiental).

Suiza: 539.1 (transferencia internacional de datos personales).

Suma de partes: 2830 (método de valoración de empresas).

Suministro: 963 (due diligence reputacional); 5190 (control de concentraciones: restricción accesoria).

Suspensión:

Administrador: 4053 (sanciones OPA).

Autorización: 4054 (sanciones OPA).

T

Tag along: ver Derecho de acompañamiento.

Tanteo: 656 (derecho: due diligence inmobiliaria).

Tasa: 5053 (notificación concentraciones a la Comisión Europea); 5146 (notificación concentración a la CNMC).

TC1: ver Boletín de cotización.

TC2: ver Relación nominal de trabajadores.

Tecnología crítica: 8260 (limitaciones a las inversiones extranjeras en España).

Telecomunicaciones: 2860 (factores de valoración de empresas del sector); 8065 s. (autorización sectorial: dcho. administrativo); 8101 (instalaciones: autorización sectorial).

Tercero: 2622 (determinación de precio de adquisición); 2373 (pacto parasocial: partes); 2506 (eficacia pacto parasocial).

Términos y condiciones: 211 (contenido carta de intenciones).

Tesorería: 469 (análisis deuda neta: due diligence financiera del balance de situación).

Tesorería General de la Seguridad Social: 1016 (confirmación información: ejecución del due diligence).

Testamento: 5740 (arbitraje).

Textil: 949 (due diligence medioambiental).

TGSS: ver Tesorería General de la Seguridad Social.

Tipo: 6133 (IVA: due diligence fiscal: aplicación correcta).

Tipo de canje: 1940 (fusión: cálculo); 1974 (proyecto de fusión: mención); 2002 (fusión: informe de experto independiente).

Tipo de cotización: 751 (Seguridad Social: due diligence laboral).

Tipo de interés: 1245 (financiación de la adquisición mediante deuda bancaria).

Titularidad real: 1770 (acta: identificación ante notario); 8250 (limitaciones a las inversiones extranjeras en España).

Título: 5431 (documentación de cierre).

Título - valor:

- **cotizado:** 4690 (adquisición de empresa por Administración: fijación del precio); 4697 (privatización sociedad mercantil pública: fijación del precio).
- **no cotizado:** 4697.1 (privatización sociedad mercantil pública: fijación del precio).

Título cambiario: 2890 (pago del precio).

Título de adquisición: 651 (documentación a revisar: due diligence inmobiliaria).

Toma de control: 3730 s. (OPA).

Tomador de seguro: 2995 (manifestaciones y garantías transmitente: condiciones seguro); 3412 (seguro de manifestaciones y garantías).

Trabajador: 1995 (fusión: sección informe administradores); 3008 (manifestaciones y garantías transmitente: número y condiciones); 7630 (sucesión de empresa derivada de plantilla).

- **a tiempo parcial:** 727 (horas extraordinarias: due diligence laboral).
- **desplazado:** 766 (Seguridad Social: due diligence laboral).
- **extracomunitario:** 696 (contrato de trabajo: due diligence laboral).
- **nocturno:** 727 (horas extraordinarias: due diligence laboral).
- **por cuenta ajena:** 764 (asimilados: due diligence laboral).

Trabajador autónomo: ver Autónomo.

Tráfico de influencias: 883 (due diligence penal).

Transferencia:

Bancaria: 2891 (pago del precio); 5493 (cierre: pago del precio).

Internacional de datos personales: 539 (due diligence protección de datos).
Tecnológica: 4439 (negociación joint venture).

Transformación: 911 (responsabilidad penal persona jurídica: due diligence penal); 3775 (de OPA voluntaria en obligatoria); 4512 (Agrupación de Interés Económico).

Transitional Services Agreement: ver Acuerdo de servicios transitorios.

Transmisión:
Acciones: ver Compraventa Acciones o participaciones sociales.
Acciones no liberadas: 5409.3 (cierre: condición suspensiva).
Empresa pública: 4680 s. (estudio de conjunto).
Patrimonio empresarial: 6116 (IVA: due diligence: sujeción).
Responsabilidad fiscal: 6160.
Sociedad: 6140 (ITP y AJD: due diligence fiscal).
Otra voz: Compraventa.

Transmisión patrimonial onerosa: 6581 (ITP y AJD: compraventa de activos); 6585 (compraventa de activos: relación IVA/ITP y AJD); 6792 (ITP y AJD: régimen fiscal especial operaciones reestructuración).

Transmitente: ver Vendedor.

Transporte: 5715 (arbitraje); 8091 (residuos: autorización sectorial).

Traslación del riesgo: 4777 (condiciones a la ejecución).

Tratamiento:
- **automatizado de datos personales:** 538 (derechos del interesado).
- **de datos personales:** 532.5 (bases jurídicas: due diligence).
- **fiscal:** 6475 s. (compraventa de activos: vendedor); 6490 s. (compraventa de activos: comprador).

Tratos preliminares: 110 s. (estudio de conjunto).

Tribunal: 1828 s. (contenido contrato compraventa empresa).

Tribunal de Cuentas: 4698.4 (privatización de empresa pública: control).

Tributación directa:
Compraventa:
- de acciones: 6320 s.
- de activos: 6470 s.
Operación reestructuración: 6620 s. (régimen fiscal general); 6710 s. (régimen fiscal especial).

Tributación indirecta:
Compraventa:
- de acciones: 6380 s.
- de activos: 6550 s.
Operación reestructuración: 6645 s. (régimen fiscal general); 6785 s. (régimen fiscal especial).

Tributación local: 6660 s. (operación reestructuración: régimen fiscal general); 6810 s. (operación reestructuración: régimen fiscal especial).

Tributo: 4688.2 (transmisión participación accionarial sociedad pública: exención).

U

Umbral de notificación: 4925 (control de concentraciones comunitarias); 4990 s. (concentración: régimen español).

Unidad económica autónoma: 2144 (escisión parcial); 6440 (adquisición: responsabilidad tributaria solidaria); 6555 (transmisión global del patrimonio: no sujeción IVA).

Unidad productiva: 3508 (concepto).

Unión Europea: 4865 (control de concentraciones).

Unión Temporal de Empresas: 4465 s. (vehículo joint venture: régimen jurídico); 912 (responsabilidad penal persona jurídica: due diligence penal); 7504 (régimen fiscal).

Unipersonalidad: ver Sociedad unipersonal.

Urbanismo: 670 (due diligence inmobiliaria).

Uruguay: 539.1 (transferencia internacional de datos personales).

UTE: ver Unión temporal de empresas.

V

Vacaciones: 729 (convenio colectivo: due diligence laboral).

Valencia: 8196 (subvenciones: normativa).

Valor:
Beneficio: 2801 (método de valoración de empresas).
Contable: 2682 (mercados financieros); 2793 (método de valoración de empresa).
Contable ajustado: 2794 (método de valoración de empresa).
Dinero en el tiempo: 2762 (enfoque de valoración).
Dividendo: 2802 (método de valoración de empresas).
En uso: 2697 (mercados financieros).
Especial: 2702 (mercados financieros).
Intrínseco: 2685 (mercados financieros).
Inversión: 2700 (mercados financieros).
Libros: 2682 (mercados financieros).
Liquidación: 2795 (método de valoración de empresa).
Marca: 962 (due diligence reputacional).
Mercado: 2687 (mercados financieros).

Razonable: 2690 (mercados financieros); 8420 (valor activos y pasivos: contabilización de adquisición de control).
Sustancial: 2796 (método de valoración de empresa).

Valoración:
Acciones o participaciones recibidas: 6742 (operación de reestructuración: régimen fiscal especial).
Activos: 6485 (actualización: tratamiento fiscal del vendedor).
Activos fijos: 476 (due diligence financiera del balance de situación).
Valores recibidos: 6757 (operación de reestructuración: régimen fiscal especial de socios).

Valores:
Operación reestructuración: 6757 (régimen fiscal especial de socios).
Transmisión: 6385 (tributación indirecta compraventa de acciones); 6587 (compraventa de activos: relación IVA/ITP y AJD); 6793 (TPO: régimen fiscal especial operaciones reestructuración).

Vehículo: 587 (activos: due diligence); 6127 (IVA: due diligence fiscal: deducción IVA soportado en adquisición).
- **de empresa:** 6106 (IRPF: due diligence fiscal: retribución en especie).
- **inversor:** 4317 (adquisición por entidad de capital-riesgo); 4460 (joint venture).

Vencimiento: 1315 (bono de alta rentabilidad).
- **anticipado:** 607 (contrato préstamo, crédito o financiación: due diligence legal); 1485 (contrato de financiación: causas).

Vendedor:
Cierre de la operación: 5431 (documentación a entregar); 5475 (obligaciones).
Contrato de compraventa de empresa: 1707 (obligaciones); 2960 s. (manifestaciones y garantías); 3416 (seguro).
Due diligence: 995 (suministro información).
Fiscalidad: 7140 s. (estudio de conjunto); 6475 s. (tributación directa: compraventa activos).
Operación de reestructuración: 6625 s. (régimen fiscal general); 6715 (régimen fiscal especial).
Responsabilidad: ver Responsabilidad vendedor.
Tratatos preliminares: 222 (invitación a ofertar).

Vendors assistance: 341 (due diligence financiera).

Vendors due diligence: ver Due diligence de venta.

Venta:
- **de empresa pública:** 4693 s. (régimen jurídico).
- **directa:** 4696.2 (privatización sociedad mercantil pública al margen del mercado secundario: supuestos).
- **industrial:** 4696.2 (privatización sociedad mercantil pública al margen del mercado secundario: supuestos).
Otra voz: Compraventa.

Venta abierta: ver Subasta.

Ventanilla única: 8027 (directiva de servicios: dcho. administrativo).

Venture capital: 1175 (financiación de la adquisición).

Veto: 4663 (management buy-out: incentivos al equipo directivo); 4913 (control de concentraciones comunitarias).

Viabilidad: 271 (elección estrategia de negociación).

Vicio oculto: 3125 (responsabilidad del transmitente: saneamiento).

Vida residual media: 482 (activo fijo: due diligence financiera).

Vida útil indefinida: 6505 (amortización activo intangible: tratamiento fiscal del comprador).

Videoconferencia: 5509 (cierre: otorgamiento telemático).

Vigilancia: 845 (salud de trabajadores: obligaciones empresario); 927, 932 (responsabilidad penal administrador social).

Vinculación:
Carta de intenciones: 188, 191, 196, 208.
Oferta de adquisición: 225.
Side letter: 2575.
Otra voz: Parte vinculada.

Violación de seguridad: 543 (protección de datos personales: due diligence).

Vivienda: 655 (protección oficial: due diligence inmobiliaria); 658 (contrato arrendamiento: due diligence inmobiliaria).

Volumen de negocios: 4930 (umbral de notificación: control de concentraciones comunitarias); 4945 (cálculo: control de concentraciones comunitarias); 5000 (umbral: control concentración en España).

Voto: 567 (derecho: due diligence legal); 2405 (derecho: contenido pacto parasocial); 4896 (adquisición del control: concentración comunitaria).
Otra voz: Sindicación de voto.

W

Waivers: 1537 (financiación sindicada: dispensas y autorizaciones al financiado por el sindicato de financiadores).

Web: ver Página web.

Working capital:
Ajuste al precio: 2925 (adquisición con cierre diferido).
Due diligence financiera: 422 s. (régimen jurídico); 416 (balance de situación de negocio); 499 (cálculo cash flow).
Infomemo: 156 (información financiera).

Notas

Notas

Notas

Notas

Notas

Notas

Este libro se acabó de imprimir en España,
en Julio de 2024